Tann/Ruttloff/Wagner/Scherenberg (Hrsg)
Rechtshandbuch Web3

Zitiervorschlag
Tann/Ruttloff/Wagner/Scherenberg Web3-HdB/Bearbeiter § … Rn. …

beck.de

ISBN PRINT 978 3 406 82397 8

Wilhelmstraße 9, 80801 München
Satz, Druck und Bindung: Druckerei C.H.Beck Nördlingen
(Adresse wie Verlag)

Umschlag: Ralph Zimmermann – Bureau Parapluie

chbeck.de/nachhaltig
produktsicherheit.beck.de

Gedruckt auf säurefreiem, alterungsbeständigem Papier
(hergestellt aus chlorfrei gebleichtem Zellstoff)

Rechtshandbuch Web3

Herausgegeben von

Felix Tann
Rechtsanwalt, Hamburg

Dr. Marc Ruttloff
Rechtsanwalt, Stuttgart

Prof. Dr. Eric Wagner
Rechtsanwalt, Stuttgart

Dr. Oliver Scherenberg
Rechtsanwalt, Hamburg

2026

C.H.BECK

Vorwort

Web3 ist in seinen vielfältigen Facetten wie der Blockchain-Technologie, Kryptowährungen, der Tokenisierung, Smart Contracts, aber auch hinsichtlich der Datenautonomie und dem Einsatz Künstlicher Intelligenz ein treibendes Thema an der Schnittstelle von Technologie, Wirtschaft und Recht.

Obwohl einzelne Phänomene des Web3 bereits punktuell rechtlich beleuchtet wurden, fehlte bislang eine umfassende, für die Praxis aufbereitete Gesamtdarstellung. Mit diesem Werk schließen wir diese Lücke. Angesichts der rasanten Entwicklungen und der großen Themenfülle erheben wir dabei keinen Anspruch auf Vollständigkeit. Vielmehr soll es als praxisnaher Einstieg und Wegweiser durch das Dickicht der neuen Technologien und ihrer rechtlichen Implikationen dienen.

Um eine klare und nachvollziehbare Struktur zu gewährleisten, gliedern wir das Handbuch anhand der Kernthemen des Web3: Tokenisierung, Automatisierung, Dezentralisierung, Virtualisierung sowie Autonomie und Datenhoheit. Innerhalb dieser übergeordneten Kategorien widmen wir uns den greifbaren praktischen Ausprägungen wie Blockchain-Domains, Smart Contracts, Dezentralen Autonomen Organisationen (DAOs) oder Kryptowährungen. Das Werk verknüpft dabei technische Perspektiven und interdisziplinäre Ansatzpunkte mit einem klaren Fokus auf die praxisnahe rechtliche Bewertung.

Entsprechend seiner Konzeption soll das Buch an vielen Stellen als fundierter Einstieg dienen, der den Weg für eine vertiefte Auseinandersetzung mit Spezialliteratur ebnet. Gleichzeitig betritt das Handbuch an entscheidenden Stellen bewusst auch wissenschaftliches Neuland und wagt sich an Bewertungen von bislang unbeleuchteten Rechtsfragen. Es soll damit nicht nur der Praxis, sondern auch der Wissenschaft einen neuen Impuls geben.

Ein solches Werk wäre ohne die herausragende Expertise und das großartige Engagement unserer Autorinnen und Autoren nicht möglich gewesen. Wir möchten uns daher ganz herzlich bei ihnen für die exzellenten Beiträge und die stets konstruktive und gewinnbringende Zusammenarbeit bedanken. Ihr Fachwissen aus den unterschiedlichsten Disziplinen hat maßgeblich zum Gelingen dieses Handbuchs beigetragen.

Unser besonderer Dank gilt daneben auch dem C.H.BECK Verlag und namentlich Herrn Dr. Roland Klaes, ohne dessen grundlegendes Vertrauen dieses Werk nicht hätte entstehen können. Wir danken für den Mut, ein solch umfassendes Projekt zu unterstützen und insbesondere auch denjenigen im Herausgeberteam das Vertrauen zu schenken, für die dieses Buch eine erste große Herausgeberschaft und die Verwirklichung eines Herzensprojekts bedeutet. Dieses Vertrauen wissen wir außerordentlich zu schätzen. Namentlich danken wir daneben auch unseren hervorragenden Lektoren, Frau Caterina Schlögel, Herrn Dr. Sebastian Pech sowie Herrn Jürgen Gille sowie unseren wissenschaftlichen Mitarbeitern Felix Zacherl, Sophie Wächter und Jakob Baumann. Ihr habt uns von der ersten Planung bis zum Druck der letzten Seite stets mit Rat und Tat zur Seite gestanden und nicht zuletzt die Geduld aufgebracht, wenn sich einzelne Schritte verzögerten oder sich neue Herausforderungen stellten. Ohne Euren Enthusiasmus für das Werk hätte dieses nicht entstehen können. Dafür unseren größten Dank!

Wir wünschen uns, dass die interessierte Praxis und Wissenschaft mit diesem Werk einen neuen Begleiter erhält, der in zukünftigen Auflagen aktualisiert und erweitert werden kann und Orientierung in der komplexen Welt des Web3 bietet.

Hamburg und Stuttgart, im Juni 2026

Marc Ruttloff/Oliver Scherenberg/
Felix Tann/Eric Wagner

Bearbeiterverzeichnis

Prof. Dr. Christian Arnold, LL.M. (Yale)
Rechtsanwalt, Gleiss Lutz Hootz Hirsch Rechtsanwälte, Steuerberater, Stuttgart

Dr. Alexander Bauer, LL.M. (KCL)
Rechtsanwalt, Annerton, Berlin

Dr. Philipp Bauer, LL.M. (Chicago)
Rechtsanwalt, Kirkland & Ellis International LLP, Frankfurt a. M.

Stefan Becker
Gründer CryptoShorts Advisory & Verwaltungsrat 1B-insurance, Fällanden, Schweiz

Dipl.-Kfm. Christian Bliesener, LL.B., CFE, CCEP-I
Compliance Officer, wpd GmbH, Bremen

Dr. Christian Volkmar Bongers
Mitarbeiter in der Steuerfachabteilung, THS Treuhand Saar Steuerberatungsgesellschaft mbH, Saarbrücken

Dr. Nico Brunotte, LL.M. (Cambridge)
Rechtsanwalt, DLA Piper UK LLP, Fachanwalt für Informationstechnologierecht, Hamburg

Prof. Dr. Winfried Bullinger
Rechtsanwalt, CMS Hasche Sigle, Berlin

Diana Dabboussi-Gürman
Wissenschaftliche Mitarbeiterin, Fraunhofer-Institut für Angewandte Informationstechnik FIT, Sankt Augustin

Dr. Clemens Danda
Wissenschaftlicher Mitarbeiter am DLR-Institut für KI-Sicherheit

Mathis Diederichsen
Wissenschaftlicher Mitarbeiter am Lehrstuhl für Bürgerliches Recht, Wirtschaftsrecht und Ökonomik der Humboldt-Universität zu Berlin

Prof. Dr. Lasse Dinter, LL.M.
Professor an der Hochschule für Polizei und öffentliche Verwaltung Nordrhein-Westfalen

Dr. Manon P. Grimm
Rechtsanwältin, Kirkland & Ellis International LLP, Frankfurt a. M.

Dipl. Jur. Moritz Conrad Hahn, LL.B.
Student an der University of Oxford (Magister Juris), Oxford

Dr. Christian Hamann
Rechtsanwalt, Gleiss Lutz Hootz Hirsch Rechtsanwälte, Steuerberater, Berlin

Dr. Anna Charlotte Harms
Rechtsanwältin, Leo Schmidt-Hollburg Witte & Frank, Hamburg

Markus Hepperle
Rechtsreferendar beim Hanseatischen Oberlandesgericht, Hamburg

Dr. Moritz Holm-Hadulla
Rechtsanwalt, Gleiss Lutz Hootz Hirsch Rechtsanwälte, Steuerberater, München

Konstantin Häßner, LL.M.
Universitätsassistent und Doktorand, Universität Wien

Dr. Anjuli von Haugwitz, geb. von Hülst, LL.M
Strategieberaterin, Boston Consulting Group, Frankfurt a. M.

Prof. Dr. Anne Jakob, LL.M.
Rechtsanwältin, Fachanwältin für Sportrecht, Karben

Julian Jörges
Wirtschaftsjurist, Gleiss Lutz Hootz Hirsch Rechtsanwälte, Steuerberater, Frankfurt a. M.

Dr. Felicitas Kahl
Berlin

Dipl. Jur. Christian Karschau, LL.B.
Wissenschaftlicher Mitarbeiter am Lehrstuhl von Prof. Dr. Florian Faust an der Bucerius Law School

Dr. Arne Klaas
Rechtsanwalt, WTK PartG mbB, Berlin

Lisa Klug
Wissenschaftliche Mitarbeiterin, Fraunhofer-Institut für Angewandte Informationstechnik FIT, Sankt Augustin

Katharina Kollmann, LL.M.
Selbstständige Rechtsanwältin, Ladenburg, und Doktorandin an der Universität des Saarlandes

Shajan Kreuter
Rechtsanwalt, Sullivan & Cromwell LLP, Frankfurt a. M.

Nicole Krug, LL.M. (London)
Rechtsanwältin (Syndikusrechtsanwältin), CARIAD SE, Kassel

Dr. Florian Lindermann
Rechtsanwalt, Steuerberater, PONTES Rechtsanwälte Steuerberater PartG mbB, Frankfurt a. M.

Dr. Maximilian Mann
Rechtsanwalt, Linklaters LLP, Hamburg

Dr. Biyan Mienert
Rechtsanwalt, General Counsel der Wormhole Foundation (Cayman Islands), New York

Vanessa Nachtwey-Gehle
Rechtsanwältin und Syndikusrechtsanwältin, Stuttgart

Dr. Thomas Nietsch
Rechtsanwalt, K&L Gates LLP, Berlin

Johannes Noller
Rechtsanwalt, CMS Hasche Sigle, München

Dr. Christian von Oertzen
Rechtsanwalt, Fachanwalt für Steuerrecht, Flick Gocke Schaumburg, Rechtsanwälte Wirtschaftsprüfer Steuerberater, PartG mbB Frankfurt a. M.

Prof. Dr. Jan Oster, LL.M. (Berkeley)
Universität Osnabrück

Prof. Dr. David J. Rapp
Full Research Professor of Accounting, Taxation, and Entrepreneurship,
Institut Supérieur de Gestion, Paris
Directeur Général, Platania & Rapp SAS, Paris

Dr. Michael Roll
Rechtsanwalt, Gleiss Lutz Hootz Hirsch Rechtsanwälte, Steuerberater, Stuttgart

Dr. Marc Ruttloff
Rechtsanwalt, Gleiss Lutz Hootz Hirsch Rechtsanwälte, Steuerberater, Stuttgart

Sophie Römer, LL.M. (Berkeley)
Rechtsanwältin, Gleiss Lutz Hootz Hirsch Rechtsanwälte, Steuerberater, Berlin

Dr. Oliver Scherenberg
Rechtsanwalt, VON HAVE FEY PartG mbB, Hamburg

Dr. Andreas Schüssel, LL.M. (Nottingham)
Rechtsanwalt, Gleiss Lutz Hootz Hirsch Rechtsanwälte, Steuerberater, Düsseldorf

Alireza Siadat, M. J. I.
Rechtsanwalt, Deloitte Legal, Frankfurt a. M.

Dr. Biljana Solbach
Fachexpertin für Digitalisierung bei der Stabsstelle für Digitale Innovation,
Liechtenstein

Moritz Stilz, LL.M. (Duke)
Senior Legal Counsel, SAP Labs, LLC, Philadelphia, USA

Dr. Florian Stoll
Rechtsanwalt, KNPZ Rechtsanwälte PartG mbB, Hamburg

Dr. Henrike Strobl
Rechtsanwältin, Nordemann Czychowski & Partner Rechtsanwältinnen und
Rechtsanwälte mbB, Berlin

Afra Stöhr
Steuerberaterin, Steuerberater Stöhr Wagner PartG mbB, Berlin

Felix Tann
Rechtsanwalt, KNPZ Rechtsanwälte und Center for Transnational Legal IP, Media and
Technology Law and Policy der Bucerius Law School, Hamburg

Simon Tannen, LL.M. (CGSL)
Rechtsanwalt, Taylor Wessing PartG mbB, Hamburg

Zsofia Vig
Rechtsanwältin und Syndikusrechtsanwältin, N26 Bank SE, Berlin

Prof. Dr. Eric Wagner
Rechtsanwalt, Gleiss Lutz Hootz Hirsch Rechtsanwälte, Steuerberater, Stuttgart

Dr. Simon Wagner
Rechtsanwalt, Gleiss Lutz Hootz Hirsch Rechtsanwälte, Steuerberater, Stuttgart

Alper-Benjamin Wagner
Steuerberater, Steuerberater Stöhr Wagner PartG mbB, Berlin

Simon Clemens Wegmann
Rechtsanwalt, Gleiss Lutz Hootz Hirsch PartG mbB Rechtsanwälte, Steuerberater, Berlin

Prof. Dr. Niclas-Frederic Weisser, LL.M. (Osnabrück), LL.M. (Hull)
Rektor der Hochschule für Öffentliche Verwaltung Bremen,
Leiter der Forschungsgruppe I (Money Laundering and White-Collar Crime) im Jean Monnet Centre of Excellence Crime Investigations and Criminal Justice (CCICJ), Bremen

Prof. Dr. Dr. h. c. Christiane Wendehorst, LL.M. (Cambridge)
Professorin für Zivilrecht, Universität Wien

Dr. Christian Wengert, LL.M. (Duke)
Rechtsreferendar, Köln

Susanne Werry, LL.M. (University of East Anglia, UK)
Rechtsanwältin, Counsel, Skadden, Arps, Slate, Meager & Flom LLP, Frankfurt a. M.

Dr. Florian S. Zawodsky
Steuerberater, Fachberater für Zölle und Verbrauchsteuern, EY Tax GmbH Steuerberatungsgesellschaft, Berlin

Im Einzelnen haben bearbeitet

§ 1 Definition Web3	Scherenberg/Tann
§ 2 Wirtschaftliche und gesellschaftliche Bedeutung	Klug
§ 3 Technischer Überblick – Definition und Bedeutung von Web3 und Blockchain-Technologie	Dabbousse-Gürman
§ 4 Anwendungsbeispiele und Potenzial	Becker
§ 5 Blockchain und Web3	Dabbousse-Gürman
§ 6 Einführung	Tann
§ 7 Internationales Privatrecht	Mann
§ 8 Gesellschaftsrecht	Mienert
§ 9 Steuerrecht	Hepperle
§ 10 Datenschutz	Wegmann
§ 11 Verbraucherschutzrecht	Kollmann
§ 12 Kapitalmarktrecht und DAO als Investmentvermögen	Vig
§ 13 GWG-Compliance bei DAOs	Klaas
§ 14 Kartellrechtliche Aspekte	Holm-Hadulla/Schüssel
§ 15 Einführung	Tann
§ 16 Anmeldung, Nutzung und Rechtsdurchsetzung, insbesondere Gewerblicher Rechtsschutz	Stoll/Hahn/Karschau
§ 17 Steuerrecht	Hepperle
§ 18 Einführung	Ruttloff/E. Wagner
§ 19 Rechtsnatur	von Haugwitz
§ 20 Internationales Privatrecht	Wendehorst/Häßner
§ 21 Marken- und Designrecht	Hahn/Tann
§ 22 Gesellschaftsrecht	Solbach
§ 23 Urheberrecht und Rechteverwertung	Bullinger/Kahl
§ 24 Bilanzrecht	Rapp/Bongers
§ 25 Steuerrecht	Stöhr/A.-B. Wagner/Zawodsky
§ 26 Haftungsfragen und Rechtsdurchsetzung	A. Bauer
§ 27 Insiderhandel und Marktmanipulation	Grimm/Kreuter
§ 28 Geldwäsche und Compliance bei NFTs	Weisser/Dinter/Bliesener
§ 29 Datenschutz	Krug
§ 30 Erbrecht	von Oertzen/Lindermann
§ 31 Sportrecht	Jakob
§ 32 Außenhandels- und Sanktionsrecht	Siadat
§ 33 Insolvenz und Vollstreckung	A. Bauer
§ 34 Umfassende rechtsberatende Perspektive	Brunotte
§ 35 Einführung	Ruttloff/E. Wagner
§ 36 Rechtsnatur	von Haugwitz
§ 37 Internationales Privatrecht	Wendehorst/Häßner
§ 38 Vertragsrecht	Wengert
§ 39 Schuldrecht	Wengert
§ 40 Verbraucherschutzrecht	Wengert
§ 41 Gesellschaftsrecht	Solbach

Im Einzelnen haben bearbeitet

§ 42 Bilanzrecht	Rapp/Bongers
§ 43 Steuerrecht	Stöhr/A.-B. Wagner/Zawodsky
§ 44 Haftungsfragen und Rechtsdurchsetzung	A. Bauer
§ 45 Insiderhandel und Marktmanipulation	Grimm/Kreuter
§ 46 Geldwäsche und Compliance bei Decentralised Finance/Kryptowährungen	Weisser/Dinter/Bliesener
§ 47 Datenschutz	Krug
§ 48 Erbrecht	von Oertzen/Lindermann
§ 49 Außenhandels- und Sanktionsrecht	Siadat
§ 50 Aufsichts- und Kapitalmarktrecht	P. Bauer
§ 51 Insolvenz und Vollstreckung	A. Bauer
§ 52 Einführung	Ruttloff/E. Wagner
§ 53 Vertragsrecht	S. Wagner/Ruttloff/E. Wagner/Römer
§ 54 AGB-Recht	Nachtwey-Gehle
§ 55 Verbraucherschutzrecht	Kollmann
§ 56 Datenschutz	Hamann/Wegmann
§ 57 Insolvenzrecht	Nietsch
§ 58 Haftung	Danda
§ 59 Automatisierte Vertragsdurchsetzung	Oster
§ 60 Blockchain-Einträge als Beweismittel im Zivilprozess	Diederichsen
§ 61 Kartellrechtliche Aspekte	Holm-Hadulla/Schüssel
§ 62 Einführung	Ruttloff/E. Wagner
§ 63 KI-VO	Tannen
§ 64 Datenschutz	Wegmann
§ 65 Immaterialgüterrecht	Harms
§ 66 Kartellrechtliche Aspekte	Holm-Hadulla/Schüssel
§ 67 Einführung	Ruttloff/E. Wagner
§ 68 Marken- und Designrecht	Tann/Karschau
§ 69 Datenschutz	Werry
§ 70 Arbeitsrecht	Arnold/Roll
§ 71 Urheberrecht	Strobl
§ 72 Vertrags- und Wettbewerbsrecht	E. Wagner/Ruttloff/Jörges
§ 73 Kartellrechtliche Aspekte	Holm-Hadulla/Schüssel
§ 74 Digitale Identitäten und Europäische Identitätsbrieftasche (EUDI-Wallet)	Noller/Tannen

Inhaltsverzeichnis

2. Teil Rechtliche Einordnung

Kapitel 3 Dezentralisierung

Kapitel 6 Virtualisierung

1. Teil Grundlagen

Kapitel 1 Definition und Bedeutung

§ 1 Definition Web3

Zu Beginn sei klargestellt: Eine allgemein akzeptierte und trennscharfe Definition des Begriffs Web3 existiert nicht.[1] Je nach Kontext umschreibt Web3 eine eher vage Vorstellung von einem demokratischeren, interaktiveren und dezentraleren Internet.[2] Die Suche nach einer Definition ist dennoch fruchtbar: Sie liefert die Struktur für das vorliegende Buch und schafft Orientierung in einem hochdynamischen Umfeld. 1

Ein kurzer Blick auf die Entwicklungsphasen des Internets verdeutlicht die anvisierte Stoßrichtung. Das Web 1.0 war eine passive Phase, in der Nutzer primär Informationen auf statischen Webseiten konsumierten. Mit dem Web 2.0 wurden sie zu aktiven Teilnehmern, die auf zentralisierten Plattformen wie sozialen Netzwerken eigene Inhalte erstellen und teilen – die Kontrolle über die Daten verblieb jedoch bei den Plattformbetreibern. Das aufstrebende Web3 zielt darauf ab, diese Kontrolle durch dezentrale Technologien wie die Blockchain an die Nutzer zurückzugeben und ihnen so die Souveränität über ihre digitalen Daten und Vermögenswerte zu ermöglichen (zur Entwicklung von Web 1.0 zu Web3 vertiefend → § 2 und → § 3). 2

Vor diesem Hintergrund fungiert Web3 als ein Überbegriff für eine Reihe zentraler Konzepte und Phänomene.[3] Als konzeptionelle Säulen gelten zumeist die Dezentralisierung, die eng damit verbundene Blockchain-Technologie sowie die Tokenisierung (näher hierzu → § 5).[4] Diese Konzepte manifestieren sich in konkreten Anwendungen wie Dezentralisierten Autonomen Organisationen (DAO), Smart Contracts, Non-Fungible Token (NFT) oder Kryptowährungen.[5] Diesen Ausprägungen ist gemein, dass sie direkt oder indirekt auf der Blockchain aufbauen. Selbst Phänomene wie Virtual Reality (VR), Augmented Reality (AR) oder das Metaverse können in Verbindung mit den Prinzipien des Web3 eine neue Dimension erlangen (→ § 67). 3

Es ist damit erkennbar, dass Web3 sowohl ein Konzept darstellt als auch eine konkrete Bewegung mit Einzelphänomenen wie Kryptowährungen oder DAO, die teilweise sichtbar an der Oberfläche und teilweise unsichtbar im Hintergrund ihre Wirkung entfalten (zur Besprechung verschiedenster Beispiele → § 4). Um den Begriff für die juristische Analyse 4

---

1 WIRED vom 10.5.2022, abrufbar unter: https://www.wired.com/story/web3-paradise-crypto-arcade/; Thomas Stackpole, What is Web3, Harvard Business Review 10.5.2022, abrufbar unter: https://hbr.org/2022/05/what-is-web3; McKinsey & Company, What is Web3?, abrufbar unter: https://www.mckinsey.com/featured-insights/mckinsey-explainers/what-is-web3#/.

2 Sam Gilbert, Crypto, web3, and the Metaverse, abrufbar unter: https://bennettschool.cam.ac.uk/wp-content/uploads/2022/03/Policy-brief-Crypto-web3-and-the-metaverse.pdf.

3 Thomas Stackpole, What is Web3, Harvard Business Review 10.5.2022, abrufbar unter: https://hbr.org/2022/05/what-is-web3; Ethereum.org, What is Web3?, abrufbar unter: https://ethereum.org/web3/; McKinsey & Company, Web3 beyond the hype, abrufbar unter: https://www.mckinsey.com/industries/financial-services/our-insights/web3-beyond-the-hype.

4 Vgl. Kevin Roose, The late comers gudie to crypto: What is web3?, abrufbar unter: https://www.nytimes.com/interactive/2022/03/18/technology/web3-definition-internet.html; Chris Dixon, Why Web3 matters, abrufbar unter: https://a16zcrypto.com/posts/article/why-web3-matters/; Ethereum.org, What is Web3?, abrufbar unter: https://ethereum.org/web3/.

5 Sam Gilbert, Crypto, web3, and the Metaverse, abrufbar unter: https://bennettschool.cam.ac.uk/wp-content/uploads/2022/03/Policy-brief-Crypto-web3-and-the-metaverse.pdf.

greifbar zu machen, schlagen wir eine typologische Herangehensweise vor. Diese orientiert sich – ohne Anspruch auf Vollständigkeit – an fünf von uns identifizierten konzeptionellen Säulen, denen sich konkrete Phänomene zuordnen lassen:

- Dezentralisierung (→ § 6): Dezentralisierte Autonome Organisationen (DAO) (→ § 6) und Blockchain Domains (→ § 15)
- Tokenisierung (→ § 18): Tokenisierte Assets und NFTs (→ § 18), Decentralised Finance (DeFi) und Kryptowährungen (→ § 35)
- Automatisierung (→ § 52): Dezentralisierte Anwendungen (dApps) und Smart Contracts (→ § 52), Generative Künstliche Intelligenz (genAI) (→ § 62)
- Virtualisierung (→ § 67): Erweiterte Realität und das Metaverse
- Autonomie und Datenhoheit (→ § 74): Digitale Identitäten und Identitätsmanagement

Dieser Ansatz erlaubt es, die Untersuchung zu strukturieren und gleichzeitig flexibel für künftige Entwicklungen zu bleiben.

5 Eine solche Begriffsbestimmung muss der hohen Dynamik des Feldes Rechnung tragen. Die Bedeutung einzelner Phänomene unterliegt einem stetigen Wandel: Stand anfangs die Blockchain-Technologie als solche im Fokus, rückten später Kryptowährungen und kurzzeitig NFTs in den Vordergrund. Aktuell scheinen DeFi und tokenisierte Assets die größte Aufmerksamkeit zu erhalten, während sich andere Anwendungen wie DAOs oder Smart Contracts stetig im Hintergrund weiterentwickeln. Jede Definition kann daher nur eine Momentaufnahme sein.

6 Gerade diese Unschärfe und Dynamik machen jedoch den Reiz von Web3 aus. Als offener Oberbegriff bietet er Raum für Innovation und technologische Experimente. Der hier vorgestellte Ansatz soll daher nicht als starre Definition verstanden werden, sondern als ein analytisches Gerüst, das es erlaubt, die vielfältigen Erscheinungsformen des Web3 zu erfassen und einer juristischen Untersuchung zugänglich zu machen.

§ 2 Wirtschaftliche und gesellschaftliche Bedeutung

1 Zur Betrachtung des Web3 und um sich der Tragweite seiner Auswirkungen auf Gesellschaft und Wirtschaft bewusst zu werden, ist eine Einordnung in die bisherigen drei Entwicklungsstufen des Internets – Web 1.0, Web 2.0 und Web3 – hilfreich.

Die technischen Standards, auf denen das Internet basiert, wurden bereits in den 1960er Jahren entwickelt[1]. Zu der Zeit hat die ARPA (Advanced Research Projects Agency), eine in das US-Verteidigungsministerium integrierte Forschungseinrichtung, im Rahmen des Kalten Krieges ein resilientes Kommunikationsnetzwerk mit dem Namen ARPANET entwickelt, das zum Vorläufer des Internets wurde und zunächst Forschungseinrichtungen zum Daten- und Informationsaustausch miteinander vernetzte.

2 Die Weiterentwicklung des Internets als Werkzeug zum Informationsaustausch, hin zu einem Ort, an dem Dokumente im Internet für alle zugänglich und suchbar gemacht wurden, wurde in den frühen 1990ern durch Tim Berners-Lee initiiert[2]. Er erfand mit dem World Wide Web (WWW) die Möglichkeit, Webseiten zu erstellen, miteinander zu „verflechten", und durch Nutzer abrufen zu lassen. Das ermöglichte auch Laien den Zugriff auf das Web, wobei die Erstellung von Webseiten nach wie vor technische Kenntnisse erforderte. Daher war diese Phase des Internets, die heute als Web 1.0 bezeichnet wird, dadurch gekennzeichnet, dass die Nutzer vor allem Informationen im Internet konsumieren bzw. lesen konnten.

---

[1] Pohle/Voelsen, Das Netz und die Netze. Vom Wandel des Internets und der globalen digitalen Ordnung, Berlin J Soziol 2022, 464.

[2] Berners-Lee, Weaving the Web 2000.

Damit Innovationen wie das Internet sich etablieren, reicht die technologische Überlegenheit allein in der Regel nicht aus, sondern es wird ein gesellschaftlicher Rahmen für den sozio-technischen Wandel benötigt[3]. Im Falle des Internets löste das Ende des Kalten Krieges Anfang der 1990er einen Bedarf nach einer verstärkten globalen Vernetzung aus und schuf ein sogenanntes „Window of Opportunity" für Innovationen, in dem das Internet sich in sozio-technischen Strukturen etablieren und das gesellschaftliche Bedürfnis nach Globalisierung bedienen konnte[4]. **3**

Im März 2000 erfolgte der Dotcom Crash, eine geplatzte Internet-Spekulationsblase, die häufig als Einschnitt zwischen der frühen Phase des Internets und der Entwicklung des Web 2.0 gesehen wird[5]. Nach dem zunächst großen Hype um die vielen neu gegründeten Unternehmen im Bereich der digitalen Technologien, führte ein rapider Kurssturz im März 2000 dazu, dass viele IT-Unternehmen insolvent wurden. Die Technologien und Infrastrukturen blieben jedoch erhalten, und einige technisch und wirtschaftlich starke Unternehmen wie Amazon und Google rückten während der Krise eher in den Vordergrund und etablierten sich als dominierende Akteure des Internets. Parallel zu diesen wirtschaftlichen Entwicklungen gewann auch die Partizipation der Nutzer auf Internetplattformen an Bedeutung. Die Nutzer konnten nicht mehr primär Informationen konsumieren oder lesen, wie im Web 1.0, sondern das Schreiben, und damit die aktive Beteiligung an den Inhalten, wurde zu einer bedeutenden Funktion. Dies führte dazu, dass sie auf Plattformen wie Wikipedia, sowie später in sozialen Netzwerken wie Facebook, Inhalte generieren konnten. **4**

Das Web 2.0 ist das Internet, das heutzutage sozio-technisch institutionalisiert ist und das die meisten von uns nutzen. Große Konzerne wie u. a. Amazon, Google und Meta haben es in eine globale Wirtschaftsplattform verwandelt, die eine zentrale Rolle in der digitalen Wirtschaft spielt. Das Web 2.0 ist charakterisiert durch eine stark zentralisierte Datenspeicherung und Plattformarchitektur. Plattformbetreiber bieten ihre Services kostenfrei für Endnutzer an, haben jedoch meist die Kontrolle über personenbezogene Daten und können diese kommerzialisieren, beispielsweise mittels personalisierter Werbung[6]. Diese Dynamik ist zum Standardmodell für viele Internetunternehmen geworden, wird jedoch von Kritikern als „Überwachungskapitalismus" bezeichnet, da es eine asymmetrische Machtdynamik schafft und demokratische Grundlagen gefährdet, indem Daten monetarisiert werden, um Verhalten vorherzusagen oder zu beeinflussen, während Nutzer nur wenig Möglichkeiten haben, ihre Privatsphäre selbst zu verwalten[7]. **5**

Darüber hinaus ist die Governance von Plattformen, beispielsweise von Sozialen Netzwerken, zuletzt immer wieder in den Fokus gerückt. Die Art und Weise wie die Algorithmen solcher Plattformen Beiträge ranken, wie sie mit Falschinformationen umgehen und wie Content moderiert wird, wird zentral reguliert. Dies wird zunehmend kontrovers diskutiert und hat u. a. wirtschaftliche Implikationen für Content Creator und Unternehmen, die die Plattformen nutzen, als auch gesellschaftliche und politische Auswirkungen.

Nicht nur Software-Produkte, sondern auch hardwarezentrierte Produkte wie Autos sind zunehmend mit der digitalen Infrastruktur der Hersteller verknüpft und ermöglichen einen

3 Geels, Technological transitions as evolutionary reconfiguration processes: a multi-level perspective and a case-study, Research Policy 2002, 1257.

4 Klug/Halbwachs/Oppermann, The Web's Evolution: The Socio-Technical Transition Towards a Decentralized Web3, in: Prinz/Trauth (Hrsg.), Tokenizing the Future, Springer Nature 2025, 17.

5 Murray ua, The promise of a decentralized internet: What is Web3 and how can firms prepare?, Business Horizons 2023, 192; Park ua, Interoperability: Our exciting and terrifying Web3 future, Business Horizons 2023, 530.

6 Landwehr ua, Problems with surveillance capitalism and possible alternatives for IT infrastructure, Information, Communication & Society 2023, 70.

7 Zuboff, Big other: Surveillance Capitalism and the Prospects of an Information Civilization, Journal of Information Technology 2015, 75.

Datenfluss in beide Richtungen, d. h. auch vom Unternehmen zum Benutzer[8]. Hardware-Produkte, die früher nach dem Kauf vollständig autonom genutzt werden konnten, bleiben dadurch zunehmend mit den Herstellern verbunden, die bestimmte Funktionen zentral steuern oder überwachen können (zu den rechtlichen Grenzen dieser Kontrolle und Überwachung Oster → § 59 Rn. 6–7).

6 Im Gegensatz dazu strebt das Web3 häufig eine dezentrale Infrastruktur und Demokratisierung von Informationen an.[9] Forschende argumentieren, dass es im Vergleich zum Web 2.0 vor allem eine Innovation des Backends darstellt, da zentrale Datensilos durch verteilte Datenspeicherung ersetzt werden[10]. Web3 hat seine Wurzeln in der Kryptowährung Bitcoin, die nach der globalen Finanzkrise 2007–2008 entstand und als Alternative zu Geld eine neue Assetklasse etablierte, die unabhängig von zentralen Finanzinstituten ist und ohne Banken oder andere Vermittler auskommt.

Technisch handelt es sich bei Kryptowährungen um fungible Token auf einer Blockchain (→ § 35 Rn. 2). Token und die darunter liegende Blockchain-Technologie (→ § 3 Rn. 3 und → § 5 Rn. 10–35) ermöglichen es, die Inhaberschaft bzw. Kontrolle über digitale Objekte kryptographisch nachzuweisen, ohne dass hierfür eine zentrale Instanz erforderlich ist.

Nachdem das Web 1.0 durch das Lesen geprägt war und im Web 2.0 das Schreiben hinzukam, soll das Web3 zusätzlich den kryptographisch abgesicherten Nachweis von Inhaberschaft an digitalen Assets ermöglichen. Dies betrifft sowohl fungible Token, etwa Kryptowährungen und andere DeFi-Token (→ § 4 II Decentralised Finance/Kryptowährungen), als auch Non Fungible Token (§ 4 I Tokenisierte Assets – Non Fungible Token (NFT)).

In vielen Web3-Konzepten wird daher angestrebt, die Kontrolle über digitale Objekte (hierzu können nicht nur Krypto-Token zählen, sondern auch Inhalte wie Social Media Beiträge, persönliche Gesundheitsdaten, etc) stärker auf die Nutzer selbst zu verlagern, anstatt sie primär bei den Betreibern zentraler Plattformen zu bündeln (zur Rechtsnatur digitaler Objekte → § 19 Rn. 1 ff. und → § 36 Rn. 1 ff.). Befürworter solcher Web3-Architekturen argumentieren, dass Nutzer dadurch mehr Kontrolle über ihre digitalen Assets und Daten erhalten können. Kaae et al.[11] definieren das Web3 „as the ambition to create an entire interoperable ecosystem that is governed in a more decentralized, user-centric, and democratic manner, a web that empowers individuals and communities rather than centralized authorities, hereby revolutionizing online interactions and business models".

7 Forschende wie Murray et al.[12] erwarten, dass das Web3 die Wettbewerbsdynamik verändern und die Geschäftsmodelle zentralisierter Plattformen beeinträchtigen wird. Da die Kunden die Kontrolle über ihre Daten, Identitäten und digitalen Güter behalten und diese mitnehmen können, wenn sie zwischen Blockchain-basierten Anwendungen wechseln, müssen zentralisierte Plattformen ihre Geschäftsmodelle überdenken, da bisherige Einnahmequellen, die auf der Nutzung gesammelter Daten basieren, möglicherweise wegfallen[13]. Darüber hinaus würde dies einen Plattform-Wechsel für Nutzer erleichtern, die ihre gesamten Daten und Besitze einfach mitnehmen können. Plattformen müssen gezielt Anreize schaffen, um Nutzer zu binden, da die im Web3 angestrebte Interoperabilität

---

[8] Verganti ua, Innovation and Design in the Age of Artificial Intelligence, Journal of Product Innovation Management 2020, 213.

[9] Der Begriff Web3 ist nicht zu verwechseln mit dem Begriff Web 3.0. Regelmäßig zielt „Web 3.0" auf die Entwicklung eines sogenannten semantischen Webs ab, in dem Maschinen Daten intelligent verarbeiten können und so die Effizienz des Internets verbessern. Web3 propagiert demgegenüber ein anderes technologisches Leitbild, das durch ein dezentrales, souveränes und nutzerzentriertes Internet gekennzeichnet ist; siehe auch Klug ua, [Fn. 4], 22.

[10] Park ua, [Fn. 5], 530.

[11] Web3 Decentralized Business Models, Proceedings of the Annual Hawaii International Conference on System Sciences 2024.

[12] [Fn. 5], 199.

[13] Kaae ua, [Fn. 11]; Murray ua, [Fn. 5], 199.

von Anwendungen den Wechsel zwischen Plattformen erleichtert, Lock-in-Effekte reduziert und sie dadurch austauschbarer macht[14].

Darüber hinaus erklären Dutra et al.[15], dass Distributoren wie Spotify oder Amazon an Bedeutung verlieren könnten, da Blockchain und Web3 eine direkte Verbindung zwischen Content Creator und Nutzer ermöglichen. Inhalte können direkt konsumiert werden und die Ersteller (z. B. Musiker oder Social-Media-Autoren) können direkt und automatisiert von den Konsumenten durch Tokens entlohnt werden, anstatt dass zentrale Plattformen einen Teil der Einnahmen für sich beanspruchen[16]. Ein prototypischer Ansatz sieht etwa einen Chatbot vor, der eine transparente Vergütung von Wissensurhebern ermöglicht, wenn das von ihnen veröffentlichte Wissen von einer generativen KI (zu der rechtlichen Perspektive auf generative KI im Kontext von Web3 → § 62 Rn. 1 ff.) zur Generierung einer Antwort genutzt wird[17].

Zunehmend nutzen auch traditionelle Akteure wie Bosch, Daimler, BMW, Siemens, Merck und Telekom Web3-Anwendungen und -Infrastrukturen. Mit Hilfe von Smart Contracts (→ § 52 Rn. 2), das sind programmierte Verträge, die bei Erfüllung vordefinierter Bedingungen automatisch ausgeführt werden, können Prozesse beschleunigt, automatisiert und entbürokratisiert werden. Eine Weiterentwicklung dessen ist die Vision der Economy of Things, bei der Geräte als autonome Wirtschaftsakteure agieren, die miteinander kommunizieren und selbstständig Transaktionen abwickeln (insbesondere → § 53 Rn. 7 und → § 59 Rn. 1, 3). So entwickelt Bosch beispielsweise Software-Agenten für Elektroautos, die mit Ladesäulen verhandeln und dabei sowohl Preise optimieren, als auch die Wünsche des Fahrers berücksichtigen können[18]. Blockchain und Web3 können Transaktionen optimieren, digitale Souveränität stärken und Interoperabilität fördern, und entwickeln sich damit zu einem unsichtbaren Wegbereiter der digitalen Wirtschaft[19]. **8**

Gleichzeitig bedarf es noch vieler gesellschaftlicher Lernprozesse, die sich einerseits auf technologische und regulatorische Dimensionen des Web3 beziehen, aber auch auf Marktmechanismen, Governance-Modelle und Konsumgewohnheiten[20]. In einer dezentralen Umgebung wie dem Web3 ist es für Opfer von kompromittierten Netzwerken schwierig, Verantwortliche zu identifizieren und Schuldfragen zu klären[21]. Wallets sind heutzutage noch nicht standardisiert und ihre Nutzung kann für technisch weniger versierte Personen komplex sein. Nutzer müssen außerdem lernen mit der Datensouveränität umzugehen (§ 7 Autonomie und Datenhoheit). Anders als wir es heute gewohnt sind, gibt es in einem vollständig dezentralisierten Web3 keine einfache Möglichkeit, Passwörter zurückzusetzen, sondern die Nutzer müssen sich daran gewöhnen, ihr Schlüsselpaar, das den Zugang zum Wallet und damit zu ihren digitalen Besitztümern ermöglicht, selbstständig sicher aufbewahren. Die Unwissenheit und Unsicherheit führen zu Sicherheitsrisiken, da sie Betrug erleichtern können. Mögliche Strategien zur Förderung der Lernprozesse umfassen neben der Bereitstellung von geeigneten Anleitungen auch eine Verbesserung der Nutzerfreundlichkeit und Bedienbarkeit. **9**

---

14 Schmück ua, Less trust, more truth: Implications and design choices for business models and platform ecosystems in the age of Web3, Technological Forecasting and Social Change 2025, 9.

15 Blockchain Is Changing How Media and Entertainment Companies Compete, MIT Sloan Management Review 2018, 45.

16 Dutra ua, ebd., 41.

17 Nievelstein/Prinz, Blockchain-Based Ecosystem for Fair And Ownership-Preserving Document-Sharing in LLM Use Cases, 2025 7th International Conference on Blockchain Computing and Applications (BCCA) 2025, 115–122.

18 Bosch, Autos, die mit Ladesäulen verhandeln, abrufbar unter https://www.bosch.com/de/stories/dlt-autos-die-mit-ladesaeulen-verhandeln/.

19 Fluri, Web3-Ausblick in die nächsten 10 Jahre mit Lukas Fluri, abrufbar unter https://blog.stroeer.de/innovation/web3-ausblick-in-die-naechsten-10-jahre-mit-lukas-fluri-cpo-smart-media-technologies/.

20 Klug ua [Fn. 4], 26.

21 Ferraro ua, Not so trustless after all: Trust in Web3 technology and opportunities for brands, Business Horizons 2023, 667.

10 In der Forschung zum sozio-technischen Wandel wird davon ausgegangen, dass eine Innovation sich nicht allein aufgrund ihrer Überlegenheit durchsetzt. Es bedarf zusätzlich eines gesellschaftlichen Rahmens, in dem exogene Einflüsse die vorherrschenden dominanten Strukturen unter Druck setzen und ein „Window of Opportunity" schaffen, in dem sich neue Innovationen durchsetzen können[22]. Zurzeit treiben Debatten über die starke Zentralisierung des Web 2.0 in den Händen weniger Technologieunternehmen sowie Fragen des Datenschutzes diesen sozio-technischen Wandel voran, aber wie das Window of Opportunity letztendlich aussieht, wissen wir noch nicht. Aufbauend auf der Forschung zu „protective spaces" von Smith und Raven[23] könnte dem Web3 zum Durchbruch verholfen werden, indem eine gemeinsame Vision für ein einheitliches, interoperables Web3-Ökosystem entwickelt wird, dass die Zusammenarbeit bei der Umsetzung eines solchen Ökosystems unterstützt und rechtliche Rahmenbedingungen geschaffen werden, die innovative Entwicklungen unterstützen und so ein fruchtbares Umfeld für Experimente und Wachstum schaffen.

§ 3 Technischer Überblick – Definition und Bedeutung von Web3 und Blockchain-Technologie

I. Überblick Web3

1 Das Internet hat sich über die Jahre hinweg in mehreren Entwicklungsstufen transformiert. Das Konzept von Web3 repräsentiert die nächste Entwicklungsstufe des Internets, die sich auf Dezentralisierung, Benutzerkontrolle und neue Interaktionsmöglichkeiten zwischen Menschen und digitalen Diensten fokussiert[1]. Während das Web1 in den 1990er Jahren von statischen Webseiten geprägt war und sich in Richtung Reichweite und Digitalisierung bewegte und das Web2 mit der Einführung interaktiver Plattformen und zentralisierter Dienste die Ära der sozialen Medien, des digitalen Handels und der Datenzentrierung einläutete, geht das Web3 darüber hinaus (zu den Details der Entwicklung des Web3 → § 2). Es setzt auf Souveränität, Nachvollziehbarkeit, Automatisierung, Authentizität, Nachhaltigkeit und Dezentralität. Die Entwicklungsstufe Web3 basiert auf der Umgestaltung digitaler Infrastrukturen, um Transparenz, Sicherheit und die Nutzung digitaler Anwendungen zu fördern. Web3 nutzt Technologien wie Blockchain (→ § 5 Rn. 7), dezentrale Protokolle und Smart Contracts (→ § 52), um digitale Ressourcen transparent, sicher und ohne zentralen Intermediär zu verwalten. Im Mittelpunkt steht die Idee der „Tokenisierung" (→ § 18), bei der Vermögenswerten, Rechte oder Daten in Form von digitalen Token abgebildet und gehandelt werden können[2]. Dieser Ansatz eröffnet eine Vielzahl neuer Anwendungsfelder, die von dezentralen Finanzdiensten (DeFi → § 35) über dezentrale autonome Organisationen (DAO → § 6) bis hin zu Anwendungen in virtuellen und interaktiven digitalen Umgebungen, wie etwa das Metaverse reichen[3].

2 Die zentralen Prinzipien von Web3 umfassen:

- **Dezentralisierung:** Daten und Anwendungen sind nicht auf einzelne Server oder Plattformen beschränkt, sondern über Netzwerke verteilt. Dies reduziert die Abhängigkeit von zentralen Akteuren und erhöht die Sicherheit.
- **Automatisierung:** Mit Hilfe von Smart Contracts (→ § 52) können Prozesse und Transaktionen ohne zentrale Instanz automatisiert durchgeführt werden.

---

[22] Geels, [Fn. 3], 1262.

[23] Smith/Raven, What is protective space? Reconsidering niches in transitions to sustainability, Research Policy 2012, 1025.

[1] Voshmgir, Token economy.

[2] Voshmgir, Token economy; Weyl ua, SSRN Electron. J. 2022.

[3] Belk ua, J. Bus. Res. 2022, 198.

- **Souveränität:** Nutzer:innen können ihre eigenen Daten kontrollieren und entscheiden, wie diese verwendet werden. Dies wird durch Dezentrale Identitäten (DIDs) und Self-Sovereign Identity (SSI) ermöglicht.
- **Interoperabilität:** Offene Protokolle stellen sicher, dass unterschiedliche Anwendungen und Systeme nahtlos miteinander kommunizieren können.

Web3 fokussiert sich auf die Dezentralisierung des Internets, indem es die Kontrolle von zentralen Instanzen auflöst und zielt darauf ab, die Kontrolle über Daten und Inhalte wieder in die Hände der Nutzer:innen zu legen. Dies wird unter anderem durch die Integration der Blockchain-Technologie erreicht, die eine dezentrale, transparente und manipulationssichere Infrastruktur bietet. In Web3 wird Vertrauen nicht mehr durch zentrale Autoritäten hergestellt, sondern durch kryptografische Methoden, die die Integrität und Sicherheit digitaler Transaktionen garantieren. Durch diese Dezentralisierung entsteht eine neue Ära des Internets, in der Nutzer:innen direkt miteinander interagieren können, ohne auf zentrale Vermittler:innen angewiesen zu sein.

II. Überblick Blockchain-Technologie

3 Die Blockchain-Technologie hat sich in den letzten Jahren als eine der wichtigen Entwicklungen im Bereich der digitalen Transformation etabliert. Ursprünglich entwickelt, um als Basis für Kryptowährungen wie Bitcoin zu dienen, hat sich die Blockchain mittlerweile zu einer vielseitigen Technologie entwickelt, die in zahlreichen Branchen eingesetzt wird[4]. Eine Blockchain ist eine dezentralisierte Datenstruktur, die Transaktionen sicher speichert. Sie besteht aus einer Kette von Blöcken, wobei jeder Block eine Sammlung von Daten enthält, die durch kryptografische Verfahren gesichert sind[5]. Die Kernidee der Blockchain im Vergleich zu herkömmlichen Datenbanken besteht darin, dass sie die Validierung einer Datenhistorie ohne zentrale Autorität ermöglichen. Nicht alle Blockchain-Einträge beinhalten Transaktionen über Kryptowährung, da die Blockchain-Technologie auch für andere Zwecke wie die Speicherung von Daten, digitale Identitäten, Lieferkettenmanagement, die Automatisierung von Prozessen und weitere Anwendungen genutzt werden kann[6].

Um die Funktionsweise der Blockchain besser zu verstehen, ist es wichtig, ihre grundlegenden Kernelemente zu betrachten, die die Basis für ihre Sicherheit, Transparenz und dezentrale Struktur bilden.

- **Dezentralisierung:** Im Gegensatz zu traditionellen Datenbanken, die zentral verwaltet werden, wird die Blockchain über ein Netzwerk von Computern, den sogenannten Nodes verteilt. Jede Node speichert die gesamte Blockchain, was Manipulationen erschwert, da Abweichungen von der Mehrheit erkannt werden würden.
- **Transparenz:** Alle Transaktionen in einer Blockchain sind (je nach Blockchain-Art) öffentlich einsehbar, was zu einer erhöhten Nachvollziehbarkeit führt.
- **Unveränderlichkeit:** Sobald ein Block zur Blockchain hinzugefügt wurde, kann dieser nicht mehr geändert werden. Dies wird durch kryptografische Hashes und die Konsensmechanismen gewährleistet.
- **Konsensmechanismen:** Um sicherzustellen, dass alle Teilnehmer:innen des Netzwerks einer einheitlichen Version der Blockchain zustimmen, kommen Algorithmen wie Proof of Work (PoW) oder Proof of Stake (PoS) zum Einsatz.

---

[4] Crosby ua, Appl. Innov. 2016, 6; Miraz/Ali, Ann. Emerg. Technol. Comput. 2018, 1; Underwood, Commun. ACM 2016, 15.

[5] Prinz, Wolfgang ua, Blockchain: Technologien, Forschungsfragen und Anwendungen – Positionspapier der Fraunhofer Gesellschaft.; Tapscott/Tapscott, Die Blockchain-Revolution; Xiwei Xu ua, Architecture for blockchain applications.

[6] Di Francesco Maesa/Mori, J. Parallel Distrib. Comput. 2020, 99; Prinz, Wolfgang ua, Blockchain: Technologien, Forschungsfragen und Anwendungen – Positionspapier der Fraunhofer Gesellschaft.

4 Die Anwendung der Blockchain-Technologie erstreckt sich über eine Vielzahl von Bereichen. Im finanziellen Bereich ermöglicht sie den Einsatz von Kryptowährungen (→ § 35), erleichtert den Zahlungsverkehr und fördert die Entwicklung von dezentralen Finanzsystemen (DeFi)[7]. In der Logistik und Supply Chain Optimierung ermöglicht sie die lückenlose Rückverfolgbarkeit von Gütern, reduziert das Risiko von Fälschungen und steigert die Effizienz. Auch im Gesundheitswesen gewinnt Blockchain zunehmend an Bedeutung, insbesondere durch die sichere Speicherung sensibler Daten wie zB von Patient:innen und die Nachvollziehbarkeit von Medikamenten. Regierungen nutzen die Technologie, um E-Government-Anwendungen zu stärken und digitale Identitätslösungen zu implementieren. Im Energiesektor eröffnet die Blockchain neue Möglichkeiten, etwa durch den Peer-to-Peer-Handel von überschüssiger Energie oder die Schaffung intelligenter Stromnetze[8]. Die Einführung von Non-Fungible Tokens (NFT → § 18) löste zunächst einen Aufschwung in der Kunst- und Unterhaltungsbranche aus, insbesondere durch die Etablierung digitaler Kunstmarktplätze und Monetarisierungsmodelle für Künstler:innen. Mit der Weiterentwicklung der Technologie hat sich jedoch gezeigt, dass ihr Anwendungspotenzial weit über diese ursprünglichen Bereiche hinausgeht[9]. So werden NFTs mittlerweile in einer Vielzahl von Bereichen eingesetzt, darunter die Erstellung und Verwaltung digitaler Echtheitszertifikate und Produktpässe, die Entwicklung virtueller Plattformen und die Bereitstellung exklusiver Zugangsrechte für Communities[10].

Die Blockchain-Technologie ist aufgrund ihrer Fähigkeit, neue Lösungsansätze für bestehende Herausforderungen zu liefern, eine der Schlüsseltechnologien für die digitale Zukunft. Ein tieferes Verständnis der Blockchain-Technologie erfordert jedoch nicht nur eine Betrachtung ihrer Kernelemente und Anwendungsfelder, sondern auch ein Verständnis der technischen Grundlagen, die dieser Technologie zugrunde liegen (für eine Erklärung der grundlegenden Konzepte und Funktionsweisen der Blockchain → § 5 Rn. 11).

§ 4 Anwendungsbeispiele und Potenzial

Übersicht

[7] Di Francesco Maesa/Mori, J. Parallel Distrib. Comput. 2020, 99.
[8] Monrat ua, IEEE Access 2019, 117134; Tapscott/Tapscott, Die Blockchain-Revolution.
[9] Wang ua, Non-Fungible Token (NFT).
[10] Razi ua, IEEE Open J. Commun. Soc. 2023, 1; Wang ua, Non-Fungible Token (NFT).

Web3 ist weit mehr als ein Schlagwort für Kryptowährungen und virtuelle Welten. Es beschreibt die nächste Entwicklungsstufe des Internets, die auf Dezentralisierung, Transparenz und Nutzerkontrolle basiert (→ § 1 Rn. 4). Die zugrundeliegende Blockchain-Technologie ermöglicht einen fundamentalen Wandel: weg von zentralen Plattformen, die Daten und Regeln kontrollieren, hin zu einem Ökosystem, in dem Nutzer direkt miteinander interagieren und die Kontrolle über ihre digitalen Werte und Identitäten behalten (zur Blockchain-Technologie: → § 3 und → § 5; sowie zur wirtschaftlichen und gesellschaftlichen Bedeutung: → § 2). 1

Dieser Beitrag dient als Roadmap durch die vielfältigen und praxisrelevanten Dimensionen von Web3. Er folgt dabei grob der in diesem Werk aufgestellten Definition, die den Begriff phänomenbezogen in die Säulen Dezentralisierung, Tokenisierung, Automatisierung, Virtualisierung sowie Autonomie und Datenhoheit aufgliedert (→ § 1 Rn. 4). Anstatt 2 abstrakter Erklärungen beleuchtet er konkrete Anwendungsfälle, die das transformative Potenzial dieser Technologie bereits heute verdeutlichen und die daraus resultierenden rechtlichen Fragestellungen aufzeigen. Die Untersuchung beginnt mit der Institutionalisierung im Finanzsektor (→ Rn. 4 ff.), wobei die Adaption von Blockchain-Technologien durch traditionelle Finanzinstitute und die Frage beleuchtet werden, ob dies die ursprüngliche Vision von Dezentralisierung fördert oder bremst. Anschließend wird am Beispiel der Luftfahrtbranche die Rolle von NFTs als programmierbare Rechtecontainer analysiert und gezeigt, wie diese über digitale Kunst hinaus für Loyalitätsprogramme und Ticketing eingesetzt werden (→ Rn. 19 ff.). Ein weiterer Schwerpunkt liegt auf Stablecoins für den globalen Zahlungsverkehr und ihrer Funktion bei der Lösung von Problemen wie hohen Transaktionskosten und Inflation in Schwellenländern (→ Rn. 42 ff.). Des Weiteren erläutert der Beitrag das Konzept des Fractional Ownership und der Tokenisierung, durch das der Zugang zu hochwertigen Anlageklassen demokratisiert und gleichzeitig durch Transparenz Betrug und Korruption vorgebeugt wird (→ Rn. 69 ff.). Schließlich wird der Paradigmenwechsel bei der dezentralen Identität skizziert, der Nutzern durch Self-Sovereign Identity (SSI) die volle Kontrolle über ihre persönlichen Daten zurückgibt (→ Rn. 94 ff.).

3 Diese Anwendungsbeispiele sind keine Zukunftsszenarien, sondern finden bereits statt. Sie schaffen neue Märkte, Geschäftsmodelle und rechtliche Herausforderungen, deren Verständnis für die juristische Praxis unerlässlich ist. Dieser Beitrag liefert die notwendige Grundlage, um die Relevanz und die Implikationen von Web3 fundiert einordnen zu können.

I. Dimension: Institutionalisierung als Treiber oder Bremse? – TradFi goes Crypto

1. Einführung: Finanzwelt & Web3 – vorsichtige Annäherung oder wahre Innovation?

4 Die Vision des Web3, ein dezentrales und intermediärfreies Finanzsystem zu schaffen, steht im scheinbaren Widerspruch zur Realität der traditionellen Finanzwelt (TradFi), die von zentralen Akteuren, regulatorischen Rahmen und etablierten Intermediären geprägt ist. Lange Zeit dominierten Skepsis und Zurückhaltung das Verhältnis großer Finanzinstitute zu Blockchain-Technologien, Kryptowährungen und dezentralen Protokollen. Doch dieser Zustand beginnt sich zu wandeln: Immer mehr Banken, Börsen und Vermögensverwalter erkunden das Potenzial von Web3 – sei es durch Tokenisierung, Blockchain-basierte Zahlungsabwicklung oder erste DeFi-Experimente.

5 Ein prominentes Beispiel für diese Trendwende liefert Larry Fink, CEO von BlackRock, der Anfang 2024 konstatierte: „Die Tokenisierung von Vermögenswerten wird der nächste große Schritt in der Finanzwelt sein."[1] Diese Aussage signalisiert eine fundamentale Neuausrichtung: Anstelle der völligen Ablehnung von Krypto-Technologien folgt nun eine strategische Integration. Die Frage bleibt jedoch offen: Ist diese Institutionalisierung von Web3 ein Innovationsmotor, der die Dezentralisierung vorantreibt – oder hemmt die Einbindung in bestehende Regelsysteme die ursprüngliche Vision und sorgt für einen kontrollierten Rückbau der DeFi-Potenziale?

6 Hierzu bietet sich eine Analyse konkreter Fallstudien führender Finanzakteure – J. P. Morgan (Onyx) (→ Rn. 7 f.), Goldman Sachs (→ Rn. 9 f.), Fidelity Digital Assets (→ Rn. 11 f.) und SIX Digital Exchange (→ Rn. 13 f.) – an, um zu beleuchten, ob die Institutionalisierung als Treiber oder Bremse der Web3-Entwicklung wirkt.

[1] BlackRock Annual Letter 2024, S. 4.

2. Fallstudien

a) J. P. Morgan – Onyx

J. P. Morgan zählt zu den Vorreitern unter den Großbanken, die Blockchain-Technologien aktiv in bestehende Infrastrukturen integrieren. Bereits 2019 wurde der JPM Coin eingeführt, eine blockchainbasierte Verrechnungseinheit für institutionelle Kunden (zu der rechtlichen Einordnung von Kryptowährungen: → § 35 ff.).[2] Mit der Gründung der Einheit Onyx im Jahr 2020 wurde dieser Bereich systematisch ausgebaut.[3] Ziel ist es, insbesondere grenzüberschreitende Zahlungen effizienter zu gestalten. Über Onyx werden täglich Transaktionen im Milliardenbereich abgewickelt.[4] **7**

Ein wegweisendes Projekt war die Beteiligung an Project Guardian der Monetary Authority of Singapore, bei dem J. P. Morgan tokenisierte Staatsanleihen in einem DeFi-ähnlichen Liquiditätspool über eine öffentliche Blockchain testete (zu der rechtlichen Einordnung von tokenisierten Assets: → § 18 ff.).[5] Dieses Experiment markierte den ersten Schritt einer Großbank in eine öffentliche, permissionless[6] Infrastruktur – wenn auch in kontrolliertem Rahmen. Onyx nutzt zudem private Blockchain-Lösungen, um Interoperabilität mit bestehenden Systemen zu erproben.[7] **8**

b) Goldman Sachs – GS DAP

Goldman Sachs setzt auf die Tokenisierung traditioneller Vermögenswerte als zentrales Zukunftsfeld (zu der rechtlichen Einordnung von tokenisierten Assets: → § 18 ff.). Bereits 2021 beteiligte sich die Bank an der Emission einer digitalen Anleihe der Europäischen Investitionsbank.[8] Die firmeneigene Plattform GS DAP dient als Grundlage für weitere Tokenisierungsprojekte, insbesondere für festverzinsliche Wertpapiere und Fondsanteile.[9] **9**

Technologisch operiert Goldman Sachs auf permissioned[10] Blockchains, um regulatorische Anforderungen einhalten zu können.[11] Mathew McDermott, Head of Digital Assets, sieht hierin einen strukturellen Wandel der Finanzmärkte: „Wir skalieren zunächst einfache Tokenisierungsanwendungen, bevor komplexere Modelle folgen."[12] Aktuell prüft die Bank, GS DAP in ein branchenweites Konsortium zu überführen, um die Interoperabilität zu fördern.[13] **10**

c) Fidelity Digital Assets

Fidelity war einer der ersten großen Vermögensverwalter, der institutionelle Verwahrdienste für Kryptowährungen anbot (zu der rechtlichen Einordnung von Kryptowährungen: → § 35 ff.). Seit 2018 bietet Fidelity Digital Assets Custody- und Handelsservices für Bitcoin **11**

---

2 J. P. Morgan: Onyx by J. P. Morgan – Digital Assets and Blockchain, 2023.

3 J. P. Morgan Press Release: J. P. Morgan Advances Blockchain Payments with Onyx, 15.9.2022.

4 MarketsMedia: JP Morgan's Onyx Digital Assets Processes up to $2bn Daily, 10.5.2023.

5 Monetary Authority of Singapore: Project Guardian Report, November 2022.

6 Permissionless-Blockchains (dt. „genehmigungsfrei") sind öffentliche Netzwerke, in denen jeder Teilnehmer ohne vorherige Autorisierung Transaktionen durchführen, Daten validieren und neue Blöcke erzeugen kann. Es handelt sich um dezentrale Systeme ohne zentrale Zugangskontrolle. Bekannte Beispiele sind Bitcoin und Ethereum.

7 Axelar Network: Interoperability in Institutional DeFi, Whitepaper, 2023.

8 Europäische Investitionsbank: Blockchain Bond Factsheet, 2021.

9 Goldman Sachs: GS DAP™ Overview, 2023.

10 Permissioned-Blockchains (dt. „genehmigungspflichtig") hingegen beschränken den Zugang auf eine vordefinierte Gruppe von Teilnehmern, die durch eine zentrale Instanz oder ein Governance-Gremium autorisiert werden. Diese Blockchains werden häufig im Unternehmens- oder Behördenkontext eingesetzt (zB Hyperledger Fabric, Corda).

11 Financial Times: Interview mit Mathew McDermott, 17.1.2024.

12 The Banker: Interview mit Mathew McDermott, 9.5.2024.

13 Ledger Insights: Goldman plans to spin out tokenization platform, 18.11.2024.

und Ethereum an.[14] Laut der Institutional Investor Digital Assets Study 2023 planen 74 % der institutionellen Anleger, ihr Engagement in digitale Assets zu erhöhen.[15]

12 Fidelity steht exemplarisch für die regulatorischen Herausforderungen, denen sich TradFi-Institutionen gegenübersehen: In den USA bestehen Unsicherheiten hinsichtlich der Einordnung von Krypto-Assets als Wertpapiere und der Ausgestaltung von Verwahrpflichten.[16] Das US-Arbeitsministerium warnte 2022 gar vor der Integration von Bitcoin in Altersvorsorgepläne.[17] Dennoch treibt Fidelity die Integration von Krypto in traditionelle Finanzprodukte weiter voran, mit Fokus auf Compliance und Sicherheit (zur aufsichts- und kapitalmarktrechtlichen Perspektive auf Kryptowährungen: → § 50).

d) SIX Digital Exchange (SDX)

13 SDX ist die weltweit erste vollständig regulierte Börse für digitale Vermögenswerte. Seit 2021 besitzt SDX eine Lizenz der FINMA (Eidgenössische Finanzmarktaufsicht) als Börse und Zentralverwahrstelle für tokenisierte Wertpapiere (zu der rechtlichen Einordnung von tokenisierten Assets: → § 18 ff.).[18] SDX ermöglicht die Emission und den Handel von digitalen Anleihen, darunter 2023 die Anleihe der Stadt Lugano über 100 Mio. CHF.[19]

14 Die Schweiz bietet mit dem DLT-Gesetz 2021 einen klaren regulatorischen Rahmen, der die rechtliche Gleichstellung tokenisierter Wertpapiere mit traditionellen Instrumenten garantiert.[20] Im Rahmen von Projekt Helvetia testete die Schweizerische Nationalbank erstmals die Abwicklung solcher Transaktionen mit digitalem Zentralbankgeld.[21] SDX steht somit exemplarisch für eine institutionelle Integration, die technologische Innovation und regulatorische Sicherheit verbindet.

3. Rechtliche und regulatorische Fragen rund um institutionelle Integration

15 Die Einbindung institutioneller Akteure in Web3 wirft zahlreiche rechtliche Fragestellungen auf. Während in der Schweiz mit dem DLT-Gesetz ein innovationsfreundlicher Rahmen geschaffen wurde,[22] setzt die EU mit der Verordnung (EU) 2022/858 auf ein DLT-Pilotregime, das regulatorische Erleichterungen für den Betrieb von DLT-Marktstrukturen bietet.[23]

16 Ein zentrales Problem bleibt die Verantwortlichkeit in dezentralen Systemen: Haftung für Smart-Contract-Fehler (→ § 58), Datenschutz im Sinne der DS-GVO (bei Smart Contracts → § 56 und bei tokenisierten Assets → § 29 sowie bei Kryptowährungen → § 47) sowie die Geldwäscheprävention (bei tokenisierten Assets → § 28 sowie bei Kryptowährungen → § 46) in permissionless Netzwerken stellen erhebliche Herausforderungen dar.[24] Zudem bleibt unklar, wie öffentlich zugängliche DeFi-Protokolle in bestehende Regulierungsmechanismen eingebunden werden können (zur aufsichts- und kapitalmarktrechtlichen Perspektive → § 50 Rn.).

---

14 Fidelity Digital Assets: Company Profile, 2023.
15 Fidelity Digital Assets: Institutional Investor Digital Assets Study 2023, S. 12.
16 SEC: Roundtable on Crypto Custody, Pressemitteilung 2025-65.
17 U. S. Department of Labor: Compliance Assistance Release No. 2022-01, 10.3.2022.
18 SIX Group: SDX Overview, 2023.
19 Stadt Lugano: Anleiheemission via SDX, Pressemitteilung vom 15.5.2023.
20 Bundesgesetz über die Anpassung des Bundesrechts an Entwicklungen der Technik verteilter elektronischer Register (DLT-Gesetz), SR 220.
21 Schweizerische Nationalbank: Projekt Helvetia Bericht, Januar 2024.
22 FINMA: Jahresbericht 2021, Bern 2022, S. 134.
23 Verordnung (EU) 2022/858 über ein Pilotregime für auf DLT basierende Marktinfrastrukturen.
24 Europäische Kommission: Datenschutz und Blockchain, COM(2021) 192 final.

4. Fazit: Sind Finanzinstitutionen echte Vorreiter oder verpasste Chancen?

Finanzinstitutionen wie J. P. Morgan, Goldman Sachs, Fidelity und SIX zeigen, dass TradFi nicht mehr nur am Rande des Web3 steht, sondern aktiv dessen Entwicklung mitgestaltet. Ihre Aktivitäten bieten Innovationspotenzial, wenngleich sie meist in einem stark regulierten und kontrollierten Rahmen bleiben. **17**

Die Frage, ob Institutionalisierung als Treiber oder Bremse fungiert, lässt sich nicht eindeutig beantworten: Einerseits professionalisieren TradFi-Akteure den Sektor und schaffen Zugang zu Kapital. Andererseits verhindern regulatorische Vorgaben und Risikovermeidung oft die konsequente Umsetzung dezentraler Prinzipien. Es bleibt abzuwarten, ob diese Institutionen Web3 in eine neue, massentaugliche Phase führen – oder ob sie es in kontrollierte, zentralisierte Bahnen lenken. **18**

II. Dimension: NFTs als Rechtecontainer in der Luftfahrt – Chancen und Risiken

NFT (Non-Fungible Token) haben sich innerhalb weniger Jahre von einem Nischenphänomen im Bereich digitaler Kunst zu vielseitigen Rechtecontainern entwickelt, die insbesondere in der Reise- und Luftfahrtbranche neue Anwendungsmöglichkeiten eröffnen (zur rechtlichen Einordnung → § 18). Sie ermöglichen die digitale Abbildung und Übertragung von Zugangsrechten, Loyalitätsvorteilen und Sammlerwerten auf einer Blockchain. Anhand verschiedener Fallstudien lassen sich die Chancen und Risiken von NFT-Programmen für Vielflieger aufzeigen. **19**

1. NFT-Anwendungen in der Luftfahrt: Praxisbeispiele und Marktüberblick

a) Lufthansa Uptrip

Das Lufthansa Uptrip-Programm ist eines der ersten groß angelegten NFT-Loyalty-Projekte im europäischen Luftfahrtsektor. Nach jedem Flug mit einer Airline der Lufthansa Group (ua Lufthansa, SWISS, Austrian, Eurowings) können Passagiere ihre Bordkarte in der Uptrip-App scannen. Für jeden Flug generiert das System vier digitale Sammelkarten (NFT), aus denen zwei ausgewählt werden können. Die Motive reichen von Destinationen und Flugzeugtypen bis zu besonderen Ereignissen (zB „Erster Flug mit A350").[25] **20**

Die Karten werden auf der Polygon-Blockchain gespeichert (zur Funktionsweise einer Blockchain → § 5). Nutzer können Kollektionen aus thematisch zusammengehörenden Karten vervollständigen. Für abgeschlossene Kollektionen kann der Nutzer reale Prämien erhalten. wie Lounge-Zugang, Meilenboni, Upgrades oder Statuspunkte im Miles & More-Programm. Die Karten lassen sich über einen eigenen Marktplatz handeln, wodurch ein zusätzlicher sozialer und kompetitiver Anreiz geschaffen wird.[26] **21**

b) Weitere Airlines mit NFT-Programmen

Einige internationale Fluggesellschaften experimentieren bereits mit dem Einsatz von NFTs zur Erweiterung ihrer Kundenbindungs- und Vertriebssysteme. Die lettische Airline airBaltic hat mit ihrer „Planies"-Kollektion 10.000 NFT-Avatare auf der Ethereum-Blockchain eingeführt.[27] Besitzer dieser Avatare erhalten täglich Treuepunkte, die gegen Flüge, Upgrades oder exklusive Veranstaltungen eingelöst werden können. Das Sammeln mehrerer Planies schaltet zudem zusätzliche Vorteile wie den Zugang zu einem VIP-Club frei.[28] **22**

---

[25] Deutsche Lufthansa AG: Pressemitteilung zum NFT-Projekt Uptrip, Frankfurt 2023.
[26] Deutsche Lufthansa AG: Uptrip – Mit NFTs Meilen sammeln, Frankfurt 2023.
[27] airBaltic: Planies NFT Collection, Riga 2022.
[28] airBaltic: Planies NFT Collection, Riga 2022.

23 Die argentinische Fluglinie Flybondi verfolgt einen anderen Ansatz: In Kooperation mit TravelX werden NFT-Tickets ausgegeben, die vollständig übertragbar sind und auf der Algorand-Blockchain gespeichert werden. Passagiere können ihre Tickets weiterverkaufen oder die Reisedaten – insbesondere den Namen des Reisenden – flexibel anpassen. Damit gilt Flybondi als Vorreiter bei der vollständigen Tokenisierung des Ticketings.[29]

24 In Mexiko bietet Volaris NFT-basierte Jahrespässe an, die unbegrenzte Flüge auf bestimmten Routen ermöglichen. Die NFTs sind individuell gestaltet und mit exklusiven Vorteilen verknüpft.[30] Die japanische Fluggesellschaft All Nippon Airways (ANA) betreibt unter dem Namen „GranWhale" eine eigene NFT-Plattform für luftfahrtbezogene digitale Sammlerstücke. Zwar stehen aktuell Sammlerwerte im Vordergrund, jedoch ist mittelfristig eine Integration in das bestehende ANA-Treueprogramm vorgesehen.[31]

25 Etihad Airways aus den Vereinigten Arabischen Emiraten hat mit der Kollektion „EY-ZERO1" 3D-Modelle eigener Flugzeuge als NFTs herausgegeben. Die Token sind mit realen Vorteilen verbunden, darunter Status-Upgrades, exklusive Events sowie die Möglichkeit, Flüge direkt mit NFTs zu bezahlen.[32]

26 Auch Air Europa hat gemeinsam mit TravelX sogenannte NFTickets entwickelt, die sowohl für reguläre Flüge als auch für Veranstaltungen eingesetzt werden können. Die Tickets sind übertragbar und beinhalten Zusatzleistungen wie den Zugang zu Business-Lounges.[33]

2. Gamification in NFT-Loyalty-Programmen: Mechanik und Motivation

a) Sammel- und Belohnungssysteme

27 Die Gamification-Elemente der Uptrip-App und vergleichbarer Programme beruhen auf etablierten Mechanismen aus dem Bereich der Sammelkartenspiele und digitalen Incentivierungsmodelle.[34] Nutzer erhalten für jeden absolvierten Flug digitale Karten mit individuellen Motiven. Diese Karten sind als Non-Fungible Tokens (NFTs) auf einer Blockchain gespeichert, was sowohl Fälschungssicherheit als auch eindeutige Inhaberverhältnisse gewährleistet (zur Funktionsweise einer Blockchain → § 5). Die Karten sind thematisch in Kollektionen gegliedert – beispielsweise unter dem Titel „Alle Airbus-Typen" oder „Städte Europas". Das vollständige Sammeln einer Kollektion schaltet bestimmte Prämien frei, wobei die App den Fortschritt visuell aufbereitet und so zur weiteren Teilnahme motiviert.[35]

28 Fehlende Karten können über einen integrierten digitalen Marktplatz mit anderen Nutzern getauscht oder gehandelt werden. Dieser Tauschmechanismus fördert nicht nur den Wettbewerb unter Vielfliegern, sondern auch die soziale Interaktion innerhalb der Nutzerbasis. Zusätzlich existieren spezielle Herausforderungen, bei denen exklusive Karten für besondere Aktionen vergeben werden – etwa für das Kompensieren von CO_2-Emissionen, das erstmalige Fliegen bestimmter Strecken oder das Erreichen definierter Meilensteine. Die NFT-Technologie erlaubt darüber hinaus die Übertragung der Karten in externe Wallets, wo sie unabhängig von der App gespeichert und auf externen Marktplätzen gehandelt werden können. Die zugrundeliegende Blockchain-Infrastruktur stellt dabei sicher, dass sämtliche Transaktionen transparent und nachvollziehbar bleiben.[36]

29 Flybondi: NFTickets via TravelX, Buenos Aires 2023.
30 Volaris: NFT Annual Pass Launch, Mexiko-Stadt 2023.
31 ANA Holdings: GranWhale NFT Marketplace, Tokio 2023.
32 Etihad Airways: EY-ZERO1 NFT Collection, Abu Dhabi 2023.
33 Air Europa: NFTickets via TravelX, Madrid 2022.
34 Deutsche Lufthansa AG: Pressemitteilung zum NFT-Projekt Uptrip, Frankfurt 2023.
35 Air Europa: NFTickets via TravelX, Madrid 2022.
36 Polygon Technology: Blockchain Security and Privacy Whitepaper, 2023.

b) Motivation und Nutzerbindung

Die zugrunde liegende Gamification-Strategie verfolgt mehrere Ziele. Im Vordergrund steht die Steigerung der Kundenbindung: Durch das Sammeln, Tauschen und Vervollständigen von Karten entsteht ein spielerischer Anreiz, der die Interaktion mit der App sowie mit der Airline insgesamt intensiviert. Gleichzeitig dient die App als niedrigschwelliger Einstiegspunkt in die Nutzung von Web3-Technologien. Nutzer interagieren mit NFTs und Blockchain, ohne dass dafür vertiefte technische Kenntnisse erforderlich wären. Der integrierte Marktplatz, das Teilen von Erfolgen sowie das gemeinsame Streben nach seltenen Karten fördern ein Gefühl von Gemeinschaft und stärken die Identifikation mit der Marke. Schließlich tragen Belohnungen in Form exklusiver Prämien und Statusvorteile dazu bei, Vielflieger zur regelmäßigen Nutzung der App und zur Teilnahme an weiteren Flügen zu motivieren. **29**

3. Rechtliche und technische Aspekte: Chancen und Herausforderungen

a) Eigentum, Nutzungsrechte und Verbraucherschutz

Der Besitz eines NFTs verleiht in der Regel kein Eigentum an dem zugrundeliegenden digitalen Werk – etwa einem Bild oder Design (→ § 19). Stattdessen erwerben Käufer meist lediglich ein eingeschränktes Nutzungsrecht, während die Urheberrechte beim Emittenten verbleiben (→ § 23). Dies ist besonders bei Gaming-Assets wie Ubisoft Quartz oder digitalen Sammelkarten von Anbietern wie Sorare von Bedeutung.[37] Trotz der hohen Marktaktivität fehlt es häufig an einem klaren Verständnis für diese rechtliche Trennung. **30**

Auch unterliegt der Erwerb von NFTs innerhalb der EU grundsätzlich den Verbraucherschutzrichtlinien, darunter dem Widerrufsrecht für digitale Inhalte gemäß Richtlinie 2019/770/EU (→ § 34). Allerdings schließen viele Plattformen dieses Recht über ihre AGB aus – ein Vorgehen, das juristisch umstritten bleibt, insbesondere wenn die Leistung (zB der NFT-Transfer) noch nicht vollständig erbracht wurde (→ § 34).[38] **31**

Steuerlich gelten NFTs in Deutschland als „sonstige Wirtschaftsgüter". Gewinne aus deren Verkauf sind nach § 23 EStG steuerpflichtig, sofern die Haltedauer unter einem Jahr liegt (→ § 25). Für Unternehmen kann zudem eine Umsatzsteuerpflicht entstehen, etwa dann, wenn reale Leistungen wie Lounge-Zugänge oder physische Produkte mit dem NFT verbunden sind (→ § 25).[39] **32**

b) Sicherheit der NFT-Aufbewahrung

Die sichere Aufbewahrung von NFTs hängt maßgeblich von der Wahl des Wallet-Typs ab. Cold Wallets – insbesondere Hardware Wallets – speichern die privaten Schlüssel offline auf einem physischen Gerät. Sie gelten als besonders sicher gegen Online-Angriffe und eignen sich ideal für wertvolle oder langfristig gehaltene Sammlungen. **33**

Demgegenüber stehen Hot Wallets, also Softwarelösungen, die online betrieben werden. Sie bieten mehr Flexibilität und eignen sich für den täglichen Gebrauch, sind jedoch anfälliger für Phishing, Malware und Hackerangriffe. **34**

Kritisch bleibt das Schlüsselmanagement: Wer seine Private Keys oder Seed-Phrase verliert, verliert den Zugriff auf seine NFTs unwiderruflich. Der Nutzer trägt hier die volle Verantwortung. Sicherheitsmaßnahmen wie starke Passwörter, Zwei-Faktor-Authentifizierung und regelmäßige Backups[16] sind deshalb essenziell. Die Blockchain selbst mag sicher sein – doch sie schützt nicht vor menschlichem Versagen. **35**

[37] Fries, Anne: Der Weiterverkauf von NFTs im Urheberrecht, in: GRUR, 2022, (785–789).

[38] Europäische Union: Richtlinie (EU) 2019/770 über digitale Inhalte und Dienstleistungen, Brüssel 2019, Art. 3 Abs. 1.

[39] Bundesministerium der Finanzen: Anwendungsschreiben zu § 23 EStG betreffend Kryptowährungen, Berlin 2022, S. 7.

4. Risiken für Vielflieger bei NFT-Programmen

a) Sicherheits- und Betrugsrisiken

36 Im Umfeld von NFT-Treueprogrammen lauern zahlreiche Gefahren. Phishing-Versuche und betrügerische NFT-Projekte sind weit verbreitet. Social-Engineering-Angriffe oder gefälschte Links können ausreichen, um Zugangsdaten preiszugeben – mit dem Risiko, dass NFTs unwiederbringlich gestohlen werden. Da Blockchain-Transaktionen nicht rückgängig gemacht werden können, ist ein Verlust in der Regel endgültig.

b) Rechtliche und regulatorische Unsicherheiten

37 NFTs bewegen sich weiterhin in einem juristischen Graubereich. Wichtige Fragen wie Eigentumsverhältnisse, Erbrecht oder die Anwendung des Verbraucherschutzes sind in vielen Ländern – besonders bei internationalen Reisen und Programmen – nicht abschließend geklärt. Zudem fehlen vielfach die für klassische Treueprogramme üblichen Schutzmechanismen.

c) Finanzielle und Marktrisiken

38 Der NFT-Markt ist extrem volatil. Werte können über Nacht steigen – oder ins Bodenlose fallen. Gerade Vielflieger, die auf den Weiterverkaufswert oder die dauerhafte Nutzbarkeit ihrer NFT-Belohnungen setzen, müssen mit stark schwankenden Kursen und unvorhersehbaren Marktbedingungen rechnen. Häufig fehlen zudem funktionierende Sekundärmärkte, was die Liquidität und somit den Wiederverkauf massiv einschränkt.

d) Technische und Usability-Risiken

39 Die Nutzung von NFTs setzt technisches Grundverständnis voraus. Wer mit Wallets oder Transaktionen nicht vertraut ist, riskiert durch einfache Bedienfehler den Verlust digitaler Vermögenswerte. Darüber hinaus sind viele NFT-Angebote an Drittanbieter-Plattformen gebunden – deren Ausfall kann nicht nur den Zugang zu den NFTs, sondern auch zu verbundenen Vorteilen wie Upgrades oder Lounge-Zugängen blockieren.

e) Programm- und Markenrisiken

40 NFT-Programme können von den Airlines jederzeit angepasst oder eingestellt werden. In solchen Fällen verlieren NFTs unter Umständen ihre Funktion oder ihren Wert. Hinzu kommen Reputationsrisiken.[17] Berichte über NFT-Betrug oder Umweltkritik an Blockchain-Technologien können negativ auf Marken und Vielfliegerprogramme abstrahlen – insbesondere, wenn Transparenz und Aufklärung fehlen.

5. Fazit

41 NFTs als Rechtecontainer bieten der Luftfahrt und Vielfliegern innovative Möglichkeiten für Loyalty, Ticketing und Kundenerlebnis. Die größten Potenziale liegen in der Gamification, der flexiblen Rechtevergabe und der Integration von Web3-Technologien in bestehende Programme. Die Risiken sind jedoch erheblich: Sicherheitsprobleme, rechtliche Unsicherheiten, Marktvolatilität und technische Hürden erfordern einen verantwortungsvollen und informierten Umgang. Die Sicherheit der NFT-Aufbewahrung hängt entscheidend vom Wallet-Typ und den Nutzerpraktiken ab.

III. Dimension: Stablecoins für grenzüberschreitende Zahlungen in Frontier-Märkten

Frontier-Märkte, die sich durch geringe Liquidität, hohe Wachstumschancen und Defizite in der Finanzinfrastruktur auszeichnen, stehen bei grenzüberschreitenden Zahlungen vor besonderen Herausforderungen. Stablecoins (zur rechtlichen Einordnung → § 35 ff.), also an Fiat-Währungen gekoppelte Kryptowährungen, gewinnen in diesen Märkten zunehmend an Bedeutung und adressieren zentrale Schwächen traditioneller Finanzsysteme wie hohe Transaktionskosten und lange Abwicklungszeiten.[40] **42**

1. Vorteile von Stablecoins für grenzüberschreitende Zahlungen in Frontier-Märkten

Stablecoins bieten für grenzüberschreitende Zahlungen in sogenannten Frontier-Märkten eine Reihe signifikanter Vorteile. Ein zentraler Aspekt ist die Geschwindigkeit der Transaktionen: Da Stablecoins über Blockchain-Netzwerke abgewickelt werden, sind Überweisungen nahezu in Echtzeit möglich – unabhängig von Banköffnungszeiten, nationalen Feiertagen oder Zeitzonen.[41] Gleichzeitig fallen im Vergleich zu herkömmlichen Zahlungsdienstleistern und Banken deutlich geringere Transaktionsgebühren an, da intermediäre Akteure wie Korrespondenzbanken entfallen.[42] **43**

Ein weiterer Vorteil besteht im niederschwelligen Zugang. Zur Nutzung von Stablecoins wird kein traditionelles Bankkonto benötigt; ein internetfähiges Smartphone reicht aus. Dies eröffnet insbesondere in unterversorgten Regionen mit geringer Bankendichte neue Möglichkeiten zur Teilnahme am internationalen Zahlungsverkehr.[43] In Ländern mit hoher Inflation oder instabilen Landeswährungen bieten Stablecoins – insbesondere solche, die an den US-Dollar oder den Euro gekoppelt sind – zudem einen effektiven Schutz vor Währungsabwertung und Kaufkraftverlust.[44] **44**

Hinzu kommt die erhöhte Transparenz und Sicherheit: Durch die Nutzung der Blockchain-Technologie sind sämtliche Transaktionen öffentlich einsehbar und lückenlos nachvollziehbar, was insbesondere für Prüfungs- und Compliance-Zwecke relevant ist (zur rechtlichen Einrodnung von Geldwäsche und Compliance bei Decentralised Finance/Kryptowährungen → § 46 und zur rechtlichen Einordnung von Insiderhandel und Marktmanipulation → § 45).[45] Darüber hinaus verringern sich die Hürden für den internationalen Handel, da Stablecoins weltweit als digitale Repräsentationen stabiler Leitwährungen einsetzbar sind – ohne aufwändigen Währungsumtausch.[46] Schließlich ermöglichen Stablecoins Peer-to-Peer-Zahlungen zwischen Absender und Empfänger, wodurch Transaktionen effizienter ablaufen können, da keine klassischen Finanzintermediäre mehr erforderlich sind.[47] **45**

[40] Ahmed, Sayed; Auer, Raphael; Monnet, Cyril: Stablecoins and short-term funding markets, in: Swiss National Bank, 2023.
[41] Bank for International Settlements: Considerations for the use of stablecoin arrangements in cross-border payments, in: BIS, 2023.
[42] Bank for International Settlements: Considerations for the use of stablecoin arrangements in cross-border payments, in: BIS, 2023.
[43] Basel Committee on Banking Supervision: Prudential Treatment of Cryptoasset Exposures, in: Bank for International Settlements, Jg. 1, Nr. 3, 2022, S. 1–45.
[44] BVNK & Cebr: The decade of digital dollars, in: BVNK, 2024.
[45] Castle Island Ventures: The Emerging Market Story, in: Castle Island Ventures, 2024.
[46] Chainalysis: The 2023 Geography of Cryptocurrency Report, in: Chainalysis, 2023.
[47] Monetary Authority of Singapore: Project Guardian Report, November 2022.

2. Stablecoins in Ländern mit hoher Inflation

46 In Ländern mit hoher Inflation spielen Stablecoins eine zunehmend zentrale Rolle als Schutzmechanismus gegen den Wertverlust der lokalen Währung. Ihr Hauptvorteil liegt darin, dass sie meist an stabile Referenzwährungen wie den US-Dollar oder den Euro gekoppelt sind und so eine digitale Alternative zu instabilen Landeswährungen bieten.[48] Stablecoins ermöglichen es, Werte einfach und schnell zu transferieren, ohne auf das lokale Bankensystem angewiesen zu sein, das oft von Kapitalkontrollen oder Korruption betroffen ist.[49]

47 Besonders in Ländern mit restriktiven Devisenbestimmungen oder limitiertem Zugang zu physischen US-Dollar können Stablecoins die Hürden für den Erwerb und die Nutzung stabiler Währungen deutlich senken.[50] Darüber hinaus ermöglichen Stablecoins grenzüberschreitende Zahlungen und internationale Transaktionen effizienter und kostengünstiger als herkömmliche Banküberweisungen, was insbesondere für Rücküberweisungen und den Handel von Vorteil ist.[51] Auch als Wertaufbewahrungsmittel gewinnen Stablecoins an Bedeutung, da sie im Gegensatz zu volatilen Kryptowährungen wie Bitcoin oder Ethereum eine deutlich geringere Preisschwankung aufweisen und so besser zur Absicherung gegen Inflation geeignet sind.[52]

a) Risiken bei der Nutzung von Stablecoins

48 Trotz der potenziellen Vorteile von Stablecoins sind deren Nutzung und Verbreitung mit einer Reihe spezifischer Risiken verbunden, die insbesondere in rechtlicher, finanzieller und technischer Hinsicht berücksichtigt werden müssen. Ein zentrales Risiko betrifft die Vertrauenswürdigkeit des Emittenten. Stablecoins sind keine gesetzlich abgesicherten Zahlungsmittel, sondern schuldrechtliche Ansprüche gegenüber privaten Herausgebern, deren Bonität und Liquidität wesentlich für die Werthaltigkeit der Token sind (zur Rechtsnatur → § 36).[53] Damit verbunden ist auch das Risiko des sogenannten „De-Pegging" – also der Entkopplung vom Referenzwert. In Phasen erhöhter Marktvolatilität oder unzureichender Deckung können Stablecoins ihre Bindung an die zugrundeliegende Währung verlieren, was erhebliche Wertverluste für Nutzer nach sich ziehen kann.[54]

49 Ein weiteres Problem liegt in der oftmals unzureichenden Transparenz über die zugrunde liegenden Reserven. Während einige Anbieter regelmäßige Prüfberichte oder Reserve-Nachweise veröffentlichen, fehlen bei anderen jegliche vertrauensbildenden Offenlegungen.[55] Auch regulatorisch bewegen sich viele Stablecoins bislang in einem Graubereich: Die aufsichtsrechtliche Einordnung ist international uneinheitlich und variiert je nach Rechtsraum, was zu Unsicherheiten für Emittenten, Nutzer und Intermediäre führt (zur aufsichts- und kapitalmarktrechtlichen Einordnung → § 50).[56]

50 Hinzu kommen strukturelle Zentralisierungsrisiken. Die meisten Stablecoins werden von zentralisierten Einheiten verwaltet, die über die technische Fähigkeit verfügen, Wallets einzufrieren, Adressen zu sperren oder Transaktionen selektiv zu blockieren.[57] Diese

[48] BVNK & Cebr: The decade of digital dollars, in: BVNK, 2024.
[49] Basel Committee on Banking Supervision: Prudential Treatment of Cryptoasset Exposures, in: Bank for International Settlements, Jg. 1, Nr. 3, 2022, S. 1–45.
[50] Ahmed, Sayed; Auer, Raphael; Monnet, Cyril: Stablecoins and short-term funding markets, in: Swiss National Bank, 2023.
[51] Bank for International Settlements: Considerations for the use of stablecoin arrangements in cross-border payments, in: BIS, 2023.
[52] BVNK & Cebr: The decade of digital dollars, in: BVNK, 2024.
[53] Ekshian, Emily: Stablecoins and the Future of Remittances, in: FGV Europe, 2025.
[54] European Central Bank: Stablecoins – Implications for Monetary Policy, in: ECB Occasional Paper Series, Jg. 1, Nr. 2, 2022, S. 1–50.
[55] Ekshian, Emily: Stablecoins and the Future of Remittances, in: FGV Europe, 2025.
[56] Chainalysis: The 2023 Geography of Cryptocurrency Report, in: Chainalysis, 2023.
[57] Ekshian, Emily: Stablecoins and the Future of Remittances, in: FGV Europe, 2025.

Kontrollmechanismen widersprechen teilweise dem Dezentralisierungsprinzip der Blockchain-Technologie und werfen Fragen im Hinblick auf Eigentumsschutz und Verhältnismäßigkeit auf. Darüber hinaus sind Stablecoins als digitale Vermögenswerte grundsätzlich anfällig für technische Störungen, Hacks oder Systemfehler (zur rechtlichen Einordnung von Insiderhandel und Marktmanipulation → § 45).[58] Schließlich besteht auch ein nicht zu vernachlässigendes Markt- und Liquiditätsrisiko: In Stresssituationen – etwa bei massenhaftem Rücktausch in Fiat-Währungen – kann es zu Liquiditätsengpässen kommen, die Rückzahlungen verzögern oder unmöglich machen.[59]

b) Rolle der Zentralbanken bei der Regulierung von Stablecoins in Ländern mit hoher Inflation

In Ländern mit hoher Inflation nehmen Zentralbanken eine zentrale Rolle bei der Regulierung von Stablecoins ein. Der Grund liegt auf der Hand: Stablecoins können für die Bevölkerung eine attraktive Alternative zur instabilen Landeswährung darstellen, untergraben damit jedoch potenziell die Wirksamkeit der nationalen Geldpolitik. Um die Kontrolle über das heimische Finanz- und Zahlungssystem nicht zu verlieren, sehen sich viele Zentralbanken gezwungen, regulierend einzugreifen (zur aufsichts- und kapitalmarktrechtlichen Einordnung → § 50).[60] Ihr primäres Ziel ist es, die monetäre Souveränität und die Stabilität des Finanzsystems zu wahren. **51**

Dabei entstehen zunehmend konkrete regulatorische Rahmenbedingungen. Zentralbanken formulieren Anforderungen an die Emission, Deckung und Verwahrung von Stablecoins. Oftmals wird eine vollständige 1:1-Deckung durch Reservewerte verlangt, begleitet von hohen Transparenzstandards,[61] etwa regelmäßigen Prüfberichten oder Offenlegungen der Reservezusammensetzung. **52**

Parallel dazu treiben viele Zentralbanken eigene Entwicklungen im Bereich digitaler Zentralbankwährungen (CBDCs) voran. Diese staatlich kontrollierten, stabilen und sicheren Alternativen sollen das Vertrauen in die nationale Währung stärken und als Gegenmodell zu privatwirtschaftlich ausgegebenen Stablecoins[62] fungieren. **53**

In manchen Ländern geht die Regulierung sogar noch weiter: Stablecoin-Transaktionen werden aktiv eingeschränkt oder überwacht – etwa durch verpflichtende Identitätsprüfungen auf Krypto-Börsen oder durch gezielte Vorgaben für deren Nutzung im Zahlungsverkehr. **54**

Gleichzeitig setzen viele Zentralbanken auf Kooperation statt Konfrontation. Sie arbeiten vermehrt mit Geschäftsbanken und FinTech-Unternehmen zusammen, um die sichere Verwahrung und den regulierten Einsatz von Stablecoins zu ermöglichen. Denn eines ist klar: Die Zukunft digitaler Währungen wird nicht allein vom Staat, sondern auch im Schulterschluss mit der Privatwirtschaft entschieden. **55**

c) Technische Vorteile von Stablecoins für grenzüberschreitende Zahlungen

Stablecoins eröffnen im Bereich grenzüberschreitender Zahlungen eine neue Dimension technischer Effizienz. Im Gegensatz zu traditionellen Banküberweisungen, die häufig durch Öffnungszeiten, Zeitzonen und Intermediäre verzögert werden, ermöglichen Stablecoins **56**

[58] European Central Bank: Stablecoins – Implications for Monetary Policy, in: ECB Occasional Paper Series, Jg. 1, Nr. 2, 2022, S. 1–50.
[59] European Central Bank: Stablecoins – Implications for Monetary Policy, in: ECB Occasional Paper Series, Jg. 1, Nr. 2, 2022, S. 1–50.
[60] Fries, Anne: Der Weiterverkauf von NFTs im Urheberrecht, in: GRUR, 2022, (785–789).
[61] Europäische Union: Richtlinie (EU) 2019/770 über digitale Inhalte und Dienstleistungen, Brüssel 2019, Art. 3 Abs. 1.
[62] Bundesministerium der Finanzen: Anwendungsschreiben zu § 23 EStG betreffend Kryptowährungen, Berlin 2022, S. 7.

weltweite Transaktionen in Echtzeit[63] – rund um die Uhr, auch an Wochenenden oder Feiertagen.

57 Ein weiterer entscheidender Vorteil sind die extrem niedrigen Transaktionskosten.[64] Insbesondere auf modernen Blockchains bewegen sich diese oft im Bereich von unter einem Cent, was Stablecoins besonders attraktiv für kleinere Transaktionen und Mikrozahlungen macht. Gleichzeitig lässt sich durch die Integration von Smart Contracts ein hohes Maß an Automatisierung erreichen.[65] So können Zahlungen etwa an bestimmte Bedingungen geknüpft oder vollständig in bestehende Geschäftsprozesse eingebunden werden, was die Effizienz grenzüberschreitender Abwicklungen deutlich steigert.

58 Auch in puncto Transparenz setzen Stablecoins neue Standards: Jede Transaktion wird dauerhaft auf der Blockchain gespeichert und ist dadurch manipulationssicher und jederzeit nachvollziehbar[66] – ein Vorteil sowohl für Compliance-Anforderungen als auch für internes Controlling (zu Geldwäsche und Compliance bei Decentralised Finance/Kryptowährungen → § 46).

59 Zudem bieten Stablecoins eine hohe globale Flexibilität. Da sie in der Regel an stabile Leitwährungen wie den US-Dollar gekoppelt sind, ermöglichen sie einen einfachen Währungsumtausch ohne die Volatilität klassischer Kryptowährungen.[67] Nicht zuletzt ist auch die Integration in bestehende digitale Infrastrukturen erstaunlich unkompliziert:[68] Stablecoins lassen sich nahtlos in moderne ERP-Systeme, Payment-Gateways und digitale Wallets einbinden – was ihre Nutzung selbst für kleinere Unternehmen oder Organisationen mit begrenzten Ressourcen zugänglich macht.

3. Stablecoins im internationalen Zahlungsverkehr

a) Wie reduzieren Stablecoins die Transaktionsgebühren im internationalen Zahlungsverkehr?

60 Stablecoins senken die Transaktionsgebühren im internationalen Zahlungsverkehr durch den Wegfall von Banken und Zahlungsdienstleistern, niedrige Blockchain-Gebühren, den Wegfall des Währungsumtauschs, Automatisierung und Effizienz durch Smart Contracts sowie Transparenz und Nachvollziehbarkeit.[69]

b) Einfluss von Banklaufzeiten auf die Nutzung und Risikobewertung von Stablecoins

61 Banklaufzeiten – also die Zeit, die Banken für die Abwicklung von Überweisungen benötigen – sind ein wesentlicher Grund für die wachsende Nutzung von Stablecoins. Während klassische Banküberweisungen grenzüberschreitend oft Tage dauern, ermöglichen Stablecoins schnelle, kostengünstige und bankenunabhängige Transaktionen.[70] Lediglich der Wechsel zwischen Bankkonto und Stablecoin (On- und Off-Ramping) bleibt weiterhin von den traditionellen Banklaufzeiten abhängig.[71]

62 Banklaufzeiten spielen auch bei der Risikobewertung von Stablecoins eine Rolle, insbesondere im Kontext von Ausfallgarantien und Liquiditätsmanagement. Verzögerungen

[63] Ahmed, Sayed; Auer, Raphael; Monnet, Cyril: Stablecoins and short-term funding markets, in: Swiss National Bank, 2023.

[64] Bank for International Settlements: Considerations for the use of stablecoin arrangements in cross-border payments, in: BIS, 2023.

[65] Basel Committee on Banking Supervision: Prudential Treatment of Cryptoasset Exposures, in: Bank for International Settlements, Jg. 1, Nr. 3, 2022, S. 1–45.

[66] BVNK & Cebr: The decade of digital dollars, in: BVNK, 2024.

[67] Castle Island Ventures: The Emerging Market Story, in: Castle Island Ventures, 2024.

[68] Castle Island Ventures: The Emerging Market Story, in: Castle Island Ventures, 2024.

[69] Chainalysis: The 2023 Geography of Cryptocurrency Report, in: Chainalysis, 2023.

[70] Ekshian, Emily: Stablecoins and the Future of Remittances, in: FGV Europe, 2025.

[71] European Central Bank: Stablecoins – Implications for Monetary Policy, in: ECB Occasional Paper Series, Jg. 1, Nr. 2, 2022, S. 1–50.

durch Banklaufzeiten könnten im Insolvenzfall dazu führen, dass Nutzer nicht rechtzeitig auf ihre Einlagen zugreifen können, was das Risiko für Stablecoin-Inhaber erhöht.[72] Regulatoren wie die FINMA fordern daher, dass Ausfallgarantien so ausgestaltet sind, dass Banklaufzeiten die Interessen der Einleger nicht gefährden.[73]

c) Vergleich: Stablecoins vs. Bitcoin aus Perspektive der Zensurresistenz

Stablecoins und Bitcoin unterscheiden sich grundlegend in ihrer technischen Architektur und im Umgang mit Zensur und staatlicher Kontrolle. Besonders für Nutzer in autoritären Regimen oder in Ländern mit Kapitalverkehrskontrollen ist der Aspekt der Zensurresistenz entscheidend. **63**

d) Bitcoin: Höchste Zensurresistenz durch Dezentralisierung

Bitcoin ist vollständig dezentral organisiert. Es gibt keine zentrale Instanz, die Transaktionen stoppen, Adressen sperren oder Guthaben einfrieren kann. Jede Transaktion wird von einem global verteilten Netzwerk von Nodes und Minern validiert. Selbst wenn einzelne Knotenpunkte ausfallen oder blockiert werden, kann jeder Nutzer seine Transaktionen über alternative Wege wie Mesh-Netzwerke, Satelliten oder Funk weiterleiten.[74] Weder Staaten noch Unternehmen können Bitcoin-Transaktionen verhindern oder rückgängig machen. Es existiert keine Blacklist-Funktion, und es gibt keine Möglichkeit, einzelne Wallets gezielt zu sperren.[75] Die Architektur von Bitcoin wurde explizit darauf ausgelegt, staatlicher Zensur und Einflussnahme zu widerstehen. Das macht Bitcoin besonders attraktiv für Nutzer, die Wert auf finanzielle Souveränität und Schutz vor staatlichen Zugriffen legen.[76] **64**

e) Stablecoins: Zentrale Angriffsfläche und Zensurgefahr

Die meisten Stablecoins (zB USDT/Tether, USDC/Circle) werden von Unternehmen herausgegeben, die gesetzlichen Vorgaben unterliegen. Diese Emittenten können auf Anweisung von Behörden Wallets einfrieren und Transaktionen rückgängig machen.[77] Neue Gesetze wie der US-amerikanische GENIUS Act verpflichten Stablecoin-Emittenten, Systeme zur Transaktionsüberwachung und -sperrung einzurichten. Behörden können so gezielt einzelne Nutzer oder Adressen blockieren – ein klarer Gegensatz zu Bitcoin. **65**

USDC-Emittent Circle hat etwa im Rahmen von US-Sanktionen die Guthaben aller Tornado-Cash-Adressen eingefroren.[78] Tether (USDT) hat mehrfach auf Anfrage von Strafverfolgungsbehörden einzelne Wallets gesperrt.[79] Algorithmische oder Krypto-besicherte Stablecoins (wie DAI) versuchen, Zensurresistenz durch Dezentralisierung zu erhöhen. Dennoch bleibt oft ein Restrisiko, da viele dezentrale Protokolle auf zentralisierte Orakel oder Infrastrukturen angewiesen sind.[80] **66**

72 European Central Bank: Stablecoins – Implications for Monetary Policy, in: ECB Occasional Paper Series, Jg. 1, Nr. 2, 2022, S. 1–50.
73 River: Censorship Resistance, in: River Learn, 2025.
74 River: Censorship Resistance, in: River Learn, 2025.
75 River: Censorship Resistance, in: River Learn, 2025.
76 Blockworks: Tether Won't Freeze Sanctioned Tornado Cash Addresses Without Authorities' Request, 2022.
77 Blockworks: Tether Won't Freeze Sanctioned Tornado Cash Addresses Without Authorities' Request, 2022.
78 Blockworks: Tether Won't Freeze Sanctioned Tornado Cash Addresses Without Authorities' Request, 2022.
79 River: Censorship Resistance, in: River Learn, 2025.
80 Blockworks: Tether Won't Freeze Sanctioned Tornado Cash Addresses Without Authorities' Request, 2022.

Merkmal	Bitcoin	Stablecoins (zB USDT, USDC)
Zensurresistenz	Sehr hoch: Keine zentrale Sperrinstanz	Gering: Emittenten können Wallets sperren
Kontrolle	Dezentral (keine zentrale Partei)	Zentralisiert (Unternehmen als Emittent)
Regulatorische Eingriffe	Kaum möglich	Möglich und bereits praktiziert
Finanzielle Souveränität	Vollständig beim Nutzer	Abhängig von Emittent und Regulierung
Volatilität	Hoch	Gering (an Fiat gekoppelt)

f) Bewertung

67 Bitcoin bietet maximale Zensurresistenz und Unabhängigkeit von zentralen Instanzen, ist aber volatil. Stablecoins bieten Preisstabilität, sind jedoch deutlich anfälliger für staatliche Eingriffe und Zensurmaßnahmen, da Emittenten gezwungen werden können, Adressen zu sperren oder Transaktionen rückgängig zu machen. Für Nutzer, die maximale Unabhängigkeit und Schutz vor Zensur suchen, bleibt Bitcoin die erste Wahl.[81] [82]

4. Fazit

68 Stablecoins bieten in Frontier-Märkten erhebliche Vorteile für grenzüberschreitende Zahlungen: Sie sind schnell, kostengünstig, zugänglich, stabil und transparent. Sie adressieren zentrale Schwächen traditioneller Zahlungssysteme und leisten einen wichtigen Beitrag zur finanziellen Inklusion und wirtschaftlichen Entwicklung. Gleichzeitig bestehen spezifische Risiken, insbesondere hinsichtlich Emittentenvertrauen, Regulierung und Liquidität. Die Rolle der Zentralbanken bleibt entscheidend, um Stabilität und Verbraucherschutz sicherzustellen und Innovationen im Zahlungsverkehr zu fördern.

IV. Dimension: Fractional Ownership und Tokenisierung

1. Einleitung

69 Eine weitere exemplarische Dimension von Web3 stellt Fractional Ownership – die Aufteilung von Inhaberschaft an hochpreisigen Vermögenswerten in kleine, handelbare Anteile – dar. Fractional Ownership gewinnt durch Digitalisierung und Innovationen wie Blockchain und Tokenisierung zunehmend an Bedeutung (zur rechtlichen Einordnung tokensierter Assets → § 18 ff.).[83] Das Phänomen verspricht eine Demokratisierung des Zugangs zu Anlageklassen wie Immobilien, Kunst oder Luxusgütern, die bislang vor allem institutionellen oder vermögenden Investoren vorbehalten waren. Gleichzeitig eröffnen sich neue Möglichkeiten zur Effizienzsteigerung, Transparenz und Betrugsprävention im Finanzsektor.[84]

2. Grundlagen und Funktionsweise

70 Fractional Ownership bezeichnet die gemeinsame Inhaberschaft mehrerer unabhängiger Investoren an einem Vermögenswert. Typischerweise wird hierfür eine juristische Person –

[81] KPMG: Unlocking the potential through fractional ownership. PDF, 2024, S. 4–8.
[82] KPMG: Unlocking the potential through fractional ownership. PDF, 2024, S. 4–8.
[83] KPMG: Unlocking the potential through fractional ownership. PDF, 2024, S. 4–8.
[84] Investopedia: Fractional Ownership: Definition, Purpose, Examples, 18.1.2024.

etwa eine Gesellschaft mit beschränkter Haftung (GmbH), eine Aktiengesellschaft oder ein Special Purpose Vehicle (SPV) – gegründet, die den Vermögenswert hält und Anteile an die Investoren ausgibt.[85] Diese Anteile gewähren wirtschaftliche Vorteile wie Gewinnbeteiligung, Wertsteigerung und oft auch Nutzungsrechte. Die Verwaltung erfolgt meist zentral durch einen Sponsor oder eine Verwaltungsgesellschaft, die für Instandhaltung, Administration und die Einhaltung der Regeln verantwortlich ist.[86]

Ein wesentliches Merkmal von Fractional Ownership ist die Möglichkeit, mit vergleichsweise geringem Kapitaleinsatz Zugang zu hochwertigen Vermögenswerten zu erhalten.[87] Die Kosten und Risiken werden auf mehrere Schultern verteilt, was die finanzielle Belastung für den Einzelnen reduziert.[88] Zudem profitieren Investoren von möglichen Wertsteigerungen und laufenden Erträgen.[89] **71**

Fractional Ownership-Modelle finden vor allem Anwendung bei hochpreisigen oder schwer teilbaren Vermögenswerten.[90] Die wichtigsten Anlageklassen sind Immobilien (Wohn- und Gewerbeimmobilien, Ferienhäuser, Hotels),[91] Luxusgüter (Oldtimer, Yachten, Privatjets, Luxusuhren),[92] Kunst (Gemälde, Skulpturen, seltene Sammlerstücke)[93] sowie alternative Investments in Musikrechte, Wein oder Sportmemorabilia.[94] **72**

3. Vorteile und Chancen

Ein zentraler Vorteil von Fractional Ownership ist die Demokratisierung des Zugangs zu hochwertigen Vermögenswerten.[95] Durch die Aufteilung in kleine Anteile können auch Kleinanleger in Anlageklassen investieren, die zuvor institutionellen Investoren vorbehalten waren.[96] Dies fördert finanzielle Inklusion und ermöglicht eine breitere Streuung von Investitionen. **73**

Ferner erleichtert Fractional Ownership die Diversifikation von Portfolios, da Anleger mit geringem Kapitaleinsatz Anteile an verschiedenen Assetklassen erwerben können.[97] Dadurch wird das Risiko einzelner Investments reduziert, was insbesondere in volatilen Märkten von Vorteil ist.[98] **74**

Durch die Tokenisierung von Anteilen wird der Handel mit Bruchteilen von Vermögenswerten auf digitalen Plattformen ermöglicht (zur rechtlichen Einordnung tokensierter Assets → § 18 ff.).[99] Dies kann die Liquidität erhöhen, da Anteile einfacher übertragen oder auf Sekundärmärkten gehandelt werden können.[100] Gerade bei traditionell illiquiden Assets wie Immobilien oder Kunstwerken stellt dies einen bedeutenden Fortschritt dar.[101] **75**

Blockchain-Technologie und Smart Contracts (zu den rechtlichen Implikationen → § 52 ff.) ermöglichen eine transparente, sichere und automatisierte Verwaltung von Eigentumsrechten.[102] Transaktionen werden dauerhaft und fälschungssicher dokumentiert.[103] Die Automatisierung von Prozessen wie Ausschüttungen, Eigentumsübertragungen **76**

85 Investopedia: Fractional Ownership: Definition, Purpose, Examples, 18.1.2024.
86 Investopedia: Fractional Ownership: Definition, Purpose, Examples, 18.1.2024.
87 Pacaso: What is fractional ownership in real estate? (+ pros and cons), 22.11.2024.
88 Wikipedia: Fractional ownership, 23.3.2025.
89 Wikipedia: Fractional ownership, 23.3.2025.
90 Pacaso: What is fractional ownership in real estate? (+ pros and cons), 22.11.2024.
91 WebStreet: 4 Fractional Ownership Pitfalls: The 4 Risks No One Talks About.
92 WebStreet: 4 Fractional Ownership Pitfalls: The 4 Risks No One Talks About.
93 Investopedia: Fractional Ownership: Definition, Purpose, Examples, 18.1.2024.
94 Pacaso: What is fractional ownership in real estate? (+ pros and cons), 22.11.2024.
95 ScienceDirect: Tokenized assets in a decentralized economy: Balancing efficiency and risk, 2025.
96 ScienceDirect: Tokenized assets in a decentralized economy: Balancing efficiency and risk, 2025.
97 Deloitte: Tokenization in financial services: Embracing a new ecosystem, 2024.
98 Zoniqx: 25 Tokenization Use Cases: Owning Fractions of the Future, 2024.
99 Zoniqx: 25 Tokenization Use Cases: Owning Fractions of the Future, 2024.
100 Zoniqx: 25 Tokenization Use Cases: Owning Fractions of the Future, 2024.
101 LinkedIn: Blockchain and the Future of Fractional Ownership, 6.3.2024.
102 EY: Real estate tokenization: A new era for property investment and Luxembourg's strategic role, 2024.
103 EY: Real estate tokenization: A new era for property investment and Luxembourg's strategic role, 2024.

oder Compliance-Prüfungen reduziert den Verwaltungsaufwand und minimiert Fehlerquellen.[104]

77 Die Tokenisierung eröffnet neue Märkte und Geschäftsmodelle, etwa die Beteiligung an Infrastrukturprojekten, erneuerbaren Energien, Rohstoffen oder sogar an Rechten an Daten und geistigem Eigentum.[105] Plattformen wie Zoniqx zeigen, wie unterschiedlichste Assets tokenisiert und fraktionalisiert werden können.[106]

4. Herausforderungen und Risiken

78 Fractional Ownership ist in vielen Ländern noch nicht eindeutig gesetzlich geregelt.[107] Unklarheiten bestehen insbesondere hinsichtlich der Ausgestaltung von Eigentumsrechten (→ § 19), der Haftung (→ § 26) und des Anlegerschutzes (→ § 34).[108] Die rechtlichen Rahmenbedingungen unterscheiden sich teils erheblich zwischen verschiedenen Jurisdiktionen, was die Umsetzung komplex macht.[109]

79 Ein weiterer Nachteil resultiert aus einer aufwändigeren Verwaltung fraktionierter Vermögenswerte gegenüber herkömmlichen Anlagemodellen.[110] Es bedarf transparenter Prozesse, klarer Dokumentation und effizienter Managementstrukturen, um die Rechte und Pflichten aller Beteiligten zu sichern.[111] Die Aufteilung der Inhaberschaft kann zu unklaren Zuständigkeiten und Konflikten zwischen den Anteilseignern führen, insbesondere bei der Nutzung, Instandhaltung oder dem Verkauf des Vermögenswerts.[112] Unterschiedliche Interessen der Mitinhaber erfordern effektive Mechanismen zur Konfliktlösung, um die Stabilität und Funktionsfähigkeit des Modells zu gewährleisten.[113]

80 Fractional Ownership bedeutet auch, dass Entscheidungen oft kollektiv oder durch einen Verwalter getroffen werden.[114] Dies kann zu eingeschränkter Flexibilität und Kontrollverlust für den einzelnen Anleger führen.[115] Die finanzielle Gesundheit und die Entscheidungen der Mitinhaber können sich direkt auf das Investment auswirken.[116]

81 Der Handel mit Anteilen an fraktionierten Assets ist oft weniger liquide als bei klassischen Wertpapieren.[117] Die Veräußerung eines Anteils kann schwierig sein, da es häufig keinen etablierten Sekundärmarkt gibt oder Verkaufsbeschränkungen bestehen.[118]

82 Die Integration digitaler Plattformen und die Umsetzung der Tokenisierung erfordern geeignete IT-Infrastrukturen, Datenschutz und IT-Sicherheit.[119] Die Interoperabilität zwischen verschiedenen Plattformen sowie die Einhaltung technischer Standards sind zusätzliche Herausforderungen.[120]

83 Fractional Ownership bringt neue steuerliche und buchhalterische Fragestellungen mit sich. Die korrekte Zuordnung von Erträgen, Gewinnen und Verlusten sowie die Bewertung der Anteile bei Kauf, Verkauf oder Vererbung müssen klar geregelt und dokumentiert

---

104 EY: Real estate tokenization: A new era for property investment and Luxembourg's strategic role, 2024.
105 WebStreet: 4 Fractional Ownership Pitfalls: The 4 Risks No One Talks About.
106 WebStreet: 4 Fractional Ownership Pitfalls: The 4 Risks No One Talks About.
107 WebStreet: 4 Fractional Ownership Pitfalls: The 4 Risks No One Talks About.
108 Investopedia: Fractional Ownership: Definition, Purpose, Examples, 18.1.2024.
109 Investopedia: Fractional Ownership: Definition, Purpose, Examples, 18.1.2024.
110 Investopedia: Fractional Ownership: Definition, Purpose, Examples, 18.1.2024.
111 ScienceDirect: Tokenized assets in a decentralized economy: Balancing efficiency and risk, 2025.
112 ScienceDirect: Tokenized assets in a decentralized economy: Balancing efficiency and risk, 2025.
113 KPMG: Real Estate Tokenization, 2020.
114 KPMG: Real Estate Tokenization, 2020.
115 PwC: Fractional Ownership – steuerliche und rechtliche Aspekte, 2023.
116 PwC: Fractional Ownership – steuerliche und rechtliche Aspekte, 2023.
117 Finexity: Welche Vorteile bietet Fractional Ownership?
118 Finexity: Welche Vorteile bietet Fractional Ownership?
119 Deloitte: Tokenization in financial services: Embracing a new ecosystem, 2024.
120 Deloitte: Tokenization in financial services: Embracing a new ecosystem, 2024.

werden (→ § 24, → § 25 und → § 30).[121] Unterschiedliche steuerliche Behandlung in verschiedenen Ländern kann die Attraktivität für internationale Investoren einschränken.[122]

Da viele Fractional-Ownership-Plattformen sich an Kleinanleger richten, ist der Verbraucherschutz besonders relevant (→ § 34).[123] Informationsasymmetrien, mangelnde Transparenz über Kosten, Risiken und Rechte sowie unklare Exit-Optionen können zu Fehlentscheidungen führen und das Vertrauen in das Modell beeinträchtigen.[124] **84**

5. Die Rolle der Blockchain

Die Tokenisierung beschreibt die digitale Repräsentation von Eigentumsrechten an Vermögenswerten in Form von Blockchain-basierten Token.[125] Diese Technologie bringt entscheidende Vorteile: **85**

Alle Transaktionen werden dauerhaft und fälschungssicher auf der Blockchain gespeichert (→ § 5).[126] Einmal gespeicherte Daten können nicht nachträglich manipuliert oder gelöscht werden, was nachträgliche Fälschungen praktisch ausschließt.[127] Die Blockchain-Technologie beseitigt zentrale Manipulationspunkte und reduziert das Risiko von Korruption und Betrug.[128] **86**

Smart Contracts (→ § 52 ff.) führen Transaktionen und Vertragsbedingungen automatisch und regelbasiert aus.[129] Dadurch werden menschliche Fehler und bewusste Manipulationen minimiert.[130] Die Blockchain ermöglicht eine automatisierte Überwachung von Transaktionen und die Einhaltung regulatorischer Anforderungen in Echtzeit.[131] **87**

Tokenisierung und Blockchain schaffen zudem die Grundlage für innovative Compliance-Lösungen, etwa die Einbettung von KYC- und AML-Prüfungen in Smart Contracts oder die automatisierte Erstellung von Prüfpfaden für Aufsichtsbehörden.[132] **88**

6. Betrugs- und Korruptionsprävention durch Tokenisierung

Die Tokenisierung minimiert die Risiken von Betrug und Korruption auf mehreren Ebenen: **89**

Jede Transaktion ist für berechtigte Teilnehmer einsehbar und nachvollziehbar.[133] Nachträgliche Manipulationen sind ausgeschlossen.[134] Keine zentrale Instanz kann Daten eigenmächtig ändern.[135] Smart Contracts eliminieren viele Fehlerquellen und Manipulationsmöglichkeiten.[136] Die technische Integrität schafft ein hohes Maß an Vertrauen bei Investoren und Marktteilnehmern.[137] **90**

Durch die vollständige und unveränderliche Dokumentation auf der Blockchain werden Prüfungen und Audits erleichtert.[138] Regulatorische Anforderungen können automatisiert **91**

[121] Deloitte: Tokenization in financial services: Embracing a new ecosystem, 2024.
[122] Deloitte: Tokenization in financial services: Embracing a new ecosystem, 2024.
[123] LinkedIn: Smart Contracts in Financial Services: A Comprehensive Analysis of…, 18.12.2023.
[124] LinkedIn: Smart Contracts in Financial Services: A Comprehensive Analysis of…, 18.12.2023.
[125] LinkedIn: Smart Contracts in Financial Services: A Comprehensive Analysis of…, 18.12.2023.
[126] Deloitte: Tokenization in financial services: Embracing a new ecosystem, 2024.
[127] Deloitte: Tokenization in financial services: Embracing a new ecosystem, 2024.
[128] Deloitte: Tokenization in financial services: Embracing a new ecosystem, 2024.
[129] LinkedIn: Smart Contracts in Financial Services: A Comprehensive Analysis of…, 18.12.2023.
[130] Blockworks: Tether Won't Freeze Sanctioned Tornado Cash Addresses Without Authorities' Request, 2022.
[131] LinkedIn: Smart Contracts in Financial Services: A Comprehensive Analysis of…, 18.12.2023.
[132] LinkedIn: Smart Contracts in Financial Services: A Comprehensive Analysis of…, 18.12.2023.
[133] Deloitte: Tokenization in financial services: Embracing a new ecosystem, 2024.
[134] KPMG: Unlocking the potential through fractional ownership. PDF, 2024, S. 4–8.
[135] KPMG: Unlocking the potential through fractional ownership. PDF, 2024, S. 4–8.
[136] KPMG: Unlocking the potential through fractional ownership. PDF, 2024, S. 4–8.
[137] Zoniqx: 25 Tokenization Use Cases: Owning Fractions of the Future, 2024.
[138] Zoniqx: 25 Tokenization Use Cases: Owning Fractions of the Future, 2024.

überprüft und Verstöße frühzeitig erkannt werden.[139] Die Dezentralisierung reduziert das Risiko von Insider-Manipulationen und macht das System insgesamt resilienter gegenüber Angriffen und Missbrauch.[140]

7. Ausblick: Fractional Ownership als Zukunftsmodell

92 Fractional Ownership und Tokenisierung eröffnen neue Wege für die Demokratisierung und Effizienzsteigerung von Kapitalanlagen.[141] Sie ermöglichen breiteren Zugang zu hochwertigen Vermögenswerten, erhöhen die Transparenz und senken die Risiken von Betrug und Korruption.[142] Die erfolgreiche Implementierung setzt jedoch klare rechtliche Rahmenbedingungen, professionelle Verwaltung und ein hohes Maß an technischer und organisatorischer Kompetenz voraus.[143]

93 Mit der fortschreitenden Entwicklung von Blockchain-Technologien, regulatorischen Standards und digitalen Marktplätzen ist zu erwarten, dass Fractional Ownership in den kommenden Jahren weiter an Bedeutung gewinnen wird.[144] Die Integration von Künstlicher Intelligenz (→ § 62 ff.), automatisierten Compliance-Systemen und globalen Sekundärmärkten könnte die Attraktivität und Sicherheit dieses Modells weiter erhöhen.[145]

V. Dimension: Web3-Identität

94 Web3 bringt einen Paradigmenwechsel im Umgang mit digitalen Identitäten. Im Zentrum stehen dezentrale Technologien wie Blockchain, Decentralized Identifiers (DIDs)[146] und Self-Sovereign Identity (SSI)[147], die Nutzern erstmals echte Kontrolle über ihre digitale Identität ermöglichen (→ § 74).

1. Grundlagen: Digitale Identität im Web3

95 Im Web3 lösen dezentrale Identitäten die bisher dominierenden zentralen Plattform-Identitäten ab. Nutzer:innen verwalten ihre Identitätsdaten in sogenannten Wallets[148] selbst und bestimmen eigenständig, welche Informationen sie in welchem Kontext teilen. Die Blockchain-Technologie sorgt dabei für Fälschungssicherheit, Transparenz und Unveränderlichkeit der Nachweise. DIDs fungieren als globale, nutzerkontrollierte Identifikatoren,

[139] Der Bank Blog: WEB3-Wallet als Lösung der Identitätskrise, 2024.
[140] Der Bank Blog: Digitale Vermögenswerte und Web3 verändern die Finanzlandschaft, 2024.
[141] DB Systel GmbH: Die dritte Generation des Internets – Digital Trend Impuls Web 3, November 2023.
[142] hy.co: Die Fusion von Digitalen Identitäten und Web3, 2024.
[143] Der Bank Blog: Digitale Vermögenswerte und Web3 verändern die Finanzlandschaft, 2024.
[144] hy.co: Die Fusion von Digitalen Identitäten und Web3, 2024.
[145] DB Systel GmbH: Die dritte Generation des Internets – Digital Trend Impuls Web 3, November 2023.
[146] Decentralized Identifiers (DIDs) sind ein neuer Standard für digitale Identitäten, der auf Selbstsouveränität, Datenschutz und Interoperabilität abzielt. Im Gegensatz zu zentralen Identifikatoren (zB E-Mail, Sozialversicherungsnummern) basieren DIDs auf kryptografisch gesicherten Systemen, meist in Verbindung mit Blockchains oder distributed Ledgers („Dezentrales Register“).
[147] Self-Sovereign Identity (SSI) bezeichnet ein Identitätskonzept, bei dem Individuen oder Organisationen die alleinige Kontrolle über ihre digitalen Identitäten besitzen – ohne zentrale Instanzen wie Staaten, Plattformbetreiber oder Identitätsprovider. SSI basiert auf kryptografischen Verfahren und wird häufig in Verbindung mit verteilten Registern (Distributed Ledgers) und Decentralized Identifiers (DIDs) implementiert.
[148] Im Rahmen von Self-Sovereign Identity (SSI) fungieren digitale Wallets als persönliche Schnittstelle zur Verwaltung digitaler Identitätsnachweise (Verifiable Credentials). Sie ermöglichen es Nutzern, Identitätsdaten sicher zu speichern, selektiv offenzulegen und kryptografisch signierte Nachweise von vertrauenswürdigen Dritten zu empfangen oder weiterzugeben.

die plattformübergreifend funktionieren und mit Verifiable Credentials (VCs)[149] kombiniert werden können. So entsteht ein System, das ohne zentrale Vermittler Vertrauen schafft und Identitätsdiebstahl sowie Datenmissbrauch effektiv erschwert.[150] [151] [152] [153]

2. Reale Anwendungsfelder

Im Bereich dezentraler Finanzdienstleistungen (DeFi) ermöglichen DIDs und VCs die automatisierte, datensparsame Identitätsprüfung (Know Your Customer/Anti-Money Laundering) und eröffnen Zugang zu Krediten, Investitionen oder Versicherungen – ohne zentrale Instanz. Nutzer können beispielsweise ihre Bonität mit einem VC nachweisen, ohne ihre gesamte Finanzhistorie offenzulegen. Banken und FinTechs profitieren von geringeren Kosten und schnellerem Onboarding.[154] [155] **96**

Unternehmen nutzen DIDs, um die Herkunft und Authentizität von Waren nachzuweisen. So lassen sich etwa Lieferketten transparent und fälschungssicher dokumentieren. Mitarbeitende erhalten digitale Identitäten, die mit Qualifikationsnachweisen (zB Zertifikaten) verknüpft sind. Diese Identitäten können unternehmensübergreifend genutzt werden, etwa für den Zugang zu Partnernetzwerken oder zur Validierung von Befähigungen[156]. **97**

Patienten können Gesundheitsdaten in ihrer Wallet speichern und gezielt mit Ärzten oder Kliniken teilen. Während der COVID-19-Pandemie wurden in Europa bereits blockchainbasierte Impfzertifikate pilotiert, die eine sichere, datensparsame Verifikation des Impfstatus ermöglichen – ohne zentrale Speicherung sensibler Gesundheitsdaten[157]. **98**

Im Web3 sind digitale Identitäten häufig mit Non-Fungible Tokens (NFT) (→ § 18 ff.) oder Soulbound Tokens (SBT) verknüpft. Letztere sind nicht übertragbare Token, die persönliche Leistungen, Mitgliedschaften oder Berechtigungen dauerhaft an eine Wallet binden. So entstehen überprüfbare, fälschungssichere Identitätsprofile für Bewerbungen, Communities oder digitale Märkte[158]. **99**

Dezentrale autonome Organisationen (DAO) (→ § 6 ff.) nutzen DIDs für stimmberechtigte Mitgliedschaften und sybil-resistente[159] Abstimmungen. Projekte wie Gitcoin Passport aggregieren verschiedene Nachweise zu einem Vertrauenswert, um Manipulationen durch Fake-Accounts zu verhindern. **100**

3. Zukunftsperspektiven und neue Use Cases

Die Entwicklung von Decentralized Identifiers (DIDs) und Self-Sovereign Identity (SSI) ist längst nicht abgeschlossen. Vielmehr zeichnet sich ab, dass diese Technologien zukünftig in einer Vielzahl von Anwendungsbereichen eine Schlüsselrolle einnehmen könnten. So könnten DIDs im Kontext der Tokenisierung (→ § 18 ff.) realer Vermögenswerte – etwa **101**

---

[149] Im Rahmen von Self-Sovereign Identity (SSI) fungieren digitale Wallets als persönliche Schnittstelle zur Verwaltung digitaler Identitätsnachweise (Verifiable Credentials). Sie ermöglichen es Nutzern, Identitätsdaten sicher zu speichern, selektiv offenzulegen und kryptografisch signierte Nachweise von vertrauenswürdigen Dritten zu empfangen oder weiterzugeben.
[150] hy.co: Die Fusion von Digitalen Identitäten und Web3, 2024.
[151] BVDW: Web3 in der Anwendung – Non-Fungible Token (NFT) als Basis für digitale Identitäten und neue Geschäftsmodelle, 2024.
[152] Der Bank Blog: Digitale Vermögenswerte und Web3 verändern die Finanzlandschaft, 2024.
[153] hy.co: Die Fusion von Digitalen Identitäten und Web3, 2024.
[154] DB Systel GmbH: Die dritte Generation des Internets – Digital Trend Impuls Web 3, November 2023.
[155] hy.co: Die Fusion von Digitalen Identitäten und Web3, 2024.
[156] Monetary Authority of Singapore: Project Guardian Report, November 2022.
[157] BTC-ECHO: Web3 und digitale Identität: Warum wir jetzt handeln müssen, 2024.
[158] BVDW: Web3 in der Anwendung – Non-Fungible Token (NFT) als Basis für digitale Identitäten und neue Geschäftsmodelle, 2024.
[159] Ein System ist sybil-resistent, wenn es verhindert, dass ein einzelner Akteur sich als viele verschiedene, vermeintlich unabhängige Identitäten ausgeben kann, um dadurch das System zu manipulieren oder zu täuschen.

bei Immobilien, Kunstobjekten oder Wertpapieren – als vertrauenswürdiger Identitätsanker dienen, der Eigentumsrechte eindeutig zuordnet und deren digitale Übertragbarkeit ermöglicht.

102 Auch im Bereich der Künstlichen Intelligenz (→ § 62 ff.) eröffnen sich neue Möglichkeiten: KI-gestützte Identitätsorakel könnten verifizierbare Nachweise automatisiert prüfen, kontextualisieren und bewerten – etwa im Rahmen von Bewerbungsverfahren oder risikoadjustierten KYC/AML-Prüfungen. Darüber hinaus ließe sich durch die plattformübergreifende Aggregation von Qualifikationen, Bewertungen und Interaktionen eine portable, globale Reputation entwickeln, die unabhängig von einzelnen Plattformen Bestand hat.

103 In einem langfristigen Zukunftsszenario schließlich könnten DIDs sogar zur Verwaltung von Identitäts- und Eigentumsrechten im außerirdischen Raum – etwa im Kontext interplanetarer Besiedlungsprojekte – eingesetzt werden.[160] [161]

4. Herausforderungen

104 Die Verwaltung kryptografischer Schlüssel ist für viele Nutzer:innen anspruchsvoll. Der Verlust eines privaten Schlüssels bedeutet den Verlust der digitalen Identität. Zudem existieren zahlreiche, teils inkompatible DID-Standards, was die Interoperabilität zwischen Plattformen erschwert.[162] [163]

105 Die Rechtslage ist international uneinheitlich (→ § 74). Während Länder wie die Schweiz mit progressiven E-ID-Gesetzen vorangehen, fehlen in vielen Regionen klare Rahmenbedingungen. Besonders die DS-GVO stellt Web3-Systeme vor Herausforderungen, da das „Recht auf Vergessenwerden" mit der Unveränderlichkeit der Blockchain kollidiert. Projekte versuchen, mit temporären Credentials oder Off-Chain-Lösungen zu reagieren.[164]

106 SSI-Wallets und ZKPs setzen technisches Verständnis voraus. Gerade ältere oder weniger digital affine Menschen drohen abgehängt zu werden. Unternehmen zögern, weil sie Kontrollverlust und regulatorische Unsicherheit fürchten.[165] [166]

107 Obwohl DIDs Sybil-Attacken erschweren, bleiben Risiken wie Social Engineering oder der Missbrauch von Identitätsnachweisen bestehen. Die Absicherung gegen Quantencomputer ist eine weitere offene Baustelle.

5. Fazit

108 Web3-Identitätssysteme auf Basis von DIDs und SSI bieten enorme Chancen für eine sicherere, effizientere und selbstbestimmte digitale Gesellschaft. Die Praxis zeigt bereits zahlreiche erfolgreiche Anwendungen – von DeFi bis Supply Chain, von Gesundheitswesen bis Governance. Für den Durchbruch sind jedoch weitere Standardisierung, regulatorische Klarheit, benutzerfreundliche Lösungen und gezielte Aufklärung notwendig. Die Zukunft der digitalen Identität ist dezentral – aber der Weg dorthin bleibt anspruchsvoll.

[160] Der Bank Blog: Digitale Vermögenswerte und Web3 verändern die Finanzlandschaft, 2024.
[161] hy.co: Die Fusion von Digitalen Identitäten und Web3, 2024.
[162] DB Systel GmbH: Die dritte Generation des Internets – Digital Trend Impuls Web 3, November 2023.
[163] hy.co: Die Fusion von Digitalen Identitäten und Web3, 2024.
[164] Monetary Authority of Singapore: Project Guardian Report, November 2022.
[165] TC-ECHO: Web3 und digitale Identität: Warum wir jetzt handeln müssen, 2024.
[166] BVDW: Web3 in der Anwendung – Non-Fungible Token (NFT) als Basis für digitale Identitäten und neue Geschäftsmodelle, 2024.

Kapitel 2 Blockchain und Web3

§ 5 Blockchain und Web3

Übersicht

Schrifttum:
Chen, Blockchain tokens and the potential democratization of entrepreneurship and innovation, Business Horizons 61 (2018), 567; Nofer/Gomber/Hinz/Schiereck, Blockchain, BISE 59 (2017), 183; Pal/Alam/Thakur/Singh, Key Management for Blockchain Technology, ICT Express 7 (2021), 76; Schütte/Fridgen/Prinz/Rose/Urbach/Hoeren/Guggenberger/Welzel/Holly/Schulte/Sprenger/Schwede/Weimert/Otto/Dalheimer/Harz/Kreutzer, Blockchain – Technologien, Forschungsfragen und Anwendungen. Positionspapier der Fraunhofer-Gesellschaft, Version 1.0, 20. März 2017; Voshmgir, Token economy: how the Web3 reinvents the internet, 3. Aufl. 2020; Xu/Weber/Staples, Architecture for Blockchain Applications, 2019; Xu/Pautasso/Zhu/Gramoli/Ponomarev/Tran/Chen, The Blockchain as a Software Connector, in: Proceedings of the 2016 13th Working IEEE/IFIP Conference on Software Architecture (WICSA), IEEE, 2016; Yaga/Mell/Roby/Scarfone, Blockchain Technology Overview, National Institute of Standards and Technology (NIST), U. S. Department of Commerce, Internal Report NIST IR 8202, October 2018 (rev. 2019).

I. Web3 ist größer als Blockchain – Blockchain als Baustein von Web3

Web3 geht über die reine Blockchain-Technologie hinaus und umfasst eine Vielzahl von Konzepten und Technologien, die gemeinsam darauf abzielen, ein dezentralisiertes und nutzerzentriertes Internet zu schaffen. Während die Blockchain als Kernkomponente die technische Grundlage für Transparenz, Sicherheit und Dezentralisierung bietet, sind andere Technologien und Ansätze ebenso entscheidend für die Entwicklung des Web3-Ökosystems. Ein zentraler Aspekt von Web3 ist die Möglichkeit für Nutzer, die Kontrolle über ihre digitalen Identitäten zu übernehmen. Im Gegensatz zu Web2, bei dem die Identitäten meist über zentrale Plattformen verwaltet werden, können Nutzer in Web3 ihre Identitäten direkt über dezentrale Technologien wie zum Beispiel digitale Wallets kontrollieren[1]. Diese Wallets speichern kryptografische Schlüssel, die es Nutzern ermöglichen, ihre Daten sicher zu verwalten und selektiv zu teilen. Das Web hat sich in drei Entwicklungsstufen transformiert[2]. Diese Entwicklung wird in der folgenden Grafik veranschaulicht. 1

[1] Voshmgir Token Economy – How the Web3 Reinvents the Internet 420.
[2] Voshmgir Token Economy – How the Web3 Reinvents the Internet 418.

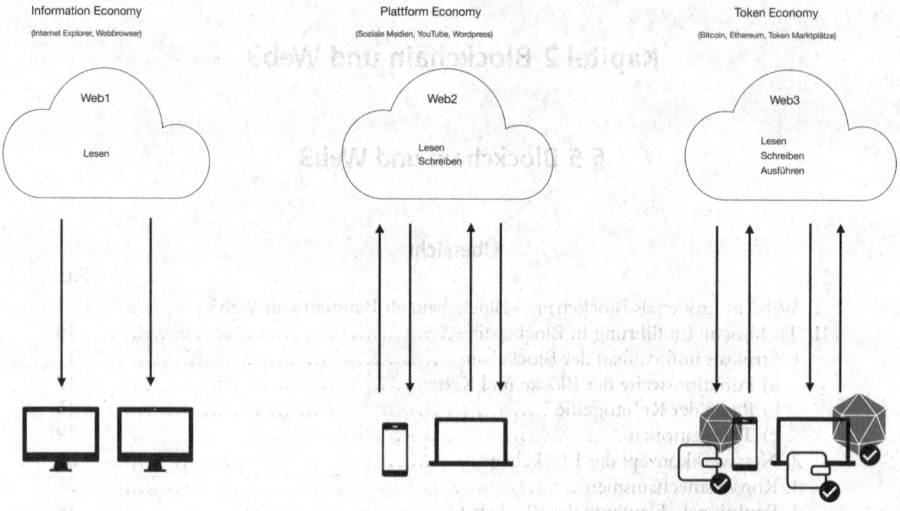

Abbildung 1 Eigenständige Darstellung basierend auf den Konzepten aus Voshmgir, Token economy: how the Web3 reinvents the internet, 3. Aufl. 2020.

2 Die Grafik zeigt die Evolution des Webs in drei Entwicklungsstufen, die jeweils durch unterschiedliche technologische und wirtschaftliche Paradigmen geprägt sind:

3 **Web1, Informations-Ökonomie:** In der ersten Phase des Webs standen statische Inhalte im Mittelpunkt. Nutzer konnten Informationen lesen („Read-Only Web"), jedoch keine eigenen Inhalte erstellen oder aktiv zur Weiterentwicklung des Webs beitragen[3]. Diese Ära war geprägt von zentralisierten Diensten wie frühen Webseiten und Suchmaschinen.

4 **Web2, Plattform-Ökonomie:** Das Web2 führte die Interaktivität ein. Nutzer können nun nicht nur lesen („Read"), sondern auch schreiben („Write"), indem sie Inhalte auf Plattformen wie sozialen Medien oder Blogs erstellen und teilen. Allerdings führte diese Entwicklung zur zentralisierten Kontrolle durch Plattformbetreiber, die große Mengen an Nutzerdaten sammeln und verwalten[4].

5 **Web3, Token-Ökonomie:** Im Web3 gehen die Möglichkeiten über „Read" und „Write" hinaus: Nutzer können aktiv ausführen („Execute"), beispielsweise durch dezentrale Anwendungen (dApps). Diese Phase ist geprägt von Dezentralität und der Rückgewinnung der Datenhoheit durch die Nutzer. Technologien wie Blockchain, digitale Wallets und Token bilden die Grundlage dieser neuen digitalen Ökonomie.

6 Die Grafik verdeutlicht diese Transformation, indem sie die technischen und wirtschaftlichen Prinzipien sowie die Rollen der Nutzer in den verschiedenen Phasen des Webs darstellt. Sie zeigt, wie sich die Interaktion zwischen Nutzern und Technologien von reinem Konsum (Web1) über Mitgestaltung (Web2) hin zu vollständiger Kontrolle und Ausführung (Web3) entwickelt hat.

7 Dezentrale Anwendungen sind ein relevanter Baustein von Web3. Diese Anwendungen basieren auf Blockchain-Netzwerken und bieten Funktionen, die unabhängig von zentralen Betreibern ausgeführt werden. dApps ermöglichen eine Vielzahl von Anwendungsfällen, darunter dezentrale Finanzdienstleistungen (DeFi), dezentrale soziale Netzwerke und digitale Marktplätze. Sie basieren auf einer Kombination aus öffentlichen und/oder privaten Netzwerken, die verschiedene Hintergrund-Operationen ausführen. Ein verteiltes Ledger dient dabei als Rückgrat für die Web3-Netzwerke, die häufig durch einen Token verwaltet

[3] Voshmgir Token Economy – How the Web3 Reinvents the Internet 418.
[4] Voshmgir Token Economy – How the Web3 Reinvents the Internet 418.

und incentiviert werden. Die Sicherheit wird durch ein Peer-to-Peer-Netzwerk gewährleistet, das Transaktionen über einen Konsensmechanismus validiert[5].

- Ein **verteiltes Ledger** (engl. Distributed Ledger Technology, DLT) ist eine Datenbanktechnologie, bei der Transaktionsdaten nicht auf einem zentralen Server, sondern auf mehreren Knotenpunkten eines Netzwerks gespeichert und synchronisiert werden[6].
- Eine **Blockchain** ist eine spezielle Form eines verteilten Ledgers, bei der Transaktionsdaten in unveränderlichen „Blöcken" gespeichert werden, die chronologisch miteinander verknüpft sind.[7]

Während im Web2 Daten in der Regel auf Servern vertrauenswürdiger Institutionen gespeichert und verwaltet werden, verfolgt Web3 einen anderen Ansatz: Daten werden in mehreren Kopien innerhalb eines Peer-to-Peer-Netzwerks (P2P) gespeichert. Die Regeln für die Datenverwaltung sind im Protokoll festgelegt und werden durch den Konsens aller Netzwerkteilnehmer abgesichert, oft durch Anreizsysteme in Form von Token unterstützt. Der Netzwerkzustand (repräsentiert durch das Ledger) wird kollektiv aufrechterhalten, wodurch die Abhängigkeit von zentralen Instanzen entfällt. Im Gegensatz zu Web2, das vor allem die Benutzererfahrung des Internets revolutioniert hat, stellt Web3 eine tiefgreifende Veränderung der zugrunde liegenden Architektur dar. Es schafft eine einheitliche Verwaltung des Netzwerks und nutzt Protokolle, die auf Blockchain-Technologie oder ähnlichen verteilten Systemen basieren, wie beispielsweise dem gerichteten azyklischen Graphen (DAG) bei IOTA oder Hashgraph. Diese Protokolle zielen darauf ab, die Funktionen des Internets neu zu definieren. Diese Technologien schaffen neue Möglichkeiten in der Speicherung, Verwaltung und Verteilung von Daten und Vermögenswerten bzw. digitalen Assets. Dazu gehören insbesondere folgende Technologien[8]: 8

- **P2P-Datenhaltung (zB IPFS):** Dezentrale Speicherlösungen eliminieren die Notwendigkeit zentralisierter Rechenzentren.
- **Verifiable Credentials (VCs):** Identitätsnachweise auf Basis kryptografischer Signaturen ohne zentrale Autorität.
- **Self-Sovereign Identity (SSI):** Nutzer kontrollieren ihre digitalen Identitäten selbstständig.
- **Dezentrale autonome Organisationen (DAOs):** Organisationen, die durch Smart Contracts gesteuert werden.
- **Oracles:** Externe Datenquellen, die Smart Contracts mit relevanten Informationen versorgen.
- **DeFi und NFTs:** Finanztransaktionen und Tokenisierung von Vermögenswerten durch Blockchain.

In der Praxis fungiert ein Blockchain-Netzwerk als „Prozessor" für dezentrale Anwendungen, die auf Web3 aufbauen[9]. Neben der Blockchain sind Technologien für Dateispeicherung, Nachrichtenübermittlung, Identitätsmanagement, externe Daten (Oracles) und weitere Dienste notwendig. Für viele Anwendungen auf der Blockchain sind dezentrale Speicherlösungen notwendig, um beispielsweise große Dateien zu verwalten, dafür wurden Lösungen wie IPFS, Filecoin, etc als Ansätze etabliert. Es vereint eine Vielzahl von Technologien und Konzepte, die darauf abzielen, den Nutzern die Kontrolle über ihre Daten, Identitäten und digitalen Interaktionen zurückzugeben. Das Web3 erweitert also den Ansatz um weitere Technologien wie Identitätsverwaltung, Datenhaltung, dezentrale 9

---

5 Voshmgir Token Economy – How the Web3 Reinvents the Internet 439.

6 Schütte/Fridgen/Prinz/Rose/Urbach/Hoeren/Guggenberger/Welzel/Holly/Schulte/Sprenger/Schwede/Weimert/Otto/Dalheimer/Harz/Kreutzer Blockchain – Technologien, Forschungsfragen und Anwendungen. Positionspapier der Fraunhofer-Gesellschaft 4.

7 Schütte/Fridgen/Prinz/Rose/Urbach/Hoeren/Guggenberger/Welzel/Holly/Schulte/Sprenger/Schwede/Weimert/Otto/Dalheimer/Harz/Kreutzer Blockchain – Technologien, Forschungsfragen und Anwendungen. Positionspapier der Fraunhofer-Gesellschaft 4.

8 Voshmgir Token Economy – How the Web3 Reinvents the Internet 420.

9 Voshmgir Token Economy – How the Web3 Reinvents the Internet 439.

Anwendungen (dApps) und Interoperabilität zwischen verschiedenen Plattformen. Damit eröffnet es nicht nur neue technische Möglichkeiten, sondern legt auch die Basis für ein offenes, transparentes und demokratisches Internet, das den Nutzern Autonomie und Verantwortung zurückgibt.

II. Technische Einführung in Blockchain

10 Die technische Einführung in die Grundlagen der Blockchain zielt darauf ab, ein Verständnis für die zugrunde liegende Technologie zu vermitteln. Wie im vorherigen Kapitel erläutert, ist die Blockchain eine Form der Distributed-Ledger-Technologie, bei der Daten in einer verketteten Struktur aus Blöcken gespeichert werden. Diese Blöcke enthalten Daten und Metadaten und sind durch kryptografische Hashes sicher miteinander verknüpft. Um die Validierung von Transaktionen sicherzustellen, kommen Konsensmechanismen wie Proof of Work (PoW) oder Proof of Stake (PoS) zum Einsatz[10]. Darüber hinaus zeichnet sich die Blockchain durch ihre Unveränderlichkeit aus, da gespeicherte Daten nachträglich nicht manipuliert werden können. Eine weitere Komponente sind sogenannte Smart Contracts, kleine Programmcodes, die vordefinierte Funktionen automatisch durchführen. Es wird zwischen öffentlichen und privaten Blockchains unterschieden, die sich hinsichtlich ihrer Zugänglichkeit und Governance unterscheiden. Peer-to-Peer-Netzwerke verbinden die Teilnehmer direkt, während Nodes als Knotenpunkte fungieren, die das Netzwerk betreiben und Transaktionen validieren. Mithilfe der Tokenisierung können Werte durch Token repräsentiert werden. Dieses Kapitel bietet eine Einführung in die technischen Grundlagen der Blockchain und legt die Basis für ein Verständnis der einzelnen Komponenten.

1. Struktur und Aufbau der Blockchain

11 Dezentralisierung ist der Kern der Blockchain-Technologie und stellt einen grundlegenden Unterschied zu traditionellen, zentralisierten Systemen dar. In einem dezentralisierten Netzwerk gibt es keine zentrale Instanz, die das System verwaltet. Stattdessen wird die Kontrolle auf alle Teilnehmer im Netzwerk verteilt, wodurch die Abhängigkeit von einer einzelnen zentralen Autorität vermieden wird. Die Blockchain-Technologie basiert auf Peer-to-Peer-Netzwerken, in denen alle Teilnehmer, die sogenannten Knoten, gleichberechtigt agieren und miteinander interagieren, ohne auf einen Dritten angewiesen zu sein[11]. Jeder Knoten besitzt eine Kopie des gesamten Netzwerks und validiert Transaktionen unabhängig von einem zentralen Server oder einer Verwaltungseinheit. Hashing und Konsensmechanismen stellen sicher, dass die Integrität des gesamten Systems gewährleistet wird. Im Rahmen der Peer-to-Peer-Kommunikation ist es entscheidend, wie die Knoten miteinander kommunizieren und ihre Daten synchronisieren. Da jeder Knoten eine vollständige Kopie der Blockchain speichert, müssen Änderungen und neue Transaktionen in Echtzeit über das gesamte Netzwerk verteilt werden. Dies erfolgt durch die Kommunikation zwischen den Knoten, bei der Transaktionen verifiziert und Blöcke in die Blockchain eingefügt werden. Diese Synchronisation wird durch den Konsensmechanismus koordiniert, der sicherstellt, dass alle Knoten denselben Stand der Blockchain besitzen. Die Kommunikation zwischen den Knoten ist hierbei so gestaltet, dass sie robust gegenüber Ausfällen oder Manipulationen ist[12]. Im nächsten Abschnitt wird diese Funktionsweise genauer beleuchtet.

[10] Schütte/Fridgen/Prinz/Rose/Urbach/Hoeren/Guggenberger/Welzel/Holly/Schulte/Sprenger/Schwede/Weimert/Otto/Dalheimer/Harz/Kreutzer Blockchain – Technologien, Forschungsfragen und Anwendungen. Positionspapier der Fraunhofer-Gesellschaft 12.

[11] Xu/Weber/Staples Architecture for Blockchain Applications 3.

[12] Schütte/Fridgen/Prinz/Rose/Urbach/Hoeren/Guggenberger/Welzel/Holly/Schulte/Sprenger/Schwede/Weimert/Otto/Dalheimer/Harz/Kreutzer Blockchain – Technologien, Forschungsfragen und Anwendungen. Positionspapier der Fraunhofer-Gesellschaft 12.

a) Funktionsweise der Blöcke und Ketten

Die Blockchain organisiert ihre Funktionsweise in Blöcken, die eine Liste von Transaktionsdaten enthalten. Eine Transaktion, beispielsweise eine Kryptowährung-Überweisung oder eine Dokumentenregistrierung, wird zunächst vom Absender digital signiert und an das Netzwerk gesendet[13]. Die teilnehmenden Knoten prüfen die Gültigkeit der Transaktion, bevor sie in einen Block aufgenommen wird. **12**

Jeder Block ist kryptografisch gesichert und enthält: **13**

- Transaktionsdaten,
- den Hash des vorherigen Blocks (zur Verkettung),
- einen **neuen Hash,** der aus den Blockinhalten generiert wird.

Diese Hash-Funktion verbindet die Blöcke zu einer unveränderlichen Kette, wodurch Manipulationen verhindert werden[14]. Jede Änderung eines Blocks würde seinen Hash verändern und damit auch alle nachfolgenden Blöcke ungültig machen, was die Integrität der gesamten Blockchain sicherstellt. Das Hashing sorgt für eine transparente und fälschungssichere Historie, sodass alle Teilnehmer dieselben Daten einsehen können[15]. Dadurch schafft die Blockchain Vertrauen in ein dezentrales System, ohne dass eine zentrale Instanz erforderlich ist. **14**

b) Rolle der Kryptografie

Kryptografie bildet das Fundament der Blockchain-Technologie. Sie sichert sowohl das Mining von Blöcken als auch die Integrität der Blockchain und gewährleistet die Authentizität von Transaktionen und Teilnehmern. Eine zentrale Rolle spielt dabei der SHA-256 (Secure Hash Algorithm), eine spezielle Hashfunktion, auch Hashing genannt, die sicherstellt, dass jede Eingabe eindeutig und unveränderbar abgebildet wird[16]. **15**

Beim Hashing werden Datensätze beliebiger Größe durch einen Algorithmus in einen kompakten Code fester Länge umgewandelt[17]. Nehmen wir den Text *„Hello, World!"*. Wenn dieser Text durch den Algorithmus **SHA-256** in ein Hash umgewandelt wird, ergibt sich der Hash-Wert: **16**

a591a6d40bf420404a011733cfb7b190d62c65bf0bcda32b88f67c2f3085f92b

Wenn auch nur ein Zeichen geändert wird, etwa zu *„hello, World!"*, ändert sich der Hash vollständig: **17**

09ca7e4eaa6e8ae9c7d261167129184883644d0745bd841be92a923d0a2a7a3b

Dieses Beispiel zeigt, wie empfindlich ein Hash auf Veränderungen reagiert. Hash-Funktionen gewährleisten die Integrität von Blockchain-Daten, da jede Änderung an den Daten zu einem völlig neuen Hash führt, wodurch Manipulationen sofort erkennbar werden. Da jeder Block in einer Blockchain den Hash des vorherigen Blocks enthält, würde **18**

[13] Xu/Pautasso/Zhu/Gramoli/Ponomarev/Tran/Chen, The Blockchain as a Software Connector, in: Proceedings of the 2016 13th Working IEEE/IFIP Conference on Software Architecture (WICSA), IEEE, 2016, 4.

[14] Nakamoto Bitcoin: A Peer-to-Peer Electronic Cash System S. 3, abrufbar unter https://bitcoin.org/bitcoin.pdf (zuletzt abgerufen am 5.8.2025).

[15] Nakamoto Bitcoin: A Peer-to-Peer Electronic Cash System S. 4, abrufbar unter https://bitcoin.org/bitcoin.pdf (zuletzt abgerufen am 5.8.2025).

[16] Nofer/Gomber/Hinz/Schiereck BISE 59 (2017), 183 (184).

[17] Nakamoto Bitcoin: A Peer-to-Peer Electronic Cash System S. 1, abrufbar unter https://bitcoin.org/bitcoin.pdf (zuletzt abgerufen am 5.8.2025).

eine Änderung den gesamten Kettenverlauf ungültig machen, wodurch die Sicherheit und Unveränderbarkeit der Daten garantiert wird.

c) Transkationen

19 Digitale Signaturen stehen im Mittelpunkt der Authentifizierung in Blockchain-Systemen und sind entscheidend für die Durchführung von Transaktionen. Sie sorgen dafür, dass jede Transaktion eindeutig einem Absender zugeordnet werden kann. Mithilfe eines kryptografischen Schlüsselpaares bestehend aus einem privaten Schlüssel, der die Signatur erzeugt, und einem öffentlichen Schlüssel, der sie überprüft wird sichergestellt, dass die Daten einer Transaktion unverfälscht sind und von einer authentischen Quelle stammen[18]. Der Private Key ist ein geheimer Schlüssel, der direkt zur Signierung von Transaktionen verwendet wird.

20 Ein Beispiel für einen **Private Key** wäre:

5HueCGU8rMjxEXxiPuD5BDhkQQzwB5MgbQNidAjF6xaj6ZBc8X

21 Der Public Key wird aus dem Private Key erzeugt und dient sowohl zur Verifizierung von Transaktionen sowie als Wallet-Adresse.

22 Ein **Public Key** könnte so aussehen:

04bfcabbb8d4e66fa2bce07e1533b82c5a79996b87de1...

23 Angenommen, *Alice* möchte *Bob* einen Token über die Blockchain senden. *Alice* erstellt eine Transaktion, die ihre Wallet-Adresse, *Bobs* Wallet-Adresse und den Betrag enthält. Diese Transaktion wird mit *Alices* privatem Schlüssel signiert. *Bob* kann die Transaktion mit *Alices* öffentlichem Schlüssel verifizieren, um sicherzustellen, dass sie von *Alice* stammt und nicht manipuliert wurde. Sollte jemand versuchen, die Transaktion zu ändern, würde die digitale Signatur nicht mehr mit den neuen Daten übereinstimmen und die Transaktion wäre ungültig.

24 Kurz gefasst wird der Private Key genutzt, um eine Signatur zu erstellen, die anschließend mit dem Public Key verifiziert werden kann. Um diese Schlüsselpaare nun sicher zu verwalten und im Web3 nutzbar zu machen, werden digitale Wallets eingesetzt[19]. Sie bieten eine Lösung, um die Schlüssel aufzubewahren und sicher mit der Blockchain zu interagieren. Die sogenannten digitalen Wallets speichern sowohl öffentliche als auch private Schlüssel und ermöglichen es Benutzern, Transaktionen zu signieren und zu empfangen. Das Wallet sorgt dafür, dass der private Schlüssel geschützt bleibt und nur vom Besitzer verwendet werden kann. Es gibt verschiedene Arten von Wallets, wie Hardware-Wallets, Software-Wallets und mobile Wallets, die jeweils unterschiedliche Sicherheitsniveaus und Gebrauchstauglichkeiten bieten. Nutzer sind selbst für die Sicherheit ihres Wallets verantwortlich, weshalb Maßnahmen wie starke Passwörter, Backup-Optionen und gegebenenfalls Zwei-Faktor-Authentifizierung entscheidend sind, um den Zugang zu den privaten Schlüsseln zu schützen und das Wallet im Falle eines Verlusts oder Diebstahls wiederherzustellen.

2. Netzwerkkonzept der Blockchain

25 Das Blockchain-Netzwerk besteht aus dezentralen Knoten, die weltweit verteilt sind und jeweils eine vollständige Kopie der Blockchain speichern. Diese Knoten führen Algorithmen aus und validieren Transaktionen, wodurch Manipulationen verhindert werden. Die Betreiber der Netzwerkknoten werden durch den Konsensmechanismus incentiviert. Je

[18] Pal/Alam/Thakur/Singh ICT Express 7 (2021), 76 (78).
[19] Pal/Alam/Thakur/Singh ICT Express 7 (2021), 76 (78).

nach Mechanismus erhalten sie Belohnungen in Form von Kryptowährung oder Gebühren, um sicherzustellen, dass ausreichend Knoten für den Betrieb und die Dezentralität des Netzwerks zur Verfügung stehen.

Das Peer-to-Peer-Netzwerk bildet die technische Grundlage der Blockchain und ersetzt zentrale Instanzen durch eine direkte Kommunikation zwischen Teilnehmern. Jeder Knoten fungiert als Sender, Empfänger und Validator von Transaktionen. Neue Transaktionen werden im gesamten Netzwerk verbreitet, validiert und anschließend in Blöcken gespeichert. Durch diese verteilte Architektur wird sichergestellt, dass alle Netzwerkteilnehmer eine identische und unveränderliche Kopie der Blockchain besitzen. Das Fehlertoleranz-Prinzip garantiert, dass selbst bei Ausfällen oder kompromittierten Knoten das Netzwerk funktionsfähig bleibt. Der Konsensmechanismus sorgt für Synchronisierung, indem sich alle Knoten auf den aktuellen Zustand der Blockchain einigen. Dies gewährleistet die Sicherheit, Manipulationsresistenz und Integrität der gespeicherten Transaktionen[20]. **26**

Das dezentrale P2P-Netzwerk stellt sicher, dass die Kontrolle über die Daten nicht bei einer zentralen Instanz liegt, sondern auf viele Teilnehmer verteilt ist – ein Grundprinzip der Blockchain-Technologie. **27**

3. Konsensmechanismen

Der Mechanismus der Konsensbildung spielt eine zentrale Rolle in der Blockchain-Technologie. Das bekannteste Verfahren, das in einer Blockchain-Implementierung verwendet wird, ist der Proof-of-Work-Mechanismus der Bitcoin Blockchain. Das Proof-of-Work-Verfahren ist CPU-basiert, was bedeutet, dass die Rechenleistung eines Knotens entscheidend dafür ist, wer das Rätsel löst und die passende Nonce findet[21]. Miner werden durch die Generierung neuer Bitcoins belohnt, was einen Wettbewerb antreibt, der wiederum dazu führt, dass immer mehr Rechenleistung investiert wird. Um die Regel einzuhalten, dass ein neuer Block nur etwa alle zehn Minuten generiert wird, passt das Netzwerk die Schwierigkeit des Rätsels dynamisch an, wenn durch steigende Rechenkapazitäten die Zeitspanne zur Lösung verkürzt wird. Dieser erhöhte Schwierigkeitsgrad bedeutet für die Miner, dass sie immer mehr Energie und Ressourcen aufwenden müssen, was das Verfahren besonders energieintensiv macht. Aus diesem Grund ist Proof-of-Work nicht für alle Blockchain-Anwendungen geeignet. **28**

Ein weiteres gängiges Verfahren, ist Proof-of-Stake. Hier werden die Knoten, die neue Blöcke validieren können, entweder nach ihrem Anteil an der jeweiligen Kryptowährung oder über ein Zufallsverfahren ausgewählt. Eine Kombination aus Proof-of-Work und Proof-of-Stake ist ebenfalls möglich[22]. Neben Proof-of-Work und Proof-of-Stake gibt es zahlreiche weitere Konsensmechanismen, die für verschiedene Blockchain-Anwendungen entwickelt wurden. Unter anderem gehören dazu Delegated Proof of Stake (DPoS), bei dem Nutzer Delegierte wählen, die Blöcke validieren und dadurch schnelle sowie energieeffiziente Transaktionen ermöglichen, und Proof of Authority (PoA), bei dem eine begrenzte Anzahl von autorisierten Validatoren Blöcke[23]. **29**

Die Wahl des passenden Konsensmechanismus hängt jedoch stark vom jeweiligen Anwendungsfall ab. Faktoren wie Skalierbarkeit, Energieeffizienz, Sicherheit und die **30**

[20] Schütte/Fridgen/Prinz/Rose/Urbach/Hoeren/Guggenberger/Welzel/Holly/Schulte/Sprenger/Schwede/Weimert/Otto/Dalheimer/Harz/Kreutzer Blockchain – Technologien, Forschungsfragen und Anwendungen. Positionspapier der Fraunhofer-Gesellschaft 6.

[21] Ferdous/Chowdhury/Hoque/Colman Blockchain Consensus Algorithms: A Survey, arXiv:2001.07091 [cs.DC], 21.1.2020, S. 8, abrufbar unter https://arxiv.org/abs/2001.07091 (zuletzt abgerufen am 5.8.2025).

[22] Ferdous/Chowdhury/Hoque/Colman Blockchain Consensus Algorithms: A Survey, arXiv:2001.07091 [cs.DC], 21.1.2020, S. 15, abrufbar unter https://arxiv.org/abs/2001.07091 (zuletzt abgerufen am 5.8.2025).

[23] Ferdous/Chowdhury/Hoque/Colman Blockchain Consensus Algorithms: A Survey, arXiv:2001.07091 [cs.DC], 21.1.2020, S. 31, abrufbar unter https://arxiv.org/abs/2001.07091 (zuletzt abgerufen am 5.8.2025).

gewünschte Dezentralität spielen dabei eine entscheidende Rolle. Während beispielsweise öffentliche Blockchains oft auf Mechanismen wie PoW oder PoS setzen, können private oder konsortiale Blockchains durch PoA oder speicherbasierte Verfahren effizienter gestaltet werden. Jede Entscheidung sollte daher individuell getroffen werden, um den Anforderungen des Netzwerks gerecht zu werden.

31 Um nun die unterschiedlichen Einsatzmöglichkeiten von Blockchains zu verstehen, ist es wichtig, die verschiedenen Typen von Blockchains zu betrachten, die sich in Bezug auf Zugriffsrechte und Verwaltung unterscheiden.

32 **Öffentliche Blockchains,** wie Bitcoin oder Ethereum, sind für jeden zugänglich. Jeder kann als Teilnehmer, Node oder Miner aktiv werden.

33 **Private Blockchains** sind auf eine begrenzte Anzahl von vertrauenswürdigen Teilnehmern beschränkt, die von einer zentralen Instanz ausgewählt werden. Sie bieten hohe Flexibilität für Änderungen und Zugriffskontrollen[24].

34 **Konsortiale Blockchains** werden von einem Konsortium verwaltet, nicht von einer zentralen Instanz. Nur zugelassene Teilnehmer haben Zugang. Sie kombinieren Merkmale öffentlicher und privater Blockchains und ermöglichen eine Balance zwischen Transparenz und Kontrolle[25].

35 **Hybrid Blockchains** kombinieren öffentliche und private Blockchain-Elemente. Sie ermöglichen es, bestimmte Daten privat zu halten, während andere öffentlich zugänglich sind. Transaktionen sind in der Regel nicht öffentlich, können jedoch bei Bedarf überprüft werden. Diese Blockchains bieten Flexibilität, jedoch ohne vollständige Transparenz[26].

4. Funktionale Elemente der Blockchain

36 Die funktionalen Elemente der Blockchain bilden die Grundlage für ihre vielseitige Einsetzbarkeit. Sie ermöglichen nicht nur die sichere Verwaltung und Durchführung von Transaktionen, sondern schaffen durch Mechanismen wie Smart Contracts und Tokenisierung neue Anwendungsmöglichkeiten, die weit über Zahlungsabwicklungen hinausgehen. Dabei sind diese Technologien ein zentraler Bestandteil des Web3-Ökosystems, das darauf abzielt, ein dezentralisiertes und nutzerzentriertes Internet zu schaffen, in dem digitale Identitäten, Eigentumsrechte und wirtschaftliche Prozesse direkt durch die Blockchain gesteuert werden.

a) Smart Contracts

37 Smart Contracts sind Bedingungen, die direkt in einer Blockchain integriert werden. Sie bestehen aus einfachem Programmcode, meist in Form von If-Then- oder If-Then-Else-Anweisungen, der innerhalb der Blockchain ausgeführt wird. Plattformen wie Ethereum gehören zu den bekanntesten Lösungen für die Implementierung von Smart Contracts. Die Blockchain speichert dabei nicht nur den Verlauf dieser Bedingungen, sondern auch ihre Kryptowährungssalden sowie alle damit verbundenen Transaktionen. Smart Contracts sind Programmcodes auf der Blockchain, die automatisch ausgeführt werden, sobald vordefinierte Bedingungen erfüllt sind entweder intern definiert oder durch externe Daten beeinflusst[27].

---

[24] Schütte/Fridgen/Prinz/Rose/Urbach/Hoeren/Guggenberger/Welzel/Holly/Schulte/Sprenger/Schwede/Weimert/Otto/Dalheimer/Harz/Kreutzer Blockchain – Technologien, Forschungsfragen und Anwendungen. Positionspapier der Fraunhofer-Gesellschaft 7.

[25] Schütte/Fridgen/Prinz/Rose/Urbach/Hoeren/Guggenberger/Welzel/Holly/Schulte/Sprenger/Schwede/Weimert/Otto/Dalheimer/Harz/Kreutzer Blockchain – Technologien, Forschungsfragen und Anwendungen. Positionspapier der Fraunhofer-Gesellschaft 7.

[26] Xu/Weber/Staples Architecture for Blockchain Applications 47.

[27] Buterin Ethereum White Paper – A Next-Generation Smart Contract and Decentralized Application Platform 2014, Abschnitt 2.1, abrufbar unter https://ethereum.org/en/whitepaper (zuletzt abgerufen am 5.8.2025).

Ein Beispiel wäre der Transport von temperaturempfindlichen Lebensmitteln. Ein Smart Contract könnte so formuliert sein: „Wenn die Temperatur im Laderaum während des Transports für mehr als 30 Minuten über 8°C liegt, zahle 1.000 Euro an den Käufer als Entschädigung.“ Dieser Mechanismus könnte durch einen Temperatursensor gesteuert werden, der die Daten in Echtzeit an die Blockchain übermittelt. 38

Smart Contracts ermöglichen die automatische Überprüfung und Durchsetzung von Bedingungen, ohne dass eine externe Stelle oder ein Rechtssystem eingreifen muss. Dabei gilt allein der Code als verbindlich. Hashes spielen eine zentrale Rolle in der Verifizierung von Daten innerhalb eines Smart Contracts[28]. Beispielsweise könnte ein Liefervertrag für temperaturkontrollierte Waren so gestaltet sein, dass ein Temperatursensor im Transportfahrzeug regelmäßig Daten an die Blockchain sendet. Diese Daten werden gehasht und in der Blockchain gespeichert. 39

Beispiel:
Ein Sensor misst die Temperatur und erzeugt Daten wie 25.3 C zu einer bestimmten Zeit. Der Hash dieser Daten (SHA-256) lautet zB: **ab34 f...78de.** Der Smart Contract überprüft bei jeder neuen Messung, ob der Hash-Wert die Bedingung erfüllt:
If Hash(Temperatur) > Hash(8 C): Auslöser: Vertragsstrafe.
Auf diese Weise stellt der Hash sicher, dass keine Manipulation der Sensordaten möglich ist, da jede Änderung einen völlig anderen Hash erzeugen würde.

Die Ausführung des Smart Contracts erfolgt nur, wenn alle Knoten im Netzwerk (je nach Konsensmechanismus) die Bedingung validieren und den neuen Block akzeptieren. 40

Beispiel:
Ein Smart Contract löst die Zahlung von 1.000 Euro aus, wenn die Temperatur während des Transports länger als 30 Minuten über 8 C lag.
1. Alle Knoten überprüfen:
2. Sind die Sensordaten korrekt gehasht?
3. Wurden die Bedingungen des Smart Contracts erfüllt?

Erst nach Konsens unter den Knoten wird die Zahlung im Netzwerk ausgeführt und als Transaktion gespeichert.

Wenn externe Daten benötigt werden, um festzustellen, ob die Bedingungen erfüllt sind, kommt ein sogenanntes Orakel zum Einsatz. Ein Orakel ist eine externe Datenquelle, welches die Daten oder Informationen an die Blockchain liefert. Diese Daten sind notwendig, damit Smart Contracts Bedingungen prüfen können, die von externen Ereignissen abhängen[29]. Beispielsweise könnten Orakel Wetterdaten, Wechselkurse, Wahlergebnisse oder Lieferstatus bereitstellen. Die Authentizität und Integrität dieser Informationen werden dabei oft durch kryptografische Signaturen abgesichert. Ein Orakel kann in verschiedenen Formen auftreten, zB: 41

- **Software-Orakel:** Liefert Daten aus digitalen Quellen (zB Wetter-APIs).
- **Hardware-Orakel:** Verwendet physische Geräte wie Sensoren, um Daten direkt in die Blockchain einzuspeisen.
- **Dezentrale Orakel:** Mehrere unabhängige Quellen liefern Daten, um Manipulationen zu vermeiden.

Orakel sind essenziell, um die Funktionalität von Smart Contracts zu erweitern, bergen jedoch das Risiko, als Schwachstelle für Manipulationen zu dienen. Daher sind Sicherheitsmechanismen wie Signaturen entscheidend. 42

[28] Yaga/Mell/Roby/Scarfone, Blockchain Technology Overview, National Institute of Standards and Technology (NIST), U. S. Department of Commerce, Internal Report NIST IR 8202, October 2018 (rev. 2019) 8.

[29] Yaga/Mell/Roby/Scarfone, Blockchain Technology Overview, National Institute of Standards and Technology (NIST), U. S. Department of Commerce, Internal Report NIST IR 8202, October 2018 (rev. 2019) 32.

Beispiel:
Ein Smart Contract benötigt Wetterdaten, um eine Entschädigung für eine Ernteausfallversicherung auszulösen.
Das Orakel liefert die Daten „Temperatur < 0°C" und signiert diese mit seinem privaten Schlüssel.
Der Smart Contract prüft die Signatur des Orakels mit dessen öffentlichen Schlüssel, um sicherzustellen, dass die Daten authentisch sind. Nur dann wird die Vertragsbedingung ausgelöst.
If Verify(Orakel-Signatur) == True and Temperatur < 0 C:Auszahlung ausführen.

43 Merkle Trees gewährleisten, dass nur authentische Datenblöcke in einem Smart Contract verarbeitet werden. Zum Beispiel können Sensordaten in einem Merkle Tree gespeichert werden, wobei ein sogenannter Root-Hash die Integrität aller Daten garantiert[30].

Beispiel:
- Mehrere Temperaturmessungen werden in einem Merkle Tree gespeichert.
- Der Root-Hash des Merkle Trees wird in der Blockchain verankert.
- Der Smart Contract greift auf den Root-Hash zurück und prüft, ob alle Transaktionen (Messungen) gültig sind, bevor eine Auszahlung ausgelöst wird.

44 Der Zeitstempel eines Blocks spielt eine wichtige Rolle in Smart Contracts, um sicherzustellen, dass Bedingungen nur zu einem bestimmten Zeitpunkt oder Zeitintervall erfüllt werden.

Beispiel:
Ein Smart Contract legt fest:
If Blockzeit > 30 Minuten and Temperatur > 8 C: Auszahlung ausführen.
Die Blockchain garantiert, dass der Zeitstempel nicht manipuliert werden kann, da er Teil der Blockheader-Daten ist und durch den Konsensmechanismus validiert wird.

b) Tokenisierung

45 Die Tokenisierung beschreibt den Prozess, bei dem physische oder digitale Vermögenswerte durch Token auf einer Blockchain repräsentiert werden. Diese Token dienen als digitale Abbilder von Werten wie Zertifikaten, Digitale Produktpässe, Wertanlagen, Identitätsnachweise oder auch Vermögenswerten. Die Tokenisierung bildet die Grundlage für viele Anwendungen der Blockchain-Technologie, von Kryptowährungen bis hin zu Non-Fungible Tokens (NFTs). Technisch gesehen handelt es sich bei einem Token um einen Smart Contract, der einen spezifischen Wert repräsentiert. Jeder Token wird durch eine einzigartige Kennung (Token-ID) und spezifische Metadaten definiert, die seine Eigenschaften und Zugehörigkeit eindeutig beschreiben.[31]

46 Die Blockchain speichert diese Token in Form von Transaktionen, die die Zuweisung, Übertragung oder Teilung des jeweiligen Wertes dokumentieren. Ein wichtiger technischer Aspekt ist, dass Token mit kryptografischen Hashes gesichert sind[32]. Gleichzeitig ermöglicht der Konsensmechanismus der Blockchain, dass die Eigentumsverhältnisse an den Token dezentral und manipulationssicher verwaltet werden.

47 Abhängig vom Verwendungszweck können unterschiedliche Token-Standards wie **ERC-20** (für fungible Token) oder **ERC-721** (für nicht-fungible Token, NFTs) auf Blockchain-Plattformen wie Ethereum eingesetzt werden[33]. Diese Standards definieren, wie Token

30 Yaga/Mell/Roby/Scarfone, Blockchain Technology Overview, National Institute of Standards and Technology (NIST), U. S. Department of Commerce, Internal Report NIST IR 8202, October 2018 (rev. 2019) 53.
31 Chen Business Horizons 61 (2018), 567 (569).
32 Chen Business Horizons 61 (2018), 567 (569).
33 Chen Business Horizons 61 (2018), 567 (569).

erstellt, übertragen und in Smart Contracts verwendet werden können. Zusätzlich kann ein Smart Contract Regeln für die Token-Interaktion festlegen, wie beispielsweise automatische Zahlungen, Zugriffsrechte oder zeitliche Einschränkungen. Die Token können zwischen Adressen auf der Blockchain übertragen werden.

Das folgende Beispiel zeigt, wie Daten in einem Hash zusammengefasst und in einem Token gespeichert werden: **48**

- Token-ID: 123456
- Besitzeradresse: 0xAbC123...
- Wert: 1 Tonne CO_2
- Ausgabe-Datum: 2025-01-01

Diese Daten werden mit einer Hashfunktion wie SHA-256 verarbeitet:
Hash(Token-ID + Besitzer + Wert + Ausgabe-Datum) = „e3b0c442...f2719"

Dieser Hash wird in der Blockchain gespeichert und stellt sicher, dass die Token-Daten nicht manipuliert werden können. Jeder Versuch, die Token-ID oder den Besitzer zu ändern, würde einen völlig anderen Hash erzeugen und die Manipulation sofort sichtbar machen. Wenn ein Token von einem Besitzer an einen anderen übertragen wird, wird diese Transaktion als neue Daten auf der Blockchain gespeichert. Die Blockchain führt folgende Schritte durch:

- Der Smart Contract überprüft, ob der Absender ausreichend Token für die Übertragung besitzt.
- Die Transaktion wird als Hash verarbeitet, zB: Hash(Absender + Empfänger + Menge + Zeitstempel) = „9a53f5b3...7e19"
- Der Konsensmechanismus (zB Proof-of-Stake) validiert, ob die Transaktion korrekt ist.
- Nach der Bestätigung wird die Transaktion in einen neuen Block geschrieben.

Nach der Token-Generierung und einer Transaktion könnte der Inhalt in der Blockchain so aussehen:


```
{
„block_number": 45892,
„transaction_hash": „9a53f5b3...7e19",
„token":
{„id": „CO2-10001",
„owner":"0xAbC123...",
„value": „1 Tonne CO2",
„issue_date": „2025-01-01"
},
„hash": „e3b0c442...f2719"
}
```


Die Blockchain-Technologie bildet das Fundament von Web3 und ermöglicht eine neue Art der digitalen Interaktion, die auf Dezentralität, Sicherheit und Transparenz basiert. Durch P2P-Netzwerke, Konsensalgorithmen, Smart Contracts und Tokenisierung entstehen neue Anwendungsmöglichkeiten, die weit über traditionelle Finanztransaktionen hinausgehen. Während Herausforderungen wie Skalierbarkeit und Interoperabilität im Fokus der Weiterentwicklung stehen, konnten in den letzten Jahren erhebliche Fortschritte in der Energieeffizienz erzielt werden – insbesondere durch Layer-2-Skalierungslösungen wie Rollups sowie alternative Blockchain-Architekturen wie IOTA oder Hashgraph. Die Blockchain-Technologie entwickelt sich stetig weiter und bildet die Grundlage für ein offeneres, transparenteres und nachhaltigeres digitales Ökosystem. **49**

2. Teil Rechtliche Einordnung

Kapitel 3 Dezentralisierung

Teil I Dezentralisierte Autonome Organisation (DAO)

§ 6 Einführung

Als eines der zentralen Phänomene des Web3 (→ § 1) verkörpern Dezentrale Autonome Organisationen (DAO) den Paradigmenwechsel von zentralisierten, hierarchischen Strukturen hin zu gemeinschaftlich gesteuerten Entitäten. Obwohl eine einheitliche, präzise Definition angesichts der heterogenen Erscheinungsformen in der Praxis schwerfällt, lassen sich DAOs in ihrem Kern als auf Dauer angelegte Organisationen umschreiben, deren operative und prozessuale Grundlagen primär in einem dezentral verwalteten Programmcode – bestehend aus einer Vielzahl von Smart Contracts (→ § 52) – auf einer Blockchain verankert sind.[1] 1

Anders als bei traditionellen Gesellschaftsformen basieren die Organisation und die internen Prozesse einer DAO nicht auf formalen vertraglichen Abreden oder einer Satzung im klassischen Sinne, sondern auf den in den Smart Contracts festgeschriebenen, selbstausführenden Regeln. Diese Code-Basis definiert die grundlegende Funktionsweise der Organisation, insbesondere die Verfahren der Entscheidungsfindung und die automatisierte Ausführung der gefassten Beschlüsse. An die Stelle von Geschäftsführern oder Vorständen tritt eine dezentrale Governance durch die Gemeinschaft der Mitglieder. Deren Rechte und Befugnisse, insbesondere Stimmrechte, werden in der Regel durch kryptografische Token, sogenannte „Governance Token", abgebildet.[2] Diese Token verleihen ihren Inhabern das Recht, Vorschläge zur Abstimmung zu stellen und über die strategische sowie operative Ausrichtung der DAO zu entscheiden. Das Spektrum solcher Entscheidungen ist breit und kann von technischen Änderungen am Protokoll über die Verwaltung des eigenen Kapitals bis hin zu Marketinginitiativen reichen. Dieses Modell stellt eine fundamentale Neuerung in der Corporate Governance dar, indem es traditionelle, hierarchische Entscheidungsmechanismen durch partizipative und gemeinschaftsorientierte Ansätze ersetzt. 2

Trotz der Vielfalt ihrer Anwendungsbereiche – die von Kunstkollektiven und Venture-Capital-Strukturen im NFT-Bereich (→ § 18) bis hin zu tief in die Architektur von DeFi-Protokollen (→ § 35) eingebetteten Organisationen reichen – teilen DAOs grundlegende Prinzipien. In Anlehnung an die für autonome Systeme entwickelten „Robotic Laws"[3] lassen sich drei Kernpfeiler identifizieren, die das Wesen einer DAO charakterisieren: Erstens die Transparenz, wonach die Funktionsweise und Entscheidungsprozesse durch offenen und auditierbaren Code definiert sein müssen. Zweitens die Kontrolle durch die Stakeholder 3

[1] Klebeck/Dobrauz Rechtshandbuch Digitale Finanzdienstleistungen/Aschenbeck/Deffke 6. Kap. Rn. 24; Mienert Dezentrale Autonome Organisationen (DAOs) im Gesellschaftsrecht S. 54; Braegelmann/Kaulartz Smart Contracts-HdB/Mann § 17 Rn. 1; Weitnauer BKR 2018, 231 (232).

[2] Mienert Dezentrale Autonome Organisationen (DAOs) im Gesellschaftsrecht S. 56; Assmann/Schütze/Buck-Heeb KapAnlR-HdB § 17 Rn. 1, § 16a Rn. 30, 45.

[3] Vgl. Larimer, Bitcoin and the Three Laws of Robotics, Let's Talk Bitcoin! Network, 14.9.2013, abrufbar unter: https://letstalkbitcoin.com/bitcoin-and-the-three-laws-of-robotics (zuletzt abgerufen am 31.12.2024).

(„Stakeholder-Kontrolle"), die sicherstellt, dass Änderungen an den Regeln der DAO der ausdrücklichen Zustimmung der Mitglieder bedürfen. Drittens der Selbsterhalt, also die Fähigkeit der DAO, ihre Funktionsfähigkeit eigenständig zu sichern, solange dies im Einklang mit den vorgenannten Prinzipien steht.

4 Prominente Anwendungsbeispiele illustrieren diese Funktionsweise. MakerDAO oder nunmehr Sky, eine dezentrale Kreditplattform, gibt den an den US-Dollar gekoppelten Stablecoin DAI aus.[4] Die Inhaber des Governance-Tokens entscheiden hierbei über wesentliche Risikoparameter des Protokolls, wie die Auswahl anerkannter Sicherheiten und die Höhe der anfallenden Gebühren. Uniswap, eine führende dezentrale Kryptobörse, ermöglicht es ihren Token-Inhabern, über die strategische Weiterentwicklung des Protokolls und die Verwendung der erwirtschafteten Transaktionsgebühren abzustimmen.[5] Diese Beispiele zeigen, wie DAOs eine autonome und transparente Verwaltung von digitalen Vermögenswerten und Organisationen in der Praxis umsetzen.

5 In DAOs manifestiert sich somit die grundlegende Vision des Web3: die Schaffung von autonomen, transparenten und nutzerkontrollierten Systemen ohne zentrale Intermediäre. Diese neuartige, oft als „Gesellschaftsform des Web3" bezeichnete Organisationsform wirft jedoch grundlegende und bislang oft ungelöste Rechtsfragen auf. Diese reichen von der gesellschaftsrechtlichen Einordnung (→ § 8) und der steuerrechtlichen Behandlung (→ § 9) bis zu kartellrechtlichen Fragestellungen (→ § 14). Die nachfolgenden Beiträge widmen sich der vertieften Analyse dieser Herausforderungen und der Entwicklung von Lösungsansätzen für die juristische Praxis.

§ 7 Internationales Privatrecht

Übersicht

Schrifttum:

Aufderheide, Dezentrale Autonome Organisationen (DAO) – Smart Contracts aus der Perspektive des Gesellschaftsrechts, WM 2022, 264; Bonomi/Lehmann/Lalani, Blockchain and Private International Law, 4. Aufl. 2023; Borges, Die Sitztheorie in der Centros-Ära: Vermeintliche Probleme und unvermeidliche Änderungen, RIW 2000, 167; Brummer/Seira, Legal Wrappers und DAOs, SSRN, veröffentlicht am 30. Mai 2022; Fleischer, Ein erstes Rechtskleid für die Decentralized Autonomous Organization: Die Wyoming DAO LLC – Vorbild auch für Deutschland?, ZIP 2021, 2205; Fleischer/Goette, Münchener Kommentar zum Gesetz betreffend die Gesellschaften mit beschränkter Haftung, Band 1, 5. Aufl. 2025; Gofferje/Schreiner, Gesellschaftsrechtliche Problemstellungen der Decentralized Autonomous Organizations, ZPG 2024, 168; Guntermann, Wyoming DUNA – ein neuer „legal wrapper" für DAOs, RDi 2024, 476; Hahn, Die Decentralized Autonomous Association (DAA), NZG 2022, 684; Hau/Poseck, Beck-Online Kommentar (EGBGB) (BeckOK), 74. Aufl. 2025; Hüßtege/Mansel, Bürgerliches Gesetzbuch. Nomos-Kommentar (NK-BGB),

[4] https://makerdao.com/en/und https://sky.money.

[5] https://app.uniswap.orgund https://www.uniswapfoundation.org/governance.

Bd. 6, Rom-Verordnungen, ROM I, ROM II, 4. Aufl. 2024; Kindler, Rechtsfähigkeit einer nach englischem Recht wirksam gegründeten „Offshore-Gesellschaft" („Nixtecs"), EWiR 1999, 1081; Korch, Haftung und Haftungsprivilegien in Decentralized Autonomous Organizations, ZIP 2023, 2017; Mann, Die Decentralized Autonomous Organization – ein neuer Gesellschaftstyp?, NZG 2017, 1014; Mienert, Wyomings DAO-Gesetz, RDi 2021, 384; Mienert, Dezentrale autonome Organisationen (DAOs) und Gesellschaftsrecht, 2022; Mienert, Dezentrale Autonome Organisation (DAO): Welche Rechtsform (»legal wrapper«) sollte man wählen?, ZdiW 2022, 324; Pohl, Gesellschaftsrechtliche Analyse von DAOs und Entwurf einer DAO mbH, ZdiW 2023, 314; Reithmann/Martiny (Hrsg.), Internationales Vertragsrecht, Das internationale Privatrecht der Schuldverträge, 9. Aufl. 2021; Sandrock, Die Konkretisierung der Überlagerungstheorie in einigen zentralen Einzelfragen. Ein Beitrag zum internationalen Gesellschaftsrecht, FS Beitzke, 1979, 669; Säcker/Rixecker/Oetker/Limperg/Schubert, Münchener Kommentar zum Bürgerlichen Gesetzbuch, Band 12, 13, 9. Aufl. 2024; Schmidt-Jortzig, Effektiver Rechtsschutz als Kernstück des Rechtsstaatsprinzips nach dem Grundgesetz, NJW 1994, 2569; Spindler, Gesellschaftsrecht und Digitalisierung, ZGR 2018, 17; Spindler, Blockchaintypen und ihre gesellschaftsrechtliche Einordnung, RDi 2021, 309; Staudinger, Kommentar zum Bürgerlichen Gesetzbuch, EGBGB/IPR, Neubearbeitung 2024; Steege/Chibanguza, Metaverse Rechtshandbuch, 1. Aufl. 2023; Teichmann, Digitalisierung und Gesellschaftsrecht, ZfPW 2019, 247; Zetzsche, Neue Organisationsformen für die digitale Welt? Decentralized Autonomous Organizations and Beyond, ZGR 2022, 698; Zimmermann, Blockchain-Netzwerke und Internationales Privatrecht – oder: der Sitz dezentraler Rechtsverhältnisse, IPRax 2018, 566.

I. Einleitung

Der dezentrale Charakter der DAO (Definition → § 6 Rn. 1) stellt das internationale Privatrecht vor erhebliche Herausforderungen. Er findet zum einen Ausdruck in der unmittelbaren Verwaltung der DAO durch ihre Token-Inhaber und zum anderen in ihrem selbstvollziehenden Programmcode, der dezentralisiert auf einer Blockchain verwahrt und ausgeführt wird.[1] Durch den dezentralen Charakter der DAO mangelt es an einem zentralen Punkt für die kollisionsrechtliche Anknüpfung, was die Ermittlung des anwendbaren Rechts signifikant erschwert.[2] Dabei gilt: Je größer und internationaler der Kreis der Token-Inhaber der DAO, desto schwieriger wird es, weil es dann auch abseits der Blockchain zunehmend an Anhaltspunkten fehlt, um das anwendbare Recht zu ermitteln. Gleichzeitig ist die kollisionsrechtliche Anknüpfung notwendige Voraussetzung, um eine effektive Rechtsdurchsetzung zu gewährleisten. Denn nur sie kann die Grundlage schaffen, um die materiellrechtliche Verantwortlichkeit der Token-Inhaber gegenüber Dritten sowie zwischen den Token-Inhabern untereinander und gegenüber der DAO zu bestimmen. **1**

Um diesen Herausforderungen zu begegnen, werden im Folgenden die allgemeinen Prinzipien der kollisionsrechtlichen Anknüpfung der DAO dargelegt (→ Rn. 3 ff.) und sodann für die relevanten Erscheinungsformen der DAO durchdekliniert – das heißt für die DAO im eigenen Rechtskleid ohne eingetragene Rechtsform (→ Rn. 6 ff.), für die DAO mit *legal wrapper* (→ Rn. 13 ff.), für die DAO mit Schnittstellengesellschaft (→ Rn. 16), und für die DAO ohne rechtliche Einkleidung (→ Rn. 17 f.). **2**

1 Zu diesen Kernmerkmalen der DAO Mann NZG 2017, 1014 (1015 f.); vgl. auch Fleischer ZIP 2021, 2205; Spindler RDi 2021, 309 (311); monographisch zur DAO Mienert Dezentrale autonome Organisationen (DAOs) und Gesellschaftsrecht, 2022.

2 Vgl. Mienert ZdiW 2022, 324 (327): „Ein dezentralisiertes Netzwerk wie eine DAO steht somit im grundlegenden Widerspruch zu der im internationalen Privatrecht üblichen Suche nach dem kartografischen Mittelpunkt […]. Infolgedessen ist es schwierig, das für DAOs zuständige Gericht und damit das anwendbare Recht und die Regulierungsbehörden zu bestimmen."; allgemein zur Blockchain Bonomi, Lehmann, Lalani Blockchain and Private International Law Introduction S. 2: „Finding the law applicable to the blockchain […] seems like trying to nail jelly to a wall.".

II. Allgemeine rechtliche Prinzipien der kollisionsrechtlichen Anknüpfung der DAO

3 Übergeordnetes Ziel des Kollisionsrechts ist es, diejenige Rechtsordnung zur Anwendung zu bringen, mit der der Sachverhalt die sachnächste, engste Verbindung hat.[3] Im Hinblick auf gesellschaftsrechtliche Gebilde kommt hierfür bei EU-Auslandsgesellschaften (sowie bei Vorliegen entsprechender bilateraler Staatsverträge, etwa mit den USA)[4] die Gründungstheorie zum Einsatz; bei sonstigen Drittstaatengesellschaften wird dagegen grundsätzlich die Sitztheorie angewandt.[5] Gemäß der Gründungstheorie ist dasjenige Recht anwendbar, nach dem die Gesellschaft gegründet wurde. Maßgeblich ist etwa der Ort ihres statutarischen Sitzes oder der Ort ihrer Registereintragung.[6] Nach der Sitztheorie ist hingegen das Recht am Verwaltungssitz der Gesellschaft anwendbar.[7]

4 Bei vertraglichen Schuldverhältnissen (abseits des Gesellschaftsrechts) gilt gemäß Rom-I-VO (Verordnung (EG) Nr. 593/2008) dagegen das Prinzip der freien Rechtswahl: Anwendbar ist das von den Parteien gewählte Recht, was sich aus Bestimmungen des Vertrags oder den Umständen des Falles ergeben kann.[8] Bei gesetzlichen Schuldverhältnissen gelten gemäß Rom-II (Verordnung (EG) Nr. 864/2007) für verschiedene Kategorien unterschiedliche Anknüpfungspunkte, für unerlaubte Handlungen etwa der Ort des Schadenseintritts.[9]

5 Das in Deutschland weitestgehend nicht gesetzlich fixierte internationale Kapitalmarktrecht ist kein Teil des internationalen Gesellschaftsrechts, sondern folgt eigenen Regeln.[10] Ein einheitliches Anknüpfungsprinzip gibt es wegen der sehr heterogenen Normen des Kapitalmarktrechts (Insiderrecht, Übernahmeregeln, Börsenhandel und -aufsicht, etc) nicht.[11] Die kapitalmarktrechtliche Anknüpfung wird daher im Folgenden ausgeklammert.

III. DAO im eigenen Rechtskleid ohne eingetragene Rechtsform

6 Als Basisfall dient hier die DAO im eigenen Rechtskleid ohne eingetragene Rechtsform. Die DAO selbst ist eine auf Dauer angelegte Organisation; ihr Kapital wird durch die Gesamtheit der Kapitalgeber gemäß den selbstausführenden Regeln des Programmcodes unmittelbar verwaltet.[12] Daher ist eine DAO ohne eingetragene Rechtsform in der Regel ein gesellschaftsrechtliches Gebilde (nach deutschem Recht typischer Weise organisiert in den Auffangrechtsformen der Gesellschaft bürgerlichen Rechts oder der Offenen Handelsgesellschaft → § 8 Rn. 7).[13] Aufgrund der gesellschaftsrechtlichen Einkleidung der DAO findet gemäß dem internationalen Gesellschaftsrecht grundsätzlich entweder die Gründungstheorie (EU/USA) oder die Sitztheorie (Drittstaaten) Anwendung.[14]

---

[3] MüKoGmbHG/Weller Einleitung Rn. 360; MüKoBGB/v. Hein Einleitung Rn. 29; vgl. auch Bonomi, Lehmann, Lalani S. 2.

[4] Nach dem Freundschafts-, Handels- und Schifffahrtsvertrag zwischen der BRD und den USA vom 29.10.1954 (BGBl. 1956 II 487 f.) gilt im Verhältnis zu den USA die Gründungstheorie, vgl. nur BGH NJW 2003, 1607 (1608).

[5] Vgl. MüKoBGB/Kindler IntGesR Rn. 316; vgl. auch Zetzsche ZGR 2022, 698 (711).

[6] MüKoGmbHG/Weller Einleitung Rn. 378 f.; vgl. auch Staudinger/Renner IntGesR Rn. 68.

[7] Reithmann/Martiny/IntVertragsR/Hausmann S. 1550; Staudinger/Renner IntGesR Rn. 83.

[8] Art. 3 Abs. 1 Rom-I; dazu Hüßtege/Mansel/Dauner-Lieb/Heidel/Ring Rom I Art. 3 Rn. 21 ff.

[9] Art. 4 Abs. 1 Rom-I; dazu Hüßtege/Mansel/Dauner-Lieb/Heidel/Ring Rom II Art. 4 Rn. 75 ff.

[10] BeckOK-BGB/Mäsch EGBGB Art. 12 Rn. 95.

[11] BeckOK-BGB/Mäsch EGBGB Art. 12 Rn. 95; MüKoBGB/Kindler IntGesR Rn. 26 mwN.

[12] Mann NZG 2017, 1014 (1016); siehe auch Guntermann RDi 2024, 476 (477 f.); Steege/Chibanguza Metaverse-HdB § 22 Rn. 4.

[13] Zur Einordnung als GbR/OHG Mann NZG 2017, 1014 (1017); auch Fleischer ZIP 2021, 2205 (2207).

[14] Zetzsche ZGR 2022, 698 (711).

1. Bestimmung des anzuwendenden Rechts gemäß Gründungstheorie (EU/USA)

Für die Bestimmung des Rechtstatuts nach der Gründungstheorie wird auf die folgenden unterschiedlichen Anknüpfungsmomente zurückgegriffen: (i) der Ort des Gründungsgeschäfts, (ii) der Ort des statutarischen Sitzes, (iii) der Ort der Registereintragung, (iv) der von den Gründern frei gewählte Ort (freie Rechtswahl), (v) der Ort, nach dessen Recht die Gesellschaft organisiert ist, und (vi) der Ort, durch dessen Recht der Gesellschaft die Rechtsfähigkeit verliehen wurde.[15] 7

Manche dieser Kriterien sind bei der DAO ohne eingetragene Rechtsform offensichtlich nicht zielführend: Weil sie gerade nicht registriert ist, scheidet etwa die Anknüpfung an den Ort der Registereintragung aus. Andere Kriterien können dagegen hilfreich sein, etwa wenn der DAO ein konstituierendes Dokument zu Grunde liegt, das einen statutarischen Sitz festlegt oder in dem sich eine Rechtswahlklausel befindet, so etwa bei Uniswap (State of New York).[16] Allerdings ist die zuweilen anzutreffende Wahl einer digitalen Jurisdiktion jenseits staatlicher Rechtsordnungen nicht anerkannt.[17] Insgesamt dürfte eine explizite Rechtswahl aufgrund fehlenden Vertrauens der Krypto-Szene in Recht und Rechtsanwender häufig nicht vorliegen.[18] Nicht selten wird daher die Gründungstheorie bei der DAO letztlich versagen, also nicht zu einem eindeutigen Ergebnis führen.[19] 8

2. Bestimmung des anzuwendenden Rechts gemäß Sitztheorie (Drittstaaten)

Findet nicht die Gründungstheorie, sondern die Sitztheorie Anwendung, ist der Tätigkeitsort der Geschäftsführung maßgeblich, also der Ort, an dem die grundlegenden Entscheidungen der Unternehmensleitung effektiv in laufende Geschäftsführungsakte umgesetzt werden.[20] Da die DAO in der Regel unmittelbar durch sämtliche Token-Inhaber verwaltet wird, ist für die Bestimmung des Verwaltungssitzes der Tätigkeitsort der Gesamtheit der Token-Inhaber maßgeblich.[21] Der Ort der Tätigkeit allfälliger Kuratoren ist dagegen irrelevant; denn das Aufgabenspektrum der Kuratoren umfasst in der Regel nicht die Umsetzung der grundlegenden Entscheidungen der Unternehmensleitung, stattdessen haben die Kuratoren in der Regel lediglich eine Filterfunktion und die eigentliche Entscheidung wird weiterhin von den Token-Inhabern getroffen.[22] Ebenfalls irrelevant ist der Tätigkeitsort des Initiators, denn er spielt für das Tagesgeschäft der DAO in der Regel keine Rolle.[23] Irrelevant sind zudem die weiteren an der Infrastruktur Beteiligten wie die *miner* und die *nodes* oder der Betreiber der Blockchain (zu den technischen Hintergründen → § 3 Rn. 3 und → § 5 Rn. 10 ff.), da sie keine Schwerpunkte für die DAO selbst darstellen.[24] In manchen Fällen mag dagegen der Belegenheitsort der Vermögenswerte der DAO hilfsweise ein Anknüpfungspunkt sein, allerdings jedenfalls dann nicht, wenn die Vermögenswerte 9

15 MüKoGmbHG/Weller Einleitung Rn. 379; siehe auch Reithmann/Martiny/IntVertragsR/Hausmann S. 1588.

16 Uniswap Labs Terms of Service, abrufbar unter support.uniswap.org/hc/en-us/articles/30935100859661-Uniswap-Labs-Terms-of-Service.

17 Fleischer ZIP 2021, 2205 (2208).

18 Vgl. Bonomi, Lehmann, Lalani S. 4; vgl. auch Fleischer ZIP 2021, 2205 (2208); Pohl ZdiW 2023, 314 (317).

19 Vgl. Spindler RDi 2021, 309 (314).

20 BGH NJW 1986, 2194 (2195); im Anschluss an Sandrock FS Beitzke, 1979, 669 (683); Reithmann/Martiny/IntVertragsR/Hausmann S. 1550; Staudinger/Renner IntGesR Rn. 86.

21 Mann NZG 2017, 1014 (1018); kritisch Spindler RDi 2021, 309 (314): „Ebenso wenig zielführend ist ein Abstellen auf den Aufenthaltsort der Mehrheit der Netzwerkteilnehmer, da diese Verteilung oft zufällig und von stetem Wandel geprägt ist."; ebenfalls kritisch Pohl ZdiW 2023, 314 (317); Zimmermann IPRax 2018, 566 (566 f.).

22 Vgl. Mann NZG 2017, 1014 (1018 f.); Spindler RDi 2021, 309 (314).

23 Mann NZG 2017, 1014 (1018); vgl. auch Pohl ZdiW 2023, 314 (317).

24 Spindler RDi 2021, 309 (314 f.); an den Standort der Stiftungen der Blockchain-Netzwerke anknüpfend dagegen Mienert RDi 2021, 384 (386 f.); im Ergebnis wohl ebenso BeckOK-BGB/Mäsch EGBGB Art. 12 Rn. 38.

lediglich digitaler Natur sind und daher auch dieser Ort schwerlich bestimmbar ist (→ § 20 Rn. 11 ff.).[25]

10 Vor diesem Hintergrund ist je nach Ausgestaltung der DAO die Sitztheorie mal mehr und mal weniger hilfreich, um das Rechtsstatut der DAO zu bestimmen. Besteht die DAO (ausnahmsweise) aus einem überschaubaren Kreis von Token-Inhabern, die regelmäßig an einem bestimmten physischen Ort tagen, ist der Ort, an dem die grundlegenden Entscheidungen der Unternehmensleitung umgesetzt werden, einfach zu bestimmen (selbst wenn die Blockchain als solche international ist).[26] In solchen Fällen liegt der Verwaltungssitz in dem Land, in dem die Token-Inhaber als unmittelbar verwaltende Gesellschafter der DAO üblicherweise ihre Entscheidungen treffen. Sollte dieser Ort nicht festzustellen sein, ist Verwaltungssitz der Ort, an dem die Mehrzahl der Token-Inhaber ihren gewöhnlichen Aufenthalt hat. Gibt es dagegen eine Vielzahl wechselnder Token-Inhaber, welche die Geschicke der DAO (unter Pseudonym) aus verschiedensten Ländern heraus steuern, ist die Bestimmung des Verwaltungssitzes faktisch kaum möglich und noch schwieriger ist es, die zugrunde liegenden Fakten im Streitfall darzulegen und zu beweisen.[27] Auch die Sitztheorie wird daher nicht selten bei der DAO versagen, also nicht zu einem eindeutigen Ergebnis führen.[28]

11 Für Fälle, in denen die Sitztheorie versagt, greift die Rechtsprechung zuweilen subsidiär auf die Gründungstheorie zurück.[29] Richtigerweise überzeugt der Rückgriff auf die Gründungstheorie aber nicht, da er die Rechtswahl der Willkür der Gründer überlässt und auch dieser Rückgriff (wie oben dargelegt) nicht zuverlässig zu eindeutigen Ergebnissen führt, insbesondere wenn kein schriftlicher Gesellschaftsvertrag mit Satzungssitz oder Rechtswahlklausel existiert.[30]

3. Auffanglösung: *lex fori*

12 Versagen Gründungstheorie und Sitztheorie, muss ein anderer Anknüpfungspunkt gefunden werden, um dem Rechtsdurchsetzungsanspruch Rechnung zu tragen.[31] Abseits gewisser Sonderfälle (dazu → Rn. 13–18) ist daher mit der wohl herrschenden Meinung mangels sinnvoller Alternative die *lex fori* anzuwenden, also das Recht des Ortes, in dem das angerufene Gericht belegen ist.[32] Zwar führt diese Lösung je nach angerufenem Gericht zur Anwendung unterschiedlicher Regelungen.[33] Es gibt dem Kläger damit die Möglichkeit, das anwendbare Recht bis zu einem gewissen Punkt willkürlich zu bestimmen. Zudem kann es zu gespaltener Rechtsanwendung kommen. Jedoch bietet die *lex fori* zumindest für den Einzelfall eine eindeutige Lösung und vermeidet so, dass der Betroffene schutzlos gestellt wird. Er müsste im Zweifel die Umstände, die für die Bestimmung des anwendbaren Rechts notwendig sind, darlegen und beweisen, was gegebenenfalls aufgrund der Natur der DAO nicht möglich wäre. Es bleibt abzuwarten, ob sich hier – gegebenenfalls *de lege ferenda* – eine noch passendere Lösung herauskristallisiert.

---

25 Vgl. Spindler ZGR 2018, 17 (52); Pohl ZdiW 2023, 314 (317).
26 Ähnlich bereits Mann NZG 2017,1014 (1017, 1019).
27 Vgl. Mann NZG 2017, 1014, (1017, 1019); siehe auch Fleischer ZIP 2021, 2205 (2209): „Ein Verwaltungssitz im Sinne der Sandrock'schen Formel lässt sich bei einem weltumspannenden Netz gleichberechtigter Nutzer ohne zentrales Management nicht ausmachen.".
28 Vgl. Aufderheide WM 2022, 264 (267); Spindler RDi 2021, 309 (314 f.).
29 OLG Frankfurt a. M. NZG 1999, 1097; kritisch Borges RIW 2000, 167 (168 f.); Kindler EWiR 1999, 1081 (1082); so für die Decentralised Autonomous Association Hahn NZG 2022, 684 (694).
30 Mann NZG 2017, 1014 (1019).
31 Zum Rechtsdurchsetzungsanspruch Schmidt-Jorzig NJW 1994, 2569.
32 Mann NZG 2017, 1014 (1019); Fleischer ZIP 2021, 2205 (2209); Teichmann ZfPW 2019, 247 (270); wohl auch Spindler RDi 2021, 309 (315); abweichend Zimmermann IPRax 2018, 566 (571): teilweise Anwendung des Vertrags- und Deliktsstatuts; kritisch auch Gofferje/Schreiner ZPG 2024, 168 (175); ablehnend Mienert S. 92 ff.
33 Spindler RDi 2021, 309 (315).

IV. DAO mit legal wrapper

In den letzten Jahren haben verschiedene Jurisdiktionen sogenannte *legal wrapper* für die DAO geschaffen, um diese händelbarer zu machen. Ein *legal wrapper* bietet eine rechtliche Hülle für das Konstrukt der DAO und verleiht ihr eine rechtliche Identität.[34] Außerdem gibt er die Möglichkeit, die Haftung ihrer Mitglieder zu beschränken *(limited liability wrapper)*.[35] Ein prominentes Beispiel ist die Möglichkeit, in Wyoming seit 2021 eine DAO auf Grundlage des *Wyoming Decentralized Autonomous Organization Supplements* zum LLC Act als LLC zu gründen.[36] Zwar wurde das Gesetz zunächst sehr positiv aufgenommen; die praktische Nutzung ist allerdings hinter den Erwartungen zurückgeblieben.[37] Andere Beispiele für mögliche *legal wrapper* sind die Vermont Blockchain-Based Limited Liability Company (BBLLC),[38] die im Juli 2024 eingeführte Wyoming Decentralised Unincorporated Nonprofit Association (DUNA),[39] die Cayman Foundation Company,[40] und die Marshall Islands DAO LLC.[41] 13

Soweit auf diese *legal wrapper* die Gründungstheorie Anwendung findet, etwa weil ein US-amerikanischer *legal wrapper* vorliegt, vereinfacht dies die Bestimmung des gesellschaftsrechtlichen Statuts aus deutscher Sicht erheblich: Das Rechtsstatut bestimmt sich dann nach dem Recht des *legal wrappers.* Wird der DAO also bei Gründung das Rechtskleid einer US-amerikanischen Gesellschaft gegeben, richtet sich die materiellrechtliche Ausgestaltung der Verantwortlichkeit der Gesellschaft und Token-Inhaber gegenüber Dritten und untereinander grundsätzlich nach US-amerikanischem Recht. Für eine nach dem DUNA-Act gegründete Gesellschaft bedeutet dies etwa, dass die DAO (i) aus mindestens 100 Mitgliedern besteht, die sich in einer gemeinsamen (schriftlichen oder konkludenten) Vereinbarung zusammengeschlossen haben, und einen gemeinnützigen Zweck verfolgen, und (ii) die eine Gründung nach dem DUNA-Act gewählt hat.[42] Der DUNA-Act verbietet zusätzlich die Zuordnung anderer Rechtskleider oder Gesellschaftsformen, womit einer Überschneidung vorgesorgt wird.[43] Bemerkenswert ist zudem, dass die gesellschaftsvertraglichen Regelungen der DUNA DAO ausschließlich aus dem Smart-Contract-Code resultieren können (zu Smart Contracts → § 52 Rn. 3).[44] 14

Soweit auf diese *legal wrapper* die Sitztheorie Anwendung findet, weil die DAO einen Drittstaaten *legal wrapper* verwendet, ist die Anknüpfung allerdings wieder komplizierter, denn dann gelten grundsätzlich die obigen Ausführungen zur Bestimmung des Rechtstatuts der DAO nach der Sitztheorie. Jedoch sollte in nicht aufklärbaren Fällen (ausnahmsweise) subsidiär die Gründungstheorie angewandt werden. Zwar eröffnet die Anwendung der Gründungstheorie auf der einen Seite auch hier den Gründern die Möglichkeit, das anwendbare Recht zu wählen. Auf der anderen Seite bietet sie eine rechtssichere Lösung und ist in dieser Konstellation der (noch) willkürlicher anmutenden Anwendung der *lex fori* vorziehen. Die Gründungstheorie trägt in diesem Fall dem allgemeinen Prinzip des 15

34 Brummer/Seira Wrappers and DAOs S. 4: „In order to easily engage with service providers like bankers, lawyers and consultants, as well as be able to pay taxes, DAOs need a legal wrapper endowing them with a legal identity.".

35 Ausführlich Mienert ZdiW 2022, 324 (327 ff.).

36 Eingehend Fleischer ZIP 2021, 2205; Guntermann RDi 2024, 476; Mienert RDi 2021, 384; dazu auch Spindler RDi 2021, 309 (315 f.); Pohl ZdiW 2023, 314 (318 f.).

37 So bewertend Mienert ZdiW 2022, 324 (327).

38 Vgl. Vermont Limited Liability Company Act, 11 V. S. A. §§ 4171 ff.

39 State of Wyoming Decentralized Unincorporated Nonprofit Association Act („DUNA"); eingehend dazu Guntermann RDi 2024, 476.

40 Ausführlich Mienert ZdiW 2022, 324 (329).

41 Republic of the Marshall Islands, Decentralized Autonomous Organization Act.

42 Wyoming Stat. Ann. §§ 17–32-102 Buchst. (a) Nr. (iii) Abs. (A) und (B); ausführlich dazu Guntermann RDi 2024, 476.

43 Wyoming Stat. Ann. §§ 17–32-102 Buchst. (a) Nr. (iii) Abs. (C).

44 Guntermann RDi 2024, 476 (482).

Kollisionsrechts, diejenige Rechtsordnung zur Anwendung zu bringen, mit der der Sachverhalt die sachnächste, engste Verbindung hat, am besten Rechnung. Denn offensichtlich hat die DAO hier eine gewisse (rechtliche) Bindung zum Gründungsstaat.

V. DAO mit Schnittstellengesellschaft

16 Zudem finden sich zuweilen sogenannte Schnittstellengesellschaften. Es wird neben der DAO eine Entität gegründet, mit der die Geschäftspartner der DAO Verträge schließen können, also eine Gesellschaft, die als Treuhänderin auftritt und auf Rechnung der Kapitalgeber mit der Außenwelt kontrahiert.[45] Das bekannteste Beispiel ist The DAO mit der Schweizer GmbH DAO.Link als Schnittstellengesellschaft.[46] Die Bestimmung des Rechtsstatuts der Schnittstellengesellschaft richtet sich nach allgemeinen Regeln, das heißt im Falle der DAO.Link als Schweizer Gesellschaft nach der Sitztheorie.[47] Allerdings dürfte gerade der Verwaltungssitz einer konventionellen Schnittstellengesellschaft recht einfach zu ermitteln sein – anders als die DAO hat eine solche Gesellschaft in aller Regel eine gesonderte Geschäftsleitung. Von der Schnittstellengesellschaft zu unterscheiden ist die DAO selbst. Ihr Rechtsstatut ist separat nach den oben dargelegten Regelungen zu ermitteln. Jedoch sollte hier im Zweifel das Rechtsstatut der Schnittstellengesellschaft den Ausschlag geben.[48] Diese Anknüpfung entspricht dem allgemeinen Prinzip des Kollisionsrechts, diejenige Rechtsordnung zur Anwendung zu bringen, mit der der Sachverhalt die sachnächste, engste Verbindung hat. Denn mit der Schnittstellengesellschaft dürfte in der Regel ein geographischer Schwerpunkt gegeben sein, der als kollisionsrechtlicher Anker dienen kann.

VI. DAO ohne (gesellschafts-)rechtliche Einkleidung

17 Schließlich ist es auch möglich, dass die DAO (ausnahmsweise) keine (gesellschafts-)rechtliche Einkleidung hat, weil es den Token-Inhabern (objektiv unter Berücksichtigung von Treu und Glauben und der Verkehrssitte) an dem Willen fehlt, sich überhaupt auf die Ebene des Rechts zu begeben und sie stattdessen auf den selbstvollziehenden Programmcode der DAO vertrauen möchten.[49] Gerade unter Blockchain-Enthusiasten ist ein solcher Fall nicht vollkommen abwegig; so herrscht zuweilen das Verständnis, dass Recht und Rechtsanwender nicht notwendig sind, da die Blockchain bereits alle Probleme selbst löst (Stichwort: *code is law*).[50] Ein Beispiel für den Versuch, einen Rechtsbindungswillen zu vermeiden, dürfte die AssangeDAO sein, sie ist nach eigener Aussage „a cross-border collective governed by the holders of the $JUSTICE governance token, not a legal entity."[51]

18 Fehlt es (ausnahmsweise) an der gesellschaftsrechtlichen Einkleidung der DAO, kann das internationale Gesellschaftsrecht weder in Form der Gründungs- noch der Sitztheorie Anwendung finden. Stattdessen richtet sich die Anknüpfung etwaiger Rechtsverhältnisse (etwa Ansprüche des Deliktsrechts oder Ansprüche auf Grundlage cic) nach den allgemeinen Regeln von Rom-I beziehungsweise Rom-II.[52] Für die kollisionsrechtliche Anknüpfung bei Ansprüchen aufgrund unerlaubter Handlungen ist dann grundsätzlich der Ort des Schadenseintritts maßgeblich. Daraus folgt zwar eine gewisse Zersplitterung, so kann sich je nach Anknüpfung des Primärrechtsverhältnisses die Haftung der Token-Inhaber verändern. Das

[45] Mann NGZ 2017, 1014 (1018).
[46] Vgl. dazu Mann NGZ 2017, 1014 (1018); Fleischer ZIP 2021, 2205 (2207); Spindler RDi 2021, 309 (311).
[47] Vgl. Spindler RDi 2021, 309 (314) mit Verweis auf BGH NJW 2009, 289.
[48] Vgl. Spindler ZGR 2018, 17 (52); Spindler RDi 2021, 309 (314); Pohl ZdiW 2023, 314 (317); Korch ZIP 2023, 2017 (2018); zurückhaltend Fleischer ZIP 2021, 2205 (2209).
[49] Mann NGZ 2017, 1014 (1016 f.).
[50] Bonomi, Lehmann, Lalani S. 4.
[51] AssangeDAO abrufbar unter https://assangedao.org/.
[52] Siehe zur schuldvertragsakzessorischen Anknüpfung bei Blockchain-Netzwerken auch Zimmermann IPRax 2018, 566 (568 f.).

ist jedoch in Kauf zu nehmen, da es gerade kein hinreichend verdichtetes Rechtsgebilde gibt, das eine einheitliche Anknüpfung gebietet. Ohnehin sollte es sich hier um einen Ausnahmefall handeln, da in der Regel von einem (objektiven) Rechtsbindungswillen auszugehen ist.

VII. Fazit

1. Die dezentrale Natur der DAO führt zu erheblichen Schwierigkeiten bei der Ermittlung des anzuwendenden Rechts. Gleichzeitig ist die kollisionsrechtliche Anknüpfung notwendige Voraussetzung, um eine effektive Rechtsdurchsetzung zu gewährleisten. Denn nur sie kann die Grundlage schaffen, um die rechtliche Verantwortlichkeit der Token-Inhaber gegenüber Dritten sowie die rechtliche Verantwortlichkeit zwischen den Token-Inhabern untereinander und gegenüber der DAO zu bestimmen. **19**

2. Im Hinblick auf EU- und US-DAOs ist grundsätzlich das Gründungsstatut maßgeblich, das heißt, in der Regel ist das Recht am Ort des statutarischen Sitzes oder der Registereintragung anwendbar. Bei Drittstaaten-DAOs gilt die Sitztheorie, das heißt, es findet in der Regel das Recht des Ortes Anwendung, an dem die Mehrzahl der Token-Inhaber ihren gewöhnlichen Aufenthalt hat. Nicht selten werden bei DAOs diese Kriterien versagen, also nicht zu einem eindeutigen Ergebnis führen. Dann findet als Auffanglösung grundsätzlich die *lex fori* Anwendung. **20**

3. Besonderheiten gelten bei bestimmten Erscheinungsformen der DAO. Bei DAOs mit *legal wrappern* findet in der Regel das Recht des jeweiligen *legal wrappers* Anwendung. Bei DAOs mit Schnittstellengesellschaften ist im Zweifel auf das Recht, das auf die Schnittstellengesellschaft Anwendung findet, abzustellen. Hat die DAO ausnahmsweise keine gesellschaftsrechtliche Einkleidung, sind die einzelnen (schuldrechtlichen) Rechtsverhältnisse nach Rom-I beziehungsweise Rom-II individuell anzuknüpfen. **21**

§ 8 Gesellschaftsrecht

Übersicht

Schrifttum:

Axelsen, Henrik/Jensen, Johannes Rude/Ross, Omri: *When is a DAO Decentralized?* Complex Systems Informatics & Modeling Quarterly (CSIMQ) 31 (2022), 51 – 75; BGHZ 146, 341: *Rechtsfähigkeit der Außen-GbR;* Commodity Futures Trading Commission v. Ooki DAO, U. S. District Court, N. D. Calif., Case No. 3:22-cv-05416-WHO (2023); De, Nikhilesh: *Sushi DAO, Key Contributor Served With SEC Subpoena,* Coindesk, 21. März 2023, abrufbar unter https://www.coindesk.com; Delphi Labs: *Assimilating the BORG – A New Framework for Crypto-Law Entities,* Medium, 20. April 2023, abrufbar unter https://medium.com; European Securities and Markets Authority (ESMA): *Final Report – Draft Technical Standards specifying certain requirements of the Markets in Crypto-Assets Regulation (MiCA) – First Package,* 25. März 2024, abrufbar unter https://www.esma.europa.eu/.../ESMA18-72330276-1634_Final_Report_on_certain_technical_standards_under_MiCA_First_Package.pdf; Finger, Maximilian/Cramer, Lena: *With New DAO Law on the Books –*

Utah Joins Race with Wyoming and Tennessee to Become U. S. Crypto Capital, Blockchain and the Law Blog, 31. Mai 2023, abrufbar unter https://www.blockchainandthelaw.com; Gnosis Safe Docs: *Emergency Operations* (Version 2025), abrufbar unter https://docs.safe.global; Hinman, William: *Digital Asset Transactions: When Howey Met Gary* – Speech, U. S. SEC, 14. Juni 2018, abrufbar unter https://www.sec.gov/news/speech/speech-hinman-061418; Karsten Schmidt: *Gesellschaftsrecht,* 6. Auflage, Köln 2019; Larimer, Stan: *Bitcoin and the Three Laws of Robotics,* Let's Talk Bitcoin! Network, 14. September 2013, abrufbar unter https://letstalkbitcoin.com/bitcoin-and-the-three-laws-of-robotics; Mann, Maximilian: *Die Decentralized Autonomous Organization – ein neuer Gesellschaftstyp?* NZG 2017, 1014 ff; Mienert, Biyan: *Blockchain-basierte dezentrale autonome Organisationen und Gesellschaftsrecht,* Mohr Siebeck, Tübingen 2022; ders.: *Limited Liability as Applied to DAOs,* in: Perestrelo de Oliveira, Madalena/Garcia Rolo, António (Hrsg.), *Decentralised Autonomous Organisation (DAO) Regulation – Principles and Perspectives for the Future,* Mohr Siebeck, Tübingen 2024, 113 ff; ders.: *Managing Cross-Border DeFi DAOs in the EU: Legal Complexities and Regulatory Perspectives (Ensuring Sufficient Decentralization under MiCA),* SSRN Working Paper, 30. April 2024, abrufbar unter https://ssrn.com/abstract=4852000; ders.: *Dezentrale Autonome Organisation (DAO): Welche Rechtsform („legal wrapper") sollte man wählen?* ZdiW 2022, 324 ff; Regulation (EU) 2023/1114 of the European Parliament and of the Council of 31 May 2023 on Markets in Crypto-Assets, OJ L 150/40; Safe Community Forum: *SEP-1 SafeDAO Participation Agreement,* abrufbar unter https://forum.safe.global/t/sep-1-safedao-participation-agreement/110; Samuels, Andrew v. Lido DAO et al., U. S. District Court, N. D. Calif., Case No. 23-cv-06492-VC (2023); Simmchen, Christoph: *Blockchain (R)Evolution: Verwendungsmöglichkeiten und Risiken,* MMR 2017, 162 (165); Teague, Kevin: *Starting a DAO in the USA? Steer Clear of DAO Legislation,* The Defiant, 7. Juni 2022, abrufbar unter https://thedefiant.io/starting-a-dao-in-the-usa-steer-clear-of-dao-legislation; The DAOist: *The Emergency Multisig Pattern,* 2024, abrufbar unter https://thedaoist.com.

1 DAOs (Definition → § 6 Rn. 1 ff.), insbesondere im Decentralized Finance Ökosystem (DeFi → § 35)[1], stellen ein neues Paradigma in der digitalen Zusammenarbeit und Vermögensverwaltung dar. Sie operieren autonom durch Smart Contracts (→ § 52) und verzichten auf traditionelle hierarchische Strukturen. Diese skalierbaren, global agierenden Netzwerke nutzen kryptoökonomische Anreize und Blockchain-Technologie (→ § 5), um gemeinsame Ziele zu verfolgen.[2]

2 Obwohl sich die Regulierung von Kryptowährungen in verschiedenen Sektoren schnell weiterentwickelt und zu mehr rechtlicher Klarheit führt, insbesondere in Europa, kämpfen viele DAOs weiterhin mit erheblicher Rechtsunsicherheit. Diese Unklarheit hemmt sowohl das Wachstum als auch die breite Akzeptanz. In Europa wird mit der Verordnung über Märkte für Krypto-Assets (MiCA) ein umfassender Regulierungsrahmen geschaffen, der mehr Rechtssicherheit im Umgang mit Kryptowerten bieten soll. Gleichwohl verbleiben viele DAOs, in regulatorischen Grauzonen. Dies liegt vor allem daran, dass die MiCA vollständig dezentralisierte Strukturen von der Anwendung ausnimmt. Denn nach Erwgr. 22 der Verordnung fallen vollständig dezentralisierte Dienste in Krypto-Assets nicht in ihren Anwendungsbereich, während teilweise dezentralisierte Dienste als lizenzerforderliche Crypto-Asset Service Provider (CASPs) reguliert werden können.[3] Eine vollständige Dezentralisierung ermöglicht somit potenziell den Ausschluss aus der MiCA-Regulierung, wie auch aus der MiFID II-Regulierung, vorausgesetzt, ausgegebene DAO-Token erfüllen nicht die Kriterien eines Wertpapiers.

3 Die Gründung und der Betrieb einer DAO erfordert daher nicht nur ein tiefgehendes technisches Verständnis, sondern auch eine sorgfältige und strategische rechtliche Strukturierung. Dies ist notwendig, um sowohl den praktischen Betrieb zu sichern als auch die Interessen der Entwickler und Mitwirkenden zu schützen. Der dezentrale Charakter und die automatisierten Abläufe einer DAO werfen hierbei eine Vielzahl komplexer juristischer Fragestellungen auf, die sich mit den traditionellen rechtlichen Konzepten oftmals nur

[1] Decentralized Finance steht für die Idee, durch Open-Source-Software und dezentrale Netzwerke Finanzprodukte in vertrauenswürdige und transparente Protokolle umzuwandeln, die ohne Zwischenhändler agieren.

[2] Siehe Mienert, Blockchain-basierte dezentrale autonome Organisationen und Gesellschaftsrecht, Dissertation, Mohr Siebeck, Tübingen 2022, S. 44.

[3] Europäische Wertpapier- und Marktaufsichtsbehörde (ESMA), Final Report, Draft technical Standards specifying certain requirements of the Markets in Crypto Assets Regulation (MiCA) – first package, 25.3.2024, abrufbar unter: https://www.esma.europa.eu/sites/default/files/2024-03/ESMA18-72330276-1634_Final_Report_on_certain_technical_standards_under_MiCA_First_Package.pdf (zuletzt abgerufen am 31.12.2024).

unzureichend erfassen lassen. Dazu gehören insbesondere die Bestimmung des anwendbaren Rechts, die Einordnung in gesellschaftsrechtliche Kategorien sowie die rechtliche Behandlung von Handlungen im Außenverhältnis.[4]

Praxishinweis:
4 Eines der größten Risiken, die sich aus der derzeitigen Rechtslage ergeben, ist die mögliche Einstufung von DAOs als Personengesellschaften in vielen Jurisdiktionen. Dies hätte zur Folge, dass sämtliche Teilnehmer persönlich und unbeschränkt für Verbindlichkeiten der DAO haften. Diese potenzielle Haftungsstruktur stellt nicht nur eine erhebliche Herausforderung für die Akzeptanz von DAOs dar, sondern macht zugleich die Notwendigkeit deutlich, innovative Ansätze zur rechtlichen Absicherung und Haftungsbegrenzung zu entwickeln.

I. Dezentrale autonome Organisationen (DAOs) im Gesellschaftsrecht

5 Die nachfolgenden Kapitel widmen sich einer Analyse der rechtlichen Integration und regulatorischen Absicherung von DAOs, mit dem Ziel, deren volles Potenzial zu entfalten. Angesichts der grenzüberschreitenden Natur von DAOs, die typischerweise in mehreren Jurisdiktionen operieren, werden zudem maßgebliche rechtliche Entwicklungen und Entscheidungen aus den wichtigsten und am häufigsten genutzten Rechtsordnungen untersucht. Ziel ist es, einen prägnanten Überblick über die relevanten rechtlichen Rahmenbedingungen sowie die Konsequenzen und Herausforderungen zu geben, denen sich DAOs in diesen Kontexten gegenübersehen.

II. Einordnung

6 Bei der rechtlichen Einordnung einer DAO als Governance-Vehikel für ein DeFi-Protokoll, ein Kunstkollektiv oder eine Venture-Capital-Struktur ist in vielen Fällen davon auszugehen, dass zwischen den teilnehmenden Parteien eine hinreichende Verdichtung von wirtschaftlichen Interessen und haftungsrechtlichen Risiken vorliegt, um einen Rechtsbindungswillen zu begründen.[5] Dies gilt insbesondere dann, wenn die Beteiligten durch den Erwerb von Governance-Token oder die aktive Teilnahme an der DAO-Governance ihre Absicht bekunden, sich rechtlich verbindlich an der Plattform zu beteiligen und an einem gemeinsamen Ziel mitzuwirken. Es ist jedoch wichtig zu betonen, dass dies nicht für alle DAOs gleichermaßen gilt. Insbesondere bei vollständig dezentralisierten DAOs könnte es an grundlegenden Anforderungen des Gesellschaftsrechts fehlen. Beispielsweise könnte der Rechtsbindungswille fehlen oder die Kooperationsstrukturen könnten zu lose sein, um einen rechtlich relevanten Personenzusammenschluss zu begründen. Ebenso ist denkbar, dass andere Voraussetzungen, wie eine Gewinnerzielungsabsicht oder die bewusste Zusammenarbeit zur Erreichung eines gemeinsamen Zwecks, fehlen, die für die Einordnung als Gesellschaft erforderlich wären. In den meisten Fällen, insbesondere bei teil- oder pseudodezentralisierten DAOs, liegt jedoch eine Konstellation vor, die auf gesellschaftsrechtliche Bindungen hinweist. Dabei drückt der Erwerb eines Governance-Tokens oder die aktive

[4] Umfassende Bearbeitung der Problematiken in Mienert, Dezentrale autonome Organisationen (DAOs) und Gesellschaftsrecht, Mohr Siebeck, Tübingen 2022. Erstmaliges Aufwerfen der Probleme Simmchen MMR 2017, 162 (165); Mann NZG 2017, 1014 ff.

[5] Ausführlich Mienert, Dezentrale autonome Organisationen (DAOs) und Gesellschaftsrecht, Mohr Siebeck, Tübingen 2022, S. 104 ff.

Teilnahme an Governance-Mechanismen häufig den Willen aus, sich an einem rechtlich verbindlichen Vertragsverhältnis zu beteiligen.

1. Einordnung in bestehende nationale Gesellschaftsformen und Haftung

7 Körperschaften, insbesondere Kapitalgesellschaften de lege lata erweisen sich aus gesellschaftsrechtlicher Sicht als ungeeignet für die Einordnung von wirklich dezentralen DAOs. Der Hauptgrund hierfür liegt in der zentralen Governance-Struktur, die für Kapitalgesellschaften zwingend vorgeschrieben ist. Die Grundidee von DAOs – dezentrale, autonome Entscheidungsprozesse ohne zentrale Leitungsorgane – widerspricht der gesetzlich vorgesehenen Organisation von Kapitalgesellschaften, die regelmäßig mindestens einen Geschäftsführer oder Vorstand erfordern. Zudem sind Kapitalgesellschaften an strikte Vorgaben bezüglich der Haftungsbegrenzung und der Offenlegungspflichten gebunden, was mit der Flexibilität und Autonomie von DAOs kollidiert. Die Registrierungspflichten und das Erfordernis der Bereitstellung eines Mindestkapitals stellen zusätzliche Hürden dar, die viele DAOs nicht überwinden möchten oder können. Dies führt zu der Schlussfolgerung, dass Kapitalgesellschaften strukturell nicht geeignet sind, die spezifischen Bedürfnisse und Charakteristika von DAOs abzubilden.[6] Konsequenterweise bleiben rein aus gesellschaftsrechtlicher Sicht für eine Einordnung lediglich die Personengesellschaften in Form der GbR und oHG. Grundsätzlich ist der Einzelfall entscheidend, jedoch ist der Großteil der DAOs regelmäßig als Publikums-GbR einzuordnen, da diese im Gegensatz zur herkömmlichen GbR auf eine Vielzahl rein kapitalistisch beteiligter Gesellschafter angelegt ist und so der Struktur einer DAO gerechter wird.[7]

8 Die Einordnung als BGB-Außengesellschaft ermöglicht, dass die DAO, Trägerin von Rechten und Pflichten ist.[8] Folgerichtig ist in einem Vertragsverhältnis die DAO auch Schuldnerin und Gläubigerin.

Praxishinweis:

9 Aufgrund der Einordnung von DAOs als (Publikums-)GbR/oHG haften die Gesellschafter der DAO nach (analog) § 128 HGB persönlich.

Dieses immense Haftungsrisiko wird dem durchschnittlichen DAO Token Halter wohl oft nicht bekannt sein, zumal die Einordnung als GbR für den juristischen Laien auch nicht offensichtlich ist. Angesichts des Handels mit DAO-Token auf dem Sekundärmarkt wirkt eine unbegrenzte persönliche Haftung allein durch den Erwerb von Token problematisch.[9] Insbesondere sind Mitglieder einer DAO häufig in einer doppelten Rolle tätig – sowohl als Gesellschafter als auch als Leitungsorgane. Diese Doppelrolle führt zu einer komplexen Haftungsstruktur. Einerseits besteht das Risiko einer persönlichen Haftung der Gesellschafter für die Verbindlichkeiten der DAO. Andererseits könnten Mitglieder, je nach Rechtsordnung, auch aufgrund ihrer Organstellung haftbar gemacht werden. Trotz möglicher Durchsetzungshürden ist in der Praxis daher eine sorgfältige Strukturierung unerlässlich; wie eine solche konkret ausgestaltet werden kann, wird in Abschnitt 3 dargestellt.

[6] Mienert, Dezentrale autonome Organisationen (DAOs) und Gesellschaftsrecht, Mohr Siebeck, Tübingen 2022, S. 117 ff.

[7] Mienert, Dezentrale autonome Organisationen (DAOs) und Gesellschaftsrecht, Mohr Siebeck, Tübingen 2022, S. 144 ff.

[8] Zur allgemeinen Rechtsfähigkeit der BGB-Außengesellschaft anstatt aller: BGHZ 146, 341; Karsten Schmidt, Gesellschaftsrecht, 6. Auflage, 2019, § 60 II 1 a.

[9] Siehe umfassend Mienert, Dezentrale autonome Organisationen (DAOs) und Gesellschaftsrecht, Mohr Siebeck, Tübingen 2022, S. 213 ff.

10 Die Wirksamkeit beider Haftungssysteme muss jedoch im Kontext dezentraler Organisationen kritisch hinterfragt werden. In einer DAO wird die Führungsverantwortung typischerweise auf einen großen, schwer überschaubaren Kreis von Mitgliedern verteilt. Dies führt dazu, dass die Haftung als Instrument des Verkehrs- und Gläubigerschutzes sowie der Verhaltenskontrolle an Wirksamkeit einbüßt.[10] Der dezentralisierte Charakter solcher Organisationen wirft somit grundlegende Fragen hinsichtlich der Zweckmäßigkeit und Durchsetzbarkeit persönlicher Haftung auf. Vor diesem Hintergrund ist es notwendig, innovative Ansätze zur Lösung der Haftungsproblematik von DAOs zu entwickeln. Diese Ansätze müssen der spezifischen Dynamik dezentraler Organisationen gerecht werden, die sich grundlegend von traditionellen Unternehmensstrukturen unterscheidet. Mangels verfügbarer Gesellschaftsformen mit begrenzter Haftung, die auf die Besonderheiten von DAOs zugeschnitten sind, ist es erforderlich, bei DAOs, die als Publikums-GbR eingestuft werden, eine institutionelle Haftungsbeschränkung anzuerkennen.[11] Dies könnte einen wesentlichen Beitrag dazu leisten, die rechtlichen und wirtschaftlichen Risiken für Teilnehmer solcher Strukturen zu minimieren, ohne den Grundsatz der Dezentralisierung zu unterlaufen.

2. Einordnung in internationale Gesellschaftsformen und Haftung (Lido DAO, OokiDAO und SushiSwapDAO)

11 Die Sorge um Haftungsrisiken für DAO-Mitglieder wurde durch aktuelle Durchsetzungsmaßnahmen, insbesondere in den Vereinigten Staaten, zusätzlich verschärft.

Die Entscheidung des kalifornischen Gerichts im Fall Andrew Samuels v. Lido DAO et al. bietet wertvolle Einblicke für die gesellschaftsrechtliche Einordnung von DAOs.[12] Nach kalifornischem Recht genügt bereits die Assoziation zweier oder mehrerer Personen zur gemeinsamen Gewinnerzielung, um eine Personengesellschaft (General Partnership) zu begründen (§ 16202(a) California Corporations Code). Im Fall der Lido DAO wurde diese Einordnung durch die kollektive Gewinnerzielungsabsicht sowie die partizipative Governance-Struktur gestützt. Governance-Token-Inhaber der Lido DAO trafen maßgebliche Entscheidungen über die Verwaltung des DAO-Treasury, die Auswahl von Validatoren und technische Protokolländerungen – Aktivitäten, die das Gericht als partnerschaftliches Handeln interpretierte und damit die Teilnehmer als Partner einer General Partnership einstufte (§ 16202(a) California Corporations Code).[13] Dies begründet eine potenziell gesamtschuldnerische Haftung aller Teilnehmer gem. § 16306(a) California Corporations Code.[14]

Das unterstreicht die obigen Ausführungen, dass die Verknüpfung wirtschaftlicher Interessen mit partizipativen Entscheidungsprozessen und die Nutzung von Smart Contracts (→ § 52 Rn. 3) als Ausdruck des Rechtsbindungswillens den zentralen Merkmalen einer Personengesellschaft entsprechen.

12 Auch die Fälle von OokiDAO, wo die DAO von der Commodity Futures Trading Commission (CFTC) als offene Handelsgesellschaft eingestuft wurde,[15] und die Vorladung

---

[10] Mienert, Dezentrale autonome Organisationen (DAOs) und Gesellschaftsrecht, Mohr Siebeck, Tübingen 2022, S. 214 ff.

[11] Mienert, Dezentrale autonome Organisationen (DAOs) und Gesellschaftsrecht, Mohr Siebeck, Tübingen 2022, S. 214 ff.

[12] Andrew Samuels v. Lido DAO et al., U. S. District Court, Northern District of California, Case No. 23-cv-06492-VC.

[13] Andrew Samuels v. Lido DAO et al., U. S. District Court, Northern District of California, Case No. 23-cv-06492-VC.

[14] Andrew Samuels v. Lido DAO et al., U. S. District Court, Northern District of California, Case No. 23-cv-06492-VC.

[15] Commodity Futures Trading Commission v. Ooki DAO, Case No. 3:22-cv-05416-WHO, Order Concluding That Service Has Been Achieved, Dkt. Nos. 16, 22, 31, 36.

der Securities and Exchange Commission (SEC) gegen SushiSwapDAO verdeutlichen die Herausforderungen des regulatorischen Umfelds für DAOs in den USA und weltweit.[16]

3. Strukturierungsmöglichkeiten für DAOs

13 Die rechtliche Strukturierung von DAOs stellt eine zentrale Herausforderung dar, um Haftungsrisiken zu minimieren und regulatorische Compliance sicherzustellen, ohne dabei die Grundprinzipien von Dezentralität und Autonomie zu kompromittieren. Insbesondere im DeFi-Sektor (→ § 35 Rn. 1), der durch DAO-gesteuerte Protokolle wie Uniswap oder MakerDAO geprägt ist, müssen rechtliche Lösungen den spezifischen Anforderungen gerecht werden. Dabei lassen sich drei wesentliche Strukturierungsansätze unterscheiden: Erstens vollständig dezentralisierte DAOs ohne rechtlichen Wrapper (→ Rn. 14 ff.), zweitens DAOs mit vollständigem rechtlichem Wrapper[17] (→ Rn. 20 ff.) und drittens hybride Modelle (→ Rn. 31 ff.), die rechtliche und operative Aufgaben in spezialisierte Untereinheiten auslagern.

a) Vollständig dezentralisierte DAOs ohne rechtlichen Wrapper

14 Die reinste Form einer DAO ist jene, die ohne rechtliche Einbindung operiert und ausschließlich „on-chain" gesteuert wird. Dieser Ansatz entspricht dem ursprünglichen Ethos von DAOs und ist besonders attraktiv für Projekte, die eine maximale Dezentralisierung und Autonomie anstreben.

15 Allerdings birgt dieser Ansatz rechtliche Risiken. In vielen Rechtsordnungen, darunter Deutschland und die USA, können solche DAOs, die möglicherweise doch zentralisierte Punkte aufweisen als Personengesellschaften qualifiziert werden, mit den damit verbundenen Konsequenzen (→ Rn. 7 ff.). Eine Möglichkeit, gewisse Haftungsrisiken zu reduzieren, besteht in der Nutzung von Satzungen oder Beteiligungsvereinbarungen, wie sie beispielsweise bei SAFE DAO oder COW DAO implementiert wurden.[18] Diese sogenannten „on-chain" Agreements werden direkt auf der Blockchain durch eine Signatur mittels privatem Schlüssel abgeschlossen. Sie ermöglichen es den Teilnehmern, sich gegenseitig von Haftungsansprüchen freizustellen und auf bestimmte Rechte zu verzichten. Solche Mechanismen tragen dazu bei, die Haftung der Mitglieder zu begrenzen und die rechtliche Stellung der DAO zu klären, ohne auf traditionelle gesellschaftsrechtliche Strukturen zurückzugreifen.

16 DAOs zeichnen sich durch Selbstsouveränität, Zensurresistenz und Unabhängigkeit von Zwischenhändlern aus. Um die mit solchen Organisationsformen verbundenen Haftungsrisiken zu minimieren, ist es essenziell, eine vollständig dezentralisierte Struktur sicherzustellen. Diese darf keine Anknüpfungspunkte an traditionelle gesellschaftsrechtliche Regelungen aufweisen und muss dezentral verwaltet werden, um den Grundsätzen von DAOs gerecht zu werden. Eine solche Struktur kann eine sinnvolle Alternative zur Gründung einer juristischen Person darstellen.

17 Auch der EU-Gesetzgeber hat, in Erwgr. 22 der MiCA-Verordnung[19] anerkannt, dass vollständig dezentralisierte Marktteilnehmer unter bestimmten Voraussetzungen vom An-

[16] Nikhilesh De, Sushi DAO, Key Contributor Served With SEC Subpoena, Coindesk, 21.3.2023, abrufbar unter: https://www.coindesk.com (zuletzt abgerufen am 31.12.2024).

[17] Ein „Wrapper" im Kontext von DAOs bezeichnet eine rechtliche Struktur, in Form einer juristischen Person, die die DAO „umhüllt", um deren rechtliche Handlungsfähigkeit zu sichern, Haftungsrisiken zu minimieren und regulatorische Anforderungen zu erfüllen. Solcher Wrapper, wie Stiftungen oder LLCs, dienen oft als Trägerorganisationen für Vermögenswerte der DAO und als Schnittstelle zwischen der dezentralen Organisation und dem rechtlichen Rahmen.

[18] Siehe https://forum.safe.global/t/sep-1-safedao-participation-agreement/110 (zuletzt abgerufen am 31.12.2024).

[19] Regulation (EU) 2023/1114 of the European Parliament and of the Council of 31 May 2023 on markets in crypto-assets (2023) OJ L 150/40.

wendungsbereich der Regulierung ausgenommen werden können.[20] Ähnlich argumentierte die SEC in den USA, dass bei hinreichender Dezentralisierung („sufficient decentralization") die Einstufung eines Tokens als Wertpapier nach dem Howey-Test nicht mehr gegeben ist.[21] Für die reinste Form von DAOs kann eine solche dezentrale Struktur die einzige Möglichkeit sein, um regulatorische Anforderungen zu vermeiden.

Die genaue Definition einer hinreichenden Dezentralisierung bleibt jedoch unklar. Ein **18** Interpretationsansatz kann darin liegen, dass dies die gleichmäßige Verteilung von Governance-Token, die Unabhängigkeit von zentralisierten Entscheidungsmechanismen und eine durch Smart Contracts (→ § 52 Rn. 3) automatisierte Governance umfasst.[22] Der sogenannte TIGER-Ansatz (Tokengewichtung, Infrastruktur, Governance, Eskalation, Reputation) bietet einen potenziellen Rahmen, um die Dezentralisierung zu operationalisieren und nachzuverfolgen.[23] Allerdings bleibt diese Strukturierungsoption bei mangelhafter Umsetzung mit Haftungsrisiken verbunden, da den Teilnehmern in Abwesenheit eines rechtlichen Wrappers oder einer institutionellen Haftungsbeschränkung gesamtschuldnerische Verantwortung droht.

Praxishinweis:

Auch wenn das theoretische Risiko erheblich ist, bleibt indes die praktische Durch- **19** setzung einer persönlichen und unbegrenzten Haftung für den nicht institutionellen Inhaber von Governance-Token schwierig. Dies ist auf die erheblichen Hürden für die Beweisführung zurückzuführen, die ein potenzieller Kläger überwinden muss. Zu diesen Hürden gehören die Darlegung, dass eine Gesellschaft bürgerlichen Rechts vorliegt, die Feststellung der relevanten Gerichtsbarkeit und die potenziell noch komplexere Aufgabe, den Gesellschafterstatus des Beklagten zum Zeitpunkt des Entstehens der DAO-Schulden nachzuweisen. Angesichts der hohen Volatilität und Mobilität der Inhaber von Governance-Token stellt dies ein komplexes rechtliches Unterfangen dar.

b) DAOs mit rechtlichem Wrapper

Eine Alternative zur rein dezentralisierten Struktur von DAOs besteht darin, eine juristische **20** Person zu schaffen, die als rechtlicher Wrapper fungiert. Solche Konstruktionen bieten einige Vorteile, insbesondere die Haftungsbegrenzung und die erleichterte Einhaltung regulatorischer Vorgaben. Dabei kommt es vor allem darauf an, die Wahl des Wrappers sorgfältig an die Bedürfnisse der jeweiligen DAO anzupassen, da verschiedene Modelle unterschiedliche Vor- und Nachteile bieten. Rechtliche Wrapper ermöglichen es, DAOs in einem stabilen rechtlichen Rahmen zu verankern. Diese Strukturen können Rechte und Pflichten bündeln, die Identität von Teilnehmern schützen und Vermögenswerte treuhän-

20 European Securities and Markets Authority (ESMA), Final Report, Draft technical Standards specifying certain requirements of the Markets in Crypto Assets Regulation (MiCA) – first package, 25.3.2024, abrufbar unter: https://www.esma.europa.eu/sites/default/files/2024-03/ESMA18-72330276-1634_Final_Report_on_certain_technical_standards_under_MiCA_First_Package.pdf (zuletzt abgerufen am 31.12.2024).

21 William Hinman, Digital Asset Transactions: When Howey Met Gary (Plastic), speech of 14 June 2018, San Francisco, CA, abrufbar unter: https://www.sec.gov/news/speech/speech-hinman-061418 (zuletzt abgerufen am 31.12.2024).

22 Für eine umfassende Darlegung, wann eine vollständige Dezentralisierung vorliegt oder wie diese erreicht werden kann, siehe Mienert, Managing Cross-Border DeFi DAOs in the EU: Legal Complexities and Regulatory Perspectives (Ensuring Sufficient Decentralization under MiCA), SSRN, 30.4.2024, abrufbar unter: https://ssrn.com/abstract=4852000 (zuletzt abgerufen am 31.12.2024).

23 Siehe Axelsen, Henrik/Rude Jensen, Johannes/Ross, Omri, „When is a DAO Decentralized?", Complex Systems Informatics and Modeling Quarterly (CSIMQ), Art. 176, Issue 31, Juni/Juli 2022, S. 51–75, verfügbar unter https://doi.org/10.7250/csimq.2022-31.04, (zuletzt abgerufen am 31.12.2024).

derisch verwalten. Gleichzeitig können sie die rechtlichen Risiken der Teilnehmer reduzieren, indem sie eine klare Abgrenzung zwischen der DAO und ihren Mitgliedern schaffen. In der Praxis unterscheiden sich die verfügbaren Modelle jedoch erheblich hinsichtlich ihrer Eignung und ihrer praktischen Umsetzbarkeit.

21 In den letzten Jahren haben sich verschiedene Formen von Wrappers herauskristallisiert, darunter Stiftungen (→ Rn. 24 ff.), Limited Liability Companies (LLCs) (→ Rn. 22 f.) und andere hybride Modelle (→ Rn. 31 ff.). Ihre Verbreitung ist stark von den rechtlichen und steuerlichen Rahmenbedingungen der jeweiligen Jurisdiktion abhängig.

22 **aa) DAO-LLCs.** Einige Gerichtsbarkeiten in den Vereinigten Staaten wie Wyoming, Vermont, Tennessee und Utah haben „DAO-Gesetze" erlassen, um DAO-Mitgliedern unter bestimmten Bedingungen eine beschränkte Haftung zu gewähren, insbesondere durch die Gründung von „DAO Limited Liability Companies" (DAO LLC).[24] Wyoming hat das WY Law (SF0038, kodifiziert bei W. S. § 17–31-101 bis § 17-31-116) und Tennessee das TN Law (HB2645/SB2854, kodifiziert bei Tenn. Code Ann. § 48–250-101 bis 48–250-115) verabschiedet, die beide DAOs im Rahmen einer LLC regeln.

Utah geht jedoch weiter mit dem „Utah Decentralized Autonomous Organizations Act" (HB 357, kodifiziert bei Utah Code Ann. § 48-5-101 – 406). In Utah werden DAOs nicht als LLCs, sondern als LLDs (Limited Liability Decentralized Autonomous Organizations) kodifiziert (Utah Code Ann. § 48-5-104). Mitglieder einer LLD haben beschränkte Haftung und sind nur für ihre on-chain Beiträge zur DAO haftbar (Utah Code Ann. § 48-5-202). Sie können nicht persönlich für überschüssige Haftung belangt werden, nachdem die Vermögenswerte der DAO erschöpft sind (Utah Code Ann. § 48-5-202(1)(b)). Das Utah-Gesetz regelt auch die Haftung der Mitglieder, wenn die DAO einem vollstreckbaren Urteil oder Beschluss nicht nachkommt, und zwar im Verhältnis zum Anteil der Mitgliedschaftsrechte an der DAO (Utah Code Ann. § 48-5-202(d)(2)). Zudem stellt das Utah-Gesetz klar, dass Entwickler, Mitglieder oder Repräsentanten einer DAO keine treuhänderischen Pflichten allein aufgrund ihrer Rolle haben, es sei denn, bestimmte ausdrückliche Handlungen oder Aussagen liegen vor (Utah Code Ann. § 48-5-307).[25]

23 Die spezifischen DAO-Gesetzgebungen in den Vereinigten Staaten offenbaren zahlreiche Defizite und Unklarheiten, die ihre Attraktivität für DAOs erheblich beeinträchtigen können.[26] Zum einen verpflichten diese Gesetze DAOs zu zusätzlichen Offenlegungen und operationalen Vorgaben, die die angestrebte organisatorische Flexibilität erheblich einschränken. Zum anderen fehlt es an klaren Regelungen zur Beilegung von Konflikten zwischen den Betriebsvereinbarungen und den zugrunde liegenden Smart Contracts (→ § 52 Rn. 3). Ein weiteres Problem ergibt sich aus den häufig unrealistischen Quorum-Anforderungen, die in einigen dieser Gesetze vorgeschrieben sind und die tatsächlichen Arbeitsweisen von DAOs oft nicht widerspiegeln. Darüber hinaus zeigen die gesetzlichen Regelungen in ihrer derzeitigen Form ein grundlegendes Missverständnis der Blockchain-Technologie, was ihre praktische Anwendbarkeit weiter erschwert, beispielsweise durch unklare Behandlung von Smart Contracts (→ § 52 Rn. 10).[27] Problematisch sind zudem die vorgesehenen Mechanismen zur Auflösung von DAOs nach einer gewissen Zeit der Untätigkeit, insbesondere für solche, die lediglich in Notfällen operativ aktiv werden. Der autonome

[24] Vgl. Finger/Cramer, With New DAO Law on the Books, Utah Joins Race with Wyoming and Tennessee to Become U. S. Crypto Capital, Blockchain and the Law Blog, 31.5.2023, abrufbar unter: https://www.blockchainandthelaw.com (zuletzt abgerufen am 31.12.2024).

[25] Vgl. Finger/Cramer, With New DAO Law on the Books, Utah Joins Race with Wyoming and Tennessee to Become U. S. Crypto Capital, Blockchain and the Law Blog, 31.5.2023, abrufbar unter: https://www.blockchainandthelaw.com (zuletzt abgerufen am 31.12.2024).

[26] So auch Teague, Starting a DAO in the USA? Steer Clear of DAO Legislation, The Defiant, 7.6.2022, abrufbar unter: https://thedefiant.io/starting-a-dao-in-the-usa-steer-clear-of-dao-legislation (zuletzt abgerufen am 31.12.2024).

[27] Teague, Starting a DAO in the USA? Steer Clear of DAO Legislation, The Defiant, 7.6.2022, abrufbar unter: https://thedefiant.io/starting-a-dao-in-the-usa-steer-clear-of-dao-legislation (zuletzt abgerufen am 31.12.2024).

Charakter von DAOs wird durch gesetzliche Vorgaben, die spezielle Regelungen für ihre Struktur einführen, erheblich eingeschränkt, was zu unerwarteten Nachteilen führen kann. Insbesondere Regelungen, die von den Standardanforderungen für LLCs abweichen, führen häufig zu Rechtsunsicherheiten und widersprüchlichen Ergebnissen.[28] Die geringe praktische Verbreitung von DAO-LLC-Strukturen unterstreicht die erheblichen Schwächen dieses Modells. Stattdessen bevorzugen DAOs überwiegend Offshore-Strukturen, wobei insbesondere die Cayman Islands aufgrund ihrer flexiblen rechtlichen Rahmenbedingungen und steuerlichen Vorteile als bevorzugte Option gelten.

bb) Andere Rechtsformen insbesondere Cayman Islands Stiftung (Foundation). 24
Im internationalen Kontext hat sich insbesondere die in Form einer *Foundation Company* ausgestaltete Cayman-Islands-Foundation als bevorzugte Rechtsform für DAOs etabliert; ihre Besonderheiten sowie die Abgrenzung zu Schweizer Stiftungen und US-amerikanischen LLCs werden im Folgenden näher beleuchtet.

(1) Cayman Islands Foundation. Die Cayman Islands Foundation hat sich als bevorzugte 25
rechtliche Struktur für DAOs etabliert, da sie den spezifischen Anforderungen dezentraler Organisationen gerecht wird, ohne deren Autonomie wesentlich einzuschränken. Anders als vergleichbare Modelle, wie etwa Stiftungen in der Schweiz oder Liechtenstein, ist die Cayman Foundation weder an Mitglieder noch an Begünstigte gebunden (§ 5(1) Foundation Companies Law, Cayman Islands). Dadurch entfällt die Notwendigkeit rechtlicher Verpflichtungen gegenüber Dritten, was die volle Übertragung der Governance auf eine Blockchain-basierte Gemeinschaft ermöglicht.

Ein zentraler Vorteil der Cayman Foundation liegt in ihrer Flexibilität, insbesondere in der 26
rechtlichen Durchsetzbarkeit von On-Chain-Governance-Mechanismen. Die Gründungsdokumente können so ausgestaltet werden, dass Smart Contracts und On-Chain-Abstimmungen Vorrang vor Off-Chain-Entscheidungen haben (§ 8 Foundation Companies Law, Cayman Islands). Diese Eigenschaft schafft eine rechtliche Grundlage, die die dezentralen Entscheidungen der DAO effektiv schützt und rechtlich bindend macht. Zudem können spezialisierte Rollen wie ein „Emergency Supervisor" eingerichtet werden, der die Einhaltung der DAO-Prinzipien sicherstellt und Konflikte klärt.

Die steuerlichen Vorteile der Cayman Islands, insbesondere die Abwesenheit von Unter- 27
nehmenssteuern, machen diese Struktur besonders attraktiv für global agierende DAOs (zur allgemeinen steuerrechtlichen Einordnung → § 9 Rn. 10).

Diese Kombination aus rechtlicher Flexibilität, steuerlicher Attraktivität und der Möglichkeit, On-Chain-Governance direkt durchzusetzen, macht die Cayman Foundation zu einer praktischen Wahl für viele DAOs.

(2) Schweizer Stiftungen und Vereine. Schweizer Stiftungen und Vereine bieten zwar 28
teilweise vergleichbare Vorteile wie die Cayman Foundation, stehen jedoch unter strengeren rechtlichen Anforderungen. Nach Art. 80 ff. ZGB (Schweizerisches Zivilgesetzbuch) ist die Definition eines Zwecks verpflichtend, und in vielen Fällen wird die Benennung eines Begünstigten verlangt. Diese Vorgaben können die Autonomie und Dezentralität einer DAO einschränken, da sie eine klare rechtliche Bindung an bestimmte Parteien oder Zwecke schaffen, die im Widerspruch zur typischen Struktur einer DAO stehen können.

(3) Klassische LLCs (Limited Liability Companies). Klassische LLCs (Limited Liability 29
Companies) in den Vereinigten Staaten bieten, insbesondere in Staaten wie Wyoming, aufgrund ihrer Flexibilität und einfachen Gründungsmodalitäten eine praktikable Option für DAOs.

---

28 Teague, Starting a DAO in the USA? Steer Clear of DAO Legislation, The Defiant, 7.6.2022, abrufbar unter: https://thedefiant.io/starting-a-dao-in-the-usa-steer-clear-of-dao-legislation (zuletzt abgerufen am 31.12.2024).

Allerdings bestehen signifikante rechtliche Einschränkungen: Die Bindung an lokale Vorschriften kann die globale Ausrichtung einer DAO behindern, und die potenzielle Durchbrechung der Haftungsbeschränkung, beispielsweise durch die Alter-Ego-Doktrin oder bei rechtswidrigen Handlungen, stellt ein erhebliches Risiko dar.

Praxishinweis:

30 Obwohl rechtliche Wrapper, insbesondere die Cayman Foundation, zahlreiche Vorteile bieten, bestehen auch Herausforderungen, die sorgfältig berücksichtigt werden müssen. Viele rechtliche Wrapper sind nicht darauf ausgelegt, alle auf der Blockchain getroffenen Entscheidungen rechtlich bindend umzusetzen. Dies kann zu Diskrepanzen zwischen den Regeln des Wrappers und den On-Chain-Smart Contracts führen. Auch bei einer sorgfältigen Gestaltung bleiben Wrapper den rechtlichen Rahmenbedingungen der gewählten Jurisdiktion unterworfen.

Die Cayman Islands Foundation dominiert aufgrund ihrer Flexibilität und Steuerneutralität die Landschaft der rechtlichen Strukturen für DAOs. Dennoch ist die Wahl eines Wrappers stets abhängig von den spezifischen Anforderungen der DAO und der jeweiligen regulatorischen Umgebung. Es bleibt essenziell, dass die gewählte Struktur nicht nur rechtlichen und steuerlichen Anforderungen entspricht, sondern auch den Prinzipien der DAO – insbesondere Dezentralität, Transparenz und Autonomie – Rechnung trägt.

c) Hybride Modelle: Das BORG-Konzept[29]

31 Das Konzept der Cybernetic Organizations, kurz BORG, hat sich in den letzten Jahren zu einer vielversprechenden Alternative für die rechtliche Strukturierung von DAOs entwickelt. Dieses Modell greift die zentralen Eigenschaften und Herausforderungen auf, die mit dezentralen autonomen Organisationen einhergehen, und zielt darauf ab, ein rechtssicheres Netzwerk um die DAO herum aufzubauen, dass die Vorteile juristischer Personen wie Durchsetzbarkeit und Compliance mit der Widerstandsfähigkeit und dem Vertrauen dezentraler Strukturen verbindet.[30]

Dabei soll diese Strukturierung dem ursprünglichen Ethos von DAOs treu bleiben. Im Gegensatz zu traditionellen Ansätzen, die DAOs in bestehende staatliche Gesellschaftsstrukturen zwängen, welche zwangsläufig zu Zentralisierung und Abhängigkeit von einer einzelnen Jurisdiktion führen, zielt das BORG-Modell darauf ab, die Autonomie von DAOs zu bewahren und deren dezentrale Governance zu stärken. Im Mittelpunkt des Modells steht die Implementierung von Smart Contracts (→ § 52 Rn. 3) in die Gründungsdokumente der rechtlichen Entitäten. Dadurch werden nicht nur On-Chain-Kontrollen und -Gleichgewichte rechtlich abgesichert, sondern auch operative Kosten wie Transaktions-, Überwachungs- und potenzielle Rechtskosten reduziert. Die Stärke des BORG-Modells liegt darin, dass es nicht versucht, die gesamte DAO in eine einzige Rechtsform zu überführen, sondern spezifische rechtliche Einheiten schafft, die bestimmte Aufgaben im Zusammenhang mit der DAO erfüllen. Diese Strukturierung ermöglicht es, die Vorteile klassischer Rechtsformen zu nutzen, ohne die dezentrale und autonome Natur der DAO zu gefährden.

32 Ein zentraler Aspekt des BORG-Modells ist die Einführung spezialisierter rechtlicher Einheiten, die auf bestimmte Funktionen der DAO zugeschnitten sind. Sicherheits-BORGs,

[29] Siehe Delphi Labs, Assimilating the BORG: A New Framework for Crypto Law Entities, Medium, 20.4.2023, abrufbar unter: https://medium.com (zuletzt abgerufen am 31.12.2024).

[30] Delphi Labs, Assimilating the BORG: A New Framework for Crypto Law Entities, Medium, 20.4.2023, abrufbar unter: https://medium.com (zuletzt abgerufen am 31.12.2024).

beispielsweise, verwalten Notfall-Multisigs[31] und garantieren, dass Entscheidungen der DAO auch in Krisensituationen im Einklang mit den festgelegten Governance-Prinzipien getroffen werden. Protokoll-Nutzwert-BORGs (Protocol-Beneficial Value, PBV-BORGs) adressieren rechtliche Fragestellungen im Zusammenhang mit der Verwaltung protokollkontrollierter Werte (Protocol-Controlled Value), einschließlich Eigentumsrechten und Steuerpflichten. Grant-BORGs überwachen die Verteilung von Grants, um sicherzustellen, dass Fördermittel im Einklang mit den Zielen der DAO verwendet werden, während IP-BORGs mit dem Schutz und der Verwaltung geistigen Eigentums betraut sind.

Durch diese spezialisierte Strukturierung werden regulatorische Risiken dezentralisiert, da **33** einzelne BORGs als rechtlich haftbare Einheiten agieren, ohne die gesamte DAO einer direkten rechtlichen Haftung auszusetzen. Dies schafft nicht nur Rechtssicherheit für externe Stakeholder wie Partner oder Investoren, sondern reduziert auch interne Konflikte, die durch unterschiedliche Interessen innerhalb der DAO entstehen können. Obwohl das BORG-Modell in seiner rechtlichen Ausgestaltung nicht vollkommen neuartig erscheint – zahlreiche DAOs haben bereits zentralisierte Einheiten für vergleichbare Zwecke implementiert[32] –, könnte die Neubenennung und Konzeptualisierung eine frische Perspektive eröffnen.

Praxishinweis:
Dabei ist jedoch zu beachten, dass das Modell nicht frei von Herausforderungen ist. So **34** bedarf es einer sorgfältigen Gestaltung der rechtlichen Dokumentation, um Konflikte zwischen On-Chain-Mechanismen und den rechtlichen Vorgaben der BORGs zu vermeiden. Auch die Frage, wie stark eine DAO, Einfluss auf die Governance einer BORGs nehmen kann, ohne deren rechtliche Unabhängigkeit zu gefährden, bleibt offen.

Gleichwohl zeigt das BORG-Modell, dass hybride Lösungen möglich sind, die die Vorteile **35** juristischer Personen mit den Anforderungen dezentraler Governance vereinen. Insbesondere in komplexen regulatorischen Umgebungen, wie den Vereinigten Staaten oder der Europäischen Union, könnte das BORG-Modell ein entscheidender Schritt sein, um die rechtlichen Rahmenbedingungen für DAOs weiterzuentwickeln. Es bleibt jedoch unabdingbar, dass zukünftige Untersuchungen und rechtliche Anpassungen die spezifischen Herausforderungen adressieren, denen sich DAOs und ihre BORGs stellen müssen. Das Modell bietet damit nicht nur eine neue Perspektive, sondern könnte auch als Katalysator für weitere Innovationen in der rechtlichen und organisatorischen Strukturierung von DAOs dienen.

d) Einschätzung

Die rechtliche Strukturierung von DAOs ist eine komplexe, aber zentrale Aufgabe, um ihre **36** Funktionalität und rechtliche Sicherheit zu gewährleisten. Während vollständig dezentralisierte Modelle den Prinzipien von DAOs am nächsten kommen, bergen sie höhere rechtliche Risiken. Legal Wrapper bieten Schutz, stehen jedoch häufig im Konflikt mit dem Ethos der Dezentralität. Hybride Ansätze wie das BORG-Modell könnten einen Mittelweg darstellen, der die Vorteile beider Ansätze kombiniert. Angesichts der zunehmenden regulatorischen Anforderungen, insbesondere durch Regelwerke wie MiCA, bleibt die Weiterentwicklung rechtlicher Rahmenbedingungen entscheidend, um das Potenzial von DAOs langfristig auszuschöpfen.

---

31 Notfall-Multisig bezeichnet eine mehrstufig abgesicherte Multi-Signature-Wallet (zB Gnosis Safe), bei der im Krisenfall – etwa bei einer kritischen Smart-Contract-Lücke oder Governance-Lähmung – eine vorab definierte Gruppe von Schlüsselinhabern (Core-Developer, externe Auditoren, ggf. Rechts-Treuhänder) Transaktionen nur kollektiv autorisieren kann. Typisch sind qualifizierte Mehrheiten wie 3 / 5 oder 5 / 9 Signaturen. Das Konstrukt dient als „letzte Verteidigungslinie", um Parameter anzupassen, Smart Contracts zu pausieren oder Vermögenswerte zu migrieren, ohne die reguläre On-Chain-Governance dauerhaft zu übergehen.

32 Siehe für Strukturierungsbeispiele dieser Art Mienert, ZdiW 2022, 324 ff.

III. Ausblick: Zukunftsaussichten und regulatorische Anforderungen für DAOs

37 Die regulatorischen Entwicklungen, insbesondere durch die Einführung der MiCA-Verordnung in der Europäischen Union, markieren einen entscheidenden Wendepunkt für die rechtliche Behandlung von DAOs. Erwgr. 22 der MiCA, der eine Ausnahme für vollständig dezentralisierte Aktivitäten vorsieht, wirft Fragen auf, da „vollständige Dezentralisierung" bislang nicht klar definiert wurde. Diese regulatorische Lücke schafft Unsicherheiten und stellt DAOs vor die Herausforderung, eine Struktur zu schaffen, die hinreichend dezentral ist, um den MiCA-Vorgaben zu entsprechen, ohne dabei ihre operative Effektivität zu verlieren.

38 Die Schaffung neuer rechtlicher Strukturen, wie etwa durch das BORG-Modell, kann hierbei eine entscheidende Rolle spielen. Dieses Modell ermöglicht es, dezentrale Governance-Strukturen beizubehalten, während rechtliche und regulatorische Risiken durch gezielte Einbettung in hybride Organisationsformen minimiert werden. Der Einsatz spezialisierter Sub-Entitäten, wie Sicherheits- oder Treasury-BORGs, bietet einen pragmatischen Ansatz, um operative Aufgaben zu strukturieren und rechtliche Unsicherheiten zu adressieren. Insbesondere in Kombination mit Smart Contracts (→ § 52 Rn. 3), die Entscheidungsprozesse automatisieren und rechtlich verbindlich machen, können solche Modelle eine zukunftsweisende Lösung darstellen.

39 Gleichzeitig bleibt es unerlässlich, die regulatorischen Anforderungen und Leitlinien weiter zu präzisieren. Regulierungsbehörden, sowohl auf EU-Ebene als auch international, sollten konkrete Definitionen und Anforderungen für „hinreichende Dezentralisierung" entwickeln, um DAOs eine klare Orientierung zu geben. Hierbei könnten auch die Erfahrungen aus anderen Jurisdiktionen, wie den USA, berücksichtigt werden, wo der Begriff der Dezentralisierung ebenfalls eine zentrale Rolle spielt.

40 Mit Blick auf die Zukunft ist zu erwarten, dass neue, auf die Bedürfnisse von DAOs zugeschnittene Rechtsformen entstehen werden. Die Cayman Foundation hat bereits bewiesen, wie flexibel solche Strukturen gestaltet werden können, um den Anforderungen von DAOs gerecht zu werden. Dennoch bleibt die Herausforderung bestehen, globale Standards zu schaffen, die sowohl regulatorische Sicherheit als auch die Grundprinzipien von DAOs – Transparenz, Autonomie und Dezentralisierung – respektieren.

41 Zusammenfassend lässt sich sagen, dass die nächsten Jahre entscheidend für die Weiterentwicklung von DAOs sein werden. Mit einer Kombination aus innovativen rechtlichen Strukturen, wie dem BORG-Modell, und einer stärkeren Integration in regulatorische Rahmenbedingungen können DAOs nicht nur die aktuellen Herausforderungen meistern, sondern auch als Vorreiter einer neuen Ära dezentraler Organisationen dienen. Es bleibt Aufgabe der internationalen Gemeinschaft, ein Umfeld zu schaffen, das Innovation fördert, ohne die einzigartigen Merkmale von DAOs zu kompromittieren.

§ 9 Steuerrecht

Übersicht

Schrifttum:

Anzinger, Smart Contracts in der Sharing Economy, in: Fries/Paal (Hrsg.), Smart Contracts, 2019, S. 33 ff.; Aufderheide, Dezentrale Autonome Organisationen (DAO) – Smart Contracts aus der Perspektive des Gesellschaftsrechts, WM 2022, 264; Baur, Die gesellschaftsrechtliche Außenhaftung für die Verbindlichkeiten von decentralized autonomous organizations, 2021; Beckmann, Die (steuer)rechtliche Behandlung von Decentralized Autonomous Organizations, Ubg 2018, 230; Büttner, Dezentrale Autonome Organisationen als eigenständige Steuersubjekte – Zur (fehlenden) Rechtfertigung des Trennungsprinzips aus ökonomischer Perspektive, FR 2025, 454; Büttner, Die institutionale Besteuerung von idealtypischen Dezentralen Autonomen Organisationen, Ubg 2025, 456; Credo, Dezentrale Autonome Organisationen im Lichte des deutschen Gesellschaftsrecht, 2023; Dörrfuß/Becker/Zawodsky, Dezentrale Autonome Unternehmen (DAO): Neuland – auch steuerlich, beck.digitax 2021, 339; Fleischer, Ein erstes Rechtskleid für die Decentralized Autonomous Organization: Die Wyoming DAO LLC – Vorbild auch für Deutschland?, ZIP 2021, 2205; Fleischer, Plötzlich Personengesellschafter: Eine kleine Phänomenologie unbeabsichtigter Personengesellschaften, ZIP 2024, 1501; Florstedt, Tokengesellschaftsrecht – Zur Organisations- und Vermögensverfassung digitaler Gesellschaften (decentralized autonomous organizations), ZGR 2023, 816; Gofferje/Schreiner, Gesellschaftsrechtliche Problemstellungen der Decentralized Autonomous Organizations, ZPG 2024, 168; Gradl/Müller, Decentralized Autonomous Organizations, beck.digitax 2022, 323; Guntermann, Wyoming DUNA – ein neuer „legal wrapper" für DAOs, RDi 2024, 476; Hahn, Die Decentralized Autonomous Association (DAA) – Governance Dezentralisierter Autonomer Organisationen (DAO) qua (Ideal-)Verein?, NZG 2022, 684; Korch, Haftung und Haftungsprivilegien in Decentralized Autonomous Organizations, ZIP 2023, 2017; Langheld/Haagen, Decentralized Autonomous Organizations – verbandsrechtliche Einordnung und Gestaltungsmöglichkeiten, NZG 2021, 724; Mann, Die Decentralized Autonomous Organization – ein neuer Gesellschaftstyp? – Gesellschaftsrechtliche und kollisionsrechtliche Implikationen, NZG 2017, 1014; Mienert, Dezentrale Autonome Organisation (DAO). Welche Rechtsform („legal wrapper") sollte man wählen?, ZdiW 2022, 324; Mienert, Wyomings DAO-Gesetz – Blaupause für die Regulierung Blockchain-basierter dezentraler autonomer Organisationen?, RDi 2021, 384; Mienert, Dezentrale autonome Organisationen (DAOs) und Gesellschaftsrecht – Zum Spannungsverhältnis Blockchain-basierter und juristischer Regeln, 2022; Möhlenbrock/Haubner, Die Zukunft der Besteuerung der Personengesellschaften: MoPeG, KöMoG und DAOs, FR 2022, 53; Möslein, A Nexus of Smart Contracts? Gesellschaftsrechtspraxis und -theorie im Spiegel der Blockchain, in: Bachmann/Grundmann/Mengel/Krolop (Hrsg.), FS Windbichler, S. 889 ff.; Müller, Einordnung des BMF-Schreibens zu Einzelfragen zur ertragsteuerrechtlichen Behandlung von virtuellen Währungen und von sonstigen Token sowie Folgefragen im Bereich NFT, DeFi und DAO, BB 2022, 1687; Schuska, Internationale Entwicklungen zum automatischen Informationsaustausch bei Transaktionen von Kryptowerten – CARF und DAC8 (Teil I), IStR 2023, 765; Schuska, Internationale Entwicklungen zum automatischen Informationsaustausch bei Transaktionen von Kryptowerten – CARF und DAC8 (Teil II), IStR 2023, 821; Schwemmer, Dezentrale (autonome) Organisationen, AcP 221 (2021), 555; Spindler, Blockchaintypen und ihre gesellschaftsrechtliche Einordnung – Unter besonderer Berücksichtigung der decentralized autonomous organization (DAO), RDi 2021, 309; Tappen/Wehe, Kryptowährungen: Decentralized Finance, PStR 2022, 107; Vig, Decentralized Autonomous Organizations als Investmentvermögen, BKR 2024, 183; Zetzsche, Neue Organisationsformen für die digitale Welt? Decentralized Autonomous Organizations and Beyond, ZGR 2022, 698.

Dezentrale autonome Organisationen (DAOs → § 6 Rn. 1 f.) stellen auch das Steuerrecht als Teilgebiet der Gesamtrechtsordnung vor die Herausforderung, sie in das bestehende System einzuordnen.[1] Das Aufkommen und die zunehmende Verbreitung von DAOs tragen neben anderen neuartigen Entwicklungen dazu bei, das Steuerrecht vom Gesellschaftsrecht zu emanzipieren.[2] Aufbauend auf dem steuerrechtlichen Normenkomplex, in der die Besteuerung von Unternehmen bzw. Personenzusammenschlüssen sowohl materiellrechtlich als auch verfahrensrechtlich weiterhin (wenn auch inzwischen aufgrund § 1a KStG gelockert) 1

[1] Dies als eine der vielleicht spannendsten juristischen Aufgaben der Gegenwart bezeichnend Tappen/Wehe PStR 2022, 107 (111).
[2] Möhlenbrock/Haubner FR 2022, 53 (53).

rechtsformabhängig ausgestaltet ist,[3] muss daher eine steuerrechtliche Beurteilung von DAOs notwendigerweise auch deren gesellschaftsrechtliche Einordnung (→ § 8 Rn. 6 ff.) in den Blick nehmen. Neben materiellrechtlichen Fragestellungen (→ Rn. 3 ff.) wirft die Besteuerung von DAOs auch verfahrensrechtliche Probleme auf, auf die im Folgenden eingegangen wird (→ Rn. 43 ff.).

2 Vereinzelt wird in Bezug auf die steuerliche Behandlung von DAOs mit Blick auf ihre Besonderheiten ein gesetzgeberisches Tätigwerden verlangt, das auch pragmatische Sonderlösungen erwägen sollte.[4] Ein solches ist derzeit allerdings nicht absehbar.[5] Eine (vorherige) internationale Abstimmung erscheint jedenfalls dringend geboten.[6]

I. Die materiellrechtliche Besteuerung von DAOs

3 Im Fokus der Beurteilung der materiellrechtlichen Besteuerung von DAOs steht nachfolgend ihre ertragsteuerliche Behandlung (→ Rn. 5 ff.). Zunächst wird ihre Eigenschaft als Investmentfonds im Sinne des InvStG (→ Rn. 5 ff.) erörtert. Darauf folgt die ertragsteuerliche Betrachtung von DAOs, wobei diese zunächst als Personengesellschaft oder Körperschaftsteuersubjekt eingeordnet werden (→ Rn. 11 ff.). Sodann wird die Besteuerung der DAO dargestellt, welche aufgrund des anwendbaren Transparenzprinzips auf Ebene der Token-Inhaber erfolgt (→ Rn. 18 ff.). Abschließend wird knapp die Umsatzsteuerpflicht von DAOs beleuchtet (→ Rn. 41 f.).

1. DAOs als Investmentfonds im Sinne des InvStG

4 DAOs könnten als Investmentfonds iSd § 1 Abs. 1 des Investmentsteuergesetzes (InvStG) einzuordnen sein (zu Investment-DAOs und ihrer kapitalmarktrechtlichen Einordnung → § 12 Rn. 9 ff.). Dies hätte zur Folge, dass sie als Zweckvermögen bzw. Vermögensmasse gem. § 6 Abs. 1 InvStG mit ihren inländischen Beteiligungseinnahmen, inländischen Immobilienerträgen und sonstigen inländischen Einkünften (§ 6 Abs. 2 S. 1 InvStG) subjektiv körperschaftsteuerpflichtig sind.[7] Investmenterträge iSd § 16 Abs. 1 InvStG wären sodann auf Ebene des Mitglieds als (grundsätzlich kapitalertragsteuerpflichtige)[8] Einkünfte aus Kapitalvermögen gem. § 20 Abs. 1 Nr. 3 EStG steuerbar.[9] Wäre die Mitgliedschaft nicht dem Privatvermögen, sondern dem Betriebsvermögen des Steuerpflichtigen zuzurechnen, so wären die Investmenterträge gem. § 20 Abs. 8 S. 1 EStG vorrangig bei der Ermittlung der Einkünfte aus Gewerbebetrieb, aus Land- und Forstwirtschaft oder aus selbständiger Arbeit in voller Höhe (§ 16 Abs. 3 InvStG) zu berücksichtigen.[10]

5 Der Begriff des Investmentfonds knüpft in § 1 Abs. 2 S. 1 InvStG an den Begriff des Investmentvermögens gem. § 1 Abs. 1 KAGB an. § 1 Abs. 2 S. 2 InvStG enthält erweiternd Investmentfondsfiktionen, während § 1 Abs. 3 InvStG bestimmte Gesellschaften und Erscheinungsformen ausnimmt.

6 Daher stellt sich die Frage, ob DAOs als Investmentvermögen iSd § 1 Abs. 1 KAGB qualifizieren (zu der Qualifikation nach dem KAGB ausführlich → § 12 Rn. 9 ff.). Ein Investmentvermögen ist gemäß § 1 Abs. 1 S. 1 KAGB ein Organismus für gemeinsame

[3] Etwa Hennrichs/Hey Tipke/Lang, 25. Aufl. 2024, Kap. 13; Gosch KStG/Lampert, 4. Aufl. 2020, § 1 Rn. 20 ff.; zu den Belastungsunterschieden Herrmann/Heuer/Raupach/Desens, 332. EL 2025, Einführung zum KStG Rn. 125.

[4] Dörrfuß/Becker/Zawodsky beck.digitax 2021, 339 (346).

[5] Eine steuerrechtliche Regelung von DAOs sollte mit einer gesellschaftsrechtlichen bzw. allgemein zivilrechtlichen Regelung derselben einhergehen, die bestenfalls auch noch weitere Aspekte autonomer Software in den Blick nimmt, vgl. dazu in Eckpunkten Schwemmer AcP 221 (2021), 555 (576 ff.).

[6] So auch Büttner Ubg 2025, 456 (468).

[7] Brandis/Heuermann/Mann, 176. EL 2025, InvStG § 16 Rn. 16 ff.

[8] Brandis/Heuermann/Wenzel, 176. EL 2025, InvStG § 16 Rn. 12 ff.

[9] BeckOK InvStG/Jung, 23. Ed. 1.4.2025, § 16 Rn. 33.

[10] Brandis/Heuermann/Wenzel, 176. EL 2025, InvStG § 16 Rn. 10c.

Anlagen, der von einer Anzahl von Anlegern Kapital einsammelt, um es gemäß einer festgelegten Anlagestrategie zum Nutzen dieser Anleger zu investieren und der kein operativ tätiges Unternehmen außerhalb des Finanzsektors ist.

Während das Merkmal der festgelegten Anlagestrategie noch gegeben sein könnte,[11] scheitert die Qualifikation regelmäßig an der Voraussetzung einer hinreichenden Fremdverwaltung (bzw. schädlichen Eigenverwaltung).[12] Diese verlangt, dass der Fondsverwaltung im Wesentlichen die Anlageentscheidungen überlassen bleiben müssen.[13] In den Worten des FG München gilt zwar kein Gebot der ausschließlichen Fremdverwaltung, sondern ein Verbot der kollektiven Eigenverwaltung des gepoolten Vermögens durch die Anteilseigner.[14] Bei DAOs dürften die Anleger jedoch regelmäßig selbst (und zwar ausschließlich diese) sowohl über die Investitionsgrundsätze als auch über konkrete Investitionen abstimmen.[15] Die Fondsverwaltung liegt in Händen der Gesamtheit der Anleger.[16] Eine abweichende Auffassung, die aufgrund der vergleichbaren Schutzwürdigkeit der Anleger eine erweiternde Auslegung vornimmt,[17] ist aufgrund der mit ihr verbundenen Rechtsunsicherheit abzulehnen. 7

Gem. § 1 Abs. 3 Nr. 2 InvStG sind Investmentvermögen in der Rechtsform einer Personengesellschaft oder einer vergleichbaren ausländischen Rechtsform keine Investmentfonds im Sinne des Gesetzes. Infolgedessen ist nach herrschender gesellschaftsrechtlicher Meinung (→ § 8 Rn. 7), welche DAOs als Gesellschaften bürgerlichen Rechts bzw. OHGs einordnet, bereits aus diesem Grund die Besteuerung nach dem InvStG ausgeschlossen.[18] 8

Praxishinweis:

DAOs stellen nach derzeitiger Rechtslage aufgrund ihrer Eigenverwaltung bzw. mangelnden Fremdverwaltung keine Investmentfonds im Sinne des Investmentsteuerrechts dar. Da es bei DAOs gerade um die privatautonome gemeinschaftliche Willensbildung geht, sollte auch rechtspolitisch an diesem Zustand nichts geändert werden. 9

[11] Mienert, Dezentrale autonome Organisationen (DAOs) und Gesellschaftsrecht, 2022, S. 197; Vig BKR 2024, 183 (188); so im Ergebnis auch (für Investment-DAOs) aufgrund deren Eigenverwaltung Baur, Die gesellschaftsrechtliche Außenhaftung für die Verbindlichkeiten von Decentralized Autonomous Organizations, 2021, S. 202.

[12] Vig BKR 2024, 183 (188); Credo, Dezentrale Autonome Organisationen im Lichte des deutschen Gesellschaftsrecht, 2023, S. 120 f. Abzulehnen ist hingegen die Auffassung, welche den Zweck einer DAO nicht in der Kapitalsammlung zur gemeinsamen Investition, sondern im Betrieb und Unterhalt des DLT-Systems (bzw. der Blockchain) sieht und daher ein operativ tätiges Unternehmen außerhalb des Finanzsektors, somit kein Investmentvermögen (§ 1 Abs. 1 S. 1 KAGB am Ende) annimmt, so Zetzsche ZGR 2022, 698 (713 f., 716). DAOs setzen jedoch regelmäßig auf bereits bestehende Blockchains (etwa Ethereum) auf. Die Kapitalsammlung und -anlage ist regelmäßig (auch) gemeinsamer Zweck der Mitglieder der DAO, vgl. Aufderheide WM 2022, 264 (268); Mann NZG 2017, 1014 (1017).

[13] Ebenroth/Boujong/Paefgen/Franke KAGB § 1 Rn. 31; Assmann/Wallach/Zetzsche/Zetzsche KAGB § 1 Rn. 32 ff. Ab wann eine Eigenverwaltung schädlich bzw. bis zu welchem Umfang eine Fremdverwaltung geboten ist, ist umstritten. Nach den Leitlinien der ESMA kommt es darauf an, dass die Anteilseigner des Organismus – als Gruppe – keine laufende Ermessens- bzw. Kontrollbefugnis besitzen, vgl. FG München BeckRS 2024, 34670 Rn. 77 ff. mwN; vgl. ferner BFH DStR 2025, 2127 (2129 ff.).

[14] FG München BeckRS 2023, 34670 Rn. 86.

[15] Vig BKR 2024, 183 (188); Credo, Dezentrale Autonome Organisationen im Lichte des deutschen Gesellschaftsrecht, 2023, S. 120 f.

[16] Vig BKR 2024, 183 (188).

[17] Baur, Die gesellschaftsrechtliche Außenhaftung für die Verbindlichkeiten von Decentralized Autonomous Organizations, 2021, S. 204 f.

[18] Ausdrücklich Beckmann Ubg 2018, 230 (234); Mienert, Dezentrale autonome Organisationen (DAOs) und Gesellschaftsrecht, 2022, S. 255. Im Ergebnis ebenso Gradl/Müller beck.digitax 2022, 323 (329).

2. Besteuerung von DAOs als Personengesellschaften oder Körperschaften

a) Steuerliche Einordnung von DAOs als Personengesellschaften oder Körperschaften

10 DAOs stellen den Rechtsanwender im Steuerrecht angesichts des numerus clausus der Gesellschaftsformen[19] vor die Aufgabe der Einordnung in die bestehenden Rechtsformen des Gesellschaftsrechts. Die Einordnung hat weitreichende steuerliche Konsequenzen, insbesondere hängt von ihr ab, ob DAOs nach dem Trennungsprinzip zu besteuern sind oder nach dem Transparenzprinzip die Besteuerung auf Ebene der Mitglieder erfolgt. DAOs sind nach allgemeiner Ansicht dem Gesellschaftsrecht zuzuordnen: in ihr schließen sich mehrere Personen zur gemeinsamen Zweckförderung, welcher regelmäßig in der gemeinsamen Anlage bzw. Investition des gesammelten Kapitals besteht, unter Einschluss korporativer Elemente, welche sich in der Entscheidungsfindung mittels Abstimmung unter allen Mitgliedern manifestieren, zusammen (→ § 8 Rn. 6).[20]

11 Rechtstatsächlich ist darauf hinzuweisen, dass DAOs über sogenannte „legal wrapper" (also Rechtskleider bzw. Rechtsmäntel)[21] verfügen können. Dies sind Gesellschaften in bestehenden, teilweise speziell für DAOs konzipierten[22] Rechtsformen, die der DAO vorgeschaltet sind und einerseits dazu dienen, die Haftung der Mitglieder (rechtssicher) auf das eingezahlte Kapital zu beschränken und andererseits als (grundsätzlich unerlässliche) Schnittstelle zur Außenwelt dienen (ausführlich hierzu: → § 8 Rn. 20 ff.).[23]

12 Die überwiegende Meinung erkennt in DAOs Personengesellschaften in Form der GbR oder OHG.[24] Vereinzelt wird die Einordnung von DAOs als Vereine ohne Rechtspersönlichkeit (§ 54 BGB, ehemals nicht rechtsfähiger Verein) und mithin als Körperschaften[25] vertreten bzw. zumindest erwogen (zur Diskussion ebenfalls: → § 8 Rn. 7).[26]

13 Erstgenannter Auffassung ist auch für das Steuerrecht zu folgen. Zwar weisen DAOs auch Merkmale der Körperschaften auf, namentlich die regelmäßig (sehr) große Anzahl an Mitgliedern, der freie Ein- und Austritt, die Willensbildung durch Mehrheitsentscheidung und das Regelwerk, welches die grundlegenden Verfassungsbestimmungen enthält, als welches der durch Smart Contracts (→ § 52 Rn. 3 ff.) implementierte und automatisch in Vollzug gesetzte Programmcode fungiert („code is law").[27] Jedoch treffen diese Merkmale

[19] Windbichler/Jachmann, Gesellschaftsrecht, 25. Aufl. 2024, § 1 Rn. 18.

[20] Allgemein konsentiert, vgl. Aufderheide WM 2022, 264 (268); Mann NZG 2017, 1014 (1017). Der dafür erforderliche Rechtsbindungswille wird generell bejaht, vgl. Gofferje/Schreiner ZPG 2024, 168 (170); für ein Alternativszenario unter der Annahme fehlenden Rechtsbindungswillens siehe Korch ZIP 2023, 2017 (2020 f.).

[21] Vgl. Guntermann RDi 2024, 476 (477).

[22] Führend ist der US-Bundesstaat Wyoming, siehe Mienert RDi 2021, 384 und Guntermann RDi 2024, 476.

[23] Gofferje/Schreiner ZPG 2024, 168 (171, 173); Fleischer ZIP 2024, 1501 (1508); eingehender Vergleich verschiedener Rechtsformen als legal wrapper für DAOs bei Mienert ZdiW 2022, 324.

[24] Florstedt ZGR 2023, 816 (826 f.); Spindler RDi 2021, 309 (312 f.); Guntermann RDi 2024, 476 (479); Fleischer ZIP 2021, 2205 (2207); Fleischer ZIP 2024, 1501 (1508); Mann NZG 2017, 1014 (1017); Koch PersGesR/Koch/Harnos BGB § 705 Rn. 39; Mienert, Dezentrale autonome Organisationen (DAOs) und Gesellschaftsrecht, 2022, S. 146 f.; Credo, Dezentrale Autonome Organisationen im Lichte des deutschen Gesellschaftsrecht, 2023, S. 150 ff., aber S. 124 f.; aus der steuerrechtlichen Literatur Frotscher/Drüen/Drüen, 146. EL 2018, KStG § 3 Rn. 13; Beckmann Ubg 2018, 230 (232 f.); Müller BB 2022, 1687 (1692); Rödder/Herlinghaus/Neumann/Levedag § 3 Rn. 17; Gradl/Müller beck.digitax 2022, 323 (328 f.); Dörrfuß/Becker/Zawodsky beck.digitax 2021, 339 (342, aber 344 f.).

[25] Der Begriff der Körperschaft wird hier und im Folgenden in einem weiten Sinne als Körperschaftsteuersubjekt verstanden, vgl. § 51 Abs. 1 S. 2 AO.

[26] Fries/Paal Smart Contracts/Anzinger S. 62; Schwemmer AcP 221 (2021), 555 (570 f., 574 f.); Baur, Die gesellschaftsrechtliche Außenhaftung für die Verbindlichkeiten von Decentralized Autonomous Organizations, 2021, S. 141 ff.; Zetzsche ZGR 2022, 698 (715 f.); Langheld/Haagen NZG 2021, 724 (725); aus der steuerrechtlichen Literatur: in der Regel Personengesellschaft, nicht rechtsfähiger Verein aber denkbar (etwa bei Crowdfunding/Crowddonating zwecks Finanzierung von Hilfsprojekten) Brandis/Heuermann/Rengers, 176. EL 2025, KStG § 1 Rn. 129; offenlassend Möhlenbrock/Haubner FR 2022, 53 (58 f.).

[27] So teilweise ausdrücklich auch die Vertreter der herrschenden Meinung, etwa Aufderheide WM 2022, 264 (269); Mienert, Dezentrale autonome Organisationen (DAOs) und Gesellschaftsrecht, 2022, S. 118. Ebenso Möhlenbrock/Haubner FR 2022, 53 (58 f.).

auch auf Publikumspersonengesellschaften zu, als welche DAOs gemeinhin eingeordnet werden.[28] Insbesondere fehlt es für eine Einordnung als Körperschaftsteuersubjekt an der Existenz eines Leitungsorgans bzw. Vorstands, über welches eine Körperschaft zwingend neben dem Kollektivorgan verfügen muss.[29] Ein solches zentrales Geschäftsleitungsorgan widerspräche der dezentralen Organisationsstruktur von DAOs.[30]

Unter Berücksichtigung dessen stellen DAOs steuerlich somit (im Regelfall) Personengesellschaften dar. Ihre Besteuerung folgt damit dem Transparenzprinzip. Dafür spricht aus steuerregulatorischer Sicht auch insbesondere, dass eine Besteuerung von DAOs nach dem Trennungsprinzip auf erhebliche Durchsetzungsschwierigkeiten stieße.[31] Der fest implementierte Konsensmechanismus würde den steuerlichen Zugriff gegen den Willen einer Mehrheit der Mitglieder verunmöglichen. Demgegenüber ist der Zugriff auf den einzelnen Token-Inhaber trotz dessen Pseudonymität aufgrund des vermehrten Informationsaustausches zwischen Wallet-Anbietern und den Steuerverwaltungen und KI-Analysen durchführbar bzw. wird dies zukünftig sein.[32] **14**

Problematisch ist hingegen, dass Personengesellschaften nach nationalem wie internationalem Gemeinnützigkeitsrecht nicht an den steuerrechtlichen Vergünstigungen für gemeinnützige Körperschaften teilhaben können (im deutschen Recht insbesondere gem. § 51 Abs. 1 AO, § 5 Abs. 1 Nr. 9 KStG, § 3 Nr. 6 GewStG).[33] DAOs können aber auch zur Verfolgung gemeinnütziger bzw. wohltätiger Zwecke eingesetzt werden und werden dies auch bereits.[34] National besteht für DAOs zumindest die Möglichkeit, als gem. § 1a KStG zur Körperschaftsbesteuerung optierende Personengesellschaft bei Beachtung der §§ 51 ff. AO von den steuerlichen Gemeinnützigkeitsvergünstigungen zu profitieren.[35] Ein Hindernis dürfte dabei allerdings regelmäßig die vom BFH auch bei ausländischen Rechtsträgern streng gehandhabte Voraussetzung der formellen Gemeinnützigkeit gem. § 60 Abs. 1 AO sein.[36] **15**

Praxishinweis:
DAOs sind auch steuerlich als Personengesellschaften einzuordnen. Ihre Besteuerung folgt dem Transparenzprinzip. **16**

b) Die Besteuerung der DAOs als Personengesellschaften

Die transparent zu besteuernden DAOs sind als Personengesellschaften partiell steuerrechtsfähig. Sie sind Subjekt der Einkünftequalifikation und der Gewinnermittlung.[37] **17**

aa) Einkünftequalifikation. Im Bereich der Einkünftequalifikation ist insbesondere zu entscheiden, ob die DAO vermögensverwaltend (vgl. § 14 S. 3 AO) oder gewerblich tätig ist (§ 15 Abs. 1 S. 1 Nr. 2, Abs. 2 EStG). Letzteres ist der Fall, wenn ihre Tätigkeit nach dem Gesamtbild der Verhältnisse und nach der Verkehrsauffassung dem Bild eines Gewerbe- **18**

[28] Vgl. Fleischer ZIP 2021, 2205 (2207); Spindler RDi 2021, 309 (312 f.); Aufderheide WM 2022, 264 (269).
[29] Aufderheide WM 2022, 264 (269); Mann NZG 2017, 1014 (1017); Mienert, Dezentrale autonome Organisationen (DAOs) und Gesellschaftsrecht, 2022, S. 118 f.; Korch ZIP 2023, 2017 (2021); Dörrfuß/Becker/Zawodsky beck.digitax 2021, 339 (342).
[30] Fleischer ZIP 2021, 2205 (2207); Mann NZG 2017, 1014 (1017); Dörrfuß/Becker/Zawodsky beck.digitax 2021, 339 (342 f.).
[31] Büttner FR 2025, 454 (462 ff.); Büttner Ubg 2025, 456 (466 f.).
[32] Büttner FR 2025, 454 (463, 467).
[33] Hüttemann GemeinnützigkeitsR Rn. 2.102.
[34] Büttner Ubg 2025, 456 (457). Beispielsweise wollte die ConstitutionDAO eine Originalkopie der Verfassungsurkunde der USA erwerben, um diese öffentlich auszustellen und zu bewahren.
[35] Hüttemann GemeinnützigkeitsR Rn. 2.104; Möhlenbrock/Haubner FR 2022, 53 (56).
[36] BFH DStRE 2023, 167 (169).
[37] BFH NJW 1985, 93 (94); DStR 1991, 506 (507 ff.); 2020, 1033 (1035 f.); vgl. Klein/Ratschow AO § 39 Rn. 78.

betriebes entspricht.[38] Die Einordnung hängt dabei vom Einzelfall ab,[39] wobei wirtschaftsguts- bzw. tätigkeitsspezifische Besonderheiten zu beachten sind.[40]

19 Für DAOs können bezüglich der Einkünftequalifikation folgende allgemeinen Leitlinien aufgestellt werden. Eine DAO, die zur gemeinsamen Vermögensanlage eingesetzt wird, ihre Vermögenswerte längerfristig hält, diese aus Eigenmitteln finanziert, Dritten lediglich zur Nutzung überlässt und ohne umfangreiche Organisation auskommt, wird regelmäßig als vermögensverwaltend einzustufen sein.[41] Werden Wirtschaftsgüter in größerem Ausmaß erworben und veräußert, so hängt das Überschreiten der Grenze zum gewerblichen Handel entscheidend davon ob, ob man die gehandelten Wirtschaftsgüter eher Wertpapieren oder etwa physischem Gold gleichstellt.[42] DAOs werden regelmäßig häufig und umfangreich digitale (Web 3.0-) Wirtschaftsgüter halten und handeln, sodass für die diesbezügliche Abgrenzung auf die entsprechenden Abschnitte dieses Buches verwiesen wird.[43]

20 Eine DAO kann jedoch auch ein Gewerbe betreiben. Ein Beispiel ist die MakerDAO bzw. Sky, die eine dezentrale Kreditplattform betreibt (zu diesem Beispiel auch → § 6 Rn. 4, → § 8 Rn. 13 und → § 36 Rn. 4). Zu beachten ist, dass DAOs aufgrund ihrer Autonomie ihre Tätigkeit ändern können, also insbesondere bei Wachstum bzw. Aufnahme oder Erweiterung der von der DAO (auch) gegenüber ihren Mitgliedern erbrachten Dienstleistungen von einer noch vermögensverwaltenden zu einer gewerblichen Tätigkeit übergehen können.[44]

Praxishinweis:

21 Eine DAO kann sowohl vermögensverwaltende als auch gewerbliche Einkünfte erzielen. Regelmäßig dürfte insbesondere bei gemeinsamer Vermögensanlage von einer Vermögensverwaltung auszugehen sein. Beim Handel mit Wirtschaftsgütern sind wirtschaftsgutsspezifische Gesichtspunkt einzubeziehen.

Eine DAO kann auch ein Gewerbe betreiben. Der Übergang zu einer gewerblichen Tätigkeit ist aufgrund der Autonomie von DAOs jederzeit möglich.

22 **bb) Einkünfteermittlung.** Bei der Einkünfteermittlung ist zu unterscheiden, ob die DAO lediglich vermögensverwaltend tätig (→ Rn. 24 ff.) ist oder gewerbliche Einkünfte (→ Rn. 34 ff.) erzielt.

23 Für die Einkünfte aus einer DAO ist der Einwand der Verfassungswidrigkeit der Besteuerung aufgrund eines strukturellen Vollzugsdefizits jedenfalls derzeit ausgeschlossen.[45] Zwar ist der Steuervollzug aufgrund der Pseudonymität der Blockchain und der vielfachen Auslandsbezüge von DAOs mit Schwierigkeiten verbunden. Für ein normatives Vollzugsdefizit genügt jedoch nicht schon ein tatsächlicher Vollzugsmangel. Vielmehr bedarf es einer strukturell gegenläufigen Erhebungsregelung oder einer bewusst geschaffenen oder gesetzlich vorgegebenen Kontrolllücke. Diese sind jedoch nicht feststellbar.[46] Auch hat der Gesetzgeber die ihm zustehende Reaktionszeit bei der Prüfung und ggf. Einführung neuer Kontrollmaßnahmen derzeit nicht überschritten.[47] An dieser Einschätzung dürfte sich in Zukunft nichts ändern, da der Gesetzgeber den internationalen Informationsaustausch in Bezug auf Kryptowerte all-

[38] BFH DStR 2005, 1127 (1129); Brandis/Heuermann/Bode, 176. EL 2025, EStG § 15 Rn. 56.
[39] Beckmann Ubg 2018, 230 (234).
[40] Brandis/Heuermann/Bode, 176. EL 2025, EStG § 15 Rn. 56.
[41] Vgl. BFH DStR 2011, 2085 (2088 f.); Beckmann Ubg 2018, 230 (234).
[42] Siehe zum Wertpapierhandel, den der BFH großzügig der Vermögensverwaltung zuordnet, BFH DStR 2004, 598 (599 ff.). Demgegenüber sieht der BFH den (kurzfristigen und häufigen) Handel mit physischem Gold als regelmäßig gewerblich an, siehe BFH DStR 2017, 851 (853 ff.); vgl. Kirchhof/Seer/Krumm EStG § 15 Rn. 131c.
[43] Kryptowährungen → § 43 Rn. 18, 22; NFTs → § 25 Rn. 11 ff.; Blockchain Domains → § 17 Rn. 53 ff.
[44] Beckmann Ubg 2018, 230 (234).
[45] Vgl. für die Besteuerung von Kryptowährungen BFH DStR 2023, 435 (442).
[46] BFH DStR 2023, 435 (442).
[47] BFH DStR 2023, 435 (442).

mählich ausbaut und insofern auf tatsächliche Vollzugsmängel reagiert. So hat die EU-Kommission in Form von DAC8 in Umsetzung des Crypto-Asset Reporting Frameworks (CARF) der OECD neue, standardisierte zwischenstaatliche Sorgfalts- und Meldepflichten für Kryptowerte-Dienstleister beschlossen, die ab 2026 greifen werden.[48]

(1) Vermögensverwaltende DAO. Das Vermögen und die Einkünfte einer vermögensverwaltenden DAO sind ihren Mitglieder gem. § 39 Abs. 2 Nr. 2 AO anteilig zuzurechnen.[49] Zurechnungsmaßstab ist die Berechtigung der Mitglieder an dem Vermögen der DAO, wofür sämtliche Vereinbarungen der Mitglieder, folglich auch der „Code" der DAO, einzubeziehen sind.[50] Die Berechtigung am Vermögen wird sich bei DAOs in der Regel, allerdings nicht zwingend, aus der Anzahl an Governance Token bzw. der durch sie vermittelten Gewinnbezugs- und/oder Stimmrechte ergeben. 24

Eine vermögensverwaltende DAO wird regelmäßig Einkünfte aus Kapitalvermögen gem. § 20 EStG, Einkünfte aus Vermietung und Verpachtung gem. § 21 EStG, insbesondere solche aus der zeitlich begrenzten Überlassung von Rechten (§ 21 Abs. 1 S. 1 Nr. 3 EStG), ferner Einkünfte aus privaten Veräußerungsgeschäften gem. §§ 22 Nr. 2, 23 Abs. 1 S. 1 Nr. 2 EStG erzielen. 25

Negative Einkünfte aus Vermietung und Verpachtung können beschränkt haftende Gesellschafter gem. § 21 Abs. 1 S. 2 EStG iVm § 15a Abs. 1 S. 1 EStG im Jahr ihrer Entstehung grundsätzlich nur geltend machen, soweit – in sinngemäßer Anwendung – kein negatives (fiktives) Kapitalkonto entsteht oder sich erhöht. Andernfalls ist lediglich ein sogenannter verrechenbarer Verlust festzustellen, der in den Folgejahren positive Einkünfte des Gesellschafters mindert, § 15a Abs. 2 und 4 EStG. Bei einer DAO ist die unmittelbare Anwendung dieser Vorschriften zwar abzulehnen, da jedes Mitglied der DAO als deren Gesellschafter gem. § 721 S. 1 BGB persönlich haftet. Infrage kommt jedoch die gesetzliche Erweiterung dieser Bestimmungen gem. § 15a Abs. 5 Nr. 2 EStG, wonach sie auch für den Gesellschafter einer GbR gelten, soweit seine Inanspruchnahme nach Art und Weise des Geschäftsbetriebs unwahrscheinlich ist.[51] Die Unwahrscheinlichkeit der Inanspruchnahme könnte sich aus den technischen Besonderheiten einer DAO, insbesondere deren Pseudonymität und der gegenüber Dritten grundsätzlich nicht ohne Weiteres bestehenden Auskunftspflicht der Wallet-Anbieter ergeben, die zu einer faktischen Haftungsbeschränkung gegenüber Dritten aufgrund fehlender Durchsetzbarkeit der Haftung führen können.[52] Allerdings beurteilt der BFH die Wahrscheinlichkeit der Inanspruchnahme anhand des Gegenstands des Betriebs und dessen Vermögens- und Ertragslage.[53] Auf die faktische Durchsetzbarkeit der Ansprüche kommt es hingegen nicht an. Die Bestimmungen sind daher auf DAOs de lege lata nicht anwendbar. Auch eine analoge Anwendung scheidet aufgrund des Ausnahmecharakters des § 15a Abs. 5 Nr. 2 EStG aus. Gestützt wird dies durch das Normverständnis des BFH, der insoweit ebenfalls betont, dem steuerverschärfenden Ausnahmecharakter des § 15a Abs. 5 Nr. 2 EStG sei dadurch Rechnung zu tragen, dass die dort verwendeten unbestimmten Rechtsbegriffe mit Rücksicht auf das Gebot der Tatbestandsmäßigkeit der Besteuerung jedenfalls nicht über den Wortlaut hinaus auszulegen sind.[54] 26

Veräußert ein Mitglied seine Governance Token und damit seine Beteiligung an der DAO, so richten sich die steuerlichen Folgen aufgrund der transparenten Behandlung nach der Art des Wirtschaftsgutes. Die Bruchteilsbetrachtung hat zur Folge, dass das Mitglied in diesem 27

[48] Siehe dazu etwa Schuska IStR 2023, 765; Schuska IStR 2023, 821.

[49] Vgl. etwa BeckOK AO/Brühl, 32. Ed. 1.4.2025, § 39 Rn. 504 ff.

[50] Vgl. Tipke/Kruse/Drüen, 186. EL 2025, AO § 39 Rn. 97; BeckOK AO/Brühl, 32. Ed. 1.4.2025, § 39 Rn. 449.

[51] Vgl. Brandis/Heuermann/Schallmoser, 176. EL 2025, EStG § 21 Rn. 506; Kirchhof/Seer/Mellinghoff EStG § 21 Rn. 69.

[52] Vgl. Mann NZG 2017, 1014 (1017); Korch ZIP 2023, 2017 (2022); Spindler RDi 2021, 309 (313); Begriff bei Gofferje/Schreiner ZPG 2024, 168 (174).

[53] BFH DStR 1993, 1176 (1177 f.); 1994, 458 (458 f.); vgl. Brandis/Heuermann/Schallmoser, 176. EL 2025, EStG § 21 Rn. 506.

[54] BFH DStR 1993, 1178 (1179).

Fall seine Anteile an den Wirtschaftsgütern der DAO veräußert. Aufgrund der anteiligen Zurechnung gem. § 39 Abs. 2 Nr. 2 AO macht es keinen Unterschied, ob die DAO das Wirtschaftsgut selbst veräußert oder der Gesellschafter seinen Anteil.[55] Die nachstehenden Absätze (→ Rn. 28–30) gelten daher auch für eine Veräußerung durch die DAO selbst.

28 Die Veräußerung von Kapitalgesellschaftsanteilen, an denen das einzelne Mitglied zu mindestens einem Prozent innerhalb der letzten fünf Jahre beteiligt war, ist steuerbar gem. § 17 Abs. 1 S. 1 EStG. Aufgrund der Mindestbeteiligung ist der Steuertatbestand ausgeschlossen, gleichmäßige Beteiligung unterstellt, wenn mehr als 100 Mitglieder an der DAO beteiligt sind.

29 Steuerbar ist ohne Rücksicht auf eine Mindesthaltedauer oder Mindestbeteiligungsquote die Veräußerung von Kapitalvermögen iSd § 20 Abs. 2 EStG, also insbesondere von Kapitalgesellschaftsanteilen (Nr. 1).

30 Schließlich ist die Veräußerung von Grundstücken bei weniger als zehnjähriger Haltedauer und von sonstigen Wirtschaftsgütern bei weniger als einjähriger Haltedauer als privates Veräußerungsgeschäft gem. §§ 22 Nr. 2, 23 Abs. 1 S. 1 Nr. 1 und 2 EStG steuerbar. § 23 Abs. 1 S. 4 EStG ordnet die Bruchteilsbetrachtung insoweit ausdrücklich an. Einzelheiten zu bestimmten digitalen (Web 3.0-) Wirtschaftsgütern finden sich in den entsprechenden Abschnitten dieses Buches.[56]

31 Die Anschaffungskosten der Beteiligung des Mitglieds sind in einer für diesen zu bildenden Ergänzungsrechnung zu erfassen und auf die Wirtschaftsgüter am Gesellschaftsvermögen zu verteilen.[57] Da es insoweit um die steuerliche Berücksichtigung der getätigten Aufwendungen durch den Steuerpflichtigen (und damit die Vermeidung einer Doppelbesteuerung) geht, zugleich aber die DAO eine Ergänzungsrechnung für den Erwerber regelmäßig nicht führen und von dem Erwerbsvorgang schon regelmäßig überhaupt keine Kenntnis erlangen dürfte, ist dem Erwerber eines Governance Token einer DAO eine genaue Dokumentation des Erwerbsvorgangs und des Vermögens der DAO in dem Zeitraum der Beteiligung anzuraten.

32 Die Mitgliedschaft eines Gewerbetreibenden oder sonstigen Betriebsvermögensinhabers, insbesondere einer inländischen Kapitalgesellschaft (wegen § 8 Abs. 2 KStG) führt zu einer Umqualifikation und Umrechnung der Einkünfte aus der DAO auf Ebene des Mitglieds.[58] Es kommt zur Entstehung einer sogenannten Zebragesellschaft.[59] Die Finanzverwaltung verzichtet bei einer Beteiligung von unter 10 Prozent auf Antrag regelmäßig auf die Umrechnung der Einkünfte, sofern der Steuerpflichtige sämtliche Vermögenszuführungen und -auskehrungen auf einem Beteiligungskonto erfasst.[60] Die Vielzahl der an DAOs Beteiligten und die entsprechend geringe Beteiligungsquote des einzelnen Mitglieds legen es nahe, diese Grundsätze auch dann anzuwenden, wenn auf Ebene der DAO überhaupt keine einheitliche und gesonderte Einkünftefeststellung stattfand[61] und deren Einkünfte daher lediglich anhand der Angaben des Steuerpflichtigen bestimmt bzw. geschätzt werden können.

Praxishinweis:

33 Bei vermögensverwaltenden DAOs sind die Wirtschaftsgüter den Mitglieder anteilig, regelmäßig nach der Anzahl ihrer Governance Token im Verhältnis zu deren Gesamtzahl, zuzurechnen.

---

55 Vgl. etwa Hübschmann/Hepp/Spitaler/Fischer, 287. EL 2025, AO § 39 Rn. 308 für Anteilsveräußerungen nach § 17 EStG.

56 Kryptowährungen → § 43 Rn. 10 ff.; NFTs → § 25 Rn. 11 ff.; Blockchain Domains → § 17 Rn. 48 f.

57 BFH DStR 2020, 1033 (1036 f.); vgl. Korn/Bodden, 160. EL 2025, § 15 Rn. 298.

58 BFH DStR 2008, 2363 (2364 f.); vgl. Korn/Bodden, 160. EL 2025, § 15 Rn. 298.

59 Auch vom BFH mittlerweile verwendete Terminologie, siehe BFH DStR 2025, 966 (967); 2024, 1643 (1646).

60 BMF 29.4.1994, FMNR185000094 = BStBl. I 1994, 282 Rn. 7 ff.

61 Eine gesonderte und einheitliche Feststellung von Besteuerungsgrundlagen gem. § 180 Abs. 1 Nr. 2 lit. a AO findet grundsätzlich auch bei ausländischen Personengesellschaften statt, sofern nicht lediglich eine im Inland steuerpflichtige Person an der Personengesellschaft beteiligt ist (§ 180 Abs. 3 S. 1 Nr. 1 AO), siehe BFH DStR 2011, 449 (450); Tipke/Kruse/Brandis, 186. EL 2025, AO § 180 Rn. 16.

In Betracht kommen regelmäßig Einkünfte aus Kapitalvermögen, aus Vermietung und Verpachtung und aus privatem Veräußerungsgeschäft. Der Gewinn aus Veräußerungen von Wirtschaftsgütern durch die DAO ist den Mitgliedern anteilig zuzurechnen. Veräußert das Mitglied seine Beteiligung selbst, stellt dies eine Veräußerung seiner Bruchteile an den Wirtschaftsgütern der DAO dar.
§ 15a EStG ist auf die Mitglieder einer DAO nicht, auch nicht entsprechend, anzuwenden. Verluste aus der Beteiligung an einer DAO sind daher (sofort) ausgleichsfähig.
Die genaue Dokumentation der Beteiligung, der Tätigkeit und des Vermögens der DAO ist anzuraten.

(2) Gewerbliche DAO. Erzielt die DAO gewerbliche Einkünfte, so sind ihre Wirtschaftsgüter Betriebsvermögen der Mitunternehmerschaft. Die Gewinnermittlung von Mitunternehmerschaften erfolgt zweistufig:[62] Zunächst wird der Gewinn der Personengesellschaft ermittelt. Dieser wird anschließend für den jeweiligen Mitunternehmer um den Gewinn aus dessen Sonderbereich ergänzt. **34**

Auf Ebene der Personengesellschaft findet die Gewinnermittlung gem. §§ 4 Abs. 1, 5 EStG statt. Abnutzbare Wirtschaftsgüter des Anlagevermögens sind abzuschreiben, §§ 6 Abs. 1 Nr. 1, 7 EStG. Andere Wirtschaftsgüter, insbesondere Beteiligungen, können auf den Teilwert bei voraussichtlich dauernder Wertminderung abgeschrieben werden, § 6 Abs. 1 Nr. 2 EStG. Der Gewinn bzw. der Verlust aus der Veräußerung von Wirtschaftsgütern aus dem Betriebsvermögen ist unabhängig von deren Haltedauer zu versteuern. **35**

Gem. § 15 Abs. 2 S. 1 Nr. 2 EStG sind Vergütungen, die der Mitunternehmer von der Mitunternehmerschaft erhält, als Sondervergütungen den gewerblichen Einkünften aus der Mitunternehmerschaft hinzuzurechnen. Entsprechend sind auf Ebene des Mitunternehmers Sonderbetriebseinnahmen und Sonderbetriebsausgaben zu erfassen und Sonderbilanzen für der Mitunternehmerschaft überlassene Wirtschaftsgüter zu bilden.[63] Bei einer DAO kommt in erster Linie eine Vergütung für eine Tätigkeit für die DAO nach entsprechender Beauftragung infrage, welche demgemäß zu gewerblichen Sonderbetriebseinnahmen führt. **36**

Bei gewerblichen DAOs ist wie bei vermögensverwaltenden DAOs nach geltendem Recht § 15a Abs. 1 S. 1, Abs. 5 Nr. 2 EStG nicht anzuwenden (→ Rn. 26). **37**

Die Veräußerung sämtlicher bzw. eines Teils der gehaltenen Governance Token einer gewerblichen DAO stellt eine Veräußerung des Gesellschaftsanteils gem. § 16 Abs. 1 S. 1 Nr. 2 EStG bzw. laufende gewerbliche Einkünfte gemäß § 16 Abs. 1 S. 2 EStG dar. Ein Gewinn aus der Veräußerung ist daher als gewerbliche Einkünfte steuerpflichtig. Für den entgeltlichen Erwerber, dessen Aufwendungen nicht seinem Kapitalkonto entsprechen, ist eine Ergänzungsbilanz zu führen.[64] Auch bei gewerblichen DAOs ist daher auf eine sorgfältige Dokumentation zu achten. **38**

Eine gewerbliche DAO unterliegt mit ihrem inländischen Gewerbebetrieb der Gewerbesteuer, § 2 Abs. 1 S. 1, 2 GewStG. Die Gewerbesteuerpflicht knüpft an das Vorliegen einer inländischen Betriebsstätte an, § 2 Abs. 1 S. 3 GewStG. Der Betriebsstättenbegriff ist gem. § 28 Abs. 1 S. 1 GewStG auch für eine etwaige Zerlegung des Gewerbesteuermessbetrags maßgeblich. Auf ihn wird unter näher eingegangen (→ Rn. 46). Die DAO schuldet die Gewerbesteuer als Personengesellschaft gem. § 5 Abs. 1 S. 3 GewStG selbst. **39**

Praxishinweis:
Eine gewerbliche DAO ermittelt ihren Gewinn gem. §§ 4 Abs. 1, 5 EStG. Abnutzbare Wirtschaftsgüter des Anlagevermögens sind abzuschreiben, andere Wirtschaftsgüter **40**

[62] BeckOK EStG/Schenke, 21. Ed. 1.4.2025, § 15 Rn. 1567 ff.
[63] BeckOK EStG/Schenke, 21. Ed. 1.4.2025, § 15 Rn. 1676 ff.
[64] Brandis/Heuermann/Bode, 176. EL 2025, EStG § 15 Rn. 553 ff.

können auf den Teilwert abgeschrieben werden. Der Gewinn aus der Veräußerung von Wirtschaftsgütern ist steuerpflichtig.
Etwaige Leistungsbeziehungen zwischen der DAO und Mitgliedern sind bei diesen als gewerbliche Einkünfte zu erfassen. Bei der Überlassung von Wirtschaftsgütern sind Sonderbilanzen zu bilden.
Mit ihren inländischen Betriebsstätten ist eine gewerbliche DAO selbst steuerpflichtig. Die genaue Dokumentation der Beteiligung, der Tätigkeit und des Vermögens der DAO ist anzuraten.

3. Umsatzsteuer

41 Eine DAO ist, sofern sie eine gewerbliche oder berufliche Tätigkeit selbständig ausübt, Unternehmerin und folglich Umsatzsteuersubjekt. Für die Subjekteigenschaft ist die Rechtsfähigkeit der DAO nach Vorschriften außerhalb des UStG nicht entscheidend. Der Unternehmerbegriff ist bereits ausweislich seines Wortlauts in § 2 Abs. 1 S. 1 UStG rechtsformneutral und erfasst Personenzusammenschlüsse aller Art.[65] Diese müssen allerdings nach außen als Unternehmer auftreten, sodass reine Innengesellschaften nicht erfasst sind.[66] Es kommt demnach darauf an, ob die DAO selbst am Rechtsverkehr teilnimmt bzw. im eigenen Namen, für eigene Rechnung und in eigener Verantwortung wirtschaftlich tätig wird.[67] Erfüllt eine DAO diese Voraussetzungen, so sind ihre entgeltlichen Lieferungen und sonstigen Leistungen umsatzsteuerbar, § 1 Abs. 1 Nr. 1 UStG. In diesem Fall hat sie die allgemeinen umsatzsteuerlichen Pflichten zu erfüllen, ist also insbesondere verpflichtet, Umsatzsteuervoranmeldungen (§ 18 Abs. 1 UStG) zu übermitteln, eine Umsatzsteuererklärung abzugeben (§ 18 Abs. 3 UStG) und die umsatzsteuerlichen Aufzeichnungen zu machen (§ 22 UStG).

Praxishinweis:

42 Die Umsatzsteuerpflicht von DAOs richtet sich nach allgemeinen Kriterien. Sie hängt maßgeblich davon ab, ob die DAO selbst im Rechtsverkehr auftritt und im eigenen Namen, für eigene Rechnung und in eigener Verantwortung wirtschaftlich tätig wird.

II. Verfahrensrechtliche Fragen der Besteuerung von DAOs

1. Die steuerliche Ansässigkeit von DAOs

43 Eine DAO ist als Personengesellschaft im Inland ansässig, wenn sie dort ihren Sitz oder ihre Geschäftsleitung hat, § 1 Abs. 1 KStG. Die Geschäftsleitung ist gem. § 10 AO der Mittelpunkt der geschäftlichen Oberleitung. Den Sitz hat eine Körperschaft gem. § 11 AO an dem Ort, der durch Gesetz, Gesellschaftsvertrag, Satzung, Stiftungsgeschäft oder dergleichen bestimmt ist.

44 Ersichtlich ergeben sich aus der dezentralen und digitalen Natur von DAOs Probleme (hierzu aus Perspektive des internationalen Privatrechts: → § 7). Diese werden regelmäßig in ihrem Programmcode keinen Ort angeben, an dem sie ihren Sitz haben, nicht zuletzt, weil sie sich staatlicher Regulierung regelmäßig zu entziehen versuchen bzw. diese möglichst

65 Bunjes/Korn UStG § 2 Rn. 14 mwN.
66 Bunjes/Korn UStG § 2 Rn. 14, 16, 32.
67 Vgl. EuGH DStR 2020, 2122 (2124).

erschweren wollen.[68] Auch die Feststellung eines Mittelpunkts der geschäftlichen Oberleitung dürfte angesichts der Dezentralität und des Fehlens eines Mehrheitsgesellschafters, dessen Identifizierbarkeit vorausgesetzt, regelmäßig fehlschlagen. Auch das Verständnis des Mittelpunkts der Geschäftsleitung als die nach dem Gesamtbild der Verhältnisse in organisatorischer und wirtschaftlicher Hinsicht bedeutsamste Stelle[69] führt nicht weiter.

Vertreten wird, auf den Ort der wesentlichen Investitionsmaßnahme (etwa den Sitz eines **45** Unternehmens, die Belegenheit eines Grundstücks etc.) abzustellen.[70] Diesem Ansatz ist der Vorzug der genauen Lokalisierbarkeit zuzusprechen, er stößt allerdings insbesondere bei häufig wechselnden, einer großen Anzahl an Anlageobjekten und digitalen Anlagegütern an seine Grenzen. Jedenfalls DAOs, die sich gezielt zum Zweck des Betriebs eines bestimmten (insbesondere physischen) Unternehmens oder der Investition in ein bestimmtes (insbesondere an einem bestimmten Ort belegenes) Unternehmen oder Grundstück gegründet haben, lassen sich auf diese Weise jedoch zuverlässig räumlich zuordnen. Bei mehreren (physischen) Betriebsstätten, Unternehmen oder Grundstücken ist der Schwerpunkt der Investition(en) zu identifizieren, bzw. nach dem Vorbild der §§ 16 ff. AO dessen oder deren wertvollster Teil. Bei verbleibenden Unklarheit kann bei DAOs, bei denen es an einer solchen Lokalisierbarkeit fehlt, auf den Ort der Stiftung bzw. des „Verwalters" der zugrunde liegenden Blockchain abgestellt werden.[71] Bei auf der Blockchain Ethereum basierenden DAOs wäre dies aufgrund des Sitzes der Ethereum-Stiftung die Schweiz.[72] Der Vorschlag, auf eine steuerliche Ansässigkeit gänzlich zu verzichten bzw. als deren Ort das Cyberspace anzusehen,[73] ist hingegen schon mit Blick die Steuerpflichtigkeit der DAO etwa bei der Umsatzsteuer und der Gewerbesteuer de lege lata wie de lege ferenda abzulehnen.

2. Betriebsstätten von DAOs

Auch die Identifizierung von Betriebsstätten einer DAO fällt schwer.[74] Eine Betriebsstätte ist **46** gem. § 12 S. 1 AO jede feste Geschäftseinrichtung oder Anlage, die der Tätigkeit eines Unternehmens dient. Die Betriebsstätte ist wichtigster Anknüpfungstatbestand für die Zuordnung unternehmerischer Einkünfte, insbesondere auch im internationalen Steuerrecht.[75] Eine Betriebsstätte setzt eine gegenständliche, körperlich fassbare Einrichtung voraus.[76] Ungeeignet erscheint die Anknüpfung an jeden einzelnen Teilnehmer bzw. Node, an dem die zugrunde liegende Blockchain gespeichert ist.[77] Zwar können Server mit ihrer Hardware eine Betriebsstätte bilden.[78] Dabei wäre zwar unbedenklich, dass der Verfügende nicht die DAO als solche (bzw. ihre Smart Contracts) kontrollieren kann, sondern lediglich Transaktionen und Programmcodes der Blockchain speichert.[79] Im Hinblick auf die Pseudonymität und der möglichen Vielzahl der Teilnehmer sowie die Dezentralität einer DAO wäre eine solche Anknüpfung jedoch weder sachgerecht noch praktikabel.[80] Solange

68 Vgl. Möslein FS Windbichler, 2020, 898 (899), demzufolge DAOs sogar als bewusste Abkehr vom Recht konzipiert sind; Beckmann Ubg 2018, 230 (233); im Ergebnis auch Büttner Ubg 2025, 456 (463), der jedoch irrtümlich darauf abstellt, dass eine DAO keinen Gesellschaftsvertrag aufweise.

69 BeckOK AO/Achsnich, 32. Ed. 1.4.2025, § 10 Rn. 66.

70 Beckmann Ubg 2018, 230 (233).

71 Mienert, Dezentrale autonome Organisationen (DAOs) und Gesellschaftsrecht, 2022, S. 252; ablehnend Büttner Ubg 2025, 456 (464).

72 Mienert, Dezentrale autonome Organisationen (DAOs) und Gesellschaftsrecht, 2022, S. 252.

73 Büttner Ubg 2025, 456 (467); diese Möglichkeit andeutend Dörrfuß/Becker/Zawodsky beck.digitax 2021, 339 (346).

74 Vgl. Büttner Ubg 2025, 456 (463 f.): keine geeignete Grundlage.

75 Tipke/Kruse/Drüen, 186. EL 2025, AO § 12 Rn. 1; eingehend Hübschmann/Hepp/Spitaler/Musil, 287. EL 2025, AO § 12 Rn. 4 ff.

76 Hübschmann/Hepp/Spitaler/Musil, 287. EL 2025, AO § 12 Rn. 9.

77 So Beckmann Ubg 2018, 230 (233 f.).

78 Einzelheiten bei Hübschmann/Hepp/Spitaler/Musil, 287. EL 2025, AO § 12 Rn. 43 ff.

79 So Mienert, Dezentrale autonome Organisationen (DAOs) und Gesellschaftsrecht, 2022, S. 253.

80 Ähnlich Mienert, Dezentrale autonome Organisationen (DAOs) und Gesellschaftsrecht, 2022, S. 253.

eine digitale (bzw. virtuelle) Betriebsstätte international nicht vereinbart und in deutsches Recht transformiert ist, erscheint, wie bei der Ansässigkeit, die Anknüpfung an den physischen Tätigkeits- bzw. Investitionsschwerpunkt, hilfsweise an den Ort der Stiftung bzw. des „Verwalters" der zugrunde liegenden Blockchain vorzugswürdig.[81]

3. Örtliche Zuständigkeiten bei DAOs

47 Hinsichtlich der Bestimmung des örtlich zuständigen Finanzamtes ist § 18 AO einschlägig. Gem. § 18 Abs. 1 Nr. 2, 4 AO ist für die bei Personengesellschaften gem. § 180 Abs. 1 S. 1 AO vorzunehmende gesonderte und einheitliche Feststellung das Finanzamt zuständig, in dem sich nach obigem (→ Rn. 45 f.) die Geschäftsleitung bzw. Verwaltung, hilfsweise die wirtschaftlich bedeutendste Betriebsstätte oder der wertvollste Teil des Vermögens befindet. Regelmäßig wird sich die örtliche Zuständigkeit, insbesondere bei DAOs ohne irgendeinen inländischen physischen Anknüpfungspunkt, nicht bestimmen lassen, sodass gem. § 18 Abs. 2 S. 1 AO jedes Finanzamt zuständig ist, das nach der Zuständigkeit aufgrund der §§ 19 f. AO für einen Gesellschafter zuständig ist, sodass es auf deren Wohnsitz, gewöhnlichen Aufenthalt, Ort der Geschäftsleitung oder Sitz ankommt. Entsprechend ist gem. § 25 S. 1 AO das Finanzamt zuständig, das zuerst mit der Sache befasst ist,[82] es sei denn, die zuständigen Finanzämter einigen sich auf die Zuständigkeit eines anderen zuständigen Finanzamts oder die gemeinsame Aufsichtsbehörde bestimmt die Zuständigkeit eines anderen örtlich zuständigen Finanzamts.

4. Billigkeitsmaßnahmen

48 Im Einzelfall kann bei der Besteuerung des Mitglieds einer DAO eine Billigkeitsmaßnahme gem. §§ 163, 222 oder 227 AO, das heißt ein (Teil-) Erlass der Steuer im Festsetzungsverfahren, eine (ganz oder teilweise) Stundung oder ein (Teil-) Erlass im Erhebungsverfahren, in Betracht kommen. Dies namentlich deswegen, weil ein Überschüss bzw. ein Gewinn der DAO und dessen Besteuerung auf Ebene des Anteilseigners nicht zwingend mit einem tatsächlichen Zufluss liquider Mittel bei dem Gesellschafter einhergehen (sog. dry income). Anders als bei klassischen Personengesellschaften ist ein Steuerentnahmerecht, welches ggf. aus den Treuepflichten der Gesellschafter abgeleitet werden kann,[83] regelmäßig jedenfalls nicht oder nur unter erheblichem Aufwand und mit erheblicher Unsicherheit durchsetzbar. Eine Billigkeitsmaßnahme liegt insbesondere dann nahe, wenn der Steuerpflichtige sich an der DAO unter erheblichem Kapitaleinsatz beteiligt hat oder die DAO gemeinnützige bzw. wohltätige Zwecke verfolgt. Insbesondere wenn eine Auszahlung an die Mitglieder von vornherein nicht geplant ist, kommt eine Stundung der persönlichen Einkommensteuer oder ein vollständiger Erlass in Betracht, sofern eine solche auch tatsächlich nicht erfolgt.

5. Mitwirkungspflichten

49 Das Finanzamt wird bei der Besteuerung auf die umfassende Mitwirkung des Steuerpflichtigen, insbesondere hinsichtlich der Beteiligung an der DAO und ihrer Vermögenswerte, angewiesen sein.[84] Die Mitwirkungspflicht des Steuerpflichtigen dürfte gem. § 90 Abs. 2 AO wegen eines Auslandsbezugs der jeweiligen DAO regelmäßig erhöht sein, der sich aus der Tätigkeit der DAO, aber auch dem ausländischen Sitz der Handelsplattform,

---

81 Ähnlich Mienert, Dezentrale autonome Organisationen (DAOs) und Gesellschaftsrecht, 2022, S. 253.
82 Vgl. Klein/Rätke AO § 18 Rn. 27.
83 Strittig, restriktiv BGH NJW 1996, 1678 (1681 f.); anders das Schrifttum, vgl. Roth Hopt, HGB, 44. Aufl. 2025, § 122 Rn. 13.
84 Eingehend zu (öffentlichen) Informationsmöglichkeiten Gradl/Müller beck.digitax 2022, 323 (330 ff.).

auf der die Governance Token erworben wurden, ergeben kann.[85] Der Steuerpflichtige sollte Informationen über seine Beteiligung wie über die DAO als solche möglichst lückenlos dokumentieren, um eine für ihn ggf. nachteilige Schätzung gem. § 162 AO zu vermeiden.

Praxishinweis:
Die Bestimmung der steuerlichen Ansässigkeit und der Betriebsstätten einer DAO bereitet Schwierigkeiten. Abzustellen ist auf den physischen Tätigkeits- bzw. Investitionsschwerpunkt, hilfsweise an den Ort der Stiftung bzw. des „Verwalters" der zugrunde liegenden Blockchain. 50
Hinsichtlich des für die einheitliche und gesonderte Feststellung der Einkünfte einer DAO örtlich zuständigen Finanzamts kommt es auf die wirtschaftlich bedeutendste Betriebsstätte bzw. den wertvollsten Teil des Vermögens der DAO an. Ist diese bzw. dieser nicht bestimmbar, so ist das zuerst befasste, für ein Mitglied örtlich zuständige Finanzamt zuständig.
Bei DAOs kommen Billigkeitsmaßnahmen aufgrund der §§ 163, 222, 227 AO aufgrund ihrer strukturellen Besonderheiten in Betracht.
Die Mitwirkungspflichten des Steuerpflichtigen dürften regelmäßig erhöht sein. Eine möglichst lückenlose Dokumentation der Beteiligung, der Tätigkeit und des Vermögens der DAO ist anzuraten.

§ 10 Datenschutz

Übersicht

Schrifttum:

Bundesverband Informationswirtschaft, Telekommunikation und neue Medien e. V. (Bitkom), Blockchain und Datenschutz; Ehmann/Selmayr (Hrsg.), Datenschutz-Grundverordnung, 3. Auflage 2024; Europäischer Datenschutzausschuss (EDSA), Leitlinien 3/2018 zum räumlichen Anwendungsbereich der DS-GVO (Artikel 3), Version 2.0; Europäischer Datenschutzausschuss (EDSA), Leitlinien 07/2022 zu den Begriffen „Verantwortlicher" und „Auftragsverarbeiter" in der DS-GVO, Version 2.0 vom 7.7.2021; European Data Protection Board (EDPB), Guidelines 02/2025 on processing of personal data through blockchain technologies Version 1.1; Fraunhofer-Institut für angewandte Informationstechnik, Chancen und Herausforderungen von DLT (Blockchain) in Mobilität und Logistik; Gola/Heckmann (Hrsg.), Datenschutz-Grundverordnung/Bundesdatenschutzgesetz, 3. Auflage 2022; Hannemann/Müller, Automatisierte Governance in der Ära der Blockchain-Technologie, 1. Auflage 2024; Kühling/Buchner (Hrsg.), Datenschutz-Grundverordnung/Bun-

[85] Vgl. das BMF-Schreiben zu Einzelfragen zur ertragsteuerrechtlichen Behandlung bestimmter Kryptowerte, BMF 6.3.2025, FMNR202500521 = BStBl. I 2025, 658 Rn. 89.

desdatenschutzgesetz, 4. Auflage 2024; Martini/Weinzierl, Die Blockchain-Technologie und das Recht auf Vergessenwerden, NvwZ 2017, 1251; Paal/Pauly (Hrsg.), Datenschutz-Grundverordnung/Bundesdatenschutzgesetz, 3. Auflage 2021.

I. Einführung

1 Ein wesentliches Leitmotiv des Datenschutzrechts in seiner modernen, durch den Gerichtshof der Europäischen Union (EuGH) geprägten Form ist der Gedanke, der digitalen Verarbeitung von personenbezogenen Daten einen „Verantwortlichen" (vgl. Art. 4 Nr. 7 DS-GVO) zuzuordnen, der für die Rechtmäßigkeit der Datenverarbeitung geradestehen und den Schutz der betroffenen Personen gewährleisten muss.[1] Dass das Konzept der Dezentralisierung insgesamt und einer DAO (→ § 6 Rn. 1 ff.) im Besonderen zu Spannungen mit dem bestehenden Datenschutzrecht führt, sollte daher nicht verwundern.[2]

2 Nach einer kurzen Darstellung, ob und wann Datenschutzrecht überhaupt auf die Datenverarbeitung in und durch DAOs anwendbar ist (→ Rn. 3 ff.), widmet sich dieses Kapitel daher primär der Frage, wie die datenschutzrechtlichen Rollen zu verteilen sind (→ Rn. 15 ff.). Darauf aufbauend wird diskutiert, welche Rechtsgrundlagen für die Verarbeitung personenbezogener Daten in der DAO in Frage kommen (→ Rn. 24 ff.). Ebenfalls wird die Frage behandelt, wie die Rechte betroffener Personen in diesem Kontext gewährleistet bzw. gefährdet sind (→ Rn. 29 ff.) und wie mit grenzüberschreitenden Datenübertragungen umgegangen werden kann (→ Rn. 36 ff.).

II. Anwendbarkeit des Datenschutzrechts

1. Rechtsrahmen

3 Den wesentlichen Rahmen für das deutsche und europäische Datenschutzrecht setzt die Verordnung (EU) 2016/679 (Datenschutz-Grundverordnung, DS-GVO). Als unmittelbar geltende Verordnung verdrängt sie in ihrem Anwendungsbereich entgegenstehende oder gleichlautende Bestimmungen des nationalen Rechts der EU-Mitgliedstaaten.[3] Gestaltungsspielräume für Mitgliedstaaten bieten sich lediglich in Bereichen, in denen es der EU an Regelungskompetenz fehlt (zB nationale Sicherheit, Verteidigung) oder durch die in der DS-GVO enthaltenen „Öffnungsklauseln", die für bestimmte Bereiche nationale Regelungen erlauben. Vom deutschen Gesetzgeber wird dieser Gestaltungsspielraum unter anderem durch das Bundesdatenschutzgesetz (BDSG) genutzt.[4]

2. Sachliche Anwendbarkeit

4 Anwendung finden DS-GVO und BDSG nur auf die (teil-)automatisierte Verarbeitung personenbezogener Daten bzw. die nicht automatisierte Verarbeitung, wenn Daten in Dateisystem gespeichert sind oder werden sollen (Art. 2 Abs. 1 DS-GVO; § 1 Abs. 1 S. 2 BDSG). Personenbezogene Daten sind nach Art. 4 Nr. 1 DS-GVO alle Informationen, die sich auf eine identifizierte oder identifizierbare natürliche Person (die „betroffene Person") beziehen. Eine Person ist identifizierbar, wenn sie durch Angabe einer Information zwar noch nicht identifiziert, die Identifizierung allerdings durch Verknüpfung mit einer weiteren Information möglich ist. Informationen, die dazu herangezogen werden können, sollen nach Erwgr. 26 DS-GVO alle Mittel sein, die vom Verantwortlichen oder einer anderen Person

---

1 Paradigmatisch EuGH 5.6.2018 – C-210/16 Rn. 42.
2 Vgl. bereits Martini/Weinzierl NvwZ 2017, 1251 (1256).
3 Gola/Heckmann in Gola/Heckmann (Hrsg.), DS-GVO/BDSG, 3. Auflage 2022, Einleitung Rn. 23.
4 Gola/Heckmann in Gola/Heckmann (Hrsg.), DS-GVO/BDSG, 3. Auflage 2022, Einleitung Rn. 50 ff.

nach allgemeinem Ermessen wahrscheinlich genutzt werden, um eine Person zu identifizieren.[5]

Auch über sieben Jahre, nachdem die DS-GVO anwendbar wurde, ist nicht abschließend geklärt, ob bei der Identifizierbarkeit einer Person auf den Verantwortlichen (relativer Personenbezug) oder auf einen beliebigen Dritten (absoluter Personenbezug) abzustellen ist. Der EuGH stellt für die Frage grundsätzlich auf den Verantwortlichen ab. Ein Personenbezug liegt demzufolge zwar auch dann vor, wenn der Verantwortliche über rechtskonforme Mittel verfügt, um sich die für die Herstellung eines Personenbezugs erforderlichen Informationen (bei einem Dritten) zu beschaffen.[6] Allerdings muss für jeden Empfänger von Daten gesondert geprüft werden, ob die Daten für diesen personenbeziehbar sind.[7] 5

Auch Daten, die einer Pseudonymisierung unterzogen wurden (Art. 4 Nr. 5 DS-GVO), dh durch Heranziehung zusätzlicher Informationen einer natürlichen Person zugeordnet werden können, sind personenbezogen (Erwgr. 26 DS-GVO). Charakteristisch für die Pseudonymisierung ist das Bestehen einer Zuordnungsregel. Im Unterschied dazu entfällt der Personenbezug bei Daten, die vollständig anonymisiert wurden und bei denen eine Zuordnung daher nicht mehr möglich ist.[8] 6

Ausgenommen vom sachlichen Anwendungsbereich von DS-GVO und BDSG sind Verarbeitung ausschließlich im persönlichen oder familiären Kreis (Art. 2 Abs. 2 lit. c DS-GVO; § 1 Abs. 1 S. 2 BDSG aE).[9] 7

3. Räumliche Anwendbarkeit

Räumlich ist die DS-GVO anwendbar, wenn ein Verantwortlicher eine „Niederlassung" in der EU unterhält und im Rahmen der Tätigkeit dieser Niederlassung personenbezogene Daten verarbeitet, Art. 3 Abs. 1 DS-GVO. Für Verantwortliche ohne Niederlassung innerhalb der EU gilt das sog. Marktortprinzip, Art. 3 Abs. 2 DS-GVO.[10] Die DS-GVO ist in diesem Fall anwendbar, wenn sich die betroffenen Personen in der Union befinden und die Datenverarbeitung in Verbindung mit dem Angebot von Waren und Dienstleistungen innerhalb der EU steht (Art. 3 Abs. 2 lit. a DS-GVO) oder das Verhalten der sich innerhalb der EU befindenden Personen beobachtet wird (Art. 3 Abs. 2 lit. b DS-GVO). Der räumliche Anwendungsbereich des BDSG erstreckt sich auf jede Verarbeitung personenbezogener Daten durch Verantwortliche oder Auftragsverarbeiter im Inland (§ 1 Abs. 4 Nr. 1 BDSG). Sind Verantwortlicher bzw. Auftragsverarbeiter außerhalb der EU niedergelassen, ist der räumliche Anwendungsbereich des BDSG akzessorisch zu dem der DS-GVO (§ 1 Abs. 4 Nr. 3 BDSG). 8

4. Einordnung von DAOs

Da DAOs auf Smart Contracts (zu Smart Contracts → § 52 Rn. 3 ff.) basieren, kommen sie ohne automatisierte Datenverarbeitung nicht aus. Eine rein private/familiäre DAO ist theoretisch denkbar, aber faktisch (wie datenschutzrechtlich) kaum relevant (auch zu Blockchains allgemein → § 29 Rn. 7). Für die Anwendbarkeit des Datenschutzrechts auf die Datenverarbeitung im Rahmen von DAOs ist daher vor allem maßgeblich, ob die jeweiligen Daten personenbezogen sind. 9

Dabei kann grundsätzlich unterschieden werden zwischen Nutzungsdaten, die die Teilhabe der Organisationsmitglieder an der jeweiligen DAO beschreiben (zB Public 10

5 S. auch EuGH 17.6.2021 – C-597/19 Rn. 102 – IP-Adresse.
6 EuGH 19.10.2016 – C-582/14 Rn. 41 ff. – Breyer; EuGH 7.3.2024 – C-479/22 Rn. 46 ff.
7 EuGH 4.9.2025 – C-413/23 P Rn. 100 ff.
8 Klabunde/Horváth in Ehmann/Selmayr (Hrsg.), DS-GVO, 3. Auflage 2024, Art. 4 Rn. 33 f.
9 Auf eine Darstellung der anderen Ausnahmen in Art. 2 Abs. 2 DS-GVO wird mangels Relevanz verzichtet.
10 Ernst in Paal/Pauly (Hrsg.), DS-GVO/BDSG, 3. Auflage 2021, DS-GVO Art. 3 Rn. 13.

Key[11]/Wallet-ID, Zeit/Datum von ausgelösten Abstimmungen und sonstigen Transaktionen), und Inhaltsdaten, die den Gegenstand von Handlungen der DAO und/oder ihrer Mitglieder beschreiben.

11 Für Inhaltsdaten gelten im Rahmen von DAOs keine Besonderheiten: so wie der Name, die Adresse oder ein Porträtfoto einer natürlichen Person personenbezogen sind, wenn sie als „normale" Datei auf einer traditionellen Plattform gespeichert sind, sind sie das auch, wenn sie Gegenstand eines Marketingplans, Arbeitsvertrags, Business Plans oder sonstigen Dokuments sind, über das in der DAO abgestimmt oder sonst entschieden wird.

12 Auch Nutzungsdaten werden oft einen Personenbezug im datenschutzrechtlichen Sinne aufweisen. Das ist für Fälle offensichtlich, in denen die Mitglieder einer DAO unter ihren Klarnamen auftreten bzw. sich sogar mit Ausweisen oÄ Dokumenten identifizieren müssen, um der DAO „beizutreten" (auch sog. zulassungsbeschränkte/private Blockchain/DAO, vgl. im Kontext von NFTs → § 29 Rn. 15–19). Bei DAOs, die keine entsprechenden Offenlegungen von Kennungen verlangen (insbes. sog. zulassungsfreie/öffentliche Blockchains/DAOs), ist eine Anonymität der Nutzungsdaten grundsätzlich denkbar, da die Mitglieder nur durch den Public Key ihrer Wallet bezeichnet sind, der als solcher keine weitere Auskunft über die dahinterstehende Person gibt. Doch wie zahlreiche staatliche und journalistische Untersuchungen von Bitcoin-basierten Betrugsmaschen gezeigt haben, lässt sich über verschiedene Methoden uU ein Bezug zwischen Wallet und echter Identität herstellen. Nicht immer, aber auch nicht selten, legen Blockchain-Teilnehmer ihre Wallet-IDs selbst offen (insbesondere in Sozialen Medien). Außerdem verstehen es sowohl Strafverfolgungsbehörden[12] als auch unterschiedliche private Organisationen[13] und Individuen[14], durch die Analyse der öffentlich einsehbaren Informationen über die mittels einer Wallet getätigten Transaktionen die Identität der dahinterstehenden Person zu ermitteln. Selbst Personen, die sich selbst bedeckt halten, können so über ihre Transaktionen mit anderen, exponierteren Personen identifiziert werden. Ob die Daten einer DAO im Einzelfall einer natürlichen Person zugeordnet werden können, bedarf einer individuellen Prüfung. Grundsätzlich kommt ein solcher Personenbezug – ähnlich wie bei IP-Adressen[15] – jedoch in Betracht. So kann bereits die Offenlegung einer IP-Adresse im Rahmen von Transaktionen eine Zuordnung ermöglichen.[16]

13 Obwohl eine anonyme Teilnahme an einer zulassungsfreien DAO für Mitglieder möglich sein kann, ist es insbesondere ab einer gewissen Größe sehr wahrscheinlich, dass die in der DAO – und somit auf allen beteiligten Nodes – verarbeiteten Nutzungsdaten zumindest teilweise einen Personenbezug aufweisen.

14 Die räumliche Anwendbarkeit ist je nach DAO und Teilnehmer zu bestimmen: bei einer Niederlassung in der EU bzw. in Deutschland ist sie unproblematisch gegeben. Liegt keine Niederlassung innerhalb der EU vor, kann auch eine – extraterritoriale – Anwendung in Betracht kommen. Denkbar ist insbesondere, dass die Verarbeitung im Rahmen der DAO

[11] Eine Wallet enthält einen Public Key, der öffentlich einsehbar und für Eingänge von Token öffentlich erreichbar ist. Der Besitzer einer Wallet kann über sie mittels eines Private Key verfügen, der als Passwort fungiert, vgl. Martini/Weinzierl NvwZ 2017, 1251 (1253).

[12] Siehe etwa den Überblick bei der US Securities and Exchange Commission, https://www.sec.gov/about/divisions-offices/division-enforcement/cyber-crypto-assets-emerging-technology; und des US Department of Justice, https://www.justice.gov/criminal/criminal-fraud/crypto-enforcement.

[13] Etwa die von Nate Anderson gegründete Hindenburg Research, https://hindenburgresearch.com/.

[14] Etwa der als „Coffeezilla" bekannte https://www.youtube.com/channel/UCFQMnBA3CS502aghlcr0_aw.

[15] EuGH 19.10.2016 – C-582/14 Rn. 38 ff. – Breyer; BGH NJW 2017, 2416 (2418); Kühling/Buchner/Klar/Kühling, DS-GVO/BDSG, 4. Auflage 2024, Art. 4 Nr. 1 Rn. 28; Fraunhofer-Institut für angewandte Informationstechnik, Chancen und Herausforderungen von DLT (Blockchain) in Mobilität und Logistik, abrufbar unter: https://www.fit.fraunhofer.de/de/geschaeftsfelder/kooperationssysteme/blockchain/blockchain-grundgutachten-bmvi.html (aufgerufen am 1.4.2025), S. 131 f.

[16] EDPB, Guidelines 02/2025 on processing of personal data through blockchain technologies Version 1.1, abrufbar unter: https://www.edpb.europa.eu/our-work-tools/documents/public-consultations/2025/guidelines-022025-processing-personal-data_en (aufgerufen am 14.4.2025), S. 8.

zumindest teilweise mit der Erbringung von Dienstleistungen, insbesondere Datenverarbeitungsdienstleistungen wie der Generierung von Blockchain-Blöcken (*Mining* → § 5 Rn. 11 ff.) und der Validierung von Transaktionen, in Verbindung stehen. Dann kommt es maßgeblich darauf an, ob diese im datenschutzrechtlichen Sinne auf natürliche Personen in der EU „zielgerichtet" ist.[17]

Praxishinweis:
Für die Praxis ist festzuhalten, dass von einer grundsätzlichen Anwendbarkeit des Datenschutzrechts auf DAOs auszugehen ist. Maßgeblich ist hierfür, dass auch pseudonymisierte Nutzungsdaten wie Wallet-IDs oder IP-Adressen in vielen Fällen einen Personenbezug aufweisen und somit in den sachlichen Anwendungsbereich der DS-GVO fallen. Die räumliche Anwendbarkeit kann sich sowohl aus einer Niederlassung in der EU als auch aus dem Marktortprinzip ergeben.

III. Verantwortlichkeit und Auftragsverarbeitung

1. Datenschutzrechtliche Rollen

Zentraler Akteur in der DS-GVO ist der datenschutzrechtlich Verantwortliche. Dies ist eine natürliche oder juristische Person, Behörde, Einrichtung oder andere Stelle, die allein oder gemeinsam mit anderen über die Zwecke und Mittel der Verarbeitung von personenbezogenen Daten entscheidet, Art. 4 Nr. 7 DS-GVO. Die Entscheidungsbefugnis kann sich sowohl aus faktischer Entscheidungsmacht als auch aus gesetzlicher Zuweisung ergeben.[18] **15**

Sofern bei der Entscheidung über Zweck und Mittel der Verarbeitung mehrere Akteure gleichrangig zusammenwirken, liegt gemeinsame Verantwortlichkeit vor (Art. 26 Abs. 1 DS-GVO). Daraus erwächst den beteiligten Verantwortlichen die Pflicht, ihre jeweiligen Verantwortungssphären transparent in einer Vereinbarung festzulegen und diese Information der betroffenen Person zugänglich zu machen (Art. 26 Abs. 1, 2 DS-GVO). Gemeinsame Verantwortlichkeit führt auch zu gemeinsamer Haftung gegenüber der betroffenen Person (Art. 26 Abs. 3 DS-GVO). Daher ist es notwendig, zwischen zwei Verantwortlichen – solchen, die separat Daten verarbeiten, und solchen, die gemeinsam Daten verarbeiten – zu unterscheiden. Nicht jede Verarbeitung mit mehreren Beteiligten löst eine gemeinsame Verantwortlichkeit aus. Da aber keine trennscharfen Kriterien zur Abgrenzung bestehen, erfordert die teleologische Auslegung, dass ein niedriger Maßstab für den erforderlichen Grad des Zusammenwirkens angelegt wird. Sofern die betroffene Person im Zusammenhang mit der Datenverarbeitung schutzbedürftig ist, ist eine transparente Festlegung der Verantwortungssphären und eine gemeinsame Haftung der Beteiligten erforderlich. **16**

Im Unterschied zum Verantwortlichen entscheidet der Auftragsverarbeiter nicht über die Zwecke und Mittel der Verarbeitung, sondern verarbeitet personenbezogene Daten im Auftrag des Verantwortlichen, Art. 4 Nr. 8 DS-GVO. Er unterliegt dabei den Weisungen des Verantwortlichen sowohl in Bezug auf die Zwecke als auch der Mittel der Verarbeitung. Dieses Verhältnis der Weisungsunterworfenheit ist vertraglich festzuhalten (Art. 28 Abs. 3 DS-GVO). **17**

Die Rolle der betroffenen Person nimmt diejenige natürliche Person ein, auf die sich die in Frage stehenden personenbezogenen Daten beziehen (Art. 4 Nr. 1 DS-GVO). **18**

---

[17] EDSA, Leitlinien 3/2018 zum räumlichen Anwendungsbereich der DS-GVO (Artikel 3), Version 2.0, S. 16.

[18] Europäischer Datenschutzausschuss, Leitlinien 07/2022 zu den Begriffen „Verantwortlicher" und „Auftragsverarbeiter" in der DS-GVO, Version 2.0 vom 7.7.2021, S. 12 f.

2. Einordnung von DAOs

19 Wie eingangs erwähnt besteht ein Spannungsverhältnis zwischen dem dezentralen Konzept der DAO und dem datenschutzrechtlichen Begriff der Verantwortlichkeit.

20 Bei einer zulassungsbeschränkten Blockchain, dh einer DAO deren Regeln und Zutritt durch eine Zentralinstanz festgelegt werden, übernimmt diese Zentralinstanz die tatsächliche Kontrolle über die Datenverarbeitung und entscheidet so über Zwecke und Mittel der Verarbeitung. Jedenfalls sie kann daher als Verantwortliche angesehen werden.[19] Betreiber von *Nodes* und Miner, die selbst keine Organisationsmitglieder sind, führen dagegen nur nachgeordnete Verarbeitungstätigkeiten aus, die sich nach den in den Smart Contracts (zu Smart Contracts → § 52 Rn. 3 ff.) der DAO festgelegten Regeln bestimmen. Sie stellen daher „nur" Auftragsverarbeiter dar. In der Folge bedarf es in solchen Fällen einer Auftragsverarbeitungsvereinbarung zwischen Zentralinstanz und Betreibern von *Nodes* bzw. Minern – um für diese hinreichend attraktiv zu sein, ist die Zentralinstanz gut beraten, eine automatisierte Möglichkeit zum Abschluss dieser Vereinbarung zu schaffen.

21 Für die Einordnung der Mitglieder einer DAO kommt es auf die konkrete Ausgestaltung der jeweiligen DAO an, da je nach Ausgestaltung der relevanten Smart Contracts die Organisationsmitglieder völlig unterschiedlichen Einfluss auf die Verarbeitung von Daten haben können. Token mit Stimmrecht (sog. Governance Token → § 8 Rn. 6) berechtigen zur Mitwirkung in Abstimmungen und anderen Entscheidungen – wenn und soweit diese Abstimmungen und Entscheidungen auch für die Verarbeitung personenbezogener Daten relevant sind, können die Inhaber solcher Governance-Token daher als Verantwortliche betrachtet werden. Da sie typischerweise innerhalb der DAO gerade zusammenwirken, sind sie zudem regelmäßig gemeinsam Verantwortliche iSv Art. 26 DS-GVO. Auch hierdurch wird das Erfordernis einer Vereinbarung ausgelöst (Art. 26 Abs. 1 S. 2, Abs. 2 DS-GVO), die automatisiert abzubilden eine erhebliche Herausforderung darstellt.

22 Inhabern von Token ohne Stimmrecht (sog. Investment-Token → § 10 Rn. 22) kommt dagegen in aller Regel keine Befugnis zur Entscheidung über die Zwecke und Mittel der Verarbeitung personenbezogener Daten zu, sodass sie für die meisten Verarbeitungstätigkeiten nicht als Verantwortliche gelten. Allerdings können auch Inhaber von Investment-Token diese in der Regel übermitteln, also Transaktionen auslösen bei denen ggf. Empfängerdaten verarbeitet werden. Dabei legt der Absender den Zweck der Transaktion fest, pflegt seine eigenen und die ggf. personenbeziehbare Adresse des Empfängers ein. Daher kann der Sender in Bezug auf die personenbezogenen Daten des Empfängers als Verantwortlicher iSd Art. 4 Nr. 7 DS-GVO gelten, wenn er sich nicht auf die Privatausnahme aus Art. 2 Abs. 2 DS-GVO berufen kann. Dies gilt auch in Hinblick auf den Empfänger, der die ggf. personenbeziehbare Adresse des Senders verarbeitet. Sender als auch Empfänger sind dabei separat (nicht: gemeinsam) Verantwortliche, da sie jeweils einen separaten Zweck verfolgen.

23 Auf einer zulassungsfreien Blockchain ändert sich die Rolle der Betreiber von *Nodes* und Minern insofern, als dass sie keinen Instruktionen einer Zentralinstanz unterliegen. Sie nehmen „freiwillig" am Netzwerk teil und obwohl sie an die in den Smart Contracts der DAO festgelegten Regeln gebunden sind, fehlt es an einer ihnen gegenüber weisungsberechtigten Instanz. Sie könnten daher als eigenständige Verantwortliche anzusehen sein[20] – separat oder gemeinsam. Die Betreiber der *Nodes* übermitteln die von ihnen verarbeiteten Daten untereinander, sodass alle *Nodes* über dieselbe „Kenntnis" verfügen und damit

---

[19] Vgl. auch Bundesverband Informationswirtschaft, Telekommunikation und neue Medien e.V., Blockchain und Datenschutz, abrufbar unter: https://www.bitkom.org/Bitkom/Publikationen/Faktenpapier-Blockchain-und-Datenschutz.html (aufgerufen am 1.4.2025), S. 30.

[20] EDPB, Guidelines 02/2025 on processing of personal data through blockchain technologies Version 1.1, abrufbar unter: https://www.edpb.europa.eu/our-work-tools/documents/public-consultations/2025/guidelines-022025-processing-personal-data_en (aufgerufen am 15.4.2025), S. 10.

Konsens herrscht. Dabei findet lediglich eine Übermittlung statt, jedoch keine Absprache.[21] Somit verarbeiten die *Nodes* innerhalb eines Systems die Daten getrennt voneinander, als separate Verantwortliche. Der vom EuGH bei der Bestimmung gemeinsamer Verantwortlichkeit ins Zentrum gestellte Schutz der betroffenen Personen wird so allerdings gefährdet, da diese aufgrund der Vielzahl von beteiligten *Nodes* in einem Netzwerk ihre Betroffenenrechte kaum effektiv ausüben könnten. Um in Fällen, in denen aufgrund der technischen Gestaltung die *Node*-Betreiber und ggf. Miner als Verantwortliche gelten, dennoch einen angemessenen Schutz der betroffenen Personen zu gewährleisten, empfiehlt der Europäische Datenschutzausschuss, eine den *Nodes* übergeordnete Organisationseinheit zu implementieren.[22]

Praxishinweis:
Ein zentraler praxisrelevanter Punkt ist die Zuordnung der datenschutzrechtlichen Verantwortlichkeit. Bei zulassungsbeschränkten DAOs kommt die Rolle des Verantwortlichen typischerweise der zentralen Instanz zu, während bei zulassungsfreien DAOs die Inhaber von Governance-Token als gemeinsam Verantwortliche in Betracht kommen. Zur Gewährleistung des Schutzes betroffener Personen verweist der Europäische Datenschutzausschuss auf die Möglichkeit, eine übergeordnete Organisationseinheit zu implementieren.

IV. Datenschutzrechtliche Rechtsgrundlagen

Die Verarbeitung personenbezogener Daten bedarf einer Rechtsgrundlage (Art. 5 Abs. 1 lit. a DS-GVO). Die Datenverarbeitung ist nur zulässig, wenn einer oder mehrere der in Art. 6 Abs. 1 DS-GVO abschließend aufgeführten Zulässigkeitstatbestände einschlägig ist. Bei der Verarbeitung sogenannter besonderer Kategorien personenbezogener Daten (zB Daten zu Gesundheit, sexueller Orientierung oder religiöser Überzeugung) muss zudem einer der Ausnahmetatbestände in Art. 9 Abs. 2 DS-GVO greifen. Welche Rechtsgrundlage eingreifen kann, steht dabei typischerweise in Verbindung mit dem konkreten Verarbeitungszweck. 24

Die Einwilligung ist in der Regel keine geeignete Rechtsgrundlage der Datenverarbeitung, da sie jederzeit widerrufen werden kann (Art. 7 Abs. 3 DS-GVO). Der Widerruf bewirkt den Wegfall der Rechtsgrundlage für die Zukunft (Art. 7 Abs. 3 S. 2 DS-GVO). Allerdings kann ein personenbezogenes Datum, dass einmal in einem Block der Blockchain gespeichert wurde, nicht (ohne erheblichen Eingriff in die Blockchain insgesamt, etwa durch ein sog. *hard forking,* dh eine Aufspaltung der Kette) nachträglich entfernt werden, da die weiteren Blöcke auf dieser Information gewissermaßen aufbauen, an diese anknüpfen und die personenbezogenen Daten damit auch im Falle eines erfolgten Widerrufs der Einwilligung auf der Blockchain erhalten und aufgrund ihrer eingebauten Öffentlichkeit außerdem abrufbar bleiben. Ein Widerruf der Einwilligung hätte also zur Folge, dass jede danach stattfindende Verarbeitung der entsprechenden personenbezogenen Daten sich nicht mehr auf die Einwilligung stützen kann und damit im Zweifel ohne Rechtsgrundlage stattfindet. Der Europäische Datenschutzausschuss empfiehlt deshalb, dass die Verarbeitung personenbezogener Daten nicht auf eine Einwilligung gestützt werden sollte, wenn die Blockchain- 25

[21] EDPB, Guidelines 02/2025 on processing of personal data through blockchain technologies Version 1.1, abrufbar unter: https://www.edpb.europa.eu/our-work-tools/documents/public-consultations/2025/guidelines-022025-processing-personal-data_en (aufgerufen am 14.4.2025), S. 7.

[22] EDPB, Guidelines 02/2025 on processing of personal data through blockchain technologies Version 1.1, abrufbar unter: https://www.edpb.europa.eu/our-work-tools/documents/public-consultations/2025/guidelines-022025-processing-personal-data_en (aufgerufen am 14.4.2025), S. 10.

Architektur keine Möglichkeit der Löschung oder Anonymisierung dieser Daten gewährleistet.[23]

26 Zudem muss sich die Einwilligung auf einen bestimmten Zweck beziehen (Art. 6 Abs. 1 lit. a DS-GVO).[24] Erwgr. 32 DS-GVO verdeutlicht, dass sich die Einwilligung auf alle zu demselben Zweck vorgenommenen Verarbeitungsvorgänge beziehen muss. Zudem sollte die betroffene Person nach Erwgr. 42 DS-GVO zumindest wissen, wer Verantwortlicher ist, um ihre Einwilligung in Kenntnis der Sachlage abgeben zu können. Besonders bei einer zulassungsfreien Blockchain ist jedoch im Vorhinein schwer abzusehen, wer sich an der Blockchain beteiligen wird und welche Prozesse dadurch beinhaltet sind.[25] Bei zulassungsfreien Blockchains ist außerdem meist unklar, wer Verantwortlicher ist und in welche Länder eine Datenübermittlung stattfindet.

27 Stattdessen kann ein Großteil der Datenverarbeitungen im Rahmen einer DAO auf ihre Erforderlichkeit zur Durchführung eines Vertrags gestützt werden (Art. 6 Abs. 1 lit. b DS-GVO), wenn und soweit die Teilnahme an der DAO ein vertragliches oder zumindest vertragsähnliches Verhältnis begründet (→ § 7 Rn. 16, → § 8 Rn. 8 ff.). Die Verarbeitungstätigkeiten, die beim „Eintritt“ in die DAO absehbar sind und Bestandteil des Vertragsverhältnisses bilden, lassen sich auf Art. 6 Abs. 1 lit. b DS-GVO stützen. Sofern die DAO von einer zentralen Instanz kontrolliert wird, ist zudem der Fall denkbar, dass diese den Teilnehmenden den Zugang erlaubt, um ihnen bestimmte Funktionen anzubieten. Auch in diesen Fällen kann die Datenverarbeitung über die DAO zur Durchführung eines Vertrages erforderlich sein.[26]

28 Eine rechtliche Verpflichtung (Art. 6 Abs. 1 lit. c DS-GVO) wird hingegen nur in den seltensten Fällen vorliegen. Die verbleibenden Datenverarbeitungstätigkeiten, die nicht zur Durchführung eines Vertragsverhältnisses mit der betroffenen Person erforderlich sind, müssen daher auf Art. 6 Abs. 1 lit. f DS-GVO gestützt werden. Ob ein „berechtigtes Interesse“ im Sinne dieser Vorschrift an der Datenverarbeitung vorliegt, das nicht von entgegenstehenden Interessen überwogen wird, kann kaum abstrahiert betrachtet werden, sondern bedarf einer Abwägung der sich widerstreitenden Interessen im Einzelfall. Allerdings spricht die üblicherweise weitgehende Pseudonymisierung der in der DAO verarbeiteten Daten und die Freiwilligkeit der Teilnahme an der DAO grundsätzlich dafür, dass die Interessen an der Verarbeitung überwiegen.

29 Ein bisher kaum lösbares Problem bleibt die Verarbeitung besonderer Kategorien personenbezogener Daten (zB Gesundheitsdaten) in der DAO. Für die Verarbeitung solcher Daten muss zusätzlich eine besondere Ausnahme vorliegen (Art. 9 Abs. 1, 2 DS-GVO), und keine der gesetzlich normierten Ausnahmen ist offensichtlich einschlägig. Die ausdrückliche Einwilligung (Art. 9 Abs. 2 lit. a DS-GVO) ist aus den oben genannten Gründen selten sinnvoll.

Praxishinweis:
In der Praxis erweisen sich die Erforderlichkeit zur Vertragserfüllung (Art. 6 Abs. 1 lit. b DS-GVO) und die Erforderlichkeit zur Wahrung berechtigter Interessen (Art. 6 Abs. 1 lit. f DS-GVO) als die tragfähigsten Rechtsgrundlagen für Datenverarbeitungen in einer DAO. Die Einwilligung scheidet hingegen aufgrund ihrer jederzeitigen Widerrufbarkeit in der Regel aus, da dies mit der Unveränderlichkeit der Blockchain kollidiert. Die Verarbeitung besonderer Kategorien personenbezogener Daten stellt ein in der Praxis kaum lösbares Problem dar.

---

[23] EDPB, Guidelines 02/2025 on processing of personal data through blockchain technologies Version 1.1, abrufbar unter: https://www.edpb.europa.eu/our-work-tools/documents/public-consultations/2025/guidelines-022025-processing-personal-data_en (aufgerufen am 15.4.2025), S. 23.

[24] Kühling/Buchner/Buchner/Petri, DS-GVO/BDSG, 4. Auflage 2024, Art. 6 Rn. 20.

[25] Spindler ZGR 2020, 707 (727).

[26] Vgl. Bitkom, Blockchain und Datenschutz, abrufbar unter: https://www.bitkom.org/Bitkom/Publikationen/Faktenpapier-Blockchain-und-Datenschutz.html (aufgerufen am 8.4.2025), S. 31.

V. Rechte betroffener Personen

Die DS-GVO sieht in Art. 15 ff. DS-GVO verschiedene Rechte der betroffenen Personen vor. Dazu zählen das Auskunftsrecht (Art. 15 DS-GVO), das Recht auf Berichtigung (Art. 16 DS-GVO), Löschung (Art. 17 DS-GVO), Einschränkung der Verarbeitung (Art. 18 DS-GVO) sowie das Recht auf Datenübertragbarkeit (Art. 20 DS-GVO). Im Hinblick auf die Verarbeitung personenbezogener Daten im Rahmen einer DAO werfen insbesondere das Recht auf Berichtigung nach Art. 16 DS-GVO sowie auf Löschung nach Art. 17 DS-GVO Probleme auf. 30

Art. 16 DS-GVO gibt dem Betroffenen das Recht, von dem Verantwortlichen die Berichtigung ihn betreffender unrichtiger Daten (S. 1) oder die Vervollständigung unvollständiger Daten (S. 2) zu verlangen. Nach Art. 17 Abs. 1 DS-GVO kann die betroffene Person von dem Verantwortlichen unter den in der Norm genannten Voraussetzungen die unverzügliche Löschung ihn betreffender Daten verlangen. Zusätzlich ergibt sich eine Löschpflicht des Verantwortlichen grundsätzlich unabhängig vom Löschverlangen des Betroffenen aus dem Grundsatz der Speicherbegrenzung aus Art. 5 Abs. 1 lit. e DS-GVO. 31

Die erwähnte Unabänderlichkeit und Öffentlichkeit der Blockchain, die DAOs zugrunde liegt, führt daher auch hier zu Problemen. Denn sowohl die Änderung als auch die Löschung von Daten ist äußerst schwierig und teilweise gar nicht umsetzbar (zur notwendigen Unabänderlichkeit → § 5 Rn. 14).[27] Selbst wenn die blockchain-typischen technischen Probleme der Unabänderlichkeit als solche überwunden werden, führt die Vielzahl der beteiligten Akteure zu einem erheblichen, uU prohibitiven Aufwand bei der Umsetzung dieser Betroffenenrechte. 32

Dieses Problem wird durch Art. 11 Abs. 2 DS-GVO lediglich teilweise gemildert. Demnach finden die Art. 15–20 DS-GVO, in denen die Betroffenenrechte verankert sind, dann keine Anwendung, wenn der Verantwortliche nicht in der Lage ist, die betroffene Person zu identifizieren. Das wird jedenfalls für viele DAO-Mitglieder der Fall sein. Allerdings ist das Risiko hoch, dass gerade solche Mitglieder, deren Identitäten ohne ihren Willen öffentlich offengelegt bzw. festgestellt wurden, eine Löschung oder Berichtigung verlangen. Ist die Identität allerdings Gegenstand öffentlicher Berichterstattung oder Diskussion, ist die Beschränkung in Art. 11 Abs. 2 DS-GVO nicht anwendbar. 33

Die in § 35 Abs. 1 S. 1 BDSG geregelte Ausnahme vom Löschungsrecht wegen unverhältnismäßig hohen Aufwands findet nur auf „nicht automatisierte Datenverarbeitung" Anwendung, sodass sie im Hinblick auf DAOs nicht herangezogen werden kann. 34

Während ein *hard forking*[28] der der DAO zugrundeliegenden Blockchain theoretisch möglich ist, stellt sie praktisch kein taugliches Mittel zur Umsetzung von Betroffenenrechten auf Berichtigung oder Löschung dar. Denn der erhebliche Eingriff in die Blockchain würde jedes Mal eine Abstimmung der existierenden DAO-Mitglieder erfordern, mit dem erheblichen Potenzial, die Mitgliedschaft sukzessive aufzuspalten. In Einzelfällen kann dagegen ein sogenanntes *pruning* helfen, wenn die fraglichen personenbezogenen Daten in Blöcken gespeichert sind, die für weitere Transaktionen unerheblich und damit obsolet sind. Solche obsoleten Transaktionen können deshalb entfernt werden.[29] Auch hierbei handelt es sich aber nicht um eine allgemeine Lösung, da sie keine Gewähr für die Einhaltung der fristbewehrten Betroffenenrechte bietet. 35

---

27 So auch Hannemann/Müller, Automatisierte Governance in der Ära der Blockchain-Technologie, 1. Auflage 2024, F. Hauptteil Rn. 394.

28 Bei einem hard fork führt die Änderung der Blockchain dazu, dass die neu entstandenen Blöcke nicht mehr mit der ursprünglichen Blockchain rückwärtskompatibel sind. Die neu entstandene Kette unterliegt einem vollständig neuen Regelwerk. Eine neue Blockchain entsteht. Technologisch bedeutet das, dass die Mitglieder der DAO eine Änderung am Blockchain-Protokoll vornehmen.

29 Martini/Weinzierl NvwZ 2017, 1251 (1260).

36 Der Europäische Datenschutzausschuss empfiehlt aufgrund dieser Problematik, personenbezogene Daten nicht On-Chain abzuspeichern, sondern diese außerhalb der Blockchain abzulegen.[30]

Praxishinweis:
Die praktische Umsetzung der Betroffenenrechte, insbesondere des Rechts auf Berichtigung und Löschung, stellt aufgrund der technischen Unveränderlichkeit der Blockchain eine erhebliche Hürde dar. Eine Lösungsstrategie, die auch vom Europäischen Datenschutzausschuss empfohlen wird, besteht darin, personenbezogene Daten nicht auf der Blockchain selbst (On-Chain), sondern extern (Off-Chain) zu speichern, um deren Modifizierbarkeit und Löschbarkeit zu gewährleisten.

VI. Grenzüberschreitende Datenübertragung

37 Die DS-GVO stellt besondere Anforderungen für den Fall auf, dass personenbezogene Daten an Drittländer außerhalb der EU oder des EWR übermittelt werden, Art. 44 ff. DS-GVO.[31] Dadurch soll sichergestellt werden, dass das durch die DS-GVO vorgegebene Datenschutzniveau im Fall von Drittlandtransfers nicht unterlaufen wird und gleichzeitig der Notwendigkeit des Datenaustausches mit Drittländern Rechnung getragen wird.[32] Dabei müssen die beteiligten Unternehmen nach Art. 46 DS-GVO für geeignete Datenschutzgarantien sorgen, sofern die EU-Kommission für das jeweilige Drittland nicht ein angemessenes Datenschutzniveau nach Art. 45 DS-GVO festgestellt hat.[33]

38 In der Regel nutzen die beteiligten Unternehmen dafür die von der EU-Kommission aufgestellten Standardvertragsklauseln, durch die sich der im Drittland ansässige Datenempfänger der Jurisdiktion der Datenschutzbehörden und Gerichte der Union unterwirft und den betroffenen Personen unmittelbare Ansprüche eingeräumt werden.[34]

39 Bei Datentransfers im Rahmen einer DAO ist jedoch nicht immer auf den ersten Blick ersichtlich, ob ein Datentransfer in ein Drittland iSd §§ 44 ff. DS-GVO stattfindet. Durch ihre dezentrale Organisationsform ist ein heterogenes Feld an Beteiligten gerade typisch für die DAO, wobei die Beteiligten regelmäßig keinen örtlichen Bezug zueinander oder zur DAO selbst aufweisen müssen und somit ein globales Feld an Beteiligten möglich ist. Ob ein Datentransfer in ein Drittland iSd §§ 44 ff. DS-GVO stattfindet, hängt vom Standort der jeweiligen an der DAO beteiligten Personen ab, was sich aufgrund der Organisationsstruktur der DAO im Zweifelsfall nicht ohne Weiteres eindeutig für alle beteiligten Personen bewerten lässt. Liegt ein solcher Datentransfer an ein Drittland im Einzelfall vor, ist – wie oben ausgeführt – nach Art. 46 DS-GVO erforderlich, dass von den beteiligten Personen die geeigneten Datenschutzgarantien gewährleistet werden. Diese geeigneten Datenschutzgarantien bei einer DAO, die gerade von ihrer dezentralen Organisationsstruktur lebt, zu gewährleisten und auch durchzusetzen, könnte im Einzelfall mit erheblichen Umständen verbunden sein.

40 Eine Möglichkeit, diesen Problemen zu begegnen, könnte deshalb sein, durch entsprechende (technische) Vorkehrungen nur Mitglieder zur DAO zuzulassen, die in der EU

---

[30] EDPB, Guidelines 02/2025 on processing of personal data through blockchain technologies Version 1.1, abrufbar unter: https://www.edpb.europa.eu/our-work-tools/documents/public-consultations/2025/guidelines-022025-processing-personal-data_en (aufgerufen am 14.4.2025), S. 22.

[31] Ehmann/Selmayr/Zerdick, DS-GVO, 3. Auflage 2024, Art. 44 Rn. 4.

[32] Vgl. Erwgr. 6, 101; Gola/Heckmann/Klug, DS-GVO/BDSG, 3. Auflage 2022, DS-GVO Art. 44 Rn. 1.

[33] Solche Angemessenheitsbeschlüsse sind für die folgenden Länder/Gebiete ergangen: Andorra, Argentinien, Färöer-Inseln, Isle of Man, Israel, Japan, Jersey, Kanada, Neuseeland, Schweiz, Sürdkorea, Uruguay, USA, Vereinigtes Königreich.

[34] Ehmann/Selmayr/Zerdick, DS-GVO, 3. Auflage 2024, Art. 44 Rn. 7; Kühling/Bucher/Schröder, DS-GVO/BDSG, 4. Auflage 2024, Art. 46 Rn. 12.

oder einem der durch die EU-Kommission mit einem Angemessenheitsbeschluss versehenen Länder ansässig sind. Das ist freilich nur bei zulassungsbeschränkten DAOs eine denkbare Lösung.

Praxishinweis:
Die typischerweise globale Ausrichtung einer DAO führt in der Praxis häufig zu grenzüberschreitenden Datenübermittlungen in Drittländer. Dies macht die Gewährleistung geeigneter Garantien nach Art. 46 DS-GVO erforderlich, was in einem dezentralen Umfeld eine erhebliche praktische Herausforderung darstellt. Eine mögliche Lösungsstrategie für zulassungsbeschränkte DAOs ist die technische und vertragliche Beschränkung des Teilnehmerkreises auf die EU und Staaten mit einem Angemessenheitsbeschluss.

§ 11 Verbraucherschutzrecht

Schrifttum:
Braegelmann/Kaulartz, Rechtshandbuch Smart Contracts, 2019; Hau/Poseck, BeckOK BGB, 73. Ed.; Fröhler/Piepenburg/Wasner, Tagungsbericht zum Web3-Symposium: Blockchain basierte Token, ZfDR 2023, 218; Legner, Smart Contracts und Finanzdienstleistungen, VuR 2023, 213; Mann, Die Decentralized Autonomous Organization – ein neuer Gesellschaftstyp?, NZG 2017, 1014; Mienert, Wyomings DAO-Gesetz, RDi 2021, 384; Möslein/Kaulartz/Rennig, Decentralized Finance (DeFi), RDi 2021, 517; Spindler, Blockchaintypen und ihre gesellschaftsrechtliche Einordnung, RDi 2021, 309; Wabnitz/Janovsky/Schmitt, Handbuch Wirtschafts- und Steuerstrafrecht, 2025; Zimmermann, Blockchain-Netzwerke und Internationales Privatrecht – oder: der Sitz dezentraler Rechtsverhältnisse, IPRax 2018, 566

Eine DAO besteht üblicherweise aus einer Vielzahl von Smart Contracts,[1] weshalb im **1** Wesentlichen auf die Ausführungen zum Verbraucherschutzrecht beim Einsatz von Smart Contracts verwiesen wird (→ § 55 Rn. 1 ff.). Da sich die Kapitalgeber der DAO zur Förderung eines gemeinsamen Zwecks zusammenschließen und sich hierfür korporativer Elemente bedienen, ist die DAO in erster Linie als Gesellschaftsform zu betrachten (→ § 8 Rn. 7 ff.).[2] Dabei müssen weder der Initiator noch die Kapitalgeber ihre wahre Identität offenbaren.[3] Eine Rolle spielt die DAO vor allem im Bereich des dezentralen Finanzwesens („Decentralized Finance", DeFi).[4] DeFi-Anwendungen erbringen „finanzwirtschaftliche Dienstleistungen" verbunden mit „Krypto-Token in dezentralen Netzwerken", die „Intermediäre wie Banken, Börsen oder Versicherungen" ersetzen.[5] Die DAO kann bspw. zu der Erstellung, dem Betrieb und der Weiterentwicklung von DeFi-Protokollen eingesetzt werden.[6] Gerade bei Finanzdienstleistungen herrscht in der EU ein hohes Verbraucherschutzniveau; zwingendes Verbraucherschutzrecht ist bei der Abwicklung solcher Dienstleistungen gegenüber Verbrauchern unbedingt zu wahren.[7] Welche Besonderheiten sich im Hinblick auf die DAO unter verbraucherschutzrechtlichen Gesichtspunkten ergeben, wird nachfolgend erörtert.

---

1 → § 6 Rn. 1; sowie Mann NZG 2017, 1014 (1015); Braegelmann/Kaulartz Smart Contracts-HdB/Mann Kap. 17 Rn. 2.
2 Mann NZG 2017, 1014 (1017); Braegelmann/Kaulartz Smart Contracts-HdB/Mann Kap. 17 Rn. 12; Spindler RDi 2021, 309 (312); Mienert RDi 2021, 384.
3 Mann NZG 2017, 1014 (1017); Braegelmann/Kaulartz Smart Contracts-HdB/Mann Kap. 17 Rn. 14.
4 Fröhler/Piepenburg/Wasner ZfDR 2023, 218 (228 f.); Wabnitz/Janovsky/Schmitt WirtschaftsStrafR-HdB/Niedernhuber Kap. 16. Rn. 48.
5 Möslein/Kaulartz/Rennig RDi 2021, 517 Rn. 1 unter Verweis auf eine Beschreibung der Bundesbank.
6 Wabnitz/Janovsky/Schmitt WirtschaftsStrafR-HdB/Niedernhuber Kap. 16. Rn. 48.
7 Legner VuR 2023, 213 (213).

I. Formvorschriften

2 Die DAO kann im Außenverhältnis rechtserheblich handeln, etwa durch den Abschluss von Smart Contracts.[8] Schließt eine DAO mit ihrem Vertragspartner ein formgebundenes Rechtsgeschäft per Smart Contract ab, so ist dieses allerdings in Ermangelung der durch Gesetz vorgeschriebenen Form (→ § 55 Rn. 3–17) nichtig (§ 125 S. 1 BGB). Möglich bleibt allenfalls, ein formgebundenen Rechtsgeschäfts zunächst ohne die Verwendung von Smart Contracts abzuschließen und diese lediglich bei der Durchführung einzubinden (→ § 55 Rn. 18). Eine weitere Möglichkeit besteht darin, dass die DAO eine weitere Gesellschaft zwischenschaltet, die für diese im Außenverhältnis auftritt (→ § 8 Rn. 20 ff.).[9] Mit dieser zwischengeschalteten Gesellschaft können die Geschäftspartner unter Wahrung der gesetzlich vorgeschriebenen Form Verträge abschließen.

II. Das Widerrufsrecht bei Fernabsatzverträgen

3 Die Opazität der DAO stellt die Vertragspartner auch im Hinblick auf das Widerrufsrecht bei Fernabsatzverträgen vor große Herausforderungen. Die DAO wird nicht in einem bestimmten Land als juristische Person gegründet und weist kein zentrales Management bzw. einen Hauptsitz auf.[10] Auch der Aufenthaltsort der Netzwerkteilnehmer ist zufällig und ihre Zusammensetzung stetig im Wandel.[11] Zugleich besteht ein Vorteil für die Mitglieder der DAO darin, anonym bleiben zu können.[12]

4 Vor diesem Hintergrund stellt sich ua die Frage, wem gegenüber eine etwaige Widerrufserklärung abzugeben ist, wenn auf Unternehmerseite eine DAO auftritt. Nach § 355 Abs. 1 S. 2 BGB muss die Erklärung des Widerrufs gegenüber dem Unternehmer erfolgen. Sie stellt damit eine empfangsbedürftige Willenserklärung dar, welche nach § 130 Abs. 1 BGB erst mit Zugang beim Empfänger wirksam wird.[13] Diesen Empfänger zu ermitteln, ist angesichts der noch ungewissen Einordnung der DAO in den numerus clausus der Gesellschaftsformen (→ § 8 Rn. 7 ff.)[14] und der Anonymität der DAO-Mitglieder aber nicht möglich.

Gleiches gilt für die Beantwortung der Folgefrage, wer bei der DAO im Falle des Widerrufs die empfangenen Leistungen nach § 355 Abs. 3 S. 1 BGB zurückzugewähren hat. Als Lösung bietet sich die Zwischenschaltung einer für die DAO im Außenverhältnis auftretenden Gesellschaft an (→ § 8 Rn. 20 ff.),[15] die die Widerrufserklärungen der Verbraucher entgegennimmt und Rückgewährschuldverhältnisse abwickelt. Denkbar wäre auch, dass sich die DAO nach US-amerikanischen Vorbild eine Satzung gibt, in der das Verhältnis zwischen den DAO-Mitgliedern und der DAO als Gesellschaft sowie die Rechte und Pflichten der DAO-Mitglieder geregelt sind.[16] In einer solchen Satzung könnte dann auch festgeschrieben werden, wie ein Widerruf seitens des Verbrauchers zu behandeln ist.

---

8 Braegelmann/Kaulartz Smart Contracts-HdB/Mann Kap. 17 Rn. 17.
9 Braegelmann/Kaulartz Smart Contracts-HdB/Mann Kap. 17 Rn. 20.
10 Spindler RDi 2021, 309 (312) unter Verweis auf Braegelmann/Kaulartz Smart Contracts-HdB/Mann Kap. 17 Rn. 26 f. und Zimmermann IPRax 2018, 566 (568).
11 Spindler RDi 2021, 309 (312) unter Verweis auf Zimmermann IPRax 2018, 566.
12 Mann NZG 2017, 1014 (1017); Braegelmann/Kaulartz Smart Contracts-HdB/Mann Kap. 17 Rn. 14.
13 BeckOK BGB/Müller-Christmann BGB § 355 Rn. 24.
14 Spindler RDi 2021, 309 (312).
15 Braegelmann/Kaulartz Smart Contracts-HdB/Mann Kap. 17 Rn. 20.
16 Mienert RDi 2021, 384 Rn. 23.

III. Die Buttonlösung bei Verträgen im elektronischen Geschäftsverkehr

Bei den Verbraucher zur Zahlung verpflichtenden Verbraucherverträgen im elektronischen Geschäftsverkehr hat die DAO, wenn sie auf der Unternehmerseite auftritt, die Anforderungen des § 312j Abs. 3 BGB zu erfüllen. Sie muss die die Bestellsituation also so gestalten, dass der Verbraucher mit seiner Bestellung ausdrücklich bestätigt, sich zu einer Zahlung zu verpflichten (§ 312j Abs. 3 BGB). Erfolgt die Bestellung über eine Schaltfläche, ist diese Pflicht nur erfüllt, wenn diese Schaltfläche gut lesbar mit nichts anderem als den Wörtern „zahlungspflichtig bestellen" oder einer ähnlichen Formulierung beschriftet ist (sog. Buttonlösung). Solange die gesellschaftsrechtliche Einordnung der DAO noch ungeklärt ist, stellt sich in der Praxis die Frage, wer die sich aus § 312j Abs. 3 BGB ergebenden Pflichten erfüllen muss – die DAO als Gesellschaft selbst oder ihre Mitglieder. Wird der ganz überwiegenden Meinung in der Literatur gefolgt, die DAO als GbR zu qualifizieren,[17] spricht vieles dafür, dass ihre Mitglieder als Gesellschafter in der Pflicht stehen. Wie bei der Umsetzung des Widerrufsrechts (→ Rn. 4) ist aber auch hier empfehlenswert, dass sich die DAO eine Satzung gibt, in der diese Frage geklärt wird. 5

IV. Der Kündigungsbutton bei Verträgen im elektronischen Geschäftsverkehr

Bei der Kündigung von Verbraucherverträgen im elektronischen Geschäftsverkehr sind die Vorgaben des § 312k BGB zu beachten. Nach § 312k Abs. 2 BGB trifft den Unternehmer die Pflicht, dem Verbraucher eine Kündigungsschaltfläche (sog. Kündigungsbutton) zur Verfügung stellen, wenn er diesem über eine Website ermöglicht, im elektronischen Geschäftsverkehr entgeltliche Dauerschuldverhältnisse zu begründen. Technisch lässt sich ein solcher Kündigungsbutton bei Smart Contracts in Form von „Kill Switches" umsetzen (→ § 55 Rn. 50 ff.). Bei der DAO besteht die Besonderheit, dass diese regelmäßig aus einer Vielzahl von Smart Contracts besteht. Es ist daher technisch sicherzustellen, dass bei der Implementierung und Betätigung des „Kill Switches" nur der jeweils relevante Vertrag gekündigt wird, die DAO als Ganzes jedoch unangetastet bleibt. 6

§ 12 Kapitalmarktrecht und DAO als Investmentvermögen

Übersicht

[17] BeckOK BGB/Wenzel BGB § 740 Rn. 38 mwN.

I. Überblick[1]

Schrifttum:

Assmann/Schütze/Buck-Heeb, Handbuch des Kapitalanlagerechts, 6. Aufl. 2024; Beck'scher Onlinekommentar, BGB, 71. Edition, 2024; Beck'scher Onlinekommentar, GmbHG, 61. Edition, 2024; Behme/Zickgraf, Zivil- und gesellschaftsrechtliche Aspekte von Initial Coin Offerings (ICOs), ZfPW 2019, 66; Boos/Fischer/Schulte-Mattler, Kommentar zum Kreditwesengesetz, 6. Aufl. 2023; Braegelmann/Kaulartz, Rechtshandbuch Smart Contracts, 1. Aufl. 2019; Buterin, DAOs, DACs, DAs and More: An Incomplete Terminology Guide, https://blog.ethereum.org/2014/05/06/daos-dacs-das-and-more-an-incomplete-terminology-guide (zuletzt abgerufen am 29.11.2024); Büch, Das ewige Phänomen der DAO: Warum eine revolutionäre Organisationsidee in der Welt der Blockchain gefangen bleibt, Rethinking Law 4/2022; Conradi/Jander-McAlister, REIT-AGs sind keine Investmentvermögen im Sinne des KAGB, WM 2014, 733; Dornseifer/Jesch/Klebeck/Tollmann, AIFM-Richtlinie, 1. Aufl. 2013; Ebenroth/Boujong/Joost/Strohn, Handelsgesetzbuch, 5. Aufl. 2024; Ellenberger/Bunte, Bankrechts-Handbuch, 6. Aufl. 2022; Graf zu Solms/Mihova, Übersicht über die aufsichtsrechtliche Regulierung von alternativen Finanzierungen nach Inkrafttreten des KAGB und des Kleinanlegerschutzgesetzes, DStR 2015, 1872; Greisbach, Die Regulierung geschlossener Blind Pool-Fonds im Rahmen der Kapitaleinwerbung, https://docserv.uni-duesseldorf.de/servlets/DerivateServlet/Derivate-40640/Stella%20Greisbach%20Blind%20Pools.pdf (zuletzt abgerufen am 29.11.2024); Hacker/Thomale, Crypto Securities Regulation: ICOS, Token Sales and Cryptocurrencies under EU Financial Law, ECFR 2018, 645; Hahn/Wilkens, ICO vs. IPO – Prospektrechtliche Anforderungen bei Equity Token Offerings, ZBB/JBB 10; Hahnemann/Müller, Automatisierte Governance in der Ära der Blockchain-Technologie, 1. Aufl. 2024; Hirzle/Hugendubel, Die Entwicklung des Kryptorechts im Jahr 2022, BKR 2022, 821; Hopt, Handelsgesetzbuch: HGB, 43. Aufl. 2024; Höhlein/Weiß, Krypto-Assets, ICO und Blockchain: prospektrechtliche Perspektive und aufsichtsrechtliche Praxis, RdF 2019, 116; Jentzsch, Decentralized Autonomous Organization to automate governance, https://dn790009.ca.archive.org/0/items/DecentralizedAutonomousOrganizations/WhitePaper.pdf (zuletzt abgerufen am 29.11.2024); Klebeck/Dobrauz, Rechtshandbuch Digitale Finanzdienstleistungen, 1. Aufl. 2018; Kleinert/Mayer, Elektronische Wertpapiere und Krypto-Token, EuZW 2019, 857; Kremer, DAO & TAX, Rethinking Law 4/2022; Langenbucher/Bliesener/Spindler, Bankrechts-Kommentar, 3. Aufl. 2020; Maume/Maute, Rechtshandbuch Kryptowerte, 1. Aufl. 2020; Merkt, Fallen REIT-Aktiengesellschaften unter das KAGB?, BB 2013, 1986; Mienert, Dezentrale autonome Organisationen (DAOs) als alternative Organisationsstruktur der Zukunft, Rethinking Law 4/2022; Mienert, Dezentrale Autonome Organisationen (DAOs) im Gesellschaftsrecht, 1. Aufl. 2022; Münchener Kommentar zum Bürgerlichen Gesetzbuch, 9. Aufl. 2024; Rodrigues, Law and the Blockchain, Iowa Law Review, 2019 (679); Schwennicke, Vergabe privater Darlehen und Erlaubnispflicht nach dem KWG, WM 2010, 542; Seeger/Kreutzmann, Die neue Kryptofondsanteilsverordnung (KryptoFAV), RDi 2022, 425; Spindler, Blockchaintypen und ihre gesellschaftsrechtliche Einordnung, RDi 2021, 309; Vig, Decentralized Autonomous Organizations, BKR 2024, 183; Weitnauer, Handbuch Venture Capital, 7. Aufl. 2022; Weitnauer/Boxberger/Anders, Kapitalanlagegesetzbuch: KAGB, 3. Aufl. 2021; Zetzsche/Preiner, Was ist ein AIF?, WM 2013, 2101; Weitnauer, Initial Coin Offerings (ICOs): Rechtliche Rahmenbedingungen und regulatorische Grenzen, BKR 2018, 231; Zickgraf, Initial Coin Offerings – Ein Fall für das Kapitalmarktrecht?, AG 2018, 293

1 Mittlerweile fest verankerte Akteure der Web3-Landschaft sind DAOs (→ § 6 Rn. 2). DAOs können zu verschiedenen Zwecken, unter anderem als Investmentvehikel eingesetzt werden (sog. Investment-DAOs). Investment-DAOs werfen diverse kapitalmarktrechtliche Fragen auf, die entweder den Betrieb der DAO als solchen oder einzelne Tätigkeiten betreffen. Während einzelne Tätigkeiten – wie bspw. die ICOs (Initial Coin Offering) – sich nicht wesentlich von den allgemeinen, auch bei anderen Akteuren zu beobachtenden Tätigkeiten

[1] Teile der Arbeit basieren auf dem in der Zeitschrift für Bank und Kapitalmarktrecht erschienenen Beitrag der Autorin (Decentralized Autonomous Organizations als Investmentvermögen, Heft 5/2024).

unterscheiden, weist der Betrieb von Investment-DAOs mehrere Besonderheiten auf. Aus diesem Grund wird der Schwerpunkt vorliegend auf die kapitalmarktrechtlichen Aspekte des Betriebs der DAO als solchen gelegt. Da die Erfassung aller derzeit existierenden Investment-DAOs bereits aufgrund der fehlenden Registereintragung nicht möglich ist, wird im Folgenden auf die typischen, bei den Mehrzahl der (Investment-) DAOs vorliegenden Merkmale abgestellt.

II. Begriff und Funktionsweise von DAOs

1. DAOs im Allgemeinen

DAOs werden regelmäßig als auf Dauer angelegte, aus dezentralisiert verwaltetem Programmcode – üblicherweise aus einer Vielzahl von Smart Contracts[2] – bestehende Organisationen definiert (→ § 6 Rn. 1).[3] Diese Organisationen verfügen über eigenes Kapital, das von den Kapitalgebern entsprechend den selbstausführenden Regeln des Programmcodes unmittelbar verwaltet wird.[4] 2

a) Funktionsweise

Die Organisation sowie die Prozesse der DAO[5] basieren in erster Linie – anders als bei herkömmlichen Organisationen – nicht auf formalen vertraglichen Abreden, sondern auf einem System von Smart Contracts (zum Begriff der DAO, eines Definitionsansatzes und verschiedenen Anwendungsbeispielen → § 6 Rn. 2; zu Smart Contracts → § 52 Rn. 5).[6] In den Smart Contracts werden die wichtigsten Regeln bezüglich des Betriebs der DAO – insbesondere die Verfahren zur Entscheidungsfindung und die Regel zur Ausführung der getroffenen Entscheidungen – festgeschrieben.[7] Die Rechte und Befugnisse der Mitglieder – insbesondere Stimm- sowie Dividendenrechte – werden in der Regel durch einen Token (sog. Governance Token) abgebildet.[8] 3

aa) Entscheidungsfindung. Die Entscheidungsfindung kann je nach Ausgestaltung der konkreten DAO entweder durch Abstimmung der Mitglieder[9], vollständig automatisiert durch Algorithmen bzw. künstliche Intelligenz[10] oder durch deren Kombination erfol- 4

[2] Klebeck/Dobrauz Rechtshandbuch Digitale Finanzdienstleistungen/Aschenbeck/Deffke 6. Kap. Rn. 24; Mienert Dezentrale Autonome Organisationen (DAOs) im Gesellschaftsrecht S. 54; Braegelmann/Kaulartz Smart Contracts-HdB/Mann § 17 Rn. 1; Weitnauer BKR 2018, 231 (232).

[3] Braegelmann/Kaulartz Smart Contracts-HdB/Mann § 17 Rn. 1, 32; zur Terminologie vgl. Decentralized Autonomous Corporation (DAC) für DAOs mit teilweise Gewinnabsicht, Mienert Dezentrale Autonome Organisationen (DAOs) im Gesellschaftsrecht S. 54; Buterin, DAOs, DACs, DAs and More: An Incomplete Terminology Guide, https://blog.ethereum.org/2014/05/06/daos-dacs-das-and-more-an-incomplete-terminology-guide (zuletzt abgerufen am 29.11.2024).

[4] Braegelmann/Kaulartz Smart Contracts-HdB/Mann § 17 Rn. 1, 32; DashDAO, https://www.dash.org/ (zuletzt abgerufen am 29.11.2024).

[5] Zusammenfassend auch „Governance", vgl. bspw. Mienert Dezentrale Autonome Organisationen (DAOs) im Gesellschaftsrecht S. 151; Braegelmann/Kaulartz Smart Contracts-HdB/Blocher § 10 Rn. 6.

[6] Maume/Maute Kryptowerte-HdB/Fromberger/Zimmermann § 1 Rn. 62; Braegelmann/Kaulartz Smart Contracts-HdB/Blocher § 10 Rn. 6; Mienert Dezentrale Autonome Organisationen (DAOs) im Gesellschaftsrecht S. 59; Büch Rethinking Law 4/2022, S. 5.

[7] Zur Einordnung etwaiger hinter dem Code stehender vertraglicher Vereinbarungen vgl. Braegelmann/Kaulartz Smart Contracts-HdB/Mann § 17 Rn. 36; Kremer Rethinking Law 4/2022, S. 11, 13.

[8] Mienert Dezentrale Autonome Organisationen (DAOs) im Gesellschaftsrecht S. 56; Assmann/Schütze/Buck-Heeb KapAnlR-HdB § 17 Rn. 1, § 16a Rn. 30, 45.

[9] Assmann/Schütze/Buck-Heeb KapAnlR-HdB § 17 Rn. 1, § 16a Rn. 30; zur mehrstufigen Ausgestaltung des Entscheidungsprozesses als „proposal polling" und „executive votes" vgl. bspw. BitDAO, https://docs.bitdao.io/ (zuletzt abgerufen am 29.11.2024).

[10] DAO im eigentlichen Sinne, vgl. Braegelmann/Kaulartz Smart Contracts-HdB/Blocher § 10 Rn. 6; Buterin, DAOs, DACs, DAs and More: An Incomplete Terminology Guide, https://blog.ethereum.org/2014/05/06/daos-dacs-das-and-more-an-incomplete-terminology-guide (zuletzt abgerufen am 29.11.2024).

gen.[11] Vorschläge können regelmäßig von einem relativ weiten Personenkreis – grundsätzlich von allen Mitgliedern[12] bzw. teilweise auch durch Nichtmitglieder[13] – eingebracht werden.

5 Über die Vorschläge können allerdings nur die stimmberechtigten Mitglieder abstimmen. Stimmberechtigt sind je nach Ausgestaltung der DAO entweder alle[14] oder nur bestimmte[15] Mitglieder. Sind nicht alle Mitglieder stimmberechtigt, ist die Stimmberechtigung idR an den Besitz einer bestimmten Menge von Governance Token geknüpft.[16] In einigen DAOs werden zum Schutz von Minderheiten sowie inaktiven Token-Inhaber Personen mit bestimmten Kontrollfunktionen, beispielsweise sog. Kuratoren, eingesetzt.[17] Die Ausführung der getroffenen Entscheidungen[18] erfolgt vollständig automatisiert durch Smart Contracts.[19]

6 **bb) Kapitaleinsammlung.** Das Anfangskapital der DAO wird im Rahmen einer sog. ICO[20] eingesammelt.[21] Hierbei werden die (Governance) Token für einen bestimmten Betrag öffentlich angeboten.[22] Der Betrag kann in Ether oder in einer anderen Kryptowährung (→ § 35 Rn. 3), seltener in Fiat-Währung bestehen.[23] In Kryptowährung bestehende Investitionsbeträge werden der Smart Contract-Adresse der DAO zugewiesen[24] und künftig durch diese verwaltet.[25] Im Zusammenhang mit der ICO wird regelmäßig ein sog. Whitepaper[26] veröffentlicht[27], dh ein nicht formalisiertes Dokument, das die wesentlichen

[11] Mienert Dezentrale Autonome Organisationen (DAOs) im Gesellschaftsrecht S. 58.

[12] Braegelmann/Kaulartz Smart Contracts-HdB/Mann § 17 Rn. 3.

[13] Vgl. bspw. MakerDAO, https://makerdao.com/en/whitepaper/#abstract (zuletzt abgerufen am 29.11.2024).

[14] Braegelmann/Kaulartz Smart Contracts-HdB/Mann § 17 Rn. 1, 3, 30; vgl. bspw. BitDAO bzw. Uniswap, https://blog.uniswap.org/uni (zuletzt abgerufen am 29.11.2024).

[15] Braegelmann/Kaulartz Smart Contracts-HdB/Mann § 17 Rn. 29.

[16] Vgl. bspw. DashDAO (Inhaber von mindestens 1,000 Dash Coins [DASH]).

[17] Bspw. sog. Kuratoren zur Überwachung der zu finanzierenden Projekte wie bei The DAO, vgl. Jentzsch, Decentralized Autonomous Organization, 2016, https://dn790009.ca.archive.org/0/items/Decentralized-AutonomousOrganizations/WhitePaper.pdf (zuletzt abgerufen am 29.11.2024), S. 2, im Folgenden: The DAO-Whitepaper; Maume/Maute Kryptowerte-HdB/Hoch § 7 Rn. 49; Braegelmann/Kaulartz Smart Contracts-HdB/Mann § 17 Rn. 5.

[18] Zur Unterscheidung zwischen „consensus" und „execution" vgl. auch DashDAO.

[19] Braegelmann/Kaulartz Smart Contracts-HdB/Blocher § 10 Rn. 6; Klebeck/Dobrauz Rechtshandbuch Digitale Finanzdienstleistungen/Aschenbeck/Deffke 6. Kap. Rn. 24.

[20] Klebeck/Dobrauz Rechtshandbuch Digitale Finanzdienstleistungen/Aschenbeck/Deffke 2. Kap. Rn. 43; Braegelmann/Kaulartz Smart Contracts-HdB/Mann § 17 Rn. 33; Weitnauer BKR 2018, 231 (231); Maume/Maute Kryptowerte-HdB/Fromberger/Zimmermann § 1 Rn. 81. ff.

[21] Mienert Dezentrale Autonome Organisationen (DAOs) im Gesellschaftsrecht S. 56, 166; Braegelmann/Kaulartz Smart Contracts-HdB/Mann § 17 Rn. 5; Klebeck/Dobrauz Rechtshandbuch Digitale Finanzdienstleistungen/Aschenbeck/Deffke 1. Kap. Rn. 87.

[22] Braegelmann/Kaulartz Smart Contracts-HdB/Mann § 17 Rn. 5, 33; Weitnauer BKR 2018, 231 (231); Klebeck/Dobrauz Rechtshandbuch Digitale Finanzdienstleistungen/Aschenbeck/Deffke 1. Kap. Rn. 86.

[23] Maume/Maute Kryptowerte-HdB/Fromberger/Zimmermann § 1 Rn. 84; Mienert Dezentrale Autonome Organisationen (DAOs) im Gesellschaftsrecht S. 58, 59.

[24] Maume/Maute Kryptowerte-HdB/Fromberger/Zimmermann § 1 Rn. 86; Mienert Dezentrale Autonome Organisationen (DAOs) im Gesellschaftsrecht S. 59; Rodrigues Iowa Law Review, 2019 (679); The DAO-Whitepaper, S. 2.

[25] Weitnauer BKR 2018, 231 (231); Braegelmann/Kaulartz Smart Contracts-HdB/Mann § 17 Rn. 3; Klebeck/Dobrauz Rechtshandbuch Digitale Finanzdienstleistungen/Aschenbeck/Deffke 1. Kap. Rn. 86.

[26] Zum Begriff des Whitepapers vgl. Zweites Hinweisschreiben der BaFin zu Prospekt- und Erlaubnispflichten im Zusammenhang mit der Ausgabe sogenannter Krypto-Token, S. 1., Weitnauer BKR 2018, 231 (231).
https://www.bafin.de/SharedDocs/Downloads/DE/Merkblatt/WA/dl_wa_merkblatt_ICOs.html (zuletzt abgerufen am 29.11.2024); zum Whitepaper als „Informationsdokument" vgl. COM(2020) 593 final 2020/0265(COD), S. 10; als „leserfreundliche Beschreibung des Protokolls vgl. MakerDAO, https://makerdao.com/en/whitepaper/#abstract (zuletzt abgerufen am 29.11.2024).

[27] Braegelmann/Kaulartz Smart Contracts-HdB/Mann § 17 Rn. 1; Mienert Dezentrale Autonome Organisationen (DAOs) im Gesellschaftsrecht S. 166.

allgemeinen[28] und technischen[29] Angaben zum Projekt enthält.[30] Da ein Mindestinhalt – einschließlich entsprechender Risikohinweise – gesetzlich nicht vorgesehen ist,[31] vermitteln Whitepapers regelmäßig keinen mit den Prospekten iSd § 268 KAGB vergleichbaren Investorenschutz.[32]

2. Investment-DAOs

Bezüglich Investment-DAOs hat sich bislang keine einheitliche Terminologie herausgebildet. DAOs, die das Kapital ihrer Mitglieder – vergleichbar mit „analogen" Investmentfonds – bündeln und in bestimmte Vermögenswerte investieren, werden idR ohne weiteres als Investment-DAOs eingeordnet.[33] DAOs mit einem zusätzlichen, über die Investitionen hinausgehenden Zweck – wie beispielsweise die Entwicklung eines Protokolls oder eines ganzen „Ökosystems" – werden teilweise ebenfalls als Investment-DAOs angesehen. Allerdings lassen sich diesbezüglich keine einheitlichen Tendenzen beobachten.[34] Vorliegend werden lediglich DAOs mit eindeutigem bzw. überwiegenden Investitionszweck als Investment-DAOs behandelt. **7**

Die Struktur und Funktionsweise von Investment-DAOs entspricht im Wesentlichen den Governance-Regeln der allgemeinen DAOs, wobei sich aus dem Investitionszweck gewisse Abweichungen ergeben können. Die Investitionsgegenstände unterscheiden sich je nach DAO und können unter anderem in DeFi-Protokollen[35], NFTs[36] (→ § 18 Rn. 3), Unternehmen der dezentralen Economy[37], sowie in dem Betrieb einer Kryptowährung[38] bzw. eines Stablecoins[39] bestehen (→ § 35 Rn. 10). Der (ökonomische) Vorteil der einzelnen Mitglieder kann beispielsweise im Wertzuwachs des Governance-Tokens[40] oder des „systemeigenen",„Stablecoins[41] oder in diversen – regelmäßig in Kryptowährungen bestehenden – Zahlungsansprüchen[42] liegen. **8**

28 Mienert Dezentrale Autonome Organisationen (DAOs) im Gesellschaftsrecht S. 166; zu Investments und Renditen vgl. bspw. Uniswap, https://uniswap.org/whitepaper-v3.pdf (zuletzt abgerufen am 29.11.2024).

29 Vgl. bspw. das Whitepaper der DashDAO, https://github.com/dashpay/dash/wiki/Whitepaper (zuletzt abgerufen am 29.11.2024); Weitnauer BKR 2018, 231 (231).

30 Maume/Maute Kryptowerte-HdB/Fromberger/Zimmermann § 1 Rn. 85; Mienert Dezentrale Autonome Organisationen (DAOs) im Gesellschaftsrecht S. 166.

31 Zweites Hinweisschreiben der BaFin zu Prospekt- und Erlaubnispflichten im Zusammenhang mit der Ausgabe sogenannter Krypto-Token, S. 1, https://www.bafin.de/SharedDocs/Downloads/DE/Merkblatt/WA/dl_wa_merkblatt_ICOs.html (zuletzt abgerufen am 29.11.2024).

32 Zweites Hinweisschreiben der BaFin zu Prospekt- und Erlaubnispflichten im Zusammenhang mit der Ausgabe sogenannter Krypto-Token, S. 1, https://www.bafin.de/SharedDocs/Downloads/DE/Merkblatt/WA/dl_wa_merkblatt_ICOs.html (zuletzt abgerufen am 29.11.2024); vgl. hierzu auch die Bezeichnung „Litepaper" bei BitDAO.

33 Mienert Dezentrale Autonome Organisationen (DAOs) im Gesellschaftsrecht S. 57, 58; zur DAO als Investmentvehikel vgl. Kremer Rethinking Law 4/2022, S. 13; Mienert Dezentrale Autonome Organisationen (DAOs) im Gesellschaftsrecht S. 25, 256; Mienert Rethinking Law 4/2022, S. 30.

34 Mienert, Dezentrale Autonome Organisationen (DAOs) im Gesellschaftsrecht S. 58; vgl. bspw. MolochDAO zur Förderung der Entwicklung eines neuen Ethereum-Protokolls, https://molochdao.com/docs/vision-and-values/manifesto sowie PolkaDAO zur Finanzierung von Polkadot-Projekten, https://polkadot.network/blog/announcing-polkadao-fund-your-project/ (beide zuletzt abgerufen am 29.11.2024).

35 Vgl. bspw. Uniswap.

36 Vgl. bspw. Flamingo DAO, https://flamingodao.xyz/ (zuletzt abgerufen am 29.11.2024); Mienert Rethinking Law 4/2022, S. 30.

37 Vgl. bspw. BitDAO; Mienert, Dezentrale Autonome Organisationen (DAOs) im Gesellschaftsrecht S. 57, 63; Mienert Rethinking Law 4/2022, S. 30.

38 Vgl. bspw. Dash als open source cryptocurrency der DashDAO.

39 Vgl. Dai Stablecoin (MakerDAO); Mienert Dezentrale Autonome Organisationen (DAOs) im Gesellschaftsrecht, S. 64; Mienert Rethinking Law 4/2022, S. 31.

40 Vgl. bspw. Dash-Token (DashDAO).

41 Vgl. Maker-DAO, bei der es die sog. Dai Savings Rate (DSR) jedem Dai-Inhaber ermöglicht, automatisiert Rendite zu erzielen, Mienert Rethinking Law 4/2022, S. 31.

42 Teilweise auch „block reward" genannt, auch eine Differenzierung je nach Mitwirkung/Beteiligung des Mitglieds ist möglich, wie bspw. nach Miners, Masternodes und sonstigen Beteiligten bei der DashDAO.

III. Investment-DAO als Investmentvermögen iSd KAGB

9 Aufgrund der strukturellen Parallelen zu traditionellen Investmentfonds stellt sich die Frage, ob Investment-DAOs ebenfalls als Investmentvermögen iSd § 1 KAGB anzusehen und damit vom sachlichen Anwendungsbereich des KAGB erfasst sind. Beteiligungen, die Kryptofondsanteile iSd § 1 KryptoFAV sind, sind hiervon nicht betroffen, da ein Kryptofondsanteil das Vorliegen eines Investmentvermögens denknotwendig voraussetzt.[43] 10Die Voraussetzungen eines Investmentvermögens ergeben sich aus § 1 KAGB.[44] Zur Konkretisierung können hierbei die Leitlinien der ESMA[45] sowie die AIFM-Richtlinie[46] herangezogen werden.

Praxishinweis:
Investmentvermögen ist gem. § 1 KAGB jeder Organismus (→ Rn. 10) für gemeinsame Anlagen (→ Rn. 11 ff.), der kein operativ tätiges Unternehmen außerhalb des Finanzsektors ist (→ Rn. 33) und der von einer Anzahl von Anlegern Kapital einsammelt (→ Rn. 14 ff.), um es gemäß einer festgelegten Anlagestrategie (→ Rn. 20 ff.) zum Nutzen dieser Anleger (→ Rn. 30) zu investieren.

1. Organismus

10 Eine exakte Definition des Organismus lässt sich weder der AIFM-Richtlinie noch dem KAGB entnehmen. Die Leitlinien der ESMA sehen vor, dass das von den Investoren eingesammelte Kapital in einem Vehikel gepoolt wird.[47] Das heißt, dass ein rechtlich oder wirtschaftlich – zB durch einen getrennten Rechnungskreis[48] – verselbständigtes (gepooltes) Vermögen aufgelegt werden muss.[49] Da den meisten DAO-Strukturen eine gewisse organisatorische Verselbstständigung des Kapitals eigen ist, ist dieses Kriterium in der Praxis regelmäßig erfüllt. Werden die eingesammelten Token – wie in der Praxis üblich – über eine gesonderte Smart Contract-Adresse verwaltet, liegt jedenfalls faktisch ein vom Vermögen der Mitglieder abgrenzbarer Vermögensbereich vor.[50]

---

43 Hirzle/Hugendubel BKR 2022, 821 (830); Seeger/Kreutzmann RDi 2022, 425 (425); BaFin, Kryptotoken, https://www.bafin.de/DE/Aufsicht/FinTech/Geschaeftsmodelle/DLT_Blockchain_Krypto/Kryptotoken/Kryptotoken_node.html (zuletzt abgerufen am 29.11.2024).

44 Klebeck/Dobrauz Rechtshandbuch Digitale Finanzdienstleistungen/Aschenbeck/Deffke 2. Kap. Rn. 295; Weitnauer BKR 2018, 231 (234).

45 Leitlinien der ESMA zu Schlüsselbegriffen der Richtlinie über die Verwalter alternativer Investmentfonds (AIFMD) in der berichtigten Fassung vom 30.1.2015 der am 13.8.2013 veröffentlichten Leitlinien zu Schlüsselbegriffen der Richtlinie über die Verwalter alternativer Investmentfonds, https://www.esma.europa.eu/sites/default/files/library/2015/11/esma_2013_00600000_de_cor-_revised_for_publication.pdf (zuletzt abgerufen am 29.11.2024), im Folgenden: ESMA/2013/611.

46 Richtlinie 2011/61/EU des Europäischen Parlaments und des Rates vom 8.6.2011 über die Verwalter alternativer Investmentfonds und zur Änderung der Richtlinien 2003/41/EG und 2009/65/EG und der Verordnungen (EG) Nr. 1060/2009 und (EU) Nr. 1095/2010, im Folgenden: AIFM-Richtlinie.

47 Langenbucher/Bliesener/Spindler 39. Kap. Investmentgeschäft Rn. 64; EBJS/Paefgen KAGB § 1 Rn. 8.

48 Auslegungsschreiben zum Anwendungsbereich des KAGB und zum Begriff des „Investmentvermögens", im Folgenden: BaFin-Auslegungsschreiben, https://www.bafin.de/SharedDocs/Veroeffentlichungen/DE/Auslegungsentscheidung/WA/ae_130614_Anwendungsber_KAGB_begriff_invvermoegen.html (zuletzt abgerufen am 29.11.2024); Langenbucher/Bliesener/Spindler 39. Kap. Investmentgeschäft Rn. 64.

49 Maume/Maute Kryptowerte-HdB/Zickgraf § 11 Rn. 108; BaFin-Auslegungsschreiben; AIFM-Richtlinie, S. 3 ff.; Langenbucher/Bliesener/Spindler 39. Kap. Investmentgeschäft Rn. 64.

50 Vig BKR 2024, 183 (186).

Auf die gesellschaftsrechtliche Einordnung von DAOs kommt es diesbezüglich nicht an[51], da ein Organismus iSd § 1 KAGB weder eine bestimmte Rechtsform[52] noch einen – bei DAOs regelmäßig fehlenden[53] – satzungsmäßigen Sitz oder eine Hauptverwaltung voraussetzt (zur gesellschaftsrechtlichen Einordnung → § 8 Rn. 20).[54]

2. Für gemeinsame Anlagen

Das Pooling des Kapitals muss zum Zweck der gemeinsamen Renditeerzielung erfolgen. Die Investoren müssen dabei durch das Kaufen, Halten und Verkaufen von Vermögensgegenständen gemeinschaftliche Risiken eingehen.[55] 11

a) Erfolgsbezogenes Entgelt

Dementsprechend setzt eine gemeinsame Anlage voraus, dass die Anleger an den Chancen und Risiken des Organismus beteiligt werden[56], dh das Risiko der Beteiligung selbst tragen.[57] Dies erfordert wiederum, dass das „Entgelt" für die Kapitalüberlassung nicht betragsmäßig fixiert, sondern erfolgsbezogen ausgestaltet ist.[58] Da die meisten DAOs ihren Mitgliedern einen vom wirtschaftlichen Erfolg der Investitionen abhängigen Nutzen versprechen[59], ist diese Voraussetzung in der Regel erfüllt. Dies gilt auch für DAOs, bei denen der Vorteil des Mitglieds ausschließlich oder vorwiegend im Wertzuwachs des Governance-Tokens besteht.[60] Hierbei spielt es keine Rolle, dass der Wertzuwachs von Token regelmäßig auch auf sonstigen, vom wirtschaftlichen Erfolg unabhängigen Umständen beruht, da der Anleger die Risiken auch in diesem Fall selbst trägt.[61] 12

b) Kein unbedingter Kapitalrückzahlungsanspruch

Ein erfolgsbezogenes Entgelt ist zu verneinen, wenn der Anleger einen unbedingten Kapitalrückzahlungsanspruch hat, dh wenn er das zur Verfügung gestellte Kapital am Ende der Laufzeit unabhängig von etwaigen Verlusten des Organismus in voller Höhe zurückerhalten soll.[62] Dies ist im Investmentbereich etwa bei Rückzahlungsansprüchen aus einem Darlehensvertrag[63] der Fall. Die Vereinbarung solcher expliziten und rechtlich bindenden Kapitalrückzahlungsansprüchen ist für DAOs allerdings untypisch.[64] Zwar sehen einige DAOs die Möglichkeit vor, dass die Anleger das nach den Investitionen verbliebene Kapital 13

[51] Zur Einordnung als Publikums-GbR als hM vgl. Braegelmann/Kaulartz Smart Contracts-HdB/Mann § 17 Rn. 14, 36; Mienert Dezentrale Autonome Organisationen (DAOs) im Gesellschaftsrecht S. 146, 147, 199; Spindler RDi 2021, 309 (313).

[52] Ellenberger/Bunte BankR-HdB/Köndgen/Schmies § 93 Rn. 66, 67; EBJS/Paefgen KAGB § 1 Rn. 8; Langenbucher/Bliesener/Spindler 39. Kap. Investmentgeschäft Rn. 64; BaFin-Auslegungsschreiben; zur Bedeutung der Rechtsform für die Erlaubnisfähigkeit s. §§ 91, 139 KAGB bzw. Art. 2 Abs. 2 Buchst. a und b AIFM-Richtlinie.

[53] Braegelmann/Kaulartz Smart Contracts-HdB/Mann § 17 Rn. 22 ff.

[54] Mienert Dezentrale Autonome Organisationen (DAOs) im Gesellschaftsrecht S. 194.

[55] BaFin-Auslegungsschreiben; ESMA/2013/611, S. 6; EBJS/Paefgen KAGB § 1 Rn. 8; Maume/Maute Kryptowerte-HdB/Zickgraf § 11 Rn. 109.

[56] BaFin-Auslegungsschreiben; ESMA/2013/611, S. 6 ff.; EBJS/Paefgen KAGB § 1 Rn. 8, 9; Langenbucher/Bliesener/Spindler 39. Kap. Rn. 64; Klebeck/Dobrauz Rechtshandbuch Digitale Finanzdienstleistungen/Aschenbeck/Deffke 2. Kap. Rn. 297; Maume/Maute Kryptowerte-HdB/Zickgraf § 11 Rn. 109.

[57] Vig BKR 2024, 183 (186).

[58] BaFin-Auslegungsschreiben; Ellenberger/Bunte BankR-HdB/Köndgen/Schmies § 93 Rn. 67.

[59] BaFin-Auslegungsschreiben; Ellenberger/Bunte BankR-HdB/Köndgen/Schmies § 93 Rn. 67.

[60] Assmann/Schütze/Buck-Heeb KapAnlR-HdB § 20 Rn. 24, Dornseifer/Jesch/Klebeck/Tollmann AIFM-RL Art. 4 Rn. 25; Langenbucher/Bliesener/Spindler Kap. 39 Rn. 75; BaFin-Auslegungsschreiben.

[61] Vig BKR 2024, 183 (186).

[62] Maume/Maute Kryptowerte-HdB/Zickgraf § 11 Rn. 109; EBJS/Paefgen KAGB § 1 Rn. 9; BaFin-Auslegungsschreiben; Langenbucher/Bliesener/Spindler 39. Kap. Rn. 65.

[63] Langenbucher/Bliesener/Spindler 39. Kap. Rn. 65; Assmann/Schütze/Buck-Heeb KapAnlR-HdB § 20 Rn. 12.

[64] Zu ICOs allg. vgl. Maume/Maute Kryptowerte-HdB/Zickgraf § 11 Rn. 109.

zurückzuziehen können.[65] Solche Optionen begründen jedoch gerade keinen Anspruch auf die Rückzahlung des investierten Betrags, sondern allenfalls auf Auszahlung des „Restguthabens". Somit sind sie mit der Rückzahlung einer Gesellschaftereinlage im Rahmen der Abwicklung vergleichbar.[66] Gesellschaftereinlagen, die in Erfüllung der gesellschaftsvertraglichen Verpflichtung zur Erbringung des Eigenkapitals geleistet werden, sind allerdings grundsätzlich nicht als unbedingt rückzahlbare Gelder anzusehen.[67] Somit ist davon auszugehen, dass bei den meisten derzeit existierenden DAOs kein unbedingter Kapitalrückzahlungsanspruch und damit ein grundsätzlich erfolgsabhängiges Entgelt vorgesehen ist.[68]

3. Einsammlung von Kapital von einer Anzahl von Anlegern

14 Weiterhin setzt § 1 KAGB voraus, dass der Organismus von einer Anzahl von Anlegern Kapital einsammelt.[69] Nach den Leitlinien von ESMA ist dies der Fall, wenn der Organismus selbst oder eine Person oder Unternehmen für die Rechnung des Organismus direkte oder indirekte Schritte unternimmt, um gewerblich bei einem oder mehreren Anlegern Kapital zu beschaffen, um es gemäß einer festgelegten Anlagestrategie anzulegen.[70]

a) Gewerblichkeit der Kapitaleinsammlung/Maßstab

15 Der Begriff der Gewerblichkeit wird weder in den ESMA-Leitlinien noch im KAGB bzw. in der AIFM-Richtlinie[71] definiert. Zwar könnte entweder der gewerberechtliche[72] oder der steuerrechtliche[73] Gewerbebegriff entsprechend herangezogen werden, jedoch erweisen sich im Hinblick auf den Sinn und Zweck des KAGB beide als zu eng.[74] Insbesondere erscheint das Merkmal „auf Dauer angelegt" nicht auf Investmentvermögen (und auf Investment-DAOs) zugeschnitten. Die Kapitaleinwerbung für Investmentfonds muss gerade nicht auf Dauer angelegt sein, vielmehr beschränkt sich diese typischerweise auf die Anfangsphase des jeweiligen Investmentfonds.[75] Gegen die entsprechende Heranziehung deutscher Rechtsbegriffe spricht im Übrigen, dass § 1 KAGB europäisches Recht umsetzt.[76]

b) ICOs als gewerbliche Kapitaleinwerbung

16 Es erscheint allerdings naheliegend, die bei DAOs üblichen ICOs grundsätzlich als eine gewerbliche Maßnahme der Kapitaleinwerbung anzusehen. Hierfür spricht im Umkehrschluss, dass die Gewerblichkeit der Kapitaleinwerbung von Family Offices und Investment Clubs überwiegend abgelehnt wird.[77]

---

65 Vgl. bspw. The DAO-Whitepaper, S. 2., Mienert Dezentrale Autonome Organisationen (DAOs) im Gesellschaftsrecht S. 195.

66 Bei GbR jedenfalls bei entsprechender gesellschaftsvertraglicher Regelung, vgl. MüKoBGB/Schäfer BGB § 733 Rn. 5, § 735 Rn. 2; BeckOK BGB/Schöne, 68. Ed. BGB § 733 Rn. 8; BeckOK GmbHG/Wilhelmi, 57. Ed. 1.3.2022, GmbHG § 14 Rn. 2.

67 BaFin-Auslegungsschreiben; Schäfer in Boos/Fischer/Schulte-Mattler KWG § 1 Rn. 40.

68 Vig BKR 2024, 183 (186).

69 BaFin-Auslegungsschreiben; EBJS/Paefgen KAGB § 1 Rn. 11.

70 BaFin-Auslegungsschreiben; ESMA/2013/611, S. 6; Langenbucher/Bliesener/Spindler 39. Kap. Rn. 70; Ellenberger/Bunte BankR-HdB/Köndgen/Schmies § 93 Rn. 73.

71 Vig BKR 2024, 183 (187).

72 Hopt/Merkt HGB § 1 Rn. 12, 11; Schwennicke WM 2010, 542 (543).

73 Hopt/Merkt HGB § 1 Rn. 12, 11.

74 Zu einer extensiven Interpretation s. Ellenberger/Bunte BankR-HdB/Köndgen/Schmies § 93 Rn. 73.

75 Ellenberger/Bunte BankR-HdB/Köndgen/Schmies § 93 Rn. 73; Greisbach, Die Regulierung geschlossener Blind Pool-Fonds im Rahmen der Kapitaleinwerbung, S. 22, https://docserv.uni-duesseldorf.de/servlets/DerivateServlet/Derivate-40640/Stella%20Greisbach%20Blind%20Pools.pdf (zuletzt abgerufen am 29.11.2024).

76 Art. 4 Abs. 1 Buchst. c AIFM-Richtlinie; Langenbucher/Bliesener/Spindler 39. Kap. Rn. 50.

77 BaFin-Auslegungsschreiben; ESMA/2013/611, S. 4; Langenbucher/Bliesener/Spindler 39. Kap. Rn. 64; Assmann/Schütze/Buck-Heeb KapAnlR-HdB § 20 Rn. 17; AIFM-Richtlinie, Erwgr. 7, ESMA/2013/611, S. 4.

Ein Family Office[78] – dh eine „bereits bestehende Gruppe" von Familienmitgliedern[79] – unterscheidet sich bereits im Hinblick auf seine Mitgliederstruktur und dementsprechend auf die Art und Weise der „Kapitaleinwerbung" wesentlich von einer DAO.[80] Investment Clubs kommen – als Zusammenkunft natürlicher Personen ohne besondere familiäre Bindung[81] – den typischen DAO-Strukturen zwar deutlich näher, jedoch impliziert das Sinnbild eines Investment Clubs eine gewisse Verbindung zwischen den Mitgliedern eines verhältnismäßig kleineren Kreises.[82] Eine solche ist bei DAOs gerade nicht vorhanden, vielmehr richten sich ICOs als Massengeschäft an eine Vielzahl unbekannter Personen.[83] Ferner wird ein Investment Club – in Abgrenzung zu einem Investmentvermögen – nur angenommen, wenn kein einziges Mitglied gewerbsmäßig angeworben worden ist.[84] Dies impliziert wiederum, dass sämtliche Mitglieder im Rahmen einer privaten Absprache und nicht eines Massengeschäfts angesprochen worden sind. Eine DAO, bei der kein einziges Mitglied im Rahmen einer ICO als Massengeschäft eingeworben wird, ist jedoch kaum denkbar. Da DAOs ihr Kapital durch ICOs einsammeln, ist damit die Gewerblichkeit der Kapitaleinsammlung bei der Mehrheit der DAOs konsequenterweise zu bejahen.[85]

c) Kryptowährungen als anlagefähiges Kapital

Fraglich ist, ob das aus Kryptowährungen bestehende Kapital einer DAO vom als „anlagefähiges" Kapital iSd KAGB angesehen werden kann. Dies wird in der Literatur teilweise mit Hinweis auf die grundsätzliche Zulässigkeit von Kryptowährungen als Investitionsgegenstände in § 284 Abs. 2 Nr. 2 Buchst. j KAGB bejaht.[86] Allerdings betrifft § 284 Abs. 2 KAGB nur die Frage, wie das bereits eingesammelte Kapital investiert werden kann und trifft keine Aussage über dessen Qualität sowie Zusammensetzung. Andersrum hätte die ausdrückliche Zulässigkeit des in Kryptowährungen bestehenden Kapitals auch nicht ohne weiteres zur Folge, dass dieses Kapital auch in Kryptowährungen investiert werden kann. **17**

Dennoch ist der Schlussfolgerung, dass der Kapitalbegriff des § 1 KAGB auch Kryptowährungen umfasst, im Ergebnis zuzustimmen.[87] Dies ist nämlich weder im Gesetz selbst noch in den ESMA-Leitlinien oder in der AIFM-Richtlinie ausgeschlossen und widerspricht auch dem Sinn und Zweck des KAGB nicht.[88] Auch die grundsätzliche Zulässigkeit von Sacheinlagen als Kapital iSd § 1 KAGB[89] legt ein weites Verständnis des Kapitalbegriffs **18**

---

78 Assmann/Schütze/Buck-Heeb KapAnlR-HdB § 20 Rn. 17; AIFM-Richtlinie, Erwgr. 7; BaFin-Auslegungsschreiben; ESMA/2013/611, S. 4; Langenbucher/Bliesener/Spindler 39. Kap. Rn. 64.

79 BaFin-Auslegungsschreiben; ESMA/2013/611, S. 4 und S. 6 f.; EBJS/Paefgen KAGB § 1 Rn. 12.

80 Jedenfalls bzgl. Family Offices zur Verwaltung des Vermögens einer bestimmten Familie (Single Family Offices), vgl. EBJS/Paefgen KAGB § 1 Rn. 12. ESMA/2013/611, S. 4 und S. 6. ff.

81 BaFin, Merkblatt Investmentclubs, https://www.bafin.de/SharedDocs/Veroeffentlichungen/DE/Merkblatt/mb_110609_investmentclubs.html (zuletzt abgerufen am 29.11.2024); BaFin-Auslegungsschreiben; ESMA/2013/611, S. 4; Langenbucher/Bliesener/Spindler 39. Kap. Rn. 64; Ellenberger/Bunte BankR-HdB/Köndgen/Schmies § 93 Rn. 73, 69.

82 BaFin-Auslegungsschreiben; bzgl. Investment-Clubs von bestimmter Größe, vgl. Ellenberger/Bunte BankR-HdB/Köndgen/Schmies § 93 Rn. 73, 69; diesbezüglich liegt eine Orientierung an die 50-Personen-Grenze nahe, vgl. BaFin, Merkblatt Investmentclubs, https://www.bafin.de/SharedDocs/Veroeffentlichungen/DE/Merkblatt/mb_110609_investmentclubs.html (zuletzt abgerufen am 18.12.2023).

83 Vig BKR 2024, 183 (187).

84 BaFin-Auslegungsschreiben; ESMA/2013/611 S. 4; Langenbucher/Bliesener/Spindler 39. Kap. Rn. 70.

85 Vig BKR 2024, 183 (187).

86 Jedenfalls bzgl. offener inländischer Spezial-AIF, vgl. Mienert Dezentrale Autonome Organisationen (DAOs) im Gesellschaftsrecht S. 195, 196; Maume/Maute Kryptowerte-HdB/Zickgraf § 11 Rn. 116; zur Einordnung als AIF vgl. auch Weitnauer BKR 2018, 231 (234); Vig BKR 2024, 183 (187).

87 Vig BKR 2024, 183 (187).

88 Mienert Dezentrale Autonome Organisationen (DAOs) im Gesellschaftsrecht S. 196.

89 EBJS/Paefgen KAGB § 1 Rn. 11; Ellenberger/Bunte BankR-HdB/Köndgen/Schmies § 93 Rn. 73; Assmann/Schütze/Buck-Heeb KapAnlR-HdB § 20 Rn. 16; Im Umkehrschluss vgl. BaFin-Auslegungsschreiben; ESMA/2013/611, S. 6; ESMA/2013/600, Final report – Guidelines on key concepts of the AIFMD, 2013, S. 3, https://www.esma.europa.eu/sites/default/files/library/2015/11/2013-600_final_report_on_guidelines_on_key_concepts_of_the_aifmd_0.pdf (zuletzt abgerufen am 29.11.2024).

nahe.[90] Ferner weisen Kryptowährungen eine gewisse konzeptionelle und funktionale Nähe zu Fiat-Währungen und damit zum Kapital traditioneller Investmentfonds auf.[91]

4. Eine Anzahl von Anlegern

19 Ferner muss das Kapital von einer Anzahl von Anlegern eingesammelt werden.[92] Dies ist zu bejahen, wenn zumindest die theoretische Möglichkeit besteht, dass sich mehrere Anleger an dem Organismus beteiligen können.[93] Es ist ausreichend, wenn die Beteiligung mehrerer Anleger jedenfalls nicht ausdrücklich ausgeschlossen ist.[94] Ob sich tatsächlich mehrere Anleger beteiligen, ist ohne Belang.[95] Da DAOs bereits strukturell-konzeptionell auf die Beteiligung einer Vielzahl von Mitgliedern ausgelegt sind, ist dieses Kriterium in der Praxis regelmäßig erfüllt.[96]

5. Festgelegte Anlagestrategie

20 Darüber hinaus muss das Kapital gemäß einer festgelegten Anlagestrategie zum Nutzen der Anleger investiert werden.[97] Der Begriff „Anlagestrategie" wird weder in der AIFM-Richtlinie noch im KAGB definiert[98], allerdings lassen sich anhand der ESMA-Leitlinien und der Begründung des KAGB gewisse formale und inhaltliche Kriterien herausarbeiten.[99]

21 Gemäß den Leitlinien der ESMA liegt eine festgelegte Anlagestrategie dann vor, wenn der Organismus im Rahmen einer Strategie bestimmt, wie das gemeinschaftliche Kapital verwaltet werden muss, damit es einen gemeinsamen Return für die Anleger generiert.[100] Hierbei können bestimmte – formale sowie inhaltliche – Merkmale einzeln oder kumulativ auf das Vorliegen einer Anlagestrategie schließen lassen.[101]

a) Formale Kriterien

22 Als Indiz für eine Anlagestrategie kann zum einen gewertet werden, dass die Strategie spätestens zu dem Zeitpunkt festgelegt ist, zu dem die Beteiligung des Anlegers bindend geworden ist.[102]

23 Bezüglich DAOs kommen als Strategie die im Whitepaper niedergelegten und im Internet veröffentlichten[103] Investitionsgrundsätze und-leitlinien in Betracht. Das Whitepaper wird regelmäßig bereits vor Beginn der ICO veröffentlicht[104], inhaltliche Änderungen sind allerdings auch später noch möglich.[105] Vorausgesetzt, dass die Beteiligung mit dem Erwerb

90 Korrespondierend zum weiten Verständnis des Organismusbegriffs vgl. Maume/Maute Kryptowerte-HdB/Zickgraf § 11 Rn. 108; BT-Drs. 791/12, 365.
91 Mienert Dezentrale Autonome Organisationen (DAOs) im Gesellschaftsrecht S. 196.
92 BaFin-Auslegungsschreiben; EBJS/Paefgen KAGB § 1 Rn. 15; Langenbucher/Bliesener/Spindler 39. Kap. Rn. 68.
93 BaFin-Auslegungsschreiben; Langenbucher/Bliesener/Spindler 39. Kap. Rn. 68; Ellenberger/Bunte BankR-HdB/Köndgen/Schmies § 93 Rn. 7; Maume/Maute Kryptowerte-HdB/Zickgraf § 11 Rn. 108.
94 EBJS/Paefgen KAGB § 1 Rn. 16; BaFin-Auslegungsschreiben.
95 Langenbucher/Bliesener/Spindler 39. Kap. Rn. 68; BaFin-Auslegungsschreiben.
96 Zu ICOS allg.vgl. Maume/Maute Kryptowerte-HdB/Zickgraf § 11 Rn. 108.
97 BaFin-Auslegungsschreiben; Ellenberger/Bunte BankR-HdB/Köndgen/Schmies § 93 Rn. 74.
98 BaFin-Auslegungsschreiben; Langenbucher/Bliesener/Spindler 39. Kap. Rn. 72.
99 Vig BKR 2024, 183 (188).
100 BaFin-Auslegungsschreiben; ESMA/2013/611, S. 7; EBJS/Paefgen KAGB § 1 Rn. 20.
101 BaFin-Auslegungsschreiben; EBJS/Paefgen KAGB § 1 Rn. 21 ff.; Ellenberger/Bunte BankR-HdB/Köndgen/Schmies § 93 Rn. 74.
102 BaFin-Auslegungsschreiben; Langenbucher/Bliesener/Spindler 39. Kap. Rn. 72.
103 Vgl. bspw. https://github.com/the-dao/whitepaper (zuletzt abgerufen am 29.11.2024).
104 Mienert Dezentrale Autonome Organisationen (DAOs) im Gesellschaftsrecht S. 143, 166; Braegelmann/Kaulartz Smart Contracts-HdB/Mann § 17 Rn. 4; Maume/Maute Kryptowerte-HdB/Maute § 6 Rn. 160.
105 Zweites Hinweisschreiben der BaFin zu Prospekt- und Erlaubnispflichten im Zusammenhang mit der Ausgabe sogenannter Krypto-Token, S. 1, https://www.bafin.de/SharedDocs/Downloads/DE/Merkblatt/WA/dl_wa_merkblatt_ICOs.html (zuletzt abgerufen am 29.11.2024).

des jeweiligen Governance-Tokens verbindlich wird[106], ist davon auszugehen, dass eine im Whitepaper niedergelegte Strategie zu diesem Zeitpunkt bereits als festgelegt gilt. Ob diese allerdings zugleich als verbindlich anzusehen ist, ist im Hinblick auf die nachträgliche Veränderbarkeit des Whitepapers zumindest fraglich und bedarf der Prüfung im Einzelfall.[107]

Als Indiz für eine festgelegte Anlagestrategie kann zum anderen gewertet werden, dass die Strategie in einem Dokument ausgeführt ist, das Teil der Anlagebedingungen oder der Satzung des Organismus ist oder auf dieses Dokument in den Anlagebedingungen oder der Satzung Bezug genommen wird.[108] Zwar sind bei DAOs regelmäßig weder Anlagebedingungen noch eine Satzung im formellen Sinne[109] vorhanden, jedoch dürfte nach praxisnaher Betrachtung bereits die Niederlegung im Whitepaper ausreichend sein.[110] Dies ist bei der Mehrzahl der Investment-DAOs auch gegeben.[111] **24**

Die Begründung des KAGB setzt im Übrigen die schriftliche Festlegung der Anlagestrategie voraus[112], wobei die Anforderungen an die Schriftform nicht näher konkretisiert werden. Davon ausgehend, dass der Sinn und Zweck des KAGB nicht zwingend die Erfüllung der strengen Schriftform gem. § 126 BGB erfordert[113], ist diese Voraussetzung durch die Wiedergabe in Textform – beispielsweise im Whitepaper – grundsätzlich erfüllt. Somit ist davon auszugehen, dass jedenfalls die formalen Voraussetzungen einer Anlagestrategie von der überwiegenden Mehrheit der DAOs erfüllt werden.[114] **25**

b) Inhaltliche Kriterien

In inhaltlicher Hinsicht muss die Strategie die Richtlinien konkretisieren, nach denen die Anlage zu erfolgen hat.[115] Denkbar ist beispielsweise die Festlegung der Anlagegegenstände oder bestimmter Risikodiversifikationsvorgaben.[116] Die Anlagestrategie muss außerdem von einer allgemeinen Geschäftsstrategie („Unternehmensstrategie") abgegrenzt werden.[117] Eine Anlagestrategie ist umfangreicher als eine allgemeine Geschäftsstrategie, bestimmt die Anlagekriterien genau(er)[118] und begründet für den Organismus eine rechtlich bindende und von den Anlegern durchsetzbare Verpflichtung zur Einhaltung deren Vorgaben.[119] **26**

Streng genommen erfüllen die meisten derzeit existierenden DAOs diese Voraussetzungen nicht.[120] Zwar enthalten Whitepaper und sonstige öffentliche Mitteilungen der DAO[121] bestimmte Leitlinien bezüglich der Investitionsentscheidungen, insbesondere zu den zulässigen Investitionsgegenständen.[122] Diese Leitlinien können jedoch regelmäßig allenfalls als Geschäftsstrategie angesehen werden. Sie sind nämlich weder rechtlich verbindlich noch **27**

106 Mienert Dezentrale Autonome Organisationen (DAOs) im Gesellschaftsrecht S. 103, 133; Braegelmann/Kaulartz Smart Contracts-HdB/Mann § 17 Rn. 12.

107 Zweites Hinweisschreiben der BaFin zu Prospekt- und Erlaubnispflichten im Zusammenhang mit der Ausgabe sogenannter Krypto-Token, S. 1, https://www.bafin.de/SharedDocs/Downloads/DE/Merkblatt/WA/dl_wa_merkblatt_ICOs.html (zuletzt abgerufen am 29.11.2024).

108 BaFin-Auslegungsschreiben; Langenbucher/Bliesener/Spindler 39. Kap. Rn. 73.

109 Mienert Dezentrale Autonome Organisationen (DAOs) im Gesellschaftsrecht S. 122, 124, 125.

110 Mienert Dezentrale Autonome Organisationen (DAOs) im Gesellschaftsrecht S. 119.

111 Vig BKR 2024, 183 (188).

112 BaFin-Auslegungsschreiben; BT-Drs. 791/12, 365; Langenbucher/Bliesener/Spindler 39. Kap. Rn. 73.

113 BT-Drs. 791/12, 365; Langenbucher/Bliesener/Spindler 39. Kap. Rn. 49.

114 Vig BKR 2024, 183 (188).

115 BaFin-Auslegungsschreiben, ESMA/2013/611, S. 7; Langenbucher/Bliesener/Spindler 39. Kap. Rn. 73.

116 BaFin-Auslegungsschreiben; ESMA/2013/611, S. 8; Langenbucher/Bliesener/Spindler 39. Kap. Rn. 73.

117 BaFin-Auslegungsschreiben; BT-Drs. 791/12, 365; ESMA/2013/611, S. 7; EBJS/Paefgen KAGB § 1 Rn. 20.

118 BaFin-Auslegungsschreiben; BT-Drs. 791/12, 365; Ellenberger/Bunte BankR-HdB/Köndgen/Schmies § 93 Rn. 74; EBJS/Paefgen KAGB § 1 Rn. 20; zum Meinungsstreit bzgl. Blind Pools vgl. Rn. 22.

119 Langenbucher/Bliesener/Spindler 39. Kap. Rn. 73; BaFin-Auslegungsschreiben.

120 Vig BKR 2024, 183 (188).

121 Bspw. Discord, Twitter bzw. Telegram, vgl. Mienert, Dezentrale Autonome Organisationen (DAOs) im Gesellschaftsrecht S. 166.

122 Vgl. BitDAO zu Token Swaps, BIT Purchase Programs sowie zur Unterstützung von BIT-basierten Produkten als mögliche Investitionsziele.

hinreichend detailliert und werden erst durch die jeweiligen (Investitions-)Vorschläge – die häufig sogar auch von Nichtmitgliedern eingebracht werden können – konkretisiert.[123]

28 Allerdings erscheint hierbei eine weite Auslegung geboten. Zum einen würde eine enge Auslegung den persönlichen Anwendungsbereich des KAGB nicht unerheblich verkürzen und damit den vom Gesetz bezweckten Anlegerschutz schmälern.[124] Zum anderen verfügen auch Blind Pool-Fonds, die dem KAGB grundsätzlich unterfallen[125], nur über eine allgemeine, den von den ESMA-Leitlinien geforderten Detaillierungsgrad regelmäßig nicht erreichende Anlagestrategie.[126] Somit liegt es nahe, Investmentgrundsätze von DAOs ebenfalls ausreichen zu lassen. Etwaige, sich aus der fehlenden Konkretisierung der Anlagegrundsätze ergebenden Unzulänglichkeiten können notwendigenfalls mit den Mitteln des Aufsichtsrechts begegnet werden.[127]

29 Unter Berücksichtigung der vorstehenden Ausführungen kann die Prüfung des Merkmals der festgelegten Anlagestrategie je nach Handhabung der ESMA-Leitlinien zu unterschiedlichen Ergebnissen kommen. Inwieweit dies eine relevante Auswirkung auf die Einordnung von Investment-DAOs als Investmentvermögen hat, bleibt allerdings abzuwarten.[128]

6. Investition zum Nutzen der Anleger

30 Ferner muss das eingesammelte Kapital zum Nutzen der Anleger[129] – und nicht zum Nutzen des eigenen Unternehmens – investiert werden.[130] Demnach darf der Organismus nicht mit eigener Gewinnerzielungsabsicht agieren.[131] Diesbezüglich ist nicht auf die Kapitaleinwerbung bzw. auf die ICO selbst,[132] sondern auf die eigentliche Haupttätigkeit des Organismus abzustellen. Da die Haupttätigkeit von Investment-DAOs grundsätzlich darauf gerichtet ist, einen Nutzen gerade für die Mitglieder-Investoren zu erzielen, wird eine Investition zum Nutzen der Anleger in der Regel zu bejahen sein. Im Einzelfall kann allerdings eine Abgrenzung zu DAOs mit operativem Tätigkeitsschwerpunkt erforderlich sein.[133]

7. Fremdverwaltung

31 Als ungeschriebene Voraussetzung muss das eingesammelte Kapital einer Fremdverwaltung unterstellt werden.[134] Das heißt, dass die Anlageentscheidungen im Wesentlichen der Fondsverwaltung vorbehalten bleiben müssen.[135] Bloße Vetorechte und Befugnisse, verbindliche Beschlüsse über die Grundlagen des Vehikels oder über sonstige wichtige Gegen-

---

[123] Vig BKR 2024, 183 (189).

[124] Ellenberger/Bunte BankR-HdB/Köndgen/Schmies § 93. Investmentgeschäft Rn. 74; Vig BKR 2024, 183 (189).

[125] ESMA/2013/611, S. 8; Langenbucher/Bliesener/Spindler 39. Kap. Rn. 73; zur Gegenmeinung vgl. EBJS/Paefgen KAGB § 1 Rn. 23 mwN; Greisbach, Die Regulierung geschlossener Blind Pool-Fonds im Rahmen der Kapitaleinwerbung, S. 83, https://docserv.uni-duesseldorf.de/servlets/DerivateServlet/Derivate-40640/Stella%20Greisbach%20Blind%20Pools.pdf (zuletzt abgerufen am 29.11.2024).

[126] Ellenberger/Bunte BankR-HdB/Köndgen/Schmies § 93 6. Rn. 74.

[127] Vig BKR 2024, 183 (189).

[128] Vig BKR 2024, 183 (189).

[129] EBJS/Paefgen KAGB § 1 Rn. 26; Langenbucher/Bliesener/Spindler, 39. Kap. Rn. 75.

[130] EBJS/Paefgen KAGB § 1 Rn. 29; Langenbucher/Bliesener/Spindler 39. Kap. Rn. 75; Ellenberger/Bunte BankR-HdB/Köndgen/Schmies § 93 Rn. 69.

[131] BaFin-Auslegungsschreiben; Langenbucher/Bliesener/Spindler 39. Kap. Rn. 75; Ellenberger/Bunte BankR-HdB/Köndgen/Schmies § 93 Rn. 69.

[132] Zum Unterschied zu ICOs zur Unternehmensfinanzierung, wobei das betreffende Unternehmen nicht als DAO anzusehen ist, vgl. Maume/Maute Kryptowerte-HdB/Zickgraf § 11 Rn. 110.

[133] Vig BKR 2024, 183 (189).

[134] EBJS/Paefgen KAGB § 1 Rn. 26; Langenbucher/Bliesener/Spindler 39. Kap. Rn. 65. ff.; ESMA/2013/611, S. 6.

[135] Langenbucher/Bliesener/Spindler 39. Kap. Rn. 66; EBJS/Paefgen KAGB § 1 Rn. 29; Graf zu Solms/Mihova DStR 2015, 1872 (1874); Zetzsche/Preiner WM 2013, 2101 (2103).

stände fassen zu können, sind an sich unschädlich.[136] Ob Fremdverwaltung anzunehmen ist, richtet sich nach den Umständen des Einzelfalles. Hierbei kann die Anzahl der entscheidungsbefugten Personen, deren Verhältnis zum Rest der Anleger sowie der genaue Umfang der eingeräumten Befugnisse als Indiz herangezogen werden.[137]

Investment-DAOs verfügen in der Regel bereits über keine hinreichend verselbstständigte, 32
mit denen den „analogen" Investmentfonds vergleichbare Fondsverwaltung.[138] Das Vermögen der DAO wird vielmehr – als ein Fall der sog. typischen Eigenverwaltung – durch die Gesamtheit der Anleger verwaltet. Zwar werden in einigen DAOs Personen mit bestimmten Kontroll- und Organisationsfunktionen eingesetzt[139], jedoch beschränkt sich deren Tätigkeit in der Regel auf die Vorbereitung und Überwachung der Entscheidungsfindung.[140] Die Wahrnehmung solcher Funktionen bzw. Befugnisse stellt keine Fremdverwaltung dar, gleich ob diese Grundsatzentscheidungen über zulässige Investitionsgegenstände oder konkrete Investitionsentscheidungen betreffen.[141]

8. Kein operativ tätiges Unternehmen außerhalb des Finanzsektors

Ferner setzt § 1 KAGB voraus, dass es sich beim Organismus nicht um ein operatives 33
Unternehmen außerhalb des Finanzsektors handelt,[142] wobei sich ein gewisser Gleichlauf mit dem Merkmal Investition zum Nutzen der Anleger feststellen lässt (→ Rn. 30).[143] Erforderlich ist eine nicht lediglich untergeordnete,[144] von der Anlagestrategie abgrenzbare operative Tätigkeit.[145] Bedingt durch den schwerpunktmäßigen Investitionszweck liegt eine solche Tätigkeit bei Investment-DAOs grundsätzlich nicht vor. Bezüglich DAOs mit schwerpunktmäßig operativer Tätigkeit dürfte es wiederum bereits an dem Investmentcharakter sowie an der Erfüllung der weiteren Voraussetzungen des § 1 KAGB fehlen.[146]

IV. Sonstige kapitalmarktrechtliche Aspekte von Investment-DAOs

Unter Berücksichtigung der obigen Ausführungen ist davon auszugehen, dass die Mehrzahl 34
der derzeit existierenden DAOs nicht als Investmentvermögen iSd § 1 KAGB anzusehen ist. Hieran ändert auch der Umstand nichts, dass für die Einordnung als Investmentvermögen stets die Ausgestaltung der konkreten DAO maßgeblich ist.[147]

Allerdings kommt Investment-DAOs selbst bei Ablehnung ihrer Eigenschaft als Investmentvermögen grundsätzlich kapitalmarktrechtliche Relevanz zu, wobei wiederum zwischen dem Betrieb der DAO als solcher – Ausführung der Investment-DAO-typischen Investitionstätigkeit – und sonstigen Einzeltätigkeiten zu unterscheiden ist.

---

136 Langenbucher/Bliesener/Spindler 39. Kap. Rn. 66; Weitnauer/Boxberger/Anders/Volhard/Jang § 1 Rn. 9; Zetzsche/Preiner WM 2013, 2101 (2103 ff.).
137 Langenbucher/Bliesener/Spindler 39. Kap. Rn. 67; Weitnauer/Boxberger/Anders/Volhard/Jang § 1 Rn. 9; Zetzsche/Preiner WM 2013, 2101 (2103 ff.).
138 EBJS/Paefgen KAGB § 1 Rn. 30.
139 Maume/Maute Kryptowerte-HdB/Hoch § 7 Rn. 49; Braegelmann/Kaulartz Smart Contracts-HdB/Mann § 17 Rn. 5.
140 Braegelmann/Kaulartz Smart Contracts-HdB/Mann § 17 Rn. 1, 3, 30; vgl. bspw. BitDAO bzw. Uniswap, DashDAO.
141 Vig BKR 2024, 183 (189).
142 Klebeck/Dobrauz Rechtshandbuch Digitale Finanzdienstleistungen/Aschenbeck/Deffke 2. Kap. Rn. 299; BaFin-Auslegungsschreiben, ESMA/2013/601, S. 3; EBJS/Paefgen KAGB § 1 Rn. 31.
143 Langenbucher/Bliesener/Spindler, 39. Kap. Rn. 66, 73.
144 BaFin-Auslegungsschreiben; ESMA/2013/611, S. 3; EBJS/Paefgen KAGB § 1 Rn. 31, 34; Langenbucher/Bliesener/Spindler, 39. Kap. Rn. 77. zu den Abgrenzungs- und terminologischen Schwierigkeiten vgl. Ellenberger/Bunte BankR-HdB/Köndgen/Schmies § 93 Rn. 75. ff.
145 Ellenberger/Bunte BankR-HdB/Köndgen/Schmies § 93 Rn. 76; Merkt BB 2013, 1986 (1992); Conradi/Jander-McAlister WM 2014, 733 (742).
146 Vig BKR 2024, 183 (189).
147 Maume/Maute Kryptowerte-HdB/Zickgraf § 11 Rn. 111.

35 Bezüglich des Betriebs der DAO als solcher kommen insbesondere die Erlaubnistatbestände des KWG in Betracht. Die Finanzportfolioverwaltung iSd § 1 Abs. 1a Nr. 3 KWG ist zwar nicht einschlägig, da diese nur die individuelle Verwaltung erfasst,[148] während die Tätigkeit einer Investment-DAO grundsätzlich mit der kollektiven Verwaltung eines Investmentvermögens vergleichbar ist. Jedoch kann im Einzelfall eine Anlageverwaltung iSd § 1 Abs. 1a Nr. 11 KWG als eine – gegenüber der Verwaltung von Investmentvermögen iSd KAGB subsidiäre[149] – Form der kollektiven Verwaltung in Betracht kommen, sofern die Anlageobjekte als Finanzinstrumente iSd § 1 Abs. 11 KWG anzusehen sind[150] und die Governance-Regel einen Entscheidungsspielraum idS vorsehen. Die weiteren Voraussetzungen einer Erlaubnispflicht sowie die Ausnahmen gem. § 2 sowie § 32 KWG[151] sind allerdings in jedem Einzelfall zu prüfen.

36 Die Erlaubnistatbestände der MiCAR sind hingegen von vornherein nicht einschlägig. Bereits die Anwendbarkeit der MiCAR dürfte nicht gegeben sein, zumal die meisten Governance-Token, die diesbezüglich als Anknüpfungspunkt in Betracht kommen, aufgrund ihrer Aktienähnlichkeit als Finanzinstrumente iSd Richtlinie 2014/65/EU (MiFID II) anzusehen sein dürften.[152] Finanzinstrumente[153] sind jedoch aus dem sachlichen Anwendungsbereich der MiCAR gem. Art. 2 Abs. 4a ausdrücklich ausgenommen.[154]

Ungeachtet des sachlichen Anwendungsbereichs der Verordnung scheiden etwaige Erlaubnispflichten auch tatbestandlich aus. Insbesondere ist Art. 59 MiCAR nicht einschlägig, da Portfolioverwaltung iSd Art. 3 Abs. 1 Nr. 25 MiCAR ebenfalls eine individuelle Verwaltung auf Einzelkundenbasis voraussetzt.[155]

37 Auch sonstige Einzeltätigkeiten der DAO bzw. einzelne Aspekte deren Betriebs können kapitalmarktrechtliche Relevanz aufweisen. Dies gilt insbesondere für ICOs, die grundsätzlich als öffentliches Angebot im Sinne der Prospekt-VO anzusehen sind.[156] Da Governance-Token, die im Rahmen einer ICO der Investment-DAO angeboten werden, aufgrund ihrer Aktienähnlichkeit idR Wertpapiere iSd Prospekt-VO darstellen,[157] wird eine Prospektpflicht nach der Prospekt-VO bei Erfüllung der weiteren Voraussetzungen der Art. 3 ff. Prospekt-VO regelmäßig zu bejahen sein.[158]

---

[148] Fischer/Schulte-Mattler/Schäfer KWG § 1 Rn. 159; RegBegr. zur Sechsten KWG-Novelle, BT-Drs. 13/7142, 66; BVerwG BKR 2005, 200; ZIP 2011, 114; BGH WM 2011, 17 (19) = BKR 2011, 65; Hinweise der BaFin zum Tatbestand der Finanzportfolioverwaltung, https://www.bafin.de/SharedDocs/Veroeffentlichungen/DE/Merkblatt/mb_091208_tatbestand_finanzportfolioverwaltung.html (zuletzt abgerufen am 29.11.2024); vgl. auch § 2 Abs. 8 S. 1 Nr. 7 WpHG und § 2 Abs. 2 Nr. 9 WpIG.

[149] Fischer/Schulte-Mattler/Schäfer KWG § 1 Rn. 94; Hinweise der BaFin zum Tatbestand der Finanzportfolioverwaltung, https://www.bafin.de/SharedDocs/Veroeffentlichungen/DE/Merkblatt/mb_091208_tatbestand_finanzportfolioverwaltung.html (zuletzt abgerufen am 29.11.2024).

[150] Die Eigenschaft der Governance Token als Finanzinstrument bzw. als Kryptowert ist diesbezüglich ohne Belang, da die Investitions- bzw. Haupttätigkeit der DAO nicht auf den Governance Token gerichtet ist (aA Hahnemann/Müller, Automatisierte Governance in der Ära der Blockchain-Technologie Rn. 242.).

[151] Vgl. bspw. Merkblatt Ausnahme für Kapitalverwaltungsgesellschaften, https://www.bafin.de/SharedDocs/Veroeffentlichungen/DE/Merkblatt/mb_130723_ausnahme_kapitalverwaltungsgesellschaften.html;jsessionid=9631F00581645EF4D7870F3B59BDE194.internet971 (zuletzt abgerufen am 29.11.2024).

[152] Assmann/Schütze/Buck-Heeb KapAnlR-HdB § 17 Rn. 15; Behme/Zickgraf ZfPW 2019, 66 (69); Maume/Maute Kryptowerte-HdB/Zickgraf § 11 Rn. 51, 52. Eine Ausnahme wird für Governance Token angenommen, die ausschließlich Mitbestimmungs-und/oder Teilhaberechte gewähren.

[153] Zum Begriff des Finanzinstruments iSd MiCAR s. Art. 3 Abs. 1 Nr. 49 MiCAR iVm Art. 4 Abs. 1 Nr. 15 der Richtlinie 2014/65/EU.

[154] MiCAR, Erwgr. 3, 9.

[155] MiCAR, Erwgr. 89.

[156] Zweites Hinweisschreiben der BaFin zu Prospekt- und Erlaubnispflichten im Zusammenhang mit der Ausgabe sogenannter Krypto-Token, S. 9, https://www.bafin.de/SharedDocs/Downloads/DE/Merkblatt/WA/dl_wa_merkblatt_ICOs.html (zuletzt abgerufen am 29.11.2024).

[157] Zu den Kriterien vgl. auch Höhlein/Weiß RdF 2019, 116 (119); Hahn/Wilkens ZBB/JBB 10 (15).

[158] Kleinert/Mayer EuZW 2019, 857 (861); Behme/Zickgraf ZfPW 2019, 66 (69); Maume/Maute Kryptowerte-HdB/Zickgraf § 11 Rn. 51, 54; Weitnauer Venture Capital-HdB Teil D. Rn. 122; aA Assmann/Schütze/Buck-Heeb KapAnlR-HdB § 17 Rn. 15.

Allerdings unterscheiden sich diese Tätigkeiten in technisch-praktischer Hinsicht nicht wesentlich von denen, die auch bei vergleichbaren – „analogen" oder „digitalen" – Akteuren zu beobachten sind. Dies gilt insbesondere für ICOs, die auch jenseits von DAOs grds. im Internet auf ähnliche Art und Weise abgewickelt werden.[159] Auch der jeweilige gesetzgeberische Zweck – wie bspw. Anlegerschutz – gebietet grundsätzlich keine andere Handhabung. Deshalb kann diesbezüglich auf die einschlägigen allgemeinen Ausführungen verwiesen werden.[160]

V. Fazit

Wie vorstehend ausgeführt, dürften die meisten derzeit existierenden Investment-DAOs nicht als Investmentvermögen iSd KAGB anzusehen sein. Nichtsdestotrotz haben sie jedenfalls im Hinblick auf bestimmte Aspekte ihrer Tätigkeit kapitalmarktrechtliche Relevanz. Auch ist nicht auszuschließen, dass sich Investment DAOs mittel- und langfristig als neue bzw. zusätzliche Form von Investmentvermögen etablieren. Zum einen können Investment-DAOs zur Erhöhung der Rechtssicherheit bzw. des Anlegervertrauens bewusst dem KAGB unterstellt werden. Zum anderen können Investmentfonds iSd KAGB dezentralisiert auf der Blockchain aufgelegt werden, um aktuell bestehende Defizite der analogen bzw. zentralisierten Verwaltung zu beheben. Die technischen Merkmale der Blockchain (→ § 5 Rn. 8) – dezentrale Struktur sowie automatische Ausführung der Entscheidungen durch Smart Contracts (→ § 52 Rn. 11) – bieten hierzu vielversprechende Möglichkeiten. **38**

Aus § 1 KryptoFAV folgt, dass Blockchain-basierte oder jedenfalls Blockchain-gestützte Investmentfonds dem gesetzgeberischen Willen grundsätzlich nicht widersprechen. Vielmehr kann die Möglichkeit, Fondsanteile auf der Blockchain herauszugeben (vgl. § 1 KryptoFAV), als erster Schritt auf dem Weg zur Auflegung von vollständig auf der Blockchain verwalteten Investmentfonds angesehen werden. **39**

§ 13 GWG-Compliance bei DAOs

Übersicht

[159] Maume/Maute Kryptowerte-HdB/Zickgraf § 11 Rn. 1 ff.; Hacker/Thomale ECFR 2018, 645; Zickgraf AG 2018, 293; Zweites Hinweisschreiben der BaFin zu Prospekt- und Erlaubnispflichten im Zusammenhang mit der Ausgabe sogenannter Krypto-Token, S. 1, https://www.bafin.de/SharedDocs/Downloads/DE/Merkblatt/WA/dl_wa_merkblatt_ICOs.html (zuletzt abgerufen am 29.11.2024).

[160] Vgl. bspw. Kleinert/Mayer EuZW 2019, 857 (861); Behme/Zickgraf ZfPW 2019, 66 (69); Maume/Maute Kryptowerte-HdB/Zickgraf § 11 Rn. 51, 54; Weitnauer Venture Capital-HdB Teil D. Rn. 122. Höhlein/Weiß RdF 2019, 116 (117).

Schrifttum:

Achtelik, Das neue EU-Recht zur Bekämpfung von Geldwäsche und Terrorismusfinanzierung, BKR 2024, 353–362; Achenbach/Ransiek/Rönnau WirtschaftsStrafR-HdB/, 6. Aufl. 2024; Boos/Fischer/Schulte-Mattler, Kreditwesengesetz, 5. Aufl. 2016; Cirener et al., Leipziger Kommentar, Band 13, 13. Aufl. 2022, § 261 Rn. 15; Dombert/Witt, MAH AgrarR, 3. Aufl. 2022; Eisele, Tübinger Kommentar zum Strafgesetzbuch, 31. Aufl. 2025; Ellenberger/Bunte, Bankrechts-Handbuch, 6. Auflage 2022; Englisch/Krüger, Zur Völkerrechtswidrigkeit extraterritorialer Effekte der französischen Finanztransaktionssteuer, IStR 2013, 513–519; Erb/Schäfer, MüKoStGB, Band 4, 4. Aufl. 2021; Erbs/Kohlhaas, Strafrechtliche Nebengesetze, 255. EL Januar 2025; Fleischer, Ein erstes Rechtskleid für die Decentralized Autonomous Organization: Die Wyoming DAO LLC – Vorbild auch für Deutschland?, ZIP 2021, 2205– 2214; Gehling/Lüneborg, Pflichten des Güterhändlers nach dem Geldwäschegesetz, NZG 2020, 1164–1173; Golz/Berlage, Metaverse und Recht: Urheberrecht, GRUR-Prax 2023, 513–516; Haffke/Wende, Kontosperrung nach Geldwäscheverdachtsmeldung, BKR 2024, 318–322; Hartmann, Internationale Finanzströme Und Geldwäsche: Eine Spiegelbildliche Phänomenologie Sicherheitsarchitektonischer Legislation." Kritische Justiz, vol. 40, no. 1, 2007, 2–21; Hartmann, Grundwissen – Öffentliches Recht: Pflichtigkeit im Polizei- und Ordnungsrecht, JuS 2008, 593–595; Hahn, Die Decentralized Autonomous Association (DAA), NZG 2022, 684–694; Herzog, GWG, 5. Aufl. 2023; Heckel, Scherbenmeer im Karneval, NVwZ 2012, 88– 92; Hoeren/Sieber/Holznagel MultimediaR-HdB/Möllenkamp, 62. EL Juni 2024; Hohn-Hein/Barth, Immaterialgüterrechte in der Welt von Blockchain und Smart Contract, GRUR 2018, 1089–1096; Huck, Extraterritorialität US-amerikanischen Rechts im Spannungsverhältnis zu nationalen, supranationalen und internationalen Rechtsordnungen, NJOZ 2015, 993–1001; Jarass, Probleme der extraterritorialen Geltung verwaltungsrechtlicher Gesetze am Beispiel des neuen Geldwäschegesetzes, RIW 2017, 642–650; Joecks/Jäger/Randt, Steuerstrafrecht, 9. Aufl. 2023; Kindhäuser et al., Strafgesetzbuch, 6. Aufl. 2023; Klaas, Geldwäsche und dezentrale autonome Organisationen (DAO), BKR 2023, 162–171; Lackner/Kühl/Heger, Strafgesetzbuch, 30. Aufl. 2023; Leitner/Rosenau, Wirtschafts- und Steuerstrafrecht, 2. Aufl. 2022; Mann, Die Decentralized Autonomous Organization – ein neuer Gesellschaftstyp?, NZG 2017, 1014–1020; Maume/Haffke/Zimmermann, Bitcoin versus Bargeld – Die geldwäscherechtliche Verpflichtung von Güterhändlern bei Zahlungen mit Kryptowährungen, CCZ 2019, 149–157; Mienert, Wyomings DAO-Gesetz, RDi 2021, 384–392; Momsen/Grützner WirtschaftsSteuerStrafR-HdB, 2. Aufl. 2020; Neuheuser, Die Strafbarkeit des Geldwäschebeauftragten wegen Geldwäsche durch Unterlassen bei Nichtmelden eines Verdachtsfalles gemäß § 11 Abs. 1 GwG, NZWiSt 2015, 241–245; Poscher/Rusteberg, Die Klausur im Polizeirecht, JuS 2011, 1082–1087; Satzger/Schluckebier/Werner, Strafgesetzbuch, 6. Aufl. 2024; Simmchen, Blockchain (R)Evolution, MMR 2017, 162–165; Spindler, Blockchaintypen und ihre gesellschaftsrechtliche Einordnung, RDi 2021, 309–317; Steege/Chibanguza, Metaverse, 1. Aufl. 2023; Säcker et al., MüKoBGB, 8. Aufl. 2021, Band 13; Teichmann, Digitalisierung und Gesellschaftsrecht, ZfPW 2019, 247–272; von Heintschel-Heinegg, BeckOK StGB, 63. Ed. 1.11.2024; Wobst/Ackermann, Der Zweckveranlasser wird 100 – Ein Grund zum Feiern? JA 2013, 916–920; Zentes/Glaab, GwG, 2. Aufl. 2020 und 3. Aufl. 2022.

I. Einleitung

1 Der Austausch von Vermögenswerten ist ein häufiger Zweck einer DAO (Definition → § 6 Rn. 1 f.). Solche DAOs bergen – wie jeder herkömmliche Handelsplatz auch – das Risiko, dass inkriminierte Vermögenswerte in den legalen Wirtschaftskreislauf eingeführt werden. Sprich: ein Geldwäscherisiko (siehe zum Geldwäscherisiko und Compliance bei NFT und Kryptowährungen → § 28 Rn. 1 ff. und → § 46 Rn. 1 ff.). Je nach ihrer konkreten Ausgestaltung bergen DAOs sogar gesteigerte Geldwäscherisiken. Können die Mitglieder einer DAO bzw. sonstige Dritte pseudonym oder sogar anonym miteinander interagieren, lädt dies förmlich zu Missbrauch ein. Durch die fehlende Identifizierbarkeit der Kontrahenten entziehen sich die Transaktionen der aufsichtsbehördlichen Kontrolle. Daneben erschwert ihre Dezentralität den behördlichen Rückgriff auf einen konkreten Verantwortlichen. Ebenso lässt sich der Selbstvollzug eines dezentralisiert gespeicherten Smart-Contracts (→ § 52 Rn. 1 ff.) nur unter großem Aufwand bzw. ab einem bestimmten Grad an Dezentralität überhaupt nicht stoppen.

Die Aufsichtsbehörden und der (Unions-)Gesetzgeber haben diese Risiken erkannt. Die Bundesanstalt für Finanzdienstleistungsaufsicht (BaFin) weist ausdrücklich auf die geldwäscherechtliche Regulierung von DAOs hin.[1] Das Europäische Parlament hat das unionsrechtliche Geldwäscherecht im Jahr 2024 umfassend überarbeitet. Im Gesetzgebungsprozess zum Erlass der Verordnung 2024/1624 vom 31.5.2024 zur Verhinderung der Nutzung des Finanzsystems für Zwecke der Geldwäsche oder der Terrorismusfinanzierung (AML-VO)[2] schlug das Europäische Parlament im Rahmen der ersten Lesung die Aufnahme eines Erwägungsgrunds vor (Bericht – A9-0151/2023)[3]. Danach sollen 2

„dezentrale autonome Organisationen (DAO) und andere Strukturen des dezentralen Finanzsektors (DeFi) (…) ebenfalls den Vorschriften der Union zur Bekämpfung von Geldwäsche und Terrorismusfinanzierung unterliegen, sofern sie für oder im Namen einer anderen Person Krypto-Dienstleistungen erbringen oder anbieten, die von bestimmbaren natürlichen und juristischen Personen direkt oder indirekt, unter anderem durch Smart Contracts oder Abstimmungsprotokolle, kontrolliert werden. (…) Entwickler, Eigentümer oder Betreiber, die in den Anwendungsbereich der vorliegenden Verordnung fallen, sollten vor der Einführung oder Nutzung einer Software oder Plattform die Risiken der Geldwäsche und Terrorismusfinanzierung bewerten und geeignete Maßnahmen ergreifen, um die Risiken der Geldwäsche und Terrorismusfinanzierung kontinuierlich und zukunftsorientiert zu mindern."

Diese Formulierungen wurden nicht ausdrücklich in die spätere Endfassung der Erwägungsgründe der AML-VO aufgenommen, gleichwohl spiegeln sie sich in Erwgr. 7 AML-VO in abstrakter Form wider.

II. Rechtsrahmen

Aus einer deutschen Perspektive ist das Geldwäschegesetz (GwG) maßgeblich. 3

1. Unionsrechtlicher Einfluss und Blick in die Zukunft

Das GwG ist stark unionsrechtlich geprägt. Der Unionsgesetzgeber hat durch die Geldwäsche-Richtlinie (RL 2015/849[4]) – und ihre zahlreichen Aktualisierungen[5] – die regulatorische Landschaft innerhalb der EU und des EWR stark aneinander angeglichen. 4

Nunmehr bahnt sich jedoch ein Richtungswechsel an. Zeitgleich zur sechsten Geldwäscherichtlinie (RL 2024/1640[6]) ist die bereits angesprochene AML-VO in Kraft getreten. Damit greift der Unionsgesetzgeber zum ersten Mal zum Mittel der Verordnung. Konsequenz: die Vorgaben der AML-VO werden in den Mitgliedsstaaten unmittelbar anwendbar sein (Art. 288 Abs. 2 AEUV) und das GwG – in großen Teilen – durch ihren Anwendungsvorrang (Art. 4 Abs. 3 EUV) verdrängen. 5

---

1 BaFin, Decentralised Finance („DeFi") und DAOs, 1.9.2022 (abrufbar unter: https://www.bafin.de/DE/Aufsicht/FinTech/Geschaeftsmodelle/DLT_Blockchain_Krypto/DAOS/DAOS_node.html (zuletzt abgerufen am: 2.1.2025).

2 Abrufbar unter: https://eur-lex.europa.eu/legal-content/DE/TXT/?uri=CELEX:32024R1624 (zuletzt abgerufen am: 2.1.2025).

3 EU Parlament, Bericht – A9-0151/2023, Änderungsantrag 8 (abrufbar unter: https://www.europarl.europa.eu/doceo/document/A-9-2023-0151_DE.html#_section2 (zuletzt abgerufen am: 2.1.2025).

4 RL (EU) 2015/849 vom 20.5.2015 zur Verhinderung der Nutzung des Finanzsystems zum Zwecke der Geldwäsche und der Terrorismusfinanzierung, abrufbar unter: https://eur-lex.europa.eu/legal-content/DE/TXT/?uri=CELEX:32015L0849 (zuletzt abgerufen am: 2.1.2025).

5 Die letzte bereits umgesetzte ist die fünfte Geldwäsche-Richtlinie vom 30.5.2018 (RL (EU) 2018/843, abrufbar unter: https://eur-lex.europa.eu/legal-content/DE/TXT/PDF/?uri=CELEX:32018L0843&from=DE; zuletzt abgerufen am: 2.1.2025). Eine chronologische Darstellung findet sich unter: Herzog/Figura, 5. Aufl. 2023, GWG § 1 Rn. 1 ff.

6 RL (EU) 2024/1640 vom 31.5.2024 über die von den Mitgliedstaaten einzurichtenden Mechanismen zur Verhinderung der Nutzung des Finanzsystems für Zwecke der Geldwäsche oder der Terrorismusfinanzierung, abrufbar unter: https://eur-lex.europa.eu/legal-content/DE/TXT/?uri=CELEX:32024L1640 (zuletzt abgerufen am: 2.1.2025).

6 Das ist jedoch ein Blick in die regulatorische Zukunft. Gegenwärtig bildet in Deutschland nach wie vor das GwG den rechtlichen Rahmen. Denn die AML-VO findet erst zum 10.7.2027 (bzw. teilweise erst zum 10.7.2029) Anwendung (Art. 90 AML-VO).

7 Da sich die grundsätzlichen Prinzipien und Pflichten im gegenwärtigen GwG und der AML-VO jedoch decken[7], bilden die bereits jetzt geschaffenen Strukturen eine gute Grundlage für die zum 10.7.2027 anwendbar werdenden unionsrechtlichen Pflichten.

2. Regelungszweck und Rechtscharakter des GwG

8 Das GwG verfolgt zwei Ziele: zum einen sollen Geldwäsche- und Terrorismusfinanzierung verhindert werden (präventiv) und zum anderen sollen entsprechende Verstöße leichter ermittelt werden können (repressiv).[8] Zu diesem Zweck verpflichtet das GwG die Personen, die typischerweise an der Schnittstelle zum legalen Wirtschaftsverkehr zu Geldwäschezwecken missbraucht werden, zu organisatorischen Abwehr- und Dokumentationsmaßnahmen.[9] Das GwG ist damit materielles Verwaltungsrecht.[10] Die auf die Verhinderung von Geldwäschehandlungen gerichteten Regelungen sind als Gefahrenabwehrrecht zu klassifizieren.[11]

9 Entsprechendes gilt für den Straftatbestand der Geldwäsche (§ 261 StGB), der den Kernbegriff der „Geldwäsche" im GwG definiert (§ 1 Abs. 1 GwG). Dieser wurde zum 18.3.2021 stark ausgeweitet. Als sog. Vortaten – also Straftaten, aus denen geldwäschetaugliche Gegenstände herrühren können – kommen nun alle Straftaten in Betracht (all-crimes-approach). Über das Merkmal der „Leichtfertigkeit" (§ 261 Abs. 6 S. 1 StGB) werden die (Sorgfalts-)Pflichten aus dem GwG wiederum mit dem Straftatbestand verknüpft (hierzu: → Rn. 35 ff.).

III. GwG und DAO

Der folgende Beitrag liefert einen Überblick zu den in der Praxis relevanten Fragen:
- Unter welchen Voraussetzungen fällt eine DAO in den Anwendungsbereich des deutschen GwG (→ Rn. 10)?
- Welche Pflichten treffen eine DAO in diesem Fall (→ Rn. 31)?
- Wie können diese Pflichten in der Praxis durch Verpflichtete wahrgenommen werden (→ Rn. 42)?
- Wie können diese Pflichten durch Aufsichtsbehörden durchgesetzt werden (→ Rn. 51)?
- Welche Konsequenzen folgen aus Verstößen (→ Rn. 63)?

1. Anwendbarkeit des GwG auf DAOs

10 Die sachliche und die personelle Anwendbarkeit des GwG bestimmt sich über die Tätigkeit. Die territoriale Anwendbarkeit richtet sich wiederum zumeist nach dem Sitz/Aufenthaltsort des Rechtsträgers einer DAO. Das führt zu der – zunächst nicht besonders intuitiv erscheinenden – Konsequenz, dass die räumliche Anwendbarkeit erst in einem dritten Schritt (→ Rn. 17) nach der sachlichen (→ Rn. 11) und personellen (→ Rn. 15) Anwendbarkeit geprüft werden kann.

[7] Siehe hierzu: Achtelik BKR 2024, 353 (356).
[8] Ellenberger/Bunte BankR-HdB/Allgayer, 6. Auflage 2022, § 11 Rn. 193.
[9] Ellenberger/Bunte BankR-HdB/Allgayer, 6. Auflage 2022, § 11 Rn. 193.
[10] Jarass RIW 2017, 642 (642, 646); Hartmann, Internationale Finanzströme und Geldwäsche, S. 8; Momsen/Grützner WirtschaftsSteuerStrafR-HdB/Boerger, 2. Aufl. 2020, Kap. 10 Rn. 12; Zentes/Glaab/Kaetzler, 2. Aufl. 2020, GwG § 1 Rn. 2; Maume/Haffke/Zimmermann CCZ 2019, 149 (155); Herzog/Herzog/Achtelik, 5. Aufl. 2023, GWG Einl. Rn. 95, 156, 159, 163; BT-Wissenschaftliche Dienste, WD 4–3000-029/21 und WD 7–3000-030/21, S. 4. Siehe hierzu bereits: Klaas BKR 2023, 162 (164 f.).
[11] Klaas BKR 2023, 162 (165).

a) Sachliche Anwendbarkeit

11 Der Katalog der Verpflichteten ist abschließend in § 2 Abs. 1 GwG aufgezählt. Anknüpfungspunkt sind Tätigkeiten, die der (Unions-)Gesetzgeber als häufige Schnittstelle für Geldwäschehandlungen identifiziert.

12 Vor die Klammer gezogen gilt: alle in § 2 Abs. 1 GwG genannten Personen müssen „in Ausübung ihres Gewerbes oder Berufs" handeln. Das ist in systematischer Anlehnung an § 1 Abs. 4 GwG der Fall, wenn eine „geschäftsspezifische" Handlung vorgenommen wird.[12] Eine die Anwendbarkeit des GwG auslösende Handlung muss einen „unmittelbaren Sachzusammenhang" bzw. eine „innere Konnexität" zu den in § 2 Abs. 1 GwG aufgezählten Tätigkeiten aufweisen.[13]

Nicht erfasst werden Tätigkeiten, die
– lediglich „bei Gelegenheit" des Gewerbes/Berufs vorgenommen werden[14],
– lediglich der Unterstützung des Gewerbes/Berufs dienen[15] und
– rein private Tätigkeiten darstellen[16].

13 Der in der Praxis sehr relevante – da sehr weit zu verstehende – „Güterhändler" aus § 2 Abs. 1 Nr. 16 GwG wird unter der AML-VO nicht mehr verpflichtet (Erwgr. 18 Satz 4 AML-VO[17]). Gleichwohl könnten die Mitgliedsstaaten über dieses Regelungsniveau hinausgehen (Erwgr. 18 Satz 1 AML-VO).

14 Ein Überblick über die einzelnen Verpflichteten aus § 2 Abs. 1 GwG und zur Auslegung der entsprechenden Voraussetzungen findet sich in den Standardkommentaren.[18]

b) Personelle Anwendbarkeit

15 Die Anforderungen aus dem GwG treffen den „Verpflichteten" aus § 2 Abs. 1 GwG. Das ist der Rechtsträger, der die dort aufgezählte(n) Tätigkeit(en) ausübt bzw. an dieser mitwirkt. Das GwG ist insoweit rechtsträgerneutral. Verpflichtet werden können natürliche Personen, Personengesellschaften oder juristische Personen. Damit beginnen bei einer DAO jedoch die Probleme erst. Wer der Rechtsträger einer DAO ist – und wo dieser sitzt – wird von Mann unter → § 7 2 Rn. 1 ff. und Mienert unter → § 8 Rn. 1 ff. dargestellt.

16 Welche weiteren Rechtsträger aus § 2 Abs. 1 GwG „verpflichtet" werden, wird unter → Rn. 52 ff. dargestellt.

c) Territoriale Anwendbarkeit[19]

17 Das GwG kann nur Sachverhalte erfassen, die einen ausreichenden Bezugspunkt zum deutschen Territorium aufweisen. Das ergibt sich zunächst aus dem Territorialitätsgrundsatz und dem völkerrechtlichen Erfordernis einen „genuin-links"[20].

Dieser „genuin-link" zum deutschen Staatsgebiet könnte bei Ausführungsakten einer DAO sowohl über den Handlungsort (→ Rn. 18 ff.) als auch über den Erfolgsort (→ Rn. 27 ff.) begründet werden.

[12] Herzog/Figura, 5. Aufl. 2023, GWG § 1 Rn. 29.
[13] BT-Drs. 16/9038, 29 (abrufbar unter: https://dserver.bundestag.de/btd/16/090/1609038.pdf (zuletzt abgerufen am: 2.1.2025); vgl. Herzog/Figura, 5. Aufl. 2023, GWG § 1 Rn. 29.
[14] Vgl. BT-Drs. 16/9038, 29.
[15] BT-Drs. 16/9038, 29; Herzog/Figura, 5. Aufl. 2023, GWG § 1 Rn. 29.
[16] Erbs/Kohlhaas/Häberle, 255. EL Januar 2025, GwG § 2 Rn. 2; Ellenberger/Bunte BankR-HdB/Allgayer, 6. Auflage 2022, § 11 Rn. 193.
[17] Erwgr. 18 Satz 4 AML-VO: „Folglich müssen Personen, die mit Gütern handeln, den Verpflichtungen zur Bekämpfung von Geldwäsche und Terrorismusfinanzierung nicht mehr unterliegen, mit Ausnahme von Personen, die mit Edelmetallen, Edelsteinen, anderen hochwertigen Gütern und Kulturgütern handeln.".
[18] Herzog/Figura, 5. Aufl. 2023, GWG § 2 Rn. 3 ff.; Zentes/Glaab/Kaetzler, 3. Aufl. 2022, GwG § 2 Rn. 1 ff.
[19] Die folgenden Überlegungen wurden erstmals in Klaas BKR 2023, 162 (163 f.) veröffentlicht. Struktur und Fundstellen orientieren sich an diesem Aufsatz.
[20] Englisch/Krüger IStR 2013, 513 (515); Huck NJOZ 2015, 993 (994); MüKoBGB/Lehmann, 8. Aufl. 2021, Band 13, A. Grundlagen Rn. 118.

18 **aa) Handlungsort.** Für den Rückgriff auf den Handlungsort spricht, dass dort die zu regulierende gefahrgeneigte Tätigkeit tatsächlich ausgeübt wird. Durch die räumliche Nähe kann die zuständige Aufsichtsbehörde die Aufsicht effektiv ausüben.[21]

19 **(1) Bestimmung über den Verwaltungssitz bzw. Aufenthaltsort.** Zur Bestimmung des Handlungsortes kann zunächst an den tatsächlichen Aufenthaltsort der handelnden juristischen/natürlichen Personen angeknüpft werden.

20 Das GwG möchte Personen verpflichten, die sich im Inland aufhalten. Das ergibt sich aus einem Umkehrschluss zu § 2 Abs. 1 GwG. Danach werden von Unternehmen die im Ausland sitzen nur die „im Inland gelegene Zweigstellen und Zweigniederlassungen" erfasst (bspw. § 2 Abs. 1 Nr. 1 Var. 2 und Nr. 2 Var. 2 GwG).[22]

21 Soweit an die tatsächliche Ausübung der gefahrgeneigten Tätigkeit angeknüpft werden soll, bestimmt sich der Unternehmenssitz nach dem Verwaltungssitz des Rechtsträgers der DAO. Der Verwaltungssitz ist dort, wo die grundlegenden Entscheidungen der Gesellschaftsleitung effektiv in laufende Geschäftsführungsakte umgesetzt werden.[23] Der rein formelle Gründungs- oder Satzungssitz ist irrelevant.[24]

22 Bei natürlichen Personen ist der physische Aufenthaltsort maßgeblich.

23 **(2) Bestimmung über die Konzentrationsdichte der Nodes.** Soweit bei einer vollständig dezentralisierten DAO kein zentraler Verwaltungssitz mehr existiert[25], stößt das gesellschaftsrechtliche Konzept an seine Grenzen. Da die Ausführungsakte einer DAO zwingend auf die Validierung durch eine ausreichende Anzahl an Nodes angewiesen sind, könnte der faktische Handlungsort über den physischen Aufenthaltsort der Nodes ermittelt werden.

24 Die SEC knüpft in SEC ./. Ian Balina (unter anderem) an den Ort an, in dem sich die „höchste Konzentrationsdichte" der Nodes befindet:

„At that point, their ETH contributions were validated by a network of nodes on the Ethereum blockchain, which are clustered more densely in the United States than in any other country. As a result, those transactions took place in the United States."[26]

Praxishinweis:

DAOs auf der Ethereum-Blockchain fallen nach Ansicht der SEC daher stets (auch) in den Anwendungsbereich des US-Rechts. Die aktuellen territorialen Anteile bzgl. der Ethereum-Blockchain können hier ausgelesen werden:

- https://ethernodes.org/countries
- https://etherscan.io/nodetracker

Das Konzept der SEC überzeugt nicht. Der Blick auf die örtliche Belegenheit aller Nodes ist nur dann zur Bestimmung des konkreten Handlungsorts geeignet, wenn nach den Regeln der DAO jeder Ausführungsakt stets die Validierung aller Nodes benötigt. Regelmäßig wird jedoch im Smart-Contract nur vorausgesetzt, dass eine kritische Masse die Ausführung bestätigt. Daher bedarf es für diese Fälle eines abweichenden, differenzierten Konzepts:

25 **(a) Ort der konkret beanspruchten Serverkapazitäten.** Entscheidend ist der konkrete Ausführungsakt – und damit die Antwort auf die Frage: wo befinden sich die Nodes die

---

[21] Vgl. MüKoBGB/Lehmann, 8. Aufl. 2021, Band 13, A. Grundlagen Rn. 113.
[22] Zentes/Glaab/Kaetzler, 2. Aufl. 2020, GwG § 2 Rn. 18; Jarass RIW 2017, 642 (647 f.).
[23] BGH NJW 1986, 2194 (2195); MüKoGmbHG/Weller, 4. Aufl. 2022, Einleitung Rn. 342.
[24] Hierzu: → § 7 Rn. 8 ff.
[25] Siehe hierzu: Mann NZG 2017, 1014 (1019); Spindler RDi 2021, 309 Rn. 13; Mienert RDi 2021, 384 (386 Rn. 8); Simmchen MMR 2017, 162 (165); Hahn NZG 2022, 684 (690, 693 f.); Fleischer ZIP 2021, 2205 (2209).
[26] Civil Action No. 1:22-CV-950, SEC ./. Ian Balina Rn. 69, abrufbar unter: https://www.sec.gov/files/litigation/complaints/2022/comp-pr2022-167.pdf (zuletzt abgerufen am: 2.1.2025).

diesen konkreten Ausführungsakt bestätigen? Dort wo sich die einfache Mehrheit der aktiv einbezogenen Nodes befindet, liegt ein Handlungsort.[27] Die absolute Mehrheit ist nicht erforderlich:

– Das Konzept dient dazu die durch die Dezentralität entstandenen Lücken bei der Bestimmung des anwendbaren Rechts zu schließen. Eine absolute Mehrheit rückt an den Zentralitätsgedanken heran, ist nicht garantiert und schließt die Lücke daher nicht zuverlässig.
– Ein systematischer Vergleich mit § 32 Abs. 1 S. 1 KWG bestätigt das.[28] Danach wird eine Finanzdienstleistung „im Inland" erbracht, wenn *„zurechenbare Teilakte des Betreibens (…) im Inland stattfinden"*.[29] Dafür sei ausreichend, wenn *„wesentliche zum Vertragsschluss hinführende Schritte im Inland vorgenommen werden"*.[30] Die Bestätigung der einfachen Mehrheit ist für den Ausführungsakt „wesentlich".
– Völkerrechtlich reicht es für die Annahme eines genuin-links aus, wenn die relative Mehrheit der ausführenden Nodes einem bestimmten Territorium zuzurechnen ist.[31]

(b) Ort der Full-Nodes. Daneben liegt ein weiterer Handlungsort dort, wo sich die einfache Mehrheit der Full-Nodes befindet. Das fortgesetzte Speichern der vollständigen Blockchain-Informationen ist für den Fortbestand der DAO – und damit für das geldwäscherelevante Angebot – „wesentlich".[32] Dabei kann sowohl auf den Belegenheitsort der physischen Serverkapazitäten als auch auf den Aufenthaltsort der zugriffsberechtigten Person (en) abgestellt werden. 26

bb) Erfolgsort. Daneben könnte die Anwendbarkeit des GwG auch über einen in Deutschland liegenden Erfolgsort begründet werden. Der Erfolgsort liegt nach dem Auswirkungsprinzip[33] dort wo die Ausführungsakte zu einer spürbaren Außenweltveränderung führen.[34] 27

Für diesen Ansatz spricht der Sinn und Zweck des GwG: die Verhinderung bzw. die Aufklärung von sich im Inland auswirkenden Gefahren.[35] Hinzutritt der unionsrechtliche Effektivitätsgrundsatz (Art. 4 Abs. 3 EUV).[36] Durch die bemerkbare Außenweltveränderung ist der örtliche Bezugspunkt des „Erfolgs" leichter festzustellen. 28

Dagegen spricht der Wortlaut von § 2 Abs. 1 GwG. Das GwG möchte Personen verpflichten, die sich im Inland aufhalten (→ Rn. 20). Da die Pflichten aus dem GwG zur Eingriffsverwaltung zählen, ziehen die Grundsätze der Normenbestimmtheit und -klarheit engere Auslegungsgrenzen.[37] Vor diesem Hintergrund könnte das völkerrechtlich mögliche Anknüpfen an den Erfolgsort durch den Wortlaut abgeschnitten werden. 29

Praxishinweis:
Soweit der Erfolgsort jedoch als Anknüpfungspunkt gewählt werden soll, kann auch dieser unter Rückgriff auf die Rechtsprechung des BVerwG zu § 32 Abs. 1 S. 1 KWG bestimmt werden. Der Erfolgsort liegt dann in Deutschland, wenn „zurechenbare Teilakte (…) im Inland stattfinden".

27 Vgl. BVerwG BeckRS 2009, 35960 Rn. 40.
28 Siehe hierzu: Zentes/Glaab/Wende/Thirmeyer, 2. Aufl. 2020, GwG § 50 Rn. 5.
29 BVerwG BeckRS 2009, 35960 Rn. 36.
30 BVerwG BeckRS 2009, 35960 Rn. 36.
31 Englisch/Krüger IStR 2013, 513 (515).
32 BVerwG BeckRS 2009, 35960 Rn. 40.
33 Zentes/Glaab/Wende/Thirmeyer, 2. Aufl. 2020, GwG § 50 Rn. 3; MüKoBGB/Lehmann, 8. Aufl. 2021, Band 13, A. Grundlagen Rn. 112, 116; MüKoBGB/Lehmann B. Internationales Finanzmarktaufsichtsrecht Rn. 482.
34 Vgl. BeckOK StGB/von Heintschel-Heinegg/Kudlich, 63. Ed. 1.11.2024, StGB § 9 Rn. 23 ff.
35 Vgl. zum KWG: BVerwG BeckRS 2009, 35960 Rn. 41; MüKoBGB/Lehmann, 8. Aufl. 2021, Band 13, B. Internationales Finanzmarktaufsichtsrecht Rn. 203.
36 Vgl. Zentes/Glaab/Kaetzler, 2. Aufl. 2020, GwG § 1 Rn. 4.
37 Jarass RIW 2017, 642 (644).

Das wäre bspw. in folgenden Situationen der Fall[38]:
- Werbeangebote die spezifisch auf den deutschen (sowohl geographischen als auch personellen) Markt zielen, insbesondere über den Internetauftritt („inländischer virtueller Marktauftritt“).[39]
- Die Nutzer des (geldwäscherelevanten) Angebots der DAO befinden sich nicht nur zufällig/vereinzelt auf deutschem Territorium.[40]

30 **cc) Ergebnis und Zusammenfassung.** Das GwG ist ua dann anwendbar, wenn sich
- der Verwaltungssitz bzw. Aufenthaltsort des Rechtsträgers der DAO in Deutschland befindet,
- die einfache Mehrheit der in die Validierung des konkreten Ausführungsakts aktiv einbezogenen Nodes in Deutschland befindet,
- die einfache Mehrheit der Full-Nodes in Deutschland befindet,
- Werbeangebote/Internetauftritt der DAO spezifisch an den deutschen Markt richten,
- die Nutzer des geldwäscherelevanten Angebots der DAO nicht nur zufällig/vereinzelt auf deutschem Territorium befinden.

2. Geldwäscherechtliche Pflichten

31 Die Anwendbarkeit des deutschen GwG auf eine DAO löst eine Pflichtentrias aus, die sich drei Blöcken zuordnen lässt. Block 1 umfasst das Risikomanagementsystem (§§ 4–9 GwG, → Rn. 37), Block 2 begründet Kundensorgfaltspflichten (§§ 10–17 GwG, → Rn. 38) und Block 3 legt Meldepflichten fest (§§ 43–49 GwG, → Rn. 39).

Die Auslegung und Wahrnehmung aller Pflichten folgen einem risikobasierten Ansatz. Die Vorgaben des GwG bilden keinen „one size fits all“-Maßstab. Ausgangspunkt der Betrachtung ist vielmehr das individuelle Risikoprofil der DAO. Dieses bildet für jede DAO den individuellen Maßstab, an dem sich die „Angemessenheit“ der Maßnahmen (Art, Inhalt und Umfang) messen lassen muss (§ 4 Abs. 1 GwG, § 10 Abs. 2 S. 1 GwG).

Im Folgenden wird eine übersichtliche Darstellung über die generellen Pflichten einer dem GwG unterfallenden DAO gegeben. Sonderpflichten – die ausschließlich für bestimmte Verpflichtete gelten – werden nicht abgebildet.

Praxishinweis:
Eine DAO wird durch die Annahme ihrer Verpflichtetenstellung nicht in ihrer Gesamttätigkeit infiziert. Die Pflichten erstrecken sich nicht auf alle Geschäfts-/Nebentätigkeiten der DAO, sondern nur auf die Tätigkeitsfelder einer DAO, die ihre Verpflichtetenstellung aus § 2 Abs. 1 GwG begründen.
Dies ergibt sich aus der Systematik des GwG. Das GwG folgt einem risikobasierten Ansatz (§ 3a Abs. 1 GwG, § 10 Abs. 2 S. 1 GwG). Konzeptionell verlangt das GwG von einem Verpflichteten kein generelles Einschreiten/Ergreifen von Maßnahmen. Nur dort, wo sich eine besondere Risikoexposition ergibt, wird dem Verpflichteten eine Sonderpflicht auferlegt. Die in § 2 Abs. 1 GwG aufgezählten Geschäftsfelder sind normativer Ausdruck dieses hervorgehobenen Risikos. Diese konkrete Tätigkeit bildet damit den Ausgangspunkt der Risikoanalyse des Verpflichteten und bildet gleichzeitig die entsprechende Grenze. Denn wenn das Gesetz bereits innerhalb des abstrakt als Risikofeld identifizierten Tätigkeitsbereichs keine umfassende Pflicht statuiert, dann

[38] Siehe hierzu auch: Klaas BKR 2023, 162 (164).
[39] BVerwG BeckRS 2009, 35960 Rn. 32, 41 f.; Boos/Fischer/Schulte-Mattler/Fischer/Müller, 5. Aufl. 2016, KWG § 32 Rn. 23; MüKoBGB/Lehmann B. Internationales Finanzmarktaufsichtsrecht Rn. 210.
[40] BVerwG BeckRS 2009, 35960 Rn. 42 f.

erst recht nicht außerhalb dieser Grenzen (dh außerhalb der Tätigkeit, die diese Verpflichtetenstellung begründet).

a) Risikomanagementsystem

Die DAO muss ein Risikomanagementsystem implementieren, das auf die Verhinderung von Geldwäsche/Terrorismusfinanzierung gerichtet ist. 32

Risikomanagement-System (§§ 4–9 GwG)	**Konkrete Ausprägungen**
Verantwortlichkeit: – Rechtsträger der DAO – Mitglied der Leitungsebene (§ 4 Abs. 3 GwG)	**Risikoanalyse, § 5 GwG** – Ermittlung des individuellen Risikos: an welchen Schnittstellen und auf welche Art und Weise kann die DAO für Geldwäsche/Terrorismusfinanzierung missbraucht werden („Risikoprofil")? – Fortlaufende Überprüfung und Aktualisierung des eigenen Risikoprofils – Dokumentation Hilfestellung bei der Risikoanalyse bieten: – Anlagen 1 und 2 zum GwG – BaFin, Auslegungs- und Anwendungshinweise zum GwG (AuA), S. 14 ff.[41] – FATF, Leitfaden zum risikoorientierten Ansatz zur Bekämpfung von Geldwäsche und Terrorismusfinanzierung, S. 21 ff.[42] – EBA-Leitlinien zu ML/TF-Risikofaktoren („EBA/GL/2021/02"), S. 7 ff.[43] – BMF, Erste Nationale Risikoanalyse 2018/2019, S. 25 ff., 114 ff.[44]
	Interne Sicherungsmaßnahmen, § 6 GwG – Ausgehend vom eigenen Risikoprofil („risikobasierter Ansatz"): – Ergreifen individueller, risikominimierender Maßnahmen (bspw. Integration eines Frühwarnsystems im Smart Contract (zu Smart Contracts → § 52 Rn. 1 ff.), dass durch bestimmte Anhaltspunkte getriggered wird und Folgeprüfmaßnahmen auslöst) – Ergreifen spezifischer im GwG vorgesehener Maßnahmen: – Wahrnehmung Kundensorgfaltspflichten (§§ 10–17 GwG, → Rn. 38)

41 https://www.bafin.de/SharedDocs/Downloads/DE/Auslegungsentscheidung/dl_ae_auas_gw.html(zuletzt abgerufen am: 2.1.2025).

42 https://www.bafin.de/SharedDocs/Downloads/DE/Leitfaden/lf_fatf_leitfaden_risikoorientierter_ansatz.html(zuletzt abgerufen am: 2.1.2025).

43 https://eba.europa.eu/sites/default/files/document_library/Publications/Guidelines/2021/Guidelines%20on%20ML-TF%20risk%20factors%20 %28revised%29 %202021-02/Translations/1016923/Guidelines%20ML%20TF%20Risk%20Factors_DE.pdf(zuletzt abgerufen am: 2.1.2025).

44 https://www.bundesfinanzministerium.de/Content/DE/Downloads/Broschueren_Bestellservice/2019-10-19-erste-nationale-risikoanalyse_2018-2019.pdf?__blob=publicationFile&v=3(zuletzt abgerufen am2.1.2025).

Risikomanagement-System (§§ 4–9 GwG)	Konkrete Ausprägungen
	– Wahrnehmung von Mitarbeitersorgfaltspflichten (§ 6 Abs. 2 Nr. 5, 6 GwG) – Erfüllung der Meldepflicht (§ 43 Abs. 1 GwG, → Rn. 39) – Hinweisgebersystem (§ 6 Abs. 5 GwG) – Fortlaufende Überwachung und Aktualisierung – Bestellung eines Geldwäschebeauftragten (§ 6 Abs. 2 Nr. 2 GwG, § 7 GwG) – Auskunfts-/Informationsmanagement bei behördlichen Anfragen (§ 6 Abs. 6 GwG) – Dokumentation (§ 6 Abs. 2 Nr. 1 lit. d GwG, § 8 GwG)

b) Kundensorgfaltspflichten

33 Die DAO muss Kundensorgfaltspflichten wahrnehmen, mit der sie die Identität der an einer Geschäftsbeziehung/Transaktion beteiligten Personen aufklärt („Know-Your-Customer-Compliance", KYC).

Kundensorgfaltspflichten (§§ 10–17 GwG)	Konkrete Ausprägungen
Verantwortlichkeit: – Rechtsträger der DAO – Auslagern von Teilen der allgemeinen Sorgfaltspflichten (§ 10 Abs. 1 Nr. 1–4 GwG) auf Dritte nur unter den Voraussetzungen von § 17 GwG	**Allgemeine Sorgfaltspflichten, § 10 GwG** Die DAO muss bei – (1) der Begründung der Geschäftsbeziehung, – (2) „zu geeigneter Zeit auf risikobasierter Grundlage" bei bereits laufenden Geschäftsbeziehungen, – (3) bestimmten Transfers (bspw. Übertragen von Geld oder Kryptowerten mit einem Gegenwert ≥ 1.000 Euro) außerhalb einer Geschäftsbeziehung, – (4) tatsachenbezogenen Anhaltspunkten dafür, dass im Rahmen einer Geschäftsbeziehung/einer Transaktion ein Zusammenhang zu einem aus einer rechtswidrigen Vortat herrührender Vermögensgegenstand besteht,(4) tatsachenbezogenen Anhaltspunkten dafür, dass im Rahmen einer Geschäftsbeziehung/einer Transaktion ein Zusammenhang zu einem aus einer rechtswidrigen Vortat herrührender Vermögensgegenstand besteht, – (5) Zweifeln an der Richtigkeit der erhobenen Informationen zur Identität, die folgenden Informationen erheben: – Wer ist der Vertragspartner und ggf. wer handelt für ihn? – Konkrete Informationen: § 11 Abs. 4 GwG – Prüfung der Informationen: § 12 Abs. 1, 2 GwG – Handelt der Vertragspartner für einen wirtschaftlich Berechtigten und wenn ja, wer ist das? – Konkrete Informationen: § 11 Abs. 5 GwG – Prüfung der Informationen: § 12 Abs. 3 GwG

Kundensorgfaltspflichten (§§ 10–17 GwG)	**Konkrete Ausprägungen**
	– Warum möchte der Vertragspartner der DAO beitreten bzw. mit dem Rechtsträger der DAO kontrahieren? (nicht erforderlich, wenn sich der Zweck unmissverständlich aus den Umständen, wie exemplarisch der DAO-Satzung oder der Anfrage des Vertragspartners ergibt). – Handelt es sich bei dem Vertragspartner oder dem Berechtigten um eine politisch exponierte Person, um ein Familienmitglied oder um eine diesem bekanntermaßen nahestehende Person? – Fortlaufende Kontrolle/Gewährleistung der Aktualität der Informationen. Die Informationen sind zu dokumentieren (§ 8 GwG).
	Reduzierung und Erhöhung der Sorgfaltspflichten, §§ 14, 15 GwG Die in § 10 GwG vorgesehenen Sorgfaltspflichten bilden den Regelfall. Diese werden risikobasiert sowohl reduziert als auch erhöht: – **Vereinfachte Sorgfaltspflichten** (§ 14 GwG): – Vergewissern", dass im konkreten Fall „nur ein geringes Risiko" der Geldwäsche/Terrorismusfinanzierung besteht. – „Angemessene Reduzierung" des Umfangs der Sorgfaltsmaßnahmen, insbesondere kein zwingender Rückgriff auf die in §§ 12, 13 GwG vorgesehenen Prüfungsdokumente. – Gewährleisten, dass ungewöhnliche oder verdächtige Transaktionen erkannt und gemeldet werden. – **Verstärkte Sorgfaltspflichten** (§ 15 GwG): – „Feststellen", dass ein „höheres Risiko" (§ 15 Abs. 3 GwG) der Geldwäsche/Terrorismusfinanzierung bestehen kann. – Wahrnehmung der regulären Sorgfaltspflichten aus § 10 GwG. – Ergreifen individueller zusätzlicher risikoangemessener Maßnahmen (§ 15 Abs. 4–7 GwG). – **Mindestmaßnahmen** (§ 10 Abs. 4 S. 1 GwG): – Zustimmung eines Mitglieds der Führungsebene zur Begründung/Fortführung einer Geschäftsbeziehung. – Bestimmung der Herkunft der Vermögenswerte die im Rahmen der Geschäftsbeziehung/der Transaktion eingesetzt werden. – Verstärkte kontinuierliche Überwachung der Geschäftsbeziehung. Die Informationen sind zu dokumentieren (§ 8 GwG).

c) Meldepflichten

34 Die DAO muss sicherstellen, dass verdächtige Sachverhalte an die Zentralstelle für Finanztransaktionsuntersuchungen (FIU) gemeldet werden.

Meldepflichten (§§ 43–49 GwG)	Konkrete Ausprägungen
Verantwortlichkeit: – Rechtsträger der DAO (§ 43 Abs. 1 GwG) – Mitglied der Führungsebene (§ 43 Abs. 1 3 GwG)	**Meldepflicht, § 43 GwG** Die DAO hat unter folgenden Voraussetzungen einen Sachverhalt an die FIU zu melden: – „Tatsachen deuten darauf hin", dass – ein Vermögensgegenstand, der mit einer Geschäftsbeziehung/Maklergeschäft/Transaktion im Zusammenhang steht, aus einer strafbaren Handlung stammt, – ein Geschäftsvorfall/Transaktion/Vermögensgegen-stand im Zusammenhang mit Terrorismusfinanzierung steht, – der Vertragspartner gegenüber der DAO nicht offenlegt, ob er die Geschäftsbeziehung/Transaktion für einen Berechtigten begründen/fortsetzen/durchführen will, – eine „typisierte Transaktion" vorliegt, die von der FIU nach § 43 Abs. 5 GwG als solche bestimmt wurde.[45] – Zeitpunkt: „unverzüglich" (= ohne schuldhaftes Zögern[46]) – Unabhängig vom Wert des Vermögensgegenstands/der Transaktionshöhe. Die Informationen sind zu dokumentieren (§ 8 GwG).
	Reduzierung und Erhöhung der Sorgfaltspflichten, §§ 14, 15 GwG Die in § 10 GwG vorgesehenen Sorgfaltspflichten bilden den Regelfall. Diese werden risikobasiert sowohl reduziert als auch erhöht: – **Vereinfachte Sorgfaltspflichten** (§ 14 GwG): – Vergewissern", dass im konkreten Fall „nur ein geringes Risiko" der Geldwäsche/Terrorismusfinanzierung besteht. – „Angemessene Reduzierung" des Umfangs der Sorgfaltsmaßnahmen, insbesondere kein zwingender Rückgriff auf die in §§ 12, 13 GwG vorgesehenen Prüfungsdokumente. – Gewährleisten, dass ungewöhnliche oder verdächtige Transaktionen erkannt und gemeldet werden. – **Verstärkte Sorgfaltspflichten** (§ 15 GwG): – „Feststellen", dass ein „höheres Risiko" (§ 15 Abs. 3 GwG) der Geldwäsche/Terrorismusfinanzierung bestehen kann. – Wahrnehmung der regulären Sorgfaltspflichten aus § 10 GwG.

[45] Siehe hierzu: Herzog/Barreto da Rosa GWG § 43 Rn. 82.
[46] Herzog/Barreto da Rosa GwG § 43 Rn. 54.

Meldepflichten (§§ 43–49 GwG)	Konkrete Ausprägungen
	– Ergreifen individueller zusätzlicher risikoangemessener Maßnahmen (§ 15 Abs. 4–7 GwG). – **Mindestmaßnahmen** (§ 10 Abs. 4 S. 1 GwG): – Zustimmung eines Mitglieds der Führungsebene zur Begründung/Fortführung einer Geschäftsbeziehung. – Bestimmung der Herkunft der Vermögenswerte die im Rahmen der Geschäftsbeziehung/der Transaktion eingesetzt werden. – Verstärkte kontinuierliche Überwachung der Geschäftsbeziehung. Die Meldeschwelle („Tatsachen deuten darauf hin") ist bewusst sehr niedrig angelegt.[47] Stets erforderlich sind tatsachenbezogene Anhaltspunkte.[48] Nicht mehr erfasst – und auch nicht zulässig (!)[49] – sind Meldungen „ins Blaue hinein".[50] Eine schärfere Trennlinie für einen die Meldepflicht auslösenden Verdachtsgrad kann in der Praxis jedoch nicht gezogen werden.[51] Die aus diesen „tatsachenbezogenen Anhaltspunkten" abzuleitende Schlussfolgerung kann sich – je nach subjektiver Sichtweise[52] – als (1) reine Spekulation oder (2) denktheoretische Vermutung/Möglichkeit oder (3) wahrscheinliche Erkenntnis darstellen. Die eigene Sichtweise muss in vielen Fällen nicht der (retrospektiven) Auffassung der Behörden oder der Gerichte entsprechen. Für den **praktischen Umgang mit der Meldepflicht** gilt daher: – Gewissenhafte Prüfung. – Nach den Auslegungs- und Anwendungshinweisen der BaFin ist „im Zweifel (…) eine Meldung (…) zu erstatten".[53] – Die tatsachenbezogenen Anhaltspunkte, der Entscheidungsprozess und die Vornahme/der Verzicht auf die Meldung sind – im eigenen Interesse[54] und mit Blick auf § 8 GwG – zu dokumentieren.

47 BVerfG NJW 2020, 1351 (1353 Rn. 43 f.); BVerfG NJW 2021, 1452 (1454 Rn. 59 f.); BT-Drs. 18/11928, 26: „Der Verdachtsgrad, auf Basis dessen der Verpflichtete eine Meldung abgibt, liegt unterhalb dem einer Strafanzeige."; Herzog/Barreto da Rosa GwG § 43 Rn. 18, 20, 22; Gehling/Lüneborg NZG 2020, 1164 (1169 f.).

48 OLG Frankfurt a. M. BeckRS 2013, 6608.

49 Vgl. Herzog/Barreto da Rosa GwG § 43 Rn. 25.

50 Herzog/Barreto da Rosa GwG § 43 Rn. 19 f.

51 So auch: Herzog/Barreto da Rosa GwG § 43 Rn. 18, 20 („Zwischen dem Verdachtsgrad, der noch eine Meldepflicht auslöst, und einer unzulässigen Meldung „ins Blaue" hinein, sind nahezu keine Zwischennuancen mehr denkbar."). Für eine restriktiveres, strengeres Verständnis: Gehling/Lüneborg NZG 2020, 1164 (1170 f.).

52 Zur Berücksichtigungsfähigkeit der subjektiven Einschätzung: Herzog/Barreto da Rosa GwG § 43 Rn. 19.

53 BaFin, Auslegungs- und Anwendungshinweise gem. § 51 Abs. 8 GwG, Stand: 29.11.2024, S. 84 (abrufbar unter: https://www.bafin.de/SharedDocs/Downloads/DE/Auslegungsentscheidung/dl_ae_auas_gw.html (zuletzt abgerufen am: 2.1.2025)). Siehe auch: Herzog/Barreto da Rosa GwG § 43 Rn. 24.

54 Herzog/Barreto da Rosa GwG § 43 Rn. 21.

Meldepflichten (§§ 43–49 GwG)	Konkrete Ausprägungen
	Stillhaltepflicht, § 46 GwG Nach der Meldung darf die Transaktion zunächst nicht durchgeführt werden (Stillhaltepflicht). Sie darf nur in drei Fällen durchgeführt werden: 1. **Zustimmung:** Die FIU oder die Staatsanwaltschaft stimmen der Durchführung zu (§ 46 Abs. 1 S. 1 Nr. 1 GwG). 2. **Fristablauf:** Nach Ablauf von drei Werktagen nach Abgabe der Meldung, ohne dass die FIU oder die Staatsanwaltschaft die Durchführung untersagt haben (§ 46 Abs. 1 S. 1 Nr. 2 GwG). Werktage: Nur Montag bis Freitag. Bei länderspezifischen Feiertagen kommt es auf den Sitz der FIU (Köln/NRW) bzw. den Sitz der zuständigen Staatsanwaltschaft an.[55] Beginn der Frist: Der Tag, an dem die Meldung erfolgt, wird nicht mitgezählt. Maßgeblich ist der darauffolgende Tag. Hierfür spricht der Wortlaut („nach dem Abgangstag der Meldung") und § 31 Abs. 1 VwVfG iVm § 187 Abs. 1 BGB.[56] **Beispiel 1:** Die Meldung erfolgt am Montag, den 4.11.2024. Die Transaktion kann bei fehlender Untersagung am Freitag, den 8.11.2024 ab 00.00 Uhr durchgeführt werden. **Beispiel 2:** Die Meldung erfolgt am Freitag den 8.11.2024. Die Transaktion kann bei fehlender Untersagung am Donnerstag, den 14.11.2024 ab 00.00 Uhr durchgeführt werden. **Beispiel 3:** Die Meldung erfolgt am Donnerstag, den 7.3.2024. Die zuständige Staatsanwaltschaft sitzt in Berlin. Der 8. März ist in Berlin ein Feiertag; in NRW nicht. Die Transaktion kann bei fehlender Untersagung am Donnerstag, den 14.3.2024 ab 00.00 Uhr durchgeführt werden. 3. **Eilfall:** Der Aufschub der Transaktion ist entweder (1) nicht möglich oder (2) könnte die Verfolgung einer mutmaßlichen strafbaren Handlung behindern (§ 46 Abs. 2 GwG). Relevant ist im Kontext einer DAO vor allem der zweite Fall. Die mögliche Behinderung der Strafverfolgung liegt vor, wenn der verzögerte Vollzug Misstrauen beim Vertragspartner auslösen könnte (Warnfunktion).[57] Demgegenüber sollte die Transaktion nicht ausgeführt, sondern unmittelbar abgelehnt werden, wenn sich die Geldwäsche- bzw. Terrorismusfinanzierungsrelevanz gerade zu aufdrängt.[58]

55 Herzog/Barreto da Rosa GwG § 46 Rn. 12.
56 So zutreffend: Haffke/Wende BKR 2024, 318 (321 f.). AA: LG Frankfurt aM BeckRS 2024, 803 Rn. 23; Zentes/Glaab/Burger/Forstmann/Kurth, 3. Aufl. 2022, GwG § 46 Rn. 7.
57 Herzog/Barreto da Rosa GwG § 46 Rn. 16, 18.
58 Herzog/Barreto da Rosa GwG § 46 Rn. 16.

Meldepflichten (§§ 43–49 GwG)	Konkrete Ausprägungen
	Informationsweitergabe, § 47 GwG 1. **Schweigepflicht:** Die DAO darf Dritte nicht über – eine beabsichtigte bzw. bereits erstattete Meldung, – ein aufgrund der Meldung eingeleitetes Ermittlungsverfahren, – ein eingegangenes Auskunftsverlangen der FIU (§ 30 Abs. 3 S. 1 GwG) informieren. **Ausnahmen:** – Information an staatliche Stellen (§ 47 Abs. 2 S. 1 Nr. 1 GwG). – Informationen an verbundene bzw. beteiligte Unternehmen unter den Voraussetzungen von § 47 Abs. 2 S. 1 Nr. 2–5 GwG. Hierbei sind jedoch die datenschutzrechtlichen Grenzen einzuhalten. 2. **Weitergabebefugnis:** Die der Meldung zugrundeliegenden Tatsachen dürfen durch bestimmte Verpflichtete (§ 2 Abs. 1 Nr. 1–9 GwG) wiederum untereinander ausgetauscht werden, soweit diese davon ausgehen können, dass diese vom Empfänger: – zur Risikobeurteilung einer entsprechenden/ähnlichen Transaktion/Geschäftsbeziehung, oder – zur Beurteilung der Abgabe einer Meldung/Erstattung einer Strafanzeige benötigen.

d) Beispiele für auffällige Transaktionen/Geschäftsbeziehungen

Der gesamte Pflichtenkanon für eine DAO ist darauf ausgerichtet, geldwäsche-/terrorismusfinanzierungsbezogene Auffälligkeiten in einer Geschäftsbeziehung/Transaktion zu registrieren bzw. sich selbst in die Lage zu versetzen, diese entdecken zu können. 35

Die potentiellen Auffälligkeiten stehen in einem untrennbaren Zusammenhang mit dem individuellen Risikoprofil der DAO und müssen aus diesem abgeleitet werden. Eine abstrakte/generalisierende Bestimmung von Anhaltspunkten kann daher nur einen Ausgangspunkt bilden. Um jedoch ein Gefühl für den Charakter von solchen Auffälligkeiten zu bekommen, werden einige typische Anhaltspunkte aufgelistet, die für das Bestehen eines Geldwäsche/Terrorismusfinanzierung-Risiko sprechen. Je nach Intensität und Anzahl der Hinweise kann dies zu einem internen Hinweis in einem Frühwarnsystem der DAO (§ 6 GwG), zur Annahme eines „höheren Risikos“ (§ 15 Abs. 3 GwG) sowie zum Überschreiten der Verdachtsschwelle für eine Meldung (§ 43 Abs. 1 GwG) führen. 36

Beispiele:
- Bestehende Geschäftsbeziehung: Ein Nutzer investiert regelmäßig am Monatsanfang 800 Euro in ETH. Nun zahlt er Mitte des Monats 20.000 Euro ein.
- Bestehende Geschäftsbeziehung: Auf das Kundenkonto des registrierten/identifizierten Nutzers gehen Zahlungen einer unbekannten dritten Person mit unterschiedlichem Nachnamen ein.
- Begründung einer Geschäftsbeziehung: Der Nutzer ist eine Kapitalgesellschaft deren Leitungsorgane und Gesellschafter personenverschieden mit dem tatsächlich Berechtigten sind. Ein höheres Risiko besteht, wenn der Berechtigte in einem Staat sitzt, das mit einem Embargo belegt ist.

3. Praktische Wahrnehmung dieser Pflichten durch eine DAO

37 Die praktische Wahrnehmung der Pflichten nach dem GwG bestimmt sich nach dem Grad der Dezentralität der jeweiligen DAO. Insoweit sind zwei Pole denkbar: Einerseits vollständige Dezentralität und andererseits eine eingeschränkte Dezentralität durch das Beibehalten zentralisierter Elemente.

Eine DAO ist vollständig dezentral, wenn (1) der Smart Contract durch eine kritische Masse an nodes eigenständig physisch gespeichert wird und (2) der Smart Contract selbst vorsieht, dass in allen Fragen ausschließlich basis-demokratische Mehrheitsentscheidungen getroffen werden. Durch dieses Idealbild einer DAO wird die Konzentration von Entscheidungsmacht bestmöglich verhindert.

Die Kehrseite der Medaille sind mitunter träge Entscheidungsprozesse. Aus diesem Grund entscheiden sich Organisationen dazu, zentralisierte Elemente beizubehalten. Bspw. wird einzelnen Personen mehr Entscheidungsgewicht zugebilligt, bestimmte Fragen/Funktionen können einem kleineren Entscheidungsgremium bzw. herabgesetzten Mehrheitserfordernissen bzw. ganz von einem solchen entkoppelt werden. Zum Teil werden Ansprechpartner off-chain bestimmt, die ihrerseits ein Mehr an Einwirkungsmöglichkeiten erhalten.

Bevor es an die praktische Umsetzung dieser Pflichten geht, müssen sich Entwickler daher die Gretchenfrage stellen: wie dezentral soll die DAO tatsächlich sein?

Diese Frage muss sehr früh gestellt werden. Die Notwendigkeit dieser Entscheidung reicht über die resultierenden Pflichten nach dem GwG hinaus und betrifft auch alle weiteren regulatorischen Anforderungen für die DAO (bspw. aus dem KWG, der GewO, dem AWG/der AWV, der DS-GVO/dem BDSG oder dem Glücksspielstaatsvertrag/Spieleverordnung). Denn ein tatsächlich dezentral gespeicherter Smart Contract kann nur schwer nachträglich an regulatorische Erfordernisse angepasst werden. Es liegt gerade im Wesen der Dezentralität, dass nicht eine zentrale Stelle – ggf. zwingend notwendige – Änderungen vornehmen kann. Je nach individueller Ausgestaltung ist hierzu ein (Mehrheits-)Beschluss der Mitglieder notwendig.

38 Hierbei handelt es sich um eine grundsätzliche strategische – und auch kulturelle – Weichenstellungen. Zu berücksichtigen sind zwei Stellschrauben, die im Idealfall integrativ kombiniert werden können.

Zum einen sollten alle regulatorischen Anforderungen umfassend antizipiert und im ursprünglichen (noch zentral gespeicherten) Code abgebildet werden. Damit werden zu einem späteren Zeitpunkt keine oder nur geringfügige nachträglichen Änderungen notwendig.

Zum anderen sollte die Handlungsfähigkeit der DAO bewahrt werden. Typischerweise lassen sich nicht alle regulatorischen Anforderungen antizipieren (bspw. bei Gesetzesänderungen oder bei individuellen, an die DAO gerichteten Verwaltungsakten). Ohne Änderungs-/Reaktionsmöglichkeit droht daher die verselbstständigte dauerhafte Non-Compliance. Im ursprünglichen (nun dezentral gespeicherten) Code muss die Integration neuer Ausführungsakte bereits angelegt sein.[59] Technisch betrachtet handelt sich hierbei um einen Vollzugsakt der ursprünglichen Version des Smart Contracts mit dem entweder (1) der eigene Quellcode überschrieben wird oder (2) ein Ausführungsbefehl an einen weiteren (zu dezentralisierenden) Smart Contract weitergeleitet wird.[60]

39 Gleichwohl kann der zweite Fluchtpunkt die Integrität des Systems (dh der verlässliche und vorhersehbare Vollzug von demokratisch getroffenen Entscheidungen) untergraben. Um dieses Spannungsverhältnis aufzulösen sollten die Ergänzung, Einschränkung oder vollständige Änderung eines ursprünglich beschlossenen Vollzugsakts daher ebenfalls demokratisch beschlossen werden. Das konkrete Mehrheitserfordernis sollte der Bedeutung der konkreten Änderung gerecht werden.

---

59 Siehe hierzu: https://docs.openzeppelin.com/learn/upgrading-smart-contracts (zuletzt abgerufen am: 2.1.2025).

60 Klaas BKR 2023, 162 (167).

4. Zuständigkeiten der Aufsichtsbehörden

Auf der nationalen Ebene gibt es keine einheitliche, bundesweit zuständige Aufsichtsbehörde. Für die unterschiedlichen Verpflichteten sind unterschiedliche Aufsichtsbehörden zuständig. Die Zuständigkeiten werden in § 50 GwG zugewiesen.[61] 40

Praxishinweis:
Auf der europäischen Ebene nimmt die „Behörde zur Bekämpfung von Geldwäsche und Terrorismusfinanzierung"[62] (AMLA) Mitte 2025 ihre Tätigkeit auf. Die AMLA hat ihren Sitz in Frankfurt am Main. Sie nimmt in Bezug auf „ausgewählte Verpflichtete" unmittelbare Aufsichtsmaßnahmen wahr (Art. 5 Abs. 2 lit. a AMLA-VO). Hierzu zählen ua „Anbieter von Kryptowerte-Dienstleistungen" (Art. 12 Abs. 4 lit. j AMLA-VO).[63]

5. Verstöße gegen das GwG: Konsequenzen und Durchsetzbarkeit

Die potentiellen Konsequenzen bei Verstößen gegen das GwG sind vielfältig. 41

Zunächst kann die zuständige Aufsichtsbehörde verwaltungsrechtlich mit Aufsichtsmaßnahmen reagieren. § 51 Abs. 2 GwG sieht eine Generalklausel vor, auf deren Grundlage die Aufsichtsbehörde Verwaltungsakte erlassen und Realakte vornehmen kann. Diese sind auf das Abstellen des laufenden Verstoßes oder auf die Verhinderung zukünftiger Verstöße gerichtet. Hier stellt sich die ganz praktische Frage, gegenüber wem Anordnungen verfügt und vollstreckt oder Realakte vorgenommen werden können (hierzu 1. → Rn. 51).

Daneben können aus GwG-Verstößen auch bußgeld-, straf-, verwaltungs- und zivilrechtliche Konsequenzen folgen (hierzu 2. → Rn. 63). 42

a) Durchsetzung von Aufsichtsmaßnahmen[64]

Das GwG ist besonderes materielles Verwaltungsrecht (bereits: → Rn. 8).[65] Das GwG bezweckt ua die Verhinderung von Straftaten nach § 261 StGB und der Terrorismusfinanzierung und ist damit dem Sicherheits- und Ordnungsrecht zuzuordnen.[66] Aus diesem Grund finden die Grundsätze der Störerhaftung Anwendung. 43

Wer „Verpflichteter" iSv § 2 Abs. 1 GwG ist und deshalb auf der Grundlage von § 51 GwG in Anspruch genommen werden kann, bestimmt sich mangels spezieller Reglungen nach der Rechtsfigur des Störers. 44

In Betracht kommen der „unmittelbare Handlungsstörer" (→ Rn. 53, 55), der „mittelbare Handlungsstörer" (→ Rn. 56) und der (ggf. nachhaftende) „Zustandsstörer" (→ Rn. 57)

[61] Bzgl. der Auffangzuständigkeit in § 50 Nr. 9 GwG siehe: Herzog/Achtelik GwG § 50 Rn. 12.

[62] Siehe hierzu: VO (EU) 2024/1620 vom 31.5.2024 zur Errichtung der Behörde zur Bekämpfung von Geldwäsche und Terrorismusfinanzierung (AMLA-VO), abrufbar unter: https://eur-lex.europa.eu/legal-content/DE/ALL/?uri=CELEX:32024R1620 (zuletzt abgerufen am: 2.1.2025).

[63] Siehe hierzu: Achtelik BKR 2024, 353 (354 f.).

[64] Die folgenden Überlegungen wurden erstmals in Klaas BKR 2023, 162 (164 ff.) veröffentlicht. Die Fußnoten im folgenden Abschnitt wurden entsprechend übernommen.

[65] Jarass RIW 2017, 642 (642, 646); Hartmann, Internationale Finanzströme und Geldwäsche, S. 8; Momsen/Grützner WirtschaftsSteuerStrafR-HdB/Boerger Kap. 10 Rn. 12; Zentes/Glaab/Kaetzler, 2. Aufl. 2020, GwG § 1 Rn. 2; Maume/Haffke/Zimmermann CCZ 2019, 149 (155); Herzog/Herzog/Achtelik GWG Einl. Rn. 95, 156, 159, 163; BT-Wissenschaftliche Dienste, WD 4-3000 -029/21 und WD 7-3000-030/21, S. 4.

[66] Vgl. Herzog/Herzog/Achtelik GwG Einl. Rn. 163; vgl. Zentes/Glaab/Kaetzler, 2. Aufl. 2020, GwG § 1 Rn. 4; vgl. Achenbach/Ransiek/Rönnau WirtschaftsStrafR-HdB/Herzog Teil 15 Rn. 30 („präventiven (finanz-)marktregulatorischen Seite"); Leitner/Rosenau/Reichling, 2. Aufl. 2022, StGB § 261 Rn. 6, 13.

45 **aa) Verantwortlichkeit des Rechtsträger der DAO.** Im Zentrum der Verantwortlichkeit steht der Rechtsträger der DAO.

„Unmittelbarer Handlungsstörer" ist der, der die Gefahrengrenze selbst überschreitet (Theorie der unmittelbaren Verursachung).[67] Die Gefahrengrenze ist die Tätigkeit welche die Verpflichtetenstellung aus § 2 Abs. 1 GwG begründet. Das Überschreiten der Gefahrengrenze kann mit zwei Kontrollfragen bestimmt werden:[68]

– Wer nimmt die letzte chronologische Handlung vor?[69]
– Wer beherrscht nach wertender Betrachtung den Geschehensablauf?[70]

Beide Kontrollfragen begründen die unmittelbare Handlungsverantwortung des Rechtsträgers für die von ihm betriebene DAO.

Praxishinweis:
Die Bestimmung des konkreten Rechtsträgers über das (internationale) Gesellschaftsrecht erweist sich in der Praxis häufig als schwierig bis teils unmöglich (hierzu → § 7 Rn. 8 ff.).[71] Mit der Identifizierung des Adressaten von Verwaltungsakten/Realakten steht und fällt jedoch deren Durchsetzbarkeit. Aus diesem Grund sind Aufsichtsbehörden sehr an alternativen, besser greifbaren Adressaten interessiert.

46 **bb) Dritte mit faktischem Einfluss auf die DAO (bspw. Gründer/Entwickler).** In Betracht kommen neben dem Rechtsträger der DAO auch natürliche oder juristische Personen mit faktischem Einfluss auf die DAO. Typischerweise handelt es sich um die Gründer/Entwickler der DAO.

47 **(1) Unmittelbarer Handlungsstörer.** Natürliche oder juristische Personen können ihrerseits „unmittelbare Handlungsstörer" sein. Insbesondere die Entwicklung des Smart Contracts bzw. der Aufbau einer DLT-Infrastruktur überschreitet die oben genannte Gefahrengrenze. Allerdings vermitteln ursprünglich kausale Maßnahme keine dauerhaft fortbestehende Störereigenschaft. Diese endet vielmehr in dem Zeitpunkt, in dem die Gründer, Entwickler oder sonstige Dritte die Kontrolle über den Smart Contract oder DLT-Infrastruktur verlieren.

Beispiel Kontrollverlust: Fortschreitende Dezentralisierung eines eigenständigen DLT-Netzwerks
Das Gründerteam einer DAO ist als X-GbR organisiert. Die X-GbR hat für diese ein eigenes DLT-Netzwerk aufgebaut. Zu Beginn basierte dieses ausschließlich auf Serverkapazitäten der X-GbR. Im weiteren Verlauf treten weitere Nodes hinzu, so dass sich das DLT-Netzwerk auf immer weitere Serverkapazitäten verteilt.
Erstens Ob, zweitens inwieweit und drittens wann die X-GbR durch die fortschreitende Dezentralisierung die Kontrolle über die DAO verliert, bestimmt sich zum einen danach inwiefern das Abschalten der eigenen Serverkapazitäten die Funktionsfähigkeit des Netzwerks beeinträchtigt. Zum anderen können bspw. Stimmrechte in der DAO nach dem prozentualen Anteil der zur Verfügung gestellten Rechenleistung verteilt werden. In diesem Fall tritt der Kontrollverlust ein, wenn die durch die Dezentralisierung verwässerten Stimmrechte der X-GbR nicht mehr die entsprechenden Mehrheitserfordernisse der DAO überschreiten.

[67] OVG Hamburg BeckRS 1983, 39 Rn. 43 f.; OVG Schleswig BeckRS 1995, 22981 Rn. 3 f.; OVG Münster NVwZ-RR 2008, 12; MAH AgrarR/Dombert, 3. Aufl. 2022, § 13 Rn. 64; vgl. VG Stuttgart BeckRS 2013, 54232; Wobst/Ackermann JA 2013, 916; Poscher/Rusteberg JuS 2011, 1082 (1083); Heckel NVwZ 2012, 88 (91).
[68] Heckel NVwZ 2012, 88 (91); vgl. Hartmann JuS 2008, 593 (594).
[69] Poscher/Rusteberg JuS 2011, 1082 (1083).
[70] Vgl. BVerwG VerwRspr 1966, 483 (484 ff.).
[71] Vgl. Spindler RDi 2021, 309 (315 Rn. 15 f.); Mienert RDi 2021, 384 (386 Rn. 7 f.); Mann NZG 2017, 1014 (1019); Teichmann ZfPW 2019, 247 (270). Vgl. Mann NZG 2017, 1014 (1019).

(2) Mittelbarer Handlungsstörer: Zweckveranlasser. Doch selbst nach dem Verlust von Kontrolle kommt eine Verantwortlichkeit als „mittelbarer Handlungsstörer", insbesondere als sog. „Zweckveranlasser" in Betracht. Das ist der Fall, wenn die geldwäscherelevanten Ausführungsakte der DAO (präziser: ihres Rechtsträgers) und die Beiträge des Gründerteams eine „natürliche Einheit" darstellen.[72] Eine „natürliche Einheit" kann sowohl objektiv[73] als auch subjektiv[74] begründet werden[75]: 48

In objektiver Hinsicht führt typischerweise der faktische Beitrag des Gründerteams zu einer rechtsgutgefährdenden Handlung (= Geldwäsche) durch einen Dritten (= Rechtsträger der DAO).[76] In subjektiver Hinsicht kann das Gründerteam zumindest billigend in Kauf nehmen, dass es aufgrund ihrer Beiträge zu einer Rechtsgutgefährdung (= Geldwäsche) kommt.[77]

Beispiel:
Auch nach abgeschlossener Dezentralisierung des DLT-Netzwerks stellt die X-GbR noch eigene unterstützende Serverkapazitäten zur Verfügung. Damit besteht die Möglichkeit, dass diese Serverkapazitäten zur Validierung von geldwäscherelevanten Transaktionen in Anspruch genommen werden. Das Speichern des Smart Contracts auf eigenen Serverkapazitäten ist sowohl objektiv dazu geeignet als auch subjektiv dazu gedacht Ausführungsakte der DAO zu ermöglichen. Soweit diese Ausführungsakte die Verpflichtetenstellung aus § 2 Abs. 1 GwG auslösen, ist die X-GbR ein sog. „Zweckveranlasser".

(3) (Nachhaftender) Zustandsstörer. Daneben können natürliche oder juristische Personen – ggf. nachhaftende – „Zustandsstörer" sein. Danach ist der Eigentümer oder der Besitzer einer Sache verantwortlich für davon ausgehende Gefahren.[78] 49

In Betracht kommt bspw. das sachenrechtliche Eigentum bzw. der Besitz an physischen Servern auf denen der Smart Contract gespeichert ist. 50

Aber auch Immaterialgüterrechte geistige Eigentum am Smart Contract selbst oder an weiteren relevanten Protokollen (§§ 69a ff. UrhG)[79] könnte die Zustandsverantwortlichkeit auslösen. Die faktische sowie rechtliche Ausgangslage ist mit der Verantwortlichkeit für eine physische Sache vergleichbar: 51

– **Faktisch:** Eine Gefahr kann von physischen als auch von digitalen „Rechtsobjekten" ausgehen.
– **Rechtlich:** Sowohl das Eigentum (§ 903 BGB) als auch das Urheberrecht (§§ 15 ff. UrhG) vermitteln ihrem Inhaber das Nutzungs- und Ausschlussrecht.

Die Verantwortlichkeit der Urheber endet nicht mit der Vergabe von Nutzungsrechten gem. § 31 Abs. 1 UrhG an Dritte (wie bspw. den Rechtsträger der DAO). Hiermit wird nur ein möglicher weiterer Zustandsstörer geschaffen. Der Vorgang ist vergleichbar mit der Vermietung oder Verpachtung eines Grundstücks durch den Eigentümer an einen Dritten. In dieser Situation ist der Eigentümer neben dem Mieter oder Pächter als unmittelbarer Besitzer für Gefahren durch bspw. Altlasten weiterhin zustandsverantwortlich.[80]

Selbst das Einräumen eines ausschließlichen Nutzungsrechts an einen Dritten (§ 31 Abs. 3 S. 1 UrhG) könnte die Zustandsverantwortlichkeit des Urhebers aufrechterhalten. Nach der sog. „nachwirkenden Zustandshaftung" soll der ursprüngliche Eigentümer auch nach einer

---

72 BVerwG BeckRS 2006, 23072 Rn. 4; OVG Münster GewArch 2012, 265 (266); NVwZ-RR 2008, 12.
73 Heckel NVwZ 2012, 88 (91).
74 OVG Münster NVwZ-RR 2008, 12.
75 Wobst/Ackermann JA 2013, 916 (916 f.); Hartmann JuS 2008, 593 (594).
76 Heckel NVwZ 2012, 88 (91).
77 OVG Münster NVwZ-RR 2008, 12.
78 Poscher/Rusteberg JuS 2011, 1082 (1084); Hartmann JuS 2008, 593 (594).
79 Siehe hierzu: Golz/Berlage GRUR-Prax 2023, 513 (518 f.); Hoeren/Sieber/Holznagel MMR-HdB/Möllenkamp, 62. EL 2024, Teil 13.6 Rn. 32; Hohn-Hein/Barth GRUR 2018, 1089 (1090).
80 VGH Kassel NVwZ-RR 2006, 781 (781 f.).

wirksamen Dereliktion als Störer in Anspruch genommen werden können.[81] Voraussetzung hierfür ist, dass die Sache im Gefahrenzeitpunkt „herrenlos“ ist.[82] Der Zweck liegt in der Vermeidung eines „Verantwortungs-Vakuum“.[83] Genau diese Situation kann jedoch eintreten, wenn die Gründer oder Entwickler auf ihr Urheberrecht verzichten und der eigentliche Rechtsträger der DAO nicht bestimmt werden kann.

52 **(4) Zusammenfassung.** Gründer oder Entwickler der DAO – bzw. jeder sonstige Dritte mit faktischem Einfluss auf diese – können sowohl als (1) unmittelbare Handlungsstörer, (2) mittelbare Handlungsstörer („Zweckveranlasser“) und (3) (nachhaftende) Zustandsstörer über § 2 Abs. 1 GwG verpflichtet werden.

Praxishinweis:
Die Gründer, Entwickler sowie der entsprechende Rechtsträger einer DAO sind in der Regel sehr viel einfacher zu identifizieren als einzelne Mitglieder. Daher ist aus praktischer Perspektive ihre Inanspruchnahme wahrscheinlicher.
Diese können jedoch nur zu solchen Maßnahmen verpflichtet werden, die sie auch tatsächlich umsetzen können (Art. 20 Abs. 3 GG, § 44 Abs. 2 Nr. 4 VwVfG). Das „faktisch Mögliche“ bildet die rechtliche Grenze. Sowohl auf der Anordnungs- als auch auf der Vollstreckungsebene kommt es deshalb darauf an, welche Einflussmöglichkeiten der Rechtsträger tatsächlich hat. Dh konkret:
- Die Vornahme von Änderungen am Smart Contract können nur dann verfügt werden, wenn das dezentral gespeicherte Protokoll überhaupt Änderungsmöglichkeiten vorsieht.
- Das Veranlassen von Ausführungsakten des Smart Contracts setzt voraus, dass der Rechtsträger die entsprechende Stimmenmehrheit auf sich vereint.

53 **cc) Einzelne Mitglieder.** Ein Rückgriff auf die einzelnen Mitglieder der DAO ist theoretisch sowohl über die Figur der unmittelbaren als auch mittelbaren Handlungsverantwortung als auch des „Zustandsstörers“ denkbar.

Praxishinweis:
Eine Inanspruchnahme einzelner Mitglieder ist in der Praxis nicht zielführend.
Auch hier gilt: Das einzelne Mitglied kann nur zu ihm faktisch möglichen Maßnahmen verpflichtet werden (Art. 20 Abs. 3 GG, § 44 Abs. 2 Nr. 4 VwVfG). Gerade weil der eigene Verursachungsbeitrag (bspw. die Stimmabgabe oder die Bereitstellung von Serverkapazitäten) nur im Zusammenwirken mit anderen Mitgliedern die geldwäscherelevante Gefahr begründet, kann dieser nicht durch Einzelmaßnahmen einzelner Mitglieder begegnet werden.

(1) Haftung für die DAO. Soweit es sich bei der DAO um eine GbR/OHG handelt, haften die einzelnen Mitglieder über § 126 S. 1 BGB/§ 126 S. 1 HGB für die ggü. der DAO begründeten Pflichten.[84] Voraussetzung hierfür ist, dass das Vorliegen einer GbR/OHG nach deutschem Recht feststeht. Hier entstehen dieselben praktischen Probleme wie bei der Inanspruchnahme der DAO als GbR/OHG selbst.

---

[81] BVerwG NJW 1999, 231 (231 f.); OVG Lüneburg KommJur 2022, 224 (226); OVG Münster NJW 2010, 1988; VGH Kassel NVwZ-RR 2015, 855 Rn. 9.
[82] BVerwG NJW 1999, 231 (231 f.); OVG Lüneburg KommJur 2022, 224 (226); OVG Münster NJW 2010, 1988; VGH Kassel NVwZ-RR 2015, 855 Rn. 9.
[83] Vgl. hierzu: OVG Münster NJW 2010, 1988 (1988); VGH Kassel NVwZ-RR 2015, 855 Rn. 9.
[84] OVG Koblenz BeckRS 2009, 41479; OVG Münster NVwZ-RR 2009, 364 (366 f.).

(2) (Un-)Mittelbare Handlungsverantwortung. Die individuellen Handlungsbeiträge von einzelnen Mitgliedern überschreiten isoliert betrachtet nicht die Gefahrengrenze (bspw. das individuelle Abstimmungsverhalten oder das Speichern des Smart Contracts auf eigenen Servern). Diese können jedoch über die Figur der kumulativen Kausalität eine unmittelbare sowie mittelbare Handlungsverantwortung begründen.[85] Dafür dürfte der eigene Beitrag des Mitglieds nicht hinweggedacht werden, ohne dass die konkrete nach § 2 Abs. 1 GwG definierte Gefahr entfiele.[86] Ob das der Fall ist richtet sich ua danach, ob das Abstimmungsverhalten, das Speichern des Smart Contracts, die Validierung einer Transaktion oder sonstige Beiträge für die Durchführung einer geldwäschegeneigten Tätigkeit relevant oder irrelevant war.[87]

(3) Zustandsverantwortung. Das zur Verfügung stellen von Serverkapazitäten durch einzelne Mitglieder löst eine Zustandsverantwortung aus.

dd) Zusammenfassung. Im Dunstkreis einer DAO kommen eine Vielzahl von Verpflichteten in Betracht. Neben dem Rechtsträger der DAO sind auch die einzelnen Mitglieder sowie Dritte mit faktischem Einfluss auf die DAO (bspw. Gründer oder Entwickler) für die Einhaltung des GwG nach § 2 Abs. 1 GwG verantwortlich. 54

Praxishinweis:
Diese abstrakte Pflichtenstellung konkretisiert sich jedoch selten zu einer tatsächlichen Handlungspflicht. Denn verwaltungsrechtliche Handlungspflichten werden durch die faktischen Umsetzungsmöglichkeiten begrenzt. Danach gilt:
- Der Rechtsträger der DAO hat umfassende Kontrollmöglichkeiten. Dieser lässt sich in der Praxis jedoch nur schwer bestimmen und in Anspruch nehmen.
- Die einzelnen Mitglieder lassen sich ggf. einfacher bestimmen, haben jedoch für sich genommen kaum Einflussnahmemöglichkeiten.
- „Off-chain"-Ansprechpartner einer DAO (bspw. Gründer, Entwickler oder sonstige Dritte) sind daher bzgl. der Identifizierbarkeit und vorhandener tatsächlicher faktischer Kontrolle der „best shot" der Aufsichtsbehörden.

b) Weitere Konsequenzen und Sanktionen

Bei Verstößen gegen das GwG drohen Konsequenzen aus dem Ordnungswidrigkeitenrecht (→ Rn. 64), dem Strafrecht (→ Rn. 65), dem Verwaltungsrecht (→ Rn. 66) und dem Zivilrecht (→ Rn. 67). 55

aa) Ordnungswidrigkeitenrecht. Bestimmte Verstöße gegen das GwG sind bußgeldbewehrt (§ 56 GwG). Erfasst werden insbesondere Verstöße gegen dieoben dargestellten Pflichtentrias, bspw. das Unterlassen der Risikoanalyse gem. § 5 Abs. 1 S. 1 GwG, das Unterlassen der Identifizierung der Vertragspartner gem. § 10 Abs. 1 Nr. 1 GwG und das Unterlassen der Verdachtsmeldung gem. § 43 Abs. 1 GwG. 56

bb) Strafrecht. Das GwG selbst sieht keine Straftatbestände vor. Jedoch können unterlassene oder nicht ausreichend wahrgenommene Sorgfaltspflichten zu einer eigenen Strafbarkeit wegen (ggf. leichtfertiger) Geldwäsche durch Unterlassen führen (§§ 261, 13 StGB). Bei Verstößen gegen die Stillhaltepflicht aus § 46 GwG droht eine Strafbarkeit aus aktivem Tun.[88] Ebenso können unterlassene Meldungen nach § 43 GwG eine Strafbarkeit wegen 57

[85] Vgl.: Poscher/Rusteberg JuS 2011, 1082 (1083); Wobst/Ackermann JA 2013, 916; Hartmann JuS 2008, 593 (594).
[86] Vgl. TK StGB/Eisele StGB Vor § 13 Rn. 83.
[87] Siehe weiterführend hierzu: Klaas BKR 2023, 162 (167 f.).
[88] Haffke/Wende BKR 2024, 318 (322).

Strafvereitelung durch Unterlassen (§§ 258, 13 StGB) und/oder Begünstigung durch Unterlassen (§§ 257, 13 StGB) begründen. In Betracht kommt auch die Teilnahme durch Unterlassen an anderen materiellen Straftaten, die über eine DAO organisiert werden (bspw. über eine DAO organisierte Urheberrechtsverstöße nach §§ 106, 108a UrhG). Entscheidende Weichenstellung ist die für eine Unterlassensstrafbarkeit erforderliche Garantenstellung. Ob die verwaltungsrechtlichen Verpflichtungen des GwG auch eine strafrechtliche Garantenstellung begründen ist umstritten. Für das zuständige Leitungsorgan könnte eine Garantenpflicht entweder aus der Verpflichtung der DAO aus § 2 Abs. 1 GwG (die ihm über § 14 Abs. 1 Nr. 1 StGB zugerechnet wird)[89] oder direkt aus § 4 Abs. 3 S. 1 GwG abgeleitet werden. Für den Geldwäschebeauftragten könnte in diesem Fall § 7 Abs. 1 S. 2 GwG eine eigenständige Garantenstellung begründen.[90]

Praxishinweis:
Die Strafbarkeit wegen der – ggf. nur leichtfertigen – Geldwäsche tritt mit ihrer Vollendung ein. Der Vollendungszeitpunkt ist schnell erreicht. Ausreichend ist iRv § 261 Abs. 1 Nr. 3 StGB bereits die Entgegennahme eines bemakelten Gegenstands, zu denen auch Daten gehören können[91]. Nach Vollendung kommt ein strafbefreiender Rücktritt nicht mehr in Betracht.
Allerdings besteht die Möglichkeit einer strafbefreienden Selbstanzeige („tätige Reue", Voraussetzungen: § 261 Abs. 8 StGB). Dabei gilt: auch die Wahrnehmung der Meldepflicht aus § 43 Abs. 1 GwG kann als strafbefreiende Selbstanzeige bewertet werden (siehe auch: § 43 Abs. 4 GwG). Notwendig ist, dass in der Geldwäscheverdachtsmeldung gleichzeitig auch die Umstände benannt werden, die zu der möglichen eigenen Strafbarkeit führen (bspw. die tatsächlich erfolgte Entgegennahme des Gegenstands und potentiell leichtfertig unterlassene Sorgfaltsmaßnahmen).[92] Dass die FIU nicht die nach § 158 Abs. 1 S. 1 StPO zuständige Behörde für die Entgegennahme der Anzeige ist, ist gem. § 43 Abs. 4 S. 1 irrelevant. Auf diese Weise werden Doppelmeldungen/-anzeigen aufgrund unterschiedlicher Zuständigkeiten vermieden.[93]
Wichtig zu wissen: die strafbefreiende Wirkung gilt nur bzgl. der selbst verwirklichten Geldwäsche, nicht aber bzgl. der möglichen Vortat oder weiteren mitverwirklichten Straftaten.[94]

58 **cc) Verwaltungsrecht.** Fortgesetzte Verstöße gegen das GwG können gegen die Zuverlässigkeit der DAO sprechen. Auf dieser Grundlage können insbesondere Genehmigungen (bspw. nach dem KWG) widerrufen werden. Daneben können DAOs (bzw. deren Rechtsträger) aus Vergabeverfahren ausgeschlossen werden (zwingend: § 123 Abs. 1 Nr. 3 GWB; fakultativ: § 124 Abs. 1 Nr. 3 GWB).

59 **dd) Zivilrecht.** Die Vornahme einer Meldung nach § 43 GwG löst nur dann Schadensersatz-, Unterlassens- oder sonstige Ansprüche aus, wenn die Meldung vorsätzlich oder grob

[89] Für eine Garantenstellung: Joecks/Jäger/Randt/Bülte, 9. Aufl. 2022, StGB § 261 Rn. 145; Herzog/El-Ghazi StGB § 261 Rn. 130 f.; MüKoStGB/Neuheuser, 4. Aufl. 2021, StGB § 261 Rn. 115 f.; Lackner/Kühl/Heger/Heger, 30. Aufl. 2023, StGB § 261 Rn. 7; Neuheuser NZWiSt 2015, 241 (244). Gegen eine Garantenstellung: NK-StGB/Altenhain StGB § 261 Rn. 87; TK StGB/Hecker StGB § 261 Rn. 3; LK-StGB/Krause, 13. Aufl. 2022, Band 13 § 261 Rn. 15; Satzger/Schluckebier/Widmaier StGB/Jahn § 261 Rn. 129.
[90] MüKoStGB/Neuheuser, 4. Aufl. 2021, StGB § 261 Rn. 115; Neuheuser NZWiSt 2015, 241 (245).
[91] Siehe hierzu: Steege/Chibanguza Metaverse-HdB/Klaas/Klose § 32 Rn. 64 ff.
[92] Herzog/Barreto da Rosa GwG § 43 Rn. 79a.
[93] Herzog/Barreto da Rosa GwG § 43 Rn. 79a.
[94] BeckOK StGB/Ruhmannseder, 62. Ed. 1.8.2024, StGB § 261 Rn. 70; Herzog/Barreto da Rosa GwG § 43 Rn. 79c.

fahrlässig unwahr erstattet wurde (§ 48 Abs. 1 GwG).[95] Das gilt erst recht für die auf der Grundlage von und iRd § 46 GwG anschließend nicht durchgeführten Transaktionen.[96]

§ 14 Kartellrechtliche Aspekte

Übersicht

Schrifttum:

Aufderheide, Dezentrale Autonome Organisationen (DAO) – Smart Contracts aus der Perspektive des Gesellschaftsrechts, WM 2022, 264; Bacher/Hempel/Wagner-von Papp, BeckOK Kartellrecht, 16. Edition 2025; Bauer/Rahlmeyer/Schöner, Vertriebskartellrecht, 2. Aufl. 2024; Bechtold/Bosch/Brinker, Kommentar zum Europäischen Kartellrecht, 4. Aufl. 2023; Bechtold/Bosch, Kommentar zum Gesetz gegen Wettbewerbsbeschränkungen, 11. Aufl. 2025; Bien/Käseberg/Klumpe/Körber/Ost, Die 10. GWB-Novelle: Das neue Kartellrecht, 2021; Braegelmann/Kaulartz, Rechtshandbuch Smart Contracts, 2019; Bunte/Stancke, Kommentar zum Kartellrecht mit Vergaberecht und Beihilfenrecht, 4. Aufl. 2022; Coase, The Nature of the Firm (1937), Economica Volume 4, Issue 16, 386; Crémer/Montjoye/Schweitzer, Competition policy for the digital era, 2019; Dauses/Ludwigs, Handbuch des EU-Wirtschaftsrechts, 62. Ergänzungslieferung Januar 2025; Grabitz/Hilf/Nettesheim, Das Recht der Europäischen Union, 84. Ergänzungslieferung Januar 2025; Hahn, Die Decentralized Autonomous Association (DAA), NZG 2022, 684; Immenga/Mestmäcker/Körber/Schweitzer/Zimmer, Kommentar zum Wettbewerbsrecht, Band 1, 7. Aufl. 2025, Band 2 7. Aufl. 2024; Jaeger/Kokott/Pohlmann/Schroeder/Seeliger, Frankfurter Kommentar zum Kartellrecht, 110. Lieferung 2/2025; Kersting/Meyer-Lindemann/Podszun, Kommentar zum Deutschen und Europäischen Kartellrecht, 5. Auflage 2025; Kling/Thomas, Kartellrecht, 2. Aufl. 2025; Langheld/Haagen, Decentralized Autonomous Organizations – verbandsrechtliche Einordnung und Gestaltungsmöglichkeiten, NZG 2021, 724; Mann, Die Decentralized Autonomous Organization – ein neuer Gesellschaftstyp?, NZG 2017, 1014; Paal/Kieß, Digitale Plattformen im DSA-E, DMA-E und § 19a GWB, ZfDR 2022, 1; Rodrigues, Law and the Blockchain, Iowa Law Review 2019, 679; Säcker/Bien/Meier-Beck/Montag, Münchener Kommentar zum Wettbewerbsrecht, Band 1/1 4. Aufl. 2023; Band 1/2 4. Aufl. 2023; Teichmann, Digitalisierung und Gesellschaftsrecht, ZfPW 2019, 247; Wagner/Holm-Hadulla/Ruttloff, Metaverse und Recht, 2023; Wiedemann, Handbuch des Kartellrechts, 4. Aufl. 2020.

[95] Herzog/Barreto da Rosa GwG § 48 Rn. 8.

[96] OLG Hamburg BKR 2022, 878 (879 Rn. 11); Kirchner BKR 2022, 880 (882); Herzog/Barreto da Rosa GwG § 48 Rn. 8. Siehe zur teleologischen Einschränkung von § 48 GwG bei einer zwar berechtigten Meldung nach § 43 GwG, jedoch bei einem anschließenden Zurückhalten der Transaktion für knapp vier Wochen: LG Frankfurt a. M NJW 2024, 842 (845 Rn. 43 ff.).

I. Einleitung

1 Viele der Web3 Technologien und Anwendungen stecken derzeit relativ gesehen noch in den „Kinderschuhen" und sind gerade erst dabei, sich im Markt- und Wirtschaftsgeschehen zu etablieren. Unter kartellrechtlichen Gesichtspunkten findet man demzufolge eine überaus dynamische Marktsituation mit einer Vielzahl an neuartigen technologischen Entwicklungen und lebhaftem Wettbewerb um Technologien und Geschäftsmodelle vor.

2 Obwohl im Web3 Kontext zuhauf neuartige Technologien und Anwendungen zum Einsatz kommen, die in vielerlei Hinsicht ungeklärte Rechtsfragen aufwerfen, ist mit Blick auf das Kartellrecht festzuhalten, dass dieses im Ausgangspunkt technologieneutral und weitgehend effektbasiert angewendet wird. Kurz gesagt: Das allgemeine Kartellrecht ist prinzipiell auch im digitalen Web3-Kontext voll anwendbar und gibt den wettbewerblichen Rahmen für Aktivitäten im Web3-Kontext vor.

3 Die kartellrechtlich relevanten Normen lassen sich schematisch in drei Felder einteilen:
- Das Verbot wettbewerbsbeschränkender Vereinbarungen und abgestimmter Verhaltensweisen (Art. 101 AEUV, § 1 GWB);
- Das Verbot des Missbrauchs einer marktbeherrschenden Stellung (Art. 102 AEUV, §§ 19 ff. GWB);
- Die Fusionskontrolle (EU FKVO, §§ 35 ff. GWB).

4 Vor allem im Online- und Digitalbereich kommen darüber hinaus spezielle Regelungen zur Anwendung, die eine wettbewerbliche Vermachtung digitaler Märkte und Industrien durch verstoßunabhängige, teils regulatorisch vorgeprägte Verhaltenspflichten verhindern sollen. Die Europäische Union sowie einzelne mitgliedstaatliche Gesetzgeber haben in jüngerer Vergangenheit verschiedene rechtliche Instrumente verabschiedet, die den besonderen Herausforderungen der Digitalisierung und digitaler Plattformmärkte im Missbrauchsbereich Rechnung tragen sollen. Besonders stechen dabei der EU Digital Markets Act (DMA) und § 19a GWB hervor, die spezielle Verhaltenspflichten für marktstarke Unternehmen auf digitalen Plattformmärkten vorsehen.

5 In Bezug auf DAOs (zur Definition der DAO → § 6 Rn. 1) stellen sich insoweit einige kartellrechtliche Sonderfragen. Während sich „herkömmliche" Unternehmen durch eine einheitlich verfasste Gesellschaftsstruktur, klare Kontroll- und Beherrschungsmechanismen sowie einen oder mehrere eindeutig identifizierbare handelnde Rechtsträger auszeichnen, ist dies bei DAOs nicht ohne weiteres gegeben (zur gesellschaftsrechtlichen Einordnung → § 8 Rn. 5 ff.). Das Zusammenwirken der an der DAO beteiligten Investoren und Entscheidungsträger als auch das Management des Tagesgeschäfts werden vielmehr nicht auf Basis von Gesellschaftsverträgen oder Geschäftsordnungen geregelt, sondern von komplexen Smart Contracts (→ § 52 Rn. 3 ff.), dh einem Programmcode, der in einer öffentlichen erlaubnisfreien Blockchain festgehalten ist, übernommen. Die Spielregeln der unternehmerischen Betätigung werden dazu vorab programmiert und anschließend bei Vorliegen bestimmter Voraussetzungen nahezu vollständig automatisiert ausgeführt.

6 Mit Blick auf das Kartellrecht stellen sich vor diesem Hintergrund insbesondere zwei Kernfragen:
- Kommt das Kartellrecht in Bezug auf DAOs überhaupt zur Anwendung?
- Wer haftet für Kartellrechtsverstöße, die einen Bezug zu DAOs aufweisen?

7 Zur besseren Einordnung dieser Fragen in den Gesamtkontext erfolgt zunächst ein kurzer Überblick zu den Grundzügen des Kartellrechts (→ Rn. 8 ff.), insbesondere zu den diversen Verbotsnormen, bevor anschließend diese Grundzüge auf DAOs angewendet werden (→ Rn. 51 ff.) und eine Einordnung internationaler Sachverhalte erfolgt (→ Rn. 68 f.)

II. Grundzüge des Kartellrechts

1. Das Kartellverbot, Art. 101 AEUV, § 1 GWB im Web3-Kontext

Art. 101 Abs. 1 AEUV und § 1 GWB, die prinzipiell auch im Web3-Kontext Anwendung finden, normieren das Verbot wettbewerbsbeschränkender Vereinbarungen und abgestimmter Verhaltensweisen, darunter zunächst vor allem das Kartellverbot. Art. 101 Abs. 1 AEUV erklärt alle Vereinbarungen zwischen Unternehmen, Beschlüsse von Unternehmensvereinigungen und aufeinander abgestimmte Verhaltensweisen, welche den Handel zwischen Mitgliedstaaten zu beeinträchtigen geeignet sind und eine Verhinderung, Einschränkung oder Verfälschung des Wettbewerbs innerhalb des Binnenmarktes bezwecken oder bewirken, für unvereinbar mit dem Binnenmarkt und verboten. 8

Art. 101 AEUV und § 1 GWB sind vollständig harmonisiert. Wie bereits in Art. 3 Abs. 2 VO 1/2003 festgehalten, darf es dem Ergebnis nach nicht zu Divergenzen bei der Anwendung nationaler Kartellverbote und Art. 101 Abs. 1 AEUV kommen. Durch die 7. GWB-Novelle wurden die Regelungen des GWB daher an das EU-Recht angeglichen. Seither ist § 1 GWB stets unter vollständiger Berücksichtigung der Grundsätze des Art. 101 Abs. 1 AEUV auszulegen, sodass es nicht zu Wertungswidersprüchen kommt und hier eine kombinierte Darstellung der beiden Vorschriften erfolgen kann. 9

Während die Vereinbarung, der Beschluss oder die abgestimmte Verhaltensweise unter Art. 101 Abs. 1 AEUV geeignet sein muss, sich auf den Handel zwischen den Mitgliedsstaaten auszuwirken, ist § 1 GWB auch auf rein nationale oder lokale Effekte anwendbar. In aller Regel wendet das Bundeskartellamt jedoch beide Vorschriften gleichberechtigt nebeneinander an. 10

a) Vereinbarungen

Das Kartellverbot erfasst vor allem wettbewerbswidrige Vereinbarungen. Der Begriff der Vereinbarung ist dabei auch im Hinblick auf Web3-Anwendungen denkbar weit zu verstehen. Maßgebend ist grundsätzlich der (zivilrechtliche) Vertragsbegriff, dh es ist eine Willensübereinstimmung zwischen mindestens zwei Parteien erforderlich.[1] Zunächst ist vor allem die Form, in der die Vereinbarung abgeschlossen wurde, gleichgültig. Insbesondere ist Schriftlichkeit nicht erforderlich.[2] Eine Vereinbarung liegt demensprechend nicht nur dann vor, wenn ein schriftlicher oder mündlicher Vertrag geschlossen wird, sondern auch bei sog. gentlemen's agreements oder sonstigen auf Einvernehmen beruhenden Übereinkünften zwischen zwei oder mehreren Parteien. Ferner reicht auch eine Vereinbarung, die durch schlüssiges Verhalten (konkludent) geschlossen wurde, für die Tatbestandsverwirklichung aus.[3] 11

An einer Vereinbarung können zwei oder mehr Partner beteiligt sein, die auch nicht notwendig auf derselben Wirtschaftsstufe tätig sein müssen. Erfasst sind daher sowohl Vereinbarungen im Horizontalverhältnis, dh unter Wettbewerbern, als auch im Vertikalverhältnis, dh zwischen Unternehmen einander vor- oder nachgelagerter Marktstufen. 12

Unerheblich ist wiederum, ob die Beteiligten sich auch tatsächlich gemäß der Willensübereinstimmung verhalten. Auch wenn die Beteiligten von der Umsetzung der Kartellvereinbarung ganz oder teilweise absehen oder das Verhalten der Vereinbarung nicht oder nicht vollständig entspricht, kann bereits eine Zuwiderhandlung gegen das Kartellverbot gegeben sein.[4] Einseitige Maßnahmen stellen grundsätzlich keine kartellrechtlich relevante Verein- 13

1 Immenga/Mestmäcker/Zimmer GWB § 1 Rn. 36; BeckOK KartellR/Füller GWB § 1 Rn. 14; Kling/Thomas KartellR § 5 Rn. 54; Kersting/Meyer-Lindemann/Podszun/Grave/Nyberg AEUV Art. 101 Abs. 1 Rn. 226 f.

2 Bechtold/Bosch/Brinker AEUV Art. 101 Rn. 41; MüKoWettbR/Paschke GWB § 1 Rn. 61; Kersting/Meyer-Lindemann/Podszun/Grave/Nyberg AEUV Art. 101 Abs. 1 Rn. 226 f.

3 Kling/Thomas KartellR § 5 Rn. 55; Bechtold/Bosch/Brinker AEUV Art. 101 Rn. 41; Wiedemann KartellR-HdB/Lübbig § 8 Rn. 9.

4 Grabitz/Hilf/Nettesheim/Stockenhuber AEUV Art. 101 Rn. 98; Immenga/Mestmäcker/Zimmer GWB § 1 Rn. 36; BeckOK KartellR/Fussenegger AEUV Art. 101 Rn. 48.

barung dar. Sofern jedoch durch einseitige Maßnahmen, bspw. Empfehlungen, die ein anderer aufgrund von Anreizen oder Druck befolgt, Einvernehmen hergestellt werden, können diese dadurch ebenfalls zu Vereinbarungen werden und fallen damit in den Anwendungsbereich des Kartellverbotes nach Art. 101 AEUV bzw. § 1 GWB.[5]

b) Abgestimmte Verhaltensweisen

14 Bei der abgestimmten Verhaltensweise handelt es sich wiederum um eine Form der Koordinierung zwischen Unternehmen, die bewusst eine praktische Zusammenarbeit an die Stelle des mit Risiken verbundenen Wettbewerbs treten lässt.[6] Es handelt sich also um eine unmittelbare oder mittelbare Fühlungnahme zwischen den Unternehmen mit dem Zweck oder der Folge, das Marktverhalten des Mitbewerbers zu beeinflussen oder den Mitbewerber über ein künftiges eigenes Verhalten ins Bild zu setzen.[7]

15 Häufig erfasst sind hierbei Fälle des strategischen Informationsaustauschs zwischen Wettbewerbern. So können Wettbewerber durch eine Preisgabe marktrelevanter Verhaltensabsichten gezielt die Ungewissheit über das gegenseitige Marktverhalten ausräumen, um den Wettbewerb zu beschränken. Dieser Informationsaustausch kann grundsätzlich auch über einen dritten Marktteilnehmer stattfinden, welcher selbst nicht in einem Wettbewerbsverhältnis zu den Informationsaustauschenden steht (sog. „Hub-and-Spoke").[8] Dies können beispielsweise Drittanbieter von Dienstleistungen sein, einschließlich der Bereitstellung einer entsprechenden (Online-)Plattform oder auch die Nutzung eines gemeinsamen Algorithmus über denselben Anbieter.[9]

c) Wettbewerbsbeschränkung

16 Zentrales Tatbestandsmerkmal des Art. 101 Abs. 1 bzw. § 1 GWB ist die Verhinderung, Einschränkung oder Verfälschung des Wettbewerbs (sog. Wettbewerbsbeschränkung). Laut Rechtsprechung kommt es dabei in erster Linie auf die Beeinträchtigung der wirtschaftlichen Handlungsfreiheit der Unternehmen an.[10] Dies bedeutet, dass Vereinbarungen bzw. abgestimmte Verhaltensweisen die wirtschaftliche Selbständigkeit des Handelns der Unternehmen nicht berühren dürfen (sog. Selbständigkeitspostulat).[11]

17 Das Kartellverbot schützt dabei den Wettbewerb in all seinen Erscheinungsformen auf sämtlichen Handelsstufen gegen jegliche Form der Beschränkung. Geschützt sind in erster Linie der Angebots- und Nachfragewettbewerb, der Wettbewerb zwischen verschiedenen Herstellern (sog. interbrand-Wettbewerb zwischen verschiedenen Gütern) sowie der Wettbewerb zwischen verschiedenen Händlern (sog. intrabrand-Wettbewerb, dh hinsichtlich ein und desselben Gutes) und der Preiswettbewerb ebenso wie der Qualitäts-, Mengen- oder Innovationswettbewerb.[12]

---

5 BeckOK KartellR/Füller GWB § 1 Rn. 15; Kling/Thomas KartellR § 5 Rn. 55; Bechtold/Bosch/Brinker AEUV Art. 101 Rn. 50.

6 BGH NZKart 2020, 602 Rn. 21; EuGH NZKart 2017, 119 Rn. 70; MüKoWettbR/Paschke GWB § 1 Rn. 121; BeckOK KartellR/Füller GWB § 1 Rn. 18.

7 Kersting/Meyer-Lindemann/Podszun/Grave/Nyberg AEUV Art. 101 Abs. 1 Rn. 234; Grabitz/Hilf/Nettesheim/Stockenhuber AEUV Art. 101 Rn. 108; MüKoWettbR/Paschke AEUV Art. 101 Rn. 158.

8 BeckOK KartellR/Müller AEUV Art. 101 Rn. 312; Kling/Thomas KartellR § 19 Rn. 122; Bauer/Rahlmeyer/Schöner VertriebsKartellR-HdB/Bauer § 9 Rn. 77; MüKoWettbR/Wagner-von Papp GWB § 1 Rn. 226.

9 EU-Kommission, Leitlinien zur Anwendbarkeit des Artikels 101 des Vertrags über die Arbeitsweise der Europäischen Union auf Vereinbarungen über horizontale Zusammenarbeit, ABl. 2023 C 259, 1 Rn. 402; BeckOK KartellR/Müller AEUV Art. 101 Rn. 322; Bunte/Stancke KartellR/Stancke § 3 Rn. 29; Immenga/Mestmäcker/Zimmer AEUV Art. 101 Abs. 1 Rn. 104.

10 BGH WuW 2019, 201; EuGH EuZW 2009, 505 (507); BGH NJW 1997, 2324; MüKoWettbR/Säcker/Zorn GWB § 1 Rn. 162; Bechtold/Bosch/Bosch GWB § 1 Rn. 34.

11 Immenga/Mestmäcker/Zimmer AEUV Art. 101 Abs. 1 Rn. 117.

12 MüKoWettbR/Säcker/Zorn GWB § 1 Rn. 159.

In der Praxis der Wettbewerbsbehörden hat sich auf Grundlage der Unterscheidung zwischen bezweckten und bewirkten Wettbewerbsbeschränkungen eine Ausdifferenzierung in zwei nach Voraussetzungen und Rechtsfolgen differierende Tatbestandsvarianten des Kartellverbots etabliert: Mit der Variante des „Bezweckens" werden Vereinbarungen, Beschlüsse bzw. Verhaltensabstimmungen erfasst, bei denen eine Beschränkung des Wettbewerbs so nahe liegt, dass eine Auswirkungsprüfung, dh eine Analyse der konkreten Markteffekte des Verhaltens der beteiligten Unternehmen unterbleiben kann.[13] Dies gilt vor allem für sog. Kernbeschränkungen, bspw. der unter Wettbewerbern erfolgenden Festsetzung von Verkaufspreisen, Produktionsmengen oder Absatzgebieten sowie der vertikalen Festsetzung von Wiederverkaufspreisen oder der Gewährung absoluten Gebietsschutzes zwischen Unternehmen unterschiedlicher Marktstufen.[14] **18**

Unter den Begriff der „bewirkten" Wettbewerbsbeschränkung fallen wiederum Gestaltungen, bei denen erst auf Grund der Würdigung der Umstände des Einzelfalles von einem wettbewerbsbeschränkenden Effekt auszugehen ist.[15] **19**

d) Freistellungsmöglichkeiten

Wettbewerbsbeschränkende Vereinbarungen können ausnahmsweise freigestellt werden, wenn die positiven Auswirkungen der Zusammenarbeit auf den Markt etwaige wettbewerbsbeschränkende Wirkungen überwiegen.[16] Eine Freistellung vom Kartellverbot gemäß der Generalklausel des Art. 101 Abs. 3 AEUV ist gegeben, und prinzipiell auch im Web3-Kontext denkbar, wenn die Vereinbarung unter angemessener Beteiligung der Verbraucher an dem entstehenden Gewinn oder zur Förderung des technischen oder wirtschaftlichen Fortschritts beiträgt, die dazu auferlegten Beschränkungen unerlässlich sind und der Wettbewerb dadurch nicht ausgeschaltet wird. **20**

Im Rahmen der Berücksichtigung der konkreten Effizienzen einer Zusammenarbeit sind jedoch nicht jedwede öffentliche Interessen zu berücksichtigen (zB Umweltschutz, Erhalt von Arbeitsplätzen etc). Insofern ist keine Gesamtabwägung aller wettbewerbsrelevanter Faktoren vorzunehmen. Die Voraussetzungen einer Freistellung kraft Gesetzes sind im Einzelnen: **21**

i) die Verbesserung der Warenerzeugung oder -verteilung oder die Förderung des technischen oder wirtschaftlichen Fortschritts;
ii) eine angemessene Beteiligung der Verbraucher an dem entstehenden Gewinn;
iii) die Unerlässlichkeit der auferlegten Beschränkungen für die Verwirklichung der Ziele;
iv) Keine Ermöglichung der Ausschaltung des Wettbewerbs für einen wesentlichen Teil der betreffenden Waren.

Da die Anwendung dieser Kriterien auf konkrete Sachverhalte Schwierigkeiten aufwirft – und die Unternehmen bei einer falschen Selbsteinschätzung erheblichen Risiken aussetzt – hat der europäische Gesetzgeber mit einer Reihe verschiedener Gruppenfreistellungsverordnungen[17] allgemeingültige Regelungen geschaffen, über die bestimmte, besonders häufig **22**

---

[13] EuGH EuZW 2014, 901 (903); MüKoWettbR/Säcker/Zorn AEUV Art. 101 Rn. 262; Bechtold/Bosch/Bosch GWB § 1 Rn. 37.

[14] Siehe Dauses/Ludwigs EU-WirtschaftsR-HdB/Hoffmann H. I. § 2 Rn. 52 mwN.

[15] Siehe Immenga/Mestmäcker/Zimmer AEUV Art. 101 Abs. 1 Rn. 147.

[16] Siehe Bunte/Stancke KartellR/Stancke § 3 Rn. 108; Immenga/Mestmäcker/Ellger GWB § 2 Rn. 4; Bechtold/Bosch/Bosch GWB § 2 Rn. 14; Kersting/Meyer-Lindemann/Podszun/Grave/Nyberg GWB § 2 Rn. 4.

[17] Vor allem Verordnung (EU) 2022/720 der Kommission vom 10.5.2022 über die Anwendung des Artikels 101 Absatz 3 des Vertrags über die Arbeitsweise der Europäischen Union auf Gruppen von vertikalen Vereinbarungen und abgestimmten Verhaltensweisen (Vertikal-GVO); Verordnung (EU) 2023/1066 der Kommission vom 1.6.2023 über die Anwendung des Artikels 101 Absatz 3 des Vertrags über die Arbeitsweise der Europäischen Union auf bestimmte Gruppen von Vereinbarungen über Forschung und Entwicklung (F&E-GVO); Verordnung (EU) Nr. 316/2014 der Kommission vom 21.3.2014 über die Anwendung von Artikel 101 Absatz 3 des Vertrags über die Arbeitsweise der Europäischen Union auf Gruppen von Technologietransfer-Vereinbarungen (Technologie-Transfer VO).

vorkommende, jedoch meist unkritische Arten von Vereinbarungen und Klauseln automatisch vom Verbot wettbewerbsbeschränkender Vereinbarungen freigestellt sind. Sie gelten gem. § 2 Abs. 2 GWB entsprechend im deutschen Recht.

Praxishinweis:

23 In der Praxis ist von zentraler Bedeutung, dass der kartellrechtliche Begriff der Vereinbarung sehr weit gefasst ist und auch formlose oder durch schlüssiges Verhalten zustande gekommene Übereinkünfte erfasst. Ebenso relevant ist das Verbot abgestimmter Verhaltensweisen, das insbesondere den strategischen Informationsaustausch zwischen Wettbewerbern sanktioniert, selbst wenn dieser über Dritte wie eine gemeinsame Plattform oder einen Algorithmus erfolgt. Bestimmte Verhaltensweisen, sogenannte Kernbeschränkungen, werden dabei als bezweckte Wettbewerbsbeschränkung eingestuft, ohne dass ihre konkreten negativen Auswirkungen auf den Wettbewerb nachgewiesen werden müssen.

2. Marktmachtmissbrauch, Art. 102 AEUV, §§ 19 ff. GWB

24 Neben dem Kartellverbot des Art. 101 Abs. 1 AEUV und § 1 GWB ist mit Blick auf Web3-Anwendungen vor allem der Missbrauch von Marktmacht relevant.

25 Das Missbrauchsverbot ergänzt das allgemeine Kartellverbot und rundet das kartellrechtliche Instrumentarium ab. Unternehmen können den Wettbewerb nicht nur durch zwei- oder mehrseitige Vereinbarungen oder abgestimmte Verhaltensweisen gefährden. Marktbeherrschende Unternehmen sind auch durch einseitiges Handeln in der Lage, die Wettbewerbsverhältnisse auf den Märkten negativ zu beeinflussen.

26 Anders als im Verhältnis von Art. 101 AEUV und § 1 GWB sind die Missbrauchsverbote der Art. 102 AEUV und §§ 19 ff. GWB nicht harmonisiert und daher unabhängig voneinander auszulegen und anzuwenden. Zwar haben die deutschen Kartellbehörden und Gerichte dann, wenn Art. 102 EUV anwendbar ist, diesen laut Art. 3 Abs. 1 S. 2 VO 1/2003 neben dem deutschen Recht anzuwenden, ein Vorrang des Unionsrechts mit Ausschlusswirkung gegenüber dem nationalen Recht existiert insoweit jedoch nicht.[18] Da es den Mitgliedstaten im Missbrauchsbereich gem. Art. 3 Abs. 2 S. 2 VO 1/2003 ausdrücklich freisteht auch „strengere innerstaatliche Vorschriften" zu erlassen, gehen die §§ 19 ff. GWB in vielen Fällen auch weiter als Art. 102 AEUV.

a) Marktbeherrschende Stellung

27 Beide Regelungsregime knüpfen im Grundsatz an das Bestehen einer marktbeherrschenden Stellung an. Nach § 18 Abs. 1 GWB wird ein Unternehmen als marktbeherrschend definiert, soweit es auf dem sachlich und räumlich relevanten Markt keinem oder keinem wesentlichen Wettbewerb ausgesetzt ist oder eine im Verhältnis zu seinen Wettbewerbern überragende Marktstellung hat. Laut § 18 Abs. 3a Nr. 1–5 GWB sind dabei auch spezielle Charakteristika mehrseitiger Märkte und Netzwerke zu berücksichtigen, wie bspw. Netzwerkeffekte, der Zugang zu wettbewerbsrelevanten Daten oder innovationsgetriebener Wettbewerbsdruck. Dies dürfte gerade mit Blick auf plattform- und netzwerkbasierte Geschäftsmodelle im Web3-Bereich relevant werden. § 18 Abs. 4 GWB sieht wiederum eine widerlegbare Marktbeherrschungsvermutung vor, wenn ein Unternehmen einen Marktanteil von 40 Prozent oder darüber innehat.

28 Eine Ausnahme vom Erfordernis einer (absolut) marktbeherrschenden Stellung – und insoweit auch eine strengere innerstaatliche Regelung – sieht § 20 Abs. 1 GWB vor, der auch für Unternehmen mit relativer oder überlegener Marktmacht die Geltung des in § 19

[18] Siehe Bechtold/Bosch/Bosch GWB Vor § 18 Rn. 5.

Abs. 1 iVm Abs. 2 Nr. 1 normierten Behinderungs- und Missbrauchsverbotes vorschreibt. Voraussetzung ist, dass ein Unternehmen von einem anderen Unternehmen bei der Ausübung seiner wirtschaftlichen Tätigkeit dergestalt abhängig ist, dass ausreichende und zumutbare Möglichkeiten, auf dritte Unternehmen auszuweichen, nicht bestehen. Eine solche Abhängigkeit kann sich laut § 20 Abs. 1a GWB explizit auch daraus ergeben, dass ein Unternehmen für die eigene Tätigkeit auf den Zugang zu Daten angewiesen ist, die von einem anderen Unternehmen kontrolliert werden.

Mit Blick auf Art. 102 AEUV wird ein Unternehmen laut der Rechtsprechung des EuGH **29** dann als marktbeherrschend angesehen, wenn es aufgrund seiner wirtschaftlichen Machtstellung in der Lage ist, die Aufrechterhaltung eines wirksamen Wettbewerbs auf dem relevanten Markt zu verhindern, indem sie ihm die Möglichkeit verschafft, sich seinen Wettbewerbern, seinen Abnehmern und letztlich auch den Verbrauchern gegenüber in einem nennenswerten Umfang unabhängig zu verhalten.[19] Die Marktanteilsschwellen, ab denen Marktbeherrschung indiziert wird, sind dabei nicht gesetzlich normiert, liegen jedoch tendenziell höher als die der Marktbeherrschungsvermutungen des § 18 Abs. 4 GWB.[20]

Zur Feststellung einer marktbeherrschenden Stellung ist zunächst die Abgrenzung des **30** sachlich und räumlich relevanten Marktes notwendig. Gerade bei zwei- oder mehrseitigen Märkten, zu denen auch und vor allem die digitalen Plattformmärkte zählen, stellen sich neue Herausforderungen bei der notwendigen Abgrenzung des wettbewerblich relevanten Marktes. Diese sind in aller Regel von vielfältigen Wechselwirkungen zwischen den verschiedenen Marktseiten, insbesondere durch direkte oder indirekte Netzwerkeffekte, geprägt. Aufgrund der häufig bestehenden Komplexität zwei- oder sogar mehrseitiger Märkte hat sich bisher noch keine einheitliche Methode zur Marktabgrenzung durchgesetzt.[21]

Auch die Bestimmung von Marktmacht folgt im Web3-Bereich nicht ohne Weiteres den **31** klassischen Denkmustern. Denn auf hybriden, sich rasch verändernden oder noch in der Entwicklung befindlichen Märkten haben Marktanteile nur eine vergleichsweise geringe Aussagekraft.[22] Dies gilt umso mehr dann, wenn es sich insgesamt um sog. „zero-price" Märkte bzw. Marktseiten handelt und einzelne Güter oder Dienste ohne monetäre Gegenleistung zur Verfügung gestellt werden.[23]

Beispiele aus der „klassischen" Onlinewelt hierfür sind Suchmaschinen, Internetportale **32** und soziale Netzwerke, die für die (privaten) Nutzer meist kostenlos sind und sich primär durch den Verkauf von Werbung finanzieren. Die auf mehrseitigen digitalen Plattformmärkten oftmals geringe Aussagekraft von Marktanteilen kommt in § 18 Abs. 3a GWB zum Ausdruck. Dieser legt fest, dass bei der kartellrechtlichen Bewertung der Markstellung von Unternehmen auf mehrseitigen Märkten und in Netzwerken neben den meist leicht zu quantifizierenden Marktanteilen bspw. auch Kriterien wie Netzwerkeffekte, lock-in Effekte, Größenvorteile im Zusammenhang mit Netzwerkeffekten sowie der Zugang zu wettbewerbsrelevanten Daten und Innovationsdruck berücksichtigt werden können.

Sofern eine entsprechende marktbeherrschende Stellung als Anknüpfungspunkt für miss- **33** bräuchliche Verhaltensweisen besteht, kommen die allgemeinen Missbrauchstatbestände des Art. 102 AEUV bzw. §§ 19 ff. GWB zur Anwendung.

---

19 Siehe EuGH Slg. 1979, 461 Rn. 38 = NJW 1979, 2460 (2462) – Hoffmann-La Roche; stRspr, auch EuG Slg. 2007, II-3601 Rn. 229 = BeckRS 2007, 70806 – Microsoft; EuGH ECLI:C:2020:52 Rn. 127 f. = NZKart 2020, 131 (134) – Generics (UK); EuG ECLI:T:2022: 541 Rn. 104 ff. = NZKart 2022, 582 (585) – Google (Android).

20 Vgl. EuG Slg. 1979, 461 (520 f., 527 f.) – Hoffmann/La Roche; Slg. 1991, I-3359 – Akzo; Slg. 1978, 210 – United Brands; Bechtold/Bosch/Bosch GWB § 18 Rn. 84.

21 Siehe dazu im Detail Kersting/Meyer-Lindemann/Podszun/Huttenlauch AEUV Art. 102 Rn. 57 ff.

22 Laut BKartA 6.2.2019 – B6-22/16 Rn. 401– Facebook kann Marktanteilen bei Internetdiensten und – Plattformen allenfalls eine beschränkte Vermutungswirkung bei der Annahme von Marktbeherrschung beigemessen werden.

23 Siehe dazu im Detail Crémer/Montjoye/Schweitzer, Competition policy for the digital era, S. 48 ff.

b) Missbräuchliche Verhaltensweisen

34 Sowohl Art. 102 AEUV als auch die §§ 19 ff. GWB sind generalklauselartig ausgestaltet und wenden sich zunächst ganz allgemein gegen missbräuchliche Verhaltensweisen marktbeherrschender Unternehmen. Beide Normen werden jedoch durch eine Reihe nicht abschließender Regelbeispiele konkretisiert, bei deren Vorliegen grds. von einem Missbrauch der marktbeherrschenden Stellung auszugehen ist.

35 Relevant sind insbesondere (i) die unbillige Behinderung anderer Unternehmen, (ii) die Verweigerung des Zugang zu wettbewerblich wesentlichen Einrichtungen, Diensten oder Produkten, (iii) die Ausbeutung anderer Marktteilnehmer, insbesondere durch das Einfordern unangemessener Einkaufs- oder Verkaufspreise oder anderweitiger Konditionen, (iv) Kampfpreisstrategien, (v) die ungerechtfertigte Diskriminierung von Handelspartnern, (vi) die Bündelung und Koppelung verschiedener Leistungen sowie (vii) die Selbstbevorzugung eigener Dienste und Produkte (self-preferencing).

36 Um beide Vorschriften bzw. die genannten Regelbeispiele rankt sich eine äußerst ausgeprägte und weitläufige Kasuistik, sodass eine Bewertung konkreter Verhaltensweisen marktbeherrschender Unternehmen stets anhand des Einzelfalls zu erfolgen hat.[24]

Praxishinweis:

37 Praxisrelevant ist, dass die Feststellung von Marktmacht bei Web3-Anwendungen und plattformbasierten Geschäftsmodellen nicht allein auf Marktanteilen basiert. Zusätzlich sind spezielle Charakteristika wie Netzwerkeffekte, der Zugang zu wettbewerbsrelevanten Daten oder innovationsgetriebener Wettbewerbsdruck zu berücksichtigen. Die deutschen Vorschriften gehen mit dem Konzept der relativen Marktmacht, das auch die Abhängigkeit vom Zugang zu Daten umfasst, teilweise über das europäische Recht hinaus.

3. Digital Markets Act (DMA)

38 Wie eingangs beschrieben, treten im Digital- und Plattformbereich seit geraumer Zeit verschiedene Sondervorschriften für besonders marktstarke Unternehmen neben die allgemeinen kartellrechtlichen Regelungen, die der besonderen Dynamik digitaler Märkte Rechnung tragen sollen. Aus europäischer bzw. deutscher Perspektive sind dabei besonders der EU-weit gültige DMA und die deutsche Sondervorschrift des § 19a GWB relevant.

39 Der DMA verfolgt dabei einen klar regulatorischen Ansatz und stellt für besonders marktmächtige Digitalkonzerne, die als sog. „Gatekeeper" bestimmte „zentrale Plattformdienste" anbieten, einen umfassenden Katalog spezifischer Verhaltenspflichten auf. Diese gelten unmittelbar und sind ohne weitere Umsetzungsakte stets zwingend einzuhalten („self-executing").[25]

40 Zahlreiche dieser Verhaltenspflichten sind den Kernthemen vergangener oder fortdauernder Missbrauchsverfahren der EU-Kommission nachgebildet. Die erforderlichen Maßnahmen sollen von den Gatekeepern im Wege eines „compliance by design" Ansatzes weitestmöglich direkt in die verwendeten Technologien integriert werden.[26]

[24] Siehe dazu im Detail Bechtold/Bosch/Brinker AEUV Art. 102 Rn. 43 ff.; Bechtold/Bosch/Bosch GWB § 19 Rn. 6 ff.

[25] Die in Art. 5 und Art. 6 DMA geregelten Verpflichtungen gelten jeweils unmittelbar. Bei Verpflichtungen nach Art. 6 DMA hat die Kommission aber die Möglichkeit, im sog. „Regulierungsdialog" mit den betroffenen Gatekeepern die Maßnahmen zu präzisieren, welche der Gatekeeper zur Einhaltung der Verpflichtungen ergreifen muss. Ein solcher Regulierungsdialog kann vom Gatekeeper angestoßen werden, indem er die Einleitung eines Verfahrens der Kommission zur Überprüfung der vom Gatekeeper ergriffenen Maßnahmen beantragt.

[26] Siehe Erwgr. 65 DMA.

Der DMA zielt nur auf ausgewählte digitale Plattformmärkte ab. Daher werden die dem DMA unterfallenden sog. „zentralen Plattformdienste" in Art. 2 Abs. 2 DMA abschließend aufgezählt. Dabei handelt es sich konkret um (i) Online-Vermittlungsdienste, (ii) Online-Suchmaschinen, (iii) Soziale Netzwerke, (iv) Video-Sharing-Plattform-Dienste, (v) Messenger- und nummernunabhängige, interpersonelle Kommunikationsdienste, (vi) Betriebssysteme, (vii) Web-Browser und Virtual Assistants, Cloud-Dienste und Werbedienste.[27] **41**

Ander als die im DMA geregelten Verhaltenspflichten, tritt die Adressateneigenschaft nicht automatisch und selbstvollziehend (self-executing) ein. Vielmehr bedarf es einer ausdrücklichen Benennung (designation) durch die den DMA allein vollziehende Europäische Kommission. Diese muss die Adressateneigenschaft der einzelnen Gatekeeper und deren zentraler Plattformdienste förmlich und konstitutiv anhand von im DMA festgelegten Schwellenwerten hinsichtlich Umsätzen, Marktkapitalisierung und Nutzerzahlen feststellen.[28] **42**

Der Unternehmensbegriff des DMA entspricht dabei dem kartellrechtlichen Unternehmensbegriff (→ Rn. 58 ff.). Analog zum Kartellrecht bilden mehrere juristische Personen, die unmittelbar oder mittelbar unter der Kontrolle einer anderen juristischen Person stehen, gem. Art. 2 Abs. 27 DMA ein einheitliches Unternehmen im Sinne des DMA. Die EU-Kommission designiert somit die jeweilige Unternehmensgruppe insgesamt als Gatekeeper und nicht lediglich die juristische Person innerhalb einer Unternehmensgruppe, die den zentralen Plattformdienst betreibt. **43**

Praxishinweis:
Für die Praxis ist entscheidend, dass der DMA ein regulatorisches Sonderinstrument ist, das sich ausschließlich an von der Europäischen Kommission förmlich benannte „Gatekeeper" richtet, die spezifische „zentrale Plattformdienste" betreiben. Die festgelegten Verhaltenspflichten gelten für diese Unternehmen unmittelbar und zwingend. Eine Anwendung auf DAOs käme wiederum nur in Betracht, wenn diese die hohen Schwellenwerte erreichen und als Gatekeeper bzw. „zentraler Plattformdienst" benannt würden. **44**

4. § 19a GWB

§ 19a GWB ist wiederum eher der klassischen kartellrechtlichen Missbrauchsaufsicht zuzurechnen und soll eine Kontrolle großer Digitalkonzerne ermöglichen, die nicht notwendigerweise Marktbeherrscher auf einzelnen digitalen Märkten sind, die aber eine überragende marktübergreifende Bedeutung haben. Vor allem soll die Vorschrift eine Missbrauchsaufsicht im Hinblick auf noch nicht beherrschte Märkte sicherstellen.[29] **45**

Im Gegensatz zum DMA spricht § 19a GWB kein präventives Pauschalverbot bestimmter Verhaltensweisen für die Normadressaten aus, sondern ermöglicht es der Kartellbehörde lediglich einzelne Verhaltensweisen im Wege der Missbrauchsaufsicht individuell zu untersagen. **46**

§ 19a GWB liegt ein zweistufiges Vorgehen zugrunde. Auf Basis eines Kriterienkatalogs wird nach § 19a Abs. 1 GWB in einem ersten Schritt die Einstufung als Unternehmen mit überragender marktübergreifender Bedeutung vorgenommen und vom Bundeskartellamt durch Verfügung für maximal 5 Jahre bindend festgestellt. Als Normadressaten kommen dabei nur Unternehmen in Frage, die in erheblichem Umfang auf mehrseitigen Märkten und Netzwerken iSd § 18 Abs. 3a GWB tätig sind. **47**

---

27 Siehe Bechtold/Bosch/Brinker DMA Rn. 14.
28 Siehe Bechtold/Bosch/Brinker DMA Rn. 16.
29 Bechtold/Bosch/Bosch GWB § 19a Rn. 1.

48 § 19a Abs. 1 S. 2 Nr. 1–5 GWB listet exemplarische und damit nicht abschließende Kriterien für die Feststellung der überragenden marktübergreifenden Bedeutung auf: Marktbeherrschung auf einem oder mehreren Märkten (Nr. 1), Finanzkraft (Nr. 2), vertikale Integration (Nr. 3), Zugang zu Daten (Nr. 4) eine Tätigkeit auf in sonstiger Weise miteinander verbundenen Märkten und Bedeutung der Tätigkeit für den Zugang Dritter zu Beschaffungs- und Absatzmärkten sowie der damit verbundene Einfluss auf die Geschäftstätigkeit Dritter (Nr. 5).[30] Entscheidend ist dabei eine durch komplexe ökonomische Erwägungen unterfütterte Gesamtwürdigung aller im Einzelfall relevanten Umstände, die im Ermessen des Bundeskartellamts steht.[31]

49 Anknüpfend daran kann in einem zweiten Schritt nach § 19a Abs. 2 Nr. 1–7 GWB eine Reihe von vordefinierten Verhaltensweisen durch eine Individualverfügung des Bundeskartellamtes verstoßunabhängig präventiv untersagt werden. Darunter fallen insbesondere die Selbstbevorzugung eigener Angebote des Normadressaten (Nr. 1), Behinderungsmaßnahmen auf Absatz- und Beschaffungsmärkten (Nr. 2), das sog. „Aufrollen" von noch nicht beherrschten Märkten (Nr. 3), die Marktbehinderung durch Datenverarbeitung (Nr. 4), die Behinderung durch mangelnde Interoperabilität von Produkten oder Leistungen bzw. mangelnde Datenportabilität (Nr. 5), Zurückhalten von Daten gegenüber (Plattform-) Kunden (Nr. 6), Einforderung von unangemessenen Vorteilen gegenüber anderen Unternehmen, deren Angebote durch den Normadressaten behandelt werden (Nr. 7).[32]

50 Das Bundeskartellamt kann die Verhaltensweise nach Abs. 2 S. 1 nur verbieten, wenn diese nicht sachlich gerechtfertigt sind (Abs. 2 S. 2). Die Darlegungs- und Beweislast für die sachliche Rechtfertigung obliegt jedoch dem Normadressaten, was die Normadressaten in der Praxis regelmäßig vor hohe, wenn nicht gar unüberwindbare Hürden stellt.

Praxishinweis:

51 Praxisrelevant ist, dass mit § 19a GWB auf mehrseitigen und netzwerkartig verfassten Märkten der Digitalwirtschaft ein zusätzliches Instrument der deutschen Missbrauchsaufsicht besteht. Es zielt auf Unternehmen mit „überragender marktübergreifender Bedeutung" ab, deren Status zunächst vom Bundeskartellamt förmlich festgestellt werden muss. In einem zweiten Schritt können durch das Bundeskartellamt spezifische Verhaltensweisen präventiv – dh im Vorhinein – untersagt werden, wobei die Darlegungs- und Beweislast für eine sachliche Rechtfertigung beim betroffenen Unternehmen liegt.

III. Anwendbarkeit des Kartellrechts auf DAOs

1. DAOs als Normadressaten des Kartellrechts

52 Verbotsadressaten der allgemeinen kartellrechtlichen Normen, sowie des DMA und § 19a GWB sind in erster Linie „Unternehmen" und „Unternehmensvereinigungen". Dies hat auch Folgen für die prozessrechtliche Abwicklung von Kartellrechtsverstößen, da sich die Beschlüsse der Wettbewerbsbehörden in erster Linie an die beteiligten Unternehmen als

[30] Zum Ganzen siehe Bien/Käseberg/Klumpe/Körber/Ost 10. GWB-Novelle Rn. 173 ff.; Bechtold/Bosch/Bosch GWB § 19a Rn. 7 ff.

[31] Siehe RegE, BT-Drs. 19/23492, 75; Bien/Käseberg/Klumpe/Körber/Ost 10. GWB-Novelle Rn. 189; MüKoWettbR/Wolf GWB § 19a Rn. 29, Rn. 86; Paal/Kieß ZfDR 2022, 1 (11).

[32] Zu den Einzelheiten der Untersagungstatbestände siehe Bechtold/Bosch/Bosch GWB § 19a Rn. 17 ff.; Immenga/Mestmäcker/Schweitzer GWB § 19a Rn. 147 ff.

Normadressaten richten, sowie die Passivlegitimation im Rahmen von Schadensersatzansprüchen.[33]

2. Atypische Entscheidungsfindung und Kontrolle bei DAOs

DAOs sind jedoch in aller Regel nicht im herkömmlichen Sinne gesellschaftsrechtlich verfasst und werden nicht von einem oder mehreren zentral handelnden Akteuren kontrolliert, sondern existieren auf Basis von Web3-Anwendungen, insbesondere Blockchain-Technologien, auf einer Vielzahl von Rechnern einzelner Stakeholder (→ § 6 Rn. 1 ff.). **53**

DAOs versprechen eine neue Form der Wirtschaftsführung, die sich den Zwängen der traditionellen Unternehmensformen entzieht (zur gesellschaftsrechtlichen Einordnung → § 8 Rn. 5 ff.). Im Gegensatz zu einem durch eine Geschäftsführung geleiteten Unternehmen warten DAOs mit einer dezentralisierten, demokratischen Führung auf, die auf einen Nukleus zentraler Kontrolle verzichtet.[34] **54**

Der Architektur von DAOs liegt dabei im Kern ein softwarebasiertes Distributed-Ledger-Prinzip zugrunde. Sowohl das Zusammenwirken der an der DAO beteiligten Investoren und Entscheidungsträger als auch das Management des Tagesgeschäfts werden hierbei nicht auf Basis von Gesellschaftsverträgen oder Geschäftsordnungen geregelt, sondern von komplexen Smart Contracts (→ § 52 Rn. 2 ff.), dh einem Programmcode, der in einer öffentlichen erlaubnisfreien Blockchain festgehalten ist, übernommen. Die Spielregeln der unternehmerischen Betätigung werden dazu vorab programmiert und anschließend bei Vorliegen bestimmter Voraussetzungen nahezu vollständig automatisiert ausgeführt. Geschäftliche Entscheidungen werden also nicht zentral durch vertikale Entscheidungshierarchien, sondern stets dezentral durch einen dynamischen horizontalen Konsens der Stakeholder getroffen („Konsensmechanismus"). **55**

Dies ist auf den ersten Blick nur schwer mit dem klassischen Unternehmensbegriff in Einklang zu bringen, dem eine hierarchische Entscheidungsfindung basierend auf vertikaler Macht und Kontrolle durch eine zentrale Instanz der Unternehmensführung zugrunde liegt.[35] Eine der aus kartellrechtlicher Perspektive zentralen Fragen ist daher, ob eine DAO überhaupt als „Unternehmen" und damit als primärer Adressat der europäischen und deutschen kartellrechtlichen Vorschriften gilt. **56**

Praxishinweis:
Die wesentliche praxisrelevante Erkenntnis ist der strukturelle Gegensatz zwischen der hierarchischen Entscheidungsfindung in traditionellen Unternehmen und dem dezentralen, auf einem Konsensmechanismus basierenden Steuerungsmodell von DAOs. Diese atypische, durch Software-Code geregelte Entscheidungsfindung wirft die grundlegende Frage nach der Anwendbarkeit des klassischen, auf zentrale Kontrolle ausgerichteten Unternehmensbegriffs auf. **57**

3. Der kartellrechtliche Unternehmensbegriff

Anders als in zahlreichen anderen Rechtsgebieten (bspw. Steuerrecht, Gewerberecht etc) liegt dem Kartellrecht jedoch ein funktionaler, von der konkreten Organisationsform unabhängiger, Unternehmensbegriff zugrunde, der weit auszulegen ist. Insbesondere die Konzeption des EU-Kartellrechts als supranationale Wettbewerbsordnung lässt es dabei nicht **58**

---

33 EuG ECLI:EU:T:2010:453 Rn. 125 = BeckRS 2012, 81852 – Alliance One; FK-KartellR/Roth/Ackermann AEUV Art. 101 Grundfragen Rn. 105 f.; Immenga/Mestmäcker/Zimmer AEUV Art. 101 Abs. 1 Rn. 29.

34 Vgl. Usha Rodrigues, 'Law and the Blockchain' (2019) 104 Iowa Law Review 679 (699).

35 Vgl. Ronald Coase, 'The Nature of the Firm' (1937) 4(16) Economica 386.

zu, bspw. auf die Rechtsform eines Unternehmens nach innerstaatlichem Recht abzustellen. Die Mitgliedstaaten oder auch die Unternehmen hätten es andernfalls in der Hand, durch entsprechende Gestaltung des Gesellschaftsrechts bzw. der Unternehmensverfassung die Reichweite des Kartellrechts zu beeinflussen.

59 Unternehmen im Sinne des Kartellrechts ist daher jede eine wirtschaftliche Tätigkeit ausübende Einheit unabhängig von ihrer Rechtsform und der der Art ihrer Finanzierung.[36] Prinzipiell können damit nicht nur juristische Personen des Privatrechts und des öffentlichen Rechts, sondern ebenso Personengesellschaften, Verbände und natürliche Personen den Regelungen des Kartellrechts unterfallen.[37]

60 Dieses denkbar weite Unternehmensverständnis dient vor allem der Abgrenzung der Adressateneigenschaft von hoheitlichen Tätigkeiten oder dem privaten Verbrauch.[38] Die wirtschaftliche Einheit muss dabei nicht notwendigerweise eine eigene Rechtspersönlichkeit aufweisen.[39] Die wirtschaftliche Einheit kann dabei auch aus mehreren natürlichen oder juristischen Personen bestehen.[40] Auch auf eine Gewinnerzielungsabsicht kommt es insoweit nicht an.[41] Insbesondere mit Blick auf daten- bzw. werbebasierte Geschäftsmodelle der Onlineökonomie ist mittlerweile anerkannt, dass auch unentgeltliche Dienste und Produkte auf einem „Markt" erbracht werden und daher als wirtschaftliche Tätigkeit gelten.[42] Der deutsche Gesetzgeber hat dies nunmehr auch in § 18 Abs. 2a GWB ausdrücklich klargestellt.

61 Der Begriff der „Einheit" setzt nach der Rechtsprechung eine „einheitliche Organisation persönlicher, materieller und immaterieller Mittel" voraus.[43] Das Kartellverbot richtet sich ausschließlich an autonome Marktteilnehmer, welche ein hinreichendes Maß an Selbständigkeit aufweisen. Ob ein rechtliches Gebilde (zB nichtrechtsfähige oder rechtsfähige Vereine, Stiftungen) nach nationalem Recht rechtsfähig ist, darf den Anwendungsbereich des Kartellrechts jedoch nicht bestimmen. Unternehmerische Strukturen im gesellschaftsrechtlichen Sinne, eine bestimmte wirtschaftliche Größe des Unternehmens oder eine Dauerhaftigkeit der Betätigung sind diesbezüglich nicht erforderlich.[44] Somit können auch natürliche Personen als Unternehmen im kartellrechtlichen Sinne zu qualifizieren sein (zB Einzelkaufleute). Erfüllt eine Personenvereinigung im Einzelfall nicht das Kriterium der hinreichenden Selbständigkeit, so ist die wirtschaftliche Tätigkeit gegebenenfalls den dahinterstehenden natürlichen Personen zuzurechnen.[45]

62 Eine DAO wird typischerweise technisch durch die Live-Schaltung eines auf einer Blockchain liegenden Codes „gegründet" und die Mitgliedschaft an ihr wird durch sog. Equity Token verkörpert. Der Code steuert die Interaktion der Token-Inhaber miteinander, indem er die wesentlichen Governance-Regeln der DAO enthält, insbesondere zur Aus-

---

[36] Siehe EuGH ECLI:EU:C:2021:800 Rn. 41 = NJW 2021, 3583 – Sumal; EuGH ECLI:EU:C:2009:536 Rn. 54 = EuZW 2009, 816 – Akzo Nobel; EuGH ECLI:EU:C:1991:161 Rn. 21 = NJW 1991, 2891 – Höfner und Elser.

[37] Vgl. Bechtold/Bosch/Brinker AEUV Art. 101 Rn. 11 ff.

[38] Wiedemann KartellR-HdB/Wiedemann § 4 Rn. 1.

[39] EuGH Slg. 2005, I-5488 Rn. 113 = BeckRS 2005, 70478 – Dansk Rørindustri ua.

[40] Siehe MüKoWettbR/Säcker/Steffens GWB § 1 Rn. 14.

[41] Siehe EuGH Slg. 1995, I-4013 = BeckRS 2004, 75393 – Fédération Francaise des Sociétés d'Assurance; KOMM ABl. 1993 L 179, 31 – EBU-Eurovision; für Unternehmensvereinigung EuGH Slg. 1980, 3125 = BeckRS 2004, 72290 – Van Landewyck, Bechtold/Bosch/Brinker AEUV Art. 101 Rn. 15.

[42] KOM 3.10.2014 – COMP/M.7217 Rn. 45 ff., insbes. Rn. 47 – Facebook/WhatsApp; 25.6.2008 – COMP/M.5121 Rn. 20 – News Corp/Premiere (Free TV); vgl. auch KOM 24.3.2004 – COMP/C-3/37.792 Rn. 403, 1071 – Microsoft (kostenlose Medienabspielsoftware); 7.10.2011 – COMP/M.6281 Rn. 13 – Microsoft/Skype (kostenlose Skype-Dienste); 4.12.2013 – COMP/M.7047 Rn. 122 – Microsoft/Nokia (kostenlose Skype-Dienste), MüKoWettbR/Säcker/Steffens AEUV Art. 101 Rn. 20 mwN.

[43] EuG 10.3.1992 – T-11/89 Rn. 311; Slg. 1991, II-1623 Rn. 235; BeckOK KartellR/Harsdorf AEUV Art. 101 Rn. 21.

[44] BeckOK KartellR/Füller GWB § 1 Rn. 4; Dauses/Ludwigs EU-WirtschaftsR-HdB/Hoffmann H. I. § 1. Rn. 60; MüKoWettbR/Säcker/Steffens GWB § 1 Rn. 14; Bechtold/Bosch/Brinker AEUV Art. 101 Rn. 11 ff.

[45] Dauses/Ludwigs EU-WirtschaftsR-HdB/Hoffmann H. I. § 1. Rn. 60; Immenga/Mestmäcker/Zimmer AEUV Art. 101 Abs. 1 Rn. 18; MüKoWettbR/Säcker/Steffens AEUV Art. 101 Rn. 11.

übung der Stimmrechte, zu Beschlussfassungsregeln und zur Verknüpfung der Smart Contracts. Konkrete wettbewerblich relevante Aktivitäten bzw. Entscheidungen einer DAO werden also im Kreis der an der DAO beteiligten Nutzer zur Debatte und Abstimmung gestellt und auf Basis des vordefinierten Programmcodes bei entsprechender Mehrheitsentscheidung der an der DAO beteiligten Nutzer („Konsensmechanismus") automatisch und von Einzelnen nicht mehr reversibel implementiert.

Es erscheint vor diesem Hintergrund naheliegend, dass sich die Mitglieder einer DAO rechtsverbindlich für einen gemeinsamen wirtschaftlichen Zweck zusammenschließen und einer wirtschaftlichen Tätigkeit nachgehen. Eine DAO, die eine oder mehrere Web3-Anwendungen betreibt bzw. steuert, kommt daher prinzipiell als „Unternehmen" im Sinne des Kartellrechts und damit als geeigneter Adressat der oben skizzierten kartellrechtlichen Vorschriften in Betracht (zu der gesellschaftsrechtlichen Einordnung → § 8 Rn. 5 ff. und zu der steuerrechtlichen Einordnung → § 9 Rn. 3 ff.). **63**

Praxishinweis:
Der entscheidende praxisrelevante Punkt ist, dass dem Kartellrecht ein weiter, funktionaler Unternehmensbegriff zugrunde liegt. Dieser ist unabhängig von der Rechtsform oder einer Gewinnerzielungsabsicht. Maßgeblich ist allein die Ausübung einer wirtschaftlichen Tätigkeit. Infolgedessen kann eine DAO, die eine Web3-Anwendung betreibt oder steuert, als „Unternehmen" im Sinne des Kartellrechts qualifiziert und somit Adressat der kartellrechtlichen Vorschriften sein. **64**

4. Haftung der DAO-Stakeholder

Nach deutschem Recht wird eine DAO derzeit als Gesellschaft bürgerlichen Rechts (GbR, §§ 705 ff. BGB) oder, wenn im Einzelfall ein Handelsgewerbe betrieben wird, als offene Handelsgesellschaft (oHG 105 ff. HGB) angesehen (zu der gesellschaftsrechtlichen Einordnung → § 8 Rn. 5 ff. und zu der teilweise abweichenden steuerrechtlichen Einordnung → § 9 Rn. 10 ff.).[46] Mit Blick auf das US-Recht gilt ähnliches (→ § 8 Rn. 11 f.). Sofern keine formelle Gründung eines (haftungsbeschränkten) Unternehmens mit eigener Rechtspersönlichkeit erfolgt, wird eine DAO schlicht als „Partnership" der dahinterstehenden natürlichen Personen angesehen.[47] **65**

Sofern eine DAO als kartellrechtlich relevantes „Unternehmen" an einem Verstoß gegen Kartellrecht beteiligt ist, wären die Haftungsadressaten auch stets die dahinterstehenden einzelnen Stakeholder der DAO, da diese akzessorisch unbegrenzt als Gesamtschuldner für die Aktivitäten der GbR bzw. OHG einstehen müssen (zur Haftung der Stakeholder auch vertiefend → § 8 Rn. 7 ff.). **66**

Dies umfasst sowohl die Haftung für durch die Kartellbehörden verhängten Bußgelder oder anderweitige Anordnungen sowie für mögliche Schadensersatzansprüche Dritter. Mittlerweile gibt es jedoch in zahlreichen Ländern Bestrebungen, mögliche Haftungsfolgen für die DAO-Stakeholder durch gesellschafts- und individualvertragsrechtliche Gestaltungen zu begrenzen.[48] **67**

Praxishinweis:
In der Praxis ist von wesentlicher Bedeutung, dass eine DAO nach aktueller deutscher Rechtslage typischerweise als Gesellschaft bürgerlichen Rechts (GbR) oder offene **68**

46 Metaverse und Recht/Holm-Hadulla/Raible/Schüssel Rn. 648; Hahn NZG 2022, 684 (686); Aufderheide WM 2022, 264 (269); Lang-held/Haagen NZG 2021, 724 (725); Teichmann ZfPW 2019, 247 (269); Mann NZG 2017, 1014 (1017); Braegelmann/Kaulartz Smart Contracts-HdB/Mann Kap. 17 Rn. 13.
47 Vgl. Usha Rodrigues, 'Law and the Blockchain' (2019) 104 Iowa Law Review 679 (707).
48 Für einen Überblick siehe Metaverse und Recht/Holm-Hadulla/Raible/Schüssel Rn. 645 ff.

Handelsgesellschaft (oHG) eingestuft wird. Dies hat zur Folge, dass die einzelnen Stakeholder für Kartellrechtsverstöße der DAO akzessorisch und unbegrenzt als Gesamtschuldner haften. Diese Haftung umfasst sowohl behördliche Bußgelder als auch zivilrechtliche Schadensersatzansprüche.

IV. Internationale Sachverhalte

69 Für die Anwendbarkeit des Kartellrechts auf die Aktivitäten der DAO-Stakeholder bzw. die DAO selbst, ist es irrelevant, wo sich diese im Einzelfall befinden. Sowohl im EU-Kartellrecht als auch im deutschen Kartellrecht gilt das völkerrechtlich allgemein anerkannte Auswirkungsprinzip, welches im GWB sogar in § 185 Abs. 2 GWB ausdrücklich normiert ist. Hinsichtlich der Anwendbarkeit kartellrechtlicher Vorschriften kommt es also allein darauf an, ob sich ein Verhalten bzw. ein Kartellrechtsverstoß innerhalb der EU bzw. der Bundesrepublik Deutschland spürbar auswirkt.[49]

70 Dies gilt vor allem auch dann, wenn Unternehmen mit Sitz im Ausland beteiligt sind oder kartellrechtlich relevante Handlungen bzw. Verhaltensweisen im Ausland veranlasst wurden. Mit Blick auf Verhaltensweisen im Kontext von DAOs kommt es daher für die Anwendbarkeit der kartellrechtlichen Vorschriften nicht etwa auf den Aufenthaltsort der Beteiligten bzw. den Sitz der DAO bzw. der sie repräsentierenden Unternehmen, sondern allein auf die Auswirkungen im EU-Binnenmarkt bzw. in der Bundesrepublik Deutschland an.

[49] Bechtold/Bosch/Brinker Einleitung Rn. 17; Immenga/Mestmäcker/Rehbinder/von Kalben Europäisches Kartellrecht Internationales Wettbewerbsrecht Rn. 1 ff.; Bunte/Stancke KartellR/Stancke § 2 Rn. 3 ff.

Teil 2 Blockchain Domains

§ 15 Einführung

Blockchain-Domains stellen eine fundamentale Neuerung im Gefüge des Internets dar und sind ein wesentlicher Baustein des sich entwickelnden Web3. Sie erweitern das Konzept traditioneller Domainnamen, indem sie diese auf einer Blockchain-Infrastruktur verankern und dadurch dezentralisieren. Dies verleiht ihnen Eigenschaften, die im klassischen, zentral verwalteten Domain Name System (DNS) nicht oder nur schwer realisierbar sind. Im Kern ist eine Blockchain-Domain eine für Menschen lesbare Adresse, die anstelle einer komplexen, alphanumerischen Kennung einer Blockchain-Adresse, wie beispielsweise einer Krypto-Wallet, tritt. Anders als herkömmliche Domains, deren Zuordnung zu IP-Adressen von zentralen Instanzen wie der ICANN verwaltet wird, werden die Inhaberverhältnisse und Konfigurationen von Blockchain-Domains in einem dezentralen, verteilten Ledger – der Blockchain – gespeichert. Dieser Eintrag erfolgt in der Regel in Form eines NFT (→ § 18), was dem Inhaber die Domain nachweisbar und alleinig zuweist. Die Funktionsweise basiert auf Smart Contracts (→ § 52), die die Logik der Domain-Registrierung und -Verwaltung abbilden. 1

Die Bedeutung von Blockchain-Domains für das Web3 (→ § 1) ist dabei vielschichtig. Sie sind ein entscheidendes Instrument, um die Kontrolle von zentralen Intermediären zurück zu den Nutzern zu verlagern. Da im Idealfall keine zentrale Autorität über die Vergabe oder den Entzug entscheidet, sind sie widerstandsfähiger gegenüber Zensur und einseitigen Eingriffen durch Unternehmen oder staatliche Akteure. Durch die Repräsentation als NFT sollen Nutzer zudem eine erhöhte Kontrolle an ihrer Domain erhalten, welche sie frei verwalten, übertragen oder verkaufen können, ähnlich wie andere digitale Vermögenswerte (Tokenisierung → § 18). Eine der prominentesten Anwendungen ist die Vereinfachung von Kryptowährungstransaktionen, bei denen anstatt langer und fehleranfälliger Wallet-Adressen eine leicht zu merkende Domain genutzt werden kann. Darüber hinaus können Blockchain-Domains als universeller Benutzername für eine Vielzahl dezentraler Anwendungen (dApps → § 52) dienen und so die Interoperabilität zwischen verschiedenen Plattformen fördern. Schließlich ermöglichen sie auch den Betrieb dezentraler Webseiten, deren Inhalte auf dezentralen Speichernetzwerken wie dem InterPlanetary File System (IPFS) abgelegt und über die Domain aufgerufen werden, was die Abhängigkeit von zentralisierten Hosting-Anbietern reduziert. 2

Zur Veranschaulichung dienen prominente Anbieter wie der Ethereum Name Service (ENS)[1] und Unstoppable Domains[2]. ENS bietet Domains mit der Endung „.eth" an und ist tief in das Ethereum-Ökosystem integriert; die Registrierung erfolgt auf Mietbasis, ähnlich wie bei klassischen Domains. Unstoppable Domains hingegen verfolgt ein anderes Modell und verkauft Domains mit Endungen wie „.crypto", „.nft", „.wallet" oder „.blockchain" gegen eine einmalige Zahlung. Dadurch geht die Inhaberschaft dauerhaft ohne wiederkehrende Gebühren an den Käufer über. Diese Beispiele verdeutlichen die wachsende Akzeptanz und die praktischen Anwendungsmöglichkeiten von Blockchain-Domains. Sie sind mehr als nur eine technische Spielerei; sie repräsentieren einen Paradigmenwechsel in der Verwaltung digitaler Identitäten und Ressourcen im Internet und bilden somit eine wesentliche Säule für die Architektur eines nutzerzentrierten Web3. 3

---

1 https://ens.domains.

2 https://unstoppabledomains.com.

§ 16 Anmeldung, Nutzung und Rechtsdurchsetzung, insbesondere Gewerblicher Rechtsschutz

Übersicht

Schrifttum:

Bettinger, Handbuch des Domainrechts, 2. Auflage 2017; Bodó/Giannopoulou/Quintas/Mezei, The Rise of NFTs: These Aren't the Droids You Are Looking For, E. I. P.R. 44 (2022), 267; Bonadio/Sganga, NFTs Creativity and the Law: Within and Beyond Copyright, 2024; Borges/Hilber, Beck'scher Online-Kommentar IT-Recht, 19. Edition, Stand: 1.7.2025; Egerer/Münster, Domainstreitigkeiten: Effektives Vorgehen gegen rechtsverletzende Domains, GRUR-Prax 2023, 165; Fezer, Markenrecht, 5. Auflage 2023; Gersdorf/Paal, Beck'scher Online Kommentar Informations- und Medienrecht, 48. Edition, Stand: 15.5.2025; Glonina, Back to the Future with Blockchain Domain Names: Toward a Global Policy to Fight Cybersquatting in Web 3.0, 114 Trademark Rep. (2024), 587; Gsell/Krüger/Lorenz/Reymann, beck-online.Großkommentar – BGB, Stand: 1.6.2025; Guntermann, Non Fungible Token als Herausforderung für das Sachenrecht, RDi 2022, 200; Hasselblatt, Münchener Anwaltshandbuch Gewerblicher Rechtsschutz, 6. Auflage 2022; Heckmann/Paschke, juris PraxisKommentar Internetrecht, 8. Auflage 2024, Stand: 5.9.2024; Heermann/Schlingloff, Münchener Kommentar zum Lauterkeitsrecht, 1. Band, 3. Auflage 2020; Heine, Blockchain-Domains, GRUR-Prax 2023, 192; Herrmann, Zur Zustellung von Rechtsdokumenten via NFT, RDi 2022, 456; Hoeren/Sieber/Holznagel, Handbuch Multimediarecht, Stand: Juni 2024 (62. EL); Hülsewig, Rechtsschutz gegen die unberechtigte Nutzung von Domains im Internet – ein systematischer Überblick unter Berücksichtigung aktueller Rechtsprechung, JA 2008, 592; Koos, Die Domain als Vermögensgegenstand zwischen Sache und Immaterialgut,

MMR 2004, 359; Köhler/Feddersen, Gesetz gegen den unlauteren Wettbewerb, 43. Auflage 2025; Kur/Bomhard/Albrecht, Beck'scher Online-Kommentar Markenrecht, 42. Edition, Stand: 1.7.2025; Laketić, Trademarks on the Blockchain: NFT Domains and Collisions, MICH. TECH. L. REV. 30 (2024), 4. Beitrag; Maaßen/Hühner, Neue Top-Level Domains 2011 – Fragen zu Verwechslungsgefahr und Haftung der Vergabestellen, MMR 2011, 148; Mantz, Klage gegen unbekannte Inhaber einer ausländischen Domain im Zivilprozess? – Prozessuale Klippen des § 253 II ZPO, NJW 2016, 2845; Müller, Alternative Adressierungssysteme für das Internet – Kartellrechtliche Probleme, MMR 2006, 427; Nordemann/Nordemann-Schiffel, MarkenG, 4. Auflage 2023; Pendl, Emojis auf dem Weg ins (Privat-)Recht – ein Schlaglicht, NJW 2022, 154; Säcker/Rixecker/Oetker/Limperg/Schubert, Münchener Kommentar zum Bürgerlichen Gesetzbuch, 1. Band/7.Band/13. Band, 10. Auflage 2025/9. Auflage 2024/9. Auflage 2025; Spindler/Schuster, Recht der elektronischen Medien, 4. Auflage 2019; Vorwerk/Wolf, Beck'scher Online-Kommentar zur Zivilprozessordnung, 57. Edition, Stand: 1.7.2025.

I. Rechtsnatur

Durch die Einräumung eines traditionellen DNS-Domainnamens erhält der Domain-Anmelder ein relativ wirkendes vertragliches Recht gegenüber den Anbietern auf Aufrechterhaltung der DNS-Domain.[1] Dieses genießt als Vermögenswert grundsätzlich verfassungsrechtlichen Schutz durch Art. 14 Abs. 1 S. 1 GG.[2] Ob dies gleichfalls für Blockchain-Domains (zum Begriff: → § 15 Rn. 1–3) gilt, ist in der Literatur noch nicht geklärt. 1

Grundsätzlich besteht jedenfalls kein absolutes Recht an DNS-Domains – weder Eigentum noch eine absolute Position, die wie ein Immaterialgüterrecht verdinglicht ist.[3] Die faktische Ausschließlichkeit einer Domain-Inhaberschaft reicht nicht dafür aus, diese als „sonstiges Recht" iSv § 823 Abs. 1 BGB zu qualifizieren.[4] Das gilt in gleicher Weise für Blockchain-Domains. Die notwendige Verbindung einer Blockchain-Domain mit einem NFT (zu den technischen Grundlagen: → § 18 Rn. 3–6) ändert nichts an dieser Einordnung. Tokenisierte Assets sind nach der ganz überwiegenden Auffassung mangels Körperlichkeit nicht eigentumsfähig (näher zur Rechtsnatur tokenisierter Assets: → § 19 Rn. 1–22).[5] 2

Zwar können kennzeichen- und namensrechtliche Rechtsstellungen mit der Nutzung einer Domain verbunden sein. Dies geschieht allerdings nicht bereits mit dem Erwerb der Domain, sondern ist abhängig von den Voraussetzungen der jeweiligen Namens- bzw. Immaterialgüterrechte (§§ 4, 5 MarkenG, § 12 BGB).[6] 3

II. Impressumspflicht

Grundsätzlich besteht auch bei Blockchain-Domains gem. § 5 Abs. 1 DDG die Pflicht, bestimmte Informationen als Diensteanbieter über sich preiszugeben. Allerdings ist zu beachten, dass der Domain-Inhaber als solcher kein Diensteanbieter ist, soweit er keine Inhalte auf der Domain bereitstellt.[7] Damit scheidet eine Impressumspflicht bei bloßer Inhaberschaft einer Blockchain-Domain regelmäßig aus. Anders dürfte der Fall zu beurteilen sein, wenn zum Beispiel auf eine Wallet verwiesen wird, die tatsächliche Inhalte enthält. 4

Soweit ein digitaler Diensteanbieter[8] geschäftsmäßige, in der Regel gegen Entgelt angebotene digitale Dienste bereithält, sind unter anderem Name, Anschrift, Kommunikationsdaten sowie Zulassungs- und Registerinformationen vorzuhalten.[9] Die Angaben müssen dabei leicht erkennbar, unmittelbar erreichbar und ständig verfügbar sein.[10] Erfasst 5

---

1 Vgl. BVerfG NJW 2005, 589 (589 f.); MüKoBGB/Heine BGB § 12 Rn. 243.
2 Vgl. BVerfG NJW 2005, 589 (589 f.); Bettinger DomainR-HdB/Bettinger Teil 2 Rn. DE 104.
3 BVerfG NJW 2005, 589 (589); MüKoBGB/Heine § 12 Rn. 243; aA Koos MMR 2004, 359 (360).
4 BGH MMR 2012, 307(308); ausführlich Bettinger DomainR-HdB/Bettinger Teil 2 Rn. DE 106 ff.
5 Vgl. zum Meinungsstand Guntermann RDi 2022, 200 (203 Rn. 13 ff.).
6 Bettinger DomainR-HdB/Bettinger Teil 2 Rn. DE 105.
7 BeckOK InfoMedienR/Ott DDG § 5 Rn. 6.
8 Zum Begriff, § 1 Abs. 4 Nr. 1, Nr. 5 DDG.
9 § 5 Abs. 1 Nr. 1–8 DDG.
10 § 5 Abs. 1 DDG.

sind damit auch Anbieter von Websites, auch wenn sie lediglich Werbung für Waren ohne eine Bestellmöglichkeit anbieten.[11] In der überwiegenden Anzahl der Blockchain-Domain-Fälle dürfte wohl keine Impressumspflicht bestehen. Es fehlt bei der bloßen Verknüpfung einer Blockchain-Domain mit einer Wallet an der Geschäftsmäßigkeit.

6 Auch muss im Einzelfall ermittelt werden, ob das DDG überhaupt international anwendbar ist. Diensteanbieter mit Sitz innerhalb der Europäischen Union unterliegen dabei dem jeweiligen Recht der digitalen Dienste ihres Sitzlandes (Herkunftslandprinzip, § 2 Abs. 1, § 3 Abs. 1 DDG).[12] Soweit kein Sitz in der europäischen Union existiert, richtet sich die Anwendbarkeit des DDG nach dem Marktortprinzip (Art. 6 Abs. 1 Rom II-VO). Entscheidend für die Anwendung des DDG ist damit, dass der Ort der wettbewerblichen Interessenkollision in Deutschland liegt.[13] Soweit ein Angebot auf deutsche Adressaten zielt und in Deutschland abrufbar ist, ist damit das DDG anwendbar.[14] Relevante Faktoren sind unter anderem die Sprache,[15] die Angabe einer Währung, die Top-Level-Domain und das Liefergebiet.[16]

7 Im Bereich von Blockchain-Domains dürften diese Faktoren häufig wenig aussagekräftig sein: Eine länderspezifische Top-Level-Domain (zB.de,.us,.uk) existiert nicht. Übliche Blockchain-Top-Level-Domains weisen keine Verbindung zu einem bestimmten Land auf (zB.eth,.crypto,.wallet oder.bitcoin), ebenso wenig wie eine Wallet ohne länderspezifische Inhalte oder Informationen. Auch die Second-Level-Domain[17] dürfte – soweit ausschließlich englische Wörter verwendet werden[18] – regelmäßig nicht besonders aussagekräftig sein. Ebenso lässt sich aus Kryptowährungen als Bezahlmittel kein Marktort in Deutschland ableiten. Wenn ein nationaler Bezug bzw. ein Marktort in Deutschland fehlt, dürfte die Impressumspflicht aus § 5 DDG damit ins Leere laufen.

Praxishinweis:
Eine Impressumspflicht nach der DDG dürfte in der Regel ausscheiden. Dies sollte jedoch in der anwaltlichen Beratung konkret abgeklärt werden.

III. Missbräuchliche Nutzung von Blockchain-Domains

8 Eine wesentliche Herausforderung für Rechteinhaber im Kontext von Blockchain-Domains ist die missbräuchliche Nutzung von Domainnamen.[19] So beklagten viele Rechteinhaber in einem Bericht des US Patent and Trademark Office (USPTO) aus dem Jahr 2024 die unautorisierte Nutzung ihrer Schutzrechte für Blockchain-Domains.[20] Insbesondere werden häufig bekannte Unternehmens-, Marken- oder Produktnamen – ohne ernsthaften Benutzungswillen – als Blockchain-Domainnamen registriert, um sie später gewinnbringend an die Rechteinhaber zu verkaufen (Cybersquatting/Domaingrabbing).

[11] BeckOK InfoMedienR/Ott DDG § 5 Rn. 6 mwN.
[12] BeckOK InfoMedienR/Ott DDG § 5 Rn. 6.
[13] BGH NJW-RR 2023, 745 Rn. 14.
[14] Vgl. OLG Hamm MMR 2014, 175 (176).
[15] Zur schwachen Hinweiswirkung von Englisch als Weltsprache, MüKoUWG/Mankowski Teil 2 Rn. 182 ff.
[16] MüKoBGB/Drexl Rom II-VO Art. 6 Rn. 197 f.; BGH GRUR-Int 2005, 433 (435); NJW-RR 2023, 745 Rn. 14.
[17] Die Second-Level-Domain (SLD) ist der Teil, der direkt vor der Top-Level-Domain steht. Bei „beck-online.de" ist „beck-online" die Second-Level-Domain.
[18] Anders als etwa bei der Verwendung deutscher Sprache: OLG Hamm MMR 2014, 175 (176).
[19] Vgl. Heine GRUR-Prax 2023, 192 (192); Laketić MICH. TECH. L. REV. 30 (2024), 4. Beitrag (27 f.); Glonina 114 Trademark Rep. (2024), 587 (616 f.).
[20] United States Patent and Trademark Office, Non-Fungible Tokens and Intellectual Property: A Report to Congress, 2024, S. 55, abrufbar unter https://www.copyright.gov/policy/nft-study/Joint-USPTO-USCO-Report-on-NFTs-and-Intellectual-Property.pdf, zuletzt abgerufen am 8.8.2025.

Zur Illustration dient folgendes Beispiel:

Ein Dritter registriert die Blockchain-Domain „beck-online.eth“ über den Anbieter ENS Domains.[21] *Er bietet sie nun auf der Plattform OpenSea*[22] *zum Kauf an.*

1. Fehlende Streitbeilegungsmechanismen

Ein entscheidender Unterschied von Blockchain-Domains gegenüber klassischen Domain-Streitigkeiten ist Folgender: Es fehlen Streitbeilegungsmechanismen, die bei klassischen DNS-Domains ein bewährtes Mittel gegen unbefugte Domainregistrierungen sind.[23] DNS-Domains werden durch zentrale Organisationen wie die Internet Corporation for Assigned Names and Numbers (ICANN) oder das Deutsche Network Information Center (DENIC) verwaltet. Diese gewähren Rechtsschutz gegen unbefugte Eintragungen.[24] Blockchain-Domains sind allerdings kein Teil des DNS-Systems. Weder die ICANN noch andere Institutionen haben technischen Einfluss oder die juristische Kompetenz, gegen Verletzungen vorzugehen.[25] Damit bleibt in erster Linie nur, gegen den Domain-Anmelder nach Markenrecht (→ Rn. 10–27), Namensrecht (→ Rn. 28–47), Lauterkeitsrecht (→ Rn. 48–59) und Deliktsrecht (→ Rn. 60–67) vorzugehen. **9**

2. Markenrecht

a) Benutzung im geschäftlichen Verkehr

Markenrechtliche Ansprüche setzen voraus, dass der Dritte die Marke oder geschäftliche Bezeichnung im geschäftlichen Verkehr benutzt.[26] Das ist dann der Fall, wenn die Marke im Zusammenhang mit einer auf einen wirtschaftlichen Vorteil gerichteten kommerziellen Tätigkeit und nicht im privaten Bereich genutzt wird.[27] **10**

Nach der Rechtsprechung zu DNS-Domains liegt eine Benutzung im geschäftlichen Verkehr grundsätzlich dann vor, wenn die Domain zu einer aktiven und kommerziellen Website führt.[28] Die bloße Registrierung und das Halten der DNS-Domain begründen dagegen keine Benutzung im geschäftlichen Verkehr.[29] Auch wer eine DNS-Domain zum Kauf anbietet, verwendet sie nicht im geschäftlichen Verkehr.[30] **11**

Entsprechend ist auch bei Blockchain-Domains zwischen unterschiedlichen Fallgruppen zu differenzieren: **12**

Wird eine markenrechtlich geschützte Blockchain-Domain registriert und zum Kauf angeboten, fehlt es an einer Benutzung im geschäftlichen Verkehr.[31] In der Regel bietet das

[21] Zum Zeitpunkt der Manuskripterstellung war es möglich, die Domain „beck-online.eth“ gegen ein Entgelt von USD 6,15 oder ETH 0,0017 für ein Jahr zu registrieren; https://app.ens.domains/beck-online.eth/register, zuletzt abgerufen am 8.8.2025.
[22] https://opensea.io, zuletzt abgerufen am 8.8.2025.
[23] Heine GRUR-Prax 2023, 192 (193); MüKoBGB/HeineBGB § 12 Rn. 242.
[24] Heine GRUR-Prax 2023, 192 (193).
[25] Heine GRUR-Prax 2023, 192 (193); Egerer/Münster GRUR-Prax 2025, 165 Rn. 37; jurisPK-InternetR/Heckmann Kap. 2.2 Rn. 315; USPTO, Non-Fungible Tokens and Intellectual Property: A Report to Congress, March 2024, abrufbar unter: https://www.copyright.gov/policy/nft-study/Joint-USPTO-US-CO-Report-on-NFTs-and-Intellectual-Property.pdf, zuletzt abgerufen am 8.8.2025.
[26] Art. 9 Abs. 2 und Abs. 4 UMV; §§ 14 Abs. 2 und Abs. 4, 15 Abs. 2–4 MarkenG.
[27] EuGH GRUR 2003, 55 Rn. 40.
[28] BGH GRUR 2009, 1055 Rn. 61; Ingerl/Rohnke/Nordemann/Dustmann/Engels MarkenG Anh. § 15 Rn. 124.
[29] EuGH GRUR 2013, 1049 Rn. 42–60; BGH GRUR 2016, 810 Rn. 24; Hülsewig JA 2008, 592 (594); aA Ingerl/Rohnke/Nordemann/Dustmann/Engels MarkenG Anh. § 15 Rn. 112.
[30] BGH GRUR 2016, 810 Rn. 25; krit. Fezer MarkenR/Fezer MarkenG § 14 Rn. 43d.
[31] BGH GRUR 2016, 810 Rn. 25; Ingerl/Rohnke/Nordemann/Dustmann/Engels MarkenG Anh. § 15 Rn. 116.

Markenrecht daher keine Ansprüche gegen Cybersquatting. Auch im Beispielsfall scheiden somit markenrechtliche Ansprüche aus.

Auch wenn die Blockchain-Domain mit einer Krypto-Wallet verknüpft ist, um Zahlungen entgegenzunehmen, fehlt es grundsätzlich an einer Benutzung im geschäftlichen Verkehr. Grund hierfür ist, dass die bloße Angabe einer Zahlungsadresse noch keine Benutzung im geschäftlichen Verkehr begründet.[32] Erforderlich ist vielmehr, dass weitere Umstände hinzutreten, die erkennbar zeigen, dass der Handelnde über die Blockchain-Domain Handel treiben möchte.[33] Selbst wenn von einer Benutzung im geschäftlichen Verkehr ausgegangen werden kann, dürfte es aber jedenfalls an einer markenmäßigen Benutzung fehlen (→ Rn. 15).

13 Eine Benutzung im geschäftlichen Verkehr liegt aber grundsätzlich vor, wenn über die Blockchain-Domain eine Website verfügbar gemacht wird, die Waren oder Dienstleistungen anbietet oder bewirbt. In der Praxis dürften solche Fälle aber eher selten sein.[34]

b) Marken

14 Markenrechtliche Ansprüche bestehen bei Doppelidentität,[35] Verwechslungsgefahr[36] oder unter den Voraussetzungen des Bekanntheitsschutzes.[37] Es gelten insoweit die allgemeinen Grundsätze zu DNS-Domains.[38] Im Folgenden werden daher lediglich Besonderheiten zur Benutzung für Waren und Dienstleistungen (→ Rn. 15) sowie der Verwechslungsgefahr (→ Rn. 16–22) thematisiert.

15 **aa) Benutzung in Bezug auf Waren und Dienstleistungen.** Eine Marke muss nicht nur im geschäftlichen Verkehr (→ Rn. 10–13) benutzt werden,[39] sondern darüber hinaus auch Waren und Dienstleistungen kennzeichnen.[40] Das ist regelmäßig dann der Fall, wenn die Blockchain-Domain den Nutzer auf eine im geschäftlichen Verkehr verwendete Website leitet.[41] Eine Nutzung für Waren und Dienstleistungen scheidet aber aus, wenn der Blockchain-Domain eine reine Adressfunktion zukommt.[42] Das kann etwa der Fall sein, wenn ein gewerblicher Händler mittels Blockchain-Domain Zahlungen an seine Krypto-Wallet entgegennimmt. Zwar benutzt er die Blockchain-Domain in diesem Fall im geschäftlichen Verkehr (→ Rn. 10–13); allerdings identifiziert die Blockchain-Domain nicht die betriebliche Herkunft der gehandelten Produkte, sondern dient als bloße Zahlungsadresse. Es kann dann an einer Benutzung für Waren und Dienstleistungen im Sinne des Markenrechts fehlen.

16 **bb) Verwechslungsgefahr.** Im Rahmen der Verwechslungsgefahr ist zu ermitteln, ob und inwieweit Waren- und Dienstleistungsähnlichkeit (→ Rn. 17) und Zeichenähnlichkeit bestehen (→ Rn. 18–22).[43]

17 **(1) Waren- und Dienstleistungsähnlichkeit.** Bei Prüfung der Waren- und Dienstleistungsähnlichkeit müssen die von der Marke umfassten Produkte mit den unter der Blockchain-Domain angebotenen oder beworbenen Produkten verglichen werden. Das maß-

---

[32] Bettinger DomainR-HdB/Bettinger Teil 2 Rn. DE 493, DE 190.
[33] Hoeren/Sieber/Holznagel MMR-HdB/Viefhues Teil 6 Rn. 80.
[34] Siehe für eine Auswahl solcher über Blockchain-Domains abrufbarer Websites: https://support.unstoppabledomains.com/support/solutions/articles/48001185925-examples-of-decentralized-websites, zuletzt abgerufen am 8.8.2025.
[35] Art. 9 Abs. 2 lit. a UMV; § 14 Abs. 2 Nr. 1 MarkenG.
[36] Art. 9 Abs. 2 lit. b UMV; § 14 Abs. 2 Nr. 2 MarkenG.
[37] Art. 9 Abs. 2 lit. c UMV; § 14 Abs. 2 Nr. 3 MarkenG.
[38] Bettinger DomainR-HdB/Bettinger Teil 2 Rn. DE 250 ff.
[39] Zur Systematik der markenrechtlichen Benutzungsbegriffe: Ingerl/Rohnke/Nordemann/A. Nordemann MarkenG § 14 Rn. 93–98.
[40] Art. 9 Abs. 2 UMV; § 14 Abs. 2 MarkenG.
[41] BGH GRUR 2016, 1300 Rn. 35; BGH GRUR 2013, 638 Rn. 27; BGH GRUR 2012, 832 Rn. 19; Ingerl/Rohnke/Nordemann/Dustmann/Engels MarkenG Anh. § 15 Rn. 117.
[42] Ingerl/Rohnke/Nordemann/Dustmann/Engels MarkenG Anh. § 15 Rn. 118.
[43] BeckOK MarkenR/Grundmann UMV 2017 Art. 9 Rn. 35.

gebliche Produkt ist also nicht die Domain selbst.[44] Im Übrigen gelten die allgemeinen Grundsätze.[45]

(2) Zeichenähnlichkeit. Bei der Zeichenähnlichkeit stellt sich insbesondere die Frage, ob Top-Level-Domains zu berücksichtigen sind (→ Rn. 19–20) und wie es zu beurteilen ist, wenn Wortmarken durch Emojis dargestellt werden (→ Rn. 21–22). 18

(a) Top-Level-Domains. Länderspezifische Top-Level-Domains (zB.de,.us,.uk) und herkömmliche generische Top-Level-Domains (zB.com,.org,.net) weisen im DNS-System nur eine funktionale Bedeutung auf und sind daher für den Gesamteindruck zu vernachlässigen.[46] Stattdessen ist grundsätzlich lediglich die unterscheidungskräftige Second-Level-Domain zu berücksichtigen (zB beck-online bei beck-online.de). Gleiches gilt für Blockchain-Domains: Gängige Top-Level-Domains wie „.eth", „.crypto", „.wallet" oder „.bitcoin" sind nicht kennzeichnungskräftig und bleiben daher bei der Ähnlichkeitsprüfung außer Betracht.[47] Im Beispielsfall wäre lediglich „beck-online" und nicht die Top-Level-Domain „.eth" in den Zeichenvergleich einzubeziehen. 19

Allerdings ist es möglich, individualisierte Top-Level-Domains zu erwerben. So könnte etwa die Blockchain-Top-Level-Domain „.beckonline" angemeldet werden. Solche individualisierten Top-Level-Domains sind zwar bereits aus dem DNS-System bekannt (zB.amazon,.google);[48] bei Blockchain-Domains sind diese aber tendenziell verbreiteter.[49] Besteht die individualisierte Top-Level-Domain selbst aus einem solchen unterscheidungskräftigen Begriff, ist sie in die Ähnlichkeitsprüfung einzubeziehen (zB.beckonline).[50] Denkbar ist auch, dass die Top-Level-Domain für sich genommen zwar beschreibend ist (zB.online), sie aber in ihrer Gesamtheit mit der Second-Level-Domain als einheitlicher Gesamtbegriff verstanden wird (zB beck.online). Dann ist für die Prüfung der Zeichenähnlichkeit auf den Gesamtbegriff abzustellen.[51] Auch wenn sich die Top-Level-Domain im Markt noch nicht als Hinweis auf eine solche durchgesetzt hat, nimmt diese am Zeichenvergleich teil. So wurden beispielsweise mehrere Zeichen mit der „.io" Top-Level-Domain vom EUIPO eingetragen (zB SUPPLIER.IO). 20

(b) Emojis. Eine weitere Besonderheit von Blockchain-Domains ist, dass auch Emojis als Domainnamen registriert werden können.[52] So kann eine Blockchain-Domain statt „beck-online.eth" etwa eine Variante enthalten, bei der das Wort „online" durch ein Weltkugel-Emoji ersetzt ist. Wollte man mittels der Wortmarke „Beck online" dagegen vorgehen, wäre Folgendes zu berücksichtigen: 21

Die Zeichen stimmen hinsichtlich des Bestandteils „beck" klanglich, bildlich und begrifflich überein. Für den Bestandteil „online" kommt jedoch in erster Linie nur eine begriffliche Ähnlichkeit in Betracht. Nach der Rechtsprechung des BGH kann zwischen Wort- und Bildzeichen allein eine begriffliche Ähnlichkeit, jedoch im Grundsatz[53] keine klangliche

[44] Bettinger DomainR-HdB/Bettinger Teil 2 Rn. DE 277.
[45] Bettinger DomainR-HdB/Bettinger Teil 2 Rn. DE 276 ff.
[46] BGH GRUR 2009, 1055 Rn. 66; 2009, 685 Rn. 26; BeckOK MarkenR/Onken MarkenG § 14 Rn. 473; Hülsewig JA 2008, 592 (594); Bettinger DomainR-HdB/Bettinger Teil 2 Rn. DE 286.
[47] Zum US-Recht Laketić MICH. TECH. L. REV. 30 (2024), 4. Beitrag (27 f.).
[48] Vgl. Hülsewig JA 2008, 592 (601).
[49] Laketić MICH. TECH. L. REV. 30 (2024), 4. Beitrag (35).
[50] MAH GewRS/Elkemann/Lieckfeld § 28 Rn. 152; Bettinger DomainR-HdB/Bettinger Teil 2 Rn. DE 286.
[51] Maaßen/Hühner MMR 2011, 148 (150); MAH GewRS/Elkemann/Lieckfeld § 28 Rn. 152; Bettinger DomainR-HdB/Bettinger Teil 2 Rn. DE 286.
[52] Laketić MICH. TECH. L. REV. 30 (2024), 4. Beitrag (34).
[53] Statt ausschließlich die Wortelemente in den klanglichen Zeichenvergleich einzubeziehen, können nach der Rechtsprechung des BGH auch Bildelemente in den klanglichen Vergleich einbezogen werden, wenn diese besonders markant sind oder einen Wortbestandteil aufgreifen, BeckOK MarkenR/Onken MarkenG § 14 Rn. 404a.

oder bildliche Ähnlichkeit bestehen.[54] Maßgeblich ist insoweit, ob das Wort das Bild in naheliegender, ungezwungener und erschöpfender Weise bezeichnet.[55]

Im Beispielsfall wäre zu ermitteln, ob das durch ein Weltkugel-Emoji dargestellte Bild vom Verkehr ohne gedankliche Zwischenschritte mit der Bedeutung „online" gleichgesetzt wird – und zwar ohne, dass hierfür mehrere gedankliche Zwischenschritte notwendig sind.[56] Enthält das Wortzeichen einen allgemeinen oder beschreibenden Sinngehalt oder beschreibende Anklänge, kommt eine begriffliche Ähnlichkeit umso weniger in Betracht.[57]

22 Zu beachten ist ferner, dass Emojis je nach Plattform unterschiedlich dargestellt werden (cross-platform confusion).[58] Es ist im Einzelfall denkbar, dass aufgrund unterschiedlicher Darstellungen die kollidierenden Zeichen zwar für die Nutzer einer Plattform ähnlich erscheinen, die Zeichen sich für die Nutzer einer anderen Plattform hingegen unterscheiden. Auch in solchen Fällen kann Verwechslungsgefahr bestehen. Ausreichend dafür ist, dass für einen Teil des relevanten Publikums Zeichenähnlichkeit besteht, sofern dieser Teil objektiv abgrenzbar ist.[59] Ob die objektive Abgrenzbarkeit von Gerichten in Zukunft angenommen wird, ist allerdings offen.

c) Geschäftliche Bezeichnungen

23 Geschäftliche Bezeichnungen[60] umfassen Unternehmenskennzeichen[61] und Werktitel.[62] Gemäß § 15 Abs. 2, Abs. 4 MarkenG besteht ein Unterlassungsanspruch, wenn die geschäftliche Bezeichnung oder ein ähnliches Zeichen im geschäftlichen Verkehr in einer Weise benutzt wird, die geeignet ist, Verwechslungen mit der geschützten Bezeichnung hervorzurufen. Die Grundsätze zu Marken gelten entsprechend (→ Rn. 18–22).[63] Zu berücksichtigen ist, dass ein Zeichen gleichzeitig als Marke und geschäftliche Bezeichnung geschützt sein kann.

d) Rechtsfolgen

24 Der Kennzeicheninhaber kann bei Erstbegehungs- oder Wiederholungsgefahr Unterlassung verlangen.[64] Im Regelfall ist das Unterlassungsgebot jedoch auf die konkrete Benutzung der Blockchain-Domain im geschäftlichen Verkehr für die unter dem Domainnamen angebotenen Waren und Dienstleistungen beschränkt.[65] Eine generelle Untersagung der Domainbenutzung kommt allenfalls ausnahmsweise für herausragend bekannte Kennzeichenrechte in Betracht – und zwar dann, wenn keine zulässige Verwendung der Domain denkbar ist (Schlechthin-Verbot).[66]

25 Ein Anspruch auf Löschung der Blockchain-Domain besteht grundsätzlich nicht.[67] Sofern es sich um ein Unternehmenskennzeichen und kein reines Produktkennzeichen handelt, kann ein Löschungsanspruch aber gegebenenfalls auf den namensrechtlichen Beseitigungs-

---

[54] BGH GRUR 2015, 1214 Rn. 34; 2006, 60 Rn. 24.
[55] BGH GRUR 2015, 1214 Rn. 35; 2006, 60 Rn. 22.
[56] BGH GRUR 2015, 1214 Rn. 35.
[57] BGH GRUR 2015, 1214 Rn. 35.
[58] Pendl NJW 2022, 1054 Rn. 15.
[59] BeckOK MarkenR/Onken MarkenG § 14 Rn. 350.
[60] § 5 Abs. 1 MarkenG.
[61] § 5 Abs. 2 MarkenG.
[62] § 5 Abs. 3 MarkenG.
[63] Ingerl/Rohnke/Nordemann/Dustmann/Engels MarkenG Anh. § 15 Rn. 145, 152.
[64] Art. 9 Abs. 2 und Abs. 4 UMV; § 14 Abs. 4 MarkenG.
[65] Hülsewig JA 2008, 592 (600); Ingerl/Rohnke/Nordemann/Dustmann/Engels MarkenG Anh. § 15 Rn. 203.
[66] Hülsewig JA 2008, 592 (600); Ingerl/Rohnke/Nordemann/Dustmann/Engels MarkenG Anh. § 15 Rn. 203.
[67] Hülsewig JA 2008, 592 (600); Ingerl/Rohnke/Nordemann/Dustmann/Engels MarkenG Anh. § 15 Rn. 208.

anspruch gem. § 12 BGB gestützt werden (→ Rn. 28 ff., 42).[68] Im Übrigen kommt ein lauterkeitsrechtlicher Beseitigungsanspruch in Betracht (→ Rn. 48 ff., 56).

Ebenso besteht kein markenrechtlicher Anspruch auf Übertragung des Domainnamens.[69] 26
Bei schuldhafter Kennzeichenverletzung können Rechteinhaber Schadensersatz verlangen.[70]

e) Fazit: Markenrechtlicher Schutz nur in Einzelfällen

Praxishinweis:
Das Markenrecht bietet nur begrenzten Schutz gegen die missbräuchliche Nutzung von Blockchain-Domainnamen. Insbesondere Fälle des Cybersquattings, bei denen die Blockchain-Domainnamen lediglich zum Zwecke des anschließenden Verkaufs erworben werden, fallen nicht unter das Markenrecht. Das Kennzeichen wird nicht im geschäftlichen Verkehr benutzt. Für das Markenrecht verbleiben damit lediglich Konstellationen, in denen über die Blockchain-Domain eine Website verfügbar gemacht wird. 27

3. Namensrecht

a) Verhältnis zum Markenrecht

Grundsätzlich gehen die markenrechtlichen Ansprüche bei Handeln im geschäftlichen Verkehr den Ansprüchen aus dem Namensrecht vor.[71] Allerdings verbleiben Fallgestaltungen, in denen dem Namensschutz aus § 12 BGB weiterhin eine große Bedeutung zukommt. 28

So ist das Namensrecht relevant, wenn eine Domain lediglich registriert, aber nicht benutzt wird. In diesem Fall fehlt es an einer Benutzung im geschäftlichen Verkehr, womit die markenrechtlichen Ansprüche ins Leere gehen (→ Rn. 10–13).[72] Hier greift der Namensschutz, da bereits die Registrierung einer Domain den Funktionsbereich des Unternehmens dahingehend einschränkt, unter einem ihm zugeordneten Kennzeichen aufzutreten.[73] 29

Ein wesentlicher Vorteil des Namensrechts ist auch, dass verlangt werden kann, die Registrierung zu unterlassen oder den Blockchain-Domainnamen zu löschen – diese Rechtsfolge ist dem Markenrecht grundsätzlich fremd (→ Rn. 25).[74] 30

b) Name

Der Namensschutz aus § 12 BGB umfasst Namen natürlicher Personen und Unternehmenskennzeichen, soweit diese unterscheidungskräftig sind oder Verkehrsgeltung erworben haben. Hierbei werden neben dem ganzen Unternehmenskennzeichen auch Namens- und Firmenbestandteile oder bestimmte Abkürzungen geschützt.[75] Der Verkehr erkennt dabei in einer Domain-Adresse regelmäßig einen Hinweis auf den Namensträger. Die allgemeinen Grundsätze des Namensschutzes sind auf Blockchain-Domains übertragbar. 31

Grundsätzlich entsteht Namensschutz mit Verwendung des Unternehmenskennzeichens im geschäftlichen Verkehr und endet mit Einstellung des Geschäftsbetriebs.[76] Die bloße 32

[68] Vgl. Ingerl/Rohnke/Nordemann/Dustmann/Engels MarkenG Anh. § 15 Rn. 107.
[69] Bettinger DomainR-HdB/Bettinger Teil 2 Rn. DE 346; vgl. BGH NJW 2002, 2031 (2035).
[70] Art. 129 Abs. 2 UMV iVm § 119 Nr. 2 Var. 1 MarkenG; § 14 Abs. 6 und Abs. 7 MarkenG; § 15 Abs. 5 und Abs. 6 MarkenG.
[71] Bettinger DomainR-HdB/Bettinger Teil 2 Rn. DE 493, DE 495.
[72] Vgl. BGH GRUR 2016, 810 Rn. 20 ff.
[73] Bettinger DomainR-HdB/Bettinger Teil 2 Rn. DE 493, DE 498.
[74] BGH GRUR 2016, 810 Rn. 38; Bettinger DomainR-HdB/Bettinger Teil 2 Rn. DE 493, DE 500.
[75] Bettinger DomainR-HdB/Bettinger Teil 2 Rn. DE 510.
[76] Bettinger DomainR-HdB/Bettinger Teil 2 Rn. DE 525, DE 528.

Fortführung der Blockchain-Domain, obwohl der ursprüngliche Geschäftsbetrieb eingestellt ist oder unter anderem Namen weitergeführt wird, reicht nicht aus.[77]

33 Der Namensschutz an der gesamten Blockchain-Domain, also der Kombination aus der Top- und Second-Level-Domain (zB bundesliga.de[78] bzw. bundesliga.eth), entsteht nicht bereits mit der Registrierung einer Domain, sondern dann, wenn ein unterscheidungskräftiger Domainname für eine aktive Website genutzt und gleichzeitig vom Verkehr als Name verstanden wird. Die praktische Bedeutung dieser Konstellation ist dabei gering: Dieser nachgelagerte Schutz greift nur ein, wenn der Domainname nicht bereits mit dem Unternehmensnamen übereinstimmt.[79]

c) Namensleugnung

34 Die Registrierung einer Domain mit fremden Namen ist keine Namensleugnung, da das Recht des berechtigten Namensträgers nicht bestritten wird.[80] Es besteht daher kein Anspruch wegen Namensleugnung gem. § 12 S. 1 Alt. 1 BGB.

d) Namensanmaßung

35 Allerdings liegt beim Domaingrabbing regelmäßig eine Namensanmaßung vor (§ 12 S. 1 Alt. 2 BGB): So kann bereits die Registrierung einer Domain mit erheblichen Beeinträchtigungen der namensrechtlichen Befugnisse verbunden sein.[81] Eine Namensanmaßung scheidet lediglich dann aus, wenn der Domainname ausschließlich beschreibend verwendet wird oder einen Sachbegriff wiedergibt.[82]

36 Weiterhin ist notwendig, dass der fremde Dritte, der die Blockchain-Domain verwendet, als Namenträger identifiziert wird oder der falsche Eindruck entsteht, der Namensträger habe die Nutzung des Namens eingeräumt (Zuordnungsverwirrung).[83]

37 Bei der Nutzung einer Blockchain-Domain, die mit dem Namen identisch ist, ist regelmäßig eine Zuordnungsverwirrung gegeben.[84] Das gilt unabhängig davon, ob der Nutzer alsbald bemerkt, dass er sich nicht auf der Website des Namensträgers befindet. So sind an aufklärende Hinweise, die eine Zuordnungsverwirrung ausschließen, hohe Anforderungen zu stellen.[85]

38 Eine Zuordnungsverwirrung ist nach der Rechtsprechung auch dann gegeben, wenn der Domainname lediglich registriert wird.[86] Da Domains grundsätzlich nur einmal vergeben werden können, hat bereits die Registrierung als Adresse eine ausschließende Wirkung (Prioritätsprinzip).[87] Eine Nutzung der Domain ist nicht erforderlich.[88]

39 Eine Zuordnungsverwirrung kann auch gegeben sein, wenn die Bezeichnung des Namensträgers unter einer ausländischen oder generischen Top-Level-Domain registriert wird.[89] Lediglich bei Gattungsbegriffen scheidet eine Zuordnungsverwirrung regelmäßig aus – hier zieht der Verkehr keine Rückschlüsse auf den Inhaber.[90]

---

[77] Bettinger DomainR-HdB/Bettinger Teil 2 Rn. DE 525, DE 529.
[78] LG Hamburg GRUR-RR 2007, 44.
[79] Bettinger DomainR-HdB/Bettinger Teil 2 Rn. DE 510, DE 932.
[80] BGH NJW 2002, 2031 (2033); BeckOK InfoMedienR/Leyendecker-Langner/Radtke § 12 Rn. 54.
[81] BGH GRUR 2016, 810 Rn. 40.
[82] Bettinger DomainR-HdB/Bettinger Teil 2 Rn. DE 493, DE 557; BeckOK InfoMedienR/Leyendecker-Langner/Radtke § 12 Rn. 56.
[83] Bettinger DomainR-HdB/Bettinger Teil 2 Rn. DE 493, DE 590.
[84] Bettinger DomainR-HdB/Bettinger Teil 2 Rn. DE 493, DE 592.
[85] BeckOK InfoMedienR/Leyendecker-Langner/Radtke § 12 Rn. 57.
[86] BGH GRUR-RS 2023, 31556 Rn. 19; Bettinger DomainR-HdB/Bettinger Teil 2 Rn. DE 493, DE 595 ff.; aA Hülsewig JA 2008, 592 (599).
[87] BGH NJW 2002, 2031 (2034).
[88] BGH NJW 2002, 2031 (2034).
[89] BGH GRUR 2016, 810 Rn. 42.
[90] BeckOK InfoMedienR/Leyendecker-Langner/Radtke § 12 Rn. 68.

Soweit der Name in der Domain leicht abgeändert wird, ist eine einzelfallbasierte Bewertung notwendig, ob die marginalen Unterschiede eine Zuordnungsverwirrung ausschließen.[91] Dabei kann ergänzend auf die Inhalte, die unter der Blockchain-Domain angeboten werden, zurückgegriffen werden. **40**

Weiterhin ist erforderlich, dass schutzwürdige Interessen des Namensinhabers beeinträchtigt werden.[92] Da eine Blockchain-Domain nur einmal vergeben werden kann, sind hieran keine hohen Anforderungen zu stellen.[93] Etwas anderes gilt grundsätzlich nur, wenn die Domain bereits vor Entstehung des Namensrechts registriert wurde und soweit die Domain – durch Abweichungen, Zusätze oder die Gestaltung der Website – mit hinreichendem Abstand zur ursprünglichen Domain verwendet wird.[94] **41**

e) Rechtsfolgen

Der Namensinhaber kann Schadensersatz,[95] Unterlassung[96] und gegebenenfalls die Beseitigung der Namensbeeinträchtigung verlangen.[97] Lediglich die Überschreibung der Domain kann nicht verlangt werden.[98] **42**

Was der Beseitigungsanspruch bei Blockchain-Domains konkret umfasst, ist bislang ungeklärt: Bei DNS-Domains ist der Beseitigungsanspruch darauf gerichtet, dass der Domain-Inhaber gegenüber der Vergabestelle auf die Domain verzichtet.[99] Mit Rechtskraft des Urteils wird die Verzichtserklärung gem. § 894 S. 1 ZPO fingiert.[100] Für „.de"-Domains kann zudem ein Dispute-Eintrag bei der Vergabestelle DENIC gesetzt werden.[101] Dadurch wird die Übertragung des Domainnamens blockiert.[102] Sobald das Urteil rechtskräftig ist, rückt der im Dispute-Eintrag Genannte als Domain-Inhaber nach.[103] So lässt sich faktisch eine Übertragung des Domainnamens erreichen.[104] **43**

Bei Blockchain-Domains ist das nicht möglich. Es fehlt eine zentrale Vergabestelle, gegenüber der ein Verzicht erklärt werden könnte. In Betracht kommt daher nur die Übertragung der Blockchain-Domain auf den Anspruchsinhaber oder deren „Vernichtung". Gegen einen Anspruch auf Übertragung der Blockchain-Domain spricht, dass der Anspruchsinhaber dadurch bereichert würde. Ihm würde die Blockchain-Domain unentgeltlich zugewiesen. Das geht über eine bloße Beseitigung der Beeinträchtigung iSd § 12 S. 1 BGB hinaus. Der Anspruch kann daher nur auf „Vernichtung" der Blockchain-Domain gerichtet sein. Dafür wird die Blockchain-Domain an eine Burn-Adresse gesendet („burning").[105] Zu dieser Wallet existiert kein privater Schlüssel, sodass niemand darauf Zugriff hat. Technisch betrachtet wird die Blockchain-Domain somit nicht „vernichtet", sondern verbleibt auf der Blockchain und wird dauerhaft funktionslos. Die Domain kann nicht mehr genutzt oder erneut registriert werden.[106] So unterscheidet sich die Blockchain-Domain von DNS-Domains, die nach Löschung grundsätzlich wieder verfügbar sind. Alternativ kommt gegebenenfalls eine Übertragung an eine dritte Wallet, auf die keine der Parteien Zugriff hat, **44**

---

[91] Vgl. die umfassenden Ausführungen bei Bettinger DomainR-HdB/Bettinger Teil 2 Rn. DE 493, DE 599 ff.

[92] Bettinger DomainR-HdB/Bettinger Teil 2 Rn. DE 493, DE 599 ff.

[93] BeckOK InfoMedienR/Leyendecker-Langner/Radtke § 12 Rn. 62.

[94] BeckOK InfoMedienR/Leyendecker-Langner/Radtke,§ 12 Rn. 65.

[95] § 823 Abs. 1 BGB iVm § 12 BGB.

[96] § 1004 Abs. 1 BGB analog.

[97] Bettinger DomainR-HdB/Bettinger Teil 2 Rn. DE 691, DE 694, DE 707.

[98] BGH NJW 2002, 2031 (2032).

[99] BGH GRUR 2016, 1093 Rn. 9–12.

[100] BGH GRUR 2016, 1093 Rn. 12.

[101] Ingerl/Rohnke/Nordemann/Dustmann/Engels MarkenG Anh. § 15 Rn. 208.

[102] Ingerl/Rohnke/Nordemann/Dustmann/Engels MarkenG Anh. § 15 Rn. 208.

[103] Ingerl/Rohnke/Nordemann/Dustmann/Engels MarkenG Anh. § 15 Rn. 208, 210.

[104] Zum praktischen Vorgehen https://www.denic.de/service/dispute, zuletzt abgerufen am 8.8.2025.

[105] Auf der Ethereum-Blockchain beispielsweise 0x0000000000000000000000000000000000000000.

[106] Laketić MICH. TECH. L. REV. 30 (2024), 4. Beitrag (39).

in Betracht (Treuhand-Wallet). Ein solches Vorgehen wurde, soweit ersichtlich, bisher aber nicht erprobt.

45 Rechteinhaber sollten daher genau abwägen, ob sie ihren Beseitigungsanspruch verfolgen möchten. Mit der Übertragung an eine Burn-Wallet ist der Domainname unwiderruflich verloren – auch für sie selbst.

46 Bei bestimmten Anbietern ist eine Zahlung nach Ablauf des Nutzungszeitraums zur Erhaltung der Blockchain-Domain erforderlich. Wenn keine Zahlung erfolgt, wird die Blockchain-Domain unter technischer Einbindung eines Smart Contracts wieder freigegeben (zu Smart Contracts → § 52 Rn. 1–11).[107] In diesen Fällen kann, ähnlich zur Verzichtserklärung bei klassischen DNS-Domains, verlangt werden, dass die Zahlung zur Verlängerung unterlassen wird, damit die Blockchain-Domain wieder an den Anbieter zurückfällt.

f) Fazit: Weitgehender namensrechtlicher Schutz gegen Cybersquatting

Praxishinweis:

47 Für Betroffene haben die namensrechtlichen Ansprüche Vorteile gegenüber dem Markenrecht. So bietet das Namensrecht auch außerhalb einer markenmäßigen Benutzung Schutz vor Domaingrabbing und Cybersquatting. Auch die Rechtsfolgen gehen über die des Markenrechts hinaus: Aus dem Namensrecht kann ein Anspruch auf Vernichtung („burning") der Blockchain-Domain abgeleitet werden. Allerdings ist im Einzelfall zu prüfen, ob eine solche Vernichtung gewünscht ist, da die Blockchain-Domain anschließend nicht mehr genutzt werden kann.

4. Lauterkeitsrecht

a) Verhältnis zum Marken- und Namensrecht

48 Die im Bereich der missbräuchlichen Nutzung von Blockchain-Domainnamen einschlägigen lauterkeitsrechtlichen Vorschriften zur Behinderung (→ Rn. 53–54) und Irreführung (→ Rn. 55) sind neben dem Markenrecht anwendbar.[108]

b) Wettbewerbsverhältnis

49 Lauterkeitsrechtliche Ansprüche bedürfen einer geschäftlichen Handlung (→ Rn. 50).[109] Ferner muss ein Mitbewerber betroffen sein (→ Rn. 51–52).[110]

50 **aa) Geschäftliche Handlung.** Eine geschäftliche Handlung ist gem. § 3 Abs. 1 UWG iVm § 2 Abs. 1 Nr. 2 UWG insbesondere jedes Verhalten einer Person zugunsten des eigenen Unternehmens vor, bei oder nach einem Geschäftsabschluss, das mit dem Abschluss eines Vertrags über Waren oder Dienstleistungen unmittelbar und objektiv zusammenhängt. Das umfasst auch die Registrierung einer Blockchain-Domain in der Absicht, sie später entgeltlich weiterzuveräußern. Anders als das Markenrecht schützt das Lauterkeitsrecht daher auch vor Cybersquatting (zum Markenrecht: → Rn. 27).[111] Im Eingangsbeispiel handelte der Dritte bereits unlauter, indem er die Blockchain-Domain „beck-online.eth" registrierte.

---

[107] https://support.ens.domains/en/articles/7992236-what-is-the-grace-period, zuletzt abgerufen am 8.8.2025.

[108] Ingerl/Rohnke/Nordemann/Dustmann/Engels MarkenG Anh. § 15 Rn. 66; Bettinger DomainR-HdB/Bettinger Teil 2 Rn. DE 760–763.

[109] § 3 Abs. 1 UWG.

[110] § 4 UWG.

[111] BGH GRUR 2009, 685 (689); Ingerl/Rohnke/Nordemann/Dustmann/Engels MarkenG Anh. § 15 Rn. 170; Bettinger DomainR-HdB/Bettinger Teil 2 Rn. DE 767.

bb) Mitbewerber. Mitbewerber ist gem. § 4 UWG iVm § 2 Abs. 1 Nr. 4 UWG jeder Unternehmer, der mit einem oder mehreren Unternehmern als Anbieter oder Nachfrager von Waren oder Dienstleistungen in einem konkreten Wettbewerbsverhältnis steht. Nach der Rechtsprechung begründet schon die Konkurrenz um einen spezifischen DNS-Domainnamen ein solches konkretes Wettbewerbsverhältnis.[112] Innerhalb des zentral durch die ICANN koordinierten DNS-Systems kann ein Domainname unter einer bestimmten Top-Level-Domain (zB.com) nämlich nur einmal vergeben werden.[113] Diese Exklusivität begründet einen wirtschaftlichen Wettbewerb um begehrte Namen. 51

Auch die Konkurrenz um Blockchain-Domainnamen begründet ein konkretes Wettbewerbsverhältnis. Innerhalb desselben Blockchain-Naming-Systems kann jeder Domainname nur einmal vergeben werden. Zwar ist es möglich, dass in verschiedenen Blockchain-Naming-Systemen identische Domainnamen unter derselben Top-Level-Domain koexistieren. Ein bekanntes Beispiel dafür ist ein Rechtsstreit aus dem Jahr 2023 zwischen den Blockchain-Domain-Providern Unstoppable Domains und Gateway. Beide Provider hatten unabhängig voneinander Domainnamen unter der Blockchain-Top-Level-Domain „.wallet“ vergeben.[114] Dieses Phänomen ist bereits von DNS-Domains bekannt: Auch für DNS-Domains existierten alternative Naming-Systeme[115] – wenn auch mit geringer praktischer Relevanz.[116] Hier hat sich allerdings das System der ICANN durchgesetzt. Auch wenn sich bei Blockchain-Domains bislang kein dominierendes Naming-System etabliert zu haben scheint, sind Nutzer daran interessiert, sich ihren Blockchain-Domainnamen für ein bestimmtes System zu sichern. Nutzer stehen daher in konkretem Wettbewerb um einen Blockchain-Domainnamen innerhalb eines spezifischen Blockchain-Naming-Systems. Im Eingangsbeispiel besteht daher ein konkretes Wettbewerbsverhältnis zwischen dem Markeninhaber und dem Dritten, der die Blockchain-Domain „beck-online.eth“ registriert. 52

c) Behinderung

Gemäß § 4 Nr. 4 UWG handelt unlauter, wer Mitbewerber gezielt behindert. Nach der Rechtsprechung zu DNS-Domains liegt eine solche gezielte Behinderung insbesondere dann vor, wenn von Dritten benutzte Kennzeichen ohne ernsthaften Benutzungswillen als Domain registriert werden, um die Domain sodann entgeltlich weiter zu veräußern.[117] Ein Indiz für eine gezielte Behinderung liegt vor, wenn der Dritte eine Vielzahl fremder Kennzeichen zum Zweck des Weiterverkaufs als Domains registriert.[118] Das gilt entsprechend für Blockchain-Domains. Cybersquatting stellt daher regelmäßig eine unlautere Handlung gem. § 3 Abs. 1 UWG iVm § 4 Nr. 4 UWG dar. Im Eingangsbeispiel ist die Registrierung der Blockchain-Domain „beck-online.eth“ somit unlauter. Um in der Praxis den Beweis einer gezielten Behinderung zu führen, empfiehlt es sich, zu prüfen, ob dieselbe Wallet, der „beck-online.eth“ zugeordnet ist, weitere kennzeichenrechtlich geschützte Domains enthält. 53

Werden statt Kennzeichen Gattungsbegriffe registriert, liegt darin grundsätzlich keine gezielte Behinderung eines Mitbewerbers[119] – selbst dann, wenn an diesem Gattungsbegriff 54

[112] BGH GRUR 2009, 685 (689); Ingerl/Rohnke/Nordemann/Dustmann/Engels MarkenG Anh. § 15 Rn. 170.
[113] Müller MMR 2006, 427 (428).
[114] Unstoppable Domains Inc. v. Gateway Registry, Inc., No. CV 22–948-CFC (D. Del. June 23, 2023). Näher dazu Laketić MICH. TECH. L. REV. 30 (2024), 4. Beitrag (43–47); Glonina 114 Trademark Rep. (2024), 587 (621).
[115] Ein Beispiel war das durch das niederländische Unternehmen Unifiedroot betriebene Naming-System, https://www.unifiedroot.com/, zuletzt abgerufen am 8.8.2025.
[116] Spindler/Schuster/Müller MarkenG vor § 1 Rn. 74; Laketić MICH. TECH. L. REV. 30 (2024), 4. Beitrag (40 f.); vgl. Müller MMR 2006, 427 (428 f.).
[117] BGH GRUR 2009, 685 Rn. 43; Ingerl/Rohnke/Nordemann/Dustmann/Engels MarkenG Anh. § 15 Rn. 172; Hülsewig JA 2008, 592 (597).
[118] Ingerl/Rohnke/Nordemann/Dustmann/Engels MarkenG Anh. § 15 Rn. 172.
[119] BGH GRUR 2001, 1061 (1063); Ingerl/Rohnke/Nordemann/Dustmann/Engels MarkenG Anh. § 15 Rn. 174; Hülsewig JA 2008, 592 (597).

gleichzeitig Kennzeichenrechte bestehen. Meldet der Dritte Domainnamen an, die für eine Vielzahl von Interessenten infrage kommen, gilt Folgendes: In Anlehnung an die Rechtsprechung zur bösgläubigen Markenanmeldung[120] liegt eine gezielte Behinderung nur vor, wenn im Zeitpunkt der Registrierung die Veräußerung der Domain an einzelne, bereits bestimmte Dritte naheliegt.[121] Die Einzelheiten zu § 4 Nr. 4 UWG richten sich nach der von Rechtsprechung und Literatur für DNS-Domains entwickelten Kasuistik.[122]

d) Irreführung

55 Gemäß § 5 Abs. 1 UWG handelt unlauter, wer eine irreführende geschäftliche Handlung vornimmt, die geeignet ist, den Verbraucher oder sonstigen Marktteilnehmer zu einer geschäftlichen Entscheidung zu veranlassen, die er andernfalls nicht getroffen hätte. Besonderheiten für Blockchain-Domains bestehen insoweit keine. In der Rechtsprechung zu DNS-Domains wurden insbesondere Fälle relevant, in denen der Domainname den Eindruck einer gewissen Allein- oder Sonderstellung der hinter der Domain stehenden Person oder Organisation erweckt hat (zB mitwohnzentrale.de).[123] Die Registrierung von Gattungsbegriffen ist für sich genommen dagegen nicht irreführend (zB rechtsanwaeltenotar.de).[124] Die Grundsätze zu DNS-Domains sind zu berücksichtigen.[125]

e) Rechtsfolgen

56 Der Mitbewerber kann bei Erstbegehungs- oder Wiederholungsgefahr Unterlassung verlangen.[126] Das Unterlassungsgebot ist zwar auf die konkrete unlautere geschäftliche Handlung begrenzt.[127] Im Gegensatz zum Markenrecht kann bereits die Registrierung einer Blockchain-Domain Ansprüche begründen – nicht erst ihre Nutzung (→ Rn. 53; zum Markenrecht: → Rn. 10–13). Ist bereits die Registrierung unlauter, kann die Domainbenutzung generell untersagt werden (Schlechthin-Verbot).[128]

57 Daneben besteht ein Anspruch auf Beseitigung.[129] Sofern bereits die Registrierung des Domainnamens einen Mitbewerber gezielt behindert[130] oder die Irreführung[131] aus dem Domainnamen selbst folgt, muss die Blockchain-Domain „vernichtet" werden (zur praktischen Umsetzung: → Rn. 43–46).[132] Ist dagegen erst die Nutzung des Domainnamens für bestimmte Inhalte unlauter, kann ein Disclaimer genügen, der die Irreführung beseitigt.[133]

58 Bei schuldhaftem Handeln können Mitbewerber Schadensersatz verlangen.[134]

---

[120] MüKoUWG/Jänich UWG § 4 Abs. 4 Rn. 66; vgl. Art. 59 Abs. 1 lit. b UMV; § 8 Abs. 2 Nr. 14 MarkenG.
[121] Ingerl/Rohnke/Nordemann/Dustmann/Engels MarkenG Anh. § 15 Rn. 172; Maßstab des BGH zur bösgläubigen Markenanmeldung: BGH GRUR 2009, 780 Rn. 20.
[122] Bettinger DomainR-HdB/Bettinger Teil 2 Rn. DE 773–816; Ingerl/Rohnke/Nordemann/Dustmann/Engels MarkenG Anh. § 15 Rn. 171–178.
[123] Der BGH hielt es für nicht fernliegend, dass Internet-Nutzer annehmen würden, es handele sich – angesichts der Website „mitwohnzentrale.de" – um den einzigen oder größten Verband von Mitwohnzentralen, BGH GRUR 2001, 1061 (1604); siehe ferner zur Kasuistik Bettinger DomainR-HdB/Bettinger Teil 2 Rn. DE 821–824; Ingerl/Rohnke/Nordemann/Dustmann/Engels MarkenG Anh. § 15 Rn. 180–183.
[124] BGH MMR 2003, 256 (257 f.); Ingerl/Rohnke/Nordemann/Dustmann/Engels MarkenG Anh. § 15 Rn. 181.
[125] Bettinger DomainR-HdB/Bettinger Teil 2 Rn. DE 821–832; Ingerl/Rohnke/Nordemann/Dustmann/Engels MarkenG Anh. § 15 Rn. 179–183.
[126] § 8 Abs. 1 S. 1 Alt. 2 und Abs. 2 UWG iVm § 8 Abs. 3 Nr. 1 UWG.
[127] Bettinger DomainR-HdB/Bettinger Teil 2 Rn. DE 833.
[128] Bettinger DomainR-HdB/Bettinger Teil 2 Rn. DE 833.
[129] § 8 Abs. 1 S. 1 Alt. 1 UWG iVm § 8 Abs. 3 Nr. 1 UWG.
[130] § 4 Nr. 4 UWG.
[131] § 5 UWG.
[132] Bettinger DomainR-HdB/Bettinger Teil 2 Rn. DE 836.
[133] Bettinger DomainR-HdB/Bettinger Teil 2 Rn. DE 836.
[134] § 9 Abs. 1 UWG.

f) Fazit: Weitgehender lauterkeitsrechtlicher Schutz gegen Cybersquatting

Praxishinweis:
Das Lauterkeitsrecht bietet im Vergleich zum Markenrecht einen weitergehenden Schutz gegen die missbräuchliche Nutzung von Blockchain-Domainnamen. Insbesondere Fälle des Cybersquattings, bei denen Domains ohne ernsthaften Nutzungswillen lediglich zur Weiterveräußerung erworben werden, können als gezielte Behinderung unlauter sein. Anders als im Markenrecht kann bereits die Registrierung einer Blockchain-Domain den Tatbestand lauterkeitsrechtlicher Ansprüche erfüllen. Auch auf Rechtsfolgenseite geht das Lauterkeitsrecht weiter: Neben Unterlassung können Mitbewerber – sofern bereits die Registrierung unlauter ist – regelmäßig auch die Löschung der Blockchain-Domain verlangen. 59

5. Deliktsrecht

a) Anwendbarkeit

Soweit das Markenrecht als *lex specialis* anwendbar ist, kann grundsätzlich nicht auf deliktsrechtliche Ansprüche zurückgegriffen werden.[135] Wird die Domain lediglich registriert und zum Kauf angeboten, fehlt es an einer Benutzung im geschäftlichen Verkehr im Sinne des Markenrechts. Das Markenrecht ist dann nicht anwendbar (→ Rn. 10–13). Deliktsrechtliche Ansprüche kommen damit in Fällen des Cybersquattings regelmäßig in Betracht. 60

Gleichwohl kommt dem Deliktsrecht praktisch nur selten eine eigenständige Bedeutung zu: Das ist darauf zurückzuführen, dass in Fällen des Cybersquattings regelmäßig auch lauterkeitsrechtliche Ansprüche wegen gezielter Behinderung gem. § 4 Nr. 4 UWG bestehen (→ Rn. 53–54). Das Deliktsrecht wird daher nur relevant, wenn ausnahmsweise kein lauterkeitsrechtlicher Anspruch besteht – etwa mangels Mitbewerberstellung.[136] Solche Fälle dürften selten sein.[137] 61

Daneben können deliktsrechtliche Ansprüche in anderen Konstellationen fernab des Cybersquattings relevant werden – etwa bei Persönlichkeitsrechtsverletzungen, die nicht unter das Namensrecht nach § 12 BGB fallen.[138] Diese Fälle bergen keine Besonderheiten bei Blockchain-Domains. 62

b) Vorsätzliche sittenwidrige Schädigung

Für DNS-Domains gilt, dass eine vorsätzliche, sittenwidrige Schädigung gem. § 826 BGB regelmäßig dann vorliegt, wenn ein Domainname in der Absicht registriert wird, ihn gegen Entgelt an den Kennzeicheninhaber zu veräußern.[139] Die Rechtsprechung begründet das mit der Wertung des Schikaneverbots aus § 226 BGB.[140] 63

Das gilt entsprechend für Blockchain-Domains. Im Beispielsfall besteht daher ein Anspruch gem. § 826 BGB gegen den Dritten, der die Blockchain-Domain „beck-online.eth" registriert hat. 64

---

[135] Bettinger DomainR-HdB/Bettinger Teil 2 Rn. DE 838.
[136] Ingerl/Rohnke/Nordemann/Dustmann/Engels MarkenG Anh. § 15 Rn. 185.
[137] Ingerl/Rohnke/Nordemann/Dustmann/Engels MarkenG Anh. § 15 Rn. 67; Bettinger DomainR-HdB/Bettinger Teil 2 Rn. DE 842.
[138] BGH GRUR 2007, 168 (168 f.); Ingerl/Rohnke/Nordemann/Dustmann/Engels MarkenG Anh. § 15 Rn. 186.
[139] KG GRUR-RR 2004, 18 (19); vgl. BGH GRUR 2016, 810 Rn. 53; Bettinger DomainR-HdB/Bettinger Teil 2 Rn. DE 843; MüKoBGB/Wagner BGB § 826 Rn. 266.
[140] BGH GRUR 2005, 687 (687); KG GRUR-RR 2004, 18 (19); OLG Frankfurt a. M. MMR 2001, 532 (532).

65 Wie im Wettbewerbsrecht ist die Verwendung generischer Begriffe dagegen grundsätzlich nicht sittenwidrig (→ Rn. 54–55).[141]

c) Rechtsfolgen

66 Der Geschädigte kann Schadensersatz verlangen. Daneben kommen Ansprüche auf Unterlassung und Beseitigung gem. §§ 826, 226 BGB iVm § 1004 BGB analog in Betracht.[142] Ein Anspruch auf Übertragung der Domain besteht dagegen nicht.[143]

d) Fazit: Deliktsrechtliche Ansprüche als Auffangtatbestände

Praxishinweis:

67 Cybersquatting kann Ansprüche wegen vorsätzlicher sittenwidriger Schädigung gem. § 826 BGB auslösen. Allerdings greift in diesen Fällen regelmäßig auch das Lauterkeitsrecht. In der Rechtsprechung zu DNS-Domains nehmen deliktsrechtliche Ansprüche daher eher eine untergeordnete Rolle ein. Dasselbe gilt für Blockchain-Domains. Das Deliktsrecht bleibt ein Auffangtatbestand für seltene Fälle, in denen das Lauterkeitsrecht nicht greift.

6. Rechtsdurchsetzung

a) Internationale Zuständigkeit und internationales Privatrecht

68 **aa) Internationale Zuständigkeit.** Bei der internationalen Zuständigkeit ist zwischen Sachverhalten zu differenzieren, bei denen der Beklagte seinen Wohnsitz in der Europäischen Union hat (→ Rn. 69) und solchen, bei denen der Beklagte außerhalb der Europäischen Union ansässig ist (→ Rn. 70).

69 Wenn der Beklagte seinen Wohnsitz in der Europäischen Union hat, richtet sich die internationale Zuständigkeit nach dem besonderen Gerichtsstand des Art. 7 Nr. 2 Brüssel Ia-VO.[144] Im Übrigen besteht ein allgemeiner Gerichtsstand am Wohnsitz[145] des Beklagten gem. Art. 4 Abs. 1 Brüssel Ia-VO. Davon abweichend gilt für die Verletzung von Unionsmarken die Sondervorschrift des Art. 125 UMV. Einzelheiten werden in den Kapiteln zur Tokenisierung (→ § 21 Rn. 61–66) und Virtualisierung (→ § 68 Rn. 72–102) ausgeführt.

70 Wenn der Beklagte seinen Wohnsitz außerhalb der Europäischen Union hat, richtet sich die internationale Zuständigkeit nach etwaigen völkerrechtlichen Abkommen oder, sofern solche nicht bestehen, nach § 32 ZPO als doppelfunktionale Zuständigkeitsnorm.[146] Daneben besteht ein allgemeiner Gerichtsstand am Wohnsitz des Beklagten gem. §§ 12 ff. ZPO. Für lauterkeitsrechtliche Streitigkeiten gilt § 14 Abs. 2 UWG als doppelfunktionale Zuständigkeitsnorm.[147]

71 **bb) Internationales Privatrecht. (1) Markenrecht.** Für die Verletzung von Marken gilt gem. Art. 8 Abs. 1 Rom II-VO das Schutzlandprinzip *(lex loci protectionis)*.[148] Maßgeblich ist somit das Land, für das der Kläger Schutz beansprucht. Das ist regelmäßig das Land, in dem die Marke registriert ist. Für Unionsmarken gilt ergänzend Art. 8 Abs. 2 Rom II-VO.

[141] BGH GRUR 2005, 687 (688); MüKoBGB/WagnerBGB § 826 Rn. 266.
[142] BGH GRUR 2005, 687 (687); KG GRUR-RR 2004, 18 (19); OLG Frankfurt a. M. NJWE-WettbR 2000, 160 (161); Bettinger DomainR-HdB/Bettinger Teil 2 Rn. DE 842; zur Kontroverse um die dogmatische Begründung des Unterlassungsanspruchs BeckOGK/Rövekamp BGB § 226 Rn. 80.1.
[143] Bettinger DomainR-HdB/Bettinger Teil 2 Rn. DE 854.
[144] jurisPK-InternetR/Heckmann Kap. 2.2 Rn. 298.
[145] Art. 62, 63 Brüssel Ia-VO.
[146] jurisPK-InternetR/Heckmann Kap. 2.2 Rn. 306.
[147] jurisPK-InternetR/Heckmann Kap. 2.2 Rn. 306.
[148] Bettinger DomainR-HdB/Bettinger Teil 2 Rn. DE 1321.

Einzelheiten werden in den Kapiteln zur Tokenisierung (→ § 21 Rn. 67–68) und Virtualisierung (→ § 68 Rn. 103–107) ausgeführt.

(2) Namensrecht und allgemeines Deliktsrecht. Für die allgemeinen deliktischen Ansprüche gilt das Deliktsstatut gem. Art. 40 ff. EGBGB.[149] Hierbei ist das Recht am Handlungsort entscheidend[150], soweit kein gemeinsamer gewöhnlicher Aufenthalt von Kläger und Beklagten existiert.[151] Dem Kläger steht dabei ein einseitiges Wahlrecht zugunsten des Erfolgsortsrechts zu.[152] 72

Für das Namensrecht ist es unklar, ob die Anknüpfung anhand der Kollisionsregeln aus Art. 40 ff. EGBGB oder Art. 8 Abs. 1 Rom II-VO erfolgt.[153] Im Ergebnis führen beide Vorschriften regelmäßig zur Anwendung deutschen Namensrechts.[154] 73

(3) Lauterkeitsrecht. Für die Verletzung des Lauterkeitsrechts gilt das Marktortprinzip gem. Art. 6 Abs. 1 Rom II-VO. Die Ausführungen zum Marktortprinzip im Rahmen der Impressumspflicht gelten entsprechend (→ Rn. 6–7). 74

cc) Geographischer Schutzbereich des anwendbaren Rechts. Weiterhin muss der geographische Schutzbereich des jeweiligen Immaterialgüterrechts eröffnet sein. Der Schutzbereich der Namens- und Kennzeichenrechte ist aufgrund des Territorialitätsprinzips auf das Territorium des Mitgliedstaats begrenzt, in dem das Recht geschützt ist. Die Verletzungshandlung muss daher einen hinreichenden Inlandsbezugs haben. Wann eine inländische Markenverletzung im Web3 vorliegt, wird in den Kapiteln zu Tokenisierung (→ § 21 Rn. 69–75) und Virtualisierung (→ § 68 Rn. 108–112) ausgeführt. Diese Grundsätze sind auf das Namensrecht übertragbar.[155] 75

b) Identifikation und Pseudonymität

Einer der zentralen Vorzüge von Blockchain-Domains aus Nutzersicht bedeutet für Zeicheninhaber zugleich eine erhebliche Schwäche: Blockchain-Domains gewährleisten Pseudonymität, was jedoch die Rechtsdurchsetzung erheblich erschwert und sowohl Probleme hinsichtlich der Passivlegitimation als auch hinsichtlich der Zustellung hervorruft.[156] 76

Anders als bei DNS-Domains[157] ist es bei Blockchain-Domains nicht möglich, den Domain-Inhaber über eine Anfrage bei der Vergabestelle zu ermitteln (WHOIS-Datenbanken).[158] Grund hierfür ist, dass Verwenderdaten regelmäßig nicht auf der Blockchain oder den verbundenen Wallets gespeichert sind. Auch der Kauf- bzw. Mietvorgang kann vollzogen werden, ohne dass persönliche Daten offenbart werden.[159] Lediglich die Wallet-Adresse des Inhabers ist meist öffentlich einsehbar.[160] 77

---

149 jurisPK-InternetR/Heckmann Kap. 2.2 Rn. 308.

150 Art. 40 Abs. 1 S. 1 EGBGB.

151 Art. 40 Abs. 2 EGBGB.

152 Art. 40 Abs. 1 S. 2 EGBGB.

153 BeckOK IT-Recht/Fries Art. 1 Rn. 19; offengelassen in BGH GRUR 2016, 810 Rn. 35.

154 Bettinger DomainR-HdB/Bettinger Teil 2 Rn. DE 1325.

155 MüKoBGB/Heine BGB § 12 Rn. 302 mwN.

156 Heine GRUR-PRax 2023, 192 (192); BeckOK InfoMedienR/Leyendecker-Langner/Radtke Rn. 38; jurisPK-InternetR/Heckmann Kap. 2.1 Rn. 31.

157 Zum Vorgehen bei der ICANN: https://lookup.icann.org/enhttps://lookup.icann.org/en. Erforderlich ist stets, dass der Anfragende ein berechtigtes Interesse gem. Art. 6 Abs. 1 UAbs. 1 lit. f DS-GVO nachweist; MüKoBGB/Heine BGB § 12 Rn. 241.

158 Gemäß Ziff. 3.3.1 des ICANN 2013 Registrar Accreditation Agreement und Ziff. VI der DENIC-Domainrichtlinien und Datenschutzhinweise muss der Domain-Inhaber insbesondere Name, Anschrift, E-Mail Adresse und Telefonnummer hinterlegen; abrufbar unter https://itp.cdn.icann.org/en/files/accredited-registrars/registrar-accreditation-agreement-21jan24-en.pdf und https://www.denic.de/domainrichtlinien, jeweils zuletzt abgerufen am 8.8.2025.

159 So ist als Zahlungsmittel der Einsatz von Kryptowährungen möglich.

160 Für ENS Domains („.eth“) beispielsweise über https://app.ens.domains/ und https://etherscan.io/; für Unstoppable Domains („.crypto“, „.wallet“, „.bitcoin“) beispielsweise über https://unstoppabledomains.com und https://polygonscan.com/, jeweils zuletzt abgerufen am 8.8.2025.

78 Damit stellt die Identifikation die wohl größte Herausforderung für Zeicheninhaber dar – regelmäßig dürften die betroffenen Inhaber der Blockchain-Domains nicht identifizierbar sein.[161] Der Rechtsschutz scheitert dann bereits an der Zulässigkeit. Sowohl die Benennung der Partei als auch die Zustellung sind mit erheblichen Problemen behaftet.

79 Gemäß § 253 Abs. 2 Nr. 1 ZPO ist eine Bezeichnung der Partei zwingend erforderlich. Eine bloße Domain-Adresse ist dafür nicht ausreichend: Es bleibt unklar, wer sich hinter der jeweiligen Blockchain-Domain verbirgt, sodass die Identifikationsfunktion nicht gewährleistet ist. Im Falle eines Inhaberwechsels bestünde die zusätzliche Unsicherheit, dass unklar ist, ob der ursprüngliche oder der neue Domain-Inhaber Beklagter ist.[162] Eine Wallet-Adresse reicht ebenfalls nicht zur Identifikation aus, da die dahinterstehende Person nicht erkennbar ist.[163]

80 Das Problem setzt sich auf Ebene der Zustellung fort. Eine Zustellung an eine Wallet ist zwar technisch möglich,[164] prozessrechtlich in Deutschland – anders als in den USA und England – nicht zulässig.[165]

81 Mögliche Anhaltspunkte zur Identifikation können Websites oder Internetforen sein, auf denen sich der Domain-Inhaber offenbart hat.[166] Auch können die mit der Blockchain-Domain verknüpften Wallets relevante Informationen wie Social Media Profile, E-Mail Adressen und andere Blockchain-Domains enthalten, die einen Rückschluss auf die Identität des Inhabers zulassen.[167] Ebenso kann geprüft werden, ob die Wallet-Adresse auf Zweitmärkten wie OpenSea hinterlegt ist, um darüber gegebenenfalls eine Kontaktaufnahme zu ermöglichen. Schließlich könnten (ausländische) staatliche Ermittlungsbehörden oder Detekteien mit Erfahrung bei der Identifizierung von Domain-Inhabern beauftragt werden.[168]

Praxishinweis:
Bei der missbräuchlichen Nutzung von Blockchain-Domains sollte früh in der Beratung abgeklärt werden, inwiefern – unabhängig von der Offensichtlichkeit der konkreten Verletzung – eine Rechtsdurchsetzung mit vertretbaren Mitteln aussichtsreich möglich ist. Neben der Identifikation des möglichen Zeichenverletzers dürfte sich in der Praxis häufig das weitere Problem stellen, dass der mögliche Verletzer im nicht europäischen Ausland sitzt. Dies führt dazu, dass der Rechteinhaber bei der Rechteverfolgung die besonderen Regeln für Zustellungen ins außereuropäische Ausland zu berücksichtigen hat (inklusive Übersetzungspflichten). Oft wird der Rechtsstreit dadurch erheblich verzögert.

c) Vorgehen gegen Intermediäre

82 **aa) Blockchain-Domain-Anbieter.** Zur effektiven Rechtsdurchsetzung kann es naheliegen, gegen den Blockchain-Domain-Anbieter selbst vorzugehen (zB Unstoppable Domains oder ENS Domains). Das erscheint zunächst deshalb erfolgversprechend, weil die Blockchain-Domain-Anbieter häufig leichter zu identifizieren sind als die jeweiligen Domain-Inhaber. So handelt es sich beim Anbieter Unstoppable Domains etwa um eine Corporation

---

161 Heine GRUR-Prax 2023, 192 (193).
162 Mantz NJW 2016, 2845 (2847 f.).
163 BeckOK ZPO/Bacher § 253 Rn. 45.3; Herrmann RDi 2022, 456 (458).
164 BeckOKZPO/Bacher § 253 Rn. 45.3.
165 Herrmann RDi 2022, 456 (458) mit Anmerkungen zur Rechtslage in den USA und England.
166 Heine GRUR-Prax 2023, 192 (193).
167 https://support.ens.domains/en/articles/7992227-contacting-an-owner-of-an-ens-eth-name, zuletzt abgerufen am 24.6.2025.
168 Bzgl. DNS-Domains, Mantz NJW 2016, 2845 (2848).

mit Sitz in Las Vegas, USA. Eine Recherche über die Business Entity Search offenbart die Geschäftsanschrift.[169] Eine Klage gegen diesen Anbieter könnte diesem zugestellt werden.

Trotz solch einfacher Identifikationsmöglichkeiten bestehen bei einem Vorgehen gegen Blockchain-Domain-Anbieter aber erhebliche rechtliche und faktische Hürden: Vergibt ein Blockchain-Domain-Anbieter eine Blockchain-Domain an einen Nutzer, verletzt er dabei nicht unmittelbar etwaige Rechte Dritter. Das ergibt sich aus der Rechtsprechung zur DENIC. Danach begründet die DNS-Domain-Vergabe und -Verwaltung keine unmittelbare Rechtsverletzung.[170] Es fehlt an einer geschäftsmäßigen Benutzung im Sinne des Markenrechts,[171] an einer unlauteren geschäftlichen Handlung im Sinne des Lauterkeitsrechts[172] und am Gebrauch eines Namens im Sinne des Namensrechts.[173] Das gilt auch für Blockchain-Domains. **83**

Eine Beteiligtenhaftung als Mittäter oder Gehilfe gem. § 830 Abs. 1 S. 1 und Abs. 2 BGB ist zwar rechtlich denkbar,[174] praktisch dürfte sie aber nur selten greifen,[175] denn sie setzt eine vorsätzliche Mitwirkung am Rechtsverstoß des Domain-Erwerbers voraus.[176] Dafür genügt es nicht, dass die Vergabestelle abstrakt damit rechnen muss, dass es zu Rechtsverletzungen kommen kann.[177] Vielmehr muss sie von der konkreten Verletzung wissen und diese auch – mindestens im Sinne eines bedingten Vorsatzes – wollen.[178] Jedenfalls an dem Willenselement dürfte es regelmäßig fehlen: Blockchain-Domain-Anbieter verbieten es Nutzern in ihren Nutzungsbedingungen ausdrücklich, Rechte Dritter zu verletzen.[179] **84**

Auch eine Störerhaftung analog § 1004 BGB scheitert regelmäßig an den hohen rechtlichen Hürden, die die Rechtsprechung dafür aufgestellt hat. Im Lauterkeitsrecht findet die Störerhaftung bereits keine Anwendung.[180] Im Übrigen setzt die Rechtsprechung voraus, dass der Domain-Anbieter willentlich und adäquat-kausal an der Herbeiführung oder Aufrechterhaltung einer rechtswidrigen Beeinträchtigung mitgewirkt hat.[181] Das erfordert eine Verletzung von Prüfpflichten.[182] Zur DENIC hat der BGH entschieden, dass ihr bei der Erstregistrierung keinerlei Prüfpflicht zukommt.[183] Allenfalls wenn die DENIC auf eine angebliche Rechtsverletzung hingewiesen wird und die Rechtsverletzung offenkundig und ohne weiteres feststellbar ist, haftet sie nach den Grundsätzen der Störerhaftung.[184] Das ist der Fall, wenn bereits ein Titel gegen den unmittelbaren Rechtsverletzer erwirkt wurde und der DENIC vorgelegt wird, oder wenn die Rechtsverletzung derartig eindeutig ist, dass sie sich ihr geradezu aufdrängen muss.[185] Ein Titel gegen den Rechtsverletzer ist bei Blockchain-Domains praktisch nur schwer zu erlangen, weshalb diese Fallgruppe nur selten vorliegen dürfte (→ Rn. 76–81). Eine offenkundige Rechtsverletzung nahm der BGH zwar in einem Fall für die Registrierung mehrerer DNS-Domainnamen mit offiziellen Behördenbezeich- **85**

169 Für den Bundesstaat Nevada abrufbar unter https://esos.nv.gov/EntitySearch/OnlineEntitySearch, zuletzt abgerufen am 8.8.2025.
170 Zum Marken- und Wettbewerbsrecht BGH GRUR 2001, 1038 (1039); zum Namensrecht BGH GRUR 2004, 619 (620).
171 BGH GRUR 2001, 1038 (1039).
172 BGH GRUR 2001, 1038 (1039).
173 BGH GRUR 2004, 619 (620).
174 Vgl. Köhler/Feddersen/Köhler/Alexander UWG § 4 Rn. 4.99.
175 So zu DNS-Domains Bettinger DomainR-HdB/Bettinger Teil 2 Rn. DE 1077.
176 BGH GRUR 2001, 1038 (1039); 2004, 619 (620); OLG Dresden ZUM-RD 2001, 347 (349 f.).
177 OLG Dresden ZUM-RD 2001, 347 (349 f.).
178 OLG Dresden ZUM-RD 2001, 347 (349 f.).
179 Vgl. Ziff. 3.1 lit. g der Nutzungsbedingungen von ENS Domains (Stand 11.11.2022), abrufbar unter https://app.ens.domains/legal/terms-of-use; Abschnitt „Prohibited Activities" der Nutzungsbedingungen von Unstoppable Domains (Stand 7.1.2025), abrufbar unter https://unstoppabledomains.com/terms#use, jeweils zuletzt abgerufen am 8.8.2025.
180 Köhler/Feddersen/Köhler/Alexander UWG § 4 Rn. 4.99.
181 BGH GRUR 2001, 1038 (1039).
182 BGH GRUR 2001, 1038 (1039).
183 BGH GRUR 2001, 1038 (1040).
184 BGH GRUR 2001, 1038 (1040).
185 BGH GRUR 2001, 1038 (1041); BGH NJW 2012, 2279 Rn. 26.

nungen an (zB regierung-mittelfranken.de).[186] Das beruhte aber maßgeblich auf der Erwägung, dass ein in Panama ansässiges Unternehmen die Domainnamen registriert hatte.[187] Anders als bei der DENIC ist Blockchain-Domain-Anbietern zudem die Identität des Domain-Erwerbers meist nicht bekannt. Sie kennen lediglich die Wallet-Adresse des Inhabers. Ein offenkundiger Rechtsverstoß dürfte daher nur in Ausnahmefällen vorliegen. Denkbar wäre etwa, dass zahlreiche Marken mit überragender Verkehrsgeltung,[188] die erkennbar unterschiedlichen Unternehmen zuzuordnen sind, über dieselbe Wallet-Adresse registriert werden – und die Rechteinhaber den Blockchain-Domain-Anbieter auf diesen Umstand hinweisen.

86 Selbst wenn die haftungsbegründenden Voraussetzungen erfüllt sind, läuft der Anspruch aber regelmäßig auf Rechtsfolgenseite ins Leere. Blockchain-Domain-Anbieter haben in der Regel nicht die tatsächliche Möglichkeit, die Blockchain-Domains zu „vernichten" oder dem Domain-Inhaber anderweitig seine Rechte zu entziehen.[189] Eine Beseitigung der Rechtsbeeinträchtigung ist ihnen daher faktisch unmöglich. Ein Beseitigungsanspruch analog § 1004 Abs. 1 S. 1 BGB scheidet damit aus.

87 In Betracht kommt – bei Erstbegehungs- oder Wiederholungsgefahr – allenfalls ein Unterlassungsanspruch analog § 1004 Abs. 1 S. 2 BGB. Aber auch dieser dürfte regelmäßig ins Leere laufen. Da jeder Domainname nur einmal vergeben werden kann, ist es kaum denkbar, dass der Domain-Anbieter nochmals auf dieselbe Weise das geschützte Recht verletzt. Etwas anderes gilt einzig, wenn die Blockchain-Domain nur auf Zeit übertragen wird – wie beim Anbieter ENS Domains. Dann könnte sich der Unterlassungsanspruch darauf richten, die Blockchain-Domain nach Ablauf der Nutzungszeit nicht erneut an Dritte zu vergeben.

88 Um Rechtsverstöße zu vermeiden, treffen Blockchain-Domain-Anbieter teilweise proaktiv Vorkehrungen. So ermöglicht der Anbieter Unstoppable Domains bei Einführung einer neuen Top-Level-Domain den Rechteinhabern, ihre durch US-Marken geschützten Domainnamen vorrangig gegen Autorisierung zu erwerben („sunrise period").[190] Auch über diese „sunrise period" hinaus reserviert Unstoppable Domains gewisse sehr populäre Domainnamen für Rechteinhaber – so etwa „nike.crypto".[191] Ferner stellt Unstoppable Domains eine Kontaktadresse bereit, unter der „Missbrauch" von Blockchain-Domains gemeldet werden kann. Dazu zählt ausdrücklich auch die Verletzung von Markenrechten.[192] Allerdings ist zu berücksichtigen, dass Unstoppable Domains den Rechtsverstoß nicht mehr beseitigen kann, sobald die Blockchain-Domain registriert wurde (→ Rn. 44). Der Anbieter ENS Domains hat dagegen keine entsprechenden Vorkehrungen getroffen.[193]

89 **bb) Handelsplattformen.** Als Anspruchsgegner kommen auch Handelsplattformen wie OpenSea[194] oder Rarible[195] in Betracht. Inwieweit die Grundsätze der Plattformhaftung auf diese Handelsplattformen anwendbar sind, ist derzeit noch nicht abschließend geklärt.[196] Die Debatte würde an dieser Stelle zu weit führen.[197] Für die Praxis ist relevant, dass viele

---

186 BGH NJW 2012, 2279.
187 BGH NJW 2012, 2279 Rn. 33.
188 Zur Voraussetzung der überragenden Verkehrsgeltung BGH NJW 2001, 3265 (3268).
189 Heine GRUR-Prax 2023, 192 (194); Glonina 114 Trademark Rep. (2024), 587 (620).
190 Heine GRUR-Prax 2023, 192 (193); exemplarisch für die „.blockchain" Top-Level-Domain https://support.unstoppabledomains.com/support/solutions/articles/48001219247-protected-brands-policy-sunrise zuletzt abgerufen am 8.8.2025.
191 https://unstoppabledomains.com/d/nike.crypto, zuletzt abgerufen am 8.8.2025.
192 https://unstoppabledomains.com/abuse, zuletzt abgerufen am 8.8.2025.
193 Heine GRUR-Prax 2023, 192 (193 f.).
194 https://opensea.io/, zuletzt abgerufen am 8.8.2025.
195 https://rarible.com/, zuletzt abgerufen am 8.8.2025.
196 Bodó/Giannopoulou/Mezei/Quintais E. I. P.R. 44 (2022), 267 (278–281).
197 Näher zur Haftung von NFT-Handelsplattformen, Bonadio/Sganga, NFTs Creativity and the Law/Krokida S. 76.

Plattformen Formulare anbieten, um Rechtsverletzungen zu melden.[198] Die Plattformen prüfen die Anfragen und entfernen gegebenenfalls das rechtsverletzende Angebot oder sperren den Nutzer.[199]

Praxishinweis:
Eine erfolgreiche Inanspruchnahme von Intermediären dürfte aktuell in der Praxis nur sehr schwer durchführbar sein und ist daher im Zweifel nicht anzuraten. Sollte der betreffende Intermediär eine Take-Down Möglichkeit (bspw. über ein Formular) anbieten, kann dieser Weg in der Regel relativ kostenschonend probiert werden. Die Erfolgswahrscheinlichkeit eines solchen Vorgehens dürfte davon abhängen, wie ernsthaft der Intermediär die Rechtsdurchsetzung ermöglichen möchte.
Vor einem Vorgehen gegen Intermediäre ist zu klären, welches Rechtsschutzziel erreichbar ist. Hängt die Blockchain-Domain von einer Nutzungszeit ab, kann es genügen, darauf hinzuwirken, dass sie nach Ablauf nicht neu vergeben wird. Besteht keine zeitliche Begrenzung, kommt regelmäßig nur ein „burning", also die endgültige Unbrauchbarmachung der Blockchain-Domain, in Betracht. Ob dies im konkreten Fall gewollt ist, ist gesondert zu entscheiden.

IV. Fazit und Praxishinweis

In der Theorie ist der bisherige Rechtsrahmen ausreichend, um die Herausforderungen 90
durch Blockchain-Domains zu bewältigen. Die Grundsätze, welche Rechtsprechung und Literatur in den vergangenen Jahrzehnten zu DNS-Domains entwickelt haben, lassen sich im Wesentlichen auf Blockchain-Domains übertragen. In der Praxis birgt jedoch die dem Web3 immanente Dezentralität und Pseudonymität erhebliche Herausforderungen, diese Rechte auch tatsächlich durchzusetzen.[200] Zentrale Instanzen wie die ICANN oder DENIC fehlen. Diese können außergerichtliche Streitbeilegungsmechanismen bieten und verletzende Domainnamen entfernen. Diese strukturelle Rechtsdurchsetzungslücke ist keine technische Fehlkonstruktion, sondern Ausdruck des Dezentralitätsprinzips, das der Blockchain-Technologie zugrunde liegt.[201]

Teilweise wird daher an die Anbieter und Nutzer appelliert, auf Selbstregulierung zu 91
setzen, etwa durch dezentrale autonome Organisationen (DAOs: → § 6 Rn. 1–5).[202] In der Praxis sind solche Bestrebungen bislang nicht zu beobachten. Dabei böte gerade ein solches Modell die Chance, einen angemessenen Ausgleich zwischen der Dezentralität der Blockchain und dem Schutz von Rechteinhabern zu schaffen – und damit auch die Akzeptanz der Blockchain-Technologie insgesamt zu stärken.

Vielmehr zeigt die aktuelle Entwicklung eine vorsichtige Annäherung an die Mecha- 92
nismen des Web2: So wirbt der Anbieter Unstoppable Domains damit, seit Oktober 2024 durch die ICANN akkreditiert zu sein, und verkauft auch DNS-Domains. Das dürfte wohl zum einen eine Maßnahme sein, um bei Kunden Vertrauen zu erwecken.[203] Zum anderen

[198] Für OpenSea: https://support.opensea.io/en/articles/8867071-how-can-i-report-fraudulent-or-disruptive-content-on-opensea, für Rarible: https://help.rarible.com/hc/en-us/articles/4406890983821-How-do-I-report-an-NFT-user-or-collection, jeweils zuletzt abgerufen am 8.8.2025.
[199] Vgl. Heine GRUR-Prax 2023, 192 (194).
[200] Vgl. Heine GRUR-Prax 2023, 192 (194).
[201] Eine zentrale Instanz würde diesem Prinzip widersprechen, vgl. Heine GRUR-Prax 2023, 192 (194).
[202] Laketić MICH. TECH. L. REV. 30 (2024), 4. Beitrag (47–66). Andere setzen auf eine Kombination aus staatlicher Regulierung und Selbstregulierung Glonina 114 Trademark Rep. (2024), 587 (636-634).
[203] In diese Richtung deutet folgender Hinweis auf der Website von Unstoppable Domains: „Registering a domain through an ICANN-Accredited Registrar ensures you're using a trusted provider that complies with ICANN's policies on data protection, domain renewal, and transfer rules." https://unstoppabledomains.com/, zuletzt abgerufen am 8.8.2025.

plant Unstoppable Domains, die Blockchain-Top-Level-Domain „.brave" auch als DNS-Top-Level-Domain bei der ICANN registrieren zu lassen.[204] Dadurch sollen DNS- und Blockchain-Domain gemeinsam – als „Zwilling" – registriert werden.[205] Vorausgesetzt rechtlich und technisch wäre sichergestellt, dass DNS- und Blockchain-Domain stets denselben Inhaber haben, könnte dann über den DNS-Domain-Zwilling auch der Inhaber Blockchain-Domain-Zwillings identifiziert werden. Das könnte die Rechtsdurchsetzung erleichtern. Die Details hierzu sind jedoch noch offen.

Praxishinweis:

93 Derzeit ist Rechteinhabern vor allem zu empfehlen, vorbeugend tätig zu werden: Sie sollten sich Blockchain-Domainnamen frühzeitig sichern, sofern sie jetzt oder in Zukunft eine Präsenz im Web3 in Betracht ziehen. In vielen Fällen dürfte eine vorbeugende Domain-Registrierung günstiger und erfolgversprechender sein als die nachträgliche Rechtsverfolgung.

§ 17 Steuerrecht

Übersicht

Literatur:

Albrecht/John, Die einkommensteuerliche Abgrenzung zwischen Gewerbebetrieb und Vermögensverwaltung bei Investitionen in Kryptotoken. Bewährte Grundsätze in einem neuen Kontext, FR 2019, 393; Amend-Traut/Hergenröder, Kryptowährungen im Erbrecht, ZEV 2019, 113; Andres/Hötzel/Kranz, Private Veräußerungsgeschäfte mit „virtuellen Währungen" – Des Kaisers neue Kleider? – Grundlagen (Teil I), DStR 2022, 2177; Boorberg/Strüngmann/Wendelin, Zur Abnutzbarkeit entgeltlich erworbener Warenzeichen und Arzneimittelzulassungen – Anmerkungen zum BMF-Schreiben vom 27.2.1998, DStR 1998, DSTR Jahr 1998 Seite 421 –, DStR 1998, 1113; Dietsch in: Steege/Chibanguza (Hrsg.), Metaverse. Rechtshandbuch, 2023, § 23 Steuerrecht; Farwick/Müller/Spengel, Unternehmen in Metaverse – Eine steuerrechtliche Einordnung, StuW 2023, 219; Frick, Krypto-Kunst im Steuerrecht Zur Einkünftequalifikation von Erlösen aus dem initialen Verkauf von NFT durch professionelle Künstler und Hobby-Künstler, FR 2023, 343; Fromberger/Zimmermann, Technische und wirtschaftliche Grundlagen in Maume/Maute (Hrsg.), Rechtshandbuch Kryptowerte, 2020, § 1; Glonina, Back to the Future with Blockchain Domain Names: Toward a global Policy to fight Cybersquatting in Web 3.0, Trademark Reporter 114 (2024), 587; Heine, Blockchain-Domains, GRUR-Prax 2023, 192; Hornung/Sperling, Non-Fungible Token (NFT) und Ertragsteuern, DStR 2023, 2142; Husmann/Schmittmann, Steuerliche Aspekte des Domainhandels, MMR 2003, 635; Liegmann, Umsatzsteuerliche Behandlung virtueller Währungen, BB 2018, 1175; Link, Wie kommt der Affe in die Bücher? – Zur handels- und steuerbilanziellen Behandlung von Non-Fungible Token (NFT), BB 2022, 1706;

[204] https://support.unstoppabledomains.com/support/solutions/articles/48001181690-what-are-web3-domains, zuletzt abgerufen am 8.8.2025; https://get.unstoppabledomains.com/brave/, zuletzt abgerufen am 8.8.2025.

[205] https://get.unstoppabledomains.com/brave/, zuletzt abgerufen am 8.8.2025.

Müller/Schmidt, Umsatzsteuer im Web 3.0 – Ableitungen aus dem BMF-Schreiben v. BMF 10.5.2022 zur Behandlung von Kryptowährungen (Teil I), DStR 2023, 121; Müller/Schmidt, Umsatzsteuer im Web 3.0 – Ableitungen aus dem BMF-Schreiben v. BMF 10.5.2022 zur Behandlung von Kryptowährungen (Teil II), DStR 2023, 177; Rapp/Bongers, Zur umsatzsteuerrechtlichen Behandlung von NFT, UR 2023, 665; Sanning, Kryptowerte in der Steuererklärung – BMF veröffentlicht aktualisiertes Schreiben zur Ertragsbesteuerung von Kryptowerten, DB 2025, 824; Schaden/Wagner/Zawodsky, Das Geschäftsmodell mit Non-Fungible Tokens – Eine ertragsteuerliche Einordnung, StuW 2022, 151; Schmittmann in: Hoeren/Sieber/Holznagel (Hrsg.), Handbuch Multimedia-Recht, 62. EL Juni 2024, Bewertung und Bilanzierung von Domains, Teil 26.2; Schuska, Ausgewählte umsatzsteuerliche Fragen bei NFT-Transaktionen, MwStR 2024, 293; Thelen, Kryptowerte in der notariellen Erbrechtspraxis, RNotZ 2023, 425; Trinks, Umsatzsteuer im Zusammenhang mit NFT, MwStR 2023, 452; von Oertzen/Biermann/Lindermann, Kryptowährungen und Kryptokunst – Eine erb- und steuerrechtliche Analyse – Teil I: Grundlagen, Erbrecht und erbschaftsteuerliche Implikationen für Kryptowährungen, ErbR 2022, 762; von Oertzen/Grosse, Kryptowährungsguthaben im Erbrecht und Erbschaftsteuerrecht, DStR 2020, 1651; von Oertzen/Lindermann/Schuster, Kryptoinvestoren im Fokus der Finanzverwaltung, DStR 2024, 969; Richter/Acker, Der neue Krypto-Erlass: Anmerkungen zum aktualisierten BMF-Schreiben zur ertragsteuerrechtlichen Behandlung bestimmter Kryptowerte, FR 2025, 665; Walter, Krypto 2 Go (Teil 6): Krypto im erbschaft- und schenkungsteuerlichen Privatvermögen. Erste Einschätzungen, EStB 2025, 33; Wübbelsmann, Gedanken zur Diversifikation der Abschreibung einer Domain – Oder: Nachts sind alle Katzen grau, DStR 2005, 1659; Zawodsky/Penner, Anmerkung zu BFH, Urt. v. 14.2.2023 – IX R 3/22 (Steuerbarkeit von Gewinnen aus der Veräußerung von verschiedenen Kryptowährungen (Bitcoin, Ether, Monero), DStR 2023, 442.

I. Einleitung

Das Steuerrecht ist beim Thema Blockchain Domains (→ § 15 Rn. 1) mit der Aufgabe konfrontiert, einen neuartigen Sachverhalt mit den bestehenden Normen zu erfassen. Zwar gibt es zur steuerlichen Behandlung von Blockchain Domains weder eine Verlautbarung der Finanzverwaltung noch ein ministerielles Schreiben. Auch ein finanzgerichtliches deutsches Urteil ist bislang nicht ergangen.[1] Gleichwohl erlauben es die Parallelität zu herkömmlichen (Web 2.0-) Domains und die Einordnung von Blockchain Domains als Non-Fungible Token (NFTs, → § 18 ff.), diese Aufgabe angemessen zu bewältigen. 1

II. Begriffsverständnis

Den folgenden Ausführungen wird das Begriffsverständnis aus → § 15 Rn. 1 zugrunde gelegt. 2

III. Direkte Steuern

1. Einkommen- und Körperschaftsteuer

Die Einkommensteuer erfasst das Einkommen natürlicher Personen, § 1 Abs. 1 S. 1, Abs. 4, 1a EStG. Der Körperschaftsteuer unterliegt das Einkommen von Körperschaften iSd §§ 1 ff. KStG. Vorrangig stellt sich im Bereich der Ertragsteuern die Frage, ob Blockchain Domains Wirtschaftsgüter darstellen und damit bei der Einkünfteermittlung insbesondere im Rahmen von Anschaffungs- und Veräußerungsvorgängen zu berücksichtigen sind. Darauf aufbauend 3

[1] Auch die anderen Gerichtszweige in Deutschland waren mit Blockchain Domains, soweit ersichtlich, bislang nicht befasst. Ausländische Gerichtsbarkeiten hatten sich hingegen – zumindest mittelbar – mit der Thematik bereits zu beschäftigen. Von besonderer Bedeutung war der inzwischen im Vergleichswege beendete Rechtsstreit ENS Labs Ltd. v. GoDaddy Inc. vor dem United States District Court for the District of Arizona über die (Web 2.0) Domain „eth.link", mit welcher die über zwei Millionen „.eth"-Blockchain-Domains verknüpft und somit einfach, mittels eines gewöhnlichen Browsers aufrufbar waren, siehe https://www.govinfo.gov/app/details/USCOURTS-azd-2_22-cv-01494/summary (letzter Aufruf 17.7.2025). Einordnend Glonina Trademark Reporter 114 (2024), 587 (621 f.). Auf der Website domain-recht.de stellen die Rechtsanwälte Dingeldey und Hitzelberger die aktuellen Entwicklungen des Rechtsstreits einschließlich der Vergleichsbemühungen dar, zuletzt https://domain-recht.de/domain-registrierung/neue-top-level-domains/web3-der-rechtsstreit-um-eth-link-endet-guetlich-69549.html (letzter Aufruf 17.7.2025).

ist zu untersuchen, wann sie dem Privat- oder Betriebsvermögen zuzuordnen sind und wie die Besteuerung jeweils konkret erfolgt.

a) Blockchain Domains als Wirtschaftsgüter

4 Im Folgenden wird gezeigt, dass Blockchain Domains Wirtschaftsgüter sind, da sie selbständig übertrag-, handel- und somit bewertbar sind. Dies folgt auch aus einem Vergleich mit herkömmlichen Domains, die der BFH als Wirtschaftsgüter anerkennt.

5 Ein Wirtschaftsgut ist eine Position, die einzeln oder zusammen mit dem Betrieb übertragen werden kann und in dem Sinne als Einzelheit ins Gewicht fällt, dass sie aus Sicht eines potenziellen Erwerbers einen eigenständigen Wert hat, also einer besonderen Bewertung zugänglich ist.[2] In den Worten der ständigen Rechtsprechung umfasst der weit zu verstehende Begriff des Wirtschaftsguts alle Gegenstände iSd § 90 BGB, darüber hinaus auch sonstige Vorteile, also Zustände sowie konkrete Möglichkeiten und Vorteile für den Betrieb, deren Erlangung der Kaufmann sich etwas kosten lässt und die nach der Verkehrsauffassung einer besonderen Bewertung zugänglich sind.[3] Das Merkmal der selbständigen Bewertbarkeit konkretisiert der BFH dahingehend, dass ein Erwerber des gesamten Betriebs in dem Vorteil einen greifbaren Wert sehen muss, für den er im Rahmen des Gesamtpreises ein ins Gewicht fallendes besonderes Entgelt ansetzen würde.[4]

6 Kategorisiert man Blockchain Domains als NFTs, so wird zweierlei ersichtlich (zur steuerrechtlichen Perspektive auf NFTs: → § 25): Einerseits folgt daraus, dass die die Wirtschaftsguteigenschaft bejahende Rechtsprechung des BFH zu Kryptowährungen und damit fungiblen und teilbaren Token (Currency Token)[5] auf Blockchain Domains gerade nicht zu übertragen ist (zur steuerrechtlichen Perspektive auf Kryptowährungen: → § 43).[6] Andererseits können die in der Literatur zu NFTs vorgebrachten Argumente für und wider die Wirtschaftsguteigenschaft von NFTs herangezogen werden.

7 Über die isolierte Bewertbarkeit von NFTs als wesentliches Kriterium des Wirtschaftsgutsbegriffs besteht aufgrund ihrer technischen Eigenschaften sowie der Existenz von Handelsplattformen weitgehende Einigkeit.[7] Die in Bezug auf reale Kunst, digitale Kunst oder weitere Referenzobjekte strittige Frage, ob NFTs selbst einen immateriellen Wert verkörpern (dann selbständiges Wirtschaftsgut) oder nur einen dahinterstehenden Wert vermitteln (dann soll nur der andere Gegenstand Wirtschaftsgut sein),[8] braucht in Bezug auf Blockchain Domains indes nicht beantwortet werden. Denn die Domain, also der „einfache Name", der ohne weiteres reproduziert werden kann, als referenzierter Gegenstand wird erst und ausschließlich durch den Akt der Kreation eines Blocks auf einer Blockchain überhaupt ins Leben gerufen. Was zuvor lediglich als Idee und dann in Eingabe-Formularen bei entsprechenden „Registraren" von Blockchain Domains existiert, erlangt erst durch die Erstellung des entsprechenden Blocks auf der entsprechenden Blockchain seine Eigenschaft als Blockchain Domain mit seiner spezifischen Funktionalität.

8 Soweit ersichtlich, erfüllen alle großen Anbieter von Blockchain Domains[9] die Anforderung der selbständigen Übertragbarkeit und damit auch der isolierten Handel- und Bewertbarkeit. Damit ist auch der Großteil der gegenwärtig registrierten Blockchain Domains als NFTs und damit als Wirtschaftsgüter einzustufen.

[2] Definition nach Brandis/Heuermann/Krumm, 176. EL 2025, EStG § 5 Rn. 326. Vgl. auch Herrmann/Heuer/Raupach/Tiedchen, 332. EL 2025, EStG § 5 Rn. 560 ff.

[3] Etwa BFH DStR 2000, 1682 (1684); 2015, 340 (342).

[4] BFH DStR 2015, 340 (342).

[5] BFH DStR 2023, 435 (440).

[6] Ebenso Hornung/Sperling DStR 2023, 2142 (2143) für NFTs jedweder Art.

[7] Etwa Frick FR 2023, 343 (346); Hornung/Sperling DStR 2023, 2142 (2143).

[8] Für eigenständigen Wert etwa Frick FR 2023, 343 (346); dagegen Herrmann/Heuer/Raupach/Anzinger, 332. EL 2025, EStG § 5 Rn. 1817; Schaden/Wagner/Zadowsky StuW 2022, 151 (156); differenzierend Link BB 2022, 1706 (1708 f.); Farwick/Müller/Spengel StuW 2023, 219 (225 f.).

[9] Festgestellt wurde dies aufgrund deren Eigenangaben für die Anbieter Ethereum Name Service (ENS), Unstoppable Domains, Handshake, PeerName, Emercoin, Bitcoin Name Service (Stacks), Stand 17.7.2025.

Ergänzend spricht für die Wirtschaftsguteigenschaft, dass herkömmliche Internet-Domains als Wirtschaftsgüter anerkannt sind.[10] Der lediglich schuldrechtliche Schutz der Domains durch die Vertragsbeziehung zu dem Registrar (etwa der DENIC), die Domain-Namen gerade nicht zu einem absoluten Recht (einem gewerblichen Schutzrecht → § 16 Rn. 10 ff.) verdinglicht, hat dem BFH aufgrund der konkreten Ausgestaltung der Vertragsbeziehung dafür ausgereicht.[11] Eine Domain sei mit einem gewerblichen Schutzrecht inhaltlich vergleichbar.[12] Die Eigenschaften von Blockchain Domains, die sich aufgrund der Speicherung auf einer (dezentralen) Blockchain ergeben, nämlich ihre Unveränderlichkeit, allseitige Irreversibilität und ihre Zuweisung zu einem Inhaber (über einen Key bzw. ein Schlüsselpaar),[13] lassen diese als nicht nur gleichwertig, sondern sogar weitergehend verdinglicht und damit einem absoluten Recht näher erscheinen als herkömmliche Internet-Domains. Blockchain Domains sind daher erst recht Wirtschaftsgüter. **9**

Das aktualisierte BMF-Schreiben betreffend Einzelfragen zur ertragsteuerrechtlichen Behandlung bestimmter Kryptowerte schließt NFTs von seinem Anwendungsbereich nunmehr ausdrücklich aus.[14] Implizit ordnet auch das BMF jedoch NFTs als Wirtschaftsgüter ein, indem es diese als Kryptowerte bezeichnet (wenn auch als nicht-fungible)[15] und sodann „die einzelnen Kryptowerte" als Wirtschaftsgüter ansieht, ohne NFTs davon auszunehmen.[16] **10**

Praxishinweis:
Blockchain Domains stellen Wirtschaftsgüter dar. Als solche sind im Falle der Zugehörigkeit zu einem Betriebsvermögen grundsätzlich bilanzierungspflichtig. Im Falle der Zugehörigkeit zu einem Privatvermögen können sie Gegenstand eines steuerbaren privaten Veräußerungsgeschäfts sein. **11**

b) Subjektive Zurechnung von Blockchain Domains

Blockchain Domains sind gem. § 39 Abs. 1 AO dem Inhaber des Private Keys (genauer: dessen Kenntnisinhaber) als Inhaber der faktischen Berechtigung, über den Token zu verfügen, persönlich zuzurechnen.[17] Der Private Key, der dem Nachweis der Inhaberschaft dient und zur Durchführung von Transaktionen erforderlich ist, ist zusammen mit dem Public Key regelmäßig in einer Wallet gespeichert,[18] sodass es in diesen Fällen auf die Kenntnis von der Wallet und die Möglichkeit des Zugriffs auf diese ankommt.[19] **12**

---

10 BFH DStR 2007, 335 (335 f.); Brandis/Heuermann/Krumm, 176. EL 2025, EStG § 5 Rn. 660.

11 BFH DStR 2007, 335(336).

12 BFH DStR 2007, 335 (336).

13 MüKoBGB/Heine § 12 Rn. 242. Die skizzierten Eigenschaften werden daher auch als die wesentlichen Vorteile von Blockchain-Domains aufgefasst, vgl. Heine GRUR-Prax 2023, 192 (192).

14 BMF 6.3.2025, DStR 2025, 584 Rn. 5; anders noch in der Vorfassung vom 10.5.2022 (DStR 2022, 992). Vgl. Sanning DB 2025, 824 (828); Richter/Acker FR 2025, 625 (627).

15 BMF 6.3.2025, DStR 2025, 584 Rn. 5.

16 BMF 6.3.2025, DStR 2025, 584 Rn. 31.

17 Für Currency Token BFH DStR 2023, 435 (440 f.) siehe auch Anmerkung von Zawodsky/Penner DStR 2023, 442 (443); zu damit verbundenen Schwierigkeiten Andres/Hötzel/Kranz DStR 2022, 2177 (2182 ff.); zur Übertragbarkeit auf NFTs von Oertzen/Lindermann/Schuster DStR 2024, 969 (969 f.). Die Zurechnung über die Kenntnis des Private Keys als alternativlos bezeichnen Hornung/Sperling DStR 2023, 2142 (2144).

18 Als Wallet bezeichnet man den Speicherort des für den Zugriff auf in einer Blockchain gespeicherten Daten erforderlichen Schlüsselpaares aus „Public Key" und „Private Key". In einer Wallet sind also streng genommen keine Kryptowerte gespeichert, sondern lediglich diejenigen Informationen, die für den Zugriff auf und die Verwaltung von in der Blockchain enthaltenen Daten/Token (etwa eine Blockchain Domain) erforderlich sind. Vgl. zu den technischen Grundlagen Maume/Maute Kryptowerte-HdB/Fromberger/Zimmermann § 1 Rn. 24 ff.

19 Vgl. zum zwangsvollstreckungsrechtlichen Einwand, keinen Zugriff mehr auf eine Wallet mit Kryptowerten zu haben OLG Köln BKR 2024, 859.

c) Zuordnung von Blockchain Domains zum Betriebs- oder Privatvermögen

13 Die Steuerfolgen der Anschaffung und Veräußerung von Blockchain Domains unterscheiden sich grundlegend, je nachdem, ob sie einem Betriebsvermögen oder einem Privatvermögen zuzuordnen sind. Während bestimmte Körperschaften stets gewerbliche Einkünfte erzielen und damit lediglich Betriebsvermögen haben (→ Rn. 34), kommt es bei natürlichen Personen und in Teile auch bei Personengesellschaften (→ Rn. 32 f.) auf die Einordnung der Blockchain Domain als notwendiges oder gewillkürtes Betriebsvermögen oder als Privatvermögen an.[20]

14 **aa) Begrifflichkeiten.** Zum notwendigen Betriebsvermögen zählen die Wirtschaftsgüter, die in dem Sinne dem Betrieb dienen, dass sie objektiv erkennbar (endgültig) zum unmittelbaren Einsatz im Betrieb selbst bestimmt sind.[21] Bei gemischt genutzten, beweglichen Wirtschaftsgütern liegt notwendiges Betriebsvermögen vor, wenn der betriebliche Nutzungsanteil mehr als 50 % beträgt.[22]

15 Um gewillkürtes Betriebsvermögen handelt es sich dann, wenn Wirtschaftsgüter objektiv dazu geeignet und erkennbar dazu bestimmt sind, den Betrieb zu fördern und sie weder notwendiges Betriebsvermögen noch notwendiges Privatvermögen sind.[23] Der betriebliche Förderungszusammenhang ist im Vergleich zum notwendigen Betriebsvermögen dergestalt schwächer ausgeprägt, als dass es sich um „neutrale" Wirtschaftsgüter handelt, die dem Betrieb nicht objektiv durch endgültige Funktionszuweisung zugeordnet sind, sondern diesem lediglich mittelbar dienen, das heißt, auch lediglich objektiv geeignet sein müssen, den Betrieb zu fördern.[24] Die Zuordnungsentscheidung, die aufgrund der bloßen objektiven Eignung zur betrieblichen Förderung konstitutiv ist, muss vom Steuerpflichtigen unmissverständlich, zeitnah und unumkehrbar dokumentiert werden (sog. Widmungsakt).[25] Dies geschieht regelmäßig durch Aufnahme in die Buchführung oder in das Anlageverzeichnis. Bei beweglichen Wirtschaftsgütern scheidet eine Zuordnung zum gewillkürten Betriebsvermögen aus, wenn sie lediglich in geringfügigem Umfang betrieblich genutzt werden, das heißt bei einem betrieblichen Nutzungsanteil von weniger als 10 %.[26]

16 Um Privatvermögen handelt es sich, wenn das Wirtschaftsgut weder dem notwendigen noch dem gewillkürten Betriebsvermögen zuzurechnen ist.[27] Auch im Bereich des Privatvermögens kann, spiegelbildlich zum Betriebsvermögen, im Bereich der „neutralen" Wirtschaftsgüter von notwendigem und gewillkürtem Privatvermögen gesprochen werden.[28] Notwendiges Privatvermögen sind Wirtschaftsgüter, die der privaten Lebensführung des Steuerpflichtigen und seiner Angehörigen dienen.[29]

17 **bb) Zuordnung von Blockchain Domains zum notwendigen oder gewillkürten Betriebs- oder Privatvermögen.** Für gemischt (privat und betrieblich) genutzte Blockchain Domains gelten bei der Zuordnung zum Betriebs- oder Privatvermögen die für

---

[20] Etablierte Dreiteilung, vgl. Brandis/Heuermann/Drüen, 176. EL 2025, EStG § 4 Rn. 340 ff.; aus der Rspr. etwa BFH DStR 2003, 2156 (2157).
[21] Brandis/Heuermann/Drüen, 176. EL 2025, EStG § 4 Rn. 350 mwN.
[22] BeckOK EStG/Meyer, 21. Ed. 1.4.2025, § 4 Rn. 279.
[23] Brandis/Heuermann/Drüen, 176. EL 2025, EStG § 4 Rn. 366 mwN.
[24] Brandis/Heuermann/Drüen, 176. EL 2025, EStG § 4 Rn. 366; BeckOK EStG/Meyer, 21. Ed. 1.4.2025, § 4 Rn. 291.
[25] Brandis/Heuermann/Drüen, 176. EL 2025, EStG § 4 Rn. 367; BeckOK EStG/Meyer, 21. Ed. 1.4.2025, § 4 Rn. 292, 295 f.
[26] Brandis/Heuermann/Drüen, 176. EL 2025, EStG § 4 Rn. 369.
[27] Brandis/Heuermann/Drüen, 176. EL 2025, EStG § 4 Rn. 386 mwN. BeckOK EStG/Meyer, 21. Ed. 1.4.2025, § 4 Rn. 318.
[28] Vgl. Brandis/Heuermann/Drüen, 176. EL 2025, EStG § 4 Rn. 386.
[29] Brandis/Heuermann/Drüen, 176. EL 2025, EStG § 4 Rn. 386.

bewegliche Wirtschaftsgüter entwickelten Schwellenwerte von 10 % und 50 %.[30] Beträgt der betriebliche Nutzungsanteil weniger als 10 %, handelt es sich um notwendiges Privatvermögen. Im Bereich zwischen 10 % und 50 % betrieblichem Nutzungsanteil handelt es sich um gewillkürtes Privat- bzw. Betriebsvermögen – hier kommt es für die betriebliche Zuordnung auf einen Widmungsakt des Inhabers an. Beträgt der betriebliche Nutzungsanteil mehr als 50 %, so handelt es sich um notwendiges Betriebsvermögen.

In Bezug auf Blockchain Domains ist sinnvollerweise nach deren Funktion, Einsatz und Art zu differenzieren. Unabhängig von deren konkreten Einsatz ist der gewählte Name der Blockchain-Domain selbst von Bedeutung. Lautet er auf die Firma des Unternehmens, das heißt den Namen, unter dem die Geschäfte betrieben werden (vgl. § 17 Abs. 1 HGB), und unterscheidet sich dieser Name wesentlich von anderen Namen, insbesondere von denjenigen der Inhaber bzw. Gesellschafter, des Weiteren von sonstigen Begriffen, die in Bezug auf den jeweiligen Inhaber bzw. Gesellschafter von Relevanz sind, so spricht dies dafür, dass zumindest eine nennenswerte betriebliche Mitverwendung anzunehmen ist, die regelmäßig zu einer Zuordnung zum notwendigen oder gewillkürten Betriebsvermögen führen wird. **18**

Praxishinweis:
Blockchain Domains können dem Privatvermögen, dem notwendigen Betriebsvermögen oder dem gewillkürten Betriebsvermögen zuzuordnen sein. Im Bereich des gewillkürten Betriebsvermögens, das heißt bei einem Nutzungsanteil zwischen 10 % und 50 %, kommt es auf einen Widmungsakt des Steuerpflichtigen an. In Betracht kommt insbesondere die Aufnahme der Blockchain Domain in die Buchführung oder – bei Gewinnermittlern nach § 4 Abs. 3 EStG – in das Anlageverzeichnis. **19**

(1) Digitale Identität. Verweist die Blockchain Domain auf eine digitale Identität (etwa zum digitalen Identitätsnachweis oder zur sicheren Information des Rechtsverkehrs über Eigenschaften des Domaininhabers, zu digitalen Identitäten eingehend → § 74), so ist die Abgrenzung nach obigen Maßstäben danach vorzunehmen, ob die über die Blockchain Domain erreichbare digitale Identität zu betrieblichen Zwecken eingesetzt wird. **20**

Wenn die Blockchain Domain über eine entsprechende Wallet einer Gesellschaft mit Betriebsvermögen zuzuordnen ist und die digitale Identität zum Identitätsnachweis der Gesellschaft oder zu Auskünften über die Gesellschaft im Rechtsverkehr verwendet wird bzw. verwendet werden soll, handelt es sich um Betriebsvermögen der Gesellschaft (zu Einzelheiten bei Personengesellschaften und Körperschaften → Rn. 32 ff.). **21**

Bei entsprechenden Blockchain Domains in Wallets von Privatpersonen hängt die Einordnung davon ab, ob die digitale Identität nach ihrem Gesamtbild zu betrieblichen Zwecken verwendet wird (notwendiges Betriebsvermögen) oder der Betriebsinhaber bei betrieblicher Verwendung zu mindestens 10 % eine entsprechende Zuordnung vornimmt (gewillkürtes Betriebsvermögen). Zwar ließe sich argumentieren, dass eine solche Identität wie ein digitaler Personalausweis lediglich objektiv und zweckungebunden über die Person des Inhabers Auskunft gebe. Jedoch ist die Ausgestaltung digitaler Identitäten nicht standardisiert. Vielmehr wird der Inhaber seine digitale Identität regelmäßig auch nach dem Zweck des geplanten Einsatzes einrichten und mit Informationen versehen, ggf. diese auch mit werblichen Elementen anreichern. Entsprechend handelt es sich in diesen Fällen um notwendiges Betriebsvermögen. Ist die digitale Identität neutral ausgestaltet und gibt in erster Linie oder sogar ausschließlich über die Person des Betriebsinhabers Auskunft, so handelt es sich um gewillkürtes Betriebsvermögen, wenn zumindest eine gewisse betriebliche Nutzung **22**

[30] Diese gelten auch für immaterielle Wirtschaftsgüter, Korn/Korn, 160. EL 2025, § 4 Rn. 212.2. Die Finanzverwaltung wendet diese auf alle Wirtschaftsgüter an, die nicht Grundstücke oder Grundstücksteile sind, EStR R. 4.2 Absatz 1.

vorliegt bzw. beabsichtigt ist und der Inhaber die zugehörige Blockchain Domain dem Betriebsvermögen zuordnet.

Praxishinweis:

23 Mit digitalen Identitäten verknüpfte Blockchain Domains sind je nachdem, wessen Identität primär nachgewiesen werden soll bzw. für welche Zwecke die Identität nach den Umständen des Einzelfalls (Hinweise auf den Namen des Betriebs, werbliche Elemente der Identität) primär dient, dem Privatvermögen, dem notwendigen Betriebsvermögen oder dem gewillkürten Betriebsvermögen zuzuordnen.

24 **(2) (Dezentrale) Website, Smart Contract und (dezentrale) App.** Wird die Blockchain Domain verwendet, um auf eine (dezentrale) Website, einen Smart Contract oder eine (dezentrale) App zu verweisen (→ § 52), so ist ebenfalls danach zu fragen, ob der verknüpfte Inhalt oder Dienst betrieblichen Zwecken dient.

25 Dafür kann insbesondere sprechen, dass der Betriebsinhaber sich auf der Website im Wesentlichen zu Werbezwecken präsentiert oder seine Produkte oder Dienstleistungen vertreibt. Dient ein Smart Contract der Abwicklung eines zu einem Betrieb gehörenden Geschäfts, so handelt es sich ebenfalls um eine betriebliche Nutzung. Dies gilt auch für sonstige Anwendungen. Zu berücksichtigen ist, dass die Vermarktungsstrategien, insbesondere im digitalen Raum, vielschichtig sind, sodass ein lediglich mittelbarer Produkt- bzw. Dienstleistungsbezug nicht gegen eine betriebliche Verwendung spricht. Verfolgt der Inhaber mit der Blockchain Domain hingegen lediglich Freizeitzwecke, so handelt es sich um Privatvermögen. Bei einer Mischnutzung ist auf die Nutzungsanteile abzustellen, wobei bereits eine geringfügige betriebliche Mitnutzung dafür spricht, etwa eine Website und damit die Blockchain Domain, abhängig von einem Widmungsakt, zumindest dem gewillkürten Betriebs- oder Privatvermögen zuzurechnen.

Praxishinweis:

26 Wird die Blockchain Domain mit einer (dezentralen) Website, einem Smart Contract oder einer (dezentralen) App verknüpft, ist anhand der konkreten Funktionalität des verknüpften Dienstes und der Eigenart des Betriebs zu entscheiden, ob es sich um notwendiges Betriebsvermögen oder Privatvermögen handelt. Dafür werden die Dienste, ggf. auch ihre Nutzerstatistiken, regelmäßig klare und ausreichende Anhaltspunkte geben.

27 **(3) Krypto-Wallet.** Auch bei mit Blockchain Domains verknüpften Krypto-Wallets ist zu unterscheiden, ob die Krypto Wallet betrieblichen oder privaten Zwecken dient.

28 Wickelt der Inhaber der Wallet ausschließlich betriebliche Zahlungen über die Wallet ab, so handelt es sich um notwendiges Betriebsvermögen. Bei einer anteiligen privaten wie betrieblichen Nutzung hängt es davon ab, ob der Inhaber die Domain zu einem nicht unerheblichen Anteil auch betrieblich verwendet und sie seinem Betrieb zuordnet (gewillkürtes Betriebsvermögen). Dabei liegt es nahe, nicht allein auf die Höhe einzelner Transaktionen abzustellen, sondern insbesondere auch deren Anzahl und Häufigkeit in die Beurteilung einzubeziehen.

29 Nutzt der Inhaber die Wallet ausschließlich oder in erster Linie, um Kryptowährungen als Anlageobjekte zu halten, so ist ebenfalls danach zu unterscheiden, ob er sie seinem Betrieb zuordnet oder nicht (gewillkürtes Betriebsvermögen). Nutzt der Inhaber erzielte Einnahmen ausschließlich betrieblich, so kann auch dies für eine Zuordnung zum (notwendigen) Betriebsvermögen sprechen.

Praxishinweis:
Bei der Verknüpfung mit einer Krypto-Wallet kommt es auf die Verwendung der Wallet an. Erforderlichenfalls ist auf Nutzungsanteile abzustellen. Dabei ist nicht nur die Höhe der Transaktionen, sondern auch ihre Anzahl und Häufigkeit einzubeziehen. **30**

(4) Mischnutzung. Die technisch mögliche Mischnutzung einer Blockchain Domain mittels Verknüpfung verschiedener Dienste, etwa einer Website und zugleich einer Krypto-Wallet, führt zu keiner anderen Handhabung. Gleichfalls ist auf die tatsächliche Verwendung im Gesamtbild abzustellen. Erfolgt diese überwiegend zu betrieblichen Zwecken, so ist eine betriebliche Zuordnung gegeben. **31**

cc) Zuordnung von Blockchain Domains im Fall von Personengesellschaften. Das Gesellschaftsvermögen von Personenhandelsgesellschaften (Mitunternehmerschaften) stellt Betriebsvermögen dar, sofern es nicht dem notwendigen Privatvermögen der Gesellschafter zuzurechnen ist.[31] Dies gilt auch für gem. § 15 Abs. 3 Nr. 1 oder 2 EStG gewerblich infizierte oder gewerblich geprägte Personengesellschaften. Für die Inhaberschaft der Gesellschaft kommt es auf die Kenntnis bzw. potenzielle Kenntnis des zur Vertretung und Geschäftsführung berufenen Gesellschafter gemäß obigem (→ Rn. 12) an. Für die weitere Zuordnung kann in Zweifelsfällen auf die soeben entwickelten Maßstäbe zurückgegriffen werden (→ Rn. 17 ff.). Starkes Indiz für die Inhaberschaft der Gesellschaft ist, wenn diese die Blockchain Domain selbst erworben hat und dabei als Käuferin auftrat. Ein Indiz ist auch die Aufnahme der Blockchain Domain in die Bilanz der Personenhandelsgesellschaft. **32**

Sonderbetriebsvermögen einer Personenhandelsgesellschaft sind diejenigen Wirtschaftsgüter, die nicht der Personengesellschaft, sondern einem Gesellschafter gehören und die dem gemeinschaftlichen Betrieb der Personengesellschaft zur unmittelbaren Nutzung (entgeltlich oder unentgeltlich) überlassen werden (Sonderbetriebsvermögen I).[32] Sonderbetriebsvermögen kann als notwendiges oder gewillkürtes Sonderbetriebsvermögen nach der allgemeinen Abgrenzung in Erscheinung treten.[33] Vermögensverwaltende, nicht gewerblich infizierte oder geprägte Personengesellschaften verfügen demgegenüber über kein Betriebsvermögen, vgl. § 14 S. 1 AO. Ihr Vermögen ist den Gesellschaftern anteilig gem. § 39 Abs. 2 Nr. 2 AO als Privatvermögen zuzurechnen.[34] Hält ein Gesellschafter seinen Anteil an einer vermögensverwaltenden Personengesellschaft im Betriebsvermögen, so ist das anteilige Vermögen der Gesellschaft bei ihm Betriebsvermögen (sog. Zebragesellschaft).[35] **33**

dd) Zuordnung von Blockchain Domains im Fall von Körperschaften. Inländische Kapitalgesellschaften erzielen gem. § 8 Abs. 2 KStG lediglich gewerbliche Einkünfte. Sie verfügen demgemäß über keine außerbetriebliche Sphäre; sämtliche ihr gehörenden Wirtschaftsgüter zählen zum Betriebsvermögen.[36] Entsprechendes gilt für gem. § 1a KStG optierende Personengesellschaften.[37] Ist eine solche Gesellschaft gemäß obigem (→ Rn. 12) aufgrund der Kenntnis bzw. jedenfalls Möglichkeit zur Kenntnis der maßgeblichen Organmitglieder als Inhaberin der Blockchain Domain einzustufen, so ist die Blockchain Domain stets ihrem Betriebsvermögen zuzuordnen. Wiederum ist starkes Indiz, dass die Kapitalgesell- **34**

[31] Brandis/Heuermann/Drüen, 176. EL 2025, EStG § 4 Rn. 394; BeckOK EStG/Meyer, 21. Ed. 1.4.2025, § 4 Rn. 350 f.

[32] Brandis/Heuermann/Drüen, 176. EL 2025, EStG § 4 Rn. 395; BeckOK EStG/Meyer, 21. Ed. 1.4.2025, § 4 Rn. 354.

[33] BeckOK EStG/Meyer, 21. Ed. 1.4.2025, § 4 Rn. 356.

[34] Gosch AO/FGO/Fu, 192. EL 2025, AO § 39 Rn. 191.

[35] Gosch AO/FGO/Fu, 192. EL 2025, AO § 39 Rn. 197.

[36] Brandis/Heuermann/Drüen, 176. EL 2025, EStG § 4 Rn. 391.

[37] Vgl. § 1a Abs. 1 S. 1 KStG: „[…] sind […] eine Personenhandelsgesellschaft, Partnerschaftsgesellschaft oder eingetragene Gesellschaft bürgerlichen Rechts wie eine Kapitalgesellschaft […] zu behandeln".

schaft die Blockchain Domain selbst erworben hat und dabei als Käuferin auftrat. Ein Indiz ist auch die Aufnahme der Blockchain Domain in die Bilanz der Kapitalgesellschaft.

35 Ausländische Kapitalgesellschaften und nicht unter § 8 Abs. 2 KStG fallende Körperschaftsteuersubjekte verfügen hingegen über eine private Sphäre.[38] Bei ihnen ist wie bei einer Personengesellschaft zu verfahren, jedoch kann es nicht zur Entstehung von Sonderbetriebsvermögen kommen.

36 Bei Kapitalgesellschaften kann es schließlich im Falle der Überlassung einer Blockchain Domain als wesentliche Betriebsgrundlage unter der weiteren Voraussetzung der persönlichen Verflechtung zur Entstehung von Betriebsvermögen beim Überlassenden nach den Grundsätzen der Betriebsaufspaltung kommen.[39] Von wesentlichem Betriebsvermögen dürfte auszugehen sein, wenn die Kapitalgesellschaft über die Blockchain Domain einen Online-Shop betreibt, ihre Produkte und Dienstleitungen wesentlich vertreibt, ihre Identität nachweist oder ihren Zahlungsverkehr maßgeblich abwickelt.

d) Besteuerung von Blockchain Domains im Betriebsvermögen

37 Blockchain Domains sind, wie herkömmliche Internetdomains, eigenständige Wirtschaftsgüter und von dem mit ihnen verknüpften Dienst zu unterscheiden.[40] Dies wird bei Blockchain Domains besonders offenbar, als mit ihnen nicht nur Websites, sondern auch andere Dienste verknüpft sein können. Bei Blockchain Domains im Betriebsvermögen stellen sich insbesondere die Fragen nach ihrer Zugangs- und ihrer Folgebewertung.

38 Blockchain Domains im Betriebsvermögen sind regelmäßig Teil des Anlagevermögens. Ausnahmsweise können sie im Falle eines Blockchain Domain Handels zum Umlaufvermögen zu zählen sein. Dies setzt voraus, dass Blockchain Domains in erheblichem Umfang und auf Dauer angelegt angekauft und wieder verkauft werden.[41]

39 **aa) Zugangsbewertung.** Im Anlagevermögen sind Blockchain Domains mit den Anschaffungs- und Herstellungskosten anzusetzen, also mit dem für die Erlangung der Blockchain Domain entrichteten Entgelt sowie den Anschaffungsnebenkosten, insbesondere Transaktionsgebühren. Eine Blockchain Domain wird regelmäßig – außer von den Blockchain Domain-Anbietern selbst – entgeltlich erworben und ist daher gem. § 5 Abs. 2 EStG zu aktivieren. Dies gilt unabhängig davon, ob es sich um eine (entgeltliche) Erstregistrierung einer neuen Blockchain Domain bei einem Blockchain Domain-Anbieter handelt[42] oder der Erwerb einer bereits registrierten Blockchain Domain von einem Dritten (gegen Entgelt) erfolgt.

40 Wird das Entgelt für eine Blockchain Domain in Fremdwährung entrichtet, so kommt es auf den Geld- oder Devisenkassamittelkurs zum Anschaffungszeitpunkt an.[43] Wird der Preis für eine Blockchain Domain mit einer Kryptowährung bezahlt, so bemessen sich die Anschaffungskosten nach den Regeln des Tausches, § 6 Abs. 6 S. 1 EStG.[44] Dies bedeutet, dass sich die Anschaffungskosten nach dem gemeinen Wert der hingegebenen Kryptowäh-

[38] Brandis/Heuermann/Drüen, 176. EL 2025, EStG § 4 Rn. 392.
[39] Dazu etwa Brandis/Heuermann/Bode, 176. EL 2025, EStG § 15 Rn. 590 ff.
[40] Für herkömmliche Internetdomains BFH DStR 2007, 335 (337).
[41] Zum Vorliegen eines gewerblichen Blockchain Domain-Handels ausführlich unten (→ Rn. 53 ff.).
[42] Der BFH hält für einen abgeleiteten Erwerb nicht für erforderlich, dass ein bereits bestehendes Wirtschaftsgut übertragen wird, sondern lässt es ausreichen, dass ein neues immaterielles Wirtschaftsgut begründet wird, BFH DStR 1992, 1611 (1612) mwN. Auch in der Entscheidung betreffend herkömmliche Domains zu einem Erwerb einer bereits registrierten Domain von einem Dritten, der technisch zunächst zu einem Untergang des Wirtschaftsguts führt, das infolge des Vertrags des neuen Inhabers mit dem Registrar wieder neu entsteht, trifft der BFH diese Aussage, BFH DStR 2007, 335 (336). Die Erstregistrierung einer herkömmlichen Domain unter Verweis auf dieses Urteil als entgeltlichen Erwerb qualifizieren Brandis/Heuermann/Krumm, 176. EL 2025, EStG § 5 Rn. 660; ebenso Herrmann/Heuer/Raupach/Anzinger, 332. EL 2025, EStG § 5 Rn. 1833; BeckOK EStG/Seider, 21. Ed. 1.4.2025, § 5 Rn. 1271.
[43] Beck Bil-Komm./Schubert/Hutzler HGB § 255 Rn. 46.
[44] Für den Erwerb anderer Kryptowährungen, Herrmann/Heuer/Raupach/Rollberg, 332. EL 2025, EStG § 6 Rn. 34 f.

rung zum Zeitpunkt der Hingabe der Kryptowährung bemessen, was zu einer Gewinnrealisierung in Höhe des Differenzbetrages von gemeinem Wert und Buchwert der Kryptowährungseinheiten führt.[45] Dieser errechnet sich aus dem Marktkurs der hingegeben Kryptowährung, als welcher der Börsenkurs, bei dessen Fehlen der Kurs einer Handelsplattform oder einer webbasierten Liste angesetzt werden kann.[46]

Während bei den meisten Anbietern von Blockchain Domains eine Einmalzahlung zum **41** Erwerb genügt, verlangt der Anbieter Ethereum Domain Service (ENS, TLD: „.eth") eine jährliche, optional auch im Voraus für mehrere Jahre zahlbare Gebühr. Hier stellt sich die Frage, ob der Käufer einer solchen Domain diese im Rechtssinne erwirbt, das heißt die wirtschaftliche Verfügungsmacht über sie erlangt.[47] Um sicherzustellen, dass die Domain nach Ablauf des Gebührenzeitraums nicht weitergenutzt wird, muss ENS eine technische Möglichkeit haben, die Nutzungsmöglichkeit zu entziehen,[48] was gegen die Erlangung der wirtschaftliche Verfügungsmacht über die Domain sprechen könnte. Jedoch wird auch bei herkömmlichen Internetdomains, welche höchstrichterlich gleichermaßen als immaterielle, aktivierungspflichtige Wirtschaftsgüter eingeordnet werden,[49] regelmäßig eine periodisch wiederkehrende Gebühr an den Registrar (bspw. die DENIC) fällig, was nichts an der Aktivierungspflicht des Wirtschaftsguts Domain ändert. Daher sind auch ENS-Blockchain Domains als immaterielle Wirtschaftsgüter des Anlagevermögens zu aktivieren. Die laufenden Kosten, wozu auch die wiederkehrenden Gebühren zählen, stellen in diesem Fall sofort abzugsfähigen Erhaltungsaufwand dar, während eine erstmalige Registrierungsgebühr zu den Anschaffungskosten zu rechnen ist.[50]

bb) Folgebewertung. Für die Frage der Vornahme regelmäßiger Abschreibungen gem. **42** § 7 EStG kommt es darauf an, ob Blockchain Domains als abnutzbar oder nicht abnutzbar anzusehen sind. Es kommt somit darauf an, ob sich ihre Nutzbarkeit infolge wirtschaftlicher oder technischer Abnutzung erfahrungsgemäß auf einen begrenzten Zeitraum erstreckt.[51] Gründe für eine unterschiedliche Handhabung von herkömmlichen Domains und Blockchain Domains sind nicht ersichtlich. Bei herkömmlichen Internet-Domains wird verbreitet zwischen verschiedenen Arten von Domains differenziert. Bei generischen Domains („generic domains"), bei welchen es sich um einen von jedermann verwendbaren Gattungsnamen handelt, geht der BFH von keiner Abnutzbarkeit aus.[52]

Hinsichtlich Domains, deren Name aus einem Schutzrecht, zB einer Marke, oder dem **43** Unternehmensnamen abgeleitet ist (sog. qualifizierte Domains oder „qualified domains"), hat der BFH die Frage der Abnutzbarkeit hingegen explizit offengelassen.[53] Diesbezüglich scheint die Literatur dazu zu neigen, diese für abnutzbar zu halten, mit der Folge, dass Abschreibungen gemäß dem zugrundeliegenden Schutzrecht bzw. dem Geschäftswert (in diesem Fall über 15 Jahre, § 7 Abs. 1 S. 3 EStG) vorzunehmen sind.[54] Dieser Auffassung ist zuzustimmen. Entscheidend ist, dass es nicht auf die Nutzungsdauer der Marke und damit der Blockchain Domain unter der Annahme fortlaufender markenerhaltender Maßnahmen ankommt, sondern vielmehr auf den Zeitraum, nach welchem sich der Wert der Marke unter der Annahme des Ausbleibens solcher Maßnahmen erschöpft.[55] Richtigerweise ist davon

---

45 Vgl. Brandis/Heuermann/Krumm, 176. EL 2025, EStG § 6 Rn. 1983.
46 BMF 6.3.2025, DStR 2025, 584 Rn. 43 mit Beispielen.
47 Vgl. zum Anschaffungsbegriff BeckOK EStG/Oellerich, 21. Ed. 1.4.2025, § 6 Rn. 177.
48 Vgl. Heine GRUR-Prax 2023, 192 (194).
49 BFH DStR 2007, 335 (335 ff.); Brandis/Heuermann/Krumm, 176. EL 2025, EStG § 5 Rn. 660.
50 Vgl. Wübbelsmann DStR 2005, 1659 (1661).
51 BeckOK EStG/Graw, 21. Ed. 1.4.2025, § 7 Rn. 84.
52 BFH DStR 2007, 335 (337); ebenso etwa Kirchhof/Söhn/Mellinghoff/Meyer, 347. EL 2024, EStG § 7 Rn. B 162.
53 BFH DStR 2007, 335 (337).
54 Kirchhof/Söhn/Mellinghoff/Meyer, 347. EL 2024, EStG § 7 Rn. B 162a; Wübbelmann DStR 2005, 1659 (1663 f.). Für Marken gilt nach Auffassung der Finanzverwaltung, entgegen der Rechtsprechung des BFH (BFH DStR 1996, 1770), ein Abschreibungszeitraum von 15 Jahren, BMF 12.7.1999, DStR 1999, 1317.
55 Boorberg/Strüngmann/Wendelin DStR 1998, 1113 (1115).

auszugehen, dass der Markenwert infolgedessen kontinuierlich bis zur Wertlosigkeit abnehmen würde.[56] Es ist aber nicht erkennbar, warum eine Domain ihren Wert bewahren sollte, während das zugrunde liegende Schutzrecht an Wert abnimmt.[57] Blockchain Domains, welche als qualifizierte Domains einzuordnen sind, sind aus diesem Grund abnutzbar und folglich linear, regelmäßig über einen Zeitraum von 15 Jahren, abzuschreiben.

44 Eine Teilwertabschreibung kann gem. § 6 Abs. 1 Nr. 1 S. 2 EStG bei voraussichtlich dauernder Wertminderung einer Blockchain Domain vorgenommen werden.[58] Dies kommt insbesondere dann in Betracht, wenn dem Steuerpflichtigen die Nutzung der Blockchain Domain etwa wegen Verletzung eines Namens- oder Markenrechts eines Dritten[59] oder Wettbewerbswidrigkeit der Verwendung[60] zivilrechtlich untersagt wird (dazu vertieft → § 16 Rn. 8 ff.).[61]

45 **cc) Veräußerung.** Wie bei anderen Wirtschaftsgütern führt die Veräußerung oder die Entnahme von Blockchain Domains aus dem Betriebsvermögen zur Gewinnrealisierung (in Höhe der Differenz zwischen Verkaufspreis bzw. Teilwert, § 6 Abs. 1 Nr. 4 EStG, und Buchwert) mit der Folge einer entsprechenden Besteuerung. Die Umrechnung von Fremdwährungen oder Einheiten einer Kryptowährung erfolgt analog zum Vorgehen bei der Anschaffung (→ Rn. 40).

Praxishinweis:

46 Blockchain Domains im Betriebsvermögen sind mit ihren Anschaffungs- und Anschaffungsnebenkosten zu aktivieren. Dies gilt unabhängig davon, ob sie von einem Anbieter erst- oder von einem Dritten zweiterworben werden.
Blockchain Domains sind als generische Domains nicht abzuschreiben. Im Falle qualifizierter Domains sind Abschreibungen, die sich nach dem zugrundeliegenden Schutzrecht bzw. dem Geschäftswert bemessen, hingegen vorzunehmen. Eine Teilwertabschreibung kommt in Betracht.
Die Veräußerung oder Entnahme von Blockchain Domains führt zur steuerpflichtigen Gewinnrealisierung.

e) Besteuerung von Blockchain Domains im Privatvermögen

47 Bei im Privatvermögen gehaltenen Blockchain Domains können Veräußerungen zu steuerbaren Veräußerungsgeschäften führen. Ihre entgeltliche Überlassung kann zu Einkünften aus Vermietung und Verpachtung führen. Grundsätzlich stellt sich die Frage, wie private Vermögensverwaltung und gewerbliche Betätigung beim Umgang mit Blockchain Domains voneinander abzugrenzen sind.

48 **aa) Einkünfte aus privaten Veräußerungsgeschäften.** Im Privatvermögen können Erlöse aus dem Verkauf von Blockchain Domains als sonstige Einkünfte aus privaten Veräußerungsgeschäften iSd §§ 22 Nr. 2, 23 EStG steuerbar sein. Dafür ist erforderlich, dass zwischen ihrer Anschaffung und Veräußerung nicht mehr als ein Jahr liegt (sog. Spekulationsfrist), § 23 Abs. 1 S. 1 Nr. 2 S. 1 EStG. Blockchain Domains stellen, wie herkömmliche Domains,[62] als Untergruppe von NFTs sonstige Wirtschaftsgüter dar,[63] bei denen es, anders als bei herkömmlichen

[56] Boorberg/Strüngmann/Wendelin DStR 1998, 1113 (1115).
[57] Wübbelsmann DStR 2005, 1659 (1663 f.).
[58] Vgl. Wübbelsmann DStR 2005, 1659 (1663) zu herkömmlichen Domains.
[59] Dazu umfassend Fezer MarkenR/Hauck Fezer Erster Teil Einl. Rn. 235 ff.
[60] Dazu etwa MüKoUWG/Jänich, 3. Aufl. 2020, UWG § 4 Nr. 4 Rn. 64 ff.
[61] So ausdrücklich BFH DStR 2007, 335 (337).
[62] FG Köln DStRE 2010, 1237; FG RhPf DStRE 2025, 70 (74); BeckOK EStG/Trossen, 21. Ed. 1.4.2025, § 23 Rn. 199.1; Kirchhof/Söhn/Mellinghoff/Wernsmann, 347. EL 2024, EStG § 23 Rn. B 58.
[63] Vgl. oben, explizit zu § 23 Abs. 1 S. 1 Nr. 2 EStG etwa BeckOK EStG/Trossen, 21. Ed. 1.4.2025, § 23 Rn. 199.9; Frick FR 2023, 343 (348).

Domains, auch nicht zu einem technisch bedingten kurzzeitigen Untergang der Domain kommt.[64] Blockchain Domains sind keine Gegenstände des täglichen Gebrauchs iSd § 23 Abs. 1 S. 1 Nr. 2 S. 2 EStG, da sie bei objektiver Betrachtung typischerweise keine Gebrauchsgegenstände sind, die dem Wertverzehr unterliegen, sondern ein Wertsteigerungspotential aufweisen.[65] Zur Gewinnermittlung sind gem. § 23 Abs. 3 S. 1 EStG von dem Veräußerungspreis die Anschaffungskosten und die Werbungskosten abzuziehen. Gewinne aus privaten Veräußerungsgeschäften sind gem. § 23 Abs. 3 S. 5 EStG steuerfrei, wenn der im Kalenderjahr aus privaten Veräußerungsgeschäften erzielte Gesamtgewinn weniger als 1.000 EUR beträgt. Bei Überschreiten dieser Freigrenze ist der Gewinn in voller Höhe steuerpflichtig.

Die Spekulationsfrist von einem Jahr verlängert sich gem. § 23 Abs. 1 S. 1 Nr. 2 S. 4 EStG **49** auf zehn Jahre, wenn aus der Nutzung des Wirtschaftsguts zumindest in einem Kalenderjahr Einkünfte erzielt werden. In Betracht kommt insbesondere, dass das Wirtschaftsgut zur Erzielung von Einkünften aus Vermietung und Verpachtung eingesetzt wird.[66] Dies kommt, wie bei herkömmlichen Domains, auch bei Blockchain Domains infrage (→ Rn. 50 f.).

bb) Einkünfte aus Vermietung und Verpachtung. Gemäß § 21 Abs. 1 S. 1 Nr. 3 EStG **50** zählen zu den Einkünften aus Vermietung und Verpachtung Einkünfte aus zeitlich begrenzter Überlassung von Rechten, insbesondere von schriftstellerischen, künstlerischen und gewerblichen Urheberrechten, von gewerblichen Erfahrungen und von Gerechtigkeiten und Gefällen. Herkömmliche Domains sind zwar keine gewerblichen Schutzrechte,[67] welche unzweifelhaft unter den Tatbestand der Rechteüberlassung fallen.[68] Sie sind ihnen jedoch vergleichbar[69] und können damit Objekte einer Vermietung oder Verpachtung iSd § 21 Abs. 1 S. 1 Nr. 3 EStG sein.[70] Angesichts des gegenüber herkömmlichen Domains erhöhten technischen Schutzes von Blockchain Domains und ihrer weitergehenden Annäherung an ein absolutes Recht (→ Rn. 9) ist diese Beurteilung auf die Überlassung von Blockchain Domains übertragbar.

Die für die Überlassung erlangten Gegenleistungen stellen Einnahmen dar (§ 8 EStG), **51** wovon die Werbungskosten des Steuerpflichtigen in Abzug zu bringen sind (§ 9 EStG). Zu unterscheiden ist die Überlassung einer (Blockchain) Domain als solcher von der Überlassung eines Nutzungsrechts an einem Namen oder einer Marke, welche die Befugnis einschließt, den Namen oder die Marke auch als (noch zu registrierende bzw. zu erwerbende) Domain zu nutzen.[71]

Praxishinweis:
Die Veräußerung von im Privatvermögen gehaltenen Blockchain Domains ist als **52** privates Veräußerungsgeschäft steuerbar, wenn zwischen Anschaffung und Veräußerung nicht mehr als ein Jahr liegt.
Ihre entgeltliche Überlassung führt zu Einkünften aus Vermietung und Verpachtung. In diesem Fall verlängert sich die Spekulationsfrist bei dem (steuerbaren) privaten Veräußerungsgeschäft auf zehn Jahre.

cc) Abgrenzung von Vermögensverwaltung und gewerblicher Tätigkeit. Sowohl in **53** Bezug auf Einkünfte aus privaten Veräußerungsgeschäften als auch aus Vermietung und Verpachtung gilt, dass diese Einkünfte anderen Einkunftsarten zuzurechnen sind, soweit sie

64 Vgl. BFH DStR 2007, 335 (336).
65 Vgl. BFH DStR 2020, 707 (709); Herrmann/Heuer/Raupach/Hentschel, 332. EL 2025, § 23 Rn. 159.
66 Vgl. BFH DStR 2022, 2426 (2429) für ein Mobilheim.
67 BFH DStR 2007, 335 (336).
68 Etwa Herrmann/Heuer/Raupach/Pfirrmann, 332. EL 2025, EStG § 21 Rn. 157.
69 BFH DStR 2007, 335 (336).
70 Husmann/Schmittmann MMR 2003, 635 (639); dies in Betracht ziehend, allerdings offenlassend, da im Ergebnis gewerbliche Tätigkeit FG RhPf DStRE 2025, 70 (72).
71 So im Urteil BFH DStR 2019, 2240 (2245).

zu diesen gehören, §§ 21 Abs. 3, 23 Abs. 2 EStG. Die Einkünfte aus Vermögensverwaltung sind demgemäß gegenüber den Einkünften aus Gewerbebetrieb (§ 15 EStG) und selbständiger Arbeit (§ 18 EStG) subsidiär. In diesem Zusammenhang stellt sich die Frage, unter welchen Umständen die entgeltliche Überlassung von Blockchain Domains bzw. der Handel mit Blockchain Domains als gewerbliche Tätigkeit einzustufen ist.

54 Gemäß § 14 S. 3 AO liegt eine Vermögensverwaltung in der Regel vor, wenn Vermögen genutzt, zum Beispiel Kapitalvermögen verzinslich angelegt oder unbewegliches Vermögen vermietet oder verpachtet wird. In ständiger Rechtsprechung grenzt der BFH gewerbliche Betätigung und private Vermögensverwaltung mittels der Fruchtziehungsformel ab, wonach eine gewerbliche Tätigkeit dann vorliegt, wenn nach dem Gesamtbild der Betätigung und unter Berücksichtigung der Verkehrsauffassung die Ausnutzung substantieller Vermögenswerte durch Umschichtung gegenüber der Nutzung im Sinne einer Fruchtziehung aus zu erhaltenden Substanzwerten entscheidend in den Vordergrund tritt.[72] Im Zweifel ist maßgebend, ob die Tätigkeit dem Bild entspricht, dass nach der Verkehrsanschauung einen Gewerbebetrieb ausmacht und einer privaten Vermögensverwaltung fremd ist.[73]

55 In Bezug auf herkömmliche Domains wird diesbezüglich vertreten, dass ein gewerblicher Domainhandel jedenfalls dann anzunehmen sei, wenn mehr als fünf Domains im Jahr gehandelt werden.[74] Teilweise wird auch auf die für einen Grundstückshandel entwickelte „Drei-Objekt-Grenze" abgestellt, wonach eine gewerbliche Tätigkeit vorliegt, wenn mehr als drei Objekte veräußert werden und zwischen dem Kauf und dem Verkauf des jeweiligen Objekts ein enger zeitlicher Zusammenhang von in der Regel nicht mehr als fünf Jahren besteht.[75] Das FG Münster nahm in einem Fall der kombinierten Verwertung von Markenrechten und Internetdomains mit Verkauf von insgesamt 13 Markenrechten über einen Zeitraum von fünf Jahren insbesondere aufgrund der erforderlichen vorherigen Registrierung der Marken eine gewerbliche Tätigkeit an.[76] Auch das FG Rheinland Pfalz hat im Falle einer kombinierten Verwertung von Domains und Markenrechten an lediglich zwei Personen eine gewerbliche Tätigkeit angenommen, wobei es insbesondere darauf abstellte, dass die Steuerpflichtige nicht nur Domains und Markennamen registrierte, sondern durch die Registrierung von Domains mit unzutreffender bzw. alternativer Schreibweise eine geschützte und effektive Nutzung der überlassenen Domains und Markenrechte sicherstellte.[77]

56 Aufgrund der Einordnung von Blockchain Domains als NFTs ist auch auf die Abgrenzung von Vermögensverwaltung und gewerblicher Tätigkeit in Bezug auf den Handel mit bzw. die Überlassung von NFTs im Allgemeinen einzugehen. Umstritten ist, ob es diesbezüglich auf die Abgrenzungsmaßstäbe beim Wertpapierhandel mit auch in erheblichem Umfang zulässigen Umschichtungen[78] oder beim Handel mit anderen Gütern, bspw. Gold, mit deutlich strengeren Maßstäben[79] ankommt.[80] Vorzugswürdig erscheint insoweit eine Differenzierung unter Berücksichtigung der Besonderheiten des jeweiligen Wirtschaftsguts:[81] Auf

72 StRspr, etwa BFH DStR 2021, 90 (94).

73 BFH DStR 2021, 90 (94).

74 Hoeren/Sieber/Holznagel MMR-HdB/Schmittmann, 62. EL 2024, Teil 26.2. Rn. 17.

75 Husmann/Schmittmann MMR 2003, 635 (638).

76 FG Münster DStRE 2022, 1173 (1176 ff.).

77 FG RhPf DStRE 2025, 70 (74 ff.).

78 Etwa BFH DStR 2004, 598 (600 ff.).

79 BFH DStR 2017, 851 (853 ff.).

80 Für die Maßstäbe des Wertpapierhandels etwa von Oertzen/Lindermann/Schuster DStR 2024, 969 (975); Albrecht/John FR 2019, 393 (399 ff.) für „Kryptotoken" jeweder Art, also einschließlich NFTs; ebenso für Kryptotoken als „Handelsgut", insbesondere mit Wertpapierfunktion, aber ausdrücklich nicht für Kryptotoken mit Zahlungsmittelfunktion Kirchhof/Seer/Krumm EStG § 15 Rn. 131c. Für die Maßstäbe des Gold-Handels etwa Hornung/Sperling DStR 2023, 2142 (2145 f.).

81 Ähnlich Hornung/Sperling DStR 2023, 2142 (2145): Unterscheidung nach Handel mit Recht am NFT oder Recht aus dem NFT, anders aber im Fazit auf S. 2147 (ausschließlich Maßstäbe des Goldhandels); in der Sache ebenso von Oertzen/Lindermann/Schuster DStR 2024, 969 (975). Zur Ergänzung der allgemeinen Maßstäbe um „wirtschaftsgutspezifische Gesichtspunkte" siehe BFH DStR 2013, 126 (128 f.), im Urteil in Bezug auf am Zweitmarkt erworbene („gebrauchte") Lebensversicherungen.

NFTs, die primär als Wert- und Spekulationsobjekte gehandelt werden, was durch eine Vielzahl sehr ähnlicher Token mit einem hohen Handelsaufkommen und börsenmäßiger Preisbildung indiziert wird, sind die Grundsätze des Wertpapierhandels anzuwenden, womit im Ergebnis auch umfangreiche Umschichtungen nicht zur Gewerblichkeit führen. Auf NFTs, denen eine darüberhinausgehende Funktion durch Verknüpfung mit einem Smart Contract (→ § 52 Rn. 3 ff.) zukommt, sind sie hingegen nicht zu übertragen. Hier steht die tatsächliche, potenziell wirtschaftlich sinnvolle Nutzung im Vordergrund.

Dies trifft auch auf Blockchain Domains zu: Verknüpft ist regelmäßig ein spezifischer **57**
Dienst mit einer spezifischen Funktion (etwa eine Website oder eine Wallet), die Blockchain Domains als nicht zum umfangreichen Handel geeignet erscheinen lassen. Folglich führt auch schon ein relativ geringfügiger An- und Verkauf von Blockchain Domains bzw. deren zeitweilige entgeltliche Überlassung zu einem gewerblichen Handel bzw. einer gewerblichen Rechteüberlassung. Die in der Literatur genannte Grenze von mehr als fünf (herkömmlichen) Domains im Jahr, ab der von Gewerblichkeit auszugehen sein soll (→ Rn. 55),[82] erscheint insofern als tauglicher Anhaltspunkt. Entsprechend ist für eine Vermögensverwaltung auch unschädlich, wenn der Steuerpflichtige bis zu fünf Blockchain Domains entgeltlich für eine begrenzte Zeit überlasst. Das systematische, zahlenmäßig ins Gewicht fallende Blockchain Domain-Grabbing mit anschließendem Verkauf oder zeitlich beschränkter entgeltlicher Überlassung an Dritte ist hingegen nicht anders als bei herkömmlichen Domains regelmäßig als gewerbliche Tätigkeit einzustufen.

Praxishinweis:

Der Handel mit bzw. die entgeltliche Überlassung von Blockchain Domains über- **58**
schreitet die private Vermögensverwaltung und führt zu einer gewerblichen Tätigkeit, wenn der Steuerpflichtige mehr als fünf Blockchain Domains im Jahr handelt bzw. entgeltlich überlässt.

2. Erbschaft- und Schenkungsteuer

Eine Blockchain Domain kann der Erbschaftsteuer unterliegen (vertiefend zur erbrecht- **59**
lichen und erbschaftsteuerrechtlichen Einordnung von NFTs: → § 30), wenn sie von Todes wegen oder durch Schenkung unter Lebenden übertragen wird oder zum Vermögen einer Familienstiftung zählt, § 1 Abs. 1 ErbStG. Teilweise zum erbrechtlichen Bezugsobjekt selbst gemacht,[83] ist für die Steuerpflicht der Besitz bzw. die Kenntnis des Private Keys der jeweiligen Wallet maßgeblich, da der Erwerber nur mittels diesem auf die Inhalte der Wallet zugreifen kann und folglich nur auf diese Weise die wirtschaftliche Verfügungsgewalt erlangt.[84] Begründet wird dies damit, dass bei nicht vorhandenem, untergegangenem, (dauerhaft) verlorenem oder unauffindbarem Private Key schon kein Vermögenszufluss vorliegt, unter Heranziehung von § 12 Abs. 2 BewG (Uneinbringlichkeit von Forderungen) oder von § 2313 Abs. 2 S. 1 BGB (ungewisse oder unsichere Rechte).[85] Erlangt der Erwerber zu einem späteren Zeitpunkt doch noch Kenntnis von dem Private Key, so kommt eine Änderung des Erbschaftsteuerbescheids gem. § 175 Abs. 1 S. 1 Nr. 2 AO wegen eines rückwirkenden Ereignisses in Betracht.[86]

Eine Steuerbefreiung im Privatvermögen kommt bei Blockchain Domains lediglich in **60**
Einzelfällen infrage, etwa bei einer Zuwendung an eine gemeinnützige Organisation gem.

---

82 Hoeren/Sieber/Holznagel MMR-HdB/Schmittmann, 62. EL 2024, Teil 26.2. Rn. 17.
83 Etwa Armend-Traut/Hergenröder ZEV 2019, 113 (117); von Oertzen/Grosse DStR 2020, 1651 (1652).
84 Armend-Traut/Hergenröder ZEV 2019, 113 (120); Thelen RNotZ 2023, 425 (436 f.); von Oertzen/Biermann/Lindermann ErbR 2022, 762 (768); Walter EStB 2025, 33 (34).
85 Vgl. Armend-Traut/Hergenröder ZEV 2019, 113 (120); von Oertzen/Biermann/Lindermann ErbR 2022, 762 (768).
86 Thelen RNotZ 2023, 425 (437); von Oertzen/Biermann/Lindermann ErbR 2022, 762 (766 Fn. 61).

§ 13 Abs. 1 Nr. 16 ErbStG. Die Steuer erlischt mit Wirkung für die Vergangenheit gem. § 29 Abs. 1 Nr. 4 ErbStG, wenn der Erwerber die von ihm im Wege eines erbschaftsteuerbaren Vorgangs erlangte Blockchain Domain innerhalb von 24 Monaten auf eine gemeinnützige Organisation überträgt. Auch hierbei handelt es sich um ein rückwirkendes Ereignis iSd § 175 Abs. 1 S. 1 Nr. 2 AO.[87]

61 Für Blockchain Domains im Betriebsvermögen kommt eine erbschaftsteuerliche Verschonung gem. § 13a Abs. 1 ErbStG regelmäßig in Betracht. Sie stellen kein schädliches Verwaltungsvermögen iSd § 13b ErbStG dar, denn sie sind weder Kunstgegenstände (§ 13b Abs. 4 Nr. 3 ErbStG), Wertpapiere (§ 13b Abs. 4 Nr. 4 ErbStG), noch Zahlungsmittel oder andere Finanzmittel (§ 13b Abs. 4 Nr. 5 ErbStG).[88]

IV. Indirekte Steuern: Umsatzsteuer

62 Umsatzsteuerlich stellt der Verkauf einer Blockchain Domain eine sonstige Leistung iSd § 3 Abs. 9 S. 1 UStG dar.[89] Ort der Leistung ist bei Leistungen an Unternehmer gem. § 3a Abs. 2 S. 1 UStG der Ort des Leistungsempfängers, bei Leistungen an Nichtunternehmer gem. § 3a Abs. 1 UStG der Ort des leistenden Unternehmers. Stellt man umsatzsteuerrechtlich (richtigerweise) auf das NFT-Referenzobjekt Blockchain Domain ab (vgl. Fn. 89), so kommt es gem. § 3a Abs. 4 S. 1, S. 2 Nr. 1 UStG bei Leistungen an Nichtunternehmer in Drittlandsgebieten auf deren Wohnsitz oder Sitz an.[90] Da die Übertragung von Blockchain Domains eine elektronische Dienstleistung iSd § 3a Abs. 5 S. 2 Nr. 3 UStG darstellt,[91] ist der Ort der Leistung zudem gem. § 3a Abs. 5 S. 1 UStG auch bei Leistungen an Nichtunternehmer der Ort des Leistungsempfängers, wenn der Umsatz aus elektronischen Dienstleistungen 10.000 EUR überschreitet. Der Unternehmer kann in diesem Fall gem. § 3a Abs. 5 S. 4 UStG zur Besteuerung unter Anwendung des Empfängerortprinzips optieren.

63 Aufgrund der Pseudonymität der Blockchain bereitet die Identifizierung der Leistungsempfänger, sowohl im Hinblick auf die Frage der Verbraucher-/Unternehmereigenschaft als auch im Hinblick auf den Leistungsort, erhebliche Schwierigkeiten. Die Gefahr besteht, dass in Anlehnung an einen Beschluss des BFH zur Zugrundelegung eines inländischen Empfängerorts bei Verletzung von Mitwirkungspflichten gem. § 90 Abs. 2 AO (ggf. iVm § 76 Abs. 1 S. 4 FGO) stets von einem inländischen Empfängerort ausgegangen wird.[92] Unter Heranziehung einer Entscheidung des FG Köln über die Vermietung virtuellen Landes[93] wird diesbezüglich teilweise eine Schätzung gem. § 162 AO für zulässig gehalten.[94] Eine

[87] Meincke/Hannes/Holtz/Hannes/Holtz, 19. Aufl. 2025, ErbStG § 29 Rn. 2.

[88] Vgl. Troll/Gebel/Jülicher/Gottschalk/Jülicher, 71. EL 2025, ErbStG § 13b Rn. 320 überblicksartig zu NFTs und Kryptowährungen.

[89] Für herkömmliche Domains aufgrund ihrer Eigenschaft als ähnliches Recht iSv § 3a Abs. 4 S. 2 Nr. 1 UStG, FG RhPf DStRE 2012, 936; Husmann/Schmittmann MMR 2003, 635 (641); Heinrichshofen Wäger, UStG, 3. Aufl. 2024, § 3a Rn. 224; Offerhaus/Söhn/Lange/Rauch, 369. EL 2025, UStG § 3a Rn. 75a. Hinsichtlich der Qualifizierung der Übertragung von NFTs im Allgemeinen als Lieferung oder sonstige Leistung wird teilweise vertreten, diese stellten stets sonstige Leistungen dar, etwa Rapp/Bongers UR 2023, 665 (667), teilweise wird auf die Eigenart des Referenzobjektes abgestellt, etwa Steege/Chibanguza Metaverse-HdB/Dietsch § 23 Rn. 31 ff.; Schuska MwStR 2024, 293 (297). Entsprechend der Einordnung einer Domain als ähnliches Recht, welche eine sonstige Leistung begründet, handelt es sich demnach bei der Übertragung einer Blockchain Domain auch nach dieser, mE vorzugswürdigen Auffassung um eine sonstige Leistung.

[90] Vgl. für herkömmliche Domains FG RhPf DStRE 2012, 936; Wäger/Heinrichshofen UStG § 3a Rn. 224; Offerhaus/Söhn/Lange/Rauch, 369. EL 2025, UStG § 3a Rn. 75a.

[91] Vgl. für NFTs im Allgemeinen Trinks MwStR 2023, 452 (453 f.); Bunjes/Korn UStG § 3a Rn. 128a; vgl. auch Schuska MwStR 2024, 293 (298 f.).

[92] BFH DStRE 2018, 297 (297); vgl. Müller/Schmidt DStR 2023, 121 (122).

[93] FG Köln MwStR 2021, 508 (511).

[94] Vgl. Schuska MwStR 2024, 293 (299).

solche Schätzung, deren Ergebnisse schlüssig und ableitbar („fundiert") sein müssen,[95] begegnet im Falle des Verkaufs einer oder mehrerer Blockchain Domains auf einem pseudonymen Marktplatz Bedenken. Des Weiteren wird vertreten, zumindest hinsichtlich der Ortsbestimmung den Ort des leistenden Unternehmers als Leistungsort widerlegbar zu vermuten, es sei denn, der Unternehmer weist nach, dass die Leistung an einem anderen Ort ausgeführt wurde.[96] In diese Richtung geht auch die Finanzverwaltung, die für den Nachweis eines (ausländischen) Empfänger- und Leistungsorts zwei sich nicht widersprechende, näher aufgeführte Beweismittel verlangt.[97] Vorzugswürdig ist aufgrund der Nichtdurchführbarkeit der Widerlegung der Vermutung und der mangelnden Aussage hinsichtlich der Verbraucher/Unternehmereigenschaft des Empfängers die Vornahme einer Schätzung gem. § 162 AO.[98] Fehlen jegliche Anhaltspunkte, so ist von dem Ort des Unternehmers als Leistungsort auszugehen.

Besteht das Entgelt, wie regelmäßig, in Einheiten einer Kryptowährung, so bestimmt es sich nach dem Gegenwert in der Währung des Mitgliedsstaates, in dem die Leistung erfolgt, und zu dem Zeitpunkt, zu dem die Leistung ausgeführt wird.[99] Die Umrechnung soll zum letzten veröffentlichten Verkaufskurs, zum Beispiel auf Umrechnungsportalen im Internet, erfolgen.[100] Transaktionskosten sind nicht Teil des Entgelts und gehören folglich nicht zur umsatzsteuerlichen Bemessungsgrundlage.[101] **64**

Umsatzsteuerbar ist die Übertragung einer Blockchain Domain nur, wenn sie von einem Unternehmer im Inland gegen Entgelt im Rahmen seines Unternehmens ausgeführt wird, § 1 Abs. 1 Nr. 1 UStG. Unternehmer ist, wer eine gewerbliche oder berufliche Tätigkeit selbständig ausübt, wobei gewerblich oder beruflich jede nachhaltige Tätigkeit zur Erzielung von Einnahmen ist, § 2 Abs. 2 S. 1 und 3 UStG. Der Verkauf einer gewerblich oder beruflich genutzten Blockchain Domain durch einen Unternehmer unterliegt folglich der Umsatzsteuer. Wird eine privat genutzte Blockchain Domain durch einen Nichtunternehmer verkauft, so ist dieser Verkauf nicht umsatzsteuerbar. Die Frage, ab wann der Handel mit oder die gewerbliche Überlassung von Blockchain Domains als nachhaltig zu beurteilen ist und die Unternehmereigenschaft begründet, ist umsatzsteuerrechtlich autonom zu beantworten.[102] Maßgebende Kriterien, die nach dem Gesamtbild der Verhältnisse im Einzelfall zu würdigen sind, sind insbesondere eine mehrjährige Tätigkeit, ein planmäßiges Handeln, eine auf Wiederholung angelegte Tätigkeit, die Ausführung mehrerer Umsätze, die Vornahme gleichartiger Handlungen, die langfristige Duldung eines Eingriffs in den eigenen Rechtskreis, die Intensität des Tätigwerdens, die Beteiligung am Markt und das Auftreten wie ein Händler.[103] **65**

Praxishinweis:

Umsatzsteuerlich sind Blockchain Domains bei Verkauf durch einen Unternehmer Gegenstand einer sonstigen Leistung. Je nach Art des Empfängers, ist Ort der Leistung entweder der Ort des ausführenden Unternehmers (bei Nichtunternehmern) oder des Empfängers (bei Unternehmern und Nichtunternehmern in Drittlandsgebieten), **66**

---

[95] Klein/Rüsken AO § 162 Rn. 30; Tipke/Kruse AO/FGO/Seer, 188. EL 2025, § 162 Rn. 29; Gosch AO/FGO/Oellerich, 192. EL 2025, AO § 162 Rn. 145.

[96] Rapp/Bongers UR 2023, 665 (669 f.).

[97] Abschnitt 3a.9a Absatz 5 UStAE.

[98] Vgl. auch Müller/Schmidt DStR 2023, 121 (122): Nutzung jedes Strohhalms als Anhaltspunkt für die Bestimmung des Leistungsorts.

[99] BMF 27.2.2018, DStR 2018, 528.

[100] BMF 27.2.2018, DStR 2018, 528; kritisch insoweit Liegmann BB 2018, 1175 (1178).

[101] Rapp/Bongers UR 2023, 665 (670); Müller/Schmidt DStR 2023, 177 (181).

[102] Vgl. Bunjes/Korn UStG § 2 Rn. 98; Rau/Dürrwächter/Stadie, 215. EL 2025, UStG § 2 Rn. 364 f.

[103] Bunjes/Korn UStG § 2 Rn. 95; Wäger/Heber UStG § 2 Rn. 57; BeckOK UStG/Müller, 45. Ed. 30.6.2025, § 2 Rn. 140.1 ff.; vgl. zum NFT-Handel auch Schuska MwStR 2024, 293 (300).

Aufgrund der Pseudonymität bestehen regelmäßig Schwierigkeiten bei der Bestimmung der Art des Empfängers und dessen Orts. Es ist gem. § 162 AO zu schätzen, bei gänzlich fehlenden Anhaltspunkten ist der Ort des Unternehmers Leistungsort.
Die Frage, wann der Handel oder die gewerbliche Überlassung von Blockchain Domains die Unternehmereigenschaft begründen, ist umsatzsteuerlich autonom zu beantworten. Kriterien sind ua die Dauer der Tätigkeit, ihre Intensität und ihr Umfang, die Beteiligung am Markt und das Auftreten wie ein Händler.

Kapitel 4 Tokenisierung

Teil 1 Tokenisierte Assets / Non-Fungible Token (NFT)

§ 18 Einführung

Schrifttum:

Bongers/Müller/Karhan, Zur Einzelvollstreckbarkeit in „non fungible token", SRZ 2023, 17; von Buttlar/Omlor, Tokenisierung von Eigentums-, Benutzungs-, Zutritts- und Pfandrechten, ZRP 2021, 169; Guntermann, Non Fungible Token als Herausforderung für das Sachenrecht, RDi 2022, 200; Hau/Poseck, Beck'scher Online-Kommentar zum Bürgerlichen Gesetzbuch, 74. Edition, Stand: 1.5.2025; Hoeren/Prinz, Das Kunstwerk im Zeitalter der technischen Reproduzierbarkeit – NFTs (Non-Fungible Tokens) in rechtlicher Hinsicht, CR 2021, 565; Möslein/Omlor, FinTech-Handbuch, 3. Aufl. 2024; Möslein/Omlor/Urbach, Grundfragen eines Blockchain-Kapitalgesellschaftsrechts, ZIP 2020, 2149; Murray, NFT Ownership and Copyright, Indiana Law Review 56 (2023), 367; Omlor/Lübke, Tokenized Finance, 2025; Rauer/Bibi, Non-fungible Tokens – Was können sie wirklich?, ZUM 2022, 20.

Token sind digitale Werteinheiten, deren Codesequenzen auf einer Blockchain gespeichert werden können.[1] Zu unterscheiden sind fungible Token und nicht-fungible oder „non fungible token" (NFTs). Während fungible Token untereinander austauschbar und handelbar sind – wie beispielsweise der virulente Bitcoin[2] –, sind NFTs also solche einzigartig, nicht gegen vergleichbare Token austauschbar und auch nicht teilbar.[3] NFTs können einer bestimmten Person zugeordnet werden („Inhaber").[4] 1

I. Praktische Bedeutung

NFTs gewannen insbesondere im Handel von Kunstwerken und Sammelgegenständen an Bedeutung, spielen heute jedoch auch beim Vertrieb anderer (digitaler) Produkte eine große Rolle. Die potenziellen Einsatzbereiche sind vielfältig und bei weitem nicht auf den Bereich der Kunst beschränkt,[5] denn mit einem NFT können ganz verschiedene Vermögenswerte oder Rechte verknüpft sein, wie zB auch Immobilien, Aktien, Anleihen oder Rohstoffe, oder auch Zugriffs-, Nutzungs- oder Verwertungsrechte. 2

II. Technische Grundlagen

Zu unterscheiden sind NFTs, die einen real existierenden Gegenstand (auch: Real-World-Asset, Bezugsgegenstand oder referenziertes Gut) abbilden und diesen im digitalen Raum „vertreten" (sog. asset backed token → § 19 Rn. 19) und NFTs die sich auf einen ausschließ- 3

---

1 Rauer/Bibi ZUM 2022, 20 (22): Token sind die „Blöcke" auf einer Blockchain; ebenso Murray Indiana Law Review 56 (2023), 367 (368).

2 Zu Kryptowährungen eingehend → § 35 Rn. 2.

3 Vgl. Bongers/Müller/Karhan SRZ 2023, 17 (20).

4 Guntermann RDi 2022, 200 Rn. 7.

5 Bereits → § 4 Rn. 19 ff. Beispielhaft wird in diesem Kapitel noch die Bedeutung von NFTs im sportrechtlichen Kontext in den Blick genommen → § 31 Rn. 11 ff.. Siehe zu einigen Anwendungsbereich auch Möslein/Omlor FinTech-HdB/Matzke § 10 Rn. 31 ff.; vgl. auch BeckOK BGB/Fritzsche § 90 Rn. 29.

lich virtuell existierenden Vermögenswert beziehen bzw. einen solchen „autentifizieren".[6] Die Erstellung eines NFTs durch die Verknüpfung eines Token auf der Blockchain mit einem real existierenden oder digitalen Vermögenswert (gemeinsam: tokenisierte Assets) außerhalb der Blockchain wird als Tokenisierung bezeichnet.[7] Bei dem tokenisierten Asset und dem NFT handelt es sich um zwei *unterschiedliche* Vermögenswerte.[8]

4 Zur Erstellung eines NFTs, was gemeinhin als Minting bezeichnet wird,[9] muss der „Schöpfer" oder Emittent des NFT eine digitale Datei erstellen und online speichern, die entweder das Abbild eines realen Gegenstands enthält, beispielsweise einen Scan, ein Foto oder eine Beschreibung des analogen Werkes, oder unmittelbar eine Datei eines ausschließlich digital existierenden Gegenstands erstellen. Durch den Einsatz von Smart Contracts[10] wird aus solchen digitalen Abbildern ein NFT erstellt, der anschließend auf der Blockchain gespeichert wird.[11] Beim Minting handelt es sich demnach um einen maschinellen Vorgang.[12] Der Nutzer des Smart Contract legt lediglich die Informationen fest, die den Inhalt des NFT prägen sollen.[13]

5 Der Smart Contract „verwaltet" die Inhaberschaft des NFT und legt die sog. Tokenfunktionen fest, insbesondere[14]

a) die Möglichkeit den Token von einer Blockchain-Adresse auf eine andere zu transferieren *(transfer);*
b) die Möglichkeit, die Transferfunktion zu deaktivieren *(freeze);* und
c) die Möglichkeit, den Token bei einer bestimmten Adresse zu löschen *(burn).*

6 Zu unterscheiden ist außerdem zwischen einer Speicherung „on-chain" oder „off-chain".[15] Bei der „on-chain"-Speicherung wird der NFT „direkt" auf einer Blockchain gespeichert. Im Regelfall werden NFTs aufgrund ihrer Größe und der für die Speicherung auf der Blockchain erforderlichen Rechenleistung und Kosten allerdings „off-chain" gespeichert. Auf der Blockchain wird dann nur eine Verlinkung zum Speicherort des referenzierten NFT („Token-URL") und/oder der Hashwert der hinterlegten Datei gespeichert.[16] Die den NFT enthaltende Datei kann in einem solchen Fall auf einer speziellen Plattform (zB OpenSea[17]) oder einem spezifischen Peer-to-Peer-Netzwerk[18] (insbesondere IPFS[19]) gespeichert sein.[20]

---

6 Auch Rechte bzw. Gesellschaftsanteile können tokenisiert werden. Man spricht dann beispielsweise von tokenisierten Wertpapieren oder Kryptoaktien, vgl. → § 22 Rn. 4.
7 Möslein/Omlor/Urbach ZIP 2020, 2149 (2151); von Buttlar/Omlor ZRP 2021, 169 (169).
8 Vgl. Murray Indiana Law Review Vol. 56 (2023), 367 (369, 371). Allgemein zur Tokenisierung → § 5 Rn. 45 ff.
9 Vgl. Murray Indiana Law Review Vol. 56 (2023), 367 (368); → § 34 Rn. 2. Zur urheberrechtlichen Einordnung des Minting → § 23 Rn. 34 ff.
10 Bei Smart Contracts handelt es sich im Wesentlichen um durch Softwarecode ausgestaltete „Wenn-Dann-Beziehungen", nicht um Verträge im zivilrechtlichen Sinne. Noch eingehend zu Smart Contracts → § 52 Rn. 3 ff.
11 Omlor/Lübke Tokenized Finance/Gramlich/Grobe/Urbach 5 (10).
12 Vgl. Hoeren/Prinz CR 2021, 565 Rn. 30.
13 Vgl. Rauer/Bibi ZUM 2022, 20 (22).
14 Omlor/Lübke Tokenized Finance/Gramlich/Grobe/Urbach 5 (10).
15 Vgl. Murray Indiana Law Review Vol. 56 (2023), 367 (370 f., 387 f.). Zu dieser Unterscheidung auch → § 23 Rn. 24.
16 → § 20 Rn. 5, 7.
17 Zu weiteren Plattformen noch → § 34 Rn. 6.
18 Zu Peer-to-Peer-Netzwerken bereits → § 5 Rn. 10 f.
19 Das InterPlanetary Filesystem **(IPFS)** ist ein weltweites Peer-to-Peer-Netzwerk, das es ermöglicht, Dateien dezentral zu speichern. Vgl. auch noch → § 23 Rn. 29. Allgemein zu dezentralen Speicherlösungen → § 5 Rn. 7 f.
20 Hierzu auch noch → § 34 Rn. 5.

III. Rechtliche Herausforderungen

7 NFTs sind eine neuartige Rechtsposition, an welcher mangels Körperlichkeit weder Eigentums- noch Besitzrechte begründet werden können.[21] Die Übertragung von NFTs zwischen verschiedenen Teilnehmern einer Blockchain erfolgt unabhängig von den §§ 929 ff. BGB. Dies hat diverse rechtliche Fragestellungen aufgeworfen, die mit den technischen Entwicklungen und Gestaltungsmöglichkeiten Schritt halten müssen. Diese Fragen müssen grundlegend im Rahmen der „allgemeinen" Normen beantwortet werden, denn speziell für NFTs entwickelte Normen fehlen bislang noch. Insbesondere ein „spezifisches Token-Privatrecht" gibt es noch nicht (auch → § 19 Rn. 14).

8 Dabei stellen sich viele Fragen bereits in „klassischen" Bereichen, etwa zum anwendbaren Recht (→ § 20 Rn. 11 ff.), zur Rechtsnatur (→ § 19 Rn. 1, 4 ff.), zur vertragsrechtlichen Einordnung (→ § 34 Rn. 8 ff.), zum anwendbaren Verbraucherschutzrecht (→ § 34 Rn. 13 ff.) oder zur Haftung im Zusammenhang mit der Erstellung und der Übertragung von NFTs (→ § 26 Rn. 13 ff. I.12). Besondere Herausforderungen ergeben sich zudem hinsichtlich der marken- und designrechtlichen,[22] gesellschaftsrechtlichen,[23] urheberrechtlichen[24] und datenschutzrechtlichen[25] Behandlung von NFTs sowie der handelsbilanziellen[26] und steuerrechtlichen[27] Einordnung. Zudem verdient die Einordnung des Handelns mit NFTs als möglicherweise marktmissbräuchliches Verhalten[28] oder Geldwäsche[29] sowie dessen außenhandels- und sanktionenrechtliche Bedeutung[30] besondere Beachtung. Rechtliche Herausforderungen bereiten NFTs als vermögensrechtliches Bezugsobjekt außerdem bei erbrechtlichen[31] sowie insolvenz- und vollstreckungsrechtlichen Sachverhalten.[32]

§ 19 Rechtsnatur

Übersicht

Schrifttum:
Ammann, Bitcoin als Zahlungsmittel im Internet, Rechtliche Fragestellungen und Lösungsansätze, CR 2018, 379; Antonopoulos/Wood, Mastering Ethereum, 2018; Arndt, Bitcoin-Eigentum, 2021; Arndt/Tribula, Token und tokenisierte Rechte, Blockchainpositionen als Wertpapierersatz, in Digitalisierung, Rechtsfragen rund um die digitale Transformation der Gesellschaft, Tagungsband Liberale Rechtstagung 2018; Assmann/Schütze/Buck-Heeb, Handbuch des Kapitalanlagerechts, 5. Aufl., 2020; Becker, Die „res" bei Gaius, Vorstufe einer Systembildung in der Kodifikation?, 1999; beck-online.GROSSKOMMENTAR zum Zivilrecht, Stand 1.3.2021; Berberich, Virtuelles Eigentum, 2010; Birne, Anm. zu OLG Frankfurt a. M.: Investition in

21 Hierzu noch ausführlich → § 19 Rn. 4 ff., 13, 15.
22 Hierzu eingehend → § 21.
23 Zum Einsatz von NFTs im gesellschaftsrechtlichen Kontext → § 22.
24 Hierzu → § 23 Rn. 3 ff.
25 Hierzu → § 29 Rn. 64 ff.
26 Hierzu eingehend → § 24.
27 Hierzu allgemein → § 25; speziell zur erbschaftssteuerrechtlichen Behandlung von NFTs → § 30 Rn. 24 ff.
28 Als Insiderhandel oder Marktmanipulation. Siehe zur Bewertung von Marktmissbrauch im Hinblick auf NFTs → § 27 Rn. 5 ff.
29 Hierzu → § 28 Rn. 20 ff.
30 Hierzu → § 32 Rn. 2 ff.
31 Vgl. → § 30 Rn. 13 ff.
32 Zur insolvenz- und vollstreckungsrechtlichen Behandlung von NFTs → § 51 Rn. 3 ff.,15 I.20.

Kryptowährungen aus Gefälligkeit, RDi 2023, 345; Birne, Das Allgemeine Privatrecht der Blockchain-Token – Lex lata et ferenda, in: Omlor/Möslein, Blockchain und Recht, 2024; Denga, Non-Fungible Token im Bank- und Kapitalmarktrecht, BKR 2022, 288; Deuber/Jahromi, Liechtensteiner Blockchain-Gesetzgebung: Vorbild für Deutschland?, Lösungsansatz für eine zivilrechtliche Behandlung von Token, MMR 2020, 576; Djazayeri, Die virtuelle Währung Bitcoin – Zivilrechtliche Fragestellungen und internationale regulatorische Behandlung, jurisPR-BKR 6/2014, Anm. 1; Engelhardt/Klein, Bitcoins – Geschäfte mit Geld, das keines ist, Technische Grundlagen und zivilrechtliche Betrachtung, MMR 2014, 355; Götting, Gewerblicher Rechtsschutz, 2020; Guntermann, Non Fungible Token als Herausforderung für das Sachenrecht, RDi 2022, 200; Haberer, Von Bären und Token – Zur Problematik des Verhältnisses von NFT und ihren Bezugsobjekten, GRUR 2023, 457; Hanten/Sacarelik, Zivilrechtliche Einordnung von Kryptowährungen und ICO-Token und ihre Folgen, RdF 2019, 124; Hoeren/Prinz, Das Kunstwerk im Zeitalter der technischen Reproduzierbarkeit– NFTs (Non-Fungible Tokens) in rechtlicher Hinsicht, Was Blockchain-Anwendungen für den digitalen Kunstmarkt bewirken können, CR 2021, 565; Hoeren/Sieber/Holznagel, Handbuch Multimedia-Recht, 52. EL April 2020; Hohn-Hein/Barth, Immaterialgüterrechte in der Welt von Blockchain und Smart Contract, GRUR 2018, 1089; v. Hülst, Absoluter Schutz von Token und normativer Sachbegriff, in: Omlor/Möslein, Blockchain und Recht, 2024; v. Hülst, Absoluter Schutz von Blockchain-Token, Normativer Sachbegriff im deutsch-italienischen Rechtsvergleich, 2024; Johow, Entwurf einer Grundbuchordnung für das Deutsche Reich (Vorlage des Redaktors des Sachenrechts Dr. Johow), Band 3, 1880; John, Zur Sachqualität und Eigentumsfähigkeit von Kryptotoken – eine dogmatische (Neu)Betrachtung –, BKR 2020, 76; Kaulartz/Matzke, Die Tokenisierung des Rechts, NJW 2018, 3278; Koch, Die „Tokenisierung" von Rechtspositionen als digitale Verbriefung, ZBB 2018, 359; Kütük-Markendorf, Rechtliche Einordnung von Internetwährungen im deutschen Rechtssystem am Beispiel von Bitcoin, 2016; Lantz/Cawrey, Mastering Blockchain, 2020; Linardatos, Der Mythos vom „Realakt" bei der Umbuchung von Bitcoins – Gedanken zur dinglichen Erfassung von Kryptowährungen, in: Müller et al., Privatrecht 2050 – Blick in die digitale Zukunft, 2020; Maume/Maute, Handbuch Kryptowerte, 2020; Maute, Responsio – Warum die Übertragung von Bitcoins kein dingliches Rechtsgeschäft erfordert, in: Müller et al., Privatrecht 2050 – Blick in die digitale Zukunft, 2020; Meier, Investition in Krypto-Währungen (Bitcoin/Ether) im Spannungsfeld zwischen Auftrag, GoA und Gefälligkeit, JZ 2023, 669; Münchener Kommentar zum Bürgerlichen Gesetzbuch, Band 13, 8. Aufl. 2020; Omlor, Rechtspolitik der Blockchain, in: Omlor/Möslein, Blockchain und Recht, 2024; Omlor, Privatrecht der Kryptowerte, NJW 2024, 335; Omlor, Allgemeines Privatrecht, in: Omlor/Link, Handbuch Kryptowährungen und Token, 2021; Omlor, Elektronische Wertpapiere nach dem eWpG, RDi 2021, 236; Omlor, Digitales Eigentum an Blockchain-Token – rechtsvergleichende Entwicklungslinien, ZVglRWiss 119 (2020), 41; Poelzig/Kläsener, Phänomenologie und zivilrechtliche Einordnung von Kryptowährungen und anderen Kryptowerten, ZVglRWiss 122 (2023), 252; Rauer/Bibi, Non-fungible Tokens – Was können sie wirklich?, ZUM 2022, 20; Rieländer, Eigentum an digitalen Vermögenswerten – Auf dem Weg zu einem sachenrechtlichen Zuordnungsregime für Krypto-Assets, ZEuP 2024, 769; Schlund/Pongratz, Distributed-Ledger-Technologie und Kryptowährungen – eine rechtliche Betrachtung, DStR 2018, 598; Skauradszun, Kryptowerte im Bürgerlichen Recht, AcP 221 (2021), 353; Steger, Kryptoverwahrung – Aufsichts- und zivilrechtlicher Rahmen, in: Omlor/Möslein, Blockchain und Recht, 2024; Walter, Bitcoin, Libra und sonstige Kryptowährungen aus zivilrechtlicher Sicht, NJW 2019, 3609.

1 Die rechtliche Einordnung von Token – seien es fungible oder nicht-fungible Token – stellt die deutsche Rechtsordnung vor ganz neue Herausforderungen. Grund dafür ist, dass es neben dem Eigentumsrecht keine wirklich geeignete Rechtsposition gibt, unter die Token gefasst werden können. Das Eigentumsrecht selbst kann nur an einer körperlichen Sache existieren.[1] Welche Rechtsnatur den Token im Allgemeinen und den NFTs im Speziellen zukommt, ist mithin noch ungeklärt, und der Praxis kann lediglich geraten werden, sich eine Rechtsposition möglichst umfassend mit den Möglichkeiten zu kreieren, die durch das Vertragsrecht zur Verfügung stellt.

2 Um dennoch ein Gespür für die rechtliche Handhabe zu erlangen (und auf vertraglicher Ebene sodann möglichst effektive Regelungen treffen zu können), ist der Versuch einer Einordnung der Token in das Rechtssystem unvermeidbar. Besonders wichtig ist dabei der Blick auf die technischen Hintergründe und die Eigenschaften, die ein Token in tatsächlicher Hinsicht erfüllt bzw. erfüllen soll. Dabei gibt es erhebliche Unterschiede zwischen fungiblen und nicht-fungiblen Token, die auch auf rechtlicher Ebene berücksichtigt werden müssen (zu fungiblen Token → § 36 Rn. 1 ff.). NFTs existieren nur auf der Anwendungsebene, dem sog. layer two. Dadurch wirken einerseits die rechtlichen Unsicherheiten fort, die bereits auf Protokollebene, dem sog. layer one, bestehen. Andererseits weisen NFTs durch ihre fehlende Austauschbarkeit noch einmal ganz eigene Eigenschaften auf, die es aus

[1] So der ausdrückliche Gesetzeswortlaut in § 90 BGB.

rechtlicher Perspektive zu berücksichtigen gilt.[2] Die Einordnung von NFTs ist daher noch einmal um Einiges komplexer.

Hintergrund: Auf Protokollebene gibt es (derzeit) keine NFTs. Denn NFTs verlieren ihre Austauschbarkeit durch ihre Verknüpfung mit einem außerhalb des Distributed Ledgers liegenden Datum.[3] Dies wird bislang nur auf Anwendungsebene erreicht. Selbst bei der Flow Blockchain, die mit nativer Unterstützung für NFTs auf Protokollebene wirbt, ist nur der NFT-Standard in der Protokollebene verankert; die Daten, die den einzelnen NFT überhaupt erst definieren und entstehen lassen, werden aber mithilfe von Smart Contracts auf Anwendungsebene eingebunden. Obwohl die technische Ausgestaltung im Einzelnen unterschiedlich ist, bewegen wir uns in praktischer Hinsicht – wenn es um die Frage der Austauschbarkeit geht – somit grundsätzlich in folgender Struktur:[4] 3

	fungible	*non fungible*
Protokoll-ebene	BTC (Bitcoin), ETH/Ether (Ethereum), SOL (Solana), DOT (Polkadot), MATIC (Polygon)*	/
Anwendungs-ebene	AAVE (Aave), UNI (Uniswap), SMT (Swarm Capital), DAI (MakerDAO), USDC (USD Coin), BZZ (Swarm), MATIC (Polygon)*	nach ERC-721 oder ERC-1155 standardisierte Token auf Ethereum (z.B. Bored Ape Yacht Club, Cryptopunks), auf Polygon (Decentraland, Zed Run) oder auf Arbitrum (Realm, BattleFly); NFTs auf Flow (NBA Top Shot, Genies Tokens)

* Der MATIC-Token von Polygon ist insoweit besonders, da er im Rahmen von Ethereum als second layer Token nach dem ERC-20 Standard auf Anwendungsebene besteht und sod Polygon-Netzwerk mittels sog. Bridge gespiegelt wird, wo er dann aber als native Token auf Protokollebene existiert.

I. Token als neues Rechtsobjekt

Es ist zunächst zu erörtern, inwieweit Token überhaupt ein Rechtsobjekt darstellen, also Gegenstand bzw. Bezugsobjekt von Rechten und Pflichten sein können. Der Begriff des Rechtsobjekts oder Gegenstands ist nicht legaldefiniert, sodass er sich nur in Zusammenschau mit den vorhandenen Rechtspositionen ergibt, die gerade eine Beziehung zwischen Rechtssubjekt zu Rechtsobjekt begründen.[5] Als Unterfall der Gegenstände definiert, sind allerdings Sachen, womit gem. § 90 BGB alle körperlichen Gegenstände gemeint sind. 4

Die technischen Eigenschaften von Token – Zuordenbarkeit, Exklusivität, Einmaligkeit – legen die Einordnung als Sache iSd § 90 BGB nahe. Allerdings existieren Token nicht körperlich, sondern funktionieren nur wie körperliche Gegenstände. Es handelt sich bei Token nur um Werteinheiten, die sich als gedachte Einheit aus den Transaktionsdaten des Distributed Ledgers ergeben.[6] Sie sind jedoch aufgrund ihrer Eigenschaften derart beherrschbar, als wären sie körperlich. Denn auch Sachen sind aufgrund ihrer räumlich-physischen Existenz einmalig und können durch ihre Lage in einem bestimmten Herrschaftsbereich ihrem Inhaber exklusiv zugeordnet werden.[7] 5

---

2 So im Ergebnis auch Omlor RDi 2021, 236 (238) und Omlor ZVglRWiss 119 (2020), 41 (44), wenn er für die zivilrechtliche Betrachtung eine Aufteilung in autonome und aufgeladene Token fordert; erstmals Hoeren/Sieber/Holznagel MMR-HdB/Möllenkamp/Shmatenko Kap. 13.6 Rn. 30, die in Anlehnung an Antonopoulos/Wood Mastering Ethereum Kap. 10.4 die begriffliche Aufteilung in intrinsische und extrinsische Token prägten; zustimmend MüKoBGB/Wendehorst EGBGB Art. 43 Rn. 309, Deuber/Jahromi MMR 2020, 576 (577) sowie v. Hülst Absoluter Schutz von Blockchain-Token S. 49.

3 Lantz/Cawrey Mastering Blockchain Kap. 5.1.1; Antonopoulos/Wood Mastering Ethereum Kap. 10.2; ferner v. Hülst Absoluter Schutz von Blockchain-Token S. 42, 48, 66 f.

4 Im Ergebnis ebenso von drei Kategorien ausgehend Rauer/Bibi ZUM 2022, 20 (22).

5 Statt aller BeckOGK/Mössner BGB § 90 Rn. 12.

6 S. v. Hülst Absoluter Schutz von Blockchain-Token S. 31.

7 Erstmals John BKR 2020, 76 (78 f.); ausführlich v. Hülst Absoluter Schutz von Blockchain-Token S. 98 ff., 154 ff.

6 Aufgrund des klaren Wortlauts des Gesetzes („körperlich") ist der überwiegenden Ansicht nach eine Einordnung der Token als Sache iSd § 90 BGB derzeit[8] jedoch ausgeschlossen,[9] was auch von der Rechtsprechung so gesehen wurde.[10] Für eine entgegenstehende Ansicht dürfte noch eine dahingehende gesetzgeberische Willensäußerung erforderlich sein.[11] Zwar kann argumentiert werden, dass der Gesetzgeber bei Schaffung dieser Norm digitale Phänomena wie Token noch gar nicht kannte und mithin keine Notwendigkeit sah, Sachen anders zu beschreiben als mit ihrer Eigenschaft als körperlich. Letztendlich ist diese Abgrenzung jedoch ungenau, da sie sich nicht auf die Funktion des Sachbegriffs bezieht, sondern nur eine – in der Regel passende – Beschreibung nutzt.[12] Ziel der Definition bestand damals lediglich darin, Sachen von anderen Rechtsgegenständen wie Rechten abzugrenzen.[13] Letztendlich ist durch die ungenaue Umschreibung aber eine unscharfe Grenzlinie entstanden. Dadurch entsteht Raum für Grenzfälle bzw. für Konstellationen, in denen die Definition nicht so richtig passt – wie es etwa bei Token aufgrund ihrer fehlenden Körperlichkeit, aber ansonsten identischer Sachfunktionsweise der Fall ist. Diese vor über 100 Jahren vom Gesetzgeber gewählte Abgrenzung ist somit zu hinterfragen. Denn für die Praxis bietet sie keine zeitlose Gewissheit, sondern schafft vielmehr Rechtsunsicherheit. Diese Rechtsunsicherheit kann nur beseitigt werden, indem der Gesetzgeber seinen Willen konkretisiert und aktualisiert.[14]

7 Interessanterweise ist die deutsche Rechtsordnung mit dieser Problematik des zu eng definierten Sachbegriffs recht allein. Andere Rechtsordnungen wie das angelsächsische Common Law haben meist ein deutlich weiteres Verständnis von Eigentum und den möglichen Eigentumsobjekten.[15] Doch auch die meisten kodifizierten Rechtsordnungen wurden vom französischen Recht dahingehend beeinflusst, dass Sachen nicht nur körperliche Gegenstände, sondern auch andere Gegenstände sein können.[16]

8 Einigkeit scheint inzwischen jedoch dahingehend zu bestehen, dass ein Token schon aufgrund des offensichtlich bestehenden Inhaberschafts- und Vermögensinteresse Gegenstand von Rechten und Pflichten sein muss. Auch wenn die konkrete Form der Rechtsposition noch unklar sein mag, folgt aus diesem Interesse ein rechtliches Regelungsbedürfnis, was den Token jedenfalls zum Rechtsobjekt werden lässt.[17] Demgegenüber dürfte die zu Beginn noch vertretene Auffassung, es handele sich um ein sog. rechtliches Nullum,[18] inzwischen als überholt gelten. Gemeint sind damit Dinge, die keinerlei rechtliche Wirkung erzeugen, etwa weil es sich um nichtige Willenserklärungen handelt oder aber – im Falle von Token – sie keinerlei rechtliche Relevanz entfalten.

8 So auch Rieländer ZEuP 2024, 769 (788 f.).

9 Statt aller Omlor/Möslein Blockchain/Birne S. 29, 31; ferner Poelzig/Kläsener ZVglRWiss 122 (2023), 252 (256) mwN sowie insbesondere Maume/Maute Kryptowerte-HdB/Maute § 4 Rn. 13; Omlor/Link Kryptowährungen/Omlor Kap. 6 Rn. 30 ff.; Guntermann RDi 2022, 200 (204); Skauradszun AcP 221 (2021), 353 (361 ff.).

10 OLG Frankfurt a. M. BKR 2023, 460 Rn. 30, mAnm Schultess; besprochen bei Omlor JuS 2023, 964, Meier JZ 2023, 669 und Birne RDi 2023, 345.

11 Darauf selbst hinweisend Omlor/Möslein Blockchain/v. Hülst S. 57, 59 f.; de lege lata bereits die Möglichkeit einer analogen Anwendung bejahend Omlor/Möslein Blockchain/Birne S. 29, 32 f.

12 Omlor/Möslein Blockchain/v. Hülst S. 57, 62.

13 Begründend Johow Vorlage Entwurf BGB S. 18; aus heutiger Sicht dies jedoch kritisch hinterfragend Berberich Virtuelles Eigentum S. 87 sowie Becker Die „res" bei Gaius S. 1, 19.

14 Mit konkretem Vorschlag Omlor/Möslein Blockchain/v. Hülst S. 57, 76 f.

15 Dazu erstmals Omlor ZVglRWiss 119 (2020), 41 (45); ausführlich Rieländer ZEuP 2024, 769 (776 ff.).

16 So beispielsweise das italienische Recht, vgl. Omlor/Möslein Blockchain/v. Hülst S. 57, 70.

17 Aus der neueren Literatur anders nur noch Haberer GRUR 2023, 457 (460) und Poelzig/Kläsener ZVglRWiss 122 (2023), 252 (258 f.).

18 Statt aller Denga BKR 2022, 288 sowie Kaulartz/Matzke NJW 2018, 3278 (3280); differenzierter Maute Privatrecht 2050, S. 215, 224 f.; zuletzt wieder Haberer GRUR 2023, 457 (460) und Poelzig/Kläsener ZVglRWiss 122 (2023), 252 (258 f.).

II. Mögliche Rechtsposition an Token

An einem Rechtsobjekt bestehen verschiedene Rechte und Pflichten, die sich zu einem Rechtsbündel, der sog. Rechtsposition, zusammensetzen. In dieser Gesamtheit stellen sie die rechtliche Beziehung zwischen einem Rechtssubjekt und einem Rechtsobjekt überhaupt erst her. Umgekehrt können von dieser Rechtsposition einzelne Rechte und Pflichten durch vertragliche oder dingliche Einigung vorübergehend abgespalten werden. **9**

In Betracht kommt aufgrund der Ähnlichkeit der Token zu Sachen (→ Rn. 5) zunächst das Eigentumsrecht aus § 903 BGB, welches durch die vielzähligen Vorschriften des Sachenrechts weiter konkretisiert wird. Das Eigentumsrecht knüpft allerdings ausdrücklich an Sachen an, sodass die Unsicherheit im Rahmen des Sachbegriffs auf diese Ebene fortwirkt.[19] Auch wenn eine Einordnung der Token als Sache grundsätzlich möglich erscheint – ob Token letztendlich auch als Sachen eingeordnet werden sollen, kann nur der Gesetzgeber klar beantworten. Bis dahin ist ein Eigentum an Token mangels Sacheigenschaft nicht möglich (→ Rn. 6).[20] **10**

Vielfach vertreten wird jedoch eine analoge Anwendung der sachenrechtlichen Vorschriften, die sodann die Rechtsposition sui generis begründen und definieren. Vorgeschlagen werden (i) eine direkte Analogie zu den mobiliarsachenrechtlichen Vorschriften,[21] (ii) eine Gesamtanalogie zu einzelnen, jeweils passend erscheinenden mobiliar- und immobiliarsachenrechtlichen Vorschriften[22] oder auch nur (iii) eine Analogie zu den §§ 873, 925 BGB.[23] Token sind wegen ihrer Verkehrsfähigkeit grundsätzlich eher als bewegliche Sachen einzuordnen,[24] die Anwendung immobiliarsachenrechtlicher Vorschriften erscheint aufgrund der bestehenden Registervorschriften aber ebenfalls sachgerecht.[25] Unklar ist also, welche Regelungen analog angewendet werden sollen bzw. wie die Rechtsposition im Einzelnen ausgefüllt werden soll. Dass aber die Inhaberschaft an Token auch auf dinglicher Ebene gespiegelt werden muss und sich zur Begründung einer Inhaberschaft an tatsächlich existierenden Gegenständen am ehesten das Eigentumsrecht eignet, ist unstrittig. **11**

Unklar ist auch, inwieweit das rechtliche Instrument des Besitzes für Token herangezogen werden kann. Der Besitz bildet gewissermaßen die Schnittstelle zwischen Recht und Wirklichkeit, da er an tatsächliche Gegebenheiten anknüpft und dadurch tatsächlich existierende Sachen überhaupt erst für eine normative Bewertung durch das Recht greifbar macht. Da der Besitz hierfür jedoch an eine tatsächliche Sachherrschaft anknüpft, scheint er nicht ganz auf die mittels Private Keys beherrschten Token zu passen. Auch der Besitzschutz, der die tatsächliche Sachherrschaft unabhängig von einer normativen Bewertung schützt, um der Justiz die Möglichkeit für die normative Bewertung zu geben und Selbstjustiz zu verhindern, dürfte bei nur abstrakt-digital existierenden Token seinen Zweck mangels physischer Gewaltanwendung nicht erreichen. Denn dass in einem Distributed Ledger oder in dem zugrundeliegenden peer-to-peer Netzwerk gewaltsame Zustände drohen, die es im Sinne eines Rechtsfriedens zu verhindern gilt, überzeugt nur bedingt.[26] **12**

---

[19] Ein Eigentumsrecht ablehnend daher Omlor/Möslein Blockchain/Omlor S. 3, 15; demgegenüber ein Eigentumsrecht aufgrund einer Analogie des § 90 BGB befürwortend Omlor/Möslein Blockchain/Birne S. 29, 34.

[20] Statt aller BeckOGK/Mössner BGB § 90 Rn. 107.4.

[21] Analogie zu § 90 BGB Omlor/Möslein Blockchain/Birne S. 29, 32 f. und Walter NJW 2019, 3609 (3611 ff.); Analogie zu § 929 BGB Koch ZBB 2018, 359 (364) und Schlund/Pongratz DStR 2018, 598 (600).

[22] Arndt Bitcoin-Eigentum S. 113 f., 120 ff.

[23] Ammann CR 2018, 379 (382).

[24] Ausführlich v. Hülst Absoluter Schutz von Blockchain-Token S. 252 ff.; so auch aus Perspektive der Kryptoverwahrung Omlor/Möslein Blockchain/Steger S. 371, 381.

[25] Arndt Bitcoin-Eigentum S. 113 f., 120 ff.; Ammann CR 2018, 379 (382).

[26] Insoweit nur Omlor/Möslein Blockchain/v. Hülst S. 57, 66 f.; v. Hülst Absoluter Schutz von Blockchain-Token S. 362 ff.; ähnlich die Anwendbarkeit eines Besitzschutzes nur bei funktionaler Gleichstellung bejahend Omlor/Möslein Blockchain/Omlor S. 3, 18.

13 Wegen dieser Unsicherheiten hat man zunächst noch eine alternative Subsumtion unter die verschiedenen Rechtspositionen des immateriellen Eigentums versucht. Ein Urheberrecht ist aber mangels schöpferischer Leistung zu verneinen,[27] ein Patentrecht mangels erfinderischer Leistung,[28] ein Designrecht mangels objektiver Einzigartigkeit und ein Markenrecht mangels Unterscheidbarkeit im Waren- oder Dienstleistungsbetrieb.[29] Grundsätzlich sind die Leistungsschutzrechte eng und abschließend gefasst, sodass deren Bezugsobjekte stets ganz bestimmte Voraussetzungen erfüllen.[30] Eine allgemeine zuordnende Rechtsposition wird durch diese aber gerade nicht geschaffen. Auch ein etwaiger Schutz der Blockchain als Datenbank iSd § 87a UrhG begründet keinen Schutz des einzelnen Tokens.[31] Denkbar wäre somit nur, dass der Gesetzgeber – anstatt eine Sachfähigkeit von Token zu bejahen und dadurch indirekt ein Eigentumsrecht an Token anzuerkennen – ein neues, eigenständiges Recht im Bereich des geistigen Eigentums schafft. Dies würde der Tatsache gerecht werden, dass Token unkörperlich sind, und ermöglicht die vollständig individuell an Token angepasste Schaffung einer Rechtsposition.

14 In jedem Fall bedarf es einer Rechtsposition sui generis, ggf. in Form eines eigenen Token-Privatrechts.[32] Eine Rechtsposition sui generis besteht dem Grunde nach schon ab dem Moment, in dem ein rechtlich relevantes Interesse an dem Token entsteht. Fraglich ist nur die konkrete Ausgestaltung dieser Rechtsposition, die entweder sachähnlich oder immaterialrechtsähnlich inspiriert sein kann. Das Bestehen der Rechtsposition sui generis kann aber nicht in Abrede gestellt werden. Denn das gänzliche Fehlen einer Rechtsposition wäre ein Bruch mit der zivilrechtlichen Dogmatik. Immerhin knüpfen nicht nur schuldrechtliche Absprachen an Rechtspositionen an, sondern auch zwangsvollstreckungs- und insolvenzrechtliche Regelungen.[33]

15 Das Bejahen einer Rechtsposition sui generis verletzt auch nicht das Gebot eines zu wahrenden sachenrechtlichen Numerus Clausus. Soweit Token als Sache und mithin Eigentumsobjekt anerkannt werden, wird keine neue Form einer Rechtsposition geschaffen, sondern nur der Pool möglicher Sachenrechtsobjekte erweitert. Darin liegt kein Verstoß gegen den Numerus Clausus.[34] Aber auch wenn eine Rechtsposition sui generis neu definiert werden soll, kann der Numerus Clausus dem nur begrenzt entgegengehalten werden. Denn einer Rechtsfortbildung steht der Numerus Clausus gerade nicht entgegen. Vermieden werden soll nur, dass Einzelpersonen in Relation untereinander eine andere Form von absolut und somit gegenüber allen anderen wirkenden Rechtspositionen begründen.[35]

---

[27] Hohn-Hein/Barth GRUR 2018, 1089 (1091); Kütük-Markendorf Internetwährungen S. 108 f.; Hoeren/Sieber/Holznagel MMR-HdB/Möllenkamp/Shmatenko Kap. 13.6 Rn. 25, 33; Assmann/Schütze/Buck-Heeb KapAnlR-HdB/Schäfer/Eckhold § 16a Rn. 36; Walter NJW 2019, 3609 (3610); Hanten/Sacarelik RdF 2019, 124 (126); Hohn-Hein/Barth GRUR 2018, 1089 (1091); Djazayeri jurisPR-BKR 6/2014, Anm. 1 (D.I.2); offenlassend Hoeren/Prinz CR 2021, 565 (570).

[28] Götting Gewerblicher Rechtsschutz § 4 Rn. 9; Kütük-Markendorf Internetwährungen S. 110 f.

[29] Götting Gewerblicher Rechtsschutz § 4 Rn. 14, 17.

[30] Engelhardt/Klein MMR 2014, 355 (357).

[31] Hoeren/Sieber/Holznagel MMR-HdB/Möllenkamp/Shmatenko Kap. 13.6 Rn. 35; zustimmend Omlor/Möslein Blockchain/Omlor S. 3, 15.

[32] Grundlegend Omlor/Link Kryptowährungen/Omlor Rn. 66; weiter konkretisierend Omlor/Möslein Blockchain/Omlor S. 3, 8 ff. und Omlor NJW 2024, 335 (passim); ähnlich auch aus europarechtlicher Perspektive Rieländer ZEuP 2024, 769 (792 f.).

[33] S. v. Hülst Absoluter Schutz von Blockchain-Token S. 152; ähnlich auch Skauradszun AcP 221 (2021), 353 (368 f.); Linardatos Privatrecht 2050, S. 181, 203 ff. sowie Guntermann RDi 2022, 200 (208); aA Poelzig/Kläsener ZVglRWiss 122 (2023), 252 (258 f.); Maume/Maute Kryptowerte-HdB/Maume Rn. 35.

[34] In diesem Zusammenhang erstmals Linardatos Privatrecht 2050, S. 181, 196 f.; zuletzt Rieländer ZEuP 2024, 769 (794).

[35] Begründend John BKR 2020, 76 (80); Arndt Bitcoin-Eigentum S. 79; zustimmend v. Hülst Absoluter Schutz von Blockchain-Token S. 152 f.

III. Inhaberschaft an Token als Gegenstand von Verpflichtungsgeschäften

Für die Praxis bedeutet das, dass diese Unklarheiten durch möglichst ausdifferenzierte bilaterale Regelungen ausgeglichen werden müssen. Blind auf einen absoluten Schutz der Rechtsposition gegenüber jedermann zu vertrauen, wäre vor dem Hintergrund der bestehenden Unsicherheiten unter Umständen schon als fahrlässig zu werten. Das ist auch möglich, ohne dabei gegen das Trennungs- und Abstraktionsprinzip zu verstoßen. Denn schuldrechtliche Verträge über Gegenstände setzen immer auch eine Rechtsposition voraus, über die dann verfügt werden soll. Erst diese Verfügung bewirkt die Veränderung der Rechtsinhaberschaft, gleichzeitig ist es gerade diese Verfügung, zu der man sich durch Abschluss des schuldrechtlichen Vertrags über einen Gegenstand verpflichtet. Wegen § 453 Abs. 1 Alt. 2 BGB können Kaufverträge über alle sonstigen Gegenstände geschlossen werden. Dann aber muss es spiegelbildlich auf verfügungsrechtlicher Ebene auch möglich sein, über alle sonstigen Gegenstände zu verfügen – was wiederum das Bestehen einer Rechtsposition voraussetzt. **16**

Auf schuldrechtlicher Verpflichtungsebene kann die Reichweite der relativ eingeräumten Rechte und Pflichten vereinbart werden. Will man die Frage umgehen, zu was für einer Verfügung man sich überhaupt verpflichtet, wenn man die Tokenübertragung vereinbart, kann man sich ersatzweise auf die Übertragung der tatsächlichen Herrschaft am Token beziehen. Die – wie auch immer ausgestaltete Rechtsposition – wird im besten Falle der tatsächlichen Herrschaft folgen. Vorschriften, die aus normativen Gründen eine ausnahmsweise Abweichung vorschreiben (etwa die des gutgläubigen Erwerbs), gibt es mangels Ausgestaltung der Rechtsposition ja gerade nicht. Vor dem Hintergrund der Privatautonomie ist diese Vorgehensweise durchaus möglich. Größere Schwierigkeiten entstehen allerdings dann, wenn Token nur für eine gewisse Dauer überlassen werden sollen; auch hier muss sich die Verpflichtung auf den vollständigen Übergang der tatsächlichen Herrschaft am Token beziehen und es kann lediglich ein schuldrechtlicher Anspruch auf Rückübertragung vereinbart werden.[36] Auf tatsächlicher Herrschaftsebene ist gerade nur ein „ganz oder gar nicht" möglich – entweder der Token ist einem zugeordnet oder nicht. **17**

Es kann auch für jeden Fall der Beeinträchtigung eine entsprechende Rechtsfolge vorgegeben werden. Geltung erlangt dies zwar stets nur im Innenverhältnis und wegen des Numerus Clausus niemals nach außen gegenüber Dritten. Da ein absoluter Schutz bei nicht weiter definierter Rechtsposition aber nicht besteht, kann zumindest im Verhältnis gegenüber den eigenen Vertragspartnern ein relativer Schutz vereinbart werden. **18**

IV. Besonderheiten der NFTs

Vor diesem Hintergrund können nunmehr die Besonderheiten der NFTs beleuchtet werden. Indem sie als Token mit etwas verknüpft sind, was sie repräsentieren sollen, kommt ihnen indirekt eine rechtliche Prägung zu. NFTs werden nämlich eigentlich nur mit Dingen verknüpft, die bereits rechtlich erfasst sind: Bei Kunst-NFTs ist es das urheberrechtliche Verwertungsrecht, im Fall von Zutritt gewährenden NFT der dahingehende schuldrechtliche Anspruch. Bei NFTs, die mit Sachen verknüpft sind (sog. asset backed token), ist es aufgrund der rechtlichen Unsicherheiten auf dinglicher Ebene in der Regel ebenfalls ein schuldrechtlicher Anspruch auf Verschaffung der Inhaberstellung. Gewährt ein NFT eine bestimmte Nutzung, ist dies ebenfalls nur ein Anspruch, der auf Einräumung der Nutzungsmöglichkeit gerichtet ist. Der jeweilige NFT hat dadurch automatisch eine gewisse Prägung, **19**

[36] Treffend Arndt Bitcoin-Eigentum S. 51, zustimmend v. Hülst Absoluter Schutz von Blockchain-Token S. 151; zuletzt im Lichte der MiCAR auch Rieländer ZEuP 2024, 769 (794).

die dazu verleitet, den gesamten NFT rechtlich zu der Kategorie des verkörperten Gegenstands zu ordnen.[37]

20 In Anbetracht dessen, dass NFTs auch eine eigenständige Existenz als Rechtsobjekt aufweisen, sollte insoweit aber möglichst differenziert werden. Ähnlich wie bei Urkunden, die ein bestimmtes Recht verkörpern, ist es zwar nicht das Blatt Papier, das den Wert der Urkunde bestimmt. Die deutsche Rechtsordnung hat sich aber dazu entschieden, in solchen Fällen nicht von einer Verschmelzung der Rechtspositionen auszugehen, sondern rechtlich verbindlich anzuordnen, welcher Rechtsposition Vorrang zukommt. Im Falle von Inhaberschuldverschreibungen gem. §§ 793 ff. BGB ist vorgesehen, dass der Inhaber einer Urkunde die darin versprochene Leistung verlangen kann, soweit er zur Verfügung über die Urkunde berechtigt ist. Das Recht am Papier folgt somit dem Recht im Papier.[38] Bei Schuldurkunden iSd § 952 BGB wird diese Reihenfolge umgekehrt: Danach steht das Eigentum an dem über eine Forderung ausgestellten Schuldschein dem Gläubiger zu und das Recht eines Dritten an der Forderung erstreckt sich auch auf den Schuldschein. Das Recht am Papier bestimmt also, wem das Recht im Papier zusteht.[39] Ob es sich konkret um eine Inhaberschuldverschreibung oder um eine Schuldurkunde handelt, bestimmt sich indes nach dem Willen der Vertragsparteien und ist im jeweiligen Einzelfall durch Auslegung zu ermitteln.

21 Im Falle von NFT bietet es sich an, von diesen allgemeinen Regeln Gebrauch zu machen. Wird ein Token als Sache angesehen, wären diese Vorschriften direkt anwendbar, da der NFT durch die Bezugnahme auf ein außenstehendes Recht eine Urkundsfunktion einnimmt.[40] Wird die Rechtsposition nicht weiter definiert, kann eine analoge Anwendung dieser Vorschriften jedenfalls dadurch forciert werden, dass in dem NFT oder dem repräsentierten Recht auf tatsächlicher Ebene ein Vorrang einer der beiden Inhaberschaften bestimmt wird.[41]

22 Clou der NFTs ist es in der Regel, dass diese die Inhaberschaft nicht nur eindeutig zuweisen, sondern auch den Verlauf der Inhaberschaft transparent dokumentieren. Somit spricht viel dafür, NFTs in der Regel als Inhaberschuldverschreibung nach § 793 BGB zu klassifizieren, bei denen der Inhaberposition am NFT der Vorrang eingeräumt wird. Das verkörperte Recht folgt dann der Inhaberstellung – und in rechtlicher Hinsicht dem Recht – am Token.[42]

§ 20 Internationales Privatrecht

Übersicht

[37] Hieraus kann aber schon dogmatisch keine Rechtsposition des Tokens begründet werden, vgl. v. Hülst Absoluter Schutz von Blockchain-Token S. 145.

[38] Grundlegend Kaulartz/Matzke NJW 2018, 3278 (3281 f.).

[39] Dazu v. Hülst Absoluter Schutz von Blockchain-Token S. 157.

[40] Kritisch dazu jedoch Kaulartz/Matzke NJW 2018, 3278 (3282 f.).

[41] Dies kann insbesondere durch ausdrückliche Parteivereinbarung geschehen, vgl. Arndt/Tribula Digitalisierung S. 249, 255.

[42] Erstmals Kaulartz/Matzke NJW 2018, 3278 (3281); zustimmend Arndt/Tribula Digitalisierung S. 249, 254 f. sowie v. Hülst Absoluter Schutz von Blockchain-Token S. 158; eine Einordnung als Inhaberschuldverschreibung grundsätzlich befürwortend und nur de lege lata ablehnend Hoeren/Sieber/Holznagel MMR-HdB/Möllenkamp/Shmatenko Kap. 13.6 Rn. 47 f. sowie Hanten/Sacarelik RdF 2019, 124 (130 f.).

Schrifttum:

Braegelmann/Kaulartz, Rechtshandbuch Smart Contracts, 2019; Buhl, Die dingliche Zuordnung von Kryptowerten im Kollisionsrecht, RDi 2024, 74; Denga, Non-Fungible Token im Bank- und Kapitalmarktrecht, BKR 2022, 288; Dilek, Das Internationale Privatrecht digitaler Werte, 2024; Drögemüller, Blockchain-Netzwerke und Krypto-Token im Internationalen Privatrecht, 2023; Geurts, NFT – Ein Test für den schillernden Wertpapierbegriff?, WM 2024, 727; Giuliano/Lagarde, Bericht über das Übereinkommen über das auf vertragliche Schuldverhältnisse anzuwendende Recht, ABl. 1980 C 282, 1; Gsell/Krüger/Lorenz/Reymann, beck-online Grosskommentar, Stand: 1.2.2026; Guntermann, Non Fungible Token als Herausforderung für das Sachenrecht, RDi 2022, 200; Haberer, Von Bären und Token: Zur Problematik des Verhältnisses von NFT und ihren Bezugsobjekten, GRUR 2023, 457; Hanner, Internationales Kryptowerterecht, 2022; Heine/Stang, Weiterverkauf digitaler Werke mittels Non-Fungible-Token aus urheberrechtlicher Sicht, MMR 2021, 755; Hoeren/Sieber/Holznagel, Handbuch Multimedia-Recht, 63. Aufl. 2025; John, Behandlung von NFT und Utility Token unter der Markets in Crypto-Assets Regulation, BKR 2025, 162; Kerkemeyer, Blockchain-Transaktionen im Internationalen Recht, ZHR 2020, 793; Lehmann, Kollisionsregeln für die Blockchain im Rechtsvergleich, ZVglRWiss 2023, 269; Lehmann, Who Owns Bitcoin? Private Law Facing the Blockchain, Minnesota Journal of Law, Science and Technology 21/2019, 93; Maume/Maute/Fromberger, Rechtshandbuch Kryptowerte, 2020; Müller, Finanzinstrumente in der Rom I-VO, 2011; Omlor/Link, Handbuch Kryptowährungen und Token, 3. Aufl. 2026; Rauer/Bibi, Non-fungible Tokens – Was können sie wirklich?, ZUM 2022, 20; Richter, Blockchain statt Besitz – Erwerb von Rechten auf Basis von Non-Fungible Token, NJW 2022, 3469; Säcker/Rixecker/Oetker/Limperg, Münchener Kommentar zum Bürgerlichen Gesetzbuch, Band 13, 9. Aufl. 2025; Skauradszun, Das Internationale Privatrecht der Kryptowerte, elektronischen Wertpapiere und Kryptowertpapiere, ZfPW 2022, 56; Spindler, Fintech, digitalization, and the law applicable to proprietary effects of transactions in securities (tokens): a European perspective, Uniform Law Review 2019, 724; Staudinger, Kommentar zum Bürgerlichen Gesetzbuch mit Einführungsgesetz und Nebengesetzen, Wiener UN-Kaufrecht (CISG), 2025; Schwemmer, Das Tokensachstatut – Zur kollisionsrechtlichen Behandlung der Übertragung von Bitcoin, Kryptowertpapieren und anderen Kryptotoken, IPRax 2022, 331; v. Bar/Mankowski, Internationales Privatrecht Band 2: Besonderer Teil, 2. Aufl. 2019; Wilhelm, Die Anknüpfung von Treuhandverträgen im Internationalen Privatrecht unter besonderer Berücksichtigung der Rom I-VO, IPrax 2012, 392; Zimmermann, Blockchain-Netzwerke und Internationales Privatrecht – oder: der Sitz dezentraler Rechtsverhältnisse, IPrax 2018, 556.

I. Einleitung

NFT werfen trotz ihrer seit Jahren eher abnehmenden wirtschaftlichen Bedeutung weiterhin 1
eine Reihe interessanter und teils ungeklärter Rechtsprobleme auf. So stellen sich Fragen hinsichtlich ihres besitz- oder eigentumsrechtlichen Schutzes oder ihrer, ggf. auch gutgläubigen, Erwerbsmöglichkeit. Die juristische Beantwortung dieser Fragen weicht oft von Staat zu Staat voneinander ab. Bevor jedoch eine solche Einordnung in der Sache gelingen kann, muss vorab im konkreten Fall geprüft werden, welches Recht überhaupt zur Anwendung kommt. Diese Funktion kommt dem **Internationalen Privatrecht** zu. Dessen Anwendung auf Token wie NFT wird jedoch dadurch erschwert, dass die ihnen zugrundeliegende Technologie der Blockchain einem dezentralen Prinzip folgt, sodass Netzwerkteilnehmer, Server und Plattformen in jeweils unterschiedlichsten Ländern belegen sein können. Zudem handelt es sich weiterhin um technisch neuartige Erscheinungen, mit deren Dynamik die Rechtsentwicklung nur schwerlich Schritt halten kann. Dieser Beitrag soll der Frage nachgehen, wie das Internationale Privatrecht auf NFT angewendet werden kann. Hierbei werden mögliche Kollisionsnormen und Anknüpfungspunkte sowie die damit zusammenhängenden Probleme thematisiert. Da diese teilweise auf technische Begebenhei-

ten Bezug nehmen, ist es an erster Stelle dieses Beitrags notwendig, kurz auf die technischen Grundlagen von NFT einzugehen. Sodann werden NFT in Bezug auf ihr jeweiliges Bezugsobjekt untersucht, da diese Beziehung die kollisionsrechtlich relevante Unterscheidung zwischen intrinsischen und extrinsischen Token maßgeblich mitbestimmt. Im Folgenden wird auf die eigentlichen kollisionsrechtlichen Fragen in Bezug auf NFT eingegangen, wobei zwischen der schuldrechtlichen und der dinglichen Seite differenziert wird. Speziell auf der dinglichen Seite wird zwischen dem den Token selbst betreffenden Token-Sachstatut und dem das Bezugsobjekt betreffenden Hauptstatut unterschieden und deren mögliche Abhängigkeit voneinander thematisiert. Schließlich behandelt der Beitrag generelle Anknüpfungspunkte für das Token-Sachstatut, bevor ein kurzes Fazit die zentralen Erkenntnisse noch einmal zusammenfasst.

II. Technische Grundlagen von NFT

2 Als technische Grundlage für NFT dient die **Distributed Ledger Technology,** deren praktisch wichtigster Anwendungsfall die **Blockchain** ist. Eine öffentliche Blockchain ist dabei dezentral organisiert, da jeder Netzwerkteilnehmer eine Kopie der gesamten Datenbank auf seinem Rechner speichert, sodass etwaige Versuche der Manipulation grundsätzlich sofort erkennbar werden. Innerhalb einer solchen dezentralen Datenbank werden fortlaufende Datensätze derart zu Informationsblöcken verkettet, dass sie mittels eines kryptografischen Verfahrens miteinander abgeglichen und untrennbar verbunden werden, was sie fälschungssicher macht. Dies geschieht mit Hilfe spezieller Netzwerkteilnehmer („Miner"), die gegen eine Vergütung entsprechende Datenblöcke verifizieren und auf die Blockchain implementieren. Damit Transaktionen über solche Datensätze verbucht werden können, bedürfen alle Netzwerkteilnehmer zunächst eines sog. **private keys.** Dieser private Schlüssel ist nicht austauschbar und funktioniert ähnlich wie ein geheimes Passwort. Aus dem private key wird im Wege asymmetrischer Kryptografie der **public key** als Teil eines Schlüsselpaars abgeleitet. Dieser individuelle öffentliche Schlüssel kann geteilt werden und ist vergleichbar mit einer Postadresse bzw. einem Briefkasten. Das Schlüsselpaar ermöglicht eine sichere Ver- und Entschlüsselung von Daten und insbesondere die Erstellung digitaler Signaturen, wodurch Transaktionen fälschungssicher und unveränderbar auf der Blockchain aufgezeichnet werden können. Aus dem public key wird wiederum im Wege eines weiteren Sicherheitsschrittes eine sog. **(wallet) address** abgeleitet. Sie beschreibt die (virtuelle) Adresse, an der Token gespeichert werden können und unter der der jeweilige „Owner" im Netzwerk auftritt. Eine Wallet ist demgegenüber der Ort, an dem der private key aufbewahrt wird, wobei diese Speicherung auf verschiedene Weise, sowohl digital als auch auf einem körperlichen Datenträger, geschehen kann.[1]

3 Wie sämtliche Arten von Token handelt es sich auch bei einem NFT zunächst nur um eine digitale Werteinheit, deren Codesequenz auf einer solchen Blockchain gespeichert ist.[2] Während aber fungible Token wie Bitcoin untereinander sowohl austauschbare als auch teilbare Codesequenzen darstellen, trifft dies auf NFT gerade nicht zu. Sie sind grundsätzlich einzigartig, gerade nicht gegen vergleichbare Token austauschbar und auch nicht teilbar. Dies ist auf ihren technischen Entstehungsprozess zurückzuführen, der sich häufig der Grundlage der Ethereum-Blockchain und speziell des Standards ERC-721 bedient. Hierbei wird ein **Smart Contract**[3] – dh ein Computerprogramm, das Befehle ausführt – derart programmiert, dass er bestimmte Eigenschaften enthält und in dieser Form in die Blockchain implementiert wird **(„Minting").** Zu diesen Eigenschaften gehört zum einen die individuelle Token-ID, die die Adresse des Tokens auf der Blockchain beschreibt und über die der

[1] Drögemüller Blockchain-Netzwerke und Krypto-Token im Internationalen Privatrecht S. 49.

[2] Zuzugeben ist aber mit Denga BKR 2022, 288, dass angesichts des damit betriebenen Missbrauchs nicht jede als „NFT" verkaufte Anlage tatsächlich auch auf einer Blockchain basieren muss.

[3] Dazu Hoeren/Sieber/Holznagel MMR-HdB/Guggenberger Teil 13.7 Rn. 1 ff.

jeweilige NFT seine Einzigartigkeit erhält. Zum anderen wird der NFT durch das Minting in der Regel einem Ersteller und damit einem bestimmten Account (wallet address) auf der Blockchain zugeordnet.[4] Der Ersteller erhält dadurch „Ownership" am Token und kann diesen per Transaktion auf einen anderen Account übertragen, was wiederum öffentlich auf der Blockchain gespeichert wird.

III. NFT und ihr Referenzobjekt – Intrinsische oder extrinsische Token?

NFT stehen jedoch in der Regel nicht für sich, sondern können ein vom Token selbst zu unterscheidendes Vermögensgut repräsentieren. Das Verhältnis zwischen diesem repräsentierten Gegenstand und dem Token bedarf einer genauen Analyse, bestimmt es doch die kollisionsrechtlich relevante Einordnung eines NFT als intrinsischer oder extrinsischer Token. Ein **intrinsischer Token** bildet dabei nur einen innerhalb des jeweiligen Buchungssystems existierenden Wert ab, während ein **extrinsischer Token** einen darüber hinausgehenden, dh außerhalb der Blockchain existierenden, Gegenstand oder Anspruch repräsentiert, etwa Forderungen, Nutzungs- und Mitgliedschaftsrechte oder Rechte an Sachen, wobei der referenzierte Gegenstand auch digital sein oder sogar erneut auf einer Blockchain basieren kann.[5] 4

Je nach Ausgestaltung der Programmierung des Smart Contracts kann es sich unterscheiden, ob etwas, und ggf. was, durch den NFT repräsentiert wird. Dabei sind die Güter, auf die der NFT jeweils Bezug nehmen kann, mittlerweile so vielfältig, dass sie nicht auf den Kunstmarkt beschränkt sind. So können etwa digitale Güter generell (zB Musikdateien, virtuelle Sammelkarten oder Gegenstände in virtuellen Welten), Geschäftsgeheimnisse, aber auch physische Werte (wie etwa Uhren, Oldtimer oder gar Grundstücke) einem NFT als **Bezugsobjekt** dienen. Dabei wird das Gut, das durch den NFT repräsentiert werden soll, in der Regel nicht unmittelbar selbst auf der Blockchain abgebildet, da es aufgrund deren Größe und der damit verbundenen Rechenleistung und Kosten kaum praktikabel ist. Vielmehr enthält der Smart Contract oftmals nur den Hashwert einer Metadaten-Datei, die wiederum einen Hyperlink (die sog. Token-URL) zu derjenigen Datei beinhaltet, die durch den NFT repräsentiert werden soll. Die Datei selbst ist in einem solchen Fall stattdessen auf einer speziellen Plattform (zB OpenSea) oder einem weitestgehend bestandsicheren Peer-to-Peer-Netzwerk (insbesondere IPFS) gespeichert. 5

1. Unmittelbare Verknüpfung mit dem referenzierten Gut

Während teilweise angenommen wird, ein NFT stelle aufgrund seines stets außerhalb der Blockchain liegenden Bezugspunkts einen **extrinsischen Token** dar,[6] dürfte dies in einer solchen Pauschalität nicht zutreffen. So kann das jeweilige Referenzgut auch direkt in den Smart Contract und damit in die Blockchain implementiert werden (sog. **On-Chain NFT**), sodass durch den NFT auch unmittelbar das jeweilige repräsentierte Gut verkörpert wird. In einem solchen, wenngleich seltenen, Fall ist ein außerhalb der Blockchain liegender Bezugspunkt nicht vorhanden, was den NFT zu einem rein intrinsischen Token machen würde. 6

[4] Die Wallet Address muss aber nicht zwingend im Smart Contract hinterlegt sein, vielmehr können NFT auch anonym erzeugt werden.

[5] MüKoBGB/Wendehorst EGBGB Art. 43 Rn. 310 ff.

[6] Richter NJW 2022, 3469 (3470 ff.), der gleichwohl davon ausgeht, dass die typische Ausgestaltung eines NFT dem Inhaber keine über die technische Inhaberschaft am Token hinausgehende Stellung einräumt.

2. Verknüpfung durch Verlinkung des referenzierten Gutes

7 Viel häufiger geschieht die Verknüpfung aber, wie bereits erläutert, nur durch eine **Verlinkung** zum Speicherort der repräsentierten Datei. Hierdurch ist jedoch noch nicht notwendigerweise ein Recht oder Anspruch am mit dem NFT verknüpften Gegenstand verbunden, der es erlauben würde, den Token tatsächlich als extrinsisch zu kategorisieren. Ein Token, der auf eine solche Weise einen Bezug etwa zu einem digitalen Kunstwerk eines Künstlers herstellt, erlaubt dem Erwerber dieses Tokens noch keinen exklusiven Zugriff auf das Kunstwerk. Vielmehr ist die referenzierte Datei durch die öffentlich verfügbaren Metadaten und den dort enthaltenen Hyperlink frei verfügbar und kann von Dritten abgerufen und gespeichert werden. Die Verbindung über einen solchen Link muss als solche auch nicht zwingend fortbestehen, sondern kann etwa durch ein Abschalten des Servers oÄ abreißen, insbesondere wenn das Referenzgut nicht auf einem bestandssicheren Server gespeichert wurde. Hinzu kommt, dass der jeweilige Ersteller mehrere (wenngleich einzigartige) NFT von einem Kunstwerk schaffen kann, die einem Exklusivzugriff eines Erwerbers des Tokens ebenfalls entgegenstünden. Schließlich bietet das NFT generell überhaupt keine Garantie dafür, dass das in ihm referenzierte Kunstwerk tatsächlich auch das digitale Original des Künstlers darstellt. Ein entsprechender Token könnte auch von einer Kopie des Gemäldes oder gar von einem unberechtigten Dritten („Copyfraud"[7]) geschaffen worden sein.

8 Eine andere Betrachtung könnte dann angebracht sein, wenn der Zugriff auf das Referenzgut allein dem Erwerber des Tokens zusteht. Dies ist etwa der Fall, wenn der Smart Contract derart programmiert ist, dass eine bestimmte Datei **exklusiv für den Tokenerwerber** entsperrt und über einen entsprechenden Link zugänglich wird (sog. unlockable content[8]). Auch kann der referenzierte Gegenstand auf einem physischen Datenträger gespeichert und bei Erwerb des Tokens entsprechend übergeben werden.

3. Verknüpfung mit Nutzungsrechten am referenzierten Gut

9 NFT und das jeweilige Bezugsobjekt können zudem noch auf eine weitere, zumindest mittelbare Weise, miteinander verknüpft werden, nämlich durch eine Implementierung von bestimmten **Nutzungs- bzw. Verwertungsrechten** in den Smart Contract. So kann im Token etwa das exklusive Recht des Erwerbers des Tokens verbrieft werden, ein jeweiliges digitales Kunstwerk in urheberrechtlich zulässiger Weise nutzen oder damit werben zu dürfen. Zwar dürfte eine solche Rechteeinräumung im Zweifel wohl nicht konkludent vereinbart werden.[9] Sie kann jedoch durch ausdrückliche Parteivereinbarung geschehen, etwa indem eine entsprechende Lizenzvereinbarung in den Smart Contract aufgenommen oder in den AGB oder Token-Beschreibungen des Veräußerers bzw. der Verkaufsplattformen niedergelegt wird. So wurde zum Blockchain-Spiel CryptoKitties eine Musterlizenz (NFT License[10]) entwickelt, die helfen soll, die Rechte der Schöpfer und Inhaber der jeweiligen NFT zu definieren und in einen Ausgleich zu bringen. Die **Musterlizenz** sieht ua vor, dass man die jeweilige Kryptokunst der CryptoKitties nicht nur für den eigenen, nichtkommerziellen Gebrauch, sondern auch für die Vermarktung eigener Waren nutzen darf, solange der Umsatz 100.000 USD nicht übersteigt. Auch können sie, solange kryptografisch die eigene Inhaberschaft sichergestellt ist, auf entsprechenden virtuellen Marktplätzen transferiert oder auf Drittwebseiten/-apps verwendet werden. Eine ähnliche über den reinen Token hinausgehende Nutzerlizenz hinsichtlich der damit verknüpften

---

7 Dazu Rauer/Bibi ZUM 2022, 20 (27).
8 Dazu Heine/Stang MMR 2021, 755 (757).
9 Vgl. Guntermann RDi 2022, 200 (202) mwN.
10 Vgl. NFT License, abrufbar unter: https://www.nftlicense.org (zuletzt abgerufen am 16.3.2026).

Videodateien sehen auch die Nutzungsbedingungen der virtuellen NFT-Sammelkarten NBA Top Shots vor.[11]

Auch wenn manche Rechtsordnungen eine solche Verknüpfung rechtlich nicht anerken- 10
nen mögen,[12] muss das internationale Privatrecht gleichwohl mit der Möglichkeit rechnen, dass derartige Nutzungsrechte eingeräumt werden, auch angesichts der steigenden Anzahl von Staaten, die Token und ähnliche digitale Vermögensgüter etwa bereits als Eigentumsform anerkennen. Insofern ist es nicht ausgeschlossen, dass solche oben erwähnten Rechte, etwa auf Nutzung bzw. Werbung mit dem Token verknüpfter Dateien, durch den NFT verkörpert werden, was Letzteren damit zu einem **extrinsischen Token** machen würde.[13]

Praxishinweis:

Bei der Programmierung des Smart Contracts sollten NFT-Emittenten genau definie- 11
ren, ob und in welcher Weise der NFT und sein Bezugsobjekt miteinander verknüpft sind. Für eine exklusive Berechtigung am referenzierten Gut genügt die einfache Verlinkung zum Speicherort einer Datei nicht, vielmehr bietet sich hierfür etwa der Einsatz von sog. unlockable content an. Da eine konkludente Rechteeinräumung im Zweifel nicht unterstellt werden kann, sollten etwaige Nutzungs- und Verwertungsrechte zudem ausdrücklich im Smart Contract, den AGB oder den Nutzungsbedingungen verankert werden.

IV. Kollisionsrechtliche Fragen im Zusammenhang mit NFT

1. Schuldrechtliche Seite

Hinsichtlich der Zuordnung und Übertragung eines NFT stellen sich auf der Ebene des 12
Internationalen Privatrechts bedeutsame Rechtsfragen. Für die **schuldrechtliche Seite** einer Transaktion des Tokens liegt hierbei zwar eine Anknüpfung nach der Rom I-VO[14] nahe. Vorrangig wäre diesbezüglich jedoch das Wiener UN-Übereinkommen über Verträge über den internationalen Warenkauf vom 11.4.1980 **(CISG)**[15] zu beachten. Dieses ist gem. Art. 1 Abs. 1 CISG auf Kaufverträge über **Waren** anwendbar, wobei fraglich ist, ob nicht körperliche Güter wie Token und speziell NFT als eine solche Ware angesehen werden können. Grundsätzlich erfasst der Warenbegriff neue oder gebrauchte, körperliche, bewegliche Sachen.[16] Er wird aber insofern weit ausgelegt, als dass er etwa auch die per Download erfolgende dauerhafte Überlassung von standardisierter Software erfasst.[17] Vom Anwendungsbereich des CISG ausgeschlossen ist dagegen der Erwerb von Rechten, soweit diese nicht wiederum Teil eines körperlichen Gegenstands sind.[18] Bei Anwendung dieser Grundsätze dürften Token und damit auch NFT nicht unter den Warenbegriff des CISG fallen.[19] Aufgrund ihrer unkörperlichen Natur fehlt es ihnen selbst an jedweder Verkörperung, da sie einzig auf der Blockchain gespeichert sind. Im Gegensatz zu Software lassen sie sich auch

---

11 Vgl. NBA Top Shot, abrufbar unter: https://nbatopshot.com/terms (zuletzt abgerufen am 16.3.2026).

12 Vgl. für die deutsche Rechtslage krit. Haberer GRUR 2023, 457, der deshalb die Verbindung zwischen NFT und Bezugsobjekt als tatsächlich und rechtlich nicht existent und damit als reine Fiktion einstuft.

13 IE ähnlich Guntermann RDi 2022, 200 (202), die NFT für intrinsische Token hält, sofern nicht (ausnahmsweise) ausdrücklich Nutzungsrechte eingeräumt werden.

14 VO (EG) Nr. 593/2008 des Europäischen Parlaments und des Rates vom 17.6.2008 über das auf vertragliche Schuldverhältnisse anzuwendende Recht (Rom I), ABl. 2008 L 177, 6.

15 United Nations Convention on Contracts for the International Sale of Goods.

16 BeckOGK/Wagner CISG Art. 1 Rn. 9.

17 Staudinger/Magnus CISG Art. 1 Rn. 44.

18 BeckOGK/Wagner CISG Art. 1 Rn. 10.

19 So auch Hanner IntKryptowerteR S. 178 ff.; Drögemüller Blockchain-Netzwerke und Krypto-Token im Internationalen Privatrecht S. 186 ff.; anders, zumindest für Eigentum an einer Ware repräsentierende digitale Werte und nicht handelbare Nutzungs-Token, Dilek IPR Digitaler Werte S. 246 f.

nicht herunterladen oder auf körperliche Gegenstände übertragen. Sie sind zudem auch nicht reproduzierbar und damit singulär.[20] Zudem repräsentieren sie, wenn überhaupt, nur Rechte bzw. Forderungen, die vom Anwendungsbereich des CISG ausgenommen sind.

13 Der Anwendungsbereich der sodann zu betrachtenden **Rom I-VO** setzt zunächst ein vertragliches Schuldverhältnis in Zivil- und Handelssachen voraus, das eine Verbindung zum Recht verschiedener Staaten aufweist. Ein solches **Schuldverhältnis** meint eine freiwillige Verpflichtung einer Partei gegenüber einer anderen.[21] Während diese Voraussetzung auf vertragliche Leistungspflichten zur Generierung oder Übertragung eines Tokens zutrifft, passt sie gerade nicht für die Übertragung des Tokens selbst, die sich nur als Vollzug eines bereits begründeten Schuldverhältnisses darstellt.[22] Auch dezentralisierte Blockchain-Netzwerke können prinzipiell einem vertraglichen Schuldverhältnis unterfallen, sofern den die jeweiligen Regeln akzeptierenden Teilnehmern bestimmte vertragliche Verpflichtungen zueinander obliegen, etwa die gemeinsame Zweckförderung oder das Absehen von Schädigungen.[23] Bei Smart Contracts wiederum kommt es abhängig von ihrer Definition darauf an, ob sie einen Vertrag selbst darstellen (echte Smart Contracts) oder einzig einen selbstausführenden Programmcode.[24]

14 Fraglich ist weiterhin, ob der Anwendungsbereich der Verordnung aufgrund normierter **Bereichsausnahmen** ausgeschlossen ist. So sind etwa gem. Art. 1 Abs. 2 Buchst. d Rom I-VO Verpflichtungen aus Wechseln, Schecks, Eigenwechseln und anderen handelbaren **Wertpapieren,** soweit die Verpflichtungen aus deren Handelbarkeit entstehen, vom Anwendungsbereich ausgenommen. Zwar scheitert die Anwendung dieser Ausnahme auf Transaktionen über Token nicht schon an deren mangelnder Körperlichkeit, da der hiesige Wertpapierbegriff autonom auszulegen ist und auch entmaterialisierte Wertpapiere erfasst.[25] Vielmehr kommt es auch unter teleologischen Gesichtspunkten auf die „Handelbarkeit", dh Umlauffähigkeit des Wertpapiers an, was auch auf Token zutreffen kann.[26] Jedoch meint „Verpflichtungen aus diesen Wertpapieren" gerade nicht Verpflichtungsgeschäfte über Wertpapiere, also insbesondere auch nicht die Verpflichtung, einen Token zu begeben oder über ihn zu verfügen bzw. ihn zu kaufen oder zu verkaufen.[27] Außerdem müssten aus der Handelbarkeit des jeweiligen Wertpapiers obligatorische Verpflichtungen entstehen, die im Interesse von dessen Verkehrsfähigkeit besonders ausgestaltet sind und etwa durch die Übertragung zustande kommen,[28] insbesondere was die schuldrechtlichen Folgen eines gutgläubigen und einredefreien Erwerbs angeht.[29] Hinsichtlich hier betreffender nonfungibler Token sind solche Verpflichtungen nicht ersichtlich. Die Bereichsausnahme für Verpflichtungen aus Wertpapieren findet auf sie im Ergebnis keine Anwendung.

15 Ein weiterer möglicher Ausschluss könnte sich gem. Art. 1 Abs. 2 Buchst. f Rom I-VO aufgrund eigener IPR-Regelungen für Fragen des Gesellschaftsrechts ergeben, sofern der Zusammenschluss von Teilnehmern eines dezentrales Blockchain-Netzwerks als **Gesellschaft** qualifiziert werden kann.[30] Die Blockchain selbst ist als rein faktisches Gebilde ebenso wenig gesellschaftsrechtlich zu qualifizieren wie rein informationstechnische Smart Con-

[20] Vgl. Kerkemeyer ZHR 2020, 793 (816).
[21] MüKoBGB/Martiny Rom I-VO Art. 1 Rn. 8 mwN.
[22] Dilek IPR Digitaler Werte S. 187.
[23] Dilek IPR Digitaler Werte S. 188.
[24] Braegelmann/Kaulartz Smart Contracts/Decentralized Finance-HdB/Rühl S. 153; anders Dilek IPR Digitaler Werte S. 189, der Smart Contracts generell nicht als Schuldverhältnisse, sondern nur als Hilfsmittel zu deren Begründung oder Abwicklung ansieht.
[25] Skauradszun ZfPW 2022, 56 (58 f.).
[26] Dilek IPR Digitaler Werte S. 195.
[27] Vgl., bereits für den Vorgänger der Rom I-VO, Giuliano/Lagarde, Bericht über das Übereinkommen über das auf vertragliche Schuldverhältnisse anzuwendende Recht, ABl. 1980 C 282, 1 (11); Müller Finanzinstrumente in der Rom I-VO S. 157.
[28] Vgl. BT-Drs. 10/504, 84.
[29] v. Bar/Mankowski IPR BT § 1 Rn. 38.
[30] Dazu ausführlich Dilek IPR Digitaler Werte S. 202–237.

tracts.[31] Auch Token selbst stellen keine gesellschaftsrechtlichen Beteiligungen dar, sondern können mitgliedschaftliche Rechte und Pflichten allenfalls repräsentieren.[32] Vielmehr bedarf es für eine gesellschaftsrechtliche Qualifizierung der Teilnahme am Blockchain-Netzwerk zusätzlich einer zugrundeliegenden zwischen den Teilnehmern begründeten Kooperationsabsprache dahingehend, im Außenverhältnis einen am Rechtsverkehr teilnehmenden Verband zu gründen und mittels abstrakter Handlungsorganisation einen gemeinsamen Gesellschaftszweck zu fördern.[33] Dies hängt allgemein von der konkreten technischen Ausgestaltung der Netzwerkstruktur im Einzelfall ab.[34] Selbst wenn man die Teilnahme an Blockchain-Netzwerken als Gesellschaft qualifizieren würde, liefe jedoch eine gesellschaftsrechtliche Anknüpfung an deren Gründungsort oder Verwaltungssitz aufgrund der dezentralen Struktur solcher Netzwerke regelmäßig ins Leere.

Vom Anwendungsbereich der Rom I-VO ausgenommen sind gem. Art. 1 Abs. 2 Buchst. h auch die Gründung von **„Trusts"** und die dadurch geschaffenen Rechtsbeziehungen zwischen den Verfügenden, Treuhändern und den Begünstigten. Da solche insbesondere im Common Law vorkommenden Trusts überwiegend, teils komplexe, dingliche oder gesellschaftsrechtliche und weniger schuldrechtliche Elemente aufweisen, sollen sie nicht dem Anwendungsbereich der Verordnung unterfallen.[35] Hinsichtlich Blockchain-Netzwerken lässt sich diese Bereichsausnahme jedoch nicht anwenden, da sich das Verhältnis zwischen den Entwicklern des Netzwerks und den Token-Inhabern von denen innerhalb eines herkömmlichen Trusts maßgeblich unterscheidet und selbst ein etwaiges Treuhandverhältnis überwiegend schuldrechtlich und gerade nicht dinglich oder gesellschaftsrechtlich geprägt wäre.[36] 16

Soweit sich hiernach schuldrechtliche Verpflichtungen in Bezug auf Token im Anwendungsbereich der Rom I-VO befinden und keine Bereichsausnahme anwendbar ist, bestimmt sich das Vertragsstatut (Art. 12 Rom I-VO) primär nach dem von den Parteien gewählten Recht (Art. 3 Rom I-VO). Falls eine solche **Rechtswahl** nicht getroffen worden ist, erfolgt grundsätzlich[37] eine objektive Anknüpfung nach Art. 4 Rom I-VO. Hierbei sind zunächst für ausgewählte Vertragstypen bestimmte Anknüpfungsregeln vorgesehen, so etwa für Kaufverträge über bewegliche Sachen (Art. 4 Abs. 1 Buchst. a Rom I-VO). Da Krypto-Token wie NFT mangels Körperlichkeit aber keine beweglichen Sachen in diesem Sinne darstellen, lässt sich für den Erwerb solcher Token auch nicht die Anknüpfungsregel für einen derartigen Kaufvertrag anwenden. 17

Eine weitere mögliche, spezielle Anknüpfungsregel betrifft **Dienstleistungsverträge** (Art. 4 Abs. 1 Buchst. b Rom I-VO). Bei dezentralen Blockchain-Netzwerken kann zunächst die entgeltliche Tätigkeit der Miner für die anderen Netzwerkteilnehmer als eine solche Dienstleistung angesehen werden.[38] Aber auch die primäre Herstellung von Token, die über die bloße Autorisierung einer Transaktion hinausgeht, also insbesondere das Minting von NFT, kann eine Dienstleistung darstellen.[39] Auf die entsprechenden Verträge wäre im Ergebnis das Recht des Staates anwendbar, in dem der jeweilige Dienstleister seinen gewöhnlichen Aufenthalt hat, was sich gleichwohl bei anonymen Netzwerkteilnehmern als wenig praktisch erweist. 18

---

31 Zimmermann IPRax 2018, 556 (568 ff.).

32 Omlor/Link Kryptowährungen/Lehmann/Krysa Kap. 5 Rn. 127.

33 Omlor/Link Kryptowährungen/Lehmann/Krysa Kap. 5 Rn. 124.

34 So auch Dilek IPR Digitaler Werte S. 220; Omlor/Link Kryptowährungen/Lehmann/Krysa Kap. 5 Rn. 124.

35 Wilhelm IPRax 2012, 392 (393).

36 Dilek IPR Digitaler Werte S. 238 ff.

37 Daneben ist noch Art. 4 Abs. 3 Rom I-VO zu erwähnen, mit dem das sich aus Art. 4 Abs. 1 und 2 Rom I-VO ergebende Vertragsstatut wegen einer engeren Verbindung zu einem anderen Staat korrigiert werden kann.

38 Drögemüller Blockchain-Netzwerke und Krypto-Token im Internationalen Privatrecht S. 128 f.

39 Vgl. Drögemüller Blockchain-Netzwerke und Krypto-Token im Internationalen Privatrecht S. 210 f.; aA Hanner IntKryptowerteR S. 178 ff.

19 Schließlich ließe sich auch an die Anknüpfungsregel für Verträge über **Finanzinstrumente,** die innerhalb eines multilateralen Systems geschlossen werden, denken (Art. 4 Abs. 1 Buchst. h Rom I-VO).[40] Speziell für NFT lässt sich diese Regel allerdings nicht unmittelbar nutzbar machen, da diese in der Regel mangels Standardisierung weder zu den übertragbaren Wertpapieren noch zu den Finanzinstrumenten gezählt werden können,[41] sodass allenfalls eine analoge Anwendung in Frage käme. Die Norm würde zudem den Vertragsschluss innerhalb eines **multilateralen Systems** erfordern, das die Interessen einer Vielzahl Dritter am Kauf und Verkauf von Finanzinstrumenten nach nicht diskretionären Regeln und nach Maßgabe eines einzigen Rechts zusammenführt oder das Zusammenführen fördert. Hierfür ist ein Markt ausreichend, der Fragen über die Mitgliedschaft, die Zulassung von Finanzinstrumenten zum Handel, den Handel zwischen Mitgliedern, die Meldung von Geschäften und ggf. die Transparenzpflichten regelt.[42] Auch wenn Blockchain-Netzwerke zum Primärerwerb von Token mit ihrem zugrundeliegenden Code durchaus ein Regelwerk aufweisen, treffen die Voraussetzungen auf sie im Ergebnis nicht zu. Sie sind gerade nicht so konzipiert, dass sie die Interessen Dritter am Kauf und Verkauf zusammenführen sollen, vielmehr beschränkt sich ihre Anwendung auf die Verbuchung von Token auf der Ebene der Vertragserfüllung – Anbahnung und Abschluss entsprechender Verträge finden außerhalb solcher Netzwerke statt.[43] Demgegenüber scheint die Anwendung auf Handelsplattformen, auf denen ein Sekundärerwerb von Token stattfindet, durchaus möglich, da hier ein Vertragsschluss innerhalb eines Systems erfolgen kann, das auf automatisierte Weise die Kauf- bzw. Verkaufsinteressen von Nutzern zusammenführt.[44] Auf solche Verträge wäre demnach das Recht des multilateralen Systems anzuwenden, wozu entweder auf die jeweilige Rechtswahl im System oder auf das Recht des Staates, unter dessen Aufsicht das System steht, abzustellen ist.[45]

20 Lässt sich kein spezifizierter Vertragstyp ausmachen oder fallen die Vertragsbestandteile unter mehrere der soeben erörterten Anknüpfungsregeln, unterliegt der Vertrag dem Recht des Staates, in dem die Partei, welche die für den Vertrag charakteristische Leistung zu erbringen hat, ihren gewöhnlichen Aufenthalt hat (Art. 4 Abs. 2 Rom I-VO). Eine solche **vertragscharakteristische Leistung** liegt im hiesigen Kontext insbesondere bei der Verpflichtung zur Erstellung oder Leistung von Token vor, auch wenn diese lediglich Gegenstand einer Schenkung sind.[46] Fraglich erscheinen dagegen die Fälle, in denen sich die Parteien zur **gegenseitigen Leistung von Token** verpflichten, etwa wenn ein NFT mit einer Kryptowährung bezahlt werden soll. Hinsichtlich des **Primärerwerbs** von Token wird diesbezüglich teilweise angenommen, dass hierbei der Emittent die vertragscharakteristische Leistung erbringt, da er den Token überhaupt erst erschafft und ausgibt.[47] Demgegenüber dürften Token grundsätzlich dann nicht als vertragscharakteristische Leistung eingestuft werden, wenn sie lediglich als eine Art von **Entgelt** fungieren.[48] Jedenfalls beim **sekundären Erwerb** eines Tokens – soweit ein solcher also nicht erst erschaffen, sondern ein bereits vorhandener Token gegen einen anderen getauscht wird – lässt sich kein Schwerpunkt der Leistung ausmachen, sodass im Ergebnis auf Art. 4 Abs. 4 Rom I-VO

---

[40] Dazu Hanner IntKryptowerteR S. 239 ff.

[41] Vgl. Anhang I Abschnitt C RL 2014/65/EU des Europäischen Parlaments und des Rates vom 15.5.2014 über Märkte für Finanzinstrumente sowie zur Änderung der Richtlinien 2002/92/EG und 2011/61/EU („MiFID II"), ABl. 2014 L 173, 349; John BKR 2025, 162; BaFin, Non-Fungible-Token: Auf den Inhalt kommt es an, abrufbar unter: https://www.bafin.de/SharedDocs/Veroeffentlichungen/DE/Fachartikel/2023/fa_bj_2303_NFT.html;jsessionid=0D02A1027AE66395114773A03B841FC7.internet002?nn=19659934 (zuletzt abgerufen 16.3.2026); eingehend Geurts WM 2024, 727 (729 ff.).

[42] Müller Finanzinstrumente in der Rom I-VO S. 229.

[43] Drögemüller Blockchain-Netzwerke und Krypto-Token im Internationalen Privatrecht S. 137.

[44] Hanner IntKryptowerteR S. 241 f.

[45] Hanner IntKryptowerteR S. 242 f.

[46] Omlor/Link Kryptowährungen/Lehmann/Krysa Kap. 5 Rn. 211 f.

[47] Hanner IntKryptowerteR S. 190 ff.

[48] Omlor/Link Kryptowährungen/Lehmann/Krysa Kap. 5 Rn. 205 ff.

zurückgegriffen werden muss.[49] Dieser bestimmt das anwendbare Recht schließlich nach dem Staat, zu dem der Vertrag die **engste Verbindung** aufweist, wobei hierbei auch die Umstände des jeweiligen Einzelfalles und die Gewichtung der jeweiligen Leistungen der Vertragspartner berücksichtigt werden können.[50]

Soweit ein **Verbraucher** an schuldrechtlichen Verpflichtungen über Token beteiligt ist, 21
greift zudem vorrangig die Sonderkollisionsnorm des Art. 6 Rom I-VO, wonach an das Recht des Staates anzuknüpfen ist, in dem der Verbraucher seinen gewöhnlichen Aufenthalt hat.[51] Der sachliche Anwendungsbereich gilt zwar grundsätzlich für alle Arten von Verträgen, jedoch sind hiervon Rechte und Pflichten im Zusammenhang mit Finanzinstrumenten bzw. deren Ausgabe oder öffentlichem Angebot ausgenommen (Art. 6 Abs. 4 Buchst. d Rom I-VO). Auch wenn NFT nicht zu den Finanzinstrumenten zu zählen sind,[52] ist durchaus an eine analoge Anwendung der Norm zu denken, damit eine einheitliche rechtliche Anknüpfung für solche Token erfolgen kann.[53] Eine Rückausnahme ergibt sich wiederum für Finanzdienstleistungen, die von einem Unternehmer für einen Verbraucher, also zumindest auch aus fremdnützigen Interessen, erbracht werden,[54] wobei auch diese Rückausnahme für die Ausgabe oder den Verkauf von NFT im Regelfall nicht einschlägig sein dürfte. Der persönliche Anwendungsbereich der kollisionsrechtlichen Verbrauchervorschrift verlangt einen Vertrag zwischen einem Unternehmer und einem Verbraucher, wobei aufgrund der oft anonymen Teilnehmer eines Blockchain-Netzwerks insbesondere die Verbrauchereigenschaft problematisch sein kann. Maßgeblich ist insoweit der erkennbare Zweck des abgeschlossenen Geschäfts, für den auf die vertragliche Vereinbarung oder auf die Sicht des Vertragspartners abgestellt werden kann.[55] Schließlich müsste auch der situative Anwendungsbereich der Norm eröffnet sein, was seitens des **Unternehmers** voraussetzt, dass dieser seine berufliche oder gewerbliche Tätigkeit im Verbraucherstaat ausübt oder zumindest auch auf diesen ausrichtet. Dies führt hinsichtlich der Erstellung und des Verkaufs von Token und speziell NFT zu Problemen, da hierfür die Zugänglichkeit einer, ggf. sogar weltweit abrufbaren, Website gerade nicht ausreichen soll[56] und ein Unternehmer im Verbraucherstaat selten eine Niederlassung unterhält. Mögliche Anhaltspunkte für ein Ausrichten der Tätigkeit auf einen Verbraucherstaat können in diesem Zusammenhang etwa die Wahl der Top-Level-Domain (generisch oder länderspezifisch?), die Art der Währung, um den Token zu erwerben, oder die gewählte Sprache auf der Website, einem dort veröffentlichen White Paper oder in Allgemeinen Geschäftsbedingungen bzw. Nutzungsbedingungen sein; generell kann es sich für den Unternehmer anbieten, einen bestimmten Gerichtsstand, sofern gewünscht, mittels eines Disclaimers auszuschließen.[57]

Praxishinweis:

Bieten Unternehmer NFT über digitale Plattformen oder eigene Websites an, empfiehlt 22
es sich, durch entsprechende Ausgestaltung ihres Online-Auftritts – etwa hinsichtlich der verwendeten Sprache, der akzeptierten Währung, der Domainkonfiguration und der Aufnahme eines ausdrücklichen Disclaimers – eindeutig zum Ausdruck zu bringen, welche Märkte mit dem jeweiligen Angebot angesprochen werden sollen. Dies dient der Vermeidung einer unbeabsichtigten kollisionsrechtlichen Anknüpfung an das Recht eines nicht intendierten Verbraucherstaats im Sinne des Art. 6 Rom I-VO. Zur

49 Hanner IntKryptowerteR S. 245.
50 Vgl. MüKoBGB/Martiny Rom I-VO Art. 4 Rn. 334 ff.
51 Zwar bleibt zudem auch eine Rechtswahl zwischen den Vertragsparteien zulässig, jedoch kann eine solche dem Verbraucher nicht den Schutz entziehen, der ihm durch die zwingenden Normen seines gewöhnlichen Aufenthaltsstaats gewährt wird (Art. 6 Abs. 2 Rom I-VO).
52 Vgl. → Rn. 19.
53 Vgl. dazu, wenn auch iE ablehnend, Hanner IntKryptowerteR S. 197 ff.
54 Vgl. Erwgr. 26 Rom I-VO.
55 Dazu MüKoBGB/Martiny Rom I-VO Art. 6 Rn. 17; BeckOGK/Rühl Rom I-VO Art. 6 Rn. 69 f.
56 Vgl. Erwgr. 24 Rom I-VO.
57 Maume/Maute Kryptowerte-HdB/Steinrötter § 3 Rn. 32.

weiteren Reduzierung von Rechtsunsicherheiten bei grenzüberschreitenden Transaktionen empfiehlt sich darüber hinaus der Abschluss vertraglicher Rechtswahl- und Gerichtsstandsvereinbarungen, wobei zu berücksichtigen ist, dass dem Verbraucher durch eine solche Rechtswahl nicht der Schutz entzogen werden darf, der ihm durch die zwingenden Bestimmungen des Rechts seines gewöhnlichen Aufenthaltsstaates zukommt.

2. Dingliche Seite

a) Anwendung von Sonderkollisionsnormen

23 Hinsichtlich drittwirksamer Berechtigungen am Token ist zunächst nach speziellen Kollisionsnormen zu suchen. Die im deutschen Recht zu findende **Sonderkollisionsnorm** des § 17a DepotG lässt sich jedoch nicht auf NFT anwenden, da diese keine Wertpapiere darstellen, die sich in zentraler Sammeleintragung befinden.[58] Auch die demgegenüber subsidiäre Norm des § 32 eWpG ist nicht einschlägig, da sie gleichermaßen elektronische Wertpapiere voraussetzt, die in ein Kryptowertpapierregister eingetragen werden (§§ 2 Abs. 1, 4 Abs. 1 Nr. 2 eWpG), was auf NFT ebenfalls nicht zutrifft.

24 Eine weitere mögliche Kollisionsnorm findet sich in den – gleichwohl unverbindlichen, da als soft-law anzusehenden – **UNIDROIT Principles on Digital Assets and Private Law.**[59] So enthält Principle 5 (1) eine spezielle Kollisionsnorm für Kryptowerte, die zunächst eine Rechtswahl bezüglich des jeweiligen Token selbst (Buchst. a) bzw. bezüglich des Buchungssystems (Buchst. b) vorsieht. In Ermangelung einer solchen Bestimmung soll subsidiär das nationale Recht des Staates zur Anwendung kommen, in dem der Emittent seinen satzungsmäßigen Sitz hat, sofern der Token einen solchen Emittenten aufweist und dessen satzungsmäßiger Sitz nach außen ohne weiteres bestimmbar ist (Buchst. c). Scheitert auch eine solche Anknüpfung, sieht die Kollisionsnorm einen Rückgriff auf die vom Forumstaat bestimmten materiellrechtlichen Rechtsvorschriften bzw. materiellrechtlich orientierten UNIDROIT Principles oder in letzter Konsequenz auf das vom IPR des Forums bestimmte Recht vor (Buchst. d).

b) Unterscheidung zwischen Hauptstatut und Token-Sachstatut

25 Lässt sich keine Sonderkollisionsnorm ausmachen, ist auf allgemeine kollisionsrechtliche Grundsätze zurückzugreifen. Im Hinblick auf die Fragen nach drittwirksamen Berechtigungen, Übertragungsarten, Möglichkeiten des gutgläubigen Erwerbs oder der Bestellung von Sicherheiten unterliegen die beiden Assets – der Token sowie das von ihm ggf. repräsentierten Gut – jeweils eigenständigen Statuten: Hinsichtlich des Tokens selbst sind diese Fragen nach dem **Token-Sachstatut,** hinsichtlich des repräsentierten Gegenstands dagegen nach dem **Hauptstatut** zu beantworten. Während also das Token-Sachstaut darüber entscheidet, ob der eigentliche Token übertragen oder dinglich belastet werden kann, bestimmt das Hauptstatut über etwaige drittwirksame Berechtigungen am jeweiligen Referenzgut. Beide Statuten sind dabei grundsätzlich getrennt voneinander zu betrachten, sodass drittwirksame Berechtigungen verschiedenen Rechtsordnungen unterliegen können, wobei aber durchaus auch ein Zusammenfallen der Statuten, wie sogleich gezeigt wird, denkbar erscheint.

---

[58] Vgl. Lehmann ZVglRWiss 2023, 269; Schwemmer IPRax 2022, 331 (336).

[59] Abrufbar unter: https://www.unidroit.org/wp-content/uploads/2024/01/Principles-on-Digital-Assets-and-Private-Law-linked-1.pdf (zuletzt abgerufen am 16.3.2026).

c) Rolle des Hauptstatuts

Aus dem Hauptstatut kann sich ebenfalls ergeben, ob und ggf. inwiefern eine Übertragung 26
oder dingliche Belastung des Tokens auch Auswirkungen auf die dingliche Rechtslage beim damit verknüpften Bezugsobjekt hat.[60] Jene Frage nach den **Wirkungen einer dinglichen Übertragung des Tokens auf den repräsentierten Gegenstand** stellt sich freilich nicht bei intrinsischen Token, die keinen externen Bezugspunkt außerhalb der Blockchain aufweisen, sondern nur bei **extrinsischen Token.** Transaktionen hinsichtlich des extrinsischen Tokens können damit sogleich begrenzte oder sogar umfassende dingliche Wirkungen in Bezug auf den durch ihn verkörperten Gegenstand zukommen, womit diese Token ähnliche **Funktionen wie Wertpapiere** erfüllen würden („das Recht aus dem Token folgt dem Recht am Token").[61]

Erstellt etwa ein Künstler einen NFT unter Bezugnahme auf ein von ihm geschaffenes 27
Gemälde, bestimmt das Hauptstatut zunächst mögliche dingliche Berechtigungen am Gemälde als Referenzgut. Gleichzeitig entscheidet das Hauptstatut aber auch über eine mögliche Akzessorietät der dinglichen Rechtslage am Referenzgut von der Übertragung des Tokens selbst. Bei einem körperlichen Gegenstand wie dem Gemälde entspricht das Hauptstatut dem Recht seines jeweiligen Belegenheitsortes (vgl. Art. 43 Abs. 1 EGBGB). Ist das durch den NFT verkörperte Gut dagegen eine Forderung bzw. ein Anspruch auf Zutritt oder Mitgliedschaft, ist das Hauptstatut das auf drittwirksame Berechtigungen an der jeweiligen Forderung anwendbare Recht.[62]

Insgesamt sind mögliche dingliche Wirkungen der Token-Übertragung auf das repräsen- 28
tierte Recht vom **Umfang der Zuerkennung des Hauptstatuts** abhängig. Dieses kann der Übertragung des Tokens bzw. sogar der reinen Buchung innerhalb der Blockchain **volle dingliche Wirkungen** bezüglich des Referenzgutes zukommen lassen. Mit der Übertragung des NFT auf den Erwerber nach den Regeln des Buchungssystems wäre damit zugleich auch die Eigentumsübertragung am repräsentierten Gemälde verbunden, ohne dass weitere dingliche Rechtsakte erforderlich wären. Ebenso gut können durch das Hauptstatut aber auch nur **teilweise dingliche Rechtswirkungen** im Hinblick auf den Token-Erwerb angeordnet werden. So kann eine elektronische Buchung etwa erforderliche Publizitätsakte ersetzen oder eine Vermutung hinsichtlich der Inhaberschaft am repräsentierten Gut aufstellen. Der Transaktion im Buchungssystem können also bereits teilweise materiellrechtliche Wirkungen zukommen, sie alleine kann jedoch – ohne das Hinzutreten weiterer ggf. konstitutiver Voraussetzungen wie zB einer dinglichen Einigung oder der Verfügungsberechtigung des Veräußerers – den Rechtsübergang des Referenzgutes noch nicht vollständig herbeiführen. Schließlich können mögliche dingliche Wirkungen einer Transaktion im Buchungssystem vom Hauptstatut aber auch **vollständig negiert** werden. Dann hätte eine interne Übertragung eines NFT grundsätzlich keinerlei dingliche Folgen in Bezug auf das repräsentierte Gut. Gleichwohl ist auch in einem solchen Fall daran zu denken, dass eine Transaktion im Buchungssystem ggf. auf mindestens konkludent abgegebenen Willenserklärungen beruht, die wiederum nach den außerhalb des Buchungssystems geltenden Regeln in einen Teilakt einer dinglichen Übertragung (zB als dingliche Einigung) oder zumindest in eine schuldrechtliche Verpflichtung umgedeutet werden können. Selbst wenn also etwa für die Übereignung eines Gemäldes eine körperliche Übergabe erforderlich ist,

[60] Siehe zu dieser Unterscheidung auch Drögemüller Blockchain-Netzwerke und Krypto-Token im Internationalen Privatrecht S. 369 f.; Hanner IntKryptowerteR S. 219 und – mit abweichender Terminologie – Buhl RDi 2024, 74 Rn. 16 f.

[61] Siehe zur Übertragung der Grundsätze des Internationalen Wertpapierrechts auf Kryptowerte ausführlich Hanner IntKryptowerteR S. 213 ff.

[62] So auch der europäische Gesetzgebungsvorschlag der Drittwirkungs-VO (COM(2018) 96 final), vgl. Erwgr. 27bis und Art. 4 Abs. 2 Buchst. ba) Vorschlag für eine Verordnung des Europäischen Parlaments und des Rates über das auf die Drittwirkung von Forderungsübertragungen anzuwendende Recht, Rat der Europäischen Union, 9050/21; zur Diskussion um eine, ggf. analoge, Anwendung des Art. 14 Rom I-VO für Drittwirkungsfälle vgl. BeckOGK/Hübner Rom I-VO Art. 14 Rn. 28 ff.

könnte eine interne Transaktion des NFT im Buchungssystem jedenfalls in die Verpflichtung umgedeutet werden, das Eigentum am Gemälde außerhalb des Buchungssystems zu übertragen.

d) Rolle des Token-Sachstatuts

29 Hinsichtlich der **dinglichen Seite** einer Transaktion des Tokens sollte demgegenüber eine eigene sachen- bzw. wertpapierrechtliche Qualifikation **(„Token-Sachstatut")** erfolgen. Während es einer solchen eigenständigen Qualifikation nach dem Token-Sachstatut bei einem solchen NFT, der mangels repräsentierten Guts nur einen **intrinsischen Token** darstellt und damit kein Hauptstatut aufweist, notwendigerweise bedarf, ist dies bei einem Referenzgut verkörpernden NFT (dh einem **extrinsischen Token**) weniger offensichtlich. Gleichwohl stellt sich die Frage des Token-Sachstatus unabhängig davon, ob ein Hauptstatut besteht, das ggf. die Existenz eines solchen Token-Sachstatuts vorsieht.[63] Eine Unterscheidung zwischen Haupt- und Token-Sachstatut erscheint auch zweckmäßig, allein schon für den Fall, dass etwa durch einen NFT das Eigentum an einem Gemälde als bewegliche Sache verkörpert wird. Eine rechtssichere Zuordnung der drittwirksamen Berechtigungen am Token wäre hierbei nämlich durch jede Änderung des Lageorts des Gemäldes und damit auch des Hauptstatuts maßgeblich erschwert.

30 Da jedoch zugleich die Anwendung der herkömmlichen **lex rei sitae** aufgrund der mangelnden physischen Lokalisierungsmöglichkeit von Token ausscheidet, sind für eine eigenständige Qualifikation des Token-Sachstatuts stattdessen geeignete Anknüpfungskriterien zu finden, die mit dem kollisionsrechtlichen Grundsatz der engsten Verbindung[64] in Einklang stehen, gleichzeitig aber auch den vielfältigen Erscheinungsformen von Token und speziell NFT gerecht werden können.

e) Generell mögliche Anknüpfungspunkte für das Token-Sachstatut

31 **aa) Rechtswahl.** Zunächst ließe sich daran denken, eine einheitliche Rechtswahl **(„elective situs")** des Token-Sachstatus zuzulassen. Dies kann zum einen durch diejenige Person erfolgen, die als Erstes mit dem Rechtsverkehr in Verbindung tritt, in der Regel also den Emittenten bzw. Erstverkäufer. Einer einzigen Person eine solche Wahl zuzubilligen, könnte jedoch mögliche Interessen Dritter gefährden.[65] Um stattdessen eine einheitliche Rechtswahl zu ermöglichen, könnte diese zum anderen auch durch alle Netzwerkteilnehmer in Bezug auf die jeweilige Art der Token oder auf das jeweilige Buchungssystem erfolgen.[66] Durch die parteiautonome Rechtswahl könnte so das Problem der physischen Verortung von Token überwunden werden. Dabei müsste sich jeder Netzwerkteilnehmer mit seinem Beitritt der durch die Gründer und anderen Teilnehmer vorab[67] getroffenen Rechtswahl unterwerfen. Um allerdings die notwendige Erkennbarkeit und Sicherheit für Dritte zu gewährleisten, müsste eine solche Rechtswahl in dem Datensatz des Tokens bzw. in dem jeweiligen Protokoll des Buchungssystems, jedenfalls aber in den Emissionsbedingungen oder dem zugrundeliegenden Whitepaper oÄ niedergelegt sein.[68] Eine solche Publizität würde etwa eine Rechtswahl vermissen lassen, die einzig zwischen zwei Netzwerkteil-

[63] Dilek IPR Digitaler Werte S. 76.
[64] Dazu v. Bar/Mankowski IPR AT § 7 Rn. 92 ff.
[65] Dilek IPR Digitaler Werte S. 79 f.
[66] MüKoBGB/Wendehorst EGBGB Art. 43 Rn. 324 mwN. Die unterschiedliche Bezugnahme der Rechtswahl auf die Gattung des Tokens oder das Buchungssystem spiegeln sich auch in Section 12–107 der Uniform Commercial Code Amendments wider, die gemäß deren Vorbemerkung auch explizit für NFT gelten, abrufbar unter: https://www.restructuring-globalview.com/wp-content/uploads/sites/21/2023/10/UCC-Amendments_2022_Final-Act-with-Comments_8-1.pdf (zuletzt abgerufen am 16.3.2026), ebenso in Principle 5 UNIDROIT Principles on Digital Assets and Private Law.
[67] Die Rechtswahl sollte erfolgen, bevor die Token den Verkehrsteilnehmern bereitgestellt werden und diese Positionen hieran erlangen, Dilek IPR Digitaler Werte S. 146.
[68] Dilek IPR Digitaler Werte S. 82 ff.

nehmern für eine bestimmte Transaktion getroffen wird. Generell verbleiben auch Zweifel dahingehend, wie eine solche Rechtswahl bei Netzwerken umzusetzen wäre, deren Zugang nicht reglementiert ist.[69] Es erscheint darüber hinaus problematisch, wenn durch die Wahl einer möglichst liberalen Rechtsordnung die Interessen der Parteien verletzt werden könnten, auch wenn die Rechtswahl einzig sachenrechtliche Bestimmungen betrifft.

Praxishinweis:
Um eine für sämtliche Netzwerkteilnehmer und Dritte erkennbare sowie rechtssichere kollisionsrechtliche Anknüpfung hinsichtlich des auf dingliche Fragen am NFT anwendbaren Rechts zu gewährleisten, sollten Emittenten eine ausdrückliche Rechtswahl bereits in den Emissionsbedingungen, dem zugrundeliegenden Whitepaper oder dem Protokoll des Buchungssystems verankern. Eine lediglich bilateral zwischen zwei Netzwerkteilnehmern im Rahmen einer einzelnen Transaktion getroffene Rechtswahl genügt diesem Erfordernis nicht. Aufgrund der nach wie vor ungesicherten Rechtslage empfiehlt sich in jedem Fall, die Konzeption und Emission von NFT durch fachkundigen rechtlichen Beistand begleiten zu lassen. 32

bb) Gleichlauf mit dem Hauptstatut. Bei extrinsischen Token kann auch ein **Gleichlauf mit dem Hauptstatut** erwogen werden.[70] Hierdurch wäre ein dinglicher Rechtsübergang am Token nach dem Recht zu beurteilen, dem auch die dinglichen Rechte am repräsentierten Gut unterliegen. Dies könnte nicht nur Verkehrserleichterungen und eine einheitliche, rechtssichere Rechtsanwendung zur Folge haben.[71] Es würde auch „hinkende Rechtslagen" vermeiden, wenn etwa ein Token nach dem insoweit anwendbaren Recht mit dinglicher Wirkung auf den Erwerber übertragen wurde, der vom Token repräsentierte Vermögensgegenstand aber nach dem für ihn maßgeblichen Recht beim Veräußerer verblieben ist.[72] Gleichwohl verbietet sich ein pauschaler Gleichlauf von Hauptstatut und Token-Sachstatut, vielmehr muss anhand der betroffenen kollisionsrechtlichen Interessen und Wertungen sowie insbesondere der **Funktionalität** des jeweiligen Token und der konkreten Art des repräsentierten Guts untersucht werden, ob ein Verkehrsinteresse an einer einheitlichen Betrachtung der beiden Statute besteht.[73] Hierbei ist vor allem darauf abzustellen, ob die Verbriefung eines repräsentierten Guts in einem Token primär dazu dient, Verkehrserleichterungen zu ermöglichen.[74] 33

cc) Ort des relevanten Intermediärs (PRIMA). Eine Anknüpfung an den Ort des relevanten Intermediärs **(Place of the Relevant Intermediary Approach),** parallel zur auf elektronische Wertpapiere anwendbaren Norm des § 17a DepotG, erscheint ebenso denkbar, bringt für NFT aber einige Probleme in tatsächlicher wie rechtlicher Hinsicht mit sich. Unklarheit besteht bereits darüber, wer überhaupt als **Intermediär** von NFT anzusehen ist.[75] Zwar wird die Mehrzahl von NFT über speziell eingerichtete Marktplätze wie Open Sea, Magic Eden oder Blur abgewickelt, wo entsprechende Käufe, Verkäufe und ggf. auch Auktionen stattfinden. Voraussetzung für die Nutzung dieser Funktionen ist jedoch eine vorhandene Wallet, die dann mit dem Marktplatz verknüpft wird und die wiederum von einer Vielzahl von Anbietern bereitgestellt werden kann. Aufgrund dieses breiten Spektrums an NFT-bezogenen Dienstleistungen und Geschäftsmodellen lässt sich ein relevanter Intermediär in einer für Dritte erkennbaren Weise oft nur schwer ausmachen. Hinzu kommt, 34

69 Drögemüller Blockchain-Netzwerke und Krypto-Token im Internationalen Privatrecht S. 360.
70 Spindler Uniform Law Review 2019, 724 (733); Hanner IntKryptowerteR S. 218 ff.; Omlor/Link Kryptowährungen/Lehmann/Krysa Kap. 5 Rn. 187 ff.; Dilek IPR Digitaler Werte S. 100 ff.
71 Dilek IPR Digitaler Werte S. 101.
72 MüKoBGB/Wendehorst EGBGB Art. 43 Rn. 329.
73 Dilek IPR Digitaler Werte S. 100 f.
74 Dilek IPR Digitaler Werte S. 103 f., 107.
75 Vgl. dazu Omlor/Link Kryptowährungen/Lehmann/Krysa Kap. 5 Rn. 183 ff.

dass die Einschaltung von Intermediären durch die Entwicklung von NFT eigentlich vermieden werden sollte – so sollten Künstler ihre digitalen Kunstwerke gerade ohne den Umweg über Kunsthändler oder Auktionshäuser direkt ihren potentiellen Kunden anbieten können. Eine Anknüpfung an Anbieter, die solche herkömmlichen Intermediäre ersetzt haben, würde dieses Ziel weiter konterkarieren. Auch ist festzustellen, dass ein NFT nicht zwingend unter Mitwirkung eines Intermediärs übertragen werden muss, sodass die Anknüpfung an dessen Ort mitunter ins Leere laufen kann und jedenfalls entgegen dem kollisionsrechtlichen Grundsatz gerade keine „engste Verbindung" bestünde.

35 **dd) Sitz des Emittenten (LIMA).** Ein denkbarer Anknüpfungspunkt kann auch der Sitz desjenigen sein, der (sofern vorhanden und identifizierbar) den jeweiligen Token erzeugt bzw. emittiert hat **(Location of the Issuer Master Account).**[76] Dies würde zumindest für die vom Emittenten ggf. erzeugte Gattung von Token eine einheitliche Bestimmung des Rechtsstatuts ermöglichen. Auch hier bestehen jedoch Zweifel, ob der Sitz und überhaupt die Identität des Emittenten in einer rechtssicheren Weise für den Verfügungsempfänger oder Dritte auszumachen ist, insbesondere vor dem Hintergrund, dass beim Minting eines NFT die jeweilige wallet address des Erstellers nicht notwendigerweise im Smart Contract hinterlegt sein muss, sodass sich NFT auch auf anonyme Weise erzeugen lassen.

36 **ee) Sitz des Berechtigten bzw. Verfügenden.** Möglich erscheint es auch, an den Sitz des Tokeninhabers, der den jeweiligen Token hält oder über ihn verfügt, anzuknüpfen **(Location of the Current Holder).**[77] Dies wäre insbesondere dann praktisch, wenn ein einzelner Netzwerkteilnehmer eine Vielzahl von Token einer Gattung innehat, da so die Einheitlichkeit des anwendbaren Rechts garantiert wäre. Problematisch stellt sich diese Anknüpfung dagegen bei einer Vielzahl von verschiedenen Tokeninhabern dar, wie es bei den oft zwischen kleinen privaten Künstlern und Käufern ausgetauschten NFT regelmäßig der Fall ist. Dies ließe wiederum eine Aufsplitterung des anwendbaren Rechts befürchten. Der Sitz des Inhabers kann durch diesen auch, ggf. zu Manipulationszwecken, geändert werden. Zudem stellt sich das Problem, dass die Identität und der Sitz des jeweiligen Berechtigten bzw. Verfügenden häufig nicht mit der nötigen Rechtssicherheit bekannt oder bestimmbar sind, insbesondere wenn NFT über Intermediäre wie spezielle Marktplätze gehalten bzw. gehandelt werden.

37 **ff) Lageort des privaten Schlüssels.** Eine ähnliche Anknüpfung stellt auf den **Lageort** des dem jeweiligen Token zugeordneten **private keys** ab. Da dieser die Sachherrschaft über den Token ermöglicht, wird dieses Anknüpfungskriterium auch als „digitales Pendant" zur lex rei sitae angesehen.[78] Zwar kann die Zuordnung eines NFT zum privaten Schlüssel des Inhabers aufgrund der technischen Grundlagen des Buchungssystems regelmäßig eindeutig hergestellt werden, jedenfalls sofern der NFT nicht auf anonyme Weise erzeugt worden ist. Zudem wäre es so möglich, eine einheitliche Anknüpfung für alle dem privaten Schlüssel zugeordneten Token zu schaffen. Jedoch bestehen auch bezüglich eines solchen Anknüpfungskriteriums erhebliche Zweifel. So ist, wie bereits erwähnt, die eindeutige Zuordnung eines Tokens zu einem Inhaber insbesondere dann problematisch, wenn der Token über einen Intermediär gehalten wird. Des Weiteren ist der Belegenheitsort des privaten Schlüssels für Vertragspartner und Dritte regelmäßig nur schwer zu bestimmen. Oft sind solche Schlüssel bei Anbietern von wallets hinterlegt und entweder digital oder analog gespeichert. Bei einer analogen Speicherung setzen sich die Probleme der lex rei sitae insofern fort, als der Ort des Schlüssels für andere Personen außer dem Inhaber nur schwer zu lokalisieren ist und einem fortwährenden Wechsel unterliegen kann, der dann zu einem ständigen Statuten-

[76] So auch die subsidiäre Anknüpfung an den Sitz des Emittenten in § 145a Abs. 1 S. 2 IPRG Schweiz sowie in Principle 5 Abs. 1 Buchst. c UNIDROIT Principles on Digital Assets and Private Law.

[77] Eine solche Anknüpfung ist für den Spezialfall der Bestellung von Sicherheiten ua vom European Law Institute (ELI) vertreten worden, s. Principles 3 (2) und 4 (2) ELI Principles on the Use of Digital Assets as Security.

[78] Drögemüller Blockchain-Netzwerke und Krypto-Token im Internationalen Privatrecht S. 367.

wechsel führen würde. Generell ist der Speicherort des Schlüssels veränderlich, was nicht nur eine eindeutige Anknüpfung erschwert, sondern seitens des Tokeninhabers ebenfalls Möglichkeiten der Manipulation und damit letztlich einer einseitigen, für ihn günstigen Rechtswahl schafft.

gg) Sonstige Anknüpfungspunkte. Alternativ ließe sich auch an das Buchungssystem selbst anknüpfen und das auf den Token anwendbare Recht nach demjenigen Staat bestimmen, unter dessen **Aufsicht** das jeweilige Buchungssystem steht.[79] Die dadurch ermittelte Rechtsordnung dürfte aufgrund ihrer Aufsichtsfunktion über fachspezifische Regelungen verfügen, die eine sachgerechte rechtliche Einschätzung ermöglichen.[80] Gleichwohl kann diese Anknüpfung dann ins Leere laufen, wenn das jeweilige Buchungssystem bzw. die dahinterstehende registerführende Stelle keiner staatlichen Aufsicht oder der Aufsicht mehrerer Staaten unterliegt. 38

Subsidiär kann auch auf den Sitz der registerführenden Stelle[81] bzw. auf den Sitz derjenigen Autorität abgestellt werden, der die **Verwaltung** des Buchungssystems obliegt **(Place of the Relevant Operating Authority/Administrator = PROPA)**[82]. Hierfür müsste eine enge Verbindung zwischen dem Token und der jeweiligen Autorität, etwa durch deren Wahrnehmung besonders wichtiger Aufgaben bestehen.[83] Doch auch hier kann die jeweilige konkrete Verortung auf Kosten der Verkehrsinteressen erschwert oder gar dann unmöglich sein, wenn, etwa bei einer öffentlichen, dezentralen und erlaubnislosen Blockchain wie der für NFT regelmäßig genutzten Ethereum-Blockchain, ein zentraler Verwalter überhaupt nicht existiert. 39

Aus ähnlichen Gründen ebenso zweifelhaft erscheint schließlich eine Anknüpfung an den Wohnsitz des Programmierers **(Primary Residence of the Coder = PRESC).** Die Identifizierung des Programmierers weist ebenso Schwierigkeiten auf wie die Verortung seines Wohnsitzes, auch weil Letzterer nicht nur zufällig, sondern auch änderbar ist. Unzweckmäßig ist diese Anknüpfung auch bei einer Gruppe von Programmierern, die Wohnorte in jeweils unterschiedlichen Staaten aufweisen. 40

hh) Rückgriff auf die *lex fori*. Angesichts der vorstehenden Schwierigkeiten hinsichtlich passender Anknüpfungskriterien bietet sich, gewissermaßen als Auffang- bzw. Notfalllösung[84] insbesondere bei Fehlen einer Rechtswahl, die Anwendung des Rechts des mit der Sache befassten Gerichts **(lex fori)** bzw. einer **bestimmten Rechtsordnung** an. In ähnlicher Weise verfolgen diesen Ansatz auch der US-amerikanische **UCC**[85] mit Anordnung des Rechts des Districts of Columbia sowie die **UNIDROIT-Principles**[86]**,** die auf das Recht des Forumsstaats bzw. subsidiär das von dessen IPR bestimmte Recht abstellen. Zwar erscheint eine solche Anknüpfung insofern sachgerecht, als dass der Ort des Gerichts ohne Weiteres bestimmbar ist und das zuständige Gericht regelmäßig mit der Rechtsanwendung vertraut sein sollte. Andererseits kann es zu Rechtsunsicherheit der betroffenen Parteien führen, da die Anwendbarkeit des einschlägigen Rechts erst nach der jeweiligen Verfügung über den Token feststünde.[87] Zweifelhaft erscheint diese Anknüpfung demgegenüber aber nicht nur vor dem Hintergrund einer Rechtszersplitterung von ggf. einheitlichen Token, sondern auch wegen des Widerspruchs zum Grundsatz der engsten Verbindung sowie des Missbrauchspotentials durch Forum Shopping.[88] 41

---

79 Vgl. § 32 Abs. 1 eWpG.
80 Vgl. Knöfel, FS v. Bar, 2022, 168.
81 Vgl. § 32 Abs. 2 S. 1 eWpG.
82 MüKoBGB/Wendehorst EGBGB Art. 43 Rn. 331 mwN.
83 Dilek IPR Digitaler Werte S. 87 f.
84 So auch Dilek IPR Digitaler Werte S. 235 f.
85 Section 12–107 (c) (5), (d) Uniform Commercial Code Amendments (2022).
86 Principle 5 Abs. 1 Buchst. d UNIDROIT Principles on Digital Assets and Private Law.
87 Drögemüller Blockchain-Netzwerke und Krypto-Token im Internationalen Privatrecht S. 370.
88 Omlor/Link Kryptowährungen/Lehmann/Krysa Kap. 5 Rn. 191.

V. Fazit

42 Krypto-Token und speziell NFT bringen für eine konkrete, rechtssichere Bestimmung des auf sie anwendbaren Rechts eine Reihe von Problemen mit sich. Aufgrund der Unmöglichkeit ihrer physischen Lokalisierung und der Diversität und Hybridität ihrer Erscheinungsformen lassen sich herkömmliche kollisionsrechtliche Anknüpfungen nur schwerlich nutzbar machen, sie sind vielmehr vom jeweiligen Rechtsverhältnis und dem zugrundeliegenden Sachverhalt abhängig. Für die schuldrechtliche Seite einer Transaktion über NFT bietet sich eine Anknüpfung nach der Rom I-VO an, wobei deren konkrete Anwendung auf solche digitalen wie dezentralen Sachverhalte mit umstrittenen Fragen behaftet bleibt, insbesondere auch was mögliche Querverbindungen zum Recht der Wertpapiere und Finanzinstrumente angeht. Hinsichtlich der dinglichen Fragen einer Transaktion ist mangels einer speziellen Kollisionsnorm nach Anknüpfungskriterien zu suchen, die dem kollisionsrechtlichen Grundsatz der engsten Verbindung Rechnung tragen. Insgesamt besteht ein kollisionsrechtliches Interesse an der Anwendung einer Rechtsordnung, die optimalerweise eine Rechtsdurchsetzung durch Vollstreckung in die jeweiligen digitalen Werte ermöglicht.[89] Im Ergebnis hält das internationale Privatrecht ausreichende Möglichkeiten bereit, um auch mit solch neuen und dynamischen Entwicklungen umzugehen. Hierbei müssen künftige Lösungsvorschläge der rechtswissenschaftlichen Forschung ebenso beachtet werden wie betreffende Gesetzgebungsaktivitäten verschiedener Staaten, um letztlich dem Ziel einer internationalen Vereinheitlichung der Kollisionsnormen näher zu kommen. Gleichwohl ist dies auch mit einem gewissen Abstand zu betrachten, da mitunter durch dezentrale Buchungssysteme auch Fakten geschaffen werden, die sich aufgrund ihrer Pseudonymität und mangelnden Durchsetzbarkeit dem Einfluss staatlichen Rechts gerade weitgehend zu entziehen versuchen. In jedem Fall ist zu betonen, dass aus rechtlicher Sicht die Technologie dem Recht zu folgen hat und nicht etwa umgekehrt, sodass Rechtswirkungen nur insoweit existieren können, als dass das anwendbare Recht sie der Technologie auch zuspricht.[90]

§ 21 Marken- und Designrecht

Übersicht

[89] Dilek IPR Digitaler Werte 141 ff.
[90] Lehmann Minnesota Journal of Law Science & Technology 21/2019, 93 (93 ff.).

Schrifttum:

Abrar, Internationale Zuständigkeit bei elektronischer Werbung, GRUR-Prax 2019, 482; Beckstein, Einschränkungen des Schutzlandprinzips, 2010; Beldiman, Design Law: Global Law and Practice, 2024; Berger, NFTs und das Markenrecht – eine praxisnahe Einführung, MittdtPatA 2024, 485; Bettinger, Territoriales Markenrecht im Global Village – Überlegungen zu internationaler Tatortzuständigkeit, Kollisionsrecht und materiellem Recht bei Kennzeichenkonflikten im Internet, GRUR Int 1999, 659; Bodewig, Erschöpfung der gewerblichen Schutzrechte und des Urheberrechts in den USA, GRUR Int 2000, 597; Bogatz, Konvergenzprojekt des EUIPO bei grafischen Wiedergaben von Geschmacksmustern, GRUR-Prax 2016, 341; Brau, Update zum Inlandsbezug bei Kennzeichenverletzungen im Internet, IPRB 2021, 296; Budzikiewicz/Weller/Wurmnest, beck-online.Großkommentar Rom II-VO, Stand: 1.7.2023; Büscher/Kochendörfer, Beck'scher Online-Kommentar UMV, 36. Ed. 1.2.2025; Eichel, Der prozessuale Handlungsort bei internationalen Markenrechtsverletzungen im Internet, IPRax 2019, 16; Fezer, Markenrecht, 5. Aufl. 2023; Glöckner/Kur, GRUR-Beilage 2014, 29; Götting/Lauber-Rönsberg/Rauer, Beck'scher Online-Kommentar Urheberrecht, 45. Ed. 1.2.2025; Hasselblatt, Münchener Anwaltshandbuch Gewerblicher Rechtsschutz, 6. Aufl. 2022; Heermann/Schlingloff, Münchener Kommentar zum Lauterkeitsrecht, 1. Band, 3. Aufl. 2020; Hennemann, NFTs from a U. S. and European Trademark Perspective: Uncertainties and How to Best Approach Them, AIPLA Q. J. 51 (2023), 443; Hüßtege/Mansel, Bürgerliches Gesetzbuch: Romverordnungen, 4. Aufl. 2024; Ingerl/Rohnke/Nordemann, Markengesetz, 4. Aufl. 2023; Jakob, Sportrecht und Gewerblicher Rechtsschutz: Umgang mit NFT (Non-Fungible Token) – ein neues Rechtsgebiet für die Anwaltschaft?, ZAP 2024, 37; Jestaedt/Fink/Meiser, Beck'scher Kurzkommentar DesignG, 7. Aufl. 2023; Kleinert, Novellierung des unionalen Designrechts: Ein Überblick über ausgewählte Neuerungen, GRUR-Prax 2025, 50; Komada, New Law Responding to Imitations of Designs that Intersect Real and Virtual Space: Amendment of the Unfair Competition Prevention Act in Japan, GRUR Int. 2025, 153; Kossak, Vom Gemeinschaftsgeschmacksmuster zum Unionsgeschmacksmuster und Unionsdesign, GRUR 2025, 206; Kur, „Designpaket" vor dem Start, GRUR 2024, 1264; Kur, Territorialität versus Globalität – Kennzeichenkonflikte im Internet, WRP 2000, 935; Kur/v. Bomhard/Albrecht, Beck'scher Online-Kommentar Markenrecht, 41. Ed. 1.4.2025; Mankowski, Verletzungshandlung im Inland – Club Hotel Robinson, LMK 2020, 429780; Michaels, Confusion in Trademarked NFTs, Stanford Journal of Blockchain Law & Policy 7 (2024), 1; Middelhoff/Zarm, NFTs – marken-, urheber- und persönlichkeitsrechtliche Facetten des Phänomens, IPRB 2022, 270; Murray, Trademarks, NFTs, and the Law of the Metaverse, ARIZ. L. J. EMERGING TECH. 6 (2022–2023), 3. Beitrag; Ohly, Einschränkung des Schutzlandprinzips bei Kennzeichenrechtsverletzungen im Internet, JZ 2005, 736; Pohlmann, Das Recht der Unionsmarke, 4. Aufl. 2024; Rauscher/Krüger, Münchener Kommentar zur ZPO, 3. Band, 6. Aufl. 2022; Reinholz, Metaverse und Recht: Markenrecht, GRUR-Prax 2023, 585; Riehm, Nein zur ePerson! – Gegen die Anerkennung einer digitalen Rechtspersönlichkeit, RDi 2020, 42; Rosati, The localization of IP infringements in the online environment: from Web 2.0 to Web 3.0 and the Metaverse, JIPLP 2023, 720; Säcker/Rixecker/Oetker/Limperg/Schubert, Münchener Kommentar zum Bürgerlichen Gesetzbuch, Band 13, 9. Aufl. 2025; Späth/Kossak, Reformerfordernis für das europäische Designrecht – Künstliche Intelligenz und das Entwerferprinzip, GRUR 2021, 1258; Spindler/Schuster, Recht der elektronischen Medien, 4. Aufl. 2019; Staudinger/Fezer/Koos, Internationales Wirtschaftsrecht, 2023; Steege/Chibanguza, Metaverse, 2023; Strobl, Virtuelle Welten, reale Rechte: Die Durchsetzung des Urheberrechts im Metaverse, ZUM 2023, 492; Tann, Markenrechtlicher Schutz im Metaverse – Warenähnlichkeit von virtuellen Gütern (insbesondere NFT) zu analogen Gütern und Softwareprodukten, GRUR 2022, 1644; Ubber, Rechtsschutz bei Mißbrauch von Internet-Domains, WRP 1997, 497; Uhlenhut/Bernhardt, Markenrecht im Metaverse, WRP 2023, 139; Voegeli-Wenzl, Reformvorschläge zur Modernisierung des europäischen Designrechts – Teil I, GRUR-Prax 2023, 189; Vorwerk/Wolf, Beck'scher Online-Kommentar ZPO, 56. Ed. 1.3.2025; Wagner/Holm-Hadulla/Ruttloff, Metaverse und Recht, 2023; Zentek/Gerstein, Handkommentar zum DesignG, 2022.

I. Marke

1. Gesetzlicher Rahmen

1 Marken werden national durch das Markengesetz (MarkenG)[1] und unionsweit durch die Unionsmarkenverordnung (UMV)[2] geschützt. Die Markenrichtlinie (MRL)[3] der Europäischen Union harmonisiert die nationalen Markengesetze weitgehend.

2. Entstehung

2 Sowohl nach nationalem Recht als auch nach Unionsrecht entsteht Markenschutz grundsätzlich durch Eintragung (Registermarke).[4] Nach nationalem Recht entsteht Markenschutz darüber hinaus durch die Benutzung eines Zeichens im geschäftlichen Verkehr, soweit das Zeichen innerhalb beteiligter Verkehrskreise als Marke Verkehrsgeltung erworben hat (Benutzungsmarke),[5] und durch die notorische Bekanntheit einer Marke (Notorietätsmarke).[6] Aufgrund praktischer Nachweisschwierigkeiten und der hohen Schwelle, um Schutz für nicht eingetragene Marken zu erlangen, empfiehlt es sich regelmäßig, eine Marke anzumelden.

3 Bei der Anmeldung von Marken für NFT ergeben sich drei wesentliche Fragestellungen: erstens, wie NFT in die Nizza-Klassifikation einzuordnen sind (→ Rn. 4–6); zweitens, wie die Marke im Waren- und Dienstleistungsverzeichnis zu beschreiben ist (→ Rn. 7–20); drittens ist darauf zu achten, dass bestimmte Marken im Zusammenhang mit NFT von vornherein nicht schutzfähig sind, weil ein Freihaltebedürfnis besteht (→ Rn. 21–25).

a) Nizza-Klassifikation

4 Für die Frage, wie NFT in die Nizza-Klassifikation einzuordnen sind, hat das EUIPO durch eine Prüfungsrichtlinie – zumindest teilweise – Klarheit geschaffen.[7] Das EUIPO versteht NFT als „digitale Zertifikate".[8] Sie stehen nicht für sich, sondern authentifizieren lediglich ein Produkt. Welche Nizza-Klasse einschlägig ist, richtet sich daher stets nach der Ware oder Dienstleistung, auf die sich das NFT bezieht. Das DPMA folgt erkennbar dieser Praxis.[9]

5 **aa) Waren.** Bei der Anmeldung ist zu ermitteln, in welche Warenklasse das Produkt fällt, das mit dem NFT verknüpft ist. Eine physische Handtasche, die durch ein NFT authentifiziert wird, ist nach dem EUIPO in die Klasse für physische Handtaschen, also Klasse 18 (Tragetaschen), einzutragen.[10] Ein NFT, das eine virtuelle Handtasche authentifiziert, ist dagegen in die Klasse für virtuelle Güter, also Klasse 9 (aufgezeichnete und herunterladbare Medien), einzutragen (zur Eintragung virtueller Güter → § 68 Rn. 14–26).[11]

---

[1] Markengesetz vom 25.10.1994 (BGBl. 1994 I 3082), zuletzt geändert durch Artikel 1 der Verordnung vom 24.6.2024 (BGBl. 2024 I Nr. 215).
[2] VO (EU) 2017/1001, ABl. 2017 L 154, 1.
[3] RL (EU) 2015/2436, ABl. 2015 L 336, 1.
[4] Art. 6 UMV; § 4 Nr. 1 MarkenG.
[5] § 4 Nr. 2 MarkenG.
[6] § 4 Nr. 3 MarkenG.
[7] EUIPO, Richtlinien zu Marken, 2025, Teil B, Abschnitt 3, 4.4.3; vgl. auch Steege/Chibanguza Metaverse-HdB/Tann § 14 Rn. 8; Tann GRUR 2022, 1644 (1645 f.); Berger MittdtpA 2024, 485 (487); Pohlmann UnionsmarkenR § 3 Rn. 32.
[8] EUIPO, Richtlinien zu Marken, 2025, Teil B, Abschnitt 3, 4.4.3.
[9] So auch die Vorträge von Schewior, DPMA-Präsidentin, und Bingener, Abteilungsleiterin Markenprüfung beim DPMA; https://www.dpma.de/dpma/veroeffentlichungen/hintergrund/suchen-finden-schuetzen/marques/index.html; https://www.dpma.de/docs/dpma/veranstaltungen/tagungen_und_konferenzen/dpmanutzerforum/2025/tag1_v04dr.bingener_markenimmetaverseeinausblick.pdf (jeweils zuletzt abgerufen am 8.8.2025).
[10] EUIPO, Richtlinien zu Marken, 2025, Teil B, Abschnitt 3, 4.4.3.
[11] EUIPO, Richtlinien zu Marken, 2025, Teil B, Abschnitt 3, 4.4.3.

bb) Dienstleistungen. Auch bei Dienstleistungen ist die Nizza-Klasse von der Art des authentifizierten Gegenstands abhängig.[12] Das NFT ist in diejenige Klasse einzuordnen, in die die Dienstleistung fällt, die durch das NFT authentifiziert wird. Ein Marktplatz für den Handel mit NFT fällt daher beispielsweise in die Klasse für Handelsdienstleistungen, also Klasse 35 (Geschäftsführung, -organisation und -verwaltung).[13] 6

b) Waren- und Dienstleistungsverzeichnis

Das EUIPO erachtet die Eintragung „NFT" allein als zu unbestimmt für das Waren- und Dienstleistungsverzeichnis (Art. 33 Abs. 2 UMV).[14] Stattdessen sind NFT-authentifizierte Produkte im Waren- und Dienstleistungsverzeichnis mit dem Zusatz „durch NFT authentifiziert"[15] bzw. „authenticated by NFT" zu kennzeichnen.[16] 7

aa) Waren. Wird eine Marke für NFT-authentifizierte physische Handtaschen eingetragen, muss das durch die Formulierung „durch NFT authentifizierte Handtaschen" deutlich gemacht werden. Entsprechend gilt für virtuelle Handtaschen die Formulierung „durch NFT authentifizierte virtuelle Handtaschen" (zur Eintragung virtueller Güter → § 68 Rn. 14–26). 8

Die harmonisierte Datenbank des EUIPO enthält Vorschläge für Produkte, die mit NFT verknüpft sind.[17] Diese Vorschläge zu verwenden, bietet für Markenanmelder zwei Vorteile: Erstens können bei einer Anmeldung im beschleunigten Verfahren („Fast-Track") ausschließlich diese Formulierungen verwendet werden.[18] Zweitens ist sichergestellt, dass das EUIPO und die nationalen Markenämter die Formulierung akzeptieren.[19] Im Hinblick auf Waren enthält die harmonisierte Datenbank des EUIPO folgende Beispiele:[20] 9

Klasse 9:

- Durch Non-Fungible-Tokens [NFTs] authentifizierte herunterladbare digitale Musikdateien.
- Durch Non-Fungible-Tokens [NFTs] authentifizierte herunterladbare digitale Bilddateien.
- Herunterladbare Computersoftware-Anwendungen für die Prägung von Non-Fungible-Tokens [NFTs].

Klasse 25:

- Durch Non-Fungible-Tokens [NFTs] authentifizierte Bekleidung.

bb) Dienstleistungen. Hinsichtlich der Frage, wie Dienstleistungen im Waren- und Dienstleistungsverzeichnis zu beschreiben sind, differenziert das EUIPO zwischen Dienstleistungen, deren Gegenstände durch NFT authentifiziert werden (→ Rn. 11–12), und Dienstleistungen, die ein NFT als solches zum Gegenstand haben (→ Rn. 13–14). 10

(1) Dienstleistungen, deren Gegenstände durch NFT authentifiziert werden. Exemplarisch für Dienstleistungen, deren Gegenstände durch NFT authentifiziert werden, sind solche Plattformen, auf denen virtuelle, NFT-authentifizierte Sammelkarten erworben, 11

12 EUIPO, Richtlinien zu Marken, 2025, Teil B, Abschnitt 3, 4.4.3.
13 EUIPO, Richtlinien zu Marken, 2025, Teil B, Abschnitt 3, 4.4.3.
14 EUIPO, Richtlinien zu Marken, 2025, Teil B, Abschnitt 3, 4.4.3; BeckOK MarkenR/Schmid-Dochnahl MarkenG § 32 Rn. 82.1; BeckOK MarkenR/v. Bomhard UMV 2017 Art. 33 Rn. 29.
15 EUIPO, Richtlinien zu Marken, 2025, Teil B, Abschnitt 3, 4.4.3.
16 EUIPO, Richtlinien zu Marken, 2025, Teil B, Abschnitt 3, 4.4.3 (englische Sprachfassung).
17 Das ergibt eine Suche nach „NFT" bei TMclass: https://tmclass.tmdn.org/ec2/ (zuletzt abgerufen am 8.8.2025).
18 BeckOK MarkenR/v. Bomhard UMV 2017 Art. 33 Rn. 4, 69.
19 BeckOK MarkenR/v. Bomhard UMV 2017 Art. 33 Rn. 69.
20 Das ergibt eine Suche nach „NFT" bei TMclass, https://tmclass.tmdn.org/ec2/ (zuletzt abgerufen am 8.8.2025).

gesammelt und gehandelt werden.[21] Hierfür könnte exemplarisch folgende Dienstleistung ins Verzeichnis eingetragen werden: „Bereitstellung eines Marktplatzes für den Handel mit durch NFT authentifizierten Sammelkarten". Eine Eintragung wie „Bereitstellung eines Marktplatzes für den Handel mit NFT" ist dagegen unzulässig, da sie den Handelsgegenstand unzutreffend beschreibt.[22] Wie bereits geschildert, werden nach Auffassung des EUIPO nicht die NFT selbst, sondern NFT-authentifizierte Waren gehandelt (→ Rn. 4–5; → Rn. 8–9).

12 Im Hinblick auf Dienstleistungen, deren Gegenstände durch NFT authentifiziert werden, enthält die harmonisierte Datenbank des EUIPO folgende Beispiele:[23]

Klasse 35:

- Einzelhandelsdienstleistungen in Bezug auf durch Non-Fungible-Tokens [NFTs] authentifizierte herunterladbare digitale Bilddateien.
- Bereitstellung eines Online-Marktplatzes für Käufer und Verkäufer von durch Non-Fungible-Tokens [NFTs] authentifizierte herunterladbare digitale Bilddateien.

Klasse 41:

- Vermietung von durch Non-Fungible-Token [NFT] authentifizierten digitalen Bilddateien.

13 **(2) Dienstleistungen, die ein NFT als solches zum Gegenstand haben.** Dienstleistungen, die ein NFT als solches zum Gegenstand haben, beziehen sich auf das NFT als Technologie selbst und nicht lediglich auf seine Funktion als Zertifikat. Darunter fallen etwa das NFT-Minting (Klasse 42) oder Schulungen im Bereich der NFT-Technologie (Klasse 35).[24]

14 Im Hinblick auf Dienstleistungen, die ein NFT als solches zum Gegenstand haben, enthält die harmonisierte Datenbank des EUIPO folgendes Beispiel:[25]

Klasse 42:

- Bereitstellung von nicht herunterladbarer Online-Computersoftware für die Prägung von Non-Fungible-Tokens [NFTs].

15 **cc) Handlungsbedarf für bestehende Markenanmeldungen.** In der Praxis stellt sich die Frage, ob der Schutz aus bestehenden Marken ausreicht oder ob neue Marken, ergänzt um den Zusatz „durch NFT authentifiziert", angemeldet werden müssen. Das hängt davon ab, ob diese Ergänzung den Schutzbereich der Marke tatsächlich erweitert: Schützt eine Marke, die sowohl für „Sneaker" als auch für „durch NFT authentifizierte Sneaker" eingetragen ist, gegenüber mehr Produkten als eine Marke, die ausschließlich für „Sneaker" registriert ist?

16 Zu dieser Frage sind bislang keine Entscheidungen ergangen. Die Empfehlung des EUIPO, den Zusatz „durch NFT authentifiziert" in Markeneintragungen aufzunehmen, könnte implizieren, dass dadurch der Schutz erweitert wird. Es ist daher nicht auszuschließen, dass das EUIPO und die Gerichte diesem Zusatz schutzerweiternde Bedeutung beimessen werden.

17 Dieser Schluss auf eine Schutzerweiterung ist jedoch nicht zwingend. Da der Zusatz „durch NFT authentifiziert" die Waren- und Dienstleistungsähnlichkeit grundsätzlich nicht beeinflusst, kann dieser Zusatz den Schutzbereich einer Marke grundsätzlich auch nicht

[21] EUIPO, Richtlinien zu Marken, 2025, Teil B, Abschnitt 3, 4.4.3; zum Beispiel „NBA TOPSHOT" für Basketball-Sammelkarten (https://nbatopshot.com/) und „Droppp" für Sammelkarten berühmter Spielwaren-Franchises (https://droppp.io/) (jeweils zuletzt abgerufen am 8.8.2025).

[22] EUIPO, Richtlinien zu Marken, 2025, Teil B, Abschnitt 3, 4.4.3.

[23] Das ergibt eine Suche nach „NFT" bei TMclass, https://tmclass.tmdn.org/ec2/ (zuletzt abgerufen am 8.8.2025).

[24] EUIPO, Richtlinien zu Marken, 2025, Teil B, Abschnitt 3, 4.4.3.

[25] Das ergibt eine Suche nach „NFT" bei TMclass, https://tmclass.tmdn.org/ec2/ (zuletzt abgerufen am 8.8.2025).

erweitern (zu den Argumenten bei der Waren- und Dienstleistungsähnlichkeit → Rn. 30–45).

Es sprechen daher gute Argumente dafür, dass der Zusatz „durch NFT authentifiziert" den Schutzbereich einer Marke grundsätzlich nicht erweitert. Dennoch empfiehlt es sich aufgrund der praktischen Unsicherheit, die eher geringen Anmeldungskosten in Kauf zu nehmen und neue Marken, ergänzt um den Zusatz „durch NFT authentifiziert", anzumelden. 18

dd) Sonderfall: On-Chain-NFT. On-Chain-NFT sind eine eher seltene Sonderform, bei der das NFT untrennbar mit dem authentifizierten Inhalt verbunden ist – beispielsweise digitale Kunstwerke, die vollständig in der Blockchain gespeichert werden (→ § 18 Rn. 6).[26] Während bei einem konventionellen NFT in der Blockchain lediglich ein Verweis auf eine externe Datei gespeichert ist (die beispielsweise ein digitales Kunstwerk enthält), wird bei On-Chain-NFT der Dateiinhalt direkt in der Blockchain gespeichert. Dadurch fungiert das NFT nicht nur als Zertifikat, sondern verkörpert die handelbare Ware selbst. Die derzeitige Formulierungsempfehlung des EUIPO „durch NFT authentifiziert" erfasst diesen Sachverhalt nur unzureichend, da sie die Einheit von On-Chain-NFT und Dateiinhalt ignoriert.[27] 19

Aus technologischer Sicht wäre es daher präziser, für On-Chain-NFT im Waren- und Dienstleistungsverzeichnis anstelle der EUIPO-Formulierung („durch NFT authentifiziertes [Produkt]") die Formulierung „[Produkt] gespeichert als On-Chain-NFT in der Blockchain" zu verwenden. Um Probleme bei der Anmeldung zu vermeiden, empfiehlt es sich aber, auch Marken für On-Chain-NFT mit der Formulierung „durch NFT authentifiziert" zu registrieren, auch wenn diese Formulierung die technischen Gegebenheiten nicht vollständig korrekt widerspiegelt. 20

c) Nicht schutzfähige Marken

Gewisse Marken im Zusammenhang mit NFT sind nicht schutzfähig, weil es ihnen für bestimmte Waren und Dienstleistungen an Unterscheidungskraft mangelt[28] oder sie beschreibend sind.[29] 21

So sieht das Bundespatentgericht das Wortzeichen „NFT" für Software und Apps (Klasse 9) gem. § 8 Abs. 2 Nr. 2 MarkenG als nicht schutzfähig an.[30] Der Begriff „NFT" stelle eine gängige Abkürzung für Non-Fungible Token dar.[31] Der maßgebliche Fachverkehr, an den sich Waren der Klasse 9 unter anderem richteten, erkenne daher in der Marke „NFT" eine beschreibende Angabe für die technischen Merkmale dieser Waren.[32] Dafür spreche insbesondere die Bekanntheit von NFT, die sie durch ihren „Boom" erlangt hätten.[33] 22

Andererseits betrachtet das Bundespatentgericht das Wortzeichen „NFTNET" als schutzfähig.[34] Zwar weise der Bestandteil „NET" isoliert betrachtet auf die Anwendung der beanspruchten Waren im Internet oder einem Netzwerk hin und sei daher – ebenso wie „NFT" – beschreibend.[35] In seiner Gesamtheit bleibe die Bedeutung von „NFTNET" für die beanspruchten Waren aber vage und interpretationsbedürftig und sei damit schutzfähig.[36] 23

---

26 Beispielsweise die Kunstkollektionen „Autoglyphs" (https://www.larvalabs.com/autoglyphs) und „OnChainMonkey" (https://onchainmonkey.com/) (jeweils zuletzt abgerufen am 8.8.2025).
27 Steege/Chibanguza Metaverse-HdB/Tann § 14 Rn. 11.
28 Art. 7 Abs. 1 Buchst. b UMV; § 8 Abs. 2 Nr. 1 MarkenG.
29 Art. 7 Abs. 1 Buchst. c UMV; § 8 Abs. 2 Nr. 2 MarkenG.
30 BPatG GRUR-RS 2023, 33109.
31 BPatG GRUR-RS 2023, 33109 Rn. 22.
32 BPatG GRUR-RS 2023, 33109 Rn. 23.
33 BPatG GRUR-RS 2023, 33109 Rn. 23.
34 BPatG GRUR-RS 2023, 33108.
35 BPatG GRUR-RS 2023, 33108 Rn. 27 f.
36 BPatG GRUR-RS 2023, 33108 Rn. 29.

24 Mit ähnlicher Begründung nahm eine Beschwerdekammer des EUIPO an, dass zwar die Komponente „NFT" in einer Marke nicht unterscheidungskräftig sei (Wort-Bild-Marke „NFT SHOW EUROPE LAYER.0").[37] In ihrer Gesamtheit erlange die Marke aber einen normalen Grad an Kennzeichnungskraft.[38]

25 Daraus folgt: Obwohl der Begriff „NFT" für Softwareprodukte beschreibend und nicht unterscheidungskräftig ist, kann eine Markenanmeldung für ein zusammengesetztes Zeichen mit „NFT" unter Umständen dennoch erfolgreich sein. Die Eintragungsfähigkeit hängt davon ab, ob die Marke in ihrer Gesamtheit – also durch die Kombination von „NFT" mit anderen Bestandteilen – Unterscheidungskraft erlangt und somit der rein beschreibende Charakter überwunden wird.

3. Durchsetzung

26 Wesentliche Instrumente zum Schutz einer Marke sind die Ansprüche auf Unterlassung[39] und Schadensersatz[40] sowie der Widerspruch[41] gegen jüngere Marken. All diese Vorgehensweisen setzen Identität oder Verwechslungsgefahr voraus.[42] Eine Ausnahme hierzu sind bekannte Marken, bei denen die bloße Zeichenähnlichkeit genügt.[43]

27 Im Folgenden werden die Besonderheiten bei der Verwechslungsgefahr im Zusammenhang mit NFT beleuchtet. Für die Prüfung der Verwechslungsgefahr ist insbesondere zu berücksichtigen, ob und in welchem Umfang Zeichenähnlichkeit (→ Rn. 28–29) und Waren- und Dienstleistungsähnlichkeit (→ Rn. 30–45) bestehen.[44]

a) Zeichenähnlichkeit

28 Soweit der Bestandteil „NFT" nicht Teil des Markennamens ist, bestehen für die Zeichenähnlichkeit von Waren oder Dienstleistungen, die durch NFT authentifiziert werden, grundsätzlich keine Besonderheiten. Es gelten dann die allgemeinen Grundsätze.[45]

29 Enthält die Marke hingegen den Bestandteil „NFT" (zB „NFTNET"; → Rn. 23), ist Folgendes zu beachten: Das Zeichen „NFT" ist für sich genommen beschreibend und nicht unterscheidungskräftig für bestimmte Waren und Dienstleistungen (→ Rn. 21–25). Eine Übereinstimmung des Bestandteils „NFT" mit anderen Zeichen begründet daher grundsätzlich keine Verwechslungsgefahr.[46] Entsprechend kommt den unterscheidungskräftigen Bestandteilen der Marke ein höheres Gewicht bei der Prüfung der Zeichenähnlichkeit zu. Sie prägen den Gesamteindruck der Marke stärker.[47]

b) Waren- und Dienstleistungsähnlichkeit

30 **aa) Allgemeine Grundsätze.** Um Waren- und Dienstleistungsähnlichkeit festzustellen, ist zunächst der relevante Verkehrskreis zu ermitteln.[48] Sodann sind – nach der Canon-

[37] OPPOSITION No B 3 185 612, S. 7.
[38] OPPOSITION No B 3 185 612, S. 7.
[39] Art. 9 Abs. 2 UMV; § 14 Abs. 5 MarkenG.
[40] Art. 129 Abs. 2 UMV iVm § 119 Nr. 2 Var. 1 MarkenG; § 14 Abs. 6 MarkenG.
[41] Art. 8 Abs. 1, 46 UMV; §§ 9 Abs. 1, 42 Abs. 2 Nr. 1 MarkenG.
[42] Art. 8 Abs. 1 Buchst. a und Buchst. b UMV; Art. 9 Abs. 2 Buchst. a und Buchst. b UMV; § 9 Abs. 1 Nr. 1 und Nr. 2 MarkenG; § 14 Abs. 2 S. 1 Nr. 1 und Nr. 2 MarkenG.
[43] Art. 8 Abs. 5, 9 Abs. 2 Buchst. c UMV; §§ 9 Abs. 1 Nr. 3, 14 Abs. 2 S. 1 Nr. 3 MarkenG; im Zusammenhang mit NFTs und virtuellen Gütern bereits Tann GRUR 2022, 1644 (1648 f.); Steege/Chibanguza Metaverse-HdB/Tann § 14 Rn. 65–67; Wagner/Holm-Hadulla/Ruttloff Metaverse/Weidert/Molle/von Werder Rn. 357–361.
[44] BeckOK MarkenR/Grundmann UMV 2017 Art. 9 Rn. 35.
[45] Allgemein zur Zeichenähnlichkeit: BeckOK UMV/Büscher/Kochendörfer UMV Art. 8 Rn. 123 ff.
[46] BeckOK UMV/Büscher/Kochendörfer UMV Art. 8 Rn. 215.
[47] Vgl. BGH GRUR 2020, 1202 Rn. 27; EuGH GRUR 2020, 52 Rn. 53.
[48] BeckOK UMV/Büscher/Kochendörfer Art. 8 Rn. 40.

Rechtsprechung des EuGH – „alle erheblichen Faktoren zu berücksichtigen, die das Verhältnis zwischen den Waren oder Dienstleistungen kennzeichnen."[49]

31 **bb) Fallgruppen. (1) Produkt und NFT-authentifiziertes Produkt.** Eine relevante Fallgruppe ist die Frage, ob mit einer Marke, die nur für ein Produkt ohne NFT-Authentifikation eingetragen ist, auch gegen die Eintragung eines NFT-authentifizierten Produkts vorgegangen werden kann. Zur Veranschaulichung dient folgendes Beispiel:

Die Wortmarke „Hahn" ist für „Sneaker" in Klasse 25 eingetragen. Ein Dritter meldet die Wortmarke „Hahn" für „durch Non-Fungible Token authentifizierte Sneaker" in Klasse 25 an. Besteht – für die zeichenidentischen Wortmarken – Warenähnlichkeit zwischen „Sneakern" und „durch Non-Fungible Token authentifizierten Sneakern"?

32 **(a) Relevanter Verkehrskreis.** Der Adressatenkreis teilt sich voraussichtlich in zwei Hauptgruppen: zum einen in technologieaffine Käufer, für die das NFT als digitales Zertifikat kaufentscheidend ist; zum anderen in Käufer, die vorwiegend das physische Produkt erwerben möchten und dem NFT keine oder nur eine untergeordnete Bedeutung beimessen.

33 Ausschlaggebend ist, dass der Kern des Verwendungszwecks ein physischer Sneaker zur Verwendung am Fuß ist. Es spricht daher einiges dafür, dass der relevante Verkehrskreis dem bei Massenkonsumgütern in Form von Modeartikeln ähnelt. Daher ist von einem durchschnittlichen Aufmerksamkeitsgrad auszugehen.[50] Davon abzugrenzen sind rein virtuelle NFT-authentifizierte Waren, die sich an einen technologieaffinen Verkehrskreis mit gesteigerter Aufmerksamkeit richten (→ § 68 Rn. 37).[51]

34 **(b) Vertriebsweg.** Beim Vertriebsweg bestehen Überschneidungen zwischen Produkten mit und ohne NFT-Authentifikation. In der Regel werden NFT-authentifizierte Waren in Online-Shops verkauft. Dasselbe gilt für die meisten physischen Waren wie Sneaker, die nicht durch NFT authentifiziert sind. Dabei werden NFT-authentifizierte Produkte nicht ausschließlich in speziellen Shops angeboten, sondern sind teilweise auch in denselben Online-Shops wie nicht NFT-authentifizierte Produkte zu finden.[52]

35 Im stationären Einzelhandel ist der Vertrieb von NFT-authentifizierten Waren derzeit noch selten. Es ist jedoch denkbar, dass solche Produkte auch in physischen Läden eine größere Rolle spielen könnten – etwa indem Käufer beim Erwerb eines Sneakers einen QR-Code erhalten, um ein NFT ihrer Wallet hinzuzufügen.[53] Insoweit ist derzeit insbesondere die Echtheitsauthentifizierung von Luxusgegenständen hervorzuheben.[54]

36 Insgesamt besteht damit eine – wenn auch nicht vollständige – Überschneidung der Vertriebswege.

37 **(c) Werbung.** Außerdem zeigt sich eine deutliche Überschneidung der Werbekanäle. Sowohl physische Sneaker als auch NFT-authentifizierte Sneaker werden beispielsweise über Social Media beworben.[55] Nur eine begrenzte Anzahl an Werbekanälen bleibt vor-

[49] EuGH GRUR 1998, 922 Rn. 23.

[50] EuG BeckRS 2011, 81619 Rn. 45–47.

[51] Tann GRUR 2022, 1644 (1645); Steege/Chibanguza Metaverse-HdB/Tann § 14 Rn. 44.

[52] So beispielsweise auf dem Online-Marktplatz „StockX", der sowohl physische als auch NFT-authentifizierte Sneaker anbietet: https://stockx.com/category/nfts (zuletzt abgerufen am 8.8.2025).

[53] Im Salvatore Ferragamo Concept Store in SoHo, New York City, konnten Kunden beispielsweise digitale Kunstwerke kreieren; diese wurden direkt vor Ort als NFT auf der Ethereum-Blockchain über OpenSea erstellt: https://www.voguebusiness.com/technology/have-a-free-nft-with-your-sneaker-salvatore-ferragamo-gets-web3-cool-in-soho-store (zuletzt abgerufen am 8.8.2025).

[54] Wesentliche Akteure des Luxussektors wie LVMH betreiben die Aura Blockchain, die es ermöglicht, Luxusgegenstände mittels NFT zu authentifizieren: https://auraconsortium.com/ (zuletzt abgerufen am 8.8.2025).

[55] So beispielsweise der Online-Marktplatz „StockX", der sowohl physische als auch NFT-authentifizierte Sneaker über Instagram bewirbt: https://www.instagram.com/p/CY4aFcsOrjV/?utm_source=ig_web_button_share_sheet&igsh=MzRlODBiNWFlZA== (zuletzt abgerufen am 8.8.2025).

wiegend physischen Konsumgütern ohne NFT-Authentifikation vorbehalten, etwa Fernsehspots und Zeitungsanzeigen.[56]

38 **(d) Verwendungszweck.** Konsumgüter mit und ohne NFT-Authentifikation stehen regelmäßig in einem Substituierbarkeitsverhältnis.[57] Sowohl ein Sneaker mit als auch ein Sneaker ohne NFT-Authentifikation kann am Fuß getragen werden. Insoweit überschneidet sich der Verwendungszweck „Nutzung als physisches Schuhwerk".

39 Das NFT erweitert diesen Verwendungszweck lediglich, etwa indem es als Echtheitszertifikat dient oder weil es den Handel des Sneakers durch die Übertragung des NFT ermöglicht. Damit ist der Verwendungszweck des physischen Produkts ohne NFT-Authentifikation vollständig in dem des Produkts mit NFT-Authentifikation enthalten.

40 **(e) Geschäftspraxis.** Die Geschäftspraxis überschneidet sich. Eine zunehmende Zahl an Unternehmen authentifiziert ihre physischen Produkte durch NFT[58] oder bietet virtuelle NFT-Kollektionen an.[59] Es ist daher für den relevanten Verkehrskreis erwartbar, dass Unternehmen unter derselben Marke sowohl Sneaker mit als auch ohne NFT-Authentifikation anbieten.

41 **(f) Gesamtabwägung: Grundsätzlich Waren- und Dienstleistungsähnlichkeit.** Die Warenähnlichkeit zwischen „Sneakern" und „durch NFT authentifizierten Sneakern" ist hoch. Die Vertriebswege und Werbekanäle überschneiden sich deutlich, wenngleich einzelne Kanäle nur einer Produktgruppe vorbehalten bleiben. Der Verwendungszweck ist trotz der NFT-Authentifikation derselbe, da das Grundprodukt – der physische Sneaker – unverändert bleibt. Zudem zeigt die Geschäftspraxis, dass Unternehmen Sneaker mit und ohne NFT-Authentifikation unter derselben Marke anbieten.

42 **(2) Softwareprodukte und NFT-authentifiziertes Produkt.** Eine weitere relevante Fallgruppe ist die Frage, ob gängige Eintragungen für Softwareprodukte warenähnlich mit NFT-authentifizierten Produkten sind. Zur Veranschaulichung dient folgendes Beispiel:

Die Wortmarke „Hahn" ist für „Software" und „elektronische Publikationen" in Klasse 9 eingetragen. Ein Dritter meldet die Wortmarke „Hahn" für „durch Non-Fungible Token authentifizierte Sneaker" in Klasse 25 an. Besteht – für die zeichenidentischen Wortmarken – Warenähnlichkeit zwischen „Software" und/oder „elektronischen Publikationen" und „durch Non-Fungible Token authentifizierten Sneakern"?

43 **(a) Software und NFT-authentifiziertes Produkt.** Zwischen Software und NFT-authentifizierten Produkten besteht grundsätzlich keine Warenähnlichkeit. Software kennzeichnet sich dadurch, dass sie eine Reihe von Befehlen ausführt (Algorithmus).[60] NFT hingegen führen regelmäßig keine Befehle aus, sondern authentifizieren lediglich ein Produkt. Grundsätzlich besteht daher eher keine Warenähnlichkeit zwischen Software und NFT-authentifizierten Produkten. Ausnahmsweise kommt zumindest schwache Warenähnlichkeit in Betracht, wenn das NFT selbst einen Algorithmus enthält. Denkbar ist etwa ein NFT, das einen ausführbaren Softwarecode beinhaltet, wonach das NFT nach Ablauf einer bestimmten Zeit seine Eigenschaften verändert.[61]

[56] Vgl. im Hinblick auf virtuelle Güter Tann GRUR 2022, 1644 (1647).
[57] Zu dieser Voraussetzung in der Rechtsprechung: EuG GRUR-RS 2021, 27117 Rn. 56; BeckRS 2017, 134914 Rn. 26.
[58] Zur Echtheitszertifizierung von Luxusgegenständen siehe bereits den Hinweis in Fn. 54.
[59] So bietet etwa „Porsche" NFT-authentifizierte virtuelle Modelle des „Porsche 911" an (https://nft.porsche.com/); ebenso bieten beispielsweise auch „Mercedes-Benz" (https://nxt.mercedes-benz.com/), „Gucci" (https://opensea.io/collection/superplastic-supergucci) und andere Hersteller NFT-Kollektionen an (jeweils zuletzt abgerufen am 8.8.2025).
[60] Tann GRUR 2022, 1644 (1648).
[61] Tann GRUR 2022, 1644 (1648); Steege/Chibanguza Metaverse-HdB/Tann § 14 Rn. 62.

44 **(b) Elektronische Publikationen und NFT-authentifiziertes Produkt.** Zwischen elektronischen Publikationen und NFT-authentifizierten Produkten besteht grundsätzlich keine Warenähnlichkeit. Elektronische Publikationen bilden als unabhängiges Medium Informationen ab (zB Text-, Video- oder Bilddateien). NFT dagegen speichern – mit Ausnahme von On-Chain-NFT (→ Rn. 19; → § 18 Rn. 6) – nicht ihr Referenzobjekt, sondern authentifizieren es lediglich.[62]

45 **(c) Ergebnis: Grundsätzlich keine Waren- und Dienstleistungsähnlichkeit.** Zwischen Softwareprodukten und NFT-authentifizierten Produkten besteht grundsätzlich keine Warenähnlichkeit. Ein Produkt wird nicht allein deshalb als warenähnlich zu Software oder elektronischen Publikationen eingestuft, weil es durch ein NFT authentifiziert wird. Im Eingangsbeispiel besteht daher – ohne andere Anhaltspunkte – keine Warenähnlichkeit zwischen „Software" oder „elektronischen Publikationen" und „durch Non-Fungible Token authentifizierten Sneakern".

c) Erschöpfung

46 Eine Markenverletzung ist ausgeschlossen, wenn die Markenrechte an einer Ware erschöpft sind.[63] Mit Blick auf NFT ist insbesondere die Frage relevant, ob es zulässig ist, eine markengeschützte, aber bereits in den Verkehr gebrachte Ware mittels eines NFT zu authentifizieren. Diese Frage ist in der deutschen und europäischen Rechtsprechung bislang ungeklärt. Zur Veranschaulichung dient folgendes Beispiel:

Ein Sneaker wird unter der Wortmarke „Hahn" in den Verkehr gebracht. Ein Dritter authentifiziert den Sneaker mittels eines NFT und verkauft ihn über eine Online-Plattform weiter. Fällt der Weiterverkauf des NFT-authentifizierten Sneakers unter den Erschöpfungsgrundsatz?

47 Diese Thematik wird derzeit im Rechtsstreit Nike, Inc. und StockX LLC vor dem United States District Court for the Southern District of New York verhandelt.[64] Der Online-Marktplatz StockX verkauft Nike-Sneaker. Dafür ordnet StockX den Sneakern sogenannte „Vault NFT" zu.[65] Jedes dieser von StockX geminteten „Vault NFT" bezieht sich auf einen physischen Sneaker, der in einem firmeneigenen Lager („vault") aufbewahrt wird. Die NFT tragen die Bezeichnung des jeweiligen Schuhmodells (zB „Nike Dunk Low Retro White Black [Vault NFT]") und zeigen von StockX erstellte Abbildungen der Nike-Schuhe. Kunden, die ein „Vault NFT" erwerben, können dieses entweder weiterverkaufen oder es gegen den physischen Schuh einlösen, woraufhin das NFT gelöscht wird („burning"). Bis zur Einlösung des NFT verbleibt der Schuh in der Obhut von StockX. Das NFT dient somit einerseits als „digitaler Schlüssel" zur physischen Ware und ermöglicht andererseits den Handel mit dem Sneaker, ohne dass dieser physisch bewegt werden muss. Nike wirft StockX vor, dass der Online-Marktplatz durch das unautorisierte Vertreiben der NFT Markenrechte verletze. StockX wendet gegen eine Markenverletzung unter anderem die *first sale doctrine* ein,[66] die US-amerikanische Ausprägung des Erschöpfungsgrundsatzes.[67]

48 Nach europäischem und deutschem Markenrecht tritt Erschöpfung für Waren ein, die vom Inhaber oder mit seiner Zustimmung im Europäischen Wirtschaftsraum in den Verkehr gebracht worden sind.[68] Der Wiederverkauf gebrauchter Waren ist der Prototyp der

[62] Steege/Chibanguza Metaverse-HdB/Tann § 14 Rn. 63.
[63] Art. 15 UMV; § 24 MarkenG.
[64] Die Gerichtsdokumente können hier abgerufen werden: https://www.courtlistener.com/docket/62654048/nike-inc-v-stockx-llc/ (zuletzt abgerufen am 8.8.2025).
[65] Die „Vault NFT" werden – mit leichten Veränderungen – nach wie vor angeboten; https://stockx.com/lp/nfts/ (zuletzt abgerufen am 8.8.2025).
[66] Nike, Inc., v. StockX LLC, No. 1:22-cv-00983, Answer, D. I. 1 (S. D. N. Y. Feb. 3, 2022), S. 2.
[67] MAH GewRS/Hasselblatt § 34 Rn. 220; näher zur US-amerikanischen Rechtsprechung Bodewig GRUR-Int 2000, 597.
[68] Art. 15 Abs. 1 UMV; § 24 Abs. 1 MarkenG.

Erschöpfung.[69] Ob die Erschöpfung aber auch so weit reicht, dass ein Dritter ein NFT zur gebauchten Ware minten und gemeinsam mit der Ware vertreiben darf, hängt maßgeblich von zwei Fragen ab: Erstens stellt sich die Frage, ob das NFT als eigenständige Ware im Sinne der Art. 15 Abs. 1 UMV und § 24 Abs. 1 MarkenG anzusehen ist (→ Rn. 49–54). Zweitens ist die Erschöpfung ausnahmsweise gem. Art. 15 Abs. 2 UMV und § 24 Abs. 2 MarkenG ausgeschlossen, wenn berechtigte Gründe vorliegen, die es rechtfertigen, dass der Markeninhaber sich dem weiteren Vertrieb widersetzt (→ Rn. 55–57).

49 **aa) Ware.** Erschöpfung kommt nur dann in Betracht, wenn das NFT und die authentifizierte Ware (zB der Sneaker) eine einheitliche Ware im Sinne der Art. 15 Abs. 1 UMV und § 24 Abs. 1 MarkenG darstellen. Betrachtet man das NFT als eigenständige Ware, scheidet Erschöpfung bereits deshalb aus, weil das NFT – anders als die authentifizierte Ware – ohne Zustimmung des Markeninhabers in den Verkehr gebracht wurde.

50 Teilweise wird – zumindest implizit – angenommen, das NFT stelle eine eigene Ware dar.[70] Als Argumente werden angeführt, NFT könnten isoliert weiterveräußert werden und erzielten dabei teilweise höhere Preise als die physische Ware allein.[71] So verweist auch Nike darauf, dass manche „Vault NFT" auf StockX zu erheblich höheren Preisen als die physischen Nike-Sneaker allein gehandelt würden.[72]

51 Dagegen wird angeführt, dass das NFT gerade nicht als eigenständige Ware zu verstehen sei, sondern sich vielmehr auf eine physische Ware beziehe.[73] Das NFT stelle lediglich einen „digitalen Schlüssel" dar[74] – vergleichbar mit einem Abholschein, den man bei der Abgabe eines Mantels im Konzerthaus erhält.[75] In diese Richtung deutet auch die Prüfungsrichtlinie des EUIPO, die in Bezug auf die Markenanmeldung annimmt, ein NFT „authentifiziere" lediglich eine andere Ware (→ Rn. 4).[76]

52 Vorzugswürdig ist eine differenzierte Betrachtung: Der Erschöpfungsgrundsatz rechtfertigt sich unter anderem dadurch, dass in bestimmten Fällen die Drittbenutzung der Marke ihre Unterscheidungsfunktion zur Identifizierung von Unternehmensprodukten nicht beeinträchtigt.[77] Das ist aber nur dann der Fall, wenn der Verkehr das NFT und die physische Ware als Einheit wahrnimmt. Maßgeblich ist dafür, ob das NFT die physische Ware nur authentifiziert und als digitaler Schlüssel dient oder ob es eigenständige, darüberhinausgehende Funktionen bietet. Eine ähnliche Überlegung lag einem Urteil des LG Hamburg zugrunde. Dort entschied das Gericht, dass eine physische „SmartCard", die lediglich als Schlüssel für ein bestimmtes Fernsehangebot diente, bei funktionaler Betrachtung keine eigenständige Ware, sondern eine Dienstleistung darstelle.[78] Übertragen auf NFT lässt sich argumentieren, dass ein NFT, das lediglich als Schlüssel zur physischen Ware fungiert, funktional nicht als eigenständige Ware betrachtet werden kann, sondern eine Einheit mit ihr bildet. Umgekehrt gilt: Je weiter sich das NFT von seiner Funktion als „digitaler Schlüssel" entfernt und je mehr es zusätzliche, eigenständige Merkmale und Funktionen aufweist, desto eher stellt das NFT eine eigenständige Ware im Sinne der Art. 15 Abs. 1 UMV und § 24 Abs. 1 MarkenG dar. Der Erschöpfungsgrundsatz greift dann nicht.

53 Legt man diesen Maßstab zugrunde, ergibt sich folgendes Bild: Eine Einheit von NFT und physischer Ware liegt regelmäßig vor, wenn das NFT sich für den Kunden erkennbar auf ein

69 Vgl. Fezer MarkenR/Fezer MarkenG § 24 Rn. 9d.
70 Middelhoff/Zarm IPRB 2022, 270 (272); Jakob ZAP 2024, 37 (39); vgl. zum US-amerikanischen Recht: Murray ARIZ. L. J. EMERGING TECH. 6 (2022–2023), 3. Beitrag (11).
71 Reinholz GRUR-Prax 2023, 585 (587).
72 Nike, Inc., v. StockX LLC, No. 1:22-cv-00983, Complaint, D. I. 1 (S. D. N. Y. Feb. 3, 2022), S. 16 f.
73 Nike, Inc., v. StockX LLC, No. 1:22-cv-00983, Answer, D. I. 1 (S. D. N. Y. Feb. 3, 2022), S. 3: „StockX Vault NFTs are absolutely not 'virtual products' or digital sneakers. Rather, each Vault NFT is tied to a specific physical good that has already been authenticated by StockX.".
74 Hennemann AIPLA Q. J. 51 (2023), 443 (471); Reinholz GRUR-Prax 2023, 585 (587).
75 Krit. zu diesem Vergleich Michaels Stanford Journal of Blockchain Law & Policy 7 (2024), 1 (51).
76 EUIPO, Richtlinien zu Marken, 2025, Teil B, Abschnitt 3, 4.4.3.
77 Fezer MarkenR/Fezer MarkenG § 24 Rn. 14.
78 LG Hamburg GRUR-RS 2015, 19353 Rn. 28.

konkretes Warenexemplar und nicht lediglich eine Gattung bezieht. Außerdem spricht für eine Einheit, wenn NFT und physische Ware – aufgrund technischer Vorkehrungen – nicht voneinander getrennt werden können. So gibt StockX etwa an, das „Vault NFT" werde gelöscht („burning"), sobald es gegen den physischen Sneaker eingelöst wird.[79] Dies spricht eher für eine Einheit von NFT und physischer Ware.

Eine Einheit von NFT und physischer Ware ist eher nicht gegeben, wenn das NFT zu 54
weiteren Vorteilen, die über den Erhalt der physischen Ware hinausgehen, berechtigt (etwa die Teilnahme an Bonusaktionen[80]). Ebenso liegt keine Einheit vor, wenn die physische Ware in einer virtuellen Abbildung stilisiert, animiert oder anderweitig künstlerisch verarbeitet wird. In diesem Fall authentifiziert das NFT zumindest auch ein neues digitales Kunstwerk und nicht lediglich die bereits in den Verkehr gebrachte physische Ware selbst. Erwirbt der Kunde etwa mit dem NFT zusätzlich eine animierte dreidimensionale Sammelkarte des Schuhs, ist das nicht mehr vom Erschöpfungsgrundsatz gedeckt. Indiziell spricht ebenso gegen eine Einheit aus NFT und Ware, wenn der Verkehr für das NFT einen höheren Preis als allein für die physische Ware zahlt.

bb) Berechtigte Gründe für das Verbietungsrecht. Auch wenn die Voraussetzungen 55
der Erschöpfung grundsätzlich vorliegen, ist diese ausnahmsweise gem. Art. 15 Abs. 2 UMV und § 24 Abs. 2 MarkenG ausgeschlossen, wenn berechtigte Gründe es rechtfertigen, dass der Markeninhaber sich dem weiteren Vertrieb der Waren widersetzt. Die Vorschriften enthalten keinen abschließenden Katalog solcher berechtigter Gründe,[81] sodass im Einzelfall abzuwägen ist.[82] Dies eröffnet einen Argumentationsspielraum.

Nach der Rechtsprechung des EuGH liegt ein berechtigter Grund vor, wenn die Benut- 56
zung der Marke ihren Ruf erheblich schädigt.[83] Die in der bisherigen Rechtsprechung diskutierten Fälle betreffen primär Luxus- und Prestigeprodukte, die in einer ihre luxuriöse Ausstrahlung beeinträchtigenden Umgebung (zB Discounter) vertrieben werden.[84] Es lässt sich erwägen, ob die NFT-Authentifikation bereits per se den Ruf der Marke erheblich schädigt, weil ein Teil des Verkehrs mit der Technologie Betrugsrisiken oder mangelnde Seriosität assoziieren könnte. Dagegen spricht aber, dass NFT beispielsweise im Luxussegment gezielt zur Aufwertung von Produkten eingesetzt werden (insbesondere als Echtheitszertifikate).[85] Es spricht daher viel dafür, dass eine NFT-Authentifikation nach der Verkehrsauffassung den Ruf einer Marke jedenfalls nicht erheblich schädigt. Denkbar bleibt jedoch eine Rufschädigung im Einzelfall, wenn Verkehrsteilnehmer durch die NFT-Authentifikation erkennbar getäuscht werden sollen.[86]

Ferner liegt nach der Rechtsprechung des EuGH ein berechtigter Grund für das Ver- 57
bietungsrecht vor, wenn die herkunftsweisende Funktion der Marke beeinträchtigt wird. Das ist insbesondere der Fall, wenn die Marke in der Werbung des Wiederverkäufers in einer Weise benutzt wird, die den Eindruck erwecken kann, dass eine Handelsbeziehung zwischen dem Wiederverkäufer und dem Markeninhaber besteht.[87] Das NFT darf daher nicht den Eindruck erwecken, es sei vom Markeninhaber erstellt oder zumindest lizenziert worden.[88]

79 Nike, Inc., v. StockX LLC, No. 1:22-cv-00983, Answer, D. I. 1 (S. D. N. Y. Feb. 3, 2022), S. 3.

80 Nike trägt etwa vor, die „Vault NFT" böten „exclusive access to StockX releases, promotions, events", Nike, Inc., v. StockX LLC, No. 1:22-cv-00983, Complaint, D. I. 1 (S. D. N. Y. Feb. 3, 2022), S. 3.

81 EuGH GRUR-Int 2011, 827 Rn. 36; BeckOK UMV/Müller Art. 15 Rn. 51.

82 Fezer MarkenR/Fezer MarkenG § 24 Rn. 44a.

83 EuGH GRUR-Int 1998, 140 Rn. 43; GRUR 2010, 841 Rn. 79; BGH GRUR 2019, 76 Rn. 31.

84 EuGH GRUR-Int 1998, 140 Rn. 45–47; Ingerl/Rohnke/Nordemann/Boddien MarkenG § 24 Rn. 97.

85 So ist auffällig, dass insbesondere Hersteller von Luxusgütern NFT vertreiben, beispielsweise „Porsche" (https://nft.porsche.com/), „Mercedes-Benz" (https://nxt.mercedes-benz.com/) und „Gucci" (https://opensea.io/collection/superplastic-supergucci) (jeweils zuletzt abgerufen am 8.8.2025); zur Echtheitszertifizierung von Luxusgegenständen siehe außerdem bereits der Hinweis in Fn. 54.

86 So der Vorwurf von Nike; Nike, Inc., v. StockX LLC, No. 1:22-cv-00983, Complaint, D. I. 1 (S. D. N. Y. Feb. 3, 2022), S. 35 f.

87 EuGH GRUR-Int 1999, 438 Rn. 51; GRUR 2010, 841 Rn. 80.

88 Siehe die Argumentation von Nike; Nike, Inc., v. StockX LLC, No. 1:22-cv-00983, Complaint, D. I. 1 (S. D. N. Y. Feb. 3, 2022), S. 3 f.; 38–40.

Für die Praxis dürfte sich hier ein deutlich sichtbarer Disclaimer als Schutzmaßnahme anbieten, wobei dessen Wirksamkeit von der Gestaltung und dem Gesamtauftritt abhängt.[89]

d) Einrede mangelnder Benutzung

58 Der Verwender kann einer Markenverletzung die Einrede entgegenhalten, der Inhaber habe die Marke innerhalb der letzten fünf Jahre für die Produkte, auf die sich sein Anspruch stützt, nicht benutzt.[90]

59 Im Kontext von NFT stellt sich die Frage, ob die Benutzung einer Marke für Produkte ohne NFT-Authentifikation auch für NFT-authentifizierte Produkte als rechtserhaltend wirkt und umgekehrt. Produkte ohne NFT-Authentifikation sind grundsätzlich waren- und dienstleistungsähnlich zu Produkten mit NFT-Authentifikation (→ Rn. 41). Es spricht daher viel dafür, die Benutzung des einen Produkts als rechtserhaltend für das andere zu betrachten. Exemplarisch: Auch wenn eine Marke, die für „durch NFT authentifizierte Sneaker" eingetragen ist, nur für Sneaker ohne NFT-Authentifikation genutzt wurde, wirkt diese Benutzung rechtserhaltend für NFT-authentifizierte Sneaker (zur rechtserhaltenden Nutzung virtueller Waren und Dienstleistungen → § 68 Rn. 58–62).

4. Grenzüberschreitende Sachverhalte

60 NFT werden häufig länderübergreifend gehandelt – teilweise in virtuellen Welten (zum „Metaverse" → § 67 Rn. 1–6). Das birgt gewisse Herausforderungen, insbesondere im Hinblick auf die internationale Zuständigkeit (→ Rn. 61–66), das internationale Privatrecht (→ Rn. 67–68) und den geographischen Schutzbereich des anwendbaren Sachrechts (→ Rn. 69–75). Zur Veranschaulichung dient folgendes Beispiel:

Die Marke „Hahn" ist für „durch NFT authentifizierte virtuelle Sneaker" in Klasse 9 eingetragen. Ein Dritter bietet einen NFT-authentifizierten virtuellen Sneaker unter der Marke „Hahn" in einem Onlinespiel an. Welche Implikationen ergeben sich für die internationale Zuständigkeit, das anwendbare Recht sowie den geographischen Schutzbereich der Marke?

a) Internationale Zuständigkeit

61 **aa) Nationale Marke.** Bei einer unerlaubten Handlung liegt – im Anwendungsbereich der Brüssel Ia-VO[91] – gem. Art. 7 Nr. 2 Brüssel Ia-VO ein besonderer Gerichtstand am Ort, an dem das schädigende Ereignis eingetreten ist oder einzutreten droht. Fallen Handlungs- und Erfolgsort auseinander (Distanzdelikt), kann der Kläger wählen, in welchem Land er klagen möchte.[92]

62 Der Handlungsort liegt dort, wo der technische Vorgang ausgelöst wird.[93] Befindet sich der Dritte in Deutschland, während er den virtuellen Sneaker auf die Plattform hochlädt, liegt der Handlungsort in Deutschland. Damit sind deutsche Gerichte zuständig.

63 Daneben begründet auch der Erfolgsort eine internationale Zuständigkeit. Dieser liegt nach der Rechtsprechung des EuGH in jedem Staat, wo die Internetseite abrufbar ist.[94] Nicht erforderlich ist es dagegen, dass die Internetseite sich „bestimmungsgemäß" an das

[89] Nike, Inc., v. StockX LLC, No. 1:22-cv-00983, Complaint, D. I. 1 (S. D. N. Y. Feb. 3, 2022), S. 3 f.; 28 f.: „comically and intentionally small, difficult-to-read font"; Nike, Inc. v. StockX LLC, No. 1:22-cv-00983, Answer D. I. 21 (S. D. N. Y. Mar. 31, 2022), S. 6 f.: „No one has been – or could be – confused as to the source".

[90] Art. 18 UMV; § 25 MarkenG.

[91] BeckOK ZPO/Antomo Brüssel Ia-VO Art. 1 Rn. 11–17.

[92] MüKoZPO/Gottwald Brüssel Ia-VO Art. 7 Rn. 55.

[93] Staudinger/Fezer/Koos IntWirtschR Rn. 1182. Der Handlungsort läuft daher regelmäßig gleich mit dem allgemeinen Gerichtsstand gem. Art. 4 Abs. 1 Brüssel Ia-VO, Eichel IPRax 2019, 16; krit. Rosati JIPLP 2023, 720 (733).

[94] EuGH GRUR 2012, 654 Rn. 39 zur Vorgängervorschrift Art. 5 Nr. 3 der Verordnung (EG) Nr. 44/2001.

Inland richtet.[95] Überträgt man diesen Grundsatz auf das Eingangsbeispiel, sind deutsche Gerichte bereits dann international zuständig, wenn die virtuelle Welt von Deutschland aus technisch zugänglich ist und die virtuellen Sneaker dort erworben werden können – unabhängig davon, ob sich das Angebot gezielt an deutsche Nutzer richtet oder nicht.

Darüber hinaus liegt ein allgemeiner Gerichtsstand gem. Art. 4 Abs. 1 Brüssel Ia-VO am Wohnsitz des Beklagten.[96] 64

bb) Unionsmarke. Die internationale Zuständigkeit für Streitigkeiten über Unionsmarken richtet sich nach Art. 125 und Art. 126 UMV. Gemäß Art. 125 Abs. 5 UMV kann die Klage bei den Gerichten des Mitgliedstaats anhängig gemacht werden, in dem eine Verletzungshandlung begangen wurde oder droht. Zum einen erfasst Art. 125 Abs. 5 UMV damit den Ort, an dem die Handlung veranlasst wurde – also beispielsweise den Ort, von dem der virtuelle Sneaker in das Onlinespiel eingebracht wurde. Zum anderen sind auch die Gerichte desjenigen Mitgliedstaats international zuständig, in dem die Internetseite abrufbar ist. Abweichend von Art. 7 Nr. 2 Brüssel Ia-VO ist allerdings erforderlich, dass sich das Angebot an Kunden in diesem Mitgliedstaat richtet.[97] Insoweit ist die internationale Zuständigkeitsregelung für Unionsmarken enger als die Zuständigkeitsnorm für nationale Marken.[98] Als Kriterien kommen etwa Liefergebiete, Währung und Sprache in Betracht.[99] Diese Kriterien werfen aber dann Fragen auf, wenn geographische Bezüge nur schwach oder gar nicht ausgeprägt sind – etwa, wenn ein rein virtuelles NFT-authentifiziertes Produkt auf Englisch und gegen Kryptowährungen gehandelt wird (ausführlicher zu dieser Problematik → Rn. 72–74). 65

Alternativ kann der Kläger wählen, dass sich die internationale Zuständigkeit gem. Art. 125 Abs. 1 UMV nach dem Wohnsitz des Beklagten richtet; nachrangig ist gem. Art. 125 Abs. 2 UMV am Wohnsitz des Klägers oder gem. Art. 125 Abs. 3 UMV am Sitz des EUIPO in Spanien zu klagen.[100] 66

b) Internationales Privatrecht

aa) Nationale Marke. Das anwendbare Markenrecht richtet sich gem. Art. 8 Abs. 1 Rom II-VO nach dem Schutzlandprinzip *(lex loci protectionis)*. Demnach ist das Recht des Staates anzuwenden, für den der Kläger Schutz beansprucht. Das Schutzland ergibt sich somit aus dem Klägervortrag.[101] Markeninhaber sollten sich daher auf diejenige Rechtsordnung berufen, in der ihre Marke geschützt wird. Ist für den im Beispiel genannten Sneaker etwa eine deutsche Marke eingetragen, so ist Deutschland als Schutzland zu wählen. 67

bb) Unionsmarke. Entsprechend ist für Unionsmarken ein Mitgliedstaat der Union als Schutzland zu wählen. Ergänzend enthält Art. 8 Abs. 2 Rom II-VO eine Regelung für Fragen, die zwar Unionsmarken betreffen,[102] aber nicht durch die Unionsmarkenverordnung geregelt werden, sondern durch das nationale Recht determiniert sind – insbesondere Beseitigung, Schadensersatz, Rückruf und Vernichtung.[103] Für diese Fragen ist zusätzlich zum Unionsmarkenrecht das Recht des Staates anwendbar, in dem die Verletzung begangen wurde. Dabei ist auf den natürlichen Handlungsort abzustellen, jedenfalls solange dieser in 68

---

95 BGH GRUR 2020, 647 Rn. 37; Staudinger/Fezer/Koos IntWirtschR Rn. 1183.

96 Art. 62, 63 Brüssel Ia-VO.

97 EuGH GRUR 2019, 1047 Rn. 64.

98 Staudinger/Fezer/Koos IntWirtschR Rn. 1185.

99 Abrar GRUR-Prax 2019, 482.

100 Aus der gem. Art. 129 Abs. 3 UMV maßgeblichen nationalen spanischen Zuständigkeitsnorm ergibt sich, dass in den Fällen des Art. 125 Abs. 3 UMV der Gerichtsstand in Alicante liegt; BeckOK MarkenR/Gillert UMV 2017 Art. 125 Rn. 21.

101 MüKoBGB/Drexl Rom II-VO Art. 8 Rn. 12; NK-BGB/Grünberger Rom II-VO Art. 8 Rn. 40; Glöckner/Kur GRUR-Beilage 2014, 29 (34): „Inhaltsleere des Schutzlandprinzips".

102 Zum „reichlich akademische[n]" Streit um das Verhältnis von Art. 8 Abs. 2 Rom II-VO zu Abs. 1; BeckOGK Rom II-VO/Mc Guire Art. 8 Rn. 189–193.

103 BeckOGK Rom II-VO/McGuire Art. 8 Rn. 184.

einem EU-Mitgliedstaat liegt.[104] Bei Internetangeboten, die sich an mehrere Mitgliedstaaten richten, liegt der natürliche Handlungsort dort, wo die Veröffentlichung des Angebots in Gang gesetzt wurde.[105] Mit Blick auf NFT ist damit der Ort maßgeblich, an dem sich die Person befand, als sie den NFT-authentifizierten Sneaker in das Onlinespiel eingebracht hat.

c) Geographischer Schutzbereich des anwendbaren Rechts

69 **aa) Nationale Marke.** Auf Ebene des Sachrechts ist sodann zu ermitteln, ob die Markenverletzung in dessen geographischen Schutzbereich fällt. Aufgrund des Territorialitätsprinzips ist der Schutzbereich einer Marke auf das Territorium des Staates beschränkt, der die Eintragung bewilligt hat. Eine deutsche Marke genießt daher nur Schutz in der Bundesrepublik Deutschland. Aus diesem Grund ist – als ungeschriebenes Merkmal der markenrechtlichen Anspruchsgrundlagen[106] – zu prüfen, ob die Marke „im Inland" verletzt wurde.

70 Bei Internetsachverhalten verlangt die Rechtsprechung dafür einen hinreichenden wirtschaftlich relevanten Inlandsbezug *(commercial effect)*.[107] Dafür greift sie auf gewisse Indizien zurück, die auf die WIPO Joint Recommendation Concerning Provisions on the Protection of Marks, and Other Industrial Property Rights in Signs, on the Internet zurückgehen.[108] Demnach ist insbesondere zu berücksichtigen, ob die Internetseite eine länderspezifische Top-Level-Domain nutzt (zB.de),[109] in welcher Sprache das Angebot gehalten ist,[110] in welche Länder die Produkte geliefert werden,[111] in welcher Währung die Produkte gehandelt werden[112] und welche länderspezifischen Kontaktmöglichkeiten angegeben sind.[113] Nach überwiegender Ansicht begründet die Abrufbarkeit einer Internetseite noch keinen hinreichenden wirtschaftlich relevanten Inlandsbezug.[114]

71 Sofern NFT-authentifizierte physische Waren gehandelt werden, ist die Situation vergleichbar mit klassischen Internetsachverhalten. Liefert der Händler die physische NFT-authentifizierte Ware ins Inland, ist das ein starkes Indiz für eine inländische Markenverletzung.

72 Schwieriger gestaltet sich die Situation im Eingangsbeispiel. Virtuelle Güter werden regelmäßig in virtuellen Welten gehandelt, in denen viele der tradierten Indizien zur

[104] Zur umstrittenen Frage, welche Rechtsordnung anwendbar ist, wenn der natürliche Handlungsort auf einen Drittstaat verweist, MüKoBGB/Drexl Rom II-VO Art. 8 Rn. 142.

[105] EuGH GRUR 2017, 1120 Rn. 107 f.

[106] Ohly spricht – methodisch überzeugend – von einer teleologischen Reduktion: Ohly JZ 2005, 736 (740).

[107] BGH GRUR 2005, 431 (433); 2012, 621 Rn. 36; 2018, 417 Rn. 37; 2020, 647 Rn. 39; 2025, 488 Rn. 21.

[108] Joint Recommendation Concerning Provisions on the Protection of Marks, and Other Industrial Property Rights in Signs, on the Internet (with Explanatory Notes), adopted by the Assembly of the Paris Union for the Protection of Industrial Property and the General Assembly of the World Trade Property Organization (WIPO) on September 24 to October 3, 2001; abgedruckt in WRP 2001, 833.

[109] Art. 3 Abs. 1 Buchst. d Ziff. (iii): „whether the sign is used in connection with a domain name which is registered under the ISO Standard country code 3166 Top Level Domain referring to the Member State".

[110] Art. 3 Abs. 1 Buchst. d Ziff. (iv): „whether the text used in conjunction with the use of the sign is in a language predominantly used in the Member State".

[111] Art. 3 Abs. 1 Buchst. c Ziff. (i): „whether the goods or services offered can be lawfully delivered in the Member State".

[112] Art. 3 Abs. 1 Buchst. c Ziff. (ii): „whether the prices are indicated in the official currency of the Member State".

[113] Art. 3 Abs. 1 Buchst. d Ziff. (i): „whether the sign is used in conjunction with means of interactive contact which are accessible to Internet users in the Member State"; Art. 3 Abs. 1 Buchst. d Ziff. (ii): „whether the user has indicated, in conjunction with the use of the sign an address, telephone number or other means of contact in the Member State".

[114] BGH GRUR 2005, 431 (433); EuGH GRUR-Int 2011, 839 Rn. 64; Bettinger GRUR-Int 1999, 659 (671 f.); Kur WRP 2000, 935 (937); Ohly JZ 2005, 738 (739); Glöckner/Kur GRUR-Beilage 2014, 29 (35); Beckstein Einschränkungen des Schutzlandprinzips S. 142; Spindler/Schuster/Müller MarkenG Vor § 14 Rn. 48; Brau IPRB 2021, 296 (297); aA zum Domain-Recht KG Berlin NJW 1997, 3321; Ubber WRP 1997, 497 (503).

Lokalisierung versagen.[115] Dies gilt insbesondere für Konstellationen, in denen virtuelle Produkte in englischer Sprache gegen Kryptowährungen angeboten werden, ohne dass andere geographische Anknüpfungsindizien wie länderspezifische Top-Level-Domains bestehen. Die englische Sprache lässt keinen Schluss auf eine bestimmte Rechtsordnung zu, da sie als Weltsprache universell verbreitet ist.[116]

Teilweise wird daher befürchtet, in virtuellen Welten könne ein markenrechtsfreier Raum entstehen.[117] Diese Sorge ist jedoch eher unbegründet. Wird ein virtuelles NFT-authentifiziertes Produkt ohne erkennbare geographische Zielrichtung angeboten, liegt es nahe, dass sich das Angebot an Nutzer weltweit richtet – also auch an solche im Inland, sofern das Angebot von dort aus abrufbar ist. Mit anderen Worten: Die Abwesenheit geographischer Lokalisierungsindizien könnte einen wirtschaftlich relevanten Inlandsbezug begründen. Darin liegt auch kein Widerspruch zur Rechtsprechung für Internetsachverhalte: Dort wird regelmäßig betont, dass die bloße Abrufbarkeit einer Internetseite für sich genommen nicht genügt, um einen Inlandsbezug anzunehmen.[118] Teleologisch-ökonomisch steht dahinter die Erwägung, dass der Schutzbereich des nationalen Markenrechts nur dann eröffnet sein soll, wenn die angebotenen Produkte in einem Substitutionsverhältnis zueinander stehen.[119] Physische Waren und ortsgebundene Dienstleistungen im Ausland stellen nicht zwingend ein Substitutionsprodukt für physische Waren und ortsgebundene Dienstleistungen im Inland dar. So stehen die physischen Schuhe einer französischen Schuhmanufaktur, die nur stationär in Paris ihre Waren verkauft, in der Regel nicht im Wettbewerb mit physischen Sneakern, die nur in Deutschland verkauft werden. Die bloße Abrufbarkeit der Internetseite der französischen Schuhmanufaktur hat daher in der Regel keinen wirtschaftlich relevanten Bezug zu Deutschland. Virtuelle Waren und Dienstleistungen sind dagegen ihrer Natur nach ubiquitär und stehen daher grundsätzlich in weltweiter Konkurrenz. Daher kann bereits die Abrufbarkeit einer Internetseite einen Inlandsbezug begründen, wenn über sie virtuelle Waren oder Dienstleistungen erworben werden können und sich das Angebot nicht an spezifische geographische Regionen richtet. 73

Gleichwohl ist zu berücksichtigen, dass dieses Szenario – zumindest bislang – akademischer Natur ist. In der Praxis sind häufig territoriale Bezüge erkennbar.[120] So werden viele virtuelle Welten bislang beispielsweise über Internetseiten mit nationalen Top-Level-Domains beworben oder sogar über solche betrieben. 74

bb) Unionsmarke. Auch für Unionsmarken gilt das Territorialitätsprinzip. Der Schutzbereich einer Unionsmarke ist auf das Gebiet der Europäischen Union beschränkt.[121] Ansprüche nach der UMV setzen daher eine markenverletzende Benutzungshandlung in der Europäischen Union voraus.[122] Dabei gelten dieselben Grundsätze wie für nationale Marken.[123] Insbesondere verlangt auch der EuGH, dass sich das Angebot an in der Union ansässige Verkehrsteilnehmer richtet.[124] Die bloße Abrufbarkeit einer Internetseite genügt dafür grundsätzlich nicht.[125] Entsprechend können die eben dargestellten Grundsätze für nationale Marken übertragen werden (→ Rn. 69–74). 75

---

115 Strobl ZUM 2023, 492 (495); Uhlenhut/Bernhardt WRP 2023, 139 (144 f.); Reinholz GRUR-Prax 2023, 585 (588); Wagner/Holm-Hadulla/Ruttloff Metaverse/Weidert/Molle/von Werder Rn. 340; Pohlmann UnionsmarkenR § 3 Rn. 37; Steege/Chibanguza Metaverse-HdB/Tann § 14 Rn. 75; NK-BGB/Grünberger Rom-II-VO Art. 8 Rn. 46.
116 MüKoUWG/Mankowski A. Teil II. Rn. 182.
117 Reinholz GRUR-Prax 2023, 585 Rn. 20.
118 BGH GRUR 2005, 431 (433); EuGH GRUR-Int 2011, 839.
119 Vgl. Mankowski LMK 2020, 429780.
120 Rosati JIPLP 2023, 720 (739).
121 Vgl. Art. 1 Abs. 2 S. 2 UMV; näher zu den umfassten Hoheitsgebieten: MAH GewRS/Hasselblatt § 34 Rn. 20.
122 LG Hamburg BeckRS 2018, 57806 Rn. 38 f.; vgl. auch OLG Hamburg GRUR-RR 2024, 386 Rn. 128 f.
123 LG Hamburg BeckRS 2018, 57806 Rn. 39.
124 EuGH GRUR 2011, 1025 Rn. 63–65.
125 EuGH GRUR 2011, 1025 Rn. 64.

d) Überblick und Praxishinweis

76 Die folgende Tabelle fasst die wichtigsten Normen im Anwendungsbereich der einschlägigen Vorschriften im Überblick zusammen:

	Nationale Marke	**Unionsmarke**
Internationale Zuständigkeit	Art. 7 Nr. 2 Brüssel Ia-VO: • Staat des Uploads oder Staat, in dem das Angebot **technisch** abrufbar ist.	Art. 125 Abs. 5 UMV iVm Art. 126 UMV: • Staat des Uploads oder Staat, in dem das Angebot **bestimmungsgemäß** abrufbar ist.
	Art. 4 Abs. 1 Brüssel Ia-VO: • Wohnsitz des Beklagten	Art. 125 Abs. 1–3 UMV iVm Art. 126 UMV: • Wohnsitz des Beklagten; nachrangig des Klägers; nachrangig Sitz des EUIPO.
Internationales Privatrecht	Art. 8 Abs. 1 Rom II-VO: • Schutzland, dh Staat, in dem die nationale Marke registriert ist.	Art. 8 Abs. 1 Rom II-VO: • Schutzland, dh beliebiger Mitgliedstaat der Union.
		Ergänzend Art. 8 Abs. 2 Rom II-VO: • Staat des Uploads.
Geographischer Schutzbereich	Markenverletzung im Inland, wenn • das Angebot sich an Kunden im Schutzland richtet.	Markenverletzung in der Union, wenn • das Angebot sich an Kunden in der Union richtet.

77 Markenverwender müssen beachten: Weil im virtuellen Raum klare geographische Zuordnungen oft fehlen, können potenziell zahlreiche Rechtsordnungen anwendbar sein. Bevor sie ein Zeichen im virtuellen Raum nutzen, sollten sie daher auch die Markenregister anderer relevanter Länder prüfen. Sie können das Risiko von Markenkollisionen reduzieren, indem sie ihr Angebot erkennbar auf bestimmte Gebiete ausrichten – beispielsweise, indem sie ein NFT in der jeweiligen Landessprache anbieten.

78 Markenanmelder sollten ihre Marken möglichst breit geographisch anmelden, um sich einen umfassenden Schutzbereich zu sichern.

II. Design

1. Gesetzlicher Rahmen

79 Designs werden national durch das Designgesetz (DesignG)[126] und unionsweit durch die Unionsgeschmacksmusterverordnung (UGV)[127] geschützt. Die Unionsgeschmacksmusterverordnung ändert ihre Vorgängerregelung, die Gemeinschaftsgeschmacksmusterverord-

[126] Designgesetz vom 24.2.2014 (BGBl. I 122), zuletzt geändert durch Artikel 10 des Gesetzes vom 10.8.2021 (BGBl. I 3490).

[127] VO (EU) 2024/2822, ABl. L.

nung (GGV),[128] in einigen Punkten ab.[129] Manche der Änderungen gelten bereits seit dem 1.5.2025; andere werden aber erst ab dem 1.7.2026 gelten.[130] Parallel wurde die Richtlinie über den Schutz von Designs neu gefasst (DRL).[131] Die Änderungen sind von den Mitgliedstaaten in ihren nationalen Designgesetzen umzusetzen.[132]

Anstelle des Begriffs „Unionsdesign" verwendet das Unionsrecht für unionsweite Schutz- 80
rechte in der deutschen Sprachfassung den Begriff „Unionsgeschmacksmuster" (bis 1.5.2025: „Gemeinschaftsgeschmacksmuster").[133] Der Begriff „Design" bezieht sich im Folgenden aber sowohl auf nationale Designs als auch auf Unionsgeschmacksmuster.

2. Entstehung

Designschutz kann sowohl durch Eintragung des Designs[134] entstehen als auch durch seine 81
Verwendung in Form eines nicht eingetragenen Unionsgeschmacksmusters.[135] Zentrale Voraussetzung ist, dass die zu schützende Erscheinungsform neu ist und Eigenart hat.[136] Es gelten insoweit die allgemeinen Grundsätze; die NFT-Authentifikation birgt keine besonderen Herausforderungen.

a) Schutzgegenstand

Der Schutzgegenstand des Designs ist nicht das NFT selbst, sondern die Erscheinungsform 82
des NFT-authentifizierten Erzeugnisses.[137] NFT als solche können daher keine Erzeugnisse im Sinne der UGV sein.[138] So kann beispielsweise die Erscheinungsform eines Sneakers designrechtlich geschützt werden – nicht aber das NFT als solches, da es selbst keine Erscheinungsform hat, sondern den Sneaker lediglich authentifiziert.

Aus demselben Grund bereitet es auch keine Probleme, dass Computerprogramme nach 83
nationalem und europäischem Designrecht vom Designschutz ausgenommen sind.[139] Erstens sind NFT mangels eines Algorithmus in der Regel keine Computerprogramme (→ Rn. 43). Zweitens ist für den Designschutz allein das mit dem NFT verknüpfte Erzeugnis maßgeblich.[140] Solange das NFT also kein Computerprogramm authentifiziert, steht die Tür zum Designschutz grundsätzlich offen.

b) Schutz digitaler Designs, insbesondere Animationen

Ferner erstreckt sich der Designschutz auch auf rein virtuelle Erzeugnisse und ist nicht auf 84
solche beschränkt, die in einem physischen Objekt verkörpert sind. Dies galt bereits vor der Novelle des europäischen Designrechts;[141] seit den Änderungen ergibt sich dies jedoch

[128] VO (EG) Nr. 6/2002, ABl. L 3.
[129] Zu den Änderungen Kur GRUR 2024, 1264; Kossak GRUR 2025, 206; Kleinert GRUR-Prax 2025, 50.
[130] Art. 3 UAbs. 2–3 VO (EU) 2024/2822.
[131] RL (EU) 2024/2823, ABl. L.
[132] Art. 36 DRL.
[133] In der Literatur wird vielfach gefordert, das „Unionsgeschmacksmuster" in „Unionsdesign" umzubenennen. Der Vorteil des Begriffs „Unionsdesign" liegt darin, dass er mit der englischen Sprachfassung der UGV (Art. 1 Abs. 1 UGV: „European Union design") sowie der deutschen und englischen Sprachfassung der Design-Richtlinie (Art. 2 Nr. 3 DRL: „Design") konsistent ist; Kossak GRUR 2025, 206 (207); Kleinert GRUR-Prax 2025, 50 Rn. 1.
[134] Art. 1 Abs. 2 Buchst. b UGV; § 27 Abs. 1 DesignG.
[135] Art. 1 Abs. 2 Buchst. a UGV.
[136] Art. 4–6 UGV; § 2 DesignG.
[137] Wagner/Holm-Hadulla/Ruttloff Metaverse/Weidert/Molle/von Werder Rn. 365.
[138] Abweichend Kleinert GRUR-Prax 2025, 50 Rn. 11.
[139] Art. 3 Nr. 2 UGV; § 1 Nr. 2 Hs. 2 DesignG; krit. zum Ausschlusstatbestand Kur GRUR 2024, 1264 (1266), da er „keinen sinnvollen Zweck" erfülle.
[140] Wagner/Holm-Hadulla/Ruttloff Metaverse/Weidert/Molle/von Werder Rn. 365.
[141] Kur GRUR 2024, 1264 (1266); Steege/Chibanguza Metaverse-HdB/Tann § 14 Rn. 90; Wagner/Holm-Hadulla/Ruttloff Metaverse/Weidert/Molle/von Werder Rn. 365; Beldiman Design Law: Global Law and Practice/Antikainen/Härkönen, S. 612 (619 f.).

ausdrücklich aus dem Wortlaut der UGV und DRL.[142] Es werden daher auch Erscheinungsformen virtueller Güter geschützt, wie beispielsweise virtuelle NFT-authentifizierte Sneaker (→ § 68 Rn. 56–70).[143]

85 Sind diese digitalen Designs zusätzlich animiert, stellte sich bislang vor allem eine praktische Herausforderung: Materiell-rechtlich war bereits vor der Novelle des europäischen Designrechts anerkannt, dass auch Animationen designrechtlich geschützt werden.[144] Die Neufassung der Vorschriften stellt das lediglich klar.[145] Formal war es allerdings nicht möglich, Animationen mithilfe von Videodateien anzumelden. Stattdessen mussten Animationen durch eine Aneinanderreihung nummerierter Momentaufnahmen dargestellt werden.[146] Gemäß Art. 4 Abs. 2 UAbs. 2 S. 1 der Durchführungsverordnung zur Gemeinschaftsgeschmacksmusterverordnung (GGDV)[147] war die Zahl dieser Momentaufnahmen auf höchstens sieben begrenzt.[148] Auch wenn es materiell-rechtlich zwar möglich war, animierte Designs anzumelden, war die Anmeldung nationaler und europäischer Designs somit faktisch mit formalen Hürden verbunden.

86 Im Zuge der Novelle gab das EUIPO bekannt, dass ab dem 1.7.2026 auch Videodateien zur Anmeldung eingereicht werden könnten.[149] Für nationale Designanmeldungen erlaubt die Neufassung der DRL ausdrücklich „dynamisch[e] oder animiert[e]" Wiedergaben, einschließlich „Videos".[150] Umso mehr überrascht es, dass auch nach der jüngsten Überarbeitung der Durchführungsverordnung zur Unionsgeschmacksmusterverordnung vom 17.1.2025 Unionsgeschmacksmuster weiterhin in einer „fotografischen oder sonstigen grafischen Darstellung" – also statisch – wiedergegeben werden müssen, wobei nicht mehr als sieben Momentaufnahmen eingereicht werden dürfen.[151] Allerdings erlaubt Art. 36 Abs. 5 UDV dem Exekutivdirektor des EUIPO, davon abweichende Vorgaben zu treffen. Es bleibt abzuwarten, ob und wie das EUIPO künftig die Anmeldung animierter Unionsgeschmacksmuster in Videoform ermöglichen wird.

c) Autonome Generierung, insbesondere künstliche Intelligenz

87 Ferner stellt sich die Frage, ob auch Designs, die autonom, beispielsweise durch künstliche Intelligenz, generiert wurden, designrechtlich geschützt werden. Exemplarisch ist für eine autonome Generierung NFT-authentifizierter Inhalte an die Plattform CryptoKitties zu denken: Durch „Kreuzen" virtueller NFT-authentifizierter Katzen werden fortlaufend neue

[142] Nach Art. 3 Nr. 2 UGV und Art. 2 Nr. 4 DRL bezeichnet der Begriff Erzeugnis „jeden industriellen oder handwerklichen Gegenstand […] unabhängig davon, ob er in einem physischen Objekt verkörpert ist oder eine nicht physische Form aufweist". Diese Klarstellung begrüßend: Beldiman Design Law: Global Law and Practice/Antikainen/Harkönen S. 612 (618).

[143] Voegeli-Wenzl GRUR-Prax 2023, 189 (189); Kleinert GRUR-Prax 2025, 50 Rn. 11.

[144] Voegeli-Wenzl GRUR-Prax 2023, 189 (189); Bogatz GRUR-Prax 2016, 341 (343); Beldiman Design Law: Global Law and Practice/Antikainen/Härkönen S. 612 (618 f.).

[145] Nach Art. 3 Nr. 1 UGV und Art. 2 Nr. 3 DRL sind auch Erscheinungsformen geschützt, die sich durch „Bewegung", „Zustandsänderung" oder jede andere Art der „Animation" kennzeichnen.

[146] EUIPO, Richtlinien zu Geschmacksmustern, Prüfung von Anträgen bezüglich eingetragener Gemeinschaftsgeschmacksmuster, 5.2.7; DPMA, Konvergenz bei grafischen Wiedergaben von Geschmacksmustern – Gemeinsame Mitteilung 15.5.2018, S. 37 f.; Steege/Chibanguza Metaverse-HdB/Tann § 14 Rn. 92; Voegeli-Wenzl GRUR-Prax 2023, 189 (189); Bogatz GRUR-Prax 2016, 341 (343); HK-DesignG/Gerstein DesignG § 11 Rn. 112.

[147] VO (EG) Nr. 2245/2002, ABl. L 341, 28; seit 1.5.2025: Durchführungsverordnung zur Unionsgeschmacksmusterverordnung (UGDV).

[148] Siehe auch EUIPO, Richtlinien zu Geschmacksmustern, Prüfung von Anträgen bezüglich eingetragener Gemeinschaftsgeschmacksmuster, 5.1. Das GRUR Committee for Design Law hat bereits in seiner Stellungnahme zum Entwurf der UGV gefordert, die Begrenzung auf sieben Aufnahmen aufzuheben, Würtenberger/Freischem GRUR 2023, 387 (388); ebenfalls krit. Kossak GRUR 2025, 206 (208).

[149] Minute 49:00; https://euipo.europa.eu/knowledge/course/view.php?id=5383; Kur GRUR 2024, 1264 (1267); Kossak GRUR 2025, 206 (208); Hartwig, Animated designs – revisited under current and future EU design law, The IPKat, Blog-Eintrag v. 21.6.2024, https://ipkitten.blogspot.com/2024/06/guest-post-animated-designs-revisited.html (jeweils zuletzt abgerufen am 8.8.2025).

[150] Art. 26 Abs. 1 S. 2 DRL.

[151] Art. 4 Abs. 2 UAbs. 2 S. 1 UGDV.

virtuelle Katzen autonom generiert, ohne dass der Benutzer auf deren Erscheinungsform Einfluss nimmt.[152] Anders als das Urheberrecht verlangt das Designrecht keine persönliche geistige Schöpfung.[153] Ein Design muss daher nicht auf der intellektuellen Leistung eines Menschen beruhen. Auch Designs, die vollständig autonom generiert wurden, sind nach wohl herrschender Ansicht schutzfähig – vorausgesetzt sie sind neu und haben Eigenart (zur anderen Ansicht → § 65 Rn. 9–17).[154]

Noch nicht abschließend geklärt ist allerdings die Frage, wem das Recht an einem autonom generierten Design zusteht. Nach dem Entwerferprinzip steht das Recht an einem Design grundsätzlich dem Entwerfer zu.[155] Entwerfer kann aber nur eine natürliche Person sein.[156] Wer Entwerfer eines autonom generierten Designs ist, ist daher nach derzeitiger Rechtslage unklar.[157] In der Praxis hilft in solchen Fällen eine Fiktion: Ist ein Entwerfer nicht feststellbar, gilt derjenige als berechtigt, auf dessen Namen die Designanmeldung eingetragen wurde.[158] Es empfiehlt sich daher, autonom generierte Designs anzumelden, um in den Genuss der Berechtigungsfiktion zu kommen. 88

d) Keine Beschränkung auf Erzeugnisse und Warenklassen

Anders als beispielsweise in Japan[159] ist der Designschutz in Deutschland und der Europäischen Union nicht auf bestimmte Produkte beschränkt.[160] Zwar muss bei der Anmeldung eines Designs angegeben werden, für welche Erzeugnisse das Design verwendet werden soll,[161] damit das Design in die Locarno-Klassifikation eingeordnet werden kann.[162] Diese Angaben dienen aber ausschließlich der Verwaltung und beeinflussen nicht den Schutzumfang des Designs.[163] Daher kommt es im Designrecht – anders als im Markenrecht – auch nicht auf Waren- und Dienstleistungsähnlichkeit an. Die Frage, ob NFT-authentifizierte Produkte mit solchen ohne NFT-Authentifikation warenähnlich sind, stellt sich daher im Designrecht nicht (zu dieser Frage im Markenrecht → Rn. 30–45). 89

e) Praxishinweis: Kein Handlungsbedarf für bestehende Designportfolios

In der Praxis bedeutet das, dass bereits vorhandene Designs ohne weiteres NFT-authentifizierte Erzeugnisse schützen – und zwar sowohl in der Realität als auch in virtuellen Welten (zu virtuellen Waren und Dienstleistungen → § 68 Rn. 65–70). Anders als bei Marken besteht daher kein Handlungsbedarf im Hinblick auf das Designportfolio. 90

---

152 https://www.cryptokitties.co/; dieses Beispiel nennen auch Späth/Kossak GRUR 2021, 1258 (1259). Ein ähnlicher Mechanismus liegt auch „derpy Birbs" zugrunde: https://derpybirbs.com/ (jeweils zuletzt abgerufen am 8.8.2025).

153 Zum Urheberrecht: § 2 Abs. 2 UrhG; BeckOK UrhR/Rauer/Bibi UrhG § 2 Rn. 47.

154 Späth/Kossak GRUR 2021, 1258 (1262); Jestaedt/Fink/Meiser/Jestaedt DesignG § 7 Rn. 4a–4b; aA Beldiman Design Law: Global Law and Practice/Antikainen/Härkönen S. 612 (625–642).

155 Art. 14 Abs. 1 Alt. 1 UGV; § 7 Abs. 1 S. 1 Alt. 1 DesignG.

156 Späth/Kossak GRUR 2021, 1258(1262); Jestaedt/Fink/Meiser/Jestaedt DesignG § 7 Rn. 4a; gegen eine „digitale Rechtspersönlichkeit" von KI-Systemen de lege ferenda: Riehm RDi 2020, 42.

157 Späth/Kossak GRUR 2021, 1258 (1264) schlagen vor, autonom generierte Designs de lege ferenda derjenigen Person zuzuordnen, die die finanziellen Investitionen für die Schaffung des Designs getroffen hat.

158 Art. 17 UGV; § 8 DesignG.

159 Komada GRUR-Int 2025, 153 (154).

160 Steege/Chibanguza Metaverse-HdB/Tann § 14 Rn. 91; Wagner/Holm-Hadulla/Ruttloff Metaverse/Weidert/Molle/von Werder Rn. 368.

161 Art. 36 Abs. 2 UGV; § 11 Abs. 3 DesignG.

162 Art. 36 Abs. 3 Buchst. d, 40 UGV; §§ 11 Abs. 5 Nr. 3, 19 Abs. 2 Hs. 2 DesignG.

163 Art. 36 Abs. 6 UGV; § 11 Abs. 6 DesignG; EuGH GRUR 2017, 1244 Rn. 93 f.; Jestaedt/Fink/Meiser/Fink GGV Art. 40 Rn. 3; Jestaedt/Fink/Meiser/Meiser DesignG § 11 Rn. 62.

3. Durchsetzung

91 Wesentliche Instrumente zum Schutz eines Designs sind die Ansprüche auf Unterlassung[164] und Schadensersatz[165] sowie die Geltendmachung der Nichtigkeit.[166]

92 Anders als im Markenrecht ist der Schutz eines Designs nicht auf spezifische Produkte beschränkt (→ Rn. 89). Der Schutz eines Designs erstreckt sich vielmehr auf jedes Design, das beim informierten Benutzer keinen anderen Gesamteindruck erweckt.[167] Für nicht eingetragene Unionsgeschmacksmuster ist darüber hinaus einschränkend eine Nachahmung erforderlich.[168] Im Ergebnis kann beispielsweise mit einem Design, das nur für analoge Sneaker eingetragen ist, auch gegen virtuelle NFT-authentifizierte Sneaker vorgegangen werden (zu virtuellen Waren und Dienstleistungen → § 68 Rn. 65–70).[169]

93 Ein weiterer Vorteil des Designrechts gegenüber dem Markenrecht ist, dass keine Benutzungspflicht besteht.[170] Dies bedeutet, dass Designinhaber ihr Design nicht aktiv für den Erhalt des Schutzes nutzen müssen (zur Einrede mangelnder Benutzung im Markenrecht → Rn. 58–59).

94 Neben möglichen Designverletzungen ist auch an eine Urheberrechtsverletzung zu denken.[171]

4. Grenzüberschreitende Sachverhalte

a) Internationale Zuständigkeit

95 Für nationale Designs richtet sich die internationale Zuständigkeit im Anwendungsbereich der Brüssel Ia-VO nach Art. 7 Nr. 2 Brüssel Ia-VO und Art. 4 Abs. 1 Brüssel Ia-VO. Es wird auf die Ausführungen zum Markenrecht verwiesen (→ Rn. 61–64).

96 Für Unionsgeschmacksmuster regeln Art. 82 und Art. 83 UGV die internationale Zuständigkeit wie für Unionsmarken. Die dort dargestellten Grundsätze können übertragen werden (→ Rn. 65–66).[172]

b) Internationales Privatrecht

97 Das anwendbare Sachrecht richtet sich nach dem in Art. 8 Abs. 1 Rom II-VO kodifizierten Schutzlandprinzip (→ Rn. 67).

98 Für Streitigkeiten über die Verletzung von Unionsgeschmacksmustern bestimmt Art. 8 Abs. 2 Rom II-VO, welches nationale Recht ergänzend auf Annexansprüche anzuwenden ist, die nicht abschließend durch die UGV geregelt werden.[173] Die Ausführungen zum Markenrecht gelten entsprechend (→ Rn. 68).

c) Geographischer Schutzbereich des anwendbaren Rechts

99 Aufgrund des Territorialitätsprinzips beschränkt sich der geographische Schutzbereich eines nationalen Designs auf das Territorium der Bundesrepublik Deutschland; der geographische Schutzbereich eines Unionsgeschmacksmusters beschränkt sich auf die Europäische Uni-

---

164 Art. 19 Abs. 1 UGV; §§ 42 Abs. 1, 38 Abs. 1 DesignG.
165 Art. 88 Abs. 2 UGV iVm § 62a Nr. 1 Var. 2 DesignG; § 42 Abs. 2 DesignG.
166 Art. 24–26, 52–54, 84 UGV; §§ 33–36 DesignG.
167 Art. 10 Abs. 1 UGV; § 38 Abs. 2 S. 1 DesignG.
168 Art. 19 Abs. 4 UGV.
169 Steege/Chibanguza Metaverse-HdB/Tann § 14 Rn. 94.
170 Steege/Chibanguza Metaverse-HdB/Tann § 14 Rn. 95.
171 BGH GRUR 2014, 175 Rn. 26: Werke der angewandten Kunst, die einem Geschmacksmusterschutz zugänglich sind, müssen grundsätzlich keine erhöhten urheberrechtlichen Schutzanforderungen erfüllen; so auch EuGH GRUR 2019, 1185 Rn. 56; Jestaedt/Fink/Meiser/Jestaedt Systematik des Designrechts A. Rn. 58–59.
172 Staudinger/Fezer/Koos IntWirtschR Rn. 1168.
173 BeckOGK/McGuire Rom II-VO Art. 8 Rn. 185.

on.[174] Ob ein Design im Inland verletzt wurde, bestimmt sich nach denselben Kriterien wie bei Marken (→ Rn. 69–75).

d) Überblick

Die folgende Tabelle fasst die wichtigsten Normen im Anwendungsbereich der einschlägigen Vorschriften im Überblick zusammen: **100**

	Nationales Design	**Unionsgeschmacksmuster**
Internationale Zuständigkeit	Art. 7 Nr. 2 Brüssel Ia-VO: • Staat des Uploads oder Staat, in dem das Angebot **technisch** abrufbar ist.	Art. 82 Abs. 5 UGV iVm Art. 83 UGV: • Staat des Uploads oder Staat, in dem das Angebot **bestimmungsgemäß** abrufbar ist.
	Art. 4 Abs. 1 Brüssel Ia-VO: • Wohnsitz des Beklagten.	Art. 82 Abs. 1–3 UGV iVm Art. 83 UGV: • Wohnsitz des Beklagten; nachrangig des Klägers; nachrangig Sitz des EUIPO.
Internationales Privatrecht	Art. 8 Abs. 1 Rom II-VO: • Schutzland, dh Staat, in dem das nationale Design registriert ist.	Art. 8 Abs. 1 Rom II-VO: • Schutzland, dh beliebiger Mitgliedstaat der Union.
		Ergänzend Art. 8 Abs. 2 Rom II-VO: • Staat des Uploads.
Geographischer Schutzbereich	Designverletzung im Inland, wenn • das Angebot sich an Kunden im Schutzland richtet.	Unionsgeschmacksmusterverletzung in der Union, wenn • das Angebot sich an Kunden in der Union richtet.

§ 22 Gesellschaftsrecht

Übersicht

[174] BGH GRUR 2018, 72 Rn. 39; OLG Hamburg GRUR-RR 2024, 386 Rn. 128 f.; vgl. Art. 1 Abs. 3 S. 2 UGV.

Schrifttum:

Blassl, Kryptowertpapierregister Rechtspflichten von Registerführern und Emittenten, AG 2022, 725; von Buttlar/Omlor, Tokenisierung von Eigentums-, Benutzungs-, Zutritts- und Pfandrechten, ZRP 2021, 169; Casper, Das Gesetz über elektronische Wertpapiere (eWpG) – Quantensprung oder Trippelschritt? AG 2022, 714; Casper, Das Zukunftsfinanzierungsgesetz, ZHR 187 (2023), 5; Looschelders/Derkum, Vertragsrecht (insbes. Smart Contracts) in: Chibanzuga/Kuß/Steege Künstliche Intelligenz - Recht und Praxis automatisierter und autonomer Systeme, Generative KI, 2. Aufl. 2026; Goette/Habersack/Kalss, Münchener Kommentar zum Aktiengesetz (Band 1), 6. Aufl. 2024; Gsell/Krüger/Lorenz/Reymann, beck-online.GROSSKOMMENTAR.ZivilR; Gramlich/Grobe/Urbach, Gestaltung von Blockchain-basierten Kryptowertpapierregistern – Technische Umsetzung der Anforderungen des eWpG, des ZuFinG, und der eWpRV in: Omlor/Lübke, Tokenized Finance, 1. Aufl. 2025, S. 5; Grigoleit/Zellner, Aktiengesetz, 3. Aufl. 2025; Guntermann, RefE ZuFinG: Vorhang auf die e-Aktie, AG 2023, 426; Guntermann Krypto-Aktie & Co. Zeitenwende im Wertpapierrecht des AktG durch das ZuFinG?, AG 2024, 13; Hannemann/Müller, Automatisierte Governance in der Ära der Blockchain-Technologie, 1. Aufl. 2024; Harnos, § 2 Corporate Governance, in: Marsch-Barner/Schäfer, Handbuch börsennotierte AG, 6. Aufl. 2025; Heidel, Aktienrecht und Kapitalmarktrecht, 6. Aufl. 2024; Hölters/Weber, Aktiengesetz, 4. Aufl. 2022; Kaulartz/Matzke, Die Tokenisierung des Rechts, NJW 2018, 3278; Koch, Aktiengesetz, 20. Aufl. 2026; Lehmann/Schinerl, Vermögenswertreferenzierte Token, Kap. 4, in: Meier Handbuch MiCAR, 1. Aufl. 2025; Lübke, Das Gesellschaftsrecht der elektronischen Aktie, in: Möslein/Omlor, Kryptoaktien, 1. Aufl. 2024, S. 39; Mangold, Die orange Pille: Warum Bitcoin weit mehr als nur ein neues Geld ist, 1. Aufl. 2023; Maume, Die Anwendung der Blockchain-Technologie im GmbH-Recht, NZG 2021, 1189; Maume, Keine Angst vor der Blockchain – auch nicht im Gesellschaftsrecht, NZG 2023, 1485; Maume, Die Kryptoaktie im Zukunftsfinanzierungsgesetz, BKR 2023, 282; Maume/Fromberger, Die Blockchain-Aktie, ZHR 185 (2021), 507; Meier, Einführung der elektronischen Aktie in Deutschland in: Omlor/Möslein, Blockchain und Recht, 1. Aufl. 2024, § 11; Möslein/Omlor/Urbach, Grundfragen eines Blockchain-Kapitalgesellschaftsrechts, ZIP 2020, 2149; Nägele, Rechtsnatur von Token, 1. Aufl. 2021; Nathmann, Token in der Unternehmensfinanzierung – Rechtliche Einordnung von Initial Coin Offerings (ICO), BKR 2019, 540; Omlor, Elektronische Aktien nach dem Zukunftsfinanzierungsgesetz in: Omlor/Lübke, Tokenized Finance, 1. Aufl. 2025, S. 29; Omlor/Link, Kryptowährungen und Token, 2. Aufl. 2023; Omlor/Möslein, FinTech und PayTech, in: Ellenberger/Bunte, Bankrechts-Handbuch, § 34, 6. Aufl. 2022; Poelzig/von Zehmen, Kryptoaktien nach dem Referentenentwurf des Zukunftsfinanzierungsgesetzes, RDi 2023, 333; Preuße/Wöckener/Gillenkirch, Das Gesetz zur Einführung elektronischer Wertpapiere – Eine erste Bewertung aus Sicht der Praxis, BKR 2021, 460; Reiser, Digitale Generalversammlungen und Verwaltungsratssitzungen, SZW/RSDA 5/2022, 401; Sasse/Katopodi, Zukunftssicherung deutscher Unternehmen durch Token!, DB 2023, M4; Säcker/Rixecker/Oetker/Limperg/Schubert, Münchener Kommentar zum BGB, 9. Aufl. 2025; Solbach, Kryptowährung als Sacheinlage, AG 2024, 237; Stilz/Veil, beck-online.GROSSKOMMENTAR.AktR; Staudinger, Kommentar zum BGB Kaufrecht §§ 449–473; 480–487, Neubearbeitung 2024; Terlau, MiCAR-Stablecoins – Erlaubnispflichten des Emittenten bei öffentlichem Angebot, Zulassung zum Handel und (nur) Ausgabe, BKR 2023, 809; Waldbröl/Weber, Die elektronische Aktie und ihre Zeichnung – ein Überblick, ZdiW 2023, 320; Wieneke/Kunz, Das Gesetz zur Einfügung von elektronischen Wertpapieren – Der Regierungsentwurf, NZG 2021, 316.

I. Tokenisierung von Assets

1 Durch die Blockchain-Technologie können sämtliche Werte, Rechte und Schuldverhältnisse an materiellen und immateriellen Gütern durch Token repräsentiert und deren Verkehrsfähigkeit dadurch vereinfacht werden.[1] Als Token werden Informationen auf Systemen der Distributed-Ledger-Technologie **(„DLT“)**, wie etwa der Blockchain, bezeichnet.[2] Die BaFin beschreibt Token als eine digitalisierte Form von Vermögenswerten,

1 Blockchain-Strategie der Bundesregierung, S. 3.

2 Eine Legaldefinition von Token findet sich in Art. 2 Abs. 1 Buchst. c des liechtensteinischen Gesetzes über Token und VT-Dienstleister (Token- und VT-Dienstleister-Gesetz; TVTG). Eine Legaldefinition von Token enthält die MiCAR hingegen nicht.

dem eine bestimmte Funktion oder ein bestimmter Wert zugesprochen wird.[3] „Distributed Ledger" ist nach der Legaldefinition in Art. 3 Abs. 1 Nr. 2 **MiCAR**[4] ein Informationsspeicher, der Aufzeichnungen über Transaktionen enthält und der unter Verwendung eines Konsensmechanismus auf eine Reihe von DLT-Netzwerkknoten verteilt und zwischen ihnen synchronisiert wird. Tokenisierung beschreibt den Vorgang, in dem Vermögenswerte (hauptsächlich sog. Real World Assets) mit der Blockchain-Technologie verknüpft werden.[5]

Die Tokenisierung von Vermögenswerten **(„Assets")** auf der Blockchain erfolgt technisch betrachtet über Smart Contracts.[6] Smart Contracts sind Programmcodes, die wie ein Konditionalprogramm im Sinne einer Wenn-Dann-Formel oder andere einfache Algorithmen vordefinierte Abläufe auf der Blockchain automatisch auslösen.[7] Wenn beispielsweise ein Smartphone verwendet wird, um ein Mietauto zu öffnen, erfolgt eine Belastung des (typischerweise in Kryptowährung geführten) Kundenkontos.[8] Durch Smart Contracts lassen sich Vermögenswerte, wie das Eigentum, verwalten, sodass der Nutzen hieraus effizient „monetarisiert" werden kann.[9] **2**

Die Tokenisierung von Assets erfolgt rechtlich betrachtet im Wesentlichen durch tokenisierte Wertpapiere,[10] mit denen Rechte an Investitionsobjekten investierbar und handelbar gemacht werden, die bisher für den durchschnittlichen Anleger keine Investitionsobjekte, sondern vielmehr Luxusgüter (Kunstgegenstände oder Oldtimer)[11] waren. Das bedeutet, dass bei der Tokenisierung von mobilen oder immobilen Assets rechtlich gesehen zB eine tokenisierte Schuldverschreibung emittiert und nicht das Asset als solches tokenisiert wird.[12] **3**

Bei der Tokenisierung von Aktien handelt es sich gleichsam um die Tokenisierung von Rechten, in diesem Fall von Rechten an Wertpapieren. Dabei stellt die Kryptoaktie die Grundform der tokenisierten Wertpapiere dar und ist als solche vom Gesetzgeber hinreichend rechtlich ausgestaltet. Kryptoaktien sind tokenisierte Gesellschaftsanteile an einer AG und vermitteln als solche dem Aktionär Mitgliedschaftsrechte an eben dieser AG. Unter Mitgliedschaftsrechten sind Vermögens- und Verwaltungsrechte, wie etwa Gewinn- und Bezugsrechte und Stimmrechte zu verstehen.[13] Das Mitgliedschaftsrecht in einer AG hat absoluten Charakter und ist als sonstiges Recht iSv § 823 BGB anerkannt.[14] **4**

1. Anwendbarer Rechtsrahmen

Werden Kryptoaktien begeben, findet nicht die MiCAR, sondern die Umsetzungsgesetze der **MiFiD II**[15] Anwendung,[16] die in einer konsolidierten Fassung seit dem 28.3.2024 unter **5**

[3] BaFin Fachartikel Tokenisierung, BaFin Journal April 2019, 8 (9). Token als Eintrag in blockchainbasierten Datenbanken verstehend Kaulartz/Matzke NJW 2018, 3278 (3278).
[4] Verordnung (EU) 2023/1114 über Märkte für Kryptowerte.
[5] Möslein/Omlor/Urbach ZIP 2020, 2149 (2151); von Buttlar/Omlor ZRP 2021, 169 (169); Maume NZG 2021, 1189 (1189).
[6] Omlor/Lübke Tokenized Finance/Gramlich/Grobe/Urbach 5 (10).
[7] MüKoBGB/Lehmann Internationales Wirtschaftsrecht Teil 10. Rn. 660; Art. 2 Nr. 39 der Verordnung (EU) 2023/2854 (Data Act) enthält eine Legaldefintion von Smart Contracts. Danach ist ein Smart Contract ein Computerprogramm, das für die automatisierte Ausführung einer Vereinbarung oder eines Teils davon verwendet wird, wobei eine Abfolge elektronischer Datensätze verwendet wird und die Integrität dieser Datensätze sowie die Richtigkeit ihrer chronologischen Reihenfolge gewährleistet werden. Hierzu Chibanzuga/Kuß/Steege KI-Hdb/Looschelder/Derkum, Teil § 5 N., Rn. 37.
[8] MüKoBGB/Lehmann Internationales Wirtschaftsrecht Teil 10. Rn. 660.
[9] Omlor/Lübke Tokenized Finance/Gramlich/Grobe/Urbach 5 (10).
[10] Von Buttlar/Omlor ZRP 2021, 169 (170).
[11] Omlor/Link Kryptowährungen/Omlor/Link Kap. 6 Rn. 98 f.
[12] Von Buttlar/Omlor ZRP 2021, 169 (171).
[13] BeckOGK/Vatter AktG § 11 Rn. 9 ff.
[14] BeckOGK/Könen BGB § 38 Rn. 33; Marsch-Barner/Schäfer börsennotierte AG-Handbuch/Harnos § 2 Rn. 2.88; OLG München AG 2003, 106 (107); Omlor/Lübke Tokenized Finance/Omlor S. 29 (35 f.).
[15] RL (EU) 2014/65 über Märkte für Finanzinstrumente.
[16] Erwgr. 3 MiCAR.

Art. 14 Abs. 1 Nr. 15 MiFiD II Finanzinstrumente als die in Anhang I Abschnitt C genannten Instrumente, einschließlich mittels DLT emittierter Instrumente definiert. Der nationale Gesetzgeber hat im Rahmen des Zukunftsfinanzierungsgesetzes **(„ZuFinG“)** das Gesetz über elektronische Wertpapiere **(„eWpG“)** angepasst und die Begebung von Kryptoaktien ermöglicht.[17] Durch das ZuFinG wurden flankierend auch aktienrechtliche Vorschriften angepasst, die die gesellschaftsrechtliche Begebung von Kryptoaktien regeln.

6 Auch wenn es in der Praxis Überschneidungen gibt, ist grundsätzlich zu unterscheiden zwischen einer AG, die Krypto-Dienstleistungen erbringt, also zB Kryptowährungen für Kunden verwahrt, und einer AG, die Kryptoaktien, dh tokenisierte Gesellschaftsanteile an einer AG, ausgibt. Krypto-Dienstleistungen werden in der Regel im Zusammenhang mit Kryptowährungen erbracht (→ § 41 Rn. 4) und unterliegen dem Anwendungsbereich der MiCAR. Krypto-Dienstleistungen können auch von AGs erbracht werden, die keine Kryptoaktien ausgeben, sondern als „klassische“ AG verfasst sind. Als international bekanntes Beispiel kann das US-amerikanische Unternehmen MicroStrategy von Michael Saylor genannt werden, das als erstes börsennotiertes Unternehmen Bitcoin in seine Bilanz aufgenommen hat.[18] Inzwischen investieren vor allem institutionelle Anleger, die in den USA bis zur Wahl von Donald J. Trump zum US-Präsidenten für seine zweite Amtszeit diversen Beschränkungen bei Investitionen in Kryptowährungen unterlagen, gewissermaßen als Ersatz in herkömmliche Aktien von MicroStrategy.[19]

2. Zielsetzung des Gesetzgebers

7 Die Zielsetzung des ZuFinG ist es durch Digitalisierung, Entbürokratisierung und Internationalisierung die Leistungsfähigkeit des deutschen Kapitalmarkts zu stärken.[20] Vor diesem Hintergrund ist beabsichtigt, das Gesellschaftsrecht fortzuentwickeln,[21] wobei diese Fortentwicklung aufgrund der Einführung der Kryptoaktie insbesondere das Aktienrecht betrifft. Das Recht der GmbH adressiert das ZuFinG hingegen nicht. Dabei würden sich Geschäftsanteile an einer GmbH, etwa durch die Ausgabe von NFT ohne weiteres tokenisieren lassen.[22] NFT sind kryptografische Token, die auf der DLT basieren, insbesondere auf Blockchains.[23] Sie sind aufgrund ihrer technischen Eigenschaften untereinander nicht fungibel, also nicht austauschbar.[24]

8 Die gesellschaftsrechtlichen Auswirkungen der Einführung der Kryptoaktie sind auch nach Ansicht des Gesetzgebers erheblich und betreffen ua die Gründung der Gesellschaft, die Ausgabe von Aktien, die Übertragung der Aktien auf den internationalen Kapitalmärkten, die Einberufung der Hauptversammlung, Kapitalmaßnahmen und den Informationsfluss von der Gesellschaft zum Aktionär.[25] Obwohl der Gesetzgeber die gesellschaftsrechtlichen Auswirkungen der Einführung der Kryptoaktie sehr wohl erkannt hat, beschränken sich die gesellschaftsrechtlichen Änderungen auf punktuelle Ergänzungen einzelner Vorschriften im AktG.[26]

---

17 Poelzig/von Zehmen RDi 2023, 333 (333 ff.).
18 Mangold Die orange Pille: Warum Bitcoin weit mehr als nur ein neues Geld ist S. 12.
19 Mangold Die orange Pille: Warum Bitcoin weit mehr als nur ein neues Geld ist S. 13.
20 BR-Drs. 362/23, 1.
21 BR-Drs. 362/23, 1.
22 Sasse/Katopodi DB 2023, M4 (M5).
23 BaFin Veröffentlichung, Non-Fungible-Token: Auf den Inhalt kommt es an, Stand: 8.3.2023, abrufbar unter: https://www.bafin.de/SharedDocs/Veroeffentlichungen/DE/Fachartikel/2023/fa_bj_2303_NFT.html (zuletzt abgerufen am 20.3.2026).
24 BaFin Veröffentlichung, Non-Fungible-Token: Auf den Inhalt kommt es an, Stand 8.3.2023, abrufbar unter: https://www.bafin.de/SharedDocs/Veroeffentlichungen/DE/Fachartikel/2023/fa_bj_2303_NFT.html (zuletzt abgerufen am 20.3.2026).
25 BT-Drs. 19/26925, 38.
26 Lübke/Omlor Tokenized Finance/Omlor S. 29 (30).

II. Kryptoaktien

Kryptoaktien stellen keine eigene Aktienform dar,[27] sondern unterscheiden sich im Wesentlichen in der Registerführung und der fehlenden Verbriefung, dh den Modalitäten der Ausgabe der Aktie von herkömmlichen Aktien.[28] Ein zentraler Unterschied zu herkömmlichen Aktien besteht aber darin, dass Kryptoaktien nicht an der Börse gehandelt werden können (→ Rn. 16 ff.). Kryptoaktien sind solche Aktien, die nicht in einer Urkunde verbrieft, sondern gem. § 2 Abs. 1, § 4 Abs. 1 Nr. 2 und Abs. 3 eWpG in ein Kryptowertpapierregister eingetragen sind. Ein Kryptowertpapierregister muss gem. § 16 Abs. 1 eWpG auf einem fälschungssicheren Aufzeichnungssystem geführt werden, in dem Daten in der Zeitfolge protokolliert und gegen unbefugte Löschung sowie nachträgliche Veränderung geschützt gespeichert werden. Dies erfasst gem. § 4 Abs. 3 eWpG insbesondere die Registerführung unter Verwendung der Blockchain,[29] ist aber nicht auf diese beschränkt, sondern bewusst technologieneutral formuliert.[30] Dieser Ansatz steht auch im Einklang mit dem Willen des Unionsgesetzgebers, der sich dem Grundsatz der Technologieneutralität verpflichtet hat.[31] 9

Kryptoaktien können nur als Namensaktien, nicht aber als Inhaberaktien begeben werden,[32] was als Misstrauensvotum des Gesetzgebers gegenüber Kryptowerten zu verstehen ist.[33] Sind die Kryptoaktien vinkuliert, darf eine Umtragung im Kryptowertpapierregister gem. § 25 Abs. 3 S. 1 eWpG erst nach Zustimmung der Gesellschaft erfolgen.[34] Als erstes Unternehmen in Deutschland hat NYALA Digital Asset AG seine Aktien tokenisiert und als Kryptoaktien an seine Anteilseigner ausgegeben.[35] Im Gegensatz zu herkömmlichen Aktien werden Kryptoaktien nicht beim Zentralverwahrer, der Clearstream Banking AG, hinterlegt (→ Rn. 16 ff.), sondern können direkt in die Wallet des Kryptoaktionärs gebucht werden.[36] 10

1. Satzungsregelung

Will eine Gesellschaft Kryptoaktien begeben, ist gem. § 10 Abs. 6 S. 1 AktG in der Satzung der Anspruch auf Globalverbriefung auszuschließen.[37] Grundsätzlich folgt aus dem Mitgliedschaftsrecht eines Aktionärs ein Anspruch jedenfalls auf Globalverbriefung,[38] der nur durch ausdrückliche Satzungsregelung nach Maßgabe von § 10 Abs. 6 AktG ausgeschlossen 11

---

27 BR-Drs. 362/23, 119; Koch AktG § 10 Rn. 1a; Waldbröl/Weber ZdiW 2023, 320 (323); Omlor/Lübke Tokenized Finance/Omlor S. 29 (35).

28 BR-Drs. 362/23, 119; Guntermann AG 2023, 426; Waldbröl/Weber ZdiW 2023, 320 (323); Omlor/Lübke Tokenized Finance/Omlor S. 29 (31).

29 BT-Drs. 19/26925, 59 f.; Casper AG 2022, 714 (715); Blassl AG 2022, 725 (726); Wieneke/Kunz NZG 2021, 316 (320); Waldbröl/Weber ZdiW 2023, 320 (323); Omlor/Lübke Tokenized Finance/Gramlich/Grobe/Urbach S. 5 (12).

30 BT-Drs. 19/26925, 1.

31 Erwgr. 9 MiCAR.

32 BR-Drs. 362/23, 118 f.

33 Möslein/Omlor Kryptoaktien/Lübke S. 39 (41); Waldbröl/Weber ZdiW 2023, 320 (325); aA Guntermann AG 2024, 13 (15); Omlor/Möslein Blockchain und Recht/Meier § 11 S. 255 (261).

34 Hierzu Omlor/Lübke Tokenized Finance/Omlor S. 29 (40).

35 Pressemitteilung NYALA Digital Asset AG vom 29.1.2024, abrufbar unter: https://www.eqs-news.com/de/news/corporate/erste-tokenisierung-von-aktien-nyala-digital-asset-ag-gibt-e-aktien-aus/e800a1be-5cbc-4b96-b51b-88e937e9c57c_de (zuletzt abgerufen am 20.3.2026).

36 Für ein Praxisbeispiel siehe Pressemitteilung coinIX GmbH & Co. KGaA, abrufbar unter: https://www.eqs-news.com/de/news/corporate/coinix-coinvest-sci1-begibt-neue-anlageaktien-als-krypto-aktien-aif-beteiligung-als-elektronische-wertpapiere-kooperation-mit-nyala-digital-asset-ag-und-token-forge-gmbh-auf-polygon-pos-netzwerk/d2cf3538-56a9-4f01-a255-62ac7071fe25_de (zuletzt abgerufen am 20.3.2026).

37 Guntermann AG 2024, 13 (16); Möslein/Omlor Kryptoaktien/Lübke S. 39 (50).

38 Koch AktG § 10 Rn. 3; MüKoAktG/Heider § 10 Rn. 13; Omlor/Lübke Tokenized Finance/Omlor S. 29 (31).

werden kann.[39] Die Aktionäre bleiben durch das Erfordernis einer satzungsändernden Mehrheit nach § 179 Abs. 2 S. 1 AktG hinreichend geschützt, so dass gegen den Ausschluss des mitgliedschaftlichen Verbriefungsanspruchs gem. § 10 Abs. 6 S. 1 AktG keine grundsätzlichen Bedenken bestehen.[40] Zudem ist die Begebung von Kryptoaktien nur zulässig, wenn dies in der Satzung ausdrücklich zugelassen ist, § 10 Abs. 6 S. 2 AktG.

a) Ausschluss des Verbriefungsanspruchs

12 Dem Aktionär kommt grundsätzlich ein mitgliedschaftlicher Anspruch auf Verbriefung zu,[41] sodass § 10 Abs. 6 AktG als Ausnahmetatbestand zu verstehen ist. Ist die Verbriefung nicht vollständig, sondern nur teilweise ausgeschlossen, ist im Zweifelsfall von einem Mischbestand aus teils verbrieften und teils registereingetragenen Aktien auszugehen. Einen solchen Mischbestand hält der Gesetzgeber für zulässig.[42] Die Mischbestände stellen auch keinen Verstoß gegen den Gleichbehandlungsgrundsatz des § 53a AktG dar, weil die in den Aktien verkörperten Mitgliedschaftsrechte und -pflichten unabhängig von ihrer Begebungsmodalität inhaltlich übereinstimmen.[43] Soll mit der Satzungsregelung die Begebung einer Kryptoaktie ermöglicht werden, ist dies genau zu bezeichnen. Lässt die Satzung nämlich generisch die Führung eines elektronischen Registers zu, ist damit im Zweifelsfall ein zentrales Register und kein dezentrales Wertpapierregister gemeint.[44]

Praxishinweis:
Gesellschaften, die Kryptoaktien begeben wollen, müssen ihre Satzung sorgfältig anpassen. Dabei müssen sie sowohl den Anspruch auf Verbriefung nach § 10 Abs. 6 S. 1 AktG ausdrücklich ausschließen als auch die Begebung von Kryptoaktien gem. § 10 Abs. 6 S. 2 AktG ausdrücklich zulassen. Eine generische Satzungsregelung, die lediglich die Führung eines elektronischen Registers vorsieht, genügt hierfür nicht, da im Zweifelsfall ein zentrales und kein dezentrales Kryptowertpapierregister gemeint ist. Die Satzungsänderung erfordert eine qualifizierte Mehrheit nach § 179 Abs. 2 S. 1 AktG und sollte daher rechtzeitig in die Tagesordnung der Hauptversammlung aufgenommen werden.

b) Meldesystem

13 Die Gesellschaft ist bei Kryptoaktien, da diese als Namensaktien ausgestaltet sind, zur Führung eines Aktienregisters verpflichtet.[45] Für Kryptoaktien sind daher zwei Register zu führen, nämlich das Kryptowertpapierregister und das Aktienregister.[46] In das Aktienregister sind die Angaben des § 67 Abs. 1 S. 1 AktG einzutragen, was insbesondere die persönlichen Daten des Aktionärs und die Angaben zu den von ihm gehaltenen Aktien erfasst. Eine Ausübung der Rechte aus den Aktien setzt gegenüber der Gesellschaft nach § 67 Abs. 2 S. 1 AktG eine Eintragung ins Aktienregister voraus. Nach § 67 Abs. 1 S. 7 AktG richtet die Gesellschaft zur Ausgabe von Kryptoaktien in Zusammenarbeit mit der registerführenden Stelle des Kryptowertpapierregisters gem. § 16 Abs. 2 eWpG ein Meldesystem ein, um die Übermittlung der Daten des Aktionärs zur Eintragung in das Register zu gewährleisten. In

---

[39] BR-Drs. 362/23, 119; Maume BKR 2023, 282 (284).
[40] Guntermann AG 2023, 426 (428); Guntermann AG 2024, 13 (16).
[41] BeckOGK/Vatter AktG § 10 Rn. 38; MüKoAktG/Heider § 10 Rn. 13; Koch AktG § 10 Rn. 3.
[42] BR-Drs. 362/23, 119.
[43] Maume/Fromberger ZHR 185 (2021), 507 (524 f.); Maume BKR 2023, 282 (284).
[44] BR-Drs. 362/23, 119; Omlor/Lübke Tokenized Finance/Omlor S. 29 (32).
[45] BR-Drs. 362/23, 122.
[46] Omlor/Lübke Tokenized Finance/Omlor S. 29 (39).

der Praxis geschieht dies bei Kryptoaktien – anders als bei börsennotierten Gesellschaften durch die Clearstream Banking AG – nicht automatisch.[47]

2. Zeichnung von Kryptoaktien

Kryptoaktien können nicht nur bei Gesellschaftsgründung, sondern auch bei Kapitalerhöhung ausgegeben werden.[48] § 13 S. 4 AktG stellt grundsätzlich klar, dass bei Kryptoaktien keine Unterzeichnung, auch keine Unterzeichnung elektronischer Art, erforderlich ist.[49] Die Unterschrift bei umläufigen Wertpapieren dient der Fälschungssicherheit.[50] Einträge in einem Kryptowertpapierregister sind nicht weniger fälschungssicher als eine unterschriebene Urkunde,[51] sondern weisen sogar ein höheres Maß an Fälschungssicherheit auf, da sie mit einem unveränderlichen Zeitstempel dem sog. *Hash* versehen sind[52] und auf dem Konsensprinzip der Teilnehmer beruhen.[53] Allerdings erfordert die Zeichnung im Rahmen einer Kapitalerhöhung gem. § 185 Abs. 1 AktG nach wie vor einen Zeichnungsschein, dh eine schriftförmliche Erklärung iSd § 126 Abs. 1 BGB, die auf den Abschluss eines Zeichnungsvertrags gerichtet ist.[54] Ein Verstoß gegen das Schriftformerfordernis hat nach § 125 S. 1 BGB die Nichtigkeit des Rechtsgeschäfts zur Folge. Dass der Gesetzgeber bei der Zeichnung von Aktien aus einer Kapitalerhöhung das Schriftformerfordernis in § 185 Abs. 1 AktG nicht angepasst hat, ist inkonsequent und wird daher kritisiert.[55] 14

3. Eigentum an Kryptoaktien

Kryptoaktien werden gem. § 2 Abs. 2 eWpG herkömmlichen, mittels Urkunde begebenen Aktien gleichgestellt und gelten gem. § 2 Abs. 3 eWpG als Sache iSd § 90 BGB. Dem Grunde nach können Kryptoaktien gem. § 8 Abs. 1 eWpG in Sammeleintragung oder in Einzeleintragung[56] begeben werden. Eine Sammeleintragung liegt gem. § 8 Abs. 1 Nr. 1 eWpG vor, wenn auf Veranlassung des Emittenten als Inhaber elektronischer Wertpapiere bis zur Höhe des Nennbetrages der jeweiligen Emission, bei Stückaktien bis zur Gesamtzahl der Stücke, eine Wertpapiersammelbank oder ein Verwahrer eingetragen werden. Eine Einzeleintragung liegt gem. § 8 Abs. 1 Nr. 2 eWpG vor, wenn statt der Wertpapiersammelbank oder eines Verwahrers eine natürliche oder juristische Person oder rechtsfähige Personengesellschaft, die das elektronische Wertpapier als Berechtigte hält, eingetragen wird. Das eWpG sieht für Kryptoaktien in Einzeleintragung in §§ 24 ff. ein eigenes Übertragungsregime vor.[57] Eine Übertragung durch Indossament, die bei Namensaktien gem. § 68 Abs. 1 AktG zulässig ist, ist für Kryptoaktien gem. § 25 Abs. 3 S. 2 eWpG unzulässig. Das Eigentum an Kryptoaktien wird gem. § 25 Abs. 1 eWpG übertragen. Danach ist zur Eigentumsübertragung erforderlich, dass die Kryptoaktie auf Weisung des Berechtigten auf den Erwerber umgetragen wird und beide sich darüber einig sind, dass das Eigentum übergehen soll. Bis zur Umtragung auf den Erwerber verliert der Berechtigte sein Eigentum nicht. 15

---

47 BR-Drs. 362/23, 122.
48 Möslein/Omlor Kryptoaktien/Lübke S. 39 (51); Waldbröl/Weber ZdiW 2023, 320 (325).
49 BR-Drs. 362/23, 122.
50 BR-Drs. 362/23, 122.
51 BR-Drs. 362/23, 122.
52 Nägele Rechtsnatur von Token S. 14 f.
53 Blassl AG 2022, 725 (726).
54 Omlor/Möslein Blockchain und Recht/Meier § 11 Rn. 255 (270).
55 Casper ZHR 187 (2023), 5 (45); Möslein/Omlor Kryptoaktien/Lübke S. 39 (51); Omlor/Lübke Tokenized Finance/Omlor S. 29 (34).
56 Vgl. zur Sammeleintragung und Einzeleintragung Omlor/Möslein Blockchain und Recht/Meier § 11 S. 255 (259); Omlor/Lübke Tokenized Finance/Gramlich/Grobe/Urbach S. 5 (15 f.).
57 Guntermann AG 2023, 426.

4. Kryptowertpapierregister

16 Das eWpG unterteilt elektronische Wertpapiere in Zentralregisterwertpapiere (§ 4 Abs. 1 Nr. 1, Abs. 2 eWpG) und Kryptowertpapiere (§ 4 Abs. 1 Nr. 2, Abs. 3 eWpG). Elektronische Wertpapiere sind somit der Oberbegriff für Zentralregisterwertpapiere einerseits und Kryptowertpapiere andererseits.[58] Zentrale Register, in denen Zentralregisterwertpapiere geführt werden, können gem. § 12 Abs. 2 Nr. 1 eWpG von Wertpapiersammelbanken geführt werden. Eine Wertpapiersammelbank ist gem. § 4 Abs. 5 eWpG eine nach Art. 16 **ZentralverwahrerVO**[59] als Zentralverwahrer zugelassene juristische Person, die in Abschnitt A des Anhangs zur ZentralverwahrerVO genannte Kerndienstleistungen im Inland erbringt. Vor diesem Hintergrund sind Zentralregisterwertpapiere börsenfähig, da gem. Art. 3 Abs. 1 ZentralverwahrerVO die Zentralverwahrung hierfür Voraussetzung ist.

17 Nach der Legaldefinition des § 4 Abs. 3 eWpG ist ein Kryptowertpapier ein elektronisches Wertpapier, das in ein Kryptowertpapierregister eingetragen ist. Die Eintragung ist als funktionaler Ersatz zu herkömmlichen Wertpapieren, die grundsätzlich durch Urkunde in Papierform begeben werden, zu verstehen.[60] Zur Führung des Kryptowertpapierregisters ist berechtigt, wer im Besitz der erforderlichen Erlaubnis nach §§ 1 Abs. 1a S. 2 Nr. 8, 32 Abs. 1 S. 1 KWG ist.

18 Die Gesellschaft hat eine registerführende Stelle gegenüber dem Inhaber zu benennen. Unterbleibt eine solche Benennung, gilt die Gesellschaft als Emittentin der Kryptoaktien gem. § 16 Abs. 2 S. 2 eWpG als registerführende Stelle und hat als solche sämtliche Pflichten der registerführenden Stelle, insbesondere jene des § 7 eWpG hinsichtlich Vertraulichkeit, Integrität und Authentizität der Daten, zu erfüllen, wofür sie auch haftet. Bedient sich die Gesellschaft einer Person, die technisch am dezentralen Aufzeichnungssystem mitwirkt und damit materiell die Registerführung übernimmt, bleibt die Gesellschaft nach § 16 Abs. 2 eWpG ohne formellen Benennungsakt die registerführende Stelle, da es sich bei der registerführenden Stelle gem. § 16 Abs. 2 eWpG um einen formellen Begriff handelt.[61] Wenn die Gesellschaft nicht über die erforderliche Erlaubnis zur Führung des Kryptowertpapierregisters verfügt – was beim Greifen der gesetzlichen Fiktion der Fall sein wird –, kommt eine Strafbarkeit wegen fahrlässig unerlaubt erbrachter Finanzdienstleistungen gem. § 54 Abs. 2 KWG) in Betracht.[62] Rechtsgeschäfte, die ohne die erforderliche Erlaubnis vorgenommen werden, sind gem. § 134 BGB nichtig. Vor diesem Hintergrund begründet die Fiktion des § 16 Abs. 2 eWpG jedenfalls für die Leitungsorgane der Gesellschaft ein beträchtliches Haftungsrisiko.

19 Neben der formellen Benennung ist gegenüber den Inhabern der Kryptoaktien zusätzlich auch der Abschluss eines Registerführungsvertrags mit der registerführenden Stelle als ungeschriebenes Tatbestandsmerkmal des § 16 Abs. 2 eWpG erforderlich.[63] Selbst wenn der Auffassung nicht gefolgt werden sollte, dass es sich bei dem Registerführungsvertrag um ein ungeschriebenes Tatbestandsmerkmal des § 16 Abs. 2 eWpG handelt, empfiehlt sich der Abschluss eines solchen Vertrages, wenn die Gesellschaft nicht als registerführende Stelle für die Einhaltung aller Pflichten einstehen will.

Praxishinweis:
Für Kryptoaktien sind zwei Register zu führen: das Kryptowertpapierregister und das Aktienregister. Das Aktienregister ist entsprechend den Vorgaben des § 67 Abs. 1 AktG zu führen. Nach § 67 Abs. 1 S. 7 AktG ist zudem in Zusammenarbeit mit der registerführenden Stelle ein Meldesystem einzurichten. Die Gesellschaft sollte dabei

58 Preuße/Wöckener/Gillenkirch BKR 2021, 460 (462).
59 Verordnung (EU) 909/2014 über Zentralverwahrer.
60 Blassl AG 2022, 725.
61 BT-Drs. 19/26925, 60.
62 Blassl AG 2022, 725 (731).
63 Blassl AG 2022, 725 (727).

frühzeitig eine registerführende Stelle formell benennen, die über die erforderliche Erlaubnis nach §§ 1 Abs. 1a S. 2 Nr. 8, 32 Abs. 1 S. 1 KWG verfügt. Mit dieser Stelle ist vorsorglich ein Registerführungsvertrag abzuschließen, um Haftungsrisiken der Leitungsorgane zu vermeiden. Unterbleibt eine solche Benennung, gilt die Gesellschaft selbst gem. § 16 Abs. 2 S. 2 eWpG als registerführende Stelle, was bei fehlender Erlaubnis zur Nichtigkeit der betreffenden Rechtsgeschäfte nach § 134 BGB führen kann.

III. Mängel an Kryptoaktien

Gesellschaften, die Kryptoaktien ausgeben, haben in der Regel auch ein Geschäftsmodell, **20** das im Zusammenhang mit Kryptowerten iSv Art. 3 Abs. 1 Nr. 5 MiCAR steht oder zumindest von Anlegern damit assoziiert wird. Damit sind diese Unternehmen den besonderen Volatilitätsrisiken des Kryptomarktes ausgesetzt. Verschlechtert sich die finanzielle Lage der Gesellschaft oder ist sie gar überschuldet, begründet dies aber keinen Mangel an den Kryptoaktien.

Ein besonderes Gewährleistungs- und Haftungsregime für Kryptoaktien besteht nicht; **21** vielmehr gelten die allgemeinen Grundsätze für den Kauf von Gesellschaftsanteilen. Nach der Rechtsprechung des BGH stellt ein Kauf von Gesellschaftsanteilen einen Rechtskauf iSd § 453 Abs. 1 S. 1 Var. 1 BGB dar.[64] Diese Rechtsprechung findet jedenfalls auf unverbriefte Aktien Anwendung[65] und damit insbesondere auf Kryptoaktien.

Die gesetzliche Fiktion des § 2 Abs. 3 eWpG, wonach elektronische Wertpapiere, zu **22** denen auch Kryptoaktien gehören, als Sachen iSd § 90 BGB gelten, ändert hieran nichts. Durch die Sachfiktion sollten elektronische Wertpapiere dem absoluten Schutz des Sachenrechts unterstellt werden,[66] der aufgrund der fehlenden Körperlichkeit andernfalls fehlen würde.[67] Eine Anwendung der Sachmängelvorschriften auf Kryptoaktien sollte mit der Sachfiktion nicht bezweckt werden. Vielmehr trifft bei einem Rechtskauf den Aktienverkäufer nur eine Gewährleistung für den Bestand des Rechts (Verität), nicht aber für die Einbringlichkeit der Forderung (Bonität) und dementsprechend ebenso wenig für die Güte des Gegenstands, auf welchen sich das Recht bezieht.[68]

Ist eine Gesellschaft daher überschuldet oder in Liquidation sind die Kryptoaktien nicht **23** mangelhaft, solange die Aktien noch bestehen und übertragen werden können. Dies gilt auch wenn die Kryptoaktien völlig wertlos sind. Eine Bonitätshaftung besteht hingegen nur, wenn sie vertraglich besonders übernommen ist[69] oder wenn der Erwerber sämtliche oder nahezu sämtliche Anteile erwirbt.[70] In diesem Fall soll bei objektiver und wirtschaftlicher Betrachtung das Unternehmen als solches und nicht nur ein Anteilskauf erfolgen.[71] Der Käufer trägt daher das Risiko, dass die Aktien nach Vertragsschluss wertlos werden oder die Gesellschaft in finanzielle Schieflage gerät.[72] Ein Mangel an Kryptoaktien besteht iSd § 435 BGB insbesondere dann, wenn diese nicht frei von Rechten Dritter sind, beispielweise verpfändet oder nicht wirksam ausgegeben wurden.

64 BGH NJW 2019, 145 Rn. 12.
65 BeckOGK/Wilhelmi BGB § 453 Rn. 122; Staudinger/Bach BGB § 453 Rn. 18.
66 Heidel/Maume/Denga eWpG § 3 Rn. 9; Ellenberger/Bunte BankR-HdB/Omlor/Möslein § 34 Rn. 35.
67 Ellenberger/Bunte BankR-HdB/Omlor/Möslein § 34 Rn. 34.
68 BGH NJW 2019, 145 Rn. 32.
69 BGH NJW 2019, 145 Rn. 32.
70 BGH NJW 2019, 145 Rn. 19.
71 BGH NJW 2019, 145 Rn. 23.
72 Nassall zu BGH NJW 2019, 145 (150).

IV. Einsatz von DLT im Unternehmen

24 Der Gesetzgeber hat sich im Rahmen des ZuFinG bisher darauf beschränkt, die Emission und Übertragung von Kryptoaktien zu regeln.[73] Der Einsatz von DLT, insbesondere von Blockchain im Unternehmen ist der Gesetzgeber noch nicht angegangen.[74] Dabei besteht im Rahmen der gesellschaftsrechtlichen Organisationsverfassung großes Einsatzpotential für DLT,[75] wobei sich hierfür der Einsatz einer privaten Blockchain anbietet. Im Gegensatz zu öffentlichen Blockchains (public permissionless), bei denen potentiell jeder Zugriff auf das Netzwerk hat, sind die Zugriffsmöglichkeiten bei privaten Blockchains (private permissioned) beschränkt,[76] weshalb sich private Blockchains besonders für Unternehmensanwendungen eignen.[77]

1. Hauptversammlung

25 Insbesondere für die Hauptversammlung besteht erhebliches Einsatzpotential, indem beispielsweise Aktionäre ihre Berechtigung zur Teilnahme an der Hauptversammlung durch einen Aktientoken nachweisen und in der Folge ihre Stimm- und Mitwirkungsrechte über diesen Aktientoken ausüben können.[78] Insoweit könnte der Aktientoken von der Funktionalität her dem Governance-Token[79] einer Decentralized Autonomous Organizations **(„DAO")** (→ § 6 Rn. 2) für die herkömmliche AG entsprechen. Im Schweizer Recht ist die Identifikation von Namensaktionären im Rahmen einer virtuellen Generalversammlung (dortige Hauptversammlung) über den Einsatz von Blockchain-Technologie zulässig.[80]

26 Auch die Umsetzung von Beschlüssen der Hauptversammlung, insbesondere über die Ausschüttung von Dividenden könnte durch den Einsatz von DLT automatisiert und dadurch effizienter ausgestaltet werden.[81]

27 Ohne flankierende Regelungen wird sich in der Praxis aber auf absehbare Zeit allerdings kein Aktientoken etablieren, mit dem die Aktionäre ihre Willensbildung in der AG ausüben können. Das Risiko, dass Beschlüsse, die unter Verwendung eines solchen Aktientoken gefasst werden, nach § 243 Abs. 1 AktG angefochten werden, ist ohne klare gesetzliche Grundlage schlicht zu groß.

2. Sachdividende mit Kryptowährungen oder Kryptoaktien

28 Soweit die rechtlichen Möglichkeiten bestehen, sind Krypto-Unternehmer stets daran interessiert, ihre Kryptowährungen (→ § 41 Rn. 4, → § 35 Rn. 11) bzw. tokenisierten Assets auch gesellschaftsrechtlich zu nutzen. Dies zeigt sich beispielsweise daran, dass die Gründung von Kapitalgesellschaften durch Einbringung von Kryptowährung als Sacheinlage in Liechtenstein gängige Rechtspraxis ist.[82] Dabei beruht das unternehmerische Interesse an der gesellschaftsrechtlichen Nutzung von Kryptowährungen regelmäßig auf zwei Aspekten: Zum einen bestanden und bestehen Schwierigkeiten, Kryptowährungen in Fiat-Geld umzutauschen, also „off-ramp" zu bekommen, zum anderen sind Kryptowährungen als

[73] Maume NZG 2023, 1485 (1485).
[74] Maume NZG 2023, 1485 (1485).
[75] Möslein/Omlor/Urbach ZIP 2020, 2149 (2155).
[76] Omlor/Lübke Tokenized Finance/Gramlich/Grobe/Urbach S. 5 (13).
[77] Horch, Wie unterscheiden sich private und öffentliche Blockchains?, BTC-Echo vom 12.11.2023, abrufbar unter: https://www.btc-echo.de/news/krypto-1x1-wie-unterscheiden-sich-private-und-oeffentliche-blockchains-rp1-166508/ (zuletzt abgerufen am 20.3.2026).
[78] Maume NZG 2023, 1485.
[79] Hierzu Hannemann/Müller Automatisierte Governance in der Ära der Blockchain-Technologie S. 32 f.
[80] Reiser SZW/RSDA 5/2022, 401 (408).
[81] Möslein/Omlor/Urbach ZIP 2020, 2149 (2155); Nathmann BKR 2019, 540 (541).
[82] Solbach AG 2024, 237.

solche, allen voran der Bitcoin,[83] eine Kritik und ein Gegenentwurf zur traditionellen Finanzindustrie. Krypto-Unternehmer streben daher auch aus rechtspolitischen Gründen eine umfassende Verwendbarkeit von Kryptowährungen und tokenisierten Assets im Unternehmen an, um eine Unabhängigkeit von gesetzlichen Zahlungsmitteln und herkömmlichen Finanzinstrumenten zu erreichen.

Ungeachtet des bestehenden gesetzgeberischen Reformbedarfs besteht bereits heute die Möglichkeit, Kryptoaktien, aber auch Kryptowährungen als Sachdividende gem. § 58 Abs. 5 AktG auszuschütten. Gemäß § 58 Abs. 5 AktG kann die Hauptversammlung die Ausschüttung einer Sachdividende beschließen, sofern die Satzung dies vorsieht. Zwar sehen in der Praxis viele Satzungen eine solche Ausschüttungsmöglichkeit vor, doch erfolgt eine Sachausschüttung nur selten.[84] Kryptowährungen sind digitale Vermögenswerte, die sacheinlage-[85] und damit auch sachausschüttungsfähig sind, ohne dass es auf die Sacheigenschaft nach § 90 BGB ankommt. Da sich Kryptoaktien nur in der Art der Ausgabe von herkömmlichen Aktien unterscheiden (→ Rn. 9 ff.), sind sie unstreitig wie herkömmliche Aktien sachausschüttungsfähig.[86] Hierfür spricht auch § 2 Abs. 3 eWpG, wonach auch Kryptoaktien als Sache iSd § 90 BGB gelten und somit die fehlende Körperlichkeit der Sachausschüttungsfähigkeit nicht entgegensteht. **29**

Wie auch bei herkömmlichen Aktien stellt sich hier die Frage, ob eine Ausschüttung zu Buchwerten[87] oder zu Verkehrswerten[88] erfolgen sollte. Aufgrund der hohen Volatilität von Kryptowährungen und in der Folge auch von Kryptoaktien (→ Rn. 20 ff.) sind Bewertungsfragen von besonderer Bedeutung. Aufgrund der hohen Volatilität kann der Buchwert deutlich unter oder auch deutlich über dem Verkehrswert liegen. **30**

Es wird ins Feld geführt, dass ein Buchwertansatz zur Folge habe, dass im Falle einer Unterbewertung stille Reserven im Unternehmen an die Aktionäre ausgeschüttet würden.[89] Bei der Ausschüttung von börsennotierten Aktien muss der Verkehrswert aber nicht dem Börsenkurs entsprechen, sondern kann aufgrund einer Bewertung nach der Ertragswertmethode auch unter dem Börsenkurs liegen.[90] Kryptowährungen, die an Handelsplattformen iSd Art. 3 Abs. 1 Nr. 16 Buchst. b MiCAR gehandelt werden, sind durchaus mit börsengehandelten Wertpapieren vergleichbar, da sie ebenfalls einen Kurs haben.[91] Auch der Unionsgesetzgeber geht in Art. 87 Abs. 1 Buchst. a MiCAR ersichtlich davon aus, dass Kryptowerte einen Kurs haben. Vor dem Hintergrund, dass der auszuschüttende Bilanzgewinn ein rein nomineller Wert ist und damit keine stillen Reserven umfasst, ist richtigerweise der Verkehrswert zugrunde zu legen.[92] **31**

Problematisch erscheint aber, dass der Kurs der auszuschüttenden Kryptowährung zwischen dem Beschluss der Hauptversammlung und der Ausschüttung des Bilanzgewinns in Form von Kryptowährung stark schwanken kann.[93] Insoweit stellt sich die Frage, ob billigerweise die Gesellschaft oder die Aktionäre das Kursrisiko tragen sollen. Wird das Kursrisiko dem Aktionär auferlegt, besteht ein erhebliches Anfechtungsrisiko. Diesem kann begegnet werden, indem vermögenswertereferenzierte Token iSd Art. 3 Abs. 1 Nr. 6 der **32**

[83] Satoshi Nakamoto, Bitcoin: A Peer-to-Peer Electronic Cash System, abrufbar unter: https://bitcoin.org/bitcoin.pdf (zuletzt abgerufen am 20.3.2026).
[84] MüKoAktG/Bayer § 58 Rn. 129.
[85] Solbach AG 2024, 237 (238).
[86] Siehe zu Aktiendividenden (scrip dividend), dh Dividendenzahlungen in Form eigener Aktien MüKoAktG/Bayer § 58 Rn. 132.
[87] Hölters/Weber/Waclawik AktG § 58 Rn. 39.
[88] BeckOGK/Cahn/v. Spannenberg AktG § 58 Rn. 122; Koch AktG § 58 Rn. 33; Grigoleit/Grigoleit/Zellner AktG § 58 Rn. 40.
[89] MüKoAktG/Bayer § 58 Rn. 130.
[90] Koch AktG § 58 Rn. 33.
[91] Solbach AG 2024, 237 (239).
[92] BeckOGK/Cahn/v. Spannenberg AktG § 58 Rn. 123.
[93] Zur parallelen Problematik bei der Gründung mit Kryptowährungen als Sacheinlage Solbach AG 2024, 237 (239 f.).

MiCAR, also sog. Stablecoins (→ § 41 Rn. 4, → § 35 Rn. 10) zur Ausschüttung verwendet werden.[94] Stablecoins beziehen sich auf anerkannte gesetzliche Zahlungsmittel wie den Euro und den US-Dollar oder auf andere physische Vermögenswerte wie Gold und weisen daher geringere Wertschwankungen auf.[95]

33 Kryptoaktien hingegen können nicht an der Börse gehandelt werden, da sie keine börsenfähigen Zentralregisterwertpapiere iSd § 4 Abs. 2 eWpG darstellen (→ Rn. 16 ff.). Hier fehlt es daher an einem Börsenkurs, sodass ein Bewertungsgutachten einzuholen wäre. Insoweit bietet sich die Ausschüttung des Bilanzgewinns durch Kryptoaktien in der Praxis nicht an.

Praxishinweis:
Gesellschaften, die ihren Bilanzgewinn in Form von Kryptowährungen ausschütten wollen, sollten zur Vermeidung von Anfechtungsrisiken den Einsatz von Stablecoins iSd Art. 3 Abs. 1 Nr. 6 MiCAR erwägen, da diese aufgrund ihrer Referenz auf gesetzliche Zahlungsmittel oder physische Vermögenswerte geringeren Wertschwankungen unterliegen. Zudem ist sicherzustellen, dass die Satzung eine Sachdividende gem. § 58 Abs. 5 AktG ausdrücklich vorsieht und der Verkehrswert der auszuschüttenden Kryptowährung als Bewertungsmaßstab zugrunde gelegt wird. Von einer Ausschüttung in Form von Kryptoaktien ist in der Praxis hingegen abzusehen, da diese mangels Börsenfähigkeit und damit fehlenden Börsenkurses ein aufwendiges Bewertungsgutachten erfordern würden.

V. Fazit

34 Tokenisierung beschreibt die Verknüpfung von Assets (insbesondere Real Word Assets) mit der Blockchain. Durch die Tokenisierung von Assets wird die Verkehrsfähigkeit von sämtlichen Werten, Rechten und Schuldverhältnissen an materiellen und immateriellen Gütern erhöht. Die Tokenisierung von Assets erfolgt insbesondere durch die Tokenisierung von Wertpapieren, wie etwa der Tokenisierung von Aktien durch die Kryptoaktie. Mit der Kryptoaktie wird folglich das Mitgliedschaftsrecht an einer AG tokenisiert.

35 Der Gesetzgeber hat durch das ZuFinG für Kryptoaktien einen Rechtsrahmen geschaffen und die Ausgabe von Kryptoaktien als Namensaktien geregelt. Die Ausgabe von Kryptoaktien als Inhaberaktien ist unzulässig. Kryptoaktien stellen keine eigenständige Aktienform dar, sondern unterscheiden sich von herkömmlichen Aktien im Wesentlichen durch die Art der Registerführung und die fehlende Verbriefung sowie die fehlende Börsenfähigkeit von Kryptoaktien. In der Praxis bedeutet dies, dass Gesellschaften, die Kryptoaktien begeben wollen, ihre Satzung entsprechend anpassen müssen, um den Ausschluss der Verbriefung sicherzustellen. Darüber hinaus ist die Einrichtung eines Meldesystems erforderlich, um die Übermittlung der Aktionärsdaten zur Eintragung in das Register zu gewährleisten. Die MiCAR ist nicht auf Kryptoaktien anwendbar.

36 Aus gesellschaftsrechtlicher Perspektive ist der geschaffene Rechtsrahmen noch unzureichend. Das ZuFinG klammert die Tokenisierung von Geschäftsanteilen an GmbHs ebenso aus, wie die Verwendung von DLT, um dem Aktionär die Ausübung seiner Rechte gegenüber der Gesellschaft, insbesondere seines Stimmrechts, zu erleichtern. Der Einsatz von DLT im Rahmen der Hauptversammlung ist mangels gesetzlicher Regelungen mit erheblichen Rechtsunsicherheiten und einem entsprechenden Anfechtungsrisiko der gefass-

[94] Solbach AG 2024, 237 (240).
[95] Terlau BKR 2023, 809 (811); Solbach AG 2024, 237 (240); Meier Handbuch MiCAR/Lehmann/Schinerl Kap. 4 Rn. 9.

ten Beschlüsse behaftet. Vor diesem Hintergrund dürfte es wohl noch einige Zeit dauern, bis sich die DLT in der Hauptversammlungspraxis etabliert hat.

§ 23 Urheberrecht und Rechteverwertung

Übersicht

Schrifttum:

Dreier/Schulze, Urheberrechtsgesetz, 8. Aufl. 2025; Ehinger/Hugendubel, NFT-Produkte – Verwertungsrechte und neue Nutzungsarten, GRUR 2023, 1074, Faber/Sassenberg, Rechtshandbuch Industrie 4.0 und Internet of Things; Fesenmaier/Faßbender, Der goldene Zahlen Code – Über die Bedeutung von Non-Fungible-Token im Sport; SpoPrax 2021, 358; Fromm/Nordemann, Urheberrecht. 13. Aufl. 2024; Golz/Berlage, Metaverse und Recht: Urheberrecht, GRUR-Prax 2023, 513; Götting/Lauber-Rönsberg/Rauer, BeckOK Urheberrecht, 45. Ed.; Guadamuz, The Treachery of Images: Non-fungible Tokens and Copyright, Journal of Intellectual Property Law & Practice 2021; Heine/Stang, Weiterverkauf digitaler Werke mittels Non-Fungible-Token aus urheberrechtlicher Sicht, MMR 2021, 755; Hoeren/Prinz, Das Kunstwerk im Zeitalter der technischen Reproduzierbarkeit – NFTs (Non-Fungible Tokens) in rechtlicher Hinsicht, CR 2021, 565; Hohn-Hein/Barth, Immaterialgüterrechte in der Welt von Blockchain und Smart Contract, GRUR 2018, 1089; Hugendubel/Dönch, Der Einsatz von NFTs und anderen Token im Sport – Ein Überblick, SpoPrax 2022, 451; Kaulartz/Heckmann,Smart Contracts – Anwendungen der Blockchain-Technologie, CR 2016, 618; Kaulartz/Schmid, Rechtliche Aspekte sogenannter Non-Fungible Tokens (NFTs), CB 2021, 298; Kraetzig, NFTs als juristische Konstruktionsaufgabe, CR 2022, 477; Middelhoff/Zarm, NFTs – marken-, urheber- und persönlichkeitsrechtliche Facetten des Phänomens, IPRB 2022, 270; Murray, Indiana Law Review Vol. 56 No. 2 (2023), 367; Noh/Odenkirk/Shionoiri; GM! Time to Wake Up and Address Copyright and Other Legal Issues Impacting Visual Art NFTs, Columbia Journal of Law & the Art; Papastefanou, Non-Fungible Token (NFTs) – Eine Bestandsaufnahme ein Jahr nach Zerplatzen der Krypto-Blase, CR 2023, 625; Rauer/Bibi, Non-fungible Tokens – Was können sie wirklich?, ZUM 2022, 20; Spikowius, Urhebervertragsrechtliche Hinweise zu Vermarktungsstrategien mit Non-Fungible Tokens (NFT), ZdiW 2022, 258; Spikowius/Rack, NFTs: Verwertung, Vertragspraxis, Rechtsdurchsetzung, MMR 2022, 256; Stadtfeld/Hahn, Rechtliche Herausforderungen bei der Vermarktung von NFT-Lizenzprodukten, SpuRt 2022, 146, Stopper/Lentze, Handbuch Fußball-Recht, 3. Aufl. 2025; Walter, Bitcoin, Libra und sonstige Kryptowährungen aus zivilrechtlicher Sicht, NJW 2019, 3609; Wandtke/Bullinger, Praxiskommentar zum Urheberrecht, 6. Aufl. 2022.

I. Einführung

1 NFTs eröffnen Urhebern neue Möglichkeiten bei der Verwertung ihrer Werke. Insbesondere der Wert digitaler Werke kann durch eine Veräußerung mittels NFT gesteigert werden. So wurde ein mit dem Werk „EVERYDAYS: THE FIRST 5000 DAYS" von dem Künstler Beeple verknüpfter NFT für über 69 Mio. USD versteigert.[1] Auch Künstler wie Marina Abramović[2] oder Damien Hirst[3] haben in der Vergangenheit Werke mittels NFTs veräußert. Ein weiterer Anwendungsbereich von NFT ist die Erstellung von Sammelkarten, zB für die NBA, NFL[4] oder auch für Fußballverbände oder -clubs[5]. Ebenso können NFTs zum Vertrieb von Musikalben[6], besonderen Konzerttickets[7] oder digitalen Waren im Metaverse dienen.[8] Aber auch eine Verbindung analoger Werke mit NFTs ist denkbar[9] und kann Vorteile bei der Werkverwertung bieten. Insbesondere kann die Verbindung eines Werkes mit einem NFT die praktische Durchsetzung von Lizenzverträgen unterstützen.

2 Die folgende urheberrechtliche Einordung von NFTs erfolgt ausschließlich nach deutschem Recht. Aufgrund ihrer weltweiten Abrufbarkeit und dem internationalen Handel sollte beim Umgang mit NFTs zunächst unter Berücksichtigung kollisionsrechtlicher Vorschriften geprüft werden, welches Recht im konkreten Fall anwendbar ist (→ § 20).

II. Urheberrechtlicher Schutzgegenstand bei der Rechteverwertung

3 Bei der Werkverwertung durch NFTs ist strikt zwischen dem NFT selbst und dem jeweiligen Bezugsgegenstand des NFT zu unterscheiden. Während es sich bei dem NFT um einen Teil der Blockchain handelt (→ Rn. 7) kann der Bezugsgegenstand ein digitales oder analoges Werk sein, das regelmäßig dezentral gespeichert (→ Rn. 28–30) und bei der Erstellung des NFT, dem sog. Minting, über einen Link und/oder Hashwert mit dem NFT verbunden wird (→ Rn. 8).

---

1 Deutsche Presse-Agentur/Monopol Magazin, Auktion-Rekord für digitale Kunst – 69 Millionen Dollar für Beeple-NFT bei Christie's, abrufbar unter: https://www.monopol-magazin.de/69-millionen-dollar-fuer-beeple-nft-bei-christies (zuletzt abgerufen am 31.12.2024).

2 S. dazu: https://www.artbasel.com/news/marina-abramovic-on-her-first-ever-nft?lang=de (zuletzt abgerufen am 31.12.2024).

3 Bei seinem Projekt „The Currency" hatten die Erwerber des NFT ein Jahr Zeit, ob sie den NFT behalten oder gegen ein körperliches Werkstück eintauschen wollten: https://opensea.io/de-DE/collection/thecurrency (zuletzt abgerufen am 31.12.2024).

4 Sowohl die die NBA als auch die NFL vertreiben sog. „Moments". Dabei handelt es sich um digitale Sammelkarten, die kurze Videoaufnahmen mit besonderen Spielzügen zeigen: s. https://nbatopshot.com/search und https://nflallday.com/marketplace/moments (beide zuletzt abgerufen am 3.1.2025).

5 Näher dazu Stopper/Lentze Fußball-Recht-Handbuch/von Grafenstein/Thormann Teil 2 Kap. 25 Rn. 2, 12 ff.; s. auch: Fesenmair/Faßbender SpoPrax 2021, 358; Hugendubel/Dönch SpoPrax 2022, 451 (451 f.).

6 Vgl. https://opensea.io/assets/ethereum/0x557430421f8f3ed0a92aca211f1c05ad7b606288/0 (zuletzt abgerufen am 31.12.2024).

7 S. zB den NFT mit dem Titel „Golden Ticket: Heads in the Clouds" von den Kings of Leon; abrufbar unter: https://opensea.io/assets/ethereum/0x495f947276749ce646f68ac8c248420045cb7b5e/39256947021297891347144029773201541811558558507598502332362289969804336955393 (zuletzt abgerufen am 31.12.2025).

8 Middelhoff/Zarm IPRB 2022, 270.

9 S. zB das NFT-Projekt „The Currency" des Künstlers Damien Hirst: Goldstein, Damien Hirst's NFT Initiative, Which Asks Buyers to Choose Between a Digital Token and IRL Art, Has Already Generated $25 Million, abrufbar unter: https://news.artnet.com/market/damien-hirst-nft-update-2002582 (zuletzt abgerufen am 23.12.2024).

1. Urheberrechtliche Einordnung eines NFT

In der Praxis ist die Frage, ob der NFT selbst urheberrechtlichen Schutz genießt, häufig eher von untergeordneter Relevanz. Denn die Beteiligten,[10] die das Minting des NFT ermöglichen und damit als Datenbankhersteller iSd § 87a Abs. 2 UrhG in Betracht kommen, wünschen regelmäßig die (entgeltliche) Nutzung ihrer Dienste oder Produkte. 4

a) Kein Werkschutz

Deutsche Rechtsprechung zur urheberrechtlichen Einordung von NFTs existiert, soweit ersichtlich, bislang nicht. In der Literatur wird jedoch zutreffend davon ausgegangen, dass NFTs als solche nicht urheberrechtlich schutzfähig sind.[11] Insbesondere besteht kein Schutz als Computerprogramm iSd § 69a UrhG oder als Datenbankwerk iSd § 4 Abs. 2 UrhG.[12] 5

Denn die urheberrechtliche Schutzfähigkeit setzt das Vorliegen eines Werkes im Sinne einer eigenen geistigen Schöpfung gem. § 2 Abs. 1, Abs. 2 UrhG voraus. Dazu muss der Gegenstand nach der maßgeblichen Rechtsprechung des EuGH insbesondere die Persönlichkeit seines Urhebers widerspiegeln, indem er dessen freie kreative Entscheidungen zum Ausdruck bringt. Wurde dagegen die Schaffung eines Gegenstands durch technische Erwägungen, durch Regeln oder durch andere Zwänge bestimmt, die der Ausübung künstlerischer Freiheit keinen Raum gelassen haben, scheidet eine Originalität des Gegenstands und damit dessen Schutzfähigkeit aus.[13] 6

Der Werkschutz eines NFT scheitert daher regelmäßig daran, dass sein Aufbau durch technische Zwänge vorgegeben ist. Ein NFT stellt einen Datensatz in Form eines Codes auf der Blockchain dar, der von einem Smart Contract erzeugt wurde.[14] Er enthält insbesondere[15] die Token ID und die Smart Contract Address des Smart Contracts, von dem er erzeugt wurde.[16] 7

Daneben enthält der zugehörige Smart Contract, der über die Contract Address mit dem NFT verbunden ist, Informationen zur Wallet Address und damit mittelbar zum Inhaber des NFT. Ebenso kann der Smart Contract die Token URI, wie zB einen Link zu JSON-Dateien mit dem Bezugsgegenstand und weiteren Metadaten enthalten, die eine Identifizierung des Bezugsgegenstands ermöglichen.[17] Darüber hinaus dient der Smart Contract der Definition bestimmter Handlungsanweisungen, die beim Vorliegen der entsprechenden Voraussetzungen vorzunehmen sind.[18] 8

Ausreichend gestalterischer Spielraum, der freie kreative Entscheidungen des Urhebers zulassen und einen Werkschutz des NFT rechtfertigen würde, besteht aufgrund dieser teils 9

[10] In Betracht kommen insbesondere die Softwareentwickler der Blockchain, die Nutzer, die den NFT erstellen, sowie weitere Erwerber des NFT, vgl. für die Blockchain: Hohn-Hein/Barth GRUR 2018, 1089 (1091).

[11] Middelhoff/Zarm IPRB 2022, 270 (273); Kraetzig CR 2022, 477 (481 f.).

[12] So auch: Middelhoff/Zarm IPRB 2022, 270 (273).

[13] EuGH GRUR 2019, 1185 Rn. 30 f. – Cofemel mwN.

[14] Noh/Odenkirk/Shionoiri Columbia Journal of Law & the Arts 45 (2022), 316; abrufbar unter: https://ssrn.com/abstract=4028116 (zuletzt abgerufen am 29.12.2024); Guadamuz t Journal of Intellectual Property Law & Practice 2021, 4, abrufbar unter: https://ssrn.com/abstract=3905452 (zuletzt abgerufen am 29.12.2024).

[15] Welche Informationen der Smart Contract des NFT enthält, hängt auch von dem ausgewählten Standard ab. S. beispielhaft zu Standards der Ethereum-Blockchain: https://ethereum.org/de/developers/docs/standards/tokens/ (zuletzt abgerufen am 14.12.2024).

[16] Garbers-von Boehm/Haag/Gruber Intellectual Property Rights and Distributed Ledger Technology with a focus on art NFTs and tokenized art PE 737.709 S. 13, abrufbar unter: https://www.europarl.europa.eu/RegData/etudes/STUD/2022/737709/IPOL_STU(2022)737709_EN.pdf (zuletzt abgerufen am 28.12.2024); Kraetzig CR 2022, 477 (479); Heine/Stang MMR 2021, 755 (756).

[17] Prinz, abrufbar unter https://iditech.org/2021/04/14/nft-was-passiert-da-eigentlich/ (zuletzt abgerufen am 14.12.2024); s. auch Rauer/Bibi ZUM 2022, 20 (22 f.) mwN und Guadamuz Journal of Intellectual Property Law & Practice 2021, 3; abrufbar unter: https://ssrn.com/abstract=3905452 (zuletzt abgerufen am 29.12.2024).

[18] Rauer/Bibi ZUM 2022, 20 (25).

zwingenden und in der Regel ausschließlich funktional begründeten Auswahl von Informationen nicht.[19]

10 Zudem setzt die urheberrechtliche Schutzfähigkeit als Werk einen menschlichen Schöpfungsakt voraus.[20] Zwar ist es grundsätzlich unschädlich für den urheberrechtlichen Schutz, dass der Urheber sich Hilfsmitteln, wie zB einem Pinsel oder auch digitalen Werkzeugen wie einem Computerprogramm bedient. Jedoch muss bei der Nutzung der Hilfsmittel sichergestellt sein, dass der Urheber – und nicht etwa das Programm – die das Werk prägenden Elemente persönlich gestaltet.[21]

11 Fraglich ist daher, ob das Minting als Schöpfungsakt eines Menschen zu bewerten ist. Denn der NFT wird beim Minting durch den Smart Contract erzeugt. Es handelt sich um einen maschinellen Vorgang,[22] der dem Nutzer des Smart Contract kaum Gestaltungsspielraum lässt. Der Nutzer des Smart Contract legt nur die Informationen fest, die der NFT aufgrund seines jeweiligen Zwecks erhalten soll. Die Auswahl der Informationen ist aber nicht gestalterischer Natur, sondern von der Funktion des NFT als eine Art digitale Urkunde geleitet (→ Rn. 7 f.). Die Umsetzung dieser Informationen in den NFT obliegt allein dem Smart Contract. Daher dürfte die Herstellung des NFT in den ganz überwiegenden Fällen nicht als menschlicher Schöpfungsakt zu bewerten sein.[23]

12 Allerdings kann – was praktisch aufgrund der Kosten jedoch selten ist – das Werk selbst unmittelbar auf der Blockchain gespeichert werden. In diesen Fällen enthält der NFT einen Verweis auf den Speicherort des Bezugsgegenstands in der Blockchain. Der Bezugsgegenstand genießt dann als Bestandteil des NFT weiterhin Werkschutz. Die übrigen Bestandteile des NFT werden damit jedoch nicht zum Schutzgegenstand von Urheberrechten.

b) Schutz durch Leistungsschutzrecht des Datenbankherstellers

13 Durch die Rechtsprechung bislang ebenfalls nicht geklärt ist, ob ein NFT als Datenbank Schutz gem. §§ 87a ff. UrhG nach dem Leistungsschutzrecht des Datenbankherstellers genießt. In der Literatur wurde ein Schutz des NFT als Datenbank gem. § 87a Abs. 1 S. 1 UrhG bislang wenig diskutiert, in den wenigen Fällen aber eher abgelehnt.[24] Anders wird dies für die Blockchain in ihrer Gesamtheit bewertet.[25]

14 Nach § 87a Abs. 1 S. 1 UrhG ist eine Datenbank im Sinne des Urheberrechts eine Sammlung von Werken, Daten oder anderen unabhängigen Elementen, die systematisch oder methodisch angeordnet und einzeln mit Hilfe elektronischer Mittel oder auf andere Weise zugänglich sind und deren Beschaffung, Überprüfung oder Darstellung eine nach Art oder Umfang wesentliche Investition erfordert.

15 Eine Einordnung eines NFT als Datenbank iSd § 87a Abs. 1 S. 1 UrhG könnte insbesondere am Fehlen unabhängiger Elemente scheitern. Unabhängige Elemente sind solche, die sich voneinander trennen lassen, ohne dass der Wert ihres informativen oder sonstigen Inhalts dadurch beeinträchtigt wird.[26] Dabei schließt eine Verringerung des Informationswerts eines Elements im Zusammenhang mit dessen Herauslösung aus der Sammlung, zu der es gehört, nicht zwangsläufig aus, dass dieses Element unter den Begriff „unabhängige

---

[19] Den Werkschutz für die Blockchain als solche ablehnend: Sassenberg/Faber Industrie 4.0 und Internet-HdB/Rein § 14 Rn. 24 ff.

[20] Wandtke/Bullinger/Bullinger Rn. 15 mwN.

[21] Wandtke/Bullinger/Bullinger Rn. 16 mwN.

[22] Vgl. Hoeren/Prinz CR 2021, 565 (570).

[23] So im Ergebnis auch: Rauer/Bibi ZUM 2022, 20 (25); Golz/Berlage GRUR-Prax 2023, 513 Rn. 9 sowie Hoeren/Prinz CR 2021, 565 (570) mit Verweis auf die urheberrechtliche Einordnung von Kryptowährung von Walter NJW 2019, 3609 (3610); aA Kraetzig CR 2022, 477 (481).

[24] Rauer/Bibi ZUM 2022, 20 (25 f.); Kraetzig CR 2022, 477 (482).

[25] Anders kann dies in Bezug auf die Blockchain in ihrer Gesamtheit zu bewerten sein, s. dazu Sassenberg/Faber Industrie 4.0 und Internet-HdB/Rein § 14 Rn. 27 ff.

[26] Vgl. EuGH GRUR 2015, 1187 Rn. 17 – Freistaat Bayern/Verlag Esterbauer mwN.

Elemente" fällt, sofern es einen selbständigen Informationswert behält.[27] Die Token-ID oder die Smart Contract Address weisen jedoch isoliert betrachtet keinen Informationswert auf.

Ebenso ist zweifelhaft, ob bei der Erzeugung eines NFT eine in qualitativer oder quantitativer Hinsicht wesentliche Investition erbracht wird, die mit dem Leistungsschutzrecht belohnt werden soll.[28] Dabei kann das Erzeugen der Daten als solcher nicht als Investition berücksichtigt werden. Vielmehr bedarf es für den Schutz als Datenbank einer Investition, die im Verhältnis zu der mit dem Erzeugen der Daten verbundenen Investition selbständig ist.[29] Dies könnte einem Schutz des NFT als Datenbank entgegenstehen, da die Kosten für die Erstellung und Übertragung eines NFT mit der Erzeugung der damit verbundenen Daten zusammenfallen. **16**

c) Regelmäßig kein Schutz als wesentlicher oder unwesentlicher Teil einer Datenbank

Nach § 87b Abs. 1 UrhG kann unter bestimmten Voraussetzungen die Nutzung von wesentlichen oder unwesentlichen Teilen einen Eingriff in die Rechte des Datenbankherstellers darstellen. Auch wenn man die Schutzfähigkeit einer Blockchain als Datenbank[30] unterstellt, wird ein NFT in der Regel nicht als wesentlicher Teil einer Datenbank einzuordnen sein. Ein einzelner NFT verkörpert nur einen Bruchteil der Blockchain, sodass eine quantitative Wesentlichkeit ausscheidet.[31] Auch eine qualitative Wesentlichkeit[32] eines einzelnen NFT dürfte mangels entsprechender Bedeutung für die Blockchain abzulehnen sein. **17**

Ebenso stellt ein NFT regelmäßig keinen unwesentlichen Teil einer Blockchain gem. § 87b Abs. 1 S. 2 UrhG dar, dessen Nutzung der Auswertung der Datenbank zuwiderlaufen oder die berechtigten Interessen des Datenbankherstellers unzumutbar beeinträchtigen würde. Dies gilt insbesondere dann, wenn die Blockchain öffentlich ist. In diesem Fall liegt es gerade in der Natur der Blockchain, dass NFTs als einzelne Teile dieser von verschiedenen Personen genutzt werden. Die Nutzung öffentlicher Blockchains ist in der Regel – wie bei Open Source Software – unter Einhaltung bestimmter Voraussetzung für jeden zulässig, ohne dass es der Zustimmung eines Rechteinhabers bedarf.[33] Eine abweichende Beurteilung kann nur bei privaten Blockchains geboten sein, die nicht für jedermann zugänglich sind.[34] NFTs, die mit urheberrechtlichen Werken verknüpft sind, werden jedoch zugunsten ihrer Verkehrsfähigkeit regelmäßig auf öffentlich zugänglichen Blockchains wie der Ethereum-Blockchain gespeichert. **18**

2. Urheberrechtliche Einordnung des Bezugsgegenstands

Urheberrechtliche Verwertungsfragen stellen sich immer dann, wenn es sich bei dem Bezugsgegenstand, für welchen der NFT als eine Art Zertifikat dient, um ein Werk iSd § 2 Abs. 2 UrhG handelt oder der Gegenstand von Leistungsschutzrechten geschützt ist. Für den Werkschutz gelten die bereits dargelegten Voraussetzungen (→ Rn. 6). Ein leistungsschutzrechtlicher Schutz existiert zB für Lichtbilder gem. § 92 UrhG oder Laufbilder gem. § 95 UrhG. Theoretisch kann jegliche Art von digitalem oder analogem Werk mit einem NFT verbunden werden. In der Praxis handelt es sich häufig um Filmwerke, Werke der Musik oder auch Lichtbildwerke und Werke der bildenden Kunst (vgl. → Rn. 1). **19**

[27] EuGH GRUR 2015, 1187 Rn. 24 – Freistaat Bayern/Verlag Esterbauer mwN.
[28] BT-Drs. 13/7385, 45. S. dazu auch: Rauer/Bibi ZUM 2022, 20 (25).
[29] EuGH GRUR 2005, 254 (257).
[30] Näher dazu: Hohn-Hein/Barth GRUR 2018, 1089 (1090 f.); Sassenberg/Faber Industrie 4.0 und Internet-HdB/Rein § 14 Rn. 27 ff.
[31] Der BGH hat auch bei 10% des Datenvolumens einer Datenbank die Voraussetzungen der quantitativen Wesentlichkeit abgelehnt, BGH GRUR 2011, 724 Rn. 29 – Zweite Zahnarztmeinung II.
[32] Zu dem Begriff s. Wandtke/Bullinger/Hermes UrhG § 87b Rn. 16 ff.
[33] Hohn-Hein/Barth GRUR 2018, 1089 (1091).
[34] Hohn-Hein/Barth GRUR 2018, 1089 (1091).

III. Phasen der Werkverwertung mittels NFT

20 Bei der Nutzung von NFTs zum Zwecke der Werkverwertung können in unterschiedlichen Phasen Nutzungsrechte des Urhebers oder sonstigen Rechteinhabers tangiert werden. Zu betrachten sind die Vorbereitungshandlungen zur Erstellung des NFT (→ Rn. 21 ff.), die Erzeugung des NFT, das sog. Minting (→ Rn. 34 ff.), das Angebot des NFT (→ Rn. 50 ff.), der (Weiter-)Verkauf des NFT (→ Rn. 54 ff.) und die Nutzung des Bezugsgegenstandes (→ Rn. 66).

1. Vorbereitungshandlungen zur Erstellung des NFT

a) Überführung eines analogen Werkes in das digitale Umfeld

21 Soll ein analoges Werk zur Verwertung mit einem NFT verbunden werden, ist das Werk regelmäßig zunächst in das digitale Umfeld zu überführen bzw. in diesem abzubilden, zB, indem ein Scan, ein Foto oder eine Beschreibung des analogen Werkes online gespeichert wird. Anschließend wird der Link zu der Abbildung des Werkes und/oder ein Hashwert (→ Rn. 8) der Abbildung des Werkes in den Smart Contract geschrieben und gespeichert.[35]

22 Im Rahmen dieser Überführungen wird bereits in urheberrechtliche Verwertungsrechte eingegriffen. Insbesondere stellt der Scan oder die Fotografie eines analogen Werkes eine Vervielfältigung iSd § 16 UrhG dar. Wird hingegen bloß eine Beschreibung des Werkes angefertigt, greift diese regelmäßig nicht in Urheberrechte ein.

b) Speicherung des Werkes oder der Werkreproduktion

23 Auch die Speicherung eines Werkes stellt einen Eingriff in die Rechte des Urhebers oder sonstigen Rechteinhabers dar. Unabhängig davon, ob es sich um ein originär digitales Werk[36] handelt oder um ein Werk, das im digitalen Umfeld durch eine Reproduktion[37] oder Beschreibung[38] repräsentiert wird, ist eine Speicherung des jeweiligen Bezugsgegenstands erforderlich, um ihn anschließend mit dem NFT zu verknüpfen.

24 Hinsichtlich der Verknüpfung eines digitalen Werkes bzw. der digitalen Werkreproduktion des analogen Werkes mit einem NFT kommen im Wesentlichen zwei Möglichkeiten in Betracht:

1. Das Werk/die Werkreproduktion wird direkt auf der Blockchain gespeichert und ein Verweis, wie zB die Blockchain-Adresse, wird in den Smart Contract des NFT gecoded, der sich ebenfalls auf der Blockchain befindet (sog. On-Chain Speicherung[39]) oder
2. Das Werk/die Werkreproduktion wird außerhalb der Blockchain gespeichert und der Link zu dem Werk und/oder der Hashwert des Werkes werden in den Smart Contract des NFT geschrieben und auf der Blockchain gespeichert (sog. Off-Chain Speicherung).[40]

---

[35] S. dazu: Murray Indiana Law Review Vol. 56 No. 2 (2023), 367 (371, 388); abrufbar unter: https://journals.indianapolis.iu.edu/index.php/inlawrev/article/view/27225/24913 (zuletzt abgerufen am 30.12.2024).

[36] Zum Beispiel eine Grafikdatei.

[37] Zum Beispiel die Reproduktionsfotografie eines Gemäldes.

[38] Da die Beschreibung eines Werkes in der Regel nicht in die Urheberrechte eingreift, wird auf sie im Folgenden nicht näher eingegangen.

[39] On-Chain werden zB mittlerweile die Cryptopunks von Larva Labs gespeichert: https://www.larvalabs.com/blog/2021-8-18-18-0/on-chain-cryptopunks (zuletzt abgerufen am 23.12.2024).

[40] S. zu beiden Möglichkeiten: Murray Indiana Law Review Vol. 56 No. 2 (2023), 367 (371, 388); abrufbar unter: https://journals.indianapolis.iu.edu/index.php/inlawrev/article/view/27225/24913 (zuletzt abgerufen am 30.12.2024).

aa) Speicherung des Werkes/der Werkreproduktion auf der Blockchain. Die erste Variante ist mit hohen finanziellen Kosten verbunden. Daher wird eine Speicherung des Werkes bzw. dessen Reproduktion unmittelbar auf der Blockchain regelmäßig nicht vorgenommen. Sollte eine Speicherung unmittelbar auf der Blockchain erfolgen, findet eine erlaubnispflichtige Vervielfältigung iSd § 16 UrhG statt. 25

Ob auch eine öffentliche Zugänglichmachung gem. § 19a UrhG vorliegt, hängt insbesondere davon ab, ob die Wiedergabe öffentlich iSd § 15 Abs. 3 UrhG ist. Dies setzt voraus, dass die Wiedergabe für eine Mehrzahl von Mitgliedern der Öffentlichkeit bestimmt ist.[41] Dabei beinhaltet der Begriff „öffentlich" eine bestimmte Mindestschwelle, die allzu kleine oder gar eine unbedeutende Mehrzahl betroffener Personen ausschließt.[42] Wird das Werk oder dessen Reproduktion unverschlüsselt auf einer öffentlichen Blockchain, wie zB Ethereum, gespeichert und sind einer Mehrzahl von Dritten mit dem NFT verknüpfte Daten, wie zB der Titel des NFT oder der zugehörige Smart Contract, bekannt, dürfte eine öffentliche Zugänglichmachung anzunehmen sein. Denn dann ist das Werk über die Suchplattform Etherscan auffindbar. Sollten Dritte hingegen keine Kenntnis von der Existenz des NFT und den zugehörigen Metadaten haben, ist zweifelhaft, ob die Speicherung des Werkes auf der Blockchain allein zu einer öffentlichen Zugänglichmachung gem. § 19a UrhG führt. 26

bb) Speicherung des Werkes/der Werkreproduktion außerhalb der Blockchain. Bei der zweiten Variante, der Speicherung des Werkes oder der Werkreproduktion außerhalb der Blockchain, kommen vor allem zwei Möglichkeiten in Betracht: Das Werk oder die Werkreproduktion kann in einem zentralen Serversystem abgespeichert werden. Dazu können zum Beispiel klassische Cloud-Server von Anbietern wie Google Cloud oder Amazon Web Services genutzt werden. Auch die Speicherung auf einem privaten Server ist denkbar.[43] 27

Die zweite, in der Praxis häufig gewählte Möglichkeit ist die Speicherung des Werkes in einem dezentralen Speichersystem. Dort wird das Werk nicht auf einem einzelnen Server, sondern in einem Netzwerk von verschiedenen Computern gespeichert.[44] 28

Dazu wird vielfach das InterPlanetary File System (IPFS) genutzt.[45] Der Vorteil ist dabei die erhöhte Sicherheit der Speicherung: Das Werk bzw. die entsprechende Datei, die das Werk repräsentiert, wird dezentral innerhalb eines Peer-to-Peer-Netzwerkes und damit auf verschiedenen Computern gespeichert und lässt sich dann über einen Hashwert, einen sog. Content Identifier (CID), identifizieren.[46] So ist die Abrufbarkeit des Werkes nicht von der Existenz und Funktionalität eines einzelnen Anbieters und dessen Server abhängig.[47] Auch die Zensur oder Manipulation der gespeicherten Inhalte ist im IPFS erschwert.[48] Gleichzeitig ist der Upload in das IPFS auch nicht so leicht unumkehrbar. Daher sollte vor einem Upload genau geprüft werden, dass der Upload und auch das Werk selbst keine Rechte des Urhebers oder Dritter verletzt.[49] 29

---

41 EuGH ZUM 2017, 587 (591) – Stichting Brein.

42 EuGH ZUM 2017, 587 (591) – Stichting Brein.

43 Ehinger/Hugendubel GRUR 2023, 1074 (1075).

44 Ehinger/Hugendubel GRUR 2023, 1074 (1075).

45 Guadamuz The Treachery of Images: Non-fungible Tokens and Copyright Journal of Intellectual Property Law & Practice 2021, 14, abrufbar unter: https://ssrn.com/abstract=3905452 (zuletzt abgerufen am 31.12.2024).

46 Vgl. https://ipfs.tech/developers/ (zuletzt abgerufen am 8.12.2024).

47 Vgl. https://www.coinbase.com/de/learn/crypto-glossary/what-is-the-interplanetary-file-system-ipfs-in-crypto (zuletzt abgerufen am 8.12.2024); Ehinger/Hugendubel GRUR 2023, 1074 (1075).

48 Näher dazu: https://www.coinbase.com/de/learn/crypto-glossary/what-is-the-interplanetary-file-system-ipfs-in-crypto (zuletzt abgerufen am 8.12.2024). Auch eine Speicherung des Werkes auf dem InterPlanetary File System bietet jedoch keine vollkommene Sicherheit, s. dazu: Prinz/VAN HAM Kunstauktionen: NFT Workshop in Kooperation mit dem Fraunhofer Blockchain-Labor, abrufbar unter: https://www.youtube.com/watch?v=k-HBGayYd3s (zuletzt abgerufen am 3.1.2025).

49 Ehinger/Hugendubel GRUR 2023, 1074 (1075).

30 Um die Sicherheit der Abrufbarkeit des mit dem NFT verbundenen Werkes zu erhöhen, kann dieses auch auf mehreren Speichermedien gesichert werden.[50] Eine weitere Option der dezentralen Speicherung ist zB die Speicherung des Werkes oder der Werkreproduktion auf der Blockchain von Arweave.[51]

31 Unabhängig davon, ob das Werk oder dessen Reproduktion zentral oder dezentral gespeichert wird, findet durch die Speicherung eine Vervielfältigung des Werkes iSd § 16 UrhG statt.[52]

32 Zudem kann durch die Speicherung auch der Tatbestand der öffentlichen Zugänglichmachung iSd § 19a UrhG erfüllt sein. Ob bei der Speicherung des Werkes im Einzelfall eine öffentliche Zugänglichmachung vorliegt, hängt insbesondere davon ab, ob die Wiedergabe öffentlich iSd § 15 Abs. 3 UrhG ist (→ Rn. 26). In der Regel wird eine solche Öffentlichkeit durch die bloße Speicherung des Werkes oder dessen Reproduktion auf einem zentralen oder dezentralen Speichersystem nicht erreicht.[53] Sie ist von vornherein ausgeschlossen, wenn das Werk an dem Speicherort nur mit Hilfe eines bestimmten Passworts abrufbar ist, das Dritten nicht bekannt ist. Ist das Werk oder die Reproduktion nur über die Eingabe einer langen URL aufzufinden, ist eine öffentliche Zugänglichmachung ebenfalls abzulehnen.[54] Insbesondere bei dezentralen Speichermedien wie dem IPFS und Arweave ist bei der Frage nach dem Vorliegen einer öffentlichen Zugänglichmachung zu prüfen, wer den urheberrechtlich geschützten Bezugsgegenstand vorhält und in wessen Zugriffssphäre sich dieser befindet.[55]

33 **cc) Kein Eingreifen von Schrankenregelungen.** Auf die für die Speicherung erforderliche Einholung der Erlaubnis des Urhebers oder sonstigen Rechteinhabers kann regelmäßig nicht unter Berufung auf die Schrankenregelungen verzichtet werden. Insbesondere kommt bei einer Speicherung zur kommerziellen Nutzung des NFT keine Berufung auf die Privatkopieschranke gem. § 53 UrhG in Betracht.[56] Weiterhin stellt die Speicherung auch keine bloß flüchtige oder begleitende Vervielfältigungshandlung iSd § 44a UrhG dar, da die Speicherung des Werkes oder dessen Reproduktion zur dauerhaften Verknüpfung mit dem jeweiligen NFT erfolgt.[57]

2. Die Erzeugung des NFT (Minting)

34 Bei dem Minting des NFT werden die für den NFT relevanten Informationen, dh die Metadaten, wie zB die Beschreibung des Werkes, ein oder mehrere Links zum Werk oder Hashwerte des Werkes, in den Smart Contract eingegeben. Dieser erzeugt dann ein NFT mit einer bestimmten Token-ID, der die genannten Metadaten aufweist.[58]

---

50 Prinz/VAN HAM Kunstauktionen: NFT Workshop in Kooperation mit dem Fraunhofer Blockchain-Labor, abrufbar unter: https://www.youtube.com/watch?v=k-HBGayYd3s (zuletzt abgerufen am 3.1.2025).

51 S. dazu: https://www.arweave.org/ (zuletzt abgerufen am 27.12.2024).

52 Näher dazu: Ehinger/Hugendubel GRUR 2023, 1074 (1075 f.); zu der urheberrechtlichen Bewertung von Speicherungsvorgängen s. Wandtke/Bullinger/Heerma UrhG § 16 Rn. 16 ff.

53 So auch: Ehinger/Hugendubel GRUR 2023, 1074 (1076).

54 Der BGH hat eine öffentliche Zugänglichmachung bei der für die Abrufbarkeit erforderlichen Eingabe einer URL von rund 70 Zeichen abgelehnt, BGH GRUR 2021, 1286 Rn. 18 – Lautsprecherfoto.

55 Vgl. Stadtfeld/Hahn SpuRt 2022, 146 (152).

56 Näher dazu: Wandtke/Bullinger/Lüft UrhG § 53 Rn. 23.

57 Ebenso: Ehinger/Hugendubel GRUR 2023, 1074 (1075).

58 Anschaulich zum Prozess: Prinz/VAN HAM Kunstauktionen: NFT Workshop in Kooperation mit dem Fraunhofer Blockchain-Labor, abrufbar unter: https://www.youtube.com/watch?v=k-HBGayYd3s (zuletzt abgerufen am 27.12.2024).

a) Nutzung des Smart Contracts

Bei dem Smart Contract handelt es sich um ein Computerprogramm, das gem. § 69a Abs. 3 UrhG urheberrechtlich geschützt sein kann.[59] Daher ist im Einzelfall zu prüfen, ob die Nutzung des Smart Contract zur Erzeugung des NFT gestattet ist. In der Regel wird die Nutzung des Smart Contracts durch eine Open-Source-Lizenz erlaubt sein.[60] Insbesondere haben die Autoren des ERC-721-Standards, der für die Erzeugung eines NFT häufig gewählt wird,[61] auf ihre Urheberrechte bzw. deren Geltendmachung auf Grundlage der CC0-Lizenz verzichtet.[62] **35**

b) Verlinkung auf das Werk oder die Werkreproduktion

Regelmäßig enthält der Smart Contract des NFT einen Link zum Werk oder zu einer Werkreproduktion (→ Rn. 8). Denkbar ist aber auch, dass er bloß eine Beschreibung des Werkes enthält.[63] Die Integration des Links zum Werk bzw. des Links zur Werkreproduktion in den Smart Contract des NFT stellt keine Vervielfältigung iSd § 16 UrhG dar.[64] **36**

Allerdings kann die Verlinkung eines Werkes eine öffentliche Zugänglichmachung iSd § 19a UrhG (→ Rn. 26) darstellen. Ob dies der Fall ist, hängt insbesondere davon ab, ob durch das Verlinken des Inhalts das Werk erstmals der Öffentlichkeit zugänglich gemacht[65] oder ein neues Publikum angesprochen wird.[66] Zweifelhaft erscheint, ob bereits durch die bloße Nutzung des Links im Rahmen des Mintings (dh vor Veröffentlichung des NFT auf einem Marktplatz) eine öffentliche Zugänglichmachung in Betracht kommt.[67] **37**

Parallel zur Bewertung der bloßen Speicherung des Werkes oder der Werkreproduktion ist eine öffentliche Zugänglichmachung auch in diesem Stadium abzulehnen, wenn der Zugang zu dem Werk trotz Verlinkung passwortgeschützt ist oder das Werk mangels Kenntnis der entsprechenden Metadaten nicht über einen Blockchain-Explorer wie zB Etherscan auffindbar ist.[68] **38**

Wird auf ein Werk verlinkt, das bereits unabhängig von der Erzeugung des NFT auf einer Webseite abrufbar war und der Urheber seine ausdrückliche und vorbehaltslose Zustimmung dazu erteilt hat, dass sein Werk auf dieser Webseite veröffentlicht wird, kann mit der Rechtsprechung des EuGH angenommen werden, dass er die Wiedergabe der Werke gegenüber sämtlichen Internetnutzern – und damit auch den Nutzern der im Internet abrufbaren Blockchain – erlaubt hat.[69] In diesen Fällen wird daher durch das Setzen eines Hyperlinks kein neues Publikum angesprochen und es liegt von vornherein keine öffentliche Zugänglichmachung iSd § 19a UrhG vor. Demgegenüber kann eine entsprechende Erlaubnis nicht angenommen werden, wenn der Zugang zu dem betreffenden Werk durch **39**

---

[59] Zur technischen Funktionsweise eines Smart Contract s. Kaulartz/Heckmann CR 2016, 618 (619).

[60] Ehinger/Hugendubel GRUR 2023, 1074 (1077).

[61] Näher zum Standard s. Entriken/Shirley/Evans/Sachs ERC-721: Non-Fungible Token Standard, Ethereum Improvement Proposals no. 721 January 2018, abrufbar unter: https://eips.ethereum.org/EIPS/eip-721; @corwintines, ERC-721 NON-FUNGIBLE TOKEN STANDARD; abrufbar unter: https://ethereum.org/en/developers/docs/standards/tokens/erc-721/ (beide zuletzt abgerufen am 27.12.2024).

[62] S. Entriken/Shirley/Evans/Sachs ERC-721: Non-Fungible Token Standard, Ethereum Improvement Proposals no. 721 January 2018, abrufbar unter: https://eips.ethereum.org/EIPS/eip-721 (zuletzt abgerufen am 27.12.2024).

[63] Zu dieser Möglichkeit: Rauer/Bibi ZUM 2022, 20 (26 f.).

[64] Vgl. BGH GRUR 2003, 958 (961) mwN; s. auch: Ehinger/Hugendubel GRUR 2023, 1074 (1076 f.).

[65] Für den Fall, dass ein zum Zweck des Minting erzeugter Link verwendet wird.

[66] Für den Fall, dass ein bestehender Link verwendet wird. S. dazu: Fromm/Nordemann/Dustmann/Engels UrhG § 19a Rn. 23 mwN.

[67] Ablehnend: Garbers-von Boehm/Haag/Gruber Intellectual Property Rights and Distributed Ledger Technology with a focus on art NFTs and tokenized art PE 737.709 S. 33, abrufbar unter: https://www.europarl.europa.eu/RegData/etudes/STUD/2022/737709/IPOL_STU(2022)737709_EN.pdf (zuletzt abgerufen am 28.12.2024).

[68] Vgl. auch: Ehinger/Hugendubel GRUR 2023, 1074 (1077).

[69] Vgl. EuGH GRUR 2021, 706 Rn. 38 – VG Bild-Kunst/SPK mwN; so auch: Ehinger/Hugendubel GRUR 2023, 1074 (1077).

Maßnahmen beschränkt wurde[70] oder zuvor nicht von der Öffentlichkeit abrufbar war, weil die verlinkte URL so lang war, dass sie in der Regel nicht aufgefunden wurde.[71]

c) Integration des Hashwerts in den NFT

40 Die Integration des Hashwertes des Bezugsgegenstands in den NFT ist nicht als Vervielfältigung iSd § 16 UrhG zu bewerten.[72] Eine Vervielfältigung setzt eine körperliche Festlegung voraus, die geeignet ist, ein Werk auf irgendeine Weise den menschlichen Sinnen unmittelbar oder mittelbar zugänglich zu machen. Darunter fällt daher auch eine körperliche Festlegung, die erst über weitere Zwischenschritte das Werk wahrnehmbar macht, wie zB auf einer CD oder einem USB-Stick.[73] Auch wenn das Werk in einem neuen Format gespeichert wird, wird es vervielfältigt.[74] Über den Hashwert kann aber das Werk oder die Werkreproduktion nicht reproduziert werden.[75] Vielmehr kann mit dem Hashwert nur das Werk aufgefunden werden. Insoweit ist er vergleichbar mit einem Link zu einem Werk.

41 Fraglich ist, ob die Integration des Hashwertes in den NFT eine öffentliche Zugänglichmachung gem. § 19a UrhG darstellt. Im Wesentlichen dürften dabei die Ausführungen zu Verlinkungen (→ Rn. 37 ff.) auf Hashwerte übertragbar sein.

d) Speicherung „On-Chain"

42 Neben der bloßen Verlinkung des urheberrechtlich geschützten Bezugsgegenstands oder der Speicherung von dessen Hashwert in dem Smart Contract des NFT kommt auch eine sog. On-Chain Speicherung des Bezugsgegenstands unmittelbar auf der Blockchain in Betracht (→ Rn. 24 f.). Diese stellt eine Vervielfältigung des Werkes iSd § 16 UrhG dar.[76]

43 Fraglich erscheint, ob die bloße Speicherung des Werkes im Rahmen des Minting ohne Veröffentlichung auf einem Online-Marktplatz wie OpenSea bereits eine öffentliche Zugänglichmachung gem. § 19a UrhG (→ Rn. 26) darstellt.[77] Hier gelten die Ausführungen zur Verlinkung auf ein außerhalb der Blockchain, dh Off-Chain gespeichertes Werk entsprechend (→ Rn. 37 ff.). Maßgeblich dürfte insbesondere sein, ob das Werk oder die Werkreproduktion auf der Blockchain frei zugänglich ist und inwiefern Dritte Kenntnis von der Smart Contract Address und den Metadaten des NFT sowie dessen Speicherung auf der Blockchain haben.

e) Einordnung des Minting als neue Verwertungshandlung

44 Darüber hinaus wird in der Literatur diskutiert, ob der Vorgang des Mintings einen Eingriff in ein neues, unbenanntes Recht der öffentlichen Wiedergabe iSd § 15 Abs. 2 UrhG (sog. „Innominatfall"[78]) des mit dem NFT verknüpften Werkes darstellt.[79]

45 Für die Annahme eines „Recht auf Prägung eines NFTs"[80] als bislang unbenanntes Verwertungsrecht spricht, dass die Werkverwertung mittels NFT gegenüber der bloßen Online-Abrufbarkeit eines Werkes eine neue Qualität aufweist. Durch die Verbindung eines

[70] EuGH GRUR 2021, 706 Rn. 40 – VG Bild-Kunst/SPK.

[71] Der BGH hat eine öffentliche Zugänglichmachung bei der für die Abrufbarkeit erforderlichen Eingabe einer URL von rund 70 Zeichen abgelehnt, BGH GRUR 2021, 1286 Rn. 18 – Lautsprecherfoto.

[72] So auch: Spikowius/Rack MMR 2022, 256 (258).

[73] Wandtke/Bullinger/Heerma UrhG § 16 Rn. 4 mwN.

[74] Wandtke/Bullinger/Heerma UrhG § 16 Rn. 5.

[75] Spikowius/Rack MMR 2022, 256 (258).

[76] S. auch: Rauer/Bibi ZUM 2022, 20 (26).

[77] Ablehnend: Garbers-von Boehm/Haag/Gruber Intellectual Property Rights and Distributed Ledger Technology with a focus on art NFTs and tokenized art PE 737.709 S. 33, abrufbar unter: https://www.europarl.europa.eu/RegData/etudes/STUD/2022/737709/IPOL_STU(2022)737709_EN.pdf (zuletzt abgerufen am 28.12.2024).

[78] Näher zu dem Begriff und dessen Rahmenbedingungen: Wandtke/Bullinger/Heerma UrhG § 15 Rn. 15.

[79] Kaulartz/Schmid CB 2021, 298 (301); Ehinger/Hugendubel GRUR 2023, 1074 (1077 f.).

[80] Kaulartz/Schmid CB 2021, 298 (301).

Werkes mit einem NFT kann die Vermarktung des Werkes gesteuert und beschränkt werden. Dem Inhaber eines NFT wird gegenüber dem sonstigen Betrachter oder Nutzer eine besondere Stellung eingeräumt. Aufgrund dieser Eigenschaften wird der NFT teilweise auch als ein „neues Medienprodukt" bezeichnet.[81]

Als weiteres Argument wird in der Literatur angeführt, dass das erlaubnisfreie Minting davon abhinge, ob das Werk bereits zuvor unbeschränkt im Internet vom Urheber zugänglich gemacht wurde, wenn das Minting nicht als eigenständiges Verwertungsrecht anerkannt würde.[82] Betrachtet man das Minting isoliert, dürfte in vielen Fällen noch keine öffentliche Zugänglichmachung gem. § 19a UrhG vorliegen (→ Rn. 37 ff., → Rn. 41, → Rn. 43). Daher stellt bis zum Zeitpunkt des Mintings nur die Vervielfältigung des Werkes, um diese als Quelle für die Verbindung mit dem NFT zu nutzen, einen Eingriff in die Verwertungsrechte dar.[83] **46**

Folglich könnte eine Person in urheberrechtlich zulässigerweise einen NFT für ein Werk erstellen, wenn das Werk frei im Internet abrufbar ist. Vor dem Hintergrund, dass das Urheberrecht als Ausprägung des Eigentumsgrundrechts nach Art. 17 Abs. 2 GRCh und Art. 14 Abs. 1 S. 1 GG die vermögenswerten Ergebnisse eines Werks dem Urheber zuweisen soll[84], ist fraglich, ob das beschriebene Ergebnis folgerichtig ist.[85] Zumal die Verwertung eines Werkes mittels NFT mit einem hohen wirtschaftlichen Gewinn einhergehen kann, wie die Beispiele aus der Praxis (→ Rn. 1) zeigen. Daher könnte es gerechtfertigt sein, diese Schutzlücke durch die Anerkennung eines neuen Verwertungsrechts zu schließen. **47**

Gegen die Erforderlichkeit eines neuen Verwertungsrechts zum Schutz des Urhebers spricht jedoch, dass die Bezugsgegenstände hochpreisiger NFTs in der Regel an einem sicheren Ort abgespeichert werden und nicht bloß ein Link zu dem Bezugsgegenstand auf eine beliebige Webseite im Internet genutzt wird. Eine solche Speicherung greift unstreitig in das Vervielfältigungsrecht ein, sodass der Urheber bzw. Rechteinhaber diese unterbinden kann. Der Rechteinhaber hätte die Möglichkeit, den urheberrechtlich geschützten Bezugsgegenstand auf der Webseite zu löschen oder ggf. unter Geltendmachung eines Beseitigungsanspruchs gem. § 97 Abs. 1 UrhG löschen zu lassen. **48**

Zudem wird bei den weiteren Verwertungshandlungen, die bei einer Verwertung mittels NFT vorgenommen werden, insbesondere durch die Werbung und Darstellung auf dem Online-Marktplatz (→ Rn. 50 ff.), mit großer Wahrscheinlichkeit ein Eingriff in die Verwertungsrechte stattfinden. Folglich obliegt die Vermarktung eines Gegenstands mittels NFT insgesamt immer noch dem Urheber oder Inhaber von Leistungsschutzrechten. Dabei ist es auch der gesamte Vermarktungsvorgang – und nicht das Minting isoliert betrachtet –, der die Verwertung mittels NFT ermöglicht und damit erst die entsprechenden Erlöse erzielt. **49**

3. Angebot eines NFT auf einem Online-Marktplatz

Im Rahmen des Angebots und Verkaufs von NFTs, die mit einem urheberrechtlich geschützten Bezugsgegenstand verbunden sind, wird in die Verwertungsrechte des Urhebers oder sonstigen Rechteinhabers eingegriffen. **50**

---

[81] Ehinger/Hugendubel GRUR 2023, 1074 (1078).

[82] Vgl. Ehinger/Hugendubel GRUR 2023, 1074 (1078); vgl. dazu auch: Garbers-von-Boehm/Haag/Gruber Zusammenfassung der Studie Rechte des geistigen Eigentums und Distributed-Ledger-Technologie mit einem Schwerpunkt auf NFT-Kunst und tokenisierte physische Kunstwerke für den Rechtsausschuss des Europäischen Parlaments S. 2, abrufbar unter: https://www.europarl.europa.eu/RegData/etudes/STUD/2022/737709/IPOL_STU(2022)737709(SUM01)_DE.pdf (zuletzt abgerufen am 28.12.2024).

[83] Garbers-von Boehm/Haag/Gruber Intellectual Property Rights and Distributed Ledger Technology with a focus on art NFTs and tokenized art PE 737.709 S. 33, abrufbar unter: https://www.europarl.europa.eu/RegData/etudes/STUD/2022/737709/IPOL_STU(2022)737709_EN.pdf (zuletzt abgerufen am 28.12.2024).

[84] BVerfG NJW 2011, 288 Rn. 60 – Drucker und Plotter.

[85] Mit dem Telos des § 15 Abs. 2 UrhG für die Annahme eines unbenannten Rechts argumentierend: Stadtfeld/Hahn SpuRt 2022, 146 (152).

51 Zum Zwecke des Angebots des NFT wird der mit dem NFT verknüpfte Bezugsgegenstand regelmäßig unmittelbar auf dem Online-Marktplatz, wie zB OpenSea, Rarible oder Superrare angezeigt. Der dafür erforderliche Upload stellt sowohl eine Vervielfältigung gem. § 16 UrhG als auch eine öffentliche Zugänglichmachung gem. § 19a UrhG dar.[86]

52 Handelt es sich bei dem Bezugsgegenstand des NFT um Lichtbildwerke, Werke der bildenden Kunst oder Filmwerke, könnte die Nutzung unter Berufung auf die sog. Katalogbildfreiheit gem. § 58 UrhG zulässig sein.[87] Die Vorschrift gestattet insbesondere die Vervielfältigung, Verbreitung und öffentliche Zugänglichmachung von zum öffentlichen Verkauf bestimmten Werken zum Zwecke der Werbung. Privilegiert ist der Veranstalter, dh derjenige, der in organisatorischer und finanzieller Hinsicht für die Durchführung des Verkaufs verantwortlich ist.[88] Dies dürfte regelmäßig der Veräußerer des NFTs sein, der auch den Upload des Werkes oder der Werkreproduktion vornimmt.

53 Die Anwendbarkeit der Vorschrift setzt nach ihrem Wortlaut jedoch voraus, dass tatsächlich ein Werk verkauft wird. Bei dem Angebot von NFTs ist dies nicht zwangsläufig der Fall. Denkbar ist auch, dass an dem mit dem NFT verbundenen Werk gar keine Rechte oder bloß einfache Nutzungsrechte eingeräumt werden. Daher wird die Anwendbarkeit des § 58 UrhG in der Literatur teilweise abgelehnt.[89] Der Sinn und Zweck der Vorschrift, Werbemaßnahmen zum Zweck der Werkverwertung zu privilegieren, könnte jedoch für eine erweiterte Auslegung und damit eine Anwendung der Vorschrift auf den Verkauf eines mit einem Werk verknüpften NFT sprechen. Das wäre selbst dann der Fall, wenn das Werk als solches dabei nicht verkauft wird, aber eine sonstige Verwertung des Werkes, zB in Form der Einräumung eines einfachen Nutzungsrechts erfolgt. Bei der Auslegung von § 58 UrhG ist zu berücksichtigen, dass die Vorschrift als Umsetzung von Art. 5 Abs. 3 Buchst. j InfoSoc-RL richtlinienkonform auszulegen ist.

4. Verkauf des NFT

a) Eingriff in die Verwertungsrechte des Urhebers des Bezugsgegenstands

54 Beim Verkauf des NFT kommt es gegenüber dem Angebot zu keiner neuen Vervielfältigung nach § 16 UrhG oder öffentlichen Zugänglichmachung gem. § 19a UrhG des Bezugsgegenstands.[90] Bei dem Wechsel des Inhabers des NFTs wird in der Regel lediglich die zugehörige Wallet Address im Smart Contract des NFT geändert. Denkbar ist auch, dass lediglich die Private Keys außerhalb der Blockchain, zB per E-Mail oder auf einem Blatt Papier, übergeben werden.[91] Dabei handelt es sich aber um eine eher seltene Vorgehensweise. Denn der Private Key bezieht sich nicht auf einen einzelnen NFT, sondern auf die gesamte Wallet, sodass alle mit der Wallet verbundenen Kryptowerte übertragen werden würden. Weiterhin besteht die Gefahr, dass der ursprüngliche Inhaber der Private Keys eine Kopie derselben behält.[92] Schließlich ist die Übergabe der Private Keys nicht öffentlich auf der Blockchain einsehbar.

55 Wird der Bezugsgenstand des NFT – wie regelmäßig – nicht physisch verkörpert, sondern ist nur mit einem Link oder durch einen Hashwert mit dem NFT verbunden, liegt kein

---

86 Spikowius/Rack MMR 2022, 256 (259); Näher dazu: Ehinger/Hugendubel GRUR 2023, 1074 (1078–1079).

87 Heine/Stang MMR 2021, 755 (759); Spikowius/Rack MMR 2022, 256 (259).

88 Wandtke/Bullinger UrhG § 58 Rn. 5 mwN.

89 Vgl. dazu: Garbers-von Boehm/Haag/Gruber Intellectual Property Rights and Distributed Ledger Technology with a focus on art NFTs and tokenized art PE 737.709 S. 34 f., abrufbar unter: https://www.europarl.europa.eu/RegData/etudes/STUD/2022/737709/IPOL_STU(2022)737709_EN.pdf (zuletzt abgerufen am 28.12.2024).

90 S. dazu: Heine/Stang MMR 2021, 755 (758).

91 Papastefanou CR 2023, 625 (627).

92 So Prinz/VAN HAM Kunstauktionen: NFT Workshop in Kooperation mit dem Fraunhofer Blockchain-Labor, abrufbar unter: https://www.youtube.com/watch?v=k-HBGayYd3s (zuletzt abgerufen am 27.12.2024).

Eingriff in das Verbreitungsrecht gem. § 17 UrhG vor.[93] Denn das Verbreitungsrecht erfasst nur die Verbreitung von körperlichen Werken oder Vervielfältigungsstücken.[94]

Etwas anderes gilt, wenn ein analoges Werk verkauft wird, das mit einem NFT verknüpft und an den Verkäufer übergeben wird. Ebenso liegt eine Verbreitung iSd § 17 UrhG vor, wenn der digitale Bezugsgegenstand beim Verkauf mittels NFT über einen festen Datenträger, wie zB einem USB-Stick übergeben wird.[95] In diesen Fällen ist zu prüfen, ob der Eingriff in das Verbreitungsrecht aufgrund einer Erschöpfung gem. § 17 Abs. 2 UrhG zulässig ist. Dies ist der Fall, wenn das Original oder das Vervielfältigungsstück des Werkes mit Zustimmung des zur Verbreitung Berechtigten im Gebiet der EU oder eines anderen Vertragsstaates des Abkommens über den Europäischen Wirtschaftsraum im Wege der Veräußerung in den Verkehr gebracht worden ist. **56**

b) Anwendbarkeit des Folgerechts nach § 26 UrhG

Fraglich ist, ob das Folgerecht gem. § 26 UrhG bei einer Veräußerung eines Werkes oder einer Werkreproduktion mittels NFT Anwendung findet.[96] Das Folgerecht ermöglicht bei Werken der bildenden Künste und bei Lichtbildwerken, dass der Urheber wirtschaftlich an dem Weiterverkauf seines Werkes beteiligt wird. Bei der Werkverwertung mittels NFT ist es jedoch nicht direkt anwendbar. Denn regelmäßig wird nicht der urheberrechtlich geschützte Bezugsgegenstand, sondern ausschließlich der NFT selbst übertragen.[97] Darüber hinaus ist nach dem Erwgr. 2 der Richtlinie 2001/84/EG Gegenstand des Folgerechts „das materielle Werkstück, d. h. der Träger, der das geschützte Werk verkörpert". Dies legt nahe, dass die Vorschrift nicht auf digitale Werke anwendbar ist, mit denen ein NFT aber regelmäßig verknüpft wird.[98] **57**

Die Rechtsfolgen des § 26 UrhG lassen sich jedoch vertraglich in den Lizenzbedingungen vereinbaren (→ Rn. 69). Insbesondere durch das Schreiben entsprechender Handlungsbefehle in den Smart Contract kann auch die tatsächliche Durchsetzung solcher Bedingungen und damit die Partizipation des Urhebers an der Verwertung seines Werkes gesichert werden. So kann beispielsweise die Übertragung eines NFT davon abhängig gemacht werden, dass ein bestimmter Prozentsatz des Erlöses an den Urheber gezahlt wird und auch tatsächlich ankommt.[99] **58**

c) Einräumung von Nutzungsrechten an dem Bezugsgegenstand

Die Übertragung eines NFT führt nicht automatisch dazu, dass der neue NFT-Inhaber auch Eigentümer oder Rechteinhaber des jeweiligen Bezugsgegenstands wird.[100] Vielmehr bedarf es dafür grundsätzlich einer gesonderten Vereinbarung. **59**

Fehlt es an einer expliziten Regelung, ist der Parteiwille nach den §§ 133, 157 BGB zu ermitteln. Hinsichtlich einer Einräumung von Urheberrechten an dem Bezugsgegenstand ist dabei auch die in § 31 Abs. 5 UrhG verankerte Zweckübertragungsregel[101] zu berücksichtigen. Nach ihr bestimmt der von beiden Parteien zugrunde gelegte Vertragszweck, auf welche Nutzungsarten sich die Rechteeinräumung erstreckt. Dies gilt auch, wenn fraglich ist, ob überhaupt Rechte eingeräumt werden sollen, vgl. § 31 Abs. 5 S. 2 UrhG. Nach dem **60**

93 Näher dazu: Heine/Stang MMR 2021, 755 (758); Ehinger/Hugendubel GRUR 2023, 1074 (1079) mwN.
94 Wandtke/Bullinger/Heerma UrhG § 17 Rn. 13 mwN.
95 Heine/Stang MMR 2021, 755 (758).
96 S. dazu auch: Fromm/Nordemann/Nordemann-Schiffel UrhG § 26 Rn. 10 mwN.
97 So auch: Heine/Stang MMR 2021, 755 (760).
98 Heine/Stang MMR 2021, 755 (759 f.). Für die Anwendbarkeit von § 26 UrhG ausschließlich auf körperliche Werke auch: Rauer/Bibi ZUM 2022, 20 (30).
99 Rauer/Bibi ZUM 2022, 20 (30).
100 Ausführlich dazu: Heine/Stang MMR 2021, 755 (757).
101 Diese wird teilweise auch als Übertragungszwecktheorie bezeichnet, s. BeckOK UrhR/Soppe UrhG § 31 Rn. 89 mwN.

Übertragungszweckgedanken räumt ein Nutzungsberechtigter im Zweifel nur in dem Umfang Nutzungsrechte ein, den der Vertragszweck unbedingt erfordert.[102]

61 Fraglich ist, ob auch der Rechtsgedanke[103] des § 44 Abs. 1 UrhG bei der Auslegung zu berücksichtigen ist.[104] Dieser würde gegen eine Nutzungsrechteeinräumung an dem Bezugsgegenstand bei Veräußerung des NFT sprechen.[105] Gegen eine (analoge) Anwendung des § 44 Abs. 1 UrhG spricht jedoch, dass die Veräußerung des NFT nicht mit einer Veräußerung eines urheberrechtlich geschützten Werkes gleichgesetzt werden kann. Ohne entsprechende zusätzliche Regelung ist Gegenstand der Veräußerung gerade nicht der uU urheberrechtlich geschützte Bezugsgegenstand, sondern nur der NFT als solcher.[106] Aufgrund des spezifischen Bezugs der Vorschrift zum Sacheigentum, scheint es insgesamt vorzugswürdig, die Einräumung anhand von Nutzungsrechten allein anhand von § 31 Abs. 5 UrhG zu beurteilen.

62 Bei der Übertragung eines NFT, der mit einem digitalen Werk verbunden ist, kann bei Fehlen einer ausdrücklichen Regelung der Parteien regelmäßig davon ausgegangen werden, dass zumindest auch die Einräumung eines einfachen Nutzungsrechts zum Zweck der Online-Nutzung gewollt und die damit verbundenen Eingriffe in die Verwertungsrechte der §§ 16, 19a UrhG gestattet ist.[107] Denn für die meisten Nutzer von Online-Marktplätzen erscheinen der NFT und der Bezugsgegenstand als eine Einheit. Dabei geht es bei dem Erwerb des „NFT" meist nicht um den Erwerb des Tokens, sondern vielmehr darum, sich als Inhaber des damit verbundenen digitalen Bezugsgegenstandes, wie zB einer Grafik, ausweisen zu können („bragging right"[108]). Der Vertragszweck erfordert somit zumindest, dass der Erwerber das Recht erhält, das Werk öffentlich zugänglich zu machen und sich als Inhaber des damit verknüpften NFT auszuweisen. Die Situation ist vergleichbar mit einem Kunstsammler, der das von ihm erworbene Werk Dritten zeigen oder ausstellen möchte. Dies ist regelmäßig zulässig, ohne dass es einer gesonderten Vereinbarung bedarf.[109]

63 Deutlich anders kann die Situation gelagert sein, wenn der NFT mit einem analogen Werk verbunden wird und zB die Eigentumsübertragung eines Gemäldes dokumentieren soll. In diesem Fall gilt hinsichtlich des analogen Werkes insbesondere § 44 UrhG. Aus der Veräußerung des NFT, der in diesem Fall als eine Art Echtheitszertifikat dienen würde, ließen sich hingegen keine Nutzungsrechte ableiten.

64 Eine Regelung zur Einräumung von (Nutzungs-)rechten kann sich in dem mit dem NFT verbundenen Smart Contract und/oder den verlinkten Metadaten befinden. Denkbar ist auch, dass sich die Lizenzvereinbarungen aus dem NFT-Projekt oder dem Online-Marktplatz ergeben. So schließen einige Online-Markplätze den Übergang bzw. die Einräumung von Nutzungsrechten explizit aus.[110] Weiterhin ist auch eine Individualvereinbarung zwischen zwei Parteien möglich.[111]

---

[102] BGH GRUR 2010, 623 (624) – Restwertbörse.

[103] Fraglich ist, ob die Regelung auch auf veräußerte Objekte Anwendung findet, die keine Sachqualität aufweisen. Dazu: Fromm/Nordemann/J. B. Nordemann UrhG § 44 Rn. 3; s. auch: Wandtke/Bullinger/Wandtke UrhG § 44 Rn. 1.

[104] Gegen eine (analoge) Anwendung: Rauer/Bibi ZUM 2022, 20 (29) und Fromm/Nordemann/J. B. Nordemann UrhG § 44 Rn. 6, nach denen für NFTs § 31 Abs. 5 UrhG gilt.

[105] So: Heine/Stang MMR 2021, 755 (757).

[106] Näher dazu: Rauer/Bibi ZUM 2022, 20 (29).

[107] So auch: Spikowius ZdiW 2022, 258 (260 f.).

[108] Vgl. Murray Indiana Law Review Vol. 56 No. 2 (2023), 367 (381); abrufbar unter: https://journals.indianapolis.iu.edu/index.php/inlawrev/article/view/27225/24913 (zuletzt abgerufen am 30.12.2024).

[109] S. dazu Dreier/Schulze/Mantz UrhG § 44 Rn. 13 mwN.

[110] S. zB Ziff. 2. b. i. der Nutzungsbedingungen für das Spiel NFL Rivals, in dem NFTs integriert sind, abrufbar unter: https://nfl.rivals.game/terms-of-use (zuletzt abgerufen am 30.12.2024).

[111] Garbers-von Boehm/Haag/Gruber, Intellectual Property Rights and Distributed Ledger Technology with a focus on art NFTs and tokenized art PE 737.709 S. 36, abrufbar unter: https://www.europarl.europa.eu/RegData/etudes/STUD/2022/737709/IPOL_STU(2022)737709_EN.pdf (zuletzt abgerufen am 28.12.2024).

Zu berücksichtigen ist, dass die Inhaberschaft eines NFT keine Gewähr dafür bietet, dass der Inhaber des NFT auch Nutzungsrechte an dem jeweiligen Bezugsgegenstand des NFT einräumen kann. Möchte der Erwerber Nutzungsrechte an dem mit dem NFT verknüpften Werk erhalten, ist daher zu prüfen, ob der Veräußerer des NFT befugt ist, solche Nutzungsrechte einzuräumen. Dies gilt insbesondere vor dem Hintergrund, dass Nutzungsrechte nicht gutgläubig erworben werden können.[112] **65**

5. Nutzung des Bezugsgegenstands

Auch bei der Nutzung von NFTs und den damit verbundenen Bezugsgegenständen, zB in den sozialen Medien, im Metaverse oder auch in Online-Games, kann es zu Eingriffen in die Verwertungsrechte des Urhebers kommen. Es ist im konkreten Einzelfall zu prüfen, welche Rechte für die jeweilige Nutzung erforderlich sind.[113] **66**

IV. Hinweise zur Gestaltung der Lizenzvereinbarung

Aus Sicht des Urhebers oder Inhabers von Leistungsschutzrechten kommen bei einer Verwertung des Schutzgegenstands mittels NFT vor allem zwei Konstellationen in Betracht: Er kann die NFTs selbst vertreiben oder einen Lizenzvertrag mit einem Lizenznehmer schließen, der die Erzeugung, Vermarktung und Veräußerung der NFTs übernimmt.[114] Bei der Gestaltung der Lizenzvereinbarung ist aufgrund des grenzüberschreitenden Handels von NFTs zunächst zu prüfen, welches Recht anwendbar ist.[115] Die konkrete Ausgestaltung von Lizenzbedingungen hängt von dem Gegenstand ab, der mittels NFT verwertet werden soll. Folgende allgemeine Hinweise können bei der Gestaltung der Lizenzvereinbarung auf Grundlage deutschen Rechts herangezogen werden. **67**

1. Klare Definition des Vertragsgegenstands

Was generell für den Entwurf von Verträgen gilt, gilt bei einer Werkverwertung mittels NFT im besonderen Maße: Der Vertragsgegenstand und die Einräumung etwaiger Nutzungsrechte müssen klar und eindeutig beschrieben sein. Der Vertrag muss abbilden, welche Gegenstände oder Rechte neben dem NFT, dh dem Datensatz auf der Blockchain, konkret übertragen oder eingeräumt werden sollen. Denn der NFT fungiert lediglich als eine Art Zertifikat für die durchgeführte Transaktion (vgl. → Rn. 7 f.). Er ist nicht gleichzusetzen mit dem digitalen oder analogen urheberrechtlichen Schutzgegenstand, der mit ihm verknüpft ist. Dies muss bei der Gestaltung einer Lizenzvereinbarung eindeutig zum Ausdruck kommen. **68**

2. Umsatzbeteiligung

Soll der Urheber auch an der (Weiter-)Veräußerung seines Werkes partizipieren, kann eine entsprechende Regelung in die Lizenzvereinbarung aufgenommen werden. Eine solche Umsatzbeteiligung („NFT-Revenue Share“[116]) kann (auch) in den Smart Contract des jeweiligen NFTs programmiert werden. Zum Beispiel kann geregelt werden, dass bei weiteren Veräußerungen des Werkes eine bestimmte Prozentzahl des Erlöses an den Urheber **69**

---

[112] Heine/Stang MMR 2021, 755 (757).
[113] Zur Nutzung eines mit einem NFT verknüpften Werks in den sozialen Medien und im Metaverse s. Ehinger/Hugendubel GRUR 2023, 1074 (1079).
[114] Stadtfeld/Hahn SpuRt 2022, 146 (148).
[115] Zur Anwendbarkeit deutschen AGB-Rechts s. Stadtfeld/Hahn SpuRt 2022, 146 (150).
[116] Stadtfeld/Hahn SpuRt 2022, 146 (148).

oder Inhaber von Leistungsschutzrechten fließt.[117] In dem Smart Contract kann dann auch bestimmt werden, dass eine Übertragung des NFT erst stattfindet, wenn der entsprechende Betrag tatsächlich an das Wallet des NFT-Erstellers geflossen ist. Vertreibt ein Lizenznehmer die NFTs für den Urheber, ist eine Regelung vorzusehen, nach der dieser die Umsatzbeteiligung ganz oder teilweise an den Urheber oder Inhaber der Leistungsschutzrechte weiterzuleiten hat.

70 Die Aufnahme einer Regelung zur Umsatzbeteiligung hat für den Lizenznehmer außerdem den Vorteil, dass das Risiko eines Nachvergütungsanspruchs gem. § 32c UrhG reduziert und damit der wirtschaftliche Aufwand kalkulierbarer wird.[118]

3. Nutzungsrechte

71 In der Lizenzvereinbarung ist klar zu definieren, welche Rechte der Vertragspartner, dh der Lizenznehmer, der den Vertrieb der NFTs organisiert, oder – bei einem Direktvertrieb – der Endkunde, an dem urheberrechtlich geschützten Bezugsgegenstand erhält. Aus Perspektive des Urhebers ist es ratsam, ein einfaches (nicht-exklusives), inhaltlich und zeitlich beschränktes Nutzungsrecht gem. § 31 Abs. 1 und 2 UrhG an dem Bezugsgegenstand einzuräumen. Dieses sollte sich inhaltlich auf die für die Werkverwertung erforderlichen Rechte (→ Rn. 20 ff.) beschränken.[119]

72 Besteht bereits eine Lizenzvereinbarung über den potenziellen Bezugsgegenstand eines NFT, die eine Verwertung über alle noch unbekannten Nutzungsarten umfasst, ist fraglich, ob auch die Rechte für die Werkverwertung als NFT eingeräumt wurden. Dabei sind die Voraussetzungen des § 31a Abs. 1 UrhG zu berücksichtigen. Eine Werkverwertung mittels NFT ist aufgrund der technischen und wirtschaftlichen Eigenständigkeit als neue Nutzungsart zu bewerten.[120] Im Einzelfall ist zu klären, bis zu welchem Zeitpunkt die Werkverwertung mittels NFT noch als unbekannt galt.[121]

4. Spezielle Regelungen bei Vertrieb über einen Lizenznehmer

73 Werden die NFTs über einen Lizenznehmer vertrieben, kann in dem entsprechenden Vertrag zwischen Rechteinhaber und Lizenznehmer vorgesehen werden, dass der Lizenznehmer etwaige Ansprüche gegen die Endkunden selbständig durchsetzt oder an den Lizenzgeber abtritt.[122] Weiterhin kann vereinbart werden, dass der Lizenznehmer sich zur Aufnahme bestimmter AGB bei dem Vertrieb gegenüber den Endkunden verpflichtet, welche zB die Rechteeinräumung gegenüber den Endkunden zum Gegenstand haben.[123]

74 Bei der Einbeziehung der AGB ist besonders darauf zu achten, dass diese gem. § 305 Abs. 2 BGB wirksam einbezogen werden.[124] Dies gilt insbesondere für Regelungen, die auch bei dem Zweit- oder Dritterwerb eine Umsatzbeteiligung des NFT-Erstellers oder Rechteinhabers vorsehen. Dabei ist zu berücksichtigen, dass der Smart Contract die Umsatzbeteiligung lediglich technisch abbildet und keinen Vertrag im Rechtssinne darstellt.[125]

117 Vgl. zB die Regelung zu den NFTs der Collection „NFT YOURSELF" von den Kings of Leon, nach der die Ersteller des NFT bis zu 12.5 % des Verkaufspreises erhalten können: https://opensea.io/de-DE/assets/ethereum/0x6d8cc2d52de2ac0b1c6d8bc964ba66c91bb756e1/1217 (zuletzt abgerufen am 2.1.2025).
118 Spikowius ZdiW 2022, 258 (261).
119 Stadtfeld/Hahn SpuRt 2022, 146 (148).
120 Näher dazu: Spikowius/Rack MMR 2022, 256 (260 f.); Ehinger/Hugendubel GRUR 2023, 1074 (1080 ff.); s. auch: Fromm/Nordemann/J. B. Nordemann UrhG § 31a Rn. 42b.
121 Näher dazu: Spikowius/Rack MMR 2022, 256 (260 f.); Ehinger/Hugendubel GRUR 2023, 1074 (1082).
122 Stadtfeld/Hahn SpuRt 2022, 146 (149).
123 Stadtfeld/Hahn SpuRt 2022, 146 (149).
124 Näher dazu: Stadtfeld/Hahn SpuRt 2022, 146 (150).
125 Zu dem Problem auch: Stadtfeld/Hahn SpuRt 2022, 146 (150).

§ 24 Bilanzrecht

Übersicht

Schrifttum:

Blecher/Horx, Zur Bilanzierung von Kryptowährungen nach GoB und IFRS, Wpg 2020, 267; Bongers, Zur Bilanzierung von Kunstgegenständen in Handels-, Steuer- und IFRS-Bilanz, Saarbrücken 2024; Bongers, Zu planmäßigen Abschreibungen in Handels- und Steuerbilanz, FR 2024, 548; Bongers/Müller/Karhan, Zur Einzelvollstreckbarkeit in „non fungible token", SRZ 2023, 17; Farwick/Müller/Spengel, Unternehmen im Metaverse – Eine steuerrechtliche Einordnung, StuW 2023, 219; Frick, Krypto-Kunst im Steuerrecht, FR 2023, 343; Freericks, Bilanzierungsfähigkeit und Bilanzierungspflicht in Handels- und Steuerbilanz, Köln 1976; Gawenko/Hinz, Die Bilanzierung von non fungible tokens (NFTs) nach IFRS, PiR 2021, 308; Gerlach/Oser, Ausgewählte Aspekte zur handelsrechtlichen Bilanzierung von Kryptowährungen, DB 2021, 1541; Heine/Stang, Weiterverkauf digitaler Werke mittels Non-Fungible Token aus urheberrechtlicher Sicht, MMR 2021, 755; Henke, Der Handel mit Crpyto Art, JZ 2022, 222; Hornung/Sperling, Non-Fungible Token (NFT) und Ertragsteuern: Gedanken zur Einordnung am Beispiel des „Burning", beck.digitax 2023, 138; Kirch/Stumm, Into the meTAVerse – ein Blick auf die (zukünftige) umsatzsteuerliche Behandlung von Transaktionen innerhalb des NFT-Ökosystems, UVR 2022, 255; Leffson/Rückle/Großfeld, Handwörterbuch unbestimmter Rechtsbegriffe im Bilanzrecht des HGB, Köln 1986; Liegmann/Farruggia-Weber, Umsatzsteuerliche Herausforderungen bei der Herausgabe von NFT-Kollektionen (Collectible-NFT Projekte), UR 2022, 441; Link, Wie kommt der Affe in die Bücher? – Zur handels- und steuerbilanziellen Behandlung von Non-Fungible Token (NFT), BB 2022, 1706; Lohmar/Jeuckens, Besteuerung von Kryptowährungen im Privatvermögen: Bestandsaufnahme und Ausblick, FR 2019, 110; Lüdenbach/Freiberg, Bilanzierungsprobleme beim Tausch und Tausch mit Baraufgabe, DB 2012, 2701; Marten/Köhler, Einfluss der Marktstruktur auf die Bewertung von Vermögensgegenständen, BB 2001, 2520; McAndrew, The Art Market 2022: An Art Basel & UBS Report, Basel 2022; Moskat/Schaar, Kryptokunst – eine steuerliche Einordnung, BB 2022, 28; Münsteraner Gesprächskreis Rechnungslegung und Prüfung, Rechnungslegung und Prüfung: Vorträge der Jahre 1993–1996 vor dem Münsteraner Gesprächskreis Rechnungslegung und Prüfung e.V., 1996; Olbrich/Bongers/Ries, Erbschaftsteuerliche Behandlung von Kryptokunstwerken, ZEV 2023, 199; Omlor/Link, Kryptowährungen und Token, Frankfurt am Main 2021; Rapp/Bongers, Kryptokunst in der Steuerbilanz, DStR 2021, 2178; Rapp/Bongers, Zur umsatzsteuerlichen Behandlung von NFT, UR 2023, 665; Rapp/Bongers/Engelhardt, Zur umsatzsteuerlichen Behandlung von Kryptokunst, UR 2021, 483; Schaden/Wagner/Zawodsky, Das Geschäftsmodell mit Non-Fungible Tokens – Eine ertragsteuerliche Einordnung, StuW 2022, 151; Scholz, Bilanzierung und Bewertung von Erwerben durch Erbschaft oder Vermächtnis im handelsrechtlichen Jahresabschluss, DB 2021, 296; Tappen/Wehe, Kryptowährungen: Bilanzierung von Kryptoassets, PStR 2022, 162; Weyers, Die bilanzielle Behandlung von Kryptowährungen und Krypto-Assets, RET 63; von Wieding, Krypto-Token in der IFRS-Rechnungslegung, Siegburg 2020.

I. NFT als Bilanzierungsproblem

1 Non-fungible Token, kurz: NFT, sind einzigartige, nicht austauschbare und nicht vervielfältigbare Datenbankeinträge auf einer Blockchain.[1] IdR enthalten sie – stark vereinfacht – die „digitalen Fingerabdrücke" (Streu- bzw. Hash-Wert) der Internetadresse eines digitalen Guts, das der Datenbankeintrag im Handel repräsentieren soll. Gewöhnlich gehen mit dem Erwerb des Datenbankeintrags keine zivilrechtlichen Rechtspositionen über, sondern es wird nur die Möglichkeit erworben, sich umgangssprachlich als „Eigentümer" des digitalen Guts auszugeben.[2] NFT haben in der jüngeren Vergangenheit stark an Bedeutung gewonnen, insbesondere, wenn auch nicht ausschließlich, im Handel mit digitalen Kunst- und Sammelgegenständen.[3] Das Aufkommen der neuartigen NFT hat diverse rechtliche Fragestellungen aufgeworfen, darunter ihre handelsbilanzielle Einordnung. Dieses Kapitel skizziert vor diesem Hintergrund die handelsrechtliche Bilanzierung von NFT und geht dabei wie folgt vor: Zunächst beleuchtet es die Bilanzierung dem Grunde nach (Abschnitt II), also die Frage, ob NFT überhaupt in der Handelsbilanz anzusetzen sind. Daran schließt sich die Frage an, wo genau NFT auszuweisen sind, so sie zu aktivieren sind (Abschnitt III). Schließlich adressiert dieses Kapitel die Frage nach der Bewertung in der Handelsbilanz aktivierter NFT (Abschnitt IV), ehe es mit einer kurzen Zusammenfassung endet (Abschnitt V).

II. Bilanzierung dem Grunde nach

1. Abstrakte Aktivierbarkeit

2 Der Jahresabschluss hat sämtliche Vermögensgegenstände zu enthalten, soweit gesetzlich nichts anderes bestimmt ist (Vollständigkeitsgrundsatz, § 246 Abs. 1 S. 1 HGB). Ob ein NFT in der Handelsbilanz zu aktivieren ist, hängt somit zunächst einmal davon ab, ob es sich um einen Vermögensgegenstand handelt (**abstrakte** Aktivierbarkeit). Ein NFT ist dann ein Vermögensgegenstand, wenn er **werthaltig** ist und sowohl **einzeln bewertbar** als auch **einzeln verwertbar** ist (statische Aktivierungskonzeption):[4]

a) Werthaltigkeit

3 Werthaltig ist ein NFT, wenn dem kaufmännischen Geschäftsbetrieb aus dem Datenbankeintrag ein zukünftiger, über den Abschlussstichtag hinaus noch bestehender, wirtschaftlicher Vorteil (Nutzenpotenzial) erwachsen kann. Solche Nutzenpotenziale bieten NFT primär durch einen Veräußerungsgewinn, ferner aber auch durch etwaige Reputationszuwächse, die mit dem NFT-Besitz einhergehen können.[5]

[1] Vgl., auch im Folgenden, weiterführend zu den technischen Hintergründen statt vieler nur Bongers/Müller/Karhan SRZ 2023, 17 (21 ff.) mwN.

[2] Vgl. zur rechtlichen Einordnung eines NFT statt vieler nur Bongers/Müller/Karhan SRZ 2023, 17 (25) mwN.

[3] Exemplarisch zum Anwendungsbereich von NFT Gawenko/Hinz PiR 2021, 308 mit Praxisbeispielen; zu den ökonomischen Hintergründen (NFT als Grundlage der Wirtschaftsguteigenschaft digitaler Güter) Bongers/Müller/Karhan SRZ 2023, 17 (19 f.).

[4] Vgl. zu diesen drei Voraussetzungen statt vieler nur Freericks Bilanzierungsfähigkeit und Bilanzierungspflicht in Handels- und Steuerbilanz S. 141–156. Weiterführend zu den unterschiedlichen Aktivierungskonzeptionen statt vieler nur Münsteraner Gesprächskreis Rechnungslegung und Prüfung Vorträge der Jahre 1993–1996 vor dem Münsteraner Gesprächskreis Rechnungslegung und Prüfung e.V./Roß S. 231–253.

[5] Vgl. zum Kapitalanlagezweck von NFT etwa Link BB 2022, 1706 (1707); Farwick/Müller/Spengel StuW 2023, 219 (225); vgl. Bongers Zur Bilanzierung von Kunstgegenständen in Handels-, Steuer- und IFRS-Bilanz S. 26 zur Möglichkeit, sich durch den NFT-Besitz als innovatives Unternehmen zu präsentieren.

b) Einzelbewertbarkeit

Vermögensgegenstände sind zum Abschlussstichtag einzeln zu bewerten (§ 252 Abs. 1 Nr. 3 HGB). Hierzu muss ihnen ein handelsrechtlicher Bewertungsmaßstab (§ 255 HGB) zugeordnet werden können. In den meisten Fällen werden NFT entgeltlich erworben, so dass die angefallenen Anschaffungskosten die Einzelbewertbarkeit des NFT gewährleisten.[6] Stellt der Kaufmann den NFT alternativ selbst her, erlauben die angefallenen Herstellungskosten die Einzelbewertbarkeit. Fraglich ist die Einzelbewertbarkeit von NFT aber, wenn der Kaufmann keine pagatorischen Kosten für sie aufgebracht hat (zB in Fällen des Air drop[7]).[8] **4**

c) Einzelverwertbarkeit

Zentrales Merkmal eines Vermögensgegenstands ist seine Einzelverwertbarkeit:[9] Er muss Schuldendeckungspotenzial bieten, dh losgelöst vom Geschäftsbetrieb des Kaufmanns gegenüber Dritten in Geld transformiert werden können (zB durch Verkauf, Tausch, Nutzungsüberlassung, Einzelvollstreckung[10]).[11] Grundsätzlich bieten NFT Schuldendeckungspotenzial, indem sie veräußert oder getauscht werden können. Von diesem Grundsatz ausgenommen sind zwei Fallgruppen:[12] Zur ersten Fallgruppe gehören NFT, für die ein technisches Weiterveräußerungsverbot im Smart Contract auf der Blockchain implementiert wurde. Zur zweiten Fallgruppe gehören NFT, deren Veräußerungserlös nicht in gesetzlich anerkannte Zahlungsmittel umtauschbar ist.[13] **5**

2. Konkrete Aktivierbarkeit

In den allermeisten Fällen sind NFT abstrakt aktivierbar. Die abstrakte Aktivierbarkeit ist jedoch nur notwendige, nicht hinreichende Bedingung. Es ist – zweitens – zu prüfen, inwieweit gesetzlich etwas anderes bestimmt ist als der Vollständigkeitsgrundsatz (§ 246 Abs. 1 S. 1 Hs. 2 HGB), um die **konkrete** Aktivierbarkeit von NFT zu beurteilen. Für **entgeltlich erworbene** NFT besteht eine **Aktivierungspflicht,** da keine gesetzlichen Abweichungen vom Vollständigkeitsgrundsatz ersichtlich sind. Für **selbsterstellte, dem Anlagevermögen zugeordnete** NFT besteht ein **Aktivierungswahlrecht** (§ 248 Abs. 2 S. 1 HGB), wenn sich Forschungs- und Entwicklungskosten unterscheiden lassen (§ 255 Abs. 2a S. 4 HGB), anderenfalls ein **Aktivierungsverbot.** Für selbsterstellte NFT des Umlaufvermögens besteht eine **Aktivierungspflicht.** In beiden Fällen ist die Aktivierung aber erst dann zulässig, wenn der Datenbankeintrag erfolgreich auf der Blockchain erzeugt wurde.[14] Man spricht in diesem Kontext vom Prägen („minting"), für das es zwei Verfahren **6**

6 Vgl. Bongers Zur Bilanzierung von Kunstgegenständen in Handels-, Steuer- und IFRS-Bilanz S. 30 f.

7 In Fällen des Air Drop verschenken NFT-Erzeuger weitere NFT an Personen, die bereits einen ihrer NFT besitzen. Das Inaussichtstellen weiterer NFT für den Besitzer bisheriger NFT soll sich preissteigernd auswirken. Der NFT-Erzeuger partizipiert über die automatische Umsatzbeteiligung (Royalty Fee) an den steigenden Verkaufspreisen, vgl. weiterführend Schaden/Wagner/Zawodsky StuW 2022, 151 (155); Bongers Zur Bilanzierung von Kunstgegenständen in Handels-, Steuer- und IFRS-Bilanz S. 156. Ausführlich zum Air Drop Lohmar/Jeuckens FR 2019, 110 (116 f.) (allerdings im Kontext der Besteuerung im Privatvermögen).

8 Weiterführend Bongers Zur Bilanzierung von Kunstgegenständen in Handels-, Steuer- und IFRS-Bilanz S. 34 sowie → Rn. 12 ff.

9 Dies hat auch der parlamentarische Gesetzgeber in seiner Gesetzesbegründung zum BilMoG klargestellt, vgl. BT-Drs. 16/10067, 50: „Vom Vorliegen eines Vermögensgegenstands ist auszugehen, wenn das selbst erstellte Gut nach der Verkehrsauffassung einzeln verwertbar ist.".

10 Weiterführend zu den Schwierigkeiten, die bei der Einzelvollstreckung in NFT auftreten können, Bongers/Müller/Karhan SRZ 2023, 17 (26 ff.).

11 Ähnlich auch Deutscher Rechnungslegungs Standard (DRS) Nr. 24 Ziffer 20 Satz 1 ff.

12 Vgl. Bongers Zur Bilanzierung von Kunstgegenständen in Handels-, Steuer- und IFRS-Bilanz S. 35.

13 Vgl. Omlor/Link Kryptowährungen/Böckem/Geuer Kap. 10 Rn. 9 f.

14 Vgl. Omlor/Link Kryptowährungen/Böckem/Geuer Kap. 10 Rn. 147; Link BB 2022, 1706 (1708); Bongers Zur Bilanzierung von Kunstgegenständen in Handels-, Steuer- und IFRS-Bilanz S. 44 f.; ebenso im Kontext der IFRS-Bilanzierung bereits von Wieding Krypto-Token in der IFRS-Rechnungslegung S. 97 ff.

gibt, die sich hinsichtlich des **Zeitpunktes** des Prägens und folglich der Aktivierung unterscheiden:[15]

a) Bezahltes Prägen (Paid Minting)

7 Im ersten Verfahren zahlt der NFT-Erzeuger die Prägungskosten (Transaktionskosten auf der Blockchain) im Voraus. Anschließend wird der Datenbankeintrag **direkt** auf der Blockchain erzeugt. Deshalb ist auch der Bilanzansatz möglich, sobald die Blockchain den Datenbankeintrag dem Wallet des NFT-Erzeugers zugeordnet hat (durch eine validierte Transaktion). Der Handel erfolgt anschließend mit dem fertigen Datenbankeintrag. Dieses Verfahren gilt zwar als sicherer als sein im Folgenden skizziertes Pendant, bietet aber zwei Nachteile: Der NFT-Erzeuger muss die verhältnismäßig hohen Prägungskosten vorfinanzieren, hat aber keine Garantie, dass diesen Kosten später ein Veräußerungserlös gegenübersteht. Hinzu kommt, dass jeder Datenbankeintrag die Infrastruktur der Blockchain belastet. Findet sich kein Käufer für den NFT, belastet der überflüssige Datenbankeintrag dennoch die Blockchain.

b) Faules Prägen (Lazy Minting)

8 Im zweiten Verfahren wird nicht der fertige NFT gehandelt, sondern ein Gutschein (Voucher), den der Käufer auf der Blockchain einlösen kann, um den Datenbankeintrag selbst zu prägen. Damit ist zum einen sichergestellt, dass nur solche NFT geprägt werden, für die sich ein Käufer gefunden hat. Zum anderen muss nicht der Verkäufer die Prägungskosten vorfinanzieren, sondern der Käufer zahlt diese, wenn er den Datenbankeintrag auf der Blockchain erzeugt. Nachteil dieses Verfahrens ist, dass der Gutschein bis zu seiner Einlösung nicht auf der Blockchain lagert, sondern in einem weniger sicheren dezentralen Speichernetzwerk (zB dem **Interplanetary Filesystem**). Da der Datenbankeintrag erst durch die Gutscheineinlösung **des Käufers** entsteht, scheidet ein Bilanzansatz des NFT beim Verkäufer aus.[16]

3. Persönliche Zurechnung

9 Besteht eine Aktivierungspflicht für ein NFT oder wird das Aktivierungswahlrecht für den NFT ausgeübt, hängt sein Bilanzansatz – drittens – davon ab, ob der Datenbankeintrag dem Kaufmann persönlich zuzurechnen ist (§ 246 Abs. 1 S. 2 HGB). Hierbei gelten dieselben Grundsätze wie bei der persönlichen Zurechnung von Datenbankeinträgen für Kryptowährungen.[17]

10 Ist dem Kaufmann der NFT zuzurechnen, ist ihm der hier vertretenen Auffassung nach auch das digitale Gut, das er repräsentiert, zuzurechnen.[18] Beide bilden zusammen einen einheitlichen Vermögensgegenstand: Wer über den Datenbankeintrag verfügt, verfügt auch über die wesentlichen wirtschaftlichen Chancen und Risiken des digitalen Guts. Repräsentiert ein NFT ein **physisches** Gut, ist im Einzelfall abzuwägen, ob dem Kaufmann durch die wirtschaftliche Verfügungsmacht über den NFT die Chancen und Risiken des Guts

[15] Vgl. zu den unterschiedlichen Prägungsverfahren Bongers Zur Bilanzierung von Kunstgegenständen in Handels-, Steuer- und IFRS-Bilanz S. 44 f. mwN.

[16] GlA Schaden/Wagner/Zawodsky StuW 2022, 151 (156); Bongers Zur Bilanzierung von Kunstgegenständen in Handels-, Steuer- und IFRS-Bilanz S. 45.

[17] Vgl. hierzu → § 42 Rn. 11 f. Zur Anwendung dieser Grundsätze bei NFT etwa Bongers Zur Bilanzierung von Kunstgegenständen in Handels-, Steuer- und IFRS-Bilanz S. 63.

[18] GlA Link BB 2022, 1706 (1707); Rapp/Bongers UR 2023, 665 (666); Bongers Zur Bilanzierung von Kunstgegenständen in Handels-, Steuer- und IFRS-Bilanz S. 63. Eine aA fordert eine rechtliche Verknüpfung zwischen Gut und Datenbankeintrag (zB durch die Einräumung von Nutzungsrechten), damit ein einheitlicher Vermögensgegenstand bzw. ein einheitliches Wirtschaftsgut vorliegt. Vgl. etwa Farwick/Müller/Spengel StuW 2023, 219 (225); Frick FR 2023, 343 (345 f.); Hornung/Sperling beck.digitax 2023, 138 (141).

erwachsen (Bilanzierung des physischen Guts) oder aus dem Datenbankeintrag (Bilanzierung des NFT).[19]

III. Bilanzierung dem Ausweis nach

Kommt es zur Aktivierung eines NFT, ist zu prüfen, unter welcher Bilanzposition er auszuweisen ist. Ob ein NFT unter dem Anlage- oder dem Umlaufvermögen auszuweisen ist, hängt davon ab, ob er dazu bestimmt ist, dauernd dem Geschäftsbetrieb zu dienen (§ 247 Abs. 2 HGB).[20] Bei NFT entscheidet die Fristigkeit der Weiterveräußerungsabsicht über die kaufmännische Zweckbestimmung: Soll die Weiterveräußerung gewöhnlich innerhalb der nächsten zwölf Monate erfolgen, handelt es sich um Umlauf-, ansonsten um Anlagevermögen.[21] Insbesondere während der Anfangszeit des Handels mit NFT waren diese mehrheitlich dem Umlaufvermögen zuzuordnen, betrug doch die durchschnittliche Haltedauer eines NFT in 2021 gerade einmal 33 Tage.[22] Gleichwohl ist nicht auszuschließen, dass im Einzelfall auch eine langfristige Halteabsicht besteht, die zum Bilanzausweis als Anlagevermögen führt.[23] 11

IV. Bilanzierung der Höhe nach

1. Zugangsbewertung

Steht fest, dass und wo der NFT aktiviert wird, ist schlussendlich noch zu prüfen, in welcher Höhe er in der Handelsbilanz auszuweisen ist. Vermögensgegenstände sind höchstens mit den Anschaffungs- oder Herstellungskosten, ggf. vermindert um plan- und außerplanmäßige Abschreibungen, anzusetzen (§ 253 Abs. 1 S. 1 HGB): 12

a) Anschaffungskosten

Erwirbt der Kaufmann einen NFT, ist dieser bei Zugang mit den Anschaffungskosten (§ 255 Abs. 1 HGB) zu bewerten. Die Anschaffungskosten umfassen primär die Aufwendungen, die geleistet werden, um einen Vermögensgegenstand zu erwerben (**Erwerbskosten,** § 255 Abs. 1 S. 1 HGB). In den allermeisten Fällen entrichtet der Kaufmann den Preis in einer Kryptowährung. Kryptowährungen gelten in Deutschland nicht als gesetzliches Zahlungsmittel, sodass formaljuristisch keine Anschaffung, sondern ein Tausch vorliegt (Kryptowährung gegen NFT).[24] Beim Tausch hat der Kaufmann zwar grundsätzlich ein Bewertungswahlrecht, den erhaltenen NFT entweder mit dem Buch- oder mit dem Zeitwert der hingegebenen Kryptowährung zu bewerten.[25] Aufgrund der offenkundigen Umsatzabsicht des Kaufmanns und dem Geldcharakter der Kryptowährung ist es aber zweckmäßiger, bei der Hingabe von Kryptowährungen auf deren Zeitwert abzustellen.[26] Zur anschließenden Umrechnung der Kryptowährung in Euro ist auf entsprechende Umrechnungskurse zum Transaktionszeitpunkt abzustellen. 13

Zu den Anschaffungskosten gehören zudem die **Nebenkosten** (§ 255 Abs. 1 S. 2 HGB). Ob und, falls ja, inwieweit bei der Anschaffung eines NFT Nebenkosten anfallen, hängt von den allgemeinen Geschäftsbedingungen des Marktplatzes ab sowie vom konkreten Einzel- 14

[19] Ähnlich Link BB 2022, 1706 (1707), der in solchen Fällen aber grundsätzlich auf das physische Objekt abstellt.
[20] Weiterführend zur Interpretation von § 247 Abs. 2 HGB Bongers FR 2024, 548 (549).
[21] Vgl. Bongers Zur Bilanzierung von Kunstgegenständen in Handels-, Steuer- und IFRS-Bilanz S. 106.
[22] Vgl. McAndrew The Art Market 2022: An Art Basel & UBS Report, S. 46.
[23] Dazu Link BB 2022, 1706 (1707).
[24] Vgl. Bongers Zur Bilanzierung von Kunstgegenständen in Handels-, Steuer- und IFRS-Bilanz S. 142 ff.
[25] Kritisch zum Wahlrecht Lüdenbach/Freiberg DB 2012, 2701 (2701 f.).
[26] GlA Gerlach/Oser DB 2012, 1541 (1544); Blecher/Horx WPg 2020, 267 (272).

fall.[27] Die Anschaffungsnebenkosten umfassen ggf. die **Transaktionskosten der Blockchain** (Gas Fees), die im Fall des Lazy Minting auch als Prägungskosten beim Käufer anfallen können; ggf. aber auch eine **Kommissionsgebühr,** die der Marktplatz vom Käufer erhebt. Je nachdem, wie der ursprüngliche Smart Contract des NFT ausgestaltet ist, fließt ein Teil des Kaufpreises dem NFT-Erzeuger als Umsatzbeteiligung zu (Royalty Fee).[28] Ob und, falls ja, inwieweit und nach welchen Grundsätzen NFT-Transaktionen der Umsatzsteuer unterliegen und ein Vorsteuerabzug gem. § 15 UStG zulässig ist, ist noch nicht abschließend geklärt.[29] Selbst wenn der juristische Sollzustand feststünde, stieße die tatsächliche Besteuerung aufgrund der Anonymität der Blockchain indes ohnehin an praktische Grenzen.[30]

b) Herstellungskosten

15 Erzeugt der Kaufmann den NFT selbst, ist der Datenbankeintrag mit seinen Herstellungskosten (§ 255 Abs. 2 HGB) zu bewerten.[31] Die NFT-Erzeugung erfolgt in der Regel über die Internetseite des digitalen Marktplatzes, auf dem anschließend mit dem Datenbankeintrag gehandelt werden soll. Für die Herstellung des **Datenbankeintrags** fallen primär Transaktionsgebühren auf der Blockchain (Gas Fees) an, falls nicht die „Lazy Minting"-Lösung gewählt wurde. Gelegentlich erheben Marktplätze auch eine zusätzliche Gebühr für das Auflisten des NFT (Listing Fee), die aber unter die nicht aktivierungsfähigen Vertriebskosten fällt (§ 255 Abs. 2 S. 4 HGB). Bislang kaum beleuchtet wurde, inwieweit die Herstellungskosten des digitalen Guts selbst zu aktivieren sind. Dies erscheint insofern als zweckmäßig, als ein einheitlicher Vermögensgegenstand vorliegt (vgl. → Rn. 9 f.) und die Herstellung sich auf tatsächliche Aufwendungen zurückführen lässt (zB anteilige Lizenzgebühr für ein Grafikprogramm, anteiliger Stromverbrauch oder Lohnaufwand für den Grafiker).

c) Sonderfall: unentgeltlicher Erwerb

16 Nicht immer erwirbt der Kaufmann einen NFT entgeltlich oder erzeugt ihn selbst. Möglich ist auch der unentgeltliche Erhalt eines NFT (zB im Rahmen eines Air Drop). In diesen Fällen besteht ein Bewertungswahlrecht, den erhaltenen Datenbankeintrag mit einem **Erinnerungswert** von einem EUR zu bewerten oder mit seinem **vorsichtig geschätzten Zeitwert,** der dem Marktpreis des NFT entsprechen soll (vgl. § 255 Abs. 4 S. 1 HGB).[32] Da das Handelsrecht offenlässt, wie dieser Marktpreis zu bestimmen ist, bietet sich ein Rückgriff auf die steuerliche Definition des gemeinen Werts gem. § 9 Abs. 2 BewG an.[33] Hiernach ist auf den Preis abzustellen, der im gewöhnlichen Geschäftsverkehr nach der Beschaffenheit des NFT bei einer Veräußerung zu erzielen wäre (§ 9 Abs. 2 S. 1 BewG). Mit Ausnahme ungewöhnlicher oder persönlicher Verhältnisse sind bei der Bewertung alle Umstände, die den Preis beeinflussen, zu berücksichtigen (§ 9 Abs. 2 S. 2 f. BewG). Im **gewöhnlichen Geschäftsverkehr** lassen sich NFT nahezu ausschließlich unter Zwischenschaltung eines

---

[27] Weiterführend zu den Anschaffungs(neben)kosten eines NFT bereits Rapp/Bongers DStR 2021, 2178 (2181); Bongers Zur Bilanzierung von Kunstgegenständen in Handels-, Steuer- und IFRS-Bilanz, dort die jeweiligen Passagen in den Unterabschnitten von Abschnitt 1.1.1.3.

[28] Vgl. Heine/Stang MMR 2021, 755 (759 f.); Henke JZ 2022, 222 (228 f.).

[29] Zur Diskussion im umsatzsteuerrechtlichen Schrifttum etwa Liegmann/Farruggia-Weber UR 2021, 441; Rapp/Bongers/Engelhardt UR 2021, 493; Kirch/Stumm UVR 2022, 255; Moskat/Schaar BB 2022, 28 (29 f.); Rapp/Bongers UR 2023, 655 jeweils mwN.

[30] Dazu bereits Rapp/Bongers/Engelhardt UR 2021, 493; nochmals Rapp/Bongers UR 2023, 655.

[31] Weiterführend, auch im Folgenden, zu den Herstellungskosten eines NFT etwa Gawenko/Hinz PiR 2021, 308 (310); Bongers Zur Bilanzierung von Kunstgegenständen in Handels-, Steuer- und IFRS-Bilanz S. 177 f.

[32] Weiterführend, auch mwN, zur Bilanzierung von Tauschgeschäften Scholz DB 2021, 296, der in der Bewertung zum Erinnerungswert jedoch einen Verstoß gegen den Vollständigkeitsgrundsatz sieht.

[33] In der Steuerbilanz wird in Fällen des unentgeltlichen Erwerbs ebenfalls auf den gemeinen Wert eines Wirtschaftsguts abgestellt, vgl. § 6 Abs. 4 EStG. Weiterführend Bongers Zur Bilanzierung von Kunstgegenständen in Handels-, Steuer- und IFRS-Bilanz S. 145.

digitalen Marktplatzes anbieten.[34] Deren Geschäftsbedingungen unterscheiden sich aber im Hinblick darauf, ob der Käufer oder Verkäufer die Transaktionsgebühren auf der Blockchain (Gas Fees) trägt, sowie, ob und, falls ja, welche Vertragspartei die Kommissionsgebühren an den Marktplatz zahlen muss. Insofern existiert der eine Preis im gewöhnlichen Geschäftsverkehr nicht, sondern eine Bandbreite möglicher Preiskonventionen, die dem Kaufmann abschlusspolitisches Gestaltungspotenzial bietet.

Hinzu kommt, dass NFT grundsätzlich einzigartige Güter (zB digitale Kunst oder Sammelgegenstände) repräsentieren, sodass sich keine Transaktionskosten für identische NFT beobachten lassen **(Unikatproblem),** sondern allenfalls zeitliche oder sachliche Vergleichspreise.[35] Zur Bewertung bietet sich der Rückgriff auf folgende zweistufige Bewertungshierarchie an: Primäre Datengrundlage sollten zeitliche Vergleichspreise sein, dh stichtagsnahe Preise für den betreffenden NFT. Diese werden am ehesten dem Einzelstückcharakter der NFT gerecht, da „nur" die zeitlichen Unterschiede zwischen dem Bewertungs- und dem Transaktionsstichtag einzupreisen sind. Aufgrund der Schnelllebigkeit des NFT-Marktes verlieren Transaktionspreise allerdings schnell ihre zeitliche Vergleichbarkeit. Sekundär ist auf sachliche Vergleichspreise abzustellen. Dabei handelt es sich um stichtagsnahe Preise für vergleichbare NFT. Die Vergleichbarkeit zweier NFT ist anhand der preisbestimmenden Faktoren am NFT-Markt festzumachen (**temporäre Aufmerksamkeit** für einen NFT im Netz, **künstlerische** und **technische Qualität** des NFT, **Speicherung** des digitalen Guts, **Authentizität** sowie das **Sammlertum** im Umfeld des NFT). Die Bewertung ist nicht nur zeit- und kostenintensiv, sondern ist in hohem Maße subjektiv und bietet deshalb enormes abschlusspolitisches Gestaltungspotenzial. Hinzu kommt, dass es gegenwärtig kaum sachverständige Ansprechpartner gibt, die der Kaufmann mit einer unabhängigen Bewertung beauftragen könnte. 17

2. Folgebewertung

Für die Abschlussstichtage nach dem erstmaligen Bilanzansatz ist zu prüfen, ob, und, falls ja, inwieweit der NFT gem. § 253 Abs. 3–4 HGB ab- oder zuzuschreiben ist. Eine planmäßige Abschreibung gem. § 253 Abs. 3 S. 1 f. HGB scheidet für NFT des Anlagevermögens aus, da aktuell nicht ersichtlich ist, inwieweit ihre Nutzung zeitlich begrenzt sein sollte (§ 253 Abs. 3 S. 1 HGB).[36] In Betracht kommen aber außerplanmäßige Wertkorrekturen nach § 253 Abs. 3 S. 5, Abs. 4 und 5 HGB. 18

Kommt es zur Wertminderung des NFT (im Falle von NFT, die dem Anlagevermögen zugeordnet sind, zu einer voraussichtlich dauernden), ist eine außerplanmäßige Abschreibung vorzunehmen (§ 253 Abs. 3 S. 5 bzw. 4 HGB). Eine Wertminderung liegt vor, wenn der beizulegende Wert des NFT seinen Buchwert unterschreitet. Der beizulegende Wert ist selbst kein Bewertungsmaßstab, sondern durch Hilfswerte zu konkretisieren.[37] Im Fall der NFT ist mit Hilfe der zweistufigen Bewertungshierarchie (vgl. → Rn. 16 f.) aus dem fiktiven Transaktionspreis der **Wiederbeschaffungswert** (Anlagevermögen) bzw. der **Einzelveräußerungswert** (Umlaufvermögen) abzuleiten. Entfällt die Wertminderung zu einem späteren Zeitpunkt (zB, da die Preise für eine bestimmte NFT-Gruppe wieder steigen), hat 19

[34] Vgl., auch im Folgenden, Bongers Zur Bilanzierung von Kunstgegenständen in Handels-, Steuer- und IFRS-Bilanz S. 146 mwN.

[35] Zur Bestimmung des gemeinen Werts eines NFT, auch im Folgenden, insbesondere Olbrich/Bongers/Ries ZEV 2023, 199 (201 f.) mwN. Insbesondere beziehen sich die Autoren auf die Ausführungen des Kunstgutachters Martin Pracher abrufbar unter: https://kunst-gutachter.de/wertbildende-kriterien-fuer-nfts/ (zuletzt abgerufen am: 10.7.2024).

[36] So bereits Rapp/Bongers DStR 2021, 2178 (2182 f.); Bongers Zur Bilanzierung von Kunstgegenständen in Handels-, Steuer- und IFRS-Bilanz S. 193.

[37] Vgl. Leffson/Rückle/Großfeld HuRB/Baetge/Brockmeyer S. 379; Marten/Köhler BB 2001, 2520 (2521). Aufgrund der Einzigartigkeit von NFT lässt sich deren Stichtagswert nicht aus einem Börsen- oder Marktpreis ableiten, vgl. dazu auch Bongers Zur Bilanzierung von Kunstgegenständen in Handels-, Steuer- und IFRS-Bilanz S. 215.

aufgrund des Wertaufholungsgebots eine entsprechende Zuschreibung zu erfolgen (§ 253 Abs. 5 S. 1 HGB).

20 Eine außerplanmäßige Abschreibung kann zB nötig sein bei NFT, die ohne Autorisierung des Urhebers/Eigentümers des digitalen Guts erzeugt werden („Fälschungen“),[38] bei NFT, deren Verweis auf das digitale Gut nicht mehr aktuell ist und ins Leere führt („404“-Fehler),[39] beim Schlüsselverlust des Kaufmanns (Wegfall der persönlichen Zurechnung),[40] beim Diebstahl des NFT (insbesondere durch Phishing) sowie bei Marktvorgängen, die sich auf den potenziellen Preis des NFT auswirken[41]. In den ersten vier Fällen (Fälschung, toter Verweis, Schlüsselverlust und Diebstahl) ist der Datenbankeintrag vollständig abzuschreiben. Im letzten Fall ist eine aufwendige Bewertung durchzuführen, welche aufgrund des Unikatproblems dasselbe abschlusspolitische Gestaltungspotenzial birgt wie im Falle des unentgeltlichen Erwerbs.

V. Zusammenfassung

21 Zusammenfassend lässt sich im Hinblick auf die handelsrechtliche Bilanzierung von NFT festhalten:

1. NFT sind Vermögensgegenstände und deshalb grundsätzlich auch im handelsrechtlichen Jahresabschluss zu aktivieren, wenn sie dem Kaufmann persönlich zuzurechnen sind. Für selbstgeschaffene NFT des Anlagevermögens besteht ein Aktivierungswahlrecht, wenn Forschungs- und Entwicklungskosten unterscheidbar sind.
2. Die Zugangsbewertung erfolgt im Regelfall zum Zeitwert der hingegebenen Kryptowährung. In Ausnahmefällen erfolgt eine aufwendige Bewertung zum Zeitwert, die dem Kaufmann enorme Bewertungsspielräume eröffnet (Unikatproblem).
3. NFT des Anlagevermögens unterliegen keiner planmäßigen Abschreibung.
4. Außerplanmäßige Ab- und Zuschreibungen können erforderlich sein. Aufgrund des Unikatproblems eröffnen sich dem Kaufmann auch hierbei große Bewertungsspielräume.

§ 25 Steuerrecht

Übersicht

[38] Vgl. Bongers Zur Bilanzierung von Kunstgegenständen in Handels-, Steuer- und IFRS-Bilanz S. 210.
[39] Vgl. Bongers Zur Bilanzierung von Kunstgegenständen in Handels-, Steuer- und IFRS-Bilanz S. 214.
[40] Vgl. Bongers Zur Bilanzierung von Kunstgegenständen in Handels-, Steuer- und IFRS-Bilanz S. 210.
[41] Vgl. Bongers Zur Bilanzierung von Kunstgegenständen in Handels-, Steuer- und IFRS-Bilanz S. 213.

Schrifttum:
Albrecht/John, Bewährte Grundsätze in einem neuen Kontext, FR 2019, 393; BMF, Einzelfragen zur ertragsteuerrechtlichen Behandlung bestimmter Kryptowerte, BMF-Schreiben vom 6.3.2025 – IV C 1 – S 2256/00042/064/043, DStR 2025, 584; BMF, Einzelfragen zur ertragsteuerrechtlichen Behandlung von virtuellen Währungen und von sonstigen Token, BMF-Schreiben vom 10.5.2022 – IV C 1 – S 2256/19/10003:001, BStBl I 2022, 742; Demuth/Jena, Devisenbesteuerung aus Sicht strafbefreiender Selbstanzeigen, DStR 2016, 204; Drüen, Unternehmerfreiheit und Steuerumgehung, StuW 2008, 154; Drüen, Zur Rechtsnatur des Steuerrechts und ihrem Einfluss auf die Rechtsanwendung, Festschrift für Heinrich Wilhelm Kruse, 2001, 191; Dürr, Einkünfte aus Kapitalvermögen und privaten Veräußerungsgeschäften bei der Kryptowährung „Bitcoin", DStZ 2019, 562; Gierlich/Heuel, Kryptowährungen: Ertragssteuerliche Behandlung im Privatvermögen, Steuer Office Premium, HI15607537, Stand: 26.6.2023; Heuel/Matthey, Steuerliche Behandlung von Kryptowährungen im Privatvermögen. Wann müssen Bitcoin-Gewinne versteuert werden?, NWB 2018, 1037; Jarass/Pieroth, Kommentar zum Grundgesetz, 18. Aufl. 2024; Jochum, Gesetzmäßigkeit der Besteuerung, Festschrift für Paul Kirchhof, 2013, 1611; Lohmar/Jeuckens, „To the Moon", aber abzüglich Steuern? Die ertragsteuerliche Behandlung von virtuellen Währungen (Teil II), DStR 2022, 1833; Rapp/Bongers, Kryptokunst in der Steuerbilanz, DStR 2021, 2178; Reinwald, Krypto-Lending im Privatvermögen – ertragsteuerlich (un)geklärte Rechtsfragen, beck.digitax 2022, 164; Reiter/Nolte, Bitcoin und Krypto-Assets – ein Überblick zur steuerlichen Behandlung beim Privatanleger und im Unternehmen, BB 2018, 1179; Richter/Anzinger, Handbuch Krypto und Steuern, 2025; Salostey/Zawodsky, NFT: begrüßenswerter Vorstoß im EU-Mehrwertsteuerausschuss, doch viele Fragen bleiben offen, UR 2023, 400; Sanning, Die Vermessung des Krypto-Gewerbes – von Schürfern, Händlern und anderen Stakeholdern, FR 2022, 244; Schaden/Wagner/Zawodsky, Das Geschäftsmodell mit Non-Fungible Tokens – Eine ertragsteuerliche Einordnung, StuW 2022, 151; Schuster/Zwick/Zawodsky, Keine Zehnjahresfrist für Kryptos. Wie weit darf das BMF gehen?, REthinking Tax 2022, 60; Tipke/Lang, Steuerrecht, 25. Aufl. 2024; Wagner/Holm-Hadulla/Ruttloff, Metaverse und Recht, 1. Aufl. 2023.

I. Steuerrechtliche Einordnung

Die ertragsteuerrechtliche Einordnung von Token, nach neuem Sprachgebrauch „Kryptowerten", ist im Wesentlichen durch die Einschätzung des BMF geprägt.[1] Durch ein Schreiben hat das BMF die Verwaltungsauffassung offengelegt. Der Begriff „Token" wurde in einem vorherigen BMF-Schreiben als Oberbegriff für digitale Einheiten, denen bestimmte Ansprüche oder Rechte zugeordnet sind, deren Funktionen variieren, beschrieben.[2] Mittlerweile spricht das BMF-Schreiben von Kryptowerten, die als digitale Darstellung eines Wertes oder eines Rechts, der bzw. das unter Verwendung der Distributed-Ledger-Technologie (DLT) oder einer ähnlichen Technologie elektronisch übertragen werden kann, definiert werden.[3] Kryptowerte werden vom BMF in verschiedene Kategorien unterteilt und als Wirtschaftsgüter eingeordnet. Currency oder Payment Token werden als Zahlungsmittel verstanden und auch als „virtuelle Währung" bezeichnet.[4] Sie sind nicht Inhalt dieses Kapitels.[5] **1**

2 Dieses Kapitel fokussiert sich auf die als Utility Token bezeichneten Token, die bestimmte Nutzungsrechte oder einen Anspruch darauf, die Token gegen eine bestimmte, gegebenenfalls noch zu schaffende Ware oder Dienstleistung einzutauschen, vermitteln.[6] Das erwähnte BMF-Schreiben geht dabei nicht auf die Besonderheiten nicht-fungibler Kryptowerte (sog. Non-Fungible Token, NFT) ein. Jedoch gelten unseres Erachtens die allgemeinen Aussagen zu Kryptowerten auch für NFT.[7]

1 Siehe BMF 6.3.2025, DStR 2025, 584.
2 BMF 10.5.2022, BStBl. I 2022, 742 Rn. 2.
3 BMF 6.3.2025, DStR 2025, 584 Rn. 1.
4 BMF 6.3.2025, DStR 2025, 584 Rn. 3.
5 Dazu → § 43 Rn. 1 ff.
6 BMF 6.3.2025 DStR 2025, 584 Rn. 3.
7 BMF 6.3.2025 DStR 2025, 584 Rn. 5.

II. Tokenisierte Assets

3 Tokenisierte Assets stellen im wahrsten Sinne eine schwer zu greifende Angelegenheit dar. Nach genauerer Beschäftigung mit der Thematik muss klar werden, dass „Tokenisierung" nicht bedeuten kann, ein physisches Gut auf eine digitale Blockchain zu bringen. Eine Tokenisierung ist vielmehr als eine Verknüpfung von zB physischen Gütern und Token auf einer Blockchain zu verstehen. Wie konkret jedoch diese Güter verknüpft werden, kann unterschiedlich ausgestaltet werden. Deshalb ist im jeweiligen Einzelfall genau auf die vertragliche Ausgestaltung zu achten.

4 Tokenisierte Assets sind reale Vermögenswerte, die durch Kryptowerte auf einer Blockchain repräsentiert werden. Diese Kryptowerte können mit verschiedenen Arten von Vermögenswerten verknüpft sein, wie zB Immobilien, Kunstwerken, Aktien, Anleihen oder Rohstoffen. Durch die Tokenisierung wird der Vermögenswert in kleinere, handelbare Einheiten aufgeteilt, die auf einer Blockchain-Plattform gehandelt werden können.

5 Für die steuerrechtliche Einordnung kommt es unseres Erachtens weniger auf die Bezeichnung oder die technische Ausgestaltung des Kryptowerts als auf die dahinterstehenden Rechte, Funktionen und Eigenschaften des Vermögenswertes an. Maßgeblich muss nach unserer Auffassung sein, welcher Vermögenswert dem Kryptowert zugeordnet ist.[8]

6 Oftmals ist in der Praxis zu beobachten, dass der Inhalt des Tokens nicht hinreichend präzisiert wird. Die (nicht nur steuerlich) zu klärenden Fragestellungen mögen an einer Baseball-Sammelkarte verdeutlicht werden. Wird eine solche Karte tokenisiert, ist zunächst fraglich, welche konkreten Rechte auf den Besitzer des Tokens übergehen sollen. Denkbar ist, dass eigentumsähnliche Rechte übergehen sollen. Auch möglich ist, dass der Besitzer nur an der Wertsteigerung teilhaben und keine eigentumsähnlichen Rechte erhalten soll. Sind die dem Token zugeordneten Rechte hinreichend präzisiert, kann eine steuerliche Einordnung folgen. Steuerlich muss der wirtschaftliche Wesensgehalt im Vordergrund stehen. Zivilrechtliche Merkmale können als Indikation dienen, sind jedoch nicht ausreichend, um den Gehalt des Wirtschaftsguts zu erfassen.

III. Non-Fungible Token

7 Die Finanzverwaltung äußert sich im jüngsten BMF-Schreiben zwar nicht ausdrücklich zu den Besonderheiten in Bezug auf Kryptowerte. Nach der hier vertretenen Auffassung treffen die allgemeinen Ausführungen im BMF-Schreiben zu Utility Token grundsätzlich auch auf NFT zu.[9]

8 Die Wirtschaftsguteigenschaft von NFT wurde bisher noch nicht (höchst)richterlich festgestellt. Dies erfolgte durch den BFH bisher ausschließlich für die Currency Token Bitcoin, Ether und Monero.[10] Dennoch ist unter Bezugnahme auf die Argumentation des BFH zur Begründung der Wirtschaftsguteigenschaft der Currency Token Bitcoin, Ether und Monero davon auszugehen, dass diese grundsätzlich auch für NFT anzunehmen ist. In der Folge ist deshalb grundsätzlich davon auszugehen, dass NFT zumindest für ertragsteuerliche Zwecke wie Currency Token zu behandeln sind.

9 Entsprechend der Definition des BMF-Schreibens können einem (Utility) Token bestimmte Rechte oder Ansprüche zugeordnet sein, den Token gegen eine bestimmte, gegebenenfalls noch zu schaffende Ware oder Dienstleistung einzutauschen.[11] Es ist auch eine Änderung der verkörperten Rechte und Ansprüche im Laufe der Zeit des Bestehens des

[8] Siehe Richter/Anzinger, Krypto und Steuern, Schaden/Zawodsky Kap. 19; vgl. BMF 6.3.2025, DStR 2025, 584 Rn. 4.

[9] BMF 6.3.2025, DStR 2025, 584 Rn. 5.

[10] BFH, Urteil vom 14.2.2023 – IX R 3/22, DStR 2023, 435.

[11] BMF 6.3.2025, DStR 2025, 584 Rn. 3.

Tokens denkbar. In der Praxis ist häufig zu beobachten, dass den NFT im Zeitablauf zusätzliche Ansprüche hinzugefügt werden. Demnach eröffnet sich die offenkundige steuerliche Problematik, dass sich auch die steuerliche Qualifikation im Zeitablauf ändern kann. Exemplarisch sei an einen Currency Token gedacht, dem der Herausgeber nach mehreren Monaten eine Zusatzfunktion zuspricht, sodass dieser seinen ausschließlichen Nutzen als Zahlungsmittel verliert.

Vor der Beantwortung steuerlicher Fragestellungen muss hinreichend geklärt sein, was dem NFT zugeordnet ist. Dies ist von eminenter Wichtigkeit und ist deshalb für jeden NFT im Einzelfall zu klären.[12] 10

IV. Im Privatvermögen gehaltene Token

1. Verkauf

a) Einkünfte aus privaten Veräußerungsgeschäften

Im Privatvermögen gehaltene Kryptowerte bzw. deren Verkauf werden in aller Regel in die Einkunftsart „Sonstige Einkünfte" fallen. Denkbar sind, bei Ausgestaltung als Finanzinstrument, auch Einkünfte aus Kapitalvermögen.[13] Dies ist jedoch in der Praxis eher ungewöhnlich. 11

Die Norm des § 23 EStG „Private Veräußerungsgeschäfte" zählt über den Verweis von § 22 Abs. 2 EStG zu den sonstigen Einkünften, existiert bereits seit langer Zeit und ist nicht konkret auf Verkäufe im Krypto-Bereich gemünzt. Dennoch erfasst sie dank ihrer abstrakten Ausgestaltung gewissermaßen als Auffangnorm bestimmte private Veräußerungsgeschäfte. Dabei ist jedoch die Zielsetzung des Einkommensteuergesetzes im Hinterkopf zu behalten. Das Einkommensteuergesetz intendiert nicht die Besteuerung jeglichen Zuflusses, sondern erfordert, dass eine der sieben Einkunftsarten gegeben ist. 12

Gegen Entgelt erworbene Kryptowerte eröffnen im Regelfall aufgrund ihrer Eigenschaft als Wirtschaftsgut den Anwendungsbereich des § 23 Abs. 1 S. 1 Nr. 2 EStG. So führt der Verkauf eines zuvor angeschafften Tokens zu einem privaten Veräußerungsgeschäft iSd § 22 Nr. 2 iVm § 23 Abs. 1 S. 1 Nr. 2 EStG, wenn der Zeitraum zwischen Anschaffung und Veräußerung nicht mehr als ein Jahr beträgt.[14] 13

Aus der groben Perspektive heraus ist festzuhalten, dass für sonstige Einkünfte der persönliche Steuersatz gilt. Jedoch ist auch eine Freigrenze von 1.000 EUR zu beachten. Für Gewinne im Veranlagungszeitraum von weniger als 1.000 EUR fällt keine Einkommensteuer an. Ab 1.000 EUR ist der volle Betrag dieser Einkünfte zu versteuern. Bis zum Veranlagungszeitraum 2023 lag die Freigrenze bei 600 EUR.[15] Nicht gegen Entgelt erworbene Token sollten unseres Erachten den Anwendungsbereich eines privaten Veräußerungsgeschäfts nicht eröffnen.[16] 14

Zusätzlich zur Freigrenze ist die Haltefrist des § 23 Abs. 1 S. 1 Nr. 2 EStG zu berücksichtigen. Nicht als privates Veräußerungsgeschäft gelten Veräußerungsgeschäfte, bei denen der Zeitraum zwischen Anschaffung und Veräußerung mehr als ein Jahr beträgt. Dies ermöglicht Gestaltungsspielraum. Während es offensichtlich ist, dass im Falle unrealisierter Gewinne die Haltefrist aus steuerlicher Sicht abgewartet werden sollte, ist auch zu bedenken, dass Verluste ggf. gezielt innerhalb eines Jahres realisiert werden sollten. Genaues Augenmerk ist auch der Formulierung „ein Jahr" beizumessen. Mitunter ist hierbei zu berücksichtigen, dass ein Jahr auch mehr als 365 Tage haben kann. 15

---

[12] Siehe Richter/Anzinger, Krypto und Steuern, Schaden/Zawodsky Kap. 19 Rn. 4.1; BMF 6.3.2025, DStR 2025, 584 Rn. 2 f.

[13] Siehe weiterführend zu Security Token Englisch, EC Tax Review 2022.

[14] Siehe weiterführend dazu Schuster/Zwick/Zawodsky ReThinking Tax 4/2022, 60.

[15] Geändert durch Gesetz vom 27.3.2024, BGBl. 2024 I Nr. 108, Art. 2.

[16] Siehe dazu Schaden/Wagner/Zawodsky StuW 2022, 151.

b) Keine Verlängerung der Haltefrist

16 Für Wirtschaftsgüter, aus deren Nutzung als Einkunftsquelle zumindest in einem Kalenderjahr Einkünfte erzielt werden, erhöht sich die Haltefrist auf zehn Jahre. Inwiefern sich Lending oder Staking darauf auswirkt, ist in der Literatur noch umstritten. Auch wenn das BMF postuliert, dass die zehnjährige Frist in diesen Fällen bei virtuellen Währungen nicht greift, muss ggf. im Einzelfall entschieden werden, ob dies für den Steuerpflichtigen vorteilhaft ist und er eine andere Auffassung vertreten möchte.[17] Wie oben dargestellt, ist davon auszugehen, dass NFTs steuerrechtlich meist wie virtuelle Währungen behandelt werden, sodass die Ausführungen auf NFTs übertragen werden können. Das BMF selbst bezieht die Aussage ausschließlich auf Currency oder Payment Token, während es im Übrigen in seinem Schreiben fast ausnahmslos von Kryptowerten spricht. Aufgrund der Einordnung als Wirtschaftsgut iSd § 23 EStG wird im Folgenden davon ausgegangen, dass die Aussagen größtenteils auf NFTs übertragbar sind.[18]

17 Ähnlich zum angesprochenen Gewinnfall erscheint es in erster Linie vorteilhaft, dass die verlängerte Frist nicht greifen soll. Im Verlustfall jedoch kann an eine gezielte Aufnahme einer Staking-/Lending-Tätigkeit gedacht werden, mit der Motivation, unrealisierte Verluste steuerlich berücksichtigungsfähig zu machen.

18 Die Auffassung des BMF wurde in der Literatur vielfach diskutiert.[19] Das BMF hatte in seinem Entwurf v. 17.6.2021 noch die Auffassung vertreten, dass die Verlängerung der Haltefrist nach § 23 Abs. 1 S. 1 Nr. 2 S. 4 EStG anzuwenden sei, wenn virtuelle Währungen und Token im Rahmen des Lending eingesetzt und dadurch neue Einheiten einer virtuellen Währung zugeteilt wurden. In der Literatur gab es zu dieser Zeit bereits Stimmen, die sich gegen eine Verlängerung der Haltefrist beim Lending ausgesprochen hatten. Hintergrund hierfür ist, dass § 23 Abs. 1 S. 1 Nr. 2 S. 4 EStG Steuersparmodelle verhindern soll, bei denen bewegliche Wirtschaftsgüter vermietet werden und nach Ablauf der Veräußerungsfrist steuerfrei veräußert werden.[20] § 23 Abs. 1 S. 1 Nr. 2 S. 4 EStG sei dieser Meinung nach dahingehend einschränkend auszulegen, dass nur jene Wirtschaftsgüter zum Begriff der Einkunftsquelle zählen, welche eine eigenständige Erwerbsgrundlage bilden, wozu das Lending von Token gerade nicht zählen soll.[21]

19 Das BMF schloss sich schließlich in seinem Schreiben vom 10.5.2022 dieser Meinung an.[22] Im Rahmen dieser teleologischen Reduktion der Norm wird jedoch übersehen, dass sich dieser Wille des Gesetzgebers nicht im Wortlaut der Norm des § 23 EStG wiederfindet.[23] Nach der ständigen Rechtsprechung des BVerfG und BFH darf die Gesetzesbegründung nur insoweit betrachtet werden, als dass sie im Gesetz selbst einen hinreichend bestimmten Ausdruck gefunden hat.[24] Einzig der Aspekt der „Nutzung als Einkunftsquelle" fand Einzug ins Gesetz und ist damit zu berücksichtigen.[25] Gerade mit Blick auf die Rechtsnatur des Steuerrechts als öffentliches Eingriffsrecht hat es von Verfassungs wegen den Grundsatz der Gesetzmäßigkeit der Besteuerung zu erfüllen.[26] Hierzu zählt der Vorbehalt des Gesetzes, wonach der Eingriff in Form einer Steuer nur erfolgen darf, solange er aufgrund eines Gesetzes angeordnet ist (Tatbestandsmäßigkeit der Besteuerung).[27] Daneben dürfen wegen

[17] BMF 6.3.2025, DStR 2025, 584 Rn. 63.
[18] Vgl. auch Lohmar/Jeuckens DStR 2022, 1833 (1840).
[19] Kritisch: Schuster/Zwick/Zawodsky ReThinking Tax 4/2022, 60 (60 ff.); Arendt/Friedberg RDi 2022, 273 (277); Lohmar/Jeuckens DStR 2022, 1833 (1840); Befürwortend: Reiter/Nolte BB 2018, 1179 (1181 f.); Gierlich/Heuel Steuer Office Premium HI15607537; Reinwald beck.digitax 2022, 164 ff.
[20] Siehe zum prominenten Beispiel des sog. Containerleasings: Schuster/Zwick/Zawodsky ReThinking Tax 4/2022, 60 (62).
[21] Heuel/Matthey NWB 2018, 1037 (1042); Reinwald beck.digitax 2022, 164.
[22] BMF 10.5.2022, BStBl. I 2022, 742 Rn. 63; siehe auch BMF 6.3.2025, DStR 2025, 584 Rn. 63.
[23] Siehe auch Lohmar/Jeuckens DStR 2022, 1833 (1840).
[24] BFH BStBl. II 1992, 167; Demuth/Jena DStR 2016, 204 (206).
[25] Schuster/Zwick/Zawodsky ReThinking Tax 4/2022, 60 (63); Dürr DStZ 2019, 562 (572).
[26] Drüen FS Heinrich Wilhelm Kruse, 2001, 191 (191); Jochum FS Paul Kirchhof, 2013, 1611 (1611).
[27] Siehe Tipke/Lang Steuerrecht/Hey § 3 Rn. 230.

des Vorrangs des Gesetzes Rechtsverordnungen und Verwaltungsakte nicht gegen das Gesetz verstoßen (Gesetzmäßigkeit der Verwaltung). Dieses Prinzip ergibt sich aus dem Rechtsstaatsprinzip nach Art. 20 Abs. 3 GG. Daraus entspringt der „Vorrang des Gesetzes" – die Bindung der Verwaltung an geltendes Recht.[28] Nach der Rechtsprechung des BFH hat die Finanzverwaltung die Besteuerungsvorgaben in strikter Legalität umzusetzen.[29]

Die Interpretation des § 23 Abs. 1 S. 1 Nr. 2 S. 4 EStG durch das BMF erscheint daher hinsichtlich dieser Prinzipien problematisch, die der Verwaltung bei der belastenden Auslegung einer Steuernorm über deren Wortsinn hinaus verfassungsrechtliche Grenzen setzen.[30] Will der Gesetzgeber in § 23 Abs. 1 S. 1 Nr. 2 S. 4 EStG nur abnutzbare Wirtschaftsgüter erfassen, so liegt es an ihm, den Wortlaut der Norm nachzubessern. Versäumnisse des Gesetzgebers sind jedenfalls nicht durch das BMF zu beheben, wenn es sich dadurch für eine Auslegung gegen den Wortlaut einer Norm und im Falle von Verlusten zu Lasten des Steuerpflichtigen entscheidet.[31] **20**

Daneben wird als Argument gegen eine Verlängerung der Haltefrist die BFH-Rechtsprechung zu Fremdwährungskonten angeführt.[32] Danach verlängert sich die Haltefrist für die Fremdwährung nicht auf zehn Jahre, wenn ein Steuerpflichtiger die Fremdwährung zinswirksam angelegt hat. Laut BFH sind das Fremdwährungskonto und die Darlehensforderung zwei jeweils eigenständige Wirtschaftsgüter.[33] Die Übertragung dieser Rechtsprechung auf virtuelle Währungen aufgrund der vom BFH bestätigten „Ähnlichkeit zu Fremdwährungen"[34] ist durchaus nachvollziehbar. Auf NFTs und tokenisierte Assets lässt sie sich jedoch nicht ohne weiteres übertragen, da sich diese von Token einer virtuellen Währung strukturell unterscheiden. **21**

Die letztendliche Entscheidung, ob die Auslegung der Verwaltung hinsichtlich der Verlängerung der Haltefrist zulässig ist, ist freilich der Finanzgerichtsbarkeit und abschließend dem Bundesverfassungsgericht zu überlassen. **22**

c) Ausgleich von Verlusten

Verluste dürfen nur bis zur Höhe des Gewinns, den der Steuerpflichtige im gleichen Kalenderjahr aus privaten Veräußerungsgeschäften erzielt hat, ausgeglichen werden. **23**

Ein verbleibender innerhalb des Kalenderjahres nicht ausgeglichener Verlust kann nach § 23 Abs. 3 S. 8 EStG iVm § 10d durch Verlustrücktrag in das unmittelbar vorangegangene Jahr zurückgetragen oder durch Verlustvortrag in die folgenden Jahre EStG vorgetragen und gegebenenfalls mit positiven Einkünften aus privaten Veräußerungsgeschäften iSd § 23 EStG verrechnet werden. **24**

Zusammengefasst bedeutet dies, dass negative Einkünfte aus der Veräußerung (auch Tausch) von Kryptowährungen nur innerhalb derselben Einkunftsart verrechnet werden dürfen (sog. horizontaler Verlustausgleich). **25**

d) Praxisbeispiel

Szenario eins: Der Steuerpflichtige M kauft im Januar 2024 ein NFT für 2.000 EUR in Bitcoin. Im Juni 2024 verkauft er dieses NFT für 2.800 EUR, ebenfalls in Bitcoin. M erzielt somit einen Gewinn von 800 EUR. Da der Gewinn innerhalb eines Jahres erzielt wurde, unterliegt er zwar grundsätzlich der Einkommensteuer, allerdings liegt er noch unter der Freigrenze von 1.000 EUR und ist somit steuerfrei. **26**

---

28 BVerfGE 103/332 (389); Jarass/Pieroth/Jarass GG Art. 20 Rn. 41.
29 BFH DStR 2017, 305 Rn. 92 mwN.
30 Schuster/Zwick/Zawodsky Rethinking Tax 4/2022, 60 (64), siehe auch Drüen StuW 2008, 154 (160).
31 Schuster/Zwick/Zawodsky Rethinking Tax 4/2022, 60 (64 f.).
32 Gierlich/Heuel Steuer Office Premium HI15607537; vgl. Reiter/Nolte BB 2018, 1179 (1182).
33 BFH BStBl. II 2000, 614.
34 BFH DStR 2023, 435 Rn. 36 ff.

Aber Achtung: Die Freigrenze von 1.000 EUR gilt nicht „pro Verkauf", sondern insgesamt für alle Veräußerungsgeschäfte, die der Steuerpflichtige im Steuerjahr innerhalb der Spekulationsfrist vornimmt. Verkauft der Steuerpflichtige beispielsweise im selben Jahr noch Fremdwährungen und erzielt dabei einen Gewinn von 400 EUR, sind die gesamten 1.200 EUR zum persönlichen Steuersatz zu versteuern.

27 Szenario zwei: Im Januar 2024 kauft M ein weiteres NFT für 1.500 EUR in Ether. Im Februar 2025, nach mehr als einem Jahr, verkauft er dieses NFT für 2.800 EUR, ebenfalls in Ether. M erzielt einen Gewinn von 1.300 EUR. Da das NFT nach dem Ablauf mindestens eines Jahres nach Anschaffung veräußert wurde, erfolgte der Verkauf außerhalb der sog. „Spekulationsfrist". Gewinne aus dem Verkauf von NFT, die nach Ablauf mindestens eines Jahres nach Anschaffung erzielt werden, sind nicht steuerbar. M muss den Gewinn von 1.300 EUR nicht in seiner Steuererklärung angeben.

2. Lending/Staking

28 Die als Lending und Staking bezeichneten Vorgänge teilen die Gemeinsamkeit der Beschreibung eines Vorgangs, bei der Einheiten einer virtuellen Währung und sonstige Token gegen eine Vergütung zur Nutzung überlassen bzw. gesperrt werden.[35] Für weitere Ausführungen sei auf → § 43 Rn. 24 ff. verweisen, da Lending und Staking im Währungskontext weiter verbreitet sind.

3. Airdrops

29 Der Erhalt zusätzlicher Token kann zu sonstigen Einkünften aus einer Leistung iSd § 22 Nr. 3 EStG und damit wieder zu Einkünften aus der Einkunftsart sonstige Einkünfte führen. Dies ist nach der Auffassung des BMF der Fall, wenn von den Empfängern eine Gegenleistung erbracht wird, wie zB das Posten des Airdrop oder des Projektinitiators in sozialen Medien. Diese Einschätzung entspricht auch der Zielsetzung der Einkommensteuer. Auch das Hochladen von eigenen Bildern, Fotos oder Videos auf einer Plattform gegen Erhalt von NFT fällt nach dem BMF-Schreiben darunter.[36]

30 Eine steuerbare Leistung iSd § 22 Nr. 3 EStG liegt jedoch unseres Erachtens nicht vor, wenn der Airdrop neben der Leistung auch „vom Zufall abhängt". Dann wird der Zurechnungszusammenhang von Leistung und Gegenleistung durch das „Zufallselement" unterbrochen oder überlagert. Dahingehend stellt § 22 Nr. 3 EStG in der grundsätzlichen „Auffangeinkunftskategorie" der sonstigen Einkünfte nicht die alles umfassende Auffangkategorie dar. Es kann auch Zuflüsse geben, die nicht der Einkommensbesteuerung unterliegen.

31 Die Nichtberücksichtigung als Einkünfte nach § 22 Nr. 3 EStG geht auch Hand in Hand mit einer fehlenden Anschaffung, die die Definition eines privaten Veräußerungsgeschäfts nach § 23 Abs. 1 S. 1 Nr. 2 S. 1 EStG aber fordert. Im Ergebnis ergibt sich eine endgültige und keine temporäre Nichtbesteuerung im Rahmen der Einkommensteuer.

32 Sofern vom Steuerpflichtigen eine Gegenleistung für den Erhalt des Airdrop erbracht wird, ist nach Tauschgrundsätzen auch eine Anschaffung anzunehmen, sodass die Fragestellung temporärer Natur wird. Alles, was im Rahmen der Einkünfte nach § 22 Nr. 3 EStG berücksichtigt wird, stellt auch einen Anschaffungsvorgang bzw. Anschaffungskosten für ein ggf. eintretendes privates Veräußerungsgeschäft dar. Zu beachten ist jedoch wieder die anzuwendende Frist des § 23 EStG.

---

[35] BMF 6.3.2025, DStR 2025, 584 Rn. 26.
[36] BMF 6.3.2025, DStR 2025, 584 Rn. 70.

Wird eine Leistung für den Erhalt des NFT erbracht, ist der NFT mit dem Marktkurs im Zeitpunkt des Erwerbs anzusetzen. Wenn im Zeitpunkt des Erwerbs kein Marktkurs ermittelbar ist, können die NFT mit 0 EUR angesetzt werden.[37] **33**

Erfolgt die Zuteilung von NFT nicht im wirtschaftlichen Zusammenhang mit einer Leistung, kann eine Schenkung vorliegen, für die die schenkungsteuerrechtlichen Regelungen zu beachten sind.[38] Hierbei wird meist der Schenkungsteuerfreibetrag in Höhe von 20.000 EUR nicht überschritten werden, sodass die Schenkungen steuerfrei sein dürften. Der Freibetrag in Höhe von 20.000 EUR gilt zwischen allen Personen, die den Steuerklassen II und III angehören, also beispielsweise bei Schenkungen an Eltern, Geschwister und alle übrigen Erwerber wie Freunde oder Fremde (§§ 15 Abs. 1, 16 Abs. 1 Nr. 5, 7 ErbStG). **34**

V. Im Betriebsvermögen gehaltene Token

Unabhängig davon, wie der Steuerpflichtige die Token erhalten hat, sei es durch Tausch, Minting, Staking oder Airdrop, liegen Anschaffungsvorgänge vor, wenn dem Erhalt eine betriebliche Veranlassung zugrunde liegt. Eine nicht-steuerbare Sphäre kann es nicht geben. Die Einheiten sind stets mit dem Marktwert anzusetzen. Eine Steuerpflicht entsteht erst, wenn der Token mit Gewinn veräußert oder aus dem Betriebsvermögen entnommen wird (→ § 43 Rn. 49).[39] **35**

Spezielle Regelungen für die Bilanzierung von Token existieren nicht, sodass die generellen Bilanzierungsregelungen anzuwenden sind.[40] Zum Thema Bilanzierung sei auf das vorangehende Kapitel verwiesen (→ § 24 Rn. 1 ff.). **36**

Allerdings existieren einige Unterschiede zwischen Steuer- und Handelsbilanz: Die Handelsbilanz wird nach den Vorschriften des Handelsgesetzbuches (HGB) aufgestellt. Sie dient primär der Information von Gesellschaftern, Gläubigern und anderen Stakeholdern über die finanzielle Lage des Unternehmens und wird daher vom Vorsichtsprinzip dominiert. Die Steuerbilanz hingegen wird nach den Vorschriften des Einkommensteuergesetzes (EStG) aufgestellt und dient der Ermittlung der steuerlichen Bemessungsgrundlage. Aufgrund des Maßgeblichkeitsprinzips (§ 5 Abs. 1 EStG) bedient sich das Steuerrecht grundsätzlich der handelsrechtlichen Bilanzierungsvorschriften. Es sei denn, die steuerrechtlichen Grundsätze sehen ausnahmsweise eine abweichende Behandlung vor (Durchbrechung der Maßgeblichkeit der Handels- für die Steuerbilanz). **37**

Der erste Unterschied besteht bereits in der Frage, ob die Kryptowerte überhaupt in der Steuerbilanz zu aktivieren sind. Es darf also kein Ansatzverbot entgegenstehen, wie es zum Beispiel bei § 5 Abs. 2 EStG der Fall ist. Danach dürfen immaterielle Wirtschaftsgüter des Anlagevermögens – mit Ausnahmen – nur dann in der Steuerbilanz angesetzt werden, wenn sie entgeltlich erworben wurden.[41] **38**

Nach Auffassung des BMF können Einheiten einer virtuellen Währung, Utility Token und Security Token als Wirtschaftsgüter unter den Finanzanlagen oder als Forderungen zu bilanzieren sein.[42] Bei Zuordnung zum Anlagevermögen sind sie daher unter Finanzanlagen iSd § 266 Abs. 2 A. III. HGB und bei Zuordnung zum Umlaufvermögen unter sonstige Vermögensgegenstände iSd § 266 Abs. 2 B. II. 4. HGB auszuweisen.[43] **39**

Die Einordnung als Anlage- oder Umlaufvermögen richtet sich nach den üblichen Kriterien des § 247 Abs. 2 HGB. Ist der NFT als Investition gedacht, die von einer gewissen **40**

[37] BMF 6.3.2025, DStR 2025, 584 Rn. 73.
[38] BMF 6.3.2025, DStR 2025, 584 Rn. 74.
[39] BMF 10.5.2022, BStBl. I 2022, 742 Rn. 64.
[40] BMF 6.3.2025, DStR 2025, 584 Rn. 77.
[41] Weiterführend: Rapp/Bongers DStR 2021, 2178.
[42] BMF 6.3.2025, DStR 2025, 584 Rn. 77.
[43] BMF 6.3.2025, DStR 2025, 584 Rn. 41.

Dauer sein soll, handelt es sich um Anlagevermögen. Soll der NFT im Rahmen eines Handelsgeschäfts weiterverkauft werden, handelt es sich um Umlaufvermögen.[44]

41 Handelsrechtlich werden Vermögensgegenstände nach dem Vorsichtsprinzip bewertet (§ 252 Abs. 1 Nr. 4 HGB). Im Steuerrecht gelten gem. § 6 EStG teilweise besondere Bewertungsmaßstäbe, die oft zu einem höheren Wertansatz führen.

42 Entgeltlich erworbene NFT sind zunächst mit ihren Anschaffungs- oder Herstellungskosten nach § 6 Abs. 1 Nr. 2 EStG anzusetzen, da es sich dabei um nicht abnutzbare Wirtschaftsgüter handelt. Zu den Anschaffungskosten zählen neben dem Kaufpreis auch Transaktionsgebühren. Beides ist für den Bilanzansatz in EUR umzurechnen.[45] Wird der NFT mit virtuellen Währungen, zB Bitcoin, gekauft, sind die Tauschgrundsätze maßgeblich. Im Rahmen der Handelsbilanz besteht ein Wahlrecht, ob der NFT mit den Buchwerten der hingegebenen virtuellen Währung, zB Bitcoin, aktiviert wird. Für die Steuerbilanz greifen dagegen die Tauschgrundsätze des § 6 Abs. 6 S. 1 EStG, sodass der NFT mit dem Marktwert der hingegebenen Bitcoins in EUR zu aktivieren ist.[46]

43 Der Bilanzansatz für NFT in der Steuerbilanz kann von dem handelsrechtlichen Bilanzansatz abweichen, da für außerplanmäßige Abschreibungen andere Voraussetzungen gelten.

44 Ein weiterer Unterschied besteht bei Rückstellungen: Während handelsrechtlich Rückstellungen nach dem Vorsichtsprinzip nach § 249 HGB gebildet werden, können sie in der Steuerbilanz darüber hinaus nur unter bestimmten Bedingungen und oft in geringerer Höhe gebildet werden (§ 5 Abs. 3–4a EStG). Ein typischer Fall hierfür wäre, wenn der Steuerpflichtige Gutscheine in Form von NFT herausgibt und die Einlösung durch die Käufer ungewiss ist.

VI. Behandlung von Emittenten von Token

45 Herausgeber von NFT erzielen aus einkommensteuerlicher Perspektive Einkünfte entweder aus selbständiger Arbeit (§ 18 EStG) oder aus Gewerbebetrieb (§ 15 EStG).[47] Die Beurteilung hat stets anhand des Einzelfalls zu erfolgen.

46 Im Bereich der Gewinnerzielungseinkünfte sind alle Einnahmen aus der Herausgabe von NFT, unabhängig davon, ob sie in FIAT-Währung oder Kryptowährungen erfolgen, als Betriebseinnahmen zu bewerten.

47 Für die Ausgabe von NFT gibt es zwei Möglichkeiten: Der Herausgeber kann den NFT selbst in die Blockchain schreiben (minten) und die Zuordnung von seiner Wallet-Adresse auf die des Käufers ändern lassen oder der NFT wird direkt im Verfügungsbereich des Käufers erstellt. Beide Methoden verursachen Transaktionsgebühren (sog. gas fees), die entweder vom Herausgeber oder vom Käufer getragen werden. Im ersten Fall handelt es sich um einen klassischen Verkauf eines Wirtschaftsguts vom Verkäufer an den Käufer. Im zweiten Fall könnte die NFT-Ausgabe als Dienstleistung des Herausgebers und Herstellung auf Seiten des Investors betrachtet werden.[48] NFT sind digitale Repräsentationen von Rechten. Daher liegt ihr Wert in diesen dahinterstehenden Rechten, ähnlich wie der Wert eines Geldscheins, in seinem Nominalwert und nicht im Papier liegt. Beide Formen müssen jedoch aus steuerlicher Perspektive zum gleichen Ergebnis führen. Die Herausgabe bewirkt beim Herausgeber einen gewöhnlichen Verkauf.[49]

[44] Wagner/Holm-Hadulla/Ruttloff Metaverse und Recht/Stumm/Kettemer Rn. 928.
[45] Rapp/Bongers DStR 2021, 2178 (2181).
[46] Wagner/Holm-Hadulla/Ruttloff Metaverse und Recht/Stumm/Kettemer Rn. 929.
[47] S. auch Albrecht/John FR 2019, 393. In Ausnahmefällen sind auch sonstige Einkünfte (§ 22 EStG) denkmöglich. Dies soll an dieser Stelle allerdings nicht weiter thematisiert werden.
[48] In Analogie zum sog. mining, s. Sanning FR 2022, 244. Auch die Verwaltung sieht in der Herstellung keinen Erwerb, siehe FM Hamburg 11.12.2017 – S 2256 - 2017/003– 52 und OFD Nordrhein-Westfalen Kurzinfo v. 20.4.2018. – Est Nr. 04/2018, NWB LAAAH-23099; aA ist das BMF, Entwurf des BMF-Schreibens vom 17.6.2021, NWB BAAAH-81639, Rn. 39.
[49] Schaden/Wagner/Zawodsky StuW 2022, 151.

VII. Umsatzsteuerrecht

Die umsatzsteuerrechtliche Behandlung von NFT und Token hängt von der Art der Leistung ab, die mit dem NFT verbunden ist. Ein NFT kann somit sowohl eine Lieferung als auch eine sonstige Leistung verkörpern, was Folgen auf den Ort der Lieferung bzw. sonstigen Leistung hat.[50] **48**

Wenn dem NFT einfache Übertragungsansprüche auf eine Ware zugeordnet sind, kann ein NFT bzw. der dahinterstehende Verkauf durchaus als umsatzsteuerliche Lieferung qualifizieren. Der Token kann rechtlich als Niederschrift der Vertragskonditionen angesehen werden. Ein vergleichbarer Fall wäre die Online-Bestellung einer Ware mit Abholung vor Ort. **49**

Wenn dem NFT keine wesentlichen Ansprüche auf Übertragung zugeordnet sind, ist eine Qualifikation als Lieferung abzulehnen. In diesem Fall liegt nach der Kategorisierung des Umsatzsteuerrechts eine sonstige Leistung vor. **50**

Je nach Qualifikation als Lieferung oder sonstige Leistung gelten unterschiedliche Ortsregelungen. Folge davon ist, dass die Umsätze entweder im Inland oder im Ausland der Umsatz- bzw. einer Mehrwertsteuer unterliegen. **51**

Besondere Ortsvorschriften existieren beispielsweise, wenn Ansprüche die Einräumung einer Eintrittsberechtigung für eine Veranstaltung beinhalten oder wenn es sich um eine auf elektronischem Weg erbrachte sonstige Leistung handelt. Unterschiede bestehen zusätzlich inabhängig davon, ob der Empfänger ein Unternehmer oder Verbraucher ist. Da Käufer von NFT häufig keinen Unternehmerstatus haben oder diesen nicht offenlegen, kann davon ausgegangen werden, dass viele NFT an Nicht-Unternehmer erbracht werden. **52**

Aufgrund der vielen Sondervorschriften und mangels Informationen über die Eigenschaften des Käufers eines NFTs besteht erhebliche Gefahr, dass der Herausgeber die umsatzsteuerlichen Konsequenzen falsch einschätzt.[51] **53**

§ 26 Haftungsfragen und Rechtsdurchsetzung

Übersicht

---

[50] Siehe weiterführend Salostey/Zawodsky UR 2023, 400 und Value Added Tax Committee, Working Paper No. 1060, 21.2.2023.

[51] Vgl. Richter/Anzinger, Krypto und Steuern,/Schaden/Zawodsky Kap. 19 Rn. 19.73 ff.

Schrifttum:

Bauer, Die effektive Einzel- und Gesamtvollstreckung von Blockchain-basierten Kryptowährungen, 2021; Bruns/Helbig/Hassa, NFTs – Einordnung im Steuerrecht, beck.digitax 2022, 155; Dreier/Schulze, UrhG, 8. Auflage 2025; Ehinger/Hugendubel, NFTs zwischen Kunst und Recht: Eine urheberrechtliche Betrachtung, GRUR 2023, 1074; Fesenmair/Faßbender, NFTs als sonstige Gegenstände i. S. d. § 453 BGB, SpoPrax 2021, 358; Guntermann, Non-Fungible Token als Herausforderung für das Sachenrecht, RDi 2022, 200; Hau/Poseck, Beck'scher Online-Kommentar zum Bürgerlichen Gesetzbuch, 73. Edition, Stand: 1.2.2025; Heine/Stang, Weiterverkauf digitaler Werke mittels Non-Fungible-Token, MMR 2021, 755; Hoeren/Sieber/Holznagel, Handbuch Multimediarecht, 62. EL; Hoeren/Prinz, Das Kunstwerk im Zeitalter der technischen Reproduzierbarkeit – NFTs (Non-Fungible Tokens) in rechtlicher Hinsicht, CR 2021, 565; Kaulartz/Matzke, Die Tokenisierung des Rechts, NJW 2018, 3278; Kaulartz/Schmid, NFTs als sonstiges Recht, CB 2021, 298; Möslein/Omlor, FinTech-Handbuch, 3. Aufl. 2024; Rauer/Bibi, Non-fungible Tokens – Was können sie wirklich?, ZUM 2022, 20; Richter, NFT und urheberrechtliche Schutzlücken, NJW 2022, 3469; Skauradszun, Kryptowerte im Bürgerlichen Recht, AcP 221 (2021), 353; Steege/Chibanguza, Metaverse Rechtshandbuch; Wagner/Holm-Hadulla/Ruttloff, Metaverse und Recht, 1. Aufl. 2023; Weisser/Bliesener, Geldwäsche- und Betrugsrisiken bei NFTs, NZWiSt 2024, 4.

I. NFTs als Gegenstand des Rechts

1 Ausgehend von der technologischen Ausgestaltung von NFTs als besondere Token-Klasse (zu Token allgemein → § 19 Rn. 4 ff.) ergibt sich die Besonderheit von NFTs, auch sowie insbesondere für die rechtliche Betrachtung, in ihrer digitalen Einzigartigkeit. Diese digitale Einzigartigkeit resultiert aus der Eigenschaft der fehlenden Austauschbarkeit (non-fungible) von NFTs, sodass die durch einen NFT verkörperten bzw. digital abgebildeten Werte, zumindest auf der jeweiligen Blockchain-Applikation, zugleich digitale Unikate des jeweiligen Vermögenswerts sind.[1]

2 Zugleich führt diese soeben erwähne Besonderheit von NFTs zu rechtlichen Folgefragen. Soweit etwa der Schöpfer bzw. Inhaber eines durch den NFT verkörperten Vermögenswertes oder ein zum Minting (also zum Schaffungsprozess) Berechtigter den NFT als digital einzigartige Repräsentation dieses Vermögenswerts erstellt,[2] ist nicht ausgeschlossen, dass ein weiterer identischer NFT, etwa auf einer anderen Blockchain-Applikation, erstellt wird. Dies kann durch den Schöpfer bzw. den Inhaber selbst, einen zum Minting Berechtigten oder durch einen Unberechtigten erfolgen. Oftmals soll der Minting-Prozess jedoch bewirken, dass eine einzigartige, digitale Repräsentation des durch den NFT verkörperten Vermögenswerts erschaffen wird.

3 Des Weiteren können NFTs grundsätzlich zwei verschiedene rechtliche Konstrukte darstellen. Zum einen kann ein NFT die digitale Abbildung eines außerhalb der Blockhain-Applikation existierenden (Vermögens-)Guts sein. Ein bekanntes Beispiel aus dem Anwendungsbereich von NFTs hierfür sind die digitalen Abbildungen von real existierenden Kunstwerken. Dabei soll im Regelfall aus der Inhaberschaft des NFTs nicht zugleich die Inhaberschaft des außerhalb der Blockchain existierenden, lediglich durch das NFT abgebildeten, Vermögensguts resultieren. Denkbar ist aber auch, dass der Verfügungsgewalt über den NFT (technisch korrekt ausgedrückt mittels der Verfügungsgewalt über den jeweiligen Private Key der Blockchain-Adresse, dem der NFT zugeordnet wird) auch die Inhaberschaft über das abgebildete Vermögensrecht folgen soll. Zum anderen kann ein NFT das Vermögensrecht selbst darstellen. Ein Beispiel hierfür sind NFT-basierte Zugangsrechte wie etwa Tickets (sogenanntes NFT-Ticketing). Beim NFT-Ticketing handelt es sich um die Abbildung von Tickets, etwa Zugangsberechtigungen zu einem Konzern, die nicht physisch, sondern in Form eines NFTs auf einer Blockchain emittiert werden (zum NFT-Ticketing im sportrechtlichen Kontext → § 31 Rn. 11 ff.).[3]

---

1 Vgl. Bruns/Helbig/Hassa beck.digitax 2022, 155 (155).

2 Bruns/Helbig/Hassa beck.digitax 2022, 155 (156).

3 Coinbase, Was ist NFT-Ticketing und wie könnte es die Unterhaltung revolutionieren?, abrufbar unter: https://www.coinbase.com/de/learn/crypto-glossary/what-is-nft-ticketing-and-how-could-it-disrupt-entertainment (zuletzt aufgerufen am 29.12.2024).

Im Ergebnis sind bei der rechtlichen Handhabung von NFTs somit die technologischen Besonderheiten sowie die Ausgestaltungsmöglichkeiten durch den Rechtsanwender zu beachten. Das ist notwendig, da – wie im Folgenden grundlegend erörtert werden wird – hieraus besondere rechtliche Fragen folgen, die vom Rechtsanwender berücksichtigt werden müssen. **4**

II. Rechtliche Einordnung von NFTs

Innerhalb des rechtswissenschaftlichen Diskurses hat sich in den letzten Jahren ein reger Meinungsstreit über die rechtliche Einordnung von Blockchain-basierten Token entwickelt. Dieser ist von der allgemeinen Diskussion um die rechtliche Einordnung von Token abzugrenzen. Jedoch ist auch die rechtliche Einordnung von NFTs mangels positivrechtlicher Kodifizierung oder höchstrichterlicher Rechtsprechung unklar. Daher soll im Folgenden der aktuelle rechtliche Diskurs gerade zur rechtlichen Einordnung von NFTs dargelegt werden. Dieser ist – wie im Folgenden aufgezeigt – nicht immer wesens- und argumentationsgleich. **5**

1. Sache iSd § 90 BGB

Diskutiert, jedoch von der Mehrheit der Literaturstimmen abgelehnt, wird die Einordnung von NFTs als Sachen iSd § 90 BGB.[4] Dies wird von den Vertretern dieser Ansicht mit dem Argument der fehlenden Körperlichkeit mangels räumlicher Abgrenzbarkeit sowie Wahrnehmbarkeit von NFTs begründet (auch → § 19 Rn. 6).[5] **6**

Hinsichtlich der Mindermeinung, die eine analoge Anwendung bejaht, soll auf die Ausführungen in → § 44 Rn. 5 f. verwiesen werden. Die dort dargestellte fehlende Planwidrigkeit einer Regelungslücke als Argument gegen eine analoge Anwendung muss erst recht für NFTs als Sonderform Blockchain-basierter Token gelten.[6] **7**

2. Sonstiges Recht nach § 823 Abs. 1 BGB

Auch die Einordnung von NFTs als sonstiges Recht iSd § 823 Abs. 1 BGB ist umstritten. **8**

Eine Ansicht verneint diese Einordnung.[7] Das wesentliche Argument dieser Ansicht ist, dass für eine Einordnung als absolutes Recht zu fordern ist, dass der Rechtsposition ein Ausschließlichkeitsrecht als Folge einer positivgesetzlichen Regelung innewohnt.[8] NFTs würden diese von der Rechtsprechung[9] aufgestellten Grundsätze nicht erfüllen. **9**

Die überwiegenden Stimmen in der Literatur bejahen hingegen eine Einordnung als sonstiges Recht iSd § 823 Abs. 1 BGB aufgrund der Feststellung, dass im Hinblick auf NFTs eine für die Einstufung als sonstiges Recht nach § 823 Abs. 1 BGB notwendige Zuweisungs- und Ausschlussfunktion bei NFTs besteht, weil NFTs nicht kopierbar sind, sondern einer Adresse im Blockchain-Netzwerk zugewiesen sind, sodass andere Nutzer aufgrund der Einmaligkeit von NFTs von der Nutzung ausgeschlossen werden können.[10] Für diese Ansicht sprechen weitere wesentliche Gründe. Gegen die Forderung einer positivgesetzlichen Kodifizierung als Voraussetzung für die Einordnung als Ausschließlichkeitsrecht spricht schon die Tatsache, dass dem Sicherungseigentum sowie dem Anwartschaftsrecht ebenfalls **10**

4 BeckOK BGB/Fritzsche § 90 Rn. 29; ebenfalls etwa Spindler/Meyer MMR 2023, 907 (908); Guntermann RDi 2022, 200 (204); Skauradszun AcP 221 (2021), 353 (361); Heine/Stang MMR 2021, 755 (757); Rauer/Bibi ZUM 2022, 20 (24); Hoeren/Prinz CR 2021, 656 (567).

5 Stellvertretend etwa Guntermann RDi 2022, 200 (204).

6 Hoeren/Prinz CR 2021, 656 (567).

7 Rauer/Bibi ZUM 2022, 20 (24 f.).

8 Rauer/Bibi ZUM 2022, 20 (24 f.).

9 BGH ZUM 2013, 138 (140).

10 Kaulartz/Schmid CB 2021, 298 (300); Hoeren/Prinz CR 2021, 656 (659 f.).

keine positivgesetzliche Verankerung zukommt, gleichwohl deren Einordnung als sonstiges Recht nach § 823 Abs. 1 BGB unbestritten ist.[11] Darüber hinaus besteht im Hinblick auf NFTs derzeit zwar kein positivgesetzliches Regelungsregime, jedoch sind NFTs dem Recht bekannt, wie Art. 2 Abs. 3 MiCAR ausdrücklich belegt.

3. Urheberrechtliche Einordnung

11 NFTs selbst stellen kein urheberrechtlich geschütztes Werk dar (auch ausführlich → § 19 Rn. 13). Gemäß § 2 Abs. 2 UrhG ist die Voraussetzung für eine Einordnung als urheberrechtlich geschütztes Werk das Vorliegen einer persönlichen geistigen Schöpfung. Dabei kann eine persönliche geistige Schöpfung nur von einem Menschen und nicht etwa von einer Maschine geschaffen werden.[12] Das Vorliegen dieser Voraussetzung und somit eine Einstufung als urheberrechtlich geschütztes Werk wird bei NFTs verneint.[13]

4. § 453 BGB

12 Ebenfalls wie Kryptowährungen können NFTs jedoch als sonstiger Gegenstand nach § 453 Abs. 1 S. 1 BGB eingeordnet werden.[14] Zwar sind NFTs technologisch gesehen nicht allgemein mit fungiblen Kryptowährungen gleichzustellen, jedoch findet auch im Hinblick auf NFTs § 453 BGB folgerichtig Anwendung.[15]

III. Einzelne Haftungsfragen

13 Die Haftungsfragen bei NFTs beziehen sich auf rechtliche Verantwortlichkeiten und Risiken, die im Zusammenhang mit dem Erstellen, Verkaufen, Kaufen oder Nutzen von NFTs entstehen können. Haftungsfragen können in verschiedenen Bereichen auftreten, da sich der Einsatz von NFTs an der Schnittstelle zwischen Technologie, Urheberrecht, Vertragsrecht und – als etwaiges Finanzprodukt – Finanzaufsichtsrecht bewegt.

14 Daher wird im Folgenden zwischen der Verfügungs- und der Verpflichtungsebene unterschieden. Innerhalb der Verpflichtungsebene wird dabei auf urheber- sowie vertragsrechtliche Haftungsrisiken eingegangen. Ziel ist es, den Leser nicht mit detailreichen rechtsliterarischen Erwägungen zu konfrontieren, sondern einen praxisgerechten Überblick über die wichtigsten rechtlichen Gesichtspunkte zu schaffen.

1. Verfügungsebene

15 Hinsichtlich der rechtlichen Einordnung auf der Verfügungsebene ist auf → § 44 Rn. 14 ff. zu verweisen, da NFTs zwar eine Sonderform von Blockchain-basierten Token darstellen, jedoch im Ergebnis hinsichtlich der Frage der rechtlichen Einordnung einer etwaigen Verfügung denselben rechtlichen Problemen im Hinblick auf die unklare und umstrittene rechtliche Klassifizierung gegenüberstehen. Das ist der Fall, da sie zwar an sich technologisch anders ausgestaltet sind, der Transaktionsprozess als Anknüpfungspunkt einer Charakterisierung als Verfügungsprozess dennoch denselben technologischen Prinzipien (Key-Prinzip) folgt.

---

[11] S. hierzu ausführlich Bauer Die effektive Einzel- und Gesamtvollstreckung von Blockchain-basierten Kryptowährungen.
[12] Dreier/Schulze/Raue UrhG § 2 Rn. 21.
[13] Hierzu ausführlich → § 23.
[14] Etwa Guntermann RDi 2022, 200 (207).
[15] Fesenmair/Faßbender SpoPrax 2021, 358 (362).

2. Verpflichtungsebene

Unter der Verpflichtungsebene werden im Folgenden – freilich nicht klassisch – alle rechtlichen Fragen zusammengefasst, die eine Haftung außerhalb der Verfügungsebene begründen können. 16

a) Urheberrechtliche Haftungsfragen

Zum allgemeinen (und umfänglichen) urheberrechtlichen Diskurs soll auf → § 23 Rn. 3 ff. verwiesen werden. Im Folgenden werden nur die urheberrechtlichen Aspekte erörtert, welche im Rahmen der Tokenisierung durch NFTs vor dem Hintergrund einer etwaigen Haftungsproblematik zwingend beachtet werden sollen. 17

Die Herstellung (im Folgenden das „Minting") eines NFTs ist der erste Akt im Schaffungsprozess. Bereits das Minting eines NFTs, welcher ein reales, urheberrechtlich geschütztes Werk repräsentiert, kann eine urheberrechtlich relevante Handlung darstellen. Grundsätzlich sind dabei die folgenden rechtlichen Überlegungen zu tätigen: 18

Denkbar ist, dass das Recht auf die Erstellung eines NFTs ein noch unbekanntes Recht der öffentlichen Wiedergabe nach § 15 Abs. 2 UrhG darstellen könnte mit der Folge, dass das Minting eine urheberrechtliche Rechteeinräumung durch den Urheber bzw. den Rechteinhaber benötigt.[16] Maßgeblich wird dies damit begründet, dass eine fehlende Klassifizierung des Verbindungsprozesses des urheberrechtlich geschützten Werks mit dem NFT als Verwertungsrecht nach § 15 Abs. 2 UrhG zu einer unberechtigten Verkürzung der Werksverwertung des Urhebers des durch den NFT abgebildeten Werks führen würde.[17] 19

Denkbar ist ebenfalls, dass die Abspeicherung eines urheberrechtlich geschützten Werks sowie die Erstellung eines Links zu diesem Werk im Rahmen des Minting-Prozesses eine öffentlichen Zugänglichmachung nach §§ 15 Abs. 2 Nr. 2, 19a UrhG darstellt.[18] Richtigerweise ist bei dem Minting-Prozess nach der exakten Art und Weise der technologischen Gestaltung zu unterscheiden.[19] Da sich die Kosten des Minting-Prozesses (etwa die Gas Fees bei der Verwendung der Ethereum-Blockchain) wesentlich erhöhen, wenn eine digitale Abbildung des urheberrechtlich geschützten Werks während des Minting-Prozesses auf die Blockchain geladen wird, wird im absoluten Regelfall auf andere Verfahren zurückgegriffen. Grundsätzlich wird die Datei, zu dem das NFT erstellt werden soll, auf ein (de-)zentrales Netzwerk, regelmäßig auf das InterPlanetary File System (IPFS) hochgeladen.[20] Der NFT enthält dann nur eine Referenz zu dieser externen Datei, etwa den Hashwert oder einen Link, um somit die Datenmenge, die auf die Blockhain im Minting-Prozess geladen werden soll, zu minimieren. Auch die steigende Popularität anderer Blockchains für das Erstellen von NFTs, beispielsweise der Polygon-Blockchain, welche mit geringeren Gebühren nutzbar sind, hat an dieser praktischen Realität nichts geändert, denn im Ergebnis bleibt es dabei, dass eine geringere Datenmenge immer mit geringeren Minting-Gebühren einhergeht. 20

Weder die Implementierung eines Links in den dazugehörigen Metadaten noch des Hashwerts der Referenzdatei stellt nach wohl herrschender Meinung in der Literatur eine Vervielfältigung nach § 16 UrhG oder mangels der Umgehung von technischen Schutzmaßnahmen eine öffentliche Zugänglichmachung nach § 19a UrhG dar.[21] 21

Wie bereits in der Einleitung erwähnt (→ Rn. 1 ff.), ist es jedoch ebenfalls denkbar, dass ein NFT eines Werks ohne das Einverständnis des Rechteinhabers geminted wird. Dass dies 22

16 Kaulartz/Schmid CB 2021, 298 (301); Ehinger/Hugendubel GRUR 2023, 1074 (1078).
17 Ehinger/Hugendubel GRUR 2023, 1074 (1078).
18 Ehinger/Hugendubel GRUR 2023, 1074 (1076).
19 Steege/Chibanguza Metaverse-HdB/Hetmank/Lauber-Rönsberg § 13 Rn. 30.
20 Zum Prozess des Hochladens der Referenzdatei ausführlich Ehinger/Hugendubel GRUR 2023, 1074 (1075).
21 So etwa Steege/Chibanguza Metaverse-HdB/Hetmank/Lauber-Rönsberg § 13 Rn. 30; Ehinger/Hugendubel GRUR 2023, 1074 (1077); Rauer/Bibi ZUM 2022, 20 (26 f.).

kein theoretischer Fall ist, zeigt das Beispiel der MetaBirkins.[22] Der Künstler Mason Rothschild hat im Jahr 2021 eine NFT-Kollektion mit dem Namen *„MetaBirkins"* veröffentlicht. Diese Kollektion enthielt verschiedene künstlerisch umgestaltete, digitale Versionen der bekannten Birkin-Handtasche des Modelabels Hermès samt Verwendung des Begriffs „Birkin", ohne dass Hermès in irgendeiner rechtlich relevanten Form hierzu eingewilligt hätte. Die NFTs dieser Kollektion wurden dennoch durch den Künstler für insgesamt über 1 Millionen US-Dollar verkauft, der zugleich auch Lizenzgebühren für nachgelagerte Verkäufe seiner NFTs erhalten hat.[23]

23 Aus urheberrechtlicher Sicht ist die Frage, ob die unberechtigte Erstellung sowie der Verkauf von NFTs, welche urheberrechtlich geschützte Werke repräsentieren, eine Verletzung des Urheberrechts darstellt.[24] Bei solchen Sachverhalten ist demzufolge vor allem im Einzelfall für den Schutz des Urhebers relevant, ob eine Verletzung die Vervielfältigungsrechts nach § 16 UrhG oder eine Verletzung des Rechts auf öffentliche Zugänglichmachung nach § 19a UrhG vorliegt.[25] Vor dem Hintergrund, dass jedoch wie bereits erörtert eine Lücke im urheberrechtlichen Schutz des Urhebers vor der unautorisierten Tokenisierung seiner frei zugänglichen urheberrechtlich geschützten Werke besteht und dieser dadurch im erheblichen Maße in seiner Möglichkeit zur Werkverwertung eingeschränkt ist, diskutiert die Literatur die Annahme eines Innominatfalls nach § 15 Abs. 2 UrhG.[26] Dieser Forderung ist vor allem auch vor dem Hintergrund der (immer noch) enormen Marktkapitalisierung von NFTs zuzustimmen. Denn NFTs sind nicht nur eine neue Art von digitaler Repräsentanz, sondern ein neuer Absatzmarkt für urheberrechtlich geschützte Werke. Aus rechtsökonomischer Sicht ist deshalb zu fordern, dass die Tokenisierung urheberrechtlich geschützter Werke de lege ferenda ein Recht der öffentlichen Wiedergabe nach § 15 Abs. 2 UrhG darstellt.

24 Auf das Minting folgt die Erstveräußerung des NFTs. Das bedeutet, dass ein Kaufvertrag (hierzu → Rn. 12), zwischen den Parteien geschlossen wird, in welchem sich der Verkäufer verpflichtet, den NFT auf die Blockchain-Adresse des Erwerbers zu transferieren. Mit dem Erwerb eines NFTs werden zunächst grundsätzlich keine urheberrechtlichen Nutzungs- und Verwertungsrechte am Bezugsobjekt als urheberrechtlich geschütztem Werk eingeräumt. Hierfür spricht der Rechtsgedanke des § 44 Abs. 1 UrhG, wonach eine Veräußerung des Originals eines Werkes durch den Urheber im Zweifel – also mangels einer Absprache – dem Erwerber kein Nutzungsrecht einräumt, was erst Recht für den Verkauf eines NFTs gilt, da ein NFT das Original nicht verkörpern, sondern vielmehr nur als Bezugsobjekt innehaben kann.[27] Möglich bleibt jedoch die Einräumung von Rechten durch explizite Parteivereinbarung, welche sich aus den Lizenzbestimmungen des Veräußerers ergeben kann, die im Falle eines NFT-Verkaufs auch in den Metadaten des NFTs hinterlegt bzw. verlinkt sein können oder aus einer Rechteeinräumung, die Teil der allgemeinen Nutzungsbedingungen der Verkaufsplattform ist.[28]

25 Der Verkauf eines NFTs, also die Weitergabe mittels einer Transaktion an den Erwerber, ist grundsätzlich auch keine urheberrechtlich relevante Nutzungshandlung, da der NFT selbst weder das eigentliche, urheberrechtlich geschützte Werk, verkörpert noch eine Vervielfältigung iSd § 16 UrhG, eine Verbreitung nach § 17 UrhG oder eine öffentliche Zugänglichmachung nach § 19a UrhG bewirkt – so lange es aus technischer Sicht beim Verweis auf einen extern gespeicherten Inhalt bleibt.[29]

[22] BBC, NFT images of furry Birkin bags violated trademark rules, abrufbar unter: https://www.bbc.com/news/business-64573513 (zuletzt aufgerufen am 27.1.2025).

[23] CBH Rechtsanwälte, Metabirkins – Markenverletzung durch NFTs im Metaverse, abrufbar unter: https://www.cbh.de/news/geistiges-eigentum-medien-it/metabirkins-markenverletzung-durch-nfts-im-metaverse/ (zuletzt aufgerufen am 27.1.2025).

[24] Wagner/Holm-Hadulla/Ruttloff Metaverse/Weidert/Molle/von Werder § 6 Rn. 401.

[25] Wagner/Holm-Hadulla/Ruttloff Metaverse/Weidert/Molle/von Werder § 6 Rn. 401.

[26] Etwa Ehinger/Hugendubel GRUR 2023, 1074 (1077); Kaulartz/Schmid CB 2021, 298 (300).

[27] Heine/Stang MMR 2021, 755 (757).

[28] Heine/Stang MMR 2021, 755 (757).

[29] So Heine/Stang MMR 2021, 755 (758).

Die Annahme einer vollständigen Speicherung des urheberrechtlich geschützten Werks auf der Blockchain ist mit der damit verbundenen hohen Datenmenge und den daraus resultierenden – im Vergleich zu einer externen Datenspeicherung wesentlich teureren – höheren Minting-Gebühren derart unpraktikabel, dass es wie bereits erwähnt eine Ausnahmeerscheinung darstellen mag, wenn diese Art des Mintings gewählt wird. Bei dem Angebot bzw. dem Listing auf einer web3-Plattform für NFTs wird jedoch zumindest für den Fall, dass die Referenzdatei durch technische Maßnahmen nur einem limitierten Publikum zugänglich gemacht worden ist und durch das Einstellen auf die Plattform nunmehr einem neuen Publikum zugänglich gemacht wird, angenommen, dass eine Zugänglichmachung nach § 19 UrhG vorliegt.[30] Des Weiteren ist bei der Veräußerung ein Folgerecht nach § 26 UrhG abzulehnen, da sich der Wortlaut der Norm ausdrücklich auf das Original bezieht.[31] **26**

b) Vertragsrechtliche Haftungsfragen

Folge der rechtlichen Einordnung von NFTs sowie auch der urheberrechtlichen Haftungsfragen ist, dass sich diese Punkte ebenfalls auf die vertragliche Gestaltung von NFTs durchschlagen können. Daher ist zwischen der Einräumung von eigentumsähnlichen Verfügungsrechten am NFT sowie am abgebildeten physischen Werk und urheberrechtlichen Nutzungs- und Verwertungsrechten am Werk zu unterscheiden.[32] Daran anknüpfend ist die Frage zu stellen, wie sich unberechtigte Handlungen, etwa das Minting eines NFTs ohne urheberrechtliche Berechtigung, einordnen lassen. **27**

Nicht selten wird in der Kunstszene angenommen oder befürchtet, dass durch den Erwerb des NFTs, welcher sich auf ein physisch existierendes Objekt wie etwa ein Kunstwerk bezieht, auch das Eigentum am Bezugsobjekt übertragen werden könnte. Unabhängig von der jeweiligen technischen Ausgestaltung des NFTs erlangt der Erwerber des NFTs kein Eigentum an dem physisch existenten Bezugsobjekt.[33] Der Eigentumserwerb am durch den NFT repräsentierten physischen Objekt richtet sich vielmehr nach §§ 929 ff. BGB, wobei allein schon in dem Erwerb des NFTs keine (konkludente) dingliche Einigung zur Übertragung des Eigentums am repräsentierten Werk zu sehen ist. **28**

Zudem führt der Erwerb eines NFTs – wie bereits erwähnt (→ Rn. 17 ff.) – nicht automatisch zur Einräumung von urheberrechtlichen Nutzungs- und Verwertungsrechten am mit dem NFT verknüpften urheberrechtlich geschützten Werk. Demzufolge ist es ratsam, dass der Übergang von urheberrechtlichen Nutzungsrechten vertraglich festgehalten wird. **29**

Denkbar ist, dass der NFT entgegen einer (ausdrücklichen) Absprache – etwa in Form einer im Kunsthandel nicht unüblichen Einzigartigkeitszusicherung – zwischen Erwerber des NFTs und Verkäufer des NFTs keine digital einzigartige Repräsentation des verkörperten Werkes darstellt. Es ist nämlich nicht ausgeschlossen, dass das in Rede stehende Kunstwerk etwa auf einer anderen Blockchain geminted wird. Insoweit die Rechtsprechung in Bezug auf Kunsthandel davon ausgeht, dass eine andere Urheberschaft eines Kunstwerks als die vertraglich vereinbarte ein Mangel iSd § 434 BGB darstellt,[34] muss auch die entgegen der Parteiabrede tatsächlich nicht vorhandene digitale Einzigartigkeit des NFTs einen kaufrechtlichen Mangel darstellen. Diesem Aspekt kommt gerade im Rahmen der Digitalisierung von Kunstobjekten durch NFTs zu Sammelzwecken besondere Gewichtung zu. Denn oftmals ist die Einzigartigkeit des NFTs einer der wesentlichen wertbildenden Faktoren, vor allem dann, wenn dieser als digital einzigartiger Repräsentant eines physisch tatsächlich existierenden, einzigartigen künstlerischen Werkes gedacht ist. Ist dies der Fall, spricht man von *„digital* **30**

30 Ehinger/Hugendubel GRUR 2023, 1074 (1079).
31 Rauer/Bibi ZUM 2022, 20 (30); aA Heine/Stang MMR 2021, 755 (757).
32 Kaulartz/Schmid CB 2021, 298 (300).
33 Heine/Stang MMR 2021, 755 (760).
34 BGH NJW 1975, 970 (971); Wandtke/Bullinger/Wandtke UrhG Vor §§ 31 ff. Rn. 144.

collectible art", bei der wie bei physischen Kunstwerken von einer Sammeleigenschaft ausgegangen wird.[35]

31 Die Sicherstellung der Einzigartigkeit hat in solchen Konstellationen somit für den Ersteller, der oftmals auch zugleich der Verkäufer des NFTs ist, besonderen Stellenwert. Zu bedenken ist dabei, dass NFTs oftmals – mit dem Ziel der Minimierung der Datenmenge, wodurch eine Minimierung der Herstellungskosten des NFTs durch eine Reduktion der Gebühren auf der jeweilig genutzten Blockchain (bei Ethereum also die Gas fees) – in den öffentlich einsehbaren Metadaten nur einen Link zum Bezugsobjekt oder den Hashwert der Originaldatei und nicht etwa die eigentliche Grafik selbst enthalten.[36] Bei Kunstwerken bedeutet das somit, das dieser frei zugängliche Link und somit das verkörperte Bild für jedermann einsehbar bzw. durch den Hashwert auffindbar und daher kopierbar ist.[37] Es ist daher die Aufgabe der technischen Ausgestaltung des jeweiligen NFTs, etwa durch die Verwendung von „*unlockable content*", wodurch nur dem Erwerber des NFTs Zugang zum Bezugsobjekt gewährt werden soll,[38] sicherzustellen, dass eine abredewidrige Vervielfältigung des NFTs durch Zugriff auf das Bezugsobjekt bestmöglich ausgeschlossen wird.

c) Strafrechtliche Relevanz von NFTs

32 Im Rahmen der thematischen Behandlung von Haftungsfragen ist eine zumindest rudimentäre Kenntnis der Besonderheiten von NFTs im Strafrecht nützlich. Aus strafrechtlicher Sicht sind bei NFT-Projekten vor allem geldwäscherelevante Risiken zu beachten. Vor dem Hintergrund der Nutzung der Blockchain-Technologie sowie der damit verbundenen Anonymisierungs- bzw. Pseudonymisierungsmöglichkeiten bestehen bei der Handhabung von NFTs dieselben geldwäscherechtlichen Risiken wie bei Kryptowährungen, welchen mit KYC-Prozessen entgegenzuwirken ist.[39] Auch Bestechungs- und Betrugsdelikte können mit dem Einsatz von NFTs verbunden sein.[40]

d) Finanzaufsichtsrecht bei NFTs

33 Auch ist es ratsam, dass bei NFT-Projekten ein Augenmerk auf einer möglichen finanzaufsichtsrechtlichen Beachtlichkeit liegt. Die BaFin, also die Aufsichtsbehörde selbst, gibt im Rahmen eines eigenen Fachartikels Hinweise zur aufsichtsrechtlichen Behandlung von NFTs. NFTs sind laut der BaFin als Wertpapiere nach der EU-Prospektverordnung einzuordnen, wenn sie wertpapierähnliche Rechte verkörpern, übertragbar und auf dem Finanzmarkt handelbar sind.[41] Sie können jedoch im Einzelfall als Vermögensanlage nach § 1 Abs. 2 VermAnlG einzuordnen sein.[42]

34 Aus Sicht der europäischen Regulierung von Blockchain-basierten Token ist vor allem die MiCAR zu beachten. Bereits aus dem Erwgr. 10 der MiCAR ergibt sich, dass die Verordnung keine Anwendung auf Kryptowerte finden soll, die einmalig und nicht mit anderen Kryptowerten fungibel sind, einschließlich digitaler Kunst und Sammlerstücken. Dieser gesetzgeberische Wille ist in Art. 2 Abs. 3 MiCAR geregelt. Um in den Ausnahmebereich dieser Regelung zu fallen, genügt laut einer Literaturansicht nicht bereits die

---

35 S. etwa König Galerie, NFT – c'est quoi, abrufbar unter: https://www.koeniggalerie.com/blogs/online-magazine/what-are-nfts (zuletzt aufgerufen am 27.1.2025).
36 Hoeren/Prinz CR 2021, 565 (566).
37 Richter NJW 2022, 3469 (3471).
38 Heine/Stang MMR 2021, 755 (757); dazu kritisch Richter NJW 2022, 3469 (3471).
39 Weisser/Bliesener NZWiSt 2024, 41 (41 ff.).
40 Weisser/Bliesener NZWiSt 2024, 41 (45).
41 BaFin, Non-Fungible Token: Auf den Inhalt kommt es an, abrufbar unter: https://www.bafin.de/SharedDocs/Veroeffentlichungen/DE/Fachartikel/2023/fa_bj_2303_NFT.html?nn=19659934 (zuletzt aufgerufen am 17.4.2025).
42 BaFin, Non-Fungible Token: Auf den Inhalt kommt es an, abrufbar unter: https://www.bafin.de/SharedDocs/Veroeffentlichungen/DE/Fachartikel/2023/fa_bj_2303_NFT.html?nn=19659934 (zuletzt aufgerufen am 17.4.2025).

technische Ausgestaltung, weshalb die genaue Reichweite dieser Ausnahmeregelung unklar ist.[43] Dem ist jedoch zumindest entgegenzuhalten, dass die MiCAR im Erwgr. 10 deutlich macht, dass die Eigenschaften der Einzigartigkeit und fehlenden Fungibilität die zentralen Voraussetzungen für die Ausnahme vom Anwendungsbereich der MiCAR sein sollen. Des Weiteren präzisiert der Erwgr. 10 das Verständnis der unter die in Art. 2 Abs. 3 MiCAR geregelten Ausnahme fallenden Kryptowerte weiter. Demnach können Kryptowerte, die nicht fungibel sind und nur einmal existieren, zwar auf Handelsplätzen gehandelt und spekulativ angesammelt werden. Sie sind jedoch nicht ohne weiteres austauschbar, und ihr relativer Wert im Vergleich zu einem anderen kann nicht anhand eines bestehenden Marktes oder eines gleichwertigen Vermögenswerts bestimmt werden, da jeder dieser Kryptowerte einzigartig ist. Solche Eigenschaften begrenzen das Ausmaß, in dem diese Kryptowährungen eine finanzielle Verwendung aufweisen können. Dadurch reduzieren sich die Risiken für die Inhaber und das Finanzsystem, was ihren Ausschluss aus dem Anwendungsbereich dieser Verordnung rechtfertigt. Somit besteht wohlgleich eine gewisse Präzisierung des Verständnisses solcher Kryptowerte und damit zugleich der Reichweite durch die MiCAR selbst.

IV. Prozessuale Fragen der Rechtsdurchsetzung

Als Rechtdurchsetzung wird im Folgenden der Vorgang verstanden, mit dem ein Gläubiger 35 gegenüber dem Schuldner rechtliche Ansprüche geltend macht und durchsetzt. Ziel ist es, die Anerkennung und Erfüllung eines bestehenden Rechtsanspruchs zu erreichen. Demzufolge wird unter dem Begriff die Geltendmachung von Ansprüchen im vorgerichtlichen sowie gerichtlichen Verfahren mit dem Ziel der Durchsetzung des Anspruchs gegenüber dem Schuldner verstanden.

Bei NFTs handelt es sich um eine besondere Token-Art, die jedoch auf derselben 36 Blockchain-basierten Grundlage beruhen, wie andere dezentral emittierte Token. Insoweit folgen die Besonderheiten im Rahmen der Rechtsdurchsetzung maßgeblich aus der fehlenden Fungibilität. Das bedeutet zu gleich, dass die Ausführungen zu prozessualen Fragen und Fragen der Rechtsdurchsetzung von Kryptowährungen hier zugleich gelten. Daher wird auf → § 44 Rn. 28 ff. verwiesen und im Folgenden lediglich auf die Besonderheiten der Rechtsdurchsetzung bei NFTs eingegangen.

1. Erkenntnisverfahren – Allgemeines

Auch im Hinblick auf NFTs gelten im Erkenntnisverfahren die allgemeinen Erwägungen, 37 sodass Konstellationen der Leistungsklage, Feststellungsklage und der Gestaltungsklage denkbar sind.[44]

Die örtliche Zuständigkeit richtet sich auch hier allgemein nach §§ 12 ff. ZPO unter 38 Maßgabe der besonderen dinglichen und vertraglichen Ausgestaltungen.

2. Prozessuale Beweisfragen

Da NFTs auf der Blockchain-Technologie basieren, sind sie maßgeblich von innerhalb der 39 Blockchain unveränderbar dokumentierten Transaktionen geprägt. Bei der Blockchain handelt es sich um einen dezentral verwalteten Datensatz ohne qualifizierte elektronische Signatur. Blockchain-basierte Transaktionen können daher im Rahmen des Augenscheinbeweises nach § 371 Abs. 1 ZPO in einen Zivilprozess eingebracht werden.[45] Vertreten wird jedoch eine analoge Anwendung des § 371a Abs. 1 S. 1 ZPO.[46] Diese Annahme basiert

43 Möslein/Omlor FinTech-HdB/Siedler § 7 Rn. 78.
44 Vgl. Kalss/Krönke/Völkel/Stobel Einl. Rn. 153.
45 Hoeren/Sieber/Holznagel MMR-HdB/Möllenkamp Teil 13.6 Rn. 108.
46 Kaulartz/Matzke NJW 2018, 3278 (3282 f.).

wesentlich auf dem Argument, dass der innerhalb der Blockchain genutzte Signaturprozess für Transaktionen wesentlich mit einer qualifizierten elektronischen Signatur iSd § 371a Abs. 1 S. 1 ZPO vergleichbar ist.[47] Dem wird jedoch aus dogmatischer Sicht richtigerweise entgegengehalten, dass der § 371a Abs. 1 S. 1 ZPO vom Wortlaut her das Vorliegen einer qualifizierten elektronischen Signatur fordert, wodurch nur eine systematische Vergleichbarkeit der Signaturprozesse nicht genügen kann, um eine Einordnung nach § 371a Abs. 1 S. 1 ZPO zu rechtfertigen.[48] Demzufolge fehlt bereits das Vorliegen einer planwidrigen Regelungslücke.

40 Jedoch sind Fälle denkbar, bei denen die fehlende Fungibilität von NFTs sowie ihre grundsätzliche Zuordenbarkeit zu einem Objekt außerhalb der Blockchain besondere Beweisaussagen treffen können. So können NFTs beispielsweise für die Authentifizierung von Sachgütern verwendet werden. Durch diese Verbindung kann also beispielsweise – vorausgesetzt, dass die jeweilige technologische Gestaltung diese Aussage und Zuordenbarkeit zulässt – ein besonderer Aussagewert hinsichtlich der Authentizität herangezogen werden. Denkbar ist des Weiteren, dass zwischen den Parteien ausgemacht war, dass der mit dem NFT verknüpfte bzw. vom NFT repräsentierte Gegenstand durch den NFT-Transfer übereignet werden sollte.

§ 27 Insiderhandel und Marktmanipulation

Übersicht

Schrifttum:

Addleman et al, 5 Robotics, Artificial Intelligence & Law 2022, 389; Aramonte/Huang/Schrimpf, DeFi risks and the decentralisation illusion, BIS Quarterly Review December 2021, 21; Assmann/Schneider/Mülbert, Wertpapierhandelsrecht, 8. Aufl. 2023; Assmann/Schütze/Buck-Heeb, Handbuch des Kapitalanlagerechts, 6. Aufl. 2024; Bialluch-von Allwörden/Von Allwörden, Initial Coin Offerings: Kryptowährungen als Wertpapier oder Vermögensanlage?, WM 2018, 2118; Börner, Kryptowährungen und strafbarer Marktmissbrauch, NZWiSt 2018, 48; Das/Bose/Ruaro/Kruegel/Vigna, Understanding Security Issues in the NFT Ecosystem, Proceedings of the 2022 ACM SIGSAC Conference on Computer and Communications Security, 667; Ebenroth/Boujong, Kommentar zum Handelsgesetzbuch, 5. Aufl. 2024; Eigelshoven/Ullrich/Parry, Crypto-

[47] Kaulartz/Matzke NJW 2018, 3278 (3282 f.).
[48] Hoeren/Sieber/Holznagel MMR-HdB/Möllenkamp Teil 13.6 Rn. 64.

currency Market Manipulation – A Systemativ Literature Review, Forty-Second International Conference on Information Systems, Austin 2021; Ellenberger/Bunte, Bankrechts-Handbuch, 6. Aufl. 2022; Erb/Schäfer, Münchener Kommentar zum StGB, Band 8, 4. Aufl. 2023; Fuchs/Zimmermann, Wertpapierhandelsrecht Kommentar, 3. Aufl. 2024; Geurts, NFT – ein Test für den schillernden Wertpapierbegriff?, WM 2024, 727; Graf/Jäger/Wittig, Wirtschafts- und Steuerstrafrecht, 3. Aufl.2024; Grimm, Das Insiderhandelsverbot zwischen Rechtstheorie und Rechtspraxis, 2022; Grimm/Kreuter, Kryptowerte und Marktmissbrauch, AG 2023, 177; Guntermann, Non Fungible Token als Herausforderung für das Sachenrecht, RDi 2022, 200; Harsono, Regaining the Technological Competitive Advantage by Supporting NFT Self-Governance, The Fletcher Forum of World Affairs 2022, 155; Heidel, Aktienrecht und Kapitalmarktrecht, 6. Aufl. 2024; Heinrich/Bouy/Mümken/Trossen/Scholz, Non-Fungible Token: Auf den Inhalt kommt es an, BaFin-Journal März 2023; Herrmann/Aschenbeck, Die MiCAR ist da: Ausgewählte Abgrenzungsfragen zum Anwendungsbereich – Welche Kryptowerte sind erfasst und was ist mit NFTs?, BB 2023, 1987; Hienzsch, Das deutsche Insiderhandelsverbot in der Rechtswirklichkeit, 2006; Hoeren/Sieber/Holznagel, Handbuch Multimedia-Recht, Loseblatt, München; John, Behandlung von NFT und Utility Token unter der Markets in Crypto-Assets Regulation, BKR 2025, 162; Kalss/Krönke/Völkel, Crypto-Assets Kommentar, München 2025; Kleinert/Mayer, Elektronische Wertpapiere und Krypto-Token, EuZW 2019, 857; Klöhn, Marktmissbrauchsverordnung, 2. Aufl. 2023; Krönke, Kryptoverwaltungsrecht, RDi 2024, 1; Kusserow, Elektronische Schuldverschreibungen und Blockchain-Anleihen im geltenden Recht, WM 2020, 586; Leppla/Olmos/Lamba, Fraud Pattern Detection for NFT Markets, SMU Data Science Review 2022, Art. 21, 1; Maume, Die Verordnung über Märkte für Kryptowerte (MiCAR), RDi 2022, 461; Meyer/Veil/Rönnau, Handbuch zum Marktmissbrauchsrecht, 2. Aufl. 2023; Michel/Schmitt, MiCAR – Governance- & Compliance-Anforderungen für Kryptodienstleister, CCZ 2023, 261; Möslein, Anleger- und Funktionsschutz im Recht der Krypotwerte, WM 2024, 1729; Nathmann, Token in der Unternehmensfinanzierung, BKR 2019, 540; Omlor/Link, Kryptowährungen und Token, 1. Aufl. 2021; Park, Kapitalmarktstrafrecht, 5. Aufl. 2019; Patz, Handelsplattformen für Kryptowährungen und Kryptoassets, BKR 2019, 435; Piepenburg, Kryptohandel und Marktmissbrauch, 2025; Poelzig, Durchsetzung und Sanktionierung des neuen Marktmissbrauchsrechts, NZG 2016, 492; Poller, Der Verbrechenstatbestand der Marktmanipulation in § 119 V WpHG nF – erhöhtes Strafbarkeitsrisiko für Kapitalmarktteilnehmer durch die gerechtfertigte Aufwertung bestimmter Begehungsformen zum Verbrechen, NZWiSt 2017, 430; Raschner, Das (neue) Marktmanipulationsrecht für Kryptowerte, BKR 2022, 217; Rennig, Prospektpflicht für Stock Token?, BKR 2021, 402; Schwark/Zimmer, Kapitalmarktrechts-Kommentar, 5. Aufl. 2020; Siadat, MiCAR – Regulierte Finanzinstrumente mit Schwerpunktsetzung auf NFT, RdF 2023, 4; Veil, Token-Emissionen im europäischen Kapitalmarktrecht, ZHR 2019, 346; Waschkowsi, Insiderhandel nach der Marktmissbrauchsverordnung, 2019; Weber, Weber kompakt Rechtswörterbuch, 27. Edition 2021; Wegner/Ladwig, Einführung in das Marktmissbrauchsstrafrecht Teil 1: Grundlagen des Marktmissbrauchsstrafrechts und die Insiderdelikte, JuS 2020, 1016; Wegner/Ladwig, Einführung in das Marktmissbrauchsstrafrecht Teil 2: Strafbare Marktmanipulation, JuS 2020, 1153; Weiß, Tokenisierung, BaFin-Journal April 2019, 8; Wellerdt, Non-Fungible Token – Entstehung einer neuen Anlageklasse?, WM 2021, 2379; Zickgraf, Initial Coin Offerings – Ein Fall für das Kapitalmarktrecht?, AG 2018, 293.

I. Einleitung: Marktmissbrauch auf dem Kapitalmarkt und den Märkten für Kryptowerte

1. Grundlagen

Der traditionelle Kapitalmarkt spielt eine zentrale Rolle in der Wirtschaftsordnung: Er ermöglicht einen effizienten Wertpapierhandel, eröffnet Anlagemöglichkeiten für Investoren und bietet gleichzeitig sowohl Staaten als auch Unternehmen Finanzierungsmöglichkeiten.[1] So dient er der Bereitstellung von Kapital und der Förderungen von Investitionen und trägt damit zum Wirtschaftswachstum bei. Auch findet ein Teil der privaten Vermögensanlage und Altersvorsorge über den Kapitalmarkt statt.[2] Dem Kapitalmarkt kommt eine Allokationsfunktion zu, denn in einem funktionierenden Kapitalmarkt werden Gelder dort investiert, wo sie benötigt werden; gleichzeitig bieten diese größte Gewinnaussichten bei hinreichender Sicherheit.[3] Voraussetzung hierfür ist, dass der Kapitalmarkt informations- und bewertungseffizient ist, also die Preisbildung auf Grundlage sämtlicher relevanter Informationen erfolgt und diese Informationen zutreffend verarbeitet werden.[4] 1

---

[1] Vgl. Erwgr. 1 MAR.
[2] Hierzu sowie allgemein zum Rechtsgutsschutz des § 119 WpHG vgl. MüKoStGB/Pananis WpHG § 119 Rn. 5 ff.
[3] Ebenroth/Boujong/Poelzig HGB Vor § 1 Rn. 7.
[4] Ebenroth/Boujong/Poelzig HGB Vor § 1 Rn. 7.

2 Marktmissbräuchliche Verhaltensweisen, also Insiderhandel und Marktmanipulation, zielen darauf ab, einem Marktteilnehmer typischerweise durch Ausnutzung eines Informationsvorsprungs bzw. kursmanipulative Verhaltensweisen einen finanziellen Vorteil zu verschaffen. In ihren verschiedenen Ausprägungsformen beeinträchtigen insiderrechtsrelevante und marktmanipulative Verhaltensweisen die Allokations-, Informations- und Bewertungseffizienz[5] des Kapitalmarktes und damit sein ordnungsgemäßes Funktionieren sowie das öffentliche Vertrauen in seine Integrität.[6] Um den Funktionsschutz des Kapitalmarktes sowie den Anlegerschutz zu gewährleisten[7], das Vertrauen in die Märkte aufrechtzuerhalten und transparente, faire Handelsbedingungen sicherzustellen hat der europäische Gesetzgeber mit der Marktmissbrauchsverordnung **(MAR)** einen harmonisierten Rahmen zur Wahrung der Marktintegrität errichtet[8], die aufgrund der dargestellten Bedeutung des Kapitalmarktes für die Volkswirtschaft auch im Allgemeininteresse liegt.[9] Mit der MAR strebte der europäische Gesetzgeber eine tiefgreifende europäische Integration im Bereich des Marktmissbrauchsrechts an.[10] So dienen die insiderrechtlichen Regelungen insbesondere der Gewährleistung der informationellen Chancengleichheit der Anleger und die marktmissbrauchsrechtlichen Vorschriften der Zuverlässigkeit der Preisbildung.[11] Beides sind essentielle Voraussetzungen für einen funktionierenden, effizienten und transparenten Kapitalmarkt.

3 Seit der Einführung des Bitcoins im Jahr 2009 hat sich ein zum traditionellen Finanzmarkt paralleles Ökosystem für Kryptowerte etabliert, vor dem die verschiedenen Ausprägungen des Marktmissbrauchs keinen Halt machen. Im Gegenteil: Die Märkte für Kryptowerte sind sogar besonders anfällig für marktmissbräuchliches Verhalten, begünstigt durch die Internationalität ihrer Teilnehmer sowie durch das Fehlen flächendeckender Aufsichtsmechanismen und -behörden.[12] Die beschriebene Anfälligkeit für Marktmissbrauch besteht auch im Hinblick auf Non-Fungible Token. Diese zeichnen sich durch eine große technische Gestaltungsvarianz aus, welche zahlreiche Einsatzmöglichkeiten eröffnet. Neben marken- und produktbezogenen Anwendungsfällen[13] können NFTs auch Gegenstände großvolumiger Finanzmarkt-Transaktionen sein, etwa auf den NFT-Marktplätzen „Blur", „Opensea" und „Magic Eden".[14]

4 Der europäische Gesetzgeber sieht grundsätzlich ein politisches und wirtschaftliches Interesse an der Entwicklung transformativer Technologien im Finanzsektor, da diese voraussichtlich neue Arten von Wirtschaftstätigkeiten und Geschäftsmodellen hervorbringen und so einen Beitrag zum Wirtschaftswachstum und zur Schaffung neuer Arbeitsplätze

---

5 Instruktiv zur institutionellen, operationalen und allokativen Funktionsfähigkeit des Kapitalmarkts sowie zum individuellen und überindividuellen Anlegerschutz: Waschkowski Insiderhandel nach der Marktmissbrauchsverordnung S. 37 ff.

6 Vgl. Erwgr. 1 und 2 MAR.

7 Ebenroth/Boujong/Poelzig HGB Vor § 1 Rn. 10 f.; zum rein marktbezogenen Regelungsansatz vgl. MüKoStGB/Pananis WpHG § 119 Rn. 5; einen individuellen Anlegerschutz lediglich als Reflex anerkennend Klöhn/Klöhn MAR Art. 17 Rn. 5; grundlegend hierzu im Hinblick auf Kryptowerte Möslein WM 2024, 1729 (1729 ff.); siehe weiterhin Poelzig NZG 2016, 492.

8 Vgl. MAR Erwgr. 2 und 4; Möslein WM 2024, 1729 (1729); zum Rechtsgüterschutz des Marktmissbrauchsstrafrechts vgl. Meyer/Veil/Rönnau MarktmissbrauchsR-HdB/Rönnau/Wegner § 28 Rn. 2.

9 Vgl. auch Ebenroth/Boujong/Poelzig HGB Vor § 1 Rn. 7; die Bestimmungen der MAR werden auf nationaler Ebene insbesondere durch die Vorschriften des § 119 Abs. 1 und 3 WpHG flankiert.

10 Siehe hierzu Grimm Das Insiderhandelsverbot zwischen Rechtstheorie und Rechtspraxis S. 58 ff. mwN.

11 MüKoStGB/Pananis WpHG § 119 Rn. 5 ff.

12 Eigelshoven/Ullrich/Parry Cryptocurrency Market Manipulation: A Systematic Literature Review, S. 4; Erwgr. 4 MiCAR; Kalss/Krönke/Völkl/Wutscher MiCAR Art. 91 Rn. 2; Grimm/Kreuter AG 2023, 177 (177 f.).

13 Vgl. Herrmann/Aschenbeck BB 2023, 1987 (1990), die auf das „Odyssey"-Programm von Starbucks, die NFT-Serie des Bier-Herstellers Budweiser zur FIFA WM 2022 sowie weitere NFT-Kampagnen von Nike, Porsche, Tiffany, Adidas, Puma, Gucci und Louis Vuitton hinweisen. Des Weiteren kann etwa auf die NFT-Kampagnen von Coca-Cola, McDonald's, Nivea sowie Dolce & Gabbana verwiesen werden.

14 Herrmann/Aschenbeck BB 2023, 1987 (1990). Zu einem Vergleich der drei größten NFT-Marktplätze https://www.btc-echo.de/news/blur-opensea-und-co-vergleich-der-3-groessten-nft-marktplaetze-185458/, zuletzt abgerufen am 23.6.2025.

leisten.[15] Denn Kryptowerte werden als „*innovative und inklusive*“ Finanzierungsalternative, insbesondere für kleine und mittlere Unternehmen **(KMU)**, betrachtet. Ferner stellen sie insbesondere im grenzüberschreitenden Kontext eine „*kostengünstigere, schnellere und effizientere*“ Alternative für den Zahlungsverkehr dar.[16] Auch wenn die Größe der Kryptomärkte derzeit noch als bescheiden angesehen wird und ihnen kein Bedrohungspotential für die Finanzmarktstabilität zugesprochen wird, hat der europäische Gesetzgeber dem Erfordernis nach einem Schutz der Marktintegrität, der Kleinanleger und – im Kontext der als Zahlungsmittel dienenden Kryptowerte – der Finanzstabilität mit der EU-Verordnung über Märkte für Kryptowerte (European Regulation on Markets in Crypto Assets – **MiCAR**) Rechnung getragen.[17] Die dadurch gewonnene Rechtssicherheit soll den europäischen Kryptomärkten zudem einen Standortvorteil schaffen.[18] Diese Erwägungen werden auch im Referentenentwurf des Finanzmarktdigitalisierungsgesetzes **(FinmadiG)** aufgegriffen, der die Integrität von Kryptomärkten als „*hohes Schutzgut*“ einordnet und damit, insbesondere auch wegen der bestehenden Verflechtungen zwischen Finanz- und Kryptomärkten, eine Parallele zu den klassischen Finanzmärkten zieht.[19] Diese Einordnung kann zwar vor dem Hintergrund der derzeitigen Bedeutung der Kryptomärkte einerseits kritisch hinterfragt werden[20]; andererseits ist sie vor dem Hintergrund der gesetzgeberischen Zielsetzung zu sehen, erstmalig einen umfassenden Regulierungsrahmen für Kryptomärkte zu schaffen, der frühzeitig zur positiven Entwicklung dieser Märkte beitragen soll. Weiteres gesetzgeberisches Ziel der MiCAR war der Verbraucherschutz[21], ein Aspekt der dem übrigen Kapitalmarktrecht systematisch fremd ist.

2. Rechtstatsächliche Erscheinungsformen von Marktmissbrauch im Hinblick auf NFTs

5 Auch auf Kryptomärkten, die im Vergleich zu traditionellen Finanzmärkten regelmäßig einer geringeren Regulierung unterliegen, treten Praktiken marktmissbräuchlichen Verhaltens in Form von Insiderhandel und Marktmanipulation auf. Marktmissbrauch bewegt sich in Bezug auf NFTs zwar regelmäßig im Dunkelfeld, aber dem Grunde nach lassen sich typische Erscheinungsformen von Marktmissbrauch, wie sie auch auf den traditionellen Finanzmärkten auftreten, beobachten.

a) Insiderhandel

6 Beim Insiderhandel in seiner klassischsten Form erwirbt oder veräußert eine Person in Kenntnis und unter Verwendung einer Insiderinformation, die ihr einen Informationsvorsprung in Bezug auf einen oder mehrere Emittenten oder ein oder mehrere Finanzinstrumente vermittelt, ein Finanzinstrument.[22] Auch bei NFTs sind Fälle denkbar, in denen einzelne Marktakteure über nicht-öffentliche Informationen verfügen, die eine positive Auswirkung auf den Preis eines NFTs oder einer Sammlung von NFTs haben, und basierend darauf Transaktionen tätigen.[23] Denkbare Konstellationen betreffen etwa den Kauf von NFTs durch Insider vor Ankündigung einer wertbeeinflussenden Ankündigung, etwa das Listing auf einer bekannten Handelsplattform. Die Preise von NFTs steigen typischerweise

[15] Vgl. Erwgr. 1 MiCAR.
[16] Erwgr. 2 MiCAR.
[17] Erwgr. 5 und 6 MiCAR.
[18] Herrmann/Aschenbeck BB 2023, 1987 (1987).
[19] Vgl. BReg Gesetzesentwurf FinmadiG v. 7.2.2024, BT-Drs. 20/10280, 155; zu Interkonnektivität siehe zudem Aramonte/Huang/Schrimpf BIS Quarterly Review December 2021, S. 31.
[20] Kritisch hierzu Piepenburg Kryptohandel und Marktmissbrauch, S. 192 f.
[21] Vgl. etwa Erwgr. 79 und 80 MiCAR.
[22] Vgl. Erwgr. 23 MAR; Meyer/Veil/Rönnau MarktmissbrauchsR-HdB/Veil § 7 Rn. 6; Klöhn/Klöhn MAR Art. 8 Rn. 43; Schwark/Zimmer/Kumpan/Schmidt VO (EU) 596/2014 Art. 8 Rn. 35; Ellenberger/Bunte BankR-HdB/Hopt/Kumpan § 86 Rn. 1.
[23] Vgl. Addleman et al 5 Robotics, Artificial Intelligence & Law 2022, 389.

auch mit Ankündigung eines NFTs-Projekts zu einer Zusammenarbeit mit einem bekannten Unternehmen oder einem Prominenten. Insider mit Vorabwissen können durch frühzeitige Käufe des NFTs von dem Wertzuwachs profitieren. Auch der Zugriff auf Daten von NFT-Marktplätzen kann einen relevanten Wissensvorsprung begründen, etwa im Hinblick darauf, bezüglich welcher NFTs voraussichtlich die Nachfrage steigen wird. Denkbar ist weiterhin sog. Frontrunning, wenn beispielsweise ein Mitarbeiter einer NFT-Plattform Wissen über eine geplante NFT-Transaktion eines prominenten Käufers hat, dieser Transaktion zuvorkommt, indem er auf Basis der Information das betreffende NFT erwirbt, um es später teurer zu verkaufen. Ferner wurde etwa der Fall eines ehemaligen OpenSea-Mitarbeiters bekannt, der NFTs auf Basis von Insiderinformationen bzgl. von geplanter Werbung auf der Homepage der Plattform in dem Wissen erwarb, dass sich die Bewerbung auf der Startseite stark kurssteigernd auf die jeweiligen NFTs auswirkte, und durch spätere Verkäufe Kursgewinne generieren konnte. Der Mitarbeiter wurde zu einer Haftstrafe verurteilt. Der Fall gilt als erstes Strafverfahren wegen NFT-basierten Insiderhandels.[24]

b) Marktmanipulation

7 Marktmanipulation beschreibt Verhaltensweisen, die darauf abzielen, den Preis oder das Handelsvolumen eines Wertes künstlich zu beeinflussen; andere Marktteilnehmer sollen getäuscht werden, um daraus einen finanziellen Vorteil zu ziehen. Der Mechanismus hinter einer Marktmanipulation kann als Verzerrung von Angebot und Nachfrage beschrieben werden, ohne dass für die Preisbewegung eine tatsächliche wirtschaftliche Grundlage besteht, und mithin als einen Eingriff in die Funktionsabläufe eines Marktes.[25]

8 Ein entsprechendes manipulatives Verhalten in seinen verschiedenen, typischen Erscheinungsformen ist auch im Kontext von NFTs vorstellbar, wobei eine besondere Gefahr in diesem Zusammenhang der wechselhaften Wertigkeit von NFTs zugeschrieben wird.[26] So sind Pump-and-Dump Schemes denkbar, bei denen der Preis eines NFTs, insbesondere durch Verbreitung von Fehlinformationen über soziale Medien oder Chat Apps, künstlich in die Höhe getrieben wird (Pump Phase), um den NFT dann mit entsprechendem Gewinn zu verkaufen (Dump Phase).[27] Beim Wash Trading, welches als besonderes verbreitet im Zusammenhang mit NFTs gilt[28], kommt es zu bloßen Scheintransaktionen ohne tatsächlichen Eigentümerwechsel, um den Eindruck hoher Nachfrage bzgl. eines NFTs zu zeugen. Dies kann zu einem künstlich erhöhten Preis eines NFTs führen, das Handelsvolumen einer Plattform verzerren und andere Marktteilnehmer zu Käufen veranlassen. Der Inhaber des NFTs kann so einen künstlichen Preisanstieg anstreben, um seine Position letztendlich gewinnbringend zu liquidieren.[29] NFT-Marktplätze waren in der Vergangenheit für Wash Trading anfällig, da sie Nutzer mit Belohnungen für hohe Handelsvolumina incentivierten. Schließlich beschreibt Spoofing ein marktmissbräuchliches Verhalten, bei dem eine Platzierung großer Kauf- oder Verkaufsorders erfolgt, um den eines Zielwertes zu beeinflussen, wobei im Anschluss die Orders gelöscht werden, bevor es zur Ausführung kommt.[30] Ein

[24] https://www.justice.gov/usao-sdny/pr/former-employee-nft-marketplace-sentenced-prison-first-ever-digital-asset-insider, zuletzt abgerufen am 23.6.2025.

[25] Heidel/Dietrich Aktienrecht und Kapitalmarktrecht Art. 12 MAR Abs. 1; Schwark/Zimmer/Zimmer/Bator VO (EU) 596/2014 Art. 12 Rn. 2.

[26] Krönke RDi 2024, 1 (4).

[27] Harsono 46 Fletcher Forum of World Affairs 2022, 155 (161 f.); Eigelshoven/Ullrich/Parry Cryptocurrency Market Manipulation: A Systematic Literature Review, S. 8 f.

[28] Chainalysis Crime and NFTs: Chainalysis Detects Significant Wash Trading and Some Money Laundering In this Emerging Asset Class, 2.2.2022, abrufbar unter https://www.chainalysis.com/blog/2022-crypto-crime-report-preview-nft-wash-trading-money-laundering/, zuletzt abgerufen am 23.6.2025.

[29] Vgl. BaFin, Wichtige Hinweise für Anleger v. 15.4.2015, Marktmanipulation: Abgesprochene Geschäfte und Wash-Sales; Das et al. Proceedings of the 2022 ACM SIGSAC Conference on Computer and Communications Security, 667 (676); Leppla/Olmos/Lamba 6 SMU Data Science Review Nr. 2 (2022), Art. 21, 1 (4 f.); Eigelshoven/Ullrich/Parry Cryptocurrency Market Manipulation: A Systematic Literature Review, S. 8 f.

[30] Eigelshoven/Ullrich/Parry Cryptocurrency Market Manipulation: A Systematic Literature Review, S. 9.

NFT-Verkäufer könnte beispielsweise viele hohe Kaufangebote listen, um den Eindruck zu erzeugen, der durch ihn angebotene NFT sei begehrt. Dann entfernt er diese Gebote und verkauft den NFT zu einem künstlich erhöhten Preis.

II. Systematik der auf Kryptotoken anwendbaren Marktmissbrauchsregelungen der MAR und der MiCAR limitierte Anwendbarkeit auf NFT

Für die sachliche Anwendbarkeit der marktmissbrauchsrechtlichen Bestimmungen der 9
MAR und der MiCAR auf Kryptotoken ist in einem ersten Schritt maßgeblich, ob es sich um Finanzinstrumente iSd MiFID II[31] oder Kryptowerte iSd MiCAR[32] handelt, wobei die Bestimmungen grundsätzlich in einem Exklusivitätsverhältnis stehen und die MiCAR keine Anwendung auf Finanzinstrumente findet[33]. In der juristischen Literatur und der aufsichtsrechtlichen Praxis der BaFin[34] hat sich eine Einteilung von Kryptotoken in Currency, Utility und Investment Token sowie Non Fungible Token etabliert.[35] Diese Kategorien beschreiben jeweils Kryptotoken mit verschiedenen Charakteristika (→ § 45 Rn. 8 ff., 31 ff.), anhand derer sich die Eigenschaft eines Token als Finanzinstrument oder Kryptowert prüfen lässt. Nach dem von der ESMA etablierten Grundsatz *„substance over form"*[36] kommt es hierbei jedoch nicht auf die formelle Bezeichnung eines Instruments oder Tokens, ausschlaggebend ist jeweils die materielle Ausgestaltung. Grundsätzlich lässt sich jedoch festhalten, dass NFTs in der Regel nicht in den Anwendungsbereich der MAR fallen und auch vom Anwendungsbereich der MiCAR ausgeschlossen sind, sodass marktmissbräuchliches Verhalten im Bezug auf NFTs regelmäßig nicht von den entsprechenden Vorschriften erfasst wird. Die folgenden Abschnitte beleuchten vor diesem Hintergrund die Anwendbarkeit der MAR auf NFTs (→ Rn. 10 ff.) sowie das neue Marktmissbrauchs-Regime der MiCAR (→ Rn. 37 ff.), den sachlichen Anwendungsbereich der MiCAR auf NFTs (→ Rn. 40 ff.) sowie das Marktmissbrauchsrecht der MiCAR (→ Rn. 49). Da NFTs nur in limitierten Ausnahmefällen von der MiCAR und ihrem Verbot des Marktmissbrauchs erfasst sind, bleibt eine nähere Beleuchtung des Insiderhandelsverbots und des Verbots der Marktmanipulation der MiCAR dem Kapital „Decentralised Finance/Kryptowährungen" (→ § 45 Rn. 4 ff.) vorbehalten.

III. NFTs unter der MAR

Das Marktmissbrauchsrechts ist seit dem Inkrafttreten der MAR weitgehend auf europa- 10
rechtlicher Ebene reguliert. Die Marktmissbrauchsrichtlinie, die Vorgaben zur strafrechtlichen Sanktion von Verstößen gegen die MAR enthält, flankiert die MAR. Ferner komplementieren zahlreiche konkretisierende Rechtsakte zur MAR in Form von Durchführungsrichtlinien, Durchführungsverordnungen und delegierten Verordnungen der Europäischen Kommission oder der ESMA das europäische Marktmissbrauchsrecht.

---

[31] Gemäß Art. 3 Abs. 1 Nr. 1 MAR iVm Art. 4 Abs. 1 Nr. 15 MiFID II, Finanzinstrumente, die in einem multilateralen Handelssystem gehandelt werden, zum Handel in einem solchen zugelassen sind oder für die ein Antrag auf Zulassung zum Handel gestellt wurde, regelmäßig übertragbare Wertpapiere (Nr. 1).

[32] Vgl. Art. 2 Abs. 1 und 2 iVm Art. 3 Abs. 1 Nr. 5 MiCAR.

[33] Art. 2 Abs. 3 MiCAR.

[34] Vgl. BaFin Artikel v. 1.9.2022, „Kryptotoken", abrufbar unter: https://www.bafin.de/DE/Aufsicht/FinTech/Geschaeftsmodelle/DLT_Blockchain_Krypto/Kryptotoken/Kryptotoken_node.html, zuletzt abgerufen am 23.6.2025; wobei die BaFin hier weitergehend eine Differenzierung zwischen Payment Token und wertreferenzierten Token (Stablecoins) vornimmt und zudem elektronische Wertpapiere (einschließlich Kryptowertpapiere), Kryptofondsanteile und Kryptowerte erwähnt.

[35] Vgl. Grimm/Kreuter AG 2023, 177 (177 f.).

[36] Vgl. BaFin Journal 4/2019, S. 9.

1. Sachlicher Anwendungsbereich der MAR

11 Die sachliche Anwendbarkeit der MAR auf NFTs setzt kumulativ voraus, dass es sich bei NFTs um Finanzinstrumente handelt und ein Marktbezug bejaht werden kann (Art. 2 Abs. 1 MAR).

a) NFTs als Finanzinstrumente

12 Zentraler Anknüpfungspunkt des Marktmissbrauchsrechts ist der Begriff des Finanzinstruments. Mit Ausnahme von gewissen Treibhausgasemissionszertifikaten (vgl. Art. 2 Abs. 1 UAbs. 2 S. 1 MAR) ist die Eigenschaft als Finanzinstrument Voraussetzung der Anwendbarkeit der MAR. Art. 4 Abs. 1 Nr. 15 MiFID II iVm Anhang I Abschnitt C MiFID II regelt abschließend, welche Finanzprodukte unter den Begriff des Finanzinstruments fallen. Erfasst sind übertragbare Wertpapiere, Geldmarktinstrumente, Anteile an Organismen für gemeinsame Anlagen, derivative Instrumente für den Transfer von Kreditrisiken, finanzielle Differenzgeschäfte und Emissionszertifikate. Durch die Verwendung von generalisierenden Begriffen will der europäische Gesetzgeber eine möglichst umfassende Regulierung aller gehandelten Finanzprodukte erreichen.[37]

13 Einzig denkbar ist es, NFTs als übertragbare Wertpapiere iSv Anhang I Abschnitt C Nr. 1 MiFID II zu klassifizieren. Nach der Legaldefinition des Art. 4 Abs. 1 Nr. 44 MiFID II sind übertragbare Wertpapiere Kategorien von Wertpapieren, die auf dem Kapitalmarkt gehandelt werden können, mit Ausnahme von Zahlungsinstrumenten. Dies umfasst insbesondere Aktien und andere, Aktien oder Anteile an Gesellschaften, Personengesellschaften oder anderen Rechtspersönlichkeiten gleichzustellende Wertpapiere sowie Aktienzertifikate (Buchst. a), Schuldverschreibungen und andere verbriefte Schuldtitel (Buchst. b) sowie alle sonstigen Wertpapiere, die zum Kauf oder Verkauf solcher Wertpapiere berechtigen oder zu einer Barzahlung führen, die anhand von übertragbaren Wertpapieren, Währungen, Zinssätzen oder -erträgen, Waren oder anderen Indizes oder Messgrößen bestimmt wird (Buchst. c).

14 Auch wenn sich aus der Legaldefinition unmittelbar keine Tatbestandsmerkmale entnehmen lassen, werden aus dem Gesetzeswortlaut mittelbar zunächst zwei formelle Merkmale abgeleitet: Standardisierung *(„Kategorien von Wertpapieren")* **(aa)**) und Handelbarkeit *(„die auf dem Kapitalmarkt gehandelt werden können")* **(bb)**).[38] Darüber hinaus ist die Übertragbarkeit des Instruments **(cc)**) und die Vergleichbarkeit mit herkömmlichen Wertpapieren erforderlich **(dd)**).

15 **aa) Standardisierung.** Standardisierung ist gegeben, wenn eine Kategorie des Wertpapiers mit gemeinsamen Merkmalen im Sinne einer gattungsmäßigen Ausgestaltung (dh keiner individuellen Ausgestaltung) existiert. Das ist zu bejahen, wenn eine Austauschbarkeit und damit eine Vertretbarkeit gegeben ist.[39] Die Instrumente müssten demnach im Rechtsverkehr nach Art und Zahl der Stücke bestimmt werden können.[40]

16 Bei herkömmlichen NFTs handelt es sich nach dem Vorgesagten in der Regel nicht um Finanzinstrumente. NFTs sind grundsätzlich einzigartig und verfügen damit gerade nicht über eine gattungsmäßige Ausgestaltung. Anders kann es hingegen bei *Fractional*-NFTs **(„F-NFTs")** liegen: Soweit die einzelnen F-NFTs die jeweils selben Rechte an einem Vermögensgegenstand verkörpern ist eine hinreichende Standardisierung gegeben.[41]

[37] Ellenberger/Bunte BankR-HdB/Hopt/Kumpan § 86 Rn. 22; Schwark/Zimmer/Kumpan/Misterek MAR Art. 2 Rn. 4.
[38] Schwark/Zimmer/Kumpan/Misterek MAR Art. 2 Rn. 5; Meyer/Veil/Rönnau MarktmissbrauchsR-HdB/Veil § 4 Rn. 51; Kleinert/Mayer EuZW 2019, 857 (860); Zickgraf AG 2018, 293 (299).
[39] Schwark/Zimmer/Kumpan/Misterek MAR Art. 2 Rn. 5; Zickgraf AG 2018, 293 (300).
[40] Zickgraf AG 2018, 293 (299).
[41] Herrmann/Aschenbeck BB 2023, 1987 (1990).

bb) Handelbarkeit. Eine allgemein anerkannte Definition der Handelbarkeit existiert nicht. Teilweise wird vorgeschlagen, auf eine tatsächliche Handelbarkeit im Sinne einer Zirkulationsfähigkeit oder (weiter) einer Umlauffähigkeit abzustellen.[42] Die ESMA sieht nach ihren Leitlinien Handelbarkeit als gegeben an, wenn ein Kryptowert übertragen und frei gehandelt werden kann.[43] Praktischer Gradmesser ist, ob das in Rede stehende Instrument vergleichbar mit den in Art. 4 Abs. 1 Nr. 44 Buchst. a–c MiFID II genannten übertragbaren Wertpapieren gehandelt wird. Dieses Merkmal ist bei NFTs durch ihre Handelbarkeit an den speziellen Krypto-Börsen, welche Angebot und Nachfrage bzgl. der Tokens zusammenführen[44], erfüllt.[45] Eine darüberhinausgehende Verbriefung, wie sie in Teilen der Literatur gefordert wird[46], ist für die Bejahung der Handelbarkeit indes nicht zwingend.[47] Streitig ist zudem, ob die Möglichkeit eines gutgläubigen Erwerbs für eine Handelbarkeit erforderlich ist[48] und – in einem zweiten Schritt – ob die Blockchain-Technologie ein Äquivalent zum Gutglaubenserwerb darstellen kann[49]. Im Ergebnis ist bereits das Erfordernis eines Gutglaubenserwerbs abzulehnen, andernfalls würde der europarechtliche Wertpapierbegriff von nationalrechtlichen Gutglaubensvorschriften abhängen.[50] 17

cc) Übertragbarkeit. Eine Handelbarkeit setzt voraus, dass die Instrumente auch tatsächlich übertragen werden können. Deshalb wird aus dem Erfordernis der Handelbarkeit mittelbar das Erfordernis der Übertragbarkeit abgeleitet.[51] Die Übertragbarkeit ist Voraussetzung für die Einordnung als Finanzinstrument iSd MiFID II.[52] Kryptowerte, die nicht übertragbar sind, sollen nicht in den Anwendungsbereich der MiCAR-Verordnung fallen, wie die ESMA in ihren Leitlinien klarstellt. Dies soll gleichermaßen für solche Kryptowerte gelten, die einzigartig und nicht mit anderen Kryptowerten fungibel sind.[53] 18

Übertragbarkeit meint, dass keine rechtlichen oder tatsächlichen Hindernisse für eine freie Veräußerbarkeit vorliegen dürfen.[54] NFTs können über die zugrundeliegende Netzwerkarchitektur, bspw. in Form einer Blockchain, zumindest tatsächlich übertragen werden. Dies ist trotz der Schwierigkeiten, den Übertragungsprozess zivilrechtlich zu erfassen,[55] für eine Übertragbarkeit im wertpapierrechtlichen Sinne ausreichend. 19

dd) Vergleichbarkeit mit herkömmlichen Wertpapieren. Vor dem Hintergrund der in Art. 4 Abs. 1 Nr. 44 Buchst. a–c MiFID II genannten Regelbeispiele übertragbarer Wertpapiere muss ein NFT eine Vergleichbarkeit mit den dort genannten Instrumenten auf- 20

---

42 Vgl. Schwark/Zimmer/Kumpan/Misterek MAR Art. 2 Rn. 6 mwN.

43 ESMA, Final Report Guidelines on the conditions and criteria for the qualification of crypto-assets as financial instruments v. 17.12.2024, abrufbar unter: https://www.esma.europa.eu/sites/default/files/2024-12/ESMA75453128700-1323_Final_Report_Guidelines_on_the_conditions_and_criteria_for_the_qualification_of_CAs_as_FIs.pdf **(„ESMA Leitlinien“)**, S. 38 Rn. 29 (zuletzt abgerufen am 23.6.2025).

44 Siehe ausführlich zur Einordnung von Kryptobörsen als Kapitalmärkte Zickgraf AG 2018, 293 (301).

45 Veil ZHR 2019, 346 (357).

46 Für ein Verbriefungserfordernis: Nathmann BKR 2019, 540 (543); Kusserow WM 2020, 586 (594 f.); Bialluch-von Allwörden/von Allwörden WM 2018, 2118 (2119 f.).

47 Statt vieler: Omlor/Link Kryptowährungen/Schwennicke Kap. 8 Rn. 55 mwN.

48 Siehe zum Streitstand Schwark/Zimmer/Kumpan/Misterek MAR Art. 2 Rn. 8.

49 Dafür Schwark/Zimmer/Kumpan WpHG Art. 2 Rn. 9; aA Bialluch-von Allwörden/von Allwörden WM 2018, 2118 (2121).

50 Klöhn/Klöhn MAR Art. 2 Rn. 17; Schwark/Zimmer/Kumpan/Misterek MAR Art. 2 Rn. 8; aA Fuchs/Fuchs/Zimmermann WpHG § 2 Rn. 21.

51 Zickgraf AG 2018, 293 (299). Vor diesem Hintergrund wird teilweise vertreten, dass es einer separaten Prüfung der Übertragbarkeit nicht bedürfe, siehe hierzu Zickgraf AG 2018, 293 (299) Fn. 74 mwN zur Diskussion in der Literatur.

52 So klarstellend ESMA Leitlinien S. 35 Rn. 14. Zu beachten ist auch die Rückausnahme, wonach ein übertragbares Finanzinstrument nicht vorliegen soll, wenn der Kryptowert als Zahlungsmittel definiert werden kann; zwar hält die MiFID II keine Definition für das Zahlungsmittel bereit, aber nach den ESMA Leitlinien ist diese gegeben, wenn der Wert als Tauschmittel dienen kann, siehe S. 35 Rn. 15, 17.

53 ESMA Leitlinien, S. 46 Rn. 63.

54 Zickgraf AG 2018, 293 (299); Hoeren/Sieber/Holznagel MMR-HdB/Guggenberger Teil 13.7 Rn. 40.

55 Siehe dazu instruktiv Guntermann RDi 2022, 200 mwN.

weisen.[56] Insoweit ist im Sinne dieses materiellen Kriteriums beispielsweise erforderlich, dass NFTs, wie etwa die in Buchst. a genannten Aktien oder Anteile an Personengesellschaften, vermögensmäßige oder mitgliedschaftliche Rechte an Unternehmen vermitteln oder wie die in Buchst. b genannten Inhaberschuldverschreibungen und weiteren Schuldtitel vermögensmäßige Rechte (insbes. Gewinnbezugsrechte), verkörpern. Im Ergebnis muss somit eine Ähnlichkeit zu den genannten Eigen- oder Fremdkapitalinstrumenten bestehen. Eine solche Vergleichbarkeit wird wohl nur in wenigen Fällen gegeben sein, der BaFin waren zum März 2023 jedenfalls keine NFTs bekannt, die eine hinreichende Vergleichbarkeit mit herkömmlichen Wertpapieren aufgewiesen hätten.[57] Allerdings betont die BaFin die grundsätzliche Möglichkeit, NFTs im Einzelfall als übertragbare Wertpapiere einzustufen.[58]

b) Marktbezug von NFTs

21 Die sachliche Anwendbarkeit der MAR setzt neben der Finanzinstrumenteneigenschaft kumulativ einen Marktbezug voraus, welcher vorliegt, wenn das Finanzinstrument einen hinreichend engen Bezug zu einem der in Art. 2 Abs. 1 UAbs. 1 Buchst. a–c MAR genannten Handelsplätze – geregelte Märkte (Buchst. a), multilaterale Handelssysteme (Buchst. b) oder organisierte Handelssysteme (Buchst. c) – aufweist.[59] Ob ein hinreichend enger Bezug zwischen Finanzinstrument und einem Handelsplatz besteht, hängt von dem jeweiligen Handelsplatz ab, unabhängig davon, ob dieser im Inland, einem EU-Mitgliedstaat oder im EWR liegt.[60]

22 In Art. 2 Abs. 1 UAbs. 1 Buchst. a MAR werden zunächst die geregelten Märkte als mögliche Handelsplätze genannt. Das sind in Deutschland die Börsen iSd §§ 32 ff. BörsG.[61] Für den geforderten hinreichend engen Bezug zwischen Finanzinstrument und Handelsplatz reicht es im Falle eines geregelten Marktes aus, wenn die Zulassung für das jeweilige Finanzinstrument beantragt oder erfolgt ist (Art. 2 Abs. 1 UAbs. 1 Buchst. a MAR).

23 Art. 2 Abs. 1 UAbs. 1 Buchst. b MAR führt als weiteren Handelsplatz Multilaterale Handelssysteme **(„MTF")** auf. MTF sind in Art. 4 Abs. 1 Nr. 22 MiFID II legal definiert und umfassen etwa Freiverkehrsbörsen. Für einen hinreichend engen Bezug müssen die Finanzinstrumente auf dem MTF gehandelt werden, wobei auch hier die Beantragung einer Zulassung oder eine bereits erfolgte Zulassung ausreicht (Art. 2 Abs. 1 Buchst. b MAR).

24 In Art. 2 Abs. 1 UAbs. 1 Buchst. c MAR nennt das Gesetz ferner organisierte Handelssysteme **(„OTF").** Diese sind in Art. 4 Abs. 1 Nr. 23 MiFID II legal definiert und umfassen Systeme, die Kaufs- und Verkaufsinteressen zusammenführen, aber nicht unter die Varianten Buchst. a und Buchst. b fallen.[62] Für einen hinreichend engen Bezug müssen die Finanzinstrumente auf dem OTF gehandelt werden (Art. 2 Abs. 1 Buchst. c MAR).

25 In Art. 2 Abs. 1 UAbs. 1 Buchst. d MAR schließlich findet sich ein Auffangtatbestand für solche Finanzinstrumente, die zwar nicht unter Buchst. a–c fallen, deren Kurs oder Wert jedoch von dem Kurs oder Wert eines der unter Buchst. a–c fallenden Finanzinstrumente abhängt oder sich darauf auswirkt. Dieser Auffangtatbestand soll vermeiden, dass es zu einer Umgehung der vorgenannten Fallgruppen kommt, indem sich etwa ein Insider durch Abschluss eines Optionsvertrags rechtzeitig von verlustbedrohten Finanzinstrumenten trennt.[63] Ausdrücklich unter Art. 2 Abs. 1 UAbs. 1 Buchst. d MAR zu fassen sind Kreditausfall-Swaps (CDS) sowie Differenzkontrakte (CFD), wobei dezidiert auch andere Fall-

56 Veil ZHR 2019, 346 (357 f.); Rennig BKR 2021, 402 (404); Kleinert/Mayer EuZW 2019, 857 (860); Weiß BaFin Journal April 2019, S. 10.

57 Heinrich et al. BaFin Journal vom 8.3.2023.

58 Heinrich et al. BaFin Journal vom 8.3.2023.

59 Siehe zum sachlichen Anwendungsbereich instruktiv Schwark/Zimmer/Kumpan/Misterek MAR Art. 2 Rn. 1 ff.

60 Die MAR verweist in ihrer Definition des Finanzinstruments auf die MiFID II, welche auch Finanzinstrumente erfasst, die an EU/EWR-ausländischen Handelsplätzen zugelassen sind.

61 Schwark/Zimmer/Zimmer/Bator, Kapitalmarktrechts-Kommentar, MAR Art. 15 Rn. 20.

62 Creifelds Rechtswörterbuch/Hakenberg Organisierte Handelssysteme.

63 OLG Karlsruhe WM 2004, 2486; Ellenberger/Bunte BankR-HdB/Hopt/Kumpan § 86 Rn. 27.

gruppen erfasst sind („nicht darauf beschränkt“, Art. 2 Abs. 1 UAbs. 1 Buchst. d MAR). Dazu zählen zB Derivate wie etwa Optionen und Optionsverträge,[64] Optionen auf den Erwerb „junger Aktien“,[65] Aktienoptionsprogramme (insbes. Mitarbeiteroptionsprogramme)[66] sowie sog. „Click Options“.[67]

Soweit es sich im konkreten Fall bei dem NFT um ein Finanzinstrument handelt, ist fraglich, ob ein Marktbezug, also ein hinreichend enger Bezug zu einem der in Art. 2 Abs. 1 UAbs. 1 Buchst. a–c MAR genannten Handelsplätze bestehen kann. NFTs werden nicht auf einem geregelten Markt gehandelt. Soweit ersichtlich, wurde für NFTs bislang auch kein Antrag auf Handelszulassung an einem geregelten Markt gestellt, wodurch Art. 2 Abs. 1 UAbs. 1 Buchst. a MAR ausscheidet. Je nach Ausgestaltung der Handelsplattform, auf der NFTs gehandelt werden, kann jedoch die Einordnung als MTF oder als OTF – Krypto-MTF oder Krypto-OTF – im Einzelfall zu bejahen sein (Art. 2 Abs. 1 UAbs. 1 Buchst. b, c MAR).[68] **26**

Herauszustellen ist, dass der Marktbezug nicht bei der marktmanipulierenden Handlung selbst bestehen muss. So sind nach Art. 2 Abs. 3 MAR auch Manipulationshandlungen erfasst, die abseits der im Vorangegangenen geschilderten Märkte stattfinden.[69] **27**

2. Das Marktmissbrauchsrecht der MAR

Die MAR folgt dem Grundsatz der Vollharmonisierung[70] und enthält abschließende Vorschriften zu Insidergeschäften und Marktmanipulation. Vor dem Hintergrund, dass sich die zentralen Fragen im Zusammenhang mit NFTs und der MAR in Bezug auf die Anwendbarkeit der Verordnung stellen, soll der folgende Abschnitt lediglich einen Überblick über das Marktmissbrauchsrecht der MAR bieten. **28**

In Art. 7 MAR findet sich die Definition der Insiderinformation. Diese stellt den zentralen Begriff des Insiderrechts dar. Eine Insiderinformation ist demnach eine nicht öffentlich bekannte präzise Information, die direkt oder indirekt einen oder mehrere Emittenten oder ein oder mehrere Finanzinstrumente betrifft, und die, wenn sie öffentlich bekannt würde, geeignet wäre, den Kurs dieser Finanzinstrumente oder den Kurs damit verbundener derivativer Finanzinstrumente erheblich zu beeinflussen. Art. 8 MAR behandelt das Insidergeschäft, also den Erwerb oder die Veräußerung eines Finanzinstruments bei Kenntnis einer Insiderinformation. Art. 10 MAR betrifft die unrechtmäßige Offenlegung von Insiderinformationen. Nach Art. 14 MAR sind sowohl das Tätigen eines Insidergeschäfts als auch die unrechtmäßige Offenlegung von Insiderinformationen verboten. Art. 5, 9, 11 und 21 MAR erlauben das Tätigen von Insidergeschäften oder die Offenlegung von Insiderinformationen unter gewissen Voraussetzungen.[71] **29**

---

64 Assmann/Schütze/Buck-Heeb KapAnlR-HdB/Buck-Heeb § 8 Rn. 42.

65 Assmann/Schütze/Buck-Heeb KapAnlR-HdB/Buck-Heeb § 8 Rn. 42.

66 Assmann/Schütze/Buck-Heeb KapAnlR-HdB/Buck-Heeb § 8 Rn. 42; Ellenberger/Bunte BankR-HdB/Hopt/Kumpan § 86 Rn. 27; Park/Hilgendorf/Kusche, Kapitalmarktstrafrecht, MAR Art. 2 III Rn. 12.

67 „Click Options“ sind außerbörslich vereinbarte standardisierte Derivateverträge auf Finanzinstrumente, welche von privaten Anlegern bei diversen Online-Anbietern abgeschlossen werden können; vgl. Dazu auch Ellenberger/Bunte BankR-HdB/Hopt/Kumpan § 86 Rn. 27; Assmann/Schütze/Buck-Heeb KapAnlR-HdB/Buck-Heeb § 8 Rn. 42.

68 Vgl. hierzu ausführlich Patz BKR 2019, 435. Für MTF Börner NZWiSt 2018, 48 (50). Zur Einordnung und Kategorisierung der verschiedenen Handelsplattformen ESMA, Advise – Initial Coin Offerings and Crypto-Assets, S. 24 Rn. 105 ff., abrufbar unter https://www.esma.europa.eu/sites/default/files/library/esma50-157-1391_crypto_advice.pdf (zuletzt abgerufen am 23.6.2025).

69 So schon Grimm/Kreuter AG 2023, 177 (187) mit entsprechendem Verweis auf Assmann/Uwe H. Schneider/Mülbert/Mülbert, Wertpapierhandelsrecht, MAR Art. 12 Rn. 35 u. 36.

70 Vgl. Erwgr. 3–5 MAR.

71 Ob es sich bei den einzelnen Vorschriften um „Ausnahmen“, „Bereichsausnahmen“, „safe harbours“ oder „gerechtfertigte Handlungen“ handelt ist umstritten, im Ergebnis aber vornehmlich eine sprachliche Unterscheidung, vgl. zum Überblick Schwark/Zimmer/Kumpan/Schmidt, Kapitalmarktrechts-Kommentar, MAR Art. 2 Rn. 3 mwN.

30 Die Verbotsvorschriften der MAR werden durch Offenlegungspflichten flankiert. Danach sind Insiderinformation unverzüglich im Wege der Ad-hoc-Mitteilung zu veröffentlichen, Art. 17 MAR. Emittenten trifft nach Art. 18 MAR die Pflicht, Insiderlisten mit Wissensträgern zu führen. Gemäß Art. 19 MAR sind Eigengeschäfte von Führungskräften und ihnen nahestehende Person zu melden. Diese umfangreichen Offenlegungspflichten dienen nach den Erwägungsgründen der Vorbeugung von Marktmissbrauch.[72] Die Pflichten nach Art. 18 und 19 MAR unterscheiden das Insiderrecht der MAR von dem der MiCAR, die eine Pflicht zum Führen von Insiderlisten und zur Offenlegung von Eigengeschäften von Führungskräften nicht vorsieht.

31 Die zentrale Begriffsbestimmung der Marktmanipulation findet sich in Art. 12 MAR; die Norm konstituiert vier Tatvarianten der Marktmanipulation. Die korrespondierende Verbotsanordnung findet sich in Art. 15 MAR.

32 Insider- und Marktmanipulationsverstöße nach der MAR stehen – als Ausdruck der nationalen Souveränität im Bereich des Strafrechts – weiterhin auf nationaler Ebene unter Strafe:[73] Der deutsche Gesetzgeber ist seiner Pflicht aus der Richtlinie über strafrechtliche Sanktionen bei Marktmanipulation[74] zur Schaffung von Vorschriften zur Pönalisierung von Verstößen gegen die MAR mit § 119 WpHG nachgekommen, der als zentrale Vorschrift des Marktmissbrauchsstrafrechts verschiedene Straftatbestände aufzählt.[75] Die Vorschrift weist dabei eine Blankettstruktur auf, die in dem Verweis auf die MAR und ihre Marktmissbrauchsverbote zum Ausdruck kommt.[76] Insofern ist auch für das deutsche Marktmissbrauchsstrafrecht entscheidend, ob der Anwendungsbereich der MAR eröffnet ist. Mit anderen Worten: Lediglich Finanzinstrumente, die unter die MAR fallen, sind taugliche Tatobjekte des deutschen Marktmissbrauchsstrafrechts und nur von der MAR erfasste Handelsplätze kommen als Tatorte in Betracht.[77]

33 Nach § 119 Abs. 1 WpHG steht Marktmanipulation unter Strafe, wobei zwischen der informationsgestützten Marktmanipulation (erfasst von § 119 Abs. 1 Var. 2 Nr. 1 WpHG) sowie der handels- und handlungsgestützten Manipulation (erfasst von § 119 Abs. 1 Var. 1 und § 119 Abs. 1 Var. 2 WpHG) zu differenzieren ist.[78] Die Tatbestände zur Marktmanipulation verweisen jeweils über § 120 Abs. 2 Nr. 3 und Abs. 15 Nr. 2 WpHG[79] auf das Verbot der Marktmanipulation nach Art. 15 MAR, der wiederum an die Marktmanipulation nach Art. 12 MAR anknüpft. § 119 Abs. 5 WpHG enthält den Qualifikationstatbestand der schweren Marktmanipulation, welcher mit dem 1. FiMaNoG neu in das WpHG eingefügt wurde, ohne dass sich eine entsprechende Verpflichtung aus dem europäischen Recht ergeben hätte.[80] Die Qualifikation knüpft an eine gewerbs- oder bandenmäßige Begehungsweise an (Nr. 1) bzw. stellt ein (unechtes) Sonderdelikt[81] für den Fall der Marktmanipulation in Ausübung einer Tätigkeit für eine inländische Finanzaufsichtsbehörde, ein Wertpapierdienstleistungsunternehmen, eine Börse oder einen Betreiber eines Handelsplatzes dar.

72 Erwgr. 49, 58 MAR.

73 Grimm Das Insiderhandelsverbot zwischen Rechtstheorie und Rechtspraxis S. 66.

74 RL 2014/57/EU über strafrechtliche Sanktionen bei Marktmanipulation (engl. Market Abuse Directive, kurz CRIM-MAD), ABl. 2014 L 173, 179.

75 Bis zum 3.1.2018 fungierte § 38 WpHG aF als zentrale Norm des (deutschen) Marktmissbrauchsrechts; Meyer/Veil/Rönnau MarktmissbrauchsR-HdB/Rönnau/Wegner § 28 Rn. 1; Wegner/Ladwig JuS 2020, 1016 (1016 f.).

76 Schwark/Zimmer/Böse/Jansen, Kapitalmarktrechts-Kommentar, WpHG § 119 Rn. 4 („‚unionisiertes' Strafrecht"); Wegner/Ladwig JuS 2020, 1016.

77 MüKoStGB/Pananis WpHG § 119 Rn. 162; Graf/Jäger/Wittig/Köpferl WpHG § 119 Rn. 36 ff.

78 Eine Abgrenzung der einzelnen Tatbestände ist nicht treffscharf möglich, siehe hierzu Wegner/Ladwig JuS 2020, 1153 (1154).

79 Siehe im Detail zur Verweisungskette Wegner/Ladwig JuS 2020, 1153 (1154).

80 Meyer/Veil/Rönnau MarktmissbrauchsR-HdB/Rönnau/Wegner § 28 Rn. 85.

81 Meyer/Veil/Rönnau MarktmissbrauchsR-HdB/Rönnau/Wegner § 28 Rn. 87; Poller NZWiSt 2017, 430 (432).

In § 119 Abs. 2 und 3 WpHG finden sich die sog. Insiderdelikte: § 119 Abs. 2 WpHG pönalisiert Insiderverstöße im Zusammenhang mit der Versteigerung von Emissionszertifikaten, § 119 Abs. 3 stellt das Kern-Insiderstrafrecht[82] dar und sanktioniert drei Varianten insiderrechtlicher Verstöße: § 119 Abs. 3 Nr. 1 WpHG stellt das Tätigen von Insidergeschäften unter Strafe (bezugnehmend auf Art. 14 Buchst. a MAR), § 119 Abs. 3 Nr. 2 WpHG knüpft an die Empfehlung an Dritte bzw. die Verleitung Dritter, Insidergeschäfte zu tätigen, an (bezugnehmend auf Art. 14 Buchst. b MAR), § 119 Abs. 3 Nr. 3 WpHG bestraft die unrechtmäßige Offenlegung von Insiderinformationen (bezugnehmend auf Art. 14 Buchst. c MAR). **34**

Nach § 119 Abs. 4 WpHG ist auch bereits der Versuch des Tätigen eines Insidergeschäfts oder der Marktmanipulation strafbar, wobei sich die Versuchsstrafbarkeit auf sämtliche Begehungsvarianten der Abs. 1–3 bezieht.[83] **35**

Die jeweils vorsätzliche Begehungsweise der Marktmanipulation und der Insiderdelikte werden mit Freiheitsstrafe bis zu fünf Jahren oder Geldstrafe bedroht. Für die Qualifikationstatbestände sieht § 119 Abs. 5 WpHG einen Strafrahmen von einem Jahr bis zu zehn Jahren Freiheitsstrafe vor. **36**

IV. Das neue Marktmissbrauchs-Regime der MiCAR

Das Europäische Parlament hat die MiCAR als Teil der EU-Strategie für ein digitales Finanzwesen am 20.4.2023 verabschiedet; seit dem 30.12.2024 gilt sie vollumfänglich (Art. 149 Abs. 2 MiCAR). Die MiCAR schafft damit erstmals ein umfassendes regulatorisches Rahmenwerk für Primär- und Sekundärmärkte für Kryptowerte, das insbesondere Zulassungsvorbehalte für das öffentliche Angebot bestimmter Kryptowerte und Kryptowerte-Dienstleistungen, Transparenz- und Offenlegungspflichten für das öffentliche Angebot und die Zulassung zum Handel, Vorgaben zum Schutz der Inhaber von Kryptowerten und Kunden der Anbieter von Kryptowerte-Dienstleistungen sowie Maßnahmen zur Verhinderung von Insidergeschäften, unrechtmäßiger Offenlegung von Insiderinformationen sowie Marktmanipulation im Zusammenhang mit Kryptowerten. Auch wenn die Bestimmungen der MiCAR in den Mitgliedsstaaten direkt gelten, bedarf es einer Anpassung der nationalen Gesetzgebung an die MiCAR, wobei Deutschland mit dem Finmadig ein Kryptomärkteaufsichtsgesetz (KMAG) sowie Anpassungen bestehender Finanzgesetze[84] vorschlägt, um die Verordnung in nationales Recht zu überführen.[85] **37**

Die Vorschriften zur Verhinderung und das Verbot von Marktmissbrauch im Zusammenhang mit Kryptowerten finden sich in Titel VI (Art. 86–92).[86] Das Marktmissbrauchs-Regime ist grundsätzlich der MAR nachgebildet[87] und die MiCAR verwendet – parallel zur MAR – Marktmissbrauch als Oberbegriff für Insiderhandel und Marktmanipulation. Die Art. 86–92 MiCAR definieren unter anderem den Geltungsbereich der Vorschriften über Marktmissbrauch (Art. 86 MiCAR), beinhalten eine Definition des Begriffs der Insiderinformation (Art. 87 MiCAR), konstituieren eine Pflicht zur Offenlegung von Insiderinformationen (Art. 88 MiCAR) und verbieten Insidergeschäfte (Art. 89 MiCAR) und Marktmanipulation (Art. 91 MiCAR).[88] Art. 92 MiCAR enthält ergänzende Vorschriften **38**

---

82 Meyer/Veil/Rönnau MarktmissbrauchsR-HdB/Rönnau/Wegner § 28 Rn. 99.

83 Hierdurch werde bereits das Anlegervertrauen bzw. die Funktionsfähigkeit des Kapitalmarkts gefährdet, Assmann/Schütze/Buck-Heeb KapAnlR-HdB/Buck-Heeb Rn. 206; MüKoStGB/Panänis WpHG § 119 Rn. 270; näher zur rechtspolitischen Kritik an der Versuchsstrafbarkeit in Bezug auf die Insiderdelikte Hienzsch Insiderhandelsverbot in der Rechtswirklichkeit S. 157.

84 Angepasst werden durch das FinmadiG insbesondere die Vorschriften des KWG, GwG, WpHG und ZAG.

85 Zum 11.3.2025 ist die Verabschiedung des FinmadiG im Bundestag in der laufenden Legislaturperiode unwahrscheinlich.

86 Vgl. ABl. 2023 L 150, 40 iVm Art. 149 Abs. 1 MiCAR sowie Art. 149 Abs. 2 MiCAR.

87 Kalss/Krönke/Völkl/Wutscher MiCAR Art. 86 Rn. 3; MiCAR Art. 7 Rn. 3.

88 Zusammenfassend zum Marktmissbrauchsregime Raschner BKR 2022, 217 (220); Grimm/Kreuter AG 2023, 177 (186); Assmann/Schütze/Buck-Heeb KapAnlR-HdB/Eckhold/F. Schäfer § 17 Rn. 70.

über die Vorbeugung und Aufdeckung von Marktmissbrauch. Anders als die MAR enthält die MiCAR jedoch keine Vorschriften über Marktsondierungen (Art. 11 MAR), Insiderlisten (Art. 18 MAR) und Eigengeschäfte von Führungskräften (Art. 19 MAR). Die MiCAR wird teils als *„Auffangregelung zu der Regulierung von Finanzinstrumenten durch die […] MAR"*[89] oder als *„MAR in Kurzfassung"*[90] verstanden; gemeinsam mit der VO (EU) 2017/1129 (Prospekt-VO) und der Richtlinie 2014/65/EU (MiFID II) entsteht ein *„‚token-orientiertes' Aufsichtsregime"*,[91] welches sich erwartungsgemäß in den nächsten Jahren weiter entwickeln und an die Krypto-Rechtswirklichkeit dynamisch anpassen wird.[92]

39 Der persönliche Anwendungsbereich der MiCAR umfasst gem. Art. 2 Abs. 1 MiCAR grundsätzlich alle natürlichen und juristischen Personen und andere Unternehmen, die in der Europäischen Union mit der Ausgabe, dem öffentlichen Angebot und der Zulassung zum Handel von Kryptowerten befasst sind oder die Dienstleistungen im Zusammenhang mit Kryptowerten erbringen.

1. Sachlicher Anwendungsbereich der MiCAR

40 Die sachliche Anwendbarkeit der MiCAR auf NFTs ist vor dem Hintergrund der zahlreichen Einsatzmöglichkeiten und Erscheinungsformen von NFTs höchst praxisrelevant. Auch wenn der Begriff „NFT" in der MiCAR keine ausdrückliche Erwähnung findet, stellt Erwgr. 10 klar, dass die MiCAR grundsätzlich keine Anwendung auf einmalige und nicht fungible Kryptowerte, einschließlich digitaler Kunst und Sammlerstücken, finden soll und bezieht sich damit auf NFTs. Während die grundsätzliche Erstreckung der MiCAR auf NFTs im Rahmen des Gesetzgebungsverfahrens diskutiert wurde[93], hat sich der europäische Gesetzgeber letztlich dagegen entschieden.[94] Auch die Europäische Wertpapier- und Marktaufsichtsbehörde (ESMA) hat dieses Verständnis in den auf Grundlage von Art. 2 Abs. 5 MiCAR erlassenen Leitlinien hinsichtlich der Einordnung von Kryptowerten als Finanzinstrumente[95] bestätigt[96]. Die Leitlinien richten sich an zuständige nationale Aufsichtsbehörden und Finanzmarktteilnehmer. Sie enthalten – neben Hinweisen zu Utility Token und Hybriden Token, also Mischformen von Token-Arten[97] – auch Konkretisierungen in Bezug auf NFTs, mit welchen die ESMA die zahlreichen Unsicherheiten aufgreift, mit welchen die Kategorisierung von NFTs im Kontext des Anwendungsbereichs der MiCAR behaftet ist. Ziel ist ein einheitliches Verständnis bezüglich des sachlichen Anwendungsbereichs der MiCAR.[98] Insgesamt gilt jedoch auch hier, dass es jeweils auf die konkrete Ausgestaltung im Einzelfall ankommt, und NFTs potentiell von der MiCAR erfasst werden können. Die Anwendbarkeit der MiCAR auf NFTs ist daher stets im Einzelfall zu prüfen. Erwartungsgemäß werden die Kriterien in Rechtsprechung, Literatur und Anwendungspraxis näher konkretisiert.[99]

---

89 Assmann/Schütze/Buck-Heeb KapAnlR-HdB/F. Schäfer § 17 Rn. 61.
90 Assmann/Schütze/Buck-Heeb KapAnlR-HdB/Eckhold/F. Schäfer § 17 Rn. 70.
91 Assmann/Schütze/Buck-Heeb KapAnlR-HdB/Eckhold/F. Schäfer § 17 Rn. 61.
92 In diese Richtung auch Assmann/Schütze/Buck-Heeb KapAnlR-HdB/F. Schäfer § 17 Rn. 71.
93 So berücksichtigt der erste Kommissionsentwurf (September 2020) noch NFTs.
94 Vgl. hierzu Maume RDi 2022, 461 (465) und Wellerdt WM 2021, 2379 (2382).
95 Vgl. ESMA Leitlinien, S. 31 Rn. 2; Zweck der ESMA Leitlinien ist insbesondere, die Abgrenzung zwischen MiCAR und anderen Regulierungsrahmen, insbesondere der MiFID II, einheitlich festzulegen.
96 Vgl. ESMA Leitlinien, S. 46 f. Rn. 65.
97 Siehe zu Hybriden Token https://www.bafin.de/SharedDocs/FAQs/DE/Fintech/Kryptotoken/FAQ3/0200_HybrideToken.html (zuletzt abgerufen am 23.6.2025).
98 ESMA Leitlinien, S. 33 Rn. 4.
99 Vgl. Herrmann/Aschenbeck BB 2023, 1987 (1989, 1991), welche die Genese der aktuellen Regulierung darstellen.

a) NFTs als Kryptowerte

NFTs fallen grundsätzlich unter den in Art. 2 Abs. 1 und Abs. 2 MiCAR in Bezug genommenen, sehr weit gehaltenen Begriff des „Kryptowerts". Eine wortlautbezogene, implizite Anknüpfung finden NFTs lediglich in Art. 2 Abs. 3 MiCAR: Die Regelung nimmt solche Kryptowerte vom Anwendungsbereich der Verordnung aus, die einmalig und nicht mit anderen Kryptowerten fungibel sind. Dies erscheint zunächst als generelle Herausnahme von NFTs aus dem Anwendungsbereich der Verordnung; eine solche rein technische Einordnung[100] würde jedoch zu weit greifen. Vielmehr ist die Anwendbarkeit der MiCAR auf NFT stets in Bezug auf den Einzelfall, das heißt in Bezug auf die konkrete Ausgestaltung des NFTs, zu prüfen.[101] Insoweit erschließt sich die Reichweite unter Heranziehung der Erwgr. 10 und 11 MiCAR; diese konkretisieren den Anwendungsbereich der Verordnung und nennen Anwendungsbeispiele sowie Indizien, die für oder gegen die Anwendbarkeit der MiCAR sprechen. Die Auslegung lässt den Schluss zu, dass sich die Ausnahme vom Anwendungsbereich nicht auf sämtliche NFTs bezieht und diese daher im Einzelfall in den Anwendungsbereich der Verordnung fallen können. Dies spiegelt den *substance-over-form*-Ansatz des europäischen Gesetzgebers wider: Ohne Relevanz ist die begriffliche Einordnung eines Kryptowertes als NFT; entscheidend ist vielmehr seine inhaltliche Ausgestaltung im konkreten Einzelfall.[102] Diesen Ansatz bestätigt die ESMA auch in ihren Leitlinien.[103] **41**

Erwgr. 10 MiCAR beleuchtet den Anwendungsbereich der Verordnung im Lichte ihrer Schutzzwecke und nimmt solche Kryptowerte vom Anwendungsbereich aus, die aufgrund ihrer Merkmale, die nur ein begrenztes Maß an finanzieller Verwendung zulassen, lediglich geringe Risiken für ihren Inhaber oder das Finanzsystem als solches aufweisen. So findet die Verordnung nach Erwgr. 10 MiCAR keine Anwendung auf Kryptowerte, die einmalig und nicht mit anderen Kryptowerten fungibel sind, einschließlich digitaler Kunst und Sammlerstücken, die mithin unter die Ausnahmevorschrift des Art. 2 Abs. 3 MiCAR fallen. Damit der Ausschluss von der Anwendbarkeit nach Art. 2 Abs. 3 MiCAR eingreift, genügt es nach Erwgr. 11 S. 3 MiCAR nicht, dass sich die Einmaligkeit aus der technischen Kennung ableitet. Vielmehr muss der referenzierte Vermögensgegenstand ebenfalls einmalig sein (inhaltliche Einzigartigkeit iSv Erwgr. 11 S. 4 MiCAR).[104] Diese Merkmale treffen in der Regel auf Standard-NFTs zu, welche Werte oder Rechte repräsentieren, die sich durch inhaltliche (und nicht notwendigerweise rechtliche) Individualität und Einzigkeit auszeichnen.[105] **42**

Als Begründung nennt die Verordnung, dass sich der Wert solcher Kryptowerte aus ihren einzigartigen Merkmalen und dem jeweiligen Nutzen für den Inhaber zusammensetzt. Auch Kryptowerte, die einmalige, nicht fungible Dienstleistungen oder materielle Vermögenswerte darstellen, sollen vom Anwendungsbereich der Verordnung ausgenommen werden. Erwgr. 10 MiCAR begründet dies damit, dass entsprechende Kryptowerte derart einzigartig ausgestaltet sind, dass sie zwar auf Marktplätzen handelbar sind, aber ihr relativer Wert nicht durch einen Vergleich mit einem bestehenden Markt oder gleichwertigen Vermögenswerten bestimmbar ist. Ob diese Ausnahmen vom Anwendungsbereich überzeugen, ist angesichts der vielfältigen Missbrauchsopportunitäten (→ Rn. 8) fraglich. **43**

Erwgr. 11 gibt Aufschluss darüber, wann NFTs ausnahmsweise doch unter die MiCAR fallen können, mithin nicht von Art. 2 Abs. 3 MiCAR erfasst sind. Zunächst nennt Erwgr. 11 S. 1 MiCAR Teilanteile an einem einmaligen und nicht fungiblen Kryptowert **44**

100 John BKR 2025, 162 (164).
101 ESMA Leitlinien, S. 18 Rn. 64; Assmann/Schütze/Buck-Heeb KapAnlR-HdB/Eckhold/F. Schäfer § 17 Rn. 63; Herrmann/Aschenbeck BB 2023, 1987 (1992).
102 S. https://www.bafin.de/SharedDocs/Veroeffentlichungen/DE/Fachartikel/2023/fa_bj_2303_NFT.html (zuletzt abgerufen am 23.6.2025); Herrmann/Aschenbeck BB 2023, 1987 (1989).
103 ESMA Leitlinien, S. 47 Rn. 66, 68, 69, vgl. auch S. 34 Rn. 11.
104 Erwgr. 11 MiCAR; Geurts WM 2024, 727 (729).
105 Herrmann/Aschenbeck BB 2023, 1987 (1989).

und stellt damit implizit klar, dass es sich bei der Einmaligkeit und mangelnden Fungibilität um verschiedene Kriterien handelt. Teilanteile an einem einmaligen und nicht fungiblen Kryptowert sollen weder als einmalig noch als nicht fungibel gelten. Hierunter dürften F-NFTs fallen, die Teilinhaberrechte an einem einmaligen NFT *(„fraction")* repräsentieren und technisch entscheidende Unterschiede zu Standard-NFTs aufweisen. F-NFTs sind einer Einzelfallbetrachtung im Hinblick auf ihre Einzigartigkeit und Fungibilität zu unterziehen.[106] Sie basieren in der Regel auf dem ERC-20 Token-Standard, einem verbreiteten Token-Standard für fungible Token, wie beispielsweise virtuelle Währungen.[107] Entsprechend vermitteln F-NFTs inhaltsgleiche und damit untereinander austauschbare Anteile an dem hinterlegten Token, sind damit handelbar und fungibel, was sie von Standard-NFTs unterscheidet.[108]

45 Des Weiteren kann die Ausgabe von NFTs in einer großen Serie oder Sammlung nach Erwgr. 11 S. 2 MiCAR – unabhängig von ihrer Bezeichnung oder Einordnung durch den Emittenten (*substance-over-form*-Ansatz) – ein Indiz für die Fungibilität sein. In der Konsequenz würden entsprechende Kryptowerte damit unter die MiCAR fallen. Aus dem Erwägungsgrund selbst lässt sich indes nicht näher erschließen, was unter einer Serie oder einer Sammlung zu verstehen ist. Die Begriffe der Serie oder Sammlung müssen nach Sinn und Zweck über bloße F-NFTs hinausgehen. Denn F-NFTs sind nach Ansicht des Europäischen Gesetzgebers unzweifelhaft in den Anwendungsbereich der MiCAR miteinzubeziehen.[109] Im Rahmen einer Serie müssen NFTs untereinander nicht vollständig gleich sein; der Begriff der Sammlung wird noch weiter als der Begriff der Serie verstanden.[110] In der Ausgabe einer Serie oder Sammlung sieht der europäische Gesetzgeber ein Indiz für eine Fungibilität, die es rechtfertigt, NFTs ausnahmsweise doch in den Anwendungsbereich der MiCAR einzubeziehen.[111] Fraglich kann in diesem Zusammenhang insbesondere sein, ob digitale Bilder-Serien, die als NFTs vertrieben werden und zwar einzigartige Designs aufweisen, aber alle auf demselben Motiv beruhen und damit problemlos als Teil der Bilder-Reihe identifizierbar sind, unter den Begriff der Serie oder der Sammlung fallen.[112] In der Literatur wird dies mit der Begründung abgelehnt, Kunstwerke würden nach Erwgr. 10 unter den Ausnahmetatbestand in Art. 2 Abs. 3 MiCAR fallen.[113]

46 Insgesamt bleibt die Frage, wann NFTs unter die MiCAR fallen, mit Unsicherheit behaftet. In den überwiegenden Fällen sind NFTs aber nicht von der MiCAR erfasst und damit auch nicht dem Marktmissbrauchsregime der MiCAR unterworfen.[114]

b) Marktbezug von NFTs

47 Die Vorschriften der Art. 86–92 MiCAR stehen unter dem Titel *„Verhinderung und Verbot von Marktmissbrauch"*. Aus Art. 86 MiCAR ergibt sich der sachliche Anwendungsbereich der Vorschriften.[115] Sie gelten gem. Art. 86 Abs. 1 MiCAR für Handlungen im Zusammenhang mit derartigen Kryptowerten, die zum Handel auf einer Handelsplattform für Kryptowerte zugelassen sind oder für die eine solche Zulassung beantragt wurde. Der sachliche Anwendungsbereich ist damit weit gefasst.[116] Erforderlich ist hier also – ebenso wie im Hinblick auf den Anwendungsbereich der MAR (→ Rn. 11) – ein Marktbezug, der sich auf

[106] ESMA Leitlinien, S. 47 Rn. 66, 68.
[107] Herrmann/Aschenbeck BB 2023, 1987 (1989); Siadat RdF 2023, 4 (7).
[108] Herrmann/Aschenbeck BB 2023, 1987 (1989).
[109] So auch Herrmann/Aschenbeck BB 2023, 1987 (1993).
[110] Herrmann/Aschenbeck BB 2023, 1987 (1992).
[111] S. https://www.heuking.de/de/news-events/newsletter-fachbeitraege/artikel/finanzmarktdigitalisierungsgesetz-die-deutsche-antwort-auf-micar-dora-und-co.html (zuletzt abgerufen am 23.6.2025).
[112] Beispielhaft seien hier die Bored Ape Yacht Club- und die CryptoPunks-Bilder-Serien genannt.
[113] Herrmann/Aschenbeck BB 2023, 1987 (1992 f.).
[114] Vgl. auch https://www.bafin.de/SharedDocs/Veroeffentlichungen/DE/Fachartikel/2023/fa_bj_2305_Mica.html (zuletzt abgerufen am 23.6.2025).
[115] Kalss/Krönke/Völkl/Wutscher MiCAR Art. 86 Rn. 6.
[116] Michel/Schmitt CCZ 2023, 261 (266); Kalss/Krönke/Völkl/Wutscher MiCAR Art. 86 Rn. 6.

die von einem zugelassenen Anbieter von Krypto-Dienstleistungen betriebene Handelsplattform für Kryptowerte bezieht. Nach der Begriffsbestimmung des Art. 3 Abs. 1 Nr. 18 MiCAR fallen hierunter multilaterale Systeme, welche die Interessen einer Vielzahl Dritter am Kauf und Verkauf von Kryptowerten, im jeweiligen System gemäß der jeweiligen Regeln zusammenführen, oder deren Zusammenführung erleichtern, sodass ein Vertrag über den Tausch von Kryptowerten entweder gegen eine Zahlung in Geld oder durch Tausch zustande kommt. Insofern lässt sich auch von einem Plattformbezug sprechen.[117] Gemeint sind hiermit Kryptobörsen wie Binance oder Coinbase.[118] Herauszustellen ist, dass der Marktbezug nicht bei der insider- oder marktmissbrauchsrelevanten Handlung selbst bestehen muss. So sind nach Art. 86 Abs. 2 MiCAR, der Art. 2 Abs. 3 MAR nachgebildet ist, auch Manipulationshandlungen erfasst, die abseits der vorstehend genannten Märkte stattfinden, sofern sie die in Art. 86 Abs. 1 MiCAR in Bezug genommenen Kryptowerte betreffen.[119]

Soweit es sich im konkreten Fall bei dem (F-)NFT um ein Kryptowert handelt, sind die 48 Vorschriften der MiCAR zum Marktmissbrauch nur anwendbar, wenn sich im Einzelfall ein Marktbezug bejahen lässt. Dies hängt von der Ausgestaltung der jeweiligen Handelsplattform ab. Grundsätzlich können F-NFTs auf Kryptobörsen wie OpenSea, also in einem multilateralen System iSd Art. 3 Abs. 1 Nr. 18 MiCAR, erworben werden, und somit einen Marktbezug aufweisen.

2. Das Marktmissbrauchsrecht der MiCAR

Wie gezeigt unterfallen NFTs in den meisten Fällen nicht dem Anwendungsbereich der 49 MiCAR. Eine Darstellung des Marktmissbrauchsrechts erfolgt vor dem Hintergrund der höheren Relevanz daher im Zusammenhang mit Kryptowährungen (→ § 45 Rn. 4 ff.). Marktmanipulationshandlungen oder Insiderhandel sind aber dem Grunde nach auch im Zusammenhang mit NFTs denkbar. So kommen hier etwa als Insiderinformationen, die hinreichende Kursrelevanz aufweisen, Informationen zu Entwicklungsupdates, über eine Partnerschaft mit etablierten Konzernen, über das Listung auf einem neuen Handelsplatz oder über den Erwerb von betreffenden NFTs durch Prominente in Betracht.[120]

§ 28 Geldwäsche und Compliance bei NFTs

Übersicht

[117] Kalss/Krönke/Völkl/Wutscher MiCAR Art. 86 Rn. 7; Raschner BKR 2022, 217 (219).
[118] Hierzu im Ergebnis bereits Grimm/Kreuter AG 2023, 177 (186); siehe zudem Krönke RDi 2024, 1 (3 u. 5).
[119] So schon Grimm/Kreuter AG 2023, 177 (187) mit entsprechendem Verweis auf Assmann/Schneider/Mülbert/Mülbert MAR Art. 12 Rn. 35 f. Siehe auch Kalss/Krönke/Völkl/Wutscher MiCAR Art. 86 Rn. 7.
[120] Zu letzterem Beispiel vgl. Harsono 46 Fletcher Forum of World Affairs 2022, 155 (161 f.).

Schrifttum:

ACFE, Report to the Nations, 2022; Achtelik, Das neue EU-Recht zur Bekämpfung von Geldwäsche und Terrorismusfinanzierung, BKR 2024, 356; Bashir, Mastering Blockchain, 2023; BeckOK StGB, Kommentar zum StGB, 62. Ed. Stand 1.8.2024; BeckOK StVollstrO, Kommentar zur Strafvollstreckungsordnung, 9. Ed. Stand: 15.12.2021; Biberacher, Kryptotoken und Geldwäsche, 2023; Böttger, Wirtschaftsstrafrecht, 2023; Bongard, Wirtschaftsfaktor Geldwäsche, Analyse und Bekämpfung, 1. Aufl., 2001; Börner, Kryptowährungen und strafbarer Marktmissbrauch, NZWiSt 2018, 48; Burgi/Dreher/Opitz, Beck'scher Vergaberechtskommentar, 4. Aufl. 2022; Bussmann/Veljovic, Die hybride strafrechtliche Verfolgung der Geldwäsche – Schlussfolgerungen aus den Ergebnissen einer bundesweiten Studie, NZWiSt 2020, 417; Campos Nave, Das Know Your Customer-Prinzip und die Geldwäscheprävention, CB 2018, 166; Carl/Klos, Verdachtsmeldepflicht und Strafaufhebung in Geldwäschefällen – Zur Konkurrenz des § 11 GwG zu § 261 IX StGB, wistra 1994, 161; Carlisle, The Crypto Launderers, 2024; Carlton, Fake it until you make it: Fraudulent Founders, Fraud Magazine, 2024, Heft 4, 52; Cong/Li/Tang/Yang, Crypto Wash Trading, 2022; Diergarten/Fraulob, Geldwäsche, 2019; Dölling/Duttge/König/Rössner, Handkommentar Gesamtes Strafrecht, 5. Aufl. 2022; Ebers, Legal Tech, 2023; Eggers, Risikoanalyse und Geldwäsche – Das Kataster, CB 2021, 25; Elliptic, Global Crypto Regulation Landscape, 2024; Elliptic, Preventing Financial Crime in Cryptoassets, 2023; Fromberger/Haffke/Zimmermann, Kryptowerte und Geldwäsche, BKR 2019, 377; Gazeas, Das neue Geldwäsche-Strafrecht: Weitreichende Folgen für die Praxis, NJW 2021, 1041; Gehra/Gittfried/Lienke, Prävention von Geldwäsche und Terrorismusfinanzierung, 2. Aufl., 2020; Greier, Strafrechtliche Einziehung virtueller Werte am Beispiel des Non-Fungible Token, wistra 2022, 397; Grzywotz, Virtuelle Kryptowährungen und Geldwäsche 2019; Heinze, Gehe nicht über Los und ziehe trotzdem 4000 Euro ein: Vermögensabschöpfung bei Bitcoin als Spiel ohne Regeln?, ZStW 2022, 610; Herzog, Geldwäschegesetz, 5. Aufl. 2023, StGB, § 261, Rn. 3.; Hartmann/Weisser, Illegale Finanzströme im digitalen Zeitalter – Ein Sammelband zur Geldwäsche und Terrorismusfinanzierung mit Kryptowerten in Europa, Deutschland, der Türkei und dem Westbalkan, 2026; Heuchemer, Das Recht der Einziehung (§§ 73 ff. StGB) und die Effizienz der Rechtsmittel gegen strafprozessuale Arreste (§§ 111b ff. StPO) im Wirtschaftsstrafrecht im Lichte aktueller Entscheidungen zum Wettbewerbsrecht und zum Recht der Kryptowährungen, NZWiSt 2019, 209; Hoeren/Prinz, Das Kunstwerk im Zeitalter der technischen Reproduzierbarkeit – NFTs (Non-Fungible Tokens) in rechtlicher Hinsicht, CR 2021, 565; Hoyer/Klos, Regelungen zur Bekämpfung der Geldwäsche und ihre Anwendung in der Praxis, 2. Aufl., 1998; Ikemeyer/Krimphove, Geldwäsche: Tatbestände, Aufgriffsmöglichkeiten, Indizien im Zahlungs- und Kapitalmarkt, CB 2022, 432; Inderst/Bannenberg/Poppe, Compliance, 3. Aufl. 2017;Jahn/Ebner, Die Anschlussdelikte – Geldwäsche (§§ 261–262 StGB), JuS 2009, 597; Joecks/Jäger/Randt, Steuerstrafrecht, 9. Aufl. 2023; Jüttner, Die Kunst erfolgreicher Compliance, 2023; Kark, Compliance-Risikomanagement, 3. Aufl. 2024; Kilby, Taming fraud in crypto's Wild West, Fraud Magazine, 2023, Heft 2, 52; Kindhäuser/Neumann/Peffgen/Saliger, Kommentar zum StGB, 6. Aufl. 2023; Koenen, Auswertung von Blockchain-Inhalten zu Strafverfolgungszwecken, 2023; Kipker/Gollrad, Handbuch Cybersecurity, 2. Aufl. 2023; Lackner/Kühl/Heger, Kommentar Strafgesetzbuch, 30. Aufl. 2023; Machitadze/Figatowsk, Zur strafrechtlichen Einziehung von

Kryptowährungen, NZWiSt 2023, 134; Maume/Maute, Rechtshandbuch Kryptowerte, 2020; Mildeberger/Fein, Geldwäsche-Compliance, 3. Aufl. 2022; Moosmayer/Lösler, Corporate Compliance, 4. Aufl. 2024; MüKoStGB, Münchener Kommentar zum StGB, 4. Aufl., 2021; NK StGB, Nomos Kommentar zum StGB, 6. Aufl. 2023; Omlor/Link, Kryptowährungen und Token, 2. Aufl. 2023; Omlor/Möslein, Handbuch Blockchain und Recht, 2024; Patz, Überblick über die Regulierung von Kryptowerten und Kryptowertedienstleistern, BKR 2021, 725; Quedenfeld, Bekämpfung der Geldwäsche und Wirtschaftskriminalität, 2021; Rapp/Bongers, Kryptokunst in der Steuerbilanz, DStR 2021, 2178; Reisch, Die Geldwäsche (§ 261 StGB), JuS 2023, 207; Rettke, Bitcoin und die strafrechtliche Einziehung – Vorläufige und endgültige Vermögensabschöpfung, NZWiSt 2020, 45; Safferling, Urteilsanmerkung, NStZ 2018, 405; Schemmel, Non-Fungible Token (NFT) und Geldwäsche – eine aktuelle Einordnung, CB 2022, 286; Scherrer, Kryptowährungen im Ermittlungsalltag, Polizeipraxis 2023, 48; Siadat, MiCAR – Regulierte Finanzinstrumente mit Schwerpunktsetzung auf NFT, RdF 2023, 4; Skauradszun, Durchbruch bei der Pfändung und Verwertung von Kryptowerten nach § 857 Abs. 1 und 5 ZPO, § 1 Abs. 11 Satz 4 KWG nF, WM 2020, 1229; Song/Liu/Shah/Chava, Abnormal Trading Detection in the NFT Market, 2023; Spier/Kramer, Digitaler Kunsthandel, c't 2021, Heft 10, 128; Sundermann/von Busekist/Judis, „Know-Your-Customer" oder doch „Know-Your-Contracting-Party"?, CCZ 2020, 291;Thelen/Solbach, Kryptogeschäfte unter Privatleuten – Zugleich eine Besprechung von OLG Frankfurt, Urt. v. 19.4.2023 – 13 U 82/22, MDR 2023, 830; Valerius, Strafbarkeitsrisiken für Kryptowerte-Dienstleistende wegen (virtueller) Geldwäsche in Zeiten von MiCAR & Co., RDi 2023, 510; Vollmer, Blockchain, MIT Technology Review, 2022, Heft 2,80; Weisser, Die Bekämpfung der Wirtschaftskriminalität und Geldwäsche – Ausgewählte aktuelle Herausforderungen und Lösungsansätze, Asche/GreuelHolland, Festschrift für Arthur Hartmann, 2024, S. 311; Weisser/Bliesener, Geldwäsche im digitalen Zeitalter – Non-Fungible Token (NFT), NZWiSt 2024, 41; Weisser/Bliesener, Geldwäsche und Terrorismusfinanzierung im digitalen Zeitalter: Umgehung von Sanktionen mit Hilfe des Bitcoin-Mining, wistra 2025, 133; Wüst, Die Underground Economy des Darknets, 2022; Zöller, Kommentar zur ZPO, 35. Aufl. 2024.

I. Non-Fungible Token (NFT) als Geldwäschevehikel

1. Allgemeines

Geldwäsche[1], also die Verschleierung der illegalen Quelle oder illegalen Verwendung von Vermögenswerten, um diese im Anschluss mit einem legalen Anschein ungestört nutzen zu können[2] und in den regulären Wirtschaftskreislauf wieder einzuführen[3], nimmt stetig an Bedeutung zu.[4] Alleine in Deutschland liegen die geschätzten Geldwäscheaktivitäten durch die Organisierte Kriminalität bei zwischen ca. 230 Mill. EUR und nahezu einer Milliarde EUR jährlich[5] und das jährliche Geldwäschevolumen für gesamt Deutschland in allen Sektoren sogar bei mehr als 70 Mrd. EUR.[6] Dabei war alleine zwischen 2022 und 2023 ein Anstieg von mehr als 44 % der bekannt gewordenen Geldwäsche-Straften zu verzeichnen.[7] Zugleich stieg allerdings auch die Aufklärungsquote im selben Jahr um mehr als 46 %.[8] Im Jahr 2024 lag diese sogar bei 97,4 %..[9] Dies liegt zum Teil an dem Umstand, dass die klassischen Formen der Geldwäsche zunehmend im Fokus der Aufsichts- und Ermittlungsbehörden stehen, welche Geldwäscheaktivitäten durch kontinuierliche Regulierungen[10], besseren Informationsaustausch[11] und die Bildung von Ermittlungsschwerpunkten einzudämmen versuchen. So stellt die Bekämpfung der Wirtschaftskriminalität und insbes. der 1

[1] Der Beitrag entstand im Rahmen des durch die EU geförderten „Jean Monnet Centre of Excellence Crime Investigations and Criminal Justice (CCICJ)" an der HfÖV Bremen.

[2] Lackner/Kühl/Heger/Heger StGB § 261 Rn. 2.

[3] Hoyer/Klos Regelungen zur Bekämpfung der Geldwäsche S. 9; Schönke/Schröder/Hecker StGB § 261 Rn. 1.

[4] Weisser/Bliesener NZWiSt 2024, 41.

[5] BKA Bundeslagebild Organisierte Kriminalität 2022, S. 2.

[6] Gehra/Gittfried/Lienke Prävention von Geldwäsche und Terrorismusfinanzierung-Handbuch/Vahldiek Kap. 1 Rn. 56.

[7] BKA PKS Falltabellen 2022 u. 2023, jew. Tabelle T01, Schlüssel 633000.

[8] BKA PKS Falltabellen 2022 u. 2023, jew. Tabelle T01, Schlüssel 633000.

[9] PKS 2024, T02 Grundtabelle WiKri – Fälle, 6330000.

[10] Bspw. bei Bargeldtransaktionen, vgl. Scherrer Polizeipraxis 2/2023, 48 (50).

[11] Vgl. bspw. den am 25.2.26 durch die Bundesregierung beschlossenen Aktionsplan gegen Organisierte Kriminalität.

Geldwäsche zunehmend ein zentraleres Element der Strafverfolgung dar.[12] Allerdings ist auch ein enormes Dunkelfeld zu vermuten.

2 An diese neuen Gegebenheiten haben sich auch die Straftäter und Straftäterinnen angepasst und suchen neue, insbesondere digitale, Betätigungsfelder zum „Waschen" von inkriminierten Geldern. Hierfür gerieten aufgrund zahlreicher Begünstigungsfaktoren (→ Rn. 21) insbes. digitale Token in den Fokus.[13] Besonders beliebt für Geldwäschehandlungen sind neben dem **dezentralen Finanzsystem** bzw. **Kryptowährungen** (Näheres → § 46 Rn. 1 ff.) inzwischen auch die NFTs, also **Non-Fungible Token** (zur Definition → § 18 Rn. 1). Allerdings fehlt es derzeit an einer notwendigen, systematischen Erfassung (bspw. durch die Einführung eines einheitlichen Zusatzmerkmals Krypto-Bezug" in der PKS).[14] Dies führt dazu, dass bei den Ermittlungsbehörden selbst keine genauen Erkenntnisse über das Hellfeld der Nutzung von Kryptowerten im Rahmen der Geldwäsche bestehen.[15] Auch bei der Einschätzung des Dunkelfelds divergieren die Ermittlungsbehörden stark.[16] Es bedürfte hierfür einer detaillierter Dunkelfeldforschung.

3 Aufgrund zahlreicher Nutzungsmöglichkeiten (→ Rn. 22) und dem deshalb bestehenden Risiko, dass auch inkriminierte NFTs angekauft werden könnten, sollten sich Personen, die mit NFTs Handeln oder diese sonst verwenden, über die Grundlagen und Reichweite des Straftatbestandes der Geldwäsche bewusst sein, alleine schon um eigene Strafbarkeitsrisiken zu minimieren. Eine vertiefte Kenntnis dieser Problematik ist wiederum für Ermittlungsbehörden, Justiz, Compliance Officer, Mitarbeitende in den Rechtsabteilungen und Geldwäschebeauftragte unabdingbar.[17]

2. Der Straftatbestand der Geldwäsche

4 Aufgrund der Eigendynamik und der zahlreichen Erscheinungsformen der Geldwäsche erscheint eine eindeutige **Definition** schwierig.[18] Das deutsche Recht unternimmt in § 1 Abs. 1 GwG lediglich eine Eingrenzung durch den Verweis auf die Strafnorm des § 261 StGB. Dieser wiederum stellt eine der komplexesten Normen im deutschen Kernstrafrecht dar, was bereits durch die kontinuierlichen Modifizierungen sichtbar wird.[19]

a) Grundlagen

5 Der § 261 StGB stellt den Umgang mit illegalem Vermögen unter Strafe und muss stets in einer Zusammenschau mit dem GwG und den Einziehungsvorschriften (→ Rn. 25 ff.) gesehen werden.[20] Die Norm weist einen **Strafrahmen** von bis zu fünf Jahren Freiheitsstrafe oder Geldstrafe auf. Ihr kommt dabei eine elementare Bedeutung in der Bekämpfung der Wirtschaftskriminalität und Organisierten Kriminalität zu, da der Anreiz aus Straftaten Gewinne zu generieren beseitigt werden soll.[21]

6 Die Geldwäsche ist in Deutschland als **Anschlussdelikt** ausgestaltet. Ihr muss mithin eine andere rechtswidrige Tat iSv § 11 Abs. 1 Nr. 5 StGB vorausgehen, aus welcher die Gegenstände der Geldwäsche stammen.[22] Das „Nach" einer auf das Vermögen gerichteten Straftat (bspw. eines Betruges) bedeutet folglich das „Vor" einer Transformation in „saubere" Vermögenswerte (zB NFTs).[23] Vor diesem Hintergrund hat die Einführung des sog. **All-**

[12] Weisser FS A. Hartmann, 2024, 311.
[13] Weisser/Bliesener NZWiSt 2024, 41 (42); Scherrer Polizeipraxis 2/2023, 48 (50).
[14] Hartmann/Weisser/Weisser/Bliesener et al., Illegale Finanzströme im digitalen Zeitalter, 2026, S. 95.
[15] Hartmann/Weisser/Weisser/Bliesener et al., Illegale Finanzströme im digitalen Zeitalter, 2026, S. 83.
[16] Hartmann/Weisser/Weisser/Bliesener et al., Illegale Finanzströme im digitalen Zeitalter, 2026, S. 83.
[17] Wüst Die Underground Economy des Darknets S. 245 f.
[18] Beispielhaft: Bongard Wirtschaftsfaktor Geldwäsche Analyse und Bekämpfung S. 67.
[19] Herzog/El-Ghazi StGB § 261 Rn. 3.
[20] MüKoStGB/Neuheuser § 261 Rn. 1.
[21] BT-Drs. 12/989, 27; BeckOK StGB/Ruhmannseder § 261 Rn. 2.
[22] Reisch JuS 2023, 207 (208).
[23] Weisser/Bliesener NZWiSt 2024, 41 (42).

Crimes-Ansatzes im Jahr 2021 zu einer erheblichen Erweiterung der Anwendbarkeit der Norm geführt.[24] Nunmehr kommen alle rechtswidrigen Taten als Vortaten der Geldwäsche in Betracht und nicht mehr nur bestimmte Katalogtaten.[25] Für Ermittlungsmaßnahmen wird gleichwohl ein sog. doppelter Anfangsverdacht benötigt, einmal für die Geldwäschehandlung und zudem auch für das Herrühren des Geldes aus einer rechtswidrigen Vortat.[26]

Geschütztes **Rechtsgut** der Geldwäsche ist ua die inländische Rechtspflege in ihrer Aufgabe, die Wirkungen von Straftaten zu beseitigen[27] sowie die durch die Vortat verletzten Rechtsgüter.[28] Der **Versuch** ist gem. § 261 Abs. 3 StGB strafbar. Zudem sieht § 261 Abs. 4 StGB in einem **Qualifikationstatbestand** eine erhöhte Strafandrohung von drei Monaten bis zu fünf Jahren Freiheitsstrafe vor, soweit der Täter als geldwäscherechtlich Verpflichteter iSd § 2 GwG handelt. Diese Verpflichtungen können im Bereich des Umgangs mit NFTs aber auch mit DeFi und Kryptowährungen vielseitig denkbar sein und müssen individuell geprüft werden. In § 261 Abs. 5 StGB werden wiederum **besonders schwere Fälle** mit einem Strafrahmen von sechs Monaten bis zu zehn Jahren belegt. Als Regelbeispiele sind gewerbsmäßiges oder bandenmäßiges Vorgehen angeführt. 7

b) Voraussetzungen

Der § 261 StGB pönalisiert – wie bereits angedeutet – bestimmte Umgangsformen (Tathandlungen) mit Gegenständen aus rechtswidrigen Taten (Tatobjekte). 8

aa) Tatobjekt. Während sich der Geldwäschebegriff im allgemeinen Sprachgebrauch sowie aus historischer Sicht lediglich auf Bargeld als Gegenstand der Geldwäsche beschränkt[29], umfasst der heute einschlägige weite Begriff des Gegenstandes alle Rechtsobjekte, welche einen **Vermögenswert** aufweisen[30] und somit ebenfalls ua NFTs.[31] Diese Tatobjekte müssen aus einer rechtswidrigen Tat herrühren, was der Fall ist, sofern nach einer wirtschaftlichen Betrachtungsweise ein **Kausalzusammenhang** zwischen der Vortat und der Existenz des Gegenstandes besteht, wobei sich dies auf die gesamte Kette der Verwertungshandlungen bezieht.[32] 9

Beispiele:
Umfasst werden sog. **Ursprungsgegenstände,** also solche die für die jeweilige Vortat (bspw. Lösegeld – auch in digitaler Form) oder aus der Vortat (bspw. Diebesbeute) erlangt oder aus dieser hervorgebracht wurden (bspw. Falschgeld).[33] Ebenfalls Tatobjekte sind **Nutzungen** oder **Surrogate**[34] (bspw. NFTs oder Bitcoins, welche aus inkriminiertem Geld erworben wurden), sofern sie wirtschaftlich betrachtet infolge von Austausch- und Umwandlungsprozessen an die Stelle des ursprünglichen Gegenstands getreten sind.[35] Bei einer **Mischfinanzierung** muss der inkriminierte Anteil nach wirtschaftlicher Betrachtung nicht nur völlig unerheblich sein.[36]

Seit der Einführung des All-crimes-Ansatzes muss dieser Gegenstand lediglich aus irgendeiner rechtswidrigen Tat herrühren, wobei die Bestimmung einer konkreten **Vortat** nicht 10

---

24 BT-Drs. 19/24180, 42; kritisch zu dieser erheblichen Ausweitung, vgl. Gazeas NJW 2021, 1041 (1044).
25 Kindhäuser/Neumann/Peffgen/Saliger/Altenhain StGB § 261 Rn. 4.
26 LG Saarbrücken NStZ 2025, 127 (128); Der „All-crimes-Ansatz" sollte gerade nicht zu einer Beweiserleichterung führen, vgl. Herzog/El-Ghazi StGB § 261 Rn. 59.
27 BT-Drs. 12/989, 27; vgl. ausführlich zu den geschützten Rechtsgütern: MüKoStGB/Neuheuser § 261 Rn. 8 f.
28 Jahn/Ebner JuS 2009, 597.
29 Biberacher Kryptotoken und Geldwäsche S. 152.
30 BT-Drs. 12/989, 27.
31 BeckOK StGB/Ruhmannseder § 261 Rn. 9.
32 BGH NZWiSt 2023, 61 (62).
33 BeckOK StGB/Ruhmannseder § 261 Rn. 15.
34 BGH NStZ 2017, 28 (29).
35 OLG Karlsruhe NJW 2005, 767 (769).
36 BGH NJW 2015, 3254 (3255); aA nur anteilig Jahn/Ebner JuS 2009, 597 (599).

erforderlich ist. Es reicht aus, dass zur Überzeugung des Gerichts feststeht, dass das Tatobjekt aus einer rechtswidrigen Vortat stammt und sich diese aus den festgestellten Umständen **in groben Zügen** ergibt.[37] Somit ist weder die Ermittlung von Beteiligten noch eine etwaige Verjährung der Vortat von Relevanz.[38]

11 **bb) Tathandlungen.** Die strafbewehrten Tathandlungen werden in § 261 Abs. 1 S. 1 Nr. 1–4 StGB, mit den Einschränkungen der Sätze 2 und 3 sowie in § 261 Abs. 2 StGB **enumerativ aufgeführt.** Es wird mithin pönalisiert, wer einen der o. g. Gegenstände verbirgt (Abs. 1 S. 1 Nr. 1), ihn in der Absicht, das Auffinden, die Einziehung oder die Ermittlung der Herkunft zu vereiteln, umtauscht, überträgt oder verbringt (Abs. 1 S. 1 Nr. 2), ihn sich oder einem Dritten verschafft (Abs. 1 S. 1 Nr. 3) oder ihn verwahrt oder für sich oder einen Dritten verwendet, wenn er die Herkunft des Gegenstandes zu dem Zeitpunkt der Erlangung gekannt hat (Abs. 1 S. 1 Nr. 4) oder Tatsachen, die für das Auffinden, die Einziehung oder die Ermittlung der Herkunft eines Gegenstands nach Abs. 1 von Bedeutung sein können, verheimlicht oder verschleiert (Abs. 2).[39]

12 Im Rahmen der NFTs und Kryptotoken ist insbesondere auf deren **Transaktion** abzustellen.[40] Dabei sind das Umtauschen und das Übertragen iSv Abs. 1 S. 2 Nr. 2 einschlägig.

Beispiele:
Der Tausch von Fiat-Währungen in Token sowie die Übertragung der Token von Wallet zu Wallet.

13 Bei der Nr. 2 bedarf es zudem der Absicht des Täters, das Auffinden, die Einziehung oder die Ermittlung des bemakelten Gegenstandes zu vereiteln, ohne dass es den Erfolg der Vereitelung oder eine Gefährdung bedürfte.[41] Ansonsten reicht Vorsatz aus. Der Tatbestand wird in Abs. 1 S. 2 insoweit eingeschränkt, als dass eine Strafbarkeit bei Abs. 1 Nr. 3 und 4 ausscheidet, sofern der Gegenstand zuvor von einem Dritten erlangt wurde, ohne hierdurch selber eine rechtswidrige Tat zu begehen.[42]

c) Leichtfertigkeit

14 Grundsätzlich handelt es sich bei der Geldwäsche um ein Vorsatzdelikt. Allerdings wurde in § 261 Abs. 6 StGB ebenfalls Leichtfertigkeit unter Strafe gestellt. Wer leichtfertig verkennt, dass der inkriminierte Gegenstand aus einer Straftat herrührt, kann mit Freiheitsstrafe bis zu zwei Jahren oder mit Geldstrafe bestraft werden. Das ist insbesondere im Umgang mit digitalen Token wie NFTs von Bedeutung, da deren illegale Herkunft nur schwer ausgeschlossen werden kann. Dies führte in der Kombination mit der erfolgten Streichung des Vortatenkatalogs zu einer massiven Ausweitung der Anwendbarkeit der Strafnorm.[43] Denn die **leichtfertige Unkenntnis** ist bereits dann anzunehmen, wenn es sich jedermann aufdrängt, dass der Gegenstand aus einer rechtswidrigen Tat stammt und der Täter dies aus grober Unachtsamkeit oder gar besonderer Gleichgültigkeit außer Acht lässt.[44]

[37] BT-Drs. 19/24180, 30; weiterhin geltend: Dölling/Duttge/König/Rössner/Hartmann Gesamtes Strafrecht § 261 Rn. 26; BGH NStZ 2016, 538.
[38] BeckOK StGB/Ruhmannseder § 261 Rn. 11.
[39] Für die Definitionen der jeweiligen Tatbestandsmerkmale: Dölling/Duttge/König/Rössner/Hartmann Gesamtes Strafrecht § 261 Rn. 35 ff.
[40] Grzywotz Virtuelle Kryptowährungen und Geldwäsche S. 267.
[41] Valerius RDi 2023, 510 (515 f.).
[42] BeckOK StGB/Ruhmannseder § 261 Rn. 34.
[43] Bussmann/Veljovic NZWiSt 2020, 417 (418).
[44] BGH NStZ-RR 2019, 145 (146).

Praxishinweis:
Die leichtfertige Unkenntnis von der inkriminierten Herkunft eines NFTs reicht für eine Strafbarkeit nach § 261 Abs. 6 StGB aus; es genügt, wenn sich die rechtswidrige Herkunft des Gegenstandes jedem hätte aufdrängen müssen. Gerade bei ungewöhnlich günstigen Kaufpreisen, überhöhten Provisionen oder grundlos komplexen Transaktionsstrukturen ist daher besondere Sorgfalt geboten. Unternehmen und Privatpersonen, die mit NFTs handeln oder diese halten, sollten vor dem Erwerb eine sorgfältige Herkunftsprüfung vornehmen, um eine eigene Strafbarkeit auszuschließen.

Beispiele:
Anknüpfungspunkte sind ua die Umstände des Anwerbens eines **Finanzagenten,** überhöhte **Provisionen** oder grundlos **umständliche Transaktionen** des NFT, wobei auch die beruflichen Kenntnisse des Täters sowie seine Pflichtenstellungen (bspw. nach dem GwG[45]) bei der Beurteilung Relevanz entfalten.[46] Die reine Nutzung von Token reicht aber nicht aus.[47] Vielmehr bedarf es einer **Gesamtabwägung** des jeweiligen Einzelfalls.[48]

Insbesondere kommerzielle Anbieter von NFT-Plattformen, aber auch sonstige Unternehmen oder Privatpersonen, welche NFTs in ihrem Portfolio halten, können mithin schnell in den Fokus strafrechtlicher Ermittlungen geraten. Aus diesem Grund sind umfangreiche Vorprüfungen und die Aufstellung klarer Compliance-Strukturen in Unternehmen alternativlos (→ Rn. 39 ff.), da die Folgen einer Verurteilung weitreichend sind. 15

Beispiel:
So kann die Eintragung in das **Wettbewerbsregister** gem. § 2 Abs. 1 Nr. 1 Buchst. a WRegG iVm § 123 Abs. 1 Nr. 3 GWB drohen, welche ua zum zwingenden Ausschluss aus einem Vergabeverfahren führt, unabhängig vom verhängten Strafmaß.[49]

d) Einschränkungen

Aufgrund der eher ausufernden Strafbarkeit wurden sukzessive zahlreiche Einschränkungen der Norm geschaffen. Vornehmlich anzuführen ist dabei das sog. **Strafverteidigerprivileg** gem. § 1 S. 3. Hiernach ist die Strafbarkeit von Strafverteidigern bei der Annahme von Honoraren (bspw. in Form von NFTs oder Kryptowährungen) auf die sichere Kenntnis der inkriminierten Herkunft des Gegenstandes selbst oder der hinter diesen stehenden Geldwerten limitiert[50], da das Risiko der Verwirklichung des objektiven Tatbestandes der Geldwäsche bei der Honorarannahme geradezu berufstypisch ist.[51] 16

Hinzu tritt die Ausnahme der straflosen **Selbstgeldwäsche** nach Abs. 7, wonach eine Person, welche an der Vortat (bspw. der betrügerischen Erlangung des NFT) beteiligt ist, sich nur dann wegen Geldwäsche strafbar machen kann, wenn sie den inkriminierten Gegenstand in den Verkehr bringt und dabei dessen rechtswidrige Herkunft verschleiert, was die bloße eigennützige Verwertung ausschließt.[52] Es muss mithin ein eigenständiges Unrecht verwirklicht werden.[53] 17

45 Wobei zu beachten ist, dass die Meldepflichten (bspw. § 43 GwG) weit niederschwelliger sind und alleine keine Leichtfertigkeit begründen können.
46 Valerius RDi 2023, 510 (516 f.).
47 Grzywotz Virtuelle Kryptowährungen und Geldwäsche S. 306.
48 BGH NJW 2008, 2516 (2517).
49 Burgi/Dreher/Opitz/Krause-Ablaß WRegG § 2 Rn. 13.
50 Die nunmehr erfolgte gesetzliche Klarstellung geht auf ein Urteil des BVerfG zurück, vgl. BVerfGE 110, 226 (245).
51 MüKoStGB/Neuheuser § 261 Rn. 95.
52 BT-Drs. 19/24180, 34.
53 BT-Drs. 19/24180, 35.

18 Schlussendlich wurde eine **tätige Reue** durch eine strafbefreiende, freiwillige Selbstanzeige eingeführt (Abs. 8).[54] Hierdurch soll ein Anreiz für die Anzeige strafbarer Geldwäschehandlungen geschaffen werden.[55] Bei einer vorsätzlichen Geldwäsche wird gem. Abs. 8 Nr. 2 für eine tätige Reue die parallele Bewirkung der Sicherstellung des inkriminierten Gegenstandes vorausgesetzt.[56] Insbesondere im geschäftlichen Verkehr entfaltet die tätige Reue eine besondere Bedeutung, sofern innerhalb eines Unternehmens auffällt, dass inkriminierte Gegenstände (bspw. NFTs) leichtfertig gehandelt worden sind.

3. Die klassische Geldwäsche

19 Um die neuen Formen der digitalen Geldwäsche verstehen zu können, bedarf es grundlegender Kenntnisse hinsichtlich der analogen Vorgehensweisen. So erfolgt diese klassisch in drei Phasen (Drei-Phasen-Modell). Zunächst wird im Rahmen des sog. **Placements** das Bargeld in Buchgeld umgewandelt. Dann wird das sog. **Layering** betrieben, also die Herkunft des Geldes mit Hilfe komplexer Transaktionen verschleiert. Und abschließend wird das Geld in den legalen Wirtschaftskreislauf wieder eingebracht (sog. **Integration**).[57] Die Erscheinungsformen der analogen Geldwäsche sind dabei vielseitig.

Beispiele:
Die Nutzung des Finanzsystems im Rahmen komplexer **Finanztransaktionen,** die **physische Bewegung** von Fiat-Währungen oder aber **Handelstransaktionen** (bspw. Über- und Unterfakturierung). Unter anderem werden fiktive Rechnungen, Glückspiel oder Strohmannkonten genutzt. Das Anwendungsfeld erstreckt sich aufgrund der volatilen Preise ua ebenfalls auf den analogen **Kunstmarkt.**[58] Dieser rückte allerdings vermehrt in den Fokus der Kontroll- und Ermittlungsbehörden. Beispielhaft sei die ggf. bestehende Einführung von Melde- und Prüfpflichten auf Seiten der Kunstvermittler erwähnt.[59]

4. Besonderheiten bei NFTs als Geldwäschevehikel

20 NFTs bieten aktuell zahlreiche **legale Einsatzmöglichkeiten,** welche von dem Musikstreaming bis über die Fotolizenzierung reichen.[60] Maßgeblich werden sie derzeit allerdings als digitale Sammlerstücke, sei es in der Gaming-Industrie (bspw. zum In-game-Kauf von Zubehör) oder im digitalen Kunsthandel, verwendet.[61] So erzielten NFT-Werke von Banksy oder Beeple bereits Millionenerlöse.[62] Gleichzeitig nimmt aber auch ein Missbrauch für illegale Zwecke zu, wobei von einer hohen Dunkelziffer auszugehen ist.

a) Begünstigungsfaktoren für die Geldwäsche

21 Die Beliebtheit von NFTs als Geldwäschevehikel hängt mit einigen, den Token inhärenten Begünstigungsfaktoren zusammen.[63] Ein gewichtiger Vorteil bilden die **grenzenlose und globale Nutzungsmöglichkeit** ohne Zeitverlust und Reisetätigkeit.[64] Ferner ist der

---

54 Die Selbstanzeige muss zu einem Zeitpunkt erfolgen, wo die Tat weder ganz noch zum Teil entdeckt ist oder der Täter die Entdeckung nicht kannte und bei verständiger Würdigung hiervon nicht ausgehen musste, wobei die Entdeckung durch eine Privatperson ausreicht, vgl. BGHSt 35, 36 (38). Eine interne Verdachtsmeldung reicht wiederum nicht, vgl. Carl/Klos wistra 1994, 161 (165).
55 BT-Drs. 12/3533, 15.
56 BeckOK StGB/Ruhmannseder § 261 Rn. 72.
57 Quedenfeld Bekämpfung der Geldwäsche und Wirtschaftskriminalität S. 3 f.
58 Weisser/Bliesener NZWiSt 2024, 41 (45).
59 § 2 Abs. 1 Nr. 16 GwG.
60 Koenen Auswertung von Blockchain-Inhalten zu Strafverfolgungszwecken S. 70.
61 Weisser/Bliesener NZWiSt 2024, 41 (43).
62 Scherrer Polizeipraxis 2023/2, 48 (50); Rapp/Bongers DStR 2021, 2178.
63 Ausführlich zu den Begünstigungsfaktoren, vgl. Biberacher Kryptotoken und Geldwäsche S. 173 ff.
64 Scherrer Polizeipraxis 2 2023, 48 (50).

Handel, basierend auf der Blockchain-Technologie, nicht von einem (Finanz-)Intermediär abhängig (Dezentralität).[65] Das hat den Vorteil, dass Finanztransaktionen auch außerhalb der Geschäftszeiten von Börsen ermöglicht werden. Die sonst übliche zentral verwaltende Instanz ist mithin abgeschafft.[66] Die Möglichkeit der Peer-to-Peer-Verkäufe mit geringer Regulierung (Aufsichtsrecht → § 50 Rn. 1 ff.) verringert dabei das Risiko der Entdeckung von Geldwäscheaktivitäten.[67] Ferner werden die illegalen Aktivitäten zumeist aus Ländern begangen, welche eine sehr geringe geldwäscherechtliche Regulierung[68] und ggf. nur eingeschränkte Rechtshilfebeziehungen mit Deutschland aufweisen. **Rechtshilfe** ist aber aufwendig, beansprucht Zeit und erschwert damit die Aufklärung und Verfolgbarkeit durch die Ermittlungsbehörden.[69] Als wichtigster Begünstigungsfaktor ist die **Pseudonymität** zu nennen. So können Wallets in beliebiger Anzahl kreiert werden, was weitere Missbrauchsmöglichkeiten eröffnet.[70] Dabei ist die Blockchain zwar stets einsehbar, lässt allerdings nur den öffentlichen Schlüssel erkennen, welcher nicht ohne Weiteres einer Person zugeordnet werden kann.[71] Auch wenn nicht unmittelbar von einer Anonymität auszugehen ist, kann sich einer Solchen allerdings bspw. durch die gleichzeitige Verwendung von Kryptowährungen beim An- und Verkauf oder von Mixer-Diensten[72] angenähert werden. Schlussendlich weisen NFTs eine **Preisvolatilität** auf. Es besteht mithin eine flexible Wertgestaltungsmöglichkeit durch eine Verknappung[73], ohne dass es einer physischen Existenz bedarf.[74] Dabei lassen sich den künstlich verknappten NFTs[75] keine Referenzwerte gegenüberstellen, wodurch Anomalien bei den Marktpreisen nur schwer auffallen und zudem leicht gerechtfertigt werden können.[76]

b) Nutzungsmöglichkeiten als Geldwäschevehikel

Aufgrund der genannten Begünstigungsfaktoren (→ Rn. 21) sind die Anwendungsmöglich- 22
keiten von NFTs als Geldwäschevehikel vielseitig.[77] Exemplarisch kann das sog. **Wash Trading** angeführt werden. Hierbei werden NFTs mit inkriminierten Geldmitteln erworben und anschließend als Insichgeschäft über mehrere verdeckt selbst gehaltene Wallets oder über eine eingeweihte Gruppe von Personen gehandelt, um Mehrfachverkäufe zu simulieren, den Preis eines NFTs künstlich in die Höhe zu treiben und anschließend den endgültigen Verkaufserlös als legitimen Gewinn zu deklarieren.[78] Der Anteil von „Wash Trading" im Zusammenhang mit NFT-Transaktionen wird auf über 5 % geschätzt.[79] Die Aufdeckung einer derartigen inkriminierten Herkunft bleibt stets schwierig, da die Analyse der genutzten Wallets zeitaufwendig und nur mit speziellen Recherchetools möglich ist.

Regelmäßig wird bei der genannten Verschleierung sogar noch eine Stufe früher 23
angesetzt, indem Täter eigenhändig völlig wertlose **NFTs erstellen** und dann zu hohen Preisen an sich selbst verkaufen, um den Anschein von legitimen Transaktionen zu

65 Valerius RDi 2023, 510 (511).
66 Börner NZWiSt 2018, 48.
67 Weisser/Bliesener NZWiSt 2024, 41 (44).
68 Biberacher Kryptotoken und Geldwäsche S. 177.
69 Weisser FS A. Hartmann, 2024, 311 (315); Bzgl. der Schwierigkeiten: Maume/Maute Kryptowerte-HdB/Rückert § 23 Rn. 3 ff.
70 Grzywotz Virtuelle Kryptowährungen und Geldwäsche S. 99.
71 Maume/Haffke/Fromberger CCZ 2019, 149 (151).
72 Mixer-Dienste (Coin-Mixing-Tools) kombinieren verschiedene Transaktionen, um die Herkunft und den endgültigen Empfänger der Gelder zu verschleiern: Ikemeyer/Krimphove CB 2022, 432 (435).
73 Vollmer MIT Technology Review 02/2022, 80.
74 Elliptic NFTs and Financial Crime Report, 2022, S. 8.
75 NFTs sind anders als Kryptowährung nicht beliebig austauschbar: Kipker Cybersecurity-HdB/Gollrad Kap. 20 Rn. 34.
76 Spier/Kramer c't 10/2021, 128.
77 Vgl. auch bei Kryptowährungen: Weisser/Bliesener wistra 2025, 133 ff.
78 S. https://www.chainalysis.com/blog/2022-crypto-crime-report-preview-nft-wash-trading-money-laundering (zuletzt abgerufen am 23.4.2025).
79 Song/Liu/Shah/Chava Abnormal Trading Detection in the NFT Market S. 6.

erwecken. So kann das inkriminierte Geld in scheinbar rechtmäßige Einnahmen umgewandelt und als legaler Spekulationsgewinn über ein „legales“ Wallet ausgewiesen werden. Dabei ist von erheblichem Vorteil, dass NFTs, anders als Kryptowährungen, ohne große Rechenleistung erstellt werden können.[80]

Praxishinweis:
NFTs sind aufgrund ihrer Pseudonymität, Dezentralität und fehlenden Referenzwerte ein besonders attraktives Instrument zur Geldwäsche, wobei insbesondere Wash Trading und die Selbsterstellung wertloser NFTs verbreitete Erscheinungsformen darstellen. Die Aufdeckung solcher Verschleierungshandlungen ist technisch aufwendig und setzt spezialisierte Analyse-Tools voraus. Compliance-Verantwortliche und Geldwäschebeauftragte sollten daher entsprechende Monitoring-Instrumente einsetzen und Transaktionsmuster systematisch auf Auffälligkeiten hin überprüfen.

II. NFTs als Vehikel für anderes strafbares Verhalten

24 Neben der Geldwäsche können NFTs naturgemäß auch für andere Straftaten genutzt werden. Dabei darf nicht außer Acht gelassen werden, dass die breite Bevölkerung mit der NFT-Technologie nicht vertraut ist, weshalb auch etwaige kriminelle Absichten durch die Geschädigten regelmäßig nicht erkannt werden. Die Einsatzmöglichkeiten von NFTs für strafbares Verhalten sind breit gefächert.

Beispiele:
Möglich sind die Nutzung für **Kickbackzahlungen** oder für **Bestechungsgelder.**[81] Die Zuweisung inkriminierter Gelder erfolgt dabei über den Erwerb eines unterbewerteten NFT oder durch den Verkauf eines überteuerten NFT. Grds. denkbar wäre im Rahmen des **Wash Tradings** auch die Annahme einer betrügerischen Handlung durch das bewusste Vortäuschen einer Nachfrage.[82] In Betracht kommen ebenfalls die Nutzung für Betrugstaten, wie das Einwerben von Investorengeldern für die angebliche und nicht erfolgende Erstellung von NFTs (sog. **Rug-Pulls**) oder aber der Verkauf von NFTs, welche sich tatsächlich gar nicht im Eigentum befinden bzw. nicht existieren. Ferner wird das sog. **Phishing** betrieben, um in den Besitz der Zugangsdaten für die Wallets zu gelangen.[83] Schlussendlich kommen bei der Erstellung von NFTs naturgemäß auch strafrechtlich bewährte **Marken-** (§ 143 MarkenG bzw. § 143a MarkenG) oder **Designverstöße** (§ 51 DesignG) in Betracht, sofern in einem NFT eine Marke oder ein Zeichen bzw. ein Design, ohne Zustimmung des Rechteinhabers, verwendet wird (zum Marken- und Designrecht → § 65 Rn. 17 und 21).

III. Einziehung

25 Neben der Strafe kann die Einziehung eine empfindliche Sanktionsfolge der Begehung von Straftaten sein. So kann das zuständige Gericht im Strafverfahren NFTs und Kryptowährungen unter den Voraussetzungen der §§ 73 ff. StGB einziehen. Insbesondere die Einziehung der „Tatbeute“ ist ein Mittel der Abschreckung.[84] Der Täter soll die Vorteile aus Straftaten

[80] Kilby Fraud Magazine 2/2023, 14 (17).
[81] ACFE Report to the Nations, 2022, S. 20.
[82] Cong/Li/Tang/YangCrypto Wash Trading S. 2; Gegen die pauschale Annahme bestehen allerdings Bedenken. So besteht grds. keine konkludente Erklärung über die Angemessenheit und Üblichkeit des Preises: BGH NStZ-RR 2020, 213 (214).
[83] Weisser/Bliesener NZWiSt 2024, 41 (45).
[84] Statt vieler nur BeckOK StGB/Heuchemer § 73 Rn. 1.

nicht behalten dürfen: crime must not pay – Straftaten dürfen sich nicht lohnen. In der Rechtspraxis sind die Gerichte längst dazu übergegangen, auch virtuelle Werte einzuziehen.

1. Vorbemerkungen

Virtuelle Werten können im Strafverfahren über das Einziehungsregime der §§ 73, 74 StGB eingezogen werden. Für virtuelle Währungen wie beispielsweise Bitcoin ist dies gesetzgeberisch ausdrücklich anerkannt. Dies folgt ua aus § 77a StVollstrO, wo die Verwertung virtueller Währung im Rahmen der Strafvollstreckung durch die Staatsanwaltschaft näher geregelt wird. Unter einer virtuellen Währung versteht der Gesetzgeber in § 77a Abs. 1 StVollstrO ein digitales Abbild eines Wertes, der nicht von einer Zentralbank, einem Kreditinstitut oder einem E-Geld-Institut ausgegeben wurde und als Alternative zu Geld genutzt, insbesondere elektronisch übertragen, verwahrt oder gehandelt wird.[85] Während Kryptowährungen der Begriffsdefinition unterfallen, sind NFTs davon nicht erfasst. Im Kontext der Einziehung gem. §§ 73 ff. StGB besteht allerdings Einigkeit darüber, dass es bei der Einziehung von Taterträgen lediglich auf wirtschaftlich messbare Vorteile ankommen kann. Dieser wirtschaftlich messbare Vorteil liegt bei virtuellen Währungen ebenso wie bei NFTs regelmäßig in ihrem tatsächlichem Nutzungspotential.[86] So hat der BGH entschieden, dass die Kryptowährung Bitcoin angesichts ihres Marktwertes einen realisierbaren Vermögenswert darstellen, für den der Täter sowohl materiell Berechtigter ist als auch die faktische Verfügungsgewalt hat.[87] Sie sind wegen ihrer Speicherung in der Blockchain und der Kombination aus öffentlichen und dem Angeklagten bekannten privaten Schlüssel der Wallet hinreichend abgrenzbar und damit tauglicher, wenn auch nicht körperlicher Gegenstand einer Einziehungsanordnung.[88] Diese Entscheidung des BGH ist auf virtuelle Werte wie NFTs sinngemäß übertragbar. NFTs haben ungeachtet ihrer zivilrechtlichen Einordnung einen faktischen Marktwert, der durch Straftaten erlangt werden kann und – spiegelbildlich – auch abgeschöpft werden muss. NFTs sind durch ihre technische Ausgestaltung (insbes. durch die Benennung der Daten des Tokens und des Smart Contracts)[89] exakt zuordenbar und abgrenzungsfähig. Dadurch können sie – erst recht – tauglicher Gegenstand der Einziehungsentscheidung eines Strafgerichts sein.[90] 26

Praxishinweis:
Angesichts der erheblichen Preisvolatilität des NFT-Marktes und der Gefahr eines Wertverlusts beschlagnahmter Token ist die Frage der Notveräußerung gem. § 111p StPO von den Strafverfolgungsbehörden frühzeitig und sorgfältig zu prüfen. Bei durch Betrugstaten erlangten NFTs scheidet eine Notveräußerung jedoch in der Regel aus, da sie die spätere Rückübertragung an die Verletzten gem. § 459h StPO ausschließt. Für Betroffene empfiehlt sich in dieser Situation, frühzeitig Rechtsschutz im Wege der Beschwerde gem. § 304 StPO zu suchen und die Möglichkeit einer Abwendung der Vollziehung durch Hinterlegung eines Sicherheitsbetrages gem. § 111g Abs. 1 StPO zu prüfen.

85 BeckOK StVollstrO/Wühr § 77a Rn. 18.
86 Machitadze/Figatowski NZWiSt 2023, 134 (137); Greier wistra 2022, 397.
87 BGH BeckRS 2017, 145251 Rn. 1, 67.
88 BGH BeckRS 2017, 145251 Rn. 1, 67.
89 Näher dazu Greier wistra 2022, 397 (399).
90 Wie hier Greier wistra 2022, 397 (401).

2. Voraussetzungen der Einziehung, §§ 73 ff. StGB

27 Hat der Täter oder Teilnehmer durch die Begehung einer rechtswidrigen Tat (§ 11 Abs. 1 Nr. 5 StGB) oder für sie etwas erlangt, so ist dieses erlangte Etwas – der sog. Tatertrag – durch das zuständige Gericht gem. § 73 Abs. 1 StGB einzuziehen.

28 Mit dem **Taterlangten** wird die Gesamtheit der durch oder für die Tat zugeflossenen wirtschaftlich messbaren Vorteile bezeichnet.[91] Da § 73 StGB keine Begrenzung auf Sachen oder Rechte enthält, sind auch virtuelle Währungen und Werte ungeachtet ihrer teils ungeklärten Rechtsnatur – wie oben dargestellt – ein erlangtes Etwas gem. § 73 Abs. 1 StGB.

Beispiel (BGH NStZ 2018, 401):
Täter haben die Rechenleistung fremder Computer für Rechenoperationen des eigenen Computersystems ausgenutzt, um Bitcoins zu schürfen. Der BGH bestätigte eine Strafbarkeit gem. § 202a StGB und § 303a StGB. Er entschied zugleich, dass die auf diese Weise erlangten Bitcoins als Tatertrag gem. der Einziehung gem. § 73 Abs. 1 StGB unterliegen.[92]

29 Hat der Täter den unmittelbar aus seiner Straftat erlangten Vorteil veräußert, unterliegt auch der dadurch erlangte Gegenstand – das sog. **Surrogat** – der Einziehung gem. § 73 Abs. 3 StGB.

Beispiel (BGH NZWiSt 2023, 65):
Täter handelten verbotswidrig mit Betäubungsmitteln und erwarben mit den Drogengeldern Kryptowährung. Der BGH entschied, dass die Kryptowährung als Surrogat der Drogengelder gem. § 73 Abs. 3 Nr. 1 StGB eingezogen werden könne.

30 Denkbar ist es auch, dass Token als Tatobjekt bzw. als Tatmittel der Einziehung gem. §§ 74 ff. StGB unterliegen. Bei der Geldwäsche ist hier allerdings eine Besonderheit zu berücksichtigen. Soweit sich Gegenstände auf die Begehung einer Geldwäsche gem. § 261 StGB beziehen (Tatobjekte), hat der Gesetzgeber in § 261 Abs. 10 StGB angeordnet, dass diese Gegenstände vorrangig als Tatertrag eingezogen werden sollen. Damit wird klargestellt, dass die strengen Voraussetzungen der Einziehung von Tatobjekten und Tatmitteln gem. §§ 74 ff. StGB der Effektivität der Einziehung von Taterträgen gem. § 73 StGB nicht entgegenstehen sollen.[93] Der Einziehung von Bitcoin und NFTs als Tatobjekt bzw. Tatmittel gem. § 74 StGB im Kontext der Verurteilung wegen Geldwäsche kommt daher kaum praktische Bedeutung zu.

31 Ist die Einziehung eines Gegenstandes wegen der Beschaffenheit des Erlangten oder aus einem anderen Grund nicht möglich, ordnet das Gericht gem. § 73c StGB die Einziehung eines Geldbetrages an, der dem Wert des Erlangten entspricht (Wertersatzeinziehung). So liegt es etwa, wenn im o. g. Beispiel der Nachweis nicht gelänge, dass die Kryptowährung mit Drogengeldern finanziert worden wären. In diesem Fall würde das Gericht einen Betrag einziehen, der dem Wert des Taterlangten entspricht.

32 Adressat einer Einziehungsentscheidung können auch Dritte wie Unternehmen sein, § 73b StGB. Wenn beispielsweise ein GmbH-Geschäftsführer durch Betrugstaten NFTs erlangt und auf das Wallet der GmbH transferieren lässt, greift § 73b Abs. 1 Nr. 1 StGB. Danach richtet sich die Einziehung gegen Personen, die nicht Täter oder Teilnehmer sind, wenn sie – wie hier die GmbH – durch die Tat etwas erlangt haben und der Täter für ihn gehandelt hat.

---

[91] NK-StGB/Saliger § 73 Rn. 6.
[92] BGH BeckRS 2017, 145251 Rn. 1, 62.
[93] Joecks/Jäger/Randt/Bülte StGB § 261 Rn. 259, unter Verweis auf BT-Drs. 19/26602, 9.

3. Vermögenssicherung im Ermittlungsverfahren

Die Strafverfolgungsbehörden haben ein Interesse daran, die aus Straftaten erlangten Vorteile den Tätern und Teilnehmern möglichst frühzeitig wegzunehmen, um die Einziehungsentscheidung des Strafgerichts im Hauptverfahren zu sichern. Sollen durch Straftaten erlangte NFTs oder sonstige digitale Werte als Tatertrag gerichtlich eingezogen werden, erfolgt die strafprozessuale Sicherung im Ermittlungsverfahren durch Beschlagnahme gem. §§ 111b ff. StPO. Ist die Einziehung nicht möglich und soll die Einziehung von Wertersatz gem. § 73c StGB gesichert werden, erfolgt die Sicherung durch Pfändungen aufgrund eines Vermögensarrests gem. §§ 111e ff. StPO. Gemeinsame Voraussetzungen beider Sicherungsinstrumente sind neben dem Vorliegen eines Tatverdachts und eines Sicherungsgrundes auch die Verhältnismäßigkeit der Maßnahme. Zuständig für die Anordnung der Beschlagnahme bzw. des Vermögensarrestes ist das Gericht, § 111j Abs. 1 S. 1 StPO, bei Gefahr im Verzug auch die Staatsanwaltschaft, § 111j Abs. 1 S. 2 StPO. Die Vollziehung des Vermögensarrestes erfolgt gem. § 111k Abs. 1 S. 1 StPO durch die Staatsanwaltschaft, dort der Rechtspfleger (§ 31 Abs. 1 Nr. 2 RpflG). 33

a) Beschlagnahme

Nach hM werden virtuelle Werte bei der Vollziehung der **Beschlagnahme** als anderes Vermögensrecht gem. § 111c Abs. 2 StPO iVm § 857 ZPO eingeordnet, wodurch die zivilprozessualen Zwangsvollstreckungsregeln sinngemäß Anwendung finden.[94] Die Beschlagnahme gem. § 111b StPO von virtuellen Werten ist die Beschlagnahme von Daten und bezieht sich auf die mit ihnen verbundene Verfügungsbefugnis.[95] Der Beschlagnahmebeschluss gem. §§ 111b StPO wird an den Beschuldigten bzw. den Einziehungsadressaten (§ 73b StGB) zugestellt. Die Sicherung des beschlagnahmten Datensatzes ist in der Praxis wegen der technischen Besonderheit einer dezentralen Blockchain allerdings nicht unproblematisch. Denn der Betroffene, der auch weiterhin in Kenntnis der Nutzungsdaten zB des privaten Wallets ist, kann die formal angeordnete Beschlagnahme von NFTs durch Übertragung vereiteln und dadurch dem staatlichen Zugriff entziehen. Dem könnte durch die öffentliche Bekanntgabe (sog. Blacklisting) der Beschlagnahme an den großen Handelsplattformen entgegengewirkt werden, sodass potenzielle Erwerber bösgläubig gestellt werden. Jedoch kann eine solche Bekanntgabe nicht in der Blockchain selbst vermerkt werden, wodurch der Sicherungscharakter als nur ungenügend angesehen wird.[96] Als taugliche Sicherungsmethode in der Rechtspraxis hat sich daher die Übertragung der beschlagnahmten Kryptowährungen auf ein staatliches Wallet etabliert (§ 857 Abs. 4 S. 2 ZPO analog iVm § 111m Abs. 1 StPO).[97] So hat beispielsweise die Generalstaatsanwaltschaft Frankfurt a. M. einen Rahmenvertrag mit einem privaten Bankhaus zur Verwertung von eingezogenen oder beschlagnahmten Kryptowährungen im freihändigen Verkauf geschlossen.[98] Freilich kann eine vermögenssichernde Übertragung nur gelingen, wenn die Strafverfolgungsbehörden über die notwendigen Daten verfügen, insbesondere auch den privaten Schlüssel des Betroffenen kennen. Weder der Beschuldigte noch der Einziehungsbeteiligte (§ 73b StGB) können wegen der Selbstbelastungsfreiheit vor einer rechtskräftigen Verurteilung verpflichtet werden, diese Daten preiszugeben.[99] 34

---

[94] Greier wistra 2022, 397 (402); zu Kryptowerten Skauradszun WM 2020, 1229; zu Kryptowährungen BeckOK StVollstrO/Wühr § 77a Rn. 10; Greier wistra 2016, 249 (253); Zöller/Herget ZPO § 857 Rn. 12e.

[95] Greier wistra 2022, 397 (402); Rettke NZWiSt 2020, 45 (49).

[96] Greier wistra 2022, 397 (402); Rettke NZWiSt 2020, 45 (49).

[97] Greier wistra 2022, 397 (402); Rettke NZWiSt 2020, 45 (49).

[98] S. https://www.bankhaus-scheich.de/bhs-land-hessen-100mio/ (zuletzt abgerufen am 23.4.2025).

[99] Machitadze/Figatowski NZWiSt 2023, 171; Greier wistra 2022, 397 (403); Rettke NZWiSt 2020, 45 (52).

b) Vermögensarrest

35 Kommt eine (Original-)Einziehung der NFTs oder Kryptowährungen nicht in Betracht, etwa weil sie nicht mehr im Vermögen des Beschuldigten vorhanden sind, kommt die Einziehung des Wertes von Taterträgen in Betracht, § 73c StGB. In diesem Fall wird zur vorläufigen Sicherung ein **Vermögensarrest** beispielsweise gegen den Beschuldigten erlassen. Durch Pfändungsmaßnahmen in das (legale) Vermögen des Betroffenen wird der Vermögensarrest vollzogen, wodurch selbstverständlich auch virtuelle Werte als Vermögenswert betroffen sein können.[100]

c) Verwaltung

36 Ziel der Verwaltung vorläufig gesicherter virtueller Werte sind Erhaltung und Sicherung des Vermögenswertes.[101] Angesichts der Volatilität des NFT- und Kryptomarktes sind die Strafverfolgungsbehörden angehalten, bei starken Kursverlusten die Notveräußerung gem. § 111p StPO in Betracht zu ziehen.[102] Speziell bei NFTs ist jedoch ihr Charakter als nichtaustauschbarer Vermögenswert zu berücksichtigen.[103] Eine Notveräußerung schließt die Rückübertragung vorläufig gesicherter NFTs an den Verletzten gem. § 459h StPO aus, sodass in solchen Fallgestaltungen (zB bei durch Betrugstaten erlangten NFTs) eine Notveräußerung regelmäßig unzweckmäßig ist.[104]

d) Rechtsschutz

37 Gegen den Beschlagnahme- bzw. Arrestbeschluss kann sich der Betroffene im Wege der **Beschwerde** gem. § 304 StPO wehren. Aus dessen Sicht ist bei einem Vermögensarrest die Möglichkeit zu prüfen, ob die Vollziehung durch die Hinterlegung eines Sicherheitsbetrages gem. § 111g Abs. 1 StPO abgewendet werden kann, ggf. ergänzt mit einer Ratenzahlungsvereinbarung mit der Staatsanwaltschaft. Auf diese Weise können die teils existenziellen Belastungen für den Betroffenen – zB durch Pfändungen der Geschäftskonten – zeitnah abgemildert werden.

4. Rechtsfolgen der Einziehung

38 Rechtsfolge der rechtskräftigen Einziehungsentscheidung ist gem. § 75 Abs. 1 StGB der Eigentums- bzw. Rechtsübergang des Einziehungsgegenstands kraft Gesetzes auf den Staat. Virtuelle Werte wie Bitcoin sind nach überwiegender Ansicht nicht eigentumsfähig; „Inhaber" der Bitcoin ist derjenige, der die faktische Verfügungsgewalt hat („not your keys, not your coins!").[105] Über § 75 StGB wird dem Täter daher diese faktische Verfügungsgewalt entzogen. Sofern es in tatsächlicher Hinsicht unmöglich sein sollte, dem Täter die faktische Verfügungsgewalt zu entziehen, etwa weil der private Schlüssel zum Wallet unbekannt ist, steht dies der Anordnung der Einziehung nach Auffassung des BGH nicht entgegen; die Unmöglichkeit soll lediglich eine reine Vollstreckungsfrage betreffen.[106] Sollte sich der Täter nach rechtskräftiger Verurteilung weigern, die notwendigen Daten herauszugeben, hat die Strafvollstreckungsbehörde gem. §§ 459g Abs. 3; 111f Abs. 1 S. 2 StPO;

---

[100] Vertiefend hierzu siehe nur Rettke NZWiSt 2020, 45 (49); Greier wistra 2022, 397 (402).
[101] Greier wistra 2022, 397 (402).
[102] Einzelheiten hierzu siehe nur Rettke NZWiSt 2020, 45 (52); Greier wistra 2022, 397 (401).
[103] Greier wistra 2022, 397 (403).
[104] Greier wistra 2022, 397 (403).
[105] Machitadze/Figatowski NZWiSt 2023, 134 (138); Rettke NZWiSt 2020, 45 (49).
[106] BGH NStZ 2018, 401 (405) mwN; kritisch hierzu Safferling NStZ 2018, 405 (406); aA Heinze ZStW 2022, 610 (630); Rettke NZWiSt 2020, 45 (52); Machitadze/Figatowski NZWiSt 2023, 171, die eine Originaleinziehung – eine „Eins zu eins"-Übertragung – am Beispiel von Kryptotoken für unmöglich erachten, weshalb generell nur eine Wertersatzeinziehung in Betracht komme; ebenso schon Rückert MMR 2016, 295 (299).

§ 928 ZPO in § 888 Abs. 1 ZPO die Möglichkeit, den Verurteilten zur Herausgabe der Daten durch Androhung eines Zwangsgelds oder von Zwangshaft zu zwingen.

IV. Compliance

1. Grundlagen

Die vorangegangenen Ausführungen zu den strafrechtlichen Folgen beschreiben lediglich einen Teil der möglichen Auswirkungen im Falle eines Rechtsverstoßes durch ein Unternehmen. Auch drohen dem Unternehmen mit der Verhängung von Bußgeldern oder Schadenersatzansprüchen weitere wirtschaftliche Nachteile.[107] Hinzu kommt ein vorab schwer einschätzbarer Effekt etwaiger Reputationsschäden auf den Unternehmenserfolg. Aus diesem Grund bedarf es eines Instrumentes, das ein rechtskonformes Verhalten des Unternehmens und seiner Belegschaft sicherstellt. Dieses Instrument wird als **Compliance** bezeichnet.[108] 39

Mit Hilfe von Compliance soll sich ein Unternehmen allerdings nicht nur im Einklang mit geltendem Recht bewegen. Es geht darüber hinaus auch um die Fragestellung, wie sich neben der Einhaltung von gesetzlichen Vorschriften auch die Erfüllung sonstiger an ein Unternehmen gerichteter Anforderungen sicherstellen lässt. Dies schließt beispielsweise **unternehmensinterne Richtlinien** oder **Vertragsklauseln** mit ein.[109] Für die Unternehmenspraxis hat das zur Folge, dass geeignete Maßnahmen zur Anwendung kommen müssen, die hierzu einen positiven Beitrag leisten.[110] 40

Durch die Compliance-Perspektive rücken damit neben den „klassischen" unternehmerischen Risiken auch solche Ereignisse in den Vordergrund, die eine Erfüllung der an das Unternehmen gerichteten Anforderungen gefährden. Herausfordernd ist hierbei insbesondere der Umstand, dass diese Ereignisse im betriebswirtschaftlichen Kontext womöglich auf den ersten Blick durchaus sinnvoll erscheinen, im Ergebnis aber zu einem Verstoß gegen maßgebliche Rechtsvorschriften oder anderweitige Vorgaben führen.[111] Für derlei Ereignisse hat sich zu deren Bezeichnung der Begriff **„Compliance-Risiken"** etabliert.[112] 41

Wie die Ausführungen weiter oben bereits detailliert gezeigt haben (hierzu → Rn. 3), sind bei der Handhabung von NFTs solche Compliance-Risiken festzustellen. Um diesen gezielt entgegentreten, sollten zunächst ihre Auslöser konkretisiert werden. Dafür sind zwangsläufig die relevanten Rechtsvorschriften zu bestimmen. Anschließend können die gewonnenen Erkenntnisse dafür herangezogen werden, geeignete Maßnahmen zu treffen, die bei der Handhabung von NFTs zur Regeltreue beitragen bzw. diese gewährleisten. 42

2. Identifizierung von Compliance-Risiken

a) Direkte Regulierung

Auch wenn die Regulierung der Blockchain-Technologie auf globaler Ebene aktuell einem erheblichen Wandel unterliegt[113], gibt es in Deutschland in dieser Hinsicht bisher noch kein allgemeines, in sich geschlossenes Recht.[114] Zwar wurde durch den Gesetzgeber früh erkannt, dass sich digitale Innovationen, wie beispielsweise Kryptowerte, zu einem zunehmend häufig genutzten Mittel der Geldwäsche und Terrorismusfinanzierung eignen.[115] Die 43

107 Moosmayer/Lösler Corporate Compliance-HdB/Schorn/Viebranz S. 325.
108 Inderst/Bannenberg/Poppe Compliance-Handbuch/Poppe S. 11.
109 Moosmayer/Lösler Corporate Compliance-HdB/Lösler S. 4.
110 Moosmayer/Lösler Corporate Compliance-HdB/Schorn/Viebranz S. 324.
111 Kark Compliance-Risikomanagement S. 121.
112 Kark Compliance-Risikomanagement S. 12.
113 Elliptic Global Crypto Regulation Landscape 2024 S. 3.
114 Omlor/Möslein Blockchain und Recht/Omlor S. 4.
115 Vgl. auch bei Kryptowährungen: Weisser/Bliesener wistra 2025, 133 ff.

in der Vergangenheit ergriffenen Maßnahmen sollten dann allerdings primär der Geldwäscheproblematik begegnen oder die Finanzmarktregulierung in den Vordergrund stellen, nicht jedoch zu einer grundsätzlichen Regulierung der Technologie führen.[116] Vor diesem Hintergrund waren Kryptowerte in der jüngeren Vergangenheit überhaupt nur dem **Kreditwesengesetz** (KWG) und dem **Gesetz zur Einführung von elektronischen Wertpapieren** (eWpG) bekannt.[117] Explizit auf die Handhabung von NFTs abzielende rechtliche Vorgaben für NFTs sind im deutschen Recht zum jetzigen Zeitpunkt nicht vorhanden.

44 Auf **europäischer Ebene** bestehen hingegen erste Regelungen für Blockchain-Token.[118] Die als **MiCAR** abgekürzte Verordnung über Märkte für Kryptowerte (Markets in Crypto-Assets) bildet einen Baustein auf dem Weg zu einer einheitlichen, europäischen Kryptoregulierung und sucht – zumindest zum aktuellen Zeitpunkt – weltweit ihresgleichen.[119]

45 In Art. 2 Abs. 1 MiCAR findet sich der Anwendungsbereich dieser Verordnung. Diesem lässt sich entnehmen, dass die Verordnung gleichermaßen für natürliche und juristische Personen sowie alle sonstigen Unternehmen Wirkung entfalten kann. Auch werden die dafür zu erfüllenden Bedingungen genannt. Zum einen gilt die Verordnung für diejenigen, die in der Europäischen Union Kryptowerte ausgeben, öffentlich anbieten oder im Rahmen einer Zulassung handeln. Zum anderen gilt die Verordnung auch für den Kreis derjenigen, die Dienstleistungen im Zusammenhang mit Kryptowerten erbringen. Insbesondere letzterer Aspekt gäbe damit Anlass für eine genauere Betrachtung.

46 In Art. 2 Abs. 3 MiCAR wird allerdings ausdrücklich darauf hingewiesen, dass die MiCAR nicht gilt, wenn es sich um einmalige und nicht mit anderen Kryptowerten fungible Kryptowerte handelt. Diese Einmaligkeit liegt bei einem *Non-Fungible* Token unweigerlich vor (hierzu → § 18 Rn. 2 f.). Mithin wird eine Handhabung von NFTs auch nicht durch die MiCAR reguliert.[120]

b) Indirekte Regulierung

47 **aa) Bezug zur Bekämpfung von Geldwäsche.** Der Handel von NFTs steht nicht per se mit Geldwäsche in Zusammenhang.[121] Dennoch scheint es für sie in diesem Bereich durchaus vielfältige Einsatzmöglichkeiten zu geben (hierzu → Rn. 22). Demnach ist anzunehmen, dass etwaige Compliance-Risiken bei der Handhabung von NFTs indes aus Vorschriften erwachsen können, die ursächlich zur Bekämpfung der **Geldwäsche** und gerade nicht speziell zur Regulierung von Non-Fungible Token geschaffen wurden.

48 Dahingehend prüfbare Rechtsquellen finden sich auf nationaler sowie europäischer Ebene. Allerdings basieren die geldwäscherechtlichen Vorgaben in Deutschland seit Langem größtenteils auf europarechtlichen Bestimmungen.[122] Damit sollten die präventiven Bestimmungen des **Geldwäschegesetzes** (GwG) bei der Suche nach Compliance-Risiken einen sinnvollen Ausgangspunkt darstellen.

49 **(1) GwG.** Dieser Annahme folgend sollte eine Regeltreue hinsichtlich des GwG vor einem Strafverfahren in Zusammenhang mit dem § 261 StGB (hierzu → Rn. 8) schützen können, sofern bei der Handhabung von NFTs einzelne Vorgaben dieses Gesetz zu beachten sind. Einen ersten Anhaltspunkt dafür könnte der § 2 Abs. 1 GwG geben. Dort ist festgelegt, welche Marktteilnehmer überhaupt die Vorgaben des Geldwäschegesetzes im Rahmen der Ausübung ihres Gewerbes oder Berufs zu befolgen haben.[123] Hintergrund dafür ist die

116 Fromberger/Haffke/Zimmermann BKR 2019, 377 (379).
117 Omlor/Möslein Blockchain und Recht/Omlor S. 6.
118 Omlor/Möslein Blockchain/Becker S. 133.
119 Maume RDi 2022, 461 (461 f.).
120 Siadat RdF 2023, 4 (11).
121 Hoeren/Prinz CR 2021, 565 (566).
122 Biberacher Kryptotoken und Geldwäsche S. 215.
123 Diergarten/Fraulob Geldwäsche S. 135.

Tatsache, dass der Staat im Zusammenhang mit Geldwäscheaktivitäten seine Aufsicht und Kontrollmaßnahmen auf diesen Kreis von sog. **„Verpflichteten"** beschränkt. Bei der Handhabung von NFTs ist also zur Feststellung eventueller Compliance-Risiken eine **Prüfung** geboten, ob sich hierbei eine Verpflichtung nach dem GwG ergibt bzw. ergeben könnte.[124]

In der Aufzählung des § 2 Abs. 1 GwG findet sich jedoch zunächst kein expliziter Hinweis auf NFTs. Dieser Umstand könnte zu der vorschnellen Annahme verleiten, dass bei deren Handhabung auch die Vorschriften des GwG womöglich am Ende keine Wirkung entfalten. Allerdings lässt sich bei genauerer Betrachtung an anderer Stelle im GwG ein Detail ausmachen, das im Rahmen einer angestrebten Regeltreue durchaus erwähnenswert ist. Seit Umsetzung der Fünften EU-Geldwäscherichtlinie[125] in deutsches Recht beinhaltet der § 1 Abs. 29 GwG auch eine Bestimmung des Begriffs **„Kryptowerte"**. Im Zuge dieser Begriffsbestimmung wird auf die Definition von Kryptowerten des § 1 Abs. 11 S. 1 Nr. 10 iVm S. 4 und S. 5 des **Kreditwirtschaftsgesetzes** (KWG) verwiesen. Hier zeigen sich erste Hinweise auf eine möglicherweise zu berücksichtigende **indirekte Regulierung** von NFTs über das KWG. So liegt ein Kryptowert iSd § 1 Abs. 11 S. 4 KWG immer dann vor, wenn es sich um die digitale Darstellung eines Wertes handelt, der unabhängig von einem Intermediär, wie beispielsweise einer Zentralbank oder einer öffentlichen Stelle, auf elektronischem Wege übertragen, gespeichert und gehandelt werden kann. 50

Fraglich ist dabei, ob Kryptowerte überhaupt den genannten Anlagezweck aufweisen, um von der dortigen Definition erfasst zu werden.[126] Diese Tatsache ist zu bejahen. An der Eignung und Nutzung von NFTs als Anlageobjekt sollten keine Zweifel (mehr) bestehen (hierzu → Rn. 21). Dies scheint ihre Eignung zur Geldwäsche gerade zu begünstigen.[127] Infolgedessen fallen sie unter die Definition von Kryptowerten nach dem KWG und folglich ebenfalls unter den Begriff des § 1 Abs. 29 GwG. 51

Durch diesen Aspekt gewinnt der § 1 Abs. 1a Nr. 6 KWG bei der Handhabung von NFTs an Bedeutung. Er definiert die Verwahrung, Verwaltung oder Sicherung von Kryptowerten als **Finanzdienstleistungen.** Diese Aktivitäten wiederum umschreiben offensichtlich die originären Dienstleistungen von Wallet-Anbietern. Damit werden sie *summa summarum* nicht bloß als Finanzdienstleistungsinstitute im Sinne des KWG eingestuft, sondern durch den dann greifenden § 2 Abs. 1 Nr. 2 GwG am Ende auch zu Verpflichteten nach dem Geldwäschegesetz. 52

Die Einstufung der Wallet-Anbieter als Finanzdienstleistungsinstitute führt zu einer Vielzahl geldwäscherechtlich verpflichtender Aufgaben, die dann unter bestimmten Voraussetzungen sogar noch verschärft werden. So haben die nach § 2 Abs. 1 Nr. 2 GwG verpflichteten Unternehmen zusätzlich bei der lückenlosen Rückverfolgbarkeit des Transfers von Kryptowerten mitzuwirken.[128] Als gesetzliche Grundlage dafür trat im Oktober 2021 die Kryptowertetransferverordnung (KryptoWTransferV) in Kraft.[129] Diese wurde zwar zum Ende des Jahres 2024 durch die Geldtransferverordnung[130] (GTVO) abgelöst, wodurch diese Mitwirkungspflicht jedoch keineswegs entfällt (hierzu → Rn. 59).[131] 53

124 Omlor/Link Kryptowährungen/Auffenberg S. 911.

125 Richtlinie (EU) 2018/843 zur Änderung der Richtlinie (EU) 2015/849 zur Verhinderung der Nutzung des Finanzsystems zum Zwecke der Geldwäsche und der Terrorismusfinanzierung und zur Änderung der Richtlinien 2009/138/EG und 2013/36/EU.

126 Maume/Siadat NJW 2023, 1168 (1169).

127 Weisser/Bliesener NZWiSt 2024, 41 (42 und 43) sowie Schemmel CB 2022, 286 (289).

128 Patz BKR 2021, 725 (730 f.).

129 Schemmel CB 2022, 286 (289).

130 Richtlinie (EU) 2023/1113 über die Übermittlung von Angaben bei Geldtransfers und Transfers bestimmter Kryptowerte und zur Änderung der Richtlinie (EU) 2015/849 vom 31.5.2023, vgl. https://eur-lex.europa.eu/legal-content/DE/TXT/PDF/?uri=CELEX:32023R1113 (zuletzt abgerufen am 23.4.2025).

131 Patz BKR 2021, 725 (731).

54 Darüber hinaus bringt eine Einstufung als Finanzdienstleistungsinstitut einen weiteren erwähnenswerten Punkt mit sich. Der § 6 Abs. 1 KWG legt für sämtliche Institute aus dem Geltungsbereich des Kreditwesengesetzes fest, dass sie der **Aufsicht** der Bundesanstalt für Finanzdienstleistungsaufsicht (BaFin) unterliegen. Insbesondere deshalb sollte zur weiteren Vervollständigung der möglichen Compliance-Risiken auch die Einordnung von NFTs aus Perspektive der BaFin nicht außer Acht gelassen werden.

55 Diese ordnet NFTs grundsätzlich **nicht als Wertpapiere** im aufsichtsrechtlichen Sinne ein. Sie können jedoch im Einzelfall als regulierte Kryptowerte, dh als regulierte Instrumente betrachtet werden. Ein solcher Fall kann beispielsweise eintreten, wenn NFTs einen bestimmten Anlagezweck erfüllen sollen oder im Rahmen eines Verkaufs hauptsächlich deren Möglichkeit für Wertsteigerungen in den Vordergrund gestellt werden. Sobald ein Anbieter dementsprechende Erwartungen bei potenziellen Erwerbern weckt, kann dies zur Einordnung als regulierten Kryptowert seitens der BaFin führen. Infolgedessen kann es sich unter gewissen Umständen ergeben, dass ein Handel eine BaFin-Lizenz erfordert. Es wäre sogar möglich, dass NFTs als offerierte Vermögensanlage eingeordnet werden, was dann zu einer Pflicht für die Erstellung eines Prospekts bzw. eines Vermögensanlageinformationsblatts führt.[132]

Praxishinweis:
Unternehmen, die NFTs anbieten oder vermarkten, sollten frühzeitig prüfen, ob die konkrete Ausgestaltung und Vermarktung des NFT-Projekts bei potenziellen Erwerbern Wertsteigerungserwartungen weckt, die eine aufsichtsrechtliche Einstufung als regulierten Kryptowert nach sich ziehen könnten. Im Einzelfall kann dies eine BaFin-Lizenz oder sogar die Pflicht zur Erstellung eines Prospekts bzw. eines Vermögensanlageinformationsblatts begründen. Eine frühzeitige aufsichtsrechtliche Beratung ist daher dringend zu empfehlen, um kostspielige Nachbesserungen zu vermeiden.

56 Auch wenn die geldwäscherechtlichen Vorgaben in Deutschland – wie eingangs erwähnt – auf europarechtlichen Bestimmungen fußen, darf ein ergänzender Blick auf die europarechtlichen Entwicklungen nicht fehlen. Beispielsweise könnten sich Vorgaben finden, die womöglich erst noch in nationales Recht zu implementieren sind oder erst zu einem späteren Zeitpunkt in Kraft treten. Tatsächlich finden sich im Europarecht gegenwärtig zwei solcher erwähnenswerten Regulierungen.

57 **(2) AML-VO.** Im Zuge des Gesetzgebungsverfahrens zur Bekämpfung der Geldwäsche und Terrorismusfinanzierung wurde mit der **„Verordnung zur Bekämpfung von Geldwäsche und Terrorismusfinanzierung“** (AML-VO)[133] sogar das Werkzeug der Verordnung gewählt, um unterschiedlichen nationalen Auslegungen möglichst wenig Raum zu geben.

58 Sie ordnet Anbieter von Kryptowerte-Dienstleistungen als „Finanzinstitute“ und damit als Verpflichtete nach Art. 3 Nr. 2 AML-VO ein.[134] Bei der Handhabung von NFTs ist daher zu prüfen, welche Aspekte in diesem Zusammenhang unter die Erbringung von **Kryptowerte-Dienstleistungen** fallen. Da die Verordnung bereits das Anbieten von „elektronischen Geldbörsen“ explizit benennt, gelten Wallet-Anbieter jedenfalls als Kryptowerte-Dienstleister.[135] Damit gehören auf Grundlage der AML-VO solche Unternehmen abermals zu einem Kreis von Verpflichteten und haben die damit zusammenhängenden Aufgaben zu erfüllen (hierzu → Rn. 62).

132 Bafin Journal vom 8.3.2023, vgl. https://www.bafin.de/SharedDocs/Veroeffentlichungen/DE/Fachartikel/2023/fa_bj_2303_NFT.html (zuletzt abgerufen am 23.4.2025).

133 Verordnung (EU) 2024/1624 zur Verhinderung der Nutzung des Finanzsystems für Zwecke der Geldwäsche oder der Terrorismusfinanzierung vom 31.5.2024.

134 Achtelik BKR 2024, 353 (356).

135 Erwgr. 14 VO (EU) 2024/1624, vgl. https://eur-lex.europa.eu/legal-content/DE/TXT/PDF/?uri=OJ:L_202401624 (zuletzt abgerufen am 23.4.2025).

(3) GTVO. Auch im Rahmen des Transfers von Kryptowerten für Kunden sind Pflichten einzuhalten. So trat zum 30.12.2024 die GTVO in Kraft und löste die bisherige KryptoWTransferV ab.[136] Diese Verordnung betrifft ua Dienstleister für Kryptowerte, sofern diese in der Europäischen Union ansässig sind oder dort ihren Sitz haben.[137] Die Dienstleister müssen ua beim **Transfer von Kryptowerten** die Daten des Veranlassers einer Transaktion an den Dienstleister des Begünstigten übersenden, damit dieser beispielsweise bestimmte Überprüfungen hinsichtlich der Eigentumsverhältnisse vornehmen kann.[138] 59

bb) Bezug zum Kunsthandel. NFTs haben sich als geeignete Vehikel für die Geldwäsche erwiesen, da sie sich ua als **Kunstwerke** handeln lassen (hierzu → Rn. 20). Kunsthändler wiederum unterliegen grundsätzlich dem Geldwäschegesetz als Verpflichtete gem. § 2 Abs. 1 Nr. 16 GwG. Gesetzt den Fall, dass sich ein Unternehmen dem ausschließlichen Handel von NFTs verschrieben hat, wäre denkbar, dass es deswegen zum Kreis dieser **Verpflichteten** zählt. Bis zum jetzigen Zeitpunkt ist jedoch tatsächlich nicht abschließend geklärt, ob NFTs als Kunstgegenstände iSd § 1 Abs. 10 S. 2 Nr. 4 GwG zu qualifizieren sind.[139] 60

Praxishinweis:
Unternehmen, die ausschließlich oder schwerpunktmäßig mit NFTs handeln, sollten individuell prüfen lassen, ob sie als Kunsthändler iSd § 2 Abs. 1 Nr. 16 GwG zu qualifizieren und damit Verpflichtete nach dem GwG sind. Da diese Frage bislang ungeklärt ist, empfiehlt es sich, vorsorglich die wesentlichen geldwäscherechtlichen Sorgfaltspflichten einzuhalten, um im Falle einer künftigen Klärung zugunsten einer Verpflichteteneigenschaft keine Compliance-Lücken aufzuweisen.

3. Anknüpfungspunkte für Anforderungen an Verpflichtete

a) GwG

Wallet-Anbieter werden vom KWG als Finanzdienstleistungsinstitute eingestuft und in der Folge zu Verpflichten nach dem GwG (hierzu → Rn. 52). Damit sieht das Gesetz für sie ein breites Spektrum an verpflichtend zu erfüllenden Aufgaben vor.[140] Im Grundsatz[141] gehören dazu ua die Einrichtung eines Risikomanagements, die Einhaltung gewisser Sorgfaltspflichten oder ggf. auch die Meldung von als verdächtig eingestuften Sachverhalten an die Zentralstelle für Finanztransaktionen (FIU).[142] Mit Hilfe des Risikomanagements sollen die individuellen Risiken für Geldwäsche und Terrorismusfinanzierung im Rahmen der geschäftlichen Aktivitäten des Verpflichteten mit Hilfe einer entsprechenden Analyse aufgedeckt und mittels interner Sicherungsmaßnahmen gesteuert, dh gemindert oder ausgeschlossen werden.[143] Die allgemeinen Sorgfaltspflichten knüpfen daran an und umfassen Grundsätze, Verfahren sowie Kontrollen, die als wesentliche Elemente passgenau auf die internen Sicherungsmaßnahmen zugeschnitten sind. Zwar bleibt die konkrete Ausgestaltung dem Verpflichteten überlassen, dieser hat jedoch regelmäßig die Wirksamkeit seiner Maß- 61

[136] Patz BKR 2021, 725 (731).
[137] Schemmel CB 2022, 286 (289).
[138] Bafin Auslegungs- und Anwendungshinweise zum Geldwäschegesetz, 2024, S. 20 f., vgl. https://www.bafin.de/SharedDocs/Downloads/DE/Anlage/dl_AuA_AT_Konsultationsfassung_09072024.pdf?__blob=publicationFile&v=2 (zuletzt abgerufen am 23.4.2025).
[139] Weisser/Bliesener NZWiSt 2024, 41 (42).
[140] Mildeberger/Fein Geldwäsche-Compliance S. 21.
[141] Für eine detaillierte Beschreibung sämtlicher Aufgaben sei an dieser Stelle auf die entsprechende geldwäscherechtliche Fachliteratur verwiesen.
[142] Moosmayer/Lösler Corporate Compliance-HdB/Diergarten S. 1175.
[143] Mildeberger/Fein Geldwäsche-Compliance S. 22.

nahmen zu überprüfen.[144] Sofern bei einer Geschäftsbeziehung, einem bestimmten Gegenstand oder einer Transaktion gewisse Umstände darauf hindeuten, dass ein Zusammenhang mit Geldwäsche vorliegen könnte, hat der Verpflichteten unverzüglich eine Meldung an die FIU abzugeben.[145]

b) AML-VO

62 Wallet-Anbieter erbringen Kryptowerte-Dienstleistungen im Sinne der AML-VO und werden auf diesem Weg zu Verpflichteten nach Art. 3 Nr. 2 AML-VO (hierzu → Rn. 58). Analog zum GwG sind nach dem Art. 1 AML-VO ebenfalls Maßnahmen anzuwenden, die zur Verhinderung von Geldwäsche dienen. In den Mittelpunkt rücken dazu ebenfalls die Transparenz des wirtschaftlichen Eigentums sowie die Eindämmung des Missbrauchs anonymer Instrumente. Im Zusammenhang mit Compliance-Risiken bei der Handhabung von NFTs böte sich an dieser Stelle beispielsweise eine Prüfung daraufhin an, ob sich aus der AML-VO Pflichten ergeben, die denen des GwG entsprechen bzw. über die bis dato bestehenden Pflichten hinausgehen. Wie sich zeigt, trifft letzteres unter gewissen Umständen zu.[146] So sieht auch die AML-VO eine Identifizierung der Vertragspartner bei Aufnahme der Geschäftsbeziehung vor, erweitert die dahingehende Pflicht allerdings in bestimmten Fällen auf die Angaben zum Beruf (Art. 20 Abs. 1 Buchst. e AML-VO) oder im Falle des wirtschaftlich Berechtigten sogar die Steueridentifikationsnummer (Art. 22 Abs. 1 AML-VO). Auch an dieser Stelle sei zur Vollständigkeit auf die entsprechende Fachliteratur zur AML-VO verwiesen.

c) GTVO

63 Analog zur Prüfung bei der AML-VO bzgl. etwaig zusätzlicher oder verschärfter Pflichten für Verpflichtete sollte mit dem gleichen Ziel auch die GTVO ggf. unter Zuhilfenahme entsprechender Fachliteratur ausgewertet werden.

4. Erreichung einer Regeltreue bei der Handhabung von NFTs

a) Zusammenfassung der Anforderungen

64 Die Handhabung von NFTs ist mit Compliance-Risiken verbunden und kann ein Unternehmen daher vor einige Herausforderungen stellen. Dies beginnt bereits bei der Regeltreue, dh dem Agieren im Einklang mit geltendem Recht. Um die „Compliance-Theorie" auf die Unternehmenspraxis zu übertragen, bestünde ein erster Lösungsansatz[147] darin, dass mit der Hilfe eines sogenannten **„Rechtskatasters"** sämtliche im Zusammenhang mit der Handhabung von NFTs als relevant identifizierten Normen aufgelistet werden. In einem weiteren Schritt wären die konkret zu erfüllenden Anforderungen zu benennen sowie geeignete Maßnahmen abzuleiten, die zu deren Erfüllung beitragen.[148]

65 Jedoch offenbaren sich hierbei gleich zu Beginn die ersten Schwierigkeiten. So findet sich im deutschen Recht derzeit keine Regulierung, die unmittelbar auf die Handhabung von NFTs abzielt. Auch auf europäischer Ebene reguliert die MiCAR lediglich fungible Kryptowerte und damit ebenfalls keine NFTs. Daher könnte der Anschein bestehen, dass im Zusammenhang mit der Regulierung von NFTs schlussendlich keine Normen in das Rechtskataster einzutragen sind. Doch dieser Schein trügt. So hat es sich gezeigt, dass etwa Wallet-Anbieter Verpflichtete nach dem Geldwäschegesetz sind (hierzu → Rn. 52). Zudem haben sie bei Transfers von Kryptowerten die Kryptowertetransferverordnung bzw. GTVO

[144] Diergarten/Fraulob Geldwäsche S. 185.
[145] Biberacher Kryptotoken und Geldwäsche S. 159.
[146] Achtelik BKR 2024, 353 (357).
[147] Für eine vollständige Betrachtung aller Pflichten sei an dieser Stelle auf die jeweilige Fachliteratur verwiesen.
[148] Eggers CB 2021, 25.

zu beachten (hierzu → Rn. 59). Die bisherigen Ausführungen haben außerdem dargelegt, dass Wallet-Anbieter darüber hinaus auch Verpflichtete nach der AML-VO sind.[149] Sofern sich daraus zusätzliche Anforderungen an das Unternehmen ergeben, sind auch diese dem Kataster hinzuzufügen. Gleiches gilt für Vorgaben, die sich aus der am 30.12.2024 in Kraft getretenen GTVO an Krypto-Dienstleister richten.

b) Ableitung von Risiken und Maßnahmen

Zu den im Rechtskataster aufgeführten Normen sind als Compliance-Risiken nun jeweils sämtlich **Handlungen** oder **Zustände** zu beschreiben, die einen möglichen **Normenverstoß** bewirken oder diesen beinhalten. Diese Positionen werden dann um geeignete Maßnahmen ergänzt, die zur Erfüllung der hinter der jeweiligen Norm stehenden Anforderungen beitragen.[150] **66**

Verpflichtete haben in Bezug auf das GwG eine **Analyse des Geldwäscherisikos** vorzunehmen. Diese umfasst das Erkennen von Indikatoren im eigenen Marktumfeld, die Anhaltspunkte für eine Geldwäscheeignung geben.[151] Im Zuge dessen bietet es sich idealerweise an, dass die während der Analyse gewonnenen Erkenntnisse gleichlaufend zur Formulierung der Compliance-Risiken herangezogen werden. Aus Sicht der bereits erwähnten Wallet-Anbieter dürfte sich dann hierzu insbesondere die grundsätzliche **Pseudonymität** der Blockchain-Technologie bzw. ihrer Nutzer herauskristallisieren[152], dicht gefolgt vom Potenzial für die **Verschleierung** undurchsichtigen Handelns im Rahmen von Transfers.[153] **67**

Um einem Risiko aufgrund der Pseudonymität kategorisch entgegenzutreten, müssen Wallet-Anbieter die Identität ihrer Vertragspartner feststellen.[154] In diesem Zusammenhang ist ebenfalls zu klären, für wen die über die Wallets abgewickelten Transaktionen durchgeführt werden, dh um wen es sich bei dem wirtschaftlich Berechtigten handelt.[155] Hierbei wird das sogenannte **„Know Your Customer"**-Prinzip (KYC) zu einem zentralen Element für jede Geschäftsbeziehung.[156] Bei dessen Ausgestaltung ist dann sicherzustellen, dass im Rahmen der Datenerhebung zur Identifizierung auch etwaig verstärkte Sorgfaltspflichten berücksichtigt werden. Aus diesem Grund sind neben der eigentlichen Identität des Geschäftspartners viele weitere Aspekte einzubeziehen. So könnten im Rahmen des KYC-Prozesses regelmäßig auch die steuerliche Identifikationsnummer, die Angabe zum wirtschaftlich Berechtigten, der Zweck der Geschäftsverbindung oder die Verbindung zu politisch exponierten Personen erfragt werden.[157] **68**

Um dem Risiko unseriöser Transaktionen wirksam entgegenzutreten, scheint eine kontinuierliche Überwachung der Transaktionen in Form eines sogenannten Monitorings unausweichlich zu sein. Andernfalls dürfte keine verlässliche Basis für eine ggf. erforderliche Meldung an die FIU vorliegen.[158] Damit stellt sich die Frage, wie sich ein solches Monitoring dabei technisch sinnvoll umsetzen lässt.[159] Fraglos ist eine für die Analyse entsprechender Datentypen geeignete Software erforderlich.[160] Auch scheint der Einsatz sogenannter **„Red Flags"** zu Erkennung von verdächtigen Aktivitäten dringend geboten.[161] **69**

---

[149] Erwgr. 14 VO (EU) 2024/1624, vgl. https://eur-lex.europa.eu/legal-content/DE/TXT/PDF/?uri=OJ:L_202401624 (zuletzt abgerufen am 23.4.2025).
[150] Eggers CB 2021, 25.
[151] Campos Nave CB 2018, 166.
[152] Bashir Mastering Blockchain S. 584.
[153] Biberacher Kryptotoken und Geldwäsche S. 174.
[154] Böttger WirtschaftsStrafR/Rixe S. 555.
[155] Thelen/Solbach MDR 2023, 945 (946).
[156] Sundermann/von Busekist/Judis CCZ 2020, 291 (293).
[157] Moosmayer/Lösler Corporate Compliance-HdB/Diergarten S. 1209.
[158] Böttger WirtschaftsStrafR/Rixe S. 569.
[159] Ebers/Engelhart Legal Tech S. 257.
[160] Bafin Auslegungs- und Anwendungshinweise zum Geldwäschegesetz, 2024, S. 21, vgl. https://www.bafin.de/SharedDocs/Downloads/DE/Anlage/dl_AuA_AT_Konsultationsfassung_09072024.pdf?__blob=publicationFile&v=2 (zuletzt abgerufen am 23.4.2025).
[161] Elliptic Preventing Financial Crime in Cryptoassets S. 97.

c) Beurteilung der Wirksamkeit

70 Alle bezüglich des Geldwäscherisikos getroffenen Sicherungsmaßnahmen sind regelmäßig hinsichtlich ihrer **Wirksamkeit** zu überprüfen.[162] Auch sollte aus Unternehmenssicht in Betracht gezogen werden, dass sich der anvisierte Zustand einer Regeltreue bei Non-Fungible Token möglicherweise auch erst im Zeitverlauf ergibt und dabei von Lerneffekten aufgrund von Regelverstößen durch Unwissenheit begleitet wird.[163] Auch werden sich durch die Umsetzung von entwickelten Maßnahmen selbst mutmaßlich neue Fragestellungen ergeben. Diese können beispielsweise den Detaillierungsgrad der Prüfung neuer Geschäftskontakte oder vorliegender Transaktionen betreffen. Ein Bezug zu sanktionierten Wallets[164] mag sich noch mühelos feststellen lassen. Ganz anders verhält es sich vermutlich beim Umgang mit speziellen Phänomenen, wie beispielsweise dem **„Wash trading"** (hierzu → Rn. 22). So liegt auch im Zusammenhang mit NFTs eine öffentlich einsehbare Transaktionshistorie vor.[165] Erfordern die Sorgfaltspflichten dann eine Datenanalyse, die womöglich historische Daten dahingehend auswertet, ob ein in eine Kunden-Wallet „aufzunehmender" Token in der Vergangenheit Objekt eines „Wash Tradings" gewesen sein könnte? Ab wann läge das Erfordernis einer Geldwäscheverdachtsmeldung vor?

71 Selbstverständlich wird sich dem globalen Geldwäscherisiko nicht allein durch konsequent durchgeführte KYC-Prozesse bei Wallet-Anbietern begegnen zu lassen.[166] Zweifellos muss auch die kurz- und langfristige sowie womöglich rückblickende **Analyse der Transaktionsdaten** in den Vordergrund rücken. Dienstleister für Kryptowerte sind und bleiben die neuralgischen Punkte der Geldwäsche, weil sie auf ganz unterschiedliche Arten die Verbindung zwischen der analogen Welt und der Welt der Krypto-Kriminalität herstellen.[167] Am Ende wird eine Antwort auf die Frage zu suchen sein, wie weit die technisch möglichen Datenanalysen allein aus Compliance-Perspektive zu gehen haben.

72 Vor diesem Hintergrund sollten die Kenntnisse und Fähigkeiten der Personen aus den davon betroffenen Fachbereichen mit der technologischen Entwicklung Schritt halten können. Regelmäßige diesbezügliche Schulungen für Compliance Officer und Geldwäschebeauftragte sind daher unerlässlich.[168] Nur so lassen sich die Ausgangspunkte für regelwidriges oder womöglich kriminelles Verhalten nachvollziehen und eine angestrebte Regeltreue überhaupt gewährleisten.[169] Folglich kann allein der vertraute Umgang mit NFTs dazu führen, dass sich das notwendige Verständnis für die Ursachen von Compliance-Risiken ausbildet.[170] Hiervon losgelöst sollte bei allem technologischem Fortschritt nicht außer Acht gelassen werden, dass auch beim Themenkomplex der Non-Fungible Token die **„klassischen" Compliance-Problemfelder** dabei zu keiner Zeit ihre Relevanz verlieren. Exemplarisch sei an dieser Stelle auf den CEO der zwischenzeitlich insolventen Krypto-Plattform „Celsius Network" verwiesen, der sich wegen des beinahe schon unspektakulär wirkenden Vorwurfs des Insiderhandels und der Marktmanipulation zu verantworten hatte.[171]

---

[162] Diergarten/Fraulob Geldwäsche S. 187.
[163] Jüttner Die Kunst erfolgreicher Compliance S. 13.
[164] Chainalysis, OFAC and Crypto Crime: Every OFAC Specially Designated National with Identified Cryptocurrency Addresses, vgl. https://www.chainalysis.com/blog/ofac-sanctions/#2024 (zuletzt abgerufen am 23.4.2025).
[165] Bashir Mastering Blockchain S. 339.
[166] Schemmel CB 2022, 286 (289).
[167] Carlisle The Crypto Launderers S. 163.
[168] Wüst Die Underground Economy des Darknets S. 245 f.
[169] Carlisle The Crypto Launderers S. 175.
[170] Jüttner Die Kunst erfolgreicher Compliance S. 180.
[171] Carlton Fraud Magazine 4/2024, 52.

§ 29 Datenschutz

Übersicht

Schrifttum:

AEPD Proof of concept Blockchain and the right to erasure, 2024; Bechtolf/Vogt, Blockchain und Datenschutz – Recht technologisch, DSRITB 2017, 873; Bechtolf/Vogt, Datenschutz in der Blockchain – eine Frage der Technik, ZD 2018, 66; Bomprezzi, From Trust in the Contracting Party to Trust in the Code in Contract Performance, EuCML 2021, 148; Braegelmann/Kaulartz, Rechtshandbuch Smart Contracts, 1. Aufl. 2019; CNIL Blockchain Solutions for a responsible use of the blockchain in the context of personal data, 2018; Ebers/Heinze/Krügel/Steinrötter, Rechtshandbuch Künstliche Intelligenz und Robotik, 1. Aufl. 2020; Ebers, StichwortKommentar Legal Tech, 1. Aufl. 2019; EDSA Leitlinien 4/2019 zu Artikel 25 Datenschutz durch Technikgestaltung und durch datenschutzfreundliche Voreinstellungen, Version 2.0 Angenommen am 20.10.2020; EDSA Leitlinien 5/2021 über das Zusammenspiel zwischen der Anwendung des Artikels 3 und der Bestimmungen über internationale Übermittlungen nach Kapitel V DSGVO, Version 2.0 Angenommen am 14.2.2023; EDSA Leitlinien 02/2025 über die Verarbeitung personenbezogener Daten durch Blockchain Technologien, Version 1.1 Angenommen am 8.4.2025; Erbguth/Fasching, Wer ist Verantwortlicher einer Bitcoin-Transaktion? ZD 2017, 560; European Parliamentary Research Service, Blockchain and the General Data Protection Regulation, 2019; European Union Blockchain Observatory Forum, Blockchain and the GDPR, 1. Aufl. 2018; Ibáñez/O'Hara/Simperl, On Blockchains and the General Data Protection Regulation, 2018; Janicki/Saive, Privacy by Design in Blockchain-Netzwerken, ZD 2019, 251; Krupar/Strassemeyer, Datenschutz auf der Blockchain – die Innovationsfeindlichkeit der DSGVO, DSRITB 2018, 343; Leupold/Wiebe/Glossner, IT-Recht, 4. Aufl. 2021; Madir, FinTech: Law and Regulation, 1. Aufl. 2019; Martini/Weinzierl, Die Blockchain-Technologie und das Recht auf Vergessenwerden, NVwZ 2017, 1251; Sassenberg/

Faber, Rechtshandbuch Industrie 4.0 und Internet of Things, 2. Aufl. 2020; Spindler/Schuster, Recht der elektronischen Medien, 4. Aufl. 2019; Völkle, Ethereum 2.0, MMR 2021, 539.

I. Datenschutzrelevanz

1 Die DS-GVO verfolgt einen technologieneutralen Regulierungsansatz und reguliert daher auch Verarbeitungen personenbezogener Daten im Rahmen von Blockchain-Anwendungen. Mehrere zentrale Regelungsinhalte der DS-GVO stehen in einem Spannungsverhältnis zur Architektur der Distributed Ledger Technologie. Andererseits kann die Blockchain-Architektur auch gerade dazu dienen, die Ziele der DS-GVO zu erfüllen.[1]

2 Zur Zeit der Entstehung der DS-GVO war die Distributed Ledger Technologie eine sich gerade erst entwickelnde Technologie, die DS-GVO enthält keine speziellen Regelungen dafür.[2] Die Datenschutzcompliance umfasst daher nicht die Technologie an sich, sondern vielmehr, wie sie konkret eingesetzt wird. Zu beachten ist, dass es im Blockchain-Kontext unendlich viele Variationen gibt und sich kaum zwei Anwendungen identisch gleichen.[3] Es kommt immer auf die konkrete Ausgestaltung im Einzelfall an.

3 Im Kontext von tokenisierten Assets wie NFT stellt sich zunächst die Frage, ob der Anwendungsbereich des Datenschutzrechts eröffnet ist.

1. Territorialer Anwendungsbereich

4 In der Bundesrepublik Deutschland sind insbesondere die DS-GVO und das BDSG zu beachten. Gemäß des Niederlassungsprinzips in Art. 3 Abs. 1 DS-GVO findet die DS-GVO Anwendung auf die Verarbeitung personenbezogener Daten, soweit diese im Rahmen der Tätigkeiten einer Niederlassung eines Verantwortlichen oder eines Auftragsverarbeiters in der Europäischen Union erfolgt – unabhängig davon, ob die Verarbeitung in der Europäischen Union stattfindet. Bei der Nutzung von private permissioned Blockchains gibt es eine oder mehrere zentrale Instanzen, die den Zugang zu dem Netzwerk verwalten. Auf die Niederlassung dieser zentralen Instanzen kann abgestellt und damit die territoriale Anwendbarkeit der DS-GVO begründet oder auch ausgeschlossen werden. Public permissionless Blockchains sind global verfügbar, alle Beteiligten können weltweit verteilt sein. Insbesondere bei der hier weitverbreiteten Nutzung von Pseudonymen kann die Niederlassung der an einer Transaktion Beteiligten meist nicht unmittelbar festgestellt werden.[4] Dies gilt sowohl für die Nodes und Miner, die die Blockchain speichern und Transaktionen validieren, als auch für den Initiator und den Empfänger einer konkreten Transaktion. Für eine territoriale Anwendbarkeit der DS-GVO genügt es, dass einer dieser Beteiligten die Datenverarbeitung im Rahmen seiner Tätigkeiten in der Europäischen Union ausführt. Somit kann eine territoriale Anwendbarkeit der DS-GVO in den meisten Fällen nicht ausgeschlossen werden.

5 Daneben findet die DS-GVO auch nach dem Marktortprinzip in Art. 3 Abs. 2 DS-GVO Anwendung auf die Verarbeitung personenbezogener Daten durch nicht in der Europäischen Union niedergelassene Verantwortliche oder Auftragsverarbeiter. Dies setzt voraus, dass personenbezogene Daten von Personen, die sich in der Europäischen Union befinden, verarbeitet werden. Auch diese Alternative kann bei private permissioned Blockchains klarer bejaht oder verneint werden, während bei public permissionless Blockchains auch hier im Zweifel von einer Anwendbarkeit der DS-GVO ausgegangen werden sollte.

---

[1] European Parliamentary Research Service, Blockchain and the GDPR S. 91.
[2] Madir FinTech: Law and Regulation/Cooper/Nash Rn. 11.09.
[3] Madir FinTech: Law and Regulation/Cooper/Nash Rn. 11.18.
[4] Leupold/Wiebe/Glossner IT-R/Guggenberger Teil 14.2 Rn. 25.

§ 1 Abs. 4 S. 1 BDSG normiert eine Anwendbarkeit des BDSG auf öffentliche Stellen. Für nichtöffentliche Stellen stellt § 1 Abs. 4 S. 2 BDSG neben dem Niederlassungsprinzip und dem Marktortprinzip darauf ab, ob der Verantwortliche oder Auftragsverarbeiter personenbezogene Daten im Inland verarbeitet. In diesem Rahmen ist ebenfalls der Standort der am Betrieb der Blockchain sowie der an einer Transaktion Beteiligten zu beachten. Die Verarbeitung erfolgt bei allen Nodes, sodass ein Node im Bundesgebiet der Bundesrepublik Deutschland ausreicht, um eine Anwendbarkeit des BDSG zu begründen. 6

2. Sachlicher Anwendungsbereich

Die DS-GVO findet Anwendung auf die Verarbeitung personenbezogener Daten, Art. 2 Abs. 1 DS-GVO. Art. 2 Abs. 2 DS-GVO enthält Ausnahmen des sachlichen Anwendungsbereichs, beispielsweise die Haushaltsausnahme des Art. 2 Abs. 2 Buchst. c DS-GVO.[5] Im Kontext von tokenisierten Assets wird in der Regel keine ausschließlich persönliche oder familiäre Tätigkeit vorliegen, die den sachlichen Anwendungsbereich der DS-GVO ausschließen würde. Vertreten wird auch, dass die Offenlegung von personenbezogenen Daten in Blockchain-Netzwerken, gegenüber einer unbestimmten Vielzahl von Nodes, zum Entfall der Haushaltsausnahme führen kann.[6] Auch die weiteren in Art. 2 Abs. 2 DS-GVO normierten Ausnahmen werden in der Regel nicht einschlägig sein. 7

Eine Verarbeitung ist in Art. 4 Nr. 2 DS-GVO legaldefiniert als jeder mit oder ohne Hilfe automatisierter Verfahren ausgeführte Vorgang oder jede solche Verarbeitungsreihe im Zusammenhang mit personenbezogenen Daten wie das Erheben, die Speicherung, das Auslesen, das Abfragen, die Verwendung, die Offenlegung, der Abgleich oder die Verknüpfung. Blockchain ist eine Technologie, mit der personenbezogene Daten verarbeitet werden können. Sie stellt nicht in sich selbst eine Verarbeitung personenbezogener Daten dar.[7] Verarbeitungen in diesem Sinne liegen bei der Nutzung tokenisierter Assets vor. 8

a) Personenbezogene Daten

Es stellt sich die Frage, ob personenbezogene Daten vorliegen. Personenbezogene Daten gem. Art. 4 Nr. 1 DS-GVO sind solche, die sich auf eine identifizierte oder identifizierbare Person beziehen, die sogenannte betroffene Person. Die Legaldefinition ist weit und umfasst eine Identifizierbarkeit entweder direkt oder indirekt, mittels Zuordnung beispielsweise zu einer Online-Kennung oder zu einem oder mehreren Merkmalen. Gemäß Erwgr. 26 DS-GVO gelten auch pseudonymisierte Daten als personenbeziehbar, also solche, die durch Heranziehung zusätzlicher Informationen einer natürlichen Person zugeordnet werden können. Bei der Pseudonymisierung handelt es sich um eine technische und organisatorische Maßnahme gem. Art. 32 Abs. 1 Buchst. a DS-GVO, die das Risiko einer Identifizierung verringern soll, aber nicht den Personenbezug der pseudonymisierten Daten entfallen lässt.[8] Online-Kennungen wie IP-Adressen und Cookie-Kennungen können insbesondere in Kombination mit eindeutigen Kennungen und anderen bei Servern eingehenden Informationen dazu genutzt werden, um Profile von natürlichen Personen zu erstellen und sie zu identifizieren, Erwgr. 30 DS-GVO. Für die Feststellung der Identifizierbarkeit sollten dabei alle Mittel berücksichtigt werden, die von dem Verantwortlichen oder einer anderen Person nach allgemeinem Ermessen wahrscheinlich genutzt werden, um die natürliche Person direkt oder indirekt zu identifizieren. 9

Kein Personenbezug und damit keine Anwendbarkeit des Datenschutzrechts liegt bei reinen Unternehmenstransaktionen ohne Bezug zu einer betroffenen Person vor. Voraus- 10

5 CNIL Blockchain Solutions for a responsible use of the blockchain in the context of personal data S. 2.
6 Janicki/Saive ZD 2019, 251 (253).
7 CNIL Blockchain Solutions for a responsible use of the blockchain in the context of personal data S. 1.
8 EuGH 4.9.2025 – C-413/23 P Rn. 72.

setzung ist, dass weder auf Seiten der beteiligten juristischen Personen ein Personenbezug herstellbar ist noch im Payload der Transaktion personenbezogene Daten enthalten sind.

11 Ein Personenbezug ist nach EuGH bei einer juristischen Person dann herstellbar, soweit der Name der juristischen Person eine oder mehrere natürliche Personen bestimmt, beispielsweise deren Gesellschafter.[9] Gleiches gilt auch für Ein-Mann-GmbHs oder Einzelkaufleute. Auch die Offenlegung des Vornamens, des Nachnamens, der Unterschrift und der Kontaktdaten einer natürlichen Person, die eine juristische Person vertritt, stellt eine Verarbeitung personenbezogener Daten dar.[10]

12 Umstritten und noch nicht abschließend geklärt ist die Frage, ob bei der Bewertung des Personenbezugs ein absoluter oder ein relativer Ansatz heranzuziehen ist.[11] Nach dem absoluten Personenbezug ist und bleibt ein Datum immer personenbezogen, wenn in der gesamten Verarbeitungskette einer der Beteiligten einen Personenbezug herstellen kann. Nach dem relativen Personenbezug kommt es darauf an, ob die jeweils konkret betrachtete Stelle, welche das Datum verarbeitet, einen Personenbezug herstellen kann. Dasselbe Datum kann in einer Verarbeitungskette also für den einen Beteiligten ein personenbezogenes Datum darstellen und für den anderen nicht.

13 Distributed Ledger Technologien können grundsätzlich pseudonym, ohne Angabe von Klarnamen, genutzt werden. Hierbei sind zusätzliche Informationen für eine Identifikation erforderlich. Nach der relativen Theorie[12] sind Pseudonyme wie Public Keys[13] zumindest für diejenigen Beteiligten personenbeziehbar, welche die betroffene Person mittels eigenen Zusatzwissens oder Wissens, über das sie verfügen können, identifizieren können.[14] Nach der absoluten Theorie wären diese für alle Beteiligten personenbeziehbar, da es ausreicht, dass einer der Beteiligten die Identifizierung vornehmen kann.

14 Der EuGH hat in der Rechtssache Breyer[15] einen Schritt hin zum relativen Personenbezug gemacht.[16] Hiernach können sich auch dynamische IP-Adressen auf einen identifizierbaren Nutzer beziehen, wenn sie mit den Kontodaten bei dem Internetdienstanbieter des Nutzers kombiniert werden. In Peer-to-Peer-Netzwerken ist auch die IP-Adresse mit einsehbar.[17] Es ist nicht erforderlich, dass die Partei, die die IP-Adresse besitzt, selbst die Zuordnung vornehmen kann, solange eine andere Partei dies tun kann. Es verfügt also nur diese andere Partei, in dem Falle der Internetdienstanbieter des Nutzers, über die zusätzlichen Informationen. Nach dem Breyer-Test ist eine Identifizierbarkeit dann gegeben, wenn die Möglichkeit der Kombination mit Daten, die zur Identifizierung einer Person erforderlich sind und die sich im Besitz einer dritten Partei befinden, ein Mittel darstellt, das vernünftigerweise zu diesem Zweck verwendet werden kann. Zu den vernünftigen Mitteln in diesem Sinne zählen rechtliche Mittel wie beispielsweise behördliche Ermittlungsbefugnisse zur Strafverfolgung im Fall von Cyberattacken.[18] Das bedeutet für die Praxis, dass nicht nur die eigenen zur Verfügung stehenden Mittel berücksichtigt werden müssen.

In der Rechtssache SRB[19] hat der EuGH zugunsten des relativen Personenbezugs entschieden. Für die verantwortliche Stelle, hier der Einheitliche Abwicklungsausschuss SRB, sind von ihr selbst pseudonymisierte Daten weiterhin personenbezogene Daten, da sie selbst über zusätzliche Informationen verfügt, die eine Zuordnung zu betroffenen Personen

---

9 EuGH 9.11.2010 – C-92/09 Rn. 54 f.
10 EuGH 3.4.2025 – C-710/23 Rn. 31.
11 Spindler/Schuster/Dalby DS-GVO Art. 4 Rn. 7 ff. mwN.
12 Vom Vorherrschen der relativen Theorie ausgehend Sassenberg/Faber Industrie 4.0 und Internet of Things-HdB/Rein § 14 Rn. 61.
13 Ebers StichwortKommentar Legal Tech/Steinrötter/Stamenov Blockchain Rn. 37.
14 Vom Vorherrschen der relativen Theorie ausgehend Sassenberg/Faber Industrie 4.0 und Internet of Things-HdB/Rein § 14 Rn. 62.
15 EuGH 19.10.2016 – C-582/14 Rn. 31 ff.
16 Diese Linie hat der EuGH bekräftigt in EuGH 9.11.2023 – C319/22 zur FIN.
17 Leupold/Wiebe/Glossner IT-R/Baur/Brügmann/Sedlmaier/Urbach Teil 16.1 Rn. 79.
18 EuGH 19.10.2016 – C-582/14 Rn. 49.
19 EuGH 4.9.2025 – C-413/23 P.

ermöglichen. Gleichzeitig kann je nach den Umständen des Einzelfalls für weitere Beteiligte, hier Deloitte als Datenempfänger, welche nicht über solche Informationen verfügen, ein Personenbezug nicht oder nicht mehr herstellbar sein.[20] Voraussetzung ist, dass der weitere Beteiligte nicht in der Lage ist, die technischen und organisatorischen Maßnahmen der Pseudonymisierung aufzuheben und dass diese Maßnahmen tatsächlich geeignet sind, zu verhindern, dass der weitere Beteiligte eine Identifizierung vornimmt. Hierbei sind auch andere Mittel zur Identifizierung zu berücksichtigen, wie etwa ein Abgleich mit anderen Elementen.[21]

Auch gehashte Daten, also nicht umkehrbar verschlüsselte Daten, gelten als pseudonym.[22] **15**
Bei der Verschlüsselung handelt es sich nicht um eine Anonymisierungsmethode, sondern um eine technische Maßnahme gem. Art. 32 Abs. 1 Buchst. a DS-GVO. Hashing kann zudem weiterhin Rückschlüsse auf die Identität der betroffenen Person durch den Vergleich mit einem möglicherweise vorhandenen Originaldatensatz ermöglichen.

Zu unterscheiden ist auch zwischen private permissioned Blockchains und public per- **16**
missionless Blockchains. Bei private permissioned Blockchains kann die zentrale Instanz oder das Konsortium den Personenbezug zu den Nutzern herstellen, da sie die Nutzer überprüft und ihnen den Zugang zum Netzwerk gewährt. In diesen Fällen ist unproblematisch der Public Key als personenbezogenes Datum zu klassifizieren.[23] Bei public permissionless Blockchains gibt es keine solche zentrale Stelle. Allerdings kann bei diesen beispielsweise durch die Analyse von Transaktionsmustern ein Personenbezug hergestellt werden. Zudem können die Nutzer auch selbst Daten preisgeben, die ihre Identifikation ermöglichen, beispielsweise wenn dies nötig ist, um bestimmte Transaktionen durchzuführen oder um Know Your Customer (KYC)- oder Geldwäschepräventionsverpflichtungen (AML) zu erfüllen.[24] Eine Prüfung jeder einzelnen Transaktion und jedes einzelnen Nutzers wird in der Regel nicht durchführbar sein, sodass auch bei public permissionless Blockchains davon ausgegangen werden sollte, dass personenbezogene Daten verarbeitet werden.[25]

Auch in den Payloads von Transaktionen können personenbezogene Daten enthalten sein. **17**

b) Anonyme Daten

Nicht im Anwendungsbereich der DS-GVO liegen anonyme Daten, vgl. Erwgr. 26 DS- **18**
GVO. Das sind zum einen solche Informationen, die sich nicht auf eine identifizierte oder identifizierbare natürliche Person beziehen, wie reine Maschinendaten. Zum anderen fallen ursprünglich personenbezogene Daten darunter, die in einer Weise anonymisiert worden sind, dass die betroffene Person nicht oder nicht mehr identifiziert werden kann. Das ist der Fall, wenn die Identifizierung gesetzlich verboten oder praktisch unmöglich ist. Außerdem dann, wenn sie einen unverhältnismäßigen Aufwand in Bezug auf Zeit, Kosten und Arbeitskraft verursachen würde. Die Anonymisierungstechnik, die die Identifizierung einer natürlichen Person mit allen Mitteln, die vernünftigerweise verwendet werden können, unmöglich macht, muss unumkehrbar sein. Sie hängt von einer Vielzahl von Faktoren ab, wie dem Zweck der Blockchain, ihrer Nutzeranzahl, der Anzahl der Transaktionen und weiterer.[26] Es gibt keinen Konsens darüber, was genau als anonym anzusehen ist.[27]

---

20 EuGH 4.9.2025 – C-413/23 P Rn. 86.
21 EuGH 4.9.2025 – C-413/23 P Rn. 76 f.
22 European Union Blockchain Observatory Forum Blockchain and the GDPR S. 5; Ibáñez/O'Hara/Simperl On Blockchains and the General Data Protection Regulation S. 5.
23 Madir FinTech: Law and Regulation/Cooper/Nash Rn. 11.23.
24 Leupold/Wiebe/Glossner IT-R/Guggenberger Teil 14.2 Rn. 27.
25 Sassenberg/Faber Industrie 4.0 und Internet of Things-HdB/Rein § 14 Rn. 66; Ebers/Heinze/Krügel/Steinrötter KI/Berberich § 27 Rn. 32.
26 Madir FinTech: Law and Regulation/Cooper/Nash Rn. 11.23.
27 European Union Blockchain Observatory Forum Blockchain and the GDPR S. 5.

Die Wirksamkeit von Anonymisierungsmethoden kann nach den folgenden Kriterien bewertet werden:[28]

i) Ist es immer noch möglich, eine einzelne Person zu identifizieren?

ii) Ist es immer noch möglich, Datensätze zu einer Person zu verknüpfen?, und

iii) Können Informationen über eine Person abgeleitet werden?

19 Bei der Wahl der Anonymisierungsmethoden müssen von Anfang an bestehende sowie potenzielle künftige Bedrohungen der Re-Identifizierung berücksichtigt werden. Eine Anonymisierung muss zudem laufend überprüft werden, da selbst technisch zu einem bestimmten Zeitpunkt anonymisierte Daten durch Korrelation und fortgeschrittene Analysemethoden zu einem späteren Zeitpunkt wieder personenbeziehbar werden können. Trotz kryptografischer Techniken könnten die ursprünglichen Daten beispielsweise mit Brute Force-Attacken rekonstruiert werden. Auch Hashes könnten so entschlüsselt werden, insbesondere wenn die Originaldaten bekannt sind oder der Datensatz relativ klein ist. Ebenso könnten Daten durch die Analyse von Nutzungsmustern oder Kontext einer Person zugeordnet werden, beispielsweise mehrere Transaktionen unter Nutzung desselben Hashs oder durch den Vergleich mit weiteren Informationen wie Metadaten zu Zeitpunkten und Aktivitätsmustern. Ein Beispiel sind Cross-Chain-Bridges, die eine Adress-Zuordnung zwischen unterschiedlichen Blockchains ermöglichen können.

c) Praxisbeispiele: Personenbezogene Daten in Blockchain-Systemen im Kontext von Tokens/NFT

aa) Direkte Identifikatoren

20 (1) KYC/AML-Daten und Transaktionsdaten:
   (a) Identitätsnachweise, vollständiger Name des Nutzers oder Dritten, Geburtsdatum, staatliche Ausweise (z. B. Reisepass/ID-Scans)
   (b) Adressdaten: Wohnsitznachweise via Stromrechnungen oder Mietverträge, Rechnungsanschrift
   (c) Finanzdaten, Steueridentifikationsnummern, Kontoverbindungen
   (d) Biometrische Daten (z. B. Gesichtserkennung für NFT-Marketplace-Zugang), hier Art. 9 DS-GVO zu beachten!
(2) Online-Käufe: Rechnungs- und Lieferanschrift

bb) Pseudonyme Daten

21 (1) Wallet-/Public Keys:
   (a) Blockchain-Adressen, die über Transaktionsmuster de-anonymisiert werden können. Dies gilt auch, wenn über einen Mixer für jede Transaktion ein gesonderter Public Key verwendet wird. Wahrscheinlichkeitsrechnungen mit „Big enough data" können das Verhalten im Wirtschaftsverkehr analysieren und zur Identifizierung genutzt werden.[29] Sobald einer dieser Keys einer Person zugeordnet werden kann, kann die gesamte Transaktionshistorie zugeordnet werden. Auch → Rn. 26
   (b) Verknüpfte Off-Chain-Identitäten durch KYC-Provider

[28] Article 29 Data Protection Working Party WP216, S. 3.
[29] Bechtolf/Vogt ZD 2018, 66 (69); Bechtolf/Vogt DSRITB 2017, 873 (878).

(2) NFT-Metadaten:
  (a) Hashes, die auf Off-Chain-Dokumente mit Klardaten verweisen (z. B. Künstlerbiografien)
  (b) Versteckte Wasserzeichen in digitalen Assets (z. B. Geolocation)

cc) Durch die Umstände identifizierbare personenbezogene Daten

(1) (1) Transaktionshistorien: 22
  (a) Verhaltensprofile durch Häufigkeit/Zeitpunkte von Transfers oder NFT-Purchasing-Patterns (z. B. „Whale"-Erkennung)
  (b) Interaktionen mit Smart Contracts (z. B. Staking-Pools mit Adress-Clustering)
(2) NFT-spezifische Merkmale:
  Beachte: NFT sind aufgrund ihrer Einzigartigkeit deutlich einfacher nachzuverfolgen und einer konkreten betroffenen Person zuzuordnen als fungible Tokens. Hierdurch kann eine Identifizierung einfacher erfolgen als bei fungible Tokens.
  (a) Kunst-NFT: Provenienzketten mit früheren Eigentümer-Adressen in Metadaten
  (b) GameFi-Assets: Spieler-Identifikation durch seltene Item-Transfers
  (c) Royalty-Zahlungsströme an Creator-Wallets

dd) Payload der Transaktionen

(1) Tokenisierte Objekte: 23
  (a) Gesundheitsdaten: Tokenisierte Patientenakten, Art. 9 DS-GVO beachten!
  (b) Juristische Dokumente (z. B. Grundbuchauszüge, Testamente)
  (c) Biometrische Daten von Künstlern in digitalen Twins, Art. 9 DS-GVO beachten!
(2) Finanzdaten:
  (a) Kreditwürdigkeits-Scores in DeFi-Protokollen
  (b) Steuerliche Transaktionsberichte

ee) Technische Meta-Daten

(1) Netzwerkdaten: 24
  (a) IP-Adressen von Nodes/Minern
  (b) Gas-Price-Präferenzen zur Nutzeridentifikation
(2) Smart-Contract-Interaktionen:
  (a) Wallet-Signaturen mit device-spezifischen Mustern
  (b) Transaktionsbelege
  (c) Zeitstempel von Minting-Events (Zeitzonen-Rückschlüsse)

ff) Off-Chain Daten

(1) Off-Chain gespeicherte Daten 25
(2) In anderen Systemen gespeicherte Daten
(3) Zwischengespeicherte Daten

gg) Pseudonymisierungsbeispiele & Risiken

26

Datenart	Scheinbare „Anonymität" durch	Mögliche Identifizierungsmethode
Wallet-Adresse	Öffentlicher Key ohne Klarnamen	Cross-Chain-Analyse
NFT-Token-ID	Einmalige Kennung des Assets	Metadata-Leaks
ZK-Proofs	Privacy-Preserving-Transaktionen	Sybil-Attacken auf Konsenslayer

3. Persönlicher Anwendungsbereich

27 Die DS-GVO knüpft an die datenschutzrechtlichen Rollen der verantwortlichen Stelle und des Auftragsverarbeiters an. Dabei geht die DS-GVO davon aus, dass jede einzelne Verarbeitungstätigkeit von einer konkreten Stelle vorgenommen wird[30], nicht jedoch von einer dezentralen Struktur.

28 Die verantwortliche Stelle gem. Art. 4 Abs. 7 DS-GVO ist diejenige natürliche oder juristische Person oder Behörde, die allein oder gemeinsam mit anderen über die Zwecke und Mittel der Verarbeitung personenbezogener Daten entscheidet. Sie trägt die Verantwortung für die Rechtmäßigkeit der Datenverarbeitung und die Einhaltung der DS-GVO, ist Adressat von Haftungsansprüchen und Bußgeldern sowie für die behördliche Durchsetzung. Der Auftragsverarbeiter gem. Art. 4 Abs. 8 DS-GVO ist eine natürliche oder juristische Person oder Behörde, die personenbezogene Daten im Auftrag der verantwortlichen Stelle verarbeitet. Er besitzt keine Autonomie in Bezug auf die Datenverarbeitung, sondern ist beispielsweise ein Dienstleister der verantwortlichen Stelle.

29 In privaten permissioned Blockchains können die datenschutzrechtlichen Rollen wie im traditionellen Auftraggeber-Auftragnehmer-Modell gewohnt zugeordnet werden. Sofern es eine zentrale Instanz gibt, entscheidet diese als verantwortliche Stelle über den Zugang zum Netzwerk, betreibt dieses zu einem von ihr festgelegten Zweck und entscheidet auch über die Mittel, also die konkrete technische Ausgestaltung. Die verantwortliche Stelle könnte beispielsweise der Betreiber einer NFT-Plattform sein. Es wird vertreten, dass alle anderen Beteiligten in private permissioned Netzwerken Auftragsverarbeiter sind.[31]

30 Bei mehreren zentralen Instanzen oder einem Konsortium, die gemeinsam diese Aufgaben wahrnehmen, handelt es sich schnell um eine gemeinsame Verantwortlichkeit gem. Art. 26 DS-GVO.[32] Die Schwelle ist niedrig. Gemäß der EuGH-Rechtsprechung setzt eine gemeinsame Verantwortlichkeit voraus, dass zwei oder mehr Akteure gemeinsam die Zwecke und Mittel der Datenverarbeitung bestimmen, selbst wenn nicht alle einen Zugang zu den personenbezogenen Daten haben oder nur teilweise Einfluss auf verschiedene Verarbeitungsphasen nehmen.[33] Entscheidend ist die koordinierte Einflussnahme auf die Verarbeitungszwecke, etwa durch organisatorische Steuerung[34] oder technische Festlegungen wie Cookie-Einstellungen[35]. Aus diesem Grund empfiehlt die französische Datenschutzbehörde CNIL zutreffend, im Vorhinein eine verantwortliche Stelle zu bestimmen und ihr die Entscheidungsbefugnis zuzuweisen, um nicht unabsichtlich eine gemeinsame Verantwortlichkeit zu begründen.[36] Hierfür sollten entsprechende Verträge abgeschlossen werden. Zu diesem Zweck kann auch eine gesonderte juristische Person gegründet werden.[37]

[30] Bechtolf/Vogt ZD 2018, 66 (69).
[31] Ebers StichwortKommentar Legal Tech/Steinrötter/Stamenov Blockchain Rn. 47.
[32] Leupold/Wiebe/Glossner IT-R/Guggenberger Teil 14.2 Rn. 28.
[33] EuGH 5.6.2018 – C-210/16 Rn. 43; EuGH 10.7.2018 – C-25/17 Rn. 75.
[34] EuGH 10.7.2018 – C-25/17 Rn. 75.
[35] EuGH 29.7.2019 – C-40/17 Rn. 85.
[36] CNIL Blockchain Solutions for a responsible use of the blockchain in the context of personal data S. 2.
[37] CNIL Blockchain Solutions for a responsible use of the blockchain in the context of personal data S. 2.

Bei public permissionless Blockchains wird die Zuordnung der Verantwortlichkeit kontrovers diskutiert. Die DS-GVO wurde nicht vor dem Hintergrund dezentraler Ökosysteme verhandelt. Public permissionless Blockchains sind dezentralisiert und kollaborativ aufgebaut. Es handelt sich um ein komplexes Umfeld aus mehreren Akteuren mit unterschiedlichen Funktionen. Diese können für eigene Zwecke oder für die Zweck eines anderen tätig werden und teilen Ressourcen auf Peer-to-Peer-Basis. Jeder Teilnehmer kann am Netzwerk teilhaben, ohne seine Identität preiszugeben, und Informationen zur Blockchain ohne Genehmigung eines zentralen Administrators hinzufügen. Soweit diskutiert wird, dass es hier zumindest faktisch keinen Verantwortlichen gibt[38], so würde dies zu einer Compliance-Lücke führen und kann aus Datenschutzsicht nicht überzeugen. 31

Zur Festlegung der jeweiligen datenschutzrechtlichen Rolle ist der jeweilige Einzelfall zu bewerten. 32

a) NFT-Ersteller/Creator

Der NFT-Ersteller nimmt im datenschutzrechtlichen Sinne initial die Rolle des Verantwortlichen gem. Art. 4 Nr. 7 DS-GVO ein, da er maßgeblich über die Zwecke und Mittel der Verarbeitung personenbezogener Daten entscheidet. Etwa indem er festlegt, dass das NFT für den Kunstmarkt bestimmt ist und welche Informationen in den Metadaten eines NFT gespeichert werden. Zu seinen Pflichten gehört insbesondere, die Grundsätze der Datenminimierung und Zweckbindung zu beachten, also beispielsweise sensible Daten möglichst nicht direkt on-chain, sondern nur in pseudonymisierter Form oder off-chain zu verarbeiten. Darüber hinaus muss der NFT-Ersteller vor der Verarbeitung personenbezogener Daten eine Rechtsgrundlage gem. Art. 6 Abs. 1 DS-GVO schaffen und bei Vorliegen besonderer Kategorien personenbezogener Daten gem. Art. 9 Abs. 1 DS-GVO, wie biometrischer Daten, grundsätzlich eine ausdrückliche Einwilligung der betroffenen Personen einholen. Zudem muss er geeignete technische sowie organisatorische Maßnahmen zur Sicherung dieser Daten sowie die Erfüllung von Betroffenenrechten vorsehen. Schließlich ist er verpflichtet, die Betroffenen transparent über die Art, den Zweck und die Reichweite der Datenverarbeitung zu informieren, etwa durch entsprechende Angaben in der Projektbeschreibung oder in den Metadaten des NFT. 33

Sofern der NFT-Ersteller nur seine eigenen personenbezogenen Daten verarbeitet, ist er selbst betroffene Person und kein Verantwortlicher. In dem Fall treffen ihn keine Pflichten der verantwortlichen Stelle.

b) Betreiber einer NFT-Plattform oder eines Marktplatzes

Der Betreiber einer NFT-Plattform oder eines Marktplatzes ist datenschutzrechtlich regelmäßig Verantwortlicher. Er entscheidet eigenständig über die Zwecke und Mittel der Verarbeitung personenbezogener Daten, etwa bei der Nutzerregistrierung, der Verwaltung von Wallet-Adressen, der Abwicklung von Transaktionen und der Bereitstellung von NFT-bezogenen Diensten. Diese Verantwortlichkeit umfasst insbesondere die Erhebung, Speicherung und Verarbeitung von Nutzer- und Transaktionsdaten auf der Plattform, das Einholen von Einwilligungen oder die Sicherstellung des Vorhandenseins anderer Rechtsgrundlagen gem. Art. 6, 9 DS-GVO sowie die Umsetzung von Betroffenenrechten. 34

In Einzelfällen kann es auch zu einer gemeinsamen Verantwortlichkeit mit anderen Akteuren kommen, wenn beide Seiten gemeinsam über Zwecke und Mittel der Datenverarbeitung entscheiden. Beispiele hierfür sind Kooperationen mit Drittanbietern oder die Integration externer Services. Die Rolle des Plattformbetreibers als Verantwortlicher gilt unabhängig davon, ob die zugrundeliegende Blockchain dezentral organisiert ist. Maßgeblich ist seine Kontrolle über die plattformeigenen Datenverarbeitungsvorgänge. 35

[38] Sassenberg/Faber Industrie 4.0 und Internet of Things-HdB/Rein § 14 Rn. 67 mwN.

36 Insofern ist der Plattformbetreiber nicht bloß ein neutraler Intermediär, der lediglich eine Infrastruktur bereitstellt. Nach hier vertretener Ansicht ist dem nicht zu folgen, da der Plattformbetreiber die Zwecke und Mittel der Datenverarbeitungen auf seiner Plattform bestimmt und somit einen sinnvollen Anknüpfungspunkt als verantwortliche Stelle darstellt.

c) Miner und Betreiber von validierenden Nodes

37 Die datenschutzrechtliche Einordnung von Minern und Betreibern von validierenden Nodes in Blockchain-Netzwerken ist differenziert zu betrachten und Gegenstand anhaltender Diskussionen. Miner validieren Transaktionen, die ihnen aus dem Blockchain-Netzwerk übermittelt werden. Sie fügen Daten zur Blockchain hinzu und profitieren vom wirtschaftlichen Erfolg der Blockchain insgesamt.[39]

38 Sie werden von der CNIL als Auftragsverarbeiter eingestuft.[40] Diese Sichtweise begründet sich damit, dass Miner lediglich Transaktionen validieren und Hash-Werte berechnen, dabei aber weder über die Zwecke noch über die Mittel der Datenverarbeitung entscheiden. Sie handeln streng nach den Vorgaben des jeweiligen Blockchain-Protokolls, ohne inhaltliche Kontrolle über die verarbeiteten Daten auszuüben. Daran ändert es auch nichts, dass sie das Protokoll in der Hoffnung auf eine Belohnung ausführen, um zur Stabilität des Netzwerks beizutragen und/oder um ohne Vermittler auf Daten zuzugreifen. Denn sie haben nur einen begrenzten bis gar keinen Einfluss auf die auf der Blockchain gespeicherten Informationen[41] und können den Inhalt der Transaktionen nicht beeinflussen.[42] Vielmehr werden sie für die Absender der Transaktionen in deren Auftrag tätig.[43]

39 Die spanische Datenschutzbehörde AEPD tendiert jedoch dazu, sie als getrennte Verantwortliche einzustufen. Für eine Bestimmung der Zwecke und Mittel sprechen das aktive Herunterladen und Ausführen der Software. Bei Veröffentlichung einer neuen Software-Version sind die Miner frei, diese auszuführen oder nicht. Sie bestimmen auch, warum und wie ihre lokale Version der Blockchain verarbeitet wird, sodass ihre lokale Version separat betrachtet werden kann.[44] Und sie können den Betrieb jederzeit aufgrund ihrer autonomen Entscheidung einstellen.[45]

40 Demgegenüber steht die Auffassung, dass Miner auch als gemeinsame Verantwortliche i. S. d. Art. 26 DS-GVO angesehen werden könnten. Diese Position wird damit begründet, dass Miner durch ihre Beteiligung am Konsensmechanismus, etwa bei Proof-of-Work- oder Proof-of-Stake-Systemen, maßgeblich gemeinsam die Sicherheit und Integrität des Netzwerks gewährleisten und damit zumindest indirekt die Mittel, also das „Wie" der Datenverarbeitung beeinflussen. Allerdings bestehen erhebliche praktische Hürden für diese Einordnung: In public permissionless Blockchains wäre es faktisch unmöglich, dass eine Vielzahl anonymer Miner die nach Art. 26 DS-GVO erforderlichen vertraglichen Vereinbarungen zur gemeinsamen Verantwortlichkeit miteinander schließen. Auch die praktische Umsetzung der gesamtschuldnerischen Haftung gem. Art. 82 Abs. 4, 5 DS-GVO gestaltet sich schwierig. Daher ist die Empfehlung der CNIL auch an dieser Stelle wertvoll, im Vorhinein die Verantwortlichkeit einer verantwortlichen Stelle zuzuordnen, um sich nicht in einer gemeinsamen Verantwortlichkeit wiederzufinden.

41 Der Europäische Datenschutzausschuss EDSA nimmt hierzu eine differenzierte Haltung ein und sieht in public permissionless-Netzwerken wie Bitcoin durchaus Anhaltspunkte für eine (Mit-) Verantwortlichkeit der Miner, sofern diese aktiv am Konsens teilnehmen und die

[39] Sassenberg/Faber Industrie 4.0 und Internet of Things-HdB/Rein § 14 Rn. 73.
[40] CNIL Blockchain Solutions for a responsible use of the blockchain in the context of personal data S. 2 f.
[41] Krupar/Strassemeyer DSRITB 2018, 343 (349).
[42] Sassenberg/Faber Industrie 4.0 und Internet of Things-HdB/Rein § 14 Rn. 73.
[43] Ebers StichwortKommentar Legal Tech/Steinrötter/Stamenov Blockchain Rn. 46; Ibáñez/O'Hara/Simperl On Blockchains and the General Data Protection Regulation S. 5.
[44] Ibáñez/O'Hara/Simperl On Blockchains and the General Data Protection Regulation S. 4.
[45] Mit Verweis auf die Definition der Unveränderlichkeit in ISO 22739:2024: AEPD Proof of concept Blockchain and the right to erasure S. 19.

Regeln der Transaktionsverarbeitung beeinflussen.[46] In privaten permissioned Blockchains werden Miner nach Ansicht des EDSA hingegen regelmäßig als Auftragsverarbeiter tätig, da sie hier unter zentraler Steuerung agieren.[47]

d) Betreiber von partizipierenden Notes

Auch die Rolle der Betreiber von partizipierenden Nodes, wird unterschiedlich bewertet. Ihre datenschutzrechtliche Rolle hängt maßgeblich vom jeweiligen Blockchain-Typ und dem tatsächlichen Einfluss auf die Datenverarbeitung ab. Die partizipierenden Nodes entscheiden, welche Informationen an die Blockchain zur Validierung übermittelt werden sollen. 42

Nach dem EDSA sind diese Nodes in public permissionless Blockchains als getrennte Verantwortliche oder als gemeinsame Verantwortliche iSd Art. 26 DS-GVO anzusehen.[48] Die Verantwortlichkeit liegt daran, dass sie Kopien sämtlicher Transaktionen speichern, diese weiterverarbeiten und durch die Entscheidung über Software-Updates oder Forks auch das Datenformat und die Verarbeitung beeinflussen können. Partizipierende Nodes bestimmen zudem durch ihre lokale Instanz der Blockchain, wie Daten verarbeitet werden, beispielsweise indem sie Transaktionen filtern oder bestimmte Protokollversionen nutzen. 43

Für eine getrennte Verantwortlichkeit spricht, dass jeder Node als Software-Anwender durch den Download und die Nutzung einer bestimmten Version der Client-Software für sich selbst über die Zwecke und Mittel der Datenverarbeitung entscheidet.[49] Eine gemeinsame Verantwortlichkeit wird teils mangels eines gemeinsamen Entscheidungsvorgangs verneint.[50] Zudem wäre die praktische Umsetzung einer gemeinsamen Verantwortlichkeit in dezentralen Netzwerken kaum möglich, da eine unbestimmte Vielzahl anonymer Nodes weder vertraglich gebunden noch haftbar gemacht werden können. 44

In privaten permissioned Blockchains hingegen können Nodes in der Regel als Auftragsverarbeiter eingestuft werden, sofern eine zentrale Instanz die Zwecke und Mittel der Datenverarbeitung vorgibt und die Nodes lediglich technische Anweisungen umsetzen. Sofern man mangels Einflusses auf die Zwecke und Mittel der Datenverarbeitung auch in public permissionless Blockchains von Auftragsverarbeitern ausginge, würde sich in der Praxis der Abschluss von Auftragsverarbeitungsvereinbarungen schwierig darstellen. 45

Allerdings können die Node-Betreiber praktisch nur ihren Node an- oder abschalten, ohne dass dies einen wesentlichen Einfluss auf die Blockchain hätte.[51] Daher wird teilweise für Betreiber von partizipierenden Nodes angenommen, dass gar keine datenschutzrechtliche Rolle oder Verantwortlichkeit vorliegt.[52] 46

e) NFT-Käufer/Verkäufer

Die datenschutzrechtliche Rolle von NFT-Käufern und -Verkäufern ist stark vom konkreten Handlungskontext abhängig und erfordert eine differenzierte Betrachtung. Grundsätzlich agieren Käufer und Verkäufer in den meisten Fällen zunächst als betroffene Personen, sofern ihre eigenen personenbezogenen Daten, beispielsweise Wallet-Adressen, Transaktionshistorien oder Profilinformationen, durch Dritte wie NFT-Plattformen oder Marktplätze verarbeitet werden. In dieser Rolle stehen ihnen die Rechte der DS-GVO zu, darunter Auskunft, Berichtigung oder Löschung ihrer Daten sowie Widerspruchsmöglichkeiten gegen Profiling oder Marketingmaßnahmen. 47

[46] EDSA Leitlinien 02/2025 Rn. 43 f.
[47] EDSA Leitlinien 02/2025 Rn. 42.
[48] EDSA Leitlinien 02/2025 Rn. 44.
[49] Leupold/Wiebe/Glossner IT-R/Guggenberger Teil 14.2 Rn. 29; Leupold/Wiebe/Glossner IT-R/Baur/Brügmann/Sedlmeir/Urbach Teil 16.1 Rn. 82.
[50] Leupold/Wiebe/Glossner IT-R/Guggenberger Teil 14.2 Rn. 29; Leupold/Wiebe/Glossner IT-R/Baur/Brügmann/Sedlmeir/Urbach Teil 16.1 Rn. 83.
[51] Erbguth/Fasching ZD 2017, 560 (563).
[52] Sassenberg/Faber Industrie 4.0 und Internet of Things-HdB/Rein § 14 Rn. 74.

48 Sie können aber auch die Rolle der verantwortlichen Stelle einnehmen, wenn sie als natürliche Person personenbezogene Daten zu kommerziellen Zwecken außerhalb der Haushaltsausnahme des Art. 2 Abs. 2 Buchst. c DS-GVO verarbeiten, oder als juristische Person personenbezogene Daten auf der Blockchain verarbeiten.[53] Dies wird diskutiert bezüglich der einzelnen Transaktionen, die sie absenden und ggf. auch empfangen und in die Blockchain eintragen lassen.[54]

49 Verkäufer können schnell in die Position von Verantwortlichen gelangen, wenn sie personenbezogene Daten aktiv in die Blockchain oder NFT-Metadaten einbinden. Dies ist beispielsweise der Fall, wenn sie NFT mit direkten Identifikatoren (z. B. verknüpfte Klarnamen in Metadaten) prägen, biometrische Daten (z. B. Gesichtsscans für generative Kunstwerke) speichern, oder KYC-Informationen (z. B. Steuer-IDs) im Rahmen von Whitelisting-Prozessen erheben.

50 Käufer hingegen werden nur dann zu Verantwortlichen, wenn sie eigeninitiativ personenbezogene Daten in Transaktionen einbetten. Dies kann beispielsweise durch die Verknüpfung ihrer Wallet-Adresse mit einer identifizierbaren Identität (z. B. Social-Media-Profilen) oder die Übertragung von NFT, die sensible Informationen Dritter enthalten, geschehen. Dies gilt insbesondere für dezentrale Ökosysteme mit hoher Gestaltungsfreiheit.

51 Eine gemeinsame Verantwortlichkeit kann entstehen, wenn Käufer und Verkäufer gemeinsam Daten verarbeiten, z. B. in kollaborativen NFT-Projekten mit geteilter Steuerung über Metadaten. Hier sind vertragliche Vereinbarungen gem. Art. 26 DS-GVO erforderlich, um die jeweiligen Pflichten abzugrenzen.

f) Softwareentwickler

52 Auch die datenschutzrechtliche Rolle von Softwareentwicklern hängt maßgeblich davon ab, inwieweit sie auf die Zwecke und Mittel der Datenverarbeitung Einfluss nehmen. Werden sie bereits bei der Konzeption und Gestaltung von Token-Standards oder Smart Contracts tätig und legen sie dabei datenschutzrelevante Voreinstellungen fest, beispielsweise indem sie Metadatenfelder so ausgestalten, dass zwangsläufig personenbezogene Daten erfasst oder verarbeitet werden, könnten sie als Verantwortliche angesehen werden. Konkret könnte es der Fall sein, wenn sie durch die Definition von Validierungsregeln oder Architekturentscheidungen, wie beispielsweise die Festlegung, ob Daten on-chain oder off-chain gespeichert werden, maßgeblich bestimmen, wie und zu welchen Zwecken Daten verarbeitet werden. In solchen Fällen wären sie verpflichtet, die datenschutzrechtlichen Vorgaben der DS-GVO einzuhalten und insbesondere das Privacy-by-Design-Prinzip gem. Art. 25 DS-GVO zu berücksichtigen.

53 Dagegen spricht, dass sie lediglich die Software herstellen und sodann die Anwender, beispielsweise die Node-Betreiber, über die Zwecke und Mittel der Datenverarbeitung entscheiden, woran die Softwareentwickler nicht beteiligt sind.[55] Selbst wenn die Softwareentwickler die Client-Software fortentwickeln, treffen die Node-Betreiber im Rahmen der festgelegten Konsensmechanismen die Entscheidung, ob die Änderungen übernommen werden.[56] Eine Verantwortlichkeit wäre nur dann gegeben, wenn die Softwareentwickler auch tatsächlich am Betrieb des Netzwerks beteiligt wären, etwa selbst als Node-Betreiber, und nicht bereits durch die bloße Erstellung von Quellcode.

54 Anders liegt der Fall, wenn Softwareentwickler für andere Beteiligte technische Implementierungen vornehmen, ohne inhaltliche Gestaltungsmacht oder Entscheidungskompetenz über die Zwecke der Datenverarbeitung zu haben. Werden sie beispielsweise im Auftrag eines Kunden tätig und programmieren Smart Contracts nach dessen Vorgaben, ohne selbst Einfluss auf die Datenverarbeitung zu nehmen, sind sie in der Regel als

---

[53] CNIL Blockchain Solutions for a responsible use of the blockchain in the context of personal data S. 1.
[54] Ebers StichwortKommentar Legal Tech/Steinrötter/Stamenov Blockchain Rn. 46.
[55] Sassenberg/Faber Industrie 4.0 und Internet of Things-HdB/Rein § 14 Rn. 72.
[56] Sassenberg/Faber Industrie 4.0 und Internet of Things-HdB/Rein § 14 Rn. 72.

Auftragsverarbeiter i. S. d. Art. 28 DS-GVO einzuordnen. Dies kann auch für die Bereitstellung neutraler Open-Source-Tools gelten, die von Dritten beliebig eingesetzt werden können, ohne dass die Entwickler die konkrete Nutzung kontrollieren oder vorgeben. Die CNIL hebt hervor, dass Entwickler nur dann als Auftragsverarbeiter gelten, wenn sie ausschließlich auf Anweisung eines Verantwortlichen handeln und keine eigenen Zwecke verfolgen.[57]

In privaten permissioned Blockchains werden Entwickler häufig als Auftragsverarbeiter **55** angesehen, während ihnen in public permissionless Netzwerken mangels Steuerungsmacht oft keine datenschutzrechtliche Rolle zugeordnet werden kann. Letztlich ist die Einordnung einzelfallabhängig und richtet sich nach dem tatsächlichen Gestaltungsspielraum und der Nutzungskontrolle der Entwickler. Für die Praxis empfiehlt sich auf Entwicklerseite, bereits bei der Entwicklung von Token-Standards oder Smart Contracts datenschutzrechtliche Aspekte zu berücksichtigen, auf datensparsame Voreinstellungen zu achten und die eigene Rolle im Verhältnis zu Auftraggebern oder Nutzern vertraglich klar zu definieren, um Haftungsrisiken zu minimieren.

II. Pflichten des Verantwortlichen

Ein Verantwortlicher i. S. v. Art. 4 Abs. 7 DS-GVO muss im Umgang mit tokenisierten **56** Assets und NFT spezifische Pflichten erfüllen, die sich aus den technischen Besonderheiten von Blockchains ergeben.

1. Rechtsgrundlage

Zentral ist die Rechtmäßigkeit der Datenverarbeitung. Jede Verarbeitung personenbezoge- **57** ner Daten bedarf einer Rechtsgrundlage gem. Art. 6 Abs. 1 DS-GVO. Bei der Verarbeitung besonderer Kategorien personenbezogener Daten ist zusätzlich Art. 9 DS-GVO zu beachten.

Eine Rechtsgrundlage muss für jeden Verarbeitungsschritt vorliegen. Im Kontext von **58** tokenisierten Assets und NFT lassen sich verschiedene Verarbeitungsschritte unterscheiden, für die jeweils unterschiedliche datenschutzrechtliche Rechtsgrundlagen in Betracht kommen.

Bereits bei der Dateneingabe, etwa beim Minting eines NFT oder der Tokenisierung eines **59** Vermögenswerts, werden personenbezogene Daten wie Wallet-Adressen, KYC-Informationen oder je nach Einzelfall sogar Klarnamen und Biometriedaten erfasst. So kann beispielsweise ein Künstler bei der Erstellung eines NFT die Metadaten mit seinem Namen oder anderen identifizierenden Informationen versehen, während bei der Tokenisierung einer Immobilie deren Eigentümerdaten zur Abbildung von Grundbuchauszügen verarbeitet werden. Für diese initiale Datenerhebung kommen vor allem die Einwilligung der betroffenen Person gem. Art. 6 Abs. 1 Buchst. a DS-GVO oder bei vertraglichen Transaktionen, etwa dem Kauf eines NFT die Rechtsgrundlage der Vertragserfüllung nach Art. 6 Abs. 1 Buchst. b DS-GVO bereits für das Minting in Betracht.

Ein weiterer Verarbeitungsschritt ist die Validierung von Transaktionen durch Miner oder **60** andere Validierer, die im Rahmen des Konsensmechanismus Transaktionen prüfen und Blöcke erstellen. Dies betrifft etwa die Validierung eines NFT-Transfers im Ethereum-Netzwerk oder die Verarbeitung von Token-Transaktionen in einem Proof-of-Work-System wie Bitcoin.[58] Hier kann häufig das berechtigte Interesse nach Art. 6 Abs. 1 Buchst. f DS-GVO als Rechtsgrundlage herangezogen werden, da die Integrität und Funktionsfähigkeit des Netzwerks gewährleistet werden muss. Sofern Beteiligte wie Miner als Auftragsverarbeiter agieren, beruht ihre Datenverarbeitung auf Art. 28 DS-GVO.

---

57 CNIL Blockchain Solutions for a responsible use of the blockchain in the context of personal data S. 2.
58 Völkle MMR 2021, 539.

61 Die dauerhafte Speicherung von Transaktionsdaten auf der Blockchain stellt einen weiteren Verarbeitungsschritt dar. So werden beispielsweise die Provenienz und die Transaktionshistorie eines NFT-Kunstwerks oder die Referenzierung von Aktionärsrechten bei tokenisierten Aktien dauerhaft in der Blockchain abgelegt. Hierbei ist insbesondere das Prinzip der Datenminimierung aus Art. 5 DS-GVO zu beachten. Die Speicherung sollte möglichst pseudonymisiert erfolgen, etwa durch die Nutzung von Hashes oder Off-Chain-Referenzen, um eine direkte Personenbeziehbarkeit zu vermeiden. Zur Erfüllung gesetzlicher Pflichten im Rahmen von Geldwäscheprävention oder steuerrechtlichen Vorgaben, kann auch Art. 6 Abs. 1 Buchst. c DS-GVO als Rechtsgrundlage einschlägig sein. Im Bereich tokenisierter Immobilien wiederum sind Grundbuchdaten und Eigentümeradressen betroffen, wobei neben der gesetzlichen Verpflichtung auch das berechtigte Interesse gem. Art. 6 Abs. 1 Buchst. f DS-GVO an der Nachweisführung eine Rolle spielt.

62 Auch die Übertragung von Tokens und NFT zwischen verschiedenen Wallets ist ein relevanter Verarbeitungsschritt. Bei einem NFT-Verkauf wird das Token auf eine neue Wallet-Adresse übertragen, oder bei tokenisierten Anleihen findet ein Handel auf einer Börse statt. Hier ist regelmäßig die Vertragserfüllung nach Art. 6 Abs. 1 Buchst. b DS-GVO einschlägig, etwa wenn der Transfer zur Abwicklung eines Kaufvertrags erforderlich ist. Kommen zusätzliche Analyse- oder Tracking-Tools zum Einsatz, kann hierfür zusätzlich eine Einwilligung nach Art. 6 Abs. 1 Buchst. a DS-GVO erforderlich sein.

63 Werden besondere Kategorien von Daten wie biometrische Informationen oder Gesundheitsdaten verarbeitet, muss der Verantwortliche eine explizite Einwilligung der betroffenen Person gem. Art. 6 Abs. 1 Buchst. a, 9 Abs. 2 Buchst. a DS-GVO einholen, sofern nicht ein anderer Ausnahmetatbestand des Art. 9 Abs. 2 DS-GVO einschlägig ist. Die Einwilligung muss freiwillig, informiert und widerrufbar sein. Gem. Art. 8 Abs. 3 DS-GVO wird durch den Widerruf einer Einwilligung die Rechtmäßigkeit der aufgrund der Einwilligung bis zum Widerruf erfolgten Datenverarbeitung nicht berührt. Nach dem Widerruf ist die Datenverarbeitung einzustellen, sofern keine andere Rechtsgrundlage hierfür vorliegt. Dies stellt eine besondere Herausforderung dar, da Transaktionen auf der Blockchain grundsätzlich unwiderruflich sind. Sofern die Datenverarbeitung in der Blockchain auf einer Einwilligung basiert, wird vertreten, dass sie auf Dauer erteilt werden muss, da ein Widerruf nicht einfach umzusetzen ist.[59]

2. Datenschutzgrundsätze

64 Die datenschutzrechtlichen Pflichten speziell des Verantwortlichen stellen im Kontext tokenisierter Assets und NFT besondere Herausforderungen dar, die sich aus der Spannung zwischen Blockchain-Technologie und DS-GVO-Anforderungen ergeben.

65 Man könnte die Distributed Ledger Technologie und die DS-GVO für grundlegend inkompatibel halten. Blockchain stellt die Welt der zentralisierten Datenkontrolle in Frage, die DS-GVO regelt sie. Allerdings verfolgen beide dasselbe Ziel, nämlich der betroffenen Person mehr Kontrolle über ihre personenbezogenen Daten zu geben. So kann man sie auch als „Frenemies" bezeichnen.[60] Die verbesserte individuelle Kontrolle verringert die Asymmetrie zwischen den betroffenen Personen und der jeweiligen Organisation, die ihre Daten verarbeitet. Blockchain verfolgt eine weitest mögliche Anonymität, Transparenz und Sicherheit bei der Datenverarbeitung sowie einen direkten Zugriff auf die Daten ohne Datenintermediäre, was dem Datenschutz dient.[61] Demgegenüber stehen architektonische Grundprinzipien, die auf den ersten Blick dem Datenschutz widersprechen, wie die Unveränderlichkeit von Transaktionen.

---

59 Ibáñez/O'Hara/Simperl On Blockchains and the General Data Protection Regulation S. 4.

60 Thomas Power (BICRA), https://www.forbes.com/sites/darrynpollock/2018/10/03/how-can-blockchain-thrive-in-the-face-of-european-gdpr-blockade/ (zuletzt abgerufen am 3.5.2025).

61 European Parliamentary Research Service Blockchain and the GDPR S. 91.

a) Grundsätze aus Art. 5 DS-GVO

Die Grundsätze der Rechtmäßigkeit, Verarbeitung nach Treu und Glauben und Transparenz aus Art. 5 Abs. 1 Buchst. a DS-GVO regeln, dass etwa die Erhebung von Wallet-Adressen oder KYC-Daten bei NFT-Verkäufen auf einer Rechtsgrundlage basieren und für die betroffene Person nachvollziehbar sein muss. Ein Praxisbeispiel ist ein NFT-Marktplatz, der Nutzer über die Speicherung ihrer pseudonymisierten Transaktionsdaten auf öffentlichen Blockchains informieren muss, um die Transparenz gem. Art. 13 DS-GVO zu gewährleisten. 66

Der Grundsatz der Zweckbindung gem. Art. 5 Abs. 1 Buchst. b DS-GVO bestimmt, dass personenbezogene Daten nur für festgelegte, eindeutige Zwecke verarbeitet werden dürfen. So dürfen Metadaten eines Kunst-NFT, die ursprünglich zur Provenienznachweisung gesammelt wurden, nicht später für Verhaltensanalysen genutzt werden, es sei denn, es liegt eine entsprechende Rechtsgrundlage vor oder wird geschaffen. 67

Die Datenminimierung nach Art. 5 Abs. 1 Buchst. c DS-GVO erfordert, dass nur diejenigen Daten verarbeitet werden, die für den konkreten Zweck erforderlich sind. Während man bereits die Redundanz kritisch sehen kann, dass jeder Node eine Kopie der gesamten Blockchain speichert, ist die Datenminimierung kein Ausschlusskriterium für einen datenschutzkonformen Einsatz von Distributed Ledger Technologie. Der EDSA empfiehlt, personenbezogene Daten on-chain zu vermeiden und stattdessen Off-Chain-Referenzen zu nutzen.[62] Ein Beispiel ist die Tokenisierung medizinischer Daten: Statt Patientenakten direkt in der Blockchain zu speichern, werden nur verschlüsselte Referenzen on-chain hinterlegt. Ein weiteres Beispiel sind Zero-Knowledge-Proofs, die Berechtigungen ohne Datenpreisgabe nachweisen. Sofern eine Off-Chain-Speicherung nicht möglich ist, ist zu empfehlen, eine private permissioned Blockchain zu nutzen. Grundsätzlich ist, auch im Zusammenhang mit dem Grundsatz von Datenschutz durch Technikgestaltung und durch datenschutzfreundliche Voreinstellungen gem. Art. 25 DS-GVO, darauf zu achten, dass für den Zugang zu der private permissioned Blockchain nur die wirklich erforderlichen Daten abgefragt werden.[63] 68

Der Grundsatz der Richtigkeit gem. Art. 5 Abs. 1 Buchst. d DS-GVO verpflichtet Verantwortliche dazu, unzutreffende Daten zu berichtigen. Bei einem Problem in einem unveränderlichen Blockchain-Ledger ist das nicht ohne weiteres möglich, und auch gerade architektonisch nicht gewollt. Die CNIL schlägt an dieser Stelle eine Art Verschleierung vor, indem Schlüssel für Hashes oder andere Elemente, die eine Überprüfung ermöglichen, auf der Blockchain gelöscht werden. Eine zusätzliche Voraussetzung dabei ist, dass die Informationen auch in anderen Systemen gelöscht werden.[64] Bei tokenisierten Immobilien können so beispielsweise fehlerhafte Grundbuchangaben off-chain korrigiert und durch aktualisierte Hashes ersetzt werden. 69

Auch der Grundsatz der Speicherbegrenzung nach Art. 5 Abs. 1 Buchst. e DS-GVO kollidiert mit der dauerhaften Speicherung auf Blockchains. Personenbezogene Daten dürfen nur so lange gespeichert werden, wie sie für den konkreten Zweck erforderlich sind und müssen dann gelöscht werden. Der Zweck könnte bereits dann erreicht sein, wenn die Blockchain-Transaktion, die zu der Datenerzeugung führte, abgeschlossen ist. Eine andere Ansicht sieht den Zweck in der dauerhaften Aufzeichnung auch früherer Transaktionen und bejaht die dauerhafte Erforderlichkeit.[65] Letzteres kommt insbesondere in Betracht bei Blockchains, die Verschiebungen von Eigentumsrechten oder anderen Vermögenswerten widerspiegeln, so auch bei NFT. 70

Die Integrität und Vertraulichkeit gem. Art. 5 Abs. 1 Buchst. f DS-GVO regeln den Schutz vor unbefugter Verarbeitung. Die Unveränderlichkeit von Blockchains erfüllt die 71

---

62 EDSA Leitlinien 02/2025 Rn. 30, 34, 52; Bruns/Helbig/Hassa beck.digitax 2022, 155 (159).
63 Leupold/Wiebe/Glossner IT-R/Guggenberger Teil 14.2 Rn. 31.
64 CNIL Blockchain Solutions for a responsible use of the blockchain in the context of personal data S. 8 f.
65 Ebers StichwortKommentar Legal Tech/Steinrötter/Stamenov Blockchain Rn. 49.

Integritätsanforderung der DS-GVO in idealer Weise, da sie Datenmanipulationen technisch nahezu unmöglich macht. Beispielsweise bleiben tokenisierte Verträge oder Eigentumsnachweise auf der Blockchain unverfälscht. Die Dezentralität und Transparenz insbesondere von public permissionless Blockchains stehen im Konflikt mit der Vertraulichkeit, da personenbezogene Daten wie Wallet-Adressen potenziell identifizierbar sind. Dem kann unter anderem durch geeignete Pseudonymisierungsmaßnahmen, hybride Architekturen und durch die Nutzung von private permissioned Blockchains mit Zugriff nur für autorisierte Teilnehmer begegnet werden.

72 Schließlich verlangt die Rechenschaftspflicht nach Art. 5 Abs. 2 DS-GVO eine dokumentierte Datenschutzcompliance. NFT-Plattformen müssen nachweisen, dass sie Privacy-by-Design in ihre Architekturen implementieren und Risikoanalysen für De-Anonymisierungsszenarien durchgeführt haben. Bei public permissionless Blockchains ist die Allokation der Rechenschaftspflicht schwieriger, da die Identitäten der Beteiligten schwieriger zu ermitteln sind.[66]

73 Während der EDSA[67] eine strikte Auslegung der Grundsätze auch für dezentrale Systeme fordert, plädieren die CNIL[68] und die AEPD[69] für pragmatische Lösungen, die Blockchain-Features wie die Unveränderlichkeit nicht gänzlich unterminieren.

b) Automatisierte Entscheidungsfindungen gem. Art. 22 DS-GVO

74 Automatisierte Entscheidungsfindungen im Einzelfall, einschließlich Profiling, können im Blockchain-Kontext unter anderem bei der Verwendung von Smart Contracts vorkommen.[70] Gem. Art. 22 Abs. 2 DS-GVO sind diese zur Vertragserfüllung, aufgrund von Rechtsvorschriften oder auf Basis einer Einwilligung möglich. Ein Konfliktfeld steckt in Art. 22 Abs. 3 DS-GVO, der das Recht auf Erwirkung des Eingreifens einer Person enthält. Wenn Entwickler Maßnahmen für menschliche Eingriffe vorsehen müssen, auch nach der Durchführung einer Transaktion,[71] kann dadurch das Vertrauen in die automatische Ausführung von Smart Contracts beeinträchtigt werden.[72]

c) Datenschutz durch Technikgestaltung und durch datenschutzfreundliche Voreinstellungen gem. Art. 25 DS-GVO

75 Indem die Distributed Ledger Technologie das Ungleichgewicht zwischen zentralisierten Datenintermediären und betroffenen Personen auflöst, kann sie sich als starkes Mittel zur Einhaltung von Datenschutz durch Technikgestaltung und durch datenschutzfreundliche Voreinstellungen gem. Art. 25 DS-GVO darstellen.[73]

76 Datenschutz durch Technikgestaltung gem. Art. 25 Abs. 1 DS-GVO verlangt, dass der Datenschutz bereits in der Konzeptionsphase von NFT-Plattformen und Tokenisierungsprojekten integriert wird, anstatt bloß nachträglich hinzugefügt zu werden.[74] Adressat der Verpflichtung ist auch diesbezüglich ausschließlich die verantwortliche Stelle. Gem. Erwgr. 78 DS-GVO wird der Hersteller von Produkten, Diensten und Anwendungen lediglich dazu ermutigt, diesen Grundsatz bei der Entwicklung und Gestaltung ebendieser zu berücksichtigen. Die AEPD sieht dementsprechend die Probleme nicht bei der Technologie

[66] Ibáñez/O'Hara/Simperl On Blockchains and the General Data Protection Regulation S. 6.
[67] EDSA Leitlinien 02/2025.
[68] CNIL Blockchain Solutions for a responsible use of the blockchain in the context of personal data.
[69] AEPD Proof of concept Blockchain and the right to erasure.
[70] Braegelmann/Kaulartz Smart Contracts/Decentralized Finance-HdB/Finck Kap. 15 Rn. 11 ff.
[71] CNIL Blockchain Solutions for a responsible use of the blockchain in the context of personal data S. 9.
[72] European Union Blockchain Observatory Forum Blockchain and the GDPR S. 26.
[73] Ibáñez/O'Hara/Simperl On Blockchains and the General Data Protection Regulation S. 11.
[74] European Union Blockchain Observatory Forum Blockchain and the GDPR S. 26.

an sich, sondern darin, dass die aktuellen Infrastrukturen nicht vor dem Hintergrund von Art. 25 DS-GVO gestaltet wurden.[75]

Art. 25 Abs. 1 DS-GVO knüpft für den Datenschutz durch Technikgestaltung einmal an den Zeitpunkt der Festlegung der Mittel für die Verarbeitung an. Laut EDSA ist dies die Auswahl einer bestimmten Infrastruktur, Verfahren oder Protokolle.[76] Ein weiterer zeitlicher Anknüpfungspunkt ist der Zeitpunkt der eigentlichen Verarbeitung. **77**

Ein wichtiger Ansatz ist die dezentrale Datenkontrolle: Nutzer können über Smart Contracts selbst festlegen, unter welchen Bedingungen und für welche Zwecke ihre Daten verarbeitet werden, wobei die Einhaltung dieser Vorgaben von allen Netzwerkakteuren überprüfbar ist.[77] Beispielsweise ermöglichen Zero-Knowledge-Proofs bei tokenisierten Gesundheitsdaten den Nachweis von Berechtigungen, ohne Patientendaten offenzulegen. Um die Speicherung von personenbezogenen Daten on-chain möglichst zu vermeiden, können beispielsweise die Speicherung von Hashes auf der Blockchain und Klardaten in Off-Chain-Systemen mit tokenbasiertem Zugriff verwendet werden. Ein weiteres Praxisbeispiel sind NFT, die Metadaten nur als verschlüsselte Referenzen enthalten, während die eigentlichen Inhalte, beispielsweise Künstlerbiografien, in geschützten Umgebungen gespeichert sind. **78**

Datenschutzfreundliche Voreinstellungen gem. Art. 25 Abs. 2 DS-GVO erfordern, dass initial die datenschutzfreundlichste Einstellung voreingestellt ist, sodass Nutzer keine zusätzlichen Einstellungen vornehmen müssen, um die sicherste und datensparsamste Datenverarbeitung vornehmen zu können. Plattformen und Smart Contracts müssen so gestaltet sein, dass nur die wirklich erforderlichen personenbezogenen Daten eingegeben werden müssen.[78] **79**

d) Sicherheit der Verarbeitung gem. Art. 32 DS-GVO

Die zentralen Grundprinzipien der Blockchain-Architektur und die technischen und organisatorischen Maßnahmen (TOMs) gem. Art. 32 DS-GVO können sich ergänzen, setzen jedoch eine bewusste Gestaltung voraus. **80**

Blockchain-basierte Systeme bieten inhärente Sicherheitsmerkmale wie Integrität durch kryptografische Hash-Funktionen und Dezentralität, die Angriffe erschweren. Diese Eigenschaften unterstützen die DS-GVO-Schutzziele Vertraulichkeit und Integrität gem. Art. 32 Abs. 1 Buchst. b DS-GVO. Zu berücksichtigen ist, dass Hacks, 51 %-Attacken oder Brute Force-Attacken nicht vollständig ausgeschlossen werden können. Je größer das dezentrale Netzwerk wird, desto schwieriger ist es aber, beispielsweise 51 % der Rechenleistung auf sich zu vereinen. Techniken wie Zero-Knowledge-Proofs oder Multi-Party Computation (MPC) ermöglichen datenschutzkonforme Transaktionen, indem personenbezogene Daten soweit wie möglich anonymisiert oder off-chain verlagert werden. **81**

Die Unveränderlichkeit von Blockchains widerspricht allerdings der Löschpflicht gem. Art. 17 DS-GVO. Lösungsansätze wie Chameleon-Hashes[79] (sogenannte „redactable blockchains") oder Smart Contracts mit automatisierten Löschmechanismen für Off-Chain-Daten (Sunset-Clauses) können dies teilweise kompensieren, indem sie logische Löschungen ermöglichen, ohne die Blockchain-Struktur zu brechen. **82**

Public permissionless Blockchains entfalten dabei mehr Konfliktpotential mit der DS-GVO, während private permissioned Blockchains eine DS-GVO-Konformität einfacher ermöglichen, beispielsweise durch gezielte Zugriffskontrollen und klare Rollenzuweisungen. Hybride Architekturen bieten zusätzlichen Schutz, indem personenbezogene Daten nicht direkt on-chain, sondern nur als pseudonymisierte Hashes gespeichert werden, **83**

---

75 Mit Verweis auf die Definition der Unveränderlichkeit in ISO 22739:2024: AEPD Proof of concept Blockchain and the right to erasure S. 20.

76 So auch EDSA Leitlinien 4/2019 Rn. 33.

77 Ibáñez/O'Hara/Simperl On Blockchains and the General Data Protection Regulation S. 11.

78 Zu berücksichtigende Aspekte siehe EDSA Leitlinien 4/2019 Rn. 17 ff.

79 Martini/Weinzierl NVwZ 2017, 1251 (1256).

während die Klardaten off-chain verbleiben, beispielsweise in verschlüsselten Datenbanken mit tokenbasiertem Zugriff.

3. Datenschutzfolgenabschätzung gem. Art. 35 DS-GVO

84 Eine Datenschutzfolgenabschätzung (DSFA) gem. Art. 35 DS-GVO ist bei der Verarbeitung personenbezogener Daten durch Blockchains für tokenisierte Assets und NFT in vielen Fällen erforderlich, da die Risiken der De-Anonymisierung, unkontrollierten Datenweitergabe und Löschungskonflikte aufgrund der Blockchain-Immutabilität als hoch einzustufen sind.[80] Dies kann insbesondere bei der Speicherung von Wallet-Adressen, KYC-Daten oder Metadaten mit Personenbezug (z. B. Künstlerbiografien in NFT) der Fall sein.

85 Die CNIL verlangt, dass die DSFA technische Lösungen wie hybride Speichermodelle beleuchtet.[81] Beispielsweise könnte ein tokenisiertes Immobilienprojekt Grundbuchdaten off-chain (verschlüsselt in einer SQL-Datenbank) lagern und on-chain nur einen Hash speichern, der bei Schlüsselvernichtung (Crypto-Shredding) unbrauchbar wird.

86 Die DSFA muss gemäß des EDSA eine systematische Dokumentation der Blockchain-Prozesse umfassen: Verarbeitungszwecke, Infrastruktur, Rollen, Daten-Governance, On/Off-Chain-Verarbeitung, Smart Contracts, Datenschutzmaßnahmen und internationale Datentransfers, eine Bewertung der Erforderlichkeit und Verhältnismäßigkeit der Datenverarbeitung und der Risiken für die Rechte und Freiheiten natürlicher Personen, sowie der mitigierenden Maßnahmen.[82] Die mitigierenden Maßnahmen sind konkret im Einzelfall festzulegen. Ein Praxisbeispiel ist die Tokenisierung von Unternehmensanteilen: Hier sind Access-Control-Lists für Nodes und Multi-Signature-Wallets für Aktionäre zu dokumentieren, um unbefugte Zugriffe auszuschließen.

4. Informationspflichten

87 Zudem sind die Informationspflichten gem. Art. 13 f. DS-GVO zu beachten. Dazu muss den betroffenen Personen die Möglichkeit der Kenntnisnahme entsprechender Datenschutzhinweise gegeben werden. Die Zwecke der Datenverarbeitung müssen in Smart Contracts, Nutzungsbedingungen oder Metadaten spätestens zum Zeitpunkt der Datenerhebung klar offengelegt werden. Dies umfasst auch Angaben zu den beteiligten Akteuren wie den Minern und Nodes und der Speicherdauer der personenbezogenen Daten. In private permissioned Netzwerken können diese Informationen bei der Registrierung bereitgestellt werden. Bei public permissionless Blockchains können diese Informationen beispielsweise vor dem Download der Software angezeigt werden.

5. Betroffenenrechte

88 Die Erfüllung von Betroffenenrechten enthält einige Herausforderungen. Die DS-GVO geht davon aus, dass es mindestens eine eindeutig identifizierbare verantwortliche Stelle gibt, die Betroffenenrechte erfüllen kann.[83] Dies ist insbesondere bei privaten permissioned Blockchains der Fall. Bei public permissionless Blockchains ist es schwieriger für betroffene Personen, eine zuständige Stelle oder überhaupt die Identitäten der Datenverarbeiter zu identifizieren, denen gegenüber sie ihre Betroffenenrechte durchsetzen können.[84] Beispielsweise kann ein Node in vielen Fällen die gewünschte Auskunft gar nicht erteilen, da er selbst über die angefragten Informationen nicht verfügt.[85]

---

[80] AEPD Proof of concept Blockchain and the right to erasure S. 49.
[81] CNIL Blockchain Solutions for a responsible use of the blockchain in the context of personal data S. 7.
[82] EDSA Leitlinien 02/2025 Rn. 98.
[83] Madir FinTech Law and Regulation/Cooper/Nash Rn. 11.31.
[84] Leupold/Wiebe/Glossner IT-R/Guggenberger Teil 14.2 Rn. 30.
[85] Ebers StichwortKommentar Legal Tech/Steinrötter/Stamenov Blockchain Rn. 50.

Substantiell können die Rechte auf Auskunft gem. Art. 15 DS-GVO und Datenübertragbarkeit gem. Art. 20 DS-GVO relativ unproblematisch erfüllt werden. Insbesondere die Durchsetzung der Betroffenenrechte auf Berichtigung gem. Art. 16 DS-GVO und auf Löschung gem. Art. 17 DS-GVO stoßen in Blockchain-Systemen aufgrund der Unveränderlichkeit auf erhebliche technische und rechtliche Hürden, denn die DS-GVO setzt voraus, dass alle Daten bearbeitet und korrigiert werden können.[86] **89**

a) Recht auf Auskunft, Art. 15 DS-GVO

Insbesondere in permissioned Blockchains können Verantwortliche klar identifiziert werden, sodass Auskünfte über gespeicherte Daten wie Wallet-Adressen und Transaktionshistorien erteilt werden können. Beispielsweise kann ein NFT-Marktplatz seinen Nutzern über eine zentrale Plattform Auskunft darüber geben, welche personenbezogenen Daten von ihnen gespeichert sind. **90**

b) Recht auf Datenübertragbarkeit, Art. 20 DS-GVO

Tokenisierte Daten wie NFT können in strukturierten Formaten wie JSON oder CSV exportiert und übertragen werden, sofern sie nicht an die Blockchain gebunden sind. So kann ein Nutzer seine NFT-Sammlung von einer Wallet auf eine andere übertragen, insoweit Token-Standards Interoperabilität ermöglichen. **91**

c) Recht auf Berichtigung, Art. 16 DS-GVO

Das Recht, unrichtige personenbezogene Daten korrigieren zu lassen, ist in public permissionless Blockchains nicht ohne Weiteres umsetzbar, da Transaktionen und Daten einmal validiert irreversibel gespeichert werden. Technische Lösungsansätze wie Chameleon-Hashes („redactable blockchains") ermöglichen zwar nachträgliche Änderungen durch kryptografische Falltüren, untergraben aber das Kernprinzip der Unveränderlichkeit und gefährden die Vertrauenswürdigkeit des Systems.[87] Alternativ könnte ein Hard Fork durchgeführt werden, bei dem die gesamte Blockchain auf einen korrigierten Stand umgestellt wird. Dies ist ein extrem aufwändiger Prozess, der nur im Einzelfall bei groben Fehlern und breitem Konsens realistisch ist. In private permissioned Blockchains ist eine Berichtigung durch die zentrale Steuerung einfacher möglich. Es stellen sich im Kern die gleichen Fragen wie bei dem Recht auf Löschung (auch Recht auf Löschung → Rn. 93 ff.). **92**

d) Recht auf Löschung, Art. 17 DS-GVO

Das Recht auf Vergessenwerden gem. Art. 17 DS-GVO kollidiert mit der Unveränderlichkeit von Blockchains. Die Unveränderlichkeit als Grundprinzip dient dem Vertrauen in die Transaktionen und ersetzt das Vertrauen in Intermediäre[88] oder in den Vertragspartner[89]. Allerdings hebt die AEPD zutreffend hervor, dass es sich bei allen digitalen Daten um flüchtige Daten handelt und es auch im Kontext der Distributed Ledger Technologie, wenn sie auch auf eine Unveränderlichkeit abzielt, tatsächlich keine absolute Unveränderlichkeit gibt.[90] **93**

Eine Löschung oder Sperrung ist tatsächlich schwer umzusetzen, sodass nach Alternativen gesucht werden oder eine dauerhafte Speicherung gerechtfertigt werden muss.[91] Es genügt nicht, eine Transaktion zu stornieren oder zurückzubuchen, da die ursprüngliche Informa- **94**

[86] Madir FinTech Law and Regulation/Cooper/Nash Rn. 11.03.
[87] Madir FinTech Law and Regulation/Cooper/Nash Rn. 11.32.
[88] Bechtolf/Vogt ZD 2018, 66 (69).
[89] Bomprezzi EuCML 2021, 148 (150).
[90] Mit Verweis auf die Definition der Unveränderlichkeit in ISO 22739:2024: AEPD Proof of concept. Blockchain and the right to erasure S. 17.
[91] Krupar/Strassemeyer DSRITB 2018, 343 (354).

tion noch immer auf der Blockchain vorhanden wäre.[92] Die CNIL stellt klar, dass eine physische Löschung von on-chain gespeicherten Daten technisch unmöglich ist, jedoch logische Löschungen akzeptabel sein können, sofern sie eine echte Datenunbrauchbarkeit herbeiführen.[93] Eine ist das Crypto-Shredding, also eine starke Verschlüsselung und die Vernichtung der Schlüssel, um Daten unbrauchbar zu machen (z.B. bei tokenisierten Patientenakten). Auch Zugriffssperren wie der Widerruf von Berechtigungen, um Daten für Dritte unsichtbar zu halten, könnte in Betracht kommen, stellt aber genau genommen keine Löschung dar. Möglich ist die Off-Chain-Löschung, also die Entfernung von Klardaten in externen Systemen, während on-chain nur nicht-personenbezogene Referenzen (Hashes) verbleiben, welche dann ins Leere laufen. Die AEPD schlägt in ihrem Proof of Concept technische Workarounds vor, etwa das Überschreiben von Transaktionsdaten in privaten Ethereum-Netzwerken oder die Nutzung von Chameleon-Hashes, um Daten logisch unbrauchbar zu machen.[94] Allerdings kann die Ermöglichung einer Datenlöschung auch dazu führen, dass das Vertrauen in die Blockchain untergraben wird, da deren Unveränderlichkeit ein Kernmerkmal darstellt.[95]

95 In privaten permissioned Blockchains sind Löschbegehren einfacher umsetzbar. Eine Option ist eine Smart-Contract-Selbstzerstörung. Beispielsweise Ethereum ermöglicht die Deaktivierung von Verträgen, um Datenzugriffe zu blockieren. Dass eine Löschung nicht grundsätzlich dem Grundgedanken der Distributed Ledger Technologie widerspricht, zeigt das State-tree pruning. Hierbei werden alte Daten aus dem Speicherbaum entfernt, um die Effizienz der Blockchain zu optimieren, beispielsweise bei Ethereum-Protokollupdates.

96 Für public permissionless Blockchains bleibt die Löschpflicht eine Herausforderung. Eine Änderung historischer Blöcke erfordert einen Mehrheitskonsens der Teilnehmer, die auch über eine ausreichende Rechenleistung verfügen müssen. Dieser ist bei dezentralen Netzwerken wie Bitcoin oder Ethereum mit einer hohen Anzahl an Teilnehmern nicht einfach zu erreichen. Eine Hard Fork, wie sie die AEPD in ihrem Proof of Concept zur Erfüllung von Löschbegehren vorschlägt[96], kann nur eine Maßnahme im Einzelfall sein, aber ist nicht für die massenhafte Erfüllung von Löschbegehren geeignet. Der Aufwand ist hoch und es besteht eine gewisse Unsicherheit, da jeder Node und Miner entscheiden kann, ob er die neue Version bei sich übernimmt.[97] Der EDSA betont daher in seinen Leitlinien, dass personenbezogene Daten möglichst off-chain gespeichert werden sollten, um die DS-GVO-Konformität zu wahren.[98]

97 Art. 17 Abs. 3 DS-GVO sieht Ausnahmen von der Löschpflicht vor. Diese kann in Fällen entfallen, in denen die Verarbeitung beispielsweise der Ausübung des Rechts auf freie Meinungsäußerung und Information dient (z.B. NFT mit politischen Statements), im öffentlichen Interesse im Bereich der öffentlichen Gesundheit liegt (z.B. tokenisierte Forschungsdaten) oder zur Rechtsdurchsetzung erforderlich ist (z.B. Betrugsermittlungen bei DeFi-Protokollen).

6. Drittlandsübermittlungen, Art. 44 ff. DS-GVO

98 Die Berücksichtigung von Drittlandsübermittlungen ist bei Blockchain-Projekten unverzichtbar, da die globale Verteilung von Nodes personenbezogene Daten regelmäßig in Länder ohne angemessenes Schutzniveau gem. Art. 44–49 DS-GVO überträgt.[99] In privaten permissioned Blockchains lassen sich solche Risiken durch vertragliche Steuerung adressie-

92 Martini/Weinzierl NVwZ 2017, 1251 (1254).
93 CNIL Blockchain Solutions for a responsible use of the blockchain in the context of personal data S. 8 f.
94 AEPD Proof of concept Blockchain and the right to erasure S. 25, 31.
95 Madir FinTech: Law and Regulation/Cooper/Nash Rn. 11.30.
96 AEPD Proof of concept Blockchain and the right to erasure S. 28.
97 Bechtolf/Vogt ZD 2018, 66 (70).
98 EDSA Leitlinien 02/2025 Rn. 30, 34, 52.
99 Kriterien, anhand derer ein Verarbeitungsvorgang als Drittlandsübermittlung qualifiziert werden kann: EDSA Leitlinien 5/2021 Rn. 9.

ren: So können Node-Standorte auf die EU beschränkt oder Datenströme in Drittländer durch Standardvertragsklauseln (SCCs) abgesichert werden, ergänzt durch technische Schutzmaßnahmen wie Verschlüsselung. Gleichzeitig können sensible Daten off-chain in EU-Rechenzentren gespeichert werden, während on-chain nur pseudonymisierte Referenzen wie Hashes hinterlegt werden. In public permissionless Blockchains ist eine direkte Kontrolle über die Nodes unmöglich. Hier können Lösungsansätze auf Privacy-by-Design-Technologien setzen: Zero-Knowledge-Proofs (ZKPs) anonymisieren Transaktionsdaten, sodass selbst bei globaler Verbreitung kein Personenbezug hergestellt werden kann. Hybride Architekturen können zudem personenbezogene Daten (off-chain, EU-gehostet) von nicht-personenbezogenen On-Chain-Referenzen trennen, um Risiken zu minimieren.

Die Sicherstellung der Compliance verteilt sich dabei auf mehrere Akteure: Plattform- **99**
betreiber müssen Nutzer über die globale Node-Verteilung informieren und Pseudonymisierungsstandards vorgeben. Node-Betreiber in privaten permissioned Netzwerken verpflichten sich vertraglich zur Einhaltung von SCCs, während in public permissionless Blockchains lediglich Transparenzhinweise zur Risikoaufklärung möglich sind. Softwareentwickler können durch die Implementierung von Schlüsselvernichtungsmechanismen (Crypto-Shredding) ermöglichen, dass personenbezogene Daten bei Bedarf zumindest logisch unbrauchbar gemacht werden können.

III. Praxistipps

1. Sorgfältige Blockchain-Auswahl **100**
   Vor dem Einsatz von Blockchains oder der Teilnahme an Netzwerken überprüfen, ob Blockchain für den beabsichtigten Anwendungsfall erforderlich ist und wie eine Datenschutzcompliance erreicht werden kann.[100] Sofern die Eigenschaften der Distributed Ledger Technologie nicht erforderlich sind, um die beabsichtigten Zwecke der Datenverarbeitung zu erreichen, sollten andere Lösungen vorgezogen werden.[101]
   Bei einem Einsatz von Blockchain sollte die konkrete Technologie gezielt nach den Anforderungen an Datenschutz, Skalierbarkeit, Zugriffsrechtemanagement und regulatorischer Compliance ausgewählt werden. Für sensible oder regulierte Assets sollten bevorzugt private permissioned Blockchains mit klaren Zugriffskontrollen eingesetzt werden.
2. Datenminimierung, Datenschutz durch Technikgestaltung und datenschutzfreundliche Voreinstellungen
   Es sollte darauf geachtet werden, dass keine Klardaten on-chain gespeichert werden. Stattdessen wird geraten, auf Pseudonymisierung, Verschlüsselung und Off-Chain-Speicherung zu setzen. Datenschutzfreundliche Voreinstellungen sind standardmäßig zu aktivieren.
3. Transparenz und Betroffenenrechte
   Nutzer sollten klar über die Datenverarbeitung informiert werden. Zudem ist es wichtig, die Ausübung von Betroffenenrechten (wie Auskunft, Berichtigung, Löschung) zu ermöglichen und von Anfang an soweit wie möglich technische Lösungen wie Off-Chain-Löschung oder Crypto-Shredding zur Einhaltung der DS-GVO-Anforderungen zu implementieren.
4. Vertragsmanagement und Rollenklärung
   Es wird empfohlen, bereits zu Beginn die Verantwortlichkeiten und Rollen (Verantwortlicher, Auftragsverarbeiter) eindeutig zu definieren, insbesondere bei dezentralen oder hybriden Architekturen. Der Einsatz von Smart Contracts für eine automatisierte

[100] Sassenberg/Faber Industrie 4.0 und Internet of Things-HdB/Rein § 14 Rn. 86.
[101] CNIL Blockchain Solutions for a responsible use of the blockchain in the context of personal data S. 5.

und transparente Vertragsabwicklung sowie die revisionssichere Dokumentation aller Vereinbarungen ist sinnvoll.

5. Regelmäßige Compliance-Prüfung und Sicherheitsmaßnahmen
Es sollte regelmäßig geprüft werden, ob eine Datenschutzfolgenabschätzung (DSFA) durchgeführt oder eine bestehende DSFA erweitert werden muss. Zudem sollten mögliche Drittlandstransfers beachtet und aktuelle Industriestandards sowie technische und organisatorische Maßnahmen nach dem jeweils aktuellen Stand der Technik (TOMs) umgesetzt werden, um Sicherheits- und Haftungsrisiken zu minimieren.
6. EDSA-Empfehlungen beachten
Annex A der EDSA-Leitlinien[102] enthält eine Liste von konkreten Empfehlungen, an der man sich gut orientieren kann.

§ 30 Erbrecht

Übersicht

Schrifttum:

Amend-Traut/Hergenröder, Kryptowährungen im Erbrecht, ZEV 2019, 113; Ammann, Bitcoin als Zahlungsmittel im Internet, CR 2018, 379; Arndt, Bitcoin-Eigentum, 2022; Bauer, Die effektive Einzel- und Gesamtvollstreckung von Blockchain-basierten Kryptowährungen, Internetrecht und Digitale Gesellschaft (IDG), 2023; Biermann, Der digitale Nachlass und der postmortale Schutz personenbezogener Daten, 2021; Biermann/Liegmann/Lindermann, Krypto-Assets in der Vermögens- und Nachfolgeplanung, 1. Auflage 2025; Boecken/Hanten-Schmidt/Holtz, Kunst in der Erbschaft- und Schenkungsteuer aus steuerberatender und sachverständiger Sicht, DStR 2023, 1631; Boehm/Pesch, Bitcoins: Rechtliche Herausforderungen einer virtuellen Währung – Eine erste juristische Einordung, MMR 2014, 75; Burandt/Rojahn, Beck'scher Kurz-Kommentar zum Erbrecht, Band 65, 4. Auflage 2022; Deuber/Jahromi, Liechtensteiner Blockchain-Gesetzgebung: Vorbild für Deutschland? – Lösungsansatz für eine zivilrechtliche Behandlung von Token, MMR 2020, 576; Engelhardt/Klein, Bitcoins – Geschäfte mit Geld, das keines ist – Technische Grundlagen und zivilrechtliche Betrachtung, MMR 2014, 355; Erkis/Thonemann-Micker, Beck'scher Online-Kommentar

[102] EDSA Leitlinien 5/2021 Rn. 108 ff.

zum ErbStG, 26. Edition 2025; Erkis/Thonemann-Micker, Beck'scher Online-Kommentar zum ErbStG, 22. Edition 2024; Fischer/Pahlke/Wachter, Kommentar zum ErbStG, 8. Auflage 2022; Florstedt, Archiv für die civilistische Praxis, 224. Band, Heft 4/5, Oktober 2024, 478; Guntermann, Non Fungible Token als Herausforderung für das Sachenrecht, RDi 2022, 200; Halaczinsky, ErbStB 2010, 561; Hannes/Holtz, Kommentar zum ErbStG, 18. Auflage 2021; Hau/Poseck, Beck'scher Online-Kommentar zum Bürgerlichen Gesetzbuch, 73. Edition 2025; Herzog, Der digitale Nachlass – ein bisher kaum gesehenes und häufig missverstandenes Problem, NJW 2013, 3745; Herzog/Pruns, Digitaler Nachlass, 1. Auflage, 2017; Himmer/Liedgens, Das BMF-Schreiben zur ertragsteuerlichen Behandlung von virtuellen Währungen und sonstigen Token, Ubg 4/2022, 194; Hüßtege/Mansel, Nomos Kommentar zum Bürgerlichen Gesetzbuch, Band 6, 4. Auflage 2024; Kapp/Ebeling, Kommentar zum ErbStG, 103. Lieferung 03/2025; Kaulartz, Die Blockchain-Technologie, CR 2016, 474; Klas/Möhrke-Sobolewski, Digitaler Nachlass – Erbenschutz trotz Datenschutz, NJW 2015, 3473; Koch, Die „Tokenisierung" von Rechtspositionen als digitale Verbriefung, ZBB 2018, 359; Langenbucher, Digitales Finanzwesen – Vom Bargeld zu virtuellen Währungen, AcP 218 (2018), 385; Lennartz, „Non-fungible Token" zwischen Autonomie und Regulierung, DNotZ 2022, 886; Lorenz, Steuerbefreite Übertragung von Kunst, DStR 2019, 1439; Martini, Der digitale Nachlass und die Herausforderung postmortalen Persönlichkeitsschutzes im Internet, JZ 2012, 1145; Medler, Sterben 2.0: Erben und Vererben von Kryptowährungen, ZEV 2020, 262; Olbrich/Bongers/Ries, Erbschaftsteuerliche Behandlung von Kryptokunstwerken, ZEV 2023, 199; Omlor, Privatrecht der Kryptowerte, NJW 2024, 335; Omlor, Blockchain-Token im Zivilrecht –Blockchain, Token, Kryptowährung, Geld, Wertpapier, Sachenrecht, Jura 2023, 661; Omlor, Kryptowährungen im Geldrecht, ZHR 2019, 294; Säcker/Rixecker/Oetker/Limperg/Schubert, Münchener Kommentar zum Bürgerlichen Gesetzbuch, Band 1, 10. Auflage 2025; Säcker/Rixecker/Oetker/Limperg/Schubert, Münchener Kommentar zum Bürgerlichen Gesetzbuch, Band 11, 9. Auflage 2022; Scherer, Münchener Anwalts Handbuch Erbrecht, 6. Auflage 2024; Thelen, Kryptowerte in der notariellen Erbrechtspraxis, RNotZ 2023, 425; Troll/Gebel/Jülicher/Gottschalk, Kommentar zum ErbStG, 69. Ergänzungslieferung 2024; von Oertzen, Aktuelle Gestaltungsfragen bei der Erbschaftsteuerplanung für Kunstsammler, ZEV 2016, 561; von Oertzen/Biermann/Lindermann, Kryptowährungen und Kryptokunst – Eine erb- und steuerrechtliche Analyse – Teil I: Grundlagen, Erbrecht und erbschaftsteuerliche Implikationen für Kryptowährungen, ErbR 2022, 762; von Oertzen/Grosse, Kryptowährungsguthaben im Erbrecht und Erbschaftsteuerrecht, DStR 2020, 1651; von Oertzen/Lindermann/Schuster, Kryptoinvestoren im Fokus der Finanzverwaltung, DStR 2024, 969; von Oertzen/Loose/Stalleiken, Kommentar zum ErbStG, 3. Auflage 2024; von Oertzen/Reich, Erbschaftsteuerbefreiung für Kunstsammlungen, DB 2015, 2353; Walter, Bitcoin, Libra und sonstige Kryptowährungen aus zivilrechtlicher Sicht, NJW 2019, 3609; Wilms/Jochum/Götz/Meßbacher-Hönsch, Kommentar zum ErbStG, 135. Ergänzungslieferung 2025.

I. Einführung

Durch das imposante Wachstum von Krypto-Assets haben sich Kryptowerte in den letzten Jahren als ökonomisch bedeutende Form digitaler Vermögenswerte etabliert und sind zwischenzeitlich im Vermögen vieler Investoren weit verbreitet. Krypto-Assets, zu denen auch die in diesem Kapitel vorrangig thematisierten NFTs zählen, werden daher auch im Rahmen der Vermögens- und Nachfolgeplanung immer wichtiger[1] (zu den Besonderheiten für Kryptowährungen noch → § 48 Rn. 2 ff.). 1

Die zunehmende Verbreitung dieser digitalen Assets stellt das bestehende Rechts- und Steuersystem vor erhebliche Herausforderungen. Der rechtliche Rahmen hinkt der wirtschaftlichen und gesellschaftlichen Entwicklung hinterher, was Beratungs- und Handlungsbedarf schafft. Da Krypto-Assets per se keine physischen Gegenstände sind, sondern auf der Blockchain existieren, stellt sich zunächst die Frage, wie sie zivilrechtlich einzuordnen sind (→ Rn. 5 ff.). Dies beeinflusst wiederum ihre Übertragbarkeit sowohl zu Lebzeiten als auch von Todes wegen (→ Rn. 13 ff.). 2

Neben der zivil- und erbrechtlichen Betrachtung ist auch die steuerliche Behandlung von Krypto-Assets im Erbschafts- und Schenkungsfall von zentraler Bedeutung. Aufgrund ihrer hohen Volatilität ergeben sich erbschaftsteuerliche Risiken und steuerliche Gestaltungsmöglichkeiten, die im Rahmen der Erbschaftsteuerplanung beachtet werden müssen (→ Rn. 24 ff.). 3

[1] Die nachfolgenden Ausführungen basieren auf den Ausführungen in Biermann/Liegmann/Lindermann Krypto-Assets in der Vermögens- und Nachfolgeplanung; für eine vertiefende Darstellung wird darauf verwiesen.

4 Dieses Kapitel analysiert die zivilrechtliche Einordnung, die erbrechtlichen Besonderheiten sowie die steuerliche Behandlung von Krypto-Assets im Kontext der Erbschaftsteuer. Gleichzeitig werden praxisnahe Handlungsempfehlungen aufgezeigt, um rechtliche und steuerliche Fallstricke zu vermeiden.

II. Zivilrechtliche Einordnung von Krypto-Assets

1. Eigentumsfähigkeit von Krypto-Assets de lege lata

5 Zivilrechtlich fehlt aktuell eine Definition von Kryptowerten und Token. Die zivilrechtliche Einordnung und damit auch die Übertragbarkeit von Krypto-Assets wird daher aktuell in der Literatur kontrovers diskutiert.[2] Einigkeit besteht insoweit darin, dass Kryptowährungen keine (FIAT) Währungen im zivilrechtlichen Sinn darstellen, da sie keinen hoheitlichen Ursprung haben, sondern privat emittiert werden.[3]

6 Das deutsche Sachenrecht unterscheidet zwischen körperlichen und nicht-körperlichen Gegenständen.[4] Nach § 90 BGB sind nur körperliche Gegenstände als Sachen anzusehen, während immaterielle Werte, wie Forderungen oder Rechte nicht vom sachenrechtlichen numerus clausus umfasst sind.

7 Krypto-Assets sind rein digitale Werte, die nur als Datensätze in einer Blockchain existieren. Eine Speicherung von Keys in einer Wallet begründet kein sachenrechtliches Eigentum, sondern ermöglicht lediglich über den Private-Key eine Kontrolle bzw. Verfügungsmacht über die Token.[5] Daher können die sachenrechtlichen Regelungen de lege lata nicht unmittelbar auf Krypto-Assets angewendet werden.[6]

8 Wie genau ein Transfer von Token erfolgt, ist daher hochumstritten und Gegenstand grundlegender Reformüberlegungen. Um eine rechtliche Grundlage für Krypto-Assets zu schaffen, wurden verschiedene Lösungsansätze diskutiert:

9 Teilweise werden eine analoge Anwendung der sachenrechtlichen Vorschriften[7] oder die Anerkennung eines ungeschriebenen dinglichen Rechts an kryptographischem Vermögen[8] befürwortet. Danach seien digitale Vermögenswerte entweder als „verkörperte Daten" zu betrachten oder aber die sachenrechtlichen Vorschriften in analoger Anwendung heranzuziehen. Hiergegen spricht jedoch das Numerus-Clausus-Prinzip des Sachenrechts, das nur eine abschließend festgelegte Anzahl von dinglichen Rechten („Typenzwang") kennt, sowie der Bestimmtheitsgrundsatz.[9] Für eine Anwendung des Sachenrechts ist vielmehr ein Tätigwerden des Gesetzgebers erforderlich.[10]

---

2 Siehe zum Folgenden im Detail Biermann/Liegmann/Lindermann Krypto-Assets in der Vermögens- und Nachfolgeplanung § 3 Rn. 1 ff.; Florstedt AcP 224 (2024), 478 ff.; von Oertzen/Biermann/Lindermann ErbR 2022, 762 (764).

3 Biermann/Liegmann/Lindermann Krypto-Assets in der Vermögens- und Nachfolgeplanung § 1 Rn. 11.

4 MüKoBGB/Stresemann § 90 Rn. 1.

5 Von Oertzen/Biermann/Lindermann ErbR 2022, 762 (764); von Oertzen/Grosse DStR 2020, 1651.

6 BGH NStZ 2018, 401 (405); OLG Frankfurt a. M. BKR 2023, 460 (463) mAnm Schultess; MüKoBGB/Stresemann § 90 Rn. 21; Biermann/Liegmann/Lindermann Krypto-Assets in der Vermögens- und Nachfolgeplanung § 3 Rn. 3; Boehm/Pesch MMR 2014, 75 (77); Guntermann RDi 2022, 200 (203); Kaulartz CR 2016, 474 (478); Langenbucher AcP 218 (2018), 385 (405); Lennartz DNotZ 2022, 886 (889); Omlor NJW 2024, 335 (336); Omlor ZHR 2019, 294 (308); von Oertzen/Biermann/Lindemann ErbR 2022, 762 (764); Walter NJW 2019, 3609 (3611).

7 Walter NJW 2019, 3609 (3611 ff.).

8 Guntermann RDi 2022, 200 (205).

9 BGH DStR 2023, 961; vgl. NK-BGB/Looschelders EuErbVO Art. 1 Rn. 57; im Ergebnis auch Bauer Die effektive Einzel- und Gesamtvollstreckung von Blockchain-basierten Kryptowährungen S. 99; Engelhardt/Klein MMR 2014, 355 (357); aA Arndt Bitcoin-Eigentum S. 113 ff.; Ammann CR 2018, 379 (382 ff.); Koch ZBB 2018, 359 (362 ff.); Walter NJW 2019, 3609 (3611 ff.).

10 BeckOK BGB/Fritzsche § 90 Rn. 29; Deuber/Jahromi MMR 2020, 576 (577 ff.); von Oertzen/Biermann/Lindemann ErbR 2022, 762 (764).

Da Krypto-Assets regelmäßig keinen schuldrechtlichen Anspruch gegen Dritte verkörpern und somit keine „Forderung" im klassischen Sinn darstellen, können sie auch nicht gem. §§ 398, 413 BGB abgetreten werden.[11] 10

Faktisch ist es aber jedenfalls so, dass derjenige, der den Private-Key in einer Wallet hat, die Krypto-Assets übertragen und verwerten kann (wobei bzgl. einiger NFTs die Verfügungsmöglichkeiten zum Teil eingeschränkt sind). Die Übertragung von Token zwischen Teilnehmern der Blockchain erfolgt somit richtigerweise derzeit durch Realakt, der in der Blockchain vollzogen und abgebildet wird.[12] 11

2. Eigentumsfähigkeit von Krypto-Assets de lege ferenda

Zur Lösung dieser Unsicherheit und um die Leistungsfähigkeit des Sachenrechts insbesondere bezüglich der Zuordnungs- und Schutzfunktionen auf Kryptowerte zu erstrecken, bestehen aktuell intensive Reformüberlegungen zum Tokenprivatrecht.[13] Zielführend und vorzugswürdig gegenüber einer tiefgreifenden Reform mit einem eigenen Regelungsabschnitt zu kryptographischem Vermögen als Sonderprivatrecht im BGB neben dem Sachenrecht,[14] ist die Idee, per gesetzlicher Fiktion im BGB Kryptowerte als Sache zu behandeln.[15] Eine solche Regelung existiert mit § 2 Abs. 3 eWpG bereits für elektronische Wertpapiere und würde den derzeitigen Zustand der Rechtsunsicherheit beenden.[16] Damit könnte kryptographisches Vermögen gem. § 929 BGB übertragen werden[17] und das erprobte und widerstandsfähige Sachenrecht könnte ohne Regelungslücken auf Kryptoassets erweitert werden. 12

III. Erbrechtliche Aspekte von Krypto-Assets

1. Vererblichkeit digitaler Vermögenswerte

Die Vererbung von Krypto-Assets unterscheidet sich erheblich von herkömmlichen Nachlassgegenständen. Unabhängig davon, welche Meinung zur zivilrechtlichen Übertragung von Krypto-Assets vertreten wird, sind Krypto-Assets durch ihre faktische Übertragbarkeit auch vererbbar. Sie fallen in den Nachlass und gehen im Wege der Universalsukzession auf die Erben über. Dies folgt auch aus der Grundsatzentscheidung des BGH vom 12.7.2018, nach der die Grundsätze der §§ 1922 ff. BGB uneingeschränkt auch für den digitalen Nachlass gelten.[18] Krypto-Assets sind Teil dieses digitalen Nachlasses und gehen wie sämtliche Vermögenswerte des Erblassers auf die Erben über.[19] 13

Weniger eindeutig ist das erbrechtliche Bezugsobjekt von Krypto-Assets. Die Vererbbarkeit von Daten richtet sich grundsätzlich nach dem Speicherort: Sofern Daten auf einer Festplatte oÄ des Erblassers gespeichert sind, gehen sie grundsätzlich mit dem Eigentum am Speichermedium auf den Erblasser über.[20] Wenn Daten demgegenüber auf externen Servern (wie einer Cloud) gespeichert sind, treten die Erben in das Vertragsverhältnis mit dem 14

[11] Walter NJW 2019, 3609 (3611).
[12] Von Oertzen/Biermann/Lindemann ErbR 2022, 762 (765); Medler ZEV 2020, 262 (264); Walter NJW 2019, 3609 (3611).
[13] Grundl. Florstedt AcP 224 (2024), 478 ff.
[14] Omlor NJW 2024, 335 (336).
[15] Grundl. Florstedt AcP 224 (2024), 478 (487 ff.); so auch Biermann/Liegmann/Lindermann Krypto-Assets in der Vermögens- und Nachfolgeplanung § 3 Rn. 20.
[16] Florstedt AcP 2024, 478 (488 ff.).
[17] Florstedt AcP 2024, 478 (492).
[18] BGH NJW 2018, 3178, zu dem daraus entstandenen Erfordernis eines postmortalen Datenschutzrechts: Biermann Der digitale Nachlass und der postmortale Schutz personenbezogener Daten.
[19] Amend-Traut/Hergenröder ZEV 2019, 113 (116), von Oertzen/Biermann/Lindemann ErbR 2022, 762 (765).
[20] BeckOK BGB/Müller-Christmann § 1922 Rn. 100; Herzog/Pruns Der digitale Nachlass § 2 Rn. 5 ff.; Herzog NJW 2013, 3745 (3749); Martini JZ 2012, 1145 (1147).

jeweiligen Provider ein und haben darüber Anspruch auf Zugriff auf die gespeicherten Daten[21]. Diese Grundsätze lassen sich allerdings nicht uneingeschränkt auf Krypto-Assets übertragen: Krypto-Assets werden dezentral in einer Blockchain gespeichert.[22] Der erbrechtliche Transfer erfolgt somit losgelöst vom Speichermedium der Kryptowerte.[23] Die Blockchain ist (anders als ggf. der Private-Key) auch nicht auf einem Server eines Providers gespeichert.[24]

15 Die ganz herrschende Meinung geht daher davon aus, dass derzeit (jedenfalls vor einer Reform des Krypto-Privatrechts) der Private-Key das erbrechtliche Bezugsobjekt ist, weil dieser dem Inhaber die tatsächliche Verfügungsgewalt für den Transfer von Token vermittelt.[25]

16 Archimedischer Punkt von Krypto-Assets (auch im Erbrecht) ist somit der Private-Key, der den eigentlichen wirtschaftlichen Wert verkörpert. Sofern der Private-Key vorhanden aber für die Erben nicht auffindbar ist, dürften dennoch die allgemeinen Grundsätze der Gesamtrechtsnachfolge und des Vonselbsterwerbs greifen, unabhängig davon, ob der Erbe Kenntnis hat. Das heißt bspw., dass NFTs auch dann über eine externe Festplatte, auf dem der Private-Key gespeichert ist, in den Nachlass fallen, wenn der Erbe zunächst keine Kenntnis von dem Inhalt der Festplatte hat.[26]

2. Vorsorgeerfordernis

17 Problematisch ist dabei, dass ein einmal verlorener Private-Key grundsätzlich nicht wieder hergestellt oder neu generiert werden kann.[27]

18 Das macht eine besondere Vorsorge des Erblassers erforderlich: Um den Erben zeitnah den Zugriff auch auf den digitalen Nachlass zu ermöglichen, sollte eine digitale Vorsorgemappe angelegt werden. Dies sollte ein geschütztes elektronisches Dokument sein, in dem alle Provider und Zugangsdaten aufgelistet und regelmäßig aktualisiert werden. Das Dokument sollte dann mit einem Master-Passwort gesichert werden, das den Erben zum Beispiel im Rahmen einer letztwilligen Verfügung mitgeteilt werden kann.[28]

3. Krypto-Assets und Pflichtteilsrecht

19 Im Hinblick auf das Pflichtteilsrecht wirft der Umgang mit kryptografischem Vermögen insbesondere mit Blick auf die zivilrechtliche Bewertung des Nachlasses und im Falle einer fehlenden Zugriffsmöglichkeit der Erben auf das kryptografische Vermögen Fragen auf.

20 Kryptografisches Vermögen ist in erheblichem Maße volatil. In kurzer Zeit kann es zu substanziellen Kursgewinnen aber auch Verlusten kommen. Nach dem gem. § 2311 Abs. 1 S. 1 BGB geltenden Stichtagsprinzip ist für die Berechnung des Pflichtteils der Wert des Nachlasses zum Zeitpunkt des Erbfalles zugrunde zu legen. Nach dem Tod eingetretene Wertsteigerungen kommen dem Pflichtteilsberechtigten nicht zugute.[29] Auf der anderen

[21] Vgl. BGHZ 219, 243; hierzu instruktiv BGH Erb 2020, 341 mAnm Biermann; Herzog/Pruns Der digitale Nachlass § 4 Rn. 4 ff.; MüKoBGB/Leipold § 1922 Rn. 31; MAH ErbR/Biermann § 50 Rn. 11; Herzog NJW 2013, 3745 (3746); Klas/Möhrke-Sobolewski NJW 2015, 3473 (3474); Thelen RNotZ 2023, 425 (433).

[22] So auch Thelen RNotZ 2023, 425 (432).

[23] Amend-Traut/Hergenröder ZEV 2019, 113 (117); von Oertzen/Biermann/Lindermann ErbR 2022, 762 (765).

[24] Amend-Traut/Hergenröder ZEV 2019, 113 (117); von Oertzen/Biermann/Lindemann ErbR 2022, 762 (765).

[25] Vgl. Medler ZEV 2020, 262 (264).

[26] Vgl. Biermann/Liegmann/Lindermann Krypto-Assets in der Vermögens- und Nachfolgeplanung § 1 Rn. 14 ff., § 4 Rn. 5 ff.

[27] Biermann/Liegmann/Lindermann Krypto-Assets in der Vermögens- und Nachfolgeplanung § 1 Rn. 15; von Oertzen/Biermann/Lindermann ErbR 2022, 762 (763).

[28] Biermann/Liegmann/Lindermann Krypto-Assets in der Vermögens- und Nachfolgeplanung § 1 Rn. 16.

[29] Vgl. MüKoBGB/Lange § 2311 Rn. 24.

Seite sind die Erben bei einem eintretenden Kursverlust unter Umständen einem erheblichen Liquiditätsrisiko ausgesetzt. Dies gilt insbesondere mit Blick auf die dreijährige Verjährungsfrist des Pflichtteilsanspruchs sowie das Risiko der Kenntnisnahme von einem Pflichtteilsrecht erst nach längerer Zeit.[30] Der Erblasser hat diesbezüglich nur beschränkte Möglichkeiten, das Risiko für den Erben zu minimieren: Etwaige Anordnungen zur Wertbestimmung durch den Erblasser sind grundsätzlich unverbindlich.[31] Der Pflichtteilsanspruch ist ein Zahlungsanspruch. Der Pflichtteilsberechtigte ist mithin wirtschaftlich so zu stellen, wie wenn der Nachlass in Geld umgesetzt worden wäre.[32] Abzustellen ist in diesem Zusammenhang auf den sog. gemeinen Wert, der dem Verkaufspreis im Zeitpunkt des Erbfalls entspricht.[33] Dies ist der Preis, der im gewöhnlichen Geschäftsverkehr nach der Beschaffenheit des Wirtschaftsguts bei einer Veräußerung unter normalen und erlaubten Verhältnissen voraussichtlich zu erzielen wäre (vgl. § 9 Abs. 2 BewG).[34] Hierfür ist auf den zum Zeitpunkt des Erbfalles geltenden Marktkurs abzustellen, mithin auf den Erlös, welcher am Tag des Erbfalles im Falle einer Veräußerung hätte erzielt werden können.[35] Können die Erben aufgrund eines nicht vorhandenen bzw. nicht auffindbaren Private-Keys nicht auf das kryptografische Vermögen des Erblassers zugreifen, stellt sich die Frage, wie sich dies auf den Wert des Nachlasses iSd § 2311 Abs. 1 BGB auswirkt. Wie vorstehend dargestellt, ist der Private-Key das maßgebliche erbrechtliche Bezugsobjekt. Dieser verkörpert den eigentlichen wirtschaftlichen Wert des kryptografischen Vermögens. Befindet sich der Private-Key nicht im Nachlassvermögen, so kann sich der Wert des kryptografischen Vermögens auch nicht im Rahmen der Berechnung pflichtteilsrechtlicher Ansprüche niederschlagen. Vertritt man hingegen die Auffassung, dass ein Übergang kryptografischen Vermögens auch ohne den Private-Key möglich sei, würde dies zu einer erheblichen, nicht gerechtfertigten Belastung des Erben führen. Dieser könnte sich in diesem Fall auf § 2313 Abs. 2 S. 1 BGB berufen, wonach unsichere Rechte bei der Feststellung des Nachlasswertes außer Ansatz bleiben. Unsicher sind Rechte dann, wenn ihre wirtschaftliche oder tatsächliche Verwertbarkeit zweifelhaft ist,[36] was bei einer fehlenden Zugriffsmöglichkeit auf ein Vermögen anzunehmen ist.[37]

4. Krypto-Assets als Vermächtnisgegenstand

Krypto-Assets können grundsätzlich auch Gegenstand eines Vermächtnisses sein. 21

Beispiel:
Der Erblasser ordnet im Rahmen seiner letztwilligen Verfügung an, dass sein Freund F aus seinem Nachlass im Wege eines Vermächtnisses 1 Bitcoin erhalten soll.

In dem vorgenannten Beispielsfall stünde F gegen die Erben des Erblassers grundsätzlich ein schuldrechtlicher Anspruch auf Übertragung von 1 Bitcoin zu (§ 2174 BGB). Unproblematisch kann ein solches Vermächtnis erfüllt werden, wenn der Erbe über den Private-Key verfügt und der Erblasser die erforderliche Anzahl an Bitcoin hatte.

Fraglich ist, wie zu verfahren ist, wenn den Erben entweder der Private-Key nicht bekannt 22
ist oder das Wallet des Erblassers keine ausreichende Deckung aufweist. In diesem Fall ist dem Erben die Erfüllung des Vermächtnisses ggf. unmöglich (§ 2169 Abs. 1 BGB). Die Berufung auf Unmöglichkeit der Erfüllung eines Vermächtnisses ist jedoch nur dann möglich, wenn es sich hierbei um ein Stückvermächtnis handelt, womit ein Anspruch auf die Übertragung

30 So auch Amend-Traut/Hergenröder ZEV 2019, 113 (118 f.).
31 § 2311 Abs. 2 S. 2 BGB; zu Gestaltungsempfehlungen noch → Rn. 52.
32 MüKoBGB/Lange § 2311 Rn. 24.
33 BGH ZEV 2015, 349; Burandt/Rojahn/Horn Erbrecht § 2311 Rn. 52.
34 OLG München FamRZ 2013, 329., dazu → § 48 Rn. 5.
35 Insoweit kann auf die erbschaftsteuerlichen Bewertungsgrundsätze verwiesen werden, hierzu noch → Rn. 24 ff.
36 BGH NJW 1952, 138; MüKoBGB/Lange § 2313 Rn. 10.
37 So auch Amend-Traut/Hergenröder ZEV 2019, 113 (119).

eines bestimmten Nachlassgegenstandes begründet ist.[38] Die Annahme eines Stückvermächtnisses scheidet bei Kryptowährungen indes nach herrschender Auffassung aufgrund der mangelnden Individualität und Bestimmtheit einzelner kryptografischer Einheiten aus.[39] Anders ist dies jedoch bei nichtaustauschbaren NFTs.

5. Krypto-Assets und Testamentsvollstreckung

23 Für den Fall der Anordnung von Testamentsvollstreckung ist zu beachten, dass dem Testamentsvollstrecker die ausschließliche Verfügungsmacht über das gesamte Nachlassvermögen zusteht (§§ 2205, 2211 BGB). Das Amt des Testamentsvollstreckers beginnt mit der Annahme des Amtes (§ 2202 Abs. 1 BGB). Den Testamentsvollstrecker trifft insbesondere die Pflicht zur ordnungsgemäßen Nachlassverwaltung (§ 2216 BGB). Mit Blick auf die Volatilität von Krypto-Assets bedarf es unter Umständen eines zügigen Handelns des Testamentsvollstreckers zur Vermeidung von drohenden Kursverlusten. Um die Lücke zwischen dem Erbfall und der Erteilung des Testamentsvollstreckerzeugnisses – dies können abhängig von dem zuständigen Nachlassgericht mehrere Monate sein – zu schließen, sollte der Erblasser den Testamentsvollstrecker mit einer aufschiebend auf den Erbfall bedingten und bis zu Erteilung des Testamentsvollstreckerzeugnisses auflösend bedingten postmortalen Vollmacht ausstatten. Ferner sollten (ggf. transmortale) Vorsorgevollmachten auch für die Sicherstellung der lebzeitigen Vertretungserfordernisse erwogen werden.

IV. Erbschaftsteuerliche Behandlung von Krypto-Assets

1. Allgemeines

24 Die erbschaftsteuerliche Behandlung von NFTs wurde bisher nicht explizit in der Rechtsprechung oder Verlautbarungen der Finanzverwaltung diskutiert. Daher sind aktuell viele Fragen offen und zukünftig durch den Gesetzgeber und die Finanzverwaltung zu klären. Zentral ist für das Erbschaftsteuerrecht die Frage, unter welchen Umständen NFTs „Kunst" im steuerlichen Sinn sind.[40]

25 Ausgangspunkt der Besteuerung ist dabei stets die besondere Technologie. Maßgeblich ist daher vor allem die Verfügungsmacht, die durch den Private-Key vermittelt wird.[41]

26 Außerdem greifen die allgemeinen Prinzipien und in ertragsteuerlicher Hinsicht insbesondere die Fußstapfentheorie: Die Erben treten ertragsteuerlich ohne Step-up in die Fußstapfen des Erblassers bzw. Schenkers ein (§ 6 Abs. 3 EStG bzw. § 11d EStDV analog).[42]

27 Wegweisend für die steuerliche Behandlung von Krypto-Assets war die Entscheidung des BFH vom 14.2.2023.[43] Der BFH hat dort höchstrichterlich entschieden, dass auch Krypto-Assets steuerliche Wirtschaftsgüter sind. Der BFH stellte insbesondere darauf ab, ob die digitalen Vermögenswerte „objektiv werthaltige", „selbstständig bewertbare" Positionen sind[44], was der BFH für Kryptowährungen bejahte, da diese wirtschaftlich als Zahlungsmittel fungieren.[45]

28 Der BFH hat ferner entschieden, dass mit dem Private-Key das „quasizivilrechtliche" Eigentum iSd § 39 Abs. 1 AO verbunden ist[46] und demjenigen, der durch den Private-Key

[38] MüKoBGB/Rudy § 2155 Rn. 3; MAH ErbR/Schlitt § 13 Rn. 59.

[39] Vgl. Amend-Traut/Hergenröder ZEV 2019, 113 (119).

[40] Biermann/Liegmann/Lindermann Krypto-Assets in der Vermögens- und Nachfolgeplanung § 10 Rn. 79.

[41] Biermann/Liegmann/Lindermann Krypto-Assets in der Vermögens- und Nachfolgeplanung § 10 Rn. 8.

[42] Biermann/Liegmann/Lindermann Krypto-Assets in der Vermögens- und Nachfolgeplanung § 10 Rn. 39; von Oertzen/Biermann/Lindermann ErbR 2022, 869 (872).

[43] BFH BStBl. II 2023, 571.

[44] S. zum Diskussionsstand Himmer/Liedgens Ubg 2022, 194 (195).

[45] BFH BStBl. II 2023, 571 Rn. 28 ff.

[46] S. zur Diskussion der Eigentumsfähigkeit von Krypto-Assets von Oertzen/Biermann/Lindermann ErbR 2022, 762 ff.; Omlor JURA 2023, 661.

über Krypto-Assets verfügen kann, regelmäßig diese digitalen Vermögenswerte auch zuzurechnen sind.[47]

Diese Gleichstellung von Inhaberschaft des Private-Keys und steuerlicher Zurechnung kann in der Praxis indes problematisch sein, insbesondere wenn mehrere Personen Zugriff auf einen Private-Key haben, jedoch keine quotale Verteilung gewollt ist. In der Praxis sollte in Mehrpersonenverhältnissen daher stets die steuerliche Inhaberschaft geklärt und – falls erforderlich – beispielsweise durch Klarstellungsvereinbarung geregelt werden.[48] **29**

Diese allgemeinen Grundsätze sollten sich regelmäßig auch auf NFTs übertragen lassen. Daher unterliegen NFTs der Einkommen- und Erbschaftsteuer und werden regelmäßig dem Inhaber des Private-Key zugerechnet, wobei Besonderheiten des Einzelfalls zu berücksichtigen sind. **30**

2. Erbschaftsteuerprinzipien

Auch die erbschaftsteuerliche Behandlung von Krypto-Assets folgt grundsätzlich dem Zivilrecht: Mit dem Private-Key geht die Herrschaftsmacht über die Kryptoassets auf die Rechtsnachfolger über. Daher unterliegt grundsätzlich jeder quantifizierbare Transfer von Krypto-Assets ohne Gegenleistung durch Erbschaft, Vermächtnis oder Schenkung auf den Todesfall der Erbschaft-/Schenkungsteuer, der zur Entreicherung des Transferierenden und Bereicherung des Erwerbers führt (§ 1 Abs. 1 Nr. 1 und 2, § 3 Abs. 1 Nr. 1 und 2, § 7, § 9 Abs. 1 Nr. 1 und 2 ErbStG). **31**

Es greift hierbei wie immer das Stichtagsprinzip des § 11 ErbStG: Entscheidend für die Erbschaftsteuer sind die Wertverhältnisse zum Steuerentstehungszeitpunkt,[49] also regelmäßig dem Todeszeitpunkt des Erblassers oder dem Zeitpunkt der Schenkung, der die Steuerschuld dem Grunde und der Höhe nach fixiert und grundsätzlich für sämtliche für die Steuerberechnung bedeutsamen Merkmale entscheidend ist.[50] **32**

Krypto-Assets werden dabei mit dem Veräußerungswert am Stichtag bewertet. Die Bewertung von Krypto-Währungen erfolgt dabei jeweils zum Marktkurs im Zeitpunkt der Anschaffung. Dieser lässt sich aus dem Kurs einer Handelsplattform (zB Börse Stuttgart Digital Exchange, Kraken, Coinbase und Bitpanda) oder einer webbasierten Liste (zB https://www.coinmarketcap.com/de und https://www.coingecko.com/de) bestimmen.[51] Kryptokunst ist als Betriebsvermögen zu qualifizieren, wenn die NFTs im Betriebsvermögen einer Personen- oder Kapitalgesellschaft gehalten werden oder das Investment in Kryptokunst einen Gewerbebetrieb begründet.[52] Kryptokunst-NFTs im Betriebsvermögen unterliegen der gesonderten Feststellung gem. § 12 ErbStG iVm §§ 151, 97, 109, 11 Abs. 2 BewG.[53] **33**

„NFT-Kunst" im Privatvermögen wird mit dem gemeinen Wert, also dem Veräußerungswert zum Stichtag bewertet (§ 12 Abs. 1 ErbStG iVm § 9 BewG).[54] **34**

3. Bewertungsbesonderheiten für Kryptokunst

Für die Bewertung des gemeinen Wertes von NFTs gelten Besonderheiten, wenn diese als Kunst zu qualifizieren sind: Kunst wird nach ganz hM nach dem Händlereinkaufspreis bewertet.[55] Dies ist der Betrag, den der Einlieferer nach Abzug des Abgeldes oder der **35**

---

47 BFH BStBl. II 2023, 571 Rn. 41.
48 Biermann/Liegmann/Lindermann Krypto-Assets in der Vermögens- und Nachfolgeplanung § 1 Rn. 28.
49 Von Oertzen/Biermann/Lindermann ErbR 2022, 762 (768).
50 Meincke/Hannes/Holtz ErbStG § 9 Rn. 4.
51 BMF 6.3.2025, DStR 2025, 584 Rn. 31.
52 Von Oertzen/Lindermann/Schuster DStR 2024, 969 (973 ff.).
53 Vgl. auch Olbrich/Bongers/Ries ZEV 2023, 199 (202 ff.).
54 Von Oertzen/Biermann/Lindermann ErbR 2022, 869 (875); vgl. auch Olbrich/Bongers/Ries ZEV 2023, 199 (201).
55 Vgl. BFH BFH/NV 2002, 28; OFD Nordrhein-Westfalen v. 17.7.2018, DB 2018, 2468.

Händlerprovision erhält.[56] Für Kunst-NFTs ist somit der Preis maßgeblich, den der Einliefernde über Plattformen oder Kunstauktionshäuser nach Abzug sämtlicher Transaktionskosten etc erhalten würde.

36 Aufgrund der bei Unikaten schwer einschätzbaren Verwertungsmöglichkeiten ist eine vorsichtige Bewertung geboten.[57] Es lässt sich daher aus den Anschaffungskosten insbesondere aufgrund der Volatilität des (Krypto-)Kunstmarktes nicht ohne Weiteres der gemeine Wert des NFTs ableiten.[58] Als preisbildende Faktoren können stichtagsnahe Transaktionspreise ähnlicher Kunstwerke (insbesondere bei NFT-Reihen) und uU temporäre Aufmerksamkeit, künstlerische und technische Qualität, Speicherung, Authentizität, „Rarity", Sammlertum und urheberrechtliche Faktoren berücksichtigt werden.[59] Insbesondere ist auch ein markttypisches Verwertungsrisiko in Bezug auf das jeweilige NFT durch Schätzung eines einzelfallbezogenen Risikoabschlags zu berücksichtigen.[60] Da nach der Rechtsprechung des BFH der Verkauf zum Steuerentstehungszeitpunkt zu fingieren ist,[61] kann bei einem Transfer einer größeren NFT-Sammlung ein Abschlag geboten sein, wenn der Markt diese nur zu einem reduzierten Preis aufnehmen würde.

37 Der so zu ermittelnde Wert von Kryptokunst kann insbesondere durch Sachverständigengutachten nachgewiesen werden.[62]

4. Chancen und Risiken des Stichtagsprinzips

38 Aus dem Stichtagsprinzip folgen für Krypto-Assets besondere Probleme: Aufgrund der großen Volatilität von Krypto-Assets besteht das Risiko, dass zwischen dem Steuerentstehungszeitpunkt und dem deutlich späteren Zeitpunkt, zu dem die Erbschaft-/Schenkungsteuer tatsächlich gezahlt wird, die Werte der Krypto-Assets vielleicht signifikant gesunken oder vollständig entfallen sind und ggf. nicht einmal ausreichen, um die auf sie entfallende Erbschaft-/Schenkungsteuer zu zahlen.[63] Bei Schenkungen besteht vergleichbar das Risiko, dass entgegen der Planung nach der Schenkung substanzielle Wertverluste eintreten, die nach dem Stichtag dazu führen, dass letztlich beim Erwerber weniger Vermögen verbleibt als zB bei einer Barschenkung und Freibeträge und Progressionsstufen dadurch uU „verschwendet" wurden. Um das Risiko des Wertverfalls zwischen Stichtag und Zeitpunkt der Entrichtung der Steuer zu reduzieren, sollte für alle digitalen Vermögenswerte stets die Handlungsfähigkeit des Nachlasses sichergestellt werden[64] insbesondere durch die digitale Vorsorgemappe. Bei Schenkungen von Krypto-Assets sollten in den Verträgen besondere Rückforderungsklauseln vorgesehen werden, für den Fall, dass sich der Wert der geschenkten Token signifikant reduziert.[65]

5. Krypto-Assets als Betriebsvermögen

39 Wenn die Investition in Krypto-Assets zu gewerblichen Einkünften führt (entweder aufgrund der originären Gewerblichkeit oder zB durch das Halten über gewerblich (geprägte) Personengesellschaften) oder Krypto-Assets über Kapitalgesellschaften mit Sitz im Inland oder EU/EWR gehalten werden und der Erblasser bzw. Schenker zu mehr als 25 % an der Gesellschaft beteiligt ist, kann grundsätzlich die Befreiungen für unternehmerisches Kryp-

[56] Boecken/Hanten-Schmidt/Holtz DStR 2023, 1631 (1635).
[57] R B 9.5 S. 2 ErbStR; BFH BFH/NV 2002, 28; Meincke/Hannes/Holtz ErbStG § 12 Rn. 21; Troll/Gebel/Jülicher/Gottschalk/Gottschalk/Jülicher ErbStG § 12 Rn. 64.
[58] Meincke/Hannes/Holtz ErbStG § 12 Rn. 21.
[59] Vgl. auch Olbrich/Bongers/Ries ZEV 2023, 199 (201).
[60] Boecken/Hanten-Schmidt/Holtz DStR 2023, 1631 (1635).
[61] BFH BFH/NV 2002, 28.
[62] Troll/Gebel/Jülicher/Gottschalk/Gottschalk/Jülicher ErbStG § 12 Rn. 64.
[63] Von Oertzen/Biermann/Lindermann ErbR 2022, 762 (768).
[64] Von Oertzen/Biermann/Lindermann ErbR 2022, 762 (768).
[65] Biermann/Liegmann/Lindermann Krypto-Assets in der Vermögen- und Nachfolgeplanung § 10 Rn. 41 ff.

to-Betriebsvermögen nach §§ 13a, 13b, 13c ErbStG greifen. Die Begünstigung von Krypto-Assets, die in dem im Grunde nach begünstigungsfähigen, unternehmerischen Vermögen gehalten werden, hängt ganz wesentlich von der Frage ab, ob bzw. wann sich Krypto-Assets als Verwaltungsvermögen qualifizieren, was in vielerlei Hinsicht umstritten oder ungeklärt ist.[66] Es besteht somit vielfach ein signifikantes Risiko, dass die Übertragung von Krypto-Assets in dem Grunde nach begünstigungsfähigem Vermögen nicht der Befreiung für unternehmerisches Betriebsvermögen gem. §§ 13a, 13b, 13c ErbStG unterliegt.[67] Wenn Krypto-Assets unter Ausnutzung der Befreiung für unternehmerisches Betriebsvermögen gem. §§ 13a, 13b, 13c ErbStG übertragen werden soll, ist dies durch eine verbindliche Auskunft und/oder Rückforderungsrechte abzusichern.[68]

6. Kulturgüterbefreiung

Für NFTs kommt im Rahmen der Erbschaftsteuer bei entsprechender Gestaltung eine besondere Befreiung in Betracht: Wenn NFTs als „Kunstgegenstände" oder „Kunstsammlungen" im Sinne des ErbStG einzustufen sind, dann ist grds. auch die Kulturgüterbefreiung iSd § 13 Abs. 1 Nr. 2 Buchst. a ErbStG für Kryptokunst möglich.[69] **40**

Wenn Kunst für die Dauer von mind. zehn Jahren nach Schenkung oder Erbfall der Öffentlichkeit zugänglich gemacht wird, kommt ein 60 %-iger Bewertungsabschlag in Betracht.[70] Voraussetzung für die Kulturgüterbefreiung für Kryptokunst ist, dass es sich bei den Kunstgegenständen auch um „Kunst" im Sinne des Erbschaftsteuergesetzes handelt. Nach zwischenzeitlich hM ist dies bei Kryptokunst-NFTs regelmäßig der Fall.[71] Eine Einordnung der konkreten NFTs als Kryptokunst hat dabei am aktuellen erbschaftsteuerlichen Kunstbegriff anzusetzen. Teilweise wird vertreten, dass Kunstgegenstände nur Werke der „reinen", bildenden Kunst sind, und der Begriff ausschließlich Gegenstände umfasst, die geeignet sind, in eine nach wissenschaftlichen Gesichtspunkten aufgebaute öffentliche Sammlung aufgenommen zu werden.[72] Nach anderer Auffassung ist der Kunstbegriff weiter und soll entsprechend dem grundrechtlichen Kunstbegriff des Art. 5 Abs. 3 GG alle freien schöpferischen Gestaltungen umfassen, *„in denen Eindrücke, Erfahrungen und Erlebnisse des Künstlers durch das Medium einer bestimmten Formsprache zur Anschauung gebracht werden"*,[73] und alle Werke erfassen, *„die unabhängig von ihrer medialen Form Ausdruck einer freien schöpferischen Gestaltung sind und wegen der vielfältigen Möglichkeiten, ihren Aussagegehalt zu bestimmen, eine vielstufige Informationsvermittlung ermöglichen"*.[74] Danach sind insbesondere auch Video- oder Rauminstallationen Kunstgegenstände.[75] Vermittelnd sollen zwar Werke der Dichtung oder Tonkunst oder gedruckte Werke oder Manuskripte zu solchen, wie literarische Werke oder Musikstücke, keine Kunstwerke darstellen, allerdings Videokunst oder Rauminstallationen zu den begünstigten Kunstgegenständen gehören, weil es sich im Unterschied zur Dichtung **41**

---

[66] Für Besonderheiten zu Kryptowährung → § 48 Rn. 6 ff.

[67] Biermann/Liegmann/Lindermann Krypto-Assets in der Vermögen- und Nachfolgeplanung § 10 Rn. 51 ff.

[68] Biermann/Liegmann/Lindermann Krypto-Assets in der Vermögen- und Nachfolgeplanung § 10 Rn. 45 ff.

[69] BeckOK ErbStG/Gibhardt § 13 Rn. 53; von Oertzen/Biermann/Lindermann ErbR 2022, 870 (875 f.); vgl. auch Troll/Gebel/Jülicher/Gottschalk/Jülicher ErbStG § 13 Rn. 28; Olbrich/Bongers/Ries ZEV 2023, 199 (200 ff.).

[70] Von Oertzen/Biermann/Lindermann ErbR 2022, 870 (875 f.); Die 100 %-ige Befreiung des § 13 Abs. 1 Nr. 2 Buchst. b ErbStG ist derzeit in der Praxis für NFTs wohl nicht denkbar, da es Kryptokunst-NFTs noch keine 20 Jahre gibt und daher die Kunstgegenstände nicht mindestens 20 Jahre im Familienbesitz sein können.

[71] BeckOK ErbStG/Gibhardt § 13 Rn. 53; Olbrich/Bongers/Ries ZEV 2023, 199 (200 ff.); von Oertzen/Biermann/Lindermann ErbR 2022, 870 (875 f.); vgl. auch Troll/Gebel/Jülicher/Gottschalk/Jülicher ErbStG § 13 Rn. 28.

[72] Kapp/Ebeling/Curdt ErbStG § 13 Abs. 1 Nr. 2 Rn. 28; vgl. Fischer/Pahlke/Wachter ErbStG § 13 Rn. 11.

[73] BeckOK ErbStG/Gibhardt § 13 Rn. 53.

[74] Wilms/Jochum/Jochum ErbStG § 13 1974 Rn. 49.

[75] BeckOK ErbStG/Gibhardt § 13 Rn. 53; Wilms/Jochum/Jochum ErbStG § 13 1974 Rn. 49; vgl. von Oertzen/Loose/Stalleiken/Schienke-Ohletz ErbStG § 13 Rn. 14.

oder Tonkunst hierbei ebenfalls um einen materiellen Kunstgegenstand handele, der neben einer bildlichen auch eine akustische Darstellung enthält.[76] Keine Kunstgegenstände sollen Gegenstände des Kunstgewerbes sein, selbst wenn das Original ein Kunstwerk ist, da bei der mechanischen Vervielfältigung kein Kunstwerk mehr vorliege.[77] Demgegenüber können auch Urheberrechte und urheberrechtlich geschützte Werke begünstigt sein.[78]

42 Übertragen auf NFTs ist entscheidend, welche Kunstwerke digital „geminted" werden, also mit einem NFT verbunden und zu einem authentischen, nichtkopierbaren Unikat werden.[79] Handelt es sich bei dem zugrundeliegenden Kunstwerk um ein digitales Kunstwerk, wie etwa Grafiken, digitale Fotografien oder Videokunst, die mit ihrer Verknüpfung in der Blockchain ein (urheberrechtlich geschütztes) Unikat sind, das als solches nicht repliziert werden kann, sollte der NFT auch dem steuerrechtlichen Kunstbegriff entsprechen. In diesem Fall kann der NFT auch in eine (digitale) Sammlung von (Krypto-)Kunst aufgenommen werden, die – wie es derzeit bspw. schon in Internetausstellungen aber auch in physischen Museen der Fall ist – der Öffentlichkeit zugänglich gemacht werden kann. Diese Qualifizierung sollte erst recht greifen, wenn mit dem NFT auch das Urheberrecht am zugrundeliegenden Kunstwerk erworben wird, was von der konkreten Ausgestaltung des NFT und der Metadaten abhängt. Demgegenüber sollte bspw. ein literarisches Werk wohl auch nicht als NFT durch *minten* zu einem Kunstwerk werden. Nach diesen Grundsätzen sind in der Praxis Kunst-NFTs regelmäßig auch als Kunst iSd ErbStG einzustufen.[80]

43 Handelt es sich bei NFTs nach den aufgezeigten Grundsätzen um Kunst, kommt auch die Kulturgüterbefreiung des § 13 Abs. 1 Nr. 2 ErbStG in Betracht: Wird die Kunst für eine Dauer von zehn Jahren nach einer Schenkung oder dem Erbfall der Öffentlichkeit zugänglich gemacht, kommt ein 60 %iger Bewertungsabschlag in Betracht (§ 13 Abs. 1 Nr. 2a ErbStG).[81] Wichtigstes Kriterium ist hier die Zugänglichmachung zur Öffentlichkeit: Wie dies bei NFTs zu erfolgen hat, ist bisher nicht geklärt. Grds. hat der BFH entschieden, dass hierfür ein gelebter Kooperations- und Leihvertrag mit einem Museum ausreicht.[82] Wie bei analoger Kunst sollte diese Rechtsprechung auch bei Kryptokunst einschlägig sein. Als Zugänglichmachung der NFTs zur Öffentlichkeit kommen vor allem digitale Ausstellungen durch Museen in Betracht, da NFTs bspw. durch so renommierte Museen wie das MOMA und das Centre Pompidou ausgestellt werden. In dem Kooperations- und Leihvertrag sowie in dem Sachverständigengutachten, in dem die Werte der Kryptokunst nachgewiesen werden, sollte dann auch das öffentliche Erhaltungsinteresse dokumentiert werden, das auch durch die digitalen Ausstellungen belegt wird.

44 Für die Kulturgüterbefreiung muss die Kunst nach der Finanzverwaltung auch in der EU/dem EWR belegen sein und dort für mindestens zehn Jahre verbleiben,[83] wogegen die hM berechtigte Kritik erhebt.[84] Es stellt sich die Frage, wie eine Belegenheit in der EU/dem EWR bei digitaler, regelmäßig auf dezentralen Servern gespeicherter Kryptokunst möglich ist. Technologisch-systematisch sollte es hier ausreichen, dass die Kryptokunst zumindest auch auf einem Server oder Node gespeichert ist, der in der EU/dem EWR belegen ist. Dies dürfte bei dezentralen Systemen regelmäßig der Fall sein. Geklärt ist dies allerdings bisher noch nicht.

---

[76] Von Oertzen/Loose/Stalleiken/Schienke-Ohletz ErbStG § 13 Rn. 14.
[77] Von Oertzen/Loose/Stalleiken/Schienke-Ohletz ErbStG § 13 Rn. 14.
[78] Halaczinsky ErbStB 2010, 309 (315).
[79] Von Oertzen/Biermann/Lindermann ErbR 2022, 870 (875 f.).
[80] BeckOK ErbStG/Gibhardt § 13 Rn. 53; Troll/Gebel/Jülicher/Gottschalk/Jülicher ErbStG § 13 Rn. 28; von Oertzen/Biermann/Lindermann ErbR 2022, 870 (875 f.); vgl. auch Olbrich/Bongers/Ries ZEV 2023, 199.
[81] Von Oertzen ZEV 2016, 561.
[82] BFH BStBl. II 2020, 500.
[83] R E 13.2 Abs. 1 ErbStR.
[84] BeckOK ErbStG/Gibhardt § 13 Rn. 63; Meincke/Hannes/Holtz ErbStG § 13 Rn. 9; von Oertzen/Loose/Stalleiken/Schienke-Ohletz ErbStG § 13 Rn. 17; Troll/Gebel/Jülicher/Gottschalk/Jülicher ErbStG § 13 Rn. 23; Lorenz DStR 2019, 1439 (1441); von Oertzen/Reich DB 2015, 2353 (2354).

Danach sollte für Kryptokunst-NFTs grds. auch die Kulturgüterbefreiung möglich sein. 45
Da hier allerdings viele Fragen ungeklärt sind, sollte aufgrund der verbleibenden Rechtsunsicherheit im Falle der avisierten Kulturgüterbefreiung vor einer Übertragung von Kunst-NFTs eine verbindliche Auskunft eingeholt werden und/oder ein Rückforderungsrecht vorbehalten werden für den Fall, dass die Kulturgüterbefreiung nicht gewährt wird.[85]

7. Besonderheiten für Tokenisierung von Real Assets, Utility Token und Security Token

Bei der Tokenisierung von Real Assets dürfte entscheidend sein, welche tatsächlichen 46
Wirtschaftsgüter hinter den Token stehen.[86] Werden bspw. Kunstwerke oder fremdvermieteter Grundbesitz tokenisiert, kommt die Einstufung als Kunst bzw. Verwaltungsvermögen in Betracht. Die Rechtslage ist hier allerdings noch völlig unklar.

Bei Utility Token sollte auf die vermittelten Rechte – also Nutzungsrechte (zB Zugang zu 47
einem ggf. noch zu schaffenden Netzwerk) oder einen Anspruch darauf, die Token gegen eine bestimmte, gegebenenfalls noch zu schaffende Ware oder Dienstleistung einzutauschen – abgestellt werden. Soweit diese auf Verwaltungsvermögen gerichtet sind, kommt die Einstufung der Utility Token als Verwaltungsvermögen in Betracht.

Bei Security Token hat eine exakte Prüfung der konkreten Umstände zu erfolgen, 48
insbesondere, ob diese als Wertpapiere oder vergleichbare Forderungen iSd § 13b Abs. 4 Nr. 4 ErbStG zu qualifizieren sind. Unter Wertpapieren sind nach der Finanzverwaltung ausschließlich auf dem Markt gehandelte Wertpapiere iSd § 2 Abs. 1 WpHG zu verstehen.[87] Vergleichbare Forderungen sind solche, über die keine Urkunden ausgegeben wurden, die nach § 2 Abs. 1 WpHG aber als Wertpapiere gelten.[88] In ErbStH E 13b.22 werden beispielhaft Pfandbriefe, Schuldbuchforderungen, Geldmarktfonds und Festgeldfonds aufgeführt. Token sollten daher nur dann als Wertpapiere oder vergleichbare Forderungen iSd § 13b Abs. 4 Nr. 4 ErbStG einzustufen sein, wenn sie als Wertpapiere iSd § 2 Abs. 1 WpHG gelten. Für solche Token kommt dann im Privatvermögen auch eine Bewertung nach § 11 BewG in Betracht.

8. Erwerbsanzeige und erweitertes Inlandsvermögen

Der Erwerb ist innerhalb von drei Monaten gem. § 30 ErbStG zu melden; hierfür sollten 49
insbesondere die Transaktionsdaten über die Wallets gespeichert werden.[89] Inwieweit Krypto-Assets derzeit als (erweitertes) Inlandsvermögen qualifizieren können und damit der (erweitert) beschränkten Erbschaft-/Schenkungssteuerpflicht (§ 2 Abs. 1 Nr. 3 ErbStG ggf. iVm § 4 AStG) unterliegen können, ist aktuell in vielen Fällen unklar.[90] Es sollten vorsorglich separate Wallets und Investitionsvehikel für gewerbliche und nicht gewerbliche Krypto-Aktivitäten verwendet werden.

Im Zweifel sollte im Vorfeld eines Transfers von möglicherweise (erweitertem) Inlands- 50
vermögen mit der Finanzverwaltung (durch verbindliche Auskunft) vorabgestimmt werden, ob im konkreten Fall Inlandsvermögen anzunehmen ist. Bei Schenkungen von möglicher-

85 Biermann/Liegmann/Lindermann Krypto-Assets in der Vermögen- und Nachfolgeplanung § 10 Rn. 90.
86 Die nachfolgenden Ausführungen basieren auf den Ausführungen in Biermann/Liegmann/Lindermann Krypto-Assets in der Vermögens- und Nachfolgplanung § 10 Rn. 95, für eine umfassende Darstellung und Vertiefung wird darauf verwiesen.
87 Vgl. ErbStR E 13b.22 Abs. 1 S. 2 und 3 ErbStR; BeckOK ErbStG/Korezkij § 13b Rn. 197.
88 Vgl. ErbStR E 13b.22 Abs. 1 S. 3 ErbStR.
89 Biermann/Liegmann/Lindermann Krypto-Assets in der Vermögens- und Nachfolgeplanung § 1 Rn. 51.
90 Biermann/Liegmann/Lindermann Krypto-Assets in der Vermögens- und Nachfolgeplanung § 18 Rn. 41 ff.

weise als (erweitertes) Inlandsvermögen zu qualifizierenden Token sollten Widerrufsrechte vorgesehen werden.[91]

51 Sofern Krypto-Assets transferiert wurden, die ggf. als (erweitertes) Inlandsvermögen zu qualifizieren sein könnten, sollte der Erwerb der Finanzverwaltung vorsorglich gem. § 30 ErbStG transparent mitgeteilt werden, wobei gleichzeitig argumentiert wird, dass es sich mangels Inlandsvermögen nicht um einen steuerpflichtigen Erwerb handelt.[92]

V. Folgerungen für die Beratungspraxis

52 Sind Krypto-Assets im Vermögen, ist in der Vermögens- und Nachfolgeplanung einiges zu beachten. Die steuerschonende Strukturierung der Investments und zivilrechtliche Absicherung ist essenziell für den „wirtschaftlichen“ Erfolg von Investitionen in Krypto-Assets:[93]

- Krypto-Assets sind vererblich. Der Private-Key, der die Verfügungsgewalt über die Token in der Blockchain gewährt, stellt das maßgebliche erbrechtliche Bezugsobjekt dar. Um den Erben zeitnah den Zugriff auch auf den digitalen Nachlass zu ermöglichen, sollte eine sog. digitale Vorsorgemappe angelegt werden.
- Der Kauf und Verkauf von Krypto-Assets sollte nachvollziehbar dokumentiert werden. Hierzu müssen die Kaufs- und Verkaufsunterlagen gespeichert werden, was über die Transaktionsliste der Accounts bzw. Wallets möglich ist. Auch die Token-Transfers als Erfüllungsgeschäfte, Haltefristen, Einsatz von Fremdkapital und Umschlagfrequenz sind vorsorglich zu dokumentieren. Insbesondere sollten der Anschaffungszeitpunkt, die angeschaffte Menge und Art des Anschaffungsvorgangs, die genutzte Börse bzw. Handelsplattform, Anschaffungs-, Anschaffungsneben- und sonstige Kosten, Veräußerungszeitpunkt, -menge und -art sowie genutzte Börse bzw. Handelsplattform, Veräußerungserlös, Veräußerungskosten und die Verwendungsreihenfolge dokumentiert werden. Dadurch können insbesondere die Wertveränderungen und die Zeiträume der Spekulationsfrist (auch durch die Rechtsnachfolger) nachgewiesen werden.
- Es erfolgt kein Step-Up im Todesfall, sondern der Erwerber tritt in die Fußstapfen des Erblassers ein.
- Aufgrund der großen Volatilität von Krypto-Assets besteht das Risiko, dass zwischen dem Steuerentstehungszeitpunkt und dem Zeitpunkt, zu dem die Erbschaftsteuer tatsächlich gezahlt wird, die Werte vielleicht nicht einmal ausreichen, um die auf sie entfallende Erbschaftsteuer zu entrichten. Es sollte daher jederzeit die Handlungsfähigkeit des Nachlasses gewährleistet werden, indem der Private-Key bzw. Wallet Zugang stets sichergestellt ist. Im Falle der Schenkung sollte ein Widerrufsrecht für substanziell fallende Kurse vorgesehen werden, damit Freibeträge und Progressionsstufen „gerettet“ werden können.
- Wenn Kryptokunst unter Ausnutzung der Kulturgüterbefreiung übertragen werden soll, ist dies durch eine verbindliche Auskunft und/oder Rückforderungsrechte abzusichern.
- Wenn Krypto-Assets unter Ausnutzung der Befreiung für unternehmerisches Betriebsvermögen gem. §§ 13a, 13b, 13c ErbStG übertragen werden sollen, ist dies durch eine verbindliche Auskunft und/oder Rückforderungsrechte abzusichern.

---

[91] Biermann/Liegmann/Lindermann Krypto-Assets in der Vermögens- und Nachfolgeplanung § 1 Rn. 52, § 18 Rn. 41 ff.

[92] Biermann/Liegmann/Lindermann Krypto-Assets in der Vermögens- und Nachfolgeplanung § 1 Rn. 53.

[93] Die nachfolgenden Ausführungen basieren auf Biermann/Liegmann/Lindermann Krypto-Assets in der Vermögens- und Nachfolgeplanung dort unter § 1 Rn. 86, für eine umfassende Darstellung und Vertiefung wird darauf verwiesen.

§ 31 Sportrecht

Übersicht

Schrifttum:

Ante/Saggu/Schellinger/Wazinski, Blockchain-based fan tokens as a strategic resource for sports clubs: Opportunities, challenges, and a stakeholder-oriented model, Digital Business (5) 2025, 100137; Ante/Saggu/Schellinger/Wazinski, Voting Participation and Engagement in Blockchain-Based Fan Tokens, Electronic Markets 34 (26), 1; Berkani/Moumen et al., Blockchain use cases in the sport industry: A systematic review, International Journal of Networked and Distributed Computing 12, 17; Berlit, Markenrecht, 11. Aufl. 2019; Dreier/Schulze, Urheberrechtsgesetz, 8. Aufl. 2025; Fesenmair/Faßbender, Der goldene Zahlen-Code – Über die Bedeutung von Non-Fungible-Token im Sport, SpoPrax 2021, 358; Guntermann, Non Fungible Token als Herausforderung für das Sachenrecht, RDi 2022, 200; Härtel, Tokenisierte Genussrechte und Finanzierungsmöglichkeiten für Esport-Organisationen, SpoPrax 2021, 253; Hau/Poseck, Beck'scher Online-Kommentar zum Bürgerlichen Gesetzbuch, 74. Edition, Stand: 1.5.2025; Heine/Stang, Weiterverkauf digitaler Werke mittels Non-Fungible-Token aus urheberrechtlicher Sicht, MMR 2021, 755; Hoeren/Prinz, Das Kunstwerk im Zeitalter der technischen Reproduzierbarkeit–NFTs (Non-Fungible Tokens) in rechtlicher Hinsicht, CR 2021, 565; Hugendubel/Dönch, Der Einsatz von NFTs und anderen Token im Sport – Ein Überblick, SpoPrax 2022, 451; Jakob, Umgang mit NFT (Non-Fungible Token)- eine neues Rechtsgebiet für die Anwaltschaft?, ZAP 2024, 37; Kleinert/Mayer, Elektronische Wertpapiere und Krypto-Token, EuZW 2019, 857; Kraetzig, NFTs als juristische Konstruktionsaufgabe – Eine dogmatische Einordnung von Blockchain-Tokens, CR 2022, 477; Principe/Ribeiro/Lopéz-Carril, Blockhain and sports industry: A systematic literature review of fan tokens and their implications, Retos 60, 823; Schimke/Dauernheim/Schiffbauer, Vereins – und Verbandsrecht, 15. Aufl. 2023; Stadtfeld/Hahn, Rechtliche Herausforderungen bei der Vermarktung von NFT-Lizenzprodukten, SpuRt 2022, 146; Trevisi/Moro Visconti/Cesaretti, Non-Fungible Tokens (NFT): business models, legal aspects, and market valuation, mediaLAWS 2022, 332; Walter/Martinovic, NFTs – Eine Analyse im Lichte des Urheberrechts, sic! 2023, 275; Wegge, Maximilian, Kryptowährungen, Fan-Tokens und NFTs – ein Blick durch die Sportbrille, SpoPrax 2022, 35.

Die Sportindustrie digitalisiert sich. Neben der Erfassung und Auswertung von Leistungsdaten von Sportlern werden KI für taktische Überlegungen verwendet und neue Finanzierungsinstrumente für Sportklubs, Sportvereine und Sportlerkarrieren gesucht. Vor allem als letztere dienen NFT im Sport nicht ausschließlich, aber zunehmend. 1

Rein sportrechtliche Fragestellungen lassen sich daraus nicht ableiten, denn NFT kommen in den sportrechtlichen Regelwerken, Wettkampfregeln oÄ nicht vor. Jedoch finden alle rechtlichen Fragestellungen, die unter anderem in diesem Werk aufgegriffen werden, auch 2 auf NFT im Sport Anwendung. Diese hängen vom jeweiligen Einsatzbereich der NFT im Sport ab. Konflikte zeichnen sich hier vor allem im Zusammenhang mit mitgliedschaftlichen Rechten und Persönlichkeitsrechten von Sportlern ab.

I. Was macht NFT im Sport so interessant?

3 Der NFT ist ein nicht austauschbares Exklusivitätszertifikat, das eine bestimmte Person von einem bestimmten Referenzobjekt als einzigartige digitale Wertmarke erstellt hat, die einem bestimmten Inhaber zugewiesen ist.[1] Der Hashwert der durch den NFT verkörperten Datei ist auf der Blockchain abgebildet und ermöglicht es jedem, die verkörperte Datei abzurufen, einzusehen und herunterzuladen. Auf diese Weise wird eine konkrete Datei mit dem Token nahezu untrennbar verknüpft.[2] Der Käufer erwirbt also Metadaten, nicht mehr und nicht weniger. Diese Verknüpfung ist für jede digital darstellbare Information möglich, jedes reale Referenzobjekt außerhalb der Blockchain kann mit einem NFT verbunden werden (zB Kunst, Wertpapiere, Gutscheine).

4 Werden Vermögensgegenstände mit einem Token rechtlich verbunden, dh schuldrechtlich oder dinglich tokenisiert, handelt es sich um einen aufgeladenen bzw. extrinsischen Token. Ein aufgeladener Token soll als „Container" für Rechtsobjekte dienen, die außerhalb der Blockchain existieren, zB für Mitgliedschaftsrechte (beispielsweise Fan-Token). Sein Wert bestimmt sich nach dem konnexen Vermögensgegenstand.

5 Fehlt die Verbindung zu einem Vermögensgegenstand, liegt ein autonomer bzw. intrinsischer Token vor (beispielsweise Currency-Token). Er soll seinem „Inhaber" lediglich eine systeminterne Position gewähren. Sein Wert richtet sich nach den Vorstellungen der Marktteilnehmer.[3]

6 Beide Arten von Token sind für den Sport relevant. Weil jedes digitale Asset tokenisiert werden kann und damit nicht zwangsläufig ein Rechtserwerb am Referenzobjekt einhergeht, entstanden und entstehen Einnahmequellen, ohne, dass dahinter ein wirklicher Wert stehen müsste.[4] Das ist für Sportvereine, Klubs aber auch für Sportler von großem Interesse, weil es neue Finanzierungsmöglichkeiten ihrer Aktivitäten ermöglicht.

7 Nun sind Genussrechte als Instrument der Unternehmensfinanzierung nichts Neues. Sie sind im Grunde eine Mischung aus Anleihe und Aktie und werden von Unternehmen ausgegeben, um Kapital zu generieren. Anleger erwerben für die Dauer eines bestimmten Projektes oder in Bezug auf ein Einzelobjekt eine stille Beteiligung, nicht aber ein Stimmrecht und gewähren somit lediglich einen schuldrechtlichen Anspruch.[5] Mit einem Sport-NFT können und sollten jedoch weitergehende Rechte eingeräumt werden.[6]

8 Ausgangspunkt für die Anwendung von NFT im Sport ist die Fanbewegung. Dahinter steckt die Idee, mit Digitalem reale Einkünfte zu erzielen, also ein digitales Sportprodukt zu schaffen und zu vermarkten. Sportvereine, KI-Sportklubs, Sportler etc haben es in der Hand, Verknappung am Markt zu kreieren, an jeder Transaktion mitzuverdienen und neue Märkte zu erschließen. Daraus ergibt sich eine digitale Wertschöpfungskette. Der NFT wird so zum Bindeglied zwischen digitaler und realer Welt.

9 Insbesondere intrinsische NFT bieten Sportverbänden, Sportklubs und Sportvereinen in den Bereichen Merchandising, Marketing und Kundenbindung neue Möglichkeiten in Bezug auf physische (Schuhe, Sportgeräte, Shirts) oder digitale Produkte (Spielausschnitte, Kunstwerke). NFT finden deshalb im Sport zahlreich Anwendung. Der globale Sports-

[1] *Guntermann* RDi 2022, 200 Rn. 7; *Hoeren/Prinz* CR 2021, 565 Rn. 3; *Kraetzig* CR 2022, 477 Rn. 5 ff.
[2] *Guntermann* RDi 2022, 200 Rn. 5.
[3] Bericht v. 5.10.2022 „Gesetzgeberischer Handlungsbedarf im zivilrechtlichen Umgang mit Krypto-Token", S. 16, https://www.justiz.nrw.de/sites/default/files/imported/files/2022-11/2022-10-06-Bericht-Krypto-Token-final.pdf (abgerufen am 26.6.2025).
[4] BeckOK BGB/*Fritzsche* § 90 Rn. 29.
[5] Härtel SpoPrax 2021, 253 (254).
[6] Ante/Saggu/Schellinger/Wazinski Electronic Markets 34 (26), 1 (22).

NFT-Markt erreichte USD 2,8 Mrd im Jahr 2024.[7] Der Markt soll bis 2030 auf USD 9,26 Mrd. wachsen, bei einem CAGR von 22,5 % (2025–2030).[8] Eine konservativere Schätzung geht bis 2033 von USD 22,6 Mrd. aus (CAGR 21,7 %).[9] Verified Market Research prognostiziert bis 2031 einen Marktwert von USD 8 Mrd. bei einem CAGR von 26 %.[10]

Nachdem sich der Markt nach einem rasanten Start konsolidiert hat, liegt der Grund für den noch immer anhaltenden Erfolg der NFT im Sport nicht allein im Reiz der Spekulation mit einzelnen Sammlerstücken, sondern auch in der Möglichkeit der direkten Beteiligung der Fans an „ihrem Sport". Zudem partizipieren Sportligen bzw. Ersteller oder Plattformbetreiber über einen Smart Contract an jeder vorgenommenen Transaktion, also auch am Weiterverkauf des NFT.[11] 10

II. NFT im Sport

Die Mutter der NFT im Sport dürften die Panini-Sammelbilder sein, die sowohl als Einzelbilder als auch in sogenannten „blind packs" angeboten wurden. 11

1. Collectibles

Folgerichtig werden die Abbildungen von Spielern digitalisiert, tokenisiert und in Form von NFT zum Kauf angeboten. Sie funktionieren wie klassische Sammelkarten, nur dass sie digital sind. Für Sammler liegt der entscheidende Mehrwert der NFT-Sammelobjekte darin begründet, dass das erworbene (digitale) Objekt ein Unikat oder ein Teil einer bestimmten Auflage/Edition ist und als Original nur einem bestimmten Erwerber zugeordnet werden und im Wert erheblich steigen kann.[12] Die virtuelle Sammelkarte Erling Haarlands im BVB-Trikot wurde beispielsweise für umgerechnet ca. 610.000 EUR erworben. Den Rekord für ein Fußball-NFT hält allerdings Lionel Messi. Der NFT von seinem Abbild wurde im Messiverse für rund 1,12 Mio. USD versteigert.[13] Auch bei solchen NFT gibt es die Bündelung von Tokens in „blind packs", den sogenannten „loot boxes". 12

Im Februar 2025 startete Messis Management dem Bericht nach eine neue NFT-Kollektion mit interaktiven AR (augmented reality)-NFTs, die um seine berühmten Spiel-Momente kreist."[14]

Ebenfalls als NFT gibt es Videosequenzen aus Spielen oder Wettbewerben. Die Sportligen stellen in der Regel den jeweiligen Plattformen lizenzierte Abbildungen von Videoclips einzelner Spielszenen zur Verfügung, die tokenisiert und anschließend gehandelt werden. Als Vorreiter gelten Dapper Labs, Inc. und die amerikanische National Basketball Association[15]. Auch die Deutsche Fußball Liga (DFL) hat sich diesem Trend angeschlossen.[16] 13

---

7 Growth Market Reports, Global Sports NFT Market Size § Forecast, 28. August 2025, .

8 Deep Market Insights, Sports NFT Market Analysis, August 2025, https://deepmarketinsights.com/report/sports-nfts-market-research-report (abgerufen am 31.3.2026).

9 Verified Market Research, Sports NFT Market Size, Share & Trends, März 2026, https://www.verifiedmarketresearch.com/product/sports-nfts-market/ (abgerufen am 31.3.2026).

10 CoinLaw, NFT Market Statistics & Revenue Data, Februar 2026, https://coinlaw.io/nft-market-growth-statistics/ (abgerufen am 31.3.2026).

11 Fesenmair/Faßbender SpoPrax 2021, 358 (360); Stadtfeld/Hahn SpuRt 2022, 146.

12 Stadtfeld/Hahn SpuRt 2022, 146.

13 „The Golden One", siehe https://blockzeit.com/de/die-5-teuersten-fussball-nfts/ (abgerufen am 26.6.2025).

14 S. https://press.christies.com/living-memory-messi-a-goal-in-life-totals-187-million/(abgerufen am 31.3.2026).

15 Mit ihrer Top Shot Collection: https://nbatopshot.com/ (abgerufen am 26.6.2025).

16 S. https://www.dfl.de/de/aktuelles/rekordergebnis-bei-lizenzrechte-vergabe-fur-sticker-und-trading-cards-inklusive-nfts-2022/ (abgerufen am 28.12.2024).

Im März 2025 lancierte NBA Top Shot die „Legends Vault Series" mit Ultra-Rare-NFTs von Michael Jordan und LeBron James, Einzelpreise ab USD 10.000.[17]

14 Fanartikel spielen in der Sportwelt eine große Rolle. Tokenisier- und handelbar sind alle weiteren Collectibles in der Sportwelt. Dazu zählen NFT-basierte Trikots, Schuhe und andere Merchandise-Artikel. Es gibt NFT aus 3D-Abbildungen von Trophäen, Trikots, Bällen oder anderen Sport- und Vereinsartefakten, aber auch gezielt entwickelte Objekte. Das Mercedes-AMG Petronas Formel 1-Team hat beispielsweise digitale Kunstwerke für seine MadDog Jones NFT-Kollektion in Auftrag gegeben[18], und die Formel 1 hat beim US-amerikanischen Patent- und Markenamt (USPTO) für die Erstellung von NFT und zur Schaffung eines Metaversum-Raums ein Patent angemeldet[19].

15 NFT können mit Videospielen kombiniert werden. Spieltagstrikots, Avatare oder Rennpferde in Form von NFT beispielsweise werden erworben. Sie ermöglichen gleichzeitig die Teilnahme und deren Einsatz in digitalen Fußballteams[20] oder Pferderennen.[21] Eine solche Kooperation sind auch die NFL und League of Legends eingegangen.[22]

Eines der schon länger bestehenden Projekte ist Sorare. Dort können die Nutzer Fußball-, Baseball- und Basketballsammelkarten virtuell kaufen, mit ihnen handeln und sie in Fantasy-Wettbewerben einsetzen. Diese virtuellen Wettbewerbe basieren auf dem realen Geschehen auf den Spielfeldern. Das in Paris beheimatete Unternehmen hat Partnerschaften mit Testimonials wie Zinédine Zidane und Kylian Mbappé abgeschlossen. In Österreich sind alle Klubs der Bundesliga als lizenzierte Partner von Sorare vertreten.[23] Interessant ist, dass die Karten auch auf anderen Plattformen handelbar sind.

16 Inzwischen ist es Trend, digitale und analoge Welt zu verbinden, um einen Mehrwert zu schaffen. Es ist anerkannt, dass es eines konstanten Nutzens bedarf. Ein Sport-NFT solle betrachtet werden als digitale Version der goldenen Eintrittskarte aus dem Film „Willy Wonka und die Schokoladenfabrik". Ein seltenes Stück Papier entfalte erst dann seinen wahren Wert, wenn ein Unternehmen ihm einen Zweck zuweist, so ein Sportdatenanalyst. Die Wertmarke sei wertlos, wenn sie keinen Zugang zur Tour verschafft, erst der Zugang verleihe den Wert.[24] Mithilfe neuer Technologien erfolgt daher nun auch die direkte Übertragung realer Gegenstände in die digitale Welt.[25] Diese Erkenntnis hat zu weiteren Einsatzformen von NFT im Sport beigetragen.

2. NFTs als Echtheitszertifikat für Fan-Produkte

17 So rücken NFT zunehmend als Echtheitszertifikate für physische Produkte in den Fokus. Bereits 2019 hatte Nike ein Patent für sog. CryptoKicks beantragt. Bestimmte Sportschuhe des Herstellers sollen, basierend auf verschiedenen NFT-Standards, nur mit einem NFT-Zertifikat im Laden verkauft werden.[26] In Europa beschäftigt sich das Amt für den Schutz

[17] https://deepmarketinsights.com/report/sports-nfts-market-research-report (abgerufen am 31.3.2026).

[18] S. https://www.speed-magazin.de/formel1/news/ftx-und-das-mercedes-amg-petronas-f1-team-starten-eine-spezielle-serie-von-nfts-non-fungible-tokens_84577.html (abgerufen am 27.12.2024).

[19] S. https://blockchainwelt.de/news/formel-1-in-nft-und-metaversum-aktiv/ (abgerufen am 28.12.2024).

[20] LaLiga und Green Park Sports.

[21] The Swaggy Stallion Collection.

[22] NFL Rivals, https://decrypt.co/101293/nfl-mythical-games-play-and-own-nft-game-nfl-rivals (abgerufen am 28.12.2024).

[23] S. https://sportbusiness.at/bitcoin-blockchain-und-nfts-wo-die-kryptowelt-und-der-sport-zusammenkommen/?tutm_source=newsletter-505&utm_medium_=email&utm_campaign=newsletter-505 (abgerufen am 28.12.2024).

[24] Christopher J. Brooks, Sports NFTs are popular, but are they a winning investment, https://www.cbsnews.com/news/sports-nft-dapper-labs-nba-investment/?intcid=cnm-00-10adb1h (abgerufen am 28.12.2024).

[25] Beispielsweise Nike mit den „Cryptokicks", die Niners Chemnitz mit signiertem Pokal-Spielball, Pokaltrikots und Teamposter mit dazugehörigem NFT.

[26] Hugendubel/Dönch SpoPrax 2022, 451 (453).

von geistigem Eigentum (EUIPO) damit, anhand von Blockchain-Technologie eine Lösung zur Verhinderung von Produktfälschungen zu finden. Hierfür soll ein NFT als digitaler Zwilling zur Anwendung kommen.[27] Dieser wird mit einem RFID-Chip oder QR-Code des tokenisierten physischen Produkts verlinkt. Gerade im hochpreisigen Merchandising-Segment von Sportklubs oder -verbänden kann eine solche Technologie als sinnvolles und wirksames Instrument dienen.[28]

3. Fan-Token

Der NFT kann, wie bereits festgestellt (→ Rn. 17), mit besonderen Mehrwerten ausgestattet werden. Das ist der Fall, wenn Token Mitbestimmungs- oder andere Vorzugsrechte einräumen. Auch wenn sich dieses Instrument insbesondere für Sportvereine oder Sportklubs anbietet, kann jeder Emittent von NFT im Sport Rechte mit dem NFT verbinden. 18

Bei den Australian Open 2022 gab es erstmals 6.776 „Kunstbälle", die aus einer algorithmischen Kombination verschiedener Farben, Muster und Texturen bestanden. Weitere 22 „AO Legend"- und 169 „Artist Series"-Bälle wurden mit einzigartigen Designs von Legacy- und NFT-Künstlern versehen. Jeder Ball repräsentierte ein 19 cm x 19 cm großes Stück Tennisplatzoberfläche, das bei der Prägung jeder NFT zufällig zugewiesen wurde. Landete während eines Spiels ein siegreicher Schlag auf dieser Fläche, wurde der entsprechende NFT in Echtzeit mit Spiel- und Ballverfolgungsdaten aktualisiert. Landete einer der elf Meisterschaftspunkte auf einer bestimmten Parzelle, erhielt der entsprechende NFT-Besitzer zudem diesen Tennisball in einer Vitrine nebst Echtheitszertifikat. Die Besitzer von Kunstbällen konnten limitierte Auflagen von Kleidungsstücken, Fanartikeln und andere Vorteile erhalten und zudem Metaverse-Erfahrung auf der Plattform von Decentraland sammeln: Sie durften sich in einer digitalen Nachbildung des Australian Open-Geländes in Melbourne umsehen und mit Spielern und anderen Fans sprechen.[29]

Die Chiliz Group ist derzeit das führende Web3-Sportöosystem weltweit. Es betreibt mit socios.com eine Fan-Engagement-Plattform. Über 130 der größten Sportorganisationen weltweit haben socios.com als Partner, darunter FC Barcelona, PSG, Juventus, AC Milan, Manchester City, Arsenal sowie mehr als 50 US-Franchises aus NBA, NHL und NFL.[30] 19

Der FC Barcelona hat sich mit Futureverse, einem Unternehmen, das sich auf künstliche Intelligenz, Blockchain-Technologie und digitale Fan-Erlebnisse konzentriert, zusammengetan, um Barca.Pass zu starten, die erste offizielle Wallet für digitale Sammlerstücke des Fußballvereins. Die Initiative stellt den bislang größten Einzeleinsatz einer Web3-Wallet dar.[31]

Fan Token, wie sie etwa auf socios.com vertrieben werden, sind daher im Unterschied zu NFTs fungible Token: Sie sind untereinander austauschbar und verleihen den Inhabern Stimmrechte bei definierten Verbandsabstimmungen sowie Zugang zu exklusiven Erlebnissen. Sie sind primär partizipative Instrumente und daher konzeptionell von den Sport-NFT als Repräsentation von typischerweise digitalen Sammlerstücken zu trennen. Fan-Token sind keine eigene Kategorie von Token, sondern vielmehr eine spezielle Form von Utility Token. Die in ihnen hinterlegte Information ist eine Zugriffserlaubnis auf Dienstleistungen und Produkte, weshalb Token dieser Art mit Eintrittskarten oder Gutscheinen verglichen werden können. Der Fan-Bezug bei den Fan-Token ergibt sich daraus, dass die 20

[27] S. https://euipo.europa.eu/tunnelweb/secure/webdav/guest/document_library/observatory/documents/ACBI_Blockathon/ACBI_Project_presentation.pdf (abgerufen am 28.12.2024).
[28] Hugendubel/Dönch SpoPrax 2022, 451 (453).
[29] AO launches into Metaverse, serves up world-first NFT art collection linked to live match data, https://ausopen.com/articles/news/ao-launches-metaverse-serves-world-first-nft-art-collection-linked-live-match-data (abgerufen am 9.2.2025).
[30] S. https://coinmarketcap.com/currencies/fc-barcelona-fan-token (abgerufen am 31.3.2026).
[31] https://games.gg/de/news/fc-barcelona-und-futureverse-bundeln-ihre-krafte/ (abgerufen am 31.3.2026).

im NFT enthaltenen Informationen vereinsbezogen sind.[32] Fan-Token dienen einem bestimmten Zweck und sind daher nicht nur ein reines Investmentvehikel. Es sind auch keine Unternehmensbeteiligungen oder Wertpapiere im engeren Sinne. Fan-Token können als Gutschein oder Tauschmittel klassifiziert werden, das im Rahmen eines bestimmten Projekts verwendet wird.[33]

21 Konzeptionell fußen Fan-Token auf drei Säulen: einer Vertrauens- und Effizienzebene durch die Blockchain, einem nicht-monetären Nutzen für Fans und finanziellen Eigenschaften, einschließlich der Möglichkeit, Token auf Sekundärmärkten zu handeln. Im Hinblick auf Vertrauen und Effizienz profitieren Fan-Token von den Kerneigenschaften der Blockchain-Technologie, wie etwa der sofortigen Datenintegritätsprüfung. Zusätzlich lassen sich durch den Einsatz von smart contracts zuvor manuelle Prozesse automatisieren, wodurch die Gesamteffizienz gesteigert wird.[34]

22 Die Token-Wirtschaft basiert auf der Überzeugung der Nutzer oder Investoren eines Projekts, dass der Token zum Beispiel zum Aufbau einer guten Mannschaft oder eines nachhaltigeren wirtschaftlichen Ökosystems beitragen kann. Token werden für verschiedene Zwecke verkauft. Sportorganisationen könnten Utility Token käuflich anbieten, um beispielsweise Interesse an ihren Inhalten, dem Team, den Produkten im Shop, die Beteiligung an Events, bevorzugten Zugang zu Streams oder Ähnlichem zu wecken und vor allem zu monetarisieren.[35] Warum dann nicht auch, um über Initiativen für die Zukunft der Mannschaft, der Sportorganisation oder eines Projekts abzustimmen? Voraussetzung hierfür ist die Interoperabilität.[36] Mit Fan-Token wird der Nutznießer des NFT nicht nur durch die Einnahmen aus dem digitalen Vermögenswert belohnt, sondern erhält auch die Möglichkeit, aktiv an Entscheidungen der Sportorganisation mitzuwirken.

23 Schon jetzt räumen Fan-Token dem Inhaber bestimmte Partizipationsrechte für konkrete Projekte oder Entscheidungen ein (sogenannte Fan-Votings). So kann über Trikotdesign, Einlauf- oder Pausenmusik uÄ abgestimmt werden.[37] Teams, Veranstalter und Sportler bieten NFT an, die den Inhabern Zugang zu exklusiven Inhalten, Fanartikeln oder VIP-Erlebnissen ermöglichen. Das können Erstzugriffsrechte sein, aber auch Behind-the-Scenes-Material oder virtuelle Treffen im Metaverse bzw. reale Treffen.

Die Inhaber des Fan-Tokens von Juventus Turin haben im Rahmen von Abstimmungen auf der Fan-Token-Plattform Socios.com beispielsweise über den Song, der nach einem Tor eingespielt wird, bestimmt, oder über das offizielle Design des Mannschaftsbusses.[38]

Der FC Barcelona und Chiliz schlossen am 13. Februar 2020 eine Partnerschaft. Der $BAR Fan Token wurde am 22. Juni 2020 auf Socios.com gelauncht — mit einem 48-stündigen Flash-Sale von 600.000 Token zum Fixpreis von 2 Euro je Token.[39] Der $BAR Token ist der einzige offizielle Fan Token des Clubs und läuft dauerhaft auf der Chiliz Blockchain.

24 Fan-Token sind, jedenfalls beim Ersterwerb, in aller Regel erschwinglich. Sie bieten auch Fans mit geringen finanziellen Ressourcen die Möglichkeit, ihren Verein zu unterstützen. Oft wird mit der Inhaberschaft eines Fan-Tokens – ähnlich wie bei Fan-Anleihen – ein hohes Maß an Vereinsverbundenheit assoziiert.[40] Es ist möglich, Fan-Token so zu programmieren, dass sie nur an Personen mit gültiger Vereinsmitgliedschaft ausgegeben werden. Die Übertragbarkeit des NFT kann an die Vereinsmitgliedschaft des Erwerbers geknüpft sein

[32] Wegge SpuRt 2022, 354 (355).
[33] Härtel SpoPrax 2021, 253 (255).
[34] Ante: Fan Token auf der Blockchain: Ein Forschungseinblick https://cc-bei.news/en/fan-tokens-on-the-blockchain-a-research-insight/ (abgerufen am 18.3.2026).
[35] Härtel SpoPrax 2021, 253 (255).
[36] Trevisi/Moro-Visconti/Cesaretti MediaLaws 2022, 16.
[37] Ante/Saggu/Schellinger/Wazinski Digital Business (5) 2025, 100137.
[38] S. https://www.fantoken.com/juv/ (abgerufen am 28.12.2024).
[39] S. https://www.fcbarcelona.com/en/news/1691593/from-today-bara-fans-can-get-the-first-fan-tokens-to-take-part-in-club-surveys (angerufen am 31.3.2026).
[40] Wegge SpuRt 2022, 354 (359).

und der NFT kann bei entsprechender Programmierung bei Vereinsaustritt entweder vernichtet oder automatisch an den Verein zurückübertragen werden.[41] Zudem können NFT als Kryptoasset dabei helfen, eine junge, äußerst digitalaffine Zielgruppe für den Konsum von Sportereignissen zu begeistern.[42]

Praxishinweis:
Laut einer aktuellen Studie über das Sportkonsumverhalten priorisieren Fans Echtzeit-Updates und personalisierte Inhalte in Bezug auf Sportveranstaltungen. KI-gestützte Inhalte und digitale Plattformen werden vor allem von jüngeren Sportfans für Konsum und Nutzung von Sportinhalten begrüßt.[43]

Mit NFT kann ein Anreiz für Sporttreiben oder anderes Engagement in der realen Welt geschaffen werden, etwa durch digitale Belohnungen für reale Betätigung. 25

STEPN App: Als „first invest" muss ein Sneaker-NFT gekauft werden. Anschließend kann man durch Betreiben von (Lauf)Sport Green Metaverse Tokens sammeln (Kryptowährung).[44]

Kryptoassets können weiter erhebliche Vorteile für Entscheidungsträger im Sport mit sich bringen. Über Apps können Daten der Nutzer erhoben werden, die dazu dienen können, dem Erwerber von Kryptoassets gezielter und personalisierter mit Informationen oder Angeboten zu versorgen.[45] Das kann sich dann wiederum umsatzsteigernd bei Merchandising oder Ticketing auswirken.[46] Der NFT wird so gleichzeitig zu einem Sammelinstrument von auch strategischen Informationen für die Sportorganisation und trägt zu besserer und kostengünstigerer Kommunikation bei. 26

Ein zusätzlicher Mehrwert kann für Inhaber von NFT geschaffen werden, deren Inhalt ein Ticket ist (→ Rn. 28). Wie in obigem Beispiel (→ Rn. 18) geschehen, können Informationen zu einem bestimmten Spiel mit den Metadaten des NFT verknüpft werden. Der Ticketinhaber könnte dann sowohl in Echtzeit als auch im Nachhinein des Sportevents weitere Statistiken, Videos oder andere Informationen aus dem konkreten Sportevent erhalten. Der NFT würde dann nicht nur zum Sammlerstück, sondern über das Spiel hinaus einen Wert erlangen. Zusätzlich könnte der Veranstalter oder Emittent des NFT an den mit einem NFT erzielten Gewinnen auf dem Sekundärmarkt durch die Weiterveräußerung als Sammlerstück partizipieren.[47] 27

4. Tickets

Auch im Bereich Ticketing ist die Tokenisierung auf dem Vormarsch.[48] In diesem Prozess wird der Token mittels Smart Contract mit einem Ticket verknüpft. Der Vorteil eines NFT-Tickets im Vergleich zu einem analogen oder digitalen Ticket liegt in der sicheren Übertragbarkeit der Zugriffsrechte und dass die Zugriffsrechte auf und das Ticket selbst nicht vervielfältigt (und damit gefälscht) werden können.[49] 28

Für den Ticketemittenten hat diese Technologie den Vorteil, dass er den Sekundärmarkt eindämmen kann. Die gewünschten Kauf- und Weitergabekonditionen und ggf. eine prozentuale Beteiligung für die Weiterveräußerung können durch die Programmierung des 29

41 Hugendubel/Dönch SpoPrax 2022, 451 (453).
42 Wegge SpuRt 2022, 354 (359).
43 S. https://filecache.mediaroom.com/mr5mr_ibmnewsroom/197710/IBM%20Global%20Sports%20Attitudes%20and%20Behaviors%20Report%20June%202024.pdf (abgerufen am 26.6.2025).
44 S. https://whitepaper.stepn.com/ (abgerufen am 31.12.2024).
45 S. https://whitepaper.stepn.com/ (abgerufen am 31.12.2024).
46 Wegge SpuRt 2022, 354 (359).
47 Hugendubel/Dönch SpoPrax 2022, 451 (452).
48 S. https://www.wiseguyreports.com/reports/nft-ticketing-market (abgerufen am 31.3.2026).
49 Hugendubel/Dönch SpoPrax 2022, 451 (452).

Smart Contracts festgelegt werden.[50] Dasselbe gilt für die Angabe bestimmter Daten, deren Verwertung für die Sportorganisation von Interesse sein können.

30 *Hugendubel/Dönch* sehen in diesem Zusammenhang sogar die Vermietung von NFT als Option, wenn dieser beispielsweise eine Dauerkarte für einen bestimmten Verein repräsentiert. Aufgrund entsprechender Programmierung des Smart Contracts könne der NFT-Inhaber seine Dauerkarte für einen von ihm festgelegten Zeitraum übertragen, anschließend wird der NFT automatisch wieder in dessen Wallet zurückübertragen. So könne der NFT-Inhaber eine geldwerte Leistung erhalten, ohne den NFT verkaufen zu müssen.[51]

31 NFT werden bereits genutzt, um den Zugang zu ausschließlich digital übertragenen Pay-per-view Sportevents zu gewähren. Zusätzlich sind mit dem Erwerb des NFT weitere Rechte im Zusammenhang mit dem real stattfindenden Wettbewerb verknüpft, die Auswirkungen in der realen Welt haben können.

Das erste dieser Events war der Kampf von Floyd Mayweather gegen Don Moore auf dem Helipad des Burj al-Arab in Dubai im Jahr 2022. Der NFT gewährte nicht nur die Möglichkeit, das Event online zu verfolgen, sondern eine Reise nach Dubai zu gewinnen, sowie weitere Vorteile.[52]

5. Sponsoring und Markenbildung von Sportlern

32 Sportler und Sportlerinnen haben erkannt, dass sie mit dem Minten von NFT Geld verdienen können. Der NFT dient dabei zum einen als Finanzierungsinstrument im Rahmen eines Sponsorings, aber auch zur Markenbildung. Zahlreiche Fußballspieler haben ihre eigenen Kartenkollektionen herausgebracht, die im Netz für zum Teil schwindelerregende Summen gehandelt werden. Dabei werden Sportlerinnen und Sportler wahlweise als Investor oder NFT-Emittent aktiv. Da es bereits auf den Handel mit Token spezialisierte Spekulanten gibt, können nunmehr auch Investoren, die dem Sport fremd sind, am Erfolg des Vereins oder Klubs mitverdienen.[53]

Beispiele für Sportler, die NFT besitzen:
Chabib Nurmagomedow (russischer MMA Kämpfer): Drei einzigartige NFT-Sammlerstücke in drei limitierten Serien: Gold, Platin und Diamant. Die Diamond-Karte gibt es nur einmal.[54]
David Beckham (ehem. engl. Fußballspieler): Seine digitale Rare Player Card aus der Saison 2012/13 schlägt mit fast ½ Mio. USD zu Buche. Auf dieser ist er in seiner letzten Saison für Paris Saint-Germain abgebildet. Es wurden über 100 digitale Sammelkarten für Beckham auf der Blockchain hergestellt. Inzwischen hat er vom United States Patent and Trademark Office (USPTO) die Genehmigung für drei Markenanmeldungen im Zusammenhang mit NFTs und Metaverse erhalten.[55]
Ronaldinho (ehem. brasilianischer Fußballer) hat 2.224 einzigartige NFT herausgebracht, die die wichtigsten Momente seines Lebens und seiner Karriere auf und neben dem Platz darstellen.[56]

Stan Wawrinka, ehemaliger Schweizer Tennisspieler, hat mit dem Ballman Project das weltweit größte NFT-Tennisturnier gelauncht. Es handelt sich um eine Sammlung von

[50] NFT Tickets: The Future of Live Events, https://academy.moralis.io/blog/nft-tickets-the-future-of-live-event (abgerufen am 9.2.2025).
[51] Hugendubel/Dönch SpoPrax 2022, 451 (452).
[52] S. https://coincodex.com/article/14330/floyd-mayweather-set-to-fight-in-first-ever-nft-sporting-event/ (abgerufen am 10.2.2025).
[53] Wegge SpuRt 2022, 354 (359).
[54] S. https://www.sportskeeda.com/mma/news-khabib-nurmagomedov-nft-find-need-know-ufc-legend-s-new-crypto-business (abgerufen am 29.12.2024).
[55] S. https://www.cryptotimes.io/2023/05/12/david-beckhams-metaverse-dreams-come-to-life/ (abgerufen am 29.12.2024).
[56] S. https://shirtum.com/nft/ronaldinho-collection/ (abgerufen am 29.12.2024).

einzigartigen und erweiterbaren NFT, mit denen man an einer virtuellen Tennismatch-Serie teilnehmen und Preise in Form von physischen Preisen aber auch Kryptowährung gewinnen kann.[57]
Der ehemalige amerikanische Football-Quarterback Tom Brady gründete die NFT-Plattform „Autograph", welche digitale Sammlerstücke von Sportlern und Prominenten anbietet.[58]
Der britische Formel-1-Weltmeister Louis Hamilton hat in NFTs investiert. Er zeigt vor allem Interesse an nachhaltigen Projekten im Blockchain-Bereich und engagiert sich besonders für Plattformen, die ökologische Nachhaltigkeit berücksichtigen.[59]

Auch Sportler erstellen NFT ihrer besonderen Leistungen, Autogramme oder für andere persönliche Erlebnisse. Sie bauen so ihre eigene Marke aus und können unabhängig von Sponsoren oder Verein zusätzliche Einnahmen generieren. Zunehmend haben Sportler NFT als Finanzierungsinstrument ihrer Karriere entdeckt und bieten NFT als Investment mit Rückzahlungsvereinbarungen bei bestimmten sportlichen Erfolgen an. **33**

Die Rennfahrerin Laura-Marie Geissler möchte sich ihren eigenen Worten nach nicht durch konventionelles Sponsoring einengen lassen, das ihren Werten nicht entspricht oder sie nur als fahrenden Werbebanner nutzen will. Sie setzt daher seit 2022 auf NFT. Allerdings sanken nach einem starken Einstieg sowohl die Preise für NFT als auch für Kryptowährungen und damit auch das Interesse.[60]

Die vermutlich erste Sportlerin, die ein (körper)eigenes NFT gemintet und zur Versteigerung angeboten hat, ist die Tennisspielerin Oleksandra Oliynykova. Sie hat einen Teil ihrer Haut zwischen Ellenbogen und Schulter des rechten Arms tokenisiert. Der Käufer hat die Möglichkeit, dort ein Tattoo oder eine Nachricht zu platzieren, die mindestens bei jedem Aufschlag sichtbar ist.[61] Der NFT verkaufte sich für EUR 5.000.[62] Öffentlichen Nachrichten darüber, dass das NFT weiterveräußert wurde oder die Sportlerin weitere solcher NFT auf den Markt gebracht hat, gibt es indes nicht.[63]

Praxishinweis:
Als Sport-NFT-Geschäftsidee ist Oliynykovas NFT-Ansatz heute eher als ein medienwirksames und experimentelles denn solides und skalierbares Geschäftsmodell zu betrachten.[64] Der Markt ist selektiver geworden. Nach dem Abflachen des NFT-Hypes nach 2022 sind Konsumenten skeptischer geworden und fordern echten Nutzen, wie etwa Zugang, Community oder Events (→ Rn 18 ff.).[65] Zudem gibt es zunehmend Diskussionen zu Rechtssicherheit, Steuern und Verbraucherschutz (→ Rn 41, 79 ff.). Sponsoren bevorzugen klar definierte NFT-Produkte, wie digitale Sammlerstücke, VIP-Tickets oder Mitglieds-NFTs.[66]

---

57 S. https://ballmanproject.io/ (abgerufen am 29.12.2024).
58 S. https://autograph.io/tom-brady (abgerufen am 29.12.2024).
59 S. https://nftcalendar.io/event/lewis-hamilton-nfts-1st-generation/; https://www.essentiallysports.com/f1-news-lewis-hamilton ties-up-with-ar-firm-for-new-nfts/ (abgerufen am 29.12.2024).
60 S. https://t3n.de/news/laura-marie-geissler-rennfahrerin-schulden-nft-projekt-mint-1562503/ (abgerufen am 31.3.20269.
61 S. https://decrypt.co/61248/this-tennis-pro-is-auctioning-part-of-her-arm-as-an-nft (abgerufen am 31.12.2024).
62 S. https://t3n.de/news/furz-nft-bescheuerte-krypto-auktionen-1443529/ (abgerufen am 31.3.2026).
63 S. https://sports.yahoo.com/croatian-tennis-pro-sells-ad-140015116.html (abgerufen am 31.3.2026).
64 S. https://www.withersworldwide.com/en-gb/insight/read/sports-and-nfts-still-a-business-opportunity-on-and-off-the-pitch (abgerufen am 31.3.2026).
65 Sports NFTs Report 2026: Growth Driven by Government Incentices and Partnerships, https://www.datainsightsmarket.com/reports/sports-nfts-1429470 (abgerufen am 31.3.2026).
66 TwoBirds The future of sports sponsorship -Ahead of the Game: Sports Horizon Scannin 2026, https://www.twobirds.com/en/insights/2026/the-future-of-sports-sponsorship–ahead-of-the-game-sports-horizon-scanning-2026 (abgerufen am 31.3.2026).

34 Inzwischen gibt es Plattformen auf denen Fans oder Dritte NFT-basiert in Sportlerkarrieren investieren können. Sie funktionieren wie Musik-NFT-Marktplätze, die Songrechte als NFT verkaufen. Fans kaufen NFT, investieren so direkt in den von ihnen ausgewählten Sportler und partizipieren am reellen finanziellen Erfolg „ihres" Sportlers.

FANtium bietet Sportlern an, einen bestimmten Betrag an Preisgeldern für zukünftige Saisons zu tokenisieren und als NFT an Fans zu verkaufen. Das ermöglicht den Sportler im Voraus Geld zu erhalten, mit dem sie etwa ihren Fitnesstrainer oder Physiotherapeuten engagieren können.[67]

6. Wohltätigkeit

35 Sportorganisationen erstellen und versteigern NFT auch für wohltätige Zwecke und lassen den Erlös gemeinnützigen Organisationen zukommen.

Der FC St. Pauli bietet sogenannte Spieltagsprints an. Früher noch analog, werden diese heute als digitale Kunstwerke in Form von NFT zum Festpreis in USD verkauft. Der Erlös geht an die Millerntor Gallery und die Künstler.[68]

7. Bezahlung mit Kryptowährungen und anderen Token im Sport

36 Token wie Kryptowährungen, die auf einer Blockchain oder einer anderen sog. Distributed-Ledger-Technologie (DLT) basieren, können zum Bezahlen eingesetzt werden. Auch im Sport wird zunehmend in Kryptowährungen bezahlt. Hierbei handelt es sich um sogenannte fungible Token, da sie austauschbar sind.

Der dänische Eishockeyprofi Nikolaj Rosenthal erhält von seinem Verein Rungsted Seier Capital seit 2018 sein gesamtes Gehalt in Bitcoin ausgezahlt. Gibraltar United F. C. bezahlt seine Fußballspieler seit der Saison 2019 mit Kryptowährungen. Seit 2020 bezahlt die japanische Finanzgruppe SBI zwei E-Sportler für ihr Sponsoring mit der Kryptowährung XRP und Lionel Messi hat bei seinem Wechsel zu Paris Saint-Germain „PSG Fan Tokens" im Wert von ca. 30 Mio. EUR erhalten.[69]

Praxishinweis:

37 In Deutschland können Kryptowährungen nicht unbegrenzt zur Zahlung des Lohns eingesetzt werden. Gem. § 107 Abs. 1 GewO ist Arbeitslohn in Euro auszuzahlen, um den Arbeitnehmern zu ermöglichen, an ihrem Arbeitsort Leben und Daseinsvorsorge zu bestreiten zu können. Eine Auszahlung des gesamten Arbeitslohns in Kryptowährung an in Deutschland ansässige Arbeitnehmer ist daher nur dann zulässig, wenn in Deutschland Kryptowährungen als verbreitetes Zahlungsmittel anerkannt werden.[70]

38 In der Sportwelt bietet sich die Zahlung mit Token für die Getränke und Speisen im Stadion oder auf einer Veranstaltung oder für Fanartikel an. Es können vereinsspezifische Token programmiert werden, die als Zahlungsmittel ausschließlich für Angebote dieses Vereins stehen. Über Smart Contracts könnte das Pfandsystem für die Getränkebecher im Stadion abgewickelt werden. Das hat den Vorteil, kein Bargeld nutzen zu müssen und gleichzeitig über die Wallet in der App alles transparent nachvollziehen zu können.

[67] S. https://www.fantium.com/ (abgerufen am 31.12.2024).
[68] S. https://www.fcstpauli.com/media/120455/faq-digitales-spieltagskunstwerk.pdf (abgerufen am 31.12.2024).
[69] Hugendubel/Dönch SpoPrax 2022, 451 (453).
[70] Wegge SpuRt 2022, 354 (357).

Mit einer App könnten zugleich weitere Angebote des Vereins genutzt werden: über sie könnte mit Token gezahlt werden; es ist möglich, in der App Treue-Token zu vergeben, die wiederum vom Fan zur Unterstützung des Vereins oder zum Erwerb weiterer Produkte oder Tickets eingelöst werden können. Grundlage für die Belohnung mit Treue-Token können Aktivitäten der Fans in den sozialen Medien oder zur Unterstützung bestimmter Projekte sein.[71] 39

III. Vermarktung von NFT im Sport

Als Emittenten von NFT kommen Sportler, Vereine, Klubs oder Ligen in Frage. Sie können die NFT entweder selbst an den Markt bringen oder mit einem Lizenznehmer einen Lizenzvertrag über die Entwicklung, Produktion und Vermarktung der NFT abschließen. 40

Bei der Zusammenarbeit mit einem Lizenznehmer fließen die Einnahmen aus Verkauf und Umsatzbeteiligung an Zweitmarktverkäufen ausschließlich dem Lizenznehmer zu. Allerdings sind Design, Minting und Aufbau eines NFT-Marktplatzes für Zweitmarktverkäufe sehr aufwendig und können von einem Verein oder Klub aus eigener Kraft kaum umgesetzt werden. Die attraktivste Option um NFTs auf den Markt zu bringen, besteht deshalb in der Regel darin, Dritte vertraglich mit der Entwicklung, Produktion und Vermarktung der NFTs zu beauftragen. Der Inhaber des Vermögenswertes räumt dem Lizenznehmer gegen Zahlung einer Lizenzgebühr ein zumeist einfaches und zeitlich befristetes Nutzungsrecht an seinem Vermögenswert ein.[72] 41

Praxishinweis:
Bei der Zusammenarbeit mit einem Lizenznehmer sollten Sportvereine, Sportklubs und Sportler darauf achten, dass der Lizenzvertrag sämtliche relevante Aspekte abdeckt, insbesondere die genaue Beschreibung des eingeräumten Nutzungsrechts, die Höhe der Lizenzgebühren sowie die Beteiligung an Zweitmarkterlösen. Darüber hinaus ist vertraglich zu regeln, was bei Insolvenz des Lizenznehmers oder bei einem vorzeitigen Vertragsende mit den bereits auf der Blockchain gespeicherten NFT geschieht. Eine frühzeitige rechtliche Beratung bei der Vertragsgestaltung ist unerlässlich, um Haftungsrisiken zu minimieren.

Ist der Emittent ein Verein iSd §§ 21 ff. BGB, obliegt die Entscheidung über die Ausgabe und Vermarktung dem Vorstand im Rahmen seiner Vertretungsmacht, ggf. unter der Mitwirkung der Mitgliederversammlung.[73] 42

Praxishinweis:
In jedem Fall ist es wichtig, dass die im NFT verkörperten Rechte bzw. der mit der Lizenz übertragene Vermögenswert dem Erwerber und Nutzer auch tatsächlich eingeräumt werden können. Emittenten sind dafür verantwortlich, dass sie diese Rechte halten und einer Verwertung im Wege der Vermarktung als NFT nichts entgegensteht. 43

IV. Rechtliche Herausforderungen

Da die Rechtsnatur von NFT bisher überwiegend ungeklärt und ungeregelt ist (→ § 19 Rn. 1), treten bei der Verwendung von NFT im Sport die „üblichen" Rechtsfragen auf. Auf die Wichtigsten sei im Folgenden hingewiesen. 44

71 Hugendubel/Dönch SpoPrax 2022, 451 (453).
72 Stadtfeld/Hahn SpuRt 2022, 146 (148, 149).
73 Stadtfeld/Hahn SpuRt 2022, 146 (148, 149).

1. Urheberrecht

45 Sammelkarten enthalten Bilder von Sportlern oder Mannschaften. Videoclips zeigen Momente bei bestimmten Sportveranstaltungen, T-Shirts und andere Sportartikel. Hier stellt sich die Frage, wer die Rechte daran jeweils besitzt. Wer hat das Urheberrecht an diesem Werk? Der Veranstalter, die Liga, der Verein, der Sportler, ein Fotograf, der NFT-Anbieter?

46 Als Teil des Immaterialgüterrechts schützt das Urheberrecht Werke der geistigen Schöpfung der Literatur und Kunst, die einen individuellen Charakter aufweisen (§ 2 UrhG). NFT sind Daten, weshalb sie die Schutzvoraussetzungen des § 2 UrhG nicht erfüllen. Es fehlt an der geistigen Schöpfung.[74] Mangels individuellem Charakter fallen NFT auch nicht unter den Begriff der urheberrechtlich geschützten Sammel- und Datenbankwerke (§ 4 UrhG) (→ § 23 Rn. 5 ff). Damit ist klar, dass das mit dem NFT verbundene digitale Asset durchaus urheberrechtlichen Schutz genießen kann, der NFT selbst hingegen nicht. Eigentumsrecht und Urheberrecht sind strikt zu trennen: Der Erwerber erhält lediglich ein NFT, das auf einen Content-Pointer verweist; das zugrundeliegende Nutzungsrecht muss separat lizenziert werden.[75]

47 Das Urheberrecht kann in dem Moment verletzt werden, in dem der NFT erstellt (gemintet) oder verkauft wird. Als Verletzungshandlungen kommen die Vervielfältigung (§ 16 UrhG) oder die öffentliche Wiedergabe (§ 15 Abs. 2, 3 UrhG) in Betracht. Eine Vervielfältigung liegt vor, wenn die Datei, auf die der NFT verweist, aus einer im Internet befindlichen Datenbank hochgeladen wird. Das Kriterium der Wiedergabe ist erfüllt, wenn dem Verwender des NFT ein direkter Zugang zum Asset ermöglich wird, insbesondere, wenn das Werk, auf welches verlinkt wird, ohne Erlaubnis des Urhebers und damit rechtswidrig bereitgestellt wird.[76] Eine rechtswidrige Wiedergabe liegt auch bei der Erstellung oder dem Angebot der digitalen Abbildung eines Original- bzw. eines gebrauchten Produkts vor, wenn, wie üblich, die digitalen Ressourcen, mit denen der NFT verbunden ist, auf dem sog. InterPlanetary File System hochgeladen werden. Letzteres ist ein System, welches die Datei über ein Netz mehrerer Computer dezentral speichert.[77]

48 Allerdings handelt es sich beim Erstellen des NFT und bei dessen Weitergabe im Grunde um eine Übertragung der Zuordnung. Die Erstellung eines NFT ist im Wesentlichen gleichzusetzen mit dem Setzen eines Hyperlinkes, denn er ist letztlich eine Verweisungskette. Die hinter dem NFT liegende Datei wird dadurch nicht berührt. Das Minten des NFT stellt ergo keinen Eingriff in das Recht der öffentlichen Wiedergabe aus § 15 Abs. 2 und 3 UrhG dar, solange die verlinkte zugrundeliegende Datei mit Erlaubnis des Urhebers oder Inhabers des Lichtbildschutzrechts bereitgestellt wurde.[78] Dies entspricht der Annahme, dass auch der Käufer eines physischen Werkes lediglich das Recht auf uneingeschränkten Werkgenuss erwirbt.

49 Eine Vervielfältigung iSd § 16 UrhG liegt nicht vor. Nach der europäischen Rechtsprechung zur InfoSoc-RL[79] müsste dafür ein physischer Gegenstand zugrunde liegen, was bei einem NFT gerade nicht der Fall ist.[80]

50 Auch eine Verbreitung gem. § 17 UrhG scheidet aus, selbst bei einem Weiterverkauf des NFT.[81] Er hat keine Auswirkungen auf den Link. Durch den Wechsel der Inhaberschaft wird die Datei weder einem neuen Publikum bereitgestellt noch wird ein anderes technisches Mittel als der ursprüngliche Link auf die Datei, welcher bei der Erstellung des NFT kreiert

---

74 *Fesenmair/Faßbender* SpoPrax 2021, 358 (361).
75 Wang American Business Law Journal 2024, 31 (53, 54).
76 *Fesenmair/Faßbender* SpoPrax 2021, 358 (362).
77 *Walter/Martinovic* sic! 2023, 275.
78 *Walter/Martinovic* sic! 2023, 275; s. auch BGH Urt. v.10.1.2019 – I ZR 267/15.
79 Richtlinie (EG) 2001/29.
80 EuGH ECLI:EU:C:2014:1195.
81 *Heine/Stang* MMR 2021, 756.

wurde, verwendet.[82] Aus denselben Gründen greift das Folgerecht gem. § 26 UrhG nicht, wonach ein Urheber eines Werkes am weiteren Verkaufserlös zu beteiligen ist.[83] Dies wäre mit einer gesonderten Vereinbarung im Smart Contract festzuhalten.

Derartige Bestimmungen gibt es bereits in verschiedenen Web3-Projekten. Der bereits angesprochene Handelsplatz Decentraland (→ Rn. 18) normiert in seinen AGB, dass bei NFT-Verkaufstransaktionen der Titel, das Eigentum und die geistigen Eigentumsrechte am NFT auf den Käufer übertragen werden und der Schöpfer auf die Urheberpersönlichkeitsrechte so weit wie möglich verzichtet.[84] In den USA haben die Gerichte gar stillschweigende Lizenzen anerkannt, und zwar insbesondere in Bezug auf die Rechte von Tätowierern zur Nutzung ihrer Tätowierungen. In der Rechtssache Solid Oak Sketches LLC gegen 2K Games Inc. entschied das Gericht, dass die Tätowierer ihren Kunden eine nicht ausschließliche Lizenz zur Nutzung ihrer Tätowierungen als Teil ihres Images erteilt haben.[85] **51**

Bei einem Verkauf von NFT an Verbraucher müssen die in der Regel gewerblich handelnden Emittenten allerdings die rechtlichen Anforderungen des Fernabsatzgesetzes beachten. **52**

Praxishinweis:
Vor der Erstellung oder Zustimmung zur Erstellung eines NFT mit Bezug zu einer Sportlerpersönlichkeit sind bestehende Verträge mit Vereinen, Verbänden und Sponsoren sorgfältig auf kollidierende Exklusivitäts-, Nutzungs- oder Wettbewerbsklauseln zu prüfen. Da NFT auf einer globalen Blockchain ohne zeitliche Begrenzung gespeichert werden, können auch räumlich oder zeitlich begrenzte Genehmigungen schnell überschritten werden. Emittenten und Sportler sollten zudem sicherstellen, dass die erteilten Einwilligungen die konkrete Form der NFT-Nutzung ausdrücklich umfassen.

2. Markenrecht

Die Erstellung und das Angebot der digitalen Abbildung eines Original- oder Gebrauchtprodukts kann nicht nur Urheber- sondern auch Markenrechte verletzen. Das ist der Fall, wenn es sich um einen NFT mit Bezug zu einem Gegenstand eines Markeninhabers handelt. So hat Nike in den USA die Shopping-Plattform StockX wegen der Erstellung und Vermarktung von NFT mit Nike-Logo und -Branding verklagt.[86] In Deutschland könnte der Fall Aussicht auf Erfolg haben, da Erschöpfung der Marke gem. § 24 Abs. 1 MarkenG bei einem NFT von Dritten nicht eintritt. Das gilt auch, wenn sich der NFT auf die digitale Kopie der Originalware bezieht.[87] Nach Ansicht des BGH fungiert die Marke allerdings dann nicht als Hinweis auf die Herkunft des digitalen Produkts, wenn sie von dem relevanten Verkehr lediglich als wirklichkeitsgetreue Nachbildung aufgefasst wird.[88] Schlussendlich kann gem. § 14 Abs. 2 Nr. 3 MarkenG die Verletzung einer bekannten Marke vorliegen. **53**

Voraussetzung ist freilich, dass sich der Markenschutz auf dieselbe Klasse wie die des angegriffenen Produkts bezieht. Sportvereine, die NFTs anbieten wollen, welche bestimmte Produkte repräsentieren, zB Sportkleidung oder Aufnahmen von Spielern, müssen diese Produkte ihrer technologischen Verwendung entsprechend schützen. Das EUIPO gewährt Schutz für digitale Unionsgeschmacksmuster (Designs). Die Unionsgeschmacksmuster-Ver- **54**

[82] *Fesenmair/Faßbender* SpoPrax 2021, 358 (363).
[83] *Fesenmair/Faßbender* SpoPrax 2021, 358 (361).
[84] S. https://decentraland.org/terms/ (abgerufen am 26.6.2025).
[85] Solid Oak Sketches LLC v 2K Games Inc 449 F Supp 3d 333, 345-46 (SDNY 2020).
[86] US District Court for the Southern District of New York, Civil Action No.: 1:22-cv-00983-VEC; siehe auch https://www.reuters.com/technology/nike-cries-foul-over-virtual-shoes-suing-retailer-that-sells-sneaker-nfts-2022-02-04/ (abgerufen am 27.12.2024).
[87] *Berlit* Markenrecht Rn. 321–329.
[88] BGH Urt. v. 14.1.2020 – I ZR 88/08.

ordnung[89] und die Design-Richtlinie[90] erweitern den bisherigen Schutz auf alle Gegenstände, unabhängig davon, ob sie als physisches Objekt oder in digitaler Form vorliegen. Damit können nunmehr auch digitale Räume (zB in Computerspielen) oder digitale Gegenstände geschützt werden. Das ist insbesondere für Objekte im Metaverse und NFT praxisrelevant. Vorausgesetzt ist, dass für virtuelle Waren, die durch einen NFT repräsentiert werden, sowohl für den digitalen Schutz als auch für das physische Äquivalent eine Warenklasse gewählt wird.

55 Abhängig vom konkreten NFT-Projekt kommen für den Markenschutz überwiegend Klassen 09 oder 36, 41, 42 oder 45 in Betracht.[91] Markenanmeldungen zum Schutz virtueller Mode in der Klasse 25 werden nicht anerkannt. Deshalb haben beispielsweise Nike und L'Oreal inzwischen Markenschutz für Klasse 09 beantragt und erhalten („herunterladbare digitale Abbildungen"). Es kann in Abhängigkeit vom konkreten Land, für das man den Schutz erlangen will, auch ein Patentschutz in Betracht kommen. Einen solchen hat Nike in den USA für seine oben bereits erwähnten CryptoKicks (→ Rn. 17) erlangt.[92]

3. Kunstfreiheit

56 Da NFT zunächst ihre Verbreitung im Kunstmarkt hatten, kam die Frage auf, ob sich der Ersteller eines NFT auf die Kunstfreiheit berufen kann. In den USA wurde ein solcher Fall zu Ungunsten des NFT-Künstlers Mason Rothschild entschieden. Die verschiedenen NFT-Versionen der berühmten Birkin Bag, die der Künstler als MetaBirkins verkaufte, wurden trotz seiner Berufung auf die in der US-amerikanischen Verfassung verankerte „Redefreiheit" als Markenrechtsverletzung gewertet.[93]

57 In Deutschland ist die Kunstfreiheit durch Art. 5 Abs. 3 GG geschützt. Rechtsprechung zum Verhältnis von Kunstfreiheit und NFT gibt es aber bisher weder von deutschen noch europäischen Gerichten. Das BVerfG räumt in Bezug auf die Kunstfreiheit einen weiten Interpretationsspielraum ein. Die Kunstfreiheit hat aber dort ihre Grenzen, wo sie mit den Rechten anderer kollidiert.[94] Diese Grundsätze müssen auch für NFT gelten. Ähnlich gelagerte Fälle zur digitalen Kunst (Verwendung von geschützten Bildern, Street Photography) können als Orientierung dienen.

Praxishinweis:
Bei NFT mit stark kommerziellem Charakter wird wohl im Einzelfall eine Abgrenzung zwischen Kunst und kommerzieller Anwendung vorgenommen werden müssen.

4. Persönlichkeitsrechte

58 Wie jede Person haben auch Sportler das Recht an ihrem eigenen Bild. Dieses Recht gibt ihnen die Kontrolle darüber, ob und wie Abbildungen von ihnen genutzt werden dürfen. Es ist als Persönlichkeitsrecht durch § 22 KUG weltweit gesetzlich geschützt. Die Nutzung von Abbildungen von Sportlern, unabhängig davon ob kommerziell oder nicht, ist ohne Zustimmung der Abgebildeten rechtswidrig. Sportler können rechtlich dagegen vorgehen.

59 Enthalten NFT Fotos oder Videos von Sportlern, bedarf es sowohl für die Erstellung als auch die Vermarktung des NFT deren vorherige Zustimmung. Sind auf dem NFT ein Team

[89] Verordnung (EU) 2024/2822.
[90] Richtlinie (EU) 2024/2823.
[91] S. https://guidelines.euipo.europa.eu/2302857/2215360/trade-mark-guidelines/4-4-1-virtual-goods (abgerufen am 27.6.2025).
[92] Hugendubel/Dönch SpoPrax 2022, 451 (456).
[93] Southern District of New York, Civil Action 1:22-cv-00384; https://cases.justia.com/federal/district-courts/new-york/nysdce/1:2022cv00384/573363/61/0.pdf?ts=1665062744 (abgerufen am 27.12.2024).
[94] BVerfG Beschl. v.13.6.2007 – 1 BvR 1783/05.

oder mehrere Sportler zu sehen, müssen die Rechte am eigenen Bild jedes einzelnen berücksichtigt werden. Das gilt vor allem für Profilbilder oder ikonische Spielmomente. Ergo verletzt die Nutzung von Sportleridentitäten (Name, Bild, Stimme, Trikotnummer) für Sport NFT ohne Lizenzierung das Persönlichkeitsrecht.

Das Recht am eigenen Bild verbietet es zudem, das Bildmaterial für den NFT zu bearbeiten oder aus dem Kontext zu reißen.[95] Das Hinzufügen oder Weglassen von Elementen ist nicht gestattet, vor allem darf der Sportler nicht in seinem Ruf geschädigt oder anderweitig nachteilig dargestellt werden. Das gilt auch, wenn die Zustimmung zur Nutzung des Bildmaterials erteilt wurde.[96] Denn die Nutzungserlaubnis erfasst die Nutzung des Werkes in seiner ursprünglichen Form, nicht jedoch dessen Bearbeitung. Hierfür bedarf es einer gesonderten Vereinbarung mit dem Urheber. **60**

Praxishinweis:
Problematisch in dieser Konstellation ist, dass Sportler in der Regel bestehende Verträge mit Sponsoren, ihrem Verein oder Klub haben, in denen geregelt ist, wie und wo ihr Abbild genutzt werden darf. Das gilt vor allem im Hinblick auf die zeitliche oder räumliche Genehmigung oder aber einen vereinbarten Kontext. NFT werden auf einer globalen Blockchain und in der Regel für unbegrenzte Zeit erstellt und gespeichert. Sie dienen nicht klassischen Werbezwecken und sind ausschließlich digital. NFT oder auch die Zustimmung zur Erstellung eines NFT können gegen bestehende Verträge verstoßen. Diese Verträge oder erteilte Genehmigungen sind daher genau zu prüfen.

Der bisher prominenteste Fall in diesem Bereich in den USA ist der NFLPA-DraftKings-Komplex: **61**

Im Jahr 2021 schlossen DraftKings, ein US-amerikanisches Unternehmen, welches lizenzierter Anbieter mobiler Sportwetten auf die Ligen NFL, NBA, MLB usw, und die Spielergewerkschaft NFLPA eine Lizenzvereinbarung über die Nutzung von Spieleridentitäten für NFT. Nach dem Markteinbruch im Jahr 2023 stellte DraftKings die Lizenzzahlungen ein und berief sich auf eine Vertragsklausel, wonach eine Kündigung möglich sei, wenn ein Gericht die NFT als Securities einstuft. Dies wäre dann keine geringfügige technische Formalie, sondern -für den Fall der Einstufung der digitalen Assets als Wertpapiere- ein Fall möglicher Compliance-Haftung unter der regulatorischen Aufsicht der Securities and Exchange Commission SEC. Hiergegen klagte die die NFLPA und forderte bis zu 65 Mio US-Dollar Schadenersatz. Die Parteien einigten sich im Januar 2025 auf einen dem Inhalt nach nicht veröffentlichten Vergleich.[97]

Dieser Fall hat die zentrale Frage in der US-amerikanischen Regulierungsdiskussion aufgeworfen, ob Sport NFT als Securities iSd Securities Act 1933 einzuordnen sind. Nach einem weiteren Verfahren, in dem DraftKings involviert war, und das ebenfalls mit einem Vergleich endete, schloss DraftKings seinen NFT-Marktplatz.[98] Ein von der SEC gegen die Plattform OpenSea wegen möglicher Security-Verstöße eröffnete Verfahren wurde im Februar 2025 eingestellt.[99]

Die Analyse rechtswissenschaftlicher Literatur zu diesem Thema zeigt eine deutliche Dominanz US-amerikanischer Perspektiven. Vergleichende Studien oder vergleichbare Fälle **62**

95 BVerfG Beschl. v.14.2.2024 – BvR 240/04.
96 OLG Hamburg Urt. v.4.9.2012 – 7 U 56/11.
97 https://www.novasportslaw.com/post/nfts-sports-betting-and-player-likeness-legal-challenges-in-light-of-the-nfl-draftkings-settlem#_ftn4 (abgerufen am 18.3.2026).
98 https://www.novasportslaw.com/post/nfts-sports-betting-and-player-likeness-legal-challenges-in-light-of-the-nfl-draftkings-settlem#_ftn4; https://natlawreview.com/article/nft-legal-issues (abgerufen am 18.3.2026).
99 https://www.novasportslaw.com/post/nfts-sports-betting-and-player-likeness-legal-challenges-in-light-of-the-nfl-draftkings-settlem#_ftn4 (abgerufen am 18.3.2026.

sind kaum vorhanden, insbesondere unter Betrachtung der DSGVO-Kompatibilität von On-Chain-Daten und deutschem Persönlichkeitsrecht. Ebenso fehlen empirische Studien zur tatsächlichen Vertragsgestaltungspraxis bei Sport-NFT-Kooperationen. In der 2024 in Kraft getretenen MiCA-Verordnung sind NFT-spezifische Regelungen nicht enthalten, Ausgangspunkt können hier lediglich Transparenzanforderungen sein (→ Rn 74).

5. Datenschutz

63 Wie bereits festgestellt (→ Rn. 3), können sämtliche Assets tokenisiert werden. Dazu zählen neben Bildern Leistungsdaten, Statistiken oder andere Daten von Sportlern. Das können auch besondere personenbezogene Daten sein. Für deren Verarbeitung gilt in Deutschland wie in Europa die DS-GVO. Sie muss bereits bei Gründung eines NFT-Projektes beachtet werden. Werden, wie mehrheitlich, NFT über Minting-Websites verkauft, gilt zusätzlich die eCommerce-Verordnung.

64 Ein Konflikt mit der DS-GVO entsteht bereits deshalb, weil das Echtheitszertifikat des NFT über die Blockchain erstellt und auf dieser gespeichert wird. Es ist unveränderlich und transparent. Werden einmal Daten auf der Blockchain gespeichert, können sie nicht mehr gelöscht werden. Das widerspricht dem im Datenschutz bestehenden Recht auf Vergessenwerden, § 17 Abs. 2 DS-GVO. Problematisch kann dies im Hinblick auf NFT werden, die beispielsweise von einem Sportverein oder Sportklub in der Eigenschaft als Arbeitgeber des betroffenen Sportlers angefertigt wurden. Entscheidend wird sein, dass die Einwilligung der betroffenen Person für die konkrete Verarbeitung und Nutzung des Bildnisses vorliegt, § 22 KUG, und sich im Rahmen der ursprünglichen Zweckbestimmung bewegt. Beruft sich der Arbeitgeber darauf, dass es sich um Bildnisse aus dem Bereich der Zeitgeschichte nach § 23 Abs. 1 Nr. 1 KUG handelt, trägt er die Beweislast für das Vorliegen des Ausnahmetatbestandes.[100]

65 Für den Fall, dass ein Verband/Verein oder Klub mittels Plattform Sport-NFT oder Fan-Token anbietet und das dazu führt, dass diese Plattform Daten von deutschen Käufern über Server in den USA speichert, muss der Verband sicherstellen, dass die Datenverarbeitung gem DSGVO und auf Basis einer zulässigen rechtlichen Grundlage erfolgt.

Praxishinweis:
In einem solchen Fall muss ein Auftragsverarbeitungsvertrag mit der Plattform geschlossen werden. Die Datenschutzvereinbarung des Vereins/Verbands oder Klubs muss klare Informationen über den Datentransfer enthalten.

6. Steuerrecht

66 Im Zusammenhang mit NFT stellen sich sowohl für den Sportler als auch für die Sportorganisation, die NFT mintet und handelt, zahlreiche steuerrechtliche Fragen. In vielen Ländern hält die Steuergesetzgebung nicht mit der technischen Entwicklung Schritt. Das Bundesministerium für Finanzen hat 2022 ein erstes Schreiben zum Thema Besteuerung von Kryptowährungen und anderen Token und digitalen Produkten erstellt.[101] Jedoch hat das Schreiben gegenüber den Finanzgerichten keinerlei Bindungswirkung. Auch findet sich darin nichts zu NFT. Bislang werden sie als andere Wirtschaftsgüter iSd § 23 Abs. 1 S. 1 Nr. 2 EStG eingeordnet. Der BFH[102] geht davon aus, dass Gewinne nach Ablauf der

[100] Dreier/Schulze/Specht KUG § 23 Rn. 33 mwN.
[101] BMF Einzelfragen zur ertragssteuerrechtlichen Behandlung von virtuellen Währungen und von sonstigen Token, 10.4.2022, DStR 2022, 992.
[102] BFH Urt. v.14.2.2023 – IX R 3/22.

Wartefrist von einem Jahr ab Anschaffung der Kryptowährung grundsätzlich steuerfrei sind, soweit nicht eine andere Einkunftsart greift.

Eine andere Einkunftsart wäre gegeben, wenn die NFT gewerbsmäßig gehandelt werden. **67** Das dürfte in den meisten Anwendungsfällen von NFT im Sport der Fall sein. Die Sportorganisation oder der Sportler unterlägen dann neben der Einkommenssteuer auch der Gewerbesteuer. Als digitale Produkte oder Dienstleistungen unterliegen NFT der Umsatzsteuer. Wo diese anfällt, wird insbesondere beim internationalen Handel unterschiedlich bewertet und ist deshalb vom Verkäufer vorab zu prüfen.[103] Gleichermaßen können jedenfalls in Deutschland Kosten, die beim Erwerb oder Verkauf eines NFT anfallen, als Werbungskosten oder Verluste aus dem Handel mit NFT steuerlich geltend gemacht werden. So wenig Rechtssicherheit in Bezug auf die Versteuerung von NFT besteht, so deutlich wird: wichtig sind eine gute Beratung und eine lückenlose Dokumentation.

Empfehlenswert ist es, die folgenden Punkte festzuhalten: Schaffungszeitpunkt des NFT, **68** Schaffungszeitpunkt des oder der dem NFT zugrundeliegenden Wirtschaftsgutes oder Wirtschaftsgüter, Inhalt des NFT nach Art und Umfang, Nachweis der eigenen Erschaffung der dem NFT zugrundeliegenden Wirtschaftsgüter, Zeitpunkt von Kauf und/oder Verkauf des NFT, Kauf- und Verkaufsbeträge (inkl. Umrechnungskurse der Kryptowährungen), Datum des Zuflusses des Verkaufserlöses.

Praxishinweis:
Daraus ergibt sich, dass die Herstellung und der Handel mit NFT einen großen Aufwand verursachen können. Über diesen sollte sich der Sportverein, der Sportklub, die Sportorganisation oder auch der Sportler im Klaren sein, bevor sie NFT für sich nutzen möchten. Das gilt vor allem im internationalen Umfeld.

7. Compliance

Nur kurz sei an dieser Stelle erwähnt, dass NFT auch unter dem Gesichtspunkt von **69** Compliance ein Risiko darstellen können.

So macht die Anonymität von Kryptowährungen NFT anfällig für Geldwäsche, Manipu- **70** lation oder andere illegale Aktivitäten. „Wash Trading"[104] und Geldherkunft sind schwer zu kontrollieren. Auch die Feststellung, wessen Geld durch den Verkauf von NFT in die Sportler-, Klub- oder Sportorganisationskasse fließt, ist nicht transparent.

Bemühungen von Sportverbänden, Sportklubs, aber auch von Sportveranstaltern, nach- **71** haltiger zu werden oder gar eine Vorreiterrolle zu einzunehmen, können bei der Nutzung von Blockchain und dem Minten von NFT unglaubwürdig erscheinen, da diese einen hohen Energieverbrauch haben. Solange nicht sämtliche dafür notwendige Energie aus erneuerbaren Quellen stammt, sind NFT klimaschädlich. Zwar gibt es inzwischen nachhaltigere Alternativen zu klassischen Kryptoassets, diese sind jedoch derart geringfügig, dass auch NFT ein Nachhaltigkeitsmangel anhaftet.[105]

Die Ethereum-Blockchain nutzt seit 2022 das weniger energieintensive Proof-of-Stake-Verfahren[106], was nach eigenen Angaben den Stromverbrauch für Transaktionen um 99,95

[103] Wie versteuert man NFT? Magazin Steuerberaterscout v. 28.7.2023, https://magazin.steuerberaterscout.de/wie-versteuert-man-nft/ (abgerufen am 9.2.2025).
[104] Ein Verkäufer kauft und verkauft seine eigenen NFTs, um künstlich den Preis zu steigern.
[105] Wegge SpuRt 2022, 354 (357).
[106] S. https://ethereum.org/de/developers/docs/consensus-mechanisms/pos/ (abgerufen am 10.2.2025).

Prozent senken sollte.[107] Inzwischen wurden sogenannten Secure Digital Assets entwickelt. Diese basieren nicht auf der energieintensiven Blockchain-Technologie und enthalten ein Zertifikat über ihre Klimaneutralität.[108]

72 In Abhängigkeit von der Funktion der NFT unterliegen deren Ausgabe und Handel ggf. aufsichtsrechtlichen oder erlaubnispflichtigen Anforderungen. Gewähren NFT Zugriff auf bestimmte Dienstleistungen oder Produkte, ähnlich einer Eintrittskarte oder eines Gutscheins („Utility Token"), stellen sie grundsätzliche keine Wertpapiere iSd WpPG oder Vermögensanlagen iSd VermAnlG dar. Sie sind in vielen Fällen auch keine Finanzinstrumente nach dem KWG.[109]

73 Werden dem Inhaber des NFT mitgliedschaftliche Rechte oder schuldrechtliche Ansprüche vermögenswerten Inhalts zuerkannt, die denen eines Aktieninhabers oder Inhabers eines Schuldtitels vergleichbar sind (zB Ansprüche auf dividendenähnliche Zahlungen, Mitbestimmung, Rückzahlungsansprüche, Verzinsung), stellen diese grundsätzlich Wertpapiere iSd Prospekt-VO, des WpPG und des WpHG dar und sind daneben auch Finanzinstrumente iSd KWG.[110] Für Entscheidungsträger im Sport ist vor allem der sogenannte „Eigenhandel" zu beachten, der eine erlaubnispflichtige Finanzdienstleistung iSd § 1 Abs. 1a Nr. 4 KWG darstellt.[111] Denn voraussichtlich wird dieser gewerbsmäßig oder in einem Umfang betrieben, der objektiv einen in kaufmännischer Weise eingerichteten Geschäftsbetrieb erfordert. Der Emittent der Sport-NFT müsste zudem weitere Wohlverhaltensregeln einhalten, etwa in Bezug auf Ad-hoc-Meldungen (Art. 17 MAR), Insiderrechte (Art. 14 MAR) oder zur so genannten „Product Governance" (§ 63 Abs. 4 und 5 WpHG).[112]

74 Bei der Emission von Fan-Token ist der Anwendungsbereich der MiCA-Verordnung (Markets in Crypto Assets)[113] zu beachten. Die Verordnung gilt für die Ausgabe, das öffentliche Angebot und der Zulassung zum Handel von Kryptowerten sowie die Erbringung von Dienstleistungen im Zusammenhang mit Kryptowerten. Dazu zählen E-Geld-Token, vermögenswertreferenzierteToken und andere Kryptowerte. NFT sind regelmäßig nicht von der MiCA-Verordnung erfasst, es sei denn, sie weisen oben genannten Qualitäten und Inhalte auf (nicht rein non-fungible Token).[114] Das ist etwa der Fall, wenn sie Teil von Kollektionen sind.[115]

75 Ein regulatorischer Meilenstein war die offizielle Zulassung der Socios Europe Services Limited (Teil der Chiliz Group) im September 2025 als Crypto-Asset Service Provider (CASP) durch die Malta Financial Services Authority (MFSA) mit Zugang zu allen 27 EU-Staaten. Es ist das erste sportfokussierte Unternehmen, das unter der europäischen MiCA-Verordnung zugelassen wurde.[116]

Die Zulassung ermöglicht es Socios.com, regulierte Dienstleistungen (Verwahrung, Tausch, Transfer von Krypto-Assets) für über 400 Millionen europäische Sportfans anzubieten. Explizit nicht von MiCA erfasst — und damit außerhalb des Regulierungsrahmens

[107] S. https://www.diepresse.com/6190149/ethereum-eine-blockchain-die-den-strombedarf-um-9995-prozent-senkt (abgerufen am 10.2.2025).
[108] Siehe https://champsda.com/help-center/ (abgerufen am 10.2.2025).
[109] BaFin – Merkblatt: Zweites Hinweisschreiben zu Prospekt- und Erlaubnispflichten im Zusammenhang mit der Ausgabe sogenannter Krypto-Token, GZ: WA 51-Wp 7100-2019/0011 und IF 1-AZB 1505–2019/0003, S. 5.
[110] BaFin – Merkblatt: Zweites Hinweisschreiben zu Prospekt- und Erlaubnispflichten im Zusammenhang mit der Ausgabe sogenannter Krypto-Token, GZ: WA 51-Wp 7100-2019/0011 und IF 1-AZB 1505–2019/0003, S. 6.
[111] Wegge SpuRt 2022, 354 (357).
[112] Kleinert/Meyer EuZW 2019, 657 (860).
[113] Verordnung (EU) 2023/1114.
[114] S. https://eur-lex.europa.eu/DE/legal-content/summary/european-crypto-assets-regulation-mica.html (abgerufen am 27.6.2025).
[115] Wegge SpuRt 2022, 354 (357).
[116] S. https://en.cryptonomist.ch/2025/09/11/socios-europe-services-obtains-the-first-mica-license-for-the-sportfi-sector-a-breakthrough-for-blockchain-in-sports/ (abgerufen am 31.3.2026).

— sind Fan-Engagement-Funktionen wie Umfragen, Treueprogramme und der Zugang zu Drittanbieter-Apps.[117]

Praxishinweis:
Die explizite Abgrenzung zwischen regulierten Finanzdienstleistungen und nicht-regulierten Fan-Engagement-Aktivitäten dürfte für die rechtliche Einordnung ähnlicher Produkte (Verbandsrecht, Vereinsrecht, Sponsoring-Strukturen) künftig als Referenz dienen. Es ist daher sinnvoll, sich daran zu orientieren.

In den USA gibt es keine vergleichbare One-Stop-Regulierung. Für Krypto-Assets in den USA sind je nach Produktkategorie unterschiedliche Behörden zuständig: die SEC für sicherheitsähnliche Token (Howey-Test), die CFTC für Krypto-Derivate und Commodities (→ Rn 61 f.) Dazu kommen FinCEN, staatliche Regulatoren sowie seit 2025 der GENIUS Act für Stablecoins.[118] Im Jahr 2025 hat sich die US-Regulierungspraxis geändert: Die SEC stellte nahezu alle Durchsetzungsverfahren gegen Fintech-Unternehmen ein, die auf dem Vorwurf nicht registrierter Broker-Dealer-, Emissions- oder Clearing-Tätigkeiten basierten. Eine neue „Crypto Task Force" hat zahlreiche No-Action-Letters, Auslegungsschreiben und FAQs veröffentlicht.[119] Dies könnte auch Auswirkungen auf das NFT-Business in den USA haben. 76

Socios, das in 2022 seine Aktivitäten auf dem US-Markt wegen der regulatorischen Risiken eingestellt hatte, plant für die FIFA WM der Männer 2026 einen Relaunch.[120]

In Fällen, in denen sich der Emittent des Sport-NFT dazu entscheidet, fungible Token oder Kryptowährung als Zahlungsmittel für NFT zu akzeptieren, wäre gem. § 1 Abs. 11 S. 4 und § 1a Abs. 2 Nr. 6 KWG eine Erlaubnispflicht zu prüfen. Es könnte sich zudem um einen Zahlungsdienst iSv § 1 Abs. 1 Zahlungsdiensteaufsichtsgesetz (ZAG) handeln, wonach ebenfalls eine Erlaubnispflicht gem. § 11 ZAG bestünde.[121] 77

Sportvereine, Sportklubs, Sportorganisationen oder Sportveranstalter können zudem in den Anwendungsbereich der EU-Verordnung über digitale Betriebsstabilität (DORA-Verordnung)[122] fallen. Diese gibt einheitliche Anforderungen für die Sicherheit der Netz- und Informationssysteme von im Finanzsektor tätigen Unternehmen und Organisationen vor sowie für Dritte, die Dienstleistungen im Bereich Informations- und Kommunikationstechnologien wie Cloud-Plattformen oder Datenanalysedienste bereitstellen. Emittenten von Sport-NFT, Kryptowerten oder von an Vermögenswerte geknüpfte Token müssen sicherstellen, dass sie in der Lage sind, alle Arten von Störungen und Bedrohungen im Zusammenhang mit Informations- und Kommunikationstechnologien standzuhalten, darauf zu reagieren und sich von ihnen zu erholen. Für jedes konkrete NFT-Projekt ist zu prüfen, ob dieser Anwendungsbereich auch bei der Inanspruchnahme einer Whitelabel-Lösung eröffnet ist.[123] 78

Mit Blick auf die oben (→ Rn 76) beschriebenen rechtlichen Risiken in den USA gilt auch für Emittenten von Sport-NFT in Deutschland oder Europa zu beachten, dass die Fan-Token nicht unter den Anwendungsbereich des US-Wertpapierrechts fallen oder diesen berühren. 79

[117] Ebd.
[118] S. https://milkroad.com/fan-tokens-in-the-us/ (abgerufen am 31.3.2026).
[119] Ebd.
[120] S. https://de.beincrypto.com/chiliz-fan-token-roadmap-2026-fifa-wm-us/ (abgerufen am 31.3.2026).
[121] Hugendubel/Dönch SpoPrax 2022, 451 (455).
[122] S. https://eur-lex.europa.eu/eli/reg/2022/2554/oj/eng?eliuri=eli%3Areg%3A2022 %3A2554 %3Aoj&locale=de (abgerufen am 27.6.2025).
[123] Hugendubel/Dönch SpoPrax 2022, 451 (456).

Praxishinweis:
Dem Emittenten eines Sport-NFT ist zu empfehlen, die NFT nicht ausdrücklich im US-Markt zu bewerben oder vertreiben (zB keine US-Fans als „Investoren" bezeichnen, keine Anlegererwartung begründen), sondern die Rolle strikt auf Marketing- und Fan-Kommunikation zu beschränken.

8. Vereinsrecht

80 Die wohl größte Herausforderung bei der Emission von Sport-NFT stellt sich nach deutschem Recht, wenn sie Mitbestimmungs- oder mitgliederähnliche Rechte verkörpern (→ Rn. 18 ff). Das gilt vor allem immer dann, wenn sich die Grenze des Fan-Tokens vom nicht wertpapierfähigen digitalen Objekt hin zu einem Investment- oder Utility-Token mit Wertpapiercharakter verschiebt. Der Konflikt ergibt sich aus der Tatsache, dass der Käufer oder Inhaber eines NFT kein Mitglied des Vereins sein muss, der den NFT emittiert hat.

81 Dies führt dazu, dass auch Nicht-Mitgliedern Mitbestimmungsrechte an Vereinsentscheidungen eingeräumt werden, die im Grunde nur der Mitgliederversammlung zugewiesen sind. Die Mitgliedschaft in einem Verein ist ein subjektives Recht höchstpersönlichen Charakters.[124] Ihm stehen Pflichten gegenüber, etwa die Zahlung des Mitgliedsbeitrages, aber auch die Treue- und Vereinsförderpflicht. Letztere kann notfalls mit einer Leistungsklage durchgesetzt werden.[125] Dem Inhaber des NFT obliegen diese Pflichten nicht. Dessen Risiko besteht einzig und allein im Verlust des für den NFT aufgebrachten finanziellen Betrages. Dies kann zu Unmut bei den Mitgliedern führen. Gleichzeitig geht der Verein das Risiko ein, durch Dritte von außen „mitregiert" zu werden. Dies dürfte besonders dann kritisch werden, wenn Entscheidungen von NFT-Inhabern den Wünschen und Vorstellungen der Mitglieder widersprechen. Sollen Fan-Token Mitbestimmungsrechte vergeben, muss zunächst die Satzung geprüft werden, ob das mit der Mitgliederbestimmung kollidiert. Im Zweifel müssen Kompetenzen klar voneinander getrennt bleiben oder die Satzung geändert werden.

Der Borussia Dortmund e. V. hatte mit seinen Fan-Token heftige Kritik bei den Mitgliedern, aber auch bei den Fans ohne Token ausgelöst. Mitbestimmungsrechte räumte der Token zunächst nicht ein. Dennoch wurde befürchtet, die Token könnten eine Zweiklassengesellschaft hervorrufen, in der Token-Käufer, vor allem internationale Fans, unter anderem Vorgriffsrechte an Tickets für Spiele erwerben oder indirekt mehr Einfluss auf den Verein erlangen können. Inzwischen hat der BVB dieses Experiment wieder eingestellt.

82 Seitens der Vereins- oder Verbandsführung ist daher genau abzuwägen, welche Vorteile NFT tatsächlich bringen. Die Entscheidung über die Emission von NFT sollte durch die Mitgliederversammlung getroffen werden, die ebenfalls festlegen kann und sollte, ob und in welchem Umfang durch NFT Mitbestimmungs- oder faktische Einflussnahmerechte gewährt werden. Transparenz und frühzeitige Einbeziehung der Mitglieder garantieren keinen Erfolg, können aber das Risiko von Ablehnung, Protest und Widerstand in der Öffentlichkeit verringern.

Praxishinweis:
Vereine, die die Emission von Fantoken-NFT in Erwägung ziehen, sollten vorab in einem klar strukturierten Prozess die Mitgliederversammlung einbinden und transparent darlegen, welche Rechte mit dem NFT verbunden sind und inwieweit NFT-Inhaber Einfluss auf Vereinsentscheidungen erhalten. Insbesondere ist satzungsrecht-

[124] Vgl. Reichert/Schimke/Dauernheim Vereins- und VerbandsR-HdB Rn. 714 ff.
[125] Reichert/Schimke/Dauernheim Vereins- und VerbandsR-HdB Rn. 717.

lich zu prüfen, ob die Ausgabe von NFT mit mitgliedschaftsähnlichen Rechten einer Satzungsänderung bedarf. Das Beispiel des BVB zeigt, dass eine fehlende Kommunikation und unklare Abgrenzung der Rechte von Token-Inhabern und Mitgliedern erhebliche Reputationsrisiken nach sich ziehen kann.

V. Nachteile

Bei allen interessanten Anwendungs- und Entwicklungsmöglichkeiten, die NFT im Sport haben, müssen auch die Nachteile angesprochen werden, die die Emission und der Handel von Sport-NFT mit sich bringen. Diese variieren selbstverständlich je nach konkretem Anwendungsbereich. **83**

Allen gemeinsam ist jedoch, dass sie ein nicht unerhebliches Maß an Vorausplanung erfordern. Das gilt umso mehr, wenn NFT als Finanzierungsmittel dienen und/oder der Vertrieb der NFT durch den Emittenten selbst erfolgen soll. Sie erweisen sich damit als ungeeignet, um kurzfristig finanzielle Engpässe zu überwinden. Die oben genannten rechtlichen Fragestellungen sind teilweise bereits in der Literatur besprochen worden, es fehlt jedoch bisher an abschließenden Gerichtsentscheidungen. Teilweise besteht noch nicht einmal eine eindeutige Gesetzeslage. Da nicht absehbar ist, wie sich diese entwickelt, unterliegen sowohl die Emission als auch der Erwerb von NFT nicht wenigen Risiken. **84**

Das höchste Risiko mit Blick auf NFT birgt jedoch deren Volatilität. Wie die Praxis gezeigt hat, unterliegen sie großen Wertschwankungen. Denn grundsätzlich gilt, dass die abstrakten digitalen Objekte nur so lange wertvoll sind, wie es der Herausgeber, die Spieler oder die Community durch ihr Verhalten entscheiden. Nähert sich ein Computerspiel beispielsweise dem Ende seines Lebens, würden die Inhaber der NFT gern verkaufen. Es fehlt dann aber an Markt und Marktwert. **85**

Animoca war ein browserbasiertes Rennspiel mit F1-Lizenz, echten Teams und Konterfeis der Fahrer. Mit Ethereum konnte man NFT von Autos oder Fahrern kaufen, die im Spiel verwendet werden konnten. Da die Lizenz auslief, stellte der Entwickler das Spiel 2022 ein. Die User wurden entschädigt, indem ihre NFT in andere aktive Rennspiele des Unternehmens transferiert wurden.[126]

Das widerspricht nicht nur dem grundlegenden Konzept eines NFT als einzigartigem Gegenstand, es zeigt auch, dass die Vorstellung von einem NFT als echtem, knappem Gegenstand mit einem bestimmten Wert falsch sein kann. Weil Blockchain-Entitäten nur solange wertvoll sind, wie ihr weiterer Kontext existiert, sind sie nur bedingt zukunftssicher.[127]

Nicht zu unterschätzen ist weiterhin das real bestehende Risiko, dass auch die Blockchain und damit die auf ihr gespeicherten Daten nicht sicher sind. **86**

Am 23.3.2024 wurden fünf der neun Ronin-Validierungskonten mit gestohlenen privaten Schlüsseln aus Krypto-Wallets gehackt. Die Hacker waren in der Lage, betrügerische Geldtransfers über das Netzwerk zu genehmigen. Gestohlen wurden Wrapped Ethereum und Stablecoin im Gesamtwert von rund 622 Millionen US-Dollar.
Die Kryptowährungsbörse Sky Mavis hat versucht, sicherzustellen dass die Nutzer ihre Gelder abheben können und hofft, die gestohlenen Gelder in den nächsten zwei Jahren wiederzuerlangen. 18 % der gestohlenen Gelder wurden bis heute gewaschen. Dies geschieht durch den Versand an verschiedene Kryptobörsen und die Nutzung eines Dienstes wie Tornado Cash, das Transaktionen schwer nachvollziehbar macht. In der Wallet befinden sich

[126] S. https://dailycoin.com/animoca-ends-f1-delta-time-nft-game/ (abgerufen am 10.2.2025).
[127] Jakob ZAP 2024, 37 (38).

noch 147.753 Ethereum im Wert von derzeit 444 Millionen US-Dollar (Stand Oktober 2024).[128]

87 Und nicht zuletzt haben im Zusammenhang mit dem NFT-Boom auch die Betrugsmaschen mit NFT-Scam bzw. NFT-Fraud zugenommen, bei der Käufer mit gefälschten oder manipulierten NFT getäuscht werden.

Die nordkoreanische Hackergruppe Lazarus, die auch für den Ronin-Diebstahl verantwortlich gemacht wird, hat zudem im Jahr 2024 eine Zero-Day-Schwachstelle in „Google Chrome"-Browser ausgenutzt und eine aufwendig gefälschte Version eines NFT-Games erstellt, um Kryptowährungen zu stehlen.

88 Besorgniserregend ist das für Anleger, denn von einem auf den anderen Tag kann das Portfolio einzigartiger digitaler Gegenstände, von denen man weiß, dass sie einen bestimmten Wert haben, „weg sein". Aber auch Sportvereine oder -verbände, Sportklubs oder Sportveranstalter gehen mit dem Emittieren von NFT dieses Risiko ein. Sie sollten sich auch deshalb genau überlegen, ob sie NFT selbst handeln oder den Vertrieb auf eine Plattform übertragen. Das dürfte in den meisten Fällen schon aus Haftungsgründen angezeigt sein. Anderenfalls müsste eine entsprechende Versicherung abgeschlossen werden. Derzeit gibt es eine solche jedenfalls am deutschen Markt aber nicht. NFTs kann man derzeit am ehesten der Cyber-Versicherung zuordnen, die sich wenigstens auf Datenverluste bezieht. Ggfls lassen sich diese Policen um spezielle Blockchain- oder NFT-Risiken erweitern, wenn der Versicherer das Risiko als digitale Vermögenswerte auf der Blockchain einordnet.[129]

Praxishinweis:
In einem ersten Schritt ist zu fragen, ob der Verein/Verband oder Sportler seine eigene Wallets oder Server hat oder sich auf Marktplätze wie Socios stützt und wie hoch der geschätzte Gegenwert der NFTs ist (Wert-Risiko). In einem zweiten Schritt ist zu prüfen, ob eine bestehende Cyber-, Haftpflicht- oder IP-Deckung NFT formal erfasst. Dabei sollte gezielt nach „digital assets", „NFT-garda-Bausteinen" oder „Cyber-Crime-/Robbery-Extension" gefragt werden. Im Vertrag mit den Käufern, Fans und Plattformen sollten keine investment-ähnlichen Zusagen gemacht und klare Haftungsausschlüsse vereinbart werden.

§ 32 Außenhandels- und Sanktionsrecht

Übersicht

[128] S. https://blockchainwelt.de/news/ronin-neue-erkenntnisse-zum-622-millionen-hack/ (abgerufen am 10.2.2025).

[129] S. https://elmorebrokers.com/the-next-frontier-exploring-insurance-for-nfts/#:~:text=digital%20assets%20stored%20on%20a%20blockchain (angerufen am 31.3.2026).

Schrifttum:
Bußalb/Fußwinkel, Direktinvestitionen in Sachwerte – Einlagengeschäft oder Vermögensanlage?, RdF 2017, 4; Haufellner/Haffke/Heinrichs, Aktuelle Entwicklungen im Geldwäscherecht, BKR 2025, 392; Höhlein/Weiß, Krypto-Assets, ICO und Blockchain: prospektrechtliche Perspektive und aufsichtsrechtliche Praxis, RdF 2019, 116; John/Patz, ZuFinG und FinmadiG – eine Neuordnung der Krypto-Landschaft, BKR 2023, 849; Kaulartz/Matzke, Die Tokenisierung des Rechts, NJW 2018, 3278; Kleinert, Das EU-Geldwäschepaket nach Abschluss des Trilog-Verfahrens, EuZW 2024, 349; Klöhn/Parhofer/Resas, Initial Coin Offerings (ICOs), ZBB 2018, 89; Maume/Siadat, Struktur, Definitionen und Anwendungsfälle der Kryptoregulierung, NJW 2023, 1168; Quedenfeld, Handbuch Bekämpfung der Geldwäsche und Wirtschaftskriminalität, 5. Aufl. 2021; Siadat, Markets in Crypto Assets Regulation – erster Einblick mit Schwerpunktsetzung auf Finanzinstrumente, RdF 2021, 12; Siadat, Die Russland-Sanktionen und ihre Umgehung durch Kryptowährungen, BKR 2022, 353; Siadat, MiCAR – Regulierte Finanzinstrumente mit Schwerpunktsetzung auf NFT, RdF 2023, 4; Siadat, Sanktionsumgehung mittels Kryptowährungen am Beispiel der Hamas- und Hisbollah-Finanzierungen, ZASA 2024, 39; Siadat/Schultess, Exportverkehr humanitärer Güter in den Iran und Zahlungsabwicklung, ZASA 2023, 361; Voß, Non-Fungible Token auf CO2-Zertifikate, BKR 2022, 620; Weisser/Bliesener, Geldwäsche im digitalen Zeitalter – Non-Fungible Token (NFT), NZWiSt 2024, 41; Zickgraf, Initial Coin Offerings – Ein Fall für das Kapitalmarktrecht?, AG 2018, 293; Zimmermann/Antlitz: Sanktionsumgehung durch Kryptowährungen?, RDi 2023, 549.

Kryptowerte im internationalen Zahlungsverkehr begegnen geldwäsche-, außenhandels- und sanktionsrechtlichen Bedenken. Bei tokenisierten Assets, insbesondere bei NFTs, ist es denkbar, dass diese zur Umgehung von Geldwäsche- und Sanktionsvorgaben genutzt werden. Bei genauerer Betrachtung wird allerdings schnell deutlich, dass Geschäfte mit NFTs im Außenhandel nicht völlig unreguliert sind. 1

I. Besondere außenhandels- und sanktionsrechtliche Risiken bei NFTs

Geldwäsche und Sanktionsumgehung werden nach ähnlichen Schemata begangen. Dabei wird typischerweise in drei Phasen vorgegangen.[1] Zunächst nutzen die Akteure (auch „Bad Actors" genannt) „anonymes" Bargeld und tauschen dieses in Buchgeld, indem sie es irgendwie in das Bankensystem einbringen (sog. „Placement"). Sodann wird versucht, mittels komplexer Transaktionen die Herkunft der Gelder zu verschleiern (sog. „Layering"). Sobald dies erreicht ist, werden die so gewaschenen Gelder wieder in den Wirtschaftskreislauf eingebracht (sog. „Integration"). 2

Bei tokenisierten Assets und NFTs kann davon ausgegangen werden, dass ebenfalls mittels Placement, Layering und Integration vorgegangen wird.[2] NFTs wurden in ihrer Hochzeit vor allem dafür genutzt, digitale Kunst zu tokenisieren, diese dann mittels Sekundärmarktplattformen wie OpenSea[3], Mintbase[4] usw zu vertreiben, und dann schließlich wieder in den Verkehr zu bringen. Bereits der traditionelle Kunsthandel zeigt, welche Geldwäscherisiken beim Handel mit Kunst bestehen. So gilt traditionelle Kunst als begehrtes Mittel zum „Waschen" von inkriminierten Geldern, und ist auch oft Ziel der organisierten Kriminalität. Hierbei werden die Intransparenz der Preisgestaltung und die Anonymität des Käufers bzw. Verkäufers zur Verschleierung des wirtschaftlich Berechtigten, oder auch die Nichtnennung der Herkunft der Vermögenswerte bei Auktionen ausgenutzt.[5] Bei NFTs können mittels des Einsatzes der DLT pseudonyme Transaktionen, das Fehlen von unter Aufsicht stehenden Vermittlern bzw. Instituten als Intermediäre, die Nutzung ausländischer unbeaufsichtigter Handelsplattformen sowie nicht beaufsichtigter Zahlungsmittel und Zahlungskanäle – zum Beispiel Mixer/Tumbler und dezentrale 3

---

1 Quedenfeld Handbuch Bekämpfung der Geldwäsche und Wirtschaftskriminalität S. 3 f.

2 BaFin, Non-Fungible-Token: Auf den Inhalt kommt es an, vom 8.3.2023, abrufbar unter: https://www.bafin.de/SharedDocs/Veroeffentlichungen/DE/Fachartikel/2023/fa_bj_2303_NFT.html (zuletzt abgerufen am 19.3.2026); Weisser/Bliesener NZWiSt 2024, 41 (44).

3 S. https://opensea.io/ (zuletzt abgerufen am 19.3.2026).

4 S. https://www.mintbase.xyz/ (zuletzt abgerufen am 19.3.2026).

5 Weisser/Bliesener NZWiSt 2024, 41 (42).

Tausch-Protokolle – ausgenutzt werden.[6] Der Einsatz der DLT, unregulierter Intermediäre, Mixer und Tumbler stellt allerdings keine NFT-spezifischen Geldwäscherisiken dar. Durch genauere Betrachtung soll folgend erläutert werden, wie Placement, Layering und Integration bei tokenisierter NFT-Kunst erfolgen.

4 Zunächst können Bad Actors ihr anonymes Bargeld nutzen, um in Kiosken und Supermärkten Kryptowerte-Gutscheinkarten (wie zB für Bitcoin) zu erwerben.[7] Dabei können Bad Actor ganz legal anonym eine Vielzahl von Gutscheinkarten erwerben. Sobald die Gutscheinkarten erworben worden sind, können diese in die gewünschte Kryptowährung getauscht werden. Dies geschieht idR beim Emittenten der Krypto-Gutscheinkarte. Aus Sicht der Bad Actors ist es hierbei praktisch, dass die Nutzer mit dem Erwerb der Krypto-Gutscheinkarte bereits eine self-gehostete Paper-Wallet[8] erhalten. Mit dem Kauf und der Einlösung der Krypto-Gutscheinkarte und der darauffolgenden Einbuchung der Kryptowerte in die eigene Wallet ist das Placement erfolgreich abgeschlossen. Nun können die Bad Actors die Kryptowerte nutzen, um entweder auf NFT-Handelsplattformen oder Peer-to-Peer (P2P) NFTs zu erwerben. Bei NFTs, die digitale Kunst verkörpern, greift ein ähnliches Phänomen wie bei klassischer Kunst. Die Preise sind intransparent und der Wert der Kunst ist objektiv schwer zu bestimmen, denn bekanntlich liegt der Wert der Kunst im Auge des Betrachters. Zudem ist bei NFT-Kunst besonders bemerkenswert, dass sprichwörtlich jedermann seine eigene Kunst tokenisieren und vertreiben kann. Die Emission von NFTs ist kinderleicht über öffentlich zugängliche Quellen (Open Source) auf einfache Blockchains wie Solana möglich.[9] So kann etwa jemand ein Bild von seinem Hund samt dessen Namen in einen Token verkörpern, und dann öffentlich zum Kauf anbieten.[10] Genauso könnten Bad Actor digitale „Kunst" kreieren, und dann P2P oder auf OpenSea zum Kauf anbieten. Beim „Verkauf" werden dann tokenisierte Kunst-NFTs gegen Kryptowährungen (idR ETH) getauscht. Die tokenisierte NFT-Kunst kann beliebig oft im Sekundärmarkt getauscht und somit im Preis nach oben getrieben werden. Da sowohl der P2P wie auch der Handel auf OpenSea unreguliert ist und von allen Teilnehmern weltweit genutzt werden kann, schafft dies den idealen Nährboden für das Layering. Dies kann zudem noch weiter verschleiert werden, in dem Mixer wie Tornado Cash genutzt werden, um die Herkunft und die „Reise" der Kryptowerte nicht mehr nachverfolgbar zu machen.[11] Damit verschärft die DLT die Pseudonymisierung bis hin zur Anonymisierung.[12] Somit wäre das Layering perfektioniert. Im letzten Schritt müsste man nur noch die Kryptowerte zurück in den Wirtschaftsverkehr bringen. Dafür bietet es sich an, die Kryptowerte erneut entweder P2P oder auf einer Kryptobörse in Stablecoins (wie in etwa USDC oder USDT) zu tauschen. Stablecoins

[6] BaFin, Non-Fungible-Token: Auf den Inhalt kommt es an, vom 8.3.2023, abrufbar unter: https://www.bafin.de/SharedDocs/Veroeffentlichungen/DE/Fachartikel/2023/fa_bj_2303_NFT.html (zuletzt abgerufen am 19.3.2026).

[7] Vgl. das Bitcoin- und Kryptowerte-Gutscheinsystemmodel von diversen Anbietern wie Värdex bzw. Cryptonow, https://www.cryptonow.ch/de-ch (zuletzt abgerufen am 19.3.2026).

[8] Dies stellt eine Wallet/digitale Brieftasche dar, die von keinem Intermediär gehostet wird.

[9] Hein, How to Mint an NFT on Solana, zuletzt aktualisiert am 18.3.2025, abrufbar unter: https://www.quicknode.com/guides/solana-development/nfts/how-to-mint-an-nft-on-solana (zuletzt abgerufen am 19.3.2026).

[10] Vgl. Frohn, Super Freddy – Meine Reise in die irre Memecoin-Welt, in: WirtschaftsWoche vom 20.1.2025, abrufbar unter: https://www.wiwo.de/finanzen/geldanlage/super-freddy-69-000-prozent-kursplus-meine-reise-in-die-irre-memecoin-welt/30118478.html (zuletzt abgerufen am 19.3.2026).

[11] Siadat, Kryptowährungsmixer: Sanktionen gegen Tornado Cash schaffen Präzedenzfall, in: heise online vom 12.11.2022, abrufbar unter: https://www.heise.de/hintergrund/Kryptowaehrungsmixer-Sanktionen-gegen-Tornado-Cash-schaffen-Praezedenzfall-7337784.html (zuletzt abgerufen am 19.3.2026); Weisser/Bliesener NZWiSt 2024, 41 (45).

[12] Vgl. Wagenknecht, Lieber BaFin-Chef, Bitcoin ist nicht anonym!, Kommentar in: BTC Echo vom 16.11.2023, abrufbar unter: https://www.btc-echo.de/news/lieber-bafin-chef-bitcoin-ist-nicht-anonym-174627/ (zuletzt abgerufen am 19.3.2026); anders und abzulehnen demnach Branson im Interview mit Tönnesmann, Ein Bitcoin-ETF wäre nicht zulässig, in: Die Zeit Nr. 48/2023 vom 15.11.2023, abrufbar unter: https://www.zeit.de/2023/48/mark-branson-bafin-kryptowaehrung-ftx (zuletzt abgerufen am 19.3.2026), welcher Anonymität und Pseudonymität durcheinanderbringt.

eignen sich besonders für den Rücktausch in die Realwirtschaft. Denn Stablecoins sind im Wert stabil, in dem sie an eine Fiat-Währung wie den Euro oder den USD gekoppelt sind, und zudem an Kryptobörsen (wie Coinbase oder Binance) idR meist kostenfrei und sofort in eine Fiat-Währung ausgecasht werden können. Damit käme es dann zur finalen Integration.

Praxishinweis:
Der Erwerb von Krypto-Gutscheinkarten in Kiosken und Supermärkten sowie der anschließende Handel mit NFTs über unregulierte P2P-Kanäle oder Plattformen wie OpenSea stellt ein erhebliches Geldwäscherisiko dar, das alle am Handel beteiligten Dienstleister betrifft. Insbesondere der Einsatz von Mixer-Diensten wie Tornado Cash ist geeignet, die Rückverfolgung von Transaktionsketten erheblich zu erschweren und damit das Layering zu perfektionieren. Dienstleister, die NFT-Transaktionen abwickeln, sollten daher Transaktionen mit Bezug zu selbst-gehosteten Wallets oder Mixer-Diensten einer besonders kritischen Prüfung im Rahmen ihrer Sorgfaltspflichten nach §§ 10, 15, 15a GwG unterziehen.

5 Am Beispiel von Russland[13]- oder Iran[14]-Sanktionen wie auch der Hisbollah- oder Hamas-Finanzierung[15] lässt sich zudem beobachten, dass sich tokensierte Assets wie NFTs auch zur Umgehung von Sanktionen eignen.

6 Zusammenfassend lassen sich Placement, Layering und Integration bei NFTs wie folgt grafisch darstellen:

[13] Siadat BKR 2022, 353 ff. mwN; Zimmermann/Antlitz RDi 2023, 549 ff.
[14] Siadat/Schultess ZASA 2023, 361 ff. mwN.
[15] Siadat ZASA 2024, 39 ff. mwN.

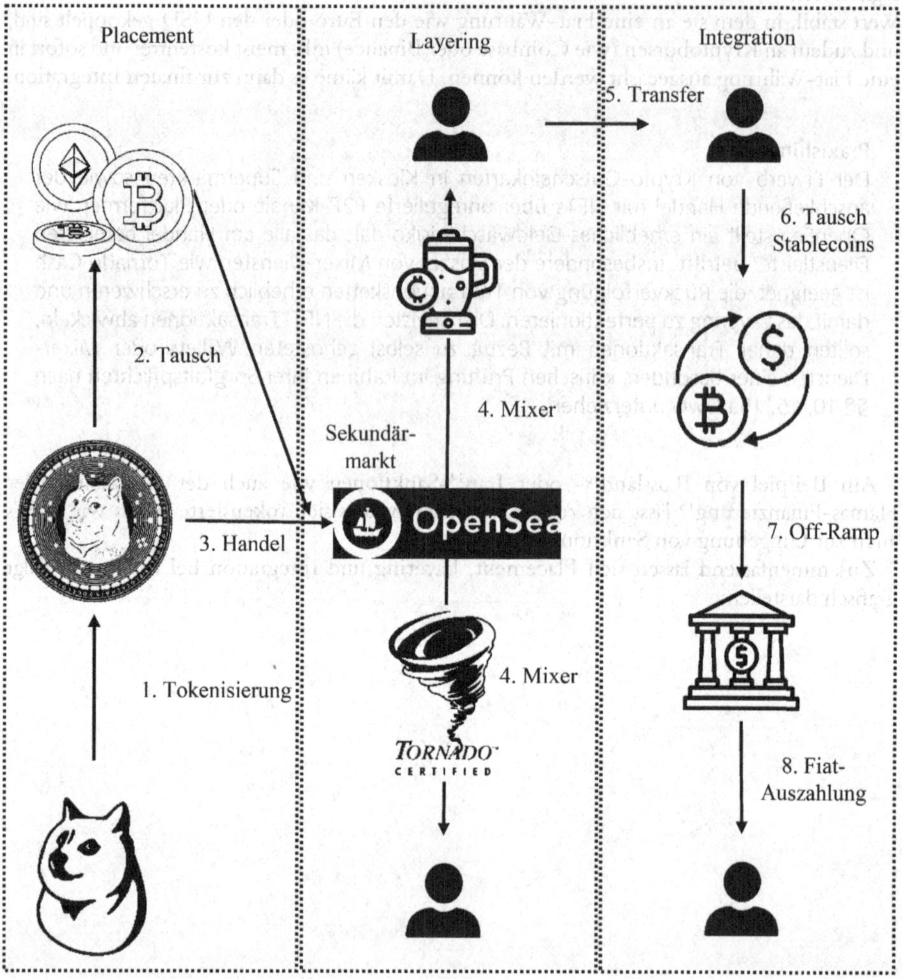

Abbildung 1 NFT-Placement, -Layering und -Integration.

II. Eingrenzung außenhandels- und sanktionsrechtlicher Risiken bei NFTs

7 Außenhandels- und sanktionsrechtlich genauer betrachtet ist der Handel mit tokenisierten Assets, wie NFTs, aus mehreren Gründen nicht so bedenklich wie irrtümlich in weiten Teilen der Gesellschaft angenommen wird.

1. NFTs sind Finanzinstrumente

NFTs sind keine anonymen Instrumente im Schwarzmarkt.[16] Vielmehr handelt es sich bei NFTs idR um regulierte (teils pseudonymisierte) Finanzinstrumente im regulierten Kapitalmarkt.[17] **8**

Bei NFTs könnte es sich entweder um Finanzinstrumente iSd Vermögensanlagengesetzes (VermAnlG), Finanzinstrumente gem. § 1 des Kreditwesengesetzes (KWG), oder um Kryptowerte nach der MiCAR handeln. **9**

a) Keine Wertpapiere

Ausgangspunkt der Regulierung von Token in der EU ist die Wertpapierregulierung nach Art. 4 Abs. 1 Nr. 44 RL 2014/65/EU (MiFID II) als wichtigster Unterfall des Finanzinstruments nach Art. 4 Abs. 1 Nr. 15 MiFID II.[18] Ein übertragbares Wertpapier erfordert stets die standardisierte Handelbarkeit sowie die Verkörperung von (wertpapierähnlichen) Rechten.[19] Hierunter können Token fallen, die Auszahlungsansprüche und Stimmrechte gegenüber den Emittenten verkörpern. Ein Papier bzw. eine Urkunde und damit die Verkörperung ist dabei nicht notwendig, so dass auch (digitale) Token erfasst sein können. Dies wurde in Art. 4 Abs. 1 Nr. 15 MiFID II im Zuge der Einführung des DLT-Pilotregimes mit Wirkung zum 23.3.2023 durch den Wortlaut „einschließlich mittels Distributed-Ledger-Technologie emittierter Instrumente" klargestellt.[20] **10**

Es ist denkbar, dass NFTs Zahlungsansprüche oder Stimmrechte verkörpern. Dennoch werden NFTs in den meisten Fällen keine Wertpapiere darstellen. **11**

Die erforderliche Handelbarkeit dürfte bei NFTs fehlen. Handelbarkeit erfordert eine (wenn auch nur theoretische) Übertragbarkeit und eine Handelbarkeit, mithin Fungibilität. Entscheidend für die Handelbarkeit an den Finanzmärkten ist, dass ein Token hinreichend standardisiert und gleichartig ausgestaltet ist.[21] NFTs sind, wie der Name impliziert, durch ihre technischen oder rechtlichen Eigenschaften untereinander nicht fungibel, also nicht austauschbar.[22] Bei NFTs wird für die zugrundeliegenden Smart Contracts ein Branchenstandard verwendet, der jedem Token eine einzigartige Kennung zuweist. Damit soll sichergestellt werden, dass bestimmte Grundmerkmale eingehalten werden, etwa in Bezug auf die Verifizierung, Nachverfolgbarkeit, Manipulationssicherheit und die Übertragbarkeit. **12**

---

16 So fälschlich der Präsident der BaFin Branson im Interview mit Tönnesmann, Ein Bitcoin-ETF wäre nicht zulässig, in: Die Zeit Nr. 48/2023 vom 15.11.2023, abrufbar unter: https://www.zeit.de/2023/48/mark-branson-bafin-kryptowaehrung-ftx (zuletzt abgerufen am 19.3.2026); abzugrenzen von speziellen Kryptowährungen, welche technisch weitestgehend anonymisiert werden, sog. Privacy Coins bzw. Anonymity-Enhanced Cryptocurrencies; vgl. hierzu Chainalysis, Privacy Coins 101: Anonymity-Enhanced Cryptocurrencies, vom 18.4.2023, abrufbar unter: https://www.chainalysis.com/blog/privacy-coins-anonymity-enhanced-cryptocurrencies/ (zuletzt abgerufen am 19.3.2026).

17 Klarstellend zur Pseudonymität vs. Anonymität Wagenknecht, Lieber BaFin-Chef, Bitcoin ist nicht anonym!, Kommentar in: BTC Echo vom 16.11.2023, abrufbar unter: https://www.btc-echo.de/news/lieber-bafin-chef-bitcoin-ist-nicht-anonym-174627/ (zuletzt abgerufen am 19.3.2026); Dosset, Are Cryptocurrency Transactions Actually Anonymous?, CNET vom 7.6.2022, abrufbar unter: https://www.cnet.com/personal-finance/crypto/are-cryptocurrency-transactions-actually-anonymous/ (zuletzt abgerufen am 19.3.2026); zur Regulierung Siadat ZASA 2024, 39 ff.

18 Maume/Siadat NJW 2023, 1168 ff.

19 Ganz hM, s. Zickgraf AG 2018, 293 (301 f.); Höhlein/Weiß RdF 2019, 116 (198); Klöhn/Parhofer/Resas ZBB 2018, 89 (101 f.); Kaulartz/Matzke NJW 2018, 3278 (3282 f.); BaFin, Tokenisierung, vom 15.4.2019, abrufbar unter: https://www.bafin.de/SharedDocs/Veroeffentlichungen/DE/Fachartikel/2019/fa_bj_1904_Tokenisierung.html (zuletzt abgerufen am 8.7.2025; Stand 19.3.2026 depubliziert).

20 Maume/Siadat NJW 2023, 1168 ff.

21 Ganz hM, s. Zickgraf AG 2018, 293 (301 f.); Höhlein/Weiß RdF 2019, 116 (198); Klöhn/Parhofer/Resas ZBB 2018, 89 (101 f.); Kaulartz/Matzke NJW 2018, 3278 (3282 f.); BaFin, Tokenisierung, vom 15.4.2019, abrufbar unter: https://www.bafin.de/SharedDocs/Veroeffentlichungen/DE/Fachartikel/2019/fa_bj_1904_Tokenisierung.html (zuletzt abgerufen am 8.7.2025; Stand 19.3.2026 depubliziert).

22 BaFin, Non-Fungible-Token: Auf den Inhalt kommt es an, vom 8.3.2023, abrufbar unter: https://www.bafin.de/SharedDocs/Veroeffentlichungen/DE/Fachartikel/2023/fa_bj_2303_NFT.html (zuletzt abgerufen am 19.3.2026).

Die prominentesten nicht-fungiblen Standards für die Erstellung von NFTs sind in etwa ERC-721 und ERC-1155, die – wie sämtliche mit ERC (ERC steht für Ethereum Request for Comments) betitelten Standards – auf der Ethereum-Blockchain beruhen.[23]

b) Vermögensanlagen

13 Vermögensanlagen iSd von § 2 VermAnlG sind Finanzinstrumente, die, anders als Wertpapiere, gerade nicht fungibel sind. Nach § 2 Abs. 2 Nr. 7 VermAnlG zählen sonstige Anlagen, die eine Verzinsung und Rückzahlung oder einen vermögenswerten Barausgleich im Austausch für die zeitweise Überlassung von Geld gewähren oder in Aussicht stellen, zu den regulierten Vermögensanlagen.[24] NFTs könnten daher auch Vermögensanlagen darstellen, wenn der Emittent des NFT dem Tokeninhaber einen vermögenswerten Barausgleich in Aussicht stellen würde. Dies könnte vorliegen, wenn der Emittent nicht nur den NFT zum Kauf im Erstmarkt anbietet, sondern auf NFT-Marktplätzen wie oben beschrieben, und somit auf Sekundärmarkten vertreibt. Damit würde den Token-Inhabern ein vermögenswerter Barausgleich in Aussicht gestellt werden. Somit wären NFTs Vermögensanlagen und damit Finanzinstrumente iSv KWG und WpHG.[25]

c) Kryptowerte nach MiCAR und KWG

14 Soweit der NFT auch ein Kryptowert iSv Art. 3 Abs. 1 Nr. 5 MiCAR wäre, würde die MiCAR vorrangig vor dem Vermögensanlagengesetz zur Anwendung kommen (lex specialis).[26]

15 NFTs können von der MiCAR umfasst sein. Zwar wird im Erwgr. 10 der MiCAR zunächst erläutert, dass die Verordnung nicht auf Kryptowerte Anwendung finden soll, die einmalig und nicht mit anderen Kryptowerten fungibel sind, einschließlich digitaler Kunst. Die Bruchteile eines einzigartigen und nicht fungiblen Kryptowerts (sog. Fractional-NFT) sollen hingegen nicht als einzigartig und nicht fungibel angesehen werden (Erwgr. 11 MiCAR).[27] Die Ausgabe von nicht fungiblen Kryptowerten in einer großen Serie oder Sammlung soll als Indikator für ihre Fungibilität angesehen werden. Wie auch die BaFin zu Recht erläutert, soll die alleinige Zuweisung einer eindeutigen Kennung zu einen Kryptowert nicht ausreichen, um diesen als einzigartig oder nicht fungibel einzustufen.[28] Ein Kryptowert gilt daher nur als einzigartig und nicht fungibel, wenn neben den technischen Eigenschaften auch die repräsentierten Vermögenswerte oder Rechte einzigartig und nicht austauschbar sind. Fungibilität iSd MiCAR meint daher die technische Einzigartigkeit (technische Fungibilität) sowie die Verkörperung von einzigartigen und nicht austauschbaren Werten und Rechten, die der Token verkörpert (tatsächliche Fungibilität).[29]

16 Somit sind viele NFTs, die allesamt dieselbe digitale Kunst bzw. dasselbe Recht an solcher verkörpern, Kryptowerte im Sinne der MiCAR.

17 Soweit NFTs einmalig wären und damit nicht von der MiCAR umfasst sein sollten, könnten sie Finanzinstrumente iSd KWG darstellen (vgl. § 1 Abs. 1 S. 10 Nr. 3 KWG).

[23] Siadat RdF 2023, 4 (6).; BaFin, Non-Fungible-Token: Auf den Inhalt kommt es an, vom 8.3.2025 abrufbar unter: https://www.bafin.de/SharedDocs/Veroeffentlichungen/DE/Fachartikel/2023/fa_bj_2303_NFT.html (zuletzt abgerufen am 19.3.2026).

[24] Ausführlich zu der Frage, wann Sachwertinvestments (zB in Kunst) Vermögensanlagen darstellen Bußalb/Fußwinkel RdF 2017, 4 ff.

[25] Siadat RdF 2023, 4 (10).

[26] Refenrentenentwurf des Gesetzes über die Digitalisierung des Finanzmarktes (Finanzmarktdigitalisierungsgesetz – FinmadiG), S. 106; John/Patz BKR 2023, 849 (850).

[27] Siadat RdF 2023, 4 (10); Voß BKR 2022, 620 ff.

[28] Siadat RdF 2023, 4 (8 f.) mit einigen Praxisbeispielen; BaFin, Non-Fungible-Token: Auf den Inhalt kommt es an, vom 8.3.2023, abrufbar unter: https://www.bafin.de/SharedDocs/Veroeffentlichungen/DE/Fachartikel/2023/fa_bj_2303_NFT.html (zuletzt abgerufen am 19.3.2026).

[29] Siadat RdF 2023, 4 (6); BaFin, Non-Fungible-Token: Auf den Inhalt kommt es an, vom 8.3.2025, abrufbar unter: https://www.bafin.de/SharedDocs/Veroeffentlichungen/DE/Fachartikel/2023/fa_bj_2303_NFT.html (zuletzt abgerufen am 19.3.2026).

Denn dann könnten sie sog. kryptografische Instrumente iSv § 1 Abs. 1 S. 9 KWG darstellen.[30] Kryptografische Instrumente im Sinne dieses Gesetzes sind digitale Darstellungen eines Wertes, der von keiner Zentralbank oder öffentlichen Stelle emittiert wurde oder garantiert wird und nicht den gesetzlichen Status einer Währung oder von Geld besitzt, aber von natürlichen oder juristischen Personen aufgrund einer Vereinbarung oder tatsächlichen Übung als Tausch- oder Zahlungsmittel akzeptiert wird oder Anlagezwecken dient und der auf elektronischem Wege übertragen, gespeichert und gehandelt werden kann. Das kryptografische Instrument stellte damit ein Kryptowert iSv § 1 Abs. 1 S. 4 KWG aF dar, bevor die MiCAR zur Anwendung kam. Für die Einstufung eines NFT als Finanzinstrument nach dem KWG kommt es auf die Handelbarkeit und vor allem auf den Anlagezweck eines Token an.[31] Der deutsche Gesetzgeber hatte diesbezüglich klargestellt, dass nur rein elektronische Gutscheine, die auf den Bezug von Waren oder Dienstleistungen des Emittenten oder eines Dritten im Austausch für die Leistung eines entsprechenden Gegenwerts, denen bestimmungsgemäß nur durch Einlösung gegenüber dem Emittenten eine wirtschaftliche Funktion zukommen soll und die daher nicht handelbar sind, gerichtet sind, nicht reguliert werden sollen.[32] Denn solche Token bilden aufgrund ihrer Ausgestaltung keine investorenähnliche Erwartungshaltung an die Wertentwicklung rechnungsmäßig ab. Im Umkehrschluss kreiert die Handelbarkeit idR auch einen Anlagezweck. Im Sekundärmarkt verfügbare NFTs sind handelbar und haben einen Anlagezweck, da sie regelmäßig zu einem Preis öffentlich angeboten werden und im Sekundärmarkt zu einem höheren Preis gehandelt werden.[33] Somit fallen handelbare NFTs in den Auffangtatbestand des KWG und stellen Finanzinstrumente dar.

Im Ergebnis lässt sich somit feststellen, dass handelbare NFTs idR reguliert sind. **18**

Praxishinweis:
Emittenten und Händler von NFTs sollten nicht davon ausgehen, dass NFTs als einzigartige und nicht fungible Token generell außerhalb des Regulierungsrahmens stehen. Vielmehr ist im Einzelfall zu prüfen, ob der konkrete NFT als Vermögensanlage iSd VermAnlG, als Kryptowert iSd MiCAR oder als Finanzinstrument iSd KWG einzuordnen ist, wobei die Handelbarkeit im Sekundärmarkt regelmäßig einen Anlagezweck und damit eine Regulierungspflicht begründet. Eine frühzeitige aufsichtsrechtliche Einordnung ist daher unerlässlich, um Erlaubnispflichten nicht zu übersehen.

2. On-Ramp und Off-Ramp reguliert und transparent

Da es sich bei NFTs um Finanzinstrumente iSd Vermögensanlagengesetzes, dem KWG und der MiCAR handeln könnte, sind das On-Ramping (Fiat in Krypto), der Tausch bzw. Swap (Krypto gegen Krypto) und das Off-Ramping (Krypto in Fiat) reguliert. Die Dienstleister sind Verpflichtete iSv § 2 Abs. 1 Nr. 1, 2, 3 oder 6 GwG, müssen sich an die allgemeinen Sorgfaltspflichten iSv §§ 10 ff. GwG halten und bei bestimmten Kryptotransaktionen sowie insbesondere bei selbst gehosteten Wallets an die verstärkten Sorgfaltspflichten gem. §§ 15 und 15a GwG halten. Die Basis für die Prävention von Geldwäsche und die Terrorismusbekämpfung bilden bei Kryptowertedienstleistungen, Bankgeschäften, Finanzdienstleistungen, Zahlungsdiensten und Asset-Management das Geldwäschegesetz (GwG) und die jeweiligen Fachgesetze: die MiCAR, das KWG, das Wertpapierinstitutsgesetz (WpIG), das Zahlungsdiensteaufsichtsgesetz (ZAG), das Versicherungsaufsichtsgesetz (VAG) und das **19**

30 Refenrentenentwurf des Gesetzes über die Digitalisierung des Finanzmarktes" (Finanzmarktdigitalisierungsgesetz – FinmadiG), S. 106; John/Patz BKR 2023, 849 (850).
31 Siadat RdF 2023, 4 (10).
32 BT-Drs. 19/13827, 110; Siadat RdF 2021, 12 (15).
33 Siadat RdF 2021, 12 (15); Siadat RdF 2023, 4 (6).

Kapitalanlagegesetzbuch (KAGB), welche allesamt in Deutschland von der Bundesanstalt von Finanzdienstleistungsaufsicht (BaFin) beaufsichtigt werden.[34] Bei Außenhandelsgeschäften (Verschiebung von Vermögenswerten ins Ausland oder aus dem Ausland nach Deutschland) werden zudem Meldungen nach § 11 Außenwirtschaftsgesetz (AWG) iVm §§ 67 ff. Außenwirtschaftsverordnung (AWV) auch in Bezug auf Kryptowerten an die Deutsche Bundesbank einzuhalten sein.[35]

20 Daneben gelten die Empfehlungen und Handreichungen der Financial Action Task Force (FATF) zur Bekämpfung von Geldwäsche und Terrorismusfinanzierung, mithin die Empfehlungen zu Travel Rules und die zahlreichen Handreichungen zu Virtual Assets.[36]

21 Zudem sind in sanktionsrechtlicher Hinsicht besondere länderspezifische Sanktionen, wie insbesondere Russland[37]- oder Iran[38]-Sanktionen, zu beachten. Denn schließlich umfassen die EU-Russland-Sanktionen ein explizites und grundsätzliches Verbot für europäische Kryptoverwahrer und Kryptobörsen Wallet-Dienstleistungen russischen Staatsbürgern (nicht nur der russischen Bevölkerung) anzubieten.[39]

22 Diese Vorgaben sind von den Verpflichteten, idR den Instituten, beim On- und Off-Ramping von Fiat zu Krypto und Krypto zu Fiat sowie beim Swap Krypto gegen Krypto zu beachten, wie in der folgenden Grafik näher dargestellt wird.

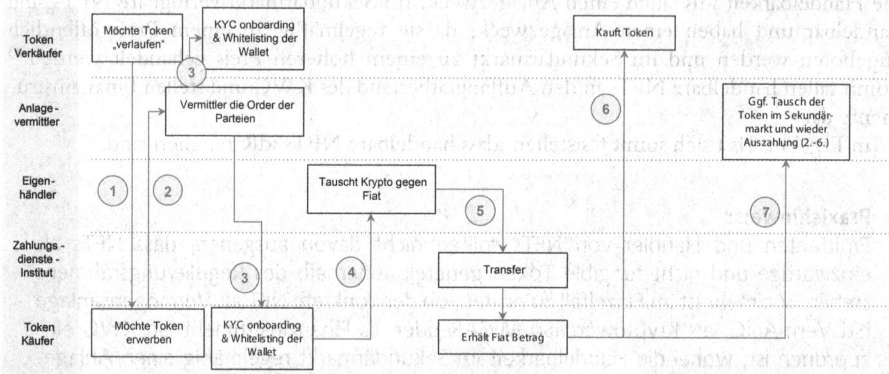

Abbildung 2 Token On-Ramp, Swap und Off-Ramp.

23 Im initialen Schritt (1) wollen der Token-Käufer und der Token-Verkäufer eine Transaktion (Kauf Fiat gegen Krypto oder Swap Krypto gegen Krypto) eingehen, bei der Token erworben werden. In der Regel erfolgt dies auf Plattformen oder Markplätzen wie OpenSea. Hierbei vermittelt der Plattformbetreiber die Order (Kauf/Verkauf), mithin die Willenserklärungen der Käufer und Verkäufer zum Kauf/Tausch von Kryptowerten (Schritt 2). Dies stellt grundsätzlich ein erlaubnispflichtiges Geschäft dar, denn es könnte eine Kryptodienstleistung gem. Art. 3 Abs. 1 Nr. 16 Buchst. g MiCAR darstellen; mithin die „Annahme und Übermittlung von Aufträgen über Kryptowerte für Kunden", also die Annahme eines von

[34] Müller, BaFin, Die Rolle der BaFin im Kampf gegen Geldwäsche und Terrorismusfinanzierung, abrufbar unter: https://www.bafin.de/DE/Aufsicht/Geldwaeschepraevention/Ueberblick/allgemeines_artikel.html (zuletzt abgerufen am 19.3.2026).

[35] Bundesbank, FAQ zu grenzüberschreitenden Zahlungsmeldungen, S. 2 abrufbar unter: https://www.bundesbank.de/resource/blob/611818/177eff5e42d35d5157c3d5b4ff967983/472B63F073F071307366337C94F8C870/faqs-zur-awv-zahlungsmeldungen-data.pdf (zuletzt abgerufen am 19.3.2026); Siadat/Siedler/Seidl et al, thinkBLOCKtank, Token Regulation Paper, June 2019 Version 1.0, S. 61, abrufbar unter: https://thinkblocktank.com/?page_id=40 (zuletzt abgerufen am 19.3.2026).

[36] FATF, Virtual Assets, abrufbar unter: https://www.fatf-gafi.org/en/topics/virtual-assets.html (zuletzt abgerufen am 19.3.2026).

[37] Siadat BKR 2022, 353 ff. mwN; Zimmermann/Antlitz RDi 2023, 549 ff.

[38] Siadat ZASA 2023, 361 ff. mwN.

[39] Siadat BKR 2022, 353 ff.

einer Person erteilten Auftrags zum Kauf oder Verkauf eines oder mehrerer Kryptowerte oder zur Zeichnung eines Kryptowerts oder mehrerer Kryptowerte und die Übermittlung dieses Auftrags an eine Drittpartei zur Ausführung. Soweit statt der MiCAR das KWG einschlägig sein sollte, wäre die Anlagevermittlung nach § 1 Abs. 1a S. 2 Nr. 1 KWG, mithin „die Vermittlung von Geschäften über die Anschaffung und die Veräußerung von Finanzinstrumenten" einschlägig. Für beide Dienstleistungen wäre das Institut Geldwäscheverpflichteter und muss die Sorgfaltspflichten nach GwG einhalten. Hierzu gehört insbesondere die Identifizierung der Token-Käufer und -Verkäufer nach § 10 Abs. 1 Nr. 1 GwG (Schritt 3). Die Token-Käufer und Token-Verkäufer werden eine solche Identifizierung aber bereits vorher vollzogen haben, wenn ihre Kryptowerte von einem Kryptoverwahrer nach Art. 3 Abs. 1 Nr. 16 Buchst. a MiCAR oder nach § 1 Abs. 1a S. 2 Nr. 6 KWG verwahrt werden. Soweit kein Kryptoverwahrgeschäft vorliegen sollte und nur eine der Parteien die Kryptowerte in einer selbst gehosteten Wallet eigenständig verwahren sollte, würden die verstärkten Sorgfaltspflichten nach § 15a GwG bereits für den Dienstleister gelten. Daneben könnte der Transfer der Kryptowerte von der Wallet des Verkäufers auf die Wallet des Käufers ein erlaubnispflichtiges Kryptotransfergeschäft nach Art. 3 Abs. 1 Nr. 16 Buchst. j MiCAR darstellen. Unter Kryptotransfergeschäft versteht der Verordnungsgeber „Transferdienstleistungen für Kryptowerte für Kunden", mithin das Erbringen von Dienstleistungen zur Übertragung von Kryptowerten von einer Distributed Ledger-Adresse oder einem Distributed-Ledger-Konto auf eine andere solche Adresse oder ein anderes solches Konto für eine natürliche oder juristische Person. Die Norm gilt als Auffangtatbestand und soll gerade solche Konstellationen umfassen, bei denen die Plattform nur die technische Dienstleistung darstellt und die Token-Käufer und Token-Verkäufer eigenständig (mit eigener Diskretion) handeln. Gerade bei NFT-Handelsplattformen wurde dies in der Vergangenheit suggeriert. Gerade solche Dienstleistungen sollen zumindest unter das Kryptotransfergeschäft fallen, da die Plattform idR beim Transfer der Kryptowerte unterstützt. Damit sollen aus geldwäsche- und sanktionsrechtlicher Sicht Graubereiche umfasst werden, bei denen Nutzer von selbstgehosteten Wallets auf Plattformen eigenverantwortlich handeln.[40]

Sobald der Token-Käufer die Token erhalten hat, kann er diese in Fiat oder Stablecoins 24
tauschen lassen (oder er zahlt dem Verkäufer in Fiat und tauscht hierzu seine Kryptowerte beim Eigenhändler). Der Tausch erfolgt durch einen Eigenhändler (Schritt 4). Eigenhandel ist gem. Art. 3 Abs. 1 Nr. 16 Buchst. c oder d MiCAR der Tausch von Kryptowerten gegen einen Geldbetrag oder gegen andere Kryptowerte. Dabei liegt dies immer dann vor, wenn beim „Tausch von Kryptowerten gegen einen Geldbetrag oder gegen andere Kryptowerte" die Plattform den Abschluss von Verträgen mit Kunden über den Kauf oder Verkauf von Kryptowerten gegen einen Geldbetrag unter Einsatz eigenen Kapitals ermöglicht. Wenn also der Token-Käufer seine Kryptowerte (NFTs) gegen andere Kryptowerte (Stablecoins) oder gegen Geld tauschen möchte, bedient er sich eines weiteren Dienstleisters und damit eines weiteren Geldwäscheverpflichteten. Auch dieser muss die Sorgfaltspflichten des GwG anwenden. Soweit zwischen dem Token-Käufer und dem Eigenhändler ein Finanzkommissionär geschaltet ist (dies ist in der Praxis meistens der Fall), obliegen nicht dem Eigenhändler die Sorgfaltspflichten, sondern dem Finanzkommissionär. Dieser erbringt nach Art. 3 Abs. 1 Nr. 16 Buchst. e MiCAR die „Ausführung von Aufträgen über Kryptowerte für Kunden", also den Abschluss von Vereinbarungen für Kunden über den Kauf oder Verkauf eines oder mehrerer Kryptowerte oder die Zeichnung eines oder mehrerer Kryptowerte für Kunden, einschließlich des Abschlusses von Verträgen über den Verkauf von Kryptowerten zum Zeitpunkt ihres öffentlichen Angebots oder ihrer Zulassung zum Handel. Soweit statt der MiCAR das KWG greifen sollte, wären der Eigenhandel nach § 1 Abs. 1a S. 2 Nr. 4 Buchst. a KWG oder das Finanzkommissionsgeschäft nach § 1 Abs. 1 S. 2 Nr. 4 KWG einschlägig.

40 Zu den neuen geldwäscherechtlichen Pflichten vgl. John/Patz BKR 2023, 849 (854); Kleinert EuZW 2024, 349 (350 f.); Haufellner/Haffke/Heinrichs BKR 2025, 392 (396).

25 Bei der finalen Auszahlung (Schritt 5) der Gelder auf das Bankkonto des Token-Käufers erbringt ein Zahlungsdienstleister entweder das Finanztransfergeschäft nach § 1 Abs. 1 S, 2 Nr. 6 ZAG oder das Akquisitionsgeschäft nach § 1 Abs. 1 S. 2 Nr. 5 ZAG.[41]

26 Wenn der Token-Käufer an den Token-Verkäufer in Fiat zahlen möchte (Schritt 6), erfolgt dies ebenfalls über das Zahlungsdiensteinstitut.

27 Die Schritte 1 bis 6 können sich beliebig oft wiederholen (auch im Sekundärmarkt). Jedes Mal werden allerdings Geldwäscheverpflichtete involviert und halten dabei Geldwäsche- und Sanktionsvorgaben ein.

Praxishinweis:
Jede Transaktion im Sekundärmarkt – also jeder erneute Kauf oder Tausch von NFTs – löst eigenständige Sorgfaltspflichten bei den jeweils beteiligten Dienstleistern aus; es genügt nicht, dass bereits bei einer früheren Transaktion eine Identifizierung stattgefunden hat. Plattformbetreiber und Kryptoverwahrer müssen sicherstellen, dass ihre Compliance-Systeme auch wiederholte Transaktionsfolgen lückenlos erfassen und auf sanktionsrechtlich relevante Bezüge, etwa zu russischen oder iranischen Staatsangehörigen, prüfen. Besondere Aufmerksamkeit ist dabei Transaktionen mit Bezug zu selbst-gehosteten Wallets zu widmen, für die gem. § 15a GwG verstärkte Sorgfaltspflichten gelten.

28 Neben den geldwäsche- und sanktionsrechtlichen Verpflichtungen im (Außen-)Handel mit Kryptowerten bestehen wie oben aufgezeigt Präventionssysteme in den einschlägigen Fachgesetzen, welche unter der Überwachung der BaFin stehen. Abschließend kann damit festgehalten werden, dass auch der Handel mit Kryptowerten unter die Bekämpfung von Geldwäsche und Terrorismusfinanzierung fällt. Zur Bekämpfung gehören vor allem bei Kryptrowertegeschäften die Prävention und die Strafverfolgung. Während die BaFin für die Prävention verantwortlich ist, obliegt die Strafverfolgung von illegalen Kryptogeschäften den Polizeibehörden, den Landeskriminalämtern (LKÄ), dem Bundeskriminalamt (BKA), der (Bundes-)Staatsanwaltschaft und den Gerichten. Die Zentralstelle für Transaktionsüberwachung (Financial Intelligence Unit – FIU) unterstützt bei Kryptogeschäften sowohl die Prävention als auch die Verfolgung von Geldwäsche und Terrorismusfinanzierung. Sie analysiert die bei ihr erstatteten Verdachtsmeldungen und leitet sie gegebenenfalls an die Strafverfolgungsbehörden weiter. Außerdem erstellt sie Typologien – auch für Kryptowerte – für die Verpflichteten, die diesen helfen, verdächtige Sachverhalte zu erkennen.[42] Anhand der jährlich veröffentlichten Statistiken ist zu erkennen, dass dieses System vor allem bei Kryptowerten greift. Die Verdachtsmeldungen und Verfolgungen von illegalen Kryptogeschäften sind in den letzten Jahren enorm gestiegen.[43]

29 Die folgende Grafik zeigt, wie Prävention und Verfolgung bei (internationalen) Geschäften mit Kryptowerten greifen.

[41] Vgl. BaFin, Merkblatt – Hinweise zum Zahlungsdiensteaufsichtsgesetz (ZAG), vom 22.12.2011, geändert am 5.7.2024, abrufbar unter: https://www.bafin.de/SharedDocs/Veroeffentlichungen/DE/Merkblatt/mb_111222_zag.html (zuletzt abgerufen am 19.3.2026).

[42] Müller, BaFin, Die Rolle der BaFin im Kampf gegen Geldwäsche und Terrorismusfinanzierung, abrufbar unter: https://www.bafin.de/DE/Aufsicht/Geldwaeschepraevention/Ueberblick/allgemeines_artikel.html (zuletzt abgerufen am 19.3.2026).

[43] In 2021 wurde bereits nach der Einführung der Geldwäscheverpflichtung in Bezug auf Kryptowertedienstleistungen in 2020 eine Verdopplung der Meldungen berichtet, vgl. RedaktionsNetzwerk Deutschland, Zoll: Anti-Geldwäsche-Einheit: So viele Verdachtsmeldungen wie nie zuvor, vom 19.8.2021, abrufbar unter: https://www.rnd.de/wirtschaft/zoll-anti-geldwaesche-einheit-so-viele-verdachtsmeldungen-wie-nie-zuvor-XLJ4WIF6ILFZHF672QAJ7LTGJA.html (zuletzt abgerufen am 19.3.2026).

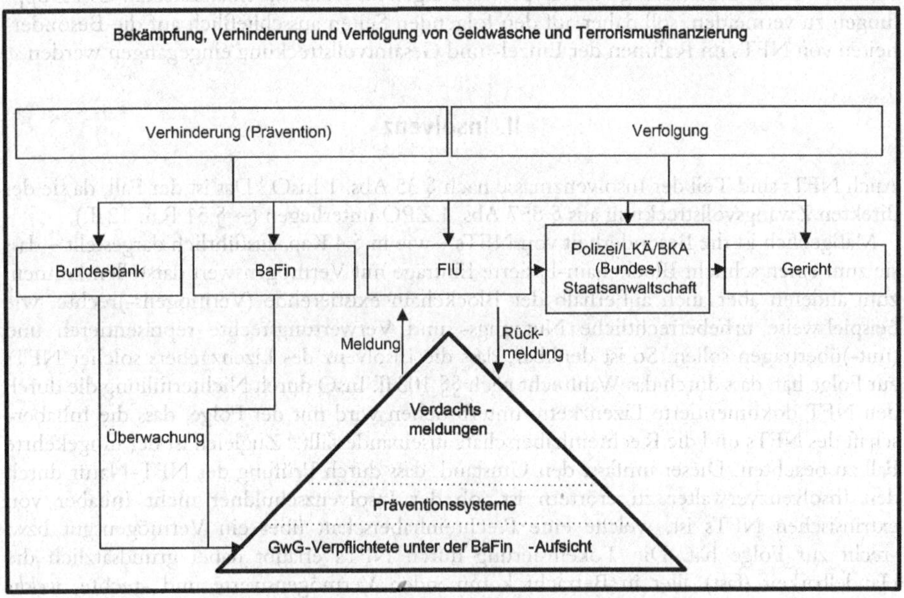

Abbildung 3 Prävention und Verfolgung von illegalen Kryptogeschäften.[44]

§ 33 Insolvenz und Vollstreckung

Schrifttum:

Bauer, Die effektive Einzel- und Gesamtvollstreckung Blockchain-basierter Kryptowährungen, 2023; d'Avoine/Hamacher, Die Insolvenz des Kryptoverwahrers, ZIP 2022, 2214; Schweizer/Skauradszun/Kümpel, Das Kryptoverwahrgeschäft und der insolvenzrechtliche Rang der Kunden – Aussonderung oder Insolvenzquote?, ZIP 2022, 2101; Segna/Möslein/Omlor/v. Buttlar, Gesetz über elektronische Wertpapiere, 1. Aufl. 2024; Wohlhöfner, Verwertung von NFTs in der Insolvenz des Inhabers.

I. Einleitung

Während die Insolvenz und Vollstreckung von Kryptowährungen bereits als unzureichend rechtswissenschaftlich erforscht einzustufen ist, sind die Besonderheiten von NFTs als Zugriffsobjekt innerhalb der Insolvenz und Zwangsvollstreckung kaum erforscht.[1] [2] Dies wird zum Anlass genommen, um die Besonderheiten von NFTs in dieser – in der Praxis umso wichtigeren – Rechtsmaterie im Folgenden aufzuzeigen. 1

Zugleich haben die rechtlichen Herausforderungen der Einzel- und Gesamtvollstreckung von Kryptowährungen als fungible intrinsische und extrinsische Kryptowerte und NFTs als nicht-fungible Kryptowerte weitestgehend dieselben rechtlichen sowie praktischen Herausforderungen. Da NFTs letztlich eine besondere Form von Kryptowährungen sind, soll daher im Allgemeinen auf das Kapitel in → § 51 Rn. 2 ff. verwiesen werden, welches sich mit der 2

[44] Grafik des Autors, angelehnt an Müller, BaFin, Die Rolle der BaFin im Kampf gegen Geldwäsche und Terrorismusfinanzierung, abrufbar unter: https://www.bafin.de/DE/Aufsicht/Geldwaeschepraevention/Ueberblick/allgemeines_artikel.html (zuletzt abgerufen am 19.3.2026).

[1] Der Autor dankt Frau Jenny Jaehne für die hilfreichen Hinweise.

[2] Bisher nur: Segna/Möslein/Omlor/v. Buttlar/Braegelmann Kap. 7 Rn. 49; Wohlhöfner Verwertung von NFTs in der Insolvenz des Inhabers.

Insolvenz und Vollstreckung von Kryptowährungen im Detail auseinandersetzt. Um Dopplungen zu vermeiden, soll daher auf den folgenden Seiten ausschließlich auf die Besonderheiten von NFTs im Rahmen der Einzel- und Gesamtvollstreckung eingegangen werden.

II. Insolvenz

3 Auch NFTs sind Teil der Insolvenzmasse nach § 35 Abs. 1 InsO.[3] Das ist der Fall, da sie der direkten Zwangsvollstreckung aus § 857 Abs. 1 ZPO unterliegen (→ § 51 Rn. 12 ff.).

4 Maßgeblich ist die Besonderheit von NFTs – wie in § 4 Kap. ausführlich dargestellt – dass sie zum einen schlicht Blockchain-basierte Einträge mit Vermögenswert darstellen können, zum anderen aber auch außerhalb der Blockchain existierende (Vermögens-)rechte, wie beispielsweise urheberrechtliche Nutzungs- und Verwertungsrechte repräsentieren und (mit-)übertragen sollen. So ist denkbar, dass die Insolvenz des Lizenzgebers solcher NFTs zur Folge hat, dass durch das Wahlrecht nach §§ 103 ff. InsO durch Nichterfüllung die durch den NFT dokumentierte Lizenzkette unterbrochen wird mit der Folge, dass die Inhaberschaft des NFTs und die Rechteinhaberschaft auseinanderfällt.[4] Zugleich ist der umgekehrte Fall zu beachten. Dieser umfasst den Umstand, dass durch Prüfung der NFT-Natur durch den Insolvenzverwalter zu erörtern ist, ob der Insolvenzschuldner nicht Inhaber von extrinsischen NFTs ist, welche eine Rechteinhaberschaft über ein Vermögensgut bzw. -recht zur Folge hat. Die Tokenisierung durch NFTs erlaubt dabei grundsätzlich die Handelbarkeit (fast) aller in Betracht kommenden Vermögenswerte und -rechte, *welche* dadurch Teil der Insolvenzmasse nach § 35 Abs. 1 InsO werden können. Dabei ändert die technologische Einbettung des Vermögens(rechts)erwerbs nichts an deren rechtlicher Natur, sodass im Einzelfall zu ergründen ist, ob der Vermögenswert bzw. das Vermögensrecht nach § 35 Abs. 1 InsO auch Teil der Insolvenzmasse ist.

5 Hinsichtlich des Aussonderungsrechts (ausführlich in → § 51 Rn. 5) ist auszuführen, dass die Folgen der Anpassungen durch MiCAR, ZufinG, FinmadiG und KMAG im Hinblick auf die Rechtssicherheit für NFTs nicht greifen – diese unterfallen bereits regelmäßig nicht dem Regime von KWG und MiCAR (→ § 51 Rn. 12 f.). Insofern ist auf die allgemeine Diskussion zum Aussonderungsrecht von Kryptowährungen vor den genannten gesetzlichen Anpassungen zu verweisen.[5] Nach der hier vertretenen Auffassung ist jedoch durch die systematische Gleichstellung der Inhaberschaft des privaten Schlüssels zum unmittelbaren Besitz über § 862 BGB analog bzw. § 1007 BGB analog ein Aussonderungsrecht nach § 47 S. 1 Alt. 1 InsO gegeben, wenn nicht bereits die vertraglichen Ansprüche im Einzelfall ein solches begründen.[6]

III. Vollstreckung

6 Hinsichtlich der Einzelvollstreckung gilt grundsätzlich das in → § 51 Rn. 11 ff. Gesagte. Jedoch herrscht auch hier die Besonderheit, dass NFTs in ihrer Ausgestaltung als extrinsische Token auch den Erwerb bzw. die Inhaberschaft eines außerhalb der Blockchain existierenden Vermögenswerts oder -rechts repräsentieren können. Dabei ist hinsichtlich der Vollstreckung fraglich, ob für die Vollstreckung des jeweilig repräsentierten Vermögenswerts oder -rechts auch eine Blockchain-Transaktion durch den NFT und somit (auch) eine Vollstreckung des NFTs notwendig ist. Dies ist eine Frage der Rechtsnatur von extrinsischen NFTs, die in → § 26 Rn. 6 ff. behandelt wird.

---

[3] Wohlhöfner Verwertung von NFTs in der Insolvenz des Inhabers 103, jedoch noch in der Begründung zur alten Rechtslage des KWG vor Umsetzung der MiCAR.

[4] Segna/Möslein/Omlor/v. Buttlar/Braegelmann Kap. 7 Rn. 49.

[5] Etwa Schweizer/Skauradszun/Kümpel ZIP 2022, 2101; d'Avoine/Hamacher ZIP 2022, 2214.

[6] S. im Detail Bauer Die effektive Einzel- und Gesamtvollstreckung Blockchain-basierter Kryptowährungen 211 ff.

§ 34 Umfassende rechtsberatende Perspektive

Übersicht

Schrifttum:

Bartels/Maamar, Verträge über NFTs, GRUR-Prax 2023, 60; Braegelmann/Kaulartz, Rechtshandbuch Smart Contracts, 2019; Bruns/Helbig/Hassa, Non-fungible Token (NFT) – ausgewählte steuerliche und rechtliche Herausforderungen anhand eines Praxisfalls, beck.digitax 2022, 155; Dauner-Lieb/Langen, NomosKommentar zum BGB, Band 2., 4. Aufl. 2021; Denga, Non-Fungible Token im Bank- und Kapitalmarktrecht, BKR 2022, 288; Ehinger/Hugendubel, NFT-Produkte – Verwertungsrechte und neue Nutzungsarten, GRUR 2023, 1074; Ehinger/Schmid, Kaufrechtliche Fragestellungen im Zusammenhang mit Non-Fungible Tokens (NFTs), InTer 2022, 106; Engelhardt/Klein, Bitcoins – Geschäfte mit Geld, das keines ist – Technische Grundlagen und zivilrechtliche Betrachtung, MMR 2014, 355; Ferrari/Kieninger/Mankowski u.a., Internationales Vertragsrecht. Kommentar, 3. Aufl. 2018; Fesenmair/Faßbender, Der goldene Zahlen Code – Über die Bedeutung von Non-Fungible-Token im Sport, SpoPrax 2021, 358; Fromm/Hay, Vorläufiges Ende des Krypto-Höhenfluges – Worauf müssen Verbraucher achten?, DStR 2022, 2444; Gsell/Krüger/Lorenz/Reymann, beck.online.GROSSKOMMENTAR, Stand: 1.8.2024; Guntermann, Non Fungible Token als Herausforderung für das Sachenrecht, RDi 2022, 200; Hau/Poseck, BeckOK BGB, 73. Edition Stand: 1.2.2025; Heine/Stang, Weiterverkauf digitaler Werke mittels Non-Fungible-Token aus urheberrechtlicher Sicht, MMR 2021, 755; Henke, Der Handel mit Crypto Art, JZ 2022, 222; Herberger/Martinek/Rüßman u.a., jurisPK BGB, 10. Aufl. 2023; Hilber/Borges, BeckOK IT-Recht, 17. Edition Stand: 1.1.2025; Hoeren/Prinz, Das Kunstwerk im Zeitalter der technischen Reproduzierbarkeit – NFTs (Non-Fungible Tokens) in rechtlicher Hinsicht, CR 2021, 565; Hornung/Sperling, Non-Fungible Token (NFT) und Ertragsteuern, beck.digitax 2023, 138; Hornung/Stepanova/Vielwerth, Fundraising mit Blockchain für die NPO 2.0, DStR 2024, 81; Hoss, NFTs in der Umsatzsteuer – Besonderheiten im Unternehmen, beck.digitax 2024, 95; Kaulartz/Matzke, Die Tokenisierung des Rechts, NJW 2018, 3278; Kaulartz/Schmid/Müller-Eising, Das Metaverse – eine rechtliche Einführung, RDi 2022, 521; Kirschbaum/Stepanova, Widerrufsrecht beim Handel mit Kryptowährungen, BKR 2019, 286; Langenbucher/Bliesener/Spindler, Bankrechts-Kommentar, 3. Aufl. 2020; Lang/Rösch, Besonderheiten des Widerrufs von Verbraucherverträgen über digitale Produkte, NJW 2024, 118; Leible/Lehmann, Die Verordnung über das auf vertragliche Schuldverhältnisse anzuwendende Recht („Rom I"), RIW 2008, 528; Leupold/Wiebe/Glossner, IT-Recht, 4. Aufl. 2021; Liegmann/Farrugia-Weber, Umsatzsteuerliche Herausforderungen bei der Herausgabe von NFT-Kollektionen (Collectible-NFT Projekte), UR 2022, 441; Lomfeld, Digitaler Schrott – Widerruf von digitalen Inhalten, ZRP 2016, 174; Maume/Maute/Fromberger, Rechtshandbuch Kryptowerte, 2020; Micklitz/Reisch/Joost/Zander-Hayat, Verbraucherrecht 2.0 – Verbraucher in der digitalen Welt, 2017; Moosmayer/Lösler, Corporate Complicance, 4. Aufl. 2024; Möslein/Omlor, FinTech-Handbuch, 3. Aufl. 2024; Omlor/Link, Kryptowährungen und Token, 2. Aufl. 2023; Papastefanou, NFT und die Illusion der digitalen Einzigartigkeit. Technische und rechtliche Grenzen der NFT-Technologie, CR 2022, 342; Patz, Überblick über die Regulierung von Kryptowerten und Kryptowertedienstleistern, BKR 2021, 725; Pech, Widerrufsrecht bei datenträgerloser Bereitstellung digitaler Inhalte, MMR 2022, 348; Prütting/Wegen/Weinreich, Bürgerliches Gesetzbuch. Kommentar, 19. Aufl. 2024; Rapp/Bongers, Zur umsatzsteuerrechtlichen Behandlung von NFT, UR 2023, 665; Rauer/Bibi, Non-fungible Tokens – Was können sie wirklich?, ZUM 2022, 20; Reinholz, Metaverse und Recht: Das Recht des Metaverse – ein Überblick, GRUR-Prax 2023, 478; Rudkowski, Neue Pflichten für Anbieter jenseits der „Button-Lösung" – Paid Content-Verträge nach der Verbraucherrechte-Richtlinie, MMR 2012, 711; Salostey/Zawodsky, NFT: begrüßenswerter Vorstoß im EU-Mehrwertsteuerausschuss, doch viele Fragen bleiben offen, UR 2023, 400; Säcker/Rixecker/Oetker/Limperg/Schubert, Münchener Kommentar zum Bürgerlichen Gesetzbuch, 9. Aufl. 2024; Schirmbacher/Schmidt, Verbraucherrecht 2014 – Handlungsbedarf für den E-Commerce, CR 2014, 107; Schmidt-Kessel/Kramme, Handbuch zum Verbraucherrecht, 2023; Schuska, Ausgewählte umsatzsteuerliche Fragen bei NFT-Transaktionen MwStR 2024, 293; Segna/Möslein/Omlor/von Buttlar, Gesetz über elektronische Wertpapiere. Kommentar, 2024; Siadat, MiCAR – Regulierte Finanzinstrumente mit Schwerpunktsetzung auf NFT, RdF 2023, 4; Spikowius/Rack, NFTs: Verwertung, Vertragspraxis, Rechtsdurchsetzung. Eine Einordnung von Non-Fungible Tokens im Urhebervertragsrecht, MMR 2022, 256; Spindler/Bille, Rechtsprobleme von Bitcoins als virtuelle Währung, WM 2014, 1357; Spindler/Schuster, Recht der elektronischen Medien. Kommentar, 4. Aufl. 2019; Steege/Chibanguza, Metaverse Rechtshandbuch, 2023; Stürmer, Jauernig. Bürgerliches Gesetzbuch. Kommentar, 19. Aufl. 2023; Trinks, Umsatzsteuer im Zusammenhang mit NFT, MwStR 2023, 452; Vig, Inhaberschuldverschreibungen auf der Blockchain. Kryptowertpapiere und Wertpapiere sui generis aus Sicht der Praxis, BKR 2022, 442; Völkle, Ethereum 2.0. Grundbaustein der weiterentwickelten Digitalisierung des Rechts, MMR 2021, 539; Wagner/Holm-Hadulla/Ruttloff, Metaverse und Recht, 2023; Wegge, Kryptowährungen, Fan-Tokens und NFTs – ein Blick durch die Sportbrille, SpuRt 2022, 354; Wellerdt, Non-Fungible Token – Entstehung einer neuen Anlageklasse? – Eine aufsichtsrechtliche Einordnung, WM 2021 2379; Weiss, Die Rückabwicklung einer Blockchain-Transaktion, NJW 2022, 1343.

I. Einleitung

1 Spätestens seit dem Jahr 2021 sind **NFT** im Mainstream angekommen. Sie rüttelten die Kunstwelt auf und schufen eine neuartige Assetklasse. Seitdem sah sich ihr wirtschaftlicher Wert, auch bedingt durch parallele Entwicklungen auf dem Markt für Kryptowährungen, jedoch oftmals erheblichen Fluktuationen ausgesetzt. Dessen ungeachtet kommt ihnen auch fürderhin eine nicht absprechbare Relevanz im digitalen Geschäftsverkehr zu, deren rechtliche Implikationen dieser Beitrag beleuchten soll. Ein Schwerpunkt wird dabei auf der Frage nach der Anwendbarkeit verbraucherschützender Vorschriften liegen. Zunächst werden die technischen Parameter der Erstellung eines NFT, des sogenannten „Minten", dargestellt. Daraufhin wird nach einer vertragsrechtlichen Einordnung des Vorgangs auf die Notwendigkeit der Wahrung der Vorgaben des E-Commerce eingegangen, damit abschließend praktische Handhabungshinweise gegeben werden können.

II. Technischer Hintergrund des Minten

2 Bei einem NFT handelt es sich um eine auf einer **Blockchain** gespeicherte nicht austauschbare Wertmarke, die einem Inhaber zugeordnet ist und, wenn sie mit einem bestimmten Vermögenswert oder Recht verknüpft wird, dem Inhaber des NFT den exklusiven Zugang zu diesem ermöglicht.[1] Der Begriff des **„Minten"** oder auch **„Minting"** eines NFT ist aus dem Englischen abgeleitet und lässt sich als **„Prägung"** oder auch **„Erstellung"** des NFT übersetzen.

3 Ein NFT entsteht, indem der NFT im Rahmen des **Proof-of-Stake-Verfahren**[2] in einen **Distributed Ledger** geprägt wird.[3] Dabei wird auf einer Blockchain in Gestalt eines **Smart Contracts**[4] ein Datensatz – häufig ein urheberrechtliches Werk oder zumindest ein Verweis auf ein solches Werk als URL-Verweis, → Rn. 5, als digitaler Inhalt[5] – generiert, der den gewünschten Inhalt verlinkt.[6] Nach erfolgreichem Durchlauf des Minting wird der NFT der **Wallet** des Erstinhabers zugewiesen, der sodann über diesen verfügen kann,[7] solange er

[1] Rauer/Bibi ZUM 2022, 20 (21 f.); Heine/Stang MMR 2021, 755 (756).
[2] Zur Erklärung des Verfahrens und Vergleich zum Proof-of-Work siehe Steege/Chibanguza Metaverse-HdB/Broschart/Scheitanov/Gieselmann § 1 Rn. 30 f.
[3] Steege/Chibanguza Metaverse-HdB/Dietsch § 23 Rn. 42.
[4] Rauer/Bibi ZUM 2022, 20 (22).
[5] Hornung/Stepanova/Vielwerth DStR 2024, 81 (85); Ehinger/Hugendubel GRUR 2023, 1074 (1075).
[6] Bartels/Maamar GRUR-Prax 2023, 60; Reinholz GRUR-Prax 2023, 478 (479).
[7] Bartels/Maamar GRUR-Prax 2023, 60; Henke JZ 2022, 222 (223); Reinholz GRUR-Prax 2023, 478 (479).

Zugriff auf das Wallet behält. Im Rahmen des Minting kann der Inhaber entscheiden, ob ein einzelner NFT oder mehrere NFTs zum dargestellten Inhalt gemintet werden sollen.[8]

In der Regel werden NFTs nach dem **ERC-721** (oder ERC-1155)[9] und nicht dem ERC-20 Standard in der **Ethereum-Blockchain** hergestellt. Letzterer kann aufgrund der Einzigartigkeit und der fehlenden **Fungibilität** von NFTs keine Anwendung finden. Der ERC-721 Standard hingegen ermöglicht die eindeutige Zurechnung eines Tokens.[10] Der erstellte NFT enthält zum einen eine dem NFT beim Minten zugewiesenen „Token-ID" und zum anderen eine dem Smart Contract zugewiesene Adresse, die den NFT in ihrer Kombination einzigartig machen.[11] Zudem ist oft ersichtlich, welchem Ersteller-Account der NFT zugeordnet ist.[12] NFTs können allerdings auch anonym geminted werden.[13] 4

Des Weiteren enthält der NFT oft Informationen zu dem mit ihm verknüpften **Werk,** wie etwa dessen Titel oder eine Beschreibung.[14] Das Werk selbst ist indes in der Regel nicht in der Blockchain **gespeichert,** sondern **„off-chain",** da die entsprechenden Dateien zu groß wären, eine erhebliche Rechenleistung und damit hohe Kosten verursachen würden.[15] Stattdessen werden die Inhalte auf einem externen Server gespeichert. Der Speicherort wird im NFT hinterlegt, sodass zwischen beidem eine Verknüpfung besteht.[16] Die Verknüpfung des NFT zu seinem Bezugsobjekt kann zunächst im Wege einer gewöhnlichen **URL** erfolgen. Dies birgt jedoch den Nachteil, dass Inhalte auf der verlinkten Seite modifizierbar sind, was eine (optische) Änderung des Inhalts oder gar die Löschung zur Folge haben kann.[17] Deshalb werden Inhalte häufig dezentral auf vielen Rechnern in einem **Peer-to-Peer-Netzwerk,** dem **InterPlanetary File System** („IPFS"), gespeichert, bei dem mittels eines im NFT enthaltenen **Hashwertes,** einer Art digitalen Fingerabdrucks, nachträgliche Änderungen nachvollzogen werden können, was einen weitgehenden Schutz vor Fälschungen ermöglicht.[18] 5

Grundsätzlich steht es jedermann (mit einer gefüllten Krypto-Wallet)[19] mit den nötigen technischen Fähigkeiten und Zugängen frei, NFTs zu minten.[20] Dabei kann auf Online-Plattformen (zum Beispiel NFT-Plattformen wie **OpenSea,** Rarible oder NiftyGateway oder von Unternehmen für den NFT-Mint eigens aufgesetzten Plattformen) zurückgegriffen werden[21], auf denen gegen eine **Transaktionsgebühr,** die sog. **„gas fee",** und in der Regel ein zusätzliches Entgelt ein NFT für den Nutzenden erstellt wird. 6

Bei der überwiegend genutzten Blockchain Ethereum besteht die „gas fee", also die Gebühr zur Durchführung des Minting, aus einer Grundgebühr **(„base fee")** und einem **Trinkgeld („tip"** oder **„priority fee"**). Die „base fee" muss mindestens gezahlt werden, um die Transaktion durchzuführen. Die „base fee" fließt weder der Plattform noch einem anderen Empfänger zu, sondern wird beim Minten „verbrannt", das heißt vom Protokoll 7

---

8 Bartels/Maamar GRUR-Prax 2023, 60.

9 Vgl. Siadat RdF 2023, 4 (7).

10 Entriken/Shirley Evans/Sachs: EIP-721: ERC-721 Non-Fungible Token Standard https://eips.ethereum.org/EIPS/eip-721 (zuletzt abgerufen am 11.2.2025).

11 Heine/Stang MMR 2021, 755 (756).

12 Rauer/Bibi ZUM 2022, 20 (23).

13 Rauer/Bibi ZUM 2022, 20 (23).

14 S. zum Vorstehenden Heine/Stang MMR 2021, 755 (756).

15 Heine/Stang MMR 2021, 755 (756); Henke JZ 2022, 222 (223); Papastefanou CR 2022, 342 (345); Ehinger/Schmid InTer 2022, 106 (109); Rauer/Bibi ZUM 2022, 20 (23); Guntermann RDi 2022, 200 (201).

16 Ehinger/Schmid InTer 2022, 106 (109); Guntermann RDi 2022, 200 (201).

17 Papastefanou CR 2022, 342 (345); Heine/Stang MMR 2021, 755 (756).

18 Heine/Stang MMR 2021, 755 (756 f.); Ehinger/Hugendubel GRUR 2023, 1074 (1075); Fesenmair/Faßbender SpoPrax 2021, 358 (359). Näheres zu der Technik hinter den Hashwerten Papastefanou CR 2022, 342 (345 f.).

19 Reinholz GRUR-Prax 2023, 478 (479); Spikowius/Rack MMR 2022, 256 (257).

20 Rauer/Bibi ZUM 2022, 20 (22).

21 Bartels/Maamar GRUR-Prax 2023, 60; Rauer/Bibi ZUM 2022, 20 (22).

vernichtet.[22] Das zu zahlende Trinkgeld kann vom Nutzer frei festgelegt werden und schafft einen Anreiz für **Validatoren,** die Transaktion (vorrangig) durchzuführen. Entgegen der Bezeichnung als Trinkgeld handelt es sich um ein Entgelt für das Zurverfügungstellen der Technik.[23] Die Höhe der Kosten des Minting eines NFT variieren stark. Sie hängen von der gewählten Plattform ab und können insbesondere bei einer hohen Auslastung des gewählten Netzwerks und mit zunehmender Dateigröße steigen.[24] Gerade bei Plattformen von Unternehmen, die eigens für den NFT-Mint eingerichtet wurden, werden daneben für den NFT-Mint in aller Regel noch erhebliche weitere nicht-technisch bedingte Entgelte erhoben. Daneben existiert auch die Option, den NFT erst nach seinem ersten Verkauf minten zu lassen (sogenanntes **„lazy minting"**). Gegenstand des Kaufes ist kein fertiger Blockchaineintrag, sondern eine Art „Gutschein" für die Prägung, der bei seiner Einlösung die Eintragung veranlasst. Erst nach dem Verkauf wird der NFT auf den Distributed Ledger eingetragen. Für das „lazy minting" selbst fallen keine (zusätzlichen) „gas fees" an, der Käufer zahlt beim Kauf und der Einlösung des Gutscheins dann die üblichen Prägungskosten.[25] Der Verkäufer trägt keinerlei Transaktionskosten.[26] Dieses Konzept hat für den Verkäufer den Vorteil, dass er seinen künftigen NFT bereits zum Kauf veröffentlichen kann, ohne jedoch in Vorleistung treten zu müssen.

III. Vertragsrechtliche Einordnung

8 Zu klären ist, welchem **schuldrechtlichen Vertrag** der Vorgang des Minten zuzuordnen ist. Anders als beim Zweitverkauf kommt beim Minten zusätzlich zur Übertragung noch der Erstellungsprozess hinzu. Im Folgenden wird ausschließlich auf das Minting über Online-Plattformen eingegangen. Im Falle des regulären Minting zahlt der spätere Inhaber des NFT aus seiner mit ETH gefüllten Wallet die „gas fee" und gegebenenfalls zusätzliche Entgelte an die Plattform und löst damit den Prägungsprozess aus. Der NFT wird durch Implementierung eines Smart Contracts geprägt und durch in der Blockchain gespeicherte Informationen der Wallet des Minters zugewiesen.[27] Da in vereinfachter Sicht eine Zahlung gegen Verschaffung eines Gegenstandes erfolgt, handelt es sich beim Minten eines NFT folglich dem Grunde nach um einen **Kauf.**[28] Mangels **Sacheigenschaft** (→ § 19 Rn. 6) scheidet, trotz Exklusivität und Rivalität von NFTs,[29] ein Kaufvertrag iSd § 433 BGB jedoch aus.

9 NFTs sind **Immaterialgüter,** an denen zwar keine Rechte bestehen, die aber trotzdem einen Wert besitzen und Gegenstand des Handels auf dem Markt sind.[30] Es handelt sich daher um einen **sonstigen Gegenstand** iSd § 453 Abs. 1 S. 1 Alt. 2 BGB.[31] Danach finden die Vorschriften über den Sachkauf (§§ 433 ff. BGB) auch beim NFT-Minting entsprechende Anwendung. Im Regelfall werden NFT-Geschäfte jedoch nicht mit Fiat-Währungen und Kreditkarte, sondern mit **Kryptowährungen,** vor allem Ether (ETH), bezahlt,[32] die nicht unter den kaufrechtlichen Begriff **„Preis"** fallen.[33] Es handelt sich mithin auch nicht um

---

[22] Schuska MwStR 2024, 293 (297); Völkle MMR 2021, 539 (540); Steege/Chibanguza Metaverse-HdB/Dietsch § 23 Rn. 42.
[23] Salostey/Zawodsky UR 2023, 400 (402).
[24] Trinks MwStR 2023, 452 (454).
[25] Steege/Chibanguza Metaverse-HdB/Dietsch § 23 Rn. 42 f.
[26] Rapp/Bongers UR 2023, 665 (667); Steege/Chibanguza Metaverse-HdB/Dietsch § 23 Rn. 43.
[27] Hoeren/Prinz CR 2021, 565 (566).
[28] Vgl. auch Kaulartz/Schmid/Müller-Eising RDi 2022, 521 (524); Winnheller/Kissler: NFT-Minting: Widerrufsrecht und Dokumentation https://www.winheller.com/bankrecht-finanzrecht/non-fungible-tokens/nft-minting.html (zuletzt abgerufen am 11.2.2025).
[29] Guntermann RDi 2022, 200 (204).
[30] Maume/Maute Kryptowerte-HdB/Maume § 4 Rn. 42.
[31] Denga BKR 2022, 288 (290); Bartels/Maamar GRUR-Prax 2023, 60 (62); BeckOGK/Wilhelmi BGB § 453 Rn. 212.
[32] Henke JZ 2022, 222 (225); Maume/Maute Kryptowerte-HdB/Maume § 8 Rn. 31.
[33] Spindler/Bille WM 2014, 1357 (1362); MüKoBGB/Maultzsch § 433 Rn. 16; Langenbucher/Bliesener/Spindler/Langenbucher/Hoche/Wentz Kap. 11 Rn. 25.

einen Kaufvertrag iSd § 453 BGB, sondern um einen **Tausch** gem. § 480 BGB.[34] Am Ausgangspunkt der rechtlichen Überlegung ändert allerdings auch dies nichts, da der einzige Regelungsgehalt des § 480 BGB die entsprechende Anwendung der Vorschriften des Kaufrechts ist.

Darüber hinaus umfasst ein NFT-Geschäft – neben dem NFT als solchem – auch die Lizenz sowie den Anspruch auf Sicherung der Datei und Durchführung des Minting, teilweise gewährt ein NFT auch Zugang zu Einrichtungen wie zum Beispiel dem Metaverse, sodass ein Vertrag über einen NFT-Mint auch dienstvertragliche Elemente enthält.[35] **10**

IV. NFTs als digitale Inhalte?

Ferner könnte es sich um ein Geschäft iSd § 327 Abs. 1 S. 1, Abs. 2 S. 1 BGB handeln. Dies würde voraussetzen, dass sich ein Unternehmer im Rahmen eines Verbrauchervertrags verpflichtet, digitale Inhalte oder Dienstleistungen gegen Zahlung eines Preises bereitzustellen. Unter **digitalen Inhalten** werden wiederum Daten verstanden, die in digitaler Form erstellt oder bereitgestellt werden. Gegen eine Klassifizierung des NFT-Minting unter den Begriff der Bereitstellung digitaler Inhalte könnte bei genauer Betrachtung sprechen, dass bei einem NFT-Geschäft nicht Daten übertragen werden, sondern eine Verfügungsbefugnis.[36] Erwgr. 19 der Digitale-Inhalte-RL[37], deren Art. 2 Nr. 1 von § 327 BGB umgesetzt wird,[38] fordert allerdings ein weites Verständnis des Begriffs der digitalen Inhalte, sodass auch digitale Vorgänge neben der unmittelbaren Datenverarbeitung und -übermittlung erfasst werden können. Im Rahmen des Minting wird ein NFT digital erstellt und digital zur Verfügung gestellt;[39] mithin fällt ein NFT-Mint unter den § 327 Abs. 1 S. 1, Abs. 2 S. 1 BGB.[40] **11**

Unter sonstige Gegenstände iSd § 453 Abs. 1 S. 1 Alt. 2 BGB fällt insbesondere der Kauf von digitalen Inhalten.[41] Handelt es sich zudem um einen **Verbrauchervertrag** (vgl. § 310 Abs. 3 BGB → Rn. 20), schließt der § 453 Abs. 1 S. 2 BGB einen Teil der Vorschriften des Sachkaufs wie die §§ 433 Abs. 1 S. 1 und S. 2, 475 Abs. 1, Abs. 3 S. 1 und Abs. 4–6, 476, 477 BGB sowie das Mängelgewährleistungsrecht aus. Ersetzt werden diese nach § 453 Abs. 1 S. 3 BGB durch die Regelungen der §§ 327 ff. BGB. **12**

V. Minten von NFTs und E-Commerce

Nach der rechtlichen und vertraglichen Einordnung von NFTs stellt sich die Frage, ob das Minten den strengen Regeln des (deutschen) **Verbraucherschutzrechts** unterliegt. **13**

1. Anwendbarkeit des deutschen Verbraucherschutzrechts

Dafür müsste das deutsche Verbraucherschutzrecht zunächst in **kollisionsrechtlicher** Hinsicht auf den beim Minting geschlossenen schuldrechtlichen Vertrag anwendbar sein, **14**

---

34 Vgl. Möslein/Omlor FinTech-HdB/Siedler § 7 Rn. 19; Engelhardt/Klein MMR 2014, 355 (359); Henke JZ 2022, 222 (225); Maume/Maute Kryptowerte-HdB/Maume § 6 Rn. 163, 140.

35 Ehinger/Schmid InTer 2022, 106 (110); Kaulartz/Schmid/Müller-Eising RDi 2022, 521 (524).

36 Vgl. Kaulartz/Matzke NJW 2018, 3278; Kaulartz/Schmid/Müller-Eising RDi 2022, 521 (524).

37 RL (EU) 2019/770.

38 BeckOK BGB/Wendland § 327 Rn. 37.

39 Rosemann: Non-Fungible Token (NFT) aus Sicht des Zivilrechts https://fps-law.de/de/fps-blog/non-fungible-token-nft-aus-sicht-des-zivilrechts (zuletzt abgerufen am 11.2.2024).

40 Vgl. Kaulartz/Schmid/Müller-Eising RDi 2022, 521 (524); Guntermann RDi 2022, 200 (207); Hornung/Stepanova/Vielwerth DStR 2024, 81 (85); Ehinger/Schmid InTer 2022, 106 (110); BeckOGK/Wilhelmi BGB § 453 Rn. 212; aA für viele Arten von Token Maume/Maute Kryptowerte-HdB/Maume § 8 Rn. 41 ff.

41 BeckOGK/Wilhelmi BGB § 453 Rn. 190, 212.

schließlich sitzen zumindest die großen reinen NFT-Plattformen wie OpenSea und Rarible in den USA.

15 Ausgangspunkt ist insoweit die universal wirkende[42] Rom I-VO, deren Art. 6 Abs. 1 Rom I-VO das anzuwendende Recht bei Verbraucherverträgen bestimmt. Es findet das Recht des Staates Anwendung, in dem der Verbraucher seinen gewöhnlichen Aufenthalt hat. Vergleichbar zu den §§ 13, 14 BGB ist Verbraucher, wer bei Vertragsschluss nicht aus beruflichen oder gewerblichen Motiven handelt, und Unternehmer, wer aus eben diesen Gründen handelt. Die Verbrauchereigenschaft kann nicht durch einen „Klick" auf eine entsprechende Schaltfläche ausgeschlossen werden, es handelt sich um indisponibles Recht.[43] Zudem schließt eine Gewinnerzielungsabsicht beim Ersterwerb des NFT die Verbrauchereigenschaft nicht aus.[44] Anwendbar ist Art. 6 Abs. 1 Rom I-VO auf alle Vertragstypen inklusive Verträge über Immaterialgüterrechte[45] und Token.[46] Bei Online-Plattformen, auf denen NFTs geprägt werden können, handelt es sich zudem mangels **Standardisierbarkeit** der NFTs nicht um ein auf den Kauf und Verkauf von Finanzinstrumenten bezogenes multilaterales System iSv Art. 4 Abs. 1 Buchst. h Rom I-VO (→ § 20 Rn. 18), sodass der Anwendungsbereich nicht nach Art. 6 Abs. 4 Buchst. e Rom I-VO ausgeschlossen ist.[47] Im Ergebnis ist somit grundsätzlich das deutsche Verbraucherrecht anwendbar, sofern ein in Deutschland ansässiger Verbraucher handelt.

16 Zwar besteht nach Art. 6 Abs. 2 S. 1 Rom I-VO die Möglichkeit der Vereinbarung einer Rechtswahlklausel. Diese darf aber nicht dazu führen, dass der Schutz der verbraucherschützenden Vorschriften, der sich aus Abs. 1 ergebenden Rechtsordnung, nicht erreicht wird (vgl. S. 2). Ein Ausschluss des deutschen Verbraucherschutzrechts ist auf diesem Weg folglich nicht möglich.[48]

17 Art. 6 Abs. 1 Rom I-VO setzt allerdings weiter voraus, dass der Unternehmer seine berufliche oder gewerbliche Tätigkeit in dem Staat ausübt, in dem der Verbraucher seinen gewöhnlichen Aufenthalt hat (Buchst. a), oder, dass er eine solche Tätigkeit auf irgendeiner Weise auf diesen Staat ausrichtet (Buchst. b). Bei global tätigen Online-Plattformen, die ihr Angebot in englischer Sprache anbieten und dem Verbraucher ohne andere faktische Hindernisse online in gängiger Währung einen Vertragsabschluss ermöglichen, dürfte dies in der Regel nach einer Auslegung im Einzelfall zu bejahen sein.[49]

18 In der Vergangenheit waren allerdings auch vermehrt Minting-Vorgänge zu sehen, zum Beispiel bei dem NFT-Launch von Porsche, bei denen über eine Registrierung jedenfalls das Land der mintenden Person anzugeben ist. Mintende Personen aus bestimmten Ländern wurden in der Folge vom NFT-Projekt ausgeschlossen, um die dort geltenden, im Zweifelsfall hohen, Compliance-Anforderungen nicht erfüllen zu müssen. Kommt es in diesen Disclaimer-Fällen dennoch zu einem Vertragsschluss mit einem Verbraucher aus dem ausgeschlossenen Land, hängen die Rechtsfolgen von den konkreten Umständen des Einzelfalls ab. Als grobe Faustregel lässt sich festhalten: Erkennt der Unternehmer, dass der Verbraucher aus dem ausgeschlossenen Land stammt, und schließt er dennoch mit ihm einen Vertrag, richtet er seine Geschäftstätigkeit auf den betroffenen nationalen Markt aus und Art. 6 Abs. 1 Rom I-VO ist erfüllt. Erkennt er es hingegen nicht, etwa weil der Verbraucher

[42] MüKoBGB/Martiny Rom I-VO Art. 2 Rn. 3.
[43] Maume/Maute Kryptowerte-HdB/Maume § 8 Rn. 19.
[44] Maume/Maute Kryptowerte-HdB/Maume § 8 Rn. 13.
[45] Leible/Lehmann RIW 2008, 528 (537); Ferrari IntVertragsR/Staudinger Rom I-VO Art. 6 Rn. 25.
[46] Vgl. Maume/Maute Kryptowerte-HdB/Maume § 8 Rn. 9.
[47] Vgl. zur Nichterfassung von NFTs unter den Begriff des übertragbaren Wertpapiers als Finanzinstrument iSv Art. 4 Abs. 1 Buchst. h Rom I-VO, Art. 4 Abs. 1 Nr. 15, Nr. 44, Anhang I Abschnitt C RL 2014/65/EU über Märkte für Finanzinstrumente Segna/Möslein/Omlor/v. Buttlar/Sajnovits/Wilhelm Kommentar eWpG, 3. Teil Handbuch Kapitel 4 Rn. 71, 60, 15; Wellerdt WM 2021, 2379 (2381); aA zu Kryptobörsen Maume/Maute Kryptowerte-HdB/Maume § 8 Rn. 10 f., § 3 Rn. 52 ff. Zu einer möglichen analogen Anwendung der Bereichsausnahme Omlor/Link Kryptowährungen/Lehmann Kap. 5 VI. Rn. 217.
[48] Vgl. Maume/Maute Kryptowerte-HdB/Maume § 8 Rn. 25.
[49] Maume/Maute Kryptowerte-HdB/Maume § 8 Rn. 23; vgl. BeckOGK/Rühl Rom I-VO Art. 6 Rn. 196 ff.

ihn über seine Herkunft täuscht, findet kein Ausrichten statt und Art. 6 Abs. 1 Rom I-VO findet keine Anwendung.[50]

2. Eröffnung des Anwendungsbereiches des deutschen Verbraucherschutzrechts

Die Eröffnungsklausel für das deutsche Verbraucherrecht findet sich in § 312 Abs. 1 BGB. **19**
Erforderlich ist, dass ein Verbrauchervertrag iSd § 310 Abs. 3 BGB vorliegt, bei dem sich der Verbraucher zur Zahlung eines Preises oder zur Verfügungstellung personenbezogener Daten (Abs. 1a) verpflichtet, und dass kein Ausschlusstatbestand gem. § 312 Abs. 2–8 BGB eingreift.

Ein Verbrauchervertrag iSd § 310 Abs. 3 BGB erfordert wiederum einen Vertrag **20**
zwischen einem Unternehmer und einem Verbraucher. Problematisch dabei ist, dass NFT-Transaktionen häufig anonym stattfinden, sodass für den Unternehmer die Verbrauchereigenschaft nicht erkennbar ist. Allerdings ist die Verbrauchereigenschaft nach dem Wortlaut des § 13 BGB objektiv zu bestimmen.[51] Einen Vertrauensschutz genießt der Unternehmer insoweit nicht, er muss davon ausgehen, auch mit Verbrauchern zu kontrahieren.[52] Online-Anbieter wie beispielsweise OpenSea handeln beim Minten im Rahmen ihres Gewerbes und sind somit Unternehmer iSd § 14 BGB. Ein Verbrauchervertrag iSd § 310 Abs. 3 BGB liegt folglich nach der hM vor.[53]

Die Zahlung eines Preises iSd § 312 Abs. 1 BGB umfasst dabei nicht nur Geldzahlungen, **21**
sondern auch, wie in der Regel beim NFT-Erwerb,[54] mit Kryptowährungen getätigte Transaktionen (vgl. § 327 Abs. 1 S. 2 BGB: „digitale Darstellung eines Wertes")[55] oder die (verpflichtende) Bereitstellung von personenbezogenen Daten (vgl. §§ 312 Abs. 1a, 327 Abs. 3 BGB).

Schließlich dürfte der Anwendungsbereich nicht nach § 312 Abs. 2–8 BGB ausgeschlossen **22**
sein. In Frage käme auf den ersten Blick § 312 Abs. 5 BGB, der den Anwendungsbereich für **Verträge über Finanzdienstleistungen** ausschließt. Fraglich ist daher, ob das Minten eine solche Finanzdienstleistung darstellt. Dies ist abzulehnen. Insbesondere handelt es sich bei dem Minting eines NFT nicht um eine Dienstleistung, sondern um einen Kauf beziehungsweise Tausch, da sich der Ersterwerb ohne Intermediär vollziehen lässt und damit keine Erbringung von Dienstleistungen involviert ist.[56] In aller Regel dürfte der Anwendungsbereich des Verbraucherrechts damit nach § 312 Abs. 1 BGB eröffnet sein.

---

50 Zu diesem Aspekt BeckOGK/Rühl Rom I-VO Art. 6 Rn. 200 f.; Spindler/Schuster/Bach Rom I-VO Art. 6 Rn. 18.

51 BGH NJW 2005, 1273 (1274); 2020, 3786 (3787); BeckOK BGB/Martens § 13 Rn. 38.

52 MüKoBGB/Fornasier § 310 Rn. 82; Maume/Maute Kryptowerte-HdB/Maume § 8 Rn. 34.

53 Vgl. Maume/Maute Kryptowerte-HdB/Maume § 8 Rn. 3; 33 ff., der allerdings für dezentral strukturierte Kryptowechselstellen und -börsen das Vorliegen eines Verbrauchervertrags ablehnt. Er argumentiert unter anderem damit, dass Vertragsparteien bei Unklarheit über ihren Vertragspartner im Zweifel davon auszugehen hätten, dass sie es mit einem Verbraucher zu tun hätten, sodass auch ein tatsächlicher Verbraucher mangels anderer Anhaltspunkte im Zweifel davon ausgehen müsste, mit einem anderen Verbraucher zu kontrahieren. Dies würde dazu führen, dass kein Verbrauchervertrag vorläge, da zwei Verbraucher einen Vertrag miteinander schlössen. Dieses Argument vermag zwar ggf. durchgreifen, wenn auf einer Kryptobörse mit unbekannten Dritten kontrahiert wird. Wird jedoch ein NFT geminted, ist Vertragspartner die dies ermöglichende Online-Plattform, bei der handelnde Verbraucher wissen, dass es sich dabei um einen Unternehmer handelt, sodass ein Verbrauchervertrag vorliegt.

54 Vgl. Maume/Maute Kryptowerte-HdB/Maume § 8 Rn. 31.

55 Begr. RegE, BT-Drs. 19/27653, 35; Moosmayer/Lösler Corporate Compliance-HdB/Dittrich/Krings § 57 Rn. 52; BeckOK BGB/Martens § 312 Rn. 9b; MüKoBGB/Wendehorst § 312 Rn. 40.

56 Vgl. Maume/Maute Kryptowerte-HdB/Maume § 8 Rn. 37 ff., 48 ff.

3. Informationspflichten (§§ 312a–312f BGB) und sonstige Vorgaben des E-Commerce (§§ 312i, 312j BGB)

23 Die Eröffnung des Anwendungsbereichs bedeutet, dass der Unternehmer eine Vielzahl an **Informationspflichten** zu erfüllen hat. Die Zielsetzung der Informationspflichten besteht darin, dem Verbraucher die gleichen Möglichkeiten wie im Ladengeschäft zur Wahrnehmung und Beurteilung der Ware zu bieten, damit er eine fundierte Entscheidung treffen kann.[57]

24 An die Stelle (vgl. § 312a Abs. 2 S. 3 BGB) der allgemeinen Informationspflichten des Unternehmers gem. § 312a Abs. 2 S. 1 BGB iVm Art. 246 EGBGB, die bei jedem Verbrauchvertrag unabhängig von den Umständen des Vertragsschlusses gelten, könnten insbesondere die Vorgaben des § 312d Abs. 1 BGB treten. Voraussetzung dafür wäre das Bestehen eines außerhalb von Geschäftsräumen geschlossenen Vertrags oder eines Fernabsatzvertrags. Ersteres erfordert eine gleichzeitige körperliche Anwesenheit beider Parteien (§ 312b Abs. 1 Nr. 1 BGB), sodass nur der Fernabsatzvertrag gem. § 312c Abs. 1 BGB in Frage kommt. Das Minten bei Online-Anbietern findet wohl stets ausschließlich mittels Fernkommunikationsmitteln iSd § 312c Abs. 2 BGB statt,[58] sodass es sich gem. § 312c Abs. 1 BGB um einen Fernabsatzvertrag handelt. Die Plattformen müssen somit die Informationspflichten des § 312d Abs. 1 BGB iVm Art. 246a EGBGB erfüllen.

25 Dementsprechend muss das NFT-Projekt vor dem Minting, das heißt vor Abgabe der Willenserklärung des Verbrauchers, ihm in transparenter und eindeutiger Weise (vgl. Art. 246a § 4 Abs. 1, 3 EGBGB) erläutern, was der konkrete Kaufgegenstand ist. Dies umfasst bei NFTs unter anderem auch die Art des NFT und der Blockchain, wie der NFT auf der Blockchain gespeichert ist sowie gegebenenfalls enthaltene Lizenzen und Funktionen des Smart Contracts.[59] Sind die in Frage stehenden NFTs zum Beispiel mit **„Utilities"** (körperliche Gegenstände, die der NFT-Inhaber durch den Erwerb – gegebenenfalls auch wiederkehrend – erhält oder Zugangs- und Berechtigungsnachweisen[60]) verbunden oder begründen gewisse Merkmale des NFT (zum Beispiel die Haarfarbe des dargestellten Charakters)[61] eine besondere Seltenheit (**„Rarity"** oder „Scarcity")[62], so muss der Verbraucher auch darüber aufgeklärt werden.[63] Zusätzliche Informationspflichten umfassen unter anderem die Identität und Kontaktdaten des Herausgebers des NFT-Projektes, die Zahlungs- und Leistungsbedingungen, die Funktionsweise und den Gesamtpreis, dabei ist nach hier vertretender Ansicht die „gas fee" nicht hinzuzurechnen und lediglich auf diese hinzuweisen, da es sich dabei um variable Kosten handelt, die vom NFT-Projekt vorab nicht kalkulierbar sind,[64] oder etwaige bestehende gesetzliche Mängelrechte (vgl. Art. 246a § 1 Abs. 1 EGBGB).[65] Werden Werbeaussagen zur konkreten Anzahl von sich im Umlauf

---

57 Vgl. Leupold/Wiebe/Glossner IT-R/Glossner Teil 5.1 Rn. 208.

58 Vgl. Ehinger/Schmid InTer 2022, 106 (110); Rosemann: Non-Fungible Token (NFT) aus Sicht des Zivilrechts https://fps-law.de/de/fps-blog/non-fungible-token-nft-aus-sicht-des-zivilrechts (zuletzt abgerufen am 11.2.2024).

59 Vgl. Ehinger/Schmid InTer 2022, 106 (110); Rosemann: Non-Fungible Token (NFT) aus Sicht des Zivilrechts https://fps-law.de/de/fps-blog/non-fungible-token-nft-aus-sicht-des-zivilrechts (zuletzt abgerufen am 11.2.2024).

60 Vgl. Hoss beck.digitax 2024, 95 (99); Hornung/Sperling beck.digitax 2023, 138 (139); The Complete Guide to Utility NFTs (With Examples and Ideas) https://rally.fan/blog/utility-nfts-guide-with-examples (zuletzt abgerufen am 11.2.2025).

61 Vgl. Liegmann/Farrugia-Weber UR 2022, 441 (443); Lee/Lee/Koo: Exploring the relationship between rarity and price of profile picture NFT: A formal concept analysis on the BAYC NFT collection https://www.sciencedirect.com/science/article/pii/S 2096720924000046 (zuletzt abgerufen am 11.2.2025).

62 Vgl. Wagner/Holm-Hadulla/Ruttloff Metaverse und Recht/Reischl/Stilz § 5 Rn. 318.

63 Ehinger/Schmid InTer 2022, 106 (110).

64 Vgl. Trinks MwStR 2023, 452 (454); Howell: What Is NFT Gas Fee & How to Calculate It? https://101blockchains.com/nft-gas-fee/?gad_source=1&gclid=EAIaIQobChMIv-sej2d27iwMVFAatBh3BCiXYEAAYASAAEgKVi_D_BwE (zuletzt abgerufen am 11.2.2025); BeckOK BGB/Martens EGBGB Art. 246a § 1 Rn. 10.

65 Ehinger/Schmid InTer 2022, 106 (110).

befindenden Kopien getroffen, können wahrheitswidrige Aussagen Mängelrechte begründen oder gegebenenfalls gar wettbewerbswidrig sein.[66] Darüber hinaus besteht gem. § 312f BGB eine Verpflichtung des Unternehmers, dem Verbraucher vor Beginn des Minten oder innerhalb einer angemessenen Frist den Vertrag einschließlich seines Inhalts und, soweit bei Vertragsabschluss noch nicht geschehen, der Informationen gem. Art. 246a EGBGB zu bestätigen und auf einem dauerhaften Datenträger zur Verfügung zu stellen.

Weitere Besonderheiten im E-Commerce können sich auch aus den §§ 312i, 312j BGB 26
ergeben. Diese finden in unionsrechtskonformer Auslegung auch auf Verträge über die Lieferung digitaler Inhalte Anwendung, sofern diese im elektronischen Geschäftsverkehr stattfinden.[67] Hieraus ergeben sich etwa Informationspflichten (s. aber auch § 312i Abs. 3 BGB) und Pflichten zur Art der Ausgestaltung der Webseite bei Bestellungen. Praxisrelevante Besonderheiten gerade für das NFT-Minting bestehen hierbei jedoch nicht, sodass auf die allgemeine Literatur zu der Auslegung dieser Normen verwiesen werden kann. Zu beachten ist allein, dass § 312i BGB keinen Verbrauchervertrag voraussetzt und somit auch im B2B-Geschäft Anwendung findet.[68]

4. Widerrufsrecht

Fraglich ist, ob dem Verbraucher bezüglich des beim Minten geschlossenen Vertrags ein 27
gesetzliches **Widerrufsrecht** zusteht (vgl. § 355 Abs. 1 S. 1 BGB).

a) Bestehen eines Widerrufsrechts und Ausnahmen

Neben den Informationspflichten begründet das Vorliegen eines Fernabsatzvertrages gem. 28
§ 312g Abs. 1 Alt. 2 BGB grundsätzlich ein Widerrufsrecht des Verbrauchers. Allerdings normieren § 312g Abs. 2 und Abs. 3 BGB zahlreiche Ausnahmen, die das Widerrufsrecht ausschließen. Für den Fall des Minting sind insbesondere die des Abs. 2 relevant.

aa) Individuell gefertigte Waren (§ 312g Abs. 2 Nr. 1 BGB). In Betracht kommt 29
zunächst die Nr. 1. Demnach steht dem Verbraucher kein Widerrufsrecht zu, sofern der Vertrag die Lieferung von nicht vorgefertigten und **individuell ausgewählten** beziehungsweise angepassten Waren beinhaltet. Der Begriff **„Ware"** bezeichnet eine bewegliche Sache iSd § 90 BGB, die nicht im Wege der Zwangsvollstreckung oder anderer gerichtlicher Maßnahmen verkauft wird, vgl. § 241a BGB. So fallen zwar auf körperlichen Datenträger gespeicherte digitale Inhalte unter den Warenbegriff,[69] bei NFTs hingegen fehlt die Sacheigenschaft (→ Rn. 8) und sie sind anstatt auf einem körperlichen Datenträger auf einer Blockchain gespeichert. Teilweise wird vertreten, es könne keinen Unterschied machen, ob ein digitaler Inhalt auf einem körperlichen Datenträger oder ohne einen solchen vertrieben werde. Auch bei einer trägerlosen Veräußerung könne der Unternehmer in seinen Weiterveräußerungsmöglichkeiten eingeschränkt sein und § 356 Abs. 5 BGB (→ Rn. 48 f.) greife erst mit Beginn der Vertragserfüllung. Daher sei § 312g Abs. 2 Nr. 1 BGB analog auch auf digitale Inhalte anzuwenden.[70] Dies ist jedoch mit der überwiegenden Auffassung abzulehnen, da § 356 Abs. 5 BGB insoweit bereits ausreichend für einen Interessenausgleich sorgt.[71] Bei der Nichtaufnahme von digitalen Inhalten in den § 312g Abs. 2 Nr. 1 BGB handelt es sich um eine bewusste gesetzgeberische Wertung.[72] Selbst im Falle einer analogen Anwendung würde der Telos des § 312g Abs. 2 Nr. 1 BGB erfordern, dass der Unternehmer den

---

66 Ehinger/Schmid InTer 2022, 106 (110).
67 Vgl. BeckOGK/Busch BGB § 312i Rn. 5; MüKoBGB/Wendehorst § 312i Rn. 40.
68 MüKoBGB/Wendehorst § 312i Rn. 7; BeckOGK/Busch BGB § 312i Rn. 3.
69 Erwgr. 19 VR-RL.
70 MüKoBGB/Wendehorst § 312g Rn. 21; Pech MMR 2022, 348 (352).
71 BeckOGK/Busch BGB § 312g Rn. 15; Spindler/Schuster/Schirmbacher BGB § 312g Rn. 11.
72 BeckOK BGB/Martens § 312g Rn. 20.

NFT anderweitig nicht oder nur erschwert veräußern könnte.[73] Für NFTs existiert jedoch ein Zweitmarkt, sodass der Ausschlusstatbestand des § 312g Abs. 2 Nr. 1 BGB im Ergebnis auch bei Bejahen der Analogie nicht in Betracht käme.

30 Anders könnte die Beurteilung hingegen ausfallen, wenn der NFT-Mint mit einer körperlichen „Utility" verbunden ist, zum Beispiel der Mitlieferung eines T-Shirts.[74] Darin kann die individuelle Auswahl einer Ware iSd § 312g Abs. 2 Nr. 1 BGB liegen. Das Widerrufsrecht erlischt jedoch nur dann, wenn die individuelle Anfertigung für den Verbraucher erkennbar ist (vgl. Art. 246a § 1 Abs. 3 Nr. 1 EGBGB).[75] Werden durch das NFT-Projekt hingegen generell individuelle „Utilities" angefertigt, entfällt das Widerrufsrecht nicht.[76] Die Ausnahme greift somit nicht, sollten etwa alle NFT-Inhaber die gleiche „Utility" bekommen. Wegen § 312m Abs. 1 S. 2 BGB ist es ebenfalls unzulässig, wenn das NFT-Projekt das Widerrufsrecht dadurch auszuschließen versucht, dass es dem Verbraucher eine personalisierte „Utility" aufdrängt.[77]

31 **bb) Schwankungen auf dem Finanzmarkt (§ 312g Abs. 2 Nr. 8 BGB).** Möglich scheint ferner die Ausnahme des § 312g Abs. 2 Nr. 8 BGB, der das Widerrufsrecht für Verträge über Waren oder **(Finanz-)Dienstleistungen** ausschließt, deren Preis von innerhalb der Widerrufsfrist auftretenden **Schwankungen auf den Finanzmärkten,** auf die der Unternehmer keinen Einfluss hat, abhängt. Der Unternehmer soll nicht einseitig das Wertrisiko derartiger Schwankungen tragen müssen,[78] und der Verbraucher sich so dem Marktrisiko entziehen können.[79] Die erste Var. scheitert bereits am Warenbegriff (→ Rn. 29), sodass es auf die Frage ankommt, ob das Minten als (Finanz-)Dienstleistung, deren Preis von den Schwankungen des Finanzmarkts abhängt, qualifiziert werden kann. Zwar wird der Begriff derartiger Finanzdienstleistungen grundsätzlich weit verstanden und dem Minten und Verkaufen von NFTs wohnt auch ein spekulatives Element inne.[80] Allerdings muss der Preis unmittelbar von den Marktschwankungen abhängen; eine mittelbare Abhängigkeit reicht nicht.[81] Kryptowährungen wie insbesondere der Bitcoin dürften – nicht zuletzt wegen ihrer hohen Volatilität – wohl noch (zumindest in analoger Anwendung) darunterfallen.[82] Bei NFTs handelt es sich hingegen bereits dem Namen nach nicht um fungible Wertpapiere. Schwankt der Preis eines NFT, so spiegelt dies nur normale Entwicklungen des freien Marktes wider.[83] Der Preis eines NFT hängt also nur mittelbar von den Schwankungen auf dem Finanzmarkt ab.[84] Des Weiteren wird es die Anonymität der Wallet-Adressen dem Verbraucher in der Regel unmöglich machen, eine eventuelle Einflussnahme des Unternehmers auf die Wertentwicklung nachzuweisen.[85] Dies allein vermag jedoch nicht zum Entfallen des Ausschlusstatbestandes zu führen. Beruft sich der Unternehmer auf den Ausschlusstatbestand, trägt nämlich zunächst er nach allgemeinen Regeln die Beweislast

73 BGH NJW 2003, 1665 (1667).
74 Vgl. Patz BKR 2021, 725 (727); Maume/Maute Kryptowerte-HdB/Maume § 1 Rn. 73.
75 Vgl. auch LG Frankfurt a. M. BeckRS 2002, 16715; LG Düsseldorf BeckRS 2014, 8396.
76 Vgl. Jauernig/Stadler BGB § 312g Rn. 5; MüKoBGB/Wendehorst § 312g Rn. 15. Zudem stellt sich die Frage, ob das Widerrufsrecht dann nur hinsichtlich der mitgelieferten Utility oder aufgrund der Verbindung zwischen Utility und NFT vollständig oder überhaupt nicht entfällt. Dies könnte insbesondere davon abhängen, ob dem NFT neben der Utility noch ein eigenständiger Nutzen zukommt. Vgl. zu derartigen Paketverträgen Lang/Rösch NJW 2024, 118 (121). Vgl. zu ähnlichen Fällen der teilweisen Ausübung eines bestehenden Widerrufsrechts, bei denen danach gefragt wird, ob der Vertrag objektiv und im rechtlichen Sinne teilbar ist, MüKoBGB/Wendehorst § 312g Rn. 4; § 355 Rn. 33 f.
77 LG Cottbus BeckRS 2022, 32660; MüKoBGB/Wendehorst § 312g Rn. 19.
78 Begr. RegE BT-Drs. 17/12637, 56.
79 Fromm/Hay DStR 2022, 2444 (2448).
80 Vgl. BGH NJW 2015, 2959; Ehinger/Schmid InTer 2022, 106 (110).
81 BeckOK BGB/Martens § 312g Rn. 38.
82 Kirschbaum/Stepanova BKR 2019, 286 (290); Langenbucher/Bliesener/Spindler/Langenbucher/Hoche/Wentz Kap. 11 Rn. 33; BeckOGK/Busch BGB § 312g Rn. 49.
83 Bartels/Maamar GRUR-Prax 2023, 60 (62).
84 Ehinger/Schmid InTer 2022, 106 (110); Fromm/Hay DStR 2022, 2444 (2448).
85 Fromm/Hay DStR 2022, 2444 (2448); Vig BKR 2022, 442 (447).

dafür, dass er auf die Finanzmarktschwankungen keinen Einfluss hat.[86] Dass dem Verbraucher dann für einen möglichen Gegenvortrag nur eingeschränkte Erkenntnismöglichkeiten zur Verfügung stehen, kann nicht dazu führen, dass der Ausschlussgrund von vornherein nicht eingreift. Die Ausnahme des § 312g Abs. 2 Nr. 8 BGB scheitert allerdings, wie beschrieben, daran, dass es sich beim NFT-Minting nicht um schwankungsabhängige (Finanz-)Dienstleistungen handelt.[87]

cc) Zwischenergebnis. Es bleibt somit beim Eingreifen des Widerrufsrechts iSd § 355 Abs. 1 S. 1 BGB iVm § 312g Abs. 1 BGB. Ein vertraglicher Ausschluss, etwa durch eine AGB-Klausel, ist wegen § 312m Abs. 1 S. 1 BGB ebenfalls nicht möglich. **32**

b) Rechtsfolgen

Besteht ein Widerrufsrecht nach den oben genannten Voraussetzungen, kann der Verbraucher seine Willenserklärung binnen 14 Tagen durch Erklärung gegenüber dem Unternehmer **widerrufen** (§ 355 Abs. 1 S. 2, Abs. 2 BGB)[88]. Die Frist beginnt erst mit ordnungsgemäßer **Widerrufsbelehrung** des Verbrauchers durch den Unternehmer zu laufen (§ 356 Abs. 3 S. 1 BGB). Sollte diese – wie regelmäßig[89] – unterbleiben, erlischt das Widerrufsrecht erst 12 Monate und 14 Tage nach Vertragsschluss (§ 356 Abs. 3 S. 2 BGB). Einmal erklärt, sind die Parteien nicht mehr an ihre auf den Vertragsabschluss gerichteten Willenserklärungen gebunden (§ 355 Abs. 1 S. 1 BGB) und die empfangenen Leistungen sind innerhalb von 14 Tagen zurückzugewähren (§§ 357 Abs. 1, 355 Abs. 3 S. 2 BGB). Nicht ausreichend ist, ohne eine diesbezügliche Vereinbarung,[90] gem. Erwgr. 44 der VR-RL[91] die Rückübertragung der erhaltenden Leistung ohne weitere Erklärung. **33**

c) Probleme der Rückabwicklung

aa) Rückgewähr der empfangenen Leistungen. Nach dem Rückabwicklungsregime der §§ 355 Abs. 3 S. 1, 357 Abs. 1 BGB sind die empfangenen Leistungen zurückzugewähren. **34**

Den Unternehmer trifft die Verpflichtung, ein vom Verbraucher erhaltenes Entgelt an diesen zurückzugewähren (zur Rückgewähr der „gas fee" → Rn. 45). **35**

Fraglich ist allerdings, ob der Verbraucher auch den NFT zurückzusenden hat. § 357 Abs. 8 BGB enthält eine Sonderregel für digitale Produkte. Ein NFT stellt einen digitalen Inhalt und damit ein digitales Produkt iSd § 327 Abs. 1 S. 1 BGB dar (→ Rn. 11). Danach findet auf die Rechtsfolgen des Widerrufs von Verträgen über die Bereitstellung digitaler Produkte ferner § 327p BGB entsprechende Anwendung. §§ 357 Abs. 8, 327p BGB setzen die Art. 16 Abs. 3–5, Art. 17 Abs. 1 Digitale-Inhalte-RL und Art. 13 Abs. 5–8, Art. 14 Abs. 2a VR-RL um.[92] **36**

§ 327p BGB untersagt es dem Verbraucher vor allem, das digitale Produkt nach dem Widerruf weiter zu nutzen oder Dritten zur Verfügung zu stellen (§ 327 Abs. 1 BGB). Die Verweisung trägt der typischen Interessenlage bei einem Verbrauchervertrag über digitale Inhalte Rechnung: Bei digitalen Inhalten wird es sich in der Regel um solche handeln, die der Verbraucher unmittelbar wird nutzen und gegebenenfalls sogar kopieren können, Musik, Filme etc.[93] Der Unternehmer hingegen verfügt weiterhin über diese digitalen Inhalte, da er dem Verbraucher bloß eine Kopie zugesandt hat und daher an der Erstellung **37**

---

86 MüKoBGB/Wendehorst § 312g Rn. 60; BeckOGK/Busch BGB § 312g Rn. 14.
87 Vgl. Fromm/Hay DStR 2022, 2444 (2449).
88 Zukünftig auch durch „Klick" auf einen Widerrufsbutton möglich, vgl. Art. 11a VR-RL.
89 Vgl. Maume/Maute Kryptowerte-HdB/Maume § 8 Rn. 59.
90 Vgl. BeckOK BGB/Müller-Christmann § 355 Rn. 25; MüKoBGB/Fritsche § 355 Rn. 46.
91 RL (EU) 2011/83.
92 Lang/Rösch NJW 2024, 118 (119); BT-Drs. 19/27653, 72 ff.
93 Pech MMR 2022, 262.

und Verwertung weiterer Kopien nicht gehindert ist.[94] An dem Zurückerhalt des digitalen Inhalts hat er damit kein Interesse.[95] Ist er nun allerdings seinerseits verpflichtet, die vom Verbraucher erhaltenen Leistungen, eine Zahlung in Fiat- oder Kryptowährung, zurückzugewähren, hat er zumindest ein Interesse daran, dass der Verbraucher den erhaltenen digitalen Inhalt nicht weiter nutzt oder Dritten zur Verfügung stellt. Diese Interessenlage setzen die §§ 357 Abs. 8, 327p BGB um.

38 Sofern der digitale Inhalt auf einem körperlichen Datenträger, etwa einer CD oder DVD,[96] verschafft wurde, hat der Verbraucher dem Unternehmer zudem diesen Datenträger auf Grundlage der §§ 355 Abs. 1, 357 Abs. 1, 327 Abs. 5 BGB in Anlehnung an § 327o Abs. 5 BGB[97] zurückzugewähren.[98]

39 Bei NFTs handelt es sich um nicht auf einem körperlichen Datenträger gespeicherte digitale Inhalte. Diese müssten daher nach dem soeben Dargestellten nicht zurückgewährt werden, dem Unternehmer stünde bloß die Möglichkeit zu, ihre weitere Nutzung und Weiterübertragung an Dritte zu unterbinden. NFTs nehmen allerdings eine Sonderstellung unter den digitalen Inhalten ein. Für gewöhnlich handelt es sich bei digitalen Inhalten nicht um Unikate, sie können beliebig oft kopiert werden, sodass sich ihr Wert vorwiegend aus ihrer Nutzbarkeit speist.[99] NFTs hingegen zeichnen sich dadurch aus, dass sie in aller Regel Unikate[100] sind und ihnen als solchen auch ein gewisser Marktwert zukommt. Darüber hinaus sind klassische NFTs, die „bloß" mit einem Medium wie einem Bild etwa verknüpft sind, nicht nutzbar. Ihnen kommt daher insoweit kein echter Wert zu, der über den Wert ihrer Inhaberschaft hinausgeht.

40 Wäre der Verbraucher nicht zur Rückgewähr des NFT verpflichtet und bestünde für den Unternehmer allein die Möglichkeit, dessen weitere Nutzung zu verhindern, würde dies dazu führen, dass niemand mehr den NFT nutzen dürfte; er wäre dem Rechtsverkehr faktisch entzogen. Der Unternehmer, der zur Rückgewähr der entrichteten Kryptozahlung verpflichtet ist, wäre insoweit erheblich belastet. Dieses Ergebnis vermag bei sonstigen, vielfach reproduzierbaren digitalen Inhalten zu überzeugen, nicht jedoch bei Unikaten wie einem NFT.

41 Es spricht mithin viel dafür, dass der Verbraucher auch zu einer Rückgewähr des NFT verpflichtet ist. Der Wortlaut des § 357 Abs. 8 BGB, der den § 327p BGB nur für „ferner" anwendbar erklärt und damit die übrigen Absätze des § 357 BGB nicht ausschließt, ließe dies zu.[101] Auch der Begriff der „Leistung" in §§ 357 Abs. 1, 355 Abs. 3 S. 1 BGB und die systematische Einbettung des § 357 Abs. 8 BGB erfassen grundsätzlich auch die Rückgewähr digitaler Inhalte. Ob die zugrundeliegenden europäischen Richtlinien unter gewissen Umständen allerdings auch die Pflicht zur Rückgewähr von digitalen Inhalten, die sich nicht auf einem körperlichen Datenträger befinden, begründen können,[102] wäre im Wege eines Vorabentscheidungsverfahren vom EuGH zu klären. Im Falle von NFTs wäre es jedenfalls aus praktischer Sicht zu befürworten und wird daher für die weiteren Ausführungen zugrunde gelegt.

42 **bb) Besonderheiten bei blockchainbasierten Transaktionen.** Problematisch bei der Rückabwicklung eines Geschäftes über einen NFT ist, dass einmal getätigte **Blockchain-**

[94] Lang/Rösch NJW 2024, 118 (119); BeckOGK/Fries BGB § 327p Rn. 3.
[95] MüKoBGB/Fritsche § 357 Rn. 24; vgl. BT-Drs. 19/27653, 72.
[96] MüKoBGB/Metzger § 327 Rn. 10; BeckOK BGB/Wendland § 327 Rn. 46.
[97] Vgl. BT-Drs. 19/27653, 72.
[98] Pech MMR 2022, 262 (266); Lang/Rösch NJW 2024, 118 (119); jurisPK-BGB/Hönninger § 357 Rn. 32. Vgl. auch Erwgr 19 und Art. 14 Abs. 1 VR-RL; BT-Drs. 19/27655, 31.
[99] Vgl. Pech MMR 2022, 262 (266).
[100] BeckOGK/Wilhelmi BGB § 453 Rn. 212; Bartels/Maamar GRUR-Prax 2023, 60.
[101] Lang/Rösch NJW 2024, 118 (119); Prütting/Wegen/Weinreich/Stürner BGB § 357 Rn. 17; BT-Drs. 19/27655, 31.
[102] Abl. Lang/Rösch NJW 2024, 118 (119); Prütting/Wegen/Weinreich/Stürner BGB § 357 Rn. 17.

Transaktionen nicht verändert werden können.[103] Dies ist jedoch nur auf den ersten Blick problematisch, der Widerruf begründet im Gegensatz zur Anfechtung „nur" ein Rückgewährschuldverhältnis ex nunc.[104] Der Verbraucher kann somit den NFT und der Unternehmer das Entgelt in einer neuen Transaktion zurücktransferieren.[105]

Alternativ würde es ein Smart Contract auch erlauben, die Widerrufsmöglichkeit bereits auf den Smart Contract zu schreiben und über diesen den Widerruf abzuwickeln.[106] Wird die Willenserklärung nicht innerhalb der Frist widerrufen, schließt sich der Smart Contract und wird für Veränderungen endgültig unzugänglich.[107] **43**

Eine weitere Möglichkeit wäre es, um etwaige Schwierigkeiten bei der Rückabwicklung zu vermeiden, den NFT erst mit Ablauf des Widerrufsrechtes in die Wallet des Erwerbers „droppen" zu lassen. Allerdings stellt auch dies eine nur eine bedingt gute Alternative dar. Zum einen setzt das Abwarten der 14 Tage voraus, dass auch ordnungsgemäß belehrt wurde und somit das Widerrufsrecht auch wirklich bereits zu dem Zeitpunkt und nicht erst ein Jahr später erlischt. Damit ist eine gewisse Rechtsunsicherheit verbunden. Zum anderen kann der Erwerber den NFT in der Zwischenzeit nicht weiterverwerten beziehungsweise für einen Gewinn „flippen". **44**

Daneben stellt sich auch das Problem, dass es im Gegensatz zu sonstigen Transaktionen im E-Commerce nicht möglich ist, dass der Unternehmer die bei der Rückabwicklung anfallenden **Transaktionsgebühren** übernimmt. Aufgrund der zugrundeliegenden Technik hat diese stets der Auslöser der Transaktion, hier der Verbraucher, zu zahlen.[108] Sofern der Verbraucher darüber nach Maßgabe des Art. 246a § 1 Abs. 2 S. 1 Nr. 2 BGB belehrt wurde, kann man die entstehenden Kosten jedoch als unmittelbare Kosten einer Rücksendung qualifizieren, die nach § 357 Abs. 5 S. 1 BGB[109] nicht nur in technischer, sondern auch in rechtlicher Hinsicht vom Verbraucher zu tragen sind.[110] Fraglich ist, ob der Unternehmer im Gegenzug die „gas fee" gem. § 357 Abs. 2 S. 1 BGB als Kosten für die Lieferung des NFT zurückerstatten muss. Dafür müsste die „gas fee" als **Liefergebühr** im Sinne der Norm zu verstehen sein. Die „gas fee" fällt jedoch nicht primär dafür an, dem Verbraucher den NFT zu seiner Wallet zuzuweisen, mithin für die Lieferung des NFT, sondern vorgelagert für die dem eigentlichen Mint zugrundeliegende Transaktion. Die „gas fee" kann damit nicht gem. § 357 Abs. 2 S. 1 BGB ersetzt werden. Sollte man die „gas fee" dessen ungeachtet als Liefergebühr qualifizieren wollen, würde sich ein Folgeproblem stellen: Gegebenenfalls nicht zurückerstattet werden könnte nämlich jedenfalls ein Teil der „priority fee", wenn der Käufer diese besonders hoch angesetzt hat, um ein schnelles Minten des NFT zu erreichen, da man diese Art der Zusatzkosten als nicht erstattungsfähige Expresslieferungsgebühr iSd § 357 Abs. 2 S. 2 BGB qualifizieren könnte. Die Unterscheidung zwischen dem notwendigen Teil der „priority fee" als Form des „Standardversands"[111] und obsoleten Zusatzbeiträgen dürfte indes praktisch nur schwer umzusetzen sein. **45**

Aus § 357a Abs. 1 BGB ergibt sich eine **Wertersatzpflicht** des Verbrauchers, wenn die Ware durch seinen nicht erforderlichen Umgang einen Wertverlust erlitten hat und er über sein Widerrufsrecht belehrt wurde. Diese Wertersatzpflicht greift allerdings gem. § 357a Abs. 3 BGB nicht, wenn der Verbraucher einen Vertrag über die Bereitstellung von nicht auf **46**

---

[103] Weiss NJW 2022, 1343 (1344 f.); Bruns/Helbig/Hassa beck.digitax 2022, 155 (159); Micklitz/Reisch/Joost/Zander-Hayat VerbraucherR 2.0/Spindler S. 333, 345.
[104] NK-BGB/Ring § 355 Rn. 3; BeckOK BGB/Müller-Christmann § 355 Rn. 15.
[105] Vgl. Micklitz/Reisch/Joost/Zander-Hayat VerbraucherR 2.0/Spindler S. 333, 345; Maume/Maute Kryptowerte-HdB/Maume § 8 Rn. 63.
[106] Braegelmann/Kaulartz Smart Contracts/Decentralized Finance-HdB/Spindler/Wöbbeking Kap. 11 Rn. 31.
[107] Maume/Maute Kryptowerte-HdB/Maume § 8 Rn. 64.
[108] Hornung/Stepanova/Vielwerth DStR 2024, 81 (85).
[109] Eine Orientierung an § 327o Abs. 5 S. 2 BGB, nach der der Unternehmer die Kosten tragen würde, ist abzulehnen, da die Rückabwicklung nach hier vertretener Ansicht gem. § 357 BGB stattfindet, vgl. auch Pech MMR 2022, 262 (266).
[110] Vgl. zu dem Umfang dieser Kosten BeckOK IT-Recht/Föhlisch BGB § 357 Rn. 6 f.
[111] S. zu den Anforderungen daran MüKoBGB/Fritsche § 357 Rn. 6.

einem körperlichen Datenträger befindlichen digitalen Inhalten widerruft. Teleologisch begründen lässt sich die Norm damit, dass sich der Unternehmer in den betreffenden Fällen hinreichend über § 356 Abs. 5 BGB vor dem Eintritt der Widerrufsfolgen schützen kann (dazu sogleich), oder, wenn er dies versäumt, der uninformierte Verbraucher zu schutzwürdig ist, als dass er mit einem Wertersatzanspruch belastet werden sollte.[112]

47 NFTs stellen digitale Inhalte im Sinne der Norm dar (→ Rn. 11).[113] Da sie auch nicht auf einem körperlichen Datenträger bereitgestellt werden, greift die Ausnahme, sodass keine Wertersatzpflicht des Verbrauchers besteht.[114]

48 **cc) Ausschluss nach § 356 Abs. 5 BGB.** Um den oben genannten Problemen zu entgehen, kommt daher die Möglichkeit in Betracht, das Widerrufsrecht nach § 356 Abs. 5 Nr. 2 BGB **erlöschen** beziehungsweise den Verbraucher darauf **verzichten** zu lassen.[115] Dafür müsste es sich zunächst um einen entgeltlichen Vertrag über die Bereitstellung eines sich nicht auf einen körperlichen Datenträger befindlichen digitalen Inhalts handeln, was beim NFT-Minting der Fall ist (→ Rn. 11, 47).[116] Außerdem muss der Unternehmer bereits vor Ablauf der Widerrufsfrist mit der Ausführung des Vertrags begonnen (Buchst. a.) und der Verbraucher dem ausdrücklich zugestimmt haben (Buchst. b). Zudem muss gem. Buchst. c) der Verbraucher in Kenntnis gesetzt worden sein, dass seine Zustimmung zum Erlöschen des Widerrufsrechts führt. Schließlich muss dem Verbraucher eine Bestätigung nach Maßgabe des § 312f BGB zur Verfügung gestellt werden (Buchst. d).

49 Ausreichend für den Beginn der Vertragserfüllung im Sinne von Buchst. a ist der Beginn der Vertragsausführung, das heißt, der Unternehmer muss den Inhalt nutzbar bereitstellen.[117] Dies geschieht in der Regel unmittelbar nach Vertragsschluss, so dass dem Verbraucher nur für kurze Zeit ein Widerrufsrecht zusteht.[118] Auf die tatsächliche Kenntnisnahme durch den Verbraucher kommt es nicht an.[119] Die Zustimmung zur Vertragsausführung vor Ablauf der Widerrufsfrist erfordert eine **ausdrückliche Erklärung,**[120] etwa durch einen „Klick" auf ein Auswahlkästchen.[121] Nicht ausreichend ist die bloße Nutzung des Inhaltes als konkludente Erklärung, ein Hinweis in den AGB oder im Verlauf der Bestellung sowie ein bereits ausgewähltes Auswahlkästchen.[122] Ferner muss die Zustimmung ebenso wie die Kenntnis über das Erlöschen samt Bestätigung durch den Unternehmer (Buchst. b und c) bereits vor Beginn der Vertragsdurchführung seitens des Unternehmers vorliegen.[123] Sind diese Voraussetzungen erfüllt, erlischt das Widerrufsrecht des Verbrauchers.

50 **dd) Besonderheiten bei der Rückabwicklung von im Wege des „lazy minting" erstellten NFTs.** Schließlich soll auf mögliche Besonderheiten der Rückabwicklung von im Wege des „lazy minting" erstellten NFTs hingewiesen werden. Zur Erinnerung: Beim

---

[112] BeckOGK/Mörsdorf BGB § 357a Rn. 53.
[113] Wegge SpuRt 2022, 354 (356); Guntermann RDi 2022, 200 (207); Ehinger/Schmid InTer 2022, 106 (110).
[114] Vgl. zu einer ähnlichen Konstellation bei virtuellen Gütern im Metaverse Steege/Chibanguza Metaverse-HdB/Busch § 18 Rn. 42.
[115] Der § 356 Abs. 5 BGB setzt den seit dem 28.5.2022 geltenden Art. 16 Abs. 1 Buchst. m VR-RL um.
[116] Vgl. Braegelmann/Kaulartz Smart Contracts/Decentralized Finance-HdB/Spindler/Wöbbeking Kap. 11 Rn. 27; Wegge SpuRt 2022, 354 (356); Guntermann RDi 2022, 200 (207); Ehinger/Schmid InTer 2022, 106 (110).
[117] OLG Frankfurt a. M. BeckRS 2021, 37395; BeckOK IT-Recht/Fröhlisch BGB § 356 Rn. 18c.
[118] Vgl. Pech MMR 2022, 516 (519).
[119] Vgl. Pech MMR 2022, 348 (350).
[120] LG Köln MMR 2020, 200 (201); Lomfeld ZRP 2016, 174 (176); Spindler/Schuster/Schirmbacher BGB § 356 Rn. 54, 47.
[121] LG Karlsruhe MMR 2022, 413; Schirmbacher/Schmidt CR 2014, 107 (114); Rudkowski MMR 2012, 711 (712).
[122] LG Berlin MMR 2017, 50 (51); Spindler/Schuster/Schirmbacher BGB § 356 Rn. 54.
[123] Schmidt-Kessel/Kramme VerbraucherR-HdB/Schmidt/Trouvain Kap. 10 Rn. 64; Pech MMR 2022, 348 (350 f.).

„lazy minting" „verkauft"[124] der Creator/Verkäufer des NFT eine Art Gutschein an einen Käufer, der diesen wiederum gegenüber der Plattform einlösen kann und nach Zahlung der „gas fee" und gegebenenfalls eines zusätzlichen Entgelts einen NFT erhält. Der NFT wird dabei zunächst in die Wallet des Verkäufers geminted und dann automatisch zum Käufer transferiert.[125]

Bei der Rückabwicklung können sich Besonderheiten daraus ergeben, dass es sich bei einem „lazy minting" um ein Dreipersonenverhältnis handelt, hier zwischen Creator/ Verkäufer, Käufer und der involvierten Plattform. Die möglichen Problematiken sollen nachfolgend angerissen werden und in den Kontext zu den obenstehenden Erwägungen außerhalb des „lazy mintings" gestellt werden. **51**

Ist der Verkäufer Unternehmer und der Käufer Verbraucher, kann der Käufer seine gegenüber dem Verkäufer abgegebene Willenserklärung widerrufen, was zum Entstehen eines Rückabwicklungsverhältnisses führt. Der Käufer wäre verpflichtet, den NFT zurückzugewähren, da er diesen vom Verkäufer erworben hat, auch wenn dies über den Zwischenschritt eines Gutscheins erfolgte. Dabei entstehende Übertragungsgebühren wären nach Maßgabe des § 357 Abs. 5 S. 1 BGB bei einer Aufklärung durch den Unternehmer über die Kostentragungspflicht gem. Art. 246a § 1 Abs. 2 S. 1 Nr. 2 EGBGB vom Käufer zu tragen. Der Verkäufer wiederum müsste beim Widerruf in jedem Fall den für den NFT gezahlten „Kaufpreis" zurückgewähren. Die gezahlte „gas fee" wäre wohl nicht als Liefergebühr gem. § 357 Abs. 2 S. 1 BGB zurückzuzahlen (→ Rn. 45). **52**

Ist der Verkäufer hingegen Verbraucher, kann der Käufer auch als Verbraucher seine Willenserklärung nicht widerrufen, da bei einem Vertrag zwischen zwei Verbrauchern kein Widerrufsrecht besteht. Der Verkäufer könnte jedoch wiederum geneigt sein, seine gegenüber der Plattform abgegebene Willenserklärung zu widerrufen. Auch insoweit könnte ein Rückabwicklungsverhältnis entstehen. Fraglich ist jedoch, wie sich die vertragliche Verbindung zwischen der Plattform und dem späteren Verkäufer überhaupt qualifizieren lässt. Der Verkäufer beginnt den Mintingprozess nämlich noch nicht und zahlt für die Listung seines künftigen NFT auch keinerlei Gegenleistung an die Plattform. Der Mintingprozess beginnt erst mit der Zahlung des Käufers, die direkt gegenüber der Plattform erfolgt. Ein Widerrufsrecht gem. § 312g BGB setzt jedoch in jedem Fall gem. § 312 Abs. 1 BGB voraus, dass zwischen Unternehmer und Verbraucher ein Verbrauchervertrag besteht, bei dem sich der Verbraucher dem Unternehmer gegenüber zu der Zahlung eines Preises verpflichtet. Dies dürfte jedoch nicht der Fall sein. Zwar erfolgt eine Entrichtung der „gas fee" und gegebenenfalls zusätzlicher Entgelte an die Plattform, dies jedoch von Seiten des Käufers und nicht von Seiten des Verkäufers. Dass der Käufer die Zahlung für den Verkäufer abgibt, dürfte als Ansatz abzulehnen sein, da der Käufer ein Interesse daran hat, auch in eine unmittelbare Rechtsbeziehung zur Plattform zu treten, damit ihm der NFT automatisch transferiert wird. Zwischen dem Verkäufer und der Plattform besteht damit kein Verpflichtungsverhältnis, das durch den Käufer widerrufen werden könnte. **53**

VI. Praxishinweise

Um Schwierigkeiten bezüglich möglicher Widerrufe von Verbrauchern zu vermeiden, sollte eine Plattform, die das Minten von NFTs gegen Entgelt anbietet, in der Praxis einige wichtige Punkte beachten und umsetzen. **54**

Zum einen ist festzuhalten, dass bei der wohl regelhaften Anwendung deutschen Verbraucherrechts sowohl Informationspflichten als auch ein Widerrufsrecht bestehen. Soll die Ausübung eines Widerrufsrechts, schon aus Gründen der Praktikabilität, vermieden werden, **55**

[124] Im Folgenden wird der Einfachheit halber der Begriff des Verkaufs verwendet, auch wenn es sich um einen Tausch iSd § 480 BGB handelt, auf den aber die kaufrechtlichen Vorschriften Anwendung finden, s. oben.

[125] Lazy Minting on Rarible, https://help.rarible.com/hc/en-us/articles/10837015465101-Lazy-Minting-on-Rarible (zuletzt abgerufen am 11.2.2025).

müssen die Anforderungen von § 356 Abs. 5 Nr. 2 BGB erfüllt werden. Dazu muss dem Verbraucher beim Minting eindeutig angezeigt und er muss darauf hingewiesen werden, dass das Widerrufsrecht nach § 356 Abs. 5 Nr. 2 BGB erlischt, und er muss die Möglichkeit zur Zustimmung zur Vertragsausführung vor Ablauf der Widerrufsfrist haben. Gibt der Verbraucher seine Zustimmung, sollte der Unternehmer dies zusammen mit der Kenntnis über den Entfall des Rechtes zum Widerruf ausreichend erfassen und dem Verbraucher nach Vertragsschluss abrufbar zukommen lassen. Es empfiehlt sich zudem, den Prozess mit eigenen AGB zu unterlegen, die offene Fragen klären.[126]

56 Wird der Weg über § 356 Abs. 5 Nr. 2 BGB nicht beschritten, erscheint es sinnvoll, das Bestehen eines Widerrufsrechts im Vertrag ausdrücklich zu bestätigen und die 14-tägige Widerrufsfrist abzuwarten, bevor weitere Transaktionen ausgelöst werden.[127] Dagegen spricht allerdings die bereits angeführte mangelnde Praktikabilität. Das Problem der vom Absender zu tragenden Transaktionskosten lässt sich durch einen vertraglichen Ausschluss der Kostenerstattung lösen. Ansonsten hätte die Erstattung zur Folge, dass ihrerseits wiederum Transaktionsgebühren anfielen.[128] Für die Informationspflichten des § 312d Abs. 1 BGB iVm Art. 246a EGBGB enthält die Anlage 1 zu Art. 246a § 1 EGBGB eine Muster-Belehrung, auf die Unternehmer zurückgreifen können. Werden die Informationspflichten nicht ordnungsgemäß erfüllt, kann sich die Widerrufsfrist gem. § 356 Abs. 3 S. 2 BGB auf zwölf Monate und 14 Tage verlängern. Bis zu diesem verlängerten Zeitpunkt könnte ein Verbraucher einen Widerruf vornehmen. Dies könnten Verbraucher gezielt zur Spekulation nutzen, indem sie bei steigenden Kursen nicht widerrufen und bei fallenden Kursen durch die Widerrufsmöglichkeit abgesichert wären. Der mintende Unternehmer trüge damit das unvorhersehbare Marktrisiko, was in jedem Fall und vor dem Hintergrund der weiter zunehmenden Volatilität des Marktes vermieden werden sollte.

57 In der Praxis sträuben sich viele Unternehmer, die aufgeführten Anforderungen zu erfüllen und wollen sich den damit einhergehenden hohen Aufwand ersparen. Als Begründung wird dabei auf die Konkurrenz verwiesen, die sich ebenso wenig an die Vorgaben halte. Allerdings wird das eigene (schlimmstenfalls rechtswidrige) Handeln nicht dadurch legitimiert, dass sich andere Marktteilnehmer auch nicht rechtskonform verhalten. Es empfiehlt sich daher, zumindest das Vorgehen am konkreten Risiko anzupassen. Je bekannter das NFT-Projekt oder die Marke, die hinter dem Projekt steht oder mit diesen assoziiert wird, und je mehr das Projekt auf den deutschen Markt ausgerichtet ist, desto sinnvoller ist die Einhaltung der oben genannten Vorgaben des (deutschen) Verbraucherschutzrechtes.

[126] Vgl. Winnheller/Kissler: NFT-Minting: Widerrufsrecht und Dokumentation https://www.winheller.com/bankrecht-finanzrecht/non-fungible-tokens/nft-minting.html (zuletzt abgerufen am 11.2.2025).
[127] Hornung/Stepanova/Vielwerth DStR 2024, 81 (85 f.).
[128] Hornung/Stepanova/Vielwerth DStR 2024, 81 (85).

Teil 2 Decentralised Finance / Kryptowährungen

§ 35 Einführung

Schrifttum:
Birne, Neue digitale Zahlungsmittel im Lichte des Zahlungsdiensterechts, RDi 2024, 521; Birrer/Amstutz/Wenger, Praxishandbuch Decentralized Finance, 2023; Hamacher, Kryptowährungen als Gegenstand im Zivilprozess, ZIP 2025, 9; Maume/Maute, Rechtshandbuch Kryptowerte, 2020; Möslein/Kaulartz/Rennig, Decentralized Finance (DeFi), RDi 2021, 517; Möslein/Omlor, FinTech-Handbuch, 3. Aufl. 2024; Omlor/Franke, Europäische DeFi-Regulierungsperspektiven, BKR 2022, 679; Schäfer/Omlor/Mimberg, Kommentar zum Zahlungsdiesnteaufsichtsgesetz, 2. Aufl. 2025; Siadat, Regulierung von DeFi-Zahlungsdienstleistungen durch die MiCAR, RdZ 2023, 156; Terlau, MiCAR-Stablecoins – Erlaubnispflichten des Emittenten bei öffentlichem Angebot, Zulassung zum Handel und (nur) Ausgabe, BKR 2023, 809; Wittek/Kutsarov, Stablecoins im DeFi-Zahlungsverkehr und Regulierungswirkung durch MiCAR, RdZ 2022, 156.

Decentralised Finance **(DeFi)** beschreibt als Sammelbegriff verschiedene dezentrale Finanzanwendungen (DeFi-Anwendungen), die automatisiert anhand von vordefinierten DeFi-Protokollen auf Basis der DLT-Technologie aufgesetzt sind.[1] Die Nutzung der DLT-Technologie ermöglicht eine dezentrale Ausgestaltung von neuen oder bereits aus dem traditionellen, „zentralen" Finanzsystem (Centralised Finance; **CeFi**) bekannten Finanzanwendungen, unabhängig von einem zentralen Intermediär wie einer Bank oder einem Kreditinstitut. Dies ermöglicht eine weltweite, nicht an bestimmte Hürden geknüpfte Möglichkeit des Zugriffs auf die jeweiligen DeFi-Anwendungen für jedermann zu jederzeit.[2] Mangels zwischengeschaltetem Intermediär sinken zudem die Kosten im Vergleich zur klassischen CeFi.[3] 1

DeFi-Anwendungen beziehen sich aktuell noch im Wesentlichen auf Kryptowährungen wie beispielsweise Bitcoin oder Ether. Anders als der gebräuchliche Begriff der Krypto*währung* vermuten lässt, handelt es sich bei den einzelnen als Kryptowährungen erfassten Erscheinungsformen allerdings nicht um (staatliche) Währungen im eigentlichen Sinne, sondern um fungible Token auf einer Blockchain, die wegen ihres Tausch- und Bezahlcharakters einen bestimmten Wert abbilden und deshalb im Rahmen von DeFi-Anwendungen *wie* Währungen funktionieren.[4] Kryptowährungen erhalten einen immer stärkeren Zuspruch – was einst noch als technische Spielerei galt ist mittlerweile ein Milliardenmarkt[5]. Aus diesem Grund nimmt auch die Gesetzgebung auf nationaler und europäischer Ebene Kryptowährungen zunehmend in den Blick. 2

I. Erscheinungsformen in der Praxis

Die in der Praxis vorkommenden DeFi-Anwendungen sind vielfältig. Besondere Beachtung verdient dabei der Handel *(Swap)* mit Kryptowährungen an zentralen Handelsplätzen 3

---

1 Vgl. Birrer/Amstutz/Wenger Decentralized Finance-HdB 45; Siadat RdZ 2023, 156 (156).
2 Vgl. Birrer/Amstutz/Wenger Decentralized Finance-HdB 44; siehe auch Möslein/Omlor FinTech-HdB/Kaulartz § 5 Rn. 55, der deshalb von einer „Demokratisierung des Finanzwesens" spricht.
3 Vgl. Möslein/Kaulartz/Rennig RDi 2021, 517 Rn. 3.
4 Ähnlich Hamacher ZIP 2025, 9 (9) weshalb der Begriff Kryptowerte an sich naheliegender wäre.
5 Vgl. European Commission, European Financial Stability and Integration Review 2022, S. 45: Ende 2021 wurden zeitweise über 100 Mrd. USD in DeFi-Anwendungen gehalten, abrufbar unter https://finance.ec.europa.eu/document/download/33a3da83-4cde-42d9-8dfa-49b6fe5cc233_en?filename=european-financial-stability-and-integration-review-2022_en.pdf (zuletzt abgerufen am 18.3.2026).

(Centralised Exchange; **CEX**)[6] oder dezentralen Kryptobörsen (Decentralised Exchange; **DEX**)[7], bei denen die Käufer und Verkäufer direkt, dh Peer-to-Peer (P2P), ohne Interaktion mit einem regulierten Dienstleister, handeln *(Trading)*.[8] Darüber hinaus spielen die folgenden DeFi-Anwendungen in der Praxis eine bedeutende Rolle:

a) Zahlungen *(Payments)* durch den Einsatz von Token (beispielsweise einer Kryptowährung).[9]
b) Beim *Lending* bzw. *Borrowing* handelt es sich um dezentrale Kreditgeschäfte, welche die zeitweise Überlassung von Token einer Kryptowährung an einen Liquiditätspool[10] oder Peer-to-Peer gegen die Entrichtung einer Gebühr zum Gegenstand haben können, beispielsweise auf Grundlage des Aave-Protokolls[11].[12] Zur Absicherung des Geschäfts werden andere Kryptowährungen als Sicherheit (sog. *collateral*) hinterlegt (in der Regel aufgrund der Preisschwankungen in Höhe von 150 % des Werts der überlassenen Kryptowährung), deren Freigabe durch einen Smart Contract geregelt wird.[13] Im Rahmen sog. *Flash-Loans* werden Kryptowerte ohne Sicherheiten innerhalb derselben Transaktion auf der Blockchain empfangen und wieder zurückübertragen.[14]
c) Beim *Staking* werden Token einer Kryptowährung beispielsweise bei einer DEX hinterlegt, um Token-Swaps im Rahmen des Proof-of-Stake-Konsensmechanismus (→ § 5 Rn. 29) zu verifizieren; die Hinterleger erhalten hierfür eine Prämie (sog. *Staking Rewards*).[15]
d) Beim sog. *Yield Farming* werden Kryptowährungen in einen Liquiditätspool[16] eingebracht, um diese anderen Nutzern beispielsweise im Rahmen des *Lendings* oder *Stakings* gegen Prämien zur Verfügung zu stellen.[17]

4 Zudem existieren im DeFi-Bereich auch dezentralisierte Formen traditioneller Finanzinstrumente wie dezentrale Anleihen und Derivate,[18] Versicherungen gegen bestehende Blockchain-Risiken[19], Verwahrgeschäfte in Bezug auf Kryptowährungen[20] oder auch sog. *TokenSets,* deren Funktionsweise den Fonds der „traditionellen" Finanzwirtschaft ähnelt[21].

5 Teilweise werden auch sog. Stablecoins (→ Rn. 10) dem DeFi-Bereich zugeordnet. Richtigerweise sollte jedoch ein enges Begriffsverständnis gewählt werden, dass sich nur auf dezentrale Finanzdienstleistungen und -anwendungen bezieht.[22]

---

[6] Um CEX handelt es sich beispielsweise bei Coinbase oder Binance.
[7] DEX sind etwa Curve Finance oder Uniswap.
[8] Zum Handel mit Kryptowährungen eingehend → § 38 Rn. 4 ff.
[9] Siehe hierzu Omlor/Franke BKR 2022, 679 (680).
[10] Ein Liquiditätspool oder auch Liquidity Pool wird durch die Bereitstellung von Token durch andere Teilnehmer gebildet. Für die Bereitstellung der Token erhalten die Teilnehmer des Liquidity Pools einen Teil der Gebühren, die mit dem Liquidity Pool erwirtschaftet werden; teilweise auch spezifische Liquidity Pool Token, vgl. Möslein/Kaulartz/Rennig RDi 2021, 517 Rn. 10. Die Errichtung und Beteiligung an einem Liquidity Pool wird automatisiert über einen Smart Contract abgewickelt. Hierdurch wird sichergestellt, dass für DeFi-Anwendungen, beispielsweise Lending oder DEX, ausreichende Token-Reserven vorhanden sind.
[11] Hierzu → § 36 Rn. 3; → § 50 Rn. 4, 22 ff.; Möslein/Omlor FinTech-HdB/Kaulartz § 5 Rn. 59.
[12] Vgl. Omlor/Franke BKR 2022, 679 (680 f.); Möslein/Kaulartz/Rennig RDi 2021, 517 Rn. 7 f. Zur vertragsrechtlichen Einordnung des Lendings → § 38 Rn. 14 ff.
[13] Wittek/Kutsarov RdZ 2022, 156 (156 f.).
[14] Vgl. Omlor/Franke BKR 2022, 679 (681); Möslein/Kaulartz/Rennig RDi 2021, 517 Rn. 9.
[15] Vgl. https://www.coinbase.com/de/learn/crypto-basics/what-is-staking (zuletzt abgerufen am 26.8.2025).
[16] Vgl. Möslein/Kaulartz/Rennig RDi 2021, 517 Rn. 10.
[17] Vgl. https://www.kraken.com/de/learn/what-is-yield-farming (zuletzt abgerufen am 26.8.2025).
[18] Siehe hierzu Omlor/Franke BKR 2022, 679 (681).
[19] Vgl. Omlor/Franke BKR 2022, 679 (681 f.).
[20] In dieser Hinsicht zur vertragsrechtlichen Einordnung noch ausführlich → § 38 Rn. 18 ff.
[21] Siehe hierzu Möslein/Omlor FinTech-HdB/Kaulartz § 5 Rn. 64.
[22] So auch Möslein/Kaulartz/Rennig RDi 2021, 517 Rn. 5 f.

II. Tokenkategorisierung

6 Im DeFi-Kontext spielen Token eine entscheidende Rolle. Zu unterscheiden sind dabei Governance Token, Investment Token, Utility Token und Currency Token. Hierbei handelt es sich um spezifische Tokenkategorien, die jeweils unterschiedliche Eigenschaften und Funktionen besitzen. Im Einzelnen kann der Inhalt der jeweiligen Token auf verschiedenen DeFi-Protokollen allerdings sehr unterschiedlich ausgestaltet sein. Die Einordnung eines Token in eine der im Folgenden dargestellten Tokenkategorien ist deshalb immer aus der Richtung der Funktion des spezifischen Token vorzunehmen.[23] Viele Token kombinieren auch verschiedene Funktionen und sind daher als hybride Token zu verstehen, die nicht abschließend einer bestimmten Tokenkategorie zugeordnet werden können.[24]

1. Governance Token

7 **Governance Token** gestatten ihren Inhabern typischerweise bei Entscheidungen zu bestimmten DeFi-Projekten mit abzustimmen; teilweise erhalten die Inhaber solcher Token auch einen Teil der im Rahmen des DeFi-Projekts erwirtschafteten Gebühren.[25] Governance Token sind selbst handelbar und haben damit faktisch die Funktion eines Wertpapiers, ohne jedoch ein Wertpapier zu sein.[26]

2. Investment Token

8 Investment Token – als Überbegriff für Asset Token, Security Token und Equity Token – ähneln Beteiligungen oder Anteilen an real existierenden Vermögenswerten wie beispielsweise Aktien, Wertpapiere oder Unternehmensanteile.[27] Solche Token repräsentieren beispielsweise mitgliedschaftliche Rechte (zB Teilnahmerechte, Stimmrechte) oder schuldrechtliche Ansprüche (zB Gewinnbeteiligung, Verzinsung).[28]

3. Utility Token

9 Utility Token gewähren dem Inhaber (als eine Art digitaler Gutschein) einen Anspruch auf Nutzung eines Produkts, die Inanspruchnahme einer Dienstleistung oder den Zugang zu einer Plattform gegenüber einem bestimmten Emittenten.[29]

4. Currency Token

10 Kryptowährungen (wie beispielsweise Bitcoin oder Ether) können als Currency Token qualifiziert werden, da sie – unabhängig von ihrem spekulativen Charakter – vornehmlich als digitale Zahlungsmittel dienen sollen, die über die jeweilige Blockchain transferiert werden können. Der Wert eines Currency Token folgt grundsätzlich aus dem Zusammenspiel von Angebot und Nachfrage, nicht aus einem etwaigen Bezug zu bestimmten Vermögensgegenständen oder Rechten. Gemeinsam mit sog. Stablecoins – dh Kryptowährungen deren Wert

---

[23] Hierzu noch → § 50 Rn. 17 ff.

[24] Vgl. Maume/Maute Kryptowerte-HdB/Zickgraf § 11 Rn. 72.

[25] Möslein/Omlor FinTech-HdB/Kaulartz § 5 Rn. 60.

[26] Möslein/Omlor FinTech-HdB/Kaulartz § 5 Rn. 60.

[27] Vgl. etwa Maume/Maute Kryptowerte-HdB/Zickgraf § 11 Rn. 51; Möslein/Omlor FinTech-HdB/Kaulartz § 5 Rn. 26.

[28] BaFin, Zweites Hinweisschreiben zu Prospekt- und Erlaubnispflichten im Zusammenhang mit der Ausgabe sogenannter Krypto-Token vom 16.8.2019, https://www.bafin.de/SharedDocs/Downloads/DE/Merkblatt/WA/dl_wa_merkblatt_ICOs.pdf?__blob=publicationFile&v=1 (zuletzt abgerufen am 18.3.2026), S. 6.

[29] Maume/Maute Kryptowerte-HdB/Fromberger/Zimmermann § 1 Rn. 73.

durch bestimmte Preisbindungsmechanismen (beispielsweise die Kopplung an eine amtliche Währung oder den Goldpreis) stabilisiert werden soll[30] – werden Currency Token auch als Payment Token bezeichnet.

III. Technische Grundlagen

11 Kryptowährungen werden als Token wie NFTs durch sog. Minting erstellt. Hier gelten daher die allgemeinen Ausführungen zur Erstellung von Token entsprechend (→ § 18 Rn. 4).

12 Die Abwicklung und Ausführung der DeFi-Anwendungen erfolgt automatisiert über sog. Smart Contracts (eingehend → § 52 Rn. 8 f.)[31] und auf eine Blockchain aufgesetzte Konsensmechanismen (→ § 5 Rn. 28 ff.).

IV. Rechtliche Herausforderungen

13 Die rechtliche Einordnung des DeFi-Bereichs führt zu zahlreichen Fragen, die – wie bereits im Abschnitt zu den NFTs festgestellt wurde (→ § 18 Rn. 7 f.) – vornehmlich auf Grundlage der allgemeinen, auch für nicht digitalisierte Sachverhalte geltenden Normen zu klären sind, beispielsweise Fragen zur Rechtsnatur von Kryptowährungen (→ § 36 Rn. 9 ff.), zum international anwendbaren Recht (→ § 37 Rn. 8 ff.), zur vertrags- und schuldrechtlichen Einordnung (→ § 38 Rn. 13 ff. und → § 39 Rn. 4 ff.), sowie zum einschlägigen Verbraucherschutzrecht (→ § 40 Rn. 21 ff.). Außerdem können sich auch im Kryptowährungskontext schwierige Haftungsfragen stellen (→ § 44 Rn. 13 ff.). Herausforderungen können auch entstehen, wenn sich erbrechtliche[32], insolvenz- oder vollstreckungsrechtliche[33] Sachverhalte auf Kryptowährungen beziehen.

14 Darüber sind die Besonderheiten zu beachten, die sich bei der gesellschaftsrechtlichen[34], handelsbilanziellen[35], steuerrechtlichen[36] und datenschutzrechtlichen[37] sowie außenhandels- und sanktionenrechtlichen[38] Behandlung von DeFi-Anwendungen und Kryptowährungen ergeben. Im Hinblick auf DeFi-Anwendungen muss außerdem ein besonderes Augenmerk auf den aufsichts- und kapitalmarktrechtlichen Rahmen (→ § 50 Rn. 59) gelegt werden. Zudem kann es auch im Kontext von DeFi und Kryptowährungen zu Insiderhandel und Marktmissbrauch (→ § 45 Rn. 4 ff.) und/oder zu Geldwäsche (→ § 46 Rn. 4 ff.) kommen.

15 Zu den „allgemeinen" Regelungen gesellen sich zunehmend auch spezifische, insbesondere Kryptowährungen, aber mittelbar auch den DeFi-Bereich, in Bezug nehmende Regelungen auf nationaler und europäischer Ebene. So sind Kryptowerte iSd Art. 3 Abs. 1 Nr. 5 MiCAR[39] als Oberbegriff[40] für vermögenswertereferenzierte Token (Art. 3 Abs. 1

---

30 Vgl. Terlau BKR 2023, 809 (811).
31 Möslein/Omlor FinTech-HdB/Kaulartz § 5 Rn. 56.
32 Zu den Besonderheiten bei der erb- und erschaftssteuerrechtlichen Behandlung von Kryptowährungen → § 48 Rn. 4 ff.
33 Zur insolvenz- und vollstreckungsrechtlichen Behandlung von Kryptowährungen → § 51.
34 → § 41 Rn. 3 ff.
35 Hierzu → § 42 Rn. 1 f.
36 Hierzu → § 43 Rn. 1 ff.
37 Dazu → § 47 Rn. 2 f.
38 → § 49 Rn. 2 f.
39 Verordnung (EU) 2023/1114 des Europäischen Parlaments und des Rates vom 31.5.2023 über Märkte für Kryptowerte (Kurzzitat: VO (EU) 2023/1114).
40 Vgl. Birne RDi 2024, 521 (524).

Nr. 6 MiCAR)[41], E-Geld-Token (Art. 3 Abs. 1 Nr. 7 der MiCAR)[42] und Utility-Token (Art. 3 Abs. 1 Nr. 9 MiCAR)[43] dem Anwendungsbereich der MiCAR unterstellt. Dabei werden auch Kryptowährungen als Kryptowerte iSd Art. 3 Abs. 1 Nr. 5 MiCAR von der MiCAR erfasst.[44]

Vom Anwendungsbereich der MiCAR ausgenommen und der MiFID II[45] unterstellt sind gem. Art. 2 Abs. 4 Buchst. a MiCAR jedoch Finanzinstrumente nach Art. 4 Abs. 1 Nr. 15 MiFID II. Hierzu zählen nach Anhang I Abschnitt C Absatz 1 MiFID II auch übertragbare Wertpapiere iSd Art. 4 Abs. 1 Nr. 44 MiFID II. Sofern bestimmte Token (→ Rn. 7 f.) übertragbare Wertpapiere iSd Art. 4 Abs. 1 Nr. 44 MiFID II sind, werden sie deshalb von der MiFID II erfasst.[46] **16**

Mangels Ausgabe durch einen Emittenten sind Kryptowährungen kein E-Geld iSv § 1 Abs. 2 S. 3 ZAG.[47] Kryptowährungen fielen als Kryptowerte allerdings unter den Begriff der Finanzinstrumente iSd § 1 Abs. 11 S. 1 Nr. 10 iVm § 1 Abs. 11 S. 4 KWG aF und waren damit vom Anwendungsbereich des KWG erfasst. Durch das Gesetz über die Digitalisierung des Finanzmarktes (FinmadiG)[48] wurde das KWG jedoch angepasst und § 1 Abs. 11 S. 1 Nr. 10 KWG wurde aufgehoben. Neu eingeführt wurde stattdessen der Begriff „Kryptographische Instrumente“ (§ 1 Abs. 1a S. 9 KWG),[49] von dessen Anwendungsbereich Kryptowerte iSd MiCAR jedoch ausdrücklich ausgenommen sind (§ 1 Abs. 1a S. 10 Nr. 3 KWG). **17**

§ 36 Rechtsnatur

Schrifttum:

Arndt, Bitcoin-Eigentum, 2021; Denga, Non-Fungible Token im Bank- und Kapitalmarktrecht, BKR 2022, 288; Djazayeri, Die virtuelle Währung Bitcoin – Zivilrechtliche Fragestellungen und internationale regulatorische Behandlung, jurisPR-BKR 6/2014, Anm. 1; Engelhardt/Klein, Bitcoins – Geschäfte mit Geld, das keines ist, Technische Grundlagen und zivilrechtliche Betrachtung, MMR 2014, 355; Grüneberg, Kommentar zum Bürgerlichen Gesetzbuch, 83. Aufl. 2024; v. Hülst, Absoluter Schutz von Blockchain-Token, Normativer Sachbegriff im deutsch-italienischen Rechtsvergleich, 2024; Kaulartz, FinTech-Handbuch, 2020; Omlor/Möslein, Blockchain und Recht, 2024; Möslein/Kaulartz/Rennig, Decentralized Finance (DeFi), RDi 2021, 517; Spiegel, Blockchain-basiertes virtuelles Geld, 2023; Spindler/Bille, Rechtsprobleme von Bitcoins als virtuelle Währung, WM 2014, 1357.

[41] Ein „vermögenswertereferenzierter Token“ ist ein Kryptowert, der kein E-Geld-Token ist und dessen Wertstabilität durch Bezugnahme auf einen anderen Wert oder ein anderes Recht oder eine Kombination davon, einschließlich einer oder mehrerer amtlicher Währungen, gewahrt werden soll.

[42] Ein „E-Geld-Token“ ist ein Kryptowert, dessen Wertstabilität unter Bezugnahme auf den Wert einer amtlichen Währung gewahrt werden soll.

[43] Nach der Legaldefinition der MiCAR ist ein „Utility-Token“ ein Kryptowert, der ausschließlich dazu bestimmt ist, Zugang zu einer Ware oder Dienstleistung zu verschaffen, die von seinem Emittenten bereitgestellt wird.

[44] BaFin, Merkblatt Kryptowerte-Dienstleistung nach MiCAR (Stand: Januar 2025), abrufbar unter: https://www.bafin.de/SharedDocs/Veroeffentlichungen/DE/Merkblatt/mb_250103_Kryptowerte_Dienstl.html (zuletzt abgerufen am 26.8.2025).

[45] Richtlinie 2014/65/EU des Europäischen Parlaments und des Rates vom 15.5.2014 über Märkte für Finanzinstrumente (Kurzzitat: RL (EU) Nr. 65/2014).

[46] Zur Bewertung ob einzelne Token übertragbare Wertpapiere iSd Art. 4 Abs. 1 Nr. 44 MiFID II sind → § 50 Rn. 7 ff.

[47] Schäfer/Omlor/Mimberg/Mimberg ZAG § 1 Rn. 219.

[48] BGBl. 2024 I Nr. 438.

[49] Dies sind digitale Darstellungen eines Wertes, der von keiner Zentralbank oder öffentlichen Stelle emittiert wurde oder garantiert wird und nicht den gesetzlichen Status einer Währung oder von Geld besitzt, aber von natürlichen oder juristischen Personen aufgrund einer Vereinbarung oder tatsächlichen Übung als Tausch- oder Zahlungsmittel akzeptiert wird oder Anlagezwecken dient und der auf elektronischem Wege übertragen, gespeichert und gehandelt werden kann.

1 Hinsichtlich der Rechtsnatur von DeFi-Token gelten grundsätzlich die gleichen Erwägungen wie zu Token im Allgemeinen. Insoweit wird auf die Ausführungen zur Rechtsnatur von NFTs in → § 19 Rn. 1 ff. verwiesen.

I. Besonderheiten von DeFi-Token

2 Im Anwendungsbereich der *Decentralised Finance* (DeFi) spielen Token eine zentrale Rolle. Denn DeFi-Finanzanwendungen zeichnen sich dadurch aus, dass sie auf einer Blockchain basieren[1] und auf dieser Grundlage automatisiert durch Smart Contracts ohne zentrale Intermediäre wie Banken oder Finanzinstitute operieren.[2] Technisch ermöglicht wird das u. a. mithilfe von Token, womit die Werteinheiten gemeint sind, die sich aus den in der Blockchain festgeschriebenen Transaktionsdaten der Blockchain ergeben.[3] Der einzelne Token repräsentiert jedoch nicht nur die Inhaberschaft über einzelne Finanzprodukte, sondern dient auch als Mittel zur Steuerung des automatisierten Finanzsystems: Je nach Ausgestaltung der konkreten DeFi-Plattform kann der Tokeninhaber Werte übertragen, diese als Sicherheit oder zur Bereitstellung von Liquidität hinterlegen, oder bei Governance-Entscheidungen abstimmen.[4]

3 Token, die von einer DeFi-Anwendung ausgegeben werden (sog. DeFi-Token, zum Begriff → § 35 Rn. 6), existieren somit wie NFTs auch auf der Anwendungsebene, dem *layer two.* Der einzelne DeFi-Token übernimmt dabei innerhalb des jeweiligen DeFi-Protokolls meist mehrere Funktionen gleichzeitig. So erhalten beispielsweise Nutzer der DeFi-Anwendung *Aave* im Gegenzug zur Bereitstellung von Liquidität nicht nur Zinsen, sondern auch zusätzliche Belohnungen in Form von AAVE-Token. Der AAVE-Token fungiert sodann als Governance-Token und erlaubt seinem Inhaber, über Protokolländerungen, Gebührenstrukturen und andere wichtige Entscheidungen abzustimmen. Dadurch erhalten diejenigen, die aktiv zur Liquidität der DeFi-Anwendung beitragen, mehr Stimmrechte und mithin einen größeren Einfluss auf die Governance des DeFi-Protokolls, in das sie investieren. Ferner können AAVE-Token umgekehrt als Sicherheit für Kredite verwendet werden, die man sich von der DeFi-Anwendung auszahlen lässt.[5] Weitere Beispiele mit einer ähnlichen Ausgestaltung sind der SUSHI-Token von *SushiSwap,*[6] der COMP-Token von *Compound*[7] und der BAL-Token von *Balancer.*[8]

4 Darüber hinaus beziehen die auf Anwendungsebene bzw. *layer two* existierenden DeFi-Anwendungen regelmäßig auch *layer one* Token in ihr Protokoll mit ein, indem sie dem Inhaber eines *layer one* Token eigene Rechte im Rahmen der DeFi-Anwendung zusichern. So ermöglicht die DeFi-Anwendung *MakerDAO* beispielsweise Inhabern von ETH-Token (dem *layer one* Token der zugrundeliegenden Ethereum-Plattform), ihre ETH-Token in der

[1] Richtiger wäre es eigentlich, in die Definition von Decentralized Finance alle Finanzanwendungen einzuschließen, die auf einem verteilten Netzwerk basieren. Denn dass das Bedürfnis von Intermediären wegfällt, ist letztendlich der Verteiltheit der zugrundeliegenden Infrastruktur zu verdanken. Aus diesem Grund ist das verteilte Netzwerk auch ein wesentlicher Bestandteil der Distributed-Ledger-Technologie, von der die Blockchain-Technologie wiederum nur eine Unterform ist. Da in der Praxis bislang aber nur die Blockchain-Technologie tatsächlich verwendet wird, wurde die Definition aus Verständnisgründen auf Blockchain-basierte Finanzwendungen beschränkt.

[2] Ausführlich zum Begriff des Decentralised Finance aus rechtlicher Perspektive Möslein/Omlor FinTech-HdB/Kaulartz § 5 Rn. 55 ff.; Möslein/Kaulartz/Rennig RDi 2021, 517 (517 f.).

[3] S. Omlor/Möslein Blockchain und Recht/v. Hülst S. 57 (59 f.); im Einzelnen v. Hülst Absoluter Schutz von Blockchain-Token S. 60 ff.

[4] DeFi sei daher auch „die logische Fortentwicklung der Kombination von Token und Smart Contract im Finanzsektor", Möslein/Omlor FinTech-HdB/Kaulartz § 5 Rn. 55; dort auch im Einzelnen zu verschiedenen Einsatzformen von DeFi-Token.

[5] Im Einzelnen hierzu siehe die regelmäßig aktualisierte Dokumentation des Aave-Protokolls, Aave Documentation, https://aave.com/docs (zuletzt abgerufen am 31.1.2025).

[6] S. https://docs.sushi.com/what-is-sushi (zuletzt abgerufen am 31.1.2025).

[7] S. https://docs.compound.finance (zuletzt abgerufen am 31.1.2025).

[8] S. https://docs.balancer.fi (zuletzt abgerufen am 31.1.2025).

DeFi-Anwendung zu hinterlegen. Im Gegenzug erhalten die Nutzer Zinsen in Form von plattformeigenen DAI-Token, die in ihrem Wert an den US-Dollar gekoppelt sind. Dadurch können Nutzer ihre *layer one* ETH-Token als langfristige Sicherheit halten, während sie gleichzeitig Zugriff auf liquide Mittel in Form von *layer two* DAI-Token haben.[9]

Die unterschiedlichen Funktionen eines Token innerhalb der DeFi-Anwendung **5** (→ Rn. 2) sowie die Verknüpfung von *layer one* Token mit plattformeigenen DeFi-Token oder Rechten (→ Rn. 3) machen den einzelnen Token zu einem unverzichtbaren Bestandteil der DeFi-Infrastruktur. Gleichzeitig werden dadurch dieselben Fragen hinsichtlich der rechtlichen Einordnung von DeFi-Token aufgeworfen wie im Rahmen von *layer one* Token und NFTs (→ § 19 Rn. 1 ff.).[10] Es ist bislang nicht geklärt, welche Rechtsnatur dem einzelnen Token zukommt und inwieweit die Verknüpfung mit zusätzlichen Funktionen auf die Rechtsnatur Einfluss hat oder haben sollte.

Anders als NFTs sind DeFi-Token zwar *fungible* und sollen eher wirtschaftliche und **6** organisatorische Funktionen innerhalb eines dezentralen, bankähnlich ausgestalteten Ökosystems erfüllen. Nichtsdestotrotz ist die Frage, ob Token als Sachen iSd § 90 BGB eingestuft werden können oder vielmehr unkörperliche Gegenstände darstellen, auch für DeFi-Token ungeklärt. Auch DeFi-Token sind grundsätzlich immateriell, weisen durch ihre technische Struktur jedoch Zuordenbarkeit, Exklusivität und Einzigartigkeit auf, sodass sie die Eigenschaften körperlicher Sachen erfüllen (→ § 19 Rn. 5 f.).[11] In jedem Fall aber sind DeFi-Token als Rechtsobjekt einzuordnen, da das faktisch existierende Interesse an einem DeFi-Token im Grundsatz rechtlich schützenswert ist. Lediglich Art und Umfang der am DeFi-Token bestehenden Rechte, die den DeFi-Token erst zum Rechtsobjekt machen, ist unklar (→ § 19 Rn. 8).[12]

Allerdings darf Einzigartigkeit in diesem Zusammenhang nicht mit Fungibilität ver- **7** wechselt werden. Denn dass ein Token *fungible* ist, meint lediglich, dass er die gleichen Eigenschaften aufweist wie andere Token. An der Tatsache, dass jeder Token im zugrundeliegenden DLT-/Blockchain-System einzigartig ist und eine virtuelle, aber dennoch einmalige Existenz erlangt, ändert dies nichts. Fungibilität ist in rechtlicher Hinsicht somit mit Vertretbarkeit iSd § 91 BGB gleichzusetzen. Danach sind vertretbare Sachen solche, die im Verkehr nach Zahl, Maß oder Gewicht bestimmt zu werden pflegen – also sich von anderen Sachen der gleichen Art nicht durch ausgeprägte Individualisierungsmerkmale abheben und daher austauschbar sind.[13] Token unterscheiden sich insoweit nicht von anderen körperlichen Gegenständen: Auch Pokerchips, von denen der Begriff Token übrigens abgeleitet ist, können je nach Art rot, grün oder blau sein, ohne dass der einzelne Pokerchip dadurch seine einmalige Existenz verliert.

Die Besonderheit von DeFi-Token liegt insbesondere in der Mehrdimensionalität der **8** Funktionen. Letztendlich erfordert diese aber nur insoweit eine differenziertere Betrachtung der möglichen Rechtspositionen, als dass die Inhaberschaft am Token mit verschiedenen Rechten verknüpft wird. So ist die Rechtsposition an einem Governance-Token mit einem mitgliederähnlichen Stimmrecht verknüpft (→ § 8 Rn. 6; → § 35 Rn. 7). Die Rechtsposition

---

9 Dazu im Detail https://docs.makerdao.com/smart-contract-modules/collateral-module/join-detailed-documentation (zuletzt abgerufen am 31.1.2025); zur Relevanz von Stable Coins bzw. Kryptowerten als Rückgrat der DeFi-Anwendungen Möslein/Kaulartz/Rennig RDi 2021, 517 (519).

10 Denga BKR 2022, 288 (294) setzt NFTs je nach Nutzung daher sogar mit DeFi-Token gleich; ähnlich auch Möslein/Kaulartz/Rennig RDi 2021, 517 (526 f.), die zwar die Bedeutung der Governance Token hervorheben, gleichzeitig die Notwendigkeit einer Einordnung als Wertpapier im Sinne des MiFID II aber verneinen.

11 S. Omlor/Möslein Blockchain und Recht/v. Hülst S. 57 (62 f.); aA Spiegel Blockchain-basiertes virtuelles Geld S. 54; Djazayeri jurisPR-BKR 6/2014, Anm. 1 (D.I.1); Engelhardt/Klein MMR 2014, 355 (357); zu den technischen Grundlagen ausführlich v. Hülst Absoluter Schutz von Blockchain-Token S. 17 ff.

12 Ausführlich v. Hülst Absoluter Schutz von Blockchain-Token S. 150 ff.; ähnlich auch Arndt Bitcoin-Eigentum S. 88 m. V. a. Mot. III 159 (333) sowie Spindler/Bille WM 2014, 1357 (1362); kritisch, da die Rechtsposition sui generis eher eine Notlösung sei, Omlor/Möslein Blockchain und Recht/v. Hülst S. 57 (67).

13 Statt aller Grüneberg/Ellenberger BGB § 91 Rn. 1.

am Liquidity-Token hingegen ist mit einer Rechtsposition verbunden, die regulär schuldrechtlich zu beurteilen ist (→ § 35 Rn. 3 (Fn. 10)). Für DeFi-Token sollte daher nichts Anderes gelten als für NFTs: Die an ihnen bestehende Rechtsposition sollte rechtlich mit dem repräsentierten Recht verbunden werden, ohne dass das repräsentierte Recht die originäre Rechtsposition am Token als solchen beeinflusst. Je nach Funktion kann die rechtliche Verknüpfung einen Vorrang der einen oder der anderen Rechtsposition bestimmen, so wie es mit §§ 793, 952 BGB bereits geregelt wird (→ § 19 Rn. 20).[14]

II. Schlussfolgerungen für die Praxis

9 In der Praxis ist – wie aus dem Vorangegangenem folgt – besonderer Fokus auf die vertragliche Ausgestaltung zu legen. Insoweit gelten die gleichen Erwägungen wie im Rahmen von NFTs: Mangels klar definierter Rechtsposition besteht eine Rechtsunsicherheit, der nur durch klare Regelungen im relativen Verhältnis begegnet werden kann (→ § 19 Rn. 6, → § 38 Rn. 2, → § 39 Rn. 2).

10 DeFi-Anwendungen erreichen eine vertragliche Absprache im Regelfall immerhin dadurch, dass ein sog. *whitepaper* veröffentlicht wird, in dem Ausgestaltung sowie Rechte und Pflichten des einzelnen Tokeninhabers erläutert werden. Diese sind im Protokoll und insbesondere in den Smart Contracts der jeweiligen DeFi-Anwendung sodann technisch umgesetzt, sodass spätestens mit der Teilnahme an der DeFi-Anwendung die konkludente Zustimmung hierzu erklärt wird.[15] Anders als auf *layer one* Ebene gibt es auf *layer two* Ebene auch meist ein – wenn auch anonymes – Gegenüber. Denn aufgrund des Wegfalls von Intermediären werden Verträge über die DeFi-Plattform direkt mit anderen Nutzern geschlossen. Lange Vertragsketten wie im traditionellen Finanzsystem fallen weg, stattdessen ist die Technologie Grundlage für ein Vertrauen in die Durchsetzbarkeit der Vertragspflichten.[16]

11 Auch in regulatorischer Hinsicht wird der Betreiber der DeFi-Anwendung zukünftig Anknüpfungspunkt der betreiberorientierten bzw. tätigkeitsbezogenen Regulierung bleiben.[17] Vollständig dezentralisierte DeFi-Anwendungen sind theoretisch zwar möglich, praktisch aber nicht umsetzbar – zumindest ist bislang noch kein DeFi-Protokoll bekannt, das vollständig dezentralisiert funktioniert. Entweder sind Governance-Strukturen so aufgebaut, dass sie keine echte Dezentralität begründen (da z. B. Schwellwerte erreicht werden müssen), oder die der Governance-Struktur zugrundeliegenden Token befinden sich letztendlich doch alle in der Inhaberschaft einiger Weniger. Jedenfalls aber haben die Gründer der Plattform meist einen so starken Einfluss innerhalb der Community, dass davon ausgegangen werden kann, dass sie das Projekt letztendlich doch faktisch steuern (→ § 50 Rn. 59).[18]

[14] Ausführlich zur Einordnung sog. extrinsischer Token v. Hülst Absoluter Schutz von Blockchain-Token S. 156 ff.

[15] Möslein/Kaulartz/Rennig RDi 2021, 517 (520 f.).

[16] Ausführlich Möslein/Kaulartz/Rennig RDi 2021, 517 (521 f.).

[17] Ausführlich hierzu sowie zu alternativen oder ergänzenden Anknüpfungsadressaten des Aufsichtsrechts Möslein/Kaulartz/Rennig RDi 2021, 517 (523 ff.); kritischer und mehr eine Wendung hin zu einer „Enabler"-orientierten Regulierung erkennend Möslein/Omlor FinTech-HdB/Kaulartz § 5 Rn. 67.

[18] Zu Recht kritisch hinsichtlich einer echten Dezentralisierung daher Möslein/Kaulartz/Rennig RDi 2021, 517 (520); auch die Bundesanstalt für Finanzdienstleistungsaufsicht (BaFin) geht davon aus, dass der Grad der Dezentralisierung von DeFi-Anwendungen nicht binär, sondern fließend ausgestaltet und von einer Vielzahl von Faktoren abhängig ist, https://www.bafin.de/ref/19650366 (zuletzt abgerufen am 26.1.2025).

§ 37 Internationales Privatrecht

Schrifttum:
Dilek, Das Internationale Privatrecht digitaler Werte, 2024; Drögemüller, Blockchain-Netzwerke und Krypto-Token im Internationalen Privatrecht, 2023; Gsell/Krüger/Lorenz/Reymann, beck-online Großkommentar, Stand: 1.2.2026; Hanner, Internationales Kryptowerterecht, 2022; Hoeren/Prinz, Das Kunstwerk im Zeitalter der technischen Reproduzierbarkeit – NFTs (Non-Fungible Tokens) in rechtlicher Hinsicht, CR 2021, 565; Maume/Maute/Fromberger, Rechtshandbuch Kryptowerte, 2020; Ng, Choice of law for property issues regarding Bitcoin unter English law, JPIL 15 (2019), 315; Omlor/Link, Handbuch Kryptowährungen und Token, 3. Aufl. 2026; Schwemmer, Das Tokensachstatut – Zur kollisionsrechtlichen Behandlung der Übertragung von Bitcoin, Kryptowertpapieren und anderen Kryptotoken, IPRax 2022, 331.

I. Einleitung

Auch in Hinblick auf Kryptowährungen stellen sich Fragen der Zuordnung vermögens- oder eigentumsrechtlicher Ansprüche oder der Erwerbs- bzw. Übertragungsvoraussetzungen, die sich von Land zu Land unterscheiden können. Dies verlangt vorab eine Bestimmung des jeweils auf den konkreten Sachverhalt anwendbaren Rechts anhand kollisionsrechtlicher Vorschriften und Anknüpfungskriterien. Erschwert wird eine solche Bestimmung jedoch abermals nicht nur durch die Diversität der unterschiedlichen Erscheinungsformen von Krypto-Token und speziell Kryptowährungen, sondern auch durch ihre **dezentralen Organisationsstrukturen** und der damit verbundenen problematischen Lokalisierung. Gleichwohl hält auch hierfür das Internationale Privatrecht adäquate Anknüpfungskriterien parat, um mit solch neuen technischen Entwicklungen umzugehen. Dieser Beitrag widmet sich diesen Anknüpfungen mit spezifischem Bezug zu Kryptowährungen.[1] Nach einer kurzen Darstellung der sich von NFT unterscheidenden technischen Grundlagen wird zunächst die gängige Terminologie in Bezug auf Kryptowährungen vorgestellt, da diese für die sodann erfolgende und kollisionsrechtlich relevante Einteilung als intrinsische oder extrinsische Token von Bedeutung sein kann. Schließlich wird auf die kollisionsrechtlichen Fragen in Bezug auf Kryptowährungen eingegangen, wobei erneut zwischen der schuldrechtlichen und der dinglichen Seite differenziert wird. 1

II. Technische Grundlagen von Kryptowährungen

Hinsichtlich der technischen Grundlagen von Kryptowährungen kann zunächst auf die Ausführungen zu NFT verwiesen werden (→ § 20 Rn. 2 f.). Im Gegensatz zu NFT stellen Kryptowährungen aber **fungible Token,** dh gleichwertig austauschbare digitale Werteinheiten desselben Typs dar.[2] Auch sie finden ihre Grundlage in einer in der Regel öffentlichen Blockchain als dezentral organisierter Datenbank. Häufig werden hierfür die Bitcoin- oder Ethereum-Blockchain genutzt. Während erstere aber nur die Erzeugung („Minting") und den Transfer von Kryptowährungen ermöglicht, lässt sich auf der Ethereum-Blockchain der Vorteil der Smart Contracts als selbstausführender Programme nutzen. Die meisten der auf der Ethereum-Blockchain erzeugten Kryptowährungen bedienen sich des technischen Standards ERC20[3]. 2

[1] Teilweise Doppelungen zum entsprechenden NFT-Teil sind nur der Klarstellung geschuldet.
[2] Hoeren/Prinz CR 2021, 565 (566).
[3] Vgl. https://ethereum.org/en/developers/docs/standards/tokens/erc-20/ (zuletzt abgerufen am 16.3.2026).

III. Terminologie in Bezug auf Kryptowährungen

3 Bevor eine kollisionsrechtlich relevante Unterscheidung zwischen intrinsischen und extrinsischen Token in Bezug auf Kryptowährungen und in der Folge eine Einordnung ins Internationale Privatrecht stattfinden kann, ist es notwendig, sich der in diesem Zusammenhang relevanten Terminologien klarzuwerden. Generell finden sich für Kryptowerte eine Reihe verschiedener Terminologien, in die sich speziell auch Kryptowährungen einordnen lassen. Bezogen auf den Nutzungszweck können Kryptowährungen (wie etwa Bitcoin) als **Currency Token** qualifiziert werden, da sie – unabhängig von ihrem spekulativen Charakter – vornehmlich als digitale Zahlungsmittel dienen sollen, die über die jeweilige Blockchain transferiert werden können. Ihre Werthaltigkeit folgt einzig aus dem Zusammenspiel von Angebot und Nachfrage, nicht aus einer etwaigen Verkörperung von Vermögensgegenständen oder Rechten.[4]

4 Nach der vor allem Regulierungszwecken dienenden **MiCAR**[5] fallen Kryptowährungen zunächst unter den Oberbegriff der **Kryptowerte** als „digitale Darstellung eines Wertes oder eines Rechtes, der bzw. das unter Verwendung der DLT oder einer ähnlichen Technologie elektronisch übertragen und gespeichert werden kann" (Art. 3 Abs. 1 Nr. 5 MiCAR). In konkreter inhaltlicher Hinsicht lassen sich einige Kryptowährungen sodann, je nach ihrer technischen Ausgestaltung und im Gegensatz zu von der Verordnung grundsätzlich ausgenommenen NFT[6], in die einzelnen Kategorien der Verordnung im Hinblick auf Kryptowerte einordnen. So können Kryptowährungen mitunter **E-Geld-Token**[7] darstellen, wenn ihre Wertstabilität durch Bezugnahme auf den Wert einer amtlichen (Fiat-)Währung gewahrt werden soll. Hierunter fallen zB Stablecoins im engeren Sinn, wenn der Preis dieser Kryptowährungen an den Wert einer amtlichen Währung geknüpft wird. Ebenso können Stablecoins aber auch unter den Begriff der **vermögenswertereferenzierten Token**[8] fallen, wenn sie keine E-Geld-Token sind, ihre Wertstabilität aber durch Referenz auf einen anderen Wert, etwa den Goldkurs im Falle von Gold-Stablecoin, gesichert wird. Auch andere Kryptowährungen lassen sich als solche vermögenswertereferenzierten Token einordnen, sofern ihre Wertstabilität generell durch Bezugnahme auf einen anderen Wert (auch einen Kryptowert), ein anderes Recht oder eine Kombination davon, einschließlich einer oder mehrerer amtlicher Währungen, gewahrt werden soll.

5 Viel häufiger dagegen fallen Kryptowährungen nur unter die Terminologie der **„anderen Kryptowerte als vermögenswertereferenzierte Token und E-Geld-Token"**[9] iSd MiCAR. Sie sind dann gerade nicht dazu bestimmt, eine Wertstabilität aufzuweisen, indem sie an einen Referenzwert oder eine Reserve geknüpft wären. Gleichwohl bleibt es möglich, dass sie selbst wiederum als Reserve für vermögenswertereferenzierte Token dienen.

IV. Kryptowährungen als intrinsische oder extrinsische Token?

6 Diese soeben vorgenommenen terminologischen Einordnungen anhand der MiCAR sind für die Unterscheidung zwischen **intrinsischen** und **extrinsischen Token** (→ § 20

[4] Vgl. Schwemmer IPrax 2022, 331 (332).

[5] VO (EU) 2023/1114 des Europäischen Parlaments und des Rates vom 31.5.2023 über Märkte für Kryptowerte und zur Änderung der Verordnungen (EU) Nr. 1093/2010 und (EU) Nr. 1095/2010 sowie der Richtlinien 2013/36/EU und (EU) 2019/1937, ABl. 2023 L 150, 40.

[6] Vgl. Art. 2 Abs. 3 MiCAR, der Kryptowerte, die einmalig und nicht mit anderen Kryptowerten fungibel sind, vom Anwendungsbereich der Verordnung ausnimmt; siehe dazu aber auch Erwgr. 11 MiCAR sowie ESMA, Final Report: Guidelines on the conditions and criteria for the qualification of crypto-assets as financial instruments, 17.12.2024, ESMA75453128700-1323, S. 48.

[7] Vgl. Art. 3 Abs. 1 Nr. 7 MiCAR.

[8] Vgl. Art. 3 Abs. 1 Nr. 6 MiCAR.

[9] Vgl. Art. 4 ff. MiCAR.

Rn. 4 f.) und damit für die kollisionsrechtliche Prüfung deshalb von Bedeutung, weil die Verordnung sowohl für E-Geld-Token[10] als auch für vermögenswertereferenzierte Token[11] einen etwaigen **Rücktauschanspruch** für den Inhaber des Tokens gegen dessen Emittenten vorsieht. Zwar repräsentieren diese Token damit noch nicht zwingend einen externen Vermögenswert selbst. Diese regulatorische Ausgestaltung verleiht diesen Token aber zumindest einen außerhalb des eigentlichen Buchungssystems liegenden externen Bezugspunkt in Form eines schuldrechtlichen Rücktauschanspruchs. Damit lassen sich Kryptowährungen, die unter die Begriffe des E-Geld-Token oder des vermögenswertereferenzierten Token im o. g. Sinn fallen, im Ergebnis als **extrinsische Token** einordnen. Dem steht auch nicht entgegen, dass ein solcher Rücktauschanspruch nur unter bestimmten Voraussetzungen gewährt wird,[12] da der Anspruch dennoch bereits unter aufschiebender Bedingung existiert und sonst auch andere Token, die einen aufschiebend bedingten Anspruch verkörpern, nicht als extrinsische Token anzusehen wären.

Praxishinweis:
Für die kollisionsrechtliche Einordnung einer Kryptowährung ist vorrangig zu prüfen, 7
ob diese dem Begriff des E-Geld-Token oder des vermögenswertereferenzierten Token iSd MiCAR zuzuordnen ist, da hiervon abhängt, ob ein extrinsischer Token vorliegt und welches Kollisionsrecht in der Folge Anwendung findet. Eine genaue Betrachtung der konkreten Ausgestaltung der jeweiligen Kryptowährung ist daher unerlässlich, bevor kollisionsrechtliche Schlüsse gezogen werden können.

Demgegenüber sind Kryptowährungen, die im regulatorischen Sinn andere Kryptowerte 8
als E-Geld-Token oder vermögenswertereferenzierte Token iSd MiCAR darstellen, als **intrinsische Token** einzuordnen. Entsprechendes gilt im Regelfall für Kryptowährungen, die sich nach dem Nutzungszweck der Gruppe der Currency Token zuordnen lassen. Diese Kryptowährungen existieren nur auf der Blockchain selbst, sie verkörpern grundsätzlich gerade keinen außerhalb des Buchungssystems bestehenden Vermögenswert oder Anspruch. Eine schuldrechtliche Verbindung mit einem zentralen Emittenten scheidet insbesondere auch aufgrund ihrer dezentralen Entstehung aus.

V. Kollisionsrechtliche Fragen im Zusammenhang mit Kryptowährungen

1. Schuldrechtliche Seite

Bezüglich der **schuldrechtlichen Seite** einer Transaktion von Kryptowährungen ist eine 9
Anknüpfung nach der **Rom I-VO** zu prüfen. Hierbei könnte zunächst an eine mögliche Bereichsausnahme für Verpflichtungen aus anderen handelbaren **Wertpapieren** iSv Art. 1 Abs. 2 Buchst. d Rom I-VO gedacht werden. Bezüglich Kryptowährungen dürfte jedoch bereits ihre Wertpapierfunktion zweifelhaft sein, da sie aufgrund ihrer primären Bezahlfunktionen eher Zahlungsinstrumenten näherstehen und keine vermögensmäßigen oder mitgliedschaftlichen Ansprüche verkörpern.[13] Im Anwendungsbereich der Verordnung kommt sodann primär eine **Rechtswahl** der Parteien (Art. 3 Rom I-VO), alternativ eine Anknüpfungsregel nach einem **spezifizierten Vertragstyp** in Betracht (Art. 4 Rom I-VO). Diesbezüglich wären die Normen für Kaufverträge (Buchst. a) oder Dienstleistungsverträge

[10] Vgl. Art. 39 MiCAR.

[11] Vgl. Art. 49 Abs. 4–6 MiCAR.

[12] Vgl. für vermögenswertereferenzierte Token die in Art. 39 Abs. 1 MiCAR normierte Bedingung, dass der Emittent seinen Verpflichtungen aus Kapitel 6 MiCAR nicht nachkommen kann.

[13] Maume/Maute Kryptowerte-HdB/Zickgraf § 11 Rn. 68; Drögemüller Blockchain-Netzwerke und Krypto-Token im Internationalen Privatrecht S. 70.

(Buchst. b) insbesondere dann einschlägig, wenn Kryptowährungen diesbezüglich als bloßes vertragliches **Entgelt,** dh zur Bezahlung dienen.[14]

10 Weiterhin könnte insbesondere die Anknüpfungsregel für Verträge über **Finanzinstrumente,** die innerhalb eines multilateralen Systems geschlossen werden (Buchst. h), zumindest auf den Sekundärerwerb von Kryptowährungen anwendbar sein. Zwar können Kryptobörsen und Kryptowechselstuben durchaus ein solches **multilaterales System** darstellen,[15] jedoch steht auch hier die fehlende Wertpapierfunktion von Kryptowerten ihrer Einordnung als Finanzinstrumente entgegen. Aus demselben Grund lässt sich auch bei der Beteiligung eines Verbrauchers zumindest keine direkte Anwendung des Art. 6 Abs. 4 Buchst. d Rom I-VO annehmen, der eine Ausnahme vom Anwendungsbereich der kollisionsrechtlichen Verbrauchervorschrift bei Rechten und Pflichten im Zusammenhang mit einem Finanzinstrument oder übertragbaren Wertpapieren vorsieht. Soweit keine Rechtswahl durch die Parteien getroffen wurde und das Vertragsverhältnis auch nicht nach speziellen Anknüpfungen nach Art. 4 Abs. 1 Rom I-VO qualifiziert werden kann, bestimmt sich das Vertragsstatut nach der allgemeinen Regelanknüpfung des Prinzips der **charakteristischen Leistung** (Art. 4 Abs. 2 Rom I-VO). Diese erbringt grundsätzlich der primäre Emittent der jeweiligen Kryptowährung, da er diese nicht nur erstellt und ausgibt, sondern auch deren konkrete Ausgestaltung bestimmt sowie ggf. die plattformbezogene Nutzung ermöglicht, was dem Vertrag sein besonderes Gepräge gibt.[16] Dies dürfte auch dann gelten, wenn für den Primärerwerb der Kryptowährung wiederum mit einem Krypto-Token und insbesondere einer Kryptowährung bezahlt wird.[17] Fungieren Kryptowährungen aber im Rahmen eines nicht bereits nach Art. 4 Abs. 1 Rom I-VO spezifizierten Vertrages als **Entgelt,** werden sie als bloßes Zahlungsmittel eingesetzt, weshalb an den gewöhnlichen Aufenthaltsort des jeweiligen Vertragspartners anzuknüpfen ist, da dann dieser die vertragscharakteristische Leistung erbringt.[18] Dagegen dürfte sich bei einem Sekundärerwerb von Kryptowährungen gegen andere Krypto-Token, wo also gewissermaßen ein reiner **Tausch von Token** stattfindet, keine solche vertragscharakteristische Leistung mehr ausmachen lassen, weshalb im Ergebnis auf den Auffangtatbestand des Art. 4 Abs. 4 Rom I-VO zurückzugreifen sein wird.[19]

Praxishinweis:

11 Bei grenzüberschreitenden Kryptowährungsgeschäften ist den Transaktionsparteien zu empfehlen, von der Möglichkeit einer ausdrücklichen, eindeutigen Rechtswahl nach Art. 3 Rom I-VO Gebrauch zu machen, da die objektive Anknüpfung – insbesondere beim Tausch von Token gegen Token auf dem Sekundärmarkt – mangels eindeutig bestimmbarer charakteristischer Leistung sonst zu erheblichen Rechtsunsicherheiten führt.

2. Dingliche Seite

12 Auch hinsichtlich der **dinglichen Seite** von Transaktionen über Kryptowährungen kann grundsätzlich auf die Ausführungen zu NFT verwiesen werden (→ § 20 Rn. 23 ff.), wobei Kryptowährungen im Regelfall nach dem oben Genannten (→ Rn. 8) nur **intrinsische**

[14] Omlor/Link Kryptowährungen/Lehmann/Krysa Kap. 5 Rn. 205 ff.; auch im Rahmen des gegenüber der Rom I-VO vorrangigen UN-Kaufrechts (CISG) kann die Leistung von Kryptowährungen für den Erwerb einer Ware als Kaufpreis eines Kaufvertrages angesehen werden, BeckOGK/Fountoulakis CISG Art. 53 Rn. 7.

[15] Vgl. Drögemüller Blockchain-Netzwerke und Krypto-Token im Internationalen Privatrecht S. 235.

[16] Hanner IntKryptowerteR S. 191.

[17] Hanner IntKryptowerteR S. 191.

[18] Omlor/Link Kryptowährungen/Lehmann/Krysa Kap. 5 Rn. 208.

[19] Hanner IntKryptowerteR S. 245.

Token darstellen, sodass es für die Frage drittwirksamer Berechtigungen maßgeblich auf das Token-Sachstatut ankommt.

Bezüglich dieses **Token-Sachstatuts** und möglicher Anknüpfungspunkte stellen sich ebenfalls entsprechende Probleme wie für NFT(→ § 20 Rn. 29 ff.). In erster Linie wäre an eine **Rechtswahl** in Bezug auf die jeweilige Kryptowährung oder das zugrundeliegende Buchungssystem zu denken. Gerade bei solchen fungiblen digitalen Werten erscheint eine einheitliche Rechtswahl zweckmäßig, um Verkehrserwartungen dahingehend, dass die aus derselben Gattung stammenden Token auch derselben Rechtsordnung unterliegen, zu entsprechen.[20] Gleichwohl ist aufgrund der besonders auch bei Kryptowährungen auftretenden bewussten staatsfernen Einstellung der Beteiligten die Wahl eines bestimmten nationalen Rechts eher unwahrscheinlich.[21] Alternativ ließe sich an den Sitz des relevanten Intermediärs **(PRIMA)**, der registerführende Stelle bzw. des zentralen Verwalters **(PROPA)** oder den Ort des Emittenten **(LIMA)** anknüpfen, jedoch bestehen auch hier die bereits genannten Probleme, insbesondere dass sich ein solcher mit der für Dritte nötigen Rechtssicherheit teilweise nur schwer bestimmen lässt. Aus denselben Gründen erscheint auch eine Anknüpfung an den Sitz des Berechtigten bzw. Verfügenden oder an den Lageort des privaten Schlüssels problematisch. Bevor auf die **lex fori** als Auffanglösung zurückzugreifen ist, könnte auch das Recht desjenigen Staates angewendet werden, unter dessen **Aufsicht** das jeweilige Buchungssystem bzw. die registerführende Stelle steht, sofern eine solche Aufsicht überhaupt existiert. Im Ergebnis erweist sich jedenfalls bei Kryptowährungen eine eindeutige und rechtssichere Anknüpfung besonders aufgrund der Dezentralität der zugrundeliegenden Blockchain und der häufig nur eingeschränkten Identifizierbarkeit der beteiligten Akteure als besonders herausfordernd. 13

Praxishinweis:

Auch hinsichtlich der kollisionsrechtlichen Anknüpfung für die dingliche Seite von Kryptowährungstransaktionen ist aufgrund bestehender Rechtsunsicherheiten eine ausdrückliche Rechtswahlvereinbarung auf Ebene des Buchungssystems oder der Plattform zu empfehlen, um zumindest eine einheitliche Rechtsordnung für alle aus derselben Gattung stammenden Token zu etablieren. Dort, wo es an einer solchen Rechtswahl mangelt, rückt die Frage in den Vordergrund, welche der diskutierten Anknüpfungen – insb. PRIMA, PROPA oder LIMA – unter Berücksichtigung der konkreten Ausgestaltung des jeweiligen Buchungssystems den verlässlichsten Rechtsrahmen für alle Beteiligten bietet. 14

§ 38 Vertragsrecht

Übersicht

[20] Dilek IPR Digitaler Werte S. 82.

[21] Ng JPIL 15 (2019), 315 (333 f.); Omlor/Link Kryptowährungen/Lehmann/Krysa Kap. 5 Rn. 161.

Schrifttum:
Ammann, Bitcoin als Zahlungsmittel im Internet, CR 2018, 379; Arndt, Bitcoin-Eigentum, 2022; Assmann/Schütze/Buck-Heeb, Handbuch des Kapitalanlagerechts, 6. Aufl. 2024; Beck, Bitcoins als Geld im Rechtssinne, NJW 2015, 580; Beck/König, Bitcoin: Der Versuch einer vertragstypologischen Einordnung von kryptographischen Geld, JZ 2015, 130; Bela, Coin-Kredite im Zivilrecht, 2021; Beyer/Erler/Hartmann/Kramme/Müller/Pertot/Tuna/Wilke, Privatrecht 2050 – Blick in die digitale Zukunft, 2019; Boehm/Pesch, Bitcoins: Rechtliche Herausforderungen einer virtuellen Währung, MMR 2014, 75; Canaris, Der Zinsbegriff und seine rechtliche Bedeutung, NJW 1978, 1891; Djazayeri, Die virtuelle Währung Bitcoin – Zivilrechtliche Fragestellungen und internationale regulatorische Behandlung; jurisPR-BKR 6/2014; Dürig/Herzog/Scholz, Grundgesetz-Kommentar, 106. EL 2024; Ekkenga, Bitcoin und andere Digitalwährungen – Spielzeug für Spekulanten oder Systemveränderung durch Privatisierung der Zahlungssysteme?, CR 2017, 762; Goger, Bitcoins im Strafverfahren, MMR 2016, 431; Grüneberg, Kommentar zum Bürgerlichen Gesetzbuch, 83. Aufl. 2024; Grunewald/Maier-Reimer/Westermann, Erman BGB, 17. Aufl. 2023; Gsell/Krüger/Lorenz/Reymann, BeckOGK BGB, 2021; Hau/Poseck, BeckOK BGB, 73. Edition 2024; Heckelmann, Zulässigkeit und Handhabung von Smart Contracts, NJW 2018, 504; Jarass/Pieroth, Kommentar zum Grundgesetz, 18. Aufl. 2024; Kaulartz, Die Blockchain-Technologie, CR 2016, 474; Knapp, Staatliche Theorie des Geldes, 1905; Kuhlmann, Bitcoins – Funktionsweise und rechtliche Einordnung der digitalen Währung, CR 2014, 691; Langenbucher, Vom Bargeld zu virtuellen Währungen, AcP 218 (2018), 385; Lerch, Bitcoin als Evolution des Geldes, ZBB 2015, 190; Liefmann, Geld und Gold, 1916; Lutzenberger, Initial Coin Offerings, GmbHR 2018, R231; Machacek, Die Antwort auf DeFi, RDi 2021, 572, Martens, Grundfälle zu Geld und Geldschulden, JuS 2014, 105; Maume/Maute, Rechtshandbuch Kryptowerte, 1. Aufl. 2020; Möslein/Kaulartz/Rennig, Decentralized Finance (DeFi), RDi 2021, 517; Müller-Glöge/Preis/Schmid, Erfurter Kommentar zum Arbeitsrecht, 24. Aufl. 2024; Mugdan, Die gesamten Materialien zum BGB, 1899; Omlor, Geldprivatrecht, 2014; Omlor, Geld und Währung als Digitalisate, JZ 2017, 754; Omlor, Kryptowährungen im Geldrecht, ZHR 183 (2019), 294; Omlor/Franke, Europäische DeFi-Regulierungsperspektive, BKR 2022, 679; Omlor/Link, Kryptowährungen und Token, 2. Aufl. 2023; Omlor/Möslein, Blockchain und Recht, 2024; Paulus/Matzke, Smart Contracts und das BGB – Viel Lärm um nichts?, ZfPW 2018, 431; Röß, Die Rechtsnatur von Kryptowährungsdarlehen, NJW 2021, 3751; Säcker/Rixecker/Oetker/Limperg, Münchener Kommentar zum Bürgerlichen Gesetzbuch, 8. Aufl. 2019; Schlichting, Inkohärenz im Geldschuldrecht, 2017; Schmidt, Geldrecht – Geld, Zins und Währung im deutschen Recht. Kommentar, 1983; Shmatenko/Möllenkamp, Digitale Zahlungsmittel in einer analog geprägten Rechtsordnung, MMR 2018, 495; Spahn, Money as a social Bookkeeping device– From Mercantilism to General Equilibrium Theory, 2003; Spiegel, Blockchain-basiertes virtuelles Geld, 2020; Spindler/Bille, Rechtsprobleme von Bitcoins als virtuelle Währung, WM 2014, 1357; Stoffels, Gesetzlich nicht geregelte Schuldverträge, 2001; v. Staudinger/Höpfner/Kaiser, Staudinger BGB, 2024; Wengert, Schuldrecht der Kryptowährungen, 2024; Windbichler, Vertriebsformen und ihr Einfluß auf das Kaufrecht, AcP 198 (1998), 261.

I. Relevanz der vertraglichen Einordnung

1 Im Rahmen von Decentralised Finance und Kryptowährungen dreht sich das Vertragsrecht nicht um den Vertragsschluss als solchen (hierzu → § 53 Rn. 7 ff.), sondern vielmehr um die Einordnung der Geschäftspraktiken in das gesetzliche Vertragsregime. So wie das Schuldrecht generell, basiert das Vertragsrecht im speziellen auf Privatautonomie.[1] Das heißt, es gibt kein abgeschlossenes gesetzliches System an Verträgen (sog. numerus clausus), an dem sich die Parteien bedienen müssen.[2] Vielmehr regelt das Gesetz nur die am meisten verwendeten Idealtypen.[3] Den Parteien steht es frei, sich diesen zu bedienen oder aber einen anderen nicht geregelten Vertragstyp zu wählen. Außerhalb von zwingenden Vorschriften (insbes. im Verbraucherschutzrecht vorzufinden → § 40 Rn. 20 ff.) lässt die Privatautonomie freie vertragliche Gestaltungen unproblematisch auch bei dem Vertragsinhalt der Kryptowährungen zu. Es finden sich dabei unzählige verschiedene Geschäftspraktiken vor. Sie reichen über den üblichen Handel und das Verleihen im Rahmen des Krypto-Lendings hinaus. Beispielsweise

---

[1] BVerfG NZA 1987, 347; Jarass/Pieroth/Jarass GG Art. 2 Rn. 22a; Dürig/Herzog/Scholz/Di Fabio GG Art. 2 Abs. 1 Rn. 101.

[2] MüKoBGB/Westermann vor § 433 Rn. 1; Staudinger/Olzen Einleitung zum Schuldrecht Rn. 53; BVerfG NJW 1990, 1469 (1470).

[3] MüKoBGB/Westermann vor § 433 Rn. 1; Staudinger/Olzen Einleitung zum Schuldrecht Rn. 53; BVerfG NJW 1990, 1469 (1470).

erhielten zuletzt Wettanbieter rund um Polymarket Aufschwung. Ebenso kommt der Gamification-Faktor des Krypto-Handels beim Krypto-Glückspiel zu tragen.[4]

Sind die Parteien also in der Vertragsgestaltung frei, stellt sich die Frage der praktischen Relevanz einer Einordnung der Praktiken in das Vertragsregime des BGB. Die Einordnungsfrage ist nicht nur eine theoretische Spielerei: Die Beteiligten regeln trotz vertraglicher Freiheit regelmäßig nicht alle möglichen Fragestellungen. Eine Einordnung ist daher insbesondere sinnvoll für streitige Fälle.[5] Der Vertragstyp ist dabei in etwa maßgeblich für die Verjährung, das anwendbare Gewährleistungsrecht und als Leitbild für die AGB-Prüfung.[6] Das Heranziehen der passenden gesetzlichen Wertung hilft daher möglicherweise bei den Unsicherheiten eines bis dato wenig erforschten Bereichs. Mangels grundlegender Gerichtsentscheidung[7] können die Verkehrsteilnehmer im DeFi-Bereich wenigstens teilweise die rechtlichen Unsicherheiten minimieren, indem sie auf die gesetzlichen Grundwertungen zurückgreifen und Parallelen zu vergleichbaren Vertragsinhalten ziehen. 2

Wie einleitend dargestellt, lassen sich über den üblichen Handel mit und das Verleihen von Kryptowährungen unzählige speziellere Vertragspraktiken ausmachen. Eine Abhandlung aller Geschäftsformen wäre nicht zielführend. Für die Praxis ist es sinnvoll, die üblichen Geschäftsformen näher zu betrachten. Hierbei hilft eine Zweiteilung: Zunächst befasst sich dieser Beitrag mit dem Handel, also dem Erwerb von und mit Kryptowährungen. (→ Rn. 4 ff.). Daran schließt sich eine Betrachtung weiterer DeFi-Phänomene an (Lending, Asset Management und Derivatives → Rn. 11 ff.). 3

II. Handel: Erwerb von und mit Kryptowährungen

1. Erwerb von Kryptowährungen

Der Markteintritt erfolgt bei Kryptowährungen zumeist über den Erwerb von Token mit staatlicher Währung auf einem zentralen Handelsplatz (CEX) wie Coinbase oder Binance. Auf rechtlicher Ebene handelt es sich dabei um einen Kaufvertrag eines sonstigen Gegenstandes (§§ 433, 453 Abs. 1 S. 1 BGB).[8] Der Begriff Gegenstand bezieht sich dabei nicht auf die fragliche Rechtsnatur des einzelnen Tokens (→ § 36 Rn. 2 ff.). Vielmehr wollte der Gesetzgeber damit allumfassend jegliche dauerhafte Überlassung gegen Geld erfassen.[9] Wie sonstig unkörperliches (Elektrizität, Fernwärme, Know-How, Software und Werbeideen) können auch unstreitig Einheiten einer Kryptowährung im Rechtssinne „gekauft" werden. 4

Die Bezahlung der Token in Euro oder anderen staatlichen Währungen ist auf dezentralen Handelsplätzen (DEX) weniger relevant. Meistens erfolgt dort die Transaktion in Form von Kryptowährung gegen Kryptowährung eines anderen Typs. Rein vertraglich besteht jedoch grundsätzlich kein Unterschied zwischen zentralen und dezentralen Handelsplätzen. 5

---

4 Zum Glücksspielfaktor beim Handel mit Kryptowährungen anschaulich https://gluecksspiel.uni-hohenheim.de/fileadmin/einrichtungen/gluecksspiel/Symposium2023/IFiedler.pdf (zuletzt abgerufen am 18.10.2024).

5 So ordnen die Gerichte die Parteivereinbarung regelmäßig einem der gesetzlichen Vertragstypen zu, wenn auch nur zur Bestimmung einer Anspruchsgrundlage. So in etwa OLG Köln BeckRS 2021, 66732 Rn. 26.

6 Stoffels Gesetzlich nicht geregelte Schuldverträge 120; Windbichler AcP 198 (1998), 261 (277 f.).

7 Bis dato liegt nur vereinzelte Rspr. zur Thematik vor, so beispielsweise OLG Frankfurt a. M. BeckRS 2023, 9319; OLG Köln BKR 2024, 859.

8 Kaulartz CR 2016, 474 (478); Omlor/Link Kryptowährungen/Omlor Kap. 6 Rn. 48; Kuhlmann CR 2014, 691 (694); Spindler/Bille WM 2014, 1357 (1362); Heckelmann NJW 2018, 504 (508); aA mit dem Verweis auf den Werkvertrag Böhm/Pesch MMR 2014, 75 (78); Schneider Interview LTO, http://www.lto.de/recht/hintergruende/h/bitcoins-waehrung-rechnungseinheit-umsatzsteuer/ (zuletzt abgerufen am 18.10.2024); Djazayeri jurisPR-BKR 6/2014, Anmerkung 1; Lutzenberger Initial Coin Offerings GmbHR 2018, R231 (R231).

9 Entwurf eines Gesetzes zur Modernisierung des Schuldrechts, BT Drs. 14/6040, 242.

Allein auf Ebene des Vertragsschlusses bestehen Differenzen. Zum einen ist wie bei der Vermittlung durch zentrale Handelsplätze[10] eine Geschäftsbeziehung direkt zwischen zwei Personen (Peer-to-Peer bzw. P2P) denkbar. Allerdings erfolgt der Handel bei DEX im Wesentlichen über deren protokolleigenen Automated Market Maker (AMM).[11] Dabei wird das börsenübliche Orderbuch durch Liquidity Pools des gehandelten Kryptowährungs-Paars ersetzt.[12] Rein technisch interagiert der Käufer/Verkäufer allein mit dem Pool. Dies wirft die bis dato wenig behandelte Frage auf, mit wem überhaupt ein Vertrag eingegangen wird.[13] Die Beantwortung lehnt zwingend an der organschaftlichen Betrachtung der DAO (→ § 8 Rn. 13 ff.) an. Entsprechend wäre dem Liquiditypool womöglich eine Rechtspersönlichkeit zuzusprechen.

Praxishinweis:
Betreiber und Nutzer dezentraler Handelsplätze sollten sich bewusst sein, dass die Frage des Vertragspartners beim Handel über Liquidity Pools bislang ungeklärt ist und von der organisationsrechtlichen Einordnung der dahinterstehenden DAO abhängt. Eine ausdrückliche Regelung des Vertragspartners und der anwendbaren Rechtsordnung in den Terms & Conditions der Plattform ist daher dringend zu empfehlen, um Rechtsunsicherheiten im Streitfall zu minimieren.

2. Erwerb mit Kryptowährungen

6 Abzugrenzen vom dargestellten Kaufvertrag (Erwerb von Kryptowährungen mit staatlichen Währungen), ist der Erwerb mit Kryptowährungen. Hierunter fällt zunächst der Erwerb von anderen Token oder aber der die Zahlung zum Erhalt von anderen Vermögensgütern bzw. Waren. So ist der Einsatz von Kryptowährungen teilweise im Einzelhandel und bei Online-Plattformen zulässig[14]. Vertraglich handelt es sich dabei um einen Tauschvertrag gem. § 480 BGB.[15] Dies mag zunächst verwundern, wird doch mit Kryptowährungen wie beim Kaufvertrag gefordert (§ 433 Abs. 2 BGB) der Kaufpreis „gezahlt". Jedoch kann der Kaufpreis nach § 433 Abs. 2 BGB nur Geld im Rechtssinne sein.[16]

7 Das Thema rund um die Einstufung von Kryptowährungen als Geld ist in der juristischen Literatur viel diskutiert.[17] Bitcoin als alternatives Zahlungsmittel und die wieder erstarkende Kritik an den inflationsbelastenden staatlichen Währungen führt(e)n oft zur Bezeichnung der

[10] Nach den Terms and Conditions vieler solcher Handelsplätze treten diese nicht als Vertragspartner beim Handel auf, sondern vermitteln nur zwischen Käufer und Verkäufer. So zum Beispiel bei Coinbase unter Ziff. 3.2 deren T&Cs https://www.coinbase.com/de/legal/user_agreement/united_states (zuletzt abgerufen am 18.10.2024).

[11] Omlor/Franke BKR 2022, 679 (681); Omlor/Möslein Blockchain und Recht/Franke 298.

[12] Omlor/Franke BKR 2022, 679 (680 f.).

[13] Wengert Schuldrecht der Kryptowährungen 62; erste Ansätze bei Omlor/Möslein Blockchain und Recht/Franke 304.

[14] Als Übersicht hierzu dient visuell: https://coinmap.org/view/#/map/50.11457919/8.68203163/14 (zuletzt abgerufen am 10.10.2024); Lieferando lässt bspw. die Zahlung mit Bitcoin zu: https://www.lieferando.de/kundenservice/artikel/welche-zahlungsmethoden-kann-ich-nutzen-de?topicSlug=zahlungsoptionen (zuletzt abgerufen am 10.10.2024).

[15] Shmatenko/Möllenkamp MMR 2018, 495 (500); Paulus/Matzke ZfPW 2018, 431 (437); Djazayeri jurisPR-BKR 6/2014, Anmerkung 1; Omlor JZ 2017, 754 (761); Omlor ZHR 183 (2019), 294 (329); Maume/Maute Kryptowerte-HdB/Maute § 6 Rn. 145; aA: Beck/König JZ 2015, 130 (137); Kaulartz CR 2016, 474 (476); Heckelmann NJW 2018, 504 (508); Martens JuS 2014, 105 (106); Ammann CR 2018, 379 (381).

[16] Ausführlich hierzu Wengert Schuldrecht der Kryptowährungen 64 ff.

[17] So beispielsweise BeckOK BGB/Grothe § 244 Rn. 2; Assmann/Schütze/Buck-Heeb KapAnlR-HdB/Schäfer/Eckhold § 16a Rn. 33; Omlor JZ 2017, 754 (760); Omlor ZHR 183 (2019), 294 (314); Beck NJW 2015, 580 (583); BeckOGK/Freitag BGB § 244 Rn. 28; Spindler/Bille WM 2014, 1357 (1361); Lerch ZBB 2015, 190 (199); Schlichting Inkohärenz im Geldschuldrecht 139.

Kryptowährungen als „digitales Geld".[18] Was wiederum unter den Begriff des Geldes fällt, ist nicht nur im rechtlichen Diskurs umstritten. Insbesondere lässt sich keine einheitliche Definition auch über andere Disziplinen wie beispielsweise die Wirtschaftswissenschaften finden. Die Versuche reichen von der rein staatlichen Bestimmung der Geldeigenschaften[19] bis hin zu einer ausschließlichen Funktionsbetrachtung („Money is what money does"[20]). Selbst das BGB verwendet den Begriff des Geldes uneinheitlich. So verlangen einige Normen die Körperlichkeit des Zahlungsmittels (§§ 935 Abs. 2, 1007 Abs. 2 S. 2, 698 BGB), während anderen Normen (§§ 249 Abs. 2 S. 1, 250, 251 Abs. 1. 253 Abs. 1, 488 Abs. 1, 270 Abs. 1 BGB) solch ein Erfordernis nicht zu entnehmen ist. Dies spricht für eine Zweiteilung der Definition zumindest im Zivilrecht.[21] Kryptowährungen sind offensichtlich nicht körperlich, weswegen nur der funktionelle Begriff in Betracht kommt. Dieser verlangt die drei Geldeigenschaften und eine Offenheit der Rechtsordnung für die Behandlung als Geld.[22] Mangels verbreiteter Einsetzbarkeit ist jedoch bis dato keine Kryptowährung ein Universaltauschmittel.[23] Außerhalb der Stablecoins herrschen auch an den Eigenschaften der Wertaufbewahrung und Rechnungseinheit in Folge der Volatilität erhebliche Zweifel.[24] Zuletzt fehlt es ebenso an einer Offenheit der Rechtsordnung, welche für Buchgeld aus den §§ 675c ff. BGB gefolgert wird.[25]

Entscheidend ist diese Begriffsbestimmung nicht nur für die Einordnung unter den Kaufvertrag. Einige Normen und historisch gewachsene Rechtsfiguren knüpfen an die Geldeigenschaft an. Dies wird insbesondere im Schuldrecht deutlich (→ § 39 Rn. 12 ff.). Dass Kryptowährung somit nicht wie Geld im Zivilrecht zu behandeln sind, sorgt dort für weitere Unsicherheit.

Kryptowährungen sind entgegen deren Namensbestandteil auch keine Währungen im Rechtssinne.[26]

Wird mit anderen Gütern „gezahlt", muss nach gesetzgeberischer Konzeption immer der Umweg über die entsprechende Anwendung der §§ 433 ff. BGB gem. § 480 BGB genommen werden.[27] Dies hat praktische Bedeutung:[28] Zum einen, eher irrelevant für Kryptowährungen, lässt die entsprechende Anwendung Besonderheiten bei Minderung des Kaufpreises (§ 441 BGB) im Hinblick auf unteilbare Güter zu. Zum anderen aber gilt das Mängelgewährleistungsrecht neben der Kaufsache auch für die Gegenleistung. Dies öffnet zumindest die Tür für die Schlechtleistung von Kryptowährungstoken, also Sach- bzw. Rechtsmangelhaftigkeit (hierzu → § 39 Rn. 25 ff.). 8

An der Einordnung unter den Tauschvertrag ändert sich auch nichts durch § 327 Abs. 1 S. 2 BGB und die MiCAR.[29] Nach § 327 Abs. 1 S. 2 BGB ist auch die „digitale Darstellung 9

[18] Omlor JZ 2017, 754 (755); Ekkenga CR 2017, 762 (763); Goger MMR 2016, 431.

[19] Knapp Staatliche Theorie des Geldes 1.

[20] Der Satz findet häufige Verwendung, vgl. Spahn Money as a social Bookkeeping device – From Mercantilism to General Equilibrium Theory 1. Der umstrittene Ursprung wird zurückgeführt auf „That which the money-work is the money-thing" von Walker Political Economy 123 (Rn. 163).

[21] Liefmann Geld und Gold 95; Schmidt Geldrecht Vorb. zu § 244 Rn. A 11; Omlor Geldprivatrecht 98; Staudinger/Omlor BGB vor § 244 Rn. A62.

[22] Omlor Geldprivatrecht 98; Schmidt Geldrecht Vorb. zu § 244 Rn. A 14, 18.

[23] So beispielsweise BeckOK BGB/Grothe § 244 Rn. 2; Assmann/Schütze/Buck-Heeb KapAnlR-HdB/Schäfer/Eckhold § 16a Rn. 33; Omlor JZ 2017, 754 (760); Omlor ZHR 183 (2019), 294 (314); Beck NJW 2015, 580 (583); BeckOGK/Freitag BGB § 244 Rn. 28; Spindler/Bille WM 2014, 1357 (1361); Lerch ZBB 2015, 190 (199); Schlichting Inkohärenz im Geldschuldrecht 139.

[24] MüKoBGB/Grundmann § 245 Rn. 10; Spiegel Blockchain-basiertes virtuelles Geld 33; Langenbucher AcP 218 (2018), 385 (394); Wengert Schuldrecht der Kryptowährungen 50.

[25] Omlor ZHR 183 (2019), 294 (312).

[26] Wengert Schuldrecht der Kryptowährungen 56 f. mwN.

[27] Mugdan Die gesamten Materialien zum BGB, Band II Motive 204 Rn. 367.

[28] Wengert Schuldrecht der Kryptowährungen 64.

[29] Wengert Schuldrecht der Kryptowährungen 66 f., 54 ff.; BeckOGK/Fries BGB § 327 Rn. 14; BeckOK BGB/Martens § 312 Rn. 9b; aA Omlor/Möslein Blockchain und Recht/Becker 129 (146) plädiert für eine Einstufung als Geld im Rechtssinne durch die Erhebung von Stablecoins zu E-Geld in der MiCAR.

eines Werts" ein zuzahlender Preis. Diese Begrifflichkeit zielt auf die Kryptowährungen ab.[30] Die „preisliche" Gleichstellung gilt jedoch ausdrücklich nur für den Untertitel der Verbraucherverträge über digitale Produkte. Dies trifft also keine positive Aussage über den Kaufpreis nach § 433 BGB. Vielmehr wird negativ bestätigt, dass es dort bei der reinen Zahlbarkeit in Geld bleibt.[31] Die Kryptowährungen werden nur in einem eng umgrenzten Ausnahmebereich zum vertraglichen Zahlungsmittel erhoben.

10 Die MiCAR ordnet für bestimmte Stablecoins die Eigenschaft als E-Geld an (Art. 48 Abs. 2 MiCAR). Es unterstellt damit diese Kryptowährungen aufsichtsrechtlich dem ZAG, was zivilrechtlich jedoch ohne weitere Folgen bleibt.[32] Aufgrund mangelnder Einsatzmöglichkeiten fehlt es den bisherigen Kryptowährungen weiter an der Universaltauschmitteleigenschaft.[33] Offensichtlich lässt sich selbst mit den am weitesten verbreiteten Typen (Bitcoin und Ethereum) das alltägliche Leben schwerlich bestreiten. Ebenso ist die Rechtsordnung ohne Übertragungsregeln (→ § 19 Rn. 16 ff.) nicht offen für eine Behandlung der Kryptowährungen als Geld. Damit verhält es sich ähnlich wie zu Anfang mit dem Buchgeld. Trotz der Bezeichnung als „Geld" wurde das neue Phänomen vertragsrechtlich nicht mit dem ursprünglichen Geld gleichgestellt.[34] Für eine mögliche Gleichstellung spräche ein Vorgehen des Gesetzgebers, den Annahmezwang auf bestimmte Currency Token zu erweiterten und Übertragungsregeln für dieses zu schaffen.[35] Dies ist bei staatlicher Emittierung eines CBDCs (Stichwort „Digitaler Euro") denkbar.

11 Interessanterweise ist bei anderen Verträgen die „Bezahlung" mit Kryptowährungen möglich. Dies liegt am Wortlaut der vertragsrechtlichen Vorschriften und dem Mangel einer geldlosen Alternative.[36] Bezahlbar in Kryptowährung sind daher:
- der Mietzins (§ 535 Abs. 2 BGB);
- der Pachtzins (§ 581 Abs. 1 S. 1 BGB);
- der Zins beim Darlehen (§ 488 Abs. 1 S. 2 BGB); und
- die dienst- bzw. werkvertragliche Vergütung (§§ 611 Abs. 1, 611a Abs. 2, 631 Abs. 1 BGB).

12 Allerdings ist die Möglichkeit der Bezahlung mit Kryptowährungen im Arbeitsverhältnis begrenzt. So gilt jegliche Entlohnung in anderer Form als Geld als Sachbezug.[37] Der Sachbezeug darf den nicht pfändbaren Anteil des Arbeitslohns nicht übersteigen (§ 107 Abs. 2 S. 5 GewO). Bei einem Ausbildungsverhältnis tritt hinzu, dass der absolute Anteil nicht höher als 75 % sein darf (§ 17 Abs. 6 BBiG). Sinn dahinter ist wiederum die Anknüpfung an die Universaltauschmitteleigenschaft des Geldes. So wird dem Arbeitnehmer die Bestreitung des Lebensunterhalts ermöglicht.[38] Versucht er dies mit Kryptowährungen, steht er insbesondere bei den Gütern des alltäglichen Lebens vor Schwierigkeiten.

Praxishinweis:
Arbeitgeber, die einen Teil der Vergütung in Kryptowährungen auszahlen möchten, müssen sicherstellen, dass der in Kryptowährungen ausgezahlte Anteil den nicht pfändbaren Teil des Arbeitslohns nicht überschreitet und im Arbeitsvertrag ausdrücklich als Sachbezug vereinbart wird. Bei Ausbildungsverhältnissen gilt zusätzlich die

[30] Erwgr. 23 R (EU) 2019/770.
[31] Wengert Schuldrecht der Kryptowährungen 66 f.
[32] Wengert Schuldrecht der Kryptowährungen 54 ff.
[33] Wengert Schuldrecht der Kryptowährungen 54 ff.
[34] Staudinger/Omlor BGB vor § 244 Rn. A70.
[35] Wengert Schuldrecht der Kryptowährungen 55.
[36] Für die Miete nach stRspr BGH NJW 2002, 3322 (3323); für die Pacht auch BGH NJW-RR 1994, 971; für die Zinsen MüKoBGB/Berger § 488 Rn. 155; BeckOGK/Weber BGB § 488 Rn. 225; Canaris NJW 1978, 1891 (1892); und für die Vergütung Erman/Edenfeld BGB § 611 Rn. 387; BeckOK BGB/Voit § 631 Rn. 88.
[37] ErfK/Preis GewO § 107 Rn. 4.
[38] BT Drs. 14/8796, 2.

absolute Grenze von 75 % des Gesamtvergütungsanspruchs gem. § 17 Abs. 6 BBiG. Eine sorgfältige vertragliche Dokumentation und laufende Überprüfung der Einhaltung dieser Grenzen ist unerlässlich, um arbeitsrechtliche Risiken zu vermeiden.

III. Sonstige Vertragstypen – Fokus DeFi

Der Erwerb von und der Handel mit Kryptowährungen stellen nur zwei Idealtypen des Geschäftsverkehrs im Bereich der Kryptowährungen dar. Unter dem Buzzword „DeFi" hat sich in den letzten Jahren ein eigenständiger Finanzzweig zu den üblichen kommerziellen Banken entwickelt.[39] Dabei nehmen die Dezentralisierung und die Erleichterung des Zugangs zum Finanzmarkt eine zentrale Rolle ein. So soll einem breiten Publikum insbesondere Anlage, Finanzierung und Beratung zugänglich gemacht werden. 13

1. Krypto-Lending

Eine maßgebliche Rolle in der DeFi-Sphäre spielt das sog. Krypto-Lending. Erfasst wird damit die zeitweise Überlassung von Token einer Kryptowährung gegen die Entrichtung einer Gebühr, oft in Form eines Zinssatzes.[40] Diese zeitliche Überlassung gleicht rein praktisch der zeitlichen Überlassung von Geld, dem Darlehen. Abstrakt verschafft der „Darlehensgeber" dem „Darlehensnehmer" einen wirtschaftlichen Wert zur unmittelbaren Verwendung, den dieser erst zu späterem Zeitpunkt zurückzahlen muss. Die vorübergehende Entledigung dieser finanziellen Mittel wird kompensiert durch die Zahlung eines Zinses. So generiert der „Darlehensgeber" Einnahmen und wird vor Verlust des Zeitwerts in Geld geschützt. Bei Geld finanziert solch ein Darlehen üblicherweise größere und unübliche Erwerbsgeschäfte.[41] Auch hierzu mag das Krypto-Lending dienen. Darüber hinaus haben sich jedoch unzählige Spezialfelder ergeben. So kann mittels geliehener Currency Token Leverage beim Margin Trading erzeugt werden oder mit Flash Loans etwaige Arbitragemöglichkeiten ausgenutzt werden.[42] 14

Deutlich ergeben sich dadurch die Ähnlichkeiten zum Darlehen nach den §§ 488 ff. BGB. Insbesondere unterscheidet sich dieses von den sonstigen Verträgen der zeitlichen Überlassung wie Miete (§ 535 BGB), Leihe (§ 598 BGB) und Verwahrung (§ 688 BGB). Alle korrespondieren in dem Erfordernis einer Sache als Vertragsgegenstand. Sie zielen als Idealtypen des § 868 BGB auf die Herstellung eines Besitzmittlungsverhältnisses. Ein solches kommt beim Krypto-Lending mangels Rechts am Currency Token nicht in Betracht.[43] Ebenso bestehen Unterschiede in der Verwendung des überlassenen Gegenstandes: Bei Miete, Leihe und Verwahrung muss stets dieser bestimmte Gegenstand wieder zurückübertragen werden. Krypto-Lending und Darlehen bauen aber gerade auf der unmittelbaren Bedarfsbefriedigung durch die überlassenen Güter auf, welche anschließend nur rein wertemäßig zurücktransferiert werden. So erfordert auch das Krypto-Lending nicht die Rückführung des exakt erhaltenen Tokens an den „Darlehensgeber". 15

Trotz der Ähnlichkeit zur zeitweisen Überlassung von Geld sind die Darlehensvorschriften aus §§ 488 ff. BGB nicht unmittelbar anwendbar.[44] Grund dafür ist § 488 Abs. 1 S. 1 BGB, 16

39 Omlor/Franke BKR 2022, 679; Möslein/Kaulartz/Rennig RDi 2021, 517; Machacek RDi 2021, 572.
40 Maume/Maute Kryptowerte-HdB/Maute § 6 Rn. 152; Auffenberg Krypto-Lending – ist das reguliert? https://www.btc-echo.de/news/defi-geschaeftsmodell-krypto-lending-ist-das-reguliert-132601/ (zuletzt abgerufen am 23.4.2025); Möslein/Kaulartz/Rennig RDi 2021, 517 (519).
41 Wengert Schuldrecht der Kryptowährungen 323.
42 Zum Thema des Margin Trading siehe Omlor/Möslein Blockchain und Recht/Franke 299; zu Flashloans siehe https://aave.com/docs/concepts/flash-loans (zuletzt abgerufen am 28.10.2024).
43 Wengert Schuldrecht der Kryptowährungen 62.
44 Bela Coin-Kredite im Zivilrecht 251, 254 f.; aA Röß NJW 2021, 3751 (3752).

der die Überlassung eines Geldbetrags fordert. Ausweislich der obigen Erörterung (→ Rn. 7) handelt es sich bei keiner der bisherigen Kryptowährungen um Geld im Sinne des BGB. Vor diesem Hintergrund wird gefordert, das Krypto-Lending vertraglich analog zu den Darlehensvorschriften[45] oder als Sachdarlehen gem. §§ 607–609 BGB[46] zu behandeln. Nicht nur wegen der Ähnlichkeit zum Gelddarlehen ist die Anwendung der Sachdarlehensvorschriften abzulehnen.[47] Bei den Kryptowährungstoken handelt es sich gerade nicht um eine Sache. Zudem sind die in § 607 Abs. 1 S. 2 BGB normierten Pflichten unpassend. Insbesondere gibt es keine „gleiche Güte" der zurückzuführenden Token (→ § 39 Rn. 9) und das Entgelt ist vielmehr ein Zins iSv § 488 Abs. 1 S. 1 BGB, als ein sonstiges Entgelt. Ebenso ist die Risikolage bei der zeitweisen Überlassung von Token eine andere als diejenige bei vertretbaren Sachen.Das betrifftinsbesondere die unterschiedliche Volatilität.[48] Schlussendlich böte die Übertragung der rudimentären Vorschriften[49] aus dem Sachdarlehen wenig Mehrwert.

17 Damit liegt eine Behandlung analog zu § 488 BGB deutlich näher. Allerdings greifen die Parteien bei der Abwicklung von Krypto-Lending meist auf spezielle Regelungen in einem Smart Contract hinsichtlich Laufzeit, Gebühr und Sicherheit zurück. Selbst bei Befürwortung der analogen Anwendung dürfte eine privatautonome Abweichung von den §§ 488–490 BGB vorliegen. Je nach Art liegen dem Krypto-Lending unterschiedliche Charakteristika zugrunde, die erheblich variieren. So reicht die Laufzeit von einem unbegrenzten Zeitrahmen[50] bis hin zu Flash Loans[51] von wenigen Sekunden zur Ausnutzung einer Arbitrage-Situation. Daneben variieren die Zinssätze erheblich. Verständlicherweise sind diese durch das Verlustrisiko bei volatilen Kryptowährungen höher, entfallen aber auch teils ganz, wenn nur eine anfängliche Gebühr gefordert wird.[52] Trotz Ähnlichkeit zum Gelddarlehen haben sich daher im DeFi-Kosmos eigenständige „Verleihgeschäfte" entwickelt. Durch die genaue Niederlegung der Konditionen in einem Smart Contract wählen die Parteien meist einen eigenständigen ungeregelten Vertragstyp, der Ähnlichkeiten zu den §§ 488 ff. BGB aufweist. Klar ist nur, dass die Sachdarlehensvorschriften nicht anzuwenden sind. Eine abschließende Beantwortung der Frage der analogen Anwendung von §§ 488 ff. BGB, ist durch die privatautonome Abweichung von den §§ 488–490 BGB überflüssig. Relevant wird diese Beurteilung jedoch bei den zwingenden schuldrechtlichen Vorschriften des BGB, also insbesondere im Rahmen des Verbraucherdarlehens der §§ 491 ff. BGB (→ § 40 Rn. 7 ff.).

2. Verwahrgeschäfte

18 Die Verwahrung von Kryptowährungstoken ist sowohl in als auch außerhalb des DeFi-Bereichs ein sehr übliches Geschäft. Zum einen erfolgt solch eine Verwahrung oft, mitunter auch unbewusst, als Annex bei der Benutzung von zentralen Handelsplätzen wie Binance oder Coinbase.[53] Diese Plattformen verwalten häufig den Bestand der Coins für die Nutzer und haben unmittelbaren Zugriff auf die Coins. Der Kunde hat hingegegen nur einen vertraglichen Anspruch auf Auszahlung? gutgeschriebener Coins.[54] Daneben lassen Inhaber ihre Kryptowährungstoken zur (vermeintlichen) Steigerung der Sicherheit von fachkundi-

---

45 Ausführlich Bela Coin-Kredite im Zivilrecht 231 ff.
46 Maume/Maute Kryptowerte-HdB/Maute § 6 Rn. 152, 153; Arndt Bitcoin-Eigentum 52.
47 So auch in Wengert Schuldrecht der Kryptowährungen 63.
48 Wengert Schuldrecht der Kryptowährungen 63.
49 BeckOK BGB/Rohe § 607 Rn. 1; Staudinger/Freitag BGB § 607 Rn. 1.
50 So insbesondere bei der Liquity-Plattform, die außerdem auf eine einmalige Gebühr statt eines laufenden Zinssatzes setzt, https://www.liquity.org (zuletzt abgerufen am 28.10.2024).
51 Beispielsweise bietet Aave Flashloans an, https://aave.com/docs/concepts/flash-loans (zuletzt abgerufen am 28.10.2024).
52 S. https://www.liquity.org (zuletzt abgerufen am 28.10.2024).
53 Für Coinbase unter https://help.coinbase.com/de/coinbase/other-topics/legal-policies/what-does-coinbase-do-with-my-digital-assets (zuletzt abgerufen am 1.11.2024); für Binance unter Ziffer 36.12 der Terms and Conditions https://www.binance.com/en/terms (zuletzt abgerufen am 1.11.2024).
54 Beyer/Erler/Hartmann/Kramme/Müller/Pertot/Tuna/Wilke Privatrecht 2050/Linardatos 181 (191).

gen anderen verwahren.[55] Zuletzt dient der Sonderfall des „Collaterals" als Beispiel. Wegen der Volatilität wird insbesondere beim Krypto-Lending zumeist eine Sicherheit in Form der *Hinterlegung* von Token verlangt. Aber auch bei sonstigen Geschäften außerhalb des Krypto-Kosmos kann der teilweise hohe Wert die Kryptowährungen zu attraktiven Sicherungsmitteln machen. Nicht nur aus Fällen nach deutschem Recht,[56] sondern auch aus anderen Rechtsordnungen wird ersichtlich, wie wichtig die vertragliche Regelung des jeweiligen Verwahrgeschäfts ist: Mitunter entscheidet diese Regelung über das Ob und die Höhe der (wertmäßigen) Rückerstattung der Token durch den Verwahrer.[57]

Wird unter Privatleuten ein Verwahrgeschäft über Kryptowährungstoken vereinbart, muss **19** mitunter zunächst von einer reinen Gefälligkeit abgegrenzt werden.[58] Hier gilt der allgemeingültige Maßstab zur Abgrenzung von einem vertraglichen Schuldverhältnis. Der notwendige Rechtsbindungswille bestimmt sich durch objektive Würdigung aller Umstände, wie in etwa Interessenlage, Art, Grund und Zweck des Rechtsgeschäfts.[59] Für einen Vertrag kann dabei ein hoher Wert der verwahrten Token sprechen. Entscheidend dürfte letztendlich das persönliche Verhältnis zwischen den Parteien und deren Motivation sein.

Liegt ein Vertrag vor, ordnet sich dieser nicht als Verwahrung iSd §§ 688–700 BGB ein. **20** Als Vertragsgegenstand verlangt der Vertragstypus gem. § 688 Abs. 1 S. 1 BGB eine „bewegliche Sache".Kryptowährungstoken sind jedoch als „sonstiger Gegenstand" zu qualifizieren (→ § 36 Rn. 6). Eine entgeltliche Geschäftsbesorgung (§ 675 BGB) in Form eines Treuhandvertrags ist hingegen möglich.[60] In den üblichen Treuhandverhältnissen ist der übertragene Gegenstand regelmäßig eine Sache.[61] Was Treugut sein kann, ist jedoch nicht gesetzlich definiert. Insbesondere gibt es kein im BGB normiertes Treuhandverhältnis. Vielmehr handelt es sich dabei um eine Konstellation der entgeltlichen Geschäftsbesorgung, die nach § 675 Abs. 1 BGB die Vorschriften des Auftrags für anwendbar erklärt. Dies ergäbe auch in Bezug auf Kryptowährungstoken eine gesetzliche Leitschnur für streitige Fälle. So regelt sich nach den entsprechend anwendbaren §§ 663 ff. BGB unter anderem die Auskunftspflicht, die Herausgabepflicht und etwaige Ersatzansprüche des Treuhänders. Ebenso kann auf die Rechtsprechung in vergleichbaren Fällen anderer verwahrter Güter zurückgegriffen werden.[62]

Solch ein Vertrag kann zum einen den Interessen des Treuhänders dienen. Dies ist **21** insbesondere im Falle einer sog. Sicherungstreuhand[63] bei Vereinbarung eines Colateralls der Fall. Wie dargelegt, erfordert das Krypto-Lending wie bei sonstigen Kreditgeschäften das Leisten einer Sicherheit. Bei Kryptowährungen wird dies vorranging durch Übertragung eines Collateralls in Form von Stablecoins getan. Diese müssen über die Vertragslaufzeit ein bestimmtes Deckungsverhältnis mit der ausgezahlten Summe erhalten, ansonsten kommt es bei Unterschreitung zur automatischen Liquidierung durch den Smart Contract.[64] Ebenso machen die Teils hohen Werte, wie bei Bitcoin, die Token für eine Sicherheit bei sonstigen Darlehensgeschäften interessant. Hierbei scheidet das klassische Pfandrecht nach dem BGB

---

55 Mit negativem Ausgang in OLG Köln BKR 2024, 859.

56 OLG Köln BKR 2024, 859.

57 So erfolgt die Auszahlung des „Guthabens" nach der Insolvenz von FTX „nur" zum damaligen Wert. Misslich ist dies in Bezug auf bestimmte Kryptowährungstoken, insbes. Bitcoin und Solana, die inzwischen deutlich im Wert gestiegen sind. Hierzu https://bitcoinblog.de/en/2024/09/06/bis-zu-16-milliarden-dollar-ehemalige-ftx-user-werden-fast-vollstaendig-entschaedigt/ (zuletzt abgerufen am 1.11.2024).

58 Bei OLG Frankfurt a. M. BeckRS 2023, 9319 Rn. 1 wurde aufgrund des Freundschaftsverhältnisses das Vorliegen eines Vertrags verneint und auf ein reines Gefälligkeitsverhältnis verwiesen.

59 Grüneberg/Grüneberg BGB Einl. vor § 241 Rn. 7.

60 OLG Köln BKR 2024, 859.

61 BGH NJW 2004, 1382 (1383).

62 Trotz Schweigen des niedergeschriebenen Rechts zur Treuhand hat sich solch eine Vertragstyps durch Lehre und Praxis im geltenden Recht verfestigt, MüKoBGB/Heermann § 675 Rn. 113. Ein Vergleich bei der Verwahrung von Kryptowährungstoken zu Anlagezwecken könnte zu anderen Anlagegeschäften wie solchen mit Wertpapieren gezogen werden.

63 Hierzu Erman/Finkenauer BGB Vorbemerkung vor § 164 Rn. 17.

64 Omlor/Franke BKR 2022, 679 (681).

aus, da es sich bei den Token weder um bewegliche Sachen noch um Rechte handelt.[65] Der Token kann nur „ganz" zur Sicherheit übertragen werden. Parallel zur Sicherheitsübereignung handelt es sich also hier schuldrechtlich um eine Sicherungstreuhand. Dieser Vertrag erfordert eine genaue Niederlegung der Sicherungsabrede, also in welchem Falle und zu welchem Zwecke die verwahrten Kryptowährungstoken verwertet werden können. Im Zweifel kann für den Verwertungsfall wie bei der Sicherungsübereignung analog auf die §§ 1228 ff. BGB zurückgegriffen werden.[66]

22 Im Gegensatz hierzu kann das Treuhandverhältnis ebenso dem Interesse des Treugebers, also dem „eigentlichen" Inhaber der Kryptowährungen, dienen. Solch eine Verwaltungstreuhand liegt beispielsweise bei der Vermögensverwaltung vor.[67] Wie beim klassischen Asset Management, versucht der Vermögensverwalter einen Vermögenszuwachs zu erzeugen, indem er die Kryptowährungstoken ua verleiht, mit ihnen handelt oder Staking betreibt. Agiert dabei eine Privatperson oder eine juristische Person als Verwalter liegt unschwer ein Treuhandverhältnis vor. Im Gegensatz dazu bieten vermehrt DeFi-Plattformen solch eine Vermögensverwaltung intermediärbefreit, also rein dezentral an. Aufgrund der Dezentralität ist weder eine Privatperson noch eine juristische Person als Verwalter auszumachen. Die vertragliche Einordnung hängt dann wiederum von der organisationsrechtlichen Einordnung der Plattform bzw. deren DAO ab. Mangels Vertragspartner scheidet ansonsten ein Vertragsschluss aus.

23 Die sonstigen Verwahrgeschäfte, insbesondere die Verwahrung als Annex des Handels bei CEX, weisen weniger Ähnlichkeit zu solchen Treuhandgeschäften auf. Vielmehr ähneln sie der Verwahrung iSd §§ 688 ff. BGB bis auf das Erfordernis einer beweglichen Sache. Der Inhaber überträgt und belässt die Kryptowährungstoken schlicht bei dem Vertragspartner. Diesem werden vertraglich jedoch keine Befugnisse, wie etwa die Veräußerung zu Sicherungszwecken oder die Anlage zur Vermögenssteigerung eingeräumt. Der vormalige Inhaber der Token sollte sich den Risiken einer etwaigen Insolvenz des Verwahrenden bewusst sein.[68] Diesen Risiken wird durch ein Liquiditätserfordernis von Institutionen vorgebeugt. Schuldrechtlich ist hierbei der vertragliche Gegenstand von wichtiger Bedeutung. Entscheidend ist nämlich, inwieweit exakt der übertragene Token verwahrt werden soll oder aber nur eine wertemäßige Rückübertragung jeglicher Token der übertragenen Art geschuldet wird. Die grundlegende Entscheidung darüber, ob es sich bei der Tokenrückübertragung um eine Wertverschaffungsschuld (also die Verpflichtung zur Verschaffung von beliebigen Token der Art) oder um eine Gattungsschuld (die Verpflichtung zur Rückgabe genau der ursprünglich übertragenen Token) handelt, ist entscheidend für die rechtliche Beurteilung, ob eine Rückübertragung der Token unmöglich und so nur der Zeitwert als Ersatz zu leisten ist.[69] Inwieweit es sich bei diesen schlichten Verwahrgeschäften auch um eine entgeltliche Geschäftsbesorgung handelt, ist fraglich. Schwerpunkt des Dauerschuldverhältnisses ist die reine *Verwahrung* nicht aber eine darüberhinausgehende Verwaltung.

Praxishinweis:
Inhaber von Kryptowährungstoken, die ihre Token bei zentralen Handelsplätzen oder sonstigen Verwahrern hinterlegen, sollten in den jeweiligen Vertragsbedingungen genau prüfen, ob ihnen im Insolvenzfall des Verwahrers ein Aussonderungsrecht zusteht oder lediglich ein schuldrechtlicher Rückübertragungsanspruch. Entscheidend

---

65 So auch Maume/Maute Kryptowerte-HdB/Maute § 6 Rn. 156.
66 Wengert Schuldrecht der Kryptowährungen 63.
67 Zur Vermögensverwaltung im DeFi-Kosmos bei Kryptowährungen Omlor/Möslein Blockchain und Recht/Franke 299.
68 Offensichtlich wurde dies zuletzt durch die Insolvenz der FTX Plattform. Nutzer der Plattform, die ihre Token dort verwahrten, erhalten schlussendlich „nur" den damaligen und meist geringeren Wert in Geld ausgeglichen. Hierzu siehe https://bitcoinblog.de/en/2024/09/06/bis-zu-16-milliarden-dollar-ehemalige-ftx-user-werden-fast-vollstaendig-entschaedigt/ (zuletzt abgerufen am 1.11.2024).
69 So auch in OLG Köln BKR 2024, 859.

hierfür ist, ob eine Gattungsschuld – also die Rückgabe genau der ursprünglich übertragenen Token – oder lediglich eine Wertverschaffungsschuld vereinbart wurde. Im Zweifel empfiehlt sich die Verwahrung in einer eigenen Wallet, um das Insolvenzrisiko des Verwahrenden zu umgehen („not your keys, not your coins").

3. Sonstige Vertragstypen

Neben den üblichen Vertragstypen sind unzählige weitere Geschäftsfelder denkbar. Aufschwung erhielten zuletzt auch Glücksspiele und Wettanbieter bei denen Kryptowährungstoken als Einsatz dienen.[70] Der Vertragsinhalt der Kryptowährungstoken beeinflusst dabei die vertragliche Einordnung nicht. Vielmehr sind rein schuldrechtliche Besonderheiten der Verwendung von Kryptowährungstoken als Zahlungsmittel zu beachten (→ § 39 Rn. 12 ff.). Ebenso sind Mischtypen denkbar, wie in etwa bei Handel und Verwahrung auf zentralen Handelsplätzen. Hierbei muss dann, wie im sonstigen Vertragsrecht, nach dem Schwerpunkt des jeweiligen Vertragsverhältnisses differenziert werden.[71] **24**

§ 39 Schuldrecht

Übersicht

Schrifttum:
Ammann, Bitcoin als Zahlungsmittel im Internet, CR 2018, 379; Arndt, Bitcoin-Eigentum, 2022; Beck/König, Bitcoins als Gegenstand von sekundären Leistungspflichten, AcP 215 (2015), 655; Canaris, Bankvertragsrecht, 4. Aufl. 1981; Engelhardt/Klein, Bitcoins – Geschäfte mit Geld, das keines ist – Technische Grundlagen und zivilrechtliche Betrachtung, MMR 2014, 355; Gruber, Geldwertschwankungen und handelsrechtliche Verträge in Deutschland und Frankreich, 2002; Grunewald/Maier-Reimer/Westermann, Erman BGB, 17. Aufl. 2023; Gsell/Krüger/Lorenz/Reymann, BeckOGK BGB, 2021; Hau/Poseck, BeckOK BGB, 73. Edition 2024; Heckelmann, Zulässigkeit und Handhabung von Smart Contracts, NJW 2018, 504; Heermann, Geld und Geldgeschäft, 2003; Herberger/Martinek/Rüßmann/Weth/Würdinger, jurisPK-BGB, 10. Aufl. 2023; Hilgers, Auf der Suche nach Stabilität: Potenzial und Risiken von Stablecoins und digitalem Zentralbankgeld, REL 04/2022, 48; Hillemann, Wie Kryptowährungen Grundrechtsschutz genießen, CR 2019, 830; Issing, Einführung in die Geldtheorie, 15. Aufl. 2011; Kähler, Zur Entmythisierung der Geldschuld, AcP 206 (2006), 805; Kaulartz/Matzke, Die Tokenisierung des Rechts, NJW 2018, 3280; Koller, Die Risikozurechnung bei Vertragsstörungen in Austauschverträgen, 1979; Langenbucher, Digitales Finanzwesen,

[70] Zuletzt ging die Praxis rund um sog. Plinko Spiel ua auf Social Media viral. Dabei setzten die Spielenden teils horrende Summen ein und warben mit vermeintlich hohen Gewinnen. Davon profitieren Krypto-Glücksspiel-Plattformen wie zB https://www.ltccasino.io/de/plinko (zuletzt abgerufen am 23.4.2025).
[71] BGH NJW 2020, 328 (329).

AcP 218 (2018), 385; Langenbucher/Bliesener/Spindler, Bankrechts-Kommentar, 3. Aufl. 2020; Liegmann/Farruggia-Weber, Stablecoins – Zur steuerrechtlichen Behandlung von „tokenisierten FIAT-Währungen", BB 2019, 2455; Lubasch, Die volkswirtschaftliche Wirkung von Geldwertsicherungsklauseln, 1964; Maume/Maute, Rechtshandbuch Kryptowerte, 1. Aufl. 2020; v. Maydell, Geldschuld und Geldwert, 1974; Medicus, „Geld muß man haben", AcP 1988 (188), 489; Möslein/Omlor, FinTech-Handbuch, 1. Aufl. 2019; Nakamoto, Bitcoin – A Peer-to-Peer Electronic Cash System, 2008; Omlor, Geldprivatrecht, 2014; Omlor, Geld und Währung als Digitalisate, JZ 2017, 754; Omlor, Blockchain-basierte Zahlungsmittel, ZRP 2018, 85; Mugdan, Die gesamten Materialien zum BGB, Band II, 1899; Omlor, Kryptowährungen im Geldrecht, ZHR 183 (2019), 294; Omlor/Link, Kryptowährungen und Token, 2. Aufl. 2023; Omlor/Wilke/Blöcher, Zukunftsfinanzierungsgesetz, MMR 2022, 1044; Pesch, Cryptocoin Schulden, 2017; Peters, Der Zinssatz des § 288 I 1 BGB, ZRP 1980, 90; Rüthers, Die unbegrenzte Auslegung, 9. Aufl. 2022; Säcker/Rixecker/Oetker/Limperg, Münchener Kommentar zum Bürgerlichen Gesetzbuch, 8. Aufl. 2019; Schäfer, Strafe und Prävention im Bürgerlichen Recht, AcP 202 (2002), 397; Schermaier, Der Schuldner einer Entgeltforderung und andere neue Rechtsbegriffe, NJW 2004, 2501; Schmidt, Geldrecht – Geld, Zins und Währung im deutschen Recht. Kommentar, 1983; Schmidt-Räntsch, Das neue Schuldrecht, 2002; Schwarz- Schilling/Neu/Monnot/Asgaonkar/Tas/Tse, Three Attacks on Proof-of-Stake Ethereum, 2021; Seitz, Distributed Ledger Technology & Bitcoin – Zur rechtlichen Stellung eines Bitcoin-„Inhabers", K&R 2017, 763; Sixt, Bitcoins und andere dezentrale Transaktionssysteme, 2016; Spiegel, Grundfälle zum virtuellen Geld, JuS 2019, 307; Spiegel, Blockchain-basiertes virtuelles Geld, 2020; Staudinger, Bürgerliches Gesetzbuch, Neubearbeitung 2024; Stürner, Jauernig Bürgerliches Gesetzbuch, 19. Aufl. 2023; Sunyaev, Internet Computing, 2020; Teichmann, Digitalisierung und Gesellschaftsrecht, ZfPW 2019, 247; Wais, Die Beweismittelsicherstellung als Rechtsmangel, AcP 217 (2017), 337; Weiss, Die Rückabwicklung einer Blockchain-Transaktion, NJW 2022, 1343; Weller/Harms, Die Kultur der Zahlungstreue im BGB, WM 2012, 2305; Wengert, Schuldrecht der Kryptowährungen, 2024.

I. Einleitung

1 Im Abschnitt zuvor galt es, die üblichen Geschäftspraktiken rund um Kryptowährungen und Decentralised Finance ins Vertragsregime des BGB einzuordnen. Diese Einordnung bietet eine Richtschnur, unter anderem in Streitfällen und für Fragen zu Gewährleistung, AGB und Verjährung (→ § 38 Rn. 4 ff.). Fokus dieses Abschnitts ist die daraus entstehende Leistungspflicht in Kryptowährung und deren schuldrechtliche Behandlung. Kryptowährungen werden häufig als Alternative zu Geld oder als „digitales Geld" bezeichnet (zur genaueren Einordnung unter den Begriff „Geld" → § 38 Rn. 7). So werden sie auf online Plattformen wie staatliche Währungen als Zahlungsmittel verwendet. Dies zwingt zu einem Vergleich mit der schuldrechtlichen Behandlung von Geld. Dieses verfügt über eine Sonderstellung im Schuldrecht und weist bedeutende Besonderheiten im Rahmen der Leistungserbringung und -störung auf. Zu diesen Besonderheiten zählen die automatische Verzinsung im Verzug (§ 288 BGB) sowie der Umstand, dass das zur Erfüllung einer Geldleistungspflicht geleistete Geld nicht mangelhaft sein kann. Außerdem können Geldleistungspflichten auch nicht unmöglich iSd § 275 BGB sein.

2 Die Frage inwieweit diese schuldrechtlichen Besonderheiten auf Kryptowährungen übertragbar sind, ist für die Praxis von hoher Bedeutung. Eine maßgeschneiderte Lösung in den AGB kann die Rechtssicherheit für Anbieter von Krypto-Dienstleistungen ungemein erhöhen (bspw. im Rahmen der Erfüllung → Rn. 33 ff.). Durch die stetige Veränderung im DeFi-Sektor fokussiert sich die rechtliche Behandlung häufig auf Einzelprobleme. Ein davon abweichendes und entwicklungsoffenes Grundverständnis lässt sich in zwei Schritten schaffen: Zunächst gilt es, den genauen Schuldinhalt der hier zu behandelnden Kryptowährungsschuld herauszuarbeiten (→ Rn. 3 ff.). Diesen aufgreifend, werden dann einige Besonderheiten bei der schuldrechtlichen Behandlung von Kryptowährungstoken aufgezeigt (→ Rn. 12 ff.). Auf dieser Basis sind die gesteigerten Anforderungen des Verbraucherschutzes zu betrachten.(→ § 40 Rn. 20 ff.).

II. Schuldgegenstand der Kryptowährungsschuld

Relevant für die schuldrechtliche Behandlung von Decentralised Finance und Kryptowährungen ist zunächst, was überhaupt geschuldet wird. Der Schuldinhalt gibt etwa vor, was der Schuldner zur Erfüllung zu leisten hat, inwieweit eine Abweichung zur Leistungsstörung führt und ob bzw. wann die Voraussetzungen der Unmöglichkeit gegeben sind. Außerdem bestimmt der Leistungsgegenstand, welche schuldrechtlichen Ansprüche der Tokeninhaber außerhalb eines Vertrages hat. Mit Bereicherungs- und Deliktsrecht könnte er sich beispielsweise gegen Einwirkungen Dritter wehren und bei Nichtigkeit des Vertrages bereits geleistete Token herausverlangen. Das sich daraus ergebende Schutzniveau hängt maßgeblich davon ab, inwiefern Bereicherungs- und Deliktsrecht den Leistungsgegenstand der Currency Token erfassen. 3

1. Kryptowährungstoken als Schuldinhalt

Rein rechtlich kann der Token einer Kryptowährung nur ganz übertragen werden. Der Currency Token ist ein rechtliches nullum (ausf. → § 36 Rn. 2 ff.) Eine Besitzverschaffung wie bei beweglichen Sachen ist daher nicht möglich.[1] Somit ist die Aufspaltung von Inhaberschaft bzw. Eigentum und tatsächlicher Sachherrschaft nicht möglich. Es gibt nur die tatsächliche Herrschaft des Inhabers über den Token, vermittelt durch den jeweiligen private Key. Wie tatsächlich häufig propagiert, gilt daher auch rechtlich: „Your keys, your Coins"[2]. Eine Kryptowährungsschuld ist daher immer auf die tatsächliche Übertragung durch Neuzuordnung an den Public Key des Empfängers ausgerichtet. Das Kryptowährungsschuldverhältnis zielt daher immer auf die Verschiebung der Inhaberschaft unabhängig von den zuvor betrachteten Vertragstypen. Sowohl beim Krypto-Lending als auch beim Handel mit Kryptowährungen schuldet der „Darlehensgeber" bzw. der Veräußerer die Übertragung der Token an den Empfänger (→ § 38 Rn. 6 ff.). Beim Krypto-Lending müssen die Token zwar bei Laufzeitende rückübertragen werden. Es bleibt aber beim Schuldinhalt der tatsächlichen (und vorübergehend endgültigen) Neuzuordnung im jeweiligen DLT-System (→ § 38. Rn. 12 ff.). Gleiches gilt auch bei der Verwahrung (→ § 38 Rn. 16 ff.). Mag der Auftraggeber rein tatsächlich die Coins noch als „seine" sehen, ist alleiniger Inhaber der Verwahrer. Kurzum besteht kein Recht am Kryptowährungstoken, das dem Auftragsgeber verbleibt. Der Coin kann daher nur rein tatsächlich an einen anderen Public Key neuzugeordnet werden, was damit den Schuldinhalt der Kryptowährungsschuld bildet. 4

Hinzuweisen sei zur Vollständigkeit auf die Alternative einer Off-Chain Transaktion. Dabei werden die Coins nicht auf der Blockchain dem Public Key des Empfängers zugeordnet. Vielmehr wird außerhalb, also Off-Chain, der Zugriff auf den Private Key des Schuldners übertragen.[3] Die Möglichkeiten hierzu reichen vom schlichten in Kenntnis setzen über die Vermittlung der Zugangsdaten der Soft-Wallet hin zur Eigentumsübertragung der Hard-Wallet samt Vermittlung der Zugangsdaten. Der Schuldinhalt entspricht dann der jeweiligen Vereinbarungen. In der Praxis dürften solche Absprachen eine Seltenheit darstellen. Der Anreiz der Verwendung von Kryptowährungen liegt in der DLT als Transaktionsgrundlage durch den Effizienzvorteil und die Anonymität.[4] Ebenso verbürgen Off-Chain-Transaktionen ein Mehr an Unsicherheiten. Es muss sichergestellt werden, dass der Schuldner sich nicht weiterhin den Zugriff auf die Private Keys erhält und daher die dem Public Key zugeordneten Token wegtransferieren kann.[5] 5

---

1 Wengert Schuldrecht der Kryptowährungen 62.
2 OLG Köln BKR 2024, 859 (Anm. Maume).
3 Maume/Maute Kryptowerte-HdB/Maute § 5 Rn. 12.
4 Wengert Schuldrecht der Kryptowährungen 16.
5 Wengert Schuldrecht der Kryptowährungen 104.

6 Die (mangelnde) Rechtsnatur der Kryptowährungstoken und der korrespondierende Schuldinhalt äußern sich auch in einem geringen Schutz durch die gesetzlichen Schuldverhältnisse des BGB. Deliktsrechtlich fallen die Coins nicht unter den Schutz des § 823 Abs. 1 BGB, da es sich um keine der aufgezählten Rechtspositionen, insbesondere nicht um ein „sonstiges Recht" handelt.[6] Einzig die §§ 823 Abs. 2, 826 BGB sind unter ihren gesteigerten Voraussetzungen anwendbar. Im Regelfall setzen beide ein vorsätzliches Einwirken voraus. Dadurch entsteht eine Schutzlücke bei Schäden des Token-Inhabers durch fahrlässiges Handeln eines Dritten.[7] Diese Lücke kann auch nicht durch das Bereicherungsrecht geschlossen werden. Die Leistungskondiktion (§ 812 Abs. 1 S. 1 Alt. 1 BGB) ist durch das erlangte Etwas noch neutral hinsichtlich des Herausgabegegenstandes und erfasst auch Einheiten der Kryptowährungen.[8] Für die Fälle der Einwirkung eines Dritten auf die Token (zB durch „unberechtigtes" Wegtransferieren) wären hingegen die §§ 812 Abs. 1 S. 1 Alt. 2, 816 BGB dienlich. Sie böten die Möglichkeit, von dem eingreifenden Bereicherungsschuldner Wertersatz oder das durch die Transaktion Erlangte herauszuverlangen. Allerdings erfordert sowohl § 812 Abs. 1 S. 1 Alt. 2 BGB durch das Tatbestandsmerkal „in sonstiger Weise" den Eingriff in den Zuweisungsgehalt eines fremden Rechts[9], als auch § 816 BGB durch die Verfügung[10], das Bestehen einer Rechtsposition. An dieser mangelt es den Token einer Kryptowährung. An ihnen bestehen keine Rechte und Schuldinhalt ist daher immer „nur" die tatsächliche Übertragung.

2. Wertverschaffung als Fokus

7 Was genau übertragen werden soll, also in diesem Fall welcher Kryptowährungstoken, teilt das Schuldrecht üblicherweise in Stück- und Gattungsschulden. Beide dieser Formen sind in der DeFi-Sphäre denkbar. So handelt es sich um eine Stückschuld, wenn der Schuldner einen bestimmten Token aus einer bestimmten Transaktion oder einem bestimmten Block schuldet.[11] Üblicherweise wird dabei auf Token aus dem Genesisblock bei Bitcoin verwiesen.[12] Weitere Beispiele sind:

- die aus den Bitcoin Blöcken 1–10 von Satoshi Nakamoto gemineten UTXO;
- die ersten transferierten Token von Satoshi Nakamoto an Hal Finney;
- die als erstes zum Erwerb eines physischen Guts (genauer Pizza) verwendeten 10.000 BTC und
- auf Silk Road verwendete Coins.

8 Gemein ist den Beispielen, dass die besondere Verwendung im Vordergrund steht. Sammler schreiben den Coins daher einen immateriellen Wert zu, der sie von den üblichen sonstigen Einheiten abgrenzt. Um eine Gattungsschuld handelt es sich, wenn es keinen einzelnen, sondern mehr als die geschuldeten Kryptowährungstoken gibt.

9 Zumeist legt der Erwerber seinen Fokus aber nicht auf solch eine Nostalgie. Die Currency Token werden zu Anlagezwecken gehandelt, in Form von Stablecoins als Collateral verwendet

---

[6] Denkbar wäre die mittelbare Einwirkung auf die Token durch Einwirkung auf das Eigentum des Geschädigten wie in etwa bei Zerstörung eines PCs oder einer Hard-Wallet, auf denen die Private Keys hinterlegt sind, Wengert Schuldrecht der Kryptowährungen 40; Engelhardt/Klein MMR 2014, 355 (357); Arndt Bitcoin-Eigentum 60; Seitz K&R 2017, 763 (767).

[7] Omlor/Wilke/Blöcher MMR 2022, 1044.

[8] Langenbucher AcP 218 (2018), 385 (407); Maume/Maute Kryptowerte-HdB/Maute § 6 Rn. 105; Omlor/Link Kryptowährungen/Omlor Kap. 6 Rn. 37; Kaulartz/Matzke NJW 2018, 3280 (3283); Weiss NJW 2022, 1343 (1346).

[9] BGH ZIP 1987, 435 (436); NJW 1990, 52, GRUR 1990, 421 (422); NJW 2013, 781 (782); 2012, 2519 Rn. 15.

[10] Wengert Schuldrecht der Kryptowährungen 38.

[11] Spiegel Blockchain-basiertes virtuelles Geld 76; Omlor ZHR 183 (2019), 294 (320).

[12] Spiegel Blockchain-basiertes virtuelles Geld S. 76; Omlor ZHR 183 (2019), 294 (320).

oder als Zahlungsmittel im und außerhalb des Internets genutzt.[13] Die besonderen Charakteristika sind dabei irrelevant. Im Vordergrund steht vielmehr nicht der Token als solcher, sondern der dadurch „verkörperte" Wert.[14] Es handelt sich daher wie die Geldschuld um eine von den Sachschulden (Stück- und Gattungsschulden) abzugrenzende Wertverschaffungsschuld.

Die Geldschuld als Wertverschaffungsschuld wird dadurch gekennzeichnet, dass nicht das einzelne Geldzeichen wesentlich ist, sondern die dadurch verkörperte Kaufkraft[15] Diese Abkehr von der Substanz zeigt sich noch deutlicher bei Buchgeld und E-Geld. Hier gibt es kein Geldzeichen, das im Vordergrund stehen kann. So ist einleuchtend, dass es allegorisch kein Geld „mittlerer Art und Güte" (§ 243 Abs. 1 BGB) gibt.[16] Unabhängig von dem Zustand eines Geldzeichens (Verschmutzung, zerrissen etc) ist dieses Geld und verkörpert den Wert oder es ist eben kein Geld.[17] Dieses „ganz oder gar nicht" steht der Einordnung als Gattungsschuld entgegen. Es handelt sich um eine von den üblichen Sachschulden abzugrenzende Kategorie der Geldschulden, also Wertverschaffungsschulden. 10

Auch bei der vertraglichen Verwendung von Kryptowährungstoken geht es grundsätzlich um den Wert den der Token als virtuelles Konstrukt „verkörpert". Noch deutlicher ergibt sich dies bei den kontenbasierten Kryptowährungen wie beispielsweise ETH. Dort gibt es im Gegensatz zu den UTXO bei BTC nicht den Geldzeichen um Münzen und Scheine vergleichbare Einheiten. Dies bestätigt, dass es auch keine Coins „mittlerer Art und Güte" (§ 243 Abs. 1 BGB) gibt. Bei der Kryptowährungsschuld handelt es sich also um keine Gattungsschuld, sondern um eine Wertverschaffungsschuld.[18] Einzelne Stimmen zweifeln dies mit Verweis auf die Transaktionshistorie und die Stückelung an.[19] Hier lässt sich entgegenhalten, dass es keine Praxis an Blacklists von bestimmten Token gibt.[20] Der Einzelne prüft üblicherweise nicht die Herkunft der erhaltenen Token nach. Außerdem kann eine Stückelung den Einheiten einer Kryptowährung nicht den Wert absprechen.[21] Eine Antwort auf die (nicht zu beantwortende) Frage, wie die Beschaffenheit eines Kryptowährungstokens mittlerer Art und Güte ist, können die kritischen Stimmen nicht geben. Insgesamt verfängt sich deren Ansicht, wenn der Blick von Bitcoin auf kontenbasierte Kryptowährungen wie ETH gehoben wird. Weist das Konto eines Public Keys einen Saldo auf, gibt es keine schadende Stückelung oder Vergangenheit des Kontostands. Besagtes schlägt sich ebenso in der Mangelhaftigkeit nieder. Eine Schlechtleistung von Kryptowährungstoken bei einer Wertverschaffungsschuld ist nicht möglich (→ Rn. 25). 11

III. Geldschuldrechtliche Parallele und kryptowährungsschuldrechtliche Besonderheiten

Geschuldet wird also die Übertragung der vereinbarten Anzahl an Coins durch Neuzuordnung an die Public Keys des Gläubigers. Schuldrechtlich steht für die Parteien grundsätzlich 12

13 So kann beispielsweise bei bestimmten Online-Händlern wie lieferando mit Bitcoin bezahlt werden, https://www.lieferando.de/kundenservice/artikel/welche-zahlungsmethoden-kann-ich-nutzen-de (zuletzt abgerufen am 2.12.2024).

14 Wengert Schuldrecht der Kryptowährungen 73.

15 RGZ 101, 312 (313); MüKoBGB/Grundmann § 245 Rn. 84; BeckOGK/Freitag BGB § 244 Rn. 67; Schmidt Geldrecht Vorb. zu § 244 Rn. C1, C7; v. Maydell Geldschuld und Geldwert 11.

16 Medicus AcP 1988, 489 (492); v. Staudinger/Höpfner/Kaiser/Omlor BGB vor § 244 Rn. B7; Isele AcP 128 (1928), 129 (172); Heermann Geld und Geldgeschäft S. 24, aA BGH NJW 1982, 1585.

17 Wengert Schuldrecht der Kryptowährungen 71.

18 AA Langenbucher/Bliesener/Spindler/Langenbucher/Hoche/Wentz Kap. 11 Rn. 31; Maume/Maute Kryptowerte-HdB/Maume § 8 Rn. 72; Möslein/Omlor FinTech-HdB/Siedler § 7 Rn. 21.

19 Maume/Maute Kryptowerte-HdB/Maute § 6 Rn. 128; Pesch Cryptocoin Schulden, 95.

20 Primär wird unerwünschte Kunden persönlich der Zugriff auf bestimmte Handelsplattformen verwehrt, (https://www.coindesk.com/business/2022/03/07/coinbase-touts-blacklist-of-25k-russia-linked-addresses-allegedly-tied-to-illicit-activity/, zuletzt abgerufen am 2.12.2024).

21 Wengert Schuldrecht der Kryptowährungen 74 f.

die durch die Kryptowährungstoken „verkörperte" Wertverschaffung im Vordergrund. Trotz dieser Übereinstimmung mit der Geldschuld resultiert dies nicht in einer schuldrechtlichen Gleichbehandlung.[22] Es bleibt dabei, dass bisher keine Kryptowährung Geld im Sinne des Zivilrechts ist. Es kann sich daher auch nicht um eine Geldschuld handeln. Hieraus resultiert zunächst einleuchtend, dass eine Geldschuld nicht mit Kryptowährungstoken und eine Kryptowährungsschuld nicht mit Geld beglichen werden kann.[23] Die schuldrechtliche Gleichbehandlung der beiden Schuldtypen gebietet auch keine Generalanalogie oder eine privatautonome Gleichbehandlung.[24] Die zivilrechtliche Definition des Geldes verkäme ansonsten zur bloßen theoretischen Spielerei. Verwenden die Normen des BGB den Begriff „Geld", knüpfen sie dabei an die Geldeigenschaften an. So bauen die §§ 249, 288 BGB beispielsweise auf die Eigenschaft als Universaltauschmittel.[25] Es muss daher für die einzelnen Normen des Geldschuldrechts überprüft werden, inwieweit sie auf die Kryptowährungsschuld anwendbar sind. Diese resultiert in einer Vielzahl von Unklarheiten der schuldrechtlichen Behandlung von Kryptowährungen. Rechtssichere Abhilfe bietet, insbesondere für Unternehmer, eine privatautonome Gestaltung in Form von AGB aufbauend auf den folgend dargestellten Grundlagen. Ansonsten kann die Unsicherheit zumindest durch Kategorisierung der geldschuldrechtlichen Normen minimiert werden.[26] Besonders wichtig für die Kryptowährungsschuld erscheinen im Folgenden die schuldrechtlichen Fragen um die Risikoverteilung (→ Rn. 13 ff.), die Besonderheiten der Leistungsstörung (→ Rn. 20 ff.) und die Erfüllung der Kryptowährungsschuld (→ Rn. 33 ff.).

1. Allgemeine Risikoverteilung bei der Kryptowährungsschuld

13 Die allgemeine Risikoverteilung ergibt sich durch die Verortung von Leistungs- und Erfolgsort. Je nach Vorliegen einer Hol-, Schick- oder Bringschuld sind insbesondere die Kategorien des Verzögerungs- und Verlustrisikos entweder dem Schuldner oder dem Gläubiger zuzuordnen.[27] Für die Geldschuld regelt der § 270 Abs. 1 BGB explizit die Gefahrtragung. Vorherrschend leite sich hierbei eine qualifizierte Schickschuld ab.[28] Wie bei der Schickschuld, geht jegliches Risiko ab ordnungsgemäßer Leistung auf den Gläubiger über. Allerdings trägt der Schuldner als Qualifikation der Schickschuld die Verlustgefahr.[29] Die Verzögerungsgefahr bleibt weiterhin beim Gläubiger, sollte der Schuldner die Leistung ordnungsgemäß auf den Weg gebracht haben.[30] Dies äußert sich insbesondere, wenn es um die verspätete Leistung im Rahmen des Geldverzugs geht. Der Schuldner kann sich trotz verspäteter Ankunft des Geldes mit dem Verweis auf eine ordnungsgemäße und rechtzeitige Leistungshandlung freizeichnen.

14 Diese in § 270 Abs. 1 BGB niedergeschriebene Verkehrssitte[31] ist nicht auf die Kryptowährungsschuld übertragbar.[32] Es handelt sich vielmehr um eine Bringschuld, bei der der

---

22 Alternative Versuche hierzu: BeckOGK/Freitag BGB § 244 Rn. 51; BeckOK BGB/Grothe § 244 Rn. 2; MüKoBGB/Grundmann § 245 Rn. 34; Omlor ZRP 2018, 85 (88).

23 Wengert Schuldrecht der Kryptowährungen 56.

24 Alternative Versuche hierzu: BeckOGK/Freitag BGB § 244 Rn. 51; BeckOK BGB/Grothe § 244 Rn. 2; MüKoBGB/Grundmann § 245 Rn. 34; Omlor ZRP 2018, 85 (88).

25 BeckOK BGB/Flume § 249 Rn. 3; jurisPK/Rüßmann BGB § 249 Rn. 1; Jauernig/Stürner/Teichmann BGB § 249 Rn. 1.

26 So in ersten Zügen Wengert Schuldrecht der Kryptowährungen 279 ff.

27 MüKoBGB/Krüger § 269 Rn. 1; Erman/Arzt BGB § 269 Rn. 5; jurisPK/Kerwer BGB § 269 Rn. 4.

28 BGH NJW 2017, 1596 Rn. 23 ff.; 1959, 1176; 1966, 46 (47); 1998, 1302.

29 OLG Hamm BeckRS 2014, 18500 (Rn. 13); jurisPK/Kerwer BGB § 270 Rn. 1; Freitag AcP 213 (2013), 128 (161); BeckOGK/Beuersken BGB § 270 Rn. 41; Weller/Harms WM 2012, 2305 (2307).

30 RGZ 78, 137 (139); 99, 257; BGH NJW 1998, 1302; Schmidt Geldrecht Vorb. zu § 244 Rn. C25; MüKoBGB/Krüger § 270 Rn. 18.

31 Mugdan Die gesamten Materialien zum BGB Band II 19.

32 Wengert Schuldrecht der Kryptowährungen 97; Pesch Cryptocoin Schulden 171; aA Maume/Maute Kryptowerte-HdB/Maute § 6 Rn. 56; Omlor JZ 2017, 754 (761); Omlor ZHR 183 (2019), 294.

Schuldner alle Risiken bis zur Verbringung der Token an den Gläubiger trägt.[33] Dies ergibt sich aus der Natur des Schuldverhältnisses gem. § 269 Abs. 1 BGB. Der Erfolgsort liegt durch Zuordnung an den Public Key des Gläubigers bei diesem. Der Leistungsort ist auch dort zu verorten. Wie folgend dargestellt, ist die Kryptowährungsschuld nicht mit der üblichen Schickschuld vergleichbar und die Risiken sind der Sphäre des Schuldners zuzuordnen. Dem wird nur eine Bringschuld gerecht.

Wesentlicher Fakt ist, dass es bei Kryptowährungen nicht zu einer Risikoerhöhung durch die Transferierung kommt.[34] Bei Geld findet sich diese üblicherweise durch Einwirkung von Dritten oder Intermediären auf dem Transportweg.[35] Die Einheiten einer Kryptowährung befinden sich allerdings faktisch nie auf dem Weg.[36] Trotz Signatur durch den Sender sind sie dessen Public Key weiterhin zugeordnet. Er kann weitere Transaktionsanweisungen erzeugen. Erst zum Zeitpunkt der Zuordnung des Tokens an den Empfänger, steht dieser nicht mehr dem Sender zu. Eine Einwirkung auf die Transaktion durch Netzwerkteilnehmer/Nodes ist sinnlos und abwegig.[37] Durch die asymmetrische Kryptographie kann nur der Inhaber Transaktionen autorisieren. Sollte ein Node versuchen in einem von ihm erzeugten Block diese an sich umzuleiten oder falsche Transaktionen hinzuzufügen, wird dies durch fehlerhafte Hash-Werte und unzureichende Signaturen deutlich. Ein Weiterarbeiten der Nodes an einem manipulierten Block ist fernliegend. Dem Konsensmechanismus dezentraler Systeme folgend, ist für solch ein Handeln kein Anreiz gesetzt.[38] Der Node verlöre zwingend den wirtschaftlichen Wert der Rechenleistung, anstatt vom Mining-Reward und etwaigen Transaktionsgebühren zu profitieren. 15

Dies unterscheidet sich maßgeblich von dem in § 270 Abs. 1 BGB geregelten Verkehr mit Geld. Vergleichbar in der Gefahrtragung sind einzig die Risiken von Intermediären.[39] Hierzu zählen beispielsweise Verzögerungen durch einen Finanzdienstleister, der „Verlust" durch Entwendungen[40] oder die Insolvenz[41] des Verwahrers. Dabei handelt es sich aber nicht um das Risiko eines einzelnen Zahlungsvorgangs.[42] Schlichtweg trägt jede Partei die Gefahrerweiterung durch von ihr gewählte Mittelsmänner. Dies leuchtet ein, hat doch der Schuldner bzw. der Gläubiger die Auswahl getroffen und dadurch im Wege seiner Privatautonomie das Risiko allokiert.[43] 16

Abweichend von dieser übereinstimmenden Gefahrenlage weist die Kryptowährungsschuld im Vergleich zur Geldschuld einige Besonderheiten auf. Diese Risikolagen sind nach den Grundsätzen der Bringschuld typisierend wie folgt auf die Parteien zu verteilen: 17

- **Konkurrierende Transaktionen/Forks:** Trotz Anweisung an das Netzwerk ist der Schuldner in der Lage, weitere Transaktionen zu signieren. Durch die Möglichkeit einer Fork kann so eine Transferierung erst in den Konsens aufgenommen werden, dann aber durch eine längere Kette überholt werden.[44] Dasselbe gilt, sollte sich das Netzwerk im Wege einer Hard Fork für eine bestimmte Änderung entscheiden, wie bei der Entstehung von Bitcoin Cash und nach Entwendung von ETH bei Mt. Gox.[45] Die Gefahr s einer

[33] Wengert Schuldrecht der Kryptowährungen 98 ff.
[34] Maume/Maute Kryptowerte-HdB/Maute § 6 Rn. 53; Pesch Cryptocoin Schulden 171.
[35] AG Köln NJW 2006, 1600; Schmidt Geldrecht Vorb. zu § 244 Rn. C23; Omlor Geldprivatrecht 336.
[36] Maume/Maute Kryptowerte-HdB/Maute § 6 Rn. 53; Pesch Cryptocoin Schulden 171.
[37] Wengert Schuldrecht der Kyptowährungen 89.
[38] Wengert Schuldrecht der Kyptowährungen 89.
[39] Wengert Schuldrecht der Kyptowährungen 92.
[40] Sixt Bitcoins und andere dezentrale Transaktionssysteme 92 ff.; https://www.manager-magazin.de/finanzen/boerse/kryptoboerse-binance-hacker-stehlen-bnb-token-fuer-570-millionen-dollar-a-6a34fa62-32f1-47d4-b5d5-b51c41c5f588 (zuletzt abgerufen am 3.12.2024).
[41] Hierzu gehört insbesondere der bislang bekannteste Fall rund um die Plattform FTX.
[42] Schmidt Geldrecht Vorb. zu § 244 Rn. C27; Staudinger/Omlor BGB vor § 244 Rn. B50; Omlor Geldprivatrecht 343 f.
[43] Canaris Bankvertragsrecht Rn. 478 BeckOK BGB/Lorenz § 270 Rn. 14; Schmidt Geldrecht Vorb. zu § 244 Rn. C27; Staudinger/Omlor BGB vor § 244 Rn. B50; Omlor Geldprivatrecht 344.
[44] Sunyaev Internet Computing 282; Heckelmann NJW 2018, 504 (505).
[45] Teichmann ZfPW 2019, 247 (267 f.).

solchen Fork liegt beim Schuldner.[46] Er verpflichtet sich zur Wertverschaffung. Daher (i) muss er bei der Weitertransferierung von an ihn gesendeten Coins auf ausreichende Bestätigung warten und (ii) darf keine weiteren alternativen Transaktionen signieren. Verwirklicht sich solch ein Risiko, wird er nicht von der Leistungspflicht frei und muss erneut leisten. Gleiches gilt, wenn er durch eine Hard Fork wieder Inhaber der Kryptowährungstoken wird (näher hierzu bei der Erfüllung → Rn. 33 ff.).

- **Faktischer Verlust der Private Keys:** Medial aufgegriffen werden häufig die Fälle, in denen der Inhaber den Zugriff auf seine Kryptowährungstoken verliert.[47] So kann ihm die Niederschrift des Private Keys oder die diesbezügliche Wallet abhandenkommen. Auch kann er die Zugangsdaten für die Soft-/Hard-Wallet verlieren. Der Verlust der Private Keys durch den Gläubiger auch schon vor der Leistung hat nichts mit dem einzelnen Schuldverhältnis zu tun.[48] Geschuldet wird nur die Verbringung an den Public Key. Das Verwendungsrisiko trägt der Gläubiger selbst.[49] Auch der Schuldner kann sich nicht mit dem Verweis auf den Verlust freizeichnen. Er schuldet die Wertverschaffung unabhängig von etwaig verwahrten Token und trägt damit das Beschaffungsrisiko.[50]
- **Netzwerk als neutrale Sphäre (Netzwerkverzögerungen und Transaktionsgebühren):** Das DLT-Netzwerk als Basis der Transaktion erfolgt automatisch aus der im Vertrag vereinbarten Kryptowährung. Weder Gläubiger noch Schuldner haben hierauf Einfluss, weswegen es sich um eine schuldrechtlich neutrale Sphäre handelt.[51] Transaktionsgebühren sind Sache des Schuldners, da er in der Anweisung die Höhe bestimmt. Kommt es zu Verzögerungen, kann er sich von den Folgen der §§ 286 ff. BGB exkulpieren, sollte er marktgerechte Gas Fees angefügt haben.[52] Hierzu sei auf die üblichen Tracker verwiesen.[53] Etwaige Netzwerkverzögerungen durch beispielsweise erheblichen Abfall der im Netzwerk tätigen Rechenleistung[54] sind keiner Partei einzeln aufzubürden. Sie ergeben sich aus dem der Kryptowährung inhärenten Netzwerk. Der Gläubiger muss sich dessen Risiko bewusst sein. Zwar könnten die Nodes und Miner/Staker als Erfüllungsgehilfen des Schuldners iSv § 278 BGB angesehen werden.[55] Durch ihre Validierung erbringen sie die geschuldete Leistung, also die Transferierung der Token. Allerdings kann ihnen kein Verschuldensvorwurf gemacht werden, was dann wiederum dem Schuldner zuzurechnen wäre.[56] Von der Dezentralität durchsetzt, liegt dem Netzwerk das stete Misstrauen seiner Teilnehmer zugrunde. Durch ein Anreizsystem sollen diese zu „richtigem" Verhalten gehalten werden. Daher sind die Nodes nicht zu einem bestimmten Sorgfaltsmaßstab bei Teilnahme an der DLT verpflichtet, geschweige denn besteht überhaupt eine Pflicht zur stetigen Mitarbeit am Konsens.

18 Mit der Gefahrtragung verbindet sich die Kostentragung. Üblicherweise entstehen die Kosten im DeFi-Bereich durch die Transaktionsgebühren. Diese variieren je nach Netzwerkauslastung und bestimmen maßgeblich, mit welchem Zeitabstand die Transaktion in einen neu geschaffenen Block aufgenommen wird. Der Hintergrund erklärt sich aus rein wirtschaftlichen Gesichtspunkten: Sollten zu viele Transaktionsanweisungen für den nächsten Block vorliegen, bevorzugt der generierende Node solche, die die meisten Transaktions-

---

[46] Wengert Schuldrecht der Kryptowährungen 91.
[47] Zum Beispiel https://www.businessinsider.de/wirtschaft/finanzen/bitcoin-vergessenes-passwort-kann-viele-millionen-euro-kosten- (zuletzt aufgerufen am 3.12.2024).
[48] Wengert Schuldrecht der Kryptowährungen 94.
[49] Koller Die Risikozurechnung bei Vertragsstörungen in Austauschverträgen 99, 235 (speziell zur Geldschuld), 307; BGH NZM 2022, 99 (102); BeckOK BGB/Lorenz § 313 Rn. 30; BeckOGK/Martens BGB § 313 Rn. 68; MüKoBGB/Finkenauer § 313 Rn. 73.
[50] Wengert Schuldrecht der Kryptowährungen 94.
[51] Wengert Schuldrecht der Kryptowährungen 100.
[52] Wengert Schuldrecht der Kryptowährungen 96.
[53] Hierzu zählt beispielsweise etherscan.io (zuletzt abgerufen am 23.4.2025).
[54] Zur Möglichkeit der feindseligen Verlangsamung des Ethereum PoS-Mechanismus: Schwarz-Schilling/Neu/Monnot/Asgaonkar/Tas/Tse Three Attacks on Proof-of-Stake Ethereum 15.
[55] Maume/Maute Kryptowerte-HdB/Maute § 6 Rn. 56, 57; Pesch Cryptocoin Schulden 189.
[56] Wengert Schuldrecht der Kryptowährunegn 100 f.

gebühren für ihn ergeben.[57] Spricht nach § 269 Abs. 3 BGB die Kostentragung zwar nicht für eine Bringschuld, gilt dennoch umgekehrt, dass bei einer Bringschuld der Schuldner die Kosten übernimmt.[58] Wichtig hierbei ist die Abgrenzung der zu tragenden Kosten. Erfasst werden, wie auch bei der Geldschuld, nur die der Transaktion spezifisch zuzurechnenden Kosten.[59] Nicht erfasst sind aber darüberhinausgehende, oft laufende, Kosten. So sind bei der Kryptowährungsschuld die Belohnungen für die Nodes erfasst. Ausgeschlossen sind hingegen vor allem laufende und damit nicht der einzelnen Transaktion zuzurechnende Kosten, die beispielsweise durch Wallet-Anbieter, Handelsplätze oder sonstige Krypto-Dienstleistungen entstehen.[60]

Für professionelle und institutionelle Händler mit hohem Transaktionsvolumen liegt der Anreiz einer Kostenverlagerung nahe.[61] Sind sie Gläubiger der Kryptowährungsschuld, trägt der Schuldner durch die Bringschuld sowieso schon die Transaktionskosten. Allerdings kann zum einen versucht werden, auch als Schuldner und damit als gesetzlich zur Kostentragung Verpflichteter, diese privatautonom auf den Gläubiger auszulagern. Zum anderen kann insbesondere der Händler vom Kryptowährungsschuldner ein zusätzliches Entgelt für die Verwendung von Token als Zahlungsmittel verlangen (sog. Surcharging). Bei Verwendung in AGB dürfte die allgemeine Floskel „Versendung auf Kosten und Gefahr des Kunden" eine unangemessene Benachteiligung iSv § 307 Abs. 1, 2 Nr. 1 BGB und damit unwirksam sein.[62] Hingegen scheint die Übertragung der tatsächlich entstandenen Kosten auf den Gläubiger als noch zulässig.[63] Gegen das Surcharging bei Kryptowährungsschulden bestehen geringere Bedenken. Vor allem im Alltagsgeschäft sind die Currency Token weniger verbreitet. Annehmende lassen sich dadurch verständlicherweise die verminderte Einsetzbarkeit im Vergleich zu Geld und die Risiken, insbesondere in Form von Wertschwankungen, vergüten. Eine Begrenzung nach § 270a BGB wäre erst in Betracht zu ziehen, wenn beispielsweise ein digitaler Euro Teil des SEPA-Verkehrs ist. Ansonsten scheinen nur Verbrauchergeschäfte analog § 312a Abs. 4 BGB beschränkt.[64] Die Gebühren dürfen damit die tatsächlich entstandenen Kosten nicht übersteigen, welche sowieso schon der Schuldner trägt. Außerdem muss weiterhin eine kostenlose Zahlungsalternative vorliegen. 19

Praxishinweis:
Unternehmen, die von ihren Kunden bei Zahlung in Kryptowährungen ein zusätzliches Entgelt verlangen möchten, sollten sicherstellen, dass dieses die tatsächlich anfallenden Transaktionskosten nicht übersteigt und im Verbrauchergeschäft eine kostenfreie Zahlungsalternative angeboten wird. Eine pauschale AGB-Klausel, die die Versendungskosten generell dem Gläubiger aufbürdet, dürfte als unangemessene Benachteiligung iSv § 307 Abs. 1, 2 Nr. 1 BGB unwirksam sein. Gewerblich Handelnde sollten die Kostenregelung daher auf die konkret nachweisbaren Transaktionsgebühren beschränken und dies in ihren AGB transparent ausweisen.

57 Sunyaev Internet Computing 27.
58 BGH NJW 1981, 752 (752 f.); MüKoBGB/Krüger § 269 Rn. 54; Erman/Arzt BGB § 269 Rn. 5; jurisPK/Kerwer BGB § 269 Rn. 4.
59 Omlor Geldprivatrecht 336; BGH MMR 2010, 677 Rn. 55.
60 Wengert Schuldrecht der Kryptowährungen 103.
61 Wengert Schuldrecht der Kryptowährungen 104.
62 BGH MDR 2014, 137 Rn. 20; OLG Köln OLGR 2008, 322; OLG Koblenz NJW-RR 1989, 1459 (1460); Pesch Cryptocoin Schulden 213.
63 Wengert Schuldrecht der Kryptowährungen 105.
64 Wengert Schuldrecht der Kryptowährungen 105 f.

2. Besonderheiten der Leistungsstörung

20 Da es sich bei der Geldschuld um eine Wertbeschaffungsschuld handelt, zeigen sich im Leistungsstörungsrecht einige Besonderheiten. Zunächst ist bei Geldschulden die Unmöglichkeit nach § 275 BGB ausgeschlossen („Geld hat man zu haben"). Außerdem verschließt sich die Geldschuld der Schlechtleistung und § 288 BGB bestimmt die automatische und unwiderlegbare Verzinsung im Verzug. Zuletzt wurde sich historisch vertieft mit den Folgen der Wertveränderung im Rahmen einer Inflation auseinandergesetzt.[65] Auch bei den Kryptowährungsschulden stellen sich diese Fragen. Leicht vorstellbar ist die verspätete Leistung durch mangelnde Zahlungsmoral, der Vorwurf eines minderwertigen Tokens oder der Streit über die Leistungshöhe bei Wertabfall/-steigerung. Die folgend beleuchteten Bereiche um den Verzug (→ Rn. 21 ff.), die Schlechtleistung (→ Rn. 25 ff.), die Unmöglichkeit (→ Rn. 25 ff.) und die Wertveränderung (→ Rn. 29 ff.) sind daher die Leitlinien für den Leistungsumfang der Kryptowährungsschuld.

a) Verzug

21 Im Hinblick auf die Geldschuld ist die Leistungsverzögerung in der Praxis die üblichste Leistungsstörung. Im nationalen Zivilrecht lassen sich Vorschriften finden, die einer schwindenden Zahlungsmoral entgegenwirken sollen. Gleichsam denkbar ist, dass auch bei Zahlung mit Kryptowährungen der sofortige Konsum des Erworbenen die spätere Zahlungsverpflichtung vernachlässigen lässt. Durch diese Verzögerungsparallele drängt sich zumindest eine rechtliche Gleichbehandlung auf. Bei der Geldschuld wird der Zahlungsmoral zuvörderst durch geminderte Verzugsvoraussetzungen (§ 286 Abs. 3 S. 1 BGB) und der automatischen Verzinsung (§ 288 BGB) begegnet. Durch die erforderliche Analogieprüfung lässt sich nur die erleichterte Verzugsvoraussetzung auf die Kryptowährungsschuld übertragen, während sich § 288 BGB einer analogen Anwendung auf die Coin-Verbindlichkeiten verschließt.[66] Die Hintergründe sind wie folgt:

22 – **Analoge Anwendung der erleichterten Verzugsvoraussetzungen (§ 286 Abs. 3 S. 1 BGB):** § 286 Abs. 3 S. 1 BGB dispensiert 30 Tage nach Rechnungsstellung von der ansonsten nötigen Mahnung. Das bedeutet, dass der Schuldner mit Ablauf dieses Zeitrahmens automatisch in den Verzug gerät und der Gläubiger gem. §§ 286 ff. BGB gegen ihn vorgehen kann. Allein bei der Verbrauchereigenschaft des Schuldners ist ein ausdrücklicher Hinweis auf diese Folge nötig, § 286 Abs. 3 S. 1 Hs. 2 BGB. Gegenstand dieser Erleichterung ist die Entgeltforderung. Bei dieser kann es sich aus historischen Erwägungen des Gesetzgebers nur um Geldschulden handeln.[67] Hintergrund sei, dass nur über eine Geldschuld die tatbestandlich erforderte Rechnung gestellt werden kann und nur mit Geld wie tatbestandlich gefordert gezahlt werden kann.[68] Diese Alleinstellungsmerkmale der Geldschuld für die erleichterten Verzugsvoraussetzungen liegen auch bei den Kryptowährungsschulden vor.[69] Currency Token sind ebenso Zahlungsmittel. Außerdem ist eine Rechnungsstellung möglich. Wie bei jeglichen Zahlungsmitteln ist auch hier von einem ähnlichen Mangel an Zahlungsmoral auszugehen. Daher drängt sich eine vergleichbare Interessenlage zu § 286 Abs. 3 S. 1 BGB auf. Hingewiesen sei zuletzt darauf, dass im Einzelfall auch eine Abwägung nach § 286 Abs. 2 Nr. 4 BGB zu einer Entbehrlichkeit der Mahnung führen kann.[70] Zu denken sei hier an äußerst volatile Kryptowährungen.

[65] Allgemein zu den Besonderheiten der Geldschuld Staudinger/Omlor BGB vor § 244.
[66] Ausführlich Wengert Schuldrecht der Kryptowährungen 111 ff.
[67] BT Drs. 14/7052, 186; Schmidt-Räntsch Das neue Schuldrecht Rn. 399; Schermaier NJW 2004, 2501; Omlor Geldprivatrecht 328.
[68] BT Drs. 14/7052, 186; Schmidt-Räntsch Das neue Schuldrecht Rn. 399; Schermaier NJW 2004, 2501; Omlor Geldprivatrecht 328.
[69] Wengert Schuldrecht der Kryptowährungen 114.
[70] Maume/Maute Kryptowerte-HdB/Maute § 6 Rn. 95.

Können Sekunden über einen erheblichen Wertzuwachs oder -abfall entscheiden, scheint der sofortige Eintritt des Verzugs gerechtfertigt.

- **Keine automatische Verzugsverzinsung (§ 288 BGB):** Die Gleichbehandlung in den Verzugsvoraussetzung führt nicht zur Gleichbehandlung in den Rechtsfolgen. Über den Schadensersatz hinaus hat der Verzug bei der Geldschuld die automatische Verzinsung mit fünf Prozentpunkten über dem jeweils geltenden Basiszinssatz zur Folge. Dieser Mindestschaden muss im Umkehrschluss zu § 497 Abs. 1 BGB vom Gläubiger nicht belegt werden und kann vom Schuldner nicht widerlegt werden.[71] Zwar ist auch bei Kryptowährungsschulden die Funktion des § 288 BGB zur rechtzeitigen Leistungserbringung dienlich. Allerdings ist daneben die Grundannahme wesentlich, dass Geld jederzeit zu dem Mindestzinssatz aus § 288 BGB gewinnbringend angelegt werden kann.[72] Mangels der Eigenschaft von Kryptowährungen als Universaltauschmittel und mangels eines einheitlichen Zinssatzes lässt sich dies nicht übertragen.[73] Zunächst dienen Currency Token häufig selbst der Anlage und werden nicht zum Erwerb von Anlageprodukten genutzt. Außerdem kann kein einheitlicher Zinssatz ausgemacht werden.[74] Dieser variiert zwischen den verschiedenen Kryptowährungen und hängt von verschiedenen Faktoren ab. So lassen sich manche Token unproblematisch zum Staking samt Rendite verwenden. Sehr volatile Kryptowährungen können beim Lending erhebliche Zinssätze abwerfen. Die Anwendung der unwiderlegbaren Fiktion aus § 288 BGB auf <u>alle</u> Kryptowährungen zeigt sich unpassend.[75] Dem Gläubiger bleibt es frei, einen etwaigen Schaden durch eine ausgebliebene Anlagemöglichkeit als Schadensersatz nach §§ 280 Abs. 1, 2, 286 Abs. 1 S. 1 BGB geltend zu machen. Ist § 288 BGB nicht analog auf die Kryptowährungsschulden anwendbar, gilt dies auch für die Prozesszinsen aus § 291 BGB. 23

Durch die weiter bestehenden Unsicherheiten in der (schuld-)rechtlichen Behandlung von Kryptowährungen sollte im geschäftlichen Verkehr auf eine Regelung in den AGB zurückgegriffen werden. Hier ließe sich insbesondere eine, am Maßstab der §§ 305 ff. BGB zu messende, Verzinsung bei Verzug regeln. Dies scheint zumindest mit einem moderaten Zinssatz angemessen, verschafft sich der Schuldner durch den Zahlungsausfall doch einen Zwangskredit zu Lasten des Gläubigers. 24

Praxishinweis:
Da eine automatische Verzugsverzinsung analog § 288 BGB bei Kryptowährungsschulden ausscheidet, sollten (gewerblich handelnde) Anbieter von Krypto-Dienstleistungen in ihren AGB einen angemessenen Verzugszinssatz für den Fall der verspäteten Leistung ausdrücklich vereinbaren. Nur so lässt sich vermeiden, dass der Gläubiger im Streitfall den tatsächlich entstandenen Schaden aufwendig darlegen und beweisen muss. Der vereinbarte Zinssatz muss dabei einer AGB-rechtlichen Kontrolle nach §§ 305 ff. BGB standhalten und darf dabei insbesondere den Schuldner nicht unangemessen benachteiligen.

b) Fungibles Zahlungsmittel: Keine Schlechtleistung und keine Unmöglichkeit

Rein praktisch werden Kryptowährungen wie Geld als fungibles Zahlungsmittel verwendet. Dies zeigt sich insbesondere darin, dass die Einheiten untereinander keine Qualitätsunterschiede haben. Mangels „mittlerer Art und Güte" iSv § 243 Abs. 2 BGB handelt es sich also in beiden Fällen, wie oben festgestellt (→ Rn. 7 ff.), um eine Wertverschaffungsschuld. Diese 25

[71] Peters ZRP 1980, 90 (91) Schäfer AcP 202 (2002), 397 (414); Erman/Hager BGB § 288 Rn. 2; Staudinger/Omlor BGB vor § 244 Rn. B15.
[72] BGH NJW 1979, 540; 1979, 1494; 2013, 859 Rn. 21; 2018, 1006.
[73] Wengert Schuldrecht der Kryptowährungen 123 ff.
[74] Wengert Schuldrecht der Kryptowährungen 123 ff.
[75] AA Maume/Maute Kryptowerte-HdB/Maute § 6 Rn. 98.

Übereinstimmung zwischen Kryptowährungsschuld und Geldschuld fordert eine Gleichbehandlung im Rahmen der Schlechtleistung und der Unmöglichkeit.[76] Beide Kategorien der Leistungsstörung gehen auf die Eigenschaft als fungibles Zahlungsmittel zurück und sind wesentliche Besonderheit der Geldschuld im Vergleich zu allen anderen Schuldinhalten.

26 So kann sich der Gläubiger grundsätzlich nicht auf einen sachmangelhaften Currency Token berufen. Die abwegige Konstruktion rund um eine Stückelung wurde zuvor schon treffend abgelehnt (→ Rn. 10). Auch gibt es keine, wie in der juristischen Literatur teilweise vorgebracht, gefälschten Transaktionen oder fehlerhaften Abwicklungen.[77] Transaktionen auf der Blockchain sind durch ein leicht feststellbares „Entweder-Oder" geprägt. *Entweder* ist der Token dem Gläubiger in einer erforderlichen Anzahl von konsekutiven Blöcken zugeordnet und die Leistung ist damit erbracht (Erfüllung → Rn. 33 ff.) *oder* diese Zuordnung ist noch nicht vorzufinden und der Schuldner muss (erneut) leisten. Einen Zwischenschritt und damit die Einwirkung auf einen entsendeten Token ist nicht möglich. Einzig wirklich denkbarer Fall der Mangelhaftigkeit[78] ist die Einziehung aufgrund einer inkriminierten Historie.[79] So wurden wiederholt von staatlichen Behörden, insbesondere aufgrund des Umfangs im Fall des Bundeslandes Sachsen bekannt[80], Kryptowährungseinheiten eingezogen.[81] Geschieht dies beim Gläubiger, hätte der Schuldner nicht den versprochenen Wert verschafft. Die Kryptowährungstoken sind zwar einziehbar (→ § 28 Rn. 25 ff.), allerdings ist dies beim Gläubiger nur in konstruierten Fällen möglich.[82] Erforderlich wäre dessen Bösgläubigkeit oder Mitwirkung bei der Straftat. In solchen Fällen muss das Mängelgewährleistungsrecht durch § 442 Abs. 1 S. 1 BGB oder dessen tragende Rechtsgedanken ausscheiden.[83] Somit ist die Schlechtleistung im Regelfall bei den Kryptowährungsschulden wie auch bei den Geldschulden ausgeschlossen.

27 Dasselbe gilt für die Unmöglichkeit gem. § 275 BGB..[84] Wie bei Geldschulden kommt im Rahmen der Unmöglichkeit nur die subjektive Unmöglichkeit in Betracht. Eine objektive Unmöglichkeit ist bei Kryptowährungsschulden außerhalb eines Systemzusammenbruchs der schuldgegenständlichen Kryptowährung nicht denkbar.[85] Insbesondere findet sich am Markt stets ein Verkaufswilliger. Der Schuldner kann nur mit höheren Anschaffungskosten konfrontiert sein. Irrsinnig wäre es, allein aufgrund der subjektiven Zahlungsunfähigkeit eine Unmöglichkeit nach § 275 BGB anzunehmen. Als Folge hätte der Gläubiger einen auf Geld laufenden Schadensersatzanspruch nach §§ 280 Abs. 3, 283 bzw. 311a Abs. 2 S. 1 BGB. Auch dies ist aussichtslos: Stünden dem Schuldner ausreichend Geldmittel zur Verfügung, hätte er die geschuldeten Currency Token erwerben können.[86] Sinnvoll ist daher, dem Gläubiger die Wahl zu lassen, ob er durch den Rücktritt die Kryptowährungsschuld samt der Gegenleistungspflicht zum Untergang bringen möchte. Ansonsten kann er im Wege des Zwangsvollstreckungsrechts bis zu den dort normierten Vollstreckungsgrenzen auf das Vermögen des Schuldners zuzugreifen.

---

[76] Wengert Schuldrecht der Kryptowährungen 130.

[77] Wengert Schuldrecht der Kryptowährungen 154 ff.; aA Langenbucher AcP 218 (2018), 385 (414); Omlor JZ 2017, 754 (761).

[78] Im Zweifel ist dabei irrelevant, ob es sich um einen Sach- oder Rechtsmangel handelt. Nach Schuldrechtmodernisierung ergeben sich Unterschiede nunmehr allein im Rahmen der Verjährung und des Gefahrübergangs, Wais AcP 217 (2017), 337 (345).

[79] Pesch Cryptocoin Schulden S. 151; Maume/Maute -HdB/Maute § 6 Rn. 126.

[80] S. https://www.mdr.de/nachrichten/sachsen/dresden/dresden-radebeul/bitcoin-geld-raubkopie-ermittlung-polizei-100.html (zuletzt abgerufen am 3.12.2024).

[81] Zur Einziehbarkeit von Kryptowährungen allgemein als Gegenstand einer Straftat LG Dresden RDi 2021, 305; LG Berlin CR 2022, 149 (151); BGH NStZ 2018, 401; NJW 2018, 3325; BeckRS 2019, 16636; LG Meiningen BeckRS 2020, 43186; LG Köln BeckRS 2020, 51207.

[82] Wengert Schuldrecht der Kryptowährungen 149 ff.

[83] Zum allgemeinen Rechtsgedanken des § 442 Abs. 1 S. 1 BGB: BGH NJW 2012, 2793 (2795); 1989, 2050.

[84] MüKoBGB/Ernst § 275 Rn. 13; Kähler AcP 206 (2006), 805 (821 ff.).

[85] Pesch Cryptocoin Schulden 160 f.; Maume/Maute Kryptowerte-HdB/Maute § 6 Rn. 85.

[86] Wengert Schuldrecht der Kryptowährungen 135; aA Pesch Cryptocoin Schulden 159.

In einigen Sonderfällen der Kryptowährungsschuld kann ausnahmsweise eine Unmöglichkeit iSv § 275 BGB eintreten. So ließe sich eine absolute Fixschuld mit einem bestimmten Leistungsdatum konstruieren.[87] Ebenso kann bei der Stückschuld eines konkreten Tokens, dieser nicht mehr zu erwerben sein. Daneben normiert § 16a GWG den Fall der rechtlichen Unmöglichkeit bei dem Tausch von Kryptowährungstoken gegen ein Grundstück. 28

c) Wertveränderung

Mit Blick auf die ersten und größten Kryptowährungen ist die Wertveränderung ein prägendes Thema. Abgesehen von den dadurch beflügelten Stablecoins ist die Volatilität sowohl Risiko- als auch Profitfaktor bei dem Verkehr mit Kryptowährungen. Durch die Verwendung der Kryptowährung als Zahlungsmittel verwundert es nicht, dass häufig die vom Geldwert bekannte Terminologie benutzt wird. Gemeint sind damit die Begriffe um Inflation, Deflation und Disinflation, die allesamt historisch wichtige Themen des Geldschuldrechts sind. So war die Hyperinflation der 1920er prägend für die Aufwertungsrechtsprechung des Reichsgerichts, was schlussendlich zur Schaffung des § 313 BGB führte.[88] Allerdings sind Inflation und Deflation rein technische Begriffe. Eine rechtliche Folge knüpft nicht daran an. Dennoch gilt es klarzustellen, dass die teilweise Behauptung, Kryptowährungen wie Bitcoin seien aufgrund der prädeterminierten Anzahl ihrer Token inflationsfrei[89], falsch ist. Die Inflation hängt nämlich nicht allein von der Quantität der Einheiten also dem Geldangebot ab. Erfasst ist jeglicher Wertverfall der nominellen Einheiten.[90] Ausreichend für eine inflationäre Entwicklung bei Currency Token ist daher auch die sinkende Nachfrage bei mangelnder Möglichkeit einer Angebotsanpassung.[91] 29

Für die hiesige Behandlung ist relevant, inwieweit solch eine Wertveränderung schuldrechtlich von Bedeutung ist. Zur Beantwortung gilt wie bei der Geldschuld, dass eine Wertveränderung zwischen Entstehen der Schuld und der Erfüllung ohne Folge ist.[92] Hintergrund ist allerdings bei der Kryptowährungsschuld im Gegensatz zur Geldschuld der übliche Parteiwille.[93] Deutlich ist dies zunächst bei Handel auf CEX und DEX: Decken sich die Verpflichtung (Order) und die Erfüllung (Transferierung) zeitlich, kann es zu keiner relevanten Wertveränderung kommen.[94] Aber auch ansonsten gilt grundsätzlich der Nominalismus. Dieser sagt aus, dass Wertveränderungen zwischen Entstehen und Erfüllung der Schuld unerheblich sind.[95] Gegenteilig hierzu ist der Valorismus, bei dem die geschuldete Höhe bis zur Erfüllung der Wertveränderung angepasst wird, indem der Schuldinhalt in Relation zu einem anderen Element gesetzt wird.[96] Bei den Kryptowährungsschulden böte sich an, die Token in das Verhältnis zu einem bestimmten Geldwert zu setzen. Dies würde allerdings den üblichen Parteiinteressen widersprechen. Abstrakt sind diese zumeist wie folgt darzustellen: Der Gläubiger erhofft insbesondere bei spekulativen Geschäften einen Gewinn durch einen späteren Wertzuwachs. Der Schuldner will hingegen meist zu dem aktuellen Preis den monetären Wert der Coins realisieren.[97] Relevant ist für beide der zeitgenaue Wert 30

---

87 Pesch Cryptocoin Schulden 161; Maume/Maute Kryptowerte-HdB/Maute § 6 Rn. 85; Kähler AcP 206 (2006), 805 (824).

88 Ausführlich zur Aufwertungsrechtsprechung des RG Rüthers Die unbegrenzte Auslegung 13 ff.

89 Nakamoto Bitcoin – A Peer-to-Peer Electronic Cash System 4; Engelhardt/Klein Bitcoins MMR 2014, 355 (356); Hillemann CR 2019, 830 (831 Rn. 5).

90 Issing Einführung in die Geldtheorie 202; Schmidt Geldrecht Vorb. zu § 244 Rn. D17; Staudinger/Omlor BGB vor § 244 Rn. C13.

91 Zu den verschiedenen Preisanpassungsmechanismen bei den Stablecoins: Wengert Schuldrecht der Kryptowährungen 195.

92 Wengert Schuldrecht der Kryptowährungen 215 ff.

93 Wengert Schuldrecht der Kryptowährungen 215 ff.

94 S. v. Maydell Geldschuld und Geldwert 115.

95 BFH NJW 1968, 271 Rn. 53; BeckOGK/Freitag BGB § 244 Rn. 64; Erman/Martens BGB § 244 Rn. 13.

96 BGH BGHZ 7, 134 Rn. 8; BGHZ 9, 56 Rn. 15; NJW 1951, 708 (710); 1959, 31; OLG Hamm NJW-RR 1991, 966 (967); OLG Düsseldorf NJW 1951, 362.

97 Wengert Schuldrecht der Kryptowährungen 224.

der Kryptowährungseinheiten. Dem widerspräche es eindeutig, sollten sich weitere Wertveränderungen nach Vertragsschluss niederschlagen.

31 Allerdings steht es den Parteien im Unterschied zur Geldschuld frei, solch eine Wertveränderung für vertraglich relevant zu erklären. Bei der Geldschuld folgt der Nominalismus nicht aus dem Parteiwille, sondern aus Gewohnheitsrecht.[98] Dies wird als deutscher Sonderweg in der EU durch das Preisklauselgesetz (PrKG) unterstützt. Besagtes Gesetz lässt nur unter engen Voraussetzung Wertsicherungsklauseln zu.[99] Über die Grenzen hinaus ist es den Parteien also zivilrechtlich nicht möglich, den geschuldeten Betrag an Wertveränderungen anzupassen. Sinn dahinter ist der Währungs- und Wirtschaftsschutz, indem Inflationsspiralen durch die Weitergabe von sektoralen Wertveränderungen verhindert werden sollen.[100] Dieser Schutz versagt bei Kryptowährungen. Trotz Namensbestandteil handelt es sich um keine Währungen. Ebenso handelt sich bei keiner der Arten um ein Universaltauschmittel, das die freie Wirtschaft weitläufig durchdrängt. Eine analoge Anwendung des PrKG scheidet aus, da es mangels Schutzgut bei den Kryptowährungen an einer vergleichbaren Interessenlage fehlt.[101]

32 Abschließend sei noch darauf hingewiesen, dass im Ausnahmefall eine Auf- bzw. Abwertung des geschuldeten Betrags nach § 313 BGB in Betracht zu ziehen ist.[102] Maßstab bietet dabei (immer noch) die Aufwertungsrechtsprechung des Reichsgerichts während der Hyperinflation der 1920er.[103] Leitstern ist, ob die eingetretene Wertveränderung zum Zeitpunkt des Vertragsschlusses vorhersehbar war.[104] Ist dies der Fall, liegt sie der Risikoverteilung des Vertragsinhalts zugrunde und eine Anpassung durch Veränderung der Geschäftsgrundlage kommt nicht in Betracht. So wird beispielsweise bei der Geldschuld das 2% Inflationsziel der Europäischen Union als schuldrechtlich irrelevant angesehen, da die Parteien davon auszugehen haben.[105] Dieser Vorhersehbarkeitsmaßstab muss bei den Kryptowährungen außerhalb von wertstabilen Stablecoins strenger sein.[106] Der Kursverlauf von Currency Token ist bekanntermaßen sehr volatil und eine Wertveränderung daher immanentes Risiko eines vertraglichen Verkehrs mit diesen. Davon abweichend sind jedoch Beispiele einer Anwendung von § 313 BGB bei Kryptowährungsschulden denkbar. So kann, wie schon eingetreten, ein für sicher angesehener Stabilitätsmechanismus eines synthetischen Stablecoins plötzlich versagen und zu unvorhersehbaren Wertabfällen führen.[107]

3. Ende der Kryptowährungsschuld: Erfüllung

33 Wie bei anderen Schuldverhältnissen erlischt auch eine auf Kryptowährung gerichtete Leistungspflicht in der Regel durch Erfüllung gem. § 362 Abs. 1 BGB. Ein Erlöschen der Schuld durch andere Umstände – etwa durch Unmöglichkeit der Leistung (→ Rn. 26) –

[98] Schmidt Geldrecht Vorb. zu § 244 Rn. D33; Staudinger/Omlor BGB vor § 244 Rn. C40; Omlor Geldprivatrecht 280; Gruber Geldwertschwankungen und handelsrechtliche Verträge in Deutschland und Frankreich 88.

[99] Zu den Hintergründen: Entwurf eines Zweiten Gesetzes zum Abbau bürokratischer Hemmnisse insbesondere in der mittelständischen Wirtschaft BT Drs. 16/4391 27.

[100] BVerwG NJW 1973, 529 (530); Lubasch Die volkswirtschaftliche Wirkung von Geldwertsicherungsklauseln 19.

[101] Wengert Schuldrecht der Kryptowährungen 221.

[102] Wengert Schuldrecht der Kryptowährungen 228 ff.; Maume/Maute Kryptowerte-HdB/Maute § 6 Rn. 102; Staudinger/Omlor BGB vor § 244 Rn. C125a; Möslein/Omlor FinTech-HdB/Omlor § 19 Rn. 38; Ammann CR 2018, 379 (384); Beck/König AcP 215 (2015), 655 (680).

[103] Ausführlich zur Aufwertungsrechtsprechung des RG Rüthers Die unbegrenzte Auslegung 13 ff.

[104] Wengert Schuldrecht der Kryptowährungen 211.

[105] BGH NJW 1976, 846 (847); OLG Hamm NJW-RR 1991, 966 (968); Staudinger/Omlor BGB vor § 244 Rn. C150.

[106] Wengert Schuldrecht der Kryptowährungen 228 ff.; Maume/Maute Kryptowerte-HdB/Maute § 6 Rn. 102; Staudinger/Omlor BGB vor § 244 Rn. C125a; Möslein/Omlor FinTech-HdB/Omlor § 19 Rn. 38; Ammann CR 2018, 379 (384); Beck/König AcP 215 (2015), 655 (680).

[107] Zur Fragilität von algorithmischen Stablecoins Möslein/Omlor FinTech-HdB/Kaulartz § 5 Rn. 61; Liegmann/Farruggia-Weber BB 2019, 2455 (2457); REL 04/2022, 48 (49).

kommt hingegen grundsätzlich nicht in Betracht. Die Erfüllung einer Kryptowährungsschuld wirft dabei zwei besondere Fragen auf:

Erstens bietet sie Anlass, die Schuldinhalte Geld und Currency Token einander gegenüberzustellen, insbesondere im Hinblick auf ihre jeweilige Eignung zur endgültigen Erfüllung und Befriedigung der Leistungspflicht. 34

Zweitens stellt sich die Frage, wie mit dem Unsicherheitsfaktor von Blockchain-Forks (→ Rn. 17) umzugehen ist. Denn ein Fork kann nachträglich die Finalität einer als erfüllt betrachteten Transaktion in Frage stellen – was im Spannungsfeld zur rechtlichen Endgültigkeit des Erfüllungstatbestands nach § 362 Abs. 1 BGB steht.6 35

Klar ist, dass es sich bisher bei keiner Kryptowährung um Geld im Sinne des Zivilrechts handelt (→ § 38 Rn. 7). Ebenso werden die Currency Token häufig zu anderen vertraglichen Zwecken verwendet. Plastisch dienen sie nicht als Universaltauschmittel zur Bestreitung des Lebensalltags, sondern sind häufig Objekt der Spekulation.[108] Hieraus folgt unstreitig, dass sich die Geldschuld nicht mit Currency Token begleichen lässt und auch die Kryptowährungsschuld nicht mit Geld.[109] Dafür ist immer eine Abrede nach § 364 Abs. 1 BGB nötig.[110] Diese alternative Annahme eines anderen als dem geschuldeten Gegenstand steht im vollen Belieben des Gläubigers. Der Schuldner kann nicht einseitig etwas anderes leisten. Daran ändert auch die teilweise vertretene analoge Anwendung des § 244 BGB von Fremdwährungsschulden auf Kryptowährungsschulden nichts.[111] Dies hätte ansonsten vertragswidrig zur Folge, dass der Schuldner bei einer Kryptowährungsschuld immer Geld leisten könnte.[112] Solch eine einseitige Privilegierung des Schuldners lässt sich der Norm nicht entnehmen und ist daher abzulehnen. Ansonsten könnte dieser im Grenzfall einen niedrigen Geldwert der Currency Token einfrieren und den Spekulationszweck des Gläubigers umgehen.[113] Aufgrund der unterschiedlichenSchuldinhalte muss auch eine Aufrechnung der Geldschuld gegen die Kryptowährungsschuld ausscheiden.[114] Möglich ist eine Vereinbarung zwischen Gläubiger und Schuldner, wonach dieGeld- oder Kryptowährungsschuld durch gegenseitige „Verrechnung" erlischt. 36

Zuletzt gebietet die besondere Möglichkeit einer Fork im Kryptowährungsverkehr die Herausbildung eines Erfüllungsmaßstabs. Bei offenen DLT-Systemen besteht durch eine Fork immer die Option, dass Transaktionen zunächst im DLT-System aufgenommen werden, aufgrund einer überholenden Kette später aber nicht mehr Teil eines Blocks sind.[115] Die Wahrscheinlichkeit dieses Problems einer verteilten Entscheidungsfindung nimmt mit steigender Blockzahl ab, erreicht aber nie 0.[116] Durch manipulative Attacken, wie die mittels 50 + 1 Rechenkraft bei PoW-Systemen, und durch Netzwerkentscheidungen, also einer sog. Hard-Fork, kann es theoretisch immer zum Ausschluss einer Transferierung kommen.[117] Formelle Endgültigkeit iSv § 362 Abs. 1 BGB besteht daher nie. Solche Unsicherheiten liegen aber auch im Geldverkehr vor. Der BGH beschäftigte sich dabei ausführlich mit der achtwöchigen Widerrufsfrist im Lastschriftverfahren (§ 675x Abs. 2, 4 BGB) und den Käuferschutzverfahren bei E-Geld-Anbietern wie PayPal.[118] Daraus lässt sich ableiten, wie bei der Kryptowährungsschuld mit Unsicherheiten in der Abwicklung umzugehen ist. Die geschuldete Leistung gilt iSd § 362 Abs. 1 BGB als bewirkt, wenn die Transaktion in einer 37

---

108 Maume/Maute Kryptowerte-HdB/Maute § 6 Rn. 102.
109 Wengert Schuldrecht der Kryptowährungen 56.
110 Spiegel Blockchain-basiertes virtuelles Geld 95 ff.; Spiegel JuS 2019, 307 (308); Möslein/Omlor FinTech-HdB/Omlor § 33 Rn. 29 f.; Omlor/Link Kryptowährungen/Omlor Kap. 6 Rn. 53; Omlor ZHR 183 (2019), 294 (324); Omlor JZ 2017, 754 (761); Maume/Maute Kryptowerte-HdB/Maute § 6 Rn. 40.
111 Wengert Schuldrecht der Kryptowährungen 256 ff.
112 Wengert Schuldrecht der Kryptowährungen 256 ff.
113 Wengert Schuldrecht der Kryptowährungen 256 ff.
114 Maume/Maute Kryptowerte-HdB/Maute § 6 Rn. 67; Staudinger/Omlor BGB vor §§ 244 ff. Rn. B107.
115 Sunyaev Internet Computing 282; Heckelmann NJW 2018, 504 (505).
116 Omlor ZHR 183 (2019), 294 (325); Heckelmann NJW 2018, 504 (505).
117 Omlor ZHR 183 (2019), 294 (325); Heckelmann NJW 2018, 504 (505).
118 Zum Lastschriftverfahren BGH NJW 2010, 3510 Rn. 22 ff. und zu den E-Geld-Anbietern BGH NJW 2018, 537; ZIP 2018, 226; WM 2020, 2194.

Anzahl von Blöcken in den Konsens aufgenommen wurde, die üblicherweise als hinreichend sicher angesehen wird. Allerdings steht diese Erfüllung unter einer auflösenden Bedingung, die sich in Anlehnung an § 158 Abs. 2 BGB ergibt: Kommt es zu einem Rückfall der Token an den Schuldner – etwa durch Forks oder konkurrierende Transaktionen – entfällt rückwirkend auch die Erfüllungswirkung.[119] Aufgrund des umstrittenen Umgangs mit Forks im Erfüllungsprozess sollten gewerblich Handelnde eine Regelung in den AGB erwägen. So lässt sich privatautonom festlegen, wann eine Erfüllung eintritt. Beispiel hierfür bieten die AGB von Bitpay und Coinbase, die jeweils Regelungen hierzu treffen.[120]

Praxishinweis:
Gewerblich handelnde Parteien sollten in ihren AGB ausdrücklich regeln, ab welcher Anzahl von bestätigten Blöcken eine Transaktion als endgültig erfüllt gilt, um die mit Forks verbundene Rechtsunsicherheit zu minimieren. Als Orientierung können dabei die Regelungen etablierter Anbieter wie Bitpay oder Coinbase dienen, die entsprechende Bestätigungsschwellen bereits vertraglich festgelegt haben. Fehlt eine solche Regelung, trägt der Schuldner das Risiko einer nachträglichen Unwirksamkeit der Transaktion und muss ggf. erneut leisten.

§ 40 Verbraucherschutzrecht

Übersicht

Schrifttum:

Beck/König, Bitcoin als Gegenstand sekundärer Leistungspflichten AcP 215 (2015), 655; Bülow, Verbraucherkreditrecht im BGB, NJW 2002; 1145, Bülow/Artz, Verbraucherprivatrecht, 11. Aufl. 2025; Canaris, Wandlungen des Schuldvertragsrechts – Tendenzen zu einer „Materialisierung", AcP 200 (2000), 273; Drexl, Die wirtschaftliche Selbstbestimmung des Verbrauchers, 1998; Dubovitskaya, Kauf von Waren mit digitalen

[119] Ausführlich unter Wengert Schuldrecht der Kryptowährungen 233 ff.

[120] Zum Beispiel nach 10.2 in den Terms of use von Bitpay, https://bitpay.com/legal/terms-of-use/#fees-and-settlement (zuletzt abgerufen am 3.12.2024); und nach 5.8 der AGB von coinbase, https://www.coinbase.com/en-de/legal/user_agreement/ireland_germany (zuletzt abgerufen am 3.12.2024).

Elementen, MMR 2022, 3; Ekkenga, Bitcoin und andere Digitalwährungen – Spielzeug für Spekulanten oder Systemveränderung durch Privatisierung der Zahlungssysteme?, CR 2017, 762; Fleischer, Informationsasymmetrie im Vertragsrecht, 1999; Goger, Bitcoins im Strafverfahren, MMR 2016, 431; Grunewald/Maier-Reimer/Westermann, Erman BGB, 17. Aufl. 2023; Gsell/Krüger/Lorenz/Reymann, BeckOGK BGB, 2021; Guntermann, Non Fungible Token als Herausforderung für das Sachenrecht, RDi 2022, 200; Hakert/Kirschbaum, Ether Classic und Bitcoin Cash: Bilanzierung und Besteuerung von Kryptowährungen aus einer Hard Fork, DStR 2018, 881; Hau/Poseck, BeckOK BGB, 73. Edition 2024; Herberger/Martinek/Rüßmann/Weth/Würdinger, jurisPK-BGB, 10. Aufl. 2023; Heydn, Schuldrechtsreform 2.0: Das neue Gewährleistungsrecht für digitale Produkte in der Praxis, CR 2021, 709; Kaulartz/Schmid/Müller-Elsing, Das Metaverse – eine rechtliche Einführung, RDi 2022, 521; Kirschbaum/Stepanova, Widerrufsrecht beim Handel mit Kryptowährungen, BKR2019, 286; Kloth, Blockchain basierte Smart Contracts im Lichte des Verbraucherrechts, VuR 2022, 214; Langenbucher, Digitales Finanzwesen, AcP 218 (2018), 385; Martinek/Semler/Flohr, Handbuch des Vertriebsrechts, 5. Aufl. 2024; Maume/Maute, Rechtshandbuch Kryptowerte, 1. Aufl. 2020; Möslein/Ostrovski, Token als digitale Produkte – Zur Erfassung von Token durch §§ 327 ff. BGB, JZ 2024, 593; Omlor, Geld und Währung als Digitalisate, JZ 2017, 754; Omlor, Kryptowährungen im Geldrecht; ZHR 183 (2019), 294; Omlor/Link, Kryptowährungen und Token, 2. Aufl. 2023; Omlor/Möslein, Blockchain und Recht, 2024; Riehm/Abold, Rechtsbehelfe von Verbrauchern bei Verträgen über digitale Produkte, CR 2021, 530; Röß, Die Rechtsnatur von Kryptodarlehen, NJW 2021, 3751; Säcker/Rixecker/Oetker/Limperg, Münchener Kommentar zum Bürgerlichen Gesetzbuch, 8. Aufl. 2019; Sattler, Neues EU-Vertragsrecht für digitale Güter, CR 2020, 145; Schmolke, Grenzen der Selbstbindung im Privatrecht, 2014; Schudlo/Kammerer/Urban, Das neue Kaufrecht – Schwerpunkt M&A und Due Diligence, BB 2022, 2759; Sorge/Krohn-Grimberghe, Bitcoin: Eine erste Einordnung, DuD 2012, 479; Späth/Höffner, Schadensersatzmöglichkeiten der Verbraucher bei fehlgeschlagenen „Initial Coin Offerings", VuR 2020, 291; Spiegel, Grundfälle zum virtuellen Geld, JuS 2019, 307; Spiegel, Blockchain-basiertes virtuelles Geld, 2020; Stürner, Jauernig Bürgerliches Gesetzbuch, 19. Aufl. 2023; Stürner, Verträge über digitale Produkte: die neuen §§ 327–327u BGB, JURA 2022, 32; Staudinger, Kommentar zum Bürgerlichen Gesetzbuch, 2024; Wegge, Kryptowährungen, Fan-Tokens und NFTs – Ein Blick durch die Sportbrille, SpuRT 2022, 354; Wengert, Schuldrecht der Kryptowährungen, 2024.

Das Verbraucherschutzrecht durchzieht zum einen die besonders geregelten Vertragstypen, 1 wie beispielsweise in den §§ 474 ff., 481 ff., 491 ff. und 650j ff. BGB. Zum anderen finden sich umfangreiche Abschnitte zu den Informationspflichten und dem Widerrufsrecht im allgemeinen Schuldrecht Zuletzt wurde durch das „digitale Update" der §§ 327 ff. BGB die bisher zweitgrößte Änderung des Schuldrechts an das BGB herangetragen.[1] Ziel des Verbraucherschutzes ist dabei allgemein, den systematisch unterlegenen Verbraucher vor der Ausnutzung durch den Unternehmer zu schützen.[2] Im Kryptowährungskosmos scheint dies besonders notwendig: Solch eine, für viele im Einzelnen nicht verständliche, Technik verspricht aufgrund medialer Verheißung erhebliche Gewinnchancen.[3] Zu schützen ist der unbedachte Verbraucher vor Verlustgefahren durch risikobehaftete Geschäfte und vor dem mangelnden Verständnis der technischen Funktionsweise. Hinzuweisen sei zur Veranschaulichung der Gefahren auf die Insolvenz von Kryptohandelsplätzen, die verlustgeprägte ICO-Welle 2017 und etliche Alt-Coins samt „Pump-and-Dump-Schemes".[4]

I. Kein besonderes Verbraucherschutzrecht für den Schuldinhalt der Kryptowährung

Wegen der Schutzbedürftigkeit des Verbrauchers finden sich in den normierten Vertrags- 2 typen Sonderregeln für Verbraucherverträge. Wie eingangs erläutert, ist dies insbesondere beim Verbrauchsgüterkauf (§§ 474 ff. BGB) und dem Darlehen (§§ 491 ff. BGB) der Fall. Mit Blick auf den Schuldinhalt der Kryptowährung scheinen diese beiden Abschnitte besonders relevant. So ist der Erwerb mit Kryptowährungen als Tauschvertrag einzustufen, welcher über § 480 BGB die kaufrechtlichen Vorschriften für anwendbar erklärt, während der Erwerb von Kryptowährungen als Kaufvertrag einzustufen ist, §§ 433, 453 Abs. 1 S. 1

1 Durch Umsetzung der RL (EU) 2019/770.

2 Fleischer Informationsasymmetrie im Vertragsrecht; Bülow/Artz Verbraucherprivatrecht Rn. 28.

3 Dies wurde zuletzt wieder angeheizt durch Erreichen des BTC-Kurswerts von über 100.000 USA, aktuelle Daten unter https://coinmarketcap.com/currencies/bitcoin/ (zuletzt abgerufen am 24.4.2025).

4 Zu den Problematiken rund um den vergangenen ICO-Hype: Späth/Höffner VuR 2020, 291.

Alt. 1 BGB. Außerdem ist das Krypto-Lending mit der zeitweisen Überlassung von Geld, also dem Darlehen, vergleichbar. Auch hier liegt die typische Gefahrenlage der unmittelbaren Bedarfsbefriedigung durch die neugewonnene Liquidität bei erst späterer Rückzahlungsverpflichtung vor.[5] Bei den anderen Vertragstypen mit besonderem Verbraucherschutzrecht wie Werkvertrag und Mietvertrag ändert sich durch die Verwendung von Kryptowährungen als Zahlungsmittel wenig. Die gesteigerten Verbraucherschutzvorschriften betreffen zuvörderst die Hauptleistung. An die Zahlungsverpflichtung mit Currency Token als Gegenleistung werden keine erhöhten Anforderungen gestellt. Aber auch die in Frage kommenden Vorschriften aus Kauf- und Darlehensrecht sind ohne besondere Bedeutung für die Kryptowährungsschuld. So fallen die Currency Token nicht unter den Verbrauchsgüterkauf (→ Rn. 3), sind die §§ 491 ff. BGB nicht analog auf das Krypto-Lending anwendbar (→ Rn. 7 ff.) und ist auch wider Erwarten das „digitale Update" des Schuldrechts in den §§ 327 ff. BGB für die Kryptowährungsschuld irrelevant (→ Rn. 13 ff.).

1. Verbrauchsgüterkauf (§§ 474 ff. BGB)

3 Zunächst finden die §§ 474 ff. BGB auf den Erwerb von Currency Token durch einen Verbraucher keine Anwendung. Zwar handelt es sich dabei nach § 453 Abs. 1 S. 1 Alt. 1 BGB um einen Kaufvertrag (→ § 38 Rn. 4 f.). Allerdings fordert der Verbrauchsgüterkauf gem. § 474 Abs. 1 BGB, dass der Verbraucher eine *Ware* vom Unternehmer kauft. Der Begriff der Ware ist wiederum in § 241a BGB definiert und fordert eine bewegliche Sache. Wie bei der gegenständlichen Einordnung der Kryptowährungen dargestellt, fehlt es diesen aber an solch einer Körperlichkeit. (→ § 19 Rn. 7)

4 Hinzuweisen sei darauf, dass die Definition der Ware in § 241a BGB hinsichtlich der erforderten Körperlichkeit weiter ist als die Definition der beweglichen Sache in § 90 BGB. Hintergrund ist die europarechtliche Grundlage: Danach sind auch „*Wasser, Gas und Strom erfasst, wenn sie in einem begrenzten Volumen oder in einer bestimmten Menge zum Verkauf angeboten werden.*"[6] Daraus folgt jedoch nicht, dass jegliches Verkörperungserfordernis aufgegeben wird und auch Kryptowährungstoken die Definition der Ware in § 241a BGB erfüllen.[7] Sowohl der europäische als auch der deutsche Gesetzgeber schließen beispielsweise weiterhin Software aus, sollte sie nicht auf einem Datenträger gespeichert sein.[8] Dann muss der Ausschluss erst recht für Currency Token gelten. Diese sind nicht einmal digital gespeichert, sondern rein virtuelle Objekte.[9]

5 Eine Anwendung der §§ 474 ff. BGB wäre darüber hinaus für die Kryptowährungsschuld ohne Bedeutung. Die zitierten Normen setzen sich zumeist mit der Mängelgewährleistung rund um die Kaufsache auseinander. So soll der Verbraucher beispielsweise vor Gewährleistungsausschlüssen geschützt sein (§ 476 BGB) und ihm kommt das Privileg der vermuteten Mangelhaftigkeit bei Gefahrübergang zu, sollten innerhalb des ersten Jahres Mängel festgestellt werden (§ 477 BGB). Allerdings dienen die Currency Token der Verschaffung eines abstrakten Wertes. Bei ihnen ist wie bei der Geldschuld als Wertverschaffungsschuld grundsätzlich keine Schlechtleistung möglich (→ § 39 Rn. 25 ff.). Auch die einzigen Regelungen außerhalb der Mangelgewährleistung in § 475 Abs. 1 und 2 BGB stellten den Verbraucher als Gläubiger einer Kryptowährungsschuld nicht besser als er schon durch § 271 Abs. 1 BGB und die Einordnung als Bringschuld steht.[10]

6 Bei dem Erwerb mit Kryptowährungstoken kann es sich zwar um einen Verbrauchsgüterkauf handeln. Dieser wird als Tauschvertrag gem. § 480 eingeordnet, wonach die

[5] Canaris AcP 2000, 273 (349).
[6] RL 2011/83/EU Art. 2 Nr. 3.
[7] Genauer siehe Wengert Schuldrecht der Kryptowährungen 305 ff.
[8] RL 2011/83/EU Erwgr. 19; BT. Drs. 17/12637 45.
[9] Wengert Schuldrecht der Kryptowährungen 305 ff.
[10] Wengert Schuldrecht der Kryptowährungen 305 ff.

kaufvertraglichen Vorschriften einschließlich der §§ 474 ff. BGB anwendbar sind. Allerdings gelten die „Sondervorschriften" aus §§ 474 ff., wie soeben dargestellt, nur für den Leistungsumfang der gekauften Ware. Für die Currency Token als dafür erbrachtes Zahlungsmittel ergeben sich keine Besonderheiten.

2. Ähnliche Gefahren und unpassendes Schutzkonzept – Verbraucherdarlehen (§§ 491 ff. BGB)

Beim Krypto-Lending ist das besondere Verbraucherschutzkonzept ebenfalls nicht anwendbar. Zunächst scheint es naheliegend, die Verbraucherdarlehensvorschriften (§§ 491 ff. BGB) für die zeitweise Überlassung von Geld auf die zeitweise Überlassung von Currency Token, das Kypto-Lending, anzuwenden. Beide Geschäftspraktiken befassen sich mit der vorübergehenden Überlassung eines Zahlungsmittels. Zu Laufzeitende hat der Empfänger die Zahlungsmittel dem Werte nach samt etwaigen Zinsen zurückzugewähren. Allerdings erfordert das Verbraucherdarlehen wegen des Wortlauts Darlehen und die Nähe zu § 488 BGB den Schuldinhalt Geld.[11] Wie bereits im Rahmen des Vertragsrechts dargestellt, ist Krypto-Lending mangels Geldcharakters der Kryptowährungen kein Darlehen iSv §§ 488 BGB (→ § 38 Rn. 14 ff.). §§ 491 ff. BGB lassen sich daher nur im Rahmen einer Analogie auf das Krypto-Lending anwenden. Aufgrund der praktischen Parallele zur Überlassung von Geld ist die Gefahrenlage beim Krypto-Lending zwar ähnlich (→ Rn. 8 ff.). Allerdings passt das Schutzkonzept der §§ 491 ff. BGB nicht auf das Krypto-Lending. Das allgemeine Verbraucherschutzrecht der §§ 312 ff. ist vielmehr ausreichend (→ Rn. 10). 7

a) Ähnliche Gefahrenlage

Die §§ 491 ff. BGB sollen den Verbraucher im Wesentlichen vor zwei Gefahrenlagen schützen: zum einen vor einem komplexen Geschäft und zum anderen vor der daraus resultierenden Überschuldungsgefahr.[12] Grundlage des zivilrechtlichen Verbraucherschutzes ist die Beseitigung der Informationsasymmetrie zwischen dem Unternehmer und dem üblicherweise unterlegenen Verbraucher.[13] Diese Informationsasymmetrie vertieft sich mit steigendem Komplexitätsgrad des Vertrages. Versteht der Verbraucher die mathematischen und wirtschaftlichen Grundlagen des unüblicheren Darlehens nicht, erschwert dies eine Vergleichbarkeit zwischen verschiedenen Angeboten erheblich.[14] Leicht lässt sich bezweifeln, dass der typische Verbraucher beim Krypto-Lending mehr Verständnis an den Tag legt als beim üblichen Verbraucherdarlehen. Die Bedingungen beim Krypto-Lending scheinen noch viel unübersichtlicher. Oberflächlich reicht die Spannweite von Verträgen ohne Zinssatz (sog. Flash Loans oder feste Gebühren) bis hin zu hohen Zinssätzen bei der Überlassung von volatilen Currency Token.[15] Darüber hinaus haben zahlreiche Aspekte, wie die Angebotsform (Liquidity Pool oder Peer2Peer), Collateral (prozentuale Deckung) und der Zeitraum Einfluss.[16] Außerdem kann das Lending wie beim Margin Trading mit anderen Geschäften verbunden werden, was die Komplexität des Vertrages vertieft. 8

Auch beim Krypto-Lending kann der Verbraucher zur Eingehung übermäßiger wirtschaftlicher Risiken verleitet werden. Hinsichtlich des Verwendungszwecks unterscheidet sich das Krypto-Lending vom Gelddarlehen. Während das Gelddarlehen üblicherweise zur Finanzierung größerer Anschaffungen wie eines PKWs oder einer Immobilie verwendet 9

[11] Bülow NJW 2002, 1145 (1146); BeckOGK/Knops BGB § 491 Rn. 83; MüKoBGB/Weber § 491 Rn. 47.
[12] Erman/Nietsch BGB Vorbemerkung vor § 491 Rn. 2; MüKoBGB/Weber § 491 Rn. 2; BeckOGK/Knops BGB § 491 Rn. 8.
[13] Erman/Nietsch BGB Vorbemerkung vor § 491 Rn. 2; MüKoBGB/Weber Vor § 491 Rn. 3.
[14] Drexl Die wirtschaftliche Selbstbindung des Verbrauchers 26; Schmolke Grenzen der Selbstbestimmung im Privatrecht 855.
[15] Wengert Schuldrecht der Kryptowährungen 123 ff.
[16] Wengert Schuldrecht der Kryptowährungen 123 ff.

wird[17], dient das Krypto-Lending zumeist der gehebelten Spekulation.[18] Den Kryptowährungen fehlt es für die Finanzierung großvolumiger Alltagsgeschäfte an der Universaltauschmitteleigenschaft.

b) Kein passender Schutz für das Krypto-Lending

10 Die Gefahrenlage aus §§ 491 ff. BGB spiegelt sich zwar beim Krypto-Lending wider. Allerdings sind die dort gewählten Schutzmechanismen nicht interessengerecht. Zunächst finden sich eine Vielzahl von Regelungen zum Immobiliardarlehen (zB §§ 492a, 503 BGB). Durch § 16a GWG können die überlassenen Currency Token gerade nicht zum Erwerb von Immobilien genutzt werden. Erforderlich wäre zunächst die umständliche Umwandlung in Geldmittel. Hingegen sinnvoll erscheinen das in den Normen vorzufindenden Widerrufsrecht (§ 495 BGB) und die Informationspflicht (§ 491a BGB). Das Widerrufsrecht als Übereilungsschutz ist aber keine Besonderheit des Verbraucherdarlehens. Auch im allgemeinen Verbraucherschutzrecht der §§ 312 ff. BGB ist es vorzufinden. So handelt es sich bei den Kryptowährungsschuldverhältnissen meist um Fernabsatzverträge durch den Vertragsschluss über das Internet. Schon daraus ergibt sich ein Widerrufsrecht gem. §§ 312g Abs. 1, 312c Abs. 1 BGB. Gleich verhält es sich mit der Informationspflicht. Diese ist Mittel zur Beseitigung der Informationsasymmetrie als Grundproblem des Verbraucherschutzes.[19] Die sich aus dem Charakter als Fernabsatzvertrag ergebende Informationspflicht gem. § 312d Abs. 1 BGB erscheint passender. Bei dem Verbraucherdarlehen macht Art. 247 § 2 Abs. 1 EGBGB ist die Übermittlung in Textform erforderlich. Das heißt, dass selbst beim Vertragsschluss über das Internet eine Bereitstellung durch einen Link nicht genügt.[20] Bei den Fernabsatzverträgen hingegen genügt diese Übermittlung (Art. 246a § 4 Abs. 3 S. 1 EGBGB).[21] Für das Krypto-Lending als anonymes Geschäftsmodell über das Internet kann offensichtlich keine Textform erwartet werden.

11 Neben dem besseren Schutz durch die §§ 312 ff. BGB finden sich in den §§ 491 ff. BGB einige Normen, die an die Geldeigenschaften anknüpfen und damit für das Krypto-Lending völlig unpassend sind. So verweist der § 497 Abs. 1 S. 1 BGB im Verzug auf die Rechtsfolgen des § 288 BGB. Im Schuldrecht (→ § 39 Rn. 23) zeigte sich die analoge Anwendung der Norm auf die Kryptowährungsschuld als unpassend. Eine analoge Anwendung der §§ 491 ff. BGB würde daher zweckwidrig den Verbraucher sogar schlechter stellen.[22] Außerdem ist durch § 492 BGB die Schriftform für den Verbraucherdarlehensvertrag vorgeschrieben. Im anonymen Internetverkehr wird diese Form nicht vorzufinden sein. Zwar kommt es nach § 494 Abs. 2 S. 1 BGB zur Heilung bei Auszahlung der Darlehenssumme, allerdings findet dann gem. § 494 Abs. 2 S. 2 BGB der gesetzliche Zinssatz Anwendung. Dieser ist für die Kryptowährungen unpassend und orientiert sich allein am Geld als Universaltauschmittel. So findet sich bei der Vielzahl von Kryptowährungen nicht ein Zinssatz vor, wie der von der EZB für den Euro bestimmten.[23] Solch eine starre Regelung passt nicht zu den Parteiinteressen beim Krypto-Lending.[24] Dort sind nicht nur sich unterscheidende Kryptowährungen als Gegenstand denkbar, auch reichen die Umstände von gar keinem Zinssatz zu äußerst hohen. So könnten bei einem zinsfreien Modell die §§ 491 ff. BGB wieder eine Schlechterstellung für den Verbraucher bedeuten.

12 Durch die dargelegten Unstimmigkeiten lässt sich den §§ 491 ff. BGB kein passendes Schutzniveau für die zeitweise Überlassung von Token entnehmen. Die Einstufung als

---

17 Wengert Schuldrecht der Kryptowährungen 323.

18 Maume/Maute Kryptowerte-HdB/Maute § 6 Rn. 102; Sorge/Krohn-Grimberghe DuD 2012, 479 (481); Omlor ZHR 183 (2019), 294 (314); Ekkenga CR 2017, 762 (765).

19 Erman/Nietsch BGB Vorbemerkung § 491 Rn. 2; MüKoBGB/Weber Vor § 491 Rn. 3.

20 BeckOGK/Busch EGBGB Art. 246a § 4 Rn. 22.

21 BeckOGK/Busch EGBGB Art. 246a § 4 Rn. 22.

22 Wengert Schuldrecht der Kryptowährungen 326.

23 Zu den unterschiedlichen Zinssätzen Wengert Schuldrecht der Kryptowährungen 123 ff.

24 Wengert Schuldrecht der Kryptowährungen 123 ff.

Fernabsatzvertrag bietet ausreichend Schutz für den Verbraucher. Darüber hinaus besteht ein personales Anwendungsproblem beim Krypto-Lending. Oftmals vermitteln die Unternehmer als Plattformbetreiber nur den Vertragsschluss. Der Vertrag an sich wird aber zwischen zwei Verbrauchern oder mit einem Liquidity Pool geschlossen. Lösung könnte dabei die vergleichbare Inanspruchnahme des Plattformbetreibers beim Crowdlending durch die neueste Verbraucherschutzrichtlinie bieten.[25] Allerdings stößt auch diese auf Schwierigkeiten bei völlig dezentralen Handelsplätzen.[26]

Praxishinweis:
Plattformbetreiber, die Krypto-Lending-Dienstleistungen gegenüber Verbrauchern anbieten, sollten nicht davon ausgehen, dass mangels direkter Anwendbarkeit der §§ 491 ff. BGB kein besonderes Verbraucherschutzregime gilt. Vielmehr greifen im Regelfall die Vorschriften über den Fernabsatzvertrag gem. §§ 312c ff. BGB, insbesondere die Informationspflichten und das Widerrufsrecht. Die Vertragsgestaltung sollte daher auf diese allgemeinen Schutzmechanismen abgestimmt werden.

3. Digitalisierung des Geldes aber kein digitales Produkt (§§ 327 ff. BGB)

Unlängst im Jahre 2022 erhielt das Verbraucherschutzrecht durch die §§ 327 ff. BGB ein „digitales Update"[27]. Ähnlich wie beim Verbraucherdarlehen (§§ 491 ff. BGB) stellt sich die Frage der Anwendbarkeit der §§ 327 ff. BGB auf das Krypto-Phänomen. Häufig werden die virtuellen Währungen als Digitalisierung des Geldes[28] bezeichnet. Demnach schiene es schlüssig, Currency Token auch den Sondervorschriften über digitale Phänomene zu unterwerfen. Zwar zeigt sich der Wortlaut für solch eine Behandlung offen. Jedoch hat sich der europäische Gesetzgeber in seiner Konzeption überzeugend für einen Ausschluss vom Anwendungsbereich entschieden. 13

a) Wortlaut: Currency Token als digitaler Inhalt

Der Anwendungsbereich der §§ 327 ff. BGB eröffnet sich über die Definition der digitalen Produkte in § 327 Abs. 1 S. 1 BGB. Dabei ist die vertragstypologische Einordnung der Kryptowährungsschuld irrelevant.[29] Die §§ 327 ff. BGB gelten für jegliche schuldrechtliche Ausgestaltung. Damit sollte gerade vermieden werden, dass der Verbraucherschutz durch alternative Vertragstypen umgangen wird.[30] Das digitale Produkt (§ 327 Abs. 1 S. 1 BGB) teilt sich in digitale Inhalte und digitale Dienstleistung auf. Von diesen beiden wären die Einheiten der Kryptowährungen eher den digitalen Inhalten zuzuordnen.[31] Zwar kann die Unterscheidung im Grenzfall schwierig sein, jedoch ist den Currency Token als schlichtes virtuelles Konstrukt kein interaktives Element zu entnehmen. Beispielhaft zählt der Richtliniengeber nämlich für die digitalen Dienstleistungen Software-as-a-Service, Datei-Hosting, Textverarbeitung und Cloud-Computing auf.[32] 14

Digitale Inhalte erfassen sodann alle *„Daten, die in digitaler Form erstellt und bereitgestellt werden"* (§ 327 Abs. 2 S. 1 BGB). Hierunter ließen sich die Kryptowährungen mitunter fassen. Zwar handelt es sich dabei nach hier vertretener Auffassung um ein virtuelles 15

[25] Entwurf der Kommission COM(2021) 347.
[26] Wengert Schuldrecht der Kryptowährungen 328.
[27] Durch Umsetzung der RL (EU) 2019/770.
[28] Omlor JZ 2017, 754 (755); Ekkenga CR 2017, 762 (763); Goger MMR 2016, 431.
[29] RL(EU) 2019/770 Erwgr. 12; Erman/Riemschneider BGB § 327 Rn. 13; Heydn CR 2021, 709 (710 Rn. 5); Riehm/Abold CR 2021, 530 (531 Rn. 6).
[30] RL(EU) 2019/770 Erwgr. 12.
[31] Wengert Schuldrecht der Kryptowährungen 285.
[32] RL(EU) 2019/770 Erwgr. 19.

Konstrukt, also nicht unbedingt um Daten (genauere Auseinandersetzung → § 36 Rn. 2 ff.). Allerdings werden die Einheiten zumindest durch die Ausschüttung im jeweiligen DLT *digital erstellt* und bei Transferierung an den neuen Inhaber *digital bereitgestellt.*[33] Rein am Wortlaut orientiert, könnte so noch für eine Erfassung vom Verbraucherschutz der §§ 327 ff. BGB argumentiert werden.

b) Systematik: Nur die zu zahlende Gegenleistung

16 Nach der Konzeption des europäischen Gesetzgebers sind die Kryptowährungstoken nur Gegenleistung für digitale Produkte (einschließlich digitaler Inhalte) nicht aber selbst ein digitales Produkt. § 327 Abs. 1 S. 2 BGB erweitert den zu zahlenden Preis auf die *digitale Darstellung eines Wertes.* Diese Extension wurde ausdrücklich für virtuelle Währungen vorgesehen.[34] Bezüglich der sich anschließenden Frage, ob die digitale Darstellung eines Wertes auch gleichzeitig ein digitales Produkt sein kann, nimmt die Richtlinie explizit Stellung:

„Da digitale Darstellungen eines Wertes jedoch einzig und allein den Zweck haben, als Zahlungsmethode, zu dienen, sollten sie selbst nicht als digitale Inhalte oder digitale Dienstleistungen im Sinne der Richtlinie angesehen werden."[35]

17 Damit sind Currency Token kein digitales Produkt nach den §§ 327 ff. BGB. Sie sind vielmehr nur die Gegenleistung hierfür. Der erforderliche digitale Inhalt kann wiederum aber ein anderer Token-Typus, beispielsweise ein NFT sein.[36]

c) Sinn und Zweck: Kein Bedürfnis für Verbraucherschutz nach §§ 327 ff. BGB

18 Wie bei dem besonderen Verbraucherschutz läuft diese Beurteilung auch nicht dem Schutzzweck des Verbrauchervertragsrecht über digitale Produkte (§§ 327 ff. BGB) entgegen. Nach der Systematik der Normen soll das Verbraucherschutzniveau durch genauere Bestimmung der Vertragspflichten und -rechte gesteigert werden.[37] Hierzu zählt vor allem die Konkretisierung der Leistungsmodalitäten und die Ergänzung des Mängelgewährleistungsrechts um eine Aktualisierungspflicht und das Erfordernis der Systemintegration. Exemplifiziert an der Bereitstellung (§ 327b Abs. 3 BGB), hat dies für die Kryptowährungsschuld keinen Mehrwert. Bei der vorwiegenden Übertragung On-Chain, kann der Transferierung nur das native DLT-System zugrunde liegen. Eine Antwort auf die wichtigste Fragestellung, wann ausreichend Bestätigungen durch die Möglichkeit einer Fork vorliegen (→ § 39 Rn. 37), gibt die Norm offensichtlich nicht.[38] Ebenso passt die neu eingefügte Vorschrift zur Aktualisierung (§ 327f BGB) nicht auf Currency Token. Die Token als virtuelles Konstrukt sind keiner Aktualisierung zugänglich. Einzig für das jeweils zugrundliegende DLT-System ist dies möglich, wie es beispielsweise fortlaufend bei Ethereum passiert[39] oder bei Bitcoin durch die Skalierungsdebatte zur Abspaltung von Bitcoin-Cash führte[40]. Aber auch dann ist diese Pflichterweiterung für den leistenden Unternehmer irrelevant. Bei offenen DLT-Systemen ist für solch ein „Update" ein Konsens erforderlich, den der Schuldner schwerlich alleine herbeiführen kann. Dies führt zu einer Unmöglichkeit

[33] Wengert Schuldrecht der Kryptowährungen 286; iE ebenso Guntermann RDi 2022, 200 (207); Kaulartz/Schmid/Müller-Elsing RDi 2022, 521 (524 Rn. 22); Wegge SpuRT 2022, 354 (356).
[34] RL (EU) 2019/770 Erwgr. 23.
[35] RL (EU) 2019/770 Erwgr. 23.
[36] Allg. Möslein/Ostrovski JZ 2024, 593.
[37] Stürner JURA 2022, 32 (35); Sattler CR 2020, 145 (149 Rn. 30).
[38] Wengert Schuldrecht der Kryptowährungen 287.
[39] Zur Entwicklungsgeschichte und den Hintergründen bei Ethereum auf deren Homepage https://ethereum.org/en/roadmap/ (zuletzt abgerufen am 17.12.2024).
[40] Allgemein zur Abspaltung in den Einführungen von Hakert/Kirschbaum DStR 2018, 881.

(§ 275 BGB) der Aktualisierungspflicht.[41] Ist der Unternehmer sogleich „Betreiber" einer geschlossenen DLT-Plattform wird er Updates entweder für alle oder für keinen verfügbar machen.

Zuletzt ist die Besonderheit im Mängelgewährleistungsrecht (§ 327e BGB) rund um Produktmangel und Systemintegration ohne Bedeutung. Kryptowährungstoken können nicht mangelhaft geleistet werden (→ § 39 Rn. 25 ff.). Daran ändert sich auch durch die Erweiterung um die Systemintegration nichts. Diese befasst sich mit der Verbindung hinsichtlich der digitalen Umgebung des Verbrauchers (§ 327e Abs. 4 S. 2 BGB). Zwar nutzen diese häufig Soft- bzw. Hard-Wallets. Diese sind jedoch dem Risikobereich des Verbrauchers zuzuordnen. Dem Unternehmer bleibt nichts anderes übrig, als schlicht an den Public Key des Verbrauchers zu leisten.[42] Die Art des verwendeten Wallets hat keinen Einfluss hierauf. Insbesondere bliebe es dem Verbraucher auch theoretisch möglich, sich die Private Keys „einfach" zu merken (sog. Mind. Wallet).[43] **19**

II. Allgemeiner Verbraucherschutz nach den §§ 312 ff. BGB

Ausschlaggebend für die Kryptowährungsschulden sind daher die allgemeinen Grundsätze des Verbraucherschutzes aus §§ 312 ff. BGB. Außerhalb der teilweisen Besonderheiten von Finanzdienstleistungen[44] differenzieren die Vorschriften nicht nach dem Vertragstypus. Relevant ist vielmehr die Vertriebsform. So wird zum Beispiel bei den Haustürgeschäften nach § 312b BGB der Überrumplungsgefahr entgegengewirkt.[45] Relevant für die Kryptowährungen ist vielmehr der Fernabsatzvertrag nach § 312c BGB. Im Regelfall findet der Vertragsschluss ausschließlich über das Internet als Fernkommunikationsmittel statt.[46] An dieses Geschäftsmodell knüpfen dann auch die Sondervorschriften des elektronischen Geschäftsverkehrs (§§ 312i–312l BGB) an, um den Kunden zu schützen und das Vertrauen in den elektronischen Geschäftsverkehr zu fördern.[47] Maßgeblich für den Verbraucherschutz sind der Anwendungsbereich des allgemeinen Verbraucherschutzes (→ Rn. 21 ff.), die allgemeinen Schutzmechanismen des § 312a BGB (→ Rn. 24 f.), die des Fernabsatzvertrages (→ Rn. 26 ff.) und zuletzt die Besonderheiten im elektronischen Geschäftsverkehr (→ Rn. 29). **20**

1. Sachliche Anwendbarkeit auf Kryptowährungsschulden

In § 312 Abs. 1 BGB definieren die Grundsätze des Verbraucherrechts ihren sachlichen Anwendungsbereich. Dieser erfasst *„Verbraucherverträge, bei denen sich der Verbraucher zu der Zahlung eines Preises verpflichtet."* Fasst man die Kryptowährungsschulden darunter, entsteht zum einen ein personales Anwendungsproblem. Der Handel ist meist anonym und für einen Unternehmer kann unter Umständen nicht ersichtlich sein, ob das Gegenüber ein Verbraucher ist. Inwieweit solch eine Konstellation erfasst ist, hängt aber nicht zwingend mit dem Schuldinhalt der Kryptowährungen zusammen. Die fehlende Erkennbarkeit der Ver- **21**

[41] Allgemein zur Unmöglichkeit der Aktualisierung für den Unternehmer Dubovitskaya MMR 2022, 3 (6); Schudlo/Kammerer/Urban BB 2022, 2759 (2762); speziell für die Kryptowährungen Wengert Schuldrecht der Kryptowährungen 288.

[42] Wengert Schuldrecht der Kryptowährungen 287.

[43] https://www.btc-echo.de/news/brain-wallet-so-merkt-man-sich-private-key-und-seed-phrase-163516/ (zuletzt abgerufen am 24.4.2025).

[44] Als Finanzdienstleistungen lassen sich womöglich die Verwahrung von Currency Token und das Krypto-Lending einstufen. Der „klassische" Erwerb solcher Kryptowährungseinheiten fällt aber eindeutig nicht unter die Finanzdienstleistungen.

[45] Darstellungen der Verwahrungsmöglichkeiten bei Omlor/Link Kryptowährungen/Siegel Kapitel 3 Rn. 167 ff.; Maume/Maute Kryptowerte-HdB/Fromberger/Zimmermann § 1 Rn. 24 ff.

[46] Spiegel Blockchain-basiertes virtuelles Geld S. 73; Spiegel JuS 2019, 307 (310); Kloth VuR 2022, 214 (216).

[47] MüKoBGB/Wendehorst § 312i Rn. 4; BeckOGK/Busch BGB § 312i Rn. 2; Martinek/Semler/Flohr Vertriebsrecht-HdB/Martinek § 11 Rn. 4.

brauchereigenschaft des Gegenübers ist unschädlich.[48] Sachlich relevanter ist, ob der Verbraucher mit den Currency Token einen Preis iSv § 312 Abs. 1 BGB bezahlen kann. Zunächst vom Anwendungsbereich erfasst sind alle Verträge, in denen der Verbraucher mit Geld Kryptowährungstoken erwirbt.

22 Die Subsumtion bereitet Schwierigkeiten, wenn der Verbraucher durch Zahlung mit Kryptowährung eine Ware vom Unternehmer erwerben möchte. Anders als § 327 Abs. 1 S. 2 BGB erweitert § 312 Abs. 1 BGB den Preisbegriff nicht ausdrücklich auf die „digitale Darstellung eines Werts“. Der Preisbegriff könnte wie beim Kaufvertrag § 433 BGB nur Geld und nicht Kryptowährungstoken erfassen. (→ § 38 Rn. 6) Bei den digitalen Verträgen erfolgt durch § 327 Abs. 1 S. 2 BGB hingegen eine Erweiterung des Preisbegriffes auch für *„virtuelle Währungen“*.[49] Diese Erweiterung aus § 327 Abs. 1 S. 2 BGB muss für § 312 Abs. 1 BGB analog gelten, sodass auch alle Verträge erfasst sind, bei denen der Verbraucher Waren durch Zahlung mit Kryptowährungen vom Unternehmer erwirbt.[50] Ursprung des Problems ist ein Redaktionsversehen des europäischen Gesetzgebers hinsichtlich der zugrundeliegenden Richtlinie.[51] Der europäische Gesetzgeber wollte diese Richtlinie mit der den §§ 327 ff. BGB zugrundeliegenden Richtlinie kohärent ausgestalten.[52] Dennoch enthält der § 312 BGB nur eine Erweiterung auf die Bereitstellung von personenbezogenen Daten (§ 312 Abs. 1a BGB), nicht aber solch eine entsprechend § 327 Abs. 1 S. 2 BGB. Durch den übereinstimmenden Verbraucherschutz und in Vermeidung von Umgehungsmöglichkeiten muss § 327 Abs. 1 S. 2 BGB analog gelten.[53] Im Ergebnis geht davon auch der deutsche Gesetzgeber aus.[54]

23 Damit kann mit den Kryptowährungen ein Preis iSv § 312 Abs. 1 BGB gezahlt werden. Dies ist der Fall, sollte der Verbraucher mit Currency Token eine Ware oder Dienstleistung vom Unternehmer erwerben. Nicht aber erfasst ist wie üblich die umgekehrte Leistungsbeziehung.[55] Das ist der Fall, sollte der Unternehmer (statt dem Verbraucher) den Preis bezahlen. Dies liegt vor, wenn dem Verbraucher eine Kryptowährungsschuld obliegt und dem Unternehmer die Gegenleistungspflicht in Geld.[56] Dann zahlt der Unternehmer den Preis und nicht, wie von § 312 Abs. 1 BGB gefordert, der Verbraucher. Ebenso zeigen sich in diesen Situationen die verbraucherschützenden Vorschriften ohne Vorteil für den Verbraucher. So beziehen sich die Informationspflichten auf die vertragscharakteristische Leistung (bspw. Art. 246 Abs. 1 Nr. 2 EGBGB) und beginnt der Fristbeginn des Widerrufs mit Erhalt dieser Leistung nach § 356 Abs. 2 BGB. Genauer muss deshalb auch bei Tauschgeschäften mit Token bestimmt werden, wer den Preis bezahlt.[57] Ist Gegenstand der unternehmerischen Leistungspflicht ein anderer Token-Typ, dürfte der Verbraucher durch die Zahlungsfunktion der Kryptowährungen zumeist den Preis zahlen. Werden Kryptowährungen gegeneinander getauscht, ist eher den Stablecoins die Preisfunktion zuzurechnen. Im Zweifel aber muss im Sinne des Verbraucherschutzes für eine Anwendbarkeit der §§ 312 ff. BGB eingetreten werden.[58]

---

48 Allgemein BGH NJW 2002, 2030; BGH NJW 2005, 1045; ausführlich ebenso Herresthal JZ 2006, 695 ff.; speziell für die Kryptowährungen Maume/Maute Kryptowerte-HdB/Maume § 8 Rn. 34; Wengert Schuldrecht der Kryptowährungen S. 291 ff.

49 RL (EU) 2019/770 Erwgr. 23.

50 Wengert Schuldrecht der Kryptowährungen 297 f.

51 Wengert Schuldrecht der Kryptowährungen 298.

52 RL (EU) 2019/2161 Erwgr. 32.

53 Wengert Schuldrecht der Kryptowährungen 297 f.

54 Gesetzesentwurf der Bundesregierung eines Gesetzes zur Umsetzung der Richtlinie über bestimmte vertragsrechtliche Aspekte der Bereitstellung digitaler Inhalte und digitaler Dienstleistungen BT Drs. 19/27653, 35.

55 Wengert Schuldrecht der Kryptowährungen 299 f.; Maume/Maute Kryptowerte-HdB/Maume § 8 Rn. 32.

56 Wengert Schuldrecht der Kryptowährungen 299 f.; Maume/Maute Kryptowerte-HdB/Maume § 8 Rn. 32.

57 a. A. noch in Wengert Schuldrecht der Kryptowährungen 300.

58 Wengert Schuldrecht der Kryptowährungen 300.

2. Allgemeine Folgen der Anwendbarkeit (§ 312a BGB)

Aus der Anwendbarkeit der §§ 312 ff. BGB folgen zunächst die allgemeinen Folgen gem. § 312a BGB. Als relevant zeigen sich hier insbesondere Abs. 3 und Abs. 4. Die verbleibenden Absätze haben hingegen wenig Bedeutung. So wird die Informationspflicht des § 312a Abs. 2 S. 1 BGB zumeist dadurch verdrängt, dass es sich um einen Fernabsatzvertrag handelt (§ 312a Abs. 2 S. 3 BGB). Wie im Schuldrecht bereits dargelegt, enthält § 312a Abs. 4 BGB allerdings eine Einschränkung von Surchaging (→ § 39 Rn. 19). Der Unternehmer kann danach nur ein Entgelt für ein bestimmtes Zahlungsmittel verlangen, wenn eine gängige unentgeltliche Zahlungsmethode vorliegt (Nr. 1) und die Kosten durch die tatsächlich entstandenen gedeckelt sind (Nr. 2). Für die Kryptowährungsschuld ist dies relevant, sollte der Verbraucher den Preis in Currency Token zahlen. Ansonsten betrifft die Regelung einzig seine Geldleistungspflicht. Durch den Bringschuldcharakter trägt der Verbraucher ohnehin die Transaktionskosten (sog. Gas-Fee). Weitere Gebühren oder Kosten darf der Unternehmer nicht auf ihn auslagern. 24

Sollte der Unternehmer über das Entgelt hinaus weitere Zahlungen verlangen, begrenzt dies § 312a Abs. 3 BGB. Erforderlich ist eine ausdrückliche Vereinbarung über das erweiterte Entgelt. Eine reine Voreinstellung durch den Unternehmer („opt-out") genügt nicht. Als zusätzliche, vom Unternehmer in Rechnung gestellte Kosten, sind einige, insbesondere auf zentralen Handelsplätzen, denkbar.[59] Zunächst werden dort häufig Abwicklungsgebühren bei Kauf und Verkauf von Kryptowährungen verlangt. Darüber hinaus bieten die CEX häufig eine Verwahrung oder einen eigenen Wallet-Dienst an. Zur preislichen Transparenz muss der Verbraucher diesen Kosten explizit zustimmen. Nicht ausreichend ist, dass eine entfernbare Vorauswahl durch den Unternehmer getroffen ist (zB Haken gesetzt wurden) oder dieser die Kostentragung in den AGB festlegt.[60] Beides lässt den zusätzlichen Akt der Zustimmung vermissen.[61] Diese Preistransparenz zieht sich durch den hiesigen Verbraucherschutz und wird durch die Informationspflichten des Fernabsatzvertrages unterstützt (→ Rn. 27). 25

Praxishinweis:
Betreiber zentraler Handelsplätze müssen sicherstellen, dass sämtliche über das vereinbarte Entgelt hinausgehenden Kosten – wie Abwicklungsgebühren oder Verwahrkosten – dem Verbraucher vor Vertragsschluss ausdrücklich zur aktiven Zustimmung vorgelegt werden. Eine vorausgefüllte Auswahlmöglichkeit oder eine Regelung allein in den AGB genügt den Anforderungen des § 312a Abs. 3 BGB nicht. Im Verletzungsfall kann der Verbraucher bereits geleistete Zahlungen gem. § 812 Abs. 1 S. 1 Alt. 1 BGB zurückfordern.

3. Besondere Folgen als Fernabsatzvertrag iSv § 312c Abs. 1 BGB

Im Regelfall werden Kryptowährungsschulden einem Fernabsatzvertrag zugrunde liegen. Der Vertragsschluss erfolgt online, also über das Internet als Fernkommunikationsmittel iSv § 312c Abs. 2 BGB. Sinn und Zweck der Regelungen zum Fernabsatzvertrag ist es, den Nachteil, der dem Verbraucher dadurch entsteht, dass er die Leistung nicht in natura zu 26

[59] Allgemein LG Berlin MMR 2016, 824 (825); BT. Drs. 17/13951, 63; Jauernig/Stadler BGB § 312a Rn. 12; Erman/Koch BGB § 312a Rn. 3; für Kryptohandelsplätze speziell Wengert Schuldrecht der Kryptowährungen 302.

[60] BeckOK BGB/Martens § 312a Rn. 22; MüKoBGB/Wendehorst § 312a Rn. 64; Staudinger/Thüsing BGB § 312a Rn. 51.

[61] BeckOK BGB/Martens § 312a Rn. 22; MüKoBGB/Wendehorst § 312a Rn. 64; Staudinger/Thüsing BGB § 312a Rn. 51.

sehen bekommt, auszugleichen.[62] Zwar passt diese Annahme nicht auf Kryptowährungen, bestehen diese doch rein virtuell und sind Qualitätsunterschiede nicht auszumachen. Allerdings geht § 312c BGB von einer typisierten Schutzbedürftigkeit aus, womit die Schutzbedürftigkeit des im konkreten Fall handelnden Verbrauchers nicht erforderlich ist.[63] Außerdem wird teilweise angenommen, dass der Schutzzweck auch darin besteht, den Verbraucher vor Übereilung zu schützen ist. Das gilt insbesondere im Online-Commerce. Dieser Schutzzweck ließe sich auch auf die Kryptowährungen übertragen. So sei der Verbraucher im Rahmen von Pump-and-Dump-Schemes (bzw. sog. Rug-Pulls), insbesondere vor dem Erwerb von Alt-Coins gewarnt.

a) Informationspflicht

27 Wichtigstes Mittel zur Beseitigung dieser Benachteiligung ist die Informationspflicht aus § 312d Abs. 1 BGB. Der Inhalt richtet sich dabei nach Art. 246a EGBGB. Bei Verwahrung und Krypto-Lending lässt sich für eine Finanzdienstleistung streiten, was über § 312d Abs. 2 BGB den Inhalt des Art. 246b EGBGB zur Anwendung bringt.[64] Neben den persönlichen Daten des Unternehmers sind vor allem die Angaben über den Vertragsgegenstand, Art. 246a § 1 Abs. 1 Nr. 1 EGBGB, bedeutend. Widerzugeben sind danach die *„wesentlichen Eigenschaften in dem für das Kommunikationsmittel und für die Waren und Dienstleistungen angemessenen Umfang"*. Relevant sind die Angaben zu den Currency Token, wenn der Verbraucher diese erwirbt. Es handelt sich zwar um keine Ware oder Dienstleistung. Außerdem ist der Verbraucher weniger schutzbedürftig, da die Prüfung in natura bei den virtuellen Coins ohne Qualitätsunterschiede irrelevant ist.[65] (zu der Möglichkeit von Qualitätsunterschieden → § 39 Rn. 11) Dennoch sollte die Angabe der Art und Menge der geschuldeten Token nicht als ausreichend genügen.[66] Dies ergibt sich schon aus dem nach MiCAR verpflichtenden Inhalt eines Whitepapers (Art. 6). Wertbildend für die Kryptowährung sind unter anderem die Anzahl an Coins, der Konsensmechanismus, die Ausschüttung, die Transaktionsgebühren und ein etwaiger Stabilisierungsmechanismus.[67] Um den Verbraucher daher von der Informationsasymmetrie zu befreien, muss er über diese Charakteristika unterrichtet werden. Zum Teil finden sich daher Forderungen, den Inhalt der Informationspflicht mit dem des Whitepapers gleichzusetzen oder ein mit Wertpapieren vergleichbares Register samt Kennungsnummer zu schaffen.[68] Bedeutend ist darüber hinaus noch die Angabe des Gesamtpreises und dessen Aufschlüsselung nach Art. 246a § 1 Nr. 5, 7, 10 EGBGB. Insbesondere alle das Entgelt übersteigende Kosten sind darin anzugeben. Ansonsten ist die Vereinbarung diesbezüglich unwirksam (§ 312e BGB) und der Verbraucher kann Geleistetes gem. § 812 Abs. 1 S. 1 Alt. 1 BGB herausverlangen. All diese Informationen kann der Unternehmer über einen Hyperlink zur Verfügung stellen (Art. 246a § 4 Abs. 3 S. 1 EGBGB). Diese Form genügt allerdings nicht für die nach § 312f Abs. 2 S. 1 BGB erforderliche Vertragsbestätigung.

b) Widerrufsrecht (§ 312g Abs. 1 BGB)

28 Herzstück des Verbraucherschutzes der §§ 312 ff. ist der Widerruf gem. § 312g Abs. 1 BGB.[69] Ohne Darlegung seiner Schutzbedürftigkeit kann der Verbraucher hiernach innerhalb von zwei Wochen vom Vertrag Abstand nehmen. Wegen der erheblichen Wertschwankungen wird zumeist ein Ausschluss für Kryptowährungen nach § 312g Abs. 2 Nr. 8

[62] BGH DNotZ 2016, 609 Rn. 30; NJW 2018, 690 Rn. 13.
[63] Dies wird in etwa beim Widerruf deutlich BeckOK BGB/Martens § 312g Rn. 3, § 312c Rn. 7; Staudinger/Thüsing BGB § 312g Rn. 3.
[64] Wengert Schuldrecht der Kryptowährungen 304 f.
[65] Kirschbaum/Stepanova BKR 2019, 286 (290).
[66] Maume/Maute Kryptowerte-HdB/Maume § 8 Rn. 72.
[67] Wengert Schuldrecht der Kryptowährungen 306.
[68] Omlor/Möslein Blockchain und Recht/Becker § 6 S. 140.
[69] Staudinger/Thüsing BGB Vorb. zu §§ 312 ff. Rn. 8; MüKoBGB/Wendehorst § 312g Rn. 1.

BGB verlangt.[70] Dieser beschäftigt sich zwar nur mit Waren und Dienstleistungen, worunter Kryptowährungen nicht zu fassen sind (→ Rn. 4). Auf den Erwerb wertschwankender Kryptowährungen ist die Norm aber zumindest analog anwendbar, was dort zum Ausschluss des Widerrufsrechts führt.[71] Sinn der Norm ist, bei Gütern mit Preisschwankungen die Risikoverteilung nicht zu konterkarieren.[72] Der Erwerb von Currency Token, außerhalb von Stablecoins, ist meist mit Spekulation verbunden. Der Verbraucher wettet auf eine positive Preisentwicklung. Durch den Widerruf stünde es ihm frei, die Kehrseite, also das Kursrisiko, in den ersten zwei Wochen auf dem Veräußerer abzuwälzen. Unionsrechtlich kann dies nicht für den Direkterwerb eines nicht zum Handel zugelassenen Coins gelten (Art. 12 Abs. 1 MiCAR). Nicht ausgenommen vom Widerrufsrecht analog § 312g Abs. 2 Nr. 8 BGB sind zum einen der Erwerb von Stablecoins und zum anderen der Erwerb von anderen Gütern mit volatilen Kryptowährungen.[73] Stablecoins sind klassischerweise kein Spekulationsobjekt und daher muss die vertragliche Risikoverteilung nicht bewahrt werden. Der Erwerb anderer Güter mittels Kryptowährung weist zwar ebenfalls spekulative Elemente auf, da der Kurs der verwendeten Kryptowährung schwanken kann. Steigt der Kurs nach Vertragsschluss, könnte der Eindruck entstehen, der Verbraucher habe einen überhöhten Preis gezahlt und sich dadurch einen Vorteil durch Widerruf des Vertrags verschaffen. Dennoch steht im Rahmen von Fernabsatzverträgen der Verbraucherschutz im Vordergrund, insbesondere in Bezug auf das erworbene Gut. Die Kryptowährung dient lediglich als Zahlungsmittel und ist nicht primärer Vertragsgegenstand. Das Risiko von Kursänderungen trägt in diesem Fall der Unternehmer, da er sich durch die Annahme der Kryptowährung als Zahlungsmittel bewusst diesem Risiko aussetzt.[74]

Praxishinweis:
Unternehmer, die volatile Kryptowährungen an Verbraucher veräußern, sollten in ihren AGB und in der Widerrufsbelehrung ausdrücklich auf den Ausschluss des Widerrufsrechts analog § 312g Abs. 2 Nr. 8 BGB hinweisen und diesen rechtssicher begründen. Bei dem Verkauf von Stablecoins oder beim Erwerb sonstiger Güter durch den Verbraucher mittels Kryptowährungen besteht das Widerrufsrecht hingegen fort, weshalb die entsprechende Widerrufsbelehrung bereitzustellen ist. Eine pauschale Ausschlussklausel für alle Kryptowährungs-Transaktionen ohne Differenzierung dürfte einer AGB-rechtlichen Kontrolle nicht standhalten.

4. Sonderregeln zum elektronischen Geschäftsverkehr (§§ 312i–312l BGB)

Schlussendlich haben die Sonderregeln zum elektronischen Geschäftsverkehr der §§ 312i– **29**
312f BGB Einfluss auf den Verbraucherschutz bei Kryptowährungsschulden. Die Normen haben den Zweck, Mindestvoraussetzungen für formelle und faire Vertragsanbahnung sowie Vertragsschluss im Internet zu schaffen.[75] Dabei handelt es sich um kein reines Verbraucherschutzrecht. § 312i BGB adressiert zunächst jeglichen Unternehmer unabhängig vom Vertragspartner und erfasst daher auch B2B-Geschäfte. Allerdings entfalten nur die spezielleren Verbraucherschutzvorschriften Bedeutung für die Kryptowährungsschuld. So soll der

[70] Beck/König AcP 215 (2015), 655 (679); Langenbucher AcP 218 (2018), 385 (411); Spiegel Blockchain-basiertes virtuelles Geld S. 75; MüKoBGB/Grundmann § 245 Rn. 34; Maume/Maute Kryptowerte-HdB/Maume § 8 Rn. 53; MüKoBGB/Wendehorst § 312a Rn. 41.

[71] Kirschbaum/Stepanova BKR 2019, 286 (289); Wengert Schuldrecht der Kryptowährungen 309.

[72] BGH MMR 2013, 372 Rn. 24; OLG Karlsruhe ZIP 2011, 2051 (2053); OLG Saarbrücken BeckRS 2021, 29631 Rn. 61.

[73] Wengert Schuldrecht der Kryptowährungen 310.

[74] Wengert Schuldrecht der Kryptowährungen 310.

[75] MüKoBGB/Wendehorst § 312i Rn. 4; BeckOGK/Busch BGB § 312i Rn. 2; Martinek/Semler/Flohr Vertriebsrecht-HdB/Martinek § 11 Rn. 4.

Verbraucher beispielsweise durch die Button-Lösung („zahlungspflichtig erwerben") des § 312j Abs. 3 BGB vor unbedachter vertraglicher Bindung und Kauffallen geschützt werden.[76] Eine Zahlung in diesem Sinne muss sich auf eine Zahlung mit Kryptowährungen erstrecken.[77] Unterlässt es der Unternehmer, die Zahlungsfläche eindeutig zu gestalten, folgt aus § 312j Abs. 4 BGB die Unwirksamkeit der Kryptowährungsschuld. Zuletzt normiert § 312l BGB für Online-Marktplätze besondere Pflichten. Hieraus ergibt sich insbesondere eine Informationspflicht des Unternehmers gegenüber dem Verbraucher als Kunde. Art. 246d EGBGB dient dabei der Schaffung von Transparenz. indem der Unternehmer den Vergleich und das Ranking von Angeboten darlegen muss. Dies scheint insbesondere für zentrale Handelsplätze wichtig, bei denen der Plattformbetreiber womöglich in der Vermittlung einzelne Angebote durch Kickbacks bevorzugen könnte. Zu grundlegenden Problemen führt diese Verpflichtung bei DEX – existiert ein Adressat zur Erfüllung der Informationspflicht aus § 312l BGB und wenn ja, in welcher juristischen Form?[78]

§ 41 Gesellschaftsrecht

Übersicht

Schrifttum:

Birne, Das Allgemeine Privatrecht der Blockchain-Token, 2023; Birne, Investition in Kryptowährungen aus Gefälligkeit, RDi 2023, 345; Birne, Neue digitale Zahlungsmittel im Lichte des Zahlungsdiensterechts, RDi 2024, 521; Blassl, Kryptowertpapierregister Rechtspflichten von Registerführern und Emittenten, AG 2022, 725; Boehm/Pesch, Bitcoins: Rechtliche Herausforderungen einer virtuellen Währung – Eine erste juristische Einordung, MMR 2014, 75; Buck-Heeb, Whitepaper-Haftung nach MiCAR, BKR 2023, 689; Dauses/Ludwigs, Handbuch des EU-Wirtschaftsrechts, Band 1,64. EL August 2025; Drescher/Fleischer/K.Schmidt, Münchener Kommentar zum Handelsgesetzbuch, Band 6, 5. Aufl. 2024; Ellenberger/Bunte, Bankrechts-Handbuch, 6. Aufl. 2022; Fischer/Schuck, Die Einrichtung von Corporate Governance-Systemen nach dem FISG, NZG 2021, 534; Goette/Habersack/Kalss, Münchener Kommentar zum Aktiengesetz, Bände 1, 2 und 4, 6. Aufl. 2024; Güldü, Die Einlagefähigkeit von Bitcoins und anderen Kryptowährungen nach deutschem

[76] LG Berlin MMR 2013, 780; jurisPK/Junker BGB § 312j Rn. 3; BeckOK BGB/Maume § 312j Rn. 1; MüKoBGB/Wendehorst § 312j Rn. 1.
[77] Wengert Schuldrecht der Kryptowährungen 315.
[78] Wengert Schuldrecht der Kryptowährungen 316.

GmbH- und Aktienrecht, GmbHR 2019, 565; Kalss/Krönke/Völkel, Crypto-Assets, 1. Aufl. 2025; Kittner, Tücken und Fallstricke beim Inhaberkontrollverfahren – die Anwachsung als Auslöser einer Anzeigepflicht, GWR 2024, 105; Klöhn, Marktmissbrauchsverordnung: MAR, 2. Aufl. 2023; Koch, Die Überwachung des Aufsichtsrats durch den Vorstand, ZHR 180 (2016), 578; Koch, Aktiengesetz, 20. Aufl. 2026; Knott, Unternehmenskauf, 6. Aufl. 2019; Korch, Der Unternehmenskauf – Eine Einführung in Theorie und Praxis, JuS 2018, 521; Korch, Unternehmenskaufverträge, 1. Aufl. 2024; Lange, D&O-Versicherung und Managerhaftung, 2. Aufl. 2022; Machacek, Die Anwendung der neuen MiCA-Verordnung auf Dezentrale Finanzanwendungen, EuZW 2021, 923; Maume, MiCAR. Verordnung über Märkte für Kryptowerte, 1. Aufl. 2025; Maume, Die Anwendung der Blockchain-Technologie im GmbH-Recht, NZG 2021, 1189; Maume, Die Verordnung über Märkte für Kryptowerte (MiCAR) – Zentrale Definitionen sowie Rechte und Pflichten beim öffentlichen Angebot von Kryptowerten, RDi 2022, 461; Maume, Unmöglichkeit der Herausgabe von Kryptowerten, BKR 2024, 859; Maume/Siadat, Struktur, Definitionen und Anwendungsfälle der Kryptoregulierung, NJW 2023, 1168; Meier, Handbuch MiCAR, 1. Aufl. 2025; Meier, Kryptowährungen in der Zwangsvollstreckung nach § 888 ZPO, RDi 2024, 502; Meyer-Sparenberg/Jäckle, Beck'sches M&A-Handbuch, 2. Aufl. 2022; Michel/Schmitt, MiCAR – Marktzugang für Kryptodienstleister, BB 2023, 905; Müller-Lankow/Liebscher, Rechtliche Unterschiede zwischen E-Geld und vermögenswertereferenzierten Token, WM 2024, 1152; Nägele, Rechtsnatur von Token, 1. Aufl. 2021; Nägele/Solbach, Beratung und Vermittlung 2.0 – Ein Beitrag zur Beratung und Vermittlung von Kryptowerten unter der MiCAR, ZdiW 2023, 159; Noack/Zetzsche, Kölner Kommentar zum Aktiengesetz, 4. Aufl. 2023; Omlor, Blockchain-Token im Zivilrecht, JURA 2023, 661; Omlor, Schuldrecht: Haftung bei Kryptoanlage als Freundschaftsdienst, JuS 2023, 964; Omlor/Link, Kryptowährungen und Token, 2. Aufl. 2023; Patzina/Bank/Schimmer/Simon-Widmann, Haftung von Unternehmensorganen, 1. Aufl. 2010; Pesch, Cryptocoin-Schulden, 1. Aufl. 2017; Seibt/Buck-Heeb/Harnos BeckOK Wertpapierhandelsrecht, 18. Edition Stand: 1.1.2026; K. Schmidt/Lutter, Aktiengesetz Kommentar, 5. Aufl. 2024; Schwark/Zimmer, Kapitalmarktrechts-Kommentar, 5. Aufl. 2020; Solbach, Kryptowährung als Sacheinlage, AG 2024, 237; Stilz/Veil, beck-online.GROSSKOMMENTAR.AktR; Streinz, AEUV/EUV, 3. Aufl. 2018; Tamcke/Adolph, Einstieg in die Wirtschaftskanzlei – Wie funktioniert Private M&A?, JuS 2019, 932; Terlau, MiCAR-Stablecoins – Erlaubnispflichten des Emittenten bei öffentlichem Angebot, Zulassung zum Handel und (nur) Ausgabe, BKR 2023, 809; Thelen, Kryptowerte in der notariellen Erbrechtspraxis, RNotZ 2023, 425; Thelen, Perspektiven des Einsatzes der Blockchain-Technologie in der deutschen notariellen Praxis, notar 2025, 22; Thelen/Solbach, Kryptogeschäfte unter Privatleuten – Zugleich eine Besprechung von OLG Frankfurt, Urt. v. 19.4.2023 – 13 U 82/22, MDR 2023, 945; Wittig, Digitales Geld – Gegenwärtige und künftige Regulierung von E-Geld und E-Geld-Token nach ZAG und MiCAR, WM 2023, 412.

I. Anwendbarkeit und Rechtsrahmen

Für Anbieter von Kryptowerte-Dienstleistungen gilt die **MiCAR**[1]. Ein Anbieter von Kryptowerte-Dienstleistungen ist gem. Art. 3 Abs. 1 Nr. 15 MiCAR jede juristische Person oder jedes andere Unternehmen, deren bzw. dessen berufliche oder gewerbliche Tätigkeit darin besteht, eine oder mehrere Kryptowerte-Dienstleistungen gewerblich für Kunden zu erbringen, und der bzw. dem es gestattet ist, gem. Art. 59 MiCAR Kryptowerte-Dienstleistungen zu erbringen.[2] Insoweit knüpft die MiCAR an juristische Personen oder Unternehmen als ein zentrales Zurechnungssubjekt an, um Rechte und Pflichten sowie damit einhergehende Verantwortung und Haftung zu regeln.[3] Dadurch wirkt die MiCAR weit in den gesellschaftsrechtlichen Bereich hinein und enthält Vorgaben zur Unternehmensführung sowie Organpflichten, die neben die allgemeinen gesellschaftsrechtlichen Vorgaben treten, diese ergänzen und konkretisieren. Echte Dezentralität regelt die MiCAR hingegen nicht, denn Kryptowerte-Dienstleistungen, die ohne die Einbindung eines Intermediärs in ausschließlich dezentralisierter Weise erbracht werden, fallen nicht in den Anwendungsbereich der MiCAR (→ § 8 Rn. 7).[4] 1

Um Haftungsrisiken zu minimieren, sollten Marktteilnehmer ihre Krypto-Dienstleistung sinnvollerweise in der Rechtsform einer Kapitalgesellschaft anbieten. Die AG eignet sich besonders gut, da sie einem potentiellen Börsengang offensteht, die Aktien formfrei über- 2

---

1 Verordnung (EU) 2023/1114 über Märkte für Kryptowerte.

2 Hierzu Kalss/Krönke/Völkel MiCAR Art. 3 Rn. 118 ff.

3 Machacek EuZW 2021, 923 (927); Nägele/Solbach ZdiW 2023, 159 (161); Im Zusammenhang des eWpG Blassl AG 2022, 725 (727).

4 Erwgr. 22 MiCAR.

tragbar sind und ein hohes Prestige mit der Rechtsform einhergeht.[5] Auch hatte der Unionsgesetzgeber bei der Schaffung der MiCAR erkennbar die AG als Gesellschaftsform vor Augen. Die MiCAR ist den Regelungen zu Finanzinstrumenten, insbesondere der **MiFiD II**[6] und der Marktmissbrauchsverordnung **(„MAR")**[7], nachgebildet.[8] Vor diesem Hintergrund werden die spezifischen Anforderungen der MiCAR an die Corporate Governance sowie die Konkretisierung der Organpflichten durch die MiCAR exemplarisch an der AG und den aktienrechtlichen Anforderungen aufgezeigt.

II. Kryptowährung als Geschäftsmodell

3 Nach den Vorstellungen des Erfinders von Bitcoin, der unter dem Pseudonym Satoshi Nakamoto ein Whitepaper zum Bitcoin veröffentlicht hat, ist der Bitcoin als Peer-to-Peer Electronic Cash System, also als nicht-staatliches Zahlungssystem zu verstehen.[9] Inzwischen werden Kryptowährungen nicht nur als nicht-staatliches Zahlungsmittel basierend auf der Distributed-Ledger-Technologie **(„DLT"),**[10] sondern vielmehr auch als Investitionsobjekt verwendet.[11] Vor diesem Hintergrund haben sich zahlreiche Dienstleistungen, wie etwa die Verwahrung und Verwaltung von Kryptowährungen für den Kunden oder der Tausch von Kryptowährungen gegen andere Kryptowährungen oder gegen Fiat-Geld, etabliert. Diese Geschäftsmodelle werden fast ausschließlich durch Kapitalgesellschaften erbracht, die aufgrund ihres spezifischen Geschäftsmodells besondere gesellschaftsrechtliche Anforderungen zu erfüllen haben, da es sich hierbei um Krypto-Dienstleistungen iSd Art. 3 Abs. 1 Nr. 16 MiCAR handelt.

1. Kryptowährung

4 Ein Kryptowert iSd Art. 3 Abs. 1 Nr. 5 MiCAR ist eine digitale Darstellung eines Werts oder eines Rechts, der bzw. das unter Verwendung der DLT oder einer ähnlichen Technologie elektronisch übertragen und gespeichert werden kann. Nach dem Willen des Unionsgesetzgebers ist der Begriff des Kryptowerts als Oberbegriff zu verstehen,[12] der sich weiter in vermögenswertereferenzierte Token (Art. 3 Abs. 1 Nr. 6 MiCAR)[13], E-Geld-Token (Art. 3 Abs. 1 Nr. 7 der MiCAR)[14] und Utility-Token (Art. 3 Abs. 1 Nr. 9 MiCAR)[15] unterteilt. Vermögenswertereferenzierte Token und E-Geld-Token werden als Stablecoins bezeichnet, da sie an Vermögenswerte wie Gold oder amtliche Währungen iSd Art. 3 Abs. 1 Nr. 8 MiCAR gekoppelt sind.[16] Kryptowährungen, insbesondere Bitcoin und Ethereum

---

5 Solbach AG 2024, 237.
6 Richtlinie (EU) 2014/65 über Märkte für Finanzinstrumente.
7 Verordnung (EU) 596/2014 über Marktmissbrauch.
8 Maume RDi 2022, 461 (462); Nägele/Solbach ZdiW 2023, 159 (160); Solbach AG 2024, 237.
9 S. https://bitcoin.org/bitcoin.pdf (zuletzt abgerufen am 20.3.2026).
10 Hierzu Birne RDi 2024, 521 (521 ff.).
11 Maume/Siadat NJW 2023, 1168 (1171); Thelen/Solbach MDR 2023, 945 (947).
12 Erwgr. 18 MiCAR; Birne RDi 2024, 521 (524).
13 Ein „vermögenswertereferenzierter Token" ist gem. Art. 3 Abs. 1 Nr. 6 MiCAR ein Kryptowert, der kein E-Geld-Token ist und dessen Wertstabilität durch Bezugnahme auf einen anderen Wert oder ein anderes Recht oder eine Kombination davon, einschließlich einer oder mehrerer amtlicher Währungen, gewahrt werden soll. Hierzu Müller-Lankow/Liebscher WM 2024, 1152 (1158 f.).
14 Nach der Legaldefinition ist ein „E-Geld-Token" ein Kryptowert, dessen Wertstabilität unter Bezugnahme auf den Wert einer amtlichen Währung gewahrt werden soll. Hierzu Wittig WM 2023, 412 (414 f.).
15 Nach der Legaldefinition erfasst ein „Utility-Token" einen Kryptowert, der ausschließlich dazu bestimmt ist, Zugang zu einer Ware oder Dienstleistung zu verschaffen, die von seinem Emittenten bereitgestellt wird. Hierzu Maume/Zickgraf MiCAR Art. 3 Rn. 65 ff.
16 Terlau BKR 2023, 809 (811); Meier MiCAR-Handbuch/Lehmann/Schinerl Kap. 4 Rn. 9.

sind Kryptowerte iSd Art. 3 Abs. 1 Nr. 5 MiCAR.[17] Sie zählen jedoch nicht zu den Stablecoins, da ihr Kurs durch Angebot und Nachfrage zustande kommt, also keine Wertstabilität durch die Bezugnahme auf einen Vermögenswert erfolgt.[18]

2. Kapitalmaßnahmen mit Kryptowährungen

Dem Grunde nach kann das Gesellschaftskapital durch Einlage von Kryptowährungen als Sacheinlage geleistet werden.[19] Hierdurch werden Kryptowährungen als Vermögenswerte (Assets) im gesellschaftsrechtlichen Kontext genutzt. Auf die Sachqualität iSd § 90 BGB kommt es dabei nicht an.[20] Nach § 27 Abs. 2 AktG eignen sich als Sacheinlage nur Vermögensgegenstände, deren wirtschaftlicher Wert feststellbar ist. Nach der Rechtsprechung des BFH sind Kryptowährungen ein Wirtschaftsgut, dh eine objektiv werthaltige Position, die entgeltlich einem Dritten überlassen und dadurch wirtschaftlich verwertet werden kann.[21] Kryptowährungen sind daher digitale Vermögenswerte, die zu marktüblichen Preisen gehandelt werden.[22] Da eine analoge Anwendung des § 33a Abs. 1 Nr. 1 AktG auf Kryptowährungen nicht in Betracht kommt, erfordert die Sachgründung oder Sachkapitalerhöhung mittels Einlage von Kryptowährungen stets ein Sachwertgutachten.[23] Ungeschürfte Token, dh solche Token, die noch nicht durch Mining oder Minting erzeugt sind,[24] sind nicht einlagefähig.[25] Auch sind Verträge über noch zu schürfende Token (Simple Agreement For Future Tokens) nicht einlagefähig, da sie sich als unzulässige Verpflichtung zu einer Dienstleistung darstellen und insoweit gegen § 27 Abs. 2 Hs. 2 AktG verstoßen.[26] Sowohl ungeschürfte Token als auch die Verträge hierüber bilden bei verständiger Würdigung keine ausreichende Kapitalbasis zur Aufnahme des Geschäftsbetriebs und zur Befriedigung der Gläubiger, was aber gerade Wesensmerkmal einer Kapitalgesellschaft ist.[27] 5

III. Corporate Governance

In der gesellschaftsrechtlichen Beratung spielt die Corporate Governance eine zentrale Rolle. Die Corporate Governance umfasst nicht nur die Strukturierung und Organisation der Gesellschaft, sondern bestimmt auch das Pflichtenprogramm der Leitungsorgane sowie die Haftung für etwaige Pflichtverletzungen. Bietet eine AG Krypto-Dienstleistungen iSv Art. 3 Abs. 1 Nr. 16 MiCAR mit Kryptowerten iSv Art. 3 Abs. 1 Nr. 5 MiCAR an, so sind neben den aktienrechtlichen Bestimmungen auch spezifische Vorgaben der MiCAR zur Unternehmensführung und zum Leitungsorgan zu beachten. 6

1. Leitungsorgan

Die MiCAR enthält eine Legaldefinition des Leitungsorgans in Art. 3 Abs. 1 Nr. 27 MiCAR. Danach ist das „Leitungsorgan" das Organ — oder die Organe — eines 7

17 BaFin Merkblatt Kryptowerte-Dienstleistung nach MiCAR (Stand: Januar 2025), abrufbar unter: https://www.bafin.de/SharedDocs/Veroeffentlichungen/DE/Merkblatt/mb_250103_Kryptowerte_Dienstl.html (zuletzt abgerufen am 20.3.2026).
18 Terlau BKR 2023, 809 (811).
19 Solbach AG 2024, 237 (238); Güldü GmbHR 2019, 565 (567); Maume NZG 2021, 1189 (1194); KölnKomm/Arnold AktG § 27 Rn. 65; MüKoAktG/Pentz § 27 Rn. 11; DNotI-Abrufgutachten Nr. 184736, Stand: 29.11.2021, S. 3 f.
20 Koch AktG § 27 Rn. 3; MüKoAktG/Pentz § 27 Rn. 11.
21 BFH NJW 2023, 867 (869).
22 BFH NJW 2023, 867 (871); Omlor/Link Kryptowährungen/Brinkmann Kap. 13 Rn. 86 ff.
23 Solbach AG 2024, 237 (239).
24 Zum Entstehen von Token Nägele Rechtsnatur von Token S. 54 f.
25 Solbach AG 2024, 237 (238); Güldü GmbHR 2019, 565 (570).
26 Solbach AG 2024, 237 (238).
27 Solbach AG 2024, 237 (238).

Emittenten, eines Anbieters oder einer Person, die eine Zulassung zum Handel beantragt, oder eines Anbieters von Kryptowerte-Dienstleistungen, die nach nationalem Recht bestellt wurden, die befugt sind, Strategie, Ziele und Gesamtpolitik des Unternehmens festzulegen, und die die Entscheidungen der Geschäftsführung des Unternehmens kontrollieren und überwachen, und Personen umfasst, die die Geschäfte des Unternehmens tatsächlich führen. Es kommt in erster Linie darauf an, wer nach nationalem Recht zum Organ der Gesellschaft bestellt wurde.[28] Das sind bei der dualistischen AG nach deutschem Recht gem. § 76 Abs. 1 AktG der Vorstand, der die Gesellschaft unter eigener Verantwortung leitet, und der Aufsichtsrat, der gem. § 111 Abs. 1 AktG die Geschäftsführung überwacht.

8 Die Auffassung, dass Aufsichtsorgane nicht von Art. 3 Abs. 1 Nr. 27 MiCAR erfasst werden,[29] findet im Wortlaut der Norm keine Stütze. Vielmehr sind Normadressaten auch diejenigen, die die Entscheidungen der Geschäftsführung des Unternehmens kontrollieren und überwachen. Für die Wahrnehmung ihrer Überwachungsfunktion werden die Mitglieder des Aufsichtsrats in der Praxis gem. § 113 Abs. 1 AktG vergütet und haften gem. § 116 S. 1 AktG für die Erfüllung ihrer Sorgfaltspflicht und Verantwortlichkeit. Aufgrund der deutlich gestiegenen Anforderungen und Haftungsrisiken der Aufsichtsratstätigkeit ist die Vergütung in den letzten Jahren gestiegen.[30] Der Aufsichtsrat ist ebenso wie der Vorstand Organ der Gesellschaft und Leitungsorgan iSd Art. 3 Abs. 1 Nr. 27 MiCAR.[31] Dafür, dass Vorstand und Aufsichtsrat als Organe der Gesellschaft arbeitsteilig, aber gemeinsam die Leitungsfunktion in einer Gesellschaft wahrnehmen, spricht auch, dass sie sich in gewissem Umfang gegenseitig überwachen.[32] Die Haftung trifft dem Grunde nach die Mitglieder des Leitungsorgans, dh des Vorstands und Aufsichtsrats, weil nach deutschem Recht Organe einer Gesellschaft keine eigene Rechtssubjektqualität haben.[33]

a) Faktische Geschäftsleitung

9 Unklar ist, ob mit der Wendung „die Geschäfte des Unternehmens tatsächlich führen" in Art. 3 Abs. 1 Nr. 27 MiCAR eine faktische Geschäftsleitung gemeint ist und die Haftung insoweit auch auf Personen erstreckt wird, die keine formale Leitungsposition innehaben, oder ob die Haftung gar trotz Innehabung einer formalen Leitungsposition beschränkt wird.[34] Im nationalen Recht entspricht es der wohl hM, dass die faktische Tätigkeit als Vorstandsmitglied auch ohne formalen oder aufgrund eines fehlerhaften Bestellungsakts eine Haftung nach § 93 Abs. 2 AktG begründen kann.[35] Dabei ist in einer Gesamtschau darauf abzustellen, ob der Betreffende die Geschicke der Gesellschaft – nicht nur durch internes Einwirken auf den satzungsmäßigen Vorstand, sondern durch eigenes, auch nach außen in Erscheinung tretendes, üblicherweise der Geschäftsleitung zuzurechnendes Handeln – so maßgeblich in die Hand genommen hat, dass ihn auch die Verantwortung für eine etwaige Pflichtverletzung trifft.[36] Eine vollständige Verdrängung des satzungsmäßigen Vorstandes ist aber nicht erforderlich.[37] Mit der MiCAR verfolgt der Unionsgesetzgeber das Ziel, das Vertrauen der Nutzer in Kryptowerte und in die Märkte für Kryptowerte und die Integrität dieser Märkte zu stärken.[38] Hierzu gehört auch ein effektives Haftungsregime, sodass davon auszugehen ist, dass der Unionsgesetzgeber die Legaldefinition des Leitungsorgans in Art. 3 Abs. 1 Nr. 27 MiCAR bewusst weit gefasst hat. Zwar sind beide Lesarten, eine Haftungserweiterung als auch eine Haftungsbeschränkung, denkbar, die besseren Gründe sprechen

[28] Kalss/Krönke/Völkel/Lehmann MiCAR Art. 3 Rn. 161; Maume/Maume MiCAR Art. 3 Rn. 198.
[29] Kalss/Krönke/Völkel/Lehmann MiCAR Art. 3 Rn. 161.
[30] MüKoAktG/Habersack § 113 Rn. 11; Koch AktG § 113 Rn. 2.
[31] Maume/Maume MiCAR Art. 3 Rn. 199.
[32] Hierzu instruktiv Koch ZHR 180 (2016), 578 (586 f.).
[33] Buck-Heeb BKR 2023, 689 (691).
[34] Buck-Heeb BKR 2023, 689 (691).
[35] Koch AktG § 93 Rn. 73; BeckOGK/Fleischer AktG § 93 Rn. 229.
[36] BGH NJW 1988, 1789 (1790); 2002, 1803 (1805); Koch AktG § 93 Rn. 74.
[37] BGH NJW 1988, 1789 (1790); Koch AktG § 93 Rn. 74.
[38] Erwgr. 5 und 95 MiCAR.

jedoch für die Haftungserweiterung auf die faktische Geschäftsleitung, die für etwaige Pflichtverletzungen haftet.

b) Fit & Proper

aa) Vorstand und Aufsichtsrat. Das Leitungsorgan einer AG, die Krypto-Dienstleistungen nach Art. 3 Abs. 1 Nr. 16 MiCAR erbringt, besteht aus dem Vorstand und dem Aufsichtsrat. Der Vorstand und der Aufsichtsrat müssen über die erforderliche fachliche Eignung und persönliche Zuverlässigkeit verfügen (fit & proper).[39] Dies erfordert nach Art. 68 Abs. 1 MiCAR neben Kenntnissen, Fähigkeiten und Erfahrung, insbesondere, dass die Mitglieder des Leitungsorgans nicht für Straftaten im Zusammenhang mit Geldwäsche oder Terrorismusfinanzierung oder für andere Straftaten, die ihrem guten Leumund schaden würden, verurteilt worden sind. 10

(1) Kenntnissen, Fähigkeiten und Erfahrung. Fraglich ist, ob eine spezifische Sachkenntnis und Erfahrung der Leitungsorgane im Krypto-Bereich erforderlich ist und welche Rechtsfolge ein Verstoß nach sich ziehen würde. Die MiCAR unterscheidet zwischen Kompetenz und Kenntnissen, wie sich aus Art. 81 Abs. 7 MiCAR ergibt, wobei unter Kompetenz eine spezifische Fachexpertise über Kryptowerte zu verstehen sein dürfte. In Art. 60 Abs. 7 Buchst. i MiCAR müssen natürliche Personen, die im Namen des antragstellenden Anbieters von Kryptowerte-Dienstleistungen Beratungsdienste[40] leisten oder Portfolioverwaltung erbringen, über die erforderlichen Kenntnisse und die erforderliche Fachkompetenz verfügen, um ihren Verpflichtungen nachzukommen. Die Fachkompetenz muss daher derjenige aufweisen, der die direkte Krypto-Dienstleistung gegenüber dem Endkunden erbringt, nicht aber das Leitungsorgan. Vor diesem Hintergrund ist von dem Leitungsorgan keine besondere Fachkompetenz im Krypto-Bereich zu fordern. Vielmehr muss das Leitungsorgan über ausreichende Kenntnisse, Fähigkeiten und Erfahrungen für die Wahrnehmung seiner Aufgaben verfügen,[41] was die Grundlagen der DLT und ein grundsätzliches Verständnis des Krypto-Marktes umfasst. Daher ist die Kenntnis, über die das Leitungsorgan verfügen muss, funktionsspezifisch zu verstehen. Die MiCAR geht insoweit nicht über die nationalen Vorgaben aus § 93 Abs. 1 S. 1 AktG hinaus, sondern ist mit diesen deckungsgleich. Aus § 93 Abs. 1 S. 1 AktG folgt, dass der Vorstand bei Übernahme der organschaftlichen Aufgaben über die für die Wahrnehmung dieser Aufgaben erforderlichen Kenntnisse und Fähigkeiten verfügen muss.[42] 11

Verfügt das Leitungsorgan über die kryptospezifischen Kenntnisse, die für die Erfüllung seiner organschaftlichen Aufgaben erforderlich sind, ist dies ausreichend. Fehlen notwendige Kenntnisse oder erweist sich der Vorstand als unfähig zur Bewältigung von Sondersituationen,[43] kann der Vorstand vom Aufsichtsrat gem. § 84 Abs. 4 AktG abberufen werden. Der Vorstand, der der Schnelllebigkeit und Volatilität des Kryptomarktes[44] nicht gewachsen ist, ist aufgrund einer unionsrechtskonformen Auslegung und Anwendung von § 84 Abs. 4 AktG zwingend abzuberufen. 12

(2) Guter Leumund. Nach Art. 68 Abs. 1 MiCAR dürfen die Mitglieder des Leitungsorgans von Anbietern von Kryptowerte-Dienstleistungen nicht für Straftaten im Zusammenhang mit Geldwäsche oder Terrorismusfinanzierung oder für andere Straftaten, die ihrem guten Leumund schaden würden, verurteilt worden sein. Die im nationalen Recht umstrittene Frage, ob auch Straftaten, die im privaten Bereich stattgefunden und sich nicht gegen die Gesellschaft gerichtet haben, zwingend zur Abberufung des Vorstandes führen 13

[39] Kalss/Krönke/Völkel/Prinz/Rau MiCAR Art. 68 Rn. 7 ff.
[40] Vgl. hierzu Nägele/Solbach ZdiW 2023, 159.
[41] Erwgr. 81 MiCAR.
[42] Patzina/Bank/Schimmer/Simon-Widmann Haftung von Unternehmensorganen/Bank Kap. 6 Rn. 50.
[43] OLG München NZG 2006, 313; Schmidt/Lutter/Drygala AktG § 111 Rn. 26.
[44] DNotI-Abrufgutachten Nr. 184736, Stand: 29.11.2021, S. 4.

müssen,[45] ist für Gesellschaften, die Krypto-Dienstleistungen anbieten, damit wohl rechtsverbindlich geklärt. Der Unionsgesetzgeber lässt aber offen, ob bereits der Tatverdacht ausreichen kann, um den guten Leumund eines Leitungsorgans zu gefährden und dessen mangelnde Eignung zu begründen. Wegen der vom Unionsgesetzgeber beabsichtigten Stärkung des Vertrauens der Nutzer in Kryptowerte und in die Integrität der Märkte für Kryptowerte,[46] ist der gute Leumund weit zu verstehen und lässt den hinreichenden Tatverdacht genügen. Um Rechtsunsicherheiten vorzubeugen, ist etwa im Rahmen von Leaver-Klauseln[47] bei Beteiligungs- und Aktionärsvereinbarungen auch der Tatverdacht mit aufzunehmen.

14 **(3) Ausreichende Zeit.** Nach Art. 68 Abs. 1 S. 3 MiCAR müssen die Mitglieder des Leitungsorgans ferner nachweisen, dass sie in der Lage sind, ausreichend Zeit für die wirksame Wahrnehmung ihrer Aufgaben aufzuwenden. Auch wenn sich letzteres nach dem Wortlaut auf alle Mitglieder des Leitungsorgans bezieht, werden damit wohl nach Sinn und Zweck vor allem die Mitglieder des Aufsichtsrats gemeint sein, da es sich hier regelmäßig um ein nebenberufliches Mandat[48] handelt. Schon aus der Organstellung des Vorstands folgt, dass sie den vollen Einsatz ihrer Person der Gesellschaft schulden,[49] sodass die MiCAR in Bezug auf die Vorstandsmitglieder keine weitergehenden Pflichten in zeitlicher Hinsicht begründet.

15 **bb) Qualifizierte Aktionäre.** Auch Aktionäre, die direkt oder indirekt qualifizierte Beteiligungen an Anbietern von Kryptowerte-Dienstleistungen halten, müssen ausreichend gut beleumundet sein und dürfen insbesondere nicht für Straftaten im Zusammenhang mit Geldwäsche oder Terrorismusfinanzierung oder für andere Straftaten, die ihrem guten Leumund schaden würden, verurteilt worden sein (Art. 68 Abs. 2 MiCAR). Eine „qualifizierte Beteiligung" umfasst nach Art. 3 Abs. 1 Nr. 36 MiCAR das direkte oder indirekte Halten einer Beteiligung an einem Emittenten vermögenswertereferenzierter Token oder einem Anbieter von Kryptowerte-Dienstleistungen, die mindestens 10 % des Kapitals oder der Stimmrechte gem. Art. 9 bzw. 10 der Richtlinie 2004/109/EG **(„Transparenzrichtlinie")**[50] unter Berücksichtigung der Voraussetzungen für das Zusammenrechnen der Beteiligungen nach Art. 12 Abs. 4 und 5 jener Richtlinie ausmacht oder die Ausübung eines maßgeblichen Einflusses auf die Geschäftsführung eines Emittenten vermögenswertereferenzierter Token oder die Geschäftsführung des Anbieters von Kryptowerte-Dienstleistungen, an der eine solche Beteiligung gehalten wird, ermöglicht.

16 Eine gesellschaftsrechtliche Regelung, was mit den Aktien eines qualifiziert beteiligten Aktionärs geschieht, der nicht hinreichend beleumdet ist, enthält die MiCAR nicht. In Betracht kommt insbesondere die Zwangseinziehung der Aktien des nicht hinreichend beleumundeten Aktionärs gem. § 237 Abs. 1 S. 1 Alt. 1 AktG durch die Gesellschaft. Die Einziehung der Aktien erfordert eine Satzungsregelung gem. § 237 Abs. 1 S. 2 AktG.[51] Flankiert wird der Schutz der Gesellschaft durch das nach Art. 68 Abs. 3 MiCAR mögliche Eingreifen der Aufsichtsbehörde, die aufgrund einer Prognoseentscheidung („voraussichtlich") Maßnahmen ergreifen kann, wenn der Einfluss der Anteilseigner direkt oder indirekt einer umsichtigen Geschäftsführung abträglich ist. Diese Maßnahmen können nach Art. 68 Abs. 3 MiCAR Anträge auf richterliche Anordnungen, die Verhängung von Sanktionen gegen die Geschäftsführung oder die Aussetzung des Stimmrechts im Zusammenhang mit

[45] BeckOGK/Fleischer AktG § 84 Rn. 137; K.Schmidt/Lutter/Seibt AktG § 84 Rn. 76; MüKoAktG/Spindler § 84 Rn. 172.
[46] Erwgr. 5 und 95 MiCAR.
[47] Hierzu Meyer-Sparenberg/Jäckle BeckM&A-HdB/Wenzel/Höhn § 62 Vertragsgestaltung Rn. 72 ff.
[48] Koch AktG § 100 Rn. 5; Hölters/Weber/Groß-Bölting/Rabe AktG § 116 Rn. 14.
[49] MüKoAktG/Spindler § 76 Rn. 15.
[50] Dauses/Ludwigs EU-Wirtschaftsrecht-HdB/Burgard/Heimann § 21 Bankrecht Rn. 124.
[51] Koch AktG § 237 Rn. 6 ff.; MüKoAktG/Oechsler § 237 Rn. 18.

den Aktien und Anteilen umfassen, die von den Anteilseignern oder Gesellschaftern direkt oder indirekt gehalten werden, die qualifizierte Beteiligungen halten.[52]

Praxishinweis:
Bei der Gestaltung von Beteiligungs- und Aktionärsvereinbarungen für Gesellschaften, die Krypto-Dienstleistungen anbieten, ist zu empfehlen, in Leaver-Klauseln ausdrücklich auch den hinreichenden Tatverdacht einer Straftat im Zusammenhang mit Geldwäsche oder Terrorismusfinanzierung als Leaverfall aufzunehmen. Gleichzeitig sollten Satzungsregelungen zur Zwangseinziehung der Aktien qualifiziert beteiligter Aktionäre, die den Anforderungen des Art. 68 Abs. 2 MiCAR nicht genügen, bereits bei der Gründung der Gesellschaft verankert werden. Nur so lässt sich im Streitfall ein geordnetes Ausscheiden des betreffenden Aktionärs ohne langwierige gesellschaftsrechtliche Auseinandersetzungen gewährleisten.

2. Organpflichten

a) Good Governance

Der Unionsgesetzgeber fordert von Krypto-Dienstleistern eine verantwortungsvolle Unternehmensführung **(Good Governance).** Konkrete Vorschriften zur Leitung und Kontrolle dieser Unternehmen werden an verschiedenen Stellen festgelegt (→ Rn. 19 f.), wobei insbesondere die Leitungsorgane in die Pflicht genommen werden, diese Vorschriften gem. Art. 68 Abs. 6 MiCAR zu überwachen und für deren Befolgung zu sorgen. Hiermit gehen erweiterte Prüf- und Organisationspflichten für Vorstand und Aufsichtsrat einher. Die MiCAR enthält insbesondere für den Bereich Investor Relations und für die Organisationspflichten nach § 91 Abs. 2 und 3 AktG konkretisierende und überlagernde Vorgaben für die Leitungsorgane der Gesellschaft und errichtet im Ergebnis ein eigenes Corporate Governance System für Gesellschaften, die Krypto-Dienstleistungen anbieten. 17

aa) Investor Relations. Zur Unternehmensführung zählt auch eine transparente Marktkommunikation, insbesondere die rechtzeitige Information der Aktionäre durch Ad-hoc-Mitteilungen und die aktive Pflege der Investor Relations. Die Ad-hoc-Mitteilungspflicht bei Kryptowerten ist den Regelungen der MAR nachempfunden, zu denen sie in einem Alternativverhältnis stehen.[53] Da die Regelungen der MAR die Rezeptionsvorlage für die Mitteilungspflichten der MiCAR sind, ist auch die Rechtsprechung hierzu dem Grunde nach auch auf Kryptowerte zu übertragen und entsprechend anzuwenden. Emittenten von Kryptowerten, Anbieter und Personen, die die Zulassung zum Handel beantragen, sind gem. Art. 88 Abs. 1 MiCAR verpflichtet, die Öffentlichkeit unverzüglich über sie betreffende Insiderinformationen iSv Art. 87 MiCAR zu informieren. Eine Insiderinformation ist gem. Art. 87 Abs. 1 Buchst. a MiCAR eine nicht öffentlich bekannte präzise Information, die direkt oder indirekt einen oder mehrere Emittenten, Anbieter oder Personen, die die Zulassung zum Handel beantragen, oder einen oder mehrere Kryptowerte betreffen und die, wenn sie öffentlich bekannt würden, geeignet wären, den Kurs dieser Kryptowerte oder den Kurs eines damit verbundenen Kryptowerts erheblich zu beeinflussen. Nach Art. 88 Abs. 2 MiCAR kann bei Vorliegen der Aufschubvoraussetzungen ein Selbstbefreiungsbeschluss[54] in eigener Verantwortung gefasst werden, der ausreichend und ordnungsgemäß zu dokumentieren ist. Das zuständige Organ für die Beschlussfassung über die Selbst- 18

[52] Hierzu Kalss/Krönke/Prinz/Rau MiCAR Art. 68 Rn. 15 f.
[53] BeckOK WpHR/Buck-Heeb VO (EU) 596/2014 Art. 17 Rn. 45.
[54] BeckOK WpHR/Buck-Heeb VO (EU) 596/2014 Art. 17 Rn. 315; Maume/Maume MiCAR Art. 88 Rn. 13.

befreiung ist der Vorstand,[55] den die Pflicht trifft, das Vorliegen der Voraussetzungen für eine Ad-hoc-Mitteilungspflicht laufend zu überprüfen.[56]

19 **bb) Organisationspflichten.** Die Pflichten des Kapitel 2, das mit Art. 66 MiCAR beginnt, treffen alle Anbieter von Krypto-Dienstleistungen, wie sich aus der amtlichen Überschrift ergibt. Zu diesen Pflichten gehört nach Art. 68 Abs. 4 MiCAR Strategien und Verfahren einzuführen, die hinreichend wirksam sind, um die Einhaltung der Vorschriften der MiCAR sicherzustellen.

20 Art. 68 Abs. 4 MiCAR überlagert und konkretisiert aufgrund des unionsrechtlichen Anwendungsvorrangs,[57] die Pflicht des Vorstands der Gesellschaft nach nationalem Recht Strukturen zu schaffen, um die gesetzlichen und satzungsrechtlichen Vorgaben einzuhalten.[58] Die Pflicht zur ordnungsgemäßen Unternehmensführung aus §§ 76 Abs. 1, 93 Abs. 1 AktG begründet eine Organisationsverantwortung des Vorstands.[59] Diese Organisationsverantwortung umfasst die Pflicht des Vorstands, nach seinem Ermessen ein Risikomanagement, eine interne Kontrolle, Compliance und eine interne Revision zu gewährleisten.[60] Der konkrete Umfang der Organisationspflicht ist von der Größe und Struktur der Gesellschaft sowie der Branche abhängig.[61] Ob und inwieweit die Organisationspflicht des Vorstands die Einrichtung eines Corporate Governance Systems beinhaltet, ist im nationalen Recht hingegen umstritten.[62] Um den Anforderungen des Art. 68 Abs. 4 MiCAR zu genügen, sprechen gute Gründe dafür, dass Unternehmen, die Krypto-Dienstleistungen erbringen, unabhängig von ihrer Größe und Struktur ein Corporate Governance System mit klaren Verantwortlichkeiten und Abläufen für die Bereiche Risikomanagement, interne Kontrolle, Compliance und interne Revision einführen.[63] Insoweit geht die MiCAR über die nationalen Vorgaben hinaus. Zur Compliance lässt sich dann die umfassende Dokumentations- und Aufbewahrungspflicht der Gesellschaft gem. Art. 68 Abs. 9 MiCAR zählen.[64]

b) Organhaftung

21 **aa) Business Judgment Rule.** Dem Vorstand wird bei der Unternehmensführung ein erheblicher Handlungs- und Ermessensspielraum zugestanden,[65] ohne den eine unternehmerische Tätigkeit schlechterdings nicht denkbar ist.[66] Neben dem bewussten Eingehen geschäftlicher Risiken besteht grundsätzlich auch die Gefahr von Fehlbeurteilungen und Fehleinschätzungen,[67] die nicht pflichtwidrig sind, wenn und soweit sie im Rahmen des Handlungs- und Ermessensspielraums **(Business Judgment Rule)** liegen, § 93 Abs. 1 S. 2 AktG.[68] Kryptowerte, insbesondere Kryptowährungen, zeichnen sich durch eine besonders hohe Volatilität aus, dh es kann jederzeit unvorhersehbar zu einem plötzlichen Kurseinbruch oder zu einer eingeschränkten Handelbarkeit der Kryptowährungen kommen.[69] Vor diesem

---

55 BeckOK WpHR/Buck-Heeb VO (EU) 596/2014 Art. 17 Rn. 313; aA wohl Klöhn/Klöhn MAR Art. 17 Rn. 159.
56 BeckOK WpHR/Buck-Heeb VO (EU) 596/2014 Art. 17 Rn. 313.
57 Zum unionsrechtlichen Anwendungsvorrang im Allgemeinen Streinz/Streinz EUV Art. 4 Rn. 35.
58 MüKoAktG/Spindler § 76 Rn. 48.
59 BT-Drs. 13/9712, 15; Fischer/Schuck NZG 2021, 534 (535).
60 Fischer/Schuck NZG 2021, 534 (535); MüKoAktG/Spindler § 76 Rn. 17 ff.; BeckOGK/Fleischer AktG § 91 Rn. 34 ff.
61 BT-Drs. 13/9712, 15.
62 Fischer/Schuck NZG 2021, 534 (535); BeckOGK/Fleischer AktG § 91 Rn. 35 ff.; MüKoAktG/Spindler § 91 Rn. 33.
63 Maume/Nemeczek/Stabenow MiCAR Art. 68 Rn. 18.
64 Kalss/Krönke/Prinz/Rau MiCAR Art. 68 Rn. 27 ff.
65 Patzina/Bank/Schimmer/Simon-Widmann Haftung von Unternehmensorganen/Bank Kap. 6 Rn. 59.
66 BGH NJW 1997, 1926 (1927 f.).
67 BGH NJW 1997, 1926 (1927 f.).
68 Fischer/Schuck NZG 2021, 534 (535).
69 Thelen/Solbach MDR 2023, 945 (947).

Hintergrund ist dem Vorstand im Zusammenhang mit Kryptowerten ein sehr weiter Handlungs- und Ermessensspielraum einzuräumen.

Um sich auf die Haftungsprivilegierung stützen zu können, muss das unternehmerische Handeln auf einer sorgfältigen Ermittlung der Entscheidungsgrundlagen beruhen.[70] Nach höchstrichterlicher Rechtsprechung bedeutet dies, dass der Vorstand in der konkreten Entscheidungssituation alle verfügbaren Informationsquellen tatsächlicher und rechtlicher Art auszuschöpfen hat und auf dieser Grundlage die Vor- und Nachteile der bestehenden Handlungsoptionen sorgfältig abzuwägen und den erkennbaren Risiken Rechnung zu tragen hat.[71] 22

Nach allgemeinen Grundsätzen sind die Grenzen des unternehmerischen Ermessens erst überschritten, wenn aus der maßgeblichen Sicht eines ordentlichen und gewissenhaften Geschäftsleiters keine vernünftigen Gründe für die Entscheidung sprechen.[72] Für die Einhaltung von Legalitätspflichten und Legalitätskontrollpflichten besteht kein Ermessens- oder Handlungsspielraum.[73] Dieser besteht nur bei unternehmerischen Entscheidungen.[74] 23

bb) Enthaftung. Eine Gesellschaft, die Krypto-Dienstleistungen anbietet, kann ihr Haftungsrisiko durch den Erlass von AGB und den Abschluss von entsprechenden Versicherungen beschränken.[75] Wenn das Unternehmen, das Krypto-Dienstleistungen anbietet, wirksame Vorkehrungen trifft, um die Einhaltung der MiCAR-Vorschriften zu gewährleisten und die Volatilitätsrisiken von Kryptowährungen zu minimieren, besteht grundsätzlich keine Haftung.[76] Insoweit ist die Einrichtung eines effektiven Corporate Governance Systems, das über das gesetzliche Mindestmaß hinausgeht, ratsam, um bestehende Haftungsrisiken zu minimieren bzw. auszuschließen. 24

Praxishinweis:
Unternehmen, die Krypto-Dienstleistungen erbringen, haben – anders als nach den nationalen Regelungen – unabhängig von Größe oder Struktur ein wirksames Corporate-Governance-System einzurichten, das Risikomanagement, interne Kontrollmechanismen, Compliance und interne Revision umfasst. Ohne ein solches System drohen Vorstand und Aufsichtsrat erhebliche persönliche Haftungsrisiken. Diese Risiken werden durch die MiCAR, insbesondere im Hinblick auf Aufbewahrungs- und Dokumentationspflichten, gegenüber dem nationalen Recht verschärft.

IV. M&A Transaktion

In der ersten Marktphase von Kryptowerten dient die Emission von Token über Initial Coin Offerings (ICO) der Kapitalbeschaffung. Die MiCAR regelt hingegen schwerpunktmäßig das Anbieten von Krypto-Dienstleistungen durch Unternehmen, was der gegenwärtigen Marktphase entspricht. Es ist zu erwarten, dass die nächste Marktphase verstärkt in M&A Transaktionen in Bezug auf eben diese Unternehmen besteht, die Krypto-Dienstleistungen anbieten. 25

In den Strukturen unterscheidet sich ein Verkauf von Unternehmen, die Krypto-Dienstleistungen anbieten, nicht von einer herkömmlichen M&A-Transaktion. Da die MiCAR der MiFiD II nachgebildet ist, nähert sie die Regulierung von Kryptowerten der Regulie- 26

70 Lange D&O-Versicherung § 2 Rn. 286.
71 BGH NJW 2008, 3361 Rn. 11.
72 BGH NZG 2002, 195 (196).
73 MüKoAktG/Spindler § 93 Rn. 120.
74 MüKoAktG/Spindler § 93 Rn. 43.
75 Thelen/Solbach MDR 2023, 945 (948); im Zusammenhang mit Finanzinstrumenten Schwark/Zimmer/v. Hein WpHG § 82 Rn. 4; MüKoHGB/Ekkenga Teil 2. P. Effektengeschäft Rn. 535.
76 Thelen/Solbach MDR 2023, 945 (948).

rung von Finanzinstrumenten an,[77] sodass sich dem Grunde nach bei einer Transaktion eines Unternehmens, das Krypto-Dienstleistungen anbietet, an den praktischen Abläufen und Rechtsproblemen einer Transaktion im Finanzsektor orientiert werden kann. Durch diese Orientierung an den Abläufen einer Transaktion im Finanzsektor kann beispielsweise sichergestellt werden, dass das Inhaberkontrollverfahren,[78] das nach Art. 41 MiCAR bzw. Art. 83 MiCAR durchzuführen ist,[79] eingehalten wird.

1. Due Diligence

27 Die Grundlage jeder M&A-Transaktion ist die sorgfältige Prüfung des Zielunternehmens, die dazu dient eine hinreichende Informationsgrundlage in Bezug auf das Zielunternehmen zu schaffen, Risiken zu identifizieren und diese in der späteren Vertragsverhandlung und -gestaltung zu berücksichtigen.[80] Es ist zu erwarten, dass Krypto-Dienstleister bei Transaktionen hauptsächlich auf der Verkäuferseite stehen werden. Vor dem Hintergrund der technologischen Gegebenheiten und der rechtlichen Entwicklungen sind von dem potenziellen Erwerber einerseits Vertragswerke als Schwerpunkt der Due Diligence zu prüfen und andererseits der Bereich Regulatorik und Compliance.

a) Vertragsprüfung

28 Sämtliche Verträge, insbesondere die Investorenverträge (zB Simple Agreements For Future Tokens), aber auch die Verträge mit Kunden müssen zwingend einen Schwerpunkt der rechtlichen Due Diligence Prüfung bilden. Bei der Vertragsprüfung ist besonderes Augenmerk auf Erwerbs- und Verfügungstatbestände in Bezug auf Kryptowerte zu legen. Die Rechtspraxis zeigt, dass es bei Rechtsstreitigkeiten im Zusammenhang mit Kryptowerten um hohe Streitwerte geht.[81] Insofern sind potenzielle Haftungsrisiken aus Leistungsstörungen im Rahmen der Due Diligence zu identifizieren und bei der Kaufpreisfindung und der Verhandlung von Gewährleistungs- und Garantieklauseln im Unternehmenskaufvertrag entsprechend zu berücksichtigen. Die Gerichte haben sich bisher insbesondere mit Schlechtleistung[82] und Unmöglichkeit[83] im Zusammenhang mit Kryptowerten befasst (→ § 39 Rn. 20).

b) Regulatorik und Compliance

29 Zunächst ist zu prüfen, ob die für die Erbringung der Krypto-Dienstleistungen erforderlichen Erlaubnisse[84] vorliegen. Sollte sich im Rahmen der Due Diligence Prüfung herausstellen, dass Krypto-Dienstleistungen nach Art. 3 Abs. 1 Nr. 16 MiCAR erbracht werden, für die keine Erlaubnis der BaFin vorliegt, ist zu prüfen, ob das Unternehmen die gesetzlichen Anforderungen erfüllen kann, respektive ob ein sog. *„Top-Up"* durchgeführt werden kann, dh ob die erforderliche Erlaubnis für die Geschäftstätigkeit, für die bisher noch keine Erlaubnis vorliegt, nachträglich eingeholt werden kann (→ Rn. 35).

77 Maume RDi 2022, 461 (462); Nägele/Solbach ZdiW 2023, 159 (160); Solbach AG 2024, 237.
78 Zum Inhaberkontrollverfahren von Finanzdienstleistungsunternehmen Kittner GWR 2024, 105.
79 Hier Kalss/Krönke/Ebner MiCAR Art. 83 Rn. 15 ff.; Maume/Bayer MiCAR Art. 83 Rn. 1.
80 Knott Unternehmenskauf/Becker/Voß Rn. 42, 48.
81 Das Kryptogeschäft unter Privatleuten, über das das OLG Frankfurt a. M. zu entscheiden hatte, hatte einen Investitionsbetrag von rund 85.000 EUR zum Gegenstand, OLG Frankfurt a. M BKR 2023, 460. Die treuhänderisch verwahrten Kryptowährungen, die dem Rechtsstreit, über den das OLG Köln zu entscheiden hatte, hatten einen geschätzten Wert von 25. Mio. EUR, OLG Köln BKR 2024, 859. Das Investment in einen ICO, über den das LG Hamburg entschied, betrug 100.000 USD, LG Hamburg NJW 2024, 2263.
82 OLG Frankfurt a. M BKR 2023, 460, Anm. Omlor JuS 2023, 964; Birne RDi 2023, 345; Thelen/Solbach MDR 2023, 945.
83 OLG Köln BKR 2024, 859 m Anm. Maume; Meier RDi 2024, 502.
84 Hierzu Michel/Schmitt BB 2023, 905 (907).

Zudem ist zu prüfen, ob Vorstand und Aufsichtsrat den Fit & Proper Test bestehen (→ Rn. 10 ff.) und ein funktionierendes Corporate Governance System (→ Rn. 17 ff.) eingerichtet wurde. Um das Risiko unentdeckter Compliance-Verstöße zu reduzieren, ist eine funktionierende Compliance-Organisation von zentraler Bedeutung (→ § 28 Rn. 43).[85] Das Compliance Management sollte dabei Überwachungs- und Dokumentationsstrukturen erfassen und interne Compliance-Kontrollen vorsehen.[86] In Bezug auf die Mindestanforderungen an die Compliance-Funktion und weitere Verhaltens-, Organisations- und Transparenzpflichten kann die MaComp, ein Rundschreiben der BaFin,[87] als Auslegungs- und Anwendungshilfe herangezogen werden, auch wenn diese nur für Wertpapierdienstleistungsunternehmen und nicht für Krypto-Dienstleister gilt.[88] **30**

2. Gewährleistung und Haftung (Representations, Warranties and Indemnities)

Die gesetzlichen Gewährleistungsvorschriften bilden den Unternehmenskauf nur unzureichend ab,[89] sodass im Rahmen von Unternehmenskaufverträgen (Share Purchase Agreements, **„SPA"**), soweit die gesetzlichen Regelungen dispositiv sind, ein individuelles Gewährleistungs- und Haftungsregime vereinbart werden sollte, welches die gesetzlichen Regelungen ausschließt und dem wirtschaftlichen Interesse der Parteien entspricht.[90] Hierbei sind kryptospezifische Besonderheiten zu beachten, die unter Umständen im SPA abzubilden sind. **31**

a) Zusicherung, Garantien und Freistellungen (Representations (reps) & Warranties)

Regelmäßig werden vom Verkäufer verschuldensunabhängige Garantien verlangt und abgegeben, die sich auf bestimmte, für den Käufer relevante, Eigenschaften des Zielunternehmens beziehen.[91] Garantien erfassen typischerweise unter anderem gesellschaftsrechtliche Verhältnisse, wie die Verfügungsberechtigung des Verkäufers in Bezug auf die von ihm gehaltenen Geschäftsanteile an dem jeweiligen Unternehmen, sowie das Eigentum des Unternehmens an Vermögensgegenständen und die Wirksamkeit wesentlicher vertraglicher Beziehungen, die das Unternehmen unterhält.[92] Insbesondere sind bei einem Verkauf von Unternehmen, die Krypto-Dienstleistungen anbieten, Garantien in Bezug auf das Eigentum an Kryptowerten und in Bezug auf die Übertragung des privaten kryptographischen Schlüssels (private key) vorzusehen (→ Rn. 34). Im Übrigen sind bei solchen Transaktionen Zusicherungen in Bezug auf das Vorliegen sämtlicher erforderlichen Erlaubnisse aufzunehmen bzw. eine Frist, bis wann diese vorliegen werden. **32**

aa) Eigentum an Kryptowährungen. Das Übertragungsregime der §§ 24 ff. eWpG (→ § 22 Rn. 15) ist nur auf Kryptoaktien anwendbar, nicht aber auf Kryptowerte iSv Art. 3 Abs. 1 Nr. 5 MiCAR, also klassische Kryptowährungen wie Bitcoin und Ethereum[93]. In Rechtsprechung und Literatur besteht weitgehend Einigkeit darüber, dass Kryptowährungen mangels Körperlichkeit keine Sachen iSd § 90 S. 1 BGB sind und daher eine Übereignung **33**

[85] Meyer-Sparenberg/Jäckle BeckM&A-HdB/Jungkind/Lauterwein § 88 Rn. 15.
[86] Meyer-Sparenberg/Jäckle BeckM&A-HdB/Jungkind/Lauterwein § 88 Rn. 15.
[87] MaComp, Rundschreiben 05/2018 (WA) der BaFin 19.4.2018, geändert am 26.9.2024 (WA 31 – Wp 2002–2017/0011), abrufbar unter: https://www.bafin.de/SharedDocs/Veroeffentlichungen/DE/Rundschreiben/2018/rs_18_05_wa3_macomp.html;jsessionid=CA4D5075D74DF8A92B2746E98EF59C98.internet951?nn=19659504 (zuletzt abgerufen am: 20.3.2026).
[88] In diese Richtung Kalss/Krönke/Prinz/Rau MiCAR Art. 68 Rn. 26.
[89] Korch Unternehmenskaufverträge S. 54; Korch JuS 2018, 521 (522).
[90] Tamcke/Adolph JuS 2019, 932 (935); Meyer-Sparenberg/Jäckle BeckM&A-HdB/Meyer-Sparenberg § 47 Rn. 1 f., 7; Korch Unternehmenskaufverträge S. 85 ff.
[91] Tamcke/Adolph JuS 2019, 932 (935).
[92] Knott Unternehmenskauf/Becker/Voß Rn. 1455; Korch JuS 2018, 521 (526).
[93] Zum Ethereum-Token Nägele Die Rechtsnatur von Token S. 54 f.

nach §§ 929 ff. BGB weder direkt noch analog erfolgt.[94] Zudem fehlt es bei Kryptowährungen, insbesondere bei Bitcoins, an einem Forderungsadressaten und damit an einer Forderung,[95] so dass das Erfüllungsgeschäft nicht durch Abtretung iSd §§ 398 ff. BGB vollzogen werden kann. Im Übrigen sind die Erwerbs- und Verfügungstatbestände für Kryptowährungen nach wie vor unklar und umstritten.[96] Daher sind Zusicherungen aufzunehmen, dass das Eigentum an den Kryptowerten tatsächlich besteht und frei von Rechten Dritter ist.

34 **bb) Übertragung des privaten Schlüssels (private key).** Im Umgang mit Kryptowerten, insbesondere mit Bitcoin, gilt der Grundsatz „not your key, not your coins".[97] Dieser Grundsatz bezieht sich nicht auf den öffentlichen Schlüssel (public key), der für die Verschlüsselung von öffentlichen Informationen auf der DLT verwendet wird, sondern auf den private key, der zur Entschlüsselung dieser Information verwendet wird.[98] Der wirtschaftliche Wert von Kryptowerten wohnt dem private key inne.[99] Nur über den private key ist ein Zugriff auf die Kryptowerte und der Transfer von diesen Kryptowerten möglich,[100] da der private key notwendig ist, um eine Transaktion zu signieren.[101] Derjenige, der den private key kennt, hat daher die faktische Verfügungsmacht über die Kryptowerte.[102] Insofern sind, soweit die Zielgesellschaft private keys hat oder verwahrt, diesbezügliche Garantien erforderlich. Es ist sicherzustellen, dass die private keys ausschließlich in das Gesellschaftsvermögen des Erwerbers übergehen[103] und der Vorstand der Käuferseite den alleinigen Zugang zum Wallet erhält.[104] Da die Vorstände und potentiell auch Mitarbeiter der Verkäuferseite, die Kenntnis des privaten Schlüssels nicht verlieren, ist durch den Vorstand der Erwerberseite ein neuer private key für die Kryptowährungen einzurichten.[105] Vor dem Hintergrund, dass die rechtssichere Übertragung den Transfer der Kryptowährungen von der Verkäuferseite auf die Käuferseite voraussetzt,[106] sind hierfür präzise Bedingungen im SPA zu vereinbaren.

Praxishinweis:
Im Rahmen des SPA sind präzise Regelungen zur Übertragung der private keys aufzunehmen. Insbesondere ist der Verkäufer dazu zu verpflichten, unmittelbar nach Vollzug der Transaktion sämtliche Kryptowerte auf neu eingerichtete Wallets der Käuferseite zu transferieren. Dadurch wird der Zugriff der Verkäuferseite technisch ausgeschlossen. Zudem sind Garantien in Bezug auf das Eigentum an den Kryptowerten und die Lastenfreiheit von Rechten Dritter zwingend aufzunehmen. Ohne diese Regelungen besteht das erhebliche Risiko, dass die Verkäuferseite auch nach Vollzug der Transaktion faktische Verfügungsmacht über die Kryptowerte behält.

[94] OLG Frankfurt a. M. BKR 2023, 460 m Anm. Schultess BKR 2023, 460 (463); Thelen/Solbach MDR 2023, 945 (950); Birne Das Allgemeine Privatrecht der Blockchain-Token S. 99; Güldü GmbHR 2019, 565 (567); Omlor JURA 2023, 661 (663); Thelen RNotZ 2023, 425 (429 f.); Solbach AG 2024, 237 (238); Vorinstanz: LG Darmstadt BeckRS 2022, 47025.

[95] Omlor JuS 2023, 964 (965); Güldü GmbHR 2019, 565 (567); Boehm/Pesch MMR 2014, 75 (78); Thelen RNotZ 2023, 425 (430); Solbach AG 2024, 237 (238).

[96] Ellenberger/Bunte BankR-HdB/Omlor/Möslein § 34 Rn. 33 ff.

[97] Thelen notar 2025, 22; Maume BKR 2024, 859 (863).

[98] Zur asymmetrischen kryptographischen Verschlüsselung Nägele Die Rechtsnatur von Token S. 13.

[99] Güldü GmbHR 2019, 565 (568).

[100] Pesch Cryptocoin-Schulden S. 139; Güldü GmbHR 2019, 565 (567 ff.); Nägele Rechtsnatur von Token S. 13.

[101] Nägele Die Rechtsnatur von Token S. 53.

[102] Pesch Cryptocoin-Schulden S. 139; Nägele Rechtsnatur von Token S. 155.

[103] Güldü GmbHR 2019, 565 (568).

[104] DNotI-Abrufgutachten Nr. 184736, Stand: 29.11.2021, S. 4.

[105] Pesch Cryptocoin-Schulden S. 139.

[106] Pesch Cryptocoin-Schulden S. 139.

b) Freistellungsverpflichtung (Indemnity)

Für bereits bekannte, aber in ihrer Höhe noch nicht absehbare Risiken werden in der Praxis sog. Freistellungsverpflichtungen vereinbart, wonach der Verkäufer die entstehenden Kosten zu tragen hat, sobald sich das bekannte Risiko verwirklicht.[107] Zu beachten ist, dass bei der Erbringung von Krypto-Dienstleistungen – anders als bei der Erbringung von Bank- und Finanzdienstleistungen nach dem KWG – keine Möglichkeit der Freistellung vom Erlaubniserfordernis besteht.[108] Die MiCAR statuiert ein grundsätzliches Aufsichtserfordernis, von dem nicht abgewichen werden kann.[109] Vor diesem Hintergrund geht es bei der Freistellungsverpflichtung darum, den Käufer von dem wirtschaftlich Risiken der fehlenden Erlaubnis freizustellen. Sollte also die Due Diligence Prüfung ergeben, dass Geschäftstätigkeiten ausgeübt wurden, für die eine erforderliche Erlaubnis der BaFin fehlt, sind Freistellungsverpflichtungen in das SPA aufzunehmen. Aufgrund der Freistellungsklausel trifft diese Verpflichtung etwa in Form von Bußgeldverstößen oder Steuernachzahlungen im Innenverhältnis den Verkäufer.[110] 35

V. Fazit

Die MiCAR adressiert gem. Art. 3 Abs. 1 Nr. 15 MiCAR jede juristische Person oder jedes andere Unternehmen, deren bzw. dessen berufliche oder gewerbliche Tätigkeit darin besteht, eine oder mehrere Kryptowerte-Dienstleistungen gewerblich für Kunden zu erbringen und hat dadurch weitreichende gesellschaftsrechtliche Implikationen. Die MiCAR erweitert die potentielle Haftung der Leitungsorgane der Gesellschaft, indem sie die Legalitätspflichten ausweitet, auf die das Haftungsprivileg der Business Judgment Rule keine Anwendung findet. Die MiCAR verpflichtet die Leitungsorgane der Gesellschaft, ein Corporate Governance System einzurichten, das den spezifischen Risiken von Krypto-Dienstleistungen Rechnung trägt. Als Leitungsorgan der Gesellschaft, dh Vorstand und Aufsichtsrat in einer AG, sind nur Personen geeignet, die sich als fit & proper erweisen. 36

Aufgrund der Harmonisierung und der Rechtssicherheit, die die MiCAR mit sich bringt, ist zu erwarten, dass sie zu einer Zunahme von M&A-Transaktionen im Kryptobereich führen wird. Die Struktur solcher Transaktionen unterscheidet sich dabei nicht wesentlich von herkömmlichen Transaktionen im Finanzsektor, da die MiCAR der MiFiD II nachgebildet ist und somit die Regulierung von Kryptowerten der Regulierung von Finanzinstrumenten annähert. Im Rahmen einer Due Diligence Prüfung sind insbesondere die Erwerbs- und Verfügungstatbestände zu prüfen und durch Zusicherungen ist sicherzustellen, dass die Käuferseite das Eigentum an den Kryptowerten erhält und diese frei von Rechten Dritter sind. In diesem Zusammenhang ist auch die Übertragung von private keys ein zentraler Aspekt des SPA, da mit den private keys die faktische Zugriffsmöglichkeit auf Kryptowährungen einhergeht. 37

§ 42 Bilanzrecht

Schrifttum:

Bongers, Zur Bilanzierung von Kunstgegenständen in Handels-, Steuer- und IFRS-Bilanz, 2024; Blecher/Horx, Zur Bilanzierung von Kryptowährungen nach GoB und IFRS, Wpg 2020, 267; Freericks, Bilanzierungsfähigkeit und Bilanzierungspflicht in Handels- und Steuerbilanz, 1976; Gerlach/Oser, Ausgewählte Aspekte zur handelsrechtlichen Bilanzierung von Kryptowährungen, DB 2018, 1542; Heuel/Matthey, Im

[107] Korch JuS 2018, 521 (526).
[108] Michel/Schmitt BB 2023, 905 (908).
[109] Michel/Schmitt BB 2023, 905 (908).
[110] Korch JuS 2018, 521 (526).

Privatvermögen gehaltene Kryptowährungen (I) – Ertragsteuerliche Beleuchtung von Verkauf, Tausch und Schürfen von virtuellen Währungen, EStB 2018, 342; Hötzel, Virtuelle Währungen im System des deutschen Steuerrechts, München 2018; Kirchmayer-Schliesselberger/Klas/Miernicki/Rinderle-Ma/Weilinger, Kryptowährungen: Krypto-Assets, ICOs und Blockchain – Recht – Technik – Wirtschaft, 2019; Link, Wie kommt der Affe in die Bücher? – Zur handels- und steuerbilanziellen Behandlung von Non-Fungible Token (NFT), BB 2022, 1706; Lüdenbach, Ansatz, Bewertung, Ausweis und Gewinnrealisation im Metaverse (Teil I), StuB 2023, 281; Marx/Dallmann, Bilanzierung und Bewertung virtueller Währungen nach HGB und Steuerrecht, StuB 2019, 217; Münsteraner Gesprächskreis Rechnungslegung und Prüfung, Rechnungslegung und Prüfung: Vorträge der Jahre 1993–1996 vor dem Münsteraner Gesprächskreis Rechnungslegung und Prüfung e.V., 1996; Omlor/Link, Kryptowährungen und Token, Frankfurt am Main 2021; Pinkernell, Ertrag- und umsatzsteuerliche Behandlung von Bitcoin-Transaktionen, Ubg 2015, 19; Prinz/Ludwig, Bitcoins, ICOs und Token – Neue Welten im Steuerbilanzrecht? Entwicklung steuerbilanzieller Lösungen, in: Unternehmenssteuern und Bilanzen, StuB 2019, 257; Richter/Augel, Geld 2.0 (auch) als Herausforderung für das Steuerrecht, FR 2017, 937; Schuster/Thoß, Jetzt muss der Fiskus die Blockchain beherrschen: Anmerkungen zum BFH-Urteil vom 14.2.2023 – IX R 3/2, StuB 2023, 342; Tappen/Wehe, Kryptowährungen: Bilanzierung von Kryptoassets, PStR 2022, 162; Trautmann, Der Einfluss von Konsensalgorithmen bei der handelsrechtlichen Bilanzierung selbst geschaffener Kryptowährungen, DB 2019, 1401; Wieding, Krypto-Token in der IFRS-Rechnungslegung, 2020.

I. Kryptowährungen als Bilanzierungsproblem

1 Kryptowährungen erfreuen sich großer Beliebtheit und sind längst kein Randphänomen mehr. Hinter Kryptowährungen verbergen sich Datenbankeinträge auf einer Blockchain, die als Currency Tken bezeichnet werden. Zu den bekannteren Kryptowährungen zählen etwa Bitcoin, Ethereum oder Monero. Inzwischen beteiligen sich vermehrt auch institutionelle Marktteilnehmer am Handel mit solchen Datenbankeinträgen, was die Frage aufwirft, ob, und, falls ja, wie sich die Currency Token in den handelsrechtlichen Bilanzen dieser Marktteilnehmer widerspiegeln.

2 Vor diesem Hintergrund untersucht das Kapitel die handelsrechtliche Bilanzierung von Datenbankeinträgen für Kryptowährungen. Zunächst wird geprüft, ob (Bilanzierung dem Grunde nach, Abschnitt II) und, falls ja, an welcher Stelle (Bilanzierung dem Ausweis nach, Abschnitt III) Currency Token zu bilanzieren sind. Sodann wendet sich die Untersuchung der bilanziellen Bewertung von Kryptowährungen zu (Bilanzierung der Höhe nach, Abschnitt IV), bevor abschließend eine thesenartige Zusammenfassung erfolgt (Abschnitt V).

II. Bilanzierung dem Grunde nach

1. Abstrakte Aktivierbarkeit

3 Die handelsrechtliche Bilanzierung folgt dem Vollständigkeitsgrundsatz (§ 246 Abs. 1 S. 1 HGB), nach dem der Jahresabschluss sämtliche Vermögensgegenstände zu enthalten hat, sofern gesetzlich nichts anderes bestimmt ist. Ob Kryptowährungen in der Handelsbilanz zu aktivieren sind, hängt somit erstens davon ab, ob es sich um **Vermögensgegenstände** handelt (abstrakte Aktivierbarkeit). Davon ist auszugehen, wenn der jeweilige Datenbankeintrag **werthaltig, einzeln bewertbar** und **einzeln verwertbar** ist (statische Aktivierungskonzeption):[1]

a) Werthaltigkeit

4 Werthaltig sind Kryptowährungen, wenn dem kaufmännischen Geschäftsbetrieb aus dem Datenbankeintrag ein über den Abschlussstichtag hinaus noch bestehender, wirtschaftlicher Vorteil (Nutzenpotenzial) erwachsen kann. Im Fall der Kryptowährungen besteht ein

[1] Vgl. zB Freericks Bilanzierungsfähigkeit und Bilanzierungspflicht in Handels- und Steuerbilanz 141–156, der diese drei Voraussetzungen beleuchtet. Die unterschiedlichen Aktivierungskonzeptionen bespricht weiterführend etwa Münsteraner Gesprächskreis Rechnungslegung und Prüfung, Rechnungslegung und Prüfung: Vorträge der Jahre 1993–1996/Roß 231–253.

solcher Vorteil primär im Tauschwert, den sie im Geschäftsverkehr haben. Der Kaufmann kann Kryptowährungen als Zahlungsmittel nutzen und gegen andere Kryptowährungen oder in gesetzlich anerkannte Zahlungsmittel tauschen.

b) Einzelbewertbarkeit

Grundsätzlich erfolgt die handelsrechtliche Bewertung von Vermögensgegenständen nach dem Einzelbewertungsgrundsatz; sie sind also zum Abschlussstichtag einzeln zu bewerten (§ 252 Abs. 1 Nr. 3 HGB). Hierzu muss ihnen ein handelsrechtlicher Bewertungsmaßstab (§ 255 HGB) zugeordnet werden können. Im Regelfall werden Kryptowährungen entgeltlich erworben, sodass die aufgebrachten Anschaffungskosten die Einzelbewertbarkeit des Datenbankeintrags gewährleisten. Aufgrund des hohen Handelsvolumens sind die meisten Kryptowährungen aber auch dann selbstständig bewertbar, wenn dem Kaufmann keine Anschaffungskosten entstanden sind. **5**

c) Einzelverwertbarkeit

Kerncharakteristikum eines Vermögensgegenstands ist seine Einzelverwertbarkeit:[2] Er muss zur Schuldendeckung herangezogen werden können, dh losgelöst vom kaufmännischen Geschäftsbetrieb gegenüber Dritten liquidiert werden können (zB durch Verkauf, Tausch, Nutzungsüberlassung, Einzelvollstreckung).[3] Für die erforderliche Einzelverwertbarkeit genügt es, „dass der Rechtsverkehr einen Weg gefunden hat, sie entgeltlich auf Dritte zu übertragen und dadurch zu verwerten."[4] Im Hinblick auf die zahlreichen Börsenplätze, auf denen Kryptowährungen gehandelt werden, bestehen an ihrer Einzelverwertbarkeit keine Zweifel.[5] **6**

d) Zwischenergebnis

Im Ergebnis handelt es sich bei Datenbankeinträgen für Kryptowährungen also um Vermögensgegenstände.[6] **7**

2. Konkrete Aktivierbarkeit

Sind Datenbankeinträge für Kryptowährungen abstrakt aktivierbar, ist zweitens zu prüfen, inwieweit ihrer Aktivierung eine gesetzliche Bestimmung entgegensteht (§ 246 Abs. 1 S. 2 HGB). Für entgeltlich erworbene Kryptowährungen und Kryptowährungen des Umlaufvermögens sind weder Aktivierungsverbote noch -wahlrechte ersichtlich, mithin besteht eine **Aktivierungspflicht.** In zeitlicher Hinsicht ist die Aktivierung angeschaffter Kryptowährungen aber erst zulässig, wenn der Datenbankeintrag erfolgreich auf der Blockchain erzeugt und dem Wallet des Kaufmanns zugeordnet wurde.[7] Davon ist auszugehen, wenn die Transaktion, mit der die Zuordnung erfolgt, validiert und durchgeführt wurde. **8**

---

2 So auch der parlamentarische Gesetzgeber in seiner Gesetzesbegründung zum BilMoG, der in BT-Drs. 16/10067, 50 feststellt: „Vom Vorliegen eines Vermögensgegenstands ist auszugehen, wenn das selbst erstellte Gut nach der Verkehrsauffassung einzeln verwertbar ist.".

3 Ähnlich auch Deutscher Rechnungslegungs Standard (DRS) Nr. 24 Ziffer 20.

4 Lüdenbach StuB 2023, 281 (285).

5 Vgl. Marx/Dallmann StuB 2019, 217 (219). In der wirtschaftlichen (wenn auch nicht gesetzlichen) Anerkennung als Zahlungs- bzw. Tauschmittel besteht auch der große Unterschied zu Spielwährungen wie Monopoly-Geld, vgl. Heuel/Matthey EStB 2018, 342 (343).

6 GlA Marx/Dallmann StuB 2019, 217 (219); Lüdenbach StuB 2023, 281 (284 f.). Zu diesem Ergebnis kommt Kirchmayer-Schliesselberger/Klas/Miernicki/Rinderle-Ma/Weilinger Kryptowährungen: Krypto-Assets, ICOs und Blockchain – Recht – Technik – Wirtschaft/Weilinger 162 auch für das österreichische UGB.

7 Vgl. Omlor/Link Kryptowährungen/Böckem/Geuer Kap. 10 Rn. 147; Link BB 2022, 1706 (1708); Bongers Zur Bilanzierung von Kunstgegenständen in Handels-, Steuer- und IFRS-Bilanz 44 f.; ebenso bereits von Wieding Krypto-Token in der IFRS-Rechnungslegung S. 97 ff., der dies im Kontext der IFRS-Bilanzierung feststellt.

9 Für **selbsterstellte Kryptowährungen des Anlagevermögens** besteht ein **Aktivierungswahlrecht,** zumindest dann, wenn Forschungs- und Entwicklungskosten unterscheidbar sind (§ 255 Abs. 2a S. 4 HGB), anderenfalls ein **Aktivierungsverbot.** Unklar ist, ob, und, falls ja, in welchen Fällen Datenbankeinträge auf einer Blockchain als selbsterstellt gelten. Zu prüfen ist diese Frage in Fällen des Initical Coin Offering (ICO), bei dem – ähnlich wie bei einem Börsengang – Unternehmen neue Token erzeugen und gegen Kryptowährungen ausgeben. Welche Rechte aus dem Besitz eines Token erwachsen, ergibt sich aus dem jeweiligen White Paper. Im Schrifttum wird diesbezüglich zT die Ansicht vertreten, dass die bloße Erzeugung der Datenbankeinträge noch keinen bilanziell abzubildenden Vorgang darstelle, sondern erst deren Ausgabe gegen finanzielle Mittel zum bilanzwirksamen Geschäftsvorfall führe.[8] Den erhaltenen Mitteln (Aktivseite) sei die Verpflichtung des Kaufmanns ggü. dem Token-Inhaber (Passivseite) gegenüberzustellen.

10 Bislang nicht abschließend geklärt ist und insbesondere im steuerbilanziellen Kontext diskutiert wird auch die Frage, ob der Kaufmann im Rahmen des Schürfens (Mining) Kryptowährungen anschafft oder herstellt.[9] Dieser Punkt ist nicht nur dogmatischer Natur, sondern entscheidet im Anlagevermögen darüber, ob eine Aktivierungspflicht (Anschaffung) besteht oder ein Aktivierungswahlrecht (Herstellung, § 248 Abs. 2 S. 1 HGB). Insofern birgt die Beantwortung dieser Frage auch ein abschlusspolitisches Gestaltungspotenzial. Mit Blick auf den technischen Entstehungsprozess überzeugt allerdings eher die Interpretation als Anschaffung:[10] Nicht die Schürfer erzeugen die Datenbankeinträge (Herstellung), sondern die Blockchain erzeugt die Datenbankeinträge und weist den fertigen Datenbankeintrag anschließend dem Konto desjenigen Schürfers zu, der die gestellte Rechenaufgabe am schnellsten gelöst hat. Dem Schürfer ist es indes kaum möglich, die Aufwendungen abzugrenzen, die für den Erhalt eines konkreten Datenbankeintrags angefallen sind. Ein pragmatischer, aber nicht unumstrittener Lösungsvorschlag besteht deshalb darin, die zugegangenen Token mit ihrem vorsichtig geschätzten Marktpreis zu bewerten und die für das Mining angefallenen Aufwendungen erfolgswirksam zu verbuchen.

3. Persönliche Zurechnung

11 Besteht eine Aktivierungspflicht für Kryptowährungen bzw. beabsichtigt der Kaufmann, sein Aktivierungswahlrecht auszuüben, hängt der Bilanzansatz des Datenbankeintrags drittens davon ab, ob der Datenbankeintrag dem Kaufmann persönlich zuzurechnen ist (§ 246 Abs. 1 S. 2 HGB). Der Datenbankeintrag ist dem Kaufmann persönlich zuzurechnen, wenn[11]

1. ihm der Token durch eine validierte Transaktion auf der Blockchain zugewiesen wurde, dh wenn er dessen „Eigentümer" (Owner) ist, und
2. er mit seinem privaten Schlüssel über den Datenbankeintrag verfügen kann, dh wenn er weitere Transaktionen auf der Blockchain initiieren kann. Unschädlich ist, wenn der Schlüssel durch professionelle Anbieter (zB Coinbase oder Binance) verwahrt wird.

---

[8] Vgl., auch im Folgenden, Gerlach/Oser DB 2018, 1542 (1545 f.); aA Heuel/Matthey EStB 2018, 342 (347) (Mining als Herstellung mittels der Rechenkraft des Rechners).

[9] Vgl. weiterführend Prinz/Ludwig StuB 2019, 257 (260) mwN; zu den Aufwendungen, die beim Mining anfallen, etwa Pinkernell Ubg 2015, 15 (22); Gerlach/Oser DB 2018, 1542 (1545). Vgl. zum Mining als Herstellung etwa Richter/Augel FR 2017, 937; Pinkernell Ubg 2015, 15; Heuel/Matthey EStB 2018, 342 (347); Blecher/Horx WPg 2020, 267 (268).

[10] GlA, auch im Folgenden, Gerlach/Oser DB 2018, 1542 (1545); Hötzel, Virtuelle Währungen im System des deutschen Steuerrechts, 2018, S. 235 ff.; Prinz/Ludwig StuB 2019, 257 (260); aA etwa Heuel/Matthey EStB 2018, 342 (347); Kirchmayer-Schliesselberger/Klas/Miernicki/Rinderle-Ma/Weilinger Kryptowährungen: Krypto-Assets, ICOs und Blockchain – Recht – Technik – Wirtschaft/Weilinger S. 165 f., die für eine Bewertung zu Herstellungskosten plädieren. Weiterführend zur Bedeutung des Konsensmechanismus der jeweiligen „blockchain" in diesem Kontext Trautmann DB 2019, 1401.

[11] Vgl. BMF v. 6.3.2025, BStBl. I 2025, 658 Rn. 32; ähnlich im Schrifttum bereits Omlor/Link Kryptowährungen/Böckem/Geuer Kap. 10 Rn. 12.

III. Bilanzierung dem Ausweis nach

Erfolgt die Aktivierung eines Datenbankeintrags für Kryptowährungen, ist zu prüfen, bei welcher Bilanzposition er auszuweisen ist. Ob ein Currency Token unter dem Anlage- oder dem Umlaufvermögen auszuweisen ist, hängt davon ab, ob er dazu bestimmt ist, dauernd dem Geschäftsbetrieb zu dienen (§ 247 Abs. 2 HGB). Bei Datenbankeinträgen für Kryptowährungen entscheidet ausschließlich die Fristigkeit der Halteabsicht bzw. der Weiterveräußerungsabsicht über die kaufmännische Zweckbestimmung:[12] Soll die Weiterveräußerung innerhalb der nächsten zwölf Monate erfolgen, handelt es sich um Umlauf-, anderenfalls um Anlagevermögen. **12**

Fraglich ist, an welcher Stelle innerhalb der Bilanzgliederung nach § 266 HGB die Datenbankeinträge auszuweisen sind. Weder das Deutsche Rechnungslegungs Standards Committee (DRSC) noch das Institut der Wirtschaftsprüfer (IDW) äußern sich, soweit ersichtlich, bislang zu dieser Frage. Für die IFRS-Bilanz diskutierte das zuständige International Financial Reporting Interpretations Committee (IFRIC) den Bilanzausweis von Kryptowährungen ausführlich und gelangte zu dem Ergebnis, sie seien als immaterielle Anlage oder als Vorräte zu bilanzieren.[13] Für die Steuerbilanz schlägt das BMF innerhalb des Anlagevermögens den Ausweis als Finanzanlage (§ 266 Abs. 2 Position A.III HGB) vor, im Umlaufvermögen den Ausweis als sonstiger Vermögensgegenstand (§ 266 Abs. 2 Position B.II.4 HGB).[14] Jedoch kann weder dem IFRIC noch der Finanzverwaltung uneingeschränkt gefolgt werden; es bedarf einer fallabhängigen Differenzierung: Ein Ausweis als Finanzanlage kommt nur insofern in Betracht, als die Kryptowährung tatsächlich als Wertpapier in ein Kryptowertpapierregister iSd § 16 eWpG eingetragen ist.[15] Sofern es sich aber nicht um einen Kryptowert iSd § 11 Abs. 6 S. 4 KWG handelt, ist der Datenbankeintrag als immaterielle Anlage auszuweisen. **13**

Ebenso ist im Umlaufvermögen zu differenzieren, ob die Kryptowährungen als Handelswaren des Kaufmanns zu klassifizieren sind (§ 266 Abs. 2 Position B.I.3 HGB) oder nicht (Ausweis als sonstiger Vermögensgegenstand gem. § 266 Abs. 2 Position B.II.4 HGB).[16] Mitunter ist auch im Umlaufvermögen zu prüfen, inwieweit ein Ausweis als sonstiges Wertpapier in Betracht kommt (§ 266 Abs. 2 B.III.2 HGB). Ein Ausweis als Zahlungsmittel (§ 266 Abs. 2 B.IV HGB) scheidet jedoch gegenwärtig aus, da es sich bei Kryptowährungen bislang nur in ganz wenigen Ausnahmefällen um ein gesetzlich anerkanntes Zahlungsmittel handelt.[17] **14**

---

[12] Vgl. Blecher/Horx WPg 2020, 267 (268) (allerdings mit abweichenden Fristangaben).

[13] Vgl. IFRIC (https://www.ifrs.org/content/dam/ifrs/supporting-implementation/agenda-decisions/2019/holdings-of-cryptocurrencies-june-2019.pdf (zuletzt abgerufen am 31.10.24)).

[14] Vgl. BMF v. 6.3.2025, BStBl. I 2025, 658 Rn. 41.

[15] Vgl., auch im Folgenden, zum Ausweis von Kryptowährungen etwa Tappen/Wehe PStR 2022, 162 (162 f.); aA Richter/Augel FR 2017, 937 (940 f.) (kein Ausweis als Finanzanlage, da keine Kapitalüberlassung an Dritte). Blecher/Horx WPg 2020, 267 (269) sehen im Fall des Bitcoins keinen finanziellen Vermögensgegenstand, halten dies im Falle anderer Token aber für möglich.

[16] Weiterführend dazu, allerdings im Kontext der IFRS-Bilanz Kirchmayer-Schliesselberger/Klas/Miernicki/Rinderle-Ma/Weilinger Kryptowährungen: Krypto-Assets, ICOs und Blockchain – Recht – Technik – Wirtschaft/Steinhauser/Maier 176 f. Ein Ausweis als Handelsware kommt in Betracht bei Kaufleuten, deren Geschäftszweck der Handel mit Kryptowährungen ist (zB Kryptowährungshändler, Tauschbörsen oÄ). Zu den Zweifelsfragen hinsichtlich des bilanziellen Ausweises vor Inkrafttreten des eWpG vgl. Marx/Dallmann StuB 2019, 217 (220).

[17] GlA Gerlach/Oser DB 2018, 1542; ähnlich Heuel/Matthey EStB 2018, 342 (343); Blecher/Horx WPg 2020, 267 (270). Der BFH hält Kryptowährungen für strukturell vergleichbar mit Fremdwährungen, vgl. BFH BFH/NV 2023, 600, Nr. 5 Rn. 36. Weiterführend dazu Schuster/Thoß StuB 2023, 342 (344).

IV. Bilanzierung der Höhe nach

1. Zugangsbewertung

15 Die Zugangsbewertung von Kryptowährungen erfolgt zu Anschaffungs- oder Herstellungskosten (§ 253 Abs. 1 S. 1 HGB). Folgt man, wie hier, der Auffassung, dass Kryptowährungen ausschließlich angeschafft werden, sind die Herstellungskosten (§ 255 Abs. 2 HGB) als Bewertungsmaßstab irrelevant, sodass nur die Anschaffungskosten (§ 255 Abs. 1 S. 1 HGB) von Kryptowährungen zu bestimmen sind. Bei **entgeltlich erworbenen Kryptowährungen** ist zu unterscheiden, ob die Datenbankeinträge im Tausch gegen ein gesetzliches Zahlungsmittel angeschafft wurden (Währungsumrechnung[18]) oder im Tausch gegen einen anderen Vermögensgegenstand, zB Einheiten einer anderen Kryptowährung (Bilanzierung als Tauschgeschäft).[19] Die Bewertung erfolgt insofern idR zum in Euro umgerechneten Marktpreis der Kryptowährung. Bei **geschürften Kryptowährungen** erfolgt die Zugangsbewertung zu ihrem vorsichtig geschätzten Marktpreis im Zugangszeitpunkt, der an einschlägigen Kryptobörsen abzulesen ist.[20]

2. Folgebewertung

16 Grundsätzlich ist jeder Datenbankeintrag einzeln zu bewerten (§ 252 Abs. 1 Nr. 3 HGB). Sind die Kryptowährungen dem Vorratsvermögen des Kaufmanns zu subsumieren (vgl. Kapitel III), kommt eine Gruppenbewertung iSd §§ 240 Abs. 4, 256 S. 2 HGB analog in Betracht.[21] In den Folgeperioden ist zudem zu prüfen, inwieweit Ab- und Zuschreibungen nach § 253 Abs. 3–5 HGB erforderlich sind. Planmäßige Abschreibungen (§ 253 Abs. 3 S. 1 ff. HGB) scheiden bei Kryptowährungen nach einhelliger Literaturmeinung aus.[22] Außerplanmäßige Wertkorrekturen können erforderlich sein, „um den Buchwert an […] Entwicklungen des Wechselkurses anzupassen."[23] Bewertungsobergrenze sind hierbei die historischen Anschaffungskosten (§ 253 Abs. 3 S. 1 HGB).

[18] Dabei ist zu berücksichtigen, dass § 256a HGB nicht anzuwenden ist, da es sich bei Kryptowährungen nur in den allerwenigsten Fällen um ein gesetzliches Zahlungsmittel handelt. Die Umrechnung erfolgt zum Umrechnungskurs an diversen Kryptobörsen, wobei die historischen Anschaffungskosten die Bewertungsobergrenze sind, vgl. weiterführend Gerlach/Oser DB 2018, 1542.

[19] Weiterführend im Schrifttum zur Zugangsbewertung von Kryptowährungen etwa Gerlach/Oser DB 2018, 1542 (1543); Blecher/Horx WPg 2020, 267 (270 f.). Aufgrund der offenkundigen Umsatzabsicht und des Geldcharakters von Kryptowährungen erscheint die Bewertung zum Zeitwert der hingegebenen Kryptowährung als zweckmäßig.

[20] Vgl. Gerlach/Oser DB 2018, 1542 (1545).

[21] Vgl. Kirchmayer-Schliesselberger/Klas/Miernicki/Rinderle-Ma/Weilinger Kryptowährungen: Krypto-Assets, ICOs und Blockchain – Recht – Technik – Wirtschaft/Weilinger 166 f. (allerdings für das österreichische UGB). Zu Recht weisen Gerlach/Oser DB 2018, 1542 mwN darauf hin, dass § 240 Abs. 3 iVm § 256 S. 1 HGB (Bewertungsvereinfachungsverfahren) nur für das Sachanlagevermögen sowie für gleichartige Vorräte gilt und §§ 240 Abs. 4 iVm § 256 S. 2 HGB (Bewertung zum gewogenen Durchschnitt) nur für bewegliches Vermögen und gleichartige Vorräte. Insofern wird die Frage gestellt, inwieweit Kryptowährungen diesen Fallgruppen zu subsumieren sind. Aber selbst, wenn eine direkte Anwendung der Normen ausschiede, sollte zumindest eine analoge Anwendung der Bewertungsvereinfachung möglich sein. Gerlach/Oser DB 2018, 1542 (1543) halten es ebenfalls „für vertretbar, die Durchschnittsbewertung auch für Bitcoin-Guthaben anzuwenden.".

[22] Vgl. Richter/Augel FR 2017, 937 (942); Gerlach/Oser DB 2018, 1542; Heuel/Matthey EStB 2018, 342 (344); Kirchmayer-Schliesselberger/Klas/Miernicki/Rinderle-Ma/Weilinger Kryptowährungen: Krypto-Assets, ICOs und Blockchain – Recht – Technik – Wirtschaft/Weilinger S. 167 (allerdings für das österreichische UGB).

[23] Blecher/Horx WPg 2020, 267 (271). Weiterführend dazu (allerdings im steuerbilanziellen Kontext) Richter/Augel FR 2017, 937 (942 f.).

V. Zusammenfassung

Für die handelsrechtliche Bilanzierung von Kryptowährungen lässt sich zusammenfassend festhalten: **17**

1. Kryptowährungen sind Vermögensgegenstände und grundsätzlich in der Handelsbilanz des Kaufmanns zu aktivieren (§ 246 Abs. 1 S. 1 HGB), wenn sie ihm persönlich zuzurechnen sind (§ 246 Abs. 1 S. 2 HGB).
2. Die Datenbankeinträge sind als Anlagevermögen (§ 247 Abs. 2 HGB) auszuweisen, solange keine Weiterveräußerungsabsicht in den nächsten zwölf Monaten besteht. Anderenfalls handelt es sich um Umlaufvermögen.
3. Die Zugangsbewertung erfolgt idR zum in EUR umgerechneten Marktpreis der Kryptowährung.
4. Kryptowährungen unterliegen keiner planmäßigen Abschreibung.
5. Außerplanmäßige Wertkorrekturen können erforderlich sein, um Veränderungen des Wechselkurses nachzuvollziehen.

§ 43 Steuerrecht

Übersicht

Schrifttum:

BMF, Einzelfragen zur ertragsteuerrechtlichen Behandlung bestimmter Kryptowerte, BMF-Schreiben vom 6.3.2025 – IV C 1 – S 2256/00042/064/043, DStR 2025, 584; BMF, Einzelfragen zur ertragsteuerrechtlichen Behandlung von virtuellen Währungen und von sonstigen Token, BMF-Schreiben vom 10.5.2022 – IV C 1 – S 2256/19/10003:001, BStBl I 2022, 742; BMF, Umsatzsteuerliche Behandlung von Bitcoin und anderen sog. virtuellen Währungen, BMF-Schreiben vom 27.2.2018 – III C 3 – S 7160-b/13/10001, DStR 2018, 528; Geserich, Die steuerliche Behandlung von Aktienüberlassungen und Aktienoptionen, DStR-Beih. 2014, 53; Hoeren/Sieber/Holznagel, Handbuch Multimedia-Recht, 62. EL 2024; Kofler/Lang/Pistone, Crypto Assets: Tax Law and Policy, 2024; Lohmar/Jeuckens, „To the Moon", aber abzüglich Steuern? Die ertragsteuerliche Behandlung von virtuellen Währungen (Teil II), DStR 2022, 1357; Schaden/Wagner/Zawodsky, Das Geschäftsmodell mit Non-Fungible Tokens – Eine ertragsteuerliche Einordnung, StuW 2022, 131; Stöhr/Wagner, Staking for taxes – Die Bewertung von Staking Rewards, beck.digitax 2024, 72; Wagner/Holm-Hadulla/Ruttloff, Metaverse und Recht, 1. Aufl. 2023.

I. Steuerrechtliche Einordnung

1 Im Ertragsteuerrecht werden Kryptowährungen wie auch andere Arten von Kryptowerten nach der ganz herrschenden Meinung in der Literatur sowie nach der Rechtsprechung und Verwaltung als Wirtschaftsgut qualifiziert. Der BFH hat diese Frage im Zusammenhang mit der Veräußerung von im Privatvermögen gehaltenen Kryptowährungen auch höchstrichterlich geklärt.[1]

2 Zuvor hatten bereits die Finanzgerichte Berlin-Brandenburg[2], Baden-Württemberg[3] und Köln[4] Kryptowährungen als Wirtschaftsgut eingeordnet. Das Finanzgericht Nürnberg hatte zeitweise beschlossen, dass es in der Rechtsprechung der Finanzgerichte und des BFH nicht geklärt war, ob eine konkrete Kryptowährung ein Wirtschaftsgut darstellt. So bestand zumindest zeitweise eine unklare Rechtslage.[5] Die Qualifikation des BFH basiert auf der Definition von Wirtschaftsgütern im Einkommensteuerrecht, die alle Wertgegenstände der privaten Vermögenssphäre umfasst. Virtuelle Währungen wie Bitcoin werden nach den Finanzgerichten als andere Wirtschaftsgüter qualifiziert, da sie objektiv werthaltige Positionen darstellen, die im Geschäftsgebrauch als Zahlungsmittel akzeptiert werden und somit einen eigenständigen Wert im Rechtsverkehr besitzen.[6] Die Argumentation für die Einordnung als Wirtschaftsgut stützt sich auf die wirtschaftliche Betrachtungsweise, nach der nicht nur Sachen und Rechte, sondern auch tatsächliche Zustände und konkrete Möglichkeiten als Wirtschaftsgüter gelten, sofern sie einen eigenständigen Wert haben und im Rechtsverkehr greifbar sind.[7] Nach den Entscheidungen sind Kryptowährungen als immaterielle Wirtschaftsgüter anzusehen, da sie im Markt einen wirtschaftlichen Wert haben, der durch Angebot und Nachfrage bestimmt wird. Dies zeigt sich auch im Handel auf speziellen Internetbörsen, wo Kryptowährungen gehandelt und bewertet werden.[8]

3 Die technischen Argumente gegen die Einordnung als Wirtschaftsgut, wie die Abhängigkeit von der Software und den „node"-Rechnern, wurden vom FG Berlin-Brandenburg nicht als ausreichend angesehen, um im vorläufigen Rechtsschutz hinreichende Zweifel an der Einordnung als Wirtschaftsgut zu begründen. Die technischen Aspekte seien keine relevanten Besonderheiten, die gegen die Einordnung als Wirtschaftsgut sprechen.[9]

4 Das FG Nürnberg hatte hingegen einem Antrag auf Aussetzung der Vollziehung eines Einkommensteuerbescheides, der Einkünfte aus der Veräußerung von Kryptowährungen der Einkommensteuer unterwarf, noch stattgegeben. Hauptargument hierfür war jedoch, dass der erkennende Senat am FG Nürnberg deshalb Zweifel an der Rechtmäßigkeit des Bescheids hatte, weil das Finanzamt den Gewinn aus privaten Veräußerungsgeschäften besteuern wollte, ohne den zugrundeliegenden Sachverhalt aufgeklärt zu haben. Das Finanzamt hatte nach dem Urteil überhaupt nicht geprüft, was eigentlich besteuert werden soll. Nach § 88 AO hat die Finanzbehörde stets den maßgebenden Sachverhalt von Amts wegen zu überprüfen sowie vollständig und zutreffend zu erfassen. Nur kurz stellte das FG in seinem Beschluss fest, dass die Besteuerung von Kryptowährungen aufgrund fehlender einschlägiger Entscheidungen umstritten sei.[10]

5 Der BFH schloss sich schließlich der Argumentationdes FG Köln an und bestätigte, dass der Begriff des „Wirtschaftsguts" iSd § 23 Abs. 1 S. 1 Nr. 2 S. 1 EStG dem handelsrechtlichen Begriff des Vermögensgegenstands entspricht und weit zu fassen ist. Er umfasst nicht

[1] BFH DStR 2023, 435.
[2] FG Bln-Bbg DStRE 2019, 1329.
[3] FG BW BeckRS 2021, 36770.
[4] FG Köln DStRE 2022, 667.
[5] FG Nürnberg DStR 2020, 1243.
[6] FG Bln-Bbg DStRE 2019, 1329 (1330).
[7] FG Bln-Bbg DStRE 2019, 1329 (1330).
[8] FG BW BeckRS 2021, 36770.
[9] FG Bln-Bbg DStRE 2019, 1329 (1330).
[10] FG Nürnberg DStR 2020, 1243.

nur Gegenstände im bürgerlichen Recht wie Sachen und Rechte, sondern auch tatsächliche Zustände, konkrete Möglichkeiten und Vorteile für den Betrieb, die nach der Verkehrsanschauung einer besonderen Bewertung zugänglich sind, einen Nutzen für mehrere Wirtschaftsjahre erbringen und zumindest mit dem Betrieb übertragen werden können. Eine zivilrechtlich nicht oder nur beschränkt übertragbare Rechtsposition kann ebenfalls als eigenständiges Wirtschaftsgut angesehen werden, wenn sie wirtschaftlich verwertbar ist. Currency Token wie Bitcoin (BTC), Ether (ETH) und Monero (XMR) sind nach der Rechtsprechung des BFH digitale Vermögenswerte und wirtschaftlich betrachtet als „Zahlungsmittel" anzusehen, auch wenn sie nicht unter den zivilrechtlichen Begriff des „Geldes" fallen. Sie sind objektiv werthaltige und selbständig bewertbare Positionen, denen nach der maßgeblichen Verkehrsanschauung ein messbarer Wert innewohnt und die die für Wirtschaftsgüter erforderliche Verkehrsfähigkeit aufweisen. Diese Token sind strukturell mit Fremdwährungen vergleichbar und können Gegenstand eines privaten Veräußerungsgeschäfts iSd § 23 Abs. 1 S. 1 Nr. 2 EStG sein.[11]

Der BFH stützt seine Argumentation unter anderem auf das Urteil des EuGH in der Sache Hedqvist[12]. Der EuGH hatte entschieden, dass Bitcoins für die Anwendung der Mehrwertsteuersystemrichtlinie als Zahlungsmittel zu behandeln sind. Zwar seien sie kein gesetzliches, aber ein vertragliches Zahlungsmittel, das keinem anderen Zweck als der Verwendung als Zahlungsmittel diene und in dieser Eigenschaft von Wirtschaftsteilnehmern akzeptiert werde.[13] **6**

Hierzu führte die Generalanwältin Kokott in ihren Schlussanträgen bereits, dass der Umtausch von Bitcoins in konventionelle Währungen unter die Steuerbefreiung gem. Art. 135 Abs. 1 Buchst. e der Mehrwertsteuerrichtlinie falle. Diese Bestimmung befreit Umsätze, die sich auf Devisen, Banknoten und Münzen beziehen, die gesetzliches Zahlungsmittel sind.[14] **7**

Obwohl Bitcoins kein gesetzliches Zahlungsmittel seien, erfüllten sie die Funktion eines reinen Zahlungsmittels und sollten daher aus Gründen der steuerlichen Neutralität und Wettbewerbsneutralität genauso behandelt werden wie gesetzliche Zahlungsmittel. **8**

Nach Ansicht der Generalanwältin gibt es keinen wesentlichen Unterschied zwischen dem Umtausch von gesetzlichen Zahlungsmitteln und dem Umtausch von Bitcoins, der eine unterschiedliche steuerliche Behandlung rechtfertigen würde. Beide würden dieselbe Zahlungsfunktion erfüllen, soweit sie im Verkehr als Zahlungsmittel akzeptiert werden.[15] **9**

II. Im Privatvermögen gehaltene Kryptowährungen

1. Verkauf und Tausch

Veräußerungsgewinne von im Privatvermögen gehaltenen Currency Token sind nach § 23 Abs. 1 S. 1 Nr. 2 EStG steuerbar, wenn der Zeitraum zwischen Anschaffung und Veräußerung nicht mehr als ein Jahr beträgt. Dabei wird nicht geprüft, ob der An- und Verkauf der Token mit Einkünfteerzielungsabsicht erfolgt, da diese durch die Jahresfrist objektiviert wird.[16] **10**

Diese Regelung betrifft alle Wirtschaftsgüter im Privatvermögen und damit auch Kryptowährungen. Besondere Ausführungen zum An- und Verkauf sind an dieser Stelle nicht **11**

[11] BFH DStR 2023, 435.
[12] BFH DStR 2023, 435 Rn. 28.
[13] EuGH BeckRS 2015, 81461.
[14] Schlussanträge der Generalanwältin Juliane Kokott vom 16.7.2015 – C-264/14, ECLI:EU:C:2015:498 Rn. 24–45.
[15] Schlussanträge der Generalanwältin Juliane Kokott vom 16.7.2015 – C-264/14, ECLI:EU:C:2015:498 Rn. 42–44.
[16] BFH DStR 2009, 2188 und BFH DStRE 2013, 1481.

nötig, es sei auf → § 25 Rn. 11 ffverwiesen. Auszuführen ist jedoch zu Tauschvorgängen Folgendes:

12 Tauschvorgänge sind Anschaffungs- und Veräußerungsvorgängen gleichgestellt.[17] Ein Tauschvorgang liegt bereits vor, wenn eine Kryptowährung in eine andere Kryptowährung getauscht wird.[18] Dies ist unbedingt zu beachten.

13 Der Veräußerungsgewinn oder -verlust wird derart berechnet, dass die Anschaffungskosten für die neu angeschaffte Währung von dem Veräußerungspreis der eingetauschten Währung abgezogen werden. Zusätzlich können auch hier Werbungskosten geltend gemacht werden. Der Veräußerungspreis ist der Marktwert der erhaltenen Kryptowährung zum Zeitpunkt des Tauschs. Der Marktwert der hingegebenen Währung im Zeitpunkt des Tauschs bildet von nun an die Anschaffungskosten für die erhaltene Währung, der zukünftigen Veräußerungen zu Grunde zu legen ist. Die durch Verkauf oder Tausch erzielten Gewinne bleiben vollumfänglich steuerfrei, wenn der erzielte Gesamtgewinn im Kalenderjahr weniger als 1.000 EUR beträgt.

14 Die Rechtslage sei anhand eines praktischen Beispiels veranschaulicht: Der Steuerpflichtige kauft im Juli 2024 einen Bitcoin zum Preis von 60.000 EUR (1). Im August entscheidet er sich, den Bitcoin in Ether zu tauschen. Inzwischen ist der Kurs von Bitcoin auf 62.000 EUR gestiegen (2). Für den Bitcoin erhält der Steuerpflichtige 31 Ether zum Wert von je 2.000 EUR (3). Für den Tausch zahlt der Steuerpflichtige 45 EUR Transaktionskosten (4).

15 Die Anschaffungskosten im Juli 2024 für den Bitcoin betragen 60.000 EUR (1). Der Tausch (2) von Bitcoin in Ether im August stellt einen Veräußerungsvorgang dar. Dessen Gewinn wird derart ermittelt, dass die Anschaffungskosten in Höhe von 60.000 EUR (1) und die Werbungskosten in Höhe von 45 EUR (4) von dem Veräußerungspreis in Höhe von 62.000 EUR (2) abgezogen werden. Der Gewinn beträgt daher 1.955 EUR und ist voll zu versteuern, da die Freigrenze von 1.000 EUR überschritten ist und die Haltefrist von einem Jahr nicht eingehalten wurde.

2. Einkünfte im Zusammenhang mit Mining und Forging

16 Beim Mining (Proof of Work) und Forging (Proof of Stake) werden durch den Nutzer neue Blöcke auf einer Blockchain erstellt. Da der Nutzer jedoch keinen Einfluss auf die Eigenschaften der neuen Blöcke hat, wird die Blockerstellung vom BMF ertragsteuerlich als Vorgang des entgeltlichen Erwerbs von einem Dritten eingestuft. Mining und Forging sind somit Anschaffungsvorgänge.[19]

17 Einkünfte aus Mining und Forging können je nach den Umständen des Einzelfalls entweder als private oder gewerbliche Tätigkeit eingestuft werden.

a) Gewerbliche Tätigkeit

18 Einkünfte aus Mining und Forging können als Einkünfte aus Gewerbebetrieb gem. § 15 EStG eingestuft werden, wenn die Voraussetzungen eines Gewerbebetriebs vorliegen. Dazu gehört, dass die Tätigkeit nachhaltig ist, auf Wiederholung angelegt ist und darauf abzielt, einen Gewinn zu erzielen. Die Blockerstellenden nehmen am allgemeinen wirtschaftlichen Verkehr teil, indem sie ihre Rechnerleistung für die Verifikation der Transaktionsdaten und deren Aufnahme in einen neuen Block der Blockchain zur Verfügung stellen. Diese Tätigkeit entspricht dem Bild eines Dienstleisters.

19 Bilanziert der Steuerpflichtige, gelten die Einheiten einer virtuellen Währung oder sonstiger Token, die für die Blockerstellung und als Transaktionsgebühr zugeteilt werden, als

[17] BFH DStR 2023, 435.

[18] In Österreich stellt der Tausch einer Kryptowährung gegen eine andere Kryptowährung keine Realisierung dar, siehe § 27b Abs. 3 Z. 2 öEStG.

[19] Siehe BMF 6.3.2025, DStR 2025, 584 Rn. 33.

angeschafft. Die Anschaffungskosten entsprechen dem Marktkurs zum Zeitpunkt der Anschaffung.[20]

Bei der Gewinnermittlung durch Einnahmenüberschussrechnung nach § 4 Abs. 3 EStG **20**
führt der Zugang von Einheiten einer virtuellen Währung und sonstigen Token im Rahmen eines tauschähnlichen Vorgangs zu Betriebseinnahmen. Die Anschaffungskosten dieser Wirtschaftsgüter sind erst im Zeitpunkt des Zuflusses des Veräußerungserlöses oder bei Entnahmen im Zeitpunkt der Entnahme als Betriebsausgaben abzuziehen.[21]

Im Rahmen der gewerblichen Tätigkeit können Ausgaben, wie zB Kosten für Hardware, **21**
Software und Stromverbrauch als Betriebsausgaben geltend gemacht werden.[22]

b) Private Tätigkeit

Wenn die Tätigkeit nicht als gewerblich eingestuft wird, können die Einkünfte als sonstige **22**
Einkünfte gem. § 22 Nr. 3 EStG steuerbar sein. Dies ist der Fall, wenn die Tätigkeit nicht nachhaltig ist und somit keine gewerbliche Tätigkeit iSd § 15 Abs. 2 EStG vorliegt. Solche Einkünfte sind nicht einkommensteuerpflichtig, wenn sie zusammen mit anderen Einkünften aus Leistungen weniger als 256 EUR im Kalenderjahr betragen.

Insgesamt hängt die steuerliche Einordnung von Mining und Forging stark von den **23**
individuellen Umständen und der Nachhaltigkeit der Tätigkeit ab.

3. Lending/Staking

Die als Lending und Staking bezeichneten Vorgänge teilen die Gemeinsamkeit der **24**
Beschreibung eines Vorgangs, bei der Einheiten einer virtuellen Währung und sonstige Token gegen eine Vergütung zur Nutzung überlassen bzw. gesperrt werden.[23]

a) Staking

Bei dem Konsensmechanismus Proof of Stake wird die Blockerstellung und Gewährleistung **25**
von Sicherheit und Integrität eines Blockchain-Netzwerks durch das Hinterlegen (Staking) von Einheiten einer Kryptowährung erreicht.[24] Teilnehmer, die ihre Einheiten einer bestimmten Kryptowährung im Netzwerk hinterlegen, erhalten als Gegenleistung sog. Staking Rewards. Dies stellt eine Möglichkeit zur Erzielung von Einnahmen dar.[25]

Beim Staking sind zwei Fallkonstellationen zu unterscheiden. Zum einen können sog. **26**
Blockersteller, auch als Validatoren bezeichnet, ihre eigenen Einheiten einer virtuellen Währung als sog. Stake[26] verwenden und dafür eine Vergütung vom Netzwerk erhalten. Zum anderen können auch andere Personen als Teilnehmer des Netzwerks ihre Einheiten an virtuellen Währungen an einen Validator delegieren und dafür mittelbar über den Validator eine Vergütung erhalten. Die folgenden Ausführungen beziehen sich lediglich auf den zweitgenannten Fall, also das Staking, ohne selbst als Validator aufzutreten.

Aus dem Vorgang des Stakings erzielte Einkünfte im Bereich des Privatvermögens stellen **27**
im Regelfall bei dem Steuerpflichtigen sonstige Einkünfte iSd § 22 Nr. 3 EStG dar.

Bei den Einkünften iSd § 22 Nr. 3 EStG handelt es sich um eine sog. Überschussein- **28**
kunftsart (§ 2 Abs. 2 S. 1 Nr. 2 EStG). Die steuerpflichtigen Einkünfte ergeben sich als Überschuss der Einnahmen (§ 8 EStG) über die Werbungskosten (§§ 9 und 9a EStG).

20 BMF 6.3.2025, DStR 2025, 584 Rn. 42 f.
21 BMF 6.3.2025, DStR 2025, 584 Rn. 44.
22 Siehe vertieft zum Betriebsausgaben-Abzugsverbot im Rahmen von Airdrops: Schaden/Wagner/Zawodsky StuW 2022, 151 (156).
23 BMF 6.3.2025, DStR 2025, 584 Rn. 26.
24 Siehe Stöhr/Wagner beck.digitax 2024, 72 (73).
25 Siehe Stöhr/Wagner beck.digitax 2024, 72 (73).
26 BMF 6.3.2025, DStR 2025, 584 Rn. 12.

29 Die Einnahmen umfassen dabei alle Güter, die in Geld oder Geldeswert bestehen, sowie zweckgebundene Geldleistungen, nachträgliche Kostenerstattungen, Geldsurrogate und andere Vorteile, die auf einen Geldbetrag lauten (§ 8 Abs. 1 S. 1 EStG).

30 Die im Rahmen des Staking vereinnahmte Vergütung wird im Regelfall in Form von Einheiten des Currency Tokens des Netzwerks ausgezahlt. Dabei handelt es sich um eine Sacheinnahme, die für Zwecke der Besteuerung grundsätzlich mit dem Marktkurs im Zeitpunkt des Zuflusses zu bewerten ist.[27] Grundsätzlich sind dafür Börsen oder webbasierte Listen heranzuziehen. Es sind allerdings auch Fälle denkbar, in denen diese wenig Aussagekraft besitzen, wie beispielsweise im Falle von illiquiden Currency Token.[28]

31 Von den Einnahmen können damit Zusammenhang stehende Werbungskosten abgezogen werden. Der Überschuss der Einnahmen über die Werbungskosten stellt steuerpflichtige Einkünfte dar, wenn die Summe der sonstigen Einkünfte iSd § 22 Nr. 3 EStG im entsprechenden Kalenderjahr den Betrag mind. 256 EUR beträgt. Im Umkehrschluss sind Einkünfte, die unter der Freigrenze von 256 EUR liegen, steuerfrei.

b) Lending

32 Bei dem sog. Lending werden Einheiten einer virtuellen Währung gegen Zahlung einer Vergütung – im Regelfall in Form von Einheiten derselben virtuellen Währung – überlassen. Hinsichtlich der ertragsteuerlichen Behandlung wird auf die Behandlung zum Staking verwiesen (→ Rn. 25).

4. Einkünfte aus nichtselbstständiger Arbeit und Lohnsteuer

33 Werden dem Arbeitnehmer für seine Arbeitsleistung vom Arbeitgeber Token überlassen, kann dies zu Einnahmen aus nichtselbstständiger Arbeit iSd § 19 EStG führen. In der Praxis existieren jedoch verschiedene Gestaltungen, bei denen die Einordnung als Arbeitslohn nicht unumstritten ist.

a) Vergleich mit Aktienoptionen

34 Ein gängiges Beispiel aus der analogen Welt ist der Erwerb von Aktienoptionen vom Arbeitgeber. Hierbei bietet der Arbeitgeber dem Arbeitnehmer die Möglichkeit, Aktien des Unternehmens zu einem vergünstigten Preis, also unter dem aktuellen Marktwert, zu erwerben. Diese Aktien sind oft mit Sperrfristen belegt, während derer die Mitarbeiter die Aktien nicht verkaufen dürfen. So soll eine langjährige Unternehmenszugehörigkeit der Arbeitnehmer sichergestellt werden.[29]

35 Aktienoptionen werden als Teil des Arbeitslohns betrachtet und unterliegen daher der Einkommensteuer. Der geldwerte Vorteil, der sich aus dem Erwerb der Aktien zu einem Vorzugspreis im Vergleich zum Marktpreis ergibt, wird als steuerpflichtiger Arbeitslohn nach § 19 Abs. 1 S. 1 Nr. 1 iVm § 8 Abs. 1, Abs. 2 S. 1 EStG behandelt.[30]

36 Voraussetzung hierfür ist jedoch, dass die Aktien auch verbilligt an den Arbeitgeber abgegeben werden. Daneben gibt es den Fall der Aktienoptionen, bei denen der Kaufpreis bei Einräumung des Optionsrechts dem aktuellen Marktwert entspricht und die Aktien erst zu einem späteren Zeitpunkt, in dem der Wert der Aktien gestiegen ist, übertragen werden (Ausübung des Optionsrechts). In diesem Szenario liegt nach der Rechtsprechung kein steuerbarer Vorteil vor, weil sich im Zeitpunkt des Abschlusses des Veräußerungsgeschäfts der Wert der Leistung und der Gegenleistung entsprechen und der Zeitpunkt des Zuflusses für die Bewertung unbeachtlich ist. Dieser Vorteil wird nicht mehr als Arbeitslohn durch den

[27] Siehe Stöhr/Wagner beck.digitax 2024, 72 (78).
[28] Siehe Stöhr/Wagner beck.digitax 2024, 72 (80).
[29] Vgl. Geserich DStR-Beih. 2014, 53.
[30] BFH DStR 2014, 1328; DStRE 2011, 1247.

Arbeitgeber für die erbrachte Arbeitsleistung gewährt, sondern ist der nicht steuerbaren Vermögenssphäre zuzuordnen.[31]

37 Diese beiden Szenarien sind auch für die Überlassung von Token durch den Arbeitgeber denkbar und in der Praxis anzutreffen. Ein beliebtes Modell ist dabei, Mitarbeitern einen Anspruch auf Übertragung noch herzustellender Token einzuräumen.

b) Einordnung als Sach- oder Geldleistung

38 Nach einem mittlerweile überarbeiteten Schreiben des BMF ist im Einzelfall zu prüfen, ob bei der verbilligten oder unentgeltlichen Überlassung von Token eine Geldleistung iSd § 8 Abs. 1 EStG oder ein Sachbezug nach § 8 Abs. 2 S. 1 EStG vorliegt.[32] Eine Erläuterung dieser Aussage durch das BMF wäre an dieser Stelle wünschenswert gewesen.

39 Zu den Sachbezügen gehören laut § 8 Abs. 2 S. 1 EStG alle Einnahmen, die nicht in Geld bestehen. Mangels staatlicher Anerkennung als Zahlungsmittel sind (Currency) Token jedoch nicht als Geld im Rechtssinne einzuordnen.[33] Zwar wurden virtuelle Währungen von der BaFin als Finanzinstrumente in Form von Rechnungseinheiten gem. § 1 Abs. 11 Nr. 7 KWG eingestuft. Ihre Nutzung als Zahlungsmittel erfordert jedoch grundsätzlich keine Erlaubnis nach § 32 Abs. 1 S. 1 KWG, da sie weder ein Bankgeschäft iSv § 1 Abs. 1 S. 2 KWG noch eine Finanzdienstleistung iSv § 1 Abs. 1a S. 2 KWG darstellen. Somit sind sie keine offiziellen Zahlungsmittel. Gegen die Einstufung von Bitcoin als Geld spricht neben der Tatsache, dass sie kein gesetzliches Zahlungsmittel sind, insbesondere, dass Bitcoins nicht physisch übertragbar sind und ihre Geldfunktion nur im virtuellen Raum ausüben können.[34]

40 Hieran ändert auch die umsatzsteuerliche Behandlung von Kryptowährungen „wie gesetzliche Zahlungsmittel" nichts, denn iRd § 8 EStG existiert kein entsprechend höherrangiges Europarecht, das die Gleichbehandlung mit gesetzlichen Zahlungsmitteln verlangt.[35] Daneben wäre eine solche Auslegung mit dem Sinn und Zweck von § 8 Abs. 1 und 2 EStG nicht vereinbar, da alle Sachbezüge nach § 8 Abs. 2 S. 1 EStG an die Stelle von „Geld" nach § 8 Abs. 1 EStG im Rahmen des Arbeitslohns treten und dementsprechend eine Bezahlfunktion erfüllen. Würde § 8 Abs. 1 EStG derart weit ausgelegt, wäre § 8 Abs. 2 S. 1 EStG sinnentleert. Somit sind nach der hier vertretenen Meinung Bezüge, die in Token bestehen, als Sachbezug iSd § 8 Abs. 2 S. 1 EStG zu qualifizieren.[36]

41 Auch im obigen Beispiel (→ Rn. 14 f.) werden Aktien vom BFH als Sachbezug iSd § 8 Abs. 2 S. 1 EStG eingeordnet, weil die Einnahmen nicht in Geld bestehen.[37]

c) Lohnsteuerrechtliche Konsequenzen

42 Die Einordnung als Geld oder Sachbezug hat auch unterschiedliche lohnsteuerrechtliche Konsequenzen. Während Barlohn stets vollumfänglich steuerpflichtig ist, kann bei Sachbezügen die Freigrenze in Höhe von 50 EUR nach § 8 Abs. 2 S. 11 EStG in Anspruch genommen werden. Übersteigt der Wert aller Sachbezüge in einem Kalendermonat 50 EUR, ist Lohnsteuer für den vollen geldwerten Vorteil einzubehalten und abzuführen.

43 Der Arbeitgeber kann den Sachbezug mit einer pauschalen Lohnsteuer in Höhe von 30 % nach § 37b Abs. 2 EStG iVm § 37b Abs. 1 EStG versteuern, wenn der Sachbezug zusätzlich zum ohnehin geschuldeten Arbeitslohn gewährt wird und keine Gehaltsumwandlung darstellt. Das Pauschalierungswahlrecht muss einheitlich für alle Sachzuwendungen an Arbeitnehmer ausgeübt werden, und die Aufwendungen dürfen pro Arbeitnehmer und Wirtschaftsjahr sowie pro Einzelzuwendung nicht mehr als 10.000 EUR betragen. Für den

31 BFH DStR 2014, 1328.
32 BMF 6.3.2025, DStR 2025, 584 Rn. 88.
33 Weiterführend dazu: Hoeren/Sieber/Holznagel MMR-HdB/Möllenkamp Teil 13.6 Rn. 51–59.
34 FG Bln-Bbg DStRE 2019, 1329 (1330).
35 Vgl. Wagner/Holm-Hadulla/Ruttloff Metaverse und Recht/Stumm/Kettemer Rn. 967.
36 So auch Wagner/Holm-Hadulla/Ruttloff Metaverse und Recht/Stumm/Kettemer Rn. 967.
37 BFH DStR 2014, 1328.

Arbeitnehmer sind diese Sachbezüge dann nicht steuerpflichtig (§ 37b Abs. 3 S. 1 EStG).[38]

d) Bewertung der Token

44 Die Bewertung der Token als Sachbezug erfolgt gem. § 8 Abs. 2 S. 1 EStG mit dem um die üblichen Preisnachlässe geminderten üblichen Endpreis am Abgabeort. Nicht ganz geklärt scheint, zu welchem Zeitpunkt die Token zu bewerten sind. Das BMF vertritt die Ansicht, dass Token im Zeitpunkt der Einbuchung in die Wallet des Arbeitnehmers diesem zufließen. Ein Zufluss liegt nach dem BMF noch nicht vor, wenn der Arbeitgeber lediglich die Überlassung von Token schuldrechtlich zugesagt hat.[39] Entsprechend wäre der Zeitpunkt des Zuflusses auch der Bewertungsstichtag. Es kann davon ausgegangen werden, dass die Token im Zuflusszeitpunkt einen höheren Wert haben als zu Beginn des Projekts, also in dem Zeitpunkt, in dem der Arbeitgeber seinem Arbeitnehmer den Anspruch auf Übertragung der Token einräumt. Meist existieren diese Token zu diesem Zeitpunkt noch gar nicht, sodass der Wert des eingeräumten Anspruchs zunächst verschwindend gering sein dürfte.[40]

45 Der Standpunkt des BMF ist problematisch, denn er widerspricht der BFH-Rechtsprechung zu Aktien, deren Kaufpreis dem aktuellen Marktwert entspricht, und die erst zu einem späteren Zeitpunkt, in dem der Wert der Aktien gestiegen ist, übertragen werden. Nach dem BFH kommt es für die Frage, ob der Arbeitnehmer das Wirtschaftsgut verbilligt erwirbt oder sich Leistung und Gegenleistung entsprechen, grundsätzlich auf die Wertverhältnisse bei Abschluss des für beide Seiten verbindlichen Veräußerungsgeschäfts an. Der Zeitpunkt des Zuflusses der erworbenen Aktien (regelmäßig die Erlangung der wirtschaftlichen Verfügungsmacht über die Aktien) ist für die Frage, ob und in welcher Höhe ein verbilligter Erwerb von Wirtschaftsgütern vorliegt, unbeachtlich. Denn positive wie negative Wertveränderungen zwischen schuldrechtlichem Veräußerungs- und dinglichem Erfüllungsgeschäft werden nicht mehr durch den Arbeitgeber vermittelt. Wertveränderungen in dieser Zeitspanne sind vielmehr der privaten und nicht steuerbaren Vermögenssphäre zuzuordnen.[41]

46 Der Standpunkt des BMF wird allerdings durch eine Ansicht in der Literatur[42] gestützt, die für die Wertermittlung der übertragenen Token auf den Umrechnungskurs im Zeitpunkt des Zuflusses abstellt. Werden die Token nicht am Markt gehandelt, soll auf die Kosten des Arbeitgebers abgestellt werden können. Dieser Ansicht ist entgegenzuhalten, dass sie sich maßgeblich auf ein BFH-Urteil stützt, das zum Zuflusszeitpunkt von Arbeitslohn in Form der Zuwendung einer vergünstigt eingeräumten Trainingsberechtigung im Rahmen eines Firmenfitness-Programms ergangen ist.[43]

47 Für den Zufluss von laufendem Arbeitslohn gilt nach § 11 Abs. 1 S. 4 EStG die Sondervorschrift des § 38a Abs. 1 S. 2 EStG. Laufender Arbeitslohn gilt danach als in dem Kalenderjahr bezogen, in dem der Lohnzahlungszeitraum endet. Nach der Rechtsprechung kommt es für den Zufluss von Arbeitslohn nicht auf das Innehaben von Ansprüchen (gegen den Arbeitgeber), sondern auf die Erfüllung dieser Ansprüche an. Zeitpunkt des Zuflusses ist der Tag, an dem der Arbeitnehmer durch die Erfüllung seines Anspruchs die wirtschaftliche Verfügungsmacht erlangt,[44] also der Zeitpunkt, in dem der Arbeitgeber die geschuldete Leistung tatsächlich erbringt.[45] Dem kann entgegengehalten werden, dass es sich bei dem

[38] Wagner/Holm-Hadulla/Ruttloff Metaverse und Recht/Stumm/Kettemer Rn. 969 f.
[39] BMF 6.3.2025, DStR 2025, 584 Rn. 89.
[40] Lohmar/Jeuckens DStR 2022, 1889.
[41] BFH DStR 2014, 1328 (1329 f.).
[42] Wagner/Holm-Hadulla/Ruttloff Metaverse und Recht/Stumm/Kettemer Rn. 972.
[43] S. BFH DStR 2020, 2864.
[44] Ständige Rechtsprechung, BFH DStR 2020, 2864; s. auch BFH DStRE 2009, 207; DStR 2017, 2534; 1999, 1524.
[45] BFH DStR 2020, 2864; DStRE 2009, 207; DStR 2017, 2534; 1999, 1524.

„laufend" zugewendeten Vorteil der Trainingsberechtigung für das Firmenfitness-Programm unstreitig um Arbeitslohn handelt.

Entscheidender Unterschied zu dem Fall der Übertragung von Token, der zwischen Vertragsabschluss und tatsächlicher Zuwendung an Wert gewinnt, ist, dass dieser Wertzuwachs gerade nicht durch den Arbeitgeber für die erbrachte Arbeitsleistung gewährt wird. Somit qualifiziert der Wertzuwachs bereits nicht als Arbeitslohn, sondern ist nach der Rechtsprechung der nicht steuerbaren privaten Sphäre zuzuordnen.[46]

e) Ergebnis

Zusammenfassend ist nach der hier vertretenen Ansicht daher nur der Wert der Token als Arbeitslohn zu versteuern, den die Token im Zeitpunkt der Einräumung des Anspruchs auf Übertragung haben, sofern der Wert 50 EUR im Monat übersteigt. 48

III. Im Betriebsvermögen gehaltene Kryptowährungen

Sämtliche Einkünfte im Zusammenhang mit Krypto-Vermögenswerten sind im betrieblichen Kontext steuerlich relevant. Gewinne und Verluste werden stets steuerlich erfasst, ohne Rücksicht auf Haltefristen oder die Art und Weise, wie die Währungen in das Vermögen des Steuerpflichtigen gelangt sind. Kryptowährungen gelten als „andere Wirtschaftsgüter" im Sinne des EStG und müssen sowohl in der Handels- als auch in der Steuerbilanz erfasst werden. Das BMF hat klargestellt, dass Kryptowährungen als Anlagevermögen unter langfristigen Finanzanlagen und als Umlaufvermögen unter sonstigen Vermögenswerten erfasst werden. Die Bewertung erfolgt zu den Anschaffungskosten, die dem Marktpreis zum Erwerbszeitpunkt entsprechen. Krypto-Vermögenswerte sollten nicht als Zahlungsmittel oder Zahlungsmitteläquivalente ausgewiesen werden, es sei denn, es handelt sich um gewerbliche Krypto-Händler, bei denen NFT als Waren erfasst werden müssen.[47] 49

Der Erwerb und der Verkauf von Kryptowährungen, die als Betriebsvermögen gehalten werden, unterliegen den allgemeinen Bilanzierungs- und Bewertungsgrundsätzen. Abschreibungen auf Krypto-Vermögenswerte erfolgen nicht planmäßig, da sie nicht abnutzbar sind, jedoch sind außerplanmäßige Abschreibungen bei dauerhafter oder vorübergehender Wertminderung erforderlich. Der Buchwert bleibt bis zur Veräußerung des Wirtschaftsguts bestehen, sodass Wertänderungen bis zur Veräußerung meist keine steuerlichen Auswirkungen haben.[48] 50

Die Bewertung der Vermögenswerte in der Bilanz erfolgt stets zum Marktpreis im Zeitpunkt des Zuflusses, egal, ob die neuen Einheiten durch Tausch, Airdrop oder Hard-Fork zugeflossen sind.[49] 51

Wenn keine Bilanz erstellt, sondern eine Einnahmenüberschussrechnung gem. § 4 Abs. 3 EStG zur Gewinnermittlung verwendet „wird, gelten folgende Regeln: Zugänge von Einheiten virtueller Vermögenswerte führen zu Betriebseinnahmen. Die Anschaffungskosten sind erst zum Zeitpunkt des Zuflusses als Betriebsausgabe abzugsfähig.[50] 52

IV. Umsatzsteuerrecht

Bitcoins werden mehrwertsteuerrechtlich als Zahlungsmittel behandelt. Der EuGH hat entschieden, dass der Umtausch konventioneller Währungen in Bitcoins und umgekehrt 53

[46] BFH DStR 2014, 1328.

[47] BMF 6.3.2025, DStR 2025, 584 Rn. 41; Pistone/Lang/Kofler Crypto Assets: Tax Law and Policy, Zawodsky Rn. 17.4.2.

[48] OFD Nordrhein-Westfalen Kurzinfo v. 20.4.2018. – Est Nr. 04/2018, NWB LAAAH-23099.

[49] Pistone/Lang/Kofler Crypto Assets: Tax Law and Policy, Zawodsky Rn. 17.4.2.

[50] Pistone/Lang/Kofler Crypto Assets: Tax Law and Policy, Zawodsky Rn. 17.4.2: § 4 Abs. 4 S. 4 EStG.

eine Dienstleistung gegen Entgelt darstellt, die von der Mehrwertsteuer befreit ist.[51] Der Umtausch konventioneller Währungen in Bitcoins und umgekehrt gegen „Zahlung" stellt eine grundsätzlich steuerbare „Dienstleistung gegen Entgelt im Sinne" von Art. 2 Abs. 1 Buchst. c der Mehrwertsteuersystemrichtlinie dar. Dieser Umsatz fällt jedoch, wie beim Umtausch gesetzlicher Zahlungsmittel, unter die Steuerbefreiung des Art. 135 Abs. 1 Buchst. e MwStSystRL.

Der EuGH stützt seine Rechtsprechung auf das Argument, dass Bitcoins keine andere Funktion als die eines Zahlungsmittels haben, ähnlich wie traditionelle Währungen.

54 Diese Schlussfolgerung teilt auch das BMF. Das BMF stellt klar, dass es sich bei dem Umtausch von konventionellen Währungen in Bitcoin und umgekehrt um eine steuerbare sonstige Leistung handelt, die im Rahmen einer richtlinienkonformen Gesetzesauslegung nach § 4 Nr. 8 Buchst. b UStG umsatzsteuerfrei ist. Andere virtuelle Währungen, die von den Transaktionsparteien als alternatives vertragliches Zahlungsmittel akzeptiert werden und keinen anderen Zweck als die Nutzung als Zahlungsmittel haben, werden den gesetzlichen Zahlungsmitteln gleichgestellt. Das BMF schließt jedoch ausdrücklich virtuelles Spielgeld (In-Game-Währung) aus, da dieses kein Zahlungsmittel im Sinne der MwStSystRL darstellt.

Darüber hinaus sieht das BMF das „Mining" nicht als eine umsatzsteuerbare Leistung an. Die Transaktionsgebühren würden freiwillig gezahlt werden und stellten keine direkte Gegenleistung dar. Auch die Entlohnung durch neue Bitcoins sei nicht als Entgelt zu betrachten, da kein identifizierbarer Leistungsempfänger vorhanden sei.[52]

55 Das entgeltliche Zur-Verfügung-Stellen einer digitalen Wallet ordnet das BMF in einem Schreiben als eine auf elektronischem Weg erbrachte sonstige Leistung iSd § 3a Abs. 5 S. 2 Nr. 3 UStG ein, die nach Maßgabe des § 3a Abs. 2 bzw. Abs. 5 S. 1 UStG steuerbar und steuerpflichtig ist, soweit der Leistungsort im Inland liegt.[53]

56 Entsprechend dem EuGH-Urteil sieht das BMF für die umsatzsteuerpflichtige Tätigkeit der Handelsplattformen insoweit die Möglichkeit einer Steuerbefreiung nach § 4 Nr. 8 Buchst. b UStG, als sie den Kauf und Verkauf von Bitcoin als Mittelsperson im eigenen Namen vornehmen. Diese Vorschrift befreit Umsätze und die Vermittlung der Umsätze von gesetzlichen Zahlungsmitteln von der Umsatzsteuer.[54]

57 Der BFH hatte bisher einmal zur Umsatzsteuer im Zusammenhang mit der Vermietung von virtuellem Land in einem Online-Spiel zu entscheiden. Nach dem Urteil stellt nicht die „Vermietung" des virtuellen Landes gegen Spielgeld („In-Game-Währung"), sondern der Umtausch der Spielwährung in ein gesetzliches Zahlungsmittel eine steuerbare Leistung dar. In diesem Fall erzielte der Steuerpflichtige Einnahmen in Form von Spielgeld aus der Vermietung von virtuellem Land und tauschte anschließend das Spielgeld über die Börse der Spielbetreiberin gegen US-Dollar. Während die Vorinstanz am FG Köln die Vermietung von virtuellem Land noch für mehrwertsteuerpflichtig hielt, erteilte der BFH dem eine Absage: Die im Rahmen des Spielgeschehens getätigten „Umsätze" stellten regelmäßig keine Leistung iSd § 1 Abs. 1 Nr. 1 S. 1 UStG dar, da spielinterne Vorteile zu keinem Verbrauch im Sinne des Mehrwertsteuerrechts führen. Ein steuerbarer Leistungsaustausch liegt jedoch in dem nachfolgenden Umtausch der In-Game-Währung gegen US-Dollar als gesetzliches Zahlungsmittel. Die entgeltliche Übertragung von Spielgeld stellt laut dem BFH eine sonstige Leistung iSv § 1 Abs. 1 Nr. 1 UStG dar, denn diese Abtretung des Spielgelds erfolgt, anders als die rein spielinterne Vermietung von virtuellem Land, an einem realen Markt.[55]

---

51 EuGH BeckRS 2015, 81461.
52 BMF 27.2.2018, DStR 2018, 528.
53 BMF 27.2.2018, DStR 2018, 528.
54 BMF 27.2.2018, DStR 2018, 528.
55 BFH DStR 2022, 547.

§ 44 Haftungsfragen und Rechtsdurchsetzung

Übersicht

Schrifttum:
Ammann, Bitcoin Als Zahlungsmittel Im Internet, CR 2018, 379; Bauer, Die effektive Einzel- und Gesamtvollstreckung von Blockchain-basierten Kryptowährungen, 2023; Beck/Koenig, Bitcoin: Der Versuch einer vertragstypologischen Einordnung von kryptographischem Geld, JZ 2015, 130; Boehm/Pesch, Bitcoins: Rechtliche Herausforderungen einer virtuellen Währung – Eine erste juristische Einordung, MMR 2014, 75; Beyer/Erler/Hartmann/Kramme/Müller/Pertot/Tuna/Wilke, Privatrecht 2050 – Blick in die digitale Zukunft, 2020; Djazayeri, Die virtuelle Währung Bitcoin – Zivilrechtliche Fragestellungen und internationale regulatorische Behandlung, jurisPR-BKR 6/2014; Eckert, Steuerliche Betrachtung elektronischer Zahlungsmittel am Beispiel sog. Bitcoin-Geschäfte, DB 2013, 2108; Engelhardt/Klein, Bitcoins – Geschäfte mit Geld, das keines ist – Technische Grundlagen und zivilrechtliche Betrachtung, MMR 2014, 355; Fries, Smart Contracts: Brauchen schlaue Verträge noch Anwälte? AnwBl 2018, 86; Gsell/Krüger/Lorenz/Reymann, Beck-Online Großkommentar zum Zivilrecht; Hanten/Sacarcelik, Zivilrechtliche Einordnung von Kryptowährungen und ICO-Token und ihre Folgen, RdF 2019, 124; Heckelmann, Zulässigkeit und Handhabung von Smart Contracts, NJW 2018, 504; Hoeren/Sieber/Holznagel, Handbuch Multimedia-Recht, 62. Aufl. 2024; Hohn-Hein/Barth, Immaterialgüterrechte in der Welt von Blockchain und Smart Contract, GRUR 2018, 1089; John, Zur Sachqualität und Eigentumsfähigkeit von Kryptotoken, BKR 2020, 76; Kaulartz, Die Blockchain-Technologie, CR 2016, 474; Koch, Die „Tokenisierung" von Rechtspositionen als digitale Verbriefung, ZBB 2018, 359; Kuhlmann, Bitcoins, CR 2014, 69; Kütük/Sorge, Bitcoin im deutschen Vollstreckungsrecht – Von der „Tulpenmanie" zur „Bitcoinmanie", MMR 2014, 643; Langenbuchner, Digitales Finanzwesen, AcP 218 (2018), 385; Lerch, Bitcoin als Evolution des Geldes: Herausforderungen, Risiken und Regulierungsfragen, ZBB 2015, 190; Maume/Maute, Rechtshandbuch Kryptowerte, 2020; Möslein/Omlor, FinTech-Handbuch, 2019; Paulus/Matzke, Smart Contracts und das BGB – Viel Lärm um nichts?, ZfPW 2018, 431; Pesch, Cryptocoin-Schulden – Haftung und Risikoverteilung bei der Verschaffung von Bitcoins und Alt-Coins, 2017; Plitt/Fischer, Kryptowährungen im Arbeitsrecht – Wieviel Bitcoin darf es sein?, NZA 2016, 799; Omlor, Kryptowährungen im Geldrecht, ZHR 2019, 294; Saive, Volldigitale Eigentumsübertragung mithilfe von asset backed tokens, K&R 2018, 615; Säcker/Rixecker/Oetker/Limperg/Schubert, Münchener Kommentar zum Bürgerlichen Gesetzbuch, Band 4-1 und 7, 9. Aufl. 2024; Schroeder, Bitcoin: Virtuelle Währung – reelle Problemstellungen, JurPC Web-Dok. 104/2014; Skauradszun, Kryptowerte im Bürgerlichen Recht, AcP 221 (2021), 353; Staudinger, Kommentar zum Bürgerlichen Gesetzbuch, Band 3; Spindler/Bille, Rechtsprobleme von Bitcoins als virtuelle Währung, WM 2014, 1357; Kalss/Krönke/Völkel, Crypto-Assets, 2025; Taufmann/Schumacher, Kryptowerte im Zivilprozess, WM 2023, 908; Vorwerk/Wolf, Beck'scher Online-Kommentar zur Zivilprozessordnung; Walter, Bitcoin, Libra und sonstige Kryptowährungen aus zivilrechtlicher Sicht, NJW 2019, 3609.

I. Kryptowährungen im Rechtsverkehr

1 Die Handelbarkeit und der Handelsverkehr von Kryptowährungen haben in den letzten Jahren – nicht zuletzt wegen den jüngsten politischen Entwicklungen in den USA – global zugenommen. Noch im Jahr 2022 wurde der gesetzgeberische Handlungsbedarf im zivilrechtlichen Umgang mit Kryptowährungen von der Konferenz der Justizministerinnen und Justizminister im Ergebnis trotz vielseitiger Rechtsunsicherheiten als nicht notwendig erachtet.[1] Diese erst wenige Jahre alte Einschätzung ist vor dem Hintergrund einer mittlerweile erreichten Marktkapitalisierung von Kryptowährungen von über 2,62 Billionen EUR[2] (also fast dem Bruttoinlandsprodukt Frankreichs) kritisch zu hinterfragen.

2 Obwohl sich die Rechtsliteratur bereits seit über zehn Jahren mit der Frage der rechtlichen Einordnung von Kryptowährungen und den Rechtsbeziehungen im Handelsverkehr mit Kryptowährungen beschäftigt[3] und zahlreiche Literaturbeiträge, Kommentarliteraturfundstellen sowie erste gerichtliche Entscheidungen zu diesen Fragen existieren, ist im Ergebnis festzustellen, dass die rechtliche Einordnung noch immer unklar ist. Daher soll im Folgenden nicht etwa der ausufernde rechtliche Diskurs lehrbuchhaft wiedergegeben werden, sondern zum einen ein knapper Überblick verschafft und zum anderen eine vorzugswürdige Rechtsansicht prägnant herausgearbeitet werden. Letzteres ist besonders relevant, da im Rahmen der rechtlichen Einordnung von Kryptowährungen vielmehr herrschende Ansichten zu der Frage bestehen, was Kryptowährungen rechtlich gesehen nicht sind.

3 Bei der rechtlichen Handhabung von Kryptowährungen ist jedoch eine Präzisierung des Verständnisses des Begriffs „Kryptowährung" unumgänglich. Dies ist notwendig, weil es eine beachtliche Vielzahl von Anwendungsbereichen Blockchain-basierter Token gibt, die allesamt als Kryptowährungen bezeichnet werden können. Im Folgenden werden unter dem Begriff „Kryptowährungen" intrinsische Kryptowerte verstanden, die auf einer Blockchain enthalten sind und keinen außerhalb der Blockchain bestehenden Gegenstand oder außerhalb der Blockchain existierendes Recht repräsentieren, sodass sie intrinsische Vermögenswerte bilden, bei denen die Verfügungsgewalt über den dazugehörigen privaten Schlüssel die Inhaberschaft über den Vermögenswert bedeutet.[4] Solchen Kryptowährungen – beziehungsweise genauer gesagt der Verfügungsgewalt über sie – wird selbst ein wirtschaftlicher Wert zugemessen, welcher sich nicht erst aus einer digitalen Repräsentation ergibt.

II. Rechtliche Einordnung von Kryptowährungen

4 Von elementarer Relevanz für die Behandlung der rechtlichen Beziehung, der Klärung von Haftungsfragen sowie der Durchsetzung von Ansprüchen in Bezug auf Kryptowährungen ist die Frage der rechtlichen Einordnung dieser. Die rechtliche Einordnung ist die elementare Weichenstellung für alle darauf aufbauenden rechtlichen Fragen, weshalb sie im Einzelfall immer vor Fragen der Haftung und Durchsetzung zu stellen ist.

1. Sache iSd § 90 BGB

5 Die rechtliche Einordnung von Kryptowährungen als Sache wird von der herrschenden Literatur aufgrund der fehlenden Körperlichkeit verneint.[5]

---

1 Konferenz der Justizministerinnen und Justizminister, Bericht vom 5.10.2022, Gesetzgeberischer Handlungsbedarf im zivilrechtlichen Umgang mit Krypto-Token. S. 1 ff.

2 Coinmarketcap, abrufbar unter: https://coinmarketcap.com/de/charts/ (zuletzt aufgerufen am 23.4.2025).

3 Hierfür etwa schon Spindler/Bille WM 2014, 1357 ff.

4 Bauer Die effektive Eintel- und Gesamtvollstreckung Blockchain-basierter Kryptowährungen S. 57.

5 Stellvertretend für viele Hoeren/Sieber/Holznagel MMR-HdB/Möllenkamp Teil 13.6. Rn. 42.

Eine andere Ansicht befürwortet zumindest eine Einordnung von Blockchain-basierten Kryptowährungen in direkter[6] oder analoger[7] Anwendung des § 90 BGB.[8] Der Ansicht, die eine direkte Anwendung des § 90 BGB fordert, liegt jedoch eine zu extensive Auffassung des Verkörperungsbegriffs zugrunde, welche nicht mehr mit dem Wortlaut vereinbar ist, und verkennt, dass nicht die Einheiten einer Kryptowährung selbst auf einer Blockchain-Applikation dokumentiert werden, sondern lediglich die Transaktionen von Einheiten.[9] Die Auffassung, die eine analoge Anwendung des § 90 BGB für Blockchain-basierte Kryptowährungen befürwortet, verkennt, dass es an einer Planwidrigkeit der Regelungslücke fehlt.[10] Der Gesetzgeber hat sich etwa bei der Regelung zu elektronischen Wertpapieren, welche auch in einem dezentralen, Blockchain-basierten Register ausgegeben werden können, bewusst für die Sonderregelung einer sachenrechtlichen Fiktion nach § 2 Abs. 3 eWpG entschieden und somit im Umkehrschluss bewusst keine weitergehende sachenrechtliche Einordnung bezweckt. 6

2. Urheberrechtlich geschütztes Gut

Die herrschende Literaturmeinung lehnt die Einordnung von Kryptowährungen als urheberrechtlich geschütztes Werk nach § 2 UrhG ab, weil Kryptowährungen kein Ergebnis einer intellektuellen Anstrengung eines Menschen darstellen, sondern vielmehr das Ergebnis eines Computercodes sind.[11] Eine Einordnung von Kryptowährungen als Immaterialrechtsgut sui generis scheitert an der systembedingten Unvereinbarkeit des Immaterialgüterrechts und Kryptowährungen.[12] 7

3. Sonstiger Gegenstand nach § 453 BGB

Kryptowährungen stellen jedoch einen sonstigen Gegenstand iSd § 453 Abs. 1 Alt. 2 BGB dar.[13] Dem ist zuzustimmen, da die nötige Übertragbarkeit gegeben ist. Die Einordnung führt wesentlich dazu, dass die Vorschriften der §§ 433 ff. BGB Anwendung auf den Kauf von Kryptowährungen finden, weshalb hierdurch zumindest auf Verpflichtungsebene ein gewisses Maß an Rechtssicherheit herrscht. 8

4. Sonstiges Recht nach § 823 Abs. 1 BGB durch Heranziehung der Einordnung als Besitz

Kryptowährungen werden von einem Teil der Literatur als sonstiges Recht nach § 823 Abs. 1 BGB mit dem Kernargument eingestuft, dass die bestehende Zuordnungsmöglichkeit von Token – welche dem Besitz ähnelt – durch eine Verfügungsbefugnis, welche durch die Inhaberschaft des privaten Schlüssels geschaffen wird, eine konkrete, ausschließliche Rechtsposition an einen bestimmten Berechtigten statuiert.[14] Die Einordnung als sonstiges Recht 9

6 John BKR 2020, 76 ff.

7 Walter NJW 2019, 3609 (3612).

8 Zu einer intensiven Auseinandersetzung Bauer Die effektive Einzel- und Gesamtvollstreckung von Blockchain-basierten Kryptowährungen S. 75 ff.

9 S. ausführlich Bauer Die effektive Einzel- und Gesamtvollstreckung von Blockchain-basierten Kryptowährungen S. 76 ff.

10 Bauer Die effektive Einzel- und Gesamtvollstreckung von Blockchain-basierten Kryptowährungen S. 96 ff.

11 Etwa Djazayeri jurisPR-BKR 6/2014, Anm. 1; Engelhardt/Klein MMR 2014, 355 (357), Hohn-Hein/Barth GRUR 2018, 1089 (1091); Kuhlmann CR 2014, 691 (695).

12 Näher dazu Pesch Cryptocoin-Schulden – Haftung und Risikoverteilung bei der Verschaffung von Bitcoins und Alt-Coins S. 98 ff.; Lerch ZBB 2015, 190 (196).

13 Ammann CR 2018, 379 (380); Beck/Koenig JZ 2015, 130 (132); Kuhlmann CR 2014, 691 (694); Kütük/Sorge MMR 2014, 643 (644); Schroeder JurPC Web-Dok. 104/2014, Abs. 51; Spindler/Bille WM 2014, 1357 (1362).

14 Hoeren/Sieber/Holznagel MMR-HdB/Möllenkamp Teil 13.6 Rn. 45 ff.; Skauradszun AcP 221 (2021), 353 (369).

im Rahmen der Norm ergibt sich aus dieser faktischen, exklusiven Verfügungsbefugnis. Teilweise wird diese Einordnung jedoch abgelehnt.[15] Das wesentliche Argument der ablehnenden Ansicht ist, dass es bei Kryptowährungen an gesetzlichen Regelungen fehle, die einen gesetzlichen Schutz statuieren könnte – dies sei jedoch die Voraussetzung für eine Einordnung als sonstiges Recht iSd § 823 Abs. 1 BGB.[16]

10 Gegen die ablehnende Meinung bestehen erhebliche Zweifel. Gegen die Forderung einer positivgesetzlichen Kodifizierung als Voraussetzung für die Einordnung als Ausschließlichkeitsrecht spricht bereits die Tatsache, dass das Sicherungseigentum sowie das Anwartschaftsrecht ebenfalls nicht positivgesetzlich verankert sind, deren Einordnung jedoch nach § 823 Abs. 1 BGB unbestritten ist.[17] Des Weiteren haben Kryptowährungen durch die Einführung der MiCAR, deren nationale Umsetzung durch das Finanzmarktdigitalisierungsgesetz (FinmadiG) sowie dem eWpG, vor allem der Regelung einer sachenrechtlichen Fiktion in § 2 Abs. 3 eWpG, und den Anpassungen des KWG einen gesetzlichen Schutz und gesetzliche Verankerung erfahren.

11 Wesentlich ist jedoch, dass Teile der Rechtsliteratur bei der Frage nach der rechtlichen Einordnung als Anknüpfungspunkt fälschlicherweise die Einheiten der Kryptowährung selbst wählen.[18] Kryptowährungen selbst sind jedoch nur Daten auf der jeweiligen Blockchain-Applikation, genauer gesagt der positive Saldo von an einer Blockchain-Adresse eingehenden und ausgehenden Transaktionen, UTXO (Unspent Transaction Outputs) genannt. Aus rechtsökonomischer Sicht werthaltig und demzufolge als etwaiges Vermögensrecht zu klassifizieren ist demzufolge nicht der UTXO, sondern die tatsächliche, andere Personen ausschließende, Verfügungsgewalt über den UTXO. Denn nur die Verfügungsgewalt über den positiven Saldo einer Blockchain-Adresse ermöglicht erst die Verfügungsgewalt über die Kryptowährungen *(„not your keys, not your coins")*. Der rechtliche Anknüpfungspunkt kann demzufolge nicht der UTXO (und somit letztlich die einer Blockchain-Adresse zugewiesenen Kryptowährungen) als solcher sein, weil der Inhaber keinen unmittelbaren Zugriff auf die in der Blockchain gespeicherten Transaktionsdaten hat. Vielmehr kann er ausschließlich durch den privaten Schlüssel neue Transaktionen generieren und damit auf die Fortschreibung der Blockchain einwirken. Die technische Struktur der Blockchain erlaubt dem Inhaber somit nur eine mittelbare Einflussnahme über Transaktionen, nicht aber eine direkte Datenmanipulation. Diese alleinige, technisch vermittelte Einwirkungsmöglichkeit über den privaten Schlüssel begründet eine tatsächliche Herrschaftsgewalt, die in wesentlichen Punkten dem Besitz iSv §§ 854 ff. BGB entspricht.[19] Besitz setzt ebenfalls keine unmittelbar-faktische Herrschaftsausübung oder vollständige Ausschließung Dritter voraus, sondern eine nach der Verkehrsanschauung anerkannte tatsächliche Zugriffsmöglichkeit. Die Inhaberschaft des privaten Schlüssels konstituiert – vergleichbar dem Besitz – eine eindeutige Zuordnung der Verfügungsmacht, wobei auch Konstellationen wie Mitbesitz (bei gemeinsamer Schlüsselverwendung) und mittelbarer Besitz (bei Verwahrung durch Dritte) entsprechend den §§ 866, 868 BGB nachvollzogen werden können. Die tatsächliche Verfügungsgewalt über Kryptowährungen bildet somit ein digitales Äquivalent zum klassischen Besitzbegriff. Der Besitz ist jedoch unstrittig ein sonstiges Recht nach § 823 Abs. 1 BGB,[20] weshalb hier nichts anderes gelten kann. Somit ist, bei streng an den technologischen Gegebenheiten orientierter Betrachtung, die Frage nach einem etwaig ausreichenden Regelungsregime, wie sie die ablehnende Ansicht aufwirft, nicht notwendig.

---

15 Maume/Maute Kryptowerte-HdB/Maute § 4 Rn. 39 ff.; Omlor ZHR 2019, 294 (310).

16 Maume/Maute Kryptowerte-HdB/Maute § 4 Rn. 39 ff.; Kaulartz CR 2016, 474 (478); Omlor ZHR 2019, 294 (310).

17 Im Detail hierzu Bauer Die effektive Einzel- und Gesamtvollstreckung von Blockchain-basierten Kryptowährungen S. 126 ff.

18 Zum Folgenden ausführlich Bauer Die effektive Einzel- und Gesamtvollstreckung von Blockchain-basierten Kryptowährungen S. 122 ff.

19 So im Ergebnis auch Hoeren/Sieber/Holznagel MMR-HdB/Möllenkamp Teil 13.6 Rn. 45 ff.

20 Stellv. für viele BGH NJW 2023, 1361 (1363); MüKoBGB/Wagner § 823 Rn. 370.

5. Geld oder E-Geld

Kryptowährungen sind mangels Ausgabe durch einen Emittenten kein E-Geld iSv § 1 Abs. 2 S. 3 ZAG[21] Aufgrund ihrer nicht vorhandenen staatlichen Anerkennung (mit Ausnahme von El Salvador) werden Kryptowährungen auch nicht als Geld im währungsrechtlichen Sinne angesehen.[22] 12

III. Haftung

Die Fragen der Haftung und Risikoverteilung bei Transaktionen von Kryptowährungen wurden schon vor zehn Jahren als ungeklärt statuiert.[23] Maßgeblich hierfür ist die Einordnung der zugrundeliegenden rechtlichen Beziehungen. Im Folgenden soll daher zwischen der Verfügungs- und Verpflichtungsebene unterschieden werden. 13

1. Verfügungsebene

Auf der Verfügungsebene wird diskutiert, ob Transaktionen von intrinsischen Kryptowährungen unter die Übertragungsvorschriften zu beweglichen Sachen nach §§ 929 ff. BGB fallen. Dies wird in der Literatur mit dem Argument abgelehnt, dass die §§ 929 ff. BGB mangels der Sacheigenschaft von Token nicht anwendbar sind und es darüber hinaus an einer Übereignung der Kryptowährungen fehle, weil dem Empfänger einer Transaktion lediglich eine faktische Verfügungsmöglichkeit durch eine Transaktion verschafft wird.[24] Jedoch wird teilweise auch eine direkte[25] oder analoge[26] Anwendung der §§ 929 ff. BGB erwogen. 14

Einer weiteren Ansicht zufolge ist die Übertragung von Kryptowährungen nach §§ 873, 925 BGB zu klassifizieren.[27] Weiterhin wird die Einordnung der rechtlichen Übertragung von Kryptowährungen nach §§ 398, 413 BGB größtenteils für extrinsische Token vertreten.[28] Eine Literaturstimme ordnet die Überweisung von intrinsischen Kryptowährungen nach § 413 BGB ein.[29] 15

Die herrschende Meinung in der Literatur klassifiziert die Übertragung, also die Transaktion, von Kryptowährungen mangels des Vorliegens einer Verfügung im Rechtssinne als Realakt.[30] Demzufolge ist eine Auseinandersetzung mit den wesentlichen Argumenten der verschiedenen Meinungen unabdingbar. Diese wird im Folgenden dargestellt. 16

Maßgeblich – und entscheidend – ist demzufolge die Frage, ob eine Transaktion von Kryptowährungen überhaupt als Verfügung im Rechtssinne eingeordnet werden kann. Denn wenn es bereits an einer unmittelbaren Rechtswirkung bei einer Transaktion von Kryptowährungen fehlt, kann im Rechtssinne mangels einer unmittelbaren Änderung, Übertragung, Aufhebung oder Belastung eines Rechts durch ein Rechtsgeschäft schon nicht von einer Verfügung ausgegangen werden. Eine Auseinandersetzung mit den jeweiligen Argumenten der verschiedenen Ansichten ist dann obsolet. Die herrschende Meinung, die einen Realakt annimmt, attestiert der Transaktion von Kryptowährungen bereits das Fehlen 17

---

21 KG Berlin MMR 2018, 828 (830).
22 Möslein/Omlor FinTech-HdB/Terlau § 20 Rn. 27.
23 Boehm/Pesch MMR 2014, 75 (78).
24 Hoeren/Sieber/Holznagel MMR-HdB/Möllenkamp Teil 13.6 Rn. 87; Omlor ZHR 2019, 294 (327).
25 Koch ZBB 2018, 359 (362); Walter NJW 2019, 3609 (3614).
26 Spindler/Bille WM 2014, 1357 (1363).
27 Ammann CR 2018, 379 (382 f.).
28 Hanten/Sacarcelik RdF 2019, 124 (131); Saive K&R 2018, 615 (617).
29 Beyer/Erler/Hartmann/Kramme/Müller/Pertot/Tuna/Wilke Privatrecht 2050/Linardatos 181 (209).
30 Maume/Maute Kryptowerte-HdB/Maume § 5 Rn. 8; Omlor ZHR 2019, 294 (327); Langenbuchner AcP 218 (2018), 385 (407); Heckelmann NJW 2018, 504 (508); Paulus/Matzke ZfPW 2018, 431 (451); Beck/König JZ 2015, 130 (131); Lerch ZBB 2015, 190 (196); Engelhardt/Klein MMR 2014, 355 (357); Kuhlmann CR 2014, 691 (696); Kütük/Sorge MMR 2014, 643 (644); aA Beyer/Erler/Hartmann/Kramme/Müller/Pertot/Tuna/Wilke Privatrecht 2050/Linardatos 181.

eines Verfügungsobjekts,[31] weshalb keine Verfügung vorliegen könne. Dem lässt sich zunächst entgegnen, dass eine Vermögensverschiebung niemals ausschließlich in einem rein tatsächlichen Vorgang bestehen kann, da die (bereicherungsrechtliche) Einordnung eines Erfüllungsvorgangs stets die willentliche Zwecksetzung des Leistenden voraussetzt.[32] Das Bereicherungsrecht verlangt, dass zwischen Handlung und Rechtsgrund eine Verbindung durch eine Zweckbestimmung hergestellt wird. Übertragen auf die Transaktion von Bitcoins bedeutet dies, dass ein Vermögenstransfer stets mehr ist als ein bloßer tatsächlicher Vorgang, sondern ein Rechtsgeschäft.[33]

18 Die „Übereignung" von Kryptowährungen erfolgt jedoch – und das ist relevant – nicht etwa durch die Übertragung des privaten Schlüssels vom Absender an den Empfänger.[34] Vielmehr erstellt der Absender mittels seines privaten Schlüssels eine korrekte digitale Signatur, welche die jeweilige Transaktion als valide ausweist und deren Aufnahme in einen neuen Block der Blockchain ermöglicht. Maßgeblich ist, dass damit eine Änderung der tatsächlichen Netzwerkzuweisung der betreffenden UTXO vom Absender an den Empfänger bewirkt wird. Die tatsächliche Verfügungsgewalt über den privaten Schlüssel der Absenderadresse als Rechtsobjekt einer rechtlichen Klassifizierung verbleibt vollständig beim Absender, der dadurch seine Herrschaftsgewalt über die verbleibenden UTXO seiner Adresse behält. Wirtschaftlich betrachtet führt die Transaktion als „Übereignung" lediglich dazu, dass sich der Vermögenswert in Form der Herrschaft über die betreffenden UTXO vom Absender auf den Empfänger verlagert. Auch hier überzeugt letztlich der systematische Vergleich zum Besitz. So wird zwar beim Besitzerwerb angenommen, dass die Einigung iRd § 854 Abs. 2 BGB ein Rechtsgeschäft darstellt und dennoch von der herrschenden Meinung geschlussfolgert, dass eine Besitzübertragung keine Verfügung darstellt.[35] Zudem fehlt es an einer unmittelbaren Einwirkung, wie sie für den Verfügungsbegriff erforderlich ist. Die Vermögensverschiebung tritt nicht allein durch die Transaktion ein, sondern setzt voraus, dass diese vom Netzwerk validiert, in einen Block aufgenommen und in die fortgeführte Blockchain integriert wird. Erst nach einer gewissen Bestätigungslatenz kann von einer gesicherten Zuordnung ausgegangen werden. Angesichts dieses mehraktigen, von den Parteien unbeeinflussbaren Ablaufs erscheint es höchst zweifelhaft, ob hierin eine Einigung im Sinne der maßgeblichen Normen liegen kann.[36]

2. Verpflichtungsebene

19 Richtigerweise wird auf Verpflichtungsebene zwischen der Token-Transaktion als solcher, also dem Erwerb von Kryptowährungen, sowie dem Einsatz von Kryptowährungen als Zahlungsmittel im Rechtsverkehr unterschieden.[37]

a) Erwerb von Kryptowährungen

20 Wie bereits unter → Rn. 8 festgestellt worden ist, sind Kryptowährungen „sonstige Gegenstände" iSd § 453 Abs. 1 S. 1 BGB. Demzufolge handelt es sich bei dem Kauf von Kryptowährungen um einen Kauf nach §§ 433, 453 BGB. Liegen Kryptowertpapiere nach Maßgabe des eWpG vor, führt die sachenrechtliche Fiktion des § 2 Abs. 3 eWpG zur Einordnung von solchen Kryptowertpapieren als „Sache" iSd § 90 BGB. Folgerichtig ist

31 Maume/Maute Kryptowerte-HdB/Maume § 5 Rn. 3 mwN.
32 Beyer/Erler/Hartmann/Kramme/Müller/Pertot/Tuna/Wilke Privatrecht 2050/Linardatos 181 (208 f.).
33 Beyer/Erler/Hartmann/Kramme/Müller/Pertot/Tuna/Wilke Privatrecht 2050/Linardatos 181 (208 f.).
34 Dazu im Detail Bauer Die effektive Einzel- und Gesamtvollstreckung von Blockchain-basierten Kryptowährungen S. 203.
35 Staudinger/Gutzeit, BGB, BGB § 854 Rn. 31.
36 Bauer Die effektive Einzel- und Gesamtvollstreckung von Blockchain-basierten Kryptowährungen S. 205; Möslein/Omlor FinTech-HdB/Spiegel § 19 Rn. 44; Langenbucher AcP 218 (2018) 385 (410).
37 Hoeren/Sieber/Holznagel MMR-HdB/Möllenkamp Teil 13.6 Rn. 71 ff.

demzufolge die direkte Anwendung des § 433 BGB, da eine Sacheigenschaft als Voraussetzung des § 433 Abs. 1 BGB in diesem Fall gegeben ist.[38]

Der Erwerb von Kryptowährungen ist entgegen einer Ansicht[39] nicht als Tauschvertrag einzuordnen, denn zum einen sind mögliche Tauschobjekte nur Sachen und Rechte und zum anderen beinhalten Tauschverträge nicht die Preiszahlungspflicht einer Partei.[40] Aus dem letzten Grund sind auch Kryptowerte nach dem eWpG kein Gegenstand eines Tausches nach § 480 BGB. 21

Auch ist der Erwerb von Kryptowährungen grundsätzlich nicht als (atypischer) Werkvertrag nach § 631 BGB einzuordnen, da der ggf. geschuldete Erfolg der Transaktion, also die Zuweisung des jeweiligen UTXO (also den Einheiten der Kryptowährung) innerhalb der Blockchain an die Blockchain-Adresse des Erwerbers, als Gegenstand eines Werkvertrages keinen Erfolg im werkvertraglichen Sinne darstellt. Das ist der Fall, da Dokumentation der Transaktion innerhalb des Blockchain-Netzwerks nicht der Erfolg selbst, sondern die Dokumentation der Transaktion darstellt und darüber hinaus der Transfer als solcher kein Werk iSd § 631 BGB darstellt.[41] Der Erfolg ist vielmehr der Erhalt der Verfügungsgewalt über die geschuldeten Kryptowährungen – dies wird jedoch durch die tatsächliche Herrschaftsgewalt erreicht. Die Diskussion über die etwaige rechtliche Einordnung von noch zu verschaffenden Kryptowährungen ist demgegenüber aus praktischer Sicht zu vernachlässigen.[42] 22

Demzufolge lassen sich die im Rahmen des Vertragsverhältnisses aufkommenden haftungsrechtlichen Probleme nach §§ 434 ff. BGB lösen. Sie werden nicht von etwaigen Spezialregelungen verdrängt.[43] Dies ist nur denkbar, wenn beispielsweise bei Blockchain-Projekten Investoren eine Ausschüttung der zukünftig emittierten Kryptowährung versprochen wird oder Full-Nodes für den Aufrechterhalt einer Blockchain-Applikation durch den Erhalt von noch zu erstellenden Kryptowährungen entlohnt werden sollen. Im ersten Fall ist jedoch nicht ersichtlich, weshalb diese Konstellation rechtlich anders zu behandeln ist als der Erwerb bereits existierender Kryptowährungen. Im letzten Fall wird die Erbringung eines Erfolgs durch die Full-Nodes erbracht. Die Kryptowährungen dienen hier lediglich als Zahlungsmittel für die Leistungserbringung. 23

b) Kryptowährungen als Zahlungsmittel

Spätestens seitdem gar Automobile der Marke Tesla zeitweise durch Zahlung mit der Kryptowährung Bitcoin erworben werden konnten,[44] ist die Frage von äußerster praktischer Relevanz, wie die Zahlung mit Kryptowährungen rechtlich einzuordnen ist. 24

Da Kryptowährungen kein Geld im Rechtssinne sind, können sie nicht als Kaufpreis iSd § 433 BGB eingeordnet werden.[45] Der Erwerb von Waren oder Dienstleistungen gegen Zahlung mit Einheiten einer Kryptowährung stellt damit keinen Kauf nach §§ 433 ff. BGB dar. Dem kann zunächst entgegengehalten werden, dass zumindest die Kryptowährung Bitcoin in El Salvador bis zum Januar 2025 gesetzliches Zahlungsmittel war.[46] Somit ist es 25

---

38 Dies bei Kryptowährungen außerhalb des eWpG mangels Sacheigenschaft ablehnend Omlor ZHR 2019, 294 (330); Boehm/Pesch MMR 2014, 75 (78).

39 Eckert DB 2013, 2108 (2108 f.).

40 Boehm/Pesch MMR 2014, 75 (78).

41 Hoeren/Sieber/Holznagel MMR-HdB/Möllenkamp Teil 13.6 Rn. 77.

42 Hierzu im Einzelnen.
Hoeren/Sieber/Holznagel MMR-HdB/Möllenkamp Teil 13.6 Rn. 78.

43 Vgl. Boehm/Pesch MMR 2014, 75 (78).

44 Spiegel, Tesla stoppt Autoverkauf für Bitcoins – wegen des Stromverbrauchs, abrufbar unter: https://www.spiegel.de/wirtschaft/unternehmen/tesla-stoppt-autoverkauf-fuer-bitcoins-laut-elon-musk-der-umwelt-zuliebe-a-4826c6a1-f67c-4498-9e4e-d67d130e2918 (zuletzt aufgerufen am 12.4.2025).

45 Pesch Cryptocoin-Schulden S. 133 f.; sich dem anschließend Hoeren/Sieber/Holznagel MMR-HdB/Möllenkamp Teil 13.6 Rn. 81.

46 Digwatch, Bitcoin is no longer legal tender in El Salvador, abrufbar unter: https://dig.watch/updates/bitcoin-is-no-longer-legal-tender-in-el-salvador (zuletzt aufgerufen am 22.4.2025).

nicht ausgeschlossen, dass zumindest in einiger Zukunft Kryptowährungen (wieder) in einem Staat als gesetzliches Zahlungsmittel gelten. Dann kann eine dergestalt staatlich anerkannte Kryptowährung als Fremdwährung nach § 244 BGB angesehen werden und somit als eine in einer anderen Währung als den Euro ausgedrückte Geldschuld. Dem ist jedoch entgegenzuhalten, dass auch Geldmittel in fremder Währung die Geldfunktionen erfüllen müssten, um als Geldmittel eingestuft zu werden.[47] Kryptowährungen erfüllen diese Voraussetzungen jedoch nicht.[48]

26 Einige Stimmen in der Literatur ordnen demzufolge die Zahlung mittels Kryptowährungen gegen Waren oder Dienstleistungen als Tausch nach § 480 BGB ein.[49] Andere Stimmen verneinen diese Einordnung und bejahen eine Einordnung als Kaufpreis nach § 433 Abs. 2 BGB.[50] Überzeugend ist jedoch die Ansicht, welche die Zahlung mittels Kryptowährungen als Tausch einordnet. Hierfür spricht, dass der Tausch aus dogmatischer Sicht der direkte Austausch zweier Sachwerte ohne den Einsatz von Geld in der Funktion als Zahlungsmittel ist.[51] Von den Parteien ist bei dem Einsatz von Kryptowährungen als Zahlungsmittel jedoch gerade eine Art Zahlersatzfunktion gewollt. Daher entspricht – wenn schon eine Einordnung nach § 433 BGB scheitert – die vertragliche Ausgestaltung der Verpflichtungsebene als Tausch nach § 480 BGB gerade dem Parteiwillen als Austausch zweier Sachwerte ohne Einsatz von Geld. Der Parteiwille widerspricht gerade nicht dem Charakter des Tauschvertrages, wie er es beim Kaufvertrag mangels Geldfunktion gerade tut. Das entspricht auch der Einordnung von Kryptowährungen als sonstigen Gegenstand nach § 453 Abs. 1 BGB, da solche Gegenstand eines Tausches sein können.[52] Letztlich ist diese Meinungsstreitigkeit aber nur von rechtstheoretischer Natur, da auch beim Tausch die Vorschriften des Kaufrechts anzuwenden sind.[53] Auch der Einsatz von Kryptowährungen als Zahlungsmittel bei anderen Vertragsarten, etwa im Rahmen eines Arbeitsverhältnisses, ist denkbar.[54]

27 Im Fall, dass zunächst eine Geldsumme vereinbart worden ist und der Schuldner diese nachträglich durch einen Transfer von Kryptowährungen zu erfüllen versucht hat, gilt eine Einordnung einer solchen Leistung nach § 364 Abs. 1 oder Abs. 2 BGB.[55] Mit Hinweis auf § 365 BGB ist jedoch zu bedenken, dass der Gläubiger nach der Annahme der Kryptowährungen als Leistung an Erfüllung statt sich nicht mehr auf einen etwaigen Wertverlust berufen kann.[56] Das Volatilitätsrisiko liegt ab diesem Zeitpunkt also beim Gläubiger.

IV. Rechtsdurchsetzung

28 Im Folgenden soll auf die Aspekte der Rechtsdurchsetzung von Kryptowährungen eingegangen werden. Als Rechtdurchsetzung wird vor diesem Hintergrund der Vorgang verstanden, mit dem ein Gläubiger gegenüber dem Schuldner rechtliche Ansprüche geltend macht und durchsetzt. Ziel ist es demzufolge, die Anerkennung und Erfüllung eines bestehenden Rechtsanspruchs zu erreichen.

[47] BeckOGK/Freitag BGB § 244 Rn. 19.
[48] Hierzu im Detail Bauer Die effektive Einzel- und Gesamtvollstreckung von Blockchain-basierten Kryptowährungen S. 107 ff.
[49] MüKoBGB/Maultzsch § 480 Rn. 1; Hoeren/Sieber/Holznagel MMR-HdB/Möllenkamp Teil 13.6 Rn. 81; Pesch Cryptocoin-Schulden S. 135; Schroeder JurPC 2014 Web-Dok. 104/2014, Abs. 62.
[50] Beck/König JZ 2015, 130 (133 f.).
[51] MüKoBGB/Maultzsch § 480 Rn. 1.
[52] MüKoBGB/Maultzsch § 480 Rn. 1.
[53] So lässt dies das FG Köln im Ergebnis offen: FG Köln DStrRE 2022, 667 ff.
[54] Plitt/Fischer NZA 2016, 799 (800).
[55] Hoeren/Sieber/Holznagel MMR-HdB/Möllenkamp Teil 13.6 Rn. 83 mwN.
[56] Hoeren/Sieber/Holznagel MMR-HdB/Möllenkamp Teil 13.6 Rn. 84.

1. Erkenntnisverfahren

Hinsichtlich der Klagearten gelten die allgemeinen zivilprozessualen Regeln.[57] Auch die örtliche gerichtliche Zuständigkeit richtet sich nach den allgemeinen Erwägungen nach §§ 12 ff. ZPO und ist abhängig von den dinglichen und vertraglichen Rechtsverhältnissen im Einzelfall. Für die Streitwertbestimmung ist die hohe Volatilität von Kryptowährungen aufgrund der Maßgabe des § 4 Abs. 1 ZPO, wonach sich die Wertberechnung allein am Zeitpunkt der Klageeinreichung orientiert, irrelevant.[58] Vor dem Hintergrund der freien Ermessensausübung des Gerichts bei der Wertfestsetzung nach § 3 ZPO wird die Bestimmung des wahren Verkehrswerts von Kryptowährungen problematisch sein, da Kryptowährungen andere tagesaktuelle Kurse bei verschiedenen Krypto-Plattformen haben.[59] Dabei ist aber zu beachten, dass dem Gericht die Ermittlung des maßgeblichen Werts etwa auch durch Schätzung möglich ist.[60] Vor diesem Hintergrund empfiehlt es sich, dass das Gericht den Mittelwert des tagesaktuellen Werts der Kryptowährung auf verschiedenen führenden Handelsplattformen wählt, um die Differenzen – gerade, wenn diese etwa für die sachliche Zuständigkeit maßgeblich sein sollten – der Tageskurse auszugleichen. Das wären etwa die drei führenden Kryptohandelsplattformen Coinbase, Binance und Kraken. Derweil wird diese tagesaktuelle Differenz selten entscheidungsrelevant sein, sodass es auch als ausreichend angesehen werden kann, den Wert einer der führenden Kryptohandelsplattformen heranzuziehen.[61] Hinsichtlich der Anwendbarkeit von § 23 ZPO im Rahmen der örtlichen Zuständigkeit ist auf die Ausführungen in → § 51 Rn. 16 zu verweisen. 29

Bei der Formulierung des Klageantrags, vor allem aber auch bei der Tenorierung durch das Gericht, ist mit Blick auf die folgende Vollstreckung aus dem Urteil als Titel Acht zu geben. Zu verlangen ist im Hinblick auf die Bestimmtheit zum einen die genaue Bezeichnung der Einheiten sowie der Art der Kryptowährung und zum anderen die Blockchain-Adresse des Klägers im jeweiligen Blockchain-Netzwerk präzise zu benennen.[62] Im Hinblick auf die Herausgabe des Speichermediums des Privaten Schlüssels ist darauf hinzuweisen, dass die Herausgabe des Speichermediums den Beklagten nicht daran hindert, weiterhin über die Kryptowährungseinheiten, die der jeweiligen Blockchain-Adresse zugesprochen werden, zu verfügen. Vielmehr ist immer auf eine Blockchain-Transaktion von der Blockchain-Adresse des Schuldners hinzuwirken. 30

2. Beweiswert

Hinsichtlich des Beweiswertes Blockchain-basierter Informationen, so auch Kryptowährungen, ist ein Wesensmerkmal der Blockchain-Technologie wesentlich. Ein wesentliches Merkmal der Blockchain-Technologie ist die (grundsätzlich designabhängige, aber oftmals explizit gewollte) nachträgliche Unverfälschbarkeit des dezentralen Datenbestandes. Aus diesem Merkmal kann geschlussfolgert werden, dass Blockchain-basierten Informationen aufgrund dieser Unverfälschbarkeit ein hohes Maß an Glaubwürdigkeit zugesprochen werden kann. Innerhalb der Beweisführung kann demzufolge – allgemein gesprochen – Blockchain-basierten Informationen, so wie etwa Transaktionen von Kryptowährungen, für die Plausibilisierung bestimmter Ereignisse eine hohe Aussage- und Beweiskraft zugesprochen werden.[63] So kann etwa die Erfüllung einer Zahlungsverpflichtung durch die Zugrundelegung der jeweiligen Blockchain-basierten Transaktion dargelegt werden. Die Besonderheiten der Blockchain-Technologie im Hinblick auf die rechtliche Beweisführung 31

57 Kalss/Krönke/Völkel Crypto-Assets/Stöbel Einführung Rn. 153.
58 Vgl. Taufmann/Schumacher WM 2023, 908 (909).
59 Taufmann/Schumacher WM 2023, 908 (909).
60 BeckOK ZPO/Wendtland § 3 Rn. 1.
61 So auch Taufmann/Schumacher WM 2023, 908 (909).
62 Im Detail Kalss/Krönke/Völkel Crypto-Assets/Stöbel Einl. Rn. 153 ff.
63 So für Blockchain-basierte Smart-Contracts etwa Fries AnwBl 2018, 86 (88).

wurden bereits im Jahr 2019 auf Regierungsebene erkannt und in die Blockchain-Strategie der damaligen Bundesregierung aufgenommen.[64]

§ 45 Insiderhandel und Marktmanipulation

Übersicht

Schrifttum:

Almeida/Gonçalves, A systematic literature review of investor behavior in the cryptocurrency markets, Journal of Behavioral and Experimental Finance 2023, 100785; Assmann/Schütze/Buck-Heeb, Handbuch des Kapitalanlagerechts, 5. Aufl. 2020; Assmann/Schütze/Buck-Heeb, Handbuch des Kapitalanlagerechts, 6. Aufl. 2024; Bialluch-von Allwörden/Von Allwörden, Initial Coin Offerings: Kryptowährungen als Wertpapier oder Vermögensanlage?, WM 2018, 2118; Eigelshoven/Ullrich/Parry, Cryptocurrency Market Manipulation – A Systemativ Literature Review, Forty-Second International Conference on Information Systems, 2021; Ellenberger/Bunte, Bankrechts-Handbuch, 6. Aufl. 2022; Fang/Noe/Tice, Stock market liquidity and firm value, Journal of Financial Economics 2009, 150; Grimm/Kreuter, Kryptowerte und Marktmissbrauch, AG 2023, 177; Hamrick/Rouhi/Mukherjee/Feder/Gandal/Moore/Vasek, The Economics of Cryptocurrency Pump and Dump Schemes, Centre for Economic Policy Research 2018; Hoeren/Sieber/Holznagel, Handbuch Multimedia-Recht, Loseblatt; Hopt, Handelsgesetzbuch, 43. Aufl. 2024; Kalss/Krönke/Völkel, Crypto-Assets Kommentar, 2025; Kleinert/Mayer, Elektronische Wertpapiere und Krypto-Token, EuZW 2019, 857; Klöhn, Marktmissbrauchsverordnung, 1. Aufl. 2018; Klöhn, Marktmissbrauchsverordnung, 2. Aufl. 2023; Kocher, Ad-hoc-Publizität und Insiderhandel bei börsennotierten Aktien, WM 2013, 1305; Kumpan/Misterek, Der verständige Anleger in der Marktmissbrauchsverordnung, ZHR 2020, 180; Kusserow, Elektronische Schuldverschreibungen und Blockchain-Anleihen im geltenden Recht, WM 2020, 586; Maume/Maute, Rechtshandbuch Kryptowerte, 2020; Maume/Siadat, Struktur, Definitionen und Anwendungsfälle der Kryptoregulierung, NJW 2023, 1168; Meyer/Veil/Rönnau, Handbuch zum Marktmissbrauchsrecht, 2. Aufl. 2023; Misterek/Roth, Insiderinformationen in Bezug auf Kryptowerte, ZIP 2024, 385; Nathmann, Token in der Unternehmensfinanzierung, BKR 2019, 540; Omlor/Link, Kryptowährungen und Token, 1. Aufl. 2021; Omlor/Link, Kryptowährungen und Token, 2. Aufl. 2023; Park, Kapitalmarktstrafrecht, 5. Aufl. 2019; Pástor/Stambaugh, Liquidity Risk and Expected Stock Returns, Journal of Political Economy 2003, 642; Piepenburg, Kryptohandel und Marktmissbrauch, 2025; Preuße/Wöckener/Gillenkirch, Das Gesetz zur Einführung elektronischer Wertpapiere, BKR 2021, 460; Raschner, Das (neue) Marktmanipulationsrecht für Kryptowerte, BKR 2022, 217; Remund/Huber, Insiderrecht im digitalen Zeitalter, BKR 2024, 401; Rennig, Prospektpflicht für Stock Token?, BKR 2021, 402; Sangari/Mashatan, What is driving consumer resistance to crypto-

[64] Bundesministerium für Wirtschaft und Energie/Bundesministerium der Finanzen, Blockchain-Strategie der Bundesregierung, S. 13.

payment? A multianalytical investigation, Psychology & Marketing 2024, 575; Schelzke, Kryptowährungen, Token und das Kapitalmarktstrafrecht, wistra 2022, 182; Schwark/Zimmer, Kapitalmarktrechts-Kommentar, 5. Aufl. 2020; Segna/Möslein/Omlor/Von Buttlar, Gesetz über elektronische Wertpapiere, 2024; Seibt/Buck-Heeb/Harnos, Wertpapierhandelsrecht, 2024; Siadat, Markets in Crypto Assets Regulation – erster Einblick mit Schwerpunktsetzung auf Finanzinstrumente, RdF 2021, 12; Spindler, Initial Coin Offerings und Prospektpflicht und -haftung, WM 2018, 2109; Veil, Token-Emissionen im europäischen Kapitalmarktrecht, ZHR 2019, 346; Weiß, Tokenisierung, BaFin-Journal April 2019, 8; Wellerdt/Stolz, Exchange Traded Notes – wie Bitcoin zu einem regulierten Wertpapier werden, WM 2021, 479; Zickgraf, Initial Coin Offerings – Ein Fall für das Kapitalmarktrecht?, AG 2018, 293; Zickgraf, Primärmarktpublizität in der Verordnung über die Märkte für Kryptowerte (MiCAR) – Teil 1, BKR 2021, 196; Zöllner, Kryptowerte vs. Virtuelle Währungen, BKR 2020, 117.

Kryptowährungen haben sich in den vergangenen Jahren rasant entwickelt: Was einst als Nischenprodukt für Technikbegeisterte begann, ist heute ein Milliardenmarkt, der zunehmend von den Aufsichtsbehörden beobachtet wird und an Relevanz für das globale Finanzsystem gewinnt. Zusätzliche Bedeutung haben Kryptowerte kürzlich mit der Einführung einer Krypto-Währungsreserve in den USA erfahren. Diese soll aus einer Strategic Bitcoin Reserve und einem U. S. Digital Asset Stockpile, der sich wieder aus verschiedenen Kryptowerten zusammensetzt, bestehen.[1] Mit der zunehmenden Relevanz digitaler Vermögenswerte rücken jedoch nicht nur ihre Chancen, sondern auch die mit ihnen verbundenen Risiken für Investoren – insbesondere Insiderhandel und Marktmanipulation – in den Fokus. Klassischer Insiderhandel oder Marktmanipulation durch koordinierte Handelsstrategien, Wash Trading oder Pump-and-Dump-Schemes sind keine Seltenheit und können die Funktionsfähigkeit der Märkte als auch die Interessen der Marktteilnehmer beeinträchtigen und damit auch wirtschaftliche Folgen haben. 1

Im Gegensatz zu traditionellen Finanzmärkten, die strengen regulatorischen Vorgaben unterliegen, bewegen sich Kryptowährungen oft in einem Graubereich der Gesetzgebung. Die entstehenden Risiken für Investoren stellen sich gleichzeitig als Herausforderungen für Regulierungsbehörden dar. 2

Das nachfolgende Kapitel beleuchtet die Mechanismen des Insiderhandels und der Marktmanipulation im Bereich Decentralised Finance bzw. Kryptowährungen, sammelt Fallbeispiele und beleuchtet die gesetzgeberische Antwort auf die bestehenden Risiken. 3

I. Rechtstatsächliche Erscheinungsformen von Marktmissbrauch im Hinblick auf Kryptowährungen

1. Insiderhandel

Insiderhandel (→ § 27 Rn. 6) in seiner klassischen Form kann auch im Zusammenhang mit Kryptowährungen erfolgen. So berichten Medien über Insider, die Informationen über das bevorstehende Listing einer bestimmten Kryptowährung an einer Kryptobörse zu eigenen Gunsten ausnutzen.[2] Denn ein Listing verleiht Token Legitimität und erhöht ihre Liquidität. Beides wirkt sich in der Regel kurssteigernd aus (→ § 27 Rn. 6).[3] Insider erwerben vor dem Listing Token und verkaufen diese kurz nach Ankündigung des Listings mit Kursgewinnen wieder.[4] 4

---

1 Vgl. U. S. Presidential Order v. 6.3.2025, abrufbar unter https://www.whitehouse.gov/presidential-actions/2025/03/establishment-of-the-strategic-bitcoin-reserveand-united-states-digital-asset-stockpile/ (zuletzt abgerufen am 23.6.2025); Verwendet werden sollen hierfür zunächst nur bereits im Eigentum verschiedener U. S. Behörden stehende Kryptowerte, die etwa im Zusammenhang mit strafrechtlicher oder zivilrechtlichen Einziehungsmaßnahmen eingezogen wurden.

2 Vgl. etwa Wall Street Journal Artikel v. 21.5.2022, „Crypto Might Have an Insider Trading Problem", abrufbar unter: https://ottosc.hm/4kVKG (zuletzt abgerufen am 23.6.2025).

3 Vgl. zudem Anderson „Insider Trading and Cryptoassets: The Waters Just Got Muddier", 104 Iowa L. Rev. Online 120 (2020), S. 1 f., abrufbar unter: https://ottosc.hm/Pw3MR (zuletzt abgerufen am 23.6.2025).

4 Zum Insiderhandelsskandal der Kryptobörse Coinbase vgl. Remund/Huber BKR 2024, 401 (407) unter Verweis auf die Pressemitteilung der SEC v. 22.7.2022 und des DOJ.

5 Auch das auf den traditionellen Finanzmärkten anzutreffende *Frontrunning* (→ § 27 Rn. 6) tritt in Bezug auf Kryptowährungen auf. So wurde etwa bekannt, dass die US-amerikanische *Commodity Futures Trading Commission* (CFTC) gegen Angestellte der Kryptohandelsplattform Binance wegen dieser Form des Insiderhandels ermittelt.[5]

2. Marktmanipulation

6 Weiterhin sind auch verschiedene rechtstatsächliche Erscheinungsformen der Marktmanipulation (→ § 27 Rn. 5 ff.) im Zusammenhang mit Kryptowährungen zu beobachten. Dazu zählen insbesondere Pump-and-Dump Schemes, (→ § 27 Rn. 8) durch die Schätzungen zu Folge allein im Jahr 2021 Profite iHv 2,8 Mrd. USD erwirtschaftet wurden.[6] Auch Wash Trading (→ § 27 Rn. 8) ist auf Kryptobörsen verbreitet. Zwar ist das genaue Ausmaß von *Wash Trading* auf Kryptobörsen kaum verlässlich zu quantifizieren; Untersuchungen gehen jedoch davon aus, dass Wash Trades bis zu 80 % des Gesamthandelsvolumens unregulierter Kryptobörsen ausmachen.[7] Schließlich soll auch Spoofing (→ § 27 Rn. 8) im Zusammenhang mit Kryptowährungen weit verbreitet sein. So legen Untersuchungen nahe, dass der exorbitante Kursanstieg des Bitcoin (BTC) Ende 2017 im Zusammenhang mit der Erstellung von falschen Orders im großen Stil steht.[8]

II. Insiderinformationen und Marktmanipulation bei Kryptowährungen: Das neue Marktmissbrauchsregime der MiCAR

7 Die MiCAR enthält in Art. 86–92 ein eigenes Marktmissbrauchsregime, das stark an das Marktmissbrauchsregime der MAR angelehnt ist und ebenso wie die MAR Marktmissbrauch als Oberbegriff für Insiderhandel und Markmanipulation verwendet (→ § 27 Rn. 38).

1. Anwendbarkeit der MiCAR

8 Der Begriff der Kryptowährung ist nicht im Gesetz definiert. In Art. 3 Abs. 1 Nr. 5 MiCAR wird stattdessen der sehr weite Begriff „Kryptowert" (→ § 27 Rn. 40 ff.) verwendet. Finanzprodukte die gemeinläufig als Kryptowährungen bezeichnet werden, sind von diesem Begriff umfasst. Damit finden grundsätzlich auch die Marktmissbrauchsregeln der MiCAR Anwendung. Eine entscheidende Weichenstellung treffen jedoch Erwgr. 9 und Art. 2 Abs. 4 Buchst. a MiCAR, wonach Finanzinstrumente vom Anwendungsbereich der MiCAR ausgenommen sind. Entscheidend für die Frage, ob Kryptowährungen als Finanzinstrumente eingeordnet werden können, ist ihre konkrete Ausgestaltung. Gemeinhin wird zwischen Investment Token **(a)**), Utility Token **(b)**) und Currency Token **(c)**) unterschieden.

[5] Dazu Grimm/Kreuter AG 2023, 177 (182).

[6] Vgl. etwa https://ottosc.hm/S4lgC, zuletzt abgerufen am 23.6.2025, und https://ottosc.hm/PNhjO (jeweils zuletzt abgerufen am 23.6.2025). Oft bedienen sich die Initiatoren dieser Schemes Prominenter, da diese über eine hohe Reichweite in den sozialen Medien verfügen. Bekanntes Beispiel ist der EMAX-Token, vgl. dazu zum Einfluss auf den EMAX Token ua FCA Chair Charles Randell in seiner Rede am 26.9.2021, abrufbar unter: https://ottosc.hm/Y2jN2 (zuletzt abgerufen am 23.6.2025); im Weiteren die Class Action Complaint v. 7.1.2022, S. 4 ff., abrufbar unter: https://ottosc.hm/yE9tK (zuletzt abgerufen am 23.6.2025); vgl. zudem Hamrick et al. The Economics of Cryptocurrency Pump and Dump Schemes, S. 1 f., die im Rahmen ihrer Forschungsarbeit allein 5.000 sogenannter „pumps" erfassen konnten.

[7] Vgl. etwa Cong/Li/Tang/Yang „Crypto Wash Trading", S. 34, abrufbar unter: https://ottosc.hm/yAutL (zuletzt abgerufen am 23.6.2025); jüngst wurden in den Vereinigten Staaten erstmals Finanzdienstleister wegen Wash Trading angeklagt, vgl. die Pressemitteilung des DoJ, U. S. Attorney's Office, District of Massachusetts v. 9.10.2024, abrufbar unter: https://www.justice.gov/usao-ma/pr/eighteen-individuals-and-entities-charged-international-operation-targeting-widespread (zuletzt abgerufen am 23.6.2025).

[8] Vgl. Eigelshoven/Ullrich/Parry Cryptocurrency Market Manipulation: A Systematic Literature Review, S. 9; zum Vorgehen vgl. https://cointelegraph.com/news/single-trader-with-enormous-bankroll-is-manipulating-bitcoin-price-but-to-what-end (zuletzt abgerufen am 23.6.2025).

a) Investment Token

Investment Token (Asset Token, Security Token, Equity Token) weisen Ähnlichkeiten zu herkömmlichen Eigen- oder Fremdkapitalinstrumenten auf. Sie repräsentieren beispielsweise mitgliedschaftliche Rechte (Teilnahmerechte, Stimmrechte, etc) oder schuldrechtliche Ansprüche (Gewinnbeteiligung, Verzinsung, etc).[9] Aufgrund ihrer Vergleichbarkeit mit herkömmlichen Wertpapieren können sie unter den Wertpapierbegriff des Art. 4 Abs. 1 Nr. 44 MiFID II fallen und wären damit (von der MAR erfasste) Finanzinstrumente im klassischen Sinne (→ § 27 Rn. 9). Zwar kommt es auch hier immer auf eine Betrachtung im Einzelfall und die konkrete Ausgestaltung eines Token an, jedoch fallen Investment Token damit in der Regel nicht in den Anwendungsbereich der MiCAR.[10] **9**

b) Utility Token

Utility Token (App-Token, Nutzungstoken, Verbrauchstoken) repräsentieren (vergleichbar mit einem digitalen Gutschein[11]) regelmäßig einen Leistungsanspruch gegen den Emittenten, etwa in Bezug auf Dienstleistungen oder Produkte (auch in Form eines bevorzugten Zugangs zu neuen Produkten oder Vergünstigungen), den Zugang zu einer Plattform oder zu Inhalten.[12] Die Vergleichbarkeit mit herkömmlichen Wertpapieren ist bei Utility Token deutlich problematischer. Unstreitig ist, dass Utility Token, die einen bereits bestehenden Wert wie bspw. ein existierendes Produkt repräsentieren, keine Wertpapiere sind.[13] In diesem Fall kann eine Analogie zum digitalen Gutschein gezogen werden. Es handelt sich insbesondere nicht um eine risikobehaftete Vermögensanlage deren Renditeaussicht maßgeblich von den Anstrengungen Dritter abhängig ist. **10**

Anders verhält es sich, wenn das Produkt oder die Dienstleistung noch nicht existiert, sondern erst entwickelt werden soll. Ob das Unternehmen das Produkt finalisieren wird oder ob es letztendlich scheitert, ist ungewiss. Die Investition in einen entsprechenden Utility Token ist somit mit Unsicherheit und Risiko behaftet. Ob der darin verkörperte Anspruch tatsächlich irgendwann geltend gemacht werden kann, hängt im Wesentlichen von den Anstrengungen des Emittenten ab. Aus diesem Grund sind derartige Utility Token eher vergleichbar mit Fremdkapitalmitteln als mit einem digitalen Gutschein und damit als Finanzinstrumente zu behandeln.[14] Kommt also Utility Token eine *„Investmentkomponente"* zu, sind diese mit Schuldtiteln iSd Art. 4 Abs. 1 Nr. 44 Buchst. b MiFID II vergleichbar und fallen als Finanzinstrumente unter die MAR.[15] Daran hat sich auch nach Inkrafttreten der MiCAR nichts geändert. Utility Token, die bislang als Finanzinstrument einzustufen waren, sind dies auch weiterhin.[16] Die MiCAR findet dann entsprechend Art. 2 Abs. 4 Buchst. a MiCAR keine Anwendung. **11**

---

[9] BaFin Zweites Hinweisschreiben zu Prospekt- und Erlaubnispflichten im Zusammenhang mit der Ausgabe sogenannter Krypto-Token, GZ: WA 51-Wp 7100-2019-0011 und IF 1-AZB 1505– 2019/0003 S. 6.

[10] Vgl. Assmann/Schütze/Buck-Heeb KapAnlR-HdB/Eckhold/F. Schäfer § 17 Rn. 70; Klöhn/Klöhn MAR Art. 2 Rn. 82; Maume/Siadat NJW 2023, 1168 (1169); Grimm/Kreuter AG 2023, 177 (186); Siadat RdF 2021, 12 (15).

[11] Assmann/Schütze/Buck-Heeb KapAnlR-HdB/Eckhold/F. Schäfer, 5. Aufl. 2020, § 16a Rn. 41; Misterek/Roth ZIP 2024, 385 (386).

[12] Assmann/Schütze/Buck-Heeb KapAnlR-HdB/Eckhold/F. Schäfer, 5. Aufl. 2020, § 16a Rn. 41 ff.; Hoeren/Sieber/Holznagel MMR-HdB/Guggenberger Teil 13.7 Rn. 34; Schwark/Zimmer/Kumpan WpHG § 2 Rn. 84; Rennig BKR 2021, 402 (404); Schelzke wistra 2022, 182 (183); Spindler WM 2018, 2109 (2113); Zöllner BKR 2020, 117 (119).

[13] Grimm/Kreuter AG 2023, 177 (184); Misterek/Roth ZIP 2024, 385 (386).

[14] Grimm/Kreuter AG 2023, 177 (184); Misterek/Roth ZIP 2024, 385 (386); Zickgraf BKR 2021, 196 (198); kritisch hierzu in Abgrenzung zur Rechtslage in den USA und der dortigen Einordnung von Kryptowerten als security Veil ZHR 2019, 346 (363).

[15] Misterek/Roth ZIP 2024, 385 (386).

[16] Zutreffend Misterek/Roth ZIP 2024, 385 (386); so auch bereits Grimm/Kreuter AG 2023, 177 (184); aA Zickgraf BKR 2021, 196 (198 f.); Klöhn/Klöhn MAR Art. 2 Rn. 85.

12 Auch die ESMA greift dies in ihren Leitlinien auf und spezifiziert, dass im Hinblick auf Utility Token eine Kategorisierung als Finanzinstrument jedenfalls nicht in Betracht kommt, wenn solche Token keine Ausschüttungen generieren (etwa in Form von Dividenden- oder Zinszahlungen) und sie nicht die Merkmale einer bestimmten Kategorie von Wertpapieren aufweisen. Insoweit reiche jedenfalls eine subjektive Intention eines Investors, durch die Wertsteigerung einen Gewinn zu erzielen, nicht aus.[17]

c) Currency Token

13 Currency Token (Payment Token, Zahlungstoken) dienen in ihrer Grundkonzeption als universales Tauschmittel. Aufgrund ihrer hohen Volatilität ist die praktische Nutzbarkeit als Zahlungsmittel indes beschränkt, sodass selbst etablierte Currency Token wie Bitcoin (BTC) oder Ether (ETH) meist nur zum Tausch gegen andere Token auf Kryptobörsen genutzt werden, darüber hinaus aber praktisch keine Relevanz als Zahlungsmittel aufweisen.[18] Vielmehr sieht ein Großteil der Inhaber die Currency Token als reines Investment- bzw. Spekulationsobjekt.[19] Gleichwohl handelt es sich nicht um Finanzinstrumente, da eine Vergleichbarkeit zu herkömmlichen Wertpapieren fehlt. Currency Token repräsentieren keinen realen Sachwert und der Erfolg der Investition hängt nicht von den Anstrengungen Dritter ab.[20] Sie unterfallen damit der MiCAR. Dies gilt unabhängig davon, ob es sich um herkömmliche Currency Token handelt, deren Wert sich allein aus den Grundsätzen von Angebot und Nachfrage bestimmt oder ob der Wert an einen oder mehrere Referenzwerte geknüpft ist (E-Geld Token und vermögenswertreferenzierte Token).[21]

2. Das Insiderhandelsverbot der MiCAR in Bezug auf Kryptowährungen

a) Voraussetzungen des Insiderhandelsverbotes

14 Art. 89 MiCAR definiert unter Abs. 1 Insidergeschäfte und steckt unter Abs. 2–4 die Reichweite des Verbots von Insidergeschäften ab, enthält also sowohl die maßgebliche Definition des Insiderrechtsregimes der MiCAR als auch einen Verbotstatbestand. Auch die unrechtmäßige Offenlegung von Insiderinformationen ist nach Art. 90 MiCAR verboten. Besonders umstrittene Fragen stellen sich im Insiderrecht, dessen Kern der Begriff der Insiderinformation darstellt. Der Begriff der Insiderinformation setzt sich aus zwei Merkmalen betreffend die Art der Information einerseits und die Preisbeeinflussungseignung andererseits zusammen.[22] Eine Insiderinformation ist gem. Art. 87 Abs. 1 Buchst. a MiCAR **(aa)**) eine nicht öffentlich bekannte Information, **(bb)**) die hinreichend präzise ist, **(cc)**) einen Bezug zum Emittenten, zum Anbieter oder zu den Personen, die die Zulassung zum Handel beantragen, aufweist und **(dd)**) Kursrelevanz besitzt.

15 **aa) Nicht öffentlich bekannte Information.** Zentraler Begriff des Insiderrechts der MiCAR ist der der Insiderinformation, welche in Art. 87 Abs. 1 Buchst. a MiCAR –

[17] Vgl. ESMA Leitlinien, S. 37 Rn. 23 und S. 46 Rn. 62.

[18] Sangari/Mashatan 41 Psychology & Marketing (2023), 575; speziell zum US-amerikanischen Markt auch Board of Governors of the Federal Reserve Systems, Economic Well-Being of U. S. Households in 2022, S. 41.

[19] Board of Governors of the Federal Reserve Systems, Economic Well-Being of U. S. Households in 2022 S. 41.

[20] BaFin, Zweites Hinweisschreiben zu Prospekt- und Erlaubnispflichten im Zusammenhang mit der Ausgabe sog. Krypto-Token, GZ: WA 51-Wp 7100-2019-0011 und IF 1-AZB 1505–2019/0003, S. 6: „Grundsätzlich stellen Zahlungstoken keine Wertpapiere iSd WpPG dar […]"; statt vieler: Schelzke wistra 2022, 182 (187). Nach Einordnung der BaFin sind Kryptowährungen Rechnungseinheiten iSv § 1 Abs. 11 S. 1 Nr. 7 Alt. 2 KWG und damit als Finanzinstrumente von dessen Anwendungsbereich erfasst. Der Begriff des Finanzinstruments nach dem KWG entspricht jedoch nicht dem der MAR bzw. der MiFID II und ist somit gesondert zu prüfen, vgl. Klöhn/Klöhn, 1. Aufl. 2018, MAR Art. 2 Rn. 84.

[21] Misterek/Roth ZIP 2024, 385 (387).

[22] Vgl. auch Kalss/Krönke/Völkl/Wutscher MiCAR Art. 87 Rn. 4.

parallel zu Art. 7 Abs. 1 Buchst. a MAR – als *„nicht öffentlich bekannte präzise Information"* legaldefiniert wird.

Art. 88 MiCAR verlangt – analog Art. 17 MAR – eine umgehende Veröffentlichung von Insiderinformationen. Eine Information erlangt erst dann öffentliche Bekanntheit, wenn sie einem breiten Anlegerpublikum bekannt ist. Davon sind auch Kleinanleger umfasst.[23] Die Öffentlichkeit kann durch Ad-hoc-Mitteilung oder durch anderweitige Verbreitung, die aber eine vergleichbare Reichweite sicherstellt, erreicht werden.[24] Diese – für die MAR entwickelten Grundsätze – können aufgrund der Wortgleichheit auf die MiCAR übertragen werden.[25] Erforderlich ist jedoch, dass die Informationen auch das breite Anlegerpublikum am Kryptomarkt erreichen; eine Verbreitung nur unter Anlegern am herkömmlichen Finanzmarkt wird nicht genügen.[26] **16**

Umstritten ist, ob die Informationen innerhalb des gesamten EU-Raums verbreitet werden müssen oder ob auch eine Verbreitung in nur einem Mitgliedsstaat genügen kann. Für herkömmliche Finanzinstrumente wird eine limitierte Verbreitung für ausreichend erachtet, da Finanzinstrumente regelmäßig an zentralen Handelsplätzen gehandelt werden und diese hauptsächlich von regional ansässigen Anlegern benutzt werden.[27] Kryptowerte einschließlich NFTs werden dagegen an dezentralen Kryptobörsen gehandelt, die eine unmittelbare Zuordnung zu einem Mitgliedsstaat nicht zulassen. Teilweise wird deshalb eine Verbreitung im gesamten EU-Raum in englischer Sprache gefordert.[28] Dies würde den Emittenten, Anbietern und Personen, welche die Zulassung zum Handel beantragen, aber zu weitgehende Pflichten – auch im Rahmen der Publizitätspflicht nach Art. 88 MiCAR – auferlegen, die in der Form bei herkömmlichen Wertpapieren nur in Ausnahmefällen vorkommen.[29] Die Schaffung eines eigenen Missbrauchsregimes der MiCAR trägt dem Umstand Rechnung, dass Emittenten von Kryptowerten regelmäßig KMU sind.[30] Die Erweiterung des Anwendungsbereichs der MAR wird aufgrund deren Regeldichte nach Auffassung des Europäischen Gesetzgebers als unverhältnismäßig erachtet; mit der MiCAR sollte insofern ein schlankeres Regime geschaffen werden.[31] Dieser Zweck würde aber gerade konterkariert werden, würde man für Emittenten von Kryptowerten pauschal weitergehende Anforderungen an die Publizität stellen, als es selbst unter der MAR der Fall wäre. Entscheidend ist somit eine Einzelfallbetrachtung dahingehend, in welchen Ländern die dezentralen Kryptobörsen faktisch ihre Dienste anbieten. Nur dort muss auch eine Verbreitung stattfinden, damit die Information als öffentlich gelten kann.[32] **17**

bb) Präzise Information. Art. 87 Abs. 1 Buchst. a MiCAR verlangt weiterhin, dass die Information präzise ist. Eine Legaldefinition des Tatbestandsmerkmals findet sich in Art. 87 Abs. 2 MiCAR. Entscheidend ist, dass sich die Information auf Umstände oder Ereignisse bezieht, die bereits eingetreten sind oder wahrscheinlich eintreten werden und diese spezifisch genug sind um einen Rückschluss auf ihre Auswirkung auf den Kursverlauf zu ziehen. Die Legaldefinition ist identisch zu der in Art. 7 Abs. 2 MAR, sodass auf die dazu in Rechtsprechung[33] und Literatur[34] entwickelten Maßstäbe zurückgegriffen werden **18**

[23] Roth/Misterek ZIP 2024, 385 (390).
[24] Kasuistisch zur MAR Schwark/Zimmer/Kumpan/Misterek, Kapitalmarktrechts-Kommentar, MAR Art. 7 Rn. 110 ff.
[25] Roth/Misterek ZIP 2024, 385 (390).
[26] Roth/Misterek ZIP 2024, 385 (390).
[27] Klöhn/Klöhn MAR Art. 7 Rn. 148; Meyer/Veil/Rönnau MarktmissbrauchsR-HdB/Krause § 6 Rn. 85.
[28] Maume/Maute Kryptowerte-HdB/Maume § 14 Rn. 38.
[29] Misterek/Roth ZIP 2024, 385 (390); vgl. auch Klöhn/Klöhn MAR Art. 7 Rn. 150.
[30] Erwgr. 95 MiCAR.
[31] Erwgr. 95 MiCAR.
[32] Misterek/Roth ZIP 2024, 385 (390).
[33] EuGH NJW 2022, 2671 – A/AMF; EuGH NZG 2015, 432 – Lafonte/AMF; EuGH ZIP 2012, 1282 – Geltl.
[34] HK-KapMarktStrafR/Hilgendorf/Kusche MAR Art. 7 Rn. 18 ff.; Klöhn/Klöhn MAR Art. 7 Rn. 77 ff.; Meyer/Veil/Rönnau MarktmissbrauchsR-HdB/Krause § 6 Rn. 26 ff.; Hopt/Kumpan MAR Art. 7 Rn. 1 ff.; Schwark/Zimmer/Kumpan/Misterek MAR Art. 7 Rn. 26 ff.

kann.[35] Der Begriff der präzisen Information wird in Art. 87 Abs. 1 Buchst. b MiCAR (Art. 7 Abs. 1 Buchst. d MAR) nochmals für Personen, die mit der Ausführung von Aufträgen über Kryptowerte (Finanzinstrumente) für Kunden beauftragt sind, konkretisiert. Durch diese – klarstellende – Vorschrift soll insbesondere das Frontrunning erfasst werden.[36]

19 **cc) Emittenten-, Anbieter- oder Beantragendenbezug.** Im Gegensatz zur MAR können die genannte Informationen gem. Art. 87 Abs. 1 Buchst. a MiCAR neben dem Emittentenbezug (und dem Kryptowert selbst) auch tatbestandsverwirklichend in Relation zum Anbieter oder zu den Personen, die die Zulassung zum Handel beantragen, stehen. Aufgrund der Tatsache, dass eine Kursveränderung durch die Information idR immer auch dessen Bezugspunkte betrifft, ist dem Tatbestandsmerkmal der Kursrelevanz und dessen Prüfung, wie folgt, besondere Aufmerksamkeit zu schenken.[37]

20 **dd) Kursrelevanz.** Insiderinformationen iSd MiCAR sind nur dann gegeben, wenn ihr öffentliches Bekanntwerden geeignet wäre, den Kurs der betreffenden Kryptowerte oder den Kurs eines damit verbundenen Kryptowerts erheblich zu beeinflussen (Art. 87 Abs. 1 MiCAR). Art. 87 Abs. 4 MiCAR konkretisiert das Merkmal der Kursrelevanz dahingehend, dass solche Informationen gemeint sind, welche *„ein verständiger Inhaber von Kryptowerten wahrscheinlich als Teil der Grundlage seiner Anlageentscheidung nutzen würde"*. Die Kursbewegung muss von einem verständigen Anleger in Krypowerte gewinnbringend ausgenutzt werden können.[38] Damit konkretisiert die Vorschrift die einzunehmende Perspektive als *ex ante*-Perspektive eines verständigen Inhabers von Kryptowerten.[39] Dabei ist jeweils eine Einzelfallprüfung vorzunehmen, die Unsicherheiten unterliegt; die Bejahung einer Kursrelevanz stellt letztlich einen Erwartungswert dar.[40] Im Zusammenhang mit Kryptowährungen sind typische Beispiele für Insiderinformationen technische Charakteristika oder Informationen betreffend die Sicherheit einzelner Kryptowährungen.[41]

21 Höchst umstritten ist, ob nur rationale Kursbewegungen im Rahmen der Kursrelevanz zu berücksichtigen sind oder ob auch irrationale Kursbewegungen umfasst sind. Kern des Streites ist der Gleichlauf von Art. 87 MiCAR (Art. 7 MAR) und Art. 88 MiCAR (Art. 17 MAR). Liegt eine Insiderinformation vor, so ist sie grundsätzlich umgehend zu veröffentlichen. Fallen indes auch irrationale Kursbewegungen unter den Begriff der Insiderinformation, sind Emittenten verpflichtet diese zu veröffentlichen und somit zu verbreiten. Die irrationale Kursbewegung würde somit weiter perpetuiert. Zum Teil wird deshalb irrationalen Kursbewegungen bei herkömmlichen Finanzinstrumenten die Kursrelevanz abgesprochen.[42] Aufgrund des weitgehenden Gleichlaufs der Missbrauchsrechtsregime in MiCAR und MAR ist eine einheitliche Auslegung geboten, sodass dies konsequenterweise auch für Kryptowerte gelten müsste.[43] Allerdings ist gerade der Kryptobereich stark geprägt von irrationalen Informationen.[44] Viele Missbrauchsfälle im Kryptobereich stützen sich auf die Ausnutzung irrationaler Kursbewegungen (→ § 27 Rn. 7 f.). Auch ist fraglich, welcher

---

35 Misterek/Roth ZIP 2024, 385 (390).
36 Misterek/Roth ZIP 2024, 385 (393); Klöhn/Klöhn MAR Art. 7 Rn. 304 ff.
37 Zur MAR Schwark/Zimmer/Kumpan/Misterek, Kapitalmarktrechts-Kommentar, MAR Art. 7 Rn. 90; Klöhn/Klöhn MAR Art. 7 Rn. 116; zur MiCAR abgrenzend Misterek/Roth ZIP 2024, 385 (390 f.).
38 Misterek/Roth ZIP 2024, 385 (391); zur Rechtslage bei herkömmlichen Finanzinstrumenten Klöhn/Klöhn MAR Art. 7 Rn. 211 ff.; Meyer/Veil/Rönnau MarktmissbrauchsR-HdB/Krause § 6 Rn. 100 ff.
39 Insoweit sollen die in Bezug auf den „verständigen Anleger" der MAR entwickelten Grundsätze übertragbar sein, Kalss/Krönke/Völkl/Wutscher MiCAR Art. 87 Rn. 11.
40 Kalss/Krönke/Völkl/Wutscher MiCAR Art. 87 Rn. 12 mit Verweisen auf die Rechtslage bei Anwendbarkeit der MAR.
41 So in Bezug auf Kryptowerte allgemein Kalss/Krönke/Völkl/Wutscher MiCAR Art. 91 Rn. 4.
42 Ellenberger/Bunte BankR-HdB/Hopt/Kumpan § 86 Rn. 55; Kumpan/Misterek ZHR 2020, 180 (189 ff.); Klöhn/Klöhn MAR Art. 7 Rn. 273 ff.; Meyer/Veil/Rönnau MarktmissbrauchsR-HdB/Krause § 6 Rn. 100 ff.
43 Misterek/Roth ZIP 2024, 385 (392).
44 Almeida/Gonçalves 37 Journal of Behavioral and Experimental Finance (2023), 100785.

Anwendungsbereich der MiCAR überhaupt noch verbliebe, wenn irrationale Kursbewegungen aus dem Insiderbegriff ausgeklammert würden, da zumindest fraglich ist, ob sich der Kursverlauf mancher Kryptowerte überhaupt auf irgendwelche Fundamentalwerte zurückführen lässt.[45] Viel spricht daher dafür, anzunehmen, dass auch irrationale Kursbewegungen Insiderwissen begründen können und – sofern es überhaupt eine Ad-hoc-pflichtige Person gibt[46] – zu veröffentlichen sind.[47]

b) Das Insiderhandelsverbot der MiCAR in Bezug auf Kryptowährungen

Welche Informationen konkret Kursrelevanz haben, ist letztlich davon abhängig, wie genau der betroffene Kryptowert ausgestaltet ist. Dies wird im Folgenden im Hinblick auf Investment Token **(aa)**), Utility Token **(bb)**) und Currency Token **(cc)**) erläutert. 22

aa) Investment Token. Aus der Vergleichbarkeit von Investment Token mit herkömmlichen Finanzinstrumenten folgt, dass sich bei der Kursrelevanz bezogen auf Investment Token praktisch kaum Unterschiede zur Kursrelevanz bei herkömmlichen Finanzinstrumenten ergeben.[48] Repräsentieren die Investment Token bspw. Gewinnbeteiligungen so sind grundsätzlich die gleichen Informationen kursrelevant, die auch bei einer Aktie mit Dividendenanspruch desselben Emittenten kursrelevant wären.[49] 23

bb) Utility Token. Hinsichtlich Utility Token bestehen aufgrund des Mangels an „objektiv preisbildenden Faktoren" zumindest Zweifel, dass diese Gegenstand einer Insiderinformation sein können. Dagegen erfolgt jedoch durch das anwendbare Unionsrecht auch kein kategorischer Ausschluss von Token dieser Art aus dem Insiderrecht. Deren Preis wird, vergleichbar mit Anleihen, maßgeblich durch die Zahlungsfähigkeit des Ausgebers beeinflusst. Beeinflussend auf die Kurse von Utility Tokens einwirken können auch neue und abgewandelte Informationen bezüglich des Dienstleistungswerts bzw. der Produktqualität sowie des Zeitpunkts und Gegenwertes der Leistungen. Insofern können bei Utility Tokens, auch wenn sie vorrangig lediglich Rechte auf Dienstleistungen und Produkte gewähren, vor allem Informationen bezüglich der zu erbringenden Leistung relevant werden.[50] 24

cc) Currency Token. Bei Currency Token ist die Frage nach der Kursrelevanz problematisch. Anders als Investment Token und Utility Token weisen sie keinerlei Bezug zu einem realen Vermögensgegenstand auf. Ihr Wert ergibt sich primär aus ihrer Knappheit und ihrer Funktion als Wertaufbewahrungs- und Tauschmittel.[51] Currency Token aber alleine deshalb die Möglichkeit abzusprechen, Gegenstand eines Insiderhandels zu sein,[52] ginge zu weit.[53] Zum einen will die MiCAR gerade auch solche Token regulieren, die als Zahlungsmittel verwendet werden.[54] Zum anderen kam es auch und gerade im Kontext von Currency Token (→ Rn. 13) in der Vergangenheit zu Marktmissbrauch, was den Bedarf nach einer entsprechenden Regulierung unterstreicht. 25

[45] Dies generell ablehnend jedenfalls Klöhn/Klöhn MAR Art. 2 Rn. 86 für Currency Token.

[46] Dies ist bei dezentral ausgestalteten Kryptowerten nämlich ohnehin nur selten der Fall, vgl. Misterek/Roth ZIP 2024, 385 (392).

[47] Misterek/Roth ZIP 2024, 385 (392); bei herkömmlichen Finanzinstrumenten bereits BGH NJW 2012, 1800 Rn. 44 – IKB; Seibt/Buck-Heeb/Harnos/Nietsch MAR Art. 7 Rn. 129 ff.

[48] Misterek/Roth ZIP 2024, 385 (393).

[49] Insofern kann auf die umfangreiche Kommentar- und Handbuchliteratur zu herkömmlichen Finanzinstrumenten verwiesen werden, vgl. statt aller Schwark/Zimmer/Kumpan/Misterek, Kapitalmarktrechts-Kommentar, MAR Art. 7 Rn. 169 ff. mwN.

[50] Vgl. Maume/Maute Kryptowerte-HdB/Maume § 14 Rn. 36; auch Omlor/Link Kryptowährungen/Gaberle/Kühn Kap. 4 Rn. 105; Kocher WM 2013, 1305 (1306 f.).

[51] Klöhn/Klöhn MAR Art. 2 Rn. 86; ausführlich und unter Einbeziehung von im Vordringen befindlicher Bewertungsmethoden Misterek/Roth ZIP 2024, 385 (394 f.).

[52] So Maume/Maute Kryptowerte-HdB/Maume § 14 Rn. 36.

[53] Misterek/Roth ZIP 2024, 385 (394 f.).

[54] Erwgr. 2, 5 MiCAR.

26 Als wertbildender Faktor kommt primär die Liquidität der Currency Token in Betracht. Dass die Liquidität eines Finanzprodukts dessen Wert maßgeblich mitbestimmen kann, ist für herkömmliche Wertpapiere anerkannt.[55] Selbiges gilt für Currency Token.[56] Evident wird dieser Befund, durch die rasanten Kursanstiege von Currency Token nach dem Listing an einer Kryptobörse.[57] Ein Listing führt des Weiteren zu einem höheren Anlegerschutz, da ab dem Zeitpunkt, indem die Zulassung zum Handel beantragt wird, die Marktmissbrauchsvorschriften greifen, Art. 86 Abs. 1 MiCAR. Auch unter diesem Gesichtspunkt kann ein Listing kursrelevant sein.[58] Ebenfalls kursrelevant kann die Akzeptanz von Currency Token als Zahlungsmittel[59] sein.[60]

3. Das Verbot der Marktmanipulation der MiCAR in Bezug auf Kryptowährungen

27 Art. 91 MiCAR, der parallel zu Art. 89 MiCAR gleichermaßen eine Definitions- und Verbotsnorm darstellt, regelt das Verbot der Marktmanipulation. Gemeinsam mit den Art. 87–90 MiCAR bildet die Norm die zwei Säulen des Marktmissbrauchsrechts der MiCAR.[61] Art. 91 Abs. 2 MiCAR knüpft das Marktmanipulationsverbot an drei unterschiedliche Handlungsvarianten: Buchst. a und b beziehen sich auf handels- und handlungsgestützte Manipulationen, Buchst. c betrifft die informationsgestützte Marktmanipulation. Die Handlungsvarianten, vor allem die handels- und handlungsgestützten Tatvarianten, lassen sich teils nicht scharf voneinander abgrenzen.[62] Eine korrespondierende Vorschrift zur Referenzwert-Manipulation nach Art. 12 Abs. 1 Buchst. d MAR existiert in der MiCAR nicht. Art. 91 Abs. 3 MiCAR zählt als Konkretisierung zu den Handlungsvarianten nach Abs. 2 beispielhaft marktmanipulatives Verhalten auf und bildet damit Art. 12 Abs. 2 MAR nach.[63]

28 In Bezug auf Kryptowährungen kann insbesondere die informationsgestützte Marktmanipulation von Relevanz sein, welche an eine Kommunikationshandlung anknüpft.[64] Denkbar ist hier insbesondere die Verbreitung von falschen oder irreführenden Informationen betreffend Kryptowährungen über Social Media. Daneben ist die handelsgestützte Marktmanipulation besonders praxisrelevant, weil Krypto-Handelsplattformen einem potentiell sehr großen Personenkreis zugänglich sind.[65]

4. Sanktionen nach der MiCAR

29 Das Marktmissbrauchs-Regime nach Art. 88–92 MiCAR wird gem. Art. 111 Abs. 1 UAbs. 1 lit. e MiCAR durch verwaltungsrechtliche Sanktionen abgesichert. Die EU-Mitgliedsstaaten können darüber hinaus strafrechtliche Sanktionen für marktmissbrauchsrechtliche Verstöße nach der MiCAR festlegen (Art. 111 Abs. 1 UAbs. 1 MiCAR), um dem Gefährdungspotential von marktmissbräuchlichem Verhalten Rechnung zu tragen. Von dieser Ermächtigung beabsichtigt der deutsche Gesetzgeber mit dem KMAG Gebrauch zu

---

55 Vgl. Klöhn/Klöhn MAR Art. 7 Rn. 385; aus der Ökonomie auch Fang/Noe/Tice 94 Journal of Financial Economics (2009), 150; Pástor/Stambaugh 111 Journal of Political Economy (2003), 642.

56 Misterek/Roth ZIP 2024, 385 (392 ff.).

57 Talamas Analyzing the Crypto Exchange Pump Phenomenon, 31.3.2021, abrufbar unter: https://messari.io/report/analyzing-the-crypto-exchange-pump-phenomenon (zuletzt abgerufen am 23.6.2025).

58 Klöhn/Klöhn MAR Art. 7 Rn. 385.

59 So stieg etwa der Kurs von Bitcoin im Jahr 2021 in Folge der Akündigung, dass Tesla diesen künftig als Zahlungmittel akzeptieren werde, stark an; dazu bereits Grimm/Kreuter AG 2023, 177 mwN.

60 Misterek/Roth ZIP 2024, 385 (394); aus der Ökonomie Bolt/van Oordt On the Value of Virtual Currencies, DNB Working Paper No. 521, September 2016, abrufbar unter: https://ssrn.com/abstract=2842557 (zuletzt abgerufen am 23.6.2025).

61 Raschner BKR 2022, 217 (220) spricht von einem „sektorspezifische[n] Marktmissbrauchsrecht".

62 Kalss/Krönke/Völkl/Wutscher MiCAR Art. 91 Rn. 6.

63 Kalss/Krönke/Völkl/Wutscher MiCAR Art. 91 Rn. 11.

64 Kalss/Krönke/Völkl/Wutscher MiCAR Art. 91 Rn. 10.

65 In diese Richtung auch Raschner BKR 2022, 217 (224).

machen: Der Entwurf des KMAG sieht in Kapitel 7 ein zweigleisiges System aus Straftatbeständen für schwere Verstöße, bedroht mit Geld- oder Freiheitsstrafe (§ 46 KMAG-E), und aus Ordnungswidrigkeiten für weniger schwere Verstöße mit der Rechtsfolge Geldbuße (§ 47 KMAG-E) vor. Dabei schaffen § 46 Abs. 1 Nr. 4–6 und Abs. 2 KMAG-E ein parallel zu § 119 Abs. 1 und 3 WpHG ausgestaltetes Marktmissbrauchsstrafrecht im Kontext von Kryptowerten zur Absicherung des Insiderhandelsverbots nach Art. 89 MiCAR, des Verbots der unrechtmäßigen Offenlegung von Insiderinformationen nach Art. 90 MiCAR sowie des Verbots der Marktmanipulation nach Art. 91 MiCAR.[66] Die aufsichtsrechtlichen Maßnahmen sollen daneben explizit weiterhin möglich bleiben.[67]

Die beabsichtigte strafrechtliche Pönalisierung von marktmissbräuchlichem Verhalten auf dem Kryptomarkt bleibt indes nicht kritiklos: So seien die verwaltungsrechtlichen Sanktionen, wie in der MiCAR vorgesehen, ausreichendes Mittel; das Strafrecht müsse als *ultima ratio* zurücktreten. Auch sei nicht klar, welches Rechtsgut mit den Strafvorschriften geschützt werden solle; das von Erwgr. 95 MiCAR in Bezug genommene Vertrauen in die Funktionsfähigkeit und Integrität der Kryptomärkte sei jedenfalls erst im Prozess der Entstehung und benötige zu seinem Schutz (noch) nicht das scharfe Schwert des Strafrechts. Insoweit sei das Schutzbedürfnis der Kryptomärkte nicht mit dem Schutzbedürfnis der traditionellen Finanzmärkte vergleichbar.[68] **30**

III. Anwendbarkeit der MAR

Ziel des europäischen Gesetzgebers war es, mit der MiCAR ein umfassendes Marktmissbrauchsregime für Kryptowerte zu schaffen, da diese mehrheitlich nicht in den Anwendungsbereich der MAR fallen.[69] Finanzinstrumente sind indes, wie Eingangs diskutiert, vom Anwendungsbereich der MiCAR ausgenommen. Für sie gilt weiterhin die herkömmliche Kapitalmarktregulierung und damit auch das Marktmissbrauchsrecht der MAR.[70] Relevante Fallgruppen im Kontext von Decentralised Finance sind in diesem Zusammenhang Investment Token **(1.)**, Exchange Traded Notes **(2.)** und elektronische Wertpapiere **(3.)**. **31**

1. Investment Token

Investment Token sind nach überwiegender Ansicht grundsätzlich als übertragbare Wertpapiere einzuordnen.[71] Art. 4 Abs. 1 Nr. 44 MiFID II definiert den Begriff der übertragbaren Wertpapiere als Kategorien von Wertpapieren mit der Handelsmöglichkeit auf dem Kapitalmarkt – mit Ausnahme von Zahlungsinstrumenten (ausführlich zu den Tatbestandsvoraussetzungen → § 27 Rn. 13). Als Beispiele aufgeführt werden ua Aktien in Buchst. a und Schuldverschreibungen in Buchst. b. Der Gesetzeswortlaut umgrenzt als Voraussetzungen entsprechend eine Standardisierung *(„Kategorien von Wertpapieren")* sowie eine Handelbarkeit.[72] **32**

Eine Standardisierung besteht, wenn sich eine Kategorie des Wertpapiers mit gemeinsamen Merkmalen im Sinne einer gattungsmäßigen Ausgestaltung identifizieren lässt, was zu **33**

[66] BT-Drs. 20/10280, 150; vgl. auch Piepenburg Kryptohandel und Marktmissbrauch S. 190.
[67] Vgl. zum Ganzen Deutsche Bundesregierung, Entwurf eines Gesetzes über die Digitalisierung des Finanzmarktes (Finanzmarktdigitalisierungsgesetz – FinmadiG), BT-Drs. 20/10280, 154; vgl. auch Piepenburg Kryptohandel und Marktmissbrauch S. 189 f.
[68] Vgl. Piepenburg Kryptohandel und Marktmissbrauch S. 192 ff. mwN.
[69] Vgl. Raschner BKR 2022, 217 (218).
[70] Zu Investment Tokens BaFin, Zweites Hinweisschreiben zu Prospekt- und Erlaubnispflichten im Zusammenhang mit der Ausgabe sog. Krypto-Token, GZ: WA 51-Wp 7100-2019-0011 und IF 1-AZB 1505–2019/0003, S. 7; hinsichtlich klassischer Finanzinstrumente mit Kryptobezug bereits Grimm/Kreuter AG 2023, 177 (183 u. 185).
[71] Diese Einschätzung treffend ua Grimm/Kreuter AG 2023, 177 (183); BaFin, Merkblatt v. 16.8.2019, S. 7.
[72] Detailliert Kleinert/Mayer EuZW 2019, 857 (860); Schwark/Zimmer/Kumpan/Misterek, Kapitalmarktrechts-Kommentar, MAR Art. 2 Rn. 5; Zickgraf AG 2018, 293 (299).

bejahen ist, wenn Austauschbarkeit und damit Vertretbarkeit gegeben ist.[73] Dies ist bezogen auf Token dann der Fall, wenn sich die Instrumente im Rechtsverkehr nach Art und Stückzahl bestimmen lassen.[74] Eine solche gattungsmäßige Ausgestaltung besteht grundsätzlich bei Investment Token: Die Token einer Emission sind standardisiert, da sie regelmäßig die gleichen Rechte verkörpern.[75]

34 Die Handelbarkeit erfordert jedenfalls die (abstrakte) Übertragbarkeit des Instrument zwischen zwei Parteien ohne hieraus resultierender Veränderung des rechtlichen oder technischen Wesensgehalts. Dieses Merkmal ist bei Investment Token durch deren Handelbarkeit an speziellen Krypto-Börsen, welche Angebot und Nachfrage hinsichtlich der Token zusammenführen[76], erfüllt.[77] Eine darüberhinausgehende Verbriefung, wie sie Teile der Literatur fordern[78], ist für die Bejahung der Handelbarkeit demgegenüber nicht zwingend.[79] Mittelbar abgeleitet aus der Handelbarkeit, müssen die Token auch übertragbar sein[80], was bei Investment Token der Fall ist. Ein Charakteristikum des Designs und der Netzwerkarchitektur von Investment Token liegt eben explizit darin, dass diese auch übertragen werden können.[81]

35 Angesichts der Regelbeispiele des Art. 4 Abs. 1 Nr. 44 Buchst. a MiFID II für übertragbare Wertpapiere besteht ergänzend die limitierende Forderung nach der Vergleichbarkeit der betreffenden Instrumente (vorliegend Investment Token) mit den hierin aufgeführten Instrumenten.[82] Insoweit ist also erforderlich, dass Investment Token, wie etwa Aktien (Buchst. a), vermögensmäßige oder mitgliedschaftliche Rechte an Unternehmen vermitteln[83] oder Inhaberschuldverschreibungen (Buchst. b) vermögensmäßige Rechte vermitteln und damit eine Ähnlichkeit zu den genannten Eigen- oder Fremdkapitalinstrumenten aufweisen.[84] Jedenfalls geht die BaFin davon aus, dass bestimmte Token – ua spezielle Investment Token, die ihren Inhabern Rechte oder Forderungen vermitteln,[85] – diese Voraussetzungen erfüllen. Sie hat hierfür den Begriff des Wertpapiers *sui generis* geprägt.[86] Investment Token, die Wertpapiere *sui generis* darstellen, unterliegen den Vorschriften der MAR.

2. Exchange Traded Notes (ETNs) und Kryptoderivate

36 Neben einer direkten Investition in Kryptowerte können Anleger auch mittelbar von den Kursentwicklungen an den Kryptomärkten profitieren. In Betracht kommen hierbei ins-

[73] Vgl. Schwark/Zimmer/Kumpan/Misterek, Kapitalmarktrechts-Kommentar, MAR Art. 2 Rn. 5; Zickgraf AG 2018, 293 (300); Klöhn/Klöhn MAR Art. 2 Rn. 18.

[74] So schon Grimm/Kreuter AG 2023, 177 (183) unter Verweis auf Zickgraf AG 2018, 293 (299).

[75] Zur ausreichenden emittentenbezogenen sowie nicht erforderlichen emittentenübergreifenden Standardisierung Veil ZHR 2019, 346 (356) u. Klöhn/Klöhn MAR Art. 2 Rn. 88.

[76] Siehe ausführlich zur Einordnung von Kryptobörsen als Kapitalmärkte Zickgraf AG 2018, 293 (301).

[77] Dazu Veil ZHR 2019, 346 (357); Grimm/Kreuter AG 2023, 177 (183).

[78] Für ein solches Erfordernis Nathmann BKR 2019, 540 (543); Kusserow WM 2020, 586 (594 f.); Bialluch-von Allwörden/von Allwörden WM 2018, 2118 (2119 f.).

[79] Unter vielen Omlor/Link Kryptowährungen/Schwennicke Kap. 8 Rn. 55 mwN.

[80] Vgl. Zickgraf AG 2018, 293 (299); Grimm/Kreuter AG 2023, 177 (184). Vor diesem Hintergrund wird teilweise vertreten, dass es einer separaten Prüfung der Übertragung nicht bedürfe, siehe hierzu genauer Zickgraf AG 2018, 293 (299) Rn. 74 mwN zur Diskussion in der Literatur.

[81] Dafür Hoeren/Sieber/Holznagel MMR-HdB/Guggenberger Teil 13.7 Rn. 40.

[82] Kleinert/Mayer EuZW 2019, 857 (860); Veil ZHR 2019, 346 (357 u. 358); Rennig BKR 2021, 402 (404); Weiß BaFin Journal April 2019, S. 10.

[83] In Betracht kommen insoweit wohl lediglich sog. Decentralized Autonomous Organizations (DAOs), die von der hM nach deutschem Zivilrecht als BGB-Gesellschaften eingeordnet werden; aA Veil ZHR 2019, 346 (361), der davon ausgeht, dass derzeit keine funktional mit Aktien vergleichbaren Token existieren. Vgl. hierzu insbesondere Grimm/Kreuter AG 2023, 177 (184) mwN und Erläuterungen.

[84] Veil ZHR 2019, 346 (357); Rennig BKR 2021, 402 (404); Kleinert/Mayer EuZW 2019, 857 (860).

[85] Vgl. hierzu die Pressemitteilung der BaFin zum fehlenden Prospekt bei Ausgabe von Stock Token durch Binance v. 28.4.2021, „Binance Deutschland GmbH & Co. KG: Hinreichend begründeter Verdacht für fehlende Prospekte“, abrufbar unter: https://ottosc.hm/WKrVy (zuletzt abgerufen am 23.6.2025).

[86] Siehe dazu BaFin Merkblatt v. 16.8.2019, S. 7 mit Bezug auf das „Wertpapier eigener Art“.

besondere Exchange Traded Notes (**„ETNs"**) und Kryptoderivate. Bei ETNs handelt es sich um Inhaberschuldverschreibungen, die (auch) an einen Kryptowert gekoppelt werden können.[87] Ebenso können Derivate konstruiert werden, welche die Kursverläufe an den Kryptomärkten abbilden.[88] Sowohl bei ETNs als auch bei Kryptoderivaten handelt es sich selbst nicht um Kryptowerte, sondern vielmehr um herkömmliche Finanzinstrumente, die lediglich einen Bezug zu Kryptowerten aufweisen. Sie verfügen über keine Charakteristika, welche einer Einstufung als Finanzinstrument iSd MiFID II entgegenstehen würden. Bereits nach geltendem Recht unterfallen sie daher dem Anwendungsbereich der MAR. Auch durch die Einführung der MiCAR hat sich diese Rechtslage nicht entscheidend verändert. ETNs und Kryptoderivate, die sich (mittelbar) auf einen Kryptowert beziehen, unterliegen der MAR, wenn sie auf einem geregelten Markt, über ein multilaterales Handelssystem (MTF) oder über ein organisiertes Handelssystem (OTF) gehandelt werden. Die entsprechenden Finanzinstrumenten zugrundeliegenden Basiswerte – Kryptowerte – unterliegen hingegen der MiCAR und insbesondere deren Marktmissbrauchsbestimmungen.[89]

3. Elektronische Wertpapiere

Eine letzte Fallgruppe bilden die elektronischen Wertpapiere gemäß dem Gesetz über elektronische Wertpapiere (eWpG).[90] Das eWpG erlaubt es, Wertpapiere – konkret Inhaberschuldverschreibungen, Namens- und Inhaberaktien – ohne Verbriefung zu begeben. Stattdessen ist die Eintragung in einem elektronischen Wertpapierregister erforderlich.[91] Letztendlich ändert die Modalität der Wertpapierbegebung, ob elektronisch oder mittels Verbriefung, aber nichts an der rechtlichen Einordnung als Wertpapier.[92] Aktien und Schuldverschreibungen sind in Art. 4 Abs. 1 Nr. 44 Buchst. a, b MiFID II ausdrücklich als Regelbeispiele für übertragbare Wertpapiere genannt. Eine besondere Form schreibt die MiFID II indes nicht vor, insbesondere ist keine Verbriefung erforderlich.[93] Elektronische Wertpapiere sind somit als übertragbare Wertpapiere von der MAR erfasst. 37

§ 46 Geldwäsche und Compliance bei Decentralised Finance/ Kryptowährungen

Schrifttum:

ACFE, Report to the Nations, 2022; Achtelik, Das neue EU-Recht zur Bekämpfung von Geldwäsche und Terrorismusfinanzierung, BKR 2024, 353; BeckOK StGB, Kommentar, 62. Ed. Stand 1.8.2024; Biberacher, Kryptotoken und Geldwäsche, 2023; Carlisle, The Crypto Launderers, 2024; Chainalysis The 2023 Crypto Crime Report, 2023; Eggers, Risikoanalyse und Geldwäsche – Das Kataster, CB 2021, 25; Elliptic, Preventing Financial Crime in Cryptoassets Report, 2022; Fromberger/Haffke/Zimmermann, Kryptowerte und Geldwäsche, BKR 2019, 377; Grzywotz, Virtuelle Kryptowährungen und Geldwäsche, 2019; Hartmann/Weisser, Illegale Finanzströme im digitalen Zeitalter – Ein Sammelband zur Geldwäsche und Terrorismusfinanzierung mit Kryptowerten in Europa, Deutschland, der Türkei und dem Westbalkan, 2026; Hirzle/Hugendubel, Die Entwicklung des Kryptorechts im Jahr 2022, BKR 2022, 821; Maume, Die Verordnung über Märkte für Kryptowerte (MiCAR), RDi 2022, 497; Maume, Das neue EU-Recht zur Bekämpfung von Geldwäsche und Terrorismusfinanzierung, BKR 2024, 353; Meier/Schneider/Schinerl, Staking via Intermediär, BKR 2023, 365; Möslein/Kaulartz/Rennig, Decentralized Finance (DeFi), RDi 2021, 517; Omlor/Franke, Europäische DeFi-Regulierungsperspektiven, BKR 2022, 679; Quedenfeld, Bekämpfung der Geldwäsche und Wirtschaftskriminalität, 2021; Schemmel, Non-Fungible Token (NFT) und Geldwäsche – eine aktuelle Einordnung, CB

---

[87] Wellerdt/Stolz BKR 2021, 479 (480 f.).
[88] Misterek/Roth ZIP 2024, 385 (388).
[89] Vgl. bereits die Ausführungen in Grimm/Kreuter AG 2023, 177 (185).
[90] BGBl. 2021 I Nr. 29, 1423.
[91] Überblick bei Segna/Möslein/Omlor/v. Buttlar/Casper eWpG § 2 Rn. 4 ff.
[92] So im Ergebnis bereits Preuße/Wöckener/Gillenkirch BKR 2021, 460 (462).
[93] Klöhn/Klöhn MAR Art. 2 Rn. 19; Misterek/Roth ZIP 2024, 385 (388 f.).

2022, 286; Valerius, Strafbarkeitsrisiken für Kryptowerte-Dienstleistende wegen (virtueller) Geldwäsche in Zeiten von MiCAR & Co., RDi 2023, 510; Weisser/Bliesener, Geldwäsche im digitalen Zeitalter – Non-Fungible Token (NFT), NZWiSt 2024, 41; Weisser/Bliesener, Geldwäsche und Terrorismusfinanzierung im digitalen Zeitalter: Umgehung von Sanktionen mit Hilfe des Bitcoin-Mining, wistra 2025, 133; Zimmermann/Antlitz, Sanktionsumgehung durch Kryptowährungen? RDi 2023, 549.

I. Geldwäsche und Decentralised Finance/Kryptowährungen

1. Allgemeines[1]

1 Das **Decentralized Finance („DeFi"**; zur Begrifflichkeit → § 35 Rn. 1), bspw. Flash-Loans oder dezentrale Börsen **(„DEX"),** bietet viele Vorteile gegenüber den analogen Äquivalenten[2] und erfreut sich, neben den ohnehin viel nachgefragten **Kryptowährungen** (zur Begrifflichkeit → § 35 Rn. 2), zunehmender Beliebtheit in Deutschland.[3] Gleichzeitig eröffnen diese Technologien jedoch auch neue Möglichkeiten für illegale Aktivitäten, insbesondere der Geldwäsche (zur Begrifflichkeit → § 28 Rn. 14). Die Notwendigkeit inkriminierte Gelder zu „waschen" und ihnen einen neuen legalen Anschein zu geben, ist ein elementarer Bestandteil der Begehung von Vermögensstraftaten. Aufgrund der erheblichen Zunahme an Geldwäscheaktivitäten in den letzten Jahren, verbunden mit einem gleichzeitigen Anstieg der Aufklärungsquote (→ § 28 Rn. 1), haben sich die Straftäterinnen und Straftäter angepasst und neue digitale Betätigungsfelder der Geldwäsche gefunden. Bedingt durch die hohe **Pseudonymisierung,** der nahezu **globalen Nutzungsmöglichkeit** ohne Zeitverlust und Reisetätigkeit sowie der vergleichbar nur **geringen Regulierung,** sind neben NFTs (→ § 28 Rn. 19) insbesondere **Kryptowährungen,** wie Bitcoin, Ethereum oder Ripple, sowie Produkte aus dem **DeFi-Bereich** als **Geldwäschevehikel** und zur **Terrorismusfinanzierung** in den Fokus geraten.[4] Bereits im Jahr 2022 erreichte das Volumen illegaler Krypto-Transaktionen weltweit einen Wert von 20,6 Mrd. USD.[5] Für das Jahr 2025 wird sogar davon ausgegangen, dass ca. 154 Mrd. USD an inkriminierte Adressen geflossen sind.[6] Eine steigende Bedeutung für Geldwäschehandlung ist auch an der überdurchschnittlichen Zunahme der gemeldeten Verdachtsfälle bei der FIU zu erkennen, wobei diese sicherlich ebenfalls mit der sehr dynamischen Entwicklung des Kryptomarktes an sich korreliert.[7] Allerdings fehlt es derzeit an einer notwendigen, systematischen Erfassung (bspw. durch die Einführung eines einheitlichen Zusatzmerkmals Krypto-Bezug" in der PKS).[8] Dies führt dazu, dass selbst bei den Ermittlungsbehörden keine genauen Erkenntnisse über das Hellfeld der Nutzung von Kryptowerten im Rahmen der Geldwäsche bestehen.[9] Auch bei der Einschätzung des Dunkelfelds divergieren die Ermittlungsbehörden stark.[10] Es bedürfte hierfür einer detaillierter Dunkelfeldforschung.

---

[1] Der Beitrag entstand im Rahmen des durch die EU geförderten „Jean Monnet Centre of Excellence Crime Investigations and Criminal Justice (CCICJ)" an der HfÖV Bremen.

[2] Möslein/Kaulartz/Renning RDi 2021, 517 (517, 519).

[3] BT-Drs. 19/10920, 6.

[4] Fromberger/Haffke/Zimmermann BKR 2019, 377; U.S. GAO, Report to Congressional Requesters 2021, S. 11.

[5] Chainalysis The 2023 Crypto Crime Report S. 5.

[6] Vgl. https://www.chainalysis.com/blog/2026-crypto-crime-report-introduction/?utm_source=chatgpt.com (letzter Aufruf: 9.3.26).

[7] FIU Jahresbericht 2021 S. 15 und 47.

[8] Hartmann/Weisser/Weisser/Bliesener et al., Illegale Finanzströme im digitalen Zeitalter, 2026, S. 95.

[9] Hartmann/Weisser/Weisser/Bliesener et al., Illegale Finanzströme im digitalen Zeitalter, 2026, S. 83.

[10] Hartmann/Weisser/Weisser/Bliesener et al., Illegale Finanzströme im digitalen Zeitalter, 2026, S. 83.

2. Der Straftatbestand der Geldwäsche

Der durch Gewinne geschaffene **Anreiz** für die Begehung von Straftaten, bspw. im Rahmen 2
der Organisierten Kriminalität, soll durch die Strafnorm des § 261 StGB beseitigt werden.[11] Für ein Verständnis des Wechselspiels von DeFi bzw. Kryptowährungen sowie Geldwäsche und für die Entwicklung von Präventionsansätzen sind zumindest Grundkenntnisse der strafrechtlichen Ausgestaltung sowie über die klassischen Geldwäschemethoden an sich erforderlich (hierzu → § 28 Rn. 4 ff.).

Insbesondere kommerzielle Anbieter von Dienstleistungen im DeFi- und Kryptowäh- 3
rungsbereich können schnell in den Fokus strafrechtlicher Ermittlungen geraten.[12] Aus diesem Grund sind umfangreiche interne Vorprüfungen alternativlos. Die Verpflichtung hierzu wurde in den letzten Jahren sukzessive ausgeweitet.[13] Dabei kann die Verurteilung wegen Geldwäsche, ggf. auch nur in leichtfertiger Form, erhebliche Folgen haben (→ § 28 Rn. 15).

Praxishinweis:
Kommerzielle Anbieter von Dienstleistungen im DeFi- und Kryptowährungsbereich sollten vor Aufnahme ihrer Geschäftstätigkeit eine umfassende Risikoanalyse durchführen, um Geldwäscherisiken systematisch zu identifizieren und geeignete Präventionsmaßnahmen zu implementieren. Da bereits die leichtfertige Begehung einer Geldwäschehandlung strafbar ist, sind lückenlose interne Kontroll- und Überwachungssysteme unabdingbar. Eine frühzeitige Einbindung von auf Geldwäscheprävention spezialisierten Rechts- und Compliance-Beratern ist dringend zu empfehlen.

3. Besonderheiten bei DeFi/Kryptowährungen als Geldwäschevehikel

DeFi bzw. Kryptowährungen bieten zahlreiche legale Einsatzmöglichkeiten. Gleichzeitig 4
werden diese aber zunehmend auch für illegale Zwecke genutzt. Dies liegt insbesondere an den Begünstigungsfaktoren.

a) Begünstigungsfaktoren für die Geldwäsche

Vor dem Hintergrund der nahezu grenzenlosen und **globalen Nutzungsmöglichkeit** 5
ohne Zeitverlust und ohne Reisetätigkeit, der **Dezentralität,** der vergleichbar nur **geringen Regulierung** sowie der elektronischen Speicher- und Übertragbarkeit verwundert die Feststellung nicht, dass der DeFi-Bereich sowie insbesondere Kryptowährungen ein hohes Geldwäscherisiko aufweisen.[14] Hinsichtlich dieser Begünstigungsfaktoren kann auf die Ausführungen zu NFTs (vgl. → § 28 Rn. 21) verwiesen werden, wobei naturgemäß gerade nicht die künstliche Verknappung vorliegt. Hervorzuheben sind aber die fortschreitenden **Pseudonymisierungsmöglichkeiten** bei der Nutzung von Kryptotoken. Kriminelle nutzen teilw. Anwendungen mit nicht zuordenbaren Wallet-Adressen oder verwenden Dienste, um Transaktionen zu verschleiern.

Beispiele:
So werden exemplarisch sog. **Kryptomixer,** welche zahlreiche Transaktionen bündeln[15] oder **Finanzagenten** genutzt, welche für die Geldwäscher gegen Entgelt Transaktionen durch-

---

11 BT-Drs. 12/989, 27; BeckOK StGB/Ruhmannseder § 261 Rn. 2.
12 Auch hier bedarf es natürlich des bereits erwähnten doppelten Anfangsverdachts (→ § 28 Rn. 6).
13 Valerius RDi 2023, 510 (514).
14 Fromberger/Haffke/Zimmermann BKR 2019, 377 (386).
15 Grzywotz Virtuelle Kryptowährungen und Geldwäsche S. 104 ff.

führen.[16] Teilw. verschleiern bereits **Krypto-Börsen** die Herkunft, da die durchgeführten Transaktionen auf internen Kundenkonten stattfinden und in der Blockchain nur gebündelt erfasst werden. Ferner werden DeFi-Protokolle genutzt, welche Token in solche auf einer anderen Blockchain-Technologie umwandeln **(Token Swaps).**

6 Hinzu tritt der Vorteil der **Wertaufbewahrungsfunktion,** da insbesondere einige Arten der Kryptowährungen (bspw. Stablecoins[17]) aber auch manche DeFi-Produkte nur sehr geringen Kursschwankungen unterliegen, so dass erhebliche Vermögensverluste nicht erwartet werden müssen.[18]

b) Nutzungsmöglichkeiten als Geldwäschevehikel

7 Anknüpfend an das **Drei-Phasen-Modell** (→ § 28 Rn. 18) sind zahlreiche Geldwäschehandlungen unter Nutzung von DeFi und Kryptowährungen denkbar. Während im Rahmend der **Placement-Phase** beispielsweise die Umwandlung von inkriminierten Geldmitteln in Kryptotoken erfolgt, wird in der **Layering-Phase** bspw. ein Tausch der Token vollzogen, um dann in der **Integration-Phase** die Vermögensgegenstände in den legalen Wirtschafts- und Vermögenskreislauf, bspw. durch den Rücktausch in Fiat-Währungen auf Trading-Plattformen, durchzuführen.[19] Die letztgenannte Phase bleibt dabei weiterhin aufdeckungsanfällig, allerdings werden auch dort zunehmend neue Möglichkeiten zur Verschleierung entwickelt (bspw. Dark-Web-Geldwäschedienste).[20] Insbesondere das DeFi bietet Möglichkeiten zur Geldwäsche, welche in traditionellen Finanzsystemen schwieriger umzusetzen sind.

Beispiele:
Exemplarisch können die schwer nachzuverfolgenden sog. **Flash-Loans,** also Kredite, die in einer einzigen Transaktion aufgenommen sowie zurückgezahlt werden, ohne dass Sicherheiten gestellt werden müssen[21] angeführt werden. Weitere Geldwäschevehikel bilden das **Yield Farming,** also die Generierung von passivem Einkommen durch Anlage der Kryptowährungen in Liquidity Pools sowie das sog. **Staking**[22]**.** Diese Mechanismen können zur Verschleierung von Herkunft und Destination illegaler Gelder dienen, weil die Mittel über verschiedene Pools hinwegbewegt und durch die Gewinne nunmehr gesäubert werden.

II. DeFi/Kryptowährungen als Vehikel für anderes strafbares Verhalten

8 Die Nutzungsmöglichkeiten des DeFi-Bereichs und insbesondere von Kryptowährungen im Zusammenhang mit Straftaten sind mannigfaltig. Aus diesem Grund sollen und können hier nur einige Beispiele angeführt werden. Exemplarisch sei die Nutzung von Kryptowährungen zur Umgehung von **Sanktionen** (zum Außenhandels- und Sanktionsrecht → § 49 Rn. 6) erwähnt.[23] Im Rahmen der Durchsetzung von Embargos werden heutzutage im geschäftlichen Verkehr automatisierte Kontroll- und Überwachungssysteme eingesetzt, um Abgleiche mit Sanktions- und Embargolisten bei allen ausgehenden und durchgeleiteten Zahlungen

[16] Valerius RDi 2023, 510 (512).
[17] Dies sind Kryptowerte, welche vorgeben, an staatliche Währungen gekoppelt zu sein, obgleich sie selbst nicht von Staaten emittiert wurden, vgl. Möslein/Kaulartz/Renning RDi 2021, 517 (518).
[18] Biberacher Kryptotoken und Geldwäsche S. 178.
[19] Biberacher Kryptotoken und Geldwäsche S. 187 ff.
[20] S. https://www.kaspersky.de/blog/crypto-laundering-and-ransomware/30168/ (zuletzt abgerufen am 23.4.2025).
[21] Möslein/Kaulartz/Renning RDi 2021, 517 (519).
[22] Siehe hierzu: Meier/Schneider/Schinerl BKR 2023, 365 (365).
[23] Siehe ausführlich hierzu: Weisser/Bliesener wistra 2025, 133 ff.

vorzunehmen.[24] Dabei bergen Kryptowerte grds. eine gewisse Gefahr für die Umgehung des Sanktionsziels, also der ökonomischen Schwächung des sanktionierten Landes, an sich.[25]

Praxishinweis:
Unternehmen, die Kryptowerte im geschäftlichen Verkehr einsetzen oder entsprechende Dienstleistungen anbieten, müssen sicherstellen, dass ihre Compliance-Systeme auch Transaktionen mit Bezug zu sanktionierten Staaten und Personen erfassen, da klassische Sanktionslisten-Abgleiche im Kryptobereich technisch nur eingeschränkt wirksam sind. Insbesondere Mining-Aktivitäten sowie Kryptowerte-Transfers in Jurisdiktionen mit erhöhtem Sanktionsrisiko sind gesondert zu überwachen und zu dokumentieren. Verstöße gegen Sanktions- und Embargoregelungen können neben strafrechtlichen Konsequenzen auch zu erheblichen Reputationsschäden führen.

Beispiele:
Das **Krypto Mining** wird bereits heute in vielen Ländern als neues Geschäftsmodell etabliert. Dem Iran gelang es offenbar auf diesem Wege bisher, trotz bestehender Sanktionen, bis zu 1 Mrd. USD zu erwirtschaften.[26] Neben dem Mining verlagern einige sanktionierte Staaten ihre Einnahmequelle zudem in den Bereich der staatlich durchgeführten **Cyberkriminalität,** bspw. durch internationale Ransomware-Attacken zur Erlangung von Kryptowerten.[27]

Ferner stehen Kryptowerte naturgemäß nicht nur im Fokus staatlicher Interessen, sondern werden ebenfalls in zunehmendem Maße durch kriminelle Personen genutzt. Hier kann die sog. **„Geldwäsche 2.0"** angeführt werden. 9

Beispiele:
Diese inkludiert das **Phishing, Ransomware-Attacken** oder aber auch das Erbeuten von Kryptowährung durch **Hacking.**[28] Ferner werden Kryptowährungen auch für **Kickbackzahlungen** oder für die Zuwendung von **Bestechungsgeldern** genutzt.[29] Auch die bereits oben beschriebenen **Flash-Loans** (→ Rn. 7) werden verwendet, um Arbitrage-Geschäfte oder Preismanipulationen durchzuführen. Hierbei erschwert der schnelle Wechsel zwischen Plattformen zudem die Überwachung durch Strafverfolgungsbehörden.

III. Einziehung

Die Ausführungen zur Einziehung von Non-Fungible Token (NFT) gelten entsprechend (hierzu → § 28 Rn. 25). 10

IV. Compliance

Die Betrachtung von **„Decentralized Finance"** und **Kryptowährungen** aus Compliance-Perspektive kann grundsätzlich analog zur beschriebenen Vorgehensweise im Rahmen der Handhabung von **NFTs** erfolgen (hierzu → § 28 Rn. 43 ff.). 11

Es stellt sich an dieser Stelle jedoch eine im Vergleich zu den NFTs ergänzende Frage: Wer kann Adressat etwaiger Regulierungen sein bzw. von wem ist angesichts eines fehlenden 12

[24] Quedenfeld Bekämpfung der Geldwäsche und Wirtschaftskriminalität S. 147 f.
[25] Zimmermann/Antlitz RDi 2023, 549 (550).
[26] Elliptic Preventing Financial Crime in Cryptoassets Report S. 124.
[27] Zimmermann/Antlitz RDi 2023, 549 (553).
[28] Schemmel CB 2022, 286 (287).
[29] ACFE Report to the Nations, 2022, S. 20.

Intermediärs überhaupt eine Regeltreue zu erwarten?[30] Zudem agieren aufgrund der zugrunde liegenden Blockchain-Technologie die Marktteilnehmer durch eine direkte Verbindung vertrauensvoll miteinander.[31] Einen ersten Hinweis auf Compliance-Erfordernisse folgt aus dem Umstand, dass auch bei Blockchain-Technologien für eine Transaktion Angebot und Nachfrage zueinander finden müssen. Im Falle von DeFi kann exemplarisch auf digitale Plattformen verwiesen werden, die als dezentrale Börsen fungieren und entsprechende Interessenten zusammenführen.[32]

13 Das Schlaglicht der **Unternehmens-Compliance** wird sich für DeFi in Richtung der Dienstleister verlagern, da sie in dieser Thematik eine entscheidende Rolle einnehmen. Auch hier stellen sie einen neuralgischen Punkt der Geldwäsche dar, weil sie im Zuge der Abwicklung von geschäftlichen Transaktionen ein weiteres Mal das Verbindungsglied zwischen der analogen Welt und der Welt der Krypto-Kriminalität bilden.[33] Es ist vor diesem Hintergrund leicht nachvollziehbar, weshalb der Gesetzgeber in der jüngeren Vergangenheit verstärkt Dienstleister für Kryptowerte in die Pflicht genommen hat.[34]

14 Sofern also ein Marktteilnehmer eine Dienstleistung im Bereich DeFi anbietet, hat dieser sich im Hinblick auf eine angestrebte **Regeltreue** damit auseinanderzusetzen, welche konkrete Leistung er anbietet und welche rechtlichen Verpflichtungen daraus resultieren. Diese Verpflichtungen sind entsprechend des Vorgehens in Kap. 28 (hierzu → § 28 Rn. 43) zu identifizieren, in einem Rechtskataster zu erfassen und anschließend hinsichtlich abzuleitender Maßnahmen zur Gewährleistung einer Regeltreue zu analysieren (hierzu → § 28 Rn. 61 ff.).[35]

15 Hierbei ist aus Compliance-Perspektive zu vermuten, dass die Verpflichtungen bzgl. DeFi und NFTs über weite Strecke deckungsgleich sind. Auch DeFi fallen unter den Begriff des Kryptowertes iSd § 1 Abs. 11 S. 4 KWG und führen zu einer Verpflichtung nach § 2 Abs. 1 Nr. 2 GwG (hierzu → § 28 Rn. 61). Sofern allerdings im Bereich DeFi Dienstleistungen **gewerbsmäßig** erbracht werden, ist nach § 32 Abs. 1 KWG ergänzend die schriftliche Erlaubnis der Aufsichtsbehörde erforderlich.[36] Durch diese Dienstleistungen werden die entsprechenden Unternehmen nach § 1 Abs. 1a Nr. 6 KWG zu Finanzdienstleistungsinstitute und haben damit ebenfalls die Geldtransferverordnung (GTVO) zu beachten (hierzu → § 28 Rn. 63). Des Weiteren führt die Erbringung dieser Dienstleistungen zu einer Verpflichtung nach Art. 3 Nr. 2 AML-VO.[37] Die Unternehmen gehören somit auch zum Kreis der **Verpflichteten** nach AML-VO und haben die dort festgeschriebenen Anforderungen zu erfüllen (hierzu → § 28 Rn. 62).

Praxishinweis:
DeFi-Dienstleister sollten vor Aufnahme ihrer Tätigkeit sorgfältig prüfen, ob die von ihnen angebotenen Leistungen eine Erlaubnispflicht nach § 32 Abs. 1 KWG auslösen und ob sie als Verpflichtete nach der AML-VO einzustufen sind, da ein Verstoß gegen das Erlaubniserfordernis strafbewehrt ist. Die Pflichten aus GwG, GTVO, KWG und MiCAR sind in einem vollständigen Rechtskataster zu erfassen und durch geeignete organisatorische Maßnahmen umzusetzen. Eine frühzeitige Abstimmung mit der BaFin über den regulatorischen Status des angebotenen Geschäftsmodells ist dabei unbedingt anzuraten.

30 Omlor/Franke BKR 2022, 679.
31 Möslein/Kaulartz/Renning RDi 2021, 517.
32 Omlor/Franke BKR 2022, 679 (681).
33 Carlisle The Crypto Launderers S. 163.
34 Valerius RDi 2023, 510 (514).
35 Eggers CB 2021, 25.
36 Valerius RDi 2023, 510 (512).
37 Achtelik BKR 2024, 353 (356).

16 Schließlich dürfen die Regelungswirkungen der **MiCAR** nicht außer Betracht bleiben. Für NFTs findet sie nach Art. 2 Abs. 3 MiCAR explizit keine Anwendung (hierzu → § 28 Rn. 46). Auch im Falle der DeFi reguliert die MiCAR diese nicht direkt.[38] Allerdings erstreckt sie sich gem. Art. 1 Abs. 1 MiCAR auf **Anbieter** von **Kryptowerte-Dienstleistungen.** In Art. 3 Abs. 1 Nr. 5 MiCAR werden wiederum Kryptowerte näher bestimmt. Sie sind eine digitale Darstellung eines Wertes oder Rechtes, der bzw. das mit Hilfe der Distributed-Ledger-Technologie elektronisch übertragen und gespeichert werden kann. Damit haben Dienstleister für DeFi die MiCAR zu beachten.[39] Für eine Regeltreue dürften insbesondere die Vorgaben aus den ersten beiden Kapiteln des Titels V der MiCAR von Interesse sein. Exemplarisch sei an dieser Stelle auf Art. 62 MiCAR bzgl. des Antrags auf Zulassung als Anbieter für Kryptowerte-Dienstleistungen, Art. 65 MiCAR bzgl. der grenzüberschreitenden Erbringung von Kryptowerte-Dienstleistungen sowie Art. 66 MiCAR bzgl. der Pflicht zu einem ehrlichen, redlichen und professionellen Handeln im besten Interesse der Kunden verwiesen.

§ 47 Datenschutz

Übersicht

Schrifttum:

AEPD Proof of concept Blockchain and the right to erasure, 2024; Ammon, Datenschutzrechtliche Verantwortlichkeit im FinTech-Bereich, DSB 2023, 10; Wolff/Brink/v. Ungern-Sternberg, BeckOK Daten-

[38] Maume RDi 2022, 461.
[39] Hirzle/Hugendubel BKR 2022, 821 (823).

schutzrecht, 51. Edition 2025; Brauneck, MiCA im Zahlungsverkehr – Teil 2: Krypto-Dienstleistungen und Zahlungsdienstleistungen", EuZW 2024, 61; Ebers/Heinze/Krügel/Steinrötter, Rechtshandbuch Künstliche Intelligenz und Robotik, 1. Aufl. 2020; Madir, FinTech: Law and Regulation, 1. Aufl. 2019.

I. Datenschutzrelevanz

1 Die rasante Verbreitung von Decentralized Finance (DeFi) und Kryptowährungen stellt eine der disruptivsten Entwicklungen im Finanzsektor dar. Gleichzeitig wirft sie erhebliche datenschutzrechtliche Fragen auf, die im Spannungsfeld zwischen der dezentralen Natur der Blockchain-Technologie und den zentralen Prinzipien der DS-GVO liegen. Auf die Besonderheiten und Lösungsansätze soll im Folgenden eingegangen werden.

1. Anwendungsbereich

2 Zum Anwendungsbereich der DS-GVO wird auf die Ausführungen unter → § 29 Rn. 4 ff. verwiesen.

3 Die Verarbeitung personenbezogener Daten in DeFi erfolgt oft indirekt oder durch die Verknüpfung pseudonymer Informationen mit Off-Chain-Daten. Noch immer liest man, dass Kryptowährungen wie Bitcoin „anonym" nutzbar seien. Tatsächlich wird es sich im Regelfall nicht um eine Anonymisierung handeln, sondern lediglich um eine Pseudonymisierung.[1] Fungible Tokens ermöglichen also pseudonyme Transaktionen durch Blockchain-Adressen.

2. Praxisbeispiele: Personenbezogene Daten im Kontext von DeFi

a) KYC-Verfahren

4 DeFi-Börsen über zentrale Frontends oder institutionalisierte Plattformen verlangen KYC-Daten wie Vor- und Nachname, Ausweiskopien oder Adressen, um Zugang zu bestimmten Dienstleistungen zu gewähren.

b) Wallet-Adressen mit Off-Chain-Verknüpfung

5 (1) Eine zentrale Börse verknüpft die Wallet-Adresse eines Nutzers mit dessen Konto, das wiederum mit einem Personalausweis verifiziert ist. Damit wird die Wallet-Adresse zum personenbezogenen Datum.

6 (2) Transaktionen können einer betroffenen Person zugeordnet werden durch die Analyse von On-Chain-Daten und Off-Chain-Korrelationen.

c) Transaktionsmetadaten

7 Ein Nutzer tauscht über eine DeFi-Plattform Token. Die Transaktionshistorie wird on-chain gespeichert und kann mit KYC-Daten einer Börse verknüpft werden, um finanzielle Verhaltensmuster abzuleiten.

---

[1] Ebers/Heinze/Krügel/Steinrötter KI/Berberich § 27 Rn. 33 mit Verweis auf neuere technische Kryptowährungen wie Monero.

d) DeFi-Kreditplattformen

Bei der Kreditvergabe auf Plattformen müssen Nutzer finanzielle Informationen (zB Einkommensnachweise, Kredithistorie) off-chain einreichen, um Kreditsicherheiten zu hinterlegen. 8

e) DeFi-Insurance und Gesundheitsdaten

Dezentrale Versicherungsprotokolle verlangen bei Krankheitsversicherungen die Off-Chain-Speicherung von Gesundheitsdaten (z. B. medizinische Gutachten), um Ansprüche zu prüfen. Art. 9 DS-GVO beachten! 9

f) DAO-Mitgliedschaften

In einer DAO wird die Wallet-Adresse eines Mitglieds mit dessen Stimmverhalten verknüpft. Über Off-Chain-Profile kann die Identität ermittelt werden. 10

g) Airdrops und persönliche Daten

Um an einem Token-Airdrop teilzunehmen, muss ein Nutzer eine E-Mail-Adresse oder Telefonnummer angeben, die mit seiner Wallet verknüpft wird. 11

h) IP-Adressen und Frontend-Zugriffe

DeFi-Frontends erfassen IP-Adressen zur Betrugsprävention. Bei dynamischer IP-Adresse können diese mittels Zusatzinformationen einer Person zugeordnet werden (→ § 29 Rn. 13 f.). 12

3. Persönlicher Anwendungsbereich

Die Akteure in DeFi-Transaktionen nehmen besondere Funktionen und entsprechende datenschutzrechtliche Rollen wahr. Die Verantwortlichkeiten sind oft dezentral und schwer greifbar. DeFi-Transaktionen zeichnen sich im Vergleich zu NFT-Transaktionen durch ein höheres Maß an technischer und organisatorischer Dezentralisierung, eine größere Zahl an Intermediären und technischen Dienstleistern sowie eine stärkere Fragmentierung der Verantwortlichkeiten aus. Dies erschwert die Durchsetzung datenschutzrechtlicher Vorgaben und Betroffenenrechten im Vergleich erheblich. 13

a) Nutzer

Die Nutzer nehmen als natürliche Personen oder Organisationen dezentrale Finanzdienstleistungen wie Kreditaufnahme, Liquiditätsbereitstellung oder den Tausch von Token in Anspruch. Sie interagieren direkt mit den zugrunde liegenden Smart Contracts und sind in datenschutzrechtlicher Hinsicht in erster Linie als betroffene Personen iSd Art. 4 Nr. 1 DS-GVO zu qualifizieren, da sie mit ihrer Wallet-Adresse und gegebenenfalls weiteren Off-Chain-Informationen identifizierbar sein können. 14

b) Liquiditätsgeber

15 Die Liquiditätsgeber stellen die Token in Pools bereit und tragen damit zur Funktionsfähigkeit von DeFi-Protokollen bei. Sie haben am wirtschaftlichen Erfolg teil und können, sofern sie Einfluss auf die Ausgestaltung oder Steuerung der Protokolle nehmen, auch als (Mit-)Verantwortliche i. S. v. Art. 26 DS-GVO in Betracht kommen.

c) Governance-Token-Inhaber

16 Governance-Token-Inhaber nehmen über On-Chain-Governance-Prozesse an der Steuerung und Weiterentwicklung der Protokolle teil und können über Abstimmungen beispielsweise Parameter ändern oder Protokoll-Updates initiieren. Je nach Einfluss und Mitbestimmung können sie datenschutzrechtliche Verantwortung tragen, entweder als getrennte oder gemeinsame Verantwortliche gem. Art. 26 DS-GVO.

d) Miner und Betreiber von validierenden Nodes

17 Zu den datenschutzrechtlichen Rollen der Miner und Betreiber von validierenden Nodes wird auf → § 29 Rn. 37 ff. verwiesen.

e) Softwareentwickler

18 Bezüglich der Rolle der Softwareentwickler wird auf → § 29 Rn. 52 ff. verwiesen.

19 Speziell Open-Source-Entwickler, die Blockchain-Technologien wie Bitcoin Core entwickeln und pflegen, könnten weder Verantwortliche noch Auftragsverarbeiter sein. Dies gilt dann, wenn sie lediglich neutrale Werkzeuge bereitstellen, deren konkrete Verwendung sie nicht steuern oder beeinflussen und auch nicht im Auftrag für jemanden anderen tätig werden. Die Softwareentwickler werden in der Regel nicht direkt für ihre Arbeit vergütet und schreiben nicht vor, wie die Software eingesetzt wird. An der jeweiligen Datenverarbeitung mittels der von ihnen entwickelten Software sind sie somit gar nicht beteiligt. Nur wenn Open-Source-Entwickler gezielt datenschutzrelevante Funktionen fördern oder bewerben, etwa im Bereich besonders datenschutzfreundlicher Kryptowährungen, kann eine (gemeinsame) Verantwortlichkeit in Betracht kommen.

f) Kryptoverwahrer

20 Kryptoverwahrer, die für die sichere Aufbewahrung von Kryptowerten sowie Private Keys zuständig sind[2], sind in der Regel als Verantwortliche gem. Art. 4 Abs. 7 DS-GVO einzuordnen. Sie bestimmen die Zwecke und Mittel der Datenverarbeitung, indem sie eigenständige Compliance-Entscheidungen bei der Umsetzung von AML/KYC-Pflichten treffen. Zudem legen sie die Sicherungsmethoden für die Private Keys und die Transaktionsprotokollierung fest, und bestimmen die technische Infrastruktur und die Validierungsmechanismen. Zudem unterliegt die Kryptoverwahrung der BaFin-Erlaubnispflicht gem. § 32 KWG, was gegen eine bloße Auftragsverarbeitung spricht.

g) Aggregatoren

21 DeFi-Aggregatoren, die verschiedene DeFi-Protokolle bündeln und den Zugang für Nutzer erleichtern, werden in der datenschutzrechtlichen Praxis überwiegend als Verantwortliche gem. Art. 4 Nr. 7 DS-GVO eingestuft. Dies ergibt sich aus ihrer zentralen Rolle bei der Steuerung von Datenverarbeitungsprozessen: Sie bestimmen die Zwecke, indem sie eigenständig entscheiden, welche Protokolle integriert werden, wie Transaktionen optimiert und Preise kalkuliert werden. Darüber hinaus führen sie Datenverarbeitungen zu eigenen Zwecken durch, etwa durch die Erfassung von Wallet-Adressen, Transaktionshistorien und

2 Siehe die Legaldefinition des Kryptoverwahrgeschäfts in § 1 Abs. 1a S. 2 Nr. 6 KWG.

Nutzungsmetriken, um ihre Dienstleistungen kontinuierlich zu verbessern. Ein weiteres Schlüsselkriterium ist die Festlegung von Sicherheitsarchitekturen, beispielsweise die Implementierung spezifischer API-Schnittstellen oder Verschlüsselungsmethoden zum Schutz der Nutzerdaten.

Die Rolle als Auftragsverarbeiter wäre nur möglich, wenn Nutzer den Aggregatoren alle Verarbeitungsparameter strikt vorgeben und keine eigenständigen Datenanalysen oder Compliance-Entscheidungen erfolgen würden. Da Aggregatoren jedoch meist automatisierte Optimierungen und eigene Entscheidungen treffen, sind sie in der Praxis fast immer als Verantwortliche einzustufen. **22**

h) Betreiber von Oracles

Ergänzt wird das Ökosystem durch Oracles, die externe Daten wie Preisfeeds in die Blockchain einspeisen. Die Oracle-Betreiber sind als Auftragsverarbeiter nach Art. 28 DS-GVO einzustufen, sofern sie im Auftrag der verantwortlichen Stelle hinter dem DeFi-Protokoll oder des Nutzers handeln. Dies wird meist der Fall sein, da Oracles bewusst von einem oder mehreren Verantwortlichen zur Lieferung bestimmter Informationen eingebunden werden. **23**

i) Weitere Beteiligte

Mit fortschreitender Professionalisierung des Marktes ist zudem eine stärkere Beteiligung institutioneller Akteure und regulierter Intermediäre zu beobachten, etwa Banken oder Finanzdienstleister, die als Schnittstelle zwischen klassischem Finanzsystem und DeFi-Ökosystem fungieren und dabei als verantwortliche Stellen gem. Art. 4 Abs. 7 DS-GVO agieren. Ein Beispiel ist ein Finanzinstitut, das Kundendaten verarbeitet, um betroffenen Personen seine Finanzdienstleistungen anzubieten.[3] Durch die Zunahme an Intermediären bewegt sich die Struktur wieder in Richtung traditioneller Strukturen im Finanzwesen, was sich auch in der Zuordnung der datenschutzrechtlichen Rollen widerspiegelt. **24**

j) DeFi-Protokolle/Smart Contracts

DeFi-Protokolle sind Smart Contracts und Code, die automatisiert Finanzdienstleistungen auf einer Blockchain ausführen. Es handelt sich um technische Infrastrukturen ohne eigene Rechtspersönlichkeit. In vielen Fällen stehen jedoch Entwicklerteams, Unternehmen oder Organisationen hinter dem Protokoll, die es entwickeln, steuern oder wirtschaftlich nutzen; diese können je nach konkreter Ausgestaltung als Verantwortliche im rechtlichen Sinne betrachtet werden. Auch die Vertragsparteien des jeweiligen Smart Contracts können Verantwortliche sein.[4] Wird die Kontrolle über das Protokoll durch eine DAO ausgeübt, ist die Verantwortlichkeit oft auf viele anonyme Token-Inhaber verteilt und damit schwer zuzuordnen (→ § 10 Rn. 15 ff.). **25**

II. Pflichten des Verantwortlichen

Die verantwortliche Stelle gem. Art. 4 Abs. 7 DS-GVO ist Adressat der Verpflichtungen aus der DS-GVO. Im Folgenden soll auf die wichtigsten Besonderheiten im DeFi-Kontext eingegangen werden. **26**

3 Madir FinTech: Law and Regulation/Cooper/Nash Rn. 11.12.
4 Ammon DSB 2023, 10 (12).

1. Rechtsgrundlage

27 Jede Verarbeitungstätigkeit personenbezogener Daten im Rahmen von DeFi-Transaktionen bedarf einer Rechtsgrundlage gem. Art. 6 DS-GVO und sofern einschlägig, gem. Art. 9 DS-GVO.

28 Bei der Wallet-Erstellung werden personenbezogene Daten verarbeitet, insbesondere dann, wenn im Rahmen eines KYC-Verfahrens Identitätsdaten wie Name, Adresse oder Ausweiskopien erhoben werden. Die einschlägige Rechtsgrundlage hierfür ist in der Regel Art. 6 Abs. 1 Buchst. b DS-GVO, sofern die Datenerhebung zur Anbahnung oder Durchführung eines Vertragsverhältnisses erforderlich ist, etwa für die Nutzung einer Börse oder eines DeFi-Dienstes.

29 Sofern auch eine Verarbeitung biometrischer Daten wie Fingerabdrücke oder Gesichtserkennung zur Nutzerauthentifizierung erfolgt, ist eine ausdrückliche Einwilligung gem. Art. 6 Abs. 1 Buchst. a, 9 Abs. 2 Buchst. a DS-GVO einzuholen.

30 Die Initiierung einer Transaktion, etwa ein Token-Swap oder die Kreditaufnahme über ein DeFi-Protokoll, erfordert regelmäßig die Verarbeitung von Wallet-Adressen, Beträgen und Zeitstempeln. Auch hier ist Art. 6 Abs. 1 Buchst. b DS-GVO die maßgebliche Rechtsgrundlage, da die Verarbeitung zur Erfüllung des jeweiligen Smart-Contract-Verhältnisses erforderlich ist. Kommen im Rahmen der Transaktion rechtliche Verpflichtungen hinzu, etwa aufgrund von Geldwäschebekämpfungsvorschriften (AML), so tritt Art. 6 Abs. 1 Buchst. c DS-GVO als Rechtsgrundlage hinzu.

31 Im nächsten Schritt erfolgt die Validierung der Transaktion durch Miner oder Validierer, die als technische Dienstleister agieren können. Diese Verarbeitung der Transaktionsdaten kann auf ein berechtigtes Interesse gem. Art. 6 Abs. 1 Buchst. f DS-GVO an der Funktionsfähigkeit und Sicherheit des Netzwerks gestützt werden.

32 Die Ausführung von Smart Contracts ist ein zentrales Element von DeFi. Auch hier bildet Art. 6 Abs. 1 Buchst. b DS-GVO die Rechtsgrundlage, da die automatisierte Verarbeitung für die Vertragserfüllung erforderlich ist. Werden im Rahmen von Smart Contracts besondere Kategorien personenbezogener Daten verarbeitet, etwa Gesundheitsdaten bei dezentralen Versicherungsprotokollen, ist eine ausdrückliche Einwilligung nach Art. 6 Abs. 1 Buchst. a, Art. 9 Abs. 2 Buchst. a DS-GVO erforderlich.

33 Eine weitere Schnittstelle entsteht durch die Einbindung externer Datenquellen, den Oracles, etwa für Preisfeeds oder Bonitätsprüfungen. Die Verarbeitung personenbezogener Daten durch Oracles kann entweder auf Art. 6 Abs. 1 Buchst. b DS-GVO oder auf Art. 6 Abs. 1 Buchst. f DS-GVO gestützt werden. Für den Betreiber des Oracles selbst basiert die Datenverarbeitung auf der Auftragsverarbeitungsvereinbarung gem. Art. 28 DS-GVO, wenn er wie unter → Rn. 23 beschrieben als Auftragsverarbeiter einzustufen ist.

34 Die Infrastruktur selbst erfordert bereits eine Reihe von Datenverarbeitungen, beispielsweise das Management der Blockchain selbst.[5] Die Speicherung von Daten kann sowohl on-chain als auch off-chain erfolgen. On-Chain werden insbesondere Wallet-Adressen und Transaktionsdetails dauerhaft gespeichert, was für die Vertragserfüllung erforderlich sein kann, Art. 6 Abs. 1 Buchst. b DS-GVO. Off-Chain-Daten wie KYC-Informationen oder Metadaten werden häufig zur Erfüllung rechtlicher Verpflichtungen gem. Art. 6 Abs. 1 Buchst. c DS-GVO oder zur Vertragserfüllung gem. Art. 6 Abs. 1 Buchst. b DS-GVO gespeichert.

35 Schließlich können Transaktionsdaten an Dritte weitergegeben werden, beispielsweise an Steuerberater oder andere externe Dienstleister. Die Weitergabe erfolgt entweder auf Grundlage von Art. 6 Abs. 1 Buchst. f DS-GVO zu einem berechtigten Interesse, z.B. zur steuerlichen Dokumentation, oder Art. 6 Abs. 1 Buchst. c DS-GVO zur Erfüllung einer rechtlichen Verpflichtung, etwa gegenüber Finanzbehörden. Dienstleister sind grundsätzlich als Auftragsverarbeiter nach Art. 28 DS-GVO zu verpflichten. Sie können auch separate

---

5 AEPD Proof of concept Blockchain and the right to erasure S. 22.

verantwortliche Stellen sein, insbesondere Insolvenzberater[6], Steuerberater oder externe Rechtsanwälte.

2. Datenschutzgrundsätze

Für die Zweckbindung gem. Art. 5 Abs. 1 Buchst. b DS-GVO empfiehlt sich der Einsatz von Smart Contracts mit klar definierten Verarbeitungszwecken, um Missbrauch zu verhindern. Ein Beispiel ist ein Smart Contract auf Ethereum, der ausschließlich für den Token-Swap programmiert ist und keine weiteren Datenanalysen durchführt. Zusätzlich sollten die Verantwortlichen regelmäßige Audits durchführen, um sicherzustellen, dass keine zweckfremde Nutzung der Transaktionsdaten erfolgt. 36

Zur Einhaltung des Datenminimierungsgrundsatzes gem. Art. 5 Abs. 1 Buchst. c sollten Pseudonymisierungstechniken wie Zero-Knowledge-Proofs und Off-Chain-Speicherung von sensiblen Daten wie KYC-Informationen in verschlüsselten Datenbanken genutzt werden. Auch Zero-Knowledge-Proofs können dazu dienen, um Transaktionen zu anonymisieren, sodass keine Klardaten on-chain gespeichert werden. 37

Der Grundsatz der Speicherbegrenzung gem. Art. 5 Abs. 1 Buchst. e DS-GVO kann durch hybride Architekturen gewährleistet werden, bei denen personenbezogene Klardaten nur off-chain gespeichert und lediglich kryptografische Hashes on-chain hinterlegt werden. Eine Unbrauchbarmachung der Off-Chain-Daten kann durch Crypto-Shredding erfolgen. 38

Um die Integrität und Vertraulichkeit gem. Art. 5 Abs. 1 Buchst. f DS-GVO zu wahren, empfiehlt sich der Einsatz von Verschlüsselungstechnologien und Privacy-Enhancing-Technologien wie Zero-Knowledge-Proofs sowie Zugriffskontrollen bei permissioned Blockchains. 39

Zur Erfüllung der Rechenschaftspflicht nach Abs. 5 Abs. 2 DS-GVO sollten Verantwortlichkeiten und Governance-Strukturen klar definiert und dokumentiert werden. 40

3. Weitere Themenbereiche

Zu weiteren Informationen zu den zu beachtenden Datenschutzgrundsätzen, der Datenschutzfolgenabschätzung, Transparenzverpflichtungen, Betroffenenrechten und Drittlandstransfers wird auf → § 29 Rn. 64 ff. verwiesen. 41

III. Praxistipps

Die Praxistipps oben in → § 29 Rn. 100 bieten auch im DeFi-Kontext eine Orientierung. Zusätzlich: 42

1. Smart Contract Management 43
   Smart Contracts werden so entwickelt und getestet, dass sie keine unnötigen personenbezogenen Daten auf der Blockchain speichern oder verarbeiten. Externe Audits prüfen gezielt, ob Datenschutzprinzipien wie Datenminimierung und Speicherbegrenzung eingehalten werden.
2. Sicherheitsmechanismen
   Multi-Signature-Wallets und starke Zugriffskontrollen schützen personenbezogene Daten vor unbefugtem Zugriff und Missbrauch. Diese Maßnahmen reduzieren das Risiko, dass sensible Nutzerdaten durch Kompromittierung einzelner Schlüssel offengelegt werden.
3. Compliance und Überwachung
   Transaktionsüberwachung und -analyse für AML-Zwecke erfolgt unter strikter Be-

[6] BeckOK DatenschutzR/Schild DS-GVO Art. 4 Rn. 88.

achtung der Datenschutzvorgaben, etwa durch Pseudonymisierung und Protokollierung nur der erforderlichen Daten. Die eingesetzten Systeme sind so konzipiert, dass sie den Zugriff auf personenbezogene Informationen auf das notwendige Maß beschränken.

4. Wallet-Integration und technische und organisatorische Maßnahmen
Bei der Integration von Wallets wird darauf geachtet, dass private Schlüssel und personenbezogene Daten nicht zentral gespeichert, sondern bestmöglich verschlüsselt und dezentral verwahrt werden. Technische und organisatorische Maßnahmen stellen sicher, dass Nutzerdaten vor unbefugtem Zugriff geschützt und datenschutzkonform verarbeitet werden.

IV. MiCAR und DS-GVO

44 Zwischen der EU Markets in Crypto Assets Verordnung (MiCAR) und der DS-GVO gibt es eine Reihe von Wechselwirkungen. Beide verfolgen einen technologieneutralen Ansatz.[7]

45 Ein zentrales gemeinsames Thema ist die Datensicherheit. Beispielsweise Art. 14 Abs. 1 Buchst. d MiCAR verlangt von Anbietern anderer Kryptowerte als vermögenswertereferenzierter Token oder E-Geld robuste Sicherheitsmaßnahmen unter Beachtung der einschlägigen Standards der Union, was auch die Integrität und Vertraulichkeit personenbezogener Daten gem. Art. 5 Abs. 1 Buchst. f DS-GVO unterstützt.

46 Die DS-GVO verlangt eine umfassende Dokumentation aller Verarbeitungstätigkeiten und Nachweise für die Einhaltung der Datenschutzgrundsätze gem. Art. 5 Abs. 2, Art. 30 DS-GVO. MiCAR regelt vergleichbare Dokumentationspflichten für Krypto-Dienstleister in Art. 34 MiCAR (Governance, Risikomanagement), Art. 62 MiCAR (Betriebsprogramm, Zulassungsunterlagen) und Art. 82 MiCAR (Aufzeichnung aller Transaktionen). Während sich die DS-GVO auf die Verarbeitung personenbezogener Daten fokussiert, verlangt MiCAR die Dokumentation und Nachvollziehbarkeit sämtlicher Geschäftsprozesse, Risiken und Transaktionen im Krypto-Bereich.

47 Ein grundlegender Zielkonflikt besteht bei den regulatorischen Anforderungen an KYC/AML-Prozesse. Während MiCAR eine Identifizierung der Nutzer verlangt, fordert die DS-GVO Datensparsamkeit sowie Datenschutz durch Technikgestaltung und durch datenschutzfreundliche Voreinstellungen gem. Art. 25 DS-GVO. Technologische Ansätze wie Zero-Knowledge-Proofs oder dezentrale Identitäten (DIDs) können hier Lösungen bieten, um Anonymität und Compliance miteinander zu verbinden.

48 Schließlich ist die regulatorische Landschaft durch eine Harmonisierung mit weiteren EU-Verordnungen geprägt, etwa der Digital Operational Resilience Act (DORA), der Cybersecurity-Stresstests und Incident-Response-Pläne verlangt, oder dem European Digital Identity Framework (eIDAS 2.0 Verordnung), das DS-GVO-konforme digitale Identitäten für KYC-Prozesse ermöglicht.

§ 48 Erbrecht

Schrifttum:

Amend-Traut/Hergenröder, Kryptowährungen im Erbrecht, ZEV 2019, 113; Biermann/Liegmann/Lindermann, Krypto-Assets in der Vermögens- und Nachfolgeplanung, 1. Auflage 2025; Säcker/Rixecker/Oetker/Limperg/Schubert, Münchener Kommentar zum Bürgerlichen Gesetzbuch, Band 1, 10. Auflage 2025; von Oertzen/Biermann/Lindermann, Kryptowährungen und Kryptokunst – Eine erb- und steuerrechtliche

[7] Zur MiCA: Brauneck EuZW 2024, 61.

Analyse – Teil I: Grundlagen, Erbrecht und erbschaftsteuerliche Implikationen für Kryptowährungen, ErbR 2022, 762; von Oertzen/Grosse, Kryptowährungsguthaben im Erbrecht und Erbschaftsteuerrecht, DStR 2020, 1651; von Oertzen/Lindermann/Schuster, Kryptoinvestoren im Fokus der Finanzverwaltung, DStR 2024, 969.

I. Einführung

Neben den im Rahmen der Nachfolgeplanung für alle Krypto-Assets geltenden oben in → § 30 Rn. 2 ff. dargestellten Grundsätzen sind für Kryptowährungen die nachfolgend dargestellten Besonderheiten zu beachten.[1] 1

II. Erbrechtliche Besonderheiten

In erbrechtlicher Hinsicht gelten für Kryptowährungen die allgemeinen oben dargestellten Prinzipien (→ § 30 Rn. 13 ff.). 2

Besonderheiten bestehen für Kryptowährungen als Vermächtnisgegenstand. In Betracht kommt bei Kryptowährungen die Einordnung als Geldvermächtnis in Form eines Geldsummen- oder Geldwertvermächtnisses, ggf. auch als Gattungsvermächtnis.[2] Die Annahme eines Geldsummenvermächtnisses ist vor dem Hintergrund zweifelhaft, dass es sich bei Kryptowährungen bislang nicht um Geld im eigentlichen Sinne handelt und sie mithin nicht als allgemeines Zahlungsmittel zu qualifizieren sind.[3] Anderenfalls bliebe nur noch die Annahme eines Gattungsvermächtnisses iSd § 2155 BGB. Nach überwiegender Auffassung kann sich ein Gattungsvermächtnis auch auf nicht verkörperte Gegenstände beziehen,[4] mithin auch auf Datenbestände in einer Blockchain. Für den Fall der Annahme eines Gattungsvermächtnisses ist eine Berufung auf Unmöglichkeit der Vermächtniserfüllung gem. § 2169 Abs. 1 BGB nicht möglich, so dass der Erbe auch bei fehlendem Private-Key grundsätzlich dazu verpflichtet ist, dem Vermächtnisnehmer das vermachte Vermögen zu verschaffen.[5] Der Erblasser kann dem dadurch vorbeugen, dass er die Gattungsschuld auf den Nachlass beschränkt (sog. beschränktes Gattungsvermächtnis).[6] Im Hinblick auf die Ausgestaltung letztwilliger Verfügungen ist insbesondere bei der Anordnung von Vermächtnissen mit Bezug auf kryptografisches Vermögen darauf zu achten, dass diese hinreichend klar formuliert sind und keinen Spielraum für eine Auslegung bieten.[7] 3

III. Erbschaftsteuerliche Besonderheiten für Kryptowährungen

1. Bewertung

Werden Kryptowährungen im Privatvermögen gehalten, richtet sich die erbschaftsteuerliche Bewertung zum Stichtag regelmäßig nach dem gemeinen Wert iSd § 12 Abs. 1 ErbStG iVm § 9 BewG. Nach hM ist § 11 Abs. 1 BewG, der die Bewertung von Wertpapieren und Anteilen an Kapitalgesellschaften regelt, für Kryptowährungen nicht direkt einschlägig[8]: Zwar werden Kryptowährungen inzwischen auch an der Börse gehandelt. Digitale Wäh- 4

1 Die nachfolgenden Ausführungen basieren auf den Ausführungen in Biermann/Liegmann/Lindermann Krypto-Assets in der Vermögens- und Nachfolgeplanung, für eine vertiefende Darstellung wird darauf verwiesen. Zu weiteren Literaturquellen das Literaturverzeichnis in → § 30 Rn. 1.
2 Amend-Traut/Hergenröder ZEV 2019, 113 (119).
3 Hierzu → § 30 Rn. 5 ff.
4 Vgl. MüKoBGB/Rudy § 2155 Rn. 2.
5 Amend-Traut/Hergenröder ZEV 2019, 113 (120); vgl. auch MüKoBGB/Rudy § 2155 Rn. 3.
6 MüKoBGB/Rudy § 2155 Rn. 3.
7 Von Oertzen/Biermann/Lindermann ErbR 2022, 762 (766 ff.).
8 Von Oertzen/Biermann/Lindermann ErbR 2022, 762 (768); von Oertzen/Grosse DStR 2020, 1651 (1653) mwN.

rungen sind jedoch keine Wertpapiere im Sinne der Vorschrift, da es an einer Verbriefung fehlt.[9] Eine sinngemäße Anwendung ist jedoch geboten.[10] Auch § 12 BewG greift bei Kryptowährungen nicht, da es sich bei Kryptowährungsguthaben nicht um relative Forderungsrechte handelt, die auf Geld oder geldwerte Forderungen gerichtet sind.[11]

5 Bei der Bewertung von Kryptowährungen ist somit der gemeine Wert nach § 9 BewG zugrunde zu legen: Dieser bestimmt sich gem. § 9 Abs. 2 BewG nach dem im gewöhnlichen Geschäftsverkehr nach der Beschaffenheit des Wirtschaftsgutes bei einer Veräußerung zu erzielenden Veräußerungspreis. Welcher Preis für Kryptowährungen zum Stichtag im gewöhnlichen Geschäftsverkehr zu erzielen wäre, richtet sich nach den Börsen- bzw. Marktkursen zum Bewertungsstichtag.[12] Die Bewertung von Krypto-Währungen erfolgt dabei jeweils zum Marktkurs im Zeitpunkt der Anschaffung. Dieser lässt sich aus dem Kurs einer Handelsplattform (zB Börse Stuttgart Digital Exchange, Kraken, Coinbase und Bitpanda) oder einer webbasierten Liste (zB https://www.coinmarketcap.com/de und https://www.coingecko.com/de) bestimmen.[13]

2. Besonderheiten bzgl. der Begünstigung für unternehmerisches Betriebsvermögen

6 Digitale Währungen sind als Betriebsvermögen zu qualifizieren, wenn das Kryptowährungsguthaben als Wertanlage oder als Zahlungsmittel im Betriebsvermögen einer Personen- oder Kapitalgesellschaft gehalten wird oder das Investment in Kryptowährungen einen Gewerbebetrieb begründet.[14] Kryptowährungen im Betriebsvermögen unterliegen der gesonderten Feststellung gem. § 12 ErbStG iVm §§ 151, 97, 109, 11 Abs. 2 BewG.

7 Für Kryptowährungen ist aktuell nicht klar, ob diese als Finanzmittel iSd § 13b ErbStG qualifiziert werden können. Nach der Finanzverwaltung sollen *„Kryptowährungen, z. B. Bitcoin"* zu den Zahlungsmitteln und anderen Forderungen iSd § 13b Abs. 4 Nr. 5 ErbStG zählen.[15] Die Literatur äußert hiergegen berechtigte Kritik, da Kryptowährungen weder staatlich anerkannte Zahlungsmittel darstellen noch einen Anspruch gegen Dritte verkörpern. Sie sind daher keine „Forderungen" und somit bereits nicht vom Wortlaut der Norm umfasst.

8 Wenn demgegenüber mit der Finanzverwaltung Kryptowährungen als Finanzmittel eingestuft werden, kommt grundsätzlich die KWG-Bereichsausnahme des § 13b Abs. 4 Nr. 5 S. 3 ErbStG in Betracht. Das Mining und der Handel von eigenen Kryptowährungen allein stellen regelmäßig keine erlaubnispflichtige Tätigkeit iSd § 13b Abs. 4 Nr. 5 S. 3 ErbStG dar; nur in besonderen Konstellationen liegt eine Erlaubnispflichtigkeit vor. Folge ist, dass de lege lata für „reine" Kryptowährungsunternehmen häufig nur in besonderen Konstellationen erbschafts- und schenkungssteuerliche Betriebsvermögensbegünstigungen bestehen.[16] Es wäre zu wünschen, dass der Gesetzgeber de lege ferenda für Kryptowährungen eine Regelung entsprechend § 13b Abs. 4 Nr. 3 letzter Hs. ErbStG schafft, die die Verwaltungsvermögenseigenschaft von Kryptowährungen ausschließt, wenn der Handel mit Kryptowährungen der Hauptzweck des Betriebs ist.

[9] Von Oertzen/Biermann/Lindermann ErbR 2022, 762 (768); von Oertzen/Grosse DStR 2020, 1651 (1653).

[10] Vgl. Biermann/Liegmann/Lindermann Krypto-Assets in der Vermögens- und Nachfolgeplanung § 12 Rn. 10 ff.

[11] Von Oertzen/Biermann/Lindermann ErbR 2022, 762 (768); von Oertzen/Grosse DStR 2020, 1651 (1654); vgl. FM Brandenburg 6.3.2019, BeckVerw 451201.

[12] Biermann/Liegmann/Lindermann Krypto-Assets in der Vermögens- und Nachfolgeplanung § 10 Rn. 58.

[13] BMF 6.3.2025, DStR 2025, 584 Rn. 31.

[14] Zur Abgrenzung von Oertzen/Lindermann/Schuster DStR 2024, 969 (973 ff.).

[15] Biermann/Liegmann/Lindermann Krypto-Assets in der Vermögens- und Nachfolgeplanung § 10 Rn. 45 ff. mwN.

[16] Von Oertzen/Biermann/Lindermann ErbR 2022, 762 (769 ff.); Biermann/Liegmann/Lindermann Krypto-Assets in der Vermögens- und Nachfolgeplanung § 12 Rn. 61 ff.

Aufgrund der signifikanten Unsicherheiten bzgl. der Qualifizierung von Kryptowährungen als begünstigtes Betriebsvermögen sowie hinsichtlich der genauen Voraussetzungen für eine Erlaubnispflichtigkeit von Kryptowährungsunternehmen sollten diese Risiken bei der avisierten Übertragung eines Krypto-KWG-Instituts durch Einholung einer verbindlichen Auskunft und/oder Widerrufsrechten abgesichert werden.[17] 9

§ 49 Außenhandels- und Sanktionsrecht

Schrifttum:
Möslein/Kaulartz/Rennig, Decentralized Finance (DeFi), RDi 2021, 517; Möslein/Omlor, FinTech-Handbuch, 3. Aufl. 2024; Omlor/Franke: Europäische DeFi-Regulierungsperspektiven, BKR 2022, 679; Siadat, Regulierung von DeFi-Zahlungsdienstleistungen durch die MiCAR, RdZ 2023, 156; Wittek/Kutsarov, Stablecoins im DeFi-Zahlungsverkehr und Regulierungswirkung durch MiCAR, RdZ 2022, 156.

Wie in → § 32 näher beschrieben, gibt es beim Einsatz von Kryptowerten im internationalen Geschäftsverkehr geldwäsche-, außenwirtschaft- und sanktionsrechtliche Bedenken. Dies gilt auch – oder vor allem – beim Handel von Kryptowährungen auf einer DeFi. 1

I. Besondere außenwirtschafts- und sanktionsrechtliche Risiken bei DeFi

Wie bereits in Kapitel → § 4 illustriert, steht die DeFi als Sammelbegriff für DLT-basierte Finanzdienstleistungen und -produkte, wie Zahlungen, Kredite, Handel (Swap), Versicherungen und Vermögensverwaltung mit Stablecoins und anderen Kryptowährungen (DeFi-Anwendungen).[1] DeFi hat das Ziel, ohne Intermediäre zu funktionieren, wozu offene Protokolle – von DAO – verwendet werden, die eine Kombination der DeFi-Anwendungen ermöglichen.[2] Die wohl wichtigste und für die Außenwirtschaft und das Sanktionsrecht kritischste DeFi-Anwendung ist der Handel mit Kryptowährungen auf dezentralen Börsen. Dezentrale Börsen bzw. Decentralized Exchanges (DEX) bieten DeFi-Anwendungen an, bei der Nutzer Peer-to-Peer (P2P), also ohne Interaktion mit einem regulierten Dienstleister, miteinander handeln können.[3] Neben dem Handel gibt es auch andere DeFi-Aktivitäten, wie dezentrale Kreditgeschäfte (Lending), dezentrale Derivate, dezentrale Versicherungen, Payments, Yield Farming und Staking.[4] 2

17 Biermann/Liegmann/Lindermann Krypto-Assets in der Vermögens- und Nachfolgeplanung § 12 Rn. 78.

1 Vgl. BaFin, Glossar, Grundlagen: Was ist eine DLT? Was ist eine Blockchain?, geändert am 5.1.2023, abrufbar unter https://www.bafin.de/DE/Aufsicht/FinTech/InnovativeFinanztechnologien/DLT_Blockchain/Glossar/glossar_node.html;jsessionid=D4D360A4A2F3748EA2F5140E19D69368.2_cid502 (zuletzt abgerufen am 19.3.2026); Deutsche Bundesbank, Krypto-Token und dezentrale Finanzanwendungen, Monatsbericht Juli 2021, 33, abrufbar unter https://www.bundesbank.de/resource/blob/869610/fe7fd8b5aef8053b1f0a823da5dc58a9/mL/2021-07-kryptotoken-data.pdf (zuletzt abgerufen am 19.3.2026); Siadat RdZ 2023, 156.

2 Vgl. Deutsche Bundesbank, Krypto-Token und dezentrale Finanzanwendungen, Monatsbericht Juli 2021, 33, abrufbar unter https://www.bundesbank.de/resource/blob/869610/fe7fd8b5aef8053b1f0a823da5dc58a9/mL/2021-07-kryptotoken-data.pdf (zuletzt abgerufen am 19.3.2026).

3 Vgl. Möslein/Omlor FinTech-HdB/Kaulartz § 5 Rn. 58 mit Darstellung einer DEX am Beispiel von Uniswap.

4 Vgl. Möslein/Omlor FinTech-HdB/Kaulartz § 5 Rn. 59 ff. mit einer detaillierten Auseinandersetzung zu Lending und Yield Farming; Omlor/Franke BKR 2022, 679 (680 ff.) zu DEX, Payments, Lending, Derivate und Versicherungen; Möslein/Kaulartz/Rennig RDi 2021, 517 (519 ff.) zu Lending und DEX; Wittek/Kutsarov RdZ 2022, 156 ff. zu Lending und DEX.

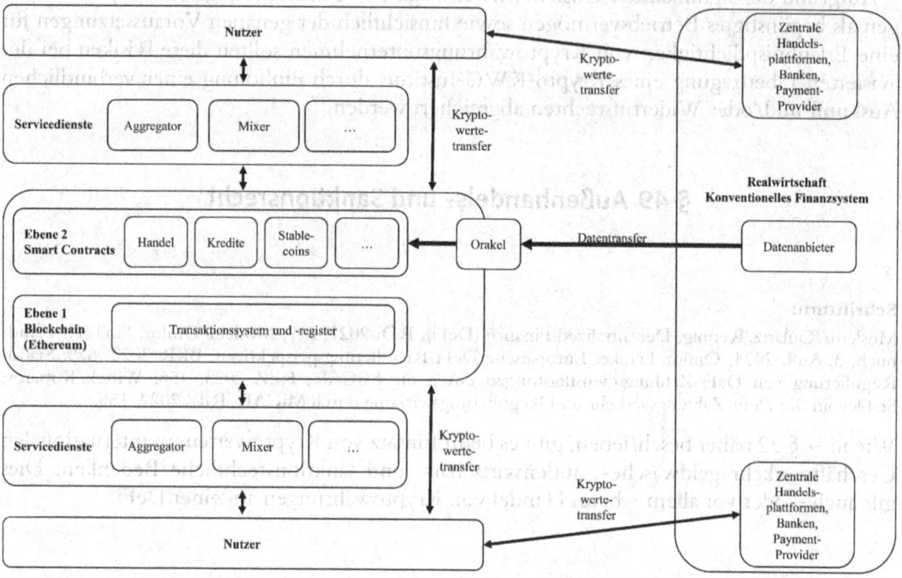

Abbildung 1 DeFi-Anwendungen[5]

3 Aus der obigen Abbildung wird ersichtlich, wie DeFi-Anwendungen funktionieren. Nutzer, die sonst in der Realwirtschaft mit regulierten Dienstleistern und gem. § 2 Abs. 1 GwG geldwäscherechtliche Verpflichtete (zB zentrale Handelsplattformen bzw. Centralized Exchange (CEX), Banken, Kryptoverwahrern oder Payment-Providern) interagieren, können in der DeFi, ohne solche Intermediäre und geldwäscherechtliche Verpflichtete, ihre Kryptowährungen tauschen. Dabei verknüpfen die Nutzer ihre non-custodial Wallets (also eine Kryptowallet, bei welcher der Nutzer eigenverantwortlich und allein den Private Key sichert und seine Kryptowerte verwahrt und verwaltet) mit einer DEX, um mit anderen Nutzern einen Swap durchzuführen. Hierbei wird auf der DLT, meist auf einer öffentlichen Blockchain (wie zB Ethereum), die Transaktion pseudonymisiert durchgeführt und protokolliert (Ebene 1).[6] Auf der zweiten Ebene wird über Smart Contracts (→ § 52 Rn. 3 ff.), die Aktivität durch Protokolle automatisiert abgewickelt. Hierbei erhalten in der Regel die Smart Contracts über Orakel (→ § 5 Rn. 41) Informationen aus der Realwirtschaft.[7] Daneben können Nutzer Servicedienste wie zB Aggregatoren, und außenwirtschafts- sowie sanktionsrechtlich besonders kritische Mixer eigenverantwortlich einsetzen, um die jeweilige DeFi-Anwendung zu erweitern.

[5] Deutsche Bundesbank, Krypto-Token und dezentrale Finanzanwendungen, Monatsbericht Juli 2021, 37, abrufbar unter https://www.bundesbank.de/resource/blob/869610/fe7fd8b5aef8053b1f0a823da5dc58a9/mL/2021-07-kryptotoken-data.pdf (zuletzt abgerufen am 19.3.2026).

[6] Bei der Pseudonymisierung wird ein Pseudonym anstelle eines Namens oder vergleichbarer Identifikationsmerkmale verwendet. Die eindeutige Identifikation eines Netzwerkakteurs soll dadurch ausgeschlossen werden, vgl. Deutsche Bundesbank, Krypto-Token und dezentrale Finanzanwendungen, Monatsbericht Juli 2021, 38, abrufbar unter https://www.bundesbank.de/resource/blob/869610/fe7fd8b5aef8053b1f0a823da5dc58a9/mL/2021-07-kryptotoken-data.pdf (zuletzt abgerufen am 19.3.2026).

[7] Vgl. Deutsche Bundesbank, Krypto-Token und dezentrale Finanzanwendungen, Monatsbericht Juli 2021, 38, abrufbar unter https://www.bundesbank.de/resource/blob/869610/fe7fd8b5aef8053b1f0a823da5dc58a9/mL/2021-07-kryptotoken-data.pdf (zuletzt abgerufen am 19.3.2026).

II. Besondere außenwirtschaft- und sanktionsrechtliche Risiken bei Kryptowährungsswaps

Außenwirtschaftlich und sanktionsrechtlich genauer betrachtet sind Kryptowährungsswaps auf einer DeFi vor allem aus zwei Gründen nicht ganz so bedenklich wie irrtümlich in breiten Teilen der Gesellschaft angenommen wird. 4

1. Keine Fiat-on bzw. off-Ramp ohne Geldwäscheverpflichtete

Zum einen können Nutzer wie in Abbildung 1 beschrieben nur Kryptowährung untereinander tauschen. Der Tausch einer Fiat-Währung wie den Euro in eine Kryptowährung oder umgekehrt bietet weder eine DEX an, noch ist dies in der DeFi möglich. Dies soll bildhaft wie folgt vereinfacht dargestellt werden. 5

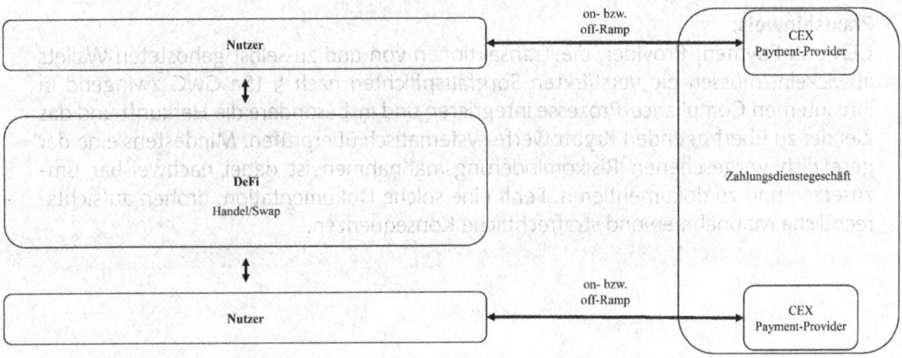

Abbildung 2 DeFi on- und off-Ramp

Wie aus der obigen Darstellung zu erkennen ist und bereits in → § 32 ausführlich erläutert, ist auch in der DeFi erforderlich, dass die Fiat-Währung in eine Kryptowährung oder umgekehrt getauscht wird (sog. on- bzw. off-Ramp). Dabei müssen die Nutzer über ihre CEX zunächst die Kryptowährung in eine Fiat-Währung tauschen, um so dann über einen Payment-Provider und das Zahlungsdienstegeschäft (meist Finanztransfer- oder Akquisitionsgeschäft) eine Ein- oder Auszahlung auf ihr Bankkonto durchführen.[8] CEX und Payment-Provider sind gem. §§ 10 ff. GwG verpflichtet, Sorgfaltspflichten in Bezug auf ihre Kunden einzuhalten. Hierzu gehören vor allem die Identifizierungspflicht nach § 11 GwG und die neu eingeführten verstärkten Sorgfaltspflichten bei der Übertragung von Kryptowerten von einer selbst gehosteten oder an eine selbst gehostete Adresse nach § 15a GwG (zu Geldwäschethemen → § 46 Rn. 1 ff.). DEX und Payment-Provider haben demnach als geldwäscherechtliche Verpflichtete bei der Übertragung von Kryptowerten, deren Begünstigter oder Auftraggeber eine selbst gehostete Adresse ist, das mit der Übertragung verbundene Risiko des Missbrauchs zum Zwecke der Geldwäsche und Terrorismusfinanzierung sowie das Risiko der Nichtumsetzung und Umgehung gezielter Finanzsanktionen und gezielter Finanzsanktionen im Zusammenhang mit Proliferationsfinanzierung zu ermitteln und zu bewerten sowie angemessene Maßnahmen zur Risikominderung zu treffen. 6

Zu den Risikominderungsmaßnahmen gehören mindestens eine der folgenden Maßnahmen, gegebenenfalls auch in Kombination miteinander: 7

---

[8] Vgl. zu Zahlungsdienstegeschäften BaFin, Merkblatt – Hinweise zum Zahlungsdiensteaufsichtsgesetz (ZAG), vom 22.12.2011, geändert am 5.7.2024, abrufbar unter: https://www.bafin.de/SharedDocs/Veroeffentlichungen/DE/Merkblatt/mb_111222_zag.html (zuletzt abgerufen am 19.3.2026).

1. die Erhebung, Überprüfung und Speicherung der Identität des Begünstigten oder Auftraggebers sowie des wirtschaftlich Berechtigten der selbst gehosteten Adresse,
2. Maßnahmen zur Ermittlung der Herkunft und des Ziels der zu übertragenden Kryptowerte,
3. die verstärkte, kontinuierliche Überwachung dieser Transaktionen und der mit diesen Transaktionen in Verbindung stehenden Geschäftsbeziehung oder
4. andere Maßnahmen zur Minderung und Beherrschung der Risiken von Geldwäsche und von Terrorismusfinanzierung sowie des Risikos der Nichtumsetzung und Umgehung gezielter Finanzsanktionen und gezielter Finanzsanktionen im Zusammenhang mit Proliferationsfinanzierung.

8 Demnach sind beim on- bzw. off-Ramp von und zu non-custodial Wallets besonders intensive geldwäsche- und sanktionsrechtliche Prüfungen anzustellen. Das Risiko für die Außenwirtschaft und für das Sanktionsrecht ist bei Kryptowährungsswaps in der DeFi daher bereits aus diesem Grund als moderat anzusehen.

Praxishinweis:
CEX und Payment-Provider, die Transaktionen von und zu selbst gehosteten Wallets abwickeln, müssen die verstärkten Sorgfaltspflichten nach § 15a GwG zwingend in ihre internen Compliance-Prozesse integrieren und insbesondere die Herkunft und das Ziel der zu übertragenden Kryptowerte systematisch überprüfen. Mindestens eine der gesetzlich vorgesehenen Risikominderungsmaßnahmen ist dabei nachweisbar umzusetzen und zu dokumentieren. Fehlt eine solche Dokumentation, drohen aufsichtsrechtliche Maßnahmen und strafrechtliche Konsequenzen.

2. Freiwillige Sorgfaltspflichten in der DeFi

9 Daneben gibt es aber auch innerhalb der DeFi und bei DEX besondere Vorkehrungen zur Bekämpfung von Geldwäsche- und Sanktionsrisiken, welche der Allgemeinheit vorwiegend unbekannt sein dürften, da im Rechtsverkehr irrtümlich davon ausgegangen wird, dass es mangels geldwäscheverpflichteter Intermediäre in der DeFi-Welt, wie im „Wilden Westen" zugeht.

10 In besonderen Fällen, wie in etwa bei Mixer-Diensten (vgl. Tornado Cash[9]), wird regelmäßig von Krypto-Kriminellen (sog. Bad Actors) versucht, die Herkunft von Kryptowährungen, die aus illegalen Aktivitäten stammen, zu verschleiern und solche Kryptowährungen für weitere illegale Aktivitäten zu nutzen. Allerdings können solche einzelnen Verschleierungsaktivitäten von Bad Actors in der DeFi-Welt nicht isoliert betrachtet werden. Denn neben dem on- bzw. off-Ramping gelten auch innerhalb der DeFi-Welt besondere (freiwillige) Sorgfaltspflichten zur Bekämpfung von Geldwäsche und sanktionierten Aktivitäten.[10] Am Beispiel des DeFi-Aggregators „1inch" soll dargestellt werden, welche Sorgfaltspflichten eine DEX einhält.[11]

---

[9] Siadat, Kryptowährungsmixer: Sanktionen gegen Tornado Cash schaffen Präzedenzfall, in: heise online vom 12.11.2022, abrufbar unter: https://www.heise.de/hintergrund/Kryptowaehrungsmixer-Sanktionen-gegen-Tornado-Cash-schaffen-Praezedenzfall-7337784.html (zuletzt abgerufen am 19.3.2026).

[10] Rajan/Mathonet/Siadat et al., DeFi Self-Regulation, Februar 2025, abrufbar unter: https://inatba.org/reports/inatbas-finance-working-group-publishes-new-report-on-defi-self-regulation/ (zuletzt abgerufen am 19.3.2026).

[11] Rajan/Mathonet/Siadat, Supra Fn. 10, 36 ff.; Gavryliak/Kim, 1inch Security, Juni 2024, abrufbar unter: https://1inch.io/assets/1inch-security-white-paper.pdf (zuletzt abgerufen am 19.3.2026).

a) Verbesserte Wallet-Screening Protokolle

DEX integrieren automatisierte Wallet-Screening-Tools, um betrügerische Aktivitäten und Sanktionsrisiken in Echtzeit zu erkennen. Transaktionen werden damit kontinuierlich überwacht, um verdächtige Adressen zu erkennen. Wenn eine Adresse als verdächtig eingestuft wird, sollte der Zugriff gesperrt werden, um Geldwäsche und andere illegale Aktivitäten zu verhindern. Durch die Nutzung von Analysediensten von Drittanbietern sowohl für die Erkennung von Risiken innerhalb als auch außerhalb der Blockchain wird sichergestellt, dass Bedrohungen umgehend erkannt und wirksam bekämpft werden. 11

b) Interne Blocklisten

In der DeFi werden interne Blocklisten geführt, in der neu identifizierte bösartige Adressen und Adressen, die mit risikoreichen Aktivitäten in Verbindung stehen, kontinuierlich und automatisch aufgenommen werden. Dadurch wird sichergestellt, dass sich entwickelnde Bedrohungen proaktiv gemindert werden, wodurch die Sicherheitslage des DeFi-Ökosystems gestärkt wird. 12

c) Überprüfung anhand öffentlicher Listen

Um Sicherheitsstandards aufrechtzuerhalten, werden bei DEX bekannte illegale Adressen mit öffentlichen Sperrlisten abgleichen. Interne Sperrlisten sollten regelmäßig überprüft und aktualisiert werden, wobei Daten aus öffentlich zugänglichen Quellen sowie Blockchain-Analyseplattformen verwendet werden sollten. Die Nutzung branchenweiter Recherchen und Dashboards erhöht dabei die Datengenauigkeit und gewährleistet die Abstimmung mit den Bemühungen der breiteren DeFi-Community. 13

Praxishinweis:
Auch Unternehmen, die keine gesetzlich verpflichteten Intermediäre iSd § 2 Abs. 1 GwG sind, aber DeFi-Anwendungen betreiben oder nutzen, sollten freiwillig Wallet-Screening-Tools und automatisierte Blocklisten implementieren, um Transaktionen mit sanktionierten oder anderweitig risikobehafteten Adressen zu verhindern. Der regelmäßige Abgleich mit öffentlich zugänglichen Sanktionslisten, etwa des OFAC oder der EU, ist dabei als Mindeststandard anzusehen. Das Unterlassen solcher Maßnahmen kann im Haftungsfall als grob fahrlässig gewertet werden und zu erheblichen Reputationsschäden führen.

d) Verhaltensmusteranalyse

Auf DEX wird verhaltensbasierte Blockchain-Risikoüberwachung eingesetzt, die es Screening-Tools ermöglicht, Risiken allein auf der Grundlage der Aktivität einer bestimmten Adresse zu erkennen. Dazu gehört auch die Integration von Tools, die erkennen, ob ein Konto ungewöhnliche Verhaltensweisen oder Handlungen aufweist, die typisch für betrügerische Aktivitäten sind. 14

e) Erkennung bösartiger Token

Um der Verbreitung von sog. Scam-Token entgegenzuwirken, implementieren DEX Maßnahmen zur Token-Verifizierung, die legitime Token von Scam-Token unterscheiden. Verdächtige Token werden dabei automatisch zur Sensibilisierung der Benutzer gekennzeichnet. Durch die Nutzung von On-Chain-Tracking, Echtzeit-Bedrohungserkennung und fortschrittlichen Algorithmen zur Betrugsbekämpfung können betrügerische Aktivitä- 15 ten identifiziert und beseitigt werden, bevor sie sich auf DeFi-Nutzer und Protokolle auswirken.

f) Transaktionssimulation und -validierung

16 Einige DEX ermöglichen ihren Nutzern, dass sie vor der Ausführung eines Swaps Einblick in die Transaktionsergebnisse erhalten. Dabei werden Funktionen zur Transaktionssimulation angeboten, die die erwarteten Vermögensübertragungen vor dem Abschluss veranschaulichen. Solche Simulationen werden mit Prozessen zur Erkennung betrügerischer Transaktionen und zur Warnung der Nutzer vor der Ausführung gekoppelt, um betrügerische Aktivitäten zu verhindern. Es werden Sicherheitstools implementiert, die Nutzer bei der Interaktion mit verdächtigen Apps warnen und sie so vor betrügerischen Plattformen schützen. Rückblickend auf den jüngsten Hack der Kryptobörse Bybit[12], verdeutlicht dies, dass DEX auch in dieser Hinsicht sicherer als CEX sind.

17 Diese und weitere Tools in der DeFi-Welt lassen erkennen, dass gezielte Empfehlungen und Warnungen der FATF (→ § 32 Rn. 20) adressiert und bekämpft werden. Im Ergebnis lässt sich festhalten, dass die DeFi und Kryptowährungen außenwirtschaft- und sanktionsrechtlich besondere Risiken innehaben, welche jedoch schon heute von DEX entsprechend bekämpft werden.

Praxishinweis:
Unternehmen, die DeFi-Anwendungen in ihr Geschäftsmodell integrieren möchten, sollten vor Aufnahme der Tätigkeit eine auf die konkrete DeFi-Anwendung zugeschnittene außenwirtschafts- und sanktionsrechtliche Risikoanalyse durchführen und die eingesetzten DEX hinsichtlich der von ihnen implementierten Sicherheits- und Screening-Protokolle sorgfältig auswählen und dokumentieren. Die bloße Nutzung einer DEX entbindet nicht von der eigenen Verantwortung zur Einhaltung anwendbarer Sanktionsregimes. Eine laufende Überprüfung der eingesetzten Tools und Protokolle ist unerlässlich, da sich die regulatorischen Anforderungen sowie die technischen Möglichkeiten in diesem Bereich sehr dynamisch entwickeln.

§ 50 Aufsichts- und Kapitalmarktrecht

Übersicht

[12] Vgl. Banerjee/Woods, Bybit Hack 2025 Explained: A Guide to What Went Wrong, vom 27.2.2025, abrufbar unter: https://beincrypto.com/learn/bybit-hack-explained/ (zuletzt abgerufen am 19.3.2026).

Schrifttum:

Ammann, Bitcoin als Zahlungsmittel im Internet, CR 2018, 379; Arndt, Bitcoin-Eigentum; 1. Aufl. 2022; Assmann/Schlitt/von Kopp-Colomb, Prospektrecht Kommentar, 4. Aufl. 2022; Assmann/Schütze/Buck-Heeb, Handbuch des Kapitalanlagerechts, 6. Aufl. 2024; Aufderheide, Dezentrale Autonome Organisationen (DAO) – Smart Contracts aus der Perspektive des Gesellschaftsrechts, WM 2022, 264; Bauer, Governance-Token, 1. Aufl. 2025; Bauerschmidt, Entwicklungen des europäischen Prospektrechts 2019–2021, AG 2022, 57; Beck/Samm/Kokemoor, Kreditwesengesetz mit CRR, Loseblatt, 248. Aktualisierung 2026; Bela/Ivanovic, Coin-Lending im deutschen Rechtsraum, BKR 2024, 94; Bialluch-von Allwörden, Zivil- und prospektrechtliche Aspekte des eWpG-E, RDi 2021, 13; Büschgen, Bankbetriebslehre, Bankgeschäfte und Bankmanagement, 5. Aufl. 1998; Chatard/Mann, Initial Coin Offerings und Token-Handel im funktionalen Rechtsvergleich, NZG 2019, 567; Ellenberger/Bunte, Bankrechts-Handbuch, 6. Aufl. 2022; Fritz, Anbieter von Kryptowerte-Dienstleistungen nach der MiCAR, BKR 2023, 747; Gsell/Krüger/Lorenz/Reymann, beck-online.GROSSKOMMENTAR, Abschnitt Zivilrecht, Stand 1.1.2026; Guntermann, Non Fungible Token als Herausforderung für das Sachenrecht, RDi 2022, 200; Hacker/Thomale, Crypto-Securities Regulation: ICOs, Token Sales and Cryptocurrencies under EU Financial Law, ECFR 2018, 645; Hartmann-Wendels/Pfingsten/Weber, Bankbetriebslehre, 7. Aufl. 2019; Hopt, Vom Aktien- und Börsenrecht zum Kapitalmarktrecht?, ZHR 141 (1977), 389; v. Hülst, Absoluter Schutz von Blockchain-Token, 1. Aufl. 2024; John, Zur Sachqualität und Eigentumsfähigkeit von Kryptotoken, BKR 2020, 76; John/Patz, ZuFinG und FinmadiG – eine Neuordnung der Krypto-Landschaft, BKR 2023, 849; Just/Voß/Ritz/Zeising, Wertpapierprospektrecht, 2. Aufl. 2023; Kaulartz, Die Blockchain-Technologie, CR 2016, 474; Kaulartz/Holl, Die Regulierung von Staking-Dienstleistungen, RDi 2024, 241; Kleinert/Mayer, Elektronische Wertpapiere und Krypto-Token, EuZW 2019, 857; Klöhn, Marktmissbrauchsverordnung, 2. Aufl. 2023; Klöhn/Parhofer/Resas, Initial Coin Offerings (ICOs), ZBB 2018, 89; Koch, Die „Tokenisierung" von Rechtspositionen als digitale Verbriefung, ZBB 2018, 359; Kümpel/Mülbert/Früh/Seyfried, Bank- und Kapitalmarktrecht, 6. Aufl. 2022; Langenbucher, Digitales Finanzwesen: Vom Bargeld zu virtuellen Währungen, AcP 218 (2018), 385; Lehmann, Finanzinstrumente, 1. Aufl. 2009; Lösing/John, Die Regulierung von E-Geld Token, BKR 2023, 373; Machacek, Die Anwendung der neuen MiCA-Verordnung auf Dezentrale Finanzanwendungen, EuZW 2021, 923; Majerus, „Security Token" und Prospekthaftung, BKR 2024, 944; Maume, Die Verordnung über Märkte für Kryptowerte (MiCAR) – Zentrale Definitionen sowie Rechte und Pflichten beim öffentlichen Angebot von Kryptowerten, RDi 2022, 461; Maume, Die Verordnung über Märkte für Kryptowerte (MiCAR) – Stablecoins, Kryptodienstleistungen und Marktmissbrauchsrecht, RDi 2022, 497; Maume, Anm. zu OLG Hamburg: Wettbewerberstellung eines Finfluencers und Erlaubnispflicht für im Ausland betriebene Kryptobörse, BKR 2024, 1014; Maume, VG Frankfurt a. M.: Staking und öffentliches Angebot von DLT-Wertpapier, BKR 2025, 611; Maume/Fromberger, Regulation of Initial Coin Offerings: Reconciling U. S. and E. U. Securities Laws, Chicago Journal of International Law 19 (2019), 548; Maume/Siadat, Struktur, Definitionen und Anwendungsfälle der Kryptoregulierung, NJW 2023, 1168; Maume/Maute, Rechtshandbuch Kryptowerte, 1. Aufl. 2020; Merkt/Rossbach, Zur Einführung: Kapitalmarktrecht, JuS 2003, 217; Mienert, Dezentrale autonome Organisationen (DAOs) und Gesellschaftsrecht, 1. Aufl. 2022; Möslein, Anleger- und Funktionsschutz im Recht der Kryptowerte Systematik, Instrumente und Funktionen, WM 2024, 1729; Möslein/Kaulartz/Rennig, Decentralized Finance (DeFi), RDi 2021, 517; Möslein/Omlor, Blockchain und Recht, 1 Aufl. 2024; Möslein/Rennig, Das Finanzmarktdigitalisierungsgesetz (FinmadiG) im europäischen Kontext, RDi 2024, 145; Möslein/Omlor FinTech-Handbuch, 3. Aufl. 2024; Müller-Lankow/Liebscher, Rechtliche Unterschiede zwischen E-Geld- und vermögenswertereferenzierten Token, WM 2024, 1152; Nathmann, Token in der Unternehmensfinanzierung, BKR 2019, 540; Omlor, Kryptowährungen im Geldrecht, ZHR 183 (2019), 294;; Patz, Überblick über die Regulierung von Kryptowerten und Kryptowertedienstleistern, BKR 2021, 725; Rennig, Finanztechnologische Innovationen, 1. Aufl. 2022; Rennig, Prospektpflicht für Stock Token?, BKR 2021, 402; Ridder, Ebenenübergreifende Treuepflichten in der Kapitalgesellschaft & Co. KG, 1. Aufl. 2018; Säcker/Rixecker/Oetker/Limperg/Schubert, Münchener Kommentar zum Bürgerlichen Gesetzbuch, 9. Aufl. 2024/2025; Schwark/Zimmer, Kapitalmarktrechts-Kommentar, 5. Aufl. 2020; Shmatenko/Möllenkamp, Digitale Zahlungsmittel in einer analog geprägten Rechtsordnung, MMR 2018, 495; Spindler, Initial Coin Offerings und Prospektpflicht und -haftung, WM 2018, 2109; Terlau, MiCAR-Stabelcoins, BKR 2023, 809; Teichmann, Digitalisierung und Gesellschaftsrecht, ZfPW 2019, 247; Veil, Token-Emissionen im europäischen Kapitalmarktrecht, ZHR 183 (2019), 346; Wolf, Initial Coin Offerings, 1. Aufl. 2020; Zickgraf, Initial Coin Offerings – Ein Fall für das Kapitalmarktrecht?, AG 2018, 293.

I. Einführung

Decentralised Finance stellt das Aufsichts- und Kapitalmarktrecht vor Herausforderungen. 1
Die Gründe hierfür sind vielzählig, basieren jedoch auf einer Problematik: Dem Widerspruch zwischen den aufsichts- und kapitalmarktrechtlichen Regulierungszielen und den Vorstellungen dezentraler Finanzanwendungen. Letztere sind geprägt durch das Vermeidungsverhalten der Betreiber und werden begünstigt von einem sich stetig entwickelnden

dezentralen Umfeld. Wenn daher etwa der Gründer von „Sky" (vormals Maker bzw. MakerDAO) – immerhin gemessen an den hinterlegten Vermögenswerten von circa 6,6 Mrd. USD eines der größten dezentralen Finanzprotokolle –[1] Aussagen wie folgende tätigt:

„So that leaves us with the two fundamental options: The path of compliance and eventually, on a long enough timeline, turning Maker into some kind of next-gen fintech product/neobank. Or the path of decentralization which means strictly limiting the degree to which regulatory crackdowns can damage the protocol."[2]

führt dies zu einem Wettlauf zwischen den Aufsichtsbehörden und einer „Flucht" in die Dezentralisierung. Behördliche Verfügungen und rechtliche Pflichten sollen keine Anwendung finden. Dies wiegt schwer, da die Nähe von DeFi zum Finanzmarkt bereits begrifflich verankert ist und somit eine unabdingbare Verknüpfung zum Aufsichts- und Kapitalmarktrecht besteht.[3] In Zukunft wird deshalb eine Anpassung bestehender Regulierungen erforderlich sein, um die innovativen Entwicklungen dezentraler Anwendungen rechtssicher begleiten zu können.[4]

1. Grundlagen

2 Dies vorangestellt, widmet sich der Beitrag der Regulierung von DeFi aus der Perspektive des Aufsichts- und Kapitalmarktrechts, soweit diese Rechtsgebiete Antworten bereithalten. Gleichzeitig werden offene Problematiken hervorgehoben. Ausgangspunkt der Betrachtung bildet hinsichtlich des Kapitalmarktrechts ein produktbezogener, hinsichtlich des Aufsichtsrechts ein tätigkeitsbezogener Ansatz. Kryptotoken werden zum einen über einen Primärmarkt emittiert, zum anderen wird anschließend mit ihnen agiert, indem Dienstleistungen auf einem Sekundärmarkt bereitgestellt werden.[5]

2. Gang der Darstellung

3 Die folgende Einordnung unterteilt neben der produktbezogenen und tätigkeitsbezogenen Unterscheidung weiter nach Kryptotoken im Allgemeinen und einem beispielhaften DeFi-Protokoll im Konkreten. Im Aufsichts- und Kapitalmarktrechts ist es ratsam, eine Einzelfallbetrachtung vorzunehmen, da der Markt der dezentralen Finanzanwendungen vielfältig ist und die einzelnen Protokolle in weiten Teilen keiner Standardisierung unterliegen.[6] Der Schwerpunkt der Darstellung ist ferner das Kapitalmarktrecht. Im Bereich des Aufsichtsrechts sieht der europäische Gesetzgeber für dezentrale Finanzanwendungen keine Anwendung der MiCAR vor.[7]

4 Als Beispiel für den Bereich DeFi dient das Aave-Protokoll mit den beiden zugehörigen Token AAVE und GHO.

Praxishinweis:
Das Aave-Protokoll ist nach der Eigenbeschreibung „a decentralised non-custodial liquidity protocol where users can participate as suppliers or borrowers. Suppliers

[1] Vgl. defillama.com/protocol/sky-lending (zuletzt abgerufen am 29.3.2026).
[2] S. forum.skyeco.com/t/the-path-of-compliance-and-the-path-of-decentralization-why-maker-has-no-choice-but-to-prepare-to-free-float-dai/17466 (zuletzt abgerufen am 29.3.2026).
[3] Zu dieser Nähe: Möslein/Kaulartz/Rennig RDi 2021, 517 (517 f.).
[4] Vgl. Omlor/Möslein Blockchain/Franke § 12 S. 314 f.
[5] Vgl. Assmann/Schütze/Buck-Heeb KapAnlR-HdB/Eckhold/F. Schäfer § 17 Rn. 62.
[6] Vgl. Omlor/Möslein Blockchain/Franke § 12 S. 315 f.; Bauer Governance-Token S. 202 ff.
[7] Erwgr. 22 MiCAR.

provide liquidity to the market while earning interest, and borrowers can access liquidity by providing collateral that exceeds the borrowed amount."[8]
In der Sache handelt es sich um die Möglichkeit, (dezentral) Liquidität bereitzustellen oder in Anspruch zu nehmen, indem Kryptotoken zur Verfügung gestellt oder aufgenommen werden. Aktuell sind Vermögenswerte im Gegenwert von knapp 23,5 Mrd. USD hinterlegt.[9]
Governance Token des Aave-Protokolls ist „AAVE", durch welchen die Inhaber dieses Tokens im Governanceprozess mittels Stimmabgabe über die weitere Entwicklung des Protokolls abstimmen können.[10] Der plattformeigene Stablecoin ist „GHO", welcher durch das Hinterlegen von Sicherheiten geschaffen werden kann und dessen Wert an den USD geknüpft ist.[11] Die Marktkapitalisierung von AAVE liegt bei etwa 1,3 Mrd. USD; die Marktkapitalisierung von GHO bei knapp 500 Mio. USD.[12]

II. Einordnung

Die Bedeutung von Kryptotoken und damit die Einordnung in das Kapitalmarkt- und Aufsichtsrecht gewinnt stetig an Bedeutung, da Kryptotoken ihre bloße Innenwirkung abgelegt haben und Einzug in traditionelle Finanzmärkte erhalten.[13] Es resultiert eine Verzahnung von DeFi und klassischen Finanzmarktakteuren, wodurch die Regulierung von Kryptotoken als potenzielles Anlagenprodukt unabdingbar wird. Dies zeigt auch das Tätigwerden der Aufsichtsbehörde sowohl in Bezug auf das Produkt als auch auf die Tätigkeit von und mit Kryptotoken.[14] **5**

1. Produktbezogene Einordnung

Hauptsächliche Regelungsziele des Kapitalmarktrechts sind der Funktionsschutz und der Anlegerschutz.[15] Letzterem dient die Publizität und Information der Anleger auf dem Primärmarkt.[16] Bei einem öffentlichen Angebot von Wertpapieren besteht etwa die Pflicht,[17] einen Prospekt zu veröffentlichen,[18] wohingegen bei einem öffentlichen Angebot von Kryptowerten ein Kryptowerte-Whitepaper zu erstellen ist.[19] In beiden Fällen ist die Notwendigkeit kapitalmarktrechtlicher Regulierung auf die Handelbarkeit von besonderen Produkten zurückzuführen.[20] Unabhängig der Einordnung als Wertpapier oder Kryptowert resultiert aus dem Handel von Kryptotoken eine Preisbildung durch das Zusammenkommen von Angebot und Nachfrage. Mit anderen Worten: Kryptotoken sind für den Kauf und Verkauf auf einem Markt bestimmt. Dies zeigt nicht zuletzt das derzeitig tägliche Handelsvolumen von knapp 43 Mrd. USD.[21] **6**

8 S. aave.com/docs (zuletzt abgerufen am 29.3.2026).
9 S. defillama.com/protocol/aave-v3 (zuletzt abgerufen am 29.3.2026).
10 Vgl. aave.com/docs/ecosystem/aave (zuletzt abgerufen am 29.3.2026).
11 S. aave.com/docs/ecosystem/gho (zuletzt abgerufen am 29.3.2026).
12 S. coinmarketcap.com/de/currencies/aave/; coinmarketcap.com/de/currencies/gho/ (jeweils zuletzt abgerufen am 29.3.2026). Die Marktkapitalisierung von GHO wird durch das AAVE-Protokoll reguliert.
13 Etwa stateofcrypto.a16zcrypto.com/(zuletzt abgerufen am 29.3.2026).
14 Etwa btc-echo.de/schlagzeilen/uniswap-defi-boerse-im-fadenkreuz-der-bafin-160798/ (zuletzt abgerufen am 29.3.2026).
15 S. Kümpel/Mülbert/Früh/Seyfried Bank-/KapMarktR/Oulds Rn. 11.51.
16 S. Kümpel/Mülbert/Früh/Seyfried Bank-/KapMarktR/Oulds Rn. 11.81.
17 Vgl. Art. 3 Abs. 1 Prospekt-VO.
18 Vgl. Ellenberger/Bunte BankR-HdB/Seiler/Geier § 83 Rn. 80.
19 Vgl. etwa Art. 4 Abs. 1 Buchst. b MiCAR iVm Art. 6 MiCAR.
20 S. Lehmann Finanzinstrumente S. 465; Hopt ZHR 141 (1977), 389 (414).
21 Vgl. coinmarketcap.com/de/charts/ (zuletzt abgerufen am 29.3.2026).

a) Systematik

7 Ausgangfrage bei der Einordnung von Kryptotoken in das kapitalmarktrechtliche Regelungsfeld ist das Vorliegen eines übertragbaren Wertpapiers gem. Art. 4 Abs. 1 Nr. 44 MiFID II. Der Norm kommt dabei im Blick des europäischen Kryptorechts spätestens nach Inkrafttreten der MiCAR entscheidende Bedeutung zu.[22] Denn gem. Art. 2 Abs. 4 Buchst. a MiCAR sind Finanzinstrumente nach Art. 4 Abs. 1 Nr. 15 MiFID II und daher auch übertragbare Wertpapiere iSd Art. 4 Abs. 1 Nr. 44 MiFID II vom Anwendungsbereich der MiCAR ausgenommen.[23] Bei der Einordnung eines Kryptotokens als übertragbares Wertpapier finden daher die Vorschriften der Prospekt-VO und nicht die begrifflich näherliegende „Markets in Crypto-Assets Regulation" Anwendung.[24]

8 Dies hat jedoch allein zur Folge, dass auf übertragbare Wertpapiere gem. Art. 4 Abs. 1 Nr. 44 MiFID II die Vorschriften der MiCAR keine Geltung entfalten, trifft aber keine Aussage darüber, ob sich die Begriffe Kryptowert und übertragbares Wertpapier kontradiktorisch gegenüberstehen. Kryptotoken, die als übertragbares Wertpapier nach Art. 4 Abs. 1 Nr. 44 MiFID II einzuordnen sind, würden – wenn die Anwendung der MiCAR nicht gesperrt wäre – ebenso die Anforderungen eines Kryptowerts gem. Art. 3 Abs. 1 Nr. 5 MiCAR erfüllen. Der Begriff des Kryptowerts als „digitale Darstellung eines Werts oder eines Rechts, der bzw. das unter Verwendung der Distributed-Ledger-Technologie oder einer ähnlichen Technologie elektronisch übertragen und gespeichert werden kann"[25] ist äußerst weit gefasst.[26]

9 Diese Doppelstruktur zwischen MiFID II und MiCAR führt zu Abgrenzungsproblemen, insbesondere wenn – wie so häufig – ein Kryptotoken mit mehreren Funktionen einhergeht und daher eine Einordnung schwierig ist.[27] Die somit für den jeweiligen Einzelfall vorzunehmende Prüfung hat zunächst mit einer Subsumtion unter den Begriff des übertragbaren Wertpapiers zu beginnen, bevor – bei Ablehnung eines übertragbaren Wertpapiers – eine Prüfung des Art. 3 Abs. 1 Nr. 5 MiCAR erfolgen kann. Da letztere Vorschrift und damit der Begriff des Kryptowerts im Ergebnis wohl „Token aller Art erfasst"[28], kommt der MiCAR eine Auffangfunktion zu. Es wird ein Schutzniveau für Kryptowerte geschaffen, wobei für Finanzinstrumente iSd MiFID II das bisherige Regelungsfeld bestehen bleibt.[29]

Praxishinweis:
Bei der Emission von Kryptotoken ist stets zunächst zu prüfen, ob der Token als übertragbares Wertpapier gem. Art. 4 Abs. 1 Nr. 44 MiFID II einzuordnen ist, da dies die Anwendbarkeit der MiCAR sperrt und stattdessen die strengeren Anforderungen der Prospekt-VO auslöst. Erst wenn diese Prüfung verneint wird, entfaltet die MiCAR als Auffangregelung ihre Geltung. Eine Fehleinstufung – insbesondere die irrtümliche Ausgabe von Security Token als Utility Token – kann zu erheblichen aufsichtsrechtlichen und strafrechtlichen Konsequenzen führen.

---

22 Vgl. Maume RDi 2022, 461 (463).
23 S. auch den Verweis in Art. 3 Abs. 1 Nr. 49 MiCAR.
24 Vgl. Art. 2 Buchst. a Prospekt-VO.
25 Art. 3 Abs. 1 Nr. 5 MiCAR.
26 Vgl. Maume/Siadat NJW 2023, 1168 (1169); Maume RDi 2022, 461 (464).
27 Vgl. Maume/Siadat NJW 2023, 1168; Möslein WM 2024, 1729 (1732); Maume RDi 2022, 461 (464).
28 Möslein WM 2024, 1729 (1731).
29 Vgl. Möslein WM 2024, 1729 (1731).

b) Anforderungen des Art. 4 Abs. 1 Nr. 44 MiFID II

Die „Königsnorm"[30] des Art. 4 Abs. 1 Nr. 44 MiFID II knüpft das Vorliegen eines von der MiFID II adressierten Finanzinstruments an vier kumulative Kriterien: Standardisierung, Übertragbarkeit und Handelbarkeit am Kapitalmarkt sowie eine Vergleichbarkeit mit den in der MiFID II aufgezählten idealtypischen Wertpapieren, wie Aktien oder Schuldverschreibungen.[31] 10

aa) Formelle Voraussetzungen. Die drei ersten Merkmale – Standardisierung, Übertragbarkeit und Handelbarkeit am Kapitalmarkt – sind als formelle Anforderungen nicht trennscharf voneinander abgrenzbar, wobei das übergreifende Merkmal der Handelbarkeit den Schwerpunkt der Prüfung bildet.[32] So sind für einen Großteil der (fungiblen) Kryptotoken Übertragbarkeit und Standardisierung unschwer zu bejahen. Zum einen bestehen, zumindest wenn die Kryptotoken keinem dauerhaften „Locking" unterliegen,[33] weder rechtliche noch tatsächliche Hindernisse, die den Transfer durch den Inhaber beeinträchtigen (Übertragbarkeit).[34] Kryptotoken sind für einen Transfer zwischen Parteien bestimmt und es besteht im Regelfall stets die Möglichkeit den Token auf einen neuen Inhaber zu transferieren.[35] Zum anderen sind fungible Kryptotoken, insbesondere im Gegensatz zu „Non-Fungible-Token" (NFT) (hierzu → § 20 Rn. 18), innerhalb der jeweiligen Tokengesamtheit nicht mit spezifischen Parametern ausgestaltet, sondern nach Zahl und Art bestimmbar, mithin untereinander austauschbar (Standardisierung).[36] Kryptotoken sind keine individuell verhandelten Finanzinstrumente.[37] Die Tokenemission ist vielmehr Ausdruck einer auf den jeweiligen Token bezogenen (massenhaften) Fungibilität.[38] 11

Umstritten sind die Anforderungen an die notwendige Handelbarkeit am Kapitalmarkt. Klar ist allein, dass an den Teilbegriff des Kapitalmarkts keine hohen Anforderungen zu stellen sind und auch die abstrakte Handelsmöglichkeit an einem Ort genügt, der Angebot und Nachfrage zusammenführen soll – etwa eine (dezentrale) Kryptobörse.[39] Insbesondere ist kein Handelsplatz gem. Art. 4 Abs. 1 Nr. 24 MiFID II erforderlich.[40] Ausreichend ist daher zunächst, dass die jeweiligen Kryptotoken den traditionellen Finanzprodukten entsprechend gehandelt werden können.[41] Die weiteren Anforderungen zur Beschränkung dieses anderenfalls umfassenden Begriffsverständnisses sind dagegen unklar. Letztlich bündeln sie in der Frage, ob ein gutgläubiger Erwerb für das Vorliegen eines übertragbaren Wertpapiers erforderlich ist.[42] Dies wird zu Teilen bejaht,[43] zu Teilen verneint,[44] wobei nach einer differenzierenden Auffassung die Handelbarkeit vorliegen soll, wenn trotz des Fehlens 12

30 Rennig BKR 2021, 402 (403).
31 Vgl. Rennig Finanztechnologische Innovationen S. 259; Hacker/Thomale ECFR 2018, 645 (662); Kleinert/Mayer EuZW 2019, 857 (860).
32 Rennig BKR 2021, 402 (404).
33 Bauer Governance-Token S. 251.
34 Vgl. Assmann/Schlitt/v. Kopp-Colomb/Bauerschmidt Prospekt-VO Art. 2 Rn. 15.
35 Hierzu Schwark/Zimmer/Kumpan WpHG § 2 Rn. 11.
36 Vgl. Schwark/Zimmer/Kumpan WpHG § 2 Rn. 7; Zickgraf AG 2018, 293 (299).
37 Vgl. Hacker/Thomale ECFR 2018, 645 (666); Schwark/Zimmer/Kumpan WpHG § 2 Rn. 7; Zickgraf AG 2018, 293 (299 f.); Rennig BKR 2021, 402 (406).
38 Vgl. Wolf Initial Coin Offerings S. 109; Schwark/Zimmer/Preuße WpPG § 2 Rn. 5; Zickgraf AG 2018, 293 (300).
39 Vgl. BaFin Merkblatt zu ICOs S. 8; Klöhn/Parhofer/Resas ZBB 2018, 89 (100 f.); Zickgraf AG 2018, 293 (301); Chatard/Mann NZG 2019, 567 (572); Hacker/Thomale ECFR 2018, 645 (667).
40 Vgl. Spindler WM 2018, 2109 (2112); Schwark/Zimmer/Kumpan WpHG § 2 Rn. 9.
41 Vgl. Rennig BKR 2021, 402 (405).
42 Vgl. Bauer Governance-Token S. 254.
43 Etwa Nathmann BKR 2019, 540 (543); Bialluch-von Allwörden RDi 2021, 13 (19); Assmann/Schütze/Buck-Heeb KapAnlR-HdB/Eckhold/F. Schäfer § 17 Rn. 55; Just/Voß/Ritz/Zeising/Ritz Prospekt-VO Art. 2 Rn. 37.
44 Etwa Rennig BKR 2021, 402 (405 f.); Zickgraf AG 2018, 293 (301 f.); Hacker/Thomale ECFR 2018, 645 (666); Wolf Initial Coin Offerings S. 116 f.; Klöhn/Klöhn MAR Art. 2 Rn. 17; Assmann/Schlitt/v. Kopp-Colomb/Bauerschmidt Prospekt-VO Art. 2 Rn. 13 ff.

eines gutgläubigen Erwerbs ein entsprechender Schutz gewährleistet werde.[45] Nach der Mehrzahl der Vertreter dieser Auffassung erfüllt die Blockchain-Technologie diese Voraussetzungen.[46]

13 Die Beantwortung dieser Frage erlangt indes nur so lange Bedeutung, als dass die Übertragung eines Tokens nicht als dinglicher Akt angesehen wird. Bejaht man hingegen, wie in verschiedenen Ausgestaltungen vertreten,[47] eine dingliche Eigentumsübertragung an Kryptotoken, gelangen alle Auffassungen zum selben Ergebnis. Doch auch im Falle der (herrschenden) Einordnung, welche eine dingliche Tokenübertragung ablehnt,[48] sprechen die besseren Gründe dafür, der differenzierenden Betrachtungsweise zu folgen und einen äquivalenten Schutz durch die Blockchain-Technologie als ausreichend zu betrachten.

14 Gegen das Erfordernis eines gutgläubigen Erwerbs ist anzuführen, dass dies mit dem Sinn und Zweck der MiFID II – einer Vereinheitlichung der europäischen Kapitalmarktregulierung –[49] im Widerspruch steht.[50] Es läuft einem einheitlichen kapitalmarktrechtlichen Regelungsfeld zuwider, wenn die Handelbarkeit eines Wertpapiers nach den jeweiligen nationalen Gesetzen bestimmt wird, etwa nach den deutschen sachenrechtlichen Besonderheiten zum gutgläubigen Erwerb.[51] Da außerdem bereits im Zivilrecht die Erhöhung der Umlauffähigkeit nach dem herrschenden weiten Wertpapierbegriff gerade keinen Schutz redlicher Erwerber erfordert,[52] ist es systematisch wenig überzeugend, im Bereich massenhaft ausgestellter Finanzprodukte etwas anderes zu fordern. Denn der Gutglaubensschutz im Kapitalmarktrecht dient der Umlauffähigkeit der gehandelten Produkte.[53] Dass dies nicht allein durch sachenrechtliche Regelungen gelingt, zeigt die Diskussion um den engen und weiten Wertpapierbegriff..[54] Ferner schließt in Folge des DLT-Pilot-Regimes[55] mittlerweile auch der Wortlaut des Art. 4 Abs. 1 Nr. 15 MiFID II die Notwendigkeit eines gutgläubigen Erwerbs aus. Art. 18 VO (EU) 2022/858 erweiterte nämlich den Begriff des Finanzinstruments um den Zusatz „einschließlich mittels Distributed-Ledger-Technologie emittierter Instrumente". DLT-Instrumenten fehlt es jedoch eindeutig an einer für den gutgläubigen Erwerb erforderlichen Körperlichkeit.[56] Ein Gutglaubensschutz für elektronische Wertpapiere ist de lege lata dem eWpG vorbehalten.[57]

15 **bb) Materielle Voraussetzungen.** Die Einordnung als übertragbares Wertpapier setzt neben den formellen Anforderungen voraus, dass Kryptotoken mit den in Art. 4 Abs. 1 Nr. 44 MiFID II aufgeführten Regelbeispielen vergleichbar sind.[58] Die Anforderungen an diese Vergleichbarkeit sind lebhaft umstritten.[59] Anknüpfend an den Erwgr. 8 der MiFID II sind Finanzinstrumente nur solche Produkte, „die so konzipiert sind und gehandelt werden, dass sie unter aufsichtsrechtlichen Aspekten traditionellen Finanzinstrumenten vergleichbar sind"[60]. Zum einen bedarf es daher einer Vergleichbarkeit des Kryptotokens mit einem

45 Zum Ganzen mwN. Schwark/Zimmer/Kumpan WpHG § 2 Rn. 9.
46 So etwa Zickgraf AG 2018, 293 (301); Chatard/Mann NZG 2019, 567 (572); Rennig BKR 2021, 402 (406); Hacker/Thomale ECFR 2018, 645 (666); Schwark/Zimmer/Kumpan WpHG § 2 Rn. 9.
47 Beispielhaft Arndt Bitcoin-Eigentum S. 115; v. Hülst Absoluter Schutz von Blockchain-Token S. 264 ff.; Ammann CR 2018, 379 (382); Koch ZBB 2018, 359 (362); John BKR 2020, 76 (80 f.).
48 Etwa Kaulartz CR 2016, 474; Nathmann BKR 2019, 540 (542); Omlor ZHR 183 (2019), 294 (308); Guntermann RDi 2022, 200 (203); Maume/Maute Kryptowerte-HdB/Maute § 4 Rn. 42; Shmatenko/Möllenkamp MMR 2018, 495 (497); Langenbucher AcP 218 (2018), 385 (405).
49 Vgl. Erwgr. 1 Prospekt-VO; Erwgr. 7 MiFID II.
50 Zutreffend Rennig BKR 2021, 402 (405).
51 So Rennig BKR 2021, 402 (405); ähnlich Wolf Initial Coin Offerings S. 116; Maume/Maute Kryptowerte-HdB/Zickgraf § 11 Rn. 47; aA Bialluch-von Allwörden RDi 2021, 13 (19).
52 Vgl. allein MüKoBGB/Habersack Vor. § 793 Rn. 9; BeckOGK/Vogel BGB § 793 Rn. 9.
53 Vgl. Schwark/Zimmer/Kumpan WpHG § 2 Rn. 9.
54 Hierzu BeckOGK/Vogel BGB § 793 Rn. 9 ff.
55 VO (EU) 2022/858.
56 Zutreffend Majerus BKR 2024, 944 (946).
57 Vgl. §§ 2 Abs. 2, Abs. 3, 26 eWpG.
58 Hierzu Rennig BKR 2021, 402 (407); Maume/Maute Kryptowerte-HdB/Zickgraf § 11 Rn. 50.
59 Zum Ganzen Bauer Governance-Token S. 258 ff.
60 Erwgr. 8 MiFID II.

Produkt des Finanzmarkts.[61] Zum anderen müssen Informationsasymmetrien und Agenturkonflikte zwischen dem Tokenemittenten und den Tokenanlegern bestehen.[62] Eindeutig zu bejahen ist demnach das Vorliegen eines vergleichbaren Finanzprodukts, wenn durch die Ausgabe des Kryptotokens der Ausgebende dem Tokeninhaber schuldrechtlich eine Leistung iSd § 793 BGB verspricht und somit der Token mit den in Art. 4 Abs. 1 Nr. 44 Buchst. b MiFID II aufgeführten Schuldtiteln vergleichbar ist.[63] Konträr abzulehnen wäre demgegenüber eine Tokenausgestaltung, bei welcher in keiner Art und Weise vermögensrechtliche Ansprüche und auch keine mitgliedschaftlichen Rechte begründet werden, der Token folglich eine bloße Nutzungsfunktion der Produkte, Dienstleistungen oder Plattformen des Emittenten ermöglicht.[64]

Zwischen diesen beiden Extremfällen bedarf es einer Anknüpfung an die Umstände des Einzelfalls. Folglich ist, orientiert an der Tokenstruktur, stets eine individuelle und differenzierte Betrachtung des jeweiligen Tokens vorzunehmen.[65] Aus praktischer Perspektive bietet hierfür der „Final Report – Guidelines on the conditions and criteria for the qualification of cryptoassets as financial instruments" vom 17.12.2024 („Final Report") der ESMA einen ersten Orientierungspunkt, wenngleich die daraus ableitbaren Erwägungen zu Teilen unklar bleiben. 16

c) Subsumtion

aa) Kryptotoken im Allgemeinen. Kryptotoken werden oftmals in drei oder vier Kategorien unterteilt: Utility Token, Payment Token, Security Token und gegebenenfalls Hybride Token.[66] Security Token sind mit einer Aktie oder einer anderweitigen Unternehmensbeteiligung vergleichbar;[67] dem jeweiligen Investor wird eine zukünftige Kapitalvermehrung versprochen und der Investor erhält im Gegenzug für seinen Kapitaleinsatz eine Gewinnbeteiligung und/oder mitgliedschaftliche Rechte.[68] Utility Token ermöglichen dem Investor als eine Art Gutschein den Zugang zu Produkten oder Dienstleistungen des Emittenten.[69] Payment Token (zB Currency Token oder Stablecoins) sind hingegen digitale Wertaufbewahrungsmittel, bei welchen die Bezahl- bzw. die Zahlungsmittelfunktion das wesentliche Kriterium ist.[70] Hybride Token können hingegen nicht abschließend einer der vorgenannten Tokenkategorien zugeordnet werden, sondern kombinieren Merkmale verschiedener Tokenarten.[71] 17

Wenngleich eine solche Tokenkategorisierung zu einer schematischen (ersten) Einordnung unter die kapitalmarktrechtlichen Regelungen führen kann,[72] ist dadurch wenig gewonnen. Denn sobald Security Token Wertpapiere gem. Art. 4 Abs. 1 Nr. 44 MiFID II darstellen, hingegen bei Utility Token die Wertpapiereigenschaft verneint wird,[73] äußern sich Tokenemittenten entweder gar nicht zur Tokenkategorie und/oder sie emittieren 18

61 Vgl. Schwark/Zimmer/Kumpan WpHG § 2 Rn. 16; Klöhn/Parhofer/Resas ZBB 2018, 89 (101).
62 Vgl. Klöhn/Parhofer/Resas ZBB 2018, 89 (101); Maume/Maute Kryptowerte-HdB/Zickgraf § 11 Rn. 51.
63 Vgl. Maume/Maute Kryptowerte-HdB/Zickgraf § 11 Rn. 53.
64 Vgl. Zickgraf AG 2018, 293 (304).
65 In diese Richtung auch Zickgraf AG 2018, 293 (304 ff.); Klöhn/Parhofer/Resas ZBB 2018, 89 (102 f.).
66 So etwa Zickgraf AG 2018, 293 (295); Ellenberger/Bunte BankR-HdB/Omlor/Möslein § 34 Rn. 37; Veil ZHR 183 (2019), 346 (348); Schwark/Zimmer/Kumpan WpHG § 2 Rn. 83; Klöhn/Parhofer/Resas ZBB 2018, 89 (92).
67 Vgl. etwa Möslein/Omlor FinTech-HdB/Spindler/Hubert § 27 Rn. 4.
68 Vgl. Möslein/Omlor FinTech-HdB/Spindler/Hubert § 27 Rn. 4; Maume/Maute Kryptowerte-HdB/Zickgraf § 11 Rn. 55 ff.
69 Vgl. Möslein/Omlor FinTech-HdB/Spindler/Hubert § 27 Rn. 8.
70 Vgl. Maume/Maute Kryptowerte-HdB/Zickgraf § 11 Rn. 68; Lösing/John BKR 2023, 373 (374).
71 Die meisten Kryptotoken sind daher als hybride Token einzuordnen.
72 So unterfallen Security Token grundlegend der MiFID II, während Payment und Utility Token der MiCAR unterliegen, vgl. Möslein WM 2024, 1729 (1732).
73 Vgl. etwa Schwark/Zimmer/Kumpan WpHG § 2 Rn. 86; Veil ZHR 183 (2019), 346 (363 f.); Nathmann BKR 2019, 540 (543); aA wohl Spindler WM 2018, 2109 (2113).

(natürlich) stets Utility Token. Die Einordnung eines Tokens ist jedoch losgelöst der subjektiven Perspektive des Anlegers oder des Emittenten, sondern allein durch objektive Kriterien zu bestimmen.[74]

19 Richtigerweise müssen die Tokenkategorien somit als Anker angesehen werden, die Funktionen von Kryptotoken erfassen. Für die Kategorie der übertragbaren Wertpapiere resultieren daraus insbesondere die folgenden Fragen:[75]

Praxishinweis:
- Ist an den Erwerb der Token ein Erwerb von klassischen Unternehmensanteilen oder -anleihen bzw. das Recht zum Erwerb solcher Produkte außerhalb der Blockchain geknüpft?
- Wird der Tokeninhaber am Erfolg des Kryptoprojekts durch verbindliche einmalige oder wiederkehrende Zahlungen beteiligt?
- Gewähren die Token dem Inhaber die Ausübung von mitgliedschafts- bzw. gesellschaftsähnlichen Rechten dergestalt, dass die mit Finanzinstrumenten verbundenen Rechte nachgebildet werden und damit Informationsasymmetrien und Agenturkonflikte einhergehen?
- Orientierungspunkt bieten dabei häufig die Rechte eines Aktieninhabers (vgl. Art. 4 Abs. 1 Nr. 44 Buchst. a MiFID II), dh Einräumung einer Unternehmensbeteiligung, Mitwirken an der Unternehmensführung, Zugang zu einem Teil der Unternehmensgewinne oder Rechte am Liquidationserlös des Unternehmens.
- Nach dem Final Report der ESMA soll jedoch zwischen Token unterschieden werden, die ein Stimmrecht im Entscheidungsprozess des Unternehmens selbst gewähren und Token, die allein ein Stimmrecht für ein Unternehmensprojekt einräumen.[76]

Wird eine dieser Fragen positiv beantwortet, ist davon auszugehen, dass die (europäischen) aufsichtsrechtlichen Behörden – möchte man in diesem Terminus bleiben – die Einordnung als Utility Token verneinen würden, die Einordnung als Security Token hingegen naheliegt.

20 Demgegenüber sind Payment Token nach eindeutiger Auffassung in der Literatur grundsätzlich keine übertragbaren Wertpapiere nach Art. 4 Abs. 1 Nr. 44 MiFID II.[77] Neuland aus kapitalmarktrechtlicher Sicht ist daher der Umstand, dass nach der MiCAR im Falle eines öffentlichen Angebots von Kryptowerten, die als E-Geld-Token nach Art. 3 Abs. 1 Nr. 7 MiCAR oder als vermögenswertereferenzierter Token nach Art. 3 Abs. 1 Nr. 6 MiCAR einzuordnen sind, grundsätzlich ein Kryptowerte-Whitepaper zu erstellen ist.[78] Eine solche Publizitätspflicht ist gemessen an der bisherigen Regulierung richtigerweise „systemfremd"[79]. Zu beachten ist aber, dass zumindest das Staking-Äquivalent eines Payment Token – zumindest nach der Auffassung des VG Frankfurt und der BaFin – als Wertpapier nach Art. 4 Abs. 1 Nr. 44 MiFID II eingeordnet werden kann, wenn mit dem Token Rückzahlungs- und Renditeanspruch einhergehen (hierzu → Rn. 40).[80]

21 **bb) AAVE und GHO im Konkreten.** Die produktbezogene kapitalmarktrechtliche Einordnung verbleibt oftmals eine Frage des Einzelfalls; heranzuziehen sind daher der AAVE Token sowie der GHO Token (hierzu → Rn. 3). Der AAVE Token fällt unter die Kategorie der Governance Token, bei welcher das Vorliegen der Voraussetzungen eines übertragbaren Wertpapiers gem. Art. 4 Abs. 1 Nr. 44 MiFID II Schwierigkeiten bereitet.[81] Dies wird auch

74 Zur subjektiven Anlegerkomponente auch Maume/Maute Kryptowerte-HdB/Zickgraf § 11 Rn. 58.
75 Hierzu ESMA Final Report S. 36 f.; Maume/Maute Kryptowerte-HdB/Zickgraf § 11 Rn. 66.
76 Vgl. ESMA Final Report S. 36 f.
77 Vgl. Maume/Maute Kryptowerte-HdB/Zickgraf § 11 Rn. 29, 68 ff.
78 Vgl. Art. 28, 48 Abs. 1 UAbs. 1 Buchst. b MiCAR; Müller-Lankow/Liebscher WM 2024, 1152 (1154 ff.).
79 Zutreffend Lösing/John BKR 2023, 373 (378).
80 Kritisch zum Ganzen die Anmerkung von Maume zu VG Frankfurt a. M. BKR 2025, 611 (620 f.).
81 Vgl. Möslein WM 2024, 1729 (1732).

im Final Report der ESMA deutlich.[82] Der GHO Token ist hingegen als Stablecoin ein Unterfall der Payment Token und damit Teil eines stetig wachsenden Markumfelds, das eine gesamte Marktkapitalisierungen von etwas über 319 Mrd. USD aufweist und – wie der Fall des Stablecoins TerraUSD (UST) aufzeigte – auch mit potenziellen Risiken einhergeht.[83]

(1) AAVE Token. (a) Eigenschaften des AAVE Tokens. Gemäß der Eigenbeschreibung ist das Zusammenspiel zwischen dem Aave-Protokoll und dem AAVE Tokeninhaber wie folgt: 22

„The Aave DAO is a decentralised collective of AAVE token holders and contributors who work together to shape the future of the protocol through a structured governance process. This community-driven model enables participants to propose, discuss, and vote on critical changes, guiding the evolution of the protocol and aligning with the collective goals of its members. "[84]

Es bildet sich demnach ein Zusammenschluss aus AAVE Tokeninhabern, der unter der Bezeichnung „Aave DAO" über die Weiterentwicklung des Aave-Protokolls entscheidet, indem die Inhaber des AAVE Token Vorschläge („Proposals") einreichen, darauf aufbauend einen sogenannten informellen Sentimentcheck („Temp Check")[85] über die einzelnen Vorschläge durchführen und anschließend über die jeweiligen Vorschläge abstimmen.[86] An jeden einzelnen AAVE Token sind daher die Möglichkeiten geknüpft, einen eigenen Vorschlag zu erstellen und eine Stimme im Rahmen einer Abstimmung abzugeben. Die einzelnen Abstimmungsmöglichkeiten sind dabei unbegrenzt und umfassen etwa Entscheidungen zu allgemeinen Protokollentwicklungen, Marketinginitiativen oder auch Gewinnverteilungen.[87]

(b) Kapitalmarktrechtliche Einordnung des AAVE Tokens. Die formellen Voraussetzungen eines übertragbaren Wertpapiers gem. Art. 4 Abs. 1 Nr. 44 MiFID II bereiten keine großen Probleme. Die AAVE Token werden zwischen unterschiedlichen Benutzern übertragen, sind in ihrer Ausgestaltung nach dem ERC-20-Token-Standard untereinander austauschbar und werden insbesondere den traditionellen Finanzprodukten entsprechend am Kapitalmarkt gehandelt. Letzteres zeigt ein 24-stündiges Handelsvolumen von über 150 Mio. USD.[88] 23

In diesem Zusammenhang bleibt allein die Frage diskussionswürdig, ob dem Merkmal der Übertragbarkeit eine sogenannte vorübergehende „Locking/Cooldown Period" der AAVE Token entgegensteht. Eine solche zeitliche Tokensperre tritt auf, wenn sich ein Nutzer entscheidet, seine AAVE Token im Rahmen des „Token-Stakings"[89] zu hinterlegen und im Gegenzug ein „Staking-Äquivalent" (im Falle von AAVE stkAAVE)[90] zu erhalten. Möchte der Nutzer nun dieses Staking-Äquivalent wieder in den AAVE Token zurücktauschen („Unstaking"), resultiert eine 20-tägige „Cooldown Period".[91] Während dieser kann der Tokeninhaber nicht auf seine AAVE Token zugreifen. 24

---

[82] Vgl. etwa ESMA Final Report S. 36 f.

[83] S. coinmarketcap.com/view/stablecoin/; für Terra-Luna etwa coindesk.com/learn/the-fall-of-terra-a-timeline-of-the-meteoric-rise-and-crash-of-ust-and-luna/ (jeweils zuletzt abgerufen am 29.3.2026).

[84] So aave.com/docs/ecosystem/governance (zuletzt abgerufen am 29.3.2026).

[85] S. für einen solchen etwa snapshot.org/#/aave.eth/proposal/0x7f4941aff652cf2a41f47bc58220a952e4894fdc16e27a975045faa9c458da19; zu den Einzelheiten governance.aave.com/t/temp-check-aavenomics-update/18379; für einen Überblick snapshot.org/#/aave.eth (jeweils zuletzt abgerufen am 29.3.2026).

[86] Zum Aufbau aave.com/docs/developers/governance (zuletzt abgerufen am 29.3.2026).

[87] S. aave.com/docs/ecosystem/aave; zu den Gewinnverteilungen aave.com/docs/aave-v3/aptos/smart-contracts/incentives sowie insbesondere governance.aave.com/t/temp-check-aavenomics-update/18379 (jeweils zuletzt abgerufen am 29.3.2026).

[88] Vgl. coingecko.com/de/munze/aave/historical_data; aktuelle Zahlen auch bei binance.com/en/price/aave (jeweils zuletzt abgerufen am 29.3.2026).

[89] Hierzu aave.com/help/safety-module/stake (zuletzt abgerufen am 29.3.2026).

[90] Zur Erläuterung help.defisaver.com/protocols/aave/staking-aave-tokens (zuletzt abgerufen am 29.3.2026).

[91] Vgl. aave.com/help/safety-module/unstake (zuletzt abgerufen am 29.3.2026).

25 Richtigerweise lässt ein solcher Mechanismus die Übertragbarkeit eines Tokens nicht nachträglich entfallen.[92] Zum einen handelt es sich um einen Zustand, der nur vorübergehender und nicht dauerhafter Natur ist.[93] Zum anderen erscheint es wenig sachgerecht, das Vorliegen eines übertragbaren Wertpapiers daran anzuknüpfen, ob der jeweilige Tokeninhaber sich im Wege einer privatautonomen Entscheidung dazu entschließt, überhaupt am Tokenstaking teilhaben zu wollen.

26 Hinsichtlich der materiellen Voraussetzungen verbleibt es zunächst bei der oben beschriebenen Problematik. Der AAVE Token als Governance Token kann nicht eindeutig als Security Token oder Utility Token klassifiziert werden; es fehlt an einer ausdrücklichen Gewinnbeteiligung (Security Token), gleichzeitig werden mehr Rechte eingeräumt als der alleinige Zugang zu einer Dienstleistung oder einem Produkt (Utility Token). Ferner ist an den Erwerb der AAVE Token weder der Erwerb von klassischen Unternehmensanteilen außerhalb der Blockchain geknüpft, noch werden vertraglich zugesicherte einmalige oder wiederkehrende Zahlungen an die Tokeninhaber ausgeschüttet. Entscheidend ist – wie bei einer Vielzahl dezentraler Token – daher:

Praxishinweis:
Gewähren die AAVE Token dem Inhaber die Ausübung von mitgliedschafts- bzw. gesellschaftsähnlichen Rechten dergestalt, dass (aa) die mit Finanzinstrumenten – hier Aktien und aktienähnliche Wertpapiere gem. Art. 4 Abs. 1 Nr. 44 Buchst. a MiFID II – verbundenen Rechte nachgebildet werden und damit (bb) Informationsasymmetrien und Agenturkonflikte einhergehen?

27 **(aa) Vergleichbare Rechte zu Aktien und aktienähnlichen Wertpapieren?** Wann ein Token gleiche oder vergleichbare Rechte wie Aktien einräumt, wird im Final Report der ESMA beispielhaft mit den Worten beschrieben: „stake in a company, right to vote with respect to certain decisions of the company, rights of dividend, rights to the company's liquidation proceeds"[94]. Ausreichend ist dabei, dass entweder „financial rights that would be related to a company's profits, capital, or liquidation surpluses – and thus representing an ownership position in a company's capital (e. g. unit of equity ownership in the capital stock of a corporation)"[95] oder „voting rights which would lead the investor to participate to the company's decision- making process (e. g. token giving the right to vote on matters of corporate policymaking)"[96] eingeräumt werden, da in Abgrenzung hierzu ein Utility Token solche Rechte gerade nicht gewähren soll.[97]

28 Nach diesem Maßstab und in Abgleich mit der Ausgestaltung des AAVE Tokens sprechen die besseren Gründe dafür, den AAVE Token als ein übertragbares Wertpapier nach Art. 4 Abs. 1 Nr. 44 MiFID II einzuordnen. Im Einzelnen:

29 DeFi inkorporiert klassische Finanzanwendungen – im Falle des Aave-Protokolls etwa eine Kreditvergabe – in ein dezentrales Umfeld und wickelt diese über die Blockchain ab. Die Initiatoren des Aave-Protokolls (damals noch unter der Bezeichnung LEND bzw. ETHLend)[98] haben hierfür Kapital über einen „Pre-Sale", ein „Initial Coin Offering" (ICO) und mehrere „Funding-Rounds" aufgenommen, indem über mehrere Stufen der AAVE Token emittiert wurde.[99] Mittlerweile wird die Entwicklung des Aave-Protokolls maß-

---

[92] S. ESMA Final Report S. 38 f.; Maume/Fromberger Chi. J. Int'l L. 19 (2019), 548 (575).
[93] So bereits Maume/Fromberger Chi. J. Int'l L. 19 (2019), 548 (575).
[94] ESMA Final Report S. 36.
[95] ESMA Final Report S. 46 Rn. 56.
[96] ESMA Final Report S. 46 Rn. 56.
[97] ESMA Final Report S. 46 Rn. 56.
[98] Zur Entwicklung insights.glassnode.com/aave-token-analysis-migration-staking/ (zuletzt abgerufen am 29.3.2026).
[99] S. icodrops.com/ethlend/ (zuletzt abgerufen am 29.3.2026).

geblich durch die Aave DAO geleitet, bei welcher AAVE Tokeninhaber die oben ausgeführten Vorschlags- und Abstimmungsrechte haben. Die Aave DAO verfügt dabei über ein selbst verwaltetes Vermögen von insgesamt 82 Mio. USD (Aave Treasury).[100] Zudem lag der zugeflossene Gewinn in den letzten 30 Tagen aus dem Kreditgeschäft durch das Aave-Protokoll bei 5,6 Mio. USD.[101]

Bei der Aave DAO handelt es sich – die Anwendung deutschen Rechts unterstellt – nach überwiegender Auffassung um eine offene Handelsgesellschaft[102] in Form einer Publikumspersonengesellschaft,[103] respektive wäre ein nicht-eingetragener wirtschaftlicher Verein denkbar.[104] Wenn daher für die Vergleichbarkeit zu Aktien und aktienähnlichen Wertpapieren der/die „company stake/profit/rights" herangezogen wird/werden, dann erwerben die Inhaber der AAVE Token durch den Erwerb der Token (i) zumindest konkludent einen Anteil (Mitgliedschaft) an einer Gesellschaft (Aave DAO), (ii) erlangen Einfluss und Zugang zu einem Teil der Unternehmensgewinne (Aave Treasury) und (iii) üben durch das bewusste Zusammenwirken die Rechte der Gesellschaft (Aave DAO) aus.[105] Soweit der Final Report der ESMA daher eine „protocol governance"[106] von einem „corporate decision-making"[107] unterscheiden möchte, geht dies grundlegend fehl und verkennt die eigenständige gesellschaftsrechtliche Einordnung von DAOs. 30

Hervorzuheben ist der Einfluss und Zugang zu einem Teil der Unternehmensgewinne. Für die Inhaber der AAVE Token besteht die Möglichkeit, durch einen Vorschlag eine Umverteilung des Vermögens der DAO einzuleiten und (passive) Ausschüttungen an die AAVE Tokeninhaber vorzunehmen. Dies zeigte sich im Rahmen des „AAVEnomics update"[108] vom 25.7.2024, das inzwischen teilweise umgesetzt wurde.[109] 31

Im Rahmen dieses Updates wurde ein „Buy & Distribute"-Programm implementiert, durch welches die Protokolleinnahmen der Aave DAO verwendet werden, um AAVE Token aus dem Sekundärmarkt aufzukaufen und in die Protokollreserve einzulegen.[110] Durch dieses „Token-Buyback"-Programm wird die zirkulierende Angebotsmenge reduziert, sodass einem einzelnen Token ein höheres Anteilsgewicht an der gesamten Umlaufmenge zukommt. Die unmittelbare Marktreaktion zeigte sich bereits im Zeitpunkt der Vorschlagseinbringung: Der Preis des AAVE Token stieg binnen 24 Stunden nach der Vorschlagseinbringung um 15,7 % an;[111] innerhalb des folgenden Monats um insgesamt 50 %.[112] 32

Es handelt sich folglich bei dem AAVE Token um eine Tokengestaltung, die ein Stimmrecht im Entscheidungsprozess des Unternehmens selbst gewährt und nicht allein ein Stimmrecht für ein Unternehmensprojekt einräumt.[113] Denn die Preissteigerung kam allen AAVE Tokeninhabern zugute, unabhängig davon, ob diese bei dem Vorschlag mitgewirkt oder abgestimmt haben. Der potenzielle Vermögenszuwachs durch positive Entscheidungen der Aave DAO knüpft allein an das Halten des AAVE Token. Mehr noch: Die Entscheidungen der Aave DAO (als „company" iSd Final Report der ESMA) durch die AAVE 33

---

[100] S. aave.tokenlogic.xyz/treasury ohne die eigenen AAVE Token (zuletzt abgerufen am 29.3.2026).
[101] S. tokenterminal.com/explorer/projects/aave/metrics/earnings (zuletzt abgerufen am 29.3.2026).
[102] Etwa Aufderheide WM 2022, 264 (269 f.); Möslein/Kaulartz/Rennig RDi 2021, 517 (525); Langheld/Haagen NZG 2021, 724 (725); Teichmann ZfPW 2019, 247 (269).
[103] S. Mienert DAOs und Gesellschaftsrecht S. 146 f.; Spindler RDi 2021, 309 (312).
[104] S. Bauer Governance-Token S. 152 f.
[105] Zum Ganzen Bauer Governance-Token S. 156 ff.
[106] ESMA Final Report S. 12.
[107] ESMA Final Report S. 12.
[108] S. governance.aave.com/t/temp-check-aavenomics-update/18379 (zuletzt abgerufen am 29.3.2026).
[109] S. governance.aave.com/t/arfc-aavenomics-implementation-part-one/21248 (zuletzt abgerufen am 29.3.2026).
[110] Vgl. thedefiant.io/news/defi/aave-dao-makes-usd50-million-annual-token-buybacks-permanent (zuletzt abgerufen am 29.3.2026). Der Token-Buyback beläuft sich aktuell auf 50 Mio. USD jährlich.
[111] Vgl. binance.com/en/square/post/11312979510337 (zuletzt abgerufen am 29.3.2026).
[112] Vgl. cryptobriefing.com/aave-tokenomics-upgrade-surge/ (zuletzt abgerufen am 29.3.2026).
[113] Anknüpfend an den angedeuteten Ausschluss solcher Token gemäß ESMA Final Report S. 12, 36 f.

Tokeninhaber und etwaige Gewinne/Verluste durch das Aave-Protokoll stehen in einem untrennbaren Zusammenhang. Es ist daher unbeachtlich, dass neben der Aave DAO das Mutterunternehmen „Avara"[114] fortbesteht, da die Aave DAO mittlerweile als eigenständiges Rechtssubjekt am Rechtsverkehr teilnimmt und die maßgebliche Kontrolle über das Aave-Protokoll ausübt.[115] Dies wird auch letztlich dadurch deutlich, dass nach dem Final Report der ESMA gerade die Anteilnahme an der Corporate Governance der Gesellschaft, wie die Wahl der Vertretungsorgane oder Entscheidungen über Unternehmenszukäufe, für die Vergleichbarkeit zu aktienähnlichen Anteilen sprechen soll.[116] Trennt man hierbei richtigerweise die DAO und das Mutterunternehmen, zeigt sich, dass die Aave DAO eigenständig über Zukäufe in andere DAOs entschied (beispielhaft das Investment in Höhe von 2 Mio. USD in Curve (CRV Token))[117] oder etwa Personen auswählte, welche die Möglichkeit haben, in Konfliktsituationen die Kontrolle über das Aave-Protokoll auszuüben.[118]

34 **(bb) Vorliegen von Informationsasymmetrien und Agenturkonflikten?** Mit den übertragbaren Wertpapieren gem. Art. 4 Abs. 1 Nr. 44 MiFID II gehen Informationsasymmetrien und Agenturkonflikte einher. Es ist demnach erforderlich, dass die zukünftige Wertentwicklung mit den Anstrengungen des Emittenten in Verbindung stehen muss.[119] Teilweise wird in diesem Zusammenhang jedoch argumentiert, dass bei Token, „die nur (gesellschafterähnliche) Mitbestimmungs- und/oder Teilhaberechte gewähren"[120], dies nicht zu kapitalmarktspezifischen Informationsasymmetrien und Agenturkonflikten führen könne, da diese Rechte typischerweise mit den in Art. 4 Abs. 1 Nr. 44 Buchst. a MiFID II genannten Wertpapieren einhergehen und somit ein „bloßer Annex"[121] seien. Dies ist in solcher Pauschalität abzulehnen. Zum einen entspricht eine solche Betrachtung nicht der Handhabung der BaFin, welche bisher „entweder vermögensmäßige oder mitgliedschaftliche Rechte"[122] ausreichen ließ und auch im Final Report der ESMA findet dies keinen Anklang.[123] Zum anderen erfordert die Funktionsfähigkeit des Kapitalmarkts als unabdingbares Regelungsziel des Kapitalmarktrechts,[124] auch Sachverhalte zu erfassen, bei denen vordergründig allein Mitgliedschaftsrechte eingeräumt werden. Die einhergehenden Mitbestimmungsrechte können die Allokation von Vermögenswerten beeinflussen und mitunter zu einem Marktversagen führen.[125]

35 Dies vorangestellt, liegen Informationsasymmetrien und Agenturkonflikte bei der Ausgestaltung der AAVE Token vor. Zunächst dienten die AAVE Token im Aufbau des Aave-Protokolls als notwendiges Kapital, welches stufenweise eingesammelt wurde (hierzu → Rn. 29).[126] Dem AAVE Token kommt daher eine „Unternehmensfinanzierungsfunktion"[127] zu, da durch dessen Ausgabe und folgenden Kapitaleinnahme das dezentrale Kreditgeschäfts aufgebaut werden konnte. Ferner sind im Rahmen der Governance des

[114] S. hierzu avara.xyz/ (zuletzt abgerufen am 29.3.2026).
[115] Vgl. allein die Darstellung unter app.aave.com/governance/; für dieses Selbstverständnis etwa auch governance.aave.com/t/aave-ownership/15570 (zuletzt abgerufen am 29.3.2026).
[116] ESMA Final Report S. 37.
[117] Mit der Folge von fünf Millionen Stimmrechten in der CRV DAO, vgl. blockworks.co/news/aave-dao-buying-crv-with-usdt (zuletzt abgerufen am 29.3.2026).
[118] Etwa governance.aave.com/t/arc-framework-for-recognized-delegates/12982; governance.aave.com/t/arfc-renewal-of-aave-guardian-2024/17523 (jeweils zuletzt abgerufen am 29.3.2026).
[119] Abgeleitet aus dem Howey-Test Hacker/Thomale ECFR 2018, 645 (660); Klöhn/Parhofer/Resas ZBB 2018, 89 (101); Maume/Maute Kryptowerte-HdB/Zickgraf § 11 Rn. 58.
[120] Maume/Maute Kryptowerte-HdB/Zickgraf § 11 Rn. 52.
[121] Maume/Maute Kryptowerte-HdB/Zickgraf § 11 Rn. 52.
[122] BaFin Merkblatt zu ICOs S. 8 (Hervorhebung durch den Bearbeiter).
[123] So ESMA Final Report S. 46 Rn. 56, „a utility token should give neither financial rights that would be related to a company's profits, […]) – nor voting rights which would lead the investor to participate in the company's decision-making process" (Hervorhebung durch den Bearbeiter).
[124] Vgl. Ellenberger/Bunte BankR-HdB/Seiler/Geier § 83 Rn. 73; Kümpel/Mülbert/Früh/Seyfried Bank-/KapMarktR/Oulds Rn. 11.51; Merkt/Rossbach JuS 2003, 217 (220).
[125] Vgl. Bauer Governance-Token S. 267 f.
[126] Vgl. icodrops.com/ethlend/ (zuletzt abgerufen am 29.3.2026).
[127] Maume/Maute Kryptowerte-HdB/Zickgraf § 11 Rn. 65.

Aave-Protokolls (weiterhin) Akteure feststellbar, die über ein enormes Stimmgewicht verfügen und daher auch im Blick einer treurechtlichen Betrachtung der Tokeninhaber untereinander, den Ausgang des Abstimmungsvorgangs entscheidend (zu ihren Gunsten) beeinflussen können.[128] So wurde etwa das „AAVEnomics update" von der „Aave Chan Initiative"[129] eingebracht, die als „Service Provider" regelmäßig in Abstimmungen über ein Stimmgewicht von rund 274.000 AAVE Token verfügt,[130] mithin einem Gegenwert von aktuell etwa 26 Mio. USD.[131] Abschließend lassen sich über den gesamten Zeitverlauf des Aave-Protokolls Personen und/oder Personengruppen identifiziert, die wesentliche unternehmerische oder leitende Tätigkeiten („essential managerial efforts")[132] ausüben, auf deren Grundlage Investoren vernünftigerweise Gewinnerwartungen bilden können.[133]. Denn bereits im ursprünglichen Whitepaper gab es eine dargelegte Teamstruktur, eine „Roadmap" und klare Bedingungen, zu welchen Konditionen und Bedingungen die Token erworben werden können.[134]

(c) Zwischenergebnis. Der AAVE Token zeigt, dass die Einordnung als übertragbares Wertpapier gem. Art. 4 Abs. 1 Nr. 44 MiFID II wohl für eine Vielzahl dezentraler Kryptotoken in Betracht kommt. Dies leuchtet ein, da die Rechte- und Pflichtenseite im Vergleich zu Aktien vergleichbar ist und in weiten Teilen sogar darüber hinausgeht.[135] Es liegt auf der Hand: Ein Produkt, welches hinsichtlich seiner Handelbarkeit mit üblichen Finanzprodukten vergleichbar ist, hinsichtlich potenzieller Gewinn- und Verlustrisiken klassische Anlageformen übersteigt und dazu im Fall von eingeräumten Mitgliedschaftsrechten nach deutschem Recht eine persönliche Haftung der Tokeninhaber statuiert, muss durch (strenge) Prospektpflichten potenzielle Anleger über diese Risiken informieren. **36**

(2) GHO Token. (a) Eigenschaften des GHO Tokens. Gemäß der Eigenbeschreibung ist der GHO Token wie folgt zu klassifizieren: **37**

„The GHO stablecoin (pronounced ‚go') is a decentralised, overcollateralised asset native to the Aave Protocol, designed to maintain a stable value pegged to the U. S. Dollar. Overcollateralised means that the collateral supplied is greater than the value of the stablecoins issued. This provides a buffer in case the value of the collateral decreases, helping to maintain the peg of the stablecoin. Currently, GHO can be borrowed against any collateral assets available in the Aave V3 Ethereum market."[136]

GHO wird also dadurch „geschaffen" (geminted)[137], dass Nutzer Kryptotoken (etwa Ethereum) hinterlegen und sich dafür den GHO Token als Stablecoin zu einem bestimmten Gegenwert ausleihen können. Als „Leihgebühr" ist nach aktuellem Stand ein jährlicher Zinssatz zwischen 0,30 % und 8,14 % zu entrichten.[138] Die Leihgebühr für die entliehenen Token, die potenziell als Sicherheit dienenden Kryptotoken oder auch die maximale Umlaufmenge von aktuell 150 Mio. GHO wurden durch die AAVE Tokeninhaber festgelegt und werden fortlaufend angepasst.

[128] Vgl. Ridder Ebenenübergreifende Treuepflichten in der Kapitalgesellschaft & Co. KG S. 19.
[129] Hierzu aavechan.com/ (zuletzt abgerufen am 29.3.2026).
[130] Etwa snapshot.org/#/aave.eth/proposal/0xef7dfa4e96e5f6a7337648d2dd3882f7b10e969c9564c118a34ce99eccec9383; snapshot.org/#/aave.eth/proposal/0x2d46d76aa14b87cf5bfae110463d157793673959817e418445f2df358dca42c7 (jeweils zuletzt abgerufen am 29.3.2026).
[131] Vgl. coinmarketcap.com/de/currencies/aave/ (zuletzt abgerufen am 29.3.2026).
[132] SEC Framework for „Investment Contract" Analysis of Digital Assets, dort Abschnitt II. C.
[133] SEC Framework for „Investment Contract" Analysis of Digital Assets, dort Abschnitt II. C.
[134] Vgl. github.com/ETHLend/Documentation/blob/master/ETHLendWhitePaper.md#introducing-lend-token-and-the-token-sale (zuletzt abgerufen am 29.3.2026).
[135] Bauer Governance-Token S. 63.
[136] S. aave.com/help/gho-stablecoin/gho (zuletzt abgerufen am 29.3.2026).
[137] Für die Einzelheiten vgl. github.com/aave/gho-core/blob/main/techpaper/GHO_Technical_Paper.pdf (zuletzt abgerufen am 29.3.2026).
[138] S. app.aave.com/ (zuletzt abgerufen am 29.3.2026).

38 **(b) Kapitalmarktrechtliche Einordnung von GHO.** Aus kapitalmarktrechtlicher Sicht ist die Einordnung unter das Regelungsfeld der MiCAR maßgeblich. Im Ergebnis wird man hierbei hinsichtlich des GHO Tokens davon ausgehen müssen, dass es sich um einen E-Geld-Token gem. Art. 3 Abs. 1 Nr. 7 MiCAR handelt, da dieser (i) ein Kryptowert ist, dessen (ii) Wertstabilität unter Bezugnahme auf den Wert einer amtlichen Währung – hier USD – gewahrt werden soll. Überraschend ist daher der Beschluss des VG Frankfurt vom 2.5.2025 und der BaFin-Warnhinweis hinsichtlich der Ethena GmbH.[139] Die BaFin und das Gericht bezeichneten Ethena's „USDe" (synthetischer Dollar) als vermögenswertereferenzierten Token gemäß Art. 3 Abs. 1 Nr. 7 MiCAR. Hintergrundgedanke für diese Einordnung dürfte wohl sein, dass die Wertstabilisierung von USDe zu USD durch eine Vielzahl von hinterlegten Vermögenswerten wie Derivate und Kryptowerte sichergestellt wurde.[140]

39 Die Unterscheidung zwischen E-Geld-Token und vermögenswertereferenzierten Token kann davon jedoch nicht abhängen.[141] Entscheidend ist allein, ob der Kryptowert – wie hier GHO – Bezug auf den Wert einer amtlichen Währung nimmt, nicht hingegen, ob für die Wertstabilität nur eine amtliche Währung hinterlegt wurde.[142] Anderenfalls könnte der Emittent bereits durch die (marginale) Zugabe eines weiteren hinterlegten Sicherheitswerts einen E-Geld-Token zu einem (weniger streng regulierten) vermögenswertereferenzierten Token gem. Art. 3 Abs. 1 Nr. 6 MiCAR wandeln.[143] Es gilt weiterhin: Auch bei ganz grundlegenden Fragen bestehen in Folge der MiCAR gravierende Rechtsunsicherheiten.[144]

40 Dies gilt nach der oben genannten Entscheidung insbesondere für Staking-Äquivalente von Payment Token – im Ethena-Fall „sUSDe". Das VG Frankfurt sah einen begründeten Verdacht für die Wertpapiereigenschaft von sUSDe, da die Übertrag- und Handelbarkeit auf den Finanzmärkten gegeben sei und sUSDe wertpapierähnliche Rechte verkörpere.[145] Letzteres begründete das Gericht aufgrund des Anspruchs auf Rückzahlung der eingebrachten Token und einer darüberhinausgehenden Stakingrendite.[146] Eine solche Betrachtung ist aufgrund der Vergleichbarkeit mit einer Anleihe zwar nachvollziehbar, führt jedoch zu einem äußerst weiten Verständnis,.[147] welches insbesondere den Anwendungsbereich der MiCAR weiter verkürzen würde. Für GHO und dessen Staking-Äquivalent („sGHO") sind diese Entwicklungen indes aktuell nicht relevant. sGHO kann an keinem Handelsplatz gehandelt werden, sodass es an der Handelbarkeit fehlt. Das „Unstaking" erfolgt ausschließlich über den protokolleigenen Mechanismus.[148]

d) Rechtsfolgen

41 **aa) Im Fall eines übertragbaren Wertpapiers.** Bei einer positiven Einordnung als übertragbares Wertpapier gem. Art. 4 Abs. 1 Nr. 44 MiFID II ist bei dem öffentlichen Angebot des jeweiligen Tokens in der Union ein Prospekt gem. Art. 3 Abs. 1 Prospekt-VO zu erstellen. Ein solches Prospekt ist jedoch bei den bekannten DeFi-Anwendungen wie Uniswap, Aave oder Sky nicht zu finden, was auch in der Vergangenheit zu einem Tätigwerden einzelner Aufsichtsbehörden führte.[149]

---

139 S. hinsichtlich des Warnhinweises bafin.de/ref/19817762; hinsichtlich des Beschluss des VG Frankfurt die Urteilsbesprechung von Maume zu VG Frankfurt a. M. BKR 2025, 611.

140 Vgl. VG Frankfurt a. M. BKR 2025, 611 (620).

141 Vgl. VG Frankfurt a. M. BKR 2025, 611 (620).

142 Vgl. VG Frankfurt a. M. BKR 2025, 611 (620); unklar daher Möslein/Omlor FinTech-HdB/Kaulartz § 5 Rn. 61.

143 So kommen als Emittenten von E-Geld-Token bereits nur E-Geld-Institute oder Kreditinstitute in Betracht, wohingegen für vermögenswertereferenzierte Token ausreichend ist, dass der Emittent eine juristische Person oder ein anderes Unternehmen ist, vgl. Art. 18 MiCAR versus Art. 48 Abs. 1 S. 1 Buchst. a MiCAR.

144 Vgl VG Frankfurt a. M. BKR 2025, 611 (620).

145 Vgl. VG Frankfurt a. M. BKR 2025, 611 (616).

146 Vgl. VG Frankfurt a. M. BKR 2025, 611 (616).

147 Vgl. VG Frankfurt a. M. BKR 2025, 611 (620 f.).

148 Vgl. app.aave.com/sgho/ (zuletzt abgerufen am 29.3.2026).

149 Vgl. blog.uniswap.org/fighting-for-defi (zuletzt abgerufen am 29.3.2026).

Zumindest im Fall der AAVE Token ist die Prospektpflicht naheliegend. Die Anforderungen des Art. 3 Abs. 1 Prospekt-VO sind wohl erfüllt und eine Ausnahmevorschrift scheint nicht einschlägig.[150] Im Einzelnen dürften die Voraussetzungen eines öffentlichen Angebots gem. Art. 2 Buchst. d Prospekt-VO vorliegen, da im Rahmen des ICO AAVE Token (damals LEND) an über 5.000 Teilnehmer zu einem Gegenwert von knapp 16,2 Mio. USD verkauft wurden.[151] Einzig fraglich (und nicht mehr nachvollziehbar) bleibt, ob das Angebot auch in der Union erfolgte. Dies ist zwar bei Internetangeboten schwer zu bestimmen (hierzu → Rn. 58), soll aber nach der Auffassung der BaFin im Rahmen eines ICO bereits dann vorliegen, „wenn das Angebot vom Inland aus zugänglich ist"[152].[153] Dafür spricht im Rahmen des ICO der AAVE Token, dass – soweit nachvollziehbar – einem Zugang von EU-Bürgern keine technischen Maßnahmen entgegenstanden, wie Geoblocker oder Disclaimer.[154] **42**

Den Umstand einer grundsätzlich bestehenden Prospektpflicht haben die meisten großen dezentralen Finanzanwendungen erkannt. So führten etwa Lido, MakerDAO und Curve keinen ICO durch, sondern wählten andere Möglichkeiten der Kapitalbeschaffung.[155] Dies ist wahrscheinlich darauf zurückzuführen, dass der Begriff des ICO zügig in den Blick verschiedener Aufsichtsbehörden gelangte.[156] So sind zwar weiterhin klassische ICOs vorzufinden,[157] jedoch werden oftmals „innovative" Mechanismen gewählt, um Token auszugeben, sodass das Vorliegen eines öffentlichen Angebots iSd Art. 2 Buchst. d Prospekt-VO eine Ausgestaltung des Einzelfalls bleibt.[158] **43**

Besonderes Augenmerk wird man in Zukunft auf „Airdrops" richten müssen, bei denen die Token vordergründig „kostenlos" an die Anleger ausgegeben werden.[159] Der Begriff „kostenlos" ist vorsichtig zu verwenden, da oftmals Anforderungen, Aufgaben oder Voraussetzungen gestellt werden, wann ein Anleger – etwa aufgrund seines Handelsvolumens, Interaktionen auf der Blockchain oder in den sozialen Netzwerken – für den Airdrop berechtigt ist. Die Rechtsfolgen solcher Angebote werden unabhängig von Kryptotoken generell im Rahmen der Prospekt-VO diskutiert, sodass die Leitlinien der ESMA auch diesbezüglich Geltung finden.[160] Es ist zu unterscheiden: Verbleibt dem Anleger hinsichtlich des Airdrops eine individuelle Entscheidung, ob er diesen beziehen möchte, ist ein öffentliches Angebot möglich, bei direkter Zuteilung fehlt es bereits an einem solchen.[161] **44**

Kann aufgrund einer verbleibenden Entscheidungsmöglichkeit ein öffentliches Angebot bejaht werden, ist insbesondere an die Ausnahmevorschrift des Art. 1 Abs. 3 Prospekt-VO zu denken. Demnach findet die Prospekt-VO bei einem Wertpapierangebot mit einem Gesamtgegenwert von weniger als eine Million EUR keine Anwendung.[162] Im Bereich der Kryptotoken wird jedoch neben der Ausgabe via Airdrop oftmals auch von den Tokenemittenten ein „Liquidity Pool"[163] gebildet, sodass der Begriff des Gesamtgegenwerts – insbesondere bei einem Abstellen auf den Börsenkurs –[164] genau für den Einzelfall zu prüfen **45**

[150] Zahlenmäßig wäre als Ausnahmevorschrift Art. 1 Abs. 4 UAbs. 1 Buchst. b Prospekt-VO denkbar.
[151] Vgl. medium.com/aave/ethlend-token-sale-event-successfully-closes-with-16-2-million-usd-raised-d0e0a1206141 (zuletzt abgerufen am 29.3.2026).
[152] BaFin Merkblatt zu ICOs S. 9; weiter auch Majerus BKR 2024, 944 (946).
[153] Vgl. generell Assmann/Schlitt/v. Kopp-Colomb/Poelzig Prospekt-VO Art. 3 Rn. 19.
[154] Für mögliche Maßnahmen Assmann/Schlitt/v. Kopp-Colomb/Poelzig Prospekt-VO Art. 3 Rn. 19 f.; zu den Einzelheiten des ICO Ablaufes etwa die Diskussion unter bitcointalk.org/index.php?topic=2090735.140 (zuletzt abgerufen am 29.3.2026).
[155] Vgl. für die Entwicklung etwa medium.com/ngrave/from-ico-to-ido-evolution-of-the-crypto-funding-hype-cycle-5f867a1c367d (zuletzt abgerufen am 29.3.2026).
[156] Vgl. etwa SEC Spotlight on Initial Coin Offerings and Digital Assets.
[157] Vgl. etwa coinlaunch.space/projects/active/gemäß der Filterung „ICO" (zuletzt abgerufen am 29.3.2026).
[158] Hervorzuheben wären etwa Initial DEX Offerings; Initial Game Offerings und vermehrt Airdrops.
[159] S. coinbase.com/de/learn/crypto-basics/what-is-a-crypto-airdrop (zuletzt abgerufen am 29.3.2026).
[160] Vgl. etwa ESMA Questions and Answers on the Prospectus Regulation S. 34.
[161] ESMA Questions and Answers on the Prospectus Regulation S. 34; Bauerschmidt AG 2022, 57 (62).
[162] ESMA Questions and Answers on the Prospectus Regulation S. 34.
[163] Zum Begriff vgl. Möslein/Kaulartz/Rennig RDi 2021, 517 (519).
[164] Vgl. zur Thematik etwa Schwark/Zimmer/Preuße WpPG § 3 Rn. 4.

wäre. Außerdem ist stets zu untersuchen, inwiefern das als kostenlos beschriebene Angebot eine „versteckte Gegenleistung“[165] enthält.

Praxishinweis:
Tokenemittenten, die einen Airdrop durchführen möchten, sollten sorgfältig prüfen, ob die mit dem Airdrop verbundenen Anforderungen an die Empfänger – wie etwa ein Mindesttransaktionsvolumen oder bestimmte Interaktionen auf der Blockchain – eine versteckte Gegenleistung und damit ein öffentliches Angebot iSd Art. 2 Buchst. d Prospekt-VO begründen. Liegt eine individuelle Entscheidungsmöglichkeit des Anlegers vor, ist die Ausnahmevorschrift des Art. 1 Abs. 3 Prospekt-VO (Gesamtgegenwert unter einer Million EUR) im konkreten Einzelfall zu prüfen, wobei stets auch ein parallel gebildeter Liquidity Pool in die Berechnung des Gesamtgegenwerts einzubeziehen ist. Eine frühzeitige Abstimmung mit der zuständigen Aufsichtsbehörde ist daher dringend zu empfehlen.

46 **bb) Im Fall eines Kryptowerts.** Nach hier vertretener Auffassung wird der Anwendungsbereich der MiCAR für sonstige Token dezentraler Finanzanwendungen, die keine vermögenswertereferenzierten Token oder E-Geld-Token sind, überschaubar sein. Zum einen ist die Großzahl aller Governance Token als übertragbares Wertpapier einzuordnen (hierzu → Rn. 23 ff.) und zum anderen bestimmt die MiCAR selbst, dass ein Utility Token nur ein solcher Kryptowert ist, der „ausschließlich dazu bestimmt ist, Zugang zu einer Ware oder Dienstleistung zu verschaffen, die von seinem Emittenten bereitgestellt wird.“[166] Auch der Final Report der ESMA statuiert, dass bei einer hybriden Tokenausgestaltung das Vorliegen von Merkmalen eines Finanzinstruments für die Tokenklassifizierung Vorrang haben soll.[167] Dies ist insbesondere für die Zukunft bedauerlich, da die MiCAR zumindest ansatzweise „kostenlose“ Tokenangebote (Airdrops) in Art. 4 Abs. 3 MiCAR adressiert.

47 Liegt ein Kryptowert iSd Art. 3 Abs. 1 Nr. 5 MiCAR vor, dann ist bei einem öffentlichen Angebot grundsätzlich ein Kryptowerte-Whitepaper zu erstellen, wobei dies unabhängig von der Einordnung als vermögenswertereferenzierter Token, E-Geld-Token oder sonstiger Token gilt.[168] Für den beispielhaften Fall der GHO Token soll dies nicht darüber hinwegtäuschen, dass trotz der Einordnung als E-Geld-Token aktuell eine nach der MiCAR konforme Tokenemission nicht möglich wäre, da E-Geld-Token grundsätzlich nur von Kreditinstituten oder von E-Geld-Instituten gemäß der E-Geld-Richtlinie öffentlich angeboten werden dürfen.[169] Unabhängig der Frage, ob daher die Aave DAO überhaupt als Emittent der GHO Token in Betracht kommt oder ein öffentliches Angebot der GHO Token vorliegt, – die GHO Token werden schließlich durch den jeweiligen Nutzer gegen Hinterlegung eines anderen Tokens geschaffen (hierzu → Rn. 37) – ist auch in Zukunft nicht mit einem Kryptowerte-Whitepaper für dezentrale Stablecoins zu rechnen. Dies führt in der Praxis dazu, dass zentrale Börsen den Handel mit Stablecoins wie USDT, PAX, PYUSD, GUSD, GYEN und DAI oftmals in Deutschland einstellen,[170] wohingegen auf dezentralen Börsen, etwa Uniswap oder Curve, diese Stablecoins weiter gehandelt werden können.

[165] Bauerschmidt AG 2022, 57 (62).
[166] Art. 3 Abs. 1 Nr. 9 MiCAR (Hervorhebung durch den Bearbeiter).
[167] ESMA Final Report S. 48.
[168] Vgl. Art. 4 Abs. 1 Buchst. b, 28, 48 Abs. 1 S. 1 Buchst. b MiCAR.
[169] Art. 48 Abs. 1 S. 1 Buchst. a MiCAR; Lösing/John BKR 2023, 373 (378).
[170] Vgl. btc-echo.de/schlagzeilen/coinbase-streicht-stablecoins-so-muessen-nutzer-reagieren-196774/ (zuletzt abgerufen am 29.3.2026).

2. Tätigkeitsbezogene Einordnung

48 Der primäre Gedanke des Aufsichtsrechts ist, ob eine bestimmte Aktivität in Bezug auf einen Kryptotoken eine Erlaubnispflicht auslöst. Hintergrund ist die Optimierung der Kapitalallokation durch „Kapitalakkumulation, Risikosteuerung und Fristentransformation"[171]. Für die Bewertung der Erlaubnispflicht von Dienstleistungen mit Kryptotoken ist somit zu untersuchen, ob die jeweilige angebotene Tätigkeit einen aufsichtsrechtlichen Tatbestand erfüllt. Aufgrund der Nähe des DeFi-Bereichs zu klassischen Finanzdienstleistungen wird dies bei einer Vielzahl der dezentralen Anwendungen der Fall sein.

a) Systematik

49 Durch das Finanzmarktdigitalisierungsgesetz (FinMaDiG) erfolgte eine Anpassung des Begriffs des Kryptowerts und damit eine grundlegende Neuordnung des nationalen Aufsichtsrechts für Kryptowerte. Der Terminus des Kryptowerts, welcher in der MiCAR (Art. 3 Abs. 1 Nr. 5 MiCAR) verwendet wird und sich auch im KWG (§ 1 Abs. 11 S. 1 Nr. 10, S. 4 KWG aF)[172] fand, wurde durch das „kryptografische Instrument" gem. § 1 Abs. 1a S. 9, 10 KWG ersetzt.[173] Das kryptografische Instrument entspricht nach seiner Definition zwar dem bisherigen Begriff des KWG-Kryptowerts, jedoch sind – aufgrund des Anwendungsvorrangs des Unionsrechts – in § 1 Abs. 1a S. 10 Nr. 3 KWG Kryptowerte im Anwendungsbereich der MiCAR ausgeschlossen.[174] Sicher ist somit, dass die MiCAR seit Ende des Jahres 2024 den maßgeblichen europäischen aufsichtsrechtlichen Rahmen für Kryptowerte gem. Art. 3 Abs. 1 Nr. 5 MiCAR bereitstellt.[175] So ist das Anbieten von Kryptowerte-Dienstleistungen gem. Art. 59 Abs. 1 MiCAR zulassungspflichtig; die Norm bildet dabei den maßgeblichen Erlaubnisvorbehalt für die Regulierung eines Anbieters von Kryptowerte-Dienstleistungen (Titel V MiCAR). Im Einzelnen werden geregelt: die Zulassung von Anbietern von Kryptowerte-Dienstleistungen (Art. 59–65 MiCAR), die Pflichten aller Anbieter von Kryptowerte-Dienstleistungen (Art. 66–74 MiCAR), die Pflichten in Bezug auf spezifische Kryptowerte-Dienstleistungen (Art. 75–82 MiCAR), die Übernahme eines Anbieters von Kryptowerte-Dienstleistungen (Art. 83–84 MiCAR) sowie die Ermittlung signifikanter Anbieter von Kryptowerte-Dienstleistungen (Art. 85 MiCAR).

50 Während daher bisher in Deutschland angebotene Dienstleistungen mit Kryptowerten gem. § 1 Abs. 11 S. 1 Nr. 10, S. 4 KWG aF als erlaubnispflichtige Bankgeschäfte bzw. Finanz- oder Wertpapierdienstleistungen eingeordnet werden konnten,[176] gilt dies nun allein für solche Kryptotoken, die weiterhin Finanzinstrumente gemäß der nationalen Vorschriften sind.[177] Kryptospezifischer Regelungsgegenstand des KWG/WpIG verbleibt somit auf den ersten Blick das qualifizierte Kryptoverwahrgeschäft gem. § 1 Abs. 1a S. 2 Nr. 6 KWG bzw. § 2 Abs. 4 Nr. 3 WpIG, welches für dezentrale Finanzanwendungen eine untergeordnete Rolle spielen wird, sowie das Führen eines Kryptowertpapierregisters gem. § 1 Abs. 1a S. 2 Nr. 8 KWG bzw. § 2 Abs. 4 Nr. 4 WpIG.[178] Auf den zweiten Blick gilt jedoch das bereits im Rahmen des Kapitalmarktrechts Gesagte (hierzu → Rn. 7). Solange ein Kryptotoken nicht unter den Anwendungsbereich der MiCAR fällt, – weil es sich etwa um ein Finanzinstrument iSd Art. 4 Abs. 1 Nr. 15 MiFID II handelt – finden die Erlaubnistatbestände des KWG/WpIG weiterhin Anwendung. Daher gilt für Kryptotoken das nationale Recht,

171 Ellenberger/Bunte BankR-HdB/Fischer/Boegl § 110 Rn. 36.
172 Und über die entsprechende Verweisung auch in § 2 Abs. 5 Nr. 10 WpIG.
173 Vgl. BT-Drs. 20/10280, 63; zum Ganzen John/Patz BKR 2023, 849; Möslein/Rennig RDi 2024, 145.
174 Möslein/Rennig RDi 2024, 145 (149).
175 Art. 149 Abs. 2 MiCAR.
176 Zum Ganzen Patz BKR 2021, 725 (728 f.).
177 Vgl. Art. 2 Abs. 4 Buchst. a MiCAR iVm Art. 4 Abs. 1 Nr. 15 MiFID II; weiter zum Ganzen Möslein/Rennig RDi 2024, 145 (149 f.); John/Patz BKR 2023, 849 (850).
178 Im Bereich DeFi werden die Kryptotoken sowie die kryptografischen Schlüssel grundsätzlich eigens verwahrt, verwaltet und gesichert; für diese eigene Verwaltung und Verwahrung bereits Patz BKR 2019, 435 (442) und auch allgemein gilt bei DeFi, dass der Nutzer selbst mit den Smart-Contracts interagiert.

wenn diese – was bei Governance Token der Fall sein kann (hierzu → Rn. 23 ff.) – etwa Aktien oder aktienähnlichen Anteilen an in- oder ausländischen juristischen Personen, rechtsfähigen Personengesellschaften oder sonstigen Unternehmen entsprechen.[179] Dies führt zu misslichen Situationen. Zum einen wird stets fraglich bleiben, ob für die angebotene Kryptodienstleistung, aufgrund der mit der Tokeneinordnung als Finanzinstrument oder Kryptowert einhergehenden Unsicherheit, eine Zulassung nach Art. 59 MiCAR oder nach § 32 KWG bzw. § 15 WpIG erforderlich ist.[180] Zum anderen bieten dezentrale Finanzanwendungen ihre Dienstleistungen oftmals für eine Vielzahl an unterschiedlichen Kryptotoken an, sodass sowohl eine nationale Erlaubnis für Tokendienstleistungen in Bezug auf Finanzinstrumente erforderlich bleibt und außerdem eine MiCAR-Zulassung für die Kryptowerte-Dienstleistung erforderlich wird.[181]

Praxishinweis:
Anbieter von DeFi-Dienstleistungen, die sowohl Kryptowerte iSd MiCAR als auch Finanzinstrumente iSd MiFID II in ihr Angebot aufnehmen, müssen damit rechnen, sowohl eine Zulassung nach Art. 59 MiCAR als auch eine Erlaubnis nach § 32 KWG bzw. § 15 WpIG einholen zu müssen, da beide Regelungsregime nebeneinander Anwendung finden. Insbesondere bei Governance Token ist die Frage, ob eine MiCAR-Zulassung oder eine nationale Erlaubnis erforderlich ist, aufgrund der bestehenden Einordnungsunsicherheiten im Einzelfall sorgfältig zu prüfen. Eine proaktive Abstimmung mit der BaFin über den regulatorischen Status des jeweiligen Geschäftsmodells ist in diesen Fällen unabdingbar.

b) Subsumtion

51 **aa) Tätigkeiten im Allgemeinen. (1) Zulassungspflicht nach der MiCAR.** Das grundlegende Problem bei der Subsumtion von DeFi-Anwendungen unter die Normen der MiCAR ist der in den Erwägungsgründen beschriebene Geltungsbereich:

„Werden Kryptowerte-Dienstleistungen ohne eines Intermediärs in ausschließlich dezentralisierter Weise erbracht, so sollten sie nicht in den Anwendungsbereich dieser Verordnung fallen.“[182]

Dies kann zu einem direkten Ausschluss vermeintlicher dezentraler Anwendungen führen, lässt jedoch den aktuellen Zustand unberücksichtigt, in dem eine vollständige Disintermediation nicht vorliegt.[183] Im Bereich DeFi wird der intermediäre Anknüpfungspunkt vielmehr dahingehend verlagert, dass ein Vertrauenswandel stattfindet und das Vertrauen zum einen in die Funktionsfähigkeit der Smart-Contracts und zum anderen in die Smart-Contracts regulierenden Einheiten verlagert wird.[184] Dies führt zu der Kuriosität, dass ein Anleger – etwa im Fall des Aave-Protokolls – bei einem Erwerb von AAVE Token einen Anteil an der Aave DAO erwirbt und fortan mit der Aave DAO einen lenkenden Einfluss auf die angebotene Kryptowerte-Dienstleistung ausüben kann.[185] Der Anleger wird somit Teil eines Rechtssubjekts, das als Adressat aufsichtsrechtlicher Verfügungen in Betracht kommt.[186]

---

[179] § 1 Abs. 11 Nr. 1 KWG; für Security Token etwa Rennig BKR 2020, 23 (25).
[180] Hierzu weiter Möslein/Rennig RDi 2024, 145 (150); Möslein WM 2024, 1729 (1731 f.).
[181] Bereits für das qualifizierte Kryptoverwahrgeschäft John/Patz BKR 2023, 849 (852); Möslein/Rennig RDi 2024, 145 (151).
[182] Erwgr. 22 MiCAR.
[183] S. Rennig Finanztechnologische Innovationen S. 137 ff.; Bauer Governance-Token S. 82 ff.
[184] S. Bauer Governance-Token S. 82 ff.
[185] Vgl. Bauer Governance-Token S. 133.
[186] Vgl. Möslein/Kaulartz/Rennig RDi 2021, 517 (525).

Diese Betrachtung ist jedoch, neben der auch praktisch wohl unmöglichen Umsetzung,[187] mit den Anforderungen für Unternehmensträger von Kryptowerte-Dienstleistungen in Art. 59 MiCAR unvereinbar. DAOs könnten zwar als „anderes Unternehmen" iSd Art. 59 Abs. 1 Buchst. a Var. 2 MiCAR eingeordnet werden, da Personenhandelsgesellschaften grundsätzlich tauglicher Haftungsadressat sein können und durch die persönliche Haftung der Gesellschafter ein Schutzniveau in Bezug auf die Interessen Dritter gewährleistet wird, welches dem durch juristische Personen gewährten Schutzniveau gleichwertig ist.[188] Praktisch gesehen wird es aber einer gleichwertigen, ihrer Rechtsform entsprechenden, prudentiellen Aufsicht für DAOs mangeln, weil – anders als bei einer üblichen Personenhandelsgesellschaft – zumindest nach geltendem Recht keine tatsächlich haftende Person rechtssicher bestimmt werden kann und es somit an einer Beaufsichtigung gänzlich fehlt. Ferner sollen nicht einmal inkorporierte DAOs Kryptowerte-Dienstleistungen erbringen dürfen, da es selbst bei diesen meist an der erforderlichen Aufsicht mangelt.[189] 52

Völlig unvereinbar mit dem Aufbau einer DAO sind überdies die weiteren Anforderungen des Art. 59 Abs. 2 MiCAR, wonach Anbieter von Kryptowerte-Dienstleistungen: (1) einen Sitz in einem Mitgliedstaat haben müssen, in dem sie zumindest einen Teil ihrer Krypto-Dienstleistungsgeschäfte ausführen; (2) der Ort der tatsächlichen Geschäftsführung in der Union zu liegen hat; und (3) mindestens einer der Geschäftsführer in der Union ansässig sein muss. All diese Punkte sind bei den DAO-Strukturen bekannter dezentraler Finanzanwendungen nicht nachweisbar.[190] 53

Dies soll jedoch nicht darüber hinwegtäuschen, dass zumindest inhaltlich der Anwendungsbereich der MiCAR naheliegt. Werden die formellen Anforderungen an den Unternehmensträger außer Acht gelassen, setzt der tätigkeitsbasierte Anwendungsbereich voraus, dass die in Betracht kommende dezentrale Finanzanwendung eine Kryptowerte-Dienstleistung iSd Art. 3 Abs. 1 Nr. 16 MiCAR erbringt. Richtigerweise ähnelt der Dienstleistungskatalog dabei den bisherigen Erlaubnistatbeständen des KWG/WpIG respektive der MiFID II.[191] Denn auch wenn die Kategorisierungen der Übersichtsseiten für DeFi-Anwendungen zum Teil äußerst differenzierte Darstellungen bieten,[192] können die Protokolle grundsätzlich unter die klassischen Funktionen der Finanzintermediäre, namentlich die Losgrößen-, Fristen- und Risikotransformation,[193] eingeordnet werden.[194] Es ist daher angebracht, zu Teilen auf bereits bei klassischen Bankengeschäften bzw. Finanz- und Wertpapierdienstleistungen geltende Erlaubnistatbestände zurückzugreifen. 54

Die Einordnung einer bestimmten DeFi-Anwendung unter den Tätigkeitskatalog des Art. 3 Abs. 1 Nr. 16 MiCAR verbleibt wiederum eine Frage des Einzelfalls, wenngleich bestimmte Anwendungen begrifflich unter eine der genannten Tätigkeiten fallen und dementsprechend die Zuordnung erleichtern. So können etwa dezentrale Handelsplattformen (DEX) unter die Krypto-Dienstleistung „Betrieb einer Handelsplattform für Kryptowerte" gem. Art. 3 Abs. 1 Nr. 16 Buchst. b, Art. 3 Abs. 1 Nr. 18 MiCAR subsumiert werden; offen bleibt indes die Bestimmung eines Adressaten.[195] Schwieriger gestaltet es sich hingegen beispielhaft bei sog. Staking-Diensteistern, da die Tätigkeit des Stakings selbst nicht vom Anwendungsbereich der MiCAR erfasst ist und daher allein beim Staking parallel 55

[187] Vgl. Möslein/Kaulartz/Rennig RDi 2021, 517 (525).
[188] Etwa § 126 S. 1 HGB; zur Personenhandelsgesellschaften im Blicke des Art. 59 MiCAR vgl. Fritz BKR 2023, 747 (748 f.); generell auch Maume RDi 2022, 497 (503).
[189] MüKoBGB/Lehmann Internationales Wirtschaftsrecht Teil 10. Rn. 593.
[190] Umfassend Mienert Dezentrale autonome Organisationen (DAOs) und Gesellschaftsrecht S. 81 ff.
[191] Vgl. allein Art. 60 Abs. 3 MiCAR; weiter Maume RDi 2022, 497 (503).
[192] S. 76 Kategorien unter defillama.com/categories (zuletzt abgerufen am 29.3.2026).
[193] Büschgen Bankbetriebslehre S. 39 f.; Hartmann-Wendels/Pfingsten/Weber Bankbetriebslehre S. 4; Möslein/Kaulartz/Rennig RDi 2021, 517 (521).
[194] Vgl. Möslein/Kaulartz/Rennig RDi 2021, 517 (521); Bauer Governance-Token S. 75 ff.
[195] Zur Haftung bereits Möslein/Omlor FinTech-HdB/Kaulartz § 5 Rn. 67; Möslein/Kaulartz/Rennig RDi 2021, 517 (523 f.); andeutend auch Machacek EuZW 2021, 923 (931).

ausgeführte Tätigkeiten eine Kryptowerte-Dienstleistung darstellen können.[196] In diesen Fällen ist es nochmals entscheidender, den konkreten Einzelfall zu betrachten.[197]

56 **(2) Erlaubnispflicht nach dem KWG/WpIG.** Die nationalen Erlaubnistatbestände des KWG und des WpIG sind bezüglich der Anforderungen an den zugrundeliegenden Unternehmensbegriff offen und nicht rechtsformspezifisch.[198] Entscheidend ist vielmehr, ob die in Betracht kommende Tätigkeit einen erlaubnispflichtigen Tatbestand erfüllt. In der Folge resultiert aus dem gewerbsmäßigen Betreiben von Bankgeschäften respektive Erbringen von Finanz- oder Wertpapierdienstleistungen ein Erlaubnisvorbehalt.[199] Im Unterschied zur MiCAR umfasst der Tätigkeitskatalog – bis auf das qualifizierte Kryptoverwahrgeschäft und das Führen eines Kryptowertpapierregisters – keine kryptospezifischen Besonderheiten. Entscheidend ist daher, inwiefern die angebotene Tokentätigkeit mit den klassischen Bankgeschäften, Finanz- oder Wertpapierdienstleistungen vergleichbar ist. Bereits tatbestandsmäßig können sich dabei die Erlaubnistatbestände des nationalen Rechts und Zulassungsvorbehalte der MiCAR überschneiden, sodass die Auslegung der Tatbestände oftmals ähnlich verlaufen wird.

57 **bb) Aave-Protokoll im Konkreten.** AAVE ist nach seiner Eigenbeschreibung,[200] nach der Kategorisierung durch Übersichtsseiten für DeFi-Anwendungen[201] und nach der Rechtsliteratur als Lending und Borrowing-Protokoll einzuordnen.[202] Dabei werden über einen Smart-Contract poolartig Kryptotoken gehalten. Die Tokengeber können in diesen Pool ihre Token geben und erhalten dafür einen Zinssatz. Die Tokennehmer müssen stets ein Übersicherungslevel einzuhalten und zahlen einen Zinssatz für das Ausleihen der Token. Bei AAVE kann dabei nur derjenige Token leihen, der auch selbst Token hinterlegt hat. In der Praxis zeigt sich dies wie folgt:

Ein Nutzer möchte ETH im Gegenwert von 1.000 EUR bei AAVE hinterlegen. Dafür erhält er eine durchschnittliche jährliche Zinsgebühr (APY) von etwa 1,68 %. Für diese hinterlegten 1.000 EUR kann der Nutzer bis zu einem Wert von 80 % wiederum ETH ausleihen (Loan).[203] Wird dieser Loan genommen, resultieren vornehmlich zwei Dinge: Erstens ist der Nutzer nun nicht mehr allein mit 1.000 EUR, sondern mit 1.800 EUR in ETH investiert und zweitens besteht für ihn nun stets die Gefahr, liquidiert zu werden, was bei dem Aave-Protokoll bei ETH ab einem Sicherheitslevel von 83 % der Fall ist. Fallen daher seine hinterlegten ETH aufgrund eines Preissturzes unter dieses Sicherheitslevel, werden diese verkauft, um den Loan zurückzuzahlen.[204]

58 Der Tätigkeitskatalogs des Art. 3 Abs. 1 Nr. 16 MiCAR erfasst das Lending nicht explizit als Kryptowerte-Dienstleistung.[205] Es können daher nur beim Lending einhergehende ausgeführte Tätigkeiten eine Kryptowerte-Dienstleistung darstellen. So erfüllt im Falle des Aave-Protokolls das Ermöglichen der Tokeneinlage und -entnahme den Tatbestand der „Annahme und Übermittlung von Aufträgen über Kryptowerte für Kunden" gem. Art. 3 Abs. 1 Nr. 16 Buchst. g MiCAR (Kryptowerte-Anlagevermittlung), solange es sich bei den gegenständlichen Token um Kryptowerte iSd MiCAR handelt. Denn der Tatbestand

---

196 Umfassend Kaulartz/Holl RDi 2024, 241 (247 ff.).
197 Vgl. Kaulartz/Holl RDi 2024, 241 (247).
198 Vgl. etwa Beck/Samm/Kokemoor/Reschke KWG § 1 Rn. 11.
199 Vgl. § 32 Abs. 1 KWG; § 15 Abs. 1 WpIG; Art. 59 Abs. 1 MiCAR.
200 S. aave.com/docs (zuletzt abgerufen am 29.3.2026).
201 S. defillama.com/protocols/Lending (zuletzt abgerufen am 29.3.2026).
202 Vgl. etwa Bela/Ivanovic BKR 2024, 94; Möslein/Kaulartz/Rennig RDi 2021, 517 (519).
203 Der Wert von 80 % entspricht dabei dem aktuellen Sicherungsfaktor.
204 Zum Vorgehen etwa blog.wehodl.finance/how-liquidation-works-on-aave-a-guide-for-defi-lenders-and-borrowers-2e1d933dacd6; wie viel der ETH Preis maximal bis zur Liquidation fallen darf, kann der Nutzer über Drittanbieter nachvollziehen, vgl. etwa aavecalculator.com/ (jeweils zuletzt abgerufen am 29.3.2026).
205 Ebenso Deutsche Bundesbank Monatsbericht Dezember 2023, S. 93.

umfasst auch das bloße Weiterleiten von Kundenaufträgen[206] und entspricht überdies der (weiten) Anlagevermittlung der MiFID II.[207] So hat es die BaFin bei der vergleichbaren Anlagevermittlung nach § 1 Abs. 1a S. 2 Nr. 1 KWG für ausreichend erachtet, wenn ein „EDV-System zur Verfügung [gestellt wird], durch das auf die Anschaffung oder die Veräußerung von Finanzinstrumenten gerichtete Willenserklärungen des Anlegers an potentielle Vertragspartner weitergeleitet werden“[208]. Im Bereich der Kryptowerte-Anlagevermittlung gilt dieses Verständnis nach dem aktuellen Merkblatt für Kryptowerte-Dienstleistungen nach der MiCAR fort.[209] Dies hat jedoch gleichzeitig zur Folge, dass das Aave-Protokoll ebenso eine Erlaubnis nach § 15 Abs. 1 WpIG benötigt,[210] sobald Gegenstand der Anlagevermittlung – nun nach § 2 Abs. 2 Nr. 3 WpIG – Finanzinstrumente gem. § 2 Abs. 5 WpIG sind, was im Blick des Produktportfolios zumindest für den AAVE Token oder den MKR Token naheliegt.[211] In der Sache muss diese Erlaubnispflicht jedoch ausscheiden, da sich hinsichtlich des nationalen Rechts – neben der stets ungewissen Adressatenfrage aufsichtsrechtlicher Verfügungen – insbesondere die Frage des hinreichenden Inlandsbezugs stellt.[212] Selbst nach weiter Ansicht ist dieser Bezug alleine dann zu bejahen, wenn sich das Aave-Protokoll zielgerichtet an deutsche Kunden wendet.[213] Davon ist im Fall des Aave-Protokolls weder nach der Rechtsprechung des OLG Hamburg[214] hinsichtlich eines (zentralen) Kryptodienstleisters noch nach den Kriterien der BaFin auszugehen.[215]

Obwohl hinsichtlich der MiCAR-Zulassungspflicht ein Angebot der Kryptowerte- 59
Dienstleistung in der EU ausreichend ist,[216] sind auch aus diesbezüglich keine Konsequenzen für das Aave-Protokoll zu befürchten. Zwar bietet das Aave-Protokoll seine Tätigkeiten ohne behördliche Zulassung an, jedoch ist aufgrund des stetig voranschreitenden dezentralen Charakters des Protokolls der tatbestandliche Anwendungsbereich fraglich. Ferner ist zu erwarten, dass Art. 61 Abs. 1 MiCAR – keine Zulassungspflicht bei ausschließlich eigenem Betreiben durch den Kunden – dezentralen und im Normalfall nicht werbenden Finanzanwendungen Tür und Tor öffnet. Es gilt weiterhin: Solange sich „ein deutscher Kunde von seinem heimischen Computer aus an einem im Ausland ansässigen DeFi-Projekt beteiligt“[217], ist aus aufsichtsrechtlicher Sicht das Konstrukt DeFi ein weitestgehend rechtsfreier Raum.

III. Ergebnis

Bestehen bleibt, dass sich de lege lata der Bereich DeFi und das Kapitalmarkt- und 60
Aufsichtsrecht unvereinbar gegenüberstehen. Es ist aufgrund der produkt- sowie tätigkeitsbezogenen Vergleichbarkeit zu klassischen Finanzprodukten und -dienstleistungen ein zielgerichtetes Handeln der Aufsichtsbehörden notwendig. Damit sollte unmittelbar begonnen werden, da die Kapitalzuflüsse in dezentrale Finanzanwendungen stetig zunehmen, fortlaufend neue Anleger mit diesen Anwendungen in Berührung kommen und zumindest aktuell noch zu Teilen ein Grad an Dezentralisierung festzustellen ist, der ein adressatenbe-

206 Erwgr. 86 MiCAR.
207 Art. 60 Abs. 3 UAbs. 2 Buchst. f MiCAR; weiter Kaulartz/Holl RDi 2024, 241 (251); vor der Geltung der MiCAR bereits hinsichtlich § 1 Abs. 1a S. 2 Nr. 1 KWG Möslein/Kaulartz/Rennig RDi 2021, 517 (524).
208 Vgl. hierzu BaFin Merkblatt Anlagevermittlung, dort. Abschnitt 1. a).
209 Vgl. BaFin Merkblatt Kryptowerte-Dienstleistungen, dort Abschnitt II. Nr. 7.
210 Die die Schwellen des § 32 Abs. 1 S. 2 KWG dürften nicht erfüllt sein.
211 Vgl. die möglichen Token unter app.aave.com/ (zuletzt abgerufen am 29.3.2026).
212 Vgl. Möslein/Kaulartz/Rennig RDi 2021, 517 (525 f.).
213 Vgl. Möslein/Kaulartz/Rennig RDi 2021, 517 (526); OLG Hamburg BKR 2024, 1014 Rn. 41.
214 Vgl. OLG Hamburg BKR 2024, 1014 Rn. 41 und der berechtigten Kritik von Maume ebendort.
215 Vgl. BaFin Merkblatt zur Erlaubnispflicht von grenzüberschreitend betriebenen Geschäften; explizit für Kryptowerte-Dienstleistungen BaFin Merkblatt Kryptowerte-Dienstleistungen, dort Abschnitt V. Nr. 2.
216 Vgl. Möslein/Omlor FinTech-HdB/Terlau § 36 Rn. 56.
217 Möslein/Kaulartz/Rennig RDi 2021, 517 (526).

zogenes Handeln ermöglichen könnte.[218] Zentrale Strukturen werden jedoch im Bereich DeFi stetig aufgelöst und die Gründungsgesellschaften entkoppeln sich von den mittlerweile selbstständig agierenden dezentralen Organisationen.[219] Ein weiteres Abwarten der Aufsichtsbehörden und ein (vorschnelles) Ausklammern dezentraler Finanzanwendungen aus der MiCAR ist daher nicht zielführend.

§ 51 Insolvenz und Vollstreckung

Schrifttum:

Ammann, Bitcoin als Zahlungsmittel im Internet, CR 2018, 379; Badstuber, Bitcoin und andere Kryptowährungen in der Zwangsvollstreckung, DGVZ 2019, 246; Bauer, Die effektive Einzel- und Gesamtvollstreckung von Blockchain-basierten Kryptowährungen, 2023; Beyer et al., Privatrecht 2050 – Blick in die digitale Zukunft; Boehm/Pesch, Bitcoins: Rechtliche Herausforderungen einer virtuellen Währung – Eine erste juristische Einordnung, MMR 2014, 75; Djazayeri, Die virtuelle Währung Bitcoin – Zivilrechtliche Fragestellungen und internationale regulatorische Behandlung, jurisPR-BKR 6/2014; Eckert, Steuerliche Betrachtung elektronischer Zahlungsmittel am Beispiel sog. Bitcoin-Geschäfte, DB 2013, 2108; Effer-Uhe, Kryptowährungen in Zwangsvollstreckung und Insolvenz am Beispiel des Bitcoins, ZZP 2018, 513; Engelhardt/Klein, Bitcoins – Geschäfte mit Geld, das keines ist: Technische Grundlagen und zivilrechtliche Betrachtung, MMR 2014, 355; Fridgen et al., BeckOK Insolvenzrecht, 39. Edition; Graf-Schlicker, Kommentar zur Insolvenzordnung, 6. Aufl. 2022; Jacobs/Arndt, FS K. Schmidt, Bd. 1, 2019, 559; Kaulartz/Heckmann, Smart Contracts – Anwendungen der Blockchain-Technologie, CR 2016, 618; Kaulartz, Die Blockchain-Technologie, CR 2016, 474; Koch, Die Zwangsvollstreckung in virtuelle Währungen, DGVZ 2020, 85; Kütük/Sorge, Bitcoin im deutschen Vollstreckungsrecht – Von der „Tulpenmanie" zur „Bitcoinmanie", MMR 2014, 643; Maume/Maute, Rechtshandbuch Kryptowerte, 2020; Möslein/Omlor, FinTech-Handbuch, 3. Aufl. 2019; Musielak/Voit, Zivilprozessordnung, 22. Aufl. 2025; Pesch, Cryptocoin-Schulden – Haftung und Risikoverteilung bei der Verschaffung von Bitcoins und Alt-Coins, 2017; Rettke, Bitcoin und die strafrechtliche Einziehung – Vorläufige und endgültige Vermögensabschöpfung, NZWiSt 2020, 45; Rückert, Vermögensabschöpfung und Sicherstellung bei Bitcoins, MMR 2016, 295; Saenger, ZPO-Handkommentar 10. Aufl. 2023; Schröder/Triantafyllakis, Kryptowerte in der Insolvenz des Kryptoverwahrers, BKR 2023, 12; Schroeder, Bitcoin: Virtuelle Währung – reelle Problemstellungen, JurPC WebDok. 104/2014; Skauradszun, Durchbruch bei der Pfändung und Verwertung von Kryptowerten nach § 857 Abs. 1 und 5 ZPO, § 1 Abs. 11 Satz 4 KWG n.F., WM 2020, 1229; Skauradszun/Schweizer, Kryptowerte & Kryptowertpapiere in der Zwangsvollstreckung – Pfändung und Verwertung in Fallbeispielen, DGVZ 2024, 223; Stürner/Eidenmüller/Schoppmeyer/Madaus, Münchener Kommentar zur Insolvenzordnung, Band 1 und 2, 5. Aufl. 2025.

I. Einleitung

1 Die Insolvenz und Zwangsvollstreckung von Kryptowährungen nach dem Verständnis dieses Handbuchs ist aus rechtlicher Sicht eng mit den Problematiken der rechtlichen Einordnung verknüpft. Der rechtlichen Einordnung kommt demzufolge eine Art Weichenstellung zu, weshalb sie auch im Rahmen insolvenzrechtlicher oder vollstreckungsrechtlicher Fragestellungen beachtet werden muss.[1] Die insolvenzrechtlichen Fragestellungen sind zudem nicht unwesentlich durch die MiCAR und das ZuFinG bzw. das KMAG geprägt, weshalb die gesetzgeberische Tätigkeit wachsam zu beachten und zu deuten ist. Ein weiterer zu beachtender Aspekt sind die praktischen Problematiken der Handhabung von Kryptowährungen im Rahmen der Insolvenz und Zwangsvollstreckung. Auf diese wird im Folgenden im Besonderen eingegangen werden. Darüber hinaus ist zu beachten, dass oftmals Kryp-

[218] Hinsichtlich der Kapitalzuflüsse etwa defillama.com/ (zuletzt abgerufen am 29.3.2026); hinsichtlich des Dezentralisierungsprozesses etwa bereits Machacek EuZW 2021, 923 (930).

[219] Vgl. etwa coindesk.com/tech/2021/07/20/makerdao-moves-to-full-decentralization-maker-foundation-to-close-in-months; oder Formulierungen wie „Aave Protocol, which was first launched in 2020 by […] and is now decentralized and governed by the Aave DAO", avara.xyz/blog/sky-aave-force (jeweils zuletzt abgerufen am 29.3.2026).

[1] Dazu im Detail Bauer Die effektive Einzel- und Gesamtvollstreckung von Blockchain-basierten Kryptowährungen S. 69 ff.

tountemehmen die Kryptoverwahrung nach § 1 Abs. 1a S. 2 Nr. 6 KWG als Kryptoverwahrgeschäft anbieten. Die daraus folgenden Implikationen sind ebenfalls zu beachten.

II. Insolvenz

Zu Recht wird auch in der jüngeren Rechtsliteratur zu der Frage der insolvenzrechtlichen Behandlung von Kryptowährungen geschlussfolgert, dass Inhaber von Kryptowährungen bei der Insolvenz des Verwahrers großen rechtlichen Unklarheiten ausgesetzt sind.[2] Dies ist wesentlich dadurch geprägt, dass die meisten Inhaber von Kryptowährungseinheiten die jeweiligen Token nicht selber halten in dem Sinne, dass sie die Inhaberschaft über den dazugehörigen privaten Schlüssel haben, sondern Drittanbieter wie Kryptohandelsplattformen oder Kryptoverwahrer nutzen. Die Insolvenz eines solches Verwahrers und die rechtlichen Folgen werden im Folgenden pragmatisch und praxisbezogen dargestellt werden. 2

1. Massezugehörigkeit von Kryptowährungen

Die wesentliche, übergeordnete Frage ist, ob Kryptowährungen Teil der Insolvenzmasse sind. Im Hinblick auf § 35 Abs. 1 InsO geht die herrschende Meinung davon aus, dass Kryptowährungen Teil der Insolvenzmasse sind.[3] Fraglich ist in diesem Hinblick, ob (auch) ein Aussonderungs- oder Absonderungsrecht besteht. 3

Ein **Absonderungsrecht** nach §§ 49 ff. InsO wird mit dem hauptsächlichen Argument verneint, dass verwahrte Kryptowährungen nicht für die Verbindlichkeiten des Kryptoverwahrers als einen Dritten haften, sondern gerade das Investitionsobjekt des Kunden, also des Verwahrenden, sind.[4] Richtigerweise sind Kryptowährungen jedoch Objekt der Zwangsvollstreckung (s. weiter unten), sodass zumindest das **Pfändungspfandrecht** nach § 804 Abs. 1 ZPO an ihnen entstehen kann, welches nach § 50 Abs. 1 InsO ein Absonderungsrecht begründet.[5] 4

Das Bestehen eines **Aussonderungsrechts** nach § 47 InsO im Hinblick auf Kryptowährungen war lange Zeit unklar – Gründe hierfür waren zum einen die bestehende Rechtsunsicherheit im Hinblick auf die rechtliche Einordnung und zum anderen die Pluralität der verschiedenen Verwahrmodelle- und Konstellationen von **Kryptohandelsplattformen** und **Kryptoverwahren,** gerade in Bezug auf sog. Krypto-Pools.[6] Die rechtlichen Anpassungen des KWG im Zuge der nationalen Umsetzung der MiCAR durch das FinmadiG, KMAG und ZufinG haben diese Unsicherheiten im Wesentlichen beseitigt, wie im Folgenden aufgezeigt werden soll.[7] 26b Abs. 1 KWG regelt nunmehr die getrennte Verwahrung von Kryptowährungen und -schlüsseln der Kunden und des Verwahrers. Von weiterer wesentlicher Relevanz ist hingegen die Neuregelung des § 46i KWG. § 46i Abs. 1, 2 KWG enthält eine Zugehörigkeitsfiktion für Einzel- und **Sammelverwahrung** im Hinblick auf den Kunden und statuiert durch die Kostenregelung des § 46i Abs. 3 KWG für den Fall der Aussonderung ein Aussonderungsrecht nach § 47 InsO. Jedoch verbleiben Schutzlücken. Zum einen besteht weiterhin Rechtsunsicherheit für solche Fälle, in denen der Kryptoverwahrer nicht dem KWG unterliegt und das anwendbare Recht kein Aussonderungsrecht statuiert.[8] Zum anderen unterfallen bei weitem nicht alle denkbaren 5

2 d'Avoine/HamacherKrypto-Assets in Krise und Insolvenz F. Rn. 159.
3 MüKoInsO/Peters/Peters InsO § 35 Rn. 407; Graf-Schlicker Graf-Schlicker/Kexel InsO § 35 Rn. 17; Schröder/Triantafyllakis BKR 2023, 12 (17).
4 d'Avoine/HamacherKrypto-Assets in Krise und Insolvenz F. Rn. 164.
5 Maume/Maute Kryptowerte-HdB/Strauch/Handke § 10 Rn. 49; Bauer Die effektive Einzel- und Gesamtvollstreckung von Blockchain-basierten Kryptowährungen S. 227.
6 Hierzu im Detail Bauer Die effektive Einzel- und Gesamtvollstreckung von Blockchain-basierten Kryptowährungen S. 211 ff.
7 MüKoInsO Peters/Peters InsO § 35 Rn. 407.
8 Möslein/Omlor FinTech-HdB/Hamacher/d'Avoine § 19 Rn. 100.

Kryptowerte einer Einordnung nach dem KWG. So ist etwa die finanzaufsichtsrechtliche Einordnung von NFTs nicht eindeutig (→ § 26 Rn. 33 f.). Eine spezialgesetzliche Regelung der Aussonderung im Rahmen der Anwendbarkeit des qualifizierten **Kryptoverwahrgeschäfts** geht daher zu kurz und kann vor allem die Dynamiken der Entwicklungen der Blockchain-Technologie und deren Einsetzbarkeit für die Tokenisierung bisher nicht handelbarer Vermögenswerte und -rechte nicht in ausreichender Form einfangen. Daher bleiben die Forderungen nach einer allgemeinen gesetzlichen Regelung bestehen.[9]

2. Sicherungsmaßnahmen im Insolvenzverfahren

6 Von praktischer Relevanz – dennoch oftmals nicht beschrieben – ist die Möglichkeit von Sicherungsmaßnahmen. In Betracht kommen vor allem ein **Verfügungsverbot** mit **Zustimmungsvorbehalt** nach § 21 Abs. 2 S. 1 Nr. 2 Alt. 1 InsO sowie die Anordnung des Zustimmungsvorbehalts nach § 21 Abs. 2 S. 1 Nr. 2 Alt. 2 InsO. Beide Möglichkeiten stellen letztlich Verfügungsbeschränkungen dar.[10] Dabei ist jedoch umstritten, ob die Transaktion von Einheiten einer Kryptowährung – also beispielsweise ein Wegtransfer aus dem Zugriff des insolventen Unternehmens – eine Verfügung oder bloß einen Realakt darstellt (dazu im Detail → § 44 Rn. 14 ff.). Demzufolge hat die zivilrechtliche Diskussion über die rechtliche Klassifikation des Transferakts von Kryptowährungen auch praxisrelevante Auswirkungen auf die Frage der Effektivität einer Sicherungsmaßnahme nach § 21 Abs. 2 S. 1 Nr. 2 InsO. Eine Analogie der Norm verbietet sich indes.[11]

7 Um der praktischen Notwendigkeit einer (vorläufigen) Sicherung gerecht zu werden, erlaubt § 21 Abs. 1 InsO jedoch eine erforderliche Maßnahme zu treffen, welche eine nachteilige Veränderung der Vermögenslage des Schuldners verhütet. In Betracht kommt im Falle von Kryptowährungen die Verwahrung der betroffenen Kryptowährungseinheiten auf behördlichen Adressen als verhältnismäßige Maßnahme zur Sicherung der vorläufigen **Insolvenzmasse.**[12]

3. Praktische Besonderheiten

8 Zunächst ist elementar, dass der Insolvenzverwalter überhaupt vollständige und umfassende **Kenntnis** vom Kryptowährungsvermögen des Insolvenzschuldners erlangt. Vor dem Hintergrund der Anonymität Blockchain-basierter Kryptowährungen wird das als problematisch angesehen.[13] Hier ist der Grundsatz der Blockchain als offene, **dezentrale Datenbank** entgegenzuhalten. Alle Transaktionen werden auf einer public Blockchain unveränderlich und öffentlich gespeichert und sind somit einsehbar. Der Befürchtung von Verschleierung kann daher mit Scanning-Diensten wie BTCscan oder Mempool entgegengehalten werden.[14] Insoweit hierfür zumindest die Kenntnis der Blockchain-Adressen nötig ist, über welche der Insolvenzschuldner durch die Inhaberschaft des privaten Schlüssels verfügen kann, ist auf die Zwangsmittel aus § 98 Abs. 2 InsO zu verweisen.

9 Die Inbesitznahme nach § 148 InsO scheitert grundsätzlich an der fehlenden Körperlichkeit Blockchain-basierter Kryptowährungen.[15] Dies ist jedoch nicht der Fall, wenn der systematische Vergleich zum Besitz dogmatisch begründet wird (→ § 44 Rn. 9 ff.), da

9 S. hierzu Bauer Die effektive Einzel- und Gesamtvollstreckung von Blockchain-basierten Kryptowährungen S. 218 ff.

10 BeckOK InsO/Kopp § 21 Rn. 41.

11 Bauer Die effektive Einzel- und Gesamtvollstreckung von Blockchain-basierten Kryptowährungen S. 205 f.

12 Ausführlich Bauer Die effektive Einzel- und Gesamtvollstreckung von Blockchain-basierten Kryptowährungen S. 206 ff.

13 MüKoInsO/Peters/Peters InsO § 35 Rn. 407.

14 Hierzu ausführlich Bauer Die effektive Einzel- und Gesamtvollstreckung von Blockchain-basierten Kryptowährungen S. 227 ff.

15 Anders Maume/Maute Kryptowerte-HdB/Strauch/Handke § 10 Rn. 40; s. Bauer Die effektive Einzel- und Gesamtvollstreckung von Blockchain-basierten Kryptowährungen S. 229.

insoweit eine Begründung der tatsächlichen Inhaberschaft in Form des § 854 BGB gegeben ist.[16]

Im Hinblick auf die Besonderheiten der Verwertung nach § 159 InsO ist auf die Ausführungen in → Rn. 17 f. zu verweisen. Die Verwertung kann dabei über eine Kryptohandelsplattform oder durch freihändigen Verkauf erfolgen.[17] 10

III. Vollstreckung

Die Einordnung von Kryptowährungen in das System der Zwangsvollstreckung nach der ZPO ist wesentlich von den rechtlichen Herausforderungen der rechtlichen Einordnung von Kryptowährungen geprägt. Darüber hinaus führt die technologische Ausgestaltung von Kryptowährungen als dezentrale, Blockchain-basierte Werte zu praktischen Herausforderungen der **Vollstreckung.** Auch im Bereich der Vollstreckung gibt es tiefgehende, akademische Beiträge. Ziel dieses Handbuchs ist es nicht, die Meinungsstreitigkeiten im Detail wiederzugeben, sondern prägnante Einordnungen und Lösungsvorschläge abzubilden. Im Folgenden soll daher zunächst zwischen der rechtlichen Einordnung in das System der Zwangsvollstreckung und den praktischen Herausforderungen unterschieden werden. 11

1. Rechtliche Einordnung in das System der ZPO

a) Vollstreckung wegen einer Geldforderung in Einheiten einer Kryptowährung

Unter Ermangelung der Anwendbarkeit anderer zivilprozessualer Normen kommt für die Vollstreckung wegen einer Geldforderung in Einheiten einer Kryptowährung nur die Anwendbarkeit des § 857 Abs. 1 ZPO in Betracht.[18] Die Anwendbarkeit dieser Norm ist jedoch umstritten. Einer Meinung nach findet § 857 Abs. 1 ZPO keine Anwendung, da die Inhaberschaft von Einheiten einer Kryptowährung kein Recht iSd § 857 Abs. 1 ZPO darstellt.[19] Daneben wird jedoch auch die analoge Anwendung angenommen mit dem wesentlichen Argument, dass anderenfalls Vollstreckungsfreiräume entstehen würden.[20] Zuletzt wird vertreten, dass die Vollstreckung wegen einer Geldforderung in Einheiten einer Kryptowährung unter direkter Anwendung des § 857 Abs. 1 ZPO erfolgen kann.[21] 12

Richtigerweise ist eine direkte Anwendbarkeit des § 857 Abs. 1 ZPO anzunehmen. Zwar sprechen hierfür – auf den ersten Blick – die positivgesetzlichen Kodifizierungen von Kryptowährungen durch die Anpassungen des KWG sowie das Inkrafttreten der MiCAR und der damit einhergehenden nationalen Gesetzesanpassungen durch das FinmadiG und KMAG. Allein dies lässt jedoch zweifeln. Fraglich ist nämlich, ob die – letztlich finanzaufsichtsrechtlichen – positivgesetzlichen Kodifizierungen von Kryptowährungen auch gleichzustellen sind mit einer Einordnung als Recht iSd § 857 Abs. 1 ZPO.[22] Denn sowohl beim KWG als auch bei der MiCAR, deren nationaler Umsetzung und den Regelungsbereich der MiCAR überschreitenden Regelungen im FinmadiG bzw. KMAG handelt es sich um spezialgesetzliche Normen des Finanzmarktaufsichtsrechts. Genauso wenig kann die (sachen-)rechtliche Fiktion des § 2 Abs. 3 eWPG argumentativ herangezogen werden – auch hier handelt es sich um eine spezialgesetzliche Norm, die im Umkehrschluss zu ihrer spezialgesetzlichen Natur gerade nicht auf eine allgemein-rechtliche Aussage bzw. Einordnung schließen lässt. Denn anderenfalls hätte der Gesetzgeber keine spezialgesetzliche 13

16 Bauer Die effektive Einzel- und Gesamtvollstreckung von Blockchain-basierten Kryptowährungen S. 229.
17 MüKoInsO/Peters/Peters § 35 Rn. 407.
18 Im Detail Bauer Die effektive Einzel- und Gesamtvollstreckung von Blockchain-basierten Kryptowährungen S. 218 ff.
19 Kütük/Sorge MMR 2014, 643 (644).
20 Effe-Uhe ZZP 2018, 513 (524 ff.); Koch DGVZ 2020, 85 (87).
21 Skauradszun WM 2020, 1229 (1233); Jacobs/Arndt FS K. Schmidt, 2019, Band 1, 559 (564 f.).
22 Hierzu näher Bauer Die effektive Einzel- und Gesamtvollstreckung von Blockchain-basierten Kryptowährungen S. 160 ff.

Sondernorm, sondern eine allgemeine Norm vergleichbar zum § 90a BGB gewählt.[23] Richtigerweise ist die direkte Anwendung des § 857 Abs. 1 ZPO damit zu begründen, dass das wesentliche rechtliche Anknüpfungsmerkmal für die Zuordnung als Vermögensrecht die tatsächliche Inhaberschaft des privaten Schlüssels ist, wie in → § 44 Rn. 9 ff. begründet ist.[24]

b) Vollstreckung wegen einer Geldforderung in Ansprüche auf Übertragung von Kryptowährungen

14 Die Vollstreckung wegen einer Geldforderung in einen Anspruch auf Übertragung von Einheiten einer Kryptowährung ist umstritten. Einer Ansicht nach richtet sich die Vollstreckung nach § 857 Abs. 1 ZPO,[25] einer anderen Ansicht zufolge sind Ansprüche auf Handlungen, so wie die Überweisung von Kryptowährungseinheiten, nicht pfändbar, da nur Geldforderungen und Herausgabeansprüche pfändbar sind.[26] Letztere Ansicht übersieht jedoch, dass es sich bei dem Verweis in die §§ 828 ff. ZPO aus § 857 Abs. 1 ZPO um eine entsprechende Anwendung der Regeln für die Pfändung von Geldforderungen handelt.[27] Somit ist der ersten Ansicht zu folgen.

c) Vollstreckung von Ansprüchen auf Übertragung von Einheiten von Kryptowährungen

15 Teilweise umstritten ist, ob sich die Vollstreckung auf Übertragung von Einheiten einer Kryptowährung nach § 887 Abs. 1 ZPO[28] oder § 888 Abs. 1 ZPO zu richten hat.[29] Richtigerweise muss unterschieden werden, ob sich der Anspruch auf bestimmte oder unbestimmte Einheiten einer Kryptowährung richtet. Demzufolge hat der Tenor des Vollstreckungstitels maßgebliche Bedeutung.[30] Grundsätzlich richtet sich demzufolge die Vollstreckung dem Vollstreckungstitel zufolge nicht nach einer (Rück-)Übertragung einer bestimmten Transaktion, so findet § 887 ZPO Anwendung – richtet sich der Vollstreckungstitel im Umkehrschluss auf die Übertragung einer bestimmten Transaktion aus einer bestimmten Blockchain-Adresse des Vollstreckungsschuldners, findet im Umkehrschluss § 888 Abs. 1 ZPO Anwendung.[31] Im Hinblick auf die letztgenannte Variante ist zu beachten, dass sich eine solche Titulierung jedenfalls dann lohnt, wenn die besagte Transaktion aus einer verhältnismäßig kleinen Menge nicht ausgegebener transaction inputs besteht, da solche Transaktionen den Vorteil haben, dass die Transaktionsgebühren geringer ausfallen.[32]

2. Praktische Herausforderungen

a) Zuständigkeit

16 Die Begründung der Zuständigkeit des Vollstreckungsorgans wird in der Literatur als problematisch angesehen, da Kryptowährungen aufgrund ihrer dezentralen Speicherung weltweit befindlich sind und mangels Identität auch nicht auf den Speicherort der Zugangs-

[23] Jacobs/Arndt FS K. Schmidt, 2019, Band 1, 559 (565).
[24] Ausführlich hierzu Bauer Die effektive Einzel- und Gesamtvollstreckung von Blockchain-basierten Kryptowährungen S. 165 ff.
[25] Etwa Effer-Uhe ZZP 2018, 513 (528); Kütük/Sorge MMR 2014, 643 (644).
[26] Jacobs/Arndt FS K. Schmidt, 2019, Band 1, 559 (571).
[27] Bauer Die effektive Einzel- und Gesamtvollstreckung von Blockchain-basierten Kryptowährungen S. 168.
[28] OLG Düsseldorf DGVZ 2022, 62 ff.; Koch DGVZ 2020, 85 (88); Effer-Uhe ZZP 2018, 513 (528).
[29] Musielak/Voit/Lackmann ZPO § 887 Rn. 10; Jacobs/Arndt FS K. Schmidt, 2019, Band 1, 559 (572); Ammann CR 2018, 379 (386); Badstuber DGVZ 2019, 246 (252); Kaulartz CR 2016, 474 (479); Kütük/Sorge MMR 2014, 643 (645); Schroeder JurPC WebDok. 104/2014, Abs. 114.
[30] Siehe OLG Düsseldorf DGVZ 2022, 62 Rn. 11.
[31] Skauradszun/Schweizer DGVZ 2024, 223 (225); Bauer Die effektive Einzel- und Gesamtvollstreckung von Blockchain-basierten Kryptowährungen S. 169 ff.
[32] Pesch Cryptocoin-Schulden. S. 154 f.; Bauer Die effektive Einzel- und Gesamtvollstreckung von Blockchain-basierten Kryptowährungen S. 170.

daten abgestellt werden kann.[33] Richtigerweise ist auf die Inhaberschaft des Privaten Schlüssels als wesentlichen Vermögenswert und demzufolge maßgeblichen Bezugspunkt (→ § 44 Rn. 9 ff.) abzustellen.[34] Demzufolge ist der Ort, an dem sich das Speichermedium des Privaten Schlüssels befindet, auch als Ort des Vermögens einzuordnen – hiernach richtet sich die internationale sowie örtliche Zuständigkeit nach §§ 828 Abs. 2, 23 ZPO.[35]

b) Verwertungsverfahren

Zunächst ist das Verfahren der Vollstreckung wegen einer Geldforderung nach § 857 ZPO zu betrachten. Die Kenntniserlangung erfolgt zunächst über die Vermögensauskunft nach § 802c ZPO, wobei sich der Anspruch auf Auskunftserteilung des Privaten Schlüssels (welcher zur Transferierung notwendig ist) oder der Zugangsdaten zum Wallet aus § 836 Abs. 3 S. 1 ZPO ergibt.[36] Da hier kein Drittschuldner vorhanden ist, ist der Pfändungsbeschluss zunächst gem. § 857 Abs. 2 ZPO nur an den Vollstreckungsschuldner zuzustellen.[37] Fraglich ist jedoch, wie die Verwertung erfolgen kann.[38] Denn denkbar – und einfach umsetzbar – ist, dass der Vollstreckungsschuldner die Einheiten der jeweiligen Kryptowährung an eine andere Adresse wegtransferiert. Daher kann eine Vollstreckung nur dann sicher erfolgen, wenn ein Transfer der Kryptowährungseinheiten auf eine andere Blockchain-Adresse erreicht wird, auf die der Vollstreckungsschuldner keinen Zugriff hat.[39] Richtigerweise findet §§ 857 Abs. 1, 844 Abs. 1 ZPO und nicht § 857 Abs. 4 S. 2 ZPO[40] entsprechend Anwendung.[41] § 844 ZPO ist gegenüber § 835 Abs. 1 ZPO anwendbar, da der Vollstreckungsgläubiger bei einer Vollstreckung wegen einer Geldforderung kein primäres Interesse am Erhalt der Kryptowährungseinheiten hat. In Betracht kommt daher die Versteigerung oder der freihändige Verkauf. Weil bei der Auktion von Kryptowährungen mit niedrigeren Einnahmen rechnet, empfiehlt sich der freihändige Verkauf.[42] Die hierfür vorab benötigte Transferierung der Kryptowährungseinheiten kann nach §§ 857, 836 Abs. 3 S. 1 Var. 2 ZPO erfolgen.[43] Im Verfahren ist zudem auf das Überpfändungsverbot zu achten, indem die Diskrepanz zwischen Forderungshöhe und Wert der transferierten Kryptowährungen möglichst klein gehalten wird.[44] 17

Bei der Vollstreckung nach §§ 887 f. ZPO ergeben sich hingegen keine Besonderheiten. 18

c) Vollstreckungsschutz durch Drittwiderspruchsklage nach § 771 ZPO

Sinn und Zweck der Drittwiderspruchsklage nach § 771 Abs. 1 ZPO ist die Einräumung einer Interventionsmöglichkeit, welche sich gegen den staatlichen Vollstreckungszugriff auf nicht haftendes Vermögen richtet.[45] Die Frage nach der Möglichkeit der Drittwiderspruchsklage im Falle von auf den Erhalt von Einheiten einer Kryptowährungen gerichteten Vollstreckung ist daher von praktischer Relevanz.[46] Dabei ist vor allem die Konstellation 19

---

33 Dazu vor allem Skauradszun WM 2020, 1229 (1232); Effer-Uhe ZZP 2018, 513 (526 ff.).

34 So auch Kaulartz CR 2016, 474 (479).

35 Im Detail Bauer Die effektive Einzel- und Gesamtvollstreckung von Blockchain-basierten Kryptowährungen S. 176 ff.

36 Bauer Die effektive Einzel- und Gesamtvollstreckung von Blockchain-basierten Kryptowährungen S. 177 f.; Effer-Uhe ZZP 2018, 513 (525).

37 Koch DGVZ 2020, 85 (89).

38 S. hierzu auch Koch DGVZ 2020, 85 (89); Effer-Uhe ZZP 2018, 513 (525).

39 Koch DGVZ 2020, 85 (89); Effer-Uhe ZZP 2018, 513 (525); Rückert MMR 2016, 295 (299).

40 Koch DGVZ 2020, 85 (89).

41 Hierzu im Detail Bauer Die effektive Einzel- und Gesamtvollstreckung von Blockchain-basierten Kryptowährungen S. 181 ff.

42 Rettke NZWiSt 2020, 45 (54); Kütük/Sorge MMR 2014, 643 (646).

43 Jacobs/Arndt FS K. Schmidt, 2019, Band 1, 559 (569).

44 Bauer Die effektive Einzel- und Gesamtvollstreckung von Blockchain-basierten Kryptowährungen S. 182 f.

45 Saenger/Kindl ZPO § 771 Rn. 1.

46 Linardatos/Beyer et al. Privatrecht 2050, 181 (206); Jacobs/Arndt FS K. Schmidt, 2019, Band 1, 559 (566 f.).

relevant, in welcher ein Dritter beim Vollstreckungsschuldner als Kryptoverwahrer seinen privaten Schlüssel hinterlegt hat. Denn in diesem Fall ist denkbar, dass „fremdes" Kryptovermögen Gegenstand eines Vollstreckungsbegehrens beim Kryptoverwahrer werden könnte. Ein die Veräßerung hinderndes Recht des Kunden des Kryptoverwahrers als Vollsreckungsschuldner ergibt sich hierbei aus den schuldrechtlichen Herausgabeansprüchen des Kunden aus § 695 BGB, da die schuldrechtliche Beziehung zwischen Kunden und Kryptoverwahrer insoweit als Verwahrung nach § 688 BGB einzuordnen ist.[47] Des Weiteren ist denkbar, dass der private Schlüssel eines Dritten, etwa durch Hacking, entwendet wird und die Inhaberschaft der tatsächlichen Gewalt in Form der Inhaberschaft des Privaten Schlüssels dann bei einem Dritten ist, der zugleich Vollstreckungsschuldner sein kann. Hier mangelt es an einer schuldrechtlichen Beziehung zwischen dem Dritten und dem Vollstreckungsschuldner. Aufgrund der systematischen Ähnlichkeit zum Besitz (→ § 44 Rn. 9 ff.) steht dem Dritten in diesem Fall ein Anspruch aus § 1007 Abs. 1 BGB analog als ein die Veräußerung hinderndes Recht zu.[48] Des Weiteren führt die Neuregelung des § 46i Abs. 1, 2 KWG zu einer Begründung der Drittwiderspruchsklage.

[47] S. Bauer Die effektive Einzel- und Gesamtvollstreckung von Blockchain-basierten Kryptowährungen S. 186.

[48] Im Detail herleitend Bauer Die effektive Einzel- und Gesamtvollstreckung von Blockchain-basierten Kryptowährungen S. 188 ff.

Kapitel 5 Automatisierung

Teil 1 Dezentralisierte Anwendungen (dApps) und Smart Contracts

§ 52 Einführung

Schrifttum:

Aufderheide, Smart Contracts aus der Perspektive des Zivilrechts – Teil I, WM 2021, 2273; Bertram, Smart Contracts – Praxisrelevante Fragen zu Vertragsabschluss, Leistungsstörungen und Auslegung, MDR 2018, 1416; Braegelmann/Kaulartz Rechtshandbuch Smart Contracts, 1. Aufl. 2019; Fries/Paal, Smart Contracts, 2019; Heckelmann, Zulässigkeit und Handhabung von Smart Contracts, NJW 2018, 504; Hoeren/Sieber/Holznagel, Handbuch Multimedia-Recht, 2024; Kaulartz, Herausforderungen bei der Gestaltung von Smart Contracts, InTeR 2016, 201; Kollmann, Smart Contracts im bürgerlichen Recht, MMR 2024, 137; Kupka, Haftung des Geschäftsführers nach § 64 Satz 1 GmbHG für Zahlungen durch Smart Contracts in der Blockchain, ZIP 2021, 438; Laukemann, Private Rechtsdurchsetzung zwischen (digitaler) Selbsthilfe und gerichtlichem Rechtsschutz, ZfPW 2022, 357; Lessig, Code and other Laws of Cyberspace, 1999; Leupold/Wiebe/Glossner, IT-Recht, 4. Aufl. 2021; Liegmann/Farruggia-Weber, Umsatzsteuerliche Herausforderungen bei der Herausgabe von NFT-Kollektionen (Collectible-NFT Projekte), UR 2022, 441; Omlor/Link, Kryptowährungen und Token, 2. Aufl. 2023; Oster, Nach der „Batterie-Mietbedingungen"-Entscheidung: Wie geht es weiter mit Smart Contracts?, ZfPW 2023, 387; Paulus/Matzke, Smart Contracts und das BGB – Viel Lärm um nichts?, ZfPW 2018, 431; Schrey/Thalhofer, Rechtliche Aspekte der Blockchain, NJW 2017, 1431; Wagner/Holm-Hadulla/Ruttloff, Metaverse und Recht, 2023; Wilhelm, Smart Contracts im Zivilrecht – Teil I, WM 2020, 1807; Wilhelm, Smart Contracts im Zivilrecht – Teil II, WM 2020, 1849.

Die Digitalisierung und der technische Fortschritt haben die Art und Weise wie rechtliche Vereinbarungen getroffen, umgesetzt und kontrolliert werden in ganz erheblichem Maße verändert. Durch den Einsatz technischer Systeme und Software wurden zahlreiche Prozesse automatisiert, sodass kein menschliches Eingreifen mehr nötig ist. Durch Automatisierung können Fehler verhindert und Abläufe beschleunigt werden. Durch den Einsatz sog. Smart Contracts kann nun auch der Abschluss und die Ausführung eines Vertrages[1] sowie die Reaktion auf eine bestimmte vordefinierte Pflichtverletzung automatisiert werden (→ § 53 Rn. 4 ff.). 1

Die Verwendung der Blockchain-Technologie ist zwar keine notwendige Voraussetzung für den Einsatz eines Smart Contracts;[2] durch die Speicherung auf einer Blockchain[3] werden Smart Contracts allerdings nahezu manipulations- und fälschungssicher hinterlegt, sodass sich die (potenziellen) Parteien eines Vertrages – ohne dass es eine neutrale dritte Partei braucht – darauf verlassen können, dass die vordefinierten Abläufe tatsächlich und korrekt ausgeführt werden.[4] Hierdurch können die Effizienz und Transparenz innerhalb der vertraglichen Beziehung gesteigert und die Rechtsdurchsetzungs- und Transaktionskosten gesenkt werden.[5] 2

1 Eingehend zur automatisierten Vertragsdurchsetzung wegen des Einsatzes von Smart Contracts → § 59 Rn. 1 ff.
2 Siehe auch Kaulartz InTeR 2016, 201 (202).
3 Kupka ZIP 2021, 438 (440) spricht in dieser Hinsicht von „Smart Contracts 3.0".
4 Vgl. Omlor/Link Kryptowährungen/Siegel Kap. 3 Rn. 131.
5 Oster ZfPW 2023, 387 (389).

I. Begriff des „Smart Contracts“

3 Art. 2 Nr. 39 der EU-Datenverordnung[6] definiert den intelligenten Vertrag als „ein Computerprogramm, das für die automatisierte Ausführung einer Vereinbarung oder eines Teils davon verwendet wird, wobei eine Abfolge elektronischer Datensätze verwendet wird und die Integrität dieser Datensätze sowie die Richtigkeit ihrer chronologischen Reihenfolge gewährleistet werden“.[7]

4 Anders als die deutsche Übersetzung als „intelligenter Vertrag“ vermuten lässt handelt es sich bei Smart Contracts allerdings – trotz vereinzelt abweichender Literaturstimmen[8] – nicht um „Verträge“ im rechtlichen Sinne[9], sondern um durch Computersoftware ausgestaltete „Wenn-Dann-Beziehungen“, letztlich also um Softwarecode.[10] Smart Contracts sind als solche auch nicht „intelligent“.[11] Vielmehr führen Smart Contracts bestimmte Aktionen oder Maßnahmen („Dann“) nur dann aus, wenn bestimmte – digital überprüfbare – Voraussetzungen vorliegen („Wenn“). Ein Smart Contract könnte im Zusammenhang mit dem Transport von temperaturempfindlichen Lebensmitteln deshalb so formuliert sein:

„Wenn die Temperatur im Laderaum während des Transports für mehr als 30 Minuten über 8°C liegt, dann zahle 1.000 Euro an den Käufer als Entschädigung.“[12]

5 Der im Beispiel beschriebene Mechanismus könnte durch einen Temperatursensor gesteuert werden, der die Daten in Echtzeit an die Blockchain übermittelt. Alternativ könnte ein Smart Contract auch durch ein Orakel (→ § 5 Rn. 41) mit Daten aus der realen Welt versorgt werden.

6 Smart Contracts sind demnach weniger ein eigenständiger Vertragstyp, denn eine spezifische Vertragstechnik (→ § 59 Rn. 2), die beim Abschluss von Verträgen, bei der Vertragsdurchführung und im Zusammenhang mit der Reaktion auf bestimmte Pflichtverletzungen zum Einsatz kommen kann (→ § 53 Rn. 3 ff.).

II. Praktische Bedeutung

7 In der Literatur wurden Smart Contracts anfangs häufig mit Warenautomaten verglichen, die im Falle der Bezahlung automatisiert bestimmte Waren ausgeben, ohne dass auf Seiten des Verkäufers ein menschlicher Akteur tätig werden muss.[13] Smart Contracts gehen jedoch noch einen Schritt weiter, denn sie können viel komplexere Gestaltungen erfahren, als die stationäre Abgabe einer bestimmten Ware nach der Bezahlung durch einen menschlichen

---

[6] Verordnung (EU) 2023/2854 des Europäischen Parlaments und des Rates vom 13.12.2023 über harmonisierte Vorschriften für einen fairen Datenzugang und eine faire Datennutzung sowie zur Änderung der Verordnung (EU) 2017/2394 und der Richtlinie (EU) 2020/1828, ABl. L, 2023/2854 (Kurzzitat: VO (EU) 2023/2854).

[7] Vgl. auch → § 53 Rn. 1 und → § 59 Rn. 1.

[8] Vgl. nur Bertram MDR 2018, 1416 (1417). Differenzierend BT-Drs. 19/851, 3: Smart Contracts seien „nicht notwendigerweise Verträge“. Braegelmann/Kaulartz Smart Contracts-HdB/Rühl Kap. 12 Rn. 11 schließt zumindest nicht generell aus, dass es sich bei einem Smart Contract selbst um einen Vertrag handeln könnte.

[9] Hierzu noch → § 53 Rn. 2 und → § 59 Rn. 1.

[10] Siehe etwa Wagner/Holm-Hadulla/Ruttloff Metaverse und Recht/E. Wagner/Jörges § 2 Rn. 102; Fries/Paal Smart Contracts/Finck 7 f.; Hoeren/Sieber/Holznagel MMR-HdB/Guggenberger Teil 13.7 Rn. 4; Leupold/Wiebe/Glossner IT-R/Guggenberger Teil 14.2 Rn. 22; Aufderheide WM 2021, 2273 (2274); Schrey/Thalhofer NJW 2017, 1431 (1431).

[11] Vgl. Omlor/Link Kryptowährungen/Siegel Kap. 3 Rn. 132 f., der deshalb auch eine Bezeichnung als „souveräne Programme“ anregt, die sich bisher aber nicht durchgesetzt hat.

[12] Zu diesem Beispiel und der programmtechnischen Umsetzung → § 5 Rn. 37 ff.

[13] Vgl. etwa Wilhelm WM 2020, 1849 (1849); Paulus/Matzke ZfPW 2018, 431 (434); Schrey/Thalhofer NJW 2017, 1431 (1431).

Akteur.[14] Die denkbaren Anwendungsfelder und Einsatzbereiche von Smart Contracts sind dabei zahlreich.[15] Um nur einige zu nennen:

a) Weil physische Objekte aufgrund des Internet of Things (IoT) mit Sensoren und Software ausgestattet werden, um auf das Internet zugreifen zu können, könnte beispielsweise ein „smarter" Kühlschrank automatisiert bestimmte Lebensmittel bei einem verknüpften Supermarkt bestellen, wenn diese aus dem Kühlschrank entnommen wurden,[16] oder eigenständig Strom beziehen[17]. Eine „smarte" Waschmaschine könnte selbstständig Reparaturaufträge erteilen[18] oder Waschmittel bestellen[19]. Ein „smarter" Drucker könnte selbstständig Papier oder Druckerpatronen bestellen, wenn ein Sensor feststellt, dass das Papier oder der Füllstand der eingesetzten Patrone zu Neige geht.
b) Mittels eines Smart Keys könnte der Zugang zu einer vermieteten Wohnung oder einem Hotelzimmer an die (rechtzeitige) Bezahlung der fälligen Miete geknüpft werden.[20]
c) Im Rahmen einer sog. Sharing Economy könnten sich für Smart Contracts diverse Anwendungsfelder im Hinblick auf Car-, Bike- oder E-Scooter-Sharing ergeben, etwa im Rahmen der Vertragsabwicklung, des Zahlungsverkehrs oder der Verwendung sog. Smart Locks.[21]
d) Elektrofahrzeuge könnten auf Basis eines Smart Contracts eigenständig Strom an Ladestationen kaufen.[22]
e) Bei zu einem bestimmten vordefinierten Zeitpunkt ausstehenden Zahlungen könnte ein Smart Contract automatisiert Mahnungen versenden oder Kündigungen „aussprechen".
f) Die Erstellung von NFTs und Token sowie deren Funktionen beruhen auf Smart Contracts (→ § 18 Rn. 4 f).

III. Dezentralisierte Anwendungen

Bei dezentralisierten Anwendungen (dApps) handelt es sich um (Software-)Anwendungen, die auf einem oder mehreren miteinander zusammenspielenden bzw. aufeinander aufbauenden Smart Contracts beruhen.[23] Anders als „klassische" Anwendungen sind dApps nicht auf zentralen Servern gespeichert, sondern auf einer dezentralen Blockchain wie beispielsweise Ethereum. Sie basieren auf einer Kombination aus öffentlichen und/oder privaten Netzwerken, die verschiedene Hintergrund-Operationen ausführen (→ § 5 Rn. 7). **8**

DApps ermöglichen es, Dienstleistungen und Geschäftsprozesse ohne zentrale Instanz oder Betreiber anzubieten, wodurch Zensurresistenz und erhöhte Ausfallsicherheit gewährleistet sind. Sie sind die Grundlage von DeFi-Anwendungen (→ § 35 Rn. 2), dezentralen sozialen Netzwerken, dezentralen autonomen Organisationen (DAOs; → § 6 Rn. 1 f) und digitalen Marktplätzen. Konkrete Beispiele für dApps sind zudem die Flugverspätungsversicherung der AXA und das blockchain-basierte Spiel Axie Infinity: **9**

---

14 Hierzu auch noch → § 53 Rn. 1.
15 Siehe im Überblick zu den verschiedenen Anwendungsbereichen etwa Aufderheide WM 2021, 2273 (2276); Wilhelm WM 2020, 1807 (1810); Paulus/Matzke ZfPW 2018, 431 (434 f.); Kaulartz InTeR 2016, 201 (203).
16 Paulus/Matzke ZfPW 2018, 431 (435).
17 Vgl. hierzu Kollmann MMR 2024, 137 (138).
18 Aufderheide WM 2021, 2273 (2276).
19 Kollmann MMR 2024, 137 (138).
20 Laukemann ZfPW 2022, 357 (374).
21 Vgl. Laukemann ZfPW 2022, 357 (Fn. 6); Aufderheide WM 2021, 2273 (2276); Wilhelm WM 2020, 1807 (1810).
22 Kaulartz InTeR 2016, 201 (203).
23 Omlor/Link Kryptowährungen/Siegel Kap. 3 Rn. 134; vgl. auch Heckelmann NJW 2018, 504 (505) der das einer dApp zugrundeliegende Zusammenspiel mehrerer Smart Contracts mit einem Baukasten vergleicht. Liegmann/Farruggia-Weber UR 2022, 441 (443) verstehen dApps im Wesentlichen als komplexen Smart Contract.

a) Die AXA bietet eine automatisierte Flugverspätungsversicherung:[24]. Beim Kauf einer solchen Versicherung werden die Flugdaten in der Blockchain gespeichert. Das Netzwerk ist mit einer globalen Flugverkehrsdatenbank verbunden. Auf Basis eines Smart Contracts werden – vorher definierte – Flugverspätungen automatisiert und ohne Eingreifen eines menschlichen Akteurs erkannt und anhand festgelegter Parameter reguliert.
b) Im Gaming-Bereich schaffen dApps ein immersives Spielerlebnis, das es Spielteilnehmern ermöglicht, In-Game-Assets (oftmals in Form von NFTs, → § 18 Rn. 2) zu besitzen und zu handeln. Im Rahmen des blockchain-basierten Spiels Axie Infinity können die Spielteilnehmer „Fantasietiere" als handelbare NFT-Gegenstände „sammeln" und mit diesen gegen andere Spielteilnehmer „kämpfen".[25]

IV. Rechtliche Herausforderungen

10 Die rechtliche Bewertung von Smart Contracts richtet sich nach den „allgemeinen" Regelungen, die auch unabhängig von Digitalisierungs- und Automatisierungsbestrebungen gelten. In der Vergangenheit wurde zwar teilweise für ein sog. „Code is Law"-Regime[26] plädiert; richtigerweise unterfallen jedoch auch Smart Contracts den geltenden materiellrechtlichen Regelungen.[27]

11 Im Ausgangspunkt sind deshalb auch beim Einsatz von Smart Contracts Fragen zum international anwendbaren Recht zu beantworten (vgl. bereits → § 7). Der Einsatz von Smart Contracts beim Abschluss und der automatisierten Vertragsdurchsetzung (hierzu → § 59 Rn. 3) kann alsdann zu Besonderheiten bei der vertragsrechtlichen Bewertung führen.[28] Wegen der Unumkehrbarkeit und Unveränderlichkeit von Smart Contracts, die auf die Blockchain aufgesetzt wurden, bereiten nachträgliche Eingriffe in bereits ausgetauschte Leistungen im Zusammenhang mit insolvenzrechtlichen[29] und haftungsrechtlichen[30] Fragestellungen Schwierigkeiten. In diesem Zusammenhang sind auch prozessuale Auseinandersetzungen nicht auszuschließen. Besondere Herausforderungen stellen sich in dieser Hinsicht, wenn eine von einem Smart Contract erzeugte Erklärung als Beweismittel in einem Zivilprozess herangezogen werden soll.[31] Zudem ist ein Augenmerk auf die datenschutzrechtliche (→ § 56 Rn. 1) und kartellrechtliche (→ § 61 Rn. 2 ff.) Behandlung von Smart Contracts zu legen.

§ 53 Vertragsrecht

Übersicht

[24] Siehe zu diesem Beispiel auch Omlor/Link Kryptowährungen/Siegel Kap. 3 Rn. 135.
[25] Vgl. die Spielbeschreibung, abrufbar unter https://axieinfinity.com/ (zuletzt abgerufen am 28.8.2025).
[26] So etwa Lessig Code and other Laws of Cyberspace Kap. 1: „code is law".
[27] Vgl. nur Heckelmann NJW 2018, 504 (509).
[28] In dieser Hinsicht allgemein zur vertragsrechtlichen Bewertung → § 53 Rn. 1 f. sowie im Speziellen zu Fragen des AGB-Rechts → § 54 Rn. 4 ff. und des Verbraucherschutzrechts → § 55 Rn. 1 ff.
[29] Hierzu → § 57 Rn. 20 ff.
[30] Hierzu → § 58 Rn. 13 ff.
[31] Zu beweisrechtlichen Fragen im Kontext von Smart Contracts → § 60 Rn. 25 ff.

Schrifttum:

Allen, Wrapped and Stacked: „Smart Contracts" and the Interaction of Natural and Formal Language, ERCL 2018, 307; Aufderheide, Smart Contracts aus der Perspektive des Zivilrechts – Teil I, WM 2021, 2273; Aufderheide, Smart Contracts aus der Perspektive des Zivilrechts – Teil II, WM 2021, 2313; Baumanns, FinTechs als Anlageberater? Die aufsichtsrechtliche Einordnung von Robo-Advisory, BKR 2016, 366; Bertram, Smart Contracts – Praxisrelevante Fragen zu Vertragsabschluss, Leistungsstörungen und Auslegung, MDR 2018, 1416; Börding/Jülicher/Röttgen/v. Schönfeld, Neue Herausforderungen der Digitalisierung für das deutsche Zivilrecht, CR 2017, 134; Djazayeri, Rechtliche Herausforderungen durch Smart Contracts, jurisPR-BKR 12/2016 Anm. 1; Finck, Grundlagen und Technologie von Smart Contracts, in: Fries/Paal (Hrsg.), Smart Contracts, 2019, S. 1; Fries, Smart Contracts: Brauchen schlaue Verträge noch Anwälte? – Zusammenspiel von Smart Contracts mit dem Beweismittelrecht der ZPO, AnwBl 2018, 86; Fridgen et al., Chancen und Herausforderungen von DLT (Blockchain) in Mobilität und Logistik, 2019; Froitzheim, Code is Law, isn't it?, K&R 2020, 122; Grützmacher/Heckmann, Autonome Systeme und KI – vom vollautomatisierten zum autonomen Vertragsschluss?, Die Grenzen der Willenserklärung, CR 2019, 553; Guggenberger, Smart Contracts, ICOs und Datenschutz, in Hoeren/Sieber/Holznagel (Hrsg.), Handbuch Multimedia-Recht, 2024, Teil 13.7; Heckelmann, Zulässigkeit und Handhabung von Smart Contracts, NJW 2018, 504; Kaulartz, Herausforderungen bei der Gestaltung von Smart Contracts, InTeR 2016, 201; Kaulartz/Heckmann, Smart Contracts – Anwendungen der Blockchain-Technologie, CR 2016, 618; Kipker/Birreck/Niewöhner/Schnorr, Rechtliche und technische Rahmenbedingungen der „Smart Contracts" – Eine zivilrechtliche Betrachtung, MMR 2020, 509; Kloth, Blockchain basierte Smart Contracts im Lichte des Verbraucherrechts, VuR 2022, 214; Kollmann, Smart Contracts im bürgerlichen Recht – Rechtliche Analyse ausgewählter verbraucherschutzrechtlicher Aspekte, MMR 2024, 137; Kupka, Haftung des Geschäftsführers nach § 64 Satz 1 GmbHG für Zahlungen durch Smart Contracts in der Blockchain, ZIP 2021, 438; Legner, Smart Contracts und Finanzdienstleistungen, VuR 2023, 213; Lindner, Der programmierte Mietvertrag, NZM 2021, 665; Mann, Die Decentralized Autonomous Organization – ein neuer Gesellschaftstyp?, NZG 2017, 1014; Möslein, Rechtsgeschäftslehre und Smart Contracts, in Braegelmann/Kaulartz (Hrsg.), Rechtshandbuch Smart Contracts, Kapitel 8; Möslein, Smart Contracts im Zivil- und Handelsrecht, ZHR 2019, 254; Oster, Nach der „Batterie-Mietbedingungen"-Entscheidung: Wie geht es weiter mit Smart Contracts?, ZfPW 2023, 387; Paulus, Die automatisierte Willenserklärung, JuS 2019, 960; Paulus/Matzke, Smart Contracts und das BGB – Viel Lärm um nichts?, ZfPW 2018, 431; Riehm, Smart Contracts und AGB-Recht, in: Braegelmann/Kaulartz (Hrsg.), Rechtshandbuch Smart Contracts, 2019, Kapitel 9; Schawe, Blockchain und Smart Contracts in der Kreativwirtschaft – mehr Probleme als Lösungen? – Einsatz von Blockchain-Anwendungen im Immaterialgüterrecht, MMR 2019, 218; Schrey/Thalhofer, Rechtliche Aspekte der Blockchain, NJW 2017, 1431; Schurr, Anbahnung, Abschluss und Durchführung von Smart Contracts im Rechtsvergleich, ZVglRWiss 2019, 257; Schwintowski/Klausmann/Kadgien, Das Verhältnis von Blockchain-Governance und Gesellschaftsrecht, NJOZ 2018, 1401; Söbbing, Smart Contracts und Blockchain-Technologie – Definition, Arbeitsweise, Rechtsfragen, ITRB, 2018, 43; Specht/Herold, Roboter als Vertragspartner? – Gedanken zu Vertragsabschlüssen unter Einbeziehung automatisiert und autonom agierender Systeme, MMR 2018, 40; Spindler/Schuster, Recht der elektronischen Medien, 4. Auflage 2019; von Wedemeyer, Smart Legal Contracts und Blockchain, 2023; Wilhelm, Smart Contracts im Zivilrecht – Teil II, WM 2020, 1849.

Smart Contracts sind eine innovative Möglichkeit zur automatisierten Begründung und 1
Durchführung von vertraglichen Vereinbarungen.[1] Der Smart Contract[2] ist eine Software („Code"), die bei Eintritt einer bestimmten vordefinierten Bedingung eine vorher festgelegte Maßnahme automatisiert ausführt.[3] In der Literatur werden Smart Contracts deshalb häufig mit Warenautomaten verglichen.[4] Begrenzt auf die jeweilige Funktion ermöglicht

1 Aufderheide WM 2021, 2273 (2273).
2 Zum Begriffsverständnis → § 52 Rn. 3 ff.
3 Vgl. Aufderheide WM 2021, 2273 (2273).
4 Siehe etwa Wilhelm WM 2020, 1849 (1849); Paulus/Matzke ZfPW 2018, 431 (434); Schrey/Thalhofer NJW 2017, 1431 (1431).

auch ein Warenautomat eine automatisierte Begründung und Durchführung von vertraglichen Beziehungen. Mittels Smart Contracts lassen sich allerdings noch deutlich komplexere vertragliche Beziehungen abbilden und automatisch ausführen als durch einen Warenautomaten. Grundsätzlich ist die automatisierte Begründung und Durchführung von vertraglichen Beziehungen kein neues Phänomen. Neu ist aber die Möglichkeit des Einsatzes der Blockchain-Technologie[5] zur Implementierung von Smart Contracts.[6] Durch den Einsatz der Blockchain-Technologie kann sichergestellt werden, dass ein Smart Contract ohne Mitwirkung eines Dritten sowie manipulationssicher ausgeführt werden kann.[7] Auf die (vertrags-)rechtliche Bewertung von Smart Contracts wirkt sich die Nutzung der Blockchain-Technologie jedoch nicht aus.[8] Allerdings muss den Besonderheiten der Blockchain-Technologie im Zuge der rechtlichen Einordnung Rechnung getragen werden.[9] Dabei ist die Verwendung der Blockchain-Technologie keine notwendige Voraussetzung für den Einsatz von Smart Contracts.[10]

2 Weil es sich bei Smart Contracts um Software handelt, dh um ein Computerprogramm, liegt kein Vertrag im zivilrechtlichen Sinne vor.[11] Soweit dies zum Teil anders gesehen wird,[12] ist zu beachten, dass dies wohl zumindest teilweise auf sprachliche Unschärfen zurückzuführen ist, die vor allem aus den unterschiedlichen Vorstellungen über das Verständnis des Begriffs „Smart Contract" herrühren.[13]

I. Anwendungsbereiche

3 Der Smart Contract, dh die Software, kann den Vertragsschluss im Sinne der Vertragssprache und der Vertragsdokumente abbilden.[14] Ein Smart Contract kann von nur einem, aber auch von beiden Vertragspartnern (Machine-to-Machine-Communication (M2M))[15] eingesetzt werden.[16] Die Freiheit zum Gebrauch von Smart Contracts zur Begründung von vertraglichen Verbindlichkeiten kann aus der Privatautonomie und damit aus der Verfassung abgeleitet werden.[17] Das einfache Recht, namentlich die Vorschriften des BGB, können jedoch die Möglichkeiten beschränken, sich privatautonom der automatisierten Ausführung eines Smart Contracts zu unterwerfen.[18] Ausdrückliche Vorschriften, die sich spezifisch auf den Einsatz von Smart Contracts beziehen, gibt es nicht. Auf regulatorischer Ebene werden Smart Contracts zwar ausdrücklich durch Art. 2 Nr. 39, Art. 36 der Europäischen Daten-

[5] Hierzu → § 5 Rn. 10 ff.
[6] Paulus/Matzke ZfPW 2018, 431 (433); vgl. auch Kupka ZIP 2021, 438 (440), der in dieser Hinsicht von „Smart Contracts 3.0" spricht.
[7] Vgl. Hoeren/Sieber/Holznagel MMR-HdB/Guggenberger Teil 13.7 Rn. 2; Paulus/Matzke ZfPW 2018, 431 (433).
[8] Paulus/Matzke ZfPW 2018, 431 (433).
[9] So auch Riehm in Braegelmann/Kaulartz, Rechtshandbuch Smart Contracts, S. 103 Rn. 10.
[10] Siehe auch Kaulartz InTeR 2016, 201 (201).
[11] E. Wagner/Jörges in Wagner/Holm-Hadulla/Ruttloff, Metaverse und Recht, § 2 Rn. 102; Hoeren/Sieber/Holznagel MMR-HdB/Guggenberger Teil 13.7 Rn. 4; Riehm in Braegelmann/Kaulartz, Rechtshandbuch Smart Contracts, S. 99 Rn. 2; Finck in Fries/Paal, Smart Contracts, S. 7 f.; Aufderheide WM 2021, 2313 (2314); Lindner NZM 2021, 6665 (667); Paulus/Matzke ZfPW 2018, 431 (433 f.); Schrey/Thalhofer NJW 2017, 1431 (1431); Mann NZG 2017, 1014 (1016); Djazayeri jurisPR-BKR 12/2016 Anm. 1; Kaulartz/Heckmann CR 2016, 618 (621).
[12] Vgl. Bertram MDR 2018, 1416 (1417): „Smart Contracts werden gemeinhin im juristischen Sinne als Verträge verstanden, die ganz oder teilweise maschinenlesbar ausgestaltet sind": differenzierend BT-Drs. 19/851, 3: Smart Contracts seien „nicht notwendigerweise Verträge".
[13] Vgl. hierzu Aufderheide WM 2021, 2313 (2314).
[14] Aufderheide WM 2021, 2313 (2314); Riehm in Braegelmann/Kaulartz, Rechtshandbuch Smart Contracts, S. 99 Rn. 2.
[15] Kaulartz InTeR 2016, 201 (203).
[16] Paulus/Matzke ZfPW 2018, 431 (446).
[17] Lindner NZM 2021, 6665 (667 f.); Möslein ZHR 2019, 254 (267 f.).
[18] Möslein ZHR 2019, 254 (268).

verordnung[19] adressiert.[20] Der Einsatz von Smart Contracts richtet sich aber im Wesentlichen nach den allgemeinen Regelungen des BGB. Dabei ist zu beachten, dass die rechtliche Bewertung in dieser Hinsicht weniger davon abhängt, ob es sich bei einem Programmcode um einen Smart Contract handelt, sondern vielmehr davon, welche Art von Aktion durch den Code ausgeführt werden soll.[21] Im Wesentlichen sind dabei drei Anwendungsbereiche von Smart Contracts zu unterscheiden:

1. Automatisierte Vertragsdurchführung

Im Regelfall werden Smart Contracts zur Ermöglichung einer automatisierten Vertrags- 4
durchführung eingesetzt.[22] Hierfür müssen die Parteien den Einsatz des Smart Contracts vertraglich vereinbaren (§§ 145 ff. BGB).[23] Dies kann auf „traditionellem Wege" oder auch bereits auf Ebene der Vertragsbegründung durch den Einsatz eines Smart Contracts (→ Rn. 7) geschehen. Ein Smart Contract kann dann für die automatisierte Erfüllung der Vertragspflichten, namentlich für den automatisierten Austausch von Leistungen, eingesetzt werden.[24] Dies erleichtert und beschleunigt die Vertragsabwicklung und ermöglicht die Kontrolle und Dokumentation des vereinbarten Leistungsaustauschs.[25] In einer sharing economy können hierdurch die Rechtsdurchsetzungs- und Transaktionskosten reduziert werden.[26] Den potenziellen Einsatzmöglichkeiten von Smart Contracts sind in diesem Zusammenhang nahezu keine Grenzen gesetzt. Sie reichen vom Handel mit Kryptowährungen bis zum alltäglichen Mohnbrötchenkauf. Möglich ist der Einsatz eines Smart Contracts im Zusammenhang mit allen Tatsachen, die automatisch erkennbar sind und bei allen Rechtsfolgen, die elektronisch abgebildet werden können.[27] Hierdurch kann beispielsweise bei Zug-um-Zug-Leistungen erreicht werden, dass eine Leistung (zB die Zahlung eines Geldbetrags, der Transfer eines Token oder die Freigabe einer Information) nach der Erbringung der Gegenleistung (zB der Lieferung einer Sache) automatisch erbracht wird[28] und damit näher an eine „tatsächliche" Zug-um-Zug-Leistung im Vergleich zu den traditionellen Leistungsaustauschen herangerückt werden. In Versicherungsverträgen kann die Feststellung des Versicherungsfalls und die Auszahlung der Versicherungssumme weitgehend automatisiert werden.[29] Im Rahmen von Mietverhältnissen kann durch sog. Smart Locks erreicht werden, dass dem Mieter nur dann Zugriff auf die Mietsache gewährt wird, wenn er die entsprechende Miete bezahlt hat. Damit die Software den Eintritt dieser Tatsachen „erkennen" kann, müssen ihr ausreichend Daten zur Verfügung gestellt werden.[30] Hierfür kann auf sog. „Orakel"[31] zurückgegriffen werden, welche die Erfassung und Berücksichtigung von Ereignissen aus der realen Welt,[32] wie zum Beispiel die Entwicklung eines Index, ermöglichen (auch → § 5 Rn. 37 ff.).

---

19 Verordnung (EU) 2023/2854 des Europäischen Parlaments und des Rates vom 13.12.2023 über harmonisierte Vorschriften für einen fairen Datenzugang und eine faire Datennutzung sowie zur Änderung der Verordnung (EU) 2017/2394 und der Richtlinie (EU) 2020/1828, ABl. L, 2023/2854.

20 Hierzu näher → § 57 Rn. 1 ff.

21 BT-Drs. 19/851, 3.

22 Zur automatisierten Vertragsdurchsetzung eingehend → § 59 Rn. 4 ff.

23 Vgl. Riehm in Braegelmann/Kaulartz, Rechtshandbuch Smart Contracts, S. 99 Rn. 2; siehe auch Hoeren/Sieber/Holznagel MMR-HdB/Guggenberger Teil 13.7 Rn. 5; Allen ERCL 2018, 307 (320).

24 Aufderheide WM 2021, 2273 (2274); Fries AnwBl 2018, 86 (86).

25 Hoeren/Sieber/Holznagel MMR-HdB/Guggenberger Teil 13.7 Rn. 5; Möslein in Braegelmann/Kaulartz, Rechtshandbuch Smart Contracts, S. 83 Rn. 4; Möslein ZHR 2019, 254 (264); vgl. Kaulartz/Heckmann CR 2016, 618 (621).

26 Oster ZfPW 2023, 387 (389).

27 Vgl. Fries AnwBl 2018, 86 (86).

28 Vgl. Schurr ZVglRWiss 2019, 257 (261 f.).

29 Legner VuR 2023, 213 (213); vgl. auch Kollmann MMR 2024, 137 (138).

30 Fries AnwBl 2018, 86 (86).

31 Hierzu → § 5 Rn. 41.

32 Vgl. Lindner NZM 2021, 665 (669); Kipker/Birreck/Niewöhner/Schnorr MMR 2020, 509 (509).

5 Probleme können beim Einsatz von Smart Contracts zur Vertragserfüllung im Falle von inneren Widersprüchen in den vertraglichen Regelungen oder bei Abweichungen des programmierten vom tatsächlich gewollten Inhalt entstehen.[33] Der Smart Contract kann nur den programmierten Inhalt umsetzen, dh im Zweifel nicht das tatsächlich von den Parteien Gewollte bzw. das rechtlich Geschuldete.[34] Sofern der Smart Contract von dem tatsächlichen Willen der Parteien abweicht, gilt das tatsächlich Gewollte.[35] Bei Abweichungen des tatsächlich durch den Smart Contract Umgesetzten muss zur Rückabwicklung auf die §§ 812 ff. BGB zurückgegriffen werden.[36] Beim Einsatz und der Ausgestaltung von Smart Contracts bzw. bei der Zuhilfenahme von Smart Contracts, die von Dritten bereitgestellt wurden, muss daher besondere Vorsicht angewendet werden. Die spezifische Anpassung eines Smart Contracts auf die konkreten vertraglich vorgegebenen Bedürfnisse erfordert mitunter einen hohen Aufwand. Besonders praktikabel ist der Einsatz von Smart Contracts deshalb dort, wo viele gleichförmige Ansprüche durchgesetzt werden sollen.[37]

Praxishinweis:
Beim Einsatz eines Smart Contracts zur automatisierten Vertragsdurchführung ist sorgfältig sicherzustellen, dass der programmierte Code den tatsächlich gewollten Vertragsinhalt vollständig und korrekt abbildet, da eine nachträgliche Einflussnahme auf die Ausführung des Smart Contracts in der Regel nicht möglich ist. Abweichungen zwischen dem programmierten und dem tatsächlich gewollten Inhalt können nur durch eine aufwändige Rückabwicklung nach §§ 812 ff. BGB korrigiert werden. Vor dem produktiven Einsatz eines Smart Contracts empfiehlt sich daher eine sorgfältige technische und rechtliche Prüfung des Codes durch spezialisierte Fachleute.

2. Reaktion auf Pflichtverletzungen

6 Ein Smart Contract kann jedoch nicht nur die ordnungsgemäße Erfüllung von vertraglichen Pflichten adressieren, sondern auch **Reaktionen auf bestimmte, typische Pflichtverletzungen** abbilden.[38] Durch einen Smart Contract können bereits bei Vertragsschluss bestimmte Reaktionen für bestimmte Leistungsstörungen vordefiniert werden, die im Falle ihres Eintritts automatisch ausgeführt werden.[39] Hierdurch können etwa bestimmte Pflichtverletzungen mit Vertragsstrafen verknüpft werden.[40] Ein klassischer Fall ist auch die Entschädigung von Fluggästen nach der Fluggastrechte-Verordnung bei Flugverspätungen; die Feststellung einer relevanten Verspätung erfolgt wiederum über ein Orakel (→ Rn. 4). Auch die automatische Versendung von Mahnungen oder Kündigungen bei verspäteter Zahlung ist denkbar.[41] Im Rahmen von Mietverhältnissen kann durch den Einsatz eines Smart Contracts auch auf technischem Wege sichergestellt werden, dass dem Mieter die Nutzungsmöglichkeit im Falle von Mietrückständen oder -ausfällen oder nach Ablauf des Mietverhältnisses entzogen wird (beispielsweise durch eine Fernabschaltung[42] oder durch ein

[33] Vgl. Riehm in Braegelmann/Kaulartz, Rechtshandbuch Smart Contracts, S. 100 Rn. 2 f.
[34] Riehm in Braegelmann/Kaulartz, Rechtshandbuch Smart Contracts, S. 100 Rn. 2; vgl. auch Fries AnwBl 2018, 86 (87 f.) unter Ablehnung der „Code is Law“-Doktrin.
[35] Kipker/Birreck/Niewöhner/Schnorr MMR 2020, 509 (509 f.); → Rn. 27.
[36] Riehm in Braegelmann/Kaulartz, Rechtshandbuch Smart Contracts, S. 101 Rn. 5; Legner VuR 2023, 213 (214).
[37] Legner VuR 2023, 213 (215).
[38] Aufderheide WM 2021, 2273 (2274); Fries AnwBl 2018, 86 (86).
[39] Vgl. Fries AnwBl 2018, 86 (86).
[40] Vgl. Oster ZfPW 2023, 387 (404).
[41] Oster ZfPW 2023, 387 (389).
[42] Vgl. BGH NJW 2022, 3575.

Smart Lock[43]). Ähnliches kommt bei Leasingverträgen[44] oder Dauerlieferverträgen (zB von Energie oder Gas)[45] in Betracht. Im Falle eines solchen „self enforcement" können sich vielschichtige Probleme ergeben, die allerdings schwerpunktmäßig im AGB-Recht[46] und dem Besitzschutzrecht[47] beheimatet und in ihrem Kern von dem Einsatz eines Smart Contracts unabhängig sind. Außerdem kann eine Software nur dann auf Pflichtverletzungen reagieren, wenn diese digital erfasst werden. Dies ist insbesondere dann schwierig, wenn unbestimmte oder wertungsoffene Begriffe ausgefüllt werden müssen, beispielsweise das Vorliegen eines Sachmangels iSd § 434 BGB.[48] Zur Feststellung solcher Tatsachen könnte aber eine „Schlichtungsinstanz" zwischengeschaltet werden.[49]

3. Begründung von Vertragsverhältnissen

Auf einer dritten Ebene können Smart Contracts auch zur **Begründung von vertraglichen Verpflichtungen** verwendet werden.[50] Eines bereits vorher auf traditionellem Wege geschlossenen Vertrages bedarf es in diesem Fall nicht.[51] Hierfür könnte der Code eines Smart Contracts so programmiert werden, dass eine rechtliche Beziehung zwischen mindestens zwei Personen mit einem vordefinierten Inhalt automatisch begründet wird, wenn ein bestimmtes Ereignis eintritt.[52] Solche Smart Contracts werden teilweise auch als Smart Legal Contracts bezeichnet,[53] was angesichts der Definitionsschwierigkeiten im juristischen Bereich wegen des ursprünglich technischen Begriffsverständnisses als reine Durchführung eines Wenn-Dann-Codes sinnvoll erscheint. Auch dieser Anwendungsfall ist kein neues Phänomen; die rechtliche Behandlung automatisierter Willenserklärungen wird bereits seit geraumer Zeit diskutiert.[54] Aufgrund der fortschreitenden Digitalisierung und der zunehmenden Verbreitung des „Internets der Dinge" sind aber zahlreiche neue Anwendungsfälle hinzugekommen. Beispielsweise kann ein Kühlschrank verbrauchte Lebensmittel über das Internet nachbestellen[55] oder ein selbstfahrender PKW kann sich an einer Ladesäule gegen Bezahlung selbst aufladen[56]. Schuldrechtlich lassen sich dabei alle Vertragstypen durch einen Smart Contract abbilden.[57] Gegenstand eines Smart Contracts können aber auch dingliche Vereinbarungen sein.[58] 7

Spezifische Anforderungen an die Begründung von vertraglichen Pflichten durch den Einsatz von Smart Contracts existieren (noch) nicht. Auch in diesem Zusammenhang gelten daher die allgemeinen Regelungen der §§ 130 ff., 145 ff. BGB.[59] Für den Abschluss eines Vertrages müssen daher in der Regel zwei aufeinander ausgerichtete und miteinander übereinstimmende Willenserklärungen, Antrag und Annahme, vorliegen. Im Kern geht es dann um die Frage, ob durch den Einsatz eines Smart Contracts automatisiert eine wirksame 8

43 Lindner NZM 2021, 665 (668).
44 Schurr ZVglRWiss 2019, 257 (262).
45 Schurr ZVglRWiss 2019, 257 (262 f.).
46 Hierzu → § 54 Rn. 49 ff.
47 Hierzu → § 59 Rn. 6 ff.
48 Vgl. Schawe MMR 2019, 218 (222); Kaulartz/Heckmann CR 2016, 618 (622).
49 So auch Schawe MMR 2019, 218 (222).
50 Vgl. Möslein in Braegelmann/Kaulartz, Rechtshandbuch Smart Contracts, S. 85 Rn. 1; Kollmann MMR 2024, 137 (138); Kloth VuR 2022, 214 (215).
51 Kupka ZIP 2021, 438 (440).
52 Vgl. von Wedemeyer, Smart Legal Contracts und Blockchain, S. 55.
53 Vgl. von Wedemeyer, Smart Legal Contracts und Blockchain, S. 55; Lindner NZM 2021, 665 (667).
54 So Paulus/Matzke ZfPW 2018, 431 (439).
55 MüKoBGB/Lehmann Teil 10. Internationales Finanzmarktrecht Rn. 660.
56 Möslein ZHR 2019, 254 (262).
57 Heckelmann NJW 2018, 504 (508).
58 Wilhelm WM 2020, 1849 (1850); Heckelmann NJW 2018, 504 (508); Paulus/Matzke ZfPW 2018, 431 (439).
59 Vgl. Hoeren/Sieber/Holznagel MMR-HdB/Guggenberger Teil 13.7 Rn. 7; Kloth VuR 2022, 214 (215); Aufderheide WM 2021, 2313 (2315); Kipker/Birreck/Niewöhner/Schnorr MMR 2020, 509 (510); Paulus/Matzke ZfPW 2018, 431 (439).

Willenserklärung innerhalb der durch das BGB gesetzten Grenzen erzeugt werden kann. Hierauf wird im Folgenden näher eingegangen.

II. Einordnung als Willenserklärung

9 Ein Smart Contract kann automatisiert beim Eintritt einer bestimmten Bedingung eine Erklärung erzeugen. Insofern könnte beispielsweise ein internetfähiger Drucker beim Verbrauch der Druckerpatronen selbstständig neue Druckerpatronen beim Hersteller nachbestellen.[60] Fraglich ist, ob es sich bei dieser durch einen Smart Contract automatisch erzeugten Erklärung um eine Willenserklärung handelt. Unproblematisch ist dabei, dass die Erklärung als „elektronische" Erklärung durch den Einsatz von technischen Hilfsmitteln erzeugt wurde. Die Zulässigkeit von „elektronischen Willenserklärungen" ist allgemein anerkannt.[61] Vereinzelt wird aber eingewendet, dass Softwarecode nicht dazu in der Lage sein könne, eine Willenserklärungen inhaltlich auszudrücken.[62] Bisher hat sich die Rechtsgeschäftslehre des BGB jedoch durchaus technologieoffen gezeigt.[63] Im Rahmen ihrer Vertrags- und Formfreiheit können die Parteien auch eine Programmiersprache als Vertragssprache vereinbaren.[64] Es sprechen gute Gründe dafür, dass Willenserklärungen inhaltlich durch den Programmcode eines Smart Contracts ausgedrückt werden können.[65] Zu berücksichtigen ist außerdem, dass auch schlüssigem Verhalten der Erklärungsgehalt einer Willenserklärung entnommen werden kann.[66] Die Verwendung einer Programmiersprache steht der rechtlichen Erheblichkeit einer Erklärung nicht zwingend im Weg.[67] Eine Willenserklärung kann deshalb auch dann vorliegen, wenn eine Erklärung durch einen Smart Contract automatisiert erzeugt wurde.[68]

10 Erforderlich ist allerdings auch, dass die durch einen Smart Contract automatisiert erzeugte Erklärung dem Erklärenden zugerechnet werden kann. Im Regelfall dürfte es sich bei der durch einen Smart Contract erzeugten Willenserklärung um eine „automatisierte Willenserklärung" handeln.[69] Eine solche liegt vor, wenn eine Software eine Willenserklärung nur nach zuvor klaren und von einem Menschen willentlich vorgegebenen Bedingungen (bspw. bezogen auf den Anlass, die Warenart oder den Kaufpreis) erstellen kann.[70] Eine menschliche Interaktion ist deshalb nicht gänzlich obsolet; sie kann aber im Sinne eines gestreckten Erklärungstatbestands[71] auf einen Zeitpunkt vor der Erstellung der Erklärung vorgelagert werden. Bezogen auf das obige Drucker-Beispiel bedeutet dies, dass eine automatisierte Willenserklärung beispielsweise dann vorliegen kann, wenn ein Mensch bei Einrichten des Druckers zugestimmt oder ausdrücklich erklärt hat, dass der Drucker „automatisch" eine neue Druckerpatrone zum jeweils vom Hersteller angebotenen Preis „nachbestellen" soll, wenn die eingesetzte Druckerpatrone verbraucht ist. Dabei müssen die vorgegeben Parama-

---

[60] Dieses Beispiel nennen auch Kipker/Birreck/Niewöhner/Schnorr MMR 2020, 509 (510).
[61] Vgl. etwa Spindler/Schuster/Spindler BGB § 130 Rn. 2.
[62] Vgl. Söbbing ITRB, 2018, 43 (45); Djazayeri jurisPR-BKR 12/2016 Anm. 1.
[63] Aufderheide WM 2021, 2313 (2315); Kaulartz/Heckmann CR 2016, 618 (621).
[64] Aufderheide WM 2021, 2313 (2315); Wilhelm WM 2020, 1849 (1850); Möslein ZHR 2019, 254 (267); Heckelmann NJW 2018, 504 (506); Börding/Jülicher/Röttgen/v. Schönfeld CR 2017, 134 (139); Kaulartz/Heckmann CR 2016, 618 (621); Kaulartz InTeR 2016, 201 (204).
[65] Hoeren/Sieber/Holznagel MMR-HdB/Guggenberger Teil 13.7 Rn. 8; Schurr ZVglRWiss 2019, 257 (266); Heckelmann NJW 2018, 504 (505).
[66] Aufderheide WM 2021, 2313 (2315); Wilhelm WM 2020, 1849 (1850); Möslein ZHR 2019, 254 (271).
[67] Möslein ZHR 2019, 254 (271); Kaulartz/Heckmann CR 2016, 618 (621 f.).
[68] Hoeren/Sieber/Holznagel MMR-HdB/Guggenberger Teil 13.7 Rn. 12; Möslein ZHR 2019, 254 (273); Paulus/Matzke ZfPW 2018, 431 (439 f.).
[69] Möslein in Braegelmann/Kaulartz, Rechtshandbuch Smart Contracts, S. 92 Rn. 17; Aufderheide WM 2021, 2313 (2316 f.); Möslein ZHR 2019, 254 (272 f.).
[70] Vgl. Paulus/Matzke ZfPW 2018, 431 (442).
[71] Paulus JuS 2019, 960 (962).

ter auf den Willen des Erklärenden rückführbar sein.[72] Anknüpfend an die für den subjektiven Tatbestand einer Willenserklärung entwickelten Grundsätze setzt dies den Handlungswillen, Geschäftswillen sowie ein Erklärungsbewusstsein desjenigen voraus, der den Smart Contract für seine Zwecke einsetzt.[73] Die menschlich vorgegebenen Parameter müssen dabei so konkret sein, dass der Inhalt der künftigen, durch den Smart Contract erstellten Erklärung bereits zu diesem Zeitpunkt hinreichend bestimmt bzw. bestimmbar ist.[74] Zuzurechnen ist eine solche Willenserklärung dann nicht dem Smart Contract, sondern der „dahinter" stehenden Person, die den Smart Contract iSd §§ 133, 157 BGB für ihre Zwecke eingesetzt und die maßgeblichen Parameter festgesetzt hat.[75] Dies gilt auch dann, wenn sich eine Person den vorgefertigten Code eines Dritten zu eigen macht.[76]

Durch den Einsatz von Künstlicher Intelligenz[77] sind allerdings auch Konstellationen möglich, in welchen die durch einen Smart Contract vorgegebene Erklärung nicht ausschließlich auf Bedingungen beruht, die von einem Menschen im vorstehend beschriebenen Sinne vorgegeben wurden. Ein Beispiel aus dem Finanzwesen ist die sog. „Robo Advisory". Hierbei handelt es sich um eine Form der automatisierten Finanzberatung, die auf Basis eines autonomen Systems nach Analyse der bisherigen Marktentwicklung selbstständig Prognoseentscheidungen über zukünftige Wertentwicklungen von Finanzprodukten trifft und auf dieser Grundlage selbständig Portfolioanpassungen veranlasst.[78] Der Mensch, der den „Robo Advisor" nutzt, muss zwar einen gewissen Rahmen vorgeben (bspw. seine persönlichen Umstände, seine Risikobereitschaft und seine Anlageziele).[79] Innerhalb dieses Rahmens kann ein „Robo Advisor" – je nach Ausgestaltung – allerdings selbstständig tätig werden und „für" den dahinterstehenden Menschen Finanzprodukte „autonom" erwerben.[80] Bei solchen „autonomen" Erklärungen ist die Zurechenbarkeit zum Erklärenden besonders problematisch. Hier kann nicht nur das Erklärungsbewusstsein, sondern auch der Handlungswille fehlen.[81] Anknüpfend an allgemeine Überlegungen der Risikozuordnung[82] und einen Vergleich zur Blankettunterschrift[83] wird eine Zurechnung allerdings auch in solchen Fällen in der Regel bejaht.[84] Hierfür spricht insbesondere, dass auch der Anlass für die autonome Erstellung und Abgabe von Willenserklärungen irgendwann einmal von einem Menschen veranlasst wurde. Andere[85] wenden in dieser Konstellation die §§ 164 ff. BGB entsprechend an.[86] Folglich kann auch eine durch einen Smart Contract „autonom" erstellte Erklärung als (autonome) Willenserklärung dem Erklärenden zugerechnet werden, solange dieser ähnlich einer Blankettunterschrift einen Anlass für die Erstellung der Erklärung gesetzt hat.[87] 11

[72] Börding/Jülicher/Röttgen/v. Schönfeld CR 2017, 134 (139) sprechen von einer „generellen Einwilligung".

[73] Vgl. Paulus JuS 2019, 960 (961, 963).

[74] Paulus JuS 2019, 960 (963).

[75] Kloth VuR 2022, 214 (216); Kipker/Birreck/Niewöhner/Schnorr MMR 2020, 509 (510); Paulus/Matzke ZfPW 2018, 431 (446); Börding/Jülicher/Röttgen/v. Schönfeld CR 2017, 134 (139); siehe auch BGH NJW 2013, 598 Rn. 19.

[76] Möslein in Braegelmann/Kaulartz, Rechtshandbuch Smart Contracts, S. 94 Rn. 21.

[77] Zum Verständnis → § 62 Rn. 2 ff.

[78] Grützmacher/Heckmann CR 2019, 553 (554).

[79] Vgl. Baumanns BKR 2016, 366 (367).

[80] Vgl. Baumanns BKR 2016, 366 (368).

[81] Grützmacher/Heckmann CR 2019, 553 (557).

[82] Vgl. Paulus/Matzke ZfPW 2018, 431 (444 f.).

[83] Möslein ZHR 2019, 254 (273 f.).

[84] Wilhelm WM 2020, 1849 (1851 f.); Paulus/Matzke ZfPW 2018, 431 (443 ff.); offen Möslein in Braegelmann/Kaulartz, Rechtshandbuch Smart Contracts, S. 91 Rn. 16.

[85] Vgl. Paulus/Matzke ZfPW 2018, 431 (444 f.).

[86] Vgl. Specht/Herold MMR 2018, 40 (42 f.); Bräutigam/Klindt NJW 2015, 1137 (1138); kritisch Grützmacher/Heckmann CR 2019, 553 (555).

[87] Siehe zum Ganzen auch Kipker/Birreck/Niewöhner/Schnorr MMR 2020, 509 (511).

1. Abgabe

12 Liegt eine dem Erklärenden zurechenbare Willenserklärung vor, bereitet die Abgabe keine größeren Probleme. Auch hier gelten die allgemeinen Regeln.[88] Soweit für den Einsatz eines Smart Contracts auf die Blockchain-Technologie zurückgegriffen wird, kann die Abgabe einer (konkludenten) Willenserklärung insbesondere im Versenden einer Transaktion oder im Signieren einer Transaktion mit dem privaten Schlüssel gesehen werden.[89]

2. Zugang

13 Grundsätzlich richtet sich der Zugang von Willenserklärungen auch beim Einsatz eines Smart Contracts nach den allgemeinen Regeln (§ 130 BGB).[90] Die Willenserklärung muss derart in den Organisations- und Machtbereich des Empfängers gelangt sein, dass dieser unter normalen Umständen von ihrem Inhalt Kenntnis nehmen kann.[91] Der Zugang der Annahmeerklärung dürfte beim Einsatz von Smart Contracts häufig gem. § 151 BGB entbehrlich sein.[92]

14 Bei einem auf der Blockchain aufgesetzten Smart Contract findet sich grundsätzlich der folgende Ablauf: Der Softwarecode eines Smart Contracts erzeugt eine Erklärung, die auf einem neuen Block an die Blockchain angehängt wird. Die angehängte Information wird anschließend (wie eine E-Mail) an den Empfänger übermittelt, der diese Information in seinem Empfängeraccount, dh in seinem Wallet[93], abrufen kann. Teilweise wird vertreten, dass der Zugang der Erklärung in solchen Fällen bereits gegeben sei, wenn die Transaktion in einem neuen Block an die Blockchain angehängt wurde.[94] Mit der Erstellung eines neuen Blocks sei die Erklärung für den Empfänger wahrnehmbar.[95] Eine besondere Herausforderung könnten in diesem Zusammenhang die sog. „Forks" darstellen. Hierbei handelt es sich um den technischen Vorgang der rechenleistungsbedingten „Aufgabelung" einer dezentralen Blockchain in unterschiedliche, nicht inhaltsgleiche Zweige.[96] Dies kann dazu führen, dass die relevante Willenserklärung nur auf einem Zweig der Blockchain gespeichert ist. Technisch ist allerdings sichergestellt, dass solche Forks nach einer bestimmten Zeit „erkannt" und „zurückgeschnitten" werden.[97] Um dem Risiko solcher Forks zu begegnen, wird deshalb von einer weiteren Ansicht vertreten, dass neben der Erstellung eines weiteren Blocks auf der Blockchain auch eine „angemessene Zeit" verstrichen sein müsse, bevor vom Zugang „auf der Blockchain" ausgegangen werden könne.[98] Erst dann könne man sicher sein, dass ein Block mit hinreichender Sicherheit nach Auflösung der Fork bestehen bleibt. Der genaue Zeitpunkt des Zugangs würde dann von der konkreten Ausgestaltung der Blockchain abhängen.[99] Für das Bitcoin-Netzwerk wird aufgrund von Erfahrungswerten das

---

[88] Ebenso Kipker/Birreck/Niewöhner/Schnorr MMR 2020, 509 (511).

[89] Hoeren/Sieber/Holznagel MMR-HdB/Guggenberger Teil 13.7 Rn. 10; Aufderheide WM 2021, 2313 (2316); Heckelmann NJW 2018, 504 (505); siehe auch MüKoBGB/Busche BGB § 145 Rn. 23; kritisch Bertram MDR 2018, 1416 (1419).

[90] Paulus/Matzke ZfPW 2018, 431 (447).

[91] Vgl. MüKoBGB/Einsele BGB § 130 Rn. 16.

[92] MüKoBGB/Busche BGB § 145 Rn. 23; Möslein in Braegelmann/Kaulartz, Rechtshandbuch Smart Contracts, S. 93 Rn. 19; Möslein ZHR 2019, 254 (275); siehe auch Aufderheide WM 2021, 2313 (2316); vgl. auch Paulus/Matzke ZfPW 2018, 431 (447 f.).

[93] Hierzu im Detail → § 5 Rn. 3.

[94] Hoeren/Sieber/Holznagel MMR-HdB/Guggenberger Teil 13.7 Rn. 10; Möslein in Braegelmann/Kaulartz, Rechtshandbuch Smart Contracts, S. 93 Rn. 19; Schurr ZVglRWiss 2019, 257 (267); Heckelmann NJW 2018, 504 (505 f.).

[95] Hoeren/Sieber/Holznagel MMR-HdB/Guggenberger Teil 13.7 Rn. 10; Möslein ZHR 2019, 254 (276); Heckelmann NJW 2018, 504 (505).

[96] Vgl. Möslein ZHR 2019, 254 (276); Heckelmann NJW 2018, 504 (505 f.).

[97] Kipker/Birreck/Niewöhner/Schnorr MMR 2020, 509 (511); Heckelmann NJW 2018, 504 (505).

[98] Hoeren/Sieber/Holznagel MMR-HdB/Guggenberger Teil 13.7 Rn. 10; Bertram MDR 2018, 1416 (1419).

[99] Vgl. Hoeren/Sieber/Holznagel MMR-HdB/Guggenberger Teil 13.7 Rn. 10.

Abwarten einer Transaktionshistorie von ca. sechs Blöcken als notwendig angesehen.[100] Allerdings handelt es sich hierbei nur um Erfahrungswerte; für rechtssichere Ergebnisse taugt ein solcher Erfahrungswert nicht.[101] Andere nehmen daher an, dass bis zur Beseitigung der Fork von einer schwebenden Unwirksamkeit der Erklärung auszugehen ist.[102]

Sachgerechter scheint aber, auch im Umfeld der Blockchain allein auf die allgemeine Regelung des § 130 Abs. 1 S. 1 BGB abzustellen.[103] Hierfür spricht, dass gerade keine rechtlichen Besonderheiten hinsichtlich des Zugangs gelten, wenn ein Smart Contract im Umfeld einer Blockchain verwendet wird. Vorbehaltlich einer spezifisch vereinbarten „Blockchain-Form" (→ Rn. 24), ist die Speicherung auf der Blockchain keine Wirksamkeitsvoraussetzung der Willenserklärung.[104] Dies entspricht der grundlegenden Idee von Blockchains, Transaktionen manipulationssicher nachzuweisen, was den Ursprung und Schwerpunkt der Technologie bildet. Für den Zugang sollte die (dauerhafte) – vornehmlich dem Nachweis dienende – Speicherung der vertragskonstituierenden Willenserklärung auf der Blockchain deshalb dem Grunde nach unerheblich sein.[105] Vom Zugang ist deshalb in dem Moment auszugehen, in dem die Transaktion im Empfängeraccount abrufbar ist.[106] Durch einen von der Speicherung auf der Blockchain losgelösten Anknüpfungspunkt für den Zugang können die aus Forks folgenden Probleme, insbesondere eine mögliche Rückabwicklung wegen des nachträglichen „Wegfalls" des Zugangs, umgangen werden.[107] Allerdings ist auch zu berücksichtigen, dass in der Praxis keine signifikanten zeitlichen Unterschiede zwischen dem Anhängen eines Blocks an die Blockchain und der Abrufbarkeit im Empfängeraccount bestehen.[108] 15

3. (Vertrags-)Auslegung

Auch beim Einsatz von Smart Contracts ist durch Auslegung der Willenserklärungen nach den allgemeinen Regeln (§§ 133, 157 BGB) zu ermitteln, ob ein Vertrag zustande gekommen ist.[109] Diese Grundsätze gelten auch dann, wenn elektronische Kommunikationsmittel für die Abgabe und/oder den Empfang von (automatisierten) Willenserklärungen eingesetzt werden.[110] Auch die Speicherung auf der Blockchain ändert nichts an der grundsätzlichen Auslegungsbedürftigkeit konkludenter Erklärungen.[111] 16

Maßgeblich für die Auslegung sind die Gesamtumstände, nicht der Inhalt oder der Bestand des Smart Contracts.[112] Gegenstand der Auslegung ist die durch den Smart Contract erzeugte Erklärung, nicht der Smart Contract selbst. Smart Contracts sind als Computercodes, die bestimmten vordefinierten Wenn-Dann-Bedingungen folgen nicht der Auslegung zugänglich.[113] Es kommt daher darauf an, wie der menschliche Adressat die jeweilige Erklärung nach Treu und Glauben und mit Rücksicht auf die Verkehrssitte verstehen darf.[114] Dies gilt auch in Fällen der Machine-to-Machine-Communication. Für die Auslegung von auto- 17

[100] Vgl. Hoeren/Sieber/Holznagel MMR-HdB/Guggenberger Teil 13.7 Rn. 10.
[101] Kritisch auch Heckelmann NJW 2018, 504 (505 f.).
[102] Schurr ZVglRWiss 2019, 257 (267 f.).
[103] MüKoBGB/Busche BGB § 145 Rn. 23; Kipker/Birreck/Niewöhner/Schnorr MMR 2020, 509 (511).
[104] Paulus/Matzke ZfPW 2018, 431 (447).
[105] Paulus/Matzke ZfPW 2018, 431 (447).
[106] Fridgen et al., Chancen und Herausforderungen von DLT (Blockchain) in Mobilität und Logistik, S. 114; Aufderheide WM 2021, 2313 (2316); Paulus/Matzke ZfPW 2018, 431 (447).
[107] Ähnlich Kipker/Birreck/Niewöhner/Schnorr MMR 2020, 509 (511).
[108] Vgl. Aufderheide WM 2021, 2313 (2316).
[109] Hoeren/Sieber/Holznagel MMR-HdB/Guggenberger Teil 13.7 Rn. 11; Aufderheide WM 2021, 2313 (2315); Möslein ZHR 2019, 254 (276 ff.); Paulus/Matzke ZfPW 2018, 431 (446); Kaulartz/Heckmann CR 2016, 618 (623).
[110] BGH NJW 2013, 598 Rn. 17.
[111] Vgl. Paulus/Matzke ZfPW 2018, 431 (448).
[112] Möslein in Braegelmann/Kaulartz, Rechtshandbuch Smart Contracts, S. 95 Rn. 22; Kaulartz/Heckmann CR 2016, 618 (623).
[113] Lindner NZM 2021, 6665 (667); Kaulartz InTeR 2016, 201 (204, 206).
[114] Vgl. BGH NJW 2013, 598 Rn. 17.

matisierten Erklärungen kommt es daher nicht auf die automatisierte Reaktion des Computersystems bzw. eines auf Seiten des Empfängers eingesetzten Smart Contracts an, sondern auf den Empfänger selbst.[115] Dies gilt sowohl für das Angebot als auch für die korrespondierende Annahme.

18 Für das Vorliegen einer automatisierten Willenserklärung kommt es insbesondere darauf an, ob beim Einsatz des Smart Contracts ein Rechtsbindungswille vorlag (→ Rn. 10). Auch dies muss im Einzelfall durch Auslegung ermittelt werden.[116] Dabei muss auch geklärt werden, ob eine verbindliche Willenserklärung oder nur eine reine invitatio ad offerendum vorliegt,[117] wobei es sich nicht um eine spezifische Fragestellung im Umfeld von Smart Contracts handelt. Liegt eine Willenserklärung vor, kann regelmäßig auch angenommen werden, dass eine Person, die ihre Leistungen auf Grundlage eines Smart Contracts anbietet, mit der automatisieren Vertragsabwicklung einverstanden ist.[118]

4. Wirksamkeitsfragen

19 Auch für einen durch Smart Contracts abgebildeten Vertragsschluss muss die Rechtswirksamkeit in jedem Einzelfall gesondert beurteilt werden.[119] Besondere Probleme bereitet dabei die Einhaltung von materiell-rechtlichen Formerfordernissen. Im Übrigen müssen auch beim Einsatz von Smart Contracts die allgemeinen Wirksamkeitshindernisse berücksichtigt werden. Dies gilt auch für das Anfechtungsregime.

a) Einhaltung von Formvorgaben

20 Grundsätzlich muss der Abschluss eines Vertrages keiner besonderen Form genügen (vgl. § 125 S. 1 BGB). An vielen Stellen regelt das materielle Recht jedoch spezielle Formerfordernisse (zB §§ 311b Abs. 1 S. 1, 550, 578 Abs. 1 S. 2 BGB). Solche stehen einem Vertragsschluss mittels Smart Contracts nicht grundsätzlich entgegen.[120] Sofern ein Vertrag auf Grundlage eines Smart Contract zustande kommen soll, müssen allerdings auch die maßgeblichen Formerfordernisse abgebildet werden.[121] Gleiches gilt bei der Änderung formbedürftiger Geschäfte durch einen Smart Contract.[122]

Praxishinweis:
Soll ein Vertrag, der einem gesetzlichen Formerfordernis unterliegt, mittels eines Smart Contracts abgeschlossen oder geändert werden, ist im konkreten Einzelfall sorgfältig zu prüfen, ob das jeweilige Formerfordernis durch den Smart Contract abgebildet werden kann. Während die Textform grundsätzlich erfüllt werden kann, scheidet eine Umsetzung der Schriftform mangels urkundlicher Verkörperung sowie der notariellen Form in jedem Fall aus. Wird ein Smart Contract ohne Beachtung der einschlägigen Formerfordernisse eingesetzt, droht die Nichtigkeit des Rechtsgeschäfts nach § 125 S. 1 BGB.

115 BGH NJW 2013, 598 Rn. 19.
116 Mann NZG 2017, 1014 (1016 f.).
117 Vgl. Möslein ZHR 2019, 254 (274 f.), der davon ausgeht, dass im Regelfall eine verbindliche Willenserklärung und keine bloße invitatio ad offerendum vorliegt; offener Kaulartz InTeR 2016, 201 (204).
118 Braegelmann/Kaulartz Smart Contracts-HdB/Möslein S. 93 Rn. 19.
119 Vgl. Braegelmann/Kaulartz Smart Contracts-HdB/Möslein S. 81 Rn. 1; Möslein ZHR 2019, 254 (270).
120 Hoeren/Sieber/Holznagel MMR-HdB/Guggenberger Teil 13.7 Rn. 13; Schurr ZVglRWiss 2019, 257 (274).
121 Bertram MDR 2018, 1416 (1418).
122 Schurr ZVglRWiss 2019, 257 (275).

aa) Schriftliche und elektronische Form. Weil für die Schriftform eine urkundliche Verkörperung erforderlich ist, ist diese offensichtlich nicht durch einen Smart Contract umsetzbar.[123] Sofern dies nicht ausdrücklich ausgeschlossen ist,[124] kann die Schriftform allerdings durch die elektronische Form ersetzt werden (§§ 126 Abs. 3, 126a BGB). Die Verwendung der elektronischen Form wird jedenfalls nicht durch die im Umfeld der Blockchain übliche Pseudonymisierung ausgeschlossen. § 126a Abs. 1 BGB fordert zwar die Angabe des Namens des Erklärenden. Auch die Angabe eines Pseudonyms kann aber ausreichend sein, solange die Verwendung eines Pseudonyms angegeben wird (vgl. Art. 3 Nr. 14, Art. 32 Abs. 1 lit. e, Anhang I lit. c eIDAS-VO).[125] Die elektronische Form setzt jedoch zusätzlich eine qualifizierte elektronische Signatur iSd eIDAS-VO voraus. Es ist zwar nicht ausgeschlossen, dass auch ein Smart Contract eine solche qualifizierte elektronische Signatur abbilden kann.[126] Obwohl dies auf technischer Ebene möglich ist,[127] dürften die Anforderungen an eine qualifizierte elektronische Signatur beim Einsatz eines Smart Contracts jedoch in der Regel nicht erfüllt sein,[128] insbesondere wenn der Smart Contract auf der Blockchain gespeichert ist.[129] 21

bb) Textform. Umstritten ist, ob die Anforderungen an die Textform gem. § 126 BGB durch einen Smart Contract abgebildet werden können. § 126b S. 1 BGB setzt eine lesbare Erklärung voraus, in der die Person des Erklärenden genannt ist und die auf einem dauerhaften Datenträger abgegeben wird. Das Merkmal der Dauerhaftigkeit wird man bei Smart Contracts regelmäßig als erfüllt ansehen können, insbesondere wenn dieser in das Umfeld der Blockchain-Technologie implementiert wird, da diese gerade darauf ausgelegt ist, nachträgliche Veränderungen auszuschließen[130] oder jedenfalls zweifelsfrei nachverfolgen zu können. Gleiches gilt für die Notwendigkeit, dass die Person des Erklärenden in der Erklärung genannt sein muss. Hierfür genügt bereits die Angabe eines Pseudonyms;[131] auf einer Blockchain könnte deshalb die Angabe des öffentlichen Schlüssels ausreichend sein[132]. Zweifelhaft ist aber, ob die „Lesbarkeit" gewährleistet ist. Gegen die Lesbarkeit wird angeführt, dass die grundlegende Funktion der Textform – sich ohne Weiteres über den Vertragsinhalt informieren zu können – durch die Verwendung von Programmiersprachen konterkariert werde.[133] Der Inhalt eines Smart Contracts sei nur für einen der jeweiligen Programmiersprache mächtigen Empfänger vollständig verständlich.[134] Der Schutzfunktion des § 126b BGB werde deshalb beim Einsatz eines Smart Contracts nicht vollständig Genüge getan.[135] Aus formaler Sicht liegt aber unzweideutig eine „lesbare" Erklärung vor.[136] 22

123 Hoeren/Sieber/Holznagel MMR-HdB/Guggenberger Teil 13.7 Rn. 13; Braegelmann/Kaulartz Smart Contracts-HdB/Möslein S. 89 Rn. 13; Kollmann MMR 2024, 137 (138); Paulus/Matzke ZfPW 2018, 431 (457); Djazayeri jurisPR-BKR 12/2016 Anm. 1; Schurr ZVglRWiss 2019, 257 (274); Heckelmann NJW 2018, 504 (507); Bertram MDR 2018, 1416 (1418).

124 Vgl. §§ 766 S. 2, 780 S. 2, 781 S. 2 BGB; siehe aber auch § 350 HGB.

125 MüKoBGB/Einsele BGB § 126a Rn. 5.

126 Braegelmann/Kaulartz Smart Contracts-HdB/Möslein S. 90 Rn. 13.

127 Anders: Kipker/Birreck/Niewöhner/Schnorr MMR 2020, 509 (511); Paulus/Matzke ZfPW 2018, 431 (457); Heckelmann NJW 2018, 504 (507); zurückhaltend Hoeren/Sieber/Holznagel MMR-HdB/Guggenberger Teil 13.7 Rn. 13; Paulus/Matzke ZfPW 2018, 431 (457): Fraglich, ob sich qualifizierte elektronische Signaturen mit offenen Netzwerken vereinbaren lassen.

128 Braegelmann/Kaulartz Smart Contracts-HdB/Möslein S. 89 f. Rn. 13; Aufderheide WM 2021, 2313 (2317); Wilhelm WM 2020, 1849 (1851); Möslein ZHR 2019, 254 (279); Bertram MDR 2018, 1416 (1418).

129 Kollmann MMR 2024, 137 (139).

130 Braegelmann/Kaulartz Smart Contracts-HdB/Möslein S. 88 Rn. 12; Bertram MDR 2018, 1416 (1418).

131 Vgl. MüKoBGB/Einsele BGB § 126b Rn. 7; siehe auch BT-Drs. 14/4987, 20.

132 Vgl. Braegelmann/Kaulartz Smart Contracts-HdB/Möslein S. 89 Rn. 12; zumindest für private Blockchain-Systeme: Wilhelm WM 2020, 1849 (1851).

133 Kollmann MMR 2024, 137 (139); Bertram MDR 2018, 1416 (1418).

134 Vgl. Kollmann MMR 2024, 137 (139); Bertram MDR 2018, 1416 (1418); siehe auch Möslein ZHR 2019, 254 (279).

135 Djazayeri jurisPR-BKR 12/2016 Anm. 1.

136 Dies ebenfalls eingestehend: Bertram MDR 2018, 1416 (1418).

Außerdem wird die Lesbarkeit allgemein auch dann angenommen, wenn elektronische Daten mit Hilfe von Anwendungsprogrammen gelesen werden können.[137] Weil auch eine Verschlüsselung der Lesbarkeit nicht im Wege steht,[138] ist die übliche Verwendung von privaten und öffentlichen Schlüsseln im Rahmen der Blockchain-Technologie unschädlich.[139] Eine mittels Smart Contract abgegebene Erklärung kann deshalb die Anforderungen an die Textform iSd § 126b BGB erfüllen.[140]

23 **cc) Notarielle Form.** Ein Smart Contract kann die notarielle Form nicht abbilden.[141] Auch de lege ferenda scheint die Heranziehung eines Smart Contracts und der Blockchain-Technologie zur Ersetzung der notariellen Form, insbesondere wegen der durch die notarielle Beteiligung gewährleisteten Beratungs-, Belehrungs- und Warnfunktion, wenig geeignet.[142]

24 **dd) „Blockchain-Form“.** Privatautonom könnte eine „Blockchain-Form“ vereinbart werden (§ 125 S. 2 BGB), wonach beispielsweise ein Rechtsgeschäft vollständig auf der Blockchain abgebildet sein muss, um (form-)wirksam zu sein.[143] Dabei ist jedoch im konkreten Einzelfall zu ermitteln, ob die Speicherung auf der Blockchain ein Formerfordernis oder ausnahmsweise eine Bedingung iSd § 158 Abs. 1 BGB[144] sein soll.[145]

b) Wirksamkeitshindernisse

25 Ein Vertrag, der durch den Einsatz eines Smart Contracts geschlossen wurde, muss nach materiellem Recht wirksam sein.[146] Insofern müssen sowohl die allgemeinen Vorgaben der §§ 107 f., 134, 138 BGB als auch zwingende, spezialgesetzliche Regelungen (vgl. etwa §§ 276 Abs. 3, 476, 536 Abs. 4 BGB)[147] eingehalten werden.[148] Im Einzelfall sind auch die Vorgaben des AGB-Rechts zu beachten (→ Rn. 6). Eine zentralisierte Kontrolle und Freigabe nach Prüfung, ob ein bestimmter Smart Contract beispielsweise mit den §§ 134, 138 BGB vereinbar ist, gibt es bisher noch nicht.[149] Die Vereinbarkeit mit diesen Vorschriften muss daher im jeweiligen Einzelfall überprüft werden.

26 Im Falle der Unwirksamkeit ist problematisch, dass die Ausführung eines Smart Contracts gerade nicht mehr einseitig verhindert oder umgekehrt werden kann.[150] Der Vertrag ist daher „manuell“ iSd §§ 346 ff., 812 ff. BGB rückabzuwickeln. Einer solchen Rückabwicklung steht das Auseinanderfallen der materiell-rechtlichen Lage von der auf der Blockchain abgebildeten „Rechtslage“ nicht entgegen.[151] Sofern der Smart Contract auf der Blockchain aufgesetzt ist, könnte es allerdings geboten sein, dass auch die Unwirksamkeit auf der Blockchain abgebildet wird, um weitere Transaktionen aufgrund des in Gang gesetzten

---

137 MüKoBGB/Einsele BGB § 126b Rn. 4.
138 Braegelmann/Kaulartz Smart Contracts-HdB/Möslein S. 89 Rn. 12.
139 Braegelmann/Kaulartz Smart Contracts-HdB/Möslein S. 89 Rn. 12.
140 So Braegelmann/Kaulartz Smart Contracts-HdB/Möslein S. 88 Rn. 12; Aufderheide WM 2021, 2313 (2317); Wilhelm WM 2020, 1849 (1851); Kipker/Birreck/Niewöhner/Schnorr MMR 2020, 509 (511); Heckelmann NJW 2018, 504 (507); Paulus/Matzke ZfPW 2018, 431 (457); aA Kollmann MMR 2024, 137 (139); Bertram MDR 2018, 1416 (1418 f.).
141 Vgl. Hoeren/Sieber/Holznagel MMR-HdB/Guggenberger Teil 13.7 Rn. 13; Möslein ZHR 2019, 254 (279); Bertram MDR 2018, 1416 (1418).
142 Ähnlich Aufderheide WM 2021, 2313 (2317).
143 Kipker/Birreck/Niewöhner/Schnorr MMR 2020, 509 (511); Paulus/Matzke ZfPW 2018, 431 (457 f.).
144 Vgl. Wilhelm WM 2020, 1849 (1851).
145 Siehe auch Kipker/Birreck/Niewöhner/Schnorr MMR 2020, 509 (510).
146 Möslein ZHR 2019, 254 (279); Fries AnwBl 2018, 86 (87); ähnlich Froitzheim K&R 2020, 122 (124).
147 Speziell zum Verbraucherschutzrecht auch → § 55.
148 So auch Braegelmann/Kaulartz Smart Contracts-HdB/Möslein S. 100 Rn. 3, S. 102 Rn. 8; Wilhelm WM 2020, 1849 (1850).
149 Siehe hierzu Djazayeri jurisPR-BKR 12/2016 Anm. 1.
150 Vgl. Djazayeri jurisPR-BKR 12/2016 Anm. 1.
151 Kipker/Birreck/Niewöhner/Schnorr MMR 2020, 509 (511).

Smart Contracts zu unterbinden und die Rückabwicklung auf gleichem Niveau nachzuweisen wie die ursprüngliche Vereinbarung und deren Durchführung.

c) Anfechtung

Bei einem Auseinanderfallen des tatsächlich Gewollten und dem durch einen Smart Contract Umgesetzten kommt eine Anfechtung in Betracht. Nach den für die Anfechtung von automatisierten Willenserklärungen entwickelten Grundsätzen kann dabei auf die §§ 119 ff. BGB zurückgegriffen werden. Dies setzt zunächst einen Anfechtungsgrund voraus. Dabei dürfte die Verwendung einer veralteten oder fehlerhaften Software grundsätzlich nur ein unbeachtlicher Motivirrtum sein.[152] Im Zusammenhang mit Eingabefehlern könnte eine Anfechtung wegen Erklärungsirrtums in Betracht kommen.[153] Im wesentlichen dürften die Probleme aber in der Frage liegen, inwiefern eine irrige Vorstellung über die Bedeutung des Programmcodes einen Anfechtungsgrund darstellen kann.[154] Zu verneinen ist dies, wenn eine Person dem Einsatz eines Smart Contracts in Unkenntnis der Bedeutung der Programmiersprache zugestimmt hat.[155] Hatte eine Person dagegen eine bestimmte, allerdings nicht zutreffende Vorstellung von der Bedeutung des Programmcodes, kommt eine Irrtumsanfechtung in Betracht.[156] **27**

Probleme können im Anschluss an eine wirksame Anfechtung entstehen (§ 142 Abs. 1 BGB: ex tunc Nichtigkeit des Vertrages), weil auf die durch einen Smart Contract abgebildete Vertragsdurchführung kein äußerlicher Einfluss genommen werden kann.[157] Sofern der Smart Contract keine „automatisierte“ Rückabwicklung ermöglicht, ist eine Rückabwicklung auf traditionellem Wege nötig.[158] Außerdem dürfte es bei einem auf der Blockchain abgebildeten Smart Contract geboten sein, dass eine wirksame Anfechtung als neue Transaktion in der Blockchain abgebildet wird.[159] **28**

d) Probleme bei unbekannten Vertragsparteien

In dem oben (→ Rn. 9) dargestellten Drucker-Beispiel dürften die Vertragsparteien (der Käufer des Druckers und der Hersteller der Druckerpatronen) einander grundsätzlich bekannt sein. Besondere Probleme können allerdings entstehen, wenn Smart Contracts zum Abschluss von Verträgen mit unbekannten bzw. anonymen Vertragspartnern führen sollen. Dies ist insbesondere der Fall, wenn Smart Contracts in einem dezentralen Blockchain-Netzwerk aufgesetzt sind. In solchen Netzwerken handeln die beteiligten Akteure in aller Regel nur unter Pseudonymen oder unter Verwendung von öffentlichen Schlüsseln, ohne Klarnamen.[160] Für den Anbietenden ist der Vertragspartner in diesem Umfeld daher zwangsläufig anonym.[161] Dies wird gegen das Vorliegen eines Rechtsbindungswillens beim Einstellen des Smart Contracts eingewendet, da der Anbietende in der Regel ein Interesse daran hat, einen Vertrag nur mit einer solventen Person abzuschließen.[162] Außerdem wäre eine Rechtsdurchsetzung gegen eine anonyme Person nur schwer möglich (vgl. § 130 Nr. 1 ZPO). Teilweise wird die Möglichkeit eines Vertragsschlusses über die Blockchain **29**

---

[152] Söbbing ITRB, 2018, 43 (45).
[153] Aufderheide WM 2021, 2313 (2315); Möslein ZHR 2019, 254 (279); Söbbing ITRB 2018, 43 (45 f.); ausführlich Paulus/Matzke ZfPW 2018, 431 (454 ff.); siehe außerdem Kaulartz InTeR 2016, 201 (204).
[154] Vgl. auch Kaulartz InTeR 2016, 201 (204): Es komme darauf an, wer das Sprachrisiko zu tragen habe.
[155] Aufderheide WM 2021, 2313 (2315); Kaulartz/Heckmann CR 2016, 618 (622).
[156] Aufderheide WM 2021, 2313 (2315); Kaulartz/Heckmann CR 2016, 618 (622); Kaulartz InTeR 2016, 201 (204).
[157] Vgl. Aufderheide WM 2021, 2313 (2315).
[158] Kaulartz/Heckmann CR 2016, 618 (623 f.).
[159] Schurr ZVglRWiss 2019, 257 (280 f.); Bertram MDR 2018, 1416 (1420).
[160] Schawe MMR 2019, 218 (220).
[161] Aufderheide WM 2021, 2313 (2316); siehe auch MüKoBGB/Einsele BGB § 145 Rn. 23.
[162] Vgl. MüKoBGB/Einsele BGB § 145 Rn. 11.

deshalb mit dem Hinweis auf die Anonymität der Akteure vollständig verneint.[163] Dies erscheint allerdings zu pauschal. Es spricht viel dafür, dass über einen Smart Contract zumindest dem Grunde nach auch mit einer anonymen Person kontrahiert werden kann. Insoweit ist zu berücksichtigen, dass auch der Abschluss von Verträgen mit unbekannten Personen von der verfassungsrechtlich geschützten Vertrags- und Kontrahentenwahlfreiheit gedeckt wäre.[164] Außerdem dürfte das Interesse an der Identität des Vertragspartners geringer sein, wenn ein Smart Contract bereits einen Durchsetzungsmechanismus enthält, für den es – anders als bei einer gerichtlichen Rechtsdurchsetzung (vgl. § 130 Nr. 1 ZPO) – gerade keiner ladungsfähigen Anschrift bedarf.[165] Zum Teil wird auch angeführt, dass die Identität des Vertragspartners bei einem automatisierten und unaufhaltsam auf der Blockchain ausgeführten Smart Contract wie bei einem Geschäft des täglichen Lebens unerheblich sein könnte.[166] Auch bei Einsatz eines Smart Contracts findet ein unmittelbarer Leistungsaustausch statt.[167] Derjenige, der sich eines Smart Contracts für den Abschluss eines Vertrages bediene, gehe gerade ein besonderes Risiko ein, sodass der Schluss naheliege, dass es auf die Identität des Vertragspartners und dessen Solvenz nicht ankommt, solange die durch den Smart Contract vorgegebenen Parameter eingehalten werden.[168] Etwas Anderes gilt allerdings, wenn der Erklärende klar zum Ausdruck gebracht hat, dass die Identität des Vertragspartners eine besondere Bedeutung für ihn hat.[169] Außerdem stehen die verbraucherschützenden Informationspflichten (vgl. § 312d Abs. 1 BGB iVm Art. 246a Abs. 1 S. 1 Nr. 1 EGBGB) einem Vertragsschluss unter gleichzeitiger Anonymität des Unternehmers entgegen.

Praxishinweis:
Unternehmer, die Smart Contracts im Rechtsverkehr mit Verbrauchern einsetzen, müssen sicherstellen, dass die verbraucherschutzrechtlichen Informationspflichten nach § 312d Abs. 1 BGB iVm Art. 246a EGBGB eingehalten werden, da ein Vertragsschluss unter gleichzeitiger Anonymität des Unternehmers mit diesen Pflichten unvereinbar ist. Soll der Smart Contract hingegen ausschließlich im B2B-Bereich eingesetzt werden, ist im Einzelfall zu prüfen, ob ein besonderes Interesse an der Identität des Vertragspartners besteht, das einem Vertragsschluss mit einer anonymen Person entgegensteht. Fehlt ein solches Interesse, steht die Pseudonymisierung des Vertragspartners dem wirksamen Vertragsschluss grundsätzlich nicht entgegen.

30 Probleme können sich wegen einer Pseudonymisierung auch bei der Erfüllung etwaiger Formerfordernisse ergeben (→ Rn. 20 ff.). Außerdem könnte bei der Auslegung einer an einen anonymen Personenkreis gerichteten Erklärung möglicherweise ein besonderer, objektivierter Auslegungsmaßstab anzuwenden sein.[170]

---

[163] So Schwintowski/Klausmann/Kadgien NJOZ 2018, 1401 (1405) im Zusammenhang mit Gesellschaftsverträgen.
[164] Braegelmann/Kaulartz Smart Contracts-HdB/Möslein S. 85 Rn. 8; Aufderheide WM 2021, 2313 (2316).
[165] Vgl. Braegelmann/Kaulartz Smart Contracts-HdB/Möslein S. 86 Rn. 8; wenn bspw. Gewährleistungsansprüche nicht über den Smart Contract abgebildet werden, könnte aber ein Interesse an der Identität des Vertragspartners bestehen, vgl. Schawe MMR 2019, 218 (220, 222).
[166] Braegelmann/Kaulartz Smart Contracts-HdB/Möslein S. 86 Rn. 8; aA Aufderheide WM 2021, 2313 (2316), weil ein Smart Contract in der Regel komplexe vertragliche Beziehungen abdeckt.
[167] Schawe MMR 2019, 218 (220).
[168] MüKoBGB/Busche BGB § 145 Rn. 23.
[169] Braegelmann/Kaulartz Smart Contracts-HdB/Möslein S. 86 Rn. 8.
[170] Vgl. Wilhelm WM 2020, 1849 (1850): Es sei nicht auf den konkreten Empfänger, sondern auf das Verständnis eines durchschnittlichen Angehörigen der beteiligten Verkehrskreise abzustellen.

e) Beweisfragen

31 Nach allgemeinen Beweislastgrundsätzen muss der Inhalt eines Vertrages von der Partei dargelegt und bewiesen werden, die sich hierauf beruft. Dies gilt auch dann, wenn der Vertragsschluss durch einen Smart Contract abgebildet wurde. Wegen des Vorrangs des tatsächlich Gewollten (→ Rn. 27) kommt es dabei primär auf die Vereinbarungen der Parteien und nur in einem zweiten Schritt auf den Inhalt des Smart Contracts als Code an. Die durch einen Smart Contract zum Abschluss eines Vertrages erzeugte Erklärung kann als elektronisches Dokument vorgelegt werden (§ 371a ZPO). Gleiches gilt für den Smart Contract selbst. Im Falle einer qualifizierten elektronischen Signatur[171] gilt ein gesetzlicher Anscheinsbeweis für deren Echtheit (§ 371a Abs. 1 S. 2 ZPO). Um den Programmcode zu verstehen kann sich ein Gericht unter Umständen der Hilfe eines Sachverständigen bedienen.[172] → § 60 Rn. 12 ff. zu Beweisfragen bei Smart Contracts, die auf die Blockchain aufgesetzt wurden.

f) Ergebnis

32 Auf vertraglicher Ebene gibt es zahlreiche Einsatzbereiche für Smart Contracts in der Praxis. Übergreifend können Smart Contracts dabei zur Begründung von vertraglichen Pflichten, zu deren Erfüllung und zur Durchsetzung von Ansprüchen im Falle von Pflichtverletzungen eingesetzt werden. Auf der Ebene der Vertragsbegründung gelten die allgemeinen Regelungen der §§ 130 ff., 145 ff. BGB. Dabei muss insbesondere berücksichtigt werden, dass es sich bei einer von einem Smart Contract erstellen Erklärung um eine automatisierte Willenserklärung handelt, die dem Erklärenden nur im Falle eines entsprechenden Erklärungsbewusstsein zugerechnet werden kann. Im Allgemeinen kann der vertragsrechtlichen Behandlung von Smart Contracts zumeist nach den allgemein geltenden Regelungen ohne größere Probleme begegnet werden.

§ 54 AGB-Recht

Übersicht

171 → Rn. 21 zur technischen Umsetzbarkeit einer qualifizierten elektronischen Signatur durch einen Smart Contract.
172 Vgl. Fries AnwBl 2018, 86 (89); Djazayeri jurisPR-BKR 12/2016 Anm. 1.

Schrifttum:

Arbeitsgruppe „Digitaler Neustart", Konferenz der Justizministerinnen und Justizminister der Länder, Berichte vom 1. Oktober 2018 und 15. April 2019, https://www.justiz.nrw/JM/justizpol_themen/digitaler_neustart/zt_fortsetzung_arbeitsgruppe_teil_2/2019-04-15-Berichte_Apr_19_Okt_18_Druckfassung.pdf, Stand: 11.1.2025; Bernzen/Kehrberger, Rechtsdurchsetzung durch Informationstechnik, RW 10 (2019), 374; Bilski, Blockchain-Technologie, Smart Contracts und selbstvollziehende Verträge, Eine Analyse der Chancen und Risiken einer Zukunftstechnologie sowie der Vereinbarkeit der Systemkreise Technik und Recht, Erstellt für das Bundesministerium der Justiz und für Verbraucherschutz vom Lehrstuhl für Bürgerliches Recht, Rechtsgeschichte und Europäische Rechtsharmonisierung, Universität Leipzig im Rahmen des Projekts JUSTiCE, 2019 (abrufbar unter https://ssrn.com/abstract=3425805, Stand: 11.1.2025); Boemke/Schönfelder, Arbeitsvertragsschluss mit sprachunkundigen Arbeitnehmern, NZA 2015, 1222; Börstinghaus, Schmidt-Futterer, Großkommentar des Wohn- und Gewerberaummietrechts, 16. Aufl. 2024; Braegelmann, Der klügere Vertrag vollstreckt sich selbst, REthinking: Law 2018, 34; Braegelmann/Kaulartz, Rechtshandbuch Smart Contracts, 2019; Breidenbach/Glatz, Rechtshandbuch Legal Tech, 2018; Buchleitner/Rabl, Blockchain und Smart Contracts, Revolution oder alter Wein im digitalen Schlauch?, ecolex 2017, 4; Casper/Grimpe, Sachenrechtliche und AGB-rechtliche Zulässigkeit digitalen Fernzugriffs auf vernetzte Sachen, Zugleich Besprechung von OLG Düsseldorf, Urt. vom 7.10.2021 – 20 U 116/20, ZIP 2021, 2541, ZIP 2022, 661; Chatzinerantzis/Bertram, Blockchain im Energiesektor, Herausforderungen und Chancen für Energieversorgungsunternehmen, EnWZ 2021, 65; Eggen, Smart Contracts und allgemeine Geschäftsbedingungen, Festschrift für Thomas Koller 2018, S. 155; Essebier/Wyss, Von der Blockchain zu Smart Contracts, Jusletter vom 24. April 2017; Exner, Smart Contracts im Spannungsfeld zwischen Automatisierung und Verbraucherschutz, 2022; Foerste, Automatisierung und Verantwortung im Zivilrecht, ZfPW 2019, 418; Fridgen/Guggenberger/Hoeren/Prinz/Urbach/Baur/Brockmeyer/Gräther/Rabovskaja/Schlatt/Schweizer/Sedlmeir/Wederhake, Chancen und Herausforderungen von DLT (Blockchain) in Mobilität und Logistik, Berlin 2019 (abrufbar unter https://www.fim-rc.de/Paperbibliothek/Veroeffentlicht/1106/wi-1106.pdf); Fries, Anmerkung zum Urt. des OLG Düsseldorf vom 7.10.2021 – I 20 U 116/20, JZ 2022, 361; Fries, Smart Contracts: Brauchen schlaue Verträge noch Anwälte?, Zusammenspiel von Smart Contracts mit dem Beweismittelrecht der ZPO, AnwBl 2018, 86; Fries, Smart contracts: Pacta sunt servanda?, Was sind sie denn nun, die smart contracts – Verträge von morgen oder nur ein Buzzwordfür Juristen, die von Technologie keine Ahnung haben?, REthinking: Law 2018, 46; Fries/Paal, Smart Contracts, 2019; Glarner/Meyer, Smart Contracts in Escrow-Verhältnissen, Jusletter vom 4. Dezember 2017; Gsell/Krüger/Lorenz, Beck-online Großkommentar zum Zivilrecht, 2024 und 2025; Hau, Die Klagelast als Rechtsfigur und Regelungsproblem, ZZP 2016, 133; Hau/Poseck, Beck'scher Online-Kommentar Bürgerlichen Gesetzbuch, 2024 und 2025; Hazard/Haapio, Wise Contracts: Smart Contracts that Work for People and Machines, Rechtsinformatik Symposiums IRIS 2017, 2017, 425–432, Jusletter IT vom 23. Februar 2017; Heckelmann, Zulässigkeit und Handhabung von Smart Contracts, NJW 2018, 504; Heckmann/Schmid, Blockchain und Smart Contracts, Recht und Technik im Überblick, Eine vbw Studie, erstellt vom Lehrstuhl für Öffentliches Recht, Sicherheit und Internetrecht, Universität Passau, 2017 (abrufbar unter https://www.vbw-bayern.de/Redaktion/Frei-zugaengliche-Medien/Abteilungen-GS/Wirtschaftspolitik/2019/Downloads/190509-Blockchain-und-Smart-Contracts_neu.pdf); Herberger/Maximilian/Martinek/Rüßmann/Weth/Würdinger, juris PraxisKommentar zum Bürgerlichen Gesetzbuch, Band 2, 10. Aufl. 2023; Hoeren/Sieber/Holznagel, Handbuch Multimedia-Recht, Rechtsfragen des elektronischen Geschäftsverkehrs, 62. EL. 2024; Hohn-Hein/Barth, Immaterialgüterrechte in der Welt von Blockchain und Smart Contract, GRUR 2018, 1089; Jaccard, Smart Contracts and the Role of Law, Jusletter IT vom 23. November 2017; Jacobs/Lange-Hausstein, Blockchain und Smart Contracts: zivil- und aufsichtsrechtliche Bedingungen, Funktionen, Anwendungsfälle, Perspektiven der Blockchain-Technologie, ITRB 2017, 10; Jeansch, Fernzugriff zur privaten Rechtsdurchsetzung – zugleich Anmerkung zum Urt. des BGH vom 26.10.2022, DAR 2023, 131; Kaulartz, Blockchain und Smart Contracts, in: Briner/Funk, DGRI Jahrbuch 2017, 2018; Kaulartz/Heckmann, Smart Contracts – Anwendungen der Blockchain-Technologie, CR 2016, 618; Kaulbach, Digitale Fernsperrung einer Fahrzeugbatterie – effiziente Selbsthilfe oder unangemessene Benachteiligung des Vertragspartners?, Zugleich Besprechung von BGH, Urt. v. 26.10.2022 – XII ZR 89/21, ZIP 2023, 343; Kipker/Birreck/Niewöhner/Schnorr, Rechtliche und technische Rahmenbedingungen der „Smart Contracts", MMR 2020, 509; Köhler/Bornkamm/Feddersen, ua, Gesetz gegen den unlauteren Wettbewerb, 40. Aufl. 2022; Kuntz, Konsens statt Recht?, AcP 220 (2020), 51; Legner, Smart Consumer Contracts – Die automatisierte Abwicklung von Verbraucherverträgen, VuR 2021, 10; Leupold/Wiebe/Glossner, IT-Recht, 4. Aufl. 2021; Leyens/Heiss/Soritz, Smart Contracts im unternehmerischen Rechtsverkehr (B2B), Grundsatzfragen, Vertragsgestaltung und AGB-Kontrolle, JBl 2022, 137; Lupu, Zulässigkeit, Handhabung und rechtliche Grenzen bei der Gestaltung von Smart Contracts, InTeR 2020, 2; Meyer/Schuppli, «Smart Contracts» und deren Einordnung in das schweizerische Vertragsrecht, recht 2017, 204; Möslein, Rechtliche Grenzen innovativer Finanztechnologien (FinTech): Smart Contracts als Selbsthilfe?, ZBB 30 (2018), 208; Möslein, Smart Contracts im Zivil- und Handelsrecht, ZHR 2019, 254; Paulus, Die automatisierte Willenserklärung, JuS 2019, 960; Paulus/Matzke, Smart Contracts und das BGB – Viel Lärm um nichts?, ZfPW 2018, 431; Graf von Plettenberg, Smart Locks und verbotene Eigenmacht, 2024; Sassenberg/Faber, Rechtshandbuch Industrie 4.0 und Internet of Things. Praxisfragen und Perspektiven der digitalen Zukunft, 2. Aufl. 2019; Säcker/Rixecker/Oetker, Münchener Kommentar zum Bürgerlichen Gesetzbuch, Band 2, 9. Aufl. 2022; Säcker/Rixecker/Oetker, Münchener Kommentar zum Bürgerlichen Gesetzbuch, Band 8, 9. Aufl. 2023; Schacht, Die Blockchain-Technologie, in: Schacht/Lanquillon, Blockchain und maschinelles Lernen. Wie das maschinelle Lernen und die Distributed-Ledger-Technologie voneinander profitieren, 2019; Schawe, Blockchain und Smart Contracts in der Kreativwirtschaft – mehr Probleme als Lösungen?, Einsatz von Blockchain-Anwendungen im Immaterialgüterrecht, MMR 2019, 218; Schnell/Schwaab, Vertragsgestaltung beim Einsatz von Smart Contracts zur Automatisierung von Lieferbeziehungen, BB 2021, 1091; Schrey/Thalhofer, Rechtliche Aspekte der Blockchain, NJW 2017, 1431; Schulze, Handkommentar zum Bürgerlichen Gesetzbuch, 12. Aufl. 2024; Schurr, Anbahnung, Abschluss und Durchführung von Smart Contracts im Rechtsvergleich, ZVglRWiss 2019, 257; Sesing/Baumann, Automatisierung von Vertragsbeziehungen in der Industrie 4.0, Teil 2: Smart Contracts und Blockchain, InTeR 2020, 233; Söbbing, Smart Contracts und Blockchain-Technologie, Definition, Arbeitsweise, Rechtsfragen, ITRB 2018, 43; Specht/Herold, Roboter als Vertragspartner, Gedanken zu Vertragsabschlüssen unter Einbeziehung automatisiert und autonom agierender Systeme, MMR 2018, 40; Spindler/Schuster, Recht der elektronischen Medien, Kommentar, 4. Aufl. 2019; Staudinger, Kommentar zum Bürgerlichen Gesetzbuch, Neubearb. 2018 ff.; Taeger, Die Macht der Daten und der Algorithmen – Regulierung von IT, IoT und KI. Tagungsband Herbstakademie, 2019; Taeger, Rechtsfragen digitaler Transformationen. Gestaltung digitaler Veränderungsprozesse durch Recht, 2018; Taeger, Smart world – smart law? Weltweite Netze mit regionaler Regulierung, 2016; Timmermann, Legal Tech-Anwendungen, Rechtswissenschaftliche Analyse und Entwicklung des Begriffs der algorithmischen Rechtsdienstleistung, 2020; Ulmer/Brandner/Hensen, AGB-Recht, Kommentar zu den 305–310 BGB und zum UKlaG, 13. Aufl. 2022; Vogelgesang/Krüger, Legal Tech und die Justiz – ein Zukunftsmodell? (Teil 2), jM 2020, 90; Wagner, Algorithmisierte Rechtsdurchsetzung, AcP 222 (2022), 56; Weber, Leistungsstörungen und Rechtsdurchsetzung bei Smart Contracts, Jusletter vom 4. Dezember 2017; Werbach/Cornell, Contracts Ex Machina, Duke Law Journal 67 (2017), 313 (abrufbar unter https://ssrn.com/abstract=2936294, Stand: 10.1.2025); Westermann/Grunewald/Maier-Reimer, Erman, Kommentar zum Bürgerlichen Gesetzbuch, 17. Aufl. 2023; Graf von Westphalen/Pamp/Thüsing, Vertragsrecht und AGB-Klauselwerke, 48. Aufl. 2022; Wilhelm, Smart Contracts im Zivilrecht, Teil II, WM 2020, 1849.

I. Einleitung

Der folgende Beitrag[1] erläutert die Relevanz von Smart Contracts im AGB-rechtlichen Kontext. Allgemeine Geschäftsbedingungen (AGB) standardisieren Verträge im Massenverkehr und vereinfachen deren Abwicklung.[2] Durch Verwendung von AGB können häufig wiederkehrende Geschäftsvorfälle einheitlichen Regelungen unterzogen und der Vertragsablauf vorhersehbar werden.[3] 1

Soll ein Vertrag automatisiert werden, müssen die Regeln, nach denen er ablaufen soll, im Voraus genau festgelegt werden.[4] Dabei ist die Abbildung umso einfacher, je präziser sich Ereignisse vorhersagen lassen.[5] Umfangreiche und selten angewendete Vertragsinhalte bereiten Schwierigkeiten. Besser eignen sich daher Verträge, deren Vertragsabwicklung vorhersehbar ist. Ein durch AGB standardisierter und für eine Vielzahl von Fällen anzuwen- 2

[1] Die Verfasserin promoviert zum Thema „Smart Contracts im Kontext des AGB-Rechts". Der nachfolgende Beitrag fasst einige ihrer bisherigen Überlegungen zu diesem Thema zusammen.

[2] Jauernig/Stadler BGB § 305 Rn. 1 MüKoBGB/Fornasier Vor § 305 Rn. 2; jurisPK-BGB/Lapp/Salamon BGB § 305 Rn. 1.

[3] Vgl. MüKoBGB/Fornasier Vor § 305 Rn. 2.

[4] Vgl. Foerster ZfPW 2019, 418 (421); Bilski Blockchain-Technologie Smart Contracts S. 56; Specht/Herold MMR 2018, 40.

[5] Vgl. Bilski Blockchain-Technologie Smart Contracts S. 47: „Von den Parteien unvorhergesehene oder unvorhersehbare Umstände stellen eine besondere Herausforderung dar.".

dender Vertragsinhalt ist daher regelmäßig einfacher als Regel zu erfassen und damit zu automatisieren als der Inhalt eines individuell ausgehandelten Vertrags.

3 Smart Contracts als Computerprogramme sind ebenfalls nicht für den einmaligen Gebrauch bestimmt.[6] Vielmehr können sie grundsätzlich beliebig oft verwendet werden. Ihr Programmcode lässt sich wie eine Schablone nutzen, um Anpassungen an Vertragspartner, Vertragsgegenstand und weiteren Details vornehmen zu können. Es ist daher naheliegend, Smart Contracts im AGB-rechtlichen Kontext einzusetzen.[7]

II. Einsatz von Smart Contracts im AGB-rechtlichen Kontext

4 Smart Contracts können im AGB-rechtlichen Kontext zum einen als Ausführungsinstrument genutzt werden und dabei Gegenstand von AGB sein (1.). Daneben kann der Smart Contract Code selbst AGB darstellen (2.).

1. Smart Contract als Ausführungsinstrument bzw. als Gegenstand von AGB

5 Zum einen können Smart Contracts als Instrument zur Ausführung von (AGB-)Klauseln eingesetzt werden.[8] So kann in AGB festgelegt werden, dass eine bestimmte (AGB-)Klausel durch einen Smart Contract ausgeführt werden soll (auch Selbstvollstreckungsklausel genannt[9]).[10]

6 Ein Mietvertrag über ein Fahrzeug kann beispielsweise die Regelung enthalten, dass der Motor gesperrt werden darf, wenn die Mietzahlung nicht fristgerecht gezahlt wurde.[11] In den AGB kann dann festgelegt werden, dass die Ausführung dieser Regelung mittels eines Smart Contracts erfolgen darf.

2. Smart Contract Code als AGB iSd § 305 Abs. 1 BGB

7 Smart Contract Code kann in bestimmten Konstellationen auch selbst AGB iSd § 305 Abs. 1 BGB darstellen. In der Literatur wird zwar teilweise die Auffassung vertreten, Smart Contract Code könne nur Gegenstand von AGB und nicht selbst AGB sein.[12] Das Prinzip „Code is Law" dürfe nicht gelten.[13] Allerdings kann dem entgegengehalten werden, dass die Anerkennung von Smart Contract Code als AGB nicht bedeutet, dass der Code als eigenes Recht gilt. Der Smart Contract Code muss, wie andere AGB auch, mit geltendem Recht übereinstimmen. Es wird daher überwiegend angenommen, dass

[6] Vgl. Leupold/Wiebe/Glossner IT-R/Kaulartz Teil 9.5 Rn. 33; Kipker/Birreck/Niewöhner/Schorr MMR 2020, 509 (512); Kaulartz/J. Heckmann CR 2016, 618 (622).

[7] Siehe bspw. Exner Smart Contracts S. 213 f.; Taeger Die Macht der Daten/Berberich S. 222; Braegelmann/Kaulartz Rechtshandbuch Smart Contracts/Riehm 99 (99 ff.).

[8] Taeger Rechtsfragen digitaler Transformationen/Froitzheim 311 (315): Nutzung von Software „als faktisches Hilfsmittel" zum Vollzug des Vertrags, „ohne sich in irgendeiner Form den Regeln des Codes zu unterwerfen".

[9] Siehe zum Begriff „Selbstvollstreckungsklausel" Braegelmann/Kaulartz Rechtshandbuch Smart Contracts/Riehm 99 (Rn. 29); Wilhelm WM 2020, 1849 (1854); vgl. Schnell/Schwaab BB 2021, 1091 (1095): „Selbstvollzugsklausel".

[10] Leupold/Wiebe/Glossner IT-R/Kaulartz Teil 9.5 Rn. 33; Paulus/Matzke ZfPW 2018, 431 (459); Fries AnwBl 2018, 86 (87).

[11] Siehe hierzu Bilski Blockchain-Technologie Smart Contracts S. 75; Fries/Paal Smart Contracts/Riehm 85 (95).

[12] Paulus/Matzke ZfPW 2018, 431 (459); wohl auch Timmermann Legal Tech-Anwendungen S. 323; Taeger Die Macht der Daten/Berberich 221 (225); Bericht der Arbeitsgruppe „Digitaler Neustart", Konferenz der Justizministerinnen und Justizminister der Länder, https://www.justiz.nrw/JM/justizpol_themen/digitaler_neustart/zt_fortsetzung_arbeitsgruppe_teil_2/2019-04-15-Berichte_Apr_19_Okt_18_Druckfassung.pdf (abgerufen am 11.1.2025).

[13] Paulus/Matzke ZfPW 2018, 431 (459).

Smart Contract Code AGB darstellen kann, sofern er die Voraussetzungen des § 305 Abs. 1 BGB erfüllt.[14]

a) Vertragsbedingungen

Wird ein Smart Contract zur Herbeiführung[15] und Ausführung[16] eines Vertrags eingesetzt, erfolgen sowohl Vertragsschluss als auch Vertragsausführung ohne Kontakt der Vertragsparteien. Eine Einigung findet dann konkludent durch Einsatz des Smart Contracts statt. Die Parteien einigen sich darauf, dass all das, was der Code vorsieht, zulässig und geschuldet sein soll. Dadurch werden die im Code enthaltenen Regelungen Vertragsbedingungen.[17] **8**

Ein Verbraucher könnte beispielsweise einen internetfähigen Kühlschrank gekauft haben, der so programmiert ist, dass er über die Plattform des Kühlschrankherstellers Lebensmittel bei Online-Händlern nachbestellt, sobald sie knapp werden.[18] Der Hersteller hat hierfür einen Smart Contract Code erstellt, den der Verbraucher für die Auffüllfunktion verwenden muss. In diesem Fall könnte der vom Kühlschrankhersteller bereitgestellte Smart Contract Code AGB darstellen, also zwischen dem die Auffüllfunktion des Kühlschranks nutzenden Verbraucher und dem Online-Händler, bei dem der Verbraucher Lebensmittel kauft. Der Lebensmittelbestand wird über Gewichtssensoren und Kameras im Kühlschrank ermittelt, die an den Smart Contract angebunden sind. Zur Nutzung der Auffüllfunktion muss sich der Verbraucher auf der Plattform registrieren, das gewünschte Produkt und den maximalen Kaufpreis angeben und den Betrag auf sein Kundenkonto überweisen. Anschließend startet er den Smart Contract. Bei leeren Beständen gibt der Smart Contract ein Vertragsangebot ab, das von registrierten Händlern angenommen werden kann. Der Kaufpreis wird erst nach Wareneingang, der durch die Daten des Lieferdienstes ermittelt wird, an den Verkäufer ausbezahlt. **9**

Gegebenenfalls können Vertragsbedingungen auch dann vorliegen, wenn ein Smart Contract als Instrument zur Ausführung von (AGB-)Klauseln eingesetzt wird. So kann in AGB geregelt sein, dass die Ausführung des Smart Contracts rechtliche Wirkung entfalten soll, insbesondere Leistungspflichten als erfüllt gelten sollen, sobald der Smart Contract (technisch fehlerfrei) ausgeführt wurde.[19] In diesem Fall soll der Code verbindlich sein, womit ihm eine den Vertragsinhalt bestimmende Wirkung zukommt[20]. **10**

Beispielsweise könnte über einen Versicherungsvertrag die Ernte eines Landwirts derart abgesichert werden, dass bei einer Temperatur von 40 Grad Celsius oder mehr die Versicherung 5.000 EUR an den Landwirt zahlt.[21] In den AGB ist geregelt, dass die Ausführung dieser Regelung mittels eines Smart Contracts erfolgen und dessen Ergebnis verbindlich sein soll. Zur Ermittlung der Temperatur könnten beispielsweise die Daten des Deutschen Wetterdienstes angebunden werden. Meldet der Deutsche Wetterdienst eine Temperatur von 40 Grad Celsius an den Smart Contract, wird die Versicherungssumme ausgezahlt – egal ob die Temperatur in Wirklichkeit gar nicht 40 Grad Celsius betrug. Hat der Smart Contract fehlerfrei funktioniert, gilt sein Ergebnis und eine Rückzahlung der Versicherungssumme ist ausgeschlossen. **11**

---

[14] Siehe bspw. Kipker/Birreck/Niewöhner/Schnorr MMR 2020, 509 (512); Fries/Paal Smart Contracts/Riehm 85 (87); Staudinger/Mäsch BGB § 305 Rn. 167; Sassenberg/Faber Industrie 4.0 und Internet of Things-HdB/Rein 459 (489); Söbbing ITRB 2018, 43 (46). Zweifelnd Schurr ZVglRWiss 2019, 257 (283 f.) und Heckelmann NJW 2018, 504 (507 f.). Offen gelassen: Lupu InTeR 2020, 2 (5).

[15] Bereits → § 53 Vertragsrecht Rn. 7 f.

[16] Bereits → § 53 Vertragsrecht Rn. 4 f.

[17] Unerheblich sind Form und äußere Gestalt der Vertragsbedingungen (§ 305 Abs. 1 S. 2 BGB). Siehe auch Braegelmann/Kaulartz Rechtshandbuch Smart Contracts/Riehm 99 (Rn. 16).

[18] Vgl. Lupu InTeR 2020, 2 (3); Paulus JuS 2019, 960 (961); Schurr ZVglRWiss 2019, 257 (261).

[19] Vgl. zum Schweizer Recht: Eggen FS Thomas Koller, 2018, 155 (169): Smart Contracts als Erfüllungsgehilfen.

[20] Vgl. BGH NJW 2018, 2950 (2951): Vertragsbedingungen sind Regelungen, die den Vertragsinhalt bestimmen sollen.

[21] Vgl. Werbach/Cornell Duke Law Journal 67 (2017), 313.

b) Für eine Vielzahl von Verträgen vorformuliert

12 Der Smart Contract Code wird regelmäßig auch für eine Vielzahl von Verträgen vorformuliert sein.[22] Denn häufig wird der Code nicht nur für einen spezifischen Vertragsschluss gedacht sein.[23] Vielmehr wird er aus Programmbibliotheken und Vorlagen entnommen oder von Plattformbetreibern vorgegeben sein.[24]

13 In diesem Zusammenhang ist zu beachten, dass bei einer offenen Formulierung des Smart Contract Codes Ergänzungen notwendig sein können.[25] Daher muss jede Klausel daraufhin geprüft werden, ob sie für einen Einzelfall entworfen wurde oder als Rahmen für gleichartige Rechtsverhältnisse dient.[26] Unselbständige Ergänzungen, die nur den Vertragsgegenstand konkretisieren (zB Name und Anschrift der Vertragsparteien), ändern nichts am AGB-Charakter einer Klausel.[27]

c) Von einer Partei bei Vertragsschluss einseitig gestellt

14 Teilweise wird vorgebracht, die Anwendbarkeit des AGB-Rechts scheitere am Merkmal des Verwenders.[28] Da der Code regelmäßig durch einen Plattformbetreiber vorgegeben werde und die Plattformnutzer keinen Einfluss auf den Code hätten, sei ein Verwender nicht feststellbar.[29] Letztere Konstellation kann zwar zutreffen, es sind aber weitere denkbar. Inwiefern und von wem die Vertragsbedingungen bei Vertragsschluss einseitig gestellt wurden, ist daher je nach Einzelfall zu entscheiden.[30] So kann ein Plattformbetreiber beispielsweise den Smart Contract Code vorgeben, mit dem er über seine eigene Plattform Waren verkauft.[31] In diesem Fall ist der Plattformbetreiber gegenüber den Käufern Verwender des Codes. Dagegen ist kein Verwender feststellbar, wenn jede Vertragspartei einen eigenen Smart Contract programmiert und sich die jeweiligen Smart Contract Codes inhaltlich decken.

15 In der Tat problematisch ist es, wenn ein Dritter, der selbst nicht Vertragspartei ist, den Smart Contract Code erstellt hat. Diese Konstellation tritt auf, wenn der Smart Contract durch den Plattformbetreiber, der nicht Vertragspartei ist, vorgeschrieben wird (aa)). Ebenso im Fall, dass eine Vertragspartei den Smart Contract Code einer externen Programmbibliothek entnimmt und anschließend zur Herbeiführung und Ausführung eines Vertrags nutzt (bb)).

16 **aa) Smart Contract Code vom Plattformbetreiber als Dritten vorgeschrieben.** Vertragsbedingungen werden vom Verwender gestellt, wenn dieser sie in die Verhandlung einbringt und ihre Einbeziehung verlangt.[32] Wird die Verwendung eines konkreten Smart Contract Codes durch den Plattformbetreiber, der nicht selbst Vertragspartei ist, zur

[22] Eine einmalige Verwendung kann ausnahmsweise ausreichend sein, wenn ein Verbrauchervertrag gem. § 310 Abs. 3 BGB vorliegt. Nach § 310 Abs. 3 Nr. 2 BGB gilt das AGB-Recht auch bei einmaliger Verwendung des Codes, sofern der Verbraucher aufgrund der Vorformulierung keinen Einfluss auf den Inhalt nehmen konnte.

[23] Bereits → Rn. 3.

[24] Exner Smart Contracts 2022 S. 73. Vgl. Bilski Blockchain-Technologie Smart Contracts S. 55; Braegelmann/Kaulartz Rechtshandbuch Smart Contracts/Riehm 99 (Rn. 16).

[25] Vgl. Heckelmann NJW 2018, 504 (507 f.).

[26] Vgl. BGH NJW 2019, 2997 (2999).

[27] Siehe die BGH-Rechtsprechung zu ergänzungsfähigen Vertragsformularen: BGH NJW 2003, 1313 (1314); zur Problematik der Unterscheidung zwischen selbständigen und unselbständigen Ergänzungen siehe BeckOGK/Lehmann-Richter BGB § 305 Rn. 175 f.

[28] Heckelmann NJW 2018, 504 (507).

[29] Heckelmann NJW 2018, 504 (507) nennt als Beispiel eine Kreditplattform, auf der Verbraucher miteinander Darlehensverträge schließen können.

[30] Siehe auch Timmermann Legal Tech-Anwendungen S. 324; Taeger Die Macht der Daten/Berberich 221 (228); Möslein ZBB 30 (2018), 208 (218).

[31] Bspw. kann er in „Wenn-Dann-Bedingungen" festlegen, dass Ware verkauft werden soll, wenn der Bestand im Lager zu hoch ist.

[32] BGH NJW-RR 2014, 937.

Nutzung der Plattform vorgegeben, wird ein Verwender in der Regel nicht feststellbar sein.[33]

Die Verwendereigenschaft kann aber in Ausnahmefällen bejaht werden. Wurde beispielsweise der Plattformbetreiber für einen Vertragspartner tätig und hat entsprechend dessen Wünschen den Smart Contract Code erstellt, kann dieser Vertragspartner Verwender sein.[34] Auch wenn ein Vertragspartner einen vorgegebenen Code derart anpassen konnte, dass das Merkmal der Vorformulierung entfällt[35], kann er Verwender sein.[36] Ebenso wenn ein Vertragspartner die Wahlmöglichkeit hinsichtlich bestimmter Bedingungen hat, wird dieser als Verwender dieser gewählten Bedingungen einzustufen sein.[37] **17**

Liegt ein Verbrauchervertrag iSd § 310 Abs. 3 BGB vor, ist die Fiktion des „Stellens" in § 310 Abs. 3 Nr. 1 BGB zu beachten.[38] Der Unternehmer gilt als Verwender, sofern er nicht nachweisen kann, dass die Vertragsbedingungen durch den Verbraucher in den Vertrag eingeführt wurden.[39] Dieser Nachweis kann dem Unternehmer nicht gelingen, wenn der Smart Contract Code vom Plattformbetreiber stammt[40] – selbst wenn der Verbraucher die Wahl zwischen bestimmten, vom Plattformbetreiber vorgegebenen Smart Contract Codes hatte.[41] Eine solche Gestaltung wäre beispielsweise denkbar im Fall des internetfähigen Kühlschranks, der bei zu Neige gehendem Bestand Lebensmittel nachbestellt.[42] **18**

bb) Smart Contract Code aus einer externer Programmbibliothek entnommen. Auch derjenige Vertragspartner, der einen Smart Contract Code einer externen Programmbibliothek entnimmt, diesen anschließend auf einer Plattform speichert, vervollständigt und aktiviert, ist Verwender der im Smart Contract hinterlegten Vertragsbedingungen.[43] **19**

d) Nicht individuell ausgehandelt

Im Übrigen ist regelmäßig davon auszugehen, dass der Smart Contract Code nicht zur Disposition gestellt wird.[44] Denn dies widerspräche dem Zweck des Einsatzes von Smart **20**

---

33 Vgl. BGH NJW 2002, 363 (365): Der BGH entschied, dass die Vertragsparteien im Verhältnis zueinander keine Verwender sind, wenn sie die AGB des Plattformveranstalters anerkannt haben. Er ließ jedoch offen, ob die AGB des Veranstalters der Online-Auktion einer AGB-Kontrolle insoweit unterliegen, als sie das Vertragsverhältnis der Teilnehmer untereinander betreffen.

34 Vgl. Ulmer/Brandner/Hensen/Habersack BGB § 305 Rn. 32a. Der Code muss dann aber auch zur Anwendung künftiger Verträge beabsichtigt sein.

35 Dazu bereits → Rn. 13. Eine Vertragspartei wird aber nicht zum Verwender, wenn sie unselbständige Ergänzungen am vorgegebenen Code vornehmen kann. Denn wenn unselbständige Ergänzungen einen Formulartext zu keiner Individualvereinbarung machen, können sie auch nicht Ausdruck der Vertragsgestaltungsfreiheit einer Partei sein.

36 Vorausgesetzt, es liegt Mehrfachverwendungsabsicht vor, bereits → Rn. 12 f.

37 Vgl. MüKoBGB/Fornasier § 305 Rn. 26 zur Verwendereigenschaft des Leistungs- bzw. Warenanbieters bei über transaktionsmittelnden digitalen Plattformen wie zB eBay, Amazon Marketplace oder Airbnb geschlossenen Verträgen. Bei einer Wahlmöglichkeit zwischen verschiedenen, von der Plattform zur Verfügung gestellten Geschäftsbedingungen (bspw. Stornierungsbedingungen) ist der Leistungs- bzw. Warenanbieter Verwender seiner gewählten Bedingungen.

38 Siehe dazu BeckOK BGB/Becker § 310 Rn. 16.

39 MüKoBGB/Fornasier § 310 Rn. 97.

40 Zur Bedeutung des § 310 Abs. 3 Nr. 1 BGB im Zusammenhang mit von Dritten vorgegebenen Vertragsbedingungen BeckOK BGB/Becker § 310 Rn. 17.

41 Vgl. BGH NJW 2010, 1131 (1133) zur Verwendung von AGB zwischen Verbrauchern: Es genüge nicht, wenn eine Vertragspartei nur zwischen Formularalternativen der anderen Partei wählen kann. Erforderlich sei vielmehr, dass die Vertragspartei in der Auswahl der möglichen Vertragstexte frei ist und insbesondere Gelegenheit erhält, eigene Textvorschläge einzubringen und diese effektiv in die Verhandlungen einzuführen.

42 Siehe das Beispiel → Rn. 9.

43 Eine Mehrfachverwendungsabsicht (dazu → Rn. 12 f.) wird in diesem Fall gegeben sein. Denn es ist nicht erforderlich, dass die Partei, die die Vertragsbedingungen einbringt, eine mehrfache Verwendung plant. Siehe hierzu BGH NJW-RR 2017, 137 (138). Ablehnend Spindler/Schuster/Schuster BGB § 305 Rn. 7 f.; Heckelmann NJW 2018, 504 (507).

44 Siehe zum Merkmal des Aushandelns gem. § 305 Abs. 1 S. 3 BGB: BGH NJW 2013, 856.

Contracts, den gewünschten Vertragsinhalt bereits im Vorfeld im Code festzulegen, sodass dieser anschließend automatisch ausgeführt werden kann.

III. Einbeziehungskontrolle

21 Hinsichtlich der Einbeziehung ist zwischen Smart Contracts als Ausführungsinstrument bzw. Gegenstand von AGB (1.) sowie Smart Contract Code als AGB (2.) zu unterscheiden.

1. Smart Contracts als Ausführungsinstrument bzw. Gegenstand von AGB

22 Grundsätzlich sind keine Besonderheiten bei der Einbeziehung zu beachten, wenn ein Smart Contract lediglich Gegenstand von AGB ist, also eine Selbstvollstreckungsklausel in einen Vertrag einbezogen werden soll.

23 Allerdings wird derzeit weder ein Verbraucher[45] noch ein Unternehmer[46] mit der Nutzung von Smart Contracts zur Ausführung eines Vertrags rechnen müssen. Um einen überraschenden Charakter der Klausel iSv § 305c Abs. 1 BGB auszuschließen, sollte diese daher klar und verständlich formuliert sein.[47] Sie sollte insbesondere benennen, welche Regelung mittels eines Smart Contracts ausgeführt werden soll und wie sich dies auf den Vertrag auswirkt.[48]

24 Bei einer fehlerhaften Einbeziehung bleibt der Vertrag nach § 306 Abs. 1 BGB bestehen.[49] Nur die in den AGB festgelegte Nutzung des Smart Contracts zur Ausführung einer (AGB-) Klausel wird nicht Vertragsbestandteil. Anschließend hat die Vertragsausführung auf üblichem Weg, also ohne Smart Contract, zu erfolgen (siehe § 306 Abs. 2 BGB).

25 Wurden bereits Leistungen im automatisierten Vollzug erbracht, lassen sich diese auf einen Rechtsgrund stützen[50], vorausgesetzt, der Klauselinhalt wurde korrekt und vollständig im Smart Contract Code abgebildet[51]. Wurde der Klauselinhalt nicht korrekt oder unvollständig im Code wiedergegeben oder entspricht die Ausführung des Codes nicht der Rechtslage[52], kann eine bereicherungsrechtliche Rückabwicklung nach den §§ 812 ff. BGB erforderlich werden.[53]

2. Smart Contract Code als AGB

26 Bei Verwendung eines Smart Contract Codes als AGB sind insbesondere bei der Einbeziehung in Verbraucherverträge Besonderheiten zu beachten.

[45] So wohl auch Wilhelm WM 2020, 1849 (1853). Vgl. Braegelmann/Kaulartz Smart Rechtshandbuch Contracts/Fries 211 (213): „unwirksam ist eine Vereinbarung zur Nutzung einer Vollzugssoftware danach insbesondere dort, wo Verbrauchern der Einsatz einer Vollzugssoftware im Kleingedruckten untergeschoben werde, ohne dass dies so gewöhnlich wäre, dass sie ohnehin damit rechnen müssten" sowie Fries JZ 2022, 361 (363): „[…] je mehr Raum das Internet der Dinge greift, umso eher dürften Marktteilnehmer mit einer technischen Bewehrung der Vertragsdurchführung rechnen.".

[46] Siehe Leyens/Heiss/Soritz JBl 2022, 137 (150 f.) zum österreichischen Recht.

[47] Siehe dazu, wie eine ausführliche und verständlich formulierte Regelung einer Klausel den Überraschungscharakter nehmen kann: BGH NJW 1981, 117 (119).

[48] Vgl. Exner Smart Contracts S. 200 f.; Essebier/Wyss Jusletter vom 24.4.2017 (Rn. 40).

[49] Es sei denn, es liegt ausnahmsweise ein Fall der unzumutbaren Härte iSd § 306 Abs. 3 BGB vor.

[50] Die nicht wirksam einbezogene Regelung zur Nutzung des Smart Contracts bezog sich lediglich auf das „Wie" der Ausführung. Das „Was" der Ausführung ergibt sich aus dem Vertrag.

[51] Die durch den Smart Contract auszuführende Klausel muss als „Wenn-Dann-Bedingung" in den Smart Contract Code korrekt und vollständig übertragen werden. Dazu → § 52 Einführung Rn. 4,; § 53 Vertragsrecht Rn. 4 f.

[52] Insbesondere im Fall, dass kein wirksamer Vertragsschluss vorliegt, der Vertrag nachträglich unwirksam wurde oder dauernde rechtshemmende Einreden vorlagen.

[53] Braegelmann/Kaulartz Rechtshandbuch Smart Contracts/Riehm 99 (Rn. 35).

a) Einbeziehung in Verbraucherverträge

27 Die Einbeziehung erfolgt hier grundsätzlich nach § 305 Abs. 2 BGB.

28 **aa) Vergleichbarkeit mit Formularverträgen.** Teilweise wird jedoch die Ansicht vertreten, § 305 Abs. 2 BGB sei auf Smart Contracts gar nicht anzuwenden, da diese mit Formularverträgen vergleichbar seien.[54]

29 Bei Formularverträgen bedarf es weder eines besonderen Hinweises auf die Geltung der Formularbedingungen noch einer besonderen Einverständniserklärung des Verbrauchers[55], da der Vertragstext bereits alle wesentlichen Vertragsbedingungen enthält.[56] Unterschreibt der Verbraucher, hat er die AGB zur Kenntnis genommen und erklärt sich damit einverstanden. Für den Verbraucher besteht dadurch grundsätzlich auch eine zumutbare Möglichkeit, die AGB zur Kenntnis zu nehmen.[57]

30 Smart Contract Code als AGB ist insoweit mit Formularverträgen vergleichbar, als es eines ausdrücklichen Hinweises und eines separaten Einverständnisses nicht bedarf. Denn der Smart Contract Code enthält – wie ein Formularvertrag – den wesentlichen Vertragstext[58]. Nutzt ein Verbraucher eine Plattform, die Smart Contracts einsetzt, ist er sich der Wirkung des Codes als Vertragsbestandteil bewusst[59], unabhängig davon, ob er den AGB-Charakter kennt[60]. Das Einverständnis des Verbrauchers ergibt sich aus der Nutzung der Plattform. Dagegen ist eine zumutbare Kenntnismöglichkeit nicht ohne Weiteres gegeben.[61]

31 **bb) Zumutbare Kenntnisnahmemöglichkeit.** Zur Kenntnis nehmen kann ein Verbraucher die im Smart Contract Code enthaltenen Vertragsbedingungen nur, wenn der Unternehmer ihm Zugang zum vollständigen Code gewährt.[62] Anschließend muss ein Durchschnittsverbraucher als Kunde die AGB mühelos lesen können.[63]

32 Ein Verbraucher wird mangels Programmierkenntnissen den Smart Contract Code aber nicht lesen können.[64] Aus diesem Grund wird die Ansicht vertreten, eine zumutbare Kenntnisnahmemöglichkeit sei ausgeschlossen, wenn AGB in Programmiersprache vorliegen.[65] Dem ist weitestgehend zuzustimmen. Zwar wird eine zumutbare Kenntnisnahmemöglichkeit dann bejaht, wenn die AGB in der Verhandlungs- und Vertragssprache abgefasst sind, unabhängig davon, ob der Vertragspartner der Verhandlungs- und Vertragssprache mächtig ist.[66] Dem (ausländischen) Vertragspartner sei es zuzumuten, sich eine Übersetzung der AGB in seiner Muttersprache zu beschaffen.[67] Allerdings passt diese Sichtweise nicht auf die vorliegende Konstellation: Vorliegend wird der Vertragsschluss (zumindest auf einer Seite) mittels eines Smart Contracts herbeigeführt; eine Kommunikation zwischen den

---

[54] Taeger Smart world – smart law?/Kaulartz 1023 (1030); Kaulartz/J. Heckmann CR 2016, 618 (622); aA: Wilhelm WM 2020, 1849 (1853); Braegelmann/Kaulartz Rechtshandbuch Smart Contracts/Riehm 99 (Rn. 38).
[55] BGH NJW 1988, 2465 (2466 f.).
[56] Siehe dazu BGH NJW 1995, 190, auch zum Folgenden.
[57] Siehe dazu BGH NJW 1988, 2465 (2466 f.).
[58] → Rn. 10.
[59] Ansonsten würde schon gar kein Vertrag zustande kommen, dazu → § 52 Vertragsrecht Rn. 10.
[60] Einen ausdrücklichen Hinweis darauf, dass der Formularvertrag (auch) AGB enthält, bedarf es nicht, siehe MüKoBGB/Fornasier § 305 Rn. 67.
[61] Siehe auch Braegelmann/Kaulartz Rechtshandbuch Smart Contracts/Riehm 299 (Rn. 38).
[62] Eggen FS Thomas Koller, 2018, 155 (163) zum Schweizer Recht. Weitergehend wohl Fries/Paal Smart Contracts/Anzinger 33 (55), der zudem die Möglichkeit zur Einsicht in die Dokumentation der verwendeten Compiler und Ablaufumgebung voraussetzt.
[63] BeckOK BGB/Becker § 305 Rn. 60.
[64] Siehe auch Hoeren/Sieber/Holznagel MMR-HdB/Guggenberger Teil 13.7 Rn. 15; Paulus/Matzke ZfPW 2018, 431 (459 f.).
[65] Fridgen/Guggenberger/Hoeren ua Chancen und Herausforderungen von DLT S. 115; D. Heckmann/Schmid Blockchain und Smart Contracts S. 25.
[66] BGH NJW 1995, 190.
[67] BGH NJW 1983, 1489.

Vertragsparteien findet nicht statt.[68] Somit ist Programmiersprache die Vertragssprache[69]. Programmiersprache ist aber nicht mit einer Fremdsprache gleichzusetzen.[70] Insbesondere ist es für Verbraucher kaum möglich und zumutbar, sich eine Übersetzung[71] des Smart Contract Codes in natürlicher Sprache zu beschaffen.[72] Für eine zumutbare Kenntnisnahmemöglichkeit ist daher regelmäßig zu verlangen, dass der Unternehmer den Smart Contract Code in lesbarer Form, also in natürlicher Sprache, zur Verfügung stellt.[73] Nur im Fall, dass der Durchschnittsverbraucher als Kunde die Programmiersprache beherrscht[74], also über solche Programmierkenntnisse verfügt, dass er den Code des Smart Contracts lesen und verstehen kann[75], genügt die Zurverfügungstellung des vollständigen Programmcodes[76].

33 **cc) Überraschende Klausel iSv § 305c Abs. 1 BGB.** Wird Smart Contract Code als AGB verwendet, ist für jeden Einzelfall entsprechend den im Code hinterlegten Regelungen zu prüfen, ob diese überraschend iSv § 305c Abs. 1 BGB sind.[77]

34 Die Programmiersprache an sich wird hingegen nicht überraschend sein.[78] Nutzt ein Verbraucher eine Plattform, die Smart Contracts einsetzt, ist ihm bewusst, dass die Vertragssprache Programmiersprache ist, und er kann davon nicht überrascht werden.

35 Hinsichtlich der selbstvollziehenden Wirkung ist zu differenzieren: Die Nutzung einer Plattform, die Smart Contracts verwendet, kann Überraschungseffekte ausschließen. Weiß der Verbraucher, dass die Plattform eine erleichterte Vertragsherbeiführung und -ausführung ermöglicht und nutzt diese bewusst, ist ein Überraschungseffekt hinsichtlich der selbstvollziehenden Wirkung unwahrscheinlich. Nutzt ein Verbraucher beispielsweise eine Stromhandelsplattform[79], um dort selbst erzeugten Strom automatisiert zu verkaufen[80], möchte er gerade die selbstvollziehende Wirkung nutzen.

36 Anders verhält es sich, wenn Smart Contracts außergewöhnliche Folgen haben, die für den Verbraucher nicht absehbar sind. Dies betrifft insbesondere automatische Vertragsstrafen bei Pflichtverletzungen[81] oder automatische Sperren des Kfz-Motors bei Nichtzahlung[82]. In

[68] Smart Contracts sind darauf ausgelegt, dass nach Programmierung und Aktivierung grundsätzlich keine Mitwirkung von Menschen mehr stattfindet. Hierzu zum Begriff des Smart Contracts → § 52 Einführung Rn. 4.

[69] Eine Verhandlungssprache ist dagegen nicht feststellbar, da keine vorherigen Vertragsverhandlungen stattfinden.

[70] Vgl. Bilski Blockchain-Technologie, Smart Contracts S. 73. Derzeit werden bereits Überlegungen angestellt, wie Smart Contracts in Zukunft auch für Laien lesbar konzipiert werden könnten, siehe dazu Hazard/Haapio Jusletter IT vom 23.2.2017.

[71] Eine Darstellung des Smart Contact Codes in Form eines Flussdiagramms wird nicht genügen, da dieses regelmäßig nicht den vollständigen Programmcode abbildet.

[72] Vgl. BGH NJW 1983, 1489.

[73] Siehe auch Exner Smart Contracts S. 199; Staudinger/Mäsch BGB § 305 Rn. 167.

[74] Vgl. zur Einbeziehung von AGB in einer Sprache, die der Vertragspartner beherrscht MüKoBGB/Fornasier § 305 Rn. 71.

[75] Dies wird regelmäßig nur der Fall sein, wenn für die Nutzung einer Plattform, auf der Smart Contracts laufen, Programmierkenntnisse zwingend erforderlich sind. Siehe auch Wilhelm WM 2020, 1849 (1853); Braegelmann/Kaulartz Rechtshandbuch Smart Contracts/Riehm 99 (Rn. 37).

[76] → Rn. 31.

[77] So auch Eggen FS Thomas Koller, 2018, 155 (163) zum Schweizer Recht.

[78] So auch D. Heckmann/Schmid Blockchain und Smart Contracts S. 25; Briner/Funk DGRI Jahrbuch 2017/Kaulartz Rn. 13; auch zum Folgenden. Siehe auch zur Ablehnung eines Überrumpelungseffekts, wenn in einem deutschsprachigen Vertrag gegenüber sprachunkundigen Ausländern deutschsprachige AGB verwendet werden BAG NZA 2014, 1076 (1080).

[79] Siehe dazu bspw. Chatzinerantzis/Bertram EnWZ 2021, 65 (66).

[80] Beispielsweise im Fall, dass eine eigene PV-Anlage mehr Strom produziert als verbraucht wird („wenn PV-Anlage [XY kWh] Strom produziert, dann Strom für [XY EUR] verkaufen"). Zur Verbrauchereigenschaft von Personen, die Konsument und Nachfrager als auch Produzent und Anbieter einer Leistung sind, siehe Staudinger/Fritzsche BGB § 14 S. 167.

[81] Vgl. Fries REthinking: Law 2018, 46 (48).

[82] Siehe zum Überraschungscharakter von digitalen Sperren Fries JZ 2022, 361 (363); aA Casper/Grimpe ZIP 2022, 661 (667). Anders als dort angenommen, haben die Richter im dort besprochenen Urteil des OLG Düsseldorf VuR 2022, 74 nicht einen Überraschungscharakter verneint; vielmehr war die Vorschrift im Verbandsklageverfahren nicht Prüfungsmaßstab, siehe Fries JZ 2022, 361 (363) mwN.

solchen Fällen muss der Verbraucher vor Vertragsabschluss über die konkreten Folgen informiert werden, um einen Überraschungseffekt auszuschließen.[83] Dies ist bei Smart Contracts jedoch oft unpraktikabel, da der Verwender den Vertragspartner vor Vertragsabschluss nicht kennt. Eine Ausnahme besteht, wenn der Vertragspartner gleichzeitig Plattformbetreiber ist und die Hinweispflicht über die Plattform erfüllt werden könnte.[84]

b) Einbeziehung in Verträge zwischen Verbrauchern

Das Vorgenannte gilt entsprechend, wenn Smart Contract Code als AGB in Verträge zwischen Verbrauchern einbezogen werden soll.[85] 37

c) Einbeziehung in Unternehmerverträge

Die Einbeziehung in Unternehmerverträge erfolgt über die §§ 145 ff. BGB.[86] Es ist davon auszugehen, dass der Vertragspartner durch die Art des Vertragsschlusses weiß, dass der Code die Vertragsbedingungen enthält. Mit der Annahme des Angebots stimmt er diesen zu. Übermittelt werden muss der Smart Contract Code nur, wenn der Vertragspartner dies verlangt.[87] 38

d) Rechtsfolge der Nichteinbeziehung

Wird der Smart Contract Code selbst als AGB verwendet und ein einzelner Smart Contract zur Herbeiführung und Ausführung eines Vertrags eingesetzt, führt die Nichteinbeziehung der AGB in der Regel zur Unwirksamkeit des Vertrags.[88] Da der Smart Contract den gesamten Vertragsinhalt umfasst und die Parteien ausschließlich über die Plattform kommunizieren, ist eine Lückenfüllung nach § 306 Abs. 2 BGB nicht möglich.[89] 39

Wird der Smart Contract trotz Unwirksamkeit weiter ausgeführt, können weitere Rechtsfolgen eintreten. In Ausnahmefällen kann die Gegenseite Schadensersatzansprüche nach den Grundsätzen der cic (§§ 280 Abs. 1, 311 Abs. 2, 241 Abs. 2 BGB) geltend machen.[90] Dies erfordert eine besondere Prüfung des Verschuldens des Verwenders, insbesondere bei Verbraucherverträgen, wenn der Smart Contract Code vom Plattformbetreiber vorgegeben wurde. 40

Wurden Leistungen von der Gegenseite erbracht, obwohl der Vertrag unwirksam ist, können Rückforderungsansprüche nach § 812 Abs. 1 S. 1 Alt. 1 BGB gegeben sein. 41

Lediglich bei überraschenden Klauseln iSd § 305c Abs. 1 BGB kann der Vertrag nach § 306 Abs. 1 BGB im Übrigen bestehen bleiben[91], und die entstehende Lücke ist durch dispositives Gesetzesrecht oder ergänzende Vertragsauslegung nach Maßgabe des § 306 Abs. 2 BGB zu füllen. Zu beachten ist dabei, dass Änderungen des Codes bei Smart Contracts, die auf der Blockchain laufen, nicht möglich sind.[92] Wurde der Code bereits 42

[83] Vgl. BGH NJW 1997, 2677.

[84] Über entsprechende Hinweise in Kommentaren im Smart Contract Code wird der Überraschungseffekt regelmäßig nicht ausgeschlossen werden können. Insbesondere sind solche Kommentare für die Entwickler gedacht und für andere Nutzer regelmäßig nicht verständlich.

[85] Allerdings wird die Verwendung von Smart Contract Code als AGB zwischen Verbrauchern eher unüblich sein, da Verbraucher regelmäßig nicht über die entsprechenden Programmierkenntnisse verfügen. Hierzu bereits → Rn. 32.

[86] BGH NJW 1985, 1838 (1839).

[87] Dabei genügt die Übermittlung in der Vertragssprache, also in Programmiersprache. Vgl. OLG Naumburg NJOZ 2004, 14 (21).

[88] Vgl. zur Gesamtunwirksamkeit eines Vertrags, wenn AGB ganz oder teilweise nicht Vertragsbestandteil geworden sind und kein für sich bestehender Vertrag übrig bleibt: BeckOGK/Bonin BGB § 306 Rn. 8; so wohl auch BGH NJW 1995, 2637 (2638).

[89] Wurden AGB nicht einbezogen, die wesentliche Vertragsbestandteile enthalten, ist schon kein Vertrag zustande gekommen, siehe dazu HK-BGB/Schulte-Nölke § 306 Rn. 3.

[90] Vgl. UBH/Schmidt BGB § 306 Rn. 53; OLG Oldenburg NJW-RR 1996, 1054.

[91] Es sei denn, es liegt ausnahmsweise ein Fall der unzumutbaren Härte iSd § 306 Abs. 3 BGB vor.

[92] Dazu → § 5 Blockchain und Web3 Rn. 10 ff.

ausgeführt und eine Leistung erbracht, können ebenfalls Rückforderungsansprüche bestehen.

IV. Rechtliche Besonderheiten beim Einsatz von Smart Contracts

43 Im nachfolgenden Abschnitt werden die Besonderheiten erläutert, die im Fall der Verwendung von Smart Contracts zur Ausführung einer (AGB-)Klausel (1.) sowie bei Verwendung von Smart Contract Code als AGB (2.) im Rahmen der Inhalts- und Transparenzkontrolle zu beachten sind.

1. Smart Contract als Ausführungsinstrument bzw. Gegenstand von AGB

44 Im nachfolgenden Abschnitt werden die Besonderheiten erläutert, die im Fall der Verwendung von Smart Contracts zur Ausführung einer (AGB-)Klausel im Rahmen der Inhalts- und Transparenzkontrolle zu beachten sind. Die Prüfung erfolgt hinsichtlich Verbraucherverträgen (a)), Verträgen zwischen Verbrauchern (b)) sowie Unternehmerverträgen (c)).

a) Verbrauchervertrag

45 Im Folgenden werden zunächst die Besonderheiten hinsichtlich Verbraucherverträgen erläutert. Dabei wird unterschieden zwischen der Programmierung (aa)) und der Ausführung von Smart Contracts (bb)).

46 **aa) Programmierung des Smart Contracts.** Zunächst muss die mittels eines Smart Contracts auszuführende Klausel wirksam sein.[93]

47 Weiterhin muss der Inhalt der Klausel in Programmiersprache übertragbar sein.[94] Ist dies nicht möglich, ist regelmäßig eine Bestimmung des Einsatzes eines Smart Contracts zur Ausführung der Klausel widersprüchlich und kann die Gegenseite dadurch gem. § 307 Abs. 1 S. 2 BGB unangemessen benachteiligen.

48 Eine fehlerhafte oder unvollständige Übertragung des Klauselinhalts in den Smart Contract Code benachteiligt die Verwendergegenseite dagegen regelmäßig nicht. Denn dies wirkt sich grundsätzlich nicht auf den Vertrag aus.[95] Es gilt weiterhin das, was vertraglich gewollt ist.[96]

49 **bb) Ausführung des Smart Contracts.** Probleme entstehen erst dann, wenn ein Smart Contract ausgeführt wird, dessen Programmcode den Klauselinhalt nicht korrekt bzw. unvollständig enthält.[97] Im Beispiel der Sperre eines Mietfahrzeugs bei Nichtzahlung der Miete könnte der Smart Contract derart fehlerhaft programmiert sein, dass eine Mietzahlung iHv 1.000 EUR erforderlich ist, obwohl vertraglich eine Miete iHv 500 EUR vereinbart war. Ein Zahlungseingang iHv 500 EUR würde dann zur Sperre des Motors führen. Ähnlich im Fall, dass der Smart Contract fälschlicherweise eine Sperre zum dritten des Monats vorsieht, obwohl vertraglich der 20. vereinbart ist.

93 Siehe auch Braegelmann/Kaulartz Rechtshandbuch Smart Contracts/Fries 211 (211,Fn. 13).

94 Siehe zu den Schwierigkeiten der Abbildung von Vertragstext in Programmiersprache Sesing/Baumann InTeR 2020, 233 (235); Fridgen/Guggenberger/Hoeren ua Chancen und Herausforderungen von DLT S. 112; Bilski Blockchain-Technologie, Smart Contracts S. 44; Jacobs/Lange-Hausstein ITRB 2017, 10 (13); Kaulartz/J. Heckmann CR 2016, 618 (620).

95 Ausnahmsweise kann der Code verbindlich sein, dazu → Rn. 10 f.

96 Ein Fall des Grundsatzes „falsa demonstratio non nocet", siehe dazu Fries/Paal Smart Contracts/Riehm 85 (88) sowie Buchleitner/Rabl ecolex 2017, 4 (9) zum österreichischen Recht.

97 Siehe dazu Schawe MMR 2019, 218 (221); Kaulartz/J. Heckmann CR 2016, 618 (621, 623).

Ebenso im Fall, dass die Ausführung nicht dem vertraglich Vereinbarten entspricht, weil externe Datenquellen angebunden wurden, die falsche Daten liefern.[98] Beispielsweise kann das falsche Bankkonto an den Smart Contract angebunden worden sein. Dies führt dazu, dass ein Zahlungseingang nicht festgestellt werden kann und die Sperre auch dann ausgelöst wird, wenn die Miete gezahlt wurde. **50**

In beiden Fällen hat das Ergebnis der Ausführung zwar keine rechtliche Wirkung, denn es entspricht nicht dem vertraglich Vereinbarten.[99] Allerdings ist es für die Gegenseite faktisch bindend, da sie sich für die Rückgängigmachung der Ausführung, (hier: für die Weiternutzung) einsetzen muss.[100] Die Initiativ- und Klagelast kehrt sich um.[101] Hierdurch wird die Gegenseite regelmäßig nach § 307 Abs. 1 S. 1 BGB unangemessen benachteiligt werden.[102] **51**

Weiterhin kann die Ausführung auch in Widerspruch zu gesetzlichen Bestimmungen treten. So kann eine Sperre des Mietfahrzeugs zu verbotener Eigenmacht nach § 858 BGB führen.[103] Hieraus folgt regelmäßig eine unangemessene Benachteiligung nach § 307 Abs. 2 Nr. 1 BGB.[104] **52**

Auch können durch den Einsatz des Smart Contracts Einwendungen und Einreden abgeschnitten werden.[105] Im Beispiel der Sperre eines Mietfahrzeugs könnte die Nichtzahlung der Miete berechtigt gewesen sein, etwa wegen eines nicht unerheblichen Mangels am Mietfahrzeug. Zeigt der Mieter den Mangel gem. § 536c BGB seinem Vermieter an[106], wird er von der Mietzahlungspflicht befreit bzw. die Miete wird gemindert (§ 536 Abs. 1 BGB) und der Mieter darf den nicht geminderten Betrag zurückbehalten.[107] Würde der Smart Contract dennoch das Mietfahrzeug sperren, würde dies das Zurückbehaltungsrecht des Mieters beschränken. Berücksichtigt der Smart Contract nicht, ob der Mieter die Mietzahlung berechtigterweise zurückgehalten hat, ist die Bestimmung, die die Sperre in diesem Fall gestattet, nach § 309 Nr. 2 BGB unwirksam.[108] **53**

b) Verträge zwischen Verbrauchern

Smart Contracts werden in Verträgen zwischen Verbrauchern selten zur Ausführung einer (AGB-)Klausel verwendet werden.[109] Sollte dies jedoch vorkommen, sind die obigen Ausführungen zur Verbraucherverträgen zu beachten.[110] **54**

---

98 Siehe zu Problemen bei der Anbindung externer Datenquellen bspw. Bilski Blockchain-Technologie, Smart Contracts S. 44; Kuntz AcP 220 (2020), 51 (77); Meyer/Schuppli recht 2017, 204 (209).

99 Bereits → Rn. 48.

100 Vgl. Fries AnwBl 2018, 86 (88); Braegelmann/Kaulartz Rechtshandbuch Smart Contracts/Riehm 99 (Rn. 29); Breidenbach/Glatz Legal Tech-HdB/Sander/Voigt/Fries 119 (Rn. 36).

101 Siehe zur Verschiebung der Initiativ- und Klagelast bei automatisierter Vertragsabwicklung Hoeren/Sieber/Holznagel MMR-HdB/Guggenberger Teil 13.7 Rn. 17; Fries/Paal Smart Contracts/Matzke 99 (110); Fries/Paal Smart Contracts/Riehm 85 (89); Wagner AcP 222 (2022), 56 (68). Siehe zur Rechtsfigur der Klagelast Hau ZZP 2016, 133 (133 ff.).

102 Exner Smart Contracts S. 207 ff.; Hoeren/Sieber/Holznagel MMR-HdB/Guggenberger Teil 13.7 Rn. 17; Möslein ZHR 2019, 254 (280); Braegelmann/Kaulartz Fries AnwBl 2018, 86 (88); Braegelmann/Kaulartz Rechtshandbuch Smart Contracts/Riehm 99 (Rn. 29 f.). Vgl. BGH NJW 2022, 3575 Rn. 25 ff.

103 Siehe hierzu bspw. BeckOK BGB/Fritzsche § 858 Rn. 11.1, 15; MüKoBGB/F. Schäfer § 858 Rn. 13; Fries/Paal Smart Contracts/Riehm 85 (96). Hinsichtlich der Fernabschaltung einer Autobatterie offen gelassen von BGH NJW 2022, 3575. Die Vorinstanz bejahte eine verbotene Eigenmacht: OLG Düsseldorf VuR 2022, 74 (77). Zur Beurteilung von Fernzugriffen später → § 59 Rn. 6 ff.

104 Siehe bspw. Staudinger/Bieder Anh. zu BGB §§ 305–310 Rn. E 157; Graf von Plettenberg Smart Locks S. 220; Jeansch DAR 2023, 131 (133). Siehe auch OLG Düsseldorf VuR 2022, 74 (77 ff.).

105 Bernzen/Kehrberger RW 10 (2019), 374 (387); Schawe MMR 2019, 218 (220); Schrey/Thalhofer NJW 2017, 1431 (1436).

106 Siehe zur Voraussetzung einer Mangelanzeige auch bei Geltendmachung eines Zurückbehaltungsrechts, sofern der Vermieter nicht schon Kenntnis vom Mangel hat BGH NZM 2011, 197; aA BeckOGK/Bieder BGB § 536c Rn. 30.

107 Siehe dazu BGH NJW 1982, 2242.

108 Vgl. Graf von Plettenberg Smart Locks S. 222; Legner VuR 2021, 10 (13).

109 Braegelmann/Kaulartz Rechtshandbuch Smart Contracts/Riehm 99 (Rn. 39).

110 → Rn. 45 ff.

c) Unternehmervertrag

55 Zwar ist im Rahmen der Inhaltskontrolle zu berücksichtigen, dass ein Unternehmer aufgrund seiner größeren Geschäftserfahrung und Kenntnisse typischerweise weniger schutzbedürftig ist als ein Verbraucher.[111] Daher ist der Spielraum für die Gestaltung der AGB weiter als gegenüber Verbrauchern.[112] Allerdings wird auch ein Unternehmer regelmäßig unangemessen benachteiligt werden, wenn der Smart Contract etwas ausführt, was nicht dem vertraglich Vereinbarten entspricht.[113] Auch ist bei Vorliegen von verbotener Eigenmacht regelmäßig eine unangemessene Benachteiligung nach § 307 Abs. 2 Nr. 1 BGB anzunehmen.[114]

56 Zu beachten ist aber, dass Zurückbehaltungsrechte ausgeschlossen werden dürfen[115], sofern der Verwender ein berechtigtes Interesse am Ausschluss hat.[116] Auch ein Minderungsausschluss ist in gewerblichen Mietverträgen möglich, sofern die gerichtliche Rückforderungsmöglichkeit bestehen bleibt.[117]

2. Smart Contract Code als AGB

57 Im Folgenden werden Besonderheiten im Rahmen der Inhalts– und Transparenzkontrolle dargestellt, die mit der Verwendung von Smart Contract Code als AGB verbunden sind. Die Prüfung erfolgt für Verbraucherverträge (a)), Verträge zwischen Verbrauchern (b)) und Unternehmerverträge (c)).

a) Verbrauchervertrag

58 Dabei werden zunächst die Besonderheiten hinsichtlich Verbraucherverträgen erläutert, wobei unterschieden wird zwischen der Programmiersprache als Vertragssprache (aa)) und dem Inhalt des Smart Contract Codes (bb)).

59 **aa) Programmiersprache als Vertragssprache.** Stellt der Smart Contract Code AGB dar, ist die Programmiersprache die Vertragssprache.[118] Ein Durchschnittsverbraucher als Kunde wird Programmiersprache aber in der Regel nicht verstehen.[119] Es stellt sich daher die Frage, ob das Transparenzgebot nach § 307 Abs. 1 S. 2 BGB eingehalten werden kann.[120]

60 Grundsätzlich sollte das Transparenzgebot nur die inhaltliche Prüfung der Klauseln betreffen. Denn es kann nicht im Sinne des Gesetzgebers sein, die Sprache der AGB mehrmals als einen Bestandteil der AGB-Prüfung zu machen.[121] Allerdings sind bei Vertragsschlüssen mit Verbrauchern nach § 310 Abs. 3 Nr. 3 BGB auch die Begleitumstände des

[111] Erman/Looschelders BGB § 307 Rn. 35.
[112] Siehe auch Casper/Grimpe ZIP 2022, 661 (669); Kaulbach ZIP 2023, 343 (351); Wilhelm WM 2020, 1849 (1854); Leyens/Heiss/Soritz JBl 2022, 137 (152) zum österreichischen Recht.
[113] Zum Verbrauchervertrag → Rn. 49.
[114] Zum Verbrauchervertrag → Rn. 52.
[115] § 309 Nr. 2 BGB findet auf Unternehmerverträge gem. § 310 Abs. 1 S. 1 BGB keine Anwendung.
[116] BGH NJW 1992, 575 (577); 1985, 319 (320): ein berechtigtes Interesse ist insbesondere dann nicht gegeben, wenn die Geltendmachung von Zurückbehaltungsrechten auch für unbestrittene oder rechtskräftig festgestellte Gegenansprüche ausgeschlossen werden soll.
[117] BGH NZM 2008, 609 (609 f.); NJW-RR 1993, 519 (520); aA BeckOGK/Bieder BGB § 536 Rn. 117; Schmidt-Futterer/Streyl BGB § 536 Rn. 334.
[118] Bereits → Rn. 32.
[119] Bereits → Rn. 32.
[120] Vgl. D. Heckmann/Schmid Blockchain und Smart Contracts S. 25; Hoeren/Sieber/Holznagel MMR-HdB/Guggenberger Teil 13.7 Rn. 15; Braegelmann/Kaulartz Rechtshandbuch Smart Contracts/Riehm 99 (Rn. 27).
[121] Siehe auch BAG NZA 2014, 1076 Rn. 67: „aus Sicht der Vertragssprache verständlich"; Boemke/Schönfelder NZA 2015, 1222 (1226): „[es] wird nicht gegen das Transparenzgebot […] verstoßen, wenn die AGB zwar in einer dem anderen Teil unbekannten Sprache formuliert, in dieser Sprache selbst aber klar und verständlich sind". Siehe auch Jauernig/Stadler BGB § 305 Rn. 14: die fehlende Verständlichkeit einzelner Klauseln falle unter § 307 Abs. 1 S. 2 BGB.

Vertragsschlusses bei der Inhaltskontrolle einzubeziehen, einschließlich erkennbarer Sprachschwierigkeiten des Verbrauchers.[122] Daher können fehlende Programmierkenntnisse des Durchschnittsverbrauchers als Kunden beachtlich sein, jedenfalls dann, wenn sich die Plattform konkret an Verbraucher richtet[123]. Eine Unwirksamkeit wegen Verstoßes gegen das Transparenzgebot hat – im Gegensatz zur unwirksamen Einbeziehung aufgrund Überraschungscharakters nach § 305c BGB[124] – zur Folge, dass der Verwender im Verbandsklageverfahren auf Unterlassung in Anspruch genommen werden kann (siehe § 1 UKlaG).[125]

bb) Inhalt des Smart Contract Codes. Wird Smart Contract Code als AGB verwendet, ist der vollständige Vertragsinhalt im Code niedergelegt. Damit legt der Verwender alle vertraglichen Regelungen fest. Inhaltlich unangemessen ist dies noch nicht[126], auch wenn es ihm ermöglicht, für ihn vorteilhafte Bedingungen im Code zu hinterlegen.[127] Es muss vielmehr im Einzelfall geschaut werden, inwiefern die Gegenseite durch die im Code hinterlegten Vertragsbedingungen unangemessen benachteiligt wird. **61**

So kann die Gegenseite durch die Gestaltung des Codes eine Vorleistungspflicht treffen.[128] **62**
Beispielsweise kann im Code hinsichtlich eines Kaufs festgelegt sein, dass die Ware erst versandt wird, wenn der Smart Contract den Zahlungseingang festgestellt hat. Die Rechtsprechung verlangt für die wirksame Vereinbarung einer Vorleistungspflicht einen sachlichen Grund.[129] Im Rahmen der Verwendung von Smart Contract Code als AGB ist zwar zu berücksichtigen, dass mit dem Einsatz eines Smart Contracts die gegenseitige Abhängigkeit der Leistungen einhergeht, somit auch die Gegenseite profitiert.[130] Mangels persönlichen Kontakts kann eine Zug-um-Zug-Leistung nicht umgesetzt werden.[131] Um eine automatisierte Ausführung zu ermöglichen, muss im Code festgelegt werden, welche Leistung zuerst erbracht werden soll.[132] Allerdings kann hieraus noch nicht auf die Wirksamkeit einer Vorleistungspflicht geschlossen werden. Denn die Gegenseite hat auch Nachteile. Insbesondere verliert sie ihr Druckmittel für die Durchsetzung ihres Anspruchs auf vertragsrechtliche Erfüllung[133] sowie ihr Sicherungsmittel bei Schlechtleistung[134] und muss gegebenenfalls klagen, um ihre Rechte durchzusetzen. Weiterhin muss sie sich darauf verlassen, dass der Smart Contract ordnungsgemäß funktioniert, also nach Erbringen der eigenen Leistung die Gegenleistung vornimmt.[135] Daher muss im Einzelfall geschaut werden, inwiefern eine Vorleistungspflicht im Smart Contract Code vorgesehen werden kann. Regelmäßig wird

---

122 So auch MüKoBGB/Fornasier § 310 Rn. 115; Staudinger/Wendland BGB § 307 Rn. 214;. aA BAG NZA 2014, 1076 Rn. 67. Allerdings hatte dort der Arbeitnehmer als Vertragspartner fehlende Sprachkenntnisse.

123 Vgl. dazu → Rn. 32.

124 Dazu → Rn. 36.

125 Köhler/Bornkamm/Feddersen/Alexander/Köhler UKlaG § 1 Rn. 5. Auch schon → Rn. 32.

126 Auch bei Formularverträgen bestimmt der Verwender den Vertragsinhalt, was nicht als unangemessen angesehen wird. Entscheidend sind die im Formularvertrag enthaltenen Regelungen. Siehe dazu bspw. BGH NZM 2023, 602 (603).

127 Vgl. Jaccard Jusletter IT vom 23.11.2017 (Rn. 21); Jacobs/Lange-Hausstein ITRB 2017, 10 (13); Schawe MMR 2019, 218 (221).

128 Siehe dazu Wagner AcP 222 (2022), 56 (81); Fridgen/Guggenberger/Hoeren ua Chancen und Herausforderungen von DLT S. 112.

129 StRspr, s. bspw. BGH NJW 2016, 2404 Rn. 23; 2015, 1444 Rn. 23.

130 Vgl. Fridgen/Guggenberger/Hoeren ua Chancen und Herausforderungen von DLT S. 117 f. Siehe auch BGH NJW-RR 2003, 834 (836): Vorleistungsklauseln seien auch gegenüber Verbrauchern zulässig, „wenn […] die Erbringung der Gegenleistung gesichert ist".

131 Vgl. zu Verträgen im Fernabsatz UBH/C. Schäfer BGB § 309 Nr. 2 Rn. 17 bzw. im Versandhandel BeckOGK/Zschieschack BGB § 307 Vorauszahlungsklausel Rn. 25.

132 Vgl. BT-Drs. 7/3919: In der Begründung des Gesetzentwurfs der Bundesregierung zu § 9 Nr. 2 AGBG (entspricht § 309 Nr. 2 BGB) wurde erwogen, ein Verbot formularmäßiger Vorleistungspflichten einzuführen. Dies wurde jedoch abgelehnt, da „in vielen Bereichen die technische Abwicklung des Vertrags ohne Vorleistungen kaum vorstellbar wäre (Eintrittskarten, Fahrkarten)".

133 Siehe BGH NJW 2010, 1449 Rn. 12.

134 UBH/C. Schäfer BGB § 309 Nr. 2 Rn. 16, vgl.; BGH NJW 1987, 1931 (1933).

135 Bei einer fehlerhaften Programmierung oder fehlerhafter externer Datenquellen kann es vorkommen, dass bspw. ein Zahlungseingang fälschlicherweise nicht festgestellt wurde und daraufhin die Ware nicht versandt wird. Vgl. → Rn. 49 f.

dies möglich sein, wenn auch sonst eine Vorleistungspflicht in AGB vereinbart werden kann.[136]

63 Bei Smart Contracts, die auf der Blockchain laufen, kann im Code festgelegt werden, dass der zu zahlende Betrag bei Vertragsschluss an den Smart Contract gesendet, dort verwahrt und erst bei Eintreten einer festgelegten Bedingung (bspw. Eingang der Kaufsache) automatisch an den Verwender ausbezahlt werden darf.[137] Eine solche Bestimmung ist vergleichbar mit der Vereinbarung einer Vorleistungspflicht[138], sodass zur Prüfung der Angemessenheit grundsätzlich die obigen Grundsätze zu Vorleistungsklauseln[139] heranzuziehen sind.[140] Im Rahmen der Prüfung ist allerdings zu beachten, dass sich aus der Bindung des Betrags im Smart Contract auch weitere Nachteile ergeben können.[141]

64 Neben den vertraglichen Regelungen entscheidet der Verwender auch darüber, inwiefern gesetzliche Regelungen, insbesondere Einreden und Einwendungen, Berücksichtigung finden.[142] Dabei ist problematisch, dass kaum alle Voraussetzungen aller in Betracht kommenden Einwendungen und Einreden im Code hinterlegt werden können. Denn die Abbildung rechtlicher Inhalte in Programmcode ist schwierig.

65 Ein Smart Contract setzt nur seinen programmierten Inhalt um.[143] Jede mögliche Rechtsfolge und das auslösende Ereignis müssen daher als Regel im Code erfasst werden und erfassbar sein.[144] Lücken im Code sind nicht möglich. Programmcode lässt keinen Interpretationsspielraum zu.[145] Die programmierten Regeln müssen klar und eindeutig sein[146]. Unbestimmte und auslegungsbedürftige Rechtsbegriffe müssen bereits im Vorfeld durch den Programmierer bestimmt und ausgelegt werden.[147] Wird beispielsweise eine Sperre wegen Nichtzahlung der Miete vorgenommen, weil das Vorliegen eines Mangels der Mietsache nicht vom Smart Contract geprüft[148] und damit auch ein etwaiges Zurückbehaltungsrecht der Gegenseite nicht berücksichtigt wurde, kann dies zu einer unangemessenen Benachteiligung nach § 309 Nr. 2 BGB führen.[149]

66 Weiterhin kann sich die Initiativ- und Klagelast umkehren, wenn Einwendungen und Einreden nicht im Code berücksichtigt werden.[150] Hieraus kann sich eine unangemessene Benachteiligung nach § 307 Abs. 1 S. 1 BGB ergeben.[151] Um auszuschließen, dass Einwendungen und Einreden nicht bzw. nicht ausreichend berücksichtigt werden, sollte daher die

136 Siehe auch Wagner AcP 222 (2022), 56 (80 ff.).

137 Zur Treuhandfunktion von Smart Contracts siehe Fridgen/Guggenberger/Hoeren ua Chancen und Herausforderungen von DLT S. 112; Braegelmann REthinking: Law 2018, 34 (36); Glarner/Meyer Jusletter vom 4.12.2017 (Rn. 9).

138 Fridgen/Guggenberger/Hoeren ua Chancen und Herausforderungen von DLT S. 116 f.; Hoeren/Sieber/Holznagel MMR-HdB/Guggenberger Teil 13.7 Rn. 17; aA wohl Wilhelm WM 2020, 1849 (1853 f.).

139 → Rn. 62.

140 Siehe Bilski Blockchain-Technologie, Smart Contracts S. 73; Fridgen/Guggenberger/Hoeren ua Chancen und Herausforderungen von DLT S. 116 f.; Wagner AcP 222 (2022), 56 (79 f.).

141 Vgl. Meyer/Schuppli recht 2017, 204 (209).

142 Vgl. Schawe MMR 2019, 218 (221); Vogelgesang/J. Krüger jM 2020, 90 (93).

143 Doppelfunktion des Smart Contracts als Vertragstext und Instrument zur Vertragserfüllung, siehe auch Kuntz AcP 220 (2020), 51 (66).

144 Siehe Sesing/Baumann InTeR 2020, 233 (235); Fridgen/Guggenberger/Hoeren ua Chancen und Herausforderungen von DLT S. 112; Kaulartz/J. Heckmann CR 2016, 618 (620).

145 Vgl. Schacht/Lanquillon Blockchain und maschinelles Lernen/Schacht 3 (72).

146 Vgl. Leupold/Wiebe/Glossner IT-R/Kaulartz Teil 9.5 Rn. 35.

147 Weber Jusletter vom 4.12.2017 (Rn. 18): für ein entsprechendes Ermessen seitens der Vertragsparteien sei kein Raum.

148 Siehe zur Schwierigkeit der Prüfung von Mängeln Fridgen/Guggenberger/Hoeren ua Chancen und Herausforderungen von DLT S. 119; Hohn-Hein/Barth GRUR 2018, 1089 (1094): im Falle von Sachmängeln bei einem Massenprodukt könne es aufgrund des hohen Standardisierungsgrades bei der Fertigung von Massenprodukten noch möglich sein, einen Mangel durch ein softwaregesteuertes Prüfverfahren festzustellen.

149 Ein Einwendungsausschluss liegt dagegen nicht vor. Siehe dazu Hoeren/Sieber/Holznagel MMR-HdB/Guggenberger Teil 13.7 Rn. 16 f.: „Tangiert ist […] die faktische Fähigkeit, eine Einwendung oder Einrede zur Geltung zu bringen und nicht ihre rechtliche Existenz."

150 Zur Umkehr der Initiativ- und Klagelast bereits → Rn. 51.

151 Vgl. BGH NJW 2022, 3575 Rn. 30; BeckOGK/Eckelt BGB § 307 Rn. 81.7.

Möglichkeit gegeben sein, einen generellen Einwand[152] erheben zu können.[153] Dabei ist allerdings wiederum zu bedenken, dass dies nicht nur über das Aufrufen einer Funktion im Smart Contract Code möglich sein sollte. Denn hieraus könnte eine unangemessene Benachteiligung nach § 309 Nr. 13 Buchst. b BGB resultieren, indem über einen vorgeschriebenen Kommunikationsweg Barrieren für die Rechtsdurchsetzung errichtet werden.[154]

Zudem kann die Gegenseite dadurch unangemessen benachteiligt werden, dass der Smart Contract Code Verstöße gegen gesetzliche Bestimmungen gestattet, insbesondere gegen § 858 BGB.[155] 67

b) Verträge zwischen Verbrauchern

Smart Contract Code als AGB wird in Verträgen zwischen Verbrauchern kaum verwendet werden.[156] Im Fall der Verwendung sind grundsätzlich die obigen Ausführungen zu Verbraucherverträgen zu beachten.[157] Zu berücksichtigen ist allerdings, dass § 310 Abs. 3 Nr. 3 BGB keine Anwendung findet. Begleitumstände des Vertragsschlusses – wie Sprachunkenntnisse – sind daher im Rahmen der Transparenzkontrolle nicht beachtlich. Das Transparenzgebot wird eingehalten, wenn der Smart Contract Code klar und verständlich ist. Daran kann es fehlen, wenn auf externe Programmbibliotheken Bezug genommen wird sowie bei komplizierter Programmierung.[158] 68

c) Unternehmerverträge

Gegenüber Unternehmern muss der Smart Contract Code klar und verständlich sein, um das Transparenzgebot zu erfüllen.[159] Sprachunkenntnisse sind hingegen nicht zu berücksichtigen; § 310 Abs. 3 Nr. 3 BGB ist nicht anwendbar. 69

Auch im unternehmerischen Rechtsverkehr ist ein sachlicher Grund notwendig, um eine Vorleistungspflicht zu rechtfertigen.[160] Die Anforderungen sind allerdings geringer als bei der Verwendung gegenüber Verbrauchern.[161] 70

Weiterhin kann sich eine unangemessene Benachteiligung des unternehmerischen Vertragspartners daraus ergeben, dass die Ausführung des Smart Contracts gegen gesetzlich Bestimmungen verstößt, insbesondere zu verbotener Eigenmacht nach § 858 BGB führt.[162] 71

---

[152] Dieser muss vor der Transaktion an den Verwender (insbesondere vor der Auszahlung des Kaufpreises) erfolgen können, da im Rahmen der Blockchain eine bereits ausgeführte Aktion nur unter Mitwirkung des Empfängers rückgängig gemacht werden kann (→ § 5 Blockchain und Web3. Rn. 19 ff.).

[153] Vgl. zur Wirksamkeit von Klauseln, die zur Zahlung im Wege des Einzugsermächtigungsverfahrens verpflichteten, aufgrund der Möglichkeit, die Wiedergutschrift des abgebuchten Betrags ohne Angabe von Gründen verlangen zu können: BGH NJW 2010, 1275 (1276).

[154] Vgl. BeckOGK/Weiler BGB § 309 Nr. 13 Rn. 50; Staudinger/Coester-Waltjen BGB § 309 Nr. 13 Rn. 5b.

[155] Vgl. → Rn. 52.

[156] Auch schon → Rn. 54.

[157] → Rn. 58 ff.

[158] Vgl. Leupold/Wiebe/Glossner IT-R/Kaulartz Teil 9.5 Rn. 35; Wilhelm WM 2020, 1849 (1854); Braegelmann/Kaulartz Rechtshandbuch Smart Contracts/Riehm 99 (Rn. 27 f.).

[159] Siehe dazu Braegelmann/Smart Contracts Rechtshandbuch/Riehm 99 (Rn. 27 f.) sowie bereits zu Verträgen zwischen Verbrauchern → Rn. 68.

[160] BeckOGK/Zschieschack BGB § 307 Vorauszahlungsklausel Rn. 32; Erman/Looschelders BGB § 309 Nr. 2 Rn. 26; v. Westphalen/Thüsing VertrR/AGB-Klauselwerke/Thüsing Vorleistungsklauseln Rn. 15. Offen gelassen: BGH NJW-RR 2003, 834 (836). In einem weiteren Urteil entschied er, dass es auch gegenüber einem Unternehmer nicht angemessen wäre, wenn diesem das wesentliche Sicherungs- und Druckmittel der Einrede des nicht erfüllten Vertrags vollumfänglich und kompensationslos genommen würde, siehe BGH NJW 2010, 1449 Rn. 31.

[161] S. v. Westphalen/Thüsing VertrR/AGB-Klauselwerke/Thüsing Vorleistungsklauseln Rn. 15; BeckOGK/Zschieschack BGB § 307 Vorauszahlungsklausel Rn. 32.

[162] Bereits zu Verbraucherverträgen → Rn. 67.

72 Überdies sollte auch der unternehmerische Vertragspartner die Möglichkeit haben, generelle Einwände erheben zu können.[163] Hier könnte es aber als ausreichend angesehen werden, dass dies lediglich über eine Funktion im Smart Contract Code möglich ist.[164]

§ 55 Verbraucherschutzrecht

Übersicht

Schrifttum:

Aufderheide, Smart Contracts aus der Perspektive des Zivilrechts (Teil I), WM 2021, 2273; Aufderheide, Smart Contracts aus der Perspektive des Zivilrechts (Teil II), WM 2021, 2313; Bertram, Smart Contracts, MDR 2018, 1416; Borges/Hilber, BeckOK IT-Recht, 17. Ed.; Braegelmann/Kaulartz, Rechtshandbuch Smart Contracts, 2019; Bremann, Smart Contracts im Einsatz. Interessant im B2C Umfeld? Braucht man die Blockchain?, DSRITB 2018, 299; Wolff/Brink/v. Ungern-Sternberg, BeckOK Datenschutzrecht, 51. Ed.; Busch, Does the Amazon Dash Button Violate EU Consumer Law?, EuCML 2018, 78; Duden, Verbraucherschutz und Vertragsschluss im Internet der Dinge, ZRP 2020, 102; Ebers/Heinze/Krügel/Steinrötter, Künstliche Intelligenz und Robotik, 2020; Ebers, StichwortKommentar Legal Tech, 4. Ed. 2024; Eschenbruch/Gerstberger, Smart Contracts, NZBau 2018, 3; Fries/Paal, Smart Contracts, 2019; Gsell/Krüger/Lorenz/Reymann, beck-online.GROSSKOMMENTAR zum Zivilrecht; Hau/Poseck, BeckOK BGB, 73. Ed.; Heckelmann, Zulässigkeit und Handhabung von Smart Contracts, NJW 2018, 504; Heidel/Hüßtege/Mansel/Noack, BGB Allgemeiner Teil/EGBGB, 4. Aufl. 2021; Hergenröder, Die Vereinbarkeit sogenannter „Dash Buttons" mit den zivilrechtlichen Regelungen zum E-Commerce, VuR 2017, 174; Hoeren/Sieber/Holznagel, Handbuch Multimedia-Recht, Werkstand: 62. EL Juni 2024; Jauernig, Bürgerliches Gesetzbuch, 19. Aufl. 2023; Kipker/Birreck/Niewöhner/Schnorr, Rechtliche und technische Rahmenbedingungen der „Smart Contracts", MMR 2020, 509; Kloth, Blockchain basierte Smart Contracts im Lichte des Verbraucherrechts, VuR 2022, 214; Kollmann, Smart Contracts im bürgerlichen Recht, MMR 2024, 137; Leeb,

[163] Vgl. Casper/Grimpe ZIP 2022, 661 (669).
[164] Anders als gegenüber Verbrauchern, dazu → Rn. 66.

Rechtskonformer Vertragsabschluss mittels Dash Button?, MMR 2017, 89; Legner, Smart Consumer Contracts – Die automatisierte Abwicklung von Verbraucherverträgen, VuR 2021, 10; Legner, Smart Contracts und Finanzdienstleistungen, VuR 2023, 213; Leupold/Wiebe/Glossner, IT-Recht, 4. Aufl. 2021; Lindner, Der programmierte Mietvertrag, NZM 2021, 665; Lupu, Zulässigkeit, Handhabung und rechtliche Grenzen bei der Gestaltung von Smart Contracts, DSRITB 2019, 209; Möslein, Smart Contracts im Zivil- und Handelsrecht, ZHR 2019, 254; Müller-Broich, Telemediengesetz, 2012; Paulus/Matzke, Smart Contracts und das BGB – Viel Lärm um nichts?, ZfPW 2018, 431; Rauschenbach, Onlinebestellungen per Knopfdruck – Offene Rechtsfragen zur Verwendung eines Dash Buttons, K&R 2017, 221; Roth, „Button"-Lösung – Gesetz zum Schutz der Verbraucher vor Abo- und Kostenfallen im Internet, VuR 2012, 477; Säcker/Rixecker/Oetker/Limperg/Schubert, Münchener Kommentar zum Bürgerlichen Gesetzbuch, Band 1, 10. Aufl. 2025, Band 3, 9. Aufl. 2022; Saive, Blockchain in der Transportwirtschaft, RdTW 2018, 85; Schnell/Schwaab, Vertragsgestaltung beim Einsatz von Smart Contracts zur Automatisierung von Lieferbeziehungen, BB 2021, 1091; Schrey/Thalhofer, Rechtliche Aspekte der Blockchain, NJW 2017, 1431; Schulze, Bürgerliches Gesetzbuch, 12. Aufl. 2024; Schurr, Anbahnung, Abschluss und Durchführung von Smart Contracts im Rechtsvergleich, ZVglRWiss 2019, 257; Seneviratne, The Feasibility of a Smart Contract „Kill Switch", 2024; Specht/Hennemann, Data Act/Data Governance Act, 2. Aufl. 2025; Spindler, Regulierung durch Technik, Kurzgutachten, 2016; Spindler/Schuster, Recht der elektronischen Medien, 4. Aufl. 2019; Stiegler, Der Kündigungsbutton, VuR 2021, 443; Tamm/Tonner/Brönneke, Verbraucherrecht, 3. Aufl. 2020; Wilhelm, Smart Contracts im Zivilrecht (Teil II), WM 2020, 1849.

Ob und wie (zwingende) Vorschriften des Verbraucherschutzrechts beim Einsatz von Smart Contracts gewahrt werden können, ist bisher noch weitgehend unklar.[1] Im Folgenden werden vier wichtige Instrumente des Verbraucherschutzes herausgegriffen, nämlich (→ Rn. 2 ff.) Formvorschriften, (→ Rn. 19 ff.) das Widerrufsrecht, (→ Rn. 31 ff.) die Buttonlösung sowie (→ Rn. 43 ff.) der Kündigungsbutton und Lösungsmöglichkeiten aufgezeigt, wie diese – soweit möglich – mit Smart Contracts in Einklang gebracht werden können. Weil Smart Contracts nach aktuellem Stand üblicherweise auf der Blockchain-Technologie aufbauen (→ § 52 Rn. 2 Definition von Smart Contracts/Blockchain), liegt das Augenmerk in diesem Kapitel auf Blockchain-basierten Smart Contracts und ihren Besonderheiten. 1

I. Formvorschriften

1. Verbraucherschützender Charakter von Formvorschriften

Formvorschriften, die für Willens- oder sonstige Erklärungen des Verbrauchers bzw. des Unternehmers gelten, weisen typischerweise verbraucherschützenden Charakter auf.[2] In aller Regel sollen sie den Verbraucher wegen der Risiken eines Geschäfts vor unüberlegten oder vorschnellen Entscheidungen schützen (Warnfunktion).[3] Daneben können Formvorschriften dazu dienen, den Inhalt eines Vertrags dauerhaft zu fixieren und klarzustellen (Klarstellungsfunktion).[4] Schließlich können sie auch den Zweck haben, im Streitfall den Beweis für den Inhalt eines Vertrages zu erleichtern (Beweisfunktion).[5] 2

[1] Teile der Arbeit basieren auf dem in der MMR – Zeitschrift für IT-Recht und Recht der Digitalisierung erschienenen Beitrag der Autorin (Smart Contracts im bürgerlichen Recht – Rechtliche Analyse ausgewählter verbraucherschutzrechtlicher Aspekte, MMR 2024, 137).

[2] Ausführlich zum verbraucherschützenden Charakter von Formvorschriften BeckOGK/Alexander BGB § 13 Rn. 64.

[3] MüKoBGB/Einsele § 125 Rn. 8; MüKoBGB/Einsele § 128 Rn. 1.

[4] MüKoBGB/Einsele § 125 Rn. 9; MüKoBGB/Einsele § 128 Rn. 1.

[5] MüKoBGB/Einsele § 125 Rn. 9; MüKoBGB/Einsele § 128 Rn. 1.

2. Schriftform, § 126 BGB

3 § 126 BGB regelt die Anforderungen, die zur Einhaltung der in anderen Normen vorgeschriebenen Schriftform zu erfüllen sind.[6] Ferner bestimmt die Vorschrift, inwiefern die Schriftform rechtsgültig durch andere Formen ersetzt werden kann.[7]

4 Ist durch Gesetz schriftliche Form vorgeschrieben, so folgt aus § 126 Abs. 1 BGB, dass die Urkunde von dem Aussteller eigenhändig durch Namensunterschrift oder mittels notariell beglaubigten Handzeichens unterzeichnet werden muss.

5 Die Vorschrift setzt die Existenz einer Urkunde im Sinne einer schriftlich verkörperten Willenserklärung voraus.[8] Dabei kann die Urkunde auf einem beliebigen Material abgefasst sein.[9] Jedoch zeigen die Sonderregelungen der §§ 126 Abs. 3, 126a BGB zur elektronischen Form, dass ein elektronisches Dokument gerade nicht den Begriff der Urkunde erfüllt.[10] Bei elektronischen Dokumenten fehlt es insoweit an der Körperlichkeit der Erklärung.[11] Deshalb erfüllen Smart Contracts, die lediglich als elektronisches Konstrukt vorliegen, nicht die Urkundeneigenschaft iSv § 126 Abs. 1 BGB.[12]

6 Neben einer Urkunde setzt § 126 Abs. 1 BGB die eigenhändige Unterzeichnung durch Namensunterschrift oder notariell beglaubigtes Handzeichen voraus. Kennzeichnend für das Merkmal der Eigenhändigkeit ist, dass die Urkunde handschriftlich von dem Aussteller unterschrieben wird.[13] Daraus ergibt sich im Umkehrschluss, dass elektronisch erzeugte Unterschriften nicht den Anforderungen der Eigenhändigkeit genügen.[14] Auch deshalb entspricht eine mittels Smart Contract abgegebene Willenserklärung nicht den Vorgaben des § 126 Abs. 1 BGB.[15]

3. Elektronische Form, § 126a BGB

7 § 126a BGB bestimmt die Anforderungen an die elektronische Form, durch die die Schriftform ersetzt werden kann. Gemäß § 126a Abs. 1 BGB muss der Aussteller der Erklärung dieser seinen Namen hinzufügen und das elektronische Dokument mit seiner qualifizierten elektronischen Signatur versehen.

8 Die Vorschrift setzt zunächst voraus, dass der Aussteller der Erklärung dieser seinen Namen hinzufügen muss. Das Erfordernis der Hinzufügung des Ausstellernamens steht der in Blockchain-Netzwerken typischen Verwendung von Pseudonymen nicht entgegen.[16] Jedoch ist dann kenntlich zu machen, dass ein Pseudonym benutzt wird.[17]

9 Des Weiteren verlangt § 126a Abs. 1 BGB vom Aussteller der Erklärung, das elektronische Dokument mit einer qualifizierten elektronischen Signatur zu versehen. Die Nutzung von elektronischen Signaturen erfordert ua ein asymmetrisches Verschlüsselungsverfahren (kryptografisches Verfahren) und den Einsatz eines Schlüsselpaares (privater und öffentlicher Schlüssel) – zwei Voraussetzungen, die Blockchain-basierte Smart Contracts in aller Regel

---

6 Die Schriftform ist für (Willens-)Erklärungen des Verbrauchers zB vorgeschrieben in § 484 Abs. 1 BGB für Teilzeit-Wohnrechteverträge, § 492 Abs. 1 BGB für Verbraucherdarlehensverträge, § 510 Abs. 1 S. 1 BGB für Ratenlieferungsverträge, § 655b Abs. 1 BGB für Darlehensvermittlungsverträge.

7 BeckOGK/Hecht BGB § 126 Rn. 2.

8 BeckOK BGB/Wendtland § 126 Rn. 3; HK-BGB/Dörner § 126 Rn. 3.

9 MüKoBGB/Einsele § 126 Rn. 7; HK-BGB/Dörner § 126 Rn. 3.

10 Spindler/Schuster/Spindler BGB § 126 Rn. 2; MüKoBGB/Einsele § 126 Rn. 7.

11 Spindler/Schuster/Spindler BGB § 126 Rn. 2; BeckOK IT-Recht/Borges BGB § 126 Rn. 12.

12 Bertram MDR 2018, 1416 (1418); Kollmann MMR 2024, 137 (138).

13 BeckOGK/Hecht BGB § 126 Rn. 47; BeckOK BGB/Wendtland § 126 Rn. 8.

14 NK-BGB/Noack/Kremer § 126 Rn. 34; BeckOGK/Hecht BGB § 126 Rn. 47.

15 Paulus/Matzke ZfPW 2018, 431 (457); Kollmann MMR 2024, 137 (138).

16 Braegelmann/Kaulartz Smart Contracts/Decentralized Finance-HdB/Möslein Kap. 8 Rn. 13; Aufderheide WM 2021, 2273 (2275).

17 Braegelmann/Kaulartz Smart Contracts/Decentralized Finance-HdB/Möslein Kap. 8 Rn. 13; MüKoBGB/Einsele § 126a Rn. 5 unter Verweis auf Art. 3 Nr. 14. eIDAS-VO, Art. 32 Abs. 1. Buchst. e eIDAS-VO, Anhang I Buchst. c eIDAS-VO.

erfüllen.[18] **Qualifizierte,** dh von bestimmten **Zertifizierungsdiensteanbietern** ausgestellte, elektronische Signaturen iSv § 126a Abs. 1 BGB, Art. 3 Nr. 12 EIDAS-VO kommen in Blockchain-Netzwerken bisher aber nicht zum Einsatz.[19] Daher genügt die mit Hilfe eines Smart Contracts getätigte Erklärung gegenwärtig nicht den Anforderungen der elektronischen Form.

4. Textform, § 126b BGB

Voraussetzung für die Wahrung der Textform ist nach § 126b S. 1 BGB, dass eine lesbare Erklärung, in der die Person des Erklärenden genannt ist, auf einem dauerhaften Datenträger abgegeben wird.[20] Ein dauerhafter Datenträger ist laut § 126b S. 2 BGB jedes Medium, das es dem Empfänger ermöglicht, eine auf dem Datenträger befindliche, an ihn persönlich gerichtete Erklärung so aufzubewahren oder zu speichern, dass sie ihm während eines für ihren Zweck angemessenen Zeitraums zugänglich ist (Nr. 1), und geeignet ist, die Erklärung unverändert wiederzugeben (Nr. 2). **10**

Die Textform wurde vom Gesetzgeber zur Vereinfachung des Rechtsverkehrs eingeführt.[21] Sie schließt die Lücke in den Fällen, in denen die Warnfunktion allenfalls eine untergeordnete Rolle spielt, sodass eine eigenhändige Unterschrift entbehrlich ist, eine rein formlose mündliche Mitteilung aber nicht ausreicht, da eine dauerhafte Wiedergabe zu Informationszwecken angezeigt ist. **11**

Nicht abschließend geklärt ist, ob eine Erklärung, die mittels Smart Contract abgegeben wird, die Textform wahrt.[22] Unproblematisch zu bejahen ist das Kriterium der Abgabe auf einem „dauerhaften Datenträger", denn die auf einer Blockchain erzeugten Informationen werden unveränderlich auf den Rechnern der Nutzer des Blockchain-Netzwerks gespeichert.[23] Auch die Nennung der „Person des Erklärenden" ist bei Smart Contracts erfüllt, da in der Blockchain die Kennung des jeweiligen Nutzers enthalten ist, die eine Rückverfolgung ermöglicht.[24] **12**

Allerdings erfüllen Smart Contracts nicht die Anforderungen der „lesbaren Erklärung". Die Erklärung kann in jeder beliebigen lebenden oder toten Sprache geschrieben sein,[25] wobei auch Programmiersprachen in Betracht kommen.[26] Ferner müssen – im Falle von elektronischen Speichermedien – die gespeicherten Daten in Schriftzeichen lesbar sein.[27] Ausreichend ist, dass die Schriftzeichen an einem (Computer-)Bildschirm gelesen werden können.[28] **13**

---

18 MüKoBGB/Einsele § 126a Rn. 10; Paulus/Matzke ZfPW 2018, 431 (457).

19 Paulus/Matzke ZfPW 2018, 431 (457); Hoeren/Sieber/Holznagel MMR-HdB/Guggenberger Teil 13.7 Rn. 13, der die grundsätzliche Vereinbarkeit von qualifizierten elektronischen Signaturen mit (offenen) Blockchain-Netzwerken bezweifelt; aA Braegelmann/Kaulartz Smart Contracts/Decentralized Finance-HdB/Möslein Kap. 8 Rn. 13, der dies für „keineswegs a priori ausgeschlossen" hält.

20 Die Textform ist für Verträge bzw. (Willens-)Erklärungen des Verbrauchers zB vorgeschrieben in § 312h BGB für Kündigung und Vollmacht zur Kündigung bei einem Dauerschuldverhältnis, das ein anderes Dauerschuldverhältnis ersetzen soll, § 650i Abs. 2 BGB für den Verbraucherbauvertrag.

21 MüKoBGB/Einsele § 126b Rn. 1; Spindler/Schuster/Spindler BGB § 126b Rn. 1.

22 Bejahend Paulus/Matzke ZfPW 2018, 431 (457); Braegelmann/Kaulartz Smart Contracts/Decentralized Finance-HdB/Möslein Kap. 8 Rn. 12; Kipker/Birreck/Niewöhner/Schnorr MMR 2020, 509 (511); Wilhelm WM 2020, 1849 (1851); verneinend Bertram MDR 2018, 1416 (1418); Schnell/Schwaab BB 2021, 1091 (1094); Kollmann MMR 2024, 137 (139).

23 Wilhelm WM 2020, 1849 (1851); Braegelmann/Kaulartz Smart Contracts/Decentralized Finance-HdB/Möslein Kap. 8 Rn. 12.

24 Bertram MDR 2018, 1416 (1418); Braegelmann/Kaulartz Smart Contracts/Decentralized Finance-HdB/Möslein Kap. 8 Rn. 12, wobei Letzterer darauf abstellt, dass – jedenfalls private – Blockchain-Netzwerke nur für zugelassene und damit identifizierbare Nutzer zugänglich sind.

25 BeckOK BGB/Wendtland § 126b Rn. 3.

26 Bertram MDR 2018, 1416 (1418) unter Verweis auf Heckelmann NJW 2018, 504 (506).

27 MüKoBGB/Einsele § 126b Rn. 4; BeckOK BGB/Wendtland § 126b Rn. 3.

28 Spindler/Schuster/Spindler BGB 126b Rn. 5; Jauernig/Mansel BGB 126b Rn. 3.

14 Auch wenn es naheliegend erscheint, erfüllt ein lediglich aus Programmcode erzeugter Smart Contract diese Voraussetzungen nicht. Denn nur ein Empfänger, der die Programmiersprache beherrscht, in der der jeweilige Smart Contracts geschrieben ist, wäre imstande, von dessen Inhalt Kenntnis zu nehmen.[29] Dies steht in diametralem Widerspruch zu dem mit der Textform verfolgten Anliegen, dass sich der (durchschnittliche) Empfänger über den Inhalt der Erklärung „ohne weiteres" informieren können soll.[30] Da es somit an einer „lesbaren Erklärung" mangelt,[31] entspricht eine durch einen Smart Contract abgegebene Erklärung nicht die Anforderungen der Textform.

5. Notarielle Beurkundung, § 128 BGB

15 Die Voraussetzungen der notariellen Beurkundung sind in § 128 BGB geregelt. Demnach genügt es, sofern durch Gesetz die notarielle Beurkundung eines Vertrags vorgeschrieben ist, wenn zunächst der Antrag und sodann die Annahme des Antrags von einem Notar beurkundet wird.[32]

16 Die notarielle Beurkundung ist für die Abgabe von Willenserklärungen mit besonderem Gewicht vorgesehen, um eine fachkundige Beratung sowie Belehrung der Parteien sicherzustellen.[33] Zuständig für die Beurkundung sind grds. nur die Notare (§§ 1, 56 Abs. 4 BeurkG).

17 Von einem Smart Contract erzeugte Erklärungen erfüllen die Voraussetzungen des § 128 BGB nicht, da es an der erforderlichen Beteiligung eines Notars fehlt.[34] Im Übrigen erscheint der Abschluss von notariell zu beurkundenden Verträgen per Smart Contract angesichts des Zwecks der Norm, die Parteien vor besonders risikoreichen Geschäften zu warnen und eine sachkundige Beratung und Belehrung zu gewährleisten, verfehlt.[35] Deshalb darf auch die vielfach anzutreffende These, dass Smart Contracts Notare überflüssig machen können,[36] bezweifelt werden.

6. Durchführung formgebundener Rechtsgeschäfte mittels Smart Contracts

18 Zwar können formgebundene Rechtsgeschäfte aus den o. g. Gründen unter Einsatz von Smart Contracts nicht formwirksam abgeschlossen werden. Ist ein Vertrag aber bereits

[29] Bertram MDR 2018, 1416 (1418); ähnlich Schnell/Schwaab BB 2021, 1091 (1094), denen zufolge die „bloße Übermittlung des maschinenlesbaren Codes" zur Wahrung der Textform nicht ausreicht, da der Durchschnittsempfänger nicht in der Lage ist, von diesem Code Kenntnis zu nehmen bzw. ihn zu verstehen.

[30] BeckOK BGB/Wendtland § 126b Rn. 3; Bertram MDR 2018, 1416 (1418); iÜ argumentiert Bertram, dass der reine Programmcode in erster Linie technische Befehle für die Ausführung des Smart Contracts enthält und nicht zwingend den eigentlichen Inhalt der Erklärung.

[31] Eine aA vertritt Wilhelm WM 2020, 1849 (1851) mwN, demzufolge es zur Bejahung der Lesbarkeit genügt, wenn „elektronische Daten in Standard-Dateiformaten verwendet werden", was bei DLT-basierten Smart Contracts unproblematisch der Fall sei.

[32] S. § 17 Abs. 2a BeurkG, der besondere Pflichten des Notars bei Verbraucherverträgen iSv § 310 Abs. 3 BGB vorsieht, insbes. bei Verbraucherverträgen über Grundstücke, das Vermögen und den Nachlass nach § 17 Abs. 2a S. 2 Nr. 2 Hs. 2 BeurkG iVm § 311b Abs. 1 S. 1, Abs. 3 BGB.

[33] MüKoBGB/Einsele § 128 Rn. 1; BeckOK BGB/Wendtland § 128 Rn. 1.

[34] Braegelmann/Kaulartz Smart Contracts/Decentralized Finance-HdB/Möslein Kap. 8 Rn. 11; Wilhelm WM 2020, 1849 (1851); aus demselben Grund wahrt eine per Smart Contracts abgegebene Erklärung auch nicht die Form der öffentlichen Beglaubigung nach § 129 BGB.

[35] Braegelmann/Kaulartz Smart Contracts/Decentralized Finance-HdB/Möslein Kap. 8 Rn. 11; Aufderheide WM 2021, 2313 (2317); Letztere regt aber unter Verweis auf Eschenbruch/Gerstberger NZBau 2018, 3 (6) an, Smart Contracts zur Unterstützung von Notaren einzusetzen, zB bei der teilweise praktizierten Hinterlegung großer Bauverträge beim Notar und der mühevollen Paraphierung der Vertragsanlagen; zu denken ist insbes. an Verbraucherbauverträge iSv § 650i BGB, die jedoch selbst nur der Textform bedürfen, § 650i Abs. 2 BGB.

[36] Bremann DSRITB 2018, 299 (304); Heckelmann NJW 2018, 504 (509); Kloth VuR 2022, 214 (215).

formgültig geschlossen worden, kann seine Durchführung mit Hilfe eines Smart Contracts erfolgen, ohne dass die Formvorschriften dem entgegenstehen.[37]

Praxishinweis:
Sollen Verträge, die einem gesetzlichen Formerfordernis unterliegen – etwa der Schriftform, der elektronischen Form oder der notariellen Beurkundung –, unter Einsatz von Smart Contracts abgewickelt werden, ist sicherzustellen, dass der Vertragsschluss selbst auf dem jeweils vorgeschriebenen Formweg erfolgt, bevor der Smart Contract zur automatisierten Vertragsdurchführung eingesetzt wird. Die Nutzung eines Smart Contracts für die bloße Vertragsdurchführung steht den maßgeblichen Formvorschriften nicht entgegen. Eine rechtliche Prüfung der einschlägigen Formerfordernisse im konkreten Einzelfall ist daher vor dem Einsatz eines Smart Contracts unbedingt anzuraten.

II. Das Widerrufsrecht bei Fernabsatzverträgen

1. Verbraucherschützender Charakter des Widerrufsrechts

Das 14-tägige Widerrufsrecht stellt ein zentrales Verbraucherschutzinstrument dar.[38] § 355 **19**
BGB ist die Grundnorm des Widerrufsrechts bei Verbraucherverträgen iSv § 310 Abs. 3 BGB, die Regelungen zur Ausübung und zu den Rechtsfolgen des Widerrufs enthält.[39] Sie wird als sogenannte „Blankettnorm" bezeichnet, da sie ein Widerrufsrecht nicht begründet, sondern es vielmehr voraussetzt.[40] § 355 BGB ist deshalb nur dann anwendbar, wenn und soweit dem Verbraucher durch ein besonderes verbraucherschützendes Gesetz ein Widerrufsrecht nach dieser Vorschrift eingeräumt wird.[41] Ein solches Widerrufsrecht ist ua in § 312g Abs. 1 Var. 2 BGB für Fernabsatzverträge (§ 312c BGB) normiert.

Es gibt unterschiedliche Gründe, aus denen einem Verbraucher ein Widerrufsrecht nach **20**
§ 355 zugestanden wird.[42] Bei Fernabsatzverträgen soll in erster Linie ein Informationsdefizit des Verbrauchers ausgeglichen werden.[43] Im Fernabsatz geschlossene Verträge bergen für den Verbraucher ein besonderes Risiko, weil er idR weder seinen Vertragspartner noch den Vertragsgegenstand vor Vertragsschluss in natura zu Gesicht bekommt.[44] Durch das Widerrufsrecht soll es dem Verbraucher ermöglicht werden, sich von der Zuverlässigkeit seines Vertragspartners zu überzeugen und die von ihm bezogene Ware zu überprüfen.[45] Ihm wird die Gelegenheit eingeräumt, die eingegangene rechtliche Verpflichtung in Ruhe überdenken und sich dann ggf. vom wirksam geschlossenen Vertrag wieder lösen zu können.[46] Das Widerrufsrecht im Fernabsatz soll also den gegenüber einem stationären Kauf bestehenden Nachteil ausgleichen, dass der Verbraucher die gekaufte Ware vor Vertragsschluss nicht überprüfen und ausprobieren kann.[47]

---

[37] Bertram MDR 2018, 1416 (1419); Schurr ZVglRWiss 2019, 257 (274); Hoeren/Sieber/Holznagel MMR-HdB/Guggenberger Teil 13.7 Rn. 13.
[38] Kloth VuR 2022, 214 (216); BeckOGK/Alexander BGB § 13 Rn. 66.
[39] MüKoBGB/Fritsche § 355 Rn. 2; Jauernig/Stadler BGB § 355 Rn. 1.
[40] BeckOK BGB/Müller-Christmann § 355 vor Rn. 1.
[41] Jauernig/Stadler BGB § 355 Rn. 4; BeckOK BGB/Müller-Christmann § 355 Rn. 11.
[42] Tamm/Tonner/Brönneke Verbraucherrecht-Handbuch/Föhlisch § 12 Rn. 1.
[43] BeckOK BGB/Martens § 312c Rn. 6.
[44] Jauernig/Stadler BGB § 312c Rn. 2; MüKoBGB/Wendehorst § 312c Rn. 3 unter Verweis auf BGH NJW 2018, 690 Rn. 13.
[45] MüKoBGB/Wendehorst § 312g Rn. 1; HK-BGB/Schulte-Nölke BGB § 312g Rn. 1.
[46] Leupold/Wiebe/Glossner IT-R/Glossner Teil 5.1 Rn. 231.
[47] EuGH NJW 2009, 3015 Rn. 20; Hoeren/Sieber/Holznagel MMR-HdB/Föhlisch Teil 13.4 Rn. 268.

2. Einordnung von Smart Contracts als Fernabsatzverträge

21 Nach § 312g Abs. 1 Var. 2 BGB steht Verbrauchern bei Fernabsatzverträgen ein Widerrufsrecht gem. § 355 BGB zu. Fernabsatzverträge sind in § 312c Abs. 1 BGB definiert als Verträge, bei denen der Unternehmer und der Verbraucher für die Vertragsverhandlungen und den Vertragsschluss ausschließlich Fernkommunikationsmittel verwenden. Fernkommunikationsmittel sind gem. § 312c Abs. 2 BGB alle Kommunikationsmittel, die zur Anbahnung oder zum Abschluss eines Vertrags eingesetzt werden können, ohne dass die Vertragsparteien gleichzeitig körperlich anwesend sind.

22 Verträge, die unter Einsatz von Smart Contracts ausgehandelt und abgeschlossen werden, können als Fernabsatzverträge eingestuft werden.[48] Zu denken ist etwa an eine smarte Waschmaschine, die in der Lage ist, bei Bedarf selbstständig Waschmittel nachzubestellen.[49] Voraussetzung ist, dass die Kommunikation zwischen den Vertragspartnern bis zum Abschluss des Vertrages ausschließlich über Smart Contracts oder andere Fernkommunikationsmittel abläuft.

23 Smart Contracts sind als reiner Programmcode zwar nicht zwingend Fernkommunikationsmittel iSv § 312c Abs. 2 BGB, sie können aber durch solche ausgeführt und sowohl zur Vertragsanbahnung als auch zum Vertragsabschluss verwendet werden.[50] Auch die Fernabsatzverträge kennzeichnende gleichzeitige körperliche Abwesenheit der Vertragsparteien ist regelmäßig erfüllt. Denn bei Smart Contracts findet gerade kein physisches Aufeinandertreffen der Vertragspartner statt, die vielmehr sogar völlig anonym bleiben können.[51]

3. Technische Herausforderungen bei der Ausübung des Widerrufsrechts

24 Wegen der starren Funktionsweise von Smart Contracts besteht ein nicht unerhebliches Risiko für den Verbraucher, dass das ihm zustehende Widerrufsrecht faktisch abbedungen wird.[52] Denn während das Widerrufsrecht dem Verbraucher ermöglichen soll, sich vom wirksam geschlossenen Vertrag wieder zu lösen – ihn also gewissermaßen nachträglich zu „stoppen" – kann der einmal in Gang gesetzte Smart Contract gerade nicht mehr angehalten werden.[53] Er ist unaufhaltbar sowie im Nachhinein unveränderbar und damit unwiderruflich.[54]

25 Davon ausgehend, dass der Einsatz von Smart Contracts nicht per se zu einer Abbedingung des Widerrufsrechts führt, stellen sich noch offene Probleme im Hinblick auf die Ausübung des Widerrufs. Nach wie vor weitgehend ungeklärt ist, wie die Abgabe der Widerrufserklärung erfolgen und die 14-tägige Widerrufsfrist gewahrt werden kann.[55]

26 Diesen technischen Herausforderungen kann zB durch die Einbindung sogenannter „Orakel" begegnet werden.[56] Dabei handelt es sich um Schnittstellen mit der „realen" Welt, über die auch externe Umstände in den „Smart Contract" einbezogen werden können(zB Zahlungs- und Versandstatus, Mangelhaftigkeit einer Sache, Kurswert einer Aktie) (→ § 5 Rn. 41 ff.).[57] Auch der Umstand, dass der Verbraucher sein Widerrufsrecht innerhalb der Widerrufsfrist ausgeübt hat, ist eine derartige Information, die über die Schnittstelle in den

[48] Lindner NZM 2021, 665 (671); Kloth VuR 2022, 214 (216); zust. wohl auch Braegelmann/Kaulartz Smart Contracts/Decentralized Finance-HdB/Spindler/Wöbbeking Kap. 11 Rn. 27.
[49] Kollmann MMR 2024, 137 (139); vgl. auch Kloth VuR 2022, 214.
[50] Lindner NZM 2021, 665 (667); Kollmann MMR 2024, 137 (139).
[51] Kloth VuR 2022, 214 (216); Kollmann MMR 2024, 137 (139).
[52] Legner VuR 2021, 10 (15); Kloth VuR 2022, 214 (216).
[53] Legner VuR 2021, 10 (15); Legner VuR 2023, 213 (217).
[54] Braegelmann/Kaulartz Smart Contracts/Decentralized Finance-HdB/Spindler/Wöbbeking Kap. 11 Rn. 27.
[55] Ausführlich Kloth VuR 2022, 214 (216 ff.).
[56] Kollmann MMR 2024, 137 (140).
[57] Ebers/Heinze/Krügel/Steinrötter KI/Berberich § 27 Rn. 8; Leupold/Wiebe/Glossner IT-R/Kaulartz Teil 9.5 Rn. 19; Möslein ZHR 2019, 254 (261).

Smart Contract eingepflegt werden kann.[58] Zu beachten ist aber, dass Orakel ein gewisses Sicherheitsrisiko darstellen.[59] Ob die eingepflegten Daten richtig oder falsch sind, hängt von der Vertrauenswürdigkeit des externen Anbieters ab, auf dessen Daten die Orakel zugreifen.[60] Gleichzeitig steigt mit zunehmender Einbindung von Orakeln die Abhängigkeit des eigentlich unabhängigen DLT-Systems von externen Anbietern.[61]

Praxishinweis:
Unternehmer, die Smart Contracts im Fernabsatzgeschäft mit Verbrauchern einsetzen, müssen technisch sicherstellen, dass das gesetzlich vorgesehene 14-tägige Widerrufsrecht des Verbrauchers nicht faktisch abbedungen wird. Die Einbindung von Orakeln stellt dabei einen gangbaren Lösungsweg dar, birgt jedoch Sicherheitsrisiken hinsichtlich der Datenintegrität und erhöht die Abhängigkeit des Smart Contracts von externen Anbietern, was bei der Systemgestaltung sorgfältig abzuwägen ist. Alternativ bietet sich die Abwicklung der Transaktion zunächst außerhalb der Blockchain an, wobei diese erst nach Ablauf der Widerrufsfrist in die Blockchain eingespeist wird.

4. Abbildung des Rückgewährschuldverhältnisses in der Blockchain

Rechtsfolge des Widerrufs ist, dass die Parteien an ihre auf den Abschluss des Vertrags gerichteten Willenserklärungen nicht mehr gebunden sind (§ 355 Abs. 1 S. 1 BGB). Das Vertragsverhältnis wandelt sich in ein Rückgewährschuldverhältnis um.[62] Nach § 355 Abs. 3 S. 1 BGB sind die Vertragsparteien verpflichtet, die empfangenen Leistungen unverzüglich zurückgewähren. Für diese in Folge des Widerrufs durchzuführende Rückabwicklung des Vertragsverhältnisses stellt die nachträgliche Unveränderbarkeit der Blockchain eine gewisse Hürde dar.[63] 27

Eine Möglichkeit besteht darin, die Rückgewähr der empfangenen Leistungen bei Smart Contracts in Form von Rückwärtstransaktionen („reverse transactions") durchzuführen.[64] Dabei werden fiktive Transaktionen in die Kette eingespeist, um den inhaltlich korrekten Status wiederherzustellen.[65] Die Ursprungstransaktion wird also noch einmal in umgekehrter Richtung durchgeführt und so letztlich ungeschehen gemacht.[66] Auch wenn sie – die Ursprungtransaktion – bei einem solchen Vorgehen in der Blockchain bestehen bleibt, wird durch die Fiktion jedenfalls in wirtschaftlicher Hinsicht der Effekt eines Widerrufs hergestellt.[67] 28

In der Literatur wird zudem vorgeschlagen, das Rückgewährschuldverhältnis mit Hilfe einer „fork" (engl. Gabelung) durchzusetzen.[68] Darunter zu verstehen ist eine Aufspaltung der Blockchain in zwei unabhängige Ketten, wobei es dem Nutzer obliegt, sich für eine der beiden zu entscheiden (→ § 53 Rn. 14).[69] Im Hinblick auf das Widerrufsrecht könnte die 29

[58] Kollmann MMR 2024, 137 (140).
[59] Kipker/Birreck/Niewöhner/Schnorr MMR 2020, 509.
[60] Legner VuR 2021, 10 (15).
[61] Ebers/Heinze/Krügel/Steinrötter KI/Berberich § 27 Rn. 8.
[62] BeckOK BGB/Müller-Christmann § 355 Rn. 38; Jauernig/Stadler BGB § 355 Rn. 9.
[63] Vgl. Saive RdTW 2018, 85 (88); Legner VuR 2023, 213 (217).
[64] Saive RdTW 2018, 85 (88); Braegelmann/Kaulartz Smart Contracts/Decentralized Finance-HdB/Spindler/Wöbbeking Kap. 11 Rn. 30; Linder NZM 2021, 665 (671 f.); Kloth VuR 2022, 214 (216).
[65] Schrey/Thalhofer NJW 2017, 1431 (1435 f.); Linder NZM 2021, 665 (671 f.).
[66] Lupu DSRITB 2019, 209 (216); Legner VuR 2023, 213 (217).
[67] Schrey/Thalhofer NJW 2017, 1431 (1435); Ebers StichwortKommentar Legal Tech/Steinrötter/Stamenov Blockchain Rn. 64.
[68] Saive RdTW 2018, 85 (88); krit. Braegelmann/Kaulartz Smart Contracts/Decentralized Finance-HdB/Spindler/Wöbbeking Kap. 11 Rn. 30.
[69] Saive RdTW 2018, 85 (87); Ebers StichwortKommentar Legal Tech/Steinrötter/Stamenov Blockchain Rn. 16.

eine Abzweigung den Entschluss des Verbrauchers zum Widerruf des Vertrags bedeuten, die andere seine Entscheidung, am Vertrag festzuhalten. Allerdings ist noch ungeklärt, ob und wie die prozessuale und faktische Umsetzung einer solchen Gabelung in der Praxis möglich ist.[70]

30 Denkbar ist ferner, eine Zeitschleife in den Algorithmus der Blockchain dergestalt zu implementieren, dass die Transaktion erst nach dem Ablauf der Widerrufsfrist an die Teilnehmer des Blockchain-Netzwerks abgesendet wird.[71] Bei geringfügigen Forderungen wird zudem diskutiert, dem Verbraucher die Veranlassung der Rückzahlung über die Blockchain ohne weitere Prüfung zuzugestehen, zB wenn die Wahrscheinlichkeit eines Rückzahlungsanspruchs bei mehr als 90 % liegt.[72] Schließlich ist es natürlich immer möglich, eine Transaktion zunächst außerhalb der Blockchain (off chain) abzuwickeln und sie erst mit Verstreichen der Widerrufsfrist in die Blockchain einzufügen.[73]

III. Die Buttonlösung bei Verträgen im elektronischen Geschäftsverkehr

31 Gemäß § 312j Abs. 3 S. 1 BGB hat der Unternehmer die Bestellsituation bei einem Verbrauchervertrag im elektronischen Geschäftsverkehr so zu gestalten, dass der Verbraucher mit seiner Bestellung ausdrücklich bestätigt, dass er sich zu einer Zahlung verpflichtet. Aus § 312j Abs. 3 S. 2 BGB folgt ferner, dass der Unternehmer diese Pflicht bei Bestellungen, die über eine Schaltfläche erfolgen, nur dann erfüllt, wenn diese Schaltfläche gut lesbar mit nichts anderem als den Wörtern „zahlungspflichtig bestellen" oder mit einer entsprechenden eindeutigen Formulierung beschriftet ist. Dieser in § 312j Abs. 3 S. 2 BGB geregelte Spezialfall wird als „Buttonlösung" bezeichnet.[74]

1. Verbraucherschützender Charakter der Buttonlösung

32 Der auf der Verbraucherrechte-RL beruhende § 312j Abs. 3 S. 2 BGB ist eine verbraucherschützende Vorschrift.[75] Sinn und Zweck ist, den Verbraucher auf die Entgeltlichkeit eines Angebots deutlich hinzuweisen.[76] Dadurch soll verhindert werden, dass unseriöse Anbieter Verbraucher durch die gezielte Verschleierung der Entgeltlichkeit eines Angebots in versteckte Kostenfallen im Internet locken – vor allem in sog. „Abo-Fallen".[77]

2. Einordnung von Smart Contracts als Verträge im elektronischen Geschäftsverkehr

33 Ein Vertrag im elektronischen Geschäftsverkehr ist nach § 312i Abs. 1 Hs. 1 BGB dann gegeben, wenn sich der Unternehmer zum Zwecke des Abschlusses des Vertrags über die Lieferung von Waren oder über die Erbringung von Dienstleistungen digitaler Dienste iSv § 1 Abs. 4 Nr. 1 des Digitale-Dienste-Gesetzes (DDG) bedient. § 1 Abs. 4 Nr. 1 DDG verweist wiederum auf die der Informations-Richtlinie[78] zugrundeliegende Definition des Dienste-Begriffs. Nach Art. 1 Abs. 1 Buchst. b Informations-Richtlinie ist ein „Dienst" eine Dienstleistung der Informationsgesellschaft, dh jede in der Regel gegen Entgelt elektronisch im Fernabsatz und auf individuellen Abruf eines Empfängers erbrachte Dienstleistung. Dabei

---

[70] Saive RdTW 2018, 85 (88); Braegelmann/Kaulartz Smart Contracts/Decentralized Finance-HdB/Spindler/Wöbbeking Kap. 11 Rn. 30, die es – zumindest bei öffentlichen Blockchains – für kaum vorstellbar halten, dass für die Abwicklung des Rückgewährschuldverhältnisses eine „fork" verwendet wird.
[71] Saive RdTW 2018, 85 (88); Legner VuR 2021, 10 (15); krit. Legner VuR 2023, 213 (217).
[72] Spindler Regulierung durch Technik Kurzgutachten 2016, S. 15; Legner VuR 2021, 10 (15).
[73] Braegelmann/Kaulartz Smart Contracts/Decentralized Finance-HdB/Spindler/Wöbbeking Kap. 11 Rn. 31; Kollmann MMR 2024, 137 (140).
[74] BeckOK BGB/Maume § 312j Rn. 23; Jauernig/Stadler BGB § 312j Rn. 3.
[75] MüKoBGB/Wendehorst § 312j Rn. 1; Jauernig/Stadler BGB § 312j Rn. 1.
[76] Jauernig/Stadler BGB § 312j Rn. 3.
[77] Roth VuR 2012, 477 (478); MüKoBGB/Wendehorst § 312j Rn. 1.
[78] RL (EU) 2015/1535.

sind „im Fernabsatz erbrachte Dienstleistungen“ solche, die ohne gleichzeitige physische Anwesenheit der Vertragsparteien erbracht werden. Die „elektronische Erbringung“ meint, dass die Dienstleistung mittels Geräten für die elektronische Verarbeitung (einschließlich digitaler Kompression) und Speicherung von Daten am Ausgangspunkt gesendet und am Endpunkt empfangen und vollständig über Draht, über Funk, auf optischem oder anderem elektromagnetischem Wege gesendet, weitergeleitet und empfangen wird. Schließlich erfolgt die Dienstleistung dann „auf individuellen Abruf des Empfängers“, wenn sie durch die Übertragung von Daten auf individuelle Anforderung erbracht wird. Aus Erwgr. 18 der e-Commerce-Richtlinie[79] folgt zudem, dass „Dienste der Informationsgesellschaft“ weit zu verstehen sind.

Der Begriff der „digitalen Dienste“ ersetzt seit Mai 2024 den zuvor verwendeten, national geprägten Begriff der „Telemedien“, inhaltlich ändert sich aber im Vergleich zur früheren Rechtslage nichts.[80] Ebenso wie der Begriff „Dienste der Informationsgesellschaft“ war der Begriff der „Telemedien“ weit auszulegen.[81] Da Smart Contracts als Telemedien zu werten waren, kann der Vertragsschluss per Smart Contract nach wie vor unter § 312i Abs. 1 Hs. 1 BGB fallen.[82] **34**

Insbesondere können Smart Contracts – je nach konkreter Ausgestaltung – nunmehr als digitale Dienste iSv § 1 Abs. 4 Nr. 1 DDG eingestuft werden. Charakteristisch für die Abwicklung von Geschäften über Smart Contracts ist, dass eine physische Begegnung der Vertragsparteien nicht stattfindet, so dass entsprechende Dienstleistungen „im Fernabsatz“ erbracht werden.[83] Zudem werden Dienste beim Einsatz von Smart Contracts über die Blockchain und damit über elektronische Verarbeitungs- und Speicherungssysteme erbracht, weshalb auch das Merkmal der „elektronischen Erbringung“ erfüllt ist. Nicht zuletzt kann ein Smart Contract so ausgestaltet sein, dass die angeforderte Dienstleistung „auf individuellen Abruf des Empfängers“ erbracht wird – in Betracht kommt etwa die Ausgestaltung als herkömmliche Bestellwebseite[84] oder die Realisierung über sog. Dash-Buttons[85]. **35**

3. Technische Umsetzung der Buttonlösung bei Smart Contracts

Aus § 312j Abs. 3 BGB folgt die Pflicht des Unternehmers, die Bestellsituation bei einem Verbrauchervertrag im elektronischen Geschäftsverkehr so zu gestalten, dass der Verbraucher mit seiner Bestellung ausdrücklich bestätigt, sich zu einer Zahlung zu verpflichten. Erfolgt die Bestellung über eine Schaltfläche („Button“), muss diese gut lesbar mit nichts anderem als den Wörtern „zahlungspflichtig bestellen“ oder mit einer entsprechenden eindeutigen Formulierung beschriftet sein. Wie die Umsetzung einer solchen Schaltfläche bei der Verwendung von Smart Contracts erfolgen kann, hängt vom konkreten Einzelfall ab. **36**

Eine Möglichkeit besteht darin, den Smart Contract mit einer leicht zu bedienenden Benutzeroberfläche auszustatten, womit sich für den Nutzer (nahezu) kein Unterschied zu konventionellen Vertragsabschlüssen im Online-Handel ergibt.[86] Dabei muss das Layout des Smart Contract – wie bei einer herkömmlichen Bestellwebseite – so gestaltet sein, dass für den Nutzer das Eingehen einer Zahlungsverpflichtung deutlich wird.[87] **37**

Schwierigkeiten bereitet die Umsetzung der Buttonlösung bei Blockchain-basierten Haushaltsgegenständen – zu denken ist etwa an die Waschmaschine, die bei Bedarf automatisch Waschmittel bestellt, oder den Kühlschrank, der wenn nötig selbstständig neue **38**

79 RL 2000/31/EG.
80 BeckOK BGB/Maume § 312i Rn. 11.
81 Nomos-BR/Müller-Broich TMG § 1 Rn. 6 mit einer Reihe von Beispielen für Telemedien.
82 BeckOK BGB/Maume § 312i Rn. 12 unter Verweis auf Kollmann MMR 2024, 137 (140); zur früheren Rechtslage Paulus/Matzke ZfPW 2018, 431 (458); Kloth VuR 2022, 214 (216).
83 Kloth VuR 2022, 214 (216); Kollmann MMR 2024, 137 (139).
84 Kloth VuR 2022, 214 (216).
85 Kollmann MMR 2024, 137 (140 f.).
86 Paulus/Matzke ZfPW 2018, 431 (458).
87 Kloth VuR 2022, 214 (221).

Milch ordert.[88] Sog. „Smart Devices“ sind in der Lage, auf Knopfdruck, per Sprachbefehl oder auch ganz ohne Beteiligung des Verbrauchers alltägliche Besorgungen zu erledigen.[89] In diesem Zusammenhang liegt auch der Einsatz von Bestellvorrichtungen in Form sog. Dash-Buttons nahe.[90] Dabei handelt es sich um markengebundene Geräte, mit Hilfe derer durch die Betätigung eines Bestellknopfs im Vorfeld definierte Verbrauchsgüter nachbestellt werden.[91] Ob und ggf. wie solche Dash-Buttons mit den Anforderungen des § 312j Abs. 3 BGB in Einklang gebracht werden können, ist bislang jedoch noch offen (→ Rn. 39 ff.).

4. Teleologische Reduktion von § 312j Abs. 3 BGB vs. Display-basierte Lösungen

39 Wie bereits erörtert (→ Rn. 38), sind Bestellungen beim Einsatz von Smart Contracts über Display-lose Geräte denkbar, bspw. über sog. Dash-Buttons. Ob Dash-Buttons die Voraussetzungen des § 312j Abs. 3 BGB erfüllen, ist aber noch nicht abschließend geklärt.[92] Zwar stellt ein Dash-Button eine Schaltfläche iSv § 312j Abs. 3 S. 2 BGB dar, diese ist aber idR weder mit den Wörtern „zahlungspflichtig bestellen“ noch mit einer entsprechenden eindeutigen Formulierung beschriftet.[93]

40 Stimmen in der Literatur schlagen vor, § 312j Abs. 3 BGB mit Blick auf seinen Schutzzweck und die Entstehungsgeschichte der Norm teleologisch zu reduzieren.[94] Die Norm soll Verbraucher davor schützen, in versteckte Abo- und Kostenfallen gelockt zu werden, bei denen die Entgeltlichkeit gezielt verschleiert wird. Bei mittels Dash-Buttons geschlossenen Verträgen ist eine Verschleierung der Entgeltlichkeit aber quasi unmöglich, denn der Verbraucher muss bei dem ersten Gebrauch des Dash-Buttons seine Bankverbindungsdaten hinterlegen.[95]

41 Diese Erwägung kann auf mittels Smart Contracts geschlossene Verträge generell übertragen werden.[96] Denn auch bei der Blockchain muss als Nutzungsvoraussetzung eine Zahlungsmethode eingerichtet werden,[97] womit eine Verschleierung der Entgeltlichkeit nahezu ausgeschlossen ist. Und auch der Umstand, dass Geräte zum Zeitpunkt der Schaffung der Verbraucherrechte-RL noch darauf ausgerichtet waren, schriftliche Informationen auf einem Bildschirm anzeigen,[98] und der EU-Gesetzgeber wohl nicht bedacht hat, dass Haushaltsgegenstände eines Tages auf Knopfdruck, per Sprachbefehl oder ganz ohne menschliches Zutun Bestellungen tätigen, spricht für eine teleologische Reduktion des § 312j Abs. 3 BGB in solchen Szenarien.[99] Denn nur so bleibt ausreichend Raum für technische Innovationen und neue Geschäftsmodelle im Online-Handel.[100]

42 Gegen eine teleologische Reduktion des § 312j Abs. 3 BGB wird jedoch die damit verbundene Verkürzung des Schutzniveaus eingewendet.[101] Als alternative Lösung wird angeregt, Dash-Buttons mit einem Display zu versehen, auf dem die nach § 312j Abs. 3 S. 2 BGB erforderliche Beschriftung angezeigt wird.[102] Ein weitergehender Lösungsvorschlag

[88] Fries/Paal Smart Contracts/Finck S. 6; Kloth VuR 2022, 214.
[89] Ebers/Heinze/Krügel/Steinrötter KI/Rammos § 25 Rn. 49.
[90] Kollmann MMR 2024, 137 (141); vgl. Fries/Paal Smart Contracts/Finck S. 6.
[91] BeckOK BGB/Maume § 312j Rn. 32.
[92] Bejahend Hergenröder VuR 2017, 174 (178); ähnlich Rauschenbach K&R 2017, 221 (226); verneinend OLG München MMR 2019, 532 Rn. 69; LG München I VuR 2018, 230 (232); Leeb MMR 2017, 89 (91).
[93] LG München I VuR 2018, 230 (232); vom OLG München MMR 2019, 532 Rn. 68 wurde hingegen offen gelassen, ob Dash-Buttons als Schaltfläche iSv § 312j Abs. 3 S. 2 BGB einzuordnen sind.
[94] BeckOGK/Busch BGB § 312j Rn. 35; hierzu auch Kloth VuR 2022, 214 (221 f.).
[95] BeckOGK/Busch BGB § 312j Rn. 35.
[96] Kollmann MMR 2024, 137 (141).
[97] Kloth VuR 2022, 214 (221).
[98] Busch EuCML 2018, 78 (80); BeckOK BGB/Maume § 312j Rn. 32.
[99] Kollmann MMR 2024, 137 (141).
[100] Kollmann MMR 2024, 137 (141); vgl. auch Hergenröder VuR 2017, 174 (178) unter Bezugnahme auf RegE BT-Drs. 17/7745, 11.
[101] BeckOK BGB/Maume § 312j Rn. 33.
[102] BeckOK BGB/Maume § 312j Rn. 32.

besteht darin, Smart Contracts grundsätzlich und unabhängig von ihrer technischen Realisierung (zB über Dash-Buttons) mit einer einfach bedienbaren Benutzeroberfläche auszustatten (→ Rn. 37). Als weitere Alternative kommt bei Bestellungen über Display-lose Geräte bzw. bei automatisierten Bestellungen ein „zweistufiger Vertragsschluss" in Betracht, bei dem der Verbraucher die Bestellung über ein Display-basiertes Gerät (zB Computer oder Smartphone) bestätigen muss.[103]

Praxishinweis:
Auch beim Einsatz von Smart Contracts müssen die Vorgaben des § 312j Abs. 3 S. 2 BGB (sog. „Buttonlösung") eingehalten werden. Dazu muss der Unternehmer bei Online-Bestellsituationen eine Schaltfläche, über die der Verbraucher eine ihn zur Zahlung verpflichtende Bestellung tätigt, mit nichts anderem als den Worten „zahlungspflichtig bestellen" beschriften. Die Umsetzung dieser Pflicht erfordert regelmäßig, dass der Smart Contract mit einer leicht zu bedienenden Benutzeroberfläche wie z. B. einem Display versehen wird. Alternativ kommt ein Vertragsabschluss in zwei Stufen in Betracht, wonach der Verbraucher erst die Bestellung über ein display-loses Gerät (zB Dash-Button) aufgibt und dann über ein display-basiertes Gerät (zB Computer oder Smartphone) bestätigt.

IV. Der Kündigungsbutton bei Verträgen im elektronischen Geschäftsverkehr (§ 312k BGB)

§ 312k BGB begründet spezielle Pflichten des Unternehmers im Falle der Kündigung von Verbraucherverträgen im elektronischen Geschäftsverkehr. Die Vorschrift bezieht sich nach ihrem Abs. 1 auf Verträge im elektronischen Geschäftsverkehr, deren Abschluss dem Verbraucher über eine Webseite ermöglicht wird und die auf die Begründung eines Dauerschuldverhältnisses gerichtet sind, das einen Unternehmer zu einer entgeltlichen Leistung verpflichtet. **43**

Nach § 312k Abs. 2 S. 1 und 2 BGB muss der Unternehmer dem Verbraucher eine Kündigungsschaltfläche („Kündigungsbutton") zur Verfügung stellen, die gut lesbar mit nichts anderem als den Wörtern „Verträge hier kündigen" oder mit einer entsprechenden eindeutigen Formulierung beschriftet ist. Gemäß § 312k Abs. 2 S. 3 BGB muss diese den Verbraucher wiederum zu einer Bestätigungsseite führen, die ihn auffordert und ihm ermöglicht, weitere Angaben zu machen, und eine Bestätigungsschaltfläche enthält, über deren Betätigung der Verbraucher die Kündigungserklärung abgeben kann und die gut lesbar mit nichts anderem als den Wörtern „jetzt kündigen" oder mit einer entsprechenden eindeutigen Formulierung beschriftet ist. Erst die Betätigung der Bestätigungsschaltfläche bewirkt die Abgabe der eigentlichen Kündigungserklärung.[104] Aus § 312k Abs. 2 S. 4 BGB folgt, dass die Schaltflächen und die Bestätigungsseite ständig verfügbar sowie unmittelbar und leicht zugänglich sein müssen. **44**

1. Verbraucherschützender Charakter des Kündigungsbuttons

Sinn und Zweck des Kündigungsbuttons ist die Verbesserung des Verbraucherschutzes in Bezug auf die Beendigung nicht mehr gewünschter Langzeitverträge.[105] § 312k Abs. 2 BGB ermöglicht dem Verbraucher, sich bequem online von einem eingegangenen Dauerschuldverhältnis und den damit einhergehenden Zahlungsverpflichtungen wieder zu lösen. Ferner **45**

[103] Duden ZRP 2020, 102 (103); BeckOK BGB/Maume § 312j Rn. 32.
[104] Stiegler VuR 2021, 443 (447); BeckOK BGB/Maume § 312j Rn. 25.
[105] BT-Drs. 19/26915, 44; Stiegler VuR 2021, 443.

soll die Norm dem Anbieter erschweren, eine etwaig vorhandene Kündigungsmöglichkeit möglichst diskret auf der Webseite zu „verstecken", wodurch ebenfalls der Kündigungsvorgang vereinfacht werden soll.[106]

2. Einordnung von Smart Contracts als Verträge im elektronischen Geschäftsverkehr

46 Per Smart Contract abgeschlossene Verträge können Verträge im elektronischen Geschäftsverkehr iSv § 312i Abs. 1 Hs. 1 BGB darstellen (→ Rn. 33 ff.). Insbesondere können Smart Contracts als digitale Dienste iSv § 1 Abs. 4 Nr. 1 DDG eingestuft werden (→ Rn. 35).

3. Teleologische Reduktion von § 312k Abs. 2 BGB vs. Display-basierte Lösungen

47 Wie bei § 312j Abs. 3 BGB (→ Rn. 39 ff.) stellt sich auch im Hinblick auf § 312k Abs. 2 BGB die Frage nach der technischen Umsetzbarkeit des „Kündigungsbuttons" bzw. der Bestätigungsschaltfläche, wenn der Smart Contract über Display-lose Geräte operiert. Eine teleologische Reduktion des § 312k Abs. 2 BGB, wie sie bei § 312j Abs. 3 BGB vorgeschlagen wird,[107] ist angesichts der divergierenden Schutzzwecke der Vorschriften nicht angezeigt. Denn während die Buttonlösung der Schaffung von Rechtsklarheit hinsichtlich der Entgeltlichkeit eines Angebots dient, bezweckt der Kündigungsbutton die Vereinfachung der Beendigung von Dauerschuldverhältnissen.[108] Das für eine teleologische Reduktion des § 312j Abs. 3 BGB sprechende Argument, dass eine Verschleierung der Entgeltlichkeit bei Hinterlegung einer Zahlungsmethode quasi unmöglich ist, greift bei § 312k Abs. 2 BGB nicht. Vielmehr kann der Kündigungsbutton seinen Zweck, die Beendigung von Dauerschuldverhältnissen zu vereinfachen, nur erfüllen, wenn er uneingeschränkt auch bei Display-losen Geräten zur Anwendung kommt.

48 Möglich bleibt, ein an sich Display-loses Gerät mit einem Display zu versehen, damit dem Verbraucher die nach Maßgabe von § 312k Abs. 2 BGB beschriftete Kündigungs- bzw. Bestätigungsschaltfläche zur Verfügung gestellt werden kann (→ Rn. 42). Denkbar ist auch, dass der Verbraucher den höchstwahrscheinlich über eine Webseite abgeschlossenen Vertrag, der dem Smart Contract zugrunde liegt, „spiegelbildlich" über diese Webseite kündigt – also wiederum über ein Display-basiertes Gerät (zB Computer oder Smartphone).

4. Beendigungs- bzw. Unterbrechungsmechanismen („Kill Switches")

49 Die Betätigung des Kündigungsbuttons (bzw. des Bestätigungsbuttons) führt unmittelbar zur Beendigung des Vertrages.[109] Ähnlich wie beim Widerrufsrecht stellt sich hier das Problem, dass der einmal in Gang gesetzte Smart Contract gerade nicht mehr angehalten und nicht durch einen von außen kommenden Eingriff beendet werden kann (→ Rn. 24).

50 Als Lösung ist an die Implementierung sog. „Notausschalter" oder „Kill Switches" zu denken, wie sie Art. 36 Abs. 1 Buchst. b Data Act[110] für Vereinbarungen zur Datenweitergabe vorschreibt.[111] Darunter zu verstehen sind Mechanismen, um die weitere Ausführung von Transaktionen zu beenden bzw. interne Funktionen, mittels derer der Betrieb des Smart Contracts unterbrochen werden kann.

51 Hinsichtlich der genauen Ausgestaltung des „Kill Switches" kommen verschiedene „Abstufungen" in Betracht, die je nach Blockchain-Plattform (zB Ethereum, Cardano,

[106] BeckOK BGB/Maume § 312k Rn. 4.
[107] BeckOGK/Busch BGB § 312j Rn. 35.
[108] BeckOK BGB/Maume § 312k Rn. 22; BeckOK BGB/Maume § 312j Rn. 25.
[109] Jauernig/Stadler BGB § 312k.
[110] VO (EU) 2023/2854.
[111] Kollmann MMR 2024, 137 (141); ausführlich zu „Kill Switches" iSd Data Act BeckOK DatenschutzR/Berberich DA Art. 36 Rn. 30 ff. sowie Specht/Hennemann, Data Act/Data Governance Act/Sorge/Wiedemann DA Art. 36 Rn. 34 ff.

Solana etc) variieren.[112] So sieht bspw. Ethereum drei Abstufungen vor: Zum einen existiert eine Selbstzerstörungsfunktion (Self-Destruct Function), die die Beendigung des Smart Contracts dergestalt ermöglicht, dass sein Code und sein Speicher komplett aus der Blockchain entfernt werden. Diese Funktion wird typischerweise verwendet, um nicht mehr benötigte Verträge zu entfernen. Zum anderen ist eine Pausenfunktion (Pause Stop) vorgesehen, die eine vorübergehende Deaktivierung statt einer vollständigen Beendigung des Smart Contracts bewirkt. Wird nachträglich ein Fehler entdeckt, kann der Smart Contract zeitweise angehalten werden, um diesen zu beheben. Zuletzt besteht die Möglichkeit aktualisierbarer Verträge (Upgradable Contracts), mit denen ebenfalls Fehler behoben und Funktionalitäten auf den neuesten Stand gebracht werden können.

Die Frage, wer die Kontrolle über den Kill Switch ausüben soll,[113] kann iRv § 312k BGB nur mit „der Verbraucher" beantwortet werden. **52**

Eine große Herausforderung stellt der Umgang mit einer unberechtigten Betätigung des „Kill Switches" dar, dh wenn dem Verbraucher materiell-rechtlich kein Kündigungsrecht zusteht. Ist dies der Fall, zieht das Durchlaufen des zweistufigen Kündigungsverfahrens nach § 312k BGB zwar keine Rechtsfolgen nach sich.[114] Was in technischer Hinsicht mit dem Smart Contract geschieht, der das zugrundeliegende Dauerschuldverhältnis ausführt, hängt jedoch von der genauen Ausgestaltung des „Kill Switches" ab (→ Rn. 51). Bei der Selbstzerstörungsfunktion ist nach Ausübung des „Kill Switches" keine Interaktion mit dem beendeten Smart Contract mehr möglich.[115] Dieser könnte also – selbst im Falle einer unberechtigten Kündigung – nicht ohne Weiteres reaktiviert werden. Sinnvoller erscheint es daher, bei Betätigung des „Kill Switches" die Ausführung des Smart Contracts zunächst zu pausieren. In dieser Zeit kann der Unternehmer und ggf. sein Rechtsbeistand die Kündigung auf ihre materielle Rechtmäßigkeit prüfen. Erst wenn das Vorliegen eines Kündigungsrechts unternehmerseits verifiziert wird, ist eine endgültige Beendigung des Smart Contracts angezeigt. **53**

Praxishinweis:
Unternehmer, die Dauerschuldverhältnisse mittels Smart Contracts abwickeln, müssen einen „Kill Switch" implementieren, der dem Verbraucher die Ausübung seines Kündigungsrechts nach § 312k BGB ermöglicht, ohne den Smart Contract bereits irreversibel zu beenden. Die Ausgestaltung als Pausenfunktion ist dabei der Selbstzerstörungsfunktion vorzuziehen, da sie dem Unternehmer die Möglichkeit belässt, die Berechtigung der Kündigung zu prüfen und den Smart Contract im Falle einer unberechtigten Kündigung zu reaktivieren. Eine endgültige Beendigung des Smart Contracts sollte daher erst nach positiver Verifikation des Kündigungsrechts durch den Unternehmer erfolgen.

[112] Ausführlich Seneviratne, The Feasibility of a Smart Contract „Kill Switch", abrufbar (in englischer Sprache) unter https://www.researchgate.net/publication/382272077_The_Feasibility_of_a_Smart_Contract_Kill_Switch, S. 3 ff. (zuletzt abgerufen am 9.3.2026).

[113] Kollmann MMR 2024, 137 (141); BeckOK DatenschutzR/Berberich DA Art. 36 Rn. 32.

[114] BeckOK BGB/Maume § 312k Rn. 33; es wird jedoch vorgeschlagen, die unberechtigte Betätigung des „Kill Switches" als vertragliche Leistungsstörung zu behandeln, BeckOK DatenschutzR/Berberich DA Art. 36 Rn. 32.

[115] S. die Hinweise für Entwickler von Smart Contracts, die auf dem Blockchain-Netzwerk Ethereum ausgeführt werden, abrufbar (in englischer Sprache) unter https://ethereum-blockchain-developer.com/2022-01-remix-introduction/02-starting-stopping-interacting/ (zuletzt abgerufen am 9.3.2026).

§ 56 Datenschutz

Schrifttum

Brauneck, Nach dem Ethereum Merge: Mehr oder weniger Verstöße gegen EU-Wettbewerbsrecht?, WM 2023, 159; European Data Protection Board, Guidelines 07/2020 on the concepts of controller and processor in the GDPR, Version 2.1, 21. Juli 2021; Hahn/Wilkens, ICO vs. IPO – Prospektrechtliche Anforderungen bei Equity Token Offerings, ZBB 2019, 10.

I. Einführung

1 Smart Contracts im Allgemeinen unterliegen der Funktionsweise der Blockchain, die auch für DAOs grundlegend ist, sodass die im Hinblick auf Smart Contracts relevanten datenschutzrechtlichen Aspekte in den entsprechenden Kapiteln bereits besprochen sind (→ § 10 Rn. 15 ff.; → § 29 Rn. 7 ff.).[1]

2 Im Hinblick auf dApps ergeben sich indes wegen ihrer Funktionsweise Unterschiede (→ Rn. 3 ff.). Aus datenschutzrechtlicher Sicht sind diese Unterschiede insbesondere relevant für die Bestimmung der datenschutzrechtlichen Rollen (→ Rn. 6 ff.) sowie die Art der typischen Verarbeitungstätigkeiten und ihre Rechtfertigung (→ Rn. 11 ff.).

II. Funktionsweise von dApps

3 dApps laufen im Gegensatz zu herkömmlichen Apps nicht zentral auf Servern des Anbieters, die von den Endgeräten der Nutzer angesteuert werden. Stattdessen basieren sie je nach Lesart des Begriffs jedenfalls teilweise oder vollständig auf (mehreren) Smart Contracts einer – in der Regel bereits bestehenden – Blockchain, wie beispielsweise Ethereum. Die bei der Ausführung dieser Smart Contracts verarbeiteten (personenbezogenen) Daten werden als *on-chain* bezeichnet.[2]

4 Es liegt, dem Leitbild der Dezentralisierung folgend, kein zentraler Anbieter vor, der als Kontrollinstanz fungiert. Vielmehr sollen dApps die Kontrolle durch eine übergeordnete zentrale Instanz gerade vermeiden. Allerdings sind nicht bei jeder App, die als „dApp" bezeichnet wird, sämtliche Daten *on-chain* gespeichert. Vielmehr befinden sich je nach (d) App verschiedene Elemente auch an einem „traditionellen" zentralen Speicherort *(off-chain)*. Der Grund dafür sind die enorm hohen Transaktionskosten, die die Verarbeitung großer Datenmengen *on-chain* verursacht, was sich im Falle größerer Popularität der dApp auch negativ auf die Funktionalität der zugrundeliegenden Blockchain auswirken kann.[3]

5 Es existieren im Bereich der dApps diverse Mischformen, bei denen das Verhältnis von *off-* und *on-chain* gespeicherten Daten unterschiedlich ausgeprägt ist. Viele dApps können zwar nur mittels dafür geschaffener Token genutzt werden, sodass ein Gebrauch der jeweiligen dApp den vorherigen Erwerb der entsprechenden Token erfordert.[4] Jenseits des Erwerbs und Gebrauchs dieser Token können aber Nutzungs- und Inhaltsdaten (ggf. zusätzlich) *off-chain* verarbeitet werden. Dieses Verhältnis schlägt auf die datenschutzrechtliche Bewertung durch, da sich die blockchain- und dApp-typischen Besonderheiten nur im Hinblick auf die *off-chain*-Verarbeitung ergeben. Je größer dagegen der Anteil an zentraler Datenver-

[1] Die Autoren danken Leon Häberlein, Wissenschaftlicher Mitarbeiter, für die tatkräftige Unterstützung bei der Erstellung dieses Beitrags.

[2] Brauneck WM 2023, 159 (161).

[3] So verlangsamte etwa der durch den Erwerb von NFTs der dApp „CryptoKitties" die Ethereum Blockchain, BBC Online (Hrsg.), CryptoKitties craze slows down transactions on Ethereum, 5.12.2017, online abrufbar unter https://www.bbc.com/news/technology-42237162 (zuletzt abgerufen am 10.7.2024).

[4] Hahn/Wilkens ZBB 2019, 10 (13).

arbeitung *off-chain,* desto geringer fällt aus datenschutzrechtlicher Sicht der Unterschied zu herkömmlichen Apps aus.

Praxishinweis:
Betreiber und Entwickler von dApps sollten bereits in der Konzeptionsphase sorgfältig festlegen, welche Daten on-chain und welche off-chain verarbeitet werden, da diese Entscheidung unmittelbare datenschutzrechtliche Konsequenzen hat. Je größer der Anteil der zentralen off-chain-Verarbeitung, desto stärker nähert sich die datenschutzrechtliche Bewertung der dApp derjenigen einer herkömmlichen App an, mit der Folge, dass die allgemeinen Regeln der DS-GVO uneingeschränkt Anwendung finden.

III. Datenschutzrechtliche Rollen

Wie bei DAOs ergeben sich auch bei dApps Probleme im Hinblick auf die Bestimmung der datenschutzrechtlichen Rollen der beteiligten Akteure. Für diese allgemeinen Aspekte, die sich aus ihrer dezentralen Struktur ergeben, kann deshalb auf die Ausführungen im Rahmen der DAOs verwiesen werden (→ § 10 Rn. 15 ff). **6**

Ein Unterschied besteht jedoch typischerweise in dem Einfluss, den der Erwerb von Token einem DAO-Teilnehmer im Vergleich zu einem dApp-Nutzer einräumt. Bei einer DAO erhalten die Inhaber von Governance Token – je nach Ausgestaltung der DAO in unterschiedlichem Umfang – Kontrolle über die DAO, sodass sie ggf. als gemeinsame Verantwortliche iSv Art. 26 DS-GVO angesehen werden können (→ § 10 Rn. 21). Durch ihre die Mitwirkungen an Entscheidungen und Abstimmungen mittels ihrer Governance Token können sie auf die Datenverarbeitung einwirken. Auch wenn die Nutzung einer dApp, wie erwähnt, oft den Erwerb von Token voraussetzt, verleiht deren Inhaberschaft typischerweise keine vergleichbaren Einwirkungsmöglichkeiten. Der Inhaber von Token bei einer dApp bleibt (üblicherweise) ein bloßer Nutzer, der mittels seiner Token keinen Einfluss auf die Funktionsweise der der dApp zugrundeliegenden Smart Contracts ausübt. Eine datenschutzrechtliche Verantwortlichkeit der Nutzer scheidet damit im Gegensatz zur DAO typischerweise aus. **7**

Das gilt nicht für dApps, die ihren Nutzern bewusst Kontrolle über die Funktionsweise der dApp zugestehen wollen, etwa um die bei zentral verwalteten Apps (insbes. Spielen) oft gefürchtete Abschaltung populärer Features zu verhindern. Solche dApps sind letztlich selbst DAOs, sodass die entsprechenden Ausführungen gelten. **8**

Für die Verarbeitung personenbezogener Daten *off-chain* gelten wie erwähnt keine Besonderheiten. Wenn und soweit die Daten der Nutzer unter der Kontrolle eines Anbieters an einer zentralen Stelle verarbeitet werden, unterliegt die (d)App denselben datenschutzrechtlichen Regeln wie reguläre Apps. Insbesondere ist der Verantwortliche in der Regel relativ leicht zu bestimmen. Dazu trägt auch der Vertrieb solcher lediglich teilweise dezentralisierter Apps bei, der in der Regel über App- oder Gamestores erfolgt, deren Anbieter wiederum einen festen Vertragspartner benötigen. **9**

Ebenfalls wie bei regulären Apps sind Entwickler auch im Zusammenhang mit dApps keine Verantwortlichen im datenschutzrechtlichen Sinn. Zwar nehmen sie über das Schreiben des Codes der relevanten Smart Contracts auf die Verarbeitung personenbezogener Daten Einfluss. Ebenso wie bei regulärer Software bestimmen sie damit aber höchstens teilweise über das „wie" der Datenverarbeitung, nicht über das „ob" und die damit verbundenen Zwecke.[5] Zudem werden Entwickler meist nur in den Prozess der Erstellung **10**

5 Vgl. European Data Protection Board Guidelines 07/2020 on the concepts of controller and processor in the GDPR, Version 2.1, 21.7.2021, S. 3.

des Codes und nicht in die Anwendung des Codes involviert. Sie scheiden damit als Verantwortliche aus, soweit sie nicht auf andere Weise über die bloße Entwicklungsleistung hinaus am Betrieb der dApp beteiligt sind.[6]

Praxishinweis:
Entwickler von dApps sind datenschutzrechtlich grundsätzlich nicht als Verantwortliche einzustufen, solange ihre Tätigkeit auf die reine Erstellung des Codes beschränkt bleibt und sie nicht darüber hinaus am laufenden Betrieb der dApp beteiligt sind. Sobald ein Entwickler jedoch auch operativ tätig wird und dadurch Einfluss auf die Zwecke der Datenverarbeitung gewinnt, kann eine Verantwortlichkeit iSv Art. 4 Nr. 7 DS-GVO entstehen. Diese Abgrenzung sollte in der vertraglichen Gestaltung zwischen Auftraggeber und Entwickler klar geregelt und dokumentiert werden.

IV. Verarbeitungstätigkeiten und Kategorien personenbezogener Daten

11 Wie bereits erwähnt ist bei dApps sorgfältig zwischen der Verarbeitung von personenbezogenen Daten *on-* und *off-chain* zu unterscheiden. Dieser Unterschied bildet sich regelmäßig auch in den Kategorien personenbezogener Daten ab, die dApps verarbeiten. So werden Transaktionsdaten, dh Daten über die von den Nutzern ausgelösten Blockchain-Transaktionen (zB den Erwerb von NFTs etwa in Form von Ausrüstungsgegenständen in einem Videospiel) *on-chain* gespeichert, Inhalts- und Nutzungsdaten (sowie idR nicht personenbezogene visuelle Darstellungselemente) dagegen *off-chain.*

12 Da Nutzer dApps in der Regel mittels ihrer Endgeräte und über das Internet ansteuern, werden regelmäßig Geräte-IDs und IP-Adresse *off-chain* verarbeitet, mit deren Hilfe ein Personenbezug iSv Art. 4 Nr. 1 DS-GVO iVm EG 26 DS-GVO herstellbar ist (vgl. → § 10 Rn. 4 ff.). Auch genügt nicht bei jeder dApp allein eine (uU nicht-personenbezogene) Wallet-ID für die Nutzung, sondern es ist eine Account-Registrierung wie bei gewöhnlichen Apps erforderlich.

13 Dafür entsteht durch die Nutzung einer dApp aber auch – ebenfalls wie bei gewöhnlichen Apps – ein vertragliches Nutzungsverhältnis. Soweit die Verarbeitung der Nutzerdaten zur Begründung oder Durchführung dieses Vertrages erforderlich ist, können sich Verantwortliche auf Art. 6 Abs. 1 Buchst. b DS-GVO also Rechtsgrundlage stützen. Das gilt auch für Verantwortliche, die nicht der Vertragspartner der betroffenen Person sind (Art. 49 Abs. 1 Buchst. b DS-GVO *e contrario*).

14 Im Übrigen kann eine Verarbeitung zur Wahrung der berechtigten Interessen des Verantwortlichen gerechtfertigt sein, Art. 6 Abs. 1 Buchst. f DS-GVO. Berechtigte Interessen in diesem Sinne können etwa die Bekämpfung von Missbrauch der dApp oder auch die Durchführung von Werbemaßnahmen sein. Die Verarbeitung muss für den angestrebten Zweck erforderlich sein und es dürfen keine überwiegenden Interessen, Grundrechten und Grundfreiheiten der betroffenen Personen entgegenstehen.

Praxishinweis:
Verantwortliche, die dApps betreiben, müssen für jede Verarbeitungstätigkeit eine taugliche Rechtsgrundlage nach Art. 6 DS-GVO identifizieren und dokumentieren; eine pauschale Berufung auf die Vertragserfüllung nach Art. 6 Abs. 1 Buchst. b DS-GVO scheidet aus, soweit die Verarbeitung über das für die Vertragserfüllung

[6] Siehe für ein solches Beispiel im Zusammenhang mit traditioneller Datenverarbeitung European Data Protection Board Guidelines 07/2020 on the concepts of controller and processor in the GDPR, Version 2.1, 21.7.2021, S. 24.

zwingend Erforderliche hinausgeht. Insbesondere bei der Stützung auf berechtigte Interessen nach Art. 6 Abs. 1 Buchst. f DS-GVO ist eine sorgfältige, dokumentierte Interessenabwägung durchzuführen. Die Berücksichtigung des Unterschieds zwischen on- und off-chain-Verarbeitungen bei der Erstellung des Verzeichnisses von Verarbeitungstätigkeiten kann zur Vorbereitung der Rechtmäßigkeitsprüfung eine große Hilfe sein.

Ein weiterer Unterschied zu DAOs besteht bei den durch eine dApp verarbeiteten Daten. **15**
Es kann davon ausgegangen werden, dass die Datenverarbeitung bei der Verwendung einer dApp intensiver ist als bei einer DAO. Während bei einer DAO (lediglich) solche Daten verarbeitet werden, die im Rahmen der Teilhabe der Organisationsmitglieder relevant sind, werden je nach Funktionsweise der jeweiligen dApp (vergleichbar zu einer herkömmlichen App) eine Vielzahl von Nutzerdaten verarbeitet. Auch hier ergeben sich keine datenschutzrechtlichen Besonderheiten, sofern diese Daten *off-chain* verarbeitet werden. Findet die Verarbeitung jedoch dezentral, *on-chain* statt, stellen sich wiederum die bereits besprochenen Probleme bzgl. der Verantwortlichkeit und der Ausübung der datenschutzrechtlichen Betroffenenrechte.

V. Fazit

Die unklaren Konturen des Begriffs der dApp erlauben keine pauschale datenschutzrecht- **16**
liche Einordnung. Zumindest für den innovativen Teil der Datenverarbeitung mittels solcher Apps, dh die *on-chain*-Verarbeitung, gelten die Grundsätze, die in den vorgehenden Abschnitten für die Blockchain im Allgemeinen und DAOs, NFTs und DeFi-Anwendungen im Besonderen entwickelt wurden. Ab einer gewissen Komplexität und Popularität wird es bei vielen dApps erforderlich sein, einen erheblichen Teil der Datenverarbeitung außerhalb der Blockchain abzuwickeln. So wird zumindest auf absehbare Zeit wohl keine Blockchain in der Lage sein, ein ganzes Metaverse oder Online-Rollenspiel zu „tragen". Für diese *off-chain*-Verarbeitung personenbezogener Daten gelten dann die allgemeinen Regeln.

§ 57 Insolvenzrecht

Übersicht

Schrifttum:

Braegelmann/Kaulartz, Rechtshandbuch Smart Contracts, 2019; Braun, Insolvenzordnung, 10. Aufl. 2024; Gottwald/Haas, Insolvenzrechts-Handbuch, 6. Aufl. 2020; Hau/Poseck, BeckOK BGB, 73. Edition 2025; Heckelmann, Zulässigkeit und Handhabung von Smart Contracts, NJW 2018, 504; Kaulartz/Heckmann, Die Blockchain-Technologie/Smart Contracts – Anwendungen der Blockchain-Technologie, CR 2016, 618; Kupka, Die Vereinbarkeit von Smart Contracts in der Blockchain mit § 103 InsO, ZIP 2021, 837; Linardatos, Smart Contracts – einige klarstellende Bemerkungen, K&R 2018, 85; Linardatos, Neue Technologien im Insolvenzrecht. Einsatzfelder von künstlicher Intelligenz, Blockchain und Smart Contracts, ZIP 2022, 153; Mann, Die Decentralized Autonomous Organization – ein neuer Gesellschaftstyp?, NZG 2017, 1014; Martini/Weinzierl, Die Blockchain-Technologie und das Recht auf Vergessenwerden, NVwZ 2017, 1251; Nerlich/Römermann, Insolvenzordnung. 40. EL März 2020; Nietsch, Smart Contracts in der Insolvenz, DSRITB 2018, 287; Säcker/Rixecker/Oetker/Limperg/Schubert, Münchener Kommentar zum Bürgerlichen Gesetzbuch, 10. Aufl. 2025; Säcker/Rixecker/Oetker/Limperg/Schubert, Münchener Kommentar zum Bürgerlichen Gesetzbuch, 9. Aufl. 2021; Schmidt, Insolvenzordnung, 20. Aufl. 2023; Stürner/Eidenmüller/Schoppmeyer, Münchener Kommentar zur Insolvenzordnung, 4. Aufl. 2019; Uhlenbruck, Insolvenzordnung, 15. Aufl. 2019.

1 Hinsichtlich der Unumkehrbarkeit und Unveränderlichkeit[1] der in Smart Contracts verkörperten Vorgänge ergeben sich vorhersehbare Probleme mit gesetzlichen Regelungen, die unter gewissen Umständen eine Anpassung oder gar Aufhebung von vertraglichen Vereinbarungen verlangen, um das Rechtssystem als Ganzes zu schützen. Ein prominentes Beispiel hierfür ist das Insolvenzrecht, das zum Schutz der Gläubiger des Insolvenzschuldners[2] und seiner Vermögensmasse nachträgliche Eingriffe in dessen Vertragsverhältnisse verlangt. Es liegt auf der Hand, dass dieses Ziel nur dann erreicht werden kann, wenn zum Schutz der gesamten Gläubigerschaft Schutzmaßnahmen ergriffen werden, damit nicht einzelne Parteien sich zulasten der Gläubigergesamtheit vorrangig bereichern. Es ist zwar technisch möglich, Öffnungsmechanismen in Smart Contracts einzubauen, um die nachträgliche Einflussnahme zu ermöglichen. Derartige Mechanismen widersprechen aber gerade einem der Hauptzwecke von Smart Contracts, nämlich die Verlässlichkeit und das Vertrauen im Rechtsverkehr zu stärken[3].

I. Insolvenzrechtliche Grundzüge

1. Zweck des Insolvenzverfahrens

2 Das deutsche Insolvenzrecht basiert auf der 1994 in Kraft getretenen InsO, deren Ziel es ist, „die Gläubiger eines Schuldners gemeinschaftlich zu befriedigen, indem das Vermögen des Schuldners verwertet und der Erlös verteilt […] wird“ (§ 1 S. 1 InsO). Um mögliche Konflikte zwischen den gesetzlichen Vorgaben des Insolvenzrechts und der blockhainbasierten Abbildung von Vertragsverhältnissen verstehen zu können, ist es unabdingbar, sich vorerst einen Überblick über das Insolvenzverfahren zu verschaffen. Hinsichtlich der Voraussetzungen der Insolvenz (§§ 17–19 InsO) gelten hier keine Besonderheiten[4] (zur Möglichkeit der Verwendung von Smart Contracts zur automatisierten Erfassung der

[1] Kaulartz/Heckmann CR 2016, 618 (620).
[2] § 1 S. 1 InsO erklärt es zum Ziel des Insolvenzverfahrens, die Gläubiger des Insolvenzschuldners gemeinschaftlich zu befriedigen.
[3] Szabo, abrufbar unter https://archive.md/20011102030833/http:/szabo.best.vwh.net/smart.contracts.html#selection-335.25–335.35 (zuletzt abgerufen am 10.3.2025).
[4] Siehe hierzu etwa Gottwald/Haas/Gundlach Hdb InsR § 6.

Insolvenztatbestände siehe aber → Rn. 67). Die für die Behandlung von Smart Contracts relevanten Rechtsfolgen der Insolvenz sollen hier jedoch näher betrachtet werden.

2. Rechtsfolgen der Insolvenz

Mit dem Zeitpunkt der Eröffnung des Insolvenzverfahrens, also mit dem Eröffnungsbeschluss durch das Insolvenzgericht (§ 27 InsO), treten die gesetzlichen Folgen der Insolvenz zum Schutze der Insolvenzgläubiger ein. Einige dieser Folgen können durch das Insolvenzgericht auch bereits vorläufig angeordnet werden[5]. Die wichtigsten Folgen der Insolvenz werden in der Folge kurz dargestellt. 3

a) Verlust der Verfügungs- und Verwaltungsbefugnis (§ 80 InsO)

Wichtigste Wirkung der Insolvenz ist, dass der Insolvenzschuldner die Verwaltungs- und Verfügungsgewalt über das zur Insolvenzmasse gehörende Vermögen verliert (§ 80 Abs. 1 InsO). Das bedeutet, dass ihm die Kontrolle über sein Vermögen ab diesem Zeitpunkt vollständig entzogen ist und auf den Insolvenzverwalter übergeht[6]. 4

Zur Insolvenzmasse gehört gem. § 35 Abs. 1 InsO das gesamte dem Insolvenzschuldner bei Insolvenzeröffnung zur Verfügung stehende Vermögen[7] sowie das Vermögen, was er während des Insolvenzverfahrens erlangt. Ausgenommen sind gem. § 36 InsO unpfändbare Gegenstände. 5

b) Leistungen des Insolvenzschuldners

Versucht der Insolvenzschuldner trotz des gesetzlichen Verfügungsverbots (→ Rn. 4) über das zur Insolvenzmasse gehörende Vermögen zu verfügen, ist diese Verfügung unwirksam (§ 81 Abs. 1 S. 1 InsO). Rechtsfolge ist das Recht des Insolvenzverwalters als neuer Verfügungsberechtigter über das Insolvenzvermögen, die Leistung gem. § 185 S. 2 BGB analog mit Wirkung ex tunc zu genehmigen[8], wenn dies vorteilhaft für die Insolvenzmasse ist, etwa wegen eines dann bestehenden wechselseitigen Anspruchs gegen den Dritten (zu den besonderen Regeln bei wechselseitigen Verträgen in der Insolvenz → Rn. 10 ff.). 6

Genehmigt der Insolvenzverwalter die Leistung hingegen nicht, kann er das vom Insolvenzschuldner unter Verstoß gegen das Verfügungsverbot Geleistete vom Empfänger herausverlangen[9]. Ein gutgläubiger Erwerb durch den Leistungsempfänger ist nur unter den Voraussetzungen der §§ 892, 893 BGB für unbewegliche Sachen sowie für in Registern eingetragene Schiffe, Schiffsbauwerke und Luftfahrzeuge möglich, scheidet also für bewegliche Sachen aus.[10] 7

c) Leistungen an den Insolvenzschuldner

Sofern die Leistung eines Dritten als Gegenleistung für eine gem. § 81 Abs. 1 S. 1 InsO unwirksame Leistung des Insolvenzschuldners (→ Rn. 6) vorgenommen wurde, steht dem Dritten gem. § 81 Abs. 1 S. 3 InsO ein Erstattungsanspruch aus §§ 812 ff., 818, 819 BGB zu, der gem. § 55 Abs. 1 Nr. 3 InsO eine Masseverbindlichkeit darstellt. Dies gilt allerdings nur dann, wenn der Dritte an die Insolvenzmasse geleistet hat und nicht direkt an den Insolvenzschuldner[11]. 8

[5] Insbesondere die Bestellung eines vorläufigen Insolvenzverwalters oder die die Anordnung eines Verfügungsverbotes gem. § 21 Abs. 2 Nr. 1, 2 InsO.
[6] MüKoInsO/Vuia § 80 Rn. 6; Uhlenbruck/Mock InsO § 80 Rn. 4.
[7] Zum weiten Verständnis des Vermögensbegriffes siehe Uhlenbruck/Hirte/Praß InsO § 35 Rn. 11 ff.
[8] BGH WM 2012, 1496 Rn. 13 ff.
[9] Nerlich/Römermann/Kruth InsO § 81 Rn. 13.
[10] Braun/Kroth InsO § 81 Rn. 8.
[11] Braun/Kroth InsO § 81 Rn. 10; Uhlenbrock/Mock InsO § 81 Rn. 41; Nerlich/Römermann/Kruth InsO § 81 Rn. 24.

9 Insofern entfalten Leistungen eines Dritten nach Insolvenzeröffnung, die an den Insolvenzschuldner und nicht an den Insolvenzverwalter als neuen Empfangsberechtigten[12] erfolgen, gem. § 82 S. 1 InsO nur dann Erfüllungswirkung, sofern der Leistende keine Kenntnis von der Eröffnung der Insolvenz hatte[13]. Kannte der Leistende hingegen den Umstand der Insolvenzeröffnung, entfaltet seine Leistung an den Insolvenzschuldner keine Erfüllungswirkung gegenüber der Insolvenzmasse. Der Insolvenzverwalter ist berechtigt, die Leistung nochmals mit Wirkung für die Insolvenzmasse zu verlangen[14].

d) Verträge in der Insolvenz

10 Mit Eröffnung des Insolvenzverfahrens stellt sich auch die Frage, wie Verträge behandelt werden sollen, die vor Eröffnung der Insolvenz abgeschlossen wurden, zu diesem Zeitpunkt aber noch nicht vollständig erfüllt sind und unter denen der Insolvenzschuldner weiterhin zur Leistung verpflichtet bzw. berechtigt ist. Um zu vermeiden, dass die Insolvenzmasse unverhältnismäßig verringert wird, sieht die InsO in §§ 103 ff. Ausnahmen vom zivilrechtlichen Grundsatz der Vertragsbindung vor.

11 **aa) Grundregel des § 103 InsO.** § 103 Abs. 1 InsO sieht zu diesem Zweck ein grundsätzliches Wahlrecht des Insolvenzverwalters hinsichtlich der weiteren Erfüllung von bei Insolvenzeintritt noch nicht beidseitig vollständig erfüllten Verträgen vor. Betrachtet der Insolvenzverwalter einen Vertrag als grundsätzlich vorteilhaft für die Insolvenzmasse[15], kann er die weitere gegenseitige Erfüllung des Vertrages wählen, wodurch die Forderungen des Vertragspartners zu Masseverbindlichkeiten werden (§ 55 Abs. 1 Nr. 2 InsO). Anderenfalls verweigert der Insolvenzverwalter die (weitere) Erfüllung des Vertrages. In diesem Fall kann der Vertragspartner lediglich (Schadensersatz-)Ansprüche wegen Nichterfüllung als Insolvenzgläubiger gem. §§ 174, 175 InsO zur Tabelle anmelden, wo diese im Rahmen der Insolvenzquote anteilig gekürzt werden.

12 **bb) Sonderfälle (§§ 104 ff. InsO).** Die §§ 104 ff. InsO sehen von dem in § 103 InsO verordneten Grundsatz insbesondere die folgenden Abweichungen vor:

13 Sofern die Lieferung von Waren mit einem festen Börsen- oder Marktwert (einschließlich Finanzleistungen) zu einem bestimmten Termin geliefert werden sollen und dieser Zeitpunkt erst nach Eröffnung des Insolvenzverfahrens eintritt, kann keine Erfüllung verlangt, sondern nur Ansprüche wegen Nichterfüllung als Insolvenzgläubiger geltend gemacht werden, ohne dass hier ein Wahlrecht des Insolvenzverwalters bestünde (§ 104 Abs. 1 S. 1 InsO).

14 Miet- und Pachtverträge über Räume und unbewegliche Gegenstände bleiben grundsätzlich mit Wirkung für die Insolvenzmasse bestehen (§ 108 Abs. 1 InsO), können aber vom Insolvenzverwalter mit dreimonatiger Frist gekündigt werden (§ 109 Abs. 1 S. 1 InsO).

15 Aufträge oder Geschäftsbesorgungsverträge erlöschen automatisch mit Eröffnung des Insolvenzverfahrens (§§ 115, 116 InsO).

16 **cc) Umgehungsverbot.** § 119 InsO sieht ein Umgehungsverbot vor, das es den Vertragsparteien untersagt, Vereinbarungen zu treffen, die das dem Insolvenzverwalter zustehende Wahlrecht oder andere in den §§ 103–118 InsO enthaltene Vorgaben auszuschließen oder zu beschränken. In der Praxis wird ein derartiger Ausschluss häufig in Fällen angenommen, in denen einer Partei im Falle der Insolvenz der anderen Partei ein Kündigungsrecht gewährt wird[16]. Vertragliche Vereinbarungen dieser Art sind gem. § 119 InsO unwirksam.

---

[12] Zur Empfangszuständigkeit des Insolvenzverwalters s. MüKoInsO/Vuia § 82 Rn. 4.

[13] Kenntnis umfasst dabei ausschließlich die positive Kenntnis, fahrlässige Unkenntnis ist unschädlich, s. BGH NJW 2010, 1806; 2018, 2049 Rn. 57 ff.

[14] Braegelmann/Kaulartz Smart Contracts/Decentralized Finance-HdB/Paulus/Braegelmann Kap. 18 Rn. 17.

[15] Zum Zweck der Regelung des § 103 InsO s. etwa den Überblick bei MüKoInsO/Huber § 103 Rn. 1 ff.

[16] S. Übersichten bei Uhlenbruck/Sinz InsO § 119 Rn. 10 ff.; Braun/Hartwig InsO § 119 Rn. 10 ff.

e) Anfechtbarkeit

Um zu vermeiden, dass der Insolvenzschuldner in Erwartung der Insolvenz Vermögenswerte der Insolvenzmasse entzieht, indem er über diese vor dem Eintritt des Verfügungsverbots (→ Rn. 4) verfügt, sieht § 129 InsO ein Anfechtungsrecht für bestimmte Rechtshandlungen vor, welche die Insolvenzgläubiger benachteiligen, insbesondere: 17

Verfügungen trotz Zahlungsunfähigkeit bzw. Stellung des Insolvenzantrags und Kenntnis dieses Umstandes auf Seiten des Vertragspartners (§ 132 InsO); vorsätzlich schädigende Verfügungen bei Kenntnis der Schädigungsabsicht auf Seiten des Vertragspartners (§ 133 Abs. 1 InsO); Leistungen an nahestehende Personen iSd § 138 InsO (§ 133 Abs. 4 InsO) sowie unentgeltliche Leistungen des Insolvenzschuldners (§ 134 InsO). Anfechtungsberechtigt ist jeweils der Insolvenzverwalter (§ 129 Abs. 1 InsO). 18

Rechtsfolge der Anfechtung ist gem. § 143 S. 1, 2 InsO die Erstattung nach den Regeln über die ungerechtfertigte Bereicherung. Steht der Rechtshandlung des Insolvenzschuldners eine Gegenleistung des Vertragspartners gegenüber, so kann er diese herausverlangen, sofern die Leistung noch abgrenzbar in der Insolvenzmasse vorhanden ist oder die Insolvenzmasse noch wertmäßig bereichert ist. Ansonsten bleibt nur die Anmeldung des Herausgabeanspruchs als Insolvenzgläubiger (§ 144 InsO). 19

II. Smart Contracts in der Insolvenz

Praktisch stellt sich die Frage, ob und wie sich die Regeln der InsO auf Smart Contracts anwenden lassen und ob dies zu sachgerechten Ergebnissen führt oder sich die Regeln der InsO durch die Verwendung von Smart Contracts umgehen lassen oder die durch Smart Contracts erzielten Ergebnisse zum Schutz der Insolvenzmasse und der Insolvenzgläubiger anderweitig korrigiert werden müssen. Der Umstand, dass Vertragspartner des Insolvenzschuldners regelmäßig über die InsO nur schlecht geschützt sind, lässt die Möglichkeit interessant erscheinen, die eigene Stellung durch automatisierte, selbstvollziehende Smart Contracts für den Fall der Insolvenz des Vertragspartners zu verbessern[17]. 20

1. Relevante Szenarien

Es gibt eine nahezu unbeschränkte Vielzahl an Typen von Smart Contracts. Insofern muss der weite Begriff hier gewissen Einschränkungen unterworfen werden, da nicht alle technisch als Smart Contract zu verstehenden Konstrukte relevant im Sinne des Insolvenzrechts sind. 21

Zunächst muss der Begriff des Smart Contracts natürlich insofern einschränkend ausgelegt werden, dass im Folgenden nur solche Smart Contracts erfasst werden, die einen relevanten Bezug zur Insolvenzmasse aufweisen. Das sind vor allem solche Smart Contracts die den (späteren) Insolvenzgläubiger zu einer Leistung über sein der Insolvenzmasse zugehöriges Vermögen (→ Rn. 5) veranlassen. Ob ein Smart Contract dabei selbst als Vertrag iSd § 311 Abs. 1 BGB zu verstehen ist[18] oder lediglich als Mittel zur Erfüllung eines offline geschlossenen Vertrages dient, ist für die insolvenzrechtliche Beurteilung irrelevant, da es hierfür auf die Wirkung eines Vertrages ankommt und nicht auf die technische Art der Umsetzung[19]. Wichtig ist allein, dass der Smart Contract bereits vor Eröffnung des Insolvenzverfahrens in 22

---

[17] So die Befürchtung bei Braegelmann/Kaulartz Smart Contracts/Decentralized Finance-HdB/Paulus/Braegelmann Kap. 18 Rn. 2.

[18] S. hierzu etwa Linardatos K&R 2018, 85 (88); Heckelmann NJW 2018, 504 (505 f.).

[19] Nietsch DSRITB 2018, 287 (291 f.).

Kraft gesetzt wurde. Nicht erfasst hingegen sind Smart Contracts, die erst den späteren Abschluss eines Vertrages (nach Eröffnung des Insolvenzverfahrens) ermöglichen[20].

23 Der Einfachheit halber soll in der folgenden Darstellung eine Aufteilung der denkbaren Smart Contracts in zwei Hauptkategorien vorgenommen werden, die insolvenzrechtlich besonders relevant werden können:

24 Zum einen gibt es Smart Contracts, deren Zweck es vorrangig ist, das vertragliche Synallagma sicherzustellen, wenn eine Partei etwa vorleistungspflichtig ist[21]. Dies geschieht praktisch in der Form, dass ein Algorithmus „prüft", ob eine der Parteien ihre vertraglich geschuldete Leistung erfüllt hat und dann umgehend die Gegenleistung bewirkt (Synallagma-sichernde Smart Contracts). Auch der gegenteilige Fall ist denkbar, in dem der Smart Contract die Leistungserbringung einer Partei automatisch einstellt, wenn die Gegenseite nicht erfüllt hat.

Beispiele:

25 Öffnung der Tür eines Hotelzimmers oder eines KFZ, wenn Zahlung durch Mieter eingegangen ist[22]; Zahlung des vereinbarten Entgelts nach von einem Smart Meter übermittelten Verbrauchsstand[23]; automatische Sperrung der Nutzung eines Vertragsgegenstandes, wenn die geschuldete Nutzungsgebühr nicht bezahlt wurde[24].

26 Zum anderen ist es denkbar, dass ein Smart Contract über eine Schnittstelle (Orakel) auf ein außerhalb des Smart Contract liegendes Ereignis reagiert, dass der Kontrolle durch die Parteien entzogen ist bzw. sich nicht an der bloßen Leistungserfüllung einer der Parteien orientiert.

Beispiele:

27 Vollzug eines Kaufvertrages, wenn der Handelskurs des Kaufgegenstandes eine bestimmte Marke erreicht hat; Vollzug eines Kaufvertrages, wenn eine dritte Partei dem zugestimmt hat[25]; automatische Neubestellung von Waren, wenn der Lagerstand eine bestimmte Menge unterschritten hat[26] und automatische Zahlung der nachbestellten Waren; Stundung einer Darlehensrückzahlung bis zu einem bestimmten Zeitpunkt und bei Eintritt dieses Zeitpunkts automatisierte Rückzahlung der Darlehenssumme.

28 Beide Kategorien können sich sowohl auf den einmaligen als auch auf den fortlaufenden Austausch von Leistungen beziehen. Dabei ist allerdings zu hinterfragen, wie sinnvoll eine Abbildung eines Sukzessivliefervertrages durch einen Smart Contract überhaupt ist, da bei diesen früher oder später immer eine Kündigung des Vertrages im Raum stehen wird und diese ohne entsprechende Einflussmöglichkeit auf den Smart Contract (Kill Switch) kaum durchgeführt werden kann. Auch kann es natürlich sein, dass der Lieferant gar nicht willens oder in der Lage ist, die unbeschränkte Verfügbarkeit seiner Produkte oder Leistungen dauerhaft zu gewährleisten, sondern Anfragen immer erst manuell prüfen muss. Für derartige Szenarien eignen sich Smart Contracts folglich nur bedingt.

Praxishinweis:
Beim Abschluss von Dauerschuldverhältnisse oder Sukzessivlieferverträge mittels Smart Contracts sollte von vornherein die Möglichkeit eines geeigneten Beendigungs- bzw. Unterbrechungsmechanismus (Kill Switch) berücksichtigt werden. Anderenfalls

---

[20] Braegelmann/Kaulartz Smart Contracts/Decentralized Finance-HdB/Paulus/Braegelmann Kap. 18 Rn. 19 nehmen Smart Contracts vom Anwendungsbereich des § 103 InsO aus, wenn diese lediglich wie Vertreter oder Boten im Sinne eines Warenverkaufsautomaten, dh als Mittel des Vertragsschlusses agieren.

[21] Zu diesen Arten von Smart Contracts s. Kupka ZIP 2021, 837.

[22] Ähnlich das Beispiel zu Lieferung einer Ware unter Eigentumsvorbehalt bei Kupka ZIP 2021, 837.

[23] Beispiele bei Mann NZG 2017, 1014 (1015).

[24] Beispiele bei Kaulartz/Heckmann CR 2016, 618.

[25] Beispiel bei Nietsch DSRITB 2018, 287 (290 f.).

[26] S. Kupka ZIP 2021, 837 (838).

können erhebliche wirtschaftliche und rechtliche Probleme entstehen, von denen die Insolvenz einer der Parteien nur eine ist (→ Rn. 53 ff.).

2. Anwendung der §§ 103 ff. InsO auf Smart Contracts

Insolvenzrechtlich relevant werden diese Szenarien immer dann, wenn zwei (oder mehr) Parteien einen Smart Contract abgeschlossen haben, der sich dann automatisiert (entweder einmalig oder fortlaufend) selbst erfüllt, obwohl inzwischen bei einer der Vertragsparteien die Insolvenz eingetreten ist. Vor die Klammer gezogen wird hier zunächst die grundlegende Frage erörtert, ob sich Smart Contracts bereits deshalb per se dem Anwendungsbereich der §§ 103 ff. InsO entziehen, weil sie als bereits vollständig erfüllt zu gelten haben. Nachfolgend werden die weiteren Voraussetzungen des §§ 103 ff. InsO separat für Synallagma-sichernde und sonstige Smart Contracts untersucht, da sich die Behandlung dieser Vertragstypen im Gefüge der §§ 103 ff. InsO grundsätzlich voneinander unterscheiden kann. 29

a) Anwendungsbereich: beidseitig vollständig erfüllter gegenseitiger Vertrag?/ Hinterlegung analog?

Voraussetzung der Anwendbarkeit der §§ 103 ff. InsO ist zunächst immer, dass der Smart Contract einen gegenseitigen Vertrag abbildet, also einen Vertrag mit sich synallagmatisch gegenüberstehenden Hauptpflichten[27]. Das ist jedenfalls für Synallagma-sichernde Smart Contracts (→ Rn. 24 f.) zweifellos der Fall. Es mag aber auch solche Smart Contracts geben, die nicht hierunter fallen, zB rein einseitige Rechtsgeschäfte wie Lotterien oder ähnliche Arten von automatisiert vollzogenen Auslobungen. 30

Vom Anwendungsbereich der §§ 103 ff. InsO ausgenommen sind ferner Verträge, die bereits vor Insolvenzeröffnung beidseitig vollständig erfüllt wurden[28]. Bei Smart Contracts, die vor Insolvenzeröffnung abgeschlossen wurden, lässt ich darüber nachdenken, ob nicht bereits eine solche Erfüllung vorliegt, da die Parteien des Smart Contract schon alles getan haben, um die vollständige Erfüllung herbeizuführen. Allerdings kommt es nach einhelliger Meinung für die vollständige Erfüllung auf den Erfolgseintritt und nicht auf die Vornahme der Erfüllungshandlung an[29]. Insofern fallen nur solche Smart Contracts aus dem Anwendungsbereich der §§ 103 ff. InsO heraus, deren programmierten Abläufe zur Vertragserfüllung bereits vollständig vor Eröffnung des Insolvenzverfahrens ausgeführt wurden und die nachher nicht nochmals ausgelöst werden können. 31

Zusätzlich ließe sich hier allerdings überlegen, ob nicht aufgrund der Unveränderlichkeit der Leistungserfüllung bei Verwendung eines Smart Contract jedenfalls in analoger Anwendung der Regeln über die Hinterlegung (§§ 372 ff. BGB) doch zumindest ein der vollständigen Erfüllung gleichwertiges Äquivalent besteht und Smart Contracts so letztendlich doch dem Anwendungsbereich der §§ 103 ff. InsO entzogen sein könnten. § 378 BGB sieht insofern vor, dass der Erfolg einer Leistung ausnahmsweise bereits mit der Hinterlegung der Leistung bei einer Hinterlegungsstelle eintritt. Da die Parteien bei der Vertragsabwicklung über einen Smart Contract ihre Verfügungsgewalt über die zu leistenden Gegenstände in ähnlich endgültiger Weise aus der Hand gegeben haben, erscheint eine Analogie zunächst nicht gänzlich fernliegend. Eine solche dürfte jedoch aus diversen Gründen nicht in Betracht kommen[30]: Die Hinterlegung ist gem. § 372 BGB überhaupt nur dann anstelle der ordentlichen Erfüllung zulässig, wenn sich der Gläubiger im Annahmeverzug befindet oder die Identität des Gläubigers unklar ist. Beides dürfte bei den hier diskutierten Smart 32

[27] BGH NJW 2009, 1414 Rn. 9; Uhlenbruck/Wegener InsO § 103 Rn. 25, 93.
[28] BGH NZI 2003, 539 (540); LG Mannheim ZIP 2004, 576; MüKoInsO/Huber § 103 Rn. 123.
[29] BGH NJW 1983, 1605 (1606); BAG BeckRS 2012, 65004 Rn. 37; auch Kupka ZIP 2021, 837 (838 f.) mit detaillierter Prüfung nach Vertragstyp.
[30] So schon vertreten bei Nietsch DSRITB 2018, 287 (293).

Contracts wohl kaum vorkommen. Auch liegt bei einem selbstverwalteten Smart Contract keine hinreichende Ähnlichkeit mit einer herkömmlichen (öffentlichen[31]) Verwahrstelle vor. Anders wäre es natürlich, wenn in Zukunft eine Hinterlegung mittels Smart Contract gesetzlich ausdrücklich als Erfüllungsäquivalent anerkannt würde.

b) Synallagma-sichernde Smart Contracts

33 Im Folgenden werden die relevanten Themen zunächst für solche Smart Contracts diskutiert, die gerade das Synallagma einer Leistungsbeziehung absichern.

34 **aa) Smart Contracts als aufschiebende Bedingung iSd § 158 BGB?** Zunächst lässt sich die Frage stellen, ob es sich bei den in Smart Contracts hinterlegten Algorithmen um aufschiebende Bedingungen iSd § 158 Abs. 1 BGB handelt. Nach Auffassung des BGH fallen derartig bedingte Verträge nicht in die Insolvenzmasse und damit auch aus dem Anwendungsbereich des § 103 InsO heraus[32]. Der Grund hierfür ist, dass durch die Natur der Bedingung bereits vorzeitig ein der vollständigen Erfüllung ähnlicher Zustand erreicht wird. Die Annahme einer aufschiebenden Bedingung liegt bei Smart Contracts deshalb nahe, weil der in einem Smart Contract typischerweise enthaltene „Wenn X, dann Y"-Algorithmus (→ § 52 Rn. 4) jedenfalls der Struktur einer Bedingung ähnelt, die an den Eintritt eines ungewissen Ergebnisses eine bestimmte Folge knüpft[33].

35 Bei den Synallagma-sichernden Smart Contracts stellt sich diese Frage allerdings nicht, da die Folge an rein interne Vorgänge zwischen den Parteien geknüpft ist, insbesondere die Leistungsbereitschaft oder -möglichkeit einer der Parteien, zB die Einstellung der Zahlung der vereinbarten Miete und die darauf folgende automatisierte Sperrung des Mietgegenstandes. Solche internen Umstände unter Kontrolle jedenfalls einer der Parteien kommen als Bedingung iSd § 158 BGB nicht in Betracht[34] (für sonstige Smart Contracts aber → Rn. 44).

36 **bb) Wahlrecht des Insolvenzverwalters.** Sofern keine der oben genannten Ausnahmen auf einen Smart Contract zutrifft und auch kein Sonderfall der §§ 104 ff. InsO greift (→ Rn. 50), besteht grundsätzlich das gesetzliche Wahlrecht des Insolvenzverwalters, über die weitere Erfüllung des durch den Smart Contract abgebildeten Vertragsverhältnisses zu entscheiden (→ Rn. 11). Sofern der Insolvenzverwalter sein Wahlrecht noch nicht ausgeübt hat, bestehen die Ansprüche aus dem jeweiligen Schuldverhältnis zwar fort, befinden sich aber in einem Schwebezustand der Undurchsetzbarkeit[35]. Bei Wahl der Weitererfüllung leben die gegenseitigen Ansprüche wieder auf, bei Wahl der Ablehnung sind diese dauerhaft undurchsetzbar[36].

37 Insofern entstehen Bedenken, da der Smart Contract, einmal in Kraft gesetzt, sich auch durch die Wahl des Insolvenzverwalters nicht mehr außer Kraft setzen lässt und sich der Vertrag unabhängig von der Entscheidung des Insolvenzverwalters selbstständig weiter erfüllt (zB wenn der Vertragspartner weiterhin die vereinbarte Miete zahlt) oder aber die Erfüllung einstellt (wenn die Miete nicht mehr gezahlt wird), das Entscheidungsrecht des Insolvenzverwalters also „konterkariert"[37].

38 Bei den Synallagma-sichernden Smart Contracts besteht meist die Besonderheit, dass diese nicht vollständig automatisiert ablaufen, sondern eine der Parteien in Vorleistung tritt und der Smart Contract hierauf reagiert und die Gegenleistung automatisiert erbringt bzw. im gegenteiligen Fall die weitere Vertragsausführung unterbindet. Sofern die zuerst zu erbringende Leistung die des Insolvenzschuldners ist, dürfte sich kein Problem hinsichtlich § 103

[31] Dies sind im Einklang mit den jeweiligen Hinterlegungsgesetzen der Länder regelmäßig die Amtsgerichte am Leistungsort.
[32] BGH NJW 2006, 915.
[33] BeckOK BGB/Rövekamp BGB § 158 Rn. 3.
[34] MüKoBGB/Wietfeld § 158 Rn. 2; so auch Kupka ZIP 2021, 837 (839).
[35] BGH NZI 2002, 375 (376); NJW 2003, 2744 (2745).
[36] BGH NZI 2013, 296 Rn. 10.
[37] Kupka ZIP 2021, 837 (839).

InsO ergeben. Der Insolvenzverwalter kann schließlich die Leistung jederzeit einstellen und als Folge wird auch die Gegenleistung nicht erbracht, da der entsprechende Input für den Algorithmus zur Bewirkung der Gegenleistung fehlt. Umgekehrt kann der Insolvenzverwalter auch die Leistung erbringen, was automatisiert zur Erbringung der Gegenleistung führt. Hier verbleibt beim Insolvenzverwalter die volle Kontrolle über die weitere Vertragserfüllung und er kann das ihm gesetzlich zustehende Wahlrecht unbeschränkt ausüben. Der Vertragspartner kann im Falle der Wahl der Nichterfüllung seinen Schadensersatzanspruch wegen Nichterfüllung (→ Rn. 11) beim Insolvenzverwalter anmelden.

Probleme treten aber dann auf, wenn die initiale Leistung durch den Vertragspartner des **39** Insolvenzschuldners erbracht wird und durch diese der Smart Contract ausgelöst wird mit der Folge, dass die Gegenleistung des Insolvenzschuldners auf Grundlage des Smart Contracts ebenfalls automatisiert erbracht wird. Hier liegt das Wahlrecht de facto auf Seiten des Vertragspartners und nicht beim Insolvenzverwalter. Der Vertragspartner kann also durch seine eigene Leistung die Erbringung der Gegenleistung erzwingen. Sollte der Vertragspartner allerdings von seiner Erfüllung absehen und damit auch die Gegenleistung des Insolvenzschuldners faktisch unterbinden, ist jedoch zu beachten, dass der Insolvenzverwalter immer noch die Erfüllung des Vertrages Zug-um-Zug (ggf. offline) verlangen kann.

cc) Verstoß gegen das Umgehungsverbot? Insofern stellt sich bei Synallagma-sichern- **40** den Smart Contracts die Frage, ob im Falle der Insolvenz der Partei, deren Leistung vollständig automatisiert erbracht wird, eine vertragliche Umgehung der zwingenden Vorschrift des § 103 Abs. 1 InsO vorliegt. Das wäre insbesondere deshalb kritisch, weil die Unwirksamkeit von Beginn an und unabhängig vom tatsächlichen Eintritt der Insolvenz greift, also faktisch für alle Smart Contracts, die grundsätzlich in den Anwendungsbereich der §§ 103 ff. InsO fallen. Dies käme im Grunde einem Verbot der Nutzung von Smart Contracts im Anwendungsbereich der §§ 103 ff. InsO gleich, wobei es wohl im Wesentlichen ein Verbot ohne Durchsetzung bliebe, sofern nicht eine Ersatzpflicht oder Strafbarkeit der Vertretungsorgane im Raum steht (→ Rn. 63).

Allerdings tritt die Unwirksamkeit gem. § 119 InsO nur dann ein, wenn die das Wahlrecht **41** umgehende Klausel (zB ein Kündigungsrecht) gerade unmittelbar an den Eintritt der Insolvenz geknüpft ist[38]. Das wäre zB dann der Fall, wenn ein Smart Contract automatisch die Vertragserfüllung endgültig beendet, wenn in einem digitalen und zugänglichen Register der Insolvenzantrag oder die Entscheidung über die Eröffnung des Insolvenzverfahrens einer der Parteien veröffentlicht wird.

Bei den Synallagma-sichernden Smart Contracts droht allerdings typischerweise gerade **42** keine derartige Umgehung des § 103 InsO, da der weitere Vollzug eines Vertrages gerade an allgemeine vertragliche und insolvenzunabhängige Risiken geknüpft ist, nämlich die ordnungsgemäße Leistungserbringung der anderen Partei[39]. Insofern wäre die Abbildung eines Vertrages durch einen Smart Contract jedenfalls in diesem Szenario nicht grundsätzlich als Umgehung der insolvenzrechtlichen Vorschriften zu verstehen und damit auch nicht per se unwirksam, selbst wenn ein Smart Contract dazu führt, dass die Einrede nach § 320 BGB auch für Forderungen geltend gemacht werden kann, die nicht als Masseforderung geltend zu machen sind[40].

c) Sonstige Smart Contracts

Die oben dargestellte Rechtslage kann bei solchen Smart Contracts, die nicht das Synallagma **43** absichern und sich nicht lediglich am Regelungskern des § 320 BGB orientieren, anders sein.

[38] S. insofern die detaillierte Übersicht bei Schmidt/Ringstmeier InsO § 119 Rn. 11 ff.

[39] So auch Kupka ZIP 2021, 837 (839 f.) unter Hinweis auf die Rolle des Smart Contracts als automatische Geltendmachung des § 320 BGB.

[40] Kupka ZIP 2021, 837 (839).

44 **aa) Smart Contract als aufschiebende Bedingung iSd § 158 BGB?** Zunächst wäre es hier durchaus vorstellbar, dass der „Wenn X, dann Y"-Algorithmus eines Smart Contract als aufschiebende Bedingung iSd § 158 Abs. 1 BGB zu verstehen ist, sofern das auslösende Ereignis gerade nicht mehr im Einflussbereich der Vertragsparteien liegt, sondern von einem nicht beeinflussbaren Ereignis in der Außenwelt abhängt (zB die Entwicklung des Kurswertes eines Wirtschaftsgutes, das Verhalten einer dritten Partei, usw). Das dürfte praktisch aber wohl eher nur bei einmaligen Austauschverträgen vorkommen und nicht bei Sukzessivlieferverträgen.

45 Ob es sich aber bei dem den Smart Contract definierenden „Wenn X, dann Y"-Algorithmus tatsächlich um eine aufschiebende Bedingung im Sinne des BGB handelt oder um eine andere vertragliche Gestaltungsform, ist durch Auslegung zu ermitteln[41]. Allein die Wahl eines Algorithmus, der der Logik einer aufschiebenden Bedingung folgt, sagt noch nichts darüber aus, ob die Parteien dies auch wirklich in diesem Sinne verstanden haben wollten[42]. Stattdessen kann eine bestimmte Abrede im Einzelfall insbesondere auch als Befristung iSd § 163 BGB, bloße Zweckabrede, Geschäftsgrundlage, sogenannte Scheinbedingung oder Fälligkeitsabrede auszulegen sein[43], die nicht als Bedingung gelten und somit auch nicht aus dem Anwendungsbereich der §§ 103 ff. InsO herausfallen. Auch eine Wette kann mitunter schwierig von einer Bedingung zu unterscheiden sein[44]. Kernelement der echten Bedingung ist immer, dass der Bestand des Vertrages oder zumindest eines seiner Teile an den Eintritt eines Umstandes geknüpft ist, der zum Zeitpunkt des Abschlusses noch im Ungewissen liegt. Die Auslegung muss im Einzelfall alle Umstände des Vertragsschlusses und die Intention der Parteien mit berücksichtigen[45].

46 Insofern mag es für die Parteien eines Smart Contract sinnvoll sein, in der Dokumentation des Smart Contract einen bestimmten, unveränderlichen, einem Gericht zugänglichen und verständlichen Auslegungswillen zu hinterlegen, um etwaigen Ungewissheiten bei der Interpretation des Smart Contract vorzubeugen. So dürfte es möglich sein, einen Smart Contract aus dem Anwendungsbereich der §§ 103 ff. InsO auszuklammern, wobei dies natürlich keine Besonderheit von Smart Contracts ist, sondern auch in gewöhnlichen Offline-Verträgen möglich ist.

Praxishinweis:
Bei der Gestaltung eines Smart Contracts empfiehlt es sich, den Parteiwillen hinsichtlich der rechtlichen Einordnung des auslösenden Algorithmus – insbesondere ob dieser als aufschiebende Bedingung iSd § 158 BGB, als Befristung oder als bloße Fälligkeitsabrede verstanden werden soll – in einer gerichtlich zugänglichen und verständlichen Begleitdokumentation unmissverständlich festzuhalten. Dies kann entscheidend dazu beitragen, ob der Smart Contract dem Anwendungsbereich der §§ 103 ff. InsO unterfällt oder nicht. Eine sorgfältige Dokumentation des Auslegungswillens ist daher integraler Bestandteil einer insolvenzfesten Vertragsgestaltung mittels Smart Contracts.

47 **bb) Wahlrecht des Insolvenzverwalters.** Sofern nicht bereits eine Bedingung iSd § 158 BGB vorliegt, verschärft sich bei den sonstigen Smart Contracts typischerweise das bereits oben (→ Rn. 39) skizzierte Risiko der Einschränkung des Wahlrechts des Insolvenzverwalters. Hier sind faktisch keine Fälle denkbar, in denen der Insolvenzverwalter das ihm gesetzlich zustehende Wahlrecht effektiv ausüben kann, sofern er nicht in irgendeiner Weise

[41] BGH NJW-RR 2009, 1172 Rn. 17; NJW 1985, 376 (377).
[42] Nietsch DSRITB 2018, 287 (294); auch MüKoBGB/Westermann, 9. Aufl. § 158 Rn. 10 mit Verweis auf das im allgemeinen Sprachgebrauch weitere Verständnis des Begriffs.
[43] Zur Abgrenzung der einzelnen Rechtsinstitute ausführlich MüKoBGB/Wietfeld § 158 Rn. 40 ff.
[44] Nietsch DSRITB 2018, 287 (295).
[45] Nietsch DSRITB 2018, 287 (294).

auf das Orakel einwirken kann, das die Ausführung des Smart Contract auslöst. Das dürfte aber praktisch eher selten der Fall sein, da die Parteien des Smart Contract häufig ein Interesse daran haben werden, den Vollzug des Smart Contract unbeeinflusst von weiteren externen Faktoren zu gestalten. Dies ist schließlich gerade der Smart Contracts immanente Vorteil gegenüber gewöhnlichen Verträgen, die der separaten Durchsetzung bedürfen.

cc) Verstoß gegen das Umgehungsverbot? Das Umgehungsverbot des § 119 InsO wird zwar in der Praxis vor allem bei Vertragskündigungsklauseln relevant (→ Rn. 16), es kann gerade bei der automatisierten und unveränderlichen Fortführung der Vertragserfüllung durch Smart Contracts aber auch der gegenteilige Fall eine Umgehung darstellen. Denn faktisch hat der Insolvenzverwalter hier nicht mehr die Möglichkeit, die Nichterfüllung zu wählen. **48**

Allerdings gilt auch hier, dass die Fortführung des Vertrages im Grunde nicht „insolvenzspezifisch" (→ Rn. 41) ist, sondern nur den allgemeinen (von der Rechtsordnung gebilligten bzw. vorausgesetzten) Grundsatz der Vertragstreue umsetzt[46]. Ob sich auch hierauf die von der Rechtsprechung vertretene Trennung zwischen insolvenzspezifischen und nicht insolvenzspezifischen Umgehungsklauseln anwenden lässt, ist mangels ersichtlicher Gerichtsentscheidungen unklar. Allerdings dürfte die Rechtsfolge ohnehin unabhängig davon eintreten, ob ein Verstoß gegen das Umgehungsverbot vorliegt oder nicht: die nach Eröffnung des Insolvenzverfahrens erbrachten Leistungen müssen bei Wahl der Nichterfüllung des Insolvenzverwalters in jedem Fall rückabgewickelt werden (→ Rn. 53). Die Frage, ob die Verwendung eines Smart Contracts also gegen das Umgehungsverbot des § 119 InsO verstößt und deshalb in seiner Gesamtheit und unabhängig vom Eintritt der Insolvenz ex tunc unwirksam ist, dürfte eher auf tatsächlicher Ebene eine Rolle spielen, da hierunter die Akzeptanz von Smart Contracts im Rechtsverkehr erheblich leiden dürfte. **49**

d) Ausnahmen/Sonderfälle

Neben den Smart Contracts, die in den Anwendungsbereich des § 103 InsO fallen, gibt es natürlich sowohl für Synallagma-sichernde wie auch für sonstige Smart Contracts auch solche, die von den Spezialregelungen der §§ 104 ff. InsO erfasst werden. **50**

Die Sonderregeln für Miet- und Pachtverträge (→ Rn. 14) werden etwa relevant, wenn ein Smart Contract den Zugang zu einer Räumlichkeit oder einem Fahrzeug gewährt, sobald die vereinbarte Miete eingegangen ist. Die Sonderregeln für Aufträge und Geschäftsbesorgungen (→ Rn. 15) können dann relevant werden, wenn über einen Smart Contract beim Eintritt bestimmter äußerer Bedingungen Geschäfte mit Wirkung für eine Partei automatisiert ausgeführt werden. Einen Sonderfall deckt § 104 InsO ab, der Fixgeschäfte für Finanzprodukte oder sonstige börsengehandelte Produkte betrifft (→ Rn. 13). **51**

Hierbei entstehen, ähnlich wie bei der Anwendung des § 103 InsO, Probleme im Falle der Insolvenz einer der Vertragsparteien. Zwar besteht bei den §§ 104 ff. InsO gerade kein Wahlrecht des Insolvenzverwalters, wohl aber ein Sonderkündigungsrecht (§ 109 Abs. 1 S. 1 InsO) oder es wird die sofortige Beendigung des Vertragsverhältnisses angeordnet (§ 115 Abs. 1 InsO). Auch diese gesetzlichen Rechte bzw. Rechtsfolgen drohen ausgehöhlt zu werden, wenn der Smart Contract die weitere Erfüllung der Leistungen sichert und das gesetzlich vorgesehene Erlöschen des Schuldverhältnisses bzw. das dem Insolvenzverwalter zustehende Kündigungsrecht außer Kraft setzt. **52**

[46] Anders wäre dies nur wenn der Smart Contract über eine Schnittstelle mit dem Insolvenzregister verknüpft ist und im Falle der Veröffentlichung der Insolvenz einer der Parteien den Vertrag automatisch beendet.

3. Rechtsfolgen

53 Insbesondere in den Fällen, bei denen die Verwendung von Smart Contracts dazu führt, dass die insolvenzrechtlichen Bestimmungen ausgehebelt oder in sonstiger Weise gegen sie verstoßen werden, stellt sich die Frage, ob und wie dies wieder korrigiert werden kann.

a) Leistungen des Insolvenzschuldners

54 Sofern ein Smart Contract die Erbringung einer Leistung des Insolvenzschuldners nach Eintritt der Insolvenz bewirkt, obwohl der Insolvenzverwalter der Fortführung des Vertrages widersprochen oder sie nicht genehmigt hat, ist die Verfügung mangels Verfügungsbefugnis über die Insolvenzmasse (→ Rn. 4) gem. § 81 Abs. 1 S. 1 InsO unwirksam. Dabei ist wieder auf den Zeitpunkt des konkreten Erfolgs der Leistung abzustellen, also nicht auf den vorher liegenden Zeitpunkt des Abschlusses des Smart Contract.

55 Rechtsfolge ist die vom Insolvenzverwalter geltend zu machende Erstattung der Leistung des Insolvenzschuldners. Anspruchsgrundlage ist hier vorrangig § 985 BGB, da die Verfügung gegenüber dem Empfänger absolut unwirksam und ein Eigentumsübergang somit gar nicht erst eingetreten ist. Auch ist ein gutgläubiger Erwerb bei beweglichen Sachen regelmäßig ausgeschlossen (→ Rn. 7).

56 Rechtlich ist die Lage insofern im Grunde nicht kompliziert, da über den Herausgabeanspruch ein Werkzeug für den Insolvenzverwalter besteht, um die gesetzlich vorgesehene Rechtslage wiederherzustellen. Allerdings stellt dies den Insolvenzverwalter praktisch vor erhebliche Probleme, da er bei Bestehen unterschiedlicher sich weiterhin selbstvollziehender Smart Contracts fortlaufend Ansprüche zugunsten der Insolvenzmasse geltend machen muss, um das eigentlich geltende Verfügungsverbot rückwirkend durchzusetzen[47]. Anders wäre es nur dann, wenn der Smart Contract eine eingebaute Lösung vorsieht, die die Leistungen automatisch rückabwickelt. Das dürfte aber wiederum kaum im Interesse der Vertragsparteien liegen, die ja meist gerade deshalb einen Smart Contract als Mittel gewählt haben, um Einwirkungen von außen zu vermeiden.

b) Leistungen des Vertragspartners

57 Sofern der Vertragspartner des Insolvenzschuldners eine Leistung über einen Smart Contract nach Eröffnung des Insolvenzverfahrens in Gegenleistung für eine Leistung des Insolvenzschuldners erbringt, obwohl der Insolvenzverwalter der Vertragserfüllung widersprochen hat, steht ihm gem. § 81 Abs. 1 S. 3 InsO grundsätzlich ein Anspruch aus §§ 812, 818 BGB gegen die Insolvenzmasse zu, der als Masseverbindlichkeit nach § 55 Abs. 1 Nr. 3 InsO zu erfüllen ist. Dies gilt jedoch nur, sofern die Leistung an die Insolvenzmasse erbracht wurde (→ Rn. 8). Das dürfte in der Praxis kaum je der Fall sein, da der Vertragspartner die Leistung ja regelmäßig vor Eintritt der Insolvenz bestimmt hat und damit natürlich den Insolvenzschuldner als Empfänger bestimmt hat. In diesem Fall kann der Vertragspartner seinen Herausgabeanspruch nur gegen den Insolvenzschuldner und sein insolvenzfestes Vermögen geltend machen[48].

58 Selbst wenn der Insolvenzverwalter die weitergehende Erfüllung wählt, stellt sich das Problem für den Vertragspartner, dass der Smart Contract die Leistung regelmäßig automatisiert an den Insolvenzschuldner erbringen wird und nicht an den mit Eröffnung des Insolvenzverfahrens empfangsberechtigten Insolvenzverwalter. Insofern hat die Leistung gem. § 82 S. 1 InsO keine Erfüllungswirkung und der Insolvenzverwalter kann in diesem Fall nochmals (händische) Leistung an die Insolvenzmasse verlangen (→ Rn. 9). Der Vertragspartner wäre dem Risiko der „Doppelleistungspflicht" mehr oder weniger schutzlos

[47] Braegelmann/Kaulartz Smart Contracts/Decentralized Finance-HdB/Paulus/Braegelmann Kap. 18 Rn. 17.
[48] Uhlenbrock/Mock InsO § 81 Rn. 41; Nerlich/Römermann/Kruth InsO § 81 Rn. 24.

ausgeliefert. Das gilt jedoch nur dann, wenn der Vertragspartner zum Zeitpunkt der Leistung Kenntnis von der Eröffnung des Insolvenzverfahrens hat (→ Rn. 9). Für den Leistungszeitpunkt kommt es auf den letzten Zeitpunkt an, an dem der Leistungserfolg noch hätte verhindert werden können[49]. Insofern dürfte es naheliegend sein, aufgrund der fehlenden Einflussmöglichkeit nach Abschluss des Smart Contracts für die Kenntnis auf den Zeitpunkt abzustellen, in dem der Smart Contract abgeschlossen wurde. Dies dürfte zu einer weitreichenden Privilegierung des Vertragspartners führen, da zu diesem Zeitpunkt oftmals noch keine Kenntnis der Insolvenz vorgelegen haben wird.

Sofern der Vertragspartner des Insolvenzschuldners die Leistung trotz Erfüllungswahl des Insolvenzverwalters zurückhält und damit die weitere Vertragserfüllung durch den Smart Contract aufhält, kann der Insolvenzverwalter natürlich weiterhin „offline" Erfüllung Zug-um-Zug verlangen. Dasselbe gilt, wenn der Vertragspartner bzw. der Smart Contract die Vertragserfüllung deshalb einstellt, weil der Insolvenzschuldner (vor Eintritt der Insolvenz) nicht geleistet hat. **59**

4. Anfechtbarkeit (§ 129 InsO)

Für Rechtshandlungen, die vor Eintritt der Insolvenz vom Insolvenzgläubiger wirksam vorgenommen werden, kann auch eine Anfechtung durch den Insolvenzverwalter in Betracht kommen. Voraussetzung hierfür ist immer die Benachteiligung der Insolvenzgläubiger[50]. **60**

Allerdings knüpfen die konkreten Anfechtungsgründe zumeist daran an, dass die relevante Rechtshandlung zu einem Zeitpunkt eintritt, in dem bereits eine Insolvenzvoraussetzung und Bösgläubigkeit des Empfängers vorlag (§§ 130, 132 InsO) oder eine Schädigungsabsicht des späteren Insolvenzschuldners und Bösgläubigkeit des Empfängers (§ 133 Abs. 1 InsO). Dabei ist der Zeitpunkt der Bösgläubigkeit relevant. Die Bösgläubigkeit muss zum Zeitpunkt der jeweiligen Rechtshandlung vorliegen. Rechtshandlung kann jedes willensgetragene Verhalten sein, das rechtliche Wirkung zum Nachteil der Insolvenzgläubiger entfaltet[51]. Bei der Vertragsgestaltung bzw. Abwicklung mittels Smart Contracts wird dies regelmäßig der Zeitpunkt sein, zu dem der Smart Contract abgeschlossen wurde, da später regelmäßig kein willensgetragenes Verhalten der Parteien mehr für den Vollzug des Vertrages erforderlich ist, der allein vom Smart Contract ausgeführt wird. Anders ist es nur dann, wenn der Insolvenzschuldner oder der Dritte durch die Vornahme einer Handlung (zB Mietzahlung) den weiteren Vollzug des Smart Contracts auslöst. Hier wird man auf den Zeitpunkt der Vornahme dieser Handlung abstellen müssen. **61**

Insofern wird immer im Einzelfall zu beurteilen sein, ob die jeweiligen Anfechtungsvoraussetzungen beim Abschluss des Smart Contract vorlagen oder nicht, insbesondere die Bösgläubigkeit des Vertragspartners. Allerdings stellt sich die Frage, ob im Rahmen der Anfechtung gem. § 133 Abs. 1 InsO durchweg und schon bei Abschluss des Smart Contract ein Schädigungsvorsatz des späteren Insolvenzgläubigers bejaht werden kann, da den Parteien schon bei Abschluss des Smart Contract bewusst sein muss, dass im Falle der Insolvenz automatisch (auch) zulasten der Insolvenzmasse verfügt wird, auch wenn das vielleicht nicht die vorrangige Absicht der Parteien ist[52]. Nicht ausreichend ist es aber, wenn der spätere Insolvenzschuldner die Möglichkeit der Gläubigerbenachteiligung zwar erkennt, diese aber weder erwartet noch wünscht[53]. Insofern bleibt es auch bei dem Anfechtungsrecht nach **62**

49 BGH NZI 2009, 680; Nerlich/Römermann/Kruth InsO § 82 Rn. 18; Uhlenbruck/Mock InsO § 82 Rn. 14.

50 Der Begriff der Gläubigerbenachteiligung ist weit zu verstehen und umfasst jegliche Minderung der Aktiv- und Mehrung der Passivmasse, BGH NJW 2008, 655 Rn. 18 f.

51 BGH NZI 2010, 17 Rn. 14 mwN; Braun/de Bra InsO § 129 Rn. 10.

52 Von einer Schädigungsabsicht wird auch dann ausgegangen, wenn der spätere Insolvenzschuldner die Benachteiligung seiner Gläubiger lediglich für möglich hielt und dies aber gebilligt hat, BGH NJW 2008, 1067 Rn. 29; NZI 2008, 299; 2003, 533.

53 BGH NJW 1991, 2144 (2145); 1996, 461 (462).

§ 133 Abs. 1 InsO dabei, dass eine Einzelfallprüfung vorzunehmen ist und nicht aus dem Umstand des Abschlusses eines Smart Contracts allein ein grundsätzliches Anfechtungsrecht entsteht.

5. Haftung der Vertretungsorgane (§ 15b InsO, §§ 283 ff. StGB)

63 § 15b Abs. 1 InsO (bis 2021 in § 64 GmbHG und § 92 Abs. 2 AktG geregelt) sieht ein Verbot der Vornahme von Zahlungen[54] durch die Vertretungsorgane einer Gesellschaft vor, die nach dem Eintritt der Zahlungsunfähigkeit oder der Überschuldung vorgenommen werden, sofern eine Zahlung nicht mit der Sorgfalt eines ordentlichen Geschäftsleiters vereinbar ist. § 15b Abs. 4 InsO sieht bei Verstoß gegen dieses Verbot eine Ersatzpflicht des Vertretungsorganes bzw. von dessen Mitgliedern vor. Diese Norm kann ein sehr effektives Werkzeug darstellen, um den Geschäftsführer oder Vorstand vom Eintritt in Smart Contracts abzuhalten, ohne zuvor über die etwaigen Folgen für die Insolvenzmasse nachzudenken. Die Vermeidung der eigenen Haftung kann somit ein erheblicher Anreiz für Vertretungsorgane sein, sich nicht auf Smart Contracts einzulassen, die der späteren Insolvenzmasse und damit der Gläubigerschaft schaden, etwa weil die automatisch erfolgten Zahlungen händisch vom Insolvenzverwalter wieder an die Insolvenzmasse zurückgeführt werden müssen, sofern dies überhaupt noch möglich ist.

64 Zu beachten ist allerdings, dass die Ersatzpflicht nicht greift, sofern der Zahlung des Vertretungsorgans ein unmittelbarer Massezufluss gegenübersteht[55]. Bei synallagmatischen Smart Contracts wäre eine Haftung daher ausgeschlossen, sofern der Massezufluss wertmäßig der Zahlung entspricht.

65 Die Erstattungspflicht setzt ferner das Verschulden der Vertretungsorgans voraus[56]. Insofern mag es möglich erscheinen, dass sich das Vertretungsorgan insofern exkulpieren kann, als dass es ihm nicht mehr möglich war, einen vor Eintritt der Voraussetzungen des § 15b Abs. 1 InsO in Gang gesetzten Smart Contract später noch aufzuhalten[57]. Andererseits wäre es aber auch denkbar, den Verschuldensvorwurf auf den Abschluss des Smart Contract vorzuverlegen, gerade weil dieser im Falle der Zahlungsunfähigkeit oder Überschuldung dazu führen wird, dass gegen das Zahlungsverbot des § 15b Abs. 1 InsO verstoßen wird. Anders als bei dem Anfechtungstatbestand des § 133 Abs. 1 InsO (→ Rn. 62) ist hier kein Vorsatz erforderlich, sondern Fahrlässigkeit ausreichend[58]. Allerdings wird auch hier das ernsthafte Erkennen der Möglichkeit der späteren Insolvenz Voraussetzung sein müssen. Eine Forderung, nur solche Smart Contracts abzuschließen, die über einen Kill Switch oder ähnliche nachträgliche Anpassungsmöglichkeiten für den Fall der Insolvenz verfügen[59], dürfte zur Vermeidung des Fahrlässigkeitsvorwurfs aber wohl zu weitreichend sein. Es mag allerdings naheliegend sein, das Verschulden anzunehmen, wenn ein (gewollter) Verstoß gegen § 119 InsO vorlag (→ Rn. 40, 48).

Praxishinweis:
Vertretungsorgane von Gesellschaften sollten beim Abschluss von Smart Contracts, die im Falle einer späteren Insolvenz automatisiert weiterhin Zahlungen zulasten der Insolvenzmasse bewirken können, sollten sich über die mögliche Haftung nach § 15b InsO bewusst sein und bereits beim Abschluss des Smart Contracts die wirtschaftliche

[54] Der Begriff der „Zahlung" ist weit zu verstehen und umfasst sämtliche Leistungen geldwerter Vermögensobjekte, BGH NJW 2015, 2806 Rn. 20; Braun/Weber/Dömmecke InsO § 15b Rn. 7 mwN.
[55] BGH NZI 2017, 809 (810).
[56] BGH NJW 2007, 2118 Rn. 15; Braun/Weber/Dömmecke InsO § 15b Rn. 38; Schmidt/Schmidt/Herchen InsO § 15b Rn. 36.
[57] Braegelmann/Kaulartz Smart Contracts/Decentralized Finance-HdB/Paulus/Braegelmann Kap. 18 Rn. 23.
[58] BGH NJW 1994, 2220 (2224).
[59] Zur theoretischen Möglichkeit solcher Smart Contracts s. Martini/Weinzierl NVwZ 2017, 1251 (1256 f.).

Lage der Gesellschaft sorgfältig prüfen. Die Integration eines Kill Switches oder vergleichbarer Anpassungsmechanismen kann dazu beitragen, den Fahrlässigkeitsvorwurf abzuwenden, da die unbeschränkte Weiterausführung eines Smart Contracts nach Insolvenzreife dem Sorgfaltsmaßstab eines ordentlichen Geschäftsleiters widersprechen kann. Eine frühzeitige rechtliche Beratung über die insolvenzrechtlichen Folgen des Einsatzes von Smart Contracts ist daher dringend anzuraten.

Auch eine Strafbarkeit des Insolvenzschuldners oder seiner Vertretungsorgane, zB wegen Gläubigerbegünstigung (§ 283c StGB) wird praktisch häufig am subjektiven Tatbestand zum Zeitpunkt des Abschlusses des Smart Contract scheitern, sofern kein gewollter Verstoß gegen § 119 InsO vorlag. **66**

6. Neue Anwendungsbereiche für Smart Contracts im Insolvenzverfahren

Neben der Frage, wie Smart Contracts als wirtschaftliche Verträge im Falle der Insolvenz einer seiner Parteien zu behandeln sind, lässt sich auch diskutieren, ob Smart Contracts etwa für die automatisierte Gestaltung des Insolvenzverfahrens sinnvoll eingesetzt werden können. So erscheint es denkbar, die Insolvenztatbestände automatisiert prüfen zu lassen und gegebenenfalls ebenfalls automatisiert einen Insolvenzantrag zu stellen, um eine Insolvenzverschleppung zu verhindern. Allerdings erfordert die Prüfung etwa der Zahlungsunfähigkeit immer auch eine gewisse menschliche Beurteilung der Umstände, die nur schwierig durch einen Smart Contract zu ersetzen sein wird[60]. Ähnliches gilt für die automatisierte Identifizierung von anfechtbaren Verträgen[61]. **67**

Zusammenfassend lässt sich festhalten, dass komplexe gesetzliche Verfahren wie das Insolvenzverfahren, das an vielen Stellen eine nicht streng mathematische Beurteilung verlangt, kaum sinnvoll und rein automatisiert abgebildet werden können. Allerdings lassen sich Smart Contracts durchaus als Hilfsmittel zur Beurteilung relevanter Faktoren einsetzen, um der Geschäftsführung oder dem Insolvenzverwalter die manuelle Prüfung zu erleichtern. Die finale Verantwortlichkeit wird aber bei einer menschlichen Person verbleiben müssen. **68**

§ 58 Haftung

Übersicht

[60] Linardatos ZIP 2022, 153 (154 ff.).
[61] Linardatos ZIP 2022, 153 (156 ff.).

Schrifttum:

Auer-Reinsdorff/Conrad, Handbuch IT- und Datenschutz, 2. Aufl. 2016; Birne, Das Allgemeine Privatrecht der Blockchain-Token, 2023; Bitkom, Blockchain und Datenschutz Faktenpapier, 2017, abrufbar unter: https://www.bitkom.org/sites/default/files/file/import/180502-Faktenpapier-Blockchain-und-Datenschutz.pdf; Braegelmann/Kaulartz, Rechtshandbuch Smart Contracts, 2019; Breidenbach/Glatz, Rechtshandbuch Legal Tech, 2021; Breidenbach et al., Chainlink 2.0: Next Steps in the Evolution if Decentralized Oracle Networks, 2021, abrufbar unter: https://research.chain.link/whitepaper-v2.pdf; Chen/Li/Wang/Chen/Li/Luo et al., Buiten, Product liability for defective AI, Eur. J. Law Econ. 2024, 57, 239; Commission nationale de l'informatique et des libertés (CNIL), Blockchain Solutions for a responsible use of the blockchain in the context of personal data, 2018, abrufbar unter: https://www.cnil.fr/sites/cnil/files/atoms/files/blockchain_en.pdf; Danda, Außer- und quasivertragliche Haftung von Legal Tech-Anbietern – Eine Untersuchung zu Smart Contracts sowie automatisiert erstellten Verträgen und Gutachten, LTZ 2024, 9; Ebers/Gsell/Mayerhofer/Danda, Neue europäische Produkthaftung – Update oder Upgrade der Haftung für innovative Technologien, 2025; Eschenbruch/Gerstberger, Smart Contracts Planungs-, Bau- und Immobilienverträge als Programm?, NZBau 2018, 3; European Data Protection Board (EDPB), Guidelines 02/2025 on processing of personal data through blockchain technologies 02/2025, 2025, abrufbar unter: https://www.edpb.europa.eu/our-work-tools/documents/public-consultations/2025/guidelines-022025-processing-personal-data_en; European Parliamentary Research Service (EPRS), Blockchain for supply chains and international trade study, 2020, abrufbar unter: https://www.europarl.europa.eu/RegData/etudes/STUD/2020/641544/EPRS_STU(2020)641544_EN.pdf; EU Crypto Initiative, The Data Act Smart Contracts Implications for the Future of Innovation in Europe, 2023; Hacker, Datenprivatrecht Neue Technologien im Spannungsfeld von Datenschutzrecht und BGB, 2020; Hau/Poseck, Beck'scher Online-Kommentar zum Bürgerlichen Gesetzbuch, Stand: 1.5.2025; International Organization for Standardization, ISO/IEC 25002:2024 Systems and software engineering – Systems and software Quality Requirements and Evaluation (SQuaRE) — Quality model overview and usage; Karner/Magnus/Spier/Widmer (Hrsg.), Essays in Honour of Helmut Koziol, 2020; Kaulartz/Heckmann, Smart Contracts – Anwendungen der Blockchain-Technologie, CR 2016, 618; Keller/Schönknecht/Glinke, Kommentar zum Geschäftsgeheimnisschutzgesetz, 2021; Leupold/Wiebe/Glossner, IT-Recht, 4. Aufl. 2021; Liu/Samarati, Information Security Practice and Experience, 13th International Conference, ISPEC 2017, Melbourne, VIC, Australia, December 13–15, 2017, Proceedings, 2017; Lustenberger/Spychiger, Blockchain in Supply Chains: An Unfulfilled Promise, Supply Chain Management, Vol. 30 No. 2, abrufbar unter https://doi.org/10.1108/SCM-03–2024-0192 (zuletzt abgerufen am 11.7.25); Marly, Softwareüberlassungsverträge: Erscheinungsformen, Pflichtverletzungen, Vertragsgestaltung, Allgemeine Geschäftsbedingungen, Musterverträge, 2004; Mehar/Shier/Giambattista/Gong/Fletcher/Sanayhie/Kim/Laskowski, Understanding a Revolutionary and Flawed Grand Experiment in Blockchain: The DAO Attack, Journal of Cases on Information Technology 2017 21(1), 19; Miernicki, Kryptowerte im Privatrecht, 2023; Müller, Softwaren als „Gegenstand" der Produkthaftung, 20117; Razzaq/Altamimi/Alreshidi/Khan Ghayyur/Khan/Alsaffar, IoT Data Sharing Platform in Web 3.0 Using Blockchain Technology, Electronics 2023, 12(5), 1233; Oster, Nach der „Batterie-Mietbedingungen"-Entscheidung: Wie geht es weiter mit Smart Contracts?, ZfPW 2023, 387; Säcker/Rixecker/Oetker/Limperg/Schubert, Münchener Kommentar zum Bürgerlichen Gesetzbuch, Bände 3, 4/2 und 7, 9. Aufl. 2022–2024; Schneidereit, Haftung für Datenverlust im Cloud Computing, 2017; Schulze, Handkommentar zum Bürgerlichen Gesetzbuch, 12. Aufl. 2024; Spindler, Blockchaintypen und ihre gesellschaftsrechtliche Einordnung unter besonderer Berücksichtigung der decentralized autonomous organization (DAO), RDi 2021, 309; Spindler/Sein, Die endgültige Richtlinie über Verträge über digitale Inhalte und Dienstleistungen, MMR 2019, 415; Steger, Kryptoverwahrung Aufsichts- und zivilrechtlicher Rahmen, 2025; Torres/Iannillo/Gervais/State, The Eye of Horus: Spotting and Analyzing Attacks on Ethereum Smart Contracts 2021, abrufbar unter: arXiv:2101.06204v1; Thöni Die DAO (Decentralized Autonomous Organization) – eine Gesellschaft sui generis? GES 17(8), 371; Wagner, Produkthaftung für autonome Systeme, AcP 217 (2017), 707; Wagner, Verantwortlichkeit im Zeichen digitaler Techniken, VersR 2020, 717; Wagner, Produkthaftung für das digitale Zeitalter – ein Paukenschlag aus Brüssel, JZ 2023,1; Wendehorst, Die neuen Regelungen im BGB zu Verträgen über digitale Produkte, NJW 2021, 2913; Wesch, Die Produzentenhaftung im internationalen Rechtsvergleich, 1994.

I. Einleitung

Dezentralisierte Anwendungen (DApps) und Smart Contracts kommen in vielfältigen 1 Formen zum Einsatz. Sie dienen zur Übertragung von digitalen Werten, digitalen Inhalten, zur Steuerung und Kontrolle des Zugangs zu digitalen und physischen Objekten sowie zur Prozesssteuerung in Lieferketten.[1] DApps finden darüber hinaus auch im Gaming-Bereich, bei dezentralen sozialen Netzwerken und bei Dezentralen Autonomen Organisationen (DAO) Anwendung. Mögliche Schadensszenarien gestalten sich daher äußerst vielfältig. In diesem Abschnitt werden vertrags-, delikts-, und produkthaftungsrechtliche Aspekte besprochen, wobei ausgewählte Anwendungsfelder berücksichtigt werden.

Zuerst erfolgte ein Überblick über zentrale Vermarktungsformen und Anwendungsfelder 2 von Smart Contracts und DApps und daran anknüpfende Spezialregelungen (→ Rn. 4 ff.). Im Anschluss folgt eine umfassende Besprechung der Haftung von Herstellern und Anbietern (→ Rn. 15 ff.). Dabei wird vor allem die Gewährleistung und der Ersatz von Mangelfolgeschäden besprochen. Nachfolgend wird die neue europäische Produkthaftung (→ Rn. 31) und die deliktische Haftung – speziell in Bezug auf die Verantwortung von Dienstleistern – thematisiert (→ Rn. 41). Zur Vollständigkeit wird im Anschluss die Verantwortlichkeit von Nutzern (→ Rn. 49 f.) und die Haftung nach der Datenschutz-Grundverordnung (DS-GVO) dargestellt (→ Rn. 51 ff.).

Eine wichtige Thematik stellt die automatisierte Rechtsdurchsetzung bei IoT-Geräten 3 dar. Schadenersatzrechtliche (Unterlassungs-)ansprüche verlaufen dabei weitgehend parallel zum Besitzschutz und werden an anderer Stelle ausführlich behandelt (→ § 59). Die Automatisierung von Verträgen mittels KI ist dabei weitgehend vom Smart Contracting zu unterscheiden, da letztere hart kodiert werden und keine autonomen Entscheidungen treffen. KI-bezogene Aspekte werden dennoch ergänzend berücksichtigt.

II. Ökosystem und Anwendungsfelder

1. Freie und quelloffene Software

DApps und Smart Contracts werden oft als freie und quelloffene Software (FOSS) auf dem 4 Markt angeboten. Mit dem Gedanken der Förderung von Forschung und Entwicklung ist FOSS nach Art. 3 Abs. 5 Buchst. f Digitale-Inhalte-Richtlinie (DI-RL)[2] sowie Art. 2 Nr. 2 Produkthaftungsrichtlinie (PH-RL)[3] von Gewährleistung und Produkthaftung ausgenommen.[4] Daher kommt weder die europäische Verbrauchergewährleistung noch die europäische Produkthaftung auf FOSS zur Anwendung. Zentrale Voraussetzung ist, dass der Verbraucher keinen Preis, etwa in Form eines gesetzlichen Zahlungsmittels, digitalen Wertes oder persönlicher Daten leisten muss. Wird FOSS in kommerzielle Produkte integriert, kommen die Ausnahmen also nicht zur Anwendung. Dies betrifft etwa Intermediäre wie Kryptobörsen, die Verbrauchern den Zugang zur Blockchain gegen Entgelt vermitteln.

[1] Der Kosten-Nutzen-Vorteil für Netzwerke fällt mitunter aber gering aus, siehe etwa Lustenberger/Spychiger Blockchain in Supply Chains: An Unfulfilled Promise 23.

[2] Richtlinie (EU) 2019/770 des Europäischen Parlaments und des Rates vom 20.5.2019 über bestimmte vertragsrechtliche Aspekte der Bereitstellung digitaler Inhalte und digitaler Dienstleistungen.

[3] Richtlinie (EU) 2024/2853 des Europäischen Parlaments und des Rates vom 23.10.2024 über die Haftung für fehlerhafte Produkte und zur Aufhebung der Richtlinie 85/374/EWG des Rates (Text von Bedeutung für den EWR).

[4] Vgl. auch § 327 Abs. 6 Nr. 6 BGB; dazu MüKoBGB/Metzger § 327 Rn. 27, 28.

Regressansprüche gegen den ursprünglichen FOSS-Hersteller bleiben im Produkthaftungsrecht dann verwehrt.[5] Die Verarbeitung personenbezogener Daten, die der Verbesserung von Sicherheit, Kompatibilität und Interoperabilität dient, bleibt dabei unschädlich.[6] Die sogenannten Gasgebühren (gas fees), die bei Kryptotransaktionen erhoben werden, könnten als Gegenleistung einzuordnen sein, wenn deren Leistung dem Anbieter direkt oder indirekt zugutekommt. Hinter der Einhebung steht aber teils auch ein ökonomisches Modell der Währung (Tokenomics) bzw. sicherheitstechnische Gründe.[7]

5 Geht man bei kostenfreier FOSS von schenkungsrechtlicher Natur der Vertragsbeziehung aus,[8] kommt entsprechend die Schenkungshaftung nach den §§ 521 ff. BGB zur Anwendung.[9] Selbst ohne vertraglicher Freizeichnung haftet der Schenker hier nur für grob fahrlässig oder arglistig verursachte Schäden bzw. trifft ihn auch nur unter dieser Voraussetzung ein Nachlieferungsanspruch (§ 524 Abs. 2 BGB). Der BGH schützt den Schenker konkret etwa bei leicht fahrlässiger Verletzung einer Aufklärungspflicht.[10] Dies könnte insbesondere bei Transparenzmängeln von FOSS relevant sein. Bei kostenlosen Angeboten ist zunächst die Gegenleistung des Verbrauchers bzw. der Schenkungscharakter zu bestimmen, wobei auf den Preisbegriff der DI-RL und der PH-RL abzustellen ist. Anschließend ist zu prüfen, ob grob fahrlässig verursachte Programmfehler, Sicherheitslücken oder Aufklärungsfehler vorliegen, etwa ob Art. 36 ff. Datenverordnung oder Anforderungen nach der KI-Verordnung[11] verletzt wurden.[12] So wird der FOSS-Hersteller nach Art. 8 ff. KI-Verordnung auf neue Fähigkeiten und Risiken hinweisen und umfassende Testung durchführen müssen. Der Schenker haftet vertraglich nicht gegenüber Dritten, da es diesfalls an einem Schenkungsverhältnis fehlt. Anbietern ist bezüglich der Weitergabe von FOSS durch Nutzer zu empfehlen, die Einbeziehung Dritter in den vertraglichen Verantwortungsbereich klar auszuschließen. Für Dritte kommt demnach primär die Geltendmachung deliktischer Haftungsansprüche in Betracht.

2. Finanzdienstleistungen

6 DApps und Smart Contracts werden zur Transaktion von neuartigen digitalen Werten eingesetzt. Standen anfänglich Kauf und Tausch von Kryptowährung im Fokus, hat sich der Anwendungsbereich um zusätzliche dezentrale Finanzdienstleistungen (DeFi) und Versicherungen erweitert. Bankgeschäfte wie Zahlung oder Kreditierung folgen meist spezialgesetzlichen Regularien, wie etwa der Zweiten Zahlungsdienste-Richtlinie (PSD2), die in Artikel 64 ff ein eigenes Leistungsstörungsrecht vorsieht.[13] Kryptotransaktionen fallen allerdings weitgehend nicht unter die PSD2, da es sich nicht um Geldwährungen und – abgesehen von Stable Coins, die als E-Money Tokens erfasst sind –[14] auch nicht um E-Geld

[5] Erwgr. 15 PH-RL.

[6] Erwgr. 32 DI-RL und Erwgr. 14 PH-RL.

[7] Liu/Samarati/Chen et. al. Information Security Practice and Experience 2017, 3 ff.

[8] MwN Auer-Reinsdorff/Conrad IT- und DatenschutzR-HdB/Kast § 12 Rn. 143.

[9] MwN MüKoBGB/Koch § 521 Rn. 4.

[10] BGHZ 181, 253; 93, 23 Rn. 27 ff.

[11] Verordnung (EU) 2024/1689 des Europäischen Parlaments und des Rates vom 13.6.2024 zur Festlegung harmonisierter Vorschriften für künstliche Intelligenz und zur Änderung der Verordnungen (EG) Nr. 300/2008, (EU) Nr. 167/2013, (EU) Nr. 168/2013, (EU) 2018/858, (EU) 2018/1139 und (EU) 2019/2144 sowie der Richtlinien 2014/90/EU, (EU) 2016/797 und (EU) 2020/1828 (Verordnung über künstliche Intelligenz).

[12] Zu den sehr begrenzten Ausnahmen für FOSS siehe Art. 2 Nr. 12 (Hochrisiko-Systeme), Art. 25 Abs. 4 letzter Satz (Ausnahme für Zulieferer), Art. 53 Abs. 2 S. 2 KI-VO (systemisches Risiko). Erwgr. 10 ff. Vorschlag Cyberresilienzgesetz COM/2022/454 final sieht nach Kritik nunmehr Ausnahmen für FOSS vor.

[13] RICHTLINIE (EU) 2015/2366 DES EUROPÄISCHEN PARLAMENTS UND DES RATES vom 25. November 2015 über Zahlungsdienste im Binnenmarkt, zur Änderung der Richtlinien 2002/65/EG, 2009/110/EG und 2013/36/EU und der Verordnung (EU) Nr. 1093/2010 sowie zur Aufhebung der Richtlinie 2007/64/EG.

[14] Siehe Erwgr. 90 Markets in Crypto-Assets Regulation (EU) 2023/1114 (MiCAR).

handelt. Entsprechendes gilt auch für die Anwendung der neuen Verbraucherkreditrichtlinie (VKRL), in der Kryptowährungen keine Erwähnung finden.[15] Entsprechend haften Anbieter nur dann als Zahlungsdienstleister nach PSD2 oder VKRL, wenn DApps oder Smart Contracts für die Bereitstellung, den Transfer oder die Abhebung eines Geldbetrags verwendet werden.[16]

Der Anwendung des neuen Gewährleistungsrechts auf DApps und Smart Contracts im DeFi-Bereich steht entgegen, dass Finanzdienstleistungen nach Art. 3 Abs. 5 Buchst. e DI-RL[17] und „virtuelle Währungen" (Erwgr 23 DI-RL) von der Richtline ausgenommen sind.[18] Die zusätzliche Voraussetzung für die Ausnahme („soweit sie nach nationalem Recht anerkannt sind") wird in der Literatur einschränkend so verstanden, dass virtuelle Währungen grundsätzlich als Finanzdienstleistungen ausgeschlossen sind, solange ihr Handel in diesem Mitgliedstaat nicht schon allgemein untersagt ist.[19] Unter Beachtung der MiCAR[20] -Prospekthaftung für Kryptowährungen auf Basis von Whitepapers (Art 15, 26, 52 MiCAR) bzw. deren Vorgaben für Transaktionen (ErwGr 84, 93 MICAR) dürften die subjektiven und objektiven Anforderungen nach der DI-RL zumindest auf die gewährleistungsrechtliche Beurteilung der technischen Aspekte von DApps und Smart Contracts ausstrahlen.[21] Die neue Gewährleistung stellt sinnvolle Regeln zur Beurteilung von Mängeln bei digitalen Produkte und Dienstleistungen bereit, zumal auch die für Transaktionen relevante PSD2 weitgehend nicht zur Anwendung kommt (ErwGr 93 MICAR) und die MiCAR primär auf technische Fehler der Kryptwährungen fokussiert. Fehler bei Off-Chain-Transaktionen dürften nach MiCAR tendenziell leichter zu beurteilen sein. Bei mehrpersonale Transferdienstleistungen und On-Chain-Transaktionen kann es zur individuellen Zuordnung von Fehlern zu einem Akteur (bspw. alleinhaftender Transferdienstleister) oder – bei gemeinsamer Auswahl oder Kontrolle der DApp bzw. des Smart Contracts – zur Gesamt- oder Gemeinschuld mehrerer Dienstleister kommen. 7

Das europäische Produkthaftungsrecht sieht zwar keine ausdrückliche Ausnahme für Finanzdienstleistungen vor, doch sind weder reine Vermögensschäden noch Schäden anlässlich fehlerhafter Dienstleistungen ersetzbar. Diese generellen Haftungsausnahmen dürften bei Software allerdings teils durchbrochen sein. So werden aufgrund des neuen Rechtsgutes Daten, das nach Erwgr. 20 auch „nicht-körperlicher Vermögensgegenstände", umfasst (Art. 6 Buchst. c PH-RL) bzw. der Haftungserweiterung des Herstellers auf verbundene (Daten-)Dienste (Art. 8 Abs. 1 Buchst. c), wohl Schäden an digitalen Werten zukünftig umfangreicher ersatzfähig werden.[22] 8

3. Online-Plattformen und Vermittlungsdienste

DApps und Smart Contracts können auch im Bereich der Online-Plattformen und Vermittlungsdienste zum Einsatz kommen. Sind dann die Anforderungen des abgestuften[23] per- 9

[15] Richtlinie (EU) 2023/2225 des Europäischen Parlaments und des Rates vom 18. Oktober 2023 über Verbraucherkreditverträge und zur Aufhebung der Richtlinie 2008/48/EG.

[16] OGH 4 Ob 234/23z, 41 f.

[17] Vgl. § 327 Abs. 6 Nr. 5 BGB.

[18] Anderes soll bei utility tokens gelten, da diese den Zugang zu digitalen oder physischen Gütern verwalten und daher allgemein nicht unter Finanzdienstleistungen fallen; vgl. Spindler/Sein MMR 2019, 415 (419); MükoBGB/Metzger § 327 Rn. 26; offenlassend BeckOK BGB/Wendland § 327 Rn. 53.

[19] MükoBGB/Metzger § 327 Rn. 7; Steger, Kryptoverwahrung Aufsichts- und zivilrechtlicher Rahmen S. 75.

[20] Siehe Art. 48 Abs. 2 und 3 MiCAR, die die Teilanwendbarkeit des E-Geld-Rechts auf Stable Coins (E-Geld-Token) anordnen. Vgl. zudem das spezielle Widerrufsrecht für Finanzdienstleistung, dass bei Preisschwankungen auf dem Finanzmarkt keine Anwendung findet (§ 312g BGB) sowie das Krypto-Pendant in Art. 13 MiCAR.

[21] Erwägend etwa OGH 4 Ob 234/23z, 43 f.

[22] Ausführlich Ebers/Gsell/Mayerhofer/Danda, Neue europäische Produkthaftung/Danda, 14.

[23] Vermittlungsdienst, Hosting-Anbieter, Online-Plattform, „Very Large Online Platform" (VLOP) und „Very Large Online Search Engines" (VLOSE).

sönlichen Anwendungsbereichs des Gesetzes über digitale Dienste (GdD) erfüllt, dh es liegt bloße Durchleitung, Caching oder Hosting durch einen Vermittlungsdienst vor, haftet der Anbieter grundsätzlich nicht für rechtwidrige Inhalte Dritter (Art. 4–6 GdD).

10 (1) Nach Art. 4 Abs. 1 Buchst. a GdD liegt nur dann eine reine Durchleitung von Informationen vor, wenn der DApp oder Smart Contract-Anbieter die Übermittlung der Daten weder veranlasst, den Adressaten bestimmt hat, noch selbst die Informationen verändert. Allein das Angebot und die automatisierte technische Durchführung stellen daher keine Veranlassung dar. Der Anbieter dürfte hingegen haftbar sein, wenn von ihm ausgewählte Oracle-Dienstleister rechtswidrige Daten einbringen. (2) Im Rahmen des Hosting-Tatbestandes des Art. 6 GdD haftet der Anbieter, wenn er von dem rechtswidrigen Inhalt Kenntnis hat oder solchen vermuten muss und mit der Sperrung oder Löschung zögert.[24] Eine Problematik besteht darin, dass der Anbieter bei dezentralen Lösungen nur beschränkt Aussetzung, Beendigungen oder sonstige Beschränkung wie Sperrungen und Löschungen vornehmen kann. (3) Schließlich haftet der Anbieter auch bei der Vermittlung von Fernabsatzgeschäften, wenn ein Verbraucher davon ausgehen muss, dass der durch die DApp bzw. den Smart Contract übermittelte Inhalt von der Online-Plattform selbst bereitgestellt wird oder diese die Aufsicht über den anbietenden Dritten ausübt. Dies kann etwa bei Marketplace DApps der Fall sein.

11 Relevanz kommt in diesem Kontext den Spezialregeln für urheberrechtlich geschützte Inhalte Dritter zu. Nach Art. 17 DSM-RL[25] bleiben Diensteanbieter, die das Veröffentlichen von Inhalten anbieten, entgegen den Ausnahmen nach Art. 4–6 GdD für Urheberrechtsverletzungen Dritter haftbar, wenn sie nicht in zumutbarem Ausmaß Anstrengungen unternehmen, um die Zustimmung der betroffenen Rechteinhaber einzuholen (Art. 17 Abs. 1, 4 und 5 DSM).[26] Der EuGH wendet diese Haftungsgrundsätze etwa auf Video-Sharing, Sharehosting-Plattformen und nunmehr auch auf Online-Marktplätze an.[27] Ähnliches gilt nunmehr auch bei Datenschutzverletzungen durch Dritte Inhalte. Der Betreiber der Plattform gilt als Verantwortlicher im Sinne der DS-GVO, wenn er aus dem Nutzerverhalten ökonomische Vorteile (z. B. Werbeinnahmen) zieht, und ist in diesem Fall verpflichtet, Inhalte vor ihrer Veröffentlichung zu prüfen.[28] Diese Gegenausnahmen kommen insbesondere für Social Media und Marketplace DApps Bedeutung zu.

4. Vertrauensdienste

12 Smart Contracts werden zur Identifizierung, Authentifizierung und Verifizierung von Personen und Produkten verwendet. Art. 13 eIDAS 2.0 VO[29] sieht diesbezüglich spezielle Haftungsregeln für Anbieter von Vertrauensdiensten vor. Mit Absatz 1 wird zunächst die Haftung für fahrlässige und vorsätzliche Verursachung von materiellen und immateriellen Schäden bestätigt. Unterschieden wird in Folge zwischen nicht qualifizierten und qualifizierten Vertrauensdiensten – qualifizierte Vertrauensdienstleister soll die Verschuldensvermutung treffen. Nach Art. 13 Abs. 2 eIDAS 2.0 VO haftet ein Vertrauensdienstleister hingegen nicht, wenn Kunden und Dritte über Beschränkungen der Verwendung des Smart Contracts effektiv aufgeklärt wurden. Die Möglichkeit der Eingrenzung auf bestimmte Nutzungsformen erzeugt Spannung im Verhältnis zum allgemeinen Grundsatz der Produkthaftung, nach dem Hersteller auch für „nicht unvernünftigen Fehlgebrauch" haften.[30] Fraglich ist in diesem Kontext, ob die Produkthaftung durch Art. 13 eIDAS 2.0 VO

[24] Vgl. EuGH GRUR 2011, 1025.
[25] Richtlinie (EU) 2019/790.
[26] Für Marketplace DApps besteht allerdings ein Spannungsverhältnis gegenüber Erwgr. 62 DSM, der digitale Marktplätze als nicht erfasste Dienst einordnet.
[27] EuGH GRUR 2021, 1054. Der Fall war allerdings noch nach der E-Commerce-Richtlinie zu behandeln.
[28] EuGH GRUR-RS 2025, 1073, Rn. 66 f.
[29] Verordnung (EU) Nr. 910/2014.
[30] Erwgr. 31 PH-RL.

überhaupt verdrängt wird, zumal Art. 13 eIDAS 2.0 VO ausdrücklich auf Verschuldenselemente abstellt. Diese einschränkende Lesart steht auch im Einklang mit der Erstreckung der Produkthaftung auf Software.

5. Datenhandel

DApps und Smart Contracts werden zunehmend im Rahmen des Handels mit industriellen Daten genutzt. Speziell im Kontext von IoT-Nutzerdaten stellt Art. 36 ff. Datenverordnung[31] technische Vorgaben an Smart Contracts. Davon praktisch vorwiegend Private Blockchain-Lösungen für den Austausch von IoT-Daten betroffen sein.[32] Würden sich hingegen Public Blockchains als Standard für den Austausch von IoT-Daten etablieren, wären die breiten Nutzerzugangsrechte[33] und die Vorgaben für Smart Contracts (Robustheit, Zugangskontrolle, Beendigung, Datenarchivierung, Unterbrechung, Konformitätsbewertung) der Datenverordnung auch hier anzuwenden. Dies wird sich aufgrund der Dezentralität technisch teils nicht umsetzen lassen. Im Rahmen der geplanten Digital Omnibus Reform ist mangels etablierter Standards allerdings geplant, die Vorgaben wieder abzuschaffen.[34] **13**

6. Bewegliche Güter und Immobilien

DApps und Smart Contracts kommen iRv Transaktionen beweglicher Güter und Immobilien zum Einsatz. Zur automatisierten Vertragsdurchsetzung siehe (→ § 59). Beim Immobilienkauf ist etwa an die automatisierte Auszahlung des Kaufpreises im Anschluss an die Bestätigung des Grundbucheintragung zu denken. Weitere Anwendung in der Bau- und Immobilienwirtschaft, die hier nicht näher behandelt werden können, finden sich etwa bei Instandhaltungs- und Abnahmeprozessen.[35] **14**

III. Hersteller- und Anbieterhaftung

1. Haftungssubjekte

Bei *zentralisierten* DApps und Smart Contracts dürften sich – im Gegensatz zu dezentralen Ansätzen – zunächst keine besonderen Probleme im Hinblick auf die Identifizierung der Haftungssubjekte stellen. So haften iRd Produkt- und Produzentenhaftung zunächst die (Komponenten-)Hersteller der Software.[36] Zudem ist auf das Inverkehrbringen unter Anbringung eines Handelsnamens oder einer Marke abzustellen (Quasi-Hersteller).[37] Letzteres liegt vor, wenn der Hersteller die Software bei Dritten entwickeln lässt oder FOSS nutzt **15**

[31] Verordnung (EU) 2023/2854 des Europäischen Parlaments und des Rates vom 13.12.2023 über harmonisierte Vorschriften für einen fairen Datenzugang und eine faire Datennutzung sowie zur Änderung der Verordnung (EU) 2017/2394 und der Richtlinie (EU) 2020/1828 (Datenverordnung).

[32] Zur vorrangigen Verwendung von proprietary Blockchain-Lösungen im Lieferkettenmanagement siehe Lustenberger/Spychiger Blockchain in Supply Chains: An Unfulfilled Promise 19.

[33] Vgl. EU Crypto Initiative The Data Act Smart Contracts Implications for the Future of Innovation in Europe S. 2 ff; Razzaq et al. Electronics 2023, 12(5), 1233 (1233 ff.).

[34] Erwgr. 16 Proposal for a Regulation of the European Parliament and of the Council amending Regulations (EU) 2016/679, (EU) 2018/1724, (EU) 2018/1725, (EU) 2023/2854 and Directives 2002/58/EC, (EU) 2022/2555 and (EU) 2022/2557 as regards the simplification of the digital legislative framework, and repealing Regulations (EU) 2018/1807, (EU) 2019/1150, (EU) 2022/868, and Directive (EU) 2019/1024 (Digital Omnibus) COM/2025/837 final.

[35] Etwa Eschenbruch/Gerstberger NZBau 2018, 3.

[36] So nun eindeutig auf Grundlage von Art. 8 Abs. 1 Buchst. a PH-RL; zur Produzentenhaftung etwa Müller Software als „Gegenstand" der Produkthaftung 63 ff.

[37] EuGH LMuR 2023, 145.

und das Softwareprodukt anschließend unter eigenem Namen auf den Markt bringt.[38] Anbieter von umfassenderen Dienstleistungen – die gegenständlich unter Nutzung von DApps und Smart Contracts erbracht werden – haften zudem für die Dienstleistung – etwa Transaktion, Identitätsverifizierung, Datenübertragung –, wenn eine Verletzung von Vertrags- oder anderweitigen Sorgfaltspflichten vorliegt. Da im Softwarebereich (Quasi-) Hersteller der Software und Anbieter der Dienstleistung oft identisch sind, richten sich Haftungs- und Gewährleistungsansprüche mitunter gegen dieselbe Partei.

16 Demgegenüber ist die Fehlerzurechnung iRd Entwicklung und des Betriebs *dezentraler* Technologien problematisch. Es ist schwierig zu bestimmen, wer als Hersteller und Anbieter dezentraler Blockchains, DApps oder Smart Contracts gelten soll. Die jeweils spezifische Governance einer Blockchain macht es notwendig zu bestimmen, wer rechtlich und faktisch überhaupt hinreichend Kontrolle ausübt.[39] Es bieten sich überblicksartig die folgenden Ansätze an: (1) Wenn technische oder rechtliche Änderungen über konsensuale Governance-Prozesse verlaufen, könnte das gesamte Netzwerk als Gesellschaft sui generis und Hersteller-Anbieter eingeordnet werden.[40] Digitale Vermögenswerte der stimmberechtigten Stakeholder könnten dabei als Gesellschaftsvermögen betrachtet werden. Ein Teil der Literatur widerspricht dem damit, dass weder ein gemeinsamer Nutzen noch ein Rechtsbindungswille der Teilnehmer gegeben wäre. Nur bei Private Blockchains und DAOs sei der gesellschaftsrechtliche Ansatz überzeugend.[41] Es gilt zu beachten, dass ein Bail-In gerade Verbraucher treffen würde. (2) Alternativ könnten individuelle Einzelpersonen bzw. Gesellschaften, die Protokolländerungen vordefinieren (Gründungsgesellschaften, Core Developer) oder Eintragungen auf der Blockchain vornehmen (Node-Betreiber, Validatoren) haftbar gemacht werden.[42] Finden neue Eintragungen auf der Blockchain keine allgemeine Unterstützung der Community und kommt es zu einer Abspaltung (Fork), sollten mE nur die Akteure, die für die Abspaltung Verantwortung tragen und später Kontrolle ausüben, umfassend haften. (3) Haftungssubjekte könnten gesetzlich bestimmt werden. Die Plattformanbieter bieten sich mE als primäres Haftungssubjekt an, um Verbraucheransprüche lokalisieren und durchsetzen zu können (4) Erstanbietern ist – iS eines antizipierten Regresses – zu empfehlen, klare Regeln zur Haftungsverteilung in White Papers inklusive den Tokenomics, Gesellschafts- sowie Verbraucherverträgen vorzusehen.

2. Gewährleistung

17 DApps und Smart Contracts fallen als digitale Produkte (Computerprogramme) bzw. als digitale Dienstleistungen (Software-as-a-Service) in den Anwendungsbereich des neuen Verbrauchergewährleistungsrechts der DI-RL.[43] Die Gewährleistung trifft grundsätzlich den Anbieter – dh den Vertragspartner des Kunden –, wobei dieser mitunter zugleich Hersteller der Software sein kann. Die Richtlinie gibt subjektive und objektive Anforderungen – Funktionalität, Kompatibilität, Interoperabilität, Zugänglichkeit, Kontinuität und Sicherheit – vor, die in den §§ 327 BGB zu Verträgen über digitale Produkte umgesetzt wurden. Dadurch wurde ein weitgehend einheitliches – dh vom Vertragstypus unabhängiges – Verbraucherleistungsstörungsrecht für digitale Produkte geschaffen, das eine detailliertere Beurteilung von Mängeln bei DApps und Smart Contracts ermöglicht. Andere Vertragstypen bleiben nach § 327a BGB nur in den Fällen von Paktleistungen und Waren mit digitalen Elementen relevant. So bleibt das Kaufrecht nach §§ 433 ff. BGB – dass allerdings

38 Subsidiär zum Hersteller und Quasi-Hersteller haftet nach Art. 8 Abs. 4 PH-RL neben weiteren Akteuren nunmehr auch Online-Plattformen, die den Abschluss von Fernabsatzverträgen vermittelt.

39 Vgl. Braegelmann/Kaulartz Smart Contracts-HdB/Mann Kap. 17 Rn. 7 ff.

40 Vgl. Thöni Die DAO (Decentralized Autonomous Organization) – eine Gesellschaft sui generis? GES 17 (8), 371.

41 Spindler RDi 2021, 309 (311).

42 Spindler RDi 2021, 309 (311) erwägt diesen Ansatz nur für centralized permissioned Blockchains.

43 Erwgr. 19 DI-RL; §§ 327 ff. BGB.

auch an die Digitalisierung angepasst wurde – für DApps und Smart Contracts relevant, wenn letztere funktionsnotwendige technische Bestandteile einer physischen Sache darstellen (Bspw. Steueranwendungen bei IoT). Bei trennbaren Paktleistungen sind die digitalen Anteile im Regelfall *separat* nach den §§ 327 ff BGB zu behandeln.

Im B2B-Verhältnis ist hingegen immer zu beurteilen, welches Vertragsrecht zur Anwendung kommt. Bei komplexen Leistungen könne insbesondere auch typengemischte Verträge vorliegen. (1) Bei der dauerhaften Zurverfügungstellung einer DApps oder Smart Contracts eines Anbieters in Form von Software-as-a-Service (SaaS) wird vorwiegend Mietrecht[44] und dessen Leistungsstörungsrecht (Updates iSv Instandhaltungspflichten, außerordentliche Kündigung) anzuwenden sein. Themen wie Verfügbarkeit, Betriebszeiten, Reaktions- und Lösungszeiten sowie Support und Wartung – die auch Hauptleistungspflichten darstellen können – sind dabei in Service Level Agreements zu finden. (2) Davon abweichend könne dieselben DApps und Smart Contracts als Einzellieferung bzw. -anfertigung auch dem Leistungsstörungsrecht des Kauf-, Werk-, oder Werkliefervertrags unterliegen. Die Unterscheidung ist wichtig, da den Werkunternehmer – etwa bei problematischen Smart Contract Policies – eine Warnpflicht trifft, während der kaufrechtliche Fokus auf der Rügepflicht des Käufers liegt. (3) Wenn DApps und Smart Contracts zur Steuerung bzw. Verfügung über digitale und physische Sachen genutzt werden (IoT-Bereich), könne sie aber auch reine Nebenleistungen in einem umfassenderen Projektvertrag darstellen. 18

a) Virtuelle Werte und Daten als Entgelt

Werden Verbrauchern DApps und Smart Contracts als FOSS angeboten und ist dabei mit „digitalen Darstellungen eines Werts" bzw. „virtuellen Währungen"[45] zu bezahlen, gilt das Geschäft als entgeltlich und unterliegt dem neuen Verbrauchergewährleistungsrecht. Die herrschende Ansicht[46] bestätigt dabei den Preischarakter von digitalen Währungen, solange dem nach nationalem Recht nichts entgegensteht.[47] Unter diesen Grundvoraussetzungen gelten also Verbraucherzahlungen in Form von Kryptowährungen als Entgelt für die Transaktionsdienstleistung. Nicht eindeutig ist der Fall, wenn kein spezifisches Transaktionsentgelt geleistet, sondern lediglich Transaktionskosten eingezogen werden (gas fees). Diese werden vorwiegend an Dritte (Miners, Validatoren, Staker) ausgezahlt. Geht kein Anteil an den Anbieter dürfte Entgeltlichkeit zu verneinen sein. Zudem gibt die Richtlinie vor, das die Gegenleistung von personenbezogenen Daten als Entgelt zu werten sind (Art. 3 Abs. 1 DI-RL), solange diese nicht ausschließlich zum Zweck der Bereitstellung oder zur Einhaltung rechtlicher (Sicherheits-)Vorgaben notwendig ist (Erwgr 25 DI-RL). 19

b) Vorausgesetzte Eigenschaften digitaler Produkte

Technische Mängel von DApps und Smart Contracts stellen im B2C-Geschäft eine gewährleistungsrechtlich beachtliche Schlechtleistung iSd §§ 327 ff. BGB dar[48], wobei den Unternehmer die Beweislast trifft. Dabei ist irrelevant, ob die DApp oder der Smart Contract als Dienstleistung, über Werkvertrag[49] oder zum Kauf angeboten wird, da die Regelungen auf keinen spezifischen Vertragstypus abstellen. Als Mängel kommen etwa Syntaxfehler im Code, Kompilierungsfehler[50] (Quellcode nicht korrekt in maschinenlesbaren Code übersetzt), ungenügende Performance, Laufzeitfehler bei atypischen Eingaben oder Speicherproblemen,[51] sowie Konzept- bzw. Designfehler des Programms in Frage. Technische 20

44 BGH, NJW 2007, 2394.
45 Erwgr. 23 DI-RL.
46 BeckOK BGB/Wendland § 327 Rn. 62; MüKoBGB/Metzger § 327 Rn. 14.
47 Erwgr. 23 DI-RL legt dies nicht nahe, vgl. Miernicki Kryptowerte im Privatrecht 592.
48 Vgl. Wendehorst NJW 2021, 2913 (2914).
49 § 327 Abs. 4 BGB.
50 Vgl. BGH NJW 1988, 406.
51 Die Anforderungen erstrecken sich auch auf Service Level Agreements, die Serviceleistungen konkreter bestimmen (Leistungsindikatoren, Reaktionszeiten im Support usw).

Normenreihen wie die ISO/IEC 25000 (SQuaRE)[52] und native Blockchainstandards bzw. Prüfverfahren[53] stellen weitere Bewertungskriterien zur Verfügung. Diese technischen Fehler sind dann den gewährleistungsrechtlichen Begriffen Funktionalität, Kompatibilität, Interoperabilität, Zugänglichkeit, Kontinuität und Sicherheit jeweils passend zuzuordnen (§ 327e Abs. 1 und 2 BGB).

21 Für DApps und Smart Contracts sind insbesondere Anforderungen an die Cybersicherheit hervorzuheben.[54] Unberechtigten Dritten muss der Zugriff auf Softwarefunktionen, Wallets, digitale Identitätsnachweise und verbundene IoT-Produkte verwehrt bleiben. Als Negativbeispiel ist der DAO-Hack zu nennen, bei dem mittels einer wiederholt aufgerufenen Smart Contract-Funktion mehr von Wallets behoben werden konnte, als auf diesen gebucht war (Reentrancy Attack).[55] Ein weiteres Beispiel einer Sicherheitslücke stellt der Parity Hack dar, bei dem über die Schwachstelle eines Smart Contract ungenehmigte Transfers aber auch Blockaden der Wallets ausgelöst werden konnten.[56] Anbieter von DApps und Smart Contracts sind dazu verpflichtet, den Erhalt der Vertragsmäßigkeit auch bei neu auftretenden Risikoszenarien zu garantieren, indem sie die erforderlichen (Sicherheits-)Aktualisierungen vornehmen. Das Endes des Aktualisierungszeitraums ist einzelfallabhängig (§ 327f Abs. 1 Nr. 2 BGB), wenn es sich nicht um ein befristetes oder kündbares Dauerschuldverhältnis handelt, da die Dienstleistung bzw. das Produkt bei Beendigung ja nicht mehr genutzt werden darf. Zwar dienen DApps und Smart Contracts oftmals zur dauerhaften Verwaltung von Vermögenswerten und Verfügungsrechten, doch sind – im Sinne von Depot- und Verwahrungsverträgen – im Regelfall Kündigungsmöglichkeiten vorbehalten.[57] Schon um weiterlaufende Aktualisierungspflichten zu verhindern, werden Anbieter auf die dauerhafte Bereitstellung abstellen (Software-as-a-service).[58] Im Hinblick auf die Beendigung und die daran anschließende Übertragung von Werten sind die Anforderungen an die Kompatibilität iSd DI-RL und die White Paper-Transparenzpflichten zur „Beschränkungen der Übertragbarkeit" nach MiCAR zu beachten.[59]

22 Die technische Komplexität von DApps und Smart Contracts bringt umfangreiche Aufklärungs- und Transparenzpflichten mit sich (Anhang I und II MiCAR; missbräuchliche Vertragsklausel nach Richtlinie (EU) 2023/2673[60]). Adäquate Aufklärung zu wesentlichen Eigenschaften kann aber auch im B2B-Bereich relevant sein.[61] Anbieter von DApps und Smart Contracts müssen verstärkt beachten, dass ihre Produkte für Verbraucher in verständlicher Sprache beschrieben werden. Dies setzt Zusammenarbeit von Technikern und Juristen bei der Formulierung von Nutzungsbedingungen voraus,[62] zumal auch die hoch detaillierte Darstellung der Technologie unverständlich und intransparent sein kann. Beeinflussen die Leistungsbeschreibung bzw. die Smart-Contract-Policy die wechselseitigen Leistungen und Pflichten im B2C-Grundverhältnis, kann entsprechend auch Intransparenz iSd AGB-Klauselprüfung vorliegen.

23 Fraglich ist sowohl für das Gewährleistungsrecht als auch in der AGB-Kontrolle, ob weniger strenge Anforderungen an Informationen gestellt werden können, wenn die

[52] Bspw. ISO/IEC 25002:2024 Systems and software engineering — Systems and software Quality Requirements and Evaluation (SQuaRE) — Quality model overview and usage.
[53] Etwa ERC-20 für Ethereum Tokens und Smart Contract Certification bei Cardano.
[54] Art. 8 Abs. 1 Buchst. b DI-RL; § 327 Abs. 3 Nr. 2 BGB.
[55] Vgl. Mehar et al. Understanding a Revolutionary and Flawed Grand Experiment in Blockchain: The DAO Attack, Journal of Cases on Information Technology 2017, 21 (1).
[56] Torres et al. The Eye of Horus: Spotting and Analyzing Attacks on Ethereum Smart Contracts 2021, abrufbar unter: arXiv:2101.06204v1.
[57] Beispielsweise Nr. 11 „Ordentliche Kündigung" AGB der Bitpanda-Gruppe.
[58] Vgl. BT-Drs. 60/21, 63 f.
[59] Anhang I und II MiCAR.
[60] Directive (EU) 2023/2673 of the European Parliament and of the Council of 22 November 2023 amending Directive 2011/83/EU as regards financial services contracts concluded at a distance and repealing Directive 2002/65/EC.
[61] StRsp zuletzt BGH NJW 2023, 3423 Rn. 24.
[62] Breidenbach/Glatz Legal Tech-HdB/Sandner/Voigt/Fries 148.

Software technischen bzw. produkttypischen Standards entspricht oder der Nutzer Vorkenntnisse braucht, um die Software verwenden zu können (bspw Zurverfügungstellung des Computercodes). Dem Verbraucher müssen Funktionsweise und atypische Risiken zwar in verständlicher Form vermittelt werden,[63] doch dürfte gerade bei Defi- und Kryptogeschäften erhöhte Erkundigungsobliegenheit der Verbraucher anzunehmen sein. Gerade dieser Bereich zeigt aber, dass komplexe Anwendungen zunehmenden ihren Weg in den Massenmarkt finden. Ein paralleles Phänomen dürften KI-Agenten darstellen, die trotz beachtlichen Risikos schnell private Akzeptanz gefunden haben. Aufklärungspflicht und Erkundigungsobliegenheit sollten auch am Grad der Marktdurchdringung orientiert werden (Early Adopter bis Late Majority).

c) Kompatibilität, Interoperabilität und verbundene Dienstleistungen

Von wachsender Bedeutung ist das verstärkte Zusammenwirken mehrerer Anwendungen **24**
und komplexer Datenströme in verbundenen Systemen. So greifen DApps und Smart Contracts etwa auf dritte Dienste zurück, um zu bestimmen, ob eine Vertragsbedingung (bspw. Regenperiode bei Ernteversicherung) eingetreten ist. Ein Teil der hier auftretenden Probleme wird den Mängeltypen Kompatibilität und Integration nach § 327e Abs. 4 BGB subsumiert werden können. Nach den Materialien zum deutschen Umsetzungsgesetz ist eine „unüberschaubare Vielzahl möglicher digitaler Umgebungen" aber nicht dem Anbieter zuzurechnen, weshalb die Interoperabilität zufällig kombinierter Produkte lediglich als subjektive Anforderung ausgestaltet ist.[64] Fraglich bleibt dennoch, ob wann eine fehlerhafte Dienstleistung eines Dritten – wie nach dem neuen Produkthaftungsrecht – auch die Mangelhaftigkeit des Hauptprodukts zur Folge hat. Dies dürfte zumindest dann der Fall sein, wenn die Vertragsauslegung im Einzelfall ergibt, dass eine umfassenderen Dienstleistung und nicht nur die Mangelfreiheit der Software an sich geschuldet ist (Art. 8 Abs. 1 S. 1 Buchst. a DI-RL).

d) Gewährleistungsausschluss und negative Leistungsbeschreibung

Der vertragliche Ausschluss der Verbrauchergewährleistung bei DApps und Smart Contracts **25**
ist gem. § 327s BGB beschränkt. Grenze der Freizeichnung finden sich zudem im AGB-Recht (§§ 305c ff. BGB), den objektiven Gewährleistungsanforderungen sowie den Regeln zur abweichenden Einzelvereinbarungen[65]. Eine spezifische Herausforderung besteht darin, dass Anbieter mitunter nicht kontrollieren können, in welchem technischem Kontext und zu welchem Zweck die DApp oder der Smart Contract verwendet wird. So ermöglicht dann etwa Art. 13 Abs. 2 eIDAS 2.0-VO Vertrauensdienstanbietern, ihre Haftung auf bestimmte Nutzungsformen einzuschränken. Ähnliches gibt auch Art. 25 KI-VO im Kontext von wesentlicher Veränderung und Zweckbestimmung vor. Allgemein zeichnet sich bei multifunktionalen Systemen mE ab, dass – entgegen dem Schutzgedanken der Individualvereinbarung nach § 327h BGB – negative Leistungsbeschreibungen teils umfassender möglich sein werden.

e) Weitere Leistungsstörungen

Unmöglichkeit bzw. Wegfall der Geschäftsgrundlage kann bei dezentralen DApps und Smart **26**
Contracts etwa auftreten, wenn sich die ganze Blockchain ändert. In solchen Fällen kein Vertretenmüssen des Anbieters anzunehmen sein. Der Anbieter wird hingegen haften müssen, wenn einzelne Transaktionen aufgrund mangelhafter Programmierung oder einer Überlastung des Netzwerks nicht durchführbar sind, solange diese seiner Sphäre zurechenbar sind. In einem weiteren Szenario könnten Orakel falsche oder unvollständige Daten liefern

[63] Kaulartz/Heckmann CR 9/2016, 618 (621 f.).
[64] BT-Drs. 60/21, 59.
[65] Art. 8 DI-RL bzw. §§ 327e, 327h BGB.

oder ausfallen, wodurch die Ausführung eines Smart Contracts beeinträchtigt wird. In diesem Fall wird die Haftung des Anbieters – in Anlehnung an den verbundenen Dienst nach dem neue Produkthaftungsrecht – maßgeblich davon abhängen, inwieweit er Einfluss auf die Auswahl und Integration des Oracle-Dienstleisters hatte.

27 Verzug liegt in Abgrenzung zur Unmöglichkeit vor, wenn der Leistungserbringung kein dauerhaftes Hindernis entgegensteht. Ursachen für Zahlungsverzögerungen sind wiederrum nicht dauerhafte Netzwerküberlastungen oder Verzögerungen von Oracle-Daten. Im verschuldeten Schuldnerverzug geht dabei jede Form der Fahrlässigkeit und auch der Zufall zu Lasten des Anbieters als Schuldner (Gefahrtragung nach § 287 BGB).

3. Mangelfolgeschäden

28 Weicht die DApp oder der Smart Contract von der vertraglich geschuldeten Funktionsweise ab, sieht sich der Anbieter auch Ansprüchen auf Ersatz von Mangelfolgeschäden ausgesetzt (§§ 437 Nr. 3 iVm §§ 280 ff. BGB). Bei DApps und Smart Contracts können reine Vermögensschäden durch Fehltransaktionen oder Datenverlust auftreten, die nach der Vertragshaftung auch zu ersetzen sind. Liegen eindeutige Produktmängel vor – fehlerhafte Produktinstruktionen zur technischen Funktion und der Smart Contract Policy – haftet der Anbieter für unerwünschte Transaktionsvorgänge. Diskrepanzen zwischen dem Smart Contracts und den Verbrauchererwartungen an das eigentliche Transaktionsgeschäft (zB Kryptokreditvertrag).[66] Dies gilt nach der Rsp insbesondere dann, wenn der Anbieter dazu verpflichtet war, die Zielvorstellungen des Kunden genauer zu erfragen.[67] Bei falschen Transaktionen digitaler Werte bleibt aber teils offen, ob nicht speziellere vertragliche Haftungsnormen anzuwenden sind. Ein Teil der Lehre vertritt, dass die Geltendmachung von Ersatzansprüchen gegen Zahlungsdienstleister immer über § 675u BGB verlaufen und entsprechend auch bei Token mit Geld-Zahlungsfunktion. Abgrenzung zur Gewährleistung: Soweit den Anbieter kein Verschulden zur Last fällt findet der Ersatz gem. § 439 Abs. 3 BGB in den Adaptions- und Installationskosten seine Grenze.

29 Die Bedeutung der Aufklärung ist im Verbrauchergeschäft nochmals dadurch verschärft, dass die Haftung für grob fahrlässig verursachte Aufklärungsfehler nicht ausgeschlossen werden kann (§ 309 Nr. 7b BGB). Dogmatisch kann bei Aufklärungsfehlern mE entweder auf die Verletzung einer Hauptleistungspflicht „technisch vertragskonformer Smart Contract" (§ 280 Abs. 1 iVm § 437 Nr. 3 BGB) oder auf die Verletzung einer Aufklärungspflicht als Nebenleistungspflicht (§ 280 Abs. 1 iVm § 241 Abs. 2 BGB) abgestellt werden.[68] Die Beweislast trifft in beiden Konstellationen den Anbieter (§ 280 Abs. 1 BGB). Der Katalog relevanter Aufklärungspflichten im Verbrauchergeschäft wird nochmals umfassender, wenn ein Fernabsatzvertrag oder (bei Geldwerten) ein Verbraucherkreditvertrag vorliegt.[69]

30 Der Vollständigkeit halber ist anzumerken, dass sich dritte Transaktionsteilnehmer auf die Grundsätze des Vertrages mit Schutzwirkung zugunsten Dritter stützen müssen, um vertragliche Ansprüche gegen den Anbieter geltend zu machen.[70] Bei Transaktionsgeschäften liegt auch nahe, dass Leistungs- und Gläubigernähe sowie Erkennbarkeit und Schutzwürdigkeit des Dritten zumindest abstrakt erfüllt sind. Zwar hat sich der BGH bei Zahlungsdienstleistungen mitunter gegen die Anwendung der Grundsätze des Vertrages mit Schutzwirkung zugunsten Dritter ausgesprochen (Warnpflicht bei Kontosperre)[71], doch dürfte dies nicht

[66] In der Lit. wird darauf hingewiesen, dass es bei komplexen Systemen oft an adäquater Offenlegung mangelt, vgl. etwa Lustenberger/Spychiger Blockchain in Supply Chains: An Unfulfilled Promise 6.

[67] OLG München MMR 2023, 211.

[68] Für Nebenleistungspflichten wurde anlässlich des Schuldrechtsmodernisierungsgesetzes (SchRModG) klargestellt, dass auch Vermögensinteressen wie „Vermögensfehldispositionen" erfasst sein sollen, siehe BT-Drs. 14/6040, 125.

[69] Siehe §§ 312c–e iVm Art. 246a § 1 Abs. 1 Nr. 14–18 EGBGB; dazu auch Braegelmann/Kaulartz Smart Contracts-HdB/Spindler/Wöbbeking S. 140.

[70] Zu den Anforderungen etwa HK-BGB/Fries/Schulze § 328 Rn. 14 ff.

[71] BGH NJW 2024, 2319.

zwingend auf Schäden zu übertragen sein, die auf technische Fehler zurückzuführen sind. Mit Blick auf neue Automatisierungsmöglichkeiten und die jüngere Rsp des EuGH zur Plattformhaftung könnte die Rsp des BGH aber auch als überholt eingeordnet werden.

4. Produkthaftung

a) Sachlicher Anwendungsbereich und ersatzfähige Schäden

DApps und Smart Contracts sind als Software einzuordnen und fallen damit in den sachlichen Anwendungsbereich der neuen PH-RL. Die PH-RL kennt zwar keine sektorenbezogenen Einschränkungen, womit dem Grunde nach auch der Finanz- bzw. Versicherungsbereich erfasst wäre, doch ergeben sich diesbezüglich Haftungsgrenzen durch die Ausgrenzung reiner Vermögensschäden, von Schäden die durch Informationen[72] verursacht werden und bei Schäden iRv Dienstleistungen[73]. **31**

Der Ausschluss von „Dienstleistungen als solche"[74] ist gegenständlich besonders folgenreich, da DApps und Smart Contracts oftmals Dienstleistungen umsetzen. So insbesondere im DeFi-Bereich oder bei digitaler Identifizierung durch Vertrauensdienstleister. Man denke auch an die in Art. 2 Abs. 2 DI-RL genannten digitalen Dienstleistungen, bei denen „[…] die Erstellung, Verarbeitung oder Speicherung von Daten in digitaler Form oder den Zugang zu solchen Daten" bzw. „die […] Nutzung […] in digitaler Form hochgeladene[r] oder erstellte[r] Daten oder sonstige Interaktionen mit diesen Daten" ermöglicht wird. Bei offener Interpretation des Begriffs „Dienstleistung als solche" wäre fast jede Form der elektronischen Datenverarbeitung oder -übermittlung bzw. auch die Kontrolle des Zugangs zu einem digitalen Asset vom Anwendungsbereich der PH-RL ausgenommen.[75] Dem steht aber nicht nur die programmatische Einbeziehung von Software und KI durch die RL entgegen, sondern auch dass nach der Rsp des EuGH Schäden zu ersetzen sind, die ein Produkt anlässlich der Erbringung einer Dienstleistung verursacht.[76] ME sollte die Ausnahme im Einklang mit den nach der DI-RL ausgeschlossenen Dienstleistungen interpretiert werden. Wie auch nach der DI-RL (→ Rn. 7)[77] findet die Produkthaftung des Herstellers dann keine Anwendung bei DApps und Smart Contracts im Finanzbereich. Rechtfertigen lässt sich dies ultimativ mit der eigenständigen Prospekt- und Transaktionshaftung nach der MiCAR bzw. gegebenenfalls mit der Auffangfunktion der deliktischen Produzent- und Dienstleisterhaftung. Da iRd neuen Datenschaden nach Erwgr 20 PH-RL aber auch „nichtkörperlicher Vermögensgegenstände" erfasst sein sollen,[78] verbleibt ein problematisches Spannungsverhältnis (Bspw. Assetverlust bei Depotgeschäft). **32**

Anderen Formen von Dienstleistungen, wie etwa Identifizierungsdienste oder einfach digitale Dienstleistungen nach Art. 2 Abs. 2 DI-RL (Erstellung, Verarbeitung oder Speicherung von Daten, Zugang zu Daten) bleiben mE hingegen erfasst. Zudem ist zu erwarten, dass **33**

---

[72] Erwgr. 13 PH-RL bringt zum Ausdruck, dass reine Informationen, bspw. „digitale Dateien wie Mediendateien oder E-Books oder den reinen Quellcode" nicht erfasst sind. Dabei ist mE unklar, ob auch der Output von generativer KI nicht erfasst sein soll. Siehe dazu schon EuGH NJW 2021, 2015. Zur Bedeutung bei LegalTech Software siehe Danda LTZ 2024, 9 (9).

[73] Die Differenzierung zwischen Produktfehler und Dienstleistung ist auch auf faktischer Ebene schwierig. Gerade bei hohem Automatisierungsgrad wird der Dienstleistungscharakter zunehmend vom Produktcharakter überlagert.[73] Während dem Anbieter grundsätzlich die Verantwortung für Automatisierung trifft, muss dabei eine Einschränkung durch adäquate Monitoringpflichten auf Seiten des Nutzers (Mit- und Eigenverschulden) erfolgen.

[74] Erwgr. 17 PH-RL.

[75] Ein enges Verständnis legt möglicherweise auch Erwgr. 17 PH-RL nahe, da die Aufzählung von relevanten verbundenen Dienstleistungen nur Produkte mit physischer Auswirkung betreffen.

[76] EuGH EuZW 2001, 378.

[77] Anderes soll bei utility tokens gelten, da diese den Zugang zu digitalen oder physischen Gütern verwalten und daher allgemein nicht unter Finanzdienstleistungen fallen; vgl. Spindler/Sein MMR 2019, 415 (419); MükoBGB/Metzger § 327 Rn. 26; offenlassend BeckOK BGB/Wendland § 327 Rn. 53.

[78] Erwgr. 20 PH-RL: „der Schutz natürlicher Personen erfordert die Verfügbarkeit des Schadensersatzes für Vermögensschäden, [die] durch die Vernichtung oder Beschädigung von Daten verursacht [werden].".

Dienstleistungen generell der PH-RL unterliegen, wenn Risiken körperlicher oder psychischer Schäden auftreten (Art. 6 Abs. 1 lit. a PH-RL). Solche Schäden sind etwa bei der Nutzung von DApps und Smart Contracts als Zugangs- und Steuerungsinstrumente für bewegliche Sachen (→ § 59) und bei blockchain-basierten Chatbots für emotionsbezogene Dienstleistungen denkbar.

34 Wie gesagt, ist nach der neuen Richtlinie auch die Vernichtung oder Beschädigung von privaten Daten erfasst (Art. 6 Abs. 1 lit. c PH-RL), solange es sich dabei nicht um Schäden handelt, die bereits nach der DS-GVO zu ersetzen sind. Zu denken ist an die unerwünschte Löschung von Datenbanken und Anwendungen. Es stellt sich die Detailfrage, ob dabei nur direkte Datenschäden ersetzt werden oder auch Folgenschäden, die durch fehlerhafte Datenoutputs entstehen. Bei weiter Auslegung würde dann etwa der Datenzulieferer für fehlerhafte Trainingsdaten und daran anschließende KI-Folgeschäden haften. Daten sind mE als das Produkt „Rohmaterial" zu charakterisieren (vgl. Erwgr. 16 PH-RL). Bei Rohdaten handelt es sich auch nicht um ausgeschlossene semantische Informationen im iSd 13 PH-RL).[79]

b) Fehlerbegriff

35 Das Schutzkonzept der Produkthaftung knüpft an die Sicherheitserwartung des bestimmungsgemäßen Verbrauchers an. Die Lehre ergänzt dazu, dass auch ökonomische Kosten/Nutzen-Abwägungen in die Beurteilung einfließen können.[80] Ökonomische Konzepte (etwa das Kano-Modell) weißen zudem darauf hin, dass Sicherheitserwartungen im Zeitverlauf ansteigen. Bei innovativen Technologien wäre mE auch zu berücksichtigen, dass frühzeitiger Anwender (Early Adopters) regelmäßig eine erhöhte Risikobereitschaft aufweisen dürften. Die neue PH-RL bringt erste begriffliche Konkretisierungen und Neuerungen für Software und KI, die mit diesen Überlegungen in Einklang zu bringen wären.

36 Eine Klarstellung erfolgte zunächst für die „Aufmachung und Merkmale des Produkts", die sich aus der Kennzeichnung, dem Design, den technischen Merkmalen, der Zusammensetzung, der Verpackung und der Anleitung ergeben. Dadurch wird insbesondere die subjektive Seite der Anforderungen betont. Für DApp- und Smart Contract-Hersteller gilt dabei insbesondere, dass technische Funktionen verbraucherfreundlich dargestellt sein müssen (→ Rn. 22f). Entsprechend sollte zwischen technischer Dokumentation für Experten und Erläuterungen für durchschnittliche Verbraucher differenziert werden. Werden DApps und Smart Contracts unmittelbar als Computercode zur Verfügung gestellt, dürften andere Anforderungen gelten, als im Massengeschäft.

37 Beispiele für Softwarefehler wurden bei der Darstellung der gewährleistungsrechtlichen Anforderungen bereits besprochen (→ Rn. 20 ff). Im Produkthaftungsrecht beschränken sich die Anforderungen allerdings auf jene Risiken, denen Relevanz für die Sicherheit der Rechtsgüter Leben, Gesundheit, Eigentum und Daten zukommt. Allgemeine Fehlerquellen von DApps und Smart Contracts sind etwa Syntax-, Kompilier-, Laufzeit-, oder Konzeptfehler. Zusätzlich werden in der PH-RL Cybersicherheitsanforderungen von digitalen Produkten speziell betont.[81] Ansonsten werden Fehlerquellen wie Funktionalität, Interoperabilität und Zugänglichkeit in der PH-RL nicht speziell vermerkt, da der Blick auf den geschützten Rechtsgütern unter Verwendung eines abstrakteren Fehlerbegriffs liegt, der auch jenseits digitaler Produkte Anwendung findet. Ausdrücklich umfasst die Fehlerhaftigkeit allerdings mangelnde Kompatibilität bei verbundenen Produkten (in Art. 7 Abs. 2 Buchst. d PH-RL). Dieser Aspekte wird bei technischen Abhängigkeiten zwischen Blockchain, DApp und Smart Contract schlagend – so etwa bei Problem der Kompatibilität mit der Blockchain, da „davon ausgegangen werden kann, dass sie zusammen mit dem Produkt verwendet werden."

[79] Ebers/Gsell/Mayerhofer/Danda Neue Europäische Produkthaftung S 14 ff.
[80] Wagner JZ 2023, 1 (5).
[81] Art. 7 Abs. 2 Buchst. f PH-RL.

Anwendung auf DApps und Smart Contracts finden mitunter die neuen Vorgaben für Offenlegung und Vermutung nach den Art. 9 und 10 PH-RL. Geschädigte können sich nunmehr ausdrücklich auf typische Produktfehler und überfordernde Komplexität iRd Beweisfindung stützen. Schließlich gilt anzumerken, dass die PH-RL einen verstärkten Verweisungszusammenhang zum Produktsicherheitsrecht der Union und des Rechts der Mitgliedstaaten aufweist. Abweichend vom technologieneutralen Ansatz des Unionsrechts, bietet dies die Möglichkeit, durch spezifische Produktsicherheitsanforderungen Einfluss auf die Produkthaftung dezentraler Technologien zu nehmen. **38**

c) Verbundene Dienste und Künstliche Intelligenz

39 Eine bedeutende Neuerung stellt die Haftungserweiterung zu Lasten des Herstellers auf verbundene (Daten-)Dienste dar. Als verbundener Dienst gilt ein digitaler Dienst, der so in ein Produkt integriert oder so mit ihm verbunden wurde, dass das Produkt ohne ihn eine oder mehrere seiner Funktionen nicht ausführen kann (Art. 4 Nr. 3 PH-RL). Hierbei ist zudem auf Kontrollierbarkeit von Seiten des Herstellers abzustellen, wobei nicht mehr auf den Zeitpunkt des Inverkehrbringens abzustellen ist.[82] Im Kontext von DApps und Smart Contracts sind insbesondere dritte Orakel-Leistungen zu nennen,[83] die Informations- und Datendienstleistungen bereitstellen. Soweit der Anbieter des Smart Contracts die Verbindung oder Bereitstellung des Dienstes „genehmigt oder ihr zustimmt" (Erwgr. 18 PH-RL), ist er für Fehler des verbundenen Dienstes haftbar. Er selbst bleibt dann auf den Regressweg verwiesen. Dies dürfte insbesondere dann ein bedeutendes Haftungsrisiko darstellen, wenn zusätzlich Daten- und Folgevermögensschäden großzügig zugesprochen werden (→ Rn. 34).

40 Weitere Neuerungen bringt Art. 7 Abs. 2 Buchst. d PH-RL durch die Erweiterung des Fehlerbegriffs auf die Fähigkeit von KI und Software, zu lernen oder neue Funktionen zu erwerben, solange die Produkte unter Kontrolle des Herstellers stehen.[84] Diese Anforderungen brechen ebenfalls mit dem Grundsatz, dass es keine Haftung für Fehler gibt, die erst nach dem Inverkehrbringen des Produkts auftreten. Für DApps und Smart Contracts ist dies etwa relevant, wenn generative KI autonom Auszahlungsbedingungen ändert bzw. Oracle-Dienste auswählt. Parallel dazu sind Hersteller verpflichtet Updates und Upgrades zur Verfügung zu stellen, die zur Aufrechterhaltung der Sicherheit erforderlich sind (Art. 11 Abs. 2 Buchst. c PH-RL). Dabei kann ein Update oder Upgrade auch zu einer wesentlichen Änderung führen, was zur Folge hat, dass das System dem Stand der Technik im Zeitpunkt der Anpassung entsprechen muss (Art. 11 Abs. 2 Buchst. d PH-RL).

5. Deliktische Haftung

a) Hersteller- und Dienstleisterhaftung

41 War bezüglich der Produzentenhaftung bisher noch unklar, ob und in welcher Form Software erfasst sein sollte,[85] dürfte durch die Aufnahme von Software und KI in die PH-RL auch eine Öffnung der deliktischen Produzentenhaftung zu erwarten sein. Bedeutsamer im deliktischen Bereich ist allerdings die Haftung des Dienstleisters bzw. Anbieters der DApp oder des Smart Contracts, wenn es sich bei diesem nicht zugleich um den Hersteller handelt. Diesfalls beruht die Haftung nicht auf Fehlern und Mängeln des Systems sondern auf Aufklärungs-, Produktprüfungs- und Überwachungspflichten. Hier stellt sich insbesondere die Aufgabe, diese Pflichten von Produktfehlern abzugrenzen und zu untersuchen, inwie-

---

[82] Art. 11 Abs. 2 Buchst. a PH-RL.

[83] Zu Oracle Networks siehe etwa Breidenbach et al. Chainlink 2.0: Next Steps in the Evolution if Decentralized Oracle Networks.

[84] Art. 11 Abs. 2 Buchst. b und d PH-RL.

[85] MwN MüKoBGB/Wagner ProdHaftG § 2 Rn. 16–20.

weit Vermögensschäden deliktisch ersatzfähig sind.[86] Die deliktische Haftung des Dienstleisters wird besonders dann relevant, wenn Dritte geschädigt sind, die nicht schon nach den Grundsätzen des Vertrages mit Schutzwirkung zugunsten Dritter geschützt sind. Die Vertragspartner des Anbieters können sich hingegen bereits auf Gewährleistung und Mangelfolgeschaden stützen (→ Rn. 17 ff).

b) Freizeichnung und Ansprüche Dritter

42 Zunächst ist zu fragen, welchen Einfluss Freizeichnungsklauseln auf die deliktische Haftung haben können. Im entgeltlichen Verbrauchergeschäft ist die Freizeichnung des Anbieters für Sach- und Vermögensschäden zunächst nur bis zur Grenze der groben Fahrlässigkeit zulässig und bei Vorsatz gänzlich ausgeschlossen.[87] Nach dem BGH sind aberauch Schäden anlässlich der Verletzung von Kardinalspflichten beachtlich, wenn lediglich leichte Fahrlässigkeit vorliegt.[88] Wenn die DApp oder der Smart Contract eine Grundfunktion nicht erfüllt, haftet der Anbieter daher trotz einer entgegenstehenden Freizeichnung. Ob die Verletzung einer Kardinalspflicht oder grobe Fahrlässigkeit vorliegt, wird anhand der technischen Aufgabe, den verbundenen Risiken für Rechtsgüter und der Produktbeschreibung im Einzelfall zu beurteilen sein. Das Schrifttum sieht etwa die Prüfung von Cybersicherheitslücken als Kardinalspflicht an.[89]

43 Aufgrund des Grundsatzes „keine Verträge zu Lasten Dritter"[90] können sich Anbieter gegenüber Ansprüchen Dritter nicht freizeichnen. Stützen sich Dritte auf einen Vertrag mit Schutzwirkung zugunsten Dritter, schlägt die Freizeichnung hingegen im Regelfall durch (vgl. § 334 BGB).[91]

c) Produzentenhaftung

44 Die Produzentenhaftung nach § 823 Abs. 1 BGB weicht in ihren Grundsätzen nicht fundamental von der europäischen Produkthaftung ab. Entsprechend ist für die Haftung bei DApps und Smart Contracts auf diese zu verweisen (→ Rn. 31 ff.). Die Produzentenhaftung basiert zwar auf deliktischen Sorgfaltspflichten[92] und ist daher offener im Hinblick auf die Schadensgüter ausgestaltet[93], doch haben Gesetzesmaterialien[94] und Rsp die Kategorie des Produktfehlers bereits früh übernommen.[95] Auch die Beweislastumkehr für das Verschulden und der Ausschluss von reinen Vermögensschänden wurden aus der Produkthaftung übertragen.[96] Die Produzentenhaftung befindet sich konzeptuell damit im Rückstand gegenüber dem europäischen Produkthaftungsrecht. So ist auch noch keine ausdrückliche Anerkennung von Software und KI als Produkte erfolgt.[97] Relevante Verkehrspflichten werden daher in Anlehnung an den Softwarefehler nach PH-RL und das Mängelrecht der DI-RL zu bestimmen sein. Zudem dürften auch die verbraucherfreundlichen Regeln zur Offenlegung und Beweislast nach Art. 9 und 10 PH-RL Einfluss in der deliktischen Haftung finden.

---

[86] Nach der Rspr. des EuGH stehen Produkt-, Delikts- und Produzentenhaftung in keinem ausschließenden Konkurrenzverhältnis, vgl. zuletzt EuGH NJW 2021, 2015 Rn. 41.
[87] §§ 327s Abs. 4 iVm 276 Abs. 3 und 309 Nr. 7b BGB.
[88] Etwa BGHZ 164, 11.
[89] Etwa Marly Softwareüberlassung Rn. 1339.
[90] Etwa Wesch Die Produzentenhaftung im internationalen Rechtsvergleich 310.
[91] BGHZ 56, 269 (272).
[92] Vgl. BT-Drs. 11/2447, 7.
[93] Vgl. BeckOK BGB/Förster § 823 Rn. 687.
[94] BT-Drs. 11/2447, 7.
[95] BGH NJW 1999, 1028.
[96] MüKoBGB/Wagner § 823 Rn. 423 ff. und 1138.
[97] Die Relevanz von Software ist in der deutschen Lehre umstritten; siehe mwN MüKoBGB/Wagner ProdHaftG § 2 Rn. 16–20.

d) Dienstleisterhaftung

Anbieter von Dienstleistungen, die unter Verwendung von DApps oder Smart Contracts erbracht werden, haften nach den §§ 823 ff. BGB für Schäden, die durch Sorgfaltspflichtverletzungen entstehen.[98] Programmier-, Konzept-, und Integrationsfehler[99] von Drittsoftware treffen den Anbieter aber nur iR angemessener Produktprüfung sowie bei Aufklärungspflichtverletzungen. Mit zunehmender Automatisierung der Dienstleistung ist aber anzunehmen, dass die Prüf- und Überwachungspflichten der Anbieter umfassender werden, da die Betriebsüberwachung effektiv Schäden verbeugen kann. Es kommt dadurch eventuell zur Verlagerung von der Produkthaftung des Herstellers hin zur deliktischen Haftung des Dienstleisters, soweit diesem die Überwachung zumutbar ist. Zur Beurteilung sind etwa Vorgaben nach Art. 12 Allgemeine ProduktsicherheitsVO[100] zu beachten, die für Dienstleister auf Risikoanalyse und Produktinformationen abstellen. Parallel dazu überträgt Art. 14 KI-VO dem Anbieter zunächst die Konzeption der „Menschlichen Aufsicht" bei Hochrisiko-KI-Systeme. Die Aufsicht übt gemäß Art. 26 Abs. 2 KI-VO aber der Betreiber aus. Im Transaktionsbereich agiert der BGH allerdings bisher zurückhalten im Hinblick auf Überwachung durch den Ausführenden.[101] Wie schon angemerkt, dreht sich die europäische Rsp aber zunehmend in Richtung der Ausweitung der Haftung von Anbietern und Plattformen. 45

Bei DApps und Smart Contracts drohen im Kontext von digitalen Dienstleistungen Datenschäden, darunter auch etwa der Verlust von digitalen Werten oder Geschäftsunterlagen. Anders als nach der PH-RL, die Datenschäden ausdrücklich anerkennt, ist fraglich, ob personen- und nichtpersonenbezogene Daten als „sonstige" oder „persönlichkeits- bzw. datenschutzbezogene" Rechte Schutz nach § 823 Abs. 1 BGB genießen. Es wurden dazu bereits diverse Haftungsansätze untersucht. *Wendehorst* argumentiert für den Schutz von Daten, wenn diese Werte repräsentieren, digitale Inhalte darstellen bzw. allgemein wenn unautorisierte Zugriffe erfolgen.[102] Auch der BGH spricht sich für die Ersatzfähigkeit von Datenschäden aus, wobei der Wert nach den Kosten der Rekonstruktion der Daten angesetzt wird, aber auch Folgeschäden, wie Betriebsausfälle, ersatzfähig sein sollen.[103] Hier ist nochmals zu fragen, ob nur unmittelbare Datenschäden ersetzbar sind oder ob darüber hinaus etwa auch Folgen des Datenoutputs eines mangelhaften KI-Systems als Folgeschaden eines Datenverlusts gelten können (→ Rn. 34). Fahrlässig verursachte Schäden an Daten durch DApps und Smart Contracts werden iRd § 823 BGB ersatzfähig sein, solange deren eindeutige Klassifizierung und Zuordnung zu einer Nutzerin möglich ist. Liegt bei einem Datenschaden die Verletzung eines Geschäftsgeheimnisses vor, ist zudem die Haftung nach § 10 Geschäftsgeheimnisschutzgesetz einschlägig.[104] 46

e) Vermögensschäden und Schutzgesetzverletzung

Bei DApps und Smart Contracts treten auch reine Vermögensschäden auf. Diese sind deliktisch grundsätzlich nur bei Hinzutreten weiterer Fehlermomente auf Seiten des Herstellers oder Dienstleisters ersatzfähig. Natürlich müssen diese zunächst davon absehen, ihre Vertragspartner bzw. Dritte vorsätzlich sittenwidrig zu schädigen (§ 826 BGB). Jenseits solcher Fälle, wäre zunächst an eine Übertragung der engen Haftungsgrundsätze für Zahlungsdienstleister zu erwägen. DApp- und Smart Contract-Anbieter wären dann nur 47

98 Wagner AcP 217 (2017), 707 (714); BGH VersR 1978, 722 (723).

99 Die Haftung der PH-RL für verbundene Dienste ist im BGB nicht statuiert. Es bedürfte der umfassenden Analyse – die hier nicht geleistete werden kann –, ob diese Haftung auch für die deliktische Haftung des Anbieters relevant sein kann.

100 Verordnung (EU) 2023/988.

101 BGH NJW 2024, 2319.

102 Wendehorst Essays in Honour of Helmut Koziol 225 ff. Ohne Einschränkung im Hinblick auf die Datennatur auch Schneidereit Haftung für Datenverlust im Cloud Computing 398 ff.; zu personenbezogenen Daten Hacker Datenprivatrecht 515 ff.

103 BGH NJW 2009, 1066 Rn. 17.

104 Keller/Schönknecht/Glinke/Glinke GeschGehG § 10 Rn. 16, 17.

unter besonderen Umständen zur Warnung vor irregulären Abläufen verpflichtet.[105] Der automatisierte Zahlungsverkehr mit digitalen Werten und Kryptowährungen ist den Abläufen bei Geldtransaktionen auch verwandt. Es gilt aber zu bedenken, dass KI-gestützte Prüfsysteme automatisierte Zahlungen heute überprüfbar machen. Entsprechend könnte sich die Warn- und Überwachungspflichten in Hinkunft auch wieder erhöhen.

48 Im Hinblick auf Schutznormen der Produktsicherheit, die individuelle Interessen schützen (Schutzgesetze iSd § 823 Abs. 2 BGB), sind im Kontext von DApps und Smart Contracts etwa die Produktsicherheits- und Haftungsvorschriften der KI-Verordnung, der eIDAS 2.0-Verordnung, der DS-GVO und der MiCAR zu beachten. So muss beispielsweise – zumindest vor der Omnibus-Reform – bei Smart Contract-Vertrauensdiensten nach Art. 36 Datengesetz die Möglichkeit der Beendigung und Unterbrechung von Smart Contracts gegeben sein. Dies stellt mE relativ deutlich auf den Schutz von Individualinteressen ab. Auch die Entscheidungen des EuGH zu integrierter Software im Dieselskandal deutet in Richtung der Ersatzfähigkeit von Vermögensschäden bei Softwarefehlern – so wird auch dort auf Schutzgesetze abgestellt.[106]

IV. Nutzerverantwortung

49 Wie besprochen, sind Hersteller und Anbieter zur Überwachung der Anwendungen verpflichtet. Aufgrund der Nähe der Nutzer zur Ausführung treffen diese allerdings ebenfalls Überwachungspflichten. Außerachtlassung der zumutbaren Überwachung kann iRd deliktischen Haftung oder der Produkthaftung ein (Mit-)verschulden des Nutzers begründen. Die Diskussion um die Nutzeraufsicht ist insbesondere im Kontext des Einsatzes von KI aufgekommen.[107] Zunächst muss beurteilt werden, ob die Anwendungen derart nutzerfreundlich gestaltet war, dass eine effektive Steuerung im konkreten Fehlerszenario überhaupt möglich war. Nach Art. 36 ff. Datenverordnung müssen Smart Contracts insbesondere die Beendigung und Unterbrechung von Transaktionen ermöglichen. Nach der KI-VO muss der Nutzer eines Hochrisiko-KI-System dieses verstehen und interpretieren können, darf nicht einem Automatisierungsbias unterliegen, muss die Entscheidungshoheit haben und Prozesse unterbrechen können (Art. 14 Abs. 4 KI-VO). Nur wenn Interfaces diesen Vorgaben nicht gerecht werden, wird ein Fehler des Nutzers anzunehmen sein – die Diskussion setzt sich diesfalls als Beweisfrage fort. Nach Art. 26 KI-VO können Nutzerfehler vor allem in der Außerachtlassung der Betriebsanleitung (Abs. 1 und 4), fehlender Ausbildung (Abs. 2) und der Eingabe falscher Daten bzw. abweichender Zweckbestimmungen (Abs. 4) liegen. Diese Vorgaben dürften *mutatis mutandis* auf die Nutzung von DApps und Smart Contracts übertragbar sein.

50 Schäden können auch durch die Verletzungen von Aufklärungspflichten der Nutzer entstehen[108] – gemeint sind Szenarien bei denen Nutzer einander nicht hinreichend über technische Funktionen oder Smart Contract Policies informieren. Der BGH gibt als Grundsatz vor, dass „jeder Vertragspartner verpflichtet ist, den anderen Teil über Umstände aufzuklären, die den Vertragszweck des Anderen vereiteln können und daher für seinen Entschluss von wesentlicher Bedeutung sind, sofern er die Mitteilung nach Treu und Glauben unter Berücksichtigung der Verkehrsanschauung redlicherweise erwarten darf".[109] Eine Risikozuordnung ist insbesondere dann möglich, wenn eine Partei die Nutzung eines bestimmten Smart Contracts, einer DApp oder eines Orakel im Vorfeld bestimmt bzw. dazu Erläuterungen bereitstellt. Bei echter Beratung tritt der vormalige Nutzer hingegen bereits

[105] BGH NJW 2024, 2319.
[106] EuGH NJW 2023, 1111 Rn. 91.
[107] Buiten Eur. J. Law Econ. 57, 239, 266.
[108] Bei komplexen Systemen mangelt es oft an hinreichender Transparenz, vgl. etwa Lustenberger/Spychiger Blockchain in Supply Chains: An Unfulfilled Promise 6.
[109] StRspr zuletzt BGH NJW 2023, 3424 Rn. 24.

als Dienstleister und bei wesentlicher Änderung des Systems zudem als Hersteller auf (Art. 11 Abs. 2 Buchst. d PH-RL). Für den Geschädigten besteht aber mitunter auch eine Erkundigungsobliegenheit hinsichtlich der Grundfunktionen und Risiken des Systems. Nach dem BGH schränkt dies die Aufklärungspflicht des anderen Vertragspartners nicht ein, sondern begründet lediglich ein Mitverschulden des Geschädigten.[110] Entsprechend muss im Einzelfall beachtet werden, ob relevante Informationsasymmetrien bestehen und Beratungsleistungen erbracht werden.

V. Haftung nach DS-GVO

Werden personenbezogene Daten mittels DApps oder Smart Contracts verarbeitet, sind Verantwortliche und Auftragsverarbeiter für Verstöße nach Art. 82 DS-GVO haftbar. Die Verteilung der Verantwortung hängt dabei stark von der jeweiligen Blockchain-Governance und der technischen Ausgestaltung im Einzelfall ab.[111] Als Verantwortliche kommen vor allem jene Teilnehmer des Netzwerkes in Frage, die Zugangsrechte verwalten[112] und Dateneinträge auf der Blockchain veranlassen[113]. Bei hinreichend vorliegendem Eigeninteresse umfasst dies einerseits die Anbieter der DApp bzw. des Smart Contracts sowie jene Personen, die auf Ebene der Blockchain Eintragungen verwalten (Permissioned Blockchains[114]). Bei dezentralisierten Public Blockchains sind aber primär die individuellen Nutzer, die Eintragungen veranlassen und den Verarbeitungszweck definieren.[115]. Zu beachten ist dabei, dass private Tätigkeiten von der DS-GVO nicht erfasst sind (Art. 2 Abs. 2 Buchst. c DS-GVO). Der Europäischer Datenschutzausschuss (EDPB) erwähnt zudem Nodes als potenzielle Verantwortliche[116] bzw. könnte dies auch auf Validatoren bei Delegated Proof of Stake-Systemen zu erstrecken sein. Als Auftragsverarbeiter kommen ebenfalls Betreiber der Plattform, sowie Node-Betreiber,[117] Validatoren und eventuell auch Miner und Core Developer in Frage.[118] Hier stellt sich das Problem, dass es mitunter an einem Weisungs- oder Abhängigkeitsverhältnis gegenüber einem klar definierten Verantwortlichen fehlt. Insgesamt lässt sich festhalten, dass nach dem Stand der Diskussion häufig von einer gemeinsamen Verantwortlichkeit mehrerer Beteiligter nach Art. 26 DS-GVO auszugehen ist, auch wenn einige von diese faktisch eine ausführende Funktion als Auftragsverarbeiter wahrnehmen. 51

Die DS-GVO ist insbesondere auch anzuwenden, wenn DApps oder Smart Contracts auf Basis pseudonymer Daten operieren. Bei dauerhafter Speicherung der Daten auf einer Public Blockchain besteht dabei ein hohes Risiko der Reidentifizierung – so ist etwa das Datenscrapping der pseudonymen Daten jederzeit möglich ist. Aufgrund dieser hohen Exponiertheit dürfte vermutlich auch die Anpassung des Begriffs der personenbezogenen Daten iRd Omnibus Reform keine fundamentale Änderung bringen. Die EDPB betont, dass mit Blick auf den Grundsatz der Datenminimierung die Notwendigkeit der Öffentlichkeit der Daten geprüft werden muss.[119] Damit ist bereits die Frage der Zulässigkeit des Blockchainmodells an sich berührt, das ja gerade auf der Zustimmung der Nutzer beruht, öffentlich, transparent und überprüfbar zu agieren. Nutzer treten allerdings lediglich unter Verwendung des pseudonymen Public Keys auf. Ob diese Einträge auf der Blockchain, in Anlehnung an die 52

110 BGH NJW 2023, 3424 Rn. 45.
111 EDPB Guidelines 02/2025 Rn. 40 ff.
112 Bitkom Blockchain und Datenschutz S. 33.
113 CNIL Blockchain S. 1; EDPB Guidelines 02/2025 Rn. 44.
114 EDPB Guidelines 02/2025 Rn. 40.
115 CNIL Blockchain S. 2.
116 EDPB Guidelines 02/2025 Rn. 43.
117 EDPB Guidelines 02/2025 Rn. 42.
118 CNIL Blockchain S. 3.
119 EDPB Guidelines 02/2025 Rn. 49.

Rspr. des EuGH,[120] parallel zu IP-Adressen zu behandeln sind, ist dabei unsicher. Es konnte jedenfalls schon früh gezeigt werden, dass Public Keys und Bitcoin-Adressen mit IP-Adressen der Nutzerinnen verknüpft werden können.[121] Entsprechend sieht auch die EDPB die Möglichkeit, nutzerbezogene Public Keys als personenbezogene Daten zu werten.[122] Die Speicherung von pseudonymen Hashes On-Chain wird der direkten Speicherung der Daten aber jedenfalls vorzuziehen sein.[123] Art. 32 DS-GVO muss jedenfalls eine angemessene Risikobewertung der DApps bzw. des Smart Contracts erfolgen,[124] die technisch mögliche Schutzmaßnahmen wie kryptographische Verschlüsselung, Hashing,[125] Differential Privacy und föderiertes Lernen berücksichtigt (Privacy-by-Design). Die Beweislast für angemessene Sicherheitsvorkehrungen liegt beim Verantwortlichen, der auch mit erhöhter Dokumentation der Maßnahmen reagieren muss.[126] DApps und Smart Contracts können den Datenschutz der beteiligten Nutzer mitunter aber auch stärken. So können Off-Chain-Daten innerhalb verschlüsselter Smart Contracts verarbeitet werden.[127]

53 Bei Public Blockchains steht die permanente Speicherung personenbezogener Daten den Löschungs- und Änderungsrechten der Art. 15–17 und 20 DS-GVO entgegen. Die EDPB betont, dass die technische Unmöglichkeit der Beeinflussung der Daten dabei aber nicht als Argument genügt, um eine Verletzung von Nutzerrechten zu rechtfertigen. Es wird vielmehr auf technische Maßnahmen hingewiesen, die den Betrieb DS-GVO-konform gestalten könnten,[128] und müssen Nutzerrechte bereits in der Designphase beachtet werden.[129] Aus Sicht der Industrie könnten die Nutzerrechte zu einer unverhältnismäßigen Beeinträchtigung der Rechte anderer Netzwerkteilnehmer führen. Individualrechte sollten nach deren Sichtweise weder den Betrieb der Blockchain noch einzelner Nodes beeinträchtigen. Für diese Position spricht jedenfalls, dass Permanenz und Öffentlichkeit der Transaktionen eine Grundfunktionsweise der Technologie darstellen und dem typischen Nutzer dies bekannt sein muss.[130] Löschungs- und Änderungsrechte sollten daher de lege ferenda auf vermittelnde technische Lösungen beschränkt bleiben. Dies setzt aber voraus, dass es nicht bereits an einer adäquaten Rechtsgrundlage iSd Art. 6 und 9 DS-GVO mangelt oder ein unnötig erhöhtes Risiko der Reidentifizierung geschaffen wird.

54 Die Schadenersatznorm des Art. 82 DS-GVO ist insbesondere im Lichte der jüngeren Rspr. des EuGH zu lesen. Haftung tritt ein, wenn Rechtsvorschriften der DS-GVO schuldhaft verletzt werden[131] und ein materieller oder immaterieller Schaden entsteht.[132] Dabei gilt schon der bloße Kontrollverlust über die Daten[133] bzw. die Angst des Datensubjekt vor ungenehmigter Verwendung[134] als ersatzfähiger immaterieller Schaden. Eine Erheblichkeitsschwelle ist ebenfalls nicht zu prüfen.[135] Aufgrund der Transparenz und Unveränderbarkeit von Public Blockchains können die Erwartungen des Verbrauchers im Hinblick auf den Datenschutz nicht überspannt werden, zumal Änderungen teils nur auf Basis komplexer Blockchain bzw. DApp-Governance möglich sind. Insgesamt verbleibt ein Spannungsverhältnis zwischen der dezentralen Natur der Technologien und den Individualrechten der

[120] Grundlegend EuGH NJW 2016, 3579.
[121] EPRS European Parliament Study on Blockchain 27.
[122] EDPB Guidelines 02/2025 Rn. 26.
[123] Vgl. dazu auch Lustenberger/Spychiger Blockchain in Supply Chains: An Unfulfilled Promise 6.
[124] EuGH NJW 2024, 1091.
[125] EDPB Guidelines 02/2025 Rn. 32 ff.
[126] EuGH NJW 2024, 1091.
[127] Vgl. etwa für Mixicles im DeFi-Bereich Breidenbach et al. Chainlink 2.0: Next Steps in the Evolution if Decentralized Oracle Networks 41 ff.
[128] EDPB Guidelines 02/2025 Rn. 50 ff.
[129] EDPB Guidelines 02/2025 Rn. 102 ff.
[130] Bitkom Blockchain und Datenschutz 33.
[131] EuGH NJW 2024, 1091.
[132] EuGH NJW 2023, 1930.
[133] BGH GRUR 2024, 1910.
[134] EuGH NJW 2024, 1091.
[135] EuGH NJW 2023, 1930.

DS-GVO. ME wäre der kompensatorische Ersatz den anderen Nutzerrechten daher zukünftig vorzuziehen.

§ 59 Automatisierte Vertragsdurchsetzung

Schrifttum:
Barenkamp/Schaaf, Blockchain und Smart Contracts am Beispiel der Grundstücksübereignung, ZdiW 2021, 339; Baur/Stürner, Sachenrecht, 18. Aufl. 2009; Beaucamp, Rechtsdurchsetzung durch Technologie, 2022; Beck, Grundlegende Fragen zum Rechtlichen Umgang mit der Robotik, JR 2009, 225; Beck, Über Sinn und Unsinn von Statusfragen – zu Vor- und Nachteilen der Einführung einer elektronischen Person, in: Hilgendorf/Günther, Robotik und Gesetzgebung, Bd. 2, 2013, 239; Becker, Von der Freiheit, rechtswidrig handeln zu können, ZUM 2019, 636; Beurskens, Akkusperre aus der Ferne, RDi 2023, 1; Bösch/Laimer/Mittwoch/Müller, Daten, Plattformen, Smart Contracts, 2024, 9; Buchholtz, Legal Tech, JuS 2017, 955; Cannarsa, Interpretation of Contracts and Smart Contracts: Smart Interpretation or Interpretation of Smart Contracts?, European Review of Private Law 6 (2019), 773; Casper/Grimpe, Sachenrechtliche und AGB-rechtliche Zulässigkeit digitalen Fernzugriffs auf vernetzte Sachen, ZIP 2022, 661; de Caria, The Legal Meaning of Smart Contracts, European Review of Private Law 6 (2019), 731; DiMatteo/Poncibó, Quandary of Smart Contracts and Remedies: The Role of Contract Law and Self-Help Remedies, European Review of Private Law 6 (2019), 805; Duden, Digital repossession als friedliche Eigenmacht: US-amerikanische Lehren für die Zulässigkeit digitaler Funktionssperren, ZEuP 2024, 21; Duden, Funktionssperren und digitale Sachherrschaft – AGB-Klausel zur Legitimierung einer Batteriesperre, NJW 2023, 18; Durovic/Janssen, The Formation of Blockchain-based Smart Contracts in the Light of Contract Law, European Review of Private Law 6 (2019), 753; Fries, Anmerkung, JZ 2022, 361; Fries, PayPal Law und Legal Tech – Was macht die Digitalisierung mit dem Privatrecht?, NJW 2016, 2860; Fries, Schadensersatz ex machina, NJW 2019, 901; Fries/Paal, Smart Contracts, 2019; Giancaspro, Is a 'smart contract' really a smart idea? Insights from a legal perspective, Computer Law & Security Review 33 (2017), 825; Gleß/Weigend, Intelligente Agenten und das Strafrecht, ZStW 126 (2014), 561; Governatori/Idelberger/Milosevic/Riveret/Sartor/Xu, On legal contracts, imperative and declarative smart contracts, and blockchain systems, Artificial Intelligence and Law 26 (2018), 377; Grüneberg, Kommentar zum BGB, 84. Aufl. 2025; Grützmacher/Heckmann, Autonome Systeme und KI – vom vollautomatisierten zum autonomen Vertragsschluss?, CR 2019, 553; Gsell/Krüger/Lorenz/Reymann, beck-online.GROSSKOMMENTAR, Stand: 1.5.2025; Hacker/Krestel/Grundmann/Naumann, Explainable AI under contract and tort law: legal incentives and technical challenges, Artificial Intelligence and Law 28 (2020), 415; Hau, Die Klagelast als Rechtsfigur und Regelungsproblem, ZZP 129 (2016), 133; Hau/Poseck, BeckOK BGB, 74. Ed., Stand: 1.5.2025; Hecht, Notariat 4.0 und Blockchain-Technologie, MittBayNot 2020, 314; Heckelmann, Zulässigkeit und Handhabung von Smart Contracts, NJW 2018, 504; Hoeren/Sieber/Holznagel, Handbuch Multimedia-Recht, 62. EL Juni 2024; Honsell, Schadensersatz nach verbotener Besitzentziehung, JZ 1983, 531; Jakl, Das Recht der Künstlichen Intelligenz, MMR 2019, 711; Jauernig, Kommentar zum Bürgerlichen Gesetzbuch, 19. Aufl. 2023; Käde/von Maltzan, Die Erklärbarkeit von Künstlicher Intelligenz (KI), CR 2020, 66; Kaeseberg, The Code-ification of Law and Its Potential Effects, CRi 2019, 107; Kalin, Leistungsverweigerung durch Wegfahrsperre, ZfPW 2019, 436; Kaulartz/Heckmann, Smart Contracts – Anwendungen der Blockchain-Technologie, CR 2016, 618; Kersten, Menschen und Maschinen Rechtliche Konturen instrumenteller, symbiotischer und autonomer Konstellationen, JZ 2015, 1; Keßler, Intelligente Roboter – neue Technologien im Einsatz, MMR 2017, 589; Kipker/Birreck/Niewöhner/Schnorr, Rechtliche und technische Rahmenbedingungen der „Smart Contracts", MMR 2020, 509; Kluge/Müller, Autonome Systeme – Überlegungen zur Forderung nach einer „Roboterhaftung", DSRITB 2016, 989; Kögel, Digitalisierung von Vertragsbeziehungen durch Smart Contracts, ZdiW 2022, 249; Köhler/Müller-Boysen, Blockchain und smart contracts – Energieversorgung ohne Energieversorger, ZNER 2018, 203; Kollmann, Smart Contracts im bürgerlichen Recht, MMR 2024, 137; Kuschel, Digitale Eigenmacht, AcP 220 (2020), 98; Laukemann, Private Rechtsdurchsetzung zwischen (digitaler) Selbsthilfe und gerichtlichem Rechtsschutz, ZfPW 2022, 357; Leroy, Die Versorgungssperre, NJ 2013, 441; Lindner, Der programmierte Mietvertrag, NZM 2021, 665; Lupu, Herausforderungen und Lösungsansätze bei der Gestaltung von Blockchain-basierten Smart Contracts, CR 2019, 631; Magnus, Anmerkung zu BGH, Urteil vom 26.10.2022 – XII ZR 89/21, MMR 2023, 120; Martini, Algorithmen als Herausforderung für die Rechtsordnung, JZ 2017, 1017; Matthias, Automaten als Träger von Rechten, 2008; Medicus/Petersen, Bürgerliches Recht, 29. Aufl. 2023; Meier, Smart Contracts im Vertriebsrecht, ZVertriebsR 2023, 274; Mittelstadt/Allo/Taddeo/Wachter, The Ethics of Algorithms: Mapping the Debate, Big Data & Society 2016, 1; Möslein, Rechtliche Grenzen innovativer Finanztechnologien (FinTech): Smart Contracts als Selbsthilfe?, ZBB 2018, 208; Möslein, Smart Contracts im Zivil- und Handelsrecht, ZHR 2019, 254; Müller-Hengstenberg/Kirn, Intelligente (Software-)Agenten: Eine neue Herausforderung unseres Rechtssystems – Rechtliche Konsequenzen der „Verselbstständigung" technischer Systeme, MMR 2014, 307; Müller/Gruber, Sachenrecht, 2017; Omlor/Gies, Klausurkonstellationen

zum Besitzschutzrecht, JuS 2013, 1065; Oster, „Information" und „Daten" als Ordnungsbegriffe des Rechts der Digitalisierung, JZ 2021, 167; Oster, Code is code and law is law – the law of digitalization and the digitalization of law, International Journal of Law and Information Technology 29 (2021), 101; Oster, Nach der „Batterie-Mietbedingungen"-Entscheidung: Wie geht es weiter mit Smart Contracts?, ZfPW 2023, 387; Oster, Smarte Stromlieferverträge, ZdiW 2021, 418; Paulus/Matzke, Digitalisierung und private Rechtsdurchsetzung, CR 2017, 769; Prütting, Sachenrecht, 38. Aufl. 2024; Reichwald/Pfisterer, Autonomie und Intelligenz im Internet der Dinge – Möglichkeiten und Grenzen autonomer Handlungen, CR 2016, 208; Riehm, Smart Contracts und verbotene Eigenmacht, in: Fries/Paal, Smart Contracts, 2019, 85; Savigny, Das Recht des Besitzes, 5. Aufl. 1827; Säcker/Rixecker/Oetker/Limperg/Schubert, Münchener Kommentar zum Bürgerlichen Gesetzbuch, Band 7, 9. Aufl. 2024 und Band 8, 9. Aufl. 2023; Schaub, Interaktion von Mensch und Maschine, JZ 2017, 342; Schirmer, Rechtsfähige Roboter?, JZ 2016, 660; Schnell/Schwaab, Vertragsgestaltung beim Einsatz von Smart Contracts zur Automatisierung von Lieferbeziehungen, BB 2021, 1091; Schrey/Thalhofer, Rechtliche Aspekte der Blockchain, NJW 2017, 1431;; Schulz, Verantwortlichkeit bei autonom agierenden Systemen, 2015; Schulze, Handkommentar zum Bürgerlichen Gesetzbuch, 12. Aufl. 2024; Specht/Herold, Roboter als Vertragspartner?, MMR 2018, 40; Spindler, Zivilrechtliche Fragen beim Einsatz von Robotern, in: Hilgendorf, Robotik im Kontext von Recht und Moral, 2014; Steege, Digitale Selbstjustiz, jM 2023, 266; Strobel, Digitaler Fernzugriff und verbotene Eigenmacht, NJW 2022, 2361; Szabo, The Idea of Smart Contracts, 1997; v. Wedemeyer, Smart Legal Contracts und Blockchain – Einordnung in die Rechtsgeschäftslehre Bd. 49, 2023; Wagner, Algorithmisierte Rechtsdurchsetzung, AcP 222 (2022), 56; Weber, „Rose is a rose is a rose is a rose" – what about code and law?, Computer Law & Security Review 34 (2018), 701; Wettig/Zehendner, A legal analysis of human and electronic agents, Artificial Intelligence and Law 12 (2004), 111; Wieser, Der Schadensersatzanspruch des Besitzers aus § 823 BGB, JuS 1970, 557; Wilhelm, „Smart Contracts im Zivilrecht – Teil I", WM 2020, 1807 (1812); Wilhelm, Sachenrecht, 7. Aufl. 2021; Windscheid, Lehrbuch des Pandektenrechts, Bd. 1, 9. Aufl. 1906.

I. Was sind „Smart Contracts"?

1 Smart Contracts sind automatisierte Vertragsregime,[1] die ua dazu imstande sind, vertragliche Rechte und Pflichten algorithmisch zu überprüfen und durchzusetzen.[2] Art. 2 Nr. 39 Data Act definiert den „intelligenten Vertrag" – in der englischen Sprachfassung „smart contract" – als „ein Computerprogramm, das für die automatisierte Ausführung einer Vereinbarung oder eines Teils davon verwendet wird, wobei eine Abfolge elektronischer Datensätze verwendet wird und die Integrität dieser Datensätze sowie die Richtigkeit ihrer chronologischen Reihenfolge gewährleistet werden". Ein Smart Contract ist demnach ein Programmcode, der vorher festgelegte Maßnahmen trifft, wenn ein „digital prüfbares Ereignis"[3] eintritt. Ein solches Ereignis kann bspw. der Eingang oder Nicht-Eingang einer fälligen Miete, der Ablauf eines Leasingvertrages oder die Einspeisung von Elektrizität in das Stromnetz sein. Smart Contracts können dann ohne menschliches Zutun weitere Schritte einleiten, etwa eine Mahnung und anschließend eine Kündigung versenden oder eingespeiste Elektrizität bei der Stromrechnung berücksichtigen. Anders als Art. 2 Nr. 39 Data Act suggeriert, ist ein Smart Contract somit nicht unbedingt „intelligent", denn er ist zumeist

[1] Der Beitrag beruht auf den Aufsätzen „Nach der „Batterie-Mietbedingungen"-Entscheidung: Wie geht es weiter mit Smart Contracts?" (ZfPW 2023, 387 ff.) sowie „Smarte Stromlieferverträge" (ZdiW 2021, 418 ff.) und entwickelt darin enthaltene Überlegungen weiter.

[2] Grundlegend Szabo, The Idea of Smart Contracts, 1997, abrufbar unter https://www.fon.hum.uva.nl/rob/Courses/InformationInSpeech/CDROM/Literature/LOTwinterschool2006/szabo.best.vwh.net/idea.html (zuletzt abgerufen am 4.3.2025). Siehe etwa Kaulartz/Heckmann CR 2016, 618 ff.; Fries NJW 2016, 2860 ff.; Buchholtz JuS 2017, 955 (956); Giancaspro Computer Law & Security Review 33 (2017), 825 ff.; Governatori/Idelberger/Milosevic/Riveret/Sartor/Xu Artificial Intelligence and Law 26 (2018), 377 ff.; Heckelmann NJW 2018, 504 ff.; Jakl MMR 2019, 711 (713 ff.); DiMatteo/Poncibó European Review of Private Law 6 (2019), 805 ff.; Cannarsa European Review of Private Law 6 (2019), 773 ff.; de Caria European Review of Private Law 6 (2019), 731 ff.; Durovic/Janssen European Review of Private Law 6 (2019), 753 ff.; Kipker/Birreck/Niewöhner/Schnorr MMR 2020, 509 ff.; Hacker/Krestel/Grundmann/Naumann Artificial Intelligence and Law 28 (2020), 415 ff.; Barenkamp/Schaaf ZdiW 2021, 339 (341); Oster ZdiW 2021, 418 (420); Kögel ZdiW 2022, 249 (250); Meier ZVertriebsR 2023, 274 (276).

[3] Kaulartz/Heckmann CR 2016, 618.

kein selbstlernendes System im Sinne von *machine learning.*[4] Der Smart Contract ist nur insofern „smart", als er festgelegte Folgen aufgrund dieser Ereignisse auslöst.[5] Zu beachten ist insbesondere, dass automatisierte Smart Contracts mit syntaktischen Daten arbeiten, aber nicht mit semantischen Informationen.[6] Unbestimmte Rechtsbegriffe, wie etwa eine „angemessene Frist", wird auch ein Smart Contract daher nicht selbstständig auslegen können.[7] Rechtsökonomisch erklärt sich die Existenz von Smart Contracts mit der Reduktion von Transaktions- und Rechtsdurchsetzungskosten.[8]

Beim Smart Contract handelt es sich nicht um einen neuen Vertrags*typ,* sondern um eine **2**
neue Vertrags*technik.*[9] Diese Technik begründet kein neues Vertragsrecht. Auslegung und Rechtmäßigkeit eines Smart Contract haben sich am bestehenden Recht zu orientieren, nicht umgekehrt.[10] Damit ist nicht gesagt, dass das Privatrecht und seine Dogmatik nicht der Anpassung bedürfen, um den Smart Contract sachgerecht zu erfassen. Es ist sogar möglich, dass digitale Technologien, wie sie etwa dem Smart Contract zugrunde liegen, das Recht nachhaltig verändern werden. Derzeit besteht aber kein Bedürfnis danach, dem einem Smart Contract zugrundeliegenden Algorithmus selbst Rechts-[11] oder Geschäftsfähigkeit[12] zuzubilligen. Vielmehr erlaubt die Vertragsfreiheit auch die Vereinbarung einer Programmiersprache als Vertragssprache.[13] Auch Willenserklärungen können in einer Programmiersprache ausgedrückt werden.[14] Somit ist zunächst unproblematisch, dass die Parteien einen

[4] Kaulartz/Heckmann CR 2016, 618 (618 f.); Fries/Paal Smart Contracts/Finck S. 7; Meier ZVertriebsR 2023, 274 (276); v. Wedemeyer Smart Legal Contracts und Blockchain – Einordnung in die Rechtsgeschäftslehre S. 51; Kollmann MMR 2024, 137; Bösch/Laimer/Mittwoch/Müller Daten, Plattformen, Smart Contracts/Hartlieb S. 20.

[5] Fries/Paal Smart Contracts/Finck S. 12; Bösch/Laimer/Mittwoch/Müller Daten, Plattformen, Smart Contracts/Hartlieb S. 21.

[6] Vgl. Kaulartz/Heckmann CR 2016, 618 (623); Fries/Paal Smart Contracts/Finck S. 9; Oster JZ 2021, 167 (171).

[7] Meier ZVertriebsR 2023, 274 (275); Bösch/Laimer/Mittwoch/Müller Daten, Plattformen, Smart Contracts/Hartlieb S. 39.

[8] Szabo, The Idea of Smart Contracts; Kaulartz/Heckmann CR 2016, 618 (619); Paulus/Matzke CR 2017, 769 (773); Kaeseberg CRi 2019, 107 (109); Fries/Paal Smart Contracts/Finck S. 7; Fries/Paal Smart Contracts/Matzke S. 107 f.; Kuschel AcP 220 (2020), 98 (100, 118); Wagner AcP 222 (2022), 56 (94 ff.); Beaucamp Rechtsdurchsetzung durch Technologie S. 56 ff.; Meier ZVertriebsR 2023, 274 (275); Bösch/Laimer/Mittwoch/Müller Daten, Plattformen, Smart Contracts/Hartlieb S. 59.

[9] So auch die wohl hM: siehe etwa Heckelmann NJW 2018, 504 (505); Fries/Paal Smart Contracts/Anzinger S. 49; Oster International Journal of Law and Information Technology 29 (2021), 101 (114); v. Wedemeyer Smart Legal Contracts und Blockchain – Einordnung in die Rechtsgeschäftslehre S. 55; aA offenbar Weber Computer Law & Security Review 34 (2018), 701 (705): „a smart contract (as opposed to a legal contract)"; Governatori/Idelberger/Milosevic/Riveret/Sartor/Xu Artificial Intelligence and Law 26 (2018) 377 (406): „links between smart contracts and legal contracts"; für eine analoge Anwendung des Vertragsrechts Cannarsa European Review of Private Law 6 (2019), 773 (775).

[10] Fries/Paal Smart Contracts/Finck S. 8; Fries/Paal Smart Contracts/Hofmann S. 128; Jakl MMR 2019, 711 (713); Oster International Journal of Law and Information Technology 29 (2021), 101 (101 ff.); v. Wedemeyer Smart Legal Contracts und Blockchain – Einordnung in die Rechtsgeschäftslehre S. 82.

[11] Zur Rechtsfähigkeit von Algorithmen und Systemen Künstlicher Intelligenz etwa Wettig/Zehendner Artificial Intelligence and Law 12 (2004), 111 (111 ff.); Beck JR 2009, 225 (229 f.); Hilgendorf/Günther/Beck Robotik und Gesetzgebung S. 239 ff.; Gleß/Weigend ZStW 126 (2014), 561 (569 f.); Müller-Hengstenberg/Kirn MMR 2014, 307 (307 ff.); Kersten JZ 2015, 1 (7); Reichwald/Pfisterer CR 2016, 208 (212); Schirmer JZ 2016, 660 (662); Kluge/Müller DSRITB 2016, 989 (989 ff.); Schaub JZ 2017, 342 (345 f.); Grützmacher/Heckmann CR 2019, 553 (559 f.).

[12] Zur (Teil-)Geschäftsfähigkeit von Algorithmen etwa Wettig/Zehendner Artificial Intelligence and Law 12 (2004), 111 (111 ff.); Matthias Automaten als Träger von Rechten S. 45 ff.; Schirmer JZ 2016, 660 (663 f.); Keßler MMR 2017, 589 (592); Specht/Herold MMR 2018, 40 (42); abl. BGHZ 195, 126 Rn. 17 – Flugbuchung; Hilgendorf/Spindler Robotik im Kontext von Recht und Moral S. 64 f.; Schulz Verantwortlichkeit bei autonom agierenden Systemen S. 102 ff.

[13] § 311 Abs. 1 BGB; dazu etwa Kaulartz/Heckmann CR 2016, 618 (621); Heckelmann NJW 2018, 504 (505); Fries/Paal Smart Contracts/Erbguth S. 26; Fries/Paal Smart Contracts/Riehm S. 87; Bösch/Laimer/Mittwoch/Müller Daten, Plattformen, Smart Contracts/Hartlieb S. 42.

[14] Kaulartz/Heckmann CR 2016, 618 (621); Fries/Paal Smart Contracts/ErbguthS. 26; v. Wedemeyer Smart Legal Contracts und Blockchain – Einordnung in die Rechtsgeschäftslehre S. 88 ff.; Bösch/Laimer/Mittwoch/Müller Daten, Plattformen, Smart Contracts/Hartlieb S. 35.

algorithmenbasierten Vertrag abschließen können. Für die Inhaltskontrolle eines Smart Contract gilt das AGB-Recht.[15] So ist beispielsweise die automatische Durchführung von Ansprüchen ohne Berücksichtigung etwaiger Einreden und Einwendungen nicht mit dem Gedanken des § 309 Nr. 2 BGB vereinbar.[16] Gleichwohl ist das bestehende Vertragsrecht darauf zu überprüfen, ob es die technischen Gegebenheiten des Smart Contract sachgerecht erfasst. Zu denken ist etwa an allfällige Informationspflichten, etwa im Energieversorgungsrecht,[17] die Einhaltung des Datenschutzes, insbesondere Art. 22 DS-GVO,[18] oder das Gebot algorithmischer Transparenz.[19]

3 Zu den wichtigsten Instrumenten von Smart Contracts zählt die Möglichkeit, die weitere Nutzung eines vermieteten, geleasten oder unter Eigentumsvorbehalt verkauften Gegenstandes oder den weiteren Bezug einer Ware oder Dienstleistung nach wirksamer Kündigung des Vertrages technisch zu unterbinden, beispielsweise das Starten oder das Wiederaufladen eines Leasingfahrzeugs zu sperren, das Öffnen einer Mietwohnung durch Smart Lock zu verhindern oder keinen Strom mehr zu liefern. Dies führt dazu, dass rechtswidriges Handeln nicht mehr bloß verboten ist; digitale Zugangsbeschränkungen, Löschungen oder Fernsperrungen machen rechtswidriges Handeln gleich unmöglich. Die im Vergleich zu manch anderen privaten Vollstreckungsmethoden vermeintlich „saubere" Rechtsdurchsetzung mittels digitaler Architekturen darf jedoch nicht darüber hinwegtäuschen, dass ein Konflikt mit dem staatlichen Gewaltmonopol bestehen kann.[20] Die digitalisierte Vertragsdurchsetzung ist Gegenstand dieses Beitrags. Gesetzliche Regelungen zur digitalisierten Vertragsdurchsetzung sind bislang die – nicht analogiefähige[21] – Ausnahme. So darf ein Verbraucher ein digitales Produkt iSd § 327 Abs. 1 BGB nach Vertragsbeendigung weder weiter nutzen noch Dritten zur Verfügung stellen. Der Unternehmer ist gem. § 327p Abs. 1 S. 2 BGB berechtigt, die weitere Nutzung durch den Verbraucher zu unterbinden. Und gem. § 61 Abs. 4 und 5 TKG darf ein Anbieter von Telekommunikationsdiensten bei Zahlungsverzug des Verbrauchers und bei begründetem Verdacht des Missbrauchs oder der Manipulation eines Anschlusses diesen Anschluss netzseitig sperren.

II. Die Batterie-Mietbedingungen-Rechtsprechung

4 Im Oktober 2022 entschied der BGH über die Zulässigkeit einer Klausel in Allgemeinen Geschäftsbedingungen, die dem Vermieter einer Autobatterie nach außerordentlicher Kündigung des Mietvertrags die Fernsperrung der Auflademöglichkeit der Batterie einräumte.[22] Die Bank sollte dazu berechtigt sein, nach einer bankseitigen Kündigung des Mietvertrages wegen Zahlungsverzugs das Aufladen der Batterie nach 14-tägiger Ankündigung mittels automatischer Fernsperrung zu unterbinden. Ein Verbraucherschutzverband klagte gegen die Verwendung dieser Klausel. Das OLG Düsseldorf als Vorinstanz entschied,

[15] Kaulartz/Heckmann CR 2016, 618 (621 f.); Köhler/Müller-Boysen ZNER 2018, 203 (204); Grützmacher/Heckmann CR 2019, 553 (558); Fries/Paal Smart Contracts/Erbguth S. 26; Lupu CR 2019, 631 (633); Steege jM 2023, 266 (269 f.); abweichend – allerdings wohl nur im Hinblick auf smart contracts in der Blockchain – Heckelmann NJW 2018, 504 (507).

[16] Schrey/Thalhofer NJW 2017, 1431 (1436); Lupu CR 2019, 631 (633).

[17] Art. 11 Abs. 2 EBM-RL 2019; umgesetzt durch § 41a Abs. 2 S. 2 EnWG.

[18] Dazu Fries/Paal Smart Contracts/Finck S. 11.

[19] Siehe zB Mittelstadt ua Big Data & Society 2016, 1 ff.; Martini JZ 2017, 1017 (1020); Kaulartz/Heckmann CR 2016, 618 (622); Fries/Paal Smart Contracts/Erbguth S. 26; Käde/von Maltzan CR 2020, 66 (66 ff.); Oster International Journal of Law and Information Technology 29 (2021), 101 (106); vgl. etwa Art. 15 Abs. 1, Art. 20 Buchst. f EBM-RL 2019.

[20] Vgl. Paulus/Matzke CR 2017, 769 (769 ff.); Möslein ZBB 2018, 208 (219); Becker ZUM 2019, 636 (642); Kalin ZfPW 2019, 436 (443); Kuschel AcP 220 (2020), 98 (100); Laukemann ZfPW 2022, 357 (362 ff.); Wagner AcP 202 (2022), 56 (64); Steege jM 2023, 266 (266 ff.).

[21] Vgl. OLG Düsseldorf JZ 2022, 359 Rn. 35 – Batterie-Mietbedingungen; tendenziell aA BeckOGK/Fries BGB § 327p Rn. 6; Fries JZ 2022, 361 (363).

[22] BGH NJW 2022, 3575 – Batterie-Mietbedingungen.

dass diese Klausel unwirksam war, weil ein Sperren der Batterie eine verbotene Eigenmacht des Vermieters darstellte.[23] Der BGH kam zwar auch zu dem Ergebnis, dass die Klausel unwirksam sei. Der Senat ließ hierfür aber die Frage offen, ob eine verbotene Eigenmacht vorlag, und erkannte stattdessen einen Verstoß gegen § 307 Abs. 2 Nr. 1 BGB. Das Mietrecht sehe lediglich vor, dass der Mieter die Mietsache nach Vertragsbeendigung herauszugeben hat, nicht aber, dass der Vermieter sie sich eigenmächtig nehmen darf. Der Vermieter müsse daher gegebenenfalls auf Herausgabe klagen. Durch die Sperrmöglichkeit werde aber die Klagelast bei einem Streit über die Wirksamkeit der Kündigung auf den Mieter abgewälzt.[24] Dieser müsse etwa mit Rechtsverfolgungskosten in Vorleistung treten, um sich die weitere Vertragserfüllung zu sichern.[25]

In der Sache haben weder das OLG Düsseldorf noch der BGH das Problem Smart Contract-basierter automatischer Ferneingriffe konsequent zu Ende gedacht. Ob eine verbotene Eigenmacht vorliegt, wie das OLG Düsseldorf annahm, bestimmt sich danach, dass die Besitzstörung ohne den Willen des Besitzers geschieht, vgl. § 858 Abs. 1 BGB. Eine Zustimmung zu der Verwendung der Klausel könnte indes als Einwilligung verstanden werden. Die Feststellung des OLG Düsseldorf, dass die Klausel unwirksam sei, weil ein Zugriff auf die Batterie verbotene Eigenmacht darstellte, war daher ein Zirkelschluss. Der BGH hingegen musste sich nicht zwingend mit der Frage beschäftigen, ob eine automatische Fernsperrung eine verbotene Eigenmacht darstellt: Da der Senat über die Klage eines Verbraucherschutzverbandes zu entscheiden hatte, konnte er die Klausel nur abstrakt bewerten, nicht aber in ihrer konkreten praktischen Anwendung. Weder die Entscheidung des OLG noch die des BGH sind daher für die Praxis sonderlich hilfreich. Für die praktische Ausgestaltung von Smart Contracts sind Besitzschutz und Vertragsrecht gemeinsam zu betrachten. 5

III. Besitzschutzrechtliche Grenzen von Smart Contracts

Eine verbotene Eigenmacht nach § 858 Abs. 1 BGB setzt eine Besitzentziehung oder sonstige Besitzstörung voraus. Ein Fernzugriff stellt für sich gesehen keine Besitzentziehung dar, da der Besitzer weiterhin die faktische Sachherrschaft[26] über den Gegenstand hat, insbesondere andere von der Nutzung ausschließen kann.[27] Dies wäre etwa dann anders, wenn ein Leasinggeber ein geleastes Auto selbstständig zum Händler zurückfahren ließe. 6

Ob eine Besitzstörung vorliegt, hängt davon ab, ob und inwieweit dieses Tatbestandsmerkmal auch die Funktionsfähigkeit des Objekts erfasst. Wer den Besitzbegriff auf das bloße faktische „Haben" einer Sache reduziert (im Folgenden als „physische Betrachtungsweise" bezeichnet),[28] wird in Fällen digitaler Fernzugriffe eine Besitzstörung zumeist ablehnen müssen, da es hier an einem Eingriff in die körperliche Integrität des Gegenstandes regelmäßig fehlt.[29] Bezieht man demgegenüber auch die Funktionalität des Objekts in den Besitzbegriff mit ein (im Folgenden als „funktionale Betrachtungsweise" bezeichnet), 7

[23] OLG Düsseldorf JZ 2022, 359 Rn. 27 – Batterie-Mietbedingungen.

[24] BGH NJW 2022, 3575 Rn. 30 – Batterie-Mietbedingungen mwN.

[25] BGH NJW 2022, 3575 Rn. 30 – Batterie-Mietbedingungen.

[26] Vgl. Fries/Paal Smart Contracts/Riehm S. 89 f.; MüKoBGB/Schäfer § 858 Rn. 6; Jauernig/Berger BGB § 858 Rn. 2.

[27] Für die ferngesteuerte Unterbindung des Zugangs als Besitzentziehung allerdings MüKoBGB/Schäfer § 858 Rn. 6; in diese Richtung auch Beurskens RDi 2023, 1 (9).

[28] Dazu grundlegend Savigny Das Recht des Besitzes S. 2; siehe auch Windscheid Lehrbuch des Pandektenrechts Band 1 § 150, 1.

[29] So Kalin ZfPW 2019, 436 (443 ff.); Strobel NJW 2022, 2361 (2362); Casper/Grimpe ZIP 2022, 661 (664 f.), wobei diese auch die „Störungsfreiheit beim Gebrauch" in den Besitzschutz einbeziehen. Daher bliebe zu klären, wie signifikant diese Auffassung von der hier vertretenen funktionalen Betrachtungsweise überhaupt abweicht.

können digitale Fernzugriffe als Besitzstörung zu qualifizieren sein.[30] Das OLG Düsseldorf ist – zutreffend[31] – der funktionalen Betrachtungsweise gefolgt. Wie die Nutzungssperre technisch umgesetzt wird, etwa durch eine Unterbrechung der Versorgung mit Daten, durch das Nicht-Weitersenden eines Erhaltungssignals (sog. Pull-Effekt) oder dem Befehl, eine bestimmte Funktion zu stoppen (sog. Push-Effekt), ist unerheblich.[32] Auch die Differenzierung zwischen Einwirkungen „von innen" und „von außen", an der sich Teile der Literatur orientieren,[33] führt insofern nicht weiter. § 858 BGB ist technologieneutral. Entscheidend für eine „digitale Eigenmacht"[34] ist, ob sie dem Besitzer gegenüber als körperlicher Zwang wirkt, und nicht, wodurch die Eigenmacht ausgeübt wird.

8 In der Zustimmung zu einer – vom BGH nunmehr für unwirksam erklärten – Fernsperrungsklausel lässt sich zwar grundsätzlich eine tatbestandsausschließende Einwilligung in die Besitzbeeinträchtigung gem. § 858 Abs. 1 BGB sehen. Richtigerweise kommt es für § 858 Abs. 1 BGB aber allein auf den natürlichen und aktuellen Willen an.[35] Eine einmal erteilte Zustimmung ist danach in besitzrechtlicher Hinsicht frei widerruflich.[36] Daran zeigt sich, dass die Entscheidung des BGH für die Praxis kaum verwertbar ist. Selbst wenn eine AGB-rechtskonforme Ausgestaltung einer Zustimmung zu einer elektronischen Fernsperrung möglich wäre, ist diese schuldrechtliche Rechtslage besitzrechtlich unerheblich, wenn der Mieter, Leasingnehmer oder Vorbehaltskäufer die Zustimmung analog § 130 Abs. 1 S. 1 BGB,[37] ggf. konkludent, widerruft. Ein solcher Widerruf dürfte in der Praxis gar nicht so selten anzutreffen sein, da der Vermieter/Leasinggeber/Vorbehaltsverkäufer eine Fernsperrung ankündigen wird.

9 Ein Rechtfertigungsgrund für die Besitzstörung, etwa § 229 BGB, kommt nicht in Betracht.[38] Sofern der Besitzer die Einwilligung in die Besitzstörung widerruft, stellt eine Fernsperrung somit unabhängig von der Wirksamkeit der Klausel eine verbotene Eigenmacht dar. Der Besitzer hat nunmehr gem. § 862 Abs. 1 S. 2 BGB einen Anspruch darauf, dass der Vertragspartner die Besitzstörung unterlässt. Diesen könnte er im Wege des Eilrechtsschutzes durchsetzen.[39] Der Anspruch ist nach zutreffender – wenn auch umstrittener – Auffassung nicht wegen eines Mitbesitzes des Vertragspartners nach § 866 BGB ausgeschlossen.[40] Sofern er über die erforderlichen technischen Fähigkeiten verfügt, dürfte der Besitzer zudem nach § 859 BGB zur Selbsthilfe greifen.

---

[30] So im Ergebnis OLG Düsseldorf JZ 2022, 359 Rn. 20 – Batterie-Mietbedingungen, zust. BGH NJW 2022, 3575 Rn. 18 – Batterie-Mietbedingungen; Magnus MMR 2022, 120 (123); Fries JZ 2022, 361 (363); MüKoBGB/Schäfer § 858 Rn. 10; Fries/Paal Smart Contracts/Riehm S. 90; Lindner NZM 2021, 665 (670); Möslein ZHR 2019, 254 (282); BeckOK BGB/Fritzsche § 858 Rn. 15; Hecht MittBayNot 2020, 314 (320) aE; Hoeren/Sieber/Holznagel MMR-HdB/Guggenberger Teil 13.7 Rn. 24.

[31] Ausf. mit einer Darstellung der Argumente Oster ZfPW 2023, 387 (391 f.).

[32] Vgl. BGH NJW 1987, 2004 – Programmsperre II; anders Wagner AcP 202 (2022), 56 (88); Beurskens RDi 2023, 1 (7).

[33] Ausgelöst mutmaßlich durch Fries NJW 2019, 901 (905); vgl. etwa Lindner NZM 2021, 665 (670); BeckOGK/Ziemßen BGB § 535 Rn. 1105.1; Strobel NJW 2022, 2361 (2362).

[34] Kuschel AcP 220 (2020), 98.

[35] So die hM, etwa Müller/Gruber Sachenrecht Rn. 293; Casper/Grimpe ZIP 2022, 661 (665); BeckOGK/Götz BGB § 858 Rn. 37.1; BeckOK BGB/Fritzsche § 858 Rn. 17; Fries/Paal Smart Contracts/Riehm S. 90; Strobel NJW 2022, 2361 (2363); aA Wilhelm Sachenrecht Rn. 469; Prütting Sachenrecht Rn. 109; Baur/Stürner Sachenrecht § 9 Rn. 5.

[36] Möslein ZBB 2018, 208 (220); Fries/Paal Smart Contracts/Riehm S. 91; Casper/Grimpe ZIP 2022, 661 (665); Strobel NJW 2022, 2361 (2363); Wilhelm WM 2020, 1807 (1812); Grüneberg/Herrler BGB § 858 Rn. 5; MüKoBGB/Schäfer § 858 Rn. 15; BeckOGK/Götz BGB § 858 Rn. 41; Bösch/Laimer/Mittwoch/Müller Daten, Plattformen, Smart Contracts/Hartlieb S. 74.

[37] Casper/Grimpe ZIP 2022, 661 (666).

[38] Oster ZfPW 2023, 387 (395 f.).

[39] Vgl. Kuschel AcP 220 (2020), 98 (105).

[40] Oster ZfPW 2023, 387 (396 f.); Steege jM 2023, 266 (271); in diese Richtung allerdings Magnus MMR 2022, 122 (123); Strobel NJW 2022, 2361 (2362); Duden NJW 2023, 18 (19); Duden ZEuP 2024, 21 (26); zweifelnd am Mitbesitz, aber letztlich offengelassen von BGH NJW 2022, 3575 Rn. 24 – Batterie-Mietbedingungen; das OLG Düsseldorf JZ 2022, 359 ging auf diese Frage hingegen gar nicht ein.

IV. Vertragsgestaltung bei Smart Contracts

Wie eben dargestellt, liegt eine verbotene Eigenmacht des Vermieters, Leasinggebers oder Vorbehaltsverkäufers vor, wenn der Besitzer die Einwilligung in den Fernzugriff widerruft, und zwar unabhängig davon, ob die AGB-Klausel, die den Fernzugriff vorsieht, wirksam ist oder nicht. Sowohl für die Wirksamkeit der Klausel als auch für die Frage, ob verbotene Eigenmacht vorliegt, kommt es entscheidend auf die Ausgestaltung des Vertrages an: Zu unterscheiden ist zwischen der Weigerung der (ggf. weiteren) eigenen Leistungserbringung einerseits und der aktiven Verhinderung der Leistungsentgegennahme oder -nutzung durch elektronisch wirkenden Zwang andererseits. 10

Wer sich lediglich weigert, Leistungen zu erbringen, begeht grundsätzlich keine verbotene Eigenmacht.[41] Beispielhaft hierfür steht der Fön im Schwimmbad, der nach einer bestimmten Zeit nur dann weiterläuft, wenn eine weitere Geldmünze eingeworfen wird. So grenzt der BGH die „Batterie-Mietbedingungen"-Konstellation von der Einstellung von Versorgungsleistungen ab, die für sich genommen keine Besitzstörung begründet.[42] Den Urhebern von Computerprogrammen hat der BGH zugestanden, diese mit einer sog. Programmsperre zu versehen, die zu bestimmten Stichtagen den Zugriff auf die Software verhindert, wenn nicht der Nutzungsberechtigte nach Vorgabe des Urhebers die Sperre überwindet.[43] 11

Anders verhält es sich bei der aktiven Verhinderung der Leistungsentgegennahme oder -nutzung. Sofern hierbei körperlich wirkender Zwang ausgeübt wird – und sei es nur auf elektronischem Wege[44] –, bedarf der Eingriff der Rechtfertigung. Smart Contracts, die nach Kündigung eines Vertrages den Gegenstand fernsperren, begründen demnach grundsätzlich eine Besitzstörung nach § 858 Abs. 1 BGB. Keine verbotene Eigenmacht hingegen begründen solche selbstvollziehenden Verträge, bei denen die Nutzungsmöglichkeit der Mietsache von vornherein zeitlich begrenzt ist und bei denen die darüber hinausgehende Nutzung der „Freigabe" (dazu sogleich) bedarf. § 546 Abs. 1 BGB sieht lediglich einen Herausgabeanspruch, aber keine Berechtigung des Vermieters zur Selbsthilfe vor. Der Grundgedanke der Norm steht Fernsperrungen deswegen entgegen, weil die Klagelast bei einem Streit über die Wirksamkeit der Vertragsbeendigung sowie die Last, sich die weitere Nutzung zu sichern, abweichend von der herkömmlichen Risikoverteilung nicht auf den Mieter abgewälzt werden soll.[45] Nach der gesetzlichen Risikoverteilung des Mietverhältnisses trägt grds. der Vermieter das Risiko der nach Mietvertragsbeendigung fortgesetzten (Ab-)Nutzung.[46] Hiergegen kann sich der Vermieter durch Vereinbarung einer Kaution absichern, zudem steht ihm ein Anspruch auf Nutzungsentschädigung nach § 546a BGB zu.[47] 12

---

41 BGHZ 180, 300 Rn. 27; Leroy NJ 2013, 441 (446); Omlor/Gies JuS 2013, 1065 (1067); Kuschel AcP 220 (2020), 98 (123); Wagner AcP 202 (2022), 56 (87); Bösch/Laimer/Mittwoch/Müller Daten, Plattformen, Smart Contracts/Hartlieb S. 75.

42 BGH NJW 2022, 3575 Rn. 20 – Batterie-Mietbedingungen, unter Verweis auf BGH NJW 2009, 1947 Rn. 25 – „Ausfrieren" des Mieters; krit. dazu BeckOK BGB/Zehelein § 535 Rn. 506.

43 BGH NJW 1981, 2684 – Programmsperre I; vgl. auch BGH NJW 1987, 2004 – Programmsperre II; BGH NJW-RR 2000, 393 – Programmsperre III; OLG Köln NJW 1996, 733 – Programmsperre. Ob die Erwägungen zur Programmsperre auf digitale Zugriffe übertragbar sind, hat der der BGH ausdrücklich offengelassen: BGH NJW 2022, 3575 Rn. 19 – Batterie-Mietbedingungen.

44 AA Beurskens RDi 2023, 1 (6), der das staatliche Gewaltmonopol allerdings auf die Verhinderung wechselseitiger Exzesse verengt; siehe demgegenüber BVerfG NJW 1987, 1929 – Schadensersatz durch Strafanzeigeerstatter; Kuschel AcP 220 (2020), 98 (115 ff.).

45 BGH NJW 2022, 3575 Rn. 30 – Batterie-Mietbedingungen mwN; vgl. bereits Paulus/Matzke CR 2017, 769 (770); Fries/Paal Smart Contracts/Matzke S. 110; Schnell/Schwaab BB 2021, 1091 (1097); Casper/Grimpe ZIP 2022, 661 (668 f.); umfassend zur Klagelast Hau ZZP 129 (2016), 133 (133 ff.).

46 Vgl. OLG Düsseldorf JZ 2022, 359 Rn. 32 – Batterie-Mietbedingungen; BGH NJW 2022, 3575 Rn. 28 – Batterie-Mietbedingungen.

47 BGH NJW 2022, 3575 Rn. 28 – Batterie-Mietbedingungen.

13 Die Interessenlage bei befristeten Mietverträgen ist jedoch eine andere als bei gekündigten Mietverträgen: Im Streit steht hier regelmäßig nicht die Frage, ob ein grundsätzlich bestehender Vertrag wirksam (durch Kündigung) beendet wurde und wie sich der Mieter die weitere Nutzung sichern kann. Zu entscheiden ist vielmehr, ob ein wirksam (durch Zeitablauf) beendeter Vertrag erneuert wurde, also ob sich der Mieter die erneute Nutzung sichern kann. In dieser Konstellation liegt die Klage- und Beweislast ohnehin beim Mieter.

14 Dann ist aber auch der possessorische Besitzschutz nicht einschlägig, da dieser Leistungsansprüche nicht vorsieht. Auch die Ratio des possessorischen Besitzschutzes – Friedensschutz und Sicherung des staatlichen Gewaltmonopols – greift in diesem Fall nicht. Wenn der Vermieter die Nutzung des Gegenstandes nach erfolgter Kündigung sperrt, nimmt er gleichsam eine „Umleitung" um den Gerichtsweg. In diesem Fall ist die Sperre nichts anderes als ein Ersatz für die Herausgabe, die sich der Vermieter eigentlich erklagen müsste. Anders als eine Fernsperrung nach erfolgter – aber möglicherweise umstrittener – Kündigung ist die Sperrung nach Zeitablauf kein „Herausgabesurrogat", sondern lediglich die Weigerung des Vermieters, seine Leistung erneut zu erbringen. Hier liegt es am Mieter, sich die erneute Leistung im Klageweg zu sichern.

V. Folgeansprüche des Besitzers

15 Der rechtswidrige Zugriff auf einen Gegenstand, etwa im Wege der Fernsperrung, kann Ansprüche des betroffenen Besitzers (etwa des Mieters, Leasingnehmers etc) auslösen. Zu unterscheiden ist insofern wiederum zwischen der besitzschutzrechtlichen Lage und der vertraglichen Situation. Besitzschutzrechtlich liegt zwar eine verbotene digitale Eigenmacht des Vermieters, Leasinggebers oder Vorbehaltsverkäufers vor, wenn der Besitzer die Einwilligung in den Fernzugriff widerrufen hat. Sofern der Vertrag aber wirksam gekündigt wurde, scheidet ein Schadensersatzanspruch aus. Vertragliche Ansprüche kommen in Ermangelung eines Schuldverhältnisses nicht in Betracht. Aber auch deliktische Ansprüche scheiden aus. Als „sonstiges Recht" iSd § 823 Abs. 1 BGB ist grundsätzlich nur der berechtigte Besitz anerkannt.[48] Zwar ist § 858 Abs. 1 BGB ein Schutzgesetz iSd § 823 Abs. 2 BGB,[49] allerdings nur bei berechtigtem Besitz.[50] Es ist nicht der Zweck der §§ 858 ff. BGB, unrechtmäßigen Besitzern über § 823 Abs. 2 BGB zu deliktischen Schadensersatzansprüchen zu verhelfen, die ihnen nach § 823 Abs. 1 BGB nicht zustehen.[51]

16 Anders verhält es sich, wenn die digitale (vermeintliche) Rechtsdurchsetzung vertragswidrig erfolgt. Dies ist der Fall, wenn etwa eine Fernsperrung ausgelöst wird, obwohl der Vertrag noch nicht wirksam gekündigt wurde, etwa aufgrund eines technischen Versehens. In diesem Fall steht dem Besitzer nicht nur weiterhin ein primärer Leistungsanspruch zu, sondern es entstehen – bei Nachweis eines entsprechenden Schadens – auch Schadensersatzansprüche. Ein Anspruch auf Schadensersatz statt der Leistung gem. § 280 Abs. 1, 3 iVm § 283 BGB entsteht, weil und soweit der Fernzugriff bewirkt, dass die Leistungserbringung für den Zeitraum des Zugriffs unmöglich st (etwa weil eine gemietete Wohnung nicht mehr betreten werden konnte). In Betracht kommt aber auch ein Anspruch auf Schadensersatz neben der Leistung (§ 280 Abs. 1 iVm § 241 Abs. 2 BGB) wegen eines Verstoßes gegen Sorgfalts- und Rücksichtnahmepflichten: Diese schützen die gegenwärtige Güterlage der an einem Schuldverhältnis Beteiligten vor unfreiwilligen Veränderungen zum Nachteil des

---

[48] BGH NJW-RR 2022, 1386 Rn. 7; HK-BGB/Schulte-Nölke Vor §§ 854–872 Rn. 3; MüKoBGB/Wagner § 823 Rn. 370; BeckOK BGB/Förster § 823 Rn. 156, jeweils mwN; einschränkend etwa Medicus/Petersen BürgerlR Rn. 607.

[49] Siehe zB BGH NJW 1979, 1358 (1359); 2020, 755 Rn. 30 – Parkentgelt; zurückhaltend Medicus/Petersen BürgerlR Rn. 621.

[50] BGH NJW 1979, 1358 (1359); 1981, 865 (866); MüKoBGB/Wagner § 823 Rn. 366, aA Wieser JuS 1970, 557 (559 f.); Honsell JZ 1983, 531 (534).

[51] BGH NJW 1979, 1358 (1359); 1981, 865 (866); Medicus/Petersen BürgerlR Rn. 621.

Rechtsgutsträgers bzw. Rechteinhabers.[52] Hinzu treten deliktische Ansprüche nach § 823 Abs. 1 und 2 BGB, da in diesen Fällen der Besitzer in seinem berechtigten Besitz gestört wird.

§ 60 Blockchain-Einträge als Beweismittel im Zivilprozess

Übersicht

Schrifttum:

Antonopoulos, Mastering Bitcoin, 2. Aufl. 2017; Auffenberg, E-Geld auf Blockchain-Basis, BKR 2019, 341; Blaurock/Maultzsch, Vertrauensschutz im digitalen Zeitalter, 2020; Braegelmann/Kaulartz, Rechtshandbuch Smart Contracts, 2019; Breidenbach/Glatz, Rechtshandbuch Legal Tech, 2. Aufl. 2021; Conreder/Diederichsen/Okonska, Das neue Gesetz über elektronische Wertpapiere – digitale Zeitenwende im Wertpapierbereich, DStR 2021, 2594; Eckhold, Grundbuch auf der Blockchain, BRZ 2023, 133; Engelhardt/Klein, Bitcoins – Geschäfte mit Geld, das keines ist. Technische Grundlagen und zivilrechtliche Betrachtung, MMR 2014, 355; Franke, Decentralized Finance (DeFi) via Blockchain. Zivil- und aufsichtsrechtliche Grundlagen, 2025; Fries, Smart Contracts: Brauchen schlaue Verträge noch Anwälte? Zusammenspiel von Smart Contracts mit dem Beweismittelrecht der ZPO, AnwBl 2018, 86; Fries/Paal, Smart Contracts, 2019; Gonska/Buschmann/Gläß, Digitalisierung der gerichtlichen Verfahren und das Prozessrecht, 2018; Heckelmann, Zulässigkeit und Handhabung von Smart Contracts, NJW 2018, 504; Hoeren/Sieber/Holznagel, Handbuch Multimedia-Recht, 62. EL Juni 2024; Jandt, Beweissicherheit im elektronischen Rechtsverkehr. Folgen der europäischen Harmonisierung, NJW 2015, 1205; Kaulartz, Die Blockchain-Technologie. Hintergründe zur Distributed Ledger Technology und zu Blockchains, CR 2016, 474; Kaulartz/Heckmann, Smart Contracts – Anwendungen der Blockchain-Technologie, CR 2016, 618; Kaulartz/Matzke, Die Tokenisierung des Rechts, NJW 2018, 3278; Klebeck/Dobrauz-Saldapenna, Rechtshandbuch Digitale Finanzdienstleistungen, 2018; Knaier/Wolff, Die Blockchain-Technologie als Entwicklungsoption für das Handelsregister?, BB 2018, 2253; Krüger/Rauscher, Münchener Kommentar zur ZPO, 6. Aufl. 2020; Leupold/Wiebe/Glossner, IT-Recht, 4. Aufl. 2021; Mankowski, Wie problematisch ist die Identität des Erklärenden bei E-Mails wirklich?, NJW 2002, 2822; Mankowski, Für einen Anscheinsbeweis hinsichtlich der Identität des Erklärenden bei E-Mails, CR 2003, 44; Maume/Maute/Fromberger, Rechtshandbuch Kryptowerte, 2020; Mienert/Gipp, Dashcam, Blockchain und der Beweis im Prozess, ZD 2017, 514; Musielak/Voit, ZPO, 21. Aufl. 2024; Möslein, Smart Contracts im Zivil- und Handelsrecht, ZHR 2019, 254; Möslein/Omlor, FinTech-Handbuch, 3. Aufl. 2024; Nakamoto, Bitcoin. A Peer-to-Peer Electronic Cash System, 2008; Omlor, Kryptowährungen im Geldrecht, ZHR 2019, 294; Omlor, Blockchain-basierte Zahlungsmittel, ZRP 2018, 85; Omlor/Lübke, Tokenized Finance. Tokenisierung und Finanzmarkt, 2025; Paulus, Was ist eigentlich … eine Blockchain?, JuS 2019, 1049; Paulus, Was ist eigentlich … ein Smart Contract?, JuS 2020, 107; Roßnagel, Das Recht der Vertrauensdienste. Die eIDAS-Verordnung in der deutschen Rechtsordnung, 2016; Roßnagel, Beweiswirkungen

[52] BeckOGK/Herresthal BGB § 311 Rn. 503.

elektronischer Vertrauensdienste. Neue Regelungen durch die eIDAS-Verordnung der Europäischen Union, MMR 2016, 647; Roßnagel/Pfitzmann, Der Beweiswert von E-Mail, NJW 2003, 1209; Rupp, Die Beweisführung mit privaten elektronischen Dokumenten, 2018; Schrey/Thalhofer, Rechtliche Aspekte der Blockchain, NJW 2017, 1431; Sesing/Baumann, Automatisierung von Vertragsbeziehungen in der Industrie 4.0. Teil 2: Smart Contracts und Blockchain, InTeR 2020, 233; Simmchen, Blockchain (R)Evolution. Verwendungsmöglichkeiten und Risiken, MMR 2017, 162; Steege/Chibanguza, Metaverse, 2023; Szabo, Smart Contracts, 1994; Säcker/Rixecker/Oetker/Limperg, Münchener Kommentar zum Bürgerlichen Gesetzbuch, 10. Aufl. 2025; Voigt/Herrmann/Danz, Die elektronische Signatur und ihre Einsatzmöglichkeiten für digitale Vertragsschlüsse, NJW 2020, 2991; Vorwerk/Wolf, BeckOK ZPO, 54. Ed. 2024; G. Wagner, Algorithmisierte Rechtsdurchsetzung, AcP 2022, 56; P. Wagner, Das elektronische Dokument im Zivilprozess, JuS 2016, 29.

I. Einleitung

1 Im Zusammenhang mit der Blockchain stellen sich aufgrund ihrer vielfältigen Einsatzmöglichkeiten und ihrer technischen Komplexität zahlreiche rechtliche Fragen. Unter anderem ist zu klären, wie sich die besonderen technischen Voraussetzungen der Blockchain, wie etwa eine sehr ausgeprägte Manipulationssicherheit, auf die Beweisregeln des Zivilprozessrechts auswirken.

2 In der Praxis kann dies etwa relevant werden, wenn die Blockchain zur Speicherung von Smart Contracts[1] eingesetzt wird. Zwar ist es für die Funktionalität von Smart Contracts nicht erforderlich, dass diese auf einer Blockchain gespeichert werden. Die Nutzung einer Blockchain kann jedoch die Manipulationssicherheit und damit die Beweiskraft[2] bestimmter Tatsachen fördern.[3] Darüber hinaus sind Einsatzmöglichkeiten für die Blockchain insbesondere Kryptowährungen wie Bitcoin oder Ethereum sowie öffentliche Register.[4] Auch für diese Anwendungsfälle kann die hohe Beweiskraft der Blockchain relevant werden. Auf diese Bereiche wird der Fokus der Untersuchung gelegt.

3 Zunächst sind die technischen Voraussetzungen der Blockchain herauszuarbeiten, die Grundlage für die hohe Beweiskraft von Blockchain-Einträgen sind (→ Rn. 4 ff.). Sodann stellt sich die Frage, in welchen Szenarien es im Zusammenhang mit Smart Contracts, Kryptowährungen und öffentlichen Registern überhaupt zu Zivilprozessen kommt und wie sich ein hoher Beweiswert von Blockchain-Einträgen im Prozess auswirken kann (→ Rn. 12 ff.). Dieses praktische Bedürfnis nach einem hohen Beweiswert für Blockchain-Einträge ist daraufhin *de lege lata* mit Blick auf die Beweisregeln der ZPO einzuordnen (→ Rn. 25 ff.). Diese Einordnung wirft wiederum die Frage auf, ob der Beweiswert, der Blockchain-Einträgen nach der aktuellen Rechtslage zugemessen wird, vor dem Hintergrund der technischen Eigenschaften von Blockchain-Technologien angemessen ist (→ Rn. 45 ff.).

---

[1] Zum Begriff von Smart Contracts vgl. ursprünglich Szabo Smart Contracts, abrufbar unter: https://web.archive.org/web/20011102030833/http://szabo.best.vwh.net:80/smart.contracts.html (zuletzt abgerufen am 10.2.2025); daran anknüpfend ausführlich Braegelmann/Kaulartz Smart Contracts/Decentralized Finance-HdB/Kaulartz Kap. 1 Rn. 9 ff.; Möslein ZHR 2019, 254 (260 ff.).

[2] „Beweiskraft" meint auf einer rein tatsächlichen Ebene diejenige Sicherheit, die ein Beweismittel für die Wahrheit bestimmter Tatsachen bietet. „Beweiswert" hingegen meint die rechtliche Wertung; inwieweit also im Prozess die Beweiskraft einer Tatsache anerkannt wird, beispielsweise im Rahmen von Beweisregeln.

[3] Heckelmann NJW 2018, 504 (505); generell zu Smart Contracts als Anwendungsfall der Blockchain vgl. ua Steege/Chibanguza Metaverse-HdB/Quarch § 31 Rn. 18 f.; Simmchen MMR 2017, 162 (164); Schrey/Thalhofer NJW 2017, 1431; ausführlich zu den weiteren Vorteilen des Einsatzes der Blockchain-Technologie Möslein ZHR 2019, 254 (261 f.); Fries/Paal Smart Contracts/Finck S. 2 ff.

[4] Schrey/Thalhofer NJW 2017, 1431; Hoeren/Sieber/Holznagel MMR-HdB/B. E. Brisch/K. M. Brisch Teil 13.3 Rn. 130; Gonska/Buschmann/Gläß Digitalisierung/Krupar S. 165 ff.

II. Technische Grundlagen der Blockchain-Technologie

Im Wesentlichen dienen die Blockchain-Technologien[5] der sicheren und chronologischen Speicherung von Daten.[6] Bei Kryptowährungen werden etwa Transaktionsdaten gespeichert, es können aber auch die in einem Smart Contract programmierten Abläufe gespeichert werden.[7] Es gibt nicht die eine Blockchain-Technologie, daher werden hier die technischen Grundlagen behandelt, die in den meisten Ausprägungen von Blockchain-Technologien verwendet werden.[8] **4**

Die technische Ausgestaltung von Blockchains (ausführlich → § 5 Rn. 10 ff.) entfaltet in drei Dimensionen Relevanz für die Beweiskraft von Blockchain-Einträgen. Erstens stellt sich die Frage, ob durch Blockchain-Einträge nachgewiesen werden kann, dass eine Erklärung tatsächlich von ihrem vermeintlichen Aussteller abgegeben wurde (Authentizität). Zweitens kommt es darauf an, inwieweit die inhaltliche Unverfälschtheit von Blockchain-Einträgen (Integrität) belegt werden kann.[9] Drittens könnten Blockchain-Einträge einen sicheren Nachweis für zeitliche Zusammenhänge bieten. **5**

1. Authentizität

Blockchain-Technologien nutzen das Konzept der asymmetrischen Verschlüsselung, um die Authentizität von Einträgen zu gewährleisten.[10] Mithilfe eines privaten Schlüssels (private key) werden dabei Transaktionen oder andere auf der Blockchain gespeicherte Daten signiert. Damit ist es möglich, sich gegenüber allen anderen Teilnehmern als Berechtigter zu authentifizieren, indem über einen zugehörigen öffentlichen Schlüssel (public key) bestätigt wird, dass die Signatur von dem Inhaber des privaten Schlüssels stammt und der ursprünglich signierte Datensatz nicht verändert wurde.[11] Bei diesem Verifikationsmechanismus handelt es sich nicht um eine qualifizierte elektronische Signatur nach Art. 32 eIDAS-VO[12].[13] Zwar könnte dieses Signaturverfahren auch in Blockchains eingesetzt werden, jedoch wird die qualifizierte elektronische Signatur in der Praxis (auch auf Blockchains) aufgrund des aufwendigen Verfahrens kaum verwendet (auch → § 53 Rn. 21).[14] **6**

Dass der vermeintliche Aussteller die Erklärung tatsächlich mit diesem Inhalt abgegeben hat, kann also – abhängig von dem Signaturmechanismus der jeweiligen Blockchain – mit unterschiedlich hoher Sicherheit nachgewiesen werden. Für Manipulationen ist bei der auf **7**

[5] Zum Begriff der Blockchain Nakamoto Bitcoin, abrufbar unter: https://bitcoin.org/bitcoin.pdf (zuletzt abgerufen am 10.2.2025); ausführlich darüber hinaus zur Blockchain-Technologie ua Möslein/Omlor FinTech-HdB/González-Meneses/Martínez-Echevarría § 6 Rn. 38 ff.; Breidenbach/Glatz Legal Tech-HdB/Glatz Kap. 4.1.

[6] Maume/Maute Kryptowerte-HdB/Fromberger/Zimmermann § 1 Rn. 1; Paulus JuS 2019, 1049.

[7] Steege/Chibanguza Metaverse-HdB/Quarch § 31 Rn. 18 f.; Simmchen MMR 2017, 162 (164); Schrey/Thalhofer NJW 2017, 1431; Paulus JuS 2020, 107 (107 ff.).

[8] Vgl. Möslein/Omlor FinTech-HdB/Kaulartz § 5 Rn. 2.

[9] Zu der begrifflichen Unterscheidung zwischen Authentizität und Integrität vgl. Braegelmann/Kaulartz Smart Contracts/Decentralized Finance-HdB/Matzke/Kaulartz Kap. 14 Rn. 32; Rupp Beweisführung S. 154.

[10] Möslein/Omlor FinTech-HdB/González-Meneses/Martínez-Echevarría § 6 Rn. 52 ff.; Maume/Maute Kryptowerte-HdB/Fromberger/Zimmermann § 1 Rn. 15 ff.; Kaulartz CR 2016, 474 (475); ausführlich zum Begriff der asymmetrischen Verschlüsselung Rupp Beweisführung S. 200 ff.

[11] Möslein/Omlor FinTech-HdB/Kaulartz § 5 Rn. 27 ff.; Blaurock/Maultzsch Vertrauensschutz digitales Zeitalter/Spindler S. 37 f.; Kaulartz CR 2016, 474 (475 f.).

[12] VO (EU) 910/2014, ABl. 2014 L 257, 73.

[13] Ausführlich zu den unterschiedlichen Arten elektronischer Signaturen Rupp Beweisführung S. 198 ff.

[14] Kaulartz/Matzke NJW 2018, 3278 (3282 f.); Braegelmann/Kaulartz Smart Contracts/Decentralized Finance-HdB/Matzke/Kaulartz Kap. 14 Rn. 29; MüKoZPO/Zimmermann § 371a Rn. 2; s. zum Verfahren der qualifizierten elektronischen Signatur Voigt/Herrmann/Danz NJW 2020, 2991 Rn. 9 ff.; zu der besonderen Rechtssicherheit einer Blockchain, in der die qualifizierte elektronische Signatur eingesetzt wird Sesing/Baumann InTeR 2020, 233 (240).

Blockchains regelmäßig verwendeten (fortgeschrittenen) elektronischen Signatur lediglich die Kenntnis des privaten Schlüssels erforderlich (Wissenselement).[15] Bei der qualifizierten elektronischen Signatur hingegen muss man im Besitz der Signaturerstellungseinheit (idR eine Karte) sein, auf der der private Schlüssel gespeichert ist, sowie die zugehörige PIN kennen (Besitz- und Wissenselement).[16] Insofern erfordert die qualifizierte elektronische Signatur ein zusätzliches Besitzelement, was zu einer höheren Manipulationssicherheit führt.

8 Für den Nachweis der Authentizität der Erklärung kommt es daher nicht primär auf die technischen Eigenschaften der Blockchain an, sondern auf den von der jeweiligen Blockchain verwendeten Signaturmechanismus.

2. Integrität

9 Ein Mechanismus, der zur Manipulationssicherheit des Inhalts (Unveränderbarkeit) von Blockchain-Einträgen beiträgt, ist die Dezentralität[17] der Blockchain in Verbindung mit dem verwendeten Konsensmechanismus.[18] Die Konsensmechanismen schützen den auf Blockchains gespeicherten Inhalt vor Manipulation, indem sie bewirken, dass Manipulationsversuche eines sehr hohen Aufwands bedürfen und dadurch unwirtschaftlich werden.[19] Für einen erfolgreichen Manipulationsversuch muss (bei den am häufigsten genutzten Konsensmechanismen) mehr als die Hälfte der Rechenleistung gebündelt werden („51 %-Attacke"), was eine erhebliche Rechenleistung erfordert.[20] Darüber hinaus kann durch die dezentrale Speicherung und die daraus folgende Transparenz der Blockchain jeder Teilnehmer die Kongruenz der Blockchain selbst kontrollieren.[21]

10 Ein weiterer Aspekt der Unveränderbarkeit ist der Aufbau der Blockchain als Kette:[22] In dem Kopf jedes Blocks ist der Hashwert[23] für den vorherigen Block enthalten.[24] Dadurch müsste man, um einen bestimmten Block in einer Blockchain zu manipulieren, den entsprechenden Block und alle nachfolgenden Blöcke manipulieren, da es sonst zu einer Inkongruenz in der Blockchain kommt.[25] Diese Manipulation müsste zudem in einer sehr

---

15 Vgl. Voigt/Herrmann/Danz NJW 2020, 2991 Rn. 6.

16 Vgl. Voigt/Herrmann/Danz NJW 2020, 2991 Rn. 10 f.; zu den Begriffen „Besitzelement" und „Wissenselement" weiterführend etwa Rupp Beweisführung S. 166 ff., 204 f.

17 Bei jedem Teilnehmer („Node") wird eine eigene Kopie der Blockchain gespeichert, FinTech-Handbuch/Kaulartz § 5 Rn. 37; Leupold/Wiebe/Glossner IT-R/Baur/Brügmann/Sedlmeir/Urbach Teil 16.1 Rn. 8.

18 Weiterführend dazu, insbesondere zu den verschiedenen Konsensmechanismen Möslein/Omlor FinTech-HdB/Kaulartz § 5 Rn. 10 ff.; Breidenbach/Glatz Legal Tech-HdB/Glatz Kap. 4.1 Rn. 20 ff.

19 In verschiedenen Blockchains wird das durch unterschiedliche Konsensmechanismen erreicht, die beiden gebräuchlichsten Mechanismen sind „Proof-of-Work" und „Proof-of-Stake", vgl. Möslein/Omlor FinTech-HdB/Kaulartz § 5 Rn. 12 ff.; insges. ausführlich zu der Manipulationssicherheit von Blockchains insbes. durch Konsensmechanismen Möslein/Omlor FinTech-HdB/González-Meneses/Martínez-Echevarría § 6 Rn. 98 ff.

20 Möslein/Omlor FinTech-HdB/Kaulartz § 5 Rn. 14, 17, 19; Blaurock/Maultzsch Vertrauensschutz digitales Zeitalter/Spindler S. 37, 42 ff.; Breidenbach/Glatz Legal Tech-HdB/Glatz Kap. 4.1 Rn. 17; nur für den „Proof-of-Work"-Mechanismus Leupold/Wiebe/Glossner IT-R/Baur/Brügmann/Sedlmeir/Urbach Teil 16.1 Rn. 14 ff.

21 Möslein/Omlor FinTech-HdB/Kaulartz § 5 Rn. 37.

22 Vgl. Gonska/Buschmann/Gläß Digitalisierung/Krupar S. 173; Möslein/Omlor FinTech-HdB/González-Meneses/Martínez-Echevarría § 6 Rn. 78.

23 Der Hashwert ist eine Art digitaler Fingerabdruck, durch den ein Datensatz verkürzt, aber praktisch einzigartig dargestellt werden kann, Möslein/Omlor FinTech-HdB/Kaulartz § 5 Rn. 30. Der Hashwert wird durch einen Algorithmus erzeugt, der für den gleichen Datensatz stets den gleichen Hashwert erzeugt. Der Hashwert kann zur Überprüfung neu berechnet werden; solange er dann noch mit dem angegebenen Hashwert übereinstimmt, ist sichergestellt, dass sich der dazugehörige Datensatz nicht geändert hat; ausführlich dazu Möslein/Omlor FinTech-HdB/González-Meneses/Martínez-Echevarría § 6 Rn. 64 ff.

24 Möslein/Omlor FinTech-HdB/González-Meneses/Martínez-Echevarría § 6 Rn. 71, 78; Klebeck/Dobrauz-Saldapenna Digitale Finanzdienstleistungen-HdB/Balzli Kap. 6 Rn. 13 ff.

25 Zur Manipulationssicherheit durch die Verbindung als Kette Möslein/Omlor FinTech-HdB/González-Meneses/Martínez-Echevarría § 6 Rn., 78, 98 ff.; Blaurock/Maultzsch Vertrauensschutz digitales Zeitalter/Spindler S. 37.

kurzen Zeit erfolgen, da sie abgeschlossen sein muss, bevor ein neuer Block angefügt wird.[26]

3. Zeitstempel

In dem Kopf jedes Blockchain-Eintrages wird unter anderem ein von der Blockchain mit dem Eintrag automatisch erstellter Zeitstempel gespeichert.[27] Die Zeitstempel sind von der Unveränderbarkeit der Blockchain (→ Rn. 9 f.) umfasst; Blockchain-Einträge eignen sich daher sehr gut zum Nachweis zeitlicher Abläufe.[28] **11**

III. Einsatz von Blockchain-Einträgen als Beweismittel im Prozess

Für die praktische Relevanz des Beweiswerts von Blockchain-Einträgen kommt es darauf an, in welchen Fällen es im Zusammenhang mit Smart Contracts, Kryptowährungen oder öffentlichen Registern zu Zivilprozessen kommt und inwieweit ein hoher Beweiswert von Blockchain-Einträgen in diesen Verfahren von Vorteil ist. **12**

1. Smart Contracts

Smart Contracts sind gerade darauf ausgelegt, dass es nicht zu Prozessen kommt. Als sich selbst erfüllende Verträge sollen Smart Contracts die Erfüllung der vertraglichen Pflichten automatisiert herbeiführen; es handelt sich also zunächst um eine privatisierte Rechtsdurchsetzung.[29] Im Normalfall kommt es daher bei Smart Contracts in Bezug auf die primären Leistungspflichten überhaupt nicht zum Prozess. Soweit trotz ordnungsgemäßer Erfüllung durch den Smart Contract weiterhin der Erfüllungsanspruch geltend gemacht wird, kann diesem der auf der Blockchain gespeicherte Erfüllungsautomatismus als manipulationssicherer Beweis für eine ordnungsgemäße Erfüllung entgegengesetzt werden.[30] **13**

Anders sieht das allerdings aus, wenn die automatisierte Erfüllung nicht so abläuft, wie von den Parteien vorgesehen.[31] Das ist erstens der Fall, wenn durch den Smart Contract Ansprüche erfüllt werden, die tatsächlich nach dem Inhalt des Vertrages nicht bestehen.[32] Grund dafür können einerseits tatsächliche Aspekte wie Programmierungsfehler sein.[33] Darüber hinaus kann sich der tatsächlich vereinbarte Inhalt des Vertrags, der nach §§ 133, **14**

---

[26] Möslein/Omlor FinTech-HdB/González-Meneses/Martínez-Echevarría § 6 Rn. 99; Möslein/Omlor FinTech-HdB/Kaulartz § 5 Rn. 38; bei Bitcoin etwa wird alle zehn Minuten ein neuer Block angehängt, vgl. https://www.blockchain.com/explorer/charts/median-confirmation-time (zuletzt abgerufen am 10.2.2025).

[27] Nakamoto Bitcoin S. 2, abrufbar unter: https://bitcoin.org/bitcoin.pdf (zuletzt abgerufen am 10.2.2025); Antonopoulos Mastering Bitcoin S. 196 ff., 227 f.; Maume/Maute Kryptowerte-HdB/Fromberger/Zimmermann § 1 Rn. 13; Franke DeFi S. 47.

[28] Vgl. dazu Mienert/Gipp ZD 2017, 514 (517 f.).

[29] Dazu eingehend G. Wagner AcP 222 (2022), 56 (62 ff.); Möslein ZHR 2019, 254 (281 ff.); Fries/Paal Smart Contracts/Kaulartz S. 79. Das führt außerdem zu einer faktischen Umkehr der Prozessführungs- und Beweislast, da idR statt der ursprünglichen Leistungsansprüche nur die Rückgewähransprüche im Zivilprozess geltend gemacht werden müssen (→ Rn. 15 ff.), dazu ausführlich G. Wagner AcP 222 (2022), 56 (76 ff.).

[30] Vgl. Fries/Paal Smart Contracts/Erbguth S. 28; weiterführend zum Beweis der Leistungserbringung durch Blockchain-Einträge Sesing/Baumann InTeR 2020, 233 (238).

[31] Vgl. dazu allgemein Braegelmann/Kaulartz Smart Contracts/Decentralized Finance-HdB/Riehm Kap. 9 Rn. 4.

[32] Allgemein zu Kollisionen zwischen dem Smart Contract und dem Vertragsrecht Möslein ZHR 2019, 254 (268 ff.).

[33] Dazu ausführlich Braegelmann/Kaulartz Smart Contracts/Decentralized Finance-HdB/Blocher Kap. 10 Rn. 1 ff.; Kaulartz/Heckmann CR 2016, 618 (623 f.); Fries/Paal Smart Contracts/Erbguth S. 28, 30 f.; vgl. Gonska/Buschmann/Gläß Digitalisierung/Krupar S. 167 f.

157 BGB unter Einbeziehung der Begleitumstände zu ermitteln ist, von dem automatisiert durchgesetzten Inhalt unterscheiden (vgl auch → § 53 Rn. 16f.).[34] Andererseits kommen rechtliche Aspekte wie etwa eine Nichtigkeit nach §§ 134, 138 BGB oder § 142 Abs. 1 BGB, die schwebende Unwirksamkeit nach §§ 107, 108 Abs. 1 BGB sowie ein Verbraucherwiderruf (§ 355 BGB) oder ein Rücktritt (§ 346 BGB) in Betracht.[35]

15 Dann bestehen in der Regel bereicherungsrechtliche Rückforderungsansprüche oder im Falle von Verbraucherwiderruf und Rücktritt Ansprüche aus § 355 Abs. 3 BGB und § 346 Abs. 1 BGB, die (wenn sie nicht freiwillig von der Gegenpartei erfüllt werden) vor Gericht durchgesetzt werden können.[36]

16 Zweitens kommen Fälle in Betracht, in denen aufgrund einer Schlechtleistung Gewährleistungsansprüche bestehen, soweit die Gewährleistung nicht bereits Teil des Smart Contracts ist.[37] Auch diese Ansprüche müssen im Zweifel bei fehlender Leistungsbereitschaft des Vertragspartners vor Gericht durchgesetzt werden.

17 Für den Beweis der Voraussetzungen der Rückforderungsansprüche kommt es dadurch allerdings vor allem auf Umstände an, die nicht auf der Blockchain gespeichert sind.[38] Sofern etwa argumentiert wird, dass Programmierungsfehler vorliegen und der Vertragsinhalt unter Einbeziehung von Begleitumständen anders auszulegen ist als auf der Blockchain gespeichert, kommt es auf diese Begleitumstände an. Im Falle einer Anfechtung ist insbesondere zu beweisen, dass ein Anfechtungsgrund vorliegt, was sich ebenfalls aus Umständen außerhalb des auf der Blockchain gespeicherten Vertragsinhaltes ergibt.

18 Etwas anderes gilt allerdings, wenn vorgetragen wird, der Vertrag sei nach § 134 BGB oder § 138 BGB nichtig. Dabei kann es unter anderem auf den auf der Blockchain gespeicherten Inhalt des Vertrags ankommen; es ist also hilfreich, durch den Blockchain-Eintrag die Integrität des Vertragsinhalts nachweisen zu können. Darüber hinaus kann der Zeitstempel des Blockchain-Eintrages relevant werden: So kann, wenn Verträge etwa mehrfach geändert wurden, festgestellt werden, welche die letzte und damit aktuelle Version ist. Zudem kann der Zeitstempel relevant werden, um die Einhaltung von Fristen, etwa bei der Ausübung von Gestaltungsrechten, nachzuweisen.

19 Auf den auf der Blockchain gespeicherten Vertragsinhalt kommt es außerdem im Rahmen der AGB-Kontrolle an, soweit es sich bei (Teil-)Bestimmungen um Allgemeine Geschäftsbedingungen iSd § 305 BGB handelt.[39] Unter anderem ist dabei regelmäßig denkbar, dass die Parteien wegen der automatisierten Durchführung ihre Einwendungen nicht geltend machen können. Die entsprechende Vereinbarung könnte dann nach § 309 Nr. 2 BGB oder zumindest § 307 Abs. 1, Abs. 2 BGB unwirksam sein.[40]

20 Darüber hinaus kann der Vertragsinhalt relevant werden, um den Gegenbeweis gegen Rückforderungs- oder Gewährleistungsansprüche zu führen. So kann der auf der Blockchain gespeicherte Vertrag als Beweis dafür angeführt werden, dass der Vertrag wirksam zustande

[34] Vgl. Kaulartz/Heckmann CR 2016, 618 (623); Möslein ZHR 2019, 254 (267 ff.); Fries/Paal Smart Contracts/Riehm S. 87 ff.; Braegelmann/Kaulartz Smart Contracts/Decentralized Finance-HdB/Möslein Kap. 8 Rn. 23 f.; Sesing/Baumann InTeR 2020, 233 (236); zu der Einbeziehung von Begleitumständen bei der Auslegung nach §§ 133, 157 BGB: BGH NJW-RR 2000, 1002 (1003); MüKoBGB/Busche § 133 Rn. 63; zum Beweis des Vertragsinhalts von Smart Contracts Fries AnwBl 2018, 86 (89).

[35] Möslein ZHR 2019, 254 (279 f.); Schrey/Thalhofer NJW 2017, 1431 (1435 f.); Heckelmann NJW 2018, 504 (507); Fries/Paal Smart Contracts/Riehm S. 88; Braegelmann/Kaulartz Smart Contracts/Decentralized Finance-HdB/Riehm Kap. 9 Rn. 3, 9; zum Verbraucherwiderruf Braegelmann/Kaulartz Smart Contracts/Decentralized Finance-HdB/Spindler/Wöbbeking Kap. 11 Rn. 27 ff.

[36] G. Wagner AcP 2022, 56 (76); vgl. auch Möslein ZHR 2019, 254 (283 ff.); Fries/Paal Smart Contracts/Anzinger S. 57; Fries AnwBl 2018, 86 (89); Möslein/Omlor FinTech-HdB/Fries § 9 Rn. 29 f.; Sesing/Baumann InTeR 2020, 233 (236).

[37] Vgl. Kaulartz/Heckmann CR 2016, 618 (620); Fries AnwBl 2018, 86 (89).

[38] Vgl. Heckelmann NJW 2018, 504 (507).

[39] Möslein ZHR 2019, 254 (279); Heckelmann NJW 2018, 504 (507); Fries/Paal Smart Contracts/Riehm S. 88; zum Beweis des Vertragsinhalts von Smart Contracts Fries AnwBl 2018, 86 (89).

[40] Schrey/Thalhofer NJW 2017, 1431 (1435 f.).

gekommen ist.[41] Außerdem kann Nacherfüllungsansprüchen etwa eine vertragliche Beschaffenheitsvereinbarung entgegengesetzt werden.

Selbst in diesen Fällen, in denen die gerichtliche Durchsetzung von Ansprüchen erforderlich ist, dürfte man allerdings regelmäßig auf praktische Schwierigkeiten stoßen. So ist ein wichtiger Vorteil der Nutzung der Blockchain-Technologie für Smart Contracts, dass sie durch die automatisierte Durchsetzung eine gewisse Sicherheit dafür bietet, dass die Vertragspflichten tatsächlich erfüllt werden, auch wenn die Parteien bei dem Vertragsschluss anonym bleiben.[42] Ein Anspruch gegen einen unbekannten Vertragspartner kann aber nicht vor Gericht geltend gemacht werden; der Vertragspartner muss also regelmäßig zunächst identifiziert werden.[43] 21

2. Kryptowährungen

Kryptowährungen wie etwa Bitcoin bedienen sich ebenfalls der Blockchain-Technologie.[44] 22
Dabei kann im Prozess zum einen relevant werden, wer Inhaber eines bestimmten Wertes einer Kryptowährung ist. Zum anderen werden auf der Blockchain Transaktionen solcher Blockchain-basierten Zahlungsmittel gespeichert.[45] Dabei kann es vor Gericht beispielsweise auf den Nachweis ankommen, dass eine Transaktion tatsächlich erfolgt ist und von einer bestimmten Person vorgenommen wurde, sodass Erfüllung nach § 362 Abs. 1 BGB eingetreten ist. Im Zusammenhang mit Kryptowährungen kann im Zivilprozess also vor allem der Nachweis der Integrität und der Authentizität relevant werden.

3. Öffentliche Register

Ein Anwendungsfall der Nutzung von Blockchains für öffentliche Register sind bereits 23
Kryptowertpapierregister nach §§ 4 Abs. 11 und 16 ff. des im Jahr 2021 in Kraft getretenen Gesetzes über elektronische Wertpapiere (eWpG).[46] Künftig kommt die Nutzung der Blockchain-Technologie darüber hinaus für weitere öffentliche Register wie Grundbücher, das Handelsregister, Gesellschaftsregister oder das Zentrale Testamentsregister in Betracht.[47]

Für öffentliche Register hat die zeitliche Abfolge der Einträge in der Regel eine besondere 24
Bedeutung. So ist es etwa für die Wirksamkeit verschiedener Verfügungen über dasselbe Grundstück entscheidend, welche Verfügung zuerst eingetragen wurde, und auch bei mehreren sich widersprechenden Testamenten im Testamentsregister kommt es wesentlich darauf an, welches Testament das zeitlich letzte ist. Insofern kann insbesondere der Nachweis zeitlicher Abläufe durch die Zeitstempel von Blockchain-Einträgen im Zusammenhang mit öffentlichen Registern relevant werden. Darüber hinaus kann es aber auch auf Authentizität und Integrität des jeweiligen Eintrages ankommen.

---

41 Zu der Bedeutung der Blockchain im Rahmen des Vertragsschlusses Möslein ZHR 2019, 254 (270 ff.); allgemein zu Vertragsschluss und Vertragsinhalt von Smart Contracts Fries/Paal Smart Contracts/Erbguth S. 28; zum Beweis des Vertragsinhalts von Smart Contracts Fries AnwBl 2018, 86 (89).

42 Fries/Paal Smart Contracts/Finck S. 7; Fries/Paal Smart Contracts/Erbguth S. 28, 31.

43 Vgl. Möslein ZHR 2019, 254 (263); Fries/Paal Smart Contracts/Erbguth S. 31.

44 Schrey/Thalhofer NJW 2017, 1431; Omlor ZRP 2018, 85 (85 ff.); Auffenberg BKR 2019, 341 (341 ff.); Engelhardt/Klein MMR 2014, 355 (355 ff.).

45 Ausführlich zur rechtlichen Einordnung der Übertragung von Kryptowährungen Omlor ZHR 2019, 294 (327 f.).

46 Kryptowertpapierregister sind zwar technikneutral ausgestaltet, die Nutzung einer Blockchain bietet sich aber an, s. schon Gesetzesbegründung, Regierungsentwurf: Entwurf eines Gesetzes zur Einführung von elektronischen Wertpapieren, BT-Drs. 19/26925, 44; dazu weiterführend Omlor/Lübke Tokenized Finance/Gramlich/Grobe/Urbach S. 5 ff.; Conreder/Diederichsen/Okonska DStR 2021, 2594 (2597 f.); Hoeren/Sieber/Holznagel MMR-HdB/Möllenkamp Teil 13.6 Rn. 67 ff.

47 Hoeren/Sieber/Holznagel MMR-HdB/B. E. Brisch/K. M. Brisch Teil 13.3 Rn. 130; Schrey/Thalhofer NJW 2017, 1431; Gonska/Buschmann/Gläß Digitalisierung/Krupar S. 176; für das Handelsregister Knaier/Wolff BB 2018, 2253 (2256 ff.); für das Grundbuch Eckhold BRZ 2023, 133 passim.

IV. Rechtliche Einordnung

1. Grundsatz

25 In der Beweiserhebung des Zivilverfahrens findet im Regelfall das Strengbeweisverfahren Anwendung.[48] Blockchain-Einträge können dabei – wie aus § 371 Abs. 1 S. 2 ZPO hervorgeht – unabhängig von dem verwendeten Signaturmechanismus nur nach den Regeln des Augenscheinsbeweises vorgelegt werden.[49] Echtheit und Inhalt der vorgelegten Blockchain-Einträge hat das Gericht unter dem Grundsatz der freien Beweiswürdigung (§ 286 Abs. 1 ZPO) zu beurteilen.[50]

a) Freie richterliche Beweiswürdigung

26 Nach dem Grundsatz der freien richterlichen Beweiswürdigung entscheidet das Gericht insbesondere frei darüber, welcher Beweiswert den jeweiligen Beweismitteln zugemessen wird.[51] Nur soweit Beweisregeln einschlägig sind, ist das Gericht daran gebunden und dem entsprechenden Beweismittel wird ein fester Beweiswert zugesprochen (§ 286 Abs. 2 ZPO).[52]

27 Zwar sollte in der freien richterlichen Beweiswürdigung bestimmten auf der Blockchain gespeicherten Informationen bereits aufgrund ihrer technischen Eigenheiten (→ Rn. 6 ff.) ein hoher Beweiswert zugesprochen werden.[53] Allerdings führt es zu einer erheblichen Rechtsunsicherheit hinsichtlich des Beweiswerts von Blockchain-Einträgen, wenn diese Beurteilung der freien richterlichen Beweiswürdigung überlassen wird. Insbesondere könnten Nutzer der Blockchain-Technologie nicht ohne eigenes Risiko darauf vertrauen, dass das zuständige Gericht der Blockchain einen angemessen hohen Beweiswert zuspricht. Es besteht daher ein Bedürfnis für rechtssicherere Beweisvorschriften zu Blockchain-Einträgen.

b) Anscheinsbeweis

28 Für auf der Blockchain gespeicherte Tatsachen könnte im Rahmen der freien richterlichen Beweiswürdigung der Anscheinsbeweis herangezogen werden. Dabei ist der volle Beweis für eine Tatsache erbracht, wenn eine andere Tatsache bewiesen wird, aufgrund derer nach der allgemeinen Lebenserfahrung auf die zu beweisende Tatsache geschlossen werden kann.[54]

29 **aa) Authentizität.** Zunächst kommt ein Anscheinsbeweis in Bezug auf die Authentizität der auf der Blockchain gespeicherten Inhalte in Betracht. Dieser scheidet nicht bereits aus, weil in § 371a Abs. 1 S. 2 ZPO ein entsprechender Anscheinsbeweis für elektronische Dokumente mit qualifizierter elektronischer Signatur gesetzlich geregelt ist; dieser entfaltet keine Sperrwirkung für elektronische Dokumente ohne qualifizierte elektronische Signatur.[55]

---

[48] MüKoZPO/Prütting § 284 Rn. 26 ff.; Musielak/Voit/Foerste ZPO § 284 Rn. 5; ausführlich auch zu den weiteren Grundlagen der Beweisführung im Zivilprozess Rupp Beweisführung S. 22 ff.

[49] Hoeren/Sieber/Holznagel MMR-HdB/Möllenkamp Teil 13.6 Rn. 108; Steege/Chibanguza Metaverse-HdB/Piroutek § 30 Rn. 44; Voigt/Herrmann/Danz NJW 2020, 2991 Rn. 15 ff.; Fries AnwBl 2018, 86 (89); Rupp Beweisführung S. 75 ff.; Sesing/Baumann InTeR 2020, 233 (238); Gonska/Buschmann/Gläß Digitalisierung/Krupar S. 175 f.

[50] Steege/Chibanguza Metaverse-HdB/Piroutek § 30 Rn. 44; Voigt/Herrmann/Danz NJW 2020, 2991 Rn. 15 f.; Rupp Beweisführung S. 80.

[51] MüKoZPO/Prütting § 286 Rn. 13; Musielak/Voit/Foerste ZPO § 286 Rn. 9.

[52] MüKoZPO/Prütting § 286 Rn. 24 f.; Musielak/Voit/Foerste ZPO § 286 Rn. 14.

[53] S. nur Sesing/Baumann InTeR 2020, 233 (238).

[54] BGH NJW 2010, 1072 Rn. 8; 2019, 661 Rn. 50; MüKoZPO/Prütting § 286 Rn. 50 ff.

[55] Rupp Beweisführung S. 161; Mankowski CR 2003, 44 (47). Ein Anscheinsbeweis bezüglich der Authentizität wurde intensiv vor allem in Bezug auf Emails diskutiert, ausführlich dazu mit Schilderung des Meinungsstandes Rupp Beweisführung S. 154 ff.; Roßnagel/Pfitzmann NJW 2003, 1209; Mankowski NJW 2002, 2822 (2824 f.); Mankowski CR 2003, 44 (45 ff.).

30 Trotzdem kann aus § 371a Abs. 1 S. 2 ZPO geschlossen werden, dass der Gesetzgeber im System der elektronischen Signaturen nur die qualifizierte elektronische Signatur für ausreichend hält, um einen Anscheinsbeweis für die Authentizität zu begründen. Für andere Signaturmechanismen müsste der Unterschied zur qualifizierten elektronischen Signatur kompensiert werden. Im Vergleich – auch mit anderen anerkannten Fällen des Anscheinsbeweises – spricht dabei viel dafür, dass für einen Anscheinsbeweis bezüglich der Authentizität ein Wissens- und ein Besitzelement zu fordern sind.[56] Das Wissenselement liegt dabei in der Kenntnis des privaten Schlüssels; an dem Besitzelement fehlt es hingegen bei Blockchains, die nicht auf die qualifizierte elektronische Signatur setzen (vgl. → Rn. 6 ff.). Ein Anscheinsbeweis über die Authentizität von Blockchain-Einträgen scheidet daher mangels ausreichender Kompensation der im Verhältnis zur qualifizierten elektronischen Signatur geringeren Beweiskraft von Blockchain-Einträgen durch ein zusätzliches Besitzelement idR aus.

31 **bb) Integrität.** Durch die technische Ausgestaltung der Blockchain sind die darauf gespeicherten Inhalte in einem besonderen Maße manipulationssicher (→ Rn. 9 f.). Aus der Speicherung von Daten auf einer Blockchain kann also nach der allgemeinen Lebenserfahrung auf die Integrität dieser Daten geschlossen werden. Ein Anscheinsbeweis bezüglich der Integrität der darauf gespeicherten Daten kommt daher für Blockchain-Einträge in Betracht.

32 **cc) Zeitstempel.** Die Zeitstempel werden in der Regel automatisch erstellt,[57] sodass sie nach der allgemeinen Lebenserfahrung bei Erstellung regelmäßig korrekt sind. In Kombination mit der Manipulationssicherheit der Blockchain (→ Rn. 9 f.) kann man daher von dem eingetragenen Zeitstempel nach der allgemeinen Lebenserfahrung sowohl auf seine ursprüngliche Richtigkeit schließen als auch darauf, dass der Zeitstempel nicht nachträglich geändert wurde. Auch insoweit kommt damit ein Anscheinsbeweis in Betracht.

33 **dd) Folgen für den Prozess.** Der Anscheinsbeweis kann zum einen erschüttert werden, indem der Beweisgegner Tatsachen darlegt und gegebenenfalls zur vollen Überzeugung des erkennenden Gerichts beweist, die die ernsthafte, ebenfalls in Betracht kommende Möglichkeit einer anderen Ursache nahelegen.[58] Zum anderen ist noch unklar, inwieweit auch die Rechtsprechung von einem Anscheinsbeweis ausgehen würde, sodass sich die Praxis darauf noch nicht ausreichend verlassen kann.[59]

c) Beweis durch Sachverständige

34 Zur Beurteilung der technischen Grundlagen der Blockchain durch das Gericht, die Grundlage der hohen Beweiskraft sind, kann zudem auf den Sachverständigenbeweis gem. §§ 402 ff. ZPO zurückgegriffen werden.[60] Der Sachverständigenbeweis ist bei fehlender Sachkunde des Gerichts von Amts wegen (§ 144 ZPO) oder auf Antrag (§ 403 ZPO) anzuordnen.[61] Das dürfte – bis eine entsprechende Rechtsprechungspraxis etabliert ist – in den meisten Prozessen, in denen ein Blockchain-Eintrag als Beweismittel vorgelegt wird, erforderlich sein.[62]

---

56 In anderen Fällen wird davon ausgegangen, dass zum Nachweis der Authentizität ein Besitzelement (zB individualisierte Karte, verifiziertes Endgerät oÄ) und ein Wissenselement (PIN, Passwort, oÄ) erforderlich sind, ausführlich dazu Rupp Beweisführung S. 166 ff. mwN.

57 Vgl. Hoeren/Sieber/Holznagel MMR-HdB/Möllenkamp Teil 13.6 Rn. 4; Antonopoulos Mastering Bitcoin S. 227 f.

58 BGH NJW 1953, 584; 2016, 2024 Rn. 48; MüKoZPO/Prütting § 286 Rn. 67.

59 So in Bezug auf die Anerkennung einer analogen Anwendung von § 371a ZPO durch die Gerichte Sesing/Baumann InTeR 2020, 233 (237 f.). Vergleichbares dürfte für die Anerkennung des Anscheinsbeweises gelten.

60 Gonska/Buschmann/Gläß Digitalisierung/Krupar S. 175.

61 Musielak/Voit/Huber/Röß ZPO § 402 Rn. 2; MüKoZPO/Zimmermann § 402 Rn. 7.

62 Gonska/Buschmann/Gläß Digitalisierung/Krupar S. 175.

2. Beweisregeln

35 Eine Ausnahme von dem Grundsatz der freien richterlichen Beweiswürdigung liegt vor, soweit gesetzliche Beweisregeln bestehen.[63] Die technischen Eigenschaften der Blockchain (→ Rn. 6 ff.) legen nahe, dass für auf der Blockchain gespeicherte Inhalte eine solche Beweisregel greifen sollte, durch die für Blockchain-Einträge der Beweiswert unabhängig von der freien richterlichen Beweiswürdigung gesetzlich festgeschrieben wäre.

a) § 371a ZPO

36 Dazu kommt zunächst die Beweisregel des § 371a ZPO in Betracht. Hiernach kommt elektronischen Dokumenten mit qualifizierter elektronischer Signatur der Beweiswert von Urkunden zu (§ 371a Abs. 1 S. 1 ZPO).[64] Darüber hinaus ist ein gesetzlicher Anscheinsbeweis für die Echtheit der Erklärung normiert (§ 371a Abs. 1 S. 2 ZPO).[65] Bei Blockchains wird regelmäßig keine qualifizierte elektronische Signatur genutzt (→ Rn. 6 ff.), sodass § 371a ZPO nicht direkt angewendet werden kann.[66] Eine analoge Anwendung des § 371a ZPO auf Blockchain-Einträge wird diskutiert,[67] überzeugt aber nur teilweise.

37 Einer analogen Anwendung des § 371a ZPO steht nicht bereits entgegen, dass nach Intention des Gesetzgebers nur Dokumente mit qualifizierter elektronischer Signatur den dadurch bestimmten Beweiswert haben sollen.[68] Die Blockchain-Technologie war nämlich zum Zeitpunkt der Einführung des § 371a ZPO noch nicht bekannt und könnte durch ihre technologisch gewährleistete Manipulationssicherheit (→ Rn. 9 f.) kompensieren, dass nur eine einfache elektronische Signatur genutzt wird.

38 Dazu müsste aber die tatsächliche Beweiskraft der Blockchain-Technologie den durch § 371a ZPO gewährleisteten Beweiswert abbilden. Das ist nur teilweise der Fall. Unterschieden werden muss dabei zwischen dem Verweis auf den Beweiswert von Urkunden nach § 371a Abs. 1 S. 1 ZPO und dem gesetzlich normierten Anscheinsbeweis nach § 371a Abs. 1 S. 2 ZPO.

39 § 371a Abs. 1 S. 2 ZPO stellt eine Vermutung dafür auf, dass der Aussteller die Erklärung auch tatsächlich abgegeben hat; die Erklärung also echt ist (Authentizität).[69] Damit weicht die Regelung von den für Urkunden geltenden §§ 439, 440 ZPO ab.[70] Nach § 439 Abs. 1 ZPO kann die Echtheit einer Privaturkunde von dem Beweisgegner bestritten werden. Der Beweisführer muss die Echtheit daraufhin gem. § 440 Abs. 1 ZPO beweisen.[71]

40 § 371a Abs. 1 S. 1 ZPO hingegen verweist auf die Regeln zum Urkundenbeweis nach §§ 416 ff. ZPO.[72] Danach wird durch Urkunden der volle Beweis dafür erbracht, dass die in der Urkunde enthaltenen Erklärungen von den Ausstellern abgegeben worden sind und die Urkunde diese Erklärungen vollständig und richtig wiedergibt.[73] Diese Regelung stellt damit im Wesentlichen auf die Integrität der Erklärung ab. Die Authentizität wird nur im

---

63 MüKoZPO/Prütting § 286 Rn. 24 f.; Musielak/Voit/Foerste ZPO § 286 Rn. 14.

64 MüKoZPO/Zimmermann § 371a Rn. 3; BeckOK ZPO/Bach § 371a Rn. 4.

65 S. schon ausführlich BT-Drs. 15/4067, 34; MüKoZPO/Zimmermann § 371a Rn. 4 f.; BeckOK ZPO/Bach § 371a Rn. 5.

66 Gonska/Buschmann/Gläß Digitalisierung/Krupar S. 174 f.

67 Für eine analoge Anwendung Kaulartz/Matzke NJW 2018, 3278 (3282 f.); zumindest offen bezüglich einer analogen Anwendung Sesing/Baumann InTeR 2020, 233 (237 f.); gegen eine analoge Anwendung: Steege/Chibanguza Metaverse-HdB/Piroutek § 30 Rn. 44; Hoeren/Sieber/Holznagel MMR-HdB/Möllenkamp Teil 13.6 Rn. 64 f., 109.

68 BT-Drs. 15/4067, 34.

69 BT-Drs. 15/4067, 34; MüKoZPO/Zimmermann § 371a Rn. 4 f.; BeckOK ZPO/Bach § 371a Rn. 5.

70 S. insbes. BT-Drs. 15/4067, 34; P. Wagner JuS 2016, 29 (32 f.).

71 MüKoZPO/Schreiber § 440 Rn. 2; MüKoZPO/Schreiber § 439 Rn. 3; Musielak/Voit/Huber/Röß ZPO § 440 Rn. 2.

72 P. Wagner JuS 2016, 29 (32); MüKoZPO/Zimmermann § 371a Rn. 3.

73 MüKoZPO/Schreiber § 416 Rn. 9 f.; Musielak/Voit/Huber/Röß ZPO § 416 Rn. 3; P. Wagner JuS 2016, 29 (32).

Rahmen der §§ 439, 440 ZPO berücksichtigt, nach denen die Echtheit der Urkunde von dem Gegner des Beweisführers bestritten werden muss; ansonsten gilt die Echtheit nach § 439 Abs. 3 ZPO als zugestanden. Wenn die Echtheit der Urkunde bestritten wird, ist gem. § 440 Abs. 1 ZPO für die Echtheit der volle Beweis durch den Beweisführer zu erbringen.[74]

Blockchain-Einträge können in der Regel wegen des genutzten Signaturmechanismus keine mit der qualifizierten elektronischen Signatur vergleichbare Beweiskraft hinsichtlich der Authentizität bieten (vgl. → Rn. 30). Dementsprechend genügen die technischen Eigenschaften der Blockchain nicht, um § 371a Abs. 1 S. 2 ZPO analog anzuwenden. Die Integrität des Inhalts von Blockchain-Einträgen hingegen ist durch die technische Gestaltung der Blockchain-Technologie sehr hoch (→ Rn. 9 f.). Die Integrität wird durch Blockchain-Einträge damit mindestens genauso sicher gewährleistet wie in § 371a Abs. 1 S. 1 ZPO iVm §§ 416 ff. ZPO für elektronischer Dokumente mit qualifizierter elektronischer Signatur vorgesehen. Das gilt insbesondere unter Beachtung der Fälschungssicherheit der Blockchain-Technologie im Vergleich zur Urkunde, die ihrerseits – zumindest im Verhältnis zur Blockchain – alles andere als fälschungssicher ist.[75] Darüber hinaus genügt die Beweiskraft bezüglich der Authentizität, die bereits eine einfache elektronische Signatur in Kombination mit den integritätssichernden technischen Möglichkeiten der Blockchain bietet (→ Rn. 6 ff., 9 f.), der Ratio der §§ 439, 440 ZPO.[76] § 371a Abs. 1 S. 1 ZPO kann also analog angewendet werden,[77] wobei auch die Anerkennung dieser Analogie durch die Gerichte bislang nicht gesichert ist.[78] 41

b) Art. 41 Abs. 2 eIDAS-VO

Nach Art. 41 Abs. 2 eIDAS-VO wird für qualifizierte elektronische Zeitstempel vermutet, dass Datum und Zeit richtig sind und die damit verbundenen Daten unversehrt sind.[79] Die Anforderungen an qualifizierte elektronische Zeitstempel ergeben sich aus Art. 42 Abs. 1 eIDAS-VO: Der Zeitstempel muss (1) Datum und Zeit so mit Daten verknüpfen, dass die Möglichkeit der unbemerkten Veränderung der Daten nach vernünftigem Ermessen ausgeschlossen ist, (2) auf einer korrekten Zeitquelle beruhen, die mit der koordinierten Weltzeit verknüpft ist und (3) mit einer fortgeschrittenen elektronischen Signatur unterzeichnet oder einem fortgeschrittenen elektronischen Siegel des qualifizierten Vertrauensdiensteanbieters versiegelt werden oder es muss ein gleichwertiges Verfahren verwendet werden. 42

---

74 Zu den §§ 439, 440 ZPO s. Musielak/Voit/Huber/Röß ZPO § 439 Rn. 1 f.; MüKoZPO/Schreiber § 439 Rn. 1 ff.

75 Vgl. dazu Braegelmann/Kaulartz Smart Contracts/Decentralized Finance-HdB/Matzke/Kaulartz Kap. 14 Rn. 33; Kaulartz/Matzke NJW 2018, 3278 (3283).

76 Vgl. zu der Anwendung von §§ 439, 440 ZPO und insbes. der Vermutung des § 440 Abs. 2 ZPO auf elektronische Dokumente Rupp Beweisführung S. 149 ff., die eine entsprechende Anwendung aufgrund des „unzureichenden Verfälschungsschutzes" (S. 153) elektronischer Dokumente ohne qualifizierte elektronische Signatur ablehnt. Für Blockchain-Einträge wird das allerdings durch die besonderen technischen Eigenschaften der Blockchain (→ Rn. 6 ff., 9 f.) kompensiert. Auch hier gilt aber, dass parallel zu der Echtheit der Namensunterschrift bewiesen werden muss, welcher natürlichen Person der betreffende private Schlüssel zuzuordnen ist.

77 Vgl. außerdem Rupp Beweisführung S. 142 ff., die vergleichbar für eine analoge Anwendung des § 416 ZPO auf elektronische Dokumente mit fortgeschrittener elektronischer Signatur argumentiert. Dabei macht es insbesondere keinen Unterschied, ob direkt § 416 ZPO oder § 371a Abs. 1 S. 1 ZPO analog angewendet wird, der die entsprechende Geltung des § 416 ZPO anordnet. Für die Blockchain kommen zusätzlich weitere technische Voraussetzungen hinzu, die die Integrität von Blockchain-Einträgen sicherstellen (→ Rn. 9 f.).

78 Sesing/Baumann InTeR 2020, 233 (237 f.).

79 Ausführlich dazu Rupp Beweisführung S. 301 ff.; Roßnagel Vertrauensdienste S. 187 ff., die die „Vermutung" als Anscheinsbeweis einordnen; vgl. außerdem Hornung/Schallbruch IT-Sicherheitsrecht/Roßnagel § 14 Rn. 1.

43 Die Blockchain verknüpft technisch den Zeitstempel manipulationssicher mit dem Inhalt des jeweiligen Blockchain-Eintrages (→ Rn. 11). Der Signaturmechanismus dürfte zudem regelmäßig den Anforderungen an eine fortgeschrittene elektronische Signatur nach Art. 24 eIDAS-VO entsprechen (zu den auf Blockchains genutzten Signaturmechanismen → Rn. 6 ff.).[80] Ob der Zeitstempel den Anforderungen des Art. 42 Abs. 1 eIDAS-VO entspricht, dürfte also idR davon abhängig sein, ob der Zeitstempel nach der technischen Ausgestaltung der jeweiligen Blockchain auf einer korrekten Zeitquelle beruht, die mit der koordinierten Weltzeit verknüpft ist.

44 Rechtsfolge des Art. 41 Abs. 2 eIDAS-VO ist nicht eine gesetzliche Vermutung iSd § 292 ZPO, sondern ein gesetzlich geregelter Anscheinsbeweis zum einen für die Integrität der mit dem Zeitstempel verbundenen Daten und zum anderen für inhaltliche Richtigkeit von Zeit und Datum des Zeitstempels.[81]

V. Fazit und Ausblick

45 Durch ihre technischen Voraussetzungen hat die Blockchain-Technologie ein erhebliches Potential für den Beweis im Prozess.[82] Das kann zwar durch die analoge Anwendung von § 371a Abs. 1 S. 1 ZPO und die Vermutung aus Art. 41 Abs. 2 eIDAS-VO angemessen abgebildet werden (→ Rn. 36 ff., 42 ff.). Die Anerkennung der Analogie durch die Gerichte erscheint allerdings bisher nicht ausreichend gesichert, sodass über diesen Weg keine Rechtssicherheit über den Beweiswert von Blockchain-Einträgen im Prozess besteht.[83]

46 Darüber hinaus kann die Beweiskraft von Blockchain-Einträgen durch eine angemessene Würdigung der technischen Eigenschaften der Blockchain in der freien richterlichen Beweiswürdigung (→ Rn. 26 f.) sowie durch den Anscheinsbeweis (→ Rn. 28 ff.) berücksichtigt werden. Unterstützend kann dazu auf den Sachverständigenbeweis zurückgegriffen werden (→ Rn. 34). Auch insofern ist die Anerkennung durch die Gerichte aber noch nicht ausreichend gesichert.

47 Wegen der technischen Eigenschaften der Blockchain und um die Verlässlichkeit von Blockchain-Einträgen als Beweismittel zu erhöhen, sollte Blockchain-Einträgen mit einer höheren Rechtssicherheit ein hoher Beweiswert zukommen. Hierzu ist gesetzgeberisches Handeln gefragt.[84] In Betracht kommt dabei entweder eine Erweiterung von § 371a ZPO oder die Schaffung einer eigenständigen Beweisregel für Blockchain-Einträge. Die Bundesregierung hat die Problematik bereits erfasst und „prüft den Einsatz von Blockchain-Technologien in der Beweisführung".[85]

---

[80] Zu den Anforderungen nach Art. 24 eIDAS-VO Hoeren/Sieber/Holznagel MMR-HdB/Schwarz Teil 13.2 Rn. 14. Roßnagel Vertrauensdienste S. 187 und Rupp Beweisführung S. 302 f. vertreten darüber hinaus, dass die fortgeschrittene elektronische Signatur von einem Vertrauensdiensteanbieter erzeugt werden muss. Woraus sich dieses Erfordernis für die fortgeschrittene elektronische Signatur iRd Art. 42 Abs. 1 Buchst. c eIDAS-VO ergeben soll, ist allerdings nicht ersichtlich. Nach dem Wortlaut des Art. 42 Abs. 1 Buchst. c eIDAS-VO betrifft dieses Erfordernis nur das fortgeschrittene elektronische Siegel, so auch überzeugend Jandt NJW 2015, 1205 (1207).

[81] Rupp Beweisführung S. 303 ff.; Roßnagel Vertrauensdienste S. 187 ff.; Roßnagel MMR 2016, 647 (650).

[82] Sesing/Baumann InTeR 2020, 233 (240); Gonska/Buschmann/Gläß Digitalisierung/Krupar S. 177.

[83] Sesing/Baumann InTeR 2020, 233 (237 f.).

[84] Blaurock/Maultzsch Vertrauensschutz digitales Zeitalter/Roßnagel S. 32.

[85] Blockchain-Strategie der Bundesregierung, S. 13, abrufbar unter: https://www.bmwi.de/Redaktion/DE/Publikationen/Digitale-Welt/blockchain-strategie.pdf?__blob=publicationFile&v=22 (zuletzt abgerufen am 10.2.2025).

§ 61 Kartellrechtliche Aspekte

Übersicht

Schrifttum:

Bechtold/Bosch/Brinker, Kommentar zum Europäischen Kartellrecht, 4. Aufl. 2023; Deng, Smart Contracts and Blockchains: Steroid for Collusion?, 2018; Hoffer/Mirtchev, Erfordert die Blockchain ein neues Kartellrecht? – Die Anwendung von Art. 101 und 102 AEUV sowie der Zusammenschlusskontrolle im Kontext der Blockchain-Technologie, NZKart 2019, 239; Immenga/Mestmäcker/Körber/Schweitzer/Zimmer, Kommentar zum Wettbewerbsrecht, Band 1, 7. Aufl. 2025 und Band 2, 7. Aufl. 2024; Leupold/Wiebe/Glossner, IT-Recht, 4. Aufl. 2021; Louven/Saive, Antitrust by Design – Das Verbot wettbewerbsbeschränkender Abstimmungen und der Konsensmechanismus der Blockchain, NZKart 2018, 348; Massarotto, Antitrust in the Blockchain Era, Notre Dame J. on Emerging Tech 1 (2020), 252; Möslein/Omlor/Kaulartz, FinTech-Handbuch, 3. Aufl. 2024; OECD, Blockchain Technology and Competition Policy, 2018; Nicholls/Vezzoso, Decentralised digital ecosystems and competition law: a conceptual framework, European Competition Law Review 41 (2020), 345; Paulus/Matzke, Smart Contracts und das BGB – Viel Lärm um nichts?, ZfPW 2018, 431; Reimers/Brack/Modest, Blockchain-Kooperationen im Bereich Supply Chain – Kartellrechtliche Rahmenbedingungen, WuW 2020, 64; Schrepel, Blockchain + Antitrust: The Decentralization Formula, 2021; Schrepel, Collusion by Blockchain and Smart Contracts, Harvard Journal of Law and Technology 33 (2019), 117; Schrepel, Is Blockchain the Death of Antitrust Law? The Blockchain Antitrust Paradox, Geo. L. Tech. Rev. 3 (2019), 281; Serafimova/Salaschek/Stadler, Blackbox Blockchain? – Die Blockchain im Lichte des Kartellverbots (Art. 101 AEUV), WuW 2022, 62.

I. Einleitung

Mit Blick auf das Kartellrecht birgt der Einsatz von Decentralized Applications („dApps") und Smart Contracts verschiedene Problemstellungen und Risiken. Da es sich um neuartige Technologien handelt, die sich in vielerlei Hinsicht noch in der Entstehungsphase befinden, sind die praktischen Anwendungen noch verhältnismäßig dünn gesät, sodass bislang kaum Präzedenzfälle aus dem Bereich des Kartellrechts existieren. 1

II. Relevanz unter Art. 101 AEUV, § 1 GWB

1. Überwachung und Umsetzung bestehender Kartellabsprachen

DApps und Smart Contracts können in erster Linie dazu genutzt werden, wettbewerbsbeschränkende Vereinbarungen umzusetzen und deren Einhaltung sicherzustellen. Die eigentliche Wettbewerbsbeschränkung zwischen den Unternehmen – bspw. Abreden über Preise, Liefermengen oder Kunden – findet jedoch in aller Regel bereits „offline" im Vorfeld statt. 2

Insbesondere Smart Contracts können jedoch als probates Mittel der Implementierung und Überwachung einer bestehenden Kartellabsprache dienen. Entgegen der anders lautenden Bezeichnung, ist ein Smart „Contract" kein Vertrag im Rechtssinn, sondern bildet lediglich einen nach allgemeinen Regeln geschlossenen Vertrag ab und/oder setzt automatisiert bestimmte rechtlich relevante Abläufe in Gang (→ § 52 Rn. 1 ff.). Es handelt sich im Kern um eine Computersoftware, die Rechtsbeziehungen, insbesondere einzelne 3

Abreden bzw. Pflichten im Rahmen einer Vertragsbeziehung nach bestimmten Vorgaben automatisiert ausführt.[1]

4 Smart Contracts erlauben daher eine automatisierte und dynamische Umsetzung von Kartellabsprachen, indem die auf der zugrundeliegenden Blockchain abgebildeten Marktinformationen genutzt werden, um Transaktionen entsprechend der Abrede der Kartellanten zu steuern und anzupassen.[2] Der Smart Contract stellte also in der Regel keine Vereinbarung zwischen Unternehmen dar, sondern setzt diese gerade voraus. Er übernimmt lediglich die automatisierte Absprache anhand vordefinierter Parameter.[3]

5 Die Möglichkeit, auf der zugrundeliegenden Blockchain eine Vielzahl von Marktbewegungen transparent zu erfassen, erlaubt es mögliche Abweichungen von bestehenden wettbewerbsbeschränkenden Vereinbarungen zu überwachen und ggf. auch zu sanktionieren. Die Möglichkeit mittels Smart Contracts Abweichungen von der Kartellabsprache zu identifizieren und unmittelbare Vergeltungsmaßnahmen zu implementieren, sorgt also für einen Zuwachs der Kartellstabilität und verstärkt zudem auch die Anreize für wettbewerbswidrige Kollusionen.[4]

Praxishinweis:
Der Einsatz von Smart Contracts zur automatisierten Überwachung und Durchsetzung vertraglicher Absprachen zwischen Wettbewerbern birgt erhebliche kartellrechtliche Risiken, insbesondere wenn die Architektur auf eine dynamische Anpassung an das Marktverhalten anderer Unternehmen ausgelegt ist. Entsprechende Mechanismen können als Implementierungs- und Überwachungsinstrument einer Kartellabsprache gewertet werden, auch wenn die eigentliche Abrede bereits zuvor „offline" getroffen wurde. Unternehmen sollten daher vor dem Einsatz derartiger Anwendungen eine kartellrechtliche Prüfung vornehmen lassen.

2. Wettbewerbswidrige Kollusion durch dApps und Smart Contracts

6 Während Smart Contracts vor allem zur effizienten und automatisierten Umsetzung und Überwachung bestehender Kartellabsprachen genutzt werden können, handelt es sich bei dApps um blockchainbasierte dezentralisierte Anwendungen, die grundsätzlich jedwede Funktion einer herkömmlichen zentral gesteuerten Anwendung übernehmen kann, bspw. in Form eines sozialen Netzwerks oder einer digitalen Handelsplattform.

7 Bei dApps sind daher die gleichen kartellrechtlichen Vorgaben zu beachten, die auch bei zentralisierten Anwendungen gelten, die von einem oder mehreren Unternehmen hierarchisch kontrolliert werden. Es gelten insoweit die allgemeinen Anforderungen des Kartellverbotes nach Art. 101 AEUV, § 1 GWB sowie des Marktmachtmissbrauchsverbotes nach Art. 102 AEUV, §§ 19 ff. GWB. Wie eingangs erwähnt (→ Rn. 1), mangelt es aktuell noch an einschlägiger Fallpraxis, sodass die Überlegungen zu möglichen Verstoßkonstellationen noch weitgehend theoretischer Natur sind.[5]

8 Mit Blick auf Kollusionsthemen ist dennoch festzuhalten, dass das Kartellverbot nach Art. 101 Abs. 1 AEUV bzw. § 1 GWB nicht nur sog. „Hardcore-Beschränkungen", wie die explizite Absprache von Preisen und Liefermengen oder die Aufteilung von Geschäfts-

[1] Siehe Paulus/Matzke ZfPW 2018, 431 (433); Möslein/Omlor FinTech-HdB/Kaulartz § 5 Rn. 42.
[2] Deng Smart Contracts and Blockchains: Steroid for Collusion? (September 11, 2018) S. 4 f., abrufbar unter: https://ssrn.com/abstract=3187010 (zuletzt abgerufen am 11.8.2025); OECD Blockchain Technology and Competition Policy, 8 June 2018, S. 5 f.; Schrepel Harvard Journal of Law & Technology 33 (2019), 117 (142 ff.); Schrepel Blockchain + Antitrust 164 ff.
[3] Siehe Serafimova/Salaschek/Stadler WuW 2022, 62 (64); Paulus/Matzke ZfPW 2018, 431 (433 ff.).
[4] Siehe Nicholls/Vezzoso ECLR 41 (2020), 345 (353).
[5] Zu möglichen Konstellationen in Bezug auf Marktmachtmissbrauch siehe Schrepel Geo. L. Tech. Rev. 3 (2019), 281 (306 ff.).

gebieten und Kundengruppen verbietet, sondern bereits den bloßen Austausch bzw. die einseitige Preisgabe wettbewerbsrelevanter Informationen erfasst.

Dem sog. Distributed Ledger-Verfahren (→ § 5 Rn. 7 ff.) ist wiederum immanent, dass 9 alle auf einer Blockchain – bzw. in den mit dieser verwobenen Smart Contracts oder dApps – festgehaltenen Informationen transparent und nachvollziehbar hinterlegt sind. Im Zusammenhang mit dApps und Smart Contracts besteht somit ein strukturelles Risiko, dass sich miteinander im Wettbewerb stehende Unternehmen über wettbewerblich sensible Informationen mittels einer Blockchain austauschen könnten, indem sie Marktbewegungen – wie bspw. Transaktionen mit Kunden oder Zulieferern über blockchainbasierte dApps oder Smart Contracts abwickeln bzw. dort abbilden und so zu einer Verhaltenskoordination finden.[6] Viele der hypothetischen Verstoßkonstellationen wurzeln daher in der Transparenz der zugrundeliegenden Blockchain und der daraus resultierenden Möglichkeit zur Förderung von kollusivem Verhalten.

Oftmals werden jedoch gerade bei öffentlich zugänglichen Blockchains, bzw. den auf 10 diesen hinterlegten Smart Contracts und dApps, zwar die einzelnen Transaktionen abgebildet, die konkreten transaktionsbezogenen Informationen, inkl. der Identität der Beteiligten, jedoch kryptografisch verschlüsselt bzw. pseudonymisiert. Nur ein Nutzer, der über einen entsprechenden Schlüssel verfügt, kann den eigentlichen Inhalt der Transaktion einsehen.[7] Transaktionsinhalte bzw. sensible Informationen könnten von Dritten also regelmäßig nur dann eingesehen werden, wenn dies in der Architektur der Blockchain bzw. der dApp oder des Smart Contracts von vornherein so vorgesehen ist. Haftungsbegründend kann sich die bloße Kenntnis geteilter Informationen also nur dann auswirken, wenn schon die Architektur der zugrundeliegenden Blockchain so gestaltet ist, dass die Beteiligten wettbewerbssensible Information uneingeschränkt einsehen können.[8]

Infolge der durch die Blockchain-Architektur insgesamt gesteigerten Transparenz könn- 11 ten Smart Contracts ferner so programmiert werden, dass sie sich automatisch an die Konditionengestaltungen von Wettbewerbern anpassen.[9] Die kartellrechtliche Beurteilung hängt insoweit davon ab, ob die Konditionenangleichung über Smart Contracts im Einzelfall als kollusive „Fühlungnahme" der beteiligten Unternehmen bewertet wird, oder ob es sich lediglich um ein kartellrechtlich prinzipiell zulässiges Parallelverhalten handelt. Ferner lassen sich Fallgestaltungen bilden, in denen Smart Contracts von einem Hersteller oder Händler dazu benutzt werden, einheitliche Weiterverkaufspreise für bestimmte Güter im Markt sicherzustellen.[10] Die Smart Contracts dienen in diesen Fällen der Begründung der wettbewerbswidrigen Handlung selbst und nicht nur der bloßen Umsetzung bzw. Absicherung einer bereits zuvor getroffenen Absprache.[11]

Bei der Ausgestaltung blockchainbasierter dApps und Smart Contracts sollte der Austausch 12 wettbewerblich sensibler Informationen sowie die Möglichkeiten einer kollusiven Fühlungnahme zwischen den beteiligten Unternehmen daher bereits auf der Ebene der Netzwerkarchitektur vermieden werden *(compliance by design)*.[12] In jedem Fall müssen sich Unternehmen, die blockchainbasierte Anwendungen nutzen und dabei Informationen offenlegen, vergewissern, dass es sich dabei nicht um wettbewerblich sensible Informationen handelt.[13]

---

6 Siehe dazu Nicholls/Vezzoso ECLR 41 (2020), 345 (353); Schrepel Blockchain + Antitrust 161 ff.; Reimers/Brack/Modest WuW 2020, 64 (69 f.).
7 Siehe Schrepel Geo. L. Tech. Rev. 3 (2019), 281 (308 f.); Serafimova/Salaschek/Stadler WuW 2022, 62 (65).
8 Siehe Serafimova/Salaschek/Stadler WuW 2022, 62 (64).
9 Siehe Hoffer/Mirtchev NZKart 2019, 239 (241 ff.).
10 Siehe Serafimova/Salaschek/Stadler WuW 2022, 62 (64).
11 Siehe Serafimova/Salaschek/Stadler WuW 2022, 62 (65).
12 Louven/Saive NZKart 2018, 348 (354); Immenga/Mestmäcker/Zimmer GWB § 1 Rn. 198; Leupold/Wiebe/Glossner IT-R/Guggenberger Teil 14.2 Rn. 38.
13 Siehe Hoffer/Mirtchev NZKart 2019, 239 (242).

Praxishinweis:
Bei der Entwicklung und Implementierung blockchainbasierter dApps und Smart Contracts sollten Unternehmen den Grundsatz des „compliance by design" konsequent umsetzen und bereits auf Architekturebene sicherstellen, dass wettbewerblich sensible Informationen – wie Preise, Liefermengen oder Kundenbeziehungen – nicht für Wettbewerber einsehbar sind. Eine nachträgliche Korrektur ist technisch schwierig und kann die kartellrechtliche Haftung nicht mehr abwenden, wenn die Informationen bereits offengelegt wurden. Unternehmen sollten daher die Netzwerkarchitektur vor Inbetriebnahme kartellrechtlich prüfen lassen.

3. Adressatenstellung und Haftung für Kartellverstöße

a) Haftung der Nutzer von Smart Contracts und dApps

13 Da das Kartellrecht jedoch grundsätzlich nur das Handeln von Unternehmen bzw. der für das Unternehmen handelnden natürlichen Personen sanktioniert, ist zunächst fraglich, inwiefern bei der Nutzung dezentraler Technologien, wie Smart Contracts und dApps zu möglicherweise kartellrechtswidrigen Zwecken überhaupt „Unternehmen" iSd Kartellrechts agieren, bzw. inwieweit diese in die Verantwortung zu nehmen sind.

14 Dem funktionalen kartellrechtlichen Unternehmensbegriff folgend (→ § 14 Rn. 58 ff.), fallen darunter zunächst die in aller Regel wirtschaftlich tätigen Nutzer von Smart Contracts oder dApps. Aufgrund des dezentralen Aufbaus der technischen Infrastruktur sollten zunächst nur diejenigen, die auf der Blockchain wettbewerblich sensible Informationen publik machen oder aus den Informationen anderer Teilnehmer Rückschlüsse für ihr eigenes Marktverhalten ziehen können bzw. dezentrale Anwendungen aktiv für Kartellrechtsverstöße nutzen, auch für diese einstehen müssen.

15 Gleiches gilt, wenn Marktteilnehmer Smart Contracts oder dApps dazu nutzen, um bestehende Kartellabsprachen automatisch bzw. dynamisch umzusetzen. In diesen Fällen ist das haftungsbegründende Element jedoch bereits die vorgelagerte Kartellabsprache selbst, hinsichtlich derer die allgemeinen kartellrechtlichen Haftungsgrundsätze gelten.

b) Haftung Dritter für Verstöße mittels dezentraler Anwendungen

16 Weitgehend ungeklärt ist hingegen, wie es um die kartellrechtliche Haftung der ebenfalls am Betrieb der blockchainbasierten Anwendungen beteiligten Dritten, dh anderer Nutzer, bestellt ist. Diese partizipieren zwar nicht (zwangsläufig) an den konkreten Früchten des Verstoßes, sind jedoch aufgrund des dezentralen Aufbaus der Anwendungen für deren Funktionieren unerlässlich.

17 **aa) Haftung bei Public Blockchains.** Zumindest wenn die Smart Contracts bzw. dApps Teil einer „Public Blockchains" Architektur sind, dh auf einer öffentlich zugänglichen und nicht von einer zentralen Instanz kontrollierten Blockchain aufsetzen, wird diskutiert, ob auch die anderen Nutzer der Blockchain oder gar die „Gründer"[14] der jeweiligen Blockchains – dh diejenigen, die die zugrundeliegende Software programmiert haben und damit die technische Funktionsweise der Blockchain determinieren – als Teilnehmer bzw. Unterstützer für Kartellverstöße auf der Blockchain verantwortlich gemacht werden können.

18 Eine Geltung der strafrechtlichen Teilnahmeregeln im Kartellrecht zugrunde gelegt, müssen dazu eine Unterstützungshandlung und ein subjektives Element vorliegen. Der Teilnehmer muss den Täter bewusst unterstützen wollen oder zumindest grob fahrlässig

[14] Siehe Schrepel Harvard Journal of Law & Technology 33 (2019), 117 (139 f.).

verkennen, dass die eigene Handlung dem Täter zugutekommt.[15] Eine kartellrechtliche Verantwortlichkeit als Kartelltäter oder Kartellgehilfe würde den einzelnen Programmierer bzw. am eigentlichen Verstoß unbeteiligten Nutzer vor diesem Hintergrund jedoch in die Nähe einer – dem Kartellrecht fremden – Gefährdungshaftung rücken und erscheint damit insgesamt als zu weitgehend. Durch die Dezentralisierung und die damit einhergehende Entscheidungsfindung im Konsensmechanismus haben diese nämlich grundsätzlich nicht die Möglichkeit zu kontrollieren, welche Handlungen durch die bzw. auf der zugrundeliegenden Blockchain gesetzt werden.[16] Ein Vorsatz zur Beihilfe wäre zudem regelmäßig nicht feststellbar, da Blockchains, abseits von solchen, die Hardcore-Kartellverstöße bezwecken, üblicherweise nicht final zur Begehung von Wettbewerbsverstößen programmiert oder betrieben werden.[17]

bb) Haftung bei Private Blockchains. Unter praktischen Gesichtspunkten ist bereits ohnehin zweifelhaft, ob Unternehmen auf einer für jedermann einsehbaren „Public Blockchain" wettbewerblich sensible Informationen, wie zB Preise, Liefermengen oder Margen, für die Öffentlichkeit einsehbar machen würden.[18] **19**

Anders verhält es sich allenfalls bei sog. „Private Blockchains" oder auch „permissioned" Blockchains. Hierbei handelt es sich um proprietäre Systeme, insofern als der Zugang zu diesen nur einem vorher definierten spezifischen Personen- oder Unternehmenskreis zur Verfügung steht. Sowohl der Zugang, als auch die Funktionsweise und Ausgestaltung der Blockchain und der damit verknüpften dezentralen Anwendungen, kann von dem oder den Verfügungsberechtigten jederzeit zentral limitiert und geändert werden.[19] **20**

Das bloße Verwalten bzw. Betreiben einer Blockchain führt jedoch nicht ohne Weiteres dazu, Dritte bei möglicherweise kartellrechtswidrigen Aktivitäten zu unterstützen. Nur dann, wenn die Verwalter bzw. Betreiber den auf oder mittels der Blockchain getätigten Wettbewerbsverstoß selbst mit verursacht haben – oder zumindest trotz (grob fahrlässigem) Kennenmüssen nicht dagegen eingeschritten sind, könnten sie prinzipiell ebenfalls in die Verantwortung genommen werden.[20] Das wäre nur dann der Fall, wenn die technische Architektur den oder die zentralen Verwalter erkennen lässt, welche konkret kartellrechswidrige Transaktionen und Informationsaustausche über sie vorgenommen haben.[21] **21**

Praxishinweis:
Betreiber von Private Blockchains sollten technische und organisatorische Maßnahmen implementieren, die es ihnen ermöglichen, kartellrechtswidrige Transaktionen und Informationsaustausche auf der Blockchain zu erkennen und zu unterbinden, da andernfalls eine eigene kartellrechtliche Haftung drohen kann. Insbesondere bei permissioned Blockchains, bei denen der Betreiber die Architektur und den Zugang zentral kontrolliert, ist eine regelmäßige Überprüfung der auf der Plattform stattfindenden Transaktionen auf kartellrechtliche Konformität angezeigt. Die Einführung eines entsprechenden Compliance-Programms ist daher dringend zu empfehlen.

Auch wenn sich die möglichen kartellrechtlichen Gefährdungslagen im Zusammenhang mit dApps und Smart Contracts relativ klar abzeichnen, wird sich eine entsprechende **22**

15 EuG ECLI:EU:T:2008:256 = BeckRS 2008, 70741 Rn. 133, 151, 156 – AC-Treuhand/Kommission; Serafimova/Salaschek/Stadler WuW 2022, 62 (65); Bechtold/Bosch/Brinker VO 1/2003 Art. 23 Rn. 36 mwN.
16 Siehe Hoffer/Mirtchev NZKart 2019, 239 (245); Schrepel Blockchain + Antitrust 103 ff.
17 Vgl. Serafimova/Salaschek/Stadler WuW 2022, 62 (65).
18 Siehe Hoffer/Mirtchev NZKart 2019, 239 (243).
19 Vgl. OECD Blockchain Technology and Competition Policy 2; Massarotto Notre Dame J. on Emerging Tech 1 (2020), 252; Hoffer/Mirtchev NZKart 2019, 239 (241); Serafimova/Salaschek/Stadler WuW 2022, 62 (63).
20 Siehe Hoffer/Mirtchev NZKart 2019, 239 (245).
21 Vgl. Serafimova/Salaschek/Stadler WuW 2022, 62 (65).

Kasuistik erst mit der weiter voranschreitenden Verbreitung der Technologien weiter im Detail herausprägen. In jedem Fall sollten sich die Akteure über die potenziellen Risiken und Compliance-Anforderungen bei der Nutzung dieser Technologien im Klaren sein.

Teil 2 Generative künstliche Intelligenz (genAI)

§ 62 Einführung

Schrifttum:
Borges, Die europäische KI-Verordnung (AI Act) Teil 2 – Risikomanagement für Hochrisiko-KI-Systeme, CR 2024, 565; Ebers/Quarch, Rechtshandbuch ChatGPT, 2024; Leupold/Wiebe/Glossner, IT-Recht, 4. Aufl. 2021; Martini/Wendehorst, Kommentar zur KI-VO, 1. Aufl. 2024.

Spätestens seit dem Launch des Chatbots ChatGPT von OpenAI am 30.11.2022[1] ist der Einsatz und das Potenzial von Künstlicher Intelligenz (KI)[2] in das Bewusstsein nicht nur von Software-Entwicklern und Informatikern, sondern der breiten Bevölkerung gerückt. Auch im Rahmen von Sprachassistenten, Übersetzungsprogrammen, Smart-Home-Anwendungen oder (Fahrzeug-)Assistenzsystemen halten KI-Anwendungen zunehmend Einzug in den Alltag vieler Menschen und Unternehmen. Die potenziellen „Use Cases" für KI-Anwendungen sind vielfältig und deren Potenzial bisher noch nicht absehbar. 1

I. Begriffsbestimmung

KI beschreibt die Fähigkeit einer Maschine, menschliche Fähigkeiten wie logisches Denken, Lernen, Planen und Kreativität zu imitieren.[3] Im Gegensatz zu klassischer, regelbasierter Software, die ausschließlich fest vorgegebene Anweisungen ausführen kann,[4] kann eine KI seine (virtuelle oder reale) Umgebung analysieren und daraus relevante Informationen für explizite oder implizite Ziele ableiten, wie Ausgaben wie etwa Vorhersagen, Inhalte, Empfehlungen oder Entscheidungen erstellt werden, die physische oder virtuelle Umgebungen beeinflussen können.[5] 2

Zunehmend rücken auch Formen generativer künstlicher Intelligenz (GenAI) in den Fokus. GenAI (oder auch KI-System mit allgemeinem Verwendungszweck (General Purpose AI; **GPAI**); zur begrifflichen Einordnung noch näher → § 63 Rn. 29 ff.) unterscheidet sich von regulärer KI durch die Fähigkeit des KI-Systems, auf Basis von sog. Prompts (Eingabe-Befehlen) und mithilfe großer Sprachmodelle (Large Language Models, **LLMs**), mit unterschiedlichem Grad an Autonomie neue, realistische und kreative Inhalte (Texte, Bilder, Videos oder andere synthetische Inhalte („Content")) generieren oder bestehende Inhalte manipulieren zu können.[6] So können GenAI-Systeme wie ChatGPT beispielsweise aus Textbausteinen neue Texte zusammensetzen, Texte zusammenfassen, Musikstücke komponieren oder komplexe ökonomische Zusammenhänge modellieren.[7] Auf Grundlage der unter Umständen von einem Menschen eingegebenen Prompts agieren GenAI-Anwendungen während des Schaffensprozesses unabhängig von jeglichem gezielten Einfluss eines Menschen (technische Autonomie). 3

1 Siehe https://openai.com/de-DE/index/chatgpt/ (zuletzt abgerufen am 28.8.2025).
2 Oder auch Artificial Intelligence (AI).
3 Europäisches Parlament, Was ist künstliche Intelligenz und wie wird sie genutzt?, abrufbar unter https://www.europarl.europa.eu/topics/de/article/20200827STO85804/was-ist-kunstliche-intelligenz-und-wie-wird-sie-genutzt (zuletzt abgerufen am 28.8.2025).
4 Leupold/Wiebe/Glossner IT-R/Baum Teil 9.1 Rn. 9.
5 Vgl. die Definition des KI-Systems in Art. 3 Nr. 1 KI-VO.
6 So bei Ebers/Quarch Rechtshandbuch ChatGPT/Ebers § 2 Rn. 4; Martini/Wendehorst/Martini KI-VO Art. 50 Rn. 112.
7 Martini/Wendehorst/Martini KI-VO Art. 50 Rn. 112.

II. Praktischer Anwendungsbereich

4 GenAI ist flexibel einsetzbar. Die potenziellen Einsatzbereiche sind zahlreich.[8] Um nur einige GenAI-Anwendungen zu nennen kann beispielsweise auf den Deep-Learning-Algorithmus AIVA[9] zur KI-gestützten Generierung von Musikstücken, den Design-, Video oder Logogenerator Designs.AI[10] oder die KI-gestützte Generierung von Bildinhalten durch Adobe Firefly[11] verwiesen werden.

5 Der durch eine GenAI-Anwendung generierte Content, beispielsweise ein Text-, Video- oder Bildinhalt, kann in einem zweiten Schritt auch im Rahmen einer web3-Anwendung verwendet werden. So könnte beispielsweise ein von einer GenAI erstelltes Bild tokenisiert und als NFT (→ § 18 Rn. 4) gehandelt und verwertet werden. Durch die Verifizierung auf einer Blockchain könnte zudem das Vertrauen in KI-Anwendungen gestärkt werden, indem „Halluzinationen", also nicht existierende, von einer genAI erzeugte Informationen, und darauf aufbauend die Verbreitung von falschen, KI-generierten Nachrichten (Fake News) verhindert werden können.[12] Umgekehrt könnte genAI die Nutzung von web3-Anwendungen durch benutzerfreundliche Schnittstellen und personalisierte Erlebnisse erleichtern.[13] Auch im Gaming-Bereich oder für die Musik-Industrie könnte eine Kombination von web3- und GenAI-Anwendungen mit Vorteilen verbunden sein.

III. Rechtlicher Rahmen für die GenAI einsetzende Stelle

6 Für die eine GenAI einsetzende Stelle[14], also – in Abgrenzung zum konkreten Bediener, Nutzer oder Verantwortlichen einer GenAI-Anwendung – denjenigen Akteur, der für den Einsatz der GenAI wirtschaftlich und organisatorisch verantwortlich ist, ergibt sich der maßgebliche rechtliche Rahmen insbesondere aus der KI-VO[15] (hierzu → § 63 Rn. 34 ff.). In diesem Sinne können die GenAI einsetzende Stelle insbesondere die Pflichten eines Betreibers iSd Art. 3 Nr. 4 KI-VO treffen (hierzu im Detail → § 63 Rn. 65 ff.). Dies gilt auch für KMU und sonstige beruflich agierende „Content Creator" wie Influencer, Medien-Schaffende oder Medien-Agenturen, die durch eine GenAI erstellte Inhalte („Content") im Rahmen ihrer beruflichen Tätigkeit einsetzen, denn eine Bereichsausnahme für „kleine" Akteure sieht die KI-VO nicht vor.

7 Rechtliche Anforderungen können sich für die GenAI einsetzende Stelle zudem aus der DS-GVO (→ § 64 Rn. 23 f.) und dem Immaterialgüterrecht, namentlich dem Urheber-, Design-, Marken- und Patenrecht (→ § 65 Rn. 9 ff.), ergeben. Darüber hinaus können sich im Zusammenhang mit GenAI auch kartellrechtliche Fragen stellen (→ § 66 Rn. 5 ff.).

---

8 Siehe hierzu im Überblick: Ebers/Quarch Rechtshandbuch ChatGPT/Ebers § 2 Rn. 7.

9 Vgl. https://www.aiva.ai/ (zuletzt abgerufen am 28.8.2025).

10 Siehe https://designs.ai/de (zuletzt abgerufen am 28.8.2025).

11 Siehe https://www.adobe.com/de/products/firefly/landpa.html (zuletzt abgerufen am 28.8.2025).

12 Vgl. Jaggi/Forer, How the combination of AI and Web3 could reinvent business, abrufbar unter https://www.ey.com/en_gl/innovation-realized/how-the-combination-of-ai-and-web3-could-reinvent-business (zuletzt abgerufen am 28.8.2025).

13 Vgl. Jaggi/Forer, How the combination of AI and Web3 could reinvent business, abrufbar unter https://www.ey.com/en_gl/innovation-realized/how-the-combination-of-ai-and-web3-could-reinvent-business (zuletzt abgerufen am 28.8.2025).

14 Borges CR 2024, 565 Rn. 73 spricht in dieser Hinsicht von der „Entität, die den Einsatz des KI-Systems kontrolliert".

15 Verordnung (EU) 2024/1689 des Europäischen Parlaments und des Rates vom 13.6.2024 zur Festlegung harmonisierter Vorschriften für künstliche Intelligenz, ABl. L, 2024/1689 (Kurzfassung: VO (EU) 2024/1689).

§ 63 Das Verwenden von GenAI nach der KI-VO – Pflichten der einsetzenden Stelle*

Übersicht

* Stand der Bearbeitung: Herbst 2025. Der Beitrag ist iRd wissenschaftlichen Mitarbeit am IP-Center der Bucerius Law School entstanden.

Schrifttum:

Almada/Petit, The EU AI Act: Between the rock of product safety and the hard place of fundamental rights, Common market law review Vol. 62 No. 1 2025; Ashkar/Schröder, Das Gesetz über künstliche Intelligenz der Europäischen Union (KI-Verordnung), BB 2024, 771; Becker, Generative KI und Deepfakes in der KI-VO, CR 2024, 353; Bierekoven, Anforderungsmatriken als Herausforderung für die KI-Compliance Dargestellt am Beispiel von Emotionserkennungssystemen sowie Systemen zur biometrischen Kategorisierung, ITRB 2025, 16; Bomhard/Merkle, Europäische KI-Verordnung – Der aktuelle Kommissionsentwurf und praktische Auswirkungen, RDi 2024, 276; Bomhard/Siglmüller, AI-Act – das Trilogergebnis, RDi 2024, 45; Borges, Die europäische KI-Verordnung (AI Act) Teil 2 – Risikomanagement für Hochrisiko-KI-Systeme, CR 2024, 565; Bosman, KI-Systeme von Nicht-EU-Anbietern – Wertschöpfungskette, Pflichten, Anbieterfiktion, K & R 2025, 217; Bronner, Rechtsdurchsetzung im Kontext der KI-Verordnung, K&R 2025, 164; Brorsen/Falk, Die „Maschinenlesbarkeit" von Informationen, MMR 2025, 7; Buchholz/Kremer, Deepfakes in der Unternehmenskommunikation – Teil 3 Eine Einordnung aus der Perspektive KI-spezifischer Regulatorik, CR 2025, 343; Burtscher/Fellner/Raabe-Stuppnig, Klassifizierung und Risikobewertungen von KI-Systemen nach dem Entwurf für ein EU Gesetz über Künstliche Intelligenz, ZIIR 2023, 382; Chesney/Citron, Deep Fakes: A Looming Challenge for Privacy, Democracy, and National Security, California Law Review Vol. 107 2019, 1753, Chibanguza/Steege, Die KI-Verordnung – Überblick über den neuen Rechtsrahmen, NJW 2024, 1769; Dilling/Musiol, KI-Verordnung und interne Ermittlungen, CCZ 2024, 257; Ebers, Die KI-Verordnung *ante portas:* Ein neuer Rechtsrahmen für Legal Tech?, LTZ 2024, 1; Ebers/Quarch, Rechtshandbuch ChatGPT, 2024; Ebers/Streitbörger, Die Regulierung von Hochrisiko-KI-Systemen in der KI-Verordnung, RDi 2024, 393; Engel-Bunsas, Recht an der eigenen Stimme in Zeiten von Deepfakes, RDi 2025, 292; Eulenpesch/Malczyk, Wird die neue KI-Verordnung Ihren Alltag verändern?, GRUR 2024, 40; Fleischmann, KI-Agenten-Systeme: Einordnung in die KI-Verordnung, RDi 2025, 193; Förster/Gehrmann, Die KI-Verordnung aus HR-Sicht, SPA 2024, 113; Frank/Heine, KI-Einsatz im Betrieb unter der KI-Verordnung, NZA 2023, 1281; Gomille, Deepfakes und das allgemeine Persönlichkeitsrecht – Der Schutz von Stimme, Bildnis und Selbstdarstellung, ZUM 2025, 500; Hacker/Berz, Der AI-Act der Europäischen Union – Überblick, Kritik und Ausblick, ZRP 2023, 226; Hacker/Cordes/Berz, Transparenz generativer KI, GRUR 2024, 1777; Hacker/Holweg The Regulation of Fine-Tuning. Federated Compliance for Modified General-Purpose AI Models, 2025; Hecht, Regulierung von GPAI-Modellen durch die KI-Verordnung, KIR 2025, 30; HEG-KI, Ethikleitlinien für eine vertrauenswürdige KI, 2019; Heidrich, Regulierung von Bild-KI, DSB 2025, 2; Heinze/Engel, Das Verbot von ausbeuterischen und manipulativen KI-Praktiken, KIR 2025, 19; Hilgendorf/Roth-Isigkeit/Kumkar, die neue Verordnung der EU zur Künstlichen Intelligenz, 2023; Hinderks, Die Kennzeichnungspflicht von Deepfakes, ZUM 2022, 110; Höch/Kahl, Anforderungen an eine Kennzeichnungspflicht für KI-Inhalte, K&R 2023, 396; Hüger/Radtke, Das Zusammenspiel der Akteure und Verantwortlichkeit unter der KI-Verordnung und der DS-GVO, KIR 2025, 154; Kilian/Denga, Das Testen und Zertifizieren von KI-Systemen, NJW 2024, 2945; Knappertsbusch/Rappenglück, KI-Kompetenz und verbotene KI-Praktiken als Compliance-Pflichten für Arbeitgeber Anforderungen an die strategische Neuausrichtung der innerbetrieblichen Governance, CR 2025, 281; Kraetzig, Deliktsschutz gegen KI-Abbilder – Teil 1: Täuschende Deepfakes, CR 2024, 207; Kumkar/Griesel, Transparenzpflichten für Deep-Fakes und synthetische Medieninhalte in der KI-VO, KIR 2024, 114; Kumkar/Rapp, Deepfakes – eine Herausforderung für die Rechtsordnung, ZfDR 2022, 199; Lang/Schwaab, Einsatz von Künstlicher Intelligenz in Personalabteilungen, LTZ 2025, 28; Linadartos, Hochrisiko-KI-Systeme und Verantwortungsverschiebung in der Wertschöpfungskette, ZIP 2024, 2497; Lommatzsch/Albrecht, Einsatz von KI im Personalwesen von Unternehmen – Neue Herangehensweise nach Geltung der KI-VO, GWR 2025, 37; Martini/Wendehorst, KI-VO, 2024; Mazzini/Scalzo, The Proposal for the Artificial Intelligence Act: Considerations around Some Key Concepts, 2022; Oueslati/Staes-Polet, Ahead of the Curve: Governing AI Agents under the EU AI Act, The Future Society, 2025; Merkle, Transparenz nach der KI-Verordnung – von der Blackbox zum Open-Book?, RDi 2024, 414; Paal/Hüger, Die KI-VO und das Recht auf menschliche Entscheidung, MMR 2024, 540; Paetrow/Ahrens, Rechtliche Risiken der Werbung mit künstlicher Intelligenz, GRUR 2025, 289; Possard/Madner, Recht und Musik im Zeitalter von Künstlicher Intelligenz Transparenzvorschriften der KI-VO beim Einsatz generativer KI im Musiksektor, KIR 2025, 259; Reif/Olker, EU-Digitalakte: Neue Aufgaben für Datenschutzbeauftragte und Dienstleister?, ZD 2025, 68; Ringlage/Weschky, KI-System-Anbieter als Adressaten der Anbieterpflichten für GPAI-Modelle?, ZfDR 2024, 417; Rohrßen, KI & CE – Die KI-VO, das Produktsicherheitsrecht für Künstliche Intelligenz, ZfPC 2024, 111; Roos/Weitz, Hochrisiko-KI-Systeme im Kommissionsentwurf für eine KI-Verordnung, MMR 2021, 844; Saam/Hermann, Die

Ausnahmeregelung zur Einstufung als Hochrisiko-KI nach Art. 6 III KI-VO, RDi 2024, 608; Schefzig/Kilian, BeckOK KI-Recht, 3. Ed. 1.8.2025; Schwartmann/Keber/Zenner, KI-VO, 2. Auflage 2024; Schwartmann/Zenner, GPAI-Anwendungen auf dem Prüfstand: Die Regulierung der KI-VO entlang der Wertschöpfungskette, EuDIR 2025, 3; Sousa/Silva, CGSL working papers No. 1/2025 „The Artificial Intelligence Act: critical overview; Schuh/Witt, KI-Systeme und ihre Betreiber nach der KI-VO: Pflichten und Abgrenzung zum Endnutzer, EuDIR 2025, 142; Spiegel/Höving, Die Klassifizierung von KI-Systemen nach der KI-VO, KIR 2025, 231; Vaele/Borgesius, Demystifying the Draft EU Artificial Intelligence Act, Computer Law Review 2021, 97; Weltersbach/Aslan, Praktische Umsetzung der KI-VO – Komponenten zur strategischen Ausbildung, BKR 2025, 49; Wendehorst/Nessler/Aufreiter/Aichinger, Der Begriff des „KI-Systems" unter der neuen KI-VO, MMR 2024, 605; Wendt/Wendt, Das neue Recht der Künstlichen Intelligenz, 2024; Wiedemann/Stocks, Der Klang der Zukunft: Die Auswirkungen der KI auf die Musikindustrie, GRUR 2025, 360; Wiebe, Produktsicherheitsrechtliche Betrachtung des Vorschlags für eine KI-Verordnung, BB 2022, 899; Winau, Gewährleistung effektiven Grundrechtsschutzes auf Grundlage des Komissionsentwurfs für eine KI-Verordnung?, ZdiW 2023, 14; Witteler/Moll, Künstliche Intelligenz – Datenschutz und Rechte des Betreibers, NZA 2023, 327; Wybitul, Arbeitsbuch AI Act, 2025; Wybitul, Welche Pflichten haben Betreiber von Hochrisiko-KI-Systemen nach der EU-KI-Verordnung, BB 2024, 2179; Zenner, KI-Regulierung: Ein Trilog unter großem Zeitdruck, RDV 2023, 340.

I. Einleitung

1 Die KI-VO[1] adressiert GenAI[2] nicht direkt, sondern verwendet andere Begriffsdefinitionen und (Risiko-)Kategorien, die GenAI-Systeme mit umfassen. Übersetzt in den **risikobasierten Regulierungsansatz**[3] der KI-VO führt das Verwenden von GenAI zur Content-Generierung zumeist dazu, dass die GenAI einsetzende Stelle Pflichten als Betreiber eines KI-Systems iSd KI-VO treffen (für die Begriffe → § 62 Rn. 3 ff. und 6). Daher soll dieser Beitrag zunächst den Begriff und die **Erscheinungsformen von GenAI in die Sprache der KI-VO einordnen** und mögliche Anknüpfungspunkte anhand der vier grundlegenden Begriffsdefinitionen der KI-VO[4] herausstellen (Teil II.1. – sachliche Anwendbarkeit, → Rn. 3 ff.). Dabei ergeben sich jedoch nur für KI-Systeme (Art. 3 Nr. 1 KI-VO) eigene Betreiberpflichten. Deren Inhalt hängt davon ab, um welche Anwendungsart bzw. Risikokategorie eines KI-Systems es sich handelt.

2 Als **horizontales Produktsicherheitsrecht** adressiert die KI-VO verschiedene Akteure[5] **entlang der Wertschöpfungskette eines KI-Systems,** um die Grundrechte der betroffenen Personen vor nachteiligen Auswirkungen des KI-Systems zu schützen.[6] Ein besonders wichtiger Akteur ist dabei der sog. **„Betreiber"** (Art. 3 Nr. 4 KI-VO). Auch die GenAI einsetzende Stelle wird zumeist als ein solcher zu qualifizieren sein; es bestehen aber auch Ausnahmen (Teil II.2. – persönliche Anwendbarkeit, → Rn. 34 ff.). Hierbei soll zudem untersucht werden, inwieweit die einsetzende Stelle die Betreibereigenschaft ggf. verhindern oder aber bewahren kann, um zusätzlichen (Anbieter-)Pflichten zu entgehen. Je nach Anwendungsszenario des eingesetzten KI-Systems und den damit verbundenen Risiken (risikobasierter Ansatz) werden der einsetzenden Stelle als Betreiber gem. der KI-VO verschiedene **Pflichten** auferlegt (insbes. Handlungs- und Transparenzpflichten, dazu den Überblick in Teil III., → Rn. 65 ff.). Diese einzuhaltenden Betreiberpflichten werden in den Teilen IV. (→ Rn. 69 ff.) – VI. (→ Rn. 142 ff.) näher beleuchtet, um der einsetzenden Stelle

[1] VO (EU) 2024/1689 des Europäischen Parlaments und des Rates vom 13.6.2024 zur Festlegung harmonisierter Vorschriften für künstliche Intelligenz.

[2] Für den Begriff → § 62 Rn. 3 ff. sowie → Rn. 29 ff.

[3] Ebers/Quarch Rechtshandbuch ChatGPT/Ebers § 2 Rn. 74; dieser Regulierungsansatz bedeutet eine *„Verknüpfung von Vorgabenintensität und Risikohöhe […]. Je höher das Risiko, das mit der Nutzung oder dem Inverkehrbringen eines KI-Systems verbunden ist, desto höher gestalten sich die Anforderungen an dieses System, ua hinsichtlich der Produktsicherheit, Dokumentation und menschlichen Überwachung"*, so bei Wendt/Wendt Das neue Recht der Künstlichen Intelligenz/Wendt § 3 Rn. 41.

[4] KI-System, KI-Modell, GPAI-System und GPAI-Modell. Vgl. die vier Grundbegriffe/Regelungsobjekte der sachlichen Anwendbarkeit → Rn. 8 ff.

[5] Gem. Art. 3 Nr. 8 KI-VO sind dies Anbieter, Produkthersteller, Betreiber, Bevollmächtigter, Einführer und Händler.

[6] Allgemein zum effektiven Grundrechtsschutz vgl. Art. 1 Abs. 1 und ua Erwgr. 48 S. 2, 69 S. 1 KI-VO.

beim Verwenden von GenAI die Compliance mit der KI-VO zu erleichtern. Der Beitrag endet schließlich mit einer **Checkliste,** die der GenAI einsetzenden Stelle ihre Compliance-Prüfung in Bezug auf die KI-VO erleichtern soll (Teil VII., → Rn. 180 ff.).

II. Anwendbarkeit der KI-VO beim Einsatz von GenAI durch eine einsetzende Stelle

3 **Hinweis:** Der nachfolgende Teil II. soll den Lesenden zunächst einen **Überblick** über den sachlichen (→ Rn. 5 ff.), persönlichen (→ Rn. 34 ff.) und räumlichen (→ Rn. 64) **Anwendungsbereich** der KI-VO verschaffen sowie auf Abgrenzungs- und Gestaltungsfragen eingehen. Steht hingegen bereits fest, ob bzw. dass die GenAI einsetzende Stelle als ein „Betreiber" (Art. 3 Nr. 4 KI-VO) eines „KI-Systems" (Art. 3 Nr. 1 KI-VO) einzuordnen ist, kann direkt zu Teil III. (→ Rn. 65 ff.) übergegangen werden.

4 **In a nutshell – Der Regulierungsansatz der KI-VO in fünf Sätzen:** Die KI-VO verfolgt einen risikobasierten Regulierungsansatz, sodass sich ihr Regulierungsrahmen jeweils an die Risiken anpasst, die sich aus der konkreten Verwendung von KI-Technologie ergeben.[7] In sachlicher Hinsicht adressiert die KI-VO als horizontales Produktsicherheitsrecht vier grundlegende Regelungsobjekte (KI-Modell, GPAI-Modell, GPAI-System und als ihr „Herzstück" das KI-System). Die Regulierungsintensität (dh die nach KI-VO einzuhaltenden Pflichten) bezogen auf das Regelungsobjekt „KI-System" nach Art. 3 Nr. 1 KI-VO hängt dabei von einer **Risikoklassifizierung** ab, für die zwischen verbotenen KI-Praktiken (Art. 5 KI-VO), Hochrisiko-KI-Systemen (Art. 6 ff. KI-VO) sowie KI-Systemen mit besonderen Transparenzvorgaben (Art. 50 KI-VO) unterschieden werden kann. Je nach Anwendungsrisiko und resultierender Kategorisierung legt die KI-VO in persönlicher Hinsicht für definierte Marktakteure entlang der Wertschöpfungskette des KI-Systems Verhaltens- und Transparenzpflichten fest (gem. Art. 3 Nr. 8 KI-VO sind diese der Anbieter, Produkthersteller, Betreiber, Bevollmächtigter, Einführer oder Händler). In Bezug auf die erfassten Handlungsweisen dieser Akteure knüpft die KI-VO dabei (zT akteurübergreifend) an das Inverkehrbringen, die Inbetriebnahme sowie die Verwendung von KI-Systemen an (Art. 3 Nr. 9 ff. KI-VO).

1. Sachlicher Anwendungsbereich – Um welche „Systeme" geht es beim Einsatz von GenAI und wie ist die KI-VO darauf anwendbar?

5 Bei der Beantwortung dieser Frage ist sich vorab bewusst zu machen: Die KI-VO verfolgt einen **technologieneutralen Ansatz,** mit dem nicht spezifische KI-Systeme oder KI-Technologie als solche, sondern mögliche Gefahren des konkreten Einsatzes von KI adressiert werden sollen (risikobasierter Regulierungsansatz, vgl. ua Art. 8, Erwgr. 5 S. 1 und 26 S. 1 KI-VO).[8] Sie ist daher sektorübergreifendes[9] EU-„Produktsicherheitsrecht für Künstliche Intelligenz".[10] Der technologieneutrale Ansatz stößt indes bei den mit erfassten GPAI gerade ohne festgelegte Anwendungsszenarien an seine Grenzen (dazu sogleich → Rn. 14 ff.).[11]

---

[7] Martini/Wendehorst/Braun Binder/Egli KI-VO Art. 8 Rn. 1.

[8] Sousa e Silva CGSL working papers No. 1/2025 „The Artificial Intelligence Act: critical overview" S. 6 f.; Martini/Wendehorst/Braun Binder/Egli KI-VO Art. 8 Rn. 1.

[9] Wendt/Wendt Das neue Recht der Künstlichen Intelligenz/Wendt § 3 Rn. 36.

[10] Rohrßen ZfPC 2024, 111; grundlegend Mazzini/Scalzo The Proposal for the Artificial Intelligence Act: Considerations around Some Key Concepts (2022); daneben soll die KI-VO jedoch auch dem Grundrechtsschutz der EU-Bürger dienen (fundamental rights protection), für das Spannungsverhältnis vgl. bspw. Almada/Petit Common market law review Vol. 62 No. 1 (2025), 85 ff.

[11] Vgl. → Rn. 14 ff. und → Rn. 27 ff.; Wendt/Wendt Das neue Recht der Künstlichen Intelligenz/Wendt § 3 Rn. 47 f.; Schwartmann/Zenner EuDIR 2025, 3 Rn. 2 f.; Zenner RDV 2023, 204.

Das **Verwenden „generativer KI"** oder „GenAI" als solches ist somit auch kein eigenständiger Anknüpfungspunkt für mögliche Pflichten nach der KI-VO.[12] Vielmehr ist GenAI zunächst den folgenden **vier Grundbegriffen der KI-VO zuzuordnen,** anhand derer die KI-VO ihre Regelungsobjekte[13] definiert: „KI-System", „KI-Modell" sowie „KI-Modell mit allgemeinem Verwendungszweck" (General Purpose AI-Modell, kurz: GPAI-Modell) und „KI-System mit allgemeinem Verwendungszweck" (GPAI-System). Das gilt entsprechend in Bezug auf den Einsatz von sog. **AI-agents** oder KI-Agenten-Systemen, die als der neue globale Wachstumsmarkt sowie als sektorübergreifende Möglichkeit zur Effizienzsteigerung angesehen werden.[14] 6

Im Folgenden soll daher zunächst die **Regelungssystematik** der KI-VO dargestellt werden (→ Rn. 8 ff.), um anschließend die Begriffe rund um „GenAI" in diese Systematik einordnen zu können (→ Rn. 29 ff.). Im Fokus des sachlichen Anwendungsbereichs sowie der daraus resultierenden Pflichten nach KI-VO (für die Pflichten → Rn. 65 ff.) stehen KI-Systeme[15] sowie GPAI-Modelle, wie Art. 1 Abs. 2 Buchst. a–e KI-VO direkt zu Beginn klarstellen.[16] 7

a) Die Regelungssystematik der KI-VO

aa) Kaskade des sachlichen Anwendungsbereichs. Vereinfacht gesagt lassen sich die vier Regelungsobjekte kaskadenartig auf zwei verschiedene „Säulen" aufteilen. Beide stehen jeweils in Beziehung zueinander. 8

(1) Säule 1: KI-Modell und KI-System. KI-Modell: Der *„Motor"*[17] eines jeden KI-Systems ist das ihm zugrundeliegende KI-Modell.[18] Dieser Begriff bezieht sich zumeist auf einen **spezifischen Algorithmus,** der eine bestimmte Aufgabe erledigen soll, wie etwa die Vorhersage von Zeitreihen, Empfehlungssysteme, Bilderkennung oder Sprachverarbeitung.[19] Isoliert kommt er in der KI-VO nur selten vor, sondern dient eher als Ausgangspunkt für GPAI-Modelle (dazu sogleich → Rn. 14 ff.).[20] 9

KI-System: Auf einem solchen KI-Modell beruht allerdings ein KI-System, welches nach Art. 3 Nr. 1 KI-VO[21] insbesondere durch folgende drei Kriterien definiert ist: der **Anpassungsfähigkeit** des Systems nach Betriebsaufnahme, seiner Fähigkeit des **Ableitens von** 10

---

12 Anders noch das EU-Parlament in seinem Vorschlag, vgl. Ebers/Quarch Rechtshandbuch ChatGPT/Ebers § 2 Rn. 4 und Fn. 2.

13 Ringlage/Weschky ZfDR 2024, 417 (419).

14 Zur Einordnung von KI-Agenten-Systemen in den risikobasierten Ansatz der KI-VO (dazu sogleich → Rn. 18 ff. als „Stresstest" für die KI-VO, vgl. Fleischmann RDi 2025, 193 und Oueslati/Staes-Polet, Ahead of the Curve: Governing AI Agents under the EU AI Act, The Future Society, Juni 2025, S. 19 ff.; allgemein zu KI-Agenten McKinsey „What is an AI agent?", 25.3.2025, https://www.mckinsey.com/featured-insights/mckinsey-explainers/what-is-an-ai-agent (zuletzt abgerufen am 15.7.2025) und World Economic Forum, „Navigating the AI Frontier: A Primer on the Evolution and Impact of AI Agents", https://www.weforum.org/publications/navigating-the-ai-frontier-a-primer-on-the-evolution-and-impact-of-ai-agents/, 16.12.2024 (zuletzt abgerufen am 15.7.2025); für Anwendungsbeispiele neben den bekannten GenAI-Chatbots ua bei Sequoia Capital „AI 50: AI Agents Move Beyond Chat", 10.4.2025, https://www.sequoiacap.com/article/ai-50–2025/ (zuletzt abgerufen am 15.7.2025) sowie der jüngst vorgestellte ChatGPT-Agent von OpenAI, vgl. https://openai.com/de-DE/index/introducing-chatgpt-agent/ (zuletzt abgerufen am 17.7.2025).

15 Dem Begriff kommt daher iRd KI-VO eine „Schlüsselrolle" zu, vgl. Martini/Wendehorst/Wendehorst KI-VO Art. 3 Rn. 3.

16 Ebers/Quarch Rechtshandbuch ChatGPT/Ebers § 2 Rn. 93; vgl. auch Sousa e Silva CGSL working papers No. 1/2025, „The Artificial Intelligence Act: critical overview", S. 6 f.

17 So als Bild verwendet im Vortrag von v. Appen beim Bayerischen IT-Rechtstag 2024 in München.

18 Das KI-Modell wird in der KI-VO interessanterweise nicht eigenständig legaldefiniert, sondern bspw. bei Erwgr. 97 S. 3 KI-VO nur implizit adressiert.

19 Martini/Wendehorst/Wendehorst KI-VO Art. 3 Rn. 26.

20 Martini/Wendehorst/Wendehorst KI-VO Art. 3 Rn. 402.

21 In Verbindung mit Erwgr. 12 KI-VO.

Output aus erhaltenem Input[22] für bestimmte Ziele sowie einem gewissen **Grad an Autonomie.** Letzteres ist das zentrale Kriterium für die Abgrenzung zu herkömmlicher Software[23]; dh (wiederum vereinfacht) zu menschlich determinierten „Wenn-Dann-Systemen", vgl. Erwgr. 12 S. 2 KI-VO.[24]

Praxishinweis:

- Für nähere Einzelheiten zur Einstufung eines KI-Systems soll hier auf die bereits umfangreichen Meinungsstände in der Literatur[25] sowie die neuen Leitlinie der EU-Kommission von 02/2025[26] verwiesen werden. Weitere Veröffentlichungen von Behörden und Verbänden sind zu erwarten.
- In Zweifelsfällen dürfte es anzuraten sein, die Eigenschaft als KI-System vorsorglich anzunehmen.[27]

11 Damit KI-Modelle zu KI-Systemen werden, ist das **Hinzufügen weiterer Komponenten,** zum Beispiel einer Nutzerschnittstelle, erforderlich, vgl. Erwgr. 97 S. 7 KI-VO. Dennoch gilt: Obwohl KI-Modelle wesentliche Komponenten von KI-Systemen sind, stellen sie für sich genommen noch kein eigenständiges KI-System dar, vgl. Erwgr. 97 S. 6 KI-VO. Vielmehr bestehen KI-Systeme zumeist aus mehreren in sie integrierten KI-Modellen (Erwgr. 97 S. 8 KI-VO).[28] Letztlich dürfte die **unmittelbare Verwendbarkeit** für den Betreiber KI-Systeme von KI-Modellen **unterscheiden.**[29]

Hinweis:
Das trainierte **neuronale Netz** ist das KI-Modell (GPT-4o, Llama 4, Mistral Large2) während die **bedienbare KI-Lösung** (bspw. ChatGPT von OpenAI oder Le Chat von Mistral) das KI-System ist.[30]

Praxisbeispiel:

12 Auf die Frage, wie sich die nunmehr breit bekannte MetaAI in WhatsApp (basierend auf Llama 4) selbst einstufen würde erhält man bspw. folgende Antwort:
„Ich bin ein KI-Modell, das in einem umfassenden KI-System [von Meta] integriert ist. Ein KI-Modell bezieht sich auf den spezifischen Algorithmus oder die Architektur, die für eine

[22] Die KI-VO spricht zumeist von „Eingabedaten"/"Input Data", Art. 3 Nr. 33 KI-VO; im Beitrag wird aber vereinfacht „Input" verwendet; aufgrund seines bereits überwiegenden Gebrauchs auch im Deutschen wird zudem der englische Begriff „Output" verwendet, wenn die KI-VO von „Ausgabe(n) eines KI-Systems" spricht, vgl. bspw. Art. 2 Abs. 1 Buchst. c und Art. 3 Nr. 33 KI-VO.

[23] Bomhard/Siglmüller RDi 2024, 45 Rn. 1.

[24] Wendt/Wendt Das neue Recht der Künstlichen Intelligenz/Wendt § 2 Rn. 12.

[25] Statt vieler Wendehorst/Nessler/Aufreiter/Aichinger MMR 2024, 605; kurz und prägnant bei Ebers/Quarch Rechtshandbuch ChatGPT/Ebers § 2 Rn. 95 ff.; frühe Kritik bei Bomhard/Merkle RDi 2021, 276 Rn. 7–9 wegen (anfänglich) zu unscharfer Regelung und Gefahr der Schaffung einer „Software-Verordnung".

[26] Guidelines on the definition of an artificial intelligence system, C(2025) 924 final vom 6.2.2025; die Erstellung von Leitlinien („Guidelines", bspw. nach Art. 96 KI-VO) ist insgesamt Aufgabe der EU-Kommission und nicht des AI Office, vgl. Wendt/Wendt Das neue Recht der Künstlichen Intelligenz/Wendt § 13 Rn. 4; begrifflich sind sie in diesem Kontext sowohl von Praxisleitfäden („Code of Practice") des AI Office (bspw. können sich Anbieter von von GPAI-Modellen bis zur Veröffentlichung einer harmonisierten Norm auf einen solchen stützen, Art. 53 Abs. 4 KI-VO) als auch von freiwilligen Verhaltenskodizes („Code of Conduct") abzugrenzen (Art. 95 KI-VO, freiwillige Selbstverpflichtungen für KI-Systeme, die kein hohes Risiko bergen, bspw. zur Förderung von KI-Kompetenz); zur (nur) faktischen Bindungswirkung der nicht verbindlichen Leitlinien vgl. BeckOK KI-Recht/Brandt KI-VO Art. 96 Rn. 16.

[27] Bomhard/Siglmüller RDi 2024, 45 Rn. 1.

[28] Martini/Wendehorst/Wendehorst KI-VO Art. 3 Rn. 26.

[29] Ebers/Quarch Rechtshandbuch ChatGPT/Ebers § 2 Rn. 106; Bomhard/Siglmüller RDi 2024, 45 Rn. 24.

[30] Sousa e Silva CGSL working papers No. 1/2025, „The Artificial Intelligence Act: critical overview", S. 11.

bestimmte Aufgabe oder ein bestimmtes Problem entwickelt wurde. […] Ein KI-System hingegen bezieht sich auf die umfassendere Infrastruktur, die das KI-Modell unterstützt und umfasst. Dies kann Hardware, Software, Datenbanken und andere Komponenten umfassen, die erforderlich sind, um das KI-Modell auszuführen und zu warten.“

Zur Frage der Risikoeinstufung eines KI-Systems aufgrund seiner Zweckbestimmung sowie den damit korrespondierenden Pflichten (Ausdruck des risikobasierten Ansatzes der KI-VO) sogleich → Rn. 18 ff. und bzgl. der Pflichten → Rn. 65 ff. 13

(2) Säule 2: GPAI-Modell und GPAI-System. Dieser Teil der KI-VO wurde erst im Laufe des Gesetzgebungsverfahren auf Initiative des EU-Parlaments hinzugefügt, nachdem ChatGPT das Licht der Welt erblickt hatte[31] und der EU-Gesetzgeber bei seinem (zunächst allein) risikobasierten Ansatz, der die Gefahren der konkreten Anwendung und nicht die Technologie als solche zu regulieren suchte, Schutzlücken sah.[32] Denn diese „generativen Systeme als Allzweck-KI“[33] bilden seitdem die **Grundlage** für eine Reihe **nachgelagerter Systeme,** sodass deren Anbietern eine besondere Verantwortung zukommen sollte, Erwgr. 101 S. 1 KI-VO. 14

GPAI-Modell: Nach Art. 3 Nr. 63 KI-VO ist ein GPAI-Modell[34] (KI-Modell mit allgemeinem Verwendungszweck) ein KI-Modell (vgl. soeben Säule 1), „das eine erhebliche **allgemeine Verwendbarkeit** aufweist und in der Lage ist, unabhängig von der Art und Weise seines Inverkehrbringens ein breites Spektrum **unterschiedlicher Aufgaben** kompetent zu erfüllen, und das in eine Vielzahl nachgelagerter Systeme oder Anwendungen integriert werden kann“. Dies soll nach Erwgr. 98 KI-VO jedenfalls dann der Fall sein, wenn das Modell (egal ob als Large Language Modell (LLM) oder Large Vision Modell) mit mindestens einer Milliarde Parametern trainiert wurde.[35] Typische Beispiele sind hier die großen GenAI-Modelle (Erwgr. 99 KI-VO) wie GPT-4o und Gemini. Ferner betont Erwgr. 97 S. 5, dass GPAI- Modelle weiter geändert oder zu neuen Modellen verfeinert („Finetuning“) werden können.[36] Für das GPAI-Regelungsregime sogleich → Rn. 27 ff. 15

GPAI-System: Das GPAI-System ist eine Sonderform des „normalen“ KI-Systems iSd Art. 3 Nr. 1 KI-VO[37] (vgl. Säule 1), da es gerade für eine **„Vielzahl von Zwecken“** genutzt werden kann[38]; und das „sowohl [in] direkte[r] Verwendung als auch für die Integration in andere KI-Systeme“[39], Art. 3 Nr. 66 KI-VO. Wird ein GPAI-Modell mit breiter Verwendbarkeit in ein KI-System integriert, dann wird das KI-System zu einem GPAI-System, sofern das KI-System (gerade) aufgrund der Integration des GPAI-Models in der Lage ist, einer Vielzahl von Zwecken zu dienen (Erwgr. 100 S. 1 KI-VO). Folglich baut die Definition des GPAI-Systems (Art. 3 Nr. 66) auf der Definition des GPAI-Modells (Art. 3 Nr. 63 KI-VO) auf. Zudem lässt sich aus Erwgr. 97 S. 7 folgern, dass GPAI-Modelle von KI-Systemen (und somit auch von GPAI-Systemen) anhand ihrer **Bedienbarkeit** abgegrenzt werden können.[40] 16

GPAI-Systeme können selbst **als eigenständige Hochrisiko-KI-Systeme** (dazu ausführlich → Rn. 27 f.) genutzt werden **oder Bestandteil** anderer Hochrisiko-KI-Systeme 17

---

[31] Martini/Wendehorst/Martini KI-VO Art. 50 Rn. 112; Bomhard/Siglmüller RDi 2024, 45 Rn. 23.

[32] Wendt/Wendt Das neue Recht der Künstlichen Intelligenz/Wendt § 10 Rn. 2, 17 f.; Ebers/Quarch Rechtshandbuch ChatGPT/Ebers § 2 Rn. 76, 126 ff.

[33] Wendt/Wendt Das neue Recht der Künstlichen Intelligenz/Wendt § 10 Rn. 2.

[34] Für eine Einordnung des Begriffs und den einhergehenden Pflichten bspw. Hecht KIR 2025, 30.

[35] Ebers/Quarch Rechtshandbuch ChatGPT/Ebers § 2 Rn. 103.

[36] Das wirft bislang noch ungeklärte Fragen auf, wer dann „downstream“ als Anbieter des GPAI-Modells anzusehen ist und Adressat der Pflichten von Art. 53 und 55 KI-VO wird, siehe dazu → Fn. 88 und die General FAQ des AI Office zu GPAI-Modellen, vgl. https://digital-strategy.ec.europa.eu/en/faqs/general-purpose-ai-models-ai-act-questions-answers#ecl-inpage-general-faq (zuletzt abgerufen am 15.7.2025).

[37] Martini/Wendehorst/Wendehorst KI-VO Art. 3 Rn. 3und 419.

[38] Schwartmann/Zenner EuDIR 2025, 3 Rn. 2.

[39] Wybitul Arbeitsbuch AI-Act Rn. 277.

[40] Die Abgrenzung eines GPAI-Modells von einem KI-System wiederum sollte anhand funktionaler Merkmale erfolgen, also anhand *„der allgemeinen Verwendbarkeit [von GPAI] und der Fähigkeit, ein breites Spektrum unterschiedlicher Aufgaben kompetent zu erfüllen“*, Erwgr. 97 S. 2 KI-VO.

sein, vgl. Erwgr. 85 S. 1 KI-VO.[41] Sie unterliegen aber als solche nicht den Anforderungen an Hochrisiko-KI-Systeme, da sie *„per definitionem keiner bestimmten Risikokategorie zugeordnet werden können“*.[42]

> **Hinweis:**
> Mögliche Pflichten in Bezug auf die dem KI-System zugrundeliegende GPAI bestehen also parallel zu den Pflichten bezogen auf das konkret eingesetzte KI-System (notwendige **Unterscheidung zwischen** den **Regelungsobjekten** und -regimen von „Säule 1“ und „Säule 2“, vgl. → Rn. 27 f.).[43]

18 **bb) (Anwendungs-)Art des KI-Systems bestimmt die Regulierungsintensität.** Von diesen Grundbegriffen zu unterscheiden ist die zentrale Frage der KI-VO, nämlich um welche Anwendungsart bzw. Kategorie eines KI-Systems[44] („Säule 1“, → Rn. 9 ff.) es sich bei der eingesetzten GenAI-Lösung handelt.[45] Denn die **Regulierungsintensität** (dh die nach KI-VO einzuhaltenden Pflichten) bezogen auf das Regelungsobjekt „KI-System“ hängt von einer **Risikoklassifizierung**[46] ab (für die korrespondierenden Pflichten → Rn. 65 ff.). Es wird somit nicht der Einsatz von KI insgesamt, sondern es werden **spezifische Anwendungspraktiken** und -szenarien von KI-Systemen und daraus **resultierende Risiken** adressiert (risikobasierter Ansatz).[47]

> **Hinweis:**
> Es kommt der KI-VO im Ausgangspunkt also nicht darauf an, was das KI-System technisch leisten könnte, sondern zu welchem Zweck bzw. in welchem **Einsatzszenario** es konkret verwendet wird bzw. werden soll. Das technisch gleiche System kann daher in verschiedenen Anwendungsszenarien unterschiedlichen Risikokategorien zuzuordnen sein. Zentral ist hierbei die jeweilige Zweckbestimmung des Anbieters (näher sogleich bei → Rn. 22).

19 Für diese Klassifizierung lässt sich häufig eine **Risiko-Pyramide** finden, wie sie auch die EU-Kommission bereits im Gesetzgebungsverfahren verwendet hat.[48] Mangels wirklich stringenter pyramidaler Risikoklassifizierung ist diese jedoch **nur bedingt hilfreich:** So

41 Bomhard/Siglmüller RDi 2024, 45 Rn. 31.

42 Ebers/Streitbörger RDi 2024, 393 Rn. 4; Ebers/Quarch Rechtshandbuch ChatGPT/Ebers § 2 Rn. 152; auch Ringlage/Weschky ZfDR 2024, 417 (422); zwar war die Anwendbarkeit von bestimmten Anforderungen an Hochrisiko-KI-Systeme auf GPAI-Systeme zwischenzeitlich im KI-VO-E des Rates noch vorgesehen (vgl. allgemeine Ausrichtung zum Verordnungsvorschlag vom 25.11.2022, 14954/22), der dort eingefügte Titel Ia mit seinen Art. 4a ff. wurde jedoch im Trilog wieder gestrichen; final sind nur einige wenige Sonderregelungen für GPAI-Systeme als solche übrig geblieben, wie Transparenzpflichten in Art. 50 Abs. 2 und Kontrollbefugnisse nach Art. 75 KI-VO; ein weiteres Argument für eine erforderliche Unterscheidung der Regelungsregime lässt sich Art. 25 Abs. 1 Buchst. c KI-VO entnehmen, der folgerichtig davon ausgeht, dass ein GPAI-System als Ganzes nicht als Hochrisiko-System einzustufen ist, vgl. Schwartmann/Keber/Zenner KI-VO/Schwartmann/Köhler Teil 1 Kap. 1 Rn. 54: *„GPAI-System [im Umkehrschluss gerade nicht] stets hochriskant“*.

43 Im Ergebnis auch Wybitul Arbeitsbuch AI-Act Rn. 278: „zusätzliche Pflichten“.

44 Auch die EU-Konformitätserklärung (nach Art. 16 Buchst. g iVm Art. 47 Abs. 1 S. 1 vom Anbieter auszustellen und bereitzuhalten) hat nach Art. 47 Abs. 2 iVm Anhang V KI-VO die „Art des KI-Systems“ anzugeben, vgl. Martini/Wendehorst/Gerdemann KI-VO Art. 47 Rn. 16 ff. und Art. 43 Rn. 19, vgl. auch Erwgr. 13 S. 2 KI-VO.

45 Das gilt entsprechend in Bezug auf den Einsatz sog. AI-Agents/KI-Agenten-Systeme, vgl. Fleischmann RDi 2025, 193 Rn. 24 ff.

46 Risiko wird in Art. 3 Nr. 2 KI-VO definiert als „die Kombination aus der Wahrscheinlichkeit des Auftretens eines Schadens und der Schwere dieses Schadens“.

47 Vgl. Erwgr. 5 S. 1 KI-VO; Ebers/Quarch Rechtshandbuch ChatGPT/Ebers § 2 Rn. 74; Bomhard/Siglmüller RDi 2024, 45 Rn. 23.

48 Siehe zB https://digital-strategy.ec.europa.eu/en/policies/regulatory-framework-ai (zuletzt abgerufen am 15.7.2025).

sieht die KI-VO im Ausgangspunkt für KI-Systeme (mit minimalem Risiko) gerade keine Pflichten vor, sondern Anbieter und Betreiber können freiwillig „Codes of Conduct" befolgen, Art. 95 KI-VO (daher auch KI-Systeme mit minimalem Risiko genannt).[49] Lediglich die Pflicht zur KI-Kompetenz nach Art. 4 KI-VO (→ Rn. 137 ff.) gilt übergreifend für alle KI-Systeme, dh unabhängig von einer (pyramidalen) Risikoklassifizierung.[50] Zudem benennt die KI-VO selbst nur zwei Risiko-Stufen (Verbotenes Risiko und Hochrisiko).[51] Parallel dazu gelten nach Art. 50 KI-VO Transparenzpflichten für bestimmte KI-Systeme (und zwar unabhängig davon, ob sie zugleich als Hochrisiko-KI-Systeme einzustufen sind, vgl. Art. 50 Abs. 6 KI-VO) sowie ein eigenes GPAI-Regelungsregime, das quasi neben der Risikoklassifizierung für KI-Systeme steht (sogleich → Rn. 27 ff.).

Jenseits der Frage nach einer geeigneten grafischen Darstellung[52], sollte bzgl. KI-Systemen zwischen folgenden **drei Kategorien** unterschieden werden: **20**

(1) Zum einen gänzlich verbotene KI-Systeme mit **unannehmbarem Risiko.** Art. 5 KI-VO listet allgemein als unvertretbar-schädlich eingestuften KI-Praktiken auf, dh die enthaltenen **Verbote** sind grds. nicht auf bestimmte Sektoren begrenzt[53] (im Gegensatz zu Hochrisiko-KI-Systemen nach Anhang III), sondern dienen insgesamt dem Schutz fundamentaler Werte in der EU, Erwgr. 28 KI-VO.[54] Das Verbot von bspw. manipulativ wirkenden Systemen, Emotionserkennung am Arbeitsplatz[55] oder Social Scoring gilt bereits seit dem 2.2.2025.[56] Sofern GPAI in ein KI-System integriert wird, kann dieses KI-System ebenfalls nach Art. 5 KI-VO verboten sein.[57] Für Einzelheiten und Beispiele wird insbes. auf die umfangreichen Leitlinien der EU-Kommission aus 02/2025 verwiesen.[58]

(2) **Hochrisiko-KI-Systeme,** für die die meisten Vorschriften der KI-VO gelten (für diese sogleich ausführlicher bei → Rn. 22 ff.).

(3) Und schließlich, **unabhängig von einer Risikoklassifizierung,** KI-Systeme iSd Art. 50 KI-VO, die Transparenzpflichten auslösen (bspw. KI-Systeme, die Output mit

---

49 Ebers/Quarch Rechtshandbuch ChatGPT/Ebers § 2 Rn. 75.

50 Die EU-Kommission nennt sie dennoch innerhalb der Pyramide „limited risk", vgl. https://digital-strategy.ec.europa.eu/en/policies/regulatory-framework-ai (zuletzt abgerufen am 15.7.2025).

51 Sousa e Silva CGSL working papers No. 1/2025, „The Artificial Intelligence Act: critical overview", S. 7; iE zB auch jüngst Fleischmann RDi 2025, 193 Rn. 24.

52 Zum Verständnis können die im Vergleich zur EU-Kommission angepassten Pyramiden-Skizzen hilfreich sein, bspw. von Dötterl, vgl. https://www.linkedin.com/posts/activity-7288091842313687042-AUMy/ (zuletzt abgerufen am 15.7.2025) und Schreiber, vgl. https://www.linkedin.com/posts/marleneschreiber_aiact-kivo-risikoklassen-activity-7297878326528860162-nSKZ/?utm_source=share&utm_medium=member_desktop&rcm=ACoAADbl7lMBlFSXJe6P8zszsBGFkVjF6I2HzGc (zuletzt abgerufen am 15.7.2025) beide aufbauend auf Bomhard/Siglmüller RDi 2024, 45 Rn. 6; siehe auch jüngst den Vorschlag einer matrixbasierten Risikoklassifizierung von Spiegel/Höving KIR 2025, 231 (238).

53 Martini/Wendehorst/Wendehorst KI-VO Art. 5 Rn. 2 f.

54 Ebers/Quarch Rechtshandbuch ChatGPT/Ebers § 2 Rn. 119; für einen Überblick über die verbotenen KI-Praktiken bspw. Knappertsbusch/Rappenglück CR 2025, 281 (284 ff.).

55 Das Verbot des Art. 5 Abs. 1 UAbs. 1 Buchst. f KI-VO gilt bspw. für die Analyse der mentalen Verfassung als auch des (sozialen) Verhaltens der Beschäftigten, vgl. Lang/Schwab LTZ 2025, 28 (34); zT jedoch schwierige Abgrenzung zu Hochrisiko-KI-Systemen nach Art. 6 Abs. 2 iVm Anhang III Ziffer 4 Buchst. b KI-VO, so bspw. KI-Systeme, die bestimmungsgemäß für die Beobachtung und Bewertung der Leistung und des (Arbeits-)Verhaltens von Personen in Beschäftigungsverhältnissen verwendet werden (Überprüfung von Arbeit- und Pausenzeiten durch sog. „keylogger"-Systeme). Falls diese ohne Emotionserkennung auskommen, kann es sich um Hochrisiko-KI-Systeme handeln, so bspw. beim Einsatz von Microsoft 365 Copilot, wenn dieses KI-System zur Leistungsbewertung von Arbeitnehmern/deren Leistungsüberwachung verwendet werden soll. Allerdings dürften sich dort, je nach technischer Ausgestaltung, noch weitere Fragen ob eines Verbots nach Art. 5 KI-VO sowie va im Bereich des Datenschutzes stellen.

56 Art. 113 Buchst. a KI-VO; die Übergangsregelung des Art. 111 KI-VO gilt nicht für verbotene KI-Praktiken, auch bezogen auf die Verwendung eines solchen Systems, gem. Art. 111 Abs. 2 iVm Art. 113 Buchst. a KI-VO, vgl. Martini/Wendehorst/Wendehorst KI-VO Art. 111 Rn. 10; zum Beginn der Durchsetzung vgl. → Rn. 72.

57 Ebers/Quarch Rechtshandbuch ChatGPT/Ebers § 2 Rn. 120.

58 Guidelines on prohibited artificial intelligence practices, C(2025) 884 final vom 4.2.2025; detailliert ausgewertet von Schwartmann/Zenner/Köhler EuDIR 2025, 74.

besonderen Manipulations- bzw. Verwechslungsrisiken[59] genieren können, wie Deepfakes oder KI-generierte Nachrichtentexte, vgl. Art. 50 Abs. 4 KI-VO, dazu näher bei → Rn. 142 ff. und → Rn. 153 ff. bzw. → Rn. 172 ff.).

21 Für **allen anderen KI-Systeme** gilt im Ausgangspunkt lediglich die Pflicht zur KI-Kompetenz nach Art. 4 KI-VO (vgl. dazu → Rn. 137 ff.).[60]

22 **cc) Unterscheidung, ob und welches Hochrisiko-KI-System iSd Art. 6 KI-VO vorliegt.** Im Fokus der KI-VO stehen KI-Systeme, von denen ein hohes Risiko für die Gesundheit, die Sicherheit und die Grundrechte der von ihnen betroffenen Personen ausgeht, vgl. Erwgr. 52 KI-VO.[61] Die KI-VO untergliedert diese Hochrisiko-KI-Systeme in zwei Kategorien, wobei die Einstufung als Hochrisiko-KI-System primär von der **Zweckbestimmung** des Systems abhängt, vgl. Art. 3 Nr. 12 KI-VO.[62] Diesbzgl. ist maßgeblich, wie der Anbieter die Zweckbestimmung in der Betriebsanleitung (Art. 3 Nr. 15 KI-VO)/der technischen Dokumentation/den Werbematerialien nach außen objektiv erkennbar zum Ausdruck bringt[63] (Art. 13 Abs. 2 und 3 KI-VO), sodass er – unter Wahrung der Grenzen der Willkürlichkeit – den Zweck auf nicht-hochriskante Verwendungen limitieren kann.[64] Ein praxisrelevantes Beispiel sind hierbei sog. Dual-Use-KI-Systeme.[65]

Hinweis:
In der Konsequenz kann also die Zweckbestimmung des Anbieters die Nutzungsmöglichkeiten des Betreibers in Bezug auf das verwendete KI-System limitieren, jedenfalls wenn der Betreiber nicht selbst zum Anbieter werden will (infolge der sog. Anbieterfiktion nach Art. 25 KI-VO, → Rn. 55 ff.).[66] Auf die tatsächliche Verwendung oder die Eignung für eine hochriskante Verwendung seitens der einsetzenden Stelle kommt es dagegen nicht unmittelbar an.[67] Demnach können verschiedene Exemplare des gleichen KI-Systems je nach **vorgegebenem Verwendungszweck** unterschiedlich zu kategorisieren sein: Ein KI-System, das Anwälten in der Sachverhaltserfassung helfen soll, ist nicht hochriskant. Wird hingegen das technisch gleiche System für den Einsatz in der Justiz durch Richter bestimmt, fällt es sehr wohl unter die Hochrisikokategorie des Anhang III Nr. 8 lit. a – auch wenn sich seine technischen Eigenschaften nicht ändern.[68]

23 **(1) Hochrisiko-KI-Systeme nach Art. 6 Abs. 1 KI-VO.** Zum einen kann es sich um ein **unselbstständiges/produktspezifisches Hochrisiko-KI-System** handeln, das unter die in **Anhang I** aufgeführten EU-Rechtsvorschriften fällt, also Produkte, die bereits im Wege

[59] Martini/Wendehorst/Martini KI-VO Art. 50 Rn. 1.
[60] Wie bereits erwähnt, sieht die KI-VO im Ausgangspunkt für „einfache" KI-Systeme (mit minimalem Risiko) gerade keine weiteren Pflichten vor.
[61] Ebers/Streitbörger RDi 2024, 393 Rn. 1.
[62] Gut verständlich bei Ebers/Quarch Rechtshandbuch ChatGPT/Ebers § 2 Rn. 155 f. mit Verweis u. a. auf die Formulierung *„soll als […] verwendet werden"* bei Art. 6 Abs. 1 lit. aKI-VO sowie i.R.d Art. 6 Abs. 2 iVm Anhang III KI-VO *„bestimmungsgemäß zur […] verwendet werden sollen"*.
[63] Martini/Wendehorst/Wendehorst KI-VO Art. 3 Rn. 142 und 145; Lang/Schwaab LTZ 2025, 28 (30); letztlich ergibt sich dies aus der Legaldefinition der Zweckbestimmung in Art. 3 Nr. 12 KI-VO, dem Gesamtzusammenhang der KI-VO und aus den Formulierungen („soll") bei Art. 6 Abs. 1 Buchst. a KI-VO und („bestimmungsgemäß") in verschiedenen Nr. von Anhang III KI-VO, so wie hier auch Ebers/Streitbörger RDi 2024, 393 Fn. 12; für den Umgang mit möglichen Widersprüchen zwischen den verschiedenen Unterlagen vgl. BeckOK KI-Recht/Kirschke-Biller/Füllsack KI-VO Art. 3 Rn. 240.
[64] Wie weit jedoch die daraus resultierende *„Definitionsmacht des Anbieters"* reicht, so Ebers/Streitbörger RDi 2024, 393 Rn. 10, ist noch umstritten; Ebers/Quarch Rechtshandbuch ChatGPT/Ebers § 2 Rn. 158.
[65] Ebers/Streitbörger RDi 2024, 393 Rn. 11.
[66] So auch Hüger/Radtke KIR 2025, 154 (156).
[67] Ebers/Streitbörger RDi 2024, 393 Rn. 9; Ebers/Quarch Rechtshandbuch ChatGPT/Ebers § 2 Rn. 156; für die Grenzen durch die Anbieterfiktion des Art. 25 KI-VO und die Maßgeblichkeit der tatsächlichen Verwendung des KI-Systems vgl. Borges CR 2024, 565 Rn. 43 ff. und bei → Rn. 55 ff.
[68] Borges CR 2024, 565 Rn. 40.

des sog. „New Legislative Framework" harmonisiert reguliert worden sind, bspw. Medizinprodukte, Maschinen oder Spielzeug.[69] Es handelt sich dabei entweder um ein in ein gefährliches Produkt eingebautes KI-System (dh ein sog. Sicherheitsbauteil nach Art. 3 Nr. 14 KI-VO eines in Anhang I aufgeführten Produkts) oder aber das KI-System ist selbst ein gefährliches Produkt iSd Anhang I.[70] Vereinfacht gesagt ergänzt die KI-VO hier das bereits bestehende **sektorspezifische Produktsicherheitsrecht.**[71]

(2) Hochrisiko-KI-Systeme nach Art. 6 Abs. 2 KI-VO. Zum anderen kann es sich um ein eigenständiges („stand-alone"[72]-)KI-System handeln, das nach Maßgabe der jeweiligen **Zweckbestimmung des Anbieters** in einem der acht in **Anhang III** aufgeführten Einsatzbereiche Verwendung finden soll.[73] Zu diesen Hochrisiko-Bereichen[74] gehören bspw. Biometrik, allgemeine und berufliche Bildung, Beschäftigung und Personalmanagement sowie die Zugänglichkeit und Inanspruchnahme grundlegender privater und öffentlicher Dienste und Leistungen.[75] Klarheit in Abgrenzungsfragen dürfte hier (hoffentlich) die erwartete Leitlinie zur praktischen Umsetzung der Kommission bringen.[76] Zudem empfiehlt es sich, zur Abgrenzung den Katalog der verbotenen Systeme von Art. 5 KI-VO parallel zu lesen. 24

Besonders wichtig ist in diesem Zusammenhang auch der zusätzliche **„Filter"** in Art. 6 Abs. 3 KI-VO.[77] Dieser Ausnahmetatbestand bewirkt, dass *prima facie* stand-alone Hochrisiko-KI-Systeme iSv Art. 6 Abs. 2 KI-VO (abweichend von der Grundregel des Art. 6 Abs. 2) doch nicht als hochriskant einzustufen sind, wenn sie **kein erhebliches Risiko** der Beeinträchtigung in Bezug auf die Gesundheit, Sicherheit oder Grundrechte natürlicher Personen bergen, indem sie unter anderem nicht das Ergebnis der Entscheidungsfindung wesentlich beeinflussen. Dies soll nach Abs. 3 UAbs. 2 bei eng gefassten Verfahrensaufgaben, der bloßen Verbesserung bereits beendeter menschlicher Tätigkeiten, dem Erkennen von Entscheidungsmustern bzw. der Abweichung von solchen oder auch ausschließlich vorbereitenden Aufgaben der Fall sein. Eine **Rückausnahme** gilt nach UAbs. 3, sobald das System Profiling natürlicher Personen iSv Art. 4 Nr. 4 DS-GVO vornimmt. Ist mithin der Filter des Art. 6 Abs. 3 KI-VO einschlägig, so würde auch eine GenAI einsetzende Stelle keinen Betreiberpflichten bzgl. Hochrisiko-KI-Systemen unterliegen.[78] 25

Praxishinweis:

Dieser Filter wird **in der Praxis eine gewichtige Rolle** spielen, um den strengen Betreiberpflichten beim Einsatz von KI-Systemen in Hochrisiko-Bereichen entgehen zu können.[79] 26

[69] Dazu Ebers/Quarch Rechtshandbuch ChatGPT/Ebers § 2 Rn. 153 f. und 161 ff.; Bomhard/Siglmüller RDi 2024, 45 Rn. 15; zum Verhältnis der KI-VO zu den in Anhang I aufgeführten Harmonisierungsrechtsvorschriften sind Leitlinien der EU-Kommission gem. Art. 96 Abs. 1 Buchst. e KI-VO zu erwarten.

[70] Borges CR 2024, 565 Rn. 3; Art. 6 Abs. 1 Buchst. b KI-VO schränkt den Anwendungsbereich des Art. 6 Abs. 1 KI-VO als zweite Voraussetzung indes auf solche Fälle ein, in denen das adressierte Produkt nach den maßgeblichen NLF-Harmonisierungsrechtsvorschriften iSd Anhang I (ausnahmsweise) einer Konformitätsbewertung durch Dritte unterzogen werden muss, vgl. Borges CR 2024, 565 Rn. 12.

[71] Ebers/Streitbörger RDi 2024, 393 Rn. 17.

[72] Erwgr. 52 S. 1 KI-VO; Kritik am Begriff Martini/Wendehorst/Ruschemeier KI-VO Art. 6 Rn. 83.

[73] Ebers/Quarch Rechtshandbuch ChatGPT/Ebers § 2 Rn. 155.

[74] In der Praxis dürften dies die wichtigsten Anwendungsfälle von Hochrisiko-KI-Systemen werden, vgl. Wybitul BB 2024, 2179.

[75] Martini/Wendehorst/Ruschemeier KI-VO Art. 6 Rn. 88.

[76] Gem. Art. 6 Abs. 5 KI-VO: *„spätestens bis zum 2. Februar 2026 Leitlinien zur praktischen Umsetzung […] und eine umfassende Liste praktischer Beispiele für Anwendungsfälle für KI-Systeme, die hochriskant oder nicht hochriskant sind"*; Befürchtung, dass diese Konkretisierungen jedoch erst nach Ablauf der davon unabhängigen Umsetzungsfristen erscheinen könnten, vgl. Bomhard/Siglmüller RDi 2024, 45 Rn. 40.

[77] Dazu unter besonderer Berücksichtigung von Justiz-KI Saam/Hermann RDi 2024, 608.

[78] Ebers/Streitbörger RDi 2024, 393 Rn. 25.

[79] Bomhard/Siglmüller RDi 2024, 45 Rn. 17 sprechen von *„interessante[n] Gestaltungsmöglichkeiten zur effektiven Eindämmung der ausufernden Reichweite von Annex III"*.

Allerdings ist eine solche Selbsteinschätzung seitens der einsetzenden Stelle – auch aufgrund des abschließenden Charakters der Ausnahmeregelung – immer auch mit erheblichen Compliance-Risiken verbunden.[80]

Die Gründe für eine Einstufung als nicht-hochriskant sollten sich bereits aus der verpflichtenden Dokumentation des Anbieters in Bezug auf seine Einstufung ergeben, Art. 6 Abs. 4 KI-VO.

Weitere Orientierung bietet Erwgr. 53 KI-VO. Dieser nennt als Anwendungsbeispiele des Filters die Kategorisierung von Dokumenten oder Daten, die Verbesserung der sprachlichen Qualität von Texten (etwa iRv Anwendungen wie **DeepL Write**), die Übersetzung von Erstdokumenten (bspw. bei DeepL Translate) oder auch intelligente Lösungen zur Indexierung, Suche, Text- und Sprachverarbeitung oder Verknüpfung von Daten mit anderen Datenquellen.

Hingegen ist eine *false-positive*-Einschätzung als Hochrisiko-KI-System für den Verpflichteten grds. schadlos (ein wohl bewusst geschaffener Anreiz).[81]

Insgesamt ist zu hoffen, dass die Leitlinien zur praktischen Umsetzung des Art. 6 sowie die *„umfassende Liste praktischer Beispiele für Anwendungsfälle für KI-Systeme, die hochriskant oder nicht hochriskant sind"*, welche bis zum 2.2.2026 durch die EU-Kommission bereitgestellt werden soll[82] (vgl. Art. 6 Abs. 5 KI-VO), mehr Klarheit bringen werden.

27 **dd) Kurzüberblick: Regelungen für GPAI-Lösungen.** Für GPAI-Modelle (zum Begriff bereits → Rn. 14 ff.) gilt ein **eigenes, abgestuftes Regelungsregime** in Kapitel V (Art. 51 ff. KI-VO). Anknüpfungspunkt ist hier nicht das Risiko ihres konkreten Einsatzes, sondern die **Wirkkraft des GPAI-Modells** (Art. 51 KI-VO). Dabei geht es im Kern um die Frage, ob aufgrund der Fähigkeiten des Modells dessen Nutzung *„potenziell erhebliche Auswirkungen auf den gesamten Unionsmarkt"* hat.[83] Anhand dessen sind GPAI-Modelle als mit oder ohne systemisches Risiko[84] einzustufen[85] (two-tier-approach[86]). Für GPAI mit systemischem Risiko („systemic risk") bestehen auf einer zweiten Stufe weitere Pflichten gem. Art. 55 KI-VO.[87]

28 Interessanterweise gelten die gesonderten Pflichten für GPAI nur für Anbieter[88], nicht hingegen für die (iRd Beitrag relevanten) Betreiber von GPAI-Lösungen.[89] Das GPAI-Regelungsregime steht zudem **neben dem gestuften, risikobasierten Ansatz** bzgl.

[80] Ebers/Quarch Rechtshandbuch/Ebers ChatGPT § 2 Rn. 169 verweist darauf, dass die Selbsteinschätzung von der zuständigen Behörde (natürlich) überprüft werden kann.

[81] BeckOK KI-Recht/Klawonn KI-VO Art. 6 Rn. 1.

[82] Zur Relevanz und Abgrenzung der Leitlinien allgemein, vgl. bereits unter → Fn. 26.

[83] Martini/Wendehorst/Bernsteiner/Schmitt KI-VO Art. 51 Rn. 26.

[84] Art. 3 Nr. 65 KI-VO.

[85] Wendt/Wendt Das neue Recht der Künstlichen Intelligenz/Wendt § 10 Rn. 19 ff.; die Kriterien zur Einstufung als systemisches Risiko finden sich in Art. 51 iVm Anhang XIII KI-VO bzw. weitere Verfahrensvorschriften in Art. 52 KI-VO.

[86] Ebers/Quarch Rechtshandbuch ChatGPT/Ebers § 2 Rn. 131.

[87] Bzgl. GPAI-Systemen gibt es nur wenige Sonderregelungen, bspw. Transparenzpflichten nach Art. 50 Abs. 2 und Kontrollbefugnisse nach Art. 75 KI-VO.

[88] Für die Pflichten für Anbieter von GPAI-Modellen siehe Hecht KIR 2025, 30; zur str. Frage, ob der Anbieter eines KI-Systems, in das ein GPAI-Modell integriert wird, iSd KI-VO auch als Anbieter des GPAI-Modells anzusehen ist und damit Adressat der Pflichten von Art. 53 und 55 KI-VO wird siehe Ringlage/Weschky ZfDR 2024, 417 (420 ff.); für die Auslegung der relevanten Legaldefinitionen in Bezug auf den Anwendungsbereich der KI-VO hinsichtlich GPAI-Modellen vgl. die jüngst veröffentlichten „Guidelineson the scope of the obligations for general-purpose AI models", C(2025) 5045 final vom 18.7.2025 (Art. 96 Abs. 1 KI-VO); vgl. zudem den GPAI Praxisleitfaden/Code of practice des AI Office (Art. 56 KI-VO), mittels dessen Anbieter von GPAI-Modellen ihre KI-VO Compliance in Bezug auf Sicherheit, Transparenz und Urheberrecht nachweisen können sollen, https://digital-strategy.ec.europa.eu/en/policies/contents-code-gpai (zuletzt abgerufen am 15.7.2025).

[89] Chibanguza/Steege NJW 2024, 1769 Rn. 47; Ebers LTZ 2024, 1.

„normaler" KI-Systeme der „Säule 1". Dh die Anbieterpflichten in Bezug auf die Allzweck-GPAI sind zusätzlich zu den Pflichten der jeweiligen Risiko-Stufe (soeben bei → Rn. 22 ff.) des konkret eingesetzten KI-Systems zu erfüllen.[90]

Hinweis:
Das **individuelle Einsatzgebiet** einer GPAI-Lösung entscheidet somit über deren Regulierung im Einzelfall.[91] Ein GPAI-System kann bspw. als ein eigenständiges Hochrisiko-KI-System in Verkehr gebracht oder in Betrieb genommen werden. Falls das GPAI-System folglich zur Verwendung in einem Hochrisikosektor bestimmt wird (egal, ob als eigenständiges KI-System oder auch nur als Komponente/Baustein eines solchen) ist die GPAI-Lösung in ihrer dann konkreten, zweckbezogenen Verwendung als eigenständiges Hochrisiko-KI-System einzustufen.[92] Dann treffen den sie verwendenden Betreiber diesbzgl. entsprechende Betreiberpflichten. Das dem KI-System zugrundeliegende GPAI-System als solches unterliegt jedoch nicht den Vorschriften für Hochrisiko-KI-Systeme (→ Rn. 17).[93] Es gilt also, klar zwischen den Regelungsregimen von „Säule 1" und „Säule 2" (→ Rn. 8 ff.) zu unterscheiden.

b) Einordnung der Begriffe rund um GenAI

In der medialen Öffentlichkeit sowie zT in anderen Rechtsbereichen wird statt von GPAI 29
zumeist von **„Generativer KI"** oder **GenAI** gesprochen. Zentral ist dabei die Fähigkeit eines Systems, auf Basis von sog. Prompts (Eingabe-Befehlen) und mithilfe großer Sprachmodelle, neue, realistische und kreative Inhalte (Texte, Bilder, Videos oder andere synthetische Inhalte) generieren oder bestehende manipulieren zu können.[94]

Zwar kommt der Begriff generative KI zweimal in der KI-VO vor, allerdings **nicht als** 30
eigenes Regelungsobjekt, sondern jeweils nur in Bezug auf GPAI-Modelle, und zwar in Erwgr. 99 und 105. Dort wird zum einen klargestellt, dass große generative KI-Modelle ein typisches Beispiel für ein GPAI-Modell iSd KI-VO sind. Zum anderen wird verdeutlicht, dass deren Anbieter entlang der KI-Wertschöpfungskette eine besondere Rolle und Verantwortung wahrzunehmen haben, da die von ihnen bereitgestellten Modelle die Grundlage für eine Reihe nachgelagerter KI-Systeme bilden können (Erwgr. 101 S. 1 KI-VO).

Fragt man nun nach Pflichten der einsetzenden Stelle beim Verwenden von GenAI nach 31
der KI-VO ist zunächst der Begriff „GenAI" in die bereits dargestellte Systematik der KI-VO mit ihren vier Regelungsobjekten einzuordnen (für diese bereits → Rn. 8 ff.):

---

90 Chibanguza/Steege NJW 2024, 1769 Rn. 47; Ringlage/Weschky ZfDR 2024, 417 (421 f.).

91 Wendt/Wendt Das neue Recht der Künstlichen Intelligenz/Wendt § 10 Rn. 10.

92 Hacker/Holweg The Regulation of Fine-Tuning. Federated Compliance for Modified General-Purpose AI Models, 2025, S. 13 f.; Bosman spricht davon, dass das GPAI-System in solchen Fällen zu einem Hochrisiko-KI-System „spezifiziert" werde, bei dem der Anbieter gerade keinen Gebrauch vom allgemeinen Verwendungszweck des KI-Systems (mehr) mache, vgl. BeckOK KI-Recht/Bosman KI-VO Art. 25 Rn. 18 f. und 21. Nach hier vertretener Ansicht bedarf es dazu grds. allerdings nicht erst Art. 25 KI-VO, wie Erwgr. 85 S. 1 KI-VO beweist; Art. 25 KI-VO dürfte erst dann zur Anwendung gelangen, wenn der Anbieter des GPAI-Systems die Verwendung zu einem hochriskanten Zweck ausgeschlossen hat, der Betreiber diesen Ausschluss aber nicht beachtet, vgl. dazu → Rn. 55 ff.; ob der Anbieter eines GPAI-Systems dessen Einsatz zu hochriskanten Zwecken willkürfrei ausschließen kann (oder ggf. muss), ist derzeit noch hoch umstritten, siehe dazu bei Schwartmann/Zenner EuDIR 2025, 3 Rn. 18 f.; bejahend zB Ebers/Quarch Rechtshandbuch ChatGPT/Ebers § 2 Rn. 158.

93 Ebers/Streitbörger RDi 2024, 393 Rn. 4; in der Konsequenz auch BeckOK KI-Recht/Bosman KI-VO Art. 25 Rn. 18 f. und 21.

94 So bei Ebers/Quarch Rechtshandbuch ChatGPT/Ebers § 2 Rn. 4 mit weiteren Hinweisen; Martini/Wendehorst/Martini KI-VO Art. 50 Rn. 112.

Hinweis:
Vorab ist nochmals festzuhalten, dass die KI-VO **keine Pflichten spezifisch für GenAI** bereithält, sondern es muss jeweils geprüft werden, für welchen Akteur bezogen auf welches Regelungsobjekt welche Pflichten bestehen. Denn mit „Generativer KI/GenAI" kann letztlich, je nach Kontext, jeder der vier Grundbegriffe der KI-VO gemeint sein[95].

(1) Zunächst kann das der GenAI zugrundeliegende **„KI-Modell"** betroffen sein, das die Erzeugung neuer Inhalte wie Text, Audio, Bild oder Video ermöglicht. Konkret gemeint sind damit die sog. tiefen neuronalen Netze, die mithilfe von „Deep Learning" trainiert worden sind, um Muster aus Daten zu erfassen sowie eigene Inhalte produzieren zu können.[96]

(2) Soweit das Modell allgemein verwendbar ist und die Fähigkeit besitzt, ein breites Spektrum unterschiedlicher Aufgaben zu erfüllen, handelt es sich um ein **„GPAI-Modell"** (Art. 3 Nr. 63 und Erwgr. 97 S. 2 KI-VO). Beispiele hierfür sind die großen GenAI-Modelle wie GPT4o, Gemini oder DALL-E[97], die eine flexible Erzeugung von Inhalten ermöglichen, etwa in Form von Text-, Audio-, Bild- oder Videoinhalten (Erwgr. 99 KI-VO).

(3) Sofern eine Nutzerschnittstelle vorliegt, kann aber auch ein bedienbares **„GPAI-System"** wie ChatGPT oder der Google Gemini Chatbot gemeint sein. Denn diese Systeme können einer Vielzahl von Zwecken dienen und direkt eingesetzt oder in andere KI-Systeme integriert werden (bspw. des Anwenders), wie es Art. 3 Nr. 66 KI-VO fordert.

(4) Schließlich kann auch ein **„KI-System"** gemeint sein, das je nach Anwendungsszenario bzw. Anwendungsart einer bestimmten Risiko-Stufe zuzuordnen ist: bspw. als Hochrisiko-KI-System oder als ein KI-System iSd Art. 50 KI-VO. Bspw. kann ein breit einsetzbares GPAI-System wie ChatGPT **im konkreten Anwendungsfall** sowohl als eigenständiges Hochrisiko-KI-System eingesetzt werden oder aber als eine Komponente eines anderen Hochrisiko-KI-Systems dienen (Erwgr. 85 S. 1 KI-VO, → Rn. 27 f. und 16 f.).

Dazu folgende Beispiele:

32 • Eine GenAI-Lösung wie ChatGPT kann aus Sicht des Anbieters OpenAI ein GPAI-System sein, für die einsetzende Stelle im konkreten Anwendungsfall jedoch bspw. zu einem Hochrisiko-KI-System werden (je nach Verwendungszweck oder konkreter Verwendung). Dies ist in der Praxis aufgrund der Breite an Lebensbereichen, die von Anhang III der KI-VO erfasst werden (vgl. die Kategorisierung von Hochrisiko-KI-Systemen → Rn. 22 ff.), sogar gar nicht unwahrscheinlich, so zB im Bereich des Arbeitsplatzes.[98]

• **Viele GPAI-Lösungen** werden jedoch **auch außerhalb der Hochrisiko-Bereiche** eingesetzt, so zB als Chatbot in der Kundenkommunikation oder als ein unternehmensinternes Chatbot-Assistenzsystem (sog. „Unternehmens-GPT").[99] Dann kann es sich für die GenAI einsetzende Stelle um ein KI-System iSd Art. 50 KI-VO handeln (dazu näher bei → Rn. 142 ff.).

[95] Wendt/Wendt Das neue Recht der Künstlichen Intelligenz/Wendt § 10 Rn. 6 warnt zu Recht davor, die Begriffe GenAI und GPAI synonym zu verwenden.

[96] Ebers/Quarch Rechtshandbuch ChatGPT/Glauner § 1 Rn. 5 und 15 f.; Wendt/Wendt Das neue Recht der Künstlichen Intelligenz/Wendt § 2 Rn. 36 ff.: Bsp. für „Deep Learning"-Anwendungen sind neben Bildklassifizierung und Spracherkennung auch pharmazeutische Analysen.

[97] Ebers/Streitbörger RDi 2024, 393 Rn. 4; für die verschiedenen Modelle von zB Gemini vgl. https://ai.google.dev/gemini-api/docs/models/gemini?hl=de (zuletzt abgerufen am 15.7.2025).

[98] Ebers/Quarch Rechtshandbuch ChatGPT/Steege/Franke § 9 Rn. 170 (173).

[99] Wendt/Wendt Das neue Recht der Künstlichen Intelligenz/Wendt § 10 Rn. 11 f.; BeckOK KI-Recht/Bosman KI-VO Art. 25 Rn. 22.

c) Take-aways der sachlichen Anwendbarkeit

- Insgesamt beschreibt der Begriff „GenAI" also zuvorderst GPAI-Modelle und -Systeme. Er sollte jedoch nicht synonym verwendet werden, da weiterhin Begriffsunschärfen bestehen.[100] 33
- Für **GPAI an** sich bestehen **keine Pflichten,** die die GenAI **einsetzende Stelle** in der Rolle eines „Betreibers" (zur Rolle des Betreibers → Rn. 34 ff.) zu beachten hat. Denn wie erwähnt bestehen für GPAI (-Modelle) nur Anbieterpflichten, die grds. durch das reine Verwenden/Einsetzen/Benutzen von GenAI nicht ausgelöst werden (zu den Ausnahmen nach Art. 25 Abs. 1 KI-VO → Rn. 55 ff.).
- Für **KI-Systeme** iSd KI-VO bestehen allerdings **eigene Betreiberpflichten** (→ Rn. 65 ff.). Steht also fest, um was für eine Art von KI-System es sich bei der eingesetzten GenAI-Lösung handelt (v.a Hochrisiko-KI-System oder ein KI-System iSd Art. 50 KI-VO), können anhand dessen die relevanten Betreiberpflichten für die GenAI einsetzende Stelle ermittelt werden. Dazu muss aber zunächst geprüft werden, ob die GenAI einsetzende Stelle als ein „Betreiber" eines „KI-Systems" iSd KI-VO einzustufen ist.

2. Persönlicher Anwendungsbereich: Die einsetzende Stelle als Betreiber nach der KI-VO

Die ein GenAI-System einsetzende Stelle wird regelmäßig nicht Anbieter, sondern **Betreiber** eines KI-Systems sein.[101] Denn mit Ausnahme von größeren Unternehmen, werden Content Creator genauso wie kleine und mittlere Unternehmen – zumindest vorerst – auf im Markt vorhandene KI-Lösungen **(AIaaS)** setzen bzw. bestehende KI-Systeme lizensieren und gerade nicht eigene KI-gestützte Tools entwickeln (lassen) und trainieren bzw. finetunen.[102] Praxisbeispiele finden sich bereits jetzt mannigfaltig und reichen vom Einsatz externer GenAI Tools zur Unterstützung des Kundenservice (Chatbots, Kundenhotline etc), über die KI-gestützte Content- und Design-Generierung für Kreative bis hin zur Optimierung von Geschäftsprozessen.[103] 34

Die Definition des Betreibers iSd KI-VO ist allerdings in Teilen nur unzureichend vom Gesetzgeber konturiert worden[104] (sogleich → Rn. 36 ff. und insbes. → Rn. 42). Das kann jedoch **Gestaltungsmöglichkeiten** bieten, zumal nicht jede Nutzung von GenAI Betreiberpflichten auslöst (vgl. die negative Abgrenzung zu Dritten wie dem „bedienenden Nutzer" in → Rn. 48 ff.). Zur Einordnung der untechnischen Begriffe rund um die GenAI „einsetzende Stelle" in die Logik der KI-VO (vgl. den zusammenfassenden Überblick in → Rn. 54) sowie der möglichen Gestaltung (insbes. zur Vermeidung der Anbieterrolle, → Rn. 55 ff.) sollen die nachfolgenden Erläuterungen dienen: 35

a) Der Betreiber als Akteur nach der KI-VO

Zunächst soll die Betreibereigenschaft in den Gesamtkontext der KI-VO eingeordnet und die **praktische Relevanz** dieser Abgrenzung aufgezeigt werden (→ Rn. 37 ff.). Darauf folgt eine Darstellung der **einzelnen Tatbestandsmerkmale** (→ Rn. 41 ff.). 36

[100] Wendt/Wendt Das neue Recht der Künstlichen Intelligenz/Wendt § 10 Rn. 6.

[101] Witteler/Moll NZA 2023, 327 (333) noch zum KI-VO-E; Förster/Gehrmann SPA 2024, 113 (114); Dilling/Musiol CCZ 2024, 257 (260); Lang/Schwaab LTZ 2025, 28 (30).

[102] Lang/Schwaab LTZ 2025, 28 (30) mwN in Fn. 14, am Bsp. des Einsatzes durch HR; so auch Schwartmann/Keber/Zenner KI-VO/Wünschelbaum Teil 2 Kap. 3 Rn. 160 unter Verweis auf Frank/Heine NZA 2023, 1281 (1283), letztere bereits zum KI-VO-E.

[103] Vgl. Blog-Beitrag Härting, „Anbieter oder Betreiber? Die Schlüsselrollen im AI Act entschlüsselt", https://haerting.de/wissen/anbieter-oder-betreiber-die-schluesselrollen-im-ai-act-entschluesselt/ (zuletzt abgerufen am 15.7.2025).

[104] Zudem lässt sich im allgemeinen Sprachgebrauch oft der Begriff des „KI-Nutzers" finden, zur Abgrenzung der Begriffe sogleich → Rn. 48 ff. und → Rn. 54.

37 **aa) Einordung der Betreibereigenschaft in den Gesamtkontext der KI-VO und Relevanz der Abgrenzung.** Die Abgrenzung der Betreibereigenschaft ist von großer **praktischer Relevanz.**[105] Denn zum einen adressiert die KI-VO als Produktsicherheitsrecht **verschiedene Akteure** entlang der Wertschöpfungskette von KI-Systemen (vgl. Art. 3 Nr. 8 KI-VO und zB Erwgr. 83 S. 2 KI-VO), die jeweils unterschiedliche Pflichten treffen.[106] Und zum anderen muss die **bloße Nutzung** von oder Interaktion mit GenAI **nicht zwingend** von der Betreibereigenschaft **umfasst** sein (vgl. Dritte als „bedienende Nutzer" von GenAI sowie betroffene Personen, sogleich → Rn. 50 ff.).

38 Insgesamt liegt der Auferlegung von Pflichten an die das KI-System konkret verwendende Stelle folgender Gedanke zugrunde[107]: Da nur der Betreiber weiß, wie das KI-System konkret eingesetzt wird (Verwendungskontext sowie die wahrscheinlich betroffenen Personen oder Personengruppen, einschließlich schutzbedürftiger Gruppen), kann auch nur er „erhebliche potenzielle Risiken erkennen, die in der Entwicklungsphase nicht vorausgesehen wurden" (vgl. Erwgr. 93 S. 3 KI-VO). Daher spielt er *„eine entscheidende Rolle bei der Gewährleistung des Schutzes der Grundrechte in Ergänzung der Pflichten der Anbieter bei der Entwicklung der KI-Systeme"*, Erwgr. 93 S. 2 KI-VO. Im Kern geht es also um die **„wirtschaftlich-organisatorische Verantwortung"** für den jeweiligen KI-Einsatz.

39 Zum besseren Verständnis sei darauf hingewiesen, dass die Figur des „Betreibers" im Entwurf der Kommission noch „Nutzer" hieß[108] und zwischenzeitlich das Parlament die „betroffene Person" als *„jede natürliche Person oder Personengruppe, die einem KI-System unterliegt oder anderweitig davon betroffen ist"* legaldefinieren wollte.[109] Dem ist nun nicht mehr so. Aber auch in der finalen Fassung wird bspw. in Art. 4 und Art. 14 Abs. 4 KI-VO zwischen dem Betreiber einerseits und dem mit der Nutzung/Überwachung des KI-Systems befassten *„Personal und andere[n] Personen"* unterschieden. Dadurch wird deutlich, dass grds. die **einsetzende Stelle** und **nicht deren Mitarbeiter** von den Pflichten der KI-VO adressiert werden sollen.[110]

Praxishinweis:

40 Bei (vertraglichen) Formulierungen ist daher streng zu unterscheiden, ob der untechnische Gebrauch des Wortes „Nutzer" von GenAI den Betreiber iSd KI-VO meint, oder „nur" eine das KI-System bedienende dritte Person, also gleichsam den **„bedienenden Nutzer"**. Dieser kann zugleich eine vom KI-Einsatz „betroffene Person" sein, die durch die KI-VO geschützt werden soll, sodass ihr gerade keine Pflichten obliegen. Oder aber es handelt sich um einen **sonstigen Dritten** (bspw. einen Mitarbeiter oder Geschäftspartner), der bspw. den generierten Output lediglich nutzt, ohne von ihm betroffen zu sein (vgl. für diese Bezeichnungen und Abgrenzungen → Rn. 50 ff. und → Rn. 54).

41 **bb) Die TB-Merkmale des Betreibers.** Nach Art. 3 Nr. 4 KI-VO ist ein Betreiber eine natürliche oder juristische Person, Behörde, Einrichtung oder sonstige Stelle, die ein KI-

[105] Martini/Wendehorst/Wendehorst KI-VO Art. 3 Rn. 86; Schuh/Witt EuDIR 2025, 142 Rn. 2.
[106] Nochmal zur Erinnerung: Die KI-VO enthält nicht „die Pflichten" für GenAI, sondern es muss jeweils geprüft werden, für welchen Akteur bezogen auf welches Regelungsobjekt welche Pflichten bestehen, → Rn. 29 ff.).
[107] Dieser ist bei der Auslegung der Reichweite der Betreibereigenschaft zu beachten.
[108] COM(2021) 206 final; Zur Entstehungsgeschichte und Kritik am zunächst verwendeten Begriff „Nutzer" vgl. Martini/Wendehorst/Wendehorst KI-VO Art. 3 Rn. 81: *„Damit wurde fälschlich der Eindruck erweckt, die betreffende Partei sei funktionell mit dem Nutzer bzw. Endnutzer vergleichbar, wie wir ihn aus anderen Digitalrechtsakten kennen, wo er sich auf die vom jeweiligen Rechtsakt primär geschützte Partei bezieht."*; auch in der älteren Literatur wird daher zT noch der Begriff „Nutzer" verwendet, der jedoch den jetzigen Betreiber meint.
[109] Abänderungen des Europäischen Parlaments vom 14.6.2023 P9_TA(2023)0236, Abänderung 174: für einen entsprechenden Art. 3 Abs. 1 Nr. 8a; dieser ist in der finalen Fassung jedoch nicht mehr enthalten.
[110] Dilling/Musiol CCZ 2024, 257 (260).

System in **eigener Verantwortung** verwendet, es sei denn, das KI-System wird im Rahmen einer persönlichen und nicht beruflichen Tätigkeit verwendet.[111] Insbesondere **in Abgrenzung zum Anbieter**[112], der am Entwicklungsprozess des KI-Systems zumindest planerisch beteiligt sein muss[113], hat der Betreiber lediglich (1.) ein KI-System zu verwenden und (2.) muss die Verwendung in eigener Verantwortung erfolgen. Die Betreibereigenschaft ist (3.) aber ausgeschlossen, wenn dies im Rahmen einer persönlichen und nicht beruflichen Tätigkeit erfolgt.

(1) „Verwenden". Im Gegensatz zu den anderen (akteurübergreifenden) Handlungsweisen, die den Anwendungsbereich der KI-VO beim Umgang mit einem KI-System eröffnen (Inverkehrbringen nach Art. 3 Nr. 9, Inbetriebnahme nach Art. 3 Nr. 11 und Bereitstellung auf dem Unionsmarkt nach Art. 3 Nr. 10 KI-VO)[114] ist das „Verwenden" (interessanterweise) **nicht legaldefiniert.** Dass die Betreiber-Definition, anders als die des Anbieters, keine GPAI-Modelle inkludiert, ist indes systemlogisch, da *„KI-Modelle als solche nicht in Betrieb genommen werden bzw. dann, wenn sie im Betrieb genommen werden, zu KI-Systemen werden"*.[115] 42

Der Begriff des Verwendens[116] unterstreicht den *„Teilcharakter der KI-VO als Produktnutzungsrecht"*[117] und meint den bewussten[118] Einsatz eines KI-Systems durch die einsetzende Stelle. Der Einsatz bzw. die untechnische „Nutzung"[119] ist dabei breit zu verstehen und meint insoweit jedenfalls **mehr als die einzelnen Nutzungshandlungen** in Bezug auf das KI-System (dh allein das Eingeben von Prompts oder das Gebrauchen/Weiterverarbeiten des Outputs dürfte noch nicht für die Bejahung der Betreibereigenschaft ausreichen[120]). Hierbei ist der **Betreiber** (gedanklich) **von einem Drittem abzugrenzen,** der das KI-System bspw. lediglich (für den Betreiber) bedient oder den generierten Output (weiter-)verwendet (→ Rn. 50 ff.). Taugliches Abgrenzungskriterium zugunsten der Betreibereigenschaft kann dabei sein, ob die wesentlichen Einsatzschritte von der Eingabe des Inputs bis hin zum Output im Herrschaftsbereich des Betreibers, also unter seiner (technischen) Kontrolle erfolgen.[121] Ergänzend ist das zweite Kriterium, nämlich die Verantwortung des Betreibers für den Einsatz des KI-Systems heranzuziehen (→ Rn. 45 f.). Kurzgefasst: Betreiber iSd Art. 3 Nr. 4 KI-VO ist also, wer die **konkreten Umstände des Einsatzes eines KI-Systems festlegt.**[122] 43

[111] Die englische Fassung: „'deployer' means a natural or legal person, public authority, agency or other body using an AI system under its authority except where the AI system is used in the course of a personal non-professional activity.".

[112] Art. 3 Nr. 3 iVm Erwgr. 79 KI-VO; 'provider' in der englischen Fassung.

[113] Wendt/Wendt Das neue Recht der Künstlichen Intelligenz/Wendt § 3 Rn. 51; vgl. dazu die zwei Alternativen der Anbieterdefinition in Art. 3 Nr. 3 KI-VO „entwickelt oder entwickeln lässt und…"; für die Erweiterung des Anbieterbegriffs durch die Anbieterfiktion des Art. 25 Abs. 1 KI-VO vgl. → Rn. 55 ff.; für die Grenzen des Anbieterbegriffs nach Art. 3 Nr. 3 KI-VO vgl. auch → Fn. 195.

[114] Vgl. zu dieser Regelungstechnik Roos/Weitz MMR 2021, 844 (846) bereits zum VO-E der COM; Wiebe BB 2022, 899 (900) spricht insoweit vom „handlungsspezifischen Anwendungsbereich" der KI-VO.

[115] Martini/Wendehorst/Wendehorst KI-VO Art. 3 Rn. 82; etwa durch Hinzufügen einer Nutzerschnittstelle, vgl. Erwgr. 97 S. 7 KI-VO und die Abgrenzung KI-Modell und KI-System bei → Rn. 11; so auch für die Praxis Blog-Beitrag SKW Schwarz „KI-Flash: Der Betreiber eines KI-Systems nach dem AI Act", https://www.skwschwarz.de/news/ki-flash-der-betreiber-eines-ki-systems-nach-dem-ai-act (zuletzt abgerufen am 15.7.2025).

[116] In der englischen Sprachfassung „using".

[117] Wiebe BB 2022, 899 (900) bereits zum VO-E der COM.

[118] So der Ansatz bei Martini/Wendehorst/Wendehorst KI-VO Art. 3 Rn. 83; Wiebe BB 2022, 899 (900) noch zum VO-E der COM spricht nicht von bewusster, sondern „bestimmungsgemäßer Nutzung", was aber letztlich das gleiche bedeuten soll: den bewussten, zielgerichteten, kontrollierten Einsatz im Rahmen der (beruflichen) Tätigkeit der einsetzenden Stelle.

[119] So bei Wendt/Wendt Das neue Recht der Künstlichen Intelligenz/Wendt § 3 Rn. 51: Betreiber ist, *„wer nicht am Entwicklungsprozess beteiligt ist und ein KI-System zu beruflichen Zwecken nutzt"*.

[120] Martini/Wendehorst/Wendehorst KI-VO Art. 3 Rn. 83.

[121] Vgl. Eulenpesch/Malczyk GRUR 2025, 40 (45); Martini/Wendehorst/Wendehorst KI-VO Art. 3 Rn. 87 ff.

[122] So auch Hüger/Radtke KIR 2025, 154 (156).

Praxisbeispiele:

44 • Jedenfalls der **Eigenbetrieb eines KI-Systems auf fremder Infrastruktur** (insbes. IaaS) wird in den Herrschaftsbereich der einsetzenden Stelle fallen, sodass die Betreibereigenschaft der GenAI einsetzenden Stelle dort zu bejahen wäre.[123] Gleiches dürfte für **SaaS-/AIaaS-Lösungen** gelten, da auch hier der Kunde als Betreiber alle Entscheidungen hinsichtlich der Modalitäten des Einsatzes, der Überwachungsmaßnahmen und der aus dem Output zu ziehenden Schlussfolgerungen selbst trifft.[124]

• Anders dürfte dies hingegen zu beurteilen sein, wenn die „einsetzende" Stelle lediglich **KI-generierte Ergebnisse zukauft,** die ein Dritter generiert hat. Dann dürfte lediglich dieser Dritte Betreiber iSd KI-VO sein, weil der gesamte Einsatz des KI-Systems außerhalb des Herrschaftsbereichs der GenAI „einsetzenden Stelle" erfolgt, die quasi lediglich den Output „zukauft".[125]

• Die Abgrenzung von „reine[m] Zukauf/Nutzung von Dienstleistungsergebnissen" zu „Nutzung von AIaaS im eigenen Herrschaftsbereich" dürfte insgesamt fließend und noch unklar[126] sein und somit **Spielraum für vertragliche Regelungen** eröffnen.

• Dazu ein Beispiel anhand der Nutzung eines Chatbots: Solange ein Website-Besucher einen Kundendienst-Chatbot ordnungsgemäß bedient (der Kunde stellt Fragen und der Chatbot beantwortet die Fragen nach den Vorgaben des Unternehmens), bliebe das einsetzende Unternehmen Betreiber. Dies ändert sich bei einem breit einsetzbaren GenAI-System wie ChatGPT. Denn hier würde der Kunde (als Betreiber) dem Chatbot vorgeben, worüber er sprechen soll und nicht mehr das Unternehmen.[127]

45 **(2) „In eigener Verantwortung".** Der Betreiber hat das KI-System in **eigener Verantwortung** zu verwenden. Der Einsatz eines KI-Systems erfolgt dann in eigener Verantwortung, solange dies (dh das Merkmal dient der negativen Abgrenzung[128]) auf eigene Rechnung und auf eigenes Risiko erfolgt.[129] In komplexeren Fällen sollte zur Beantwortung dieser Frage anhand der jeweiligen Umstände des Einzelfalls ermittelt werden, **ob** hinsichtlich der GenAI einsetzenden Stelle eine **besondere Beziehung** (in tatsächlicher und rechtlicher Hinsicht) zum Gebrauch des KI-Systems besteht, die eine **Verantwortungszuweisung** als Betreiber iSd KI-VO **rechtfertigt.**[130] Einige Fallgruppen haben sich bereits herauskristallisiert, wobei die erst beginnende Behördenpraxis bzw. Rechtsprechung im Blick behalten werden sollte[131]:

Praxisbeispiele:

46 • Jedenfalls bei **Arbeitnehmern,** die ein KI-System in persönlicher wie sachlicher Abhängigkeit für ihren Arbeitgeber einsetzen, ist die „eigene Verantwortung" zu verneinen. Denn der Einsatz erfolgt auf Risiko des Arbeitgebers, der somit grds. selbst Betreiber ist[132] (vgl. → Rn. 50 ff.; dort auch zur Frage der Reichweite einer Zurechnung bei unautorisierter Nutzung).

---

[123] So auch Bomhard/Siglmüller RDi 2024, 45 Rn. 4 unter Verweis auf Bomhard/Merkle RDi 2021, 276 Rn. 10; dies gilt erst recht für (in der Praxis wohl eher seltene) on-premise-Lösungen.

[124] Martini/Wendehorst/Wendehorst KI-VO Art. 3 Rn. 88 ff.; mit anderer Begründung auch BeckOK KI-Recht/Kirschke-Biller KI-VO Art. 3 Rn. 123; bei Bomhard/Merkle RDi 2021, 276 Rn. 10 noch offengelassen bzgl. *„eigenverantwortliche Nutzung drittbetriebener Cloud-Applikationen"*.

[125] Martini/Wendehorst/Wendehorst KI-VO Art. 3 Rn. 92 mit dem Bsp.: Kreditauskunftei als Betreiber und das die Auskunft verwendende Kreditinstitut als reiner „Nutzer" des Outputs.

[126] Rosenthal Jusletter 5.8.2024, S. 13.

[127] Rosenthal Jusletter 5.8.2024, S. 12 f.

[128] BeckOK KI-Recht/Kirschke-Biller KI-VO Art. 3 Rn. 122.

[129] Martini/Wendehorst/Wendehorst KI-VO Art. 3 Rn. 84.

[130] Dazu ausführlich Schuh/Witt EuDIR 2025, 142 (146).

[131] So auch die Handlungsempfehlung bei Schuh/Witt EuDIR 2025, 142 (148).

[132] Martini/Wendehorst/Wendehorst KI-VO Art. 3 Rn. 84; Hüger/Radtke KIR 2025, 154 (156); Schwartmann/Keber/Zenner KI-VO/Wünschelbaum Teil 2 Kap. 3 Rn. 160 und 164.

- Andererseits kann der Einsatz (wohl) auch für einen Dritten erfolgen, der mithin sogar die Zwecke der Output-Verarbeitung festlegen kann. Entscheidend für die Bejahung eines eigenverantwortlichen Betreibers dürfte bleiben, ob die Verwendung des KI-Systems im Rahmen der **Erbringung einer Dienstleistung** für einen Dritten (zunächst) ins **Risiko des Auftragnehmers** fällt.[133]
- Häufig wird die GenAI einsetzende Stelle auf eine **Saas/AIaaS-Lösung** zurückgreifen. Je nach vertraglicher Ausgestaltung muss dort die Verantwortung des Dienstleisters allerdings bezweifelt werden, da der Betrieb des KI-Systems zwar technisch der Kontrolle des Dienstleisters unterliegt[134], der Kunde – also die GenAI einsetzende Stelle – jedoch alle Entscheidungen hinsichtlich der Modalitäten des Einsatzes selbst trifft. Die **GenAI einsetzende Stelle** wird daher AIaaS zumeist selbst **als Betreiber** verwenden (soeben bei → Rn. 42 ff.). Auch in Fällen der datenschutzrechtlichen **Auftragsverarbeitung** iSd Art. 28 DS-GVO, bei denen personenbezogene Daten (iRv AIaaS) durch ein KI-System des Auftragsverarbeiters nach den Weisungen des Kunden (Verantwortlicher) verarbeitet werden, dürfte die **Weisungsgebundenheit des Dienstleisters** (Auftragsverarbeiter) dessen Betreibereigenschaft mangels Verwendung des KI-Systems in eigener Verantwortung ausschließen.[135] Die GenAI einsetzende Stelle wäre in diesen Fällen also als Verantwortlicher iSd DS-GVO auch Betreiber iSd KI-VO.[136]
- Schwierige Abgrenzungsfragen dürften ferner dort entstehen, wo mehrere Entitäten das KI-System gemeinsam mit jeweils unterschiedlichen Berechtigungen nutzen.[137] Aber auch hier ergibt sich **vertraglicher und gesellschaftsrechtlicher Gestaltungsspielraum,** etwa durch Allokation der verschiedenen Rollen und Berechtigungen in Nutzungsbedingungen.[138]

(3) „Es sei denn". Der Ausschluss der Betreibereigenschaft bei der Verwendung für private Zwecke wird nun bei → Rn. 48 vertiefter dargestellt. 47

b) Abgrenzung – Wer wird von den Betreiberpflichten nicht adressiert?

aa) Der private Einsatz. Zum einen werden gem. Art. 3 Nr. 4 Hs. 2 KI-VO solche Verwendungen ausgenommen, die zu **privaten Zwecken** erfolgen.[139] Denn die Betreibereigenschaft soll gerade nicht greifen, wenn das KI-System im Rahmen einer persönlichen und nicht beruflichen Tätigkeit verwendet wird. Auch die **„Haushaltsausnahme"** in Art. 2 Abs. 10 stellt klar, dass die KI-VO solche Betreiber nicht erfassen will, die natürliche Personen sind und KI-Systeme im Rahmen einer ausschließlich persönlichen und nicht beruflichen Tätigkeit verwenden.[140] 48

[133] Martini/Wendehorst/Wendehorst KI-VO Art. 3 Rn. 84.

[134] BeckOK KI-Recht/Kirschke-Biller KI-VO Art. 3 Rn. 123 und Rn. 128 für Probleme der Abgrenzung.

[135] BeckOK KI-Recht/Kirschke-Biller KI-VO Art. 3 Rn. 123.

[136] Es wird dafür plädiert, auf das vertraute Konzept der „Verantwortlichkeit" iSd DS-GVO zurückzugreifen, vgl. Rosenthal Jusletter 5.8.2024, S. 13; für Kritik an dieser Übertragung, Schuh/Witt EuDIR 2025, 142 (146).

[137] Martini/Wendehorst/Wendehorst KI-VO Art. 3 Rn. 86 zum Verhältnis der Akteur-Eigenschaften: diese schließen sich nicht gegenseitig aus.

[138] Schuh/Witt EuDIR 2025, 142 (147) weisen zurecht darauf hin, dass der Betreiber jedoch ohne das Hinzutreten weiterer Umstände *„in jedem Fall und unabhängig von vertraglichen Regelungen nach der KI-VO verpflichtet"* bleibt; dort auch Kritik bzgl. Überlegungen einer geteilten Betreibereigenschaft; für die Praxis SKW Schwarz „KI-Flash: Der Betreiber eines KI-Systems nach dem AI Act", https://www.skwschwarz.de/news/ki-flash-der-betreiber-eines-ki-systems-nach-dem-ai-act (zuletzt abgerufen am 15.7.2025).

[139] Ebers/Quarch Rechtshandbuch ChatGPT/Ebers § 2 Rn. 110.

[140] Zur Doppelung dieser Regelungstechnik vgl. Martini/Wendehorst/Wendehorst KI-VO Art. 3 Rn. 85; Martini/Wendehorst/Wendehorst KI-VO Art. 3 Rn. 148 spricht daher davon, dass „klassische vulnerable Gruppen ohnehin kaum Adressaten" der Pflichten der KI-VO sein dürften; die Haushaltsausnahme sei „eigentlich bestenfalls überflüssig", Martini/Wendehorst/Wendehorst KI-VO Art. 2 Rn. 93; nach Ansicht der EU-Kommission sollen rechtswidrige Handlungen von der Ausnahme des Art. 2 Abs. 10 KI-VO umfasst sein, kriminelle Handlungen hingegen nicht, vgl. Guidelines on prohibited artificial intelligence practices, C(2025) 884 final, Rn. 34; für Kritik daran BeckOK KI-Recht/Raue KI-VO Art. 5 Rn. 22.

> **Hinweis:**
> Nutzungen von GenAI in der **Freizeit** lösen grds. keine Betreiberpflichten aus.

49 **bb) Der Anbieter.** Die KI-VO knüpft an **verschiedene Akteure** iSd Art. 3 Nr. 8 KI-VO **unterschiedliche Pflichten,** weshalb die Akteure voneinander abzugrenzen sind. Am Beginn der KI-Wertschöpfungskette steht der an der Entwicklung des KI-Systems beteiligte Anbieter (Art. 3 Nr. 3 KI-VO)[141], den grds. andere Pflichten treffen als den Betreiber.[142]

> **Hinweis:**
> Da die Anbietereigenschaft auch **Fremdentwicklungen** erfasst *(„entwickeln lässt")* sowie die „Inbetriebnahme" eines KI-Systems den Eigengebrauch, vgl. Art. 3 Nr. 11 KI-VO, dh den internen Einsatz eines KI-Systems, kann aus einem Betreiber in diesen Konstellationen zugleich auch ein Anbieter werden[143] (zur Vermeidung der Anbietereigenschaft, vgl. → Rn. 55 ff.). Verwendet der Anbieter das KI-System also nach der Inbetriebnahme selbst, ist er **Anbieter und Betreiber in Personalunion.**[144]

50 **cc) Die betroffene Person sowie der „bedienende Nutzer" als die das KI-System konkret bedienende Person.** Zudem ist der **„bedienende Nutzer"** (zur Bedeutung und Entstehungsgeschichte des Betreiberbegriffs bereits bei → Rn. 37 ff.), also die natürliche Person, die das GenAI-System bspw. mittels der Eingabe von Prompts konkret bedient, **nicht automatisch auch der Betreiber** dieses Systems: Der „Nutzer" von GenAIkann vielmehr zum einen (nur) die von den Gefahren der KI-Nutzung betroffene Person sein, die die KI-VO schützen möchte, ohne sie allerdings zu definieren (und ohne ihr eine besonders starke Stellung einzuräumen).[145] Die betroffene Person wird aber bspw. in Art. 3 Nr. 56 und Art. 26 Abs. 11 KI-VO vorausgesetzt, was auch Erwgr. 13 S. 2 KI-VO verdeutlicht. Erwgr. 13 S. 2 KI-VO bestimmt im Anschluss an die Definition des Betreibers in S. 1, dass sich *„je nach Art des KI-Systems […] dessen Verwendung auf andere Personen als den Betreiber auswirken kann"*. Der Betreiber und die betroffene Person können demnach **personenverschieden** sein.

51 Zum anderen kann es sich bei dieser Person um einen Dritten handeln, der das KI-System lediglich für den Betreiber bedient (dann „bedienender Nutzer") oder der den generierten Output verwendet, ohne von diesem betroffen zu sein oder Pflichten aus der KI-VO zu unterliegen.[146] Dass zwischen dem Betreiber und dem Output-verwendenden oder das System bedienenden Dritten ein Unterschied bestehen kann (etwa örtlich oder organisatorisch), verdeutlicht Art. 2 Abs. 1 Buchst. c KI-VO.[147] Und auch Art. 25 Abs. 1 KI-VO bringt zum Ausdruck, dass Dritte bei der Bedienung bzw. Nutzung eines KI-Systems neben dem Betreiber eine Rolle spielen können, die sie unter Umständen sogar selbst zum Anbieter

---

141 Wendt/Wendt Das neue Recht der Künstlichen Intelligenz/Wendt § 3 Rn. 51; vgl. dazu die zwei Alternativen der Anbieterdefinition in Art. 3 Nr. 3 KI-VO „entwickelt oder entwickeln lässt und…"; vgl. → Rn. 41.

142 Grds. können aber auch mehrere Akteureigenschaften kumulativ vorliegen, vgl. Ebers/Streitbörger RDi 2024, 393 Rn. 12; Martini/Wendehorst/Wendehorst KI-VO Art. 3 Rn. 86; so bspw. infolge des Art. 25 Abs. 1 KI-VO, → Rn. 55 ff.

143 Ebers/Quarch Rechtshandbuch ChatGPT/Ebers § 2 Rn. 109.

144 Schuh/Witt EuDIR 2025, 142 (143 f.).

145 Schuh/Witt EuDIR 2025, 142 (144); Martini/Wendehorst/Wendehorst KI-VO Art. 3 Rn. 81; vgl. jedoch das Auskunftsrecht der betroffenen Person nach Art. 86 KI-VO, → Rn. 129 ff.

146 Dies kann einem Rückschluss aus dem Art. 2 Abs. 1 Buchst. c KI-VO entnommen werden, vgl. Martini/Wendehorst/Wendehorst KI-VO Art. 3 Rn. 83, da die Verwendung des Outputs an einer anderen Stelle erfolgen kann, als sich der Betreiber befindet; die KI-VO erkennt die Rolle eines Dritten bspw. in Erwgr. 84 S. 1 KI-VO an.

147 Martini/Wendehorst/Wendehorst KI-VO Art. 3 Rn. 83.

werden lässt (→ Rn. 55 ff.). Zur besseren Abgrenzung soll diese – in der KI-Wertschöpfungskette zwischen Betreiber und betroffener Person stehende[148] – Person der **„bedienende Nutzer"** genannt werden.[149]

Hinweis:
In der Anwendungs- und Betriebsphase des KI-Systems treten also neben dem Betreiber auch die von den KI-VO weder definierten noch von ihren Pflichten adressierten **betroffenen Personen** sowie **„bedienende Nutzer"** in Erscheinung.[150] Eine Person kann auch beide Eigenschaften in sich vereinen. Hinzu kommen sonstige Dritte. **Betreiber** ist demgegenüber die **GenAI einsetzende Stelle,** soweit sie den Einsatz des KI-Systems kontrolliert und nicht zwingend (zugleich) die Person, die das KI-System nutzt oder bedient bzw. von ihm betroffenen ist.[151]

Praxisbeispiele:

- Da der Wortlaut der Betreiber-Definition **„eigene Verantwortung"** fordert, sind bspw. **Mitarbeiter** der einsetzenden Stelle als abhängig Beschäftigte grds. **keine Betreiber.**[152] Sie können aber betroffene Personen oder sonstige Dritte sein und das einsetzende Unternehmen wäre dann Betreiber iSd KI-VO, da ihm das Verhalten seiner Arbeitnehmer grds. zuzurechnen ist.[153] 52
- Äußerst praxisrelevant, aber noch nicht abschließend geklärt ist die Frage der Reichweite/Zurechnung bei **unautorisierter Nutzung durch den Arbeitnehmer.** Hier sollte sich an arbeitsrechtlichen Standards der Zurechnung orientiert werden.[154]
  - Nutzt folglich ein Mitarbeiter ein KI-System im Rahmen seiner ihm zugewiesenen Aufgabe[155], dürfte dies der GenAI einsetzenden Stelle als Betreiber **zuzurechnen** sein.[156]
  - Die Gefahr einer Zurechnung dürfte hingegen jedenfalls dann nicht mehr bestehen, wenn der Arbeitnehmer GenAI-Systeme wissentlich gegen oder außerhalb arbeitsrechtlicher Weisungen oder Nutzungsbegrenzungen einsetzt und die GenAI einsetzenden Stelle die ihr **zumutbaren technisch-organisatorischen Maßnahmen** getroffen hat, um die Erfüllung dieser Weisungen sicherzustellen **(Mitarbeiterexzess).**[157] Hierbei ist bspw. an Prompt- oder Output-Sperren zu denken, die einen Einsatz des KI-Systems in einem Hochrisiko-Bereich iSd Anhang III verhindern sollen.
  - In der Folge wäre der Arbeitnehmer vielmehr selbst als Betreiber zu qualifizieren (→ Rn. 60).[158] Weitere Grenzen der Zurechnung sind der **private Einsatz** sowie **eigene unternehmerische Tätigkeiten** des Arbeitnehmers.[159]

[148] Schuh/Witt EuDIR 2025, 142 (144).
[149] BeckOK KI-Recht/Kirschke-Biller/Füllsack KI-VO Art. 3 Rn. 103 schlagen als Begriff „Benutzer" oder *„Bediener"* vor und Schuh/Witt EuDIR 2025, 142 (144) „Endnutzer" wohl in Anlehnung an den Leitfaden für die Umsetzung der Produktvorschriften der EU 2022 („Blue Guide"), Ziff. 3.8.
[150] Schuh/Witt EuDIR 2025, 142 (145); beide Eigenschaften können auch parallel vorliegen.
[151] Borges CR 2024, 565 Rn. 73 spricht von der KI-einsetzenden „Entität".
[152] Ebers/Streitbörger RDi 2024, 393 Rn. 40 unter Verweis auf Hilgendorf/Roth-Isigkeit/Gless/Janal KI-VO § 2 Rn. 45; Ebers/Quarch Rechtshandbuch ChatGPT/Ebers § 2 Rn. 110; Hüger/Radtke KIR 2025, 154 (156); auch die EU-Kommission geht von diesem Verständnis aus, vgl. Guidelines on prohibited artificial intelligence practices, C(2025) 884 final, Rn. 18; zu den Ausnahmen sogleich.
[153] Schwartmann/Keber/Zenner KI-VO/Wünschelbaum Teil 2 Kap. 3 Rn. 160 und 164.
[154] Schwartmann/Zenner EuDIR 2025, 3 Rn. 29 schlagen vor, sich an der EuGH-Rspr. hinsichtlich Exkulpationsregeln für Verhalten der Mitarbeiter iRd Art. 82 Abs. 3 DS-GVO zu orientieren.
[155] Für das mögliche Direktionsrecht des Arbeitgebers bzgl. der Verwendung von GenAI vgl. zB Lang/Schwaab LTZ 2025, 28 (32).
[156] Borges CR 2024, 497 Rn. 87.
[157] Borges CR 2024, 497 Rn. 87; Schwartmann/Keber/Zenner KI-VO/Wünschelbaum Teil 2 Kap. 3 Rn. 164.
[158] Schwartmann/Keber/Zenner KI-VO/Wünschelbaum Teil 2 Kap. 3 Rn. 164.
[159] Borges CR 2024, 497 Rn. 87.

- Relevant werden diese Fragen der Zurechnung insbes. bei der **Anbieterfiktion** (→ Rn. 55 ff.) sowie den erforderlichen Maßnahmen der menschlichen Aufsicht (Art. 26 Abs. 2 KI-VO, → Rn. 96 ff.) und der KI-Kompetenz der Mitarbeiter (vgl. → Rn. 137 ff. zu Art. 4 KI-VO).
- Ein weiteres Problemfeld stellt die sog. „**Schatten-KI**" dar, also die Nutzung von GenAI-Systemen durch die Arbeitnehmer mittels eigener privater Lizenzen/Accounts. Hier besteht für die GenAI einsetzende Stelle die **Gefahr** einer Betreibereigenschaft, wenn deren **Einsatz geduldet** oder sogar **genehmigt** wird.[160]

53 **dd) Weitere Ausnahmen.** Zudem gibt es allgemeine Ausnahmen für den Bereich der **wissenschaftlichen Forschung und Entwicklung,** solange das Testen nicht unter Realbedingungen erfolgt, Art. 2 Abs. 6 und 8 KI-VO, sowie für ganz bestimmte Open Source KI-Systeme solange es sich nicht um Hochrisiko-KI-Systeme oder um solche iSd Art. 50 KI-VO handelt (Art. 2 Abs. 12 KI-VO), wodurch dieses Open-Source-Privileg de facto allerdings leerläuft.[161]

c) Einordnung untechnischer Begriffe in die Logik der KI-VO

54 Bezogen auf den Einsatz von GenAI zur Content-Generierung ergibt sich aus den vorherigen Absätzen daher folgende Abgrenzung:

- Die **GenAI einsetzende Stelle,** oftmals aber nicht zwingend ein **Unternehmen,** ist in den meisten Fällen ein **Betreiber** iSd Art. 3 Nr. 4 KI-VO. Verwendet sie die KI ohne beruflichen Kontext, wird sie hingegen nicht von der KI-VO adressiert.
- Der **„bedienende Nutzer"** ist die **natürliche Person,** die das GenAI-System bspw. mittels Eingabe von Prompts **konkret bedient** (insbes. Mitarbeiter der einsetzenden Stelle), auch „Verwender von Ausgaben" oder „Bediener" genannt[162]. Dieser kann je nach Nutzung auch zugleich Betreiber iSd KI-VO sein (bspw. ein selbständiger Content Creator) oder aber ein Dritter (bspw. ein Mitarbeiter), der den generierten Output lediglich nutzt, ohne von ihm betroffen zu sein.[163] Oft ist der „bedienende Nutzer" jedoch personenverschiedenen von der Rolle des Betreibers und somit von diesem abzugrenzen.
- Die von GenAI **betroffene Personen** sind oftmals **Mitarbeiter** der GenAI einsetzenden Stelle, dh des Betreibers. Es können aber auch Kunden, Lieferanten oder sonstige Dritte sein, die von dem Einsatz bzw. den Auswirkungen von GenAI konkret betroffen sind. Noch offen ist, ob dies nur eine natürliche Person sein kann.[164]
- Daneben stehen **von der KI-VO nicht adressierte sonstige Dritte,** bspw. solche, die bereits generierten KI-Output lediglich zukaufen und weiterverwenden

d) Betreiber bleiben, oder auch: Abwendung der Anbieterrolle

55 **aa) Aus dem Betreiber kann nach Art. 25 Abs. 1 KI-VO ein Zweitanbieter werden.** Wie bereits geschildert, wird die GenAI einsetzende Stelle zumeist (erstmal nur) Betreiber

[160] Vgl. Schwartmann/Zenner EuDIR 2025, 3 Rn. 22 „*Die Verantwortlichkeit des Arbeitgebers für private, aber geduldete oder gebilligte Arbeitsmittel ist im deutschen Recht aus § 5 Abs. 4 BetrSichV bekannt. [Dieser] Gedanke lässt sich auf die KI-VO übertragen.*".

[161] Falls unter freier und quelloffener Lizenz bereitgestellt, vgl. Art. 2 Abs. 12 KI-VO; aufgrund der Formulierung, die insbes. Hochrisiko-KI-Systeme und Art. 50 KI-VO-Systeme wieder herausnimmt, verbleibt letztlich kaum etwas von dieser Privilegierung, Ebers/Quarch Rechtshandbuch ChatGPT/Ebers § 2 Rn. 118.

[162] Vgl. Martini/Wendehorst/Wendehorst KI-VO Art. 3 Rn. 86 und → § 62 Rn. 6; weitere Begriffsvorschläge in → Fn. 149.

[163] Martini/Wendehorst/Wendehorst KI-VO Art. 3 Rn. 83 und 86.

[164] Vgl. zu beiden Ansichten ua Martini/Wendehorst/Hartmann KI-VO Art. 86 Rn. 12 und Martini/Wendehorst/Wendehorst KI-VO Art. 2 Rn. 30.

eines KI-Systems sein. Jedenfalls im Anwendungsbereich von Hochrisiko-KI-Systemen[165] gilt dies jedoch nur solange, wie nicht die Vorschriften der „**Anbieterfiktion** nach Art. 25 Abs. 1 KI-VO greifen.[166] Diese bewirken, dass ua ein Betreiber (auch[167]) den Anbieterpflichten der KI-VO[168] unterliegen kann. Der Norm liegt das Ziel zugrunde, die „*Verantwortung für die Verordnungskonformität des erweiterten Systems vom Erstanbieter zu der Person, die der Änderung „am nächsten“* ist“[169] zu bewegen, also in den Worten der Norm-Überschrift des Art. 25 KI-VO die **Compliance-Verantwortung *„entlang der Wertschöpfungskette“*** zu verschieben.

Art. 25 Abs. 1 KI-VO greift, sobald der Betreiber (oder ein anderer in Art. 25 Abs. 1 KI-VO benannter Akteur) ein bereits in Verkehr gebrachtes oder in Betrieb genommenes Hochrisiko-KI-System mit seinem Namen oder seiner Handelsmarke versieht (Buchst. a), er eine wesentliche Veränderung (iSd Art. 3 Nr. 23 KI-VO) vornimmt, das KI-System jedoch weiterhin Art. 6 KI-VO unterfällt (Buchst. b), oder er die Zweckbestimmung dahingehend ändert, dass ein vormals nicht als hochriskant eingestuftes KI-System nun zu einem Hochrisiko-KI-System iSd Art. 6 KI-VO wird (Buchst. c).[170] Dann gilt der **Betreiber als Zweitanbieter** und hat die korrespondieren Anbieterpflichten nach Art. 16 KI-VO – ggf. zusätzlich zu den Betreiberpflichten – zu erfüllen.[171] Der **Erstanbieter** gilt hingegen nicht mehr als Anbieter, Art. 25 Abs. 2 S. 1 KI-VO. Er hat allerdings grds. mit dem Zweitanbieter zu kooperieren, Art. 25 Abs. 2 S. 2 KI-VO.[172] **56**

Hinweis:
Den erwarteten Leitlinien der EU-Kommission zur *„praktische[n] Durchführung der Bestimmungen über wesentliche Veränderungen“* gem. Art. 96 Abs. 1 Buchst. c KI-VO dürfte hier (hoffentlich) eine weichenstellende Bedeutung zukommen; ebenso wie den Leitlinien zur *„Anwendung der in […] Artikel 25 genannten Anforderungen und Pflichten“* nach Art. 96 Abs. 1 Buchst. a KI-VO.[173]. Bis dahin bleibt die Annahme zumindest riskant, dass nur große Entwicklungsschritte eine „wesentliche Veränderung“ darstellen.[174] Andererseits dürften **jedenfalls grundlegende Anpassungen oder Erweiterungen**

165 Wendehorst plädiert dafür, dass Art. 25 Abs. 1 KI-VO über seinen Wortlaut hinaus *„nach seinem Sinn und Zweck […] mindestens teilweise [als] allgemeine Erweiterung der [Betreiber-] Definition“* ua auch für die Transparenzpflichten nach Art. 50 KI-VO sollte, vgl. Martini/Wendehorst/Wendehorst KI-VO Art. 3 Rn. 76. Folglich würde es sich bei Art. 25 eher um eine „allgemeine Erweiterung“ der Anbieterdefinition handeln.

166 Dazu ausführlich Linardatos ZIP 2024, 249 ff. und Hacker/Holweg The Regulation of Fine-Tuning. Federated Compliance for Modified General-Purpose AI Models, 2025, S. 12 ff.; noch nicht geklärt erscheint die Frage, ob und wann dies bereits aus der „Grundkonzeption der KI-VO“ bzw. der „normalen“ Anbieterefinition folgt und wann es darüber hinaus Art. 25 KI-VO bedarf, vgl. ua Hüger/Radtke KIR 2025, 154 (156) mwN in Fn. 25.

167 Dh zumeist kumulativ zur Betreiberrolle, vgl. Martini/Wendehorst/Wendehorst KI-VO Art. 3 Rn. 86; Schwartmann/Zenner EuDIR 2025, 3 Rn. 27.

168 Nicht Gegenstand dieses Beitrags, aber insbes. die Anbieterpflichten bzgl. Hochrisiko-KI-Systemen im Überblick des Art. 16 sowie den nachfolgenden Art. 17–19, 43, 47 und 49, vgl. Wendt/Wendt Das neue Recht der Künstlichen Intelligenz/Wendt § 6 Rn. 4 ff.; va Pflicht des Anbieters, die Einhaltung der Anforderungen an Hochrisiko-KI-Systeme in den Art. 8 ff. KI-VO sicherzustellen gem. Art. 16 Buchst. a KI-VO, zusätzlich noch Überwachungs- und Registrierungspflichten nach Art. 71 f. KI-VO, vgl. Ebers/Quarch Rechtshandbuch ChatGPT/Ebers § 2 Rn. 179 ff.

169 Martini/Wendehorst/Gössl KI-VO Art. 25 Rn. 19 und Rn. 3 mit Verweis auf Hacker/Berz ZRP 2023, 226 (228).

170 Ebers/Quarch Rechtshandbuch ChatGPT/Ebers § 2 Rn. 187.

171 Ebers/Streitbörger RDi 2024, 393 Rn. 12; Schwartmann/Zenner EuDIR 2025, 3 Rn. 29; auch „Quasi-Anbieter“ genannt, vgl. Martini/Wendehorst/Gössl KI-VO Art. 25 Rn. 23.

172 Vgl. die Kooperationspflicht des Erstanbieters nach Art. 25 Abs. 2 KI-VO (beachte jedoch den Ausschluss in S. 3, falls der Erstanbieter die Umwandlung in ein Hochrisiko-KI-System „eindeutig“ verboten hat) sowie die Pflicht der Zurverfügungstellung von Transparenzinformationen über ein GPAI-Modell an nachgelagerte Anbieter Art. 53 Abs. 1 Buchst. b iVm Anh. XII sowie Erwgr. 85 KI-VO, Schwartmann/Keber/Zenner KI-VO/Wünschelbaum Teil 2 Kap. 1 Rn. 519.

173 Zur Relevanz und Abgrenzung der Leitlinien allgemein, vgl. bereits unter → Fn. 26.

174 Vgl. Schwartmann/Keber/Zenner KI-VO/Wünschelbaum Teil 1 Kap. 4 Rn. 66.

des Hochrisiko-KI-Systems hinsichtlich seiner Funktionsweise oder Leistungsfähigkeit von Art. 25 Abs. 1 Buchst. b iVmArt. 3 Nr. 23 KI-VO erfasst sein.[175] Stets erforderlich ist zudem eine objektive Anpassung und nicht nur subjektive (Zweck-)Änderung des Hochrisiko-KI-Systems.[176] Dazu zählen bswp. Änderungen des Betriebssystems oder der Softwarearchitektur (Erwgr. 128 S. 1 KI-VO), aber auch das sog. **Finetuning**[177] oder ähnliche Anpassungen des in das KI-System integrierten KI-Modells (dazu → Rn. 11). Umgekehrt führt bspw. der Einsatz der sog. **RAG-Methode,** bei der das verwendete KI-System zur Verbesserung seines Outputs – wenngleich ohne Veränderung des ihm zugrundeliegenden KI-Modells – auf zusätzliche bspw. unternehmenseigene Datenquellen zugreifen kann, nicht automatisch zu einer wesentlichen Veränderung des KI-Systems.[178]

57 Da die Pflichten für Betreiber von Hochrisiko-KI-Systemen gegenüber jenen der Anbieter deutlich reduziert sind[179], sollte der Betreiber die **Anbieterfiktion** oder genauer gesagt eine dafür zumeist ursächliche Zweckänderung – wenn möglich (!) – **vermeiden**[180]. Denn rein praktisch würde sich das (für kleinere Unternehmen kaum lösbare) Problem ergeben, dass die Einhaltung der Anforderungen an das KI-System nach den Art. 8–15 KI-VO sowie die Durchführung eines Konformitätsbewertungsverfahrens nach Art. 43 KI-VO[181] (als Teil der Anbieterpflichten nach Art. 16 KI-VO) nur unter **aktiver Mitwirkung des Erstanbieters** (etwa OpenAI bei ChatGPT) erreichbar wären.[182]

Praxishinweis:
Eine für die Anbieterfiktion ursächliche Zweckänderung kann vermieden werden, wenn der Anbieter den vom Betreiber **angestrebten Verwendungszweck** bereits **in** seine **Betriebsanleitung** aufnimmt, dh er diesen bereits selbst als eine mögliche Verwendung des KI-Systems vorsieht. In der Praxis dürfte aber der Verhandlungsspielraum des Betreibers – zumindest ggü. den großen Anbietern – überschaubar sein.

58 Durch das Aufkommen sehr leistungsfähiger GPAI-Modelle wird es in der Praxis jedoch auch viele Fälle geben, in denen die GenAI einsetzende Stelle zumindest sehr versucht sein

[175] Dazu ausführlich BeckOK KI-Recht/Bosman KI-VO Art. 25 Rn. 57.
[176] BeckOK KI-Recht/Bosman KI-VO Art. 25 Rn. 52 f.
[177] Zum Begriff „Finetuning" BeckOK KI-Recht/Kirschke-Biller/Füllsack KI-VO Art. 3 Rn. 378.2.
[178] So bei BeckOK KI-Recht/Bosman KI-VO Art. 25 Rn. 61 ff.; dort ebenfalls weitere praktische Beispiele, ab wann die qualitative Schwelle erreicht sein könnte; zudem hänge die Beantwortung der Frage, ob es sich wertungsmäßig um ein neues, oder lediglich um ein optimiertes Ausgangs-KI-System handele bspw. vom Umfang, der Art und der Sensibilität der zusätzlichen RAG-Daten ab; einführend zur RAG-Methode Honroth/Siebert/Kelbert, Retrieval Augmented Generation (RAG): Chatten mit den eigenen Daten, Blog des Fraunhofer IESE (zuletzt abgerufen am 15.7.2025) und Schmidt LKV 2024, 537 (539).
[179] Wendt/Wendt Das neue Recht der Künstlichen Intelligenz/Wendt § 6 Rn. 36; Wybitul BB 2024, 2179 (2180); Eulenpesch/Malczyk GRUR 2025, 40 (41).
[180] In der Konsequenz zB auch Hacker/Holweg The Regulation of Fine-Tuning. Federated Compliance for Modified General-Purpose AI Models, 2025, S. 12; Bierekoven ITRB 2025, 16 (21).
[181] Nach Art. 16 Buchst. f KI-VO hat der Anbieter sicherzustellen, dass das KI-System vor seiner Inbetriebnahme einem Konformitätsbewertungsverfahren (Art. 43 KI-VO) unterzogen wird, das durch den Anbieter selbst (Anhang VI) oder durch eine notifizierte Stelle (Anhang VII) durchgeführt werden muss, vgl. dazu Kilian/Denga NJW 2024, 2945.
[182] Ebers/Streitbörger RDi 2024, 393 Rn. 46; zumindest dürfte in einem solchen Fall die Kooperationspflicht des Erstanbieters nach Art. 25 Abs. 2 KI-VO Abhilfe verschaffen (vgl. soeben) sowie die Pflicht der Zurverfügungstellung von Transparenzinformationen über ein GPAI-Modell an nachgelagerte Anbieter Art. 53 Abs. 1 Buchst. b iVm Anh. XII sowie Erwgr. 85 KI-VO; allerdings löst ein Verstoß des Erstanbieters gegen die Kooperationspflicht wohl keine Sanktionen nach Art. 99 KI-VO gegen diesen aus; allenfalls könnte man über eine Sanktionsmilderung bei mangelnder Unterstützung des Zweitanbieters nachdenken, wenn der Zweitanbieter seine Pflichten aus der KI-VO aus diesem Grund faktisch nicht erfüllen konnte, vgl. Schwartmann/Keber/Zenner KI-VO/Wünschelbaum Teil 2 Kap. 1 Rn. 520.

wird, ein GPAI-System so zu bedienen bzw. in die eigenen Unternehmensprozesse einzubinden, dass die Stelle nach Art. 25 Abs. 1 KI-VO selbst zum **Anbieter eines Hochrisiko-KI-System** wird; etwa durch die **Integration/Einsatz von ChatGPT** in einem der in Anhang III genannten Bereiche.[183] Sehr relevant wird die Anbieterfiktion daher ua auch für KI-Systeme von nicht-EU (GPAI-)Anbietern aus den USA oder auch aus China (bspw. **Deepseek**) werden.[184]

Praxisbeispiele:

- Ein Unternehmen sichtet/filtert eingehende **Bewerbungen** mithilfe eines **GenAI-Chatbots,** 59
obwohl der Chatbot-Anbieter dies in seiner Betriebsanleitung oder technischen Dokumentation ausdrücklich ausgeschlossen hat.[185] Jedoch ist der in der Betriebsanleitung/Dokumentation erkennbar zum Ausdruck gebrachte Wille des Anbieters relevant für die Zweckbestimmung (Art. 3 Nr. 12 KI-VO) des KI-Systems.[186] Daher hätte das Unternehmen als Betreiber durch seine konkrete Verwendung des GenAI-Chatbots die Zweckbestimmung des KI-Systems vorliegend geändert und den Chatbot ggf. erstmals zu einem Hochrisiko-KI-System werden lassen (bspw. iSd Art. 6 Abs. 2 iVm Anhang III Nr. 4 Buchst. a KI-VO).[187] Der Betreiber würde hier gem. Art. 25 Abs. 1 Buchst. c KI-VO zum Anbieter eines Hochrisiko-KI-Systems werden.[188]
- Verwendet der Betreiber ein bereits bestehendes Hochrisiko-KI-System zu einem anderen, aber ebenfalls als hochriskant eingestuften Zweck, der jedoch außerhalb der vom Erstanbieter formulierten Zweckbestimmung liegt, so ist in dieser **Zweckänderung**[189] (quasi „Hochrisiko zu Hochrisiko") auch immer eine **„wesentliche Veränderung"** iSd Art. 3 Nr. 23 KI-VO zu sehen.[190] Folglich greift auch hier die Anbieterfiktion, wenngleich nach Art. 25 Abs. 1 Buchst. b KI-VO.

Hinweis:

Die GenAI einsetzende Stelle sollte also allein deshalb auf eine hinreichende KI-Kompetenz ihrer Mitarbeiter achten (bei → Rn. 137 ff.).[191] Insgesamt dürfte aber nicht 60
bereits jede abweichende Bedienung seitens des Betreibers bzw. seiner Mitarbeiter zu einer Zweckänderung und der damit verbundenen Anbieterfiktion führen. Denn zum einen kennt die KI-VO in Art. 3 Nr. 13 KI-VO auch eine **„vernünftigerweise vorhersehbare Fehlanwendung"**[192] seitens des Betreibers. Daher muss der Anbieter bereits iRd Zweckbestimmung mit einem gewissen Maß an Nachlässigkeit/Bequemlichkeit sowie unzureichender Schulung der „bedienenden Nutzer" bzw. des Betreibers rechnen (trotz Art. 4 KI-VO).[193] Und schließlich dürfte auch **nicht jede Handlung eines**

---

183 Ebers/Quarch Rechtshandbuch ChatGPT/Ebers § 2 Rn. 152; BeckOK KI-Recht/Kirschke-Biller/Füllsack KI-VO Art. 3 Rn. 96.

184 Dazu ausführlich Bosman K&R 2025, 217 (220).

185 Das Beispiel aus Lang/Schwaab LTZ 2025, 28 (30); auch bei Bosman K&R 2025, 217 (221).

186 Martini/Wendehorst/Wendehorst KI-VO Art. 3 Rn. 142 und 145; Lang/Schaab LTZ 2025, 28 (30).

187 So im Bsp. bei Lang/Schwaab LTZ 2025, 28 (30) mit Bezug zu ChatGPT; weitere Bsp. bei Schwartmann/Keber/Zenner KI-VO/Wünschelbaum Teil 2 Kap. 1 Rn. 518.

188 Ebers/Streitbörger RDi 2024, 393 Rn. 46; Ebers/Quarch Rechtshandbuch ChatGPT/Ebers § 2 Rn. 152; Lang/Schaab LTZ 2025, 28 (30); auch Bosman K&R 2025, 217 (221), der dies weitergehend unter Heranziehung von Erwgr. 128 analog damit begründet, dass es sich dann nicht mehr um reine Textverarbeitung bzw. -vorhersage/-generierung, sondern wertungsmäßig um ein neues (Hochrisiko-)KI-System mit anderem „Diskriminierungs- und Schadenspotenzial" im Beschäftigungskontext handele.

189 Zur str. Auslegung und Reichweite des Begriffs zB Schwartmann/Zenner EuDIR 2025, 3 Rn. 23 ff.

190 Martini/Wendehorst/Wendehorst KI-VO Art. 3 Rn. 142 und 192; die „Zweckänderung" als Unterfall der in Buchst. b normierten „wesentlichen Veränderung", so Schwartmann/Zenner EuDIR 2025, 3 Rn. 26.

191 Dieses Erfordernis sehen auch Hacker/Holweg The Regulation of Fine-Tuning. Federated Compliance for Modified General-Purpose AI Models, 2025, S. 14.

192 *„Die Verwendung eines KI-Systems in einer Weise, die [an sich] nicht seiner Zweckbestimmung entspricht, die sich aber aus einem vernünftigerweise vorhersehbaren menschlichen Verhalten oder einer vernünftigerweise vorhersehbaren Interaktion mit anderen Systemen, auch anderen KI-Systemen, ergeben kann"*, Art. 3 Nr. 13 KI-VO.

193 Martini/Wendehorst/Wendehorst KI-VO Art. 3 Rn. 148.

Mitarbeiters der GenAI einsetzenden Stelle zurechenbar sein: Hinsichtlich falscher Bedienungen seitens der Mitarbeiter dürfte – analog zu den Exkulpationsregeln iRd Art. 82 Abs. 3 DS-GVO – eine Exkulpationsmöglichkeit der GenAI einsetzenden Stelle bestehen, wenn sie den Einsatz zu hochriskanten Zwecken iSd Anhang III untersagt und die Einhaltung dieser Vorgabe durch TOM überwacht hat[194], vgl. dazu bereits → Rn. 50 ff.

61 **bb) Anbieterwerden durch den erstmaligen Einsatz einer fremdentwickelten GenAI-Lösung.** Auch eine GenAI einsetzende Stelle, die an sich gar nicht mit dem Training eines KI-Modells oder der Entwicklung eines KI-Systems beschäftigt ist, kann zu einem Anbieter iSd KI-VO werden: Denn die Anbieterrolle iSd Art. 3 Nr. 3 KI-VO erfasst zum einen auch sog. **Fremdentwicklungen,** also KI-Systeme, die die GenAI einsetzende Stelle ganz oder teilweise durch einen beauftragten Dritten – dh entsprechend ihrer eigenen Vorstellungen und durch sie kontrolliert – „entwickeln lässt"[195] und anschließend unter eigenem Namen in Verkehr bringt oder in Betrieb nimmt. Zudem beinhaltet die zweite Handlungsalternative des Anbieters, also die „Inbetriebnahme" (Art. 3 Nr. 11 KI-VO) eines KI-Systems, explizit den **„Eigengebrauch":** dh auch der interne Einsatz eines KI-Systems, kann in diesen Konstellationen aus einem Betreiber (zugleich) einen Anbieter machen.[196] Auch hier ist jedoch zwischen den verschiedenen Regelungsobjekten KI-System und KI-Modell bzw. GPAI-Modell zu unterscheiden.

62 **Praxisbeispiele:**

- Die Anbieterrolle würde demnach zB greifen, wenn sich ein Betreiber dazu entschließt, eine **bestehende GenAI-Lösung an seine Bedürfnisse anzupassen** bzw. durch einen Dienstleister anpassen zu lassen (bspw. durch „Finetuning" eines KI- bzw. GPAI-Modells oder etwa durch eine angepasste Benutzeroberfläche oder vorgefilterte Ein- und Ausgabemöglichkeiten)[197] und dieses KI-System dann **erstmalig bei sich in Betrieb zu nehmen.**[198]
- Allerdings dürfte nicht gleich jede Anpassung zu einer (Weiter-)Entwicklung des KI-Systems iSd Definition eines Anbieters führen, nämlich solche nicht *„die lediglich eine individualisierte Verwendung eines KI-Systems i. S. d. Betreiberdefinition"* ermöglichen sollen.[199]
- Auch hier ist zu beachten, dass sich beide Akteureigenschaften nicht ausschließen, sondern **kumulativ** vorliegen können[200] (ggf. bestehen also zusätzliche Anbieterflichten).[201]
- Daher kann es – insbesondere bei größeren Unternehmen – von Vorteil sein, nicht nur die Entwicklung, sondern auch den **Betrieb** des KI-Systems einem **Dritten zu übertragen.**[202]

---

[194] Schwartmann/Zenner EuDIR 2025, 3 Rn. 30.

[195] Art. 25 Abs. 1 Buchst. a KI-VO lässt indes erkennen, dass dem Anbieter nach Art. 3 Nr. 4 KI-VO ein Mindestmaß an Kontrolle über die Kerneigenschaften des fremdentwickelten KI-Systems verbleiben muss, da das reine Anbringen seines Namens/der Handelsmarke auf ein gänzlich fremdes KI-System von der Anbieterfiktion erfasst werden soll, vgl. so auch BeckOK KI-Recht/Kirschke-Biller/Füllsack KI-VO Art. 3 Rn. 89.

[196] Ebers/Quarch Rechtshandbuch ChatGPT/Ebers § 2 Rn. 109; Martini/Wendehorst/Wendehorst KI-VO Art. 3 Rn. 86.

[197] Zum Begriff „Finetuning" BeckOK KI-Recht/Kirschke-Biller/Füllsack KI-VO Art. 3 Rn. 378.2.

[198] So auch bei Ringlage/Weschky ZfDR 2024, 417 (419 f.) in Bezug auf das GPAI-Modell.

[199] So bei BeckOK KI-Recht/Kirschke-Biller/Füllsack KI-VO Art. 3 Rn. 88.1; zur Abgrenzung vgl. BeckOK KI-Recht/Bosman KI-VO Art. 25 Rn. 60 ff.; ua wegen dieser Rechtsunsicherheit gibt es die Forderung, die KI-Öffnungsklausel im Beschäftigungskontext nach Art. 2 Abs. 11 KI-VO zu nutzen, um die Betreibereigenschaft des Arbeitgebers besser zu konkretisieren, vgl. Schwartmann/Keber/Zenner KI-VO/Wünschelbaum Teil 2 Kap. 3 Rn. 184.

[200] Martini/Wendehorst/Wendehorst KI-VO Art. 3 Rn. 86; Schwartmann/Zenner EuDIR 2025, 3 Rn. 27.

[201] Für die Folgen vgl. bereits → Fn. 168.

[202] Ebers/Quarch Rechtshandbuch ChatGPT/Ebers § 2 Rn. 109.

Insgesamt dürften sich also **vertragliche und gesellschaftsrechtliche Gestaltungsmöglichkeiten** ergeben, um die Anbieterstellung umgehen zu können.[203] 63

3. Räumlicher Anwendungsbereich für Betreiberpflichten

Der räumliche Anwendungsbereich der KI-VO ist **sehr weit**[204] und erfasst zum einen Betreiber, die in der **Union ansässig** sind *(„ihren Sitz in der Union haben oder [sich] in der Union befinden")*, Art. 2 Abs. 1 Buchst. b KI-VO. Sie betrifft aber auch (iSd Marktortprinzips[205]) **Betreiber außerhalb der EU,** wenn der vom KI-System **hervorgebrachte Output in der Union verwendet** wird, Art. 2 Abs. 1 Buchst. c KI-VO[206]; so auch bspw. in Fällen der Cloud-Nutzung.[207] Dadurch sollen eine Umgehung der KI-VO und unregulierte Datentransfers in Drittländer verhindert werden (vgl. Erwgr. 22 KI-VO)[208]. Mit Ausnahme von sog. „Container-Lösungen" dürfte also in einer vernetzten KI-Welt dem räumlichen Anwendungsbereich der KI-VO oft nicht bzw. nur schwer zu entgehen sein. Wenngleich Art. 2 Abs. 1 Buchst. g KI-VO nicht entnommen werden kann, dass vom persönlichen Anwendungsbereich der KI-VO nicht erfasste Akteure doch ihrem Anwendungsbereich unterfallen, sollten (auch nur) betroffene Personen innerhalb der EU involviert sein (das eröffnet Gestaltungsmöglichkeiten im Konzernumfeld).[209] 64

III. Betreiberpflichten nach der KI-VO im Überblick

Die KI-VO enthält **keine spezifischen Pflichten** für GenAI, sondern es muss jeweils geprüft werden, für welchen **Akteur** bezogen auf welches **Regelungsobjekt** (vgl. die vier → Rn. 8 ff. und → Rn. 29 ff.) benannten) welche Pflichten bestehen. Sobald sich eine Stelle jedoch zum Einsatz von GenAI zur Content-Generierung entscheidet, treffen sie, je nach Anwendungsszenario bzw. Anwendungsart des KI-Systems (Art. 3 Nr. 1 KI-VO) sowie sich daraus ergebendem Risiko, zumeist bestimmte Betreiberpflichten (Art. 3 Nr. 4 KI-VO).[210] Diese Betreiberpflichten[211] folgen dem dargestellten **risikobasierten Ansatz** der KI-VO und lassen sich daher – anhand der → Rn. 18 ff. dargestellten Risikoklassifizierung – den verschiedenen Kategorien von KI-Systemen zuordnen. 65

---

[203] Chibanguza/Steege NJW 2024, 1769 Rn. 12.

[204] Dazu bedürfte es einer hermetischen Abschirmung eines im Drittland betriebenen KI-Systems (sog. „Container-Lösung"), vgl. Bomhard/Merkle RDi 2021, 276 Rn. 15.

[205] Ebers/Streitbörger RDi 2024, 393 Rn. 5.

[206] Das bedeutet im Umkehrschluss, dass die KI-VO auf solche Fälle keine Anwendung finden soll, wo das System zwar in der EU entwickelt, aber letztlich (nur) außerhalb der EU eingesetzt wird (insoweit keine „Export-Kontrolle"), vgl. Ebers/Hoch/Rosenkranz/Ruschemeier/Steinrötter RDi 2021, 528 Rn. 10, die zurecht darauf hinweisen, dass diese Fälle auch keine Auswirkungen auf den Binnenmarkt haben dürften.

[207] Bomhard/Merkle RDi 2021, 276 Rn. 14.

[208] Ebers/Quarch Rechtshandbuch ChatGPT/Ebers § 2 Rn. 115; Ebers/Streitbörger RDi 2024, 393 Rn. 5.

[209] Vielmehr soll die passive Anwendbarkeit der KI-VO auf betroffene Personen verdeutlicht und diesen hinsichtlich ihrer Betroffenenrechte die erforderliche Aktivlegitimation eingeräumt werden, vgl. BeckOK KI-Recht/Voigt KI-VO Art. 2 Rn. 31 unter Verweis auf Rosenthal Jusletter 5.8.2024, S. 11; neben dem örtlichen muss eben auch der persönliche Anwendungsbereich der KI-VO eröffnet sein: das könnte bspw. nicht der Fall sein beim Zukauf und Weiterverwenden von bereits generiertem KI-Output, der betroffene Personen innerhalb der EU betrifft, aber die Betreibereigenschaft beim Zukaufenden nicht vorliegt, vgl. → Rn. 54.

[210] In Ergänzung der Pflichten der Anbieter in Bezug auf die Entwicklung solcher Systeme erkennt die KI-VO an, dass sich Risiken im Zusammenhang mit KI-Systemen insbesondere auch aus der Art und Weise der Verwendung solcher Systeme ergeben, Erwgr. 93 S. 1 KI-VO; in Bezug auf das Regelungsobjekt GPAI-Modell bestehen indes keine Betreiber- sondern nur Anbieterpflichten, vgl. dazu bereits → Rn. 28 und 33.

[211] Im Hinblick auf die Anbieterpflichten – auch Sekundärpflichten genannt, vgl. Frank/Heine NZA 2023, 1281.

66 Bei der Risikoklassifizierung eines KI-Systems kommen grds. **drei Kategorien** in Betracht[212], denn an diese knüpfen die korrespondierenden Betreiberpflichten der KI-VO an. Zusätzlich gilt für den Einsatz aller KI-Systeme die Pflicht zur KI-Kompetenz nach Art. 4 KI-VO (→ Rn. 137 ff.).

- Zum einen ist vor dem **Verwenden** von GenAI sicherzustellen, dass es sich nicht um eine **verbotene KI-Praktik** iSd Art. 5 KI-VO handelt (vgl. dazu den kurzen Überblick bei → Rn. 18 ff.). Denn das Verbot der „Verwendung" eines solchen KI-Systems in den Art. 5 Abs. 1 UAbs. 1 Buchst. a-h KI-VO bezieht sich auf den Betreiber iSd Art. 3 Nr. 4 KI-VO.[213]
- Bezogen auf **Hochrisiko-KI-Systeme** (Art. 6 ff. KI-VO, bereits → Rn. 22 ff.) bestehen sowohl **Handlungspflichten als auch Transparenz- und Informationspflichten.** Diese ergeben sich aus den Art. 26, 27 und 86, was nun → Rn. 69 ff. ausführlicher dargestellt werden soll.
- Für bestimmte **KI-Systeme iSd Art. 50 KI-VO,** nämlich insbes. solche KI-Systeme, die Output mit besonderen Manipulations- bzw. Verwechslungsrisiken[214] genieren können (wie **Deepfakes oder KI-generierte Nachrichtentexte,** Art. 50 Abs. 4 KI-VO, dh also GenAI mit besonders menschenähnlichen Fähigkeiten[215]) bestehen weitere[216] **Transparenzpflichten.** Diese werden ausführlicher unter den → Rn. 142 ff. dargestellt.

Praxishinweis:

67 Im Rahmen der **KI-VO-Compliance** sollte daher **in drei Schritten** vorgegangen werden:

- Die GenAI einsetzende Stelle sollte sich – falls noch nicht geschehen – zunächst einen **Überblick verschaffen,** welche GenAI-Lösungen sie für welche beruflichen/betrieblichen Zwecke einsetzen möchte bzw. bereits einsetzt.[217]
- Anschließend sind diese Systeme anhand der unterschiedlichen Regelungsobjekte sowie (Risiko-) Kategorien der KI-VO (vgl. → Rn. 18 ff.) zu **klassifizieren.**
- Darauf aufbauend können sodann die resultierenden **Betreiberpflichten ermittelt** werden, sofern die GenAI einsetzende Stelle als Betreiber iSd KI-VO einzustufen ist (was vorab ebenfalls zu prüfen ist, vgl. bereits → Rn. 34 ff.). Es bietet sich an, die ermittelten Pflichten – va in Bezug auf den Umgang mit KI-Systemen oder bzgl. Kennzeichnungs- und Transparenzpflichten bei KI-Output (vgl. dazu → Rn. 151 ff.) für die Mitarbeiter in der **KI-Policy** des Unternehmens festzulegen.

Hinweis:

68 Bestehendes Unionsrecht soll durch die KI-VO ausdrücklich nur ergänzt werden: alle **Rechte und Rechtsbehelfe von Verbrauchern** und anderen Personen, auf die sich KI-Systeme negativ auswirken können, sollen **unberührt und in vollem Umfang anwendbar** bleiben; auch in Bezug auf mögliche Schadenersatzansprüche, vgl. Erwgr. 9 KI-VO. Der

[212] Und dies in Bezug auf die resultierenden Pflichten unabhängig davon, ob man in dem Regulierungsansatz der KI-VO weiterhin eine „Risikopyramide" erblickt oder nicht (für Kritik bei → Rn. 19); zwar erfasst der sachliche Anwendungsbereich der KI-VO auch alle anderen KI-Systeme, aber für diese KI-Systeme (mit minimalem Risiko) gilt im Ausgangspunkt, wie für alle anderen KI-Systeme, nur die Pflicht zur KI-Kompetenz nach Art. 4 KI-VO und eben gerade keine risikospezifischen Pflichten. Daher handelt es sich gerade nicht um eine weitere Risikokategorie, sondern es gelten freiwillige Verhaltenskodizes nach Art. 95 KI-VO.

[213] Martini/Wendehorst/Wendehorst KI-VO Art. 5 Rn. 22; BeckOK KI-Recht/Raue KI-VO Art. 5 Rn. 22.

[214] Martini/Wendehorst/Martini KI-VO Art. 50 Rn. 1.

[215] Martini/Wendehorst/Martini KI-VO Art. 50 Rn. 1, 7; Bomhard/Siglmüller RDi 2024, 45 (47).

[216] Beachte die Klarstellung in Art. 50 Abs. 6 KI-VO, nach dem diese Vorschriften zusätzlich gelten sollen, wenn es sich um ein Hochrisiko-KI-System handelt.

[217] So auch Wybitul BB 2024, 2179 (2180) unter Verweis auf Ashkar/Schröder BB 2024, 771 (779).

vorliegende Beitrag beschäftigt sich jedoch ausdrücklich nicht mit anderen regulatorischen Vorgaben und Pflichten an Betreiber jenseits der KI-VO (vgl. dazu jedoch → § 65 für das Immaterialgüterrecht).

IV. Pflichten der GenAI einsetzenden Stelle als Betreiber beim Einsatz von Hochrisiko-KI-Systemen

Die Pflichten für den Betreiber eines Hochrisiko-KI-Systems iSd Art. 6 KI-VO ergeben sich insbesondere aus dem (nicht besonders übersichtlichen) Art. 26 KI-VO sowie dem Art. 27 KI-VO.[218] In systematischer Hinsicht sind die **Betreiberpflichten** für Hochrisiko-KI-Systeme **komplementär zu den Anbieterpflichten** der Art. 16 ff. KI-VO ausgestaltet und sollen während des gesamten Lebenszyklus[219] des Hochrisiko-KI-Systems dessen Sicherheit und Qualität entlang der Wertschöpfungskette sicherstellen.[220] 69

Der **Geltungsbeginn der Betreiberpflichten** für Hochrisiko-KI-Systeme **variiert,** je nachdem um welche Art eines Hochrisiko-KI-Systems es sich handelt (dazu bei → Rn. 22 ff.): für produktspezifische Hochrisiko-KI-Systeme nach Anhang I iVm Art. 6 Abs. 1 KI-VO gelten die Anforderungen gem. Art. 113 Buchst. c KI-VO ab dem 2.8.2027. Für eigenständige Hochrisiko-KI-Systeme iSd Anhang III iVm Art. 6 Abs. 2 KI-VO gilt gem. Art. 113 KI-VO der **reguläre Geltungsbeginn am 2.8.2026.** Allerdings ist die Übergangsregelung des Art. 111 KI-VO zu beachten. Diese enthält aus Gründen des Vertrauens- und Bestandsschutzes Sonderregelungen für **„Altsysteme“**[221]: in Abs. 2 für Hochrisiko-KI-Systeme[222] und in Abs. 3 für GPAI-Modelle. Für Betreiber von Hochrisiko-KI-Systemen, die vor dem 2.8.2026 die Sphäre des Anbieters verlassen haben *(„in Verkehr gebracht oder in Betrieb genommen“)*, gilt die KI-VO gem. Art. 111 Abs. 2 S. 1 daher grds. nicht, bzw. nur dann, wenn diese Systeme nach dem Stichtag *„in ihrer Konzeption erheblich verändert wurden“*[223] (sog. „dauerhafter Bestandsschutz“[224]). Für mögliche Transparenzpflichten des Betreibers nach Art. 50 KI-VO (vgl. bei → Rn. 145) gilt die Übergangsvorschrift jedoch nicht. 70

Bei Verstößen gegen die Anforderungen des Art. 26 KI-VO droht Unternehmen gem. Art. 99 Abs. 4 Buchst. e KI-VO **ein Bußgeld von bis zu 3 % des gesamten weltweiten Jahresumsatzes.** 71

Allgemeiner Hinweis zum Enforcement: 72
Mögliche Bußgelder und ihre Durchsetzung durch die zuständige Marktüberwachungsbehörde

- **Bußgeldrahmen bei KI-VO-Verstößen:** In Art. 99 KI-VO finden sich Obergrenzen des Bußgeldrahmens für Verstöße gegen die KI-VO zur weiteren Ausgestaltung durch die Mitgliedsstaaten (EU-weite Mindestharmonisierung, vgl. Art. 99 Abs. 1 und Erwgr. 168

218 Martini/Wendehorst/I. Eisenberger KI-VO Art. 26 Rn. 1; Frank/Heine NZA 2023, 1281 (1283) noch zum KI-VO-E.; einen guten Kurzüberblick über die Pflichten bei Ebers/Quarch Rechtshandbuch ChatGPT/Ebers § 2 Rn. 182 ff.

219 Roos/Weitz MMR 2021, 844 (849).

220 Martini/Wendehorst/I. Eisenberger KI-VO Art. 26 Rn. 6 unter Verweis auf Burtscher/Fellner/Raabe-Stuppnig ZIIR 2023, 382; Roos/Weitz MMR 2021, 844 (846).

221 Schwartmann/Keber/Zenner KI-VO/Wünschelbaum Teil 1 Kap. 4 Rn. 65 f.

222 Für *„KI-Systeme, bei denen es sich um Komponenten von IT-Großsystemen handelt“* (Anhang X), gilt Art. 111 Abs. 1 KI-VO mit eigener Anpassungsfrist bis zum 31.12.2030.

223 Martini/Wendehorst/Wendehorst KI-VO Art. 111 Rn. 5 f.; es erscheint noch offen, ob dies mit einer „wesentlichen Veränderung“ iSd Art. 3 Nr. 23 KI-VO gleichgesetzt werden kann (auch in der englischen Fassung besteht ein Unterschied: „subject to significant changes“ (Art. 111) ggü. „substantial modification“ (Art. 3 Nr. 23 KI-VO); zudem besteht die Gefahr möglicher Umgehungsstrategien, vgl. Schwartmann/Keber/Zenner KI-VO/Wünschelbaum Teil 1 Kap. 4 Rn. 66 f.

224 Wybitul Arbeitsbuch AI-Act Rn. 88.

KI-VO).[225] Zumessungskriterien für die Festsetzung der Bußgelder enthält Art. 99 Abs. 7 KI-VO.[226]

- **Bußgelder nach OWiG:** Aufbauend auf einem Referentenentwurf der letzten (20.) Legislaturperiode ist jüngst ein neuer Referentenentwurf für ein Gesetz zur Durchführung der KI-VO (Stand 11.9.2025) veröffentlicht worden, der ua in seinem Art. 1 ein KI-Marktüberwachungs- und Innovationsförderungsgesetz (KI-MIG) beinhaltet.[227] Aus diesem Entwurf geht hervor, dass – voraussichtlich nach § 15 KI-MIG-E – Verstöße nach Art. 99 Abs. 3–5 KI-VO in Deutschland dem OWiG unterfallen sollen (mit Ausnahme der § 17 und 30 Abs. 1 OWiG)[228], sodass diese als bußgeldbewährte Ordnungswidrigkeiten sanktioniert werden können.[229]
- **BNetzA als national zuständige Behörde:** Die BNetzA soll (vss. nach § 2 Abs. 1 KI-MIG-E) in Deutschland die primär zuständige[230] Marktüberwachungsbehörde iSd Art. 70, 74 ff. KI-VO[231] und somit im Falle eines KI-VO-Verstoßes bzw. eines Bußgeldverfahrens die nach § 36 Abs. 1 Nr. 1 OWiG iVm vss. § 15 Abs. 3 KI-MIG-E gesetzlich bestimmte Verwaltungsbehörde werden.[232] Ferner soll sie (vss. nach § 6 KI-MIG-E) die zentrale Anlaufstelle in Deutschland (Art. 70 Abs. 2 S. 2 KI-VO) werden[233] und es wird bei ihr ein zentrales Koordinierungs- und Kompetenzzentrum („KoKIVO") zur Unterstützung der verschiedenen Marktüberwachungsbehörden bei komplexen Entscheidungen im Anwendungsbereich der KI-VO sowie zur Vermeidung einer uneinheitlichen Auslegung der KI-VO eingerichtet (vss. nach § 5 KI-MIG-E).[234]
- **Beginn der behördlichen Durchsetzung:** Die Durchsetzung der KI-VO durch die nationalen Marktüberwachungsbehörde dürfte frühestens ab dem 2.8.2026 beginnen (Art. 113 KI-VO).[235] Zwar treten die verschiedenen Pflichten, auf die Art. 99 Abs. 3–5

---

[225] So auch BeckOK KI-Recht/Schefzig KI-VO Art. 99 Rn. 7, 16.

[226] Dazu ausführlich BeckOK KI-Recht/Schefzig KI-VO Art. 99 Rn. 114 ff.

[227] Für den neuen Ref-E vom 11.9.2025 für das Gesetz zur Durchführung der KI-VO vgl. https://bmds.bund.de/fileadmin/BMDS/Dokumente/Gesetzesvorhaben/CDR_Anlage 1-250911_RefE_KIVO-Durchführungsgesetz_Entwurf_barrierefrei.pdf (zuletzt abgerufen am 15.9.2025).

[228] So auch Schreiber/Bronner jurisPR-ITR 7/2025 Anm. 2, C.III zum alten Ref-E.

[229] Die Sanktionsbefugnis der jeweils zuständigen Marktüberwachungsbehörde zum Erlass von Bußgeldern bei Verstößen nach Art. 99 Abs. 3–5 KI-VO dürfte sich aus vss. § 11 Abs. 1 Abs. 1 KI-MIG-E iVm Art. 14 Abs. 4 Buchst. i und Art. 41 Abs. 1 der Marktüberwachungs-VO 2019/1020 ergeben, auf die Art. 74 Abs. 1 S. 1 und Abs. 5 S. 1 KI-VO und die Legaldefinition der Marktüberwachungsbehörde in Art. 3 Nr. 26 KI-VO Bezug nimmt *(„und die Maßnahmen ergreift, die in der Verordnung (EU) 2019/1020 vorgesehen sind")*, vgl. iE auch Schreiber/Bronner jurisPR-ITR 7/2025 Anm. 2, C.I.2. für den alten Ref-E; bei Art. 99 KI-VO (alleine) handelt es sich hingegen primär um einen Bußgeldrahmen.

[230] Mit Ausnahme bspw. der sektorspezifischen Marktüberwachungsbehörden im Bereich der Produktregulierung (Art. 74 Abs. 3 KI-VO bzw. § 2 Abs. 2 KI-MIG-E) oder der BaFin im Finanzsektor (Art. 74 Abs. 6 KI-VO bzw. der neue Katalog in § 2 Abs. 3 und 4 KI-MIG-E, vgl. vertiefend bei BeckOK KI-Recht/Beck/Irskens KI-VO Art. 70 Rn. 12 ff.).

[231] Vorausgegangen war politische Debatte, ob die Kompetenz in Deutschland besser zu den Datenschutzbehörden passt, vgl. BeckOK KI-Recht/Beck/Irskens KI-VO Art. 70 Rn. 12, 14.

[232] Schreiber/Bronner jurisPR-ITR 7/2025 Anm. 2, C.III; die Befugnis zur Beaufsichtigung der Anbieter von GPAI-Modellen sowie die Durchsetzung der Art. 51–56 KI-VO liegt hingegen bei der Kommission, die dies an das fachlich spezialisierte AI Office überträgt, vgl. Art. 88 Abs. 1 KI-VO; für das Kompetenzverhältnis zwischen den somit grds. zuständigen nationalen Überwachungsbehörden und dem AI Office vgl. Art. 75 KI-VO, BeckOK KI-Recht/Djeffal KI-VO Art. 75 Rn. 7; für die Durchsetzung durch das AI Office auf europäischer Ebene Herbers/Rappenglück RDi 2024, 432.

[233] Als „single point of contact" gegenüber der Öffentlichkeit und anderen Ansprechpartnern auf Ebene der Mitgliedstaaten und der Union wie bspw. dem EU AI Office, vgl. Erwgr. 153 S. 4 KI-VO und BeckOK KI-Recht/Beck/Irskens KI-VO Art. 70 Rn. 29 wenngleich noch zum alten Ref-E.

[234] Der Gesetzesentwurf begründet die Einrichtung dieses KoKIVO mit der insgesamt angestrebten Innovationsförderung und möchte dadurch nicht nur die Gefahr einer uneinheitlichen Auslegung und Anwendung der KI-VO deutlich reduzieren, sondern auch der *„begrenzten Verfügbarkeit von KI-Fachkräften begegne[n]"*, vgl. Ref-E vom 11.9.2025 für ein Gesetz zur Durchführung der KI-Verordnung, S. 24 und 27.

[235] Für die parallel bestehende Möglichkeit privater Rechtsdurchsetzung im Kontext der KI-VO, etwa durch eine vertragliche oder deliktische Haftung/Produkthaftung, vgl. den Überblick bei Bronner K&R 2025, 164 (169).

KI-VO im Fall eines (sanktionsfähigen) Verstoßes Bezug nehmen, zeitlich gestaffelt und zT bereits vor diesem Stichtag bspw. am 2.2.2025 in Kraft.[236] Allerdings besteht ein zeitlicher Unterschied zwischen dem jeweiligen Geltungsbeginn der verschiedenen KI-VO-Pflichten einerseits und dem Beginn ihrer behördlichen Durchsetzung andererseits. Das ergibt sich aus dem Gesamtzusammenhang der KI-VO: Denn die Vorschriften zur eigentlichen (behördlichen) Durchsetzung der KI-VO -- also insbesondere die Marktüberwachung und Kontrolle von KI-Systemen auf dem Unionsmarkt – finden sich in Kap. IX Abschnitt 3, Art. 74 ff. KI-VO[237], für die der allgemeine Geltungsbeginn nach Art. 113 KI-VO, also der 2.8.2026 gilt.[238] Das neue FAQ der EU-Kommission vom 27.5.2025 zur AI literacy bestätigt diesen Befund.[239] Auch Erwgr. 179 KI-VO erkennt diese (zT bestehende) zeitliche Divergenz zwischen Geltungsbeginn und Beginn der behördlichen Durchsetzung an, betont hierbei jedoch gleichwohl das Entfalten einer „*Wirkung auf andere Verfahren, etwa im Zivilrecht*" infolge „*der Vorwegnahme der Anwendung der Verbote*".[240]

1. Überblick über die Systematik

Zum besseren Verständnis des Regulierungsansatzes lassen sich die Betreiberpflichten für Hochrisiko-KI-Systeme wie folgt kategorisieren: Zum einen bestehen sowohl **Handlungspflichten** als auch **Transparenz- und Informationspflichten.** Die Handlungspflichten beziehen sich auf verschiedene Aspekte des jeweiligen Hochrisiko-KI-Systems, nämlich (1) auf den Betrieb des Hochrisiko-KI-Systems (Art. 26 Abs. 1, 2, 3 und 6 KI-VO), (2) auf das Hochrisiko-KI-System an sich (Abs. 5, 9, und 10) sowie (3) sowie auf die eingespeisten Daten (Abs. 4).[241] 73

Die Transparenz- und Informationspflichten bestehen sowohl (1) **ggü. anderen Akteuren** iSd KI-VO wie dem Anbieter sowie den **zuständigen Behörden** (Art. 26 Abs. 5 KI-VO) als auch (2) ggü. den **vom KI-Einsatz Betroffenen** (vgl. Abs. 7 und 11, die mögliche Grundrechte-Folgenabschätzung nach Art. 27 KI-VO und die Auskunftspflicht nach Art. 86 KI-VO). 74

Hinweis:
Für Behörden und öffentliche Stellen, Finanzinstitute sowie für bestimmte Hochrisiko-KI-Systeme (zur nachträglichen biometrischen Fernidentifizierung gem. Art. 26 Abs. 10 KI-

[236] Bspw. die Pflicht zur KI-Kompetenz nach Art. 4 KI-VO sowie das Verbot bestimmter KI-Praktiken nach Art. 5 KI-VO ab dem 2.5.2025, Art. 113 Buchst. a KI-VO.
[237] iVm der dort in Bezug genommenen Marktüberwachungs-VO 2019/1020.
[238] Das sieht wohl auch die BNetzA so, vgl. https://www.bundesnetzagentur.de/DE/Fachthemen/Digitales/KI/14_Marktueberwachung/start.html; dagegen handelt es sich bei der Bußgeldnorm des Art. 99 KI-VO (Geltungsbeginn am 2.8.2025, Art. 113 Buchst. b KI-VO) lediglich um eine EU-weite Mindestharmonisierung (Obergrenzen des Bußgeldrahmens, vgl. soeben); dieser Logik folgend ist es nachvollziehbar, wieso Art. 113 Buchst. b Hs. 2 KI-VO den Art. 101 KI-VO (Geldbußen für Anbieter von KI-Modellen mit allgemeinem Verwendungszweck) vom früheren Geltungsbeginn ausnimmt: die Befugnis der Kommission zur Verhängung von Geldbußen gegen Anbieter von GPAI-Modellen soll somit erst zeitgleich mit dem allgemeinen Enforcement-Beginn am 2.8.2026 greifen.
[239] vgl. bei „Enforcement von article 4" unter https://digital-strategy.ec.europa.eu/en/faqs/ai-literacy-questions-answers#ecl-inpage-compliance-with-article-4 (zuletzt abgerufen am 15.7.2025); auch die Benennung der zuständigen Marktüberwachungsbehörde nach Art. 70 Abs. 1 KI-VO bereits zum 2.8.2025 (Art. 113 Buchst. b KI-VO) ergibt aus Gründen einer organisatorischen Vorbereitungszeit durchaus Sinn.
[240] Das wirft zumindest die (noch offene) Frage auf, ob sich daraus die Gefahr einer potenziell rückwirkenden behördlichen Sanktionierung bei Verstößen gegen bereits geltende Pflichten aus der KI-VO ergibt.
[241] So die Einteilung bei Martini/Wendehorst/I. Eisenberger KI-VO Art. 26 Rn. 4.

VO) bestehen **weitere Sonderbestimmungen.** Auf diese wird hier jedoch nicht näher eingegangen.[242]

75 Um die Etablierung bzw. Anpassung von Compliance-Prozessen zu erleichtern, können die Betreiberpflichten für die Verwendung eines Hochrisiko-KI-Systems anhand folgender Übersicht[243] kategorisiert und zugeordnet werden:

Handlungspflichten	**#**	**Transparenz- und Informationspflichten**	**#**
1. Operative Pflichten (insbes. TOM zur Einhaltung d. Betriebsanleitung, Data-Management und menschlichen Aufsicht)	2.a)	1. Überwachungs-, Informations- und Meldepflichten ggü. anderen Akteuren iSd KI-VO sowie ggü. Behörden	3.a)
2. Dokumentationspflichten	2.b)	2. Informationspflicht ggü. betroffenen natürlichen Personen	3.b)
3. Schulungspflichten	2.c)	3. Informieren bei Verwendung am Arbeitsplatz	3.c)
4. Kontrollpflichten	2.d)	4. Auskunftspflicht ggü. Betroffenen bzgl. KI-gestützter Entscheidungen	3.d)
5. Kooperationspflichten	2.e)		

2. Handlungspflichten für Betreiber von Hochrisiko-KI-Systemen

a) Operative Pflichten

76 **aa) Technische und organisatorische Maßnahmen.** Operativ hat die GenAI einsetzende Stelle als Betreiber von Hochrisiko-KI-Systemen **geeignete technische und organisatorische Maßnahmen** („TOM") zum Erreichen verschiedener Ziele zu treffen, Art. 26 Abs. 1 KI-VO. Dem liegt insgesamt der Gedanke der **Schadensverhütung** zugrunde.[244] Mittels der TOM soll als wesentliche Voraussetzung für Hochrisiko-KI-Systeme eine **„technische Robustheit"**[245] des KI-Systems sichergestellt werden (Erwgr. 75 KI-VO), dh das Hochrisiko-KI-System soll widerstandsfähig in Bezug auf schädliches oder anderweitig unerwünschtes Verhalten sein, welches sich aus Einschränkungen innerhalb dieses Systems oder aber aus seiner Umgebung ergeben kann.

77 Hinsichtlich Art und Auswahl geeigneter Maßnahmen kommt dem Betreiber eine **Einschätzungsprärogative** zu,[246] solange sie den nachfolgenden Zielen (sogleich → Rn. 79 ff.) sowie einer schadensneutralen Verwendung des Hochrisiko-KI-Systems dienlich, und in ihrer konkreten Ausgestaltung im Hinblick auf mögliche Gefahren **verhält-**

[242] Vgl. diesbzgl. für Finanzinstitute Abs. 5 UAbs. 2 und 6 UAbs. 2; für Organe, Einrichtungen und sonstige Stellen der Union Abs. 8 sowie ggf. die Eintragungspflicht in die EU-Datenbank für Behörden und sonstige öffentliche Stellen sowie für in deren Namen handelnde Personen nach Art. 71 Abs. 3 KI-VO bzgl. der in Anhang III aufgeführten Hochrisiko-KI-Systeme; für Strafverfolgungsbehörden den Art. 26 Abs. 5 UAbs. 1 S. 5 KI-VO.

[243] Angelehnt an die Einteilungen von Martini/Wendehorst/I. Eisenberger KI-VO Art. 26 Rn. 4 und Wybitul BB 2024, 2179.

[244] BeckOK KI-Recht/Denga KI-VO Art. 26 Rn. 18, 21.

[245] Näher zum Begriff bspw. HEG-KI Ethikleitlinien für eine vertrauenswürdige KI Rn. 66 ff.

[246] Martini/Wendehorst/I. Eisenberger KI-VO Art. 26 Rn. 23.

nismäßig sind[247] **(technikneutraler Maßstab[248]).** Auch Erwgr. 75 S. 2 KI-VO lässt durch die Formulierung *„verhindern oder […] minimieren"* erkennen, dass es um die Auswahl verhältnismäßiger Maßnahmen geht. Eine der zwingend erforderlichen Maßnahmen nennt die KI-VO selbst durch den Verweis in Art. 26 Abs. 1 KI-VO, nämlich das Aufbewahren der automatisch erzeugten Protokolle nach Art. 26 Abs. 6 KI-VO (näher dazu bei → Rn. 101 ff.).[249]

Praxishinweis:

In Anlehnung an das Verständnis in Art. 25 Abs. 1 DS-GVO[250] sind TOM wie folgt zu verstehen: **78**

- **Technische Maßnahmen:** beziehen sich auf die Hard-/Software und betreffen den Datenverarbeitungsvorgang, bspw. (bauliche) Maßnahmen zur Verhinderung des unbefugten Zutritts zu technischer Infrastruktur wie Servern oder Cloud-Umgebungen, ferner Passwörter und Verschlüsselungs-Systeme oder Rollen-/Berechtigungssysteme (zB durch ein granulares Access-Management). Erwgr. 75 S. 4 KI-VO nennt zudem sog. Störungssicherheitspläne, die es dem System ermöglichen sollen, seinen Betrieb bei bestimmten Anomalien oder beim Betrieb außerhalb bestimmter vorab festgelegter Grenzen sicher zu unterbrechen.[251]
- **Organisatorische Maßnahmen:** betreffen hingegen eher die äußeren Rahmenbedingungen der Datenverarbeitung und ihren Ablauf, bspw. das Vier-Augen-Prinzip oder Protokollierungspflichten sowie gesellschaftsrechtliche Maßnahmen (Einrichtung funktionierender Compliance-Strukturen).

(1) Verwendung entsprechend der Betriebsanleitung. Der Betreiber hat die **technisch-organisatorischen Rahmenbedingungen so auszugestalten,** dass das Hochrisiko-KI-System nur entsprechend der ihm vom Anbieter (Art. 3 Nr. 3 KI-VO) bereitgestellten **Betriebsanleitung verwendet** wird, Art. 26 Abs. 1 Hs. 2 Alt. 1 KI-VO.[252] Diese beinhaltet gem. Art. 3 Nr. 15 KI-VO *„die Informationen, die der Anbieter bereitstellt, um den Betreiber insbesondere über die Zweckbestimmung*[253] *und die ordnungsgemäße Verwendung eines KI-Systems zu informieren"*. Denn ansonsten droht dem Betreiber (ggf. sogar dessen Mitarbeitern selbst), nach der Anbieterfiktion des Art. 25 KI-VO (vgl. → Rn. 55 ff.) selbst zum Anbieter zu werden. **79**

Praxishinweis:

- Intern ist daher besonders auf die **Einhaltung der Anwendungs- und Bedienhinweise** für die unterschiedlichen KI-Systeme zu achten, bspw. als Teil der AI-literacy-Schulungen nach Art. 4 KI-VO (vgl. → Rn. 137 ff.). **80**
- Zudem sind in der **KI-Policy** die zulässigen **Einsatzbereiche** für die verwendeten GenAI-Lösungen festzulegen. Diese Grundentscheidung ist anschließend technisch-organisatorisch zu implementieren.[254]

[247] BeckOK KI-Recht/Denga KI-VO Art. 26 Rn. 29; Martini/Wendehorst/I. Eisenberger KI-VO Art. 26 Rn. 29: unternehmerische Freiheit (Art. 16 GRCh) im Bereich der Risikovermeidung/Implementierung von Maßnahmen des Produktsicherheitsrechts.
[248] BeckOK KI-Recht/Denga KI-VO Art. 26 Rn. 23.
[249] Martini/Wendehorst/I. Eisenberger KI-VO Art. 26 Rn. 23.
[250] So bei BeckOK KI-Recht/Denga KI-VO Art. 26 Rn. 24 ff. unter Verweis auf Paal/Pauly/Martini DS-GVO Art. 25 Rn. 28; diese Begriffsunterscheidung auch bei Taeger/Gabel/Lang DS-GVO Art. 25 Rn. 36.
[251] BeckOK KI-Recht/Denga KI-VO Art. 26 Rn. 25.
[252] Wendt/Wendt Das neue Recht der Künstlichen Intelligenz/Wendt § 6 Rn. 36.
[253] Art. 3 Nr. 12 KI-VO; für die Relevanz von Betriebsanleitung und Zweckbestimmung bereits → Rn. 22.
[254] Ebers/Quarch Rechtshandbuch ChatGPT/Steege/Franke § 9 Rn. 171.

81 **(2) Erfüllung sonstiger Rechtspflichten und KI-VO-konformer Einsatz.** Die GenAI einsetzende Stelle hat als Betreiber ferner durch geeignete TOM den rechtskonformen Einsatz des Hochrisiko-KI-Systems sicherzustellen. Denn Art. 26 Abs. 3 KI-VO, auf den sich Art. 26 Abs. 1 Hs. 2 Alt. 2 KI-VO direkt bezieht, stellt zum einen klar, dass **weitere Pflichten des Betreibers unberührt bleiben.** Die sich möglicherweise aus anderen unionsrechtlichen und nationalen Vorschriften ergebenden Pflichten werden somit gerade nicht von der KI-VO als abschließendes lex specialis verdrängt.[255] Ein bereits **bestehendes (Produkt-)Sicherheitsniveau** soll **nicht unterlaufen** werden, vgl. Erwgr. 63 KI-VO.[256] Durch die Verweisung wird aber auch klargestellt, dass der Betreiber das Hochrisiko-KI-System nur unter Beachtung der weiteren Vorgaben der KI-VO verwenden darf.[257] Zur Erfüllung dieser Rechtspflichten hat der Betreiber ebenfalls geeignete TOM zu treffen.[258] Auch hierbei erkennt die KI-VO die unternehmerische Freiheit des Betreibers hinsichtlich der Auswahl möglicher Umsetzungsmaßnahmen an, vgl. Art. 26 Abs. 3 Hs. 2 KI-VO.[259]

Praxishinweis:

- Neben dem Einsatz weiterer TOM ist auf ggf. erforderliche **Anpassungen beim Pflichten-Mapping** iRd Compliance-Management zu achten.

82 **(3) Fortlaufende Überwachung hinsichtlich möglicher Anpassungsmaßnahmen.** Der Betreiber hat zudem fortlaufend zu **überwachen,** dass das Hochrisiko-KI-System nur **entsprechend der beigefügten Betriebsanleitung und unter Beachtung der weiteren Vorgaben** der KI-VO (vgl. für diese beiden Pflichten soeben bei → Rn. 79 f. und → Rn. 80) verwendet wird, Art. 26 Abs. 5 UAbs. 1 S. 1 Hs. 1 KI-VO.[260] Dieses Monitoring ist eng mit der menschlichen Aufsicht nach Art. 26 Abs. 2 KI-VO verknüpft (vgl. dazu → Rn. 96 ff.).

83 **Praxishinweis:**

- Es sind geeignete **Monitoring-Prozesse** zu etablieren (Überwachung und Meldung).[261] Hinsichtlich der genauen Ausgestaltung sollte sich ua an der Einsatzart und -tiefe des verwendeten KI-Systems sowie an vorhersehbaren Fehlanwendungen (Art. 3 Nr. 13 KI-VO) orientiert werden.
- Je nach Risiko sind die verwendeten TOM in Intervallen anzupassen bzw. zu erneuern.

84 **bb) Datenmanagement – Eingabedaten/Input.** Ferner hat der Betreiber operativ dafür Sorge zu tragen, dass der verwendete Input[262] der **Zweckbestimmung** des Hochrisiko-KI-Systems **entspricht** (Alt. 1) sowie **ausreichend repräsentativ** ist (Alt. 2), Art. 26 Abs. 4

[255] Martini/Wendehorst/I. Eisenberger KI-VO Art. 26 Rn. 28; BeckOK KI-Recht/Denga KI-VO Art. 26 Rn. 38.
[256] BeckOK KI-Recht/Denga KI-VO Art. 26 Rn. 38.
[257] Vgl. Wendt/Wendt Das neue Recht der Künstlichen Intelligenz/Wendt § 6 Rn. 36: *„über technische und organisatorische Maßnahmen sicherzustellen […] dass das KI-System […] nach den Vorgaben des AI Acts verwendet wird.“.*
[258] Wybitul BB 2024, 2179 (2180).
[259] Martini/Wendehorst/I. Eisenberger KI-VO Art. 26 Rn. 29.
[260] Wendt/Wendt Das neue Recht der Künstlichen Intelligenz/Wendt § 6 Rn. 36.
[261] Ebers/Quarch Rechtshandbuch ChatGPT/Steege/Franke § 9 Rn. 177, die zurecht auf den zu erwartenden Bürokratieaufwand hinweisen.
[262] Die KI-VO spricht genau genommen von „Eingabedaten“/“Input Data“, Art. 3 Nr. 33 KI-VO; vgl. → Fn. 22.

KI-VO. Dies gilt jedoch nur, soweit diese Eingabedaten der Kontrolle des Betreibers unterliegen.[263] Beide Pflichten gelten zudem ausdrücklich zusätzlich zu den allgemeinen TOM-Pflichten („unbeschadet der Absätze 1 und 2“, vgl. hierzu bereits → Rn. 76 ff.).[264]

Hinweis:
Das wird große Praxisrelevanz haben, denn – vereinfacht gesagt – ist somit jeder Prompt-Inhalt beim Einsatz eines GenAI-Chatbots als Hochrisiko-KI-System an der **Repräsentativität des Art. 26 Abs. 4 KI-VO** zu messen!

Praxishinweis:
- Es sollte daher ua in den vertragliche Regelungen mit dem Anbieter des KI-Systems überprüft werden, wer die **Kontrolle über die Eingabedaten** hat.[265] 85
- Zudem sollte möglichst frühzeitig mit der Erarbeitung einer **„Prompting Policy“** begonnen werden (zu deren Inhalt sogleich), da es für deren erfolgreichen Implementierung der Kooperationswilligkeit als auch einer gewissen Gewöhnung der Arbeitnehmer bedürfen wird.

(1) Um welche Daten geht es? Unter „Eingabedaten“ versteht die KI-VO gem. Art. 3 Nr. 33 *„die in ein KI-System eingespeisten oder von diesem direkt erfassten Daten, auf deren Grundlage das System eine Ausgabe [d. h. den Output] hervorbringt“*.[266] Bei GenAI-Chatbots wie ChatGPT oder Gemini betrifft dieser „Input“ also hauptsächlich die **Prompts** und die dem KI-System darüber hinaus **zur Verfügung gestellten Materialien,** die der „bedienende Nutzer“ (für den Begriff vgl. → Rn. 50 ff. und → Rn. 54) bspw. zu deren Auswertung hochlädt.[267] 86

(2) Was ist das Ziel der Regelungen? Insgesamt soll der Betreiber durch geeignete TOM **algorithmischer Diskriminierung entgegenwirken.**[268] Dies hat er fortlaufend zu kontrollieren (wobei die genaue Reichweite von Alt. 2 noch umstritten ist).[269] Art. 26 Abs. 4 knüpft damit systematisch an die Qualitätsanforderungen hinsichtlich der Trainingsdaten bzw. der zeitlich vorgelagerten Data-Governance des Anbieters an (Art. 10 KI-VO gilt nur für Anbieter).[270] 87

Hinweis:
Die genaue **Arbeitsteilung bei der Data-Governance** zwischen Betreiber und Anbieter, gerade bei weiterlernenden Systemen, dürfte sehr praxisrelevant werden, insbesondere weil der Anbieter die Zweckbestimmung des KI-Systems als relevanten Maßstab vorgibt[271] (dazu sogleich → Rn. 88).

263 Vgl. zum Begriff der „Kontrolle“ der automatisch erzeugten Protokolle/“log-files“ → Rn. 101 ff.
264 Martini/Wendehorst/I. Eisenberger KI-VO Art. 26 Rn. 30.
265 Martini/Wendehorst/I. Eisenberger KI-VO Art. 26 Rn. 31 unter Verweis auf Roos/Weitz MMR 2021, 844 (849); im Zweifel gleichlaufend mit der Frage der Kontrolle iRd automatisch erzeugten Protokolle, vgl. dort bei → Rn. 101 ff.
266 Art. 3 Nr. 33 KI-VO: „‘input data’ means data provided to or directly acquired by an AI system on the basis of which the system produces an output“.
267 So wohl auch Martini/Wendehorst/Wendehorst KI-VO Art. 3 Rn. 227.
268 BeckOK KI-Recht/Denga KI-VO Art. 26 Rn. 45 unter Verweis auf Ebers VuR 2024, 161 (162).
269 Wybitul BB 2024, 2179 (2181); zur Frage der Reichweite vgl. Martini/Wendehorst/I. Eisenberger KI-VO Art. 26 Rn. 34.
270 BeckOK KI-Recht/Denga KI-VO Art. 26 Rn. 44.
271 Die Aufteilung der Data-Governance-Pflichten zwischen Betreiber und Anbieter, gerade bei weiterlernenden Systemen dürfte sehr praxisrelevant werden, insbesondere weil der Anbieter die Zweckbestimmung als Maßstab vorgibt, vgl. Martini/Wendehorst/I. Eisenberger KI-VO Art. 26 Rn. 34.

88 **Maßstab** beider Pflichten ist die **Zweckbestimmung** (Art. 3 Nr. 12 KI-VO) des Hochrisiko-KI-Systems seitens des Anbieters. Zur Erinnerung: Diese findet sich insbesondere in der Betriebsanleitung, der technischen Dokumentation oder im Werbe- und Verkaufsmaterial (vgl. dazu bereits bei → Rn. 22).[272] Auch vorhersehbare Fehlanwendungen (Art. 3 Nr. 13 KI-VO) müssen dort hervorgehoben sein.[273]

Praxishinweis:

89
- An die Zweckbestimmung sollte sich die GenAI einsetzende Stelle möglichst halten, will sie nicht ggf. selbst zum Anbieter werden (vgl. bei → Rn. 55 ff. die Anbieterfiktion des Art. 25 Abs. 1 Buchst. b und c KI-VO).[274] Denn **ändert der Betreiber bspw. die Zweckbestimmung** dergestalt, dass das KI-System zu einem Hochrisiko-KI-System wird oder verwendet er ein bestehendes Hochrisiko-KI-System zu einem außerhalb der Anbieter-Zweckbestimmung liegenden Zweck (mit der Folge, dass eine „wesentliche Veränderung" iSd Art. 3 Nr. 23 KI-VO vorliegt), so greift die **Anbieterfiktion** des Art. 25 Abs. 1 Buchst. b bzw. c KI-VO und der Betreiber wird selbst zum Anbieter des KI-Systems.
- Zur Zweckbestimmung gehört nicht nur die **Beschreibung der generellen Einsatzmöglichkeiten** des Systems, sondern der Anbieter kann auch die **besonderen Umstände und Bedingungen des Einsatzes** näher spezifizieren.[275] Daher sollte der Betreiber auf (vertragliche) Einschränkungen hinsichtlich der Präzision und Richtigkeit des Outputs aufgrund der Trainingsdatenqualität achten.[276]
- Noch offen erscheint, ob bei einem **KI-System, das mehreren Zwecken** dienen soll (Multi-Purpose unterhalb von GPAI), die Pflichten des Art. 26 Abs. 4 jeweils nur **in Bezug auf den jeweiligen Hochrisiko-Zweck** zu erfüllen sind. Dafür spricht der gestufte, risikobasierte Ansatz der KI-VO.[277]

90 **(3) Was verlangen die Pflichten in Art. 26 Abs. 4 Alt. 1 und 2 KI-VO?** Der Betreiber hat zum einen sicherzustellen, dass die **Eingabedaten der Zweckbestimmung** des Hochrisiko-KI-Systems **entsprechen,** für den Zweck also geeignet sind (Abs. 4 Alt. 1).[278] Anders gewendet: Zumindest zweckwidrige Daten dürfen als Input daher nicht verwendet werden.[279]

Praxishinweis:

91
- Die **Mitarbeiter** sind für die Gewichtigkeit der **Prompt-Eingaben zu sensibilisieren** (bspw. als Teil der AI-literacy-Schulungen nach Art. 4 KI-VO, vgl. bei → Rn. 137 ff.).
- Dabei ist es wichtig, die richtige **Balance** zu finden zwischen **strikten Arbeitsanweisungen** zur Minimierung möglicher Haftungsrisiken sowie ausreichendem **Freiraum**

[272] Vgl. Art. 13 Abs. 3 Buchst. b (i) KI-VO; Martini/Wendehorst/Wendehorst KI-VO Art. 3 Rn. 144, 145.
[273] Vgl. Art. 13 Abs. 3 Buchst. b (iii) KI-VO; Ebers/Quarch Rechtshandbuch ChatGPT/Ebers § 2 Rn. 159.
[274] Vgl. Martini/Wendehorst/Wendehorst KI-VO Art. 3 Rn. 142; Hüger/Radtke KIR 2025, 154 (156).
[275] Vgl. den Wortlaut der Legaldefinition von Art. 3 Nr. 12 KI-VO; Martini/Wendehorst/Wendehorst KI-VO Art. 3 Rn. 144: für den Anbieter kann es geboten sein, *„nähere Bedingungen für den Einsatz [des KI-Systems] zu formulieren"*.
[276] Schlussfolgerung aus Martini/Wendehorst/Wendehorst KI-VO Art. 3 Rn. 144.
[277] In diese Richtung wohl BeckOK KI-Recht/Gerdemann KI-VO Art. 8 Rn. 9 f.; dagegen spricht allerdings, dass es sich weiterhin um das technisch gleiche KI-System handelt, das eben nur unterschiedlichen Verwendungsmöglichkeiten gleichzeitig dienen soll; man könnte also auch argumentieren: so ist wohl Borges zu verstehen: *„Wenn diese Zwecke den Einsatz in Hochrisiko-Bereichen einschließen, handelt es sich nach dem Konzept der KI-Verordnung [insgesamt!] um ein Hochrisiko-KI-System"*,, vgl. Borges CR 2024, 565 Rn. 41.
[278] BeckOK KI-Recht/Denga KI-VO Art. 26 Rn. 45.
[279] Martini/Wendehorst/I. Eisenberger KI-VO Art. 26 Rn. 32 unter Verweis auf Hilgendorf/Roth-Isigkeit/Lindardatos KI-VO § 7 Rn. 43; auch Schwartmann/Keber/Zenner KI-VO/Kremer/Haar Teil 2 Kap. 1 Rn. 423.

für die „bedienenden Nutzer" (für den Begriff vgl. → Rn. 50 ff. und → Rn. 54), Prompts variieren und ausprobieren zu können.
- Es sollten **Schutzmaßnahmen gegen Missbrauch** implementiert werden (bspw. durch das Festlegen und „Abfangen" von Schlüsselwörtern in den Prompts durch Prompt-Sperren).

Zum anderen müssen die **Eingabedaten** für die Zwecksetzung des Hochrisiko-KI-Systems **repräsentativ** sein (Abs. 4 Alt. 2). Der Betreiber hat also dafür zu sorgen, dass die Input-Daten auch während der Anwendungsphase[280] des Hochrisiko-KI-Systems, dh also noch nach dem KI-Training des Anbieters, ausreichend repräsentativ sind.[281] 92

Praxishinweis:
- Zumindest **offensichtlich falsche oder diskriminierende Eingabedaten** sind nicht ausreichend repräsentativ.[282] 93
- Bei der Auslegung der Repräsentativität im konkreten Anwendungsfall kann Erwgr. 67 KI-VO helfen.[283]
- Praktisch sollte die Repräsentativität – je nach konkretem Einzelfall sowie Einsatzgebiet des KI-Systems – durch **interne Hinweise oder Arbeitsanweisungen** sichergestellt werden, welche auf die Beachtung hinreichend repräsentativer Eingabedaten drängen.[284]
- Ebenfalls anzuraten ist die Benennung bereits bekannter Bsp.-Fälle, wo diskriminierender Output beim System-Einsatz aufgetreten ist.[285] Dafür sollten geeignete Prozesse zur Anpassung dieser „**Systemgrenzen**" definiert und implementiert werden.
- Je besser die einzuhaltenden Prozesse definiert und dokumentiert[286] werden, desto geringer ist das **Haftungsrisiko** ggü. der kontrollierenden Behörde.[287]

cc) Ermöglichung der Erfüllung der Transparenz- und Informationspflichten. Den Betreiber treffen abgestufte Transparenz- und Informationspflichten (vgl. dazu im Einzelnen bei → Rn. 116). Um diese erfüllen zu können hat die GenAI einsetzende Stelle als Betreiber eines Hochrisiko-KI-Systems auch **operativ vorbereitende Maßnahmen** (in Form von TOM) zu treffen.[288] Dies betrifft bspw. die dafür erforderlichen **Monitoring-Prozesse,** den Umgang mit möglichen **Auskunftsersuchen** betroffener Personen (zum neuen Auskunftsrecht nach Art. 86 KI-VO bei → Rn. 129 ff.) als auch die den anderen Marktakteuren iSd KI-VO **bereitzustellenden Informationen** (vgl. → Rn. 117 ff.). 94

[280] Systematisch hat der Anbieter bereits zuvor geeignete statistische Merkmale sicherzustellen (Art. 10 Abs. 3 KI-VO iVm Art. 16 Abs. 1 Buchst. a KI-VO), weshalb Paal/Hüger MMR 2024, 540 (542) von einer „menschlichen Ausdifferenzierung" des Entscheidungsverfahrens sprechen.

[281] Paal/Hüger MMR 2024, 540 (542); die Data Governance nach Art. 10 KI-VO setzt insoweit zeitlich vorher an, vgl. Schwartmann/Keber/Zenner KI-VO/Kremer/Haar Teil 2 Kap. 1 Rn. 424 (vgl. bereits soeben).

[282] Schwartmann/Keber/Zenner KI-VO/Kremer/Haar Teil 2 Kap. 1 Rn. 423 stellen hierbei auf den Effekt bei der Ausgabe ab.

[283] Martini/Wendehorst/I. Eisenberger KI-VO Art. 26 Rn. 33; dieser nennt bspw. *„statistische Merkmale […] bezüglich der Personen oder Personengruppen, auf die das Hochrisiko-KI-System bestimmungsgemäß angewandt werden soll"* oder auch *„Eigenschaften, Merkmale, oder Elemente […], die für die besonderen geografischen, kontextuellen, verhaltensbezogenen oder funktionalen Rahmenbedingungen, unter denen das Hochrisiko-KI-System bestimmungsgemäß verwendet werden soll, typisch sind."*.

[284] Ebers/Quarch Rechtshandbuch ChatGPT/Steege/Franke § 9 Rn. 175.

[285] Ebers/Quarch Rechtshandbuch ChatGPT/Steege/Franke § 9 Rn. 171 nennt dies als Bsp. für den Einsatz eines KI-Systems außerhalb der Systemgrenzen.

[286] Lommatzsch/Albrecht GWR 2025, 37 (39).

[287] Wobei sehr fraglich ist, ob überhaupt bzw. wie in der praktischen Durchführung eine behördliche Kontrolle gelingen können soll, so bei Ebers/Quarch Rechtshandbuch ChatGPT/Steege/Franke § 9 Rn. 175.

[288] Wybitul BB 2024, 2179 (2180).

Praxishinweis:

95 • Es sind **Melde-/Informations-/und Auskunftsprozesse** aufzusetzen (dazu gehört das Zusammentragen der notwendigen Informationen zur Weitergabe an die Behörden bzw. Marktakteure iSd KI-VO sowie an die betroffenen Personen, vgl. → Rn. 117 ff. und → Rn. 129 ff.).
• Die Monitoring-Prozesse sind mit der **menschlichen Aufsicht** zu **verzahnen** (zur menschlichen Aufsicht vgl. → Rn. 96 ff.).
• Zudem sind (organisatorisch) die **erforderlichen Befugnisse der menschlichen Aufsicht** hinsichtlich der Klassifizierung der Vorfälle anhand der verschiedenen Risiko-Stufen sicherzustellen und
• es sind geeignete **Maßnahmen zur Aufbewahrung und Bereitstellung der KI-Protokolle** (iRd Art. 26 Abs. 6 KI-VO, vgl. dazu → Rn. 101 ff.) zu treffen.

96 **dd) Menschliche Aufsicht.** Die GenAI einsetzende Stelle hat als Betreiber dafür zu sorgen, dass **natürliche Personen** die menschliche Aufsicht bzw. **Kontrolle über den Einsatz eines Hochrisiko-KI-Systems ausüben.**[289] Dazu hat sie diesen Personen die dafür erforderlichen Kompetenzen und Befugnisse zu übertragen, Art. 26 Abs. 2 KI-VO.[290] Je nachdem, wie stark der Betreiber die Kontrolle über das KI-System ausübt,[291] hat er in operativer Hinsicht[292] – und das fortlaufend[293] – „seinen" Aufsichtspersonen die erforderliche Unterstützung (vgl. für die damit zusammenhängenden Schulungspflichten → Rn. 104) sowie ausreichende Befugnisse zukommen zu lassen, was den innerbetrieblichen Ablauf, Anweisungsbefugnisse und die Prozesse des Risikomanagements betrifft.

97 **Maßstab** der erforderlichen TOM sollte jeweils der **spezifische Charakter des KI-Systems** sowie die vom System im konkreten Anwendungsfall ausgehenden Gefahren und Risiken sein (Erwgr. 91 S. 1 und Art. 14 Abs. 2 und 3 KI-VO).[294] Konkret sollte der Betreiber hierbei zum einen auf systemspezifische **Empfehlungen des Anbieters** achten, die vom Anbieter zur Umsetzung durch den Betreiber bestimmt worden sind, vgl. Art. 14 Abs. 3 lit. b KI-VO. Zum anderen sollte sich bei der **Auswahl verhältnismäßiger Aufsichtsmaßnahmen** am Katalog des Art. 14 Abs. 4 und 5 KI-VO orientiert werden. Für die „human oversight" ist jedenfalls nicht erforderlich, dass ein Mensch sämtliche Entscheidungen eines Hochrisiko-KI-Systems in Echtzeit auch tatsächlich nachprüft. Vielmehr geht es um eine **potenzielle Kontrollmöglichkeit**[295], da „*die Aufsicht [auch] durch Lenkungs- und Kontrollmechanismen wie die Gewährleistung der interaktiven Einbindung eines Menschen („Human-in-the-Loop"), der Überprüfung und Kontrolle durch einen Menschen („Human-on-the-Loop") oder der Gesamtsteuerung durch einen Menschen („Human-in-Command") erreicht werden*[296]„ kann. Noch offen erscheint indes die sehr praxisrelevante Frage, bis zu welchem Grad auf technische Unterstützung für den beaufsichtigenden Menschen zurückgegriffen werden darf und sollte **(„KI kontrolliert KI").** In der Praxis wird es zudem darauf ankommen, welche (technischen) Maßnahmen der Anbieter des Hochrisiko-KI-Systems bereits in das jeweilige System integriert hat (Art. 14 Abs. 3 lit. a KI-VO – „Supervision by Design"[297]), denn Art. 14 Abs. 1 KI-VO verpflichtet den Anbieter dazu, Hochrisiko-KI-

[289] Wybitul BB 2024, 2179 (2181).
[290] Ebers/Quarch Rechtshandbuch ChatGPT/Ebers § 2 Rn. 182.
[291] Ebers/Quarch Rechtshandbuch ChatGPT/Steege/Franke § 9 Rn. 172.
[292] Wybitul BB 2024, 2179 (2180).
[293] Art. 26 Abs. 2 KI-VO erweitert daher Art. 14 KI-VO (Anforderung an das System selbst) hin zu einer Handlungs- und Überwachungspflicht des Betreibers, vgl. BeckOK KI-Recht/Denga KI-VO Art. 26 Rn. 32.
[294] Martini/Wendehorst/I. Eisenberger KI-VO Art. 26 Rn. 27.
[295] So auch Bomhard/Siglmüller im AITAVA Webinar „Betreiberpflichten im AI Act" am 25.6.2025.
[296] So bereits die HEG-KI Ethikleitlinien für eine vertrauenswürdige KI Rn. 65.
[297] Martini/Wendehorst/Martini KI-VO Art. 14 Rn. 74.

Systeme so zu konzipieren und zu entwickeln, dass diese von natürlichen Personen wirksam beaufsichtigt werden können. So müssen Aufsichtspersonen bspw. nach Art. 14 Abs. 4 Buchst. e KI-VO in die Lage versetzt werden, in den Betrieb eines Hochrisiko-KI-Systems eingreifen oder den Systembetrieb mit einer Stopptaste unterbrechen zu können.[298]

Praxishinweis:
- In der Praxis beinhalten die erforderlichen TOM va **Mitarbeiter-Schulungen** (vgl. hierzu auch Art. 4 KI-VO zur KI-Kompetenz)[299] oder das „Andocken" eines **KI-Beauftragten** an den Datenschutzbeauftragten[300] (vgl. bei → Rn. 140 f.). 98
- Organisatorisch sind den zuständigen Personen die für eine effektive Kontrolle notwendigen **Kompetenzen/Befugnisse** zu übertragen.[301]
- Auch der Einsatz **externer Personen** ist möglich[302], sodass es sich – je nach Geschäftsmodell – für den Betreiber anbieten dürfte, die **menschliche Aufsicht durch den Entwickler** bzw. Anbieter des verwendeten KI-Systems wahrnehmen zu lassen.[303]
- Wichtigste Aufgabe dürfte zudem sein, den **richtigen Grad an technischer Unterstützung** für die menschliche Aufsicht zu bestimmen.[304]
- Die **Auswahl** an hinreichend fachkundigen Aufsichtspersonen sowie der getroffenen Unterstützungsmaßnahmen sollte **dokumentiert** werden.[305]

ee) Aussetzung des Betriebs bei grundrechtsrelevanten Risiken trotz Verwendung gemäß der Betriebsanleitung. Falls die GenAI einsetzende Stelle als Betreiber Grund zu der Annahme hat[306], dass trotz der Befolgung der Betriebsanleitung die Verwendung des Hochrisiko-KI-Systems ein **grundrechtsrelevantes Risiko** iSd Art. 79 Abs. 1 KI-VO birgt (dazu genauer bei den Informationspflichten → Rn. 121), so hat sie die Verwendung des Systems **„unverzüglich",** dh ohne schuldhaftes Zögern **auszusetzen,** Art. 26 Abs. 5 UAbs. 1 S. 2 aE KI-VO.[307] 99

Praxishinweis: 100
- Meldeprozesse sowie Befugnisse und technische Abläufe innerhalb der menschlichen Aufsicht sind dafür sicherzustellen.

b) Dokumentationspflicht – Aufbewahrung der KI-Protokolle

Aus Dokumentationsgründen und als Teil der zu treffenden TOM, um (überhaupt) die umfangreichen Transparenz- und Informationspflichten (vgl. dazu → Rn. 116 ff.) erfüllen zu 101

[298] BeckOK KI-Recht/Buchner Art. 14 Rn. 60.
[299] Ebers/Quarch Rechtshandbuch ChatGPT/Steege/Franke § 9 Rn. 173.
[300] Es bestehen jedoch auch Grenzen hinsichtlich der Übertragung von Zusatzaufgaben an den Datenschutzbeauftragten („Mehrfachbeauftragung"), vgl. Reif/Olker ZD 2025, 68.
[301] Martini/Wendehorst/I. Eisenberger KI-VO Art. 26 Rn. 25.
[302] Der Wortlaut spricht nur von „natürlichen Personen", nicht von Mitarbeitern/Arbeitnehmern, vgl. so bei Lommatzsch/Albrecht GWR 2025, 37 (39).
[303] Auch Hüger/Radtke KIR 2025, 154 (156) halten eine solche Auslagerung für möglich und naheliegend.
[304] So auch die Vermutung von Bomhard/Siglmüller im AITAVA Webinar „Betreiberpflichten im AI Act" am 25.6.2025.
[305] Schwartmann/Keber/Zenner KI-VO/Kremer/Haar Teil 2 Kap. 1 Rn. 419.
[306] Für das Auslösen der Pflicht zur Aussetzung kann es nur auf die dem Betreiber zur Verfügung stehenden Informationen ankommen, vgl. Schwartmann/Keber/Zenner KI-VO/Kremer/Haar Teil 2 Kap. 1 Rn. 426.
[307] Zur Auslegung des Begriffs „unverzüglich" vgl. auch die englische Fassung „without undue delay".

können[308], verpflichtet Art. 26 Abs. 6 KI-VO[309] den Betreiber zur **Aufbewahrung der automatisch erzeugten Protokolle**[310] (die sog. „Log-Files“[311]).

102 Damit werden die korrespondierenden Anbieterpflichten aus Art. 12 und 19 KI-VO ergänzt, wodurch der gesamte Lebenszyklus des KI-Systems abgedeckt werden soll.[312] Die Pflicht zur Aufbewahrung gilt jedoch nur, soweit die Protokolle der Kontrolle der GenAI einsetzenden Stelle unterliegen (rechtlich oder auch nur bloß faktisch[313]). Es gilt eine **Mindestfrist von 6 Monaten,** wobei sich die Angemessenheit der Länge an der Zweckbestimmung des Hochrisiko-KI-Systems bemisst.[314]

Praxishinweis:

103 • Ähnlich wie bei der DS-GVO sollte ein **Löschkonzept** erarbeitet werden (jedoch kann der Mindestaufbewahrungsdauer von sechs Monaten ggf. eine (kürzere) Löschfrist aus der DS-GVO/anderweitigem EU-Recht entgegenstehen, Art. 26 Abs. 6 UAbs. 1 Hs. 2 KI-VO).[315]
• Zudem bedarf es eines **Prozesses zur einheitlichen Befolgung** des erstellen Löschkonzepts.

c) Schulungspflichten

104 Der rechtskonforme Einsatz von GenAI setzt voraus, dass die einsetzende Stelle als Betreiber ihre Mitarbeiter und sonstiges Personal im Umgang mit dem KI-System **umfassend schulen** sollte[316]: Dies gilt zum einen in Bezug auf die generelle KI-Kompetenz nach Art. 4 KI-VO (systemübergreifend, dh je nach konkret eingesetzten KI-Systemen, vgl. dazu mehr → Rn. 137 ff.). Zum anderen bezieht sich dies auf ausgewählte Personen der menschlichen Aufsicht iSv Art. 26 Abs. 2 KI-VO (vgl. dazu bereits → Rn. 96 ff.).

d) Kontrollpflichten

105 Die GenAI einsetzende Stelle unterliegt als Betreiber beim Einsatz eines Hochrisiko-KI-Systems verschiedenen **Kontroll- und Überwachungspflichten:** Einige davon sind in der KI-VO ausdrücklich als solche geregelt (wie Art. 26 Abs. 5 UAbs. 1 S. 1 Hs. 1 KI-VO, dazu sogleich → Rn. 107). Andere ergeben sich *de facto* aus der fortlaufenden Pflicht, GenAI-Systeme KI-VO-konform einzusetzen.

Praxishinweis:

106 Für die nachfolgenden Ziele sind geeignete **Monitoring-Prozesse zu etablieren** und wiederum mit der **menschlichen Aufsicht** (erforderliche Befugnisse) zu verknüpfen (vgl. → Rn. 96 ff.).

---

[308] Wybitul BB 2024, 2179 (2180); dazu bedarf es (zumeist) noch weiterer TOM, vgl. → Rn. 94 f.
[309] Für Finanzunternehmen sieht UAbs. 2 eine Sonderregelung vor.
[310] Martini/Wendehorst/I. Eisenberger KI-VO Art. 26 Rn. 25; BeckOK KI-Recht/Denga KI-VO Art. 26 Rn. 57.
[311] Ebers/Quarch Rechtshandbuch ChatGPT/Steege/Franke § 9 Rn. 178.
[312] BeckOK KI-Recht/Denga KI-VO Art. 26 Rn. 57.
[313] Historische Auslegung, da der Kommissionsentwurf noch explizit von rein rechtlicher Kontrolle ausging, dieser Zusatz jedoch gestrichen wurde, vgl. Martini/Wendehorst/I. Eisenberger KI-VO Art. 26 Rn. 44.
[314] BeckOK KI-Recht/Denga KI-VO Art. 26 Rn. 56; für die Zweckbestimmung vgl. → Rn. 22.
[315] Ebers/Quarch Rechtshandbuch ChatGPT/Steege/Franke § 9 Rn. 178 f.
[316] Wybitul BB 2024, 2179 (2180).

aa) Kontinuierliche Überwachung des Hochrisiko-KI-Systems anhand der Betriebsanleitung. Wie bereits erwähnt (vgl. → Rn. 82 f.) hat der Betreiber das **KI-System fortlaufend** gem. Art. 26 Abs. 5 UAbs. 1 S. 1 Hs. 1 KI-VO **anhand der Betriebsanleitung zu überwachen,** um seinen Informations- und Meldepflichten nach Art. 26 Abs. 5 KI-VO (dazu sogleich → Rn. 117 ff.) nachkommen zu können. 107

bb) Monitoring hinsichtlich erforderlicher Anpassungen der TOM. Auch bezogen auf das Datenmanagement (vgl. → Rn. 84 ff.) sowie bspw. eine hinreichende menschliche Aufsicht (vgl. → Rn. 96 ff.) hat der Betreiber kontinuierlich die dafür eingesetzten **technisch-organisatorischen Maßnahmen zu kontrollieren und ggf. anzupassen** (vgl. bereits → Rn. 82 f.). Letztlich bezieht sich die Kontrollpflicht auf den KI-VO-konformen Einsatz insgesamt (vgl. → Rn. 81).[317] 108

cc) Überprüfung der internen Klassifizierung bzgl. der Anwendungsart/Kategorisierung des KI-Systems sowie hinsichtlich der Akteureinstufung. Gerade da es sich bei GenAI häufig um dazulernende KI-Systeme handelt, hat die einsetzende Stelle als Betreiber fortwährend darauf zu achten, dass die (zu Beginn des KI-Einsatzes) getroffene **Risikoklassifizierung** hinsichtlich des verwendeten KI-Systems **weiterhin zutrifft** (bspw. bezogen auf das Verwenden als ein Hochrisiko-KI-System, vgl. → Rn. 18 ff.). Dazu gehört ferner die **Vorprüfung**[318]**,** dass (auch weiterhin) keine verbotene KI-Praktik iSd Art. 5 KI-VO vorliegt (vgl. ebenfalls → Rn. 18 ff.). Schließlich hat die einsetzende Stelle als Betreiber zu überprüfen, ob sie (inzwischen) die **Voraussetzungen für weitere Pflichten** erfüllt, etwa für die Anbieterpflichten als Folge der **Anbieterfiktion** nach Art. 25 KI-VO (zu den Voraussetzungen bereits → Rn. 55 ff.). 109

dd) Überprüfen der Notwendigkeit einer Grundrechte-Folgenabschätzung. (1) Pflicht zur Durchführung einer (weiteren) Risikoanalyse nach Art. 27 KI-VO? Als Teil des angestrebten effektiven Grundrechteschutzes (vgl. insbes. Erwgr. 1 und 26 KI-VO)[319] führt die KI-VO in Art. 27 eine **weitere Risikoanalyse** für bestimmte Betreiber von Hochrisiko-KI-Systemen ein. Der Anwendungsbereich dieser Grundrechte-Folgenabschätzung (GRFA oder englisch „Fundamental Rights Impact Assessment", „FRIA") ist im privaten Bereich jedoch hauptsächlich auf den **Banken- und Versicherungsbereich beschränkt:**[320] Denn die Pflicht trifft (in persönlicher Hinsicht) – neben öffentlichen Einrichtungen und Privaten, die öffentlich tätig werden[321] – nur solche (privaten) Betreiber, die KI-Systeme iSd Art. 6 Abs. 2 KI-VO einsetzen möchten, die bestimmungsgemäß für die Kreditwürdigkeitsprüfung und Bonitätsbewertung natürlicher Personen (Anhang III Nr. 5 Buchst. b) oder aber für die Risikobewertung und Preisbildung in Bezug auf natürliche Personen im Fall von Lebens- und Krankenversicherungen (Anhang III Nr. 5 Buchst. c) verwendet werden sollen. 110

> **Hinweis:**
> Die GenAI einsetzende Stelle wird im Bereich der **Content-Generierung** dieser Pflicht also zumeist **nicht unterliegen.** Dennoch soll ihr Inhalt zumindest kurz vorgestellt werden.

---

317 Vgl. Wendt/Wendt Das neue Recht der Künstlichen Intelligenz/Wendt § 6 Rn. 36.

318 Wybitul BB 2024, 2179 (2183).

319 BeckOK KI-Recht/Denga KI-VO Art. 27 Rn. 1 ff.

320 Martini/Wendehorst/I. Eisenberger KI-VO Art. 27 Rn. 24; der Adressatenkreis des Art. 27 KI-VO wurde im Laufe des Gesetzgebungsverfahrens verengt, vgl. zu den Hintergründen BeckOK KI-Recht/Denga KI-VO Art. 27 Rn. 24 ff.

321 Zu diesen Bereichen, die Private im öffentlichen Interesse erbringen (bspw. als Beliehene), zählen gem. Erwgr. 96 S. 3 KI-VO etwa die Bereiche Bildung, Gesundheitsversorgung, Sozialdienste, Wohnungswesen und Justizverwaltung; die Pflicht gilt gem. Art. 27 Abs. 1 S. 1 KI-VO jedoch (insgesamt) nicht, wenn das KI-System im Bereich kritischer Infrastruktur eingesetzt wird (Anhang III Nr. 2 KI-VO), vgl. Ebers/Quarch Rechtshandbuch ChatGPT/Ebers § 2 Rn. 184.

111 Art. 27 Abs. 1 S. 2 KI-VO listet auf, was die vor der Inbetriebnahme des betroffenen Hochrisiko-KI-Systems durchzuführende GRFA des Betreibers enthalten muss: Dazu gehören insbesondere eine Beschreibung der Verfahren, bei denen das Hochrisiko-KI-System zweckgemäß verwendet werden soll, der Zeitraum und die Häufigkeit des Einsatzes sowie die potenziell betroffenen Personengruppen und der ihnen drohende Schaden[322]; ferner mögliche Aufsichts- und Abhilfemaßnahmen.[323] Prüfungsmaßstab sind zum einen die **GRCh der Union sowie die EMRK,** aber auch **nationale Grundrechte,** die *„sich aus den gemeinsamen Verfassungsüberlieferungen der Mitgliedstaaten ergeben"* (vgl. Art. 6 Abs. 3 EUV).[324] Das Ergebnis der GRFA ist der zuständigen Marktüberwachungsbehörde[325] mitzuteilen, Art. 27 Abs. 3 KI-VO. Zur Erleichterung darf der Betreiber auf bereits zuvor bspw. durch den Anbieter durchgeführte GRFAs zurückgreifen, Art. 27 Abs. 2 KI-VO.[326] Zudem soll das AI Office ein Muster für einen (automatisierten) Fragebogen erarbeiten, Art. 27 Abs. 5 KI-VO.[327]

112 **(2) Verhältnis zum DPAI nach DS-GVO.** Zumeist wird die GenAI einsetzende Stelle für das Hochrisiko-KI-System **bereits** eine **Datenschutz-Folgenabschätzung** gem. Art. 35 DS-GVO[328] („DSFA" oder „DPAI", vgl. dazu im Teil Datenschutz → § 64 Rn. 18 und 34) durchzuführen haben.[329] Werden in dieser bereits einige Pflichten der GRFA „miterfüllt"/ abgedeckt, stellt Art. 27 Abs. 4 KI-VO klar, dass die **GRFA das DPAI ergänzen** soll, nämlich für die durch das DPAI noch nicht abgedeckten Pflichten.[330] Beide Risikoanalysen stehen also nebeneinander und machen einander nur partiell obsolet.[331]

113 **(3) Erleichterung für das DPAI nach DS-GVO.** Zusätzlich enthält Art. 26 Abs. 9 KI-VO eine „administrative Erleichterung"[332] für die Durchführung eines DPAI nach DS-GVO: Die Betreiber von Hochrisiko-KI-Systemen dürfen die ihnen (ohnehin) **bereitzustellenden Anbieterinformationen** (Art. 13 KI-VO, insbes. in der Betriebsanleitung) **verwenden,** um ihrer Pflicht nach Art. 35 DS-GVO zur Durchführung eines DPAI nachzukommen.[333]

Praxishinweis:

114
- Es sollte zumindest die **Notwendigkeit einer Grundrechte-Folgenabschätzung** nach KI-VO **überprüft** werden.
- Zudem sollte eine mögliche **Abstimmung mit bzw. Ergänzung** der bereits bestehenden/erforderlichen **Datenschutz-Folgenabschätzung** nach DS-GVO erfolgen.

---

322 Ebers/Quarch Rechtshandbuch ChatGPT/Ebers § 2 Rn. 184.
323 Ebers/Quarch Rechtshandbuch ChatGPT/Ebers § 2 Rn. 185.
324 Martini/Wendehorst/I. Eisenberger KI-VO Art. 27 Rn. 32.
325 In Deutschland wahrscheinlich die BNetzA und nicht die Datenschutzbehörden, vgl. BeckOK KI-Recht/Beck/Irskens KI-VO Art. 70 Rn. 12, 14; vgl. dazu bereits → Rn. 72.
326 Bspw. auf eine im Rahmen des Risikomanagements des Anbieters (Art. 9) bereits durchgeführte GRFAs, vgl. Martini/Wendehorst/I. Eisenberger KI-VO Art. 27 Rn. 50; für eine diesbzgl. bestehende Aktualisierungspflicht vgl. Martini/Wendehorst/I. Eisenberger KI-VO Art. 27 Rn. 51.
327 Ob das AI Office hier ein nochmals vereinfachtes Muster für KMU und Start-Ups bereitstellen wird, worauf Art. 63 Abs. 3 Buchst. a KI-VO hindeutet, ist noch offen, vgl. BeckOK KI-Recht/von Kruedener/Göbel KI-VO Art. 62 Rn. 40; in diese Richtung wohl aber die Einschätzung von AI&Partners „EU AI Act Small and medium-sized enterprises (SMEs) Practical Guide 11", April 2024, S. 6 und 9.
328 Das gleiche gilt für ein DPAI nach Art. 27 JI-RL für die Verarbeitung personenbezogener Daten durch Behörden zum Zwecke der Verhütung, Ermittlung, Aufdeckung oder Verfolgung von Straftaten oder der Strafvollstreckung, vgl. BeckOK KI-Recht/Denga KI-VO Art. 26 Rn. 70.
329 Wybitul BB 2024, 2179 (2182).
330 BeckOK KI-Recht/Denga KI-VO Art. 27 Rn. 41.
331 Martini/Wendehorst/I. Eisenberger KI-VO Art. 27 Rn. 57 f.
332 Martini/Wendehorst/I. Eisenberger KI-VO Art. 27 Rn. 51.
333 BeckOK KI-Recht/Denga KI-VO Art. 26 Rn. 72.

e) Kooperationspflichten

Art. 26 Abs. 12 KI-VO verpflichtet den Betreiber dazu, mit den zuständigen Behörden bei allen Maßnahmen zusammenzuarbeiten, die diese Behörden im Zusammenhang mit dem Hochrisiko-KI-System zur Umsetzung der KI-VO ergreifen. Damit sind zunächst einmal die **nationalen Marktüberwachungsbehörden** (Art. 3 Nr. 26 KI-VO)[334] sowie **der Europäische Datenschutzbeauftrage** (Art. 3 Nr. 48 iVm Art. 70 Abs. 6 KI-VO) gemeint. Sofern eine Zusammenarbeit mit der GenAI einsetzenden Stelle als Betreiber für die behördliche Aufgabenwahrnehmung notwendig ist, kann dies aber auch die EU-Kommission oder das EU AI Office (Art. 3 Nr. 47 KI-VO), sowie nationale Gleichbehandlungsstellen und Datenschutzbehörden (Erwgr. 157 KI-VO) umfassen.[335] 115

3. Transparenz- und Informationspflichten für Betreiber von Hochrisiko-KI-Systemen

Die GenAI einsetzende Stelle treffen als Betreiber von Hochrisiko-KI-Systemen einige Transparenz- und Informationspflichten. Diese lassen sich nach verschiedenen **Empfängern** und **Risikostufen kategorisieren:** 116

a) Überwachungs-, Informations- und Meldepflichten ggü. anderen Akteuren iSd KI-VO sowie ggü. Behörden

Den Betreiber eines Hochrisiko-KI-Systems treffen, insbes. gem. Art. 26 Abs. 5 KI-VO[336], abgestufte **Melde- und Informationspflichten** mit verschiedenen Informationsempfängern. Hintergrund ist (wiederum) der risikobasierte Ansatz der KI-VO entlang der Wertschöpfungskette des KI-Systems. 117

Es wird allerdings bezweifelt, ob mit den Pflichten des Art. 26 Abs. 5 KI-VO die angestrebte **Schadensprävention** im laufenden Betrieb überhaupt durch den Betreiber **erreicht werden kann.** Denn dazu müsste dieser in der Praxis den jeweiligen Sachverhalt nicht nur kennen, sondern auch beherrschen (können).[337] Das ist im Hinblick auf die **begrenzte Einflussnahmemöglichkeit** ggü. den großen GenAI-Anbietern (zumindest derzeit) mehr als fraglich. 118

Praxishinweis:

- Es sind geeignete **Melde- und Informationsprozesse** zu etablieren[338] (bereits unter „TOM zur Ermöglichung der Informationspflichten" bei → Rn. 94 f.). 119
- Zudem sind die **Befugnisse zur Klassifizierung der Vorfälle** anhand der verschiedenen Risikostufen (sogleich → Rn. 120 ff.) zu verteilen, am besten per Anbindung an die menschliche Aufsicht (→ Rn. 96 ff.).
- Mit dem Anbieter sollte möglichst eine **schriftliche Vereinbarung** getroffen werden.[339] In dieser sind die **Einzelheiten der Informationspflichten** (sogleich → Rn. 120)

---

[334] Wybitul BB 2024, 2179 (2182); diese Behörde übt die aufsichtsrechtlichen Befugnisse nach der Markteinführung aus, in Deutschland wahrscheinlich die BNetzA und nicht die Datenschutzbehörden, vgl. BeckOK KI-Recht/Beck/Irskens KI-VO Art. 70 Rn. 12, 14; vgl. dazu bereits → Rn. 72.

[335] Martini/Wendehorst/I. Eisenberger KI-VO Art. 26 Rn. 78 ff.

[336] Einschränkung, auf die hier nicht näher eingegangen wird: Die Informationspflichten des Art. 26 Abs. 5 KI-VO gelten gem. UAbs. 1 S. 5 „nicht für sensible operative Daten" im Bereich der Strafverfolgung.

[337] BeckOK KI-Recht/Denga KI-VO Art. 26 Rn. 52 unter Verweis auf Hilgendorf/Roth-Isigkeit/Linardatos KI-VO § 7 Rn. 47.

[338] Ebers/Quarch Rechtshandbuch ChatGPT/Steege/Franke § 9 Rn. 177, die zurecht auf den zu erwartenden Bürokratieaufwand hinweisen.

[339] Vgl. Erwgr. 88 S. 2 KI-VO, so bei Weltersbach/Aslan BKR 2025, 49 (56); „schriftliche Vereinbarung"/ "written agreement" ist genuin europarechtlich auszulegen und meint nicht Schriftform iSd § 126 BGB.

festzulegen und ggf. bestehende Informationsdefizite des Betreibers zu dokumentieren.[340]

120 **aa) Informationspflicht ggü. dem Anbieter.** Im Anschluss an die Überwachungspflicht anhand der Betriebsanleitung (vgl. zuvor bei Kontrollpflichten → Rn. 105 ff.) hat der Betreiber den Anbieter „gegebenenfalls" gem. Art. 72 KI-VO zu informieren, Art. 26 Abs. 5 UAbs. 1 S. 1 Hs. 2 KI-VO[341]; nämlich über für den Anbieter **wichtige Angelegenheiten/Vorfälle.**[342] Denn den Anbieter trifft seinerseits die Pflicht (gem. Art. 72 KI-VO) zum Einrichten eines Systems zur Beobachtung des KI-Systems nach seinem Inverkehrbringen.

121 **bb) Informationspflicht bei grundrechtsrelevanten Risiken trotz Verwendung gemäß der Betriebsanleitung.** Falls die GenAI einsetzende Stelle als Betreiber *„Grund zu der Annahme"* hat[343], dass die Verwendung gemäß der Betriebsanleitung dazu führen kann, dass das Hochrisiko-KI-System ein Risiko iSd Art. 79 Abs. 1 KI-VO birgt, so hat sie **unverzüglich** den **Anbieter oder (!) Händler**[344], und (!) die zuständige **Marktüberwachungsbehörde**[345] **zu informieren,** Art. 26 Abs. 5 UAbs. 1 S. 2 Hs. 1 KI-VO. Voraussetzung ist hierfür also, dass trotz Verwendung des KI-Systems entsprechend seiner Betriebsanleitung Risiken für die Gesundheit, die Sicherheit oder die Grundrechte von Personen entstehen (vgl. Art. 79 Abs. 1 KI-VO).[346] Zugleich ist die Verwendung des Systems auszusetzen (vgl. bereits bei → Rn. 99 f.).

122 **cc) Informationspflicht bei schwerwiegenden Vorfällen.** Falls der Betreiber sogar einen **schwerwiegenden Vorfall** feststellt, **verschärft sich das Meldesystem** nach Art. 26 Abs. 5 S. 3 KI-VO. Dann sind *„auch unverzüglich"*[347] zuerst (!) der Anbieter und dann der Einführer[348] oder Händler, sowie die zuständigen Marktüberwachungsbehörden über diesen Vorfall zu informieren. Ist der Anbieter nicht zu erreichen, so entfällt die vorrangige Meldung an ihn und es ist stattdessen – entsprechend der Vorgaben des Art. 73 KI-VO – (sofort) die zuständige Marktüberwachungsbehörde zu informieren, Art. 26 Abs. 5 UAbs. 1 S. 4 KI-VO.[349]

123 Ein schwerwiegender Vorfall ist nach Art. 3 Nr. 49 KI-VO begrenzt auf Vorfälle oder Fehlfunktionen bzgl. eines KI-Systems, die **direkt oder indirekt den Tod oder die schwere gesundheitliche Schädigung** einer Person (Buchst. a), die schwere und unumkehrbare Störung der Verwaltung oder des Betriebs **kritischer Infrastrukturen** (Buchst. b iVm Art. 3 Nr. 62 KI-VO), die Verletzung von **Pflichten aus den Unionsrechtsvorschriften** zum Schutz der **Grundrechte** (Buchst. c) oder **schwere Sach- oder Umweltschäden** (Buchst. d) zur Folge haben.

---

[340] Eigene Risikoabschätzung hinsichtlich Fahrlässigkeit erforderlich: Worüber nichts bekannt ist, darüber kann grds. auch nicht informiert werden.

[341] Art. 26 Abs. 5 UAbs. 2 KI-VO enthält wiederum Sonderregelungen für Finanzinstitute.

[342] Martini/Wendehorst/I. Eisenberger KI-VO Art. 26 Rn. 36.

[343] Für das Auslösen der Informationspflicht kann es nur auf die dem Betreiber zur Verfügung stehenden Informationen ankommen, vgl. Schwartmann/Keber/Zenner KI-VO/Kremer/Haar Teil 2 Kap. 1 Rn. 426.

[344] Art. 3 Nr. 7 KI-VO.

[345] In Deutschland vss. die BNetzA, vgl. Rn. 72.

[346] BeckOK KI-Recht/Denga KI-VO Art. 26 Rn. 48.

[347] Zur Auslegung des Begriffs („ohne schuldhaftes Zögern") Martini/Wendehorst/I. Eisenberger KI-VO Art. 26 Rn. 37.

[348] Art. 3 Nr. 6 KI-VO.

[349] BeckOK KI-Recht/Denga KI-VO Art. 26 Rn. 50; das ist in Deutschland vss. die BNetzA, vgl. Rn. 72.

Praxishinweis:

- Als schwerwiegender Vorfall nach Art. 3 Nr. 49 KI-VO kommt bspw. die indirekte Verursachung einer **schweren gesundheitlichen Schädigung** einer Person (Buchst. a) aufgrund der **Nichtmeldung eines kritischen medizinischen Zustandes eines Patienten** als Folge einer KI-gestützten Fehldiagnose oder falscher Empfehlungen eines Expertensystems in Betracht.[350] 124
- Die Formulierung des Buchst. c ist derart weit formuliert, dass man systematisch – im Einklang mit den anderen Varianten (insbes. ggü. Buchst. a) – einen **gewissen Schweregrad** der Verletzung wird verlangen müssen. Andernfalls käme bereits jeder Datenschutzverstoß in Betracht.[351]

b) Informationspflicht ggü. betroffenen natürlichen Personen

Nach Art. 26 Abs. 11 KI-VO[352] besteht für Betreiber der in Anhang III aufgeführten Hochrisiko-KI-Systeme eine spezielle[353] Transparenzpflicht ggü. betroffenen natürlichen[354] Personen. Die GenAI einsetzende Stelle hat demnach eine betroffene Person darüber zu informieren, dass sie der **Verwendung eines Hochrisiko-KI-Systems unterliegt,** wenn diese Person *„eine Entscheidung des KI-Systems betrifft oder ein solches KI-System bei einer Entscheidung Unterstützung leistet"*.[355] 125

Praxishinweis:

Mindestinhalte dieser Informationsverpflichtung sind (vgl. Erwgr. 93 S. 5 ff. KI-VO)[356]: 126
die Unterrichtung, dass die natürliche Person Gegenstand des Einsatzes des Hochrisiko-KI-Systems geworden ist, die Zweckbestimmung des Systems sowie die Art der getroffenen Entscheidungen sowie ein Hinweis auf das (weitergehende) Recht auf Erläuterung der Entscheidungsfindung der betroffenen Person nach Art. 86 KI-VO[357] (dazu sogleich → Rn. 129 ff.).

c) Informationspflicht bei Verwendung am Arbeitsplatz

Vor der Inbetriebnahme oder Verwendung eines Hochrisiko-KI-Systems[358] am Arbeitsplatz haben Betreiber, die Arbeitgeber sind, sowohl die **Arbeitnehmervertreter** (darunter dürfte der deutsche Betriebsrat iSd § 1 BetrVG fallen[359]) als auch die **betroffenen Arbeitnehmer** darüber zu informieren, dass diese der **Verwendung des Hochrisiko-KI-Systems unterliegen** werden, Art. 26 Abs. 7 KI-VO. Bestehende Arbeitnehmerrechte sollen da- 127

[350] So bei Martini/Wendehorst/Wendehorst KI-VO Art. 3 Rn. 334.
[351] Vgl. Martini/Wendehorst/Wendehorst KI-VO Art. 3 Rn. 336.
[352] Abs. 11 S. 2 enthält eine Sonderregelung für Hochrisiko-KI-Systeme, die zu Strafverfolgungszwecken verwendet werden.
[353] Die Pflicht gilt ausdrücklich zusätzlich zu den Transparenzpflichten iSd Art. 50 KI-VO, vgl. → Rn. 142 ff.
[354] Ausdrücklich auf natürliche Personen beschränkt, vgl. Martini/Wendehorst/I. Eisenberger KI-VO Art. 26 Rn. 73.
[355] BeckOK KI-Recht/Denga KI-VO Art. 26 Rn. 119; zur noch strittigen Reichweite der Betroffenheit, vgl. Martini/Wendehorst/I. Eisenberger KI-VO Art. 26 Rn. 75.
[356] BeckOK KI-Recht/Denga KI-VO Art. 26 Rn. 123 ff.; aA wohl Martini/Wendehorst/I. Eisenberger KI-VO Art. 26 Rn. 76, der nur die Information für erforderlich hält, *„dass ein konkretes System verwendet wurde"*.
[357] So auch Merkle RDi 2024, 414 Rn. 41 mit Verweis auf den Wortlaut der Erwgr. 27 S. 8, 93 S. 5, 6 KI-VO.
[358] Erfasst sind ausdrücklich alle Hochrisiko-KI-Systeme, nicht nur solche iSd Anhang III Nr. 4, vgl. Martini/Wendehorst/I. Eisenberger KI-VO Art. 26 Rn. 47.
[359] Lommatzsch/Albrecht GWR 2025, 37 (39).

durch nicht beeinträchtigt werden (Erwgr. 92 S. 4 KI-VO) und bestehende nationale Regelungen bleiben weiterhin anwendbar, Art. 26 Abs. 7 S. 2 KI-VO.[360] Die Informationspflicht soll vielmehr dem Grundrechtsschutz der betroffenen Arbeitnehmer sowie der Gewährleistung umfassender Transparenz im Arbeitsverhältnis dienen.[361]

Praxishinweis:
128 Arbeitsrechtliche Fragestellungen sollten ggf. gesondert geprüft und mit der KI-VO-Compliance abgestimmt werden (sie sind jedoch nicht Teil dieses Beitrags).[362]

d) Auskunftspflicht des Betreibers ggü. natürlichen Personen bzgl. KI-gestützter Entscheidungen (Recht auf Erläuterung)

129 Nach Art. 86 Abs. 1 KI-VO haben betroffene Personen ggü. dem jeweiligen Betreiber bestimmter Hochrisiko-KI-Systeme in bestimmten Situationen das **Recht auf Erläuterung**[363] einer sie betreffenden KI-gestützten Entscheidung im Einzelfall.[364] Als **einziges Betroffenenrecht** der KI-VO wurde Art. 86 erst im Laufe des Gesetzgebungsverfahrens eingefügt[365] und soll der betroffenen Person eine Grundlage bieten, auf der sie weitere (dh andere) Rechte ausüben kann, vgl. Erwgr. 171 S. 2.[366]

130 Das Recht – und die damit verbundene Auskunftspflicht des Betreibers – **ergänzt** insoweit die **vorherige (aktive) Informationspflicht des Betreibers** nach Art. 26 Abs. 11 KI-VO, nach der die natürliche Person jedoch nur darüber zu informieren ist, dass sie *„der Verwendung des Hochrisiko-KI-Systems“* unterliegt (vgl. soeben bei → Rn. 125 f.).[367] Das Recht auf Erläuterung soll daher etwas vertiefter dargestellt werden.

131 **aa) Fünf Voraussetzungen des Rechts auf Erläuterung nach Art. 86 KI-VO.** Der **Anwendungsbereich** dürfte im Ausgangspunkt **sehr weit** sein. Denn die Norm verlangt nur, dass (1) KI-generierter Output eines Hochrisiko-KI-Systems bei der Entscheidung des Betreibers im Einzelfall eine entscheidungserhebliche Rolle gespielt hat („auf der Grundlage der Ausgaben“). Es genügt demnach, wenn eine Entscheidung der GenAI einsetzenden Stelle **überwiegend auf dem Output eines Hochrisiko-KI-Systems beruht,** Erwgr. 171 S. 1 KI-VO. Art und Inhalt der zu erläuternden Entscheidung sind also zunächst nicht begrenzt.[368] Dies gilt allerdings nur, soweit (2) die Entscheidung **bestimmte Auswirkungen auf die betroffene Person** hat *(„rechtliche Auswirkungen […] oder [..] in ähnlicher Art erheblich auf eine Weise beeinträchtigt, die […] ihre Gesundheit, ihre Sicherheit oder ihre Grundrechte beeinträchtigt“).*[369] Rein finanzielle Nachteile, die nicht zugleich eine rechtliche Auswirkung entfalten (vgl. Alt. 1), dürften dabei nicht von der zweiten Alternative dieser qualifizierten Betroffenheit (vgl. zum undefinierten Konzept der be-

360 Lommatzsch/Albrecht GWR 2025, 37 (39) mit Verweis auf die §§ 87 Abs. 1 Nr. 6, 90 Abs. 1 Nr. 3, 95 Abs. 2a BetrVG.
361 BeckOK KI-Recht/Denga KI-VO Art. 26 Rn. 64.
362 Überblick bspw. bei Ebers/Quarch Rechtshandbuch ChatGPT/Batista § 18.
363 In den Erwgr. 93 und 171 KI-VO wird sowohl der Begriff der „Erklärung“ als auch der Begriff der „Erläuterung“ aus dem Wortlaut des Art. 86 KI-VO verwendet.
364 Vgl. Merkle RDi 2024, 414 Rn. 17.
365 Im Kapitel IX in den Abschnitt „Rechtsbehelfe“.
366 Martini/Wendehorst/Hartmann KI-VO Art. 86 Rn. 1 f.; dies erfolgte ua als Reaktion auf Kritik im Schrifttum, dass individuelle Betroffenenrechte im Kommissionsentwurf noch gefehlt hätten, vgl. Veale/Borgesius CRi 2021, 97 (111); Winau ZdiW 2023, 14 (19).
367 Martini/Wendehorst/Hartmann KI-VO Art. 86 Rn. 5.
368 Vgl. für weitere Details Martini/Wendehorst/Hartmann KI-VO Art. 86 Rn. 10; für die Anwendung der Grundsätze der Kausalität BeckOK KI-Recht/Djeffal KI-VO Art. 86 Rn. 23.
369 Vgl. die verständlichere Formulierung in der englischen Sprachfassung „have an adverse impact on their health, safety or fundamental rights“.

troffenen Person bei → Rn. 50 ff.) umfasst sein und somit keinen Anspruch auf Erläuterung begründen.[370]

Der Output muss (3) zudem einem **Hochrisiko-System aus Anhang III entstammen**[371]**;** mit Ausnahme kritischer Infrastruktur iSd Nr. 2 (4) ist das Recht von der durch die Entscheidung **qualifiziert** (vgl. (2)) **betroffenen Person** ggü. dem Betreiber in Form **einer aktiven Aufforderung** (5) geltend zu machen.[372] Umstritten ist, ob das Recht aus Art. 86 KI-VO nur natürlichen Personen oder auch juristischen Personen zusteht. Aus dem Zusammenhang mit Art. 26 Abs. 11 KI-VO und dem Schutzzweck der KI-VO insgesamt kann jedoch geschlussfolgert werden, dass es sich nur um **natürliche Personen** handeln kann.[373] 132

bb) Umfang des Rechts auf Erläuterung. Nach Art. 86 Abs. 1 KI-VO hat die *„klare und aussagekräftige"* Erläuterung des Betreibers zwei Dinge zu enthalten: eine Erläuterung der **Rolle des KI-Systems im Entscheidungsprozess** sowie zu den **wichtigsten Elementen der getroffenen Entscheidung.** Der genaue Umfang des Rechts auf Erläuterung ist allerdings noch hoch umstritten und bereits Gegenstand des (soweit ersichtlich) ersten Vorabentscheidungsverfahrens zur KI-VO vor dem EuGH.[374] 133

Praxishinweis:

Die Erklärungen des Betreibers sollten daher (sicherheitshalber) folgende Fragen hinreichend aufgreifen:[375] 134

- Zunächst (übergeordnet), die **wichtigsten Elemente der getroffenen Entscheidung:** Dh was waren die maßgeblichen Faktoren, inkl. vorgelagerte „Vorentscheidungen", auf denen die Entscheidung beruhte? Dies beinhaltet auch Faktoren jenseits des eigentlichen KI-Outputs.
- Und dann, hinsichtlich der **Rolle des KI-Systems:** Wie ist die Entscheidung zustande gekommen? Welche Bedeutung hatte diesbzgl. der KI-generierte Output? Inwieweit war die Entscheidung durch das KI-System determiniert? Gab es (abstrakt) verbleibenden Spielraum zur Überprüfung und Korrektur durch den Betreiber? Wurde dieser im Einzelfall genutzt?

cc) Ausnahmen und Subsidiarität, Abs. 2 und 3. Bislang bestehen keine sachlichen Ausnahmen von oder inhaltliche Beschränkungen des Rechts auf Erläuterung nach 135

370 Martini/Wendehorst/Hartmann KI-VO Art. 86 Rn. 13.

371 Greift indes der Filter des Art. 6 Abs. 3 KI-VO, ist der Anwendungsbereich der Auskunftspflicht mangels Hochrisiko-KI-System ebenfalls nicht eröffnet, so bei BeckOK KI-Recht/Djeffal KI-VO Art. 86 Rn. 14.

372 Martini/Wendehorst/Hartmann KI-VO Art. 86 Rn. 14; das ist einer der Unterschiede zu Art. 26 Abs. 11 KI-VO, welcher der Betreiber selbst proaktiv zu erfüllen hat.

373 Martini/Wendehorst/Hartmann KI-VO Art. 86 Rn. 12; aA infolge grundrechtskonformer Auslegung BeckOK KI-Recht/Djeffal KI-VO Art. 86 Rn. 14; auch hier rächt sich, dass die KI-VO keine Definition der betroffenen Person enthält, sondern nur in Art. 2 Abs. 1 Buchst. g KI-VO die Anwendbarkeit für sie bestimmt.

374 In dem Vorabentscheidungsersuchen an den EuGH Rechtssache C-806/24, Yettel Bulgaria erfragt das bulgarische Bezirksgericht Sofia ua, ob Art. 86 KI-VO dahin auszulegen ist, dass die betroffene Person das Recht hat zu erfahren, *„wie und mit Hilfe welcher Elemente [und] Parameter automatisierte Entscheidungen (Rechnungen) auf der Basis von […] automatisiert erhobenen Daten aus einem Vertrag über die Erbringung von Mobilfunkdienstleistungen erstellt wurden"* sowie ferner *„welcher Algorithmus die automatisiert erstellten Rechnungen berechnet [und] welche Elemente und Parameter darin einfließen"* und ob *„das Gericht vom Unternehmer die Daten der Black Box, den Quellcode und den Algorithmus betreffend die Art und Weise der automatisierten Entscheidungsfindung […] verlangen kann"*.

375 Vgl. dazu Martini/Wendehorst/Hartmann KI-VO Art. 86 Rn. 15; vertiefend bei BeckOK KI-Recht/Djeffal KI-VO Art. 86 Rn. 32 ff.; hinsichtlich dieser (recht weiten) Auslegung ist aber die Behördenpraxis und erste Rechtsprechung wie etwa das Vorabentscheidungsersuchen an den EuGH, Rechtssache C-806/24, Yettel Bulgaria abzuwarten.

Abs. 2.[376] Indes gilt bereits jetzt nach Art. 86 Abs. 3 KI-VO, dass das Recht auf Erläuterung **nur subsidiär ggü. anderem Unionsrecht** besteht, sofern diese konkurrierende Rechtsnorm eine mit Art. 86 Abs. 1 KI-VO vergleichbare Rechtsfolge herbeiführt.[377] Hinsichtlich der sich hierbei aufdrängenden Art. 15 Abs. 1 Buchst. h iVm Art. 22 Abs. 1 und 4 DS-GVO ist zu beachten, dass es für Art. 86 Abs. 1 KI-VO genügt, dass KI-Output bei der Entscheidung (überhaupt) eine Rolle gespielt hat (vgl. soeben). Allerdings muss es sich um Output eines Hochrisiko-KI-Systems handeln.[378] Art. 22 Abs. 1 DS-GVO erfasst hingegen nur *„ausschließlich auf einer automatisierten Verarbeitung beruhende"* Entscheidungen.[379] Somit sind hier Fälle von Subsidiarität nach Art. 86 Abs. 3 KI-VO gut denkbar und es ist weiterhin fraglich, ob und wie groß ein tatsächlicher Anwendungsbereich der neuen Erklärungspflicht nach Art. 86 Abs. 1 KI-VO in der Praxis ausfallen wird.[380]

Praxishinweis:

136
- Kurzgefasst: Wenn eine Entscheidung eines Betreibers **überwiegend auf dem Output** eines bestimmten Hochrisiko-KI-Systems **beruht** (vgl. Erwgr. 171 KI-VO), kann sich die davon betroffene Person (zu den dafür erforderlichen Auswirkungen auf die Person soeben bei → Rn. 131) bestimmte Faktoren dieser Entscheidung näher erläutern lassen.[381]
- Umgekehrt bedeutet dies aber auch: Der Betreiber hat **Prozesse** zu etablieren, um solche **Auskunfts- und Erläuterungsersuchen** hinreichend beantworten zu können.
- Die Pflicht gilt gem. Art. 113 KI-VO ab dem **2.8.2026** und ist ein **einklagbarer Anspruch.**[382]

V. Betreiberpflicht zur Sicherstellung von KI-Kompetenz/AI literacy

137 Neben den Anbietern haben gem. Art. 4 KI-VO auch die Betreiber von KI-Systemen (Art. 3 Nr. 1 KI-VO) Maßnahmen zu ergreifen, um nach besten Kräften sicherzustellen, dass ihr **Personal** und andere Personen, die in ihrem Auftrag mit dem Betrieb und der Nutzung von KI-Systemen befasst sind, über ein ausreichendes Maß an **KI-Kompetenz** verfügen. Diese Pflicht gilt als eine der wenigen der KI-VO für sämtliche KI-Systeme iSd KI-VO, dh parallel zu allen weiteren Pflichten, und das bereits seit dem **2.2.2025,** Art. 113 Buchst. a KI-VO.[383]

---

376 Diese könnten sich jedoch zukünftig aus dem Unionsrecht oder auch dem nationalen Recht (im Einklang mit dem Unionsrecht) ergeben.

377 Martini/Wendehorst/Hartmann KI-VO Art. 86 Rn. 17 f.

378 Martini/Wendehorst/Hartmann KI-VO Art. 86 Rn. 18 f. mit weiteren Argumenten und Erläuterungen zu einem weiteren konkurrierenden Recht in Art. 18 Abs. 8 Buchst. a der Verbraucherkredit-Richtlinie (EU) 2023/2225.

379 Vgl. die Diskussion zur Schufa-Entscheidung des EuGH MMR 2024, 153.

380 Dies kritisiert zB Merkle RDi 2024, 414 Rn. 43; Gründe für eine parallele Anwendbarkeit bei BeckOK KI-Recht/Djeffal KI-VO Art. 86 Rn. 43 ff.

381 Beachtenswert ist hierbei zudem der (wohl) verpflichtende Hinweis auf das Erläuterungsrecht als Teil der Informationspflicht ggü. betroffenen natürlichen Personen, vgl. dazu → Rn. 125 f.

382 Allein schon deshalb, weil im Abschnitt „Rechtsbehelfe" zu finden; so auch bei BeckOK KI-Recht/Djeffal KI-VO Art. 86 Rn. 30.

383 Dh solange das System nicht gem. Art. 2 KI-VO dem Anwendungsbereich der KI-VO entzogen ist, vgl. Martini/Wendehorst/Wendehorst KI-VO Art. 4 Rn. 3; für den Beginn der Durchsetzung der KI-VO durch die national zuständige Marktüberwachungsbehörde vgl. → Rn. 72.

1. Begriff, Relevanz und Durchsetzbarkeit

Art. 3 Nr. 56 definiert „KI-Kompetenz" (AI literacy) als die Fähigkeiten, Kenntnisse und das Verständnis, die ua Betreibern und Betroffenen unter Berücksichtigung ihrer jeweiligen Rechte und Pflichten im Rahmen der KI-VO ermöglichen, KI-Systeme **sachkundig** einzusetzen sowie sich der **Chancen und Risiken von KI** und möglicher Schäden, die sie verursachen kann, bewusst zu werden. Interessanterweise ist ein möglicher Verstoß gerade nicht nach Art. 99 KI-VO bußgeldbewährt. Die Norm dürfte also (bislang und für sich genommen) eher „Appelcharakter" haben, wenngleich daneben ggf. Sorgfaltspflichtverletzungen nach allgemeinen Vorschriften in Betracht kommen (sogleich → Rn. 139).[384]. Jedoch steht es den Mitgliedsstaaten frei, bei Verletzungen von Pflichten nach Art. 4 KI-VO eigene Sanktionsmöglichkeiten zu etablieren.[385] **138**

Hinweis:
Für die Praxis ist die Pflicht nach Art. 4 KI-VO dennoch von Relevanz: **139**

- Zum einen besteht ein **Compliance-Zusammenhang** mit der Pflicht nach **Art. 26 Abs. 2 KI-VO** (menschliche Aufsicht, dazu bereits → Rn. 96 ff.), für deren Umsetzung es gerade eines hinreichend geschulten Personals bedarf.
- Ferner wird ein effektives **Risikomanagement** sowie die Etablierung von Prozessen zur Anpassung der Compliance (insbes. TOM, vgl. bereits bei → Rn. 76 ff.) nur dann funktionieren, wenn die Mitarbeiter erfolgreich mitgenommen werden können.[386]
- Schließlich haften Betreiber auch weiterhin für Schäden, die ihre eingesetzten GenAI-Systeme verursachen, nach **allgemeinen Vorschriften** (Delikts- und Vertragsrecht).[387] In diesem Zusammenhang könnte das Nichtergreifen der nach Art. 4 KI-VO gebotenen Maßnahmen als **Verletzung einer Sorgfaltspflicht** bzw. als **Verstoß gegen ein Schutzgesetz** iSv § 823 Abs. 2 BGB relevant werden.[388] Diese Diskussionen bleiben vorerst abzuwarten.

2. Was genau ist bei der Maßnahmenauswahl zu beachten?

Grundlegend ist je nach eingesetztem KI-System sowie nach Personen (oder Personengruppen), bei denen oder durch die das KI-System eingesetzt werden soll, zu **differenzieren**[389] (gemeint sind also sowohl die von GenAI betroffenen Personen[390] als auch die das System „bedienenden Nutzer", vgl. für die Begriffe → Rn. 50 ff.): Richtschnur sollte sein, diesen das nötige Wissen zu vermitteln, wie sich mithilfe von KI getroffene Entscheidungen **140**

---

384 Martini/Wendehorst/Wendehorst KI-VO Art. 4 Rn. 4 mit Hinweis auf Art. 99 Abs. 1 KI-VO; BeckOK KI-Recht/Kaufmann KI-VO Art. 4 Rn. 57 mwN zu möglichen zivilrechtlichen Schadensersatzpflichten.

385 Im bisherigen Ref-E eines KI-VO-Durchführungsgesetzes ist im KIMÜG-E (vgl. dazu bereits → Rn. 72) eine solche Sanktion indes (noch) nicht vorgesehen, für diesen Befund auch Schreiber/Bronner jurisPR-ITR 7/2025 Anm. 2, D zum alten Ref-E.

386 Nur dann kann der größtmögliche Nutzen aus KI-Systemen gezogen werden, vgl. Erwgr. 20 S. 1 KI-VO.

387 Das kann hier aus Platzgründen nicht vertieft werden; vgl. dazu aber der gute Überblick bei Ebers/Quarch Rechtshandbuch ChatGPT/Steege/Franke § 9 Rn. 146 ff. und Ebers/Quarch Rechtshandbuch ChatGPT/Ebers § 2 Rn. 49 ff.; zudem bspw. bei Knappertsbusch/Rappenglück CR 2025, 281 (282 und 284).

388 Martini/Wendehorst/Wendehorst KI-VO Art. 4 Rn. 6; zur Diskussion, ob Art. 4 KI-VO als eine drittschützende Norm ein Schutzgesetz iSd § 823 Abs. 2 BGB darstellt, vgl. Ebers/Quarch Tagesspiegel Background v. 3.4.2025; allgemein dazu bei Bronner K&R 2025, 164 (169 f.) und Kraetzig CR 2024, 207 (210 ff.); die Möglichkeit einer Sorgfaltspflichtverletzung erkennt auch die BNetzA in ihrem neuen Hinweispapier aus 06/25 zu KI-Kompetenz nach Art. 4 KI-VO, S. 3, vgl. Rn. 131.

389 Martini/Wendehorst/Wendehorst KI-VO Art. 4 Rn. 20 f.

390 Denn die KI-Kompetenz dürfte auch den betroffenen Personen ggü. sicherzustellen sein, vgl. dazu BeckOK KI-Recht/Kaufmann KI-VO Art. 4 Rn. 26 ff.

auf sie auswirken werden, vgl. Erwgr. 20 S. 2 KI-VO. Als **zu berücksichtigende Faktoren** nennt Art. 4 KI-VO ihre technischen Kenntnisse, Erfahrung, Ausbildung bzw. bereits vorhandene Schulung und den Kontext, in dem die jeweiligen KI-Systeme eingesetzt werden sollen.

Praxishinweis:

141 • Mögliche Maßnahmen[391] sind die Schaffung **interner KI-Richtlinien** (KI-Policy) und **Standards** zur Nutzung von KI-Systemen. Diese sollten Best Practices, ethische Grundsätze und Compliance-Anforderungen enthalten und den Mitarbeitenden mithilfe von **Schulungen** oder standardisierten Zertifikatsangeboten nähergebracht werden. Angebote von Kanzleien oder Fortbildungsprogramme bestehen bereits zuhauf. Nach dem Wortlaut des Art. 4 KI-VO ist die erforderliche Kompetenztiefe jedoch abhängig von den konkret eingesetzten KI-Systemen („*die* KI-Systeme"), deren Einsatzkontext sowie den Personen bei denen oder durch die das jeweilige KI-System eingesetzt werden soll.[392]
- Ferner kann (!)[393] die KI-Kompetenz innerhalb einer Organisation zentralisiert und durch die Ernennung eines betriebsinternen **KI-Beauftragten** gefördert werden. Dies kann bspw. mit der Rolle des Datenschutzbeauftragten nach Art. 37. ff DS-GVO kombiniert werden.
- Ein guter Überblick mit konkreten Praxisbeispiele von unterschiedlichsten Unternehmen findet sich im neuen **„Living Repository of AI Literacy Practices"** vom 31.1.2025 des EU **AI Office.**[394] Zudem fand am 20.2.2025 ein weiterhin abrufbares Webinar des AI Office zu „AI-literacy" statt[395] und es wurde am 27.5.2025 ein FAQ ua zu Mindestanforderungen für eine ausreichende AI literacy veröffentlicht.[396]
- Auch die **BNetzA** hat als vss. national primär zuständige Marktüberwachungsbehörde (dazu → Rn. 72), ein **Hinweispapier** zu KI-Kompetenzen nach Art. 4 KI-VO mit Umsetzungsbeispielen veröffentlicht (06/25) und betreibt online einen **KI-Service Desk,** ua mit dem Tool „KI-Compliance Kompass".[397]

VI. Transparenzpflichten für Betreiber von KI-Systemen iSd Art. 50 KI-VO

142 Auch falls die GenAI einsetzende Stelle kein Hochrisiko-KI-System verwendet, oder aber parallel zu den im Teil IV. (→ Rn. 69 ff.) beschriebenen Betreiberpflichten für Hochrisiko-

[391] Überblick bei Martini/Wendehorst/Wendehorst KI-VO Art. 4 Rn. 12 ff.
[392] So auch Knappertsbusch/Rappenglück CR 2025, 281 (283).
[393] Pflicht ist dies, entgegen vieler anderslautender Werbeaufrufe in Social Media, nicht, vgl. BeckOK KI-Recht/Kaufmann KI-VO Art. 4 Rn. 42; Martini/Wendehorst/Wendehorst KI-VO Art. 4 Rn. 19.
[394] AI Office, Living Repository of AI Literacy Practices Version v.16.4.2025, vgl. https://digital-strategy.ec.europa.eu/en/library/living-repository-foster-learning-and-exchange-ai-literacy, vom 31.1.2025 (zuletzt abgerufen am 15.7.2025).
[395] AI Office, https://digital-strategy.ec.europa.eu/en/events/third-ai-pact-webinar-ai-literacy (zuletzt abgerufen am 15.7.2025).
[396] AI Office, https://digital-strategy.ec.europa.eu/en/faqs/ai-literacy-questions-answers#ecl-inpage-compliance-with-article-4 (zuletzt abgerufen am 15.7.2025).
[397] BNetzA, Hinweispapier KI-Kompetenzen nach Artikel 4 KI-Verordnung Juni 2025, vgl. https://www.bundesnetzagentur.de/DE/Fachthemen/Digitales/KI/_functions/Hinweispapier.pdf?__blob=publicationFile&v=2; für den KI-Service Desk, vgl. https://www.bundesnetzagentur.de/DE/Fachthemen/Digitales/KI/start_ki.html (zuletzt abgerufen am 15.7.2025).

KI[398], können für die GenAI einsetzende Stelle als Betreiber eines KI-Systems iSd Art. 50 KI-VO besondere **Informations- und Offenlegungspflichten** bestehen.[399]

1. Überblick über die Systematik der Transparenzpflichten nach Art. 50 KI-VO

Die Normüberschrift des Art. 50 KI-VO verrät bereits, dass vom persönlichen Anwendungsbereich der spezifischen Transparenzpflichten für besonders sensible und kommunikative KI-Technologien grds. sowohl **Anbieter als auch Betreiber** erfasst werden.[400] Für die in diesem Beitrag relevanten Betreiber (Art. 3 Nr. 4 KI-VO, bei → Rn. 34 ff.) sind jedoch nur die Anwendungsszenarien in den **Art. 50 Abs. 3 und 4 KI-VO** relevant.[401] 143

> **Hinweis:**
> Im öffentlichen Diskurs steht bei den KI-Transparenzpflichten gleichwohl oft die Kennzeichnungspflicht für **interaktive KI-Systeme**[402] nach Art. 50 Abs. 1 KI-VO im Fokus. Durch diese sollen die Gefahren solcher KI-Systeme adressiert werden, bei denen natürliche Personen typischerweise nicht mehr unterscheiden können, ob sie mit einem Menschen oder einer Maschine interagieren, bspw. bei Chatbots oder (zumindest perspektivisch) bei Telefonbots.[403] Allerdings adressiert Art. 50 Abs. 1 KI-VO **nur den Anbieter** (Art. 3 Nr. 3 KI-VO), der das KI-System konzipiert oder entwickelt.

Bei allen von Art. 50 KI-VO adressierten KI-Systemen besteht ein besonderes **Manipulations- und Täuschungsrisiko** (vgl. Erwgr. 132 S. 1 KI-VO).[404] Teleologisch verfolgen die Absätze 3 und 4 UAbs. 1 und 2 **jedoch** leicht **unterschiedliche Ziele**[405]**:** Emotionserkennungssysteme und Systeme zur biometrischen Kategorisierung verarbeiten typischerweise besonders sensible Daten iSd Art. 9 DS-GVO. Infolgedessen soll die betroffene Person vorab über diese **Datenverarbeitung** des KI-Systems **besonders informiert** werden.[406] Die Offenlegungspflichten in Art. 50 Abs. 4 KI-VO sollen hingegen insbesondere **politische Desinformation bekämpfen,** indem die Rezipienten grds. von KI erstellte oder veränderte Bild-, Ton-, Video- oder Textinhalte per Kennzeichnung als synthetisch erzeugt erkennen können müssen.[407] Gleichzeitig soll das Vertrauen in KI-Systeme gestärkt und unterschwelliger Manipulation vorgebeugt werden.[408] Ob zukünftig in der Praxis, aufgrund 144

[398] Vgl. die Kollisionsregel des Art. 50 Abs. 6 KI-VO, die eine parallele Anwendbarkeit normiert; dh zwischen beiden Risikokategorien (Hochrisiko-KI-Systemen und KI-Systemen iSd Art. 50 KI-VO) kann es Überschneidungen geben, vgl. Martini/Wendehorst/Martini KI-VO Art. 50 Rn. 1, 11.

[399] Für weitere praxisrelevante Transparenzpflichten, insbes. nach DS-GVO sowie Verbraucher- und Vertragsrecht vgl. Hacker/Cordes/Berz GRUR 2024, 1777; Höch/Kahl K&R 2023, 396.

[400] Martini/Wendehorst/Martini KI-VO Art. 50 Rn. 7; BeckOK KI-Recht/Lauber-Rönsberg KI-VO Art. 50 Rn. 8.

[401] Abs. 1 gilt für Anbieter von KI-Systemen, die für die direkte Interaktion mit Menschen bestimmt sind und Abs. 2 für Anbieter von KI-Systemen, die synthetische Inhalte erzeugen, vgl. BeckOK KI-Recht/Lauber-Rönsberg KI-VO Art. 50 Rn. 4.

[402] Der Tatbestand erfordert KI-Mensch-Interaktionen, weshalb Interaktionen zwischen Softwaresystemen nicht erfasst werden, vgl. BeckOK KI-Recht/Lauber-Rönsberg KI-VO Art. 50 Rn. 14.

[403] Martini/Wendehorst/Martini KI-VO Art. 50 Rn. 44 und 52.

[404] Martini/Wendehorst/Martini KI-VO Art. 50 Rn. 43.

[405] Für den Art. 50 Abs. 1 KI-VO weist Erwgr. 132 S. 1 KI-VO interessanterweise darauf hin, dass (nur?) dieserRisiken von „Identitätsbetrug oder Täuschung" vorbeugen soll.

[406] Martini/Wendehorst/Martini KI-VO Art. 50 Rn. 70; BeckOK KI-Recht/Lauber-Rönsberg KI-VO Art. 50 Rn. 6.

[407] BeckOK KI-Recht/Lauber-Rönsberg KI-VO Art. 50 Rn. 6.

[408] Martini/Wendehorst/Martini KI-VO Art. 50 Rn. 6, 8.

der Fülle an KI-generiertem Inhalt, dazu nicht eher ein Label „Human-made" erforderlich sein wird, bleibt vorerst noch abzuwarten.[409]

145 Bei Nichterfüllung der Transparenzpflichten drohen Bußgelder nach Art. 99 Abs. 4 Buchst. g KI-VO von bis zu **3 % des gesamten weltweiten Jahresumsatzes.** Die Pflichten gelten gem. Art. 113 KI-VO ab dem **2.8.2026,**[410] wobei die Übergangsvorschrift des Art. 111 KI-VO für „Alt-Systeme" hier (anders als bei Hochrisiko-KI-Systemen, vgl. → Rn. 70) nicht eingreift.

2. Informationspflicht beim Einsatz von Emotionserkennung und biometrischen Kategorisierungssystemen

146 Art. 50 Abs. 3 S. 1 KI-VO unterwirft Betreiber eines **Emotionserkennungssystems** (Art. 3 Nr. 39 KI-VO) sowie Betreiber eines Systems zur **biometrischen Kategorisierung** (Art. 3 Nr. 40 KI-VO) der Pflicht, die davon betroffenen natürlichen Personen zum einen über den **Einsatz des Systems** an sich **zu informieren.** Da beide Systemtypen zumeist besonders sensible personenbezogene Daten iSv Art. 9 DS-GVO verarbeiten, hat der Betreiber zusätzlich über die Verarbeitung personenbezogener Daten zu informieren (vgl. dazu iE im Teil Datenschutz → § 64 Rn. 30 ff.).[411]

147 Ein Emotionserkennungssystem liegt gem. Art. 3 Nr. 39 KI-VO dann vor, wenn ein KI-System dem Zweck dient, Emotionen oder Absichten natürlicher Personen **auf der Grundlage ihrer biometrischen Daten** (vgl. Art. 3 Nr. 34 KI-VO) festzustellen oder daraus abzuleiten. Gerade diese Verknüpfung *(„auf der Grundlage")* macht den Einsatz dieser Systeme so sensibel und anfällig für diskriminierende Ergebnisse (vgl. Erwgr. 44 S. 3 KI-VO), auch wenn nach der KI-VO (anders als nach der DS-GVO) **keine eindeutige Identifizierung** einer Person erforderlich ist.[412]

Praxishinweis:

148 Anwendungsbeispiele sind etwa mögliche Rückschlüsse aus der **Stimmfärbung** oder aufgrund von Regungen bestimmter **Gesichtsmuskel auf Emotionen** bspw. zu Marketingzwecken (ein sog. „Facial Action Coding System").[413]

Hinweis:

Bei der Prüfung möglicher Anwendungsfälle ist besonders genau abzugrenzen, um welche **Anwendungsart/Kategorie** eines KI-Systems **mit welchem Risiko** es sich handelt und ob den Betreiber ggf. **weitere Pflichten** neben den besonderen Transparenzpflichten

[409] Becker CR 2024, 353 Rn. 96 ff. schlägt die Einführung einer nationalen *„Positivkennzeichnung authentischer Inhalte"* vor, da die Deepfake-Regelung in der KI-VO den *„Schutz von Kreativen allenfalls [als] Nebenzweck"* verfolge;vgl. zudem die Diskussion dazu, ob man Deepfakes insgesamt nicht besser als Hochrisiko-KI-Systeme hätte einstufen sollen, Hinderks ZUM 2022, 110 (117); technisch gibt es für einen solchen Nachweis der Authentizität bereits erste Ansätze durch sog. „Proof of Personhood (PoP)-Verfahren", bspw. durch die „World-ID" von Sam Altmans „Tools for Humanity" oder (perspektivisch) durch die neuen EUDI-Wallets, vgl. dazu im Kapitel Digitale Identitäten und Europäische Identitätsbrieftasche (EUDI-Wallet) → § 74 Rn. 16).

[410] Verhängt werden die Bußgelder wiederum durch die nationalen Marktüberwachungsbehörden, vgl. BeckOK KI-Recht/Lauber-Rönsberg KI-VO Art. 50 Rn. 9; dazu und zum Beginn der Durchsetzung vgl. → Rn. 72; zudem besteht iRd privaten Rechtsdurchsetzung die Gefahr deliktischer Ansprüche, zB wegen des Verwendens täuschender Deepfakes gegen den Willen des Abgebildeten, ausführlich bei Kraetzig CR 2024, 207 wegen Verletzung des APR sowie (potenziell) als Verstoß gegen ein Schutzgesetz nach § 823 Abs. 2 BGB.

[411] Martini/Wendehorst/Martini KI-VO Art. 50 Rn. 70, nämlich gemäß den Verordnungen (EU) 2016/679 und (EU) 2018/1725 und der Richtlinie (EU) 2016/680.

[412] Martini/Wendehorst/Martini KI-VO Art. 50 Rn. 75 ff. mwN.

[413] Martini/Wendehorst/Martini KI-VO Art. 50 Rn. 76 f. mit weiteren Fallgruppen bspw. bei Minderjährigen.

des Art. 50 Abs. 3 KI-VO treffen[414]: Denn in einigen Bereichen ist der Einsatz solcher Systeme generell verboten, bspw. grds.[415] am Arbeitsplatz oder in Bildungseinrichtungen (Art. 5 Abs. 1 Buchst. f KI-VO) oder aber zur Manipulation oder Täuschung von Menschen (Art. 5 Abs. 1 Buchst. a KI-VO).[416] Zumeist wird es sich aber um ein (erlaubtes) Hochrisiko-KI-System mit korrespondierenden Pflichten handeln.[417]

Ein KI-System, das dem Zweck dient, natürliche Personen auf der Grundlage ihrer biometrischen Daten (vgl. Art. 3 Nr. 34 KI-VO) bestimmten Kategorien zuzuordnen, ist gem. Art. 3 Nr. 40 KI-VO ein **System zur biometrischen Kategorisierung,** sofern es sich nicht[418] um eine Nebenfunktion eines anderen kommerziellen Dienstes handelt und aus objektiven technischen Gründen unbedingt erforderlich ist. **149**

Hinweis:
Sind natürliche Personen einem solchen KI-System iSd Art. 50 Abs. 3 S. 1 KI-VO „ausgesetzt" (vgl. Erwgr. 132 S. 5 KI-VO), das durch die Verarbeitung biometrischer Daten die Gefühle oder Absichten dieser Personen identifizieren oder ableiten oder sie bestimmten Kategorien zuordnen kann, ist das **den betroffenen Personen offenzulegen.** Ausnahmen bestehen für präventive und repressive Maßnahmen im Bereich der Strafverfolgung.[419] Bzgl. der Art und Weise der bereitzustellenden Informationen vgl. Art. 50 Abs. 5 KI-VO sowie die näheren Ausführungen bei → Rn. 163 ff.

Praxishinweis:
- Erwgr. 16 S. 4 KI-VO nennt als mögliche Beispiele für (den Anwendungsbereich ausschließende) „Nebenfunktionen" **Filter zur Kategorisierung** von Gesichts- oder Körpermerkmalen auf Online-Marktplätzen, wie sie zur virtuellen Anprobe verwendet werden.[420] **150**
- Auch **Filter in sozialen Netzwerken,** die es Nutzern ermöglichen, Bilder oder Videos hinzuzufügen oder zu verändern, können eine derartige Zusatzfunktion zur eigentlichen Hauptleistung sein, vgl. Erwgr. 16 S. 5 KI-VO.
- Mögliche Zuordnungskategorien können Aspekte wie etwa Geschlecht, Alter, Haarfarbe, Augenfarbe, Tätowierungen, persönliche Merkmale, ethnische Herkunft sowie persönliche Vorlieben und Interessen betreffen, vgl. Erwgr. 132 S. 6 KI-VO.

414 Vertiefend dazu Bierekoven ITRB 2025, 16 (18 ff.).
415 Ausnahmen bestehen bspw. beim Einsatz zum Zweck des Gesundheitsschutzes der Beschäftigten sowie zur Unfallvermeidung, zB Erkennen von Übermüdung oder Konzentrationsproblemen, vgl. dazu Lang/Schwab LTZ 2025, 28 (34); verboten sind aber bspw. solche Systeme, die am Computer Überforderung oder Langeweile erkennen und entsprechend darauf reagieren können, da hier keine Ausnahmeregelung greifen dürfte, vgl. Förster/Gehrmann SPA 2024, 113 (114 f.).
416 Martini/Wendehorst/Martini KI-VO Art. 50 Rn. 78 f.; näher zum Verbot von ausbeuterischen und manipulativen KI-Praktiken, Art. 5 Abs. 1 Buchst. a und Buchst. b KI-VO bei Heinze/Engel KIR 2025, 19.
417 Martini/Wendehorst/Martini KI-VO Art. 50 Rn. 80; zu den Folgen siehe oben bei Pflichten des Betreibers von Hochrisiko-KI-Systemen → Rn. 69 ff.
418 Vgl. die englische Version „unless" sowie Erwgr. 16 S. 3 KI-VO.
419 Sofern die Verwendung im Einklang mit dem Unionsrecht erfolgt und sofern geeignete Schutzvorkehrungen für die Rechte und Freiheiten Dritter bestehen, Art. 50 Abs. 3 S. 2 KI-VO.
420 Martini/Wendehorst/Martini KI-VO Art. 50 Rn. 85.

3. Offenlegungspflicht hinsichtlich Deepfakes

151 Für die GenAI einsetzende Stelle als Betreiber bestehen ferner sehr praxisrelevante **Offenlegungspflichten,** jedoch nicht allgemein bezogen auf sämtlichen GenAI-Output sondern nach Art. 50 Abs. 4 UAbs. 1 KI-VO **hinsichtlich Deepfakes** und nach Art. 50 Abs. 4 UAbs. 2 für KI-erzeugte **Textinhalte.** Beide Pflichten sollen nun ausführlicher dargestellt werden.[421]

152 Wenngleich ein **wirksamer Effekt** der Kennzeichnungspflicht im politisch-gesellschaftlichen Bereich zurecht **angezweifelt** wird (besonders gefährliche Deepfakes – bspw. zur Wahlbeeinflussung – dürften in der Praxis gerade nicht als solche gekennzeichnet werden[422], wodurch gerade nicht gekennzeichnete Fake-Inhalte paradoxerweise als besonders glaubwürdig wahrgenommen werden könnten[423]) kann im b2b-Kontext die Pflicht zur Kennzeichnung sogar der Qualität und **Wertschätzung kreativer Leistungen** sowie der **Förderung transparenter Preisstrukturen** dienen.[424] Das passt insgesamt zu dem in der KI-VO gewählten Regulierungsansatz, der (nur) auf *„Transparenz von Experten für Experten"*[425] entlang der Wertschöpfungskette abzielt, indem nicht-professionelle Nutzer bereits von der Anwendbarkeit der KI-VO ausgeschlossen werden. So wird auch die missbräuchliche **private Verwendung** von Deepfake-Generatoren **nicht** von der KI-VO erfasst, da die private Nutzung auch iRd Art. 50 nicht von der Betreibereigenschaft nach Art. 3 Nr. 4 KI-VO erfasst wird (vgl. dazu bereits → Rn. 48 und sogleich → Rn. 161).[426]

a) Um welchen KI-Output geht es?

153 In sachlicher Hinsicht erfasst die Offenlegungspflicht des Art. 50 Abs. 4 UAbs. 1 KI-VO jedes (!) KI-System, das Bild-, Ton- oder Videoinhalte, also Multimedia-KI-Output, generiert oder manipuliert soweit es sich bei dem Output um ein **„Deepfake"** iSd Art. 3 Nr. 60 KI-VO handelt. **Nicht** von UAbs. 1 erfasst sind daher Texte (dazu sogleich bei → Rn. 172 ff.) sowie **KI-generierte Daten oder Software.**[427] Erfasst wird jedoch sowohl das erstmalige Erzeugen (vollständig oder überwiegend mit GenAI generiert[428]) als auch das Manipulieren bereits bestehender Inhalte, solange es sich noch um **realistische, aber unwahre Inhalte** handelt.[429]

154 Denn ein Deepfake (Art. 3 Nr. 60 KI-VO) ist definiert als ein durch KI erzeugter oder manipulierter Bild-, Ton- oder Videoinhalt, der wirklichen Personen, Gegenständen, Orten, Einrichtungen oder Ereignissen ähnelt und einer Person, dh der betroffenen Person, fälschlicherweise als echt oder wahrheitsgemäß erscheinen würde. Daraus ergeben sich zwei Einschränkungen (zu den weiteren Einschränkungen nach Art. 50 Abs. 4 UAbs. 1 S. 2 und S. 3 KI-VO, vgl. → Rn. 170): Nicht jede Manipulation oder kreative Content-Generierung ist ein Deepfake, sondern es werden nur solche (medialen) Inhalte erfasst, die (1.) einen

---

[421] Für datenschutzrechtliche, persönlichkeitsrechtliche und urheberrechtliche Implikationen von Deepfakes vgl. bspw. Buchholz/Kremer CR 2025, 56 ff. sowie Buchholz/Kremer CR 2025, 202 ff.

[422] Vgl. dazu Chibanguza/Steege NJW 2024, 1769 Rn. 43.

[423] Heidrich DSB 2025, 2 (3); zudem verbleiben gesellschaftspolitische Probleme, wie zB das der sog. „liar's divident" (für diesen Begriff grundlegend Chesney/Citron Vol. 107 2019, 1753, 1785 ff.) und eine zunehmende Vergiftung des öffentlichen Diskurses, wodurch Forderungen nach einem „human-Label" (dazu bereits → Rn. 144) oder dem verpflichtenden Nachweis der Authentizität der Quelle an Einfluss gewinnen dürften.

[424] Als weiterer Mehrwert der Regelung wird gesehen, dass nun eine Möglichkeit der behördlichen Rechtsdurchsetzung bestehe, die nach Art. 85 KI-VO auch durch eine Beschwerde Betroffener angestoßen werden kann, vgl. BeckOK KI-Recht/Lauber-Rönsberg KI-VO Art. 50 Rn. 59.

[425] Hacker/Cordes/Berz GRUR 2024, 1777 (1783).

[426] Zur Reichweite der Betreibereigenschaft iRd Offenlegungspflicht nach Art. 50 Abs. 4 KI-VO, BeckOK KI-Recht/Lauber-Rönsberg KI-VO Art. 50 Rn. 68 und Buchholz/Kremer CR 2025, 343 Rn. 14.

[427] Ebers/Quarch Rechtshandbuch ChatGPT/Ebers § 2 Rn. 195.

[428] Buchholz/Kremer CR 2025, 343 Rn. 19.

[429] Ebers/Quarch Rechtshandbuch ChatGPT/Ebers § 2 Rn. 195.

Bezug zu Phänomenen der Wirklichkeit haben und diesen „ähneln" und die (2.) zur **Täuschung eines durchschnittlichen Rezipienten geeignet** sind.

Hinsichtlich der Ähnlichkeit des erzeugten bzw. manipulierten Outputs zu seinem „wirklichen" Bezugsobjekt kann Erwgr. 134 S. 1 KI-VO eine insofern qualitative Einschränkung der Deepfake-Definition entnommen werden, als dass die Bild-, Audio- oder Videoinhalte ihren jeweiligen Bezugsobjekten sogar „***merklich ähneln***" müssen.[430] Zudem dürfte sich aus der Gesamtschau des Art. 3 Nr. 60 KI-VO sowie insbesondere des ansonsten überflüssigen Wortes „wirklich" ergeben, dass **fiktive Bezugsobjektive** (Personen, Gegenstände, Orte etc) **nicht** von der Deepfake Definition erfasst werden sollen (str.).[431] 155

Dass es ferner um die **Geeignetheit** des generierten/manipulierten Inhalts **zur Täuschung eines durchschnittlichen Nutzers** gehen muss, ergibt sich zum einen aus dem Schutzzweck der KI-VO sowie aus der Formulierung des Art. 3 Nr. 60 Hs. 2 KI-VO („und *einer* Person fälschlicherweise als echt oder wahrheitsgemäß erscheinen würde").[432] Folglich ist für die Deepfake-Qualifikation nicht hinderlich, wenn sehr erfahrene Mediennutzer den Deepfake-Charakter aufgrund des Inhalts oder mangelnder Qualität unschwer als Täuschung erkennen könnten.[433] Denn bereits die Ähnlichkeit von Deepfakes mit Phänomenen der Wirklichkeit begründen ihr gefährliches Desinformationspotenzial.[434] 156

Hinweis:

Zudem wird **nicht jede Verbesserung oder Veränderung** menschlicher (Vor-)Arbeit durch KI ein Deepfake sein. Wird beispielsweise ein Werbefoto durch einen Bildfilter mittels KI verbessert, dürfte dadurch bei den Betrachtern lediglich eine Fehlvorstellung über die Fähigkeiten des Fotografen entstehen; es dürfte aber idR nicht über die Authentizität des Werbeinhalts an sich getäuscht werden.[435] Denn auch schon ohne KI werden Werbebilder nach der Aufnahme bearbeitet, ohne dass dies automatisch zu Täuschungen bei den Rezipienten führt. Anders dürfte dies jedoch zu beurteilen sein, wenn mit KI gänzlich **neue Werbeinhalte kreiert** werden, und zwar in einer Art und Weise, die diese Inhalte als „real" erscheinen lassen[436]; allerdings nur dann, wenn sie einem real existierenden Bezugsobjekt ähneln und somit zur Täuschung eines Rezipienten geeignet sind.[437] 157

Praxishinweis:

- Bei KI-generierten Inhalten ist daher als **Vermeidungsstrategie** zu überlegen, die betroffenen Inhalte so zu überzeichnen oder zu verfremden, dass aus Rezipienten- 158

---

[430] So bei Buchholz/Kremer CR 2025, 343 Rn. 21.

[431] So mit überzeugender und ausführlicher Begründung für diese noch str. Frage zuletzt Buchholz/Kremer CR 2025, 343 Rn. 23 ff.; für ein enges Begriffsverständnis wohl auch Martini/Wendehorst/Martini KI-VO Art. 50 Rn. 85; dagegen spricht indes, dass auch ein durch ein KI-System erzeugtes oder manipuliertes Audio-Deepfake mit einer menschenähnlichen Stimme einer nicht real existierenden Person erhebliches Desinformations- und Täuschungspotential bereithalte, so Engel-Bunsas RDi 2025, 292 Rn. 37 unter Verweis auf BeckOK KI-Recht/Lauber-Rönsberg KI-VO Art. 50 Rn. 62, welcher indes zugesteht, dass dann jegliche KI-generierten fotorealistischen Bilder oder Filme (in der Regel) als kennzeichnungspflichtige Deepfakes zu klassifizieren wären, sofern sie auch nur authentisch erscheinen; ebenfalls für ein weites Verständnis unter Einschluss fiktiver Bezugsobjekte aufgrund des Normzwecks (gesellschaftlichen Interesses am Schutz vor Fehl- und Falschinformationen) Possard/Madner KIR 2025, 259 (261).

[432] Martini/Wendehorst/Martini KI-VO Art. 50 Rn. 102 f.; vgl. → Rn. 144 für die *„besonderen Manipulations- bzw. Verwechslungsrisiken"* als die ratio legis der Transparenzpflichten nach Art. 50 KI-VO.

[433] Martini/Wendehorst/Martini KI-VO Art. 50 Rn. 102 f.

[434] BeckOK KI-Recht/Lauber-Rönsberg KI-VO Art. 50 Rn. 62.

[435] BeckOK KI-Recht/Lauber-Rönsberg KI-VO Art. 50 Rn. 64 nennt als Bsp. für solche Standardbearbeitungen menschlicher Vorarbeiten Übersetzungs-, Audio- oder Bildbearbeitungsprogramme, deren Einsatz idR noch keine Deepfakes generieren.

[436] Dafür, dass dann die Grenze für ein Deepfake überschritten sein dürfte auch BeckOK KI-Recht/Lauber-Rönsberg KI-VO Art. 50 Rn. 64.

[437] So auch Wiedemann/Stocks GRUR 2025, 360 (363).

sicht gerade keine Ähnlichkeit mit der Wirklichkeit anzunehmen ist. Bspw. dürften generierte Werbebilder mit nur „irgendeinem" Model-Gesicht (bspw. von dem künstlich erschaffenen KI-Model Aitana Lopez[438]) oder von „irgendeinem" Menschen auf „irgendeinem" Berg oder in „irgendeiner" Wohnsituation als fiktive Bezugsobjekte gerade nicht von der Deepfake Definition erfasst sein. Denn ihnen fehlt die Ähnlichkeit sowie Täuschungsgeeignetheit in Bezug auf ein **„wirkliches" Bezugsobjekt,** wie sie die Legaldefinition des Art. 3 Nr. 60 KI-VO indes verlangt.

- Auch gänzlich neue **Audioinhalte** (Songs, Hörbücher, menschenähnliche (Werbe-) Stimmen etc), die **keinerlei Ähnlichkeit mit bestehenden Werken/Personen** aufweisen, dürften somit nicht von der Offenlegungspflicht erfasst werden.[439]
- Künstlich generierte **Fantasiegestalten** sind ebenfalls nicht erfasst, menschliche Avatare[440] mit bestehender Ähnlichkeit zu realen Menschen, bspw. für Werbeaufnahmen, hingegen schon. Das eröffnet Medienschaffenden und Agenturen neue Gestaltungsmöglichkeiten; viele setzen bereits jetzt auf künstlich generierte Werke (bspw. Bilder fiktiver Menschen[441]) oder aber digital veränderte Abbildungen realer Personen (bspw. das Vorhaben von H&M, künftig 30 „Digital Twins" seiner Models einsetzen zu wollen[442]) oder es werden Deepfakes in der Unternehmenskommunikation verwendet.[443]
- Inhalte können entweder **gänzlich neu erschaffen** werden oder aber ursprünglich authentische Inhalte werden **nachträglich verfälscht** (bspw. eine so nie stattgefundene Pressekonferenz oder aber „lediglich" der Austausch einer Tonspur, ferner auch fotorealistische Filme oder Bilder).[444]
- Anknüpfungspunkt ist bereits die **Content-Generierung** an sich, nicht erst eine möglicherweise darauffolgende Verwendung (aber bei der Rechtfolge → Rn. 168 f.: Offenlegung zum Zeitpunkt der ersten Interaktion oder Aussetzung).
- An die Geeignetheit zur Täuschung eines durchschnittlichen Nutzers dürfte eher ein **niedriger Maßstab** anzulegen sein.[445] Fügt das KI-System bspw. einer Person im Bildhintergrund eine dritte Hand hinzu, führt das gleichwohl noch nicht dazu, dass der Rezipient das Bild (automatisch) auch ohne Kennzeichnung als KI-generiert/-manipuliert identifizieren kann.[446]

---

438 „Aitana López is Spain's first 100% AI-generated influencer", vgl. https://www.theclueless.ai/project/aitana-lopez (zuletzt abgerufen am 15.7.2025); dieses Bsp. auch bei Buchholz/Kremer CR 2025, 343 Rn. 26.

439 Wiedemann/Stocks GRUR 2025, 360 (363) schätzen daher die Relevanz der Kennzeichnungspflicht für die kommerzielle Musikindustrie als gering ein; vgl. dort aber für die erforderliche Beachtung der Urheber- und Persönlichkeitsrechte; für Kritik an dem mithin nur systemischen, aber nicht individuellen Schutz des Inhabers des Rechts an der eigenen Stimme im Kontext von Audio-Deepfakes und dem Vorschlag für ein kollektives Persönlichkeitsrecht für entsprechenden Deepfake-Output vgl. Engel-Bunsas RDi 2025, 292 Rn. 45 f.; zu Audio-Deepfakes allgemein vgl. auch Possard/Madner KIR 2025, 259.

440 Ebers/Quarch Rechtshandbuch ChatGPT/Ebers § 2 Rn. 195 mit Verweis auf Becker CR 2024, 353 Rn. 70.

441 Heidrich DSB 2025, 2 (2); Buchholz/Kremer CR 2025, 343 Rn. 25 weisen darauf hin, dass sich diese Tendenz verstärken dürfte, weil Unternehmen dadurch datenschutzrechtliche, persönlichkeitsrechtliche sowie urheberrechtliche Implikationen umgehen könnten.

442 S. https://www.businessoffashion.com/articles/technology/hm-plans-to-use-ai-models/ (zuletzt abgerufen am 15.7.2025).

443 Buchholz/Kremer CR 2025, 343 (343); für die rechtlichen Risiken der Werbung mit künstlicher Intelligenz vgl. Paetrow/Ahrens GRUR 2025, 289.

444 Diese und weitere Bsp. bei Martini/Wendehorst/Martini KI-VO Art. 50 Rn. 101; BeckOK KI-Recht/Lauber-Rönsberg KI-VO Art. 50 Rn. 62.

445 So auch Buchholz/Kremer CR 2025, 343 Rn. 39 f. unter Verweis auf die noch nicht allzu stark ausgeprägte KI-Kompetenz in der Gesellschaft.

446 BeckOK KI-Recht/Lauber-Rönsberg KI-VO Art. 50 Rn. 63.

b) Was ist zu tun und wer wird adressiert?

Sobald die GenAI einsetzende Stelle bestimmt, wie und wo generierte Deepfakes gegenüber Endnutzern eingesetzt werden sollen, ist sie als **Betreiber iSd Art. 3 Nr. 4 KI-VO** einzustufen, es sei denn es liegt ein Eingreifen der Haushaltsausnahme vor[447] (dazu sogleich → Rn. 161). Dann hat die GenAI einsetzende Stelle den betroffenen Personen, dh den **Rezipienten** (wie zB dem „bedienenden Nutzer", für den Begriff vgl. → Rn. 50 ff. und → Rn. 54) **in verständlicher Weise offenzulegen,** dass es sich beim generierten Output um künstlich erzeugte oder manipulierte Bild-, Ton- oder Videosequenzen, also sog. „Deepfakes" handelt, Art. 50 Abs. 4 UAbs. 1 iVm Abs. 5.[448] 159

aa) Adressat der Verpflichtung. Art. 50 Abs. 4 KI-VO adressiert ausschließlich die Betreiber iSd Art. 3 Nr. 4 KI-VO. Da es jedoch (bereits technisch) in der Hand der Anbieter liegt, eine technische Lösung zur Deepfake-Kennzeichnung bereitzustellen (bspw. qua Wasserzeichen, dazu sogleich → Rn. 166 f.), verpflichtet Art. 50 Abs. 2 KI-VO **zugleich** die **Anbieter,** jeglichen Output in Form von Audio-, Bild-, Video- und auch Textinhalten, der künstlich erzeugt oder manipuliert ist (dh unabhängig seiner Eignung zur Täuschung als Deepfake), als solchen zu **kennzeichnen.**[449] Beide **Pflichten** stehen also grds. **nebeneinander**[450], ergänzen sich aber insoweit, als dass sich der Betreiber der Kennzeichnungstechnik des Anbieters bedienen kann (Regulierung entlang der Wertschöpfungskette, dazu näher bei → Rn. 166 f.). 160

Die dem Betreiberbegriff immanente **Haushaltsausnahme** greift auch hier (vgl. → Rn. 48) und ist, wie bei der DS-GVO, **eng auszulegen.**[451] Daraus folgt: Werden Deepfakes zu **persönlichen Zwecken** erstellt und verwendet, greift die Offenlegungspflicht nicht ein. Dies bedeutet jedoch gerade nicht, dass natürliche Personen stets von der Kennzeichnungspflicht befreit wären: 161

Praxishinweis:

- Bereits wenn **Influencer** oder regelmäßige LinkedIn-Nutzer einen **mit GenAI angereicherten/optimierten Beitrag** mit beruflichem Bezug an die Öffentlichkeit und nicht nur an einen engen Personenkreis richten, dürfte die Kennzeichnungspflicht für Deepfake-Content eingreifen[452] (oder bei Textinhalt die Offenlegungspflicht hinsichtlich KI-generierter (Nachrichten-)Texte, vgl. dazu → Rn. 172 ff.). 162
- Ob dies auch für die Verbreitung von Deepfakes in **größeren (Chat-)Gruppen** gilt, erscheint noch offen.[453]

bb) Was ist zu tun? Betreiber haben klar und deutlich offenzulegen, dass die betroffenen Inhalte künstlich erzeugt oder manipuliert wurden, indem sie den KI-Output entsprechend **kennzeichnen** und auf seinen **künstlichen Ursprung hinweisen**, vgl. Erwgr. 134 S. 1 KI-VO. 163

Hinweis:
Deepfakes bleiben somit grds. **erlaubt,** sind aber als solche **besonders zu kennzeichnen.** Einer Herkunftsbezeichnung oder eines Hinweises auf die generierende Person bedarf es

[447] So auch Buchholz/Kremer CR 2025, 343 Rn. 13 f.
[448] Martini/Wendehorst/Martini KI-VO Art. 50 Rn. 104.
[449] Martini/Wendehorst/Martini KI-VO Art. 50 Rn. 107.
[450] Ebers/Quarch Rechtshandbuch ChatGPT/Ebers § 2 Rn. 195.
[451] Engel-Bunsas RDi 2025, 292 Rn. 38.
[452] Vgl. dazu Martini/Wendehorst/Martini KI-VO Art. 50 Rn. 105 und Engel-Bunsas RDi 2025, 292 Rn. 38.
[453] Darauf weist hin Ebers/Quarch Rechtshandbuch ChatGPT/Ebers § 2 Rn. 195 mit Verweis auf Becker CR 2024, 353 Rn. 67, der wiederum für eine nicht-private Verwendung in Anlehnung an § 15 Abs. 3 UrhG plädiert.

hingegen nicht.[454] Deepfakes fallen grds. auch nicht unter verbotene (manipulativ-täuschende) KI-Praktiken nach Art. 5 Abs. 1 Buchst. a KI-VO, weil sie nicht verdeckt/subtil beeinflussen, sondern offen über die Authentizität ihres Inhalts täuschen.[455]

164 Gem. Art. 50 Abs. 5 KI-VO müssen die dazu **erforderlichen Informationen** *„in klarer und eindeutiger Weise"* bereitgestellt werden und den geltenden Barrierefreiheitsanforderungen entsprechen.[456] Wie genau eine „klare und eindeutige" Kennzeichnung in der Praxis auszusehen hat, lässt sich der KI-VO nicht weiter entnehmen, sodass dem Betreiber im Ausgangspunkt ein **Entscheidungsspielraum** zukommt.[457] Aus dem Schutzzweck lässt sich indes ableiten, dass es um den **Schutz unerfahrener Nutzer** gehen soll.[458] Diesbzgl. nennt Art. 50 Abs. 5 KI-VO einschränkend die *„betreffenden* natürlichen Personen", also bspw. die jeweils spezifisch vom Betreiber adressierten „bedienenden Nutzer" (für den Begriff vgl. → Rn. 50 ff. und → Rn. 54); im Gegensatz zu bspw. Art. 50 Abs. 1 S. 1 Hs. 2 KI-VO, der explizit auf eine durchschnittlich informierte, aufmerksame und verständige natürlichen Person, also einen generalisierten Rezipienten abstellt.[459] Daher sollte für die Kennzeichnungspflicht des Abs. 4 der **Adressatenkreis des betroffenen Medieninhalts** im Einzelfall maßgeblich sein und – innerhalb dessen – die Aufmerksamkeit sowie Fähigkeiten eines durchschnittlichen Nutzers dieses Kreises, die jeweilige Kennzeichnung des Inhalts als Deepfake auch tatsächlich erkennen zu können.[460] Für den Zeitpunkt und den Adressaten der Offenlegung sogleich → Rn. 168 f.

Praxishinweis:

165 • Die somit verpflichtend menschenlesbare Kennzeichnung hat in einem **unmittelbar räumlich-zeitlichen Zusammenhang** zum generierten Inhalt zu erfolgen[461]: Dh das erforderliche **„labeling"** muss vom Rezipienten einfach und ohne technische Hilfsmittel wahrgenommen werden können.[462] Konkret wird dazu vorgeschlagen, bei Video- und Bildaufnahmen den Hinweis direkt in das visuelle Material zu integrieren[463], bei Tonaufnahmen dagegen in zeitlicher Nähe, dh in regelmäßigen Intervallen und zu Beginn der Aufnahme[464].
• Ein **pauschaler Hinweis** bspw. gemeinsam für mehrere Inhalte am Anfang oder am Ende eines (gedruckten) Werkes/einer Datei dürfte zumeist **nicht genügen.** Ebenfalls nicht die **Auslagerung** der Kennzeichnung in Begleitinformationen wie bspw. in

[454] BeckOK KI-Recht/Lauber-Rönsberg KI-VO Art. 50 Rn. 69.
[455] Vgl. dazu Becker CR 2024, 353 Rn. 95; auch Steinrötter EU Plattformregulierung/Bastians § 21 Rn. 23.
[456] Vgl. auch Erwgr. 132 S. 7 KI-VO.
[457] Bezogen auf bspw. Sprache und/oder Symbole, Platzierung und Größe der Kennzeichen, vgl. ausführlich bei Kumkar/Griesel KIR 2024, 117 (121).
[458] Martini/Wendehorst/Martini KI-VO Art. 50 Rn. 108.
[459] Ebers/Quarch Rechtshandbuch ChatGPT/Ebers § 2 Rn. 190 weist darauf hin, dass sich Abs. 1 „offensichtlich" am unionsrechtlichen Verbraucherleitbild des EuGH orientiere.
[460] So auch Kumkar/Griesel KIR 2024, 117 (121 f.).
[461] Vgl. dazu Martini/Wendehorst/Martini KI-VO Art. 50 Rn. 108, der auf Hilgendorf/Roth-Isigkeit/Kumkar Die neue Verordnung der EU zur Künstlichen Intelligenz, S. 123 verweist; Kumkar/Griesel KIR 2024, 117 (122) leiten diese Voraussetzung aus einem Umkehrschluss zur partiellen Absenkung der Darstellungsanforderungen in Art. 50 Abs. 4 UAbs. 1 S. 3 KI-VO her.
[462] So auch Buchholz/Kremer CR 2025, 343 Rn. 54 unter Verweis auf die englische Sprachfassung.
[463] BeckOK KI-Recht/Lauber-Rönsberg KI-VO Art. 50 Rn. 70 unter Verweis auf Kumkar/Rapp ZfDR 2022, 199 (226).
[464] BeckOK KI-Recht/Lauber-Rönsberg KI-VO Art. 50 Rn. 70; aA Buchholz/Kremer CR 2025, 343 Rn. 56, die einen fortwährenden Hinweis *„für die gesamte Dauer"* des Video-/Audioinhalts für erforderlich halten; auch Gomille ZUM 2025, 500 (506) hält eine hinreichende Transparenz nur bei sehr kurzen Audiosequenzen oder aber bei Bild-Ton-Kombinationen für praktisch umsetzbar; zur Kritik, dass dadurch bei Musik das *„ungestörte Hörerlebnis beeinträchtigt"* werde, Wiedemann/Stocks GRUR 2025, 360 (363).

„Shownotes“ bei Podcasts, da dadurch eine tatsächliche Kenntnisnahme durch den Rezipienten nicht sichergestellt wäre.[465]

- Oft dürften sich selbst erstellte Banner und textliche Hinweise anbieten[466], wobei unklare oder mehrdeutige Hinweise den Anforderungen des Art. 50 Abs. 5 KI-VO nicht genügen.[467]
- Zudem sind **Praxisleitfäden** aus den verschiedenen Wirtschaftsbereichen und sowohl die *Guidelines on transparent AI systems* als auch der *Code of Practice on Transparency of AI-Generated Content* der EU-Kommission bzw. des AI Office zur Umsetzung der Transparenzpflichten (Art. 96 UAbs. 1 Buchst. d bzw. Art. 50 Abs. 7 KI-VO) zu erwarten.

cc) Gibt es bereits technische Standards, auf die zurückgegriffen/an die angeknüpft werden kann? Zugleich kann der Betreiber für seine menschenlesbare Kennzeichnung regelmäßig auf bereits vorhandene technische Kennzeichnungen zurückgreifen: Denn **bereits der Anbieter** muss gem. Art. 50 Abs. 2 KI-VO dafür Sorge tragen, dass (auch) Deepfakes als künstlich hergestellt **gekennzeichnet** sind[468]; und das jedenfalls[469] in einem **maschinenlesbaren Format.** Das dürfte wiederum dem Betreiber die Umsetzung der eigenen **Kennzeichnung erleichtern** (bspw. automatisiertes Kennzeichnen oder Anpassung an die eigenen Nutzer/Zielgruppe sind so möglich).[470] Im Gegensatz zu Art. 50 Abs. 4 UAbs. 1 KI-VO erfasst Art. 50 Abs. 2 KI-VO jedoch auch synthetische Inhalte ohne Täuschungsqualität.[471] 166

Art. 50 Abs. 2 KI-VO sieht vor, dass das dort (!) geforderte **maschinenlesbare Format** *„wirksam, interoperabel, belastbar und zuverlässig“* sein soll und zugleich *„die Besonderheiten und Beschränkungen der verschiedenen Arten von [zu kennzeichnenden] Inhalten, die Umsetzungskosten und den allgemein anerkannten Stand der Technik“* berücksichtigen muss.[472] Zu den Möglichkeiten einer fest mit dem synthetischen Inhalt verbundenen Kennzeichnung zählen Wasserzeichen, Metadatenidentifizierungen, kryptografische Methoden zum Nachweis der Herkunft und Authentizität des Inhalts, Protokollierungsmethoden und Fingerabdrücke, vgl. Erwgr. 133 S. 4 KI-VO.[473] Praxisbeispiele sind hier die **Wasserzeichen-Technologie** SynthID von Google[474], die **Metadatenanreicherung nach dem C2PA-Standard** für Bilder-Output für OpenAI's DALL-E[475] sowie das **„Made with AI“-Label** von Meta.[476] 167

---

465 Wiedemann/Stocks GRUR 2025, 360 (363); Kumkar/Griesel KIR 2024, 117 (122).

466 Becker CR 2024, 353 Rn. 73.

467 Buchholz/Kremer CR 2025, 343 Rn. 56.

468 Denn auch die Manipulation von Inhalten wird, über den Wortlaut hinaus, von der Kennzeichnungspflicht nach Art. 50 Abs. 2 KI-VO erfasst, da teleologisch von einem parallelen Verständnis der Anknüpfungstatbestände in Art. 50 Abs. 2 und Abs. 4 KI-VO auszugehen ist, vgl. Kumkar/Griesel KIR 2024, 117 (123).

469 Ferner ist str., aber wohl zu verneinen, ob die Kennzeichnung iRd Art. 50 Abs. 2 KI-VO nicht nur maschinenlesbar, sondern *„auch für Menschen erkennbar sein muss“*; dafür BeckOK KI-Recht/Lauber-Rönsberg KI-VO Art. 50 Rn. 34; mit guten Argumenten dagegen, ua wegen Erwgr. 133 KI-VO und dem Zusammenspiel mit Art. 35 Abs. 1 Buchst. k DSA, Kumkar/Griesel KIR 2024, 117 (124) und Buchholz/Kremer CR 2025, 343 Rn. 48 ff. sowie Engel-Bunsas RDi 2025, 292 Rn. 39.

470 Auf diesen Zusammenhang verweisen auch Brorsen/Falk MMR 2025, 7 (11); vgl. auch für die vom Gesetzgeber angestrebte Arbeitsteilung zwischen Anbietern von KI-Systemen und den Anbietern von sehr großen Online-Plattformen iSd DSA: Maschinenlesbarkeit als Ermöglichung der nach Art. 35 Abs. 1 Buchst. k DSA geltenden Pflicht, Inhalte „menschenlesbar“ zu kennzeichnen, so Kumkar/Griesel KIR 2024, 117 (123).

471 Buchholz/Kremer CR 2025, 343 Rn. 47.

472 So in Brorsen/Falk MMR 2025, 7 (11).

473 Martini/Wendehorst/Martini KI-VO Art. 50 Rn. 66; Brorsen/Falk MMR 2025, 7 (11).

474 Vgl. https://deepmind.google/technologies/synthid/ (zuletzt abgerufen am 15.7.2025).

475 Vgl. https://openai.com/index/understanding-the-source-of-what-we-see-and-hear-online/ (zuletzt abgerufen am 15.7.2025).

476 Vgl. https://about.fb.com/news/2024/04/metas-approach-to-labeling-ai-generated-content-and-manipulated-media/ (zuletzt abgerufen am 15.7.2025).

Weitere technische Standards werden folgen und die GenAI einsetzende Stelle sollte deren Nutzbarmachung für den eigenen Anwendungsfall zumindest prüfen.

168 **dd) Wem ggü. ist dies wann offenzulegen?** Art. 50 Abs. 5 KI-VO stellt klar, dass die jeweils erforderlichen Informationen, den betreffenden natürlichen Personen, dh den Rezipienten des Deepfakes[477], **spätestens zum Zeitpunkt der ersten Interaktion oder Aussetzung** mit dem jeweiligen KI-System bereitzustellen sind.

Praxishinweis:

169 • Ggf. hat der Betreiber also die bereits vorhandene Anbieterkennzeichnung **auf seinen Rezipientenkreis anzupassen.**[478]

• Bei einem generierten/manipulierten Video müsste eine entsprechende Kennzeichnung nicht bereits vor der eigentlichen Wiedergabe ersichtlich sein, sondern **ein Hinweis beim Start der Wiedergabe** erscheint ausreichend[479] (für die Art und Weise der Kennzeichnung vgl. bereits → Rn. 163 ff.).

c) Ausnahmen im künstlerischen Bereich

170 Neben Ausnahmen für präventive und repressive Maßnahmen im Bereich der Strafverfolgung in S. 2, bestehen gem. Art. 50 Abs. 4 UAbs. 1 S. 3 KI-VO nur eingeschränkte Transparenzanforderungen **im Bereich der Kunst- und Meinungsfreiheit** (Art. 13 GRCh).[480] Denn ist der betroffene Deepfake Teil eines offensichtlich künstlerischen, kreativen, satirischen, fiktionalen oder analogen[481] Werks oder Programms, so beschränken sich die Transparenzpflichten darauf, das Vorhandensein der erzeugten oder manipulierten Inhalte in geeigneter Weise offenzulegen. Dazu ist es ausreichend, wenn die Deepfake-Eigenschaft nur in einer solchen Art und Weise offengelegt wird, dass die Darstellung oder der **Genuss des Werks nicht beeinträchtigt** wird, Art. 50 Abs. 4 UAbs. 1 S. 3 aE KI-VO.[482]

Praxishinweis:

171 • Anstatt einer Integration in das visuelle Material könnte dies zB **per Einblendung am Anfang/Ende** oder aber ohne **wiederkehrende Intervalle bei Audioinhalten** erfolgen.[483]

• Eine **Ausnahme** aufgrund **vorhandener redaktioneller Kontrolle** (nach Art. 50 Abs. 4 UAbs. 2 S. 2 Hs. 2 KI-VO, sogleich bei → Rn. 178 f.) gibt es für Deepfakes gerade nicht.

4. Offenlegungspflicht hinsichtlich KI-generierter (Nachrichten-)Texte

172 Zum Schutz des Vertrauens in die Integrität von Inhalten, die für die **öffentliche Meinungsbildung** in der Demokratie relevant sind, bestehen für den Betreiber auch

[477] BeckOK KI-Recht/Lauber-Rönsberg KI-VO Art. 50 Rn. 69 schließt dies aus dem Regelungszweck und nicht aus Art. 50 Abs. 5 KI-VO.
[478] Dies gilt insbesondere dann, wenn sich der Anbieter dazu entschließt, lediglich ein maschinen-, aber nicht menschenlesbares Format zu verwenden.
[479] Buchholz/Kremer CR 2025, 343 Rn. 56.
[480] Ebers/Quarch Rechtshandbuch ChatGPT/Ebers § 2 Rn. 196.
[481] Martini/Wendehorst/Martini KI-VO Art. 50 Rn. 110 benennt hierfür „ausgedruckte Inhalte".
[482] Kritik an dieser sehr offenen Formulierung ua bei Heidrich DSB 2025, 2 (3).
[483] So auch der Vorschlag von BeckOK KI-Recht/Lauber-Rönsberg KI-VO Art. 50 Rn. 72.

hinsichtlich KI-generierter Texte gewisse Kennzeichnungspflichten[484]: Nutzt also die einsetzende Stelle als Betreiber ein KI-System zur Erzeugung von Texten, um mit diesen die **Öffentlichkeit über Angelegenheiten von öffentlichem Interesse** zu informieren, hat sie dies gem. Art. 50 Abs. 4 UAbs. 2 KI-VO grds. **offenzulegen.**[485] Der Anwendungsbereich ist aber sehr viel weiter gefasst worden, als man mit Blick auf die ratio legis erwarten könnte.

a) Im Ausgangspunkt breiter Anwendungsbereich

Da der Wortlaut sämtliche texterzeugende oder -manipulierende KI-Systeme umfasst, gilt die Offenlegungspflicht zwar in besonderem Maße **für GPAI-Systeme,** dh genauer gesagt für das vom Betreiber **dann konkret eingesetztes KI-System** (bspw. bei der Verwendung von ChatGPT, vgl. die Abgrenzung/Eingrenzung von GenAI in die Begriffe der KI-VO bei → Rn. 29 ff.), aber **auch** für **branchenspezifische KI-Systeme** mit einem engeren Verwendungszweck.[486] 173

Hinweis:
Es wird allerdings nicht jeglicher Textoutput erfasst, sondern der Textinhalt muss über **Angelegenheiten von öffentlichem Interesse** informieren.[487] Zudem bestehen jedenfalls gut begründbare Ausnahmen (vgl. sogleich → Rn. 178 f.).

Im Sinne der ratio legis (Schutz der öffentlichen Meinungsbildung in der Demokratie) dürfte das **„öffentliche Interesse“** ebenfalls **breit** zu verstehen sein und jedenfalls alle politischen, gesellschaftlichen, wirtschaftlichen und kulturellen Angelegenheiten, erfassen, deren Relevanz über ein kleines (Fach-)Publikum hinausgeht.[488] Ob daraus aber bspw. folgt, dass auch rein kommerzielle Werbetexte mit einem gesellschaftlich-politischen Bezug erfasst werden, lässt sich derzeit noch nicht abschließend bewerten. Hier ist auf die erwarteten Leitlinien und den Code of Practice der EU-Kommission zu hoffen. 174

Für den Begriff der Öffentlichkeit gilt: Ist der Empfängerkreis dem Betreiber bekannt und zahlenmäßig überschaubar, greift die Pflicht nicht. Wird der Text indes bspw. über ein öffentliches Profil in Social-Media veröffentlicht, besteht hingegen eine **hinreichende digitale Netzwerköffentlichkeit;** und das unabhängig von der tatsächlichen Kenntnisnahme des Inhalts.[489] 175

Praxishinweis:
- Bzgl. des erforderlichen Textinhalts kann – auch für Social-Media – als Richtschnur gelten: Wird bzw. soll der generierte Content für Reaktionen sorgen[490] bzw. geht es gerade um **außenwirksame Corporate Communication** in Bezug auf **gesellschaftlich relevante**/diskutierte Fragestellungen und bspw. nicht um allgemeine Belustigung/Mitteilungen für einen kleinen Empfängerkreis? 176
- Insgesamt gilt: Egal ob als Website-Betreiber, Digital-Agentur, Verantwortlicher für ein Firmenprofil auf Social-Media, Influencer oder klassischer Herausgeber von gedruckten Werken, sobald der **öffentliche Diskurs** betroffen ist, muss den Lesern

---

[484] Martini/Wendehorst/Martini KI-VO Art. 50 Rn. 113; Daher soll verhindert werden, dass Plattformen und traditionelle Medien mit Deepfake-Artikeln geflutet werden, vgl. Becker CR 2024, 353 Rn. 78.
[485] Martini/Wendehorst/Martini KI-VO Art. 50 Rn. 111.
[486] Martini/Wendehorst/Martini KI-VO Art. 50 Rn. 112.
[487] BeckOK KI-Recht/Lauber-Rönsberg KI-VO Art. 50 Rn. 65.
[488] Martini/Wendehorst/Martini KI-VO Art. 50 Rn. 113 unter Verweis auf das Verständnis im UrhR bei § 50 UrhG; zustimmend BeckOK KI-Recht/Lauber-Rönsberg KI-VO Art. 50 Rn. 65.
[489] Martini/Wendehorst/Martini KI-VO Art. 50 Rn. 113.
[490] Martini/Wendehorst/Martini KI-VO Art. 50 Rn. 113 sieht als Indiz, ob der Inhalt im öffentlichen Diskurs Widerhall findet – und es ist zu ergänzen – finden soll.

grundsätzlich mitgeteilt werden, wenn für den Textinhalt Programme wie ChatGPT oder Copilot verwendet wurden.
- Allerdings erscheint noch offen, ob die Kennzeichnung erst dann zu erfolgen hat, wenn der gesamte Text künstlich generiert wurde oder ob **bereits Teile genügen.** Der Wortlaut („der Text") lässt hier insoweit Argumentationsspielraum[491] (beachte zudem die Ausnahmen → Rn. 178 ff.: Wenn der generierte Text Teil eines größeren Textes wird, dürfte zumeist bereits eine redaktionelle Kontrolle zu bejahen sein und die Offenlegungspflicht nicht mehr eingreifen).
- Mit dem Wortlaut dürfte sich ebenfalls gut vertreten lassen, dass nicht (detail-)genau offengelegt werden muss, welcher Teil des Textes von GenAI generiert wurde, sondern nur, dass er **überhaupt generierte Teile** enthält.

177 Hinsichtlich der Rechtsfolgen, also bzgl. Art und Umfang der Kennzeichnung, gelten die Ausführungen zu Media-Inhalten entsprechend (soeben bei → Rn. 159 ff.), da Art. 50 Abs. 5 KI-VO auch hier greift.

b) Gut begründbare Ausnahmen von der Offenlegungspflicht

178 Neben der Ausnahme für präventive und repressive Maßnahmen im Bereich der Strafverfolgung[492] gilt nach Art. 50 Abs. 4 UAbs. 2 S. 2 Hs. 2 KI-VO die Pflicht zur Offenlegung dann nicht, wenn die KI-generierten Inhalte einem Verfahren der **menschlichen Überprüfung** oder **redaktionellen Kontrolle** unterzogen werden und (!)[493] wenn eine natürliche oder juristische Person die redaktionelle **Verantwortung für die Veröffentlichung** der Inhalte trägt.

179 Wie umfassend die menschliche Überprüfung im Einzelfall zu erfolgen hat, lässt sich derzeit schwer abschätzen. Mit dem Schutzzweck lässt sich indes gut argumentieren, dass es der KI-VO nicht um den immaterialgüterrechtlichen Schutz kreativer Leistungen oder gar um die Bewahrung einer KI-freien Arbeitsumgebung geht. Vielmehr will sie als Produktsicherheitsrecht die **Gefahren** von massenhaft generierten, **ungeprüften Falschinformationen eindämmen.**[494]

Praxishinweis:

- Letztlich soll nach dem Telos der Norm, falls von der einsetzenden Stelle keine Kennzeichnung gewünscht ist, weiterhin eine nach außen verantwortliche, natürliche Person die **Letztentscheidung über den Inhalt** der Veröffentlichung behalten.
- Die GenAI einsetzende Stelle sollte daher abwägen, ob sie mit einem „KI-Label" leben kann oder aber, ob eine redaktionelle Überprüfung implementiert werden kann (das ist für die Aufsicht zu dokumentieren!), wodurch (ggf.) der **Offenlegungspflicht** insgesamt **entgangen** werden kann.

---

[491] Vgl. Martini/Wendehorst/Martini KI-VO Art. 50 Rn. 113: Betreiber müssen *„ihren Lesern grundsätzlich mitteilen, wenn sie den Text nicht selbst verfassen, sondern dafür vollständig [!] auf Programme wie ChatGPT oder Bing Copilot zurückgreifen"*.

[492] Gem. Art. 50 Abs. 4 UAbs. 2 S. 2 Hs. 1 KI-VO.

[493] Kumulativ zu verstehen, so auch BeckOK KI-Recht/Lauber-Rönsberg KI-VO Art. 50 Rn. 73; aA wohl Martini/Wendehorst/Martini KI-VO Art. 50 Rn. 114.

[494] aA Martini/Wendehorst/Martini KI-VO Art. 50 Rn. 114, der es wohl als erforderlich ansieht, dass eine Person sich den Text nach umfassender Prüfung zu eigen macht.

VII. Checkliste für die GenAI einsetzende Stelle

Da die KI-VO keine spezifischen Pflichten für GenAI bereithält, muss jeweils geprüft werden, für welchen **Akteur** bezogen auf welches **Regelungsobjekt** welche **Pflichten** bestehen. GenAI ist nicht synonym mit GPAI zu verwenden, meint jedoch zumeist GPAI-Systeme. Solche GPAI sind in ihrer konkreten Verwendung oft als eigenständiges (Hochrisiko-)KI-System iSd KI-VO bzw. als in ein solches System integriert einzustufen. 180

1. Sachlicher Anwendungsbereich

1. Verwende ich als einsetzende Stelle von GenAI ein System, das nach den Bestimmungen der KI-VO als ein KI-System zu klassifizieren ist? 181
2. Bezogen auf den jeweiligen Einsatz und die Zweckbestimmung des Systems: Welcher Risiko-Stufe ist dieses KI-System zuzuordnen? Handelt es sich um
   – ein verbotenes KI-System nach Art. 5 KI-VO?
   – ein Hochrisiko-KI-System iSd Art. 6 Abs. 1 (produktbezogen) oder Art. 6 Abs. 2 (anwendungsbezogen)?
   – ein KI-System iSd Art. 50 KI-VO? (kumulativ und alternativ möglich)
3. Beim Einsatz von einem KI-System in einem Hochrisiko-Bereich iSd Anhang III: Kann (ausnahmsweise!) der Filter des Art. 6 Abs. 3 KI-VO eingreifen, mit der Folge, dass ich als GenAI einsetzende Stelle (doch) keinen Hochrisiko-KI-System-Pflichten unterliege?

2. Persönlicher Anwendungsbereich

1. Hat die GenAI einsetzende Stelle das entsprechende KI-System in eigener Verantwortung verwendet? 182
2. Oder greift eine der Ausnahmen?
   – Privater Gebrauch
   – Nur der „bedienende Nutzer" des Systems
   – Nur die von GenAI betroffene Person
3. Oder handelt es sich doch um einen Anbieter bzw. (wie) kann das verhindert werden?
   – Handelte es sich um den erstmaligen Einsatz einer fremdentwickelten GenAI-Lösung (zB „Finetuning")?
   – Greift die Anbieterfiktionnach Art. 25 KI-VO ein?

3. Örtlicher Anwendungsbereich

Merke: Sobald auch nur der Output der eingesetzten GenAI-Lösung in der EU verwendet wird, ist der örtliche Anwendungsbereich der KI-VO eröffnet. 183

4. Zeitlicher Anwendungsbereich

Merke: Es gelten unterschiedliche Umsetzungsfristen, wobei die meisten relevanten Pflichten entweder bereits seit 2025 gelten oder ab dem 2.8.2026 (Art. 113 KI-VO). Für Hochrisiko-KI-Systeme bestehen Übergangsregelungen für Alt-Systeme (Art. 111 KI-VO). 184

5. Einzuhaltende Betreiberpflichten je nach Anwendungsart/Kategorie des KI-Systems

Vorprüfung: Ist das KI-System verboten, da eine verbotene KI-Praktik nach Art. 5 KI-VO vorliegt? 185

186 I. **Betreiberpflichten beim Einsatz von Hochrisiko-KI-Systemen**

Handlungspflichten

1. Operative Pflichten
   a) Technische und organisatorische Maßnahmen bezogen auf:
      (1) Verwendung entsprechend der Betriebsanleitung, Art. 26 Abs. 1 Hs. 2 Alt. 1 KI-VO
      (2) Erfüllung sonstiger Rechtspflichten, Art. 26 Abs. 3 KI-VO
      (3) Fortlaufende Überwachung hinsichtlich möglicher Anpassungsmaßnahmen, Art. 26 Abs. 5 UAbs. 1 S. 1 Hs. 1 KI-VO
   b) Datenmanagement – Eingabedaten/Input, Art. 26 Abs. 4 KI-VO
   c) Ermöglichung der Transparenz- und Informationspflichten (als logische Konsequenz der Informationspflichten)
   d) Menschliche Aufsicht, Art. 26 Abs. 2 KI-VO
   e) Aussetzung des Betriebs bei grundrechtsrelevanten Risiken trotz Verwendung gemäß der Betriebsanleitung, Art. 26 Abs. 5 UAbs. 1 S. 2 aE KI-VO
2. Dokumentationspflicht – Aufbewahrung der KI-Protokolle, Art. 26 Abs. 6
3. Schulungspflichten (bezogen auf die menschliche Aufsicht und die KI-Kompetenz)
4. Kontrollpflichten
   a) Kontinuierliche Überwachung des Hochrisiko-KI-Systems anhand der Betriebsanleitung, Art. 26 Abs. 5 UAbs. 1 S. 1 Hs. 1 KI-VO
   b) Monitoring hinsichtlich erforderlicher Anpassungen der TOM
   c) Überprüfung der internen Klassifizierung bzgl. der Anwendungsart/Kategorie des KI-Systems sowie hinsichtlich der Akteureinstufung
   d) Überprüfen der Notwendigkeit einer Grundrechte-Folgenabschätzung
      (1) Pflicht zur Durchführung einer (weiteren) Risikoanalyse nach Art. 27 KI-VO?
      (2) Verhältnis zum DPAI nach DS-GVO, Art. 27 Abs. 4 KI-VO
      (3) Erleichterung für das DPAI nach DS-GVO, Art. 26 Abs. 9 KI-VO
5. Kooperationspflichten, Art. 26 Abs. 12 KI-VO

187 Transparenz- und Informationspflichten

1. Überwachungs-, Informations- und Meldepflichten ggü. anderen Akteuren iSd KI-VO sowie ggü. Behörden
   a) Informationspflicht ggü. dem Anbieter, Art. 26 Abs. 5 UAbs. 1 S. 1 Hs. 2 KI-VO
   b) Informationspflicht bei grundrechtsrelevanten Risiken trotz Verwendung gemäß der Betriebsanleitung, Art. 26 Abs. 5 UAbs. 1 S. 2 Hs. 1 KI-VO
   c) Informationspflicht bei schwerwiegenden Vorfällen, Art. 26 Abs. 5 UAbs. 1 S. 3 KI-VO
2. Informationspflicht ggü. betroffenen natürlichen Personen, Art. 26 Abs. 11 KI-VO
3. Informationspflicht bei Verwendung am Arbeitsplatz, Art. 26 Abs. 7 KI-VO
4. Auskunftspflicht des Betreibers ggü. natürlichen Personen bzgl. KI-gestützter Entscheidungen, Art. 86 Abs. 1 KI-VO

188 II. **Betreiberpflicht zur Sicherstellung von KI-Kompetenz/AI literacy, Art. 4 KI-VO**

III. **Transparenzpflichten für den Betreiber eines KI-Systems iSd Art. 50 KI-VO**

1. Informationspflicht beim Einsatz von Emotionserkennung und biometrischen Kategorisierungssystemen, Art. 50 Abs. 3 S. 1 KI-VO
2. Offenlegungspflicht hinsichtlich Deepfakes, Art. 50 Abs. 4 UAbs. 1 KI-VO
3. Offenlegungspflicht hinsichtlich KI-generierter (Nachrichten-)Texte, Art. 50 Abs. 4 UAbs. 2 KI-VO

§ 64 Datenschutz

Übersicht

Schrifttum:

Art. 29-Datenschutzgruppe, Working Paper 216 v. 10.4.2024; Art. 29-Datenschutzgruppe, Working Paper 248, rev.01; Braegelmann, KI-VO und Compliance – aktuelle Brennpunkte Schatten-KI und Co.: Rechtstreue Einhaltung geltender Gesetze und Minimierung des Haftungsrisikos, KIR 2024, 39; Bortnikov/Dukart, Informationelle Selbstbestimmung und KI – Datenschutzrechtliche Anforderungen an die Transparenz von KI, ZD 2024, 558; Bundesbeauftragte für den Datenschutz und die Informationssicherheit (BfDI), Positionspapier zur Anonymisierung unter der DS-GVO unter besonderer Berücksichtigung der TK-Branche; Cagney, Das Prinzip der Technologieneutralität spaltet Brüssel, Euractiv.com, 4. November 2025; Commission Nationale de l'Informatique et des Libertés (CNIL), AI system development: CNIL's recommendations to comply with the GDPR; Datenschutzkonferenz (DSK), Liste der Verarbeitungstätigkeiten, für die eine DSFA durchzuführen ist, Version 1.1. vom 17.10.2018; DSK, Orientierungshilfe Künstliche Intelligenz und Datenschutz vom 6. Mai 2024, Version 1.0; DSK, Positionspapier zu empfohlenen technischen und organisatorischen Maßnahmen bei der Entwicklung und dem Betrieb von KI-Systemen, 6. November 2019; Engeler/Rolfes, Datenschutzrechtliche Korrekturansprüche bei Erzeugung von Falschinformationen durch LLMs – Potenziale einer alternativen Datenökonomie, ZD 2024, 423; European Data Protection Board (EDPB), Opinion 28/2024 on certain data protection aspects related to the processing of personal data in the context of AI models; Golland, KI und KI-Verordnung aus datenschutzrechtlicher Sicht, EuZW 2024, 846; Hacker/Cordes/Berz, Transparenz generativer KI – Rechtliche Rahmenbedingungen und technische Möglichkeiten, GRUR 2024, 1777; Hamburgerischer Beauftragter für Datenschutz und Informationsfreiheit (HmbBfDI), Diskussionspapier: Large Language Models und personenbezogene Daten; HmbBfDI, Pressemitteilung: Auswirkungen des Schufa-Urteils auf KI-Anwendungen; Hoel, Studio Ghibli style and the draining of meaning, Zeitgeister, Juni 2025; Hüger/Radtke, Das Zusammenspiel der Akteure und Verantwortlichkeit unter der KI-Verordnung und der DS-GVO – Synergieeffekte bei der Pflichtenerfüllung mit Blick auf KI-Systeme, KIR 2025, 154; Klee, Musk's Grok chatbot fantasized about breaking into X user's home and raping him, Rolling Stone, 9. Juli 2025; Kühling/Buchner, DS-GVO BDSG, 4. Aufl. 2024; Landesbeauftragter für Datenschutz und Informationsfreiheit (LfDI) Baden-Württemberg, Rechtsgrundlagen im Datenschutz beim Einsatz von Künstlicher Intelligenz, Version 2.0; Lipschultz/Ghaffary, OpenAI Expects Revenue Will Triple to $12.7 Billion This Year, Bloomberg, 26. März 2025; Paal/Pauly, DS-GVO BDSG, 3. Aufl. 2021; Payne, An AI chatbot pushed a teen to kill himself, a lawsuit against its creator alleges, AP News, 26. Oktober 2024; Simitis/Hornung/Spiecker, Datenschutzrecht, 2. Aufl. 2025; Spieker gen. Döhmann/Bretthauer, Dokumentation zum Datenschutz, 98. Ergänzungslieferung 2025; The Economist, Will OpenAI ever make real money?, 17. Mai 2025; Wolff/Brink/v. Ungern-Sternberg, BeckOK Datenschutzrecht, 52. Ed.

I. Einführung

1 Das[1] durch die Verordnung (EU) 2016/679 (Datenschutz-Grundverordnung, **„DS-GVO“**) geprägte[2] europäische und deutsche Datenschutzrecht sieht sich selbst als technologieneutral (EG 15 DS-GVO). Doch wie im Energiebereich[3] sind auch im Hinblick auf die Verarbeitung personenbezogener Daten nicht alle Technologien gleich geschaffen, was ihre Vorteile und Risiken angeht.

2 Sowohl die zur Entwicklung von KI-Modellen und -Systemen[4] erforderliche Verarbeitung personenbezogener Daten als auch die, die mit dem Einsatz von KI-Systemen einhergeht, bieten viel – den Nutzern einen idR kostenlosen, scheinbar allwissenden Berater, den Anbietern, wenn nicht hohe Profite, so doch astronomische Börsenwerte.[5] Gleichzeitig bergen diese Verarbeitungstätigkeiten erhebliche Risiken – für die Nutzer selbst,[6] aber auch die nicht unmittelbar beteiligte „Umwelt“[7]. Neben der KI-spezifischen Regulatorik der KI-VO (→ § 63 Rn. 8 ff.) ist daher von erheblicher Bedeutung, welche Anforderungen das Datenschutzrecht an genAI stellt.

3 Zur datenschutzrechtlichen Einordnung von genAI unterscheidet dieser Beitrag zunächst zwischen der Entwicklung (→ Rn. 4 ff.) und dem Einsatz (→ Rn. 20 ff.) dieser Technologie. Dabei erläutert er zentrale rechtliche Aspekte wie die Anwendbarkeit datenschutzrechtlicher Regelungen, die Verantwortlichkeit für ihre Einhaltung, die Rechtmäßigkeit der Datenverarbeitung, sowie den Umgang mit Transparenzanforderungen, Betroffenenrechten und Dokumentationspflichten separat. Schließlich zieht der Beitrag ein Fazit (→ Rn. 35 ff.).

II. Entwicklung

4 Die Entwicklung von generativen KI-Modellen und -Systemen umfasst in aller Regel das Sammeln großer Datenbestände und deren Aufbereitung in mehreren Phasen. Die Entwicklung von KI-Modellen und -Systemen unterliegt daher diversen datenschutzrechtlichen Anforderungen.

---

[1] Der Autor dankt Conrad Oelke und Leon Häberlein, Wissenschaftliche Mitarbeiter, für die tatkräftige Unterstützung bei der Erstellung dieses Beitrags.

[2] Als unmittelbar geltende Verordnung verdrängt die DS-GVO in ihrem Anwendungsbereich entgegenstehende oder gleichlautende Bestimmungen des nationalen Rechts der EU-Mitgliedstaaten. Diese können lediglich dort noch selbst regelnd eingreifen, in denen es der EU an Regelungskompetenz fehlt (zB nationale Sicherheit, Verteidigung) oder wo die in der DS-GVO enthaltenen „Öffnungsklauseln“ nationale Regelungen erlauben. In Deutschland enthalten zahlreiche nationale Gesetze noch datenschutzrechtliche Vorgaben, allen voran das Bundesdatenschutzgesetz (**„BDSG“**).

[3] Vgl. Cagney Das Prinzip der Technologieneutralität spaltet Brüssel, Euractiv.com, 4.11.2025, abrufbar unter: www.euractiv.de/section/energie-und-umwelt/news/das-prinzip-der-technologieneutralitaet-spaltet-bruessel/ (zuletzt abgerufen am 27.7.2025).

[4] Dieser Beitrag stützt sich im Interesse einer sprachlichen Interoperabilität auf die durch die KI-VO festgelegten Begriffe, hierzu ausführlich → § 63 Rn. 9 ff.

[5] Lipschultz/Ghaffary OpenAI Expects Revenue Will Triple to $12.7 Billion This Year, Bloomberg, 26.3.2025, abrufbar unter: www.bloomberg.com/news/articles/2025-03-26/openai-expects-revenue-will-triple-to-12-7-billion-this-year?srnd=undefined&embedded-checkout=true (zuletzt abgerufen am 27.7.2025); The Economist Will OpenAI ever make real money?, 17.5.2025, abrufbar unter: http://www.economist.com/business/2025/05/15/will-openai-ever-make-real-money (zuletzt abgerufen am 27.7.2025).

[6] Payne An AI chatbot pushed a teen to kill himself, a lawsuit against its creator alleges, AP News, 26.10.2024, abrufbar unter: https://apnews.com/article/chatbot-ai-lawsuit-suicide-teen-artificial-intelligence-9d48adc572100822fdbc3c90d1456bd0 (zuletzt abgerufen am 27.7.2025).

[7] Vgl. Bortnikov/Dukart ZD 2024, 558 (558 f.); vgl. auch Hoel Studio Ghibli style and the draining of meaning, Zeitgeister, Juni 2025, abrufbar unter: https://www.goethe.de/prj/zei/en/art/26731148.html (zuletzt abgerufen am 27.7.2025).

1. Anwendbarkeit

Wie an anderer Stelle (→ § 10 Rn. 4 ff.) erläutert, finden DS-GVO und BDSG Anwendung auf die (teil-)automatisierte bzw. dateiengestützte Verarbeitung personenbezogener Daten (Art. 2 Abs. 1 DS-GVO; § 1 Abs. 1 S. 2 BDSG). **5**

Die Entwicklung von KI-Modellen und Systemen basiert auf der automatisierten Erhebung, Speicherung und Veränderung enormer Datenbestände, die oft aus öffentlichen Quellen „gescraped"[8] oder sonst aus unstrukturierten Datenquellen geschöpft werden. Dabei ist eine Verarbeitung (auch) personenbezogener Daten oft unumgänglich, da Informationen „in der Wildnis" i. a. R. mit personenbezogenen Daten durchmischt sind. Jedenfalls auf die ursprüngliche Erhebung der Trainingsdaten, ihre Bereinigung, Strukturierung und Annotierung sowie ggf. Anonymisierung findet das Datenschutzrecht daher Anwendung.[9] Für die Anwendbarkeit auf die weiteren Verarbeitungsschritte der Entwicklung, zB das eigentliche Training, das Testen und die Integration des Modells mit dem User Interface, kommt es darauf an, ob die Daten vorher wirksam anonymisiert wurden.[10] **6**

Sogenannte **Large Language Models** (LLMs) enthalten oft auch nach ihrer Finalisierung noch personenbezogene Daten. Die These des Hamburgischen Beauftragten für Datenschutz und Informationsfreiheit (HmbBfDI), die Aufspaltung von einzelnen Daten in Tokens, die „lediglich" mathematisch zusammenhängen, stelle keine „Speicherung" iSv Art. 4 Nr. 2 DS-GVO dar,[11] hat jedenfalls in dieser Pauschalität zu Recht keinen Zuspruch gefunden. Der Europäische Datenschutzausschuss stellt überzeugend auf die Wahrscheinlichkeit ab, mit der personenbezogene Daten dem Modell entnommen werden können.[12] **7**

2. Verantwortlichkeit

Die datenschutzrechtliche Verantwortlichkeit für die Entwicklung bestimmt sich nach den üblichen Maßstäben, dh nach der Entscheidung über das „ob" und „wie" der Datenverarbeitung (→ § 10 Rn. 15 ff., → § 29 Rn. 27 ff.). Die natürliche oder juristische Person, die die Daten für die KI-Entwicklung auswählt und dazu bestimmt, zur KI-Entwicklung zu dienen, ist Verantwortliche iSv Art. 4 Nr. 7 DS-GVO.[13] **8**

Nicht jede Entwicklung von KI findet aber durch Verantwortliche statt. Unter dem breiten Label „AI-as-a-Service" werden zahlreiche Dienstleistungen erbracht, die als Auftragsverarbeitung (Art. 4 Nr. 8 DS-GVO) einzuordnen sind. Dazu gehören in der Regel vorbereitende Dienstleistungen wie die Datenspeicherung, -bereinigung und -strukturierung sowie die Bereitstellung von Computing-Infrastruktur. Auch die Annotierung kann als Auftragsverarbeitung erbracht werden, wenn die Vorgaben des Auftraggebers hinreichend **9**

[8] Siehe zu den besonderen datenschutzrechtlichen Herausforderungen beim Webscraping insbesondere EDPB Opinion 28/2024 on certain data protection aspects related to the processing of personal data in the context of AI models, abrufbar unter: https://www.edpb.europa.eu/system/files/2024-12/edpb_opinion_202428_ai-models_en.pdf (zuletzt abgerufen am 27.7.2025), Rn. 79 ff., 99 ff.

[9] Zum Erfordernis einer Rechtsgrundlage für eine Anonymisierung BfDI Positionspapier zur Anonymisierung unter der DS-GVO unter besonderer Berücksichtigung der TK-Branche (Stand: 29.6.2020), S. 5; bereits Art. 29-Datenschutzgruppe Working Paper 216 v. 10.4.2024, Ziff. 2.2.1/S. 7; EDPB Opinion 28/2024 on certain data protection aspects related to the processing of personal data in the context of AI models, abrufbar unter: https://www.edpb.europa.eu/system/files/2024-12/edpb_opinion_202428_ai-models_en.pdf (zuletzt abgerufen am 27.7.2025), Rn. 36 ff.

[10] Die Anforderungen an eine wirksame Anonymisierung sind hochkomplex, vgl. EuGH 19.10.2016 – C-582/14 Rn. 46; Art. 29-Datenschutzgruppe Working Paper 216 v. 10.4.2024, Ziff. 2.2.2/S. 11; vgl. zum Ganzen ausführlich Simitis/Hornung/Spiecker/Hansen DS-GVO Art. 4 Nr. 5 Rn. 50 ff.

[11] HmbBfDI Diskussionspapier: Large Language Models und personenbezogene Daten, abrufbar unter: https://datenschutz-hamburg.de/fileadmin/user_upload/HmbBfDI/Datenschutz/Informationen/240715_Diskussionspapier_HmbBfDI_KI_Modelle.pdf (zuletzt abgerufen am 27.7.2025).

[12] EDPB Opinion 28/2024 on certain data protection aspects related to the processing of personal data in the context of AI models, abrufbar unter: https://www.edpb.europa.eu/system/files/2024-12/edpb_opinion_202428_ai-models_en.pdf (zuletzt abgerufen am 27.7.2025), Rn. 43.

[13] Vgl. Hüger/Radtke KIR 2025, 154 (157).

konkret sind und kein erhebliches Ermessen bei der Umsetzung verlangen. Dasselbe gilt für Dienstleistungen im Bereich Training und Tuning von KI-Modellen sowie sog. **Machine Learning Operations** (MLOps).

10 Ein besonders relevantes „Einfallstor" für die (gemeinsame) Verantwortlichkeit eines AI-as-a-Service-Anbieters ist die Verarbeitung der personenbezogenen Daten, die im Rahmen der Nutzung (zB eines Chatbots) anfallen und an den Anbieter übermittelt werden, zum weiteren Training des zugrundeliegenden KI-Modells. Wenn dieses Training nicht allein den Interessen des Kunden dient (Mandantentrennung), sondern das KI-Modell so allgemein, dh auch für andere Kunden und damit letztlich im eigenen wirtschaftlichen Interesse des Anbieters, verbessert wird, ist der Anbieter für die Verarbeitung personenbezogener Daten zur Weiterentwicklung der KI ebenso verantwortlich wie ein Software-as-a-Service-Anbieter, der Kundendaten auf diese Weise zur Weiterentwicklung seiner (KI-freien) Software nutzt.[14]

3. Rechtsgrundlagen

11 Der „Star" unter den Rechtsgrundlagen für die Entwicklung generativer KI-Modelle und -Systeme ist die Erforderlichkeit zur Wahrung berechtigter Interessen (Art. 6 Abs. 1 Buchst. f DS-GVO). Anders als andere Rechtsgrundlagen verlangt sie weder einen Vertrag mit der betroffenen Person (vgl. Art. 6 Abs. 1 Buchst. b DS-GVO) noch etwa ihre affirmative und jederzeit widerrufbare Einwilligung (Art. 6 Abs. 1 Buchst. a DS-GVO). Der gerichtliche Segen für Metas Ansatz, die Verarbeitung der Daten seiner Nutzer auf Art. 6 Abs. 1 Buchst. f DS-GVO zu stützen,[15] stärkt die Attraktivität dieser Rechtsgrundlage für Unternehmen zusätzlich. Dabei sollte allerdings nicht übersehen werden, dass Unternehmen bei der KI-Entwicklung eine Reihe von Maßnahmen ergreifen sollten, um sicherzustellen, dass die Interessenabwägung zu ihren Gunsten ausfällt. So hatte etwa Meta die ausgewählten Daten auf solche aus auf „öffentlich" gestellten Beiträgen beschränkt, unterschiedliche De-Identifizierungsmittel angewandt und insbesondere Nutzern eine sechswöchige Frist eingeräumt, in der sie der Verwendung der von ihnen eingestellten Daten zur KI-Entwicklung widersprechen konnten.[16] Auch die vernünftige Erwartungshaltung der betroffenen Personen spielt eine erhebliche Rolle im Rahmen der Abwägung.[17]

Praxishinweis:
Unternehmen, die personenbezogene Daten zur Entwicklung von KI-Modellen auf Grundlage von Art. 6 Abs. 1 Buchst. f DS-GVO verarbeiten wollen, sollten die Interessenabwägung durch geeignete Schutzmaßnahmen aktiv zu ihren Gunsten gestalten, etwa durch Beschränkung auf öffentlich zugängliche Daten, Anwendung von De-Identifizierungsverfahren und Einräumung eines überobligatorischen Widerspruchsrechts. Besonderes Augenmerk ist dabei auf die vernünftige Erwartungshaltung der betroffenen Personen zu legen. Eine sorgfältige Dokumentation dieser Maßnahmen ist nicht zuletzt im Hinblick auf die Rechenschaftspflicht nach Art. 5 Abs. 2 DS-GVO unerlässlich.

[14] DSK Orientierungshilfe Künstliche Intelligenz und Datenschutz vom 6.5.2024, Version 1.0, Rn. 33; ähnlich Hüger/Radtke KIR 2025, 154 (157).

[15] OLG Köln 23.5.2025 – 15 UKl 2/25, insbesondere Rn. 58 ff.

[16] OLG Köln 23.5.2025 – 15 UKl 2/25, Rn. 78; vgl. auch LfDI Baden-Württemberg Rechtsgrundlagen im Datenschutz beim Einsatz von Künstlicher Intelligenz, Version 2.0, abrufbar unter: https://www.baden-wuerttemberg.datenschutz.de/rechtsgrundlagen-datenschutz-ki/#v_rechtsgrundlagen_fuer_oeffentliche_und_nicht-oeffentliche_stellen (zuletzt abgerufen am 27.7.2025).

[17] OLG Köln 23.5.2025 – 15 UKl 2/25, Rn. 92; EDPB, Opinion 28/2024 on certain data protection aspects related to the processing of personal data in the context of AI models, abrufbar unter: https://www.edpb.europa.eu/system/files/2024-12/edpb_opinion_202428_ai-models_en.pdf (zuletzt abgerufen am 27.7.2025).

Auch sollten die anderen Rechtsgrundlagen nicht gänzlich in Vergessenheit geraten. Insbesondere bei der Entwicklung sog. KI-Avatare kann das Vertragsverhältnis mit dem Nutzer bzw. „Model" als Rechtsgrundlage herangezogen werden.[18] Außerdem dürfte die Auffassung des OLG Köln, das Verarbeitungsverbot des Art. 9 Abs. 1 DS-GVO bedürfe einer „Aktivierung"[19], nicht langfristig Bestand haben. Bei besonderen Kategorien personenbezogener Daten, insbesondere Gesundheitsdaten, die die betroffene Person nicht offensichtlich selbst öffentlich gemacht hat (Art. 9 Abs. 1, 2 Buchst. e DS-GVO), wird oft nur die Einwilligung als Rechtsgrundlage in Betracht kommen (Art. 9 Abs. 1, 2 Buchst. a DS-GVO).[20] **12**

4. Transparenzpflichten

Der Erfüllung von Transparenzpflichten kommt bei der Verarbeitung personenbezogener Daten zur Entwicklung von KI-Modellen und -Systemen insofern besondere Bedeutung zu, als Aufsichtsbehörden und Gerichte im Rahmen der Prüfung des Art. 6 Abs. 1 Buchst. f DS-GVO auch die Erfüllung der Transparenzpflichten berücksichtigen.[21] **13**

Auch kann aufgrund der Verfahren, die zur Sammlung der Trainingsdaten eingesetzt werden, eine Information aller betroffenen Personen eine Herausforderung darstellen. Oft wird wegen des unverhältnismäßigen Aufwands eine öffentliche Information sinnvoller sein als eine individuelle (vgl. Art. 14 Abs. 5 Buchst. b DS-GVO).[22] **14**

5. Umgang mit Betroffenenrechten

Von den unterschiedlichen datenschutzrechtlichen Betroffenenrechten sind im Kontext der Entwicklung von genAI neben dem Widerspruchsrecht gegen auf Art. 6 Abs. 1 Buchst. f DS-GVO gestützte Datenverarbeitungen (Art. 21 Abs. 1 DS-GVO) vor allem die Rechte auf Berichtigung (Art. 16 DS-GVO) und Löschung (Art. 17 DS-GVO) relevant. Anders als im Kontext der Blockchain (→ § 10 Rn. 32) wirft zumindest die KI-*Entwicklung* jedoch keine unauflösbaren Konflikte auf (zur Phase des Einsatzes noch → Rn. 33). **15**

Beim Widerspruchsrecht ist zum einen fraglich, inwieweit sich betroffene Personen hier auf ihre besondere Situation berufen können – in zahlreichen Situationen wird allerdings die Einräumung eines überobligatorischen Widerspruchsrecht (wie im oben diskutierten Fall Metas → Rn. 11) hilfreich sein, um die Interessenabwägung zugunsten des Unternehmens abzusichern, sodass es gar nicht erst zu einer vertieften Prüfung kommen muss. **16**

In der Phase der Entwicklung liegen zudem die Trainingsdaten noch als „normale" Daten vor. Auf sie sind die Berichtigungs- und Löschansprüche nach denselben Maßstäben anwendbar wie auf andere Datensätze, die keinen KI-Zusammenhang aufweisen.[23] **17**

---

[18] LfDI Baden-Württemberg Rechtsgrundlagen im Datenschutz beim Einsatz von Künstlicher Intelligenz, Version 2.0, abrufbar unter: https://www.baden-wuerttemberg.datenschutz.de/rechtsgrundlagen-datenschutz-ki/#v_rechtsgrundlagen_fuer_oeffentliche_und_nicht-oeffentliche_stellen (zuletzt abgerufen am 27.7.2025).

[19] OLG Köln 23.5.2025 – 15 UKl 2/25, Rn. 116.

[20] Zu weiteren Möglichkeiten Golland EuZW 2024, 846 (850).

[21] Vgl. OLG Köln 23.5.2025 – 15 UKl 2/25, Rn. 87 ff.; EuGH 4.10.2024 – C-621/22 Rn. 50; 9.1.2025 – C-394/23 Rn. 52; der französischen Aufsichtsbehörde CNIL zustimmend LfDI Baden-Württemberg Rechtsgrundlagen im Datenschutz beim Einsatz von Künstlicher Intelligenz, Version 2.0, abrufbar unter: https://www.baden-wuerttemberg.datenschutz.de/rechtsgrundlagen-datenschutz-ki/#v_rechtsgrundlagen_fuer_oeffentliche_und_nicht-oeffentliche_stellen (zuletzt abgerufen am 27.7.2025), Rn. 82.

[22] Golland EuZW 2024, 846 (850).

[23] Engeler/Rolfes ZD 2024, 423 (425).

6. Datenschutz-Folgenabschätzung

18 Eine förmliche Datenschutz-Folgenabschätzung ist gem. Art. 35 Abs. 1 DS-GVO für die Verarbeitung personenbezogener Daten erforderlich, wenn die Verarbeitung voraussichtlich ein hohes Risiko für die Rechte und Freiheiten natürlicher Personen zur Folge hat. Die europäischen Aufsichtsbehörden haben hierfür eine Reihe an Kriterien aufgestellt – sind von diesen Kriterien zwei oder mehr erfüllt, soll eine Datenschutz-Folgenabschätzung in den meisten Fällen verpflichtend sein.[24]

19 Da die Verarbeitung von Daten in großem Ausmaß ebenso ein solches Kriterium darstellt wie der Einsatz neuer und innovativer Technologien, muss scheinbar nur wenig dazu treten, damit bei der Entwicklung von KI eine Datenschutz-Folgenabschätzung nach Sicht der Behörden erforderlich ist.[25] Folglich sieht der Europäische Datenschutzausschuss die Datenschutz-Folgenabschätzung als wichtiges Mittel zur Erfüllung der Rechenschaftspflicht (vgl. Art. 5 Abs. 2 DS-GVO) bei der Entwicklung von KI an[26] und auch die französische Datenschutzbehörde CNIL empfiehlt mit Nachdruck, eine Datenschutz-Folgenabschätzung durchzuführen.[27]

Praxishinweis:
Unternehmen, die KI-Modelle entwickeln oder entwickeln lassen, sollten frühzeitig prüfen, ob eine Datenschutz-Folgenabschätzung nach Art. 35 DS-GVO erforderlich ist; angesichts des typischerweise großen Umfangs der Datenverarbeitung und des Einsatzes neuer Technologien wird dies in den meisten Fällen zu bejahen sein. Die Folgenabschätzung sollte nicht als bürokratisches Pflichtprogramm, sondern als Instrument zur proaktiven Risikosteuerung und Absicherung der Rechtsgrundlage begriffen werden. Es empfiehlt sich, sie parallel zur technischen Entwicklung durchzuführen, da nachträgliche Korrekturen an Architektur und Datenbasis erfahrungsgemäß mit erheblichem Aufwand verbunden sind.

III. Einsatz

20 Beim Einsatz von genAI stellen sich weitere datenschutzrechtliche Fragen, von denen ausgewählte im Folgenden besprochen werden.

1. Anwendbarkeit

21 Beim Einsatz von generativen KI-Systemen ist Datenschutzrecht häufig unproblematisch anwendbar, wenn entweder der Input oder der Output personenbezogene Daten enthält.

22 Unternehmen, die sich datenschutzrechtliche Kopfschmerzen dadurch ersparen wollen, dass sie ihren Mitarbeitern verbieten, personenbezogene Daten als Input zu nutzen oder in Output anzufragen, unterschätzen allerdings oft die Breite des Anwendungsbereichs des Datenschutzrechts. Sind innerhalb des Unternehmens personenbezogene Daten einer Person

[24] Art. 29 Datenschutzgruppe Working Paper 248, rev. 01, S. 10 f.

[25] Ebenso DSK Orientierungshilfe Künstliche Intelligenz und Datenschutz, 2024, S. 10; vgl. auch DSK Liste der Verarbeitungstätigkeiten, für die eine DSFA durchzuführen ist, Version 1.1. vom 17.10.2018, Nr. 11.

[26] EDPB Opinion 28/2024 on certain data protection aspects related to the processing of personal data in the context of AI models, abrufbar unter: https://www.edpb.europa.eu/system/files/2024-12/edpb_opinion_202428_ai-models_en.pdf (zuletzt abgerufen am 27.7.2025), Rn. 17.

[27] CNIL AI system development: CNIL's recommendations to comply with the GDPR, abrufbar unter: https://www.cnil.fr/en/ai-system-development-cnils-recommendations-comply-gdpr (zuletzt abgerufen am 27.7.2025).

vorhanden, zu der aus dem Kontext ein Zusammenhang hergestellt werden kann, kann auch eine Nutzung von genAI, bei der keine Kennungen (wie Namen oder Adressen) als Input verwendet werden, dem Datenschutzrecht unterfallen. Verlangt etwa Vorgesetzter X, der gerade seinem Untergebenen Y gekündigt hat, vom KI-System, „ein Arbeitszeugnis im befriedigenden Bereich für einen Vertriebsmitarbeiter im Versicherungsbereich,„ zu entwerfen, stellt dieser Vorgang aus Sicht des Versicherungsunternehmens eine Verarbeitung personenbezogener Daten dar. Denn der Verantwortliche kann hier ohne Weiteres einen Bezug zwischen Zeugnisentwurf und Y darstellen, auch wenn der Prompt recht generisch ist.[28]

2. Verantwortlichkeit

Auch beim *Einsatz* von KI-Systemen bestimmt sich die Einordnung als (gemeinsam) Verantwortlicher oder Auftragsverarbeiter nach den allgemeinen Maßstäben, ohne dass eine Vielzahl besonderer Probleme auftreten.[29] **23**

Dies könnte sich jedoch durch Inkrafttreten der KI-Verordnung ändern, da noch ungeklärt ist, ob das Rollenverständnis der KI-Verordnung eine Wechselwirkung mit den datenschutzrechtlichen Rollen hat. So könnten die umfangreichen Pflichten der Anbieter von (Hochrisiko-)KI-Systemen (Art. 16 ff. KI-VO) und General Purpose KI-Modellen (vgl. Art. 53, 55 KI-VO) dafür sprechen, dass (ggf. neben dem Betreiber des KI-Systems)[30] auch den (bloßen) Anbieter eine gesetzliche „(Teil-)Verantwortung" für die Datenverarbeitung mit dem entsprechenden System oder Modell trifft.[31] Dafür ist nach dem EuGH nicht einmal erforderlich, dass der Anbieter Zugriff auf die personenbezogenen Daten hat, die mit seinem System bzw. Modell verarbeitet werden.[32] In den meisten Fällen werden sich die KI-regulatorischen Anbieterpflichten aber nicht derart auf die Verarbeitung personenbezogener Daten durch den (vom Anbieter personenverschiedenen) Betreiber auswirken, dass auch dem Anbieter, der das KI-System nicht selbst betreibt, eine datenschutzrechtliche Verantwortlichkeit zukommt. Das gilt insbesondere bei KI-Systemen außerhalb des Hochrisiko-Bereichs und GPAI-Modellen ohne systemische Risiken, deren Betreiber nur einem recht begrenzten Pflichtenkatalog unterliegen.[33] Eine vollständige Aufbereitung dieser Problematik würde über das Ziel dieses Beitrags hinausgehen, aber ein wesentliches Argument gegen eine zwingende datenschutzrechtliche Verantwortlichkeit des Anbieters ist die produktrechtliche Struktur der Anbieterpflichten – so wenig wie der Hersteller eines Computers oder Smartphones (trotz seiner Pflichten unter der Allgemeinen Produktsicherheitsverordnung (EU) 2023/988, dem Funkanlagengesetz[34] und zukünftig dem sog. Cyber Resilience Act (Verordnung (EU) 2024/2847)) für die Datenverarbeitung verantwortlich wird, die der Kunde bzw. Nutzer mit dem Gerät anstößt, so sollte auch der Anbieter eines KI-Systems grundsätzlich davon verschont bleiben. Angesichts der weiten Auslegung der Verantwortlichkeit durch den **24**

[28] Ähnlich DSK Orientierungshilfe Künstliche Intelligenz und Datenschutz, 2024, S. 12; scheinbar aA Golland EuZW 2024, 846 (847).
[29] Zur Frage, wann ein AI-as-a-Service-Dienstleister vom Auftragsverarbeiter zum (ggf. gemeinsamen) Verantwortlichen werden kann, bereits → Rn. 8 ff.
[30] Hüger/Radtke KIR 2025, 154 (158).
[31] Vgl. EDPB Guidelines 07/2020 on the concepts of controller and processor in the GDPR, Version 2.1, abrufbar unter: https://www.edpb.europa.eu/system/files/2023-10/EDPB_guidelines_202007_controller processor_final_en.pdf (zuletzt abgerufen am 27.7.2025), Rn. 22 ff.
[32] Vgl. EuGH 29.7.2019 – C-40/17 Rn. 64 ff.; BeckOK DatenschutzR/Schild DS-GVO Art. 4 Rn. 93c.
[33] Ähnlich Hüger/Radtke KIR 2025, 154 (158); Golland EuZW 2024, 846 (852).
[34] Basierend auf Richtlinie 2014/53/EU.

EuGH im Namen eines möglichst weitreichenden Schutzes betroffener Personen[35] sind aber Ausnahmefälle denkbar.[36]

3. Rechtsgrundlagen

25 Beim Einsatz von generativen KI-Systemen spielen mehr Rechtsgrundlagen eine wesentliche Rolle als bei der Entwicklung. Wie bei traditioneller, KI-freier Software ergibt sich die richtige Rechtsgrundlage nicht aus der Technologie, sondern aus dem mit ihr verfolgten Zweck. Verarbeitungstätigkeiten, die bislang analog oder mit regulärer Software durchgeführt wurden, benötigen nicht automatisch wegen des Einsatzes von genAI eine andere Rechtsgrundlage. An diesem Prinzip ändern auch die Besonderheiten und va Unberechenbarkeiten[37] von KI-Systemen nichts. Auch der Wechsel von – beispielsweise – der manuellen Bearbeitung physischer Kundenkarteien zu deren vollautomatisierter und digitaler Bearbeitung durch eine (regelbasierte) CRM-Software führt zu Effizienzgewinnen und dem Reduzieren einiger Fehlerquellen (zB Übertragungsfehlern durch Müdigkeit des Bearbeiters) bei gleichzeitigem Entstehen neuer Risiken wie unvorsichtigen Klicks und sich sofort massenweise auswirkenden Fehleinstellungen. Der Wechsel von der regelbasierten zur KI-gestützten Software bedeutet einen weiteren Schritt in diese Richtung. Und wiederum ist zwar sorgfältig darauf zu achten, dass die Verarbeitung (weiterhin) erforderlich ist – der Zweck der Verarbeitung und damit die einschlägige Rechtsgrundlage bleiben allerdings grundsätzlich dieselben.

4. Verbot automatisierter Einzelfallentscheidungen

26 Zusätzlich zu der KI-regulatorischen Anforderung menschlicher Aufsicht über Hochrisiko-KI-Systeme (Art. 26 Abs. 2 KI-Verordnung) kennt das Datenschutzrecht schon lange einen Mechanismus, der die Risiken rein automatisch getroffener Entscheidungen einhegen soll. Nach Art. 22 Abs. 1 DS-GVO ist eine Verarbeitung von personenbezogenen Daten rechtswidrig, wenn die betroffene Person *„einer ausschließlich auf einer automatisierten Verarbeitung – einschließlich Profiling – beruhenden Entscheidung unterworfen [wird], die ihr gegenüber rechtliche Wirkung entfaltet oder sie in ähnlicher Weise erheblich beeinträchtigt"*.

27 Dieses Verbot[38] kennt zwar Ausnahmen, insbesondere bei Erforderlichkeit der Entscheidung für Abschluss/Erfüllung eines Vertrags oder Einwilligung der betroffenen Person (Art. 22 Abs. 2 Buchst. a, c DS-GVO). Doch auch in diesen Fällen müssen die verpflichtenden Maßnahmen des Verantwortlichen zumindest das Recht der betroffenen Person einschließen, dem Verantwortlichen den eigenen Standpunkt darzulegen und eine menschliche Überprüfung der Entscheidung zu erwirken (Art. 22 Abs. 3 DS-GVO).

28 Sollten die Verarbeitungsergebnisse eines KI-Systems daher das Potential haben, die betroffenen Personen erheblich zu beeinträchtigen, verlangt das Datenschutzrecht folglich

---

[35] EuGH 5.6.2018 – C-210/16 Rn. 42.

[36] Versteigert sich ein Chatbot etwa mangels bewusst entfernter Sicherheitsmaßnahmen zu Vergewaltigungsfantasien gegen konkrete Personen – selbst in Konversationen, in denen der Nutzer diese Personen nicht erwähnt hat – stellt sich die Frage nach der Verantwortlichkeit des Chatbot-Anbieters; vgl. hierzu Klee Musk's Grok chatbot fantasized about breaking into X user's home and raping him, Rolling Stone, 9.7.2025, abrufbar unter: https://www.rollingstone.com/culture/culture-news/elon-musk-grok-rape-fantasies-1235381746/ (zuletzt abgerufen am 27.7.2025).

[37] Vgl. dazu bereits DSK Positionspapier zu empfohlenen technischen und organisatorischen Maßnahmen bei der Entwicklung und dem Betrieb von KI-Systemen S. 6.

[38] Der Wortlaut („Die betroffene Person hat das Recht […]") scheint von einem geltend zu machenden Anspruch auszugehen, den die betroffene Person aktiv durchsetzen muss. Nach allgM stellt Art. 22 Abs. 1 DS-GVO ein stets zu beachtendes, sich selbst ausführendes Verbot dar; Simitis/Hornung/Spiecker/Scholz DS-GVO Art. 22 Rn. 19; Paal/Pauly/Martini DS-GVO Art. 22 Rn. 29b.

mindestens eine Intervenierbarkeit gegen die so getroffenen oder maßgeblich vorgeprägten[39] Entscheidungen.

29 Kann sich das ein KI-System verwendende Unternehmen nicht auf eine Einwilligung oder die Erforderlichkeit im Vertragskontext berufen, muss es Maßnahmen treffen, damit die Unterstützung durch das KI-System nicht zu einer Vollautomatisierung oder maßgeblichen Leitung der Entscheidungen führt.[40] Dabei kann es helfen, die Prozesse so zu gestalten, dass die menschliche Entscheidung der KI-Assistenz vorgeschaltet ist. Die nachträgliche „Konsultierung" des KI-Systems kann die Qualität der Entscheidung immer noch verbessern bzw. ihre Ausfertigung immer noch beschleunigen, aber nicht mehr inhaltlich vorprägen. Denkbar ist auch ein einprogrammierter Freigabeprozess, bei dem ein menschlicher Entscheider den Vorschlag des KI-Systems erst nach eigener Prüfung freigeben muss.[41]

Praxishinweis:
Unternehmen, die generative KI-Systeme für Entscheidungen einsetzen, die rechtliche oder erhebliche tatsächliche Wirkungen für betroffene Personen entfalten können, müssen sicherstellen, dass keine (unerlaubte) ausschließlich automatisierte Entscheidungsfindung iSv Art. 22 Abs. 1 DS-GVO vorliegt. Bewährt hat sich hierfür die Vorschaltung einer menschlichen Entscheidung vor die KI-Assistenz oder die Implementierung eines einprogrammierten Freigabeprozesses, bei dem ein menschlicher Entscheider den Vorschlag des KI-Systems erst nach eigener Prüfung freigibt. Die gewählte Prozessgestaltung sollte hinreichend dokumentiert werden, um im Streitfall nachweisen zu können, dass die menschliche Kontrolle nicht nur formal, sondern inhaltlich wirksam war.

5. Transparenzpflichten

30 Automatisierte Einzelfallentscheidungen iSv Art. 22 Abs. 1 DS-GVO beim Einsatz von KI-Systemen werfen auch Besonderheiten im Hinblick auf die Transparenzpflichten auf.

31 Nach Art. 13 Abs. 2 Buchst. f und Art. 14 Abs. 2 Buchst. g DS-GVO sind betroffene Personen darüber zu informieren, dass eine automatisierte Entscheidungsfindung besteht. Der Verantwortliche muss ihnen aussagekräftige Informationen über die „involvierte Logik" mitteilen und die Tragweite und die angestrebten Auswirkungen der Verarbeitung erläutern. Das bedeutet gerade keine Offenlegung komplexer mathematischer Algorithmen, die zu durchdringen die durchschnittliche betroffene Person nicht in der Lage ist. Der EuGH verlangt stattdessen, dass der betroffenen Person *„in präziser, transparenter, verständlicher und leicht zugänglicher Form die Verfahren und Grundsätze […] erläuter[t] [werden], die bei der automatisierten Verarbeitung ihrer personenbezogenen Daten zur Gewinnung eines bestimmten Ergebnisses […] konkret angewandt wurden."* Dabei sollen *„das Verfahren und die Grundsätze, die konkret zur Anwendung kommen, so [beschrieben werden], dass die betroffene Person nachvollziehen kann, welche ihrer personenbezogenen Daten im Rahmen der in Rede stehenden automatisierten Entscheidungsfindung auf welche Art verwendet wurden […]."*[42]

32 Dies wird Verantwortliche regelmäßig vor eine erhebliche Herausforderung stellen, auch da genAI-Systeme gerade nicht regelbasiert-deterministisch, sondern stochastisch funktionieren, und die Entscheidungsfindung selbst für den Verantwortlichen selbst oft eine sog.

[39] EuGH 7.12.2023 – C-634/21 Rn. 48, 50; vgl. auch HmbBfDI Pressemitteilung: Auswirkungen des Schufa-Urteils auf KI-Anwendungen, abrufbar unter: https://datenschutz-hamburg.de/fileadmin/user_upload/HmbBfDI/Pressemitteilungen/2023/2023-12-07-PM_EuGH_Urteil_Schufa_Auswirkungen_auf_KI.pdf (zuletzt abgerufen am 27.7.2025).
[40] Zusammenfassung Golland EuZW 2024, 846 (850).
[41] DSK Positionspapier künstliche Intelligenz S. 18.
[42] EuGH 27.2.2025 – C-203/22, Ls., Rn. 61, 65.

Blackbox darstellt.[43] Betreiber von KI-Systemen, die durch Dritte entwickelt wurden, sind daher gut beraten, sich zumindest teilweisen Zugriff auf die Dokumentation einräumen zu lassen, die der Dritte bei der KI-Entwicklung erstellt hat (und bei Hochrisiko-KI-Systemen zukünftig erstellen und teilweise zur Verfügung stellen muss, vgl. Art. 9–12, 13, 53 Abs. 1 Buchst. b KI-Verordnung).[44]

6. Umgang mit Betroffenenrechten

33 Die genAI inhärenten Halluzinationen werden mehrheitlich als kategorisch im Konflikt mit dem Gebot der Datenrichtigkeit (Art. 5 Abs. 1 Buchst. d DS-GVO) und so mit den Berichtigungs- und Löschansprüchen (Art. 16, 17 DS-GVO) gesehen.[45] Das liegt insbesondere an der technischen Schwierigkeit, die nicht statisch, sondern in Form von „stochastischen Wahrscheinlichkeitsverteilungen und Korrelationen"[46] gespeicherten personenbezogenen Daten im Modell zu korrigieren bzw. zu entfernen.[47] Die deutschen Aufsichtsbehörden sind jedenfalls skeptisch, was die Umsetzung von Löschpflichten durch Output-Filter angeht, da diese lediglich nachgelagert wirken.[48] Ein erneutes Training des Modells mit dem Ziel, dieses bestimmte Zusammenhänge vergessen zu lassen,[49] ist allerdings sehr aufwändig. Jedenfalls im Hinblick auf den Berichtigungsanspruch scheint indes fraglich, ob Output-Informationen von genAI überhaupt „unrichtig" im Rechtssinne sein können. Angesichts der Funktionsweise von genAI könnte man den Output eines KI-Systems weniger als Tatsachenangabe denn als Schätzwert begreifen, der bei hinreichender Kennzeichnung als Werturteil nicht „unrichtig" iSv Art. 16 DS-GVO sein kann.[50] Um den Aussagegehalt des Outputs eines KI-Systems zu bestimmen, ist der Einzelfall umfassend zu bewerten. Nimmt der Verantwortliche für sich in Anspruch, ein im Hinblick auf tatsächliche Informationen verlässliches KI-System zu betreiben, muss er sich daran auch messen lassen.[51] Weist er dagegen hinreichend darauf hin, dass auf entsprechende Zusammenstellungen des KI-Systems kein Verlass ist, sind diese auch nicht „unrichtig" – Anbietern von KI-Systemen wird dieses Eingeständnis voraussichtlich schwerer fallen als bloßen Nutzern/Betreibern.[52]

7. Datenschutz-Folgenabschätzung

34 Das oben zur Datenschutz-Folgenabschätzung im Rahmen der KI-*Entwicklung* Gesagte (→ Rn. 18 f.) gilt für den Einsatz von KI-Systemen entsprechend.

IV. Fazit

35 Insbesondere aufgrund des schieren Ausmaßes der Verarbeitung auch personenbezogener Daten stellen Entwicklung und Einsatz von genAI die Technologieoffenheit des Datenschutzrechts in Teilen auf die Probe. In der Praxis lassen sich jedoch die meisten auftretenden Probleme praxisadäquat lösen, einige datenschutzrechtliche Vorgaben sind sogar klarer als die der technologiespezifischen KI-Verordnung.

[43] Ausführlich Hacker/Cordes/Berz GRUR 2024, 1777 (1778, 1782 ff.).
[44] Zu den Grenzen des Nutzens dieser Dokumentation für datenschutzrechtliche Zwecke Hacker/Cordes/Berz GRUR 2024, 1777 (1783).
[45] Exemplarisch Golland EuZW 2024, 846 (851).
[46] Engeler/Rolfes ZD 2024, 423 (427).
[47] Engeler/Rolfes ZD 2024, 423 (427).
[48] DSK Orientierungshilfe Künstliche Intelligenz und Datenschutz, Rn. 17.
[49] Spieker gen. Döhmann/Bretthauer Dokumentation zum Datenschutz G.2.4.146, Rn. 27.
[50] Kühling/Buchner/Herbst DS-GVO Art. 16 Rn. 9 f.
[51] Ebenso Engeler/Rolfes ZD 2024, 423 (428).
[52] Wohl aA und noch strenger Engeler/Rolfes ZD 2024, 423 (428), die bloße Disclaimer nicht ausreichen lassen wollen. Siehe außerdem zur äußerungsrechtlichen Zurechnung der Aussagen von KI-Systemen zu ihren Anbietern LG München I GRUR-RS 2026, 11860.

Insbesondere ist die Verarbeitung personenbezogener Daten für Entwicklung und Einsatz von KI keinesfalls kategorisch rechtswidrig. Hinreichende Maßnahmen zum Schutz der Interessen und Rechte betroffener Personen vorausgesetzt, lassen sich die meisten Verarbeitungstätigkeiten auf gesetzlicher Grundlage rechtfertigen. **36**

Die größten Schwierigkeiten ergeben sich „bemerkenswerterweise"[53] bei der Erfüllung von Transparenzanforderungen, da scheinbar bereits einige Entwickler selbst die ihren KI-Modellen eigene „Logik" nicht vollständig erklären bzw. interpretieren[54] können. Hier wird es darauf ankommen, eine Praxis zu entwickeln, die genAI ggf. auch in mehreren iterativen Schritten so transparent macht, dass die betroffene Person die für sie wesentlichen Punkte verstehen kann. **37**

Je besser dies gelingt, desto eher wird es möglich sein, von genAI nicht mehr als „neuer Technologie" (vgl. Art. 35 Abs. 1 DS-GVO) zu sprechen, deren Folgen für den Datenschutz regelmäßig gesonderter Abschätzung bedürfen.[55] **38**

§ 65 Immaterialgüterrecht

Übersicht

Schrifttum:

Abbott, I Think, Therefore I Invent: Creative Computers and the Future of Patent Law, Boston College Law Review 57 (2016), 1079; Ahlert/Aufderheide/Backhaus/Becker/Grob/Hartwig/Hoeren/Holling/Holznagel/Klein/Langer/Pfingsten, Internetökonomie und Hybridität, No. 14, 2005; Allan, Trends and Developments in Artificial Intelligence – Challenges to the Intellectual Property Rights Framework, 2020; Ballestrem/Bär/Gausling/Hack/v. Oelffen, Künstliche Intelligenz. Rechtsgrundlagen und Strategien in der Praxis, 2020; Barfield/Pagallo, Research Handbook on the Law of Artificial Intelligence, 2018; Baumann, Generative KI und Urheberrecht – Urheber und Anwender im Spannungsfeld, NJW 2023, 3673; Bingener, Künstliche Intelligenz und Markenrecht, MarkenR 2021, 233; Blok, The inventor's new tool: artificial intelligence – how does it fit in the European patent system?, EIPR 2017, 69; Brutschke, Urheberrecht und EDV: Elektronische Datenverarbeitung, Urheberrechtsschutz von Computer-Kunst, Verletzungen des Urheberrechts, Urheberrechtsschutz der Rechenprogramme, München 1972; Carlini et al., Extracting Training Data from Diffusion Models, arXiv:2301.13188v1; de la Durantaye, Nutzung urheberrechtlich geschützter Inhalte zum Training generativer künstlicher Intelligenz – ein Lagebericht, AfP 2024, 9; Dennis, AI-Generated Fashion Designs: Who or What Owns the Goods?, Fordham Intellectual Property, Media & Entertainment Law Journal 30 (2020), 593; Dorotheou, Reap the benefits and avoid the legal uncertainty: who owns the creations of artificial intelligence?, Computer and Telecommunications Law Review 21 (2015), 85; Dreier/Schulze, Urheberrechtsgesetz, 8. Aufl. 2025; Ebers/Heinze/Krügel/Steinrötter, Künstliche Intelligenz und Robotik, 1. Aufl. 2020; Ehinger/Grünberg, Der Schutz von Erzeugnissen künstlicher Kreativität im Urheberrecht. Zur Anwendung des Begriffs der persönlichen geistigen Schöpfung im Zusammenhang mit computergeneriertem Content, K&R

[53] Hacker/Cordes/Berz GRUR 2024, 1777 (1785).

[54] Siehe zu den unterschiedlichen Dimensionen der Transparenz Hacker/Cordes/Berz GRUR 2024, 1777 (1778).

[55] Zu den sich dann ergebenden Management-Problemen, wenn künstliche Intelligenz nicht (mehr) als solche wahrgenommen wird, Braegelmann KIR 2024, 39 (41).

2019, 232; Fischer/Hoppen/Wimmers, DGRI-Jahrbuch 2018; Fraser, Computers as Inventors. Legal and Policy Implications of Artificial Intelligence on Patent Law, SCRIPTed 13 (2016), 305; Gomille, Kreative künstliche Intelligenz und das Urheberrecht, JZ 2019, 969; Grüneberg, Bürgerliches Gesetzbuch, 84. Aufl. 2025; Günther/Beyerlein, Kommentar zum Designgesetz, 3. Aufl. 2015; Hansen, Warum Urheberrecht?, 2009; Harms, Künstliche Intelligenz und Nachahmungsschutz, 2024; Herda, Artificial Intelligence und Immaterialgüterrecht, Wirtschaftsrechtliche Blätter 2019, 305; Hetmank/Lauber-Rönsberg, Künstliche Intelligenz– Herausforderungen für das Immaterialgüterrecht, GRUR 2018, 574; Hetmank/Rechenberg, Kommunikation, Kreation und Innovation – Recht im Umbruch?, 2019; Hofmann, Zehn Thesen zu Künstlicher Intelligenz (KI) und Urheberrecht, WRP 2024, 11; Fierdag, Aleatorik in der Kunst und das Urheberrecht. unter besonderer Berücksichtigung der computer-generated works, 2005; Jacob/Schindler/Strathausen, Liquid Legal. Towards a Common Legal Platform, 2020; Jaeger, Urheberrechtliche Probleme beim Einsatz von KI-Tools zur Generierung von Texten, Bildern und Programmcode, K&R 2023, 22; Jestaedt/Fink/Meiser, Designgesetz, 7. Aufl. 2023; Käde, Kreative Maschinen und Urheberrecht. Die Machine Learning-Werkschöpfungskette vom Training über Modellschutz bis zu Computational Creativity, 2021; Konertz, Urheberrechtliche Fragen der Textgenerierung durch Künstliche Intelligenz: Insbesondere Schöpfungen und Rechtsverletzungen durch GPT und ChatGPT, WRP 2023, 796; Konertz/Schönhof, Erfindungen durch Computer und künstliche Intelligenz – eine aktuelle Herausforderung für das Patentrecht?, ZGE 10 (2018), 379; Kuschel/Asmussen/Golla, Intelligente Systeme – Intelligentes Recht, 2021; Lauber-Rönsberg, Autonome „Schöpfung". Urheberschaft und Schutzfähigkeit, GRUR 2019, 244; Legner, Erzeugnisse Künstlicher Intelligenz im Urheberrecht, ZUM 2019, 807; Li/Koay, Artificial Intelligence and Inventorship: An Australian Perspective, Journal of Intellectual Property Law & Practice 15 (2020), 399; Maamar, Computer als Schöpfer, Der Schutz von Werken und Erfindungen künstlicher Intelligenz, 2021; Meitinger, Künstliche Intelligenz als Erfinder?, Mitt. d. Pat. A. 2020, 49; Mes, Patentgesetz. Gebrauchsmustergesetz. Kommentar, 6. Aufl. 2024; Möhring, Können technische, insbesondere Computer-Erzeugnisse Werke der Literatur, Musik und Malerei sein?, UFITA 1967, 835; Muhr, KI-Schöpfungen und Urheberrecht, 2022; Papastefanou, KI-gestützte Schöpfungsprozesse im geistigen Eigentum, WRP 2020, 290; Nägerl/Neuburger/Steinbach, Künstliche Intelligenz: Paradigmenwechsel im Patentsystem, GRUR 2019, 336; Peifer, Künstliche Intelligenz (KI) und Urheberrecht – Rechte, Vergütung, Haftung, K&R 2024, 25; Pukas, KI-Trainingsdaten und erweiterte kollektive Lizenzen Generierung von Werken als KI-Trainingsdaten auf Basis erweiterter kollektiver Lizenzen, GRUR 2023, 614; Samuelson, Allocating ownership rights in computer-generated works, University of Pittsburgh Law Review 47 (1986), 1185; Schaub, Nutzung von Künstlicher Intelligenz als Pflichtverletzung?, NJW 2023, 2145; Schricker/Loewenheim, Urheberrecht, 6. Aufl. 2020; Schulte, Patentgesetz, 12. Aufl. 2025; Siems/Wiborg, Urheberrechtlicher Schutz für KI-generierte Arbeitsprodukte, RDi 2025, 136; Späth/Kossak, Reformerfordernis für das europäische Designrecht. Künstliche Intelligenz und das Entwerferprinzip, GRUR 2021, 1258; Spindler, Text- und Datamining im neuen Urheberrecht und in der europäischen Diskussion, ZGE 10 (2018), 273; Steinrötter/Borchert, Urheber- und Investitionsschutz von (und vor) KI-Output Generative KI als Werkzeug, Werkerzeuger oder „Nichtwerk"-Erzeuger?, CR 2024, 558; Vertinsky/Rice, Thinking about Thinking Machines. Implications of Machine Inventors for Patent Law, Boston University Journal of Science & Technology Law 8 (2002), 574; Wandtke/Bullinger, Praxiskommentar Urheberrecht. 6. Aufl. 2022; Yanisky–Ravid/Liu, When artificial intelligence systems produce inventions: The 3a Era and an alternative model for patent law, Cardozo Law Review 39 (2018), 2215.

1 Im Wesentlichen stellen sich für die einsetzende Stelle[1] von GenAI zwei Fragen im Zusammenhang des Einsatzes von GenAI zur Content-Erstellung. Zum Ersten: Genießen AI-generierte Erzeugnisse immaterialgüterrechtlichen Schutz? Dies ist von besonderer Relevanz, wenn die einsetzende Stelle beabsichtigt, den AI-generierten Content öffentlich zu verwenden, beispielsweise für eine Werbekampagne, ein Logo oder ein Produktdesign. Zum Zweiten: Bestehen Haftungsrisiken hinsichtlich der Verwertung des AI-generierten Outputs?

2 Wie eingangs beschrieben, verspricht der Einsatz von GenAI zur Content-Erstellung signifikante Effizienzsteigerungen und Kostenreduktionen. Für die einsetzende Stelle, die AI-generierten Content öffentlich verwenden will, ist neben den genannten Vorteilen von Relevanz, ob dieser vor Übernahme geschützt ist.

3 Mehrheitlich wird ein immaterialgüterrechtlicher Schutz von AI-generierten Inhalten richtigerweise abgelehnt.[2] Zentraler Aspekt der Schutzfähigkeit von AI-generierten Erzeugnissen im Immaterialgüterrecht *de lege lata* ist dessen (überwiegend geltender) Anthropozentrismus: Er verlangt für die Schutzfähigkeit eines immateriellen Guts eine menschlich-

[1] Zur Definition siehe oben in der Einleitung.
[2] ZB Hetmank/Lauber-Rönsberg GRUR 2018, 574 (576); Nägerl/Neuburger/Steinbach GRUR 2019, 336 (340).

schöpferische Leistung.[3] An diesem Kriterium muss sich das AI-generierte Erzeugnis erfolglos messen lassen. Gerade der Umstand, dass GenAI den Menschen als „Herr des Schöpfungsakts" substituiert und nicht mehr als bloßes *Hilfs*mittel fungiert, konfligiert mit der anthropozentrischen Ausrichtung der (meisten) Immaterialgüterrechte.[4]

Soweit die einsetzende Stelle ein großes Interesse an der Schutzfähigkeit hat, bietet sich die Möglichkeit an, den konkreten Bediener vertraglich zu verpflichten, GenAI nur als Hilfsmittel einzusetzen oder einen hinreichenden menschlichen Beitrag beim Schöpfungsprozess zu gewährleisten, etwa durch sehr spezifische und umfassende Anweisungen im Rahmen des *Prompting.* Bei der letztgenannten Option ist jedoch wahrscheinlich, dass die Vorzüge des Einsatzes von GenAI aufgrund erheblichen menschlichen Mehraufwands aufgewogen werden. So bietet es sich eher an, vertraglich zu regeln, dass der AI-generierte Output lediglich Anregung für den endgültigen Output darstellen darf.[5] Doch auch hier dürften die Vorzüge der Kostenreduktion nahezu aufgezehrt werden. 4

Ein Schutz vor Nachahmung ist in den meisten Einsatzbereichen der GenAI (insbesondere im künstlerischen, literarischen und Design Bereich) auch nicht über den unmittelbaren Leistungsschutz nach § 3 Abs. 1 UWG zu erreichen. Lediglich im technischen Einsatzbereich ist derzeit ein Marktversagen – die Voraussetzung des unmittelbaren UWG-Nachahmungsschutzes – drohend. Regelmäßig dürfte die Hürde zur gerichtlichen Geltendmachung jedoch so hoch sein, dass ein solcher Weg nicht eingeschlagen werden wird.[6] 5

Das Interesse der einsetzenden Stelle an einem umfassenden Verwendungsausschluss an dem AI-generierten Content von Vertragspartnern sowie Dritten ist letztlich nicht durch vertragliche Regelungen zu erreichen – diese können nur eine Rechtezuweisung *inter partes* regeln, nicht aber ein absolutes Recht, wie es das Immaterialgüterrecht gewährleistet.[7] 6

In diesem Kontext empfiehlt es sich für die einsetzende Stelle zudem, die Nutzungsbedingungen des GenAI-Anbieters aufmerksam zur Kenntnis zu nehmen. Bisweilen werden Nutzungen des AI-Outputs an besondere Bedingungen geknüpft, wie etwa bei *Midjourney* an den Abschluss eines kostenpflichtigen Abonnements[8]. 7

Praxishinweis:
Vor der öffentlichen Verwendung von AI-generiertem Content sollte die einsetzende Stelle stets die Nutzungsbedingungen des jeweiligen GenAI-Anbieters sorgfältig prüfen. Diese enthalten regelmäßig sowohl Nutzungsbeschränkungen als auch Regelungen zur Verwendung von Input und Output durch den Anbieter selbst. Besondere Aufmerksamkeit ist dabei auf Klauseln zu richten, die eine gewerbliche Nutzung von einer bestimmten Umsatzgröße oder dem Abschluss eines speziellen Abonnements abhängig machen. Eine fehlende oder unzureichende Kenntnis dieser Bedingungen kann zu unerwarteten vertraglichen und haftungsrechtlichen Risiken führen.

Im Weiteren ist ein näherer Blick auf die vorgenannten Ausführungen zu werfen: Zunächst wird der Nachahmungsschutz von AI-Output behandelt (→ Rn. 9 ff.), gefolgt von einem Ausblick auf die Nutzungsbedingungen führender GenAI-Anbieter sowie vertragliche Nutzungsvereinbarungen (→ Rn. 26 ff.). Schließlich ist auf Haftungsrisiken im Zusammenhang mit dem AI-generierten Output einzugehen (→ Rn. 37 ff.). 8

3 Vgl. nur Kuschel/Asmussen/Golla/Papastefanou Intelligente Systeme – Intelligentes Recht S. 199 (210); zum österreichischen Recht Herda wbl 33 (2019), 305 (311).
4 Umfassende Untersuchung der immaterialgüterrechtlichen Schutzfähigkeit von AI-generiertem Output Harms Künstliche Intelligenz und Nachahmungsschutz Kap. 3.
5 Vgl. Siems/Wiborg RDi 2025, 136 Rn. 11 u. 16.
6 Ausführlich hierzu Harms Künstliche Intelligenz und Nachahmungsschutz Kap. 4.
7 ZB Muhr KI-Schöpfungen und Urheberrecht S. 71.
8 Hierzu → Rn. 28.

I. Immaterialgüterrechtliche Schutzfähigkeit

9 Wenngleich der technologische Fortschritt stetig voranschreitet und den Ablauf des Schaffensprozesses von etwa künstlerischen, literarischen oder technischen Erzeugnissen beeinflusst, finden die überwiegenden Immaterialgüterrechte ihre Legitimation nach wie vor in einem menschlichen Schöpfungsakt.[9]

10 Normativer Anknüpfungspunkt für das Erfordernis einer menschlich-schöpferischen Leistung ist im Urheberrecht die Legaldefinition des Werkbegriffs: Nach § 2 Abs. 2 UrhG sind „Werke […] nur persönliche geistige Schöpfungen". Anders als im Urheberrecht ist der Patentschutz nach dem expliziten Gesetzeswortlaut nicht an eine menschlich-schöpferische Leistung geknüpft: Nach § 1 Abs. 1 PatG ist Gegenstand des Patentschutzes eine „Erfindung […] auf allen Gebieten der Technik […], sofern sie neu [ist], auf einer erfinderischen Tätigkeit beruh[t] und gewerblich anwendbar [ist]". Aus dem im Patentrecht verankerten Erfinderprinzip (§ 6 S. 1 PatG) folgt jedoch, dass Erfinder derjenige ist, dessen schöpferischer Tätigkeit die Erfindung entspringt[10] – Erfinderschaft und Erfindung sind also untrennbar miteinander verbunden; *ergo* muss eine Erfindung das Ergebnis einer menschlich-schöpferischen Tätigkeit sein.[11] Entsprechend liegt es im Designrecht: Nach § 1 Nr. 1 DesignG bestimmt sich die Schutzfähigkeit einer Erscheinungsform zunächst nach objektiven Bedingungen. So ist „ein Design die zweidimensionale oder dreidimensionale Erscheinungsform eines ganzen Erzeugnisses oder eines Teils davon, die sich insbesondere aus den Merkmalen der Linien, Konturen, Farben, der Gestalt, Oberflächenstruktur oder der Werkstoffe des Erzeugnisses selbst oder seiner Verzierung ergibt". Ein Blick auf das in § 7 Abs. 1 S. 1 DesignG niedergelegte Entwerferprinzip klärt, dass ein schutzfähiges Design Folge der Materialisierung einer menschlich-gestalterischen Idee ist. Denn Entwerfer ist derjenige, dessen Ideen und Vorstellungen sich in dem Erzeugnis materialisieren.[12]

11 Unter dieser Prämisse ist für einen Immaterialgüterrechtsschutz des AI-generierten Outputs erforderlich, dass *ein Mensch* einen für die Produktgestalt wesentlichen Beitrag geleistet hat. Wesentlich ist der Beitrag, wenn das endgültige Erzeugnis *während* des Schöpfungsprozesses der Gestaltungsgewalt des Menschen unterlegen hat.[13] Die Gestaltungsgewalt erfordert demnach nicht nur die Beherrschung des Algorithmus selbst, sondern vielmehr die Kontrolle über das Endergebnis.[14]

12 An diesem Maßstab ist der Beitrag der einsetzenden Stelle zu messen. Die Nutzung des GenAI-Modells umfasst insbesondere die tatsächliche Nutzung (etwa das *Prompting*), die in der tatsächlichen Nutzung manifestierte Entscheidung für den Einsatz einer GenAI zum Zwecke der Generierung von Inhalten sowie die Bestätigung und die hierin liegende „Zueigenmachung" des AI-generierten Outputs.

---

9 Exemplarisch zum Urheberrecht etwa Hansen Warum Urheberrecht? S. 112.

10 Vgl. nur BGH GRUR 2010, 817 Rn. 28; aus dem Schrifttum etwa Hetmank/Rechenberg/Papastefanou Kommunikation, Kreation und Innovation – Recht im Umbruch? S. 9, 24.

11 Ebers/Heinze/Krügel/Steinrötter KI/Heinze/Engel § 10 Rn. 83; Vertinsky/Rice Boston University Journal of Science & Technology Law 8 (2002), 574 (586 ff.); Fraser SCRIPTed 13 (2016), 305 (329 ff.); aA Konertz/Schönhoff ZGE 10 (2018), 379 (394); Rektorschek/Baus Liquid Legal S. 459, 467; Abbott Boston College Law Review 57 (2016), 1079 (1110 f.); Yanisky-Ravid/Liu Cardozo Law Review 39 (2018), 2215 (2230).

12 Jestaedt et al./Jestaedt DesignG § 7 Rn. 4 f.; Günther/Beyerlein/Beyerlein DesignG § 7 Rn. 4 f.; aA Späth/Kossak GRUR 2021, 1258 (1259).

13 ZB Hacker Intelligente Systeme – Intelligentes Recht S. 223 (229); Ebers/Heinze/Krügel/Steinrötter KI/Heinze/Wendorf § 9 Rn. 59; Dreier/Schulze/Schulze UrhG § 2 Rn. 8; Gomille JZ 2019, 969 (971); aA Schricker/Loewenheim/Loewenheim/Leistner UrhG § 2 Rn. 41; Hartmann et al. Trends and Developments in Artificial Intelligence S. 81.

14 Siehe etwa Maamar Computer als Schöpfer S. 190 f.; Legner ZUM 2019, 807 (808).

Wie sich zeigt, genügt die Nutzung des GenAI-Modells diesem Erfordernis nicht, aber auch kein anderer menschlicher Beitrag, sodass ein Immaterialgüterrechtsschutz für AI-generierten Output versagt bleibt.[15] **13**

1. Urheberrecht

14 Die Rolle der einsetzenden Stelle in Bezug auf den Schöpfungsprozess des AI-generierten Outputs ist so minimal, dass dieser keine hinreichende Einwirkkraft auf den Gestaltungsprozess des endgültigen Outputs besitzt:[16] Denn die GenAI nutzt den ihr zustehenden Gestaltungsspielraum frei von konkreten Vorgaben der einsetzenden Stelle aus.[17] Letztlich beschränkt sich die Rolle der einsetzenden Stelle auf die Auswahl einer Methode; sofern diese überhaupt eine menschlich-schöpferische Leistung darstellt, erstreckt sich diese nicht auf das konkrete Ergebnis.[18] Es gleicht vielmehr – nicht urheberrechtlich relevanten – Anregungen bzw. Wünschen.[19]

15 Auch die Bestätigung des ausgegebenen AI-generierten Outputs ist nicht urheberrechtlich relevant. Erstens kann eine dem Schöpfungsprozess nachgelagerte Handlung denklogisch dem Menschen keine Gestaltungsgewalt *während* des Schöpfungsprozesses vermitteln. Zweitens ist eine einfache Bestätigungshandlung nicht schöpferisch; vielmehr entspricht dies der bloßen Präsentation eines vorgefundenen Erzeugnisses, die nach nahezu einhelliger Meinung keine schöpferische Qualität aufweist.[20]

16 Schließlich kann auch eine etwaige Nachbearbeitung des ausgewählten AI-generierten Outputs nicht rückwirkend eine zurechenbare schöpferische Leistung begründen.[21] Möglich ist hingegen, dass durch menschliche Nachbearbeitung ein neues, schutzfähiges immaterielles Gut entsteht. Dies erfordert jedoch einen hinreichenden Abstand zum AI-generierten Output.

2. Designrecht

17 Die Erkenntnisse hinsichtlich der urheberrechtlichen Relevanz der Beiträge der einsetzenden Stelle sind auf das Designrecht übertragbar: Durch die evolutive Entwicklung des Algorithmus wird die Einflussnahme des Menschen auf das KI-generierte Erzeugnis unterbrochen. Die der Erscheinungsform zugrunde liegende Gestaltungsidee entstammt nicht dem menschlichen Geist, sondern allein dem selbständigen Tätigwerden der GenAI. Das AI-

---

15 Die vorgelagerten menschlichen Beiträge (insbesondere Programmierung, Auswahl und Bereitstellung der Trainingsdaten) und eventuelle nachgelagerte menschliche Beiträge der Nachbearbeitung sind ebenfalls keine hinreichend menschlich-schöpferischen Beiträge: Harms Künstliche Intelligenz und Nachahmungsschutz S. 45 ff.

16 Maamar Computer als Schöpfer S. 194 u. 196; siehe etwa auch Ebers/Heinze/Krügel/Steinrötter KI/Heinze/Wendorf § 9 Rn. 58. Zum britischen Recht Dorotheou Computer and Telecommunications Law Review 21 (2015), 85 (90 f.). So aber zum US-amerikanischen Recht Samuelson University of Pittsburgh Law Review 47 (1985), 1185 (1202 ff. u. 1227 f.).

17 Vgl. Maamar Computer als Schöpfer S. 194 u. 196.

18 Vgl. zur Aleatorik im Urheberrecht Fierdag Die Aleatorik in der Kunst und das Urheberrecht S. 69; So aber wohl zu Zufallsgeneratoren Wandtke/Bullinger/Bullinger UrhG § 2 Rn. 17.

19 Möhring UFITA 1967, 835 (841). Grundlegend zur urheberrechtlichen Irrelevanz von Wünschen, Ratschlägen oder Weisungen RG MuW 1927/28, 144 (145).

20 Muhr KI-Schöpfungen und Urheberrecht S. 52; Maamar Computer als Schöpfer S. 192; Hacker Intelligente Automaten – Intelligentes Recht S. 223 (239 f.); Brutschke Urheberrecht und EDV S. 50 ff.; Ehinger/Grünberg K&R 2019, 232 (235); Lauber-Rönsberg GRUR 2019, 244 (245); Ebers/Heinze/Krügel/Steinrötter KI/Heinze/Wendorf § 9 Rn. 58; aA Hartmann et al. Trends and Developments in Artificial Intelligence S. 78 u. 81 („In any case, personal selection undoubtedly contributes to a finding of originality of an AI-assisted output").

21 Muhr KI-Schöpfungen und Urheberrecht S. 5.

generierte Erzeugnis ist nicht die Materialisierung einer Gestaltungsidee eines an den Vorbereitungshandlungen beteiligten Menschen.[22]

3. Patentrecht

18 Im Patentrecht[23] ist die Anforderung an die „Gestaltungsgewalt über das Endergebnis" zu konkretisieren: Die Erfindung iSd Patentrechts unterteilt sich in die Aufgabe, durch welche das zu lösende Problem benannt und das Ziel der Erfindung bestimmt wird, und die Lösung des Problems, welches die Mittel oder den Weg zur Zielerreichung beschreibt.[24] Obwohl die Aufgabenformulierung unerlässlich für die Problemlösung ist, genügt diese nicht als zurechenbare Handlung. Erst das Tätigwerden, welches unmittelbar zur Lösungsfindung selbst erfolgt und für die gefundene Lösung nicht unwesentlich war, begründet eine Zurechnung.[25]

19 Unter Anwendung dieses Maßstabs erlangt die einsetzende Stelle nicht die unmittelbare Kontrolle über den Gestaltungsprozess. Der menschliche Einfluss begrenzt sich auf die Kommunikation der Aufgabenstellung, sodass sein Einwirkbereich im Vorbereitungsstadium verbleibt und keinen signifikanten Einfluss auf die Lösungsfindung selbst nimmt.[26]

20 Schlussendlich ist es die einsetzende Stelle, welche die von der GenAI gefundene Lösung erkennt. Dies erachten Stimmen in der Literatur als relevanten menschlichen Beitrag, da erst das Entdecken durch einen Menschen ermögliche, den Zusammenhang zwischen Ergebnisgenerierung und Lösungsfindung des gesuchten Problems herzustellen.[27] Wenngleich erst der Mensch den übergeordneten Sinnzusammenhang von Problem und Lösung versteht, ist das Erkennen keine menschlich-schöpferische Leistung. Bei genauerer Betrachtung unterscheidet sich das Erkennen des KI-generierten Erzeugnisses kaum von der Bestätigung einer bereits bestehenden, noch nicht patentierten Lösung, welche sich der Mensch zu eigen macht. Anders als bei (patentfähigen) Zufallserfindungen muss der Mensch das Entdeckte gerade nicht mehr zur Lösung eines bestimmten Problems anwenden; er kann das AI-generierte Ergebnis ohne eigene Transferleistung für das Problem schlichtweg übernehmen.[28]

4. Markenrecht

21 Im Gegensatz zu den zuvor erörterten Immaterialgüterrechten ist ein markenrechtlicher Schutz von GenAI-Content nicht *per se* ausgeschlossen.[29] Dies beruht darauf, dass die Rechtfertigung des Markenschutzes nicht auf dem Schutz einer geistigen Idee gründet. Stattdessen bezweckt dieser einen Schutz für getätigte Investitionen für ein Kennzeichen, welches als Informationssurrogat über die Herkunft und Qualität von Waren sowie Dienstleistungen dient.[30]

---

[22] Vgl. zum US-amerikanischen Recht Dennis Fordham Intellectual Property, Media & Entertainment Law Journal 30 (2020), 593 (636 f.).

[23] Zu den übrigen technischen Schutzrechten, Halbleiterschutzrecht und Sortenschutzrecht: Harms Künstliche Intelligenz und Nachahmungsschutz S. 60 ff.

[24] Statt vieler Schulte/Moufang PatG § 1 Rn. 4.

[25] BGH GRUR 1984, 194 (195); im Anschluss BGH GRUR 1985, 31 (32); nach der früheren Rspr. des RG konnte hingegen schon die Aufgabenformulierung genügen RG GRUR 1937, 544 (544 f.).

[26] Vgl. Meitinger Mitt. d. Pat. A. 2020, 49 (50); Block EIPR 2017, 69 (72); Li/Koay Journal of Intellectual Property Law & Practice 15 (2020), 399 (402 f.); aA Nägerl/Neuburger/Steinbach GRUR 2019, 336 (340).

[27] Ballestrem et al./Ballestrem Künstliche Intelligenz S. 83, 99; Abbott Boston College Law Review 57 (2016), 1079 (1098); Schwein Washburn Law Journal 60 (2021), 561 (600 f.).

[28] Konertz/Schönhof ZGE 10 (2018), 379 (397).

[29] Papastefanou WRP 2020, 290 Rn. 32; Cubert/Bone Research Handbook on the Law of Artificial Intelligence S. 411, 426.

[30] Bröcher/Hoffmann/Sabel Internetökonomie und Hybridität No. 14 S. 40 ff.

Das Schutzobjekt ist nach rein objektiven Kriterien zu bemessen: Ein Zeichen ist dann schutzfähig, wenn es geeignet ist, Waren oder Dienstleistungen eines Unternehmens von denjenigen anderer Unternehmen zu unterscheiden (auch: Unterscheidungskraft), § 3 Abs. 1 aE MarkenG. **22**

Der Schutzfähigkeit von AI-generierten Kennzeichen steht auch – anders als im Patent- oder Designrecht – nicht entgegen, dass eine Zuordnung des Zeichens an eine besondere materielle Berechtigung geknüpft ist. Die Rechtsinhaberschaft richtet sich nach der jeweiligen Entstehungsvariante des Markenschutzes (vgl. § 4 MarkenG), also durch Anmeldung (§ 4 Nr. 1 MarkenG), Benutzung im geschäftlichen Verkehr (§ 4 Nr. 2 MarkenG) oder Notorietät (§ 4 Nr. 3 MarkenG). **23**

Die GenAI selbst kann nicht Rechtsinhaberin des AI-generierten Kennzeichens sein.[31] Rechtsinhaber ist nach § 4 Nr. 1 MarkenG iVm § 36 Abs. 1 Nr. 4 MarkenG entweder der Anmelder oder nach § 4 Nr. 2 sowie Nr. 3 MarkenG der Produktverantwortliche.[32] **24**

Daher ist es für die einsetzende Stelle ratsam, das AI-generierte Zeichen anzumelden. Hierbei ist wichtig, die Unterscheidungskraft des Zeichens sicherzustellen und zu prüfen, ob das AI-generierte Zeichen einem vorbestehenden Zeichen ähnelt. Zu diesem Zweck ist es sinnvoll, den Prozess der Zeichenschöpfung zu dokumentieren. **25**

Praxishinweis:
Wer AI-generierte Zeichen, etwa Logos oder Produktdesigns, als Marke schützen lassen möchte, sollte diese unverzüglich zur Eintragung anmelden und dabei sorgfältig prüfen, ob das Zeichen über hinreichende Unterscheidungskraft verfügt und keine Verwechslungsgefahr mit älteren Zeichen besteht. Empfehlenswert ist es zudem, den Prozess der Zeichenschöpfung – einschließlich der verwendeten Prompts und der eingesetzten GenAI – zu dokumentieren, um im Streitfall die Eigenständigkeit des Zeichens belegen zu können.

II. Vertragliche Regelungen – Grenzen und Möglichkeiten

In Ermangelung eines Ausschließlichkeitsrechts für AI-generierten Output in den überwiegenden Einsatzbereichen der GenAI rückt die Frage nach vertraglichen Regelungen in den Fokus. Neben der Möglichkeit, eigene Nutzungsbedingungen bezüglich des AI-generierten Outputs in der weiteren Verwendungskette aufzustellen, ist auch von Bedeutsamkeit, welche Nutzungsbedingungen der GenAI-Anbieter an die einsetzende Stelle formuliert. **26**

Vor der Entscheidung der einsetzenden Stelle über die weitere Verwendung von AI-generierten Outputs ist es für die einsetzende Stelle unerlässlich, sich einen Überblick über die Nutzungsbedingungen des jeweiligen GenAI-Anbieters zu verschaffen (unter 1.). Anschließend ist zu eruieren, ob und in welchem Umfang die einsetzende Stelle die anschließende Nutzung des AI-generierten Outputs vertraglich regulieren kann (unter 2.). Bereits jetzt sei darauf hingewiesen, dass der einsetzenden Stelle lediglich die Möglichkeit offensteht, die Nutzung *inter partes* vertraglich zu regeln, auch mittels AGB; ein Ausschließlichkeitsrecht als absolutes Recht kann vertraglich nicht vereinbart werden.[33] **27**

---

31 Vgl. auch Bingener MarkenR 2021, 233 (235).

32 Eine Unionsmarke ist reines Registerrecht, sodass dieses nur durch Eintragung entstehen kann und infolgedessen nur der Anmelder Rechtsinhaber sein kann (vgl. Art. 6 UMV).

33 Hierzu → Rn. 30.

1. Nutzungsbedingungen der GenAI-Anbieter

28 Sofern kein eigenständiger Vertrag mit dem GenAI-Anbieter besteht, finden sich in den AGB der GenAI-Anbieter typischerweise Regelungen bezüglich der Nutzung des AI-generierten Outputs. Besonderes Augenmerk sollte die einsetzende Stelle auf solche Regelungen werfen, welche die Nutzung des AI-Outputs an besondere Bedingungen knüpfen. Solche Bedingungen dürften keine AGB-rechtlichen Bedenken, insbesondere nach § 307 Abs. 2 BGB, entgegenstehen.

29 Beispielsweise sieht *Midjourney* in Ziffer 4 der Terms of Services[34] derzeit vor, dass eine gewerbliche Nutzung des AI-Output zulässig ist. Sofern der Kunde einen Jahresumsatz von mehr als 1 Mio. US-Dollar erzielt, steht die Nutzung allerdings unter der Bedingung, dass ein spezielles Abo-Modell abgeschlossen wird. Dagegen sehen die aktuellen Business Terms[35] von *OpenAI* für ChatGPT Enterprise keine Nutzungsbeschränkungen vor: Nach Ziffer 3.1 ist der Kunde Eigentümer des Outputs und *OpenAI* tritt, falls vorhanden, Rechte, Ansprüche und Interessen am Output ab.

30 Des Weiteren empfiehlt es sich für die einsetzende Stelle, die Nutzungsbedingungen des GenAI-Anbieters darauf zu prüfen, ob der GenAI-Anbieter sich vorbehält, die Nutzerinhalte – dh sowohl die Nutzereingaben (Prompts), wie zB Texteingaben in natürlicher Sprache oder Dateneingaben, in die GenAI (Input) sowie das AI-generierte Erzeugnis (Output) – zu verwenden. Solch eine Klausel ist nicht unüblich. So behält sich etwa *Midjourney* in Ziffer 4 der Terms of Services das Recht vor, sowohl den Input als auch Output zu nutzen. Eine weniger weitreichende Klausel findet sich in Ziffer 3.2 der Business Terms von *OpenAI: OpenAI* behält sich die Verwendung des Inputs sowie Outputs nur in dem Ausmaß vor, in dem dies zur Bereitstellung der vereinbarten Services erforderlich ist; jedenfalls ausgeschlossen ist die Nutzung zum Zwecke der Entwicklung oder Verbesserung der angebotenen Services.

31 Vor Benutzung einer GenAI sollte die einsetzende Stelle daher auf Folgendes achten: Im Falle eines nicht eigenständig ausgehandelten Vertrages über die Nutzung eines GenAI-Modells sollten die Nutzungsbedingungen auf Regelungen zur Zuweisung des Outputs zwischen GenAI-Anbieter und einsetzender Stelle sowie auf Nutzungsbeschränkungen durchgesehen werden. Ferner ist zu prüfen, ob und inwieweit der GenAI-Anbieter sich vorbehält, Nutzerinhalte zu verwenden, zB zu Zwecken des Trainings von GenAI. In diesem Szenario droht (zumindest theoretisch) eine Offenlegung der Nutzerinhalte gegenüber Dritten, welche ebenfalls die GenAI nutzen.

2. Vertragliche Regelungsmöglichkeiten zum Schutz des AI-Outputs

32 Wenn die einsetzende Stelle Interesse an der Veröffentlichung des Outputs hat, stellt sich die Frage, ob und wie der AI-Output vor Nachahmung geschützt werden kann.

33 Eine vertragliche Regelung, die entsprechend der Immaterialgüterrechte das Risiko der Nicht-Rivalität und Nicht-Ausschließbarkeit von Gütern minimiert, kann nicht vereinbart werden. Aufgrund der Relativität der Schuldverhältnisse[36] können vertragliche Regelungen die Nutzung des AI-generierten Outputs nur *inter partes* regeln – die vertragliche Vereinbarung von Ausschließlichkeitsrechten im Sinne von absoluten Rechten, dh gegenüber jedermann wirkender Rechte, ist nicht möglich. Dem steht nicht entgegen, dass etwa nach § 31 Abs. 3 S. 1 UrhG bzw. § 15 Abs. 2 S. 1 PatG vertraglich eine ausschließliche Lizenz eingeräumt werden kann, durch welche der Lizenznehmer zur Geltendmachung von Verbietungsrechten aktivlegitimiert wird und zumindest im Hinblick auf Verbotsrechte *inter*

[34] Midjourney Terms of Service, abrufbar unter https://docs.midjourney.com/hc/en-us/articles/32083055291277-Terms-of-Service (zuletzt abgerufen am 1.4.2025).

[35] OpenAI Business Terms, abrufbar unter https://docs.midjourney.com/hc/en-us/articles/32083055291277-Terms-of-Service (zuletzt abgerufen am 1.4.2025).

[36] Allg. zur Relativität der Schuldverhältnisse BeckOK BGB/Sutschet BGB § 241 Rn. 8.

omnes Wirkung entfaltet.[37] Denn bei der vertraglichen Vereinbarung eines Ausschließlichkeitsrechts für AI-generierten Output soll erstmals ein absolutes Recht geschaffen werden, das gesetzlich nicht vorgesehen ist – dies liegt bei der Einräumung einer ausschließlichen Lizenz grundsätzlich anders; das Urheber- bzw. Patentrecht als Ausschließlichkeitsrecht besteht bereits. Der einsetzenden Stelle verbleibt insofern lediglich die Möglichkeit, seinen Vertragspartnern Nutzungsbeschränkungen aufzuerlegen, wie etwa die Weitergabe an Dritte zu untersagen.

Zur vertraglichen Nutzungsregelung erscheint eine formularmäßige Regelung vorzugswürdig. Dies ist auch nicht von vornherein unzulässig. Insbesondere ist mit Blick auf die Gemeinfreiheit von AI-generierten Gütern eine unangemessene Benachteiligung gem. § 307 Abs. 2 Nr. 1 BGB nicht zu besorgen. Nach § 307 Abs. 2 Nr. 1 BGB ist eine unangemessene Benachteiligung im Zweifel anzunehmen, wenn eine Bestimmung mit wesentlichen Grundgedanken der gesetzlichen Regelung, von der abgewichen wird, nicht zu vereinbaren ist. In Anbetracht des weiten Verständnisses der „gesetzlichen Regelung" dürfte auch die Gemeinfreiheit hierunter zu fassen sein.[38] Zum einen dürfte der Vertrag zwischen der einsetzenden Stelle und ihrer Geschäftspartner in seinem Schwerpunkt nicht auf die Nutzung des AI-generierten Outputs ausgerichtet sein, sondern der AI-generierte Output lediglich Begleiterscheinung sein.[39] So liegt es etwa, wenn die einsetzende Stelle als entgeltliche Anbieterin von Online-Kochrezepten AI-generierte Rezeptbilder einbindet – das gesetzliche Leitbild des zugrundeliegenden Kaufvertrags (§ 433 BGB) oder Mietvertrags (§ 535 BGB) zielt auf die dauerhafte oder vorübergehende Bereitstellung von Rezepten, welche nicht durch eine Beschränkung der Nutzung des AI-generierten Outputs durch den Kunden berührt wird. 34

Selbst wenn die Nutzung des AI-generierten Outputs den Schwerpunkt des zugrundeliegenden Vertrags bildet, wird die Gemeinfreiheit in ihren wesentlichen Grundgedanken nicht berührt. Die formularmäßige Nutzungsbeschränkung regelt allein das Verhältnis zwischen den Vertragsparteien, gegenüber Dritten bleibt die Gemeinfreiheit des AI-generierten Outputs unberührt. Es wird gerade kein quasi-exklusives Recht – was der Gemeinfreiheit diametral entgegenstünde – geschaffen. 35

Letztlich dürfte es sich auch nicht um eine überraschende Klausel gem. § 305c Abs. 1 BGB handeln, wenn diese nicht wegen ihrer Stellung im Gesamtwerk der AGB formal überraschend ist[40]. Erforderlich ist ein der Klausel innewohnender Überrumpelungseffekt, der eine deutliche Diskrepanz zwischen Inhalt und Erwartungen des Kunden aufweist.[41] Eine solche Diskrepanz ist fernliegend, bestimmt sich jedoch je nach Einzelfall und ist daher nicht pauschal zu bewerten. 36

III. Haftungsrisiken

Abschließend sollen die mit dem Einsatz von GenAI verbundenen Haftungsrisiken beleuchtet werden. Aktuell liegt der Fokus des Schrifttums insbesondere auf der urheberrechtlichen Relevanz des Trainings von GenAI mit urheberrechtlich geschütztem Material und der damit verbundenen Frage der Rechtfertigung mittels der TDM-Schranke gem. § 44b UrhG.[42] Dieser Aspekt soll in der vorliegenden Abhandlung jedoch nicht näher beleuchtet werden, da die Verantwortlichkeit hierfür nicht bei der einsetzenden Stelle liegt. 37

---

37 Allg. hierzu Mes/Mes PatG § 15 Rn. 41; BeckOK UrhR/Soppe UrhG § 31 Rn. 67.
38 Grüneberg/Grüneberg BGB § 307 Rn. 29.
39 Diese Wertung wird durch das Urteil des BGH GRUR 2019, 284 Rn. 51 gestützt: Danach ist eine Klausel, die Besuchern eines Museums ein Fotografierverbot auferlegt, AGB-rechtlich zulässig. Denn es weicht nicht von wesentlichen Grundgedanken des Besichtigungsvertrags, welcher im Schwerpunkt als Mietvertrag einzuordnen ist, ab.
40 Vgl. BGH NJW 2010, 3152 Ls. 3.
41 Grüneberg/Grüneberg BGB § 305c Rn. 4.
42 Vgl. nur Käde Kreative Maschinen und Urheberrecht S. 81 ff.; Spindler ZGE 10 (2018), 273 (277 ff.); Pukas GRUR 2023, 614 (615); LG Hamburg MMR 2024, 973 Rn. 54 ff.; de la Durantaye AfP 2024, 9 (28).

38 Aus anderer Richtung droht in diesem Zusammenhang trotzdem ein Haftungsrisiko für die einsetzende Stelle: Wenn die GenAI mit urheberrechtlich geschütztem Material trainiert wird, ist zu befürchten, dass der AI-generierte Output zuweilen mit einem bereits existierenden Werk zumindest teilweise übereinstimmt (sogleich unter 1.). Die Möglichkeit eines solchen Szenarios legt eine Studie nahe.[43] Soweit keine Schrankenregelung der §§ 44a ff. UrhG (vornehmlich die Pastiche-Schranke gem. § 51a UrhG) greift, ist eine Lizenz erforderlich, § 31 UrhG. Sollte diese fehlen – was in der Regel der Fall sein dürfte – drohen neben Unterlassungsansprüchen auch Schadensersatzansprüche der Rechteinhaber der (teilweise) übernommenen Werken. Trotz eigenständigen Tätigwerdens der GenAI kann die einsetzende Stelle bei Verwertung des AI-generierten Outputs ein Verschulden treffen,[44] etwa aus der Richtung einer fehlenden Urheberrechtsprüfung.[45] In diesem Zusammenhang ist erneut ein Blick in die Nutzungsbedingungen des GenAI-Anbieters zu werfen und auf Haftungsklauseln oder hierzu ähnliche Klauseln zu achten: *OpenAI* weist in Ziffer 3.3 seiner Business Terms die alleinige Verantwortlichkeit für die Nutzung des Outputs zu.

39 Vom urheberrechtsverletzenden Output zu unterscheiden ist die urheberrechtliche Relevanz des *Prompting.* Hier ergibt sich für die einsetzende Stelle ein Haftungsrisiko, wenn sie zur Anweisung der GenAI als Input urheberrechtlich geschützte Materialien verwendet (unter 2.). Auch in diesem Kontext ist es für die einsetzende Stelle ratsam, die Nutzungsbedingungen der GenAI auf Haftungsklauseln oder ähnliche Klauseln zu prüfen. Ein Beispiel illustriert noch einmal *OpenAI:* Nach Ziffer 3.3 ist der Kunde für den Input verantwortlich und sichert zu, dass dieser über alle Rechte, Lizenzen und Genehmigungen verfügt.

1. Urheberrechtliche Relevanz des AI-generierten Output

40 Die Urheberrechtsrelevanz von KI-generierten Outputs im Hinblick auf bereits bestehende urheberrechtlich geschützte Werke konzentriert sich auf die Frage, ob eine Vervielfältigung iSd § 16 UrhG oder eine rechtsverletzende Bearbeitung iSd § 23 Abs. 1 S. 2 UrhG vorliegt.[46] Für die Beantwortung ist entscheidend, ob im Rahmen einer vergleichenden Gesamtbetrachtung die schöpferischen Eigentümlichkeiten des Originalwerks im AI-Output wiederzuerkennen sind oder aber der AI-Output vom Gesamteindruck abweicht.[47]

41 Die Bewertung der Wiedererkennbarkeit ist für die einsetzende Stelle allerdings mit erheblichen Rechtsunsicherheiten verbunden. Als Wertungsfrage ist kaum abschließend einzuschätzen, ob der AI-Output die Schwelle eines hinreichenden Abstands zum Originalwerk überschreitet.[48] Zusätzlich erschwert die schier unübersehbare Masse an potenziell berührten Originalwerken die Einschätzung. Sofern Zweifel an einem hinreichenden Abstand zum Originalwerk bestehen, empfiehlt es sich – wenn keine Schrankenregelung greift – entweder eine Lizenz einzuholen oder den AI-generierten Output nicht zu verwenden.

42 Als möglicherweise anzuwendende Schrankenregelung im Kontext von GenAI wird die Pastiche-Schranke des § 51a UrhG, wonach die Vervielfältigung, Verbreitung und öffentliche Wiedergabe zum Zweck des Pastiches zulässig ist, angeführt.[49] Dies lässt sich darauf zurückführen, dass die GenAI anhand von Mustern, Korrelationen und Stilen lernt.[50] Gemäß dem allgemeinen Sprachgebrauch bezeichnet „Pastiche" eine stilistische Imitation, die beispielsweise in der bildlichen Darstellung in der Manier eines berühmten Vorbilds erfolgt. Im Vordergrund steht hierbei weniger die Anlehnung an konkrete Werke als die Imitation

[43] ZB Carlini et al. arXiv:2301.13188v1 S. 5.
[44] Allg. zur Verantwortlichkeit Konertz WRP 2023, 796 (803).
[45] Peifer K&R 2024, 25 (30).
[46] Näher hierzu Konertz WRP 2023, 796 (801).
[47] Steinrötter/Borchert CR 2024, 558 (561); BGH GRUR 2022, 899 Rn. 57.
[48] Baumann NJW 2023, 3673 Rn. 34; Steinrötter/Borchert CR 2024, 558 (561).
[49] Jaeger K&R 2023, 22 (26); Baumann NJW 2023, 3674 Rn. 36 f.; Steinrötter/Borchert CR 2024, 558 (561).
[50] Vgl. zur Funktionsweise des machine learnings etwa Hartmann/Prinz DGRI Jahrbuch 2018, S. 149 Rn. 9; Fraser SCRIPTed 13 (2016), 305 (317 f.).

des Stils eines bestimmten Künstlers, eines Genres oder einer Epoche.[51] Die Definition des Begriffs „Pastiche" im rechtlichen Verständnis ist jedoch noch ungeklärt und derzeit Gegenstand einer Vorlagefrage an den EuGH:[52] Teilweise wird für das Vorliegen eines „Pastiches" gefordert, dass eine inhaltliche oder künstlerische Auseinandersetzung mit dem Originalwerk notwendig ist.[53] Aufgrund der bestehenden Unsicherheit in den Voraussetzungen der Pastiche-Schranke ist es gegenwärtig nicht empfehlenswert, einen möglicherweise urheberrechtsrelevanten AI-Output hierauf zu stützen.

Um das bestehende Haftungsrisiko (im Falle einer Wiedererkennbarkeit) zu minimieren, **43** verbleibt der einsetzenden Stelle nur der Weg über die sog. Doppelschöpfung.[54] Doppelschöpfung bezeichnet die Kreation eines Werkes, das in vollständiger Unabhängigkeit von anderen Werken erschaffen wurde.[55] Im Kontext von GenAI kann dies einschlägig sein, wenn die GenAI einen Output generiert, welcher einem älteren Werk ähnelt, ohne dass dieses Werk Bestandteil des Trainingsdatensatzes war.[56] Erfolgsversprechend ist diese Überlegung wohl kaum. Entscheidend ist die Darlegungs- und Beweislast, welche in der vorliegenden Konstellation für die einsetzende Stelle als nachteilhaft zu bewerten ist: Ein Anscheinsbeweis streitet für das Vorliegen einer relevanten Vervielfältigung.[57] Um diesen zu erschüttern, muss die einsetzende Stelle das eigenständige Entstehen des AI-Outputs aufzeigen. Als leichter Weg erscheint zunächst der Nachweis der fehlenden Nutzung des vermeintlich betroffenen Werks im Rahmen des Trainings. Mangels Einsicht in den Trainingsdatensatz dürfte dieser Nachweis jedoch nicht zu führen sein.[58] Die zweite Möglichkeit, den Anscheinsbeweis durch die Unabhängigkeit der Schöpfung des AI-generierten Erzeugnisses von dem Originalwerk zu erschüttern, dürfte ebenfalls mit erheblichen Nachweisschwierigkeiten behaftet sein: Solange die GenAI eine *Blackbox* ist, ist ein Einblick in den Schöpfungsprozess des AI-generierten Erzeugnisses verwehrt. Es ist somit nicht nachvollziehbar darzulegen, dass es sich bei dem AI-generierten Erzeugnis um ein vollständig unabhängig von dem vermeintlich vervielfältigten Originalwerk geschaffenes Erzeugnis im Sinne einer Doppelschöpfung handelt.[59] Festzuhalten ist, dass der fehlende Einblick sowohl in das Training der GenAI als auch in den konkreten Schöpfungsprozess durch die GenAI derzeit eine unüberwindbare Hürde darstellt, die den Nachweis einer Doppelschöpfung verhindert.

Praxishinweis:
Da eine abschließende Beurteilung, ob AI-generierter Output urheberrechtlich relevante Übereinstimmungen mit bestehenden Werken aufweist, kaum möglich ist, empfiehlt es sich für die einsetzende Stelle, vor der öffentlichen Verwendung zumindest eine stichprobenartige Recherche nach ähnlichen vorbestehenden Werken durchzuführen. Bestehen Zweifel an einem hinreichenden Abstand zu einem solchen Werk, sollte der Output nicht verwendet oder eine entsprechende Lizenz eingeholt werden. Denn eine Verteidigung über eine sog. Doppelschöpfung mangels Einblicks in den Trainingsdatensatz und den Schöpfungsprozess der GenAI praktisch kaum durchsetzbar ist. Ergänzend sollten die Nutzungsbedingungen des GenAI-Anbieters auf Haftungsklauseln geprüft werden, da die Verantwortlichkeit für den Output häufig allein der einsetzenden Stelle zugewiesen wird.

51 Härting Internetrecht F. Urheberrecht Rn. 234.
52 BGH GRUR 2023, 1531.
53 LG Berlin GRUR-RR 2022, 216 Rn. 35; LG München I MMR 2022, 907 Rn. 38; Schaub NJW 2023, 2145 Rn. 12.
54 Hofmann WRP 2024, 11 (17).
55 Lettl Urheberrecht § 2 Rn. 20.
56 Steinrötter/Borchert CR 2024, 558 (562).
57 Hofmann WRP 2024, 11 (17).
58 Vgl. auch Steinrötter/Borchert CR 2024, 558 (562).
59 Vgl. auch Steinrötter/Borchert CR 2024, 558 (562).

2. Urheberrechtliche Relevanz des Prompting

44 Wenn die einsetzende Stelle als *Prompt* für die GenAI urheberrechtlich geschützte Werke verwendet, dürfte es sich um eine Vervielfältigungshandlung iSd § 16 UrhG handeln. Denn Vervielfältigung ist jede körperliche Festlegung, die geeignet ist, ein Werk auf irgendeine Weise den menschlichen Sinnen unmittelbar oder mittelbar zugänglich zu machen.[60] Auf die Dauerhaftigkeit der Zugänglichmachung kommt es hingegen nicht an.[61]

45 Für das Verständnis ist der Ablauf des *Prompting* grob zu skizzieren: Die Verarbeitung des *Prompts* nach Eingabe umfasst in der Regel die Umwandlung in ein maschinenlesbares Format, die Tokenisierung (dh die Zerlegung in kleinere Einheiten), das Embedding (dh die Umwandlung der Tokens in Vektoren), die Verarbeitung durch das GenAI-Modell und schließlich die Generierung der Ausgabe basierend auf der Wahrscheinlichkeitsverteilung.[62] Bereits mit der Umwandlung in ein maschinenlesbares Format dürfte eine relevante Vervielfältigung vorliegen, da das umgewandelte Datum trotz Formatänderung mittelbar dazu geeignet ist, das ursprüngliche Werk wahrnehmbar zu machen.[63]

46 Sofern keine entsprechenden Nutzungsrechte eingeräumt sind oder keine Schrankenregelung eingreift (was wahrscheinlich ist), liegt eine Urheberrechtsverletzung vor. Allerdings dürfte die Nachverfolgbarkeit einer solchen Verletzung mangels Einblicks des Rechteinhabers in das *Prompting* unwahrscheinlich sein und damit das Risko der Haftung als gering einzustufen sein. Trotz des geringen Risikos empfiehlt es sich für die einsetzende Stelle eine Leitlinie für die konkreten Nutzerinnen und Nutzer der GenAI aufzustellen, in welcher festgelegt ist, dass urheberrechtlich geschütztes Material nicht als *Prompt* verwendet werden darf.

§ 66 Kartellrechtliche Aspekte

Übersicht

[60] Wandtke/Bullinger/Heerma UrhG § 16 Rn. 4.
[61] Wandtke/Bullinger/Heerma UrhG § 16 Rn. 5.
[62] Siebert/Kelbert Fraunhofer IESE v. 17.6.2024.
[63] Vgl. Käde Kreative Maschinen und Urheberrecht S. 70.

Schrifttum:
Apel/Polley, „Gap cases" in der formellen Fusionskontrolle der FKVO?, ZWeR 2021, 273; Bacher/Hempel/Wagner-von Pappe, BeckOK Kartellrecht, 16. Edition 2025; Bechtold/Bosch/Brinker, EU-Kartellrecht, 4. Aufl. 2023; Bechtold/Bosch/Brinker, GWB – Gesetz gegen Wettbewerbsbeschränkungen, 11. Aufl. 2025; Becker/Bien/Doganoglu, Direct hiring als neue Herausforderung für die Fusionskontrolle, NZKart 2025, 41; Bien/Becker, Das Anwerben von Mitarbeitern im Lichte der deutschen und europäischen Fusionskontrolle – Teil 1: Der Zusammenschlusstatbestand, WuW 2024, 81; Bernhardt, Algorithmen, Künstliche Intelligenz und Wettbewerb, NZKart 2019, 314; Bodenstein/Zinndorf, Digitales Selbstbevorzugungsverbot im Missbrauchsrecht: Müssen Plattformen den Wettbewerber doch zum eigenen Nachteil fördern?, ZWeR 2024, 2; Cukurov, Die „niederländische Klausel" als Instrument zur Schließung von Durchsetzungslücken, NZKart 2021, 606; Dohrn/Reinhold, „Collusion by code": Hrausforderungen für die kartellrechtliche Compliance, WuW 2023, 540; Ebers/Poncibò/Zou, Contracting and Contract Law in the Age of Artificial Intelligence, 2022; Ezrachi/Stucke, Artificial Intelligence & Collusion: When Computers Inhibit Competition, Univ. of Illinois Law Rev. 2017, 1775; Gersdorf/Paal, BeckOK Informations- und Medienrecht, 48. Edition 2025; Hacker, KI und DMA – Zugang, Transparenz und Fairness für KI-Modelle in der digitalen Wirtschaft, GRUR 2022, 1278; Hennemann, Künstliche Intelligenz und Wettbewerbsrecht, ZWeR 2018, 161; Immenga/Mestmäcker, Wettbewerbsrecht, Band 1, 7. Aufl. 2025, Band 2, 7. Aufl. 2024 und Band 3, 7. Aufl. 2025; Jacop/Maturana, Das Anwerben von Mitarbeitenden und der Zusammenschlussbegriff der GWB-Fusionskontrolle, NZKart 2025, 186; Jaeger/Pohlmann/Schroeder, Frankfurter Kommentar zum Kartellrecht, Loseblattwerk, 110. Aktualisierung 2025; Käseberg/von Kalben, Herausforderungen der Künstlichen Intelligenz für die Wettbewerbspolitik, WuW 2018, 2; Kersting/Meyer-Lindemann/Podszun, Kartellrecht, 5. Aufl. 2025; Kredel/Kresken, Was lange währt…? – Eckpunkte des Gesetzentwurfs für das GWB-Digitalisierungsgesetz, NZKart 2020, 502; Legner, Wettbewerb mit KI, KIR 2025, 183; Ludwigs, Handbuch des EU-Wirtschaftsrechts, Loseblatt, Stand: 2024; Mestmäcker/Schweitzer, Europäisches Wettbewerbsrecht, 3. Aufl. 2014; Meyer, Artificial Intelligence and European Competition Law, KIR 2025, 39; Oppermann/Dreher/Nettesheim, Europarecht, 10. Aufl. 2025; Paal, Missbrauchstatbestand und Algorithmic Pricing, GRUR 2019, 43; Picht, Die Microsoft-ChatGPT-Allianz: Nemesis oder neue Chance für das Digitalwettbewerbsrecht?, NZKart 2023, 510; Piper/Ohly/Sosnitza, Gesetz gegen den unlauteren Wettbewerb, 8.Aufl. 2023; Podszun, Künstliche Intelligenz und Wettbewerb: Kartellrecht in der Krise, ZHR 2025, 229; Podszun, Digital Markets Act: DMA, 1. Aufl. 2023; Salaschek/Serafimova, Preissetzungsalgorithmen im Lichte von Art. 101 AEUV, WuW 2018, 8; Säcker, Münchener Kommentar zum Wettbewerbsrecht, Band 1, 4. Aufl. 2023 und Band 2, 4. Aufl. 2022; Schöning/von Schreitter, Digital Mergers Act? Die Rückwirkung des DMA auf die Fusionskontrolle in digitalen Märkten, WuW 2022, 582; von Schreitter/Urban, Schlagloch voraus! – Zur geplanten Ausweitung der Verweisungspraxis nach Art. 22 FKVO, NZKart 2021, 637; Smuha, Cambridge Handbook on the Law, Ethics and Policy of AI, 2024; Völcker, Willkommen in der „Killzone" – die neue „Guidance" der Kommission zur Verweisung durch unzuständige Behörden nach Art. 22 FKVO, NZKart 2021, 262; Wiedemann, Kartellrecht, 4. Aufl. 2020; Yasar et al., Integration of Generative AI in the Digital Markets Act: Contestability and Fairness from a Cross-Disciplinary Perspective, LSE Law Working Paper 4/2024; Ylinen, Digital Pricing und Kartellrecht, NZKart 2018, 19.

I. Einleitung

Obwohl viele der im Zusammenhang mit GenAI eingesetzten Technologien relativ gesehen 1
noch am Anfang stehen, ist bereits jetzt abzusehen, dass der AI-Bereich, und im speziellen GenAI Anwendungen, tiefgreifende Auswirkungen auf eine Vielzahl von Industrien und Branchen haben wird. Das gilt mitunter für das verarbeitende Gewerbe, den Einzelhandel, das Finanzwesen, das Bildungswesen, die Energiebranche und das Gesundheitswesen, um nur einige zu nennen.

2 Insbesondere sog. Big Tech-Unternehmen[1] sind wegen ihrer überragenden Marktmacht auf vor- und nachgelagerten bzw. benachbarten Märkten bereits in einer hervorragenden Ausgangsposition, um auch im GenAI-Bereich tonangebend und „alternativloser" Handelspartner zu werden. Die Kartellbehörden, allen voran die EU-Kommission und das deutsche Bundeskartellamt, scheinen daher besorgt über Entwicklungen GenAI Bereich und befürchten eine Vermachtung von Märkten, ähnlich wie im digitalen Plattformbereich.[2]

3 GenAI bzw. AI-Technologie birgt ferner auch das Potenzial für kartellrechtliche Verstöße. Zum einen kann es im Wettbewerb um die künstliche Intelligenz zu Wettbewerbsbeschränkungen bzw. wettbewerbswidrigem Verhalten kommen. Zum anderen drohen Verstöße durch die GenAI selbst, sei es durch die automatisierte, effiziente Umsetzung bestehender wettbewerbswidriger Vereinbarungen oder abgestimmten Verhaltensweisen, oder durch genuin über GenAI herbeigeführte Wettbewerbsbeschränkungen.

4 Von den verschiedenen Kategorien von GenAI-Diensten ausgehend, umfasst der GenAI Sektor auf den jeweils vor- und nachgelagerten Marktebenen mehrere unterschiedliche Marktsegmente und wird generell als sehr dynamisch beschrieben, mit einer facettenreichen F&E-Tätigkeit und einer Vielzahl an Marktakteuren unterschiedlicher Größe entlang der Liefer-, Forschungs- und Entwicklungskette.[3] Die Durchsetzung des Kartellrechts befindet sich im GenAI-Bereich insgesamt noch am Anfang und es existiert noch keine ausgeprägte Kasuistik. Die folgende Darstellung nimmt daher eine Einordnung des GenAI Sektors anhand der Grundprinzipien des Kartellrechts vor.

II. Kartellrechtlicher Rahmen für die Entwicklung und Markteinführung von GenAI

5 Der GenAI Sektor ist durch verschiedene potenzielle Markteintrittsbarrieren und Bottlenecks geprägt. Für die Schaffung von GenAI-Anwendungen sind neben hochqualifizierten Mitarbeitern, die das Know-how für die Erstellung und das kontinuierliche Training der GenAI besitzen, eine Vielzahl an weiteren Inputprodukten nötig. Zentral sind dabei vor allem der Zugriff auf Daten, Rechenleistung bzw. Cloud-Services sowie speziell auf AI-Anwendungen abgestimmte Hard- und Software, insbes. leistungsfähige Halbleiter (AI-Chips), und nicht zuletzt auch erhebliche Finanzmittel.[4]

6 Zugleich ist festzuhalten, dass gerade die bereits im Digitalbereich fest etablierten Big Tech-Unternehmen über die notwendigen Ressourcen und Inputprodukte verfügen, die für die Schaffung, den Betrieb und die Weiterentwicklung von GenAI-Anwendungen entscheidend sind. Auf der nachgelagerten Absatz- bzw. Anwendungsstufe verfügen sie zudem über zahlreiche etablierte Vertriebskanäle, dh Produkte und Dienste, die für eine erfolgreiche Marktpositionierung von GenAI Anwendungen auf Nutzerebene essenziell sind. Nicht zuletzt aufgrund dieses Marktgefüges scheint der GenAI-Sektor relativ empfänglich für Marktabschottungsmechanismen.

1. Marktabschottung durch Vereinbarungen und Kooperationen, Art. 101 AEUV, § 1 GWB

7 Indem gegenüber Dritten der Zugang zu bestimmten Inputprodukten beschränkt oder erschwert wird, bzw. lediglich ausgesuchten Marktteilnehmern als Teil strategischer Part-

[1] Hierunter sind die weltweit größten und einflussreichsten Technologieunternehmen zu verstehen, die oft im Bereich der Informationstechnologie und des digitalen Sektors angesiedelt sind und einen erheblichen Einfluss auf Technologie, Internet und Wirtschaft haben.
[2] EU-Kommission, Policy Brief „Competition in Generative AI and Virtual Worlds", (2024), S. 2.
[3] Siehe EU-Kommission, Policy Brief „Competition in Generative AI and Virtual Worlds", (2024), S. 2.
[4] Vgl. Autorité de la Concurrence, Opinion 24-A-05 of 28 June 2024 on the Competitive Functioning of the Generative Artificial Intelligence Sector, S. 2 ff.

nerschaften oder anderweitiger Kooperationen gewährt wird, kann es zu erheblichen Markteintrittsbarrieren kommen.

Weit verbreitet sind bspw. Kooperationsmodelle, die einzelnen GenAI Unternehmen präferierten Zugriff auf bestimmte Inputprodukte, wie bspw. Rechenkapazitäten oder Datenpools, geben und im Gegenzug dem Kooperationspartner exklusiven oder präferierten Zugriff auf GenAI-Technologien bzw. damit verbundene Schutzrechte oder Know-how gewähren.[5] Zunächst können solche Kooperationen aus wettbewerblicher Sicht durchaus prokompetitiv sein, wenn sie Unternehmen ermöglichen, in den Markt einzutreten und zu wachsen, indem ihnen Zugang zu wichtigen Inputprodukten und Ressourcen gewährt wird. Abhängig von der konkreten Ausgestaltung der Kooperation kann diese jedoch auch wettbewerbliche Bedenken aufwerfen. Dies wäre dann der Fall, wenn essenzielle Inputprodukte für die Entwicklung und Verbesserung von GenAI-Produkten nur ausgewählten Marktakteuren zur Verfügung gestellt werden oder es durch Exklusivitätsvereinbarungen zu anderweitigen Marktabschottungseffekten kommt.[6] Insoweit kann es sich hierbei im Einzelfall um wettbewerbsbeschränkende Abreden nach Art. 101 AEUV bzw. § 1 GWB handeln. **8**

Ähnliches gilt, wenn einzelne GenAI-Lösungen exklusiv oder präferiert in bestehende digitalen Ökosystemen insbesondere in Clouddienste, Anwendungsprogramme oder Betriebssysteme integriert werden.[7] Hierunter können bspw. auch Vereinbarungen über die Vorinstallation bestimmter GenAI-Anwendungen auf Endgeräten fallen.[8] Auf nachgelagerten Märkten kann es so zu Marktverschlusseffekten kommen, da konkurrierenden GenAI-Anbietern der Zugang zu den Endkunden verwehrt bzw. erschwert wird. Abermals stellt sich auch hier im Einzelfall die Frage nach einer Wettbewerbsbeschränkung unter Art. 101 AEUV bzw. § 1 GWB. **9**

Die Kartellbehörden legen daher aktuell besonderes Augenmerk auf die wettbewerblichen Implikationen von Partnerschaften, Kooperationen und Investments unter Beteiligung von GenAI Unternehmen.[9] Die verschiedenen wettbewerblichen Bedenken lassen sich dabei großteils problemlos unter die bekannten kartellrechtlichen Regeln fassen. Vor allem das Kartellverbot nach Art. 101 AEUV und § 1 GWB, sowie das Marktmachtmissbrauchsverbot nach Art. 102 AEUV bzw. §§ 19 ff. GWB setzen potenziell wettbewerbsbeschränkenden Verhaltensweisen Grenzen. **10**

Im Fokus steht hierbei die Errichtung von Markteintrittsbarrieren, bspw. durch die Abschottung von Datenpools, Rechenkapazitäten und anderer zentraler Inputprodukte, die für die Entwicklung und den Betrieb von GenAI-Lösungen notwendig sind. Dies kann bspw. durch Exklusivbindungen oder gewisse technische bzw. wirtschaftliche Abhängigkeiten mit vergleichbarer Wirkung herbeigeführt werden. Auch Vereinbarungen, bestimmte Mitarbeiter nicht voneinander abzuwerben, können insoweit relevant sein und helfen, Markteintrittsbarrieren zu errichten bzw. aufrechtzuerhalten. **11**

Praxishinweis:
Unternehmen, die im Rahmen von Kooperationsmodellen präferierten Zugang zu essenziellen GenAI-Inputprodukten – wie Rechenkapazitäten, Datenpools oder AI-Chips – gewähren oder erhalten, sollten die konkrete Ausgestaltung der Vereinbarung

[5] Siehe hierzu im Detail: Federal Trade Commission, Partnerships Between Cloud Service Providers and AI Developers, FTC Staff Report on AI Partnerships & Investments 6(b) Study, January 2025; Autorité de la Concurrence, Opinion 24-A-05 of 28 June 2024 on the Competitive Functioning of the Generative Artificial Intelligence Sector, Rn. 71 ff. und Rn. 241 ff.

[6] EU-Kommission, Policy Brief „Competition in Generative AI and Virtual Worlds", (2024), S. 3.

[7] Siehe Picht NZKart 2023, 510 (513 ff.).

[8] EU-Kommission, Policy Brief „Competition in Generative AI and Virtual Worlds", (2024), S. 6.mit Verweis auf die standardmäßige Vorinstallation von Googles Gemini Nano AI Modul auf Smartphones verschiedener Gerätehersteller.

[9] Für einen Überblick der Verfolgungsprioritäten der EU-Kommission: EU-Kommission, Policy Brief „Competition in Generative AI and Virtual Worlds", (2024), S. 6 ff.

frühzeitig kartellrechtlich prüfen lassen, da insbesondere Exklusivitätsbindungen erhebliche Markteintrittsbarrieren begründen können. Das gilt auch für Vereinbarungen über die Vorinstallation oder exklusive Integration von GenAI-Anwendungen in bestehende digitale Ökosysteme. Kartellbehörden schenken derartigen Kooperationen aktuell besondere Aufmerksamkeit.

2. Marktmachtmissbrauch, Art. 102 AEUV, §§ 19 ff. GWB

12 Die allgemeinen Missbrauchskategorien finden auch im Digitalbereich und somit auch im GenAI-Sektor Anwendungen.[10] Daher unterliegen auch Verhaltensweisen im Zusammenhang mit GenAI den allgemeinen Marktmachtmissbrauchsregeln des Art. 102 AEUV und der §§ 19 ff. GWB. Sofern einzelne Unternehmen im Bereich GenAI eine marktbeherrschende Stellung innehaben, sei es (i) hinsichtlich der GenAI-Anwendung selbst, (ii) beim Zugang zu essenziellen Input-Produkten oder (iii) beim Zugang zu Endnutzern über (plattformbasierte) Schlüsselstellen wie Betriebssysteme, Online- und Clouddienste oder Endgeräte, greift das Marktmachtmissbrauchsverbot nach Art. 102 AEUV bzw. §§ 19 ff. GWB.

13 Im Bereich GenAI sind diese Marktabschottungskonstellationen besonders relevant, da der Zugang zu bestimmten Inputprodukten und Endnutzern entscheidender Wettbewerbsfaktor ist. Die Missbrauchsaufsicht nach Art. 102 AEUV bzw. §§ 19 ff. GWB ist daher ein zentrales Instrument zur Sicherung von Wettbewerb und Innovation in diesem Sektor.

3. Erschwerung des Zugangs zu Inputprodukten oder Vertriebswegen

14 Vor allem vertikal integrierte Unternehmen können (potenziellen) Wettbewerbern den Zugang zu essenziellen AI-Inputprodukten wie Daten, Rechenleistung, Cloud-Infrastrukturen oder speziell auf AI-Anforderungen abgestimmter Hardware (AI-Chips), erschweren oder verweigern.[11] Auch der Zugang zu Vertriebskanälen, wie Plattformen, Cloud-Infrastrukturen, Betriebssystemen oder Endgeräten, kann von entscheidender wettbewerblicher Relevanz sein. Dies kann durch überhöhte Preise, diskriminierende Bedingungen oder eine vollständige Geschäfts- bzw. Zugangsverweigerung geschehen.

15 Besonders relevant ist dies, wenn die proprietären Inputprodukte oder Vertriebswege als sog. „essential facility" gelten, dh ohne Zugang dazu ein Markteintritt oder eine Wettbewerbstätigkeit praktisch unmöglich ist und es keine wirtschaftlich zumutbare Alternative gibt.[12] In Bezug auf digitale Plattformen, die (auch) für den Zugang durch Drittanbieter entwickelt wurden, hat der EuGH jüngst in seiner *Android Auto* Entscheidung die Anforderungen für Zugangsansprüche abgesenkt und klargestellt, dass es insoweit ausreiche, wenn die digitale Plattform das Produkt des Drittanbieters für Verbraucher attraktiver mache.[13]

16 Sofern also ein marktbeherrschendes Unternehmen anderen Marktteilnehmern den Zugang zu essenziellen Input-Produkten oder Vertriebswegen verweigert, zu denen es keine wirtschaftlich zumutbare Alternative gibt, besteht die Gefahr, dass dies als Marktmachtmissbrauch nach Art. 102 AEUV, §§ 19 ff. GWB gewertet werden könnte.

[10] Siehe Immenga/Mestmäcker/Fuchs/Heinemann AEUV Art. 102 Rn. 554.
[11] Instruktiv zum „GenAI Technology Stack": Podszun ZHR 2025, 229 (231 ff.).
[12] Siehe EuGH GRUR Int 1999, 262 Rn. 41 – Bronner; EuGH EuZW 2025, 167 Rn. 89 – Google und Alphabet/Kommission (Google Shopping).
[13] Siehe EuGH ECLI:EU:C:2025:110 Rn. 44 ff. – Android Auto.

a) Bevorzugung eigener GenAI-Dienste (self-preferencing)

Seit einiger Zeit steht auch die sog. Selbstbevorzugung (self-preferencing), insbesondere durch große Digitalunternehmen, im Fokus der Kartellbehörden.[14] Es handelt sich dabei um Verhaltensweisen, bei denen ein marktbeherrschendes Unternehmen seine besonders starke Stellung auf einem (typischerweise: vorgelagerten) Markt dazu nutzt, um sich auf einem anderen (typischerweise: nachgelagerten) Markt Vorteile gegenüber seinen Konkurrenten zu verschaffen.[15] Self-preferencing Strategien können sich jedoch auch im Rahmen von Primär- und Sekundärmarktkonstellationen, benachbarten oder auch gänzlich separaten Geschäftsfeldern durchsetzen. Eine erfolgreiche Hebelwirkung ist aber umso wahrscheinlicher, je enger die Märkte zusammenhängen. Unternehmen, bei denen eine Selbstbevorzugung in Betracht kommt, sind somit meist vertikal oder konglomerat integrierte Unternehmen.[16] **17**

Der eigentliche Akt der Selbstbevorzugung besteht wiederum darin, dass das marktbeherrschende Unternehmen für sein eigenes Angebot auf dem nicht-beherrschten Markt günstigere Rahmenbedingungen schafft oder nutzt, als sie aktuellen oder potenziellen Konkurrenten auf dem nicht-beherrschten Markt offenstehen.[17] Derartige Verhaltensweisen können auch im GenAI-Bereich relevant sein. **18**

Das naheliegendste Szenario ist, dass ein Marktbeherrscher seine digitale Plattform oder sein digitales Ökosystem dazu einsetzt, um eigenen GenAI-Anwendungen einen Vorteil gegenüber Konkurrenzprodukten zu verschaffen.[18] Dies kann etwa durch eine bevorzugte Platzierung in Suchergebnissen oder anderen Darstellungen, eine bessere oder exklusive technische Integration in die Plattform bzw. das Ökosystem, eine Vorinstallation oder automatische Weiterleitungen sowie eine exklusive Nutzung proprietärer Daten für das Training eigener Gen-AI Dienste, erfolgen. **19**

Nach allgemeiner Auffassung besteht jedoch auch für den Marktbeherrscher grundsätzlich keine Pflicht zur Förderung fremden Wettbewerbs bzw. von Wettbewerbern zum eigenen Nachteil. Es gibt also im Ausgangspunkt keine Verpflichtung zur vollkommenen Gleichbehandlung von Wettbewerbern mit dem eigenen Unternehmen oder eigenen Beteiligungsgesellschaften.[19] In der deutschen Rechtsprechung zum Missbrauch marktbeherrschender Stellungen wird die Selbstbevorzugung daher regelmäßig nicht als diskriminierender Missbrauch anerkannt.[20] **20**

Hinsichtlich vertikal integrierter Unternehmen der Digital- und Plattformwirtschaft wird dieser Grundsatz jedoch zumindest mit Blick auf Art. 102 AEUV zunehmend relativiert und partiell aufgeweicht. Sofern eine digitale Infrastruktur angebotenen werde, die eine solche Marktdurchsetzung erfahren habe, dass eine erfolgreiche Marktpräsenz ohne die gleichberechtigte Nutzung der Infrastruktur auch durch Wettbewerber in benachbarten Märkten praktisch nicht möglich ist, sei es die Verantwortung und auch die rechtliche Pflicht des Marktbeherrschers, eine etwaige unterschiedliche Behandlung von Dritten, insbesondere Wettbewerbern, darzulegen und zu begründen.[21] **21**

---

14 Ein Überblick über die relevanten Fallgestaltungen findet sich bei MüKoWettbR/Bien AEUV Art. 102 Rn. 656 sowie bei Bodenstein/Zinndorf ZWeR 2024, 2 (4 ff.).

15 MüKoWettbR/Bien AEUV Art. 102 Rn. 653.

16 Bodenstein/Zinndorf ZWeR 2024, 2 (15).

17 Bodenstein/Zinndorf ZWeR 2024, 2 (15).

18 Vgl. Immenga/Mestmäcker/Fuchs/Heinemann AEUV Art. 102 Rn. 555.

19 Bechtold/Bosch/Brinker AEUV Art. 102 Rn. 73.

20 BGH NJW 1982, 2775 (2776) = BGHZ 84, 320 – Stuttgarter Wochenblatt; BGH NJW 1987, 3197 (3198 f.). – Freundschaftswerbung; BGH NJW 2012, 2110 – Werbeanzeigen; siehe auch BGH NJW 1992, 1827 (1828 f.) – Aktionsbeiträge.

21 Siehe EuG NZKart 2021, 684 (688 f.), in dieselbe Richtung auch EuGH ECLI:EU:C:2025:110 Rn. 44 ff. – Android Auto.

b) Bundling/Tying

22 Auch sog. Bundling oder Tying-Konstellationen werden von den Kartellbehörden im GenAI-Bereich kritisch gesehen. Beim Bundling oder Tying werden bestimmte Produkte oder Dienste nur gemeinsam mit anderen – sachlich jedoch nicht zusammenhängenden – Produkten oder Diensten angeboten oder der Erwerb eines Produkts oder Dienstes an den Bezug eines weiteren geknüpft.[22] Hierbei ist zwischen der vertraglichen oder technischen Verpflichtung weitere Produkte und Dienstleistungen zu nutzen bzw. zu erwerben, dem sog. „Tying" und der meist kostenlosen oder, bspw. über Rabatte, erheblich vergünstigten Dreingabe weiterer Produkte und Dienstleistungen des Plattformbetreibers, dem sog. „Bundling" zu unterscheiden.

23 Durch die Verknüpfung von GenAI-Anwendungen mit bestehenden Diensten und Produkten, wie bspw. Clouddienste, Betriebssysteme, Hardware oder Software kann Marktmacht von einem Markt auf einen anderen übertragen werden (sog. Hebelwirkungen bzw. leveraging). Insbesondere kann so konkurrierenden GenAI Anbietern die Kundenbasis entzogen oder entscheidend reduziert werden, insbesondere, wenn diese sog. Standalone-Produkte anbieten, die nicht selbst Teil eines umfassenderen Produktbündels sind.

24 Dafür ist es in Tying-Konstellationen zunächst erforderlich, dass eine beherrschende Stellung auf dem Markt des koppelnden (Grund-)Produkts besteht.[23] In den Fällen des Bundlings genügt die Beherrschung irgendeines der betroffenen Märkte.[24] Bereits aus der Natur eines Kopplungsgeschäfts folgt, dass es sich bei dem koppelnden und dem hieran gekoppelten Produkt um separate Leistungen des Marktbeherrschers handeln muss.[25] Maßgeblich ist, ob die Kopplung im Einzelfall zu einer wahrscheinlichen oder tatsächlichen wettbewerbswidrigen Marktverschließung auf dem Kopplungsmarkt oder dem gekoppelten Markt führt.[26]

25 Eine Rechtfertigung ist nur unter engen Voraussetzungen möglich. In Betracht kommen insbesondere technische oder wirtschaftliche Gründe, die für eine Zusammenfassung der Leistungen sprechen, ein entsprechender Handelsbrauch auf dem beherrschten Markt oder bestimmte objektive Notwendigkeiten wie Verbraucherschutz sowie die Anwendungssicherheit oder die Vermeidung von Produkthaftungsfällen.[27]

4. Kartellverstöße durch GenAI

26 Neben den beschriebenen Problematiken bei der Entwicklung und Markteinführung von GenAI können auch die Verhaltensweisen durch GenAI selbst zu Kartellrechtsverstößen führen. Zum jetzigen Zeitpunkt ist noch nicht absehbar, in welchem Umfang der Einsatz von GenAI tatsächlich zu abgestimmten oder missbräuchlichen Verhaltensweisen führen wird und so im digitalen Raum von einer Abkehr vom traditionellen *„meeting of minds"* hin zu einem *„meeting of algorithms"* gesprochen werden kann.[28]

27 Für die von einer GenAI durchgeführten Handlungen und Ergebnisse bestehen keine kartellrechtlichen Sonderregelungen, sodass diese neuen Szenarien des Einsatzes von GenAI unter die für eine analoge, dh durch menschliche Handlungen dominierte, Welt geschaffe-

[22] Siehe Immenga/Mestmäcker/Fuchs/Heinemann AEUV Art. 102 Rn. 392.
[23] EU-Kommission, Prioritätenmitteilung zur Anwendung von Art. 82 EG-Vertrag (2009), Rn. 50.
[24] EU-Kommission, Prioritätenmitteilung zur Anwendung von Art. 82 EG-Vertrag (2009), Rn. 50.
[25] Siehe Immenga/Mestmäcker/Fuchs AEUV Art. 101 Rn. 279 mwN.
[26] EU-Kommission, Prioritätenmitteilung zur Anwendung von Art. 82 EG-Vertrag (2009), Rn. 52 ff.
[27] Siehe Immenga/Mestmäcker/Fuchs AEUV Art. 101 Rn. 289 ff.
[28] OECD, Algorithms and Collusion: Competition Policy in the Digital Age (2017), p. 39; Ezrachi/Stucke, Artificial Intelligence & Collusion: When Computers Inhibit Competition, U. Ill. L. Rev. (2017), 1775 (1782); Colangelo, Artificial Intelligence and Anticompetitive Collusion: From the 'Meeting of Minds' towards the 'Meeting of Algorithms'?, TTLF Stanford Law School Working Paper No. 74, forthcoming in Ebers, Poncibò, Zou (eds.) „Contracting and Contract Law in the Age of Artificial Intelligence" (2022), p. 3.

nen Normen subsumiert werden müssen.[29] Besondere Notwendigkeit erlangt die Durchsetzung des Kartellrechts aufgrund des logischen und rationalen Vorgehens der AI. Eine GenAI wird Faktoren wie Misstrauen oder Angst vor Aufdeckung, die unter analogen Voraussetzungen Kartelle instabil werden lassen, nicht in ihren Prozesshandlungen berücksichtigen.[30] Weil die GenAI nicht durch extrinsische Anreize zu einem wettbewerbsrechtlich konformen Verhalten bewegt werden kann, erlangt gerade die effektive Durchsetzung der bestehenden Rechtsnormen herausragende Bedeutung.[31]

a) Haftungsprinzipien für die Verstöße der GenAI

Hinsichtlich der von einer GenAI begangenen Kartellverstöße stellt sich die grundlegende Frage, wer für diese Verstöße haftet. Wird die GenAI lediglich dazu genutzt, zuvor zwischen Menschen getroffene Absprachen automatisiert umzusetzen bzw. zu überwachen, gelten für die Haftung keine besonderen Maßstäbe, da der Kartellverstoß bereits im vorgelagerten, menschlichen Verhalten zu sehen ist.[32] 28

Weit weniger eindeutig verhält es sich bei Verhaltensweisen, die auf einem autonomen Vorgehen der GenAI beruhen und daher keine oder nicht maßgeblich menschliche Komponenten haben. Bei den Kartellbehörden zeichnet sich eine klare Tendenz ab, Unternehmen, die GenAI nutzen auch die Verantwortung für damit einhergehende Kartellverstöße aufzuerlegen. Dies gilt auch und insbesondere für autonom durch GenAI begangene Kartellverstöße, was aus Sicht der Unternehmen einer bloßen Gefährdungshaftung gleichkommt. 29

Die EU-Kommission ist der Ansicht, dass sich Unternehmen nicht durch den Einsatz von Algorithmen ihrer Haftung entziehen können dürfen.[33] Die Unkenntnis über die Funktionsweisen des eigenen Algorithmus schützt dabei nicht vor Sanktionen. Das gilt auch für (zukünftige) autonome und selbstlernende Algorithmen, die in der Lage sind, eigene Entscheidungen zu treffen und aus Erfahrungen zu lernen.[34] 30

Die GenAI wird letztlich als Mitarbeiter gesehen, für dessen Fehlverhalten das Unternehmen umfassend haftet, da die GenAI in vergleichbarer Weise unter Weisung und Kontrolle des Unternehmens steht.[35] Anknüpfungspunkt für die Haftung ist die menschliche Entscheidung darüber, die wettbewerbswidrig vorgehende GenAI zu verwenden oder bei Kenntnisnahme eines potenziellen Verstoßes untätig geblieben zu sein.[36] 31

Kartellverstößen muss deshalb schon durch die Programmierung bzw. Ausgestaltung der künstlichen Intelligenz und ihrer Prozesse vorgebaut werden *(„compliance by design")*.[37] In die Betrachtung ist einzustellen, dass Unternehmen oftmals nicht zweifelsfrei erkennen können, ob eine GenAI bzw. ein Algorithmus nur auf Marktveränderungen reagiert oder diese tatsächlich selbst durch kollusives Verhalten beeinflusst.[38] Indem Unternehmen sicherstellen, dass die zugrundeliegende Programmierung der Arbeitsschritte kartellrechtskonform ausgestaltet ist, stellen sie gleichzeitig sicher, wie die GenAI funktioniert und dass keine unbeabsichtigten Verstöße auftreten. Darüber hinaus sollten Unternehmen den Einsatz der 32

29 MüKoWettbR/Paschke AEUV Art. 101 Rn. 179.
30 Dohrn/Reinhold WuW 2023, 540 (546).
31 Dohrn/Reinhold WuW 2023, 540 (546).
32 Siehe Ezrachi/Stucke, Artificial Intelligence & Collusion: When Computers Inhibit Competition, U. Ill. L. Rev. (2017), 1775 (1803); im Ergebnis so auch: Salaschek/Serafimova WuW 2018, 8 (15).
33 EU-Kommission, Leitlinien zur Anwendbarkeit des Artikels 101 des Vertrags über die Arbeitsweise der Europäischen Union auf Vereinbarungen über horizontale Zusammenarbeit, ABl. 2023 C 259, 1 („Horizontalleitlinien"), Rn. 379.
34 Siehe EU-Kommission, Horizontalleitlinien, Rn. 379; Käseberg/von Kalben WuW 2018, 2 (5); Dohrn/Reinhold WuW 2023, 540 (546); Hennemann ZWeR 2018, 161 (177).
35 Siehe EU-Kommission, Horizontalleitlinien, Rn. 379.
36 Siehe Dohrn/Reinhold WuW 2023, 540 (546).
37 Siehe Podszun/Heinz DMA Art. 6 Abs. 5 Rn. 111; Immenga/Mestmäcker/Göhsl/Zimmer VO (EU) 2022/1925 Art. 6 Rn. 141.
38 Vgl. Ezrachi/Stucke U. Ill. L. Rev. (2017), 1775 (1804).

GenAI kontinuierlich auf kartellrechtliche Risiken überprüfen, um gegebenenfalls auf das Vorgehen der GenAI einzuwirken oder diese in ihrem Design zu verändern. Generell gilt jedoch, dass eine Exkulpation im Verstoßfall kaum oder allenfalls unter sehr hohen Voraussetzungen möglich ist.[39]

Praxishinweis:
Da eine Exkulpation im Verstoßfall nur schwer möglich ist, sollten Unternehmen sicherstellen, dass die Programmierung und die Prozesse der eingesetzten GenAI von Beginn an kartellrechtskonform ausgestaltet sind („compliance by design"). Der Einsatz der GenAI ist zudem kontinuierlich auf kartellrechtliche Risiken zu überwachen, um gegebenenfalls steuernd eingreifen zu können. Die Unkenntnis über die konkrete Funktionsweise des eigenen Algorithmus schützt dabei nicht vor Sanktionen.

b) Kollusion mittels GenAI, Art. 101 AEUV/§ 1 GWB

33 **aa) Durchsetzung bestehender kartellrechtswidriger Absprachen mittels GenAI.** In ihren Horizontalleitlinien hat die EU-Kommission die Maxime aufgestellt, dass Verhaltensweisen, die bei „analogen" Handlungen verboten wären, auch bei Verwendung digitaler Algorithmen verboten sein müssen.[40] Unter diesem Eindruck sind verschiedene aktuelle, aber auch zukünftige Anwendungsfälle der GenAI – bei der es sich im Kern auch um einen Algorithmus handelt – im Lichte des Kartellrechts und insbesondere des Art. 101 AEUV als problematisch zu erachten und haben in der Fallpraxis auch schon zu Untersuchungen der Kartellbehörden geführt.

34 Wie bereits ausgeführt, kann die GenAI genutzt werden, um eine im Vorfeld getroffene kartellrechtswidrige Absprache durchzusetzen oder zu überwachen. Häufig wird dies als sogenanntes ***„messenger szenario"*** bezeichnet, bei dem die GenAI lediglich als Werkzeug der Preissetzung oder -überwachung genutzt wird.[41] Im sog. *Poster case* wurde bspw. eigens ein Algorithmus zur Einhaltung der Preisabsprache entwickelt.[42] Gerade in diesen ***„messenger"***-Konstellationen wirkt sich das rationale Vorgehen de GenAI bzw. des Algorithmus auf die Stabilität des Kartells aus.[43] Da hier die GenAI lediglich als Werkzeug genutzt wird und ein vorgelagertes wettbewerbswidriges menschliches Verhalten vorliegt, finden die kartellrechtlichen Vorschriften Anwendung.[44]

35 **bb) Nutzung derselben GenAI durch Wettbewerber.** Verstöße gegen das Kartellverbot kommen auch ohne eine vorhergehende wettbewerbswidrige Absprache in Betracht, wenn Wettbewerber wissentlich die gleiche GenAI bzw. denselben Algorithmus nutzen. In diesen Fällen spricht man auch von einer sog. ***„collusion by code"***. Relevant wird dies insbesondere, wenn die GenAI von mehreren Wettbewerbern wissentlich genutzt wird und aus der GenAI wettbewerblich relevante Handlungsempfehlungen abgeleitet werden bzw. wettbewerblich relevante Entscheidungen direkt von der GenAI selbst getroffen werden. Maßgeblich ist insoweit, ob das Unternehmen vernünftigerweise vorhersehen konnte, dass die sensiblen Informationen an die Wettbewerber des Unternehmens weitergeben würden.[45]

---

39 Siehe Käseberg/von Kalben WuW 2018, 2 (7).
40 Siehe EU-Kommission, Horizontalleitlinien, Rn. 379.
41 Siehe EU-Kommission, Horizontalleitlinien, Rn. 402; Bernhardt NZKart 2019, 314 (315); Immenga/Mestmäcker/Zimmer AEUV Art. 101 Abs. 1 Rn. 77; BeckOK KartellR/Müller AEUV Art. 101 Rn. 332; MüKoWettbR/Paschke AEUV Art. 101 Rn. 181.
42 United States v. Topkins, Case3:15-cr-00201-WHO.
43 Smuha The Cambridge Handbook on the Law, Ethics and Policy of Artificial Intelligence/Bostoen 174 (179).
44 MüKoWettbR/Paschke, AEUV, AEUV Art. 101 Rn. 181; Ezrachi/Stucke U. Ill. L. Rev. (2017), 1775 (1803); Smuha The Cambridge Handbook on the Law, Ethics and Policy of Artificial Intelligence/Bostoen 174 (180).
45 EU-Kommission, Horizontalleitlinien, Rn. 403.

Die parallele Nutzung derselben GenAI führt jedoch nicht notwendigerweise zu einer Angleichung des Marktverhaltens oder einem Austausch von Informationen mit Dritten im Sinne einer „Fühlungnahme".[46] Das Verstoßrisiko steigt jedoch erheblich, wenn die Unternehmen der GenAI wettbewerblich sensible Informationen zur Verfügung stellen und sich dabei bewusst sind, dass die GenAI diese – wenn auch aggregiert – für Handlungsempfehlungen ggü. Wettbewerbern verwendet oder die konkrete Geschäftsentscheidung direkt selbst trifft. Die EU-Kommission nennt als Beispiel für eine horizontale Kollusion die Aggregation sensibler Geschäftsinformationen in einem Preisbildungsinstrument eines Dienstleisters, zu dem mehrere Wettbewerber Zugang haben.[47] Sofern eine GenAI Handlungsempfehlungen oder Geschäftsentscheidungen nur auf Basis öffentlich verfügbarer Daten abgibt bzw. trifft, ist dies jedoch in der Regel unproblematisch.[48] **36**

Auch wenn die GenAI nicht die konkrete Geschäftsentscheidung trifft, die sich aus der KI-gestützten Analyse der sensiblen Wettbewerberdaten herleiten lässt, sondern die Letztentscheidung den Unternehmen selbst überlassen bleibt, kann ein kartellrechtlich ebenso sensibler Informationsaustausch zwischen den Wettbewerbern über die GenAI („hub-and-spoke") vorliegen.[49] Grundsätzlich gilt hier, dass sowohl die beteiligten Wettbewerber, als auch am Verstoß beteiligte Dritte, wie zB Anbieter der GenAI, haftbar gemacht werden können.[50] **37**

Erste Fallpraxis hierzu existiert in den USA, insbesondere im Immobiliensektor[51] und im Hotelbereich[52], wo kommerzielle Drittanbieter digitaler Preisfindungs- und Optimierungssysteme auf Basis von wettbewerblich sensiblen Informationen konkurrierender Vermieter bzw. Hotelbetreiber Preis- und Handlungsempfehlungen an die an das System angeschlossenen Wettbewerber ausgegeben haben und es so zu einer Angleichung des Preis- und Konditionenniveaus auf den betroffenen Märkten gekommen sein soll. Ähnliche Vorwürfe wurden jüngst auch im Gesundheitsbereich laut, wo verschiedene US-Versicherungsunternehmen über die Nutzung desselben Leistungs- und Preisoptimierungsalgorithmus Erstattungsbeträge zulasten von Gesundheitsdienstleistern und Versicherten angeglichen haben sollen.[53] **38**

cc) Autonome Kollusion. Zuletzt ist es auch möglich, dass verschiedene GenAI-Anwendungen gänzlich ohne menschliche Beteiligung kollusives Verhalten untereinander entwickeln.[54] Dies kann nicht weniger schlimme Folgen für den Wettbewerb haben als herkömmliche Kartelle. Das Kollusionsrisiko besteht vor allem dann, wenn der GenAI Profitmaximierung als Maxime zugrunde gelegt wird, da die GenAI dann unter Umständen erkennt, dass es vorteilhafter wäre das eigene Marktverhalten an das anderer Unternehmen anzupassen.[55] Sofern mehrere Wettbewerber ähnliche GenAI-Anwendungen einsetzen, **39**

---

46 Siehe Ylinen NZKart 2018, 19 (21).

47 EU-Kommission, Horizontalleitlinien, Rn. 402.

48 EU-Kommission, Horizontalleitlinien, Rn. 402.

49 EU-Kommission, Horizontalleitlinien, Rn. 401.

50 Siehe EU-Kommission, Horizontalleitlinien, Rn. 401; EuG ECLI:EU:T:2017:795 Rn. 103 – Icap u. a/Kommission; EuG ECLI:EU:C:2015:717 Rn. 27, 34 und 35 – AC-Treuhand/Kommission; siehe auch EuG ECLI:EU:T:2022:177 Rn. 370 und 371 – Air Canada/Kommission.

51 Siehe United States v. Real Page Inc., United States District Court for the Middle District of North Carolina, 1:24-cv-00710; Duffy v. Yardi Systems, Inc., United States District Court for the Western District of Washington 2:23-cv-0139.1.

52 Siehe Gibson v. Cendyn Group, LLC, United States District Court for the District of Nevada, 2:23-cv-00140; Cornish-Adebiyi v. Caesars Entertainment, Inc., United States District Court for the District of New Jersey, 1:23-cv-02536.

53 Siehe Adventis Health System Sunbelt Healthcare Corp. v. Multiplan Inc., Northern District of Illinois, 1:24cv6795.

54 Siehe dazu MüKoWettbR/Paschke AEUV Art. 101 Rn. 185; Smuha The Cambridge Handbook on the Law, Ethics and Policy of Artificial Intelligence/Bostoen 174 (183 ff.).

55 Smuha The Cambridge Handbook on the Law, Ethics and Policy of Artificial Intelligence/Bostoen 174 (179).

können Preisabweichungen eines Unternehmens unmittelbar durch Preissenkungen der Wettbewerber „betraft" werden (sog. Tit-for-Tat-Strategie).[56]

40 Derartige Verhaltensweisen bewegen sich regelmäßig an der Grenze zwischen unzulässiger Abstimmung und zulässigem Parallelverhalten. Käme die GenAI aus sich selbst heraus zu dem Schluss, dass es wirtschaftlich sinnvoll ist, sich dem Wettbewerbsverhalten der Wettbewerber anzupassen, wäre das Vorliegen einer Vereinbarung bzw. eines abgestimmten Verhaltens zwischen Unternehmen fraglich – und damit auch die Anwendung des Kartellverbots als solches.[57] Bislang gab es hierzu noch keine einschlägige Fallpraxis. Derartige Kollusionsformen werden zudem überwiegend als Ausnahmephänomen angesehen, das vor allem auf oligopolistischen und homogenen Märkten mit hoher Markttransparenz zu erwarten ist.[58]

41 Sofern hierin jedoch ein Kartellverstoß zu sehen wäre, oder es gar zu einer direkten Fühlungnahme zwischen GenAI-Anwendungen unterschiedlicher Unternehmen käme, müsste solchem Verhalten unter Haftungsgesichtspunkten bereits bei der Schaffung der künstlichen Intelligenz und ihrer Prozesse vorgebaut werden *(„compliance by design")*.[59]

c) Marktmissbrauch durch Einsatz von GenAI, Art. 102 AEUV, §§ 19 ff. GWB

42 Auch ein Marktmachtmissbrauch iSd Art. 102 AEUV bzw. §§ 19 ff. GWB ist mittels GenAI unter gewissen Voraussetzungen denkbar. Sofern es sich bei dem Unternehmen, dass die GenAI einsetzt um ein marktbeherrschendes Unternehmen iSv Art. 102 AEUV bzw. §§ 19 ff. GWB handelt, kann es vor allem im Bereich der automatisierten Preissetzung zu marktmachtmissbräuchlichen Verhaltensweisen kommen.[60]

43 Die kartellrechtlichen Spezifika möglicher Verstöße wurzeln hier jedoch ganz überwiegend nicht im Einsatz der GenAI selbst. Bei der GenAI handelt es sich insoweit in erster Linie um ein Werkzeug des dahinterstehenden marktbeherrschenden Unternehmens, um missbräuchliche Geschäftsstrategien effektiv durchzusetzen. Das jeweilige Unternehmen muss daher entsprechend der unter → Rn. 28 ff. oben skizzierten Grundsätze für etwaige Verstöße einstehen, die durch oder mittels der GenAI begangen werden.

44 Problematisch sind hierbei insbesondere Fälle der dynamischen oder individualisierten Preissetzung, bei denen es zu Preisdiskriminierungen zwischen Abnehmern oder ausbeuterischen Konditionenmissbräuchen kommen kann.[61] Ebenso in Betracht kommen Wettbewerbsbehinderungen von Wettbewerbern durch Kampfpreise *(predatory pricing)* oder Preis-Kosten Scheren *(margin squeeze)*, die durch GenAI effizient und schnell umgesetzt werden können.[62]

45 Gleichzeitig könnte GenAI auch dafür verwendet werden, große Datenmengen deutlich effektiver zu verarbeiten, um das Marktverhalten anderer Marktteilnehmer zu analysieren und so eigene missbräuchlichen Verhaltensweisen zu adaptieren und zu perpetuieren.[63]

46 Darüber hinaus sind auch Konstellationen denkbar, in denen die GenAI eigene Produkte oder Dienste des nutzenden Unternehmens bevorzugt und in seinen Prozessergebnissen favorisiert.[64] Für eine Selbstbevorzugung (self-preferencing) eignet sich in der Regel jeder Arbeitsschritt einer GenAI, der eine Art Auflistung oder Ranking betreibt oder zumindest

---

[56] Siehe Legner KIR 2025, 183 (184).

[57] Vgl. Bauer/Rahlmeyer/Schöner Vertriebskartellrecht-HdB/Schlimpert Rn. 32; Göhsl WuW 2018, 121 (123); Ylinen NZKart 2018, 19 (22); Küstner GRUR 2019, 36 (39).

[58] Siehe Legner KIR 2025, 183 (184); Immenga/Mestmäcker/Fuchs GWB § 18 Rn. 172; Weche/Weck EuZW 2020, 923 (923).

[59] → Rn. 32.

[60] OECD, Competition and AI, OECD Business and Finance Outlook 2021: AI in Business in Finance, 6.

[61] Siehe Legner KIR 2025, 183 (185); Paal GRUR 2019, 43.

[62] OECD, Competition and AI, OECD Business and Finance Outlook 2021: AI in Business in Finance, 6.

[63] Salaschek/Serafimova WuW 2018, 8 (9 f.); Paal GRUR 2019, 43 (47); OECD, Competition and AI, OECD Business and Finance Outlook 2021: AI in Business in Finance, 6.

[64] Siehe Meyer KIR 2025, 39 (42); Legner KIR 2025, 183 (185); Hacker GRUR 2022, 1278 (1281 ff.).

im Hintergrund eine Abwägung oder einen Vergleich zwischen eigenen Produkten oder Produkten Dritter durchführt.

III. Digital Markets Act (DMA)

1. Anwendbarkeit des DMA auf GenAI

Die Pflichten des DMA, insbesondere die Verpflichtungen der Art. 5–7 DMA, gelten laut Art. 1 Abs. 2 DMA nur für sog. *„zentrale Plattformdienste"*, die *„Gatekeeper"*[65] ihren Nutzern in der EU bereitstellen.[66] **47**

Derzeit sind GenAI-Anwendungen jedoch nicht Teil des in Art. 2 Abs. 2 DMA aufgeführten und insoweit abschließenden Katalogs „zentraler Plattformdienste".[67] Verlautbarungen aus der EU-Kommission zufolge, können GenAI-Anwendungen jedoch „mittelbar" dem Regelwerk des DMA unterfallen, wenn die betreffende GenAI in einen bestehenden zentralen Plattformdienst eingebunden wird.[68] Dies wurde bspw. auch von der ehemaligen Wettbewerbskommissarin Vestager bestätigt.[69] Eine Einbettung von GenAI ist in alle „zentrale Plattformdienste" und in nahezu jeglicher Spielart denkbar. Voraussetzung wäre, dass das Unternehmen, das den zentralen Plattformdienst anbietet, in den die GenAI-Anwendung eingebettet ist, als *Gatekeeper* designiert wurde.[70] **48**

Sofern GenAI-Anwendungen völlig eigenständig und unabhängig von einem „zentralen Plattformdienst" zur Anwendung kommen, greift der DMA hingegen nicht. Stand-alone GenAI Anwendungen könnten als eigenständiger „zentraler Plattformdienst" nur durch eine Anpassung des DMA im Wege eines ordentlichen Rechtssetzungsverfahrens (vgl. Art. 294 AEUV) infolge einer Markuntersuchung der Kommission nach Art. 19 Abs. 1 DMA ergänzt werden.[71] **49**

2. Relevante Katalogtatbestände, Art. 5 DMA, Art. 6 DMA

Auch wenn GenAI aktuell noch nicht selbstständig, sondern nur als integraler Teil eines „zentralen Plattformdienstes" vom DMA erfasst wird, lohnt sich ein Blick auf die Verhaltensanforderungen des DMA. Dabei sind in Bezug auf GenAI insbes. die folgenden Verpflichtungen von Bedeutung[72]: **50**

– Art. 6 Abs. 5 DMA statuiert ein Verbot der Selbstbevorzugung gegenüber ähnlichen Produkten und Dienstleistungen von Dritten. Dieses Verbot gilt für sämtliche zentrale Plattformdienste des Gatekeepers beim Ranking, sowie der damit verbundenen Indexierung und dem Auffinden von Dienstleistungen oder Produkten.[73] Da GenAI Anwendun-

[65] Der DMA spricht in der deutschen Sprachfassung etwas ungelenk von „Torwächtern".

[66] Siehe MüKoWettbR/König DMA Art. 2 Rn. 8.

[67] Teilweise wird argumentiert, dass es sich zumindest bei GenAI Chatbots um einen virtuellen Assistenten iSv Art. 2 Abs. 2 Buchst. h DMA handeln könnte, siehe Picht NZKart 2023, 510 (514).

[68] Siehe EU-Kommission, Policy Brief „Competition in Generative AI and Virtual Worlds", (2024), 9; Yasar (et al.), Integration of Generative AI in the Digital Markets Act: Contestability and Fairness from a Cross-Disciplinary Perspective, LSE Law, Society and Economy Working Paper 4/2024, 20; Podszun ZHR 2025, 229 (242); Legner KIR 2025, 183 (186).

[69] Speech by EVP Margrethe Vestager at the European Commission workshop on „Competition in Virtual Worlds and Generative AI: „the DMA can also regulate AI even though it is not listed as a core platform service itself. AI is covered where it is embedded in designated core platform services" abrufbar unter https://ec.europa.eu/commission/presscorner/detail/en/speech_24_3550 (zuletzt abgerufen am 21.8.2025).

[70] Siehe EU-Kommission, Policy Brief „Competition in Generative AI and Virtual Worlds" (2024), 9.

[71] Siehe BeckOK InfoMedienR/Paal/Kieß DMA Art. 2 Rn. 11; EU-Kommission, Policy Brief „Competition in Generative AI and Virtual Worlds" (2024), 9; Picht NZKart 2023, 510.

[72] Instruktiv zur Bedeutung des DMA für KI-Anwendungen: Hacker GRUR 2022, 1278.

[73] Siehe Immenga/Mestmäcker/Göhsl/Zimmer VO (EU) 2022/1925 Art. 6 Rn. 124; Podszun/Heinz DMA Art. 6 Rn. 83 ff.

gen erhebliches Potenzial bergen, bestimmte eigene Produkte oder Dienste gezielt zu bevorzugen, ist dieses Verbot der Selbstbevorzugung in Bezug auf GenAI-Anwendungen von Bedeutung, die mit zentralen Plattformdiensten, bspw. Betriebssystemen, App-Stores oder Online-Suchmaschinen, des Gatekeepers verschränkt sind.

- Art. 6 Abs. 2 DMA enthält ein Verbot der Verwendung nicht öffentlich zugänglicher Daten von Wettbewerbern, die von diesen Wettbewerbern oder deren Kunden im Zusammenhang mit der Nutzung zentraler Plattformdienste bereitgestellt wurden. Sofern also eine konkurrierende GenAI die zentralen Plattformdienste nutzt, dürfen die dabei generierten Daten nicht vom Gatekeeper für die Verbesserung der eigenen GenAI-Anwendungen genutzt werden, um sich bspw. einen Vorteil gegenüber dem Wettbewerber zu verschaffen.
- Art. 6 Abs. 11 DMA sieht vor, dass Gatekeeper, die eine Online-Suchmaschine betreiben, anderen Drittanbietern einen fairen, zumutbaren und diskriminierungsfreien Zugang zu Daten gewähren müssen, die in Verbindung mit den Suchanfragen der Endnutzer stehen. Da diese sensiblen Daten, ähnlich wie bei der Programmierung einer Suchmaschine, beim Training der GenAI zur Verbesserung der zukünftigen Prozessergebnisse genutzt werden können, könnte dies auch in Bezug auf Suchmaschinen mit GenAI Funktionalitäten relevant sein. Die Norm könnte so den Markteintritt für GenAI-Drittanbieter erheblich erleichtern, indem es den Zugriff auf die Ranking-, Anfrage-, Klick- und Ansichtsdaten der mit einer Suchmaschine verknüpften GenAI des Gatekeepers ermöglicht.

51 Ferner wartet der DMA mit verschiedene Ge- und Verboten auf, die es GenAI-Anbietern erleichtern, über die verschiedenen zentralen Plattformdienste von Gatekeepern Zugang zu Endnutzern zu erhalten. Darunter fallen insbesondere Interoperabilitätsverpflichtungen (Art. 6 Abs. 7 DMA), Wahlmöglichkeiten hinsichtlich Standardeinstellungen bzw. vorinstallierter Software (Art. 6 Abs. 3 DMA) sowie Installations- und Nutzungsmöglichkeiten für Apps und App-Stores (Art. 6 Abs. 4 DMA). Hinzu kommen weitreichende Datenportabilitäts- und Datenzugriffsrechte für Endnutzer und gewerbliche Nutzer der zentralen Plattformdienste (Art. 6 Abs. 9, Art. 6 Abs. 10 DMA), die vor allem einen Anbieterwechsel zu konkurrierenden Diensten bzw. Multi-Homing zwischen verschiedenen Diensten erleichtern sollen.

52 Ob und inwieweit GenAI-Anwendungen ohne eigenständige gesetzliche Einordnung als „zentraler Plattformdienst" tatsächlich dem Regelwerk des DMA unterfallen, wird sich auf absehbare Zeit zeigen. Es ist jedenfalls damit zu rechnen, dass die EU-Kommission versuchen wird, die Gatekeeper insoweit möglichst umfassend in die Pflicht zu nehmen.

IV. § 19a GWB

1. Anwendbarkeit des § 19a GWB auf GenAI

53 Im Unterschied zum DMA braucht es keiner gesonderten Einordnung oder Qualifikation von GenAI Anwendungen als wettbewerblich besonders relevante digitale Plattformdienste oder ähnliches. Sobald die überragende marktübergreifende Bedeutung eines Unternehmens vom Bundeskartellamt nach § 19a Abs. 1 GWB festgestellt wurde, gilt diese für sämtliche Produkte, Dienste und Aktivitäten des Unternehmens – unabhängig von deren Art oder Umfang. Es gilt der allgemeine kartellrechtliche Unternehmensbegriff.[74] Schwerpunktmäßig zielt die Norm jedoch auf digitale Märkte ab[75], was GenAI-Anwendungen auch ohne

[74] Siehe BeckOK KartellR/Wagner-von Pappe GWB § 19a Rn. 1a; Kersting/Meyer-Lindemann/Podszun/Podszun GWB § 19a Rn. 18; Immenga/Mestmäcker/Schweitzer GWB § 19a Rn. 126; Bechtold/Bosch GWB § 19a Rn. 2.

[75] Siehe BeckOK KartellR/Wagner-von Papp GWB § 19a Rn. 38a.

eine explizite Erwähnung in den Fokus des Schutz- und Eingriffsbereichs der Vorschrift rückt.[76]

Bislang wurden *Alphabet, Amazon, Apple, Meta* und *Microsoft* gem. § 19a Abs. 1 GWB rechtskräftig als Unternehmen mit überragender Bedeutung für den Wettbewerb eingestuft[77], sodass prinzipiell auch deren GenAI-Aktivitäten von § 19a GWB erfasst werden können. **54**

2. Untersagungstatbestände

Dem Bundeskartellamt steht es dann nach § 19a Abs. 2 GWB in einem zweiten Schritt frei, einzelne Verhaltensweisen in Bezug auf konkrete geschäftliche Aktivitäten im Wege der Missbrauchsaufsicht anhand eines vorgegebenen Tatbestandskatalogs individuell zu untersagen. Mit Blick auf GenAI sind vor allem die folgenden Verhaltensweisen problematisch und im Einzelfall potentiell untersagungswürdig:[78] **55**

- Beim Vermitteln des Zugangs zu Beschaffungs- und Absatzmärkten die eigenen Angebote gegenüber denen von Wettbewerbern bevorzugt zu behandeln (self-preferencing), § 19a Abs. 2 Nr. 1 GWB.
- Absicherungsmaßnahmen, um ein digitales Ökosystem unangreifbar zu machen, insbes. die Vorinstallation oder Integration von eigenen Angeboten, § 19a Abs. 2 Nr. 2 GWB.
- „Aufrollen" von noch nicht beherrschten Märkten mit Mitteln, die nicht dem Leistungswettbewerb entsprechen, bspw. durch Exklusivitätsvereinbarungen oder Bündelangebote, § 19a Abs. 2 Nr. 3 GWB.
- Behinderungspraktiken, die mit der Nutzung von wettbewerbsrelevanten Daten zusammenhängen. Dies soll insbesondere Konstellationen betreffen, in dem auf einem beherrschten Markt wettbewerbsrelevante Daten gesammelt werden, die dann auf einem anderen Markt zur Behinderung von Wettbewerbern genutzt werden, § 19a Abs. 2 Nr. 4 GWB.
- Behinderungen im Zusammenhang mit Interoperabilität von Produkten und Leistungen bzw. der Portabilität von Daten, § 19a Abs. 2 Nr. 5 GWB.

Bislang lassen erste Untersagungsverfügungen nach § 19a Abs. 2 GWB im Bereich GenAI noch auf sich warten. Das Bundeskartellamt gibt jedoch klar zu verstehen, dass es diesen Bereich dahingehend weiterhin eng im Blick behalten möchte.[79] **56**

V. Fusionskontrolle

Die Fusionskontrolle spielt eine zentrale Rolle im Bereich GenAI. Wenngleich es sich um ein sehr dynamisches und noch in der Entstehung befindliches Marktfeld handelt, besteht von Seiten der Wettbewerbsbehörden die Besorgnis, dass es – ähnlich wie im Bereich der Online-Plattformen oder anderer digitaler Anwendungen – durch Akquisitionen zur Oligopolisierung bzw. Monopolisierung von Marktsegmenten kommt. Vor allem die Transaktionstätigkeit der Big Techs gibt aus Sicht der Wettbewerbsbehörden Anlass zur Sorge, dass es durch den Erwerb von GenAI-Anbietern zu einer Perpetuierung bzw. Ausweitung der bestehenden Marktmacht der Big Tech Player im Digital- und Onlinebereich kommt. **57**

[76] Siehe insoweit auch die § 19a Abs. 1 GWB-Feststellungsentscheidung des BKartA 27.9.2024 – B6-26/23 Rn. 407 ff. – Microsoft, die sich intensiv mit Microsofts Aktivitäten im AI-Bereich auseinandersetzt.

[77] Siehe BKartA 30.12.2021 – B7-61/21 – Alphabet; BKartA 2.5.2022 – B6-27/21 – Meta, BKartA 5.7.2022 – B2-55/21 – Amazon; BKartA 3.4.2023 – B9 67/21– Apple; BKartA 27.9.2024 – B6-26/23 – Microsoft; Bundeskartellamt, Jahresbericht 2024/25, S. 39.

[78] Im Detail hierzu: BeckOK KartellR/Wagner-von Papp GWB § 19a Rn. 46 ff.; Kersting/Meyer-Lindemann/Podszun/Podszun GWB § 19a Rn. 36 ff.

[79] Bundeskartellamt, Jahresbericht 2024/25, S. 39 ff.

58 Insbesondere der Erwerb umsatzschwacher, jedoch hochinnovativer Unternehmen im GenAI-Bereich sowie bestimmte Spielarten von Kooperationsmodellen und Personaltransfers stellen die Wettbewerbsbehörden vor neue Herausforderungen. Gleichzeitig führen die diversen Bestrebungen der Fusionskontrolle auch jenseits klar definierter Zusammenschlusstatbestände bzw. Umsatzschwellen Raum zu geben, zu einer Steigerung der regulatorischen Komplexität für Unternehmen, die in die Vorbereitung, fusionskontrollrechtliche Prüfung und Risikobewertung von Transaktionen ausstrahlt und zu einem erheblichen Weniger an Planbarkeit führt.

1. Grundlagen

59 Sofern ein Zusammenschlusstatbestand vorliegt, unterliegen Transaktionen einer fusionskontrollrechtlichen Anmeldepflicht, wenn die Umsätze der an der Transaktion beteiligten Unternehmen bestimmte Schwellenwerte erreichen.

60 Zusammenschlüsse mit „gemeinschaftsweiter Bedeutung“ sind nach Art. 1 Abs. 1 FKVO vor Vollzug bei der EU-Kommission anzumelden. Dazu müssen die Umsatzschwellen nach Art. 1 Abs. 2 oder Abs. 3 FKVO erreicht werden. Sofern die Umsatzschwellen der FKVO erreicht sind, ist die EU-Kommission ausschließlich zuständig, sodass es nicht zu einer Doppelkontrolle des Zusammenschlusses durch nationale Wettbewerbsbehörden kommt (Prinzip des „one-stop-shop“).[80]

61 Das one-stop-shop-Prinzip wird jedoch punktuell durch ein komplexes System von Verweisungsmöglichkeiten zwischen der EU-Kommission und den Wettbewerbsbehörden der EU-Mitgliedstaaten durchbrochen, das die Befassung der sachnäheren Behörde und die Vermeidung von Mehrfachanmeldungen sicherstellen soll.[81]

62 Sollten allerdings die Aufgreifschwellen der FKVO nicht erreicht werden, ist der Zusammenschluss nach § 35 Abs. 1 GWB beim Bundeskartellamt anzumelden, wenn:
- die beteiligten Unternehmen im letzten Geschäftsjahr vor dem Zusammenschluss weltweite Umsatzerlöse von insgesamt 500 Mio. EUR erzielt haben und
- in Deutschland mindestens ein beteiligtes Unternehmen Umsatzerlöse von mehr als 50 Mio. EUR und
- ein anderes beteiligtes Unternehmen Umsatzerlöse von mehr als 17,5 Mio. EUR erzielt hat.

63 Der vorzeitige Vollzug von Zusammenschlüssen, die fusionskontrollpflichtig und daher vor Vollzug bei der zuständigen Behörde anzumelden sind, ist verboten. Das Vollzugsverbot für einen anmeldepflichtigen Zusammenschluss gilt so lange, bis entweder ein Freigabebescheid oder eine Freigabeverfügung vorliegt oder die Freigabewirkung von Gesetzes wegen eintritt.[82] Bei Zuwiderhandlungen gegen das Vollzugsverbot drohen empfindliche Bußgelder, die Unwirksamkeit der Vollzugshandlungen sowie die Entflechtung des jeweiligen Zusammenschlusses.

2. Besonderheiten hinsichtlich der Zusammenschlusstatbestände im Bereich GenAI

64 Mit Blick auf die verschiedenen fusionskontrollrechtlichen Zusammenschlusstatbestände des Art. 3 FKVO und § 37 GWB, die überwiegend auf den Erwerb von Kontrolle, des Vermögens bzw. von Geschäftsanteilen in bestimmter Höhe abstellen, ergeben sich im GenAI-Bereich verschiedene Besonderheiten. Wie auch in anderen Hochinnovationsbereichen, werden im GenAI-Bereich vermehrt Transaktions- und Beteiligungsstrukturen

[80] Siehe Immenga/Mestmäcker/Körber FKVO Einleitung Rn. 36 ff.

[81] Siehe dazu im Detail Ludwigs EU-WirtschaftsR-HdB/Wilson § 29 Rn. 60; Wiedemann KartellR-HdB/Wagemann § 17 Rn. 145 ff.

[82] Bechtold/Bosch GWB § 41 Rn. 2.

gewählt, die zumindest teils auf eine Vermeidung fusionskontrollrechtlich relevanter Zusammenschlusstatbestände abzielen.

a) Nicht-kontrollierende Minderheitsbeteiligungen

aa) Anteilserwerbsschwellen, § 37 Abs. 1 Nr. 3 Buchst. a und b GWB. Relativ weit verbreitet ist der Erwerb nicht-kontrollierender Minderheitsbeteiligungen. Da Art. 3 FKVO eine „dauerhafte Veränderung der Kontrolle" voraussetzt, dh ausschließlich auf den Erwerb von (Mit-)Kontrolle über das Zielunternehmen abstellt, sind Minderheitsbeteiligungen unter Art. 3 FKVO meist nicht relevant, sofern sie dem Erwerber keine Kontrollmöglichkeit über das Zielunternehmen eröffnen. Mit Blick auf die Zusammenschlusskontrolle nach dem GWB liegt bei Erreichen der Anteilserwerbsschwellen des § 37 Abs. 1 Nr. 3 Buchst. a GWB, dh zwischen 25 % bis 50 % der Geschäftsanteile oder Stimmrechte des Zielunternehmens, jedoch unabhängig von einem damit einhergehenden Kontrollerwerb ein Zusammenschlusstatbestand vor. 65

Insoweit ist es nach allgemeiner Ansicht auch irrelevant, ob durch die Geschäftsanteile Stimmrechte vermittelt werden, oder ob es sich um stimmrechtslose Anteile handelt, der reine Anteilserwerb reicht für sich genommen aus.[83] Dennoch ist der Vollrechtserwerb am Anteil erforderlich, Optionsrechte, Nießbrauchserwerbe oder vergleichbare Konstellationen reichen in aller Regel nicht aus.[84] Für den mit dem Anteilserwerb einhergehenden Stimmrechtserwerb genügt hingegen jede Rechtsposition, die es dem Berechtigten ermöglicht, das Stimmrecht nach seiner Entscheidung auszuüben oder ausüben zu lassen, insbes. auch ein Stimmbindungsvertrag, der dem Erwerber die Ausübung der Stimmrechte eines Mitgesellschafters sichert.[85] 66

bb) Wettbewerblich erheblicher Einfluss, § 37 Abs. 1 Nr. 4 GWB. Auch wenn der Erwerber weder Kontrolle über das Zielunternehmen erlangt noch durch Anteilserwerbe die Erwerbsschwellen des § 37 Abs. 1 Nr. 3 Buchst. a und b GWB erreicht, ist der lediglich subsidiär geltende, und als Auffangtatbestand konzipierte, wettbewerblich erhebliche Einfluss nach § 37 Abs. 1 Nr. 4 GWB zu bedenken. 67

Der Begriff des wettbewerblich erheblichen Einflusses ist als unbestimmter Rechtsbegriff auslegungsbedürftig und in seinen Konturen nach wie vor unscharf, was zu erheblicher Rechtsunsicherheit führt. Entscheidend ist, ob eine gesellschaftsrechtliche Verbindung die Einflussnahme auf die Willensbildung und damit auf das Marktverhalten des Beteiligungsunternehmens ermöglicht und den Erwerber in die Lage versetzt, eigene Wettbewerbsinteressen zur Geltung zu bringen. Neben der gesellschaftsrechtlich vermittelten Unternehmensverbindung, typischerweise einen Anteilserwerb, sind dazu sog. „Plusfaktoren" erforderlich. Notwendig ist also, dass zu der Minderheitsbeteiligung weitere Faktoren hinzutreten, die die gesicherte Erwartung begründen, dass der Erwerber Einfluss auf die Willensbildung und damit auf das Marktverhalten des Beteiligungsunternehmens nehmen können wird.[86] Hierzu zählen bspw. personelle Verflechtungen zwischen Erwerber und Zielunternehmen, insbesondere Entsenderechte in Aufsichtsrat, Beirat, Vorstand oder einem sonstigen zur Geschäftsführung berufenen Organ des Zielunternehmens. Ferner auch Konsortial-, Stimmbindungs-, Pool- und Vollmachtsverträge sowie essentiell wichtige Geschäftsbeziehungen zwischen Erwerber und dem Zielunternehmen. Im Ausnahmefall jedoch auch Informationsrechte, sofern sie nach Art und Ausmaß eine besonders intensive Möglichkeit vermitteln, das Wettbewerbsverhalten des Zielunternehmens zu steuern.[87] 68

---

[83] Immenga/Mestmäcker/Thomas GWB § 37 Rn. 186.

[84] Bechtold/Bosch GWB § 37 Rn. 26; Immenga/Mestmäcker/Thomas GWB § 37 Rn. 213; MüKoWettbR/Bach GWB § 37 Rn. 61 f.

[85] Bechtold/Bosch GWB § 37 Rn. 26; Immenga/Mestmäcker/Thomas GWB § 37 Rn. 218.

[86] Siehe Wiedemann KartellR-HdB/Steinvorth § 19 Rn. 104.

[87] Ein Überblick über die wichtigsten Plusfaktoren findet sich bei Wiedemann KartellR-HdB/Steinvorth § 19 Rn. 105 sowie bei BeckOK KartellR/Picht GWB § 37 Rn. 72.

69 Wettbewerblich erheblich ist der so vermittelte Einfluss regelmäßig dann, wenn zumindest die Möglichkeit besteht, dass das Zielunternehmen sein Wettbewerbsverhalten auf die Interessen des Erwerbers abstimmt bzw. auf diese Rücksicht nimmt.[88] Dies ist insbesondere dann gegeben, wenn Erwerber und Zielunternehmen in einem horizontalen oder vertikalen Wettbewerbsverhältnis stehen, kann jedoch von Fall zu Fall auch in Komplementärverhältnissen bestehen.[89]

70 **cc) Kooperationen.** Zunehmend kommt es auch zu Kooperationen zwischen etablierten Big Techs und GenAI Unternehmen. Diese Kooperationen können mit dem Erwerb nicht-kontrollierender Minderheitsbeteiligungen einhergehen, sind jedoch meist nicht oder nur in einem geringen Maße gesellschaftsrechtlich verankert. In aller Regel sind sie jedoch mit erheblichen Investitionen in das Zielunternehmen verbunden und geben den Kooperationspartnern wechselseitig bevorzugten Zugriff auf bestimmte Technologien, Ressourcen und Produkte. Die Wettbewerbsbehörden sind aktuell darum bemüht sicherzustellen, dass derartige Kooperationen nicht als Deckmantel für fusionskontrollrechtlich relevante Zusammenschlusstatbestände fungieren.

71 Bestes Beispiel ist die Kooperation von Microsoft mit OpenAI, dem Betreiber von ChatGPT. Als Teil einer breit angelegten Partnerschaft investierte Microsoft bereits im Jahr 2019 eine Milliarde US-Dollar in OpenAI, um sich so präferierten Zugang zu den von OpenAI entwickelten Technologien und Produkten zu sichern. Im Gegenzug kann OpenAI die enormen technischen Ressourcen von Microsoft zur Entwicklung und Verbesserung seiner GenAI-Lösungen nutzen. Diese Kooperation wurde über die Jahre weiter vertieft und Microsofts Investition weiter aufgestockt. Im Jahr 2023 entschied sich Microsoft schließlich, sein Investment in OpenAI nochmals erheblich zu erhöhen und gewann durch die Anstellung des zwischenzeitlich von OpenAI entlassenen OpenAI Gründers Sam Altmann zudem einen Beobachtersitz im OpenAI Board.

72 Die fusionskontrollrechtliche Relevanz solcher und ähnlicher Kooperationen wird unterschiedlich bewertet. Die EU-Kommission kam zu dem Schluss, dass in diesem Fall kein dauerhafter Kontrollerwerb von Microsoft über OpenAI vorlag und es daher bereits an einem „Zusammenschluss" iSd Art. 3 FKVO mangelte.[90] Das Bundeskartellamt kam wiederum zu dem Ergebnis, dass Microsoft durch die Kooperation mit OpenAI jedenfalls einen nach § 37 Abs. 1 Nr. 4 GWB relevanten wettbewerblich erheblichen Einfluss auf OpenAI erlangte.[91]

73 Selbst wenn kein Zusammenschlusstatbestand vorliegt und das jeweilige Vorhaben daher nicht unter die Fusionskontrolle fällt, muss sich die Zusammenarbeit der beteiligten Unternehmen an den Maßgaben des Kartellrechts, insbes. des Kartellverbots nach Art. 101 AEUV und § 1 GWB, messen lassen, da es sich mangels eines Zusammenschlusses nach wie vor um zwei voneinander getrennte Unternehmen handelt.[92]

Praxishinweis:

Unternehmen, die Kooperationen mit GenAI-Anbietern eingehen oder Minderheitsbeteiligungen an diesen erwerben, sollten frühzeitig prüfen, ob dadurch ein wettbewerblich erheblicher Einfluss iSv § 37 Abs. 1 Nr. 4 GWB erlangt wird und damit eine Anmeldepflicht entsteht. Dabei sind neben der gesellschaftsrechtlichen Beteiligung auch begleitende Vereinbarungen – wie bevorzugte Zugriffsrechte, Entsenderechte

[88] Siehe BeckOK KartellR/Picht GWB § 37 Rn. 77; MüKoWettbR/Bach GWB § 37 Rn. 129.

[89] Siehe BeckOK KartellR/Picht GWB § 37 Rn. 77 f.

[90] Zum gleichen Ergebnis kam auch die UK Competition and Markets Authority (CMA) mit Entscheidung v. 5.3.2025, Fall ME/7084/23, abrufbar unter https://www.gov.uk/cma-cases/microsoft-slash-openai-partnership-merger-inquiry (zuletzt abgerufen am 21.8.2025).

[91] BKartA 15.11.2023 – B6-34/23, S. 2. Das Bundeskartellamt prüfte das Vorhaben dennoch nicht in materieller Hinsicht, da OpenAI im relevanten Erwerbszeitpunkt unterhalb der fusionskontrollrechtlichen Aufgreifschwellen, insbesondere der sog. Transaktionswertschwelle nach § 35 Abs. 1a GWB, blieb.

[92] Bundeskartellamt, Fall B6-34/23, Fallbericht zur Entscheidung v. 25.9.2023, S. 3.

oder Informationsrechte – als mögliche Plusfaktoren zu berücksichtigen. Liegt kein anmeldepflichtiger Zusammenschluss vor, ist die Kooperation gleichwohl an den Vorgaben des Kartellverbots nach Art. 101 AEUV bzw. § 1 GWB zu messen.

dd) Abwerben von Schlüsselmitarbeitern („acqui-hires"). Unter gewissen Voraussetzungen kann neuerdings vor allem in Hochtechnologiebereichen, wie GenAI, auch das Abwerben von Schlüsselmitarbeitern als fusionskontrollrechtlich relevanter Zusammenschlusstatbestand angesehen werden. Bei sog. „acqui-hires"[93] werden anstatt der Sachwerte und Produktionsmittel eines Unternehmens primär dessen Personal – insbesondere hochqualifizierte Fachkräfte oder Entwicklerteams – übertragen bzw. abgeworben. **74**

Der bis dato prägendste Fall Microsoft/Inflection drehte sich um die Abwerbung der beiden Unternehmensgründer sowie eines Großteils der insgesamt ca. 70 Mitarbeiter des GenAI-Startups Inflection durch Microsoft sowie den Abschluss von Begleitvereinbarungen zur (nichtexklusiven) Nutzung von Inflections wesentlicher IP-Rechte. Die EU-Kommission kam zu dem Schluss, dass hierdurch eine Übertragung von Vermögenswerten bewirkt würde, die einer Übernahme der Marktstellung von Inflection durch Microsoft gleichkomme und daher unter den Kontrollbegriff des Art. 3 FKVO falle.[94] **75**

Unter dem GWB kommen insoweit allein der Vermögens- oder Kontrollerwerb nach § 37 Abs. 1 Nr. 1 und Nr. 2 GWB in Betracht. Der Anteilserwerb oder die Erlangung wettbewerblich erheblichen Einflusses scheiden bereits begrifflich aus, dabei einem reinen acqui-hires weder Unternehmensanteile erworben werden noch wettbewerblich erheblicher Einfluss über ein Unternehmen erlangt wird.[95] **76**

Das Bundeskartellamt schien hingegen bis vor Kurzem davon auszugehen, dass das Abwerben von Schlüsselmitarbeitern bzw. eines Großteils der Belegschaft eines Unternehmens weder einen Vermögens- noch einen Kontrollerwerb iSv § 37 Abs. 1 Nr. 1 und Nr. 2 GWB darstellt und daher nicht unter die Zusammenschlusskontrolle fällt.[96] Eine Kehrtwende in der Beurteilung solcher Fälle hat das Amt nunmehr ebenfalls im *Microsoft/Inflection* Fall vollzogen. Auch wenn insoweit offen blieb, ob das Bundeskartellamt von einem Vermögens- oder Kontrollerwerb ausging, ordnete es die Übernahme von Mitarbeitern in Verbindung mit einer Vereinbarung zur Finanzierung und der Verwendung von Schutzrechten als Zusammenschluss iSv § 37 GWB ein.[97] **77**

Nur dann, wenn sich einer Gruppe von Mitarbeitern eines Unternehmens eine individualisierbare und übertragbare Marktstellung zuordnen lässt, bilden sie einen fusionskontrollrechtlich relevanten Teil des Zielunternehmens, der für einen anmeldepflichtigen Zusammenschluss in Form des Kontroll- und/oder Vermögenserwerb grundsätzlich in Betracht kommt. Art. 3 FKVO setzt insoweit voraus, dass der betreffende Unternehmensteil **78**

[93] Hierbei handelt es sich um ein Portmanteau aus „acquisition" und „hiring".

[94] Vgl. EU-Kommission Pressemitteilung v. 18.9.2024 – IP24/4727, abrufbar unter https://ec.europa.eu/commission/presscorner/detail/de/ip_24_4727 (zuletzt abgerufen am 21.8.2025); eine inhaltliche Prüfung konnte allerdings wegen Unterschreitens der Schwellenwerte der FKVO sowie der vom EuGH in der Ilumina/Grail Entscheidung für rechtswidrig erklärten Verweisungspraxis nach Art. 22 FKVO nicht erfolgen.

[95] Siehe Jacop/Maturana NZKart 2025, 186 (188).

[96] Nachdem das Bundeskartellamt im Jahr 2017 den Erwerb der Konzertagentur Four Artists durch CTS Eventim zunächst wegen erheblicher wettbewerblicher Bedenken untersagt hatte, schritt das Bundeskartellamt nicht ein, als daraufhin im Jahr 2019 ein Großteil der Mitarbeiter von Four Artists, darunter auch die Geschäftsführung, zu CTS Eventim wechselte. Nach damaliger Lesart des Bundeskartellamts schien dies weder einen Vermögens- noch einen Kontrollerwerb iSv § 37 Abs. 1 Nr. 1 und Nr. 2 GWB darzustellen und daher nicht unter die Zusammenschlusskontrolle zu fallen.

[97] Bundeskartellamt, Pressemitteilung v. 29.11.2024, abrufbar unter https://www.bundeskartellamt.de/SharedDocs/Meldung/DE/Pressemitteilungen/2024/29_11_2024_Microsoft_Inflection.html (zuletzt abgerufen am 21.8.2025). Auch hier waren jedoch mangels substantieller Inlandstätigkeit von Inflection die relevanten Anmeldeschwellen nicht erfüllt, sodass das Bundeskartellamt von einer materiellen Prüfung des Zusammenschlusses absehen musste; ablehnend Jacop/Maturana NZKart 2025, 186.

über eine eigene Marktpräsenz verfügt und ihm – zumindest potenziell – ein Marktumsatz zugeordnet werden kann.[98] Ausschlaggebend ist also, ob mit dem Personal auch Kundenbeziehungen, geistiges Eigentum, Know-how oder sonstige für die Marktpräsenz relevante Assets übertragen werden.

79 Insoweit ist auch in die Betrachtung einzustellen, welche Art von Tätigkeiten die abgeworbenen Mitarbeiter vollrichten und wie sich deren Anzahl zur Gesamtanzahl der beim Unternehmen verbleibenden Mitarbeiter verhält. Wechselt etwa lediglich ein Geschäftsführer ohne eigene Kundenkontakte oder eigenes, besonderes Know-how, kann man nicht unbesehen mit Verweis auf den Umsatz, den das von ihm betreute Team insgesamt bislang erwirtschaftet hat, auf eine entsprechende Marktposition schließen. Entscheidend ist die Frage, ob es dem angeworbenen Mitarbeiter möglich ist, geschäftliche Verbindungen oder spezielle Kenntnisse und Erfahrungen der ihm vormals unterstellten Mitarbeiter samt dem darauf aufbauenden Umsatz auf den neuen Arbeitgeber zu übertragen.[99] Ist ihm das nicht möglich, fehlt es an dem Kriterium der transferierbaren Marktpräsenz. Der Mitarbeiter repräsentiert daher keinen eigenständigen Unternehmensteil iSd formellen Fusionskontrolle.[100] Gleiches muss gelten, wenn zwar herausgehobene Mitarbeiter abgeworben werden, jedoch der ganz überwiegende Teil der Mitarbeiter im Unternehmen verbleibt und dieses gemeinsam wie gehabt fortführt. Je größer das Unternehmen, desto geringer dürften insoweit die Auswirkungen eines Wechsels einzelner Mitarbeiter auf dessen Marktbedeutung und Fortführungsperspektive sein, sodass hier nicht von einem Übergang der Marktposition auf den neuen Arbeitgeber auszugehen ist.

80 Sofern derartige Zusammenschlüsse negative wettbewerbliche Effekte mit sich bringen, ist in die Betrachtung einzustellen, dass etwaige Abhilfemaßnahmen der Kartellbehörden, bspw. Untersagungen oder Verpflichtungen zur Rückabwicklung von Arbeitsverträgen, einen erheblichen Eingriff in das verfassungsmäßige Recht der freien Arbeitsplatzwahl der betroffenen Personen darstellen und daher den Spielraum der Kartellbehörden bei der Rechtsdurchsetzung begrenzen.[101]

b) Besonderheiten hinsichtlich der Anmeldeschwellen

81 **aa) Die Transaktionswertschwelle, § 35 Abs. 1a GWB.** Der GenAI-Bereich ist von zahlreichen StartUps und neuen Geschäftsmodellen geprägt, die sich zwar relativ rasant entwickeln, jedoch meist noch keine substanziellen Umsätze erzielen. Bei vielen Transaktionen mit GenAI-Bezug werden daher aufgrund geringer nationaler bzw. EU-weiter Umsätze des Zielunternehmens weder die umsatzbasierten Schwellenwerte der FKVO noch des GWB erreicht.

82 Gerade mit Blick auf Zukäufe innovativer, aber verhältnismäßig umsatzschwacher Start-Ups durch global agierende Digitalunternehmen dürfte jedoch der im Zuge der 9. GWB-Novelle 2017 eingeführte § 35 Abs. 1a GWB eine tragende Rolle spielen. Dieser sieht eine subsidiäre, am Transaktionswert orientierte Aufgreifschwelle vor, die die fusionskontrollrechtliche Prüfung von bestimmten Typen von Zusammenschlüssen erlaubt, bei denen Unternehmen zu einem hohen Preis erworben werden, aber nur Umsätze unterhalb der geltenden Inlandsumsatzschwelle von 17,5 Mio. EUR aufweisen. Diese Transaktionswertschwelle soll vor allem mit Blick auf den Digitalbereich dazu dienen, das fusionskontrollfreie Aufkaufen potentieller Wettbewerber in der Frühphase der Markt- bzw. Geschäftsentwicklung durch marktstarke Unternehmen (sog. „killer-acquisitions") zu verhindern.[102]

---

[98] EU-Kommission, Konsolidierte Mitteilung Zuständigkeitsfragen, ABl. 2009 C 43, 10 Rn. 24 mwN; siehe auch Immenga/Mestmäcker/Körber FKVO Rn. 59; FK Kartellrecht/Kuhn, 98. Lieferung, 12/2020, FKVO Art. 3 Rn. 79; Wiedemann KartellR-HdB/Wiedemann § 15 Rn. 40.

[99] Vgl. Bien/Becker WuW 2024, 81 (83).

[100] Siehe Bien/Becker WuW 2024, 81 (83).

[101] Siehe Becker/Bien/Doganoglu NZKart 2025, 41 (42).

[102] Vgl. BT-Drs. 18/10207, 70 f.

§ 35 Abs. 1a GWB ist etwas umständlich formuliert. Sofern das zu erwerbende Unternehmen im letzten Geschäftsjahr vor dem Zusammenschluss in Deutschland Umsätze von weniger als 17,5 Mio. EUR erzielt hat, besteht eine Anmeldepflicht jedoch vereinfacht gesprochen auch dann, wenn: **83**

– die beteiligten Unternehmen im letzten Geschäftsjahr vor dem Zusammenschluss weltweite Umsatzerlöse von insgesamt 500 Mio. EUR erzielt haben und
– ein anderes beteiligtes Unternehmen als das zu erwerbende Unternehmen in Deutschland Umsatzerlöse von mehr als 50 Mio. EUR erzielt hat und
– der Wert der Gegenleistung[103] für den Zusammenschluss mehr als 400 Mio. EUR beträgt und
– das zu erwerbende Unternehmen in erheblichem Umfang im Inland tätig ist.

In derartigen Konstellationen spricht die Disproportionalität zwischen fehlendem oder geringem Umsatz, der zunächst eine fehlende oder geringe Marktbedeutung vermuten lässt, und dem gleichwohl auffällig hohem Kaufpreis dafür, dass das Zielunternehmen über Geschäftsideen mit hohen wettbewerblichen Marktpotenzial verfügt und der Zusammenschluss nicht zuletzt aus Sicht des Erwerbers daher durchaus wirtschaftliche und wettbewerbliche Relevanz besitzt.[104] **84**

Die neue Aufgreifschwelle erfordert zudem eine erhebliche Inlandsauswirkung der Transaktion, die sich allein anhand der aktuellen Tätigkeit des zu erwerbenden Unternehmens bemisst. Insoweit können auch Tätigkeiten, bei denen (noch) keine Monetarisierung erfolgt, eine entsprechende Inlandsauswirkung haben.[105] Da sich branchenspezifische Kriterien für die Erheblichkeit der Inlandstätigkeit erst noch in der Fallpraxis herausbilden müssen, sind insoweit immer noch zahlreiche Fragen ungeklärt. **85**

Das Bundeskartellamt hat in seinem zugehörigen Leitfaden jedoch zwei wesentliche Positionierungen vorgenommen: **86**

– Zum einen soll es an einer Erheblichkeit fehlen, wenn das Zielunternehmen Inlands-Umsatzerlöse von weniger als 17,5 Mio. EUR erzielt und diese Umsatzerlöse die Marktposition und das wettbewerbliche Potenzial des Zielunternehmens angemessen widerspiegeln, es sich also um einen sog. „reifen" Markt handelt.[106]
– Mit Blick auf digitale Geschäftsmodelle, wie (kostenfrei) zur Verfügung gestellte Apps und Websites können neben bzw. anstatt Umsätzen Nutzerzahlen (Monthly Active Users/Daily Active Users) bzw. Zugriffshäufigkeiten (Unique Visitors) als Messgrößen für die Erheblichkeit der Inlandsauswirkung herangezogen werden.[107] Bei Kommunikations- und Lifestyle-Apps geht das Bundeskartellamt bspw. von einer erheblichen Inlandsauswirkung aus, wenn die Gesamtzahl der App-Nutzer in Deutschland 1 Million erreicht.[108]

---

103 Gemäß § 38 Abs. 4a GWB umfasst die Gegenleistung alle Vermögensgegenstände und sonstigen geldwerten Leistungen, die der Veräußerer vom Erwerber im Zusammenhang mit dem Zusammenschluss erhält. Neben dem Kaufpreis gehören dazu bspw. auch bedingte Zahlungen beruhend auf Earn-out-Klauseln, Lizenzgebühren oder sonstigen Zahlungen, die vom Erreichen bestimmter Milestones durch das Zielunternehmen abhängen, aber auch die Übernahme von Verbindlichkeiten und andere dem Veräußerer zufließende Vorteile, vgl. Bundeskartellamt/Bundeswettbewerbsbehörde, Leitfaden Transaktionswert-Schwellen für die Anmeldepflicht von Zusammenschlussvorhaben (§ 35 Abs. 1a GWB und § 9 Abs. 4 KartG), Januar 2022.

104 Vgl. BT-Drs. 18/10207, 70 f.

105 Siehe Bundeskartellamt/Bundeswettbewerbsbehörde, Leitfaden Transaktionswert-Schwellen für die Anmeldepflicht von Zusammenschlussvorhaben (§ 35 Abs. 1a GWB und § 9 Abs. 4 KartG), Rn. 76 ff.

106 Bundeskartellamt/Bundeswettbewerbsbehörde, Leitfaden Transaktionswert-Schwellen für die Anmeldepflicht von Zusammenschlussvorhaben (§ 35 Abs. 1a GWB und § 9 Abs. 4 KartG), Rn. 82.

107 Bundeskartellamt/Bundeswettbewerbsbehörde, Leitfaden Transaktionswert-Schwellen für die Anmeldepflicht von Zusammenschlussvorhaben (§ 35 Abs. 1a GWB und § 9 Abs. 4 KartG), Rn. 65 ff.

108 Bundeskartellamt/Bundeswettbewerbsbehörde, Leitfaden Transaktionswert-Schwellen für die Anmeldepflicht von Zusammenschlussvorhaben (§ 35 Abs. 1a GWB und § 9 Abs. 4 KartG), Rn. 85 ff.

87 Inwieweit sich dies auf GenAI-Dienste übertragen lässt, bleibt abzuwarten. Ausweislich des Fallberichts in Sachen *Microsoft/OpenAI* legt das Bundeskartellamt jedoch offensichtlich die in seinem Leitfaden genannten Nutzerzahlen zugrunde.[109]

88 In der kürzlich ergangenen Entscheidung in Sachen *Meta/Kustomer* scheint der Bundesgerichtshof von einem eher großzügigen Anwendungsbereich der Transaktionswertschwelle des § 35 Abs. 1a GWB auszugehen. Er stellt klar, das grds. nur marginale Inlandstätigkeiten des Zielunternehmens vom Anwendungsbereich der Vorschrift ausgenommen werden sollen.[110] Mit Blick auf den Spezialfall der Verarbeitung von Nutzerdaten unterstreicht der BGH, dass eine „Inlandstätigkeit" iSd § 35 Abs. 1a Nr. 4 GWB auch in einer „mittelbaren" Tätigkeit liegen kann, genauer in einer von der Zielunternehmen im Ausland durchgeführten Auftragsdatenverarbeitung für in Deutschland ansässige gewerbliche Kunden, sofern es sich dabei um die Daten von in Deutschland ansässigen Endkunden handelt.[111]

89 Gleichzeitig stellt der BGH klar, dass auf „unreifen Märkten" sämtliche Kriterien, die mit dem Umsatz des Zielunternehmens oder dessen Wert zusammenhängen (zB Verhältnis zwischen Umsatz und Kaufpreis oder zwischen inländischen und weltweiten Umsätzen bzw. Kundenzahlen), für die Beurteilung der „Inlandsaktivität" eines Zielunternehmens sowie seiner „Erheblichkeit" irrelevant sind. Derartige Kriterien kommen allenfalls dann in Betracht, wenn es sich um „reife Märkte" handelt, auf denen Umsatzerlöse die Marktposition und das wettbewerbliche Potenzial des zu erwerbenden Unternehmens adäquat widerspiegeln.[112]

90 **bb) Verweisung an die EU-Kommission nach Art. 22 FKVO.** Seitens der EU-Kommission gab es während der letzten Jahre wiederholt Bestrebungen, vermeintliche fusionskontrollrechtliche Lücken beim Erwerb innovativer Unternehmen – insbesondere aus dem Digitalbereich – zu schließen.[113] 2021 gab die EU-Kommission eine Änderung ihrer bisherigen Praxis bei Verweisungsanträgen der Mitgliedstaaten nach Art. 22 Abs. 1 FKVO bekannt, die nur Verweisungen von Mitgliedstaaten zuließen, in denen die Voraussetzungen für eine nationale Anmeldung gegeben waren.[114] In einer Kehrtwende wollte die EU-Kommission in geeigneten Fällen – insbesondere im Digitalbereich – nun auch Verweisungsanträge von Mitgliedstaaten nach Art. 22 Abs. 1 FKVO annehmen, die keine eigene Prüfkompetenz hinsichtlich des Zusammenschlusses haben, bzw. eine solche Verweisung nach 22 Abs. 5 FKVO sogar aktiv anregen.[115] Dieser Schwenk der Kommissionpraxis wurde in vielerlei Hinsicht scharf kritisiert[116] und schließlich vom EuGH in der

[109] Vgl. Bundeskartellamt, Fallbericht B6-34/23 v. 15.11.2023, S. 2.

[110] BGH GRUR-RS 2025, 14902 Rn. 48.

[111] BGH GRUR-RS 2025, 14902 Rn. 33.

[112] BGH GRUR-RS 2025, 14902 Rn. 51.

[113] Die EU-Kommission konstatiert eine Zunahme von Zusammenschlüssen, an denen Unternehmen beteiligt sind, die auf dem bzw. den betreffenden Märkten eine bedeutende Rolle im Wettbewerb spielen oder künftig spielen könnten, obwohl sie zum Zeitpunkt des Zusammenschlusses allenfalls geringe Umsätze erzielen. Vor allem im Digitalbereich sei dies besonders ausgeprägt, da dort Dienste regelmäßig mit dem Ziel eingeführt werden, eine Nutzerbasis und/oder kommerziell wertvolle Datenbestände aufzubauen, und erst anschließend versucht wird, diese Dienste zu monetisieren, siehe EU-Kommission, Leitfaden zur Anwendung des Verweisungssystems nach Artikel 22 der Fusionskontrollverordnung auf bestimmte Kategorien von Vorhaben, (2021/C 113/01), Rn. 9.

[114] Die Kommission kann nach Art. 22 Abs. 1 FKVO auf Antrag eines oder mehrerer Mitgliedstaaten jeden Zusammenschluss iSv Art. 3 FKVO prüfen, der keine unionsweite Bedeutung hat, aber den Handel zwischen den Mitgliedstaaten beeinträchtigt und den Wettbewerb im Hoheitsgebiet des betreffenden Mitgliedstaates zu beeinträchtigen droht. Gleichzeitig kann die Kommission nach Art. 22 Abs. 5 FKVO einen Mitgliedstaat auffordern, einen Verweisungsantrag nach Art. 22 Abs. 1 FKVO zu stellen; zur Änderung der Verweisungspraxis siehe EU-Kommission, Leitfaden zur Anwendung des Verweisungssystems nach Artikel 22 der Fusionskontrollverordnung auf bestimmte Kategorien von Vorhaben, 2021/C 113/01, Rn. 8; Wiedemann KartellR-HdB § 17 Rn. 166; Cukurov NZKart 2021, 606 (609).

[115] Siehe EU-Kommission, Leitfaden zur Anwendung des Verweisungssystems nach Artikel 22 der Fusionskontrollverordnung auf bestimmte Kategorien von Vorhaben, 2021/C 113/01, Rn. 11 ff.

[116] Siehe Völcker NZKart 2021, 262; von Schreitter/Urban NZKart 2020, 637; Kredel/Kresken NZKart 2020, 502 (505); Apel/Polley ZWeR 2021, 273 ff.

Grundsatzentscheidung *Illumina/Grail* für rechtswidrig erklärt.[117] Verweisungen an die EU-Kommission nach Art. 22 Abs. 1 FKVO sind seither (wie bereits zuvor) nur noch dann möglich, wenn die verweisende nationale Behörde selbst in formeller Hinsicht für die Prüfung des Zusammenschlusses zuständig ist.

cc) Call-In Rights. Seit geraumer Zeit sehen verschiedene nationale Fusionskontroll- 91 regime, sog. call-in rights der Behörden vor, die es diesen erlaubt bestimmte Zusammenschlüsse auch dann einer *ex officio* Prüfung zu unterziehen, wenn die meist umsatzbezogenen Anmeldeschwellen nicht erreicht sind. Hierdurch sollen – ähnlich wie durch die vom EuGH in Sachen *Illumina/Grail* für rechtswidrig erklärte Änderung der Verweisungspraxis nach Art. 22 FKVO – vermeintliche fusionskontrollrechtliche Lücken beim Erwerb innovativer, jedoch umsatzschwacher Unternehmen geschlossen werden (sog. „gap cases").

In der EU existieren aktuell in Dänemark, Irland, Italien, Schweden, Slowakei, Litauen, 92 Lettland und Ungarn entsprechende Regelungen. Voraussetzung ist meist, dass es Anhaltspunkte gibt, dass durch den Zusammenschluss eine erhebliche Beeinträchtigung des Wettbewerbs im jeweiligen Mitgliedstaat droht. Dies sorgt für erhebliche Rechtsunsicherheit, zumal die Behörden Zusammenschlüsse auch noch nach Vollzug aufgreifen können und zu diesem Zweck teils auch Anordnungen treffen können, um die bereits zusammengeschlossenen Unternehmen zumindest bis zum Abschluss des Prüfverfahrens vorübergehend funktional voneinander zu trennen (bspw. über sog. „hold-separate orders").

Es liegt auf der Hand, dass diese call-in rights nicht zuletzt deshalb eingeführt wurden, um 93 rechtssichere Anknüpfungspunkte für eine Verweisung an die EU-Kommission nach Art. 22 Abs. 1 FKVO zu schaffen. Dies bleibt jedoch nicht unwidersprochen. Aktuell ist bspw. die Entscheidung der italienischen Wettbewerbsbehörde den Erwerb des israelischen AI-Start-ups Run:ai durch Nvidia mittels call-in right *ex officio* aufzugreifen und anschließend nach Art. 22 Abs. 1 FKVO an die EU-Kommission zu verweisen, Gegenstand einer Anfechtung Nvidias vor dem EuG.[118]

dd) Verpflichtende Anzeige von Zusammenschlüssen im Digitalbereich durch „Gatekeeper"; Art. 14 DMA. 94 Sofern es sich beim Erwerber um einen „Gatekeeper" nach dem DMA handelt, kann nach Art. 14 DMA eine Unterrichtungspflicht ggü. der Kommission für gewisse Zusammenschlüsse im Digitalbereich bestehen. Bei dem geplanten Zusammenschluss muss es sich gem. Art. 3 FKVO zumindest um einen (Mit-)Kontrollerwerb über das Zielunternehmen handeln. Keinen relevanten Zusammenschluss stellt danach insbesondere der Erwerb nicht-kontrollierender Minderheitsbeteiligungen bzw. eines wettbewerblich erheblichen Einflusses nach § 37 Abs. 1 Nr. 3 Buchst. a und Nr. 4 GWB dar.

Die Anzeige stellt keine förmliche Anmeldung eines Zusammenschlusses iSv Art. 4 FKVO 95 dar. Die Vorschrift dient jedoch dazu potenziell aufzugreifende Zusammenschlüsse zu identifizieren. Insbesondere kann die Kommission die Anzeige als Anknüpfungspunkt für Unterrichtungen der Mitgliedsstaaten über den Zusammenschluss nutzen. Sofern die Transaktion unterhalb der Schwellenwerte des Art. 1 FKVO bleibt und die Kommission selbst nicht zuständig ist, kann ein solcher Zusammenschluss dann bspw. über den Verweisungsmechanismus des Art. 22 Abs. 1 FKVO über die Mitgliedstaaten wieder an die Kommission gelangen.[119]

Die Verpflichtung zur Meldung besteht nur, wenn das Zielunternehmen beim Kontrol- 96 lerwerb des Gatekeepers mindestens eine von drei Voraussetzungen erfüllt: Das Zielunternehmen muss (i) zentrale Plattformdienste bereitstellen oder (ii) sonstige Dienste im

[117] EuGH NZKart 2024, 571.
[118] Siehe EuG T-15/25 – Nvidia Corp/Europäische Kommission.
[119] Siehe Podszun/Herbers DMA Art. 14 Rn. 1. Wie der EuGH nunmehr in Sachen Illumina/Grail klargestellt hat, muss der verweisende Mitgliedstaat jedoch zumindest selbst formell für die Prüfung des Zusammenschlusses zuständig sein, um diesen wirksam nach Art. 22 FKVO an die Kommission verweisen zu können (→ Rn. 90).

digitalen Sektor oder (iii) die Erhebung von Daten ermöglichen.[120] Die Kommission ist vom Gatekeeper unter Angabe umfassender Informationen[121] vor Vollzug des Zusammenschlusses und nach Vertragsabschluss, Veröffentlichung des Übernahmeangebots oder Erwerb einer die Kontrolle begründenden Beteiligung zu unterrichten. Dies gilt unabhängig davon, ob eine Anmeldepflicht nach der FKVO oder nationaler Fusionskontrollregime besteht, dh die jeweiligen Umsatzschwellen erreicht sind.

97 **ee) Präventive Untersagung von Zusammenschlüssen, Art. 18 Abs. 2 DMA.** Ferner wird die Kommission in Art. 18 Abs. 2 DMA ermächtigt, Gatekeepern, die einer „systematischen Nichteinhaltung" des DMA überführt werden, für einen begrenzten Zeitraum alle Zusammenschlussaktivitäten – unabhängig von ihren wettbewerblichen Auswirkungen – in den Sektoren zu untersagen, die von den systematischen Regelverstößen betroffen sind.[122] Ein solcher systematischer Verstoß wird gem. Art. 18 Abs. 3 DMA vermutet, wenn die EU-Kommission innerhalb eines Zeitraums von acht Jahren mindestens drei Entscheidungen wegen Verstößen gegen den DMA erlassen hat.

98 **ff) Kontrolle fusionskontrollfreier Vorhaben nach Art. 102 AEUV.** Fusionskontrollfreie Zusammenschlüsse im GenAI-Bereich können auch einer behördlichen Überprüfung unter dem Marktmachtmissbrauchsverbot des Art. 102 AEUV unterliegen. Seit der *Towercast*-Entscheidung des EuGH ist klar, dass das Marktmachtmissbrauchsverbot nach Art. 102 AEUV prinzipiell auch auf Zusammenschlüsse angewendet werden kann, die nicht die Schwellenwerte der EU-Fusionskontrollverordnung bzw. nationaler Fusionskontrollregime erreichen. Den Grundsätzen aus der Entscheidung *Continental Can*-Entscheidung des EuGH aus dem Jahr 1973 folgend, ist ein Zusammenschluss demnach missbräuchlich, wenn (i) der Erwerber eine bereits bestehende marktbeherrschende Stellung innehat und (ii) infolge des Zusammenschlusses eine erhebliche Behinderung des Wettbewerbs droht, weil nur noch Unternehmen auf dem Markt verbleiben, die in ihrem Marktverhalten vom Marktbeherrscher abhängig sind.[123]

99 Dies bedeutet, dass nationale Wettbewerbsbehörden die Möglichkeit haben, solche Zusammenschlüsse auch nach Vollzug zu prüfen und gegebenenfalls Maßnahmen zu ergreifen, um wettbewerbswidrige Auswirkungen zu verhindern. Wenngleich diese Option aus Behördensicht verhältnismäßig aufwändig und wegen erhöhter Beweisanforderungen äußerst zeitraubend erscheint, gibt es jedoch bereits erste konkrete Anwendungsfälle.[124] Daher sollte diese Option bei der Transaktionsplanung und der vertraglichen Risikoverteilung in den Transaktionsdokumenten mitbedacht werden.

---

[120] Im Detail siehe Podszun/Herbers DMA Art. 14 Rn. 9 ff.

[121] Gefordert werden mindestens eine Beschreibung der an dem Zusammenschluss beteiligten Unternehmen, ihre unionsweiten und weltweiten Jahresumsätze, ihre Tätigkeitsbereiche, einschließlich der unmittelbar mit dem Zusammenschluss in Verbindung stehenden Tätigkeiten, und der Transaktionswert des Vertrags oder einen entsprechenden Schätzwert sowie eine zusammenfassende Beschreibung des Zusammenschlusses, einschließlich seiner Art und der ihm zugrunde liegenden Beweggründe und einer Aufstellung der von dem Zusammenschluss betroffenen Mitgliedstaaten. Ferner den unionsweiten Jahresumsatz, die Zahl der jährlich aktiven gewerblichen Nutzer und die Zahl der monatlich aktiven Endnutzer jedes betreffenden zentralen Plattformdienstes.

[122] Dazu im Detail Podszun/Huerkamp/Nuys DMA Art. 18 Rn. 38 ff.; Schöning/von Schreitter WuW 2022, 582 ff.

[123] Siehe EuGH ECLI:EU:C:2023:207 Rn. 52 – Towercast.

[124] Siehe der Proximus-Fall der belgischen Wettbewerbsbehörde, Pressemitteilung v. 22.3.2023, https://www.belgiancompetition.be/en/about-us/actualities/press-release-nr-10-2023 (zuletzt abgerufen am 21.8.2025).

Kapitel 6 Virtualisierung

Erweiterte Realität und Metaverse

§ 67 Einführung

Schrifttum:
Kaulartz/Schmid/Müller-Eising, Das Metaverse – eine rechtliche Einführung, RDi 2022, 521; Wagner/Holm-Hadulla/Ruttloff, Metaverse und Recht, 2023.

Spätestens seit der Umbenennung des Unternehmens „Facebook“ in „Meta“ im Jahre 2021[1] ist der Begriff „Metaverse“ in den Fokus der breiten Öffentlichkeit gelangt. Darunter werden als Oberbegriff (bzw. als Konzept[2]) digitale, dreidimensionale Umgebungen beschrieben, die durch Nutzer interaktiv und gemeinsam mit anderen Nutzern im Rahmen von kulturellen, sozialen und geschäftlichen Interaktionen erlebt werden können. Innerhalb eines Metaverse können Nutzer aus aller Welt unabhängig von Ländergrenzen miteinander agieren und in Kontakt treten. 1

Ein „einziges“, allumfassendes Metaverse gibt es bisher nicht und wird es vielleicht auch nie geben.[3] Vielmehr existieren viele unterschiedliche Plattformen[4] in unterschiedlichen Organisationsformen (teilweise als DAO → § 6 Rn. 1 f.), die – jede für sich betrachtet – als Metaverse anzusehen sind.[5] 2

Die Teilnahme am Metaverse und die Interaktion mit anderen Nutzern erfolgt durch virtuelle Avatare, also animierte, vom Nutzer steuerbare und gestaltbare Charaktere, und digitale Identitäten.[6] Interaktionen im Metaverse sind deshalb oftmals von Anonymität und Pseudonymität geprägt. Für den Zugang zu einem Metaverse ist eine Internetverbindung erforderlich. Oftmals werden zudem Augmented-Reality (AR) und Virtual-Reality (VR) Technologien (beispielsweise VR-Brillen, -Headsets, -Handschuhe oder spezifische VR-Software[7]) eingesetzt, um eine immersive Erfahrung des Metaverse zu ermöglichen. So können Nutzer die Metaverse-Umgebungen in einem dreidimensionalen Raum erfahren und sich darin bewegen. 3

Derzeit werden Metaverse-Plattformen hauptsächlich noch für Unterhaltungsanwendungen genutzt. Im Vordergrund steht dabei vor allem der Gaming-Charakter des Metaverse. Aber auch digitale Galerien,[8] Museen[9] oder Konzerte haben bereits ihren Platz im Metaverse 4

---

1 Vgl. etwa Spiegel, Facebook heißt jetzt Meta, abrufbar unter https://www.spiegel.de/netzwelt/web/facebook-heisst-jetzt-meta-der-digitalkonzern-benennt-sich-um-a-2eaadb52-d023-4478-8c7c-6210aaa4d283 (zuletzt abgerufen am 29.8.2025).

2 Kaulartz/Schmid/Müller-Eising RDi 2022, 521 Rn. 4.

3 Offener Kaulartz/Schmid/Müller-Eising RDi 2022, 521 Rn. 15 f. sofern die Interoperabilität zwischen den verschiedenen Metaverse-Plattformen gewährleistet wäre.

4 Beispielsweise The Sandbox, abrufbar unter https://www.sandbox.game/en/ (zuletzt abgerufen am 29.8.2025) oder Decentraland, abrufbar unter https://decentraland.org/ (zuletzt abgerufen am 29.8.2025).

5 Wagner/Holm-Hadulla/Ruttloff Metaverse und Recht/Wagner/Holm-Hadulla/Ruttloff Vorwort XXI.

6 Bei einem solchen Avatar handelt es sich deshalb nicht notwendigerweise um einen digitalen Zwilling, vgl. Kaulartz/Schmid/Müller-Eising RDi 2022, 521 Rn. 13 f.

7 Vgl. Wagner/Ruttloff/Holm-Hadulla Metaverse und Recht/Weidert/Molle/von Werder § 6 Rn. 370 f.

8 The CryptoVoxels Art Gallery ist eine virtuelle, auf der Ethereum Blockchain basierende Kunstgalerie, vgl. https://www.cryptovoxels.com/ (zuletzt abgerufen am 29.8.2025).

9 The Museum of Other Realities (MOR) ist ein virtuelles Museum, das immersive und interaktive Ausstellungen von digitaler Kunst und VR-Erlebnissen bietet, vgl. https://www.museumor.com/ (zuletzt abgerufen am 29.8.2025).

gefunden. Zudem ermöglicht das Metaverse den Handel zwischen verschiedenen Plattformnutzern – einerseits den Handel mit digitalen Gegenständen (häufig NFTs → § 18 Rn. 3 f.), beispielsweise um den eigenen Avatar einzukleiden, die eigene Wohnung im Metaverse einzurichten oder um bestimmte NFTs als Vermögenswerte zu besitzen, andererseits aber auch den Handel mit realen Gegenständen. Im letzteren Fall kann beispielsweise ein Kaufhaus im Metaverse abgebildet werden, dass dem Erwerb von Gegenständen dient, die anschließend in der realen Welt an den Käufer geliefert werden.[10] Anders als bei einem Online-Marktplatz können die Kaufgegenstände in diesem Fall nicht nur durch Bild-, Video- oder Textinhalte dargestellt bzw. beschrieben werden, sondern im Rahmen einer immersiven Erfahrung fühl- und erlebbar gemacht werden.

5 Insbesondere das letzte Beispiel zeigt, dass zunehmend auch Unternehmen ihre Aktivitäten ins Metaverse verlagern, sei es, um dort eine eigene Unternehmenspräsenz zu unterhalten, um das Metaverse als Verkaufsplattform zu nutzen oder sogar um die eigenen unternehmerischen Aktivitäten im Metaverse zu betreiben. Unter dem Stichwort Industrial Metaverse wird zudem diskutiert, inwiefern Produktions- und Fertigungsprozesse mithilfe digitaler Zwillingstechnologie im Metaverse abgebildet werden können, um mögliche Optimierungspotenziale oder Probleme bzw. Problemlösungen in der realen Welt frühzeitig erkennen zu können.[11]

6 In rechtlicher Perspektive können sich im Metaverse-Kontext dem Grunde nach dieselben rechtlichen Fragen stellen, wie auch in der realen Welt. An sich spielt es in einem ersten Zugriff aus rechtlicher Sicht auch keine Rolle, ob ein Vertrag im Metaverse oder „offline" geschlossen wurde. Die rechtliche Bewertung konkreter Sachverhalte im Metaverse-Kontext kann dennoch mit erheblichen Schwierigkeiten verbunden sein. Im folgenden Abschnitt wird deshalb den marken- und designrechtlichen (→ § 68), datenschutzrechtlichen (→ § 69), arbeitsrechtlichen (→ § 70), urheberrechtlichen (→ § 71), vertrags- und wettbewerbsrechtlichen (→ § 72) und kartellrechtlichen (→ § 73) Herausforderungen im Kontext des Metaverse nachgegangen.

§ 68 Marken- und Designrecht

Übersicht

[10] Beispielsweise das US-Warenhaus Bloomingdales hat bereits ein Einkaufszentrum im Metaverse eröffnet, vgl. https://www.bloomingdales.com/c/anniversary/metaverse-shopping/ (zuletzt abgerufen am 29.8.2025).

[11] Siehe hierzu Siemens, Das Industrial Metaverse: Was ist das, und warum wird es wichtig?, abrufbar unter https://www.siemens.com/de/de/unternehmen/insights/was-ist-das-industrial-metaverse.html (zuletzt abgerufen am 29.8.2025).

Schrifttum:

Bachmann, Der Gerichtsstand der unerlaubten Handlung im Internet, IPRax 1998, 179; Bettinger/Thum, Territoriales Markenrecht im Global Village – Überlegungen zu internationaler Tatortzuständigkeit, Kollisionsrecht und materiellem Recht bei Kennzeichenkonflikten im Internet, GRUR Int 1999, 659; Bingener, Markenrecht, 4. Auflage 2022; Birk, Unionsmarke und nationale Marke im Verletzungsprozess, GRUR-Prax 2021, 299; Brtka, eSport: Die Spiele beginnen – Welche Rechtsfragen sind zu klären?, GRUR-Prax 2017, 500; Budzikiewicz/Weller/Wurmnest, beck-online.Großkommentar Rom II-VO, Stand: 1.7.2023; Büscher/Kochendörfer, Beck'scher Online-Kommentar UMV, 36. Ed. 1.2.2025; EUIPO, Impact of the Metaverse on Infringement and Enforcement of Intellectual Property, Impact of Technology Deep Dive Report II, October 2024; Fezer, Markenrecht, 5. Auflage 2023; Grünberger, Das Urheberrechtsstatut nach der Rom II-VO, ZVglRWiss 108 (2009), 134; Grünberger, Zuständigkeitsbegründender Erfolgsort bei Urheberrechtsverletzungen, IPRax 2015, 56; Hentsch/Falk, Games und Recht Handbuch, 1. Auflage 2023; Janal, Europäisches Zivilverfahrensrecht und Gewerblicher Rechtsschutz, 2015; Kindler, Der europäische Deliktsgerichtsstand und die gewerblichen Schutzrechte, GRUR 2018, 1107; Kur, Durchsetzung gemeinschaftsweiter Schutzrechte: Internationale Zuständigkeit und anwendbares Recht, GRUR-Int. 2014, 749; Kur/v. Bomhard/Albrecht, Beck'scher Online-Kommentar Markenrecht, 42. Ed. 1.7.2025; McGuire, Internationale Zuständigkeit bei Markenverletzung durch Keyword-Advertising, ZEuP 2014, 155; Metzger, Perspektiven des internationalen Urheberrechts – Zwischen Territorialität und Ubiquität, JZ 2010, 929; Musielak/Voit, Kommentar ZPO, 22. Auflage 2025; Ohly, Kennzeichenkonflikte im Internet, in Leible (Hrsg.) Die Bedeutung des Internationalen Privatrechts im Zeitalter der neuen Medien, 2003, 135; Rauscher, Internationales Privatrecht, 5. Auflage 2017; Rauscher, Kommentar Europäisches Zivilprozess- und Kollisionsrecht, 5. Auflage 2021; Rauscher/Krüger, Münchener Kommentar zur ZPO, 3. Band, 6. Auflage 2022; Rauda, Recht der Computerspiele, 2013; Reinholz, Metaverse und Recht: Markenrecht, GRUR-Prax 2023, 585; Saw/Chan, The Subsistence and Enforcement of Copyright And Trademark Rights in The Metaverse, SMU Centre for AI & Data Governance Research Paper No. 03/2023; Schmid/Düwel, Reale Gebäude und Gegenstände in Computerspielen, MMR 2020, 155; Steege/Chibanguza, Metaverse, 2023; Stein/Jonas, Kommentar zur Zivilprozessordnung, 23. Auflage 2022; Stoll/Tann, Virtuelle Waren und Dienstleistungen im Markenrecht – Anmeldung, Durchsetzung und Erhaltung von Marken für „virtual goods and services", GRUR-Prax 2025, 45; Stoll/Tann, Übertragung der Verbraucherwahrnehmung auf virtuelle waren (Glasgütte), GRUR-Prax 2025, 60; Tann, Markenrechtlicher Schutz im Metaverse – Warenähnlichkeit von virtuellen Gütern (insbesondere NFT) zu analogen Gütern und Softwareprodukten, GRUR 2022, 1644; Tenkhoff/Herzog, BPatG zu „VR-Perfekt" – Virtuelle Realität oder Volks- und Raiffeisenbanken?, GRUR-Prax 2023, 395; Tenkhoff/Grotkamp/Burgess-Tate, Brands in the Metaverse: The Concept of „Interdimensional Confusion" Between the Physical and the Virtual Space under EU Trade Mark Law, GRUR Int. 2023, 643; Uhlenhut/Bernhardt, Markenrecht im Metaverse, WRP 2023, 139; Voegeli-Wenzl, Reformvorschläge zur Modernisierung des europäischen Designrechts – Teil I, GRUR-Prax 2023, 189; Von Fuchs, Die Marke in der virtuellen Realität, GRUR-Prax 2019, 104; Vorwerk/Wolf, Beck'scher Online-Kommentar ZPO, 56. Ed. 1.3.2025

Die fortschreitende Digitalisierung eröffnet zahlreiche Anwendungsfelder für Darstellungen 1
von Waren- und Dienstleistungen im virtuellen Raum – digitale Fashion, virtuelle Welten in

Computerspielen, Collectibles und vielfältige Werbemöglichkeiten.[1] Hier bestehen verschiedene Möglichkeiten diese virtuelle Kreationen immaterialgüterrechtlich schützen zu lassen.[2] Eine zunehmende Virtualisierung ist dabei eine technische Weiterentwicklung zur Darstellung von Inhalten und damit eine neue Zugangsform gegenüber dem Web2.0. Diese Entwicklung umfasst dabei auch die Erschaffung von immersiven virtuellen Welten im Zusammenhang mit dezentralen Plattformen, die auf der Blockchain-Technologie basieren.

2 Im Folgenden werden die rechtlichen Grundlagen des Marken- und Designrechts im Kontext von virtuellen Welten dargestellt und Handlungsoptionen für das Marken- und Designportfolio aufgezeigt. Relevantester Anwendungsfall sind dabei virtuelle Güter und Dienstleistungen im Bereich von Augmented Reality (AR) und Virtual Reality (VR). AR erweitert die reale Umgebung durch digitale Inhalte wie Texte, Bilder oder 3D-Objekte, die in Echtzeit über mobile Geräte dargestellt werden. VR will dagegen eine möglichst reale Welt durch eine vollständig computergenerierte Umgebung erschaffen, in die der Verwender mithilfe von VR-Headsets immersiv eintaucht.[3]

I. Marke

1. Gesetzlicher Rahmen

3 Der Markenschutz in der Europäischen Union ist zweigeteilt: Ein einheitlicher Schutz in der gesamten Europäischen Union wird durch die Unionsmarkenverordnung (UMV)[4] gewährleistet, während nationale Marken durch das deutsche Markengesetz (MarkenG)[5] geschützt werden. Die EU-Markenrichtlinie (MRL)[6] harmonisiert die nationalen Markengesetze dabei weitgehend.

2. Markenanmeldung

a) Entstehung des Markenschutzes

4 Der Markenschutz entsteht grundsätzlich mit Eintragung in das nationale oder europäische Markenregister (Registermarke). Nach deutschem Recht kann der Markenschutz auch durch bloße Benutzung eines Zeichens im geschäftlichen Verkehr entstehen, soweit das Zeichen innerhalb beteiligter Verkehrskreise als Marke Verkehrsgeltung erworben hat (Benutzungsmarke),[7] und durch die notorische Bekanntheit einer Marke (Notorietätsmarke).[8]

b) Markenfähigkeit

5 Einer Eintragung von Marken, die hauptsächlich oder primär dem virtuellen Raum bestimmt sind, steht grundsätzlich nichts entgegen – auch insoweit besteht der Bedarf, dass Waren oder Dienstleistungen entsprechend ihrer Herkunft untereinander abgrenzbar sein müssen (vgl. § 3 Abs. 1 MarkenG, Art. 4 lit. a UMV).[9]

6 Dabei kann nahezu die ganze Bandbreite von Markenformen relevant werden: Neben klassischen Markenformen wie der Wort- und Bildmarke haben dreidimensionale Marken,

[1] Stoll/Tann GRUR-Prax 2025, 45 (45).
[2] Vgl. die Aufstellung des EUIPO, Impact of the Metaverse on Infringement and Enforcement of Intellectual Property, Impact of Technology Deep Dive Report II, October 2024, S. 56 f.
[3] Stoll/Tann GRUR-Prax 2025, 45 (45).
[4] VO (EU) 2017/1001, ABl. 2017 L 154, 1–99.
[5] Markengesetz vom 25.10.1994 (BGBl. 1994 I 3082), zuletzt geändert durch Artikel 1 der Verordnung vom 24.6.2024 (BGBl. 2024 I Nr. 215).
[6] RL (EU) 2015/2436, ABl. 2015 L 336, 1–26.
[7] § 4 Nr. 2 MarkenG.
[8] § 4 Nr. 3 MarkenG.
[9] BeckOK MarkenR/Kur MarkenG § 3 Rn. 22.

Bewegungsmarken und Multimediamarken besonderes Potential in virtuellen Umgebungen.[10]

7 Die sinnliche Wahrnehmung von Marken in virtuellen Welten ist bei den aktuellen technischen Möglichkeiten meist auf das Sehen und das Hören beschränkt. Bei entsprechender technischer Entwicklung wären allerdings auch Tast- oder Geruchsmarken denkbar. Dies steht allerdings noch am Anfang.[11]

c) Nicht schutzfähige Marken

8 Im Zusammenhang mit virtuellen Umgebungen sind gewisse Marken nicht schutzfähig, weil es ihnen für bestimmte Waren und Dienstleistungen an Unterscheidungskraft mangelt[12] oder sie beschreibend sind.[13]

9 Berücksichtigt werden sollte, dass Abkürzungen wie VR oder AR die Unterscheidungskraft für alle Bereiche fehlt, in denen diese Technologien zum Einsatz kommen können.[14]

10 Auch die Eintragung verschiedener Begriffe mit Bezug zum Metaverse wurde von den Markenämtern beanstandet. Die Marke „Creators of the Metaverse“[15] ist dabei für zahlreiche Waren- und Dienstleistungen, die im Zusammenhang mit dem Metaverse stehen, beschreibend. Dies gilt nach dem EUIPO für Softwareentwicklung, Marketing- und Öffentlichkeitsmaßnahmen, Personalmanagement und Unternehmensberatung, da dem relevanten Verkehr lediglich Information über Art, Zweck und thematischem Inhalt der Waren und Dienstleistungen vermittelt wird. Gleiches gilt für „Metaverse Forum“[16] in Bezug auf die Durchführung und Organisation von Veranstaltungen sowie Telekommunikationsdienstleistungen.

11 Für die Begriffsbedeutung im Kontext von virtuellen Räumen ist dabei auch die weitere technologische Entwicklung entscheidend: In der physischen Welt wäre eine Eintragung von „Kaminfeuer“ für Parfüm ausgeschlossen, da es die ungefähre Duftrichtung eines Parfüms beschreiben kann[17] – ob diese Bewertung für virtuelle Parfüms ähnlich ausfällt, hängt entscheidend vom dem Verkehrsverständnis und damit davon ab, ob die Darstellung von Gerüchen in virtuellen Räumen technisch möglich ist.[18]

d) Schutz bekannter Marken

12 Beim Schutz von bekannten Marken in Bezug auf virtuelle Welten gelten die allgemeinen Grundsätze. Ein wesentlicher Vorteil: Im Gegensatz zur Registermarke ist für einen erfolgreichen Widerspruch lediglich eine gedankliche Verknüpfung zwischen den Marken erforderlich – eine Verwechslungsgefahr muss nicht vorliegen.[19] Für eine gedankliche Verknüpfung ist dabei ausreichend, wenn die beteiligten Verkehrskreise einen Zusammenhang zwischen den Zeichen herstellen.[20]

13 Für virtuelle Güter ist dabei besonders relevant, ob diese regelmäßiger Bestandteil des jeweiligen Produktportfolios sind: Wenn das Unternehmen häufig Produkte oder Werbe-

10 Zu den verschiedenen Anforderungen an die Eintragung siehe Bingener MarkenR 3 Rn. 22 ff.

11 So versucht das Unternehmen OVR technology bei digitalen Erlebnissen auch den Geruchssinn anzusprechen. Eine Entwicklung des Unternehmens ist eine Ergänzung zu Virtual Reality Headsets, bei der ein Gerät angebracht wird, das unterschiedliche Gerüche erzeugen kann und damit die virtuelle Erfahrung ergänzt, https://ovrtechnology.com/about/.

12 Art. 7 Abs. 1 lit. b UMV; § 8 Abs. 2 Nr. 1 MarkenG.

13 Art. 7 Abs. 1 lit. c UMV; § 8 Abs. 2 Nr. 2 MarkenG.

14 Vgl. BPatG GRUR 2023, 819; Tenkhoff/Herzog GRUR-Prax 2023, 395 (395).

15 EUIPO, Anmelde-Nr. 018869228, 5.9.2023.

16 DPMA, Anmelde-Nr. 3020220061046, 2.6.2023.

17 Beispiel nach Uhlenhut/Bernhardt WRP 2023, 139 (142).

18 Uhlenhut/Bernhardt WRP 2023, 139 (142).

19 Art. 8 Abs. 5; 9 Abs. 2 lit. c UMV; §§ 9 Abs. 1 Nr. 3; 14 Abs. 2 Nr. 3 MarkenG.

20 EuGH GRUR 2004, 58 Rn. 29.

maßnahmen in virtuellen Welten präsentiert, sind Verbraucher eher gehalten eine Produktpräsentation mit einem Zeichen zu verknüpfen.[21]

e) Ausgestaltung des Waren- und Dienstleistungsverzeichnis

14 Praktisch besonders relevant ist die genaue Festlegung des Waren- und Dienstleistungsverzeichnisses im Zusammenhang mit virtuellen Waren. Das EUIPO hatte sich bereits in einer Stellungnahme vom 23.6.2022 mit dem Umgang mit virtuellen Waren und dem Metaverse auseinandergesetzt.[22] Diese Grundlagen wurden in die Marken- und Geschmacksmusterrichtlinien des EUIPO (EUIPO-Guidelines) übernommen und sollen im Folgenden dargestellt werden.

15 **aa) Virtuelle Waren.** Virtuelle Waren definiert das EUIPO als „nicht-physische Gegenstände, die im geschäftlichen Verkehr in Online- oder virtuellen Umgebungen verwendet werden sollen."[23] Das EUIPO unterscheidet dabei drei Kategorien: Erstens virtuelle Waren, die reale Waren abbilden, zweitens virtuelle Waren, die die Funktion realer Waren darstellen oder nachahmen und drittens virtuelle Waren, die Gegenstände abbilden, die in der realen Welt keine Entsprechung haben.[24]

16 Unabhängig von der Einteilung in diese Kategorien müssen virtuelle Waren in Klasse 9 eingetragen werden.[25] Eine Klassifizierung entsprechend der realen Güter, die abgebildet oder deren Funktion dargestellt oder nachgeahmt werden sollen, ist gerade nicht erforderlich.[26] Das EUIPO begründet die pauschale Einordnung in Klasse 9 damit, dass die virtuellen Gegenstücke regelmäßig nur die Eigenschaften der realen Güter nachahmen, aber nicht die gleiche Funktion erfüllen. Das EUIPO führt dazu aus:

„Virtuelle Bekleidungsstücke in Klasse 9 können verwendet werden, um einen Avatar (mit einem digitalen Bild von Bekleidungsstücken) zu „kleiden", doch haben sie nicht denselben Zweck wie reale Bekleidungsstücke in Klasse 25 (d. h. Kleidungsstücke, die normalerweise von Menschen verwendet werden, um ihren Körper zu bedecken)."[27]

17 Diese Argumentation ist an sich nicht zwingend[28], dürfte aber wohl in den allermeisten Fällen zu überzeugenden Ergebnissen führen: Insbesondere fiktive Gegenstände, die in der realen Welt keine Entsprechung haben, wären sonst von der Eintragung ausgeschlossen.[29] Lediglich im Fall von Luxusgegenständen, Sammlerstücken oder Collectibles stößt die Abgrenzung an ihre Grenzen, da hier nicht hinreichend berücksichtigt wird, dass nicht die Funktion, sondern das Statusbedürfnis oder eine Wertsteigerung im Vordergrund stehen – genauso wie bei physischen Gegenstücken.

18 Dabei konkretisiert das EUIPO, dass der Begriff der „virtuellen Ware" für sich genommen zu unbestimmt ist, um eingetragen zu werden. Insofern ist eine genaue Spezifizierung im Register entscheidend. Damit ist eine Verbindung von virtueller Ware mit der jeweiligen tatsächlichen Entsprechung erforderlich.[30]

---

21 Steege/Chibanguza Metaverse-HdB/Tann § 14 Rn. 65 ff.

22 EUIPO, Virtuelle Waren, Non-Fungible-Tokens und Metaverse, 23.6.2022, abrufbar unter https://euipo.europa.eu/ohimportal/de/news-newsflash/-/asset_publisher/JLOyNNwVxGDF/content/pt-virtual-goods-non-fungible-tokens-and-the-metaverse, zuletzt abgerufen am 8.8.2025.

23 EUIPO-Guidelines, Teil B Abs. 3 Kap. 4 Rn. 4.4.1.

24 EUIPO-Guidelines, Teil B Abs. 3 Kap. 4 Rn. 4.4.1.

25 EUIPO-Guidelines, Teil B Abs. 3 Kap. 4 Rn. 4.4.1.

26 Stoll/Tann GRUR-Prax 2025, 45 (46).

27 EUIPO-Guidelines, Teil B Abs. 3 Kap. 4 Rn. 4.4.1.

28 So ist der Fall vorstellbar, dass in der virtuellen Umgebung eines Computerspiels Kommunikation mit anderen Spielern per Smartphone möglich ist. Hierbei wird nicht nur die Funktion imitiert, sondern der Zweck der virtuellen und der realen Ware stimmt überein.

29 Fezer/Bingener kritisieren daran, dass die virtuellen Waren nicht als Fortentwicklung realer Güter angesehen werden und damit nicht mehr vom Warenverzeichnis erfasst sind, Fezer MarkenR/Fezer/Bingener § 32 Rn. 46.

30 Befürwortet von Stoll/Tann GRUR-Prax 2025, 45 (46); Uhlenhut/Bernhardt WRP 2023, 139 (141); Tann GRUR 2022, 1644 (1646).

Das EUIPO nennt als zulässige Beispiele: „virtuelle Waren, d. h. virtuelle Kleidung“ und „virtuelle Kosmetika“.[31]

Eine Konkretisierung der technischen Form der virtuellen Waren (zB digitale Datei oder herunterladbare Software) ist nach dem EUIPO nicht erforderlich.[32] Zu virtuellen Waren im Zusammenhang mit NFTs, vgl. → § 21 Rn. 7 ff. 19

bb) Virtuelle Dienstleistungen. Bei virtuellen Dienstleistungen differenziert das EUIPO parallel zu virtuellen Gütern zwischen drei Szenarien: Erstens existieren Dienstleistungen aus der realen Welt, die in einer virtuellen Umgebung erbracht werden. Zweitens gibt es virtuelle Dienstleistungen, die eine reale Dienstleistung in einer virtuellen Umgebung nachahmen und drittens virtuelle Dienstleistungen, die keine echte Entsprechung in der realen Welt haben. 20

Die jeweilige Klasse ist nach dem EUIPO abhängig von den Auswirkungen in der realen Welt.[33] Insoweit hat die Art und Weise oder das Medium, wie die Dienstleistung erbracht wird, grundsätzlich keinen Einfluss auf die Klassifizierung.[34] In diesem Fall ist die relevante Klasse diejenige der Dienstleistung. 21

So ist eine Finanzberatung nach dem EIPO unabhängig davon, ob sie persönlich, telefonisch oder in einer virtuellen Welt erbracht wird, in Klasse 36 einzutragen.[35]

Eine andere Klassifizierung ist nur erforderlich, wenn sich der Zweck oder das Ergebnis der Dienstleistung durch die virtuelle Umgebung ändert.[36] Dies dürfte regelmäßig der Fall sein, wenn ein virtueller Dienst einen realen Dienst imitiert oder keine Entsprechung in der realen Welt hat (Szenario 2 und 3 → Rn. 20).[37] 22

Das EUIPO führt an, dass Transportdienstleistungen in Klasse 39 den tatsächlichen Transfer betreffen. Eine Beförderung eines Avatars in einer virtuellen Umgebung ahmt diese Tätigkeit nur nach – sie hat nicht das gleiche Ergebnis oder Ziel, wie die tatsächliche Dienstleistung. Insofern wären eine simulierte Reiseleistung, die in einer virtuellen Umgebung für Unterhaltszwecke angeboten wird bzw. virtuelle Transportdienstleistungen für Spielzwecke in Klasse 41 einzutragen.[38]

Schwierige Abgrenzungsfälle sind allerdings auch hier absehbar: Ein Hometrainer, mit dem man in einer virtuellen Welt an Fahrradrennen und Fitnesskursen teilnehmen kann, könnte für Fitnessstudios (Klasse 41), Computerspiele (Klasse 9) oder Steuergeräte für Spielekonsolen (Klasse 28) einzutragen sein. 23

Zu beachten ist, dass auch der Begriff „Bereitstellung eines virtuellen Umfelds“ nach Ansicht des EUIPO nicht ausreichend klar ist – dieser kann sich auf unterschiedliche Tätigkeitsbereiche und Klassen beziehen. Damit ist auch hier eine genauere Spezifizierung erforderlich.[39] 24

Klasse 42: „Hosting einer virtuellen Umgebung oder Wartung eines virtuellen Umfelds“, Klasse 38: „Bereitstellung eines Zugangs zu einer virtuellen Umgebung“.[40]

31 EUIPO-Guidelines, Teil B Abs. 3 Kap. 4 Rn. 4.4.1.
32 EUIPO-Guidelines, Teil B Abs. 3 Kap. 4 Rn. 4.4.1.
33 EUIPO-Guidelines, Teil B Abs. 3 Kap. 4 Rn. 4.4.2.
34 Ebenso Nizza-Klassifikation, 12. Ausgabe 2025, S. 4.
35 EUIPO-Guidelines, Teil B Abs. 3 Kap. 4 Rn. 4.4.2.
36 EUIPO-Guidelines, Teil B Abs. 3 Kap. 4 Rn. 4.4.2.
37 EUIPO-Guidelines, Teil B Abs. 3 Kap. 4 Rn. 4.4.2.
38 EUIPO-Guidelines, Teil B Abs. 3 Kap. 4 Rn. 4.4.2.
39 EUIPO-Guidelines, Teil B Abs. 3 Kap. 6 Anhang Rn. 6.76.
40 EUIPO-Guidelines, Teil B Abs. 3 Kap. 6 Anhang Rn. 6.76.

Praxishinweis:

25 Von zentraler praktischer Relevanz ist die korrekte Ausgestaltung des Waren- und Dienstleistungsverzeichnisses. Virtuelle Waren sind nach der Praxis des EUIPO ausnahmslos in Klasse 9 zu klassifizieren, wobei eine präzise Spezifizierung (zB „herunterladbare virtuelle Bekleidung“) unerlässlich ist, da der Oberbegriff „virtuelle Waren“ als unzureichend gilt. Bei virtuellen Dienstleistungen ist hingegen zu differenzieren: Wird eine reale Dienstleistung lediglich in einer virtuellen Umgebung erbracht, verbleibt es bei der herkömmlichen Klasse. Ändert sich jedoch der Zweck hin zu reiner Unterhaltung oder Simulation, ist eine Klassifizierung in Klasse 41 geboten. Zudem ist bei der Wahl des Zeichens zu beachten, dass Begriffe, die auf die virtuelle Natur hinweisen (zB „VR“, „Metaverse“), für entsprechende Waren und Dienstleistungen regelmäßig als beschreibend zurückgewiesen werden.

3. Markenverletzung

26 Wesentliche Instrumente zum Schutz einer Marke sind die Ansprüche auf Unterlassung[41] und Schadensersatz[42] sowie der Widerspruch[43] gegen jüngere Marken. Diese setzen die Feststellung einer Markenverletzung voraus und erfordern daher die kumulative Prüfung der zentralen Voraussetzungen der Verwechslungsgefahr (a), der markenmäßigen Benutzung (b) sowie der fehlenden Erschöpfung (c).

a) Verwechslungsgefahr

27 Im Rahmen der Prüfung der Verwechslungsgefahr ist eine Berücksichtigung aller relevanten Umstände des Einzelfalls erforderlich.[44] Hier kommt der Ähnlichkeit der Waren- und Dienstleistungen, der Ähnlichkeit der Markenzeichen und dem Grad der Kennzeichnungskraft der Marken entscheidende Bedeutung zu.[45]

28 **aa) Zeichenähnlichkeit.** In Bezug auf die Zeichenähnlichkeit gelten die allgemeinen Grundsätze.[46] Dabei ist zu berücksichtigen, dass alle Bestandteile einer Marke, die beschreibend oder nicht unterscheidungskräftig sind, für sich genommen keine Verwechslungsgefahr begründen können[47] (→ Rn. 7 ff.).

29 **bb) Waren- und Dienstleistungsähnlichkeit. (1) Allgemeine Grundsätze.** Um die Waren- und Dienstleistungsähnlichkeit festzustellen, muss zunächst der relevante Verkehrskreis ermittelt werden.[48] Anschließend sind „alle erheblichen Faktoren zu berücksichtigen, die das Verhältnis zwischen den Waren oder Dienstleistungen kennzeichnen.“[49] Dazu gehören unter anderem Art, Verwendungszweck, Nutzung und die Komplementarität der Produkte. Auch können die Vertriebskanäle und die übliche betriebliche Herkunft relevant werden.[50]

30 Die Versuche, konkrete Leitlinien zur Beurteilung der Waren- und Dienstleistungsähnlichkeit bei virtuellen Waren zu erarbeiten, stehen dabei noch am Anfang.[51]

---

41 Art. 9 Abs. 2 UMV; § 14 Abs. 5 MarkenG.
42 Art. 129 Abs. 2 UMV iVm §§ 119 Nr. 2 MarkenG; § 14 Abs. 6 MarkenG.
43 Art. 8 Abs. 1, 46 UMV; §§ 9 Abs. 1; 42 MarkenG.
44 Bingener MarkenR 5 Rn. 15.
45 EuGH GRUR 1998, 387 ff.
46 Dazu Bingener MarkenR 5 Rn. 61 ff.
47 BeckOK UMV/Büscher/Kochendörfer UMV Art. 8 Rn. 215.
48 BeckOK UMV/Büscher/Kochendörfer UMV Art. 8 Rn. 40.
49 EuGH GRUR 1998, 922 Rn. 23.
50 EUIPO-Guidelines, Teil C Abs. 2 Kap. 2 3.1.1.
51 Stoll/Tann GRUR-Prax 2025, 45 (46); Uhlenhut/Bernhardt WRP 2023, 139 (145); BeckOK MarkenR/Kur MarkenG § 9 Rn. 55a.

(2) Die EUIPO-Guidelines. Die EUIPO-Guidelines legen nahe, dass das Amt grundsätzlich nicht von einer Waren- und Dienstleistungsähnlichkeit zwischen virtuellen und physischen Gütern ausgeht. Es ist gerade nicht für eine Ähnlichkeit ausreichend, wenn eine Funktion einer realen Ware abgebildet oder nachgeahmt wird.[52] Im Zuge dessen sind alle relevanten „Canon"-Kriterien zu berücksichtigen, um zu beurteilen, ob die realen und virtuellen Güter miteinander in Verbindung stehen.[53] 31

Das EUIPO hebt aus den allgemeinen Faktoren zur Ähnlichkeit von Waren- und Dienstleistungen zwei hervor: Besonders relevant ist, erstens, ob es in der jeweiligen Branche üblich ist, dass reale Produkte virtuelle Entsprechungen haben oder umgekehrt und zweitens, ob die virtuellen und realen Produkte denselben Zweck und Funktion erfüllen.[54] Das EUIPO nennt hier gedruckte und virtuelle Veröffentlichungen als Beispiel – beide verfolgen denselben Zweck. 32

(3) Entscheidungen auf europäischer Ebene. Die Einschätzung aus den EUIPO-Guidelines deckt sich mit den bisherigen Entscheidungen des EUIPO in Bezug auf die Ähnlichkeit von Waren- und Dienstleistungen im Rahmen von virtuellen Gütern. 33

So besteht nach dem EUIPO keine Ähnlichkeit zwischen physischer Bekleidung und den damit verbundenen physischen Dienstleistungen im Vergleich zu virtueller Bekleidung und den damit korrespondieren virtuellen Dienstleistungen.[55] Gleiches gilt für die Gegenüberstellung von virtuellen und physischen Parfums.[56] In beiden Fällen fehlten Nachweise, dass die Vertriebskanäle und das relevante Publikum übereinstimmen. Schließlich würde auch die Nutzung der Produkte voneinander abweichen. 34

In eine andere Richtung geht die Entscheidung des EuG vom 11.12.2024 Glashütte Uhrenbetrieb ./. EUIPO.[57] Hiernach werden virtuelle Waren und Dienstleistungen grundsätzlich wie ihre physischen Entsprechungen wahrgenommen, sofern sie deren Erscheinung oder Funktion nachbilden. Hintergrund war eine abgelehnte Markenanmeldung für virtuelle Uhren. Das Gericht übertrug die Reputation der renommierten Stadt Glashütte für traditionelle, physische Uhrmacherei auf virtuelle Uhren. Die Entscheidung betraf zwar die Prüfung der absoluten Schutzhindernisse, allerdings legt die Entscheidung eine grundsätzliche Vergleichbarkeit zwischen virtuellen und realen Gütern nahe.[58] 35

(4) Auswertung der Canon-Kriterien. Der Grundsatz, dass das EUIPO nicht von einer Ähnlichkeit ausgeht, dürfte in vielen Fällen zu überzeugenden Ergebnissen führen, sollte aber mit Blick auf die „Canon"-Kriterien weiter ausdifferenziert werden.[59] 36

Zunächst ist eine Bestimmung des relevanten Verkehrskreises und dessen Aufmerksamkeitsgrad erforderlich. Bei realen Gütern ist dies regelmäßig ein durchschnittliches Publikum mit durchschnittlicher Aufmerksamkeit. Dagegen haben Einkäufe virtueller Gegenstände Ausnahmecharakter und sind bisher insbesondere in der Fashion- und Computerspielbranche anzutreffen. Da insoweit kein laufender Erwerb stattfindet, könnte die Aufmerksamkeit aufgrund der Außergewöhnlichkeit des Kaufs leicht erhöht sein.[60] 37

Auch sind die Grenzen einer vermeintlich fehlenden Funktionsäquivalenz zwischen virtuellen und realen Gütern fließend, es kommt entscheidend auf die Umstände des 38

[52] EUIPO-Guidelines, Teil C Abs. 2 Kap. 2 5.9; ebenso Stoll/Tann GRUR-Prax 2025, 45 (46).
[53] EUIPO-Guidelines, Teil C Abs. 2 Kap. 2 5.9.
[54] EUIPO-Guidelines, Teil C Abs. 2 Kap. 2 5.9.
[55] EUIPO Entscheidung, 6.2.2024 – B3189883, PAWER/PAW3R.
[56] EUIPO Entscheidung, 8.7.2024 – B3199946,VINICIO/INITIO PARFUMS PRIVÉS.
[57] EuG GRUR-RS 2024, 34648; dazu die Besprechung Stoll/Tann GRUR-Prax 2025, 60.
[58] Stoll/Tann GRUR-Prax 2025, 45 (47).
[59] Uhlenhut/Bernhardt WRP 2023, 139 (145); Tenkhoff/Grotkamp/Burgess-Tate GRUR-Int. 2023, 643 (647); Tann GRUR 2022, 1644 (1647 f.).
[60] Tann GRUR 2022, 1644 (1646); Vortrag und Präsentation Bingener, Abteilungsleiterin Markenprüfung beim DPMA, Marken im Metaverse – Ein Ausblick, 25.3.2025, S. 23, abrufbar unter https://www.dpma.de/docs/dpma/veranstaltungen/tagungen_und_konferenzen/dpmanutzerforum/2025/tag1_v04dr.bingener_markenimmetaverseeinausblick.pdf, zuletzt abgerufen am 8.8.2025.

Einzelfalls an. Der Standpunkt des EUIPO mutet im Ansatz vertretbar an, dass eine virtuelle Handtasche nicht tatsächlich für den Transport verwendet wird. Auf der anderen Seite kann eine virtuelle Tasche einem Avatar als Behältnis für virtuelle Gegenstände dienen – und damit das funktionale Äquivalent in der digitalen Welt darstellen.[61]

39 Noch eindeutiger werden die Abgrenzungsschwierigkeiten bei technisch-funktionalen Gegenständen: Ein Smartphone kann zum Telefonieren in der realen Welt eingesetzt werden. Ein virtuelles Smartphone kann die gleiche Funktion ermöglichen, wenn durch das Telefon ein Voice-Chat und damit der Austausch mit anderen Spielern ermöglicht wird. Damit kann der Zweck von virtuellen und realen Gütern durchaus übereinstimmen.[62] Ein tatsächliches Substitutionsverhältnis der beiden Produktgruppen ist allerdings bisher noch nicht erkennbar – virtuelle Produkte sind bisher primär Sammelobjekte.[63]

40 Der Vertriebsweg von virtuellen Waren und Dienstleistungen wird sich dagegen regelmäßig noch unterscheiden.[64] So sind die häufigsten Anwendungsfälle von virtuellen Gütern Bekleidungsstücke in Computerspielen. Aktuell sind die Shops regelmäßig ausschließlich in die Spiele eingebunden. Reale Bekleidungsstücke können zwar neben dem Erwerb in klassischen Ladengeschäften auch online erworben werden, eine Überschneidung mit Shops für virtuellen Waren ist dabei aber noch die absolute Ausnahme.[65]

41 Die Werbung hinsichtlich physischer und virtueller Gegenstände bedient sich hingegen ähnlicher Kanäle, wie Social-Media Anzeigen oder Produktplatzierungen in Spielen (In-Game-Advertising). Dabei werden vereinzelt virtuelle und physische Produkte parallel beworben. Klassische Werbekanäle wie Fernsehspots, Zeitungsanzeigen oder Außenwerbung sind bisher jedoch ausschließlich realen Gütern vorbehalten.[66]

Praxishinweis:

42 Insgesamt bedarf es daher einer Bewertung des Einzelfalls unter besonderer Berücksichtigung der Canon-Kriterien. Dabei verschwimmen die Grenzen zwischen virtuellen und realen Gütern, relevante Unterschiede sind aber weiterhin erkennbar. Es bleibt abzuwarten, ob sich die deutschen und europäischen Gerichte der Einschätzung des EUIPO anschließen oder die Ausführungen aus der Glashütte-Entscheidung auf die Ähnlichkeit von virtuellen und physischen Waren übertragen.

b) Markenmäßige Benutzung

43 Die Feststellung einer Markenverletzung setzt als eine der zentralen Voraussetzungen eine markenmäßige Verwendung des Zeichens voraus. Nicht ausreichend ist eine lediglich dekorative Verwendung – in diesem Fall wird die Marke nicht als Herkunftshinweis verwendet und erfüllt damit ihren vom Markenrecht als schutzwürdig klassifizierten Zweck nicht.[67]

44 Im Kontext der markenmäßigen Verwendung ist zu berücksichtigen, dass es bei der Gestaltung von virtuellen Umgebungen und Computerspielen häufig darauf ankommt, eine bekannte Umgebung möglichst realitätsnah abzubilden. Zu dieser Realitätsnähe gehören auch in der Umgebung anzutreffende relevante Marken. Insoweit stellt sich die Frage, ob und in welchem Maß die Reproduktion von Marken in virtuellen Umgebungen ohne Zustimmung des Markeninhabers zulässig ist. Die bisherige Rechtsprechung kann hier eine erste Orientierung liefern.

61 Uhlenhut/Bernhardt WRP 2023, 139 (145).
62 Tenkhoff/Grotkamp/Burgess-Tate GRUR-Int 2023, 643 (647).
63 Tann GRUR 2022, 1644 (1646).
64 Tenkhoff/Grotkamp/Burgess-Tate GRUR-Int 2023, 643 (647).
65 Tann GRUR 2022, 1644 (1646).
66 Tann GRUR 2022, 1644 (1646).
67 Reinholz GRUR-Prax 2023, 585 (586).

aa) Die „BDFL Manager 2004" Entscheidung des OLG Frankfurt a. M. Ausgangspunkt ist die Entscheidung des OLG Frankfurt a. M. zum „BDFL Manger 2004". In diesem Verfahren hatte sich die Deutsche Fußball Liga gegen die Nutzung von Namen und Trikotfarben bzw. -designs der Bundesligavereine der ersten und zweiten Liga in einem Manager-Simulationsspiel gewehrt.[68] Das OLG Frankfurt a. M. führte dazu aus, dass es entscheidend darauf ankomme, ob der angesprochene Verkehr die Bezeichnung als rein beschreibende Angabe oder als Herkunftshinweis versteht. Zusätzlich ist entscheidend, ob die Nutzung die nach dem Markenrecht geschützten Interessen des Markenrechtsinhabers beeinträchtigen kann.[69] Das OLG führte aus, dass das Spiel so aufgemacht sei, dass der angesprochene Verkehr von einer (lizenzvertraglichen) Verbindung zwischen der DFL und dem Spieleentwickler ausgehen würde: Gerade im Profisport sei Verbrauchern bekannt, dass Namen, Marken und Trikots nur mit Zustimmung der Vereine verwertet werden dürfen, wie gerade das umfassende Nebengeschäft mit Fanartikel belegen würde.[70] Augenscheinlich war für das OLG dabei besonders die Aufmachung der Verpackung relevant: Hier wurde auf die Verbindung zur Deutschen Fußball Liga und die Aktualität der Kader hingewiesen. 45

Ebenso konnte sich das Manager-Spiel nicht damit verteidigen, dass die Zeichen nur zu beschreibenden Zwecken übernommen wurden (§ 23 Nr. 2 MarkenG): Das Spiel machte sich gerade die verwendeten Inhalte zunutze, denn es gäbe Spiele am Markt, die ohne Verwendung von Originalzeichen auskämen. Auch hätte das Manager-Spiel nicht genug unternommen, um den Eindruck einer lizenzrechtlichen Verbindung zu vermeiden – das sei unlauter, was den Rückgriff auf § 23 Nr. 2 MarkenG sperren würde.[71] 46

Die „BDFL Manager 2004" Entscheidung dürfte damit insbesondere im Interesse der Rechteinhaber sein – soweit der Verkehr von einer Lizenzpraxis ausgeht und bestimmte Marken eine zentrale Rolle bei der Erstellung einer virtuellen Welt einnehmen, ist von einer markenmäßigen Benutzung auszugehen. 47

bb) Die „Opel Blitz II" und „VW Bulli" Entscheidungen. In eine andere Richtung gehen die Entscheidungen „Opel Blitz II" und „VW Bulli" des BGH.[72] Erstere wird in der Literatur– trotz des abweichenden Sachverhalts zu Spielzeugautos – als Orientierung für die Beurteilung einer markenmäßigen Benutzung in virtuellen Welten herangezogen.[73] In diesen Fällen sah der BGH in einer Verwendung des Logos der Autohersteller Opel und VW auf Spielzeugautos keinen Hinweis auf die Herkunft des Zeichens: Die angesprochenen Verbraucher würden die originalgetreue Nachbildung inklusive Logo nicht als von den Autohersteller produziert verstehen. 48

Dieser Ansatz lässt sich ebenfalls auf virtuelle Welten übertragen: Soweit eine originalgetreue Nachbildung eines realen Vorbilds im Vordergrund steht, könnte auch die Nachbildung relevanter Marken zulässig sein. 49

Wenn man diesen Ansatz weiterentwickelt, kann man ihn gerade im Bereich von Computerspielen fruchtbar machen: Soweit mehrere Automarken in einem Rennspiel verwendet werden, geht der Verkehr nicht davon aus, dass das Spiel von den Markeninhabern stamme – es soll lediglich eine möglichst reale Nachbildung der tatsächlichen Umstände erreicht werden.[74] 50

cc) Die „Dachser" Entscheidung. Ein ähnlicher Fall betrifft die Verwendung von detailgetreuen Modellbau-Nachbildungen von „DACHSER" Lkw und Lagerhallen.[75] Auch 51

[68] OLG Frankfurt a. M. BeckRS 2011, 19270.
[69] OLG Frankfurt a. M. BeckRS 2011, 19270.
[70] OLG Frankfurt a. M. BeckRS 2011, 19270.
[71] OLG Frankfurt a. M. BeckRS 2011, 19270.
[72] BGH GRUR 2010, 726; 2024, 1033.
[73] Rauda, Recht der Computerspiele, 2013 Rn. 359; Schmid/Düwel MMR 2020, 155 (159); von Fuchs GRUR-Prax 2019, 104 (104 f.); Brtka GRUR-Prax 2017, 500 (502); Steege/Chibanguza Metaverse-HdB/Tann § 14 Rn. 33.
[74] Rauda, Recht der Computerspiele, 2013 Rn. 358.
[75] BGH GRUR 2023, 808.

hier wurde eine Markenverletzung abgelehnt und ausgeführt: „Wird beim Vertrieb solcher Spielzeugautos allein die eigene Marke des Spielzeugherstellers verwendet und ergibt sich jeglicher Zusammenhang mit der Marke des Herstellers der Kraftfahrzeuge allein aus der spielzeughaft verkleinerten Nachbildung des Originals zwangsläufig wie beiläufig, fehlt es an dem Merkmal der unlauteren Rufausnutzung".[76] Dieser Gedanke kann auch bei virtuellen Welten in Anschlag gebracht werden: Die realitätsnahe Gestaltung einer Stadt macht die Übernahme der verschiedenen Läden, Werbebanner oder Autohersteller und -modelle gerade notwendig.

52 Der BGH geht allerdings noch darüber hinaus: Es bedarf keiner detailgetreuen Nachbildung oder eines konkreten Vorbilds, sondern bereits die Übernahme prägender Merkmale ist ausreichend, soweit keine erheblichen Abweichungen von der Realität gegeben sind.[77] Ob dieser Ansatz auf virtuelle Welten übertragbar ist, ist unklar. Insoweit rechtfertigt der BGH diesen Ansatz mit der jahrelangen Praxis von Spielzeugautoherstellern. Ob und in welchem Umfang eine solche Praxis in Bezug auf Computerspiele existiert, ist fraglich – bestehende Lizenzverträge[78] und bekannte Verfahren, wie zur Verwendung des „Humwee" im Spiel „Call of Duty" sprechen eher dagegen.[79]

53 **dd) Leitlinien für die Praxis.** Damit liegt eine markenmäßige Benutzung immer dann fern, wenn sie lediglich für dekorative Zwecke eingesetzt wird und der Verkehrskreis von keiner Verbindung des Markeninhabers und dem Ersteller der virtuellen Welt ausgeht.[80] Soweit eine virtuelle Welt primär nutzergenerierte Inhalte enthält, sind die argumentativen Anforderungen für eine markenmäßige Nutzung erhöht – der Verkehr geht in diesen Fällen eher nicht von einer Verbindung mit dem Markeninhaber aus.[81]

54 Für die Handhabung in der Praxis empfiehlt sich damit ein abgestufter Maßstab: Umso zentraler ein Zeichen für eine virtuelle Welt ist, umso eher ist davon auszugehen, dass es sich dabei um einen Herkunftshinweis handelt.[82] Dabei spricht die Repräsentation von verschiedensten Marken umso eher gegen eine markenmäßige Benutzung. Auch kann eine Darstellung umso eher zulässig sein, umso näher sie sich unmittelbar an der Realität orientiert.

c) Erschöpfungsgrundsatz

55 In Bezug auf den Erschöpfungsgrundsatz gelten die allgemeinen Grundsätze:[83] Soweit der Rechtsinhaber Waren in den Verkehr bringt, verliert er das Recht einem Dritten den weiteren Vertrieb der markierten Waren zu untersagen.[84] Damit tritt die Erschöpfung an einem konkreten virtuellen Avatar ein, wenn dieser erstmalig einem Benutzer einer virtuellen Welt zur Verfügung gestellt wird.[85]

56 Dabei ist zu beachten, dass sich die Erschöpfung immer auf ein konkretes Warenexemplar bezieht.[86] Damit tritt keine Erschöpfung ein, wenn eine physische Ware erworben und davon ein virtuelles Abbild geschaffen wird – Nachbildungen analoger Produkte sind nicht vom

[76] BGH GRUR 2023, 808 mit Verweis auf „Open Blitz II".
[77] BGH GRUR 2023, 808 Rn. 42; aA Hentsch/Falk GamesR-HdB/Rauda § 11 Rn. 40.
[78] Hentsch/Falk GamesR-HdB/Rauda § 11 Rn. 36.
[79] In AM General LLC v. Activision Blizzard, Inc. Activison Publishing, Inc., and Major League Gaming Corp., 17 Civ, 8644 (GBD) wurde eine Haftung verneint, da es bei dem Spiel gerade auf eine realistische Darstellung ankam. Auch sei eine Täuschung von Verbrauchern ausgeschlossen, da AM General seine Fahrzeuge verkaufen wolle, was in keinem Zusammenhang mit einer realistischen Spielumgebung stehen würde.
[80] Stoll/Tann GRUR-Prax 2025, 45 (49).
[81] Stoll/Tann GRUR-Prax 2025, 45 (49).
[82] Rauda, Recht der Computerspiele, 2013 Rn. 359; im Ergebnis wohl auch Schmid/Düwel MMR 2020, 155 (159).
[83] Art. 15 Abs. 1 UMV; § 24 Abs. 1 MarkenG.
[84] Fezer MarkenR/Fezer MarkenG § 24 Rn. 1.
[85] Steege/Chibanguza Metaverse-HdB/Tann § 14 Rn. 68.
[86] BeckOK MarkenR/Steudtner MarkenG § 24 Rn. 13.

Erschöpfungsgrundsatz erfasst (Zur Frage, ob eine mit NFT zertifizierte Ware eine eigenständige Ware ist, (→ § 21 Rn. 46 ff.).[87]

Praxishinweis:
Bei der Geltendmachung von Markenverletzungen im Kontext virtueller Güter stellen sich zwei zentrale Hürden: Erstens die Frage der Waren- und Dienstleistungsähnlichkeit zwischen virtuellen und physischen Gütern. Angesichts der divergierenden Ansichten des EUIPO und der europäischen Gerichte („Glashütte") ist hier ein umfassender Vortrag zu den Canon-Kriterien unerlässlich. Zweitens ist entscheidend, ob eine markenmäßige Benutzung vorliegt oder das Zeichen lediglich der realitätsnahen Ausgestaltung der virtuellen Umgebung dient und vom Verkehr nicht als Herkunftshinweis verstanden wird. Eine rein dekorative Verwendung in einem Umfeld mit zahlreichen anderen Marken begründet regelmäßig keine Markenverletzung. 57

4. Erhaltung

a) Rechtserhaltende Benutzung

Für den Erhalt des Markenschutzes ist eine ernsthafte und nachweisbare Benutzung für die registrierten Waren und Dienstleistungen erforderlich.[88] Ansonsten droht nach Ablauf der Benutzungsschonfrist ein Antrag auf Löschung der Marke wegen Verfalls.[89] Auch können aus einer Marke, die nicht benutzt wird, keine Rechte im Verletzungsverfahren hergeleitet werden.[90] 58

Grundsätzlich gelten zur markenmäßigen Benutzung im virtuellen Kontext die gleichen Grundsätze wie in der physischen Welt.[91] Es ist insofern erforderlich, dass das Zeichen zur Kennzeichnung der vertriebenen Waren und Dienstleistungen verwendet wird – die Situation, dass ein virtueller Shop für den Vertrieb physischer Waren unterhalten wird, ist dabei mit einem Web-Shop vergleichbar: In diesem Fall wird eine Marke für die physischen Produkte rechtserhaltend benutzt.[92] 59

Bei rein virtuellen Waren ist besonders relevant, ob die Marke tatsächlich als Waren- und Dienstleistungshinweis oder rein dekorativ verwendet wird (→ Rn. 43 ff.).[93] 60

Im Rahmen der Virtualisierung stellt sich dabei insbesondere die Frage, ob eine Nutzung von virtuellen Waren in der digitalen Welt eine rechtserhaltende Benutzung der physischen Pendants darstellt – und andersherum. Es existieren keine ausdrücklichen Entscheidungen zu diesem Phänomen,[94] jedoch können die „Duff-Beer"-Entscheidungen eine erste Orientierung bieten.[95] In diesen machte 20th Century Fox Rechte aus der eingetragenen Marke „Duff Beer" aus der Serie „Die Simpsons" geltend – ohne jemals tatsächlich Bier produziert zu haben. Es blieb lediglich bei der virtuellen Darstellung in der Serie. Für eine rechtserhaltende Nutzung in Klasse 32 war dies allerdings nicht ausreichend.[96] 61

Das überzeugt – denn die rechtserhaltende Benutzung muss grundsätzlich genau in der Art erfolgen, wie die Marke eingetragen wurde.[97] Die bloße Benutzung einer virtuellen Ware 62

---

[87] Steege/Chibanguza Metaverse-HdB/Tann § 14 Rn. 69.
[88] § 26 MarkenG; Art. 18 UMV.
[89] §§ 53, 49 MarkenG.
[90] Bingener MarkenR 6 Rn. 5.
[91] Uhlenhut/Bernhardt WRP 2023, 139 (143).
[92] Uhlenhut/Bernhardt WRP 2023, 139 (143).
[93] Uhlenhut/Bernhardt WRP 2023, 139 (143).
[94] Stoll/Tann GRUR-Prax 2025, 45 (49).
[95] Dazu v. Fuchs GRUR-Prax 2019, 104 (106).
[96] Siehe v. Fuchs GRUR-Prax 2019, 104 (106) mit Verweis auf de Rechtbank van Koophandel te Brussel, BMM Bulletin 2011, 49; HABM, Entsch. v. 22.7.2010.
[97] Bingener MarkenR 6 Rn. 15.

reicht damit nicht aus für eine rechtserhaltende Nutzung eines physischen Guts – und umgekehrt.[98]

b) Schutz gegen bösgläubige Markenanmeldungen

63 Da viele Markenportfolios bisher lediglich physische und nicht virtuelle Waren umfassen, besteht erhebliches Missbrauchspotential durch die Anmeldung von Spekulationsmarken. Eine Möglichkeit sich gegen Markenanmeldungen von virtuellen Waren zu physischen Produkten aus dem eigenen Markenportfolio zu wehren, kann der Einwand der bösgläubigen Markenanmeldung sein (§ 8 Abs. 2 Nr. 14 MarkenG, Art. 59 Abs. 1 lit. b UMV).[99] Soweit die Bösgläubigkeit schon bei Anmeldung ersichtlich ist, ist bereits die Anmeldung zurückzuweisen (§ 37 Abs. 3 MarkenG).

Praxishinweis:

64 Für die Erhaltung des Markenschutzes ist von entscheidender Bedeutung, dass eine Benutzung der Marke für virtuelle Waren voraussichtlich nicht als rechtserhaltende Benutzung für die korrespondierenden physischen Güter anerkannt wird, und umgekehrt. Markeninhaber müssen daher eine ernsthafte Benutzung für beide Warenkategorien separat aufnehmen und nachweisen, um einem Verfallsantrag zu entgehen. Schutz gegen „Markengrabber" kann der Einwand einer bösgläubigen Markenanmeldung vermitteln.

II. Design

65 Das Designrecht bietet sowohl national (nach dem Designgesetz – DesignG) als auch unionsweit (nach der Unionsgeschmacksmusterverordnung – UGV) Schutz für Gestaltungen (→ § 21 Rn. 79).

66 Der Designschutz entsteht entweder durch Eintragung oder als nicht eingetragenes Unionsgeschmacksmuster, wobei Neuheit und Eigenart die zentralen Voraussetzungen sind (→ § 21 Rn. 81).

67 Der Schutz virtueller Erzeugnisse war bereits vor der Designrechtsreform aus 2024 anerkannt und ist nunmehr explizit gesetzlich geregelt (→ § 21 Rn. 84). Dieser Schutz ist für virtuelle Welten besonders relevant: So können Räume in virtuellen Welten, Karten in Videospielen oder Gestaltungen von Figuren geschützt werden.[100]

68 Auch die bisherigen praktischen Hürden zur Registrierung von Animationen mit Hilfe von Momentaufnahmen sollen ausgeräumt werden (→ § 21 Rn. 85). Mit Wirkung zum 1.7.2026 wird es möglich sein, Videodateien bei der Anmeldung einzureichen. Dies gilt jedoch bislang nur eingeschränkt, da die UGV-Durchführungsverordnung weiterhin auf statische Darstellungen begrenzt bleibt. Der Exekutivdirektor des EUIPO kann hier künftig erweiterte Vorgaben festlegen (→ § 21 Rn. 86).

69 Designs, die vollständig autonom – etwa mittels künstlicher Intelligenz – generiert werden, sind grundsätzlich schutzfähig, sofern sie neu sind und Eigenart aufweisen. Das Designrecht verlangt im Gegensatz zum Urheberrecht keine menschliche geistige Schöpfung (→ § 21 Rn. 87). Ungeklärt bleibt jedoch die Frage, wer der Rechteinhaber solcher autonom generierten Designs ist, da nur eine natürliche Person Entwerfer sein kann. Insofern ist es empfehlenswert das Design anzumelden: In diesem Fall gilt derjenige als berechtigt, auf dessen Namen die Eintragung erfolgt (→ § 21 Rn. 88).

---

98 Stoll/Tann GRUR-Prax 2025, 45 (49); Steege/Chibanguza Metaverse-HdB/Tann § 14 Rn. 83; Uhlenhut/Bernhardt WRP 2023, 139 (143 f.); Reinholz GRUR-Prax 2023, 585 (586).
99 Uhlenhut/Bernhardt WRP 2023, 139 (143).
100 Weiden GRUR 2025, 226 (226).

Angaben zu bestimmten Produktkategorien dienen allein Verwaltungszwecken (Locarno-Klassifikation) und haben keinen Einfluss auf den Schutzumfang eines Designs. Auf eine Prüfung der Warenähnlichkeit kommt es dabei im Designrecht nicht an (→ § 21 Rn. 89). 70

III. Durchsetzung von Marken- und Designrechten

Für die praktische Durchsetzung von Marken- und Designrechten ist eine der ersten Fragen, welches Gericht international zuständig ist (internationales Zivilverfahrensrecht) und welches Recht zur Anwendung berufen wird (internationales Privatrecht). Im Folgenden wird daher die Frage beantwortet, welche Gerichtsstände bei der Verletzung von nationalen (I.) und europäischen (II.) Marken- und Designrechten zur Verfügung stehen, wie das anwendbare Recht bestimmt wird (III.) und welche Anforderungen an einen hinreichenden Inlandsbezug für die Anwendung des deutschen und europäischen Sachrechts zu stellen sind (IV.). 71

1. Internationale Zuständigkeit bei der Verletzung von nationalen Marken- und Designrechten

Bei der Verletzung von nationalen Marken- und Designrechten richtet sich die internationale Zuständigkeit regelmäßig nach der Brüssel Ia-VO. In diesem Kontext ist grundsätzlich der allgemeine Gerichtsstand (1.) und der besondere Gerichtsstand (2.) eröffnet. Besonders praxisrelevant sind dabei die Regeln zur Streitgenossenschaft (3.). Im Rahmen der Prüfung der Gerichtsstände muss man dabei immer die ausschließliche Zuständigkeit zu Fragen im Zusammenhang mit der Eintragung und der Gültigkeit von Marken- und Designrechten im Blick behalten (4.). Zuletzt wird kurz auf weitere Gerichtsstände hingewiesen (5.). 72

a) Allgemeiner Gerichtsstand des Art. 4 Abs. 1 Brüssel Ia-VO

Soweit der Beklagte einen Wohnsitz im Hoheitsgebiet eines Mitgliedstaats hat, begründet Art. 4 Abs. 1 Brüssel Ia-VO einen allgemeinen Gerichtsstand: Unabhängig von seiner Staatsangehörigkeit ist der Beklagte vor den Gerichten seines Wohnsitzstaates zu verklagen. Der Wohnsitz von natürlichen Personen wird nach Art. 62 Brüssel Ia-VO unter Rückgriff auf die lex fori (Abs. 1) oder dem Recht des Staates, in dem der Wohnsitz belegen sein soll (Abs. 2), bestimmt. Für juristische Personen liefert Art. 63 Brüssel Ia-VO eine autonome Legaldefinition. 73

Ausgehend seines Wortlauts regelt Art. 4 Abs. 1 Brüssel Ia-VO nur die internationale Zuständigkeit,[101] die örtliche Zuständigkeit wird nach der lex fori bestimmt.[102] 74

Für Verletzungsverfahren ist der allgemeine Gerichtsstand besonders vorteilhaft, da hier eine vollständige Kompensation des weltweiten Schadens möglich ist.[103] Weniger zweckmäßig ist dieses Vorgehen, wenn der allgemeine Gerichtsstand nicht im Schutzland liegt: In diesem Fall müsste das angerufene Gericht das ausländische Recht ermitteln, was die Verfahrenskosten und -dauer empfindlich erhöhen dürfte (§ 293 ZPO).[104] 75

b) Deliktsgerichtsstand des Art. 7 Nr. 2 Brüssel Ia-VO

Auch der Deliktsgerichtsstand aus Art. 7 Nr. 2 Brüssel-Ia-VO kann bei Verletzungen von Immaterialgüterrechten eröffnet sein, wenn der Beklagte seinen Wohnsitz in einem anderen 76

101 „(…) vor den Gerichten dieses Mitgliedsstaats (…)".
102 Rauscher IPR § 15 Rn. 1791.
103 McGuire ZEuP 2014, 155 (162); Musielak/Voit/Stadler/Krüger VO (EU) 1215/2012 Art. 7. Rn. 5.
104 Kindler GRUR 2018, 1107 (1113).

Mitgliedsstaat hat.[105] Hiernach ist das Gericht des Ortes zuständig, an dem das schädigende Ereignis eingetreten ist oder einzutreten droht. Dabei regelt Art. 7 Nr. 2 Brüssel Ia-VO neben der internationalen auch die örtliche Zuständigkeit.[106]

77 Der EuGH folgert in autonomer Auslegung, dass dies sowohl den Ort der schädigenden Handlung umfasst als auch den Ort, an dem der Schaden eingetreten ist (Handlungs- und Erfolgsort, sog. „Ubiquitätsprinzip“).[107] Wenn diese Orte auseinanderfallen, kommt dem Kläger ein Wahlrecht zu.

78 Im Rahmen von virtuellen Umgebungen ist der Handlungsort grundsätzlich der Ort, an dem die rechtsverletzenden Daten in das Internet eingespeist wurden, also der des Uploads.[108] Der Ort, an dem der technische Vorgang ausgelöst wird,[109] wäre damit am ehesten der konkrete Ort des Uploads. Der EuGH stellt allerdings auf den Ort der Niederlassung ab, da hier entschieden werde, den technischen Vorgang auszulösen.[110] Der EuGH argumentiert, dass der Ort der Niederlassung besser identifiziert werden kann und die Beweiserhebung und die Gestaltung des Prozesses erleichtern würde.[111]

79 Auch der der Serverstandort und der Ort, an dem die Daten abgerufen oder angezeigt werden, soll für den Handlungsort nicht relevant sein: Diese Orte seien schwer feststellbar und leicht manipulierbar,[112] was dem Ziel der Vorhersehbarkeit der Brüssel Ia-VO widerspricht.[113] Gerade virtuelle Umgebungen, wie Decentraland laufen auf einer dezentralen Serverstruktur, deren konkreter Standort nicht öffentlich ist. Soweit Änderungen an einer Welt vorgenommen werden, wird diese Änderung auf die anderen Serverstandorte übertragen und damit weltweit verteilt.[114]

80 Der besondere Vorteil am Handlungsort: Nach der Rechtsprechung des EuGH besteht hier eine umfassende Kognitionsbefugnis für alle verursachten Schäden.[115]

81 Besondere Probleme verursacht die Bestimmung des Erfolgsorts: Eine weltweit zugängliche virtuelle Umgebung macht den rechtsverletzenden Inhalt folgerichtig weltweit abrufbar, was eine Vielzahl an möglichen Erfolgsorte begründet. Allerdings konnten sich Begrenzungskriterien,[116] wie eine bestimmungsgemäße Ausrichtung auf das Inland, nicht durchsetzen.[117] Der BGH begründet diese Ansicht damit, dass die Frage, ob ein Verhalten tatsächlich ein Immaterialgüterrecht verletzt, eine Frage der Begründetheit der Klage ist.[118] Vielmehr eröffnet bereits der Zugang zur virtuellen Umgebung grundsätzlich den Gerichtsstand des Erfolgsorts.[119]

---

105 Siehe exemplarisch zum Markenrecht, EuGH MMR 2012, 753 und zum Geschmackmuster Rauscher/Leible Brüssel Ia-VO Art. 7 Rn. 110.
106 Art. 7 Nr. 2 Brüssel Ia-VO: „(…) vor den Gerichten des Ortes (..)“; Rauscher IPR § 15 Rn. 1831.
107 EuGH NJW 1977, 493; kritisch zu diesem Verständnis bei Immaterialgüterrechten, Kur GRUR-Int 2014, 749 (752).
108 Rauscher/Leible Brüssel Ia-VO Art. 7 Rn. 142.
109 EuGH MMR 2012, 753 Rn. 34.
110 EuGH MMR 2012, 753 Rn. 37; GRUR 2015, 296 Rn. 25; Ebenso McGuire ZEuP 2014, 155; Krit. Rauscher/Leible Brüssel Ia-VO Art. 7 Rn. 142. Bei diesem Verständnis läuft der Handlungsort regelmäßig leer, da ein abweichender Gerichtsstand gegenüber dem allgemeinen Gerichtsstand am Beklagtensitz aus Art. 4 Abs. 1, Art. 62, 63 Brüssel Ia-VO erforderlich ist.
111 EuGH MMR 2012, 753 Rn. 37.
112 EuGH MMR 2012, 753 Rn. 36; McGuire ZeuP 2014, 155 (165).
113 Vgl. Erwgr. 15 S. 1.
114 Eine Übersicht von den dezentralen Servern von Decentraland findet sich hier https://decentraland.github.io/catalyst-monitor/.
115 EuGH MMR 2012, 753 Rn. 33 ff.; kritisch dazu Kur GRUR-Int 2014, 749 (750 f.).
116 Siehe Janal, Europäisches Zivilverfahrensrecht und Gewerblicher Rechtsschutz, 2015, S. 335, 337, 338.
117 offengelassen mit Tendenz zur Beschränkung BGH MMR 2005, 239 (240); wieder offengelassen BGH GRUR 2018, 924 Rn. 18; ausdrücklich verneint von BGH GRUR 2020, 647 Rn. 37.
118 BGH GRUR 2020, 647 Rn. 37 mit Verweis auf EuGH MMR 2012, 753 Rn. 26.
119 Vgl. Grünberger IPRax 2015, 56 (60); insbesondere ist die EuGH-Entscheidung vor dem Hintergrund der Fragen des österreichischen Gerichtshofs zu verstehen, der nach der Notwendigkeit und Ausgestaltung von Begrenzungskriterien gefragt hatte (insbes. Frage 1a), 1c) und 2. Das sich die Entscheidung damit nicht auseinandersetzt wird überzeugend als „beredtes Schweigen“ gewertet, McGuire ZEuP 2014, 155 (163).

Gerade in Bezug auf virtuelle Welten überzeugt dieses Verständnis: Virtuelle Umgebungen sind regelmäßig als einheitliche Welten konzipiert, die für alle Individuen unabhängig von ihrem physischen Standort zugänglich sein sollen.[120] Damit sind virtuelle Welten darauf ausgerichtet weltweit abgerufen zu werden, womit ein erhöhtes Gefährdungspotential gerade in Kauf genommen wird.[121] Eine faktische Korrektur erfolgt bereits dadurch, dass Klagen ohne Erfolgsaussichten regelmäßig nicht angestrengt werden[122] und kann alternativ auf sachrechtlicher Ebene erfolgen.[123] **82**

Damit geht die Möglichkeit des forum shoppings einher: Der Kläger kann einen für ihn günstigen Gerichtsstand wählen. Im Sinne der Prozessökonomie wird der Geschädigte regelmäßig an seinem Sitz vorgehen wollen, um einen kostspieligen Auslandsprozess zu vermeiden. Auch die Vollstreckung des Urteils im Sitzstaat des Beklagten wird dabei regelmäßig möglich sein (Art. 36 ff. Brüssel Ia-VO).[124] **83**

Zu beachten ist allerdings, dass die Entscheidungsbefugnis des Gerichts (Kognitionsbefugnis) am Erfolgsort auf das jeweilige Land beschränkt ist: Nationale Marken- und Designrechte gewähren nur Schutz für das jeweilige nationale Territorium, womit das angerufene nationale Gericht auch nur über den Schaden, der im jeweiligen Mitgliedstaat verursacht worden ist, urteilen kann (sog. „Mosaiktheorie“).[125] Der Erfolgsort muss damit im Schutzstaat liegen.[126] Daraus folgt eine Gerichtsstandszersplitterung, da der erlittene Schaden in verschiedenen Jurisdiktionen eingeklagt werden muss.[127] Eine Übertragung der umfassenden Kognitionsbefugnis am Interessenmittelpunkt des Geschädigten aus dem Bereich des Persönlichkeitsrechts lehnt der EuGH ab.[128] **84**

Eine vollständige Kompensation des weltweiten Schadens des Beklagten ist somit nur am Handlungsort und dem allgemeinen Gerichtsstand aus Art. 4 Abs. 1 Brüssel Ia-VO möglich.[129] **85**

Praxishinweis:
Bei grenzüberschreitenden Verletzungen von Immaterialgüterrechten innerhalb der EU eröffnet Art. 7 Nr. 2 der Brüssel-Ia-Verordnung dem Kläger ein entscheidendes Wahlrecht für den Gerichtsstand. Nach dem Ubiquitätsprinzip kann er erstens am Handlungsort, also dem Sitz des Schädigers, klagen. Dieses Gericht ist für den gesamten weltweit entstandenen Schaden zuständig. Zweitens kann er am Erfolgsort vorgehen, also überall dort, wo sein Schutzrecht verletzt wird und Inhalte abrufbar sind, zB am eigenen Sitz. Die Zuständigkeit ist hier nach der sog. Mosaiktheorie aber auf den im Inland entstandenen Schaden beschränkt. Diese Wahlmöglichkeit ermöglicht „Forum Shopping“: Der Kläger muss abwägen zwischen einer umfassenden Klage am ausländischen Sitz des Beklagten und einer einfacheren, aber auf den Inlandsschaden begrenzten Klage im eigenen Land.

---

120 Saw/Chan, The Subsistence and Enforcement of Copyright And Trademark Rights in The Metaverse, SMU Centre for AI & Data Governance Research Paper No. 03/2023, S. 8.
121 Vgl. Bachmann IPRax 1998, 179 (184).
122 Bettinger/Thum GRUR-Int 1999, 659 (669).
123 Ohly, Kennzeichenkonflikte im Internet, in Leible (Hrsg.) Die Bedeutung des Internationalen Privatrechts im Zeitalter der neuen Medien, 2003, 135 (149).
124 Kindler GRUR 2018, 1107 (1107).
125 Rauscher/Leible Brüssel Ia-VO Art. 7 Rn. 132.
126 MüKoZPO/Gottwald Brüssel Ia-VO Art. 7 Rn. 59.
127 Rauscher IPR § 15 Rn. 1841.
128 EuGH MMR 2012, 753 Rn. 23, 25, 28.
129 McGuire ZEuP 2014, 155 (162); Rauscher/Leible Brüssel Ia-VO Art. 7 Rn. 132.

c) Gerichtsstand der Streitgenossenschaft des Art. 8 Nr. 1 Brüssel Ia-VO

86 Besondere praktische Bedeutung haben die Regeln zur Streitgenossenschaft aus Art. 8 Nr. 1 Brüssel Ia-VO. Bei einem Vorgehen gegen mehrere Verletzer ist eine Klage am Sitz des Hauptbeklagten möglich, wenn die restlichen Beklagten ihren Sitz in einem anderen Mitgliedsstaat der EU haben.[130] Dabei regelt Art. 8 Nr. 1 Brüssel Ia-VO die internationale und die örtliche Zuständigkeit. Die Kognitionsbefugnis umfasst dabei das gesamte Gebiet der europäischen Union.[131]

87 Zwischen der Erstklage und den weiteren Klagen muss dabei ein besonderer Zusammenhang bestehen (sog. Konnexität).[132] Erforderlich ist, dass eine Gefahr widerstreitender Entscheidungen bei der gleichen Sach- und Rechtslage besteht.[133] Bisher hat der EuGH lediglich im Fall des Europäischen Patents eine identische Rechtslage verneint, da jede Klage nach dem jeweiligen nationalen Recht zu beurteilen ist.[134] Eine höchstrichterliche Klärung der Frage, ob eine identische Sach- und Rechtslage bei Verletzung einer Unionsmarke durch mehrere Beklagte vorliegt, fehlt bisher.[135] Dabei ist nach überwiegender Auffassung wohl – trotz teilweise abweichender Sanktionen und Folgeansprüche – aufgrund der Einheitlichkeit der Unionsmarke dieselbe Rechtslage gegeben.[136] Von einer gemeinsamen Sachlage könnte dann auszugehen sein, wenn die Beklagten nach einem gemeinsamen Plan gehandelt haben oder bei aufeinanderfolgenden schutzrechtsverletzenden Verletzungshandlungen.[137]

88 Dabei wäre zumindest denkbar, dass sowohl der Anbieter einer virtuellen Umgebung und Personen, die das rechtsverletzende Material in die virtuelle Umgebung hochgeladen haben, eine Streitgenossenschaft begründen, soweit ersterer Kenntnis des rechtsverletzenden Vorgangs hat. Entscheidend für die jeweilige Prüfung ist dabei der Zweck der Vorschrift, Parallelverfahren und damit sich widersprechende Entscheidungen zu verhindern.[138]

Praxishinweis:
Bei Klagen gegen mehrere Unionsmarkenverletzer in verschiedenen EU-Staaten ermöglicht Art. 8 Nr. 1 Brüssel Ia-VO einen Gerichtsstand am Sitz des Hauptbeklagten. Trotz ungeklärter Detailfragen zur Konnexität ist dies aufgrund der Einheitlichkeit der Unionsmarke und zur Vermeidung widersprüchlicher Urteile ratsam.

d) Ausschließlicher Gerichtsstand des Art. 24 Nr. 4 Brüssel Ia-VO

89 Beachtet werden muss, dass Art. 24 Nr. 4 Brüssel Ia-VO einen ausschließlichen Gerichtsstand für Verfahren eröffnet, die die Eintragung oder die Gültigkeit von Marken oder Designs betreffen. Dieser verdrängt den allgemeinen und den besonderen Gerichtsstand und kann nicht durch eine rügelose Einlassung überwunden werden.[139] Auch gilt Art. 24 Brüssel Ia-VO unabhängig eines Wohnsitzes des Beklagten im Mitgliedsstaat und auch, wenn beide Parteien ihren Wohnsitz in einem Drittstaat haben (vgl. Art. 6 Abs. 1 Brüssel Ia-VO).[140]

---

130 Die Anwendbarkeit im Rahmen der Unionsmarkenverordnung und der Gemeinschaftsgeschmacksmusterverordnung ergibt sich dabei aus Art. 122 Abs. 2 UMV und Art. 79 Abs. 2 GGV.
131 EuGH GRUR 2017, 1122 Rn. 64.
132 Musielak/Voit/Stadler/Krüger VO (EU) 1215/2012 Art. 8 Rn. 3.
133 EuGH EuZW 2006, 573 Rn. 26; BeckOK MarkenR/Gillert UMV 2017 Art. 124 Rn. 51.
134 EuGH EuZW 2006, 573 Rn. 31.
135 BeckOK MarkenR/Gillert UMV 2017 Art. 124 Rn. 53.
136 BeckOK MarkenR/Gillert UMV 2017 Art. 124 Rn. 56 ff.
137 BeckOK MarkenR/Gillert UMV 2017 Art. 124 Rn. 55.
138 BeckOK MarkenR/Gillert UMV 2017 Art. 124 Rn. 55.
139 Kindler GRUR 2018, 1107 (1113); BeckOK ZPO/Vossler Brüssel Ia-VO Art. 24 Einl.
140 Rauscher/Mankowski, Brüssel Ia-VO, Brüssel Ia-VO Art. 24 Rn. 7.

Betroffen sind insbesondere das Anmeldeverfahren, Einspruchs-, Nichtigkeits- und Löschungsverfahren, Prioritätsstreitigkeiten oder Klagen auf Feststellung der Unwirksamkeit.[141] Im Markenrecht sind dabei besonders die Verfahren in Hinblick auf das Auslaufen des Markenrechts bzw. die Löschung wegen Nichtbenutzung relevant.[142] **90**

Die ausschließliche Zuständigkeit wird dadurch abgesichert, dass sich ein anderes Gericht in jeder Phase des Verfahrens von Amts wegen für unzuständig erklären muss, wenn ein Fall des Art. 24 Nr. 4 Brüssel Ia-VO vorliegt (Art. 27 Brüssel Ia-VO).[143] **91**

Soweit die Einrede der Ungültigkeit im laufenden Verletzungsprozess erhoben wird, muss das Gericht das Verfahren aussetzen und es darf nur das nach Art. 24 Nr. 4 Brüssel Ia-VO zuständige Gericht über die Wirksamkeit entscheiden (Art. 24 Nr. 4 Alt. 2 Brüssel Ia-VO).[144] **92**

Für die Praxis empfiehlt sich damit, die Verletzungsklage im Gerichtsstand des Art. 24 Nr. 4 Brüssel Ia-VO zu erheben, um einer Verzögerung durch die Nichtigkeitseinrede zuvorzukommen. Auf der anderen Seite kann der Beklagte einem gerichtliche Vorgehen vorübergehend die kompetenzrechtliche Grundlage entziehen, wenn die Gültigkeit der Marke oder des Designs in Frage gestellt wird.[145] **93**

Praxishinweis:
Für die Gültigkeit von Marken/Designs gilt der ausschließliche Gerichtsstand des Art. 24 Nr. 4 Brüssel Ia-VO. Eine Verletzungsklage sollte dort erhoben werden, um einer Aussetzung des Verfahrens durch eine Nichtigkeitseinrede des Beklagten zuvorzukommen.

e) Weitere Gerichtsstände

Eine geringere Rolle dürften im internationalen Marken- und Designrecht Gerichtsstandsvereinbarungen spielen. Soweit diese vertraglich vereinbart wird, sind im internationalen Kontext die Anforderungen von Art. 25 Brüssel Ia-VO einzuhalten. **94**

Ebenso kann eine rügelose Einlassung die internationale Zuständigkeit des angerufenen Gerichts begründen (Art. 26 Brüssel Ia-VO). Zu beachten ist allerdings, dass eine rügelose Einlassung oder eine Gerichtsstandsvereinbarung nicht die ausschließliche Zuständigkeit aus Art. 24 Nr. 4 Brüssel Ia-VO überwindet, dies hat das Gericht von Amts wegen zu prüfen. **95**

2. Internationale Zuständigkeit bei europäischen Marken- und Designrechten

Im Anwendungsbereich der Unionsmarken- und der Gemeinschaftsgeschmackmusterverordnung finden sich Spezialregelungen zur internationalen Zuständigkeit in Art. 125 UMV und Art. 82 GGV, die den Vorschriften der Brüssel-Ia vorgehen.[146] **96**

Dabei gilt gem. Art. 125 UMV bzw. Art. 82 GGV eine zwingend abgestufte Reihenfolge: Zunächst sind die Gerichte des Wohnsitzes des Mitgliedsstaates des Beklagten zuständig, nachgelagert die Gerichte des Mitgliedsstaats einer Niederlassung des Beklagten (Art. 125 Abs. 1 UMV Art. 82 Abs. 1 GGV). Erst wenn diese nicht bestehen, sind die Gerichte des Wohnsitzes des Klägers und anschließend die seiner Niederlassung zuständig (Art. 125 Abs. 2 UMV, Art. 82 Abs. 2 GGV). Wenn keiner dieser Anknüpfungspunkte gegeben ist, besteht **97**

141 Musielak/Voit/Stadler/Krüger VO (EU) 1215/2012 Art. 24 Rn. 9.
142 Stein/Thole EuGVVO Art. 24 Rn. 89.
143 Rauscher/Mankowski Brüssel Ia-VO Art. 27 Rn. 2.
144 BeckOK ZPO/Vossler Brüssel Ia-VO Art. 24 Rn. 31; zu den prozessualen Möglichkeiten Rauscher/Mankowski Brüssel Ia-VO Art. 24 Rn. 179 ff.
145 Stein/Thole EuGVVO Art. 24 Rn. 93.
146 Art. 67 Brüssel Ia-VO; EuGH GRUR 2017, 1129 Rn. 39.

eine Zuständigkeit der Gerichte des Mitgliedsstaats, wo das jeweilige Amt seinen Sitz hat (Art. 125 Abs. 3 UMV, Art. 82 Abs. 3 GGV).

98 Auch im Rahmen von Marken und Designs kann unter den besonderen Voraussetzungen von Art. 25 Abs. 1 S. 3 Brüssel Ia-VO eine Gerichtsstandsvereinbarung geschlossen und damit die Zuständigkeit eines Unionsmarken- bzw. Unionsgeschmacksmustergerichts begründet werden (Art. 125 Abs. 4 lit. a UMV, Art. 82 Abs. 4 lit. a GGV). Im Rahmen der rügelosen Einlassung gelten die allgemeinen Grundsätze (Art. 125 Abs. 4 lit. b UMV bzw. Art. 82 Abs. 4 lit. b GGV iVm Art. 26 Brüssel Ia-VO).[147]

99 Weiterhin existiert der Gerichtsstand der Verletzungshandlung aus Art. 125 Abs. 5 UMV und Art. 82 Abs. 5 GGV.[148] Inhaltlich ist dabei lediglich der Handlungsort umfasst, was ein aktives Verhalten des Verletzers erfordert.[149] Daraus ergibt sich ein wesentlicher Unterschied zu Art. 7 Nr. 2 Brüssel Ia-VO, wo auch der Erfolgsort erfasst ist (→ Rn. 77).[150]

100 Art. 125 Abs. 5 UMV besteht parallel zu den Zuständigkeiten aus Abs. 1–4, dem Kläger kommt insoweit ein Wahlrecht zu, womit die Möglichkeit zum „Forum Shopping" eröffnet ist.[151] Prozesstaktisch ist dabei zu berücksichtigen, dass die Kognitionsbefugnis im Fall von Art. 125 Abs. 5 UMV und Art. 82 Abs. 5 GGV auf die Handlungen in dem jeweiligen Mitgliedsstaat beschränkt ist (Art. 126 Abs. 2 UMV bzw. Art. 83 Abs. 2 GGV) – Verbote und Schadensersatz in der ganzen Europäischen Union kann damit nur ein Gericht aussprechen, das nach den Abs. 1–4 zuständig ist (Art. 126 Abs. 1 UMV, Art. 83 Abs. 1 GGV).[152] Damit ist eine Zuständigkeit nach den jeweiligen Absätzen 1–4 und den Regeln der EU-Streitgenossenschaft deutlich vorteilhafter für den Kläger.[153]

101 Gemäß Art. 124 UMV und Art. 80 GGV sind die Gerichte sachlich unter anderem ausschließlich zuständig für alle Verletzungsklagen bzw. vorbeugende Unterlassungsklagen[154] und Klagen wegen Feststellung der Nichtverletzung einer Unionsmarke bzw. eines Geschmacksmusters (negative Feststellungsklagen).[155] Gleiches gilt für Widerklagen auf Erklärung des Verfalls oder Nichtigkeit von Unionsmarken und Gemeinschaftsgeschmackmuster.[156] Eine wesentliche Abweichung ist dabei, dass – anders als im deutschen Recht – keine Möglichkeit einer eigenständigen Löschungsklage besteht, die Zuständigkeit für Entscheidungen über die Rechtsgültigkeit liegt beim EUIPO.[157]

102 Dabei wird in den Verordnungen lediglich die internationale Zuständigkeit geregelt. Soweit mehrere Unionsgerichte existieren, muss für die örtliche Zuständigkeit auf die Verfahrensvorschriften des jeweiligen Mitgliedsstaats zurückgegriffen werden (Art. 129 Abs. 3 UMV, Art. 88 Abs. 3 GGV).[158] In Deutschland richtet sich dies nach § 124 MarkenG und § 63b DesignG.

Praxishinweis:
Die internationale Zuständigkeit folgt der Stufenfolge des Art. 82 GGV, Art. 125 UMV. Prozesstaktisch ist das Wahlrecht des Klägers für den Gerichtsstand der Verletzungshandlung (Art. 82 Abs. 5 GGV, Art. 125 UMV) entscheidend. Dessen Kognitions-

147 Dabei kommt der ausschließlichen Zuständigkeit aus Art. 24 Brüssel Ia-VO wegen Art. 124 lit. d UMV nur eine eingeschränkte Bedeutung zu, BeckOK MarkenR/Gillert UMV 2017 Art. 125 Rn. 28.
148 Grundsätzlich sind aus deutscher Sicht alle Klagearten mit Ausnahme der negativen Feststellungsklage umfasst.
149 BeckOK MarkenR/Gillert UMV 2017 Art. 124 Rn. 36.
150 EuGH GRUR-Int 2014, 873 Rn. 31 ff.
151 BeckOK UMV/Müller UMV Art. 125 Rn. 21.
152 BeckOK UMV/Müller UMV Art. 125 Rn. 22 f.
153 Birk GRUR-Prax 2021, 299 (300).
154 Vgl. zu einstweiligen Rechtsschutzmöglichkeiten Art. 131 UMV bzw. Art. 90 GGV.
155 Art. 124 lit. a, lit. b UMV bzw. Art. 124 lit. a, lit. b GGV; vgl. zur Reichweite der Zuständigkeit Art. 126 UMV und Art. 126 GGV.
156 Art. 128 iVm Art. 124 lit. d UMV und Art. 81 lit. d GGV iVm Art. 84 GGV.
157 BeckOK MarkenR/Gillert UMV 2017 Art. 124 Rn. 18.
158 BeckOK MarkenR/Gillert UMV 2017 Art. 125 Rn. 46.

befugnis ist jedoch auf den Staat der Handlung beschränkt. EU-weite Verbote und Schadensersatz können nur Gerichte nach Art. 82 Abs. 1–4 GGV bzw. Art. 125 Abs. 1–4 UMV aussprechen, was für den Kläger vorteilhafter ist.

3. Internationales Privatrecht

Das anwendbare Recht bei Marken- und Designrechtsverletzungen bestimmen europäische Gerichte grundsätzlich anhand des Art. 8 Abs. 1 Rom II-VO.[159] Diese Kollisionsnorm gilt in allen Mitgliedstaaten der Europäischen Union mit Ausnahme Dänemarks und für alle schadensbegründende Ereignisse, die ab dem 11.1.2009 eingetreten sind (Art. 1 Abs. 1, 4, Art. 31 f. Rom II-VO). **103**

Hiernach findet bei Verletzungen von Rechten des geistigen Eigentums das nationale Recht Anwendung, für dessen Gebiet Schutz beansprucht wird (sog. Schutzlandprinzip). Die Klägerin müsste also eine Verletzung von Marken- und Designrechten geltend machen. Für welches Gebiet Schutz beansprucht wird, ergibt sich aus dem Klagebegehren.[160] Ein bestimmter wirtschaftlicher Inlandsbezug ist auf Ebene des internationalen Privatrechts nicht erforderlich.[161] **104**

Die Verweisung auf das nationale Recht umfasst dabei das Bestehen des Rechts, die Rechtsinhaberschaft des Verletzten, Inhalt und Umfang des Schutzes sowie der Tatbestand und die Rechtsfolgen einer Rechtsverletzung.[162] **105**

Für Verletzungen von gemeinschaftsweit einheitlichen Rechten ist gem. Art. 8 Abs. 2 Rom II-VO zunächst die jeweilige Verordnung relevant. Im Marken- und Designrecht sind davon die Unionsmarke[163] und das (eingetragene) Gemeinschaftsgeschmackmuster[164] betroffen.[165] Soweit eine Frage in den jeweiligen Verordnungen nicht geregelt ist, ist das Recht des Staates anzuwenden, in dem die Verletzung begangen wurde. Bei Sachverhalten im Zusammenhang mit virtuellen Welten ist regelmäßig der Ort relevant, wo die Veröffentlichung des Angebots in Gang gesetzt wurde.[166] **106**

Davon abzugrenzen ist die Frage nach dem anwendbaren Recht auf Vereinbarungen, die Marken- und Designrechte zum Gegenstand haben. Das Lizenzvertragsstatut bestimmt sich nach der Rom I-VO. Davon umfasst sind alle Fragen, die die Übertragung oder die Nutzung eines Marken- oder Designrechts betreffen. Auch die Reichweite des Lizenzvertrags und schuldvertragliche Pflichtverletzungen werden nach der Rom I-VO ermittelt.[167] Lediglich wenn sich der Lizenzgeber darauf beruft, dass ein Marken- oder Designrecht verletzt wurde, weil eine Handlung nicht von der Lizenzvereinbarung umfasst ist, ist wiederum Art. 8 Abs. 1 Rom II-VO relevant, wobei die Reichweite der vertraglichen Vereinbarung eine selbstständig anzuknüpfende Vorfrage ist.[168] **107**

4. Geografischer Schutzbereich des anwendbaren Sachrechts: „Commercial effect"

Der Schutzbereich einer Marke ist nach dem Territorialitätsprinzip auf das Gebiet des jeweiligen Eintragungsterritorium beschränkt, weshalb für markenrechtliche Ansprüche stets **108**

---

[159] Vgl. Erwgr. 26 S. 2 der Rom II-VO.
[160] NK-BGB/Grünberger Rom II-VO Art. 8 Rn. 12, 74.
[161] Grünberg/Thorn Rom II-VO Art. 8 Rn. 7.
[162] StRspr vgl. BGH GRUR 2016, 1048 Rn. 25; 2015, 264 Rn. 24; 2022, 1308 Rn. 32.
[163] Art. 1 Abs. 2 UMV.
[164] Art. 1 Abs. 2 Nr. 1, Nr. 2 GGV.
[165] BeckOGK Rom II-VO/McGuire Art. 8 Rn. 138.
[166] EuGH GRUR 2017, 1120 Rn. 107.
[167] NK-BGB/Grünberger Rom II-VO Art. 8 Rn. 16.
[168] Vgl. Grünberger ZVglRWiss 108 (2008), 134 (169).

ein hinreichender Inlandsbezug (sog. commercial effect) erforderlich ist.[169] Bei Internetsachverhalten fordert die Rechtsprechung hierfür einen wirtschaftlich relevanten Inlandsbezug, gestützt auf verschiedene Indizien[170] wie eine nationale Top-Level-Domain, die Sprache, das Liefergebiet oder die Währung. Die bloße Abrufbarkeit einer Webseite bzw. Zugangsmöglichkeit zu einer virtuellen Welt genügt dafür in der Regel nicht (→ § 21 Rn. 70). In aktuellen Fällen wie dem Spiel Fortnite führt diese Anknüpfung zur Anwendung des deutschen und europäischen Markenrechts, da die Spiele auf deutschsprachigen Websites heruntergeladen werden können und Nutzungsbedingungen auf Deutsch sind.[171]

109 Allerdings kann die Feststellung eines hinreichenden Inlandsbezugs bei virtuellen Gütern schwierig sein: In virtuellen Welten können Lokalisierungsmerkmale häufig fehlen, zB wenn das Angebot eine rein digitale Diensterbringung umfasst und damit kein Liefergebiet hat. Auch kann das Angebot in englischer Sprache[172] formuliert sein, außerhalb einer länderspezifischen Top-Level-Domain existieren, während als Bezahlmethode lediglich Kryptowährungen angeboten werden (→ § 21 Rn. 72).

110 Dabei könnte man sich auf den Standpunkt stellen, dass bei Abwesenheit geographischer Merkmale der Schluss auf eine weltweite – und damit auch deutsche bzw. europäische – Ausrichtung zulässig ist. Anders als bei physischen Waren, die durch ihren Verkaufsort begrenzt sind, konkurrieren virtuelle Produkte global, weshalb bereits deren Abrufbarkeit einen Inlandsbezug darstellen kann (→ § 21 Rn. 73).[173]

111 Damit ginge allerdings die Gefahr sich widerstreitender Entscheidungen einher. Auch könnten Unternehmen aus verschiedenen Ländern beanspruchen, dass eine Nutzung eines Zeichens oder eines Designs unterbleibt, obwohl diese eigentlich zulässig wäre – so käme es zu einer erheblichen Beschränkung der wirtschaftlichen Entfaltungsmöglichkeiten von ausländischen Unternehmen.[174] Ebenso würden Wertentscheidungen anderer Staaten in Bezug auf Verwertungsmöglichkeiten von Marken- und Designrechten nicht respektiert.[175]

112 In der Praxis bedarf es einer genauen Prüfung, ob ein hinreichender Inlandsbezug besteht. Verschiedene Faktoren können hier eine Orientierung bieten (→ Rn. 108). Soweit in keinem Land ein „commercial effect" gegeben ist, könnte man argumentieren, dass bereits der bloße Zugang zu einer virtuellen Welt für eine Anwendung des Sachrechts ausreichend ist – die Rechtsprechung hatte, soweit ersichtlich, bisher noch keine Gelegenheit sich zu einem solchen Fall zu verhalten.

Praxishinweis:
Der für Markenansprüche nötige Inlandsbezug („commercial effect") ist bei virtuellen Gütern oft schwer nachzuweisen, da typische Indizien wie Sprache oder Währung fehlen können. Es ist rechtlich ungeklärt, ob bei Fehlen solcher Merkmale auf eine globale und somit inländische Ausrichtung geschlossen werden kann. Dies birgt Risiken wie widerstreitende Urteile. Eine genaue Einzelfallprüfung der Ausrichtung des Angebots ist daher unerlässlich.

---

[169] BGH GRUR 2005, 431.
[170] Joint Recommendation Concerning Provisions on the Protection of Marks, and Other Industrial Property Rights in Signs, on the Internet (with Explanatory Notes), adopted by the Assembly of the Paris Union for the Protection of Industrial Property and the General Assembly of the World Trade Property Organization (WIPO) on September 24 to October 3, 2001; abgedruckt in WRP 2001, 833.
[171] Uhlenhut/Bernhardt WRP 2023, 139 (144).
[172] Zur englischen Sprache als lingua franca im internationalen Geschäftsverkehr, ALI Principles of Intellectual Property I Introduction 2008.
[173] aA Reinholz GRUR-Prax 2023, 585 (588).
[174] BGH MMR 2005, 239 (241).
[175] Metzger JZ 2010, 929 (934).

5. Tatsächliche Herausforderungen

Auf tatsächlicher Ebene stellen sich besondere Herausforderungen, wenn es sich um eine dezentrale virtuelle Umgebung handelt. Hier dürfte die Identifikation eines Verletzers aufgrund der Pseudonymität die größte Herausforderung darstellen (→ § 16 Rn. 76 ff.).[176] **113**

Praxishinweis:
Bei der Durchsetzung von deutschen und europäischen Marken- und Designrechten sollte für die Wahl des Gerichtsstands die Kognitionsbefugnis berücksichtigt werden – dabei sind die Gerichte am Sitz des Beklagten bzw. am Handlungsort zur Entscheidung über den ganzen Schaden befugt und damit besten zur Rechtsdurchsetzung geeignet. Dabei sollte allerdings eine gründliche Prüfung erfolgen, ob ein hinreichender Inlandsbezug zum deutschen oder europäischen Territorium besteht – die bloße Zugangsmöglichkeit zu einer virtuellen Welt reicht nicht für die Anwendung des deutschen und europäischen Marken- und Designrechts aus. Auf tatsächlicher Ebene können sich besondere Herausforderungen im Rahmen der Identifikation des Verletzers stellen. **114**

IV. Praktische Umsetzung im Marken- und Designportfolio

Die aufgezeigte Virtualisierung wirtschaftlicher Aktivitäten und die damit einhergehende kommerzielle Bedeutung virtueller Güter machen eine strategische Anpassung des Marken- und Designportfolios unerlässlich. Eine proaktive und vorausschauende Herangehensweise ist für Markeninhaber maßgeblich, um die eigenen immateriellen Vermögenswerte in diesem dynamischen Umfeld wirksam zu schützen, zu monetarisieren und gegen die Nutzung durch unbefugte Dritte zu verteidigen. **115**

1. Anmeldestrategie

Eine durchdachte Anmeldestrategie bildet das Fundament für einen effektiven Schutz im virtuellen Raum. Angesichts der noch nicht gefestigten Rechtsprechung und der divergierenden Einschätzungen von Ämtern und Gerichten (→ Rn. 14 ff., 33 ff.) sollte eine eher extensive Anmeldestrategie verfolgt werden. **116**

Bestehender Markenschutz für physische Waren bietet voraussichtlich keinen ausreichenden Schutz für deren virtuelle Pendants. Die bisherige Praxis des EUIPO, eine Warenähnlichkeit zwischen realen und virtuellen Gütern eher restriktiv zu handhaben (→ Rn. 14 ff.), unterstreicht die Notwendigkeit separater Anmeldungen. Für virtuelle Waren ist eine präzise Klassifizierung in Klasse 9 unter genauer Spezifizierung (zB „herunterladbare virtuelle Bekleidung") erforderlich, da der Oberbegriff „virtuelle Waren" für sich genommen als zu unbestimmt zurückgewiesen wird (→ Rn. 18). Virtuelle Dienstleistungen sind je nach ihrem Zweck entweder der Klasse der entsprechenden realen Dienstleistung oder bei einem abweichenden Unterhaltungscharakter der Klasse 41 zuzuordnen (→ Rn. 20 ff.). Markeninhabern ist zu empfehlen, ihre Marken frühzeitig anzumelden, selbst wenn noch keine konkreten Marktaktivitäten geplant sind. Dies beugt der Besetzung durch Wettbewerber oder sogenannte „Markengrabber" vor, wobei die fünfjährige Benutzungsschonfrist ein wertvolles strategisches Zeitfenster bietet. Ferner verdeutlicht die „Glashütte"-Entscheidung des EuG, dass bei der Auswahl eines Zeichens die Übertragung von Wert- oder Qualitätsvorstellungen aus der physischen in die virtuelle Welt zu prüfen ist (→ Rn. 35). **117**

[176] Zu den verschiedenen Arten einer virtuellen Umgebung und jeweiligen Einfluss auf die Durchsetzung von Immaterialgüterrechten, Impact of the Metaverse on Infringement and Enforcement of Intellectual Property, Impact of Technology Deep Dive Report II, October 2024, S. 58 ff.

118 Als Ergänzung oder attraktive Alternative zum Markenrecht sollte der Designschutz erwogen werden. Dieser ist oft kostengünstiger, erfordert keine rechtserhaltende Benutzung und ist nicht auf bestimmte Waren- und Dienstleistungsklassen beschränkt, was die komplexen Abgrenzungsfragen der Klassifizierung umgeht (→ Rn. 65 ff.).[177]

2. Durchsetzung

119 Die Durchsetzung von Marken- und Designrechten im Metaverse ist mit erheblichen Herausforderungen verbunden. Eine der größten Hürden stellt die Identifizierung des Verletzers in dezentralen und pseudonymen Umgebungen dar. Der Einsatz von spezialisierten Monitoring-Diensten sowie die Einbeziehung von Plattformbetreibern, die oft über eigene Melde- und Sperrmechanismen verfügen, ist hierbei ratsam.

120 Bei der Rechtsverfolgung ist die strategische Wahl des Gerichtsstands von maßgeblicher Bedeutung. Während eine Klage am Sitz des Beklagten eine europaweite Unterlassung ermöglichen kann, ist eine gerichtliche Anordnung bei einer Klage am Erfolgsort aufgrund der „Mosaiktheorie" auf das jeweilige nationale Territorium beschränkt (→ Rn. 84 f.). Im Streitfall müssen Markeninhaber, die eine Ähnlichkeit zwischen realen und virtuellen Gütern geltend machen, umfassend zur Marktpraxis vortragen, um der restriktiven Haltung des EUIPO entgegenzuwirken (→ Rn. 34). Dem häufigen Einwand, eine Marke werde nur dekorativ genutzt, ist mit dem Nachweis zu begegnen, dass der Verkehr die Marke als Herkunftshinweis versteht. Inhaber bekannter Marken genießen hierbei erhebliche Vorteile, da für die Durchsetzung ihrer Rechte oft bereits eine gedankliche Verknüpfung ausreicht und die „Glashütte"-Entscheidung eine Übertragung der Reputation von realen auf virtuelle Produkte nahelegt (→ Rn. 43 ff., 35).

3. Erhaltung

121 Für die Erhaltung des Markenschutzes über die Benutzungsschonfrist hinaus ist die Beachtung einer zentralen praktischen Implikation unerlässlich. Es ist davon auszugehen, dass die Benutzung einer virtuellen Ware für deren physische Pendants – und umgekehrt – voraussichtlich keine rechtserhaltende Benutzung darstellen wird, wie bereits die „Duff Beer"-Entscheidungen nahelegten (→ Rn. 58 ff., 61).

122 Mithin erwächst für Markeninhaber die Notwendigkeit, nach Ablauf der fünfjährigen Schonfrist eine ernsthafte Benutzung für beide Kategorien getrennt nachzuweisen, um einem Verfallsantrag wirksam zu begegnen. Dies erfordert eine sorgfältige und lückenlose Dokumentation der Benutzung durch datierte Screenshots, Verkaufsstatistiken, Marketingkampagnen und Verträge. Parallel dazu ist eine kontinuierliche Überwachung des eigenen Portfolios notwendig, um gegen bösgläubige Anmeldungen durch Dritte, die von der eigenen Bekanntheit profitieren wollen, mittels Widerspruch oder Löschungsantrag vorgehen zu können.

§ 69 Datenschutz

Übersicht

[177] Voegeli-Wenzl GRUR-Prax 2023, 189 (189); Steege/Chibanguza Metaverse-HdB/Tann § 14 Rn. 86.

Schrifttum:

Bender-Paukens/Werry, Datenschutz im Metaverse, ZD 2023, 127; Ehmann/Selmayr/Zerdick, Kommentar zur DS-GVO, 2. Aufl. 2018; Gola/Heckmann, DS-GVO – BDSG, 3. Aufl. 2022; Ingold/Sydow/Marsch, DS-GVO – BDSG, 3. Aufl. 2022; Kaulartz/Schmid/Müller-Eising, Das Metaverse – eine rechtliche Einführung, RDi 2022, 521; Klar/Wegmann/Galandi, Datenschutz im Metaverse, BB 2022, 2691; Kühling/Buchner, DS-GVO – BDSG, 4. Aufl. 2024; Martini/Botta, Der Staat und das Metaversum, MMR 2023, 887; Schirmbacher, Metaverse und Recht, Datenschutz GRUR-Prax 2023, 626; Wagner/Holm-Hadulla/Ruttloff, Metaverse und Recht, 2023; Wendt/Wendt, Das neue Recht der Künstlichen Intelligenz, 2024.

I. Einführung

Frau K erhält eine Einladung zu einem Vorstellungsgespräch bei ihrem Wunschunternehmen. **1**
Was sie noch benötigt, ist das passende Outfit. Sie begibt sich in ihr Arbeitszimmer, setzt ein Virtual-Reality-Headset auf und betritt als registrierte Nutzerin mit Klarnamen das Metaverse. Dort besucht sie ein Einkaufszentrum, in dem sich ein Modegeschäft mit Sitz in Kalifornien, USA, befindet. Beim Betreten des Geschäfts wird sie freundlich auf Englisch begrüßt, und ein Verkäufer stellt ihr eine Auswahl zusammen. Als Frau K ein Kleidungsstück berührt, erscheint ein Fenster mit dem Preis in Euro und weiteren Produktinformationen. Über ihren ihr optisch gleichenden digitalen Doppelgänger, einen Avatar, kann sie die Kleidungsstücke direkt virtuell anprobieren. Sie erwirbt ein passendes Outfit, das in wenigen Tagen zu ihr nach Hause geliefert wird.

Dieses Szenario könnte in Zukunft für viele Menschen Realität werden – im Web3, einer **2**
neuen Entwicklungsstufe des Internets. Das Web3 beschreibt die Dezentralisierung des Internets und eröffnet mit dem Metaverse neue digitale Welten. Rund um das Metaverse existieren zahlreiche Vorstellungen und Visionen, insbesondere zur potenziellen Veränderung der globalen Wirtschaft. Schon 2021 investierten Unternehmen und Privatpersonen Millionenbeträge in virtuelle Immobilien und digitale Produkte wie Modeartikel im Metaverse.

Dieser Beitrag widmet sich den datenschutzrechtlichen Herausforderungen rund um das **3**
Metaverse. Zunächst wird eine kurze Einführung in das Metaverse gegeben (→ Rn. 4 f.) und

die Anwendbarkeit der Datenschutz-Grundverordnung[1] („DS-GVO") auf das Metaverse geprüft (→ Rn. 6 ff.). Im Folgenden wird die Anwendung einzelner Vorschriften der DS-GVO auf das Metaverse analysiert (→ Rn. 13 ff.). Zuletzt wird ein Überblick über die mögliche Anwendbarkeit weiterer Regelungswerke gegeben (→ Rn. 39 ff.).

II. Das Metaverse

4 Das Metaverse gilt als einer der größten technologischen Trends unserer Zeit. Die Zukunftstechnologie soll einen virtuellen Raum erschaffen, der die reale und die digitale Welt nahtlos miteinander verbindet. Unternehmen sowie Privatpersonen können diesen Raum nutzen, um digitale Identitäten zu schaffen und miteinander zu interagieren, aber auch, um virtuelle Güter auszutauschen oder mit Produkten und Dienstleistungen zu handeln. Insofern ist das Metaverse kein einzelnes Produkt, sondern beschreibt ein abstraktes Konzept, dessen konkrete Ausgestaltung noch unklar ist.[2] Es ist jedoch bereits abzusehen, dass das Metaverse nicht nur eine Weiterentwicklung existierender sozialer Netzwerke darstellt, sondern darüber hinaus auch ein signifikantes wirtschaftliches Potential birgt.[3] Ob es ein Metaverse, bestehend aus verschiedenen Plattformen, vergleichbar mit dem Internet und seinen Webseiten, oder mehrere Metaverse geben wird, ist noch unklar. Im Falle mehrerer Metaverse stellen sich Fragen der Interoperabilität, also inwiefern ein Nutzer seinen Avatar oder andere digitale Güter von der einen Welt in die andere mitnehmen kann. Für die Zwecke dieses Beitrags wird von einem einheitlichen Metaverse mit verschiedenen Plattformanbietern ausgegangen.[4]

5 Mit dem Metaverse werden verschiedene Möglichkeiten geschaffen, virtuelle Räume zu kreieren, entweder einen öffentlichen, für viele Teilnehmer zugänglichen oder einen privaten, auf eine bestimmte Personengruppe begrenzten Raum (zum Beispiel die Mitarbeiter eines Unternehmens).[5] Durch Avatare – digitale Verkörperungen juristischer oder natürlicher Personen – können Nutzer an dem virtuellen Raum teilnehmen. Bei der Gestaltung dieser Avatare besteht kreative Freiheit, sodass diese dem eigenen Aussehen in der realen Welt entsprechen oder einem Fantasiewesen gleichen können. Der Zugang zu einer Metaverse-Plattform erfolgt entweder über einen herkömmlichen Internet-Browser oder aber durch Virtual-Reality-Brillen bzw. Headsets. Auch bezüglich der optischen Gestaltung der virtuellen Welt oder ihrer Einsatzmöglichkeiten sind der Kreativität kaum Grenzen gesetzt.

III. Anwendbarkeit der DS-GVO

6 Der Besuch des Metaverse eröffnet nie dagewesene Möglichkeiten zur Erfassung von personenbezogenen Daten. Durch die Art und Masse an verfügbaren Daten kann ein gläserner Nutzer in bisher unvorstellbarer Weise entstehen. In diesem Zusammenhang stellt sich entsprechend die Frage des Schutzes dieser personenbezogenen Daten. Im Folgenden wird beleuchtet, inwiefern die DS-GVO hierfür herangezogen werden kann, bzw. ob Unternehmen, die im Metaverse aktiv sind, die Anforderungen der DS-GVO beachten müssen. Die DS-GVO ist dann anwendbar, wenn sowohl der sachliche Anwendungsbereich (1.), als auch der räumliche Anwendungsbereich (2.) eröffnet sind.

---

[1] VO (EU) 2016/679.
[2] Kaulartz/Schmid/Müller-Eising RDi 2022, 521 (522).
[3] Bender-Paukens/Werry ZD 2023, 127.
[4] Bender-Paukens/Werry ZD 2023, 127.
[5] Bender-Paukens/Werry ZD 2023, 127 (128).

1. Sachlicher Anwendungsbereich

Der sachliche Anwendungsbereich ist nach Art. 2 Abs. 1 DS-GVO eröffnet, wenn personenbezogene Daten ganz oder teilweise automatisiert verarbeitet werden. Personenbezogene Daten sind gem. Art. 4 Nr. 1 DS-GVO alle Informationen, die sich auf eine identifizierte oder identifizierbare natürliche Person beziehen. Eine Person gilt als identifizierbar, wenn sie durch direkte oder indirekte Merkmale bestimmt werden kann. Um festzustellen, ob eine Person identifizierbar ist, sind nach Erwgr. 26 der DS-GVO alle Mittel zu berücksichtigen, die der Verantwortliche oder ein Dritter nach allgemeinem Ermessen wahrscheinlich einsetzt. Insofern sind keine allzu hohen Anforderungen an die Identifizierbarkeit einer Person zu stellen.[6] **7**

Ein Nutzer des Metaverse ist dann eindeutig identifiziert, wenn für die Registrierung für ein Metaverse, d. h. eine Plattform, der Klarname angegeben werden muss. Es ist jedoch denkbar, dass eine Plattform keine Angabe des Klarnamens fordert, sondern die Registrierung über ein Kryptowallet erfolgen kann. Sofern es jedoch technisch möglich ist, die Wallet-ID des Kryptowallets auf eine natürliche Person zurückzuführen, liegt ein hinreichender Personenbezug vor.[7] Dementsprechend wird ein Nutzer aufgrund seiner Registrierung bei einer Plattform im Metaverse regelmäßig identifiziert bzw. identifizierbar sein. Eine Identifizierbarkeit kann auch durch die Auswahl eines Avatars möglich sein, sowie aufgrund eines digitalen Fußabdrucks.[8] Dabei kann ein Mensch beispielsweise anhand seiner Bewegungen durch VR-Systeme identifiziert werden, wenn das System mit bis zu fünf Minuten Tracking-Daten pro Nutzer trainiert wurde.[9] Da auch pseudonymisierte Daten personenbezogene Daten gem. Art. 4 Nr. 5 DS-GVO sind, wird für die meisten Prozesse im Metaverse eine Verarbeitung von personenbezogenen Daten vorliegen. **8**

Eine Ausnahme der Anwendbarkeit der DS-GVO kann indes bei der Erstellung und Nutzung rein privater Metaverse Plattformen greifen. Die DS-GVO ist gem. Art. 2 Abs. 2 lit. c DS-GVO nicht auf persönliche oder familiäre Tätigkeiten anwendbar. Feiert eine Person ihren Geburtstag mit Familienangehörigen und Freunden im Metaverse, würde die DS-GVO auf den privaten Veranstalter keine Anwendung finden (auf den Betreiber der genutzten Plattform indes schon). Die Unterscheidung zwischen privaten und öffentlichen Tätigkeiten bleibt jedoch im Einzelfall unklar, weswegen die Aufstellung von klaren Abgrenzungskriterien seitens der zuständigen Behörden wünschenswert wäre.[10] **9**

Im vorliegenden Beispielfall ist Frau K durch die Nutzung eines Accounts, der ihren Klarnamen verwendet, sowie durch die Wahl ihres Avatars eindeutig identifiziert. Damit sind alle Daten, die die Plattform erhebt und verarbeitet, personenbezogen und der sachliche Anwendungsbereich der DS-GVO eröffnet.

2. Räumlicher Anwendungsbereich

Der räumliche Anwendungsbereich ist gemäß dem Niederlassungsprinzip (Art. 3 Abs. 1 DS-GVO) dann eröffnet, wenn der Verantwortliche oder der Auftragsverarbeiter in der Union ansässig ist. Dies ist dann der Fall, wenn das Unternehmen seinen Sitz in der EU hat. Ein Grundstück im Metaverse fällt dagegen mangels territorial-physischem Anknüpfungspunkt nicht unter diese Vorschrift.[11] Daher muss die Tätigkeit des Unternehmens im Metaverse für die Anwendbarkeit des Art. 3 Abs. 1 DS-GVO einer realen Niederlassung in der EU zugeordnet werden können. **10**

---

6 EuGH NJW 2016, 3579.
7 Klar/Wegmann/Galandi BB 2022, 2691 (2692).
8 Martini/Botta MMR 2023, 887 (894).
9 Vgl. https://www.nature.com/articles/s41598-020-74486-y (zuletzt abgerufen am 18.3.2025).
10 Bender-Paukens/Werry ZD 2023, 127 (130).
11 Klar/Wegmann/Galandi BB 2022, 2691 (2692).

11 Hat das Unternehmen keinen Sitz innerhalb der EU, können die Vorschriften der DS-GVO trotzdem gem. Art. 3 Abs. 2 DS-GVO anwendbar sein. Nach Art. 3 Abs. 2 lit. a DS-GVO ist der Anwendungsbereich der Verordnung eröffnet, wenn die Datenverarbeitung im Rahmen eines Leistungsangebots stattfindet, das sich an Personen richtet, die sich in der Union befinden.[12] Anhaltspunkte hierfür können die Verwendung der Sprache oder der Währung eines Mitgliedstaats sein (Erwgr. 23 Satz 2, 3 DS-GVO). Die DS-GVO ist gem. Art. 3 Abs. 2 lit. a DS-GVO auch dann anwendbar, wenn die Datenverarbeitung erfolgt, um das Verhalten von betroffenen Personen in der Union zu beobachten. Der Maßstab, um eine solche Ausrichtung der Datenverarbeitung auf EU-Bürger zu bestimmen, ist niedrig.[13]

12 Die Verhaltensbeobachtung spielt im Metaverse im Vergleich zur herkömmlichen Internetnutzung eine gesteigerte Rolle. Eine Verhaltensbeobachtung liegt dann vor, wenn ein Unternehmen Daten verarbeitet, um die Internetaktivitäten eines Nutzers nachzuvollziehen.[14] Zusätzlich ist erforderlich, dass diese Verarbeitung konkret auf die Verhaltensbeobachtung abzielt.[15] Schon jetzt können Unternehmen beim Besuch einer Website Daten wie die Verweildauer oder die Auswahl der Produkte im Warenkorb erfassen. Demgegenüber sind die Möglichkeiten im Metaverse noch umfassender. Die Verwendung von VR-Brillen oder Haptikanzügen ermöglicht die Verarbeitung biometrischer Daten wie zum Beispiel die Weitung der Pupille oder das Schweifen des Blickes, womit Reaktionen des Nutzers auf bestimmte Situationen gesammelt werden können.[16] Werden diese Daten gezielt verarbeitet, um beispielsweise ein Tracking der Nutzer zu Werbezwecken zu ermöglichen, liegt ein Beobachten gem. Art. 3 Abs. 2 lit. b DS-GVO vor.[17] Jedoch wird die bloße Präsenz eines Unternehmens im Metaverse ohne Interaktionsmöglichkeiten als bloßes Aushänge- oder Werbeschild nicht ausreichen, um ein Beobachten i. S. d. Art. 3 DS-GVO anzunehmen[18] oder ein Angebot an Personen in der EU zu rechtfertigen.

Diese Grundsätze können auf den Beispielfall angewendet werden: Das Bekleidungsgeschäft, das Frau K virtuell betritt, hat seinen (realen) Sitz in Kalifornien, USA. Somit ist der räumliche Anwendungsbereich nach dem Niederlassungsprinzip nicht eröffnet. Art. 3 Abs. 2 lit. a DS-GVO könnte einschlägig sein, wenn sich das Angebot des Bekleidungsgeschäfts an Unionsbürger richtet. Um dies zu bestimmen, müssen die Umstände des Einzelfalls betrachtet werden. Frau K wurde auf Englisch angesprochen. Bei Kommunikation auf Englisch müssen weitere Indizien hinzukommen, damit sich das Angebot an Unionsbürger richtet, wie zum Beispiel Versandmöglichkeiten in die EU.[19] Die Preise der Waren sind in europäischer Währung angegeben und es wird die Versandmöglichkeit nach Deutschland angeboten. Dies spricht für eine Absicht des Unternehmens, das Angebot an Personen in der EU zu richten. Entsprechend ist der räumliche Anwendungsbereich nach Art. 3 Abs. 2 lit. a DS-GVO eröffnet.

IV. Anforderungen im Zusammenhang mit der DS-GVO

13 Bei der Nutzung des Metaverse können unterschiedliche Datenkategorien verarbeitet werden. Je nach Datenkategorie ergeben sich unterschiedliche Herausforderungen. Im Folgenden werden daher zunächst die Arten von Daten kategorisiert, die im Rahmen der Metaverse-Nutzung verarbeitet werden (1.), bevor die datenschutzrechtliche Verantwortlichkeit im Metaverse analysiert wird (2.). Zusätzlich wird auf die Rechtfertigungsvorschrif-

[12] Kühling/Buchner/Klar DS-GVO BDSG Art. 3 Rn. 80.
[13] Ehmann/Selmayr/Zerdick DS-GVO Art. 3 Rn. 14.
[14] Schirmbacher GRUR-Prax 2023, 626 (627).
[15] EDSA-Leitlinie 03/2018, 23.
[16] Bender-Paukens/Werry ZD 2023, 127 (128).
[17] Kühling/Buchner/Klar DS-GVO BDSG Art. 3 Rn. 91.
[18] So auch Klar/Wegmann/Galandi BB 2022, 2691 (2692).
[19] Kühling/Buchner/Klar DS-GVO BDSG Art. 3 Rn. 87.

ten für die verschiedenen Datenkategorien eingegangen (3.) und es werden die aus der DS-GVO erwachsenden Pflichten für Unternehmen im Metaverse ausgeführt (4.).

1. Datenkategorien

Die im Metaverse verarbeiteten Daten lassen sich in die folgenden Kategorien einteilen: **14**
Betriebsdaten, technische Daten, Nutzungsdaten, biometrische Daten und Umgebungsdaten.

a) Betriebsdaten

Zum einen werden im Metaverse personenbezogene Daten wie der Benutzername oder **15**
Bankdaten bei der Erstellung eines Accounts verarbeitet, sogenannte **Betriebsdaten.** Diese Daten gibt der Nutzer aktiv preis. Darüber hinaus kann der Avatar eines Nutzers Rückschlüsse auf die dahinterstehende Person zulassen. Dies kann durch den Namen des Avatars, dessen ID oder aber durch das äußere Erscheinungsbild geschehen, soweit das virtuelle Auftreten eines Nutzers seiner reellen Persönlichkeit gleicht.[20]

b) Technische Daten

Darüber hinaus fallen **technische Daten** bei der Nutzung der Plattform an, wie z. B. die **16**
Verweildauer, Standortinformationen oder das Datum des Aufenthalts im Metaverse. Diese Daten sind vergleichbar mit den technischen Daten, die bei der Nutzung des Internets erhoben werden.

c) Nutzungsdaten

Neben den technischen Daten entstehen im Rahmen der Nutzung einer Plattform **17**
sogenannte **Nutzungsdaten.** Dies sind unter anderem Merkmale zur Identifikation des Nutzers oder Angaben über das verwendete Betriebssystem. Vor allem Transaktionsdaten werden bei der Kommunikation zwischen Nutzern oder beim Bestellen von Produkten verarbeitet.[21] Solche Daten umfassen zum Beispiel Kreditkarteninformationen, E-Mail- bzw. Wallet-Adressen oder die private Anschrift eines Nutzers.

d) Biometrische Daten

Eine besondere Kategorie der Nutzungsdaten sind **biometrische Daten.** Biometrische **18**
Daten sind personenbezogene Daten, die auf einzigartigen Merkmalen einer Person beruhen und unveränderlich sind. Biometrische Daten sind zur eindeutigen Identifizierung eines Menschen geeignet. Mithilfe dieser hochsensiblen Daten können gegebenenfalls Rückschlüsse auf den Gesundheitszustand eines Menschen gezogen werden. Bei der Nutzung einer VR-Brille kann der Blick des Nutzers verfolgt werden und die Iris gescannt werden oder ein Haptikanzug kann die Mimik, Gestik und physiologische Reaktionen des Trägers erkennen und verarbeiten.[22] Biometrische Daten fallen in die Kategorie der besonderen personenbezogenen Daten, deren Verarbeitung gem. Art. 9 Abs. 1 DS-GVO an besonders strenge Voraussetzungen geknüpft ist.

e) Umgebungsdaten

Durch die Nutzung von Hardware, vor allem VR-Brillen, können Daten aus der Umgebung **19**
des Nutzers verarbeitet werden, sogenannte **Umgebungsdaten.** Zusätzlich können auch

[20] Kaulartz/Schmid/Müller-Eising RDi 2022, 521 (526).
[21] Wagner/Holm-Hadulla/Ruttloff Metaverse und Recht/Hamann/Klar/Wegmann § 8 Rn. 578.
[22] Kaulartz/Schmid/Müller-Eising RDi 2022, 521 (525).

unbeteiligte Passanten von der VR-Brille erfasst und ihre Daten dadurch verarbeitet werden.[23]

Im oben beschriebenen Beispielfall besitzt Frau K einen Account, bei dem sie mit ihrem Klarnamen registriert ist und der möglicherweise mit weiteren Daten wie einer E-Mail-Adresse verknüpft ist. Zudem entstehen auch technische Daten und Nutzungsdaten, indem Frau K das Metaverse betritt und mit dem Verkäufer kommuniziert. Diese Daten umfassen zum Beispiel die Verweildauer vor den Schaufenstern verschiedener Läden und lassen daher Rückschlüsse auf die modischen Präferenzen von Frau K zu. Durch die Nutzung der VR-Brille von Frau K kann deren Hersteller gewisse biometrische Daten, wie zum Beispiel ihre Reaktion auf bestimmte Kleidungsstücke, erfassen. Zugleich besteht die Möglichkeit festzustellen, ob Frau K ihre VR-Brille in einem öffentlichen Raum wie einem Kaffee nutzt oder in einem privaten Raum.

2. Verantwortlichkeit

20 Verantwortlicher ist gem. Art. 4 Nr. 7 DS-GVO die natürliche oder juristische Person, Behörde, Einrichtung oder andere Stelle, die allein oder gemeinsam mit anderen über die Zwecke und Mittel der Verarbeitung von personenbezogenen Daten entscheidet. Wenn mehrere Unternehmen die Zwecke der und die Mittel zur Verarbeitung festlegen, so sind sie gem. Art. 26 Abs. 1 DS-GVO gemeinsame Verantwortliche.

21 Das Metaverse entsteht durch das Zusammenspiel verschiedener Akteure, was Schwierigkeiten hinsichtlich der Bestimmung der Verantwortlichkeit gemäß der DS-GVO birgt. Der Betreiber einer Metaverse-Plattform wird regelmäßig als Verantwortlicher in Bezug auf die auf der Plattform verarbeiteten Daten einzustufen sein.[24] Darüber hinaus stellt sich die Frage nach der Verantwortlichkeit von Unternehmen, die Produkte oder Dienstleistungen auf der Metaverse-Plattform anbieten. Dies hängt von der Struktur der jeweiligen Plattform ab. Eine Verantwortlichkeit des Unternehmens ist dann zu bejahen, wenn das Unternehmen durch seine Präsenz auf der Plattform selbst Daten verarbeitet.[25] Im Gegensatz dazu ist eine Verantwortlichkeit eines Unternehmens abzulehnen, wenn es den Nutzern keine Interaktionsmöglichkeiten bietet und somit auch keine Daten verarbeitet.[26]

22 Zusätzlich können die Unternehmen auch in Bezug auf die von der Metaverse-Plattform erhobenen Daten gemeinsam verantwortlich sein. Nach EuGH-Rechtsprechung liegt dann eine gemeinsame Verantwortlichkeit vor, wenn das Unternehmen von der Auswertung aggregierter Daten (zum Beispiel durch Besucherstatistiken) profitiert und die Auswahl der Daten beeinflussen kann.[27] Es ist nicht erforderlich, dass das Unternehmen auf die erhobenen Daten zugreifen kann.[28] Eine Abgrenzung zwischen der Verantwortlichkeit des Plattformbetreibers und des Unternehmens könnte anhand des Aufenthaltsortes des Avatars vorgenommen werden.[29] Hiernach wäre der Betreiber eines virtuellen Geschäfts dann verantwortlich, wenn der Avatar des Nutzers sich in seinem Geschäft aufhält.

23 Darüber hinaus stellt sich die Frage nach einer gemeinsamen Verantwortlichkeit von Plattformbetreibern und den auf der Plattform präsenten Unternehmen gem. Art. 26 DS-GVO. Dies richtet sich danach, ob die Unternehmen gemeinsam mit den Plattformbetreibern Zweck und Mittel der Datenverarbeitung bestimmen und wird nach den Umständen des Einzelfalls zu entscheiden sein.[30] Auch Agenturen, die den Betrieb virtueller

---

[23] Kaulartz/Schmid/Müller-Eising RDi 2022, 521 (526).
[24] Schirmbacher GRUR-Prax 2023, 626 (627).
[25] Schirmbacher GRUR-Prax 2023, 626 (627).
[26] Klar/Wegmann/Galandi BB 2022, 2691 (2693).
[27] EuGH NJW 2018, 2537.
[28] EuGH NJW 2018, 2537.
[29] Bender-Paukens/Werry ZD 2023, 127 (128).
[30] Kaulartz/Schmid/Müller-Eising RDi 2022, 521 (526).

Geschäfte für Unternehmen übernehmen, sowie Hersteller oder Anbieter von Hardware wie VR-Brillen können personenbezogene Daten im Zusammenhang mit der Nutzung des Metaverse erheben und verarbeiten und können daher als Verantwortliche im Sinne der DS-GVO einzustufen sein.[31]

Ein dezentraler Aufbau einer Metaverse-Plattform, zum Beispiel durch die Nutzung einer **24**
Distributed Ledger Technologie, wirft besondere Probleme im Rahmen der datenschutzrechtlichen Verantwortlichkeit auf. Hierbei setzt sich die Plattform aus einer Vielzahl von Knotenpunkten zusammen, die alle getrennt voneinander Daten verarbeiten. Als Verantwortlicher ist jeder Knotenpunkt in dem Netzwerk, der eigenverantwortlich Daten speichert oder erhebt, anzusehen.[32] Eine gemeinsame Verantwortlichkeit wird in der Regel abzulehnen sein, da die verschiedenen Knotenpunkte unabhängig voneinander Daten erheben und die Identität der anderen Parteien häufig nicht kennen.[33] Dies erschwert die Annahme einer Vereinbarung i. S. d. Art. 26 Abs. 1 DS-GVO, die notwendig für die Annahme einer gemeinsamen Verantwortung ist.[34] Die Anforderungen an solche Vereinbarungen im Rahmen von Distributed Ledger Technologie sollten somit vom Gesetzgeber spezifiziert werden.[35]

Zwar kann die Eigenschaft eines Akteurs als Verantwortlicher nicht durch eine bestimmte **25**
Vertragsgestaltung abbedungen bzw. herbeigeführt werden, sondern richtet sich nach den objektiven Gegebenheiten. Es empfiehlt sich demnach, vertragliche Regelungen bezüglich der datenschutzrechtlichen Verantwortlichkeit zu treffen, um Klarheit und Rechtssicherheit im Innenverhältnis zu schaffen.

Im Beispielsfall ist die von Frau K genutzte Metaverse-Plattform als verantwortlich im Sinne der DS-GVO einzustufen im Bezug auf die von ihr erhobenen Betriebs- und Nutzungsdaten sowie etwaigen technischen Daten. Zudem ist der Betreiber des von Frau K betretenen Ladengeschäfts verantwortlich bezüglich der Nutzungsdaten, die im Rahmen der Verkaufstransaktion verarbeitet werden. Erhält der Betreiber des Geschäfts Benutzerstatistiken oder ähnliche Daten vom Plattformbetreiber, ist er auch bezüglich der von der Plattform erhobenen Betriebs- und Nutzungsdaten verantwortlich. Letztlich kann auch der Hersteller der von Frau K genutzten VR-Brille verantwortlich bezüglich der erhobenen biometrischen Daten sein.

3. Rechtsgrundlage für die Verarbeitung personenbezogener Daten

Die Verarbeitung personenbezogener Daten ist rechtmäßig, wenn eine Rechtsgrundlage **26**
i. S. d. Art. 6 Abs. 1 bzw. 9 DS-GVO vorliegt.[36] Eine Verarbeitung personenbezogener Daten ohne Rechtsgrundlage ist unzulässig und gem. Art. 83 Abs. 5 lit. a DS-GVO bußgeldbewehrt. Im Falle einer rechtswidrigen Datenverarbeitung besteht ein Löschungsanspruch des Betroffenen aus Art. 17 DS-GVO sowie gegebenenfalls ein Schadensersatzanspruch gem. Art. 82 DS-GVO.[37]

Im Rahmen des Metaverse kommen verschiedene Rechtfertigungsgründe für die Daten- **27**
verarbeitung in Betracht. Zum einen ist eine Rechtfertigung gem. Art. 6 Abs. 1 S. 1 lit. b DS-GVO möglich, wenn die verarbeiteten Daten für Vertragsschluss und -erfüllung erforderlich sind. Zudem ist eine Datenverarbeitung nach Art. 6 Abs. 1 S. 1 lit. f DS-GVO zulässig, wenn diese notwendig ist, um berechtigte Interessen des Verantwortlichen oder Dritter zu wahren und keine überwiegenden Rechte oder Interessen der betroffenen Person

31 Schirmbacher GRUR-Prax 2023, 626 (628).
32 Kaulartz/Schmid/Müller-Eising RDi 2022, 521 (526).
33 Kaulartz/Schmid/Müller-Eising RDi 2022, 521 (526).
34 Klar/Wegmann/Galandi BB 2022, 2691 (2693).
35 Klar/Wegmann/Galandi BB 2022, 2691 (2693).
36 Kühling/Buchner/Petri DS-GVO BDSG Art. 6 Rn. 1.
37 Gola/Heckmann/Schulz DS-GVO BDSG Art. 6 Rn. 164.

bestehen. Letztlich ist eine Datenverarbeitung auch dann rechtmäßig, wenn sie sich auf eine Einwilligung der betroffenen Person stützt (Art. 6 Abs. 1 lit. a DS-GVO), die den Vorgaben des Art. 7 DS-GVO entspricht. Die einschlägige Rechtsgrundlage richtet sich nach der Art der Daten und dem Zweck der Verarbeitung im Einzelfall.

a) Betriebsdaten

28 Bei der Nutzung einer Metaverse-Plattform werden durch die Eingabe von Login-Daten personenbezogene Daten verarbeitet, sowie dadurch, dass bei der Anmeldung bestimmte Angaben zur eigenen Person gemacht werden müssen. Als Rechtsgrundlage für die Verarbeitung solcher Betriebsdaten zur Bereitstellung des Metaverse kann der Verantwortliche sich auf Art. 6 Abs. 1 lit. b DS-GVO stützen, da diese Daten für Vertragsschluss und -erfüllung erforderlich sind.

b) Technische Daten

29 Ähnlich wie bei den Betriebsdaten kommt bei technischen Daten, wie zum Beispiel der IP-Adresse eines Nutzers, eine Rechtfertigung gem. Art. 6 Abs. 1 lit. b DS-GVO in Betracht, wenn diese Daten für die Funktionsfähigkeit der Plattform und damit zur Erfüllung des Vertrags notwendig sind, andernfalls kommt auch Art. 6 Abs. 1 lit. f DS-GVO für darüber hinausgehende Verarbeitungen in Betracht.

c) Nutzungsdaten

30 Daten, die unmittelbar für die Nutzung des Metaverse verarbeitet werden, sind in der Regel für die Vertragserfüllung erforderlich, sodass Art. 6 Abs. 1 lit. b DS-GVO als Rechtsgrundlage herangezogen werden kann. Zum Beispiel sind bestimmte Nutzerdaten, wie die Anschrift oder Kreditkarteninformationen zur Erfüllung eines im Metaverse abgeschlossenen Kaufvertrags erforderlich. Eine weitergehende Nutzung dieser Daten, zum Beispiel um Interaktionsprofile zu erstellen, sowie die Verwendung der Nutzerdaten zu Werbezwecken wird regelmäßig den Rahmen der Vertragserfüllung überschreiten und bedarf somit einer separaten Rechtfertigung. Je nach Eingriffsintensität kann hier Art. 6 Abs. 1 lit. f DS-GVO in Betracht kommen oder eine Einwilligung erforderlich werden.

d) Biometrische Daten

31 Hinsichtlich der Verarbeitung biometrischer Daten ist eine Einwilligung immer erforderlich. Die Einwilligung muss dabei gem. Art. 9 Abs. 2 lit. a DS-GVO ausdrücklich und bezogen auf die Zwecke der Verarbeitung erfolgen. Anders als bei der Einwilligung in Art. 6 Abs. 1 lit. a DS-GVO, werden erhöhte Anforderungen an die inhaltliche Bestimmtheit und Genauigkeit der Einwilligung gestellt, sodass die Einwilligung sich eindeutig auf die Verarbeitung biometrischer Daten beziehen muss. Nach der Beweislastumkehr des Art. 7 Abs. 1 DS-GVO liegt die Beweislast für das Vorliegen einer wirksamen Einwilligung beim Verantwortlichen. Entsprechend ist darauf zu achten, eine ausreichende technische Dokumentierbarkeit zu schaffen.

Im Hinblick auf den Beispielfall ist die Verarbeitung der Betriebsdaten von Frau K, wie zum Beispiel ihres Namens, zur Registrierung auf der Plattform und damit zur Erfüllung des Vertrages erforderlich. Somit ist Art. 6 Abs. 1 lit. b DS-GVO die taugliche Rechtsgrundlage für die Verarbeitung dieser Daten durch den Plattformbetreiber. Selbiges gilt auch für Nutzungsdaten, die im Rahmen des von Frau K abgeschlossenen Kaufvertrags von dem Kleidungsunternehmen erhoben werden. Darüberhinausgehende Verarbeitungen bedürfen einer weiteren Rechtsgrundlage. Werden biometrische Daten von Frau K mithilfe der VR-Brille verarbeitet, bedarf es hierfür einer ausdrücklichen Einwilligung. Dies betrifft auch einen möglichen Austausch dieser Daten.

4. Pflichten nach der DS-GVO

a) Allgemeine Grundsätze und Pflichten

32 Auch im Metaverse gelten die allgemeinen Grundsätze und Pflichten der DS-GVO, wie zum Beispiel die Einhaltung der Grundsätze der Verarbeitung in Art. 5 DS-GVO. Hiernach muss entsprechend des Prinzips der Datenminimierung die Verarbeitung personenbezogener Daten auf das für den Zweck der Verarbeitung notwendige Maß beschränkt sein. Weiterhin muss das Prinzip der Speicherbegrenzung gem. Art. 5 Abs. 1 lit. e DS-GVO eingehalten werden. Danach müssen die Daten in einer Art gespeichert werden, die die Identifizierung betroffener Personen nur so lange ermöglicht, wie es für die Zwecke der Verarbeitung erforderlich ist.

33 Insbesondere die Prinzipien von „privacy by design" und „privacy by default" gem. Art. 25 DS-GVO sind von Betreibern von Metaverse-Plattformen, aber auch von Herstellern von Hardware zu beachten.[38] So könnte zum Beispiel ein Hersteller von VR-Brillen dazu verpflichtet sein, seine Brillen so zu programmieren, dass Umgebungsdaten, die dritte Personen betreffen, automatisch anonymisiert werden.[39] Die Nutzung von Blockchain-basierten Systemen ist im Prinzip geeignet, die allgemeinen Grundsätze der DS-GVO, insbesondere im Hinblick auf Datensicherheit, zu erfüllen, da das dezentralisierte System ein hohes Schutzniveau gegen Manipulation bietet.[40]

b) Auskunfts-, Berichtigungs- und Löschungsanspruch

34 Das Recht auf Berichtigung nach Art. 16 DS-GVO ermöglicht Betroffenen, unverzüglich die Berichtigung unrichtiger personenbezogener Daten zu verlangen. Zudem besteht das Recht auf Löschung gem. Art. 17 DS-GVO, das sogenannte „Recht auf Vergessenwerden". Darüber hinaus verfügen die Betroffenen über ein Recht auf Auskunft gem. Art. 15 DS-GVO.

35 Diese Rechte müssen auch im Metaverse erfüllt werden. Besondere Herausforderungen stellen sich in diesem Zusammenhang bei Nutzung einer Blockchain-Technologie. Beim Einsatz einer Blockchain werden Datensätze miteinander verkettet und auf verschiedenen Servern gespeichert. Hierbei verfügt jeder Server über eine synchronisierte Kopie der verschiedenen Datenblöcke, um die Daten gegen Manipulationsversuche zu sichern. Einmal auf der Blockchain gespeicherte Informationen lassen sich nachträglich nicht mehr verändern.[41] Hierdurch wird die Erfüllung der Berichtigungs- und Löschungsansprüche von Betroffenen erheblich erschwert. Zur Lösung dieses Problems werden verschiedene Lösungsansätze angeführt, die im Folgenden kurz dargestellt werden.

36 Einerseits wird argumentiert, dass die „Anonymität" der auf der Blockchain gespeicherten Daten einen Löschungsanspruch ausschließt.[42] Jedoch können die auf der Blockchain gespeicherten, pseudonymisierten Daten mittels eines Schlüssels so zusammengeführt werden, dass der Rückschluss auf eine bestimmte Person möglich ist.[43] Ein Verzicht der betroffenen Person auf ihre in der DS-GVO enthaltenen Rechte würde vermutlich an mangelnder Dispositionsbefugnis scheitern.[44] Als Lösungsansatz wird alternativ eine Ein-

---

38 Bender-Paukens/Werry ZD 2023, 127 (129).

39 Kaulartz/Schmid/Müller-Eising RDi 2022, 521 (526).

40 Klar/Wegmann/Galandi BB 2022, 2691 (2696).

41 Vgl. https://www.wirtschaft-digital-bw.de/aktuelles/thema-des-monats/blockchain-und-die-dsgvo (zuletzt abgerufen am 18.3.2025).

42 Schirmbacher GRUR-Prax 2023, 626 (629).

43 Vgl. https://www.wirtschaft-digital-bw.de/aktuelles/thema-des-monats/blockchain-und-die-dsgvo (zuletzt abgerufen am 18.3.2025).

44 Vgl. https://www.wirtschaft-digital-bw.de/aktuelles/thema-des-monats/blockchain-und-die-dsgvo (zuletzt abgerufen am 18.3.2025).

grenzung der Datenschutzgrundsätze im Rahmen von Blockchain-Technologie auf Grundlage einer innovations- und technikoffenen Auslegung vorgeschlagen.[45] Zudem sind auch technische Lösungsmöglichkeiten denkbar, wie zum Beispiel Forking (Abspaltung der Blockchain) oder Pruning (Reduktion der Datenmenge durch Löschung von Transaktionen auf älteren Blöcken).[46] Alternativ wäre eine gesetzgeberische Lösung denkbar, indem die Löschungspflicht auf eine Schutz- oder Pseudonymisierungspflicht reduziert wird.

c) Informationspflichten

37 Des Weiteren bestehen Informationspflichten. Für die Erfüllung der Informationspflicht ist entscheidend, dass der Nutzer die Informationen einfach zur Kenntnis nehmen kann, Art. 13 DS-GVO. Zudem muss der Nutzer spätestens zum Zeitpunkt der Erhebung der Daten informiert werden.[47] Im Web 2.0 wird diese Pflicht durch einen Link auf der Website, der zur Datenschutzinformation führt, erfüllt. Im Metaverse besteht ebenfalls die Möglichkeit, einen solchen Link zur Ansicht der Datenschutzinformationen bei der Registrierung auf der Plattform oder beim Login-Prozess zu integrieren.[48] Jedoch ist es vermutlich erforderlich, dass auch während der Nutzung regelmäßig neue Informationen kommuniziert werden, um die Informationspflicht zu erfüllen.[49] So z. B. beim Betreten eines virtuellen Kaufhauses oder wenn beim Betrachten virtueller Schaufenster Daten erhoben werden. Es muss gewährleistet werden, dass die Nutzer die Informationen mit den ihnen zur Verfügung stehenden technischen Mitteln auch abrufen können,[50] zum Beispiel in Form eines „Aushangs" im virtuellen Raum.[51]

d) Datentransfer

38 Um Interoperabilität zwischen verschiedenen virtuellen Welten herzustellen, müssen die Daten zwischen Betreibern verschiedener Plattformen ausgetauscht werden. Dies führt dazu, dass das Nutzererlebnis nahtlos von einer virtuellen Welt in die nächste übertragen werden kann und der Nutzer das Aussehen seines Avatars oder virtuelle Vermögensgegenstände in verschiedenen virtuellen Welten nutzen kann. Hierbei ist zu beachten, dass entsprechende Vereinbarungen zum Datenaustausch den Voraussetzungen der DS-GVO entsprechen müssen und in vielen Fällen einer Einwilligung des Betroffenen bedürften.[52] Soweit eine Datenübermittlung in ein Drittland vorliegt, was in vielen Fällen zutreffen wird, müssen die zusätzlichen Anforderungen aus Art. 46 ff. DS-GVO eingehalten werden. Entsprechende Verträge sollten zwischen den Plattformbetreibern abgeschlossen werden.

V. Pflichten nach weiteren Rechtsakten

39 Neben der DS-GVO sind auch andere Rechtsakte für die rechtliche Beurteilung des Metaverse relevant.

1. KI-Verordnung

40 Die Verordnung über künstliche Intelligenz[53] („KI-Verordnung") kann parallel neben der DS-GVO Anwendung finden. Nutzt der Betreiber einer Metaverse-Plattform z. B. KI-

[45] Klar/Wegmann/Galandi BB 2022, 2691 (2695).
[46] Klar/Wegmann/Galandi BB 2022, 2691 (2695).
[47] Ingold/Sydow/Marsch DS-GVO BDSG Art. 13 Rn. 12.
[48] Bender-Paukens/Werry ZD 2023, 127 (130).
[49] Bender-Paukens/Werry ZD 2023, 127 (130).
[50] Schirmbacher GRUR-Prax 2023, 626 (629).
[51] Klar/Wegmann/Galandi BB 2022, 2691 (2695).
[52] Bender-Paukens/Werry ZD 2023, 127 (130).
[53] Verordnung (EU) 2024/1689.

generierte Emotionserkennungssysteme oder Systeme zur biometrischen Kategorisierung von Daten, muss er die besonderen Anforderungen der KI-Verordnung einhalten, z. B. Nutzer gem. Art. 50 Abs. 3 KI-Verordnung über den Einsatz der KI informieren.[54] Der Einsatz von Emotionserkennung am Arbeitsplatz oder in Bildungseinrichtungen stellt eine verbotene Praktik nach Art. 5 Abs. 1 lit. f KI-Verordnung dar.

2. Telekommunikations-Telemedien-Datenschutzgesetz (TDDDG)

Soweit Unternehmen im Metaverse Telekommunikationsdienste anbieten, sind die Vorschriften des TDDDG zu beachten. Diese betreffen insbesondere das sogenannte Webtracking, bei dem Informationen in der Endeinrichtung des Nutzers, beispielsweise in der VR-Brille, gespeichert werden oder auf dort gespeicherte Informationen zugegriffen wird. Nach § 25 Abs. 1 TDDDG ist hierfür grds. eine Einwilligung des Betroffenen einzuholen.[55] **41**

3. Beschäftigtendatenschutz

Wird der Arbeitsplatz (teilweise) ins Metaverse verlegt, müssen Arbeitgeber eine geeignete Rechtsgrundlage vorweisen und entsprechende Informationen vorhalten. Beschäftigte genießen besonderen Schutz, der auch im Metaverse aufrechterhalten werden muss. Zu beachten ist zudem, dass der Betriebsrat gem. § 87 Abs. 1 Nr. 6 BetrVG ein Mitbestimmungsrecht bei der Anwendung technischer Einrichtungen zur Überwachung des Verhaltens oder der Leistung der Arbeitnehmer hat. Dies ist zu beachten, wenn die Arbeitsleistung im Metaverse zu erbringen ist und gilt vor allem, wenn Anwendungen zum Tracking oder Profiling zum Einsatz kommen.[56] **42**

VI. Fazit

Das Metaverse bietet enormes Potential, stellt Plattformanbieter und Unternehmer jedoch auch vor neue Herausforderungen. Während die Vorschriften der DS-GVO grundsätzlich auf Konstellationen im Metaverse anwendbar sind, wirft die Nutzung von neuen Technologien wie Blockchain rechtliche Fragestellungen auf. Um die Einhaltung der DS-GVO im Metaverse zu gewährleisten, ist es von entscheidender Bedeutung, dass datenschutzrechtliche Bedenken bereits bei der Konzeption dieser Plattformen bedacht werden. Zudem liegt eine Besonderheit des Metaverse im Zusammenspiel der verschiedenen Akteure, die insbesondere im Hinblick auf die Bestimmung der Verantwortlichkeit unter der DS-GVO Schwierigkeiten aufwirft. Auch hierbei sollten beteiligte Unternehmen frühzeitig klare Rollen definieren, um möglichen Geldbußen oder Reputationsrisiken zu entgehen. Gleichzeitig sind auch die europäischen Behörden wie auch der Gesetzgeber in der Pflicht, Unklarheiten zu beseitigen und durch klare Regelungen Rechtssicherheit zu schaffen, insbesondere in Bezug auf die Nutzung von Blockchain-Technologien. **43**

54 Wendt/Wendt Das neue Recht der Künstlichen Intelligenz § 9 Rn. 11.
55 Martini/Botta MMR 2023, 887 (894).
56 Martini/Botta MMR 2023, 887 (896).

§ 70 Arbeitsrecht

Übersicht

Schrifttum:

Ahnefeld, Arbeitsrechtliche Aspekte des Feiertagsrechts im Lichte flexibler Arbeitsbedingungen, ArbRAktuell 2023, 375; Ahrendt/Koch/Linck/Rinck/Rennpferdt/Treber/Vogelsang/Schaub, Arbeitsrechts-Handbuch, 20. Aufl. 2023; Arnold/Günther, Arbeitsrecht 4.0, 2. Aufl. 2024; Bachner, Die Matrixorganisation in der Betriebsverfassung, NZA 2019, 134; Bachner, Steine statt Brot? – Zur Sicherung des Grundsatzes der Präsenzsitzung in der Betriebsratspraxis, NZA 2022, 1024; Bauer/Günther, Kündigung wegen beleidigender Äußerungen auf Facebook – Vertrauliche Kommunikation unter Freunden?, NZA 2013, 67; Bayreuther, Mitbestimmung bei mobiler Arbeit nach § 87 I Nr. 14 BetrVG, NZA 2021, 839; Beck/Roggel, Arbeitsrecht im Metaverse, ArbRAktuell 2022, 631; Benkert, Arbeitsrechtliche Aspekte einer Tätigkeit im Home-Office, NJW-Spezial 2019, 306; Boecken/Düwell/Diller/Hanau, Gesamtes Arbeitsrecht, 2. Aufl. 2022; Boemke/

Roloff/Haase, „Virtual reality" in der formellen Betriebsverfassung – nicht ohne Geschäftsordnung, NZA 2021, 827; Däubler/Hjort/Schubert/Wolmerath, Arbeitsrecht, 5. Aufl. 2022; Düwell, Betriebsverfassungsgesetz, 6. Aufl. 2022; Ferrari/Kieninger/Mankowski u.a., Internationales Vertragsrecht, 3. Aufl. 2018; Fitting/Trebinger/Linsenmaier/Schelz/Schmidt, Betriebsverfassungsgesetz, 32. Aufl. 2024; Gimmy/Hügel Kündigungsschutz für „entgrenzte" Arbeitnehmer?, NZA, 2013, 764; Glocker/Hoffmann, Beschäftigtendatenschutz: Zentrale Rechtsgrundlage nicht mehr anwendbar, BB 2023, 1333; Gola/Heckmann, Datenschutz-Grundverordnung – Bundesdatenschutzgesetz, 3. Aufl. 2022; Günther/Böglmüller/Gerigk, Arbeitsrechtliche Herausforderungen des Metaverse, NZA 2022, 1509; Henssler/Willemsen/Kalb, Arbeitsrecht Kommentar, 11. Aufl. 2024; Hidalgo/Ceelen, Homeoffice im EU- Ausland – Relevanz des Sozialversicherungsrechts für Arbeitgeber, NZA 2021, 19; Kiel/Lunk/Oetker, Münchener Handbuch Arbeitsrecht, Band 1, 6. Aufl. 2024; Kollmer, Arbeitsort beim Homeoffice – und das Feiertagsproblem, NJW 2024, 182; Lachmann, Das Arbeiten an Sonn- und Feiertagen, ARP 2024, 295; Mankowski, Internet und Telearbeit im Internationalen Arbeitsvertragsrecht, DB 1999, 1854; Meinecke, Umgang mit Beschäftigtendaten – Anforderungen an spezifischere nationale Vorschriften, NZA 2023, 487; Müller, Betriebsratstätigkeit und mobile Arbeit/Homeoffice, NZA 2023, 1370; Müller, Die Lüge im Arbeitsrecht, NZA-RR 2023, 225; Müller, Homeoffice in der arbeitsrechtlichen Praxis, 3. Aufl. 2022; Müller-Glöge/Preis/Gallner/Schmidt, Erfurter Kommentar zum Arbeitsrecht, 25. Aufl. 2025; Plath, DSGVO/BDSG/TTDSG, 4. Aufl. 2023; Richardi, Betriebsverfassungsgesetz, 17. Aufl. 2022; Röder/Gebert, Technologischer Wandel und Betriebsänderung – Bringen Industrie 4.0 und E-Mobilität den „Qualifizierungssozialplan"?, NZA 2017, 1289; Rolfs/Giesen/Meßling/Udsching, BeckOK ArbR, 75. Ed. 2025; Säcker/Rixecker/Oetker/Limperg, Münchener Kommentar zum BGB, Band 13, 9. Aufl. 2025; Schneider/Sittard, Ethikrichtlinien als Präventivmaßnahmen i. S. des § 12 AGG?, NZA 2007, 654; Schrade/Denninger, Homeoffice im Ausland – Relevanz des Steuerrechts für Arbeitgeber, NZA 2021, 102; Schuster/Wolf/Mayr, Arbeitsrecht und Avatare im Metaverse – Was gilt für die Gestaltung des Avatars im Bewerbungsgespräch und bei der Arbeit?, ArbRB 2023, 217; Staudinger, Kommentar zum Bürgerlichen Gesetzbuch mit Einführungsgesetz und Nebengesetzen, Buch 2, §§ 611–613 (Dienstvertrag und Arbeitsvertrag), Neubearbeitung 2022; Steege/Chibanguza, Handbuch Metaverse, 1. Aufl. 2023; Steiner/Schunder, Aktuelle Kostenfragen im Zusammenhang mit dem Betriebsrätemodernisierungsgesetz, NZA 2022, 12; Stück/Thüring, Interkulturelle Feiertage in der arbeitsrechtlichen Praxis – Muster-Betriebsvereinbarung, ArbRAktuell 2024, 82; Urban, Der Betriebsbegriff in Zeiten von mobilem Arbeiten, ArbRAktuell 2022, 221; Wagner/Holm-Hadulla/Ruttloff, Handbuch Metaverse und Recht, 1. Aufl. 2023; Wiese/Kreutz/Oetker, Gemeinschaftskommentar Betriebsverfassungsgesetz, 12. Aufl. 2022; Winzer/Baeck/Hilgers, Das Betriebsrätemodernisierungsgesetz – Der Regierungsentwurf als Update für das BetrVG?, NZA 2021, 620.

Mit der voranschreitenden Digitalisierung verändern sich – wie bei jedem grundlegenden technologischen Wandel – die Art und Weise sowie die Bedingungen, unter denen Arbeitnehmer ihre Arbeitsleistung erbringen. Spätestens seit der Covid-19-Pandemie sind die Flexibilisierung der Arbeitsleistung in örtlicher und zeitlicher Hinsicht nicht mehr aus dem Arbeitsalltag wegzudenken. Das Metaverse bietet nicht nur die Möglichkeit, diese Freiheiten zu verwirklichen. Vielmehr schafft es eine engere Verknüpfung zwischen der digitalen und realen Welt als je zuvor. Durch diese Verknüpfung kann das Metaverse für bestimmte Berufsgruppen ein attraktives Mittel zur Erbringung ihrer Arbeitsleistung sein. Zeitraubende Arbeitswege entfallen, Gespräche in der virtuellen Welt wirken durch technisch hochwertige Simulationen realitätsgetreuer als bloße Telefonate oder Videokonferenzen, die zeitliche und örtliche Flexibilität sorgt für eine bessere Vereinbarkeit von Familie und Beruf etc. Das Metaverse, insbesondere seine Nutzung in der Arbeitswelt, wirft jedoch auch zahlreiche Rechtsfragen auf. Dabei begegnet man der Herausforderung, neue und teilweise noch nicht in allen Einzelheiten erforschte technische Gegebenheiten mit Gesetzen erfassen zu müssen, die aus Zeiten stammen, in denen technische Entwicklungen wie das Metaverse für Menschen noch nicht vorstellbar, geschweige denn konkret greifbar waren. Die Arbeitsleistung im Metaverse stellt also sowohl die Rechtsanwender als auch den Gesetzgeber vor Herausforderungen, denen im Folgenden nachgegangen werden soll. 1

I. Anwendbares Recht

Mit dem Einsatz von Metaverse im Arbeitsverhältnis ist eine weitgehende örtliche Flexibilisierung verbunden. Die digitale Arbeitsumgebung entgrenzt die Erbringung der Arbeitsleistung in räumlicher Hinsicht. Eine klassische körperliche Anwesenheit in einem ortsgebundenen Betrieb ist nicht mehr erforderlich. Dadurch können Arbeitnehmer ihren Arbeitsort frei wählen, soweit eine stabile Internetverbindung sowie die erforderliche 2

Hardware zur Verfügung stehen. Es ist daher ohne weiteres denkbar, dass sich Arbeitnehmer zur Erbringung der Arbeitsleistung ihren physischen Arbeitsort frei wählen und sich daher dauerhaft oder vorübergehend in anderen Staaten aufhalten, als der Arbeitgeber seinen Sitz hat. Diese durch das Metaverse begünstigte Internationalisierung des Arbeitsverhältnisses wirft die Frage auf, nach dem Recht welches Staates das Arbeitsverhältnis zu beurteilen ist.[1] Sofern keine Rechtswahl der Arbeitsvertragsparteien vorliegt, stellen sich aktuell dieselben Fragen wie bei einer Arbeit im Homeoffice. Darüber hinaus könnten sich künftig neue Fragen ergeben, wenn man das Metaverse nach einem weiteren technischen Fortschritt selbst als Arbeitsort ansehen kann.

1. Rechtswahl

3 Das auf das Arbeitsverhältnis anwendbare Recht bestimmt sich gem. Art. 3, 8 Abs. 1 S. 1 Rom I-VO[2] vorrangig nach der Rechtswahl der Parteien. Auch bei einer Rechtswahl gelten jedoch die unabdingbaren Arbeitnehmerschutzvorschriften des Rechts des Staates fort, das nach einer objektiven Anknüpfung nach den Art. 8 Abs. 2–4 Rom I-VO anwendbar wäre. Für Arbeitsverhältnisse, in denen die Arbeitsleistung im Metaverse erbracht wird, kann eine Rechtswahl insbesondere zur Vereinheitlichung der im Unternehmen geltenden Arbeitsbedingungen sinnvoll sein, sofern die nach den Art. 8 Abs. 2–4 Rom I-VO unabdingbaren Arbeitnehmerschutzvorschriften eine Vereinheitlichung zulassen.[3]

2. Objektive Anknüpfung an den körperlichen Aufenthaltsort als Arbeitsort

a) Gewöhnlicher Aufenthaltsort

4 Treffen die Arbeitsvertragsparteien keine Rechtswahl, ist gem. Art. 8 Abs. 2 S. 1 Rom I-VO das Recht des Staates auf das Arbeitsverhältnis anzuwenden, in dem oder von dem aus der Arbeitnehmer in Erfüllung des Arbeitsvertrags gewöhnlich seine Arbeit verrichtet. Maßgeblicher Bezugspunkt ist dabei der körperliche Aufenthaltsort des Arbeitnehmers während der Arbeitsleistung. Dementsprechend wird im Fall von Telearbeit der Ort der Dateneingabe als gewöhnlicher Arbeitsort angesehen.[4] Dies gilt zumindest derzeit auch für eine Arbeitsleistung im Metaverse.[5] Dagegen ist es unerheblich, an welchem Ort sich die technischen Einrichtungen befinden, die dem Arbeitnehmer den Zugang zum Metaverse ermöglichen[6] oder an welchem sich ein körperlicher Betrieb befindet, in den die Arbeitnehmer organisatorisch eingegliedert sind.[7] Arbeitsverhältnisse von Arbeitnehmern, die sich zur Erbringung ihrer Arbeitsleistung gewöhnlich von ihrem Wohnsitz in Deutschland oder von einem Arbeitsplatz in einem in Deutschland belegenen Betrieb aus ins Metaverse einloggen, um ihre Arbeitsleistung zu erbringen, beurteilen sich nach den dargestellten Grundsätzen nach deutschem Recht.[8]

---

1 Für nähere Ausführungen zu steuer- und sozialversicherungsrechtlichen Aspekten der vor allem durch örtliche Flexibilisierung vorangetriebenen Internationalisierung von Arbeitsverhältnissen vergleiche näher Schrade/Denninger NZA 2021, 102 und Hidalgo/Ceelen NZA 2021, 19.

2 Verordnung (EG) Nr. 593/2008 des Europäischen Parlaments und des Rates vom 17.6.2008 über das auf vertragliche Schuldverhältnisse anzuwendende Recht (Rom I), ABl. 2007 L 199, 40.

3 Wagner/Holm-Hadulla/Ruttloff Metaverse und Recht/Günther/Gerigk/Haußmann § 3 Rn. 115.

4 Mankowski DB 1999, 1854 (1856); MüKoBGB/Martiny Rom I-VO Art. 8 Rn. 55; MHdB ArbR/Oetker § 13 Rn. 39.

5 Günther/Böglmüller/Gerigk NZA 2022, 1509 (1511).

6 Wagner/Holm-Hadulla/Ruttloff Metaverse und Recht/Günther/Gerigk/Haußmann § 3 Rn. 116; HK-ArbR/Däubler Rom I-VO Art. 8 Rn. 18.

7 Ferrari IntVertrR/Staudinger VO (EG) 593/2008 Art. 8 Rn. 18; MHdB ArbR/Oetker § 13 Rn. 39.

8 Steege/Chibanguza Metaverse-HdB/Braner/Ceruti § 21 Rn. 28; Beck/Roggel ArbRAktuell 2022, 631 (633).

b) Vorübergehende Arbeitsleistung an einem Ort

Für die Bestimmung des gewöhnlichen Arbeitsortes ist es gem. Art. 8 Abs. 2 S. 2 Rom I-VO unschädlich, wenn der Arbeitnehmer seine Arbeitsleistung vorübergehend in einem anderen Staat erbringt. Erwgr. 36 der Rom I-VO geht davon aus, dass eine Arbeitsleistung immer dann lediglich vorübergehend in einem anderen Staat ausgeübt wird, „wenn von dem Arbeitnehmer erwartet wird, dass er nach seinem Arbeitseinsatz im Ausland seine Arbeit im Herkunftsstaat wieder aufnimmt". Aus dieser Formulierung wird deutlich, dass eine feste zeitliche Grenze nicht dem Regelungswillen des Verordnungsgebers entsprechen würde. Daher ist richtigerweise darauf abzustellen, ob die Arbeitsvertragsparteien aus subjektiver ex ante Sicht davon ausgehen, der Arbeitnehmer werde an seinen ursprünglichen Arbeitsort zurückkehren.[9] Diese Regelung erleichtert die Mobilität der Arbeitnehmer. Danach bleibt auf ein Arbeitsverhältnis deutsches Recht anwendbar, wenn ein dauerhaft von seinem in Deutschland belegenen Wohnsitz aus tätiger Arbeitnehmer seine Arbeitsleistung für einen im Voraus fest begrenzten Zeitraum im Ausland erbringt und danach zurückkehrt. 5

c) Kein fester Arbeitsort

Kann ein gewöhnlicher Arbeitsort nach Art. 8 Abs. 2 Rom I-VO nicht festgestellt werden, unterliegt das Arbeitsverhältnis gem. Art. 8 Abs. 3 Rom I-VO dem Recht des Staates, in dem sich die Niederlassung befindet, die den Arbeitnehmer eingestellt hat. Dies kann insbesondere dann der Fall sein, wenn der Arbeitnehmer regelmäßig seinen Arbeitsort wechselt, ohne dass einer von ihnen ein gewöhnlicher Arbeitsort iSd Art. 8 Abs. 2 Rom I-VO ist.[10] Um eine solche, durch größtmögliche Flexibilität geprägte Lebensweise zu ermöglichen, bietet sich eine vollständige Erbringung der Arbeitsleistung im Metaverse aufgrund dessen räumlicher Entgrenzung des Arbeitsverhältnisses besonders an. Als einstellende Niederlassung ist diejenige auf Dauer angelegte arbeitsorganisatorische Einheit zu verstehen, die den Arbeitsvertrag mit dem Arbeitnehmer abgeschlossen hat.[11] Die tatsächliche Eingliederung des Arbeitnehmers in die Niederlassung ist ebenso irrelevant wie die Frage, ob die Niederlassung eine eigene Rechtspersönlichkeit hat.[12] Welche Niederlassung die Einstellung vorgenommen hat, ist anhand von Umständen zu beurteilen, die das Verfahren des Vertragsabschlusses betreffen, zB welche Niederlassung die Stellenausschreibung veröffentlicht oder das Einstellungsgespräch geführt hat.[13] Danach kann für das auf das Arbeitsverhältnis anwendbare Recht an den Betrieb angeknüpft werden, der in Vertretung des Arbeitgebers als Vertragspartner mit dem Arbeitnehmer den Arbeitsvertrag abgeschlossen hat. 6

Mit dem Fortschreiten des Stands der Technik ist es jedoch denkbar, dass Unternehmen künftig keine körperliche Niederlassung mehr haben und ihre „Betriebe" auch mittels des Metaverse vollständig digital führen. In diesem Fall ist die Anknüpfung nach Art. 8 Abs. 3 Rom I-VO an dessen Sinn und Zweck auszurichten, der mit dem Vertragsschluss mit der Niederlassung als Bezugspunkt einen verlässlichen Anknüpfungspunkt bieten will, der von den tatsächlichen Arbeitsumständen losgelöst ist. Danach sollte ein Ort gewählt werden, der den „verkörperten Standort" des Metaverse am ehesten abbildet. Es liegt nahe, hierzu an den formalen Sitz des Unternehmens anzuknüpfen, mit dem der Arbeitnehmer seinen Arbeitsvertrag geschlossen hat.[14] Zur Bestimmung dieses Unternehmenssitzes kann bspw. auf die 7

---

9 Ferrari IntVertrR/Staudinger VO (EG) 593/2008 Art. 8 Rn. 22; MüKoBGB/Martiny Rom I-VO Art. 8 Rn. 68.

10 BAG NZA 2021, 225 Rn. 25; Steege/Chibanguza Metaverse-HdB/Braner/Ceruti § 21 Rn. 29.

11 EuGH NZA 2012, 227 Rn. 52; Gimmy/Hügel NZA 2013, 764 (767); Ferrari IntVertrR/Staudinger VO (EG) 593/2008 Art. 8 Rn. 25.

12 EuGH NZA 2012, 227 Rn. 52; BAG NZA 2014, 1076 Rn. 29; MüKoBGB/Martiny Rom I-VO Art. 8 Rn. 78.

13 EuGH NZA 2012, 227 Rn. 50.

14 Steege/Chibanguza Metaverse-HdB/Braner/Ceruti § 21 Rn. 30.

Satzungsregelungen des Unternehmens oder auf die Eintragung des Unternehmenssitzes in einem staatlichen Register, in Deutschland konkret dem Handelsregister, zurückgegriffen werden. Gleichfalls dürfte – anders als für den gewöhnlichen Arbeitsort – eine Anknüpfung an den Standort der technischen Systeme möglich sein, mit denen das Metaverse betrieben wird.[15] Eine Anknüpfung an den Ort, von dem aus die Führungskräfte des Unternehmens die Arbeitnehmer leiten, dürfte dagegen dem Regelungszweck des Art. 8 Abs. 3 Rom I-VO nicht entsprechen und nicht sachdienlich sein.[16] Dieser ist seinerseits leicht änderbar und bei ebenfalls ausschließlich im Metaverse tätigen Führungskräften wohl auch häufig stetig wechselnd.

d) Korrektiv der engeren Verbindung

8 Die vorstehend dargestellten objektiven Anknüpfungen nach Art. 8 Abs. 2 und 3 Rom I-VO sind nicht unveränderlich. Das Arbeitsverhältnis kann sich gem. Art. 8 Abs. 4 Rom I-VO nach dem Recht eines anderen Staates beurteilen, wenn sich aus den Gesamtumständen ergibt, dass der Arbeitsvertrag eine engere Verbindung zu einem anderen als dem Staat aufweist, an den gem. Art. 8 Abs. 2, 3 Rom I-VO objektiv angeknüpft wird. Dieses Korrektiv ermöglicht in gewissen Grenzen die Korrektur unbilliger Ergebnisse, die aus der Anwendung tradierter Gesetze auf Sachverhalte entstehen, die bspw. durch neuere technologische Entwicklungen wie ein fortschreitendes Metaverse entstehen. Eine engere Verbindung zu einem anderen Staat ist aber nur anzunehmen, wenn die Einzelfallumstände insgesamt das Gewicht der einschlägigen Regelanknüpfung deutlich übersteigen.[17]

3. Objektive Anknüpfung an das Metaverse als Arbeitsort?

9 Künftig könnte mit einer Weiterentwicklung des Stands der Technik eine andere als die unter → Rn. 4 ff. dargestellte Bewertung gerechtfertigt sein. Durch die Minimierung physischer Einflüsse der Außenwelt auf den Arbeitnehmer und eine immer realistischere und weitgehendere Integration in die virtuelle Welt wird die Verbindung der Tätigkeit des Arbeitnehmers zu seiner Außenwelt abgeschwächt und diejenige zur virtuellen Welt gestärkt. Kommt die Einbindung des Arbeitnehmers ins Metaverse einer vollständigen Abschottung von seiner Außenwelt gleich, ist zu erwägen, den körperlichen Aufenthaltsort des Arbeitnehmers mangels Verbindung zu seiner bzw. Einfluss auf seine Arbeitsleistung nicht mehr als gewöhnlichen Arbeitsort gem. Art. 8 Abs. 2 S. 1 Rom I-VO anzusehen.[18]

10 Nicht geklärt ist damit aber die Frage, welcher Ort in dieser Konstellation anstelle des körperlichen Aufenthaltsorts als gewöhnlicher Arbeitsort gem. Art. 8 Abs. 2 S. 1 Rom I-VO anzusehen wäre. Ein Abstellen auf den Ort, an dem sich die technischen Einrichtungen befinden, die dem Arbeitnehmer den Zugang zum Metaverse ermöglichen, ist nach der geltenden Rechtslage nicht möglich. Die virtuelle Welt selbst erscheint als Anknüpfungspunkt untauglich, da sie kein Staat mit einer eigenen Rechtsordnung ist, nach der das Arbeitsverhältnis beurteilt werden könnte. Eine Anknüpfung an den Ort, der in der virtuellen Welt nachgebildet wird, ermöglicht zwar den Rückgriff auf eine Rechtsordnung. Auch dieser Ansatz versagt jedoch, wenn die in der virtuellen Welt nachgebildeten Orte entweder fiktiv sind oder so häufig wechseln, dass ein gewöhnlicher (nachgebildeter) Ort nicht ermittelt werden kann. Sachgerecht erscheint in einer solchen Konstellation daher nach den oben dargestellten Grundsätzen[19] gem. Art. 8 Abs. 3 Rom I-VO an den Ort der Niederlassung anzuknüpfen, die den Arbeitnehmer eingestellt hat und aufgrund einer engeren Verbindung nach Art. 8 Abs. 4 Rom I-VO ggf. Korrekturen vorzunehmen. Dafür

15 Steege/Chibanguza Metaverse-HdB/Braner/Ceruti § 21 Rn. 30.
16 Optimistischer Steege/Chibanguza Metaverse-HdB/Braner/Ceruti § 21 Rn. 30.
17 BAG NZA 2024, 693 Rn. 23; 2023, 1265 Rn. 38; 2022, 1257 Rn. 39.
18 Wagner/Holm-Hadulla/Ruttloff Metaverse und Recht/Günther/Gerigk/Haußmann § 3 Rn. 117 f.
19 Dazu → Rn. 6 f. und → Rn. 8.

spricht, dass bereits nach der geltenden Rechtslage eine Anknüpfung nach den Art. 8 Abs. 3, 4 Rom I-VO erfolgt, wenn die Arbeitsleistung gewöhnlich in staatsfreiem Gebiet erbracht wird.[20] Sollte das Metaverse diesen Stand der technischen Entwicklung tatsächlich erreichen, wäre iSd Rechtssicherheit jedoch eine gesetzliche Regelung wünschenswert.

II. Bewerbungsgespräch im Metaverse

Das Metaverse eröffnet eine gute Möglichkeit, Bewerbungsgespräche in digitaler Form abzuhalten. Das bietet sich insbesondere dann an, wenn auch die spätere Arbeitsleistung im Metaverse erfolgen soll oder das Unternehmen bzw. der Betrieb mehrheitlich oder ausschließlich im Metaverse geführt wird. Ein Arbeitnehmer hat keinen Anspruch darauf, ein Bewerbungsgespräch außerhalb des Metaverse in einer anderen Form, bspw. in Präsenz abzuhalten. Dem Arbeitgeber steht – bis zur Grenze manipulativer, gezielter und unangemessener Erschwerungen sowie Verstößen gegen das AGG – die Hoheit über die Organisation und Ausgestaltung des Bewerbungsverfahrens zu. Auch für öffentliche Arbeitgeber folgt aus Art. 33 Abs. 2 GG nichts anderes.[21] Arbeitgeber sind nach § 165 S. 3 SGB IX verpflichtet, schwerbehinderte Bewerber zu einem Bewerbungsgespräch einzuladen. Mit dieser Pflicht des Arbeitgebers gem. § 165 S. 3 SGB IX korrespondiert nach der neueren[22] Rechtsprechung des BAG kein individueller Anspruch des schwerbehinderten Bewerbers.[23] Der Arbeitgeber kann seine aus § 165 S. 3 SGB IX folgende Pflicht auch erfüllen, wenn er das Bewerbungsgespräch mit dem schwerbehinderten Bewerber ausschließlich mittels moderner Kommunikationsmittel durchführt, sofern dieser Form keine behinderungsbedingten Einschränkungen entgegenstehen.[24] Nichts anderes kann für ein im Metaverse geführtes Gespräch gelten. 11

Durch das Führen eines Bewerbungsgesprächs entsteht ein vorvertragliches Schuldverhältnis, das gegenseitige Rücksichtnahmepflichten nach §§ 311 Abs. 2, 241 Abs. 2 BGB begründet.[25] Danach hat der Bewerber – wie in einem in Präsenz durchgeführten Bewerbungsgespräch auch – Fragen grundsätzlich wahrheitsgemäß zu beantworten. Andernfalls kann der Arbeitgeber den Arbeitsvertrag gem. § 123 BGB anfechten.[26] Er darf ohne rechtliche Konsequenzen zu fürchten lügen, wenn die wahrheitsgemäße Beantwortung der Frage eine nicht gerechtfertigte Benachteiligung wegen der in § 1 AGG genannten Merkmale zur Folge haben könnte.[27] 12

Gestaltet der Bewerber seinen Avatar für das Bewerbungsgespräch in einer bestimmten Art und Weise, dürfte bereits fraglich sein, ob darin überhaupt die Erklärung gesehen werden kann, der Avatar stimme mit dem äußeren Erscheinungsbild des Bewerbers überein.[28] Ordnet der Arbeitgeber an, der Avatar des Bewerbers habe seinem tatsächlichen äußeren Erscheinungsbild zu entsprechen, dürfte dies einer Frage nach den Merkmalen des äußeren Erscheinungsbilds gleichstehen. Diese Merkmale fallen häufig unter § 1 AGG. Fragt der Arbeitgeber den Arbeitnehmer, ob dieser ein von § 1 AGG erfasstes Merkmal aufweist, weil er leidglich den nicht zwangsläufig realitätsgetreuen Avatar des Bewerbers wahrnehmen kann, ist dies grundsätzlich unzulässig. Soweit im Einzelfall keiner der Rechtfertigungsgründe der §§ 8–10 AGG eingreift, begründet daher ein Verstoß des Bewerbers gegen die Vorgabe der Gestaltung des Avatars entsprechend seinem eigenen äußeren Erscheinungsbild 13

[20] HK-ArbR/Däubler Rom I-VO Art. 8 Rn. 23.
[21] BAG NZA 2018, 515 Rn. 28 ff.
[22] Anders noch früher BAG NZA 2013, 896 Rn. 46.
[23] BAG NZA 2021, 635 Rn. 43.
[24] LAG Hamm BeckRS 2022, 24255 Rn. 28.
[25] Schuster/Wolf/Mayr ArbRB 2023, 217 (218); Schaub ArbR-HdB/Linck § 26 Rn. 1; ErfK/Preis BGB § 611a Rn. 274.
[26] BAG NZA 2014, 1131 Rn. 28; 2013, 1087 Rn. 24.
[27] Müller NZA-RR 2023, 225 (226); Staudinger/Fischinger BGB § 611a Rn. 550.
[28] Schuster/Wolf/Mayr ArbRB 2023, 217 (218).

oder eine Lüge auf die Frage des Arbeitgebers nach dem Vorliegen eines Merkmals des § 1 AGG keine Anfechtbarkeit des Arbeitsvertrags.[29]

III. Individualrechtliche Anordnung der Nutzung des Metaverse

1. Nutzung des Metaverse

14 Ob der Arbeitgeber den Arbeitnehmer einseitig anweisen kann, zur Erbringung seiner Arbeitsleistung ausschließlich oder teilweise das Metaverse zu nutzen, richtet sich nach § 106 GewO. Danach ist eine einseitige Weisung in Bezug auf Inhalt, Ort und Zeit der Arbeitsleistung nur möglich, soweit diese Arbeitsbedingungen nicht durch den Arbeitsvertrag, eine Betriebsvereinbarung oder einen Tarifvertrag geregelt sind. Die Weisung des Arbeitgebers hat zudem billigem Ermessen zu entsprechen. Dies setzt voraus, dass die wesentlichen Umstände des Falles abgewogen und die beiderseitigen Interessen angemessen berücksichtigt werden.[30]

15 Der Inhalt der Arbeitsleistung umfasst auch die Umstände, unter denen sie zu erbringen ist.[31] Jedenfalls diese Umstände werden durch die Einführung des Metaverse geändert. Dies gilt aufgrund der weitergehenden technischen Möglichkeiten und Einflüsse auch dann, wenn der Arbeitnehmer bereits bisher technische Hilfs- und Kommunikationsmittel eingesetzt hat. Die Einführung von Metaverse muss schon deshalb den Anforderungen des § 106 GewO genügen. Daher ist es für das Vorliegen einer an § 106 GewO zu messenden Weisung nicht entscheidend, ob die Verlagerung der Tätigkeit eines Arbeitnehmers ins Metaverse bereits jetzt oder in Zukunft als eine Änderung des Arbeitsortes angesehen werden kann.[32]

16 Sollte nach den arbeitsvertraglichen Bestimmungen und kollektiven Regelungen eine einseitige Weisung an den Arbeitnehmer zur dauerhaften bzw. ausschließlichen Erbringung der Arbeitsleitung im Metaverse grundsätzlich in Betracht kommen, dürfte es vom Grad der Änderung der Tätigkeit der Arbeitnehmer im Einzelfall abhängen, ob eine solche Weisung billigem Ermessen entspricht.[33] Sollte der Arbeitnehmer bereits zuvor unter dem Einsatz technischer Hilfsmittel mobil gearbeitet haben und der Wechsel ins Metaverse keine Änderung des körperlichen Aufenthaltsorts des Arbeitnehmers erfordern, dürfte die Weisung grundsätzlich billigem Ermessen entsprechen.[34]

17 Umfasst die Weisung nur eine einmalige bzw. gelegentliche Tätigkeit im Metaverse, dürfte diese regelmäßig billigem Ermessen entsprechen.[35] Eine andere Beurteilung kann jedoch dann geboten sein, wenn auch diese nur punktuelle Tätigkeit im Metaverse im Vergleich zu den bisherigen Arbeitsbedingungen des Arbeitnehmers eine gravierende Änderung darstellt.[36]

2. Ordnungs-/Verhaltensvorschriften im Metaverse

18 Vom Direktionsrecht des Arbeitgebers erfasst sind nach § 106 S. 2 GewO auch Weisungen hinsichtlich der Ordnung und des Verhaltens der Arbeitnehmer. Darunter fallen alle Vorschriften für das Verhalten der Arbeitnehmer, die den kollektiven Bereich der Arbeitsverhältnisse betreffen, der aufgrund des Zusammenwirkens der Arbeitnehmer im Betrieb

---

[29] Schuster/Wolf/Mayr ArbRB 2023, 217 (218).

[30] BAG NZA 2012, 265 Rn. 22 mwN.

[31] Henssler/Willemsen/Kalb/Lembke GewO § 106 Rn. 15; BeckOK ArbR/Tillmanns GewO § 106 Rn. 15.

[32] So Beck/Roggel ArbRAktuell 2022, 631 (631 f.).

[33] Günther/Böglmüller/Gerigk NZA 2022, 1509 (1511).

[34] Wagner/Holm-Hadulla/Ruttloff Metaverse und Recht/Günther/Gerigk/Haußmann § 3 Rn. 122; Günther/Böglmüller/Gerigk NZA 2022, 1509 (1511); kritischer Steege/Chibanguza Metaverse-HdB/Braner/Ceruti § 21 Rn. 21; Beck/Roggel ArbRAktuell 2022, 631 (631 f.).

[35] Ebenso Wagner/Holm-Hadulla/Ruttloff Metaverse und Recht/Günther/Gerigk/Haußmann § 3 Rn. 122; Günther/Böglmüller/Gerigk NZA 2022, 1509 (1511); Beck/Roggel ArbRAktuell 2022, 631 (631 f.).

[36] Steege/Chibanguza Metaverse-HdB/Braner/Ceruti § 21 Rn. 21.

entsteht.[37] Speziell das Metaverse betreffende Weisungen zur Ordnung und zum Verhalten der Arbeitnehmer können bspw. Regeln zum Login oder Logout oder zu Berichts- und Meldepflichten betreffen.[38]

Allgemein kann der Arbeitgeber iRd § 106 S. 2 GewO Regelungen zur Kleiderordnung bzw. zum äußeren Erscheinungsbild anweisen. Maßstab für deren Zulässigkeit iRd billigen Ermessens ist die Herstellung praktischer Konkordanz zwischen den Grundrechten des Arbeitnehmers, bspw. dem Persönlichkeitsrecht oder der Religionsfreiheit, und der unternehmerischen Betätigungsfreiheit des Arbeitgebers.[39] Daher ist für die Zulässigkeit einer Weisung zum Tragen von Dienstkleidung ein bestimmtes betriebliches Bedürfnis des Arbeitgebers zu fordern, bspw. die Schaffung einer Corporate Identity oder die Gewährleistung einer ausreichenden Arbeitssicherheit.[40] Für Vorgaben zur Haarlänge oder das Tragen eines Bartes dürften aufgrund des weitergehenden Eingriffs in die Privatsphäre des Arbeitnehmers entsprechend höhere Rechtfertigungsanforderungen zu stellen sein.[41] Diese Maßstäbe können auf die Gestaltung des Avatars im Metaverse durch die Arbeitnehmer übertragen werden.[42] Insbesondere die Gewährleistung eines einheitlichen, dem Marktstandard entsprechenden und dem Arbeitgeber zuzuordnenden Erscheinungsbilds der Arbeitnehmer dürfte im Metaverse ebenso Bedeutung haben wie in der realen Welt.[43] Über die zulässige Weisung des „Tragens" einer allgemein vorgeschriebenen Dienstkleidung hinaus dürfte der Arbeitgeber jedoch nicht verlangen können, dass der Avatar des Arbeitnehmers dessen eigenem äußeren Erscheinungsbild entspricht. Der Arbeitnehmer dürfte in seiner Gestaltung insoweit frei sein. Auch diese Freiheit ist jedoch begrenzt, sofern die Gestaltung das Ansehen des Arbeitgebers schädigt oder negativen Einfluss auf die Erbringung der Arbeitsleistung des Arbeitnehmers oder seiner Kollegen hat.[44] 19

3. Vergütung

Die mit dem Metaverse einhergehenden technischen Möglichkeiten erleichtern auch Transaktionen in Kryptowährung. Dadurch wird auch eine Vergütung von im Metaverse tätigen Arbeitnehmern in Kryptowährung denkbar. Dabei ist jedoch zu beachten, dass einer vollständigen Vergütung in Kryptowährung § 107 Abs. 1 GewO entgegensteht, nachdem das Arbeitsentgelt in Euro zu berechnen und auszuzahlen ist. In Betracht kommt allenfalls die Auszahlung eines Teils des Arbeitsentgelts als Sachbezug iSd § 107 Abs. 2 S. 1 GewO.[45] Auch dieser Möglichkeit sind jedoch Grenzen gesetzt. Der auf den Mindestlohn nach §§ 1, 2 MiLoG entfallende sowie der unpfändbare Anteil des Arbeitsentgelts nach § 107 Abs. 2 S. 5 GewO sind jedenfalls in Euro auszuzahlen.[46] Soweit dies nicht der Fall ist, haben bereits geleistete Sachbezüge keine Erfüllungswirkung nach § 362 Abs. 1 BGB.[47] Darüber hinaus erscheint eine weitere Beschränkung des zulässigen Anteils eines Sachbezugs an der Gesamtvergütung vorzugswürdig. Parallel zur Rechtsprechung des BAG zur Widerruflichkeit von 20

---

37 BAG BeckRS 2018, 28019 Rn. 19; NZA 2013, 268 Rn. 23.

38 Vgl. Wagner/Holm-Hadulla/Ruttloff Metaverse und Recht/Günther/Gerigk/Haußmann § 3 Rn. 129.

39 BAG NZA 2003, 483 (485 f.); Beck/Roggel ArbRAktuell 2022, 631 (632); Wagner/Holm-Hadulla/Ruttloff Metaverse und Recht/Günther/Gerigk/Haußmann § 3 Rn. 142 f.

40 LAG Düsseldorf BeckRS 2024, 10769 Rn. 42; BeckOK ArbR/Tillmanns GewO § 106 Rn. 34.

41 BeckOK ArbR/Werner BetrVG § 87 Rn. 31; Fitting BetrVG § 87 Rn. 62.

42 Wagner/Holm-Hadulla/Ruttloff Metaverse und Recht/Günther/Gerigk/Haußmann § 3 Rn. 141; Schuster/Wolf/Mayr ArbRB 2023, 217 (219).

43 Wagner/Holm-Hadulla/Ruttloff Metaverse und Recht/Günther/Gerigk/Haußmann § 3 Rn. 142.

44 Ähnlich, aber noch zurückhaltender Schuster/Wolf/Mayr ArbRB 2023, 217 (220); Steege/Chibanguza Metaverse-HdB/Braner/Ceruti § 21 Rn. 24.

45 Günther/Böglmüller/Gerigk NZA 2022, 1509 (1513 f.); Arnold/Günther ArbR 4.0-HdB/Arnold/Winzer § 3 Rn. 224; Wagner/Holm-Hadulla/Ruttloff Metaverse und Recht/Günther/Gerigk/Haußmann § 3 Rn. 147.

46 Steege/Chibanguza Metaverse-HdB/Braner/Ceruti § 21 Rn. 40; Wagner/Holm-Hadulla/Ruttloff Metaverse und Recht/Günther/Gerigk/Haußmann § 3 Rn. 149.

47 Vgl. BAG NZA 2023, 1319 Rn. 28.

Zulagen in Formulararbeitsverträgen kann von einer Grenze von ca. 25 % bis 30 % der Gesamtvergütung ausgegangen werden.[48]

4. Feiertagsrecht

21 Nach § 9 ArbZG besteht ein Verbot, an gesetzlichen Feiertagen zu arbeiten. Der Arbeitnehmer hat jedoch gem. § 2 Abs. 1 EFZG einen Anspruch auf Entgeltfortzahlung, wenn seine Arbeitsleistung allein aufgrund des Feiertags entfallen ist (sog. Monokausalität).[49] Sowohl für die Anwendbarkeit von § 9 ArbZG als auch von § 2 Abs. 1 EFZG gilt das Territorialitätsprinzip. Danach ist darauf abzustellen, ob an dem individuell vereinbarten Arbeitsort ein Feiertag ist oder nicht.[50] Das gilt auch, wenn der vereinbarte Arbeitsort dauerhaft das Homeoffice ist.[51]

22 Die Anwendung dieses Grundsatzes bereitet jedoch dann Probleme, wenn die im Metaverse tätigen Arbeitnehmer ihre örtliche Flexibilität nutzen und ihre Arbeitsleistung von wechselnden Orten aus erbringen. Durch das grundsätzlich fortgeltende Territorialitätsprinzip hätten diese Arbeitnehmer die Möglichkeit, das anwendbare Feiertagsstatut nach Belieben zu beeinflussen. Halten sie sich an wechselnden Orten im Ausland auf, dürfen sie an den gesetzlichen Feiertagen des Staates, in dem sie sich aufhalten, ebenfalls nicht arbeiten.[52] Sie erhalten jedoch keine Entgeltfortzahlung, da Feiertage iSd § 2 Abs. 1 EZFG allein durch ein deutsches Gesetz anerkannte Feiertage sind.[53] Umgekehrt besteht für im Ausland befindliche Arbeitnehmer an deutschen Feiertagen, die nicht auch gleichzeitig im Ausland gesetzliche Feiertage sind, die Arbeitspflicht fort.[54] Ob im Fall eines ständig wechselnden Arbeitsorts bereits jetzt abweichend vom Territorialitätsprinzip eine Anknüpfung an den Sitz des Betriebs bzw. des Unternehmens erfolgen kann,[55] ist zweifelhaft.[56] Zur Schaffung von Rechtssicherheit und zur Vereinheitlichung der Arbeitsbedingungen erscheint aber eine dahingehende arbeitsvertragliche Regelung zum Feiertagsstatut empfehlenswert. Zwar ist es in gewissen Grenzen möglich, mobile Arbeit bzw. Homeoffice für Tage auszuschließen, die zwar an diesen Orten, nicht jedoch am Betriebssitz gesetzliche Feiertage sind.[57] Diese Möglichkeit scheidet jedoch jedenfalls für vollständig ins Metaverse verlagerte Betriebe mangels physischer Betriebsstätte aus. Solche Betriebe dürften die Möglichkeit haben, arbeitsvertraglich die Anwendung des gesetzlichen Feiertagsstatuts zu vereinbaren, das am Ort ihres Unternehmenssitzes gilt, der aus der Satzung oder der Eintragung in einem staatlichen Register ersichtlich ist.

IV. Betriebsverfassungsrechtliche Auswirkungen der Nutzung des Metaverse

1. Zuordnung zum Betrieb

23 Für Arbeitnehmer, die ihre Arbeitsleistung im Metaverse erbringen, kann die Zuordnung zu einem Betrieb im Einzelfall Probleme bereiten. Diese ist jedoch für elementare Ent-

---

[48] Arnold/Günther ArbR 4.0-HdB/Arnold/Winzer § 3 Rn. 228; Wagner/Holm-Hadulla/Ruttloff Metaverse und Recht/Günther/Gerigk/Haußmann § 3 Rn. 149; vgl. LAG Düsseldorf BeckRS 2009, 50340.
[49] ErfK/Reinhard EFZG § 2 Rn. 8; MüKoBGB/Müller-Glöge EFZG § 2 Rn. 12.
[50] BAG NZA 2014, 1262 Rn. 28; Ahnefeld ArbRAktuell 2023, 375 (376); Kollmer NJW 2024, 182 Rn. 9 f.
[51] Ahnefeld ArbRAktuell 2023, 375 (376); Lachmann ARP 2024, 295 (299).
[52] Lachmann ARP 2024, 295 (300); Stück/Thüring ArbRAktuell 2024, 82 (84).
[53] Lachmann ARP 2024, 295 (300); Stück/Thüring ArbRAktuell 2024, 82 (84).
[54] Kollmer NJW 2024, 182 Rn. 8; Stück/Thüring ArbRAktuell 2024, 82 (84).
[55] So Kollmer NJW 2024, 182 Rn. 35 ff.
[56] Ebenso offenlassend Steege/Chibanguza Metaverse-HdB/Braner/Ceruti § 21 Rn. 11.
[57] Kollmer NJW 2024, 182 Rn. 14; Ahnefeld ArbRAktuell 2023, 375 (377).

scheidungen wie bspw. den Kündigungsschutz oder die Repräsentation auf betriebsverfassungsrechtlicher Ebene relevant.[58]

a) Betriebsbegriff

Ein Betrieb gem. § 1 Abs. 1 BetrVG ist nach der ständigen Rechtsprechung des BAG jede organisatorische Einheit, innerhalb derer der Unternehmer allein oder zusammen mit seinen Arbeitnehmern mit Hilfe sächlicher und immaterieller Mittel bestimmte arbeitstechnische Zwecke, die nicht nur der Deckung des Eigenbedarfs dienen, fortgesetzt verfolgt.[59] Dazu müssen die materiellen und immateriellen Betriebsmittel zusammengefasst, geordnet und gezielt eingesetzt sowie die menschliche Arbeitskraft von einem einheitlichen Leitungsapparat gesteuert werden.[60] Als entscheidendes Kriterium des Betriebsbegriffs hat sich die einheitliche Leitung auf die mitbestimmungsrelevanten Entscheidungen, also auf die Arbeitsbedingungen und Organisationsfragen sowie die Art und Weise der Vornahme von Einstellungen, Entlassungen und Versetzungen zu beziehen.[61] Nicht dazu zählen Entscheidungen in wirtschaftlich kaufmännischen Angelegenheiten.[62] Eine räumliche Verbundenheit der sachlichen und immateriellen Betriebsmittel und der Arbeitnehmer ist keine zwingende Voraussetzung für das Vorliegen eines Betriebs iSd § 1 Abs. 1 BetrVG.[63] Zweck des Betriebsbegriffs ist es, den von ihm abhängigen Betriebsrat dort zu installieren, wo die mitbestimmungsrelevanten Entscheidungen getroffen werden.[64] 24

b) Zuordnung bei Bestehen einer physischen Betriebsstätte

Existiert eine physische Betriebsstätte, gehören Arbeitnehmer diesem Betrieb an, wenn sie mit ihrer Arbeitsleistung im Metaverse in die arbeitstechnische Organisation des Betriebs eingebunden sind, zu seinem arbeitstechnischen Zweck beitragen und seinem einheitlichen Leitungsapparat unterstellt sind.[65] Ihre körperliche Anwesenheit in der Betriebsstätte ist für ihre Zuordnung zur arbeitstechnischen Organisation nicht erforderlich. Insoweit besteht kein Unterschied zur Behandlung von Arbeitnehmern, die ihre Arbeitsleistung außerhalb der physischen Betriebsstätte erbringen.[66] Für im Metaverse tätige Arbeitnehmer kann selbst im Fall eines Aufenthalts im Ausland – ebenso wie für im Homeoffice tätige Arbeitnehmer oder Außendienstmitarbeiter – darauf abgestellt werden, ob sie kommunikationstechnisch an die arbeitstechnische Organisation des Betriebs angebunden sind und dafür von ihrem Arbeitgeber IT-Technik zur Verfügung gestellt bekommen,[67] von welchem Betrieb aus das Direktionsrecht ausgeübt und die auf das Arbeitsverhältnis bezogenen Anweisungen erteilt werden[68] und ob sie mit ihrer Arbeitsleistung den Betriebszweck des inländischen Betriebs verwirklichen.[69] 25

---

58 Günther/Böglmüller/Gerigk NZA 2022, 1509 (1512 f.); Wagner/Holm-Hadulla/Ruttloff Metaverse und Recht/Günther/Gerigk/Haußmann § 3 Rn. 125.
59 BAG NZA 2016, 1196 Rn. 12; NJOZ 2005, 3725 (3727).
60 BAG NZA 1992, 74 (75); 2002, 1300 (1301).
61 BAG NZA 2017, 859 Rn. 15; BeckRS 1982, 2232; BeckOK ArbR/Besgen BetrVG § 1 Rn. 15.
62 BAG BeckRS 1982, 2232.
63 BAG BeckRS 1982, 2232; Urban ArbRAktuell 2022, 221 (222).
64 Urban ArbRAktuell 2022, 221 (222); ErfK/Koch BetrVG § 1 Rn. 8.
65 Günther/Böglmüller/Gerigk NZA 2022, 1509 (1513); Wagner/Holm-Hadulla/Ruttloff Metaverse und Recht/Günther/Gerigk/Haußmann § 3 Rn. 127.
66 BAG BeckRS 2004, 30801570; NZA 1992, 894 (897).
67 Vgl. Müller Homeoffice in der arbeitsrechtlichen Praxis § 5 Rn. 533; Urban ArbRAktuell 2022, 221 (223).
68 BAG BeckRS 2004, 30801570; LAG RhPf BeckRS 2016, 66009 Rn. 37 f.; LAG Nds NZA-RR 2018, 187 Rn. 36.
69 LAG Nds NZA-RR 2018, 187 Rn. 36; LAG RhPf BeckRS 2016, 66009 Rn. 37 f.

c) Zuordnung bei Fehlen einer physischen Betriebsstätte

26 Problematischer sind Konstellationen zu beurteilen, in denen nicht nur ein, sondern alle Arbeitnehmer ihre Arbeitsleistung im Metaverse erbringen und in dem Unternehmen daher ein klassischer physischer Betrieb vollständig fehlt. Entscheidendes Zuordnungskriterium bleibt weiterhin die Zusammenfassung unter dem einheitlichen Leitungsapparat.[70] In der Praxis dürfte es jedoch in einer rein digitalen Organisation schwieriger sein, einen einheitlichen Leitungsapparat und eine Zuordnung zu diesem festzustellen, als bei einem physischen Betriebssitz. Zudem dürften die Leitungsapparate in rein digitalen Organisationsformen schneller und häufiger änderbar sein. Ungeachtet dieser praktischen Schwierigkeiten dürfte daher auch eine unter einer einheitlichen Leitung stehende arbeitstechnische Organisation, die ausschließlich im Metaverse gebildet bzw. dieses zur Verfolgung und Organisation des arbeitstechnischen Zwecks nutzt, einen Betrieb darstellen.[71] Damit stellt sich die Frage nach dem „Sitz" eines solchen ausschließlich im Metaverse gelenkten Betriebs. Mangels anderer örtlicher Anknüpfungspunkte dürfte auf den Ort des Unternehmenssitzes abgestellt werden können, der aus der Satzung oder der Eintragung in einem staatlichen Register ersichtlich ist. Alternativ kann an den Standort der technischen Systeme angeknüpft werden, mit denen das Metaverse betrieben wird. Liegt der so bestimmte Ort des Betriebssitzes außerhalb der Bundesrepublik Deutschland, unterfällt der Betrieb aufgrund des Territorialitätsprinzips nicht dem BetrVG. Das Fehlen einer körperlichen Betriebsstätte wirft neben der Bestimmung des Sitzes des Betriebs zahlreiche weitere Folgeprobleme bei der Anwendung des nicht (ausreichend) auf moderne Digitalisierung zugeschnittenen BetrVG auf.[72]

27 Zudem ist es denkbar, dass ein Unternehmen im Metaverse in mehrere arbeitsorganisatorische Einheiten mit jeweils eigenen, voneinander unabhängigen Leitungsapparaten gegliedert ist. Dadurch kann es dazu kommen, dass ein Unternehmen mehrere Betriebe im Metaverse betreibt. Dadurch entsteht gem. § 47 Abs. 1 BetrVG die Notwendigkeit der Bildung eines für diese Betriebe zuständigen Gesamtbetriebsrats. Zudem dürften in dieser Konstellation die Zuordnungen der einzelnen Arbeitnehmer zu den einzelnen Betrieben einfacher zu ändern sein als in Organisationsformen außerhalb des Metaverse. Dies dürfte operativ sowohl Versetzungen in andere Betriebe als auch die Bildung von betriebsübergreifenden Matrixstrukturen, in denen Arbeitnehmer in mehrere Betriebe eingegliedert sind,[73] erleichtern.

2. Betriebsänderung

28 Werden Betriebe, die vormals noch über eine physische Betriebsstätte verfügten, unter Aufgabe der Betriebsstätte fortan vollständig im Metaverse geführt, kann dies eine Verlegung des Betriebs oder wesentlicher Betriebsteile iSd § 111 S. 3 Nr. 2 BetrVG sein.[74] Eine solche Verlegung liegt dann vor, wenn die örtliche Lage des Betriebs bzw. wesentlichen Betriebsteils wesentlich verändert wird und die betriebliche Einheit als Ganze fortbesteht, wobei die Kontinuität der Belegschaft eine wesentliche Rolle spielt.[75] Durch die Aufgabe der ursprünglichen physischen Betriebsstätte wird der vormalige Betriebsort jedenfalls aufgegeben. Befindet sich der Ort des ausschließlich im Metaverse geführten Betriebs außerhalb des Geltungsbereichs des BetrVG, kann darin eine Betriebsschließung gem. § 111 S. 3 Nr. 1

70 Steege/Chibanguza Metaverse-HdB/Braner/Ceruti § 21 Rn. 9.
71 Steege/Chibanguza Metaverse-HdB/Braner/Ceruti § 21 Rn. 9; zurückhaltend Günther/Böglmüller/Gerigk NZA 2022, 1509 (1513) und Wagner/Holm-Hadulla/Ruttloff Metaverse und Recht/Günther/Gerigk/Haußmann § 3 Rn. 127; vgl. Urban ArbRAktuell 2022, 221 (223).
72 Dazu → Rn. 30–33.
73 Siehe allgemein zur Möglichkeit, Arbeitnehmer in Matrixstrukturen in mehrere Betriebe einzugliedern BAG NZA 2019, 1288; 2022, 1414; Bachner NZA 2019, 134.
74 Ebenso Steege/Chibanguza Metaverse-HdB/Braner/Ceruti § 21 Rn. 51.
75 BAG NZA 1988, 170 (171).

BetrVG liegen. Eine solche vollständige Aufgabe der physischen Betriebsstätte dürfte jedoch zumindest nach dem aktuellen Stand der Technik in der Praxis wohl noch nicht umsetzbar sein.

Zudem kann bei einer Verlagerung von Arbeitsplätzen ins Metaverse eine grundlegende Änderung der Betriebsorganisation gem. § 111 S. 3 Nr. 4 BetrVG bzw. eine Einführung grundlegend neuer Arbeitsmethoden gem. § 111 S. 3 Nr. 5 BetrVG vorliegen. Es ist anerkannt, dass die erstmalige Einführung von Telearbeit eine grundlegende Änderung der Betriebsorganisation darstellt.[76] Gleiches dürfte danach erst recht für die erstmalige Einführung einer Arbeit im Metaverse gelten. Jedoch muss die Änderung der Betriebsorganisation im Einzelfall „grundlegend" sein, um unter § 111 S. 3 Nr. 4 BetrVG zu fallen. Dabei kommt es auf den Grad der technischen Änderung, also deren qualitatives Gewicht an.[77] Als Interpretationshilfe dient der Maßstab des § 111 S. 1 BetrVG, wonach die Möglichkeit wesentlicher Nachteile für die Belegschaft erforderlich ist.[78] Verlagern Betriebe Arbeitsplätze ins Metaverse, in denen Arbeitsleistungen bspw. durch Homeoffice oder mobile Arbeit bereits zuvor weitgehend oder ausschließlich digital außerhalb einer physischen Betriebsstätte erbracht wurden, dürfte man nicht zwangsläufig von einer grundlegenden Änderung iSd § 111 S. 3 Nr. 4 BetrVG auszugehen haben. Maßstab ist dabei der konkret betroffene Betrieb, nicht der technische Standard der Branche.[79] Der Tatbestand der Einführung grundlegend neuer Arbeitsmethoden gem. § 111 S. 3 Nr. 5 BetrVG überschneidet sich stark mit demjenigen des § 111 S. 3 Nr. 4 BetrVG. Es ist anerkannt, dass die Einführung neuer technischer Hilfsmittel die Einführung einer neuen Arbeitsmethode sein kann.[80] Jedoch muss auch diese „grundlegend" sein, wobei auf die dargelegten Maßstäbe zu Nr. 4 zurückgegriffen werden kann.[81] Mindestens ist ein „Sprung" in der technischen Entwicklung zu fordern.[82] 29

3. Betriebsratssitzungen

Der Betriebsrat hat seine Sitzungen gem. § 30 Abs. 1 S. 5 BetrVG grundsätzlich in Präsenz am Betriebssitz abzuhalten.[83] Dies bereitet dann keine Probleme, wenn eine physische Betriebsstätte besteht, der im Metaverse tätige Arbeitnehmer organisatorisch zugeordnet sind. Die Sitzungen des Betriebsrats können in dieser physischen Betriebsstätte abgehalten werden. Sollte ein ausschließlich im Metaverse tätiger Arbeitnehmer Betriebsratsmitglied sein, kann er zu den Betriebsratssitzungen anreisen. Die Kosten der Anreise trägt der Arbeitgeber gem. §§ 30 Abs. 3, 40 Abs. 1 BetrVG, sofern diese verhältnismäßig sind.[84] Eine Tätigkeit im Homeoffice und entsprechend auch die Erbringung der Arbeitsleistung im Metaverse vom Wohnsitz des Betriebsratsmitglieds aus stellt keinen Verhinderungsgrund zur Teilnahme an einer Betriebsratssitzung in Präsenz im Betrieb dar.[85] 30

Schwieriger ist zu beurteilen, wo Sitzungen des Betriebsrats stattzufinden haben, wenn für den ausschließlich im Metaverse geführten Betrieb keine physische Betriebsstätte existiert. Auch in solchen Betrieben gilt nach der aktuellen Rechtslage der Grundsatz der Präsenzsitzung. Die 2021[86] in § 30 Abs. 2 BetrVG geschaffene Möglichkeit, Betriebsratssitzungen 31

76 Henssler/Willemsen/Kalb/Hohenstatt/Willemsen BetrVG § 111 Rn. 46; ErfK/Kania BetrVG § 111 Rn. 19.
77 BAG NJW 1983, 2838 (2840); Henssler/Willemsen/Kalb/Hohenstatt/Willemsen BetrVG § 111 Rn. 47.
78 BAG NJW 1983, 2838 (2840); Henssler/Willemsen/Kalb/Hohenstatt/Willemsen BetrVG § 111 Rn. 50.
79 ErfK/Kania BetrVG § 111 Rn. 20.
80 BeckOK ArbR/Besgen BetrVG § 111 Rn. 28.
81 BAG NZA 1991, 113 (115); Richardi BetrVG/Annuß BetrVG § 111 Rn. 123.
82 Röder/Gebert NZA 2017, 1289 (1291).
83 HessLAG BeckRS 2011, 71720; MHdB ArbR/Krois § 294 Rn. 60; GK-BetrVG/Raab § 30 Rn. 5.
84 Steiner/Schunder NZA 2022, 12 (14); Winzer/Baeck/Hilgers NZA 2021, 620 (623).
85 HessLAG BeckRS 2021, 4935 Rn. 22; Müller NZA 2023, 1370 (1374).
86 Gesetz zur Förderung der Betriebsratswahlen und der Betriebsratsarbeit in einer digitalen Arbeitswelt (Betriebsrätemodernisierungsgesetz) v. 14.6.2021 (BGBl. 2021 I 1762).

digital abzuhalten, kann dieses Problem für ausschließlich digitale Betriebe nicht beseitigen. In § 30 Abs. 2 S. 1 Nr. 1 BetrVG ist vielmehr – entgegen dem Digitalisierungs- und Flexibilisierungsanliegen – der Vorrang der Präsenzsitzung festgeschrieben. Zudem kann gem. § 30 Abs. 2 S. 1 Nr. 2 BetrVG ein Widerspruch von mindestens einem Viertel der Mitglieder des Betriebsrats die digitale Durchführung der Sitzung verhindern. Eine Abweichung vom Grundsatz der Präsenzsitzung und damit eine Durchführung von allen Sitzungen in digitaler Form ist unzulässig.[87] Wünschenswert wäre sicherlich eine gesetzliche Regelung zur vollständigen Digitalisierung von Betriebsratssitzungen. Bis dahin dürfte die Präsenzsitzung an einem Ort außerhalb des virtuellen Betriebssitzes stattzufinden haben. Bereits jetzt kann der Betriebsrat durch Mehrheitsbeschluss für eine Sitzung einen anderen Ort als den Betrieb festlegen, wenn dafür ein sachlicher Grund besteht und er die betrieblichen Notwendigkeiten nach § 30 Abs. 1 S. 2 BetrVG berücksichtigt.[88] Jedenfalls in einem Betrieb ohne physische Betriebsstätte dürfte der Betriebsrat in der Geschäftsordnung eine Regelung zum Ort der in Präsenz durchzuführenden Betriebsratssitzungen festlegen können. Hinsichtlich der Auswahl des Ortes dürften dem Betriebsrat durch das Gebot der vertrauensvollen Zusammenarbeit gem. § 2 Abs. 1 BetrVG, den betrieblichen Notwendigkeiten gem. § 30 Abs. 1 S. 2 BetrVG sowie den Grenzen der vom Arbeitgeber zu tragenden Kosten für die Betriebsratstätigkeit gem. § 40 Abs. 1 BetrVG, insbesondere dem Gebot der Verhältnismäßigkeit[89] Grenzen gesetzt sein. Soweit der Betriebsrat den Ort der Sitzung festgelegt hat, ist der Arbeitgeber jedoch im Rahmen der Erforderlichkeit frei darin, welche Räume er ihm an diesem Ort zur Verfügung stellt. Der Betriebsrat hat keinen Anspruch auf die Überlassung eines bestimmten Raums.[90]

4. Betriebsversammlungen

32 Betriebsversammlungen können ausschließlich in Präsenz und grundsätzlich nur im Betrieb durchgeführt werden.[91] Es ist aber bereits jetzt anerkannt, dass der Arbeitgeber zur Durchführung der Betriebsversammlung einen geeigneten Raum außerhalb des Betriebs zur Verfügung stellen muss, wenn innerhalb des Betriebs kein geeigneter Raum existiert.[92] Dies muss erst recht gelten, wenn in einem ausschließlich im Metaverse geführten Betrieb keine physische Betriebsstätte existiert.

5. Betriebsratswahlen im Metaverse

33 Für die Wahlen des Betriebsrats sieht das BetrVG Brief- oder Urnenwahl vor. Dieses Verfahren lässt sich in ausschließlich im Metaverse geführten Betrieben ohne physische Betriebsstätte nicht umsetzen. Auch für im Metaverse tätige Arbeitnehmer, die in einen Betrieb mit einer physischen Betriebsstätte eingegliedert sind, dürfte die Stimmabgabe vor Ort im Betrieb mindestens mit erheblichem Aufwand verbunden sein. Wünschenswert wäre daher eine gesetzliche Regelung zur Digitalisierung der Betriebsratswahlen. Diesen Regelungsbedarf scheint der Gesetzgeber zumindest erkannt zu haben. In dem nicht umgesetzten Referentenentwurf eines Tariftreuegesetzes war die Einführung eines neuen § 18a BetrVG-E vorgesehen.[93] Diese Bestimmung würde es dem Betriebsrat ermöglichen, im Einvernehmen mit dem Arbeitgeber bei den nächsten regelmäßigen Betriebsratswahlen die Möglichkeit

87 Boemke/Roloff/Haase NZA 2021, 827 (828); Fitting BetrVG § 30 Rn. 24; Bachner NZA 2022, 1024.
88 HessLAG BeckRS 2011, 71720; MHdB ArbR/Krois § 294 Rn. 60; GK-BetrVG/Raab § 30 Rn. 5.
89 BAG NZA 1995, 382 (383); AP BetrVG 1972 § 40 Nr. 7.
90 Richardi/Thüsing BetrVG § 40 Rn. 67a; ArbG Köln BeckRS 2018, 39046 Rn. 17; LAG SchlH NZA-RR 2017, 596 Rn. 35; 2008, 187 (188).
91 Richardi/Annuß BetrVG § 42 Rn. 16; ErfK/Koch BetrVG § 46 Rn. 2.
92 Richardi/Annuß BetrVG § 42 Rn. 17; GK-BetrVG/Weber Rn. 24; HaKo-BetrVG/Haase/Tautphäus BetrVG § 42 Rn. 16.
93 Abrufbar unter https://www.bmas.de/DE/Service/Gesetze-und-Gesetzesvorhaben/tariftreuegesetz.html (zuletzt abgerufen am 24.6.2025).

einer Online-Stimmabgabe vorzusehen. Die Regelung war jedoch nicht hinreichend. Die Online-Stimmabgabe sollte nur neben, nicht anstelle der Brief- oder Urnenwahl möglich sein und hätte daher zumindest für vollständig im Metaverse geführte Betriebe keine zufriedenstellende Lösung dargestellt.

V. Mitbestimmung in sozialen Angelegenheiten, § 87 BetrVG

Bei der Einführung der Erbringung der Arbeitsleistung im Metaverse können dem Betriebsrat Mitbestimmungsrechte nach § 87 Abs. 1 BetrVG zustehen. Jedenfalls den Arbeitnehmer belastende Maßnahmen, die der Arbeitgeber ohne Mitbestimmung des Betriebsrats vorgenommen hat, sind nach der Theorie der Wirksamkeitsvoraussetzung unwirksam.[94] Arbeitgeber sind daher bei der Einführung des Metaverse gut beraten, die Mitbestimmungsrechte des Betriebsrats zu beachten. **34**

1. Verhaltenspflichten – § 87 Abs. 1 Nr. 1 BetrVG

Mitbestimmungspflichtig nach § 87 Abs. 1 Nr. 1 BetrVG ist das Ordnungsverhalten der Arbeitnehmer. Dieses umfasst die Gestaltung des kollektiven Miteinanders oder die Gewährleistung und Aufrechterhaltung der vorgegebenen Ordnung des Betriebs.[95] Mitbestimmungsfrei ist dagegen das Arbeitsverhalten, das alle Weisungen betrifft, die unmittelbar die Erbringung der Arbeitsleistung selbst konkretisieren.[96] Wirkt sich eine Maßnahme zugleich auf das Ordnungs- und das Arbeitsverhalten aus, kommt es für die Mitbestimmungspflicht darauf an, welcher Regelungszweck überwiegt.[97] Dieser wird anhand einer objektiven Betrachtung des Inhalts der Maßnahme sowie der Art des zu beeinflussenden betrieblichen Geschehens bestimmt.[98] **35**

Diese Abgrenzung kann für Vorgaben des Arbeitgebers zum Verhalten der Arbeitnehmer bzw. ihrer Avatare im Metaverse entsprechend herangezogen werden. Danach dürfte die bloße Anordnung der Nutzung des Metaverse zur Erbringung der Arbeitsleistung nicht nach § 87 Abs. 1 Nr. 1 BetrVG mitbestimmungspflichtig sein. Das Metaverse stellt ein bloßes Arbeits- bzw. Hilfsmittel dar, mit dem bzw. in dem die eigentliche Arbeitsleistung erbracht werden soll und konkretisiert daher unmittelbar deren Erbringung selbst.[99] Vorgaben zur Gestaltung der Avatare im Metaverse[100] dürften nach einer Betrachtung im Einzelfall ihren Schwerpunkt regelmäßig im mitbestimmungsfreien Arbeitsverhalten haben.[101] Sie stellen Vorgaben zur Nutzung des Metaverse als Arbeitsmittel dar. Der Bezug solcher Vorgaben zum Ordnungsverhalten durch den Einfluss des Aussehens der Avatare auf die Interaktion der Arbeitnehmer im Metaverse untereinander dürfte demgegenüber deutlich in den Hintergrund treten.[102] Jedenfalls können die Maßstäbe zur Mitbestimmungspflichtigkeit des Tragens einer Dienstkleidung im realen Leben nur bedingt übertragen werden, da der Avatar je nach Inhalt der Arbeitsleistung für deren Erbringung – anders als Dienstkleidung im realen Leben[103] – unverzichtbar sein kann.[104] Mitbestimmungspflichtig nach § 87 Abs. 1 Nr. 1 BetrVG sind jedoch Verhaltensrichtlinien für die Arbeitnehmer im Metaverse, die deren Miteinander betreffen. Diese können gleichfalls das reale Leben als auch das Metaverse **36**

[94] BAG NZA 2016, 906 Rn. 15 f.; 2015, 1207 Rn. 13.
[95] BAG NJOZ 2006, 1776 Rn. 28.
[96] BAG NJOZ 2006, 1776 Rn. 29; NZA 1997, 785.
[97] BAG NZA 2002, 1299.
[98] BAG NZA 2002, 1299.
[99] Vgl. zur Einführung von ChatGPT als Arbeitsmittel ArbG Hamburg BeckRS 2024, 547 Rn. 25.
[100] Zu ihrer individualrechtlichen Zulässigkeit → Rn. 19.
[101] Schuster/Wolf/Mayr ArbRB 2023, 217 (219).
[102] Schuster/Wolf/Mayr ArbRB 2023, 217 (219).
[103] Vgl. BAG NZA 2002, 1299 (1300).
[104] Schuster/Wolf/Mayr ArbRB 2023, 217 (219).

betreffen. Dazu zählen bspw. Flirtverbote, eine Meldepflicht des Fehlverhaltens anderer,[105] Regelungen zur politischen Betätigung im Betrieb im Metaverse[106] oder Rahmenbedingungen der grundsätzlich erlaubten privaten Nutzung des Zugangs zum Metaverse.[107]

2. Arbeitszeit – § 87 Abs. 1 Nr. 2 BetrVG

37 Das Metaverse bietet aufgrund seiner technischen Möglichkeiten weitgehende zeitliche Flexibilität. In der Praxis liegt es daher nahe, die Einführung des Metaverse als Arbeitsmittel mit einer weiteren Flexibilisierung der Arbeitszeit zu verbinden. Eine solche Flexibilisierung geht regelmäßig mit einer Änderung des Beginns bzw. Endes der täglichen Arbeitszeit, der Lage der Pausen sowie der Verteilung der Arbeitszeit auf die Wochentage einher. Sie ist daher gem. § 87 Abs. 1 Nr. 2 BetrVG mitbestimmungspflichtig.[108]

3. Arbeitsentgelt – § 87 Abs. 1 Nr. 4, 10 BetrVG

38 Unter den Begriff des Arbeitsentgelts nach § 87 Abs. 1 Nr. 4 BetrVG fallen auch Sachleistungen, die der Arbeitgeber dem Arbeitnehmer als Gegenleistung für dessen Arbeitsleistung gewährt.[109] Sofern Arbeitnehmer künftig über das Metaverse auch Kryptowährung als Sachleistung erhalten, dürfte dies nach § 87 Abs. 1 Nr. 4 BetrVG mitbestimmungspflichtig sein.[110] Zwar ist die Gestaltung des Arbeitsentgelts als Geld- oder Sachleistung mitbestimmungsfrei, da durch sie unmittelbar die Hauptleistungspflicht selbst ausgestaltet wird.[111] Die Entscheidung, die Auszahlung der Kryptowährung über das Metaverse abzuwickeln, betrifft jedoch die Auszahlungsmodalitäten und stellt daher eine mitbestimmungspflichtige Art der Auszahlung des Arbeitsentgelts dar.

39 Dagegen ist der Mitbestimmungstatbestand des § 87 Abs. 1 Nr. 10 BetrVG bei einer Abwicklung der Vergütung über das Metaverse nicht einschlägig. Dieser betrifft nicht die Art und Weise, wie das Arbeitsentgelt erbracht wird.[112] Vielmehr sind Gegenstand des Mitbestimmungsrechts die abstrakt-generellen Grundsätze, nach denen sich die Entgeltfindung im Betrieb vollzieht.[113] Mitbestimmungspflichtig ist danach die Festlegung abstrakter Strukturformen zur Bemessung des Arbeitsentgelts.[114] Das Metaverse wird im Rahmen des Mitbestimmungstatbestands daher allenfalls dann relevant, wenn die dortige Erbringung der Arbeitsleistung von den Betriebsparteien zum Strukturelement der Lohngestaltung gemacht wird.

4. Technische Einrichtung – § 87 Abs. 1 Nr. 6 BetrVG

40 Die Arbeit im Metaverse ist nur durch Nutzung von Hard- und Software als technische Hilfsmittel möglich. Diese wird der Arbeitgeber regelmäßig den Arbeitnehmern als Arbeitsmittel zur Verfügung stellen. Ihre Einführung ist nach § 87 Abs. 1 Nr. 6 BetrVG mit-

105 LAG Düsseldorf NZA-RR 2006, 81 (84 f.).
106 Vgl. NK-ArbR/Schwarze BetrVG § 87 Rn. 72.
107 Vgl. NK-ArbR/Schwarze BetrVG § 87 Rn. 72; BeckOK ArbR/Werner BetrVG § 87 Rn. 32; ErfK/Kania BetrVG § 87 Rn. 19.
108 Wagner/Holm-Hadulla/Ruttloff Metaverse und Recht/Günther/Gerigk/Haußmann § 3 Rn. 130; Steege/Chibanguza Metaverse-HdB/Braner/Ceruti § 21 Rn. 43.
109 BeckOK ArbR/Werner BetrVG § 87 Rn. 75; Richardi/Richardi/Maschmann BetrVG § 87 Rn. 425.
110 Wagner/Holm-Hadulla/Ruttloff Metaverse und Recht/Günther/Gerigk/Haußmann § 3 Rn. 131; Steege/Chibanguza Metaverse-HdB/Braner/Ceruti § 21 Rn. 44.
111 Vgl. BAG NZA 2011, 989 Rn. 17; NK-ArbR/Schwarze BetrVG § 87 Rn. 130.
112 Richardi/Richardi/Maschmann BetrVG § 87 Rn. 786.
113 BAG NZA 2013, 522 Rn. 23.
114 BAG NZA 2000, 1066 (1067); 2000, 783 (784).

bestimmungspflichtig.[115] Sie stellen technische Einrichtungen dar, die dazu geeignet sind, das Verhalten oder die Leistung der Arbeitnehmer durch die Erhebung von Daten, die einzelnen Arbeitnehmern zugeordnet werden können,[116] zu überwachen. Ausreichend ist dabei, dass eine objektive Eignung zu einer solchen Überwachung besteht. Eine subjektive Absicht des Arbeitgebers oder eine tatsächliche Durchführung der Überwachung ist für den Mitbestimmungstatbestand zwar nicht erforderlich.[117] Jedoch scheint eine technische Umsetzung ohne eine solche Überwachungsmöglichkeit kaum denkbar. Abhängig von der genutzten Hard- und Software kommen bei einer Arbeit im Metaverse eine Aufzeichnung der Login- und Logoutzeiten bis hin zu einer Erfassung der Tätigkeiten der Arbeitnehmer oder gar deren Vitalzeichen in Betracht.[118]

5. Gesundheitsschutz – § 87 Abs. 1 Nr. 7 BetrVG

Die Ausgestaltung der Gefährdungsbeurteilung nach § 5 Abs. 1 ArbSchG iVm § 3 Abs. 1 ArbStättV sowie ihre Dokumentation nach § 6 ArbSchG unterliegen als gesetzliche Rahmenvorschriften der Mitbestimmung des Betriebsrats.[119] Ihre Durchführung kann der Betriebsrat aufgrund seines Initiativrechts stets verlangen.[120] Sollte im Rahmen der Gefährdungsbeurteilung eine konkrete Gefahr festgestellt werden, hat der Betriebsrat bei der Auswahl der geeigneten Maßnahmen nach § 3 Abs. 1 ArbSchG mitzubestimmen, mit denen der konkreten Gefährdung entgegengewirkt werden soll.[121] Die Arbeit im Metaverse bringt eine weitere Digitalisierung der Arbeitsleistung mit sich, die Auswirkungen auf die Gesundheit des Arbeitnehmers haben kann, insbesondere andere Auswirkungen als „klassische“ Bildschirmarbeit oder mobile Arbeit.[122] Diesen Umstand haben die Betriebsparteien bei der Gefährdungsbeurteilung zu berücksichtigen. 41

6. Sozialeinrichtung – § 87 Abs. 1 Nr. 8 BetrVG

Der Arbeitgeber kann das Metaverse nicht nur zur Erbringung der Arbeitsleistung der Arbeitnehmer nutzen. Möglich erscheinen auch regelmäßige soziale Events im Metaverse außerhalb der Arbeitszeit. Solche sozialen Events sind jedoch keine Sozialeinrichtung gem. § 87 Abs. 1 Nr. 8 BetrVG. Erforderlich dafür wäre ein vom restlichen Betriebsvermögen abgegrenztes, zweckgebundenes Sondervermögen für soziale Zwecke. Dieses müsste einer organisatorisch verselbständigten Verwaltung unterliegen.[123] Eine solche Trennung kann schon deshalb nicht realisiert werden, weil die sozialen Events mit demselben technischen Hilfsmittel, dem Metaverse, durchgeführt werden, wie die Erbringung der Arbeitsleistung. Eine bloße Trennung der Bereiche im Metaverse, in denen die sozialen Events stattfinden und die Arbeitsleistung erbracht wird, ist nicht ausreichend. 42

7. Gruppenarbeit – § 87 Abs. 1 Nr. 13 BetrVG

Gruppenarbeit nach § 87 Abs. 1 Nr. 13 BetrVG liegt vor, wenn eine dauerhaft gebildete Gruppe von Arbeitnehmern eine ihr übertragene Gesamtaufgabe im Wesentlichen eigen- 43

---

115 Beck/Roggel ArbRAktuell 2022, 631 (633); Wagner/Holm-Hadulla/Ruttloff Metaverse und Recht/Günther/Gerigk/Haußmann § 3 Rn. 132 ff.; Steege/Chibanguza Metaverse-HdB/Braner/Ceruti § 21 Rn. 45.
116 BAG NJW 1984, 1476 (1485).
117 BAG NZA 2017, 657 Rn. 22; 2014, 439 Rn. 20.
118 Wagner/Holm-Hadulla/Ruttloff Metaverse und Recht/Günther/Gerigk/Haußmann § 3 Rn. 132.
119 BAG NZA 2019, 1717 Rn. 30; 2004, 1175 (1177).
120 ErfK/Kania BetrVG § 87 Rn. 64a.
121 BAG NZA 2019, 1717 Rn. 37.
122 Wagner/Holm-Hadulla/Ruttloff Metaverse und Recht/Günther/Gerigk/Haußmann § 3 Rn. 137; Steege/Chibanguza Metaverse-HdB/Braner/Ceruti § 21 Rn. 46.
123 BAG NZA 2012, 462 Rn. 17; 2009, 562 Rn. 30.

verantwortlich erledigt.[124] Das Metaverse fördert aufgrund seiner Digitalisierung agile Arbeitsmethoden und neue Formen der Zusammenarbeit. Sollte der Arbeitgeber die mitbestimmungsfreie[125] Entscheidung treffen, Gruppenarbeit einzuführen, bietet sich deren Durchführung im Metaverse an. Da dieses den Ort bzw. das Mittel der Gruppenarbeit darstellt, dürfte die Entscheidung, die Gruppenarbeit mittels des Metaverse durchzuführen, mitbestimmungspflichtig sein.

8. Mobile Arbeit – § 87 Abs. 1 Nr. 14 BetrVG

44 Aufgrund der örtlichen Ungebundenheit und Flexibilität eignet sich die technologiebasierte Arbeitsleistung im Metaverse besonders für mobile Arbeit oder Homeoffice. Entscheidet sich der Arbeitgeber mitbestimmungsfrei[126] dazu, seinen Arbeitnehmern die Erbringung ihrer Arbeitsleistung im Metaverse nicht nur an festen Arbeitsplätzen in einer physischen Betriebsstätte, sondern auch an ihrem Wohnort oder einem beliebigen anderen Ort außerhalb der physischen Betriebsstätte[127] erbringen zu lassen, unterliegt deren Ausgestaltung der Mitbestimmung des Betriebsrats gem. § 87 Abs. 1 Nr. 14 BetrVG.[128] Die Abgrenzung zwischen dem mitbestimmungsfreien „Ob" und dem mitbestimmungspflichtigen „Wie" iRd § 87 Abs. 1 Nr. 14 BetrVG ist im Einzelnen umstritten. Mitbestimmungsfrei ist danach wohl auch die Entscheidung, für welche Arbeitnehmergruppen mobile Arbeit überhaupt angeboten werden soll.[129] Der Mitbestimmung unterfallen dagegen Regelungen zu den Orten, von denen aus im Metaverse gearbeitet werden kann oder Vorschriften zur Sicherheit und Ausgestaltung der konkreten Metaverse-Arbeitsplätze.[130]

VI. Mitbestimmung in personellen Angelegenheiten, § 99 BetrVG

45 Der Betriebsrat ist nach § 99 Abs. 1 BetrVG vor einer Versetzung zu unterrichten und es ist seine Zustimmung einzuholen. Eine Versetzung liegt nach § 95 Abs. 3 BetrVG in der Zuweisung eines anderen Arbeitsbereichs, die voraussichtlich mehr als einen Monat andauert oder mit einer erheblichen Änderung der Umstände verbunden ist, unter denen die Arbeit zu leisten ist. Die Zuweisung eines anderen Arbeitsbereichs liegt vor, wenn sich das Gesamtbild der bisherigen Tätigkeit des Arbeitnehmers so verändert, dass die neue Tätigkeit vom Standpunkt eines mit den betrieblichen Verhältnissen vertrauten Beobachters als eine „andere" anzusehen ist.[131] Ob die Weisung an einen Arbeitnehmer, seine Arbeitsleistung künftig im Metaverse zu erbringen, eine Versetzung darstellt, ist in jedem Einzelfall individuell zu beurteilen.[132]

46 Danach kann es bei der Anordnung zur Arbeit im Metaverse bereits an der Zuweisung eines anderen Arbeitsbereichs fehlen, wenn der Arbeitnehmer auch bisher bereits weit überwiegend technologiebasierte Arbeitsleistungen erbracht hat.[133] Ist mit der Schaffung eines dauerhaften Metaverse-Arbeitsplatzes die Zuweisung eines neuen Arbeitsbereichs

---

[124] ErfK/Kania BetrVG § 87 Rn. 134; Günther/Böglmüller NZA 2019, 417 (422).
[125] NK-ArbR/Schwarze BetrVG § 87 Rn. 291; Fitting BetrVG § 87 Rn. 572.
[126] ErfK/Kania BetrVG § 87 Rn. 137.
[127] BT-Drs. 19/28899, 23.
[128] Wagner/Holm-Hadulla/Ruttloff Metaverse und Recht/Günther/Gerigk/Haußmann § 3 Rn. 138; Steege/Chibanguza Metaverse-HdB/Braner/Ceruti § 21 Rn. 47; Beck/Roggel ArbRAktuell 2022, 631 (633).
[129] Schaub ArbR-HdB/Ahrendt § 235. Rn. 132; Henssler/Willemsen/Kalb/Clemenz/Geißler BetrVG § 87 Rn. 222.
[130] BT-Drs. 19/28899, 23; Bayreuther NZA 2021, 839 (840); ErfK/Kania BetrVG § 87 Rn. 137a; Henssler/Willemsen/Kalb/Clemenz/Geißler BetrVG § 87 Rn. 222.
[131] BAG NJOZ 2008, 5195 Rn. 21; NZA-RR 2008, 353 Rn. 22.
[132] Steege/Chibanguza Metaverse-HdB/Braner/Ceruti § 21 Rn. 49; Günther/Böglmüller/Gerigk NZA 2022, 1509 (1511).
[133] Steege/Chibanguza Metaverse-HdB/Braner/Ceruti § 21 Rn. 49; Günther/Böglmüller/Gerigk NZA 2022, 1509 (1511).

verbunden, kommt es aufgrund der zeitlichen Dauer nicht darauf an, ob sich die Umstände, unter denen die Arbeit zu leisten ist, erheblich ändern. Dieser Aspekt ist nur relevant, wenn der Einsatz im Metaverse kürzer als einen Monat dauert. Eine erhebliche Änderung der Arbeitsumstände liegt jedenfalls dann vor, wenn die Arbeitnehmer bisher kaum technologiebasierte Arbeitsleistungen erbracht haben.[134] Eine Versetzung dürfte eindeutig dann vorliegen, wenn mit der Verlagerung der Arbeitsleistung ins Metaverse auch eine Veränderung ihres Inhalts und der organisatorischen Eingliederung des Arbeitnehmers in die Betriebsstrukturen und -hierarchien verbunden ist.

VII. Weiterbildung, §§ 96 ff. BetrVG

Die Einführung des Metaverse bringt für viele Arbeitnehmer Herausforderungen mit sich. **47** Abhängig von ihren bisherigen Tätigkeiten ist es denkbar, dass die beruflichen Kenntnisse und Fähigkeiten der Arbeitnehmer, insbesondere ihr technisches Know-How, nicht mehr ausreichen, um ihre Arbeitsleistung im Metaverse zu erbringen. Im Fall eines solchen Qualifizierungsdefizits[135] durch die Einführung des Metaverse hat der Betriebsrat gem. § 97 Abs. 2 BetrVG ein erzwingbares Mitbestimmungsrecht zur Einführung von zumutbaren[136] Maßnahmen der betrieblichen Berufsbildung. Das Mitbestimmungsrecht nach § 97 Abs. 2 BetrVG umfasst die Festlegung der Qualifizierungsziele und -wege sowie die Art der Wissensvermittlung.[137] Führt der Arbeitgeber Maßnahmen der betrieblichen Berufsbildung nach § 97 Abs. 2 BetrVG oder unterhalb dieser Schwelle freiwillig durch, hat der Betriebsrat ein Mitbestimmungsrecht nach § 98 Abs. 1 BetrVG bei deren Durchführung, also deren „Wie".[138]

VIII. Fehlverhalten im Metaverse

Auch im Metaverse sind arbeitsvertragliche Pflichtverletzungen durch Arbeitnehmer denkbar. **48** Bestimmte Arten von Pflichtverletzungen dürften dort sogar begünstigt werden. Die höhere Anonymität und die fehlende unmittelbare menschliche Konfrontation führen zu einer niedrigeren Hemmschwelle für Diskriminierungen bzw. Beleidigungen gegenüber anderen Nutzern oder zu rufschädigenden Äußerungen über den Arbeitgeber.[139] Im Grundsatz gelten die Neben-, insbesondere die gegenseitigen Rücksichtnahmepflichten aus dem Arbeitsverhältnis nach § 241 Abs. 2 BGB unverändert auch im Metaverse.

1. Pflichtverletzungen

Für das Gewicht einer Pflichtverletzung durch eine den Arbeitgeber, einen Kunden oder **49** einen Kollegen beleidigende Äußerung durch einen Arbeitnehmer dürfte es auf die Reichweite und den Adressatenkreis der Äußerung ankommen.[140] Insoweit können die Grund-

[134] Fitting BetrVG § 87 Rn. 138a; Steege/Chibanguza Metaverse-HdB/Braner/Ceruti § 21 Rn. 49; Günther/Böglmüller/Gerigk NZA 2022, 1509 (1511).

[135] Arnold/Günther ArbR 4.0-HdB/Arnold/Winzer § 3 Rn. 138; Wagner/Holm-Hadulla/Ruttloff Metaverse und Recht/Günther/Gerigk/Haußmann § 3 Rn. 140.

[136] NK-ArbR/Waskow BetrVG § 97 Rn. 14; Richardi BetrVG/Thüsing BetrVG § 97 Rn. 15; Fitting BetrVG § 97 Rn. 25.

[137] NK-ArbR/Waskow BetrVG § 97 Rn. 14; Fitting BetrVG § 97 Rn. 26.

[138] BAG NZA 2005, 371 (373 f.); Richardi/Thüsing BetrVG § 98 Rn. 13.

[139] Wagner/Holm-Hadulla/Ruttloff Metaverse und Recht/Günther/Gerigk/Haußmann § 3 Rn. 161 ff.; Steege/Chibanguza Metaverse-HdB/Braner/Ceruti § 21 Rn. 39; Günther/Böglmüller/Gerigk NZA 2022, 1509 (1512).

[140] Wagner/Holm-Hadulla/Ruttloff Metaverse und Recht/Günther/Gerigk/Haußmann § 3 Rn. 167; Günther/Böglmüller/Gerigk NZA 2022, 1509 (1512).

sätze zu beleidigenden Äußerungen in sozialen Netzwerken übertragen werden.[141] Da der Arbeitnehmer das Metaverse zur Erbringung seiner Arbeitsleistung nutzt, sind die Grundsätze, wann ein Verhalten im Privatleben des Arbeitnehmers – auch im Internet – auf das Arbeitsverhältnis durchschlagen kann,[142] ohne Belang. Hat der Arbeitgeber zulässige Regelungen zum Verhalten im Metaverse oder zur Gestaltung der Avatare aufgestellt,[143] begründet bereits der Verstoß gegen diese eine Pflichtverletzung. Als Sanktionsmöglichkeiten stehen je nach Art und Schwere der Pflichtverletzung Kündigung und Abmahnung zur Verfügung.[144]

2. AGG

50 Durch die niedrigere Hemmschwelle im Metaverse erscheint es denkbar, dass die äußeren Merkmale eines Avatars, bspw. dessen Hautfarbe, als Anlass für eine Diskriminierung genommen werden. Knüpft der Arbeitgeber oder ein Kollege eine Benachteiligung an ein Merkmal des Avatars nach § 1 AGG, dürfte dies gegen § 7 AGG verstoßen.[145] Dabei kommt es nicht darauf an, dass der hinter dem Avatar stehende Arbeitnehmer ebenfalls das Merkmal aufweist, an das der Handelnde anknüpft. Ausreichend ist aufgrund von § 7 Hs. 2 AGG bereits die Vorstellung des Handelnden, nicht nur der Avatar, sondern auch der hinter ihm stehende Arbeitnehmer weise das Merkmal persönlich auf.[146] Entscheidend ist jedoch, dass sich die Benachteiligung auf den Arbeitnehmer persönlich auswirkt. Der Avatar selbst ist nicht rechtsfähig und kann daher nicht nach §§ 1, 3, 7 AGG benachteiligt werden.[147]

a) Diskriminierungen

51 Im Hinblick auf die Darlegungs- und Beweislast einer unzulässigen Diskriminierung gem. §§ 1, 3, 7 AGG gelten auch im Metaverse die allgemeinen Grundsätze, mithin auch die Beweiserleichterung des § 22 AGG. Diese hilft Arbeitnehmern jedoch nicht mehr als bei Diskriminierungen in der realen Welt. Zwar gilt § 22 AGG auch dann, wenn sich der Handelnde nur vorstellt, dass ein Arbeitnehmer ein Merkmal nach § 1 AGG aufweist.[148] Die Beweiserleichterung gilt jedoch allein für die Kausalität zwischen einem Merkmal nach § 1 AGG und einer Benachteiligung nach § 3 AGG, nicht dagegen für die Benachteiligung selbst.[149] Sie greift ein, wenn der Arbeitnehmer Indizien darlegt und beweist, die eine Benachteiligung wegen eines in § 1 AGG genannten Grundes vermuten lassen.[150] Verlangt der Arbeitgeber – ob zulässig oder nicht[151] – eine bestimmte äußere Erscheinung des Avatars, bspw. eine möglichst realitätsgetreue Gestaltung, dürfte dies allein noch kein ausreichendes Indiz für die Beweiserleichterung des § 22 AGG sein. Würde der Arbeitgeber den Arbeitnehmer in Person treffen, würde er dieselben äußeren Merkmale wahrnehmen.[152] Es gibt keinen Erfahrungssatz, wonach jede Ungleichbehandlung auf diskriminierenden Moti-

[141] Statt vieler BeckOK ArbR/Stoffels BGB § 626 Rn. 106a ff.; Bauer/Günther NZA 2013, 67 (71); LAG Hamm BeckRS 2012, 74357.
[142] Vgl. dazu BAG NZA-RR 2009, 362 Rn. 58; NZA 2013, 1345 Rn. 14.
[143] Dazu → Rn. 19.
[144] Wagner/Holm-Hadulla/Ruttloff Metaverse und Recht/Günther/Gerigk/Haußmann § 3 Rn. 167; Günther/Böglmüller/Gerigk NZA 2022, 1509 (1512).
[145] Wagner/Holm-Hadulla/Ruttloff Metaverse und Recht/Günther/Gerigk/Haußmann § 3 Rn. 162 ff.
[146] Wagner/Holm-Hadulla/Ruttloff Metaverse und Recht/Günther/Gerigk/Haußmann § 3 Rn. 162; allgemein BAG NZA 2016, 888 Rn. 20; 2014, 21 Rn. 36.
[147] Wagner/Holm-Hadulla/Ruttloff Metaverse und Recht/Günther/Gerigk/Haußmann § 3 Rn. 162.
[148] BAG NZA 2016, 888 Rn. 25; Wagner/Holm-Hadulla/Ruttloff Metaverse und Recht/Günther/Gerigk/Haußmann § 3 Rn. 162.
[149] LG Wiesbaden BeckRS 2017, 151141 Rn. 18; MüKoBGB/Thüsing AGG § 22 Rn. 6; ErfK/Schlachter AGG § 22 Rn. 2.
[150] BAG NZA 2021, 1770 Rn. 19; 2021, 631 Rn. 25.
[151] Dazu → Rn. 19.
[152] Schuster/Wolf/Mayr ArbRB 2023, 217 (219).

ven beruht oder bereits das Vorliegen eines Merkmals nach § 1 AGG eine gegen §§ 1, 3, 7 AGG verstoßende Diskriminierung indiziert.[153] Eine Kausalität dürfte zudem dann ausscheiden, wenn zwar ein Avatar ein bestimmtes äußeres Merkmal nach § 1 AGG aufweist, der Handelnde aber positiv weiß, dass der Arbeitnehmer dieses Merkmal tatsächlich nicht aufweist, bspw. weil er ihn in der realen Welt bereits persönlich getroffen hat.

b) Schutzpflichten

Der Arbeitgeber ist nach der auslegungsbedürftigen Generalklausel[154] des § 12 Abs. 1 AGG **52** verpflichtet, präventiv erforderliche Maßnahmen zum Schutz seiner Arbeitnehmer vor Benachteiligungen wegen eines in § 1 AGG genannten Merkmals zu ergreifen. Zur Erfüllung dieser Pflicht dienen gem. § 12 Abs. 2 S. 2 AGG insbesondere Schulungen. Welche Maßnahmen erforderlich sind, bestimmt sich nach objektiven Gesichtspunkten im jeweiligen Einzelfall.[155] Danach sind insbesondere Verhaltensrichtlinien als geeignete organisatorische Maßnahmen anzusehen.[156] Verhaltensrichtlinien sollten die besonderen Gefahren des Metaverse berücksichtigen und speziell auf diese angepasst werden. Arbeitnehmer sollten zu diesen spezifischen Gefahren geschult werden. So sollte bspw. sichergestellt sein, dass die Avatare den jeweiligen Nutzern zugeordnet werden können, um Fehlverhalten verfolgen zu können.[157] Als technische Maßnahmen kommen bspw. Einschränkungen bei den Nutzungsmöglichkeiten des Metaverse in Betracht.[158] Verstoßen Beschäftigte oder Dritte gegen §§ 1, 3, 7 AGG, verpflichtet § 12 Abs. 3, 4 AGG den Arbeitgeber dazu, verhältnismäßige repressive Sanktionsmaßnahmen zu ergreifen.

IX. Arbeitnehmerdatenschutz

Abhängig von den jeweils eingesetzten technischen Mitteln und dem Stand der Technik **53** werden bei einem Einsatz im Metaverse teils detaillierte Daten des Arbeitnehmers erhoben. Die Bandbreite reicht dabei von einer schlichten Aufzeichnung der Login- und Logoutzeiten bis hin zur Aufzeichnung von Vitalwerten und Gesundheitsdaten durch Virtual Reality-Brillen oder ähnlich fortschrittlicher Hardware.[159] Für die Zulässigkeit dieser Datenverarbeitung gelten dieselben rechtlichen Maßstäbe wie für die Datenverarbeitung auf anderen Wegen im Arbeitsverhältnis. Seit der EuGH eine dem § 26 Abs. 1 BDSG entsprechende landesrechtliche Vorschrift für europarechtswidrig erklärt hat,[160] kann die Datenverarbeitung nach Art. 6 Abs. 1 Buchst. b DS-GVO zum Zweck der Erfüllung eines Vertrags bzw. nach Art. 6 Abs. 1 Buchst. f DS-GVO zur Wahrung berechtigter Interessen gerechtfertigt werden.[161] Materieller Maßstab ist in beiden Fällen die Erforderlichkeit der Datenverarbeitung. Diese ist gegeben, wenn die Datenverarbeitung zur Erreichung des Zwecks objektiv geeignet ist und kein ebenso wirksames und dem Verantwortlichen zumutbares Mittel vorhanden ist, das weniger stark in die Rechte des Betroffenen eingreift.[162] Danach dürfte abhängig von den konkret genutzten technischen Möglichkeiten und den im Metaverse zu verrichtenden Tätigkeiten in jedem Einzelfall zu ermitteln sein, ob

---

153 BAG NJOZ 2013, 1699 Rn. 37; LAG RhPf BeckRS 2023, 46345 Rn. 40; ErfK/Schlachter AGG § 22 Rn. 4.

154 NK-ArbR/Schneider AGG § 12 Rn. 3; MüKoBGB/Thüsing AGG § 12 Rn. 1.

155 BeckOK ArbR/Roloff AGG § 12 Rn. 3; BT-Drs. 16/1780, 37.

156 Siehe dazu allgemein Schneider/Sittard NZA 2007, 654.

157 Wagner/Holm-Hadulla/Ruttloff Metaverse und Recht/Günther/Gerigk/Haußmann § 3 Rn. 164 f.

158 Wagner/Holm-Hadulla/Ruttloff Metaverse und Recht/Günther/Gerigk/Haußmann § 3 Rn. 166.

159 Beck/Roggel ArbRAktuell 2022, 631 (633); Wagner/Holm-Hadulla/Ruttloff Metaverse und Recht/Günther/Gerigk/Haußmann § 3 Rn. 156; Günther/Böglmüller/Gerigk NZA 2022, 1509 (1514).

160 EuGH BeckRS 2023, 5635.

161 Meinecke NZA 2023, 487 (493); Glocker/Hoffmann BB 2023, 1333 (1334 f.); ErfK/Franzen BDSG § 26 Rn. 2; MHdB ArbR/Benecke § 33 Rn. 16.

162 Gola/Heckmann/Schulz DS-GVO Art. 6 Rn. 20; Plath DS-GVO/BDSG/TTDSG/Plath/Struck EU (VO) 2016/679 Art. 6 Rn. 17 ff.

die Erbringung der Tätigkeiten im Metaverse einen Mehrwert bietet und ob sie auch unter Verwendung von weniger eingriffsintensiven Kommunikationstechnologien erbracht werden können.[163]

X. Arbeits- und Gesundheitsschutz

54 Das deutsche Arbeitsschutzrecht ist geprägt von Generalklauseln. Nach § 3 Abs. 1 ArbSchG ist der Arbeitgeber verpflichtet, die erforderlichen Maßnahmen des Arbeitsschutzes unter Berücksichtigung der Umstände zu treffen, die Sicherheit und Gesundheit der Beschäftigten bei der Arbeit beeinflussen. Zur Ermittlung der erforderlichen Maßnahmen hat er nach § 5 Abs. 1 ArbSchG die für die Beschäftigten mit ihrer Arbeit verbundenen Gefährdungen zu ermitteln. Nach § 12 ArbSchG hat der Arbeitgeber die Beschäftigten über Sicherheit und Gesundheitsschutz bei der Arbeit ausreichend und angemessen zu unterweisen. Die Unterweisung ist eigens auf den Arbeitsplatz oder den Aufgabenbereich der Beschäftigten auszurichten.

55 Die Konzeption dieser Regelungen erlaubt und erfordert es, die Besonderheiten der Erbringung einer Arbeitsleistung im Metaverse ausreichend zu berücksichtigen. So hat er bspw. die Auswirkungen der dauerhaften Nutzung technischer Geräte und Systeme auf die Gesundheit der Arbeitnehmer zu berücksichtigen. Dadurch können bspw. negative psychische Folgen oder eine erhebliche Belastung der Augen eintreten.[164] Als Maßnahmen des Arbeits- und Gesundheitsschutzes kommen bspw. die Anordnung mehrerer Pausen[165] in Betracht oder die Vorgabe an den Arbeitnehmer, sich in diesen starken technischen Einflüssen zu entziehen. Die arbeitsschutzrechtlichen Pflichten treffen den Arbeitgeber unabhängig davon, von welchem Ort aus der Arbeitnehmer seine Arbeitsleistung erbringt.[166]

§ 71 Urheberrecht

Übersicht

[163] Vgl. Wagner/Holm-Hadulla/Ruttloff Metaverse und Recht/Günther/Gerigk/Haußmann § 3 Rn. 158.
[164] Wagner/Holm-Hadulla/Ruttloff Metaverse und Recht/Günther/Gerigk/Haußmann § 3 Rn. 153; Günther/Böglmüller/Gerigk NZA 2022, 1509 (1512).
[165] Vgl. Steege/Chibanguza Metaverse-HdB/Braner/Ceruti § 21 Rn. 36.
[166] Wagner/Holm-Hadulla/Ruttloff Metaverse und Recht/Günther/Gerigk/Haußmann § 3 Rn. 153; Steege/Chibanguza Metaverse-HdB/Braner/Ceruti § 21 Rn. 37; Benkert NJW-Spezial 2019, 306 (307).

Schrifttum:

Bender-Paukens/Werry, Datenschutz im Metaverse – Datenschutzrechtliche Herausforderungen im Zusammenhang mit der DS-GVO, ZD 2023, 127; Bitkom e.V., Wegweiser in das Metaverse, 2022; Büchner/Briner, DGRI Jahrbuch 2009, 2010, 5; Dong/Wang, Copyright protection on NFT digital works in the Metaverse, Security and Safety Vol. 2 (2023), 1; Duwe/Busch/Weissenberger-Eibl, Enabling the Metaverse Whitepaper zu internationalen Nutzerpräferenzen, Geschäftsmodellen und Innovationsprozessen im Metaverse, 2022; Ebers/Heinze/Krügel/Steinrötter, Künstliche Intelligenz und Robotik, 2020, Elmasry/Hazan/Khan/Kelly/Srivastava/Yee/Zemmel, Value creation in the metaverse, 2022; Fromm/Nordemann, Urheberrecht, 2024; Golz/Berlage, Metaverse und Recht: Urheberrecht, GRUR-Prax 2023, 513; Heine/Stang, Weiterverkauf digitaler Werke mittels Non-Fungible-Token aus urheberrechtlicher Sicht – Funktionsweise von NFT und Betrachtung der urheberrechtlichen Nutzungshandlungen, MMR 2021, 755; Hau/Poseck, Beck'scher Online-Kommentar BGB, 74. Edition; Hoeren/Prinz, Das Kunstwerk im Zeitalter der technischen Reproduzierbarkeit – NFTs (Non-Fungible Tokens) in rechtlicher Hinsicht, CR 2021, 565; Kaulartz/Schmid/Müller-Eising, Das Metaverse – eine rechtliche Einführung, RDi 2022, 521; Klar/Wegmann/Galandi, Datenschutz im Metaverse, BB 2022, 2691; Kleiber, NFT – eine Einordnung zwischen Recht, Kunst und Blockchain, MMR-Aktuell 2022, 445475; Kraetzig, NFTs als juristische Konstruktionsaufgabe, CR 2022, 477; J. B. Nordemann, Neu: Täterschaftliche Haftung von Hostprovidern im Urheberrecht bei (Verkehrs-)Pflichtverletzungen im Internet, ZUM 2022, 806; Nordemann/Strobl, Berliner Anwaltsblatt 09/2023; Raue/Heesen, Der Digital Services Act, NJW 2022, 3537; Rauer/Bibi, Non-fungible Tokens – Was können sie wirklich?, ZUM 2022, 20; Reinholz, Metaverse und Recht: Markenrecht, GRUR-Prax 2023, 585; Schirmbacher, Metaverse und Recht: Datenschutz, GRUR-Prax 2023, 626; Schwemmer, Dezentrale (autonome) Organisationen, AcP 221 (2021), 555; Söbbing/Schwarz, Wie kann man einen virtuellen Gegenstand in einem Metaverse erwerben?, CR 2024, 346; Spikowius/Rack, NFTs: Verwertung, Vertragspraxis, Rechtsdurchsetzung – Eine Einordnung von Non-Fungible Tokens im Urhebervertragsrecht, MMR 2022, 256; Steege/Chibanguza, Metaverse, 2023; Steinrötter, Europäische Plattformregulierung, 2023; Strobl, Virtuelle Welten, reale Rechte: Die Durchsetzung des Urheberrechts im Metaverse, ZUM 2023, 492; Tann, Markenrechtlicher Schutz im Metaverse – Warenähnlichkeit von virtuellen Gütern (insbesondere NFT) zu analogen Gütern und Softwareprodukten, GRUR 2022, 1644; Tolkmitt, Festschrift für Wolfgang Büscher, 2018, 249; Uhlenhut/Bernhardt, Markenrecht im Metaverse, WRP 2023, 139; Ulmer-Eilfort/Obergfell, Verlagsrecht, 2021; Voget, DFN-Infobrief Recht 10/2023, 2; Wandtke/Bullinger, Praxiskommentar Urheberrecht, 2022.

I. Einleitung

Virtuelle Welten gewinnen an wirtschaftlicher Bedeutung und durchdringen zahlreiche Lebens- und Geschäftsbereiche.[1] Während sie ursprünglich vor allem in der Videospielbranche von Bedeutung waren, nutzen heute Unternehmen und Privatpersonen virtuelle Umgebungen für Kommunikation, Arbeit, Unterhaltung, Forschung und Bildung.[2] Diese Entwicklungen schaffen neue Märkte, bspw. für virtuelle Galerien, Konzerte, Mode oder juristische Dienstleistungen[3]. 1

Das Marktgeschehen in virtuellen Welten wie dem Metaverse wirft verschiedene rechtliche Fragestellungen auf, die Rechtsgebiete wie das Marken- und Datenschutzrecht betreffen.[4] Eine zentrale Rolle spielt das Urheberrecht, da die Nutzung virtueller Welten oftmals mit urheberrechtlich relevanten Nutzungshandlungen verbunden ist. So erlaubt es 2

[1] Dieser Beitrag beruht auf dem Aufsatz der Verfasserin „Virtuelle Welten, reale Rechte: Die Durchsetzung des Urheberrechts im Metaverse", ZUM 2023, 492 ff. Die Verfasserin dankt Dr. Lina Marie Schauer, Referendarin am Oberlandesgericht Brandenburg, für ihre wertvolle Unterstützung bei der Fertigstellung dieses Beitrags.

[2] Bitkom Wegweiser Metaverse S. 29.

[3] Nordemann/Strobl Berliner Anwaltsblatt 09/2023.

[4] Überblicksartig: Kaulartz/Schmid/Müller-Eising RDi 2022, 521; zum Datenschutzrecht im Metaverse: Bender-Paukens/Werry ZD 2023, 127; Klar/Wegmann/Galandi BB 2022, 2691; Schirmbacher GRUR-Prax 2023, 626; Steege/Chibanguza Metaverse-HdB/Benedikt § 11; Voget DFN-Infobrief 10/2023, S. 2; zum Markenrecht im Metaverse: Reinholz GRUR-Prax 2023, 585; Steege/Chibanguza Metaverse-HdB/Tann § 14; Tann GRUR 2022, 1644; Uhlenhut/Bernhardt WRP 2023, 139.

die Metaverse-Technologie, VR-Konzerte vom heimischen Sofa aus mitzuerleben, Stand-Up-Comedy beizuwohnen oder andere Unterhaltungsformate zu verfolgen, die auf Musik- und Sprachwerken basieren.[5] Auch visuelle Inhalte wie Fotografien oder Bildwerke finden Nutzung auf virtuellen Werbeflächen oder in digitalen Kunstgalerien. Darüber hinaus entwerfen „Architekten" digitale Gebäude für Avatare und versuchen, das analoge Leben mit all seinen Gegenständen digital abzubilden und dabei digitale Entsprechungen auch urheberrechtlich geschützter Werke zu schaffen.

3 Dieser Beitrag widmet sich urheberrechtlichen Fragestellungen im Zusammenhang mit virtuellen Welten, indem er zunächst auf die dort urheberrechtlich geschützten Gegenstände eingeht (unter II.). Sodann stellt sich gerade bei Rechtsverletzungen in virtuellen Welten die Frage des im konkreten Fall anwendbaren Rechts (III.). Es folgt eine Untersuchung der Werknutzungen im Metaverse (IV.) sowie eine Betrachtung der urheberrechtlichen Haftung des Betreibers virtueller Welten (V.), bevor abschließend die Sicherung urheberrechtlicher Ansprüche durch NFTs und Smart Contracts in den Fokus genommen wird (VI.).

II. Urheberrechtlicher Schutz in virtuellen Welten

4 Fragt man nach den Schutzgegenständen virtueller Welten, geht es zunächst darum, ob eine virtuelle Welt wie das Metaverse selbst urheberrechtlich geschützt sein kann. Zu klären ist aber auch die urheberrechtliche Schutzfähigkeit einzelner in virtuellen Welten genutzten digitalen Inhalte.

1. Virtuelle Welten als Schutzgegenstand

5 Es ist denkbar, dass einzelne Elemente des Metaverse dem urheberrechtlichen Schutz unterliegen.[6] Insoweit bestehen keine anderen Maßstäbe für die Bestimmung der Schutzfähigkeit als in der analogen Welt.[7] Urheberrechtlicher Schutz kommt zunächst für die zugrundeliegende Software in Betracht, die als Computerprogramm nach den §§ 2 Abs. 1 Nr. 1, 69a ff. UrhG geschützt sein kann.[8] Daneben können bspw. Datenbankwerke oder die Gestaltung der Benutzeroberfläche dem Schutz des Urheberrechts unterfallen, soweit sie die erforderliche Eigentümlichkeit aufweisen.[9] Zudem ist es möglich, dass auch in der Kombination und Anordnung einzelner Werke eine persönliche geistige Schöpfung liegt, die als Multimedia-Werk geschützt ist.[10] Urheberrechtlich relevante Nutzungshandlungen der geschützten Werke wie bspw. die Vervielfältigung nach § 16 UrhG bedürfen dementsprechend der Zustimmung des Rechtsinhabers, sofern keine gesetzlichen Schranken wie bspw. die der vorübergehenden Vervielfältigung nach § 44a UrhG eingreifen.[11]

2. Digitale Inhalte virtueller Welten

6 Nutzer digitaler Welten wie dem Metaverse begegnen verschiedenen virtuellen Inhalten: Sie besuchen digitale Konzerte und Kunstausstellungen, erwerben Gegenstände und digitale

[5] Dong/Wang Security and Safety Vol. 2 (2023), 1 (14).
[6] Söbbing/Schwarz CR 2024, 346 (348); Steege/Chibanguza Metaverse-HdB/Hetmank/Lauber-Rönsberg § 13 Rn. 5.
[7] Söbbing/Schwarz CR 2024, 346 (348).
[8] Golz/Berlage GRUR-Prax 2023, 513 (514); Steege/Chibanguza Metaverse-HdB/Hetmank/Lauber-Rönsberg § 13 Rn. 5.
[9] Golz/Berlage GRUR-Prax 2023, 513 (514); Steege/Chibanguza Metaverse-HdB/Hetmank/Lauber-Rönsberg § 13 Rn. 5.
[10] Fromm/Nordemann/A. Nordemann UrhG § 2 Rn. 231; Golz/Berlage GRUR-Prax 2023, 513 (514); Wandtke/Bullinger/Bullinger Urheberrecht UrhG § 2 Rn. 152.
[11] Steege/Chibanguza Metaverse-HdB/Hetmank/Lauber-Rönsberg § 13 Rn. 9.

Grundstücke.[12] Gerade digitale Kunstwerke und virtuelle Objekte der angewandten Kunst sind urheberrechtlich relevant. Solche Werke sind käuflich im Wege des Rechtskaufs[13] zu erwerben, und werden dabei lizenziert.[14] Virtuelle Gegenstände – einschließlich digitaler „Bauten" – sollten, ähnlich wie physische Objekte in der realen Welt, urheberrechtlichen Schutz genießen, sofern sie die erforderliche Schöpfungshöhe erreichen und den Kategorien des § 2 Abs. 1 UrhG entsprechen.[15] Typische Beispiele sind digitale Fahrzeuge, Möbel sowie Kleidung und Accessoires für Avatare. Bei der Frage, ob ein virtuelles Objekt eine hinreichende Schöpfungshöhe erreicht, kann man sich allerdings nicht auf physische Objekte beziehen, sondern muss den Vergleich zu anderen digitalen Produkten ziehen.[16] Was in der realen Welt als besonders innovativ gilt, könnte im Metaverse bereits weit verbreitet und alltäglich sein, da die Gestaltungsmöglichkeiten dort viel größer sind. Da virtuelle Objekte keinen praktischen Anforderungen genügen müssen und keinen physischen Gestaltungsgrenzen unterliegen, ist die gestalterische Freiheit im digitalen Raum deutlich größer. Bereits jetzt zeigt sich, dass das Potenzial für kreatives Design im Bereich der Avatar-Mode, der digitalen Kunst und der virtuellen Architektur intensiv genutzt wird. So fand bspw. 2021 erstmals eine virtuelle Fashion Week statt, für die namhafte Designer rein digitale Mode entwarfen und damit hohe Preise erzielten.[17]

III. Kollisionsrechtliche Implikationen

Kommt es zur rechtswidrigen Nutzung eines urheberrechtlich geschützten Werkes im Metaverse, bspw. weil der von einem Urheber komponierte Song im Rahmen eines virtuellen Theaterstücks ohne seine Zustimmung gespielt wird oder ein unveröffentlichter Videoclip in einer In-Game-Werbung erscheint, wirft dies zunächst die Frage nach dem anwendbaren nationalen Recht auf.[18] 7

1. Schutzlandprinzip nach Art. 8 Abs. 2 ROM II-VO als Ausgangspunkt

Ausgangspunkt der kollisionsrechtlichen Vorprüfung sind die Normen der ROM II-Verordnung. Ausweislich Art. 8 Abs. 2 ROM II-VO findet das sog. Schutzlandprinzip Anwendung, wonach das Urheberrecht der lex loci protectionis unterliegt, dh dem Recht desjenigen Staates, für dessen Gebiet Schutz beansprucht wird.[19] Wird Schutz für Deutschland beansprucht, ist demnach deutsches Recht, das UrhG, anwendbar. Dann muss die fragliche Handlung nach dem UrhG als Urheberrechtsverletzung qualifizierbar und auf deutschem Territorium vorgenommen worden sein. 8

Zur Bestimmung, ob eine Verletzungshandlung im Inland stattgefunden hat, muss also der konkrete Ort des Eingriffs bestimmt werden,[20] was sich im Metaverse – wie bei Internetsachverhalten ganz allgemein – schwierig gestaltet. 9

---

12 Zu digitalen Grundstücken: Kaulartz/Schmid/Müller-Eising RDi 2022, 521 (527 f.); Steege/Chibanguza Metaverse-HdB/Schüller § 20 Rn. 6 ff.

13 Steege/Chibanguza Metaverse-HdB/Hetmank/Lauber-Rönsberg § 13 Rn. 13.

14 Steege/Chibanguza Metaverse-HdB/Hetmank/Lauber-Rönsberg § 13 Rn. 14.

15 LG Köln ZUM 2008, 533 (535) – Der virtuelle Kölner Dom; Fromm/Nordemann/A. Nordemann UrhG § 2 Rn. 234b.

16 Ähnlich mit Blick auf „Second Life": Büchner/Briner/Filgueiras DGRI Jahrbuch 2009, 2010 S. 5, s. auch Strobl ZUM 2023, 429 (493).

17 So erzielte bspw. die „Mosaic Impossible Jacket" der NFT-Kollektion von Dolce und Gabbana bei einer virtuellen Versteigerung 300.000 EUR, abrufbar unter: https://www.vogue.de/mode/artikel/dolce-gabbana-nft-kollektion-virtueller-glasanzug-millionenschwere-erfolgsgeschichte (zuletzt abgerufen am 10.4.2025).

18 Dazu auch: Steege/Chibanguza Metaverse-HdB/Wendelstein § 9.

19 StRspr: BGH ZUM 2016, 861 Rn. 24 – An Evening with Marlene Dietrich; Fromm/Nordemann/Nordemann-Schiffel UrhG Vorb. §§ 120 ff. Rn. 59.

20 Ulmer-Eilfort/Obergfell/Obergfell VerlagsR Kap. 1 M. Rn. 1234.

10 Nicht jedes im Inland abrufbare Angebot aus dem Ausland unterliegt automatisch dem inländischen Recht.[21] Der EuGH berücksichtigt bei der Frage nach der Abrufbarkeit rechtsverletzender Internetinhalte den Ort der bestimmungsgemäßen Abrufbarkeit des betreffenden Inhalts und welche Auswirkungen von der Internetseite ausgehen.[22] Im Gegensatz dazu will der BGH gerade nicht darauf abstellen, ob der Internetauftritt bestimmungsgemäß (auch) im Inland abrufbar ist.[23] Die nationale Rechtsprechung fordert vielmehr, dass die geltend gemachten Rechte im Inland geschützt sind und die Internetseite (auch) im Inland öffentlich zugänglich ist.[24] Lediglich dann, wenn ein Angebot schwerpunktmäßig im Ausland stattfindet, stellt der BGH die zusätzliche Voraussetzung eines „hinreichend wirtschaftlich relevanten Inlandsbezugs" des fraglichen Angebotes.[25] Dieser bestimmt sich anhand verschiedener Kriterien wie der Sprache, Präsentation, Kontaktadressen, den beworbenen Produkten, der Art der Top-Level-Domain, dem Tätigkeitsbereich des Anbieters und der Nutzer oder Links auf fremde Websites bestimmter nationaler Zuordnung oder auch Disclaimer.[26]

2. Sachgerechte Anwendung des Schutzlandprinzips

11 Da virtuelle Welten anders als bspw. eine Unternehmens- oder Produktseite im Internet definitionsgemäß als digitales Universum zunächst keinen territorialen Bezug haben, lassen sich die Grundsätze nicht ohne Weiteres auf Metaverse-Sachverhalte übertragen. Infolgedessen verbietet sich auch ein Rückgriff auf die Lösungen für sonstige Internetsachverhalte.[27] Indes ist die oftmals geäußerte Sorge einer ausufernden Ausdehnung des Schutzes nationaler Schutzrechte und einer damit einhergehenden unangemessenen Beschränkung der wirtschaftlichen Entfaltung ausländischer Unternehmen[28] bei Metaverse-Sachverhalten unberechtigt. Anders als bei der Nutzung herkömmlicher Websites ist die globale Abrufbarkeit des ubiquitär digitalen und damit territorial uferlosen Angebots „Metaverse" gerade kein „bloß unvermeidliches Begleitphänomen der Nutzung des Internets"[29]. Vielmehr liegt bei virtuellen Welten wie dem Metaverse gerade darin der besondere Reiz für die Nutzer aus aller Welt. Dementsprechend lassen sich die zuvor genannten Kriterien für einen hinreichenden Inlandsbezug nicht heranziehen. Insbesondere die Sprache stellt sich als ungeeignetes Kriterium dar, da die Kommunikation im Internet und erst recht im Metaverse vorwiegend auf Englisch stattfindet. Dies ist auch darauf zurückzuführen, dass bspw. das Metaverse insbesondere von technisch und daher jedenfalls auch englischsprachig geprägten Nutzern angenommen wird.

12 Nach dem Schutzlandprinzip dürfte bei Urheberrechtsverletzungen im Metaverse dementsprechend deutsches Recht Anwendung finden, vorausgesetzt, dass über die bestimmungsgemäße Nutzung des Metaverse von Deutschland aus hinaus kein weiterer Anhaltspunkt für einen hinreichend wirtschaftlich relevanten Inlandsbezug zu einem anderen Staat

---

[21] EuGH GRUR-Int 2012, 1113 Rn. 36 – Football Dataco; zum Markenrecht: BGH GRUR 2020, 647 Rn. 25; AG Köln GRUR-RS 2021, 9276 Rn. 40 ff. – Parkettboden; LG Hamburg ZUM 2016, 887 (890); BeckOK BGB/Spickhoff Rom II-VO Art. 8 Rn. 4.

[22] EuGH GRUR-Int 2012, 1113 Rn. 35 ff. – Football Dataco; s. auch Ulmer-Eilfort/Obergfell/Obergfell VerlagsR Kap. 1 M Rn. 1234.

[23] BGH ZUM 2016, 861 Rn. 18 – An Evening with Marlene Dietrich.

[24] BGH GRUR 2022, 1308 Rn. 23 – YouTube II; BGH ZUM 2016, 861 Rn. 18 – An Evening with Marlene Dietrich.

[25] Für das Markenrecht: BGH GRUR 2020, 647 Rn. 28 – Club Hotel Robinson; BGH GRUR 2012, 621 Rn. 35 – Oscar.

[26] Fromm/Nordemann/Nordemann-Schiffel UrhG Vorb. §§ 120 ff. Rn. 79; unter Bezugnahme auf: BGH GRUR 2006, (513) 515 – Arzneimittelwerbung im Internet.

[27] Strobl ZUM 2023, 429 (495); aA: Steege/Chibanguza Metaverse-HdB/Hetmank/Lauber-Rönsberg § 13 Rn. 4.

[28] LG Hamburg ZUM 2016, 887 (889); so zum Markenrecht: BGH GRUR 2005, 431 (432) – HOTEL MARITIME; BGH GRUR 2012, 621 Rn. 35 – Oscar.

[29] AG Köln GRUR-RS 2021, 9276 Rn. 42 – Parkettboden.

besteht.[30] Ein Metaverse-Nutzer, der sich erkennbar und eindeutig an ein bestimmtes nationales Publikum richtet, sollte nicht durch die Schutzrechtsregelungen anderer Staaten eingeengt werden.

IV. Werknutzungen in virtuellen Welten – neue Nutzungsart?

Wendet man sich klassischen Anwendungsbeispielen des Metaverse wie VR-Ausstellungen, virtuellen Konzerten und digitaler Architektur zu, kann man die urheberrechtlich relevanten Handlungen grundlegend in zwei Kategorien einteilen: Einmal geht es um die Reproduktion von in der analogen Welt bestehenden Werken. Ein anderes Mal geht es um allein in der virtuellen Welt existierende Objekte, welche die Nutzer selbst, Unternehmer oder die Metaverse-Betreiber zur Verfügung stellen.[31] Grundsätzlich berühren Nutzungen im Metaverse das Recht der öffentlichen Zugänglichmachung, das Senderecht oder auch das Vervielfältigungsrecht.[32] **13**

Im Hinblick auf beide Fallgruppen kann es zur Verletzung von Urheber- bzw. Leistungsschutzrechten Dritter kommen, bspw. durch die Reproduktion von Werken im Wege ihrer Übertragung in die digitale Sphäre[33], aber auch durch digitale Kopien virtueller Objekte. **14**

Existiert bereits ein Lizenzvertrag, welcher auch die Verwertung von physischen Werken für bislang unbekannte Nutzungsarten umfasst, stellt sich die Frage, ob die Nutzung eben dieses Werkes in einer virtuellen Welt als unbekannte Nutzungsart iSv § 31a UrhG einzuordnen ist.[34] Ist dies der Fall, verfügt der Urheber über ein Widerrufsrecht, zudem kann er bei Nutzungsaufnahme im Metaverse eine gesonderte Vergütung verlangen. **15**

Wenn der Urheber dem Nutzer vertragliche Rechte für unbekannte Nutzungsarten eingeräumt hat oder sich hierzu verpflichtet, muss der zugrunde liegende Vertrag grundsätzlich schriftlich abgefasst sein (§ 31a Abs. 1 S. 1 UrhG). Fehlt die Schriftform, ist der Vertrag gem. § 125 BGB nichtig.[35] Liegt jedoch ein schriftlicher Vertrag vor, kann der Urheber die Einräumung der Rechte oder die Verpflichtung dazu innerhalb von drei Monaten nach Mitteilung der Benutzungsaufnahme durch den Vertragspartner widerrufen (§ 32a Abs. 1 S. 3, 4 UrhG). Das Widerrufsrecht erlischt, sobald die Parteien nach Bekanntwerden der neuen Nutzungsart eine Vergütung gem. § 32c Abs. 1 UrhG vereinbaren oder eine gemeinsame Vergütungsregel festlegen (§ 31a Abs. 2 UrhG). Nach § 32c Abs. 1 S. 1 UrhG hat der Urheber Anspruch auf eine gesonderte, angemessene Vergütung, wenn eine bislang unbekannte Nutzungsart eingeführt wird, die zuvor vereinbart, jedoch nicht konkretisiert war. **16**

In Anbetracht dieser Schutzbestimmungen zugunsten des Urhebers ist es für Rechteinhaber von zentraler Bedeutung, ob die Nutzungen urheberrechtlich geschützter Werke in einer virtuellen Welt wie dem Metaverse als neue Nutzungsart einzuordnen sind. **17**

Der Begriff der (unbekannten) Nutzungsart und der (neuen) Art der Werknutzung gem. § 31a UrhG sind inhaltlich identisch.[36] Dies wird durch die enge Verknüpfung der beiden Vorschriften, insbesondere § 31a Abs. 2 UrhG, sowie durch die Verwendung der beiden Begriffe in Abs. 1 S. 1 und S. 4 deutlich. Eine Nutzungsart bezeichnet eine spezifische, technisch und wirtschaftlich eigenständige Form der Nutzung eines Werkes. Eine Nutzung wird als neu angesehen, wenn sie „sich von den bisherigen so sehr unterscheidet, daß eine Werkverwertung in dieser Form nur aufgrund einer neuen Entscheidung des Urhebers in Kenntnis der neuen Nutzungsmöglichkeiten zugelassen werden kann, wenn dem Grund- **18**

30 Strobl ZUM 2023, 429 (495).
31 Steege/Chibanguza Metaverse-HdB/Hetmank/Lauber-Rönsberg § 13 Rn. 10, 19 ff.
32 Golz/Berlage GRUR-Prax 2023, 513 (514); Steege/Chibanguza Metaverse-HdB/Hetmank/Lauber-Rönsberg § 13 Rn. 12.
33 Golz/Berlage GRUR-Prax 2023, 513 (514).
34 Offen lassend Steege/Chibanguza Metaverse-HdB/Hetmank/Lauber-Rönsberg § 13 Rn. 14.
35 Fromm/Nordemann/J. B. Nordemann UrhG § 31a Rn. 51.
36 Fromm/Nordemann/J. B. Nordemann UrhG § 97 Rn. 150d; Tolkmitt FS Büscher, 2018, 249 (264).

gedanken des Urheberrechts, daß der Urheber tunlichst angemessen an dem wirtschaftlichen Nutzen seines Werkes zu beteiligen ist […] Rechnung getragen werden soll"[37]. Eine bloße technische Verbesserung reicht hierfür nicht aus;[38] entscheidend ist die Perspektive des objektivierten durchschnittlichen Urhebers.[39]

19 Im Ergebnis kann die Nutzung eines Werkes innerhalb einer virtuellen Welt eine neue Nutzungsart darstellen, ohne jedoch, dass dies zwingend erforderlich ist.[40] Die Übertragung eines Werkes in eine virtuelle Welt kann aus der Perspektive der Nutzer sowohl den Zugang zu den verschiedenen Werkarten als auch ihre Nutzungsmöglichkeiten verändern.[41] Indes ist eine Aufspaltung verschiedener Nutzungsarten innerhalb des Metaverse notwendig und angezeigt.[42] Schon jetzt und erst Recht angesichts der künftigen technischen Weiterentwicklungen ist die Nutzung in einer virtuellen Welt nicht per se als neue Nutzungsart zu begreifen. Vielmehr mag man das „Metaverse", ähnlich wie das Internet, als Oberbegriff für verschiedene zu spezifizierende Nutzungsarten verstehen.[43] Insoweit ist anschließend an die Konkretisierung einzelner Nutzungsarten für jede einzeln zu prüfen, ob es sich um eine unbekannte oder bereits bekannte Nutzungsart handelt. Grundlegend bleibt jedoch festzuhalten, dass es sich aufgrund der technischen und wirtschaftlichen Eigenständigkeit gerade des Metaverses um neue Nutzungsarten handeln kann, die jedenfalls bis 2021 unbekannt waren.

1. Technische Eigenständigkeit

20 Orientiert man sich an der nach der BGH-Rechtsprechung einzig maßgeblichen Perspektive des Endverbrauchers,[44] so liegt im Wesen des Metaverse eine entscheidende technische Veränderung im Vergleich zu den bisherigen Nutzungsarten. Zwar sind bereits seit Längerem einzelne technische Attribute und Elemente wie die Verwendung von NFTs, die Möglichkeit unmittelbarer sozialer Interaktionen sowie einzelne Metaverseangebote wie zB Online-Games bereits bekannt. Allerdings liegt eine technische Eigenständigkeit in der Gleichzeitigkeit dieser Elemente (Virtual Assets, Digital Identifiers) und ihrem Zusammenspiel (Interoperabilität) in einem Angebot, welches durch interaktive Nutzung von Virtual und Augmented Reality sowie KI-Technologien[45] erfahrbar ist. Das Metaverse ist konzeptionell als umfassende Plattform gestaltet, die eine Vielzahl von Bereichen und Aktivitäten abdeckt, darunter Arbeit, Unterhaltung, Forschung, Wissenschaft und Shopping. Dieser holistische Ansatz zielt darauf ab, eine virtuelle Welt zu schaffen, die der realen Welt in ihrer Vielfalt entspricht. Durch den Einsatz modernster Technologien wird den Nutzern ermöglicht, diese virtuelle Umgebung intensiv zu erleben und vielfältige Handlungsmöglichkeiten zu nutzen. Dank der Integration fortschrittlicher Technologien bietet das Metaverse den Nutzern einen neuen Zugang zu Werken, der über traditionelle Interaktionen in der physischen Welt hinausgeht. Insbesondere die Verwendung von Virtual-Reality-Technologien ermöglicht es den Nutzern, über ihre Avatare auf eine Weise mit Inhalten zu interagieren, die sich signifikant von bisherigen Technologien unterscheidet. Demzufolge ist das Metaverse in technischer Hinsicht als eine eigenständige Nutzungsform einzuordnen.

[37] BGH ZUM 1997, 128 (130) – Klimbim; Fromm/Nordemann/J. B. Nordemann UrhG § 31a Rn. 22.
[38] Spikowius/Rack MMR 2022, 256 (260).
[39] Fromm/Nordemann/J. B. Nordemann UrhG § 31a Rn. 43.
[40] So schon für die Verwendung von urheberrechtlich geschützten Werken in virtuellen Welten mittels früherer Technologien (»Second Life«): Fromm/Nordemann/J. B. Nordemann UrhG § 31a Rn. 42a; Strobl ZUM 2023, 492 (497).
[41] Anlehnung an Wandtke/Bullinger/Wandtke UrhG § 31a Rn. 18.
[42] Noch zurückhaltend: Strobl ZUM 2023, 429 (497).
[43] Fromm/Nordemann/J. B. Nordemann UrhG § 31a Rn. 35.
[44] BGH ZUM 1997, 128 (130) – Klimbim.
[45] Duwe/Busch/Weissenberger-Eibl, Enabling the Metaverse Whitepaper zu internationalen Nutzerpräferenzen, Geschäftsmodellen und Innovationsprozessen im Metaverse 2022, abrufbar unter: https://www.isi.fraunhofer.de/de/presse/2022/presseinfo-20-leben-wir-bald-alle-im-metaverse.html (zuletzt abgerufen am 18.3.2025).

2. Wirtschaftliche Eigenständigkeit

Flankierend dazu setzt eine wirtschaftliche Eigenständigkeit einer Nutzungsart voraus, dass nach einer Gesamtschau eine entscheidende Wesensänderung der wirtschaftlichen Nutzung besteht.[46] Dafür müssen neue Absatzmärkte erschlossen werden, wobei nicht lediglich eine Substitution vorheriger Nutzungsformen genügt.[47] Neben bestehenden digitalen und analogen Absatzmärkten schafft das Metaverse für die Nutzung verschiedenster Werke gänzlich neue Absatzmärkte. Dies betrifft etwa Unterhaltungsdienstleistungen, digitale Werbeflächen in der virtuellen Welt oder rein virtuelle Objekte für die Ausstattung der Avatare oder der Einrichtung digitaler Räume. So hat das Metaverse ein erhebliches Marktpotential, welches nicht allein aus der Verlagerung bestehender Angebote ins Metaverse resultiert.[48] Vielmehr ermöglicht es eigenständige, neue Angebote und Dienstleistungen, wie bspw. rein digitale NFT-Modekollektionen oder virtuelle Konzertteilnahmen.[49] Dementsprechend ist das Metaverse auch in wirtschaftlicher Hinsicht eigenständig. 21

3. Zeitpunkt der Bekanntheit der Nutzungsart Metaverse

Von einer neuen Nutzungsart kann indes mittlerweile nicht mehr gesprochen werden. Zwar war die technische und ggf. auch die wirtschaftliche Nutzbarkeit von Metaverse-Plattformen eingeschränkt für einzelne Urheber bereits vor Mitte 2021 erkennbar. So existieren verschiedene Metaverse-Angebote wie Decentraland (Start der Betaphase 2017) oder dessen Vorgängerangebote in der Gamingbranche wie Sandbox bereits seit mehreren Jahren. Aus der Perspektive des objektivierten durchschnittlichen Urhebers[50] kann man jedoch nicht vor Ende 2021 von einer allgemeinen Bekanntheit des Metaverse ausgehen. Erst infolge der medialen Aufmerksamkeit über die Ankündigung, Facebook Inc. in Meta Inc. umzubenennen und die Markteinführung der Anwendung *Horizon Worlds,* die auf der Technologie des Metaverse basiert, wurde klar, dass die Nutzung von Werken im Metaverse wirtschaftliches Potential aufweist und verwertbar ist.[51] Demzufolge dürfte eine Bekanntheit neuer Nutzungsarten im Metaverse ab dem Laufe des Jahres 2022 anzunehmen sein. 22

4. Zwischenergebnis

Im Ergebnis ist davon auszugehen, dass es sich bei Nutzungsarten im Metaverse um unbekannte Nutzungsarten für Verträge vor dem Jahr 2022 handelt. Lizenznehmer sollten ihre Lizenzgeber informieren, wenn sie ein Werk im Metaverse nutzen möchten, vorausgesetzt, der Lizenzvertrag ist schriftlich und deckt auch unbekannte Nutzungsarten ab. 23

Praxishinweis:
Lizenznehmer, die urheberrechtlich geschützte Werke im Metaverse nutzen möchten, sollten zunächst prüfen, ob einem etwa zugrunde liegenden Lizenzvertrag eine

46 Fromm/Nordemann/J. B. Nordemann UrhG § 31a Rn. 30.
47 Spikowius/Rack MMR 2022, 256 (260); BGH ZUM-RD 2012, 192 Rn. 51 – Das Boot.
48 Duwe/Busch/Weissenberger-Eibl Enabling the Metaverse Whitepaper zu internationalen Nutzerpräferenzen, Geschäftsmodellen und Innovationsprozessen im Metaverse 2022, 1 (10 f., 16 ff.), abrufbar unter: https://www.isi.fraunhofer.de/de/presse/2022/presseinfo-20-leben-wir-bald-alle-im-metaverse.html (zuletzt abgerufen am 18.3.2025); McKinsey & Company ua Value creation in the metaverse2022 1 (36 ff.), abrufbar unter: https://www.mckinsey.com/capabilities/growth-marketing-and-sales/our-insights/value-creation-in-the-metaverse (zuletzt abgerufen am 18.3.2025).
49 Duwe/Busch/Weissenberger-Eibl, Enabling the Metaverse Whitepaper zu internationalen Nutzerpräferenzen, Geschäftsmodellen und Innovationsprozessen im Metaverse 2022, 1 (18 f.), abrufbar unter: https://www.isi.fraunhofer.de/de/presse/2022/presseinfo-20-leben-wir-bald-alle-im-metaverse.html (zuletzt abgerufen am 18.3.2025).
50 Fromm/Nordemann/J. B. Nordemann UrhG § 31a Rn. 43.
51 Zu den Voraussetzungen: BGH GRUR 1991, 133 (136) – Videozeitauswertung.

schriftliche Regelung zu unbekannten Nutzungsarten iSv § 31a UrhG zugrunde liegt, und den Urheber vor Aufnahme der Nutzung informieren. Ist dies der Fall, muss dem Urheber die Möglichkeit gegeben werden, sein Widerrufsrecht innerhalb von drei Monaten nach Mitteilung der Benutzungsaufnahme auszuüben. Bei Verträgen, die nach 2021 geschlossen wurden, ist die Nutzungsart Metaverse hingegen als bekannt einzustufen, sodass ihre Einräumung ausdrücklich vereinbart werden sollte.

V. Urheberrechtliche Haftung des Metaverse-Betreibers

24 Die Schwierigkeit internetbasierter Rechtsverletzungen ist, dass der unmittelbare Täter einer Urheberrechtsverletzung oft nur schwer oder gar nicht zu ermitteln ist und Ansprüche gegen ihn praktisch oft schwer oder auch gar nicht durchsetzbar sind. Das Metaverse verschärft diese Problematik zusätzlich durch die Verwendung von Avataren und der teils kaum nachvollziehbaren Herkunft der dort genutzten Inhalte. Rechtsinhaber haben daher ein erhebliches Interesse daran, nicht nur gegen die unmittelbaren Rechtsverletzer, sondern auch gegen die Betreiber der Metaverse-Plattformen bei Urheberrechtsverletzungen vorzugehen.

25 Die Betreiber der Metaverse-Plattformen sind unter haftungsrechtlichen Gesichtspunkten mit den Anbietern anderer internetbasierter Plattformen vergleichbar, auf denen Nutzer eigene Inhalte hochladen.

1. Haftung für eigene Inhalte

26 Der Betreiber einer Metaverse-Plattform haftet nach den allgemeinen Regeln täterschaftlich zunächst für eigene Inhalte, dh für solche, die er selbst bereitstellt.

2. Haftung für von den Nutzern bereitgestellte Inhalte

27 Geht es um von Nutzern eingestellte rechtsverletzende Inhalte, sind die Anbieter von Metaverse-Plattformen zunächst als Hosting-Dienste iSv Art. 3 Buchst. g Unterpunkt iii), Art. 6 Abs. 1 Digital Services Act[52] („DSA") einzuordnen.[53] Sie bieten einen Dienst der Informationsgesellschaft iSv Art. 3 Buchst. a DSA an und speichern die von ihren Nutzern bereitgestellten Informationen in deren Auftrag.[54] Metaverse-Betreiber können sich daher zunächst auf die Haftungsprivilegierung des Art. 6 Abs. 1 DSA berufen. Danach haften sie nicht täterschaftlich für von den Nutzern bereitgestellte rechtswidrige Inhalte, sofern sie keine Kenntnis davon haben und im Fall einer Kenntnis unverzüglich tätig werden, um die rechtswidrigen Inhalte zu entfernen oder den Zugang zu ihnen zu sperren. Insoweit übernimmt Art. 6 Abs. 1 DSA die Regelung aus Art. 14 Abs. 1 E-Commerce-RL 2000/31/EG.

28 Unberührt von der Haftungsprivilegierung des Art. 6 Abs. 1 DSA bleibt die täterschaftliche Haftung für die Verletzung von Verkehrssicherungspflichten, die seit den BGH-Entscheidungen „Youtube II"[55], „uploaded II"[56] und uploaded III"[57] für die Plattformbetreiber neben der Störerhaftung in Betracht kommt. Als Konsequenz der „Youtube und

[52] Verordnung (EU) 2022/2065.
[53] Die Anwendbarkeit des DSA auf Metaverse-Betreiber voraussetzend: Bender-Paukens/Werry ZD 2023, 127 (130); Kaulartz/Schmid/Müller-Eising RDi 2022, 521 (529).
[54] Zum Begriff der Hosting-Dienste nach Art. 3 lit. g Unterpunkt iii), Art. 6 Abs. 1 DSA: Steinrötter/Steinrötter Europäische Plattformregulierung/Schauer § 2 Rn. 36 ff.
[55] BGH ZUM 2022, 735 – YouTube II.
[56] BGH ZUM 2022, 723 – uploaded II.
[57] BGH GRUR 2022, 1328 – uploaded III.

Cyando"-Rechtsprechung des EuGH[58], der für mittelbare Verursacher und Mitverursacher von Verletzungen iRd Rechts der öffentlichen Wiedergabe (Art. 3 Urheberrechts-RL 2001/29/EG) ein täterschaftliches Haftungskonzept konzipierte, scheidet eine Berufung auf die Haftungsprivilegierung des § 10 TMG aF in Umsetzung von Art. 14 E-Commerce-Richtlinie 2000/31/EG bzw. nunmehr auf Art. 6 Abs. 1 DSA aus.[59] Diese kommt lediglich dann in Betracht, wenn der Anbieter des Hosting-Dienstes in einer neutralen bzw. passiven Rolle verbleibt und keine aktive Rolle einnimmt.[60] Bei Rechtsverletzungen im Metaverse ist daher zu prüfen, ob der Betreiber seinen von der Rechtsprechung näher konkretisierten Verkehrssicherungspflichten nachgekommen ist.[61] Orientiert man sich an der BGH- und EuGH-Rechtsprechung, muss man davon ausgehen, dass der Betreiber einer Metaverse-Plattform eine „zentrale Rolle" bei der Vermittlung der Rechtsverletzung einnimmt.[62] Hat er konkrete Kenntnis von einer Rechtsverletzung innerhalb seiner Plattform und löscht bzw. sperrt die betreffenden Inhalte nicht unverzüglich, handelt der Betreiber vorsätzlich und haftet täterschaftlich.[63] Gleiches gilt, wenn er weiß oder wissen müsste, dass über die Plattform Rechtsverletzungen vorgenommen werden und keine geeigneten Maßnahmen zur Bekämpfung der Urheberrechtsverletzungen ergreift oder diese gar wissentlich fördert.[64] Mangels Eingreifens der Haftungsprivilegierungen haftet der Metaverse-Betreiber daher täterschaftlich für die Verletzung der Verkehrssicherungspflichten – und damit nicht nur auf Unterlassung und Beseitigung, sondern auch auf Schadensersatz.

3. Sonderfall: Decentralised Autonomous Organisations

Das skizzierte Haftungsregime der Anbieter der Metaverse-Plattformen, insbesondere für nutzergenerierte Inhalte, gilt lediglich für Anbieter mit einer Rechtspersönlichkeit. Dies gilt nicht bei dezentral organisierten Plattformen auf Grundlage eines Smart-Contract-Code, sogenannten Dezentralen Autonomen Organisationen (Decentralised Autonomous Organisations – DAO), wie bspw. in großen Teilen bei „Decentraland".[65] Die Nutzer dieser Metaverse-Plattformen koordinieren und verwalten sich mittels auf der Blockchain gespeicherten Softwareprotokollen[66] eigenverantwortlich, ohne dass ein zentraler Entscheidungsträger existiert. Mitunter übernehmen auch autonom agierende künstliche Intelligenzen Teile der Leitungsfunktion von DAOs.[67] Bis dato ist sowohl ihre gesellschaftliche Einordnung als auch die haftungsrechtliche Behandlung nicht abschließend geklärt,[68] sodass sich bestehende Haftungsregime nicht vorbehaltlos übertragen lassen. Mit Blick auf das Interesse der Gläubiger, im Falle einer (Urheber-)Rechtsverletzung neben den primärschädigenden Nutzern einen weiteren Verantwortlichen zur Verfügung zu haben, stellt sich die Frage nach einer Regulierung der DAOs.[69] Gerade bei von DAO betriebenen virtuellen Welten droht der Urheberrechtsschutz aufgrund der fehlenden Greifbarkeit der Primärschädiger ins Leere zu laufen. **29**

---

[58] EuGH GRUR 2021, 1054 – YouTube und Cyando.
[59] So für Art. 5 DSA: J. B. Nordemann ZUM 2022, 806 (812).
[60] Erwgr. 18 S. 1 DSA; Raue/Heesen NJW 2022, 3537 (3539); EuGH GRUR 2010, 445 (451) – Google und Google France; EuGH GRUR 2011, 1025 (1032) – L'Oréal/eBay; EuGH GRUR 2021, 1054 (1062) – uploaded III; BGH ZUM 2022, 735 (737) – YouTube II; EuGH MMR 2016, 63 (64) – Papasavvas; Steinrötter Europäische Plattformregulierung/Conrad § 3 Rn. 66 ff.
[61] Ausf.: Nordemann ZUM 2022, 806 (809 ff.).
[62] Nordemann ZUM 2022, 806 (809 f.).
[63] EuGH ZUM 2021, 682 Rn. 102 – YouTube und Cyando; vgl. J. B. Nordemann ZUM 2022, 806 (809).
[64] EuGH ZUM 2021, 682 Rn. 102 – YouTube und Cyando; vgl. J. B. Nordemann ZUM 2022, 806 (809).
[65] Vgl. Ziffer 1 Terms of Use von Decentraland, abrufbar unter: https://decentraland.org/terms (zuletzt abgerufen am 18.3.2025).
[66] Schwemmer AcP 221 (2021), 555 (556).
[67] Schwemmer AcP 221 (2021), 555 (556) mwN.
[68] Schwemmer AcP 221 (2021), 555 (570 ff.).
[69] Allgemein und zur gesellschaftsrechtlichen Einordnung: Ebers/Heinze/Krügel/Steinrötter KI/Berberich § 27 Rn. 86; mit Vorschlägen für eine Handlungsorganisation und Haftungsverfassung: Schwemmer AcP 221 (2021), 555 (578 ff.).

VI. Sicherung urheberrechtlicher Ansprüche durch NFTs und Smart Contracts

30 Eine Besonderheit digitaler Inhalte ist, dass diese leicht vervielfältigbar sind. Demzufolge kommt es häufig zu entsprechenden Urheberrechtsverletzungen, wobei sich deren Nachvollziehbarkeit für die Rechteinhaber aufgrund fehlender Kontrollmöglichkeiten bzgl. der Anzahl und der Inhaber der rechtsverletzenden Vervielfältigungsstücke schwierig gestaltet.[70] Dabei handelt es sich zwar nicht um eine Eigenart des Metaverse. Dies betrifft jedoch auch dort genutzte Inhalte. In diesem Zusammenhang können sog. NFTs nutzbar gemacht werden, die beim Handel mit virtuellen Vermögensgegenständen verbreitet sind und gerade im Metaverse wesentlicher Bestandteil der Nutzererfahrung sind.[71] Verbunden mit virtuellen Gegenständen schaffen NFTs eine Exklusivität an digitalen Objekten und können ihre Inhaber als rechtmäßige Besitzer, aber auch als Schuldner von Vergütungsansprüchen identifizierbar machen. Außerdem können NFTs verbunden mit sog. Smart Contracts zur automatischen Sicherung von Vergütungsansprüchen dienen oder zugunsten des Rechteinhabers Verkaufsbedingungen umsetzen.

1. Eingeschränkte Exklusivität

31 NFTs lassen sich beim digitalen Handel mit urheberrechtlich geschützten Inhalten verwenden, um ein „digitales Original"[72] bzw. „digitales Unikat"[73] und damit für die Urheber eine Art Exklusivität zu kreieren.[74] Allerdings beschränkt sich die Exklusivität auf den mit dem NFT verbundenen Inhalt,[75] wobei grundsätzlich auch mehrere NFTs ein Werk repräsentieren können.[76] Dementsprechend können NFTs nicht die rechtswidrige Vervielfältigung von Werken verhindern,[77] sie entwerten aber Vervielfältigungsstücke, die nicht von einem NFT – bzw. nicht von einem durch den Urheber legitimierten NFT – repräsentiert werden. Dies setzt jedoch eine entsprechende Ankündigung bzw. Kommunikation des Urhebers nach außen voraus, dass er NFT für sein Werk herausgibt. Aus dem NFT selbst geht nicht hervor, ob das abgebildete Werk vom Urheber stammt oder er der Vervielfältigung zustimmte.[78] Dementsprechend fehlt dem NFT ein derartiger Beweiswert.[79] Er beweist lediglich die Inhaberschaft eines durch einen NFT verkörperten Werkes. Die Speicherung des NFTs auf einer Blockchain macht seine Änderung unmöglich und den NFT bezüglich der Inhaberschaft zu einem sicheren Beweismittel.[80] Ausschließlich der Besitzer verfügt über ein ihn als exklusiven Besitzer ausweisendes Zertifikat, das innerhalb der Community anerkannt ist.[81] Dementsprechend bewirken NFTs eine künstliche Marktverknappung.[82] Ferner lassen sich die Besitzer eines NFTs ggf. als etwaige Anspruchsgegner bei Rechtsverletzungen, aber auch bei Vergütungsansprüchen eindeutig identifizieren. Dies ist nicht zuletzt der Grund dafür, warum Urheber, die im Metaverse Werke oder Rechte

---

70 Hoeren/Prinz CR 2021, 565 (565 f.).
71 Grundlegend: Kaulartz/Schmidt/Müller-Eising RDi 2022, 521 (523).
72 Kraetzig CR 2022, 477 (478).
73 Hoeren/Prinz CR 2021, 565 (566); Kleiber MMR-Aktuell 2022, 445475.
74 Hoeren/Prinz CR 2021, 565 (566); Spikowius/Rack MMR 2022, 256 (257); Steege/Chibanguza Metaverse-HdB/Hetmank/Lauber-Rönsberg § 13 Rn. 27.
75 Einzelheiten hierzu: Heine/Stang MMR 2021, 755 (756 f.); Rauer/Bibi ZUM 2022, 20 (26); Spikowius/Rack MMR 2022, 256 (258).
76 Hoeren/Prinz CR 2021, 565 (571).
77 Hoeren/Prinz CR 2021, 565 (567); Rauer/Bibi ZUM 2022, 20 (27).
78 Hoeren/Prinz CR 2021, 565 (571).
79 Ähnlich: Kraetzig CR 2022, 477 (479).
80 Hoeren/Prinz CR 2021, 565; Kleiber MMR-Aktuell 2022, 445475.
81 Hoeren/Prinz CR 2021, 565 (566).
82 Hoeren/Prinz CR 2021, 565 (566).

anbieten wollen, ein großes Interesse an der Ausgabe von diese repräsentierende NFTs haben und daran, dies nach außen zu kommunizieren.[83]

2. Absicherung der Vergütungsansprüche

Der Anwendungsbereich von NFTs beschränkt sich nicht auf die Repräsentation von Objekten oder Rechten. Sie können ebenfalls die Verfügung bspw. von Urhebern absichern, die Nutzungsrechte an ihren digitalen Werken einräumen bzw. die Werke veräußern. So lässt sich mit Smart Contracts etwa festhalten, dass der Urheber für jeden Weiterverkauf des mit digitalen Objekten verbundenen NFTs anteilig am Kaufpreis oder mit einem Festbetrag beteiligt wird.[84] Die Auszahlung der in die Smart Contracts eingeschriebenen Zahlungen erfolgt dann automatisch an den Urheber. Zu beachten ist jedoch, dass die eingeschriebenen Befehle unveränderlich sind („Code is Law“).[85] Dementsprechend ist eine nachträgliche Anpassung der Vergütung der Rechteinhaber ausgeschlossen. Diese muss von vorneherein einprogrammiert sein. **32**

Praxishinweis:
Urheber, die ihre Vergütungsansprüche durch NFTs und Smart Contracts absichern möchten, sollten die gewünschten Vergütungsregelungen – einschließlich etwaiger Beteiligungen am Weiterverkaufserlös – von vorneherein in den Smart Contract einprogrammieren lassen, da eine nachträgliche Anpassung technisch ausgeschlossen ist. Zudem sollte nach außen klar kommuniziert werden, dass für das betreffende Werk NFTs herausgegeben werden, da der NFT selbst keinen Beweis für die Urheberschaft erbringt.

3. Bedingungen für den Verkauf

Ferner ist es möglich, in die Smart Contracts Befehle zum Schutz der Urheberrechte einzuschreiben und damit bspw. den Weiterverkauf eines NFTs auszuschließen oder an diesen bestimmte Voraussetzungen zu knüpfen.[86] NFTs können so einzelne Aspekte von Urheberrechten vertraglich absichern. Mit Blick auf die recht gängige Nutzung von NFTs im Metaverse bleibt abzuwarten, welche Standards sich hier herausbilden. **33**

§ 72 Vertrags- und Wettbewerbsrecht

Übersicht

[83] Hoeren/Prinz CR 2021, 565 (571).
[84] Hoeren/Prinz CR 2021, 565 (571); Kaulartz/Schmidt/Müller-Eising RDi 2022, 521 (528); Kleiber MMR-Aktuell 2022, 445475; Rauer/Bibi ZUM 2022, 20 (30).
[85] Heine/Stang MMR 2021, 755 (756).
[86] Heine/Stang MMR 2021, 755 (759); Rauer/Bibi ZUM 2022, 20 (30).

Schrifttum:

Aufderheide, Dezentrale Autonome Organisationen (DAO) – Smart Contracts aus der Perspektive des Gesellschaftsrecht, WM 2022, 264; Bender-Paukens/Werry, Datenschutz im Metaverse: Datenschutzrechtliche Herausforderungen im Zusammenhang mit der DS-GVO, ZD 2023, 127; Drescher/Fleischer/K. Schmidt (Hrsg.), Münchener Kommentar zum Handelsgesetzbuch, Band 5, 6. Auflage 2025; Garon Legal Implications of a Ubiquitous Metaverse and a Web3 Future, Marquette Law Review 106 (2022), 163; Gladkov/Taylor, Metaverse und Recht: Vertrags- und Wettbewerbsrecht, GRUR-Prax 2023, 554; Grüneberg (Hrsg.), Kommentar zum Bürgerlichen Gesetzbuch, 84. Auflage 2025; Guntermann, Non Fungible Token als Herausforderung für das Sachenrecht, RDi 2022, 200; Hau/Poseck (Hrsg.), Beck'scher Online-Kommentar zum Bürgerlichen Gesetzbuch, 73. Edition, Stand: 1.2.2025; Heermann/Schlingloff (Hrsg.), Münchener Kommentar zum Lauterkeitsrecht, Band 2, 3. Auflage 2022; Kalbhenn/Heet, Metaversum und Plattformregulierung, MMR-Aktuell 2021, 442089; Kaulartz/Schmid/Müller-Eising, Das Metaverse – eine rechtliche Einführung, RDi 2022, 521; Lober/Weber, Money for Nothing? Der Handel mit virtuellen Gegenständen und Charakteren, MMR 2005, 653; Martini/Botta, Der Staat und das Metaversum Zur Ordnungs- und Gestaltungsmacht im Internet von morgen, MMR 2023, 887; Paulus/Matzke, Smart Contracts und das BGB – Viel Lärm um nichts?, ZfPW 2018, 431; Reinholz, Metaverse und Recht: Das Recht des Metaverse – ein Überblick, GRUR-Prax 2023, 478; Säcker/Rixecker/Oetker/Limperg/Schubert (Hrsg.), Münchener Kommentar zum Bürgerlichen Gesetzbuch, Band 1, 10. Auflage 2025, Band 4/1, 9. Auflage 2025 und Band 13, 9. Auflage 2025; Schlechtriem/Schwenzer/Schroeter (Hrsg.), Kommentar zum UN-Kaufrecht (CISG), 8. Auflage 2025; Söbbing/Schwarz, Wie kann man einen virtuellen Gegenstand in einem Metaverse erwerben? Eine Neubetrachtung des Sachbegriffs i. S. v. § 90 BGB im Kontext des „Metaverse" CR 2024, 346; Steege/Chibanguza (Hrsg.), Metaverse, 2023; Strobl, Virtuelle Welten, reale Rechte: Die Durchsetzung des Urheberrechts im Metaverse, ZUM 2023, 492; Viciano Gofferje/Schreiner, Gesellschaftsrechtliche Problemstellungen der Decentralized Autonomous Organizations, ZPG 2024, 168; Wagner/Holm-Hadulla/Ruttloff (Hrsg.), Metaverse und Recht, 2023.

I. Einleitung

1 Ob es sich um den Kauf eines Grundstücks, den Erwerb von Konsumgütern oder die Erbringung von Dienstleistungen handelt – Verträge sind fester Bestandteil des Handels, um die Rechte und Pflichten der beteiligten Parteien klar zu definieren und Rechtssicherheit zu gewährleisten. Diese Notwendigkeit besteht nicht nur in der realen Welt, sondern auch in ihrem digitalen Pendant, dem Metaverse, wo Menschen ebenfalls miteinander interagieren, Geschäfte tätigen und virtuelle Güter austauschen können.

2 Im Metaverse können Verträge in vielfältigen Konstellationen geschlossen werden. Sei es ein Kaufvertrag über eine Designer-Tasche für den eigenen Avatar oder ein NFT-Kunstwerk, ein Vertrag über die Erbringung einer Dienstleistung auf der digitalen Plattform wie beispielswiese Nachhilfeunterricht oder die Teilnahme an einem digitalen Konzert oder einer virtuellen Comedyshow. Neben den Herausforderungen des virtuellen Abschlusses von Verträgen erwachsen dabei Besonderheiten aus der Internationalität und der Anonymität der Plattformnutzer.

3 Gerade aufgrund dieser Eigenschaften müssen die vielfältigen Vertragskonstellationen, die mit der Erweiterung der Realität durch das Metaverse einhergehen genauer in den Blick genommen werden, um den neuen Herausforderungen in Bezug auf Rechtssicherheit und Durchsetzbarkeit von Verträgen rechtssicher entgegentreten zu können. Das folgende

Kapitel soll die Besonderheiten des Vertragsrechts in digitalen Welten aufzeigen (→ Rn. 4 ff.). Es wird detailliert auf die verschiedenen Konstellationen eingegangen. Außerdem werden die wettbewerbsrechtlichen Besonderheiten hervorgehoben (→ Rn. 35 ff.). Ziel ist es dabei, ein umfassendes Verständnis für die rechtlichen Rahmenbedingungen zu schaffen, deren Einhaltung notwendig ist, um eine sichere und geregelte Interaktion im Metaverse zu gewährleisten.

II. Vertragsrecht

1. Internationales Privatrecht

Wie auch in der realen Welt, muss auch im Kontext des Metaverse zunächst die Frage nach dem **anwendbaren Recht** gestellt werden. Dieses bestimmt sich aus der Perspektive des zuständigen Gerichts, das nach den Maßstäben des an seinem Sitz geltenden Internationalen Privatrechts das anwendbare Recht ermittelt.[1] Maßgeblich ist zumeist eine von den Parteien getroffene Gerichtsstands- oder Rechtswahlvereinbarung, oftmals über Terms of Use oder auch individualvertraglich vereinbart.[2] 4

a) Bestimmung des anwendbaren Rechts aus der Perspektive des zuständigen Gerichts

Fragen der internationalen Zuständigkeit sind in Sachverhalten mit einem Bezug zu den Mitgliedstaaten der EU vornehmlich nach der Brüssel Ia-VO zu beantworten. Darüber hinaus können das Haager Übereinkommen, das Luganer Übereinkommen oder zwischenstaatliche Verträge relevant sein. Außerhalb des Anwendungsbereichs solcher Abkommen richtet sich die internationale Zuständigkeit wegen der sog. Doppelfunktionalität der Gerichtsstände nach der ZPO (§§ 12 ff. ZPO analog), also den ausschließlichen, besonderen oder allgemeinen Gerichtsständen.[3] 5

Für die Praxis ist der Abschluss von **Gerichtsstandsvereinbarungen** ratsam (vgl. Art. 25 Brüssel Ia-VO), denn Vertragsschlüsse im Metaverse über Avatare können zu Problemen bei der Frage nach dem allgemeinen Gerichtsstand führen, der sich nach §§ 13, 17 ZPO grundsätzlich am Wohnort oder Sitz des Beklagten befindet. Der Wohnort oder der Sitz des Beklagten ist beim Abschluss eines Vertrags mit einem anonymen Avatar jedoch nicht unbedingt bekannt.[4] Zudem stellt sich bei einer fehlenden Gerichtsstandsvereinbarung das Problem, dass grundsätzlich mehrere Gerichte zuständig sein können. Hier kann es beispielsweise darauf ankommen, wer zuerst klagt oder welchen Anspruch die Klage zum Gegenstand hat.[5] 6

> **Praxishinweis:**
> Unternehmen, die im Metaverse tätig sind, sollten sowohl im vertikalen als auch im horizontalen Verhältnis auf den Abschluss ausdrücklicher Gerichtsstandsvereinbarungen iSd Art. 25 Brüssel Ia-VO hinwirken und zugleich „Know Your Business Partner"-Strukturen implementieren, die eine Identifizierung der Vertragspartner ermöglichen. Ohne solche Vorkehrungen drohen erhebliche Rechtsunsicherheiten hinsichtlich der Zuständigkeit und des anwendbaren Rechts. Gleiches empfiehlt sich für eine ausdrückliche Rechtswahl, um die Anwendung unbekannten oder unerwünschten Rechts zu vermeiden.

1 Wagner/Holm-Hadulla/Ruttloff Metaverse und Recht/E.Wagner/Jörges § 2 Rn. 57.
2 Wagner/Holm-Hadulla/Ruttloff Metaverse und Recht/E.Wagner/Jörges § 2 Rn. 57.
3 BGH NJW 2011, 2056 (2056).
4 Hierzu auch Wagner/Holm-Hadulla/Ruttloff Metaverse und Recht/Quinke/Wagner/Ebert § 1 Rn. 5, außerdem Rn. 6 ff. zu weiteren möglichen Anknüpfungspunkten.
5 Wagner/Holm-Hadulla/Ruttloff Metaverse und Recht/E.Wagner/Jörges § 2 Rn. 62.

b) Bestimmung des anwendbaren Rechts

7 Das zuständige Gericht muss das jeweils anwendbare Recht auf Grundlage des „eigenen“ Internationalen Privatrechts bestimmen. Im vertragsrechtlichen Kontext ist dabei zunächst das UN-Kaufrecht (CISG) zu beachten, das als inkorporiertes Recht zum „eigenen“ Internationalen Privatrecht der Vertragsstaaten gehört. Das CISG genießt in seinem Anwendungsbereich grundsätzlich Vorrang vor der Rom I-VO (vgl. Art. 25 Rom I-VO).

8 **aa) UN-Kaufrecht.** Das CISG ist anwendbar, wenn sein Anwendungsbereich sachlich und räumlich eröffnet ist. Problematisch ist im Metaverse und beim Vertragsschluss über digitale Assets zunächst die Eröffnung des sachlichen Anwendungsbereichs. Notwendig ist ein Kaufvertrag über eine Ware (Art. 1 Abs. 1 CISG). Dabei gilt es zu differenzieren: Bezieht sich ein Vertrag, der über das Metaverse geschlossen werden soll, auf einen rein digitalen Asset wie einen NFT (→ § 18 Rn. 1 ff.), scheidet die Warenqualität mangels Körperlichkeit in der Regel aus. Zu beachten ist zwar, dass auch einige unkörperliche Gegenstände wie Computerprogramme und Standardsoftware als „Waren“ iSd CISG anzusehen sind, sofern nicht nur eine Nutzungslizenz für diese erworben wird.[6] Insbesondere NFT sind aber nicht mit Softwareprogrammen vergleichbar, denn sie lassen sich nicht herunterladen und können anders als Software auch nicht auf einem Datenträger verkörpert werden (auch → § 20 Rn. 11). Bei anderen digitalen Assets als NFT kann die Warenqualität aber durchaus im jeweiligen Einzelfall einmal in Betracht kommen.[7] Grundsätzlich ist der Anwendungsbereich des CISG beim Kauf digitaler Assets innerhalb des Metaverse aber nicht eröffnet. Alternativ kann über das Metaverse allerdings auch ein Vertrag über einen real existierenden Gegenstand geschlossen werden.[8] In diesem Fall ist der sachliche Anwendungsbereich unfraglich eröffnet.

9 Was den räumlichen Anwendungsbereich betrifft, findet das CISG Anwendung, wenn die Parteien ihre Niederlassung in verschiedenen Vertragsstaaten haben (Art. 1 Abs. 1 CISG). Im Metaverse ist das Verständnis des Begriffs **Niederlassung** problematisch. Dieser Ort erfordert grundsätzlich eine gewisse Dauer und Stabilität und ist der Ort, von welchem aus die geschäftliche Tätigkeit tatsächlich und schwerpunktmäßig stattfindet.[9] Da im Metaverse oftmals die Identität des Nutzers, der sich hinter einem Avatar verbirgt, unbekannt ist, kann der Ort der Niederlassung unklar sein. Gleiches gilt für den Auffangtatbestand des CISG, wonach bei unbekannter Niederlassung auf den gewöhnlichen Aufenthaltsort der Partei abzustellen ist (Art. 10 Buchst. b CISG), denn auch dieser kann bei anonymen Avataren ebenfalls unbekannt sein kann.

10 In der Praxis wird die Anwendung des CISG zumeist über AGB oder individualvertraglich ausgeschlossen (vgl. Art. 6 CISG). Weil es sich bei den Vorschriften um das inkorporierte Recht der Vertragsstaaten handelt, führt eine Rechtswahlvereinbarung für sich genommen allerdings noch nicht zum Ausschluss des CISG; hierfür müssen besondere Anhaltspunkte vorliegen, im Zweifel braucht es eine ausdrückliche Vereinbarung.[10]

11 **bb) Rom I-VO.** Ist das anwendbare Recht nach dem nationalen Kollisionsrecht zu bestimmen, gilt für **vertragliche Schuldverhältnisse** (→ § 20 Rn. 12) in erster Linie die **Rom I-VO.** Für das Metaverse ist relevant, dass neben typischen schuldrechtlichen Verträgen auch (echte) Smart Contracts, offene Netzwerke und Blockchain-Netzwerke vom

---

[6] Vgl. MüKoHGB/B. Köhler CISG Art. 1 Rn. 28 f.

[7] Wagner/Holm-Hadulla/Ruttloff Metaverse und Recht/E.Wagner/Jörges § 2 Rn. 64.

[8] Gladkov/Taylor GRUR-Prax 2023, 554 (554) unterscheiden in dieser Hinsicht zwischen metaverseinternen und metaverseexternen Verträgen. Diese Differenzierung ist jedoch insoweit missverständlich, als dass alle darunter gefassten Verträge im Metaverse geschlossen werden; lediglich der Leistungsaustausch erfolgt (teilweise) außerhalb des Metaverse. Für diesen Beitrag wird eine solche Differenzierung daher nicht vorgenommen.

[9] Schlechtriem/Schwenzer/Schroeter/Ferrari CISG Art. 1 Rn. 46; MüKoHGB/B. Köhler CISG Art. 1 Rn. 34.

[10] Hierzu ausführlich Schlechtriem/Schwenzer/Schroeter/Ferrari CISG Art. 1 Rn. 21 ff.

Anwendungsbereich der Rom I-VO umfasst sind.[11] Im Metaverse kann allerdings unklar sein, ob ein **internationaler Sachverhalt** vorliegt; auf reine Inlandssachverhalte ist die Rom I-VO nicht anwendbar (vgl. Art. 1 Abs. 1 S. 1 Rom I-VO). Dem kann durch „Know Your Business Partner"-Strukturen entgegengewirkt werden.[12] Bei einem im Metaverse begründeten Sachverhalt kann auch nicht automatisch wegen der globalen Zugriffsmöglichkeit von einem generellen Drittstaatbezug ausgegangen werden.

Beziehen sich die Verträge auf einen NFT, kann auch die Frage relevant sein, ob eine der Bereichsausnahmen iSd Art. 1 Abs. 2 Rom I-VO einschlägig ist, was im Ergebnis jedoch zu verneinen sein dürfte (→ § 20 Rn. 13–15). 12

(1) Rechtswahl. Ist der Anwendungsbereich der Rom I-VO eröffnet, bestimmt sich das anwendbare Recht in erster Linie nach einer von den Parteien vereinbarten Rechtswahl, **Art. 3 Abs. 1 Rom I-VO.** Rechtswahlvereinbarungen sind vor allem im Vertikalverhältnis (zwischen einem Nutzer und einem Plattformbetreiber) häufig,[13] auch im horizontalen Verhältnis (zwischen zwei Nutzern einer Plattform) kann es für die Vertragspartner jedoch von Vorteil sein, wenn eine vertragliche Vereinbarung über das anzuwendende Recht getroffen wird. Fehlt eine ausdrückliche Rechtswahl, könnte im horizontalen Verhältnis zwischen zwei Nutzern einer Plattform möglicherweise auf die Terms of Use der Plattform zurückgegriffen werden, die häufig eine Rechtswahlvereinbarung enthalten und jeweils in das vertikale Verhältnis einbezogen wurden.[14] 13

Die Wirksamkeit von Rechtswahlvereinbarungen richtet sich auch im Kontext des Metaverse nach den allgemeinen Regelungen. Eingeschränkt wird die freie Rechtswahl dabei durch Art. 3 Abs. 3 Rom I-VO in Fällen der **beziehungslosen Rechtswahl.** Eine solche liegt vor, wenn keiner der in den Art. 4 ff. Rom I-VO beschriebenen Anknüpfungspunkte in dem Staat liegt, dessen Recht gewählt wurde.[15] Auch im Metaverse kann trotz der globalen Zugriffsmöglichkeit wohl nicht ohne weiteres von einem Bezug zu jedem Staat angenommen werden, da Art. 3 Abs. 3 Rom I-VO sonst umgangen werden könnte. Gleiches dürfte im Hinblick auf **Art. 3 Abs. 4 Rom I-VO** gelten.[16] 14

Die Wirksamkeit der Rechtswahl richtet sich nach dem gewählten Recht, Art. 10 Rom I-VO iVm Art. 3 Abs. 5 Rom I-VO. Formvorschriften ergeben sich zudem aus Art. 11 Rom I-VO, wobei sich bei einem Metaverse-Bezug auch hier die typischen Fragen stellen: Da Art. 11 Rom I-VO darauf abstellt, ob sich die Parteien im gleichen Staat oder in verschiedenen Staaten befinden, muss dies bekannt sein. 15

Nach allgemeinen Grundsätzen ist auch eine konkludente Rechtswahl möglich. Dies setzt jedoch hinreichende Indizien voraus, die auf einen entsprechenden Parteiwillen hinweisen müssen. 16

(2) Anknüpfung iSd Art. 4 ff. Rom I-VO. Ist eine Rechtswahlvereinbarung unwirksam oder wurde keine Rechtswahl getroffen, bestimmt sich das anwendbare Recht nach den Art. 4 ff. Rom I-VO (hierzu im Zusammenhang mit NFT → § 20 Rn. 16–20 und Kryptowährungen → § 37 Rn. 8 f.). 17

Art. 4 Rom I-VO sieht für verschiedene Vertragstypen unterschiedliche Anknüpfungspunkte vor, namentlich den Leistungs- oder Aufenthaltsort der Vertragspartner.[17] Auch hier kann die Anonymität des Metaverse wiederum zu Problemen führen,[18] sofern keine „Know 18

---

[11] MüKoBGB/Martiny Rom I-VO Art. 1 Rn. 10 f.

[12] Vgl. Kaulartz/Schmid/Müller-Eising RDi 2022, 521 (523); siehe zur Notwendigkeit von Transparenz auch Wagner/Holm-Hadulla/Ruttloff Metaverse und Recht/E.Wagner/Jörges § 2 Rn. 61.

[13] Siehe auch Gladkov/Taylor GRUR-Prax 2023, 554 (554).

[14] So Gladkov/Taylor GRUR-Prax 2023, 554 (555) unter Bezugnahme auf die Rechtsprechung des BGH zur ergänzenden Heranziehung der eBay-AGB.

[15] Vgl. MüKoBGB/Martiny Rom I-VO Art. 3 Rn. 91.

[16] Siehe hierzu Wagner/Holm-Hadulla/Ruttloff Metaverse und Recht/E.Wagner/Jörges § 2 Rn. 74 f.

[17] Siehe hierzu Wagner/Holm-Hadulla/Ruttloff Metaverse und Recht/E.Wagner/Jörges § 2 Rn. 78 ff.

[18] Wagner/Holm-Hadulla/Ruttloff Metaverse und Recht/E.Wagner/Jörges § 2 Rn. 71.

Your Business Partner"-Strukturen eingerichtet wurden.[19] Theoretisch wäre es zwar denkbar, für den Aufenthaltsort auf den Standort des Servers abzustellen, auf welchem die den Vertragspartner relevanten Daten gespeichert sind. Hiergegen sprechen aber vor allem prozessuale Gründe, denn ohne die wesentlichen Informationen kann bspw. keine Klageschrift zugestellt werden. Solchen Problemen könnte für antizipierbare Leistungsstörungen in gewissem Rahmen auch durch Smart Contracts entgegengewirkt werden, denn wenn die Durchsetzung eines Anspruchs durch einen Smart Contract abgesichert ist, ist es zumindest insoweit nicht unbedingt notwendig, detaillierte Informationen über den Vertragspartner zu haben, weil die Vertragsdurchsetzung bzw. die Reaktion auf bestimmte Pflichtverletzungen bereits vorab durch den Programmcode determiniert ist.[20] Dies setzt jedoch eine vorangegangene Einigung über den Einsatz des Smart Contract voraus. Zudem wird eine solche Gestaltung jedenfalls keinen umfassenden Schutz bieten.

19 Art. 6 Rom I-VO bezieht sich auf Verbraucherverträge. Hier findet grundsätzlich das Recht desjenigen Staates Anwendung, in welchem der Verbraucher seinen gewöhnlichen Aufenthalt hat. Das bedeutet, dass auf Verbraucherverträge, die im Metaverse abgeschlossen werden, unterschiedliches Recht Anwendung finden kann, wenn Verträge mit Verbrauchern aus verschiedenen Ländern abgeschlossen werden. In diesen Fällen ist es umso wichtiger, dass über eine „Know Your Business Partner"-Struktur auf die Verfügbarkeit der notwendigen, die Identität des Vertragspartners betreffenden Informationen hingewirkt wird.

2. Vertragsparteien im Metaverse

20 Im Metaverse können **Vertragsparteien** sowohl natürliche als auch juristische Personen sein. Deren Vertragsbeziehungen können wie beschrieben auf vertikaler und horizontaler Ebene bestehen.[21]

21 Vertragsbeziehungen auf **vertikaler Ebene,** also zwischen Plattformbetreiber und Nutzer, werden meist durch Terms of Use ausgestaltet. Als Betreiber können hier auch sog. **Dezentrale Autonome Organisationen (DAO)** auftreten, hinter denen keine zentrale Geschäftsführung steht.[22] DAOs werden von einem Algorithmus gesteuert. Die Basis einer DAO ist ein Smart Contract. Durch diesen werden Abläufe der Unternehmung festgelegt, die automatisiert ausgelöst werden, was ein möglichst unkompliziertes Zusammenwirken von sich kaum bekannten Personen ermöglicht.[23] Weit überwiegend wird eine gesellschaftsrechtliche Einordnung der DAO als BGB-Außengesellschaft angenommen (→ § 8 Rn. 8), sodass der Nutzungsvertrag direkt mit der DAO geschlossen werden kann.[24] Hier können entweder B2B- oder B2C-Verträge vorliegen.

22 Auf **horizontaler Ebene** zwischen Nutzer und Nutzer sind vielfältige Gestaltungen denkbar. So können Verträge B2B, B2C oder zwischen Verbrauchern geschlossen werden. Die Nutzer agieren im Metaverse in der Regel über Avatare, die auch rechtliche **Erklärungen** abgeben können.[25] Handelt es sich dabei um Willenserklärung, sind diese dem dahinterstehenden Nutzer zuzurechnen. Auf einigen Metaverse-Plattformen ist es möglich, den Avatar mit einem digitalen Wallet zu verbinden, sodass die Übertragung von Token, insbes. von Bitcoin als Realakt[26] durch den Avatar möglich ist.

[19] Siehe auch Gladkov/Taylor GRUR-Prax 2023, 554 (555).
[20] → § 53 Rn. 6. Außerdem: Wagner/Holm-Hadulla/Ruttloff Metaverse und Recht/E.Wagner/Jörges § 2 Rn. 81.
[21] Wagner/Holm-Hadulla/Ruttloff Metaverse und Recht/E.Wagner/Jörges § 2 Rn. 56; ebenso Steege/Chibanguza Metaverse-HdB/Schüller § 20 Rn. 220 Steege/Chibanguza Metaverse-HdB/Schwamberger § 17 Rn. 1 f. unterscheidet zwischen dem „Nutzungsverhältnis" und dem „Erwerbsverhältnis".
[22] Steege/Chibanguza Metaverse-HdB/Schwamberger § 17 Rn. 4.
[23] Vgl. Aufderheide WM 2022, 264 (264 f.).
[24] Vgl. Steege/Chibanguza Metaverse-HdB/Schwamberger § 17 Rn. 5; Viciano Gofferje/Schreiner ZPG 2024, 168 (173 f.).
[25] Kaulartz/Schmid/Müller-Eising RDi 2022, 521 (524).
[26] Paulus/Matzke ZfPW 2018, 431 (451).

3. Digitale Produkte als Vertragsgegenstand

Rechtsgeschäfte im Metaverse können sich auch auf reale Güter beziehen (Verweis auf → Rn. 27); im Regelfall geht es aber um die Übertragung digitaler Güter, bspw. NFT in Form von digitalen Gegenständen, Avataren oder virtuellen Grundstücken. Als Gegenleistung fungiert zumeist eine digitale Kryptowährung. Digitale Güter sind mangels Körperlichkeit keine Sachen iSd § 90 BGB (hierzu eingehend auch → § 19 Rn. 4 ff.).[27] An ihnen kann kein Eigentum begründet werden (→ § 19 Rn. 9 ff.).[28] Sie können aber als **digitale Inhalte** nach § 327 BGB und sonstige Gegenstände iSv § 453 Abs. 1 BGB anzusehen sein.[29] Die Erwägungsgründe der digitalen Inhalte-Richtlinie[30], die § 327 BGB zugrunde liegt, stellen klar, dass digitale Inhalte beispielsweise Computerprogramme, Videodateien, Audiodateien, digitale Spiele oder E-Publikationen sein können.[31] Weiterhin sind digitale Dienstleistungen wie die Verarbeitung von Daten oder Software-as-a-service-Dienstleistungen und andere Formen von Datei-Hosting erfasst. Es gilt ein weites Begriffsverständnis.[32] Auch digitale Güter, die im Metaverse gehandelt werden, sind daher **digitale Produkte.**[33] Dies gilt insbesondere für NFT.[34] Dass NFT genau betrachtet lediglich eine Verfügungsbefugnis darstellen, ändert daran nichts.[35] 23

4. Vertragsschluss

Im vertikalen Verhältnis wird der Vertrag über die Nutzung der Metaverse-Plattform grundsätzlich konkludent mit dem Errichten eines Nutzerkontos und/oder der Bestätigung der Terms of Use der Plattform geschlossen.[36] 24

Für den **Vertragsschluss** im horizontalen Verhältnis gelten auch im Metaverse die allgemeinen Regeln des BGB.[37] Es braucht daher zwei übereinstimmende, aufeinander ausgerichtete Willenserklärungen, Antrag und Annahme. Die von den **Avataren** abgegebenen Erklärungen können den dahinterstehenden Nutzern nach den allgemeinen Grundsätzen zu automatisierten Willenserklärungen (→ § 53 Rn. 9 ff.) zugerechnet werden.[38] Probleme kann dabei die Pseudonymisierung der Avatare bereiten (auch → § 53 Rn. 29 f.). Zwischen den Nutzern des Metaverse kann durch die Terms of Use der Plattform gerade keine Klarnamenpflicht vereinbart werden, § 19 Abs. 2 TTDSG.[39] Etwas anders gilt allerdings im horizontalen Verhältnis: Hier ist es zur Vorbeugung von Rechtsunsicherheiten gerechtfertigt, wenn die Plattformbetreiber ihnen gegenüber das Handeln unter einem Pseudonym nicht zulassen, sondern die Angabe von Informationen voraussetzen, die eine Identifizierung ermöglichen.[40] 25

Fälle, in welchen ein Dritter unbefugt auf den Avatar eines anderen zugreift, sind nach den Regelungen des Stellvertretungsrechts und den Grundsätzen der Anscheins- und Duldungs- 26

---

27 Steege/Chibanguza Metaverse-HdB/Schwamberger § 17 Rn. 26; Steege/Chibanguza Metaverse-HdB/Schüller § 20 Rn. 10; MüKoBGB/Stresemann § 90 Rn. 25; Söbbing/Schwarz CR 2024, 346 (348).

28 Guntermann RDi 2022, 200 (203).

29 Wagner/Holm-Hadulla/Ruttloff Metaverse und Recht/E.Wagner/Jörges § 2 Rn. 89; Steege/Chibanguza Metaverse-HdB/Schüller § 20 Rn. 15; Guntermann RDi 2022, 200 (203).

30 Richtlinie (EU) 2019/770.

31 Erwgr. 19 RL (EU) 2019/770.

32 Grüneberg/Grüneberg BGB § 327 Rn. 3.

33 Vgl. Kaulartz/Schmid/Müller-Eising RDi 2022, 521 (524).

34 Kaulartz/Schmid/Müller-Eising RDi 2022, 521 (524).

35 Kaulartz/Schmid/Müller-Eising RDi 2022, 521 (524).

36 Steege/Chibanguza Metaverse-HdB/Schwamberger § 17 Rn. 3.

37 Gladkov/Taylor GRUR-Prax 2023, 554 (555); ebenso Söbbing/Schwarz CR 2024, 346 (347).

38 Wagner/Holm-Hadulla/Ruttloff Metaverse und Recht/E.Wagner/Jörges § 2 Rn. 94; Gladkov/Taylor GRUR-Prax 2023, 554 (555); Kaulartz/Schmid/Müller-Eising RDi 2022, 521 (523, 524).

39 Kaulartz/Schmid/Müller-Eising RDi 2022, 521 (525).

40 Gladkov/Taylor GRUR-Prax 2023, 554 (555).

vollmacht zu lösen.[41] In der Regel kann die von einem Dritten unbefugt durch den Avatar eines anderen abgegebene Erklärung dem tatsächlichen Inhaber des Avatars deshalb nicht zugerechnet werden.

5. Vertragstypen

27 Das Metaverse bietet seinen Nutzern nahezu unbegrenzte Möglichkeiten. Zunächst kann das Metaverse als Plattform für den Abschluss von Verträgen genutzt werden, die sich auf die reale Welt auswirken. So kann beispielsweise in einem Kaufhaus im Metaverse ein Kleidungsstück ausgewählt werden, das dem Nutzer dann in der realen Welt übersandt wird.[42] Hier ist die Einstufung als Kaufvertrag iSd § 433 BGB unproblematisch. Keine größeren Probleme bereitet auch die Erbringung von Leistungen, die zwar im Metaverse erfolgt, die aber weiterhin einen realen Bezug aufweist – keine spezifischen Besonderheiten gelten deshalb bei Verträgen über eine psychologische Behandlung oder eine (rechtliche) Beratung im Metaverse, wenn auf beiden Seiten natürliche oder juristische Personen stehen. Schwierigkeiten kann die vertragsrechtliche Einstufung aber bereiten, wenn es um die spezifisch digitalen Inhalte des Metaverse geht, beispielsweise beim „Erwerb" des Avatars oder anderen digitalen Gegenständen von der Nutzungsplattform oder zwischen den verschiedenen Nutzern.[43] Auch die Übertragung von digitalen Grundstücken kann eine Rolle spielen. Darüber hinaus kann die Nutzung digitaler Gegenstände und Grundstücke auch zeitweise einem anderen Nutzer überlassen werden.

a) „Erwerb" des Avatars

28 Um das Metaverse nutzen zu können, muss in der Regel vom Plattformbetreiber ein Avatar erworben werden. Der Erwerb des Avatars ist als Kaufvertrag über einen sonstigen Gegenstand iSv § 453 Abs. 1 BGB einzuordnen.[44] Gegen eine Einstufung als reinen Kaufvertrag spricht jedoch, dass neben dem Avatar auch die Möglichkeit des Zugangs zur Metaverse-Plattform verschafft wird. Dies kann je nach Ausgestaltung als miet-, leih- oder dienstvertragliches Element einzuordnen sein.[45] Die Einstufung als Werkvertrag ist dagegen abzulehnen – im Wesentlichen geht es nicht um die Erstellung des Avatars und dessen einmaliges Zurverfügungstellen, sondern um die dauerhafte Möglichkeit zur Nutzung des Avatars im Metaverse.[46]

b) Übertragung von digitalen Gegenständen

29 Bei der Übertragung eines digitalen Gegenstands im Metaverse kommt es zunächst darauf an, was der Erwerber rechtlich „erwirbt".[47] Mangels Sachqualität (→ Rn. § 19 Rn. 4 ff.) geht es in der Regel um den Erwerb von Nutzungsrechten an digitalen Inhalten oder Dateien.[48] Bei NFT muss die Nutzungsmöglichkeit ausdrücklich in den Übertragungsvorgang mit aufgenommen werden (zur Übertragung von NFT → § 19 Rn. 16 f.).[49] Deren Übertragung ist

41 Vgl. Gladkov/Taylor GRUR-Prax 2023, 554 (555) mit Verweis auf BGH NJW 2011, 2421.
42 Dieses Beispiel nennen auch Gladkov/Taylor GRUR-Prax 2023, 554 (555).
43 Siehe zum Ablauf solcher Übertragungen: ebenso Söbbing/Schwarz CR 2024, 346 (347).
44 Wagner/Holm-Hadulla/Ruttloff Metaverse und Recht/E.Wagner/Jörges § 2 Rn. 95; Kaulartz/Schmid/Müller-Eising RDi 2022, 521 (524); Lober/Weber MMR 2005, 653 (656).
45 Wagner/Holm-Hadulla/Ruttloff Metaverse und Recht/E.Wagner/Jörges § 2 Rn. 95; Lober/Weber MMR 2005, 653 (656); ausführlich Steege/Chibanguza Metaverse-HdB/Schwamberger § 17 Rn. 8 ff., der im Ergebnis allerdings anders als hier vertreten nicht von einem Kauf-, sondern unter Verweis auf § 548a BGB von einem Miet- oder Leihvertrag ausgeht.
46 Steege/Chibanguza Metaverse-HdB/Schwamberger § 17 Rn. 9.
47 Söbbing/Schwarz CR 2024, 346 (348); ebenso Steege/Chibanguza Metaverse-HdB/Schwamberger § 17 Rn. 25.
48 Steege/Chibanguza Metaverse-HdB/Schwamberger § 17 Rn. 25; siehe insoweit auch, aber mit Anregungen für eine Ausweitung des Sachbegriffs: Söbbing/Schwarz CR 2024, 346 (349 ff.).
49 Steege/Chibanguza Metaverse-HdB/Schwamberger § 17 Rn. 26, 27.

als Kauf über einen sonstigen Gegenstand iSd § 453 Abs. 1 BGB anzusehen.[50] Wird die Gegenleistung durch den Einsatz von Kryptowährungen als „Zahlungsmittel" erbracht, liegt ein Tausch iSd § 480 BGB vor.[51]

c) Übertragung von digitalen Grundstücken

Auch die Übertragung eines digitalen Grundstücks bezieht sich auf einen sonstigen Gegenstand iSd § 453 Abs. 1 BGB. Digitale Grundstücke sind nicht anders zu behandeln als andere digitale Gegenstände.[52] Auch hier handelt es sich um digitale Inhalte iSd § 327 BGB.[53] § 311b Abs. 1 BGB gilt genauso wenig wie die Regelungen des Immobiliarsachenrechts.[54] **30**

d) Nutzungsüberlassungen an digitalen Gegenständen im Metaverse

Neben einer Übertragung kann auch eine zeitweise Nutzungsüberlassung eines digitalen Gegenstands in Betracht kommen. Dies ist beispielsweise bei der Vermietung von digitalen Grundstücken[55] oder virtueller Arbeitsräume in digitalen Immobilien[56] der Fall.[57] Gemäß § 548a BGB gelten hier die allgemeinen mietvertraglichen Regelungen entsprechend. Im Falle der Unentgeltlichkeit kann auch eine Leihe vorliegen. **31**

6. Verbraucherschutzrecht

Sowohl im horizontalen als auch im vertikalen Verhältnis kann es zu Vertragsbeziehungen im B2C-Verhältnis kommen. Solche Verträge sind in der Regel sowohl als Fernabsatzverträge (§ 312c BGB) als auch als Verträge im elektronischen Geschäftsverkehr (§ 312i BGB) einzuordnen.[58] Die verbraucherschutzrechtlichen Vorschriften iSd §§ 312 ff. BGB sind daher beim Vertragsschluss zu berücksichtigen, insbesondere die Informationspflichten (§ 312d BGB), das Widerrufsrecht des Verbrauches (§ 312g BGB) und die besonderen Anforderungen an den Vertragsschluss im elektronischen Geschäftsverkehr, dh § 312i Abs. 1 BGB und § 312j Abs. 2 und 3 BGB („Button-Lösung")[59]. **32**

Praxishinweis:
Unternehmen, die im Metaverse Produkte oder Dienstleistungen an Verbraucher anbieten, müssen die verbraucherschutzrechtlichen Anforderungen der §§ 312 ff. BGB vollumfänglich einhalten, insbesondere die Informationspflichten nach § 312d BGB, das Widerrufsrecht nach § 312g BGB sowie die Anforderungen an die „Button-Lösung" nach § 312j Abs. 2 und 3 BGB. Bei digitalen Produkten iSd § 327 BGB gelten darüber hinaus das besondere Gewährleistungsregime der §§ 327 ff. BGB und die damit verbundenen Aktualisierungspflichten. Eine Missachtung dieser Vorgaben begründet nicht nur zivilrechtliche Ansprüche der Verbraucher, sondern kann auch lauterkeitsrechtliche Konsequenzen nach § 3a UWG nach sich ziehen.

---

50 Steege/Chibanguza Metaverse-HdB/Schwamberger § 17 Rn. 26; Steege/Chibanguza Metaverse-HdB/Busch § 18 Rn. 27; Söbbing/Schwarz CR 2024, 346 (348).
51 Vgl. MüKoBGB/Maultzsch § 480 Rn. 1; Steege/Chibanguza Metaverse-HdB/Schwamberger § 17 Rn. 26, 27; Steege/Chibanguza Metaverse-HdB/Busch § 18 Rn. 27.
52 Steege/Chibanguza Metaverse-HdB/Schüller § 20 Rn. 15.
53 Steege/Chibanguza Metaverse-HdB/Schüller § 20 Rn. 15.
54 Wagner/Holm-Hadulla/Ruttloff Metaverse und Recht/E.Wagner/Jörges § 2 Rn. 96; Steege/Chibanguza Metaverse-HdB/Schüller § 20 Rn. 8; Guntermann RDi 2022, 200 (207).
55 Vgl. BFH MMR 2022, 659.
56 Kaulartz/Schmid/Müller-Eising RDi 2022, 521 (528).
57 Wagner/Holm-Hadulla/Ruttloff Metaverse und Recht/E.Wagner/Jörges § 2 Rn. 97.
58 Gladkov/Taylor GRUR-Prax 2023, 554 (555).
59 Vgl. hierzu Steege/Chibanguza Metaverse-HdB/Busch § 18 Rn. 8.

7. Mängelgewährleistungsrecht

33 Auch bei einem Leistungsaustausch im Metaverse können Leistungsstörungen auftreten. Hier finden die allgemeinen Regelungen Anwendung, dh je nach Vertragstypus die §§ 434 ff. BGB oder §§ 536, 536a BGB. Dies setzt jeweils einen Mangel des sonstigen Gegenstands bzw. der Möglichkeit zur Nutzung des Metaverse voraus. Letzteres ist insbesondere bei Speicherproblematiken oder der fehlenden Möglichkeit, mit dem Avatar im Metaverse agieren zu können, denkbar.[60] Ob ein Fehler oder eine Einschränkung tatsächlich einen (insbesondere erheblichen) Mangel darstellt, muss im jeweiligen Einzelfall beurteilt werden. Aufgrund der Erheblichkeitsschwelle und der meist nicht bis ins Detail beschriebenen Leistungen der Plattformbetreiber im Nutzungsvertrag wird eine Mangelhaftigkeit oft ausscheiden.[61] Das gilt erst recht bei einer Leihe, die nur Schäden infolge einer arglistig verschwiegenen Mangelhaftigkeit in die Mängelhaftung aufnimmt, § 600 BGB.

34 Liegt ein mangelhaftes digitales Produkt im Rahmen eines Verbrauchervertrags vor, gilt das besondere Gewährleistungsregime der §§ 327 ff. BGB. Nach § 327e BGB ist ein digitales Produkt frei von Produktmängeln, wenn es den subjektiven und objektiven Anforderungen sowie den Anforderungen an die Integration entspricht. §§ 327f, 327g regeln Aktualisierungen und Rechtsmängel. Die Rechte des Verbrauchers ergeben sich dann aus § 327i BGB. Für den B2B-Verkehr gelten die §§ 327 ff. BGB nicht, auch nicht entsprechend.[62]

III. Wettbewerbsrecht

1. Bedeutung des Wettbewerbsrechts im Metaverse

35 Als digitaler Raum mit eigenen Marktstrukturen wirft das Metaverse auch zahlreiche wettbewerbsrechtliche Fragen auf. Dominante Plattformbetreiber können eine zentrale Marktmacht ausüben, was zu Monopolstellungen führen und den Marktzugang für kleinere Anbieter vereiteln kann. Die Wettbewerbsfreiheit kann durch exklusive Lizenzen für digitale Produkte oder NFTs für Konkurrenten eingeschränkt werden. Die fehlende Interoperabilität zwischen Plattformen kann dazu führen, dass Avatare und digitale Güter zwischen den jeweiligen Anbietern von Metaverse-Plattformen nur schwer ausgetauscht werden können.

2. Internationale Plattformregulierung

36 Das Metaverse unterliegt den Regelungen des nationalen und internationalen Wettbewerbsrechts. Dazu gehören zunächst die allgemeinen Wettbewerbsregeln und Verordnungen der Europäischen Union, die für digitale Dienste, Online-Plattformen und Vermittlungsdienste gelten, wie der Digital Markets Act (DMA)[63] und der Digital Services Act (DSA)[64].

37 Der DSA reguliert digitale Dienstleistungen und legt Standards für ein sicheres und vertrauenswürdiges Online-Umfeld in der EU fest. Erfasst werden Vermittlungsdienste, die Empfängern innerhalb der EU angeboten werden, unabhängig vom Standort der Anbieter (vgl. Art. 1 Abs. 2 DSA). Der DSA kann iSd Art. 3 Buchst. g ii) DSA auch auf Metaverse-Plattformen anwendbar sein.[65] Dies dürfte auch der Fall sein, sofern die Plattform von einer DAO betrieben wird, sofern dieser mit der herrschenden Auffassung die Rechtspersönlich-

[60] Steege/Chibanguza Metaverse-HdB/Schwamberger § 17 Rn. 17.
[61] Steege/Chibanguza Metaverse-HdB/Schwamberger § 17 Rn. 19.
[62] Söbbing/Schwarz CR 2024, 346 (348).
[63] Verordnung (EU) 2022/1925 des Europäischen Parlaments und des Rates vom 14.9.2022 über bestreitbare und faire Märkte im digitalen Sektor (ABl. L 265, 1; ABl. 2023 L 116, 30; ABl. L 2025, 90024).
[64] Verordnung (EU) 2022/2065 des Europäischen Parlaments und des Rates vom 19.10.2022 über einen Binnenmarkt für digitale Dienste (ABl. L 277, 1, ber. 2022 ABl. L 310, 17).
[65] Steege/Chibanguza Metaverse-HdB/Paal § 15 Rn. 29; Strobl ZUM 2023, 492 (495, 496); vgl. auch Bender-Paukens/Werry ZD 2023, 127 (130); Kaulartz/Schmid/Müller-Eising RDi 2022, 521 (529); Kalbhenn/Heet MMR-Aktuell 2021, 442089.

keit einer BGB-Gesellschaft beigemessen wird (→ Rn. 21).[66] Auch Metaverse-Plattformen können deshalb zum Vorgehen gegen rechtswidrige Inhalte verpflichtet sein, wobei die Haftungserleichterung nach Art. 8 DSA zu beachten ist.[67] Außerdem sind die Pflichten nach Art. 16–18 DSA zu beachten. Ferner können Anbieter von Metaverse-Plattformen verpflichtet sein, eine Identifikation von Nutzern vorzunehmen, um wirksam gegen rechtswidrige Inhalte vorgehen zu können.[68]

Der DMA bezweckt die Gewährleistung wettbewerbsfähiger und fairer Märkte im digitalen Sektor (vgl. Art. 1 Abs. 1 DMA). Dafür erlegt er sog. **Gatekeepern** Pflichten und Verbote auf. Ein Gatekeeper ist ein Unternehmen, das zentrale Plattformdienste bereitstellt und einen erheblichen Einfluss auf den Binnenmarkt hat, zur Erreichung von Endnutzern wichtige Zugänge für gewerbliche Nutzer bereitstellt und das eine gefestigte und dauerhafte Position bezüglich seiner Tätigkeit hat (Art. 2 Nr. 1 DMA iVm Art. 3 Abs. 1 DMA). Diese Unternehmen verfügen zumeist über sog. „Essential Facilities", also **wesentliche Einrichtungen** wie Schnittstellen, Standards oder Infrastruktur (vgl. Art. 2 Nr. 2 DMA). Ausdrückliche Regelungen zum Metaverse enthält der DMA zwar nicht.[69] Metaverse-Dienste sind auch nicht als wesentliche Einrichtungen aufgezählt.[70] Auch Anbieter von Metaverse-Plattformen können aber Gatekeeper sein.[71] Zur Steigerung der Rechtssicherheit wäre eine ausdrückliche Einbeziehung allerdings wünschenswert.[72] 38

Gatekeeper müssen die Pflichten nach Art. 5–7 DMA erfüllen. Hierzu gehört unter anderem die Verpflichtung von Online-Plattformen, die Interoperabilität von zusätzlichen Diensten wie Identifizierungs-, Zahlungs- oder Werbediensten mit anderen Online-Plattformen zu gewährleisten, sofern dies nicht die Sicherheit oder Integrität des Dienstes beeinträchtigt (vgl. Art. 7 DMA). Außerdem muss gewerblichen Nutzern eines zentralen Plattformdiensts Zugang zu den Daten verschafft werden, die die von ihnen angebotenen Dienste und Produkte betreffen (Art. 6 Abs. 10 DMA). Die Europäische Kommission kann Marktuntersuchungen einleiten, um Gatekeeper zu bewerten und zu benennen, oder Vereinbarungen zwischen digitalen Marktteilnehmern und Anbietern generativer Künstlicher Intelligenz im Rahmen der EU-Fusionskontrollverordnung (vgl. Art. 1 Abs. 6 Buchst. c DMA) überprüfen. 39

Das „Briefing on Metaverse" des Europäischen Parlaments sieht die Gewährleistung fairer Bedingungen für die Interoperabilität mehrerer Geräte und Plattformen als eine der obersten Prioritäten für jede zukünftige regulatorische Entwicklung im Zusammenhang mit dem Metaverse an.[73] Zur Minimierung der Risiken, die mit einer mangelnden Interoperabilität verbunden sind, erwägt das Europäische Parlament die Änderung der Fusionskontrollverordnung.[74] 40

Seit 2022 existiert die Metaverse Competition Agency **(MCA),** bei der es sich um eine Art **inoffizielle Regulierungsbehörde** mit Sitz in *Decentraland* handelt. Ihre Funktion sieht die MCA in der Erstellung von wettbewerbsrechtlichen Fallstudien über Technologien, Menschen und Projekte. Bei Identifizierung von Wettbewerbsproblemen zeigt die MCA 41

---

66 Strobl ZUM 2023, 492 (496) lässt die Anwendung des DSA auf DAOs offen.
67 Strobl ZUM 2023, 492 (495 f.).
68 Kaulartz/Schmid/Müller-Eising RDi 2022, 521 (529).
69 Martini/Botta MMR 2023, 887 (893).
70 Steege/Chibanguza Metaverse-HdB/Paal § 15 Rn. 30.
71 Kaulartz/Schmid/Müller-Eising RDi 2022, 521 (529); wohl ebenso Martini/Botta MMR 2023, 887 (893); Kalbhenn/Heet MMR-Aktuell 2021, 442089; zögernd Steege/Chibanguza Metaverse-HdB/Paal § 15 Rn. 30.
72 Steege/Chibanguza Metaverse-HdB/Paal § 15 Rn. 33.
73 Europäisches Parlament Briefing: Metaverse – Opportunities, risks and policy implications S. 3 f., abrufbar unter https://www.europarl.europa.eu/thinktank/en/document/EPRS_BRI(2022)733557 (zuletzt abgerufen am 4.4.2025).
74 Vgl. Europäisches Parlament Briefing: Metaverse – Opportunities, risks and policy implications S. 4, abrufbar unter https://www.europarl.europa.eu/thinktank/en/document/EPRS_BRI(2022)733557 (zuletzt abgerufen am 4.4.2025).

Abhilfestrategien auf und trifft entsprechende Entscheidungen von unten nach oben *(bottom-up)*.[75]

42 Auch in den Vereinigten Staaten existiert zwar keine spezifisch für das Metaverse zuständige Regulierungsbehörde; für virtuelle Vermögenswerte im Metaverse, wie etwa NFT und Kryptowährungen, kann jedoch die Securities and Exchange Commission (SEC) sowie die Commodity Futures Trading Commission (CFTC) zuständig sein.[76]

3. Nationales Lauterkeitsrecht

43 Auch im wettbewerbsrechtlichen Kontext muss aus der Perspektive des zuständigen Gerichts das jeweils anwendbare Recht beurteilt werden. Im wettbewerbsrechtlichen Kontext ist dabei auf die Brüssel Ia-VO abzustellen. In einem solchen Kontext dürfte es weniger auf eine Rechtswahl iSd Art. 25 Brüssel Ia-VO als auf eine Anknüpfung an den Erfolgsort nach Art. 7 Nr. 2 Brüssel Ia-VOankommen.[77] Art. 7 Nr. 2 Brüssel Ia-VO erfasst auch Wettbewerbsverstöße.[78] Der Erfolgsort ist im Kontext des Metaverse dort, wo die wettbewerblichen Interessen der Parteien aufeinandertreffen.[79] Alternativ kann auch auf die Gerichtsstände nach Art. 4, 7 Nr. 5, Art. 8 Nr. 1 Brüssel Ia-VO abgestellt werden.[80]

44 Führt dies zur Zuständigkeit eines Gerichts in einem Mitgliedstaat der EU, bestimmt sich das anwendbare Recht primär nach der Rom II-VO. Hiernach findet die Anknüpfung an das Recht des Staates, in dessen Gebiet die Wettbewerbsbeziehungen oder die kollektiven Interessen der Verbraucher beeinträchtigt worden sind oder wahrscheinlich beeinträchtigt werden (Art. 6 Abs. 1 Rom II-VO) Anwendung.[81]

45 Führt dies zur Anwendung des deutschen Rechts, sind auch im Kontext des Metaverse die Vorgaben des UWG zu beachten. Anknüpfungspunkt muss dabei eine geschäftliche Handlung sein. Dies ist nach § 2 Abs. 1 Nr. 2 UWG jedes Verhalten einer Person zugunsten des eigenen oder eines fremden Unternehmens, bei oder nach einem Geschäftsabschluss, das mit der Förderung des Absatzes oder des Bezuges von Waren oder Dienstleistungen oder mit dem Abschluss oder der Durchführung eines Vertrags über Waren oder Dienstleistungen unmittelbar und objektiv zusammenhängt. Ein objektiver Zusammenhang kann durchaus vorliegen, wenn im Metaverse digitale Güter angeboten werden.[82] § 2 Abs. 1 Nr. 2 Hs. 2 bezieht sich außerdem auf digitale Dienstleistungen. Auch hier ist ein Metaverse-Bezug denkbar.[83]

46 Die Verletzung von Kennzeichnungs- und Informationspflichten im Metaverse kann deshalb einen Verstoß gegen § 3a UWG bedeuten.[84]

47 Auch § 4 UWG kann relevant sein. Unklar ist allerdings, inwiefern Anbieter im Metaverse Mitbewerber iSd § 2 Abs. 1 Nr. 3 UWG von Anbietern in der realen Welt sein können.[85] Dies kann jedoch nicht pauschal, sondern jeweils nur in Bezug auf die konkrete Handlung festgestellt werden. Entscheidend ist dabei, ob ein „konkretes Wettbewerbsverhältnis" vorliegt.[86] Ist dies zu bejahen, kann im Metaverse insbesondere eine Verletzung von § 4

75 Vgl. Metaverse Competition Agency: White Paper S. 2, abrufbar unter https://papers.ssrn.com/sol3/papers.cfm?abstract_id=4297960 (zuletzt abgerufen am 17.1.2025).

76 Garon Marquette Law Review 106 (2022), 163 (195 ff.).

77 Ähnlich Kaulartz/Schmid/Müller-Eising RDi 2022, 521 (530).

78 MüKoUWG/Mankowski A. Teil II. Rn. 380.

79 Kaulartz/Schmid/Müller-Eising RDi 2022, 521 (530).

80 Steege/Chibanguza Metaverse-HdB/Paal § 15 Rn. 19.

81 Ebenso Steege/Chibanguza Metaverse-HdB/Paal § 15 Rn. 19; Gladkov/Taylor GRUR-Prax 2023, 554 (555).

82 So auch Steege/Chibanguza Metaverse-HdB/Paal § 15 Rn. 20; Kaulartz/Schmid/Müller-Eising RDi 2022, 521 (531).

83 Gladkov/Taylor GRUR-Prax 2023, 554 (555).

84 Reinholz GRUR-Prax 2023, 478 (481).

85 Im Einzelnen hierzu: Gladkov/Taylor GRUR-Prax 2023, 554 (556).

86 Siehe hierzu MüKoUWG/Bähr § 2 Rn. 232 ff.

Nr. 3 UWG (Nachahmungsschutz) in Betracht kommen.[87] Sollte ein digitales Design, etwa ein virtueller Schmuckgegenstand oder eine Handtasche (zB „Metabirkin"), eine wettbewerbliche Eigenart erlangt haben, könnte die unlautere Nachahmung dieses Designs durch Wettbewerber unzulässig sein, sofern hierdurch die Gefahr von Herkunftstäuschungen oder eine unangemessene Ausnutzung der Wertschätzung des nachgeahmten Designs droht (§ 4 Nr. 3 Buchst. a und b UWG). Außerdem kann eine gezielte Behinderung von Mitbewerbern im Einzelfall relevant sein (§ 4 Nr. 4 UWG). Dies ist beispielsweise möglich, wenn der Zugang von anderen Mitbewerbern zur eigenen Metaverse-Plattform verhindert wird (daneben können kartellrechtlich relevante Wettbewerbsbeschränkungen stehen → § 73 Rn. 17).[88] Außerdem könnte in diesem Zusammenhang auch die Interoperabilität zwischen den unterschiedlichen Metaverse-Plattformen relevant sein. Dabei kann auch die Frage relevant sein, ob beispielsweise ein tatsächlich einzigartiger NFT, der im *Decentraland* gekauft wurde, auf eine von *Sandbox* betriebene Metaverse-Plattform übertragbar sein muss.

Nach § 5 UWG handelt unlauter, wer eine irreführende geschäftliche Handlung vornimmt, die geeignet ist, den Verbraucher oder sonstigen Marktteilnehmer zu einer geschäftlichen Entscheidung zu veranlassen, die er andernfalls nicht getroffen hätte. Dies kann auch durch das Vorenthalten wesentlicher Information des Marktteilnehmers gegenüber dem Verbraucher erfolgen (§§ 5a, 5b UWG). Dies kann im Metaverse relevant werden, wenn ein Anbieter mit einzigartigen NFTs wirbt, obwohl diese tatsächlich mehrfach verkauft werden oder auch auf anderen Plattformen verfügbar sind. Unternehmen können im Metaverse auf virtuellen Werbeflächen, etwa an Gebäuden oder Avataren, Werbung schalten. Markenprodukte können in Spielen oder virtuellen Gebäuden platziert werden und Influencer können das Metaverse nutzen, um Produkte oder Dienstleistungen zu bewerben. Solche Werbemaßnahmen müssen nach § 5a Abs. 4 UWG kenntlich gemacht werden.[89] Eine Missachtung dieser Verpflichtung könnte zu einer Irreführung der Nutzer über die Objektivität und den Zweck der Handlung führen und somit als unlauter eingestuft werden. **48**

Praxishinweis:
Unternehmen, die im Metaverse Werbemaßnahmen durchführen oder Influencer einsetzen, müssen sicherstellen, dass kommerzieller Content eindeutig als solcher gekennzeichnet wird, da andernfalls ein Verstoß gegen § 5a Abs. 4 UWG droht. Darüber hinaus ist der Einsatz von Dark Patterns, etwa irreführender Countdown-Timer oder intransparenter Rückgabebedingungen, zu vermeiden, da dieser eine Irreführung iSd § 5a UWG begründen kann. Es empfiehlt sich daher, Plattformdesign und Werbepraktiken im Metaverse vorab einer lauterkeitsrechtlichen Prüfung zu unterziehen.

Darüber hinaus können im Metaverse *Dark Patterns* (§ 5a UWG) verwendet werden, die Verbraucher zu Käufen verleiten, etwa durch irreführende Countdown-Timer („Angebot endet bald") oder komplexe Rückgabebedingungen. **49**

§ 7 Abs. 1 UWG bezieht sich insbesondere auf eine unzumutbare Belästigung durch Werbung, obwohl erkennbar ist, dass der angesprochene Marktteilnehmer diese Werbung nicht wünscht. Auch dieser Tatbestand könnte im Kontext des Metaverse verwirklicht sein.[90] Dies kann spezifische Anforderungen an das Plattformdesign auslösen.[91] Vor diesem Hintergrund könnte beispielsweise ein Bezahlsystem eingeführt werden, das es verhindert, dass zahlende User durch Werbung angesprochen werden.[92] Alternativ könnte über die Platt- **50**

87 Gladkov/Taylor GRUR-Prax 2023, 554 (556).
88 Steege/Chibanguza Metaverse-HdB/Paal § 15 Rn. 23.
89 Hierzu auch Gladkov/Taylor GRUR-Prax 2023, 554 (556).
90 Kaulartz/Schmid/Müller-Eising RDi 2022, 521 (531); am Rande auch Gladkov/Taylor GRUR-Prax 2023, 554 (556); Reinholz GRUR-Prax 2023, 478 (481).
91 Steege/Chibanguza Metaverse-HdB/Paal § 15 Rn. 26.
92 Steege/Chibanguza Metaverse-HdB/Paal § 15 Rn. 26.

formeinstellungen die Möglichkeit zum „Ausschalten“ unerwünschter Werbung durch die Kontaktaufnahme anderer Avatare geschaffen werden.[93]

§ 73 Kartellrechtliche Aspekte

Übersicht

Schrifttum:

Bacher/Hempel/Wagner-von Papp, BeckOK KartellR, 16. Edition 2025; Bechtold/Bosch/Brinker, Kommentar zum Europäischen Kartellrecht, 4. Aufl. 2023; Bechtold/Bosch, Kommentar zum Gesetz gegen Wettbewerbsbeschränkungen, 11. Aufl. 2025; Bunte/Stancke, Kommentar zum Kartellrecht mit Vergaberecht und Beihilfenrecht, 4. Aufl. 2022; Crémer/Montjoye/Schweitzer, Competition policy for the digital era, 2019; Immenga/Mestmäcker/Körber/Schweitzer/Zimmer, Kommentar zum Wettbewerbsrecht, Band 1 7. Aufl. 2025, Band 2 7. Aufl. 2024; Kaulartz/Schmid/Müller-Eising, Das Metaverse – eine rechtliche Einführung, RDi 2022, 521; Kersting/Meyer-Lindemann/Podszun, Kommentar zum Deutschen und Europäischen Kartellrecht, 5. Aufl. 2025; Säcker/Bien/Meier-Beck/Montag, Münchener Kommentar zum Wettbewerbsrecht, Band 1/1 4. Aufl. 2023, Band 1/2 4. Aufl. 2023; Schrepel, Blockchain + Antitrust The Decentralization Formula, 2021; Wiedemann, Handbuch des Kartellrechts, 4. Aufl. 2020.

I. Einleitung

1 Aus kartellrechtlicher Sicht kann man das Themenfeld Virtual Worlds aus zweierlei Perspektiven betrachten. Zum einen sehen sich Virtual Worlds bzw. deren Betreiber beim Aufbau und der Ausgestaltung der Funktionsweise der jeweiligen Virtual Word mit den in jüngerer Vergangenheit verabschiedeten Normen des speziell auf digitale Märkte und plattformbasierte Geschäftsmodelle zugeschnittene, Kartell- und Regulierungsrechts, insbesondere § 19a GWB dem EU Digital Markets Act (DMA) konfrontiert. Zum anderen gelten die allgemeinen kartellrechtlichen Vorschriften.

2 Im Hinblick auf internationale Sachverhalte gilt sowohl im EU- als auch im deutschen Kartellrecht das völkerrechtliche Auswirkungsprinzip. Für die Anwendbarkeit der Vorschriften des GWB ist dies ausdrücklich in § 185 Abs. 2 GWB normiert. Hinsichtlich der Anwendbarkeit kartellrechtlicher Vorschriften kommt es also allein darauf an, ob sich eine Wettbewerbsbeschränkung, ein Marktmachtmissbrauch bzw. ein Zusammenschluss inner-

[93] Kaulartz/Schmid/Müller-Eising RDi 2022, 521 (531).

halb der EU bzw. der Bundesrepublik Deutschland spürbar auswirkt.[1] Dies gilt vor allem auch dann, wenn Unternehmen mit Sitz im Ausland beteiligt sind oder kartellrechtlich relevante Handlungen bzw. Verhaltensweisen im Ausland veranlasst wurden. Mit Blick auf Verhaltensweisen im Zusammenhang mit Virtual Worlds kommt es daher für die Anwendbarkeit der kartell- und fusionskontrollrechtlichen Vorschriften nicht etwa auf den Aufenthaltsort der Beteiligten bzw. den Sitz von Unternehmen, sondern allein auf die Auswirkungen in der EU bzw. in Deutschland an.

II. Kartellverbot: Art. 101 Abs. 1 AEUV, § 1 GWB

Zu den Grundzügen des Kartellverbots → § 14 Rn. 8 ff. 3

1. Unternehmensbegriff bei Virtual Worlds

Verbotsadressaten des Kartellrechts sind in erster Linie Unternehmen und Unternehmens- 4
vereinigungen. Eine der aus kartellrechtlicher Perspektive zentralen Fragen ist, wer im Falle von Virtual Worlds überhaupt als „Unternehmen" und damit als primärer Adressat der kartellrechtlichen Vorschriften gilt. Dem Kartellrecht liegt ein funktionaler Unternehmensbegriff zugrunde, der weit auszulegen ist. Unternehmen im Sinne des Kartellrechts ist daher jede eine wirtschaftliche Tätigkeit ausübende Einheit unabhängig von ihrer Rechtsform, der Art ihrer Finanzierung oder einer Gewinnerzielungsabsicht (Verweis: Zu den Grundzügen des kartellrechtlichen Unternehmensbegriffs → § 14 Rn. 58 ff.).[2]

a) Normadressaten bei zentral organisierten Virtual Worlds

Bei Kartellverstößen, die von privaten bzw. zentral kontrollierten Virtual Worlds begangen 5
werden, ist die Frage nach der Unternehmenseigenschaft relativ einfach zu beantworten.

Der Adressat der kartellrechtlichen Norm ist in aller Regel ein als Rechtsträger hinter der 6
Virtual World stehendes Unternehmen, oder eine bzw. mehrere natürliche Personen. Beispiele für solche zentral organisierten „private" Virtual Worlds, bei denen es einen eindeutigen kartellrechtlichen Adressaten gibt, sind *Fortnite, Meta Horizon, Minecraft oder Roblox.*

b) Normadressaten bei dezentral organisierten Virtual Worlds

Weitgehend ungeklärt ist dies hingegen bei sog. „public" bzw. dezentral organisierten Virtual 7
Worlds. Diese sind meist nicht gesellschaftsrechtlich verfasst und werden in der Regel nicht von einem oder mehreren Akteuren kontrolliert, sondern existieren auf Basis von Web3-Anwendungen, insbesondere Blockchain-Technologien, auf einer Vielzahl von Rechnern einzelner Stakeholder. Der Architektur von dezentral organisierten Virtual Worlds liegt dabei ein Distributed-Ledger-Prinzip zugrunde.

Die Grundfunktionen der Blockchain sowie die Prinzipien der Entscheidungsfindung 8
hinsichtlich deren Struktur und Funktionalitäten werden festgelegt, bevor der Code der Blockchain veröffentlicht und für weitere Nutzer zugänglich gemacht wird. Strukturelle Entscheidungen über Größe, Funktionen sowie die jeweils geltenden „Spielregeln" für die Nutzer der Virtual World werden bei „public" Virtual Worlds somit dezentral über einen Konsensmechanismus der Stakeholder getroffen. Dieser Konsensmechanismus ist in aller Regel so ausgestaltet, dass nur eine Mehrheit der an die Blockchain angeschlossenen Nutzer grundlegende Prinzipien der Virtual World ändern kann. Derartige Änderungen werden

---

1 Bechtold/Bosch/Brinker Einleitung Rn. 17; Bunte/Stancke KartellR/Stancke § 2 Rn. 3 ff.

2 Siehe EuGH EuZW 2009, 816 Rn. 54 mwN – Akzo Nobel; Immenga/Mestmäcker/Zimmer GWB § 1 Rn. 9; Bechtold/Bosch/Bosch § 1 Rn. 7; BeckOK KartellR/Füller GWB § 1 Rn. 4 ff.; MüKoWettbR/Säcker/Steffens GWB § 1 Rn. 8 ff.

dabei jedoch nicht durch Entscheidungshierarchien, sondern stets durch einen dynamischen Konsens der Stakeholder getroffen. Dies ist auf den ersten Blick nur schwerlich mit dem klassischen Unternehmensbegriff, dem eine hierarchische Entscheidungsfindung basierend auf Macht und Kontrolle zugrunde liegt, in Einklang zu bringen.

9 Wegen des Konsensmechanismus sind einzelne Stakeholder bzw. Nutzer für sich genommen also nicht im Stande, die (wirtschaftlichen) Geschicke der Virtual World zu bestimmen, sodass diese aus der klassischen kartellrechtlichen Haftungssystematik herausfallen.[3]

10 In Betracht kämen jedoch zumindest die „Gründer" einer dezentralen Virtual World also diejenigen, die die zugrundeliegende Software programmiert haben und damit die technischen Grundprinzipien der Virtual World und den Konsensmechanismus bestimmen, als Unternehmen zu qualifizieren.[4] Dagegen spricht, dass die „Gründer" aufgrund der Dezentralisierung und Demokratisierung der Entscheidungsmechanismen jedoch in aller Regel die Möglichkeit verlieren, die Geschicke und insbesondere die Struktur der jeweiligen Virtual World oder die auf dieser aufsetzenden Anwendungen zu kontrollieren, sobald die zugrundeliegende Software veröffentlicht und als Distributed Public Ledger genutzt wird. Eine kartellrechtliche Verantwortlichkeit würde den oder die Gründer somit in die Nähe einer – dem Kartellrecht prinzipiell fremden – Gefährdungshaftung rücken.

11 In einigen Fällen erfolgte die Gründung und Steuerung der Plattform wiederum über eine sog. Decentralized Autonomous Organization („DAO"). Wie in → § 14 Rn. 62 f. näher ausgeführt, kommt eine DAO, die eine Virtual World betreibt bzw. steuert, als solche prinzipiell als „Unternehmen" im Sinne des Kartellrechts und als geeigneter Adressat der kartellrechtlichen Vorschriften in Betracht.

c) Pseudonymisierung der Nutzer als Hindernis bei der Rechtsdurchsetzung

12 Ein weiteres, in erster Linie praktisches Hindernis bei der Durchsetzung des Kartellrechts ist die gängige Pseudonymisierung der Nutzer von Virtual Worlds. Diese sind meist nicht unter ihrer richtigen Identität, sondern mit Avataren bzw. Pseudonymen auf der Plattform tätig. Innerhalb der Virtual World fungiert der Avatar als zentrales Zurechnungsobjekt.[5]

13 Auch wenn sich ein konkreter Kartellverstoß einem oder mehreren Avataren bzw. Pseudonymen zuordnen lässt, bleiben die tatsächlich dahinterstehenden Unternehmen und Personen sowie deren Sitz oder Standort zunächst in aller Regel im Dunkeln. Dem könnte selbstverständlich *de lege ferenda* durch entsprechende „know your customer" (KYC)-Mechanismen der jeweiligen Virtual World entgegengetreten werden, sodass die Identität einzelner Nutzer im Falle eines Rechtsverstoßes zweifelsfrei nachverfolgbar und eine effektive Durchsetzung geltender kartellrechtlicher Vorschriften möglich wäre.

Praxishinweis:
Betreiber von Virtual Worlds sollten – soweit rechtlich zulässig – „Know Your Customer"-Mechanismen implementieren, die eine verlässliche Identifikation der Nutzer ermöglichen, um im Falle eines Kartellverstoßes die dahinterstehenden Unternehmen und Personen identifizieren zu können. Ohne solche Strukturen läuft die kartellrechtliche Rechtsdurchsetzung gegenüber anonym oder pseudonym agierenden Akteuren praktisch ins Leere. Dies gilt gleichermaßen für Unternehmen, die im Rahmen ihrer Geschäftstätigkeit auf Virtual Worlds tätig sind und sich gegenüber kartellrechtlichen Behörden rechenschaftspflichtig sehen könnten.

---

3 Siehe Schrepel Blockchain + Antitrust 103 f.
4 Siehe Schrepel Blockchain + Antitrust 103 f.
5 Siehe Kaulartz/Schmid/Müller-Eising RDi 2022, 521 (524).

2. Sonstige Voraussetzungen des Kartellverbots

Des Weiteren setzt das Kartellverbot des Art. 101 Abs. 1 AEUV bzw. § 1 GWB insbesondere voraus, dass Vereinbarungen oder aufeinander abgestimmte Verhaltensweisen zwischen Unternehmen bzw. Beschlüsse von Unternehmensvereinigungen bestehen. Diese müssen ferner eine Wettbewerbsbeschränkung bezwecken oder tatsächlich bewirken. Nähere Details zu den Voraussetzungen des Kartellverbots finden sich in → § 14 Rn. 8 ff. **14**

3. Kartellverstöße in Virtual Worlds

Bei der Frage nach dem konkreten Kartellrechtsverstoß im Zusammenhang mit Virtual Worlds lässt sich zwischen der Ebene des Aufbaus der Virtual World sowie der konkreten Nutzung der jeweiligen Virtual World unterscheiden. **15**

Fragen der Interoperabilität oder der Standardsetzung sowie der Bevorzugung eigener Produkte und Dienstleistungen des Betreibers der Virtual World (→ Rn. 25 ff.) sind dabei eher dem Aufbau der Virtual World zuzurechnen. Exklusivbindungen, erhöhte Markttransparenz bzw. der wettbewerbswidrige Austausch von Informationen über die Virtual World sowie Kollusionsthemen sind hingegen der Nutzungsebene zuzuordnen. Bestpreis- oder Meistbegünstigungsklauseln fungieren wiederum als Scharnier zwischen den beiden Ebenen. **16**

Eine Reihe wettbewerbswidriger Vereinbarungen bezweckt ausschließlich eine Wettbewerbsbeschränkung und ist nicht nach Art. 101 Abs. 3 AEUV, § 2 GWB freistellungsfähig. Zu diesen sog. Hardcore-Verstößen gehören insbesondere Preisabsprachen zwischen den Betreibern verschiedener Virtual Worlds, bspw. hinsichtlich möglicher Entgelte für den Zugang zur jeweiligen Plattform sowie zu Kommissionen, Zahlungsgebühren oder Transaktionsentgelten (transaction fees) für Transaktionen über/auf der Virtual World. Ebenfalls erfasst ist die Aufteilung von Märkten, bspw. durch Abreden sich in bestimmten Bereichen keinen Wettbewerb zu machen. **17**

Hinzu kommen erhöhte Markttransparenz und Informationsaustausche zwischen Wettbewerbern. Derartige Beschränkungen werden durch die Besonderheiten blockchainbasierter Virtual Worlds, insbesondere dem prinzipiell freien Zugang zu Informationen auf der Plattform und deren Unveränderlichkeit, begünstigt. **18**

Aber auch bei in der Tendenz kartellrechtlich weniger kritischen Kooperationen zwischen Wettbewerbern, bspw. bei Forschung und Entwicklung oder der Standardsetzung sind die kartellrechtlichen Grenzen einzuhalten. **19**

Praxishinweis:
Unternehmen, die sich an der Entwicklung gemeinsamer Standards für Virtual Worlds beteiligen, sollten sicherstellen, dass der Standardisierungsprozess für alle Marktteilnehmer offen, transparent und diskriminierungsfrei ausgestaltet ist und Dritten der Zugang zu normierten Technologien zu FRAND-Bedingungen offensteht. Andernfalls drohen Verstöße gegen Art. 101 Abs. 1 AEUV bzw. § 1 GWB, insbesondere wenn Wettbewerber ungerechtfertigt vom Standardisierungsprozess ausgeschlossen werden. Eine frühzeitige kartellrechtliche Begleitung von Standardisierungsinitiativen ist daher dringend empfehlenswert.

III. Marktmachtmissbrauch, Art. 102 AEUV, §§ 19 ff. GWB

1. Generelles

Neben dem Kartellverbot des Art. 101 Abs. 1 AEUV und § 1 GWB ist mit Blick auf Virtual Worlds vor allem der Missbrauch von Marktmacht relevant. Die Europäische Union sowie **20** einzelne mitgliedstaatliche Gesetzgeber sehen mittlerweile rechtliche Instrumente vor, die den besonderen Herausforderungen digitaler Plattformmärkte im Missbrauchsbereich Rechnung tragen sollen. Besonders stechen dabei der EU Digital Markets Act (DMA) und § 19a GWB hervor, die besondere Verhaltenspflichten an marktstarke Unternehmen auf digitalen Plattformmärkten vorsehen.

21 Daneben gelten nach wie vor auch die allgemeinen Missbrauchstatbestände des Art. 102 AEUV bzw. §§ 19 ff. GWB, sofern eine entsprechende marktbeherrschende Stellung als Anknüpfungspunkt für missbräuchliche Verhaltensweisen besteht.

22 Gerade bei zwei- oder mehrseitigen Märkten stellen sich neue Herausforderungen bei der notwendigen Abgrenzung des wettbewerblich relevanten Marktes. Diese sind in aller Regel von vielfältigen Wechselwirkungen zwischen den verschiedenen Marktseiten, insbesondere durch direkte oder indirekte Netzwerkeffekte, geprägt. Aufgrund der häufig bestehenden Komplexität zwei- oder sogar mehrseitiger Märkte hat sich bisher noch keine einheitliche Methode zur Marktabgrenzung durchgesetzt.[6]

23 Mit Blick auf Virtual World steht in sachlicher Hinsicht zunächst der Betrieb der Virtual World selbst im Vordergrund. In Betracht kommen ferner Märkte für Applikationen bzw. Services auf der jeweiligen Virtual World (bspw. Gaming-Anwendungen, Zahlungsabwicklung oder andere Dienstleistungen) und Märkte für Hardware-Komponenten, wie VR/AR Technologie, sowie Märkte für digitale Assets, wie bspw. NFTS, die auf Virtual Worlds gehandelt werden können.

24 Vor allem in dynamischen, noch im Aufbau befindlichen Märkten, haben Marktanteile nur eine vergleichsweise geringe Aussagekraft.[7] Dies gilt umso mehr dann, wenn es sich insgesamt um sog. „zero-price" Märkte bzw. Marktseiten handelt, oder Güter und Dienste ohne (direkte) monetäre Gegenleistung zur Verfügung gestellt werden.[8] Beispiele aus der „klassischen" Onlinewelt hierfür sind Suchmaschinen, Internetportale und soziale Netzwerke, die für die (privaten) Nutzer meist kostenlos sind und sich primär durch den Verkauf von Werbung finanzieren. Die auf mehrseitigen digitalen Plattformmärkten oftmals geringe Aussagekraft von Marktanteilen kommt in § 18 Abs. 3a GWB zum Ausdruck, der bei der Bewertung der Markstellung von Unternehmen neben verhältnismäßig leicht zu quantifizierenden Marktanteilen bspw. auch Kriterien wie Netzwerkeffekte, lock-in Effekte, Zugang zu Daten und Innovationsdruck berücksichtigt.

2. Missbrauchskonstellationen

a) Zugang zu Virtual Worlds/Datenzugang Dritter („essential facility")

25 Praktisch relevant sind Zugangsansprüche zu Virtual Worlds, bspw. für Unternehmen, die auf der jeweiligen Plattform in Kontakt zu Nutzern treten oder anderweitig geschäftlich tätig werden wollen, jedoch vom Plattformbetreiber daran gehindert werden.

26 Ähnliches gilt in Bezug auf Daten, die von marktstarken Virtual Worlds oder Anbietern anderer Dienste erhoben und ggf. gesammelt und analysiert werden. Auch hier könnten Dritte zur Entwicklung und Verbesserung eigener Produkte und Dienste Zugang zu diesen Daten einfordern.

27 Abgesehen vom speziellen Zugangsrecht gewerblicher Nutzer zu Nutzungs- und Transaktionsdaten nach Art. 6 Abs. 10 DMA (→ § 66 Rn. 51) eröffnen jedoch zunächst weder der DMA noch § 19a GWB ein allgemeines Zugangs- oder Nutzungsrecht Dritter zu Virtual Worlds oder den in deren Zusammenhang generierten Daten.

---

6 Siehe dazu im Detail Kersting/Meyer-Lindemann/Podszun/Huttenlauch AEUV Art. 102 Rn. 57 ff.

7 Laut BKartA 6.2.2019 – B6-22/16 Rn. 401 – Facebook kann Marktanteilen bei Internetdiensten und -Plattformen allenfalls eine beschränkte Vermutungswirkung bei der Annahme von Marktbeherrschung beigemessen werden.

8 Siehe dazu im Detail Crémer/Montjoye/Schweitzer Competition policy for the digital era 48 ff.

Sofern im Einzelfall eine marktbeherrschende Stellung der Virtual World besteht, können sich Zugangsansprüche jedoch aus Art. 102 AEUV bzw. §§ 19 ff. GWB ergeben. Die Verhinderung des Zugangs zu wesentlichen Einrichtungen („essential facility") stellt eine Unterfallgruppe des Missbrauchs einer marktbeherrschenden Stellung durch Geschäfts- bzw. Lieferverweigerung dar.[9] Der Zugangs- oder Lieferverweigerung gleichgestellt sind Praktiken, mit denen der Zugang oder die Belieferung von objektiv unangemessenen Bedingungen abhängig gemacht wird (sog. konstruktive Leistungsverweigerung).[10] **28**

Grundsätzlich vertritt der Europäische Gerichtshof in ständiger Rechtsprechung, dass auch ein marktbeherrschendes Unternehmen nicht verpflichtet ist, Wettbewerbern den Zugang zu wesentlichen Einrichtungen unter allen Umständen zu gewähren. Das gilt in besonderem Maße, wenn es sich um Einrichtungen, Produkte oder Rechte handelt, die durch gewerbliche Schutzrechte geschützt sind.[11] Die Hürden für den Missbrauch einer marktbeherrschenden Stellung unter Art. 102 AEUV sind daher hoch. **29**

Ein Zugangsrecht wird dementsprechend nur zu solchen Einrichtungen bejaht, die für den Eintritt in einen nachgelagerten Markt unerlässlich sind und nicht dupliziert werden können. **30**

Angesichts einer Vielzahl miteinander konkurrierender Virtual Worlds in einem dynamischen Marktumfeld, das gerade erst am Beginn seiner Entstehung ist, erscheint es derzeit äußerst schwierig darzulegen, dass der Zugang zu einer spezifischen Virtual World für die Ausübung der Markttätigkeit des Zugangsnachfragers unentbehrlich ist. **31**

Ferner hat der EuGH in Bezug auf digitale Plattformen, die (auch) für den Zugang durch Drittanbieter entwickelt wurden jüngst in seiner *Android Auto* Entscheidung die Anforderungen für Zugangsansprüche abgesenkt und klargestellt, dass es insoweit ausreiche, wenn die digitale Plattform das Produkt des Drittanbieters für Verbraucher attraktiver mache.[12] **32**

Sofern in Zukunft eine gewisse Konsolidierung des Marktgefüges eintritt und sich einzelne Virtual Worlds etablieren, die uU auch noch auf bestimmte vor- oder nachgelagerte Endanwendungen zugeschnitten sind, scheint eine Erfüllung dieses Kriteriums daher naheliegend. **33**

b) Standardsetzung/Normierung

Legt man die Vision einer weltumspannenden virtuellen Welt, die aus einer Vielzahl an miteinander verzahnten Virtual World besteht, zugrunde, setzt dies eine Einigung auf grundlegende technische Standards voraus, die eine Verzahnung mehrerer Virtual Worlds miteinander zulässt. **34**

Bei der Standardfindung ist das Verbot wettbewerbsbeschränkender Vereinbarungen nach Art. 101 AEUV, § 1 GWB zu berücksichtigen. Durch die Begünstigung bestimmter technischer Lösungen und Applikationen durch Standardsetzung kann es zu einer Beeinträchtigung des Wettbewerbs, insbesondere von Innovation und technischer Entwicklung kommen. Die Gefahr der Einschränkung von Innovation steigt vor allem dann, wenn ein oder mehrere Unternehmen in ungerechtfertigter Weise vom Standardisierungsprozess ausgeschlossen werden bzw. (potentiellen) Wettbewerbern der Zugang zu normierten Technologien verwehrt wird.[13] **35**

Standardisierungsvereinbarungen sind nach Lesart der EU-Kommission in aller Regel jedoch dann wettbewerblich unkritisch, wenn (i) für alle Marktteilnehmer prinzipiell die **36**

9 Siehe MüKoWettbR/Eilmannsberger/Bien AEUV Art. 102 Rn. 462.

10 Siehe Kom. ABl. 2001 L 331, 40 Rn. 141; Kom. ABl. 1999 L 95, 1 Rn. 553; MüKoWettbR/Eilmansberger/Bien AEUV Art. 102 Rn. 444; Wiedemann KartellR-HdB/Scholz § 22 Rn. 106; Kersting/Meyer-Lindemann/Podszun/Huttenlauch AEUV Art. 102 Rn. 244.

11 BGH WuW/E DE-R 2613; EuG BeckRS 2007, 70806 Rn. 332 f.; LG Düsseldorf WuW/E DE-R 2120 (2122); Bechtold/Bosch/Bosch GWB § 19 Rn. 80; BT-Drs. 13/9720, 79 f.; BT-Drs. 13/9720, 73; BT-Drs. 13/10633, 72.

12 Siehe EuGH ECLI:EU:C:2025:110 = GRUR-RS 2025, 2371 Rn. 44 ff. – Android Auto.

13 Siehe EU-Kommission, Leitlinien zur Anwendbarkeit des Artikels 101 des Vertrags über die Arbeitsweise der Europäischen Union auf Vereinbarungen über horizontale Zusammenarbeit, ABl. 2023 C 259, 1 („Horizontalleitlinien"), Rn. 444; MüKoWettbR/Wagner-von Papp AEUV Art. 101 Rn. 414.

Möglichkeit zur uneingeschränkten Mitwirkung am Standardisierungsprozess gegeben ist, (ii) das Verfahren für die Annahme der betreffenden Norm transparent ist, (iii) objektive und diskriminierungsfreie Verfahren für die Zuteilung von Stimmrechten sowie gegebenenfalls objektive Kriterien für die Auswahl der in die Norm aufzunehmenden Technologie existieren, (iv) keine Verpflichtung zur Einhaltung der Norm besteht und (v) Dritten der Zugang zum Standard zu fairen, zumutbaren und diskriminierungsfreien Bedingungen („FRAND"-Bedingungen) offensteht.[14]

c) Kopplungsstrategien (tying/bundling)

37 Durch die Kopplung weiterer – oftmals proprietärer – Produkte und Dienstleistungen an eine marktstarke Virtual World kann die Marktmacht von einem Markt auf einen anderen übertragen werden (sog. Hebelwirkungen bzw. leveraging), sodass es sowohl zu einem Verschluss des Plattform-Marktes als auch zu einem Verschluss des oder der Märkte für die gekoppelten Produkte und Dienstleistungen kommen kann.[15]

38 Hierbei ist zwischen der vertraglichen oder technischen Verpflichtung weitere Produkte und Dienstleistungen des Betreibers der Virtual World zu nutzen bzw. zu erwerben, dem sog. „tying" und der meist kostenlosen oder, bspw. über Rabatte, erheblich vergünstigten Dreingabe weiterer Produkte und Dienstleistungen des Plattformbetreibers, dem sog. „bundling" zu unterscheiden.[16]

39 Derartige Strategien können bereits unter dem allgemeinen Missbrauchstatbestand des Art. 102 Abs. 1 AEUV bzw. § 19 GWB missbräuchlich sein. Dafür ist es in tying-Konstellationen zunächst erforderlich, dass eine beherrschende Stellung auf dem Markt des koppelnden (Grund-)Produkts besteht.[17] In den Fällen des bundlings genügt die Beherrschung irgendeines der betroffenen Märkte.[18] Bereits aus der Natur eines Kopplungsgeschäfts folgt, dass es sich bei dem koppelnden und dem hieran gekoppelten Produkte um separate Leistungen des Marktbeherrschers handeln muss.[19] Maßgeblich ist, ob die Kopplung im Einzelfall zu einer wahrscheinlichen oder tatsächlichen wettbewerbswidrigen Marktverschließung auf dem Kopplungsmarkt oder dem gekoppelten Markt führt.[20]

40 Eine Rechtfertigung ist nur unter engen Voraussetzungen möglich. In Betracht kommen insbesondere technische oder wirtschaftliche Gründe, die für eine Zusammenfassung der Leistungen sprechen, ein entsprechender Handelsbrauch auf dem beherrschten Markt oder bestimmte objektive Notwendigkeiten wie Verbraucherschutz sowie die Anwendungssicherheit oder die Vermeidung von Produkthaftungsfällen.[21]

d) Self-preferencing

41 Neben dem Verkauf bestimmter Hardwarekomponenten, wie bspw. VR-Headsets oder leistungsstarker Grafikkarten, die zur umfassenden Nutzung der Virtual World notwendig sind, werden sich die wichtigsten Monetarisierungsstrategien vor allem in den Bereichen E-Commerce, Entertainment, Werbung und digitale Dienstleistungen bewegen. Virtual

---

[14] Siehe EU-Kommission, Horizontalleitlinien, Rn. 450 ff.

[15] Siehe EU-Kommission, Erläuterungen zu den Prioritäten der Kommission bei der Anwendung von Artikel 82 des EG-Vertrags auf Fälle von Behinderungsmissbrauch durch marktbeherrschende Unternehmen, ABl. 2009 C 45, 2 („Prioritätenmitteilung") Rn. 49.

[16] Siehe Immenga/Mestmäcker/Fuchs/Heinemann AEUV Art. 102 Rn. 392 ff.; MüKoWettbR/Kerber/Schwalbe Grundlagen des Wettbewerbrechts Rn. 640.

[17] EU-Kommission, Prioritätenmitteilung, Rn. 50; Immenga/Mestmäcker/Fuchs/Heinemann AEUV Art. 102 Rn. 399.

[18] EU-Kommission, Prioritätenmitteilung, Rn. 50; Immenga/Mestmäcker/Fuchs/Heinemann AEUV Art. 102 Rn. 399.

[19] Bechtold/Bosch/Brinker AEUV Art. 102 Rn. 56; Kersting/Meyer-Lindemann/Podszun/Huttenlauch AEUV Art. 102 Rn. 227.

[20] EU-Kommission, Prioritätenmitteilung, Rn. 52 ff.

[21] Siehe Immenga/Mestmäcker/Fuchs AEUV Art. 101 Rn. 289 ff.

Worlds bieten sich vor allem für den elektronischen Handel und alle Arten von Online-Transaktionen, bspw. für den Erwerb digitaler Grundstücke, NFTs oder Medieninhalte an.

Viele Plattformunternehmen sind neben ihrer Tätigkeit als Plattformbetreiber gleichzeitig als Händler bzw. Anbieter von Dienstleistungen auf ihrer eigenen Plattform aktiv und stehen daher in vertikaler Hinsicht oftmals in direktem Wettbewerb zu (kommerziellen) Nutzern der Plattform. Dies schafft erhebliche Anreize durch die technische Ausgestaltung der Plattform eigene Produkte und Dienstleistungen gegenüber denen von Wettbewerbern zu begünstigen. 42

Dieses sog. self-preferencing ist zunächst mit Blick auf das allgemeine Missbrauchsverbot des Art. 102 AEUV bzw. § 19 GWB problematisch. Im Fall *Google Shopping* hat die EU-Kommission die gezielte Bevorzugung des gleichnamigen Vergleichsportals durch den Google Search Engine erstmals als Verstoß gegen Art. 102 AEUV gewertet.[22] 43

Ebenso wie im klassischen Online-Bereich wird nutzerfokussierte Werbung in Virtual Worlds voraussichtlich einen zentralen Stellenwert einnehmen. Vor diesem Hintergrund spricht vieles dafür, die Missbräuchlichkeit nicht nur auf den Absatz von Waren oder Dienstleistungen, sondern auch auf den Werbebereich auszudehnen. Die französische Wettbewerbsbehörde hat insoweit bereits im Jahr 2021 bindend festgestellt, dass Google durch eine umfassende Bevorzugung eigener Dienste und Technologien im Online Adserving-Bereich gegen Art. 102 AEUV verstoßen hat.[23] Verfahren mit ähnlicher Stoßrichtung werden aktuell von der EU-Kommission und vor verschiedenen US-Gerichten geführt.[24] Nach Art. 102 AEUV missbräuchlich kann daher auch die Begünstigung proprietärer technischer Lösungen der jeweiligen Virtual World bei der Buchung oder Ausspielung von Werbung auf der jeweiligen Plattform oder die Abschottung bestimmter, besonders wertvoller Werbeflächen auf der jeweiligen Plattform für Drittanbieter sein. 44

Praxishinweis:
Betreiber von Virtual Worlds, die zugleich als Anbieter von Werbedienstleistungen oder anderen Diensten auf der eigenen Plattform tätig sind, sollten ihre Geschäftspraktiken regelmäßig auf kartellrechtliche Risiken im Bereich self-preferencing überprüfen, da die Bevorzugung eigener Produkte und Dienstleistungen gegenüber denen von Wettbewerbern – wie die EU-Kommission und verschiedene nationale Wettbewerbsbehörden jüngst klargestellt haben – einen Verstoß gegen Art. 102 AEUV begründen kann. Dies gilt insbesondere für die technische Ausgestaltung der Plattform sowie für den Zugang zu Werbeflächen und Werbeinfrastrukturen. Eine proaktive kartellrechtliche Compliance-Prüfung ist daher anzuraten.

IV. Anwendbarkeit des DMA

Zu den Grundzügen des DMA im Detail → § 14 Rn. 38 ff. Nach Art. 2 Abs. 2 DMA fallen unter anderem soziale Online-Netzwerke und Online-Vermittlungsdienste in den Anwendungsbereich des DMA. Anbieter von Virtual Worlds, die oftmals sowohl Funktionen sozialer Netzwerke als auch von Online-Vermittlungsdiensten wahrnehmen, kämen demnach prinzipiell als Anbieter „zentraler Plattformdienste" in Betracht. 45

[22] Siehe EU-Kommission 27.6.2017 – AT.39740– Google Shopping.

[23] Siehe Autorité de la concurrence, decision 21-D-11 of 7 June 2021 regarding practices implemented in the online advertising sector.

[24] Siehe EU-Kommission, Fall AT.40670 – Google (Adtech and Data-related practices); United States District Court for the Eastern District of Virginia, decision of 17.4.2025, case no 1: 23-cv-00108; Complaint by various US State Attorneys with the United States District Court for the Southern District of New York, case no 1:21-cv-06841-PKC.

46 Für die Einstufung als Gatekeeper verzichtet der DMA gänzlich auf die Abgrenzung einzelner Märkte bzw. die Analyse von Marktstrukturen. Eine Gatekeeper-Stellung wird nach Art. 3 Abs. 3 DMA vielmehr widerlegbar vermutet, wenn ein Unternehmen in den letzten drei Geschäftsjahren kumulativ: (i) in der EU einen Jahresumsatz von mindestens 7,5 Mrd. EUR erzielt hat oder wenn seine durchschnittliche Marktkapitalisierung oder sein entsprechender Marktwert im vergangenen Geschäftsjahr mindestens 75 Mrd. EUR betrug und es in mindestens drei EU-Mitgliedstaaten denselben zentralen Plattformdienst bereitstellt und (ii) in der EU monatlich mindestens 45 Millionen aktive Endnutzer und (iii) mindestens 10.000 jährlich aktive gewerbliche Nutzer hatte.

47 Die Verhaltenspflichten der Art. 5 ff. DMA gelten jedoch nicht für sämtliche Tätigkeiten des Gatekeepers, sondern jeweils nur im Rahmen der Bereitstellung eines konkreten zentralen Plattformdienstes, der im Benennungsbeschluss der EU-Kommission aufgelistet ist.[25] Derzeit sind Virtual Worlds von der EU-Kommission jedoch noch nicht als zentrale Plattformdienste der Gatekeeper benannt worden.[26]

V. Anwendbarkeit des § 19a GWB

48 Im Unterschied zum DMA braucht es keiner gesonderten Einordnung oder Qualifikation von Virtual Worlds als wettbewerblich besonders relevante digitale Plattformdienste oder ähnliches. Sobald die überragende marktübergreifende Bedeutung eines Unternehmens vom Bundeskartellamt nach § 19a Abs. 1 GWB (Zu den Grundzügen von § 19a GWB im Detail → § 14 Rn. 45 ff.) festgestellt wurde, gilt diese für sämtliche Produkte, Dienste und Aktivitäten des Unternehmens – unabhängig von deren Art oder Umfang. Es gilt der allgemeine kartellrechtliche Unternehmensbegriff.[27] Schwerpunktmäßig zielt die Norm jedoch auf digitale Märkte ab[28], was Virtual Worlds auch ohne eine explizite Erwähnung in den Fokus des Schutz- und Eingriffsbereichs der Vorschrift rückt.[29]

49 Bislang wurden *Alphabet, Amazon, Apple, Meta* und *Microsoft* gem. § 19a Abs. 1 GWB rechtskräftig als Unternehmen mit überragender Bedeutung für den Wettbewerb eingestuft[30], sodass prinzipiell auch etwaige Aktivitäten im Bereich Virtual Worlds von § 19a GWB erfasst werden können.

---

[25] DMA-Erwgr. 29; Kersting/Meyer-Lindemann/Podszun/Dietrich/Jung DMA Art. 5 Rn. 11.

[26] Siehe die Auflistung unter https://digital-markets-act.ec.europa.eu/gatekeepers_en?prefLang=de (zuletzt abgerufen am 20.8.2025).

[27] Siehe BeckOK KartellR/Wagner-von Papp GWB § 19a Rn. 1a; Kersting/Meyer-Lindemann/Podszun/Podszun GWB § 19a Rn. 18; Immenga/Mestmäcker/SchweitzerGWB § 19a Rn. 126; Bechtold/Bosch/BoschGWB § 19a Rn. 2.

[28] Siehe BeckOK KartellR/Wagner-von Papp GWB § 19a Rn. 38a; Immenga/Mestmäcker/Schweitzer GWB § 19a Rn. 82; Bechtold/Bosch/Bosch GWB § 19a Rn. 4; Kersting/Meyer-Lindemann/Podszun/Podszun GWB § 19a Rn. 20.

[29] Siehe insoweit auch die § 19a Abs. 1 GWB-Feststellungsentscheidung des BKartA 27.9.2024 – B6-26/23 Rn. 407 ff. – Microsoft, die sich intensiv mit Microsofts Aktivitäten im AI-Bereich auseinandersetzt.

[30] Siehe BKartA 30.12.2021 – B7-61/21 – Alphabet; BKartA 2.5.2022 – B6-27/21 – Meta; BKartA 5.7.2022 – B2-55/21 – Amazon; BKartA 3.4.2023 – B9-67/21 – Apple; BKartA 27.9.2024 – B6-26/23 – Microsoft; Bundeskartellamt, Jahresbericht 2024/25, S. 39.

Kapitel 7 Autonomie und Datenhoheit

§ 74 Digitale Identitäten und Europäische Identitätsbrieftasche (EUDI-Wallet)

Übersicht

Schrifttum:

Aldini/Barthe/Gorrieri, Foundations of Security Analysis and Design, 2009; Auer-Reinsdorff/Conrad, Handbuch IT- und Datenschutzrecht, 3. Aufl. 2019; Baier, Persönliches digitales Identitätsmanagement, 2005; Sedlmeir/Smethurst/Rieger/Fridgen, Digital Identities and Verifiable Credentials, BISE 2021, 603; Blasek, Datenschutzrechtliche Aspekte der geplanten EU-ID-Wallet, DSRITB 2023, 73; Borges/Hilber, Beck-OK IT-Recht, 19. Ed. 1.7.2025; Cao/Yang, A survey of Identity Management technology, IEEE International Conference on Information Theory and Information Security 2010, 287; Cerezo Sánchez, Zero-Knowledge Proof-of-Identity: Sybil-Resistant, Anonymous Authentication on Permissionless Blockchains and Incentive Compatible, Strictly Dominant Cryptocurrencies, 2019; Clauß/Kesdogan/Kölsch, Privacy enhancing identity management: Protection against re-identification and profiling, Proceedings of the 2005 Workshop on Digital Identity Management, 30; Clauß/Köhntopp, Identity management and its support of multilateral security, Computer Networks 2021, 205; Dannhausen/Abel, Nutzerverifikation nach dem Data Act – Mission Impossible?, MMR 2025, 342; Degen/Emmert, Elektronischer Rechtsverkehr, 3. Aufl. 2025; Deusch/Eggendorfer, 50.1 IT-Sicherheit, in Taeger/Pohle, Computerrechts-Handbuch, 40. EL März 2025; Ehrlich/Richter/Meisel/Anke, Self-Sovereign Identity als Grundlage für universell einsetzbare digitale Identitäten, HMD 2021, 247; Frey, Hash-Funktionen und Hash-Werte in der juristischen Praxis, GRUR-Prax 2024, 60; Göttler, Die eIDAS-VO 2.0 – Der neue Rechtsrahmen für eine europäische digitale Identität (Teil 1), jurisPR-ITR 1/2025 Anm. 2; Göttler, Die eIDAS-VO 2.0 – Der neue Rechtsrahmen für eine europäische digitale Identität (Teil 2), jurisPR-ITR 2/2025 Anm. 2; Göttler, Die eIDAS-VO 2.0 – Der erweiterte unionsweite Rahmen für Vertrauensdienste (Teil 3), jurisPR-ITR 4/2025 Anm. 2; Götze, Qualifizierte vs. nicht qualifizierte elektronische Vertrauensdienste, DUD 2024, 413; Hentsch/Falk Games und Recht, 1. Aufl. 2023; Hoeren/Sieber/Holznagel, Handbuch Multimedia-Recht, 62. EL Juni 2024; Hornung/Schallbruch, IT-Sicherheitsrecht Praxishandbuch, 2. Aufl. 2024; Jøsang/Pope, User centric identity management, Proceedings of AusCERT Asia Pacific Information Technology Security Conference, 2005; Kipker Cybersecurity Rechtshandbuch, 2. Aufl. 2023; Kippker/Dittrich, Rolle der Kritischen Infrastrukturen nach dem neuen NIS-2-

Umsetzungs- und Cybersicherheitsstärkungsgesetz, MMR 2023, 481; Kjørven/Gjøsteen/Waerstad, Safe and Inclusive or Unsafe and Discriminatory? European Digital Identity Wallets and the Challenges of 'Sole Control' (2025); Kociok/Seifert, Die europäische Brieftasche für die Digitale Identität zwischen Pflichten und Potenzial – ein Überblick über die Vorgaben der eIDAS-VO 2.0, DB 2025, 33; Lange-Hausstein/Kremer, Die EU Digital Identity Wallet in Banking und Zahlungsverkehr, BKR 2024, 362; Le/Epiphaniou/Maple, A comparative cyber risk analysis between federated and self-sovereign identity management systems, Data&Policy 2023, e38; Liesching, BeckOK Jugendschutzrecht, 5. Ed. 1.6.2025; Moosmayer/Lösler, Corporate Compliance, 4. Aufl. 2024; Paar/Pelzl, Kryptografie verständlich, 2016; Pfaff/Urbach, Bedeutung der neuen EU Digital Identity Wallet für Zahlungsdienste, RDZ 2025, 67; Pfitzmann/Hansen, A Terminology for Talking about Privacy by Data Minimization, 2010; Roßnagel, Neue Regeln für sichere elektronische Transaktionen – Die EU-Verordnung über elektronische Identifizierung und Vertrauensdienste, NJW 2014, 3686; Schmidt, Der Regierungsentwurf zur NIS-2-Richtlinie – Richtliniengetreue Umsetzung oder deutscher Sonderweg?, RDi 2024, 550; Seppelfricke/Vugrincic, Von der digitalen Souveränität zur digitalen Identität, Lecture Notes in Informatics (LNI) 2024, 763; Soltani/N Nguyen/An, A Survey of Self-Sovereign Identity Ecosystem, Security and Communication Networks, 2021; Steege/Chibanguza, Metaverse Rechtshandbuch, 1. Aufl. 2023; Urbach/Guggenberger/Pfaff/Stoetzer/Feulner/Babel/Principato/Lautenschlager, EU Digital Identity Wallet Anwendungsfälle, Nutzungspotenziale und Herausforderungen für Unternehmen, 2024; Vettermann, Der grundrechtliche Schutz der digitalen Identität, 2022; Wang/De Filippi, Self-Sovereign Identity in a Globalized World: Credentials-Based Identity Systems as a Driver for Economic Inclusion, 2019.

I. Einführung: Digitale Identitäten und Identitätsmanagement

1. Einleitung

Um vertrauenswürdige Transaktionen sowie Interaktionen mit digitalen Diensten zu gewährleisten, bedarf es häufig einer sicheren und verlässlichen Identifizierung der beteiligten Akteure sowie eines Nachweises relevanter Eigenschaften wie bspw. Alter, Qualifikationen oder Mitgliedschaften (sog. Identitätsattribute). Dies ist insbesondere relevant, wenn gesetzliche Vorgaben einen solchen Nachweis verlangen, bspw. eine Altersverifikation zu Jugendschutzzwecken, oder wenn Transaktionen erhebliche wirtschaftliche Bedeutung haben. Auch in virtuellen Räumen, bspw. in virtuellen Welten, sind solche Nachweise von zentraler Bedeutung. Sei es zum Nachweis, dass überhaupt ein realer Mensch hinter einem Avatar steckt, zur Identifizierung individueller Nutzer oder zur rechtssicheren Übertragung digitaler Vermögenswerte. 1

Während der Nachweis der Identität oder bestimmter Identitätsattribute in der analogen Welt selbstbestimmt durch physische, von vertrauenswürdigen Intermediären ausgestellte Dokumente erfolgen kann (bspw. Personalausweise oder Zeugnisse), existiert zum digitalen Nachweis der Identität oder von Identitätsattributen bislang nur ein „Flickenteppich" verschiedener Lösungen.[1] Nutzer müssen regelmäßig zahlreiche Accounts bei verschiedenen Diensteanbietern anlegen und sich für diese gegebenenfalls mit analogen Identifizierungsmitteln identifizieren. Um dies zu verbessern, soll mit der 2024 novellierten eIDAS-VO[2] ein unionsweiter harmonisierter Rechtsrahmen für hochsichere, vertrauenswürdige europäische digitale Identitäten geschaffen werden. Kern der Regelungen ist die **Einführung der europäischen Identitätsbrieftasche für die digitale Identität** (European Digital Identity Wallet, EUDI-Wallet), einer staatlich anerkannten, interoperablen Anwendung, mit der die eigene Identität, Identitätsattribute und andere Nachweise auf sichere und selbstbestimmte Weise gespeichert, verwaltet und Dritten zur Überprüfung bereitgestellt werden können. 2

Verlässliche digitale Identifizierungsmechanismen sind auch global von erheblicher wirtschaftlicher und gesellschaftlicher Bedeutung: *McKinsey* prognostiziert, dass Staaten mit effektiven digitalen Identifizierungssystemen bis 2030 ein **wirtschaftliches Wachstum** 3

[1] Strüker/Urbach/Guggenberger/Lautenschlager/Ruhland/Schlatt/Sedlmeir/Stoetzer Self-Sovereign Identity S. 6, online abrufbar unter: https://www.fim-rc.de/wp-content/uploads/2021/06/Fraunhofer-FIT_SSI_Whitepaper.pdf (zuletzt abgerufen am 21.6.2025).

[2] Verordnung (EU) Nr. 910/2014 des Europäischen Parlaments und des Rates vom 23.7.2014 über elektronische Identifizierung und Vertrauensdienste für elektronische Transaktionen im Binnenmarkt und zur Aufhebung der Richtlinie 1999/93/EG.

von bis zu 13 % des BIP realisieren könnten.[3] Besonderes Wachstumspotential soll dabei in Entwicklungsländern bestehen, in denen viele Bürgerinnen und Bürger schon allein mangels (physischer) Ausweisdokumente nicht in das Wirtschaftsleben einbezogen werden können.[4] Dort können digitale Identitäten neben dem Bezug wirtschaftlicher Leistungen auch der Inklusion und der Wahrnehmung von Grundrechten dienen sowie gesellschaftliche und demokratische Teilhabe ermöglichen. Vor diesem Hintergrund nennt die Weltbank eine „universelle rechtliche Identität" bis 2030 als **Entwicklungsziel.**[5] Und auch die EU-Kommission schätzt den möglichen Gesamtnutzen einer sicheren und weit verbreiteten digitalen Identität auf 3,9 bis 9,6 Milliarden Euro.[6]

2. Begriff der (digitalen) Identität

4 Trotz der erheblichen Bedeutung digitaler Identitäten und digitaler Identitätsnachweise besteht bislang keine einheitliche rechtliche Definition der Begriffe „Identität" bzw. „digitale Identität". In unterschiedlichen Kontexten und Disziplinen haben sich dennoch eine Vielzahl an Konzepten und Begriffsbestimmungen herausgebildet.[7]

a) Begriffsherleitung

5 Unter Rückgriff auf den lateinischen Ursprung *„idem"* (*„derselbe"* bzw. *„dasselbe"*) lässt sich als grundlegenden Wesenszug des Begriffes **Identität** herleiten, dass die Identität jedenfalls aus einer Vielzahl von Merkmalen besteht, die eine Person wesentlich kennzeichnen und sie beschreiben[8] bzw. innerhalb einer beliebigen Gruppe von Personen unterscheiden bzw. identifizieren.[9] Nach ISO/IEC 24760-1 wird *Identität* definiert als *„eine Menge von Attributen, die zu einer Entität gehören"*.

6 **Digitale Identität** bezeichnet die digitale Repräsentation einer Identität, also die digitale Darstellung von Informationen über eine Person im digitalen Kontext.[10] Das *National Institute of Standards and Technology (NIST)* definiert digitale Identität als die *„eindeutige Darstellung eines Subjekts in einem Online-Kontext"*[11] und die *International Telecommunication Union (ITU)* als *„digitale Repräsentation der über eine bestimmte natürliche oder juristische Person bekannten Informationen"*.[12] *Cameron* beschreibt digitale Identität als *„a set of claims made by one digital subject about itself or another digital subject."*[13] Das Verständnis von Identität als eindeutiger

[3] Vgl. McKinsey, Digital ID: The opportunities and the risks, https://www.mckinsey.com/industries/financial-services/our-insights/banking-matters/digital-id-the-opportunities-and-the-risks (zuletzt abgerufen am 21.6.2025).

[4] Aktuell leben ca. 1 Milliarde Menschen ohne offizielle Identität. Digitale ID-Initiativen, wie bspw. Aadhaar in Indien mit inzwischen über 1,3 Mrd. biometrischen IDs, versuchen, dies zu ändern und dadurch gesellschaftliche Teilhabe zu verbessern; vgl. unter https://www.mckinsey.com/industries/financial-services/our-insights/banking-matters/digital-id-the-opportunities-and-the-risks (zuletzt abgerufen am 21.6.2025).

[5] vgl. SDG16NOW.org, Target 16.9: By 2030, provide legal identity for all, including birth registration, https://sdg16now.org/report/target16-9/ (zuletzt abgerufen am 21.6.2025).

[6] Explanatory Memorandum zum Entwurf der Änderungs-VO zur eIDAS-VO COM(2021) 281 final S. 8.

[7] Soltani/N Nguyen/An DOI 10.1155/2021/8873429 Abschnitt 3.1 und 3.2; ausführlich: Vettermann Der grundrechtliche Schutz der digitalen Identität Abschnitt B.

[8] Ähnlich: Vettermann Der grundrechtliche Schutz der digitalen Identität S. 8; Wang/De Filippi DOI 10.3389/fbloc.2019.00028 S. 2.

[9] Pfitzmann/Hansen A Terminology for Talking about Privacy by Data Minimization S. 31, online abrufbar unter: https://dud.inf.tu-dresden.de/literatur/Anon_Terminology_v0.34.pdf (zuletzt abgerufen am 21.6.2025); Clauß/Kesdogan/Kölsch DOI 10.1145/1102486.1102501 S. 30.

[10] Ähnlich bei Seppelfricke/Vugrincic LNI 2024, 763 (764): „Die digitale Identität bezieht sich auf die Daten und Informationen, die eine Person in der digitalen Welt im jeweiligen Kontext durch den Nachweis unterscheidbar machen.".

[11] Vgl. unter NIST, https://nvlpubs.nist.gov/nistpubs/SpecialPublications/NIST.SP.800-63-3.pdf.

[12] Vgl. unter https://www.itu.int/rec/T-REC-H.261-199303-I/en (zuletzt abgerufen am 21.6.2025).

[13] Cameron The Laws of Identity S. 4, online abrufbar unter: https://www.identityblog.com/stories/2005/05/13/TheLawsOfIdentity.pdf (zuletzt abgerufen am 21.6.2025).

Repräsentation einer Person bleibt demnach auch im Digitalen gleich. Dem Präfix *„digital"* kommt dabei lediglich ein einschränkender, deskriptiver Charakter dergestalt zu, dass lediglich eine bestimmte Teilmenge der Identität digital dargestellt wird.[14]

b) Bestandteile einer Identität: Identifikatoren und Identitätsattribute

Eine Identität setzt sich typischerweise aus sogenannten Identifikatoren und Identitätsattributen zusammen.[15] **Identifikatoren** sind eindeutige Merkmale, die eine Person entweder allein oder in Kombination mit anderen Identifikatoren eindeutig von anderen Personen unterscheiden und dadurch identifizieren (zum Begriff der Identifizierung iSd eIDAS-VO → Rn. 60).[16] Beispiele für Identifikatoren sind Name, Personalausweisnummern, Unternehmensidentifikationsnummern, biometrische Merkmale oder Steuernummern. Dementgegen sind **Identitätsattribute** spezifische Merkmale oder Eigenschaften einer Person, die diese näher beschreiben, aber nicht notwendigerweise eindeutig identifizieren.[17] Hierzu zählen bspw. Eigenschaften, Qualifikationen, Vorlieben oder soziale Rollen. Auch die **eIDAS-VO** folgt dieser Unterscheidung und differenziert vergleichbar zwischen sog. Personenidentifizierungsdaten (Art. 3 Nr. 3 eIDAS-VO, vgl. ausführlich → Rn. 41) und sog. Attributen (Art. 3 Nr. 43 eIDAS-VO, vgl. ausführlich → Rn. 46 ff.). 7

c) Zusammensetzung einer Identität: Gesamtidentität und Teilidentitäten

Des Weiteren setzt sich die Identität einer Person aus mehreren Teilidentitäten zusammen, 8
von denen jede die jeweilige Person in einem bestimmten Kontext oder in einer bestimmten Rolle abbildet.[18] Die **Gesamtidentität** einer Person bezeichnet die Gesamtheit aller Identifikatoren und Attribute, die eine Person kennzeichnen (vgl. soeben bei → Rn. 7), und umfasst mithin sämtliche Eigenschaften und Merkmale einer Person.[19] Diese Gesamtheit an Identifikatoren und Attributen bildet somit in theoretischer Hinsicht ein vollständiges Bild der jeweiligen Identität ab, welches aber zumindest bei natürlichen Personen aufgrund der Komplexität der jeweiligen Gesamtidentität nicht vollständig erfasst oder abgebildet werden kann. Die Gesamtidentität setzt sich aus einer Vielzahl sogenannter **Teilidentitäten** zusammen, die jeweils in unterschiedlichen Kontexten offenbart werden.[20] Teilidentitäten umfassen nur eine für den jeweiligen Kontext offenbarte Teilmenge an Identifikatoren und Identitätsattributen, die einen begrenzten Ausschnitt der Gesamtidentität darstellen[21] und sich mit anderen Teilidentitäten überschneiden können.[22] Eine berufliche Identität kann bspw. Jobtitel, berufliche Abschlüsse, Qualifikationen und berufliche Kontaktdaten umfassen. Eine private Identität bspw. familiäre Beziehungen und persönliche Interessen, eine (digitale) Teilidentität in sozialen Netzwerken bspw. Benutzernamen, Profilbilder und

[14] Vettermann Der grundrechtliche Schutz der digitalen Identität S. 8.

[15] Baier Persönliches digitales Identitätsmanagement S. 39; Sedlmeir/Smethurst/Rieger/Fridgen BISE 2021, 603 (605); vgl. auch ISO/IEC 24760-1:2024.

[16] Vgl. ISO/IEC 24760-1:2024.

[17] Vgl. ISO/IEC 24760-1:2024.

[18] Pfitzmann/Hansen A Terminology for Talking about Privacy by Data Minimization, S. 31, online abrufbar unter: https://dud.inf.tu-dresden.de/literatur/Anon_Terminology_v0.34.pdf (zuletzt abgerufen am 21.6.2025); Clauß/Kesdogan/Kölsch DOI 10.1145/1102486.1102501 S. 30; Clauß/Köhntopp DOI 10.1016/S 1389-1286(01)00217-1 S. 206.

[19] Pfitzmann/Hansen A terminology for talking about privacy by data minimization S. 31, online abrufbar unter http://dud. inf. tu-dresden. de/literatur/Anon_Terminology_v0. 34 (zuletzt abgerufen am 22.6.2025); Clauß/Kesdogan/Kölsch DOI 10.1145/1102486.1102501 S. 30.

[20] Pfitzmann/Hansen A terminology for talking about privacy by data minimization S. 31, online abrufbar unter http://dud. inf. tu-dresden. de/literatur/Anon_Terminology_v0. 34 (zuletzt abgerufen am 22.6.2025); Clauß/Kesdogan/Kölsch DOI 10.1145/1102486.1102501 S. 30.

[21] Pfitzmann/Hansen A terminology for talking about privacy by data minimization S. 31, online abrufbar unter http://dud. inf. tu-dresden. de/literatur/Anon_Terminology_v0. 34 (zuletzt abgerufen am 22.6.2025).

[22] Clauß/Köhntopp DOI 10.1016/S 1389-1286(01)00217-1 S. 206.

Aktivitäten und eine behördliche Identität bspw. Steueridentifikationsnummer und Steuerdaten.

d) Begriff der Digitalen Identität im europäischen und nationalen Recht

9 Weder auf europäischer noch auf nationaler Ebene ist der Begriff der digitalen Identität bisher legaldefiniert.[23] In Bayern postuliert Art. 11 Abs. 1 Bayerisches Digitalgesetz zwar: *„Jede natürliche Person hat nach Maßgabe dieses Artikels das Recht auf eine eigene digitale Identität"*. Allerdings wird ihr Inhalt (bislang) nicht näher konkretisiert.[24]

10 Auch in der eIDAS-VO wird der Begriff der digitalen Identität nicht definiert. Zwar verwendet der europäische Gesetzgeber den Begriff der digitalen Identität prominent im Titel der Änderungsverordnung zur novellierten eIDAS-VO (Verordnung zur Änderung der Verordnung (EU) Nr. 910/2014 im Hinblick auf die Schaffung des europäischen Rahmens für eine *digitale Identität*), die Verordnung definiert den Begriff jedoch nicht, sondern setzt das Bestehen einer digitalen Identität lediglich in einigen Erwägungsgründen der Änderungsverordnung voraus (bspw. Erwgr. 4 S. 2). Zudem wird die im Rahmen der novellierten eIDAS-VO neu eingeführte europäische Identitätsbrieftasche als „Europäische Brieftasche *für die Digitale Identität*" (Art. 3 Nr. 42 eIDAS-VO) bezeichnet. Ohne den Begriff digitale Identität zu definieren, fokussiert sich der europäische Gesetzgeber in der eIDAS-VO stattdessen unter anderem auf den Prozess der elektronischen Identifizierung, also der *„Verwendung von Personenidentifizierungsdaten […] die eine natürliche oder juristische Person […] eindeutig repräsentieren"* (Art. 3 Nr. 1 eIDAS-VO) und definiert weitere Begriffe zur Operationalisierung dieses Prozesses (vgl. → Rn. 19). Aus dem Gesamtzusammenhang der Verordnung ergibt sich jedoch, dass der europäische Gesetzgeber zumindest implizit von dem unter → Rn. 8 dargestellten Begriffsverständnis digitaler Identitäten auszugehen scheint, wonach die digitale Identität eine digital repräsentierte Teilmenge von Identifikatoren und Identitätsattributen einer Person ist. Dies ergibt sich insbesondere aus der Ausgestaltung der europäischen Identitätsbrieftasche, die ausweislich ihres Namens „Europäische Brieftasche *für die Digitale Identität*" der Verwaltung digitaler Identitäten dient. Nach Art. 3 Nr. 42 eIDAS-VO werden in ihr sog. Personenidentifizierungsdaten, also Daten, die es ermöglichen, die Identität einer Person festzustellen (Art. 3 Nr. 3 eIDAS-VO, vgl. ausführlich → Rn. 41 ff.), und sog. Attributsbescheinigungen, also Bescheinigungen über Attribute iSd Art. 3 Nr. 43, mithin über Merkmale, Qualitäten, Rechte oder Erlaubnisse einer natürlichen oder juristischen Person oder eines Objekts (Art. 3 Nr. 44 eIDAS-VO, vgl. ausführlich → Rn. 46 ff.), verwaltet. Der europäische Gesetzgeber scheint somit auch davon auszugehen, dass digitale Identitäten iSd eIDAS-VO aus einer Teilmenge von Identifikatoren (Personenidentifizierungsdaten iSd Art. 3 Nr. 3 eIDAS-VO) und Identitätsattributen (Attribute iSd Art. 3 Nr. 43 eIDAS-VO) bestehen, die digital nachgewiesen werden können.

3. Status quo der Verwaltung digitaler Identitäten

11 Möchten sich Nutzer digital identifizieren oder digital Identitätsattribute nachweisen, stehen bislang eine Vielzahl verschiedener Lösungen bereit, um digitale Identitäten zu erzeugen, zu verwalten und einzusetzen. Diese werden in der wissenschaftlichen Literatur häufig in die Kategorien „isoliertes Identitätsmanagement", „zentralisiertes Identitätsmanagement", „föderiertes Identitätsmanagement" und „Self-Sovereign Identity" unterteilt.[25]

[23] Steege/Chibanguza Metaverse-HdB/Busch § 16 Rn. 4.
[24] Göttler jurisPR-ITR 1/2025 Anm. 2 C. I.
[25] Vgl. ua Le/Epiphaniou/Maple DOI 10.1017/dap.2023.41 S. 38; Cao/Yang A survey of Identity Management technology DOI 10.1109/ICITIS. 2010.5689468 S. 287–293; Ehrlich/Richter/Meisel/Anke DOI 10.1365/s40702-021-00711-5 Abschnitt 2; Soltani/N Nguyen/An DOI 10.1155/2021/8873429 Abschnitt 3.5; Strüker/Urbach/Guggenberger/Lautenschlager/Ruhland/Schlatt/Sedlmeir/Stoetzer Self-Sovereign Identity S. 11, online abrufbar unter: https://www.fim-rc.de/wp-content/uploads/2021/06/Fraunhofer-FIT_SSI_Whitepaper.pdf (zuletzt abgerufen am 21.6.2025).

a) Isoliertes Identitätsmanagement

Bei isoliertem Identitätsmanagement, der verbreitetsten Form des Identitätsmanagements,[26] legt jeder Dienst eine separate Teilidentität seiner Nutzer in einer eigenen Nutzerdatenbank an und verwaltet diese.[27] Für Diensteanbietern bietet dies den Vorteil, die Verwaltung von Nutzerdaten selbstständig gestalten zu können,[28] was indes auch einen erhöhten Aufwand mit sich bringt.[29] Für Nutzer bietet isoliertes Identitätsmanagement ein vergleichsweise hohes Maß an Datensouveränität, da für jeden Dienst einzeln festgelegt werden kann, welche Informationen preisgeben werden sollen[30] und diese Informationen nicht ohne Weiteres mit Informationen korreliert werden können, die bei anderen Anbietern offenbart werden.[31] Allerdings müssen Nutzer für jeden Dienst separate, zumeist nicht interoperable Konten und Teilidentitäten anlegen, sich ggf. aufwendig Identifizieren und sind hinsichtlich deren Verwaltung und Löschung von den jeweiligen Diensteanbietern abhängig.[32] 12

b) Zentralisiertes Identitätsmanagement

Beim zentralisierten Identitätsmanagement existiert innerhalb einer Organisation ein zentraler Identitätsprovider, der für die Verwaltung und Authentifizierung aller Nutzer zuständig ist.[33] Ein Beispiel sind unternehmensweite Verzeichnisdienste, durch die Nutzer mit einem einzigen Konto Zugang zu mehreren Diensten desselben Anbieters bekommen.[34] Während für Nutzer weniger Anmeldedaten und zentrale Sicherheitspolicies vorteilhaft sind, birgt die Zentralisierung wegen des *Single Point of Failure* zugleich Kompromittierungsrisiken.[35] 13

c) Föderiertes Identitätsmanagement

Föderiertes Identitätsmanagement[36] adressiert die erwähnte Fragmentierung digitaler Identitäten[37] und ermöglicht es, eine digitale Teilidentität bei einem zentralen Identitätsprovider anzulegen, die sodann für verschiedene Online-Dienste genutzt werden kann.[38] Ein Beispiel sind die ***Single-Sign-on*** Funktionen von Apple und Google, die es ermöglichen, sich mit der hinterlegten digitalen Teilidentität bei einer Vielzahl von Diensten und Apps anmelden zu können. Föderierte Identitätslösungen vereinfachen die Verwaltung von Identitäten für Nutzer und Unternehmen, reduzieren administrative Aufwände und fördern die Interoperabilität.[39] Allerdings verbleibt die Kontrolle über die Teilidentität bei einem Identitätsprovider, wodurch dessen Vertrauenswürdigkeit, Verfügbarkeit und Sicherheit für den Schutz der Teilidentität maßgeblich wird.[40] Eine Kompromittierung kann zur vollständigen 14

---

[26] Ehrlich/Richter/Meisel/Anke DOI 10.1365/s40702-021-00711-5 Abschnitt 2.
[27] Ehrlich/Richter/Meisel/Anke DOI 10.1365/s40702-021-00711-5 Abschnitt 2.
[28] Ehrlich/Richter/Meisel/Anke DOI 10.1365/s40702-021-00711-5 Abschnitt 2.
[29] Ehrlich/Richter/Meisel/Anke DOI 10.1365/s40702-021-00711-5 Abschnitt 2.
[30] Ehrlich/Richter/Meisel/Anke DOI 10.1365/s40702-021-00711-5 Abschnitt 2.
[31] Ehrlich/Richter/Meisel/Anke DOI 10.1365/s40702-021-00711-5 Abschnitt 2.
[32] Ehrlich/Richter/Meisel/Anke DOI 10.1365/s40702-021-00711-5 Abschnitt 2; Jøsang/Pope User centric identity management in Proceedings of AusCERT Asia Pacific Information Technology Security Conference Brisbane 2005 Abschnitt 3.
[33] Soltani/N Nguyen/An DOI 10.1155/2021/8873429 Abschnitt 3.5.
[34] Soltani/N Nguyen/An DOI 10.1155/2021/8873429 Abschnitt 3.5.
[35] Soltani/N Nguyen/An DOI 10.1155/2021/8873429 Abschnitt 3.5.
[36] Grundsätzlich dazu: Chadwick Federated Identity Management DOI 10.1007/978-3-642-03829-7_3.
[37] Ehrlich/Richter/Meisel/Anke DOI 10.1365/s40702-021-00711-5 Abschnitt 2; Jøsang/Pope User centric identity management in Proceedings of AusCERT Asia Pacific Information Technology Security Conference Brisbane 2005 Abschnitt 3.
[38] Soltani/N Nguyen/An DOI 10.1155/2021/8873429 Abschnitt 3.5.
[39] Strüker/Urbach/Guggenberger/Lautenschlager/Ruhland/Schlatt/Sedlmeir/Stoetzer Self-Sovereign Identity S. 11, online abrufbar unter: https://www.fim-rc.de/wp-content/uploads/2021/06/Fraunhofer-FIT_SSI_Whitepaper.pdf (zuletzt abgerufen am 21.6.2025).
[40] Ehrlich/Richter/Meisel/Anke DOI 10.1365/s40702-021-00711-5 Abschnitt 2.

Kontrolle über alle verknüpften Dienste führen.[41] Zudem ermöglicht die zentrale Verwaltung (zumindest potentiell) eine einfache Profilbildung durch die Korrelation von Nutzungsdaten verschiedenster Dienste[42] und verringert so die Datensouveränität des Nutzers durch die eingeschränkte Möglichkeit, digitale Teilidentitäten diensteabhängig zu erstellen bzw. freizugeben.[43]

d) Self Sovereign Identity

15 Self-Sovereign Identity (SSI) bezeichnet ein durch *Christopher Allen* im Kontext dezentraler Identitätssysteme begründetes Konzept der digitalen Identitätsverwaltung,[44] bei dem Individuen oder Organisationen die vollständige Kontrolle über ihre Identitätsdaten behalten und nicht, wie in den soeben unter → Rn. 12 ff. dargestellten Lösungsansätzen, auf Dritte zur Verwaltung digitaler Teilidentitäten angewiesen sind.[45] Zentraler Baustein ist die Ausstellung kryptographisch gesicherter Identitätsnachweise, sog. *Verifiable Credentials* (VCs) durch einen sog. Issuer.[46] Diese werden von der identitätsnachweisenden Person, dem sog. Holder, souverän in einer Wallet gespeichert und kontrolliert und können zum Nachweis der Identität oder bestimmter Identitätsattribute verwendet werden.[47] Dabei kann die Authentizität und Integrität der jeweiligen VCs über kryptographische Signaturen der Aussteller nachgewiesen werden.[48] Diese dezentrale Konzeption soll Nutzern die vollständige Souveränität über ihre Daten ermöglichen und systemische Risiken verringern.[49] Der Ansatz ähnelt in seinen Grundzügen dem unter → Rn. 35 beschriebenen europäischen Identitätsökosystem iSd eIDAS-VO.

e) Proof of Personhood

16 Proof of Personhood (PoP) ermöglichen den Nachweis, dass eine Handlung oder ein Benutzerkonto unmittelbar auf eine real existierende Person zurückzuführen ist und nicht auf ein autonomes oder automatisiertes System, bspw. einen Bot.[50] Es geht mithin lediglich um den Nachweis darüber, ein **real existierender Mensch** zu sein und nicht um den Nachweis der konkreten Identität oder bestimmter Identitätsattribute. PoP kann bspw. in den folgenden Anwendungsbereichen relevant sein:

- Schutz vor Fake-Accounts und Bot-Netzen: PoP-Systeme, die digitale Akteure als menschliche Individuen authentifizieren, können einen wirksamen Schutzmechanismus zum Schutz vor Fake-Accounts und Bot-Netzen darstellen.[51]
- Bereitstellung von KI-Inhalten: Durch PoP-Systeme kann ein Nachweis erbracht werden, dass digitale Inhalte durch einen Menschen bereitgestellt werden. Zwar kann nicht nachgewiesen werden, ob der konkrete Inhalt von einem KI-System erzeugt wurde,

[41] Ehrlich/Richter/Meisel/Anke DOI 10.1365/s40702-021–00711-5 Abschnitt 2.
[42] Ehrlich/Richter/Meisel/Anke DOI 10.1365/s40702-021–00711-5 Abschnitt 2.
[43] Ehrlich/Richter/Meisel/Anke DOI 10.1365/s40702-021–00711-5 Abschnitt 2.
[44] Allen, The Path to Self-Sovereign Identity, online abrufbar unter: http://www.lifewithalacrity.com/2016/04/the-path-to-self-sovereign-identity.html (zuletzt abgerufen am 22.6.2025).
[45] Strüker/Urbach/Guggenberger/Lautenschlager/Ruhland/Schlatt/Sedlmeir/Stoetzer Self-Sovereign Identity S. 11, online abrufbar unter: https://www.fim-rc.de/wp-content/uploads/2021/06/Fraunhofer-FIT_SSI_Whitepaper.pdf (zuletzt abgerufen am 21.6.2025).
[46] Reed/Sporny/Longley/Allen/Grant/Sabadello/Holt DOI 10.5281/zenodo.6594964.
[47] Ehrlich/Richter/Meisel/Anke DOI 10.1365/s40702-021–00711-5 Abschnitt 2.
[48] Ehrlich/Richter/Meisel/Anke DOI 10.1365/s40702-021–00711-5 Abschnitt 2.
[49] Strüker/Urbach/Guggenberger/Lautenschlager/Ruhland/Schlatt/Sedlmeir/Stoetzer Self-Sovereign Identity S. 11, online abrufbar unter: https://www.fim-rc.de/wp-content/uploads/2021/06/Fraunhofer-FIT_SSI_Whitepaper.pdf (zuletzt abgerufen am 21.6.2025).
[50] Tools for Humanity, Worldcoin Whitepaper, 2023, abrufbar unter: https://whitepaper.world.org/ (zuletzt abgerufen am 21.6.2025).
[51] Tools for Humanity, Worldcoin Whitepaper, 2023, abrufbar unter: https://whitepaper.world.org/ (zuletzt abgerufen am 21.6.2025).

jedoch zumindest, dass er unmittelbar durch einen Menschen und nicht automatisiert bereitgestellt wurde.
- Verhinderung von Sybil-Angriffen: PoP-Systeme können zur Verhinderung von Sybil-Angriffen eingesetzt werden, bei denen einzelne Akteure zahlreiche digitale Identitäten verwenden, um unrechtmäßig Stimmrechte in dezentralen Netzwerken oder DAOs zu sichern.[52]
- Faire Güterverteilung: Bei Token-Airdrops und tokenbasierten Anreizsystemen kann PoP sicherstellen, dass digitale Güter nur an echte Personen ausgegeben und fair verteilt werden.[53]

Klassische Verfahren zur Umsetzung von Proof of Personhood, wie CAPTCHAs, sind weit verbreitet, aber zunehmend durch fortschrittliche KI-Technologien überwindbar.[54] Alternativ kommen biometrische Verfahren in Betracht, wie bspw. im Worldcoin-Projekt des Unternehmens Tools for Humanity. Der sog. Orb nutzt dabei multispektrale Sensoren, um hochauflösende Irisbilder aufzunehmen. Die dabei extrahierten einzigartigen biometrischen Merkmale,[55] die mittels kryptographischer Verfahren zu einer sog. World ID verschlüsselt werden,[56] können zum Nachweis der Menschlichkeit verwendet werden (vgl. ausführlich → Rn. 149 f.).[57] Auch die im Rahmen der novellierten eIDAS-VO einzuführende europäische Identitätsbrieftasche wird durch die Möglichkeit der selektiven Offenbarung von Informationen (vgl. unter → Rn. 80) wohl PoP-Verfahren ermöglichen. **17**

II. Überblick über den europäischen Rechtsrahmen für Digitale Identitäten durch die eIDAS-VO

Der **europarechtliche Rechtsrahmen für digitale Identitäten** ergibt sich insbesondere aus der novellierten Fassung der eIDAS-VO (sog. „eIDAS 2.0", im Folgenden „eIDAS-VO").[58] Diese trat am 20.5.2024 in Kraft und baut auf der ursprünglichen eIDAS-VO vom 17.9.2014 auf (sog. „eIDAS 1.0", im Folgenden „eIDAS-VO a. F."), die durch eine Änderungsverordnung[59] (im Folgenden „Änderungs-VO 2024/1183 zur eIDAS-VO") angepasst und erweitert wurde. **Ziel der (novellierten) Verordnung** ist es, natürlichen und juristischen Personen die sichere Ausübung ihres Rechts zur Teilhabe an der digitalen Gesellschaft sowie den Zugang zu öffentlichen und privaten Online-Diensten in der gesamten Union zu ermöglichen bzw. zu erleichtern (Erwgr. 5 Änderungs-VO 2024/1183 zur eIDAS-VO), was dem ordnungsgemäßen Funktionieren des (digitalen) Binnenmarkts und der Gewährleistung eines angemessenen Sicherheitsniveaus bei unionsweit genutzten elektronischen Identifizierungsmitteln und Vertrauensdiensten dienen soll (Art. 1 S. 1 eIDAS-VO). In Anerkennung der Bedeutung digitaler Identitäten für die digitale Souverä- **18**

[52] Sánchez Zero-Knowledge Proof-of-Identity Sybil-Resistant Anonymous Authentication on Permissionless Blockchains and Incentive Compatible Strictly Dominant Cryptocurrencies, online abrufbar unter: https://arxiv.org/abs/1905.09093 (zuletzt abgerufen am 22.6.2025).

[53] Tools for Humanity, Worldcoin Whitepaper, 2023, abrufbar unter: https://whitepaper.world.org/ (zuletzt abgerufen am 21.6.2025).

[54] Vgl. THE Journal, New Research Confirms AI Can Defeat Image-Based CAPTCHAs, https://thejournal.com/articles/2024/09/30/new-research-confirms-ai-can-defeat-image-based-captchas.aspx?utm_source=chatgpt.com (zuletzt abgerufen am 22.6.2025).

[55] Tools for Humanity, Worldcoin Whitepaper, 2023, abrufbar unter: https://whitepaper.world.org/ (zuletzt abgerufen am 21.6.2025).

[56] Tools for Humanity, Worldcoin Whitepaper, 2023, abrufbar unter: https://whitepaper.world.org/ (zuletzt abgerufen am 21.6.2025).

[57] Tools for Humanity, Worldcoin Whitepaper, 2023, abrufbar unter: https://whitepaper.world.org/ (zuletzt abgerufen am 21.6.2025).

[58] Verordnung (EU) Nr. 910/2014 über elektronische Identifizierung und Vertrauensdienste für elektronische Transaktionen im Binnenmarkt und zur Aufhebung der Richtlinie 1999/93/EG, zuletzt geändert durch Verordnung (EU) Nr. 2024/1183.

[59] Verordnung (EU) 2024/1183 vom 11.4.2024 zur Änderung der Verordnung (EU) Nr. 910/2014 im Hinblick auf die Schaffung des europäischen Rahmens für eine digitale Identität.

nität Europas und für das Funktionieren des digitalen Binnenmarktes einer digital stärker integrierten Union strebt der europäische Gesetzgeber mit der novellierten eIDAS-VO dabei auch die Schaffung eines harmonisierten europäischen Rechtsrahmens für eine sichere und vertrauenswürdige europäische digitale Identität an (Erwgr. 6 und 7 S. 2 Änderungs-VO 2024/1183 zur eIDAS-VO).[60] Erwgr. 4 S. 2 Änderungs-VO 2024/1183 zur eIDAS-VO nimmt Bezug auf die **„Europäische Erklärung zu den digitalen Rechten und Grundsätzen für die digitale Dekade"**, in denen sich der europäische Gesetzgeber 2023 ua dazu verpflichtet hat, *„dafür zu sorgen, dass alle in der EU lebenden Menschen die Möglichkeit haben, eine barrierefreie, freiwillige, sichere und vertrauenswürdige digitale Identität zu nutzen, die den Zugang zu einem breiten Spektrum von Online-Diensten ermöglicht"*.[61]

19 Wie bereits unter → Rn. 10 dargestellt, definiert die eIDAS-VO den Begriff „Digitale Identität" nicht, sondern fokussiert sich stattdessen auf die **Operationalisierung des Einsatzes digitaler Identitäten** durch die Schaffung eines harmonisierten Rechtsrahmens für den funktionalen Prozess der Identifizierung und Authentifizierung (vgl. → Rn. 59 ff.) und die dahinterstehenden technischen Rahmenbedingungen für Identifizierungssysteme und Identifizierungsmittel (vgl. dazu → Rn. 96 ff.). Nachgewiesen werden dabei sog. Personenidentifizierungsdaten (Art. 3 Nr. 3 eIDAS-VO) und Attribute (Art. 3 Nr. 43 eIDAS-VO), die eine Teilmenge der Identität der jeweiligen Bezugsperson repräsentieren (vgl. dazu → Rn. 8).

20 Ausgehend von der Definition des **Anwendungsbereiches** in Art. 2 Abs. 1 eIDAS-VO umfasst die eIDAS-VO Regelungen zur gegenseitigen Anerkennung von Identifizierungsmitteln, die im Rahmen eines notifizierten elektronischen Identifizierungssystems bereitgestellt werden, bspw. der eID-Funktion des deutschen Personalausweises (Art. 2 Abs. 1 Var. 1 eIDAS-VO; vgl. → Rn. 23 ff.), Regelungen zu in der Union niedergelassenen Vertrauensdiensteanbietern, bspw. Ausstellern von elektronischen Signaturen oder Zertifikaten (Art. 2 Abs. 1 Var. 3 eIDAS-VO; vgl. → Rn. 114 ff.) sowie als zentrale Neuerung der novellierten eIDAS-Verordnung, Regelungen zur Einführung der sog. europäischen Brieftasche für die digitale Identität (European Digital Identity Wallets bzw. EUDI-Wallet Art. 2 Abs. 1 Var. 2 eIDAS-VO; vgl. ausführlich → Rn. 33 ff.).

21 Die **Umsetzung der eIDAS-VO** soll schrittweise erfolgen und umfasst insgesamt rund 50 Durchsetzungsrechtsakte, die in der Verordnung vorgesehen sind. Mit der vollständigen Umsetzung – voraussichtlich im Jahr 2027[62] – soll unter anderem ein europäisches Identitätsökosystem für die europäische Identitätsbrieftasche geschaffen werden (vgl. → Rn. 35 ff.). Dazu gibt es in den Mitgliedstaaten bereits Pilotprojekte, wie bspw. in Deutschland die Entwicklung einer ersten Version einer staatlichen Identitätsbrieftasche durch die Bundesagentur für Sprunginnovation (SPRIND) (vgl. → Rn. 147).[63]

22 Bereits die **ursprüngliche Fassung der eIDAS-VO von 2014** verfolgte das Ziel, einen harmonisierten europäischen Rechtsrahmen für sichere elektronische Interaktionen zwischen Bürgern, Unternehmen und öffentlichen Verwaltungen zu schaffen (vgl. Erwgr. 2 eIDAS-VO). Sie umfasste dazu bereits die weiterhin größtenteils unveränderten Regelungen zur gegenseitigen Anerkennung von Identifizierungsmitteln, die im Rahmen eines notifizierten elektronischen Identifizierungssystems bereitgestellt werden (vgl. → Rn. 23 ff.) und zu in der Union niedergelassenen Vertrauensdiensteanbietern (vgl. → Rn. 114 ff.). Hinsichtlich der Harmonisierung und Anerkennung von Identifizierungsmitteln beschränkte sich die Verordnung jedoch auf die gegenseitige Anerkennung und Interoperabilität bestimmter Identifizierungsmittel (Art. 6 ff. eIDAS-VO aF)[64] und schuf keine einheitlichen europäi-

---

60 So auch bei BeckOK IT-Recht/Lapp eIDAS-VO Art. 1 Rn. 1b.

61 Kap. II, Nr. 7 Buchst. a der „Europäischen Erklärung zu den digitalen Rechten und Grundsätzen für die digitale Dekade", 2023/C 23/01.

62 Kociok/Seifert DB 2025, 33.

63 Vgl. https://www.sprind.org/ (zuletzt abgerufen am 21.6.2025).

64 Steege/Chibanguza Metaverse-HdB/Busch § 16 Rn. 18.

schen Identitätsmanagementlösungen.[65] Mangels konkreter Umsetzungsvorgaben und technischer Standards führte dies zu einer Vielzahl miteinander inkompatibler Systeme innerhalb der EU.[66] Da der Anwendungsbereich der Verordnung zudem auf den öffentlichen Sektor beschränkt war, war keine hinreichende Interoperabilität zur Einbindung privater Anbieter gewährleistet.[67] Zugleich hat den staatlichen Lösungen, bspw. der eID-Funktion des deutschen Personalausweises, die Flexibilität gefehlt, um im privaten Sektor vielseitig eingesetzt zu werden (für deren Funktionsweise → Rn. 23).[68] Ferner verfügten Identifizierungsmittel nach der eIDAS-VO nicht über eine Funktionalität zur Bereitstellung und Verwendung einzelner Identitätsattribute, wie bspw. Qualifikationsnachweise, sondern waren auf die Identifizierung und Authentifizierung der dahinterstehenden Person beschränkt.[69] Diese Defizite hat der europäische Gesetzgeber erkannt und strebt durch die Novellierung der eIDAS-VO die Ausweitung der Verordnung auf den privaten Sektor sowie die Verbesserung ihrer Wirksamkeit an, um *„vertrauenswürdige digitale Identitäten für alle Europäer zu fördern"*.[70]

III. Gegenseitige Anerkennung (Art. 6 ff. eIDAS-VO)

Um die grenzüberschreitende Nutzung digitaler Identitäten für den Zugang zu Online- **23**
Diensten zu ermöglichen und dadurch den digitalen Binnenmarkt zu stärken (vgl. Erwgr. 9 eIDAS-VO), enthält Kapitel 2 Abschnitt 2 der eIDAS-Verordnung (Art. 6 ff. eIDAS-VO) Regelungen zur **gegenseitigen Anerkennung elektronischer Identifizierungsmittel,** die im Rahmen eines notifizierten elektronischen Identifizierungssystems ausgestellt wurden. Unter bestimmten Voraussetzungen sind öffentliche Stellen der Mitgliedstaaten verpflichtet, solche Identifizierungsmittel aus anderen Mitgliedstaaten anzuerkennen. Für private Anbieter besteht grundsätzlich keine Anerkennungspflicht.[71]

Der **Personalausweis** der Bundesrepublik Deutschland mit seiner eID-Funktion stellt ein solches Identifizierungsmittel dar, das im Rahmen eines notifizierten elektronischen Identifizierungssystems ausgestellt wurde. Da er mit dem Sicherheitsniveau hoch notifiziert wurde,[72] sind alle EU-Mitgliedstaaten verpflichtet, die eID-Funktion des Personalausweises in ihren Verwaltungsverfahren zu akzeptieren, sofern sie dazu eine elektronische Identifizierung auf „substanziellem" oder „hohem" Sicherheitsniveau erfordern.[73] Für die Nutzung der Online-Ausweisfunktion (bspw. für Meldungen bei der Bundesagentur für Arbeit oder das Einreichen eines BAföG-Antrags) wird aktuell weiterhin neben dem (physischen und staatlich ausgegebenen) Personalausweis mit aktivierter Online-Ausweisfunktion ein geeignetes Kartenlesegerät (USB-Kartenleser) bzw. ein NFC-fähiges Smartphone sowie eine geeignete Software, wie zB die AusweisApp des Bundes, und schließlich die eigene sechsstellige PIN für

65 Kociok/Seifert DB 2025, 33.
66 Kociok/Seifert DB 2025, 33.
67 Göttler jurisPR-ITR 1/2025 Anm. 2 A.II.
68 Göttler jurisPR-ITR 1/2025 Anm. 2 A.II.
69 Göttler jurisPR-ITR 1/2025 Anm. 2 A.II.
70 Erwgr. 1 eIDAS-VO der Änderungsverordnung 2024/1183 zur eIDAS-VO.
71 Eine Akzeptanzpflicht kann sich für bestimmte Diensteanbieter jedoch im Zusammenhang mit der im Rahmen der novellierten Verordnung eingeführten Europäischen Brieftasche für die digitale Identität ergeben (vgl. → Rn. 93 ff.).
72 Vgl. BSI, eIDAS-Notifizierung der Online-Ausweisfunktion, https://www.bsi.bund.de/DE/Themen/Oeffentliche-Verwaltung/Elektronische-Identitaeten/Online-Ausweisfunktion/eIDAS-Notifizierung/eidas-notifizierung_node.html (zuletzt abgerufen am 21.6.2025).
73 Vgl. BSI, eIDAS-Notifizierung der Online-Ausweisfunktion, https://www.bsi.bund.de/DE/Themen/Oeffentliche-Verwaltung/Elektronische-Identitaeten/Online-Ausweisfunktion/eIDAS-Notifizierung/eidas-notifizierung_node.html (zuletzt abgerufen am 21.6.2025).

die AusweisApp benötigt.[74] Somit können Bürgerinnen und Bürger bereits jetzt mit der BundID ein zentrales (Online-)Konto zur Identifizierung gegenüber der Verwaltung nutzen (dazu näher bei → Rn. 148).

1. Grundbegriffe

24 Ein **elektronisches Identifizierungssystem** iSd Art. 3 Nr. 4 eIDAS-VO bezeichnet die Gesamtheit eines Systems, das die Identifizierung natürlicher oder juristischer Personen anhand eines sogenannten elektronischen Identifizierungsmittels ermöglicht.[75] Eine **elektronische Identifizierung** ist der Prozess der Verwendung von Personenidentifizierungsdaten in elektronischer Form, die eine natürliche oder juristische Person, oder eine natürliche Person, die eine andere natürliche Person oder eine juristische Person vertritt, eindeutig repräsentieren (Art. 3 Nr. 1 eIDAS-VO; vgl. → Rn. 60 ff.). Dies geschieht unter Verwendung eines **elektronischen Identifizierungsmittels,** also einer materiellen und/oder immateriellen Einheit, die Daten zur Personenidentifizierung enthält und zur Authentifizierung bei Online-Diensten oder gegebenenfalls bei Offline-Diensten verwendet wird (Art. 3 Nr. 2 eIDAS-VO, vgl. → Rn. 125). **Authentifizierung** bezeichnet dabei den elektronischen Prozess, der die Bestätigung der elektronischen Identifizierung einer natürlichen oder juristischen Person ermöglicht (Art. 3 Nr. 5 eIDAS-VO; vgl. → Rn. 59 ff.).

25 Identifizierungsmittel können sowohl hardwaregebunden[76] (bspw. der deutsche Personalausweis mit eID-Funktion, für die Funktionsweise vgl. → Rn. 23) als auch softwaregebunden (bspw. von der Finanzverwaltung herausgegebene Elster-Zertifikate)[77] sein. Im Zusammenspiel mit der dahinterliegenden Infrastruktur, die eine Identifizierung und Authentifizierung ermöglicht, stellt das Identifizierungsmittel ein elektronisches Identifizierungssystem dar. Elektronische Identifizierungssysteme können staatlich (bspw. die eID-Funktion des deutschen Personalausweises in Verbindung mit der AusweisApp als eID-Software des Bundes oder die estnische ID-Card[78]) oder als private Lösungen mit staatlicher Anerkennung (bspw. BankID (Schweden)[79]) bereitgestellt werden. Auch die im Rahmen der novellierten eIDAS-VO neu eingeführte europäische Identitätsbrieftasche ist ein Identifizierungsmittel (vgl. → Rn. 40 und → Rn. 62).

2. Voraussetzungen für eine Anerkennungspflicht durch öffentliche Stellen

26 Gemäß Art. 6 Abs. 1 eIDAS-VO besteht unter den folgenden kumulativen Voraussetzungen eine **Anerkennungspflicht öffentlicher Stellen der Mitgliedstaaten** für elektronische Identifizierungsmittel, die in einem anderen Mitgliedstaat ausgestellt wurden:

- Der Online-Dienst, zu dessen Zugang das Identifizierungsmittel verwendet werden soll, muss durch eine öffentliche Stelle eines Mitgliedstaates erbracht werden und zum Zugang nach nationalem Recht oder aufgrund einer entsprechenden Verwaltungspraxis eine elektronische Identifizierung und Authentifizierung mit einem elektronischen Identifizierungsmittel erfordern (Art. 6 Abs. 1 S. 1 eIDAS-VO; regelmäßig bei E-Government-Diensten[80]).

---

[74] für die Funktionsweise vgl. das BMI FAQ Online-Ausweisfunktion, vgl. https://www.personalausweisportal.de/SharedDocs/faqs/Webs/PA/DE/Haeufige-Fragen/6_online-Ausweisfunktion/online-ausweisfunktion-liste.html (zuletzt abgerufen am 21.6.2025); ferner eine offizielle Liste der kompatiblen Kartenlese-Möglichkeiten bei https://www.ausweisapp.bund.de/kompatible-kartenleser (zuletzt abgerufen am 21.6.2025).

[75] BeckOK IT-Recht/Lapp/Drews eIDAS-VO Art. 3 Rn. 12.

[76] BeckOK IT-Recht/Lapp/Drews eIDAS-VO Art. 3 Rn. 7.

[77] BeckOK IT-Recht/Lapp/Drews eIDAS-VO Art. 3 Rn. 7.

[78] Vgl. e-Estonia, e-Identity, https://e-estonia.com/solutions/estonian-e-identity/id-card/ (zuletzt abgerufen am 21.6.2025).

[79] Vgl. BankID, https://www.bankid.com/en/ (zuletzt abgerufen am 21.6.2025).

[80] Kipker Cybersecurity-HdB/Lutz Kap. 15.4 Rn. 12.

- Der Zugang zum betreffenden Online-Dienst muss das Sicherheitsniveau substanziell oder hoch erfordern (Art. 6 Abs. 1 UAbs. 1 Buchst. c eIDAS-VO; zu den Sicherheitsniveaus vgl. → Rn. 30).
- Das anzuerkennende elektronische Identifizierungsmittel muss im Rahmen eines notifizierten elektronischen Identifizierungssystems ausgestellt sein (Art. 6 Abs. 1 UAbs. 1 Buchst. a iVm Art. 9 Abs. 2 eIDAS-VO; zur Notifizierung vgl. → Rn. 27).
- Das zu verwendende elektronische Identifizierungsmittel muss mindestens das Sicherheitsniveau aufweisen, das für den Zugang zum jeweiligen Online-Dienst erforderlich ist, in jedem Fall jedoch mindestens das Niveau „substanziell" (Art. 6 Abs. 1 Buchst. b eIDAS-VO; zu den Sicherheitsniveaus vgl. → Rn. 30). Sofern ein notifiziertes elektronisches Identifizierungsmittel lediglich das Sicherheitsniveau „niedrig" erfüllt, kann es die öffentliche Stelle anerkennen, ist dazu aber nicht verpflichtet (Art. 6 Abs. 2 eIDAS-VO).

3. Notifizierung

Für die gegenseitige Anerkennung eines Identifizierungsmittels ist eine **Notifizierung** bei der EU-Kommission erforderlich. Die **formellen Voraussetzungen für die Notifizierung** ergeben sich aus Art. 9 Abs. 1 eIDAS-VO. Der notifizierende Mitgliedstaat hat der Europäischen Kommission die in Art. 9 Abs. 1 eIDAS-VO genannten Informationen über das elektronische Identifizierungssystem zu übermitteln sowie spätere Änderungen unverzüglich mitzuteilen (Art. 9 Abs. 1 eIDAS-VO).[81] Die Europäische Kommission veröffentlicht notifizierte Systeme (Art. 9 Abs. 2 eIDAS-VO), diesbezügliche Änderungen (Art. 9 Abs. 3 eIDAS-VO) sowie Streichungen (Art. 9 Abs. 4 eIDAS-VO) im Amtsblatt der Europäischen Union. Einzelheiten zu Form und Verfahren werden in Durchführungsakten der EU-Kommission festgelegt (Art. 9 Abs. 5 eIDAS-VO). Die **materiell-rechtlichen Voraussetzungen** ergeben sich aus Art. 7 eIDAS-VO.[82] 27

Gemäß Art. 7 Buchst. g eIDAS-VO ist der notifizierende Mitgliedstaat verpflichtet, den übrigen Mitgliedstaaten bereits sechs Monate vor einer geplanten Notifizierung nach Art. 9 Abs. 1 eIDAS-VO eine Beschreibung des Identifizierungssystems zur Verfügung zu stellen. In der Praxis geht dem Notifizierungsverfahren daher regelmäßig ein Verfahren der sogenannten **Pränotifizierung**[83] mit gegenseitiger Begutachtung gem. Art. 12 Abs. 6 Buchst. c eIDAS-VO voraus. Die Ergebnisse dieser Überprüfung sind für die spätere Notifizierungsentscheidung nicht verbindlich. Die konkreten Einzelheiten ergeben sich aus dem Durchführungsbeschluss (EU) 2015/296. 28

81 Dazu zählen eine Systembeschreibung mit Angabe der Sicherheitsniveaus und der Aussteller (Buchst. a), Informationen zum Aufsichtssystem und zur Haftungsregelung für Aussteller und Authentifizierer (Buchst. b), die zuständigen Behörden (Buchst. c), Angaben zur Einrichtung, die die eindeutigen Personenidentifizierungsdaten verwaltet (Buchst. d), eine Darstellung der Erfüllung der Anforderungen gem. Art. 12 Abs. 8 (Buchst. e), eine Beschreibung des Authentifizierungsverfahrens nach Art. 7 Buchst. f (Buchst. f) sowie Regelungen zur Aussetzung oder zum Widerruf des Systems oder einzelner Komponenten (Buchst. g).

82 Das Identifizierungsmittel muss im Rahmen eines Identifizierungssystems von einem notifizierenden Mitgliedstaat oder in seinem Auftrag ausgestellt bzw. anerkannt werden (Buchst. a), im notifizierenden Mitgliedstaat selbst für den Zugang zu mindestens einem Dienst verwendet werden, der von einer öffentlichen Stelle bereitgestellt wird und für den eine elektronische Identifizierung erforderlich ist (Buchst. b), die Anforderungen zumindest eines Vertrauensniveaus iSd Art. 8 eIDAS-VO erfüllen (Buchst. c), die eindeutige Zuordnung der Identitätsdaten zur betroffenen Person bei Ausstellung des Identifizierungsmittels gemäß den einschlägigen technischen Vorgaben sicherstellen (Buchst. d), sicherstellen, dass das Identifizierungsmittel der richtigen Person zugewiesen wird (Buchst. e), ein System zur Online-Authentifizierung zur Verfügung stehen, das vertrauenden Beteiligten in anderen Mitgliedstaaten die Bestätigung der elektronisch übermittelten Identitätsdaten ermöglicht, wobei technische Zugangsbeschränkungen unzulässig und Gebühren im Fall öffentlicher Online-Dienste ausgeschlossen sind (Buchst. f). Ferner muss der notifizierende Mitgliedstaat den übrigen Mitgliedstaaten mindestens sechs Monate vor der Notifizierung eine Systembeschreibung gem. Art. 12 Abs. 5 und 6 zur Verfügung stellen (Buchst. g) und das System muss den Anforderungen des Durchführungsrechtsakts nach Art. 12 Abs. 8 genügen (Buchst. h).

83 Kipker Cybersecurity-HdB/Lutz Kap. 15.4 Rn. 11.

29 Die eIDAS-VO sieht weiterhin **keine Verpflichtung der Mitgliedstaaten vor, ihre elektronischen Identifizierungssysteme zu notifizieren.** Die Entscheidung, alle, einige oder keines der auf nationaler Ebene für den Zugang zu öffentlichen Online-Diensten oder bestimmten anderen Diensten verwendeten Systeme zu notifizieren, obliegt nach Erwgr. 13 eIDAS-VO allein den Mitgliedstaaten.

4. Sicherheitsniveaus elektronischer Identifizierungssysteme

30 Zur Schaffung des notwendigen Vertrauens für die unionsweite Akzeptanz elektronischer Identifizierungssysteme schafft Art. 8 Abs. 1 eIDAS-VO einen risikobasierten Ansatz,[84] durch den Identifizierungssysteme in einem **abgestuften System aus drei verschiedenen Sicherheitsniveaus** klassifiziert werden („niedrig", „substantiell" und „hoch").[85] Ausgehend vom Niveau „niedrig" steigt das Sicherheitsniveau jeweils durch höhere Anforderungen zur Minderung des Risikos von Identitätsmissbrauch oder Identitätsverfälschung:

- Sicherheitsniveau niedrig: Das elektronische Identifizierungsmittel ist Teil eines elektronischen Identifizierungssystems, das ein begrenztes Maß an Vertrauen in die beanspruchte oder behauptete Identität einer Person vermittelt und durch die Bezugnahme auf technische Spezifikationen, Normen und Verfahren einschließlich technischer Überprüfungen gekennzeichnet ist, deren Zweck in der Minderung der Gefahr des Identitätsmissbrauchs oder der Identitätsveränderung besteht.
- Sicherheitsniveau substanziell: Das elektronische Identifizierungsmittel ist Teil eines elektronischen Identifizierungssystems, das ein substanzielles Maß an Vertrauen in die beanspruchte oder behauptete Identität einer Person vermittelt und durch die Bezugnahme auf technische Spezifikationen, Normen und Verfahren einschließlich technischer Überprüfungen gekennzeichnet ist, deren Zweck in der substanziellen Minderung der Gefahr des Identitätsmissbrauchs oder der Identitätsveränderung besteht.
- Sicherheitsniveau hoch: Das elektronische Identifizierungsmittel ist Teil eines elektronischen Identifizierungssystems, das ein höheres Maß an Vertrauen in die beanspruchte oder behauptete Identität einer Person als ein Identifizierungsmittel mit dem Sicherheitsniveau „substanziell" vermittelt und durch die Bezugnahme auf technische Spezifikationen, Normen und Verfahren einschließlich technischer Überprüfungen gekennzeichnet ist, deren Zweck in der Verhinderung der Gefahr des Identitätsmissbrauchs oder der Identitätsveränderung besteht.

31 Die **technischen Mindestanforderungen** an die jeweiligen Sicherheitsniveaus werden gem. Art. 8 Abs. 3 UAbs. 1 in einer Durchführungsverordnung festgelegt.[86]

5. Interoperabilität

32 Nach Art. 12 Abs. 1 eIDAS-VO müssen alle gem. Art. 9 Abs. 1 eIDAS-VO notifizierten nationalen elektronischen Identifizierungssysteme interoperabel sein. Zu diesem Zweck wird ein **unionsweiter Interoperabilitätsrahmen** geschaffen (Abs. 2), der insbes. technologieneutral ausgestaltet ist, europäische und internationale Normen berücksichtigt, Prinzipien des Datenschutzes sowie der eingebauten Sicherheit („privacy by design" und „security by design") fördert (Abs. 3) und durch Durchführungsrechtsakte der EU-Kommission spezifiziert wird (Art. 12 Abs. 6, 8 eIDAS-VO).

---

[84] Hornung/Schallbruch IT-SicherheitsR-Handbuch/Skierka-Canton § 8 Rn. 104.

[85] Auch wenn die deutsche Sprachfassung der eIDAS-VO den Begriff „Sicherheitsniveau" verwendet, hat sich, ausgehend vom englischen Terminus „Level of Assurance" im deutschen Recht, bspw. in § 8 OZG, und in der deutschen Verwaltungspraxis der Begriff „Vertrauensniveau" etabliert.

[86] Durchführungsverordnung (EU) 2015/1502 vom 8.9.2015 zur Festlegung von Mindestanforderungen an technische Spezifikationen und Verfahren für Sicherheitsniveaus elektronischer Identifizierungsmittel gemäß Artikel 8 Absatz 3 der Verordnung (EU) Nr. 910/2014 des Europäischen Parlaments und des Rates über elektronische Identifizierung und Vertrauensdienste für elektronische Transaktionen im Binnenmarkt.

IV. Die Europäische Brieftasche für die Digitale Identität (EUDI-Wallet)

1. Überblick und Einführung

a) Schlüsselinstrument für eine digitale europäische Identität

Zentrales Element der novellierten eIDAS-VO (für die mit der Novellierung verfolgten Ziele vgl. → Rn. 18 ff.) ist die sog. europäische Brieftasche für die Digitale Identität (Art. 3 Nr. 42 eIDAS-VO, im Folgenden **„europäische Identitätsbrieftasche“**). Mit der europäischen Identitätsbrieftasche, die als App für Smartphones bereitgestellt werden kann[87] und die **in ein umfassendes europäisches Identitätsökosystem eingebunden** ist (vgl. → Rn. 35 ff. und → Rn. 107 ff.), sollen natürliche und juristische Personen in der Europäischen Union die Möglichkeit erhalten, ihre **digitale Identität selbstbestimmt zu verwalten und nachzuweisen.** In der europäischen Identitätsbrieftasche sollen dazu neben sog. **Personenidentifizierungsdaten** des Nutzers, wie bspw. Name und Geburtsdatum oder Unternehmensidentifikatoren (vgl. → Rn. 41 ff.) auch **Attributsbescheinigungen,** wie bspw. Führerschein, Ausbildungsnachweise, Geburtsurkunden oder Mitgliedschaftsausweise (vgl. → Rn. 46 ff.), gespeichert und verwaltet werden können (vgl. → Rn. 40 ff.). Personenidentifizierungsdaten oder Attributsbescheinigungen sollen mit der europäischen Identitätsbrieftasche selbstbestimmt und selektiv durch den Nutzer zur **Identifizierung** und **Authentifizierung** bzw. zum **Nachweis** von Identitätsattributen genutzt werden können (vgl. → Rn. 59 ff.). Durch die europäische Identitätsbrieftasche soll damit – unter **Wahrung der vollständigen Kontrolle über die eigenen Daten** (vgl. unter → Rn. 79 ff.) – ein sicherer, vertrauenswürdiger und grenzüberschreitender **Zugang zu öffentlichen und privaten Diensten** ermöglicht werden, die eine Identifizierung und/oder den Nachweis von Identitätsattributen erfordern. Dies kann unter den Voraussetzungen des Art. 45b Abs. 2 eIDAS-VO mit der gleichen Rechtswirkung wie bei Papierdokumenten erfolgen (vgl. → Rn. 53). Darüber hinaus wird die europäische Identitätsbrieftasche eine Möglichkeit bereitstellen, mit einer **qualifizierten elektronischen Signatur** zu signieren oder mit einem qualifizierten Siegel zu besiegeln (vgl. → Rn. 70 ff.). **33**

Die 27 EU-Mitgliedstaaten werden nach Art. 5a Abs. 1 eIDAS-VO verpflichtet, jeweils eine **kostenlose** europäische Identitätsbrieftasche bereitzustellen, deren **Nutzung freiwillig** ist (Art. 5a Abs. 15 S. 1 eIDAS-VO; vgl. unter → Rn. 78). Darüber hinaus können auch **private Anbieter** europäische Identitätsbrieftaschen bereitstellen, sofern diese von einem Mitgliedstaat anerkannt werden (Art. 5a Abs. 2 Buchst. c eIDAS-VO; vgl. → Rn. 85). Gleichzeitig werden öffentliche und private Stellen teilweise zur **Akzeptanz** der europäischen Identitätsbrieftasche verpflichtet (vgl. → Rn. 93 ff.). **34**

b) Europäisches Identitätsökosystem (European Digital Identity Framework)

Die europäische Identitätsbrieftasche ist eingebettet in ein **europäisches Identitätsökosystem,**[88] das insbes. in den Vorschriften des Kap. 2 Abschn. 1 der eIDAS-VO angelegt ist und durch das sog. Architecture and Reference Framework (ARF),[89] das in verschiedenen Durchführungsrechtsakten münden soll,[90] konkretisiert wird.[91] **35**

---

[87] Urbach/Guggenberger/Pfaff/Stoetzer/Feulner/Babel/Principato/Lautenschlager EU Digital Identity Wallet S. 11 (abrufbar unter https://www.fim-rc.de/Paperbibliothek/Veroeffentlicht/4990/id-4990.pdf; zuletzt abgerufen am 21.6.2025); es ist aber auch eine browserbasierte Bereitstellung denkbar.

[88] Die zu Grunde liegende Empfehlung der Kommission (EU) 2021/946 vom 3.6.2021 spricht vom „European Digital Identity Framework“, das Architecture and Reference Framework spricht von „EUDI Wallet Ecosystem“.

[89] Abrufbar unter https://eu-digital-identity-wallet.github.io/eudi-doc-architecture-and-reference-framework/1.9.0/architecture-and-reference-framework-main/ (zuletzt abgerufen am 21.6.2025).

[90] Ziff. 1.1 des Architecture and Reference Framework (Fassung 1.9.0).

[91] Ziff. 1.1 des Architecture and Reference Framework (Fassung 1.9.0).

36

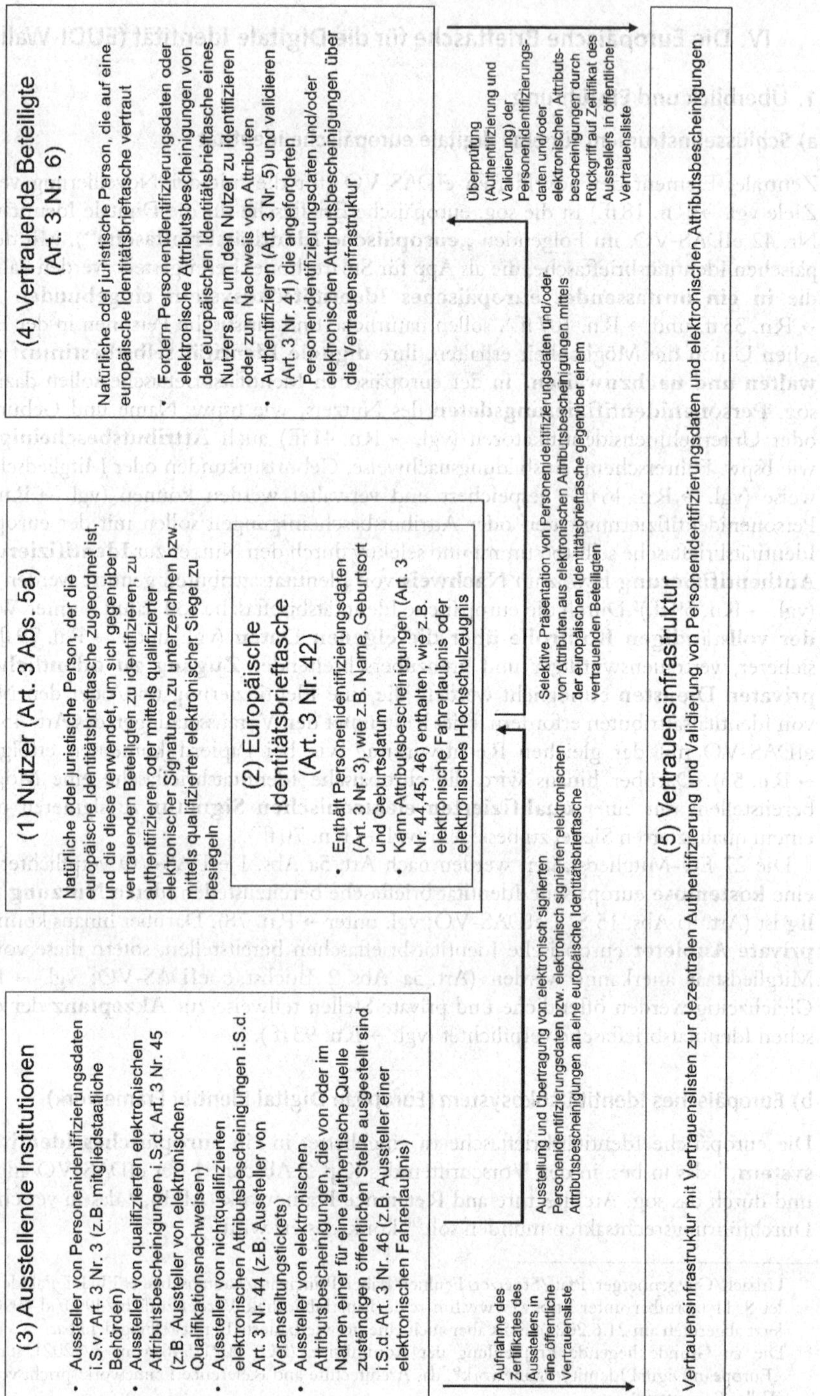
(3) Ausstellende Institutionen
• Aussteller von Personenidentifizierungsdaten i.S.v. Art. 3 Nr. 3 (z.B. mitgliedstaatliche Behörden)
• Aussteller von qualifizierten elektronischen Attributsbescheinigungen i.S.d. Art. 3 Nr. 45 (z.B. Aussteller von elektronischen Qualifikationsnachweisen)
• Aussteller von nichtqualifizierten elektronischen Attributsbescheinigungen i.S.d. Art. 3 Nr. 44 (z.B. Aussteller von Veranstaltungstickets)
• Aussteller von elektronischen Attributsbescheinigungen, die von oder im Namen einer für eine authentische Quelle zuständigen öffentlichen Stelle ausgestellt sind i.S.d Art. 3 Nr. 46 (z.B. Aussteller einer elektronischen Fahrerlaubnis)
(1) Nutzer (Art. 3 Abs. 5a)
Natürliche oder juristische Person, der die europäische Identitätsbrieftasche zugeordnet ist, und die diese verwendet, um sich gegenüber vertrauenden Beteiligten zu identifizieren, zu authentifizieren oder mittels qualifizierter elektronischer Signaturen zu unterzeichnen bzw. mittels qualifizierter elektronischer Siegel zu besiegeln
(2) Europäische Identitätsbrieftasche (Art. 3 Nr. 42)
• Enthält Personenidentifizierungsdaten (Art. 3 Nr 3), wie z.B. Name, Geburtsort und Geburtsdatum
• Kann Attributsbescheinigungen (Art. 3 Nr. 44,45, 46) enthalten, wie z.B. elektronische Fahrerlaubnis oder elektronisches Hochschulzeugnis
(4) Vertrauende Beteiligte (Art. 3 Nr. 6)
• Natürliche oder juristische Person, die auf eine europäische Identitätsbrieftasche vertraut
• Fordern Personenidentifizierungsdaten oder elektronische Attributsbescheinigungen von der europäischen Identitätsbrieftasche eines Nutzers an, um den Nutzer zu identifizieren oder zum Nachweis von Attributen
• Authentifizieren (Art. 3 Nr. 5) und validieren (Art. 3 Nr. 41) die angeforderten Personenidentifizierungsdaten und/oder elektronischen Attributsbescheinigungen über die Vertrauensinfrastruktur
Aufnahme des Zertifikates des Ausstellers in eine öffentliche Vertrauensliste
Ausstellung und Übertragung von elektronisch signierten Personenidentifizierungsdaten bzw. elektronisch signierten elektronischen Attributsbescheinigungen an eine europäische Identitätsbrieftasche
Selektive Präsentation von Personenidentifizierungsdaten und/oder von Attributen aus elektronischen Attributsbescheinigungen mittels der europäischen Identitätsbrieftasche gegenüber einem vertrauenden Beteiligten
Überprüfung (Authentifizierung und Validierung) der Personenidentifizierungs-daten und/oder elektronischen Attributs-bescheinigungen durch Rückgriff auf Zertifikat des Ausstellers in öffentlicher Vertrauensliste
(5) Vertrauensinfrastruktur
Vertrauensinfrastruktur mit Vertrauenslisten zur dezentralen Authentifizierung und Validierung von Personenidentifizierungsdaten und elektronischen Attributsbescheinigungen

Das Ökosystem besteht im Kern aus einem Vertrauensdreieck[92] zwischen drei zentralen Akteuren: 37

- **Nutzer** (Ziff. 1 im Schaubild): Im Zentrum des Vertrauensdreiecks steht der Inhaber der digitalen Identität und der jeweiligen europäischen Identitätsbrieftasche, den die eIDAS-VO als „Nutzer" bezeichnet (Art. 3 Nr. 5a eIDAS-VO). Der Nutzer kann in seiner europäischen Identitätsbrieftasche sowohl Personenidentifizierungsdaten (Art. 3 Nr. 3 eIDAS-VO, vgl. → Rn. 41 ff.), bspw. Name und Geburtsdatum, als auch (qualifizierte) elektronische Attributsbescheinigungen (Art. 3 Nr. 44, 45, 46 eIDAS-VO, vgl. → Rn. 46 ff.), bspw. Führerschein oder Ausbildungsnachweise, unter Wahrung der vollständigen Kontrolle über diese Daten speichern, verwalten und validieren (vgl. → Rn. 40 ff.). Bei Bedarf kann er einzelne Personenidentifizierungsdaten und Attribute selektiv zur Identifizierung und/oder Authentifizierung gegenüber Dritten offenlegen (vgl. → Rn. 59 ff.).
- **Ausstellende Institutionen** (Ziff. 3 im Schaubild): Die jeweiligen Personenidentifizierungsdaten und Attributsbescheinigungen, die der Nutzer in seiner europäischen Identitätsbrieftasche speichert, werden von ausstellenden Institutionen in Form von kryptographisch gesicherten, digitalen Nachweisen bereitgestellt. So können etwa staatliche Behörden Identitätsdaten zur eindeutigen Identifikation der betreffenden Person ausstellen, Hochschulen Nachweise über Studienabschlüsse bereitstellen, oder Vereine digitale Mitgliedsausweise ausgeben. Ausstellenden Institution werden in Kap. II der eIDAS-Verordnung vorausgesetzt, aber nicht definiert und im Rahmen des Architecture and Reference Framework als „Attestation Provider" bezeichnet.
- **Vertrauende Beteiligte** (Ziff. 4 im Schaubild): Vertrauende Beteiligte sind nach der Legaldefinition in Art. 3 Nr. 6 eIDAS-VO natürliche oder juristische Personen, die auf eine europäische Identitätsbrieftasche vertrauen (vgl. → Rn. 89 ff.). Mithin diejenigen Akteure, denen gegenüber Personenidentifizierungsdaten oder elektronische Attributsbescheinigungen durch eine europäische Identitätsbrieftasche offenbart werden, und die diese für nachgelagerte Prozesse überprüfen und darauf vertrauen. Bspw. Kreditinstitute, die im Rahmen der Anbahnung oder Durchführung eines Vertragsverhältnisses die Identität des Vertragspartners feststellen. Die Authentifizierung, dh die Verifizierung der vom Nutzer präsentierten Informationen, erfolgt über eine dezentrale Vertrauensinfrastruktur über öffentlich zugängliche Register, sog. Vertrauensanker (vgl. Ziff. 5 im Schaubild; vgl. ausführlich → Rn. 97 ff.).[93]

Das **Architecture and Reference Framework (ARF)**[94] spezifiziert die in der eIDAS-VO angelegten Elemente und legt den technischen Grundaufbau des Ökosystems fest.[95] Das ARF geht zurück auf eine Empfehlung der Europäischen Kommission[96] und soll eine umfassende technische Architektur, einen Bezugsrahmen, technische Vorgaben sowie Leitlinien und Beschreibungen bewährter Verfahren festlegen, die als Grundlage für die Implementierung der europäischen Identitätsbrieftasche dienen.[97] Es wird maßgeblich durch die European Digital Identity Cooperation Group[98] unter Mitwirkung der Mitgliedstaaten, 38

92 Urbach/Guggenberger/Pfaff/Stoetzer/Feulner/Babel/Principato/Lautenschlager EU Digital Identity Wallet S. 10, abrufbar unter https://www.fim-rc.de/Paperbibliothek/Veroeffentlicht/4990/id-4990.pdf (zuletzt abgerufen am 21.6.2025).

93 Ziff. 6.2.2, 6.3.2 und 6.4.2. des Architecture and Reference Framework (Fassung 1.9.0).

94 Abrufbar unter https://eu-digital-identity-wallet.github.io/eudi-doc-architecture-and-reference-framework/1.9.0/architecture-and-reference-framework-main/ (zuletzt abgerufen am 21.6.2025).

95 Ziff. 1.1 des Architecture and Reference Framework (Fassung 1.9.0), abrufbar unter https://eu-digital-identity-wallet.github.io/eudi-doc-architecture-and-reference-framework/1.9.0/architecture-and-reference-framework-main/ (zuletzt abgerufen am 21.6.2025).

96 Empfehlung der Kommission (EU) 2021/946 vom 3.6.2021 über eine gemeinsame Toolbox der Union für einen koordinierten Ansatz in Bezug auf einen europäischen Rahmen für digitale Identität.

97 Empfehlung 3 und Erwgr. 10 der Empfehlung (EU) 2021/946 vom 3.6.2021.

98 Vgl. https://digital-strategy.ec.europa.eu/en/policies/european-digital-identity-cooperation-group.

der Kommission sowie Akteuren des Privatsektors entwickelt.[99] Das ARF entfaltet dabei selbst keine rechtliche Verbindlichkeit, sondern dient als Grundlage für die noch fortlaufende Aktualisierung der erwähnten Durchführungsrechtsakte, welche – im Zusammenspiel mit der eIDAS-VO – ausschließlich rechtsverbindlich sind.[100]

2. Kernfunktionalitäten der europäischen Identitätsbrieftasche (EUDI-Wallet)

39 Ausgehend von der Legaldefinition in Art. 3 Nr. 42 eIDAS-VO und konkretisiert durch Art. 5a Abs. 4 und Abs. 5 eIDAS-VO kommen der europäischen Identitätsbrieftasche **drei Kernfunktionalitäten** zu: (1) Die Speicherung und Verwaltung von Personenidentifizierungsdaten und elektronischen Attributsbescheinigungen (vgl. → Rn. 40 ff.), (2) deren Nutzung zur Identifizierung und Authentifizierung (vgl. → Rn. 59 ff.) sowie (3) die Nutzung der europäischen Identitätsbrieftasche zur Erstellung von qualifizierten elektronischen Signaturen und Siegeln (vgl. → Rn. 70 ff.).

a) Speicherung und Verwaltung von Personenidentifizierungsdaten und elektronischen Attributsbescheinigungen

40 Als elektronisches Identifizierungsmittel iSd Art. 3 Nr. 2 eIDAS-VO (vgl. → Rn. 24 f.) soll die europäische Identitätsbrieftasche ihrem Nutzer die Speicherung und Verwaltung von Personenidentifizierungsdaten (Art. 3 Nr. 3 eIDAS-VO) und (qualifizierten) elektronischen Attributsbescheinigungen (Art. 3 Nr. 44, 45, 46 eIDAS-VO) ermöglichen. Sie könnte sich daher zukünftig zu einer umfassenden digitalen Aufbewahrungsplattform für digitale Nachweise des täglichen sowie beruflichen Gebrauchs entwickeln, vgl. Art. 5a Abs. 4 Buchst. a und f eIDAS-VO.[101]

Praxishinweis:
Auch nach ihrer Novellierung definiert die eIDAS den Begriff der „Identität" einer Person nicht direkt, sondern verwendet stattdessen funktional die Begriffe der „Personenidentifizierungsdaten" (Art. 3 Nr. 3 eIDAS-VO) und „Attribute" (Art. 3 Nr. 43 eIDAS-VO), die somit den Kern der (digitalen) Identität einer Person bilden sollen (vgl. → Rn. 10).

41 **aa) Personenidentifizierungsdaten, Art. 3 Nr. 3 eIDAS-VO.** Nach der **Legaldefinition** in Art. 3 Nr. 3 eIDAS-VO sind Personenidentifizierungsdaten *„ein Datensatz, der im Einklang mit dem Unionsrecht oder dem nationalen Recht ausgestellt wird und es ermöglicht, die Identität einer natürlichen oder juristischen Person oder einer natürlichen Person, die eine andere natürliche Person oder eine juristische Person vertritt, festzustellen"*.

42 **(1) Bezugspunkt und Gegenstand von Personenidentifizierungsdaten.** Nach Art. 3 Nr. 3 eIDAS-VO können sich Personenidentifizierungsdaten (sog. „PID") sowohl auf **natürliche Personen** als auch auf **juristische Personen** beziehen. Wie Erwgr. 68 eIDAS-VO klarstellt, ist der Begriff der juristischen Person dabei genuin europarechtlich auszulegen und umfasst nicht nur juristische Personen iSd jeweiligen nationalen Rechts. Der Begriff umfasst vielmehr iSd AEUV sämtliche Einrichtungen, die nach dem Recht eines Mitgliedstaats gegründet wurden oder diesem Recht unterstehen, unabhängig von ihrer Rechtsform (vgl. Erwgr. 68 eIDAS-VO).

[99] Empfehlung 1 sowie Erwgr. 11, 14 der Empfehlung (EU) 2021/946 vom 3.6.2021; vgl. ferner Ziff. 1.1 des Architecture and Reference Framework (Fassung 1.9.0).
[100] Ziff. 1.1 des Architecture and Reference Framework (Fassung 1.9.0).
[101] durch bspw. die Möglichkeit des Herunterladens und der Speicherung von elektronischen Attributsbescheinigungen; so wohl auch Kociok/Seifert DB 2025, 33 (35).

Nach Art. 5a Abs. 5 Buchst. f eIDAS-VO müssen die mit der europäischen Identitätsbrieftasche verknüpften Personenidentifizierungsdaten deren Nutzer eindeutig repräsentieren.[102] Um dies zu gewährleisten, legt die Durchführungsverordnung (EU) 2024/2977 für natürliche und juristische Personen **obligatorische Personenidentifizierungsdaten** fest, die ein Personenidentifizierungsdatensatz für eine eindeutige Zuordnung des Nutzers zwingend enthalten muss. Für natürliche Personen umfasst dies den Vor- und Nachnamen des Nutzers, dessen Geburtstag, Geburtsort sowie dessen Nationalität.[103] Für juristische Personen den offiziellen Namen sowie eine eindeutige Kennung, die vom übermittelnden Mitgliedstaat entsprechend den technischen Spezifikationen für die Zwecke der grenzüberschreitenden Identifizierung erstellt wurde.[104] Ferner enthält die Durchführungsverordnung weitere **fakultative Personenidentifizierungsdaten.**[105] 43

(2) Ausstellung von Personenidentifizierungsdaten. Die Ausstellung von Personenidentifizierungsdaten iSd Art. 3 Nr. 3 eIDAS-VO erfolgt durch vertrauenswürdige Institutionen, bspw. diejenigen Behörden der Mitgliedstaaten, die auch offizielle Personalausweise ausgeben.[106] Diese sog. **PID-Provider** werden von den Mitgliedstaaten bestimmt und notifiziert (Art. 5a Abs. 18 Buchst. c eIDAS-VO). Wie Erwgr. 19 S. 10 der Änderungs-VO 2024/1183 zur eIDAS-VO[107] klarstellt, soll bei der Ausstellung von Personenidentifizierungsdaten auf die staatlich-rechtliche Identität von Unionsbürgern sowie in der Union ansässigen Personen oder juristischen Personen zurückgegriffen werden. In Deutschland ist zu erwarten, dass die Ausstellung von Personenidentifizierungsdaten über die Online-Funktion des Personalausweises erfolgen wird.[108] Die zuständige Behörde wird hier die Bundesdruckerei werden,[109] die derzeit im Auftrag der Bundesagentur für Sprunginnovationen (SPRIND) und aus Mitteln des Bundesministeriums für Digitales und Staatsmodernisierung (BMDS) ein Hintergrundsystem für die Ausstellung von Personenidentifizierungsdaten entwickelt.[110] Geplant ist, mit den im Chip des Personalausweises hinterlegten personenbezogenen Daten Personenidentifizierungsdaten generieren zu können (Online-Ausweisfunktion). Diese Personenidentifizierungsdaten sollen anschließend als interoperable und rechtssichere **digitale Kernidentität**[111] der europäischen Identitätsbrieftaschen dienen. 44

Praxishinweis:
Die Rückkopplung an die staatlich abgesicherte Identität einer Person, die ein hohes Grad an Vertrauen mit sich bringt, lässt einen deutlichen Vorteil der europäischen

[102] Die englische Fassung des Art. 5a Abs. 5 Buchst. f eIDAS-VO formuliert insoweit deutlicher: „ensure that the person identification data, which is available from the electronic identification scheme under which the European Digital Identity Wallet is provided, uniquely represents the natural person, legal person or the natural person representing the natural or legal person, and is associated with that European Digital Identity Wallet".

[103] Tabelle 1 des Anhangs zur Durchführungsverordnung (EU) 2024/2977.

[104] Tabelle 3 des Anhangs zur Durchführungsverordnung (EU) 2024/2977.

[105] Für natürliche Personen können dies bspw. Anschrift, Geburtsname, Geschlecht, Gesichtsbild, persönlichen Verwaltungsnummer, E-Mail-Adresse oder Telefonnummer sein (vgl. Tabelle 2 des Anhangs zur Durchführungsverordnung (EU) 2024/2977). Für juristische Personen bspw. Anschrift, Umsatzsteuer-Identifikationsnummer, Verbrauchsteuernummer, Steuerregisternummer, oder Legal Entity Identifier (LEI) (vgl. Tabelle 2 des Anhangs zur Durchführungsverordnung (EU) 2024/2977).

[106] Vgl. Erwgr. 19 der Verordnung (EU) 2024/1183 vom 11.4.2024 zur Änderung der Verordnung (EU) Nr. 910/2014 im Hinblick auf die Schaffung des europäischen Rahmens für eine digitale Identität; vgl. ferner Ziff. 3.3 des Architecture and Reference Framework (Fassung 1.9.0).

[107] Verordnung zur Änderung der Verordnung (EU) Nr. 910/2014 im Hinblick auf die Schaffung des europäischen Rahmens für eine digitale Identität.

[108] Vgl. https://www.bundesdruckerei.de/de/innovation-hub/eudi-wallet-sicher-digital-identifizieren-europa (zuletzt abgerufen am 21.6.2025).

[109] Vgl. https://www.bundesdruckerei.de/de/innovation-hub/eudi-wallet-sicher-digital-identifizieren-europa (zuletzt abgerufen am 21.6.2025).

[110] Vgl. https://www.bundesdruckerei.de/de/newsroom/pressemitteilungen/bundesdruckerei-und-sprind-schaffen-grundlage-fuer-eudi-wallet (zuletzt abgerufen am 4.9.2025).

[111] Für die Dimensionen und Bestandteile digitaler Identitäten vgl. → Rn. 4ff.

Identitätsbrieftasche ggü. Lösungen privater Anbieter, bspw. sog. Single-Sign-On Diensten (vgl. → Rn. 14) erkennen.[112]

45 Die konkreten Anforderungen an die Ausstellung von Personenidentifizierungsdaten werden durch die Durchführungsverordnung (EU) 2024/2977 sowie von den Mitgliedstaaten festgelegt.[113] Im Rahmen der Ausstellung von Personenidentifizierungsdaten verifiziert der Aussteller die Identität des Nutzers einer europäischen Identitätsbrieftasche und stellt daraufhin Personenidentifizierungsdaten zur Verfügung.[114] Die Einbindung elektronischer Attributsbescheinigungen in der europäischen Identitätsbrieftasche erfolgt über technische Schnittstellen (vgl. Art. 5a Abs. 5 Buchst. a Ziff. i eIDAS-VO).[115] Ferner hat der Aussteller Informationen für vertrauende Beteiligte bereitzustellen, die es erlauben, die Gültigkeit der Personenidentifizierungsdaten zu überprüfen (vgl. → Rn. 110).[116] Personenidentifizierungsdaten werden kryptografisch an die europäische Identitätsbrieftasche gebunden, sodass sichergestellt ist, dass sie nur von der europäischen Identitätsbrieftasche des jeweiligen Inhabers der Identität präsentiert werden können (vgl. Art. 3 Abs. 5 Durchführungsverordnung (EU) 2024/2977).

46 **bb) Elektronische Attributsbescheinigungen, Art. 3 Nr. 44 ff. eIDAS-VO. (1) Begriffsbestimmung und Bedeutung.** Eine **elektronische Attributsbescheinigung** ist nach Art. 3 Nr. 44 eIDAS-VO eine *„in elektronischer Form vorliegende Bescheinigung, die die Authentifizierung von Attributen ermöglicht"*. Ein solches Attribut wiederum ist in der eIDAS-VO weit definiert[117] als *„ein Merkmal, eine Qualität, ein Recht oder die Erlaubnis einer natürlichen oder juristischen Person oder eines Objekts"* (Art. 3 Nr. 43 eIDAS-VO). Attributsbescheinigungen können bspw. Führerscheine, Ausbildungs- oder Qualifikationsnachweise, Mitgliedschaftsausweise für Vereine, Beschäftigungsnachweise von Unternehmen, Impfstatus, Schufa-Auskünfte, Grundbuchauszüge oder Zugangsbefugnisse sein.[118]

47 Die Aufnahme von Attributsbescheinigungen als (qualifizierten) Vertrauensdienst iSd Kap. 3 eIDAS-VO (zu Vertrauensdiensten vgl. → Rn. 114 ff.) sowie ihre angestrebte Etablierung als Nachweise im Rahmen der europäischen Identitätsbrieftasche, stellt eine **bedeutende Neuerung** im Vergleich zur vorherigen Fassung der eIDAS-VO dar. Insbesondere die Kombination bzw. Verknüpfung von Attributsbescheinigungen mit den in der Identitätsbrieftasche gespeicherten Personenidentifizierungsdaten werden der europäischen Identitätsbrieftasche ein breites Anwendungsgebiet eröffnen.[119] Es wird dem Nutzer dadurch ermöglicht, die europäische Identitätsbrieftasche für den Zugang zu privaten und öffentlichen Diensten zu nutzen, die neben oder statt der Identifizierung das Erbringen eines (zusätzlichen) digitalen Nachweises erfordern.[120]

Praxisbeispiele für die Verwendung von Attributsbescheinigungen:[121]

48 • Das Entleihen eines Mietwagens mittels digitalen Nachweises einer Fahrerlaubnis

---

[112] So auch Göttler jurisPR-ITR 1/2025 Anm. 2 C.II.

[113] Ziff. 3.3. des Architecture and Reference Framework (Fassung 1.9.0).

[114] Ziff. 3.3 des Architecture and Reference Framework (Fassung 1.9.0).

[115] Vgl. dazu auch Durchführungsverordnung (EU) 2024/2982 zur Festlegung der Vorschriften für die Anwendung der Verordnung (EU) Nr. 910/2014 des Europäischen Parlaments und des Rates in Bezug auf vom europäischen Rahmen für die digitale Identität zu unterstützende Protokolle und Schnittstellen.

[116] Ziff. 3.3 des Architecture and Reference Framework (Fassung 1.9.0).

[117] So auch Göttler jurisPR-ITR 1/2025 Anm. 2 B.I1.

[118] Beispiele angelehnt an Blasek DSRITB 2023, 73; weitere Bsp.für mögliche Attribute in Anhang VI der eIDAS-VO.

[119] Für die Möglichkeit einer Kombination von Personenidentifizierungsdaten mit elektronischen Attributsbescheinigungen als Anforderung an die europäische Identitätsbrieftasche vgl. → Rn. 47.

[120] Göttler jurisPR-ITR 1/2025 Anm. 2 B.I1.

[121] Beispiele nach Verbraucherzentrale, EUDI-Wallet: Was Sie zur digitalen Brieftasche wissen müssen (21.3.2025), https://www.verbraucherzentrale.de/wissen/digitale-welt/datenschutz/eudiwallet-was-sie-zur-digitalen-brieftasche-wissen-muessen-95821 (zuletzt abgerufen am 22.6.2025).

- Die zentrale Verwaltung von Reisetickets
- Zugang zu Studentenrabatten qua Nachweis der Immatrikulation
- Bonusprogramm-Mitgliedschaften beim Online-Shopping
- Berufsqualifikationen und Bildungsabschlüsse
- Nachweis der Vollmacht für die Vertretung einer natürlichen/juristischen Person
- Behördliche Genehmigungen und Lizenzen

(2) Arten von elektronischen Attributsbescheinigungen. Die eIDAS-VO unterscheidet zwischen drei verschiedenen Arten von elektronischen Attributsbescheinigungen: 49

Eine **„einfache" elektronische Attributsbescheinigung** ist nach Art. 3 Nr. 44 eIDAS-VO eine *„in elektronischer Form vorliegende Bescheinigung, die die Authentifizierung von Attributen ermöglicht"*. „Einfache" elektronische Attributsbescheinigungen werden im Gegensatz zu qualifizierten elektronischen Attributsbescheinigungen (Art. 3 Nr. 45 eIDAS-VO) nicht von qualifizierten Vertrauensdiensteanbietern ausgestellt. Sie eignen sich für einfachere Anwendungsbereiche, die ein solch hohes Sicherheitsniveau hinsichtlich der Authentizität und Integrität der Nachweise nicht erfordern. 50

Praxishinweis:
„Einfache" elektronische Attributsbescheinigungen sind eine einfache und kostengünstige Lösung zur digitalen Bestätigung von Eigenschaften oder Berechtigungen, die ohne komplexe rechtliche oder technische Anforderungen ausgestellt werden können. Sie eignen sich bspw. für Mitgliedschaftsnachweise eines Fitnessstudios, Eintrittskarten, Zugtickets oder Studentenausweise.[122]

Eine **qualifizierte elektronische Attributsbescheinigung** ist nach Art. 3 Nr. 45 eIDAS-VO eine „von einem qualifizierten Vertrauensdiensteanbieter ausgestellte elektronische Attributsbescheinigung, die die Anforderungen des Anhang V eIDAS-VO erfüllt". Die Attributsbescheinigung muss dafür insbesondere nach Anhang V Buchst. g eIDAS-VO mit einer qualifizierten elektronischen Signatur oder einem qualifizierten elektronischen Siegel des ausstellenden qualifizierten Vertrauensdiensteanbieters versehen sein.[123] Qualifizierte Attributsbescheinigungen bieten durch die qualifizierte elektronische Signatur ein hohes Vertrauensniveau. 51

Praxishinweis:
Qualifizierte elektronische Attributsbescheinigungen vermitteln ein hohes Vertrauen in die Integrität und Authentizität des Nachweises und eignen sich daher für Anwendungen mit hohen Vertrauensanforderungen wie bspw. eine Zulassung zu einem regulierten Beruf oder eine Vertretungsvollmacht. Insbesondere haben sie nach Art. 45b Abs. 2 eIDAS-VO dieselbe Rechts- und Beweiswirkung wie rechtmäßig ausgestellte Bescheinigungen in Papierform (vgl. → Rn. 53).[124]

Eine von oder im Namen einer für eine authentische Quelle zuständigen öffentlichen Stelle ausgestellte elektronische Attributsbescheinigung ist eine elektronische Attributsbescheinigung, die aus authentischen Quellen des öffentlichen Sektors stammt, bspw. behördliche Genehmigungen und Lizenzen. Nach der Legaldefinition in Art. 3 Nr. 46 eIDAS-VO ist eine solche Attributsbescheinigung definiert als eine *„elektronische Attributsbescheinigung, die gemäß Artikel 45 f und Anhang VII von einer öffentlichen Stelle, die für eine* 52

[122] Beispiele nach Talao, EUDI Wallet and eIDAS 2: Understanding the role of EAA, QEAA and PID credentials for individuals and organizations (14.10.2024), https://talao.io/blog/eudi-wallet-understanding-credentials-in-eidas-2-eaa-qeaa-and-pid/ (zuletzt abgerufen am 21.6.2025).
[123] Hornung/Schallbruch IT-SicherheitsR-Handbuch/Roßnagel § 14 Rn. 59c.
[124] Göttler jurisPR-ITR 1/2025 Anm. 2 B.I1.

authentische Quelle zuständig ist, oder von einer öffentlichen Stelle, die von dem Mitgliedstaat dafür benannt wurde, solche Attributsbescheinigungen im Namen der öffentlichen Stellen, die für authentische Quellen zuständig sind, auszustellen, ausgestellt wurde". Eine authentische Quelle ist nach Art. 3 Nr. 47 eIDAS-VO *„ein Datenspeicher oder ein System, der bzw. das unter der Verantwortung einer öffentlichen Stelle oder privaten Einrichtung betrieben wird, Attribute zu einer natürlichen oder juristischen Person oder zu einem Objekt enthält und bereitstellt und als eine primäre Quelle für diese Informationen gilt oder im Einklang mit Unionsrecht oder nationalem Recht – einschließlich der Verwaltungspraxis – als authentisch anerkannt wird"*.

53 **(3) Rechts- und Beweiswirkung.** Die Unterscheidung zwischen den verschiedenen Arten von elektronischen Attributsbescheinigungen ist insbesondere vor dem Hintergrund ihrer **Rechts- und Beweiswirkungen** relevant (Art. 45b eIDAS-VO). Für „einfache" elektronische Attributsbescheinigung (Art. 3 Nr. 44 eIDAS-VO) legt Art. 45b Abs. 1 eIDAS-VO lediglich fest, dass ihre Rechtswirkung oder die Zulässigkeit als Beweismittel in Gerichtsverfahren nicht allein deshalb abgesprochen werden kann, weil sie in elektronischer Form vorliegt oder nicht die Anforderungen an qualifizierte elektronische Attributsbescheinigungen erfüllt. Dementgegen kommen qualifizierten elektronischen Attributsbescheinigungen (Art. 3 Nr. 45 eIDAS-VO) sowie Attributsbescheinigungen, die von oder im Namen einer für eine authentische Quelle zuständigen öffentlichen Stelle ausgestellt werden (Art. 3 Nr. 46 eIDAS-VO), nach Art. 45b Abs. 2 eIDAS-VO dieselbe Rechtswirkung zu wie rechtmäßig ausgestellte Bescheinigungen in Papierform (Art. 45b Abs. 1 eIDAS-VO). In einem Mitgliedstaat ausgestellte qualifizierte elektronische Attributsbescheinigungen, sowie in einem Mitgliedstaat von oder im Namen einer für eine authentische Quelle zuständigen öffentlichen Stelle ausgestellte qualifizierte elektronische Attributsbescheinigung sind in allen anderen Mitgliedstaaten als solche anzuerkennen (vgl. Art. 24a Abs. 9 bzw. Art. 45b Abs. 3 eIDAS-VO). Sektorspezifische oder nationale Formvorschriften und die mit ihnen verbundenen Rechtsvorschriften bleiben von diesen Rechtswirkungen jedoch unberührt.[125]

54 **(4) Rechtliche Anforderungen an elektronische Attributsbescheinigungen.** Sämtliche Kategorien von elektronischen Attributsbescheinigungen stellen **Vertrauensdienste iSd Art. 3 Nr. 16 eIDAS-VO** dar (zu Vertrauensdiensten vgl. → Rn. 114 ff.). Die rechtlichen Anforderungen an elektronische Attributsbescheinigungen ergeben sich daher insbesondere aus den Vorschriften über Vertrauensdienste in Kap. III der eIDAS-VO. Neben den allgemeinen Regelungen für Vertrauensdiensteanbieter in Kap. III Abschnitt 1 (Art. 13–16 eIDAS-VO) sowie weiteren allgemeinen Regelungen, entweder für nichtqualifizierte Vertrauensdiensteanbieter in Kap. III Abschnitt 2 (Art. 19a eIDAS-VO) bzw. für qualifizierte Vertrauensdiensteanbieter in Kap. III Abschnitt 3 (Art. 20–24a eIDAS-VO), ergeben sich besondere Anforderungen an elektronische Attributsbescheinigungen darüber hinaus aus Abschnitt 9 des Kapitels III (Art. 45b ff.).

55 **„Einfache" elektronische Attributsbescheinigungen** können von jedem Vertrauensdiensteanbieter iSd Art. 3 Nr. 19 eIDAS-VO ausgestellt werden und unterfallen somit nur den (wenigen) Anforderungen der eIDAS-VO an nichtqualifizierte Vertrauensdiensteanbieter (vgl. → Rn. 122 ff.). Es ist daher davon auszugehen, dass die Regelungen zur Ausstellung, Nutzung und Anerkennung von „einfachen" elektronischen Attributsbescheinigungen überwiegend durch andere rechtliche oder vertragliche Rahmenwerke bestimmt werden.[126] Hinsichtlich der Bereitstellung „einfacher" elektronischer Attributsbescheinigungen, also der Speicherung in der europäischen Identitätsbrieftasche (Art. 5a Abs. 4 Buchst. a, Abs. 5 eIDAS-VO), schreibt Art. 45g Abs. 1 eIDAS-VO vor, dass diese durch den Nutzer direkt über die europäische Identitätsbrieftasche angefordert, empfangen, gespeichert und verwaltet werden können müssen.

125 Hornung/Schallbruch IT-SicherheitsR-Handbuch/Roßnagel § 14 Rn. 59a.
126 Ziff. 3.7. des Architecture and Reference Framework (Fassung 1.9.0).

Eine **qualifizierte elektronische Attributsbescheinigung** wird von einem qualifizierten Vertrauensdiensteanbieter ausgestellt. Neben den allgemeinen Vorschriften für Vertrauensdiensteanbieter (vgl. → Rn. 124) sowie den Vorschriften für Anbieter von qualifizierten Vertrauensdiensten (vgl. → Rn. 128 ff.) sind die Anforderungen des Art. 45d eIDAS-VO zu beachten, dessen Anforderungen durch eine Durchführungsverordnung der Europäischen Kommission konkretisiert werden (Art. 45d Abs. 5 eIDAS-VO). Nach Art. 45d Abs. 1 eIDAS-VO müssen qualifizierte elektronische Attributsbescheinigungen den im Anhang V eIDAS-VO definierten Anforderungen entsprechen. Wird eine qualifizierte elektronische Attributsbescheinigung von dem ausstellenden Dienst nach der Ausstellung widerrufen, verliert sie ab dem Zeitpunkt des Widerrufs ihre Gültigkeit (Art. 45d Abs. 4 eIDAS-VO). Zur Ausstellung muss der Aussteller die Identität des Nutzers nachweisen (Art. 24 Abs. 1 eIDAS-VO).[127] Sofern die europäische Identitätsbrieftasche des Empfängers bereits Personenidentifizierungsdaten enthält, kann die Nutzeridentifizierung und -authentifizierung durch die Anforderung der in der europäischen Identitätsbrieftasche gespeicherten Personenidentifizierungsdaten erfolgen (Art. 24 Abs. 1a Buchst. a eIDAS-VO).[128] Eine Ausstellung der qualifizierten elektronischen Attributsbescheinigung erfolgt ferner erst, nachdem der Aussteller das jeweilige Attribut überprüft hat (vgl. Art. 24 Abs. 1). Artikel 45e verpflichtet die Mitgliedstaaten diesbezüglich zur Einrichtung technischer und organisatorischer Maßnahmen, die qualifizierten Vertrauensdiensteanbietern die elektronische Überprüfung bestimmter Attribute über authentische Quellen ermöglichen. Die Bereitstellung qualifizierter elektronischer Attributsbescheinigungen erfolgt nach Art. 45g Abs. 2 eIDAS-VO über eine technische Schnittstelle zur europäischen Identitätsbrieftasche. 56

Art. 45h eIDAS-VO enthält zudem eine **datenschutzrechtliche Sonderregelung** für elektronische Attributsbescheinigungen, die eine strenge Zweckbindung der Daten vorsieht.[129] Nach Art. 45h Abs. 1 eIDAS-VO dürfen Anbieter qualifizierter und nichtqualifizierter Dienste für elektronische Attributsbescheinigungen die mit der Erbringung dieser Dienste verbundenen personenbezogenen Daten nicht mit personenbezogenen Daten aus anderen, von ihnen angebotenen Diensten kombinieren. Dafür müssen die in Bezug auf die Erbringung von Diensten für elektronische Attributsbescheinigungen verarbeiteten Daten nach Art. 45h Abs. 2 eIDAS-VO von allen anderen gespeicherten Daten logisch getrennt gehalten werden. Ferner muss die Bereitstellung von qualifizierten Vertrauensdiensten für elektronische Attributsbescheinigungen nach Art. 45h Abs. 3 eIDAS-VO dergestalt umgesetzt werden, dass sie von der Bereitstellung anderer Dienste funktional getrennt ist (vgl. zur Möglichkeit einer Doppelfunktion als Anbieter einer Identitätsbrieftasche und gleichzeitig als Vertrauensdiensteanbieter, vgl. → Rn. 132 f.).[130] 57

(5) Anbindung elektronischer Attributsbescheinigungen an die europäische Identitätsbrieftasche. Hinsichtlich der Anbindung elektronischer Attributsbescheinigungen an die europäische Identitätsbrieftasche legt Art. 5a Abs. 5 Buchst. b eIDAS-VO fest, dass sichergestellt werden muss, dass den Vertrauensdiensteanbietern nach der Ausstellung keinerlei Informationen über die Verwendung dieser elektronischen Bescheinigungen zur Verfügung gestellt werden. Die technische Ausgestaltung der europäischen Identitätsbrieftasche muss ferner sicherstellen, dass eine Verknüpfung von Attributsbescheinigungen mit der Identität des Nutzers ausgeschlossen ist, sofern keine Identifizierung erforderlich ist. Diese technische Anforderung gilt auch für die Nachverfolgbarkeit von Transaktionen sowie für das Nutzerverhalten, Art. 5a Abs. 16 Buchst. a und b eIDAS-VO. 58

127 Vgl. auch Ziff. 3.6 des Architecture and Reference Framework (Fassung 1.9.0).
128 Vgl. auch Ziff. 3.6 des Architecture and Reference Framework (Fassung 1.9.0).
129 Hornung/Schallbruch IT-SicherheitsR-Handbuch/Roßnagel § 14 Rn. 59d.
130 Hornung/Schallbruch IT-SicherheitsR-Handbuch/Roßnagel § 14 Rn. 59d.

b) Elektronische Identifizierung und Authentifizierung

59 Weitere Kernfunktionalität der europäischen Identitätsbrieftasche ist die Möglichkeit, die darin gespeicherten Personenidentifizierungsdaten und elektronischen Attributsbescheinigungen ggü. vertrauenden Beteiligten oder anderen Nutzern europäischer Identitätsbrieftaschen zu präsentieren (Art. 3 Nr. 42 eIDAS-VO) bzw. diese für den Zugang zu öffentlichen und privaten Diensten ggü. vertrauenden Beteiligten vorzuweisen (Art. 5a Abs. 4 Buchst. a eIDAS-VO). Kernfunktionalität ist mithin die **Nutzung der europäischen Identitätsbrieftasche zur Ermöglichung der elektronischen Identifizierung** (Art. 3 Nr. 1 eIDAS-VO) **und Authentifizierung** (Art. 3 Nr. 5 eIDAS-VO). In Bezug auf beide ist der sog. Grundsatz der selektiven Offenlegung zu beachten (vgl. → Rn. 80).

60 **aa) Elektronische Identifizierung (Art. 3 Nr. 1 eIDAS-VO).** Mit der elektronischen Identifizierung ist das technisch-organisatorische Verfahren gemeint, mit dem die Identität einer Person festgestellt wird.[131] Die **Legaldefinition** des Art. 3 Nr. 1 eIDAS-VO beschreibt dies als den *„Prozess der Verwendung von Personenidentifizierungsdaten in elektronischer Form, die eine natürliche oder juristische Person oder eine natürliche Person, die eine andere natürliche Person oder eine juristische Person vertritt, eindeutig repräsentieren"*.

61 Bei der Identifizierung geht es mithin um die **Feststellung der Identität einer Person anhand rechtlich definierter, eindeutiger Merkmale,** den sog. Personenidentifizierungsdaten (Art. 3 Nr. 3 eIDAS-VO, vgl. → Rn. 41 ff.). Im Rahmen der europäischen Identitätsbrieftasche erfolgt die Identifizierung dadurch, dass der Nutzer die in seiner Identitätsbrieftasche gespeicherten Personenidentifizierungsdaten, die ihn eindeutig identifizieren (vgl. → Rn. 43), dem vertrauenden Beteiligten offenbart. Werden hingegen nur einzelne Bestandteile der Personenidentifizierungsdaten selektiv offenbart (vgl. → Rn. 80), bspw. nur das Alter, erfolgt nur eine Authentifizierung der zu Grunde liegenden Information (vgl. → Rn. 67). Denn in diesem Fall wird die Person gerade nicht eindeutig repräsentiert.

62 **Technisch-organisatorisch** erfolgt die elektronische Identifizierung durch die europäische Identitätsbrieftasche dadurch, dass die europäische Identitätsbrieftasche als Identifizierungsmittel in ein elektronisches Identifizierungssystem eingebunden ist (Art. 3 Nr. 4 eIDAS-VO, vgl. → Rn. 24).[132] Der europäischen Identitätsbrieftasche kommt damit die **Funktion eines weiteren elektronischen Identifizierungsmittels,** Art. 3 Nr. 2 eIDAS-VO, zu (vgl. → Rn. 24 f.).

63 **bb) Authentifizierung (Art. 3 Nr. 5 eIDAS-VO) und Validierung (Art. 3 Nr. 41 eIDAS-VO).** Darüber hinaus ist Kernfunktionalität der europäischen Identitätsbrieftasche auch das Vorweisen (bzw. „Präsentieren", Art. 3 Nr. 42 eIDAS-VO) von Personenidentifizierungsdaten und elektronischen Attributsbescheinigungen, *„um sich online und, gegebenenfalls, offline für den Zugang zu öffentlichen und privaten Diensten zu authentifizieren"* (Art. 5a Abs. 4 Buchst. a eIDAS-VO).

64 **(1) Begriff.** Der **Begriff der Authentifizierung** beschreibt nach der Legaldefinition in Art. 3 Nr. 5 eIDAS-VO einen *„elektronische[n] Prozess, der die Bestätigung der elektronischen Identifizierung einer natürlichen oder juristischen Person oder die Bestätigung des Ursprungs und der Unversehrtheit von Daten in elektronischer Form ermöglicht."* Der **Begriff der Validierung** beschreibt hingegen nach Art. 3 Nr. 41 eIDAS-VO den *„Prozess der Überprüfung und Bestätigung der Gültigkeit von Daten in elektronischer Form"*.

65 Im Rahmen der europäischen Identitätsbrieftasche dient die Authentifizierung (wie auch die Validierung) zum einen der **Bestätigung einer bereits durchgeführten Identifizierung** iSd Art. 3 Nr. 1 eIDAS-VO (Art. 3 Nr. 5 Alt. 1 eIDAS-VO) und beschreibt den technischen Verifikationsvorgang, der die zuvor festgestellte Identität bestätigen soll, baut

[131] BeckOK IT-Recht/Lapp/Drews eIDAS-VO Art. 3 Rn. 2.
[132] vergleiche allgemein Göttler jurisPR-ITR 1/2025 Anm. 2 C. I. unter Verweis auf BeckOK IT-Recht/Lapp/Drews eIDAS-VO Art. 3 Rn. 12.

also zeitlich nachgelagert auf einer bereits erfolgten Identifizierung iSd Art. 3 Nr. 1 eIDAS-VO auf. In diesem Kontext beschreibt die Authentifizierung iSd Art. 3 Nr. 5 eIDAS-VO die Überprüfung, dass die offenbarten Personenidentifizierungsdaten tatsächlich von der ausstellenden Person ausgestellt wurden und nicht verändert wurden (Authentizität und Integrität) und die Validierung iSd Art. 3 Nr. 41 eIDAS-VO, dass die Personenidentifizierungsdaten noch gültig sind. Zum anderen dient die Authentifizierung auch der **Bestätigung von ausgetauschten elektronischen Daten, bspw. elektronischen Attributsbescheinigungen** (Art. 3 Nr. 5 Alt. 2 eIDAS-VO). Dabei beschreibt die Authentifizierung den technischen Verifikationsvorgang, mit dem bestätigt werden soll, dass elektronische Daten tatsächlich von dem angegebenen Aussteller stammen und nicht verändert wurden (Authentizität und Integrität der Daten) und die Validierung, dass sie noch gültig, also nicht widerrufen worden sind.

(2) Abgrenzung. Begrifflich ist mithin zwischen Identifizierung, Authentifizierung und Validierung zu unterscheiden: Bei der **Identifizierung** (Art. 3 Nr. 1 eIDAS-VO) geht es um die Feststellung der Identität einer Person anhand rechtlich definierter Merkmale (vgl. → Rn. 61). Demgegenüber dient die **Authentifizierung** (Art. 3 Nr. 5 Alt. 1 eIDAS-VO) entweder der Bestätigung einer bereits durchgeführten Identifizierung oder der Bestätigung von ausgetauschten elektronischen Daten (Art. 3 Nr. 5 Alt. 2 eIDAS-VO). Die **Validierung** (Art. 3 Nr. 41 eIDAS-VO) stellt hingegen sicher, dass die ausgetauschten Daten noch gültig sind (bspw. Gültigkeit des Impfstatus). 66

Beispiele:

- Weist sich eine Person mit der europäischen Identitätsbrieftasche zum Zwecke der Feststellung ihrer Identität gegenüber einem vertrauenden Beteiligten aus, erfolgt eine Identifizierung der Person (Feststellung, *wer* eine Person ist). 67
- Die anschließende Überprüfung der Echtheit und Unversehrtheit der dazu verwendeten Personenidentifizierungsdaten durch den vertrauenden Beteiligten ist eine Authentifizierung (Verifikation, *dass* jemand es tatsächlich ist).
- Eine Authentifizierung liegt auch vor, wenn die Echtheit und Unversehrtheit einer vorgewiesenen Attributsbescheinigung überprüft wird. Bspw. die Überprüfung, ob ein vorgewiesener Universitätsabschluss tatsächlich von der entsprechenden Hochschule ausgestellt und seit der Ausstellung nicht verändert wurde.
- Werden einzelne Bestandteile von Personenidentifizierungsdaten dergestalt selektiv offenbart (zur selektiven Offenlegung vgl. → Rn. 80), dass eine Identifizierung der Bezugsperson nicht möglich ist (zB nur das Alter, oder „Über 18"), erfolgt keine Identifizierung, sondern nur eine Authentifizierung, dh die Überprüfung (der Authentizität und Integrität) der einer übermittelten Attributs-Aussage zu Grunde liegenden Informationen.

(3) Durchführung der Authentifizierung und Validierung. Die Durchführung der Authentifizierung und Validierung von Personenidentifizierungsdaten und elektronischen Attributsbescheinigungen, die über europäische Identitätsbrieftaschen verlangt werden, **obliegt** nach Art. 5b Abs. 9 eIDAS-VO **dem vertrauenden Beteiligten** (für eine detaillierte Beschreibung vgl. → Rn. 92). Im Rahmen der europäischen Identitätsbrieftasche erfolgt die Authentifizierung und Validierung durch die im Rahmen des Architecture and Reference Framework (ARF) entwickelten Vertrauensarchitektur (vgl. → Rn. 107 ff.). 68

(4) Dimensionen der Authentifizierung. Die Authentifizierung hat sowohl eine aktive als auch passive Dimension, da die **Rollen** von Nutzer und vertrauendem Beteiligten jeweils **spiegelbildlich** bestehen können: Einerseits können Nutzer ihre eigenen Personenidentifizierungsdaten und Attributsbescheinigungen an einen vertrauenden Beteiligten übermitteln, um von diesem authentifiziert zu werden (**passive Dimension** der Authentifizierung, Art. 5a Abs. 4 Buchst. a eIDAS-VO; vgl. zur diesbezüglichen Pflicht des vertrauenden Beteiligten Art. 5b Abs. 9 eIDAS-VO → Rn. 92). Andererseits soll die europäische Identi- 69 tätsbrieftasche auch ermöglichen, Personenidentifizierungsdaten und Attributsbescheinigungen von einer anderen europäischen Identitätsbrieftasche zu empfangen, und diese zu authentifizieren (**aktive Dimension** der Authentifizierung; vgl. Art. 5a Abs. 4 Buchst. c eIDAS-VO).

Praxishinweis:

- Das Auslesen der Daten könnte dabei bspw. kontaktlos per NFC (Near Field Communication) erfolgen.[133]
- Insbesondere die Authentifizierung im Offline-Modus ist in manchen Sektoren besonders wichtig, unter anderem im Gesundheitssektor, wo Dienstleistungen häufig im Rahmen persönlicher Kontakte erbracht werden. Die Echtheit elektronischer (Gesundheits-) Verschreibungen sollen bspw. anhand von QR-Codes oder ähnlicher Technik auch offline überprüfbar werden.[134]

c) Unterzeichnung mit qualifizierten elektronischen Signaturen und qualifizierten elektronischen Siegeln

70 Schließlich soll die europäische Identitätsbrieftasche ihren Nutzern „ermöglichen" (zur Reichweite des Begriffes vgl. → Rn. 73), mittels qualifizierter elektronischer Signaturen (Art. 3 Nr. 12 eIDAS-VO) zu unterzeichnen oder mittels qualifizierter elektronischer Siegel (Art. 3 Nr. 27 eIDAS-VO) zu besiegeln (vgl. Art. 3 Nr. 42 und Art. 5a Abs. 4 Buchst. e eIDAS-VO).

Praxishinweis:

- Sowohl Signaturen als auch Siegel gliedern sich über drei Stufen, so die „einfache" elektronische Signatur (Art. 3 Nr. 10 eIDAS-VO), die fortgeschrittene elektronische Signatur (Art. 3 Nr. 11) sowie die qualifizierte elektronische Signatur (Art. 3 Nr. 12).[135]
- Im Unterschied zur elektronischen Signatur (Art. 3 Nr. 10 eIDAS-VO, vgl. allgemein zu elektronischen Signaturen → Rn. 99) werden elektronische Siegel (Art. 3 Nr. 25 eIDAS-VO) nicht von natürlichen, sondern von juristischen Personen verwendet.[136] Das ermöglicht, einzelne Personen hinter ihre Organisation zurücktreten zu lassen, insbesondere falls Unternehmens- oder Behördenmitarbeiter nicht persönlich in Erscheinung treten wollen bzw. sollen.[137] Der Siegelersteller bleibt somit im Hintergrund und das elektronische Siegel gewährleistet lediglich den Ursprung und die Unversehrtheit (Integrität).[138]

71 **aa) Überblick zu „Qualifizierte elektronische Signaturen".** Art. 3 Nr. 12 eIDAS-VO definiert die *„qualifizierte elektronische Signatur"* als *„eine fortgeschrittene elektronische Signatur, die von einer qualifizierten elektronischen Signaturerstellungseinheit erstellt wurde und auf einem qualifizierten Zertifikat für elektronische Signaturen beruht"*. Dieser Tatbestand macht zweierlei

[133] Kociok/Seifert DB 2025, 33 (34).
[134] vgl. Erwgr. 59 S. 3 der Änderungsverordnung 2024/1183 zur eiDAS-VO.
[135] BeckOK IT-Recht/Lapp/Drews eIDAS-VO Art. 3 Rn. 29 f.
[136] BeckOK IT-Recht/Lapp/Drews eIDAS-VO Art. 3 Rn. 63; ähnlich wie bei den verschiedenen Arten von Vertrauensdiensten (vgl. → Rn. 116 ff.), bauen auch bei den Themenbereichen „elektronische Signatur" und „elektronisches Siegel" die jeweils verwendeten Begriffe aufeinander auf, vgl. BeckOK IT-Recht/Lapp/Drews eIDAS-VO Art. 3 Rn. 64.
[137] BeckOK IT-Recht/Lapp/Drews eIDAS-VO Art. 3 Rn. 61.
[138] BeckOK IT-Recht/Lapp/Drews eIDAS-VO Art. 3 Rn. 63.

deutlich: Zum einen muss die qualifizierte elektronische Signatur (QES, vgl. einführend zu Signaturen → Rn. 99 ff.) auf einem **qualifizierten Zertifikat** (vgl. einführend zu Zertifikaten → Rn. 102 f.) **für elektronische Signaturen** beruhen (vgl. Art. 3 Nr. 15 eIDAS-VO), welches seinerseits von einem qualifizierten Vertrauensdiensteanbieter (vgl. → Rn. 116 und → Rn. 119) ausgestellt wird. Vereinfacht gesagt handelt es sich bei einem solchen Zertifikat um eine elektronische Bescheinigung, die elektronische Signaturvalidierungsdaten (Art. 3 Nr. 40 eIDAS-VO, ua der öffentliche Schlüssel des zum Signieren verwendeten privaten Schlüssels (vgl. zur asymmetrischen Verschlüsselung durch Public Key und Private Key → Rn. 98)[139] **mit einer natürlichen Person verknüpft** und mindestens den Namen oder das Pseudonym dieser Person, dh letztlich die Identität der unterzeichnenden Person bestätigt (Art. 3 Nr. 14 eIDAS-VO). Es können aber auch bspw. berufsbezogene Angaben bzgl. des Signaturschlüssel-Inhabers aufgenommen werden (zB Ärztin, Rechtsanwalt).[140] Da das Zertifikat in der Regel mit dem signierten Dokument verknüpft ist, dient es ua der Überprüfbarkeit der Identität der unterzeichnenden Person. Zudem kann mit dem Zertifikat geprüft werden, ob das Dokument mit dem entsprechenden privaten Schlüssel der unterzeichnenden Person signiert wurde.[141]

Zum anderen bedarf es zur Erstellung einer qualifizierten elektronischen Signatur einer **„qualifizierten Signaturerstellungseinheit"** (sog. „QSCDs"). Diese *„konfigurierte Software oder Hardware, die zum Erstellen einer elektronischen Signatur verwendet wird"*, und die darüber hinaus den Anforderungen von Anh. II eIDAS-VO genügt (Art. 3 Nr. 22 und 23 eIDAS-VO), erstellt also letztlich die Signatur und auf ihr ist der zum Zertifikat gehörende private Schlüssel gespeichert. Erfolgt die Signatur bspw. mittels einer Signaturkarte, bedarf es einer Chipkarte sowie einer entsprechenden Software (sog. Signaturanwendungskomponente).[142] Solche manipulationsgeschützten Smartcards haben zwar den Vorteil, dass der *Private Key* die (analoge) Karte nie verlässt. Dies schützt die Geheimhaltung des *Private Key* – eine der zentralen Voraussetzungen der sicheren Funktionsweise digitaler Signaturen[143] (vgl. für die Rolle des *Private Key* bei Signaturen → Rn. 100). Zugleich ist deren Verwendung aber umständlich und kostspielig.[144] Durch die inzwischen gesetzlich verankerte Möglichkeit einer Fernsignatur ist die Erstellung von Signaturen nun auch mobil ohne weitere Hilfsmittel möglich (zur Fernsignatur vgl. sogleich → Rn. 77). Dabei verbleibt jedoch das Problem der (zusätzlich) erforderlichen Identitätsüberprüfung des Unterzeichnenden. 72

bb) Ermöglichung durch die europäische Identitätsbrieftasche. Die weiterhin zurückhaltende Anwendung qualifizierter elektronischer Signaturen in der Praxis möchte der EU-Gesetzgeber wohl nun auch dadurch verbessern, dass die qualifizierten elektronischen Signaturen an die (nutzerfreundlich und nachvollziehbar zu gestaltenden, vgl. Art. 5a Abs. 4 eIDAS-VO) **Identitätsbrieftasche angebunden** werden sollen. Denn von den Identitätsbrieftaschen wird, im Gegensatz zu den bisher erforderlichen Lesegeräten, erwartet, dass sie möglichst alle Unionsbürger erreichen werden. Ein weiterer Anreiz zur besseren Marktdurchdringung wird zudem durch die grds. **verpflichtend kostenlose Nutzung** der qualifizierten elektronischen Signaturen mittels der europäischen Identitätsbrieftasche erreicht werden, vgl. → Rn. 78. 73

(1) Signatur- und Siegelerstellung durch die europäische Identitätsbrieftasche. Technisch muss die europäische Identitätsbrieftasche gem. Art. 5a Abs. 5 Buchst. a Nr. xi) eIDAS-VO gemeinsame Protokolle und Schnittstellen zur *„Erstellung qualifizierter elektro-* 74

[139] Hoeren/Sieber/Holznagel MMR-HdB/Schwarz Teil 13.2 Rn. 15.

[140] Vgl. BNetzA, FAQ zu elektronischen Vertrauensdiensten, https://www.elektronische-vertrauensdienste.de/EVD/DE/Nutzer/Infothek/Fragen/start.html (95821 (zuletzt abgerufen am 22.6.2025).

[141] Vgl. BNetzA, FAQ zu elektronischen Vertrauensdiensten, https://www.elektronische-vertrauensdienste.de/EVD/DE/Nutzer/Infothek/Fragen/start.html(zuletzt abgerufen am 22.6.2025).

[142] Vgl. BNetzA, FAQ zu elektronischen Vertrauensdiensten, https://www.elektronische-vertrauensdienste.de/EVD/DE/Nutzer/Infothek/Fragen/start.html (95821 (zuletzt abgerufen am 22.6.2025).

[143] Einführend dazu bspw. Paar/Pelzl, Kryptografie verständlich, 10.1.2 und 10,6.

[144] Hoeren/Sieber/Holznagel MMR-HdB/Schwarz Teil 13.2 Rn. 15.

nischer Signaturen oder elektronischer Siegel durch qualifizierte elektronische Signatur- oder Siegelerstellungseinheiten" unterstützen.[145] Dies kann, abhängig von der konkreten technischen Ausgestaltung, auf unterschiedliche Weise umgesetzt werden. Art. 11 Abs. 2 der Durchführungsverordnung (EU) 2024/2979[146] unterscheidet insoweit zwischen der Einbindung lokaler, externer und entfernt (remote) verwalteter qualifizierter Signatur- bzw. Siegelerstellungseinheiten. Bei einer lokalen Umsetzung, die auch als *„wallet-centric model"* bezeichnet werden kann, erfolgt die Signatur- oder Siegelerstellung unter Verwendung einer direkt im Endgerät integrierten qualifizierten Signatur- oder Siegelerstellungseinheit, etwa in Form eines Secure Elements. Die elektronischen Signatur- bzw. Siegelerstellungsdaten verbleiben in diesem Modell in der Hardwareumgebung des Nutzers, wo auch der kryptografische Signiervorgang lokal ausgeführt wird. Demgegenüber basiert die remote Ausgestaltung auf einer qualifizierten elektronischen Fernsignaturerstellungseinheit (Art 3 Nr. 23a eIDAS-VO) bzw. auf einer qualifizierten elektronischen Fernsiegelerstellungseinheit (Art 3 Nr. 23b eIDAS-VO), die von einem qualifizierten Vertrauensdiensteanbieter in dessen Serverumgebung betrieben wird. Hierbei werden die elektronischen Signatur- bzw. Siegelerstellungsdaten serverseitig verwaltet, während der Nutzer den Vorgang lediglich über seine europäische Identitätsbrieftasche autorisiert. Darüber hinaus sieht Art. 11 Abs. 2 der Durchführungsverordnung (EU) 2024/2979 auch eine externe Ausgestaltung vor, bei der externe qualifizierte Signatur- bzw. Siegelerstellungseinheiten, wohl beispielsweise physische Smartcards, eingebunden werden. Zumindest perspektivisch könnten insgesamt somit auch Ausgestaltungen denkbar sein, bei denen qualifizierte elektronische Signaturen oder Siegel direkt aus der europäischen Identitätsbrieftasche heraus vorgenommen werden können, ohne dass eine weitere Registrierung[147] bei einem Vertrauensdiensteanbieter oder zusätzliche technische Hilfsmittel wie Kartenlesegeräte oder Signaturkarten erforderlich sind. Denn die Identitätsbrieftasche selbst soll in diesem Fall sowohl die sichere Speicherung des privaten Schlüssels als auch den Signaturprozess ermöglichen können.[148]

Praxishinweis:
Je nach technischer Ausgestaltung dürfte es für eine Person möglich werden, mittels verschiedener, ihr zugeordneter Zertifikate, mit der gleichen Identitätsbrieftasche unterschiedliche qualifizierte elektronische Signaturen zu tätigen. Bspw. Person X signiert als Privatperson vs. Person X signiert als vertretungsberechtigte Geschäftsführerin eines Pharmaunternehmens vs. Person X signiert als approbierte Ärztin.

75 **(2) Anbieter europäischer Identitätsbrieftaschen als Vertrauensdiensteanbieter?** Im europäischen Identitätsökosystem sind die Anbieter von europäischen Identitätsbrieftaschen und Vertrauensdiensteanbieter grds. separate Entitäten, die zusammen die Operationalisierung einer europäischen digitalen Identität ermöglichen sollen (vgl. → Rn. 132; für den Begriff → Rn. 10 und → Rn. 19). Die europäische Identitätsbrieftasche als Ganzes wird dadurch gerade nicht zu einem neuen Vertrauensdienst (das Anbieten einer europäischen Identitätsbrieftasche ist gerade kein in Art. 3 Nr. 16 eIDAS-VO aufgeführter Vertrauensdienst, vgl. zu Vertrauensdiensten allgemein → Rn. 114 ff.), sondern bindet deren Dienste

[145] Erwgr. 19 S. 5 der Änderungs-VO 2024/1183 zur eIDAS-VO spricht nur davon, dass der Nutzer mittels seiner europäischen Identitätsbrieftasche unionsweit akzeptierte, qualifizierte elektronische Signaturen und Siegel „erstellen" und „verwenden" können muss.

[146] Durchführungs-VO 2024/2979 vom 28. November 2024 in Bezug auf die Integrität und die Kernfunktionen europäischer Brieftaschen für die digitale Identität gem. Art. 5a Abs. 23 eIDAS-VO.

[147] Vgl. https://www.personalausweisportal.de/Webs/PA/DE/wirtschaft/eIDAS-konforme-fernsignatur/eidas-konforme-fernsignatur-node.html (zuletzt abgerufen am 22.6.2025).

[148] Und zwar „by using signature […] creation capabilities of the Wallet Unit as a part of a local QSCD [Qualified signature creation device]", vgl. Ziff. A.2.3.16 des Annex 2 zum Architecture and Reference Framework (Fassung 1.9.0); so auch https://www.personalausweisportal.de/Webs/PA/DE/wirtschaft/eIDAS-konforme-fernsignatur/eidas-konforme-fernsignatur-node.html (zuletzt abgerufen am 22.6.2025).

grds. lediglich in ihre technische Umgebung ein (bspw. die von Vertrauensdiensteanbietern ausgestellten Attributsbescheinigungen). Damit will man sich die *Usability* der Vertrauensdienste und die damit verbundenen Vorteile in Bezug auf Nutzer-Komfort[149] auch für die europäische Identitätsbrieftasche zunutze machen.

Da es sich bei der Erstellung (qualifizierter) elektronischer Signaturen und Siegel um einen (qualifizierten) Vertrauensdienst handelt (vgl. Art. 3 Nr. 16 lit. c eIDAS-VO), stellt sich im Rahmen der Funktionalität zur Erstellung von qualifizierten elektronischen Signaturen und Siegel (Kernfunktionalität 3 der europäischen Identitätsbrieftasche, zu ihren anderen Funktionalitäten vgl. → Rn. 39 ff.) die Frage, ob der Anbieter einer europäischen Identitätsbrieftasche durch die Ermöglichung dieser Funktionalität insoweit zu einem (qualifizierten) Vertrauensdiensteanbieter wird und mithin nicht nur den Vorgaben bzgl. der europäischen Identitätsbrieftasche, sondern kumulativ auch den entsprechenden Vorgaben an (qualifizierte) Vertrauensdiensteanbieter unterliegt. Dies hängt von der funktionalen Rolle des Anbieters der europäischen Identitätsbrieftasche innerhalb des Signatur- bzw. Siegelerstellungsprozesses ab. Entscheidend ist, ob der Anbieter der europäischen Identitätsbrieftasche selbst die für den jeweiligen Vertrauensdienst konstitutiven Tätigkeiten übernimmt. Soweit die europäische Identitätsbrieftasche beispielsweise lediglich die Nutzung einer qualifizierten Signaturerstellungs- oder Siegelerstellungseinheit vermittelt, etwa im Fall der Einbindung einer qualifizierten Fernsignaturerstellungs- oder Fernsiegelerstellungseinheit eines Drittanbieters, ist nur dieser Drittanbieter (qualifizierter) Vertrauensdiensteanbieter. Sofern der Anbieter der europäischen Identitätsbrieftasche jedoch selbst funktional die Erstellung qualifizierter elektronischer Signaturen oder Siegel erbringt, unterliegt er insoweit den Anforderungen an einen qualifizierten Vertrauensdiensteanbieter. Folglich dürfte es nur dann zu einer „Doppelregulierung" des Anbieters einer europäischen Identitätsbrieftasche kommen, wenn – perspektivisch → Rn. 74 – zur Signaturerstellung eine lokale Signaturerstellungseinheit verwendet wird. 76

cc) Fernsignaturen und Signaturen mittels der Identitätsbrieftasche als neue Mittel für die Verbreitung von Signaturen? Die Signaturerstellungseinheit kann auch der Obhut eines Dritten anvertraut werden[150], sodass der Unterzeichner die Signatur nicht mehr selbst erstellen muss, sondern auch diesen Schritt einem Vertrauensdiensteanbieter übertragen kann.[151] Art. 3 Nr. 16 Buchst. f eIDAS-VO sieht daher vor, dass ein Vertrauensdiensteanbieter elektronische Fernsignaturerstellungseinheiten (oder elektronische Fernsiegelerstellungseinheiten) verwalten kann. 77

Praxishinweis:
Hinsichtlich der Anforderungen des Art. 29a eIDAS-VO an einen qualifizierten Dienst zur Verwaltung qualifizierter elektronischer Fernsignaturerstellungseinheiten ist insbesondere die Liste von Referenzstandards nach Art. 29a Abs. 2 S. 1 eIDAS-VO abzuwarten.

Der Unterzeichner nimmt in einem solchen Fall letztlich nur die Freigabe seiner Signatur vor, während sich die Technik der Signaturerstellung inklusive das Zertifikat in der Hand des Vertrauensdiensteanbieters befindet.[152] Dementsprechend definiert Art. 3 Nr. 23a eIDAS-VO die qualifizierte elektronische Fernsignaturerstellungseinheit auch als *„eine qualifizierte elektronische Signaturerstellungseinheit, die von einem qualifizierten Vertrauensdiensteanbieter gemäß Artikel 29a im Namen eines Unterzeichners verwaltet wird"*. Ziel dabei ist, dass die Fernsignatur-

[149] vgl. Erwgr. 47 S. 1 der Änderungsverordnung 2024/1183 zur eIDAS-VO.
[150] Hornung/Schallbruch IT-SicherheitsR-Handbuch/Roßnagel § 14 Rn. 51.
[151] BeckOK IT-Recht/Lapp/Drews eIDAS-VO Art. 3 Rn. 42a.
[152] BeckOK IT-Recht/Lapp/Drews eIDAS-VO Art. 3 Rn. 26.

bzw. Fernsiegelerstellungseinheit durch einen vertrauenswürdigen Dritten verwaltet wird, was besonders hohe Cybersicherheit und effektiven Missbrauchsschutz bietet.

Praxishinweis:
- Verbunden mit der deutlich vereinfachten Bedienbarkeit ohne eine erforderliche Smartcard seitens des Nutzers[153] könnte die Erzeugung von Fernsignaturen künftig zum *„Regelfall der Signaturausstellung"*[154] werden.
- Gleiches gilt für die Nutzung von lokalen Signaturerstellungseinheiten der europäischen Identitätsbrieftasche, mit der sich für viele EU-Bürger/innen die kostenlose und möglichst einfache Nutzungsmöglichkeit qualifizierter elektronischer Signaturen ergeben könnte.

3. Weitere Anforderungen an die europäische Identitätsbrieftasche (EUDI-Wallet)

a) Kostenlose und freiwillige Nutzung

78 Nach Art. 5a Abs. 13 eIDAS-VO soll die Nutzung der europäischen Identitätsbrieftasche für natürliche Personen **kostenlos** sein. Dies gilt nach Art. 5a Abs. 5 UAbs. 1 Buchst. g eIDAS-VO auch für die Unterzeichnung mittels qualifizierter elektronischer Signaturen (Siegel sind ausgenommen), wobei die Mitgliedstaaten dies auf nichtgewerbliche Zwecke beschränken können (Art. 5a Abs. 5 UAbs. 2 eIDAS-VO). Die **Nutzung** der europäischen Identitätsbrieftasche ist ferner **freiwillig** (Art. 5a Abs. 15 S. 1 eIDAS-VO) und Einschränkungen oder Benachteiligungen im Falle der Nichtnutzung sind verboten (Art. 5a Abs. 15 S. 2).[155] Der Zugang zu öffentlichen und privaten Diensten muss daher (für Nutzer) auch mit anderen Identifikations- und Authentifizierungsmitteln möglich bleiben (Art. 5a Abs. 15 S. 3 eIDAS-VO). Für bestimmte vertrauende Beteiligte kann hingegen eine **Pflicht zur Akzeptanz** der europäischen Identitätsbrieftasche bestehen (vgl. → Rn. 93 ff.).

Praxishinweis:
Andere Services, die im Rahmen der Nutzung der europäischen Identitätsbrieftasche relevant werden, wie zB die Ausstellung elektronischer Attributsbescheinigungen zur späteren Einbindung in die europäische Identitätsbrieftasche, können von einem Vertrauensdiensteanbieter *„in der Regel gegen Entgelt erbracht"* werden, vgl. Art. 3 Nr. 16 Buchst. g eIDAS-VO. Denn es handelt sich dabei um eine der Brieftaschen-Nutzung vorgelagerte Stufe.

b) Uneingeschränkte Kontrolle des Nutzers über seine Daten in der europäischen Identitätsbrieftasche

79 Nach Art. 5a Abs. 4 Buchst. a eIDAS-VO soll der Nutzer die alleinige Kontrolle über die in der europäischen Identitätsbrieftasche gespeicherten Personenidentifizierungsdaten und elektronischen Attributsbescheinigungen haben, bezogen auf das Anfordern, Erhalten, Auswählen, Kombinieren, Speichern, Löschen, Weitergeben und Vorweisen dieser Daten,

[153] Denn die Nutzung eines Fernsignaturdienstes ermöglicht dem Nutzer/Unterzeichner, den für die qualifizierte elektronische Signatur notwendigen geheime Schlüssel nicht mehr allein auf einer SmartCard zu speichern, sondern dies kann auch in sog. Hardware Security Moduls erfolgen, die von einem qualifizierten Vertrauensdienstanbieter betrieben werden, vgl. BeckOK IT-Recht/Lapp/Drews eIDAS-VO Art. 3 Rn. 42a.

[154] Hornung/Schallbruch IT-SicherheitsR-Handbuch/Roßnagel § 14 Rn. 51.

[155] Die Verordnung nennt hier explizit den „Zugang zu öffentlichen und privaten Diensten und zum Arbeitsmarkt sowie [die] unternehmerische Freiheit" des Nicht-Nutzenden.

vgl. Art. 5a Abs. 4 Buchst. a eIDAS-VO. Ferner gibt Art. 5a Abs. 14 eIDAS-VO vor, dass die Nutzer die uneingeschränkte Kontrolle über die Nutzung der in der europäischen Identitätsbrieftasche enthaltenen Daten haben: Dementsprechend dürfen Anbieter nur solche Informationen über die Nutzung der Brieftasche sammeln, die für die Bereitstellung der damit verbundenen Dienste tatsächlich erforderlich sind (Art. 5a Abs. 14 eIDAS-VO). Eine Kombination von im Zusammenhang mit der Verwendung der europäischen Identitätsbrieftasche stehenden Personenidentifizierungsdaten und sonstigen personenbezogenen Daten mit Daten aus anderen eigenen oder fremden Diensten ist unzulässig, es sei denn, der Nutzer verlangt dies ausdrücklich (Art. 5a Abs. 14 eIDAS-VO). Außerdem müssen personenbezogene Daten, die im Zusammenhang mit der Bereitstellung der Brieftasche verarbeitet werden, von allen sonstigen gespeicherten Daten logisch getrennt gehalten werden (Art. 5a Abs. 14 eIDAS-VO). Wird die europäische Identitätsbrieftasche durch private Beteiligte bereitgestellt, gelten ergänzend die entsprechenden Vorgaben des Art. 45h Abs. 3 eIDAS-VO.

aa) Selektive Offenlegung. Bei der Offenlegung von Personenidentifizierungsdaten und/ 80
oder elektronischen Attributsbescheinigungen (zum Zwecke der Identifizierung und Authentifizierung; vgl. → Rn. 59 ff.) ist die europäische Identitätsbrieftasche so auszugestalten, dass der in Art. 5a Abs. 4 Buchst. a aE eIDAS-VO verankerte sog. **Grundsatz der selektiven Offenlegung** gewahrt wird.[156] Es muss für den Nutzer möglich sein, selektiv nur diejenigen Personenidentifizierungsdaten und/oder Identitätsattribute offenzulegen, die für einen bestimmten Anwendungsfall gewollt oder erforderlich sind, Erwgr. 59 der Änderungs-VO 2024/1183 zur eIDAS-VO.

Praxis-Beispiel:
Eine Altersverifikation („Nutzer ist über 18") wird möglich, ohne dass die Daten des Nutzers wie Name, konkretes Geburtsdatum oder die Adresse offengelegt werden müssen. Die Kommission spricht hierbei von sog. „anonymisierten **Alterstoken**".[157]

bb) Möglichkeit der Verwendung lokal gespeicherter Pseudonyme. Nach Art. 5 81
eIDAS-VO darf dem Nutzer der europäischen Identitätsbrieftasche die Benutzung von selbstgewählten Pseudonymen beim Zugang zu Diensten nicht untersagt werden.[158] Dazu muss die europäische Identitätsbrieftasche die Generierung sowie die verschlüsselte lokale Speicherung von Pseudonymen technisch ermöglichen (Art. 5a Abs. 4 Buchst. b eIDAS-VO). Durch die Möglichkeit zur Verwendung von Pseudonymen soll eine **Überidentifikation verhindert** werden.[159] Das Recht zur Verwendung von Pseudonymen gilt nach Art. 5 eIDAS-VO jedoch unbeschadet etwaiger Rechtswirkungen, die das nationale Recht an Pseudonyme knüpft, und unbeschadet etwaiger Vorschriften nationaler oder unionsrechtlicher Vorschriften, die den Nachweis einer rechtlichen Identität für den Zugang zu Diensten erfordern (sog. **Know-Your-Customer-Fälle**).[160] Beispiele für eine solche recht-

[156] Für diesen Begriff auch Göttler jurisPR-ITR 2/2025 Anm. 2 B.I.3.

[157] Seppelfricke/Vugrincic LNI 2024, 763 (768); so auch die Ansicht der EU-Kommission in ihren neuen Leitlinien zum Schutz von Minderjährigen im digitalen Raum nach Art. 28 Abs. 4 DSA v. 14.7.2025, Punkt 6.1.3, Rn. 42, in der es heißt: „The upcoming EU Digital Identity Wallets […] may be used to share only specific information with a service, such as that a person is over a specified age", vgl. https://digital-strategy.ec.europa.eu/de/library/commission-publishes-guidelines-protection-minors (zuletzt abgerufen am 14.7.2025).

[158] Vgl. auch Erwgr. 19 S. 11 der Änderungsverordnung 2024/1183 zur eIDAS-VO, der klarstellt, dass trotz des Rückgriffs auf die rechtliche Identität der Nutzer der europäischen Brieftaschen für die Digitale Identität nicht daran gehindert werden soll, beim Zugang zu Diensten ein Pseudonym zu verwenden, wenn die rechtliche Identität für die Authentifizierung nicht vorgeschrieben ist.

[159] So bei Göttler jurisPR-ITR 1/2025 Anm. 2 B.I.2.b), die in → Fn. 12 darauf hinweist, dass dies § 19 Abs. 2 TTDSG entspricht, der Anbieter von Telemedien zur Ermöglichung einer anonymen Verwendung oder der Verwendung von Pseudonymen für die Nutzung von Telemedien sowie ihrer Bezahlung verpflichtet; vgl. dazu auch bei Steege/Chibanguza Metaverse-HdB/Busch § 16 Rn. 6.

[160] Vgl. auch Erwgr. 19 S. 11 der Änderungsverordnung 2024/1183 zur eIDAS-VO.

liche Pflicht sind etwa die geldwäscherechtliche Identifizierung nach § 11 Abs. 1 GWG, die Identifizierung und Authentifizierung im Glücksspielrecht nach § 4 Abs. 5 Nr. 1 GlüStV oder die Identitätsüberprüfung beim Abschluss von Prepaid-Mobilfunkverträgen nach § 172 Abs. 4 S. 2 TKG.[161]

82 **cc) Einsatz kryptographischer Technologien zur Unterstützung einer datenschutzkonformen Verwendung.** Die eIDAS-VO lässt die **DS-GVO unberührt,** Art. 2 Abs. 4 eIDAS-VO. Gem. Art. 5a Abs. 17 eIDAS-VO jede Verarbeitung personenbezogener Daten durch Mitgliedstaaten oder verantwortliche Stellen **im Einklang mit geeigneten Datenschutzmaßnahmen** durchzuführen und dies nachzuweisen.[162]

83 Zum Schutz der Privatsphäre sollen zudem kryptographische Technologien, wie **Zero-Knowledge-Proof,** eingesetzt werden, welche dem vertrauenden Beteiligten die Überprüfung einer bestimmten Aussage auf Grundlage der in der Identitätsbrieftasche des Nutzers gespeicherten Identifizierungsdaten und Attributsbescheinigungen ermöglichen, ohne dass die der Aussage zugrundeliegenden Daten preisgegeben werden.[163] Stattdessen wird die Anfrage lediglich binär, dh mit „ja/nein" beantwortet.[164]

c) Transparenzanforderungen

84 Nach Art. 5a Abs. 4 Buchst. d eIDAS-VO muss die europäische Identitätsbrieftasche den Zugang zu einem gemeinsamen **Dashboard** bieten, das eine **Übersicht über alle Transaktionen** ermöglicht. Dies umfasst eine aktuelle Liste aller vertrauender Beteiligten, mit denen Verbindungen aufgebaut wurden, sowie eine **Übersicht aller bereits weitergegebenen Daten** (vgl. Ziff. i).[165] Dadurch wird der Nutzungsverlauf nachvollziehbar und ein höheres Maß an Transparenz, Privatsphäre und Kontrolle der Nutzer über ihre personenbezogenen Daten sichergestellt.[166] Zudem soll das Dashboard die **Ausübung von Betroffenenrechten erleichtern** (vgl. Art. 5a Abs. 4 Buchst. d Nr. ii–iv, Buchst. g eIDAS-VO): etwa das Recht auf Datenübertragbarkeit (wohl bewusst offene Formulierung, sodass auch Ansprüche aus dem Data Act erfasst sein dürften[167]), das Recht auf Löschung nach Art. 17 DS-GVO oder die Möglichkeit, mutmaßlich unrechtmäßige Anfragen direkt der Datenschutzbehörde zu melden. Nach Art. 5a Abs. 3 eIDAS-VO muss der Quellcode der Anwendungskomponenten der europäische Identitätsbrieftasche **zwingend als Open-Source-Software** bereitgestellt werden – auch bei privat entwickelten, aber staatlich anerkannten europäischen Identitätsbrieftaschen (vgl. zu dieser Entwicklungsmöglichkeit Art. 5a Abs. 2 Buchst. c eIDAS-VO sowie → Rn. 85).

4. Bereitstellung, Anerkennung und Zertifizierung der europäischen Identitätsbrieftasche (EUDI-Wallet)

a) Bereitstellung der europäischen Identitätsbrieftasche

85 Nach Art. 5a Abs. 2 Buchst. a–c eIDAS-VO kann die **Bereitstellung von europäischen Identitätsbrieftaschen auf drei verschiedene Arten** erfolgen:[168] Entwicklungen direkt

[161] Beispiele aus Steege/Chibanguza Metaverse-HdB/Busch § 16 Rn. 7 und 9.
[162] Die Mitgliedstaaten können nationale Bestimmungen erlassen, um die Anwendung dieser Maßnahmen zu präzisieren, Art. 5a Abs. 17 S. 3 eIDAS-VO.
[163] Vgl. Erwgr. 14 S. 2 Änderungsverordnung 2024/1183 zur eIDAS-VO.
[164] Seppelfricke/Vugrincic LNI 2024, 763 (768).
[165] Für die erforderlichen Mindestdaten, vgl. Erwgr. 13 der Änderungsverordnung 2024/1183 zur eIDAS-VO; für die Nachvollziehbarkeit der Transaktionen vgl. auch BeckOK IT-Recht/Lapp eIDAS-VO Art. 1 Rn. 1c und 6.
[166] Göttler jurisPR-ITR 1/2025 Anm. 2 B.I.3.
[167] In diese Richtung auch Dannhausen/Abel MMR 2025, 342 (344) und auch FAQ zum Data Act der EU-Kommission, Version 1.2 vom 3.2.2025 Frage Nr. 30, vgl. https://digital-strategy.ec.europa.eu/en/library/commission-publishes-frequently-asked-questions-about-data-act (zuletzt abgerufen am 22.6.2025).
[168] Vgl. auch Erwgr. 16 S. 1 der Änderungs-VO 2024/1183 zur eIDAS-VO.

durch einen Mitgliedstaat (Buchst. a), private Entwicklungen im Auftrag eines Mitgliedstaats (Buchst. b) sowie private Entwicklungen unabhängig von einem Mitgliedstaat, aber von einem Mitgliedstaat anerkannt (Buchst. c). Dabei haben auch private Anbieter die regulatorischen Anforderungen an die europäische Identitätsbrieftasche einzuhalten, und es bedarf einer nationalen Zertifizierung sowie Notifizierung der EU-Kommission. Insbesondere die letzte Variante in Buchst. c eröffnet für (etablierte) private Anbieter neue Möglichkeiten, bereits bestehende Identitätslösungen zu erweitern bzw. neue Lösungen zu entwickeln und an den eIDAS-Rahmen anzubinden.[169]

Praxis-Beispiele:

- In der Google Wallet ist es bislang nur möglich, seine US-ID-Card in das Wallet einzubinden.[170] 86
- Zudem ist zu erwarten, dass auch Unternehmen, Stiftungen oder Forschungseinrichtungen auf ihre Bedürfnisse abgestimmte Wallets entwickeln werden.[171]

Bei Sicherheitsverletzungen und Störungen, die sich auf die Verlässlichkeit der betroffenen europäischen Identitätsbrieftasche/anderer europäischer Identitätsbrieftaschen auswirken, hat der die europäische Identitätsbrieftasche bereitstellende Mitgliedstaat deren Bereitstellung und Nutzung auszusetzen, Art. 5e Abs. 1 eIDAS-VO.

b) Prozess der Zertifizierung und Notifizierung

Die **Konformität** der europäischen Identitätsbrieftasche sowie des elektronischen Identifi- 87
zierungssystems, in dessen Rahmen sie bereitgestellt werden, mit den Anforderungen aus Artikel 5a Absätze 4, 5 und 8, 14 eIDAS-VO sowie den in Artikel 5a Absatz 24 eIDAS-VO genannten Standards und technischen Spezifikationen, wird durch von den Mitgliedstaaten benannte **Konformitätsbewertungsstellen** zertifiziert, Art. 5c Abs. 1 eIDAS-VO.[172] Diese Zertifizierung schließt insbesondere auch die für die Cybersicherheit relevanten Anforderungen ein, wobei hierfür die europäischen Cybersicherheitszertifizierungsschemata gemäß der Verordnung (EU) 2019/881 sowie die entsprechenden Durchführungsrechtsakte maßgeblich sind, Art. 5c Abs. 2 und 3 eIDAS-VO. Anschließend haben die Mitgliedstaaten die Kommission über die Bereitstellung zertifizierter europäischer Identitätsbrieftaschen zu unterrichten, Art. 5d eIDAS-VO. Auf Basis dieser Informationen erstellt die Kommission **eine Liste der zertifizierten europäischen Identitätsbrieftaschen,** die im Amtsblatt der Europäischen Union veröffentlicht und als maschinenlesbares Verzeichnis geführt wird, Art. 5d Abs. 3 eIDAS-VO.[173]

Noch nicht abschließend geklärt erscheint die Frage, ob es sich bei **„staatlicher** 88
Anerkennung“ und **„technischer Zertifizierung“** um zwei unterschiedliche Voraussetzungen handelt, die kumulativ erfüllt sein müssen, wenn ein privater Anbieter eine europäische Identitätsbrieftasche bereitstellen möchte (nach Art. 5a Abs. 2 Buchst. c eI-

---

[169] Zur Kritik daran, dass somit Privaten die Möglichkeit eingeräumt wird, „to act as gatekeepers to an essential tool for participation in the digital society“, vgl. ua Kjørven/Gjøsteen/Waerstad Safe and Inclusive or Unsafe and Discriminatory? European Digital Identity Wallets and the Challenges of 'Sole Control' 2025 S. 24; VZBV Report on the architecture of the EUDI-wallet Punkt 5.2, online abrufbar unter: https://www.vzbv.de/sites/default/files/2025-02/vzbv-Gutachten%20zur%20Architektur%20der%20EUDI-Wallet.pdf (zuletzt abgerufen am 22.6.2025).

[170] Vgl. https://wallet.google/digitalid/ und https://support.google.com/wallet/answer/15284332?hl=en&ref_topic=15558835&sjid=5220809927175638800-EU (zuletzt abgerufen am 22.6.2025).

[171] Kociok/Seifert DB 2025, 33 (34).

[172] Die Zertifizierung gilt dann für einen Zeitraum von bis zu fünf Jahren, sofern alle zwei Jahre eine Schwachstellenbeurteilung durchgeführt wird, Art. 5c Abs. 4 S. 1 eIDAS-VO; die Mitgliedsstaaten teilen der Kommission gem. Art. 5c Abs. 7 eIDAS-VO die Konformitätsbewertungsstellen für europäische Identitätsbrieftaschen mit; für die (bisherigen) deutschen Konformitätsbewertungsstellen (iSv Art. 3 Nr. 18 der eIDAS) für Vertrauensdienste vgl. die Liste der BNetzA, https://www.elektronische-vertrauensdienste.de/EVD/DE/Anbieter/Stellen/KonfBewStellen/artikel.html (zuletzt abgerufen am 22.6.2025).

[173] Somit wird die grenzüberschreitende sichere Verwendungsmöglichkeit gewährleistet.

DAS-VO, vgl. → Rn. 85). Eine Folgefrage ist dann die nach der Rechtsnatur dieser möglichen Anerkennung, dh ob es sich um eine bloße Registrierung oder einen Verwaltungsakt des Mitgliedsstaats handelt. Systematisch spricht für eine zusätzliche verwaltungsrechtliche Anforderung, dass es sich bei der Zertifizierung nur um eine formalisierte technische Überprüfung durch eine dafür benannte Stelle handelt. Art. 5a Abs. 2 Buchst. c eIDAS-VO spricht hingegen explizit von einer Anerkennung durch den Mitgliedstaat selbst.[174] Dafür, dass es sich bei der Anerkennung um einen zusätzlichen Verwaltungsakt handelt, spricht auch die im Gesetz vorgesehene Verknüpfung von der staatlichen Bereitstellung mit Aufsichts- und Widerrufsmechanismen: Wie erwähnt sieht Art. 5e eIDAS-VO vor, dass der Mitgliedstaat, der eine europäische Identitätsbrieftasche bereitgestellt hat, dessen Bereitstellung und Verwendung auch wieder aussetzen muss. Da dies unterschiedslos für alle, dh auch für fremdentwickelte (Art. 5a Abs. 2 Buchst. c) gilt, sollte die Anerkennung als der Nutzung vorausgehende Zuweisung staatlicher Verantwortung bzw. formelle Einbindung einer privat entwickelten Identitätsbrieftasche in den eIDAS-Vertrauensrahmen verstanden werden.

5. Vertrauende Beteiligte

a) Begriff und Bedeutung der vertrauenden Beteiligten

89 Vertrauende Beteiligte („relying party") sind nach der Legaldefinition in Art. 3 Nr. 6 eIDAS-VO definiert als *„natürliche oder juristische Person, die auf eine elektronische Identifizierung, europäische Brieftaschen für die Digitale Identität oder andere Mittel zur elektronischen Identifizierung oder einen Vertrauensdienst vertraut"*. Mithin handelt es sich bei den vertrauenden Beteiligten um diejenigen Akteure im Identitätsökosystem (vgl. dazu → Rn. 35 ff.), die Personenidentifizierungsdaten oder elektronische Attributsbescheinigungen von der europäischen Identitätsbrieftasche eines Nutzers anfordern und auf sie vertrauen, bspw. Diensteanbieter, die eine Identifikation oder den Nachweis bestimmter Identitätsattribute für nachgelagerte Prozesse benötigen. Die Authentifizierung und Validierung der vom Nutzer präsentierten Nachweise ist dabei Aufgabe der vertrauenden Beteiligten (Art. 5b Abs. 9 S. 1 eIDAS-VO; vgl. → Rn. 92).[175]

Praxishinweis:
Wie aus Art. 5b Abs. 10 eIDAS-VO hervorgeht, sind in dem entstehenden europäischen Identitätsökosystem auch Intermediärsrollen („Intermediary Relying Party") vorgesehen. Vereinfacht gesagt sollen diese Vermittler den vertrauenden Beteiligten den Zugang zur Nutzung der Identitätsbrieftasche bzw. dem Identitätsökosystem insgesamt vereinfachen können. Vermittler können den vertrauenden Beteiligten als Dienstleistung anbieten, eine Verbindung zur europäischen Identitätsbrieftasche des Nutzers herzustellen und den Nutzer (für den vertrauenden Beteiligten) zu identifizieren und/oder die erforderlichen Attribute anzufordern sowie zu authentifizieren (zu den Pflichten des vertrauenden Beteiligten sogleich). Die Vermittler dürfen allerdings keine Daten über den Inhalt der Transaktion speichern. Es handelt sich damit um eine weitere nach der eIDAS-VO regulierte Rolle, die Interaktionen mit europäischen Identitätsbrieftaschen für vertrauende Beteiligte übernimmt und deren Anbindung an das Identitätsökosystem anderen Organisationen als standardisierten Service bereitstellt. Dies eröffnet zum einen neue Geschäftsmodelle für Anbieter solcher Services und vereinfacht zugleich Prozesse für vertrauende Beteiligte.

---

174 Auch die englische Fassung spricht in Art. 5a Abs. 2 Buchst. c von „recognised by that Member State" im Gegensatz zu „shall be certified by conformity assessment bodies designated by Member States" in Art. 5c.
175 Pfaff/Urbach RDZ 2025, 67.

b) Pflichten der vertrauenden Beteiligten

aa) Registrierung. Nach Art. 5b Abs. 1 eIDAS-VO müssen sich vertrauende Beteiligte registrieren, wenn sie beabsichtigen, für die Bereitstellung öffentlicher oder privater Dienste auf die europäische Identitätsbrieftasche zurückzugreifen. Bei dieser Registrierung muss auch die beabsichtigte Verwendung der europäischen Identitätsbrieftaschen (EUDI-Wallet) und derjenigen Daten angegeben werden, die der vertrauende Beteiligte von den Nutzern anfordern möchte (Art. 5b Abs. 2 Buchst. c eIDAS-VO). Andere als die in der Registrierung angegebenen Daten dürfen später nicht von den Nutzern der europäischen Identitätsbrieftasche verlangt werden (Art. 5b Abs. 3 eIDAS-VO). Die für die Registrierung nach Art. 5b Abs. 2 eIDAS-VO erforderlichen Angaben werden von den Mitgliedstaaten der Öffentlichkeit online in elektronisch signierter oder besiegelter Form zugänglich gemacht (Art. 5b Abs. 5 eIDAS-VO). 90

bb) Identifizierung gegenüber Nutzern. Beabsichtigen vertrauende Beteiligte Personenidentifizierungsdaten oder elektronische Attributsbescheinigungen von einer europäischen Identitätsbrieftasche eines Nutzers anzufordern, müssen sich vertrauende Beteiligte gegenüber dem jeweiligen Nutzer identifizieren (Art. 5b Abs. 8 eIDAS-VO). Das Architecture and Reference Framework sieht diesbezüglich vor, dass der vertrauende Beteiligte nach erfolgter Registrierung ein Zugriffs- und Registrierungszertifikat erhält, das die Identität gegenüber der europäischen Identitätsbrieftasche ausweisen kann. Bei jeder Attributanforderung authentifiziert sich der vertrauende Beteiligte mittels eines sog. „Access Certificate",[176] während die europäische Identitätsbrieftasche überprüft, ob nur registrierte Attribute abgefragt werden. Ist dies nicht der Fall, wird der Nutzer entsprechend gewarnt.[177] 91

> **Praxishinweis:**
> Einschränkend können Aussteller von elektronischen Attributsbescheinigungen auch Offenlegungspolicen in diesen hinterlegen, die vorschreiben, welche vertrauenden Beteiligten bestimmte Attribute anfordern dürfen.[178]

cc) Identifizierung und Authentifizierung der Nutzer. Nach Art. 5b Abs. 9 eIDAS-VO sind die vertrauenden Beteiligten für die Durchführung des Verfahrens zur Authentifizierung und Validierung (vgl. dazu → Rn. 63 ff.) der Personenidentifizierungsdaten und elektronischen Attributsbescheinigungen verantwortlich, die sie über europäische Identitätsbrieftaschen von Nutzern verlangt haben (Art. 5b Abs. 9 S. 1 eIDAS-VO). Dabei dürfen vertrauende Beteiligte die Verwendung von Pseudonymen (vgl. dazu → Rn. 81) nicht verweigern, wenn die Identifizierung des Nutzers nicht im Unionsrecht oder im nationalen Recht vorgeschrieben ist (Art. 5b Abs. 9 S. 2 eIDAS-VO). 92

dd) Akzeptanzpflicht für bestimmte Anbieter. Art. 5f eIDAS-VO verpflichtet bestimmte vertrauende Beteiligte, europäische Identitätsbrieftaschen, die nach den Vorgaben der eIDAS-VO bereitgestellt werden, als Mittel zur elektronischen Identifizierung und Authentifizierung zu akzeptieren. Ziel ist es, die europaweite Interoperabilität dieser Identitätslösungen sicherzustellen und deren Akzeptanz sowohl im öffentlichen als auch im privaten Sektor zu fördern.[179] 93

Öffentliche Stellen der Mitgliedstaaten sind zur Akzeptanz verpflichtet, sofern sie für den Zugang zu ihren Online-Diensten eine elektronische Identifizierung und Authentifizierung verlangen (Art. 5f Abs. 1 eIDAS-VO). 94

176 Vgl. Ziff. 6.6.3.2 des Architecture and Reference Framework (Fassung 1.9.0).
177 Vgl. Ziff. 6.6.3.3 des Architecture and Reference Framework (Fassung 1.9.0).
178 Vgl. Ziff. 6.6.3.4 des Architecture and Reference Framework (Fassung 1.9.0).
179 Vgl. Erwgr. 56 der Änderungsverordnung 2024/1183 zur eIDAS-VO.

95 Für **Anbieter privater Dienste** besteht dementgegen nur eine partielle Akzeptanzpflicht: Vertrauende Beteiligte, bei denen nach Unionsrecht oder nationalem Recht oder aufgrund vertraglicher Verpflichtungen eine **starke Nutzerauthentifizierung für die Online-Identifizierung erforderlich** ist[180] (bspw. aus den Bereichen Verkehr, Energie, Bankwesen und Finanzdienstleistungen, soziale Sicherheit, Gesundheit, Wasserversorgung, Postdienste, digitale Infrastruktur, Telekommunikation oder Bildung) und die keine Kleinst- oder kleine Unternehmen iSd Art. 2 des Anhangs der Empfehlung 2003/361/EG sind,[181] haben die europäische Identitätsbrieftasche im Rahmen der Erbringung ihrer Dienste zu akzeptieren, Art. 5f Abs. 2 eIDAS-VO. Diese Verpflichtung tritt spätestens 36 Monate nach Inkrafttreten der entsprechenden Durchführungsrechtsakte in Kraft, und gilt ausschließlich auf freiwilliges Verlangen des Nutzers, Art. 5f Abs. 2 eIDAS-VO. Ferner sind **Anbieter sehr großer Online-Plattformen** iSd Art. 33 der Verordnung (EU) 2022/2065 (Digital Services Act), wie bspw. Meta und Google,[182] verpflichtet, die europäische Identitätsbrieftasche als Mittel der Nutzerauthentifizierung zu akzeptieren und deren Verwendung zu erleichtern, soweit der Nutzer dies wünscht, Art. 5f Abs. 3 eIDAS-VO. Dabei dürfen sie nur die für die Erbringung des spezifischen Online-Dienstes erforderlichen Mindestdaten abfragen.

V. Technische Grundlagen des Identitätsökosystems

96 Die Ausstellung von Personenidentifizierungsdaten und elektronischen Attributsbescheinigungen sowie deren Verwaltung, Authentifizierung und Validierung setzt eine hochgradig sichere und interoperable Infrastruktur voraus, welche die Integrität und Authentizität der digitalen Nachweise sowie die Vertrauenswürdigkeit der beteiligten Akteure gewährleistet. Im Rahmen des Identitätsökosystems für die europäische Identitätsbrieftasche (vgl. einführend → Rn. 35 ff.) wird dies weitgehend nicht durch zentral organisierte Stellen sichergestellt.[183] Der Gesetzgeber setzt vielmehr auf eine **dezentrale Infrastruktur,** die aus elektronischen Signaturen, Zertifikatsketten, Vertrauensankern und Vertrauenslisten besteht. Diese Infrastruktur wird im *Architecture and Reference Framework* (ARF) (vgl. dazu allgemein → Rn. 38) als Vertrauensmodell (engl. *trust model*) beschrieben und insbes. in Abschnitt 6 des ARF detailliert spezifiziert. Durch sie werden grundlegende Regeln und Mechanismen festgelegt, die die Vertrauensbeziehungen zwischen den beteiligten Akteuren begründen und steuern.[184]

Praxishinweis:
Dezentral bedeutet in diesem Kontext nicht zwingend die Verwendung von Distributed Ledger Technology, sondern beschreibt die Herstellung von Vertrauensbeziehungen, die weitgehend ohne die Einbindung von Intermediären konstruiert wird.

1. Technische Grundlagen: Asymmetrische Verschlüsselung, elektronische Signaturen und Zertifikate, Vertrauensanker und Vertrauenslisten

97 Zum Verständnis des Vertrauensmodells sollen vorab einige der wesentlichen, zu Grunde liegenden technischen Konzepte erläutert werden.

[180] Zur str. Frage, wer zur Vornahme einer „Online-Identifizierung mit starker Nutzerauthentifizierung" verpflichtet ist, vgl. Lange-Hausstein/Kremer BKR 2024, 362 (364 ff.).
[181] Empfehlung der Kommission vom 6.5.2003 betreffend die Definition der Kleinstunternehmen sowie der kleinen und mittleren Unternehmen (2003/361/EG).
[182] Göttler jurisPR-ITR 1/2025 Anm. 2 B.I.2.a).
[183] Pfaff/Urbach RDZ 2025, 67.
[184] Ziff. 6.1 des Architecture and Reference Framework (Fassung 1.9.0).

a) Asymmetrische Verschlüsselung

Im Zentrum des Vertrauensmodells steht das **Konzept der asymmetrischen Verschlüsselung.** Asymmetrische Verschlüsselung ist ein Verfahren der Kryptografie,[185] das auf einem Schlüsselpaar basiert, das wiederum aus zwei verschiedenen, zusammengehörenden Schlüsseln besteht, dem sog. öffentlichen Schlüssel (engl. *Public Key*) und dem sog. privaten Schlüssel (engl. *Private Key*).[186] Der öffentliche Schlüssel kann beliebig weitergegeben werden. Dementgegen muss der private Schlüssel geheim bleiben.[187] Zentral für das Konzept ist es, dass Daten, die mit einem der beiden Schlüssel kryptographisch verschlüsselt wurden, ausschließlich mit dem korrespondierenden anderen Schlüssel des Schlüsselpaares entschlüsselt werden können.[188] So kann bspw. eine Behörde eine verschlüsselte Nachricht an eine bestimmte Person senden, indem sie den öffentlichen Schlüssel dieser Person verwendet. Nur die Person, die im Besitz des zugehörigen privaten Schlüssels ist, kann die Nachricht entschlüsseln.[189] 98

b) Elektronische Signaturen

Asymmetrische Verschlüsselung ermöglicht neben einer Ver- und Entschlüsselung von Daten auch die Erstellung von elektronischen Signaturen, die im Bereich der Vertrauensarchitektur des Identitätsökosystems von besonderer Bedeutung sind. Durch elektronische Signaturen kann die **Authentizität und Integrität von Daten** verifiziert werden.[190] Es kann mithin verifiziert werden, dass signierte Daten, bspw. signierte Personenidentifizierungsdaten oder signierte elektronische Attributsbescheinigungen, tatsächlich von der signierenden Partei ausgestellt wurden (sog. Authentizität) und dass sie seit der Ausstellung nicht mehr verändert wurden (sog. Integrität).[191] 99

Um einen **Datensatz zu signieren,** wird aus dem Datensatz zunächst durch eine kryptographische Hashfunktion ein sog. Hashwert berechnet.[192] Ein Hashwert ist eine eindeutige Zeichenfolge, die aus einem beliebig großen Dateninput durch eine Hash-Funktion erzeugt wird und diesen Datensatz eindeutig repräsentiert.[193] Bereits kleinste Änderungen am ursprünglichen Datensatz führen zu einem gänzlich anderen Hashwert, was Manipulationen zuverlässig erkennbar macht.[194] Der erzeugte Hashwert wird zur Erstellung einer Signatur anschließend durch die signierende Entität, bspw. dem Aussteller der elektronischen Attributsbescheinigung, mittels ihres geheimen Schlüssels verschlüsselt.[195] Die daraus entstehende Zeichenfolge (= der mit dem privaten Schlüssel verschlüsselte Hashwert) stellt die elektronische Signatur dar. Diese wird anschließend zusammen mit dem signierten Datensatz, bspw. der elektronischen Attributsbescheinigung, weitergegeben. 100

Zur **Überprüfung der Authentizität und Integrität der signierten Daten** entschlüsselt der Empfänger, bspw. der vertrauende Beteiligte, die elektronische Signatur mit 101

185 Ausführlich zu Arten der Verschlüsselung: https://www.bsi.bund.de/DE/Themen/Verbraucherinnen-und-Verbraucher/Informationen-und-Empfehlungen/Onlinekommunikation/Verschluesselt-kommunizieren/Arten-der-Verschluesselung/arten-der-verschluesselung_node.html (zuletzt abgerufen am 21.6.2025).

186 Hoeren/Sieber/Holznagel MMR-HdB/Kuner Teil 17 Rn. 6.

187 Ausführlich zu Arten der Verschlüsselung: https://www.bsi.bund.de/DE/Themen/Verbraucherinnen-und-Verbraucher/Informationen-und-Empfehlungen/Onlinekommunikation/Verschluesselt-kommunizieren/Arten-der-Verschluesselung/arten-der-verschluesselung_node.html (zuletzt abgerufen am 21.6.2025).

188 Auer-Reinsdorff/Conrad IT- und DatenschutzR-HdB/Sarre/Schmidt/Pruß § 2 Rn. 409.

189 Auer-Reinsdorff/Conrad IT- und DatenschutzR-HdB/Sarre/Schmidt/Pruß § 2 Rn. 409.

190 Taeger/Pohle ComputerR-HdB/Deusch/Eggendorfer 50.1 Rn. 204.

191 Taeger/Pohle ComputerR-HdB/Deusch/Eggendorfer 50.1 Rn. 204.

192 Einführend zur Funktionsweise bspw. Paar/Pelzl, Kryptografie verständlich, 10.1.2 und 10,6; Taeger/Pohle ComputerR-HdB/Deusch/Eggendorfer 50.1 Rn. 204.

193 vgl. ausführlich zu Hash-Funktionen: Frey GRUR-Prax 2024, 60 ff.

194 Frey GRUR-Prax 2024, 60 (61).

195 Taeger/Pohle ComputerR-HdB/Deusch/Eggendorfer 50.1 Rn. 204.

dem öffentlichen Schlüssel des Absenders (zB dem öffentlichen Schlüssel des Ausstellers einer Attributsbescheinigung).[196] Auf diese Weise erhält er den ursprünglichen Hashwert der signierten Daten, wie er aus den Daten zum Zeitpunkt der Signierung erzeugt wurde. Ferner berechnet der Empfänger selbst den Hashwert der empfangenen Daten unter Verwendung derselben Hashfunktion.[197] Wenn der selbst berechnete, aktuelle Hashwert der Daten mit dem aus der Signatur extrahierten Hashwert, also dem Hashwert der Daten zum Zeitpunkt der Signierung übereinstimmt, ist zweierlei nachgewiesen: Zum einen ist nachgewiesen, dass derjenige, der über den mit dem öffentlichen Schlüssel korrespondierenden privaten Schlüssel verfügt, die elektronische Signatur zu diesem Dokument erstellt hat (Authentizität).[198] Zum anderen ist nachgewiesen, dass das Dokument seit der Signierung nicht verändert wurde (Integrität).[199]

c) Zertifikate

102 Während sich durch eine elektronische Signatur nur feststellen lässt, dass die Signatur vom Inhaber des privaten Schlüssels stammt (Authentizität) und die signierten Daten nicht verändert wurde (Integrität), lässt sich daraus nicht ohne weiteres feststellen, wem das entsprechende Schlüsselpaar zuzuordnen ist, mit dem die Daten signiert wurden. Bspw. kann insoweit nicht festgestellt werden, ob eine signierte elektronische Attributsbescheinigung, die einen Hochschulabschluss nachweisen soll, tatsächlich von der entsprechenden Hochschule signiert wurde, oder die Signatur auf einen personenverschiedenen Dritten zurückzuführen ist.

103 Zur **Feststellung und Bestätigung der Identität des Signierenden** kann ein Dritter durch die Ausstellung eines Zertifikates bestätigen, dass ein öffentlicher Schlüssel einer bestimmten Person zuzuordnen ist. Ein Zertifikat ist eine signierte elektronische Bescheinigung, die einen öffentlichen Schlüssel einer bestimmten Person zuordnet.[200] Technisch gesehen handelt es sich bei einem Zertifikat um einen Datensatz, der mindestens den öffentlichen Schlüssel und einen Identifikator des Inhabers des Schlüssels sowie Informationen zum Aussteller des Zertifikats enthält und vom Aussteller des Zertifikats elektronisch signiert wird.[201] Erfolgt die Ausstellung des Zertifikates durch einen qualifizierten Vertrauensdiensteanbieter (Art. 3 Nr. 16 eIDAS-VO, vgl. ausführlich → Rn. 116 und → Rn. 119), liegt ein qualifiziertes Zertifikat vor (vgl. Art. 3 Nr. 15 eIDAS-VO, Art. 3 Nr. 30 eIDAS-VO, Art. 3 Nr. 39 eIDAS-VO). Die **Ausstellung eines qualifizierten Zertifikats** setzt eine sichere Identifizierung nach Art. 24 Abs. 1 eIDAS-VO iVm § 11 VDG voraus. Erleichterungen gelten gem. § 3 Abs. 1 VDV, sofern für die Identifizierung auf öffentliche und dauerhaft zugängliche Register oder Dokumente zurückgegriffen wird. (Qualifizierte) Vertrauensdiensteanbieter führen ein **öffentliches Verzeichnis über ausgestellte, abgelaufene sowie gegebenenfalls gesperrte Zertifikate** (Art. 24 Abs. 4 eIDAS-VO).

d) Vertrauensanker (trust anchors) und Vertrauenslisten (trusted lists)

104 Der öffentliche Schlüssel, mit dem ein Zertifikat signiert wurde, kann wiederum von einem anderen Dritten mit einem Zertifikat versehen werden. Der öffentliche Schlüssel dieses Dritten kann wiederum von einem weiteren Dritten durch ein Zertifikat bestätigt werden.[202]

---

[196] Moosmayer/Lösler Corporate Compliance/Schmidl Kap. 3 Rn. 226 f.
[197] Moosmayer/Lösler Corporate Compliance/Schmidl Kap. 3 Rn. 226 f.
[198] Taeger/Pohle ComputerR-HdB/Deusch/Eggendorfer 50.1 Rn. 204.
[199] Taeger/Pohle ComputerR-HdB/Deusch/Eggendorfer 50.1 Rn. 204.
[200] Hornung/Schallbruch IT-SicherheitsR-Handbuch/Roßnagel § 14 Rn. 16; vgl. auch die Definition „Zertifikat für elektronische Signaturen" in Art. 3 Nr. 14 eIDAS-VO: „eine elektronische Bescheinigung, die elektronische Signaturvalidierungsdaten mit einer natürlichen Person verknüpft und die mindestens den Namen oder das Pseudonym dieser Person bestätigt".
[201] Auer-Reinsdorff/Conrad IT- und DatenschutzR-HdB/Sarre/Schmidt/Pruß § 2 Rn. 456 ff.
[202] Hornung/Schallbruch IT-SicherheitsR-Handbuch/Roßnagel § 14 Rn. 17.

Auf diese Weise entstehen Zertifikatsketten,[203] die bis auf einen sog. Vertrauensanker gehen, einer höchsten Instanz, der sämtliche Beteiligten vertrauen. Solche Vertrauensanker, die in sog. Vertrauenslisten verzeichnet sind, bilden das Rückgrat einer Vertrauensinfrastruktur und dienen der **zuverlässigen Verifikation digitaler Zertifikate.**

Vertrauensanker (engl. *trust anchors*) sind die höchsten Instanzen innerhalb einer Vertrauenskette, denen sämtliche Beteiligten vertrauen. Ein wesentliches Merkmal eines Vertrauensankers ist es, dass seine Vertrauenswürdigkeit nicht durch eine übergeordnete Stelle bestätigt werden muss, er gilt *per se* als vertrauenswürdig. Technisch gesehen ist ein Vertrauensanker eine Kombination aus dem öffentlichen Schlüssel und einem Identifikator der obersten vertrauenswürdigen Zertifizierungsinstanz, der zur Verifikation der Signaturen verwendet werden, die von dieser erstellt wurden.[204] 105

Vertrauenslisten (engl. *trusted lists*) sind Verzeichnisse, in denen die Vertrauensanker einschließlich ihrer öffentlichen Schlüssel veröffentlicht werden. Gemäß Art. 22 der eIDAS-VO führen die EU-Mitgliedstaaten solche Listen bspw. für qualifizierte Vertrauensdienste, etwa für Anbieter qualifizierter elektronischer Signaturen. Eine Vertrauensliste enthält strukturierte Informationen darüber, welche Entität, bspw. ein Zertifikatsdiensteanbieter, mit welchem öffentlichen Schlüssel ab welchem Zeitpunkt als vertrauenswürdige Stelle anerkannt ist. Ferner enthalten Vertrauenslisten auch Gültigkeitszeiträume und Statusangaben (zB *„gültig"* oder *„widerrufen"*). Auf Grundlage dieser Angaben lassen sich alle Zertifikate, die von diesen Entitäten ausgestellt wurden, verlässlich überprüfen. Die Vertrauenslisten werden in einem standardisierten, maschinenlesbaren Format bereitgestellt und in der Regel von der herausgebenden Stelle digital signiert, um deren Integrität und Authentizität sicherzustellen. 106

2. Aufbau des Vertrauensmodells für die europäische Identitätsbrieftasche (EUDI-Wallet)[205]

a) Überblick

Das Vertrauensmodell des Identitätsökosystems beruht auf einer **mehrstufigen Public-Key-Infrastruktur,** in der die verschiedenen Akteure mit jeweils eigenen digitalen Zertifikaten agieren. Sämtliche Interaktionen zwischen den beteiligten Akteuren sind so konzipiert, dass immer eine Kette von Zertifikaten gegeben ist, die auf einen in einer Vertrauensliste geführten Vertrauensanker zurückzuführen ist. Damit kann jeder Akteur im Ökosystem die Identität und Berechtigungen des jeweils anderen Akteurs sowie die Authentizität und Integrität von Daten technisch überprüfen. Bspw. kann ein vertrauender Beteiligter verifizieren, ob die präsentierten Personenidentifizierungsdaten oder elektronischen Attributsbescheinigungen von der ausstellenden Stelle stammen und unverändert sind und ob die präsentierende europäische Identitätsbrieftasche von einem vertrauenswürdigen Anbieter ausgegeben wurde. Ein Aussteller einer elektronischen Attributsbescheinigung kann verifizieren, ob die anfragende europäische Identitätsbrieftasche von einem vertrauenswürdigen Anbieter ausgegeben wurde, und eine europäische Identitätsbrieftasche kann verifizieren, ob das Zertifikat eines Ausstellers von Personenidentifizierungsdaten oder Attributsbescheinigungen oder eines vertrauenden Beteiligten gültig ist und von einer anerkannten Stelle ausgestellt ist. 107

Im Rahmen des ARF sind **Vertrauenslisten** jeweils für Anbieter von europäischen Identitätsbrieftaschen, Aussteller von Personenidentifizierungsdaten, Aussteller von qualifizierten elektronischen Attributsbescheinigungen, Aussteller von durch öffentliche Stellen 108

[203] Hornung/Schallbruch IT-SicherheitsR-Handbuch/Roßnagel § 14 Rn. 17.
[204] Ziff. 3.5 des Architecture and Reference Framework (Fassung 1.9.0).
[205] Dargestellt nach Version 1.9.0 des Architecture and Reference Frameworks (ARF), abrufbar unter https://eu-digital-identity-wallet.github.io/eudi-doc-architecture-and-reference-framework/1.9.0/architecture-and-reference-framework-main/ (zuletzt abgerufen am 21.6.2025).

ausgestellte elektronische Attributsbescheinigungen, Zertifizierungsstellen für Zugangszertifikate sowie für Anbieter von qualifizierter elektronischer Signaturerstellung im Fernzugriff vorgesehen.[206] Ferner können auch für Aussteller von nichtqualifizierten elektronischen Attributsbescheinigungen Vertrauenslisten bestehen, da diese Vertrauensdiensteanbieter iSd eIDAS-VO darstellen (zu Vertrauensdiensteanbietern vgl. → Rn. 114 ff.).[207] Da die Anbieter von europäischen Identitätsbrieftaschen, die Aussteller von Personenidentifizierungsdaten sowie Zertifizierungsstellen für Zugangszertifikate keine Vertrauensdiensteanbieter im Sinne der eIDAS-VO sind, stellen die entsprechenden Vertrauenslisten rechtlich gesehen keine Vertrauensliste iSd Art. 22 eIDAS-VO dar.[208]

b) Sicherstellung von Vertrauen in die europäische Identitätsbrieftasche

109 Jede europäische Identitätsbrieftasche wird durch einen zertifizierten Identitätsbrieftaschen-Anbieter herausgegeben und muss die in der eIDAS-VO festgelegten Anforderungen erfüllen (vgl. → Rn. 87). Zur Herstellung von Vertrauen enthält jede europäische Identitätsbrieftasche ein digitales Zertifikat, die sog. *Wallet Unit Attestation (WUA)*,[209] mit dem die europäische Identitätsbrieftasche gegenüber Dritten als vertrauenswürdige, zertifizierte europäische Identitätsbrieftasche ausgewiesen wird.[210] Die WUA wird vom Anbieter der europäischen Identitätsbrieftasche bei der Aktivierung der europäischen Identitätsbrieftasche ausgestellt und von diesem digital signiert.[211] Sie enthält unter anderem den öffentlichen Schlüssel der jeweiligen europäischen Identitätsbrieftasche, Angaben zu deren Eigenschaften und Sicherheitsmerkmalen sowie Informationen zur Feststellung, ob die WUA vom Anbieter der europäischen Identitätsbrieftasche widerrufen wurde.[212] Der Anbieter der jeweiligen europäischen Identitätsbrieftasche kann die WUA bei Bedarf widerrufen, bspw. wenn eine spezielle Identitätsbrieftasche kompromittiert wurde.[213] Durch die WUA kann somit bestätigt werden, dass der zertifizierte Aussteller der jeweiligen europäischen Identitätsbrieftasche diese als gültig anerkennt. Die Anbieter von europäischen Identitätsbrieftaschen, die bei einer zuständigen Stelle registriert sein müssen (vgl. → Rn. 88) und deren eigene Zertifikate in Vertrauenslisten eingetragen sein müssen,[214] fungieren somit als Vertrauensanker (allgemein zu Vertrauensankern vgl. → Rn. 105).[215]

c) Sicherstellung von Vertrauen in Personenidentifizierungsdaten und elektronische Attributsbescheinigungen

110 Um Personenidentifizierungsdaten oder elektronische Attributsbescheinigungen auszustellen und mit einer europäischen Identitätsbrieftasche bzgl. deren Einbindung zu interagieren, müssen sich die entsprechenden Aussteller registrieren und als vertrauenswürdig anerkannt

[206] Ziff. 3.5 des Architecture and Reference Framework (Fassung 1.9.0).
[207] Ziff. 3.5 des Architecture and Reference Framework (Fassung 1.9.0).
[208] Ziff. 3.5 des Architecture and Reference Framework (Fassung 1.9.0); zwar kann ein Anbieter einer europäischen Identitätsbrieftasche auch Anbieter eines Vertrauensdienstes sein, wenn er bspw. die Erstellung elektronischer Signaturen anbietet (Art. 3 Nr. 16 Buchst. c für die Signaturerstellung iRd europäischen Identitätsbrieftasche vgl. → Rn. 70 ff.). Das Anbieten einer europäischen Identitätsbrieftasche als solche ist jedoch keine Erbringung eines Vertrauensdienst iSd Art. 3 Nr. 16 eIDAS-VO. Daher ist der Anbieter in einem solchen Fall lediglich in seiner Funktion als Anbieter eines Signaturerstellungsdienstes Anbieter eines Vertrauensdienstes, nicht aber in seiner Funktion als Anbieter einer europäischen Identitätsbrieftasche. Folglich ist die Vertrauensliste, die Anbieter europäischer Identitätsbrieftaschen listet, auch keine Vertrauensliste iSd Art. 22 eIDAS-VO.
[209] Ziff. 3.3 des Architecture and Reference Framework (Fassung 1.9.0).
[210] Ziff. 3.3 des Architecture and Reference Framework (Fassung 1.9.0).
[211] Ziff. 3.3 des Architecture and Reference Framework (Fassung 1.9.0).
[212] Ziff. 6.5.3.1 des Architecture and Reference Framework (Fassung 1.9.0).
[213] Ziff. 6.6.2.4 des Architecture and Reference Framework (Fassung 1.9.0).
[214] Ziff. 6.2.2 des Architecture and Reference Framework (Fassung 1.9.0).
[215] Ziff. 6.2.2 des Architecture and Reference Framework (Fassung 1.9.0).

werden.[216] Nach erfolgreicher Registrierung erfolgen mehrere Schritte, um dessen technische und rechtliche Vertrauenswürdigkeit sicherzustellen:

- **Aufnahme des Vertrauensankers in eine entsprechende Vertrauensliste:** Der Vertrauensanker des jeweiligen Anbieters, also insbes. sein öffentlicher Schlüssel, werden in der entsprechenden nationalen Vertrauensliste veröffentlicht.[217] Mit dem Vertrauensanker können vertrauende Beteiligte die Authentizität und Integrität der entsprechenden Personenidentifizierungsdaten oder Attributsbescheinigungen überprüfen (dazu allgemein → Rn. 105).[218] Lediglich Aussteller von nichtqualifizierten Attributsbescheinigungen werden nicht in einer Trusted List der Mitgliedstaaten aufgenommen.[219] Der zur Verifizierung der Signatur erforderliche Vertrauensanker für nichtqualifizierte Attributsbescheinigungen muss der europäischen Identitätsbrieftasche anderweitig zur Verfügung gestellt werden.[220]
- **Zuteilung eines Zugangszertifikats:** Ferner erhält der Aussteller ein sog. Zugangszertifikat (engl. *Access Certificate*) von einer durch den Mitgliedstaat benannten Zertifizierungsstelle.[221] Dieses Zertifikat dient der technischen Authentifizierung der ausstellenden Stelle gegenüber der europäischen Identitätsbrieftasche und weist ferner aus, ob es sich beim Inhaber um einen Aussteller von Personenidentifizierungsdaten, qualifizierten elektronischen Attributsbescheinigungen, „einfachen" elektronischen Attributsbescheinigungen, oder elektronischen Attributsbescheinigungen von einer für eine authentische Quelle zuständigen öffentlichen Stellen handelt.[222] Es kann auch Informationen darüber enthalten, für welche Art von Nachweisen der Anbieter autorisiert ist.[223]
- **Aufnahme von Informationen in ein öffentliches Register:** Darüber hinaus werden Informationen über den Aussteller in ein zentrales Register aufgenommen.[224] Dies umfasst auch die Art(en) von Bescheinigungen, die der Aussteller ausstellen kann.[225] Dadurch können europäische Identitätsbrieftaschen und vertrauende Beteiligte überprüfen, ob ein bestimmter Aussteller zur Ausstellung einer konkreten Bescheinigung berechtigt ist, bspw. eines Hochschulabschlusses oder eines Führerscheins.[226] Das Register wird vom Anbieter der Vertrauensliste geführt und in menschen- sowie maschinenlesbarer Form veröffentlicht.[227]

Durch diese Aufnahme in eine entsprechende Vertrauensliste und die Zuteilung des Zugangszertifikats kann durch die europäische Identitätsbrieftasche und durch vertrauende Beteiligte die Authentizität und Integrität ausgestellter Personenidentifizierungsdaten und Attributsbescheinigungen überprüft werden. 111

d) Sicherstellung von Vertrauen in die vertrauenden Beteiligten:

Auch vertrauende Beteiligte müssen sich nach der eIDAS-VO registrieren (vgl. → Rn. 90). 112
Nach erfolgreicher Registrierung wird der vertrauende Beteiligte in ein öffentliches Register aufgenommen und erhält für jede seiner technischen Schnittstellen ein eigenes **Zugangszertifikat** (Access Certificate) von einer Zertifizierungsstelle, wodurch sich der vertrauende Beteiligte bei Interaktionen mit der europäischen Identitätsbrieftasche authentifizieren kann.[228] Die Vertrauensanker der ausstellenden Zertifizierungsstelle werden ebenfalls in einer Vertrauensliste publiziert, sodass europäische Identitätsbrieftaschen die Echtheit der Zertifikate prüfen können. Ferner erhält der vertrauende Beteiligte ein sog. **Registrie-**

[216] Ziff. 6.1. des Architecture and Reference Framework (Fassung 1.9.0).
[217] Ziff. 6.3.2.4 des Architecture and Reference Framework (Fassung 1.9.0).
[218] Ziff. 6.3.2.4 des Architecture and Reference Framework (Fassung 1.9.0).
[219] Ziff. 6.3.2.4 des Architecture and Reference Framework (Fassung 1.9.0).
[220] Ziff. 6.3.2.4 des Architecture and Reference Framework (Fassung 1.9.0).
[221] Ziff. 6.3.2.3 des Architecture and Reference Framework (Fassung 1.9.0).
[222] Ziff. 6.3.2.3 des Architecture and Reference Framework (Fassung 1.9.0).
[223] Ziff. 6.3.2.3 des Architecture and Reference Framework (Fassung 1.9.0).
[224] Ziff. 6.3.2.2 des Architecture and Reference Framework (Fassung 1.9.0).
[225] Ziff. 6.3.2.2 des Architecture and Reference Framework (Fassung 1.9.0).
[226] Ziff. 6.3.2.2 des Architecture and Reference Framework (Fassung 1.9.0).
[227] Ziff. 6.3.2.2 des Architecture and Reference Framework (Fassung 1.9.0).
[228] Ziff. 6.4.2 des Architecture and Reference Framework (Fassung 1.9.0).

rungszertifikat (engl. *registration certificate*).[229] Dieses enthält diejenigen Informationen, bzgl. derer der vertrauende Beteiligte bei der Registrierung angegeben hat, dass er sie abrufen möchte. Im Rahmen einer Interaktion mit einer europäischen Identitätsbrieftasche wird das Registrierungszertifikat an diese übermittelt. Sind eines oder mehrere der angeforderten Attribute nicht in der Attributliste des Registrierungszertifikats enthalten, wird der Nutzer informiert.[230]

e) Überprüfung von Personenidentifizierungsdaten und elektronischen Attributsbescheinigungen durch die vertrauenden Beteiligten

113 Den vertrauenden Beteiligten (vgl. dazu allgemein → Rn. 89 ff.) kommt eine besondere Rolle zu, da sie die von einer europäischen Identitätsbrieftasche bereitgestellten Personenidentifizierungsdaten und elektronischen Attributsbescheinigungen authentifizieren und validieren müssen (dazu bereits → Rn. 92). Vor der Übertragung an einen vertrauenden Beteiligten authentifiziert die europäische Identitätsbrieftasche diesen durch die Prüfung des Zugangszertifikats und überprüft, ob der vertrauende Beteiligte keine zusätzlichen Attribute anfordert, für die er nicht registriert ist (vgl. → Rn. 91). Falls eine Offenlegungsrichtlinie (engl. *Disclosure Policy*) durch den Aussteller von Attributsbescheinigungen erstellt wurde (vgl. → Rn. 91), wird diese durch die europäische Identitätsbrieftasche des Nutzers geprüft und der Nutzer über das Ergebnis dieser Auswertung informiert.[231] Anschließend werden die vom Nutzer ausgewählten Daten von der europäischen Identitätsbrieftasche an den vertrauenden Beteiligten übermittelt.[232] Der vertrauende Beteiligte prüft anschließend die Signatur der Personenidentifizierungsdaten oder der elektronischen Attributsbescheinigung und das Zertifikat des Ausstellers und somit deren Authentizität und Integrität (sog. Authentifizierung; vgl. → Rn. 64 ff.).[233] Ferner verifiziert er, dass die Personenidentifizierungsdaten oder die elektronischen Attributsbescheinigungen nicht durch den jeweiligen Aussteller widerrufen wurden (sog. Validierung; vgl. → Rn. 64 ff.).[234] Der vertrauende Beteiligte stellt ferner sicher, dass die Personenidentifizierungsdaten oder die elektronischen Attributsbescheinigungen von ihren Anbietern für jene europäische Identitätsbrieftasche ausgestellt wurden, die sie vorlegt.[235]

VI. Exkurs: Vertrauensdienste

114 Zum besseren Verständnis der Funktionsweise des Identitätsökosystems sollen im Folgenden überblicksartig die Vorgaben für Vertrauensdienste und Vertrauensdiensteanbieter dargelegt werden.

1. Grundbegriffe

a) Vertrauensdienste und qualifizierte Vertrauensdienste

Bei einem Vertrauensdienst iSd eIDAS-VO handelt es sich nach Art. 3 Nr. 16 eIDAS-VO um einen elektronischen Dienst, der in der Regel gegen Entgelt erbracht wird[236] und aus

---

229 Ziff. 6.6.3.3 des Architecture and Reference Framework (Fassung 1.9.0).
230 Ziff. 6.6.3.3 des Architecture and Reference Framework (Fassung 1.9.0).
231 Ziff. 6.6.3.4 des Architecture and Reference Framework (Fassung 1.9.0).
232 Ziff. 6.6.3.5 des Architecture and Reference Framework (Fassung 1.9.0).
233 Ziff. 6.6.3.6 des Architecture and Reference Framework (Fassung 1.9.0).
234 Ziff. 6.6.3.7 des Architecture and Reference Framework (Fassung 1.9.0).
235 Ziff. 6.6.3.8 des Architecture and Reference Framework (Fassung 1.9.0).
236 BeckOK IT-Recht/Lapp/Drews eIDAS-VO Art. 3 Rn. 43 mit der Kritik, dass der „Aufwand, den ein Vertrauensdienstanbieter leisten muss, um diese [Anforderungen an Vertrauensdienste] zu erfüllen, so hoch [ist], dass eine Unentgeltlichkeit der Leistung kaum vorstellbar erscheint."; offen ist, ob sich dies infolge der iRd Europäischen Brieftasche ebenfalls zT vorgeschriebenen Kostenlosigkeit (vgl. dazu bei → Rn. 78) ändern wird.

einem der in Art. 3 Nr. 16 Buchst. a – n eIDAS-VO aufgelisteten Tätigkeiten besteht, die auf elektronische Signaturen zurückzuführen sind. Beispiele für solche Tätigkeiten sind:

- die Erstellung oder Validierung von elektronischen Signaturen oder elektronischen Siegeln (Buchst. c und Buchst. d) oder elektronischen Zeitstempeln (Buchst. i und Buchst. j)
- die Ausstellung (Buchst. a) oder Validierung (Buchst. b) von Zertifikaten für elektronische Signaturen, elektronische Siegel, die Website-Authentifizierung oder die Erbringung anderer Vertrauensdienste sowie
- die Ausstellung (Buchst. g) oder Validierung (Buchst. h) von elektronischen Attributsbescheinigungen.

Insofern sind Vertrauensdienste ein **Sammelbegriff für bestimmte elektronische Dienste,** die dazu bestimmt sind, durch den Rückgriff auf elektronische Signaturen (vgl. einführend zu Signaturen → Rn. 99 ff.) die unionsweite elektronische Kommunikation durch die Gewährleistung von Manipulations-, Rechts- und Beweissicherheit zu sichern.[237] Vertrauensdienste sind daher nicht nur im Rahmen der Europäischen Identitätsbrieftasche relevant, wo sie ein elementarer technischer Bestandteil zur Herstellung von Vertrauen in das Europäische Identitätsökosystem sind (vgl. → Rn. 97 ff.). Sie sind vielmehr eine Querschnittsmaterie und zentraler Baustein verschiedener Bereiche der Informationsgesellschaft (zB eGovernment, eHealth, eJustice, eCommerce, eBusiness, eWelten bzw. e-ecosystems).[238] 115

Vertrauensdienste können auch als **qualifizierte Vertrauensdienste** erbracht werden. Nach der Legaldefinition in Art. 3 Nr. 17 eIDAS-VO ist ein qualifizierter Vertrauensdienst ein Vertrauensdienst, *„der die einschlägigen Anforderungen dieser Verordnung erfüllt"* Im Unterschied zu einem einfachen, nichtqualifizierten Vertrauensdienst, wird ein qualifizierter Vertrauensdienst insbes. von einem qualifizierten Vertrauensdiensteanbieter iSd Art. 3 Nr. 20 eIDAS-VO erbracht (vgl. → Rn. 119) und unterliegt zusätzlichen Anforderungen, bspw. hinsichtlich technischer und organisatorischer Maßnahmen (vgl. → Rn. 128). Diese weitergehenden Anforderungen und Pflichten sollen ein hohes Sicherheitsniveau bei der Erbringung der Vertrauensdienste und -produkte sicherstellen (vgl. Erwgr. 28 eIDAS-VO) und rechtfertigen die mit qualifizierten Vertrauensdiensten einhergehenden, weitergehenden Rechts- und Beweiswirkungen (vgl. → Rn. 130).[239] 116

Nach Art. 2 Abs. 2 eIDAS-VO findet die eIDAS-VO jedoch **keine Anwendung** auf Vertrauensdienste, die ausschließlich innerhalb geschlossener Systeme aufgrund von nationalem Recht oder von Vereinbarungen zwischen einem bestimmten Kreis von Beteiligten verwendet werden (dh für geschlossene Benutzergruppen, bspw. DE-Mail, oder besondere Postfächer wie bspw. das elektronische Gerichts- und Verwaltungs-Postfach (EGVP) oder das besondere Anwaltspostfach (beA)).[240] Nach Art. 2 Abs. 3 eIDAS-VO bleiben zudem bestehende Formvorschriften – wie solche *„in Bezug auf den Abschluss und die Gültigkeit von Verträgen"* – ausdrücklich von der eIDAS-VO unberührt.[241] 117

Zur weiteren Stärkung der Harmonisierung und Akzeptanz von Vertrauensdiensten[242] wurden im Rahmen der **Novellierung der eIDAS-VO drei weitere Vertrauensdienstkategorien eingeführt** (Ausstellung bzw. Validierung elektronischer Attributsbescheinigungen, Art. 3 Nr. 16 Buchst. g und h eIDAS-VO, elektronische Archivierung von elektronischen Daten und Dokumenten (Buchst. m), Aufzeichnung elektronischer Daten in einem 118

237 Hornung/Schallbruch IT-SicherheitsR-Handbuch/Roßnagel § 14 Rn. 33 und 38.
238 Hornung/Schallbruch IT-SicherheitsR-Handbuch/Roßnagel § 14 Rn. 38.
239 Göttler jurisPR-ITR 4/2025 Anm. 2 A.II.3. unter Verweis auf Götze DUD 2024, 413 (415).
240 Hornung/Schallbruch IT-SicherheitsR-Handbuch/Roßnagel § 14 Rn. 39.
241 Göttler jurisPR-ITR 4/2025 Anm. 2 A. I.
242 Erwgr. 7 der Änderungs-VO 2024/1183 zur eIDAS-VO betont bspw. nun, dass sich alle natürlichen und juristischen Personen in der gesamten Union für den Zugang zu „öffentlichen und privaten Dienstleistungen […] auf ein verbessertes Ökosystem für Vertrauensdienste […] stützen können" sollen.

elektronischen Journal (Buchst. n)).[243] Zudem wurden die Vorgaben in Bezug auf qualifizierte elektronische Signaturen und Siegel um neue Regelungen (Buchst. f) für die Verwaltung von sog. elektronischen Fernsignatur- und Siegelerstellungseinheiten ergänzt (vgl. → Rn. 72 ff.).[244]

b) Vertrauensdiensteanbieter und qualifizierte Vertrauensdiensteanbieter

119 Nach Art. 3 Nr. 19 eIDAS-VO ist ein Vertrauensdiensteanbieter eine natürliche oder juristische Person, die einen oder mehrere Vertrauensdienste als qualifizierter oder nichtqualifizierter Vertrauensdiensteanbieter erbringt. Ein qualifizierter Vertrauensdiensteanbieter ist dabei nach Art. 3 Nr. 20 eIDAS-VO ein Vertrauensdiensteanbieter, der einen oder mehrere qualifizierte Vertrauensdienste erbringt und dem von einer nationalen Aufsichtsstelle der Status eines qualifizierten Anbieters verliehen wurde (vgl. → Rn. 129).[245]

120 Da der Begriff „juristische Person" genuin europarechtlich auszulegen ist und mithin Organisationen, Institutionen, Einrichtungen oder Gemeinschaften von Personen mit eigener Rechtspersönlichkeit einbezieht,[246] können grds. auch staatliche Stellen Vertrauensdienste anbieten.

121 Es ist auch möglich, dass Diensteanbieter mehrere Vertrauensdienste parallel erbringen (vgl. zur Möglichkeit einer **Doppelfunktion** auch → Rn. 132 f.). Dafür ist es allerdings erforderlich, dass dies klar kommuniziert wird, sofern qualifizierte und nichtqualifizierte Dienste nebeneinander erbracht werden (vgl. auch die Vorgaben der Art. 21–24 eIDAS-VO).[247] Insbesondere darf ein bestehendes EU-Vertrauenssiegel (Art. 23 eIDAS-VO) für einen qualifizierten Dienst nicht den Eindruck erwecken, ggf. weitere nichtqualifizierte Dienste würden ebenfalls diesen Qualifikationsstatus genießen.[248]

2. Regulatorische Anforderungen nach der eIDAS-VO

122 Die Anforderungen an (qualifizierte) Vertrauensdiensteanbieter und die Erbringung von (qualifizierten) Vertrauensdiensten ergeben sich aus Kapitel III der eIDAS-VO (Art. 13 ff. eIDAS-VO) sowie flankierenden nationalen Vorschriften. In Kapitel III der eIDAS-VO finden sich in Abschnitt 1 zunächst allgemeine Regelungen für Vertrauensdiensteanbieter (Art. 13–16 eIDAS-VO; vgl. → Rn. 124 ff.) sowie weitere allgemeine Regelungen entweder für nichtqualifizierte Vertrauensdiensteanbieter in Abschnitt 2 (Art. 19a eIDAS-VO; vgl. → Rn. 127) bzw. für qualifizierte Vertrauensdiensteanbieter in Abschnitt 3 (Art. 20–24a eIDAS-VO, vgl. → Rn. 128 ff.). In den Art. 25–45l folgen anschließend spezifische Regelungen für die Erbringung einzelner nichtqualifizierter und qualifizierter Vertrauensdienste.

123 Ferner werden, zumindest punktuell, auch die Rechtsfolgen ihres Einsatzes geregelt (vgl. dazu bspw. die Rechts- und Beweiswirkungen der elektronischen Attributsbescheinigung → Rn. 53 sowie allgemein → Rn. 130).[249]

[243] Die Eigenschaften dieser neuen Vertrauensdienstart deuten auf Blockchain-ähnliche Anwendungsbereiche hin. Denn die Definition eines elektronischen Journals (in der englischen Fassung. „electronic ledger") verlangt: die fortlaufende chronologische Aufzeichnung, die Sicherstellung von Unveränderlichkeit und Integrität der Daten sowie die Möglichkeit, Nachweise über die korrekte Eintragung zu liefern. Auch wenn die Definition technologieneutral formuliert wurde, entsprechen all diese Merkmale den Eigenschaften von Blockchain- oder DLT-Technologien.

[244] Hornung/Schallbruch IT-SicherheitsR-Handbuch/Roßnagel § 14 Rn. 34a.

[245] Eine Liste der qualifizierten Vertrauensdiensteanbieter ist im Internet auf den Seiten der Europäischen Kommission abrufbar unter https://eidas.ec.europa.eu/efda/home (zuletzt abgerufen am 22.6.2025).

[246] BeckOK IT-Recht/Lapp/Drews eIDAS-VO Art. 3 Rn. 53 iVm Rn. 3.

[247] BeckOK IT-Recht/Lapp/Drews eIDAS-VO Art. 3 Rn. 54.

[248] BeckOK IT-Recht/Lapp/Drews eIDAS-VO Art. 3 Rn. 54.

[249] Hornung/Schallbruch IT-SicherheitsR-Handbuch/Roßnagel § 14 Rn. 37; Göttler jurisPR-ITR 4/2025 Anm. 2 A.II.2.

a) Anforderungen an sämtliche Vertrauensdiensteanbieter

Alle Vertrauensdiensteanbieter unterliegen den Pflichten der Art. 13–16 eIDAS-VO sowie auf nationaler Ebene den §§ 5 ff. Vertrauensdienstegesetz (VDG). Dies umfasst insbesondere die Mindestanforderungen in Bezug auf Sicherheit und Haftung (Art. 13 eIDAS-VO),[250] Vorgaben zur Anerkennung von Vertrauensdiensten aus Drittländern und internationalen Organisationen (Art. 14 eIDAS-VO) und zur barrierefreien Gestaltung (Art. 15 eIDAS-VO). Auf nationaler Ebene Mitwirkungs- und Informationspflichten sowie Anforderungen zur barrierefreien Gestaltung in den §§ 5 ff. VDG. 124

Zu beachten ist zudem die **Verzahnung der eIDAS-VO mit der NIS-2-RL.**[251] So treffen **alle Vertrauensdiensteanbieter** iSd eIDAS-VO – nach dem Inkrafttreten des NIS-2-Umsetzungs- und Cybersicherheitsstärkungsgesetz (kurz „NIS2UmsuCG") zur Umsetzung der NIS-2-RL[252] **– parallel auch die Cybersicherheitsanforderungen nach NIS-2 bzw. deren Umsetzung im BSIG.**[253] Denn Art. 2 Abs. 2 Buchst. a (ii) NIS-2-RL erstreckt den sachlichen Anwendungsbereich der RL auf (alle) Vertrauensdiensteanbieter – unabhängig von Mitarbeiterzahl oder Umsatz[254]: Aus diesem Grund rekurriert die NIS-2-RL in Art. 6 Nr. 24 ff. auf die Legaldefinitionen von „Vertrauensdiensten" aus der eIDAS-VO und qualifizierte Vertrauensdiensteanbieter gelten zukünftig als wesentliche Einrichtungen iSd NIS-2-RL, Art. 3 Abs. 1 Buchst. b NIS-2-RL, sowie nichtqualifizierte Vertrauensdiensteanbieter als wichtige Einrichtungen iSd NIS-2-RL, Art. 3 Abs. 2 und Anhang I Nr. 8 iVm Art. 2 Abs. 2 Buchst. a (ii) der RL.[255] 125

Hinsichtlich ihres Verhältnisses zueinander macht Erwgr. 50 S. 3 der Änderungsverordnung 2024/1183 zur eIDAS-VO deutlich, dass die Anforderungen an das **Cybersicherheitsrisikomanagement und die Meldepflichten gemäß der NIS-2-RL als Ergänzung zu den Sicherheitsanforderungen nach der eIDAS-VO** zu betrachten sind. Dadurch sollen zum einen die Cybersicherheitsanforderungen gestrafft (vgl. Erwgr. 50 S. 1 der Änderungsverordnung 2024/1183 zur eIDAS-VO) und stärker vereinheitlicht werden.[256] Zum anderen soll die Aufsicht über Vertrauensdienste vereinheitlicht und ein einheitliches Sicherheitsniveau hergestellt werden:[257] bspw. werden nach Art. 42 NIS-2-RL die bisherigen Sicherheitsanforderungen und Meldepflichten für Vertrauensdiensteanbieter nach Art. 19 eIDAS-VO aF gestrichen[258], wodurch ua die Notwendigkeit zur 126

---

250 Vgl. Erwgr. 35 S. 1 eIDAS-VO.

251 RL (EU) 2022/2555 vom 14.12.2022 („Network and Information Security Directive 2").

252 NIS2UmsuCG-E, Kabinettsfassung Stand 25.7.2025, abrufbar unter https://ag.kritis.info/2025/07/30/referentenentwurf-des-bmi-nis-2-umsetzungs-und-cybersicherheitsstaerkungsgesetz-nis2umsucg/ (zuletzt abgerufen am 31.7.2025); bei dem NIS2UmsuCG handelt es sich um ein Artikelgesetz, das insbesondere das BSI-Gesetz abändern wird.

253 Im Ergebnis auch Degen/Emmert Elektron. Rechtsverkehr/Degen/Emmert § 6 Rn. 57; für die damit einhergehenden Pflichten bezogen auf das Risikomanagement sowie die Melde-, Registrierungs-, Nachweis- und Unterrichtungspflichten vgl. bspw. Kipker/Dittrich MMR 2023, 481 (483 ff.).

254 Schmidt RDi 2024, 550 Rn. 11 f.; Hornung/Schallbruch, IT-Sicherheitsrecht/Skierka-Canton § 8 Fn. 60.

255 Bzw. nach dem deutschen Umsetzungsgesetz gem. der insoweit entsprechend veränderten §§ 2 Nr. 33 f. bzw. 43 f. sowie §§ 28 Abs. 1 Nr. 2, Abs. 2 Nr. 1 BSI-Gesetz, wobei sich der deutsche Gesetzgeber dazu entschieden hat, anstatt von „wesentlichen Einrichtungen" (wie in der NIS-2-RL) im BSIG von „ besonders wichtigen Einrichtungen" zu sprechen, vgl. Art. 28 Abs. 1 BSIG, dazu näher bei Schmidt RDi 2024, 550 Rn. 9.

256 Göttler jurisPR-ITR 4/2025 Anm. 2 C.II.1. unter Verweis auf die Gesetzesbegründung im Kommissionsvorschlag zur Änderungs-VO 2024/1183 zur eIDAS-VO, COM(2021) 281 final, S. 4.

257 Gesetzesbegründung zum eIDAS-Durchführungsgesetz II-E aus letzten (20.) Legislaturperiode, S. 14 f., weiterhin abrufbar unter https://www.bmv.de/DE/Themen/Digitales/Digitale-Dienste-Plattformen-Sicherheit/eIDAS-Verordnung-und-Vertrauensdienste/eidas-verordnung-und-vertrauensdienste.html?editorSupport=true%3FpageLocale%3Dde%3FresourceId%3D452902 %3FpageLocale%3Dde%3FpageLocale%3Dde%3FresourceId%3D452902 %3FresourceId%3D14470 %3FpageLocale%3Dde%3FpageLocale%3Dde%3FresourceId%3D14470 (zuletzt abgerufen am 31.7.2025).

258 Als somit einzige ausdrückliche Abänderung der eIDAS-VO nach der NIS-2-RL, neben der bereits erwähnten Erfassung aller Vertrauensdiensteanbieter durch die NIS-2-RL.

Benennung einer (für die Aufsicht) zuständigen Stelle entfällt.[259] Dementsprechend sieht der neue Art. 28 NIS2UmsuCG-E vor, dass der bisherige § 2 Abs. 3 VDG gestrichen wird, nach dem (bislang) das BSI die für die Informationssicherheit zuständige nationale Stelle im Sinne von Art. 19 Abs. 2 eIDAS-VO aF war. Dagegen sieht nun Art. 46b Abs. 1 eIDAS-VO vor, dass die Mitgliedstaaten eine Aufsichtsstelle zur Beaufsichtigung von Vertrauensdiensten benennen. Das soll in Deutschland die **Bundesnetzagentur** werden, unter deren Dach die **Aufsicht über Vertrauensdienste insgesamt vereinheitlicht** werden soll.[260]

b) Anforderungen an nichtqualifizierte Vertrauensdiensteanbieter

127 Neben den allgemeinen Anforderungen (vgl. → Rn. 124 ff.) müssen nichtqualifizierte Vertrauensdiensteanbieter nach Art. 19a eIDAS-VO angemessene Maßnahmen zur Beherrschung aller relevanten Risiken treffen, insbesondere in Bezug auf Registrierungsverfahren, Kontrollmechanismen und die Verwaltung ihrer Dienste. Sicherheitsvorfälle oder Störungen mit erheblichen Auswirkungen auf den Dienst oder personenbezogene Daten sind unverzüglich, spätestens binnen 24 Stunden, der Aufsichtsstelle, betroffenen Personen und ggf. der Öffentlichkeit zu melden. Zur weiteren Konkretisierung dieser Anforderungen dienen Referenzstandards und ergänzende Spezifikationen und Verfahren der EU-Kommission, deren Einhaltung zu einer widerlegbaren Vermutung der Einhaltung der Anforderungen des Artikels 19a eIDAS-VO führt (Art. 19a Abs. 2 eIDAS-VO). Infolge der Streichung des Art. 19 eIDAS aF durch Art. 42 NIS-2-RL (vgl. → Rn. 126) gilt nun in Bezug auf das Ergreifen von Risikomanagementmaßnahmen im Bereich der Cybersicherheit die jeweilige nationale Umsetzung (vss. § 30 BSIG-E nF[261]) des Art. 21 NIS-2-RL (dh geeignete und verhältnismäßige technische, operative und organisatorische Maßnahmen zur Beherrschung von Risiken für die Sicherheit der benutzten Netz- und Informationssysteme), wie Art. 19a Abs. 1 Buchst. a eIDAS-VO in Bezug auf nichtqualifizierte Vertrauensdiensteanbieter klarstellt *(„unbeschadet")*.[262]

c) Anforderungen an qualifizierte Vertrauensdiensteanbieter

128 Qualifizierte Vertrauensdiensteanbieter unterliegen aufgrund des hohen Sicherheitsniveaus umfangreichen Anforderungen. Art. 24 eIDAS-VO sieht **materielle Anforderungen** an qualifizierte Vertrauensdiensteanbieter vor, insbesondere zur sicheren Identitäts- und Attributsprüfung (Abs. 1–1b sowie Erwgr. 74 S. 1 der Änderungs-VO 2024/1183 zur eIDAS-VO), sowie zu IT- und Organisationssicherheit und Risikomanagement. Anbieter müssen bspw. vertrauenswürdige Systeme einsetzen, über geschultes Personal und ausreichende finanzielle Mittel verfügen, Vorfälle mit erheblichen Auswirkungen binnen 24 Stunden melden und über einen geprüften Beendigungsplan verfügen (Art. 24 Abs. 2 eIDAS-VO). Bzgl. der Ausstellung qualifizierter Zertifikate und qualifizierter elektronischer Attributsbescheinigungen schreibt Art. 24 Abs. 1 eIDAS-VO die Durchführung einer sicheren

---

[259] So auch in der Gesetzesbegründung des NIS2UmsuCG-E, Kabinettsfassung Stand 25.7.2025, S. 212, vgl. → Fn. 252.

[260] vgl. § 2 Abs. 1 VDG-E („Aufgaben der Aufsichtsstelle für Vertrauensdienste nach Artikel 46b der Verordnung (EU) Nr. 910/2014 […] obliegen der Bundesnetzagentur") und § 2 Abs. 3–6 VDG-E im eIDAS-Durchführungsgesetz II-E sowie die dortige Gesetzesbegründung S. 14 f., vgl. → Fn. 257; das BSI wird daher bzgl. Vertrauensdiensten (voraussichtlich) allein die Aufgaben nach § 2 Abs. 2 VDG behalten. Insgesamt verlangt Erwgr. 51 der Änderungs-VO 2024/1183 zur eIDAS-VO zwischen beiden Behörden jedoch eine wirksame Zusammenarbeit und Informationsaustausch zur wirksamen Beaufsichtigung von Vertrauensdiensteanbietern, da bspw. die Cybersicherheitsanforderungen bei den qualifizierten Vertrauensdiensteanbietern durch das BSI für die Bundesnetzagentur geprüft werden würden (vgl. Art. 8 Abs. 1 NIS-2-RL bzw. § 59 BSIG-E und Art. 21 Abs. 2 UAbs. 2 eIDAS-VO, genauer sogleich bei → Rn. → 129).

[261] Vgl. insoweit die Gesetzesbegründung des NIS2UmsuCG-E, Kabinettsfassung Stand 25.7.2025 (vgl. → Fn. 252) zu § 30 BSIG-E, S. 166.

[262] So auch Göttler jurisPR-ITR 4/2025 Anm. 2, C.II.1.

Identifizierung des Antragstellers vor, hinsichtlich qualifizierter Zertifikate Art. 24 Abs. 3 eIDAS-VO einen Widerrufsdienst und Art. 24 Abs. 4 eIDAS-VO einen Verzeichnisdienst, der jederzeit eine kostenlose Online-Überprüfung eines Zertifikats ermöglicht.[263] Nach Art. 24 Abs. 5 wird die EU-Kommission ergänzende Standards und Verfahren festlegen.

Beabsichtigt ein Anbieter die Erbringung qualifizierter Vertrauensdienste, so ist dies der staatlichen Aufsichtsstelle vor Aufnahme der Tätigkeit mitzuteilen. Zudem ist eine **Konformitätsprüfung** durchzuführen und ein Konformitätsbewertungsbericht der Aufsichtsstelle vorzulegen (Art. 21 Abs. 1 eIDAS-VO). Aufgrund der Verschränkung mit der NIS-2-RL (vgl. → Rn. 125) wird in dieser Konformitätsprüfung – neben den Anforderungen aus der eIDAS-VO – auch die Compliance mit den Cybersicherheitsverpflichtungen nach der NIS-2-RL überprüft, Art. 21 Abs. 1 eIDAS-VO.[264] Dazu zählt auch bei den qualifizierten Vertrauensdiensten (vgl. für nichtqualifizierte Vertrauensdiensteanbieter → Rn. 127) das Ergreifen von Risikomanagementmaßnahmen im Bereich der Cybersicherheit nach Art. 21 NIS-2-RL (vss. umgesetzt in § 30 BSIG-E[265]), wie Art. 24 Abs. 2 Buchst. fa, fb eIDAS-VO klarstellt. Zur Überprüfung, ob der qualifizierte Vertrauensdiensteanbieter die Cybersicherheitsanforderungen des Art. 21 NIS-2-RL erfüllt, werden die Aufsichtsmaßnahmen jedoch von der Aufsichtsstelle iSd Art. 8 Abs. 1 NIS-2-RL (also nach § 59 BSIG-E voraussichtlich dem BSI) durchgeführt, Art. 21 Abs. 2 UAbs. 2 eIDAS-VO.[266] Der **Qualifikationsstatus** wird nach erfolgreicher Prüfung durch die Aufsichtsstelle und Eintragung in eine nationale Vertrauensliste zuerkannt (Art. 21 Abs. 1–3 eIDAS-VO). Die Mitgliedstaaten führen diese Vertrauenslisten gem. Art. 22 eIDAS-VO in elektronisch signierter und maschinenlesbarer Form und übermitteln die relevanten Informationen an die Kommission. Nach Eintragung in die Vertrauensliste darf ein Anbieter das **EU-Vertrauenssiegel** führen, das eine einheitliche Kennzeichnung qualifizierter Vertrauensdienste ermöglicht (Art. 23 Abs. 1 eIDAS-VO). Qualifizierte Vertrauensdiensteanbieter unterliegen nach Art. 20 Abs. 1 eIDAS-VO ferner mindestens alle 24 Monate einer Prüfung durch eine Konformitätsbewertungsstelle. Diese Prüfungen bestätigen die Einhaltung der eIDAS-Vorgaben sowie der sicherheitsbezogenen Pflichten aus Art. 21 der NIS-2-RL. Die zuständige nationale Aufsichtsstelle kann ergänzend jederzeit eigene Prüfungen oder Sonderbewertungen veranlassen (Art. 20 Abs. 2 eIDAS-VO). Bei schwerwiegenden oder andauernden Verstößen kann zudem der Qualifikationsstatus entzogen werden (Art. 20 Abs. 3–3c eIDAS-VO). 129

Art. 24a eIDAS-VO gewährleistet die **unionsweite Anerkennung** bestimmter von in einem Mitgliedstaat qualifiziert erbrachten Vertrauensdienste. Damit wird die grenzüberschreitende Interoperabilität qualifizierter elektronischer Vertrauensdienste im digitalen Binnenmarkt sichergestellt. 130

Beispiele für die Rechts- und Beweiswirkung qualifizierter Vertrauensdienste:
- Eine qualifizierte elektronische Attributsbescheinigung hat nach Art. 45b Abs. 2 eIDAS-VO dieselbe Rechtswirkung wie rechtmäßig ausgestellte Bescheinigungen in Papierform. Hier ist zudem an die Beweiskraft elektronischer Dokumente nach § 371a ZPO zu denken.[267]
- Eine qualifizierte elektronische Signatur hat nach Art. 25 Abs. 2 eIDAS-VO die gleiche Rechtswirkung wie eine handschriftliche Unterschrift.

---

263 Roßnagel NJW 2014, 3686 (3689).

264 Hornung/Schallbruch IT-Sicherheitsrecht/Skierka-Canton § 8 Rn. 107.

265 Vgl. insoweit die Gesetzesbegründung des NIS2UmsuCG-E, Kabinettsfassung Stand 25.7.2025 (vgl. → Fn. 249) zu § 30 BSIG-E, S. 166.

266 Im Ergebnis auch Göttler jurisPR-ITR 4/2025 Anm. 2, C.II.1.; dort auch der Hinweis, dass nichtqualifizierte Vertrauensdiensteanbieter demgegenüber „nur" einer ex-post-Aufsicht nach Art. 46b Abs. 3 Buchst. b eIDAS-VO unterliegen.

267 So auch bei Göttler jurisPR-ITR 4/2025 Anm. 2 A. I. C.I.2.b).

d) Anforderungen an spezifische Vertrauensdienste

131 Art. 25–45l eIDAS-VO enthalten spezifische Regelungen für die Erbringung einzelner Vertrauensdienste, wovon im Rahmen dieses Kapitels nur unter → Rn. 54 ff. die Anforderungen an (qualifizierte) elektronische Attributsbescheinigungen dargestellt werden.[268]

3. Verhältnis Vertrauensdiensteanbieter zum Anbieter einer (privaten) Europäischen Identitätsbrieftasche („EUDI-Wallet")

132 Sowohl Vertrauensdienste als auch europäische Identitätsbrieftaschen sind zentrale, im Ausgangspunkt jedoch **eigenständige Bausteine im europäischen Identitätsökosystem für die europäische Identitätsbrieftasche** (für das Identitätsökosystem vgl. → Rn. 35). Innerhalb dieses Ökosystems stehen sie aber in Beziehung zueinander: Zum einen sind die Identitätsbrieftaschen auf das Vertrauen angewiesen, welches durch Vertrauensdienste geschaffen wird. Zudem wird die Marktdurchdringung und Akzeptanz der Vertrauensdienste durch die Anbindung an die breit verwendbare Identitätsbrieftasche gestärkt werden. Letzteres lässt sich insbesondere anhand der Einbindung elektronischer Attributsbescheinigungen in die Identitätsbrieftasche (vgl. dazu bei → Rn. 46 ff.) sowie der Kernfunktionalität 3 der europäischen Identitätsbrieftasche, nämlich ua der Einbindung sog. Fernsignaturen (für deren Vorteile vgl. → Rn. 77 ff.) erkennen. Kurz formuliert: europäische Identitätsbrieftaschen sind auf Vertrauensdienste angewiesen und binden diese ein, beide bleiben jedoch grds. separate Entitäten und ermöglichen so gemeinsam die Operationalisierung einer europäischen digitalen Identität.

133 Die **gleichzeitige Tätigkeit** als Vertrauensdiensteanbieter und als privater Anbieter einer Identitätsbrieftasche ist **grds. zulässig, aber** es müssen **funktionale Trennungen** beachtet werden. Das ergibt sich aus einem Rückschluss aus Art. 5a Abs. 14 S. 4 iVm Art. 45h Abs. 3 eIDAS-VO: Art. 5a Abs. 2 Buchst. c eIDAS-VO erlaubt es, dass eine europäische Identitätsbrieftasche *„unabhängig von einem Mitgliedstaat, aber von diesem Mitgliedsstaat anerkannt"* bereitgestellt wird (vgl. dazu bereits → Rn. 85). Die rechtlichen Anforderungen an private Brieftaschen-Anbieter, die nicht im Auftrag eines Mitgliedstaats handeln, ergeben sich dabei ua aus Art. 5a Abs. 14 S. 4 eIDAS-VO: „*Wird die europäische Brieftasche für die Digitale Identität von privaten Beteiligten gemäß [Art. 5a] Absatz 2 Buchstaben b und c bereitgestellt, so gelten sinngemäß die Bestimmungen von Artikel 45h Absatz 3.*" In Art. 45h Abs. 3 eIDAS-VO wiederum ist geregelt, dass Anbieter von Attributsbescheinigungen – also Vertrauensdiensteanbieter – ihre Dienste funktional von anderen angebotenen Diensten trennen müssen. Aus dem Verweis und der sinngemäßen Geltung ergibt sich: Die **eIDAS-VO hält es selbst für möglich, dass ein Anbieter mehrere Dienste parallel erbringt,** also zB Identitätsbrieftaschen und gleichzeitig Vertrauensdienste, wie bspw. die Ausstellung von Attributsbescheinigungen.

> **Praxishinweis:**
> Dieser neue regulatorische Rahmen, der eine **Doppelfunktion** ermöglicht, eröffnet bestehenden und neuen Vertrauensdiensteanbietern neue Geschäftsfelder. Zugleich werden sich viele Datenschutz- und wettbewerbsrechtliche Folgefragestellungen ergeben.

134 In bestimmten Fällen kann es daher dazu kommen, dass sich die Frage nach einer kumulativen Anwendung der regulatorischen Vorgaben bzgl. der Identitätsbrieftasche einer-

268 Für einen vollständigen Überblick vgl. bspw. Hornung/Schallbruch IT-SicherheitsR-Handbuch/Roßnagel § 14 Rn. 49–59h.

seits und der Vorgaben für einen (qualifizierten) Vertrauensdiensteanbieter andererseits stellt, bspw. bei der Nutzung brieftascheneigener Signaturerstellungseinheiten zur Erstellung einer qualifizierten elektronischen Signatur, vgl. genauer → Rn. 76.

VII. Umsetzung der europäischen Identitätsbrieftasche

1. Die europäische Identitätsbrieftasche in der Praxis

a) Mögliche Anwendungsfelder

Die Europäische Brieftasche für die Digitale Identität (EUDI-Wallet) bietet eine Vielzahl von Einsatzmöglichkeiten **in unterschiedlichsten Lebens- und Wirtschaftsbereichen.** Ihre strukturelle Flexibilität sowie die Fähigkeit zur selektiven Offenlegung elektronischer Nachweise (vgl. → Rn. 59 und → Rn. 80) machen sie zu einem (zumindest potenziell) zentralen Element der Operationalisierung Digitaler Identitäten in der EU. Der regulatorische Rahmen eröffnet dabei nicht nur neue technische und rechtliche Möglichkeiten, sondern wirft vor allem die Frage auf, in welchen Lebens- und Geschäftsbereichen die europäische Identitätsbrieftasche künftig Anwendung finden kann. Denn ob sie sich tatsächlich durchsetzen wird[269], hängt maßgeblich davon ab, inwieweit sie sich als digitales Identifizierungsmittel in alltägliche und berufliche Abläufe integrieren lässt und dabei echte Mehrwerte schafft – etwa durch Automatisierung, Vereinfachung oder Vertrauensgewinn. 135

- **Finanzsektor:** Die europäische Identitätsbrieftasche bietet erhebliches Potenzial im Bank- und Finanzwesen, insbesondere im Kontext regulatorischer Pflichten zur Verhinderung von Geldwäsche und Terrorismusfinanzierung (KYC/AML).[270] So kann sie bei der digitalen Identitätsüberprüfung im Rahmen der Kontoeröffnung[271], der Freigabe von Zahlungstransaktionen[272] oder der Durchführung automatisierter Kreditwürdigkeitsprüfungen zum Einsatz kommen (etwa bei der Einreichung von Gehaltsnachweisen, Fahrzeugdokumenten (Autokredit), notariellen Urkunden (Baufinanzierung) oder Geburtsurkunden (Minderjährigenkonten).[273] 136
- **Identitätsnachweise im b2c-Bereich:** Beim Handel von Gütern, die an eine spezifische Eigenschaft oder an die Identität ihrer Käufer gebunden werden sollen bzw. müssen (Mindestalter für Alkohol und Zigaretten, Kino-Eintritte mit Altersbeschränkung), ermöglicht die europäische Identitätsbrieftasche rechtsverbindliche Nachweisoptionen.[274] Darüber hinaus ist eine Integration in digitale Dienstleistungsangebote denkbar – etwa beim Erwerb und der Verwaltung von Reisetickets[275], Hotelbuchungen,[276] dem Anmie- 137

---

269 Auch Seppelfricke/Vugrincic LNI 2024, 763 (769) sehen es als erforderlich an, „abzuwarten, in welche Richtung sich die Nutzung der EUDI-Wallet entwickeln und ob diese von Nutzer*innen akzeptiert werden wird".

270 Strüker/Urbach/Guggenberger/Lautenschlager/Ruhland/Schlatt/Sedlmeir/Stoetzer Self-Sovereign Identity S. 14, online abrufbar unter: https://www.fim-rc.de/wp-content/uploads/2021/06/Fraunhofer-FIT_SSI_Whitepaper.pdf (zuletzt abgerufen am 21.6.2025).

271 VZBV, „EUDI-Wallet: Was Sie zur digitalen Brieftasche wissen müssen", 21.3.2025, https://www.verbraucherzentrale.de/wissen/digitale-welt/datenschutz/eudiwallet-was-sie-zur-digitalen-brieftasche-wissen-muessen-95821 (zuletzt abgerufen am 21.6.2025).

272 Bitkom eIDAS Leitfaden S. 7.

273 Bitkom eIDAS Leitfaden S. 7.

274 Strüker/Urbach/Guggenberger/Lautenschlager/Ruhland/Schlatt/Sedlmeir/Stoetzer Self-Sovereign Identity S. 14, online abrufbar unter: https://www.fim-rc.de/wp-content/uploads/2021/06/Fraunhofer-FIT_SSI_Whitepaper.pdf (zuletzt abgerufen am 21.6.2025).

275 VZBV, „EUDI-Wallet: Was Sie zur digitalen Brieftasche wissen müssen", 21.3.2025, https://www.verbraucherzentrale.de/wissen/digitale-welt/datenschutz/eudiwallet-was-sie-zur-digitalen-brieftasche-wissen-muessen-95821 (zuletzt abgerufen am 21.6.2025).

276 Bitkom eIDAS Leitfaden S. 7.

ten eines Autos am Flughafen[277] oder dem Abschluss von Abonnements im Nahverkehr[278]. Auch Memberships in Sport- und Freizeitangeboten (zB Yoga, E-Learning) sowie personalisierte digitale Inhalte[279] können über attributsbasierte Berechtigungsnachweise gesteuert werden.

138 • **Customer-Service:** Im Bereich des digitalen Kundenkontakts können Unternehmen über die europäische Identitätsbrieftasche neue, sichere Kommunikations- und Interaktionskanäle etablieren, über die Identitäts- und Attributsnachweise direkt verarbeitet werden können – etwa zur Legitimation bei Anfragen oder zur Einwilligungsverwaltung bei sensiblen Prozessen.[280]

139 • **Access-Management:** Insbesondere in sicherheitskritischen Bereichen kann die europäische Identitätsbrieftasche zudem zur Authentifizierung bei Zutrittskontrollen herangezogen werden – sowohl physisch (zB zu Industrieanlagen oder Forschungseinrichtungen) als auch digital (zB für den Zugriff auf geschützte IT-Systeme). Zusammen mit bestehenden Cybersicherheitsmaßnahmen lassen sich so vertrauenswürdige Zugriffskonzepte realisieren.

140 • **Unternehmensorganisation und Industrie 4.0:** Auch innerhalb von Organisationen kann die europäische Identitätsbrieftasche funktional genutzt werden, bspw. durch die Ausgabe sog. Organisationswallets an Mitarbeiterinnen und Mitarbeiter.[281] Zur Automatisierung interner Abläufe kann zudem die digitale Ausstellung, Einbindung und Nutzung von Attributsbescheinigungen beitragen (zB berufliche Qualifikationen, Maschinenberechtigungen).[282] Weiterhin kann die europäische Identitätsbrieftasche in Mensch-Maschine-Interaktionen eingebunden werden, etwa im Rahmen der Prozessautomatisierung. Perspektivisch ließe sich der digitale Produktpass in der digitalen Brieftasche abbilden, wovon sowohl Endkundinnen und -kunden (bspw. durch Qualitäts- oder Sicherheitsnachweise) als auch Händler (Zoll- und Lieferdokumente) profitieren.[283]

141 • **Digitale Nachweisbarkeit im Gesundheitssektor:** Im Gesundheitsbereich ermöglicht das Wallet bspw. eine sichere Einbindung der elektronischen Patientenakte oder des E-Rezepts.[284] Die selektive Datenfreigabe kann etwa für Zwecke der Gesundheitsforschung (-sdaten) fruchtbar gemacht werden.[285]

142 • **Verwaltungs- und Behördenkontext:** Im Verwaltungs- und Behördenkontext[286] ist etwa an die Möglichkeit einer elektronischen Steuererklärung[287], das Ausweisen für

---

[277] VZBV, „EUDI-Wallet: Was Sie zur digitalen Brieftasche wissen müssen", 21.3.2025, https://www.verbraucherzentrale.de/wissen/digitale-welt/datenschutz/eudiwallet-was-sie-zur-digitalen-brieftasche-wissen-muessen-95821 (zuletzt abgerufen am 21.6.2025).

[278] Europäische Kommission, Europäische Digitale Identität FAQ, https://ec.europa.eu/commission/presscorner/detail/de/qanda_21_2664 (zuletzt abgerufen am 21.6.2025).

[279] Strüker/Urbach/Guggenberger/Lautenschlager/Ruhland/Schlatt/Sedlmeir/Stoetzer Self-Sovereign Identity S. 14, online abrufbar unter: https://www.fim-rc.de/wp-content/uploads/2021/06/Fraunhofer-FIT_SSI_Whitepaper.pdf (zuletzt abgerufen am 21.6.2025).

[280] Bitkom, eIDAS Leitfaden, 2024, S. 9.

[281] Bitkom, eIDAS Leitfaden, 2024, S. 9.

[282] Bitkom, eIDAS Leitfaden, 2024, S. 9.

[283] Strüker/Urbach/Guggenberger/Lautenschlager/Ruhland/Schlatt/Sedlmeir/Stoetzer Self-Sovereign Identity S. 15, online abrufbar unter: https://www.fim-rc.de/wp-content/uploads/2021/06/Fraunhofer-FIT_SSI_Whitepaper.pdf (zuletzt abgerufen am 21.6.2025).

[284] Strüker/Urbach/Guggenberger/Lautenschlager/Ruhland/Schlatt/Sedlmeir/Stoetzer Self-Sovereign Identity S. 15, online abrufbar unter: https://www.fim-rc.de/wp-content/uploads/2021/06/Fraunhofer-FIT_SSI_Whitepaper.pdf (zuletzt abgerufen am 21.6.2025).

[285] Strüker/Urbach/Guggenberger/Lautenschlager/Ruhland/Schlatt/Sedlmeir/Stoetzer Self-Sovereign Identity S. 15, online abrufbar unter: https://www.fim-rc.de/wp-content/uploads/2021/06/Fraunhofer-FIT_SSI_Whitepaper.pdf (zuletzt abgerufen am 21.6.2025).

[286] Siehe hierzu bereits die Leuchtturmprojekte in Estland, https://e-estonia.com/solutions/estonian-e-identity/id-card/ (zuletzt abgerufen am 21.6.2025).

[287] Bundesdruckerei, https://www.bundesdruckerei.de/de/innovation-hub/euid-die-digitale-identitaet-der-elektronischen-brieftasche (zuletzt abgerufen am 22.6.2025).

weitere Online-Verwaltungsverfahren[288] (bspw. bei Wohnungsummeldungen[289]) oder an das Einschreiben an einer Universität[290] zu denken.

- **Digitale Rechte- und Zugriffsverwaltung:** Schließlich bietet die europäische Identitätsbrieftasche eine Grundlage für die digitale Verwaltung von Zugriffs- und Nutzungsrechten. Dies umfasst etwa das Management von Lizenzen für digitale Inhalte im Bereich Media/Entertainment (bspw. Schutz vor unberechtigtem Zugriff bei E-Books, Musik, Filmen oder anderen digitalen Inhalten[291], oder eben den Bereich Jugendschutz und Altersverifikation (vgl. dazu sogleich). 143
- **Mögliche Weiterentwicklung zu einer „European Business Wallet":** Sowohl ihrem aktuellen „Competitiveness Compass" (Wettbewerbskompass)[292] als auch in ihrem Arbeitsprogramm für 2025[293] hat die EU-Kommission bereits angekündigt, den EU-Rahmen für digitale Identitäten („EU Digital Identity Framework") um eine europäische Identitätsbrieftasche für Unternehmen („European Business Wallet") erweitern zu wollen. Hinsichtlich möglicher Erweiterungen im Vergleich zur Europäischen Identitätsbrieftasche bleibt vorerst der für das 4. Quartal 2025 angekündigte[294] Legislativvorschlag abzuwarten.[295] 144

b) Konkretes Anwendungsbeispiel: Altersverifikation und Jugendschutz

Eine prominente Anwendungsmöglichkeit von Europäischen Identitätsbrieftaschen beim Thema Zugriffsverwaltung ist sicherlich der Jugendschutz und die bestehenden Möglichkeiten bzw. technischen Vorkehrungen für eine verlässliche Altersüberprüfung.[296] Denn (gerade) auch im Internet bestehen Pflichten zur Verwendung eines sog. **Altersverifikationssystems** als strikteste Stufe[297] der Altersüberprüfung: sowohl nach dem Jugendmedienschutz-Staatsvertrag (JMStV), dem Glücksspielstaatsvertrag (GlüStV)[298] als auch nach dem 145

---

[288] Strüker/Urbach/Guggenberger/Lautenschlager/Ruhland/Schlatt/Sedlmeir/Stoetzer Self-Sovereign Identity S. 15, online abrufbar unter: https://www.fim-rc.de/wp-content/uploads/2021/06/Fraunhofer-FIT_SSI_Whitepaper.pdf (zuletzt abgerufen am 21.6.2025).

[289] Bundesdruckerei, https://www.bundesdruckerei.de/de/innovation-hub/euid-die-digitale-identitaet-der-elektronischen-brieftasche (zuletzt abgerufen am 22.6.2025).

[290] VZBV, „EUDI-Wallet: Was Sie zur digitalen Brieftasche wissen müssen", 21.3.2025, https://www.verbraucherzentrale.de/wissen/digitale-welt/datenschutz/eudiwallet-was-sie-zur-digitalen-brieftasche-wissen-muessen-95821 (zuletzt abgerufen am 22.6.2025).

[291] Strüker/Urbach/Guggenberger/Lautenschlager/Ruhland/Schlatt/Sedlmeir/Stoetzer Self-Sovereign Identity S. 14 f., online abrufbar unter: https://www.fim-rc.de/wp-content/uploads/2021/06/Fraunhofer-FIT_SSI_Whitepaper.pdf (zuletzt abgerufen am 21.6.2025).

[292] A Competitiveness Compass for the EU, 29.1.2025, COM(2025) 30 final, S. 18 und 25.

[293] Commission work programme 2025, 11.2.2025, COM(2025) 45 final, S. 6.

[294] Vgl. EU-Kommission, European Business Wallet: digital identity, secure data exchange and legal notifications for simple, digital business, https://ec.europa.eu/info/law/better-regulation/have-your-say/initiatives/14663-European-Business-Wallet-digital-identity-secure-data-exchange-and-legal-notifications-for-simple-digital-business_en (zuletzt abgerufen am 21.6.2025).

[295] So auch Blenk für die BNotK, „Das EUDI-Wallet: Ein weiterer Schritt in Richtung digitale Transformation des Kontinents", v. 27.3.2025, vgl. https://www.bnotk.de/aufgaben-und-taetigkeiten/zeitschriften/bnotk-international/details/das-eudi-wallet-ein-weiterer-schritt-in-richtung-digitale-transformation-des-kontinents (zuletzt abgerufen am 21.6.2025).

[296] So auch die Ansicht der EU-Kommission in ihren neuen Leitlinien zum Schutz von Minderjährigen im digitalen Raum nach Art. 28 Abs. 4 DSA v. 14.7.2025, Punkt 6.1.3 Rn. 42, in der es heißt: „The upcoming EU Digital Identity Wallets […] may be used to share only specific information with a service, such as that a person is over a specified age.", vgl. https://digital-strategy.ec.europa.eu/de/library/commission-publishes-guidelines-protection-minors (zuletzt abgerufen am 14.7.2025).

[297] Häufig wird wie folgt differenziert; Stufe 1 Selbstangaben des Nutzers, Stufe 2 Altersschätzung bspw. aufgrund KI-basierter Methoden und Stufe 3 Altersverifikation.

[298] FSM, Altersverifikationssysteme/Geschlossene Benutzergruppen, Stand April 2025, https://www.fsm.de/wissen/a-bis-z/altersverifikationssysteme-geschlossene-benutzergruppen/ (zuletzt abgerufen am 21.6.2025); zudem gibt es derzeit erste Bestrebungen der bevorstehenden dänischen Ratspräsidentschaft (Juli bis Dezember 2025), Alterverifikationen für Minderjährige auf Europäischer Ebene zu regulieren, vgl. MLex, „Age-verification regulation at EU level is needed, Danish minister Stage says", 9.5.2025, https://www.mlex.com/mlex/articles/2337990/age-verification-regulation-at-eu-level-is-needed-danish-minister-stage-says (zuletzt abgerufen am 21.6.2025).

DSA[299]. Neben einem gewissen Spannungsfeld mit dem Datenschutz[300] liegt das Hauptproblem hier in der oft noch mangelnden Umsetzung effektiver Systeme bzw. es gibt diese in massentauglicher Ausführung (scheinbar) noch nicht. Aus rechtspolitischer Sicht ist dabei zB an die mangelnde Umsetzung einiger Plattformen von sog. **„geschlossenen Benutzergruppen"** für Websites mit pornographischen Inhalten zu denken. Eine solche Benutzergruppe kann durch ein Altersverifikationssystem eingerichtet werden, das zuverlässig überprüft, ob Nutzerinnen und Nutzer tatsächlich volljährig sind. Bestehen nämlich keine hinreichenden Umsetzungsmaßnahmen, hat dies die Unzulässigkeit dieser digitalen Inhalte zur Folge, vgl. § 4 Abs. 2 S. 1 und S. 2 JMStV und kann zur Sperrung der betroffenen Websites durch die Landesmedienanstalten führen (zudem bußgeldbewehrter Verstoß gegen den JMStV nach § 24 Abs. 1 Nr. 2 und Nr. 3 JMStV).[301]

Beispiel:
Ein aktuelles Beispiel ist hierbei die im Eilverfahren vor dem VG Berlin bestätigte Sperrung der Websites YouPorn und Pornhub (VG Berlin, Beschlüsse der 32. Kammer vom 24.4.2025 – VG 32 L 25/25 und VG 32 L 26/25)[302]. Dies zeigt, dass die Landesmedienanstalten inzwischen deutlich stärker im Bereich des Online-Jugendschutzes intervenieren wollen und dürfte zuverlässigen Altersverifikationssystemen Auftrieb verleihen.

146 Als Interimslösung entwickelt die Telekom derzeit für die EU-Kommission zusammen mit dem schwedischen Anbieter digitaler Identitäten Scytáles eine **anonyme Altersverifikations-Lösung** auf Basis einer vorläufigen europäischen Identitätsbrieftasche („Mini-Wallet") bzw. einer sog. White-Label-App.[303] Mit dieser soll eine anonyme Altersverifikation durch den Einsatz sog. „Zero-Knowledge-Proof's" ermöglicht werden(vgl. → Rn. 83), bei denen bspw. die Aussage „Nutzer ist volljährig" bestätigt werden kann, ohne dass konkrete Daten des Wallet-Nutzers offengelegt werden müssen.[304] Auch Google hat jüngst angekündigt, die Einbindung offizieller Identifizierungsdaten in das Google Wallet oder die Entwicklung einer eigenen Mini-Wallet zur Altersverifikation auch für Europa prüfen zu wollen.[305] Technisch würden Websites oder Apps dann über bereits bestehende Google APIs die Altersverifikationsdaten anonym beziehen können.[306] Gleichzeitig wurde allerdings bereits

---

[299] Altersverifikation als „geeignete und verhältnismäßige Maßnahme" zum Online-Schutz Minderjähriger, so zuletzt in den Leitlinien der EU-Kommission zum Schutz von Minderjährigen im digitalen Raum nach Art. 28 Abs. 4 DSA v. 14.7.2025, Punkt 6.1.3, vgl. → Fn. 296.

[300] Vgl. hierzu die aktuelle Stellungnahme des EDSA zur Alterssicherung, Statement 1/2025 on Age Assurance vom 12.2.2025, https://www.edpb.europa.eu/system/files/2025-04/edpb_statement_20250211ageassurance_v1-2_en.pdf (zuletzt abgerufen am 21.6.2025).

[301] Ausführlicher zu geschlossenen Benutzergruppen und Altersverifikationssystemen bei Hentsch/Falk Games und Recht-Handbuch/Hilgert § 25 Rn. 8 ff.; für die Anforderungen an geschlossene Benutzergruppen vgl. BeckOK JugendschutzR/Liesching JMStV § 4 Rn. 85 ff.; siehe auch die Jugendschutzrichtlinien (JuSchRL) v. 15.10.2019 der zuständigen KJM.

[302] Verwaltungsgericht Berlin, Pressemitteilung Nr. 27/2025 vom 29.4.2025, https://www.berlin.de/gerichte/verwaltungsgericht/presse/pressemitteilungen/2025/pressemitteilung.1554767.php (zuletzt abgerufen am 21.6.2025).

[303] „The proposed solution is intended to bridge the gap until the EU Digital Identity (EUDI) Wallets become available by the end of 2026, enabling the incorporation of the age verification functionality in them", vgl. die „architecture-and-technical-specifications" auf Github, https://github.com/eu-digital-identity-wallet/av-doc-technical-specification/blob/main/docs/architecture-and-technical-specifications.md (zuletzt abgerufen am 21.6.2025); siehe auch die Pressemitteilung der EU-Kommission vom 13.5.2025 „Commission seeks feedback on the guidelines on protection of minors online under the Digital Services Act", https://digital-strategy.ec.europa.eu/en/library/commission-seeks-feedback-guidelines-protection-minors-online-under-digital-services-act (zuletzt abgerufen am 21.6.2025).

[304] Heise online, „Telekom und Scytáles kooperieren für anonymen Alterscheck", 12.2.2025, https://www.heise.de/news/Telekom-und-Scytales-kooperieren-fuer-Altersverifizierung-10278318.html (zuletzt abgerufen am 21.6.2025).

[305] So geäußert von einer Google-Vertreterin auf dem 23. @kit-Kongress am 22.5.2025 im Vortrag „Digitale Brieftaschen & Altersverifizierung"; In den USA ermöglicht das Google-Wallet bspw. bereits das Einbinden der US-ID in das Wallet, vgl. Google, Get quick, reliable access to your digital IDs all in one place, https://wallet.google/digitalid/ (zuletzt abgerufen am 21.6.2025).

[306] Über die „Credentials Manager API" für Android und die „Digital Credentials API" für Chrome.

Kritik an der möglichen Entwicklung von Wallet-Lösungen von den großen Anbietern wie Google geäußert, bspw. durch den VZBV, vornehmlich aufgrund wettbewerbsrechtlicher Bedenken.[307]

2. Umsetzungsstand in Deutschland

Die Umsetzung einer Europäischen Identitätsbrieftasche (EUDI-Wallet) für Deutschland[308] lief bislang über das BMI, wird nun aber durch das neue Bundesministerium für Digitales und Staatsmodernisierung (BMDS) verantwortet.[309] Die Bundesagentur für Sprunginnovation (SPRIND) hat daher im Frühjahr 2024 – noch im Auftrag des BMI – einen **Innovationswettbewerb zur Entwicklung von Prototypen für europäische Identitätsbrieftaschen** ausgerufen. Ziel des Wettbewerbs ist die Entwicklung und Erprobung von Prototypen, die in Deutschland zum Einsatz kommen können.[310] Pro Team sollte auf Basis des bereits bestehenden Architekturkonzepts mindestens ein Prototyp einer Europäischen Identitätsbrieftasche für Android oder iOS entwickelt und für Tests zur Verfügung gestellt werden.[311] Dieser „SPRIND Funke EUDI Wallet Prototype"-Wettbewerb hat eine Laufzeit von 15 Monaten, aufgegliedert in 3 Entwicklungsstufen.[312] Im Dezember 2024 hat die zuständige Fachjury[313] jeweils 2 Teams für die nunmehr letzte Stufe bis September 2025 ausgewählt, aufgeteilt auf einen „Funded" sowie einen „Non-Funded Track". Das Ergebnis soll auf einer Abschlusskonferenz am 14.10.2025 präsentiert werden.[314] Seit Januar 2025 werden nun auch Prototypen des SPRIND-Innovationswettbewerbs in grenzüberschreitenden Anwendungsfällen im Rahmen des deutsch-französischen POTENTIAL-Konsortiums getestet.[315] Für die Smartphones der Bürgerinnen und Bürger verfügbar sollen die europäischen Identitätsbrieftaschen voraussichtlich Anfang 2027 sein.[316] **147**

Auch die neue Koalition aus CDU/CSU und SPD hat dies aufgegriffen und schreibt in ihrem **Koalitionsvertrag** unter 2.2 „Digitale Verwaltung mit antraglosen Verfahren": *„Jeder Bürger und jede Bürgerin erhält verpflichtend ein Bürgerkonto und eine digitale Identität. Wir werden* **148**

[307] VZBV, „Report on the architecture of the EUDI-wallet", File number 2024-0393, November 2024, Punkt 5.2, https://www.vzbv.de/sites/default/files/2025-02/vzbv-Gutachten%20zur%20Architektur%20der%20EUDI-Wallet.pdf (zuletzt abgerufen am 21.6.2025).

[308] Zur Situation in anderen EU-Mitgliedsstaaten vgl. den (knappen) Bericht des Wissenschaftlichen Dienstes des Bundestags, 2024, WD 3 – 3000 – 073/24, S. 7; sowie zu mehr Ländern beim VZBV, „Report on the architecture of the EUDI-wallet", File number 2024-0393, November 2024, Punkt 4.3, https://www.vzbv.de/sites/default/files/2025-02/vzbv-Gutachten%20zur%20Architektur%20der%20EUDI-Wallet.pdf (zuletzt abgerufen am 21.6.2025).

[309] Aus dem aktuellen Entwurf des Organigramms des neuen BMDS geht hervor, dass ein neues Referat ua für die europäische Identitätsbrieftasche („Wallet") im Digitalministerium entstehen soll, vgl. Tagesspiegel-Background, Digitalministerium legt Entwurf für interne Struktur vor, 20.6.2025, https://background.tagesspiegel.de/digitalisierung-und-ki/briefing/digitalministerium-legt-entwurf-fuer-interne-struktur-vor (zuletzt abgerufen am 21.6.2025).

[310] BMI, https://www.bmi.bund.de/SharedDocs/pressemitteilungen/DE/2024/04/eudi.html (zuletzt abgerufen am 21.6.2025).

[311] Für die Inhalte der 3 Entwicklungs-Stufen, vgl. Bundesagentur für Sprunginnovationen SPRIND, https://cms.system.sprind.org/uploads/EUDI_WALLET_OVERVIEW_20240716_8c3ff10f00.pdf (zuletzt abgerufen am 21.6.2025).

[312] Bundesagentur für Sprunginnovationen SPRIND, https://www.sprind.org/taten/challenges/eudi-wallet-prototypes (zuletzt abgerufen am 21.6.2025).

[313] Für die Ergebnisse der 2. Funke-Konferenz siehe die Dokumentation auf openCode, https://gitlab.opencode.de/bmi/eudi-wallet/eidas2/-/tree/5e6ee9b7eb2cb1d80e8fbfd3d67cf0d5b942d3ca/06_Funke_Conference/241211_Funke_Conference_02 (zuletzt abgerufen am 21.6.2025).

[314] Bundesagentur für Sprunginnovationen SPRIND, https://www.sprind.org/taten/challenges/eudi-wallet-prototypes (zuletzt abgerufen am 21.6.2025).

[315] Das größte von insgesamt vier Konsortien bestehend aus derzeit 20 Staaten und 140 weiteren Partnern, erhielt den Zuschlag der EU-Kommission zur grenzüberschreitenden Erprobung konkreter Anwendungsfälle von EUDI-Wallets im privaten und öffentlichen Sektor, derzeit bereits 6 use cases, vgl. https://www.digital-identity-wallet.eu (zuletzt abgerufen am 21.6.2025).

[316] BMI, https://www.digitale-verwaltung.de/Webs/DV/DE/digitale-identitaeten/eidas-2-0/eidas-2-0.html (zuletzt abgerufen am 21.6.2025).

die EUDI-Wallet für Bürgerinnen und Bürger und Unternehmen bereitstellen, mit der Identifikation, Authentifizierung und Zahlungen ermöglicht werden. Wer den digitalen Weg nicht gehen will oder kann, erhält Hilfe vor Ort."[317] Daneben sieht der **IT-Planungsrat** als das zentrale politische Steuerungsgremium von Bund, Ländern und Kommunen zur Digitalisierung der öffentlichen Verwaltung in Deutschland in der europäischen Identitätsbrieftasche den **zentralen Basisdienst** seiner geplanten Deutschland-Architektur „*zur Identifizierung und Authentifizierung für Bürgerinnen und Bürger und Organisationen*". Dafür soll die bisherige DeutschlandID zu einem „*Wallet-Konnektor weiterentwickelt*" werden.[318]

Praxishinweis:
Derzeit besteht für Bürgerinnen und Bürger mit der BundID (Umsetzung von § 3 Abs. 1 OZG) bereits die Nutzungsmöglichkeit eines freiwilligen, zentralen (Online-)Kontos zur Identifizierung gegenüber der deutschen Verwaltung. Je nach erforderlichen Vertrauensniveau ist dort neben der Online-Ausweisfunktion des Personalausweises auch eine Registrierung mittels des Elster-Zertifikats oder durch eine europäische ID möglich.[319] Gem. § 12 Abs. 1 S. 3 OZG soll die BundID zu einer **DeutschlandID** weiterentwickelt werden, der sich alle Bundesländer anschließen (sollen).[320] Ebenfalls geplant ist eine Schnittstelle von dieser BundID zur europäischen Identitätsbrieftasche, um alle bereits entwickelten und die BundID einbindenden Onlinedienste, an das nun entstehende europäische Identitätsökosystem (→ Rn. 35 ff.) anzubinden.[321]

3. „World ID" als mögliche US-Konkurrenz? – Globale Identitätslösung mittels biometrischer Authentifizierung

149 Das World-Projekt des Unternehmens Tools for Humanity (ehemals „Worldcoin"[322]), das auf den OpenAI CEO Sam Altman zurückgeht,[323] soll einen „*datenschutzwahrenden **Proof of Humanness** für das Zeitalter der KI*"[324] ermöglichen (vgl. bereits → Rn. 17). Dies verdeutlicht die Gewichtigkeit der auch durch die europäische Identitätsbrieftasche adressierten Problemlösungen (insbes. Zero-Knowledge-Proofs und pseudonyme Nutzungsmöglichkeiten, vgl. dazu → Rn. 81 und → Rn. 83). Zudem erscheint das von World ausgerufene Ziel in

[317] Koalitionsvertrag zwischen CDU, CSU und SPD, 21. Legislaturperiode, Zeile 1804 ff., vgl. https://www.cdu.de/aktuelles/cdu-deutschlands/koalitionsvertrag-2025-wir-machen-deutschland-wieder-wettbewerbsfaehig/ (zuletzt abgerufen am 21.6.2025).

[318] So in der neuen föderalen Digitalstrategie für die Verwaltung aus 03/2025, S. 21, vgl. https://www.it-planungsrat.de/fileadmin/it-planungsrat/der-it-planungsrat/foederale_digitalstrategie/250513_IT_PLR_Foerderale_Digitalstrategie_Zukunftsbild_Leitlinien.pdf (zuletzt abgerufen am 21.6.2025): „Mit dem Referenzmodell einer „Deutschland-Architektur" schaffen wir eine Rahmendefinition für zukunftsfeste und nutzendenorientierte IT-Verfahren über die Domäne der öffentlichen Verwaltung hinaus. […] Die „Deutschland-Architektur" definiert Kernfunktionalitäten, für die der Staat im Sinne der digitalen Daseinsvorsorge modulare Basisdienste und Datenräume betreibt. […] Auch private Akteure sollen die Basiskomponenten nutzen können, um eine hohe Durchdringung und häufige Nutzung zu ermöglichen.".

[319] Vgl. https://www.personalausweisportal.de/Webs/PA/DE/buergerinnen-und-buerger/die_bund-id/die_bund_id-node.html (zuletzt abgerufen am 4.9.2025).

[320] So auch InfoMedienR/Zäper OZG § 12 Rn. 3.

[321] Vgl. https://www.heise.de/news/Auf-dem-Weg-zur-DeutschlandID-Wie-es-mit-der-BundID-weitergeht-10237147.html (zuletzt abgerufen am 4.9.2025).

[322] Handelsblatt, „Identifikationsprojekt Worldcoin benennt sich in World um", 18.10.2024, https://www.handelsblatt.com/technik/it-internet/worldcoin-sam-altman-benennt-projekt-in-world-um/100080268.html (zuletzt abgerufen am 21.6.2025).

[323] FAU Erlangen-Nürnberg, „FAU Alumni #MyStory: Alex Blania, CEO Tools for Humanity", https://www.fau.de/2024/11/news/outreach/alumni/fau-alumni-mystory-alex-blania-ceo-tools-for-humanity/ (zuletzt abgerufen am 21.6.2025); OMR, „Gründer Alex Blania: „Die einen hassen Worldcoin, die anderen feiern es", https://omr.com/de/daily/worldcoin-gruender-alex-blania-omr-podcast (zuletzt abgerufen am 21.6.2025).

[324] World, https://world.org/de-de/world-id (zuletzt abgerufen am 21.6.2025).

Zeiten von Deepfakes und massenhaften Fake-News-Accounts sowie aufkommenden AI-Agents relevanter denn je (vgl. dazu bereits → Rn. 16). Im Verbund mit der „World App" und einem „World Coin" ist die „WorldID" das derzeit vielleicht prominenteste privatwirtschaftliche Beispiel für eine neue biometriebasierte, global nutzbare digitale Identitätslösung: Im Zentrum steht dabei die Verifikation der „Einzigartigkeit" eines Individuums durch einen eigens entwickelten Iris-Scanner (den sog. „Orb").[325] Von diesem sollen demnächst allein in den USA mehr als 7.000 weiterentwickelte Exemplare öffentlich in sog. „World Spaces" verfügbar sein.[326] Basierend auf ihrem **Iris-Scan** sollen Menschen sich fortan über das World-ID System anonym als menschliches Individuum ausweisen können. Im Vergleich zur Europäischen Identitätsbrieftasche ist allerdings (zumindest vorerst) keine umfassende Identitätslösung vorgesehen, sondern es geht lediglich um einen kryptographischen Nachweis der Menschlichkeit. Dafür kommt die World-ID **ohne Rückkopplung an staatlich erhobene Identitätsdaten** aus.

Derzeit zeigen sich jedenfalls erste Anzeichen, dass sich World ID zu einer *de-facto-* **150**
Authentifizierungsinfrastruktur für globale Online-Plattformen entwickeln könnte: So ist World bspw. kürzlich Partnerschaften mit Visa und Tinder eingegangen, um die World-ID-Verifikation direkt in Zahlungs- und Dating-Plattformen zu integrieren.[327] Damit könnte die Lösung zukünftig zu einem gewichtigen **(Teil-)Wettbewerber** der hoheitlich-incentivierten Europäischen Identitätslösungen wie der Europäischen Identitätsbrieftasche werden.

---

[325] World, https://world.org/de-de/orb (zuletzt abgerufen am 21.6.2025); The New York Times, „Could Eye-Scanning Crypto Orbs Save Us From a Bot Apocalypse?", 3.5.2025, https://www.nytimes.com/2025/05/03/technology/world-eye-scanning-crypto-orbs-launch-in-us.html (zuletzt abgerufen am 21.6.2025).

[326] TheVerge, Sam Altman's eye-scanning project launches cryptocurrency in the US, 1.5.2025, https://www.theverge.com/cryptocurrency/659011/worldcoin-us-launch-orb-crypto-sam-altman (zuletzt abgerufen am 21.6.2025).

[327] TechCrunch, „World partners with Tinder, Visa to bring its ID-verifying tech to more places", 30.4.2025, https://techcrunch.com/2025/04/30/world-partners-with-tinder-visa-to-bring-its-id-verifying-tech-to-more-places/ (zuletzt abgerufen am 21.6.2025).

Sachverzeichnis